McClave Benson Sincich

James T. McClave
Info Tech, Inc.
University of Florida

P. George Benson
College of Charleston

Terry Sincich
University of South Florida

Tradução
Fernando Sampaio Filho
Fabrício Pereira Soares

Revisão Técnica
Galo Carlos Lopez Noriega
Mestre em Engenharia POLI/USP
Professor e Coordenador do Ibmec São Paulo

© 2009 by Pearson Education do Brasil

Todos os direitos reservados. Nenhuma parte desta publicação poderá ser reproduzida ou transmitida de nenhum modo ou por algum outro meio, eletrônico ou mecânico, incluindo fotocópia, gravação ou qualquer outro tipo de sistema de armazenamento e transmissão de informação, sem prévia autorização, por escrito, da Pearson Education do Brasil.

Diretor editorial: Roger Trimer
Gerente editorial: Sabrina Cairo
Supervisor de produção editorial: Marcelo Françozo
Editora sênior: Tatiana Pavanelli Valsi
Editoras: Thelma Babaoka, Renata Truyts e Josie Rogero
Preparação: Luciana Garcia
Revisão: Maria Luiza Fravet e Mariana Mininel de Almeida
Capa: Rafael Mazzo sob projeto original de *Dorling Kindersley/Getty Images* (etiqueta); *Iconica/Getty Images Inc.* (camisas)
Projeto gráfico: ERJ Composição Editorial
Diagramação: Globaltec Artes Gráficas Ltda.

Dados Internacionais de Catalogação na Publicação (CIP)
(Câmara Brasileira do Livro, SP, Brasil)

McClave, James T.
    Estatística para administração e economia / James T. McClave, P. George Benson, Terry Sincich ; tradução Fabrício Pereira Soares e Fernando Sampaio Filho ; revisão técnica Galo Carlos Lopez Noriega. -- São Paulo : Pearson Prentice Hall, 2009.

    Título original: Statistics for business and economics.
    10 ed. americana.
    ISBN 978-85-7605-186-2

    1. Ciências sociais - Métodos estatísticos 2. Economia - Métodos estatísticos 3. Estatística - Problemas e exercícios 4. Estatística comercial I. Benson, P. George. II. Sincich, Terry. III. Título.

08-10638
CDD-519.5

Índice para catálogo sistemático:
1. Estatística aplicada   519.5

Direitos exclusivos para a língua portuguesa cedidos à
Pearson Education do Brasil Ltda.,
uma empresa do grupo Pearson Education
Avenida Santa Marina, 1193
CEP 05036-001 - São Paulo - SP - Brasil
Fone: 11 3821-3542
vendas@pearson.com

SUMÁRIO

CAPÍTULO 1   ESTATÍSTICA, DADOS E PENSAMENTO ESTATÍSTICO 1
    Estatística em ação 1
    1.1   A ciência da estatística 2
    1.2   Tipos de aplicações estatísticas na empresa 3
    1.3   Elementos fundamentais da estatística 4
    1.4   Processos (opcional) 8
    1.5   Tipos de dados 10
    1.6   Coleta de dados 12
    1.7   O papel da estatística no gerenciamento da tomada de decisões 14
    Uso da tecnologia 23

CAPÍTULO 2   MÉTODOS PARA DESCRIÇÃO DE GRUPOS DE DADOS 31
    Estatística em ação 31
    2.1   Descrição de dados qualitativos 32
    2.2   Métodos gráficos para a descrição de dados quantitativos 42
    2.3   Notação de soma 54
    2.4   Medidas numéricas de tendência central 55
    2.5   Medidas numéricas de variabilidade 64
    2.6   Interpretando o desvio-padrão 70
    2.7   Medidas numéricas de posicionamento relativo 76
    2.8   Métodos para identificação de *outliers* (Opcional) 80
    2.9   Construindo gráficos para relações bivariadas (Opcionais) 88
    2.10 Gráfico de séries temporais (Opcional) 94
    2.11 Distorcendo a verdade com técnicas descritivas 96
    Uso da tecnologia 110
    Caso real 117

CAPÍTULO 3   PROBABILIDADE 120
    Estatística em ação 120
    3.1   Eventos, espaços amostrais e probabilidade 122
    3.2   Uniões e interseções 133
    3.3   Eventos complementares 136
    3.4   Regra da adição e eventos mutuamente exclusivos 136
    3.5   Probabilidade condicional 143
    3.6   Regra da multiplicação e eventos independentes 146

	3.7	Amostragem aleatória	155
	3.8	Regra de Bayes (Opcional)	159
	Uso da tecnologia		**171**
	Caso real		

CAPÍTULO 4	**VARIÁVEIS ALEATÓRIAS E DISTRIBUIÇÃO DE PROBABILIDADES**		**174**
	Estatística em ação		**174**
	4.1	Dois tipos de variáveis aleatórias	175
	4.2	Distribuição de probabilidades para variáveis aleatórias discretas	178
	4.3	Distribuição binomial	189
	4.4	Distribuição de Poisson (Opcional)	200
	4.5	Distribuições de probabilidades para variáveis aleatórias contínuas	205
	4.6	Distribuição uniforme (Opcional)	206
	4.7	Distribuição normal	210
	4.8	Métodos descritivos para descobrir a normalidade	222
	4.9	Aproximando uma distribuição binomial com uma distribuição normal (Opcional)	229
	4.10	Distribuições amostrais	234
	4.11	Distribuição amostral de $\bar{x}$ e o teorema do limite central	240
	Uso da tecnologia		**257**
	Caso real		**267**

CAPÍTULO 5	**INFERÊNCIAS BASEADAS EM UMA ÚNICA AMOSTRA — ESTIMATIVA COM INTERVALOS DE CONFIANÇA**		**268**
	Estatística em ação		**268**
	5.1	Identificando o parâmetro-alvo	269
	5.2	Intervalo de confiança de amostra grande para a média de uma população	269
	5.3	Intervalo de confiança de amostra pequena para a média de uma população	278
	5.4	Intervalo de confiança de amostra grande para a proporção de uma população	288
	5.5	Determinando o tamanho da amostra	296
	5.6	Correção de população finita para uma amostragem aleatória simples (Opcional)	301
	5.7	Projetos de pesquisas com amostras (Opcional)	304
	Uso da tecnologia		**313**

CAPÍTULO 6	**INFERÊNCIAS BASEADAS EM UMA AMOSTRA SIMPLES**		**318**
	Estatística em ação		**318**
	6.1	Os elementos de um teste de hipóteses	319
	6.2	Teste de hipóteses de grandes amostras sobre a média da população	325
	6.3	Níveis observados de significância: valores p	332
	6.4	Teste de hipóteses de pequenas amostras sobre a média da população	339
	6.5	Teste de hipóteses de grandes amostras sobre a proporção da população	345
	6.6	Calculando as probabilidades de erro Tipo II: mais sobre β (Opcional)	351
	6.7	Teste de hipóteses sobre a variância da população (Opcional)	358
	Uso da tecnologia		**368**

CAPÍTULO 7   INFERÊNCIAS BASEADAS EM DUAS AMOSTRAS — INTERVALOS DE CONFIANÇA E TESTES DE HIPÓTESE 374

Estatística em ação 374
- **7.1** Identificando o parâmetro-alvo 375
- **7.2** Comparando as médias de duas populações: amostragem independente 376
- **7.3** Comparando as médias de duas populações: experimentos de diferenças de pares 392
- **7.4** Comparando as proporções de duas populações: amostragem independente ... 405
- **7.5** Determinando o tamanho da amostra 413
- **7.6** Comparando as variações de duas populações: amostragem independente (Opcional) 416

Uso da tecnologia 434

Caso real 439

CAPÍTULO 8   PLANEJAMENTO DE EXPERIMENTOS E ANÁLISE DA VARIÂNCIA 440

Estatística em ação 440
- **8.1** Elementos de um experimento planejado 441
- **8.2** O planejamento completamente aleatório: fator único 447
- **8.3** Comparações múltiplas de médias 464
- **8.4** O planejamento do bloco aleatório 471
- **8.5** Experimentos fatoriais 484

Uso da tecnologia 507

CAPÍTULO 9   ANÁLISE DE DADOS CATEGÓRICOS 514

Estatística em ação 514
- **9.1** Dados categóricos e o experimento multinomial 515
- **9.2** Testando as probabilidades das categorias: tabela de uma entrada 515
- **9.3** Testando as probabilidades das categorias: tabela de duas entradas (de contingência) 524
- **9.4** Alerta sobre os testes de qui-quadrado 539

Uso da tecnologia 548

Caso real 554

CAPÍTULO 10   REGRESSÃO LINEAR SIMPLES 556

Estatística em ação 556
- **10.1** Modelos probabilísticos 557
- **10.2** Ajustando o modelo: a abordagem dos mínimos quadrados 559
- **10.3** Premissas-modelo 573
- **10.4** Um estimador de σ^2 574
- **10.5** Descobrindo a utilidade do modelo: fazendo inferências sobre a inclinação β_1 577
- **10.6** O coeficiente de correlação 584
- **10.7** O coeficiente de determinação 587
- **10.8** Usando o modelo para estimativa e previsão 595
- **10.9** Um exemplo completo 602

Uso da tecnologia 615

CAPÍTULO 11 REGRESSÃO MÚLTIPLA E CONSTRUÇÃO DE MODELOS 620

Estatística em ação...620

- **11.1** Modelos de regressão múltipla..621
- **11.2** Modelo de primeira ordem: estimando e interpretando os parâmetros β........622
- **11.3** Inferências sobre os parâmetros β e a utilidade geral do modelo........627
- **11.4** Usando o modelo para estimativa e previsão 641
- **11.5** Construção de modelos: modelos de interação..649
- **11.6** Construção de modelos: modelos quadráticos e de outras ordens maiores......656
- **11.7** Construção de modelos: modelos com variáveis qualitativas (*Dummy*)......666
- **11.8** Construção de modelos: modelos com variáveis quantitativas e qualitativas (Opcional)...672
- **11.9** Construção de modelos: comparando modelos aninhados (Opcional)......681
- **11.10** Construção de modelos: regressão passo a passo (Opcional)..............689
- **11.11** Análise dos resíduos: verificando os pressupostos da regressão.........697
- **11.12** Algumas ciladas: estimabilidade, multicolinearidade e extrapolação.....712

Uso da tecnologia 737

Caso real 741

CAPÍTULO 12 MÉTODOS PARA MELHORIA DE QUALIDADE 743

Estatística em ação...743

- **12.1** Qualidade, processos e sistemas..745
- **12.2** Controle estatístico 748
- **12.3** A lógica de gráficos de controle 756
- **12.4** Um gráfico de controle para monitorar a média de um processo: o gráfico $\bar{x}$ ..760
- **12.5** Um gráfico de controle para monitorar a variação de um processo: o gráfico R......775
- **12.6** Um gráfico de controle para monitorar a proporção de defeitos gerados por um processo: o gráfico p 784
- **12.7** Diagnosticando as causas de variação (Opcional)..................................791
- **12.8** Análise de capacidade (Opcional)..793

Uso da tecnologia 808

Caso real 813

APÊNDICE A   REGRAS BÁSICAS DE CONTAGEM..818

APÊNDICE B   TABELAS 820

APÊNDICE C   FÓRMULAS DE CÁLCULO PARA ANÁLISE DE VARIÂNCIA...........851

RESPOSTAS DOS EXERCÍCIOS SELECIONADOS 853

CRÉDITOS DAS FOTOS 862

TABELAS 863

ÍNDICE REMISSIVO 865

PREFÁCIO

Estatística para administração e economia é um livro introdutório para administração, com ênfase em inferências e uma cobertura completa de coleta de dados e análise para avaliar relatórios de estudos estatísticos e tomar decisões acertadas. Além disso, o livro enfatiza o desenvolvimento do pensamento estatístico e a avaliação da credibilidade e do valor das inferências feitas a partir dos dados, não só para aqueles que as consomem como também para aqueles que as produzem. O livro pressupõe uma base matemática de álgebra fundamental.

Esta obra incorpora as seguintes diretrizes da *American Statistical Association* (ASA), desenvolvidas a partir das conferências de *Making Statistics More Effective in Schools of Business* (MSMESB) e também do *Guidelines for Assessment and Instruction in Statistics Education* (GAISE):

- Os estudantes são motivados pela prática da estatística em aplicações, problemas, casos e projetos reais.
- Os estudantes devem ter a oportunidade de trabalhar com dados reais e de utilizar a tecnologia da computação estatística.
- O treinamento formal em probabilidade deve ser minimizado em favor dos conceitos intuitivos de probabilidade.
- É preciso reduzir a ênfase na teoria formal da estatística e aumentar a ênfase em suas aplicações.

DESTAQUES

- **Mais de 1.200 exercícios,** para fornecer maior variedade em níveis de dificuldade. Além de exercícios "Aprendendo a mecânica", em "Aplicação dos conceitos" os exercícios são categorizados em Básico, Intermediário e Avançado, no final de cada seção. Muitos dos exercícios incentivam e promovem habilidades de pensamento crítico.
- **Desafios do pensamento crítico.** No final dos "Exercícios suplementares", os estudantes são convidados a aplicar suas habilidades de pensamento crítico para resolver um ou dois problemas desafiadores da vida real.
- **Guias visuais ao final de capítulo.** Fluxogramas para selecionar o método estatístico apropriado, bem como notas com palavras-chave, fórmulas, definições, listas e conceitos-chave, são fornecidos no final de cada capítulo. Essa apresentação gráfica ajuda principalmente aqueles estudantes que aprendem visualmente e também os demais estudantes, por conta dos resumos e reforços dos pontos importantes do capítulo.

MATERIAL COMPLEMENTAR

 Na **Sala Virtual do** livro (**sv.pearson.com.br**), professores e estudantes têm acesso a materiais adicionais que facilitam tanto a exposição das aulas como o processo de aprendizagem.

Para o professor

- Manual de soluções (em inglês).
- Apresentações em PowerPoint.

Esses materiais são de uso exclusivo dos professores e estão protegidos por senha. Para ter acesso a eles, os professores que adotam o livro devem entrar em contato com seu representante Pearson ou enviar um e-mail para universitarios@pearson.com.

Para o estudante

- **Capítulos adicionais em inglês disponíveis no site de apoio do livro.** O Capítulo 13, "Time series: descriptive analyses, models and forecasting", e o Capítulo 14, "Nonparametric statistics", tratam de séries temporais e estatística não paramétrica.

- **Conjunto de dados e "applets".** Contém os arquivos de todos os conjuntos de dados marcados com o ícone do Companion Website no livro. Estes incluem os conjuntos de dados para os exemplos do livro, os exercícios, as seções de "Estatística em ação" e os textos de "Caso real". Todos os conjuntos de dados estão arquivados em quatro formatos diferentes: Excel, MINITAB, SPSS e ASCII (para facilitar a importação para outros pacotes de software estatístico).

- **Perfis dos estatísticos na História (Biografias).** Informações sobre estatísticos famosos, com uma breve descrição das suas descobertas. Por meio desses perfis, os estudantes poderão apreciar os esforços dos estatísticos e da disciplina da estatística como um todo.

PONTOS FORTES

Estatística para administração e economia contém as características pedagógicas que acreditamos torná-lo único entre os livros introdutórios de estatística para administração. Essas características, que ajudam o estudante a formar uma visão geral da estatística e a compreender sua relevância no mundo dos negócios e na vida diária, são:

- **Uso de exemplos como ferramenta de ensino.** Quase todas as novas idéias são introduzidas e ilustradas por aplicações e exemplos baseados em dados. Acreditamos que os estudantes compreendem melhor as definições, generalizações e conceitos teóricos depois de ver uma aplicação. Todos os exemplos têm três componentes: (1) "Problema", (2) "Solução" e (3) "Lembre-se". Este processo passo a passo fornece aos estudantes uma estrutura definida para a abordagem de problemas e aumenta sua habilidade em solucionar problemas. O componente "Lembre-se" fornece, com freqüência, dicas importantes para a solução do problema e/ou fornece uma reflexão posterior ou uma visão mais profunda do conceito ou do procedimento que está contido no exemplo.

- **Agora faça...** "Agora faça" um determinado exercício segue-se a cada exemplo. Sugere um exercício no final da seção que é similar, em estilo e conceito, ao exemplo do texto. Isto fornece ao estudante a oportunidade de testar e confirmar sua compreensão.

- **Estatística em ação.** Cada capítulo começa com um caso, baseado em um assunto atual, controvertido ou em destaque. As perguntas e os dados relevantes para a pesquisa em estudo são apresentados e as análises adequadas são demonstradas em "Estatística em ação revisitada" ao longo do capítulo. Essas seções motivam os estudantes a avaliar criticamente as descobertas e pensar sobre os problemas estatísticos envolvidos.

- **Casos reais.** Seis casos completos de solução de problemas da área de administração são apresentados com dados reais e tarefas para os estudantes. Servem como um bom toque final e revisão do material precedente. Em geral, eles são apresentados em um grupo de dois ou três capítulos e exigem que os estudantes apliquem os métodos apresentados nesses capítulos.

- **Exercícios com dados reais.** O livro inclui mais de 1.200 exercícios baseados em uma grande variedade de aplicações de negócios. Todos os exercícios aplicados usam dados reais extraídos de publicações reais (por exemplo, jornais, revistas, publicações de negócios e Internet). Alguns estudantes têm dificuldade em aprender a mecânica das técnicas estatísticas quando todos os problemas são apresentados em termos de aplicações realistas. Por esta razão, todas as seções de exercícios são divididas em quatro partes:

    Aprendendo a mecânica. Projetados como aplicação direta dos novos conceitos, os exercícios desta parte permitem aos estudantes testar sua habilidade de compreender um conceito ou uma definição matemática.

    Aplicação dos conceitos – Básico. Baseados em aplicações de negócios retirados de uma grande variedade de jornais, periódicos e outras fontes, os exercícios ajudam os estudantes a desenvolver as habilidades necessárias para diagnosticar e analisar problemas reais do trabalho.

    Aplicação dos conceitos – Intermediário. Baseados em aplicações reais da área de administração, mais detalhadas, os exercícios exigem que os estudantes apliquem seu pensamento crítico e seu conhecimento da técnica apresentada na seção.

    Aplicação dos conceitos – Avançado. Estes exercícios com dados reais mais desafiadores exigem que os estudantes utilizem suas habilidades de pensamento crítico.

- **Explorando dados com programas de estatística e a calculadora gráfica.** Cada método de análise estatística apresentado é demonstrado usando as respostas de três importantes programas estatísticos baseados em Windows: Excel, MINITAB e SPSS. Além disso, instruções detalhadas para a calculadora gráfica TI-83/TI-84 são fornecidas em quadros opcionais, fáceis de localizar no texto.

- **Instruções dos softwares estatísticos.** No final de cada capítulo, instruções intituladas "Uso da tecnologia" são fornecidas (com exemplos de telas), para o MINITAB, SPSS e Excel. Elas são facilmente localizadas e fornecem aos estudantes informações úteis de como usar da melhor forma os programas estatísticos. Destacamos que as telas de Excel estão em português, mas o software PHStat continua em inglês.
- **Respostas dos programas estatísticos.** Estas respostas aparecem ao longo do texto em exemplos e exercícios, incluindo o SPSS, MINITAB e Excel. Os estudantes são expostos às respostas de computador que encontrarão no mundo de alta tecnologia da administração.

FLEXIBILIDADE NA ABORDAGEM

O texto foi escrito de forma a permitir ao professor uma flexibilidade na cobertura dos tópicos pelas seções marcadas como "opcionais" nos capítulos relevantes. Sugestões para a abordagem de dois tópicos, probabilidade e regressão são dados a seguir.

- **Probabilidade e regras de contagem.** Um dos aspectos mais complicados de um curso introdutório de estatística é o estudo de probabilidade. A probabilidade coloca um desafio para os professores, porque eles devem decidir a respeito do nível de apresentação, e os estudantes consideram um assunto difícil de compreender. Acreditamos que uma causa para esses problemas é a mistura de probabilidade e regras de contagem que ocorrem em muitos livros introdutórios. Conseqüentemente, incluímos as regras de contagem (com exemplos) em um apêndice (Apêndice A), e não no capítulo (Capítulo 3). Desta forma, o professor pode controlar o nível de abordagem da probabilidade.
- **Regressão múltipla e construção de modelos.** Este tópico representa uma das ferramentas mais úteis da estatística para a solução de problemas de administração. Ainda que um livro inteiro possa ser dedicado à modelagem de regressão, achamos que foi apresentada uma abordagem útil e mais fácil de compreender que as abordagens em outros livros introdutórios de estatística para administração. Dedicamos dois capítulos completos para a apresentação dos principais tipos de inferências que podem ser retiradas de uma análise de regressão, mostrando como os resultados aparecem nas listagens dos programas estatísticos e, mais importante, selecionando modelos de regressão múltipla a serem usados em uma análise. Desta forma, o professor pode escolher entre a abordagem de um capítulo da regressão linear simples (Capítulo 10) e um tratamento de dois capítulos das regressões simples e múltipla (excluindo as seções opcionais sobre construção de modelos, do Capítulo 11), ou ainda uma abordagem completa da análise de regressão, incluindo a construção de modelos e o diagnóstico da regressão. A abordagem extensiva dessas ferramentas estatísticas tão úteis fornecerão aos estudantes uma evidência adicional da importância da estatística para problemas reais de administração.
- **Notas de rodapé.** Ainda que o livro tenha sido projetado para estudantes sem uma base de cálculo, as notas de rodapé explicam o papel do cálculo em várias demonstrações. Elas são também utilizadas para informar os estudantes sobre um pouco da teoria que está por trás de certos métodos de análise. Além disso, permitem uma flexibilidade adicional em relação ao nível teórico e matemático no qual o material é apresentado.

AGRADECIMENTOS

Este livro reflete o esforço de muitas pessoas ao longo de muitos anos. Em primeiro lugar, gostaríamos de agradecer aos seguintes professores, cujas revisões e comentários, nesta e em edições anteriores, contribuíram para a 10ª edição:

Revisores envolvidos com a 10ª edição de *Estatística para administração e economia*

John F. Beyers, *University of Maryland University College*

C. Brad Davis, *Clearwater Christian College*

Joshua Fogel, *Brooklyn College of City University of New York*

Douglas H. Frank, *Indiana University of Pennsylvania*

Cengiz Haksever, *Rider University*

Eric Huggins, *Fort Lewis College*

J. Morgan Jones, *University of North Carolina*

S. Howard Kraye, *University of New Mexico*
Michael Kulansky, *University of Maryland University College*
Gaminie Meepagala, *Howard University*
Thomas J. Pfaff, *Ithaca College*
Douglas S. Shafer, *University of North Carolina, Charlotte*
Gary Simon, *New York University, Stern School of Business*
Rungrudee Suetorsak, *SUNY-Fredonia*
William Welch, *Saginaw Valley State University*
Farroll Tim Wright, *University of Missouri*

Revisores de edições anteriores

CALIFORNIA Joyce Curley-Daly, Jim Daly, Robert K. Smidt, *California Polytechnic State University* • Jim Davis, *Golden Gate University* • Carol Eger, *Stanford University* • Paul W. Guy, *California State University, Chico* • Judd Hammack, P. Kasliwal, *California State University, Los Angeles* • Mabel T. King, *California State University, Fullerton* • James Lackritz, *California State University, San Diego* • Beth Rose, *University of Southern California*

COLORADO Rick L. Edgeman, Charles F. Warnock, *Colorado State University* • William J. Weida, *United States Air Force Academy*

CONNECTICUT Alan E. Gelfand, Joseph Glaz, Timothy J. Killeen, *University of Connecticut*

DISTRICT OF COLUMBIA Phil Cross, Jose Luis Guerrero-Cusumano, *Georgetown University*

FLORIDA John M. Charnes, *University of Miami* • Fred Leysieffer, Pi-Erh Lin, Doug Zahn, *Florida State University* • P. V. Rao, *University of Florida* • Jeffrey W. Steagall *University of North Florida* • Edna White, *Florida Atlantic University*

GEORGIA Robert Elrod, *Georgia State University*

HAWAII Steve Hora, *University of Hawaii, Hilo*

ILLINOIS Edward Minieka, *University of Illinois at Chicago* • Don Robinson, *Illinois State University* • Chipei Tseng, *Northern Illinois University* • Pankaj Vaish, *Arthur Anderson & Company*

IOWA Dileep Dhavale, *University of Northern Iowa* • William Duckworth II, William Q. Meeker, *Iowa State University* • Tim E. McDaniel, *Buena Vista University*

KANSAS Paul I. Nelson, *Kansas State University* • Lawrence A. Sherr, *University of Kansas*

LOUISIANA James Willis, *Louisiana State University*

MARYLAND Glenn J. Browne, Mary C. Christman, *University of Maryland,*

MASSACHUSETTS Warren M. Holt, *Southeastern Massachusetts University*

MICHIGAN Atul Agarwal, Petros Ioannatos, *GMI Engineering and Management Institute* • Richard W. Andrews, Peter Lenk, Benjamin Lev, *University of Michigan* • Toni M. Somers, *Wayne State University* • T. J.Wharton, *Oakland University*

MINNESOTA Gordon J. Alexander, Donald W. Bartlett, David M. Bergman, Atul Bhatia, Benny Lo, Karen Lundquist, Vijay Pisharody, Donald N. Steinnes, Robert W. Van Cleave, Steve Wickstrom, *University of Minnesota* • Daniel G. Brick, Leigh Lawton, *University of St. Thomas* • Susan Flach, *General Mills, Inc.* • David D. Krueger, Ruth K. Meyer, Jan Saraph, Gary Yoshimoto, *St. Cloud State University* • Paula M. Oas, *General Office Products* • Fike Zahroom *Moorhead State University*

MISSISSIPPI Eddie M. Lewis, *University of Southern Mississippi* • Alireza Tahai, *Mississippi State University*

MISSOURI James Holstein, Lawrence D. Ries, *University of Missouri, Columbia* • Marius Janson, *University of Missouri, St. Louis*

NEW HAMPSHIRE Ken Constantine, *University of New Hampshire*

NEW JERSEY Lewis Coopersmith, *Rider University* • Lei Lei, Xuan Li, Zina Taran, *Rutgers University* • Philip Levine, William Paterson *University*

NEW YORK James Czachor, *Fordham-Lincoln Center, AT&T* • Bernard Dickman, *Hofstra University* • Martin Labbe, *State University of New York, College at New Paltz* • G. E. Martin, *Clarkson University*

NORTH CAROLINA Golam Azam, *North Carolina Agricultural & Technical University* • Edward Carlstein, Douglas A. Elvers, *University of North Carolina at Chapel Hill* • Barry P. Cuffe, *Wingate University* • Don Holbert, *East Carolina University*

OHIO William H. Beyer, *University of Akron* • Michael Broida, Tim Krehbiel, *Miami University of Ohio* • Chih-Hsu Cheng, Douglas A.Wolfe, *Ohio State University* • Ronald L. Coccari, *Cleveland State University* • Richard W. Culp, *Wright-Patterson AFB, Air Force Institute of Technology*

OKLAHOMA Larry Claypool, Brenda Masters, Rebecca Moore, *Oklahoma State University* • Robert Curley, *University of Central Oklahoma*

PENNSYLVANIA Mohammed Albohali, *Indiana University of Pennsylvania* • Carl Bedell, *Philadelphia College of Textiles and Science* • Ann Hussein, *Philadelphia University* • Behnam Nakhai, *Millersville University* • Rose Prave, *University of Scranton* • Farhad Saboori, *Albright College* • Kathryn Szabet, *LaSalle University* • Christopher J. Zappe, *Bucknell University*

SOUTH CAROLINA Iris Fetta, Robert Ling, *Clemson University* • Kathleen M. Whitcomb, *University of South Carolina*

TENNESSEE Francis J. Brewerton, *Middle Tennessee State University*

TEXAS Larry M. Austin, *Texas Tech University* • Jim Branscome, Robert W. Brobst, Mark Eakin, Grace Esimai, Michael E. Hanna, Craig W. Slinkman, *University of Texas at Arlington* • Virgil F. Stone, *Texas A & M University*

VIRGINIA Edward R. Clayton, *Virginia Polytechnic Institute and State University*

WASHINGTON June Morita, Kim Tamura, *University of Washington*

WISCONSIN Ross H. Johnson, *Madison College*

CANADA Clarence Bayne, *Concordia University* • Edith Gombay, *University of Alberta*

TURKEY Dilek Onkal, *Bilkent University, Ankara*

OTHER Michael P. Wegmann, *Keller Graduate School of Management.*

Outras contribuições

Um agradecimento especial aos nossos autores auxiliares, Nancy Boudreau e Mark Dummeldinger, que trabalham conosco há muitos anos. C. Brad Davis forneceu as excelentes atividades para estudantes e os exercícios com "applets", enquanto a revisora Sarah Streett nos ajudou a assegurar um texto preciso e limpo. Finalmente, a equipe da Prentice Hall, Petra Recter, Joanne Wendelken, Michael Bell, Wayne Parkins, Maureen Eide, Michael Fruhbeis, Thomas Benfatti, e Linda Behrens nos ajudaram muito em todas as fases da preparação do livro, desenvolvimento das figuras, projeto, produção e marketing.

ESTATÍSTICA, DADOS E PENSAMENTO ESTATÍSTICO

Conteúdo

1.1 A ciência da estatística
1.2 Tipos de aplicações estatísticas na empresa
1.3 Elementos fundamentais da estatística
1.4 Processos (opcional)
1.5 Tipos de dados
1.6 Coleta de dados
1.7 O papel da estatística no gerenciamento da tomada de decisões

ESTATÍSTICA EM AÇÃO

UMA VISÃO DA PESQUISA 20/20: FATO OU FICÇÃO?

"Você nunca notou que, não importa qual sua opinião sobre questões cotidianas, você sempre encontrará estatísticas ou pesquisas para apoiar seus pontos de vista — quer seja para tomar vitaminas, ou para saber se a creche prejudica as crianças, ou se um alimento lhe faz mal ou bem? Há um infinito fluxo de informações para ajudá-lo a tomar decisões, mas essas informações são seguras, imparciais? John Stossel decidiu investigar a respeito e você se surpreenderá ao descobrir que a situação não é exatamente como você pensa."

Foi assim que Barbara Walters, em 31 de março de 1995, iniciou o popular segmento do programa do horário nobre da televisão da ABC, *20/20*, chamado de "Facts or fiction? — Exposes of so-called surveys". Em um dos casos investigados pela ABC, o correspondente John Stossel comparou os problemas de disciplina vividos por professores na década de 1940 e aqueles experimentados atualmente. O resultado: na década de 1940, os professores estavam mais preocupados se os estudantes conversavam durante as aulas, mascavam chiclete e corriam pelos corredores. Atualmente, eles se preocupam se serão ou não agredidos! Essa informação foi amplamente publicada na mídia impressa — nos jornais diários, em revistas semanais e na coluna de Ann Landers, no *Congressional Quarterly*, e no *Wall Street Journal*, entre outros — e referendada em discursos por diversas figuras públicas, incluindo a ex-primeira-dama Barbara Bush e o ex-secretário de Educação William Bennett.

"Ouvir isso me fez ansiar pelos velhos tempos, quando a vida era muito mais simples e tranqüila, mas era mesmo a vida mais simples então?" — questiona Stossel. "Não havia delinqüência juvenil [na década de 1940]? Essa pesquisa é verdadeira?" Com o apoio da Yale School of Management, o professor Stossel encontrou a fonte original da pesquisa — o chamado "homem do petróleo do Texas", T. Colin Davis — e descobriu que não era de fato uma pesquisa! Davis simplesmente identificou certos problemas de disciplina apontados pelos professores num informativo conservador — ele admitiu que tais informações não foram obtidas por meio de pesquisa estatística, mas pelo conhecimento pessoal de Davis sobre os problemas dos anos 40 ("eu estava, então, na escola") e seu entendimento dos problemas atuais ("eu lia os jornais").

O pensamento crítico de Stossel sobre 'a pesquisa' do professor levou à descoberta que a pesquisa é equivocada na melhor das hipóteses e antiética na pior. Várias outras pesquisas imprecisas (e provavelmente pouco éticas), conduzidas por entidades ou grupos de interesses especiais com objetivos específicos em mente, foram apresentadas no programa da ABC e estão descritas a seguir. Um sexto estudo, publicado no *New York Times*, também é discutido.

O segmento do *20/20* terminou com uma entrevista de Cynthia Crossen, autora de *Tainted Thruth*, uma exposição de imprecisas e enviesadas pesquisas. Crossen avisa: "Se todo mundo faz mal uso dos números e nos amedronta com eles para nos induzir a fazer algo, ainda que seja bom [aquilo], perdemos o poder dos números. Agora, por causa das pesquisas, sabemos de certas coisas. Por exemplo, sabemos que fumar prejudica nossos pulmões e nosso coração e, por saber isso, a vida de muitas pessoas foi prolongada ou salva. Não queremos perder o poder da informação que nos ajuda a tomar decisões, e é isto o que me preocupa".

Nas próximas seções de *Estatística em ação revisitada*, discutimos diversos conceitos-chave em estatística abordados neste capítulo que são relevantes a pesquisas imprecisas como as divulgadas no programa *20/20*.

Estatística em ação revisitada
- Identificar população, amostra e inferência.
- Identificar o método de coleta de dados e o tipo de dados.
- Avaliar criticamente a ética de um estudo estatístico.

INFORMAÇÕES RELATADAS (FONTE)	INFORMAÇÕES ATUAIS DO ESTUDO
1. Comer farelo de aveia é barato e uma forma fácil de alcançar um nível ligeiramente baixo de colesterol (farelos de aveia).	A dieta deve consistir de nada além de farelo de aveia para reduzir seus níveis de colesterol.
2. 150.000 mulheres por ano morrem de anorexia (grupo feminista).	Aproximadamente mil mulheres em um ano morreram em decorrência de problemas provavelmente causados por anorexia.
3. Violência doméstica causa o maior número de defeitos de nascença do que todos os fatores médicos combinados (March of Dimes).	Sem estudos — boatos.
4. Apenas 29% das garotas no ensino médio dizem estar felizes, em comparação com 66% das garotas do ensino fundamental (American Association of University Women).	De 3.000 garotas no ensino médio, 29% responderam 'Sempre verdadeiro' à afirmação 'Eu sou feliz do jeito que sou'. A maioria respondeu 'Um pouco' e 'Às vezes'.
5. Uma em cada quatro crianças norte-americanas menores de 12 anos está com fome ou com risco de fome (Food Research and Action Center).	Com base nas respostas às perguntas: "Você já reduziu a porção das refeições?" "Você já comeu menos do que achou que deveria?" "Você já limitou o número de refeições por dia para alimentar suas crianças por estar sem dinheiro para comprar comida ou uma refeição?"
6. Há uma forte correlação entre o handicap dos CEOs no golfe e o desempenho das ações da empresa que administra: quanto menor o handicap do CEO (isto é, melhor o golfista), melhor as ações estarão (*New York Times*, 31 maio 1998).	Pesquisa enviada aos CEOs das 300 maiores empresas norte-americanas; apenas 74 revelaram seus handicaps no golfe. Dados para diversos CEOs mais bem avaliados foram excluídos da análise.

1.1 A ciência da estatística

O que a estatística significa para você? Faz você pensar na média de gols por rodada? Em pesquisas Gallup, sobre os números de desemprego, ou em distorções numéricas de fatos (mentindo com estatística!)? Ou é simplesmente um requisito acadêmico a ser cumprido? Esperamos convencê-lo de que a estatística é uma ciência importante, útil e com um escopo abrangente de aplicações em negócios, administração política, física e ciências sociais, quase ilimitado. Também queremos mostrar que a estatística pode mentir somente quando é mal aplicada. Finalmente, desejamos demonstrar o papel-chave que a estatística desempenha no raciocínio crítico — na sala de aula, no trabalho ou na vida diária. Nosso objetivo é deixar você com a impressão de que o tempo que despendeu estudando este assunto irá recompensá-lo de muitas maneiras.

O *Random House College Dictionary* define *estatística* como "a ciência que lida com a coleta, classificação, análise e interpretação da informação ou dos dados". Por conseguinte, um estatístico não é apenas alguém que calcula a média de rebatidas em jogos de beisebol ou tabula os resultados de uma pesquisa Gallup. Estatísticos profissionais são treinados em *ciência estatística* — isto é, eles são treinados para coletar informações numéricas na forma de **dados**, avaliando-os e tirando conclusões a partir deles. Além disso, estatísticos determinam qual informação é relevante em um dado problema e se as conclusões extraídas de um estudo podem ser confiáveis.

DEFINIÇÃO 1.1

Estatística é a ciência dos dados. Ela envolve coletar, classificar, resumir, organizar, analisar e interpretar informação numérica.

Na próxima seção, você verá diversos exemplos da vida real de aplicações estatísticas na empresa e no governo que envolvem a tomada de decisões e como obter conclusões.

 Florence Nightingale (1820–1910)

1.2 Tipos de aplicações estatísticas na empresa

Para a maioria das pessoas, estatística significa 'descrições numéricas'. Taxas mensais de desemprego, índice de falência para um novo negócio e proporção de mulheres executivas em um setor em particular, todos esses exemplos representam descrições estatísticas de um grande conjunto de dados coletados sobre algum fenômeno. Freqüentemente os dados são selecionados de algum conjunto maior do qual desejamos estimar alguma característica. Este processo de seleção é chamado *amostragem*. Por exemplo, você pode coletar as idades de uma amostra de consumidores em uma videolocadora para estimar a idade média de *todos* os consumidores da loja. Assim, você poderia usar suas estimativas nos anúncios da loja para atingir o grupo de faixa etária apropriada. Repare que a estatística envolve dois processos diferentes: (1) descrever conjuntos de dados e (2) obter conclusões (fazer estimativas, previsões, tomar decisões etc.) sobre os conjuntos de dados baseados na amostragem. Assim, as aplicações da estatística podem ser divididas em duas grandes áreas: *estatística descritiva* e *estatística inferencial*.

> **Definição 1.2**
>
> A **estatística descritiva** utiliza métodos numéricos e gráficos para detectar padrões em um conjunto de dados, para resumir a informação revelada em um conjunto de dados e para apresentar a informação em uma forma conveniente.

Embora seja discutida tanto a estatística descritiva quanto a inferencial nos capítulos seguintes, o tema principal é a estatística **inferencial**.

Comecemos examinando alguns casos de estudos empresariais que ilustram as aplicações da estatística.

 Estudo 1.1

"Divisão do mercado norte-americano de cartões de crédito e débito" (*U.S. Payment Card Information Network*, 22 nov. 2005)

A CardWeb.com, Inc. é líder em publicações online de informações referentes a cartões de pagamento (isto é, crédito, débito, smart, pré-pago e cartões telefônicos). A empresa rastreou todas as compras efetuadas com cartões de crédito ou débito nos Estados Unidos em 2005. A quantidade de cada compra foi gravada e classificada de acordo com o tipo de cartão usado (American Express, Discover, MasterCard ou Visa). Os resultados são mostrados na Figura 1.1. A partir do gráfico, você pode ver claramente que mais da metade das compras foi feita com um cartão Visa e quase 30% com um cartão MasterCard. Como a Figura 1.1 *descreve* o tipo de cartão usado em todas as compras com cartão de crédito em 2005, o gráfico é um exemplo de estatística descritiva.

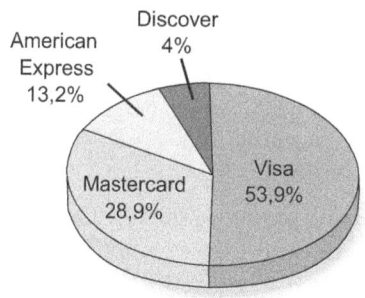

FIGURA 1.1 Divisão do mercado de cartões de crédito norte-americano em 2005 (Fonte: www.carddata.com)

> **Definição 1.3**
>
> A **estatística inferencial** utiliza uma amostra de dados para fazer estimativas, decisões, previsões ou outras generalizações acerca de um conjunto maior de dados.

 Estudo 1.2

"Executive compensation scoreboard" (*Forbes*, 8 maio 2006)

Quanto é pago aos melhores executivos dos Estados Unidos? Eles valem isso? Para responder a essas perguntas, a revista *Forbes* compila o "Executive compensation scoreboard" a cada ano com base em uma pesquisa com executivos das 500 maiores empresas norte-americanas. A média[1] total paga aos diretores-presidentes (CEOs) no placar de 2005 foi US$ 10,9 milhões — um aumento de 6% em relação ao ano anterior.

Para determinar quais executivos valem seus salários, a *Forbes* também registra o desempenho das ações das empresas a que pertencem os CEOs nos seis anos anteriores. Com base em uma comparação entre o desempenho das ações e o salário anual do CEO, a cada um é atribuído um grau de 'eficiência' — quanto menor o grau, mais o CEO vale seu salário. Uma

---

[1] Apesar de não definirmos formalmente o termo *média* até o Capítulo 2, *típico* ou *meio* pode ser substituído aqui sem confusão.

análise do placar de dados em 2005 está resumida na Tabela 1.1. A tabela revela que o CEO na indústria de bens de consumo duráveis possui a média mais baixa de eficiência (45), assim, eles têm o melhor desempenho. Os CEOs na indústria de serviços/suprimentos são os que têm o pior desempenho, com o grau de eficiência mais alto (155). Diante dessa informação, a *Forbes* pode *inferir* que, da perspectiva dos acionistas, o típico diretor-presidente em serviços/suprimentos recebe mais se comparado aos CEOs do setor de bens de consumo duráveis. Portanto, esse estudo é um exemplo de *estatística inferencial*.

Estudo 1.3

"O Índice de Preços ao Consumidor" (*Departamento do Trabalho Norte-americano*)

Um conjunto de dados que virtualmente interessa a todos os norte-americanos é o conjunto de preços cobrados por bens e serviços na economia de seu país.

TABELA 1.1 Média de bônus por desempenho. Níveis de eficiência dos CEOs por indústria

Indústria	Média
Bens de consumo duráveis	45.000
Transportes	66.667
Aeroespacial/defesa	73.500
Utilidades	74.000
Financeiros diversificados	78.118
Bens de capital	78.250
Cuidados da saúde	82.385
Mídia	85.000
Construção	89.375
Conglomerados	91.000
Doméstico/produtos pessoais	92.000
Seguros	92.000
Petróleo & gás	93.000
Bancos	101.000
Hotéis/restaurantes/lazer	101.750
Telecomunicações	103.800
Químicos	110.500
Equipamentos de tecnologia	112.333
Software & serviços	114.000
Materiais	120.333
Varejo	126.556
Semicondutores	129.250
Serviços/suprimentos	155.000

Fonte: Análise de dados em "Executive Compensation Scoreboard", *Forbes*, 8 maio 2006.

A tendência geral de aumento nesses preços é chamada *inflação* e a queda nos preços é conhecida como *deflação*. De modo a *estimar* a alteração nos preços ao longo do tempo, o Bureau de Estatísticas do Trabalho (BLS) do Departamento do Trabalho norte-americano desenvolveu o Índice de Preços ao Consumidor (IPC). A cada mês, o BLS coleta dados de preços de uma seleção específica de bens e serviços (chamados de *cesta de bens e serviços*) de 85 áreas urbanas do país. Procedimentos estatísticos são usados para calcular o IPC dessa amostra de dados de preços e de outras informações sobre os hábitos de consumo das pessoas. Ao comparar o IPC em diferentes momentos, é possível *estimar* (fazer uma inferência sobre) a taxa de inflação em um intervalo de tempo e comparar o poder de compra do dólar em diferentes momentos no tempo.

Um dos maiores usos do IPC como um índice de inflação é o de indicador do sucesso ou fracasso das políticas econômicas do governo. Outro uso é o de índice de reajuste dos salários. Milhões de trabalhadores possuem *dissídios salariais* em seus acordos sindicais coletivos; estas cláusulas indicam os aumentos nas taxas salariais com base em aumentos no IPC. Além disso, os benefícios da Previdência Social, a aposentadoria militar e os salários do funcionalismo público estão atrelados ao IPC. Estima-se que 1% de aumento no IPC pode disparar um acréscimo de mais de US$ 1 bilhão em pagamento de salários. Assim, pode-se dizer que a vida de milhões de norte-americanos depende do comportamento de uma estimativa estatística: o IPC.

Como o Estudo 1.2, este é um exemplo de *estatística inferencial*. Os dados de preço da cesta de bens e serviços coletados de uma amostra de áreas urbanas (usadas para calcular o IPC) são usados nas inferências sobre a taxa de inflação e o aumento dos salários.

Os estudos apresentados fornecem três exemplos reais dos usos da estatística nos negócios, na economia e no governo. Repare que cada um envolve uma análise de dados, mesmo para o propósito da descrição do conjunto de dados (Estudo 1.1) ou para fazer inferências acerca de um conjunto de dados (estudos 1.2 e 1.3).

1.3 Elementos fundamentais da estatística

Métodos estatísticos são particularmente úteis para estudar, analisar e aprender sobre *populações* de *unidades experimentais*.

DEFINIÇÃO 1.4

Uma **unidade experimental** é um objeto (isto é, pessoa, coisa, transação ou evento) a partir do qual coletamos dados.

DEFINIÇÃO 1.5

Uma **população** é um conjunto de unidades (geralmente, pessoas, objetos, transações ou eventos) que nos interessa estudar.

Por exemplo, populações podem incluir (1) *todos* os trabalhadores empregados nos Estados Unidos, (2) *todos* os eleitores registrados na Califórnia, (3) *todos* que compraram uma marca específica de telefone celular, (4) *todos* os carros produzidos no ano passado por uma linha de montagem em particular, (5) o estoque *inteiro* de peças de reposição das instalações de manutenção da United Airlines, (6) *todas* as vendas realizadas no drive-thru de uma lanchonete da rede McDonald's durante certo ano e (7) o conjunto de *todos* os acidentes ocorridos em determinada extensão de uma rodovia durante o período de um feriado. Note que os primeiros três exemplos de população (1–3) são conjuntos (grupos) de pessoas, os dois seguintes (4–5) são conjuntos de objetos, o próximo (6) é um conjunto de transações e o último (7) é um conjunto de eventos. Observe também que *cada conjunto inclui todas as unidades experimentais na população* de interesse.

Ao estudar uma população, focamos uma ou mais características ou propriedades das unidades experimentais na população. Chamamos tais características de *variáveis*. Por exemplo, podemos nos interessar pelas variáveis idade, sexo, renda e/ou número de anos de escolaridade das pessoas atualmente desempregadas nos Estados Unidos.

DEFINIÇÃO 1.6

Variável é uma característica ou propriedade de uma unidade experimental.

A denominação *variável* é derivada do fato de que qualquer característica pode variar entre as unidades experimentais de uma população.

Ao estudar uma variável em particular, é útil obter-lhe uma representação numérica. Entretanto, normalmente representações numéricas não estão disponíveis prontamente, por isso o processo de medição desempenha um importante papel ao auxiliar os estudos estatísticos.

A **medição** é o processo que usamos para atribuir números às variáveis de unidades populacionais distintas. Podemos, por exemplo, medir a preferência por um produto alimentício solicitando a um consumidor para avaliar o sabor do produto em uma escala de 1 a 10. Ou podemos mensurar a idade da força de trabalho simplesmente perguntando a cada trabalhador: "qual a sua idade?" De acordo com o caso, a medição pode envolver o uso de instrumentos como cronômetros, réguas e calibradores.

Se desejamos estudar uma população pequena, é possível medir uma variação para cada unidade na população. Por exemplo, se você está medindo o salário inicial para todos os graduados do MBA de Michigan no ano passado, é pelo menos factível obter cada salário. Quando medimos uma variável para cada unidade experimental de uma população, o resultado é chamado de **censo** da população. Tipicamente, entretanto, as populações de interesse na maioria das aplicações são bem maiores, envolvendo talvez muitos milhares ou ainda um número infinito de unidades. Na Definição 1.5, foram citados alguns exemplos de grandes populações. Também podem ser consideradas exemplos todas as faturas emitidas no ano passado por uma das 500 empresas da *Fortune*, todos os potenciais compradores de uma nova máquina de fax e todos os acionistas de uma empresa listada na Bolsa de Valores de Nova York. Conduzir um censo para tais populações teria um custo proibitivo em termos de tempo e dinheiro. Uma alternativa razoável seria selecionar e estudar um *subconjunto* (ou porção) das unidades na população.

DEFINIÇÃO 1.7

Uma **amostra** é um subconjunto de unidades de uma população.

Por exemplo, suponha uma empresa que está sendo auditada em seu faturamento. Em vez de examinar todas as 15.472 faturas emitidas durante certo ano, um auditor pode selecionar e examinar uma amostra de apenas 100 faturas (veja Figura 1.2). Se ele estiver interessado na variável 'fatura com erro', gravaria (mediria) a condição (erro ou não erro) de cada fatura da amostra.

Após cada variável de interesse de unidade experimental na amostra (ou população) ser medida, os dados são analisados por métodos estatísticos descritivos ou inferenciais. O auditor, por exemplo, pode apenas *descrever* a taxa de erro na amostra de 100 faturas. Contudo, é mais provável que ele utilize a informação obtida para fazer *inferências* sobre a população de todas as 15.472 faturas.

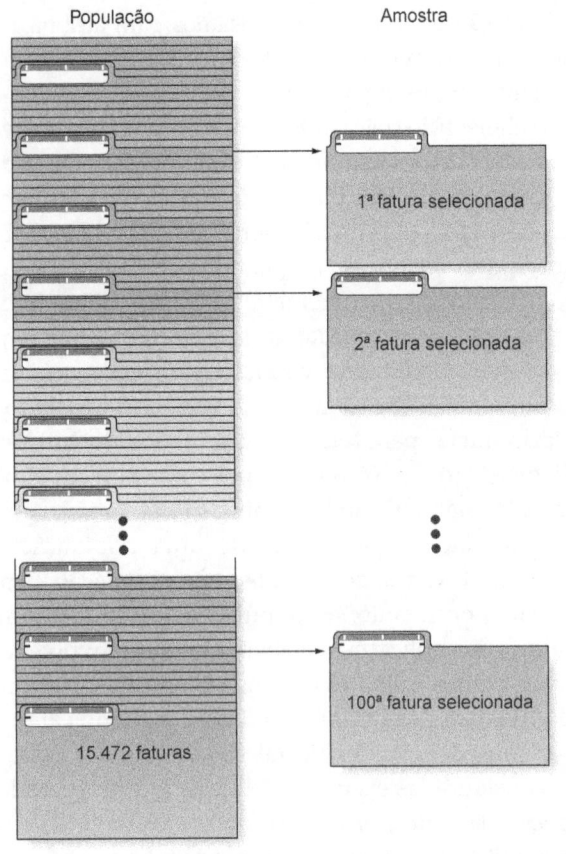

FIGURA 1.2 Uma amostra de todos os registros da empresa

Uma **inferência estatística** é uma estimativa ou previsão ou alguma outra generalização sobre uma população com base em informações contidas em uma amostra.

Isto é, usamos a informação contida na amostra para estudar uma população maior[2]. Ainda no exemplo anterior, o auditor pode estimar o número total de faturas com erros contidas na população de 15.472 faturas. A inferência do auditor sobre a qualidade das faturas da empresa pode ser usada para determinar mudanças nas operações financeiras da empresa.

EXEMPLO 1.1

ELEMENTOS-CHAVE DE UM PROBLEMA ESTATÍSTICO

Problema De acordo com *The State of the News Media*, 2006, a idade média dos telespectadores do programa *ABC World News Tonight* é de 59 anos. Suponha que uma executiva de uma rede rival presuma que a média de idade dos telespectadores do *ABC News* é menor do que 59 anos. Para testar a sua hipótese ela coleta uma amostra de 500 telespectadores do noticiário noturno *ABC* e determina a idade de cada um.

a. Descreva a população.
b. Descreva a variável de interesse.
c. Descreva a amostra.
d. Descreva a inferência.

Solução

a. A população é o conjunto de unidades de interesse da executiva da TV, formada por todo o conjunto de telespectadores do noticiário noturno do *ABC*.
b. A idade (em anos) de cada telespectador é a variável de interesse.
c. A amostra deve ser um subconjunto da população. Neste caso, são os 500 telespectadores do *ABC News* selecionados pela executiva.
d. A inferência de interesse envolve a *generalização* da informação contida na amostra de 500 telespectadores para a população de todos os telespectadores do noticiário noturno do *ABC*. Neste caso, a executiva quer *estimar* a idade média dos telespectadores para determinar se é menor do que 59 anos. Ela pode conseguir isso calculando a idade média da amostra e usando-a para estimar a média da população.

Lembre-se A chave para diagnosticar um problema estatístico é identificar o conjunto de dados coletados (neste exemplo, as idades dos 500 telespectadores do noticiário noturno do *ABC*) como uma população ou amostra.

EXEMPLO 1.2

ELEMENTOS-CHAVE DE UM PROBLEMA ESTATÍSTICO

Problema A Guerra das 'Colas' é o termo popular para a intensa competição entre Coca-Cola e Pepsi mostrada em suas campanhas de marketing. As campanhas têm estrelas do cinema e televisão, vídeos de rock, apoio de atletas e afirmações das preferências dos consumidores com base em testes de sabor. Como uma parte de uma campanha de marketing da Pepsi, suponha que 1.000 consumidores de refrigerante sabor cola submetam-se a um teste cego de sabor (isto é, as marcas estão encobertas). Cada consumidor é questionado quanto à sua preferência em relação à marca A ou B.

a. Descreva a população.
b. Descreva a variável de interesse.
c. Descreva a amostra.
d. Descreva a inferência.

Solução

a. Uma vez que estamos interessados nas respostas dos consumidores de refrigerantes sabor cola no teste de

---

[2] Os termos *população* e *amostra* são geralmente usados para referência aos próprios conjuntos de medição, bem como às unidades das quais as medições são feitas. Quando uma única variável de interesse é medida, este uso causa um pouco de confusão. Mas quando a terminologia é ambígua, referimo-nos às medições como *conjunto de dados da população* e *conjunto de dados da amostra*, respectivamente.

sabor, um consumidor desse tipo de refrigerante é uma unidade experimental. Assim, a população de interesse é a coleção ou conjunto de todos esses consumidores.

b. A característica que a Pepsi deseja medir é a preferência do consumidor de refrigerante sabor cola revelada sob a aplicabilidade de um teste cego, logo, a preferência pelo tipo de refrigerante é a variável de interesse.

c. A amostra é de 1.000 consumidores de refrigerante sabor cola selecionados da população de todos os consumidores desse tipo de refrigerante.

d. A inferência de interesse é a *generalização* da preferência de refrigerante sabor cola dos 1.000 consumidores da amostra para a população de todos os consumidores desse tipo de refrigerante. Em particular, as preferências dos consumidores da amostra podem ser usadas para estimar o percentual de todos os consumidores que preferem cada marca.

Lembre-se Ao determinar se a inferência é inferencial ou descritiva, avaliamos se a Pepsi está interessada nas respostas de apenas 1.000 consumidores da amostra (estatística descritiva) ou nas respostas para a população inteira de consumidores (estatística inferencial).

Agora faça o Exercício 1.14b

As definições e os exemplos anteriores identificam quatro dos cinco elementos de um problema inferencial estatístico: uma população, uma ou mais variáveis de interesse em uma amostra e uma inferência. Mas fazer a inferência é apenas parte da história. Também precisamos saber sua **confiabilidade** — isto é, o quão boa a inferência é. A única maneira de termos certeza de que uma inferência sobre uma população está correta é incluir a população inteira em nossa amostra. Entretanto, devido aos *recursos limitados* (isto é, tempo insuficiente e/ou dinheiro), normalmente não podemos trabalhar com populações inteiras, logo, baseamos nossas inferências em apenas uma parte da população (uma amostra). Conseqüentemente, sempre que possível, é importante determinar e relatar a confiabilidade de cada inferência. Confiabilidade, então, é o quinto elemento dos problemas estatísticos inferenciais.

O grau da confiabilidade de uma inferência separa a ciência da estatística da arte de 'adivinhar a sorte'. Um quiromante, como um estatístico, pode examinar a amostra (sua mão) e fazer inferências acerca da população (sua vida). Contudo, ao contrário das inferências estatísticas, as inferências do quiromante não incluem medidas de confiabilidade.

Consideremos que, como a executiva da TV no Exemplo 1.1, estamos interessados no *erro de estimativa* (isto é, a diferença entre a idade média para a população de telespectadores de TV e a idade média de uma amostra de telespectadores de TV).

Usando métodos estatísticos, podemos determinar um *limite do erro de estimativa*. Este limite é simplesmente um número que nosso erro de estimativa (a diferença entre a idade média da amostra e a idade média da população) não pode exceder. Nos capítulos seguintes veremos que essa fronteira é uma medida de incerteza da nossa inferência. A confiabilidade das inferências estatísticas é discutida ao longo de todo o livro. Por enquanto, queremos apenas que você entenda que uma inferência é incompleta sem uma medida de sua confiabilidade.

Definição 1.9

Uma **medida de confiabilidade** é uma afirmação (geralmente quantificada) sobre o grau de incerteza associado a uma inferência estatística.

Concluiremos esta seção com um resumo dos problemas nos elementos da estatística descritiva e inferencial e um exemplo para ilustrar uma medida de confiabilidade.

Quatro elementos dos problemas estatísticos descritivos

1. População ou amostra de interesse
2. Uma ou mais variáveis (características da população ou unidades da amostra) que serão investigadas
3. Tabelas, gráficos ou ferramentas de resumo numéricas
4. Identificação de padrões nos dados

Cinco elementos dos problemas estatísticos inferenciais

1. População de interesse
2. Uma ou mais variáveis (características da população ou unidades da amostra) que serão investigadas
3. Unidades da amostra da população
4. Inferência sobre a população baseada em informações contidas na amostra
5. Uma medida de confiabilidade para a inferência

EXEMPLO 1.3

Confiabilidade de uma inferência

Problema Observe o Exemplo 1.2, no qual a preferência dos 1.000 consumidores de refrigerante sabor cola foram indicados em um teste de sabor. Descreva como a confiabilidade de uma inferência concernente às preferências de todos os consumidores de refrigerante sabor cola poderia ser medida na região do marketing da Pepsi.

Solução

Quando as preferências dos 1.000 consumidores são usadas para estimar as preferências dos consumidores da região, a estimativa não refletirá exatamente as preferências da população. Por exemplo, se o teste de sabor mostra que 56% dos 1.000 consumidores escolheram a Pepsi, isso não quer dizer (nem é provável) que exatamente 56% de todos os que bebem refrigerante sabor cola na região preferem Pepsi. Não obstante, podemos usar a razoabilidade estatística (apresentada mais adiante neste livro) para assegurar que nosso procedimento de amostragem gerará estimativas quase exatas dentro de um limite especificado da verdadeira porcentagem de todos os consumidores que preferem Pepsi. Por exemplo, tal razoabilidade pode nos assegurar que a estimativa da preferência por Pepsi da amostra é quase certa dentro de 5% da preferência populacional atual. A implicação é que a preferência atual por Pepsi está entre 51% [ou seja, (56 − 5)%] e 61% [ou seja, (56 + 5)%] — isto é,(56 ± 5)%. Este intervalo representa a medida de confiabilidade para a inferência.

Lembre-se O intervalo 56 ± 5 é chamado de *intervalo de confiança*, desde que temos 'confiança' de que a verdadeira porcentagem de consumidores que preferem Pepsi em um teste de sabor está dentro da faixa (51, 61). No Capítulo 5, aprenderemos como avaliar o grau de confiança (por exemplo, 90 ou 95% de confiança) no intervalo.

1.4 Processos (opcional)

As seções 1.2 e 1.3 concentram-se no uso de métodos estatísticos para a análise de populações — conjuntos de unidades *existentes* — e o aprendizado sobre elas. Métodos estatísticos são igualmente úteis para analisar e fazer inferências sobre *processos*.

Os mais conhecidos processos de interesse para as empresas são aqueles relativos à produção ou manufatura. Um processo de manufatura utiliza uma série de operações desempenhadas por pessoas e máquinas para converter insumos, como matérias-primas e peças, em produtos acabados (o produto). Como exemplo podemos considerar o processo utilizado para produzir o papel em que este livro foi impresso, as linhas de montagem automotivas e as refinarias de petróleo.

DEFINIÇÃO 1.10

Um **processo** é uma série de ações ou operações que transformam 'insumos' em 'produtos'. Um processo produz ou gera 'produtos' ao longo do tempo.

A Figura 1.3 apresenta uma descrição geral de um processo e seus insumos e produtos. No contexto da manufatura, o processo na figura (processo de transformação) poderia ser a descrição de toda a produção ou apenas de um dos muitos processos envolvidos (algumas vezes chamados *subprocessos*) na produção. Portanto, o produto ilustrado poderia ser tanto um bem final pronto para ser enviado para o cliente quanto uma etapa ou subprocesso de toda a produção. No último caso, o produto torna-se o insumo para o próximo subprocesso. Por exemplo, a Figura 1.3 poderia representar uma visão geral de um processo de montagem de automóveis, sendo seus produtos carros completamente montados e prontos para o envio às lojas ou o subprocesso de montagem do pára-brisas, sendo o produto carros parcialmente montados, com pára-brisas prontos para 'envio' ao próximo subprocesso na linha de montagem.

Além dos produtos físicos e serviços, as empresas e outras organizações geram, ao longo do tempo, corren-

---

ESTATÍSTICA EM AÇÃO REVISITADA

IDENTIFICANDO A POPULAÇÃO, A AMOSTRA E A INFERÊNCIA PARA O ESTUDO DE HANDICAP DOS CEOs NO GOLFE – DESEMPENHO DAS AÇÕES

Considere o estudo sobre a relação entre o handicap dos CEOs no golfe e o desempenho das ações da empresa relatado no *New York Times* (31 maio 1998). O jornal coletou informações sobre o handicap de executivos no golfe obtidos de uma pesquisa enviada aos CEOs das 300 maiores empresas norte-americanas pelo *Golf Digest*. (No golfe, o handicap é um 'índice' numérico que permite aos golfistas comparar suas habilidades; quanto menor o índice, melhor o jogador.) Para os 51 CEOs que relataram seus índices, o *New York Times* determinou o desempenho das ações da empresa do CEO no mercado em um período de três anos (medidos como um índice de taxa de retorno, com valor mínimo de 0 e máximo de 100). Assim, a unidade experimental para o estudo é um executivo, e as duas variáveis medidas são o handicap no golfe e o índice de desempenho das ações. Além disso, os dados para os 51 CEOs representam uma amostra selecionada de uma população bem maior de todos os executivos nos Estados Unidos (estes dados estão disponíveis no arquivo **GOLFCEO**, presente no Companion Website do livro).

O *New York Times* descobriu uma 'correlação estatística' (um método discutido no Capítulo 10) entre o handicap no golfe e o índice de desempenho das ações. Desta forma, o jornal inferiu que, quanto melhor o CEO joga golfe, melhor o desempenho das ações da empresa.

tes de dados numéricos que são usados para avaliar o desempenho da organização. Gráficos de vendas semanais, receitas no quadrimestre e lucros anuais são alguns exemplos. A economia norte-americana (uma organização complexa) pode ser imaginada como geradora de correntes de dados que incluem o Produto Interno Bruto (PIB), preços das ações e o Índice de Preços ao Consumidor (veja Seção 1.2). De acordo com estatísticos e outros analistas, essas correntes de dados são geradas por processos. Normalmente, entretanto, as séries de operações ou ações que dão origem a um dado em particular são tão desconhecidas ou complexas (ou ambas) que os processos são tratados como *caixas-pretas*.

> **DEFINIÇÃO 1.11**
>
> Um processo cujas operações ou ações são desconhecidas ou não especificadas é chamado de **caixa-preta**.

Freqüentemente, quando um processo é tratado como uma caixa-preta, seus insumos também não são especificados. O foco todo está no produto do processo. A Figura 1.4 ilustra um processo caixa-preta.

Ao estudarmos um processo, geralmente nos concentramos em uma ou mais características ou propriedades do produto. Por exemplo, podemos estar interessados no peso ou no comprimento das unidades produzidas ou, ainda, no tempo que leva para produzir cada unidade. Assim como as características de unidades da população, estas também são chamadas *variáveis*. Ao estudar processos cujos produtos já estejam na forma numérica (isto é, uma corrente de números), a característica ou propriedade representada pelos números (vendas, PIB ou preços das ações) é geralmente a variável de interesse. Se o produto não é numérico, usamos *processos de medição* para atribuir valores numéricos às variáveis.[3] Por exemplo, se no processo de montagem de um automóvel o peso do automóvel montado por completo for a variável de interesse, um processo de medição envolvendo uma ampla escala será usado para atribuir um valor numérico para cada automóvel.

Tal como acontece com populações, usamos amostras de dados para analisar e fazer inferências (estimativas, previsões ou outras generalizações) sobre processos. Mas o conceito de uma amostra é definido de maneira diferente quando se lida com processos. Lembre que uma população é um conjunto de unidades já existentes e que uma amostra é um subconjunto dessas unidades. No caso dos processos, no entanto, o conceito de um conjunto de unidades existentes não é pertinente ou adequado. Processos geram ou criam o seu produto *ao longo do tempo* — unidade após unidade. Por exemplo, uma determinada linha de montagem de automóveis produz um veículo completo a cada quatro minutos. Definimos uma amostra de um processo ainda durante a produção.

> **DEFINIÇÃO 1.12**
>
> Qualquer conjunto de produtos (objeto ou números) produzido por um processo é chamado de **amostra**.

Assim, os próximos dez carros saídos da linha de montagem constituem uma amostra do processo, assim como os próximos 100 ou cada quinto automóvel produzido hoje.

EXEMPLO 1.4

ELEMENTOS-CHAVE DE UM PROCESSO

Problema Uma certa cadeia de fast-food possui 6.289 unidades equipadas com serviço de drive-thru. Para atrair mais clientes para este serviço, a empresa está considerando oferecer um desconto de 50% àqueles que aguardarem mais de um certo tempo em minutos para receber seus pedidos. A empresa decidiu, então, estimar o tempo médio de espera em um drive-thru em Dallas, Texas, para estimar o limite de tempo a ser estipulado na campanha. Por sete dias consecutivos, o

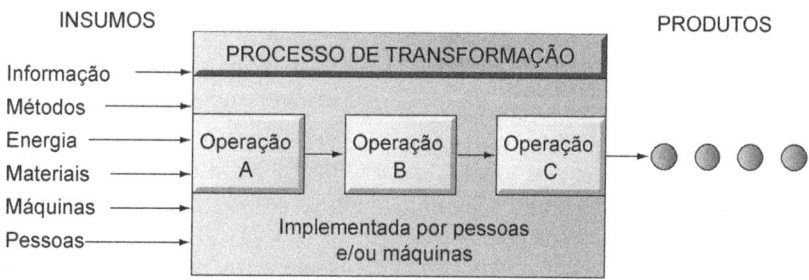

FIGURA 1.3 Gráfico descritivo de um processo de manufatura

---

[3] Um processo cuja saída já está na forma numérica necessariamente inclui um processo de medição como um de seus subprocessos.

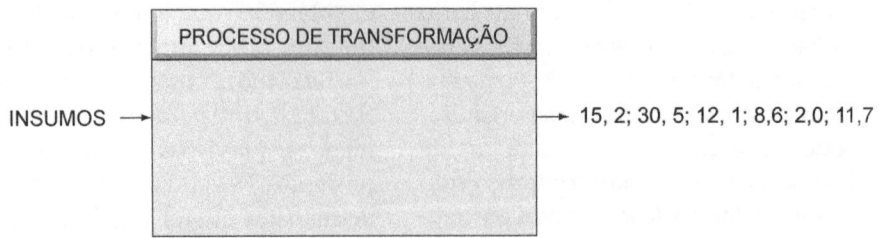

FIGURA 1.4 Um processo caixa-preta com produto numérico

funcionário que anotava o pedido dos clientes registrou a hora em que cada pedido era feito, e o funcionário que entregava o pedido fez o mesmo. Em ambos os casos, foram usados relógios digitais sincronizados. Ao final do período de sete dias, 2.109 pedidos tinham sidos cronometrados.

a. Descreva o processo de interesse no restaurante de Dallas.
b. Descreva a variável de interesse.
c. Descreva a amostra.
d. Descreva a inferência de interesse.
e. Descreva como a confiabilidade da inferência poderia ser medida.

Solução
a. O processo de interesse é a janela do drive-thru em uma lanchonete de fast-food em Dallas, Texas. Este é um processo porque 'produz', ou 'gera', refeições ao longo do tempo — isto é, atende aos clientes durante o tempo.
b. A variável que a empresa monitorou foi o tempo de espera do cliente, o espaço de tempo que um cliente aguarda para receber uma refeição após fazer um pedido. Uma vez que o estudo tem como foco apenas a saída do processo (o tempo para produzir a saída) e não as suas operações internas (as tarefas necessárias para produzir uma refeição para um cliente), o processo é tratado como uma caixa-preta.
c. O plano de amostragem era o monitoramento dos pedidos durante determinada semana. A amostra é de 2.109 pedidos processados durante o período de sete dias.
d. O interesse imediato da empresa é aprender sobre o drive-thru em Dallas. Para isso, pretende usar os tempos de espera obtidos da amostra e fazer uma inferência estatística sobre o processo do drive-thru. Também é possível usar o tempo médio de espera da amostra para, neste caso, estimar o tempo médio de espera para esse serviço no restaurante de Dallas.
e. Assim como para as inferências acerca das populações, medidas de confiabilidade podem ser desenvolvidas para inferências sobre processos. A confiabilidade da estimativa do tempo médio de espera no restaurante de Dallas poderia ser medida por um limite do erro de estimativa — isto é, ao encontrar um tempo médio de espera de 4,2 minutos, se o limite do erro de estimativa for de 0,5 minutos, é quase certo que o verdadeiro tempo médio de espera no processo de Dallas estará entre 3,7 e 4,7 minutos.

Lembre-se Note que há também uma população descrita neste exemplo: as 6.289 unidades existentes com as instalações de drive-thru. Na análise final, a empresa usará o que aprendeu sobre o processo em Dallas e, talvez, outros estudos similares feitos em outras localidades para inferir sobre os tempos de espera nas suas populações de fast-food.

AGORA FAÇA O EXERCÍCIO **1.30**

Note que o produto gerado por um processo pode ser visto como uma população. Suponha que um processo de engarrafamento de uma bebida produziu 2.000 pacotes de 12 unidades ontem, que foram armazenados em um depósito. Se nos interessar saber algo sobre esses pacotes — tal como a porcentagem de embalagens defeituosas —, tratamos os 2.000 pacotes de 12 unidades como uma população. Como descrito nas seções 1.2 e 1.3, é possível retirar uma amostra da população do depósito, medir a variável de interesse e usar os dados obtidos da amostra para fazer uma inferência estatística acerca dos 2.000 pacotes.

Nesta seção opcional, apresentamos uma breve introdução aos processos e ao uso de métodos estatísticos para analisar e aprender sobre processos. Tais assuntos serão abordados com mais profundidade nos capítulos 12 e 13.

1.5 Tipos de dados

Você aprendeu que a estatística é a ciência dos dados obtidos da medição de valores de uma ou mais variáveis nas unidades da amostra (ou população). Todos os dados (e por conseguinte as variáveis que medimos) podem ser classificados como um dos dois tipos gerais: *quantitativo* e *qualitativo*.

Dados quantitativos são aqueles medidos em uma escala numérica que ocorre naturalmente.[4]

---

[4] Dados quantitativos podem ser subclassificados tanto como intervalo quanto como razão. Para dados em razão, a origem (valor 0) é um número significativo. Mas a origem não tem significado com o intervalo de dados. Conseqüentemente, podemos somar e subtrair intervalos de dados, mas não podemos multiplicá-los e dividi-los. Dos quatro conjuntos de dados quantitativos listados, (1) e (3) são intervalos de dados, enquanto (2) e (4) são razões de dados.

São exemplos de dados quantitativos:
1. A temperatura (em graus Celsius) em que cada unidade em uma amostra de 20 peças de plástico resistentes ao calor começam a derreter.
2. A atual taxa de desemprego (medida em porcentagem) para cada um dos 50 estados norte-americanos.
3. A pontuação de uma amostra de 150 candidatos ao MBA pelo GMAT, um teste de admissão padronizado das escolas de graduação em negócios, aplicado em âmbito nacional.
4. O número de mulheres executivas empregadas em cada uma das amostras de 75 empresas de manufatura.

Definição 1.13

Dados quantitativos são medidas registradas em uma escala numérica de ocorrência natural.

Em oposição, dados qualitativos não podem ser medidos em uma escala numérica natural; eles podem apenas ser classificados em categorias.[5] Exemplos de dados qualitativos são:

1. A afiliação a um partido político (democrata, republicano ou independente) em uma amostra de 50 CEOs.
2. A condição de defeito (defeito ou não) de cada um dos 100 chips de computador fabricados pela Intel.
3. O tamanho de um carro (subcompacto, compacto, médio ou grande) alugado por cada indivíduo de uma amostra de 30 viajantes a negócio.
4. Uma classificação de um avaliador de sabor (melhor, pior etc.) de quatro marcas de molho para churrasco em um painel de 10 avaliadores.

Geralmente, atribuímos valores numéricos arbitrários aos dados qualitativos para facilitar a entrada dos dados no computador e a análise. Mas esses valores numéricos atribuídos são simples códigos: eles não podem significativamente ser somados, subtraídos, multiplicados ou divididos. Por exemplo, podemos atribuir os seguintes códigos: democrata = 1, republicano = 2 e independente = 3. Da mesma forma, um avaliador de sabor pode classificar os molhos para churrasco de 1 (melhor) a 4 (pior). Estes são simplesmente códigos numéricos selecionados arbitrariamente para as categorias e não têm outra utilidade além dessa.

Definição 1.14

Dados qualitativos são mensurações que não podem ser medidas em uma escala numérica natural; eles só podem ser classificados em um grupo de categorias.

Demonstramos diversos métodos úteis para análise quantitativa e qualitativa de dados nos próximos capítulos deste texto. Mas, antes, examinemos algumas importantes idéias sobre a coleta de dados.

EXEMPLO 1.5

TIPOS DE DADOS

Problema Indústrias ou fábricas de produtos químicos algumas vezes se desfazem de lixo tóxico, como o DDT, em rios e cursos d'água próximos. Estas toxinas podem afetar negativamente plantas e animais que habitam o rio e suas margens. O U.S. Army Corps of Engineers conduziu um estudo dos peixes do rio Tennessee (no Alabama) e em seus três afluentes: Flint Creek, Limestone Creek e Spring Creek. Um total de 144 peixes foram capturados e submetidos à medição das seguintes variáveis:

1. Rio/riacho onde cada peixe foi capturado.
2. Espécie (bagre-de-canal, black bass ou smallmouth buffalo).
3. Comprimento (centímetros).
4. Peso (gramas).
5. Concentração de DDT (partes por milhão).

Estes dados estão salvos no arquivo **DDT**. Classifique cada uma das cinco variáveis medidas como quantitativa ou qualitativa.

Solução
As variáveis comprimento, peso e DDT são quantitativas porque cada uma é medida em uma escala numérica: comprimento em centímetros, peso em gramas e DDT em partes por milhão. Em oposição, as variáveis rio/riacho e espécies não podem ser medidas quantitativamente, mas apenas ser classificadas em categorias (bagre-de-canal, black bass e smallmouth buffalo, como espécies). Conseqüentemente, os dados sobre o rio/riacho e as espécies são qualitativos.

Lembre-se É essencial que você entenda se os dados são quantitativos ou qualitativos na natureza, porque o método estatístico apropriado para descrever, relatar e analisar os dados depende do tipo de dados (quantitativo ou qualitativo).

AGORA FAÇA O EXERCÍCIO 1.16

---

[5] Dados qualitativos podem ser subclassificados tanto como nominais quanto como ordinais. As categorias de um conjunto de dados ordinal pode ser avaliada ou significativamente ordenada, mas as categorias em um conjunto de dados nominal não podem ser ordenadas. Dos quatro conjuntos de dados qualitativos listados acima, (1) e (2) são nominais e (3) e (4) são ordinais.

1.6 Coleta de dados

Uma vez decidido o tipo de dados — quantitativo ou qualitativo — apropriados para o problema em pauta, você precisará coletá-los. Geralmente, você pode obtê-los de quatro formas diferentes:

1. Dados de *fonte publicada*
2. Dados de *estudo controlado*
3. Dados de *pesquisa*
4. Dados coletados por meio de *observação*

Algumas vezes, o conjunto de dados de interesse já foi coletado e está disponível numa **fonte publicada**, tais como um livro, jornal, periódico ou site da internet. Por exemplo, você pode querer examinar e sintetizar as taxas de desemprego (ou seja, as porcentagens de trabalhadores aptos para o trabalho e que estão desempregados) em 50 estados dos Estados Unidos. Esse conjunto de dados (assim como outros inúmeros conjuntos de dados) pode ser encontrado no *Statistical Abstract of the United States*, publicado anualmente pelo governo dos Estados Unidos. Da mesma forma, alguém interessado nas taxas mensais de hipoteca para a casa própria encontrará tais dados no *Survey of Current Business*, outra publicação do governo. Outros exemplos de publicações sobre pesquisas de dados incluem o *Wall Street Journal* (dados financeiros) e o *The Sporting News* (informações sobre esportes)[6].

Um segundo método de coleta de dados envolve a condução de um **estudo controlado**, no qual o pesquisador exerce um estrito controle sobre as unidades sob estudo (pessoas, objetos ou eventos). Por exemplo, um recente estudo médico investigou o poder preventivo da aspirina em ataques do coração. Médicos voluntários foram divididos em dois grupos — o *grupo experimental* e o *grupo de controle*. No grupo experimental, cada médico tomou uma drágea de aspirina por dia durante um ano, enquanto que, no grupo de controle, os médicos tomaram um placebo imitando uma drágea de aspirina. Os pesquisadores, não os médicos sob estudo, controlavam quem recebia a drágea de aspirina (tratamento) e quem recebia o placebo. Como você aprenderá no Capítulo 10, um estudo controlado permite que se extraiam mais informações dos dados do que seria possível num estudo não-controlado.

As pesquisas são a terceira fonte de dados. Com uma **pesquisa**, o pesquisador tira uma amostra de um grupo de pessoas e submete-as a uma ou mais questões, registrando suas respostas. Provavelmente o tipo mais conhecido de pesquisa seja a pesquisa

ATIVIDADE 1.1

GUARDE O TROCO: COLETA DE DADOS

Em 2006, o Bank of America introduziu um programa de poupança chamado *Guarde o troco*. Cada vez que um consumidor inscrito no programa utilizar seu cartão de débito para efetuar uma compra, a diferença entre o total da compra e o próximo valor em dólar arredondado para cima é transferida da conta corrente do cliente para uma conta poupança. Por exemplo, se você estivesse inscrito no programa e tivesse usado seu cartão de débito para comprar um café por $ 3,75, então $ 0,25 seriam transferidos da sua conta corrente para sua poupança. Para os primeiros 90 dias de inscrição no programa de um cliente, o Bank of America arredonda os valores transferidos que estiverem acima de $ 250. Nesta e nas atividades subseqüentes, iremos investigar o benefício em potencial para o cliente e o custo para o banco.

1. Simule o programa mantendo um registro de todas as compras que você efetua durante uma semana e que poderiam ser feitas com um cartão de débito, mesmo que você use uma forma diferente de pagamento. Para cada compra, registre os dois valores, o total da compra e a quantidade que seria transferida de conta corrente para a poupança caso estivesse inscrito no programa *Guarde o troco*.

2. Você tem agora dois conjuntos de dados: *total das compras* e *quantidades transferidas*. Os dois conjuntos contêm dados quantitativos. Para cada conjunto de dados, identifique a correspondente escala de ocorrência numérica natural. Explique por que cada conjunto tem um limite inferior evidente, mas apenas um conjunto tem um limite superior definido.

3. Encontre o total de quantidades transferidas para um período de uma semana. Uma vez que 90 dias são aproximadamente 13 semanas, multiplique o total por 13 para estimar o quanto o banco teria de arredondar durante os primeiros 90 dias. Forme um terceiro conjunto de dados, *Arredondamento do banco*, coletando as estimativas de 90 dias de todos os estudantes na sua sala. Identifique a escala de ocorrência natural, incluindo limites, para este conjunto de dados.

Salve os conjuntos de dados desta atividade para uso em outras atividades. Sugerimos que você salve os dados usando um *software* estatístico (Minitab) ou uma calculadora gráfica.

---

[6] Com dados publicados, freqüentemente fazemos a distinção entre fontes primárias e secundárias. Se o editor é o coletor original dos dados, a fonte é primária. Caso contrário, os dados são de fonte secundária.

eleitoral, conduzida por diversas organizações (por exemplo, Harris, Gallup, Roper e CNN) e elaborada para prever os resultados das eleições. Outra pesquisa bem conhecida é a Nielsen, que fornece à maioria das redes de televisão as informações sobre os programas de TV mais assistidos. As pesquisas podem ser feitas por correspondência, por entrevistas telefônicas ou pessoalmente. Embora as entrevistas pessoais sejam mais caras do que as feitas por meio de correio ou telefone, elas podem ser necessárias quando informações a serem coletadas são mais complexas.

Finalmente, estudos observacionais podem ser empregados na coleta de dados. Em um **estudo observacional**, o pesquisador observa as unidades experimentais em seu ambiente natural e registra a(s) variável(is) de interesse. Por exemplo, um psicólogo corporativo pode observar e registrar o comportamento 'Tipo A' de uma amostra de trabalhadores da linha de montagem. Da mesma forma, um pesquisador financeiro pode observar e registrar os preços das ações no encerramento do pregão de empresas que foram adquiridas por outras um dia antes da compra e no dia da aquisição. Diferentemente do estudo controlado, no estudo observacional o pesquisador não faz nenhum esforço para controlar quaisquer aspectos das unidades experimentais.

A despeito do método de coleta de dados empregado, provavelmente os dados serão uma amostra de uma população. E, se desejamos aplicá-los na estatística inferencial, devemos obter uma *amostra representativa*.

Definição 1.15

Uma **amostra representativa** exibe as características típicas de uma população de interesse.

Por exemplo, considere a apuração de votos conduzida durante a eleição presidencial. Suponha que se deseja estimar um percentual de todos os 140.000.000 de eleitores nos Estados Unidos em função de determinado candidato a presidente. O instituto de pesquisa poderia cometer o erro de basear a sua estimativa sobre a coleta de dados de uma amostra de eleitores do estado do próprio solicitante da pesquisa. Tais números certamente produziriam estimativas muito *enviesadas*.

A forma mais comum para satisfazer as exigências de uma amostra representativa é selecionar uma amostra aleatória. Uma **amostra aleatória** assegura que cada subconjunto de dados de tamanho predeterminado numa população tenha a mesma chance de ser incluído na amostra. Se o instituto de pesquisa selecionar uma amostra de 1.500 eleitores dos 140.000.000 da população de eleitores para que cada um dos subconjuntos de 1.500 eleitores tenha chances idênticas de ser selecionado, então foi determinada uma amostra aleatória. O procedimento para selecionar uma amostra aleatória será discutido no Capítulo 3. Aqui, no entanto, vamos nos ater a dois exemplos envolvendo os estudos de amostragem atuais.

Definição 1.16

Uma **amostra aleatória** de *n* unidades experimentais será uma amostra selecionada da população, de forma que cada amostra de tamanho *n* tenha a mesma probabilidade de seleção.

EXEMPLO 1.6

MÉTODO DE COLETA DE DADOS

Problema Como se sentem os consumidores em relação às compras feitas pela internet? Para descobrir, uma empresa de software encomendou um estudo nacional a respeito da experiência do consumidor que envolveu 1.859 norte-americanos na idade adulta que tivessem feito pelo menos uma transação on-line durante o último ano em websites de bancos, compras, viagens ou seguros. A conclusão foi publicada no *BusinessWeek.com* (5 jan. 2006) e revelou que 1.655 entrevistados, ou 89%, tiveram problemas técnicos com a transação on-line. Mais de um terço dos consumidores também procurou os sites concorrentes quando uma pequena falha na transação on-line ocorreu.

a. Identifique o método de coleta de dados.
b. Identifique a população-alvo.
c. As amostras de dados da população são representativas?

Solução
a. O método de coleta de dados é uma pesquisa: 1.859 pessoas que completaram o questionário.
b. Supostamente, a empresa de software que encomendou a pesquisa está interessada em todos os consumidores que tenham feito pelo menos uma transação on-line no último ano. Conseqüentemente, a população-alvo é composta por *todos* os consumidores que fizeram transações on-line.
c. Como os 1.859 entrevistados claramente formam um subconjunto da população-alvo, eles compõem uma amostra. Se a amostra é ou não representativa, não se sabe, uma vez que o *BusinessWeek.com* não apresentou informações detalhadas sobre como os 1.859 entrevistados foram selecionados. Se os selecionados foram escolhidos por meio de um sistema randômico de discagem, então a amostra provavelmente será representativa, uma vez que é uma amostra aleatória. Entretanto, se o questionário

foi disponibilizado para qualquer um que estivesse navegando na internet, então os entrevistados *auto-selecionaram-se* (isto é, cada usuário da internet que teve acesso à pesquisa optou se responderia ou não a ela). Esse tipo de pesquisa sofre freqüentemente de um viés de *não-respostas*. Isto é possível porque muitos usuários que optaram por não responder (ou que nunca viram o questionário) teriam respondido de forma diferente, alterando para cima ou para baixo o percentual da amostra.

Lembre-se Quaisquer inferências baseadas em amostras de pesquisas que empregaram a auto-seleção são suspeitas devido ao potencial viés de não-resposta.

EXEMPLO 1.7
MÉTODO DE COLETA DE DADOS; DADOS REPRESENTATIVOS

Problema Profissionais de marketing utilizam-se de motes como 'custava $ 100, agora custa $ 80' para indicar um preço promocional. A promoção compara, tipicamente, o preço atual [da promoção] ao preço anterior do próprio varejista ou ao preço do concorrente. Um estudo publicado no *Journal of Consumer Research* (set. 1996) investigou se a percepção de valor dos consumidores foi maior entre lojas ou dentro da mesma loja. Cerca de 50 consumidores foram selecionados aleatoriamente entre todos os consumidores de uma região para participar do estudo. Aleatoriamente, os pesquisadores designaram 25 consumidores para verificar promoções internas de uma loja ('custava $ 100, agora custa $ 80') e outros 25 para comparar promoções entre lojas ('$ 100 lá, $ 80 aqui'). Os consumidores, então, opinaram a respeito do valor do desconto conferindo uma nota em uma escala de 10 pontos (onde 1 = valor mais baixo valor e 10 = valor mais alto). Os valores das opiniões dos dois grupos foram comparados.

a. Identifique o método de coleta de dados.
b. Seriam as amostras de dados representativas da população-alvo?

Solução
a. Aqui, as unidades experimentais são os consumidores. Uma vez que os pesquisadores controlavam qual preço promocional era anunciado — 'dentro da loja' ou 'entre lojas' —, as unidades experimentais (consumidores) foram designadas segundo esse critério; o estudo controlado foi usado para coletar os dados.
b. Uma amostra de 50 consumidores foi aleatoriamente selecionada entre todos os consumidores de determinada área de mercado. Se a população-alvo são todos os consumidores desse mercado, provavelmente a amostra é representativa. Entretanto, os pesquisadores alertaram para a não-utilização dos dados obtidos dessa amostra em inferências sobre o comportamento do consumidor em mercados não similares.

Lembre-se Devido ao uso da aleatoriedade em um projeto experimental, os pesquisadores tentaram eliminar diferentes tipos de viés, incluindo o da auto-seleção.

AGORA FAÇA O EXERCÍCIO **1.15**

1.7 O papel da estatística no gerenciamento da tomada de decisões

De acordo com H. G. Wells, autor de clássicos da ficção científica como *A guerra dos mundos* e *A máquina do tempo*, "o *pensamento estatístico* ainda será, para o pleno exercício da cidadania, tão importante quanto as habilidades de ler e escrever". Escrita há mais de cem anos, a previsão de Wells tornou-se realidade atualmente.

O crescimento na coleta de dados, associado ao fenômeno científico, às operações de negócios e às atividades governamentais (controle de qualidade, auditoria estatística, previsões etc.), tem sido marcante nas últimas décadas. A cada dia, a mídia apresenta resultados de pesquisas políticas, econômicas e sociais. Na ênfase cada vez maior do governo a respeito das drogas e dos testes de produtos, por exemplo, testemunhamos a clara evidência da necessidade de ser capaz de avaliar os dados inteligentemente. Conseqüentemente, cada um de nós tem desenvolvido

ESTATÍSTICA EM AÇÃO REVISITADA

IDENTIFICANDO O MÉTODO DA COLETA DE DADOS E O TIPO DE DADOS PARA O HANDICAP DO CEO NO GOLFE — UM ESTUDO DE PERFORMANCE ACIONÁRIA

Refere-se ao estudo do *New York Times* sobre a relação entre o handicap dos CEOs no golfe e a performance das ações de suas empresas. Lembre que o jornal coletou a informação sobre os handicaps dos diretores-executivos de uma pesquisa que a *Golf Digest* enviou para 300 executivos. Portanto, o método de coleta de dados é uma pesquisa. O *Times*, além do handicap no golfe (um 'índice' numérico que permite a comparação entre os jogadores), comparou a performance das ações das empresas destes CEOs por um período maior que três anos, numa escala de 0 a 100. Uma vez que as duas variáveis — handicap no golfe e performance das ações — são de natureza numérica, os dados são quantitativos.

um discernimento — uma habilidade de raciocínio para interpretar e entender o significado dos dados. Essa habilidade pode ajudá-lo a fazer escolhas inteligentes, inferências e generalizações; isto é, ela o ajuda a *pensar criticamente,* usando a estatística.

H. G. WELLS (1866–1946)

> **DEFINIÇÃO 1.17**
>
> O **pensamento estatístico** envolve a aplicação do pensamento racional e da ciência da estatística para avaliar criticamente dados e inferências. É fundamental para o processo que exista variação na população e no processamento de dados.

Para se ter algum *insight* sobre o papel da estatística no pensamento crítico, vamos observar um estudo avaliado por um grupo de 27 professores de matemática e estatística realizado na American Statistical Association, num curso chamado 'Chance'. Considere as seguintes citações de um artigo que descreve o problema:

Há poucas publicações nos jornais que não sejam de certo modo estatísticas. Por exemplo: Os motociclistas devem ser autuados pela lei por não usar o capacete? ... Em 'The case for no helmets' (New York Times, *17 jun. 1995), Dick Teresi, editor de uma revista para usuários de Harley-Davidson, afirmou que os capacetes podem, na verdade, matar, uma vez que, em colisões a velocidades acima de 15 milhas por hora, o pesado capacete pode proteger a cabeça, mas fratura a coluna. [Teresi] cita um 'estudo', dizendo: "nove estados que não têm leis regulamentando o uso do capacete apresentaram uma incidência de mortes menor (3,05 mortes por 10.000 motociclistas) do que aqueles que exigem o uso de capacetes (3,38)", e "numa pesquisa com 2.500 [num rally], 98% dos entrevistados opuseram-se a tais leis".*

[Os instrutores do curso] perguntaram: após ler esse artigo [do New York Times], *você acha que é seguro pilotar sem o uso do capacete? Você acha que 98% é uma estimativa válida de motociclistas que se opõem a tais leis? De quais melhores informações estatísticas você gostaria?* [Cohn, V. "Chance in college curriculum", *AmStat News,* ago.-set. 1995, n. 223, p. 2.]

Você pode usar o 'pensamento estatístico' para ajudá-lo a avaliar criticamente o estudo. Por exemplo, antes de você avaliar a validade dos 98% estimados, você gostaria de saber como os dados foram coletados para o estudo citado pelo editor da revista para motociclistas. Se a pesquisa foi conduzida, é possível que os 2.500 motociclistas da amostra não tenham sido selecionados aleatoriamente da população-alvo, mas principalmente tenham se 'autoselecionado' (lembre-se, eles estavam participando de um *rally* — provavelmente para pilotos que se opõem à lei do uso do capacete). Se os entrevistados se assemelhavam por ter opiniões firmes acerca da lei do uso do capacete (por exemplo, claramente contrários à lei), o resultado estimado provavelmente terá um grande viés. Ainda que o viés fosse intencional, com o propósito de confundir o público, os pesquisadores poderiam ser culpados por **prática estatística antiética**.

Você também pode querer mais informações sobre o estudo comparando a incidência de mortes de motociclistas nos nove estados que não possuem a lei pró-capacete com aqueles que a possuem. Os dados foram obtidos de uma fonte publicada? Todos os 50 estados norte-americanos foram incluídos no estudo? Isto é, os dados apresentados representam uma amostra ou uma população? Ainda mais, as leis pró-capacete variam entre os estados? Em caso afirmativo, a incidência de mortes pode ser comparada entre os estados?

Essas questões levaram o grupo Chance a descobrir dois estudos sobre o uso do capacete aparentemente mais científicos e estatísticos. O primeiro estudo, da UCLA, sobre acidentes não letais, contradiz a afirmativa de que os capacetes podem fraturar a coluna. O segundo estudo relata um dramático *declínio* nas mortes por acidentes de motocicleta após a Califórnia adotar a lei do capacete.

Como no caso do estudo do capacete para motociclistas, muitos estudos estatísticos são baseados em dados de pesquisa. A maioria dos problemas com essas pesquisas resulta do uso de amostras *não aleatórias*. Essas amostras estão sujeitas a potenciais erros, tais como *o viés de seleção, o viés de não-resposta* (releia o Exemplo 1.6) e *erros de medição*. Pesquisadores que estejam desatentos a esses problemas e continuam a usar a amostra de dados para fazer inferência estão praticando estatística sem ética.

> **DEFINIÇÃO 1.18**
>
> O **viés de seleção** resulta da exclusão de um subconjunto de unidades experimentais da população, não conferindo a essas unidades a mesma chance de serem selecionadas para a amostra.

Gestores de sucesso confiam muito no uso do pensamento estatístico para ajudá-los a tomar decisões. O papel da estatística na tomada de decisão pode ser demonstrado no fluxograma da Figura 1.5. Cada problema de tomada de decisão inicia-se no mundo real. Esse problema é então formulado em termos gerenciais e estruturado como uma questão gerencial. Os próximos passos (seguindo o fluxograma no sentido anti-horário) identificam os papéis que a estatística pode representar nesse processo. Os problemas gerenciais são traduzidos para problemas estatísticos, os dados da amostra são coletados e analisados, e a questão estatística é respondida. O próximo passo é usar a resposta para resolver o problema gerencial. A resposta para o problema gerencial pode sugerir uma reformulação do problema original, uma nova questão, ou levar à solução do problema gerencial.

> **Definição 1.19**
>
> O **viés da não-resposta** resulta da falta de habilidade dos pesquisadores que conduzem a pesquisa ou o estudo em obter dados de todas as unidades experimentais selecionadas para a amostra.

Um dos passos mais difíceis no processo de tomada de decisão — aquele que requer uma cooperação entre os administradores e estatísticos — é a tradução do problema gerencial para termos estatísticos (por exemplo, em um problema sobre uma população). Esse problema estatístico precisa ser formulado de forma que, quando resolvido, proporcionará a chave para a solução do problema gerencial. Assim como no jogo de xadrez, é necessário formular o problema estatístico já tendo em mente o final, nesse caso, a solução para o problema estatístico e gerencial em mente.

> **Definição 1.20**
>
> O **erro de medição** refere-se à inexatidão dos valores dos dados registrados. Em pesquisas, o erro pode ser devido à ambigüidade ou a perguntas conduzidas e ao efeito do entrevistador sobre o entrevistado.

Nos próximos capítulos deste livro, você se familiarizará com as ferramentas essenciais para construir uma empresa fundamentada na estatística e no pensamento estatístico.

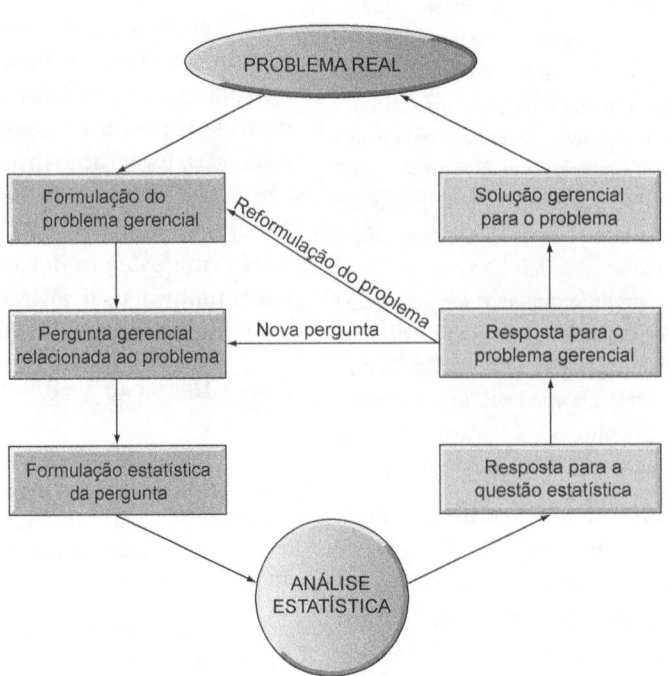

FIGURA 1.5 Fluxograma do papel da estatística na tomada de decisão gerencial
Fonte: Chervany, Benson e Iyer (1980)

ESTATÍSTICA EM AÇÃO REVISITADA

AVALIAÇÃO CRÍTICA DO HANDICAP DO CEO NO GOLFE — ESTUDO DO DESEMPENHO DAS AÇÕES

O *New York Times* apontou uma forte relação entre o handicap de um diretor-executivo no golfe e o desempenho das ações da companhia para a qual ele trabalha. Assim, o jornal concluiu que, quanto melhor golfista for o CEO, melhor será o desempenho das ações de sua empresa. Para uma avaliação crítica deste estudo, considere os seguinte fatos:

1. A *Golf Digest* enviou uma pesquisa para os CEOs das 300 maiores companhias norte-americanas. Somente 74 executivos concordaram em relevar seus handicaps no golfe. Desses 74 CEOs, o *Times* coletou dados de desempenho das ações para somente 51 companhias (os outros 23 CEOs não constavam no banco de dados de desempenho de ações usado pelo jornal).

2. O pesquisador do *New York Times* que executou a análise dos dados declarou que "para todos os diferentes fatores eu testei as prováveis ligações para predizer quais CEOs estão se saindo melhor ou pior, [o handicap no golfe] é certamente um dos... mais fortes".

3. De acordo com o *Times*, o investigador "excluiu cientificamente alguns CEOs por causa dos seus extremos estatísticos"; de fato "removi sete CEOs da análise final porque [seus dados] destruíam as linhas de tendência".

Estas observações levam um pensador crítico a duvidar da validade da inferência feita pelo investigador do *New York Times*. Antes de mais nada, a amostra de CEOs analisada não foi selecionada aleatoriamente dentre todos os CEOs nos Estados Unidos. De fato, eles foram auto-selecionados — somente os CEOs que autorizaram a divulgação de seus handicaps no golfe foram incluídos no estudo (e nem mesmo estes foram incluídos, alguns foram eliminados, uma vez que o jornal não tinha informação sobre o desempenho das ações de suas companhias). Assim, o potencial de seleção e/ou viés de não-resposta é extremamente alto.

Em seguida, baseado no fato número 2, é provável que o pesquisador tenha testado uma grande quantidade de fatores e encontrado somente um (handicap no golfe) que tem uma relação com o desempenho das ações. Como aprenderemos nos capítulos seguintes, quando uma quantidade muito grande de variáveis irrelevantes é testada estatisticamente, vez ou outra uma ou mais variáveis serão consideradas 'estatisticamente significativas'.

Finalmente, o pesquisador removeu os dados de sete CEOs com base em seus 'extremos estatísticos'. No próximo capítulo, aprenderemos sobre as 'anomalias' estatísticas — como detectá-las e o que fazer com elas quando são descobertas. Entretanto, pode-se demonstrar (usando métodos definidos no texto) que os sete dados apontados não são anomalias. Se os dados apontados tivessem sido incluídos na análise, a relação encontrada entre o handicap no golfe e o desempenho nas ações da companhia seria fraca, na melhor das hipóteses.

 ATIVIDADE 1.2

IDENTIFICAÇÃO DE ESTATÍSTICAS ENGANOSAS

No início deste capítulo, em Estatística em ação, apresentamos vários exemplos de estatísticas falsas ou equivocadas. Declarações como *Uma em cada quatro crianças norte-americanas com idade até 12 anos está passando fome ou está em risco de passar fome* são freqüentemente usadas para convencer o público ou o governo a fazer doações ou destinar mais dinheiro para grupos de caridade que alimentam os pobres. Os pesquisadores, às vezes, alegam que há uma relação entre duas quantidades aparentemente não relacionadas, como o handicap dos CEOs no golfe e o desempenho das ações de suas empresas; tais relações, na melhor das hipóteses, podem ser consideradas fracas e têm pouca importância prática. Leia os quadros *Estatística em ação* e *Estatística em ação revisitada* neste capítulo antes de realizar esta atividade.

1. Procure artigos em jornal ou na internet nos quais uma grande proporção ou porcentagem da população supostamente se encontre 'em risco' de passar por alguma calamidade, como as crianças famintas do exemplo. O artigo cita uma fonte ou fornece alguma informação que fundamente a proporção ou porcentagem declarada? O objetivo do artigo é convencer algum indivíduo ou grupo a agir de alguma forma? Se é, que tipo de ação está sendo requerida? Você acredita que o autor do artigo pode ter algum motivo para exagerar o problema? Se tem, dê alguns motivos possíveis.

2. Procure outro artigo no qual a relação entre duas quantidades aparentemente não relacionadas é apresentada como existente, como no estudo do handicap no golfe do CEO e o desempenho das ações. Selecione um artigo que contenha alguma informação sobre como os dados foram coletados. Identifique a população-alvo e o método de coleta dos dados. Com base no que apresenta o artigo, você acredita que os dados são representativos da população? Explique. A relação proposta tem algum interesse prático? Explique.

Termos-chave

Nota: Os termos com estrela (*) são termos da seção opcional deste capítulo

Amostra
Amostra aleatória
Amostra representativa
*Caixa-preta
Censo
Confiabilidade
Dados
Dados qualitativos

Dados quantitativos
Erro de medição
Estatística
Estatística descritiva
Estatística inferencial
Estudo controlado
Fonte publicada
Inferencial
Inferência estatística
Medição
Medida de confiabilidade

Pensamento estatístico
Pesquisa
População
Prática estatística antiética
*Processo
Projeto de experimentos
Unidade experimental
Variável
Viés da não-resposta
Viés de seleção

Notas do capítulo

Tipos de aplicações da estatística	
Descritiva 1. Identificar a população ou amostra (coleção de unidades experimentais) 2. Identificar a(s) variável(eis) 3. Coletar os dados 4. Descrever os dados	**Inferencial** 1. Identificar a população (coleção de todas as unidades experimentais) 2. Identificar a(s) variável(eis) 3. Coletar os dados da amostra (subconjunto da população) 4. Inferir (deduzir) sobre a população baseando-se na amostra 5. Medir a confiabilidade para fazer a inferência
Tipos de dados 1. Quantitativos (de natureza numérica) 2. Qualitativos (de natureza categórica)	**Métodos de coleta de dados** 1. Observacional 2. Fontes publicadas 3. Pesquisa 4. Plano experimental
Problemas com amostras não aleatórias 1. Viés de seleção 2. Viés de não-resposta 3. Erros de medição	

Exercícios 1.1 – 1.32

Nota: Os exercícios com estrela (*) são da seção opcional deste capítulo.

Aprendendo a mecânica

1.1 O que é estatística?

1.2 Explique a diferença entre estatística descritiva e estatística inferencial.

1.3 Liste e defina os quatro elementos de um problema de estatística descritiva.

1.4 Liste e defina os cinco elementos de uma análise estatística inferencial.

1.5 Liste os quatro principais métodos de coleta de dados e explique suas diferenças.

1.6 Explique a diferença entre dados quantitativos e dados qualitativos.

1.7 Explique como se diferenciam variáveis e populações.

1.8 Explique como se diferenciam populações e amostras.

1.9 O que é uma amostra representativa? Qual o seu valor?

1.10 Por que um estatístico não consideraria uma inferência completa sem a sua medida de confiabilidade?

*1.11 Explique a diferença entre uma população e um processo.

1.12 Defina o que é *pensamento estatístico*.

1.13 Suponha que você tenha determinado conjunto de dados e classifique cada unidade da amostra em quatro categorias: A, B, C ou D. Você planeja criar um banco de dados no computador com esses dados e decide codificá-los como A = 1, B = 2, C = 3 e D = 4. Os dados A, B, C e D são qualitativos ou quantitativos? Depois de introduzidos no banco de dados como 1, 2, 3 e 4, os dados são qualitativos ou quantitativos? Explique sua resposta.

 **Exercícios com aplicativo 1.1**
(É necessário ter o Java instalado para usar esse aplicativo.)

O aplicativo *Random Numbers* gera uma lista de *n* números aleatórios de 1 até *N*, onde *n* é o tamanho da amostra e *N* é o tamanho da população. A lista gerada com freqüência contém repetições de um ou mais números.

a. Usando o aplicativo *Random Numbers*, entre com 1 para o valor mínimo, com 10 para o valor máximo e com 10 para o tamanho da amostra. Então clique em *Sample*. Verifique os resultados e coloque em uma tabela qualquer número repetido e o número de vezes em que isso ocorre para cada um desses números.

b. Repita a alternativa **a**, alterando o valor máximo para 20 e mantendo o tamanho da amostra em 10. Se você ainda tem números repetidos, repita o processo, aumentando o valor máximo em 10 toda vez, mas mantendo fixo o tamanho da amostra. Qual é o menor valor máximo para o qual não há números repetidos?

c. Descreva a relação entre o tamanho da população (valor máximo) e o número de repetições na lista de números aleatórios conforme o tamanho da população aumenta e o tamanho da amostra permanece o mesmo. O que você pode concluir sobre o uso de geradores de números aleatórios para a escolha de amostras relativamente pequenas a partir de uma população maior?

Exercícios com aplicativo 1.2

(É necessário ter o Java instalado para utilizar esse aplicativo.)

O aplicativo *Random Numbers* pode ser usado para selecionar uma amostra aleatória a partir de uma população, mas pode ser usado também para simular dados? Nas alternativas **a** e **b**, você usará o aplicativo para criar um conjunto de dados. Então você investigará se esses dados são realísticos.

a. Na atividade *Guarde o troco*, um conjunto de dados denominado *quantidades transferidas* foi descrito. Use o *Random Numbers* para simular esse conjunto de dados fixando o valor mínimo em 0, o valor máximo em 99 e o tamanho da amostra em 30. Explique o que os números na lista, produzidos pelo aplicativo, representam no contexto da atividade (pode ser que seja necessário ler a atividade). Os números produzidos pelo aplicativo parecem razoáveis? Explique.

b. Use o *Random Numbers* para simular classificações sobre um teste estatístico fixando o valor mínimo em 0, o valor máximo em 100 e o tamanho da amostra em 30. Explique o que os números produzidos pelo aplicativo representam nesse contexto. Os números produzidos pelo aplicativo são razoáveis? Explique.

c. Com referência às alternativas **a** e **b**, por que os dados gerados aleatoriamente parecem mais razoáveis numa situação do que na outra? Comente a utilidade do uso de um gerador de números aleatórios para produzir dados.

Aplicação dos conceitos — Básico

1.14 *Market share* de cartão de crédito. Com referência ao CardWeb.com, Inc. um estudo sobre compras com cartão de crédito nos Estados Unidos na Seção 1.2 (Estudo 1). Lembre-se que aquela empresa rastreou todas as compras com cartão de crédito ocorridas no ano de 2005 e mediu duas variáveis: (1) o tipo de cartão de crédito usado (Visa, MasterCard, American Express ou Discover) e (2) o montante (em dólares) de cada compra.
  a. Identifique o tipo (quantitativo ou qualitativo) de cada variável medida.
  b. O conjunto de dados col etados representa a população ou a amostra? Explique.

1.15. Opinião eleitoral. Os institutos de pesquisa de opinião regularmente fazem pesquisas para determinar o índice de popularidade do presidente em exercício. Suponha que uma pesquisa será conduzida amanhã com 2.000 indivíduos e eles serão questionados se o presidente está fazendo um bom ou um mau governo. Os 2.000 indivíduos serão selecionados por números de telefone aleatórios e serão entrevistados por telefone.
  a. Qual é a população relevante?
  b. Qual é a variável de interesse? É quantitativa ou qualitativa?
  c. Qual é a amostra?
  d. Qual é o interesse da inferência para o pesquisador?
  e. Qual é o método de coleta de dados que foi empregado?
  f. Como a probabilidade da amostra pode ser representativa?

1.16 Dados de vestibular. As faculdades e universidades estão exigindo uma quantidade maior de informação antes de aceitar um candidato e decidir sobre a concessão de uma bolsa. Classifique cada um dos seguintes tipos de dados de um vestibular como quantitativo ou qualitativo.
  a. Histórico escolar do ensino médio
  b. Honras, prêmios
  c. Classificação de teste de raciocínio
  d. Sexo do candidato
  e. Renda dos pais
  f. Idade do candidato

1.17 Pesquisa da Microsoft sobre o Windows. O Windows é um software produzido pela Microsoft Co. Na elaboração do Windows XP, a Microsoft telefonou para milhares de usuários da versão anterior e perguntou a eles como o produto poderia ser melhorado. Considere que as seguintes perguntas foram feitas aos clientes:
  I. Você sempre usa o Windows em sua casa?
  II. Qual é a sua idade?
  III. Os tutoriais e instruções que acompanham o Windows são úteis?
  IV. Ao imprimir com o Windows, você sempre usa uma impressora a laser ou outro tipo de impressora?
  V. Se a velocidade do Windows pudesse ser alterada, qual das seguintes mudanças você preferiria: mais lento, inalterado, ou mais rápido?
  VI. Quantas pessoas em sua casa usaram o Windows pelo menos uma vez?

Cada uma dessas perguntas define uma variável de interesse para a empresa. Classifique os dados gerados por cada variável como quantitativo ou qualitativo. Justifique sua classificação.

1.18 Negócio de e-commerce. A Cutter Consortium fez uma pesquisa com 154 companhias norte-americanas para determinar a extensão de seu envolvimento no comércio eletrônico (chamado de e-commerce). Foram apresentadas as quatro questões a seguir. (*Internet Week*, 6 set., 1999)
  1. Você tem uma estratégia geral para e-commerce?
  2. Se você ainda não tem um plano para e-commerce, quando pretende implementar um?
  3. Você entrega produtos pela internet?
  4. Qual foi a receita total de sua empresa no último ano fiscal?

a. Para cada uma das questões, determine a variável de interesse e classifique-a como qualitativa ou quantitativa.

b. Os dados coletados das 154 empresas representam a amostra ou a população? Explique.

1.19 O Executive Compensation Scoreboard. Anualmente, a *Forbes* publica o Executive Compensation Scoreboard (veja Estudo 1.2). Para o escore de 2005, os dados foram coletados sobre os executivos das 500 maiores em-

presas norte-americanas e as seguintes variáveis foram medidas para cada CEO: (1) o tipo de setor da empresa em que trabalha (por exemplo, banco, varejo etc.), (2) a compensação total no ano (em milhões de dólares), (3) a compensação total ao longo dos 5 anos anteriores (em milhões de dólares), (4) o número de ações que possui da empresa, (5) a idade (em anos) e (6) a classificação de eficiência do CEO.
    a. Os dados sobre a compensação dos 500 principais CEOs compõem uma população ou uma amostra? Explique.
    b. Identifique o tipo (quantitativo ou qualitativo) da variável medida.

1.20 Pesquisa anual sobre crimes por computador. O Computer Security Institute (CSI) conduz uma pesquisa anual sobre crimes eletrônicos em negócios nos Estados Unidos. O CSI envia um questionário de pesquisa para o pessoal de segurança de computadores de todas as empresas e agências governamentais do país. Em 2006, 616 organizações responderam à pesquisa do CSI. Cinqüenta e dois por cento dos respondentes admitiram o uso não autorizado dos sistemas de computadores em suas empresas durante o ano. (*Computer Security Issues & Trends*, primavera, 2006)
    a. Identifique a população de interesse para o CSI.
    b. Identifique o método de coleta de dados utilizado pelo CSI. Existe algum potencial de viés no método?
    c. Descreva a variável medida na pesquisa do CSI. É quantitativa ou qualitativa?
    d. Que inferência pode ser feita com os resultados do estudo?

Aplicação dos conceitos — Intermediário

1.21 Orientando os empregados no trabalho. Para ajudar os empregados a entender melhor o seu valor, a filial da Interim Services, Inc., em Fort Lauderdale, fez uma pesquisa aleatória com 1.000 empregados nos Estados Unidos. A questão investigada era: 'Se seu empregador proporcionasse a você uma oportunidade de orientação, você ficaria em seu trabalho pelos próximos cinco anos?'. Eles verificaram que 620 membros da amostra disseram sim. (*HRMagazine*, set. 1999)
    a. Identifique a população de interesse para a Interim Services, Inc.
    b. Com base na questão colocada pela empresa, qual é a variável de interesse?
    c. A variável é quantitativa ou qualitativa? Explique.
    d. Descreva a amostra.
    e. Que inferência pode ser feita dos resultados da pesquisa?

1.22 Novo método de detecção de câncer. De acordo com a Associação Norte-americana do Pulmão, o câncer de pulmão é responsável por 28% das mortes por essa doença nos Estados Unidos. Um novo tipo de detecção para o câncer de pulmão, a tomografia computadorizada (TC), foi desenvolvido. Os médicos pesquisadores acreditam que as TCs são mais sensíveis que o raio X tradicional para localizar pequenos tumores. O H. Lee Moffitt Cancer Center da University of South Florida está conduzindo atualmente um teste clínico com 50.000 fumantes em âmbito nacional para comparar a eficácia da TC com o tradicional raio X na detecção do câncer de pulmão (*Todays' Tomorrows*, outono, 2002). Cada fumante é escolhido aleatoriamente e designado a fazer um dos dois exames — TC ou raio X de tórax — e seu progresso é monitorado ao longo do tempo. A idade em que um método de escaneamento detecta um tumor antes do outro é a variável de interesse.
    a. Identifique o método de coleta de dados usado pelos pesquisadores do câncer.
    b. Identifique a unidade experimental do estudo.
    c. Identifique o tipo (quantitativo ou qualitativo) de variável medida.
    d. Identifique a população e a amostra.
    e. Que inferência pode ser extraída no final das contas do teste clínico?

1.23 Inspeção em pontes nas estradas. Todas as pontes de estradas nos Estados Unidos são inspecionadas periodicamente pela Federal Highway Administration (FHWA) para detectar deficiências estruturais. Os dados das inspeções da FHWA são compilados para o National Bridge Inventory (NBI). Algumas das quase 100 variáveis mantidas pelo NBI estão listadas abaixo. Classifique cada variável como quantitativa ou qualitativa.
    a. Extensão máxima do vão (em pés).
    b. Número de veículos que a atravessam.
    c. Ponte com pedágio (sim ou não).
    d. Média diária de tráfego.
    e. Condição da pista (boa, regular ou sofrível).
    f. Extensão do retorno ou desvio (em milhas).
    g. Tipo de rota (federal, interestadual, estadual, regional ou municipal).

1.24 Deficiência estrutural de pontes de estrada. Refere-se ao Exercício 1.23. Os dados mais recentes do NBI foram analisados e publicados no *Journal of Infrastructure Systems* (jun. 1995). Usando as classificações de inspeção da FHWA, cada uma das 470.515 pontes em estradas nos Estados Unidos foi categorizada como estruturalmente deficiente, funcionalmente obsoleta ou segura. Aproximadamente 26% das pontes encontram-se estruturalmente deficientes, enquanto 19% encontram-se funcionalmente obsoletas.
    a. Qual é a variável de interesse para os pesquisadores?
    b. A variável de uma categoria é qualitativa ou quantitativa?
    c. O conjunto de dados analisado é uma população ou uma amostra? Explique.
    d. Como os pesquisadores conseguiram obter os dados para seu estudo?

*1.25 Monitoração da qualidade de produtos. A Companhia Wallace, de Houston, é uma empresa de distribuição de tubos, válvulas e equipamento para refinarias, indústrias químicas e petroquímicas. A empresa ganhou recentemente o Prêmio Nacional de Qualidade Malcolm Baldrige. Uma das ações que a empresa estabeleceu para monitorar a qualidade do processo de distribuição é enviar, duas vezes por ano, uma pesquisa a um subconjunto de seus clientes, perguntando-lhes sobre a velocidade das entregas, a exatidão das faturas e a qualidade das embalagens dos produtos recebidos da Wallace.

a. Descreva o processo estudado.
b. Descreva as variáveis de interesse.
c. Descreva a amostra.
d. Descreva as inferências de interesse.
e. Quais fatores provavelmente afetam a confiança das inferências?

1.26 Auditoria por amostragem em empresas de contabilidade. Para avaliar a extensão do uso de amostras em firmas de contabilidade quando fazem auditorias junto a seus clientes, no estado de Nova York, a New York Society of CPAs envia um questionário para 800 empresas de contabilidade na cidade que empregam dois ou mais desses profissionais. Eles receberam respostas de 179 empresas, das quais 4 não eram utilizáveis e 12 responderam que não praticam auditoria. O questionário perguntava às empresas se eles usavam o método de auditoria por amostragem e, em caso de resposta positiva, se usavam ou não amostra aleatória (*CPA Journal*, jul. 1995).
a. Identifique a população, as variáveis, a amostra e a inferência de interesse para a New York Society of CPAs.
b. Especule sobre o que poderia ter inutilizado as quatro respostas excluídas.
c. Em capítulos posteriores, você aprenderá que a confiabilidade de uma inferência está relacionada ao tamanho da amostra utilizada. Além do tamanho da amostra, que outros fatores podem afetar a confiabilidade de uma inferência extraída de uma pesquisa feita por correspondência, como a descrita acima?

1.27 Satisfação no trabalho e taxa de maquiavelismo. O *Journal of Retailing* (primavera, 1988) publicou um estudo sobre a relação entre satisfação no trabalho e o grau de *Orientação maquiavélica*. Em resumo, a Orientação maquiavélica é aquela em que o executivo exerce um controle muito forte, com pontos de farsa e crueldade, sobre os empregados que ele supervisiona. Os autores enviaram um questionário para cada um dos 218 executivos de lojas de departamentos e obtiveram tanto a taxa de satisfação com o trabalho quanto a taxa de maquiavelismo. Eles concluíram que as maiores taxas de satisfação no trabalho estão relacionadas a uma menor taxa de "Maquiavelismo".
a. Qual a população da qual a amostra foi selecionada?
b. Quais variáveis foram medidas pelos autores?
c. Identifique a amostra.
d. Identifique o método de coleta de dados utilizado.
e. Qual a inferência feita pelos autores?

1.28 Êxito/fracasso na reutilização de *softwares*. O PROMISE Software Engineering Repository, organizado pela University of Ottawa, é uma compilação de um conjunto de dados públicos à disposição dos pesquisadores para a construção de modelos de softwares de previsão. Um conjunto de dados do PROMISE sobre a reutilização de softwares, salvo no arquivo **SWREUSE**, fornece informações sobre o êxito ou o fracasso de reutilizar softwares anteriormente desenvolvidos para o desenvolvimento de cada um dos novos 24 projetos que compõem a amostra (Fonte: *IEEE Transactions on Software Engineering*, vol. 28, 2002). Dos 24 projetos, 9 fracassaram e 15 foram implementados com sucesso.
a. Identifique a unidade experimental para este estudo.
b. Descreva a população da qual a amostra foi selecionada.
c. Qual é a variável de interesse no estudo? É qualitativa ou quantitativa?
d. Use a informação obtida da amostra para fazer uma inferência sobre a população.

Aplicação dos conceitos — Avançado

1.29 Fusão corporativa de bancos. *Fusão corporativa* é uma forma pela qual uma empresa (a ofertante) adquire o controle dos ativos de outra empresa (empresa-alvo). Durante a década de 1990, houve um frenesi de fusão de bancos nos Estados Unidos, uma vez que a consolidação dos bancos levava a mais eficiência e maior competitividade.
a. Elabore um breve questionário (duas ou três questões) que poderia ser usado para perguntar aos presidentes dos bancos suas opiniões a respeito da consolidação do setor e se eles pretendem promover uma consolidação em algum momento.
b. Descreva a população sobre a qual inferências poderiam ser extraídas dos resultados da pesquisa.
c. Discuta as vantagens e desvantagens no envio de questionários para todos os presidentes de bancos *versus* uma amostra de 200.

*1.30 Monitoramento da produção de latas de refrigerante. A Coca-Cola and Schweppes Beverages Limited (CCSB), fundada em 1987, possui 49% de participação acionária da Coca-Cola Company. De acordo com a *Industrial Management and Data Systems* (vol. 92, 1992), a fábrica da CCSB em Wakefield pode produzir 4.000 latas de refrigerante por minuto. O processo automatizado consiste em medir e distribuir os ingredientes em recipientes para criar o xarope, injetando-o, então, junto com dióxido de carbono, nas latas de refrigerante. Para monitorar o subprocesso que adiciona dióxido de carbono nas latas, cinco latas cheias são retiradas da linha de produção a cada 15 minutos e a quantidade de dióxido de carbono é medida em cada uma delas para determinar se está dentro dos limites prescritos.
a. Descreva o processo estudado.
b. Descreva a variável de interesse.
c. Descreva a amostra.
d. Descreva a inferência de interesse.
e. *Brix* é uma unidade de medida de concentração de açúcar. Se um técnico é escolhido para pesquisar a estimativa média de brix de todas as 240.000 latas de refrigerantes armazenadas em um depósito próximo a Wakefield, ele estaria examinando um processo ou uma população? Explique.

1.31 Pesquisa sobre população atual. A situação de emprego (empregado ou desempregado) de cada indivíduo economicamente ativo nos Estados Unidos é um conjunto de dados que interessa para economistas, empresários e sociólogos. Para obter a informação sobre a situação do emprego dos trabalhadores, o Bureau of the Census conduz o que é conhecido como *Current Population Survey*. A cada mês os entrevistadores visitam aproximadamente 59.000 dos 98 milhões de lares dos Estados Unidos e per-

guntam aos ocupantes com mais de 14 anos de idade sobre sua situação de emprego. Suas respostas permitem à agência governamental *estimar* o percentual de pessoas que compõem a força de trabalho que estão desempregadas (a chamada *taxa de desemprego*).
   a. Defina a população de interesse para a agência de recenseamento.
   b. Qual é a variável que está sendo medida? Ela é quantitativa ou qualitativa?
   c. O problema da agência de recenseamento é descritivo ou inferencial?
   d. Para fazer o monitoramento da taxa de desemprego, é essencial ter a definição de *desemprego*. Diferentes economistas e também diferentes países definem a taxa de desemprego de várias formas. Desenvolva sua própria definição sobre uma 'pessoa desempregada'. Sua definição deverá responder a questões como: Os estudantes em férias de verão estão desempregados? Os professores universitários que não lecionam no verão são considerados desempregados? Em que idade as pessoas são consideradas aptas para o trabalho? As pessoas que estão sem trabalho mas que não estão procurando emprego ativamente são consideradas desempregadas?

Desafio do pensamento crítico

1.32 Revelações da pesquisa 20/20. Refere-se ao quadro Estatística em ação visto neste capítulo. Recorde que o popular programa da ABC *20/20* apresentou várias pesquisas equivocadas (e, possivelmente, antiéticas) no segmento denominado 'Facts or fiction — Exposés of so-called surveys'. As informações relatadas por quatro dessas pesquisas são reproduzidas aqui (os fatos reais da pesquisa são fornecidos entre parênteses).

Estudo da aveia: Comer aveia é a maneira mais barata e fácil de reduzir seu colesterol (Fato: a dieta precisa consistir em nada mais do que farelo de aveia para reduzir o colesterol.)

Relatório da March of Dimes: A violência doméstica causa mais defeitos de nascença do que todos os problemas médicos em conjunto. (Fato: Não há estudos — declaração falsa.)

Estudo da American Association of University Women (AAUW): Somente 29% das meninas do ensino médio estão felizes com elas mesmas, em comparação com os 66% das meninas do ensino fundamental. (Fato: das 3.000 meninas do ensino médio, 29% responderam 'Sempre' à declaração 'Eu sou feliz do jeito que sou'. A maioria respondeu, 'Um pouco' e 'Às vezes'.)

Estudo do Food Research and Action Center: Uma em cada quatro crianças norte-americanas menores de 12 anos passa fome ou está em risco de passar fome. (Fato: Com base nas respostas do questionário 'Você já reduziu a porção das refeições?' e 'Você já comeu menos do que achou que deveria?' e 'Você já limitou o número de refeições por dia para alimentar suas crianças por estar sem dinheiro para comprar comida ou uma refeição?')
   a. Em referência ao estudo da aveia relacionando o farelo de aveia e o colesterol, discuta por que é antiético fazer a declaração como foi feita.
   b. Considere o relatório falso da March of Dimes sobre a violência doméstica. Discuta os tipos de dados necessários para investigar o impacto da violência doméstica sobre os defeitos de nascença. Que método de coleta de dados você recomendaria?
   c. Em relação ao estudo da AAUW sobre auto-estima das meninas do ensino médio, explique por que os resultados do estudo provavelmente são enganosos. Que dados podem ser apropriados para avaliar a auto-estima das meninas do ensino médio?
   d. Em relação ao estudo sobre a fome nos Estados Unidos, explique por que os resultados do estudo provavelmente são enganosos. Que dados poderiam fornecer uma visão melhor da proporção de crianças que passam fome nesse país?

Referências bibliográficas

Brochures about survey research, Section on Survey Research Methods, American Statistical Association, 2004. Disponível em: www.amstat.org.

Careers in statistics, American Statistical Association, Biometric Society, Institute of Mathematical Statistics and Statistical Society of Canada, 2004. Disponível em: www.amstat.org.

COCHRAN, W. G. *Sampling techniques,* 3. ed. Nova York: Wiley, 1977.

DEMING, W. E. *Sample design in business research.* Nova York: Wiley, 1963.

Ethical guidelines for statistical practice, American Statistical Association, 1995.

HANSEN, M. H., Hurwitz, W. N., e Madow, W. G. *Sample survey methods and theory,* v. 1. Nova York: Wiley, 1953.

KIRK, R. E. ed., *Statistical issues: a reader for the behavioral sciences.* Monterey, Calif.: Brooks/Cole, 1972.

KISH, L. *Survey sampling.* Nova York: Wiley, 1965.

SCHEAFFER, R., Mendenhall, W., e Ott, R. L. *Elementary survey sampling,* 2. ed. Boston: Duxbury, 1979.

TANUR, J. M., Mosteller, F., Kruskal, W. H., Link, R. E., Pieters, R. S., e Rising, G. R. *Statistics: a guide to the unknown* (E. L. Lehmann, editor especial). São Francisco: Holden-Day, 1989.

YAMANE, T. *Elementary sampling theory,* 3. ed. Englewood Cliffs, N.J.: Prentice Hall, 1967.

Uso da tecnologia

1.1 Acesso e registro de dados no SPSS

Ao iniciar o SPSS, você verá uma tela similar à Figura 1.S.1. A parte principal da tela é uma planilha vazia, com colunas representando as variáveis e linhas representando as observações (ou casos). No topo da tela está a barra do menu principal do SPSS, com botões para diferentes funções e procedimentos disponíveis no SPSS. Uma vez que tenha entrado com os dados na planilha, você pode analisá-los clicando nos devidos botões do menu.

Entrando com os dados

Você pode criar um arquivo de dados no SPSS ao entrar diretamente com os dados na planilha. A Figura 1.S.2 mostra os dados registrados para uma variável chamada 'Ratio'. As variáveis (colunas) podem ser nomeadas selecionando o botão 'Variable View' na parte inferior da tela e digitando o nome de cada variável.

FIGURA 1.S.1 Tela inicial do SPSS

	ratio
1	10.73
2	9.57
3	6.66
4	9.89
5	8.89
6	9.29
7	9.35
8	8.17
9	9.07
10	9.94
11	8.86
12	8.93
13	9.20
14	8.07
15	9.93
16	8.80
17	10.33
18	8.37
19	8.91
20	10.02
21	9.98
22	6.85

FIGURA 1.S.2 Entrada de dados na planilha do SPSS

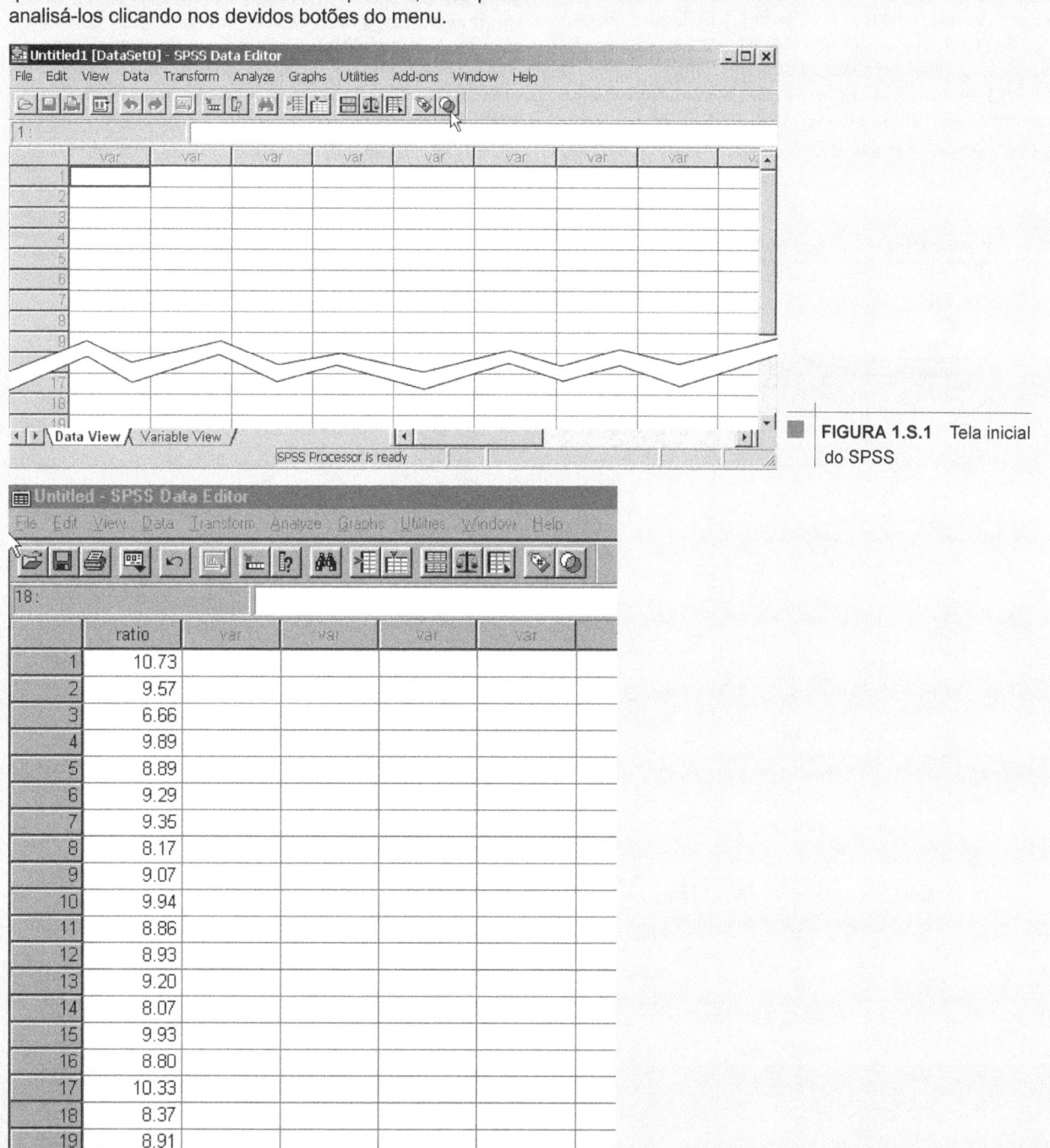

Acessando um arquivo de dados

Se os dados estão salvos em um arquivo externo, você pode acessá-los usando as opções disponíveis no SPSS. Clique em 'File' na barra de menu e então clique em 'Read Text Data', como mostrado na Figura 1.S.3. Uma caixa de diálogo similar à Figura 1.S.4 aparecererá.

Especifique o *drive* e a pasta que contém o arquivo de dados, clique sobre o arquivo e em 'Open', como mostrado na Figura 1.S.4. Isso iniciará o Text Import Wizard do SPSS. O Text Import Wizard apresenta uma série de seis telas; a primeira delas é mostrada na Figura 1.S.5. Faça a seleção apropriada na tela e clique em 'Next' para ir para a próxima tela. Quando terminar, clique em 'Finish'. A planilha do SPSS reaparecerá com os dados do arquivo externo, como mostrado na Figura 1.S.6.

Lembrete: A variável (coluna) pode ser renomeada selecionando o botão de 'Variable View' na parte inferior da planilha na tela e digitando o nome de cada variável.

Para acessar um arquivo previamente gravado no SPSS, clique em 'File,' 'Open', e depois selecione o nome do arquivo do SPSS.

Registrando dados

Para imprimir seus dados, clique no botão 'Analyze' do SPSS na barra de menu e então clique em 'Reports' e em seguida em 'Report Summaries in Rows' (veja Figura 1.S.7). Uma caixa de diálogo aparecerá como na Figura 1.S.8. Entre com o nome das variáveis que você deseja imprimir na caixa 'Data Columns' (você pode fazer isso simplesmente clicando sobre as variáveis), selecione a opção 'Display cases' no canto inferior esquerdo da janela e clique em 'OK'. A tela de impressão será mostrada.

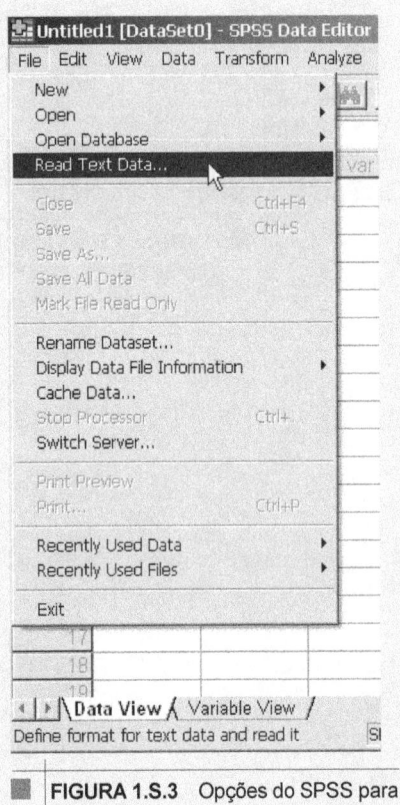

FIGURA 1.S.3 Opções do SPSS para leitura de dados de um arquivo externo

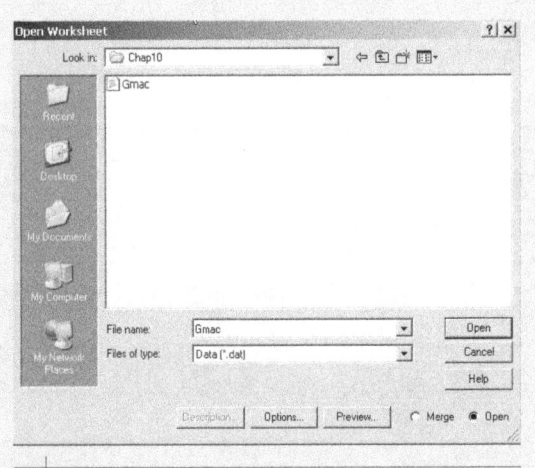

FIGURA 1.S.4 Selecionando um arquivo de dados externo no SPSS

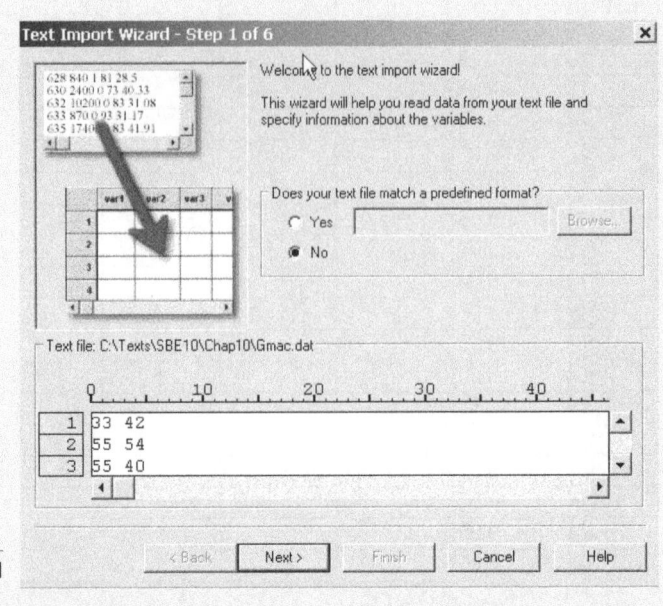

FIGURA 1.S.5 Text Import Wizard do SPSS, Tela 1

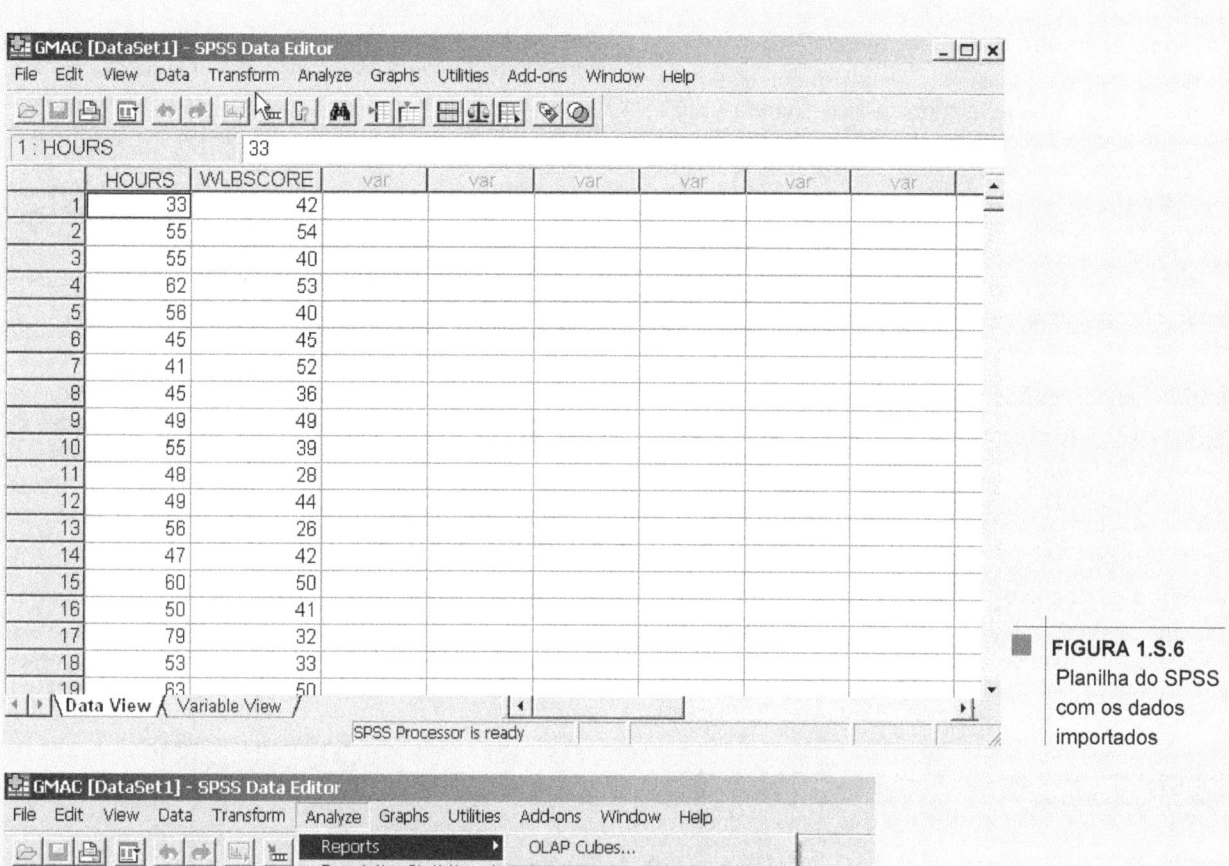

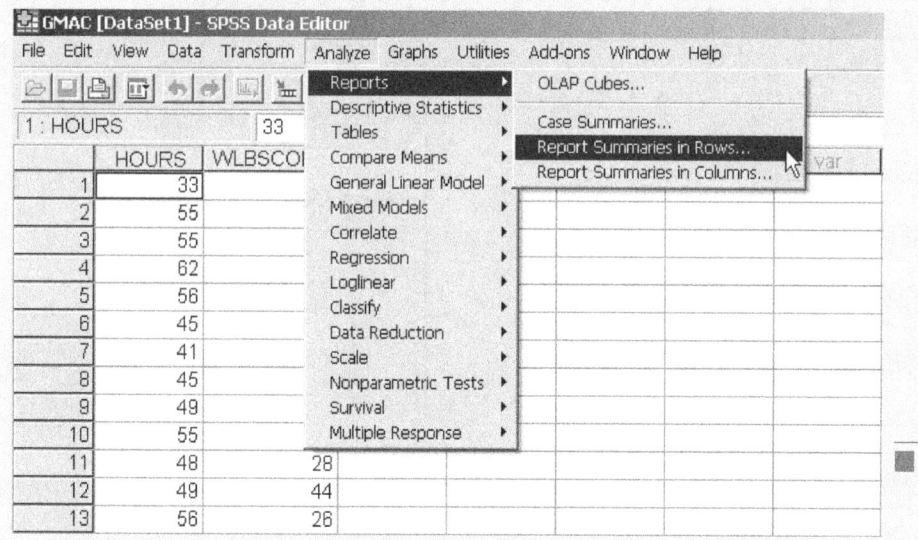

FIGURA 1.S.6 Planilha do SPSS com os dados importados

FIGURA 1.S.7 Opções do menu SPSS para impressão de dados registrados

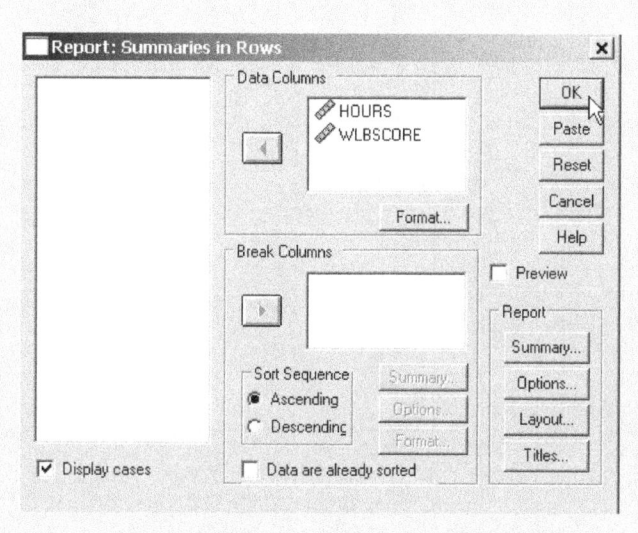

FIGURA 1.S.8 Caixa de diálogo para configurar o relatório de dados do SPSS

1.2 Acesso e registro de dados no MINITAB

Ao iniciar o MINITAB, você verá uma tela semelhante à da Figura 1.M.1. A parte inferior da tela é uma planilha vazia — chamada de planilha MINITAB — com colunas representando as variáveis e linhas representando as observações (ou casos). No topo da tela do MINITAB está o menu principal, com botões para diferentes funções e procedimentos nele disponíveis. Uma vez que você tenha entrado com os dados na planilha, você pode analisá-los clicando nos botões apropriados do menu. Os resultados aparecerão na janela com os dados registrados.

Entrando com os dados

Você pode criar um arquivo de dados no MINITAB registrando diretamente os dados na planilha. A Figura 1.M.2 mostra como fazer isso com a variável chamada 'Ratio'. As variáveis (colunas) podem ser nomeadas digitando o nome de cada variável na caixa logo abaixo do número da coluna.

Acessando os dados de um arquivo

Se os dados estão salvos em um arquivo externo, você pode acessá-los usando as opções disponíveis no MINITAB. Clique em 'File' na barra de menu e então em 'Open Worksheet', como mostra a Figura 1.M.3. Uma caixa de diálogo semelhante à da Figura 1.M.4 aparecerá.

Especifique o *drive* e a pasta que contém o arquivo de dados externo e o tipo de arquivo, depois clique no nome do arquivo, como mostrado na Figura 1.M.4. Se o arquivo contém dados qualitativos ou dados com caracteres especiais, clique no botão 'Options' como mostrado na Figura 1.M.4. A caixa de diálogo 'Options', mostrada na Figura 1.M.5, aparecerá. Especifique as opções apropriadas para o conjunto de dados e clique em 'OK' para retornar à caixa de diálogo 'Open Worksheet' (Figura 1.M.4). Clique em 'Open' e a planilha do MINITAB aparecerá com os dados do arquivo externo, como mostrado na Figura 1.M.6.

Lembre-se: As variáveis (colunas) podem ser nomeadas digitando seu nome na caixa abaixo do número da coluna.

Para acessar arquivos já salvos na planilha do MINITAB, clique em 'File', depois em 'Open Worksheet', e então selecione o arquivo do MINITAB.

Listando os dados

Para imprimir seus dados, clique no botão 'Data' do menu principal do MINITAB, depois clique em 'Display Data' (veja a Figura 1.M.7). Uma caixa de diálogo aparecerá como na Fi-

FIGURA 1.M.1 Tela inicial do MINITAB

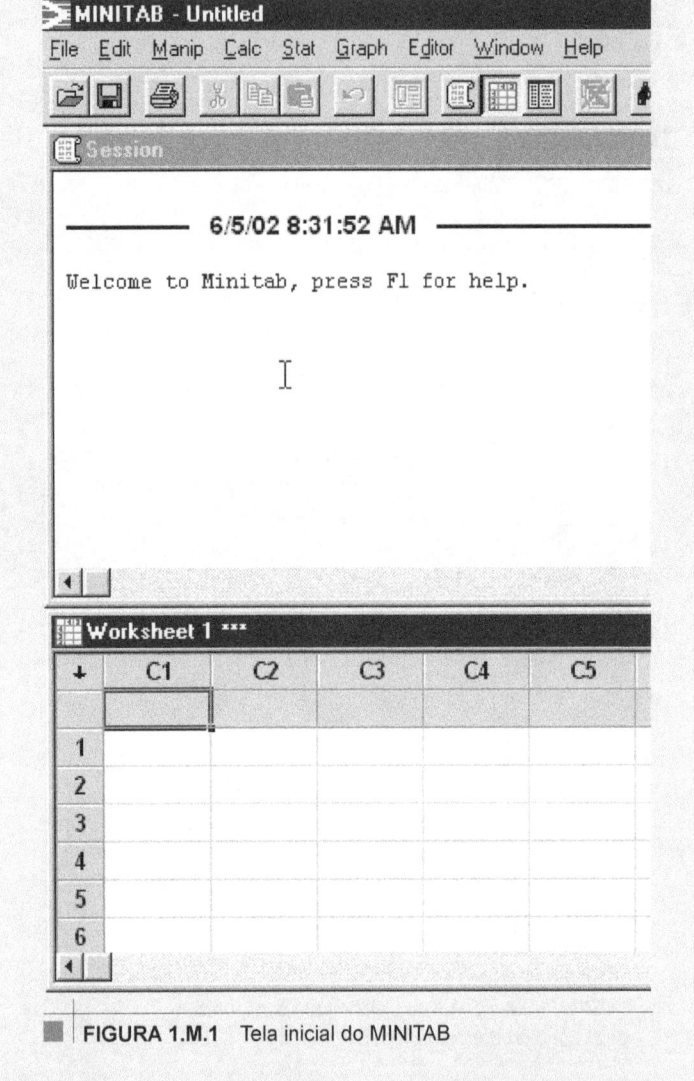

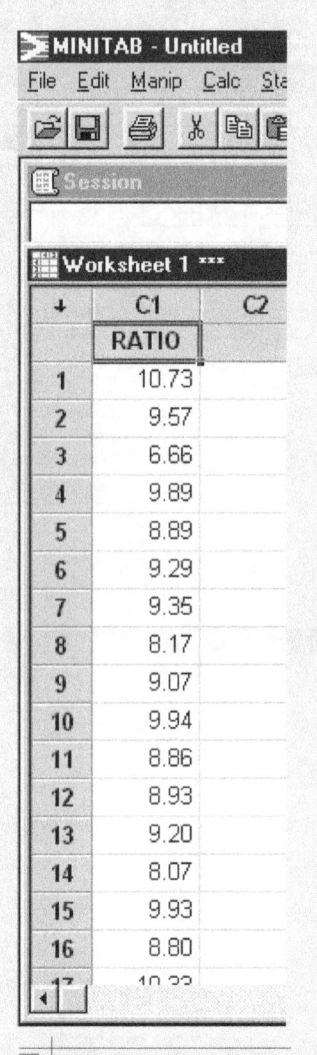

FIGURA 1.M.2 Entrada de dados no MINITAB

gura 1.M.8. Entre com o nome das variáveis que deseja imprimir na caixa 'Columns, constants, and matrices to display' (você pode fazer isso simplesmente clicando nas variáveis), depois clique em 'OK'. Sua listagem de dados escolhida será mostrada na tela de dados listados do MINITAB.

1.3 Acessando e listando dados em Excel

Ao iniciar o Excel, você verá uma tela semelhante à da Figura 1.E.1. Boa parte da tela compreende uma planilha — chamada de pasta de trabalho do Excel — com colunas (denominadas A, B, C etc.) representando variáveis e linhas representando observações (ou casos). Na parte superior da tela do Excel está a barra de menu principal, com botões para diferentes funções e procedimentos disponíveis no Excel. Uma vez que você tenha entrado com dados na planilha, você pode analisá-los clicando nos botões apropriados do menu. Os resultados aparecerão em uma nova pasta de trabalho.

Entrando com dados

Você pode criar uma pasta de trabalho no Excel entrando com os dados diretamente em linhas e colunas da planilha. A Figura 1.E.2 mostra os dados registrados na primeira coluna (A). Opcionalmente, você pode adicionar nomes para as variáveis (colunas) na primeira linha da pasta de trabalho.

Acessando dados de um arquivo

Se os dados estão salvos em um arquivo externo, você pode acessá-los usando as opções disponíveis no Excel. Clique em 'Arquivo' da barra de menu e depois em 'Abrir', como mostrado na Figura 1.E.3. Uma caixa de diálogo semelhante à da Figura 1.E.4 aparecerá.

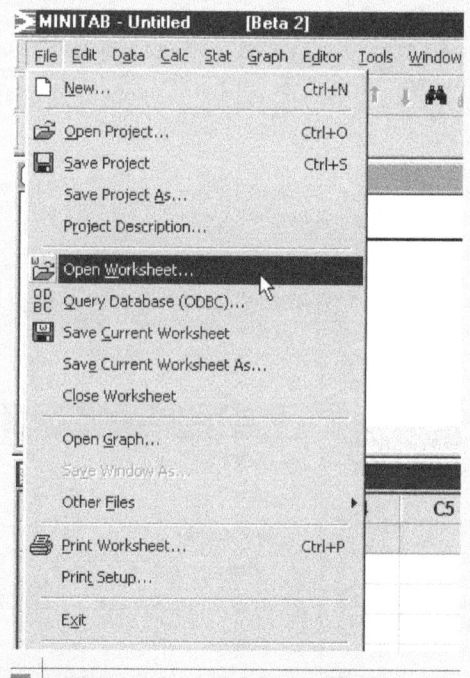

FIGURA 1.M.3 Opções do MINITAB para leitura de arquivos de dados externos

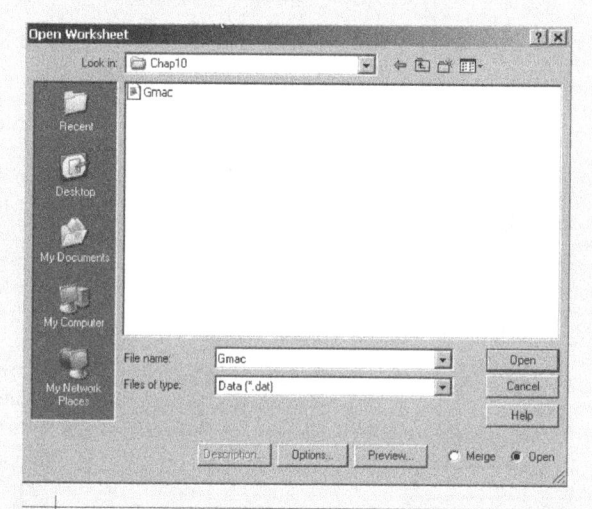

FIGURA 1.M.4 Selecionando arquivos de dados externos no MINITAB

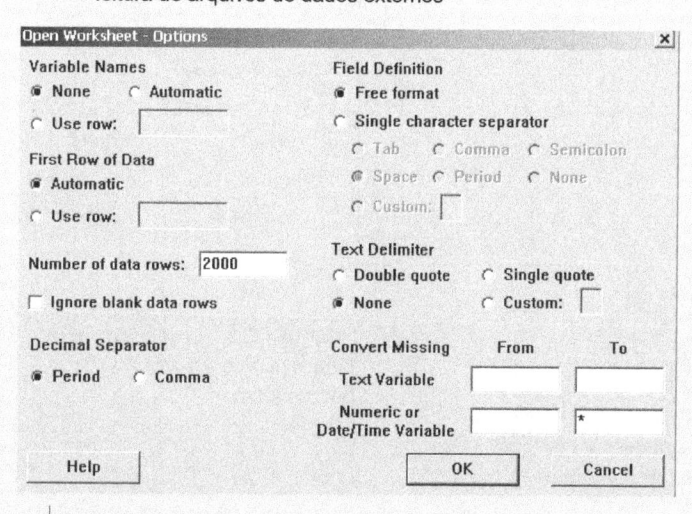

FIGURA 1.M.5 Opções de entrada para a seleção de dados no MINITAB

FIGURA 1.M.6 Planilha do MINITAB com o arquivo de dados importados

	C1 HOURS	C2 WLB-SCORE	C3
1	33	42	
2	55	54	
3	55	40	
4	62	53	
5	56	40	
6	45	45	
7	41	52	
8	45	36	
9	49	49	
10	55	39	
11	48	28	
12	49	44	
13	58	26	
14	47	42	
15	60	50	

FIGURA 1.M.7 Opções para imprimir dados no MINITAB

FIGURA 1.M.8 Caixa de diálogo de Display Data do MINITAB

FIGURA 1.E.1 Tela inicial do Excel

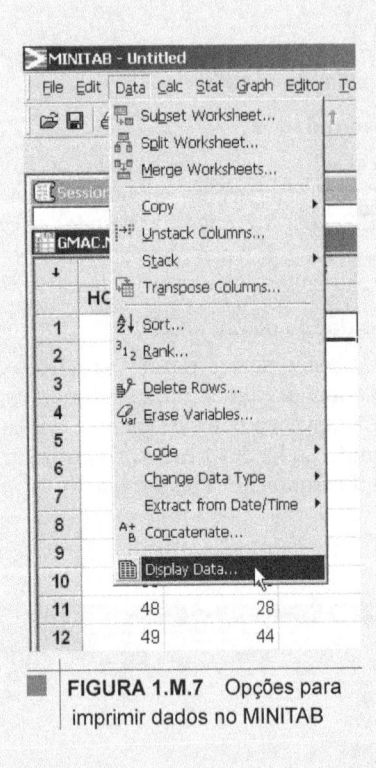

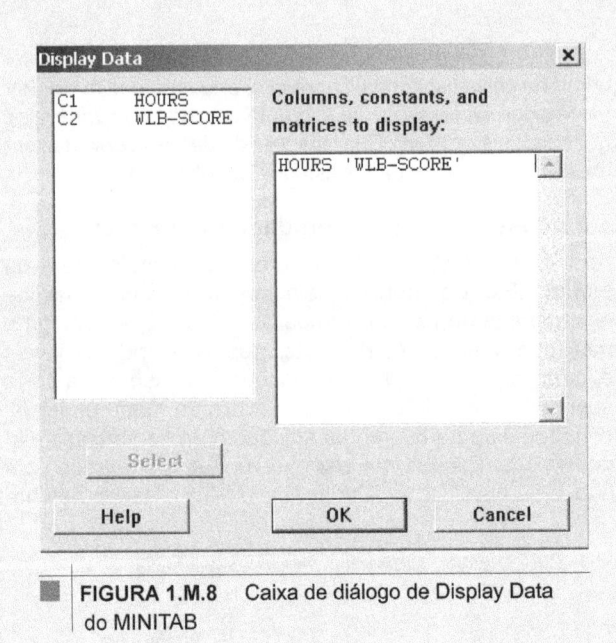

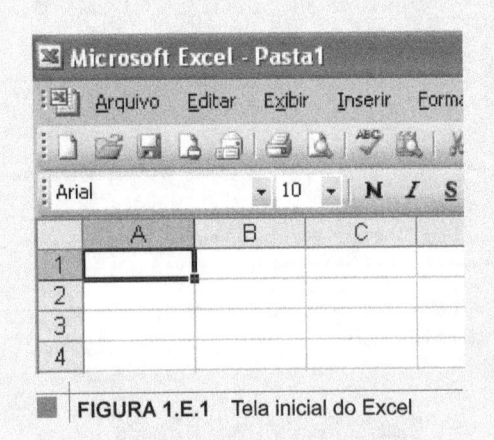

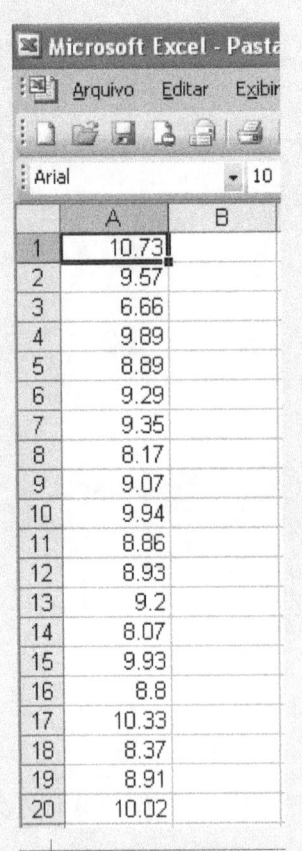

	A
1	10.73
2	9.57
3	6.66
4	9.89
5	8.89
6	9.29
7	9.35
8	8.17
9	9.07
10	9.94
11	8.86
12	8.93
13	9.2
14	8.07
15	9.93
16	8.8
17	10.33
18	8.37
19	8.91
20	10.02

FIGURA 1.E.2 Entrada de dados na pasta de trabalho do Excel

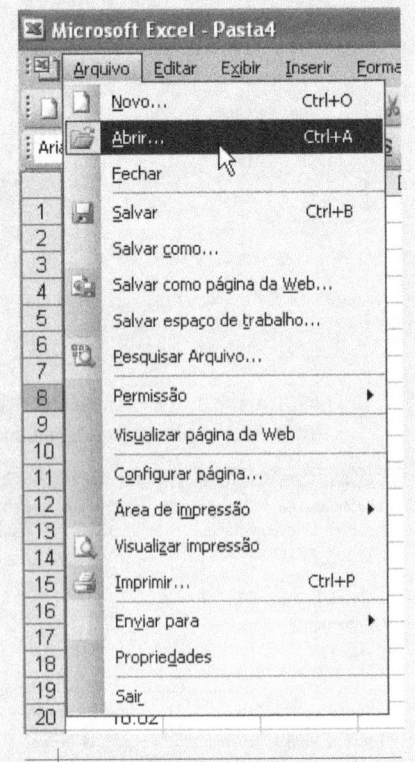

FIGURA 1.E.3 Opções do Excel para leitura de um arquivo de dados externo

Especifique o *drive* e a pasta que contém o arquivo de dados externo e o tipo de arquivo, em seguida clique em 'Abrir', como mostrado na Figura 1.E.4. Isso fará com que o Excel inicie o 'Assistente de importação de texto'. O guia de importação de dados apresenta uma série de três telas, das quais a primeira é mostrada na Figura 1.E.5. Faça as seleções apropriadas na tela e clique em 'Avançar' para passar para a próxima tela. Quando terminar, clique em 'Concluir'. A planilha do Excel aparecerá com os dados do arquivo externo de dados, como mostrado na Figura 1.E.6.

Nota: A variáveis (colunas) podem ser nomeadas da seguinte maneira: selecione 'Inserir' no menu principal do Excel e em seguida 'Linhas'. Uma linha em branco (vazia) aparecerá na primeira linha da planilha. Digite o nome de cada variável na primeira linha sob a coluna apropriada.

Para ter acesso a uma planilha criada no Excel anteriormente, clique em 'Arquivo', depois em 'Abrir', e então selecione o arquivo de Excel.

Listando dados

Para imprimir os dados da planilha Excel, clique em 'Arquivo' no menu principal do Excel e depois em 'Imprimir' (veja Figura 1.E.7).

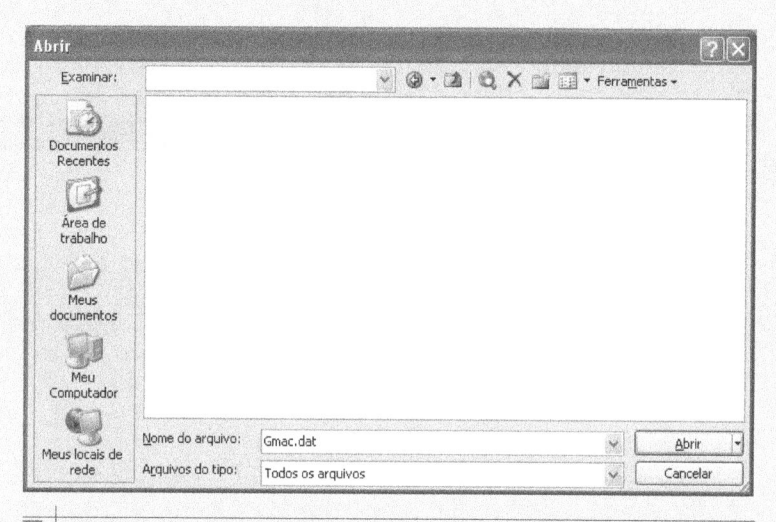

FIGURA 1.E.4 Selecionando o arquivo de dados externo no Excel

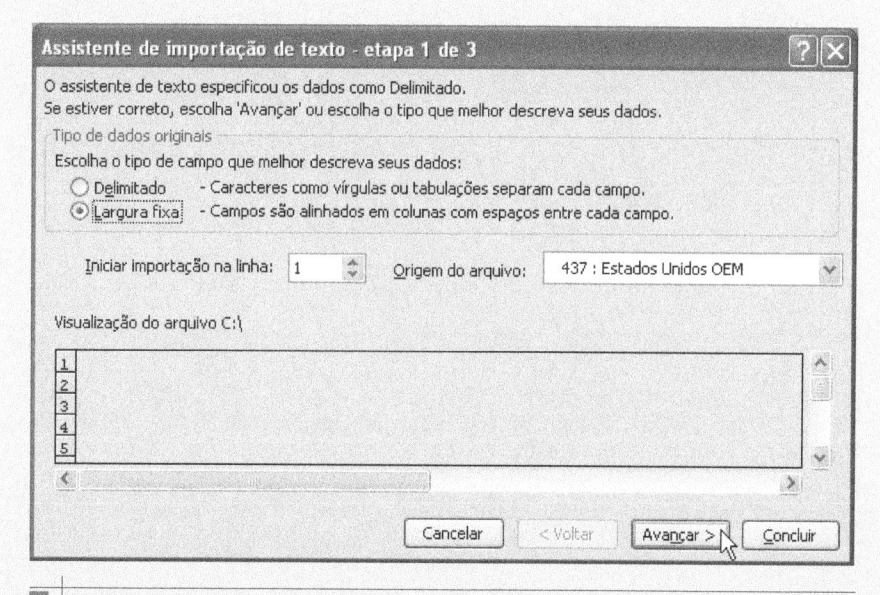

FIGURA 1.E.5 Text Import Wizard do Excel, Tela 1

FIGURA 1.E.6 Planilha de Excel com os dados importados

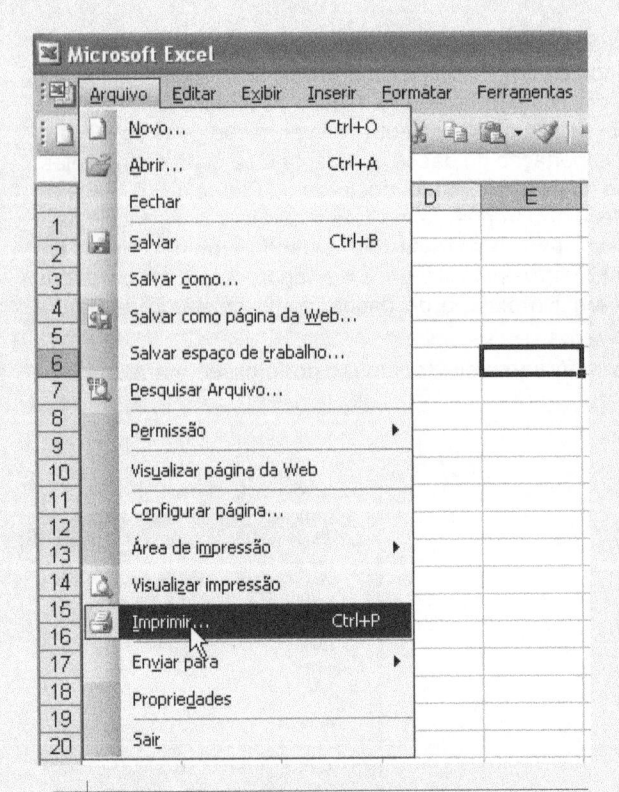

FIGURA 1.E.7 Opções do menu do Excel para imprimir dados

MÉTODOS PARA DESCRIÇÃO DE GRUPOS DE DADOS

Conteúdo

2.1 Descrição de dados qualitativos
2.2 Métodos gráficos para a descrição de dados quantitativos
2.3 Notação de soma
2.4 Medidas numéricas de tendência central
2.5 Medidas numéricas de variabilidade
2.6 Interpretando o desvio-padrão
2.7 Medidas numéricas de posicionamento relativo
2.8 Métodos para identificação de *outliers* (Opcional)
2.9 Construindo gráficos para relações bivariadas (Opcionais)
2.10 Gráfico de séries temporais (Opcional)
2.11 Distorcendo a verdade com técnicas descritivas

Estatística em Ação

Fatores que influenciam um médico a recusar uma consulta sobre ética

Na prática clínica de um médico, geralmente surgem dilemas éticos. Tais dilemas incluem (mas não são limitados a) questões ligadas ao fim da vida, tratamento de pacientes sem seguro de vida, tratamentos desnecessários solicitados por pacientes, obtenção de consentimento informado, manutenção da autonomia do paciente, não esconder do paciente sua condição e manter a confidencialidade, envolvimento de crianças em pesquisas, concepção de ensaios clínicos e fim da participação do sujeito em protocolos de pesquisa. Estudos empíricos indicaram que, a cada cinco encontros com o paciente, surge uma questão ligada à ética.

Ao longo dos últimos dez anos, consultas sobre ética evoluíram como um meio de assistir os médicos que se sentem confusos a respeito de qual a melhor abordagem a tomar diante de um dilema ético. Cerca de 80% dos hospitais gerais nos Estados Unidos proporcionam, atualmente, serviços de consulta ética para seus médicos. Quando se depara com uma decisão ética difícil, o médico pode solicitar o conselho de um grupo de especialistas em ética, com garantia de que toda a comunicação será anônima e confidencial. No entanto, nem todos os médicos usam esse serviço; na verdade, alguns recusam-se a usá-lo.

Pesquisadores do University Community Hospital (UCH) em Tampa, Flórida, fizeram um estudo para determinar os fatores que influenciam a decisão de um médico em requisitar ou recusar uma consulta ética.[1]

Questionários foram distribuídos para todos os 746 médicos da equipe do UCH; 118 questionários foram respondidos, gerando um índice de resposta de aproximadamente 16%. A pesquisa foi desenvolvida para obter dados sobre as seguintes variáveis para cada médico:

1. *Quantas vezes já utilizou o serviço de consulta ética no UCH* ('pelo menos uma vez' ou 'nunca usou')
2. *Especialidade médica* ('clínica' ou 'cirúrgica')
3. Tempo de atividade (número de anos)
4. *Grau de exposição à ética na faculdade* (número de horas)
5. *Possibilidade de utilizar o serviço de consulta ética no futuro* (sim ou não)

Os médicos também foram solicitados a emitir opiniões sobre as seguintes afirmativas a respeito de con-

---

[1] Hein, S., Orlowski, J. P., Meinke, R., and Sincich, T. "Why physicians do or do not use ethics consultation." Artigo apresentado no encontro anual da American Society for Bioethics and Humanities, Nashville, TN, out. 2001.

sultas éticas (todas as respostas foram medidas em uma escala de 5 pontos, onde 1 = 'discorda fortemente', 2 = 'discorda em parte', 3 = 'não concorda nem discorda', 4 = 'concorda em parte', ou 5 = 'concorda fortemente'.):

6. Consultores éticos têm treinamento intensivo em ética e princípios éticos.
7. Consultores éticos freqüentemente participam de aulas sobre ética.
8. Consultores éticos pensam que são 'experts morais'.
9. Consultores éticos não compreendem o quadro geral porque estão do lado de 'fora'.

ETHICS Companion Website

A intenção dos pesquisadores do UCH era a de usar os resultados da pesquisa para inferir por que certos médicos usam o serviço de consultas e outros não. Assim, os pesquisadores criaram a hipótese de que médicos mais experientes e aqueles que se especializaram em cirurgia seriam menos propensos a usar as consultas éticas. Os dados para o estudo estão armazenados em um arquivo chamado **ETHICS** no SPSS, MINITAB, e Excel.

Nas próximas seções de *Estatística em ação revisitada*, aplicamos as técnicas descritivas gráficas e numéricas deste capítulo aos dados de **ETHICS** para responder a algumas das questões dos pesquisadores.

Estatística em ação revisitada
- Interpretando gráficos de pizza
- Interpretando histogramas
- Interpretando medidas descritivas numéricas
- Detectando outliers
- Interpretando gráficos de dispersão

Suponha que você queira avaliar as capacidades gerenciais de uma classe de 400 estudantes de MBA com base em suas notas no Graduate Management Aptitude Test (GMAT). Como você descreveria essas 400 medições? Características do grupo de dados incluem a nota típica ou mais freqüente do GMAT, a variabilidade dessas notas, as menores e maiores notas, o 'formato' dos dados e se o grupo de dados contém ou não resultados não usuais. Extrair essa informação com um 'passar de olhos' não é fácil. As 400 notas podem proporcionar muitos 'bits' de informação para nossa mente compreender. Claramente, precisamos de métodos mais formais para restringir e caracterizar a informação de tal grupo de dados. Métodos para a descrição de grupos de dados também são essenciais para a inferência estatística. A maioria das populações são grandes grupos de dados. Conseqüentemente, precisamos de métodos para descrever uma amostra do grupo de dados que nos permita fazer afirmações descritivas (inferências) sobre a população da qual a amostra foi retirada.

Dois métodos para a descrição de dados são apresentados neste capítulo, um *gráfico* e o outro *numérico*. Ambos desempenham importante papel na estatística. A Seção 2.1 apresenta os dois métodos para a descrição de dados qualitativos. Para a descrição de dados quantitativos, são apresentados os métodos gráficos na Seção 2.2 e nas seções opcionais 2.8, 2.9 e 2.10; métodos descritivos numéricos para dados quantitativos são apresentados nas seções 2.3–2.7. Finalizamos este capítulo com uma seção sobre o mau uso de técnicas descritivas.

2.1 Descrição de dados qualitativos

Relembre o "Executive Compensation Scoreboard" tabulado anualmente pela *Forbes* (veja Estudo 1.2 na Seção 1.2). Além da informação sobre salário, a *Forbes* recolhe relatórios e dados pessoais dos CEOs, incluindo o grau de escolaridade. A maior parte dos CEOs é formada nos níveis mais elevados de graduação, como mestrado e doutorado? Para responder a esta pergunta, a Tabela 2.1 dá o maior nível de formação obtido (bacharelado, MBA, mestrado, LLM, PhD ou nenhum) para cada um dos 40 CEOs mais bem pagos de 2006.

Para este estudo, a variável de interesse, mais alto nível de formação escolar, é qualitativa por natureza. Dados qualitativos são não numéricos por definição; portanto, o valor de uma variável qualitativa só pode ser classificado em categorias chamadas *classes*. Os possíveis tipos de formação — bacharelados, MBA, mestrados, LLM, PhD ou nenhuma — representam as classes para essa variável qualitativa. Podemos resumir tais dados numericamente de duas formas: (1) calculando a *freqüência de classe* — o número de observações do grupo de dados que cai em cada classe; ou (2) calculando a *freqüência relativa de classe* — a proporção do número total de observações em cada classe.

DEFINIÇÃO 2.1

Uma **classe** é uma das categorias dentro das quais dados qualitativos podem ser classificados.

> **Definição 2.2**
>
> A **freqüência de classe** é o número de observações no grupo de dados entrando em uma classe particular.

> **Definição 2.3**
>
> A **freqüência relativa de classe** é a freqüência de classe dividida pelo número total de observações no grupo de dados.

TABELA 2.1 Dados sobre os 40 executivos mais bem pagos*

	CEO	Empresa	Salário ($ milhões)	Idade (anos)	Formação
1	Richard D. Fairbank	Capital One Financial	249,42	55	MBA
2	Terry S. Semel	Yahoo	230,55	63	MBA
3	Henry R. Silverman	Cendant	139,96	65	LLM
4	Bruce Karatz	KB Home	135,53	60	LLM
5	Richard S. Fuld Jr.	Lehman Bros	122,67	60	MBA
6	Ray R. Irani	Occidental Petroleum	80,73	71	PhD
7	Lawrence J. Ellison	Oracle	75,33	61	Nenhuma
8	John W. Thompson	Symantec	71,84	57	Mestrado
9	Edwin M. Crawford	Caremark Rx	69,66	57	Bacharelado
10	Angelo R. Mozilo	Countrywide Financial	68,96	67	Bacharelado
11	John T. Chambers	Cisco Systems	62,99	56	MBA
12	R. Chad Dreier	Ryland Group	56,47	58	Bacharelado
13	Lew Frankfort	Coach	55,99	60	MBA
14	Ara K. Hovnanian	Hovnanian Enterprises	47,83	48	MBA
15	John G. Drosdick	Sunoco	46,19	62	Mestrado
16	Robert I. Toll	Toll Brothers	41,31	65	LLM
17	Robert J. Ulrich	Target	39,64	63	Bacharelado
18	Kevin B. Rollins	Dell	39,32	53	MBA
19	Clarence P. Cazalot Jr.	Marathon Oil	37,48	55	Bacharelado
20	David C. Novak	Yum Brands	37,42	53	Bacharelado
21	Mark G. Papa	EOG Resources	36,54	59	MBA
22	Henri A. Termeer	Genzyme	36,38	60	MBA
23	Richard C. Adkerson	Freeport Copper	35,41	59	MBA
24	Kevin W. Sharer	Amgen	34,49	58	Mestrado
25	Jay Sugarman	IStar Financial	32,94	43	MBA
26	George David	United Technologies	32,73	64	MBA
27	Bob R. Simpson	XTO Energy	32,19	57	MBA
28	J. Terrence Lanni	MGM Mirage	31,54	63	MBA
29	Paul E. Jacobs	Qualcomm	31,44	64	PhD
30	Stephen F. Bollenbach	Hilton Hotels	31,43	63	MBA
31	James J. Mulva	ConocoPhillips	31,34	59	MBA
32	John J. Mack	Morgan Stanley	31,23	61	Bacharelado
33	Ronald A. Williams	Aetna	30,87	57	Mestrado
34	David J. Lesar	Halliburton	29,36	53	MBA
35	H. Edward Hanway	Cigna	28,82	54	MBA
36	James E. Cayne	Bear Stearns Cos	28,40	72	Nenhuma
37	Daniel P. Amos	Aflac	27,97	54	Bacharelado
38	Kent J. Thiry	DaVita	27,89	50	MBA
39	John W. Rowe	Exelon	26,90	60	LLM
40	James M. Cornelius	Guidant	25,18	62	MBA

Fonte: Forbes, 8 maio 2006

* Para usar os dados da tabela no software, é preciso trocar as vírgulas dos valores numéricos por ponto.

Examinando a Tabela 2.1, observamos que dois dos 40 CEOs mais bem pagos não se graduaram, 8 obtiveram o bacharelado, 20 possuem MBA, 4 concluíram o mestrado, 2 são PhDs e 4 possuem LLM. Esses números — 2, 8, 20, 4, 2, e 4 — representam as freqüências de classes para as seis classes e estão sumarizados na Figura 2.1, produzida usando o SPSS.

> **DEFINIÇÃO 2.4**
>
> A **porcentagem de classe** é a freqüência relativa da classe multiplicada por 100.

A Figura 2.1 também dá a freqüência relativa de cada um dos cinco graus de classes. Pela Definição 2.3, sabemos que calculamos a freqüência relativa dividindo a freqüência de classe pelo número total de observações no grupo de dados. Assim, as freqüências relativas dos cinco tipos de graus são

$$\text{Bacharelados} = \frac{8}{40} = 0{,}20$$

$$\text{LLM} = \frac{4}{40} = 0{,}10$$

$$\text{Mestrados} = \frac{4}{40} = 0{,}10$$

$$\text{MBA} = \frac{20}{40} = 0{,}50$$

$$\text{Nenhum} = \frac{2}{40} = 0{,}05$$

$$\text{PhD} = \frac{2}{40} = 0{,}05$$

Esses valores, expressos em porcentagem, são mostrados na coluna 'Porcentagem' na tabela do SPSS, Figura 2.1. Se somarmos as freqüências relativas para MBA, mestrado, LLM e PhD, obteremos 0,50 + 0,10 + 0,10 + 0,05 = 0,75. Dessa forma, 75% dos 40 CEOs mais bem pagos obtiveram pelo menos um grau adicional (MBA, mestrado, LLM ou PhD).

Apesar de a tabela da Figura 2.1 descrever adequadamente os dados da Tabela 2.1, também desejamos, geralmente, uma representação gráfica. As figuras 2.2 e 2.3 mostram dois dos métodos gráficos mais usados para descrever dados qualitativos — **gráficos de barras** e **gráficos de pizza.** A Figura 2.2 é um gráfico de barra para 'maior formação obtida' produzida com o MINITAB. Perceba que a altura do retângulo, ou 'barra', sobre cada classe é igual à freqüência de classe. (Opcionalmente, a altura da barra pode ser proporcional às freqüências de classe relativas.) Em contrapartida, a Figura 2.3 (também produzida pelo MINITAB) mostra as freqüências relativas (expressas em porcentagens) dos cinco tipos de graduação em um *gráfico de pizza*. Note que a 'pizza' é um círculo (com circunferência de 360°), o tamanho (ângulo) da 'fatia' atribuída a cada classe é proporcional à freqüência relativa da classe. Por exemplo, a fatia atribuída ao MBA é de 50% de 360°, ou (0,50)(360°) = 180°.

Antes de abandonar o conjunto de dados da Tabela 2.1, considere o gráfico de barras da Figura 2.4, produzido no Excel com o PHStat2 add-in. Note que as barras representativas da graduação de cada CEO são organizadas em ordem descendente de altura, da esquerda para a direita, ao longo do eixo horizontal — ou seja, a barra mais alta (MBA) está posicionada no canto extremo esquerdo e as barras menores (Nenhuma e PhD) estão no extremo direito. Esse rearranjo em um gráfico de barras é chamado de **diagrama de Pareto.** Um dos objetivos deste diagrama (nomeado em homenagem ao economista italiano Vilfredo Pareto) é facilitar a visualização das categorias 'mais importantes' — aquelas com maior freqüência. Para os 40 CEOs mais bem pagos em 2006, uma formação de MBA era a mais alta obtida pela maioria deles (50%).

		GRADUAÇÃO			
		FREQÜÊNCIA	PORCENTAGEM	PORCENTAGEM VÁLIDA	PORCENTAGEM ACUMULADA
Válido	Bacharelado	8	20,0	20,0	20,0
	LLM	4	10,0	10,0	30,0
	MBA	20	50,0	50,0	90,0
	Mestrado	4	10,0	10,0	40,0
	Nenhuma	2	5,0	5,0	95,0
	PhD	2	5,0	5,0	100,0
	Total	40	100,0	100,0	

FIGURA 2.1 Tabela do SPSS para a formação dos 40 CEOs

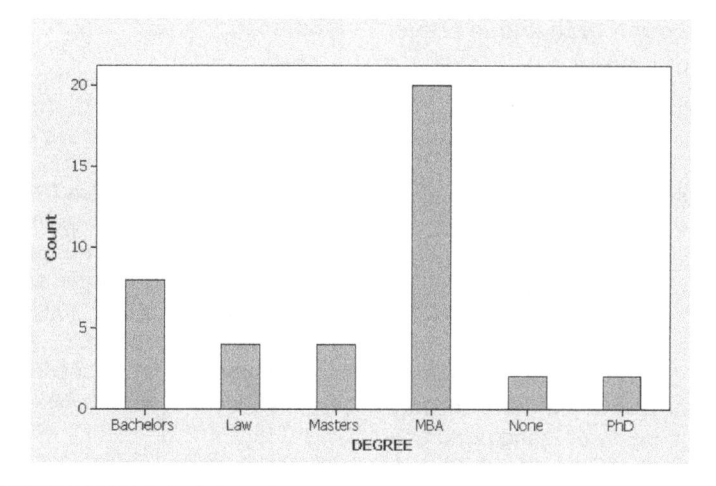

FIGURA 2.2 Gráfico de barras do MINITAB sobre a formação dos 40 CEOs

Nota: No diagrama de Pareto da Figura 2.4, o eixo vertical esquerdo indica a escala para as freqüências relativas (porcentagens) das barras, e o eixo vertical direito indica a escala das freqüências relativas acumuladas. As porcentagens reais acumuladas são representadas pelos quadrados pretos conectados pela linha.

VILFREDO PARETO (1843-1923)

RESUMO DE MÉTODOS DESCRITIVOS GRÁFICOS PARA DADOS QUALITATIVOS

Gráfico de barras: as categorias (classes) da variável qualitativa são representadas por barras; a altura de cada barra é a freqüência de classe, a frequência relativa de classe ou a porcentagem de classe.

Gráfico de pizza: as categorias (classes) da variável qualitativa são representadas por fatias de uma pizza (círculo); o tamanho de cada fatia é proporcional à freqüência relativa de classe.

Diagrama de Pareto: um gráfico de barras com as categorias (classes) da variável qualitativa (isto é, as barras) organizado por altura em ordem descendente, da esquerda para a direita.

AGORA FAÇA O EXERCÍCIO 2.4

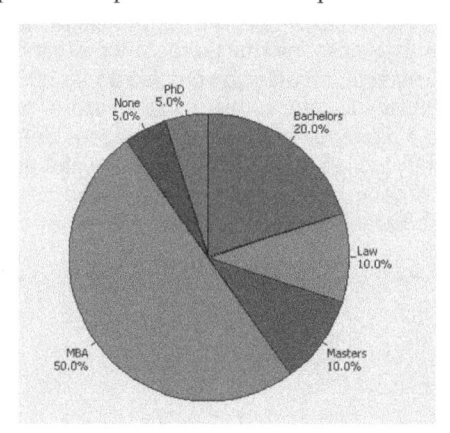

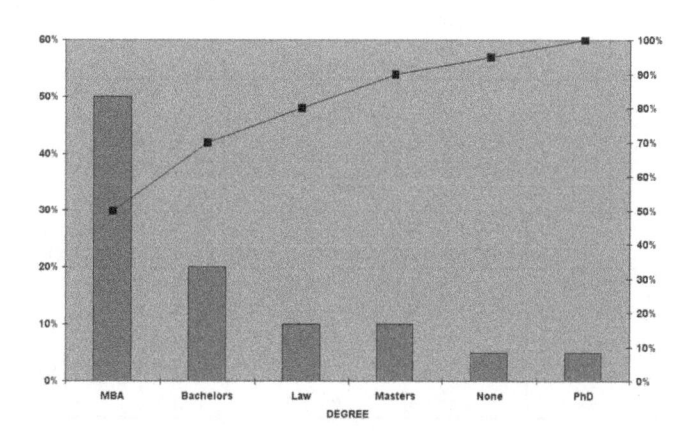

FIGURA 2.3 Gráfico de pizza do MINITAB sobre a formação dos 40 CEOs

FIGURA 2.4 Diagrama de Pareto feito no Excel/PHStat2 sobre a formação de 40 CEOs

Vamos verificar um exemplo prático que requer interpretação dos resultados gráficos.

EXEMPLO 2.1
PREPARANDO GRÁFICOS E SUMARIZANDO DADOS QUALITATIVOS

BLOODLOSS (Companion Website)

Problema Um grupo de médicos cardiologistas no sudoeste da Flórida vem estudando um novo medicamento criado para reduzir a perda de sangue durante as cirurgias de revascularização miocárdica. Dados de perda de sangue de 114 pacientes coronariopatas (alguns receberam uma dosagem da droga e outros não) estão salvos no arquivo **BLOODLOSS**. Apesar de o medicamento prometer a redução da perda de sangue, os médicos estão preocupados sobre possíveis efeitos colaterais e complicações. Portanto, seu grupo de dados inclui não apenas a variável qualitativa, DRUG, que indica se o paciente recebeu ou não a droga, mas também a variável qualitativa, COMP, que especifica o tipo (se houver) de complicações apresentadas por ele. Os quatro valores registrados de COMP pelo médicos são: (1) refazer cirurgia, (2) infecção pós-operatória, (3) ambos ou (4) nenhum.

a. A Figura 2.5, gerada com o uso do SPSS, mostra tabelas para as duas variáveis qualitativas, DRUG e COMP. Interprete os resultados.
b. Interprete a saída de dados do MINITAB mostrada na Figura 2.6 e a saída de dados do SPSS da Figura 2.7.

Solução

a. A tabela superior na Figura 2.5 é uma tabela de freqüência para DRUG. Note que exatamente metade (57) dos 114 pacientes coronariopatas receberam a medicação. A tabela inferior na Figura 2.5 é uma tabela de freqüência para COMP. Aproximadamente 69% dos 114 pacientes não tiveram complicações, comparados a cerca de 31% que precisaram refazer a cirurgia ou tiveram infecção pós-operatória, ou ambos.

b. A Figura 2.6 é um gráfico de barras lado a lado do MINITAB para os dados. As quatro barras da esquerda representam as freqüências de COMP para os 57 pacientes que não receberam a droga; as quatro barras à direita representam as freqüências de COMP para os 57 pacientes que receberam uma dosagem da medicação. O gráfico mostra claramente que pacientes que não receberam a droga sofreram menos complicações. As porcentagens exatas estão dispostas nas tabelas da Figura 2.7. Cerca de 56% dos pacientes que tomaram a medicação não tiveram complicações, comparados a aproximadamente 83% dos pacientes que não a tomaram.

Lembre-se Apesar de a droga mostrar-se eficaz na redução da perda sangüínea, os resultados nas figuras 2.6 e 2.7 também revelam que pacientes que a usaram podem apresentar maior risco de complicações. Entretanto, antes de usar essa informação para tomar uma decisão sobre o remédio, os médicos precisarão ter uma medida de confiabilidade para a inferência — isto é, precisarão saber se a diferença entre as porcentagens de pacientes com complicações observada nessa amostra de 114 pacientes é generalizável para a população de todos os pacientes cardiopatas.

AGORA FAÇA O EXERCÍCIO **2.7**

DRUG

		Frequency	Percent	Valid Percent	Cumulative Percent
Valid	NO	57	50.0	50.0	50.0
	YES	57	50.0	50.0	100.0
	Total	114	100.0	100.0	

COMP

		Frequency	Percent	Valid Percent	Cumulative Percent
Valid	BOTH	6	5.3	5.3	5.3
	INFECT	15	13.2	13.2	18.4
	NONE	79	69.3	69.3	87.7
	REDO	14	12.3	12.3	100.0
	Total	114	100.0	100.0	

FIGURA 2.5 Resumo das tabelas do SPSS para DRUG e COMP

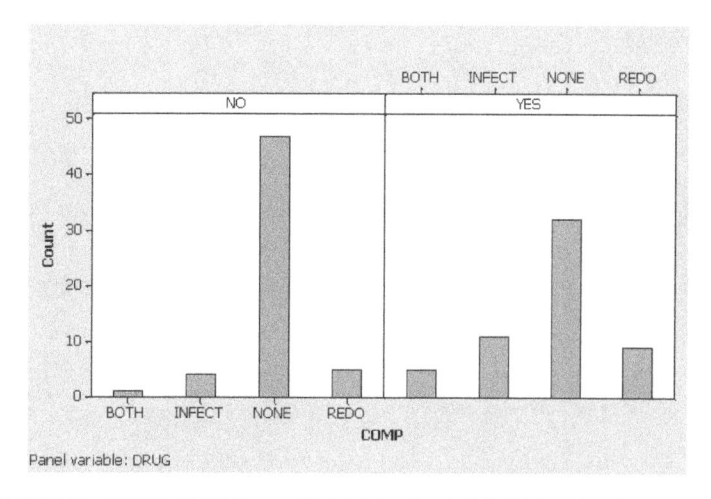

FIGURA 2.6 Gráficos de barras lado a lado do MINITAB para COMP, por valor de DRUG

COMP

DRUG			Frequency	Percent	Valid Percent	Cumulative Percent
NO	Valid	BOTH	1	1.8	1.8	1.8
		INFECT	4	7.0	7.0	8.8
		NONE	47	82.5	82.5	91.2
		REDO	5	8.8	8.8	100.0
		Total	57	100.0	100.0	
YES	Valid	BOTH	5	8.8	8.8	8.8
		INFECT	11	19.3	19.3	28.1
		NONE	32	56.1	56.1	84.2
		REDO	9	15.8	15.8	100.0
		Total	57	100.0	100.0	

FIGURA 2.7 Tabelas do SPSS para COMP por valor de DRUG

Estatística em ação revisitada

Interpretando gráficos de pizza

ETHICS Companion Website

Na pesquisa dos médicos do University Community Hospital, os pesquisadores mediram três variáveis qualitativas: consulta ética prévia ('nunca usou' ou 'usou'), especialidade ('médico' ou 'cirurgião') e uso futuro de consulta ética ('sim' ou 'não'). Gráficos de pizza e de barra podem ser usados para resumir e descrever as respostas dos médicos a essas questões. Lembre que os dados estão salvos no arquivo **ETHICS**. Essas variáveis são chamadas PREVUSE, SPEC e FUTUREUSE no arquivo. Criamos gráficos de pizza para essas variáveis usando o MINITAB.

A Figura EA2.1 é um gráfico de pizza para a variável PREVUSE. Claramente, uma maior porcentagem de médicos (71,2%) nunca usou uma consulta ética no hospital, em comparação com os que usaram (28,8%). Os pesquisadores querem saber se o 'uso prévio' difere entre as especialidades. A Figura EA2.2 mostra gráficos de pizza lado a lado para a variável PREVUSE para cada valor da variável SPEC. O gráfico da esquerda descreve o padrão de uso prévio por especialidades médicas, e o da direita descreve o padrão de uso prévio para cirurgiões. A Figura EA2.2 mostra que um número um pouco menor de cirurgiões (27,9%) usou a consulta ética no passado, em comparação com os clínicos (29,3%).

Produzimos um grupo similar de gráficos lado a lado para descrever a variável qualitativa FUTUREUSE na Figura EA2.3. Aparentemente, a diferença entre cirurgiões e clínicos aumentou. Esses gráficos novamente mostram que menos cirurgiões (76,7%) considerariam usar o serviço de consulta médica no futuro em relação aos clínicos (82,7%), mas a diferença nas porcentagens é maior do que no uso prévio. A teoria dos pesquisadores de que os cirurgiões do UCH são menos propensos a usar o serviço de consulta ética é suportada pelos gráficos de pizza.

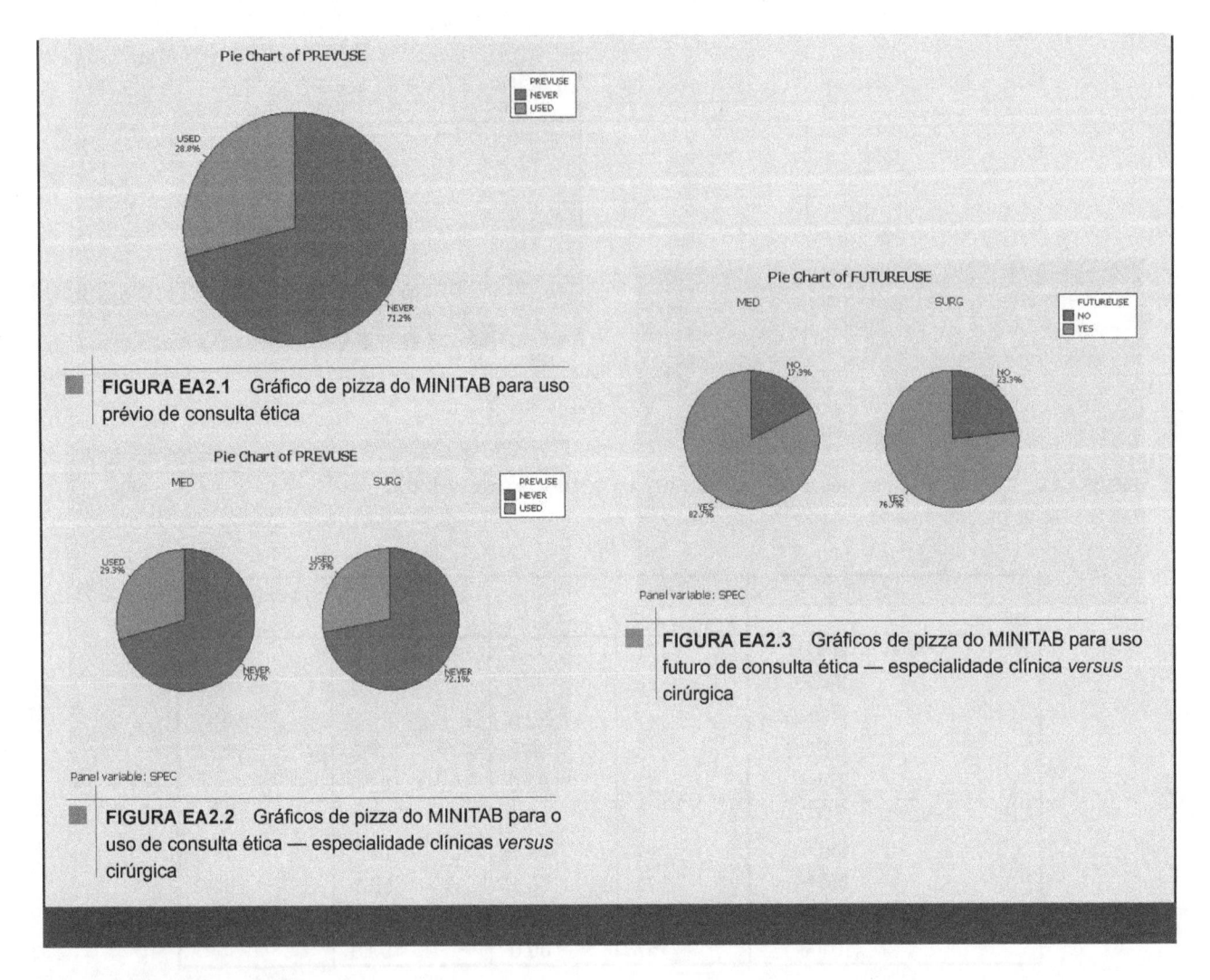

■ FIGURA EA2.1 Gráfico de pizza do MINITAB para uso prévio de consulta ética

■ FIGURA EA2.2 Gráficos de pizza do MINITAB para o uso de consulta ética — especialidade clínicas *versus* cirúrgica

■ FIGURA EA2.3 Gráficos de pizza do MINITAB para uso futuro de consulta ética — especialidade clínica *versus* cirúrgica

Exercícios 2.1 – 2.15

Aprendendo a mecânica

2.1 Complete a tabela a seguir.

Classificação no exame de estatística da empresa	Freqüência	Freqüência relativa
A: 90–100	—	0,08
B: 80–89	36	—
C: 65–79	90	—
D: 50–64	30	—
F: Abaixo de 50	28	—
Total	200	1,00

2.2 Uma variável qualitativa com três classes (X, Y e Z) é medida para cada uma das 20 unidades retiradas aleatoriamente da população-alvo. Os dados (classes observadas para cada unidade) estão listados abaixo.

Y X X Z X Y Y Y X X Z X
Y Y X Z Y Y Y X

a. Compute a freqüência para cada uma das três classes.
b. Calcule a freqüência relativa para cada uma das três classes: 0,4; 0,45; 0,15.
c. Mostre os resultados de **a** em um gráfico de barras para as freqüências.
d. Mostre os resultados de **b** em um gráfico de pizzas.

Aplicação dos conceitos — Básico

2.3 Robôs industriais. A Robotics Industries Association informa que aproximadamente 144.000 robôs industriais operavam na América do Norte em 2004. O gráfico do MINITAB a seguir mostra a porcentagem de unidades de robôs industriais divididos em seis categorias de tarefas: (1) solda a ponto, (2) solda em arco, (3) remoção de material, (4) transporte de material, (5) montagem e (6) acabamento.

a. Que tipo de gráfico é usado para descrever os dados?
b. Identifique a variável medida para cada um dos 144.000 robôs industriais.
c. Utilize o gráfico para identificar as tarefas em que se usa a maior porcentagem de robôs industriais.
d. Quantos robôs, do total de 144.000, são usados para a solda a ponto?
e. Qual a porcentagem de robôs usados para a solda a ponto ou para a solda em arco?

Solda a ponto (32,0%)

Solda em arco (20,0%)

Montagem (7,0%)

Acabamento (4,0%)

Remoção de material (3,0%)

Transporte de material (34,0%)

Gráfico do MINITAB para o Exercício 2.3

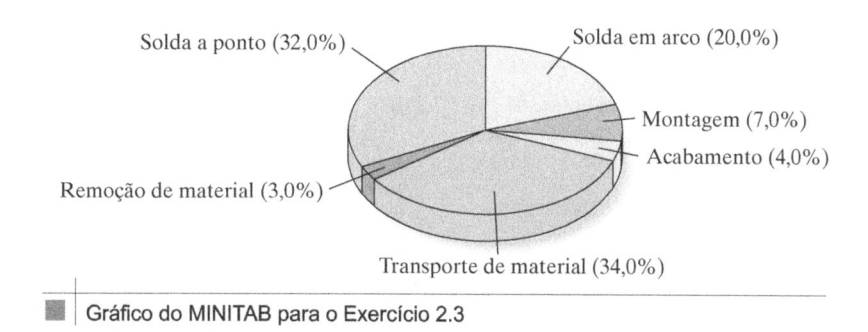

2.4 Desligando os air-bags. Air-bags de motorista e passageiros são instalados nos novos modelos de carros para prevenir ferimentos sérios ou fatais em colisões de veículos. No entanto, os air-bags têm sido responsabilizados por causar a morte de crianças e pessoas pequenas ou de pessoas com deficiências em colisões de baixa velocidade. Conseqüentemente, em 1998, o governo federal autorizou que os proprietários de veículos solicitassem a instalação de um botão liga-desliga para os air-bags. A tabela detalha as razões dadas para os donos de carros para a instalação do botão liga-desliga no lado do passageiro em um período de 2 anos.

Razão	Número de pedidos
Bebê	1.852
Criança	17.148
Médica	8.377
Bebê & médica	44
Criança & médica	903
Bebê & criança	1.878
Bebê & criança & médica	135
Total	30.337

Fonte: National Highway Transportation Safety Administration, set. 2000.

a. Que tipo de variável, qualitativa ou quantitativa, é resumida na tabela? Forneça os valores que a variável poderia assumir.
b. Calcule as freqüências relativas para cada razão.
c. Mostre a informação da tabela em um gráfico apropriado.
d. Qual a proporção de proprietários de carros que requisitaram a instalação de botões liga-desliga para seus air-bags devido a razões médicas?

2.5 Defeitos em novos automóveis. Considere os seguintes dados da indústria automobilística (adaptado de Kane, 1989). Todos os carros produzidos em um único dia foram inspecionados para checar defeitos. Os 145 defeitos encontrados foram categorizados por tipo, como mostrado na tabela a seguir.

Tipo de defeito	Número
Acessórios	50
Carroçaria	70
Elétrico	10
Motor	5
Transmissão	10

a. Construa um diagrama de Pareto para os dados. Use o gráfico para identificar os tipos de defeitos mais comuns.
b. Todos os 70 defeitos de carroçaria foram posteriormente classificados em tipos. As freqüências são mostradas na tabela a seguir. Crie um diagrama de Pareto para os tipos de defeitos de carroçaria. Adicionar este gráfico ao diagrama de Pareto da alternativa **a** é comumente conhecido como *explodindo o Diagrama de Pareto*. Interprete o resultado. Que tipo de defeito de carroçaria deve receber atenção especial?

Defeito de corpo	Número
Cromados	2
Amassados	25
Pintura	30
Estofamento	10
Janelas	3

2.6 Falhas em sistemas de gestão. O Conselho Norte-americano de Investigação de Riscos e Segurança Química é responsável por determinar as causas principais de acidentes industriais. Desde sua criação em 1998, identificou 83 incidentes que foram causados por falhas em sistemas de gestão (*Process Safety Progress*, dez. 2004). A tabela a seguir dá um detalhamento das causas principais desses 83 incidentes.

Categoria de causa de sistemas de gestão	Número de incidentes
Engenharia & design	27
Procedimentos & práticas	24
Gestão & supervisão	22
Treinamento & comunicação	10
Total	83

Fonte: Blair, A. S. "Management system failures identified in incidents investigated by the U.S. Chemical Safety and Hazard Investigation Board". *Process Safety Progress*, v. 23, n. 4, dez. 2004 (Tabela 1).

a. Encontre a freqüência relativa do número de incidentes para cada categoria de causa.
b. Construa um diagrama de Pareto para os dados.
c. A partir do diagrama de Pareto, identifique as categorias de causa com a maior e menor freqüência relativa de incidentes.

2.7 Pesquisa de fidelidade em loja. A satisfação e lealdade do cliente são avaliadas e monitoradas por todas as organizações de classe mundial. Mas consumidores satisfeitos são necessariamente leais?

A Harte-Hanks Market Research pesquisou clientes de lojas de departamentos e bancos e publicou os resultados abaixo na *American Demographics* (ago. 1999).

	BANCOS	LOJAS DE DEPARTAMENTOS
Totalmente satisfeito e muito leal	27%	4%
Totalmente satisfeito e não muito leal	18%	25%
Não totalmente satisfeito e muito leal	13%	2%
Não totalmente satisfeito e não muito leal	42%	69%
	100%	100%

Fonte: *American Demographics*, ago. 1999.

a. Construa, lado a lado, gráficos de barra para as freqüências relativas dos bancos e das lojas de departamentos.
b. Esses dados poderiam ser descritos usando gráficos de pizza? Explique.
c. Os dados indicam que os consumidores que estão muito satisfeitos também são muito leais? Explique.

Aplicação dos conceitos —— Intermediário

2.8 Produtos 'Made in the USA'. 'Made in the USA' é uma frase mostrada em muitos anúncios de produtos ou mesmo em rótulos. Os anunciantes querem que os consumidores acreditem que o produto é fabricado usando força de trabalho e materiais 100% norte-americanos — o que nem sempre é o caso. O que o 'Made in the USA' significa para o consumidor comum? Para responder a essa questão, um grupo de professores de marketing conduziu um experimento em um shopping em Muncie, Indiana (*Journal of Global Business*, primavera, 2002). Eles convidaram um em cada quatro adultos que entravam no shopping para participar da pesquisa. Um total de 106 pessoas concordaram em responder à pergunta, "'Made in the USA' significa qual porcentagem de uso de força de trabalho e materiais norte-americanos?" As 106 respostas estão resumidas na tabela a seguir.

RESPOSTA A 'MADE IN THE USA'	NÚMERO DE PESSOAS
100%	64
75% a 99%	20
50% a 74%	18
Menos que 50%	4

Fonte: "'Made in the USA': consumer perceptions, deception and policy alternatives." *Journal of Global Business*, v. 13, n. 24, primavera, 2002 (Tabela 3).

a. Que tipo de método de coleta de dados foi usado?
b. Que tipo de variável, quantitativa ou qualitativa, foi medida?
c. Apresente os dados da tabela de forma gráfica. Use o gráfico para fazer uma afirmação sobre a porcentagem de consumidores que acreditam que a frase 'Made in the USA' significa o uso de 100% de força de trabalho e de materiais norte-americanos.

DDT

2.9 Peixes contaminados por descarga tóxica. Verifique o Exemplo 1.5 e os dados do U.S. Army Corps of Engineers sobre peixes contaminados em descargas tóxicas de uma fábrica localizada às margens do rio Tennessee, no Alabama. Os engenheiros determinaram as espécies (bagre-de-canal, black bass ou smallmouth buffalo) para cada um dos 144 peixes capturados. Os dados sobre espécies estão salvos no arquivo **DDT**. Use um método gráfico para descrever a freqüência de ocorrência das três espécies entre os 144 capturados.

CEOPAY05

2.10 O Executive Compensation Scoreboard. Busque o **Executive Compensation Scoreboard** da *Forbes* de 2005, descrito no Capítulo 1 e no Exercício 1.19. Lembre que o setor da indústria da empresa do CEO (por exemplo, bancário, varejo etc.) foi registrado para cada um dos 500 CEOs na pesquisa (veja na Tabela 1.1 uma lista de indústrias). Acesse o arquivo **CEOPAY05** e use um método gráfico para descrever a freqüência de ocorrência dos tipos de indústrias.

DIAMONDS

2.11 Cor e pureza de diamantes. Diamantes são classificados de acordo com os 'quatro Cs' (*carats, clarity, color* e *cut*): peso, pureza, cor e lapidação. Cada pedra de diamante que é vendida no mercado aberto vem com um certificado de uma autoridade em diamantes independente que lista essas características. Dados para 308 diamantes foram extraídos do *Singapore's Business Times* e estão salvos no arquivo **DIAMONDS** (*Journal of Statistics Education*, v. 9, n. 1, 2001). A cor é classificada como D, E, F, G, H ou I, enquanto a pureza é classificada como IF, VVS1, VVS2, VS1 ou VS2. Use uma técnica gráfica para resumir a cor e a pureza das 308 pedras. Quais cores e graduações de pureza ocorrem com maior freqüência? E com menor freqüência?

2.12 Pesquisa de crime por computadores. Busque a pesquisa anual do Computer Security Institute (CSI) sobre crimes eletrônicos em negócios dos Estados Unidos, Exercício 1.20. Na questão: "Sua empresa sofreu uso não autorizado de sistemas de computadores no ano passado?", as respostas foram tabeladas para a pesquisa de dois anos, 1999 e 2006. Compare as respostas dos dois anos usando gráficos de barras. Que inferência pode ser feita a partir dos gráficos?

USO NÃO AUTORIZADO DE SISTEMAS DE COMPUTADOR	PORCENTAGEM EM 1999	PORCENTAGEM EM 2006
Sim	62	52
Não	17	38
Não sabe	21	10
Totais	100	100

Fonte: "2006 CSI/FBI Computer Crime and Security Survey." *Computer Security Issues & Trends*, primavera, 2006.

Aplicação dos conceitos — Avançado

2.13 Publicidade com cartões de resposta. Cartões de resposta são usados por profissionais de marketing para fazer propaganda de produtos e obter indicativos de vendas. Esses cartões são colocados em revistas e publicações comerciais. Os leitores destacam e enviam esses cartões pelos correios para indicar seu interesse no produto, esperando informações impressas ou uma ligação telefônica. Quão efetivos são esses cartões (chamados na indústria de 'cartões de bingo') como ferramenta de marketing? A Performark, uma empresa de Minneapolis que ajuda empresas a fechar vendas, buscou responder a essa questão enviando 17.000 cartões de uma grande variedade de publicações ao longo de seis anos. A Performark manteve o registro de quanto tempo demorou para cada anunciante responder. Um resumo desses tempos de resposta, apresentado na revista *Inc.* (jul. 1995), é mostrado na tabela a seguir.
a. Descreva a variável medida pela Performark.
b. A *Inc.* mostrou os resultados em forma de gráfico de pizza. Reconstrua o gráfico de pizza a partir das informações da tabela.
c. Quantos dos 17.000 anunciantes nunca responderam?
d. Anunciantes geralmente gastam pelo menos um milhão de dólares em uma campanha de cartão de resposta. Muitos profissionais de marketing acreditam que esses cartões não valem os gastos que geram. A informação do gráfico de pizza da aternativa **b** dá embasamento para essa afirmação? Explique por quê. Se não dá, qual informação pode ser compilada do gráfico para ajudar as campanhas de marketing com cartão?

Tempo de resposta do anunciante	Porcentagem
Nunca respondeu	21
13–59 dias	33
60–120 dias	34
Mais que 120 dias	12
Total	100

2.14 Administração em programas de MBA. A *Business Ethics* (outono, 2005) apresentou uma pesquisa feita para criar um ranking de programas Master in Business Administration (MBA) mundiais sobre a melhor forma como eles prepararam os estudantes para a administração ambiental e social. Cada escola de negócios foi classificada de acordo com quatro critérios: exposição dos estudantes (tempo em sala dedicado a questões sociais e ambientais), oportunidades dos estudantes (cursos com conteúdo social e ambiental), conteúdo do curso (enfatiza negócios como uma força para mudança social e ambiental) e pesquisas nas faculdades (artigos publicados que examinem negócios sob um enfoque social/ambiental). Cada área foi classificada de uma estrela (pior classificação) a cinco estrelas (melhor classificação). De forma geral, a Stanford University ficou em primeiro lugar, seguida por ESADE (Espanha), York University (Canadá), Monterrey Technical Institute (México) e University of Notre Dame. Um resumo dos rankings (classificação por estrelas) para os 30 primeiros programas de MBA é mostrado na tabela a seguir.

Critério	★★★★★	★★★★	★★★	★★	★	Total
Exposição do estudante	2	9	14	5	0	30
Oportunidade para o estudante	3	10	14	3	0	30
Conteúdo do curso	3	9	17	1	0	30
Pesquisa da faculdade	3	10	11	4	0	28

Fonte: Biello, D. "MBA Programs for Social and Environmental Stewardship." *Business Ethics*, outono, 2005, p. 25.

a. Ilustre as diferenças e similaridades das distribuições de estrelas no *ranking* para os quatro critérios.
b. Dê uma razão plausível para não haver nenhum MBA com uma estrela entre os 30 programas.

2.15 Investimento estrangeiro na China. Desde que abriu suas portas para os investidores ocidentais há 25 anos, a República Popular da China tem se movido continuamente para uma economia de mercado. No entanto, devido a incertezas políticas e econômicas no país, os investidores ocidentais continuam preocupados em investir nele. Uma agência do governo chinês realizou uma pesquisa junto a 402 investidores estrangeiros para descobrir quais são suas preocupações em relação ao ambiente de investimentos. A cada entrevistado foi solicitado que descrevesse sua preocupação principal. Os resultados aparecem listados abaixo.
a. Construa um diagrama de Pareto para as 10 categorias.
b. De acordo com seu diagrama de Pareto, quais fatores ambientais são mais preocupantes do ponto de vista dos investidores?
c. Nesse caso, 80% dos investidores estão preocupados com 20% dos fatores ambientais como sugere o princípio de Pareto? Justifique sua resposta.

Preocupação do investidor	Freqüência
Infra-estrutura de comunicação	8
Proteção ambiental	13
Serviços financeiros	14
Eficiência do governo	30
Taxa de inflação	233
Mão-de-obra	11
Segurança pessoal	2
Preços de imóveis	82
Segurança da propriedade pessoal	4
Fornecimento de água	5

Fonte: Adaptado de *China Marketing News*, n. 26, nov. 1995.

2.2 Métodos gráficos para a descrição de dados quantitativos

Na Seção 1.5, os conjuntos de dados quantitativos foram definidos como dados em uma escala numérica com significado. Para descrever, resumir e detectar padrões nesses dados, podemos usar três métodos gráficos: **gráfico de pontos**, **gráfico ramos e folhas** e **histogramas**. Uma vez que a maioria dos softwares estatísticos podem produzir esses gráficos, vamos focar, neste momento, mais a interpretação do que a construção.

Por exemplo, suponha que uma analista financeira esteja interessada no montante de recursos gastos por empresas de hardware e software em pesquisa & desenvolvimento (P&D). Ela obtém uma amostra de 50 dessas firmas de tecnologia e calcula o total que cada uma gastou no último ano como uma porcentagem de sua receita total. Os resultados são mostrados na Tabela 2.2. Como medidas numéricas feitas sobre a amostra de 50 unidades (as firmas), essas porcentagens representam dados quantitativos. O objetivo inicial da analista é resumir e descrever esses dados de forma a extrair informação relevante.

Uma observação dos dados indica alguns fatos óbvios. Por exemplo, a menor porcentagem de P&D é 5,2% (empresa 45) e a maior é 13,5% (empresas 1 e 16). Mas é difícil prover informação adicional sobre as porcentagens de P&D das 50 empresas sem recorrer a algum método para resumir os dados. Um desses métodos é o gráfico de pontos.

Gráfico de pontos

Um **gráfico de pontos** para as 50 porcentagens de P&D, produzido com o uso do MINITAB, é mostrado na Figura 2.8. O eixo horizontal da figura é uma escala para a variável quantitativa, percentual. O valor numérico de cada medida no grupo de dados está localizado na escala horizontal por um ponto. Quando valores de dados se repetem, os pontos são colocados um sobre o outro, formando uma pilha naquela localização numérica. Como você pode ver, esse gráfico de pontos mostra que quase toda a porcentagem de P&D está entre 6% e 12%, com a maior parte ficando entre 7% e 9%.

Gráfico ramo e folhas

Usamos o Excel e PHStat2 para gerar outra representação gráfica dos mesmos dados, o **gráfico ramo e folhas**, na Figura 2.9. Neste gráfico, o ramo é a porção da medida (porcentagem) à esquerda do ponto decimal, enquanto a porção remanescente à direita é a folha.

Os ramos para o conjunto de dados são listados em uma coluna crescente — do menor (5) para o maior (13). Assim, a folha para cada observação é mostrada na linha correspondente ao ramo observado. Por exemplo, a folha 5 da primeira observação (13,5) na Tabela 2.2 está posicionada na linha correspondente ao ramo 13. De forma similar, a folha 4 para a segunda observação (8,4) na mesma tabela está registrada na linha correspondente ao ramo 8, enquanto a folha 5, para a terceira observação (10,5), está registrada na

TABELA 2.2 Porcentagem de receitas gastas em pesquisa e desenvolvimento*

Empresa	Porcentagem	Empresa	Porcentagem	Empresa	Porcentagem	Empresa	Porcentagem
1	13,5	14	9,5	27	8,2	39	6,5
2	8,4	15	8,1	28	6,9	40	7,5
3	10,5	16	13,5	29	7,2	41	7,1
4	9,0	17	9,9	30	8,2	42	13,2
5	9,2	18	6,9	31	9,6	43	7,7
6	9,7	19	7,5	32	7,2	44	5,9
7	6,6	20	11,1	33	8,8	45	5,2
8	10,6	21	8,2	34	11,3	46	5,6
9	10,1	22	8,0	35	8,5	47	11,7
10	7,1	23	7,7	36	9,4	48	6,0
11	8,0	24	7,4	37	10,5	49	7,8
12	7,9	25	6,5	38	6,9	50	6,5
13	6,8	26	9,5				

* Para usar os dados da tabela no software, é preciso trocar as vírgulas dos valores numéricos por ponto.

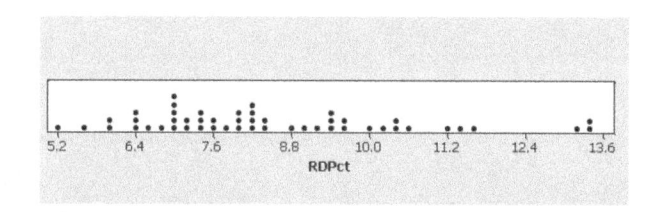

FIGURA 2.8 Gráfico de pontos do MINITAB para as 50 porcentagens de P&D

```
Stem-and-Leaf Display
for RDPct
Stem unit: 1

    5 | 2 6 9
    6 | 0 5 5 5 5 6 8 9 9 9
    7 | 1 1 1 2 2 4 5 5 7 7 8 9
    8 | 0 0 1 2 2 2 4 5 8
    9 | 0 2 4 5 5 6 7 9
   10 | 1 5 5 6
   11 | 1 3 7
   12 |
   13 | 2 5 5
```

FIGURA 2.9 Gráfico de ramo e folhas do Excel/PHStat2 para as 50 porcentagens de P&D

linha correspondente ao ramo 10 (as folhas para essas três primeiras observações estão destacadas na Figura 2.9). Tipicamente, as folhas em cada linha são ordenadas como mostrado na Figura 2.9.

O gráfico de ramos e folhas apresenta outra figura compacta do grupo de dados. Você pode ver que a maior parte das empresas da amostra (37 de 50) gastaram entre 6,0% e 9,9% de suas receitas em P&D, e 11 gastaram entre 7,0% e 7,9%. Relativamente ao restante das empresas da amostra, três gastaram uma alta porcentagem de suas receitas em P&D — acima de 13%.

As definições para os ramos e as folhas podem ser modificadas para alterar a descrição do gráfico. Por exemplo, suponha que tenha sido definido o ramo como as dezenas de dígitos para os dados de porcentagem de P&D, em vez de unidades e dezenas. Com essa definição, os ramos e folhas correspondendo às medidas 13,5 e 8,4 seriam como se segue:

Ramo	Folha		Ramo	Folha
1	3		0	8

Note que a porção decimal dos números caiu. Geralmente, apenas um dígito é mostrado na folha. Se você observar os dados, verá por que não definimos o ramo dessa forma. Todas as medidas de P&D ficam abaixo de 13,5, então todas as folhas ficariam em apenas duas linhas de ramos — 1 e 0 — no gráfico. A figura resultante não seria nem um pouco informativa como é a Figura 2.9.

Agora faça o Exercício 2.22

John Tukey (1915–2000)

Histogramas

Um **histograma do MINITAB** para as 50 medidas de P&D é mostrado na Figura 2.10. O eixo horizontal da figura, que dá as porcentagens de gastos em P&D para cada empresa, é dividido em **intervalos de classes**, começando com o intervalo (4,5–5,5) e continua com intervalos de igual tamanho até (13,5–14,5). (*Nota*: O MINITAB mostra o ponto central para intervalos de classe alternados do histograma.) O eixo vertical dá o número (ou freqüência) das 50 medidas que ficam em cada intervalo de classe. Você pode verificar que os intervalos de classe (6,5–7,5) e (7,5–8,5, ou seja, as classes com as duas maiores barras) contêm as maiores freqüências — os dois intervalos contêm 13 medições de porcentagem de P&D; os intervalos de classes remanescentes tendem a conter um número menor de medições, uma vez que há um número menor de porcentagens de P&D menores ou maiores.

Histogramas podem ser usados para mostrar tanto a freqüência quanto a freqüência relativa das medidas em cada intervalo de classes. Os intervalos de classes, freqüências e freqüências relativas ou as 50 medidas de P&D são mostrados na Tabela 2.3.[1] Somando as freqüências relativas nos intervalos (6,5–7,5), (7,5–8,5), (8,5–9,5), (9,5–10,5) e (10,5–11,5), encontramos que 0,26 + 0,26 + 0,10 + 0,12 + 0,10 = 0,84, ou 84% dos valores de P&D estão entre 6,5 e 11,5. De forma similar, somando as freqüências relativas dos dois últimos intervalos (12,5–13,5) e (13,5–14,5), encontramos que 6% das empresas gastaram acima de 12,5% de suas receitas com P&D. Muitas outras afirmações podem ser feitas com o estudo adicional do histograma.

Quando interpretamos um histograma (digamos, o histograma na Figura 2.10), consideramos dois fatores importantes. Primeiro, a proporção da área total abaixo do histograma que fica sobre um intervalo

---

[1] O MINITAB, como muitos outros programas estatísticos, classificará uma observação que caia no limite de um intervalo de classe no próximo maior intervalo de classe. Por exemplo, a medida de P&D 13,5, que fica no limite entre os intervalos (12,5–13,5) e (13,5–14,5), é classificada no intervalo (13,5–14,5). As freqüências na Tabela 2.3 refletem essa convenção.

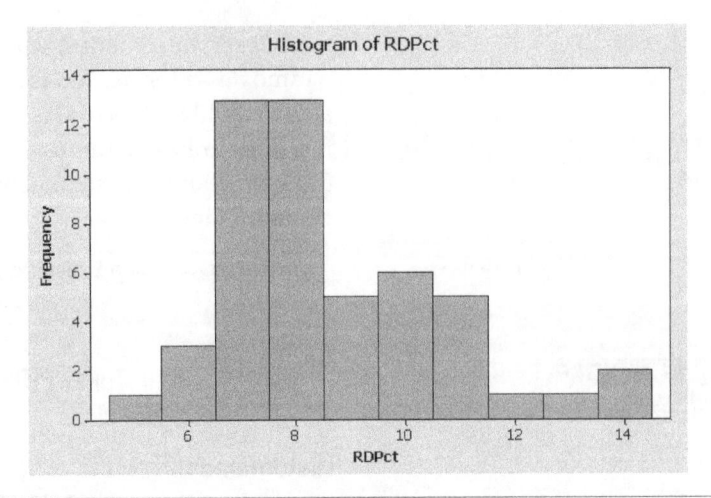

FIGURA 2.10 Histograma do MINITAB para 50 porcentagens de P&D.

TABELA 2.3 Intervalos de classe, freqüências, e freqüências relativas para as 50 medidas de P&D

Classe	Intervalo de classe	Freqüência de classe	Freqüência relativa de classe
1	4,5–5,5	1	1/50 = 0,02
2	5,5–6,5	3	3/50 = 0,06
3	6,5–7,5	13	13/50 = 0,26
4	7,5–8,5	13	13/50 = 0,26
5	8,5–9,5	5	5/50 = 0,10
6	9,5–10,5	6	6/50 = 0,12
7	10,5–11,5	5	5/50 = 0,10
8	11,5–12,5	1	1/50 = 0,02
9	12,5–13,5	1	1/50 = 0,02
10	13,5–14,5	2	2/50 = 0,04
Totais		50	1,00

particular do eixo horizontal é igual à freqüência relativa de medidas no intervalo. Por exemplo, a freqüência relativa para o intervalo de classe 7,5–8,5 é 0,26. Conseqüentemente, o retângulo acima do intervalo contém 0,26 da área total abaixo do histograma.

Segundo, você pode imaginar a aparência do histograma de freqüência relativa para um conjunto de dados muito grande (digamos, uma população). Como o número de observações no conjunto de dados é aumentado, é possível obter uma melhor descrição dos dados ao diminuir a largura dos intervalos de classe. Quando estes intervalos tornam-se pequenos, um histograma de freqüência relativa (para todos os fins práticos) aparecerá como uma curva de formato regular (veja Figura 2.11). Algumas recomendações para a seleção do número de intervalos em um histograma de grupos de dados menores são dadas no quadro.

Enquanto os histogramas proporcionam boa descrição visual dos grupos de dados — particularmente grupos muito grandes —, eles não permitem identificar medidas individuais. Mas cada uma das medidas originais é visível de alguma forma em um gráfico de pontos e claramente visível em um gráfico de ramos e folhas. Este gráfico arranja os dados de forma ascendente, de forma que seja fácil localizar medidas individuais. Por exemplo, na Figura 2.9, podemos facilmente ver que três das observações de P&D são iguais a 8,2, mas não podemos visualizar esse fato ao observar o histograma da Figura 2.10. No entanto, gráficos de ramos e folhas podem tornar-se inadequados para grupos de dados muito grandes. Grande número de ramos e folhas gera dimensões verticais e horizontais de difícil visualização, diminuindo a utilidade do gráfico.

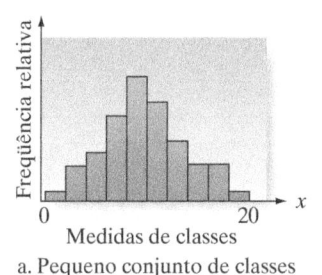

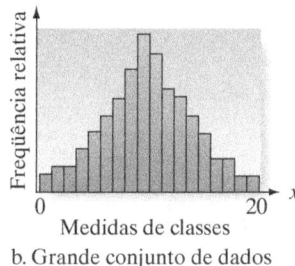

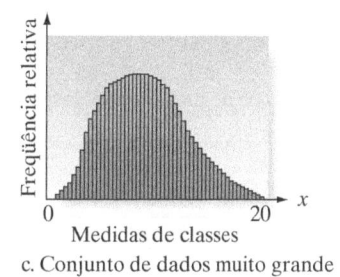

FIGURA 2.11 Efeito do tamanho do conjunto de dados no aspecto de um histograma

a. Pequeno conjunto de classes
b. Grande conjunto de dados
c. Conjunto de dados muito grande

Determinando o número de classes de um histograma

Número de observações em um conjunto de dados	Número de classes
Menos que 25	5–6
25–50	7–14
Mais que 50	15–20

EXEMPLO 2.2

GRÁFICOS PARA UMA VARIÁVEL QUANTITATIVA

Problema Um fabricante de rodas suspeita que os pedidos rentáveis estão sendo perdidos devido ao longo tempo que a empresa leva para fazer a cotação de preços para clientes potenciais. Para investigar essa possibilidade, 50 pedidos de cotação foram aleatoriamente selecionados de todas as cotações feitas no último ano, e o tempo de processamento foi determinado para cada cotação. Os tempos de processamento são mostrados na Tabela 2.4, e cada cotação foi classificada de acordo com o fato de o pedido ter sido 'perdido' ou não (isto é, se o cliente confirmou o pedido após ter feito a cotação ou não).

a. Use um software estatístico para criar um histograma de freqüência para esses dados. Faça um sombreamento na área sob o histograma que corresponda a pedidos perdidos. Interprete os resultados.

b. Use um software estatístico para criar um gráfico de ramos e folhas para esses dados. Destaque cada folha do gráfico que corresponda a um pedido perdido. Interprete os resultados.

Solução

a. Usamos o SPSS para gerar o histograma de freqüências da Figura 2.12. Perceba que 20 classes foram formadas pelo SPSS. Os intervalos de classe são (1,0–2,0), (2,0–3,0), ..., (20,0–21,0). Esse histograma mostra claramente o agrupamento das medições no extremo inferior da distribuição (entre aproximadamente 1 e 8 dias), e de relativamente poucas medições na extremidade superior da distribuição (mais de 12 dias). A área de freqüência sombreada no histograma, que corresponde a pedidos perdidos, indica claramente que eles ficam na parte superior da distribuição.

b. Usamos o MINITAB para gerar o gráfico de ramo e folhas na Figura 2.13. Perceba que o ramo (a segunda coluna da figura) consiste do número de dias (dígitos à esquerda do decimal). A folha (a terceira coluna da figura) é o décimo (primeiro dígito após o decimal) de cada medição.[2] Assim, a folha 2 no ramo 20 (a última linha da figura) representa o tempo de 20,23 dias. Como o histograma, o gráfico de ramos e folhas mostra os pedidos perdidos em destaque na parte superior da distribuição.

Lembre-se Geralmente, quando os conjuntos de dados não são muito grandes (digamos, menos que 100 medições), o gráfico de ramos e folhas fornece mais detalhes do que o histograma, sem se apresentar confuso. Em tempo, o gráfico de ramos e folhas da Figura 2.13 mostra claramente que os pedidos perdidos estão associados com longo tempo gasto no processamento (assim como o histograma na Figura 2.12) e exatamente quais dos tempos correspondem a pedidos perdidos. Histogramas são mais úteis para mostrar conjuntos de dados grandes, quando a forma geral da distribuição das medições é mais importante que a identificação de medições individualmente. Além disso, a mensagem de ambos os gráficos é clara: estabelecer um tempo limite de processamento pode resultar em menos perdas de pedidos.

AGORA FAÇA O EXERCÍCIO 2.20

A maioria dos softwares estatísticos pode ser usada para gerar histogramas, gráficos de ramos e folhas e gráficos de pontos. Todos os três são ferramentas úteis para descrever graficamente os conjuntos de dados. Recomendamos que você gere e compare os gráficos sempre que puder. Você perceberá que histogramas são geralmente mais úteis para conjuntos de dados grandes, enquanto gráficos de ramos e folhas e gráficos de pontos fornecem um detalhamento útil para conjuntos de dados menores.

---

[2] A primeira coluna do gráfico de ramos e folhas do MINITAB representa o número acumulado de medições do intervalo de classe até o intervalo de classe extremo mais próximo.

PRICEQUOTES
Companion Website

TABELA 2.4 Tempo de processamento da cotação de preços (dias)*

Número do pedido	Tempo de processamento	Perdido?	Número do pedido	Tempo de processamento	Perdido?
1	2,36	Não	26	3,34	Não
2	5,73	Não	27	6,00	Não
3	6,60	Não	28	5,92	Não
4	10,05	Sim	29	7,28	Sim
5	5,13	Não	30	1,25	Não
6	1,88	Nao	31	4,01	Não
7	2,52	Não	32	7,59	Não
8	2,00	Não	33	13,42	Sim
9	4,69	Não	34	3,24	Não
10	1,91	Não	35	3,37	Não
11	6,75	Sim	36	14,06	Sim
12	3,92	Não	37	5,10	Não
13	3,46	Não	38	6,44	Nao
14	2,64	Não	39	7,76	Não
15	3,63	Não	40	4,40	Não
16	3,44	Não	41	5,48	Não
17	9,49	Sim	42	7,51	Não
18	4,90	Não	43	6,18	Não
19	7,45	Não	44	8,22	Sim
20	20,23	Sim	45	4,37	Não
21	3,91	Não	46	2,93	Não
22	1,70	Não	47	9,95	Sim
23	16,29	Sim	48	4,46	Não
24	5,52	Não	49	14,32	Sim
25	1,44	Não	50	9,01	Não

* Para usar os dados da tabela no software, é preciso trocar as vírgulas dos valores numéricos por ponto.

```
Stem-and-leaf of TIME   N = 50
Leaf Unit = 0.10

  5    1   24789
 10    2   03569
 18    3   23344699
 24    4   034469
 (6)   5   114579
 20    6   01467
 15    7   24557
 10    8   2
  9    9   049
  6   10   0
  5   11
  5   12
  5   13   4
  4   14   03
  2   15
  2   16   2
  1   17
  1   18
  1   19
  1   20   2
```

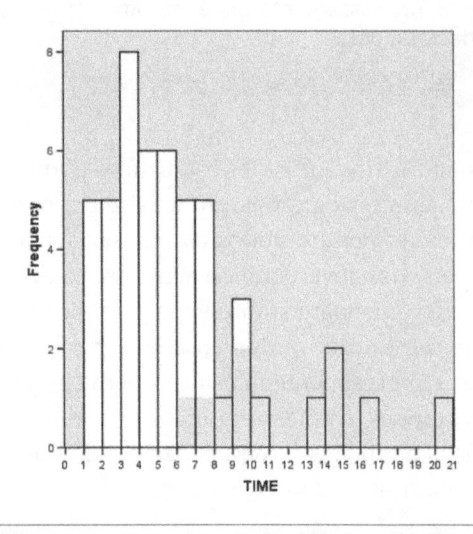

FIGURA 2.12 Histograma de freqüência do SPSS para dados de cotação de preços (pedidos perdidos sombreados)

FIGURA 2.13 O gráfico de ramos e folhas do MINITAB para os dados de cotação de preços

Capítulo 2 — MÉTODOS PARA DESCRIÇÃO DE GRUPOS DE DADOS   47

> **Resumo dos métodos gráficos descritivos para dados quantitativos**
>
> **Gráfico de pontos:** o valor numérico de cada medição quantitativa do conjunto de dados é representado por um ponto em uma escala horizontal. Quando os valores se repetem, os pontos são posicionados um sobre o outro verticalmente.
>
> **Gráfico de ramos e folhas:** o valor numérico da variável quantitativa é particionado em um 'ramo' e uma 'folha'. Os galhos possíveis estão listados em ordem, em uma coluna. A folha para cada medição quantitativa no conjunto de dados está posicionada no ramo da linha correspondente. Folhas para observações no mesmo ramo de valor são listadas em ordem crescente, horizontalmente.
>
> **Histograma:** os valores numéricos possíveis da variável quantitativa estão divididos em intervalos de classes da mesma largura. Esses intervalos formam a escala do eixo horizontal. A freqüência ou freqüência relativa das observaçõs em cada intervalo de classe é determinada. Uma barra vertical é posicionada sobre cada intervalo de classe com altura igual à freqüência ou à freqüência relativa.

HISTOGRAMAS

Usando a calculadora gráfica TI-83/TI-84

I. Criando um histograma a partir de dados

Passo 1 *Insira os dados*
Pressione **STAT** e escolha **1:Edit**.
Nota: Se a lista já contém dados, apague os dados antigos. Use o botão *up* para marcar '**L1**'. Pressione **CLEAR ENTER**.
Use as teclas de direção e **ENTER** para entrar com valores em **L1**.

Passo 2 *Crie o histograma*
Pressione **2nd** e Y = para **STAT PLOT**.
Pressione **1** para **Plot 1**.
Posicione o cursor de forma que **ON** fique aceso.
Para **Type**, use as teclas de direção e Enter para marcar e selecionar o histograma.
Para **Xlist**, escolha a coluna que contenha os dados (na maior parte dos casos, L1).
Nota: Pressione **2nd 1** para **L1**.
Freq deve ser escolhida para 1.

Passo 3 *Escolha as preferências da janela*
Pressione **WINDOW** e ajuste as preferências como a seguir:
X min = limite inferior da classe
X max = limite superior da classe
X sel = largura da classe
Y min = 0
Y max ≥ maior freqüência da classe
Y scl = 1
X res = 1

Passo 4 *Visualize o gráfico*
Pressione **GRAPH**.

Opcional Passo *Leia freqüências e limites de classes*
Você pode pressionar **TRACE** para ler as freqüências e limites de classes. Use as teclas de direção para movimentar-se entre as barras.

Exemplo As figuras a seguir mostram a janela de preferências da TI-83 e o histograma para os dados da amostra:
86, 70, 62, 98, 73, 56, 53, 92, 86, 37, 62, 83, 78, 49, 78, 37, 67, 79, 57

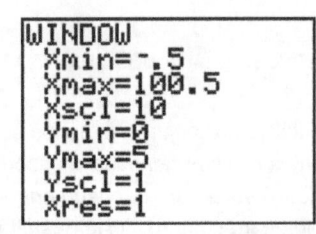

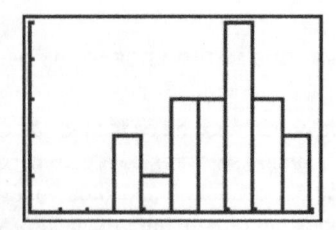

II. Fazendo um histograma a partir de uma tabela de freqüência

Passo 1   *Insira os dados*
Pressione **STAT** e selecione **1:Edit**.
Nota: Se uma lista já contém dados, limpe os dados antigos. Use a tecla de direção para cima para marcar o nome da lista, '**L1**' ou '**L2**'.
Pressione **CLEAR ENTER**.
Entre com o ponto central de cada classe em **L1**.
Entre com as freqüências ou freqüências relativas de classe em **L2**.

Passo 2   *Crie o histograma*
Pressione **2nd** e **Y** = para **STAT PLOT**.
Pressione **1** para **Plot 1**.
Posicione o cursor de forma que **ON** fique aceso.
Para **Type**, use as teclas de direção e Enter para marcar e selecionar o histograma.
Para **Xlist**, escolha a coluna que contenha os pontos centrais.
Para **Freq**, escolha a coluna contendo as freqüências ou freqüências relativas.

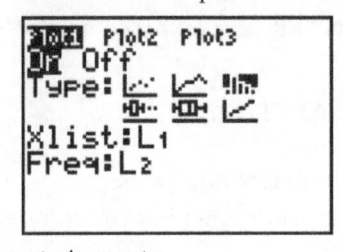

Passos 3–4   *Siga os passos 3–4 mostrados anteriormente.*
Nota: Para configurar a janela para freqüências relativas, certifique-se de ter configurado **Ymax** para um valor que seja maior ou igual à maior freqüência relativa.

Exercícios 2.16 – 2.32

Aprendendo a mecânica

2.16 Faça um histograma da freqüência relativa para as 500 medições resumidas na tabela de freqüência relativas abaixo.

Classe da medição	Freqüência relativa
0,5– 2,5	0,10
2,5– 4,5	0,15
4,5– 6,5	0,25
6,5– 8,5	0,20
8,5–10,5	0,05
10,5–12,5	0,10
12,5–14,5	0,10
14,5–16,5	0,05

2.17 Em relação ao Exercício 2.16, calcule o número de medições entre as 500 que estão em cada classe. Depois, prepare um histograma para esses dados.

2.18 Considere este gráfico de ramo e folhas:

Ramo	Folha
5	1
4	457
3	00036
2	1134599
1	2248
0	012

a. Quantas observações havia no conjunto de dados original?
b. Na linha inferior do gráfico, identifique o ramo, as folhas e os números no conjunto original representado por esse gráfico.
c. Recrie todos os números do conjunto de dados e faça um gráfico de pontos.

2.19 O MINITAB foi usado para gerar o histograma a seguir:

ESTATÍSTICA EM AÇÃO REVISITADA

INTERPRETANDO HISTOGRAMAS

ETHICS Companion Website

Uma das variáveis quantitativas medidas na pesquisa sobre consulta ética foi a duração de tempo de atuação (isto é, anos de experiência). Lembre que a hipótese dos pesquisadores era de que médicos mais velhos e mais experientes seriam menos propensos a usar o serviço de consulta ética no futuro. Para checar a confiabilidade desta assertiva, usamos os dados do arquivo **ETHICS** no MINITAB e criamos os histogramas de freqüências para anos de experiência — um para médicos que indicaram que usariam o serviço de consulta no futuro e um para os que não o usariam. Esses histogramas estão na Figura EA2.4.

Pelos histogramas, é possível perceber que há certo embasamento para a assertiva dos pesquisadores. O histograma para os médicos que disseram que usariam a consulta (à direita na Figura EA2.4) mostra que a maior parte deles tem entre 10 e 20 anos de vida profissional, enquanto o histograma para não usuários (à esquerda na Figura EA2.4) mostra uma tendência de que tenham mais experiênica (acima de 20 anos). No entanto, a ausência de dados (apenas 21 observações) para a amostra de médicos que não usariam o serviço de consulta ética torna difícil fazer qualquer inferência confiável sobre a população de médicos. Em capítulos posteriores, aprenderemos a usar uma medida de confiabilidade em inferências como essa e até mesmo em amostras menores.

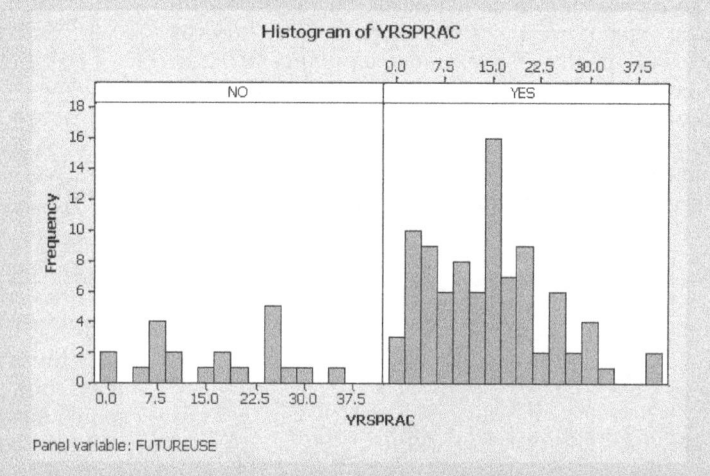

FIGURA EA2.4 Histogramas do MINITAB para anos de prática — usuários do serviço de consulta ética *versus* não usuários

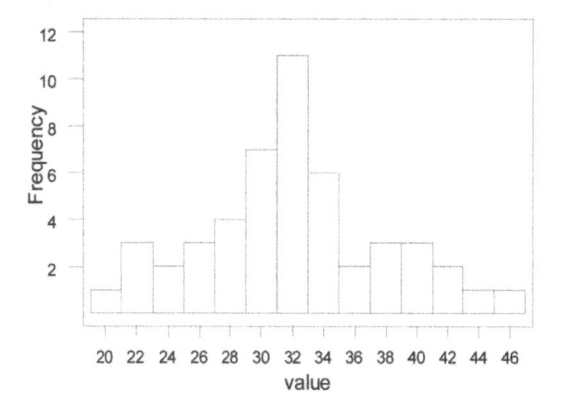

---

a. Esse é um histograma de freqüência ou de freqüência relativa? Explique.
b. Quantas medições de classe foram usadas na construção do histograma?
c. Quantas medições estão no conjunto de dados descrito por esse histograma?

Aplicação dos conceitos — Básico

2.20 Pesquisa de segurança de computadores. Busque a pesquisa do CSI/FBI sobre crimes por computador, Exercício 2.12. Em uma das questões solicitou-se que os entrevistados indicassem a porcentagem de funções de segurança em computadores que suas empresas terceirizam. Conseqüentemente, a variável quantitativa de interesse é medida como uma porcentagem para cada um dos 609 respondentes na pesquisa de 2006. O histograma ao lado resume os dados.

a. Qual classe de medição contém a maior proporção de respondentes?
b. Que proporção dos 609 respondentes indica que eles terceirizam entre 20% e 40% das funções de segurança dos computadores?
c. Que proporção dos 609 respondentes terceiriza pelo menos 40% das funções de segurança?
d. Quantos dos 609 respondentes terceirizam menos de 20% das funções de segurança?

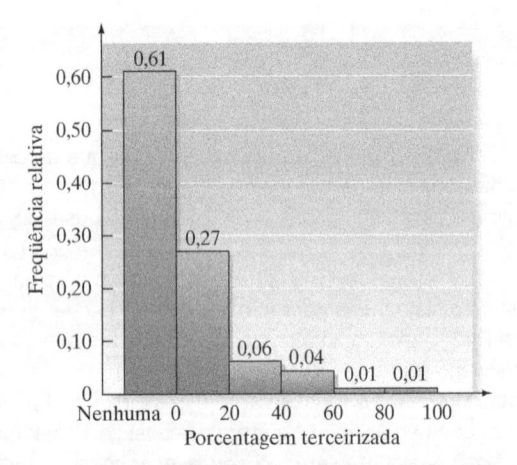

2.21 Handicaps dos golfistas da USGA. O sistema de handicaps da United States Golf Association (USGA) foi desenvolvido para permitir que golfistas com diferentes habilidades possam competir de forma justa. O índice de handicap é uma medida da habilidade potencial de pontuação do jogador em um campo de golfe de 18 buracos de dificuldade padrão. Por exemplo, em um campo par-72, um golfista com um handicap 7 normalmente terá uma pontuação de 79 (sete tacadas acima do par). Mais de 4,5 milhões de golfistas têm um handicap oficial da USGA. Os handicaps para homens e mulheres foram obtidos da USGA e estão resumidos nos dois histogramas a seguir.

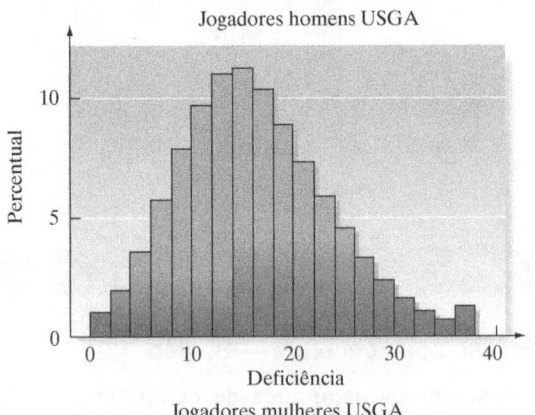

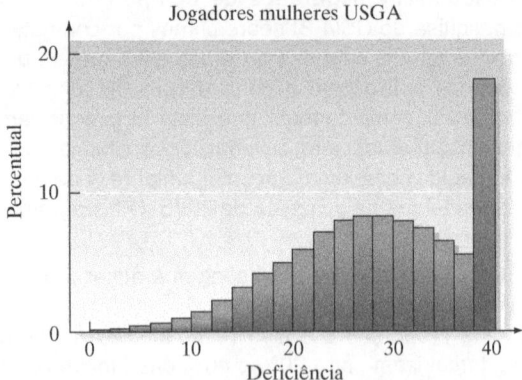

a. Qual percentual de jogadores da USGA tem um índice melhor que 20?
b. Qual percentual de jogadoras da USGA tem um índice melhor que 20?

2.22 Inspeção sanitária em navios de cruzeiro. Para minimizar o potencial de doenças gastrintestinais, todos os passageiros de navios de cruzeiro que chegam aos portos dos Estados Unidos estão sujeitos a inspeções sanitárias surpresa. Os navios são ranqueados em uma escala de 100 pontos pelos Centros de Controle e Prevenção de Doenças. Uma pontuação maior ou igual a 86 indica que o navio está oferecendo uma condição sanitária satisfatória. A última pontuação (maio 2006) para 169 navios de cruzeiros está salva no arquivo **SHIPSANIT**. As primeiras e últimas cinco observações no conjunto de dados estão listadas na tabela a seguir.

a. Gere um gráfico de ramos e folhas para os dados. Identifique os ramos e as folhas no gráfico.
b. Use o gráfico para estimar a proporção de navios que apresentam um padrão sanitário aceitável.
c. Localize a pontuação sanitária 84 (Sea Bird) no gráfico.

SHIPSANIT (Observações selecionadas)

NOME DO NAVIO	PONTUAÇÃO SANITÁRIA
Adventure of the Seas	95
Albatross	96
Amsterdam	98
Arabella	94
Arcadia	98
Wind Surf	95
Yorktown Clipper	91
Zaandam	98
Zenith	94
Zuiderdam	94

Fonte: National Center for Environmental Health, Centers for Disease Control and Prevention, 24 maio 2006.

2.23 Investigando uma ligação entre *home runs* e *runs* marcados. Mark McGwire, do St. Louis Cardinals, acertou 70 *home runs* durante a temporada de 1998 da Major League Baseball, quebrando o recorde mantido por Roger Maris (61 *home runs*) desde 1961 (em 2001, Barry Bonds quebrou o recorde de novo com 73 *home runs*). J. S. Simonoff, da New York University, coletou dados sobre o número de *runs* marcados pelos Cardinals em jogos em que McGwire marcou *home runs* (*Journal of Statistics Education*, v. 6, 1998). Os dados estão reproduzidos na tabela.

STLRUNS

6	6	3	11	13
8	1	10	6	7
5	8	9	6*	3
8	2	3	6*	6
15*	2	8*	5	6
8	6	2	3	5
5	8	4	10*	
8	9	4	4	
3	5	3	11*	
5	7	6	1	
2	3	8	4	
6	2	7*	6*	
3	7	14*	4*	

a. Construa um gráfico de ramos e folhas para o número de *runs* marcados pelo St. Louis durante os jogos em que McGwire marcou um *home run*.

b. Os asteriscos na tabela representam jogos nos quais McGwire marcou diversos *home runs*. No gráfico de ramos e folhas, circule os valores de *run* para esses jogos. Você identifica algum padrão de comportamento?

Aplicação dos conceitos — Intermediário

DDT
Companion Website

2.24 Peixes contaminados pela descarga tóxica de uma fábrica. Volte ao Exercício 2.9 e recupere os dados do U.S. Army Corps of Engineers sobre peixes contaminados salvos no arquivo **DDT**. Em relação às espécies (bagre-de-canal, black bass ou smallmouth buffalo), o comprimento (em centímetros), peso (em gramas) e nível de DDT (em partes por milhão) foi medido para cada um dos 144 peixes capturados.
a. Use um método gráfico para descrever a distribuição do comprimento dos 144 peixes.
b. Use um método gráfico para descrever a distribuição do peso dos 144 peixes.
c. Use um método gráfico para descrever a distribuição das 144 medidas de DDT.

DIAMONDS
Companion Website

2.25 Cor e pureza de diamantes. Busque o estudo do *Journal of Statistics Education* sobre diamantes, no Exercício 2.11. Além da cor e pureza, o conjunto de certificação independente (GIA, HRD ou IGI) e os quilates métricos foram registrados para cada um dos 308 diamantes à venda no mercado aberto. Lembre que os dados estão salvos no arquivo **DIAMONDS**.
a. Use um método gráfico para descrever a distribuição de quilates para todos os 308 diamantes.
b. Use um método gráfico para descrever a distribuição de quilates dos diamantes certificados pelo grupo GIA.
c. Repita a alternativa **b** para os grupos de certificação HRD e IGI.
d. Compare as três distribuições de quilates das aternativas **b** e **c**. Existe um grupo de certificação específico que parece ter acesso a diamantes com mais quilates do que outros?

2.26 Departamento de recepção e expedição. Em uma indústria de transformação, o *departamento de recepção e expedição* é o local específico da produção que consiste em uma ou mais pessoas e/ou máquinas e é tratado como uma unidade para o objetivo de planejamento de capacidade e agendamento de trabalho. Se o trabalho chegar a um departamento de recepção e expedição específico a uma velocidade maior do que sai, o departamento impedirá que o processo de produção flua, e ocorrerá o que se chama de gargalo (Fogarty, Blackstone e Hoffmann, *Production and inventory management*, 1991). Os dados na tabela abaixo foram coletados por um gerente de operações para investigar a existência de um potencial gargalo. Construa gráficos de pontos baseados nos dados. Os pontos sugerem que haja gargalho no centro de trabalho? Explique.

2.27 Falhas ambientais em empresas do Arkansas. Qualquer empresa que negocie dentro dos Estados Unidos deve estar ciente das leis ambientais federais e estaduais e obedecer a elas. Uma falha na obediência a essas leis pode resultar em danos irreparáveis ao meio ambiente e gerar penalidades severas às empresas responsáveis. Das 55 ações civis instauradas contra empresas no estado de Arkansas pelo Departamento de Justiça dos Estados Unidos em nome da Agência de Proteção Ambiental, 38 resultaram em penalidades financeiras. Essas penalidades, juntamente com as leis que foram violadas, estão listadas na tabela no alto da página a seguir (*Nota*: Algumas empresas foram envolvidas em mais de uma ação civil.)
a. Construa um gráfico de ramos e folhas para todas as 38 penalidades.
b. Circule as folhas individuais associadas com penalidades impostas por violação do Clean Air Act (CAA – Ato do Ar limpo).
c. O que sugere o padrão de círculos da alternativa **b** sobre a severidade das penas impostas por violações ao CAA em relação a outros tipos de violação mostrados na tabela? Explique.

2.28 Comparando tempos de conclusão de tarefas. Para estimar quanto tempo levará para produzir um produto específico, um fabricante estuda a relação entre o tempo de produção por unidade e o número de unidades produzidas. A linha ou curva que caracteriza essa relação é chamada curva de aprendizagem (Adler e Clark, *Management science*, mar. 1991). Vinte e cinco empregados, todos executando a mesma tarefa pela décima vez, foram observados. Cada tempo de conclusão de tarefa por pessoa (em minutos) foi registrado. Os mesmos 25 empregados foram observados de novo na trigésima vez em que fizeram a tarefa e também na qüinquagésima. Os tempos de conclusão resultantes estão na tabela de baixo da página a seguir.
a. Use um software estatístico para construir um histograma de freqüências para cada um dos três conjuntos de dados.
b. Na maior parte dos processos de produção, o tempo requerido para completar uma tarefa em particular será menor cada vez que a tarefa for realizada. Os histogramas da alternativa **a** seguem essa tendência? Explique.

WORKCTR
Companion Website

Número de itens que chegam ao departamento de recepção e expedição por hora												
155	115	156	150	159	163	172	143	159	166	148	175
151	161	138	148	129	135	140	152	139			

Número de itens que saem do departamento de expedição por hora												
156	109	127	148	135	119	140	127	115	122	99	106
171	123	135	125	107	152	111	137	161			

CLEANAIR (Companion Website)

NÚMERO DE IDENTIFICAÇÃO DA EMPRESA	PENALIDADE	LEI*	NÚMERO DE IDENTIFICAÇÃO DA EMPRESA	PENALIDADE	LEI*
01	$ 930.000	CERCLA	17	20.000	CWA
02	10.000	CWA	18	40.000	CWA
03	90.600	CAA	19	20.000	CWA
04	123.549	CWA	20	40.000	CWA
05	37.500	CWA	21	850.000	CWA
06	137.500	CWA	22	35.000	CWA
07	2.500	SDWA	23	4.000	CAA
08	1.000.000	CWA	24	25.000	CWA
09	25.000	CAA	25	40.000	CWA
09	25.000	CAA	26	30.000	CAA
10	25.000	CWA	27	15.000	CWA
10	25.000	RCRA	28	15.000	CAA
11	19.100	CAA	29	105.000	CAA
12	100.000	CWA	30	20.000	CWA
12	30.000	CWA	31	400.000	CWA
13	35.000	CAA	32	85.000	CWA
13	43.000	CWA	33	300.000	CWA/
14	190.000	CWA			RCRA/
15	15.000	CWA			CERCLA
16	90.000	RCRA	34	30.000	CWA

*CAA: Clean Air Act; CERCLA: Comprehensive Environmental Response, Compensation, e Liability Act; RCRA: Resource Conservation and Recovery Act; SDWA: Safe Drinking Water Act.

Fonte: Tabor, R. H., e Stanwick, S. D. "Arkansas: an environmental perspective." *Arkansas Business and Economic Review*, v. 28, verão, 1995, pp. 22–32 (Tabela 4).

COMPTIME (Companion Website)

EMPREGADO	DESEMPENHO		
	10°	30°	50°
1	15	16	10
2	21	10	5
3	30	12	7
4	17	9	9
5	18	7	8
6	22	11	11
7	33	8	12
8	41	9	9
9	10	5	7
10	14	15	6
11	18	10	8
12	25	11	14
13	23	9	9
14	19	11	8
15	20	10	10
16	22	13	8
17	20	12	7
18	19	8	8
19	18	20	6
20	17	7	5
21	16	6	6
22	20	9	4
23	22	10	15
24	19	10	7
25	24	11	20

Aplicação dos conceitos — Avançado

2.29 Resultado estaduais no SAT. Educadores estão constantemente avaliando a eficácia de escolas públicas na educação e na instrução dos estudantes norte-americanos. Uma medida quantitativa da mudança ao longo do tempo é a diferença nos resultados da prova SAT, que foi usada por décadas por colégios e universidades como um critério para admissão. O arquivo **SATSCORES** contém a média dos resultados do SAT para cada um dos 50 estados e o Distrito de Colúmbia para os anos de 1990 e 2005. As primeiras cinco observações e as duas últimas do conjunto de dados são mostradas na tabela abaixo.

a. Use gráficos para demonstrar as duas distribuições de resultados do SAT. Como mudou a distribuição dos estados ao longo do tempo?
b. Com outro método de comparação dos resultados de 1990 e 2005 para o SAT, calcule a diferença subtraindo o resultado de 1990 do resultado de 2005 para cada estado. Resuma as diferenças em um gráfico.
c. Interprete o gráfico da alternativa **b**. Como suas conclusões comparam-se àquelas da alternativa **a**?
d. Com base no gráfico da alternativa **a**, qual o maior progresso de resultado no SAT entre 1990 e 2005? Identifique o estado associado a esse progresso.

SATSCORES (Companion Website)

ESTADO	1990	2005
Alabama	1.079	1.126
Alaska	1.015	1.042

(continua)

ESTADO	1990	2005
Arizona	1.041	1.056
Arkansas	1.077	1.115
California	1.002	1.026
.	.	.
.	.	.
Wisconsin	1.111	1.191
Wyoming	1.072	1.087

Fonte: College Entrance Examination Board, 2006.

2.30 Período de falência. Empresas com problemas financeiros podem ganhar proteção de seus credores enquanto se reestruturam ao entrar com o pedido de acordo com a Lei de Falências norte-americana. Em uma concordata, uma firma negocia um plano de reorganização com seus credores antes de solicitar a falência. Isso pode resultar em uma saída mais rápida do estado de falência do que nos modelos tradicionais. Brian Betker conduziu um estudo de 49 concordatas solicitadas entre 1986 e 1993 e reportou os resultados no *Financial Management* (primavera, 1995). A tabela à direita lista o tempo em falência (em meses) para essas 49 empresas. A tabela também lista os resultados da votação de cada conselho de diretores a respeito de sua preferência sobre o plano de reorganização (*Nota*: 'Joint' = acrescenta à solicitação de concordata uma oferta de troca; 'Prepack' = apenas solicita a concordata; 'Nenhuma' = nenhum voto para a falência.)

a. Construa um gráfico de ramos e folhas para o tempo de falência de todas as 49 empresas.
b. Resuma a informação mostrada no gráfico da alternativa a. Explique, de forma geral, o tempo de falência de firmas usando 'prepacks'.
c. Escolha uma técnica gráfica que permita uma comparação das distribuições de tempo em falência para os três tipos de firma: aquelas que não tiveram voto sobre a preferência do tipo de falência, aquelas com preferência para uma solução conjunta; e aquelas com preferência para *prepack*.
d. As empresas que foram reorganizadas por meio de uma aquisição alavancada foram indicadas por um asterisco na tabela. Identifique essas empresas no diagrama de ramos e folhas, alternativa a, circulando seus tempos de falência. Você consegue observar algum padrão de comportamento no gráfico? Explique.

2.31 Mau funcionamento de equipamentos de audição. Não é incomum que equipamentos de audição apresentem mau funcionamento com o cancelamento do sinal desejado. O trabalho do *IEEE Transactions on Speech and Audio Processing* (maio 1995) dissertou sobre um novo sistema de processamento de áudio desenvolvido para limitar a quantidade de cancelamento de sinal que pode ocorrer. O sistema utiliza uma equação matemática que envole uma variável, V, chamada de *sufficient norm constraint*. Um histograma de realizações de V, produzido utilizando simulações, é mostrado ao lado, no alto da página.

a. Estime o percentual de realizações de V com valores entre 0,425 e 0,675.
b. O cancelamento do sinal desejado é limitado por uma *sufficient norm constraint* V. Encontre o valor V para uma empresa que comercializa o novo aparelho auditivo de forma que apenas 10% das realizações tenham valores abaixo do nível selecionado.

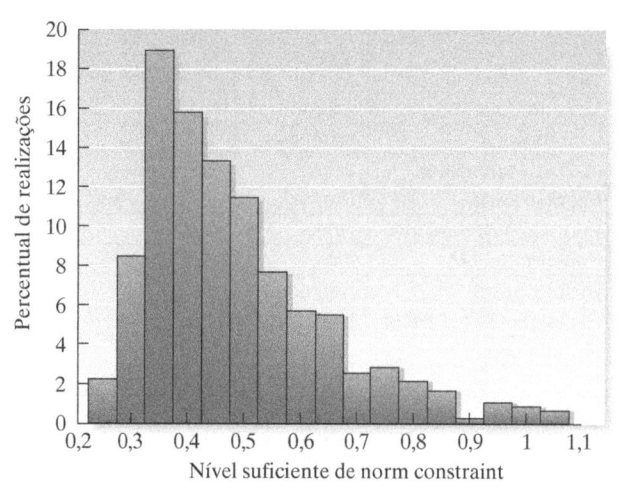

Fonte: Hoffman, M. W., e Buckley, K. M. "Robust time-domain processing of broadband microphone array data." *IEEE Transactions on Speech and Audio Processing*, v. 3, n. 3, maio 1995, p. 199 (Figura 4). © 1995 IEEE.

EMPRESA	VOTOS	TEMPO EM FALÊNCIA (MESES)
AM International	Nenhuma	3,9
Anglo Energy	Prepack	1,5
Arizona Biltmore*	Prepack	1,0
Astrex	Nenhuma	10,1
Barry's Jewelers	Nenhuma	4,1
Calton	Prepack	1,9
Cencor	Joint	1,4
Charter Medical*	Prepack	1,3
Cherokee*	Joint	1,2
Circle Express	Prepack	4,1
Cook Inlet Comm.	Prepack	1,1
Crystal Oil	Nenhuma	3,0
Divi Hotels	Nenhuma	3,2
Edgell Comm.*	Prepack	1,0
Endevco	Prepack	3,8
Gaylord Container	Joint	1,2
Great Amer. Comm.*	Prepack	1,0
Hadson	Prepack	1,5
In-Store Advertising	Prepack	1,0
JPS Textiles*	Prepack	1,4
Kendall*	Prepack	1,2
Kinder-Care	Nenhuma	4,2
Kroy*	Prepack	3,0
Ladish*	Joint	1,5
LaSalle Energy*	Prepack	1,6
LIVE Entertainment	Joint	1,4
Mayflower Group*	Prepack	1,4

(continua)

Empresa	Votos	Tempo em falência (meses)
Memorex Telex*	Prepack	1,1
Munsingwear	Nenhuma	2,9
Nat'l Environmental	Joint	5,2
Petrolane Gas	Prepack	1,2
Price Communications	None	2,4
Republic Health*	Joint	4,5
Resorts Int'l*	Nenhuma	7,8
Restaurant Enterprises*	Prepack	1,5
Rymer Foods	Joint	2,1
SCI TV*	Prepack	2,1
Southland*	Joint	3,9
Specialty Equipment*	Nenhuma	2,6
SPI Holdings*	Joint	1,4
Sprouse-Reitz	Prepack	1,4
Sunshine Metals	Joint	5,4
TIE/Communications	Nenhuma	2,4
Trump Plaza	Prepack	1,7
Trump Taj Mahal	Prepack	1,4
Trump's Castle	Prepack	2,7
USG	Prepack	1,2
Vyquest	Prepack	4,1
West Point Acq.*	Prepack	2,9

*Compra alavancada.
Fonte: B. L. Betker "An empirical examination of prepackaged bankruptcy." Financial Management, v. 24, n. 1, primavera 1995, p. 6 (Tabela 2).

2.32 Tempos de entrega de fabricação sob encomenda. Processos de produção podem ser classificados como feitos para estoque ou feitos sob encomenda. Processos feitos para estoque são desenvolvidos para gerar produtos padronizados que podem ser vendidos a consumidores a partir do estoque das empresas. Processos feitos sob encomenda são desenvolvidos para produzir produtos de acordo com as especificações do cliente (Schroeder, *Operations Management*, 1993). Em geral, a performance de processos sob encomenda é medida pelo tempo de entrega — o tempo desde o recebimento do pedido até a entrega ao consumidor. O seguinte conjunto de dados é uma amostra de tempos de entrega (em dias) para determinada empresa com processo sob encomenda no ano passado. Os tempos de entrega marcados com um asterisco estão associados a clientes que fizeram pedidos adicionais em seqüência à empresa.

DELTIMES Companion Website

50*	64*	56*	43*	64*	82*	65*	49*	32*	63*	44*	71
54*	51*	102	49*	73*	50*	39*	86	33*	95	59*	51*	68

Preocupada em não perder clientes em virtude do longo tempo de espera, e que poderiam voltar a comprar, a administração da empresa gostaria de estabelecer um padrão de tolerância máxima de tempo. Use um método gráfico para sugerir um padrão. Explique seu raciocínio.

2.3 Notação de soma

Agora que já examinamos algumas técnicas gráficas para resumir e descrever conjuntos de dados quantitativos, vamos abordar os métodos numéricos para atingir esse objetivo. Antes de dar as fórmulas para cálculo numérico de medições descritivas, vamos olhar algumas notações que simplificarão nossas instruções de cálculos. Lembre que tais notações são usadas por uma razão apenas: evitar repetir as mesmas descrições verbais novamente. Se você mentalmente substitui a definição verbal de um símbolo toda vez que o lê, rapidamente ficará habituado a usá-lo.

Denotamos as medições de uma variável quantitativa como se segue: $x_1, x_2, x_3, \ldots x_n$, onde x_1 é a primeira medição do conjunto de dados, x_2 é a segunda, x_3 é a terceira, e assim sucessivamente até x_n, que é a enésima (e última) medição do conjunto de dados. Assim, se tivermos cinco medições no conjunto de dados, escreveremos x_1, x_2, x_3, x_4, x_5 para representá-las. Se os números reais são 5, 3, 8, 5 e 4, teremos $x_1 = 5, x_2 = 3, x_3 = 8, x_4 = 5$ e $x_5 = 4$.

A maior parte das fórmulas que usamos requer a soma de números. Por exemplo, uma soma que precisaremos obter é a soma de todas as medições no conjunto de dados, ou $x_1 + x_2 + x_3 + \cdots + x_n$. Para reduzir a notação, usamos o símbolo Σ para a soma — isto é, $x_1 + x_2 + x_3 + \cdots + x_n = \sum_{i=1}^{n} x_i$. Verbalmente, traduzimos $\sum_{i=1}^{n} x_i$ como: "A soma das medições, cujo termo característico é x_i, começando com o termo x_1 e terminando com o termo x_n."

Suponha, como em nosso exemplo anterior, que $x_1 = 5, x_2 = 3, x_3 = 8, x_4 = 5$ e $x_5 = 4$. A soma das cinco medições, denotadas por $\sum_{i=1}^{n} x_i$, é obtida como segue:

$$\sum_{i=1}^{5} x_i = x_1 + x_2 + x_3 + x_4 + x_5$$
$$= 5 + 3 + 8 + 5 + 4 = 25$$

Outro cálculo importante requer que elevemos ao quadrado cada medição e, então, somemos os quadrados. A notação para essa soma é $\sum_{i=1}^{n} x_i^2$. Para as cinco medições anteriores, temos

$$\sum_{i=1}^{n} x_i^2 = x_1^2 + x_2^2 + x_3^2 + x_4^2 + x_5^2$$
$$= 5^2 + 3^2 + 8^2 + 5^2 + 4^2$$
$$= 25 + 9 + 64 + 25 + 16 = 139$$

Via de regra, o símbolo seguinte ao sinal de soma representa a variável (ou função da variável) que está para ser somada.

O SIGNIFICADO DA NOTAÇÃO DE SOMA $\sum_{i=1}^{n} x_i$

A soma das medições da variável que aparece à direita do símbolo somatório, começando com a primeira medição e terminando com a enésima.

Exercícios 2.33 – 2.36

Aprendendo a mecânica

Nota: Em todos os exercícios, Σ representa $\sum_{i=1}^{n}$.

2.33 Um conjunto de dados contém as observações 5, 1, 3, 2, 1. Encontre:

a. Σx b. Σx^2 c. $\Sigma(x-1)$
d. $\Sigma(x-1)^2$ e. $(\Sigma x)^2$

2.34 Suponha que um conjunto de dados contenha as observações 3, 8, 4, 5, 3, 4, 6. Encontre:

a. Σx b. Σx^2 c. $\Sigma(x-5)^2$
d. $\Sigma(x-2)^2$ e. $(\Sigma x)^2$

2.35 Veja novamente o Exercício 2.33. Encontre:

a. $\Sigma x^2 - \dfrac{(\Sigma x)^2}{5}$ b. $\Sigma(x-2)^2$ c. $\Sigma x^2 - 40$

2.36 Um conjunto de dados contém as observações 6, 0, −2, −1, 3. Encontre:

a. Σx b. Σx^2 c. $\Sigma x^2 - \dfrac{(\Sigma x)^2}{5}$

2.4 Medidas numéricas de tendência central

Quando falamos de um conjunto de dados, referimo-nos ou à amostra ou à população. Se nosso objetivo é a inferência estatística, desejaremos usar **medidas descritivas numéricas** da amostra para fazer inferências sobre as medições correspondentes na população.

Como você verá, um grande número de métodos numéricos está disponível para descrever conjuntos de dados quantitativos. A maior parte desses métodos mede uma de duas características:

1. A **tendência central** do conjunto de medições — ou seja, a tendência dos dados de se agrupar, ou centralizar, entre certos valores numéricos (veja a Figura 2.14a).
2. A **variabilidade** do conjunto de medições — isto é, a dispersão dos dados (veja a Figura 2.14b).

Nesta seção, vamos nos concentrar em medições de tendência central. Na próxima, discutiremos medidas de variabilidade.

A mais conhecida e melhor compreendida medida de tendência central para dados quantitativos é a média aritmética (ou simplesmente média) de um conjunto de dados.

> **Definição 2.4**
>
> A **média aritmética** de um conjunto de dados quantitativos é a soma das medições dividida pelo número de medições contidas no conjunto de dados.

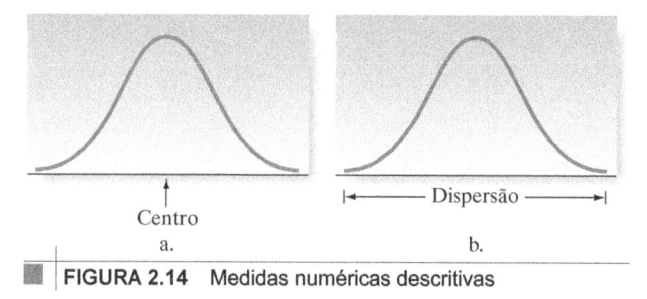

FIGURA 2.14 Medidas numéricas descritivas
a. Centro
b. Dispersão

No conceito comum, a média é tida como o valor médio de um conjunto de dados e geralmente representa o valor 'típico'. Denotamos o **valor da média** por $\bar{x}$ (leia '*x*barra'), e sua fórmula de cálculo está representada no quadro.

> **Fórmula da média aritmética da amostra**
>
> $$\bar{x} = \dfrac{\sum_{i=1}^{n} x_i}{n}$$

EXEMPLO 2.3

Cálculo da média aritmética

Problema Calcule a média aritmética das seguintes medições da amostra: 5, 3, 8, 5, 6.

Solução

Usando a definição de média aritmética e a notação de soma, temos:

$$\bar{x} = \dfrac{\sum_{i=1}^{5} x_i}{5} = \dfrac{5+3+8+5+6}{5} = \dfrac{27}{5} = 5,4$$

Então, a média dessa amostra é 5,4.

Lembre-se Não há uma regra específica de arredondamento quando calculamos $\bar{x}$, pois $\bar{x}$ é especificamente definido por ser a soma das medições dividida por n — ou seja, é uma fração específica. Quando $\bar{x}$ é usado para objetivos descritivos, em geral é conveniente arredondar o valor calculado de $\bar{x}$ para o número de casas decimais significantes usado para as medições originais. Quando $\bar{x}$ for usado em outros tipos de cálculos, no entanto, pode ser necessário manter mais casas decimais.

Agora faça o Exercício 2.38

EXEMPLO 2.4

Média aritmética usando o Excel

Problema Calcule a média aritmética para a porcentagem de gastos em P&D das 50 empresas da Tabela 2.2.

Solução

A notação da porcentagem média de P&D para as 50 empresas é mostrada abaixo:

$$\bar{x} = \frac{\sum_{i=1}^{50} x_i}{50}$$

Em vez de calcular $\bar{x}$ à mão (ou com calculadora), usamos o Excel para calcular a média. A tela do Excel é mostrada na Figura 2.15. A média aritmética, destacada na tela, é $\bar{x} = 8{,}492$.

	A	B
1		RDPct
2		
3	Mean	8.492
4	Standard Error	0.2801
5	Median	8.05
6	Mode	6.9
7	Standard Deviation	1.980604
8	Sample Variance	3.922792
9	Kurtosis	0.419288
10	Skewness	0.854601
11	Range	8.3
12	Minimum	5.2
13	Maximum	13.5
14	Sum	424.6
15	Count	50
16		

FIGURA 2.15 Medições descritivas numéricas no Excel para as porcentagens de 50 P&D

Lembre-se Dada essa informação, você pode perceber uma distribuição das porcentagens de P&D centralizadas ao redor de $\bar{x} = 8{,}492$. Um exame do histograma de freqüência relativa (Figura 2.10) confirma que $\bar{x}$ fica de fato perto do centro da distribuição.

A média aritmética $\bar{x}$ vai desempenhar importante papel no nosso objetivo de fazer inferências sobre populações com base nas informações da amostra. Por essa razão, usamos um símbolo diferente para a *média de uma população* — a média do conjunto de medições de cada unidade da população. Usamos a letra grega μ (mi) para a média da população.

Símbolos para a média da amostra e da população

Neste texto, adotamos a convenção usual de representar as medições descritivas da população com letras gregas e as medições descritivas correspondentes à amostra com letras romanas. Os símbolos para a média são

$\bar{x}$ = Média da amostra
μ = Média da população

Geralmente, utilizaremos a média da amostra, $\bar{x}$, para estimar (fazer uma inferência sobre) a média da população, μ. Por exemplo, a porcentagem de receitas gastas em P&D pela população de todas as empresas norte-americanas tem uma média igual a algum valor, μ.

Nossa amostra de 50 empresas resultou em porcentagens com uma média de $\bar{x} = 8{,}492$. Se, como é normalmente o caso, não temos acesso às medidas de toda a população, podemos usar $\bar{x}$ como um estimador ou aproximador para μ. Assim, precisaremos saber algo sobre a confiabilidade de nossa inferência — isto é, precisaremos saber com qual acurácia deveremos esperar $\bar{x}$ para estimar μ. No Capítulo 5, veremos que esta acurácia depende de dois fatores:

1. O *tamanho da população*. Quanto maior a amostra, mais precisa a estimativa tenderá a ser.
2. A *variabilidade* ou *dispersão dos dados*. Todos os outros fatores permanecendo constantes, quanto mais variáveis de dados, menos precisa será a estimativa.

Outra importante medida de tendência central é a *mediana*.

Definição 2.5

A **mediana** de um conjunto de dados quantitativos é o número do meio quando as medidas são organizadas em ordem ascendente (ou descendente).

A mediana é de muito valor quando se está descrevendo grandes conjuntos de dados. Se o conjunto é caracterizado por um histograma de freqüência relativa (Figura 2.16), a mediana é o ponto sobre o eixo x em que metade da área sob o histograma encontra-se acima da mediana e metade abaixo dela. (*Nota*: Na Seção 2.2, observamos que a freqüência relativa associada a um intervalo em particular no eixo horizontal é proporcional ao tamanho da área que fica depois do intervalo sob o histograma.) A notação da *mediana de uma amostra* é m.

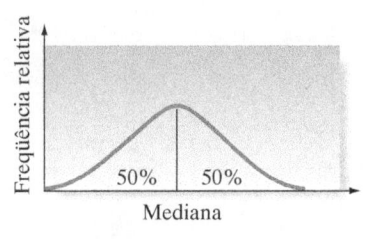

FIGURA 2.16 Localização da mediana

> **CÁLCULO DA MEDIANA DA AMOSTRA, M**
>
> Organize as n medições da menor para a maior.
> 1. Se n é ímpar, m é o número do meio.
> 2. Se n é par, m é a média entre dois números inteiros.

EXEMPLO 2.5

ENCONTRANDO A MEDIANA

Problema Considere a seguinte amostra de $n = 7$ medições: 5, 7, 4, 5, 20, 6, 2.

a. Calcule a mediana m dessa amostra.

b. Elimine a última medição (2) e calcule a mediana das $n = 6$ medições restantes.

Solução

a. As sete medições na amostra estão classificadas em ordem ascendente: 2, 4, 5, 5, 6, 7, 20. Como o número de medições é ímpar, a mediana é a medição do meio. Assim, a mediana dessa amostra é $m = 5$ (o segundo 5 listado na seqüência).

b. Depois de remover o 2 do grupo, classificamos as medições em ordem ascendente: 4, 5, 5, 6, 7, 20.

Agora, o número é par, então tiramos a média das duas medições do meio. A mediana é $m = (5 + 6)/2 = 5,5$.

Lembre-se Quando o tamanho da amostra n é par e os dois números centrais são diferentes (como na alternativa **b**), exatamente metade das medições ficará abaixo da mediana m calculada. No entanto, quando n é ímpar (como na alternativa **a**), aproximadamente 50% das medições ficará abaixo de m. Essa aproximação aumenta à medida que n cresce.

> **AGORA FAÇA O EXERCÍCIO 2.37**

Em alguma situações, a mediana pode ser uma melhor medida de tendência central do que a média. Especificamente, a mediana é menos sensível do que a média a medições extremamente grandes ou pequenas. Perceba que todas as medições, com exceção de uma na alternativa **a** do Exemplo 2.5, ficam em torno de $x = 5$. A medição $x = 20$, relativamente grande e isolada, não afeta o valor da mediana, 5, mas faz com que a média, $\bar{x} = 7$, caia à direita da maior parte das medições.

Outro exemplo de dados para os quais a tendência central é melhor descrita pela mediana do que pela média é o dos salários de atletas profissionais (por exemplo, jogadores de basquete da NBA — National Basketball Association). A presença de poucos atletas (como Labron James) com salários extremamente altos afeta a média, elevando-a muito acima do valor da mediana. Assim, a mediana proporcionará uma idéia mais acurada do salário típico da liga profissional. A média poderia exceder a ampla maioria de medições da amostra (salários), fazendo com que seja uma medida enganosa de tendência central.

EXEMPLO 2.6

A MEDIANA USANDO O EXCEL

Problema Calcule a mediana para as 50 porcentagens de P&D dadas na Tabela 2.2. Compare a mediana com a média do Exemplo 2.4.

Solução

Para esse grande conjunto de dados, recorremos novamente à análise no computador. A mediana está sombreada na tela do Excel, Figura 2.5. Você pode ver que a mediana é 8,05. Esse valor significa que metade das 50 porcentagens de P&D no conjunto de dados fica abaixo de 8,05 e metade fica acima.

Perceba que a média (8,492) desses dados é maior que a mediana. Esse fato indica que os dados estão distorcidos para a direita — ou seja, há mais medições na extremidade direita da curva do que na extremidade esquerda (lembre-se do histograma da Figura 2.10).

Lembre-se Em geral, valores extremos (grandes ou pequenos) afetam a média mais do que a mediana, uma vez que esses valores são usados explicitamente no cálculo da média. Contudo, a mediana não é afetada diretamente por medições extremas desde que apenas a medição do meio (ou duas medições do meio) seja explicitamente usada para calculá-la. Conseqüentemente, se as medições estão tendendo para uma das extremidades da distribuição (como as porcentagens de P&D), a média se deslocará para a direção da curva de forma mais intensa do que a mediana.

> **DEFINIÇÃO 2.6**
>
> Um conjunto de dados é dito **não simétrico** se uma curva da distribuição tem mais observações extremas do que a outra.

Uma terceira medida de tendência central é a *moda* de um grupo de medições.

> **DEFINIÇÃO 2.7**
>
> A **moda** é a medição que ocorre com mais freqüência no conjunto de dados.

Uma comparação da média e da mediana nos dá um método geral para detectar assimetria em conjuntos de dados, como mostrado no quadro a seguir.

DETECTANDO ASSIMETRIA COM A COMPARAÇÃO ENTRE MÉDIA E MEDIANA

Se o conjunto de dados tem assimetria à direita, então a mediana é menor que a média.

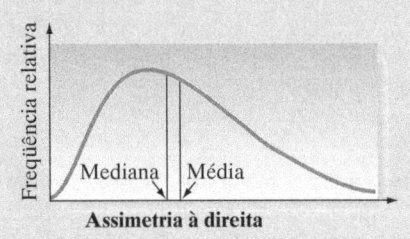

Assimetria à direita (Mediana | Média)

Se o conjunto de dados é simétrico, a mediana é igual à média.

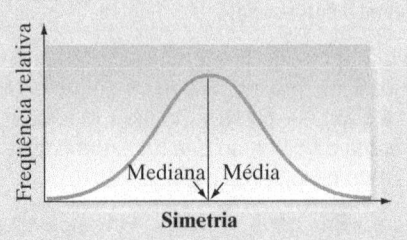

Simetria (Mediana | Média)

Se o conjunto de dados tem assimetria à esquerda, a média é menor (ou à esquerda) que a mediana.

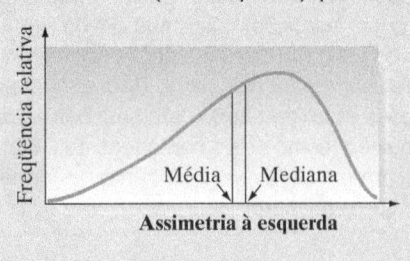

Assimetria à esquerda (Média | Mediana)

AGORA FAÇA O EXERCÍCIO 2.43

EXEMPLO 2.7

ENCONTRANDO A MODA

Problema Cada um de 10 provadores de sabor classificaram uma nova marca de molho barbecue em uma escala de 10 pontos, sendo 1 = muito ruim e 10 = excelente. Encontre a moda para as dez classificações mostradas abaixo.

8 7 9 6 8 10 9 9 5 7

Solução

Como o 9 aparece de forma mais freqüente, a moda das 10 classificações de sabor é 9.

Lembre-se Os dados são qualitativos por natureza ('muito ruim', 'excelente'). A moda é particularmente útil para descrever dados qualitativos. A categoria modal é simplesmente a categoria (ou classe) que ocorre com mais freqüência.

AGORA FAÇA O EXERCÍCIO 2.41

Como enfatiza a concentração de dados, a moda é usada com conjuntos de dados quantitativos para localizar a região onde a maior parte dos dados está concentrada. Para um varejista de roupas masculinas, o valor modal que lhe interessa é tamanho de colarinho e comprimento de manga de clientes potenciais. A classe modal de recebimentos de trabalhadores dos Estados Unidos é de interesse do Departamento de Trabalho. Para alguns conjuntos de dados quantitativos, a moda pode não ser muito interessante. Por exemplo, considere a porcentagem de receitas gastas em P&D pelas 50 empresas da Tabela 2.2. Um reexame dos dados revela que três das medições repetem-se três vezes: 6,5%, 6,9% e 8,2%. Assim, há três modas na amostra, e nenhuma em particular é útil como uma medida de tendência central.

Uma medida mais útil pode ser obtida de um histograma de freqüência relativa para os dados quantitativos. O intervalo de classe contendo a maior freqüência relativa é chamado de **classe modal**. Várias definições existem para localizar a posição da moda em uma classe modal, mas a mais simples é definir a moda como o ponto médio da classe modal. Por exemplo, examine o histograma de freqüência relativa para o tempo de processo de cotações de preços da Figura 2.12. Você pode verificar que a classe modal é o intervalo (3,0–4,0). A moda (o ponto central) é 3,5. Essa classe modal (e a moda propriamente dita) identifica a área em que os dados estão mais concentrados e, nesse sentido, é uma medida de tendência central. Contudo, para a maior parte das aplicações contendo dados quantitativos, a média e a mediana proporcionam mais informações descritivas que a moda.

EXEMPLO 2.8

COMPARANDO A MÉDIA, A MEDIANA E A MODA DE SALÁRIOS DE CEOs

CEOPAY05 *Companion Website*

Problema Consulte o texto sobre o artigo da *Forbes*, "Executive Compensation Scoreboard", que lista o salário anual total dos CEOs das 500 maiores firmas norte-americanas. Os dados de 2005, salvos no arquivo **CEOPAY05**, incluem as variáveis quantitativas de pagamento anual (em milhões de dólares) e idade. Encontre a média, a mediana e a moda para ambas as variáveis. Qual medida de tendência central é melhor para descrever a distribuição de salários anuais? E para a idade?

Solução

As medidas de tendência central para as duas variáveis foram obtidas usando o SPSS. As médias, medianas e modas são mostradas no topo da tela do SPSS, Figura 2.17.

Para salários totais anuais, a média, a mediana e a moda são $ 10,93 milhões, $ 5,54 milhões e $ 1 milhão, respectivamente. Note que a média é bem maior que a mediana, indicando que os dados são altamente assimétricos à direita. Esta assimetria (graficamente mostrada no histograma de pagamento total da Figura 2.17) é devida a salários excepcionalmente altos dos CEOs em 2005. Em conseqüência, provavelmente usaríamos a mediana, $ 5,54 milhões, como o valor 'típico' para os salários dos CEOs das 500 maiores empresas. A moda de $ 1 milhão é o valor total de pagamento que ocorre com mais freqüência no conjunto de dados, mas não é um bom descritor do 'centro' da distribuição de salário anual.

Para a idade, a média, a mediana e a moda são 55,63, 56 e 57 anos, respectivamente. Todos os três valores são praticamente iguais, o que é típico de distribuições simétricas. De acordo com o histograma de idade, à direita da Figura 2.17, você pode ver que a distribuição de idade é praticamente simétrica. Conseqüentemente, qualquer uma das três medidas de tendência central poderia ser usada para descrever o 'meio' da distribuição de idade.

Lembre-se A escolha da medida de tendência central a ser usada dependerá das propriedades dos grupos analisados e de sua aplicação. Portanto, é essencial que você entenda como a média, a mediana e a moda são calculadas.

Agora faça o Exercício 2.46 a,b

Statistics

		PAY2005	AGE
N	Valid	497	500
	Missing	3	0
Mean		10.93027	55.63
Median		5.54000	56.00
Mode		1.000[a]	57[a]

a. Multiple modes exist. The smallest value is shown

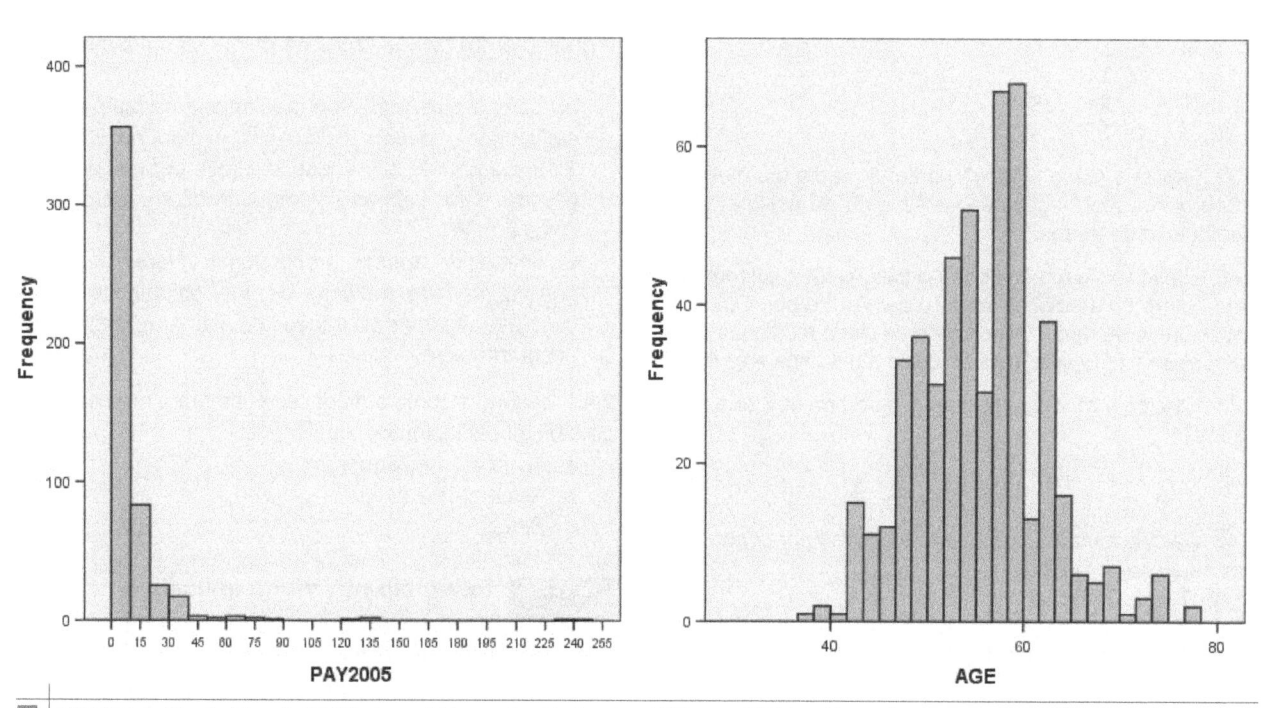

FIGURA 2.17 Análise do SPSS dos salários e das idades dos CEOs em 2005 no Executive Compensation Scoreboard

Atividade 2.1

Vendas de imóveis: medidas de tendência central

Em anos recentes, o preço dos imóveis na maior parte das áreas metropolitanas norte-americanas decolou. Os jornais geralmente mostram dados de vendas recentes de imóveis em suas edições de sábado, tanto em cópias impressas quanto on-line. Esses dados, em geral, incluem o preço real pago por imóveis de acordo com a localização geográfica durante certo período de tempo, normalmente um período de seis a oito semanas anteriores à edição, e algumas outras estatísticas que podem incluir a comparação entre dados de vendas de imóveis em outras regiões ou durante outros períodos.

1. Procure dados de vendas de imóveis utilizando um site de busca. A partir das informações obtidas, identifique o período de tempo durante o qual as residências listadas foram vendidas. Então, descreva a forma como os preços de vendas estão organizados. Eles estão categorizados por tipo de residência (uma família ou condomínio), por vizinhança ou endereço, por preço de venda etc.?

2. Quais estatísticas e comparações são dadas com essas informações de vendas? Descreva alguns grupos de pessoas que possam estar interessados nesses dados e como cada estatística e comparação seria valiosa para eles. Por que as medidas de tendência central listadas são mais úteis no mercado imobiliário do que outras medidas de tendência central?

3. Com base no menor e no maior preço apresentados nos dados, crie dez intervalos de igual tamanho e use-os para construir o histograma de freqüência relativa para os dados de vendas. Descreva o formato desse histograma e explique como as estatísticas mostradas com os dados são ilustradas nele. A partir do histograma, descreva o preço de imóvel 'típico'.

Exercícios 2.37 – 2.54

Aprendendo a mecânica

2.37 Calcule a média e mediana dos seguintes pontos:

3,2   2,5   2,1   3,7   2,8   2,0

2.38 Calcule as médias para as amostras em que:
  a. $n = 10, \Sigma x = 85$
  b. $n = 16, \Sigma x = 400$
  c. $n = 45, \Sigma x = 35$
  d. $n = 18, \Sigma x = 242$

2.39 Explique como a relação entre a média e a mediana proporciona informações sobre simetria ou assimetria da distribuição de dados.

2.40 Explique a diferença entre o cálculo da mediana para um número de medições ímpar e para outro par. Construa um conjunto de dados consistindo de cinco medições e outro consistindo de seis, para os quais a mediana seja igual.

2.41 Calcule a moda, a média e a mediana dos seguintes dados:

18   10   15   13   17   15   12   15   18   16   11

2.42 Calcule a média, a mediana e a moda para cada uma das seguintes amostras:
  a. 7, −2, 3, 3, 0, 4
  b. 2, 3, 5, 3, 2, 3, 4, 3, 5, 1, 2, 3, 4
  c. 51, 50, 47, 50, 48, 41, 59, 68, 45, 37

APPLET Exercício utilizando aplicativos

(É necessário ter o Java instalado para utilizar esse aplicativo)

Use o arquivo intitulado *Mean* versus *Median* para encontrar a média e a mediana de cada um dos três conjuntos de dados do Exercício 2.42. Para cada conjunto, defina o limite inferior para um número menor que todos os dados, um limite superior maior que todos os dados e depois clique em *Update*. Clique na localização aproximada de cada item na linha do número. Você pode deletar um ponto ao arrastá-lo para a lixeira. Para limpar o gráfico entre os conjuntos de dados, simplesmente clique na lixeira.

  a. Compare as médias e medianas geradas pelo aplicativo com aquelas calculadas à mão no Exercício 2.42. Se houver diferenças, explique por que a aplicação deve dar valores ligeiramente diferentes dos cálculos à mão.

  b. Apesar de apenas proporcionar valores aproximados da média e mediana de um conjunto de dados, descreva algumas vantagens de usar a aplicação para encontrar esses valores.

2.43 Descreva como a média se compara à mediana para uma distribuição como a que segue:
  a. Assimetria à esquerda
  b. Assimetria à direita
  c. Simétrica

APPLET Exercício utilizando aplicativo

(É necessário ter o Java instalado para utilizar esse aplicativo)

Use o aplicativo intitulado *Mean* versus *Median* para ilustrar suas descrições no Exercício 2.43. Para as alternativas **a**, **b** e **c**, crie um conjunto de dados com dez itens que tenham uma dada propriedade. Usando o aplicativo, verifique se a média e a mediana guardam a relação que você descreveu no Exercício 2.43.

Exercício utilizando aplicativo

(É necessário ter o Java instalado para utilizar esse aplicativo)

Use o aplicativo intitulado *Mean* versus *Median* para estudar o efeito que um valor extremo tem na diferença entre a média e a mediana. Comece definindo limites apropriados e construindo um gráfico para os dados na linha de números dada pelo aplicativo.

0 6 7 7 8 8 8 9 9 10

a. Descreva a forma da distribuição e registre o valor da média e da mediana. Com base no formato da distribuição, a média e a mediana têm a relação que você esperava?

b. Troque o valor da extremidade da linha, 0, por 2, depois por 4 e, em seguida, por 6. Registre a média e a mediana para cada nova combinação. Descreva o que acontece com a média quando o valor 0 é trocado por números maiores. O que acontece com a mediana? Como se altera a diferença entre a média e a mediana?

c. Agora troque o 0 por 8. Que valores o aplicativo dá para a média e para a mediana? Explique por que a média e a mediana deveriam ser as mesmas.

Estatística descritiva de uma variável

Usando a calculadora gráfica TI-83/TI-84

Passo 1 *Insira os dados*

Pressione STAT e selecione 1:Edit.

Nota: Se a lista já contém dados, limpe os dados antigos. Use a tecla de direção para cima para marcar 'L1'. Pressione CLEAR ENTER.

Use as teclas de direção e a tecla ENTER para entrar com o conjunto de dados em L1.

Passo 2 *Calcule as estatísticas descritivas*

Pressione STAT.

Pressione a tecla de direção para a direita para marcar CALC.

Pressione ENTER para 1-Var Stats.
Entre com o nome da lista contendo os seus dados.
Pressione 2nd 1 para L1 (ou 2nd 2 para L2 etc.).
Pressione ENTER.

Você deve ver as estatísticas na tela. Algumas delas estão além da parte de baixo da tela. Use a tecla de direção para baixo para rolar a tela e ver as estatísticas restantes. Use a tecla de direção para cima para rolar a tela de volta.

Exemplo As estatísticas descritivas para os dados da amostra são:

86, 70, 62, 98, 73, 56, 53, 92, 86, 37, 62, 83, 78, 49, 78, 37, 67, 79, 57

As telas para este exemplo são mostradas abaixo.

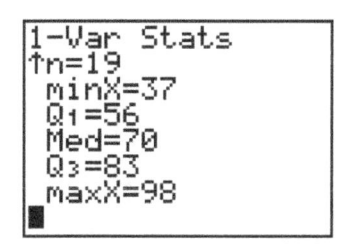

```
1-Var Stats
x̄=68.57894737
Σx=1303
Σx²=94897
Sx=17.54142966
σx=17.07357389
↓n=19
```

```
1-Var Stats
↑n=19
 minX=37
 Q₁=56
 Med=70
 Q₃=83
 maxX=98
```

Organizando dados

As estatísticas descritivas não incluem a moda. Para encontrá-la, organize os dados como se segue:

Pressione STAT.

Pressione 2 para SORTA(

Insira o nome da lista que contém seus dados. Se seus dados estão em L1, pressione 2nd 1

Pressione ENTER.

A tela irá mostrar: DONE.

Para ver os dados organizados, pressione STAT e selecione 1:Edit.

Role a tela para abaixo e localize na lista os valores dos dados que ocorrem com mais freqüência.

Aplicação dos conceitos — Básico

2.44 Melhores firmas de advocacia da Flórida. Dados sobre as melhores firmas de advocacia da Flórida, obtidos da revista *Florida Trend* (abr. 2002), são mostrados na tabela abaixo.

a. Encontre a média, a mediana e a moda para o número de advogados nas firmas mais conceituadas da Flórida. Interprete esses valores.

b. Encontre a média, a mediana e a moda para o número de escritórios abertos pelas melhores firmas de advocacia da Flórida. Interprete esses valores.

2.45 Mulheres mais poderosas dos Estados Unidos. A revista *Fortune* (14 nov. 2005) publicou uma lista das 50 mulheres mais poderosas dos Estados Unidos. Os dados sobre a idade (em anos) e os cargos que ocupam para cada uma dessas 50 mulheres estão no arquivo **WPOWER50**, presente no Companion Website. As primeiras cinco e as duas últimas observações estão listadas na tabela ao lado.

a. Encontre a média, a mediana e a moda da idade dessas 50 mulheres.

b. O que a média e a mediana indicam sobre a simetria da distribuição de idade?

c. Construa um histograma de freqüência relativa para os dados sobre a idade. Qual a classe modal da idade?

WPOWER50

Posição	Nome	Idade	Empresa	Posição
1	Meg Whitman	49	eBay	CEO/presidente
2	Anne Mulcahy	52	Xerox	CEO/presidente
3	Brenda Barnes	51	Sara Lee	CEO/presidente
4	Oprah Winfrey	51	Harpo	Presidente
5	Andrea Jung	47	Avon	CEO/presidente
.	.	.		
.	.	.		
49	Safra Catz	43	Oracle	Presidente
50	Kathy Cassidy	51	General Electric	Tesoureira

Fonte: Fortune, 14 nov. 2005.

FLALAW

Posição	Firma	Sede	Número de advogados	Número de escritórios
1	Holland & Knight	Tallahassee	529	11
2	Akerman Senterfit	Orlando	355	9
3	Greenberg Traurig	Miami	301	6
4	Carlton Fields	Tampa	207	6
5	Gruden McClosky Smit	Ft. Lauder	175	9
6	Fowler White Boggs	Tampa	175	7
7	Foley & Lardner	Orlando	159	5
8	GrayHarris	Orlando	158	6
9	Broad and Cassel	Orlando	150	7
10	Shutts & Bowen	Miami	144	5
11	Steel Hector & Davis	Miami	141	5
12	Gunster Yoakley	WPalmBeach	140	6
13	Adorno & Zeder	Miami	105	4
14	Becker & Poliakoff	Ft. Lauder	100	12
15	Lowndes Drosdick	Orlando	100	1
16	Conroy Simberg Ganon	Hollywood	91	6
17	Stearns Weaver	Miami	85	3
18	Wicker Smith O'Hara	Miami	85	6
19	Rogers Towers Bailey	Jacksonville	80	2
20	Butler Burnette	Tampa	77	3
21	Bilzin Sumberg Dunn	Miami	70	1
22	Morgan Colling	Orlando	70	4
23	White & Case	Miami	70	1
24	Fowler White Burnett	Miami	64	4
25	Rissman Weisberg	Orlando	63	3
26	Rumberger Kirk	Orlando	63	4

Fonte: Florida Trend magazine, abr. 2002, p. 105.

2.46 Rugosidade da superfície de canos em campos de petróleo.
Canos em campos de petróleo são internamente revestidos para prevenir a corrosão. Pesquisadores da University of Louisiana, em Lafayette, investigaram a influência que o revestimento pode ter na rugosidade da superfície de canos em campos de petróleo (*Anti-corrosion methods and materials*, vol. 50, 2003). Um escaner foi usado para medir a rugosidade da superfície de cada um dos canos em uma amostra de 20 seções de canos de interior revestido. Os dados (em micrômetros) estão expostos na tabela abaixo.

ROUGHPIPE Companion Website

1,72	2,50	2,16	2,13	1,06	2,24	2,31	2,03	1,09	1,40
2,57	2,64	1,26	2,05	1,19	2,13	1,27	1,51	2,41	1,95

Fonte: F. Farshad e T. Pesacreta. "Coated pipe interior surface roughness as measured by three scanning probe instruments". *Anti-corrosion methods and materials*, v. 50, n. 1, 2003 (Tabela 3).

a. Encontre e interprete a média da amostra.
b. Encontre e interprete a mediana da amostra.
c. Qual medida de tendência central — a média ou a mediana — melhor descreve a rugosidade da superfície das seções de canos da amostra? Explique.

DIAMONDS Companion Website

2.47 Tamanho de diamantes vendidos no varejo.
Reveja o Exercício 2.25 e os dados do *Journal of Statistics* no arquivo **DIAMONDS**. Considere a variável quantitativa, número de quilates, registrada para cada um dos 308 diamantes à venda no mercado aberto.

a. Encontre e interprete a média do conjunto de dados.
b. Encontre e interprete a mediana do conjunto de dados.
c. Encontre e interprete a moda do conjunto de dados.
d. Qual medida de tendência central melhor descreve os valores de quilates dos 308 diamantes? Explique.

Aplicação dos conceitos — Intermediário

2.48 Eficácia de medicamentos herbáceos chineses.
O fator de ativação plaquetária (PAF) é uma forte reação química que ocorre em pacientes que sofrem de choque, inflamação, hipotensão e respostas alérgicas, assim como desordens respiratórias e cardiovasculares. Conseqüentemente, drogas que efetivamente inibem o PAF, evitando a adesão celular, podem ser eficazes em tratar esses tipos de problemas. Uma medição para descobrir sua concentração foi feita para investigar o potencial de 17 medicamentos herbáceos chineses tradicionais na inibição do PAF (H. Guiqui, *Progress in natural science*, jun. 1995). A prevenção do processo de agregação plaquetária de atingir as células para cada droga, medido como uma porcentagem, é mostrado na tabela da coluna ao lado.

a. Construa um gráfico de ramos e folhas para os dados.
b. Calcule a mediana do percentual de inibição para os 17 medicamentos. Interprete o resultado.
c. Calcule a média do percentual de inibição para os 17 medicamentos. Interprete o resultado.
d. Calcule a moda do percentual de inibição para os 17 medicamentos. Interprete o resultado.
e. Localize a média, a mediana e a moda no gráfico de ramos e folhas da alternativa **a**. Essas medidas de tendência central aparentam localizar o centro dos dados?

DRUGPAF Companion Website

Medicamento	Inibição de PAF (%)
Hai-feng-teng (Fuji)	77
Hai-feng-teng (Japão)	33
Shan-ju	75
Zhang-yiz-hu-jiao	62
Shi-nan-teng	70
Huang-hua-hu-jiao	12
Hua-nan-hu-jiao	0
Xiao-yie-pa-ai-xiang	0
Mao-ju	0
Jia-ju	15
Xie-yie-ju	25
Da-yie-ju	0
Bian-yie-hu-jiao	9
Bi-bo	24
Duo-mai-hu-jiao	40
Yan-sen	0
Jiao-guo-hu-jiao	31

Fonte: H. Guiqui "PAF receptor antagonistic principles from Chinese traditional drugs." *Progress in Natural Science*, v. 5, n. 3, jun. 1995, p. 301 (Tabela 1).

2.49 Horas semestrais de candidatos ao CPA.
Para tornar-se um contador público certificado (*certified public accountant* — CPA), você deve passar no exame CPA. Muitos estados requerem um mínimo de 150 horas semestrais de curso antes que a pessoa realize a prova. No entanto, tradicionalmente, as escolas requerem 128 horas semestrais para certificar um aluno em um grau inferior. Um estudo sobre se as 22 horas 'extras' de créditos escolares significam uma garantia para os candidatos ao CPA foi publicado pelo *Journal of Accounting and Public Policy* (primavera, 2002). Para esse estudo, pesquisadores reuniram uma amostra de mais de 100.000 candidatos à prova pela primeira vez e registraram o número total de créditos semestrais para cada candidato. A média e a mediana do conjunto de dados foram de 141,31 e 140 horas, respectivamente. Interprete esses valores. Explique o tipo de assimetria, se existir, na distribuição do total de horas semestrais.

DDT Companion Website

2.50 Peixes contaminados por descarga tóxica de fábrica.
Reveja o Exercício 2.24 e recupere os dados do U.S. Army Corps of Engineers sobre os peixes contaminados salvos no arquivo **DDT**. Considere as variáveis quantitativas comprimento (em centímetros), peso (em gramas) e concentração de DDT (em partes por milhão).

a. Encontre três medidas numéricas de tendência central para os comprimentos dos 144 peixes. Interprete os resultados.
b. Encontre três medidas numéricas de tendência central para os pesos dos 144 peixes. Interprete os resultados.
c. Encontre três medidas numéricas de tendência central para as 144 concentrações de DDT. Interprete os resultados.
d. Use os resultados da alternativa **a** e o gráfico de dados do Exercício 2.24a para explicar o tipo de assimetria na distribuição de comprimento dos peixes.
e. Use os resultados da alternativa **b** e o gráfico de dados do Exercício 2.24b para explicar o tipo de assimetria na distribuição de peso dos peixes.
f. Use os resultados da alternativa **c** e o gráfico de dados do Exercício 2.24c para explicar o tipo de assimetria na distribuição da concentração de DDT.

2.51 Simétrica ou assimétrica? Você esperaria que os conjuntos de dados descritos abaixo possuíssem distribuições de freqüência relativa simétricas, assimétricas à direita ou assimétricas à esquerda? Explique.
a. O salário de todas as pessoas empregadas por uma grande universidade.
b. As notas em uma prova fácil.
c. As notas em uma prova difícil.
d. A quantidade de tempo que seus colegas de classe estudaram semana passada.
e. A idade dos carros em uma loja de usados.
f. A quantidade de tempo que os alunos gastaram em um teste difícil (tempo máximo de 50 minutos).

2.52 Salário de atletas profissionais. Os salários de atletas profissionais *superstars* recebem muita atenção da mídia. Os contratos multimilionários de longo prazo agora são comuns entre o grupo de elite. No entanto, raramente se passa uma temporada sem que haja uma negociação entre uma ou mais associações de jogadores e os donos de times por salários adicionais ou mais benefícios para *todos* os jogadores em seus respectivos esportes.
a. Se uma associação de jogadores quisesse embasar seu argumento para maiores salários 'médios', qual medida de tendência central deveria usar? Por quê?
b. Para refutar esse argumento, qual medida de tendência central os donos de times deveriam aplicar aos salários dos jogadores? Por quê?

Aplicação dos conceitos — Avançado

2.53 Tempo de falência. Busque o estudo do *Financial Management* (primavera, 1995) sobre concordatas, no Exercício 2.30. Lembre que cada uma das 49 firmas que negociaram um plano de reorganização com seus credores antes de pedir a concordata foram classificadas em uma das três categorias: acrescenta à solicitação de concordata uma oferta de troca; apenas solicita a concordata; nenhum voto para a falência. Considere a variável quantitativa tempo em falência (meses). É sensato usar um único número (por exemplo, média ou mediana) para descrever o centro das distribuições de tempo em falência? Ou deveriam ser calculados três centros, um para cada uma das três categorias de firmas? Explique.

2.54 Usinas nucleares ativas. A U.S. Energy Information Administration monitora todas as usinas de energia nuclear operando nos Estados Unidos. A tabela a seguir lista o número de usinas ativas operando em cada um dos 20 estados da amostra.
a. Encontre a média, a mediana e a moda para o conjunto de dados.
b. Elimine o maior valor do conjunto de dados e repita a alternativa **a**. Que efeito a retirada dessa medição tem sobre as medidas de tendência central calculadas na alternativa **a**?
c. Organize os 20 valores na tabela, do menor para o maior. Depois, elimine os dois valores menores e os dois maiores do conjunto de dados e encontre a média dos valores remanescentes. O resultado é chamado *média 10% ajustada*, uma vez que é calculado depois da remoção dos 10% valores maiores e dos 10% valores menores de dados. Que vantagens uma média ajustada tem sobre a média aritmética regular?

Estado	Número de usinas
Alabama	5
Arizona	3
California	4
Florida	5
Georgia	4
Illinois	13
Kansas	1
Louisiana	2
Massachusetts	1
Mississippi	1
New Hampshire	1
New York	6
North Carolina	5
Ohio	2
Pennsylvania	9
South Carolina	7
Tennessee	3
Texas	4
Vermont	1
Wisconsin	3

Fonte: *Statistical abstract of the United States*, 2000 (Tabela 966). U.S. Energy Information Administration, Electric Power Annual.

2.5 Medidas numéricas de variabilidade

Medidas de tendência central proporcionam apenas uma descrição parcial de conjuntos de dados quantitativos. A descrição é incompleta sem uma **medida de variabilidade**, ou **dispersão**, do conjunto de dados. Conhecer a variabilidade dos dados juntamente com seu centro pode nos ajudar a visualizar o formato do conjunto de dados, assim como seus valores extremos.

Por exemplo, suponha que estejamos comparando a margem de lucro por construção (como porcentagem do preço de oferta total) para 100 trabalhos de construção para cada um de dois estimadores de custos de uma grande incorporadora. Os histogramas para dois grupos de 100 medições de margens de lucro são mostrados na Figura 2.18.

Se você examinar os dois histogramas, perceberá que ambos os conjuntos de dados são simétricos, com modas, medianas e médias iguais. No entanto, o **estimador de custo A (Figura 2.18a)** tem dispersão de margem de lucro com quase a mesma freqüência relativa nas classes de medição, enquanto o **estimador de custo B (Figura 2.18b)** tem margens de lucro concentradas perto do centro da distribuição.

Assim, o estimador B das margens de lucro é menos variável do que o estimador A. Conseqüentemente, você pode observar que precisamos de uma medida de variabilidade, assim como de uma medida de tendência central, para descrever o conjunto de dados. Talvez a medida de variabilidade mais simples seja sua *amplitude*.

> **DEFINIÇÃO 2.8**
>
> A **amplitude** de um conjunto de dados quantitativos é igual à maior medição menos a menor medição.

A amplitude é de fácil cálculo e compreensão, mas é uma medida não muito apropriada de variação de dados quando os conjuntos de dados são muito grandes. Isso porque dois conjuntos de dados podem ter a mesma amplitude, mas serem bastante diferentes no que diz respeito à variação de dados. Esse fenômeno é demonstrado na Figura 2.18. Apesar de as amplitudes serem iguais e todas as medidas de tendência central serem as mesmas para esse dois conjuntos de dados simétricos, há uma diferença óbvia entre os dois grupos de medições. A diferença é que as margens de lucro do estimador B tendem a ser mais estáveis — isto é, agrupam-se ou concentram-se perto do centro do conjunto de dados. Contudo, as margens de lucro do estimador A são mais dispersas sobre a distribuição, indicando maior incidência de algumas margens de lucro maiores, mas também um grande risco de perdas. Assim, apesar de as amplitudes serem iguais, o registro de margens de lucro do estimador A é mais variável do que o registro do estimador B, indicando uma diferença em suas características de estimação de custos.

Vejamos se podemos encontrar uma medida de variação de dados mais sensível do que a amplitude. Considere as duas amostras na Tabela 2.5: cada uma tem cinco medições (ordenamos os números por conveniência).

Perceba que ambas as amostras têm uma média igual a 3 e que também calculamos a distância e a direção, ou *desvio*, entre cada medição e a média. Quais informações esses desvios contêm? Se eles tendem a ser maiores em magnitude, como na amostra 1, os dados são dispersos, ou altamente variáveis. Se os desvios são em sua maior parte pequenos, como na amostra 2, os dados estão agrupados ao redor da média, $\bar{x}$, e por isso não mostram muita variabilidade. Você pode ver que esses desvios, mostrados graficamente na Figura 2.19, proporcionam informações sobre a variabilidade das medições da amostra.

O próximo passo é condensar as informações desses desvios em uma medida única de variabilidade. Calcu-

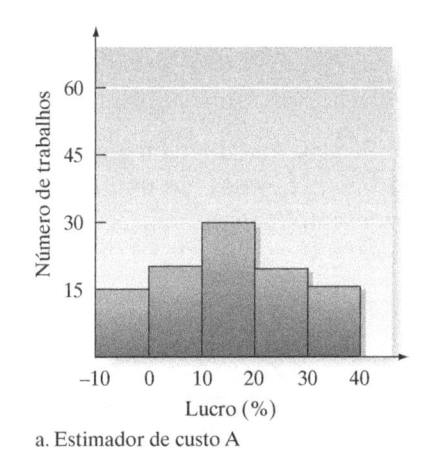

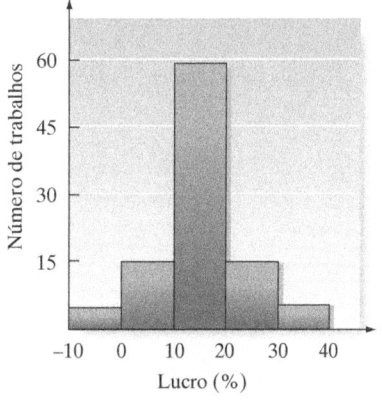

a. Estimador de custo A

b. Estimador de custo B

FIGURA 2.18 Histogramas de margens de lucro para dois estimadores de custo

TABELA 2.5 Dois conjuntos de dados hipotéticos

	Amostra 1	**Amostra 2**
Medições	1, 2, 3, 4, 5	2, 3, 3, 3, 4
Média	$\bar{x} = \dfrac{1+2+3+4+5}{5} = \dfrac{15}{5} = 3$	$\bar{x} = \dfrac{2+3+3+3+4}{5} = \dfrac{15}{5} = 3$
Desvio de valores das medições para $\bar{x}$	$(1-3), (2-3), (3-3), (4-3), (5-3)$, ou $-2, -1, 0, 1, 2$	$(2-3), (3-3), (3-3), (3-3), (4-3)$, ou $-1, 0, 0, 0, 1$

lar a média dos desvios de $\bar{x}$ não ajudaria, pois os desvios positivos e negativos se anulariam; isto é, a soma dos desvios (e o desvio médio) é sempre igual a zero.

Dois métodos vêm à mente para lidar com o fato de que desvios positivos e negativos anulam-se. O primeiro é tratar todos os desvios como se fossem positivos, ignorando o sinal nos desvios negativos. Não seguiremos esta linha de pensamento, pois a medida de variabilidade resultante (a média dos valores absolutos dos desvios) apresenta dificuldades analíticas além do escopo deste texto. Um segundo método de eliminação dos sinais negativos associados com os desvios é elevá-los ao quadrado. A quantidade calculada a partir de desvios elevados ao quadrado proporcionará uma descrição útil da variabilidade dos dados e apresentará menores dificuldades analíticas nas inferências.

Para usar os desvios elevados ao quadrado a partir de um conjunto de dados, primeiro calculamos a *variância da amostra*.

> **Definição 2.9**
>
> A **variância da amostra** para uma amostra de n medições é igual à soma dos desvios da média ao quadrado, dividido por $(n - 1)$. Na notação matemática, usamos s^2 para representar a variância da amostra:
>
> $$s^2 = \frac{\sum_{i=1}^{n}(x_i - \bar{x})^2}{n-1}$$
>
> *Nota*: Uma fórmula simplificada para calcular s^2 é:
>
> $$s^2 = \frac{\sum_{i=1}^{n}x_i^2 - \dfrac{\left(\sum_{i=1}^{n}x_i\right)^2}{n}}{n-1}$$

Em relação às duas amostras da Tabela 2.5, você pode calcular a variância para a amostra 1 como segue:

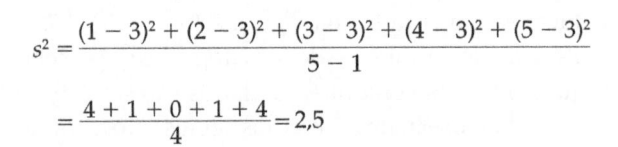

$$s^2 = \frac{(1-3)^2 + (2-3)^2 + (3-3)^2 + (4-3)^2 + (5-3)^2}{5-1}$$

$$= \frac{4+1+0+1+4}{4} = 2{,}5$$

O segundo passo para achar uma medida significativa de variabilidade de dados é calcular o *desvio-padrão* do conjunto de dados.

> **Definição 2.10**
>
> O **desvio-padrão da amostra**, s, é definido como a raiz quadrada da variância da amostra, s^2. Assim, $s = \sqrt{s^2}$.

A variância da população, denotada pelo símbolo σ^2 (sigma ao quadrado), é a média das distâncias entre as medições ao quadrado de todas as unidades da população em relação à média, μ, e σ é a raiz quadrada dessa quantidade. Uma vez que não calculamos realmente σ^2 ou σ a partir da população (o objetivo da amostragem é evitar esse procedimento altamente custoso), simplesmente denotamos essas duas quantidades por seus respectivos símbolos.

> **Símbolos para variância e desvio-padrão**
>
> $s^2 =$ Variância da amostra
> $s =$ Desvio-padrão da amostra
> $\sigma^2 =$ Variância da população
> $\sigma =$ Desvio-padrão da população

Perceba que, diferentemente da variância, o desvio-padrão é expresso nas unidades originais de medida. Por exemplo, se as medições originais são em dólares,

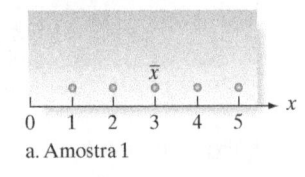

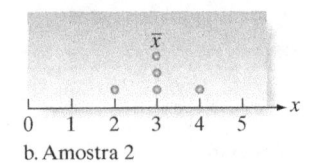

FIGURA 2.19 Gráfico de pontos para dois conjuntos de dados

a variância é expressa na unidade 'dólar ao quadrado', mas o desvio-padrão é expresso em dólares.

Você pode imaginar por que usamos o divisor $(n - 1)$ em vez de n quando calculamos a variância da amostra. Usar n não seria mais lógico, de forma que a variância da amostra fosse a média do desvio ao quadrado da média? O problema com o uso de n é a tendência a produzir uma subestimação da variância da população, σ^2. Assim, usamos $(n - 1)$ no denominador para corrigir de forma apropriada essa tendência.[4] Uma vez que estatísticas amostrais como s^2 são primariamente usadas para estimar os parâmetros da população como σ^2, é preferível usar $(n-1)$ no lugar de n para definir a variância da amostra.

EXEMPLO 2.9

CÁLCULO DE MEDIDAS DE VARIAÇÃO

Problema Calcule a variância e o desvio-padrão da seguinte amostra: 2, 3, 3, 3, 4.

Solução

Se calcularmos os valores de s e s^2 à mão, será vantajoso usar a fórmula simplificada dada na Definição 2.8. Para fazer isso, precisamos de duas somas: Σx e Σx^2, que podem ser facilmente obtidas por meio da seguinte tabulação:

x	x^2
2	4
3	9
3	9
3	9
4	16
$\Sigma x = 15$	$\Sigma x^2 = 47$

Então usamos[5]:

$$s^2 = \frac{\sum_{i=1}^{n} x_i^2 - \frac{\left(\sum_{i=1}^{n} x_i\right)^2}{n}}{n-1} = \frac{47 - \frac{(15)^2}{5}}{5-1} = \frac{2}{4} = 0{,}5$$

$$s = \sqrt{0{,}5} = 0{,}71$$

Lembre-se Como o tamanho da amostra n aumenta, esses cálculos podem tornar-se muito entediantes. Como demonstrado no próximo exemplo, podemos usar o computador para calcular s^2 e s.

AGORA FAÇA O EXERCÍCIO **2.57**

EXEMPLO 2.10

MEDIDAS DE VARIAÇÃO NO COMPUTADOR

Problema Use o computador para encontrar a variância da amostra s^2 e o seu desvio-padrão para as porcentagens de receitas gastas com P&D das 50 empresas.

Solução

A tela do Excel descrevendo os dados das porcentagens de P&D está reproduzida na Figura 2.20. A variância e o desvio-padrão estão sombreados na tela: $s^2 = 3{,}922792$ e $s = 1{,}980604$.

	A	B
1	RDPct	
2		
3	Mean	8.492
4	Standard Error	0.2801
5	Median	8.05
6	Mode	6.9
7	Standard Deviation	1.980604
8	Sample Variance	3.922792
9	Kurtosis	0.419288
10	Skewness	0.854601
11	Range	8.3
12	Minimum	5.2
13	Maximum	13.5
14	Sum	424.6
15	Count	50
16		

Figura 2.20 Reprodução das 50 medições descritivas numéricas de porcentagens de P&D com o uso do Excel

Agora você sabe que o desvio-padrão mede a variabilidade de um conjunto de dados; quanto maior o desvio-padrão, mais variáveis são os dados; quanto menor o desvio-padrão, menos variáveis eles são. Mas como podemos interpretar de forma prática o desvio-padrão e usá-lo para fazer inferências? Este é o tópico da Seção 2.6.

---

[4] *Apropriado* aqui significa que s^2 com o divisor $(n − 1)$ é um *estimador sem viés* de σ^2. Definiremos e discutiremos estimadores *sem viés* no Capítulo 4.

[5] Quando se calcula s^2, quantas casas decimais se deve considerar? Apesar de não haver regras para o procedimento de arredondamento, é razoável reter o dobro de casas decimais do que você desejaria reter em s. Se você quer calcular s^2 para o próximo centésimo (duas casas decimais), por exemplo, deve calcular s^2 para o próximo milésimo (quatro casas decimais).

Atividade 2.2

Mantenha a mudança: medidas de tendência central e variabilidade

Nesta atividade, continuamos nosso estudo sobre o programa de poupança do Bank of America — *Guarde o troco* —, observando as medidas de tendência central e variabilidade para três conjuntos de dados coletados na Atividade 1.1.

1. Antes de fazer os cálculos, explique por que você esperaria maior variabilidade no conjunto de dados *Compras totais* do que em *Montantes transferidos*. A seguir, encontre a média e a mediana desses dois conjuntos de dados. A média e a mediana são, essencialmente, as mesmas para algum dos dois grupos? Se são, para qual deles? Você pode explicar esses resultados?

2. Faça um histograma para cada um dos grupos: *Montantes transferidos* e *Arredondamento do banco*. Descreva quaisquer propriedades dos dados que apareçam nos histogramas. Explique por que é mais provável que o *Arredondamento do banco* seja assimétrico à direita em relação a *Montantes transferidos*. Com base em seus dados e histogramas, quão preocupado deve estar o Bank of America em cobrir a quantia máxima de $ 250 para seus clientes que são estudantes?

3. Forme um quarto conjunto de dados: *Média dos montantes transferidos*, coletando a média do conjunto *Montantes transferidos* para cada aluno em sua classe. Antes de fazer qualquer cálculo, verifique os novos dados e descreva alguma tendência que você consegue perceber. Então, encontre a média e o desvio-padrão do novo conjunto. Quão perto a média fica de $ 0,50? Sem fazer novos cálculos, determine se o desvio-padrão de *Montantes transferidos* é menor ou maior do que o desvio-padrão de *Média de montantes transferidos*. Explique. Guarde os resultados desta atividade para usar em outras atividades.

Exercícios 2.55 – 2.68

Aprendendo a mecânica

2.55 Responda às seguintes questões sobre variabilidade do conjunto de dados:
   a. Qual a principal desvantagem de usar a amplitude para comparar a variabilidade de conjuntos de dados?
   b. Descreva a variância de uma amostra com suas próprias palavras, em vez de usar uma fórmula. Faça o mesmo com a variância da população.
   c. A variância de um conjunto de dados pode ser negativa alguma vez? Explique. A variância pode ser menor que o desvio-padrão alguma vez? Explique.

2.56 Calcule a variância e o desvio-padrão para as amostras em que:
   a. $n = 10, \Sigma x^2 = 84, \Sigma x = 20$
   b. $n = 40, \Sigma x^2 = 380, \Sigma x = 100$
   c. $n = 20, \Sigma x^2 = 18, \Sigma x = 17$

2.57 Calcule a amplitude, a variância, e o desvio-padrão para as seguintes amostras:
   a. 4; 2; 1; 0; 1
   b. 1; 6; 2; 2; 3; 0; 3
   c. 8; −2; 1; 3; 5; 4; 4; 1; 3; 3
   d. 0,2; 0; 0; −1; 1; −2; 1; 0; −1; 1; −1; 0; −3; −2; −1; 0; 1

APPLET Exercício utilizando aplicativo

(É necessário ter o Java instalado para utilizar esse aplicativo)

Use o aplicativo intitulado *Standard Deviation* para encontrar o desvio-padrão de cada um dos quatro conjuntos de dados no Exercício 2.57. Para cada conjunto, defina o limite mais baixo para o menor número dentre todos os dados e o limite mais alto para o maior número dentre todos os dados. Clique em *Update*. Clique sobre a localização aproximada de cada item de dados na linha numérica. Você pode deletar um ponto arrastando-o para a lixeira. Para limpar o gráfico entre os conjuntos de dados, simplesmente clique na lixeira.
   a. Compare os desvios-padrão gerados pelo aplicativo com aqueles que você calculou no Exercício 2.57. Se houver diferenças, explique por que o aplicativo pode dar valores ligeiramente diferentes dos calculados à mão.
   b. Apesar de proporcionar um valor de desvio-padrão de um conjunto de dados ligeiramente diferente, descreva as vantagens de se usar o aplicativo.

2.58 Calcule a amplitude, a variância e o desvio-padrão para as seguintes amostras:
   a. 39; 42; 40; 37; 41
   b. 100; 4; 7; 96; 80; 3; 1; 10; 2
   c. 100; 4; 7; 30; 80; 30; 42; 2

2.59 Calcule x, s^2 e s para cada um dos seguintes conjuntos de dados. Quando houver, especifique as unidades nas quais sua resposta está expressa.
   a. 3; 1; 10; 10; 4
   b. 8 pés; 10 pés; 32 pés; 5 pés
   c. −1; −4; −3; 1; −4; −4
   d. 1/5 onças; 1/5 onças; 1/5 onças; 2/5 onças; 1/5 onças; 4/5 onças

2.60 Usando apenas números inteiros entre 0 e 10, construa dois conjuntos de dados com pelo menos 10 observações em cada um, de forma que os dois grupos tenham a mesma média, mas diferentes variâncias. Construa gráficos de pontos para cada conjunto de dados e marque a média para cada um em seu gráfico de pontos.

2.61 Usando apenas números inteiros entre 0 e 10, construa dois conjuntos de dados com pelo menos 10 observações em cada um, de forma que os dois grupos tenham a mesma amplitude, mas diferentes médias. Construa gráficos de pontos para cada conjunto de dados e marque a média para cada um em seu gráfico de pontos.

2.62 Considere a seguinte amostra de cinco medições: 2, 1, 1, 0, 3.
 a. Calcule a amplitude, s^2 e s.
 b. Adicione 3 a cada medição e repita a letra **a**.
 c. Subtraia 4 de cada medição e repita a letra **a**.
 d. Considerando suas respostas para as letras **a**, **b** e **c**, o que parece ser o efeito sobre a variabiliade do conjunto de dados da soma ou subtração do mesmo número sobre cada medição?

APPLET Exercício utilizando aplicativo
(É necessário ter o Java instalado para utilizar esse aplicativo)

Use o aplicativo *Standard Deviation* para estudar o efeito que multiplicar ou dividir cada número no conjunto de dados por um mesmo número pode ter sobre o desvio-padrão. Comece definindo limites apropriados e colocando os dados na linha numérica do aplicativo.

0   1   1   1   2   2   3   4

 a. Registre o desvio-padrão. Então, multiplique cada dado por 2, monte o gráfico com os novos itens e registre o novo desvio-padrão. Repita o processo multiplicando cada um dos dados originais primeiro por 3 e depois por 4. Descreva o que está acontecendo ao desvio-padrão cada vez que os itens de dados são multiplicados por números maiores. Divida cada desvio-padrão pelo desvio do grupo original de dados. Você percebe algum padrão? Explique.
 b. Divida cada item dos dados originais por 2 e registre graficamente os novos dados, assim como o desvio-padrão. Repita o processo dividindo cada um dos dados originais primeiro por 3 e depois por 4. Descreva o que está acontecendo ao desvio-padrão cada vez que os dados são divididos por números maiores. Você percebe algum padrão? Explique.
 c. Usando seus resultados das alternativas **a** e **b**, descreva o que ocorre ao desvio-padrão de um conjunto de dados quando cada um dos dados do grupo é multiplicado ou dividido por um número fixo n. Experimente repetir as alternativas **a** e **b** para outros conjuntos de dados, se necessário.

APPLET Exercício utilizando aplicativo
(É necessário ter o Java instalado para utilizar esse aplicativo)

Use o aplicativo *Standard Deviation* para estudar o efeito que um valor extremo tem sobre o desvio-padrão. Comece definindo limites apropriados e colocando os dados na linha numérica do aplicativo.

0   6   7   7   8   8   8   9   9   10

 a. Registre o desvio-padrão. Substitua o valor extremo de 0 por 2, por 4 e, por último, por 6. Registre o desvio-padrão para cada substituição. Descreva o que está acontecendo ao desvio-padrão quando 0 é substituído por números maiores.
 b. Como o desvio-padrão do conjunto de dados se compararia ao desvio original se 0 fosse substituído por 16? Explique.

Aplicação dos conceitos — Básico

FLALAW

2.63 Principais firmas de direito da Flórida. Busque os dados sobre as firmas de advocacia melhor avaliadas na Flórida, Exercício 2.44, coletados pela revista *Florida Trend* (abr. 2002). Os dados estão salvos no arquivo **FLALAW**.
 a. Encontre a amplitude do número de advogados nas firmas melhor avaliadas com sede em Orlando.
 b. Encontre a amplitude do número de advogados nas firmas melhor avaliadas com sede em Miami.
 c. Usando apenas as amplitudes das alternativas **a** e **b**, é possível determinar qual cidade, Orlando ou Miami, tem as maiores firmas de advocacia?

WPOWER50

2.64 Mulheres mais poderosas dos Estados Unidos. Busque o Exercício 2.45 e a lista da revista *Fortune* (14 nov. 2006) das 50 mulheres mais poderosas dos Estados Unidos. Os dados estão registrados no arquivo **WPOWER50**.
 a. Encontre a amplitude para as idades dessas 50 mulheres.
 b. Encontre a variância para as idades dessas 50 mulheres.
 c. Encontre o desvio-padrão para as idades dessas 50 mulheres.
 d. Suponha que o desvio-padrão das idades das mulheres mais poderosas da Europa seja de 10 anos. Para qual localidade, os Estados Unidos ou a Europa, os dados de idade são mais variáveis?

DDT

2.65 Peixes contaminados pela descarga tóxica de uma fábrica. Releia o Exercício 2.24 e os dados do U.S. Army Corps of Engineers sobre os dados de peixes contaminados salvos no arquivo **DDT**. Considere as variáveis quantitativas comprimento (em centímetros), peso (em gramas) e concentração de DDT (em partes por milhão).
 a. Encontre três diferentes medidas de variação para os comprimentos dos 144 peixes. Dê as unidades de medidas para cada uma.
 b. Encontre três diferentes medidas de variação para os pesos dos 144 peixes. Dê as unidades de medidas para cada uma.
 c. Encontre três diferentes medidas de variação para as 144 concentrações de DDT. Dê as unidades de medidas para cada uma.

Aplicação dos conceitos — Intermediário

DIAMONDS

2.66 Tamanho dos diamantes vendidos no varejo. Releia o Exercício 2.25 e os dados salvos no arquivo **DIAMONDS** do *Journal of Statistics Education* sobre diamantes. Considere os dados sobre os quilates para cada um dos 308 diamantes.
 a. Encontre a amplitude do conjunto de dados.

b. Encontre a variância do conjunto de dados.
c. Encontre o desvio-padrão do conjunto de dados.
d. Qual medida de variação melhor descreve a dispersão dos valores de quilates dos 308 diamantes? Explique.

NUCLEAR
Companion Website

2.67 Usinas de energia nuclear ativas. Releia o Exercício 2.54 e os dados do U.S. Energy Information Administration sobre o número de usinas de energia nuclear operando em cada um dos 20 estados norte-americanos. Os dados estão salvos no arquivo **NUCLEAR**.
a. Encontre a amplitude, a variância e o desvio-padrão desse conjunto de dados.
b. Elimine o maior valor dos dados e repita a alternativa **a**. Que efeito a retirada dessa medição tem nas medidas de variação encontradas na letra **a**?
c. Elimine o menor e o maior valor do conjunto de dados e repita a alternativa **a**. Que efeito a retirada de ambas as medições tem sobre a variação encontrada na alternativa **a**?

Aplicação dos conceitos — Avançado

2.68 Estimando o tempo de produção. Uma técnica amplamente usada para estimar o tempo que trabalhadores levam para produzir um produto é o **tempo de estudo**. Em um tempo de estudo, a tarefa a ser estudada é dividida em partes mensuráveis, e cada uma é cronometrada ou filmada para análise posterior. Para cada trabalhador, esse processo é repetido muitas vezes em cada subtarefa. Então, a média e o desvio-padrão do tempo requerido para completar cada subtarefa são computados para cada trabalhador. O tempo total de um trabalhador para completar a tarefa sob estudo é determinado, então, ao adicionar suas médias de tempo das subtarefas (Gaither, *Production and operations management*, 1996). Os dados (em minutos) listados na tabela abaixo são o resultado de um estudo de tempo de produção envolvendo suas subtarefas.

TIMESTUDY
Companion Website

REPE-TIÇÃO	TRABALHADOR A		TRABALHADOR B	
	SUBTA-REFA 1	SUBTA-REFA 2	SUBTA-REFA 1	SUBTA-REFA 2
1	30	2	31	7
2	28	4	30	2
3	31	3	32	6
4	38	3	30	5
5	25	2	29	4
6	29	4	30	1
7	30	3	31	4

a. Encontre o tempo total que cada trabalhador levou para completar a operação sob estudo.
b. Para cada trabalhador, encontre o desvio-padrão dos sete tempos da subtarefa 1.
c. No contexto desse problema, quais são os desvios-padrão que você calculou na medição da alternativa **b**?
d. Repita a alternativa **b** para a subtarefa 2.
e. Se você pudesse escolher trabalhadores similares a A ou a B para fazer as subtarefas 1 e 2, que tipo você colocaria para realizar cada subtarefa? Explique suas decisões com base em suas respostas para as alternativas **a–d**.

2.6 Interpretando o desvio-padrão

Vimos que, se comparamos a variabilidade de duas amostras selecionadas a partir de uma população, a amostra com maior desvio-padrão é a mais variável das duas. Assim, sabemos como interpretar o desvio-padrão em uma base relativa ou comparativa, mas ainda não explicamos como ele prevê uma medida de variabilidade para uma amostra única.

Para entender como o desvio-padrão proporciona uma medida de variabilidade de um conjunto de dados, considere um conjunto de dados específico e responda às seguintes questões: Quantas medições há dentro de um desvio-padrão da média? Quantas medições há dentro de dois desvios-padrão? Para um conjunto de dados específico, podemos responder a essas questões contando o número de medições em cada um dos intervalos. No entanto, se estamos interessados em obter uma resposta geral para essas questões, o problema torna-se mais difícil.

As tabelas 2.6 e 2.7 dão dois grupos de respostas para as perguntas sobre quantas medições ficam dentro dos desvios-padrão da média 1, 2 e 3 desvios-padrão. A primeira, que se aplica a qualquer conjunto de dados, é derivada de um teorema provado pelo matemático Russo P. L. Chebyshev. A segunda, que se aplica a distribuições simétricas com **forma de sino** (onde média, mediana e moda são iguais), é baseada em evidência empírica acumulada ao longo dos anos. No entanto, as porcentagens dadas para os intervalos na Tabela 2.7 proporcionam aproximações muito boas mesmo quando a distribuição dos dados é ligeiramente assimétrica. Note que ambas as regras aplicam-se tanto a conjuntos de dados da população quanto a amostras.

Biografia
Companion Website
PAFNUTY L. CHEBYSHEV (1821–1894)

EXEMPLO 2.11

INTERPRETANDO O DESVIO-PADRÃO

Problema As porcentagens de receitas gastas com P&D das 50 empresas é repetida na Tabela 2.8. Já mostramos anteriormente (veja Figura 2.20) que a média e o desvio-padrão desses dados era de (cerca de) 8,49 e 1,98, respectivamente. Calcule a fração dessas medições inclusas dos intervalos $\bar{x} \pm s$, $\bar{x} \pm 2s$ e $\bar{x} \pm 3s$, e compare os resultados com aqueles previstos nas tabelas 2.6 e 2.7.

Solução
Primeiro formamos o intervalo:

$$(\bar{x} - s, \bar{x} + s) = (8{,}49 - 1{,}98; 8{,}49 + 1{,}98) = (6{,}51; 10{,}47)$$

Uma checagem das medições revela que 34 das 50 medições, ou 68%, estão dentro de um desvio-padrão da média.

O próximo intervalo de interesse:

$$(\bar{x} - 2s, \bar{x} + 2s) = (8{,}49 - 3{,}96; 8{,}49 + 3{,}96) = (4{,}53; 12{,}45)$$

contém 47 das 50 medições, ou 94% delas.

Finalmente, o intervalo de três desvios-padrão ao redor de x:

$$(\bar{x} - 3s, \bar{x} + 3s) = (8{,}49 - 5{,}94; 8{,}49 + 5{,}94) = (2{,}55; 14{,}43)$$

contém todas, ou 100%, das medições.

Apesar de a distribuição desses dados ser assimétrica à direita (veja Figura 2.10), as porcentagens dentro de 1, 2 e 3 desvios-padrão (68%, 94% e 100%) combinam muito bem com as aproximações de 68%, 95% e 99,7% dadas pela regra empírica (Tabela 2.7).

Lembre-se Você descobrirá que, a menos que a distribuição seja extremamente assimétrica, as aproximações serão razoavelmente precisas. É claro, independente do formato da distribuição, a regra de Chebyshev (Tabela 2.6) garante que pelo menos 75 e 89% das medições ficarão dentro de 2 e 3 desvios-padrão da média, respectivamente.

AGORA FAÇA O EXERCÍCIO **2.72**

Tabela 2.6 Interpretando o desvio-padrão: a regra de Chebyshev

A **regra de Chebyshev** aplica-se a qualquer conjunto de dados, independentemente do formato da distribuição de freqüência dos dados.

a. Nehuma informação útil é proporcionada na fração de medidas que caem dentro de um desvio-padrão da média, isto é, dentro do intervalo $(\bar{x} - s, \bar{x} + s)$ para amostras e $(\mu - \sigma, \mu + \sigma)$ para populações].

b. Pelo menos 3/4 cairão dentro de dois desvios-padrão da média, ou seja, dentro do intervalo $(\bar{x} - 2s, \bar{x} + 2s)$ para médias e $(\mu - 2\sigma, \mu + 2\sigma)$ para populações].

c. Pelo menos 8/9 das medições cairão dentro de três desvios-padrão da média, isto é, dentro do intervalo $(\bar{x} - 3s, \bar{x} + 3s)$ para amostras e $(\mu - 3\sigma, \mu + 3\sigma)$ para populações].

d. Geralmente, para qualquer número k maior do que 1, pelo menos $(1 - 1/k^2)$ das medições cairá dentro de k desvios-padrão da média, ou seja, dentro do intervalo $(\bar{x} - ks, \bar{x} + ks)$ para amostras e $(\mu - k\sigma, \mu + k\sigma)$ para populações].

Tabela 2.7 Interpretando o desvio-padrão: a regra empírica

A **regra empírica** é uma regra prática que se aplica a conjuntos de dados com distribuições de freqüência em forma de sino e simétricas, como mostrado abaixo.

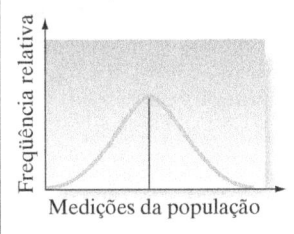

a. Aproximadamente 68% das medições cairão dentro de um desvio-padrão da média, isto é, dentro do intervalo $(\bar{x} - s, \bar{x} + s)$ para amostras e $(\mu - \sigma, \mu + \sigma)$ para populações].

b. Aproximadamente 95% das medições cairão dentro de dois desvios-padrão da média, ou seja, dentro do intervalo $(\bar{x} - 2s, \bar{x} + 2s)$ para amostras e $(\mu - 2\sigma, \mu + 2\sigma)$ para populações].

c. Aproximadamente 99,7% (praticamente todas) das medições cairão dentro de três desvios-padrão da média, isto é, dentro do intervalo $(\bar{x} - 3s, \bar{x} + 3s)$ para amostras e $(\mu - 3\sigma, \mu + 3\sigma)$ para populações].

TABELA 2.8 Porcentagens de P&D para as 50 empresas

13,5	9,5	8,2	6,5	8,4	8,1	6,9	7,5	10,5	13,5
7,2	7,1	9,0	9,9	8,2	13,2	9,2	6,9	9,6	7,7
9,7	7,5	7,2	5,9	6,6	11,1	8,8	5,2	10,6	8,2
11,3	5,6	10,1	8,0	8,5	11,7	7,1	7,7	9,4	6,0
8,0	7,4	10,5	7,8	7,9	6,5	6,9	6,5	6,8	9,5

EXEMPLO 2.12

Confira o cálculo de s

Problema A regra de Chebyshev e a regra empírica são úteis como checagem do cálculo do desvio-padrão. Por exemplo, suponha que tenhamos calculado o desvio-padrão para as porcentagens de P&D (Tabela 2.8) e o resultado seja 3,92. Existem 'pistas' nos dados que nos permitem julgar se esse número é razoável?

Solução

A amplitude das porcentagens de P&D na Tabela 2.8 é $13,5 - 5,2 = 8,3$. A partir da regra de Chebyshev e da regra empírica, sabemos que a maior parte das medições (aproximadamente 95% delas, se a distribuição for em formato de sino) estará dentro de dois desvios-padrão da média. E, independente do formato da distribuição e do número de medições, quase todos ficarão dentro de três desvios-padrão da média. Conseqüentemente, esperaríamos que a amplitude das medições ficasse entre 4 (isto é, $\pm 2s$) e 6 (isto é, $\pm 3s$) desvios-padrão em comprimento (veja Figura 2.21).

Para os dados de P&D, isso significa que s deveria ficar entre:

$$\frac{\text{Amplitude}}{6} = \frac{8,3}{6} = 1,38 \quad \text{e} \quad \frac{\text{Amplitude}}{4} = \frac{8,3}{4} = 2,08$$

Em particular, o desvio-padrão não deveria ser maior que 1/4 da amplitude, especialmente para o conjunto de dados com 50 medições. Assim, temos razões para acreditar que o cálculo de 3,92 é muito grande. Uma checagem de nosso trabalho revela que 3,92 é a variância s^2, e não o desvio-padrão s (veja Exemplo 2.10). Nós nos 'esquecemos' de tirar a raiz quadrada (um erro comum); o valor correto é $s = 1,98$. Note que esse valor está entre 1/6 e 1/4 da amplitude.

Lembre-se Em exemplos e exercícios, algumas vezes usararemos $s \approx$ amplitude/4 para obter uma aproximação grosseira de s e, normalmente, de modo conservador, grande. No entanto, ressaltamos que essa operação não substitui o cálculo do valor exato de s que deve ser feito sempre que possível.

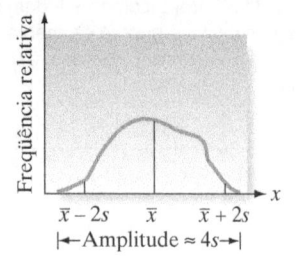

FIGURA 2.21 A relação entre a amplitude e o desvio-padrão

Agora faça o Exercício 2.73

No próximo exemplo, usamos os conceitos da regra de Chebyshev e da regra empírica para construir a base para inferir estatísticas.

EXEMPLO 2.13

Fazendo uma inferência estatística

Problema Um fabricante de baterias automotivas alega que a duração média da vida útil de uma bateria tipo A é de 60 meses. Entretanto, a garantia dessa marca é de apenas 36 meses. Suponha que o desvio-padrão da vida útil seja de 10 meses, e a distribuição de freqüência dos dados da vida útil tenda a ter um formato simétrico.

a. Aproximadamente, qual porcentagem das baterias tipo A desse fabricante irão durar mais de 50 meses, partindo do princípio de que a alegação do fabricante seja verdadeira?
b. Aproximadamente, qual porcentagem das baterias tipo A desse fabricante irão durar menos de 40 meses, partindo do princípio de que a alegação do fabricante seja verdadeira?
c. Suponha que sua bateria dure 37 meses. O que você pode inferir sobre a alegação do fabricante?

Solução

Se a distribuição da vida útil tem o formato de sino com uma média de 60 meses e desvio-padrão de 10 meses, ela se mostraria como mostrado na Figura 2.22. Note que podemos tirar vantagem do fato de que esse tipo de distribuição é (aproximadamente) simétrica ao redor da média, de forma que as porcentagens dadas pela regra empírica podem ser divididas igualmente entre as metades da distribuição em cada lado da média.

Por exemplo, uma vez que aproximadamente 68% das medições ficarão dentro de um desvio-padrão da média, a simetria da distribuição implica que aproximadamente $1/2 \ (68\%) = 34\%$ das medições ficarão entre a média e um desvio-padrão em cada lado. Esse conceito é ilustrado na Figura 2.22. A figura também mostra que 2,5% das medições ficam além de dois desvios-padrão em cada lado da média. Esse resultado advém do fato de que, se aproximadamente 95% das medições ficam dentro de dois desvios-padrão da média, então cerca de 5% ficam fora dos dois desvios-padrão; se a distribuição é aproximadamente simétrica, então cerca de 2,5% das medições estão além dos dois desvios-padrão em cada lado da média.

a. É fácil ver na Figura 2.22 que a porcentagem de baterias durando mais de 50 meses é de aproximadamente 34% (entre 50 e 60 meses) mais 50% (mais de 60 meses). Assim, aproximadamente 84% das baterias deve ter vida útil excedendo 50 meses.
b. A porcentagem de baterias que dura menos de 40 meses pode ser facilmente determinada pela Figura 2.22. Aproximadamente 2,5% das baterias devem ter problemas antes de 40 meses, partindo do princípio de que a alegação do fabricante é verdadeira.
c. Se você tiver a má-sorte de sua bateria tipo A durar apenas 37 meses, pode fazer uma ou duas inferências: ou sua bateria era uma das cerca de 2,5% que estragam com menos de 40 meses, ou algo na alegação do fabricante não é verdadeiro. Como as chances

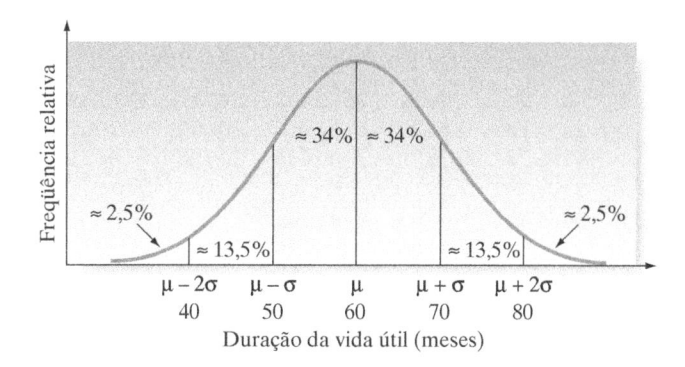

FIGURA 2.22 Distribuição da duração da vida útil da bateria: assumindo que a alegação do fabricante é verdadeira

de problemas na bateria com menos de 40 meses são muito pequenas, você teria uma boa razão para ter dúvidas sobre o que diz o fabricante. Uma média abaixo de 60 meses e/ou um desvio-padrão maior do que 10 meses aumentariam a probabilidade de uma falha antes dos 40 meses.[6]

Lembre-se As aproximações dadas na Figura 2.22 são mais dependentes da premissa de uma distribuição com formato de sino do que daquelas dadas pela regra empírica (Tabela 2.7), pois elas dependem da simetria (aproximada) da distribuição. Vimos, no Exemplo 2.11, que a regra empírica pode gerar boas aproximações, mesmo para distribuições assimétricas. Isso não será verdade para as aproximações da Figura 2.22; a distribuição deve ter formato de sino e ser aproximadamente simétrica.

O Exemplo 2.13 é nossa demonstração inicial do processo de inferência estatística. Neste momento, você deve ter percebido que usaremos informações de amostras (no Exemplo 2.13, a falha da sua bateria aos 37 meses) para inferir sobre a população (no Exemplo 2.13, a alegação do fabricante sobre a vida útil da população de baterias). Construiremos essa base conforme prosseguimos.

ESTATÍSTICA EM AÇÃO REVISITADA

INTERPRETANDO MEDIDAS DESCRITIVAS NUMÉRICAS

Retornamos à análise de tempo de prática profissional para dois grupos de médicos do University Community Hospital — aqueles que revelaram estar dispostos a usar os serviços de consulta ética e aqueles que não o usariam. Lembre que a hipótese dos pesquisadores era a de que os não-usuários do serviço de consultas éticas seriam mais experientes do que os usuários. A estatística descritiva da tela do MINITAB para o dado **ETHICS** (presente no Companion Website) é mostrada na Figura EA2.5, com a média e o desvio-padrão sombreados.

A média da amostra para não-usuários do serviço de consulta ética (CE) é de 16,43 e a média de usuários de CE é de 14,18. Nossa interpretação é que não-usuários têm ligeiramente mais experiência (16,43 anos, em média) do que usuários (14,18 anos, em média).

Para interpretar o desvio-padrão, substituímos, na fórmula, a média ±2 (desvio-padrão), para obter os intervalos:

Não-usuários CE:
16,43 ± 2(10,05) = 16,43 ± 20,10 = (−3,67; 36,53)

Usuários CE:
14,18 ± 2(8,95) = 14,18 ± 17,90 = (−3,72; 32,08)

Uma vez que anos de experiência não podem assumir um valor negativo, essencialmente, os intervalos de desvio-padrão para não-usuários e usuários de CE são (0; 36,53) (0; 32,08), respectivamente.

Pela regra de Chebyshev (Tabela 2.6), sabemos que pelo menos 75% dos médicos que não usariam o serviço de consulta ética teriam algo entre 0 e 36,5 anos de experiência. De forma similar, sabemos que pelo menos 75% dos usuários de CE terão algo entre 0 e 32,08 anos de experiência. Perceba que essas faixas indicam que a diferença é muito pequena entre as distribuições de experiência dos dois grupos de médicos. Todavia, se um médico na equipe tem 35 anos de experiência, é muito pouco provável que ele utilize o serviço de consulta ética, uma vez que 35 anos está acima do intervalo da média de ±2 (desvios-padrão) para usuários de CE. Ou, antes, o valor de 35 anos de experiência provavelmente pertence à distribuição de anos de experiência para não-usuários de consulta ética.

---
[6] A premissa de que a distribuição tem formato de sino e é simétrica também pode estar incorreta. No entanto, se a distribuição for assimétrica à direita, como as distribuições de vida útil tendem a ser, a porcentagem de medições acima dos dois desvios-padrão abaixo da média seria ainda menor que 2,5%.

```
Descriptive Statistics: YRSPRAC

Variable  FUTUREUSE   N   N*    Mean   SE Mean   StDev   Variance   Minimum     Q1
YRSPRAC   NO         21   2    16.43    2.19    10.05    100.96     1.00      7.50
          YES        91   4    14.176   0.938    8.950    80.102    1.000     7.000

Variable  FUTUREUSE  Median    Q3    Maximum
YRSPRAC   NO          18.00   25.00   35.00
          YES         14.000  20.000  40.000
```

FIGURA EA2.5 Análise do MINITAB sobre a experiência dos médicos

Exercícios 2.69 – 2.85

Aprendendo a mecânica

2.69 O produto de um software estatístico indica que a média e o desvio-padrão de um conjunto de dados consistindo de 200 medições são $ 1.500 e $ 300, respectivamente.

a. Quais as unidades de medição da variável de interesse? Com base em unidades, que tipo de dado é esse: quantitativo ou qualitativo?

b. O que pode ser dito sobre o número de medições entre $ 900 e $ 2.100? E entre $ 600 e $ 2.400? E entre $ 1.200 e $ 1.800? E $ 1.500 e $ 2.100?

2.70 Para qualquer conjunto de dados, o que pode ser dito sobre a porcentagem de medições contida em cada um dos seguintes intervalos?

a. $\bar{x} - s$ para $\bar{x} + s$
b. $\bar{x} - 2s$ para $\bar{x} + 2s$
c. $\bar{x} - 3s$ para $\bar{x} + 3s$

2.71 Para o conjunto de dados com uma distribuição de freqüência com formato de sino, o que pode ser dito sobre a porcentagem de medições contidas em cada um dos intervalos especificados no Exercício 2.70?

2.72 Segue uma amostra de 25 medições:

LM2_72 Companion Website

```
7  6   6  11  8  9  11   9  10   8  7   7
5  9  10   7  7  7   7   9  12  10  10  8  6
```

a. Calcule $\bar{x}$, s^2 e s para essa amostra.
b. Conte o número de medições nos intervalos $\bar{x} \pm s$, $\bar{x} \pm 2s$, $\bar{x} \pm 3s$. Expresse cada contagem como uma porcentagem do número total de medições.
c. Compare as porcentagens encontradas na alternativa **b** com as porcentagens dadas pela regra empírica e pela regra de Chebyshev.
d. Calcule a amplitude e use-a para obter uma aproximação para s. O resultado compara-se favoravelmente com o valor de s encontrado na alternativa **a**?

2.73 A partir de um conjunto de dados com o maior valor em 760 e o menor em 135, como você imaginaria que o desvio-padrão fosse? Explique a lógica por trás do procedimento que você usou para estimá-lo. Suponha que o desvio-padrão reportado seja 25. Isso é possível? Explique.

Aplicação dos conceitos — Básico

DIAMONDS Companion Website

2.74 Tamanho de diamantes vendidos no varejo. Busque os dados salvos no arquivo **DIAMONDS** do *Journal of Statistics Education* sobre diamantes. No Exercício 2.47, você encontrou a média dos quilates para os 308 diamantes do conjunto de dados, e no Exercício 2.66, calculou o desvio-padrão. Use a média e o desvio-padrão para formar um intervalo que contenha pelo menos 75% dos valores de quilates no conjunto de dados.

2.75 Horas semestrais cursadas por candidatos ao CPA. Busque os dados do estudo do *Journal of Accounting and Public Policy* (primavera, 2002) a respeito dos 100.000 candidatos que prestaram o exame CPA pela primeira vez, no Exercício 2.49. Relembre que a média do número de horas semestrais de créditos cursados pelos candidatos foi de 141,31 horas. O desvio-padrão foi reportado como sendo de 17,77 horas.

a. Calcule o intervalo de 2 desvios-padrão ao redor da média.
b. Faça um comentário sobre a proporção de candidatos de 'primeira viagem' que tenha um número total de créditos dentro do intervalo da alternativa **a**.
c. Para esse comentário da alternativa **b** ser verdadeiro, o que precisa ser conhecido sobre o formato da distribuição do total de horas semestrais?

2.76 Veículos em um cruzamento. Em cada dia do ano que passou, o número de veículos que atravessou certo cruzamento foi registrado por um engenheiro de tráfego.

Um dos objetivos de seu estudo era o de determinar a porcentagem de dias em que mais de 425 veículos passaram pelo cruzamento. Suponha que a média tenha sido 375 veículos por dia e que o desvio-padrão tenha sido de 25 veículos.

a. O que você pode dizer sobre a porcentagem de dias em que mais de 425 veículos passaram pelo cruzamento? Parta do princípio de que você nada sabe sobre o formato da distribuição relativa para os dados.

b. Qual seria sua resposta para a alternativa **a** se você soubesse que a freqüência relativa de distribuição dos dados fosse em formato de sino?

SHIPSANIT
Companion Website

2.77 Inspeção sanitária em navios de cruzeiro. Busque a lista do Disease Control and Prevention de maio de 2006 sobre a pontuação sanitária de 169 navios de cruzeiro, Exercício 2.22. Os dados estão salvos no arquivo **SHIPSANIT**.

a. Encontre a média e o desvio-padrão para as pontuações sanitárias.

b. Calcule os intervalos $\bar{x} \pm s, \bar{x} \pm 2s, \bar{x} \pm 3s$.

c. Encontre a porcentagem de medições no conjunto de dados que fica dentro de cada intervalo da alternativa **b**. Essas porcentagens estão de acordo com a regra de Chebyshev? E quanto à regra empírica?

Aplicação dos Conceitos — Intermediário

2.78 Quanto tempo você espera trabalhar em uma empresa? A Câmara do Comércio do Estado de Nova Jersey e a Rutgers Business School — com o patrocínio da Arthur Anderson — conduziram uma pesquisa para investigar as expectativas da Geração X sobre seus locais de trabalho futuro e carreira. Entrevistas por telefone foram conduzidas aleatoriamente com 662 cidadãos de Nova Jersey com as idades de 21 a 28 anos. À questão "Qual o número máximo de anos que você espera gastar com um empregador ao longo de toda a sua carreira?", foram obtidas 590 respostas válidas. Os resultados estão sintetizados abaixo:

$$n = 590$$
$$\bar{x} = 18{,}2 \text{ anos}$$
$$\text{mediana} = 15 \text{ anos}$$
$$s = 10{,}64$$
$$\text{mín.} = 2{,}0$$
$$\text{máx.} = 50$$

Fonte: N. J. State Chamber of Commerce, *press release*, 18 jun. 1998, e comunicação pessoal de P. George Benson.

a. Que evidência existe para sugerir que a distribuição não seja em formato de sino?

b. Suponha que você não soubesse o desvio-padrão, s. Use a amplitude do conjunto de dados para estimar s. Compare sua estimativa com o desvio real da amostra.

c. Na última década, trabalhadores trocaram de empresas com mais freqüência do que na década de 1980. Conseqüentemente, os pesquisadores surpreenderam-se com a expectativa de longevidade da Geração X. O que você pode dizer sobre a porcentagem de membros da Geração X da amostra cuja resposta foi 40 anos ou mais? E quanto à resposta de 8 anos ou mais?

2.79 Resistência das fibras para concreto FRP. Materiais compostos de polímeros reforçados com fibras sintéticas (*fiber reinforced polymer* — FRP) são o padrão para reforçar e consertar estruturas de concreto. Normalmente, os FRPs são presos ao concreto com adesivo epoxy. Engenheiros da University of Wisconsin-Madison desenvolveram um novo método de agilizar a amarração das tiras usando âncoras mecânicas (*Composites Fabrication Magazine*, set. 2004). Para avaliar o novo método de agilização, 10 unidades de tiras de FRP mecanicamente presas a pontes de rodovias foram testadas com relação à sua força. As medidas de força (registradas em unidades de megapascal, Mpa) são mostradas na tabela abaixo. Use os dados da amostra para encontrar o intervalo que é mais provável conter a força de uma tira FRP.

FRP
Companion Website

240,9 248,8 215,7 233,6 231,4 230,9 225,3 247,3 235,5 238,0

Fonte: Dados simulados a partir de informação resumo de *Composites Fabrication Magazine*, set. 2004, p. 32 (Tabela 1).

BANKRUPT
Companion Website

2.80 Tempo em falência. Busque o estudo do *Financial Management* (primavera, 1995) com 49 empresas em processo de falência, Exercício 2.30. Dados da variável de interesse, tempo em falência (meses) para cada empresa estão salvos no arquivo **BANKRUPT**.

a. Construa um histograma para os 49 tempos de falência. Comente se a regra empírica é aplicável para descrever a distribuição de tempo de falência para empresas solicitando a falência.

b. Encontre estatísticas descritivas numéricas para o conjunto de dados. Use essa informação para construir um intervalo que capture pelo menos 75% dos tempos de falência.

c. Conte o número dentre os 49 tempos de falência que ficam dentro do intervalo, alternativa **b**, e converta o resultado para porcentagem. O resultado está de acordo com a regra Chebyshev? E quanto à regra empírica?

d. Uma empresa está considerando entrar com um plano de falência. Estime o período de tempo que a empresa ficará em falência.

2.81 Velocidade de balas Winchester. A American Rifleman (jun. 1993) registrou a velocidade da munição disparada de uma pistola FEG P9R, uma arma 9 mm fabricada na Hungria. Testes de campo revelaram que balas Winchester disparadas da pistola tinham velocidade média (a 15 pés) de 936 pés por segundo e desvio-padrão de 10 pés por segundo. Testes também foram realizados com a munição Uzi e Black Hills.

a. Descreva a distribuição de velocidade de balas Winchester disparadas da pistola FEG P9R.
b. Uma bala de marca desconhecida é disparada da pistola FEG P9R. Suponha que a velocidade (a 15 pés) dessa bala é de 1.000 pés por segundo. É provável que a bala seja fabricada pela Winchester? Explique.

2.82 Quantidade de fosfeto de zinco em veneno comercial de rato. Uma empresa da área química produz uma substância composta de 98% de partículas de milho e 2% de fosfeto de zinco para uso no controle de populações de ratos em campos de cana-de-açúcar. A produção deve ser cuidadosamente controlada para manter os 2% de fosfeto de zinco, pois uma grande quantidade dessa substância pode causar danos à cana-de-açúcar e uma quantidade abaixo disso pode ser ineficaz no controle da população de ratos. Dados de produção passada indicam que a distribuição real da porcentagem de fosfeto de zinco presente na substância apresenta aproximadamente formato de sino, com média de 2% e desvio-padrão de 0,08%.
a. Se a linha de produção está operando de forma correta, aproximadamente qual proporção de lotes diários terão menos de 1,84% de fosfeto de zinco?
b. Suponha que um grupo escolhido aleatoriamente contenha, na verdade, 1,80% de fosfeto de zinco. Isso indica que há muito pouco fosfeto de zinco na produção de hoje? Explique sua resposta.

Aplicação dos conceitos — Avançado

2.83 Decisão de compra de terra. Um comprador de uma empresa de madeira deve decidir se adquire um terreno contendo 5.000 pinheiros. Se 1.000 dessas árvores tiverem pelo menos 40 pés de altura, o comprador adquirirá o terreno; caso contrário, ele não o comprará. O dono do terreno alega que a altura das árvores tem média de 30 e desvio-padrão de 3 pés. Com base nessa informação, qual a decisão do comprador?

2.84 Melhorando a pontuação do SAT. A Pesquisa Longitudinal Nacional de Educação (NELS) acompanha uma amostra representativa de estudantes norte-americanos da oitava série até o ensino médio e a faculdade. A pesquisa publicada na *Chance* (inverno, 2001) examinou a pontuação no Standardized Admission Test (SAT) de 265 estudantes do NELS que pagaram um professor particular para ajudar a aprimorar suas notas. A tabela abaixo resume as mudanças nas pontuações do SAT–Matemática e do SAT–Verbal para esses estudantes.

	SAT–MATEMÁTICA	SAT–VERBAL
Mudança na média da pontuação	19	7
Mudança no desvio-padrão da pontuação	65	49

a. Suponha que um dos 265 estudantes que pagaram um professor particular tenha sido selecionado aleatoriamente. Dê um intervalo que pode conter a mudança de pontuação desse estudante no SAT–Matemática.
b. Repita a alternativa **a** para o SAT–Verbal.

c. Suponha que o aluno selecionado aumentou sua pontuação em um dos testes SAT em 140 pontos. Qual teste, o SAT–Matemática ou SAT–Verbal, é aquele mais provável de apresentar o aumento de 140 pontos? Explique.

2.85 Monitorando o peso de sacos de farinha. Quando funciona adequadamente, uma máquina que enche sacos de 25 libras coloca em média 25 libras de farinha por unidade; o desvio-padrão por unidade é de 0,1 libra. Para medir a performance da máquina, um inspetor pesa o conteúdo de um saco que sai da máquina a cada meia hora durante o dia. Se o conteúdo de dois sacos consecutivos sair dos dois desvios-padrão da média (usando a média e o desvio-padrão dados acima), o processo é dito fora de controle e a máquina é desligada para ajustes. Os dados mostrados na tabela a seguir são os pesos medidos pelo inspetor ontem. Parta do princípio de que a máquina nunca é desligada por mais de 15 minutos de uma vez. Em quais horários o processo foi parado para ajustes ontem? Justifique.

TEMPO	PESO (LIBRAS)
8:00	25,10
8:30	25,15
9:00	24,81
9:30	24,75
10:00	25,00
10:30	25,05
11:00	25,23
11:30	25,25
12:00	25,01
12:30	25,06
13:00	24,95
13:30	24,80
14:00	24,95
14:30	25,21
15:00	24,90
15:30	24,71
16:00	25,31
16:30	25,15
17:00	25,20

2.7 Medidas numéricas de posicionamento relativo

Vimos que medidas genéricas de tendência central e variabilidade descrevem a natureza geral de conjuntos de dados quantitativos (amostra ou população). Adicionalmente, podemos estar interessados em descrever a localização *relativa* quantitativa de uma medição em particular dentro de um conjunto de dados. Medidas descritivas do relacionamento de uma medição com o resto dos dados são chamadas **medidas de posicionamento relativo**.

Uma medida de posicionamento relativo de uma medição é seu **ranking percentil**, ou **pontuação**

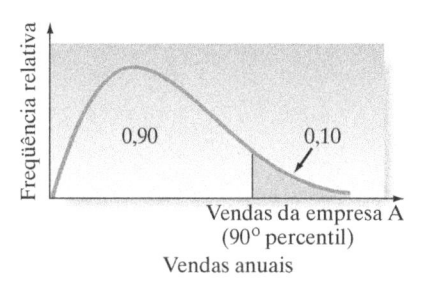

FIGURA 2.23 Localização do 90º percentil para vendas anuais de empresas de petróleo

percentil. Por exemplo, se a empresa de petróleo A registra que suas vendas anuais estão no 90º percentil de todas as empresas do setor, a implicação é que 90% de todas as empresas de petróleo têm vendas anuais menores que a empresa A, e apenas 10% têm vendas anuais superando suas vendas. Isso é demonstrado na Figura 2.23.

De forma similar, se as vendas anuais da companhia de petróleo estão no 50º percentil (a mediana do conjunto de dados), 50% de todas as empresas devem ter vendas menores e 50% devem ter vendas anuais maiores do que a empresa.

Rankings percentis são de valor prático apenas para grandes conjuntos de dados. Encontrá-los envolve um processo similar àquele usado para encontrar a mediana. As medições são ranqueadas em ordem, e uma regra é selecionada para definir a localização de cada percentil. Uma vez que estamos primeiramente interessados em interpretar os rankings percentis das medições (mais do que encontrar percentis em particular para um conjunto de dados), definimos o *p-ésimo percentil* de um conjunto de dados como mostrado na Definição 2.11.

> **DEFINIÇÃO 2.11**
>
> Para qualquer grupo de *n* medições (arranjadas em ordem ascendente ou descendente), o *p-ésimo* **percentil** é um número de forma que *p*% das medições ficam abaixo desse *p-ésimo* percentil e (100 − *p*)% ficam acima.

EXEMPLO 2.14

ENCONTRANDO E INTERPRETANDO PERCENTIS

Problema Busque as porcentagens gastas em P&D pelas 50 empresas de tecnologia listadas na Tabela 2.8. Uma parte das estatísticas descritivas da tela do SPSS são mostradas na Figura 2.24. Localize o 25º percentil e o 95º percentil na tela e interprete esses valores.

Solução

Ambos os percentis estão sombreados na tela do SPSS, Figura 2.24. Esses valores são 7,05 e 13,335, respectivamente.

Statistics

RDPCT

N	Valid	50
	Missing	0
Percentiles	5	5.765
	10	6.500
	25	7.050
	50	8.050
	75	9.625
	90	11.280
	95	13.335

FIGURA 2.24 Percentis do SPSS para as 50 porcentagens de P&D

Nossas interpretações são: 25% das 50 porcentagens de P&D ficam abaixo de 7,05 e 95% ficam abaixo de 13,335.

Lembre-se O método para calcular os percentis varia de acordo com o software usado. Alguns, como o SPSS, dão dois métodos diferentes para o cálculo dos percentis. À medida que o conjunto de dados cresce em tamanho, esses valores convergirão para um único número.

AGORA FAÇA O EXERCÍCIO **2.87**

Outra medida de posicionamento relativo de uso popular é o *score-z*. Como você pode ver pela Definição 2.12, ele faz uso da média e do desvio-padrão do conjunto de dados, de forma a especificar a posição relativa de uma medição. Note que o score-z é calculado subtraindo $\bar{x}$ (ou μ) da medição x e dividindo o resultado por s (ou σ). O resultado final, *score-z*, representa a distância entre uma dada medição x e a média, expressa em desvios-padrão.

> **DEFINIÇÃO 2.12**
>
> O **score-z de uma amostra** para uma medição x é:
>
> $$z = \frac{x - \bar{x}}{s}$$
>
> O **score-z de uma população** para uma medição x é:
>
> $$z = \frac{x - \mu}{\sigma}$$

EXEMPLO 2.15

ENCONTRANDO UM SCORE-Z

Problema Suponha que 200 trabalhadores do ramo de siderurgia sejam selecionados, e o rendimento anual de cada um seja determinado. A média e o desvio-padrão são $\bar{x} = \$34.000$ e $s = \$2.000$. Suponha que a renda anual de Joe Smith seja de $\$32.000$. Qual o score-z de sua amostra?

```
    |                    |                |              |
 $28.000              $32.000        $34.000         $40.000
  x̄ − 3s             Renda de          x̄            x̄ + 3s
                     Joe Smith
```

FIGURA 2.25 Renda anual de trabalhadores de siderurgia

Solução

O rendimento anual de Joe Smith fica abaixo da média dos 200 trabalhadores (veja Figura 2.25). Calculamos, portanto:

$$z = \frac{x - \bar{x}}{s} = \frac{\$32.000 - \$34.000}{2.000} = -1,0$$

$$z = -1,0$$

o que nos diz que a renda anual de Joe Smith é 1,0 desvios-padrão abaixo da média da amostra, ou, resumidamente, seu score-z é −1,0.

Lembre-se O valor numérico do score-z reflete a posição relativa da medição. Um score-z alto e positivo implica que a medição é maior do que quase todas as demais medições, enquanto um score-z amplo (em magnitude) e negativo indica que a medição é menor que quase todas as outras medições. Se um score-z é 0 ou próximo de 0, a medição está localizada na média da amostra ou da população ou próxima a ela.

AGORA FAÇA O EXERCÍCIO 2.86

Se a distribuição de freqüências da medição for em formato de sino, a interpretação a seguir do score-z poderá ser dada.

INTERPRETAÇÃO DO SCORE-Z PARA DISTRIBUIÇÕES DE DADOS COM FORMATO DE SINO

1. Aproximadamente 68% das medições terão um score-z entre −1 e 1.
2. Aproximadamente 95% das medições terão um score-z entre −2 e 2.
3. Aproximadamente 99,7% (quase todas) das medições terão um score-z entre −3 e 3.

Note que essa interpretação do score-z é idêntica à da regra empírica para distribuições com formato de sino (Tabela 2.7). A afirmação de que uma medição fica no intervalo $(\mu - \sigma)$ a $(\mu + \sigma)$ é equivalente à afirmação de que uma medição tem um score-z da população entre −1 e 1, desde que todas as medições entre $(\mu - \sigma)$ e $(\mu + \sigma)$ estejam dentro de um desvio-padrão de μ. Esses scores-z são mostrados na Figura 2.26.

Exercícios 2.86 – 2.98

Aprendendo a mecânica

2.86 Calcule o score-z correspondente a cada um dos seguintes valores de x:
  a. $x = 40, s = 5, \bar{x} = 30$
  b. $x = 90, \mu = 89, \sigma = 2$
  c. $\mu = 50, \sigma = 5, x = 50$
  d. $s = 4, x = 20, \bar{x} = 30$
  e. Nas alternativas **a–d**, diga se o score-z localiza x dentro de uma amostra ou população.
  f. Nas alternativas **a–d**, indique, para cada valor de x, se está abaixo ou acima da média e com quantos desvios-padrão de distância.

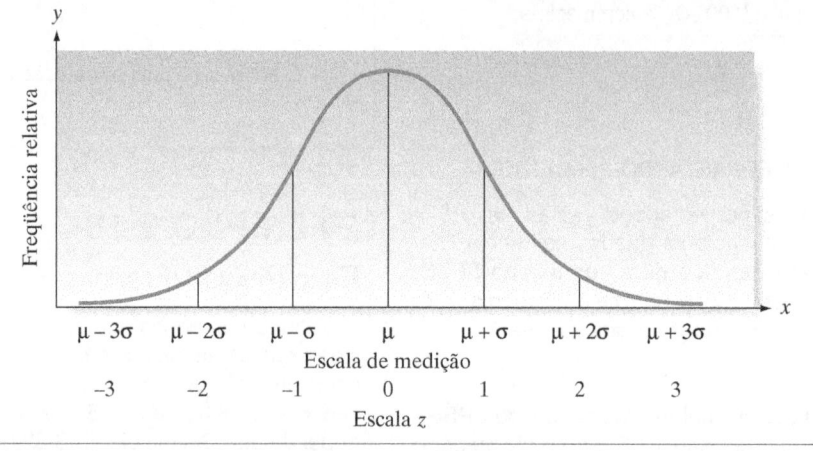

FIGURA 2.26 *Scores-z* da população para uma distribuição com formato de sino

2.87 Dê a porcentagem de medições de um conjunto de dados que estão acima ou abaixo de cada um dos seguintes percentis:
a. 75º percentil
b. 50º percentil
c. 20º percentil
d. 84º percentil

2.88 Como o 50º percentil de um conjunto de dados quantitativos é chamado?

2.89 Compare os scores-z para decidir quais dos seguintes valores de x deixam a maior distância sobre a média e a maior distância abaixo da média.
a. $x = 100, \mu = 50, \sigma = 25$
b. $x = 1, \mu = 4, \sigma = 1$
c. $x = 0, \mu = 200, \sigma = 100$
d. $x = 10, \mu = 5, \sigma = 3$

2.90 Suponha que 40 e 90 sejam dois elementos de um conjunto de dados de uma população e seus scores-z sejam -2 e 3, respectivamente. Usando apenas essa informação, é possível determinar a média e o desvio-padrão da população? Em caso positivo, encontre-os. Do contrário, explique por que não é possível.

Aplicação dos conceitos — Básico

2.91 Pontuações de teste de Matemática. De acordo com o National Center for Education Statistics (2005), as notas em um teste de Matemática nos Estados Unidos para alunos da oitava série tem uma média de 279, um 10º percentil de 231, um 25º percentil de 255, um 75º percentil de 304 e um 90º percentil de 324. Interprete cada uma dessas medidas descritivas numéricas.

2.92 Motoristas abordados pela polícia. De acordo com o Bureau of Justice Statistics (mar. 2002), 73,5% de todos os motoristas habilitados abordados pela polícia têm 25 anos ou mais. Dê o percentil para a idade de 25 anos na distribuição de todas as idades de motoristas habilitados abordados pela polícia.

CEOPAY05
Companion Website

2.93 Executive Compensation Scoreboard. Busque os dados do "Executive Compensation Scoreboard" da revista *Fortune*, salvos no arquivo **CEOPAY05**. Uma das variáveis quantitativas medidas para cada um dos 500 CEOs foi o rendimento total em 2005 (em milhões de dólares).
a. Encontre a média e o desvio-padrão dos valores totais dos pagamentos de 2005.
b. O CEO da Oracle, Lawrence Ellison, recebeu um pagamento total de $ 75,33 milhões (um dos maiores na pesquisa). Encontre o score-z para esse valor.
c. O CEO da Microsoft, S. A. Ballmer, recebeu um pagamento total de $ 1,1 milhões. Encontre o score-z para esse valor.
d. Use os scores-z das alternativas **b** e **c** para fazer um comentário sobre os pagamentos totais dos dois CEOs em relação aos valores totais de pagamentos para todos os CEOs da amostra.

SHIPSANIT
Companion Website

2.94 Inspeção sanitária para navios de cruzeiro. Busque a classificação sanitária dos navios de cruzeiro de maio de 2006, no Exercício 2.77. Os dados estão salvos no arquivo **SHIPSANIT**.
a. Dê uma medida de posicionamento relativo para a pontuação 78 do Nautilus Explorer. Interprete o resultado.
b. Dê uma medida de posicionamento relativo para a pontuação 98 do Rotterdam. Interprete o resultado.

Aplicação dos conceitos — Intermediário

2.95 Chumbo na água potável. A U.S. Environmental Protection Agency (EPA) define um limite para a concentração de chumbo permitido em água potável. A concentração é de 0,015 miligramas por litro (mg/l) de água. Sob as diretrizes da EPA, se 90% das amostras de um estudo dos sistemas de água tiverem uma concentração menor que 0,015 mg/l, a água será considerada segura para ingestão. Eu (co-autor Sincich) recebi recentemente um relatório sobre um estudo a respeito das concentrações de chumbo na água das residências de minha subdivisão. O 90º percentil da amostra tem uma concentração de 0,00372 mg/l. Os consumidores de água de minha subdivisão estão sob risco de beber água com concentrações não seguras para a saúde? Explique.

2.96 Usando score-z para notas. Em uma universidade, os estudantes recebem scores-z ao final de cada semestre, em vez das notas tradicionais. A média e o desvio-padrão de todas as notas cumulativas dos alunos sobre as quais os scores-z são baseados são 2,7 e 0,5, respectivamente.
a. Traduza cada um dos seguintes scores-z para a nota tradicional correspondente: $z = 2,0, z = -1,0, z = 0,5, z = -2,5$.
b. Estudantes com score-z inferior a $-1,6$ são colocados em recuperação. Qual a nota tradicional correspondente?
c. O presidente da universidade deseja conceder aos 16% melhores alunos uma graduação *cum laude*, e aos 2,5% melhores, a premiação *summa cum laude*. Onde (aproximadamente) os limites devem ser definidos em termos de score-z? Em termos de notas tradicionais? Que comentário você faria, se o fizesse, sobre a distribuição de notas nessa universidade?

2.97 Limpeza de lixo tóxico no Arkansas. O Superfund Act foi aprovado pelo Congresso para incentivar a participação dos estados na implementação de leis relacionadas à liberação e à limpeza de substâncias tóxicas. Locais de lixo tóxico financiados pelo Superfund Act são chamados de *locais Superfund*. Um total de 393 desses locais são operados por empresas de lixo no Arkansas (Tabor e Stanwick, *Arkansas Business and Economic Review*, verão, 1995). O número desses locais em cada um dos 75 condados do Arkansas é mostrado na tabela a seguir.

3	3	2	1	2	0	5	3	5	2	1	8	2
12	3	5	3	1	3	0	8	0	9	6	8	6
2	16	0	6	0	5	5	0	1	25	0	0	0
6	2	10	12	3	10	3	17	2	4	2	1	21
4	2	1	11	5	2	2	7	2	3	1	8	2
0	0	0	2	3	10	2	3	48	21			

Fonte: R. H. Tabor, e S.D. Stanwick, "Arkansas: an environmental perspective". *Arkansas Business and Economic Review*, v. 28, n. 2, verão, 1995, p. 22–32 (Tabela 1).

a. Encontre o 10º percentil do conjunto de dados. Interprete os resultados.
b. Encontre o 95º percentil do conjunto de dados. Interprete os resultados.
c. Encontre a média e o desvio-padrão dos dados. Use estes valores para calcular o score-z para um condado de Arkansas com 48 locais Superfund.
d. Baseado em sua resposta para a alternativa c, você classificaria 48 como um número extremo de locais Superfund?

Aplicação dos conceitos — Avançado

2.98 Estudo sobre exames azuis *versus* vermelhos. Em um estudo sobre como fatores externos influenciam a performance, professores da University of Alberta e da Pennsylvania State University aplicaram, para um numeroso grupo de calouros, um exame no meio do semestre consistindo de dois formulários. As questões no exame eram idênticas e na mesma ordem, mas um exame foi impresso em papel azul e outro em papel vermelho (*Teaching Psychology*, maio 1998). Avaliando apenas as questões difíceis do exame, os pesquisadores descobriram que as notas do exame azul tiveram uma distribuição com média 53% e um desvio-padrão de 15%, enquanto as pontuações do teste vermelho tiveram uma distribuição com uma média de 39% e desvio-padrão de 12%. (Parta do princípio de que ambas as distribuições têm aproximadamente formato de sino e são simétricas.)

a. Dê uma interpretação do desvio-padrão para os estudantes que receberam o exame azul.
b. Dê uma interpretação do desvio-padrão para os estudantes que receberam o exame vermelho.
c. Suponha que um estudante seja selecionado aleatoriamente de um grupo de estudantes que participaram do estudo e sua pontuação nas questões difíceis tenha sido de 20%. Qual exame é mais provável que o aluno tenha recebido, o azul ou o vermelho? Explique.

APPLET Exercício utilizando aplicativo
(É necessário ter o Java instalado para utilizar esse aplicativo)
Use o aplicativo *Standard Deviation* para determinar se um item no conjunto de dados pode ser um *outlier*. Comece definindo limites apropriados e transferindo os dados abaixo para a linha numérica do aplicativo.

10 80 80 85 85 85 85 90 90 90 90 90 95 95 95 95 100 100

a. O cursor verde mostra a localização aproximada da média. Multiplique o desvio-padrão dado pelo aplicativo por 3. O dado de item 10 é maior do que três desvios-padrão do cursor verde (a média)? Você pode concluir que 10 é um *outlier*?
b. Usando a média e o desvio-padrão da alternativa **a**, mova o ponto de 10 para um ponto que pareça estar a três desvios-padrão da média. Repita o processo da alternativa **a** para o novo ponto e novo *outlier* suspeito.
c. Quando você reposicionou o valor extremo da alternativa **a** com um número que parecia estar dentro de três desvios-padrão da média, o desvio-padrão tornou-se menor e a média deslocou-se para a direita, gerando um novo conjunto de dados no qual o valor extremo não estava dentro de três desvios-padrão da média. Continue reposicionando o valor extremo com valores maiores até que o novo valor esteja dentro de três desvios-padrão da média do novo conjunto de dados. Use tentativa e erro para estimar o menor número que pode repor o 10 no conjunto de dados original, de forma que o valor de reposição não seja considerado um *outlier*.

2.8 Métodos para identificação de *outliers* (opcional)

Algumas vezes, é importante identificar medições inconsistentes ou não usuais no conjunto de dados. Uma observação que é grande ou pequena de forma não usual em relação aos valores de dados que desejamos descrever é chamada *outlier*.

Outliers são normalmente atribuíveis a uma de muitas causas. Primeiro, a medição associada com o *outlier* pode ser inválida. Por exemplo, o procedimento experimental usado para gerar a medição pode ter funcionado de forma errada, o pesquisador pode ter registrado erroneamente a medição, ou o dado pode ter sido codificado incorretamente no computador. Segundo, o *outlier* pode ser o resultado de uma medição mal classificada — ou seja, a medição pertence a uma população diferente daquela da qual o restante da amostra foi tirada. Por fim, a medição associada ao *outlier* pode ter sido registrada corretamente e a partir da mesma população que o resto da amostra, mas representa um evento raro (de pouca chance de ocorrência). Tais *outliers* podem ocorrer mais comumente quando a distribuição de freqüência relativa dos dados da amostra é extremamente assimétrica, pois tal distribuição tende a incluir observações extremamente grandes ou pequenas em relação às outras no conjunto de dados.

Dois métodos usuais para detectar *outliers*, um gráfico e outro numérico, são ***box plots*** e scores-z. O *box plot* é baseado em *quartis* de um conjunto de dados. **Quartis** são valores que particionam o conjunto de dados em quatro grupos, cada um contendo 25% de todas as medições. O *menor quartil* Q_L é o 25º percentil, o *quartil do meio* é a mediana m (o 50º percentil) e o *quartil superior* Q_U é o 75º percentil (veja a Figura 2.27).

> **DEFINIÇÃO 2.13**
>
> Uma observação (ou medição) que é grande ou pequena de forma não usual em relação aos outros valores em um conjunto de dados é chamada **outlier**. Outliers normalmente são atribuíveis a uma das seguintes causas:
> 1. A medição é observada, registrada ou inserida no computador incorretamente.
> 2. A medição vem de uma população diferente.
> 3. A medição é correta mas representa um evento raro (de pouca chance).

> **DEFINIÇÃO 2.14**
>
> O **quartil inferior** Q_L é o 25º percentil de um conjunto de dados. O **quartil do meio** m é a mediana. O **quartil superior** Q_U é o 75º percentil.

Um *box plot* é baseado na *amplitude interquartil* (*IQR*), a distância entre o menor e o maior quartis:

$$IQR = Q_U - Q_L$$

> **DEFINIÇÃO 2.15**
>
> A **amplitude interquartil** (**IQR**) é a distância entre o menor e o maior quartis:
> $$IQR = Q_U - Q_L$$

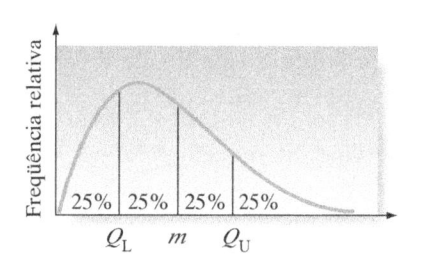

Figura 2.27 Os quartis para um conjunto de dados

Um *box plot* do MINITAB para as porcentagens das receitas gastas em P&D pelas 50 empresas (Tabela 2.2) é mostrado na Figura 2.28.[7] Note que o retângulo (a caixa) é desenhado, com o topo e a base do retângulo (as **extremidades**) desenhados nos quartis Q_L e Q_U, respectivamente. Por definição, então, a 'metade', das observações (50%) — aquelas entre Q_L e Q_U — ficam dentro da caixa. Para os dados de P&D, esses quartis estão em 7,05 e 9,625 (veja a Figura 2.24). Assim:

$$IQR = 9,625 - 7,05 = 2,575$$

A mediana é mostrada em 8,05 por uma linha horizontal dentro do *box*.

Para guiar a construção das 'caudas' do *box plot*, dois grupos de limites, chamados **intervalos interquartis (dentro e fora)**, são usados. Nenhum grupo de limites, na verdade, aparece no *box plot*. Os de dentro estão localizados a uma distância de 1,5(IQR) das extremidades. Saindo das extremidades da caixa estão as linhas verticais chamadas **hastes**. As duas hastes estendem-se

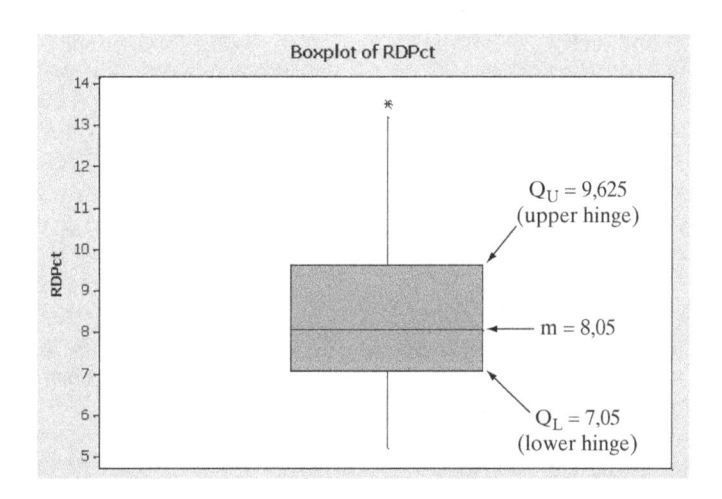

FIGURA 2.28 *Box plot* do MINITAB para as 50 porcentagens de P&D

---

[7] Apesar de *box plots* poderem ser feitos à mão, a quantidade de detalhes requeridos faz com que sua geração seja mais recomendável com o uso de um computador. Usamos softwares de computador para gerar os *box plot*s desta seção.

da maior extremidade da observação dentro do intervalo interquartil. Por exemplo, o intervalo interquartil inferior da porcentagem de P&D é:

Inferior intervalo interquartil = Menor extremidade
$$- 1,5(IQR)$$
$$= 7,05 - 1,5(2,575)$$
$$= 7,05 - 3,863 = 3,187$$

A menor medição no conjunto de dados é 5,2, o que também está dentro do intervalo interquartil. Assim, a haste inferior estende-se até 5,2. De forma similar, a haste superior estende-se até a observação mais extrema dentro do intervalo interquartil superior, onde:

Superior intervalo interquartil = Extremidade de
$$\text{cima} + 1,5(IQR)$$
$$= 9,625 + 1,5(2,575)$$
$$= 9,625 + 3,863 =$$
$$= 13,488$$

A maior medição dentro desse intervalo é a terceira maior medição, 13,2. Note que a haste superior mais longa revela a simetria à direita da distribuição de P&D.

Valores que estão além dos intervalos centrais são considerados *potenciais outliers*, pois são valores extremos que representam ocorrências relativamente raras. Na verdade, para distribuições com formato de sino, espera-se que menos 1% das observações fiquem fora dos intervalos interquartis. Duas das 50 medições de P&D, ambas em 13,5, ficam fora do intervalo interquartil superior. Cada um desses potenciais *outliers* é representado por um asterisco (*) em 13,5.

Os outros dois limites imaginários, os limites externos aos intervalos interquartis, são definidos em uma distância 3(IQR) do limite de cada caixa. Medições que ficam além do limite externo ao intervalo interquartil são representadas por 0 (zero) e são medições muito extremas, que requerem análise especial. Uma vez que menos de um centésimo de 1% (0,01% ou 0,0001) das medições de distribuições com formato de sino são esperadas além dos limites dos intervalos interquartis, essas medições são consideradas *outliers*. Nenhuma medição no *box plot* de porcentagem de P&D (Figura 2.28) é representada por 0; portanto, não há *outliers*.

ELEMENTOS DE UM *BOX PLOT*

1. Um retângulo (a **caixa**) é desenhado com as terminações (as **extremidades**) desenhadas nos quartis inferior e superior (Q_L e Q_U). A mediana dos dados é mostrada na caixa, usualmente por uma linha ou por um símbolo (como +).
2. Os pontos nas distâncias 1,5(IQR) de cada extremidade definem os **intervalos interquartis** do conjunto de dados. Linhas (as **hastes**) são desenhadas a partir de cada extremidade para a medição mais extrema dentro do intervalo interquartil.
3. Um segundo par de limites, **limites externos aos intervalos interquartis**, são definidos a uma distância de 3 amplitudes interquartis, 3(IQR), a partir das extremidades. Um símbolo (geralmente *) é usado para representar medições que caem entre os limites do gráfico, e outro (geralmente 0) é utilizado para representar medições além dos limites externos dos intervalos interquartis.
4. Os símbolos usados para representar a mediana e os pontos extremos de dados (aqueles além dos limites) variarão dependendo do software usado para construir o *box plot* (você pode usar seus próprios símbolos se estiver construindo um *box plot* à mão). Você deve consultar a documentação do programa para determinar exatamente quais símbolos são usados.

CUIDADOS NA INTERPRETAÇÃO DE *BOX PLOT*S

1. Examine o comprimento do *box*. A IQR é uma medida de variabilidade da amostra e é especialmente útil para a comparação de duas amostras (veja Exemplo 2.17).
2. Compare visualmente os comprimentos das hastes. Se uma é claramente maior, a distribuição dos dados é provavelmente assimétrica na direção da haste maior.
3. Analise quaisquer medições que ficam além dos limites do intervalo interquartil. Menos de 5% devem cair além do intervalo, mesmo para distribuições muito assimétricas. Medições além dos limites externos aos intervalos interquartis são provavelmente *outliers*, com uma das seguintes explicações:
   a. A medição é incorreta. Ela pode ter sido observada, registrada ou digitada incorretamente.
   b. A medição pertence a uma população diferente daquela da qual o resto da amostra foi definido (veja Exemplo 2.17).
   c. A medição é correta *e* foi coletada a partir da mesma população. Geralmente, aceitamos essa explicação apenas após termos analisado cuidadosamente as outras duas.

Lembre-se de que *outliers* são medições extremas que ficam fora do restante da amostra e podem ser medições defeituosas: eles podem ser observações incorretamente registradas, membros de uma população diferente do resto da amostra ou, pelo menos, medições muito pouco usuais da mesma população.

Por exemplo, as duas medições de P&D em 13,5 (identificadas por um asterisco) podem ser consideradas *outliers*. Quando analisamos essas medições, descobrimos que foram corretamente registradas. No entanto, ambas representam gastos em P&D de empresas relativamente jovens ou de crescimento acelerado. Assim, a análise de *outliers* pode ter revelado fatores importantes que se relacionam aos gastos de P&D das empresas high-tech: sua idade e taxa de crescimento. A análise de *outliers* geralmente revela informações úteis desse tipo e, por isso, desempenha papel importante no processo de inferência estatística.

Além de detectar *outliers*, os *box plots* oferecem informações úteis sobre a variação no conjunto de dados. Os elementos (e nomenclatura) de *box plots* aparecem resumidos no quadro da página anterior. Alguns cuidados na interpretação dos *box plots* também são sugeridos no outro box da página anterior.

EXEMPLO 2.16

BOX PLOTS USANDO O COMPUTADOR

Problema No Exemplo 2.2, analisamos 50 tempos de processamento (listados na Tabela 2.4) para o desenvolvimento de cotação de preços por um fabricante de rodas industriais. O objetivo era determinar se o sucesso ou o fracasso em obter o pedido estava relacionado ao tempo para processar as cotações de preços. Cada cotação que corresponde a um negócio 'perdido' foi classificada. Use um software estatístico para desenhar um *box plot* para todos os 50 tempos processados. O que o *box plot* revela sobre os dados?

Solução

A tela do *box plot* do MINITAB para esses dados é mostrada na Figura 2.29. Note que a haste superior é muito maior que a inferior, indicando assimetria à direita. No entanto, a característica mais importante dos dados é feita de forma óbvia pelo *box plot*: há quatro medições (indicadas por asteriscos) que estão além do intervalo interquartil superior. Assim, a distribuição é extremamente assimétrica à direita, e muitas medições — ou *outliers* — necessitam de atenção especial em nossa análise.

Lembre-se Antes de remover os *outliers* do conjunto de dados, um bom analista fará um esforço concentrado para encontrar a sua causa. Oferecemos uma explicação para esses *outliers* de tempo de processamento no próximo exemplo.

AGORA FAÇA O EXERCÍCIO **2.102**

EXEMPLO 2.17

COMPARANDO BOX PLOTS

Problema O *box plot* para os 50 tempos de processamento (Figura 2.29) não revela explicitamente as diferenças, caso existam, entre o grupo de tempos correspondente ao sucesso e ao fracasso na obtenção de negócios. *Box plots* correspondentes aos 39 negócios 'ganhos' e 11 'perdidos' foram gerados usando o SPSS e são mostrados na Figura 2.30. Interprete-os.

Solução

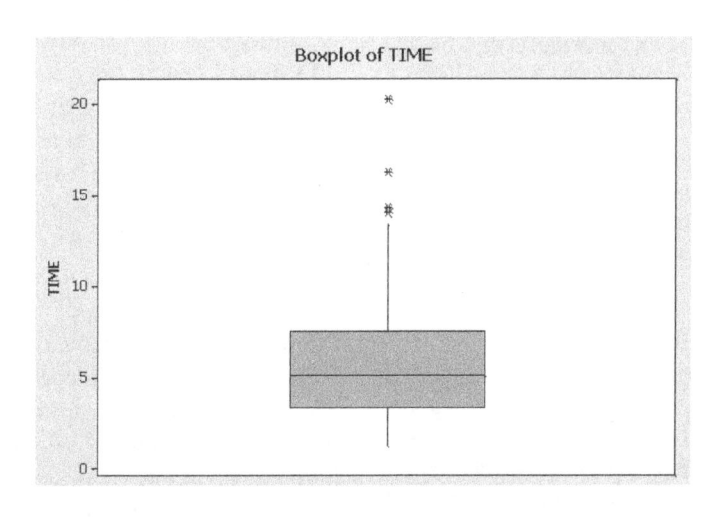

A divisão dos conjuntos de dados em duas partes, correspondendo a negócios ganhos e perdidos, elimina quaisquer observações que estão além dos intervalos interquartis. Além disso, a assimetria nas distribuições foi reduzida, como evidenciado pelo fato de que as hastes superiores estão apenas levemente maiores que as inferiores. Os *box plots* também revelam que os tempos de processamento correspondentes a pedidos perdidos tendem a exceder aqueles de pedidos ganhos. Uma explicação plausível para os *outliers* no *box plot* combinado (Figura 2.29) é que eles são de uma população diferente em tempos. Em outras palavras, há duas populações representadas por tempos de processamento da amostra — uma correspondendo a negócios perdidos e outra a negócios ganhos.

Figura 2.29 *Box plot* do MINITAB para dados de tempo de processamento

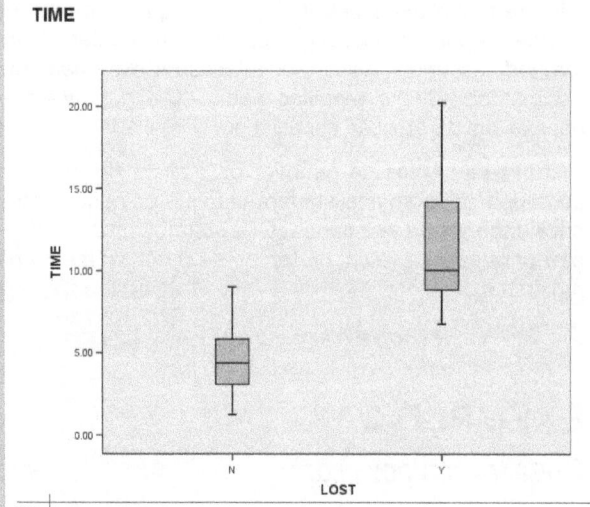

FIGURA 2.30 Box plots de tempos de processamento do SPSS para negócios ganhos e perdidos

Lembre-se Os *box plots* dão suporte à conclusão de que o tempo de processamento da cotação de preço e o sucesso de fechar o negócio estão relacionados. Contudo, se as diferenças visuais entre os *box plots* generalizam as inferências sobre populações correspondendo a essas duas amostras, essa é uma questão de estatística inferencial, e não de descrições gráficas. Discutiremos como usar amostras para comparar duas populações empregando estatística inferencial no Capítulo 7.

O exemplo a seguir ilustra como scores-z podem ser usados para detectar *outliers* e fazer inferências.

EXEMPLO 2.18

INFERÊNCIAS USANDO SCORES-Z

Problema Suponha uma funcionária de um banco que acredita que seu salário é baixo devido à discriminação sexual. Para embasar sua crença, ela coleta informações sobre os salários dos funcionários masculinos no setor bancário. Descobre que os salários deles têm uma média de $ 54.000 e um desvio-padrão de $ 2.000. Seu salário é de $ 47.000. A informação suporta sua alegação de discriminação?

Solução

A análise deve proceder como se segue: primeiro, calculamos os scores-z para os salários das mulheres em relação aos dos homens. Assim:

$$z = \frac{\$\,47.000 - \$\,4.000}{\$\,20.000} = -3,5$$

A implicação é que o salário de mulheres é 3,5 desvios-padrão *abaixo* da média da distribuição dos salários dos homens. Além disso, se uma checagem dos dados dos salários dos homens mostra que a distribuição de freqüência tem formato de sino, podemos inferir que pouquíssimos salários nessa distribuição deveriam ter um score-z menor do que –3, como mostrado na Figura 2.31. Claramente, um

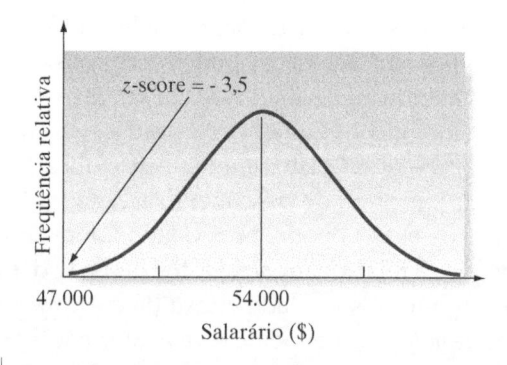

FIGURA 2.31 Distribuição de salários dos homens

score-z de –3,5 representa um *outlier*. Ou essa distribuição de salário de mulheres é diferente daquela do salário dos homens, ou é uma medição muito pouco usual (altamente improvável) de uma distribuição que não é diferente da distribuição de salários dos homens.

Lembre-se Qual das duas situações você acha que prevalece? O pensamento estatístico leva-nos a concluir que o salário da funcionária não vem da distribuição de salários dos homens, dando suporte à sua desconfiança de discriminação sexual. Um investigador cuidadoso deveria requerer mais informações antes de inferir que a discriminação sexual é a causa do baixo salário. Seria preciso saber mais sobre a técnica de coleta de dados que a funcionária usou e mais sobre sua competência no trabalho. Talvez, também, outros fatores, como tempo de trabalho, deveriam ser considerados na análise.

AGORA FAÇA O EXERCÍCIO 2.99

Os exemplos 2.17 e 2.18 mostram uma abordagem de inferência estatística que pode ser chamada **abordagem do evento raro**. Um investigador levanta uma hipótese de uma distribuição de freqüências específicas para descrever uma população de medições. Então, uma amostra das medições é retirada a partir da população. Se o investigador descobre que é improvável que a amostra tenha vindo da distribuição da hipótese, essa é tida como falsa. Assim, no Exemplo 2.18, a mulher acredita que seu salário reflete discriminação. Ela levanta a hipótese de que seu salário deveria ser exatamente igual à contraparte masculina dos salários no caso de a discriminação não existir. No entanto, é improvável que a amostra (neste caso, seu salário) tenha vindo da distribuição de freqüências dos homens. Então, ela rejeita a hipótese, concluindo que a distribuição a partir da qual seu salário foi retirado é diferente da distribuição dos homens.

Essa abordagem de evento raro para fazer inferências será discutida em capítulos posteriores. A aplicação própria da abordagem requer conhecimento de probabilidade, o assunto do nosso próximo capítulo.

Concluímos esta seção com algumas regras para detecção de *outliers*.

Regras de ouro para detectar OUTLIERS[8]

Box plots: observações caindo entre os limites internos e externos aos intervalos interquartis são consideradas *outliers suspeitos*. Observações caindo além do limite externo ao intervalo interquartil são consideradas *outliers altamente suspeitos*.

Scores-z: observações com *scores-z* maiores do que 3 em valor absoluto são consideradas *outliers* (Para alguns conjuntos de dados altamente assimétricos, observações com scores-z maiores do que 2 em valor absoluto podem ser *outliers*).

Exercícios 2.99 – 2.110

Aprendendo a mecânica

2.99 Um conjunto de dados amostral tem uma média de 57 e um desvio-padrão de 11. Determine se cada uma das seguintes medições da amostra são *outliers*.
 a. 65
 b. 21
 c. 72
 d. 98

2.100 Defina o 25°, 50° e 75° percentis de um conjunto de dados. Explique como eles proporcionam uma descrição dos dados.

2.101 Suponha um conjunto de dados consistindo de pontuações de uma prova que tem um quartil inferior $Q_L = 60$, uma mediana $m = 75$ e um quartil superior $Q_U = 85$. As pontuações na amplitude do exame vão de 18 a 100. Sem ter as pontuações disponíveis, construa da melhor maneira possível um *box plot*.

2.102 Considere o *box plot* horizontal mostrado abaixo.
 a. Qual a mediana do conjunto de dados (aproximadamente)?
 b. Quais os quartis superior e inferior do conjunto de dados (aproximadamente)?
 c. Qual a amplitude interquartil do conjunto de dados (aproximadamente)?
 d. Os dados são assimétricos à esquerda, à direita, ou são simétricos?
 e. Que porcentagem das medições no conjunto de dados cai à direita da mediana? E à esquerda do quartil superior?
 f. Identifique os *outliers* nos dados.

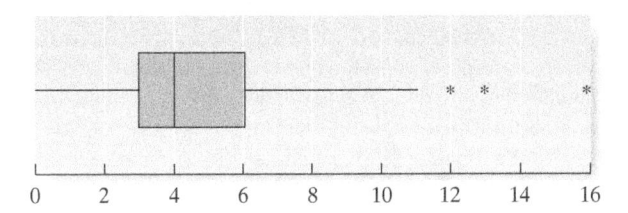

Aplicação dos conceitos — Básico

2.103 Horas semestrais cursadas por candidatos ao CPA. Busque o estudo do *Journal of Accounting and Public Policy* (primavera, 2002) sobre os 100.000 candidatos ao CPA, Exercício 2.49. O número de horas semestrais de créditos cursados pelos candidatos tinha uma média de 141,31 horas e um desvio-padrão de 17,77 horas.
 a. Encontre o score-z para um candidato ao exame CPA que cursou 160 horas de créditos semestrais. Essa observação é considerada um *outlier*?
 b. Dê um valor do número de horas semestrais que seria, de fato, considerado um *outlier* nesse conjunto de dados.

2.104 Ofertas salariais para pessoas com MBA. A tabela a seguir contém as maiores ofertas de salários (em milhares de dólares) recebidas por cada membro de uma amostra de 50 alunos de MBA que recentemente se graduaram na Graduate School of Management em Rutgers, a universidade do estado de Nova Jersey.

MBASAL Companion Website

61,1	48,5	47,0	49,1	43,5
50,8	62,3	50,5	65,4	58,0
53,2	39,9	49,1	75,0	51,2
41,7	40,0	53,0	39,6	49,6
55,2	54,9	62,5	35,0	50,3
41,5	56,0	55,5	70,0	59,2
39,2	47,0	58,2	59,0	60,8
72,3	55,0	41,4	51,5	63,0
48,4	61,7	45,3	63,2	14,5
47,0	43,2	44,6	47,7	58,6

Fonte: Career Services Office, Graduate School of Management, Rutgers University.

 a. A média e o desvio-padrão são 52,33 e 9,22, respectivamente. Encontre e interprete o score-z associado com a maior oferta de salário, a menor oferta de salário e a média das ofertas de salário. Você consideraria a maior oferta como não usualmente elevada? Por quê?
 b. Construa um *box plot* para esse conjunto de dados. Quais ofertas de saláíos (se existe alguma) são potencialmente observações errôneas? Explique.

BANKRUPT Companion Website

2.105 Tempo em falência. Busque o estudo do *Financial Management* (primavera, 1995) sobre as 49 empresas que

---

[8] Os métodos do score-z e do *box plot* estabelecem regras de ouro para os limites externos para os quais uma medição é considerada um *outlier*. Normalmente, os dois métodos produzem resultados similares. Todavia, a presença de um ou mais *outliers* no conjunto de dados pode 'inflar' o valor de s calculado. Conseqüentemente, será menos provável que uma observação discrepante tenha um score-z maior do que 3 em valor absoluto. Já os valores dos quartis usados para calcular os intervalos para um *box plot* não são afetados pela presença de *outliers*.

estão entrando em concordata, Exercício 2.30. Lembre-se de que existem três tipos de empresas em concordata: (1) aquelas que não detêm um voto prévio a respeito; (2) aquelas que votam por uma solução conjunta; e (3) aquelas que votam sua preferência pela concordata.
   a. Construa um *box plot* para tempo em falência (em meses) para cada tipo de empresa.
   b. Encontre a mediana para os três tipos.
   c. Como as variabilidades de tempo em falência se comparam para os três tipos?
   d. Os desvios-padrão de tempo em falência são 2,47 para 'nenhum', 1,72 para '*joint*', e 0,96 para '*prepack*'. Os desvios-padrão estão de acordo com as amplitudes interquartis no que diz respeito à comparação das variabilidades de tempo em falência?
   e. Há evidência de *outliers* em alguma das três distribuições?

ESTATÍSTICA EM AÇÃO REVISITADA

DETECTANDO OUTLIERS

No serviço de consulta ética para os médicos do University Community Hospital, os pesquisadores médicos mediram duas variáveis qualitativas: *tempo de experiência* (número de anos) e *exposição à ética durante a faculdade de medicina* (número de horas). Há valores não usuais nessas variáveis no conjunto de dados **ETHICS**? Empregaremos tanto o *box plot* quanto o score-z como precaução na identificação de *outliers* nos dados.

Estatísticas descritivas para essas duas variáveis, produzidas usando o MINITAB, são mostradas na Figura EA2.6. Para empregar o método do score-z, precisamos das médias e dos desvios-padrão. Esses valores estão destacados na Figura SIA2.6. Então, os intervalos de três desvios-padrão são

YRSPRAC: $14,6 \pm 3(9,2) = 14,6 \pm 27,6$
                $= (-13,0, 42,2)$

EDHRS: $23,9 \pm 3(109,6) = 23,9 \pm 328,8$
                $= (-304,9, 352,7)$

[*Nota*: Uma vez que nenhuma das variáveis pode ser negativa, para fins práticos, os intervalos iniciarão em 0.]

Nessa aplicação, focalizaremos apenas os três maiores valores das variáveis no conjunto de dados. Para tempo de experiência, esses valores são 35, 40 e 40 anos. Note que todos os três valores caem dentro do intervalo de três desvios-padrão — isto é, todos eles têm scores-z menores do que 3 em valor absoluto. Conseqüentemente, não há *outliers* para os dados sobre tempo de experiência.

Para exposição à ética, os três maiores valores são 75, 80 e 1.000 horas. Note que apenas um desses valores, 1.000, cai além do intervalo de três desvios-padrão. Assim, os dados para o médico que foi exposto a 1.000 horas de ética na escola são considerados um *outlier* usando a abordagem do score-z. No entanto, percebemos que o desvio-padrão para a variável (109,6) é muito maior do que a média (23,9). Normalmente, quando S excede $\bar{x}$ (para uma variável não negativa), existe um alto grau de assimetria. Essa assimetria é devido, em grande parte, ao valor extremo de 1.000 horas. Quando um *outlier* tão extremo ocorre nos dados, o desvio-padrão é inflado e o método do score-z é menos propenso a detectar observações não usuais (veja a nota de rodapé da página anterior). Quando isso ocorre, o método do *box plot* para detectar *outliers* é preferido.

Mais do que produzir um *box plot* para a variável exposição à ética, usaremos a estatística descritiva na Figura EA2.6 para encontrar os limites internos e externos aos intervalos interquartis. A partir da tela do MINITAB, vemos que $Q_L = 1$, $Q_U = 20$ e IQR = 19. Portanto, os limites internos e externos ao intervalo interquartil superior são:

Limite do intervalo interquartil superior:
$Q_U + (1,5)\text{IQR} = 20 + (1,5)(19) = 48,5$

Limite externo ao intervalo interquartil superior:
$Q_U + (3)\text{IQR} = 20 + (3)(19) = 77,0$

Agora vemos que o valor de exposição à ética de 80 horas é, na verdade, um *outlier* altamente suspeito, uma vez que cai além do limite externo ao intervalo interquartil superior. Também o valor de exposição de 75 horas é um *outlier* suspeito, uma vez que fica além do intervalo interquartil superior. Assim, o método do *box plot* detectou um número adicional de dois *outliers*.

Antes que qualquer tipo de inferência seja feita a respeito da população de valores de exposição à ética, devemos considerar se esses três *outliers* são observações legítimas (caso no qual elas permanecerão no conjunto de dados) ou estão associadas com médicos que não são membros da população de interesse (caso no qual eles serão removidos do conjunto de dados).

Descriptive Statistics: YRSPRAC, EDHRS

Variable	N	N*	Mean	StDev	Q1	Median	Q3	IQR
YRSPRAC	112	6	14.598	9.161	7.000	14.000	20.000	13.000
EDHRS	83	35	23.9	109.6	1.0	5.0	20.0	19.0

FIGURA EA2.6 Estatísticas descritivas do MINITAB para tempo de experiência e exposição à ética

Box plots

Usando a calculadora gráfica TI-83/TI-84

Fazendo um *Box plot*

Passo 1 *Insira os dados*
Pressione STAT e selecioe 1:Edit.
Nota: Se a lista já contém dados, limpe-a. Use a tecla de direção para cima para marcar 'L1'. Pressione CLEAR ENTER.
Use as teclas de direção e ENTER para entrar com conjuntos de dados em L1.

Passo 2 *Configure o* box plot
Pressione **2nd Y =** para **STAT PLOT**.
Pressione **1** para **Plot 1**.
Posicione o cursor de forma que 'ON' fique piscando.
Para TYPE, use a tecla de direção para a direita para rolar os ícones de gráficos e selecionar o *box plot* no meio da segunda linha.
Para XLIST, escolha L1.
Defina FREQ para 1.

Passo 3 *Visualize o gráfico*
Pressione ZOOM e selecione 9:ZoomStat.

Opcional *Leia o resumo dos cinco números*
Passo Pressione TRACE.
Use as teclas de direção esquerda e direita para movimentar-se entre minX, Q1, Med, Q3 e maxX.

Exemplo Faça um *box plot* para os dados a seguir:

86, 70, 62, 98, 73, 56, 53, 92, 86, 37, 62, 83, 78, 49, 78, 37, 67, 79, 57

A tela final deste exemplo é mostrada ao lado.

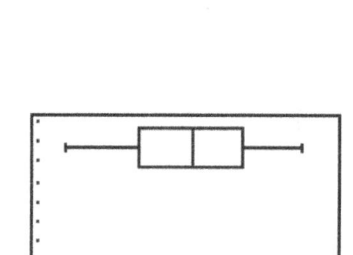

Aplicação dos conceitos — Intermediário

WPOWER50

2.106 Mulheres mais poderosas dos Estados Unidos. Busque o *ranking* da *Fortune* (14 nov. 2006) das 50 mulheres mais poderosas dos Estados Unidos, Exercício 2.45. Os dados estão salvos no arquivo **WPOWER50**. Use os *box plots* lado a lado para comparar as idades das mulheres em três grupos de acordo com seus cargos na empresa: Grupo 1 (CEO/Diretora, CEO/Presidente ou CFO/Presidente); Grupo 2 (CEO, CFO, CFO/EVP, CIO/EVP, Diretora, COO, CRO ou presidente); Grupo 3 (EVP, Executiva, fundadora, SVP, tesoureira ou vice-diretora). Você percebe algum *outlier*?

SHIPSANIT

2.107 Inspeção sanitária em navios de cruzeiro. Releia o Exercício 2.77 e os dados sobre condições sanitárias de navios de cruzeiro de passageiros. Os dados estão salvos no arquivo **SHIPSANIT**.
a. Use o método *box plot* para detectar algum *outlier* no conjunto de dados.
b. Use o método do score-z para detectar algum *outlier* no conjunto de dados.
c. Os dois métodos estão de acordo? Se não estiverem, explique por quê.

ARKFUND

2.108 Limpeza de lixo tóxico no Arkansas. Releia o Exercício 2.97 e os dados sobre o número de locais Superfund em cada um dos 75 condados do Arkansas. Os dados estão salvos no arquivo **ARKFUND**.
a. Há pelo menos um *outlier* nos dados. Use os métodos descritos neste capítulo para detectá-los.
b. Apague o(s) *outlier(s)* encontrado(s) na alternativa a a partir do conjunto de dados e recalcule as medidas de tendência central e variabilidade. Quais medidas são mais afetadas pela remoção do(s) *outlier(s)*?

2.109 Tempo de queda de servidor de rede. Um fabricante de um sistema servidor de redes está interessado em melhorar seus serviços de suporte aos clientes. Como primeiro passo, seu departamento de marketing recebeu a responsabilidade de resumir a extensão dos problemas dos clientes em termos de tempo de queda do servidor. Os 40 clientes mais recentes foram entrevistados para determinar a quantidade de tempo de queda (em horas) que eles tiveram no mês anterior. Esses dados estão listados na tabela da página seguinte.
a. Construa um *box plot* para os dados. Use a informação refletida no *box plot* para descrever a distribui-

ção de freqüência do conjunto de dados. Sua descrição deve levar em conta tendência central, variação e assimetria.

b. Use seu *box plot* para determinar quais consumidores estão tendo tempos não usuais de queda.

c. Encontre e interprete os scores-z associados aos consumidores identificados na alternativa **b**.

DOWNTIME
Companion Website

Número do Cliente	Tempo de Queda	Número do Cliente	Tempo de Queda
230	12	250	4
231	16	251	10
232	5	252	15
233	16	253	7
234	21	254	20
235	29	255	9
236	38	256	22
237	14	257	18
238	47	258	28
239	0	259	19
240	24	260	34
241	15	261	26
242	13	262	17
243	8	263	11
244	2	264	64
245	11	265	19
246	22	266	18
247	17	267	24
248	31	268	49
249	10	269	50

Aplicação dos conceitos — Avançado

2.110 Sensor de movimento de um robô. Pesquisadores da Carnegie Mellon University desenvolveram um algoritmo para estimar a mobilidade sensorial para um braço robótico montando uma câmera com sensores inerciais no braço (*International Journal of Robotics Research*, dez. 2004). Uma variável de interesse é o erro da estimação da translação do braço (em centímetros). Dados para os 10 experimentos são listados na tabela a seguir. Em cada experimento, as perturbações intrínsecas das câmeras e as projeções foram variadas. Suponha o resultado de um teste com erro de translação de 4,5 cm. Esse valor é um *outlier* para testes com perturbações intrínsecas mas sem perturbações de projeção? E para testes com perturbações de projeção mas sem perturbações intrínsecas? Que tipo de perturbação de câmera é mais provável de ter ocorrido nesse teste?

SENSOR
Companion Website

Teste	Pertubações Intrínsecas	Pertubações de Projeção	Erro de Translação(cm)
1	Sim	Não	1,0
2	Sim	Não	1,3
3	Sim	Não	3,0
4	Sim	Não	1,5
5	Sim	Não	1,3
6	Não	Sim	22,9
7	Não	Sim	21,0
8	Não	Sim	34,4
9	Não	Sim	29,8
10	Não	Sim	17,7

Fonte: D. Strelow, e S. Singh, "Motion estimation form image and inertial measurements". *International Journal of Robotics Research*, v. 23, n. 12, dez. 2004 (Tabela 4).

2.9 Construindo gráficos para relações bivariadas (opcionais)

Comenta-se normalmente que os índices de criminalidade e os índices de desemprego estão 'altamente correlacionados'. Outra crença popular é que o Produto Interno Bruto (PIB) e a inflação estão 'relacionados'. Algumas pessoas acham que o índice Dow Jones Industrial Average e os comprimentos de saias na moda estão 'associados'. As palavras *correlacionados*, *relacionados* e *associados* implicam uma relação entre duas variáveis — nos exemplos acima, duas variáveis *quantitativas*.

Uma maneira de descrever a relação entre duas variáveis quantitativas — chamada de **relação bivariada** — é representar graficamente os dados em um **diagrama de dispersão**. Trata-se de um gráfico bidimensional com os valores de uma variável ao longo do eixo vertical e de outra ao longo do eixo horizontal. Por exemplo, a Figura 2.32 é um diagrama de dispersão relacionando (1) o custo do trabalho mecânico (aquecimento, ventilação e encanamento) a (2) a área do prédio para uma amostra de 26 prédios de fábricas e depósitos. Note que o diagrama de dispersão sugere uma tendência geral para o custo mecânico de subir com o crescimento da área dos prédios.

Quando um aumento em uma variável é geralmente associado com um incremento em uma segunda variável, dizemos que essas duas variáveis são 'positivamente relacionadas' ou 'positivamente correlacionadas'.[9] A Figura 2.32 implica que custo mecânico e área do prédio são positivamente correlacionados. Alternativamente, se uma variável tem uma tendência de decrescer quando a outra aumenta, dizemos que elas são

---

[9] Uma definição formal de correlação é dada no Capítulo 10. Você verificará que a correlação mede a força da relação linear entre duas variáveis.

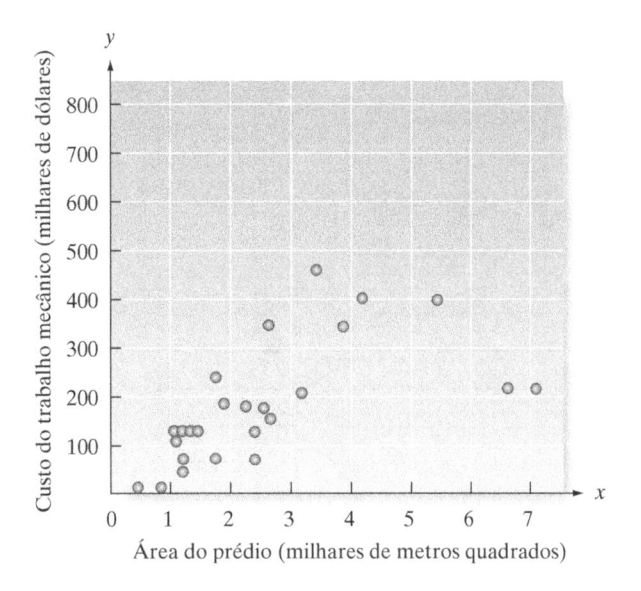

FIGURA 2.32 Diagrama de dispersão de custo *versus* área do prédio

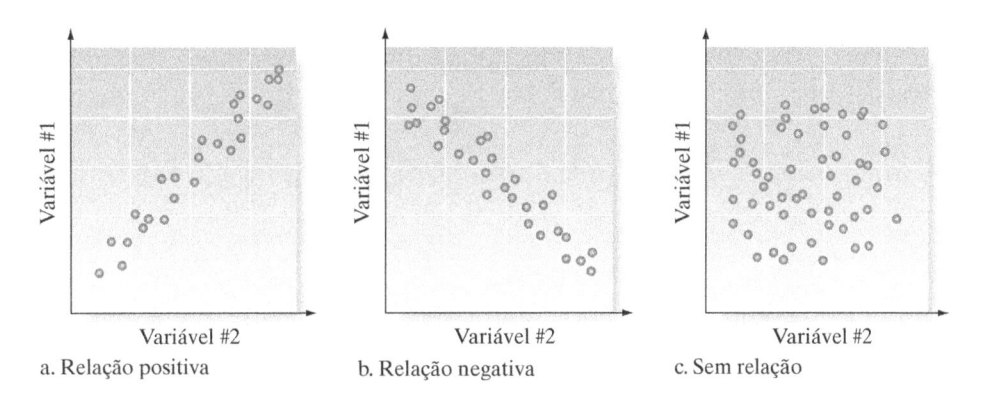

FIGURA 2.33 Relação bivariada hipotética

'negativamente correlacionadas'. A Figura 2.33 apresenta diversos diagramas de dispersão que mostram uma relação bivariada positiva (Figura 2.33a), uma relação bivariada negativa (Figura 2.33b) e a situação em que as duas variáveis são não relacionadas (Figura 2.33c).

EXEMPLO 2.19

CONSTRUINDO GRÁFICOS DE DADOS BIVARIADOS DE UM HOSPITAL

Problema Um item médico usado para ser ministrado a um paciente de um hospital é chamado *fator*. Por exemplo, um fator pode ser um tubo intravenoso (IV), fluido IV, agulhas, kits de barbear, acessórios para o paciente urinar, fraldas, roupas, medicações e mesmo ambulâncias. A unidade de atenção coronariana do Bayonet Point Hospital (St. Petersburg, Florida) recentemente investigou a relação entre o número de fatores ministrados por paciente e o tempo de duração da estada no hospital (em dias). Dados sobre essas duas variáveis para uma amostra de 50 pacientes coronarianos são mostrados na Tabela 2.9. Use um diagrama de dispersão para descrever a relação entre as duas variáveis de interesse, número de fatores e tempo de estada.

Solução

Para construir o gráfico, recorremos a um software estatístico. O gráfico do Excel dos dados na Tabela 2.9, com duração de estada (LOS) no eixo vertical e número de fatores (FACTORS) no eixo horizontal, é mostrado na Figura 2.34.

Apesar de os pontos exibirem uma razoável quantidade de variação, o diagrama de dispersão mostra claramente uma tendência crescente. Parece que o tempo de estada de um paciente é positivamente correlacionado com o número de fatores a ele ministrados.

Lembre-se Se os administradores do hospital podem confiar que a tendência da amostra da Figura 2.34 descreve de forma precisa a tendência da população, então eles podem usar essa informação para melhorar suas previsões de tempos de estada para futuros pacientes.

TABELA 2.9 Dados sobre os fatores dos pacientes e o tempo de estadia

Número de Fatores	Tempo de Estadia (dia)	Número de Fatores	Tempo de Estadia (dia)
231	9	354	11
323	7	142	7
113	8	286	9
208	5	341	10
162	4	201	5
117	4	158	11
159	6	243	6
169	9	156	6
55	6	184	7
77	3	115	4
103	4	202	6
147	6	206	5
230	6	360	6
78	3	84	3
525	9	331	9
121	7	302	7
248	5	60	2
233	8	110	2
260	4	131	5
224	7	364	4
472	12	180	7
220	8	134	6
383	6	401	15
301	9	155	4
262	7	338	8

(continua)

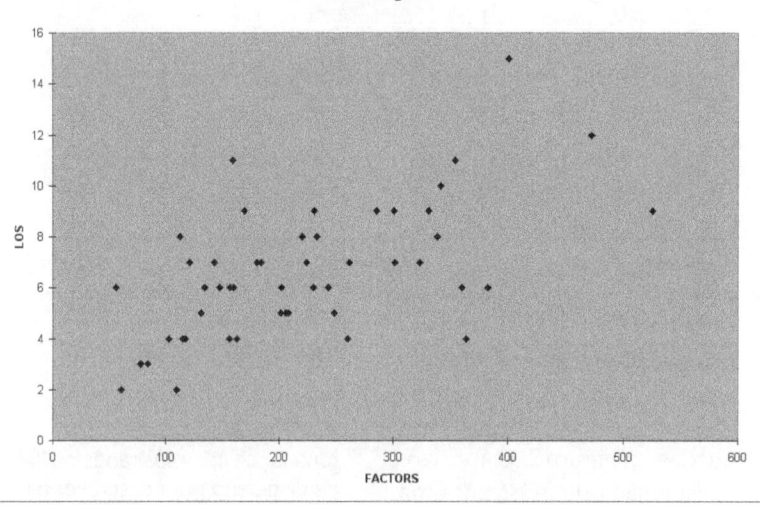

FIGURA 2.34 Diagrama de dispersão do Excel/PHStat2 para os dados da Tabela 2.9

O diagrama de dispersão é uma ferramenta simples, mas poderosa, para descrever uma relação bivariada. Contudo, tenha em mente que é apenas um gráfico. Nenhuma medida de confiabilidade pode ser anexada a inferências feitas sobre populações bivariadas com base em diagramas de dispersão para dados da amostra. As ferramentas estatísticas que nos possibilitam fazer inferências sobre relações bivariadas são apresentadas no Capítulo 10.

Estatística em ação revisitada

Interpretando diagramas de dispersão

Considere as duas variáveis qualitativas, *tempo de experiência* (número de anos) e *exposição à ética durante a faculdade de medicina* (número de horas), medidas na amostra dos médicos do University Community Hospital. Para investigar uma possível relação entre essas duas variáveis, criamos um diagrama de dispersão usando o MINITAB para os dados na Figura EA2.7.

À primeira vista, o gráfico parece não mostrar quase nenhuma relação entre as duas variáveis. No entanto, note o ponto de dados bem à direita do diagrama. Esse ponto corresponde a um médico que reportou 1.000 horas de exposição à ética durante o curso na faculdade de medicina. Lembre que classificamos esse ponto de dados como altamente supeito de ser um *outlier* na EA da seção Estatística em ação revisitada anterior. Se removermos essa observação do conjunto de dados e refizermos a opção do diagrama de dispersão do MINITAB, o gráfico mostrado na Figura EA2.8 será produzido. Agora, a tendência na relação é mais aparente. Para médicos com 20 ou menos horas de exposição à ética, há pouca ou nenhuma tendência. Todavia, para médicos com mais de 20 horas de exposição à ética parece haver uma tendência decrescente, isto é, para médicos com alta exposição à ética, a experiência prática e a exposição à ética são, ao que parece, negativamente relacionadas.

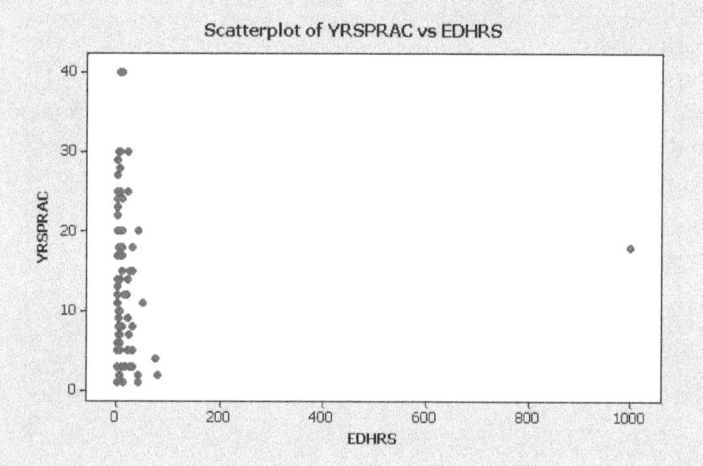

FIGURA EA2.7 Diagrama de dispersão do MINITAB de tempo de experiência *versus* exposição à ética

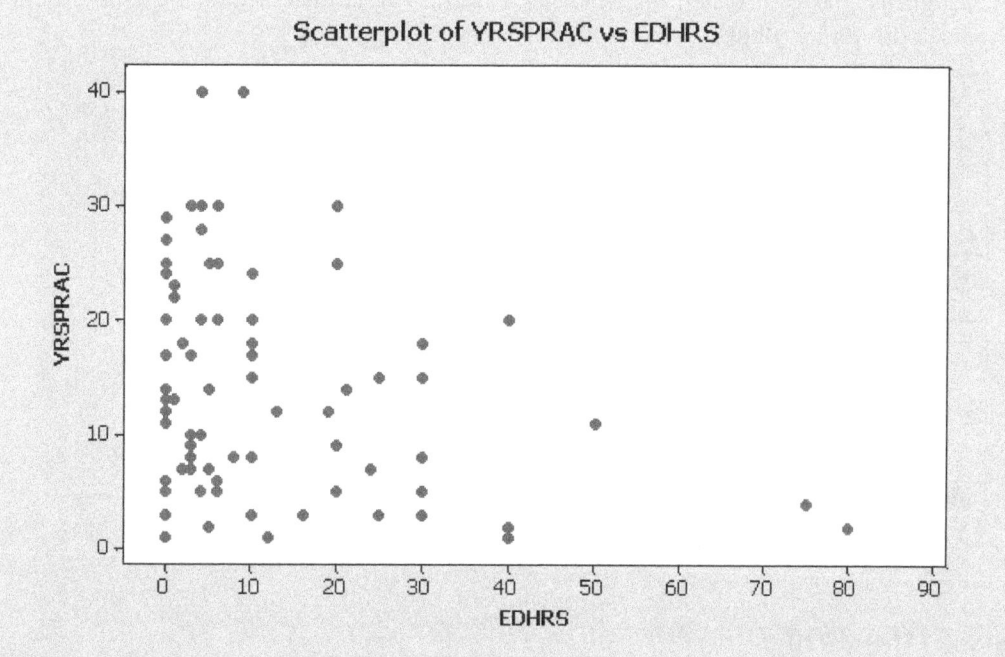

FIGURA EA2.8 Diagrama de dispersão do MINITAB de tempo de experiência *versus* exposição à ética — *outlier* apagado

Diagramas de dispersão

Usando a calculadora gráfica TI-83/T1-84
Fazendo diagramas de dispersão

Passo 1 *Insira os dados*
Pressione STAT e selecione 1:Edit.
Nota: Se a lista já contém dados, limpe-a. Use a tecla de direção para cima para marcar o nome da lista, 'L1' ou 'L2'.
Pressione CLEAR ENTER.
Entre os seus dados x em L1 e os dados y em L2.

Passo 2 *Configure o diagrama de dispersão*
Pressione 2nd Y = para STAT PLOT.
Pressione 1 para Plot1.
Posicione o cursor de forma que ON esteja piscando.
Para Type, use as teclas de direção e Enter para marcar e selecionar o diagrama de dispersão (primeiro ícone na primeira linha).
Para Xlist, escolha a coluna contendo os dados de x.
Para Ylist, escolha a coluna contendo os dados de y.

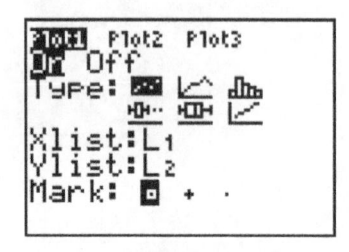

Passo 3 *Visualize o diagrama de dispersão*
Pressione ZOOM 9 para ZoomStat.

Exemplo As figuras abaixo mostram uma tabela de dados digitados em uma T1-83 e o diagrama de dispersão dos dados, obtido usando os passos acima.

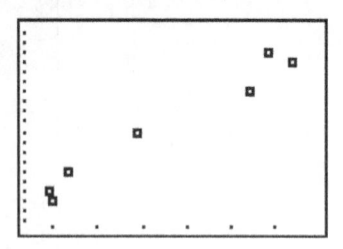

Exercícios 2.111 – 2.118

Aprendendo a mecânica

2.111 Construa um diagrama de dispersão para os dados da tabela ao lado.

Variável 1	5	1	1,5	2	2,5	3	3,5	4	4,5	5
Variável 2	2	1	3	4	6	10	9	12	17	17

2.112 Construa um diagrama de dispersão para os dados da tabela abaixo.

Variável 1	5	3	-1	2	7	6	4	0	8
Variável 2	14	3	10	1	8	5	3	2	12

Aplicação dos conceitos — Básico

SATSCORES
Companion Website

2.113 Pontuações do SAT Estadual. Releia o Exercício 2.29 e os dados das notas do SAT estadual salvas no arquivo **SATSCORES**. Construa um diagrama de dispersão para os dados, com a pontuação de 1990 no eixo horizontal e de 2005 no eixo vertical. Que tipo de tendência você detecta?

FLALAW
Companion Website

2.114 Melhores firmas de advocacia da Flórida. Reveja o Exercício 2.44 e os dados sobre as empresas de advocacia com sede no estado da Flórida. Para cada firma, o número de advogados e o número de escritórios estão salvos no arquivo **FLALAW**. Construa um diagrama de dispersão para os dados, com o número de escritórios de advocacia no eixo horizontal e o número de advogados no eixo vertical. Que tipo de tendência você detecta?

DIAMONDS
Companion Website

2.115 Características dos diamantes vendidos no varejo. Busque os dados do *Journal of Statistics Education* sobre diamantes, salvos no arquivo **DIAMONDS**. Além do número de quilates, o preço pedido por cada um dos 308 diamantes à venda no mercado aberto foi registrado. Construa um diagrama de dispersão para os dados, com o número de quilates no eixo horizontal e o preço no eixo vertical. Que tipo de tendência você detecta?

Aplicação dos conceitos — Intermediário

COMPTIME
Companion Website

2.116 Comparando tempos de execução de tarefas. Retome o Exercício 2.28 e o experimento do *Management Science* sobre o tempo de execução de tarefas. Lembre que cada um dos 25 empregados fizeram uma tarefa de produção diversas vezes. O tempo para completar a tarefa (em minutos) após a 10ª, 30ª e 50ª vez em que ela foi executada foi registrado para cada empregado; esses dados estão salvos no arquivo **COMPTIME**.

  a. Use um gráfico para investigar uma possível relação entre o tempo de execução após a 10ª e 30ª vez em que a tarefa foi realizada.
  b. Use um gráfico para investigar uma possível relação entre o tempo de execução após a 10ª e 50ª vez em que a tarefa foi realizada.
  c. Use um gráfico para investigar uma possível relação entre o tempo de execução após a 30ª e 50ª vez em que a tarefa foi realizada.

DDT
Companion Website

2.117 Peixes contaminados por uma descarga tóxica de fábrica. Busque os dados do U.S. Army Corps of Engineers sobre peixes contaminados, salvos no arquivo **DDT**. Três variáveis quantitativas para cada um dos 144 peixes capturados foram medidas: comprimento (em centímetros), peso (em gramas) e concentração de DDT (em partes por milhão). Faça um diagrama de dispersão para cada par de variáveis. Que tendências, caso existam, você detecta?

2.118 Taxa de dispersão de líquido derramado. Um engenheiro da DuPont Corp. estudou a taxa à qual um líquido volátil deve se espalhar pela superfície (*Chemical Engineering Progress*, jan. 2005). Parta do princípio de que 50 galões de metanol espalham-se em uma superfície. O engenheiro usou fórmulas empíricas (assumindo a convenção livre de turbulências) para calcular a massa (em libras) do derramamento depois de um período de 0 a 60 minutos. Os valores de massa calculados são dados na tabela a seguir. Há evidência que indica que a massa derramada tende a diminuir à medida que o tempo aumenta? Suporte sua resposta com um diagrama de dispersão.

LIQUIDSPILL
Companion Website

Tempo (minutos)	Massa (libras)
0	6,64
1	6,34
2	3,04
4	5,47
6	4,94
8	4,44
10	3,98
12	3,55
14	3,15
16	2,79
18	2,45
20	2,14
22	1,86
24	1,60
26	1,37
28	1,17
30	0,98
35	0,60
40	0,34
45	0,17
50	0,06
55	0,02
60	0,00

Fonte: J. Barry, "Estimating rates of spreading and evaporation of volatile liquids". *Chemical Engineering Progress*, v. 101, n. 1 jan. 2005.

2.10 Gráfico de séries temporais (opcional)

Cada uma das seções anteriores concentrou-se na descrição de informações contidas em uma amostra de uma populaZção de dados. Geralmente, esses dados são vistos como produzidos essencialmente no mesmo período de tempo. Assim, o tempo não foi um fator considerado em nenhum dos métodos gráficos descritos até aqui.

Dados de interesse para gestores são normalmente produzidos e monitorados ao longo do tempo. Alguns exemplos são o preço diário de fechamento de uma ação, as vendas semanais de uma empresa e os lucros trimestrais, e características — como peso e comprimento — de produtos produzidos por uma empresa.

> **Definição 2.16**
>
> Dados que são produzidos e monitorados ao longo do tempo são chamados **dados de séries temporais**.

Lembre, da Seção 1.4, que um processo é uma série de ações ou operações que geram produto através do tempo. Assim, medições tiradas de uma seqüência de unidades produzidas por um processo — como um processo de produção — são dados de séries temporais. Em geral, qualquer seqüência de números produzidos através do tempo pode ser entendida como um produto do processo.

Quando medições são feitas através do tempo, é importante registrar tanto o valor numérico quanto o valor temporal ou período associado a cada medição. Com essa informação, um gráfico de série temporal — às vezes chamado diagrama de linha — pode ser construído para descrever os dados de séries temporais e para aprender sobre o processo que gerou o dado. Um gráfico de série temporal é simplesmente um diagrama de dispersão com as medições no eixo vertical e o tempo ou a ordem na qual a medição foi realizada no eixo horizontal. Os pontos representados graficamente são conectados, geralmente, por linhas retas para tornar mais fácil a visualização das mudanças e o movimento das medições através do tempo. Por exemplo, a Figura 2.35 é um gráfico de série temporal para as vendas mensais de uma empresa em particular (número de unidades vendidas por mês). E a Figura 2.36 é um gráfico de série temporal para os pesos de 30 latas de um galão de tinta que foram consecutivamente cheias com a mesma máquina. Perceba que os pesos são dispostos na ordem em que as latas foram cheias, em vez de em uma unidade de tempo. Quando o processo de produção é monitorado, é mais conveniente registrar a ordem do que o tempo exato em que cada medição foi feita.

Gráficos de séries temporais revelam o movimento (tendência) e as mudanças (variações) nas variáveis que estão sendo monitoradas. Perceba como as vendas têm tendência ascendente e como a variação nos pesos das latas de tintas aumenta ao longo do tempo. Esse tipo de informação não seria revelado por um gráfico de ramos e folhas ou por histogramas, como o exemplo a seguir ilustra.

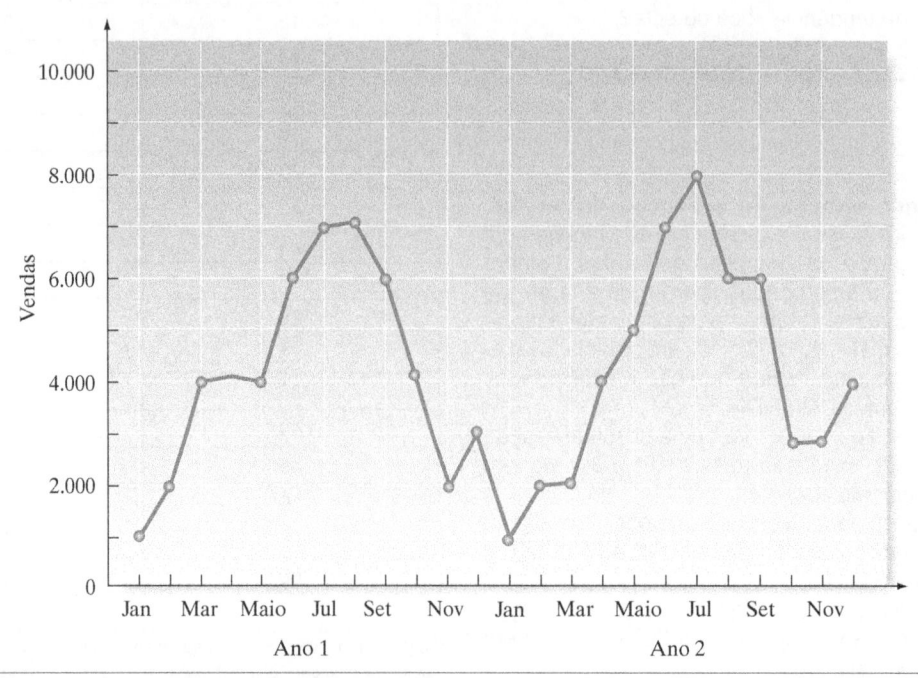

Figura 2.35 Gráfico de séries temporais das vendas da empresa

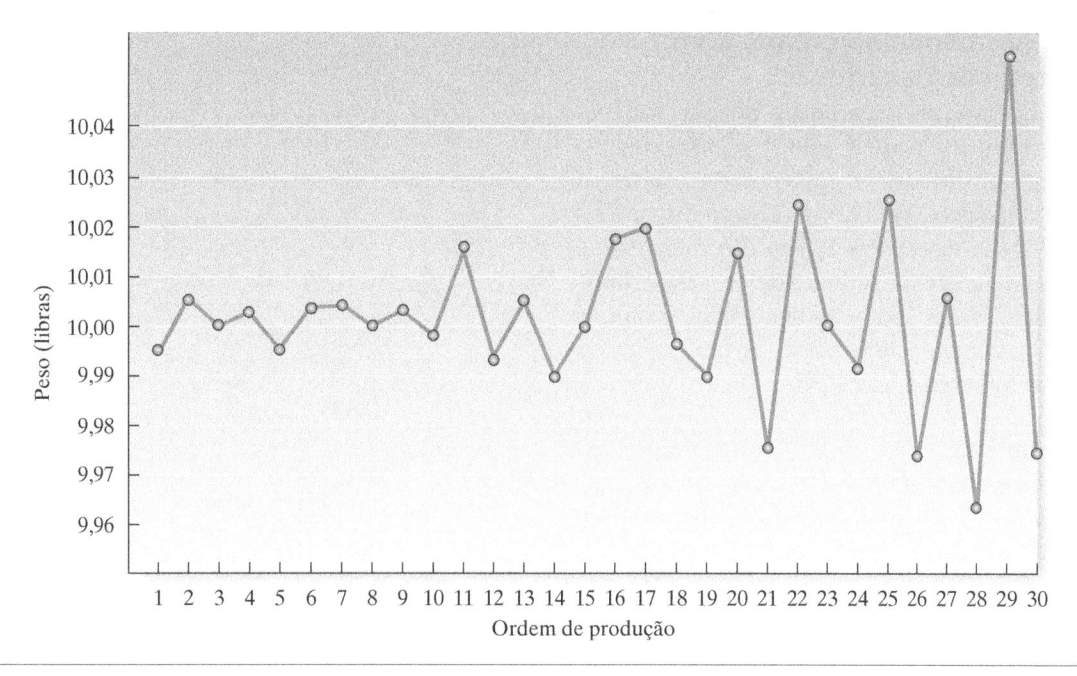

Figura 2.36 Gráfico de séries temporais para pesos de latas de tinta

EXEMPLO 2.20

GRÁFICO DE SÉRIES TEMPORAIS *VERSUS* HISTOGRAMA

Problema W. Edwards Deming foi um dos mais famosos estatísticos norte-americanos. Ele tornou-se mais bem conhecido pelo papel desempenhado após a Segunda Guerra Mundial, ao ensinar aos japoneses como melhorar a qualidade de seus produtos, monitorando e melhorando continuamente seus processos de produção. Em seu livro *Out of the crisis* (1986), Deming alertou para o uso errôneo (isto é, automático) de histogramas para demonstrar e extrair informações do dado. Como evidência, ele ofereceu o seguinte exemplo.

Cinqüenta molas de câmeras foram testadas na ordem em que foram produzidas. O alongamento de cada mola foi medido sob o peso de 20 gramas. Tanto um gráfico de série temporal quanto um histograma foram construídos a partir dessas medições. Eles são mostrados na Figura 2.37, que foi reproduzida a partir do livro de Deming. Se você tiver que prever a medição do alongamento da próxima mola a ser produzida (a mola 51) e puder usar apenas um dos dois gráficos para guiar sua previsão, qual você usaria? Por quê?

Solução

Apenas o gráfico de série temporal descreve ao longo do comportamento através do tempo do processo de produção. O fato de as medições estarem diminuindo através do tempo só pode ser visualizado pela análise do gráfico de série temporal. Como o histograma não reflete a ordem de produção, ele efetivamente representa todas as observações como se tivessem sido feitas simultaneamente. Usar o histograma para prever o alongamento da 51ª mola muito provavelmente levaria a uma superestimação.

Lembre-se A lição do exemplo de Deming é: para mostrar e analisar dados que foram gerados através do tempo por um processo, a melhor ferramenta gráfica é o gráfico de série temporal e não o histograma.

Abordaremos muitos outros aspectos da análise estatística de dados de séries temporais no Capítulo 13 (disponível no site de apoio do livro).

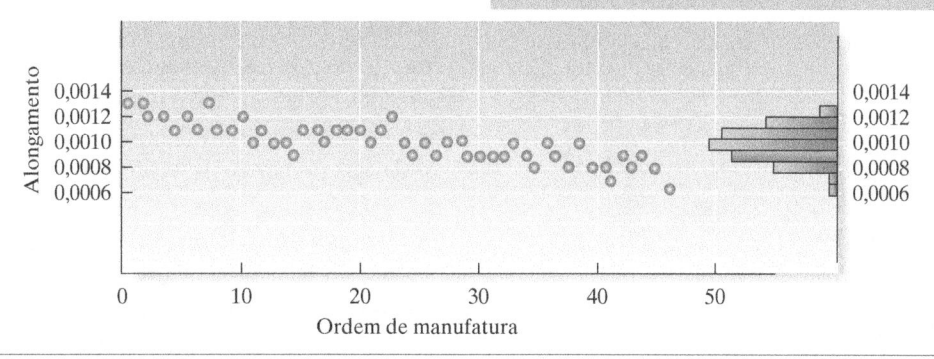

Figura 2.37 Histograma e gráfico de série temporal de Deming

2.11 Distorcendo a verdade com técnicas descritivas

'Uma imagem pode valer mais do que mil palavras', mas também podem colorir mensagens, ou distorcê-las. Na verdade, as imagens na estatística (histogramas, gráficos de barras, gráficos de séries temporais etc.) são suscetíveis à distorção, mesmo que não intencional ou como resultado de práticas estatísticas não éticas. Nesta seção, mencionaremos alguns cuidados a observar na interpretação de um gráfico ou medida descritiva numérica.

Distorções gráficas

Uma maneira comum de alterar a impressão gerada por um gráfico é alterar a escala do eixo vertical, do horizontal ou de ambos. Por exemplo, a Figura 2.38 é um gráfico de barra que mostra a participação de mercado das vendas de uma empresa para cada um dos anos de 2002 a 2007. Se você quer mostrar que a mudança na participação de mercado da empresa A é moderada, deve colocar um grande número de unidades no eixo vertical — ou seja, fazer com que a distância entre unidades sucessivas no eixo vertical seja pequena, como mostrado na Figura 2.38. Você pode ver que uma mudança no *market share* de uma empresa ao longo do tempo é pouco aparente.

Se você quiser usar os mesmos dados para fazer as mudanças na participação de mercado de A parecerem grandes, deverá aumentar a distância entre as unidades sucessivas do eixo vertical — isto é, esticar o eixo vertical desenhando o gráfico com apenas algumas unidades, como na Figura 2.39.

Um sinal de esticamento é um eixo vertical longo, mas isso é geralmente escondido ao se iniciar o eixo vertical em um ponto acima de 0, como mostrado no gráfico de séries temporais, Figura 2.40(a). O mesmo efeito pode ser obtido ao usar uma linha quebrada — chamada quebra de escala — para o eixo vertical, como mostrado na Figura 2.40(b).

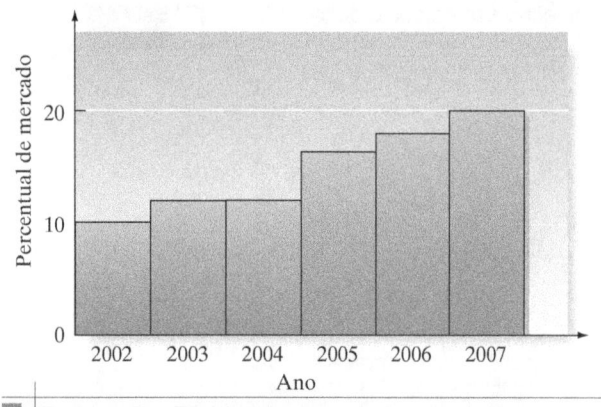

Figura 2.38 Participação de mercado da empresa A de 2002 a 2007 – eixo vertical

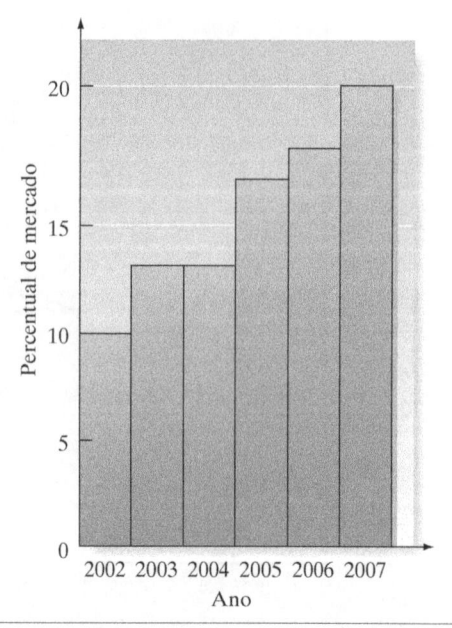

Figura 2.39 Participação de mercado da empresa A de 2002 a 2007 — eixo vertical esticado

Esticar o eixo horizontal (aumentando a distância entre as unidades sucessivas) também pode levá-lo a conclusões incorretas. Com gráficos de barras, uma distorção visual pode ser percebida ao se fazer a largura das barras proporcional à altura. Por exemplo, veja o gráfico de barras da Figura 2.41(a), que mostra a porcentagem total de vendas anuais de automóveis atribuídas a cada um dos quatro fabricantes. Agora suponha que fazemos com que tanto a largura quanto a altura cresçam à medida que o mercado cresce. Essa mudança é mostrada na Figura 2.41(b). O leitor pode tender a igualar a área das barras com a participação de mercado relativa de cada fabricante. Mas o fato é que a verdadeira participação de mercado relativa é proporcional apenas à altura das barras.

Algumas vezes, não precisamos manipular o gráfico para distorcer a impressão que ele cria. Modificar a descrição verbal que acompanha o gráfico pode mudar a interpretação que será feita pelo leitor. A Figura 2.42 ilustra bem isso.

Apesar de termos discutido apenas alguns meios em que os gráficos podem ser usados para gerar imagens errôneas de um fenômeno, a lição está clara. Olhe todas as descrições gráficas dos dados de modo crítico. Particularmente, cheque os eixos e o tamanho das unidades em cada eixo. Ignore as mudanças visuais e concentre-se nas mudanças numéricas indicadas por eles.

Estatísticas descritivas numéricas enganosas

As informações em um conjunto de dados também podem ser distorcidas usando-se medidas descritivas numéricas, como mostra o Exemplo 2.20.

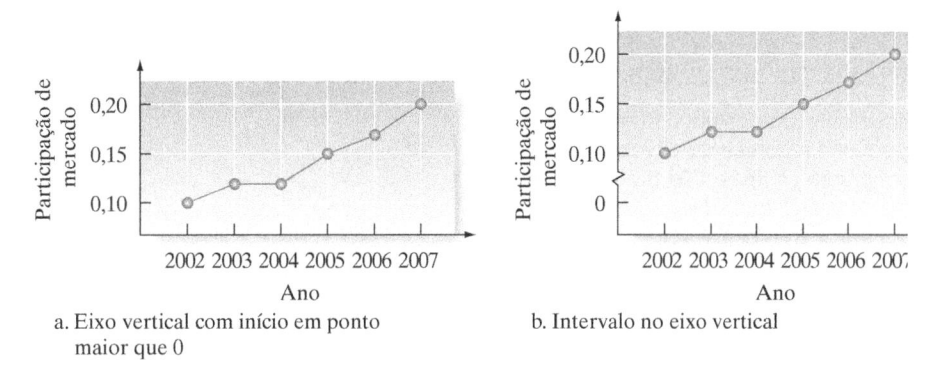

Capítulo 2 — MÉTODOS PARA DESCRIÇÃO DE GRUPOS DE DADOS   97

a. Eixo vertical com início em ponto maior que 0

b. Intervalo no eixo vertical

Figura 2.40   Participação de mercado da empresa A de 2002 a 2007

a. Gráfico de barras

b. Largura das barras cresce com altura

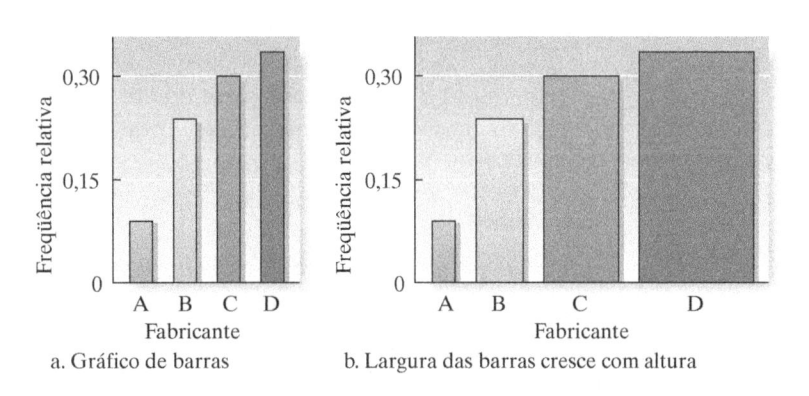

Figura 2.41   Participação relativa no mercado automotivo para cada um dos quatro grandes fabricantes

A produção continua a declinar pelo segundo ano

Para a nossa produção, não precisamos nem mudar o gráfico, então não podemos ser acusados de adulteração dos dados. Aqui, nós simplesmente mudamos o título de forma que, para o subcomitê do Senado, indicaremos que não estamos com performance boa como no passado...

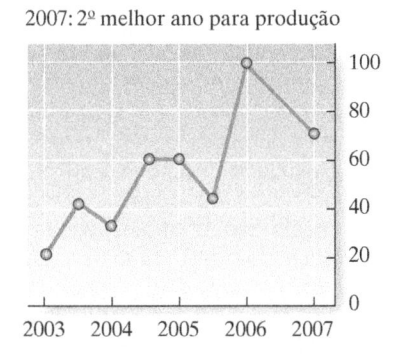

2007: 2º melhor ano para produção

enquanto para o público em geral, nós diremos que ainda estamos nos primeiros anos.

Figura 2.42   Mudando a descrição verbal para mudar a interpretação do leitor
Fonte: Adaptado de G. Selazny, "Grappling with Graphics", *Management Review*, out. 1975, p. 7.

EXEMPLO 2.21

ESTATÍSTICAS DESCRITIVAS ENGANOSAS

Problema Suponha que você esteja considerando trabalhar para uma pequena empresa de advocacia — uma que já possui um membro sênior e três membros juniores. Você pergunta o salário que deve esperar receber se vier a trabalhar para a empresa. Infelizmente, recebe duas respostas:

Resposta A: O membro sênior diz a você que um 'trabalhador médio' ganha $ 87.500.
Resposta B: Um dos membros júnior depois diz que um 'trabalhador médio' ganha $ 75.000.

Em qual resposta você deve acreditar?

Solução

A confusão existe porque o termo 'trabalhador médio' não foi claramente definido. Suponha que os quatro salários pagos sejam de $ 75.000 para cada um dos três membros júnior e de $ 125.000 para o membro sênior. Assim:

$$\text{Média} = \frac{3(\$75.000) + \$125.00}{4} = \frac{\$350.000}{4} = \$87.500$$

Mediana = $ 75.000

Você pode ver agora como as duas respostas foram obtidas. O membro sênior reportou a média dos quatro salários e o membro júnior, a mediana. A informação que você recebeu foi distorcida porque nenhum deles definiu qual medida de tendência central estava sendo usada.

Lembre-se Com base em nossa discussão anterior sobre a média e a mediana, provavelmente preferiríamos a mediana como uma medida que melhor descreve o salário do 'trabalhador médio'.

Outra distorção da informação em uma amostra ocorre quando apenas uma medida de tendência central é reportada. Tanto a medida de tendência central quanto uma medida de variabilidade são necessárias para se obter uma imagem mental precisa de um conjunto de dados.

Suponha que você deseja comprar um carro novo e está tentando decidir qual de dois modelos escolher. Como o combustível e a economia são ambos assuntos importantes, você decide comprar o modelo A, pois sua relação km/litro é de 13,6 km/l na cidade; para o modelo B, no entanto, a relação é de apenas 12,7 km/l. Porém, você decidiu muito rapidamente. Quanta variabilidade está associada às relações? Como exemplo extremo, suponha que uma investigação mais aprofundada revele que o desvio-padrão para o modelo A é de 2,12 km/l, enquanto para o modelo B é de apenas 0,42 km/l. Se as

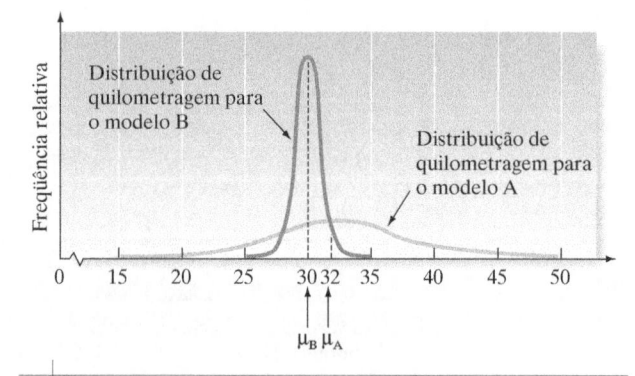

Figura 2.43 Distribuições de quilometragem

quilometragens formam uma distribuição em forma de sino, elas devem aparecer como mostrado na Figura 2.43. Note que a maior parcela de variabilidade associada ao modelo A implica que mais risco está envolvido na compra desse modelo — isto é, o carro que você compra, em particular, é mais propenso a ter uma relação que difere muito de 13,6 km/l, enquanto o modelo B não é tão propenso a variar de 12,7 km/l mais de 0,42 km/l.

Concluímos esta seção com outro exemplo sobre distorção da verdade com medidas descritivas numéricas.

EXEMPLO 2.22

MAIS ESTATÍSTICA DESCRITIVA ENGANOSA

Problema *Children out of School in America* é um relatório sobre a delinqüência de crianças na idade escolar preparado pelo Children's Defense Fund (CDF), uma organização mantida pelo governo. Considere os seguintes resultados reportados na pesquisa do CDF.

- Resultado 1: 25% das crianças entre 16 e 17 anos de idade de Portland, Maine, no Projeto Bayside East Housing, estavam fora da escola. Fato: *Apenas oito crianças foram pesquisadas; duas estavam fora da escola.*
- Resultado 2: de todos os estudantes do ensino médio que foram suspensos mais de uma vez na área 22 pesquisada pelo censo, em Colúmbia, Carolina do Sul, 33% foram suspensos duas vezes e 67% foram suspensos três ou mais vezes. Fato: *O CDF encontrou apenas três crianças em toda a área do censo que foram suspensas; uma criança foi suspensa duas vezes e as outras duas, três ou mais vezes.*
- Resultado 3: no Projeto Portland Bayside East Housing, 50% de todas as crianças que cursam o ensino médio que foram suspensas mais de uma vez foram suspensas três ou mais vezes. Fato: *A pesquisa encontrou duas crianças que cursavam o ensino médio que foram suspensas na área; uma havia sido suspensa três ou mais vezes.*

Identifique as potenciais distorções nos resultados reportados pelo CDF.

Solução

Em cada um dos exemplos, as porcentagens mostradas (ou seja, as freqüências relativas) levavam a conclusões enganosas, e não os números. Nenhuma inferência que possamos fazer a partir do exemplo citado seria confiável. (Veremos como medir a confiabilidade das porcentagens estimadas no Capítulo 5.) Por enquanto, ou o relatório deveria mostrar os números isoladamente, sem as porcentagens, ou, ainda melhor, ele deveria mostrar que os números eram muito pequenos para a região.

Lembre-se Se muitas regiões forem combinadas, o número (e as porcentagens) será mais significativo.

Termos-chave

Nota: Itens marcados em (*) são de seções opcionais deste capítulo.
*Abordagem de evento raro
Amplitude
*Amplitude interquartil
Assimetria
*Box plots
Classe
Classe modal
*Dados de séries temporais
Desvio-padrão da amostra
*Diagrama de dispersão
Diagrama de linha
Diagrama de Pareto
Diferença
Distribuição em formato de sino
Distribuição simétrica
*Extremidades
Freqüência de classe

Freqüência relativa de classe
Gráfico de barras
Gráfico de ramos e folhas
*Gráfico de dispersão
*Gráfico de linha
Gráfico de pizza
Gráfico de pontos
*Gráfico de séries temporais
*Hastes
Histograma
Histograma de freqüência relativa
Intervalo de classe
*Intervalos interquartis
*Limites externos aos intervalos interquartis
Média
Mediana
Medidas de posicionamento relativo
Medidas de tendência central

Medidas de variabilidade ou dispersão
Medidas descritivas numéricas
Moda
*Outliers
Percentil
Porcentagem de classe
*Quartil do meio
*Quartil inferior
*Quartil superior
*Quartis
Regra de Chebyshev
Regra empírica
*Relação bivariada
Score-z
Tendência central
Valor da média
Variabilidade
Variância da amostra

Guia para selecionar o método de descrição de dados

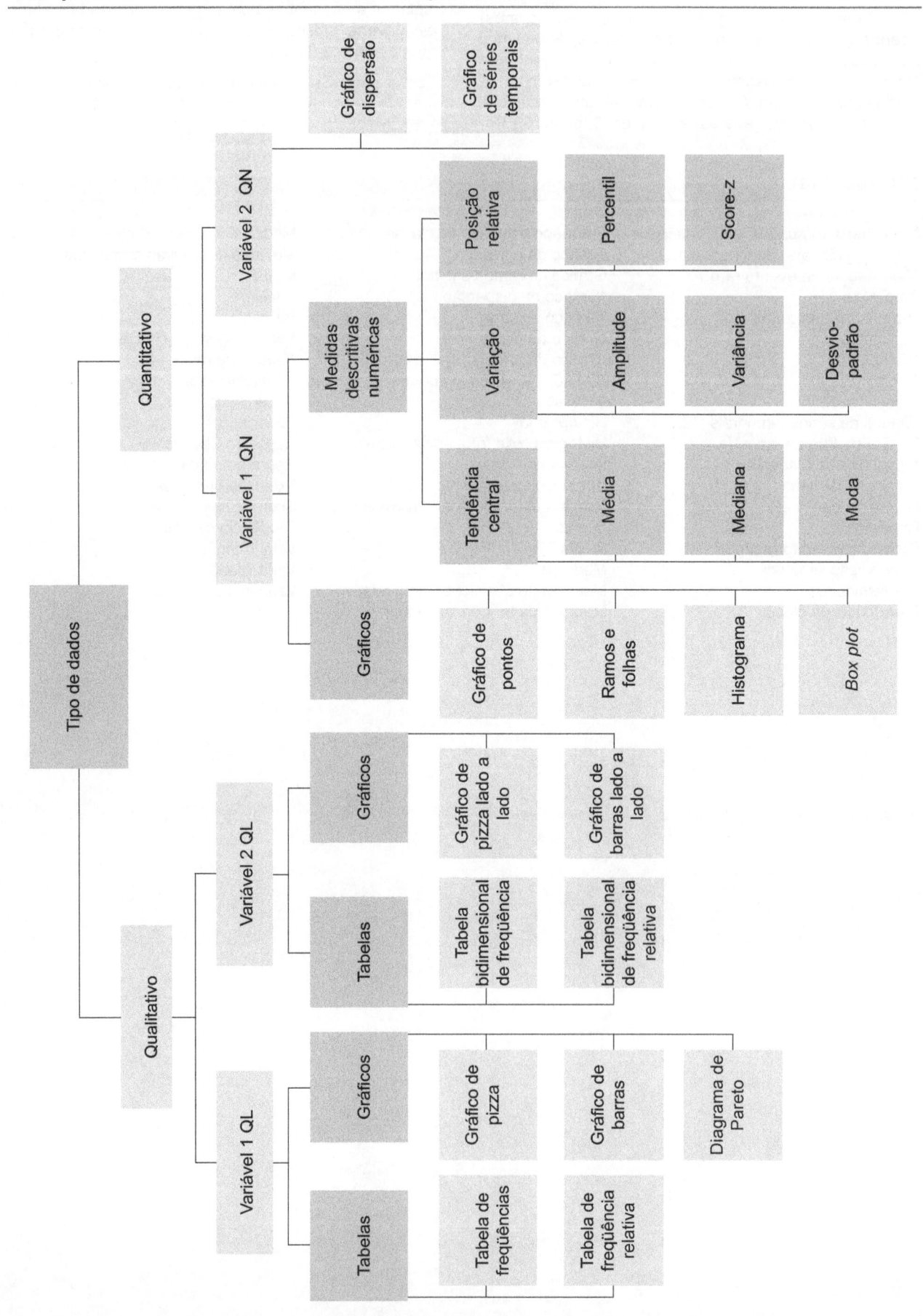

Tipo de dados

- **Quantitativo**
  - **Variável 2 QN**
    - Gráfico de dispersão
    - Gráfico de séries temporais
  - **Variável 1 QN**
    - **Medidas descritivas numéricas**
      - Posição relativa
        - Percentil
        - Score-z
      - Variação
        - Amplitude
        - Variância
        - Desvio-padrão
      - Tendência central
        - Média
        - Mediana
        - Moda
    - **Gráficos**
      - Gráfico de pontos
      - Ramos e folhas
      - Histograma
      - Box plot

- **Qualitativo**
  - **Variável 2 QL**
    - **Gráficos**
      - Gráfico de pizza lado a lado
      - Gráfico de barras lado a lado
    - **Tabelas**
      - Tabela bidimensional de freqüência
      - Tabela bidimensional de freqüência relativa
  - **Variável 1 QL**
    - **Gráficos**
      - Gráfico de pizza
      - Gráfico de barras
      - Diagrama de Pareto
    - **Tabelas**
      - Tabela de freqüências
      - Tabela de freqüência relativa

Notas do capítulo

Descrevendo dados QUALITATIVOS

1. Identifique classes de categorias.
2. Determine as freqüências de classe.
3. Freqüência relativa de classe = (freqüência de classe) 1/nt
4. Faça o gráfico das freqüências relativas.

Gráfico de pizza

Gráfico de barra

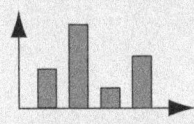

Diagrama de Pareto

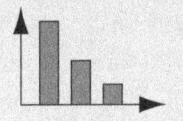

Fazendo gráficos de dados QUANTITATIVOS

Uma variável

1. Identifique intervalos de classes.
2. Determine as freqüências dos intervalos de classes.
3. Freqüência relativa do intervalo de classe = (freqüência do intervalo de classe) / n
4. Faça o gráfico das freqüências relativas dos intervalos de classes.

Gráfico de pontos

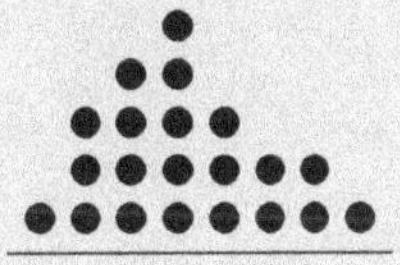

Diagrama de ramos e folhas

1	3
2	2489
3	126678
4	37
5	2

Histograma

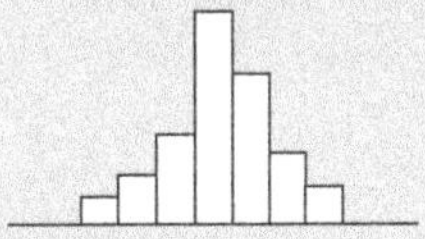

Box plot

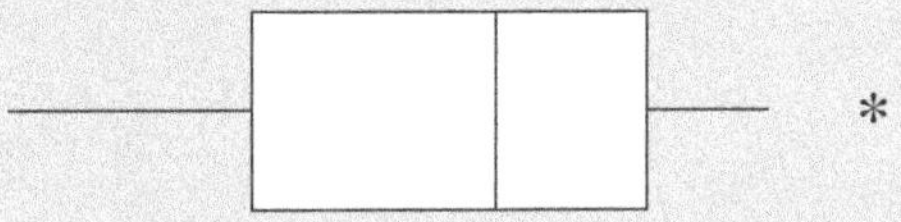

Duas variáveis

Diagrama de dispersão

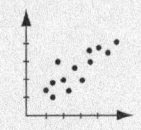

SÍMBOLOS-CHAVE

	Amostra	População
Média	$\bar{x}$	μ
Variância	s^2	σ^2
Desvio-padrão	s	σ
Mediana	m	
Quartil inferior	Q_L	
Quartil superior	Q_U	
Amplitude interquartil	IQR	

Descrição numérica da dados QUANTITATIVOS

Tendência central

Média: $\bar{x} = (\Sigma x_i)/n$

Mediana: Valor do meio quando os dados estão organizados em ordem

Moda: Valor que ocorre com mais freqüência

Variação

Amplitude: Diferença entre valor menor e maior

Variância:

$$s^2 = \frac{\Sigma(x_i - \bar{x})^2}{n-1} = \frac{\Sigma x_i^2 - \frac{(\Sigma x_i)^2}{n}}{n-1}$$

Desvio-padrão:

$$s = \sqrt{s^2}$$

Amplitude interquartil:

$$IQR = Q_U - Q_L$$

Posição relativa

Pontuação percentil: Porcentagem de valores que ficam abaixo da pontuação x

Score-z:

$$z = (x - \bar{x})/s$$

Regras para detectar *outliers* quantitativos

Intervalo	Regra de Chebyshev	Regra empírica
$\bar{x} \pm s$	Pelo menos 0%	≈ 68%
$\bar{x} \pm 2s$	Pelo menos 75%	≈ 95%
$\bar{x} \pm 3s$	Pelo menos 89%	≈ Todos

Regras para detectar *outliers* quantitativos

Método	Suspeitos	Altamente suspeitos
Box plot	Valores entre limites internos e externos aos intervalos interquartis	Valores além dos limites externos aos intervalos interquartis
Score-z	$2 < |z| < 3$	$|z| > 3$

Exercícios suplementares 2.119 – 2.149

Exercícios marcados com (*) são de seções opcionais deste capítulo.

Aprendendo a mecânica

2.119 Construa um histograma de freqüência relativa para os dados da tabela a seguir.

Classe de medição	Freqüência relativa
0,00–0,75	0.02
0,75–1,50	0.01
1,50–2,25	0.03
2,25–3,00	0.05
3,00–3,75	0.10
3,75–4,50	0.14
4,50–5,25	0.19
5,25–6,00	0.15
6,00–6,75	0.12
6,75–7,50	0.09
7,50–8,25	0.05
8,25–9,00	0.04
9,00–9,75	0.01

2.120 Discuta as condições sob as quais a mediana é preferida em relação à média como medida de tendência central.

2.121 Considere as seguintes medições: 50, 70, 80. Encontre o score-z para cada medição se elas forem de uma população com uma média e desvio-padrão iguais a
 a. $\mu = 60$, $\sigma = 10$
 b. $\mu = 50$, $\sigma = 5$
 c. $\mu = 40$, $\sigma = 10$
 d. $\mu = 40$, $\sigma = 100$

*** 2.122** Use os dados do Exercício 2.121. Para as alternativas a–d, determine se os valores de 50, 70 e 80 são *outliers*.

2.123 Para cada um dos seguintes conjuntos de dados, calcule x, s^2, e s:
 a. 13; 1; 10; 3; 3
 b. 13; 6; 6; 0
 c. 1; 0; 1; 10; 11; 11; 15
 d. 3; 3; 3; 3

2.124 Para cada um dos seguintes grupos de dados, calcule x, s^2 e s. Se necessário, especifique as unidades em que suas respostas estão expressas.
 a. 4, 6, 6, 5, 6, 7
 b. −$ 1, $ 4, −$ 3, $ 0, −$ 3, −$ 6
 c. 3/5%, 4/5%, 2/5%, 1/5%, 1/16%
 d. Calcule a amplitude de cada conjunto de dados das alternativas a–c.

2.125 Explique por que geralmente preferimos o desvio-padrão à amplitude como uma medida de variabilidade para dados quantitativos.

2.126 Se a amplitude de um conjunto de dados é 20, encontre uma aproximação do desvio-padrão para o conjunto de dados.

2.127 Construa um diagrama de dispersão para os dados da seguinte tabela.

Variável 1	174	268	345	119	400	520	190	448	307	252
Variável 2	8	10	15	7	22	31	15	20	11	9

Aplicação dos conceitos — Básico

SWDEFECTS

2.128 Defeitos em software. O Promise Software Engineering Repository é uma coleção de conjuntos de dados disponíveis para a consulta de empresas durante a construção de modelos de softwares preditivos. Um conjunto de dados, salvo em **SWDEFECTS**, contém informação sobre 498 módulos de código de software. Cada módulo foi analisado para defeitos e classificado com 'verdadeiro' se continha código defeituoso e 'falso' em caso contrário. Acesse os dados do arquivo e produza um gráfico de barras ou de pizza para a variável defeito. Use o gráfico para comentar a possibilidade de um código defeituoso no software.

CRASH

2.129 Crash tests em carros novos. Os *crash tests* da National Highway Traffic Safety Administration (NHTSA) em novos modelos de carros servem para determinar o grau de proteção oferecido ao motorista e ao passageiro do banco dianteiro em uma colisão frontal. O NHTSA desenvolveu uma pontuação baseada em 'estrelas' para o *crash test* frontal, com resultados variando de uma estrela (*) a cinco estrelas (*****). Quanto mais estrelas na classificação, melhor o grau de proteção na colisão. Os resultados do NHTSA para 98 carros (em modelo de ano recente) estão salvos no arquivo de nome **CRASH**. A pontuação de estrelas do lado do motorista para os 98 carros está resumida na tela do MINITAB mostrada abaixo. Use a informação da tela para fazer um gráfico de pizza. Interprete o gráfico.

Tally for Discrete Variables: DRIVSTAR

```
DRIVSTAR   Count   Percent
   2          4      4.08
   3         17     17.35
   4         59     60.20
   5         18     18.37
 N=          98
```

Descriptive Statistics: DRIVHEAD

```
Variable   N    Mean   StDev   Minimum     Q1   Median     Q3   Maximum
DRIVHEAD  98   603.7   185.4     216.0  475.0    605.0  724.3    1240.0
```

Tela do MINITAB para o Exercício 2.130

ESTATÍSTICA PARA ADMINISTRAÇÃO E ECONOMIA

2.130 Crash tests em carros novos (continuação). Use os dados do Exercício 2.129. Uma variável quantitativa registrada pelo NHTSA foi a severidade dos ferimentos na cabeça (medida em uma escala de 0 a 1.500). A média e o desvio-padrão para as pontuações de ferimentos na cabeça para os 98 motoristas são mostrados na tela do MINITAB na página anterior. Use esses valores para encontrar o score-z para os ferimentos na cabeça de um motorista com pontuação de 408.

2.131 Preços de parques temáticos em Orlando. Os preços do ingresso de adultos em 14 parques temáticos e atrações em Orlando, Flórida, são listados na tabela a seguir. Encontre e interprete a média, a mediana e a moda dos ingressos. Que medida de tendência central melhor descreve a distribuição dos dados para preço dos ingressos?

PARKFEES
Companion Website

Parque temático/Atração	Preço ($)
Blue Water Air Balloons	185,00
Disney Animal Kingdom	56,70
Disney EPCOT Center	56,70
Disney Magic Kingdom	56,70
Disney MGM Studios	56,70
Disney Pleasure Island	20,95
Disney Wide World of Sports Complex	9,00
DisneyQuest	35,00
Gatorland	21,95
Holy Land Experience	29,99
Sea World Adventure Park	61,95
Universal City Walk	11,95
Universal Islands of Adventure	63,00
Universal Studios	63,00

Fonte: American Automobile Association, 2006.

2.132 Estudo sobre aquisições de biblioteca. Muitos bibliotecários confiam em resenhas de livros para determinar quais novos livros comprar para suas bibliotecas. Uma amostra aleatória de 375 resenhas sobre história e geografia norte-americana foi selecionada e a 'opinião geral' sobre o livro mostrada em cada resenha foi registrada (*Library acquisitions:*

practice and theory, v. 19, 1995). A opinião geral foi codificada como se segue: 1 = não recomendado, 2 = recomendação cuidadosa ou pouca recomendação, 3 = nenhuma ou sem preferência, 4 = favorável/contribuição, 5 = excelente/contribuição significativa. Um resumo dos dados é apresentado no gráfico de barras.

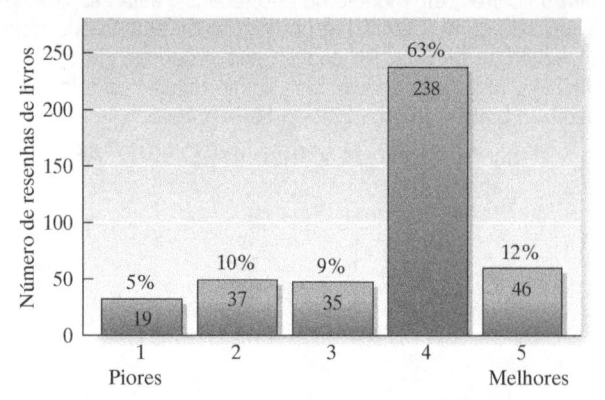

a. A variável medida é quantitativa ou qualitativa? Explique.
b. Interprete o gráfico de barras.
c. Comente o seguinte trecho extraído do estudo: "a maior parte (mais de 75%) dos livros resenhados são avaliados favoravelmente e recomendados para compra".

2.133 Testando um novo método para impressão de guardanapos. Ao experimentar uma nova técnica para a impressão de guardanapos de papel com desenhos, nomes etc., uma empresa descobriu quatro diferentes resultados possíveis:

(A) Impressão com sucesso
(B) Impressão com mancha
(C) Impressão descentralizada à esquerda
(D) Impressão descentralizada à direita

Para testar a confiabilidade da técnica, a empresa imprimiu 1.000 guardanapos e obteve os resultados mostrados no gráfico abaixo.

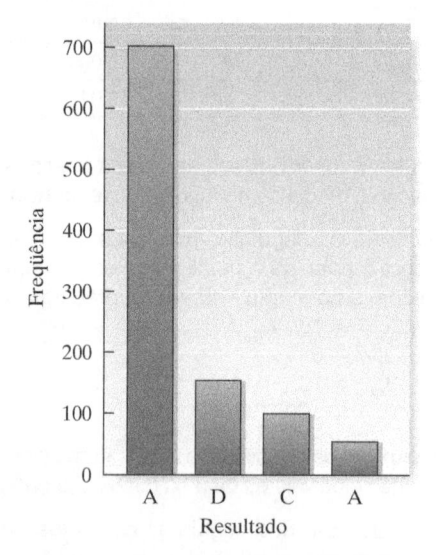

a. Que tipo de ferramenta gráfica é a figura?
b. Que informação o gráfico oferece?
c. A partir da informação proporcionada pelo gráfico, como você descreveria numericamente a confiabilidade da técnica de impressão?

2.134 Colecionando Beanie Babies. Beanie Babies são brinquedos do tipo animais de pelúcia que se tornaram valiosos itens de colecionador. A *Beanie World Magazine* publicou as idades, status e valores de 50 desses brinquedos. Os dados estão salvos no arquivo **BEANIE**, com diversas observações mostradas na tabela da página a seguir.

a. Resuma o status dos 50 Beanie Babies com um gráfico apropriado. Interprete o gráfico.
b. Resuma os valores dos 50 Beanie Babies com um gráfico apropriado. Interprete o gráfico.
c. Use um gráfico para mostrar a relação entre o valor do Beanie Baby e sua idade. Você percebe alguma tendência?

Fonte: Reproduzido de *Library acquisitions: practice and theory*, v. 19,n. 2, P. W. Carlo and A. Natowitx, Choice Book Reviews in American History, Geography, and Area Studies: An analysis for 1988–1993, p. 159. Copyright 1995, com permissão de Elsevier Science Ltd. The Boulevard, Langford Lane, Kidlington OX5 1 GB, UK.

d. De acordo com a regra de Chebyshev, qual porcentagem de medições de idade você esperaria encontrar nos invervalos $\bar{x} \pm 0{,}75s$, $\bar{x} \pm 2{,}5s$, $\bar{x} \pm 4s$?

BEANIE (Observações seletivas)

Nome	Idade (meses)	Retirado de circulação (R) atual (A)	Valor ($)
1. Ally Crocodilo	52	R	55,00
2. Batty Morcego	12	A	12,00
3. Bongo, o Macaco Marrom	28	R	40,00
4. Blackie, o Urso	52	A	10,00
5. Bucky, o Castor	40	R	45,00
46. Stripes, o Tigre (Dourado/Preto)	40	R	400,00
47. Teddy, o Urso do feriado de 1997	12	R	50,00
48. Tuffy, o Terrier	17	A	10,00
49. Tracker, o Basset Hound	5	A	15,00
50. Zip, o Gato Negro	28	R	40,00

Fonte: Beanie World Magazine, set. 1998.

Aplicação dos conceitos — Intermediário

OILSPILL

2.135 Falhas nos cascos dos navios de óleo. Devido ao fato de diversos derramamentos de óleo no oceano terem sido originados de embarcações, o Congresso aprovou a Lei de Poluição de Óleo de 1990, que requer que todos os tanques sejam feitos com cascos mais grossos. Outras melhorias na concepção do tanque foram propostas desde então, cada uma com o objetivo de reduzir a probabilidade de um derramamento e diminuir a quantidade de óleo derramada no caso de uma perfuração no casco. Para ajudar nesse desenvolvimento, a *Marine Technology* (jan. 1995) registrou a quantidade derramada (em milhares de toneladas métricas) e a causa da perfuração para os 42 maiores derramamentos. [*Nota*: Causa da perfuração classificada como colisão (C), fogo/explosão (FE), falha no casco (FC) ou encalhamento (E).] Os dados estão salvos no arquivo **OILSPILL**.

a. Use um método gráfico para descrever a causa do derramamento para as 42 embarcações. O gráfico sugere que alguma causa é mais provável de ocorrer do que outra? Como essa informação tem valor para os engenheiros que constroem os tanques?

b. Encontre e interprete estatísticas descritivas para as 42 quantidades de derramamentos. Use a informação para formar um intervalo que possa ser usado para prever a quantidade no próximo grande derramamento.

2.136 Avaliando marcas de pastas de dente. A *Consumer Reports*, publicada pelo Consumers Union, é uma revista que contém classificações e relatórios para consumidores sobre bens, serviços, saúde e serviços financeiros. A Consumers Union reportou o teste de 46 marcas de pasta de dente (*Consumer Reports*, set. 1992). Cada uma foi classificada em relação a design da embalagem, capacidade de limpeza, conteúdo de flúor e custo por mês (uma estimativa de custo com base na escovação com meia polegada de pasta de dente duas vezes por dia). Os dados da tabela abaixo são os custos mensais das 46 marcas. Os custos marcados com um asterisco representam aquelas marcas que levam o selo da American Dental Association (ADA), verificando a prevenção efetiva contra as cáries.

a. Construa um diagrama de ramos e folhas para os dados.
b. Circule as folhas individuais que representam aquelas marcas que carregam o selo da ADA.
c. O que a tendência dos círculos sugere sobre os custos das marcas aprovadas pela ADA?

TOOTHPASTE

0,58 0,66 1,02 1,11 1,77 1,40 0,73* 0,53* 0,57* 1,34
1,29 0,89* 0,49 0,53* 0,52 3,90 4,73 1,26 0,71* 0,55*
0,59* 0,97 0,44* 0,74* 0,51* 0,68* 0,67 1,22 0,39 0,55
0,62 0,66* 1,07 0,64 1,32* 1,77* 0,80* 0,79 0,89* 0,64
0,81* 0,79* 0,44* 1,09 1,04 1,12

2.137 Tempo para cotações de preços. Um fabricante de rodas industriais está perdendo muitos pedidos lucrativos por causa do longo tempo que os departamentos de marketing, engenharia e contabilidade levam para gerar cotações de preços para seus clientes potenciais. Para remediar esse problema, a gerência da empresa gostaria de definir regras para o intervalo de tempo que cada departamento deveria gastar desenvolvendo cotações de preços. Para ajudar a desenvolver essas regras, 50 pedidos de cotações foram selecionados aleatoriamente do grupo de cotações de preços feitas no último ano; o tempo de processamento (em dias) foi determinado para cada cotação de preço para cada departamento. Esses tempos são salvos no arquivo **LOSTQUOTES**. Diversas observações são mostradas na tabela abaixo. As cotações de preços também são classificadas se foram 'perdidas' (isto é, se o comprador fez um pedido após receber a cotação).

a. Construa um diagrama de ramos e folhas para o tempo total de processamento de cada departamento. Marque as folhas que correspondem a pedidos 'perdidos' e interprete o diagrama.
b. Usando os resultados da alternativa **a**, desenvolva as regras de 'tempo de processamento máximo' para cada departamento que, se seguidas, auxiliarão a empresa a reduzir o número de pedidos perdidos.

LOSTQUOTES

Número da requisição	Marketing	Engenharia	Contabilidade	Perdido?
1	7,0	6,2	0,1	Não
2	0,4	5,2	0,1	Não

(continua)

Número da requisição	Marketing	Engenharia	Contabilidade	Perdido?
3	2,4	4,6	0,6	Não
4	6,2	13,0	0,8	Sim
5	4,7	0,9	0,5	Não
46	6,4	1,3	6,2	Não
47	4,0	2,4	13,5	Sim
48	10,0	5,3	0,1	Não
49	8,0	14,4	1,9	Sim
50	7,0	10,0	2,0	Não

2.138 Tempo para dar cotações de preços (continuação). Use os dados do Exercício 2.137.
a. Gere estatísticas resumo para os tempos de processamento. Interprete os resultados.
b. Calcule o score-z correspondente à regra do tempo máximo de processamento que você desenvolveu no Exercício 2.137 para cada departamento e o tempo total de processamento.
c. Calcule o tempo máximo de processamento correspondendo a um score-z de 3 para cada um dos departamentos. Qual porcentagem de pedidos excede essa diretriz? Como isso está de acordo com a regra de Chebyshev e a regra empírica?
d. Repita a alternativa c usando um score-z de 2.
e. Compare a porcentagem de pedidos 'perdidos' com os tempos correspondentes que excedem pelo menos uma das diretrizes da alternativa c para a mesma porcentagem usando as diretrizes da alternativa. Qual grupo de regras você recomendaria que fosse adotado? Por quê?

* **2.139 Propaganda enganosa.** Um gráfico de série temporal similar àquele mostrado abaixo apareceu em uma propaganda recente de uma conhecida revista de golfe. Uma pessoa pode interpretar a mensagem do gráfico como: quanto mais tempo você assinar a revista, melhor jogador de golfe você se tornará. Outra pessoa pode interpretar como indicando que, se você assinar a revista por três anos, seu jogo melhorará radicalmente.

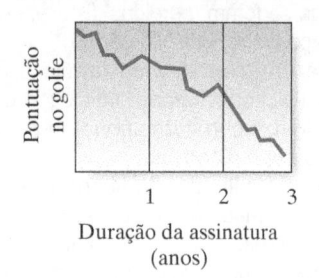

a. Explique por que o gráfico pode ser interpretado de mais de uma maneira.
b. Como o gráfico poderia ser alterado para retificar a distorção?

2.140 Registro de segurança em uma empresa. Uma empresa tem praticamente o mesmo número de pessoas em cada um dos cinco departamentos: Produção, Vendas, P&D, Manutenção e Administração. A tabela a seguir lista o número e o tipo dos principais acidentes que aconteceram no ano passado em cada departamento.

Tipo de ferimento	Departamento	Número de feridos
Queimadura	Produção	3
	Manutenção	6
Dor nas costas	Produção	2
	Vendas	1
	P&D	1
	Manutenção	5
	Administração	2
Danos nos olhos	Produção	1
	Manutenção	2
	Administração	1
Surdez	Produção	1
Cortes	Produção	4
	Vendas	1
	P&D	1
	Manutenção	10
Braço quebrado	Produção	2
	Manutenção	2
Perna quebrada	Vendas	1
	Manutenção	1
Dedo quebrado	Administração	1
Concussão	Manutenção	3
	Administração	1
Perda de audição	Manutenção	2

a. Construa um diagrama de Pareto para identificar qual departamento ou departamentos tem o pior registro de segurança.
b. Exploda o diagrama de Pareto da alternativa a e identifique o tipo de ferimento prevalecente com o pior registro de segurança.

2.141 Nível de radiação em casas. Em algumas localidades, o nível de radiação em casa está acima do tolerado. Como resultado, muitos arquitetos e construtores fazem mudanças de design para garantir a troca de ar adequada, de forma que a radiação não fique 'presa' nas casas. Em uma dessas localidades, 50 níveis em casas foram mensurados, e o nível médio foi de 10 partes por bilhão (ppb), a mediana foi de 8 ppb e o desvio-padrão de 3 ppb. O nível de radiação do ambiente nessa localidade era de aproximadamente 4 ppb.

a. Com base nesses resultados, a distribuição das 50 casas é simétrica, assimétrica à esquerda ou à direita? Por quê?
b. Use tanto a regra de Chebyshev quanto a regra empírica para descrever a distribuição dos níveis de radiação. Qual você acredita ser mais apropriada neste caso? Por quê?
c. Use os resultados da alternativa b para aproximar o número de casas nessa amostra que tenham radiação acima do nível do ambiente.
d. Suponha outra casa medida em uma localidade que fica a 10 milhas da localização da amostra e que o nível foi de 20 ppb. Qual o score-z dessa medição em relação às 50 medições das casas da outra localidade? É provável que essa medição venha da mesma distribui-

ção de níveis de radiação das outras 50? Como você confirmaria sua conclusão?

2.142 Melhorando o consumo de gasolina de um carro. Como resultado da pressão do governo e dos consumidores, os fabricantes de automóveis dos Estados Unidos estão fortemente envolvidos em pesquisar como melhorar o consumo de gasolina de seus carros. Um fabricante, acreditando atingir 40 milhas por galão em um de seus modelos compactos, mediu a milhagem obtida ao testar 36 versões do modelo, com os seguintes resultados (arredondados para a milhagem mais próxima por conveniência):

MPG36
Companion Website

43	35	41	42	42	38	40	41	41	40	40	41
42	36	43	40	38	40	38	45	39	41	42	37
40	40	44	39	40	37	39	41	39	41	37	40

a. Encontre a média e o desvio-padrão desses dados e dê as unidades em que são expressos.
b. Se o fabricante ficasse satisfeito com a (população) média de 40 milhas por galão, como ele reagiria em relação aos dados do teste acima?
c. Use a informação das tabelas 2.6 e 2.7 para checar a racionalidade do desvio-padrão calculado.
d. Construa um histograma de freqüência relativa para o conjunto de dados. Este conjunto tem formato de sino?
e. Que porcentagem das medições você esperaria encontrar dentro dos intervalos $\bar{x} \pm s$, $\bar{x} \pm 2s$, $\bar{x} \pm 3s$?
f. Conte o número de medições que realmente caem dentro dos intervalos da alternativa e. Expresse a contagem de cada intervalo como porcentagem do número total de medições. Compare esses resultados com aqueles de sua resposta da alternativa e.

2.143 Valor monetário dos times da NFL. A revista *Forbes* (1 set. 2005) publicou os dados financeiros de cada time da National Football League (NFL). A tabela ao lado lista o valor atual do time (sem dedução das dívidas, exceto dívida do estádio) e recebimento operacional para cada time em 2004.
a. Use um software estatístico para construir um diagrama de ramos e folhas para o valor atual dos times da NFL.
b. A distribuição dos valores aparenta ser assimétrica? Explique.
c. Use o diagrama de ramos e folhas para encontrar a mediana dos valores atuais.
d. Calcule o score-z do valor atual e receita operacional do Pittsburgh Steelers.
e. Interprete os dois scores-z da alternativa d.
f. Que outros times da NFL têm score-z positivo para valor e score-z negativo para receita operacional?
*g. Identifique algum *outlier* no conjunto de dados de valor atual.
*h. Construa um gráfico para investigar uma possível tendência entre o valor atual dos times da NFL e sua receita operacional. O que você observa?

NFLVALUE
Companion Website

Time	Valor Atual ($ milhões)	Receita Operacional ($ milhões)
Dallas Cowboys	1.063	54,3
Washington Redskins	1.264	53,8
New England Patriots	1.040	50,5
Denver Broncos	907	49,4
Cincinnati Bengals	716	45,6
Tampa Bay Buccaneers	877	45,4
San Francisco 49ers	699	43,6
New Orleans Saints	718	42,6
Houston Texans	946	41,3
Cleveland Browns	892	41,1
Chicago Bears	871	40,1
St. Louis Rams	757	39,8
Pittsburgh Steelers	820	36,5
Buffalo Bills	708	36,1
Green Bay Packers	849	35,4
Tennessee Titans	839	35,1
Jacksonville Jaguars	691	34,6
San Diego Chargers	678	32,8
Baltimore Ravens	864	32,7
Kansas City Chiefs	762	31
Atlanta Falcons	690	26,8
New York Giants	806	26,7
Philadelphia Eagles	952	24,5
Carolina Panthers	878	24,3
Indianapolis Colts	715	16,4
Arizona Cardinals	673	16,2
Miami Dolphins	856	15,8
Minnesota Vikings	658	15,6
Detroit Lions	780	15,4
Seattle Seahawks	823	14,4
New York Jets	739	12
Oakland Raiders	676	7,8

Fonte: *Forbes*, 1 set. 2005.

***2.144 Produção de amendoim dos Estados Unidos.** Se não examinada com cuidado, a descrição gráfica da produção norte-americana de amendoim mostrada na página seguinte pode ser enganosa.
    a. Explique por que o gráfico pode confundir alguns leitores.
    b. Construa um gráfico sem distorção da produção norte-americana de amendoim para os anos dados.

***2.145 Tempo de duração para uma troca de óleo.** Uma cadeia nacional de franqueados do setor de troca de óleo de automóveis afirma que "seu capô ficará aberto por menos de 12 minutos quando estivermos trabalhando em seu carro". Para checar a veracidade dessa afirmação, um repórter de

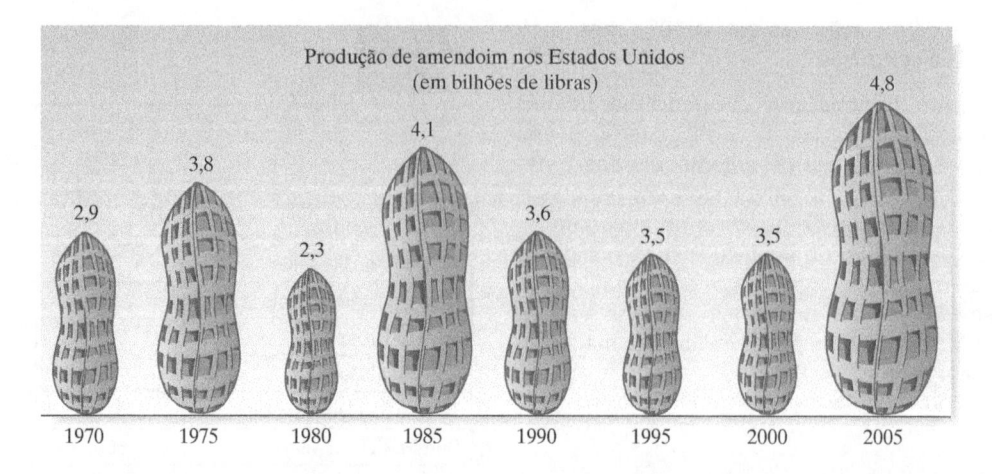

Produção de amendoim nos Estados Unidos
(em bilhões de libras)

1970: 2,9 — 1975: 3,8 — 1980: 2,3 — 1985: 4,1 — 1990: 3,6 — 1995: 3,5 — 2000: 3,5 — 2005: 4,8

uma televisão local disfarçado monitorou o 'tempo de capô' de 25 consumidores consecutivos em uma das franquias. Os dados resultantes são mostrados abaixo. Construa um gráfico de série temporal para os dados e descreva o que ele revela.

HOODTIME
Companion Website

NÚMERO DO CONSUMIDOR	CAPÔ ABERTO (MINUTOS)	NÚMERO DO CONSUMIDOR	CAPÔ ABERTO (MINUTOS)
1	11,50	14	12,50
2	13,50	15	13,75
3	12,25	16	12,00
4	15,00	17	11,50
5	14,50	18	14,25
6	13,75	19	15,50
7	14,00	20	13,00
8	11,00	21	18,25
9	12,75	22	11,75
10	11,50	23	12,50
11	11,00	24	11,25
12	13,00	25	14,75
13	16,25		

Aplicação dos conceitos — Avançado

2.146 Investigando as afirmações de clínicas de emagrecimento. A U.S. Federal Trade Commission aplica multas e outras penalidades a clínicas de emagrecimento que fazem propagandas enganosas e não dão garantia sobre a efetividade de seus programas. O material de divulgação de duas clínicas anunciam 'evidência estatística' sobre a efetividade dos programas. A clínica A afirma que a média de perda de peso durante o primeiro mês é de 15 libras; a clínica B diz que a mediana de perda de peso é de 10 libras.

  a. Partindo do princípio de que as estatísticas estão corretamente calculadas, qual clínica você recomendaria se não tivesse outra informação? Por quê?

  b. Após pesquisa mais profunda, a mediana e o desvio-padrão para a clínica A foram encontrados como sendo 10 e 20 libras, respectivamente, enquanto a média e o desvio-padrão para a clínica B foram de 10 e 5 libras, respectivamente. Ambas estão baseadas em amostras de mais de 100 clientes. Descreva as distribuições de emagrecimento para as duas clínicas da forma mais completa possível, dadas as informações adicionais. O que você recomendaria para um cliente potencial? Por quê?

  c. Note que nada é dito sobre como foi selecionada a amostra de clientes sobre a qual a estatística está baseada. Que informação adicional seria importante, tendo em vista as técnicas de amostragem empregadas pela clínica?

2.147 Estudo sobre discriminação de idade. A discriminação de idade na Lei de Emprego diz que trabalhadores de 40 anos ou mais devem ser tratados sem se considerar a idade em todas as fases do emprego (contratação, promoção, demissão etc.). Casos de discriminação por idade são de dois tipos: *tratamento desigual* e *impacto desigual*. No primeiro, a questão é saber se os trabalhadores foram intencionalmente discriminados. No segundo, é saber se as práticas afetam adversamente a classe protegida (isto é, trabalhadores de 40 anos ou mais) mesmo que nenhum efeito desse tenha sido de intenção do empregador (Zabell, 1989). Um pequeno fabricante de computadores dispensou 10 de seus 20 engenheiros de software. As idades dos engenheiros, na época da demissão, estão relacionadas abaixo. Analise os dados para determinar se a empresa pode estar vulnerável a uma acusação de impacto desigual.

LAYOFF
Companion Website

Não dispensados: 34 55 42 38 42 32 40 40 46 29
Dispensados: 52 35 40 41 40 39 40 64 47 44

Desafios críticos de pensamento

2.148 Lei "Nenhuma criança deixada para trás". De acordo com o governo, o gasto federal na educação de crianças até 12 anos aumentou dramaticamente nos últimos 20 anos, mas a performance dos estudantes permaneceu essencialmente a mesma. Então, em 2002, o presidente George Bush assinou a lei 'Nenhuma criança deixada para trás', que prometeu melhora na performance para todas as crianças norte-americanas. A *Chance* (outono, 2003) reportou um gráfico obtido no site do Departamento de Educação norte-americano, que foi designado para implantar a nova legislação. O gráfico aparece reproduzido na página a seguir. As barras no gráfico representam o gasto anual do

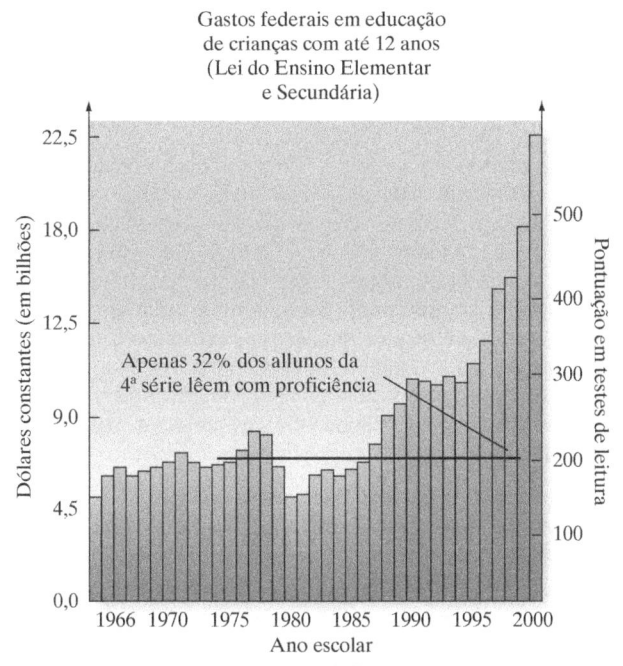

Gastos federais em educação
de crianças com até 12 anos
(Lei do Ensino Elementar
e Secundária)

Fonte: Departamento norte-americano de Educação.

governo federal em educação (lado esquerdo – eixo vertical). A linha horizontal representa a média anual da habilidade em leitura de uma criança de quarta série (lado direito – eixo vertical). Analise criticamente a informação mostrada no gráfico. Ela, de fato, suporta a posição do governo de que nossas crianças não estão obtendo melhor desempenho em sala de aula, apesar dos gastos federais em educação? Use os seguintes fatos (divulgados pelo artigo da *Chance*) para ajudá-lo a desenvolver a resposta: (1) a população norte-americana de estudantes também aumentou dramaticamente nos últimos 20 anos; (2) a pontuação dos testes de leitura da quarta série tem uma média de 250, com desvio-padrão de 50; e (3) a pontuação de testes de leitura de sétima e décima segunda séries e as pontuações de matemática dos alunos de quarta série aumentaram substancialmente nos últimos 20 anos.

2.149 Qualidade de barras de aço. Em seu ensaio "Making things right", W. Edwards Deming considerou o papel da estatística no controle de qualidade de produtos industriais.[10] Em um exemplo, Deming examinou o processo de controle de qualidade para um fabricante de barras de aço. Barras produzidas com um diâmetro menor que um centímetro ficam frouxas e são geralmente rejeitadas (expelidas). Para determinar se a definição do diâmetro da máquina que produz as barras está correta, 500 barras são selecionadas de um dia de produção e seus diâmetros são registrados. A distribuição dos 500 diâmetros para um dia de produção é mostrada na figura abaixo. Note que o símbolo LSL na figura representa o limite da menor especificação de um centímetro para os diâmetros das barras. Especulou-se que alguns inspetores não estariam cientes do problema que um diâmetro menor das barras causaria depois no processo de fabricação. Conseqüentemente, esses inspetores podem deixar passar barras com diâmetros ligeiramente abaixo da menor especificação e registrando no intervalo centrado em 1,000 centímetro. De acordo com a figura, há alguma evidência que dê base para essa alegação? Explique.

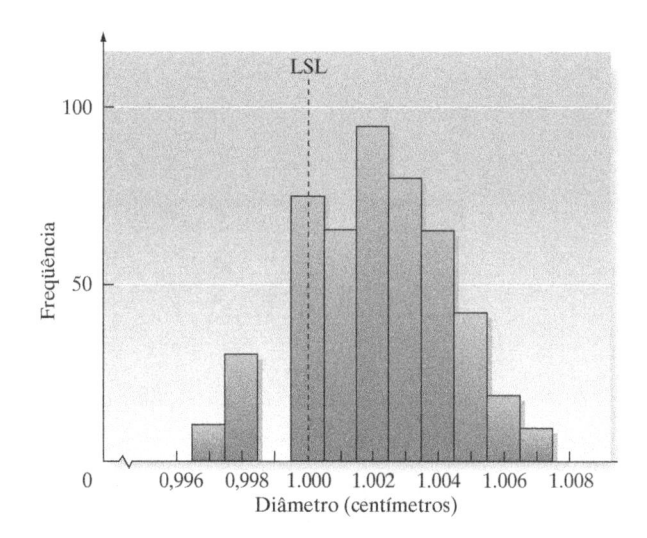

Referências bibliográficas

DEMING, W. E. *Out of the crisis*. Cambridge, Mass.: M.I.T. Center for Advanced Engineering Study, 1986.

GITLOW, H. A. Oppenheim, R. Oppenheim, *Quality management*: Methods for improvement, 2. ed. Burr Ridge, Ill.: Irwin, 1995.

HUFF, D. *How to Lie with Statistics*. Nova York: Norton, 1954.

ISHIKAWA, K. *Guide to quality control*, 2. ed. White Plains, N.Y.: Kraus International Publications, 1982.

JURAN, J. M. *Juran on planning for quality*. Nova York: The Free Press, 1988.

MENDENHALL, W. R. J. Beaver, B. M. Beaver, *Introduction to probability and statistics*. 12. ed. North Scituate, Mass.: Duxbury, 2006.

TUFTE, E. R. *Envisioning information*. Cheshire, Conn.: Graphics Press, 1990.

_____. *Visual display of quantitative information*. Cheshire, Conn.: Graphics Press, 1983.

_____. *Visual explanations*. Cheshire, Conn.: Graphics Press, 1997.

TUKEY, J. *Exploratory data analysis*. Reading, Mass.: Addison-Wesley, 1977.

ZABEL, S. L. Statistical proof of employment discrimination. *Statistics*: a guide to the unknown, 3. ed. Pacific Grove, Calif.: Wadsworth, 1989.

---

[10] J. De Tanur et al., eds., Statistics: a guide to the unknown. San Francisco:Holden-Day, 1978, pp. 279–281.

Uso da tecnologia

2.1 Descrição de dados usando o SPSS

Construindo gráficos de dados

Para obter descrições gráficas de dados que aparecem na planilha do SPSS, clique no botão 'Graphs' na barra de menus do SPSS. A lista de menu resultante aparece como mostrado na Figura 2.S.1. Muitas das opções cobertas neste texto são 'Bar (graph)', 'Pie (chart)', 'Pareto (diagrama)', 'Boxplot', 'Scatter (plot)' e 'Histogram'. Clique no gráfico de sua escolha para ver a caixa de diálogo apropriada. Por exemplo, a caixa de diálogo para um histograma é mostrada na Figura 2.S.2. Faça as seleções de variáveis apropriadas e clique 'OK' para visualizar o gráfico.

Gráficos de ramos e folhas podem ser obtidos ao selecionar 'Analyze' a partir do menu principal do SPSS, então 'Descriptive Statistcs' e 'Explore", como mostrado na Figura 2.S.3. Na caixa de diálogo 'Explore', selecione a variável a ser analisada na caixa 'Dependent List', como mostrado na Figura 2.S.4. Clique em 'Both' ou 'Plots' nas opções de 'Display' e em 'OK' para mostrar o gráfico de ramos de folhas.

Estatística descritiva numérica

Para obter medições descritivas numéricas para uma variável quantitativa, clique em 'Analyze' na barra de menu, então clique em 'Descriptive Statistic', como mostrado na Figura 2.S.3. Para obter estatística descritiva padrão (como média, variância e desvio-padrão), selecione 'Descriptives' a partir do menu; a caixa de diálogo mostrada na Figura 2.S.5 irá aparecer. Selecione as variáveis quantitativas que você deseja analisar e posicione-as na caixa 'Variable(s)'. Você pode controlar qual estatística descritiva aparece ao clicar no botão 'Options' na caixa de diálogo e fazer suas seleções. Clique em 'OK' para ver a tela das estatísticas descritivas.

Se você quer essas estatísticas descritivas, assim como os percentis, selecione 'Explore' a partir do menu principal do SPSS, como mostrado na Figura 2.S.3. Na caixa de diálogo resultante (veja Figura 2.S.4), selecione o botão 'Statistics' e marque a caixa 'Percentiles' no menu resultante. Retorne para a caixa de diálogo 'Explore' e clique em 'OK' para gerar as estatísticas descritivas.

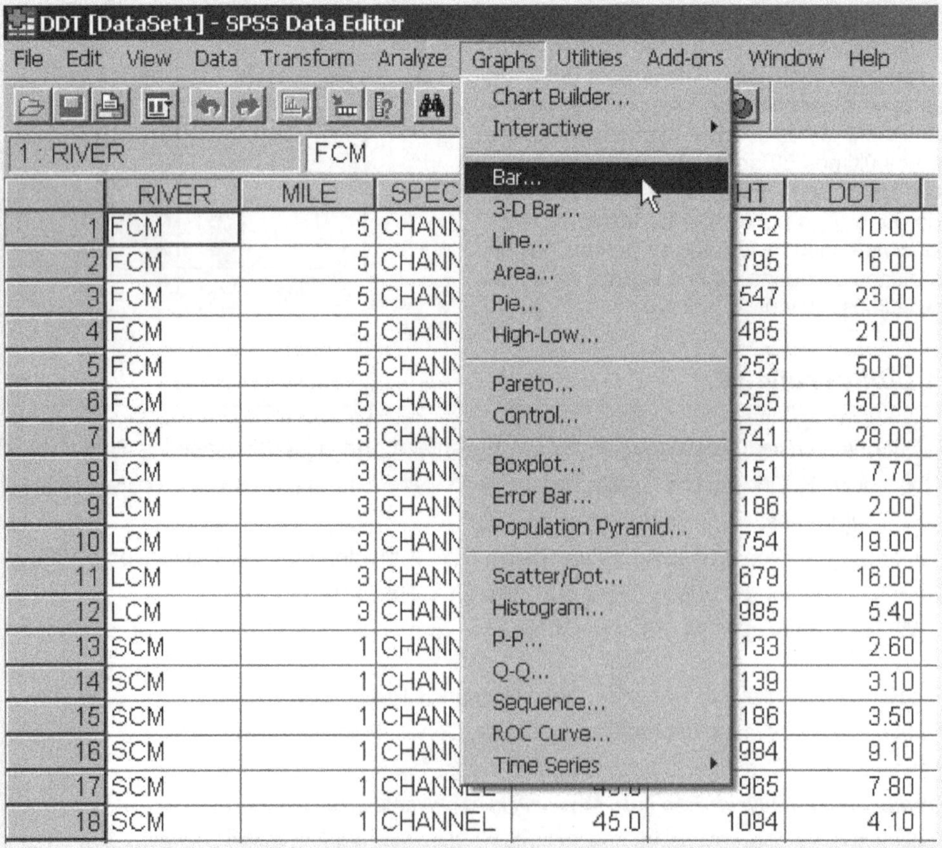

FIGURA 2.S.1 Opções de menu do SPSS para gráficos de dados

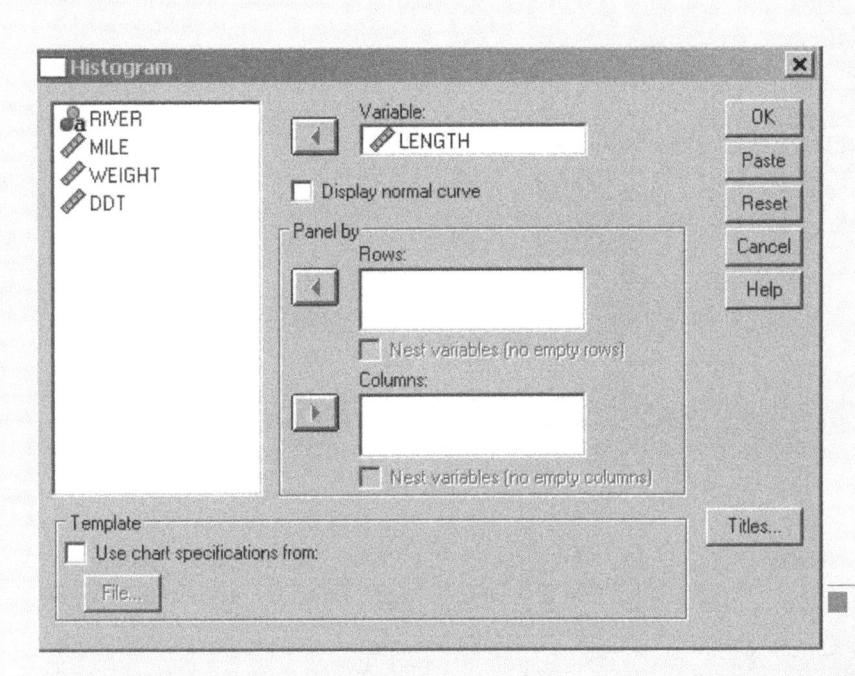

FIGURA 2.S.2 Caixa de diálogo de histograma do SPSS

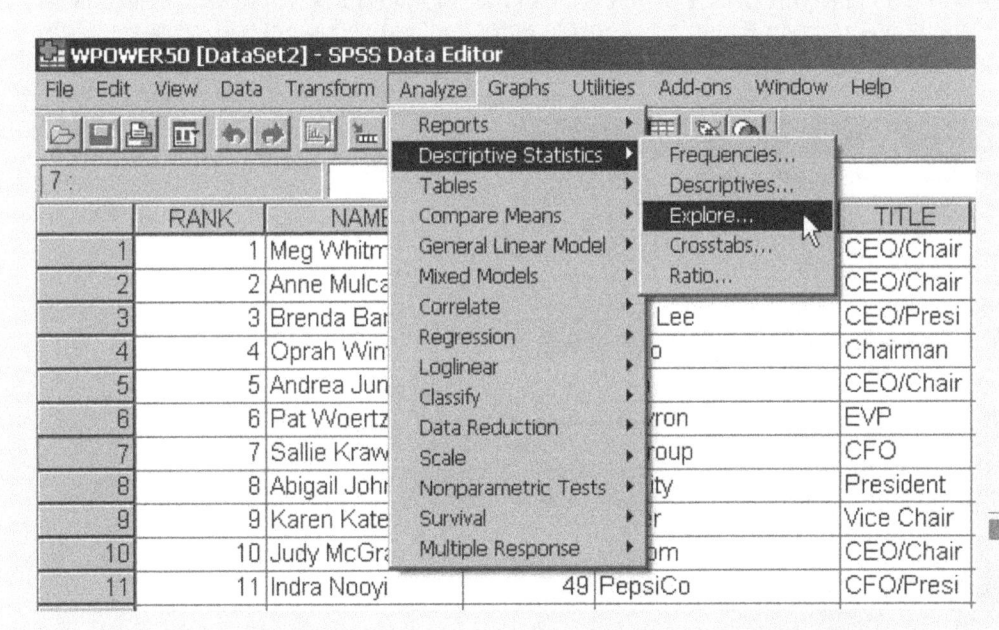

FIGURA 2.S.3 Opções de menu do SPSS para estatísticas descritivas

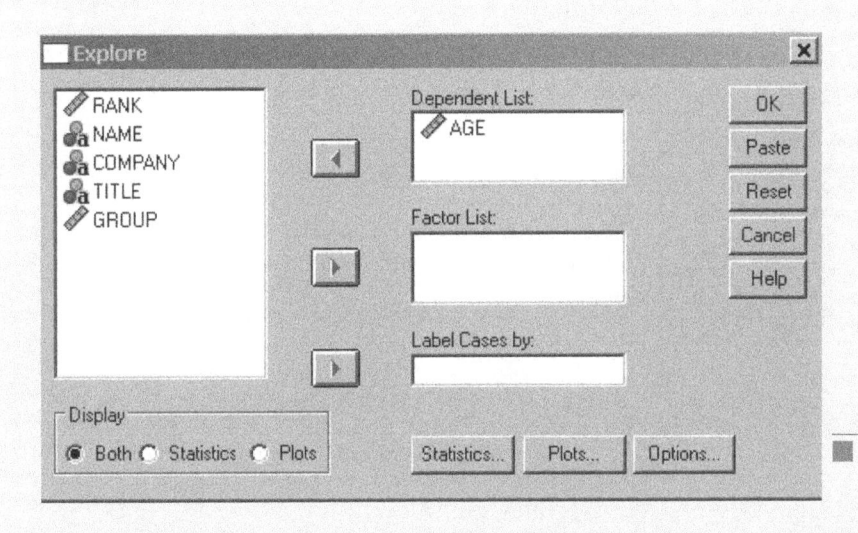

FIGURA 2.S.4 Caixa de diálogo Explore do SPSS

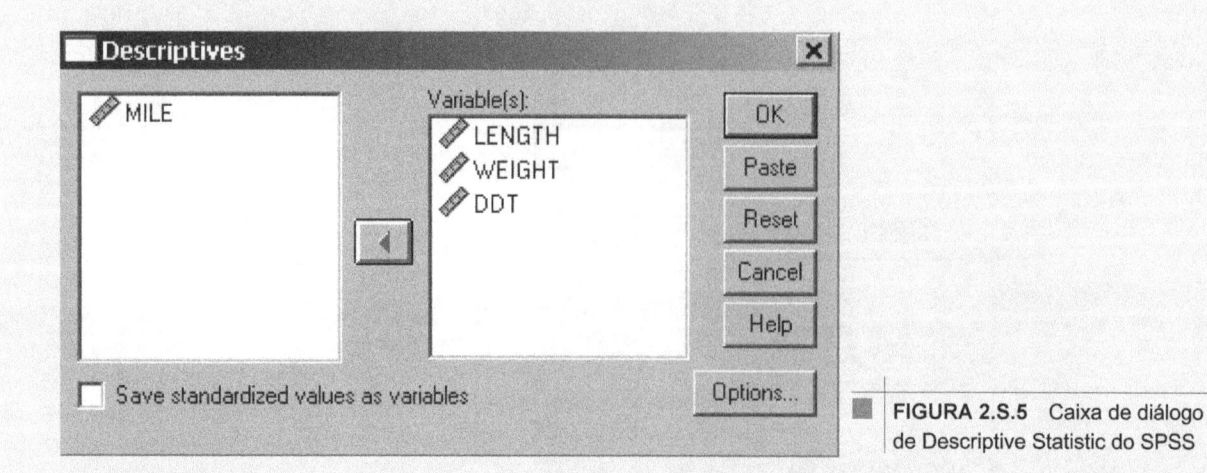

FIGURA 2.S.5 Caixa de diálogo de Descriptive Statistic do SPSS

2.2 Descrevendo dados usando o MINITAB

Construindo gráficos de dados

Para obter descrições gráficas de seus dados, clique no botão 'Graph' na barra de menu do MINITAB. A lista de menu resultante aparece como mostrado na Figura 2.M.1. Muitas das opções apresentadas por este texto são 'Bar Chart', 'Pie Chart', 'Scatterplot', 'Histogram', 'Dotplot' e 'Stem-and-Leaf (display)'. Clique no gráfico de sua escolha para ver a caixa de diálogos apropriada. Por exemplo, a caixa de diálogos para um histograma é mostrada na Figura 2.M.2. Faça as seleções de variáveis apropriadas e clique em 'OK' para visualizar o gráfico.

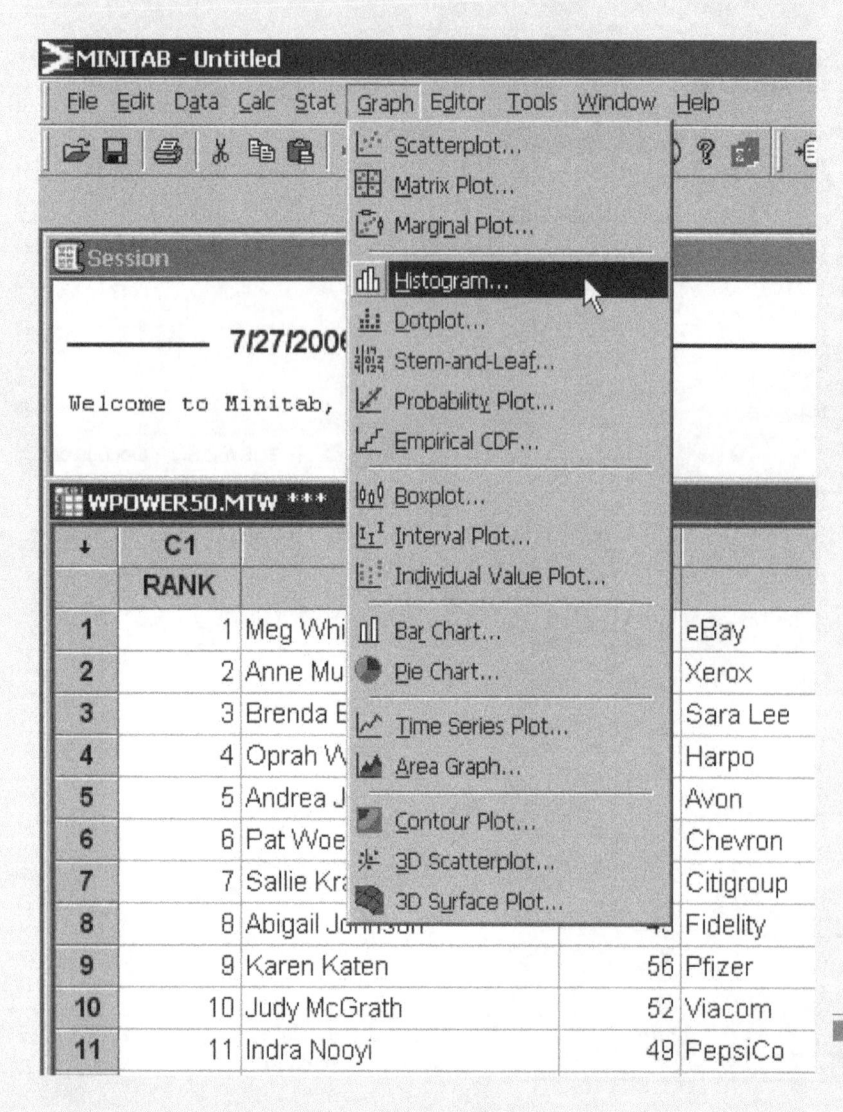

FIGURA 2.M.1 Opções de menu do MINITAB para gráficos de dados

Estatística descritiva numérica

Para obter medições descritivas numéricas para uma variável quantitativa (como média, desvio-padrão etc.), clique no botão 'Stat' na barra do menu principal, então em 'Basic Statistics', depois em 'Display Descriptive Statistics' (veja Figura 2.M.3). A caixa de diálogo resultante aparece na Figura 2.M.4.

Selecione as variáveis quantitativas que você deseja analisar e coloque-as na caixa 'Variables'. Você pode controlar qual estatística descritiva em particular aparecerá ao clicar sobre o botão 'Statistics' na caixa de diálogo e fazer sua seleção. (Como opção, você pode criar histogramas e gráficos de pontos para os dados ao clicar no botão 'Graphs' e fazer as seleções apropriadas.) Clique em 'OK' para ver a tela de estatísticas descritivas.

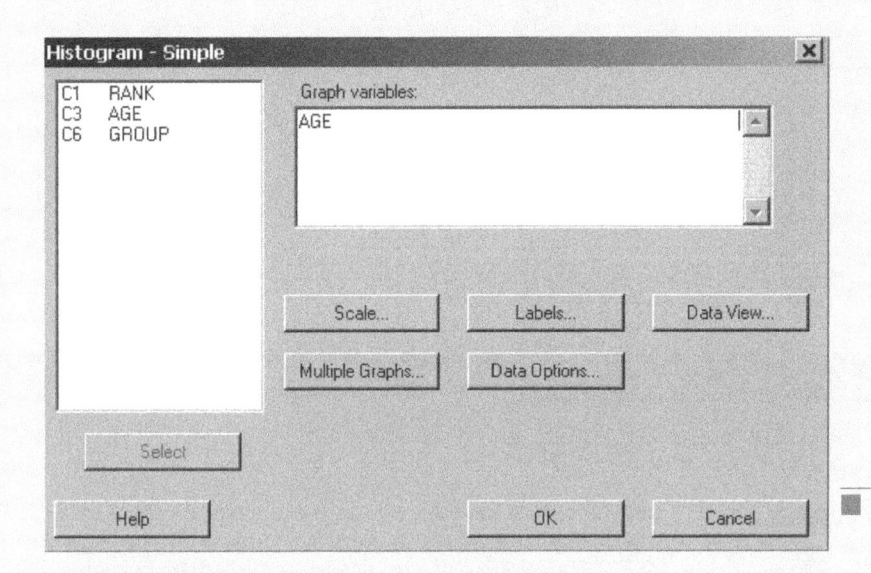

■ **FIGURA 2.M.2** Caixa de diálogo do histograma do MINITAB

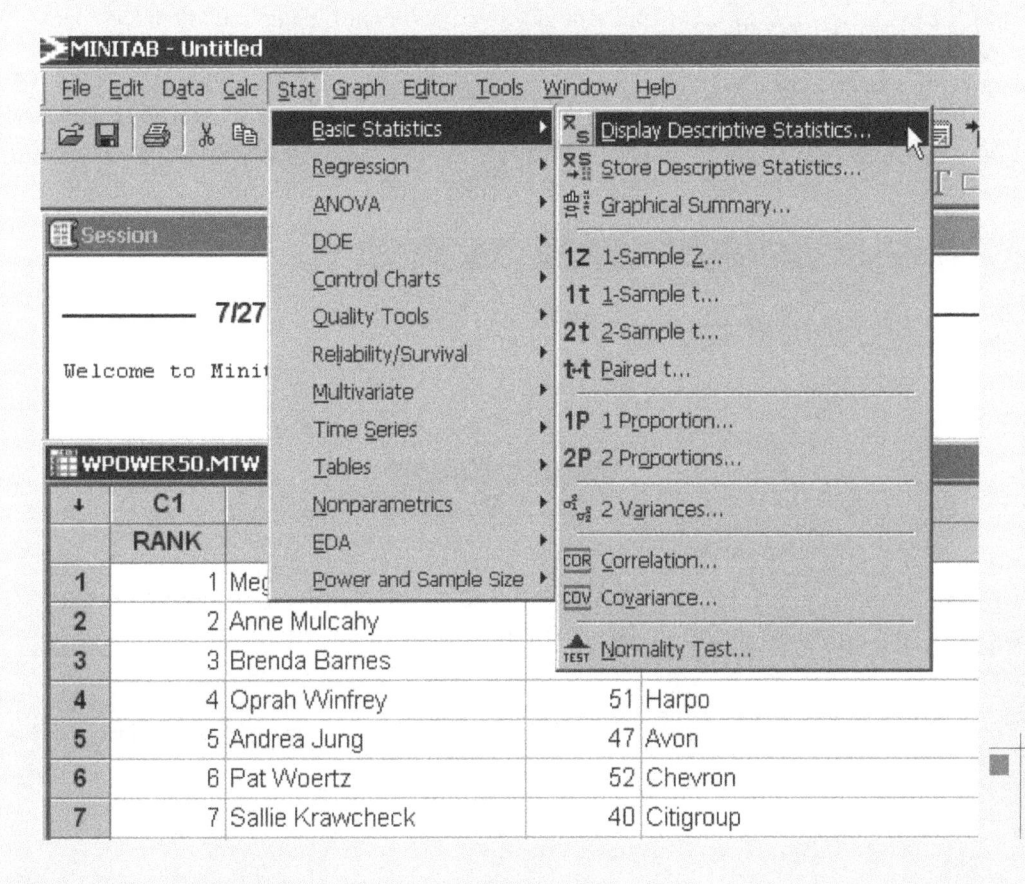

■ **FIGURA 2.M.3** Opções do MINITAB para estatística descritiva

FIGURA 2.M.4 Caixa de diálogos do MINITAB para estatística descritiva

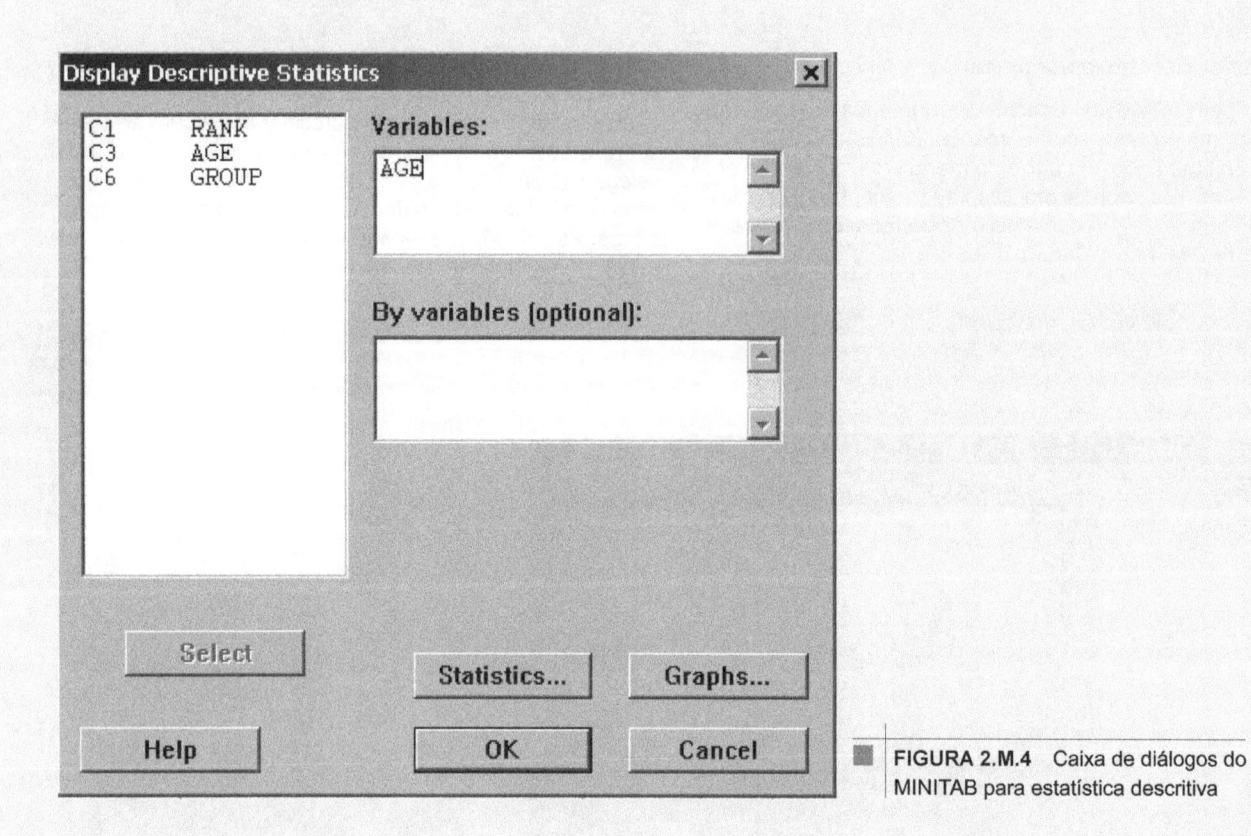

2.3 Descrevendo dados usando Excel/PHStat2

Construindo gráficos de dados

Para fazer gráficos de dados para uma única variável na sua planilha Excel, clique no botão 'PHStat' na barra de menu principal do Excel, então em 'Descriptive Statistics'. O menu resultante aparecerá como mostrado na Figura 2.E.1. Para obter um gráfico de pizza, gráfico de barras ou diagrama de Pareto para uma variável qualitativa, clique em 'One-Way Tables & Charts' (veja Figura 2.E.1). A caixa de diálogos resultante aparece como mostrado na Figura 2.E.2. Selecione o tipo de dados, entre com as células da variável e selecione o tipo de gráfico (gráfico de barras, de pizza ou diagrama de Pareto). Então clique em 'OK' para visualizar o gráfico.

Para obter um gráfico para uma única variável quantitativa, selecione a opção apropriada — 'Boxplot', 'Dot (scale diagram) plot', 'Histograms', ou 'Stem-and-Leaf (display)' — a partir das

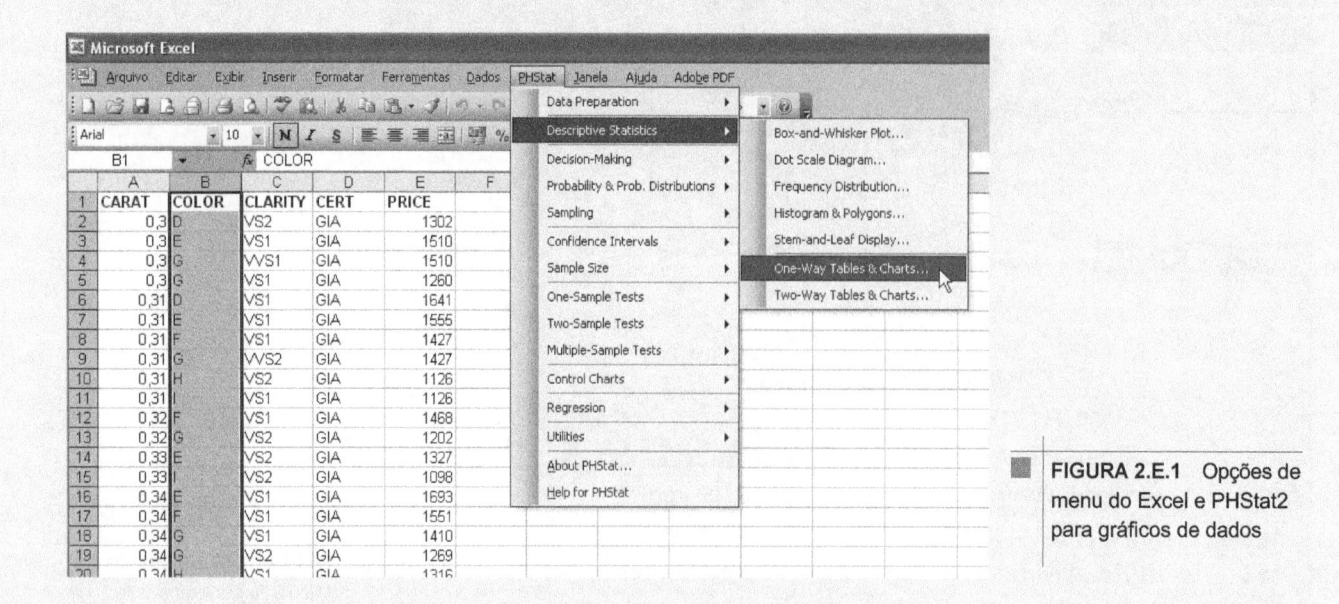

FIGURA 2.E.1 Opções de menu do Excel e PHStat2 para gráficos de dados

opções de variável mostradas na Figura 2.E.1. Faça as escolhas de menu apropriadas na caixa de diálogos resultante. Por exemplo, a caixa de diálogos para um histograma é mostrada na Figura 2.E.3. [*Nota*: Para um histograma, você terá que criar duas novas variáveis com os dados na sua planilha Excel — 'Bins' (que representam os pontos finais corretos de cada intervalo) e 'Midpoints' de cada um (ou classe de intervalo).]

Após fazer as seleções de menu, clique em 'OK' para visualizar o gráfico.

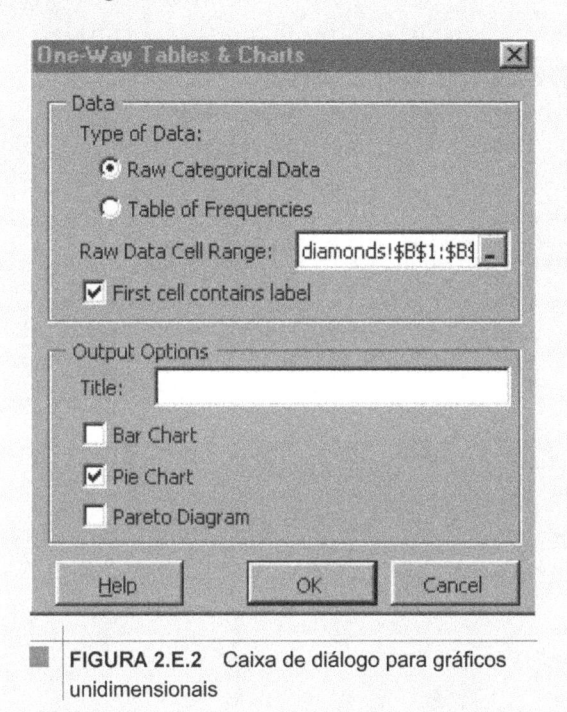

FIGURA 2.E.2 Caixa de diálogo para gráficos unidimensionais

Para obter um diagrama de dispersão para duas variáveis quantitativas, clique no Assistente de gráfico no menu principal do Excel. Uma série de quatro menus aparecerá. A etapa 1 do Assistente de gráfico é mostrada na Figura 2.E.4. Faça as escolhas de menu apropriadas, então clique

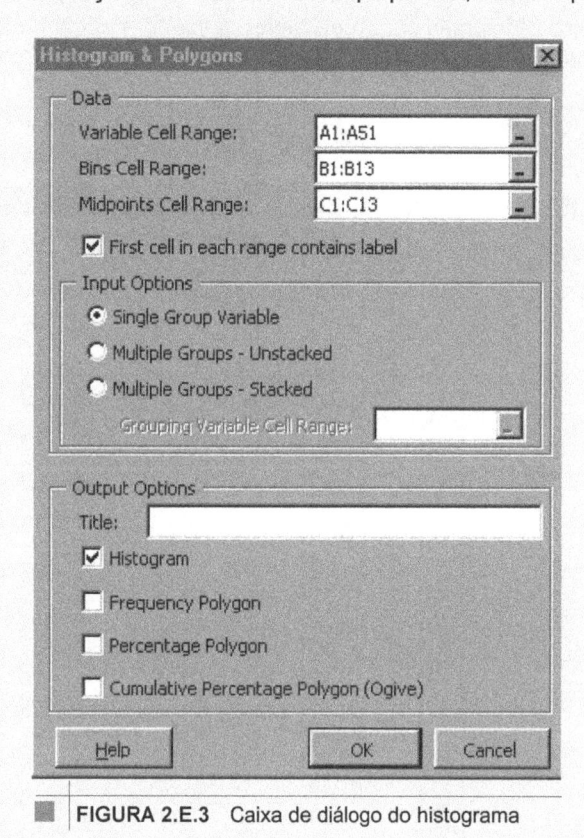

FIGURA 2.E.3 Caixa de diálogo do histograma

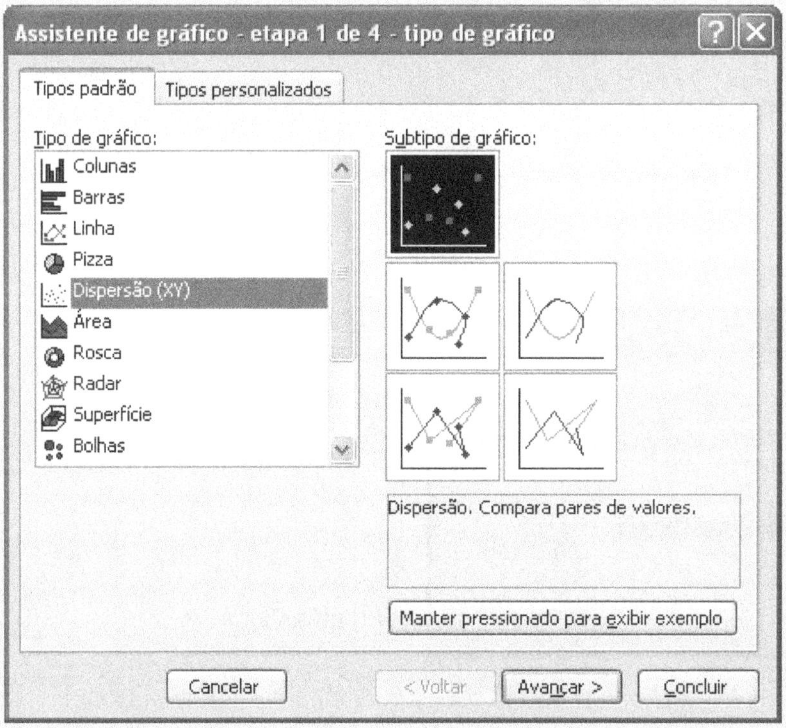

FIGURA 2.E.4 Passo 1 do Chart Wizard para um diagrama de dispersão

em 'Concluir' para visualizar o diagrama de dispersão. [*Nota*: As duas variáveis a partir das quais você quer fazer um gráfico devem estar em colunas adjacentes na planilha do Excel.]

Estatística descritiva numérica

Para obter medições descritivas numéricas para uma variável quantitativa (como média, desvio-padrão etc.), clique no botão 'Ferramentas' na barra de menus principal e em 'Análise de dados', como mostrado na Figura 2.E.5. Selecione 'Estatística descritiva' a partir do menu resultante (veja Figura 2.E.6). A caixa de diálogos resultante aparece na Figura 2.E.7. Entre com as células das variáveis que serão analisadas e selecione 'Resumo estatístico'. Então clique em 'OK' para visualizar a tela da estatística descritiva.

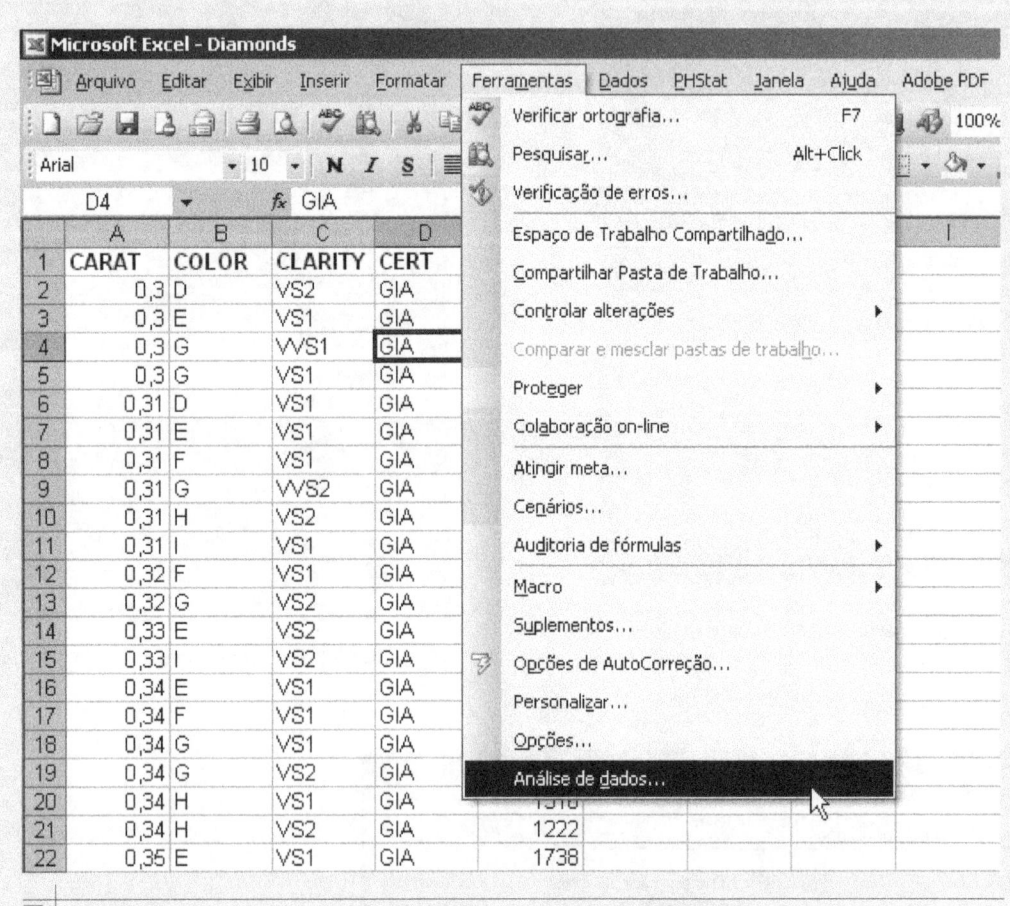

FIGURA 2.E.5 Opções de menu principal para estatística descritiva

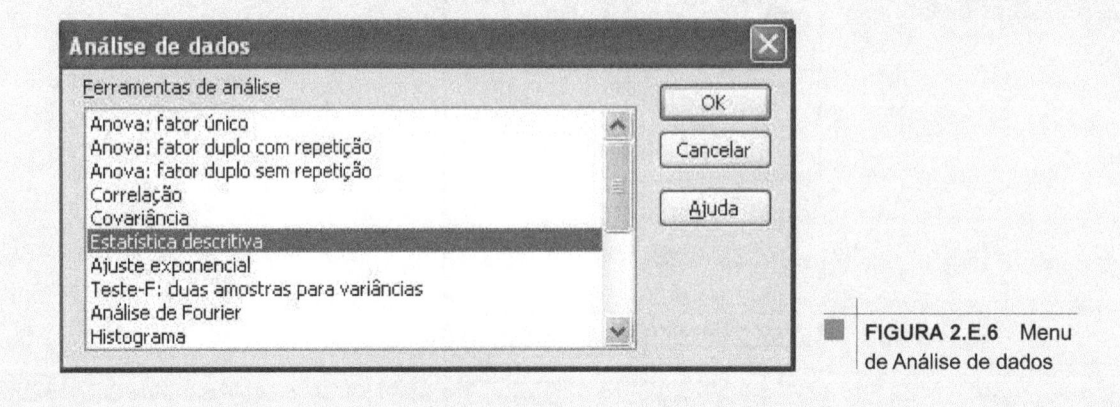

FIGURA 2.E.6 Menu de Análise de dados

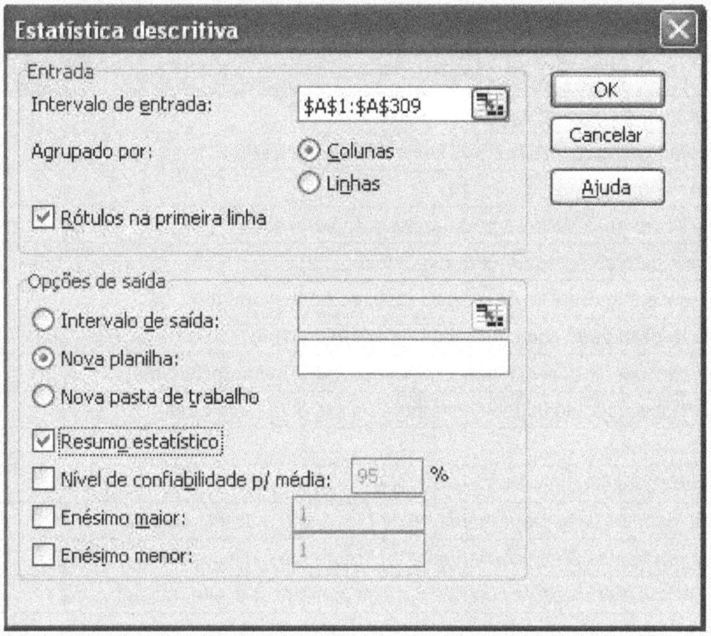

FIGURA 2.E.7 Caixa de diálogo de estatística descritiva

Caso real

O caso da Kentucky Milk — Parte 1
(Caso para os capítulos 1 e 2)

Muitos produtos e serviços são comprados por governos, cidades, estados e empresas tendo como base ofertas em grande escala, e contratos são selecionados de acordo com os menores preços. Esse processo funciona extremamente bem em mercados competitivos, mas há um potencial de aumento do custo da compra se os mercados não são competitivos ou se há práticas ilegais presentes. Uma investigação que começou com uma análise estatística no mercado de leite para escolas na Flórida em 1986 levou à descoberta de mais de $ 33.000.000 de laticínios que conspiraram para acertar as ofertas na década de 1980. A investigação se espalhou rapidamente para outros estados e até esta data, multas e punições para os laticínios já excedem $ 100.000.000 em mais de 20 estados. Esse caso está ligado a uma investigação de fraude nas ofertas de leite escolar no estado do Kentucky.

A cada ano, a Commonwealth of Kentucky pede ofertas de laticínios para suprir contêineres de produtos de leite para os distritos escolares. Os produtos incluem leite puro, leite desnatado e achocolatado desnatado. Em 13 distritos escolares no norte do Kentucky, os fornecedores (laticínios) foram acusados de 'fixar preços', ou seja, conspirar para alocar os distritos, de forma que o 'vencedor' fosse predeterminado. Uma vez que esses distritos estão localizados nos condados de Boone, Campbell e Kenton, o mercado geográfico que eles representam é designado como o mercado do 'tricondado'. Entre 1983 e 1991, dois laticínios — Meyer Dairy e Trauth Dairy — foram os únicos que fizeram ofertas nos distritos escolares do tricondado. Conseqüentemente, essas duas companhias foram agraciadas com todos os contratos de oferta de leite no mercado (contudo, grande número de laticínios venceu os contratos de leite para os distritos escolares das áreas remanescentes do norte, chamados mercado 'das redondezas'). A Commonwealth of Kentucky afirmou que a Meyer e a Trauth conspiraram para alocar os distritos no tricondado. Até os dias de hoje, um dos laticínios (Meyer) admitiu a culpa, enquanto o outro (Trauth) ainda alega inocência.

A Commonwealth of Kentucky mantém um banco de dados de todas as ofertas recebidas dos laticínios competindo pelos contratos de leite. Alguns desses dados estão disponíveis para você analisar, para determinar se há alguma evidência empírica de acordo no mercado do tricondado. Os dados, salvos no arquivo **MILK**, estão detalhados na tabela da página seguinte. Algumas outras informações sobre os dados e teoria econômica importante sobre acordos desse tipo também são dadas. Use essas informações para guiar sua análise. Prepare um documento profissional que apresente o resultado de sua análise e dê sua opinião sobre esse tipo de acordo.

MILK (Número de observações: 392)

VARIÁVEL	TIPO	DESCRIÇÃO
ANO	QN	Ano no qual o contrato de leite foi agraciado
MERCADO	QL	Mercado do norte do Kentucky (TRICONDADO ou REDONDEZAS)
GANHADOR	QL	Nome do laticínio vencedor
WWBID	QN	Preço da oferta vencedora de leite puro (dólares por meia-pinta*)
WWQTY	QN	Quantidade de leite puro comprado (número de meia-pinta)
LFWBID	QN	Preço de oferta vencedor para leite desnatado (dólares por meia-pinta)
LFWQTY	QN	Quantidade de leite desnatado comprado (número de meia-pinta)
LFCBID	QN	Preço de oferta vencedor de achocolatado desnatado (dólares por meia-pinta)
LFCQTY	QN	Quantidade de achocolatado desnatado comprado (número de meia-pinta)
DISTRICT	QL	Número do distrito escolar
KYFMO	QN	FMO custo mínimo do leite (dólares por meia-pinta)
MILESM	QN	Distância (milhas) da fábrica de processamento da Meyer até o distrito escolar
MILEST	QN	Distância (milhas) da fábrica de processamento da Trauth até o distrito escolar
LETDATE	QL	Data na qual se iniciou o processo de ofertas para os contratos de leite (mês/dia/ano)

* Pinta é uma antiga unidade de capacidade (N.RT.).

Informações adicionais

Mercado ilegal de cooperação

Algumas características de um mercado criam um ambiente onde a cooperação ilegal pode se mostrar. Essas características incluem o seguinte:

1. *Poucos vendedores e alta concentração*. Apenas um pequeno número de laticínios controla todo ou quase todo o negócio de leite no mercado.
2. *Produtos homogêneos*. Os produtos vendidos são essencialmente os mesmos do ponto de vista do comprador (ou seja, o distrito escolar).
3. *Demanda inelástica*. A demanda é relativamente insensível ao preço. (*Nota*: A quantidade de leite requerida pelo distrito escolar é determinada pela inscrição da escola, e não por preço.)
4. *Custos similares*. Os laticínios almejando os contratos de leite encontram condições de custos similares. (*Nota*: Aproximadamente 60% da produção do laticínio é leite puro, regulado em âmbito federal. A Meyer e a Trauth são laticínios de tamanho similar e ambos compraram seu leite puro do mesmo fornecedor.)

Apesar de essas características de estrutura de mercado criarem um ambiente que torna a cooperação ilegal mais fácil, elas não indicam necessariamente que essa cooperação exista. Uma análise dos preços de ofertas pode dar informações adicionais sobre o grau de competição no mercado.

Padrão de ofertas em cooperação ilegal

A análise de padrão das ofertas revela muito sobre a competição, ou falta dela, entre os vendedores servindo o mercado. Considere a seguinte análise de ofertas:

1. *Participação de mercado*. A participação de mercado para um laticínio é o número de unidades de leite fornecido pelo laticínio em um dado ano escolar, dividido pelo número total de unidades fornecido a todo o mercado. Um sinal de potencial acordo de cooperação ilegal é uma participação de mercado estável e quase igual dos laticínios sob investigação ao longo do tempo.
2. *Taxas de incumbência*. Alocação de mercado é uma forma comum de comportamento de cooperação em conspirações de licitação de preços. De forma típica, o mesmo laticínio controla os mesmos distritos escolares ano após ano. A taxa de incumbência para um mercado em um dado ano escolar é definida como a porcentagem de distritos escolares que foram vencidos pelo mesmo fornecedor que venceu no ano anterior. Uma taxa que exceda 70% deve ser considerada um sinal de comportamento de cooperação ilegal.
3. *Níveis de ofertas e dispersão*. Em um mercado de ofertas competitivo, vendedores não trocam informações sobre sua oferta. Conseqüentemente, mais dispersão ou variabilidade entre as ofertas é observada do que em mercados em que há cooperação ilegal, em que vendedores se comunicam sobre suas ofertas e têm a tendência de submeter ofertas em grande proximidade umas das outras, numa tentativa de fazer com que o processo pareça competitivo. Além disso, em mercados competitivos, a dispersão de ofertas tende a ser diretamente proporcional à oferta; quando ofertas relativamente altas são submetidas, há mais variabilidade entre as ofertas do que quando elas são submetidas no ou próximo do custo marginal, o que é aproximadamente o mesmo entre laticínios no mesmo mercado geográfico.
4. *Preço versus custo/distância*. Em mercados competitivos, espera-se que os preços de ofertas acompanhem o custo através do tempo. Assim, se o mercado é competitivo, o preço de oferta de leite deve ser altamente correlacionado com o custo do leite puro. A ausência de tal relação é outro sinal de cooperação ilegal. De forma similar, o preço de oferta deve estar correlacionado à distância que o produto deve viajar desde a fábrica de

processamento até a escola (devido a custos de distribuição) em um mercado competitivo.

5. *Seqüência da oferta*. Ofertas de leite escolar são submetidas ao longo dos meses da primavera e verão, geralmente ao fim de um ano escolar e antes do início do próximo. Quando as ofertas são examinadas em seqüência em um mercado competitivo, é esperado que declinem à medida que passa a temporada de ofertas (Esse fenômeno é atribuído ao processo de aprendizado que ocorre durante a temporada, com ofertas ajustando-se. Laticínios podem submeter ofertas relativamente altas no começo da temporada para 'testar o mercado', confiantes de que o volume pode ser conseguido depois se as altas ofertas do início se perderem. Mas laticínios que não vencem muitas licitações no começo da temporada são mais propensos a se tornar mais agressivos em suas ofertas, uma vez que a temporada passa, levando os preços para baixo.) Padrões de preços constantes ou relativamente crescentes de ofertas seqüenciais em um mercado no qual um único laticínio vence ano após ano são considerados outro indício de comportamento de cooperação ilegal.

6. *Comparação de preços de oferta ganhadores.* Considere dois mercados similares, um no qual ofertas são possivelmente fraudadas e outro no qual ofertas são competitivamente determinadas. Em teoria, a média de preço vencedor no mercado fraudado será significativamente maior do que o preço médio em um mercado competitivo para cada ano em que a cooperação ilegal ocorra.

PROBABILIDADE

Conteúdo

3.1 Eventos, espaços amostrais e probabilidade
3.2 Uniões e interseções
3.3 Eventos complementares
3.4 Regra da adição e eventos mutuamente exclusivos
3.5 Probabilidade condicional
3.6 Regra da multiplicação e eventos independentes
3.7 Amostragem aleatória
3.8 Regra de Bayes (Opcional)

ESTATÍSTICA EM AÇÃO

CAÇADORES DA LOTO!

"Bem-vindos ao maravilhoso mundo dos caçadores de loteria!" Assim começou o primeiro número da Lottery Buster *(Caçadores de Loteria)*, uma publicação mensal para jogadores de loterias estaduais. A Lottery Buster *fornece fatos e dados interessantes sobre as 42 loterias estaduais e as duas loterias multiestaduais atualmente em operação nos Estados Unidos – e, o mais importante: apresenta dicas para aumentar as chances de um jogador ganhar na loteria.*

New Hampshire, em 1963, foi o primeiro estado, nos tempos modernos, a autorizar uma loteria estadual como alternativa ao aumento de impostos. (Antes disso, a partir de 1895, as loterias foram proibidas na América por causa da corrupção.) Desde então, as loterias se tornaram imensamente populares por duas razões. Primeiro, elas atraem você com a oportunidade de ganhar milhões de dólares com um investimento de um dólar; segundo, quando você perde, pelo menos acredita que seu dinheiro está indo para uma boa causa. Muitas loterias estaduais, como a da Flórida, reservam uma alta porcentagem das receitas para financiar a educação no estado.

A popularidade das loterias estaduais trouxe uma avalanche de 'especialistas' e 'mágicos matemáticos' (como os editores da Lottery Buster), que fornecem orientações sobre como ganhar na loteria – por um preço, é claro! Muitos oferecem 'sistemas' garantidos para acertar, por meio de programas de computador com nomes chamativos como Lotto Wizard, Lottorobics, Win4d e Loto-luck (algo como Mágico da Loto, Loto-sorte etc.).

Por exemplo, muitos jogadores experientes de loterias concordariam que a 'regra de ouro' ou 'primeira regra' para ganhar na loteria é a *seleção do jogo*. As loterias estaduais geralmente oferecem três tipos de jogos: instantâneos (raspadinhas ou on-line), os números diários *Pick-3* ou *Pick-4* (Escolha 3 ou Escolha 4) e o *Pick-6* (Escolha 6) semanal. Uma versão do jogo instantâneo implica raspar uma película fina e opaca em um cartão com a borda de uma moeda para saber se você venceu ou perdeu. O preço de um cartão varia de 50 centavos a 5 dólares e o prêmio ganho varia de um dólar a US$ 100 mil na maioria dos estados, chegando a US$ 1 milhão em outros. A *Lottery Buster* recomenda não jogar no jogo instantâneo, porque "é um jogo de pura sorte e você pode vencer por sorte burra. Nenhuma habilidade pode ser aplicada a esse jogo".

O jogo de números diários permite a você escolher entre um número de três dígitos (*Pick-3*) ou de quatro dígitos (*Pick-4*) ao preço de um dólar por cartão. A cada noite o número vencedor é sorteado. Se o seu número é sorteado, você ganha uma grande quantia em dinheiro, normalmente US$ 100 mil. Você tem algum controle sobre o jogo de números diários (uma vez que escolhe os números) e, conseqüentemente, há estratégias disponíveis para aumentar suas chances de ganhar. Entretanto, o jogo de números diários, assim como o jogo instantâneo, não são disponíveis fora do estado.

Para jogar o *Pick-6*, você seleciona seis números de sua escolha em um conjunto de números que vão de 1 a *N*, no qual *N* depende do estado em que você está jogando. Por exemplo, no atual jogo de Loto da Flórida são escolhidos seis números de 1 a 53. (Veja a Figura EA3.1.) O preço do cartão é um dólar e o prêmio, se você acertar os seis números, é de US$ 7 milhões ou mais, dependendo do número de cartões adquiridos. (Até a presente data, a Flórida teve o maior prêmio semanal de um estado – mais de US$ 200 milhões). Além do grande prêmio, você pode ganhar o segundo, o terceiro ou o quarto prêmio, acertando cinco, quatro ou três dos seis números sorteados, respectivamente. E você não precisa ser residente no estado para jogar na loteria estadual.

Neste capítulo, vários exemplos de Estatística em ação vão demonstrar como usar os conceitos básicos de probabilidade para calcular as chances de ganhar numa loteria estadual e de avaliar a validade das estratégias sugeridas pelos 'especialistas' em loterias.

Estatística em ação
- *Calculando e entendendo a probabilidade de ganhar na loteria*
- *Probabilidade de ganhar na loteria com um sistema de roda*
- *Probabilidade de ganhar no Cash 3 ou no Play 4*

FIGURA EA3.1 Reprodução do cartão 6/53 da loto da Flórida

Relembre que um ramo da estatística diz respeito às conclusões sobre uma população baseadas na informação de uma amostra. Você poderá ver mais facilmente como isso é conseguido se entender o relacionamento entre população e amostra — um relacionamento que se torna mais claro se revertemos o procedimento estatístico de fazer inferências da amostra para a população. Neste capítulo, portanto, presumiremos que a população é conhecida e calcularemos as chances de obter várias amostras da população. Assim, mostraremos que a probabilidade é o reverso da estatística: na probabilidade usamos a informação da população para inferir a natureza provável da amostra.

A probabilidade tem um papel importante na construção de inferências. Suponha, por exemplo, que você tem a oportunidade de investir em uma empresa de exploração de petróleo. Registros passados mostram que, de cada 10 poços perfurados (uma amostra da experiência da empresa), todos os 10 se mostraram secos. O que você conclui? Você acha que as chances são melhores do que 50:50 de que a empresa vai achar uma grande jazida? Você investiria nessa empresa? Provavelmente sua resposta seria um enfático 'não'. Se a habilidade exploratória da empresa é suficiente para achar um poço produtivo em 50% do tempo, um registro de 10 poços secos em 10 perfurações é um evento bastante improvável.

Ou suponha que você esteja jogando pôquer com um baralho que, segundo seu adversário, está bem embaralhado. Em três mãos consecutivas de cartas, a pessoa à sua direita recebeu quatro ases. Baseado nesta amostra de três mãos, você acha que o baralho está adequadamente embaralhado? Novamente, sua resposta provavelmente será 'não', porque receber três ases em três mãos é muito improvável se as cartas foram adequadamente embaralhadas.

Note que as conclusões referentes ao sucesso potencial da empresa de perfuração de petróleo e a confiança quanto ao embaralhamento das cartas implicam conhecer a chance — ou probabilidade — do resultado de certa amostra. Ambas as situações foram forçadas de modo que você pudesse facilmente concluir que as probabilidades dos resultados da amostra eram pequenos. Infelizmente, as probabilidades de muitos resultados observados não são tão fáceis de avaliar intuitivamente. Para esses casos, precisamos do auxílio da teoria das probabilidades.

3.1 Eventos, espaços amostrais e probabilidade

Vamos iniciar nosso tratamento de probabilidade com exemplos simples que são facilmente descritos. Com a ajuda de exemplos simples, podemos introduzir definições importantes que nos ajudarão a desenvolver a noção de probabilidade com mais facilidade.

Suponha que uma moeda foi jogada uma vez e deu cara. O resultado que vemos e registramos é chamado de *observação*, ou *medição*, e o processo de realizar uma observação é chamado de *experimento*. Observe que a nossa definição de *experimento* é mais ampla do que a usada em ciências físicas, nas quais você pensaria em tubos de ensaio, microscópios e outros equipamentos de laboratório. Entre outras coisas, experimentos estatísticos podem incluir o registro das preferências dos usuários de Internet quanto a um *browser*, o registro das mudanças no índice Dow Jones de um dia para o outro, o registro das vendas semanais de uma empresa comercial, bem como a contagem do número de erros por página de um livro contábil.

O ponto importante é que um experimento estatístico pode ser praticamente qualquer ato de observação em que o resultado é incerto.

> **Definição 3.1**
>
> Um **experimento** é um ato ou processo de observação que leva a um único resultado que não pode ser previsto com certeza.

Considere outro experimento simples, que consiste em jogar um dado e obter o número resultante. Os seis possíveis resultados desse experimento são:

1. Obter 1
2. Obter 2
3. Obter 3
4. Obter 4
5. Obter 5
6. Obter 6

Note que, se esse experimento é realizado uma vez, *você pode obter uma e somente uma vez um desses seis resultados básicos, e esse resultado não pode ser previsto com certeza*. Além disso, essas possibilidades não podem ser decompostas em resultados mais básicos. Uma vez que obter o resultado de um experimento é similar à seleção da amostra de uma população, os possíveis resultados básicos de um experimento são chamados *pontos amostrais*.[1]

> **Definição 3.2**
>
> Um **ponto amostral** é o resultado mais básico de um experimento.

EXEMPLO 3.1

LISTANDO OS PONTOS AMOSTRAIS PARA O EXPERIMENTO DE LANÇAR UMA MOEDA

Problema Duas moedas são lançadas e ocorrem duas caras. Liste todos os pontos amostrais para esse experimento.

Solução

Mesmo para um experimento aparentemente tão trivial, devemos ser cuidadosos na listagem dos pontos amostrais. À primeira vista, deveríamos esperar três resultados básicos: obter *duas caras*, obter *duas coroas*, ou obter *uma cara e uma coroa*. Entretanto, a partir de uma reflexão mais aprofundada, verificamos que, no último caso, obter uma cara e uma coroa, pode ser decomposto em dois resultados: *cara na moeda 1 e coroa na moeda 2*; ou *coroa na moeda 1 e cara na moeda 2*. Portanto, temos quatro pontos amostrais:

1. Obter cara/cara
2. Obter cara/coroa
3. Obter coroa/cara
4. Obter coroa/coroa

em que cara na primeira posição significa 'cara na moeda 1', cara na segunda posição significa 'cara na moeda 2', e assim por diante.

Lembre-se Mesmo sendo as moedas idênticas na aparência, elas são, de fato, duas moedas distintas. Assim, os pontos amostrais devem levar em consideração essa distinção.

Agora faça o Exercício 3.7a

É comum termos de nos referir ao conjunto de todos os pontos amostrais de um experimento. Esse conjunto é chamado de *espaço amostral* do experimento. Por exemplo, há seis pontos amostrais no espaço amostral associado ao experimento de lançamento de dados. Os espaços amostrais para os experimentos discutidos até agora são mostrados na Tabela 3.1.

> **Definição 3.3**
>
> O **espaço amostral** de um experimento é o conjunto de todos os seus pontos amostrais.

Da mesma forma que os gráficos são úteis para descrever conjuntos de dados, um método gráfico para caracterizar o espaço amostral será freqüentemente útil.

---

[1] Como alternativa, o termo *resultado simples* também pode ser usado.

TABELA 3.1 Experimentos e seus espaços amostrais

Experimento: Obter a face superior em uma moeda.

Espaço amostral: 1. Obter cara

2. Obter coroa

Esse espaço amostral pode ser representado em notação de conjuntos como um conjunto contendo dois pontos amostrais:

$$S: \{\text{cara, coroa}\}$$

no qual *cara* representa o ponto amostral Obter cara e *coroa* representa o ponto amostral Obter coroa.

Experimento: Obter a face superior de um dado.

Espaço amostral: 1. Obter 1

2. Obter 2

3. Obter 3

4. Obter 4

5. Obter 5

6. Obter 6

Esse espaço amostral pode ser representado em notação de conjuntos como um conjunto contendo seis pontos amostrais:

$$S: \{1, 2, 3, 4, 5, 6\}$$

Experimento: Obter as faces superiores de duas moedas.

Espaço amostral: 1. Obter cara/cara

2. Obter cara/coroa

3. Obter coroa/cara

4. Obter coroa/coroa

Esse espaço amostral pode ser representado em notação de conjuntos como um conjunto contendo quatro pontos amostrais:

$$S: \{\text{cara/cara, cara/coroa, coroa/cara, coroa/coroa}\}$$

A Figura 3.1 mostra essa representação para cada um dos experimentos na Tabela 3.1. Em cada caso, o espaço amostral é mostrado como uma figura fechada, identificada como *S*, contendo todos os possíveis pontos amostrais. Cada ponto amostral é representado por um ponto sólido e identificado adequadamente. Essas representações gráficas são chamadas de **diagramas de Venn**.

Agora que sabemos que um experimento resultará em apenas *um único* resultado básico — chamado *ponto amostral* — e que o espaço amostral é o conjunto de todos os possíveis pontos amostrais, estamos prontos para discutir as probabilidades dos pontos amostrais. Você certamente já usou o termo *probabilidade* e tem uma idéia intuitiva a respeito do seu significado. Probabilidade é geralmente usada como sinônimo de 'chance' e de conceitos similares. Por exemplo, se uma moeda é lançada, podemos entender que ambos os pontos amostrais — obter cara e obter coroa — têm a mesma *chance* de ocorrer. Portanto, podemos dizer que "a probabilidade de obter cara é 50%" ou que "as chances de obter cara são 50:50". Ambas as frases são baseadas num conhecimento informal de probabilidade. Vamos iniciar nosso tratamento de probabilidade usando esses conceitos informais e depois solidificando o que queremos dizer.

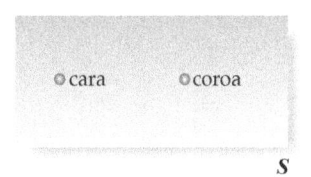

a. Experimento: Obter a face superior de uma moeda.

b. Experimento: Obter a face superior de um dado.

c. Experimento: Obter as faces superiores de duas moedas.

FIGURA 3.1 Diagramas de Venn para os três experimentos da Tabela 3.1

A probabilidade de um ponto amostral é um número entre 0 e 1, incluindo-os, que mede a possibilidade de que o resultado vá ocorrer quando o experimento for realizado. Esse número é normalmente tomado como a freqüência relativa de ocorrência de um ponto amostral em uma longa seqüência de repetições do experimento.[2] Por exemplo, se atribuímos probabilidades para dois pontos amostrais (obter uma cara e obter uma coroa) num experimento de lançamento de uma moeda, podemos imaginar que, se lançarmos uma moeda não viciada um grande número de vezes, os pontos amostrais obter cara e obter coroa ocorrerão com a mesma freqüência relativa de 0,5.

Biografia
JOHN VENN (1834–1923)

Nossa argumentação é apoiada pela Figura 3.2. A figura mostra a freqüência relativa do número de vezes em que uma cara ocorre quando simulamos (por computador) o lançamento de uma moeda N vezes, onde N varia de 25 até 1.500 lançamentos. Você pode ver que, quando N é grande (isto é, $N = 1.500$), a freqüência relativa converge para 0,5. Portanto, a probabilidade de cada ponto amostral num experimento de lançamento de uma moeda é 0,5.

Para alguns experimentos, poderemos ter pouca ou nenhuma informação sobre a freqüência relativa de ocorrência dos pontos amostrais; conseqüentemente, devemos atribuir probabilidades para os pontos amostrais baseados em informações gerais sobre o experimento. Por exemplo, se o experimento é investir num negócio e observar se ele é bem-sucedido ou não, o espaço amostral seria como o da Figura 3.3. Não poderíamos atribuir probabilidades aos pontos amostrais desse experimento baseados numa longa série de repetições, uma vez que fatores únicos governam cada resultado desse tipo de experimento. Ao contrário, podemos considerar fatores como a gerência pessoal do empreendimento, o estado geral da economia na época, a taxa de sucesso em empreendimentos similares e outras informações pertinentes. Se finalmente decidimos que o empreendimento tem 80% de chance de sucesso, devemos atribuir a probabilidade de 0,8 para o ponto amostral Sucesso. Essa probabilidade pode ser interpretada como nosso grau de confiança no resultado do empreendimento; é uma probabilidade subjetiva. Observe, entretanto, que essas probabilidades devem ser baseadas em informações de especialistas cuidadosamente analisadas. Do contrário, poderemos estar enganados em decisões baseadas nessas probabilidades ou em quaisquer cálculos em que elas apareçam.

[*Nota*: Para um texto que trata em detalhe das avaliações subjetivas de probabilidades, veja Winkler (1972) ou Lindley (1985).]

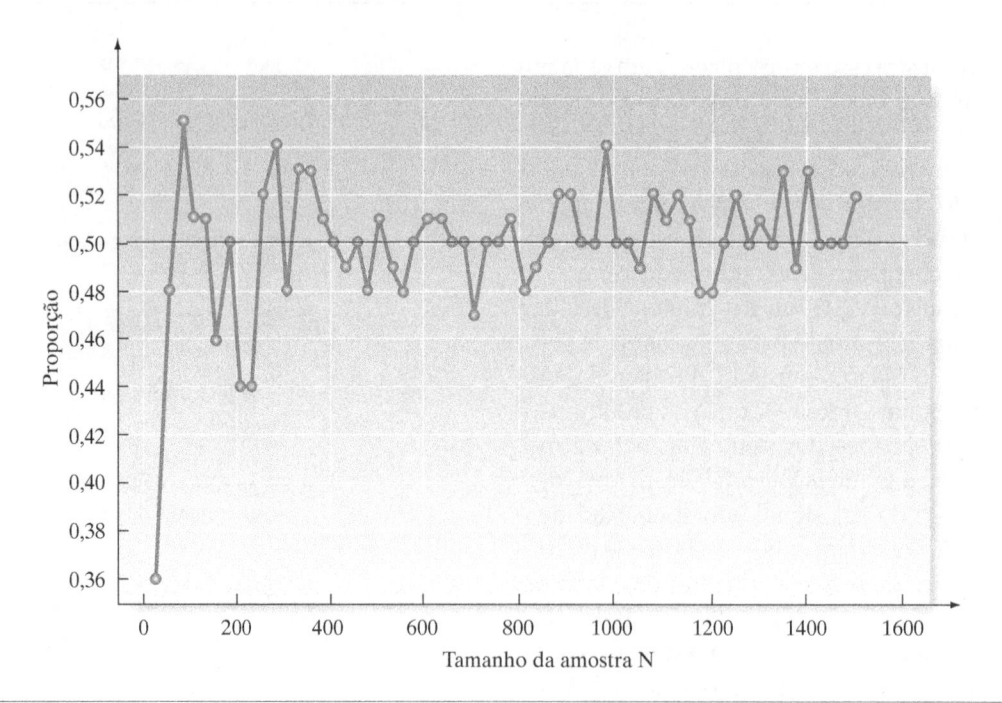

FIGURA 3.2 Proporção de caras em *N* lançamentos de moeda

---

[2] O resultado deriva de um axioma da teoria das probabilidades chamada **lei dos grandes números**. Dito informalmente, essa lei estabelece que a freqüência relativa do número de vezes em que um resultado ocorre quando um experimento é repetido muitas vezes (um grande número de vezes) se aproxima do valor teórico da probabilidade do resultado.

FIGURA 3.3 Experimento: investir em um empreendimento comercial e observar se ele é bem-sucedido (S) ou falho (F).

Qualquer que seja a forma pela qual você atribui probabilidades para pontos amostrais, essas probabilidades devem obedecer a duas regras:

REGRAS DE PROBABILIDADE PARA PONTOS AMOSTRAIS

Seja p_i representando a probabilidade do ponto amostral i.
1. Todas as probabilidades dos pontos amostrais *devem* estar entre 0 e 1 (isto é, $0 \leq p_i \leq 1$).
2. As probabilidades de todos os pontos amostrais dentro de um espaço amostral *devem* somar 1 (isto é, $\Sigma p_i = 1$).

Atribuir probabilidades a pontos amostrais é fácil para alguns experimentos. Por exemplo, se o experimento é lançar uma moeda regular e obter sua face, provavelmente concordaríamos em designar a probabilidade de 0,5 para os dois pontos amostrais — obter cara e obter coroa. Entretanto, existem muitos experimentos cujas probabilidades são mais difíceis de atribuir.

EXEMPLO 3.2

ATRIBUINDO PROBABILIDADES AOS PONTOS AMOSTRAIS DE UMA PESQUISA ENTRE CLIENTES DE UM HOTEL

Problema Muitos hotéis nos Estados Unidos oferecem xampu de cortesia nos seus apartamentos. Suponha que você selecione ao acaso um hotel de uma relação de todos os hotéis do país e verifique se esse hotel oferece xampu de cortesia ou não. Mostre como este problema poderia ser formulado no contexto de um experimento com pontos amostrais e espaço amostral. Indique como as probabilidades poderiam ser atribuídas aos pontos amostrais.

Solução

O experimento pode ser definido como a seleção de um hotel norte-americano e a observação do fato de o hotel oferecer xampu de cortesia nos apartamentos ou não. Há dois pontos amostrais no espaço amostral correspondente a esse experimento:

S: {O hotel oferece xampu de cortesia}
N: {Nenhum xampu de cortesia é oferecido pelo hotel}

A diferença entre este e o experimento de lançamento de uma moeda se torna aparente quando tentamos atribuir probabilidades para os dois pontos amostrais. Que probabilidade devemos atribuir ao ponto amostral S? Se sua resposta é 0,5, você está assumindo que os eventos S e N ocorrem com chances iguais, da mesma forma que os pontos cara e coroa ocorrem num experimento de lançamento de uma moeda. Mas a atribuição de probabilidades para o experimento de hotel e xampu não é tão fácil. De fato, um levantamento recente dos hotéis americanos verificou que 80% oferecem xampu de cortesia para os hóspedes. Então é razoável aproximar a probabilidade do ponto amostral S de 0,8 e do ponto amostral N de 0,2.

Lembre-se Vemos aqui que os pontos amostrais não são igualmente prováveis, de modo que atribuir probabilidades a eles pode ser complicado — particularmente para experimentos que representem aplicações reais (ao contrário do lançamento de moedas e dados).

AGORA FAÇA O EXERCÍCIO 3.12

Ainda que as probabilidades de pontos amostrais freqüentemente interessem por si sós, normalmente as probabilidades de conjuntos de pontos amostrais é que são importantes. O Exemplo 3.3 demonstra isso.

EXEMPLO 3.3

ENCONTRANDO A PROBABILIDADE DE UM CONJUNTO DE PONTOS AMOSTRAIS EM UM EXPERIMENTO DE LANÇAMENTO DE DADOS

Problema Um dado não viciado é lançado e a face superior é observada. Se o resultado for par, você ganhará um dólar. Se for ímpar, você perderá um dólar. Qual é a probabilidade de você vencer?

Solução

Relembre que o espaço amostral para esse experimento contém seis pontos amostrais:

$$S: \{1, 2, 3, 4, 5, 6\}$$

Uma vez que o dado não é viciado, atribuímos a probabilidade de 1/6 para cada um dos pontos amostrais nesse espaço amostral. Um número par ocorrerá se um dos pontos amostrais — obter 2, obter 4 ou obter 6 — ocorrer. Um conjunto de pontos amostrais como esse é chamado de *evento*, que designamos pela letra A. Uma vez que o evento *A* contém três pontos amostrais — cada um com a probabilidade de 1/6 — e uma vez que pontos amostrais não podem ocorrer simultaneamente, podemos entender que a probabilidade de *A* é a soma das probabilidades dos pontos amostrais em *A*. Então a probabilidade de *A* (isto é, a probabilidade de você vencer) é 1/6 + 1/6 + 1/6 = 1/2.

Lembre-se Com base em nossa noção de probabilidade, $P(A) = 1/2$ implica que, *a longo prazo*, você vai ganhar um dólar na metade do tempo e perder um dólar na metade do tempo.

Agora faça o Exercício 3.6

A Figura 3.4 é um diagrama de Venn representando o espaço amostral associado a um experimento de lançamento de dado e o evento *A* — *obter um número par*. O evento *A* é representado pela figura fechada dentro do espaço amostral *S*. A figura fechada *A* contém todos os pontos amostrais que a formam.

Para decidir quais pontos amostrais pertencem ao conjunto associado com o evento *A*, teste cada ponto amostral no espaço amostral *S*. Se o evento *A* ocorre, então o ponto amostral está no evento *A*. Por exemplo, o evento *A* — obter um número par no experimento de lançamento de um dado — ocorrerá se o ponto amostral *obter 2* ocorrer. Da mesma forma, os pontos amostrais *obter 4* e *obter 6* também estão no evento *A*.

Em resumo, demonstramos que um evento pode ser definido com palavras ou como um conjunto específico de pontos amostrais. Isso nos leva à seguinte definição geral de evento:

> **Definição 3.4**
>
> Um **evento** é um conjunto específico de pontos amostrais.

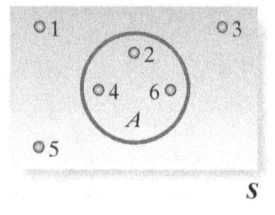

FIGURA 3.4 Experimento de lançamento de dado com o evento A: obter um número par

EXEMPLO 3.4
Probabilidade de um evento em um experimento de lançamento de uma moeda

Problema Considere o experimento de lançar duas moedas *viciadas*. Uma vez que as moedas são viciadas, seus resultados (cara ou coroa) não são eqüiprováveis. Suponha que as probabilidades corretas associadas aos pontos amostrais são dadas na tabela abaixo. [*Nota:* As propriedades necessárias para atribuir probabilidades aos pontos amostrais são satisfeitas.]

Considere os eventos:

A: {Obter exatamente uma cara}
B: {Obter pelo menos uma cara}

Calcule a probabilidade de *A* e a probabilidade de *B*.

Ponto amostral	Probabilidade
cara/cara	4/9
cara/coroa	2/9
coroa/cara	2/9
coroa/coroa	1/9

Solução

O evento *A* contém os pontos amostrais *cara/coroa* e *coroa/cara*. Uma vez que dois ou mais pontos amostrais não podem ocorrer ao mesmo tempo, podemos calcular facilmente a probabilidade do evento *A* somando as probabilidades dos dois pontos amostrais. Portanto, a probabilidade de obter exatamente uma cara (evento *A*), denotada pelo símbolo *P(A)*, é:

$P(A) = P$ (Obter cara/coroa) $+ P$ (Obter coroa/cara)
$= 2/9 + 2/9 = 4/9$

De modo similar, uma vez que *B* contém os pontos amostrais cara/cara, cara/coroa e coroa/cara:

$P(B) = 4/9 + 2/9 + 2/9 = 8/9$

Lembre-se Mais uma vez, essas probabilidades devem ser interpretadas a *longo prazo*. Por exemplo, $P(B) = 8/9 \approx 0{,}89$ implica que, se lançarmos duas moedas um número infinito de vezes, observaremos que pelo menos duas moedas dariam cara em cerca de 89% dos lançamentos.

Agora faça o Exercício 3.3

O exemplo anterior nos leva a um procedimento geral para achar a probabilidade de um evento *A*:

> **Probabilidade de um evento**
>
> A probabilidade de um evento *A* é calculada somando-se as probabilidades dos pontos amostrais no espaço amostral de *A*.

Portanto, podemos resumir os passos para calcular a probabilidade de qualquer evento conforme indicado no quadro a seguir.

Passos para calcular a probabilidade de eventos

Passo 1 Defina o experimento, isto é, descreva o processo usado para fazer uma observação e o tipo de observação que será registrada.
Passo 2 Liste os pontos amostrais.
Passo 3 Atribua probabilidades aos pontos amostrais.
Passo 4 Determine o conjunto de pontos amostrais contidos no evento de interesse.
Passo 5 Some as probabilidades dos pontos amostrais para obter a probabilidade do evento.

EXEMPLO 3.5

Aplicando os cinco passos para achar uma probabilidade em treinamento em diversidade

Problema O treinamento de funcionários em diversidade é a última tendência no mundo empresarial norte-americano. O jornal *USA Today* relatou as principais razões dadas pelas empresas para promover o treinamento em diversidade como parte do seu processo de planejamento estratégico. As razões estão resumidas na Tabela 3.2.

Imagine que uma empresa é selecionada ao acaso entre todas as empresas dos Estados Unidos que usam o treinamento em diversidade e que a razão fundamental é determinada.

a. Defina o experimento que gerou os dados da Tabela 3.2 e liste os pontos amostrais.
b. Atribua probabilidades aos pontos amostrais.
c. Qual é a probabilidade de que a razão fundamental para o treinamento em diversidade esteja relacionada ao negócio, isto é, à competição ou produtividade?
d. Qual é a probabilidade de que a responsabilidade social não seja a razão fundamental para o treinamento em diversidade?

TABELA 3.2 Principais razões para o treinamento em diversidade

Razão	Porcentagem
Está de acordo com as políticas de pessoal (EPP)	7
Aumenta a produtividade (AP)	47
Mantém a empresa competitiva (MC)	38
Responsabilidade social (RS)	4
Outras (O)	4
Total	100%

Solução

a. O experimento é o ato de determinar a razão fundamental para o treinamento em diversidade dos empregados em uma empresa norte-americana. Os pontos amostrais, que são os resultados elementares do experimento, são as cinco categorias de respostas listadas na Tabela 3.2. Esses pontos amostrais são mostrados no diagrama de Venn da Figura 3.5.
b. Se, como no Exemplo 3.1, tivéssemos que atribuir probabilidades iguais neste caso, cada uma das categorias de respostas teria a probabilidade de um quinto (1/5) ou 0,2. Mas, examinando a Tabela 3.2, você pode verificar que probabilidades iguais não seriam razoáveis aqui, porque as porcentagens das respostas não são nem aproximadamente as mesmas nas cinco classificações. Seria mais razoável atribuir probabilidades iguais às porcentagens das respostas em cada classe, como mostrado na Tabela 3.3.[3]
c. Considere que o símbolo *B* representa o evento de que a razão fundamental para o treinamento em diversidade está relacionada ao negócio. *B* não é um ponto amostral, porque consiste em mais de uma das categorias das respostas (os pontos amostrais). De fato, como mostrado na Figura 3.5, *B* consiste em dois pontos amostrais, AP e MC. A probabilidade de *B* é definida como sendo a soma dos pontos amostrais em *B*.

$$P(B) = P(\text{AP}) + P(\text{MC}) = 0{,}47 + 0{,}38 = 0{,}85$$

d. Considere que o símbolo *NRS* representa o evento de que a responsabilidade social não é a razão fundamental para o treinamento em diversidade. Então *NRS* consiste em todos os pontos amostrais exceto RS, e

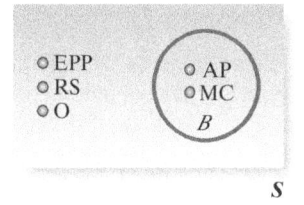

FIGURA 3.5 Diagrama de Venn para o levantamento sobre treinamento em diversidade

TABELA 3.3 Probabilidades dos pontos amostrais para o levantamento sobre treinamento em diversidade

Pontos amostrais	Probabilidade
EPP	0,07
AP	0,47
MC	0,38
RS	0,04
O	0,04

---

[3] As porcentagens das respostas foram baseadas em uma amostra de empresas norte-americanas; conseqüentemente, as probabilidades atribuídas são estimativas das porcentagens das respostas de toda a população. Você aprenderá como medir o grau de confiança de uma estimativa de probabilidade no Capítulo 5.

a probabilidade é a soma das probabilidades dos correspondentes pontos amostrais:

$$P(NSR) = P(\text{EPP}) + P(\text{AP}) + P(\text{MC}) + P(\text{O})$$
$$= 0,07 + 0,47 + 0,38 + 0,04 = 0,96$$

Lembre-se A chave para resolver esse problema é seguir os passos delineados anteriormente. Definimos o experimento (Passo 1) e listamos os pontos amostrais (Passo 2) no item **a**. A atribuição das probabilidades aos pontos amostrais foi feita no item **b**. Para cada probabilidade nos itens **c** e **d**, identificamos o conjunto de pontos no evento (Passo 4) e somamos suas probabilidades (Passo 5).

AGORA FAÇA O EXERCÍCIO 3.13

EXEMPLO 3.6

PROBABILIDADE DE INVESTIR EM UM EMPREENDIMENTO BEM-SUCEDIDO

Problema Você tem capital para investir em dois de quatro empreendimentos, cada um dos quais requer aproximadamente a mesma quantidade de investimento de capital. Você não sabe, mas dois empreendimentos vão eventualmente falhar e dois serão bem-sucedidos. Você estuda os quatro empreendimentos porque pensa que seu estudo aumentará a probabilidade de uma escolha bem-sucedida em relação a uma escolha puramente ao acaso e decide-se, casualmente, por dois deles. Se você não usou nenhuma informação gerada pelo seu estudo e selecionou dois empreendimentos ao acaso, qual é a probabilidade de você selecionar pelo menos um empreendimento bem-sucedido?

Solução

Passo 1: Simbolizemos os dois empreendimentos bem-sucedidos por S_1 e S_2 e os dois empreendimentos malsucedidos por F_1 e F_2. O experimento envolve uma seleção ao acaso de dois de quatro empreendimentos, e cada possível par de empreendimentos representa um ponto amostral.

Passo 2: Os seis pontos amostrais que compõem o espaço amostral são:

1. (S_1, S_2)
2. (S_1, F_1)
3. (S_1, F_2)
4. (S_2, F_1)
5. (S_2, F_2)
6. (F_1, F_2)

Passo 3: A seguir, vamos atribuir probabilidades aos pontos amostrais. Se presumirmos que a escolha de qualquer par é tão provável quanto qualquer outro, então a probabilidade de qualquer ponto amostral será 1/6.

Passo 4: O evento de selecionar pelo menos um de dois empreendimentos bem-sucedidos inclui todos os pontos amostrais exceto (F_1, F_2).

Passo 5: Então, vemos que:

$P(\text{Selecionar pelo menos um sucesso}) =$
$P(S_1, S_2) + P(S_1, F_1) + P(S_1, F_2) + P(S_2, F_1) + P(S_2, F_2)$
$= \frac{1}{6} + \frac{1}{6} + \frac{1}{6} + \frac{1}{6} + \frac{1}{6} = \frac{5}{6}$

Portanto, com uma seleção ao acaso, a probabilidade de escolher pelo menos um empreendimento bem-sucedido entre dois é 5/6.

Os exemplos precedentes têm uma coisa em comum: o número de pontos amostrais em cada um dos espaços amostrais era pequeno; portanto, os pontos amostrais eram fáceis de identificar e listar. Como podemos tratar uma situação em que os pontos amostrais estão na casa de milhares ou milhões? Por exemplo, suponha que você deseja selecionar cinco empreendimentos de um grupo de mil. Cada diferente grupo de cinco empreendimentos representa um ponto amostral. Como se pode determinar o número de pontos amostrais associado a esse experimento?

Um método para determinar o número de pontos amostrais para um experimento complexo é desenvolver um sistema de contagem. Comece examinando uma versão simples do experimento. Por exemplo, veja se você pode desenvolver um sistema para contar o número de maneiras para selecionar dois empreendimentos de um total de quatro (isto é exatamente o que foi feito no Exemplo 3.6). Se os empreendimentos são representados pelos símbolos V_1, V_2, V_3 e V_4, os pontos amostrais podem ser listados da seguinte forma:

(V_1, V_2) (V_2, V_3) (V_3, V_4)
(V_1, V_3) (V_2, V_4)
(V_1, V_4)

Observe o padrão e agora tente uma situação mais complexa — digamos, escolhendo três empreendimentos em cinco. Liste os pontos amostrais e observe o padrão. Finalmente, veja se você pode deduzir o padrão para o caso geral. Talvez você possa programar um computador para produzir o padrão e contar o número de amostras de cinco selecionadas de um total de mil.

Um segundo método para determinar o número de pontos amostrais para um experimento é o uso da **matemática combinatória**. Esse ramo da matemática diz respeito ao desenvolvimento de regras de contagem para certas situações. Por exemplo, há uma regra simples para achar o número de diferentes amostras de quatro empreendimentos selecionados entre mil. Essa regra, chamada de **regra das combinações**, é mostrada no quadro a seguir.

REGRA DAS COMBINAÇÕES

Uma amostra de n elementos será retirada de um conjunto de N elementos. O número de diferentes amostras possíveis é denotado por $\binom{N}{n}$ e é igual a:

$$\binom{N}{n} = \frac{N!}{n!(N-n)!}$$

em que o símbolo fatorial (!) significa que:

$$n! = n(n-1)(n-2)\cdots(3)(2)(1)$$

Por exemplo, $5! = 5 \cdot 4 \cdot 3 \cdot 2 \cdot 1$. [*Nota*: A quantidade $0!$ é definida como sendo igual a 1.]

EXEMPLO 3.7

USANDO A REGRA DAS COMBINAÇÕES PARA DETERMINAR O NÚMERO DE POSSÍVEIS INVESTIMENTOS: SELECIONANDO 2 DE 4

Problema Veja o Exemplo 3.6, no qual selecionamos dois empreendimentos para investir entre quatro. Use a regra de contagem das combinações para determinar quantas seleções diferentes podem ser feitas.

Solução

Neste exemplo, $N = 4$, $n = 2$ e

$$\binom{4}{2} = \frac{4!}{2!2!} = \frac{4 \cdot 3 \cdot 2 \cdot 1}{(2 \cdot 1)(2 \cdot 1)} = 6$$

Lembre-se Você pode ver que está de acordo com o número de pontos amostrais obtidos no Exemplo 3.6.

Agora faça o Exercício 3.4

EXEMPLO 3.8

USANDO A REGRA DAS COMBINAÇÕES PARA DETERMINAR O NÚMERO DE POSSÍVEIS INVESTIMENTOS: SELECIONANDO 5 DE 20

Problema Suponha que você planeje investir quantias iguais em cada um de cinco empreendimentos comerciais. Se você tiver 20 empreendimentos entre os quais deva fazer a seleção, quantas amostras diferentes de cinco empreendimentos podem ser selecionadas de um total de 20?

Solução

Neste exemplo, $N = 20$ e $n = 5$. Então o número de diferentes amostras de 5 que podem ser selecionadas de 20 é:

$$\binom{20}{5} = \frac{20!}{5!(20-5)!} = \frac{20!}{5!15!}$$

$$= \frac{20 \cdot 19 \cdot 18 \cdots 3 \cdot 2 \cdot 1}{(5 \cdot 4 \cdot 3 \cdot 2 \cdot 1)(15 \cdot 14 \cdot 13 \cdot \cdots \cdot 3 \cdot 2 \cdot 1)}$$

$$= \frac{20 \cdot 19 \cdot 18 \cdot 17 \cdot 16}{5 \cdot 4 \cdot 3 \cdot 2 \cdot 1} = 15.504$$

Lembre-se Você pode verificar que tentar listar todos os pontos amostrais possíveis para esse experimento seria extremamente tedioso e demorado, se não praticamente impossível.

ESTATÍSTICA EM AÇÃO REVISITADA

CALCULANDO E ENTENDENDO A PROBABILIDADE DE GANHAR NA LOTERIA

No jogo *Pick-6* da loteria estadual da Flórida, você escolhe seis números de um conjunto de números que vai de 1 a 53. Podemos aplicar a regra das combinações para determinar o número total de combinações de seis números selecionados entre 53 (isto é, o número total de pontos amostrais ou de cartões possivelmente vencedores). Aqui, $N = 53$ e $n = 6$. Temos, portanto:

$$\binom{N}{n} = \frac{N!}{n!(N-n)!} = \frac{53!}{6!47!}$$

$$= \frac{(53)(52)(51)(50)(49)(48)(47!)}{(6)(5)(4)(3)(2)(1)(47!)}$$

$$= 22.957.480$$

Agora, uma vez que as bolas da loteria são selecionadas ao acaso, cada uma dessas 22.957.480 combinações é igualmente possível de ocorrer. Portanto, a probabilidade de ganhar na loteria é:

$P(\text{Ganhar o } 6/53 \text{ da loteria}) = 1/(22.957.480)$

$= 0,00000004356$

Essa probabilidade é freqüentemente dita como segue: as chances de ganhar o jogo com um único cartão são 1 em 22.957.480, ou 1 em aproximadamente 23 milhões. Para todos os efeitos práticos, essa probabilidade é 0, o que significa que você tem quase nenhuma chance de ganhar na loteria com um único cartão. Ainda assim, a cada semana, quase sempre tem um ganhador na loteria da Flórida. Essa contradição aparente pode ser explicada com a analogia a seguir.

Suponha que há um fila de minivans, pára-choque contra pára-choque, de Nova York até Los Angeles,

Califórnia. Baseados na distância entre as duas cidades e no comprimento de uma minivan normal, teríamos aproximadamente 23 milhões de minivans na fila. Diretores da loteria selecionariam, ao acaso, uma das minivans e colocariam um cheque de dez milhões de dólares em seu porta-luvas. Por um custo de um dólar, você pode viajar pelo país e selecionar uma (e somente uma) minivan e verificar o porta-luvas dela. Você acha que vai encontrar os dez milhões na minivan que escolheu? Você deve estar quase certo de que não. Agora, permita que qualquer pessoa entre na loteria por um dólar e suponha que 50 milhões de pessoas fazem isso. Com um número tão grande de participantes, é muito provável que alguém vá achar a minivan com os 10 milhões — mas é quase certo que não será você! (Este exemplo ilustra um axioma da estatística chamado lei dos grandes números. Veja a nota de rodapé 2).

A regra das combinações é apenas uma das inúmeras regras de contagem que foram desenvolvidas pelos matemáticos combinatoriais. Essa regra de contagem se aplica a situações em que o experimento pede a seleção de n elementos de um total de N elementos, sem substituição de cada elemento antes de o próximo ser selecionado. Se você está interessado em aprender outros métodos para contar pontos amostrais para vários tipos de experimentos, achará algumas regras básicas de contagem no Apêndice A. Outras podem ser encontradas nas referências do capítulo.

Exercícios 3.1 – 3.21

Aprendendo a mecânica

3.1 Um experimento resulta em um dos seguintes pontos amostrais: E_1, E_2, E_3, E_4 ou E_5.
  a. Determine $P(E_3)$, se $P(E_1) = 0,1$, $P(E_2) = 0,2$, $P(E_4) = 0,1$ e $P(E_5) = 0,1$.
  b. Determine $P(E_3)$, se $P(E_1) = P(E_3)$, $P(E_2) = 0,1$, $P(E_4) = 0,2$ e $P(E_5) = 0,1$.
  c. Determine $P(E_3)$, se $P(E_1) = P(E_2) = P(E_4) = P(E_5) = 0,1$.

3.2 O diagrama a seguir descreve o espaço amostral de um experimento particular e os eventos A e B.
  a. Como é chamado esse tipo de diagrama?
  b. Suponha que os pontos amostrais são igualmente prováveis. Determine $P(A)$ e $P(B)$.
  c. Suponha que $P(1) = P(2) = P(3) = P(4) = P(5) = 1/20$ e que $P(6) = P(7) = P(8) = P(9) = P(10) = 3/20$. Determine $P(A)$ e $P(B)$.

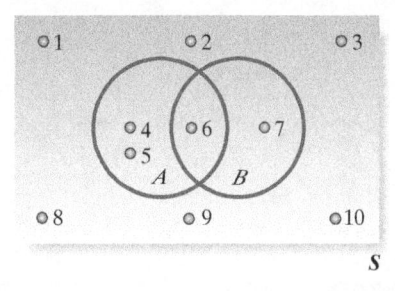

3.3 O espaço amostral para um experimento contém quatro pontos com as probabilidades mostradas na tabela a seguir. Determine a probabilidade de cada um dos seguintes eventos:

A: {Ocorre qualquer um de 1, 2 ou 3}
B: {Qualquer um de 1, 3 ou 5}
C: {4 não ocorre}

Pontos amostrais	Probabilidades
1	0,05
2	0,20
3	0,30
4	0,30
5	0,15

3.4 Calcule cada um dos seguintes itens:
  a. $\binom{9}{4}$ **b.** $\binom{7}{2}$ **c.** $\binom{4}{4}$
  d. $\binom{5}{0}$ **e.** $\binom{6}{5}$

3.5 Calcule o número de maneiras como se pode selecionar n elementos de N elementos para cada um dos seguintes itens:
  a. $n = 2, N = 5$
  b. $n = 3, N = 6$
  c. $n = 5, N = 20$

3.6 Dois dados são lançados e a face de cada dado é observada.
  a. Liste os 36 pontos amostrais contidos no espaço amostral.
  b. Atribua probabilidades aos pontos amostrais do item **a**.
  c. Determine as probabilidades de cada um dos seguintes eventos:

A = {Aparecer 3 em cada dado}
B = {A soma dos dois números mostrados é 7}
C = {A soma dos dois números mostrados é par}

3.7 Duas pedras são retiradas ao acaso, sem reposição, de uma caixa contendo duas pedras azuis e três pedras vermelhas.

a. Liste os pontos amostrais para esse experimento.
b. Atribua probabilidades aos pontos amostrais.
c. Determine as probabilidades de obter os seguintes eventos:

A: {Duas pedras azuis são retiradas}
B: {Uma pedra vermelha e uma pedra azul são retiradas}
C: {Duas pedras vermelhas são retiradas}

3.8 Simule o experimento descrito no Exercício 3.7 usando quaisquer cinco objetos do mesmo formato, dois de uma cor e três de outra. Misture os objetos, retire dois, anote o resultado e então recoloque os objetos. Repita o experimento um grande número de vezes (pelo menos 100). Calcule a proporção de vezes em que os eventos *A*, *B* e *C* ocorrem. Como essas proporções se comparam com as probabilidades que você calculou no Exercício 3.7? Essas proporções deveriam ser iguais às probabilidades? Explique.

APPLET **Exercício utilizando aplicativo 3.1**
(É necessário ter o Java instalado para utilizar esse aplicativo)

Use o aplicativo intitulado *Simulando a probabilidade de lançar um 6* para explorar as relações entre a proporção de 6 obtidos em vários lançamentos de um dado e a probabilidade teórica de obter um 6 em um dado não viciado.

a. Para simular o lançamento de um dado uma vez, clique no botão *Roll* na tela enquanto $n = 1$. O resultado do lançamento aparece na lista à direita e a proporção cumulativa de 6 para um lançamento é mostrada acima do gráfico e como um ponto no gráfico, correspondente a 1. Clique em *Reset* e repita o processo com $n = 1$ várias vezes. Quais são os valores possíveis da proporção cumulativa de 6 para o lançamento de um dado? A proporção acumulativa de 6 para o lançamento de um dado pode igualar a probabilidade teórica de obter um 6 em um dado não viciado? Explique.
b. Digite $n = 10$ e clique no botão *Roll*. Repita várias vezes, clicando em *Reset* depois de cada vez. Anote a proporção cumulativa de 6 em cada lançamento. Compare as proporções cumulativas para $n = 10$ com aquelas para $n = 1$ no item **a**. Qual delas tende a ser mais próxima da probabilidade teórica de obter um 6 em um dado não viciado?
c. Repita o item **b** para $n = 1.000$, comparando as proporções cumulativas para $n = 1.000$ com aquelas para $n = 1$ no item **a** e com $n = 10$ no item **b**.
d. Com base nos seus resultados para os itens **a**, **b** e **c**, você acredita que pode concluir, justificadamente, que um dado seja viciado porque você o lançou 10 vezes e não surgiu nenhum 6? Explique.

APPLET **Exercício utilizando aplicativo 3.2**
(É necessário ter o Java instalado para utilizar esse aplicativo)

Use o aplicativo intitulado *Simulando a probabilidade de cara com uma moeda não viciada* para explorar o relacionamento entre a proporção de caras em vários lançamentos de uma moeda e a probabilidade teórica de obter caras em um lançamento de uma moeda não viciada.

a. Repita os itens de **a** até **c** do Exercício utilizando aplicativo 3.1 para o experimento de lançar uma moeda e o evento de obter caras.
b. Baseado no resultado do item **a**, você acredita que se pode concluir, justificadamente, que uma moeda é viciada porque a lançamos 10 vezes e não surgiu nenhuma cara? Explique.

Aplicação dos conceitos — Básico

3.9 Compensação anual e relatório de benefícios. A cada ano, o Hudson Institute pesquisa 10.000 trabalhadores americanos a respeito dos seus totais de compensação salarial. Uma questão do Relatório de Compensação e Benefícios 2006 do Hudson focalizou os empregados que receberam aumento no ano anterior. Desses empregados, 35% responderam que seus aumentos foram baseados no desempenho de trabalho, 50% responderam que foram baseados no aumento do custo de vida e o restante (15%) não sabia em que seus aumentos foram baseados. Suponha que selecionemos (ao acaso) um dos trabalhadores pesquisados que tenha recebido aumento no ano anterior e lhe perguntemos como esse aumento foi determinado.
a. Liste os pontos amostrais para esse experimento.
b. Atribua probabilidades razoáveis para os pontos amostrais.
c. Determine a probabilidade de que o aumento tenha sido baseado no desempenho no trabalho ou no aumento do custo de vida.

3.10 Assaltos contra trabalhadores dos correios. O *Wall Street Journal* (1 set. 2000) relatou um estudo independente sobre trabalhadores dos correios e violência nos postos de correio. Em uma amostra de 12.000 trabalhadores, 600 foram assaltados no trabalho no último ano. Use essa informação para estimar a probabilidade de que um trabalhador dos correios seja assaltado no trabalho durante o ano.

3.11 Inspeção de frangos da USDA. O Departamento de Agricultura dos Estados Unidos (USDA) relatou que, dentro do seu sistema de inspeção, um em cada 100 frangos abatidos passa pela inspeção com contaminação fecal (*Tampa Tribune*, 31 mar. 2000).
a. Se um frango abatido é selecionado ao acaso, qual é a probabilidade de que passe pela inspeção com contaminação fecal?
b. A probabilidade do item **a** foi baseada em um estudo do USDA mostrando que 306 de 32.075 frangos passaram pela inspeção com contaminação fecal. Você concorda com o relatório do USDA a respeito da probabilidade de um frango abatido ser rejeitado na inspeção por contaminação fecal?

3.12 Identificando municípios urbanos. *Urbano* e *rural* descrevem áreas geográficas em relação às quais são estabelecidas regulamentações de zoneamento, políticas escolares e políticas de serviço público. Entretanto, as características das áreas urbanas/rurais não são claramente definidas. Pesquisadores da University of Nevada (Reno) pediram a uma amostra de comissários municipais para dar suas opiniões a respeito do fator mais importante para identificar um município urbano (*Professional Geographer*, fev. 2000). No total, cinco fatores foram mencionados pelos comissários: população total, mudanças na agricultura, presença da indústria, crescimento e

concentração da população. Os resultados do estudo são apresentados no gráfico de pizza a seguir. Suponha que um dos comissários seja selecionado ao acaso e que o fator mais importante mencionado por ele seja registrado.
a. Liste os pontos amostrais para esse experimento.
b. Atribua probabilidades razoáveis para os pontos amostrais.
c. Determine a probabilidade de que o fator mais importante especificado pelo comissário esteja relacionado com a população.

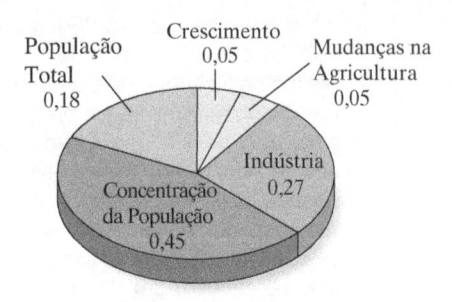

Gráfico de pizza:
- População Total: 0,18
- Crescimento: 0,05
- Mudanças na Agricultura: 0,05
- Indústria: 0,27
- Concentração da População: 0,45

Aplicação dos conceitos — Intermediário

3.13 Falhas no sistema de gerência. Reveja o estudo *Progresso da segurança nos processos* (dez. 2004) a respeito de 83 acidentes industriais causados por falhas no sistema de gerência — Exercício 2.6. Um resumo das principais causas desses 83 acidentes é reproduzido na tabela seguinte.

SISTEMA DE GERÊNCIA CATEGORIA DA CAUSA	NÚMERO DE INCIDENTES
Engenharia e projeto	27
Procedimentos e práticas	24
Gerência e supervisão	22
Treinamento e comunicação	10
Total	83

Fonte: Blair, A. S. "Management system failures identified in incidents investigated by the U.S. Chemical Safety and Hazard Investigation Board." Process Safety Progress, vol. 23, n. 4, dez. 2004 (Tabela 1).

a. Determine e interprete a probabilidade de que um acidente industrial seja causado por engenharia ou projeto defeituosos.
b. Determine e interprete a probabilidade de que um acidente industrial seja causado por alguma outra coisa diferente de procedimentos e práticas defeituosas.

3.14 Mercadorias despachadas por trem. A tabela seguinte, extraída da revista *Railway Age* (maio 1999), relaciona o número de vagões de carga de diferentes tipos de mercadorias que foram despachadas pelas maiores ferrovias norte-americanas durante determinada semana. Suponha que o registro informatizado de um vagão de carga despachado durante a semana seja selecionado ao acaso, de uma base de dados de todos os vagões de carga da semana, e que o tipo de mercadoria seja identificado.
a. Liste ou descreva os pontos amostrais para esse experimento.
b. Determine a probabilidade de cada ponto amostral.

c. Qual é a probabilidade de que o vagão estivesse transportando automóveis? E produtos não agrícolas?
d. Qual é a probabilidade de que o vagão estivesse transportando produtos químicos ou carvão?
e. Um dos vagões despachados nessa semana tinha o número de série 1003642. Qual é a probabilidade de que esse vagão em particular tenha sido selecionado ao acaso do banco de dados informatizado? Justifique sua resposta.

TIPO DE MERCADORIA	NÚMERO DE VAGÕES
Produtos agrícolas	41.690
Produtos químicos	38.331
Carvão	124.595
Produtos florestais	21.929
Minerais metálicos e outros minerais	34.521
Veículos motorizados e equipamentos	22.906
Minerais não metálicos e produtos	37.416
Outras cargas	14.382
Total	335.770

Fonte: Railway Age, maio 1999, p. 1.

3.15 Investindo em ações. De uma lista de ações recomendadas pelo seu corretor, você vai selecionar três para investir. De quantas maneiras diferentes você pode selecionar três ações das 15 recomendadas?

3.16 Apostas jai-alai. A aposta de quinella no jogo parimutuel do jai-alai consiste em selecionar os jogadores do jai-alai que se classificarão em primeiro e em segundo lugar em um jogo sem que seja considerada a ordem deles. No jai-alai, oito jogadores (numerados 1, 2, 3, ..., 8) competem em cada jogo.
a. Quantas apostas diferentes de quinella são possíveis?
b. Suponha que você tenha apostado na combinação de 2-7 do quinella. Se os jogadores têm habilidades iguais, qual é a probabilidade de você ganhar a aposta?

3.17 Escolhendo cartazes de churrasqueiras portáteis. O professor de Marketing da University of Maryland, R. W. Hamilton, estudou como as pessoas tentam influenciar as escolhas de outras oferecendo alternativas não desejadas (*Journal of Consumer Research*, mar. 2003). Esse fenômeno tipicamente ocorre quando membros da família propõem um lugar para as férias, quando amigos recomendam um restaurante e quando corretores de imóveis mostram casas aos compradores potenciais. Em uma fase do estudo, o pesquisador pediu a 124 estudantes universitários que selecionassem cartazes para exposição em lojas, relativos a churrasqueiras portáteis. Cinco cartazes diferentes (representando cinco churrasqueiras de tamanhos diferentes) estavam disponíveis, mas somente três deles podiam ser selecionados. Os estudantes foram instruídos a selecionar os cartazes de forma a maximizar as vendas da churrasqueira nº 2 (de menor tamanho).
a. De quantas formas possíveis pode-se selecionar três cartazes entre cinco? Liste as possibilidades.

b. A tabela abaixo mostra as combinações de cartazes e o número de seleções de cada um deles feitas pelos 124 estudantes. Use essa informação para atribuir probabilidades razoáveis às diferentes combinações de cartazes.

c. Determine a probabilidade de um estudante que tenha participado do estudo ter selecionado uma combinação de cartazes incluindo a churrasqueira n° 1.

COMBINAÇÃO DE CARTAZES	NÚMERO DE ESTUDANTES
1-2-3	35
1-2-4	8
1-2-5	42
2-3-4	4
2-3-5	1
2-4-5	34

Fonte: Hamilton, R. W. "Why do people suggest what they do not want? Using context effects to influence others' choices." *Journal of Consumer Research,* vol. 29, mar. 2003 (Tabela 1).

3.18 Carros novos bem cotados. A revista *Consumer Reports* pede anualmente aos leitores para avaliar suas experiências de compra de um carro novo durante o ano anterior. Análises dos questionários de um ano recente revelaram que os leitores estavam mais satisfeitos com estes três novos carros (sem uma ordem específica): Infiniti M35, Toyota Prius e Chevrolet Corvette (*Consumer Reports,* abr. 2006).

a. Liste todos os possíveis grupos de classificação para esses três carros.

b. Presumindo que cada grupo de classificação no item **a** seja igualmente provável, qual é a probabilidade de que os leitores tenham classificado o Toyota Prius em primeiro lugar? De que os leitores tenham classificado o Infiniti M35 em terceiro? De que os leitores tenham classificado o Toyota Prius em primeiro e o Chevrolet Corvette em segundo (o que foi, de fato, o que fizeram)?

Aplicação dos conceitos — Avançado

3.19 Chances de ganhar uma corrida. Apostadores em corridas de cães expressam suas crenças sobre as probabilidades de cada cão ganhar a corrida em termos de **chances**. Se a probabilidade de um evento E é $P(E)$, então as *chances a favor* de E são $P(E)$ até $1 - P(E)$. Então, se o apostador estima uma probabilidade de 0,25 de que o cão Oxford Shoes vencerá a próxima corrida, as chances em favor desse cão são 25/100 até 75/100, ou 1 para 3. As *chances contra* E são $1 - P(E)$ até $P(E)$, ou 3 para 1 contra uma vitória de Oxford Shoes. Em geral, se as chances em favor do evento E são de a até b, então $P(E) = a/(a + b)$.

a. Um segundo apostador avalia a probabilidade de uma vitória de Oxford Shoes em 1/3. De acordo com o segundo apostador, quais são as chances a favor de uma vitória desse cão?

b. Um terceiro apostador avalia as chances a favor de Oxford Shoes em 1 para 1. De acordo com o terceiro apostador, qual é a probabilidade de uma vitória desse cão?

c. Um quarto apostador avalia as chances contra a vitória de Oxford Shoes como sendo de 3 para 2. Determine a avaliação desse apostador sobre a probabilidade de vitória desse cão.

3.20 Projéteis de chumbo como evidência forense. A revista *Chance* (verão, 2004) publicou um artigo sobre o uso de balas de chumbo como evidência forense em um caso de crime federal. Tipicamente, o Federal Bureau of Investigation (FBI) usa um exame de laboratório para achar uma combinação do chumbo de uma bala encontrada na cena do crime com cartuchos de balas não utilizadas que estavam na posse do suspeito. O valor dessa evidência depende da chance de um *falso positivo,* isto é, da probabilidade de que o FBI consiga uma confirmação de que o chumbo na cena do crime e o chumbo na posse do suspeito são de fontes diferentes. Para estimar a taxa de falso positivo, o FBI coletou 1.837 balas sabidamente de fontes diferentes. Examinou então cada possível par de balas e contou o número de combinações usando seus critérios estabelecidos. De acordo com a *Chance,* o FBI achou 693 combinações. Use essa informação para calcular a chance de um falso positivo. Essa probabilidade é suficientemente baixa para você ter confiança na evidência forense do FBI?

3.21 Perfil de um fazendeiro sustentável. *Desenvolvimento sustentável ou agricultura sustentável* significa "achar modos de viver e trabalhar na Terra sem prejudicar o futuro" (*Minneapolis Star Tribune,* 20 jun. 1992). Estudos foram conduzidos em cinco estados do Meio-Oeste dos Estados Unidos para desenvolver um perfil de fazendeiro sustentável. Os resultados revelaram que os fazendeiros podem ser classificados em uma escala de sustentabilidade se eles são a favor (F) ou não (N) do engajamento nas seguintes práticas: (1) plantar uma variada combinação de culturas; (2) criar gado; (3) usar defensivos químicos; e (4) usar técnicas para regeneração dos solos, como rotação de culturas.

a. Liste os diferentes conjuntos de classificações que são possíveis para as quatro práticas (por exemplo, FNNF).

b. Suponha que você está planejando entrevistar fazendeiros por todo o país para determinar a freqüência com que eles se ajustam às classificações listadas no item **a**. Uma vez que nenhuma informação está ainda disponível, presuma inicialmente que há uma chance igual de que um fazendeiro se classifique em qualquer um dos grupos. Usando esse pressuposto, qual é a probabilidade de que um deles seja classificado como *Não a favor* em todos os quatro critérios (isto é, classificado como um fazendeiro não sustentável)?

c. Usando o mesmo pressuposto do item **b**, qual é a probabilidade de que um fazendeiro seja classificado como *A favor* em pelo menos três dos critérios (ou seja, classificado como quase sustentável)?

3.2 Uniões e interseções

Com freqüência, um evento pode ser visto como uma composição de dois ou mais eventos. Esses eventos, chamados **eventos compostos**, podem ser formados (compostos) de duas maneiras, como será definido e ilustrado a seguir.

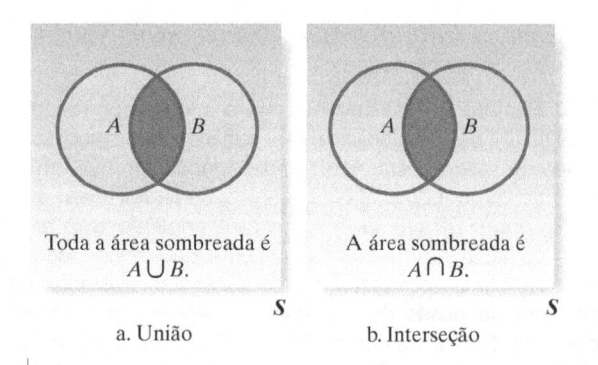

FIGURA 3.6 Diagramas de Venn para união e interseção

a. União — Toda a área sombreada é $A \cup B$.
b. Interseção — A área sombreada é $A \cap B$.

Definição 3.5

A **união** de dois eventos A e B é o evento que ocorre se A ou B ou ambos acontecem em uma única realização de um experimento. Denotamos por $A \cup B$ a união dos eventos A e B. $A \cup B$ consiste em todos os pontos amostrais que pertencem a A ou a B ou a *ambos*. (Veja a Figura 3.6a.)

Definição 3.6

A **interseção** de dois eventos A e B é o evento que ocorre quando ambos os eventos ocorrem em uma única realização de um experimento. Indicamos como $A \cap B$ a interseção de A e B. $A \cap B$ consiste em todos os pontos amostrais pertencentes a A e a B. (Veja a Figura 3.6b.)

EXEMPLO 3.9

PROBABILIDADES DE UNIÕES E INTERSEÇÕES EM UM EXPERIMENTO DE LANÇAMENTO DE DADOS

Problema Considere o experimento de lançamento de dados. Defina os seguintes eventos:

A: {Obtenha um número par}
B: {Obtenha um número menor ou igual a 3}

a. Descreva $A \cup B$ para esse experimento.
b. Descreva $A \cap B$ para esse experimento.
c. Calcule $P(A \cup B)$ e $P(A \cap B)$, presumindo que o dado não é viciado.

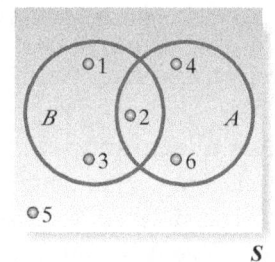

FIGURA 3.7 Diagrama de Venn para lançamento de dados

Solução

Desenhe o diagrama de Venn como mostrado na Figura 3.7.

a. A união de A e B é o evento que ocorre se observamos ou um número par, um número menor ou igual a 3, ou ambos em um único lançamento de um dado. Conseqüentemente, os pontos amostrais no evento $A \cup B$ são aqueles em que A ocorre, B ocorre, ou A e B ocorrem. Verificando os pontos amostrais em todo o espaço amostral, encontramos que o conjunto de pontos amostrais na união de A e B é

$$A \cup B = \{1, 2, 3, 4, 6\}$$

b. A interseção de A e B é o evento que ocorre quando observamos um número par *e* um número menor ou igual a 3 em um único lançamento de um dado. Verificando os pontos amostrais para identificar quais implicam a ocorrência de *ambos* os eventos A e B, vemos que a interseção contém apenas um ponto amostral:

$$A \cap B = \{2\}$$

Em outras palavras, a interseção de A e B é o ponto amostral obter 2.

c. Relembrando que a probabilidade de um evento é a soma das probabilidades dos pontos amostrais pelos quais o evento é composto, temos:

$$P(A \cup B) = P(1)+P(2)+P(3)+P(4)+P(6)$$
$$= 1/6 + 1/6 + 1/6 + 1/6 + 1/6 = 5/6$$

e

$$P(A \cap B) \; P = (2) = 1/6$$

AGORA FAÇA O EXERCÍCIO 3.25 A–D

EXEMPLO 3.10

DETERMINANDO PROBABILIDADES EM UMA TABELA DE DUPLA ENTRADA PARA REMESSA EM MASSA: RENDA *VERSUS* IDADE

Problema Muitas empresas realizam campanhas de marketing direto para promover seus produtos. As campanhas tipicamente incluem o envio de informações pelo correio para milhões de residências. As taxas de resposta são cuidadosamente monitoradas para determinar as características demográficas dos respondentes. Estudando as tendências das respostas, as empresas podem direcionar melhor as futuras remessas para esses segmentos da população com maior probabilidade de comprar seus produtos.

TABELA 3.4 Tabela de dupla entrada com a porcentagem de respondentes em grupos idade–renda

	Renda		
Idade	< $ 25.000	$ 25.000 – $ 50.000	> $ 50.000
< 30 anos	5%	12%	10%
30–50 anos	14%	22%	16%
> 50 anos	8%	10%	3%

Suponha que um distribuidor de ferramentas pedidas pelo correio está analisando os resultados de uma base de dados recente. Acredita-se que a probabilidade de resposta esteja relacionada com a renda e a idade. Os percentuais do número total de respondentes são classificados por idade e renda na Tabela 3.4. Essa tabela é chamada de **tabela de dupla entrada**, uma vez que as respostas são classificadas de acordo com duas variáveis: renda (colunas) e idade (linhas).

Defina os seguintes eventos:

A: {A renda de um respondente é maior que $ 50.000}

B: {A idade de um respondente é 30 anos ou mais}

a. Determine $P(A)$ e $P(B)$.
b. Determine $P(A \cup B)$.
c. Determine $P(A \cap B)$.

Solução

Seguindo os passos para calcular a probabilidade de eventos, notamos inicialmente que o objetivo é caracterizar a distribuição de renda e a idade dos respondentes. Para realizar isso, definimos o experimento como sendo a seleção de um respondente do conjunto de todos os respondentes e observando a que classe de idade e renda essa pessoa pertence. Os pontos amostrais para as nove diferentes classificações de idade–renda são:

E_1: {< 30 anos, < $ 25.000}
E_2: {30–50 anos, < $ 25.000}
E_3: {> 50 anos, < $ 25.000}
E_4: {< 30 anos, $ 25.000 – $ 50.000}
E_5: {30–50 anos, $ 25.000 – $ 50.000
E_6: {> 50 anos, $ 25.000 – $ 50.000}
E_7: {< 30 anos, > $ 50.000}
E_8: {30–50 anos, > $ 50.000}
E_9: {> 50 anos, > $ 50.000}

A seguir, atribuímos probabilidades aos pontos amostrais. Se, às cegas, selecionamos um dos respondentes, a probabilidade de que essa pessoa ocupe uma classificação de idade–renda particular é exatamente a proporção, ou freqüência relativa, dos respondentes na classificação.

Essas proporções são dadas (como percentuais) na Tabela 3.4. Portanto:

$P(E_1)$ = Freqüência relativa dos respondentes na classe de idade–renda {< 30 anos, < $ 25.000} = 0,05

$P(E_2) = 0,14$

$P(E_3) = 0,08$
$P(E_4) = 0,12$
$P(E_5) = 0,22$
$P(E_6) = 0,10$
$P(E_7) = 0,10$
$P(E_8) = 0,16$
$P(E_9) = 0,03$

Você pode verificar que as probabilidades dos pontos amostrais somam 1.

a. Para achar $P(A)$, primeiro determinamos o conjunto de pontos amostrais contidos no evento A. Uma vez que A é definido como {> $ 50.000}, vemos na Tabela 3.4 que A contém os três pontos representados pela última coluna da tabela. Em outras palavras, o evento A consiste na classificação de renda {> $ 50.000} em todas as três classificações de idade. A probabilidade de A é a soma das probabilidades dos pontos amostrais em A:

$$P(A) = P(E_7) + P(E_8) + P(E_9)$$
$$= 0,10 + 0,16 + 0,03 = 0,29$$

Similarmente, B = {≥ 30 anos} consiste em seis pontos amostrais na segunda e na terceira linhas da Tabela 3.4:

$$P(B) = P(E_2) + P(E_3) + P(E_5) + P(E_6)$$
$$+ P(E_8) + P(E_9)$$
$$= 0,14 + 0,08 + 0,22 + 0,10 + 0,16 + 0,03 = 0,73$$

b. A união dos eventos A e B, $A \cup B$, consiste em todos os pontos amostrais em A ou B ou ambos — isto é, a união de A e B consiste em todos os respondentes cuja renda excede $ 50.000 *ou* cuja idade é 30 anos ou mais. Na Tabela 3.4, isso corresponde a qualquer ponto amostral achado na terceira coluna *ou* nas últimas duas linhas. Portanto:

$$P(A \cup B) = 0,10 + 0,14 + 0,22 + 0,16 + 0,08$$
$$+ 0,10 + 0,03 = 0,83$$

c. A interseção dos eventos A e B, $A \cap B$, consiste em todos os pontos amostrais em A e B — isto é, a interseção de A e B consiste em todos os respondentes cuja renda excede $ 50.000 *e* cuja idade é 30 anos ou mais. Na Tabela 3.4, isso corresponde a qualquer ponto amostral achado na terceira coluna *e* nas últimas duas linhas. Portanto:

$$P(A \cap B) = 0,16 + 0,03 = 0,19$$

Lembre-se Da mesma forma que nos problemas anteriores, a chave para encontrar as probabilidades dos itens **b** e **c** é identificar os pontos amostrais que compõem o evento de interesse. Numa tabela de dupla entrada como a Tabela 3.4, o número de pontos amostrais será igual ao número de linhas vezes o número de colunas.

3.3 Eventos complementares

Um conceito muito útil no cálculo de probabilidades de eventos é a noção de *eventos complementares*:

> **DEFINIÇÃO 3.7**
>
> O **complemento** de um evento A é o evento em que A não ocorre — isto é, o evento que consiste em todos os pontos amostrais que não estão no evento A. Denotamos o complemento de A por A^c.

Um evento A é o conjunto de pontos amostrais, e os pontos amostrais incluídos em A^c são aqueles que não estão em A. A Figura 3.8 demonstra essa idéia. Note na figura que todos os pontos amostrais em S estão incluídos em A ou em A^c e que não há pontos amostrais em A e A^c ao mesmo tempo. Isso nos leva a concluir que as probabilidades de um evento e de seu complemento devem somar 1.

> **REGRA DOS COMPLEMENTOS**
>
> A soma das probabilidades de eventos complementares é igual a 1, isto é: $P(A) + P(A^c) = 1$.

Em muitos problemas de probabilidade, o cálculo da probabilidade do complemento de um evento de interesse é mais fácil que calcular a do próprio evento. Então, como

$$P(A) + P(A^c) = 1$$

podemos calcular $P(A)$ usando o relacionamento

$$P(A) = 1 - P(A^c)$$

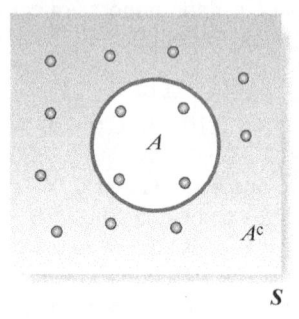

FIGURA 3.8 Diagrama de Venn de eventos complementares

EXEMPLO 3.11

PROBABILIDADES DE EVENTOS COMPLEMENTARES EM UM EXPERIMENTO DE LANÇAMENTO DE MOEDAS

Problema Considere o experimento de lançar duas moedas não viciadas. Use a relação complementar para calcular a probabilidade do evento A: {Obter pelo menos uma cara}.

Solução
Sabemos que o evento A: {Obter pelo menos uma cara} consiste nos pontos amostrais:

A: {cara/cara, cara/coroa, coroa/cara}

O complemento de A é definido como o evento que ocorre quando A não ocorre.

Portanto:

A^c: {Obter nenhuma cara} = {coroa/coroa}

Essa relação complementar é mostrada na Figura 3.9. Presumindo que as moedas não estão viciadas,

$$P(A^c) = P(coroa/coroa) = 1/4$$

e

$$P(A) = 1 - P(A^c) = 1 - 1/4 = 3/4$$

Lembre-se Note que poderíamos encontrar P(A) somando as probabilidades dos pontos amostrais cara/cara, cara/coroa e coroa/cara em A. Muitas vezes, é mais fácil achar a probabilidade de A^c e usar a regra dos complementos.

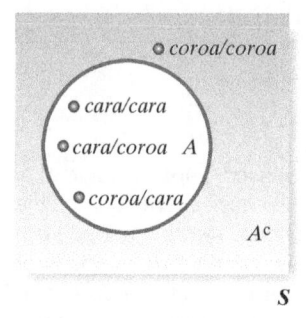

FIGURA 3.9 Eventos Complementares no lançamento de duas moedas

AGORA FAÇA O EXERCÍCIO 3.25 E–F

3.4 Regra da adição e eventos mutuamente exclusivos

Na Seção 3.2, vimos como os pontos amostrais estão contidos em uma união e como calcular a probabilidade da união, adicionando as probabilidades dos pontos amostrais nela. Também é possível obter a probabilidade da união de dois eventos usando a **regra da adição da probabilidade**.

A união de dois eventos freqüentemente contém muitos pontos amostrais, uma vez que a união ocorre se qualquer um ou ambos os eventos acontecem. Estudando o diagrama de Venn na Figura 3.10, você pode ver que a probabilidade da união de dois eventos, A e B, pode ser obtida somando $P(A)$ e $P(B)$ e subtraindo a probabilidade correspondente a $A \cap B$. A fórmula para calcular a probabilidade da união de dois eventos é dada no quadro a seguir.

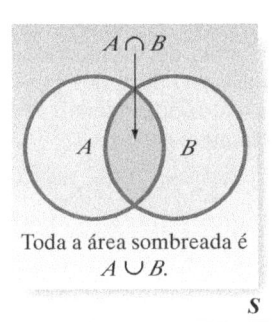

FIGURA 3.10 Diagrama de Venn da união

REGRA DA ADIÇÃO DA PROBABILIDADE

A probabilidade da união dos eventos A e B é a soma das probabilidades dos eventos A e B menos a probabilidade da interseção dos eventos A e B, isto é:

$$P(A \cup B) = P(A) + P(B) - P(A \cap B)$$

EXEMPLO 3.12

APLICANDO A REGRA DA ADIÇÃO A UM ESTUDO DE ADMISSÃO HOSPITALAR

Problema Registros hospitalares mostram que 12% de todos os pacientes são admitidos para tratamento cirúrgico, 16% são admitidos para obstetrícia e 2% recebem obstetrícia e tratamento cirúrgico. Se um novo paciente é admitido no hospital, qual é a probabilidade de que ele seja admitido para cirurgia, para obstetrícia ou para ambos? Use a regra adicional da probabilidade para chegar a uma resposta.

Solução
Considere os seguintes eventos:

A: {Um paciente admitido no hospital recebe tratamento cirúrgico}
B: {Um paciente admitido no hospital recebe tratamento obstétrico}

Assim, para a informação fornecida:

$$P(A) = 0{,}12$$
$$P(B) = 0{,}16$$

e a probabilidade do evento de que o paciente receba tanto o tratamento obstétrico quanto o cirúrgico é:

$$P(A \cap B) = 0{,}02$$

O evento de que o paciente admitido no hospital recebe ou tratamento cirúrgico ou obstétrico ou ambos é a união $A \cup B$. A probabilidade de $A \cup B$ é dada pela regra adicional da probabilidade:

$$P(A \cup B) = P(A) + P(B) - P(A \cap B)$$
$$= 0{,}12 + 0{,}16 - 0{,}02 = 0{,}26$$

Portanto, 26% de todos os pacientes admitidos no hospital recebem tratamento cirúrgico, obstétrico, ou ambos.

Lembre-se A partir da informação fornecida, não é possível listar e atribuir probabilidades para todos os pontos amostrais. Conseqüentemente, não podemos continuar no processo dos cinco passos para achar a probabilidade de um evento e temos que usar a regra da adição.

AGORA FAÇA O EXERCÍCIO 3.22

Existe uma relação muito especial entre os eventos A e B quando $A \cap B$ não contém pontos amostrais. Nesse caso, chamamos os eventos A e B de *eventos mutuamente exclusivos*.

DEFINIÇÃO 3.8

Os eventos A e B são **mutuamente exclusivos** se $A \cap B$ não contém pontos amostrais — isto é, se A e B não têm pontos amostrais em comum.

A Figura 3.11 mostra o diagrama de Venn de dois eventos mutuamente exclusivos. Os eventos A e B não têm pontos amostrais em comum, isto é, A e B não podem ocorrer simultaneamente, e $P(A \cap B) = 0$. Assim, temos esse importante relacionamento definido no quadro abaixo.

PROBABILIDADE DA UNIÃO DE DOIS EVENTOS MUTUAMENTE EXCLUSIVOS

Se dois eventos são *mutuamente exclusivos*, a probabilidade da união de A e B é igual à soma das probabilidades de A e B, isto é, $P(A \cup B) = P(A) + P(B)$.

CUIDADO

A fórmula mostrada acima será *falsa* se os eventos *não forem* mutuamente exclusivos. Nesse caso (isto é, dois eventos não mutuamente exclusivos), você deve aplicar a regra da adição geral da probabilidade.

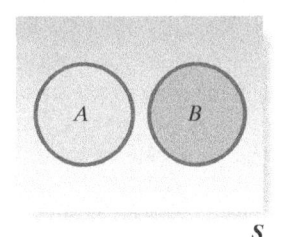

FIGURA 3.11 Diagrama de Venn de eventos mutuamente exclusivos

EXEMPLO 3.13

UNIÃO DE DOIS EVENTOS MUTUAMENTE EXCLUSIVOS NUM EXPERIMENTO DE LANÇAMENTO DE MOEDAS

Problema Considere o experimento de lançar duas moedas não viciadas. Determine a probabilidade de obter *pelo menos* uma cara.

Solução

Defina os eventos:

A: {Obter pelo menos uma cara}
B: {Obter exatamente uma cara}
C: {Obter exatamente duas caras}

Observe que:

$$A = B \cup C$$

e que $B \cap C$ não contém pontos amostrais. (Veja a Figura 3.12.) Portanto, B e C são mutuamente exclusivos, de modo que:

$$P(A) = P(B \cup C) = P(B) + P(C)$$
$$= 1/2 + 1/4 = 3/4$$

Lembre-se Ainda que esse exemplo seja muito simples, ele nos mostra que caracterizar eventos com descrições verbais incluindo expressões como 'pelo menos' ou 'no máximo' como uniões de eventos mutuamente exclusivos é muito útil. Essa prática nos permite achar as probabilidades de eventos adicionando as probabilidades de eventos mutuamente exclusivos.

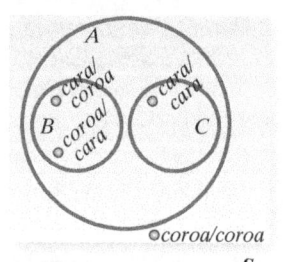

FIGURA 3.12 Diagrama de Venn para o experimento de lançamento de moeda

ESTATÍSTICA EM AÇÃO REVISITADA

PROBABILIDADE DE GANHAR NA LOTERIA COM UM SISTEMA DE RODA

Relembre o jogo *Pick-6* da loteria da Flórida, no qual você seleciona seis números de sua escolha de um conjunto de números que vão de 1 a 53. Na Seção 3.1, aprendemos que a probabilidade de ganhar na loteria com um único cartão é de somente 1 em aproximadamente 23 milhões. Os 'especialistas' da *Lottery Buster* recomendam muitas estratégias para aumentar as chances de ganhar na loteria. Uma delas é empregar um sistema de roda. Em um sistema de roda completa, você seleciona mais de seis números, digamos, sete, e joga em todas as combinações de seis desses sete números.

Suponha que você escolha 'rodar' os seguintes sete números: 2, 7, 18, 23, 30, 32 e 51. Todas as combinações de seis desses sete números estão listadas na Tabela EA3.1. Você pode ver que há sete diferentes possibilidades. (Use a regra das combinações com $N = 7$ e $n = 6$ para verificar isso.) Portanto, compraríamos sete cartões (a um custo de 7 dólares), correspondentes a essas diferentes combinações em um sistema completo de roda.

Para determinar se essa estratégia de fato aumenta nossas chances de ganhar, precisamos achar a probabilidade de que uma dessas sete combinações ocorra durante o sorteio do jogo 6/53 da loteria — isto é, precisamos achar a probabilidade de que ou o cartão 1, ou o 2, ou o 3 ou o 4, ou o 5, ou o 6, ou o 7 tenha a combinação sorteada. Note que essa probabilidade foi dita usando a palavra *ou*, implicando a união dos sete eventos. Considerando que C1 representa o evento em que o cartão 1 vencerá e definindo C2, C3, ..., C7 de modo similar, queremos encontrar

P(C1 ou C2 ou C3 ou C4 ou C5 ou C6 ou C7)

Relembre (Seção 3.1) que as 22.957.480 possíveis combinações do jogo *Pick-6* são mutuamente exclusivas e com chances iguais de ocorrer. Conseqüentemente, a probabilidade da união desses sete eventos é simplesmente a soma das probabilidades dos eventos individuais, em que cada um tem uma probabilidade de 1/(22.957.480):

P(Ganhar na loteria com 7 números 'rodados')
 = P(C1 ou C2 ou C3 ou C4 ou C5 ou C6 ou C7)
 = $7/(22.957.480) = 0{,}0000003$

Em termos de possibilidades, temos agora três chances em 10 milhões de ganhar na loteria com o sistema completo de roda. Os 'especialistas' estão corretos: nossas chances de ganhar na loteria aumentaram (de 1 em 23 milhões). Entretanto, a probabilidade de ganhar é tão próxima de 0 que podemos questionar se os 7 dólares gastos na loteria valem o aumento insignificante nas chances. De fato, pode-se mostrar que, para aumentar a chance de ganhar no jogo 6/53 da loteria para uma chance em 100 (isto é, 0,01) usando o sistema completo de roda, você teria que 'rodar' 26 dos seus números favoritos — um total de 230.230 combinações, a um custo de US$ 230.230!

TABELA EA3.1 'Rodando' os seis números 2, 7, 18, 23, 30, 32 e 51

Cartão 1	2	7	18	23	30	32
Cartão 2	2	7	18	23	30	51
Cartão 3	2	7	18	23	32	51
Cartão 4	2	7	18	30	32	51
Cartão 5	2	7	23	30	32	51
Cartão 6	2	18	23	30	32	51
Cartão 7	7	18	23	30	32	51

Exercícios 3.22 – 3.40

Aprendendo a mecânica

3.22 Suponha que $P(A) = 0,4$, $P(B) = 0,7$ e $P(A \cap B) = 0,3$. Determine as seguintes probabilidades:
 a. $P(B^c)$ b. $P(A^c)$ c. $P(A \cup B)$

3.23 Uma moeda não viciada é lançada três vezes e os eventos A e B são definidos como se segue:

  A: {Pelo menos uma cara é observada}
  B: {O número de caras observadas é ímpar}

 a. Identifique os pontos amostrais nos eventos A, B, A $\cup$ B, A^c e $A \cap B$.
 b. Determine $P(A)$, $P(B)$, $P(A \cup B)$, $P(A^c)$ e $P(A \cap B)$ somando as probabilidades dos pontos amostrais apropriados.
 c. Determine $P(A \cup B)$ usando a regra da adição. Compare sua resposta com a obtida no item **b**.
 d. Os eventos A e B são mutuamente exclusivos? Por quê?

3.24 Um par de dados não viciados é lançado. Defina os seguintes eventos:

  A: {Você obtém 7} (isto é, a soma dos pontos nas faces superiores dos dois dados é igual a 7)
  B: {Pelo menos um dos dois dados mostra um 4}

 a. Identifique os pontos amostrais nos eventos A, B, A $\cap$ B, A $\cup$ B e A^c.
 b. Determine $P(A)$, $P(B)$, $P(A \cap B)$, $P(A \cup B)$ e $P(A^c)$, somando as probabilidades dos pontos amostrais apropriados.
 c. Determine $P(A \cup B)$ usando a regra da adição. Compare sua resposta com a do mesmo evento no item **b**.
 d. A e B são mutuamente exclusivos? Por quê?

3.25 Considere o seguinte diagrama de Venn, no qual:

$P(E_1) = P(E_2) = P(E_3) = 1/5$, $P(E_4) = P(E_5) = 1/20$, $P(E_6) = 1/10$ e $P(E_7) = 1/5$.

Determine cada uma das seguintes probabilidades:
 a. $P(A)$
 b. $P(B)$
 c. $P(A \cup B)$
 d. $P(A \cap B)$
 e. $P(A^c)$
 f. $P(B^c)$
 g. $P(A \cup A^c)$
 h. $P(A^c \cap B)$

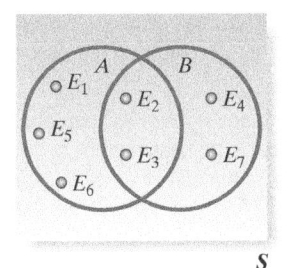

3.26 Considere o diagrama de Venn a seguir, no qual:
$P(E_1) = 0,10$, $P(E_2) = 0,05$, $P(E_3) = P(E_4) = 0,2$,
$P(E_5) = 0,06$, $P(E_6) = 0,3$, $P(E_7) = 0,06$ e $P(E_8) = 0,03$.

Determine as seguintes probabilidades:
 a. $P(A^c)$ b. $P(B^c)$ c. $P(A^c \cap B)$
 d. $P(A \cup B)$ e. $P(A \cap B)$ f. $P(A^c \cup B^c)$
 g. Os eventos A e B são mutuamente exclusivos? Por quê?

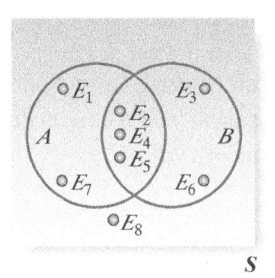

3.27 Os resultados de duas variáveis são (*baixo, médio, grande*) e (*ligado, desligado*), respectivamente. Um experimento é conduzido, sendo os resultados de cada uma das duas variáveis observados. As probabilidades associadas a cada um dos seis possíveis pares de resultados são dadas na tabela de duas entradas a seguir.

	Baixo	Médio	Alto
Ligado	0,50	0,10	0,05
Desligado	0,25	0,07	0,03

Considere os seguintes eventos:

  A: {Ligado}
  B: {Médio ou ligado}
  C: {Desligado ou baixo}
  D: {Alto}

 a. Determine $P(A)$.
 b. Determine $P(B)$.
 c. Determine $P(C)$.
 d. Determine $P(D)$.
 e. Determine $P(A^c)$.
 f. Determine $P(A \cup B)$.
 g. Determine $P(A \cap C)$.
 h. Considere cada par de eventos (A e B, A e C, A e D, B e C, B e D, C e D). Liste os pares de eventos que são mutuamente exclusivos. Justifique suas escolhas.

3.28 Reveja o Exercício 3.27. Use as mesmas definições de eventos para fazer os seguintes exercícios:

 a. Escreva o evento cujo resultado é *ligado* e *alto*, como uma interseção de dois eventos.
 b. Escreva o evento cujo resultado é *baixo* ou *médio*, como o complemento de um evento.

APPLET Exercício utilizando aplicativo 3.3
(É necessário ter o Java instalado para utilizar esse aplicativo)

Use os aplicativos intitulados *Simulando a probabilidade de obter 6* e *Simulando a probabilidade de obter 3 ou 4* para explorar a regra da adição da probabilidade.

a. Explique por que o aplicativo *Simulando a probabilidade de obter* 6 também pode ser usado para simular a probabilidade de obter 3. Use então o aplicativo com $n = 1.000$ para simular a probabilidade de obter 3. Registre a proporção cumulativa. Repita o processo para simular a probabilidade de obter 4.
b. Use o aplicativo *Simulando a probabilidade de obter 3 ou 4* com $n = 1.000$ para simular a probabilidade de obter 3 ou 4. Registre a proporção cumulativa.
c. Some as duas proporções cumulativas do item **a**. Como essa soma se compara à proporção cumulativa no item **b**? Como isso ilustra a regra de adição da probabilidade?

APPLET **Exercício utilizando aplicativo 3.4**
(É necessário ter o Java instalado para utilizar esse aplicativo)

Use os aplicativos intitulados *Simulando a probabilidade de obter 6* e *Simulando a probabilidade de obter 3 ou 4* para simular a probabilidade do complemento de um evento.
a. Explique como o aplicativo *Simulando a probabilidade de obter 6* também pode ser usado para simular a probabilidade do evento *obter 1, 2, 3, 4 ou 5*. Use então o aplicativo com $n = 1.000$ para simular essa probabilidade.
b Explique como o aplicativo *Simulando a probabilidade de obter 3 ou 4* também pode ser usado para simular a probabilidade do evento *obter 1, 2, 5 ou 6*. Use então o aplicativo com $n = 1.000$ para simular essa probabilidade.
c. Que aplicativo poderia ser usado para simular a probabilidade do evento *obter 1, 2, 3 ou 4*? Explique.

Aplicação dos conceitos — Básico

3.29 Propriedade de pequenos negócios. De acordo com o *Journal of Business Venturing* (vol. 17, 2002), 27% de todos os pequenos negócios cujos donos são brancos não hispânicos nos Estados Unidos são empresas de propriedade de mulheres. Se selecionarmos, ao acaso, um pequeno negócio cujo dono seja um branco não hispânico, qual será a probabilidade de que seja uma empresa de propriedade de um homem?

3.30 Problemas em grandes empresas. O *Organization Development Journal* (verão, 2006) relatou os resultados de um levantamento feito com gerentes de recursos humanos de grandes empresas localizadas em uma cidade do sudeste norte-americano. O foco do estudo foi o comportamento dos empregados — especificamente, absenteísmo, disposição para o trabalho e rotatividade. O estudo mostrou que 55% dos gerentes de RH tiveram problemas com absenteísmo dos empregados e que 41% tiveram problemas com rotatividade. Suponha que 22% dos gerentes de RH tenham enfrentado problemas com absenteísmo e também com rotatividade. Use essa informação para achar a probabilidade de que um gerente de RH selecionado dentro do grupo pesquisado tenha tido problemas com absenteísmo ou com a rotatividade dos empregados.

3.31 Uso dos recursos do telefone celular. A Harris Interactive realizou um levantamento com proprietários de telefones celulares para estimar a probabilidade de uso de recursos extras dos telefones, como calendário, agenda de endereços, mensagens, e-mail etc. Os resultados foram relatados no site *BusinessWeek.com* (17 ago. 2005). A tabela a seguir mostra os percentuais de pessoas de 18 a 34 anos que usam os recursos extras dos celulares. (Note que os percentuais na tabela não somam 100%, uma vez que o dono do telefone pode usar mais de um recurso.)

Recurso do telefone	Percentual de pessoas (18 a 34 anos de idade)
Calendário e agenda de endereços	56%
Baixar e/ou jogar jogos eletrônicos	54%
Baixar toques de campainha	47%
Mensagens instantâneas	43%
Tirar fotos	35%
Enviar e receber e-mail	28%
Acessar a Internet	34%
Nenhum dos recursos acima	16%

Fonte: *BusinessWeek.com*, 17 ago. 2005.

a. Estime a probabilidade de que um dono de celular na faixa de 18 a 34 anos use mensagem instantânea.
b. Estime a probabilidade de que um dono de celular na faixa de 18 a 34 anos use pelo menos um dos recursos listados na tabela.

3.32 O jogo de roleta. A *roleta* é um jogo bastante popular em muitos cassinos norte-americanos. Nele, uma bola gira numa roda dividida em 38 arcos de igual tamanho, marcados com os números 00, 0, 1, 2, ..., 35, 36. O número do arco no qual a bola pára é o resultado de uma rodada do jogo. Os números também são coloridos da seguinte maneira:

Vermelho: 1, 3, 5, 7, 9, 12, 14, 16, 18, 19, 21, 23, 25, 27, 30, 32, 34, 36
Preto: 2, 4, 6, 8, 10, 11, 13, 15, 17, 20, 22, 24, 26, 28, 29, 31, 33, 35
Verde: 00, 0

Os jogadores podem apostar na rodada de várias maneiras, incluindo apostas em ímpar, par, vermelho, preto, alto, baixo etc. Defina os seguintes eventos:

A: {O resultado é um número ímpar (00 e 0 não são considerados nem ímpar nem par)}
B: {O resultado é um número preto}
C: {O resultado é um número baixo (1–18)}

a. Defina o evento $A \cap B$ como um conjunto específico de pontos amostrais.
b. Defina o evento $A \cup B$ como um conjunto específico de pontos amostrais.
c. Determine $P(A)$, $P(B)$, $P(A \cap B)$, $P(A \cup B)$ e $P(C)$, somando as probabilidades dos pontos amostrais apropriados.
d. Defina o evento $A \cap B \cap C$ como um conjunto específico de pontos amostrais.
e. Determine $P(A \cup B)$ usando a regra de adição. Os eventos A e B são mutuamente exclusivos? Por quê?
f. Determine $P(A \cap B \cap C)$ somando as probabilidades dos pontos amostrais dados no item **d**.

g. Defina o evento $A \cup B \cup C$ como um conjunto específico de pontos amostrais.
h. Determine $P(A \cup B \cup C)$ somando as probabilidades dos pontos amostrais dados no item g.

3.33 Estruturas de produção de petróleo e gás inativas. A regulamentação federal norte-americana exige que as empresas operadoras retirem todas as estruturas inativas de produção marítima de petróleo e gás dentro de um ano depois de cessada a produção. Pesquisadores do Centro de Estudos de Energia da Louisiana State University coletaram dados relativos a estruturas de produção de petróleo e gás, ativas e inativas, no Golfo do México (*Oil & Gas Journal*, 3 jan. 2005). Eles descobriram que o golfo tinha 2.175 estruturas ativas e 1.225 delas inativas no final de 2003. A tabela seguinte subdivide essas estruturas por tipo (ensecadeira, protetor de poço ou plataforma fixa). Considere o tipo e o estado de atividade de uma dessas estruturas.

	TIPO DE ESTRUTURA			
	ENSECADEIRA	PROTETOR DE POÇO	PLATAFORMA FIXA	TOTAIS
Ativa	503	225	1.447	2.175
Inativa	598	177	450	1.225

Fonte: Kaiser, M. e Mesyanzhinov, D. "Study tabulates idle Gulf of Mexico structures." *Oil & Gas Journal*, vol. 103, n. 1, 3 jan. 2005 (Tabela 2).

a. Liste os eventos simples para esse experimento.
b. Atribua probabilidades razoáveis para os eventos simples.
c. Determine a probabilidade de que a estrutura esteja ativa.
d. Determine a probabilidade de que a estrutura seja um protetor de poço.
e. Determine a probabilidade de que a estrutura seja uma ensecadeira inativa.
f. Determine a probabilidade de que a estrutura esteja inativa ou de que seja uma plataforma fixa.
g. Determine a probabilidade de que a estrutura não seja uma ensecadeira.

3.34 Características de um novo produto. O sucesso de uma empresa a longo prazo depende de sua habilidade em vender produtos com características superiores que maximizem a satisfação do consumidor e confiram à firma uma vantagem competitiva (Kotler, *Administração de marketing*, 1994). Dez novos produtos foram desenvolvidos por uma empresa de produtos alimentícios. Pesquisas de mercado indicaram que os dez produtos têm as características descritas pelo diagrama de Venn a seguir.

a. Escreva o evento em que um produto possui todas as características desejadas como uma interseção dos eventos definidos no diagrama de Venn. Que produtos são contidos nessa interseção?
b. Se um dos dez produtos fosse selecionado ao acaso para ser vendido, qual a probabilidade de ele possuir todas as características desejadas?
c. Escreva o evento em que o produto escolhido ao acaso daria à firma uma vantagem competitiva ou satisfaria os consumidores como uma união dos eventos definidos no diagrama de Venn. Determine a probabilidade dessa união.

d. Escreva o evento em que o produto escolhido ao acaso possui as características superiores e satisfaz os consumidores. Determine a probabilidade dessa interseção.

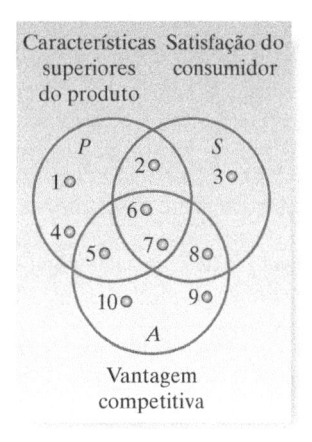

Aplicação dos conceitos — Intermediário

3.35 Apelações de julgamentos civis federais. O *Journal of the American Law and Economics Association* (vol. 3, 2001) publicou os resultados de um estudo sobre apelações em julgamentos civis federais. A tabela seguinte, extraída do artigo, mostra uma subdivisão dos 2.143 casos civis que tiveram apelação pelo queixoso ou pelo réu. O resultado da apelação, assim como o tipo de julgamento (juiz ou júri), foi estabelecido para cada caso civil. Suponha que um dos 2.143 casos tenha sido selecionado ao acaso e que o resultado da apelação e o tipo de julgamento tenham sido observados.

	JÚRI	JUIZ	TOTAIS
Queixoso venceu o julgamento – revertido	194	71	265
Queixoso venceu o julgamento – confirmado	429	240	669
Réu venceu o julgamento – revertido	111	68	179
Réu venceu o julgamento – confirmado	731	299	1.030
Totais	1.465	678	2.143

a. Determine $P(A)$, em que A = {Julgamento por júri}.
b. Determine $P(B)$, em que B = {Vitória do queixoso foi revertida}.
c. Os eventos A e B são mutuamente exclusivos?
d. Determine $P(A^c)$.
e. Determine $P(A \cup B)$.
f. Determine $P(A \cap B)$.

3.36 Trabalhadores de tempo parcial no Japão. A redução do tamanho das empresas no Japão tem causado um aumento significativo na demanda de trabalhadores temporários e de tempo parcial. A distribuição (em percentual) dos trabalhadores não regulares no país (por idade) é mostrada na tabela da página seguinte (adaptada de *Monthly Labor Review*, out. 1995). As informações das colunas são explicadas na parte de baixo da tabela. Suponha que um trabalhador não regular fosse escolhido ao acaso nessa população. Defina os seguintes eventos:

A: {O trabalhador tem 40 anos ou mais}
B: {O trabalhador é adolescente ou de tempo parcial}
C: {O trabalhador tem menos de 40 anos e é arubaito ou despachado}
D: {O trabalhador é de tempo parcial}

a. Determine a probabilidade de cada um dos eventos acima.
b. Determine $P(A \cap D)$ e $P(A \cup D)$.
c. Descreva em palavras os seguintes eventos: A^c, B^c e D^c.
d. Determine a probabilidade de cada um dos eventos descritos no item **c**.

IDADE	TEMPO PARCIAL	ARUBAITO	TEMPORÁRIO E DIÁRIO	DESPACHADO	TOTAIS
15–19	0,3	3,7	2,3	0,2	6,5
20–29	3,4	7,8	6,1	4,7	22,0
30–39	8,4	1,6	4,5	2,7	17,2
40–49	15,6	1,6	7,3	1,4	25,9
50–59	9,4	1,1	5,8	0,6	16,9
60 ou mais	4,3	1,8	4,8	0,6	11,5
Totais	41,4	17,6	30,8	10,2	100,0

Tempo parcial: *trabalha menos horas por dia ou menos dias por semana que os trabalhadores regulares.* Arubaito: *alguém com outro trabalho, que está na escola ou tem emprego regular em outro lugar.* Temporário: *empregado com contrato de duração maior que um mês, mas menor que um ano.* Diário: *empregado com um contrato de duração menor que um mês.* Despachado: *contratado de uma agência de trabalho temporário.*

Fonte: Houseman, S. e Osawa, M. "Part-time and temporary employment in Japan." *Monthly Labor Review*, out. 1995, p. 12-13 (Tabelas 1 e 2).

3.37 Negociação de ações on-line. O E*Trade Group Inc. foi a primeira companhia a proporcionar a negociação de ações on-line para seus clientes, oferecendo uma alternativa às firmas de investimento tradicionais. De acordo com a *Business Week*, as negociações de ações representam uma parte significativa do negócio de corretagem. A tabela no alto mostra o número de contas on-line e tradicionais de cinco corretoras importantes.

Suponha que um cliente seja escolhido ao acaso da população de contas descritas na tabela. Considere os seguintes eventos:

A: {A conta é com a Merrill Lynch}
B: {A conta é on-line}
C: {A conta é com a E*Trade e é on-line}
D: {A conta é com a TD Waterhouse ou com a E*Trade e é uma conta on-line}
E: {A conta é com a E*Trade}

a. Determine a probabilidade dos eventos anteriormente mencionados.
b. Determine $P(A \cap B)$.
c. Determine $P(A \cup B)$.
d. Determine $P(B^c \cap E)$.
e. Determine $P(A \cup E)$.
f. Que pares de eventos são mutuamente exclusivos?

CORRETORA	CONTAS ON-LINE	CONTAS TRADICIONAIS	TOTAL DE CONTAS
Fidelity Investments	2,8 milhões	8,0 milhões	10,8 milhões
Merrill Lynch & Co.	0	8,0 milhões	8,0 milhões
Charles Schwab & Co.	2,8 milhões	3,5 milhões	6,3 milhões
TD Waterhouse Group Inc.	1,0 milhão	1,1 milhão	2,1 milhões
E*Trade Group Inc.	1,24 milhão	0	1,24 milhão
Totais	7,84 milhões	20,6 milhões	28,44 milhões

Fonte: *Business Week*, 18 out. 1999, p. 185-186.

3.38 Modificações nas casas para cadeirantes. O *American Journal of Public Health* (jan. 2002) relatou um estudo a respeito de cadeirantes idosos que vivem em casa. Foi realizada uma pesquisa com uma amostra de 306 cadeirantes, com 65 anos ou mais de idade, para saber se sofreram uma queda violenta durante o ano e se as suas casas foram estruturalmente modificadas de uma das seguintes maneiras: modificações no banheiro, nas portas e nos corredores mais largos, modificações na cozinha, instalação de trilhos e portas fáceis de abrir. O resumo das respostas está na tabela a seguir. Suponha que selecionemos, ao acaso, um dos 306 cadeirantes pesquisados.

MUDANÇAS NAS CASAS	QUEDA(S) VIOLENTAS	SEM QUEDAS	TOTAIS
Todas as 5	2	7	9
Pelo menos 1, mas não todas	26	162	188
Nenhuma	20	89	109
Totais	48	258	306

Fonte: Berg, K., Hines, M., e Allen, S. "Wheelchair users at home: few home modifications and many injurious falls." *American Journal of Public Health*, vol. 92, n. 1, jan. 2002 (Tabela 1).

a. Determine a probabilidade de que o cadeirante tenha tido uma queda violenta.
b. Determine a probabilidade de que o cadeirante tenha todas as cinco modificações instaladas em casa.
c. Determine a probabilidade de que o cadeirante não tenha sofrido quedas e nenhuma das modificações instaladas em casa.

3.39 Confiabilidade dos calibradores nos postos de gasolina. Os fabricantes de carros e pneus, bem como os especialistas em segurança do consumidor, recomendam que os motoristas mantenham a pressão adequada nos pneus dos seus carros. Conseqüentemente, muitos postos de gasolina têm calibradores à disposição dos seus clientes. Em uma *Nota de Pesquisa* (nov. 2001), a Administração Nacional de Segurança do Tráfego Rodoviário dos Estados Unidos estudou a confiabilidade dos calibradores dos postos. A tabela a seguir fornece os percentuais dos postos com calibradores que marcam a pressão do pneu acima do valor real.

Pressão do Calibrador	Acima por 4 psi ou mais (%)	Acima por 6 psi ou mais (%)	Acima por 8 psi ou mais (%)
25 psi	16	2	0
35 psi	19	9	0
45 psi	19	14	5
55 psi	20	15	9

a. Se o calibrador do posto marca 35 psi, qual é a probabilidade de que a pressão esteja errada para mais por 6 psi ou mais?
b. Se o calibrador do posto marca 55 psi, qual é a probabilidade de que a pressão esteja errada para mais por 8 psi ou mais?
c. Se o calibrador do posto marca 25 psi, qual é a probabilidade de que a pressão não esteja errada para mais por 4 psi ou mais?
d. Os eventos A = {Errada para mais por 4 psi ou mais} e B = {Errada para mais por 6 psi ou mais} são mutuamente exclusivos? Explique.
e. Baseando-se em sua resposta para o item **d**, explique por que as probabilidades na tabela não somam 1.

Aplicação dos conceitos — Avançado

3.40 O jogo Passedix de Galileu. O Passedix é um jogo de azar em que se usam três dados. Os jogadores apostam se a soma das faces superiores dos dados será acima ou abaixo de 10. No final do século XVI, o astrônomo e matemático Galileu Galilei foi convidado pelo Grão-Duque da Toscana a explicar por que "a chance de obter um total de 9 no lançamento de três dados era menor do que obter um total de 10" (*Interstat*, jan. 2004). O Grão-Duque acreditava que a chance deveria ser a mesma, porque "há um número igual de partições dos números 9 e 10". Determine a falha no raciocínio do Grão-Duque e responda à questão colocada para Galileu.

3.5 Probabilidade condicional

As probabilidades de eventos que estivemos discutindo fornecem as freqüências relativas da ocorrência de eventos quando o experimento é repetido um grande número de vezes. Essas probabilidades são chamadas de **probabilidades incondicionais**, porque não são assumidas condições especiais além daquelas que definem o experimento.

Entretanto, dispomos, com freqüência, de conhecimentos adicionais que podem afetar as chances do resultado de um experimento, de modo que temos de alterar a probabilidade do evento de interesse.

Uma probabilidade que reflete esse conhecimento adicional é chamada de **probabilidade condicional** do evento. Por exemplo, vimos que a probabilidade de obter um número par (evento A) no lançamento de um dado não viciado é 1/2. Mas suponha que temos a informação de que, em um particular lançamento do dado, o resultado foi um número menor ou igual a 3 (evento B).

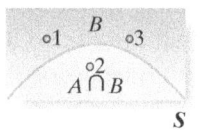

FIGURA 3.13 Espaço amostral reduzido para o experimento de lançamento de dado, visto que o evento B ocorreu

A probabilidade de obter um número par nesse lançamento seria ainda igual a 1/2? Não poderia ser, porque, levando em conta que B ocorreu, o espaço amostral foi reduzido de seis para três pontos amostrais (que são os contidos no evento B). Esse espaço amostral reduzido está representado na Figura 3.13.

Uma vez que os pontos amostrais para um experimento de lançamento de dado são igualmente prováveis, a cada um dos três pontos amostrais no espaço amostral reduzido é atribuída uma **probabilidade condicional** de 1/3. Uma vez que o único número par dos três contidos no espaço amostral reduzido B é o número 2 e o dado é equilibrado, concluímos que a probabilidade de que A ocorra, *dado que B ocorra*, é 1/3. Usamos o símbolo $P(A|B)$ para representar a probabilidade do evento A, considerando que o evento B ocorra. Para o exemplo de lançamento de um dado, $P(A|B) = 1/3$.

Para obter a probabilidade do evento A, considerando que o evento B ocorra, procedemos da seguinte maneira: dividimos a probabilidade da parte de A que cai dentro do espaço amostral reduzido B, ou seja, $P(A \cap B)$, pela probabilidade total do espaço amostral reduzido, ou seja, $P(B)$.

Portanto, para o exemplo de lançamento de dado com o evento A: {Obter um número par} e o evento B: {Obter um número menor ou igual a 3}, encontramos:

$$P(A|B) = \frac{P(A \cap B)}{P(B)} = \frac{P(2)}{P(1) + P(2) + P(3)} = \frac{\frac{1}{6}}{\frac{3}{6}} = \frac{1}{3}$$

A fórmula para $P(A|B)$ é sempre verdadeira:

FÓRMULA DA PROBABILIDADE CONDICIONAL

Para calcular a *probabilidade condicional de que o evento A ocorra, dado que o evento B ocorra*, divida a probabilidade de que A e B ocorram pela probabilidade de que B ocorra, isto é:

$$P(A|B) = \frac{P(A \cap B)}{P(B)} \quad [\text{Presumimos que } P(B) \neq 0.]$$

Essa fórmula ajusta a probabilidade de $A \cap B$ do seu valor original no espaço amostral completo S para uma probabilidade condicional no espaço amostral reduzido B. Se os pontos amostrais no espaço amostral completo são igualmente prováveis, então a fórmula atribuirá probabilidades iguais aos pontos amostrais no espaço amostral reduzido, como no experimento de lançamento do dado. Se, por outro lado, os pontos amostrais têm probabilidades desiguais, a fórmula vai atribuir probabilidades condicionais proporcionais às probabilidades no espaço amostral completo. Isso é ilustrado nos exemplos a seguir.

EXEMPLO 3.14

FÓRMULA DA PROBABILIDADE CONDICIONAL APLICADA AOS EXECUTIVOS QUE TRAPACEARAM NO GOLFE

Problema Para desenvolver programas para viajantes a negócios hospedados em hotéis de convenções, a Hyatt Hotels Corp. encomendou um estudo com executivos que jogam golfe. O estudo revelou que 55% dos executivos admitiram que trapacearam no golfe. Além disso, 20% admitiram que trapacearam no golfe e que mentiram nos negócios. Dado que um executivo trapaceou no golfe, qual é a probabilidade de que esse mesmo executivo também tenha mentido nos negócios?

Solução

Vamos definir os eventos A e B como se segue:

A = {Executivo que trapaceou no golfe}
B = {Executivo que mentiu nos negócios}

A partir do estudo, sabemos que 55% dos executivos trapacearam no golfe, então $P(A) = 0,55$. Ainda, os executivos que trapacearam no golfe (evento A) e mentiram nos negócios (evento B) representam o evento composto $A \cap B$. Do estudo, vimos que $P(A \cap B) = 0,20$. Queremos saber qual a probabilidade de que um executivo tenha mentido nos negócios (evento B), dado que trapaceou no golfe (evento A) — ou seja, queremos saber a probabilidade condicional $P(A|B)$. Aplicando a fórmula da probabilidade condicional precedente, temos:

$$P(B|A) = \frac{P(A \cap B)}{P(A)} = \frac{0,20}{0,55} = 0,364$$

Portanto, dado que um executivo trapaceou no golfe, a probabilidade de que tenha também mentido nos negócios é 0,364.

Lembre-se Uma das chaves para aplicar corretamente a fórmula é escrever a informação do estudo na forma de afirmações de probabilidade incluindo os eventos de interesse. A palavra *e* na afirmação "trapaceou no golfe *e* mentiu nos negócios" implica uma interseção dos dois eventos A e B. A expressão *dado que*, na frase "*dado que* um executivo trapaceou no golfe", implica que o evento A é o evento dado.

AGORA FAÇA O EXERCÍCIO 3.50

EXEMPLO 3.15

APLICANDO A FÓRMULA DA PROBABILIDADE CONDICIONAL A UMA TABELA DE DUPLA ENTRADA SOBRE O DESEJO DO CLIENTE DE COMPRAR

Problema Suponha que você esteja interessado na probabilidade de venda de um grande equipamento de movimentação de terra. Existe um único interessado na compra. Considere F como o evento em que o comprador tem dinheiro (ou crédito) suficiente para comprar o produto e F^c como complemento de F (o evento em que o interessado não tem a capacidade financeira para comprar o produto). De modo similar, considere B o evento em que o comprador deseja comprar o produto e B^c o complemento desse evento. Os quatro pontos amostrais associados a esse experimento são mostrados na Figura 3.14, e suas probabilidades são dadas na Tabela 3.5. Use as probabilidades dos pontos amostrais para achar a probabilidade de que o único interessado comprará, dado que tem capacidade financeira para financiar a compra.

Solução

Suponha que você considere a grande relação de possíveis interessados para a venda do seu produto e escolha ao acaso uma pessoa dessa relação. Qual é a probabilidade de que a pessoa selecionada comprará o produto? Para comprar o produto, o cliente deve ter capacidade financeira *e* desejar comprar. Essa probabilidade vai corresponder à posição {Comprar, B} na Tabela 3.5 e também a {Sim, F}, ou $P(B \cap F) = 0,2$. Essa é a probabilidade incondicional do evento $B \cap F$.

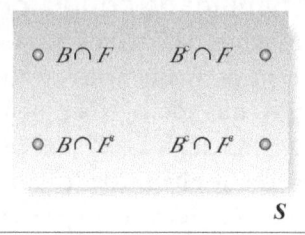

FIGURA 3.14 Espaço amostral de contatar um possível interessado

TABELA 3.5 Probabilidades do desejo do cliente de comprar e capacidade de financiar

		DESEJO	
		COMPRAR, B	NÃO COMPRAR, B^c
Capacidade financeira	Sim, F	0,2	0,1
Capacidade financeira	Não, F^c	0,4	0,3

Em contrapartida, suponha que você saiba que o possível interessado selecionado tem capacidade financeira para comprar o produto. Agora você está procurando a probabilidade de que o cliente comprará, dado que (a condição) ele tem capacidade financeira para pagar. Essa probabilidade, a probabilidade condicional de B, dado que F ocorreu, e denotada pelo símbolo P(B|F), seria determinada considerando somente os pontos amostrais no espaço amostral reduzido, contendo os pontos amostrais $B \cap F$ e $B^c \cap F$ — isto é, os pontos amostrais que implicam que o possível interessado é financeiramente capaz de comprar. (Esse subespaço está sombreado na Figura 3.15.) Da nossa definição de probabilidade condicional:

$$P(B|F) = \frac{P(B \cap F)}{P(F)}$$

em que P(F) é a soma das probabilidades dos dois pontos amostrais correspondentes a $B \cap F$ e $B^c \cap F$ (dados na Tabela 3.5). Então:

$$P(F) = P(B \cap F) + P(B^c \cap F) = 0,2 + 0,1 = 0,3$$

e a probabilidade condicional de que o possível interessado compre, dado que é financeiramente capaz, é:

$$P(B|F) = \frac{P(B \cap F)}{P(F)} = \frac{0,2}{0,3} = 0,667$$

Como poderíamos esperar, a probabilidade de que o possível interessado comprará, dado que ele é financeiramente capaz, é maior do que a probabilidade incondicional de selecionar um possível interessado que comprará.

Lembre-se Note que a fórmula da probabilidade condicional atribui uma probabilidade ao evento ($B \cap F$) no espaço amostral reduzido que é proporcional à probabilidade do evento no espaço amostral completo. Para confirmar isso, note que os dois pontos amostrais no espaço amostral reduzido, ($B \cap F$) e ($B^c \cap F$), têm probabilidades de 0,2 e 0,1, respectivamente, no espaço amostral completo S. A fórmula atribui probabilidades condicionais 2/3 e 1/3 (use a fórmula para verificar o segundo) a esses pontos amostrais no espaço amostral reduzido F, de modo que as probabilidades condicionais retêm uma proporcionalidade de 2 para 1 em relação às probabilidades dos pontos amostrais originais.

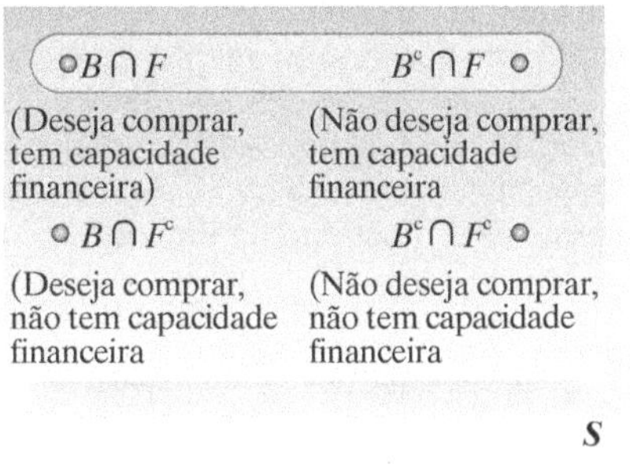

∘ $B \cap F$	$B^c \cap F$ ∘
(Deseja comprar, tem capacidade financeira)	(Não deseja comprar, tem capacidade financeira)
∘ $B \cap F^c$	$B^c \cap F^c$ ∘
(Deseja comprar, não tem capacidade financeira	(Não deseja comprar, não tem capacidade financeira

S

FIGURA 3.15 Subespaço (sombreado) contendo os pontos amostrais que implicam um interessado financeiramente capaz

AGORA FAÇA O EXERCÍCIO **3.41** A—B

EXEMPLO 3.16

APLICANDO A FÓRMULA DA PROBABILIDADE CONDICIONAL EM UMA TABELA DE DUPLA ENTRADA SOBRE QUEIXAS DE CONSUMIDORES

Problema A investigação de queixas de produtos para o consumidor pela Federal Trade Commission (FTC) tem gerado muito interesse dos fabricantes a respeito da qualidade dos seus produtos. Um fabricante de utensílios eletromecânicos para cozinha realizou uma análise sobre um grande número de queixas de consumidores e concluiu que elas se resumem nas seis categorias mostradas na Tabela 3.6. Se a queixa de um consumidor é recebida, qual é a probabilidade de que a causa da queixa seja a aparência do produto, dado que foi realizada no período de garantia?

TABELA 3.6 Distribuição das queixas de produtos

ORIGEM DA QUEIXA	RAZÃO PARA A QUEIXA			TOTAIS
	ELÉTRICA	MECÂNICA	APARÊNCIA	
Durante o período de garantia	18%	13%	32%	63%
Depois do período de garantia	12%	22%	3%	37%
Totais	30%	35%	35%	100%

Solução

Considere A a representação do evento em que a causa de uma queixa em particular foi a aparência do produto e B a representação do evento em que a queixa ocorreu durante o período de garantia. Na Tabela 3.6, pode-se verificar que (18 + 13 + 32)% = 63% das queixas ocorreram durante o período de garantia. Portanto, P(B) = 0,63. O percentual de queixas por causa da aparência e que ocorreram durante o período de garantia (o evento $A \cap B$) é 32%. Portanto, $P(A \cap B) = 0,32$.

Usando esses valores de probabilidade, podemos calcular a probabilidade condicional P(A|B) de que a causa da queixa foi a aparência, dado que ela ocorreu durante o período de garantia:

$$P(A|B) = \frac{P(A \cap B)}{P(B)} = \frac{0,32}{0,63} = 0,51$$

Conseqüentemente, podemos ver que um pouco mais da metade das queixas que ocorreram durante o período de garantia eram referentes a arranhões, amassados e outras imperfeições na superfície dos equipamentos de cozinha.

Lembre-se A resposta, 0,32/0,63, é a proporção para o evento de interesse A (0,32) dividida pela proporção total da linha para o evento dado B (0,63) — ou seja, é a proporção de tempo em que A ocorre dentro do evento dado B.

AGORA FAÇA O EXERCÍCIO **3.52**

3.6 Regra da multiplicação e eventos independentes

A probabilidade da interseção de dois eventos pode ser calculada a partir da regra da multiplicação, que usa as probabilidades condicionais que definimos na seção anterior.

Na verdade, já tínhamos desenvolvido a fórmula em outro momento (Seção 3.5). Você se lembrará de que a fórmula para calcular a probabilidade condicional de A dado B é:

$$P(A|B) = \frac{P(A \cap B)}{P(B)}$$

Multiplicando ambos os lados dessa equação por $P(B)$, obtemos a fórmula para a probabilidade da interseção dos eventos A e B. Isso é chamado de **regra da multiplicação da probabilidade**.

REGRA DA MULTIPLICAÇÃO DA PROBABILIDADE

$P(A \cap B) = P(A)P(B|A)$ ou, de forma equivalente, $P(A \cap B) = P(B)P(A|B)$

EXEMPLO 3.17

APLICANDO A REGRA DA MULTIPLICAÇÃO PARA DETERMINAR A PROBABILIDADE ASSOCIADA COM MERCADOS FUTUROS DE TRIGO

Problema Um investidor em mercados futuros de trigo está preocupado com os seguintes eventos:

B: {A produção de trigo dos Estados Unidos será lucrativa no próximo ano}
A: {Uma grande seca ocorrerá no próximo ano}

Baseando-se na informação disponível, o investidor acredita que haja uma probabilidade de 0,01 de a produção de trigo ser lucrativa, *presumindo que* uma grande seca ocorrerá no mesmo ano, e que há uma probabilidade de 0,05 de que uma grande seca ocorra, ou seja:

$$P(B|A) = 0,01 \text{ e } P(A) = 0,05$$

Com base nessa informação, qual é a probabilidade de que uma grande seca ocorrerá e de que o lucro será realizado? Isto é, determine $P(A \cap B)$, a probabilidade da interseção dos eventos A e B.

Solução

Queremos calcular $P(A \cap B)$. Usando a fórmula para a regra da multiplicação, obtemos:

$$P(A \cap B) = P(A)P(B|A) = (0,05)(0,01) = 0,0005$$

A probabilidade de que uma grande seca ocorra e de que a produção de trigo seja lucrativa é de somente 0,0005.

Como poderíamos esperar, essa interseção é um evento muito raro.

AGORA FAÇA O EXERCÍCIO 3.54

As interseções, com freqüência, contêm apenas poucos pontos amostrais. Neste caso, a probabilidade de uma interseção é fácil de calcular, somando as probabilidades dos pontos amostrais apropriados. Entretanto, a fórmula para calcular as probabilidades das interseções não tem valor quando a interseção contém muitos pontos amostrais, como ilustrado no exemplo a seguir.

EXEMPLO 3.18

APLICANDO A REGRA DA MULTIPLICAÇÃO PARA UM ESTUDO SOBRE AGENTES SOCIAIS

Problema Uma agência social municipal emprega dez agentes sociais que entrevistam possíveis beneficiários de cupons de alimentação. Periodicamente, o supervisor seleciona, ao acaso, os formulários preenchidos por dois agentes, para auditar deduções ilegais. Sem o supervisor saber, três agentes têm, regularmente, concedido deduções ilegais aos solicitantes. Qual é a probabilidade de que ambos os agentes selecionados tenham concedido deduções ilegais?

Solução

Defina os seguintes dois eventos:

A: {O primeiro agente selecionado concedeu deduções ilegais}
B: {O segundo agente selecionado concedeu deduções ilegais}

Queremos achar a probabilidade do evento em que ambos os agentes selecionados tenham concedido deduções ilegais. Esse evento pode ser reescrito da seguinte maneira: {O primeiro agente concedeu deduções ilegais *e* o segundo agente concedeu deduções ilegais}. Portanto, queremos achar a probabilidade da interseção $A \cap B$. Aplicando a regra da multiplicação, temos:

$$P(A \cap B) = P(A)P(B|A)$$

Para achar $P(A)$, é útil considerar o experimento de selecionar um agente entre 10. O espaço amostral para o experimento contém 10 pontos amostrais (representando os 10 agentes), em que os três agentes que concederam deduções ilegais são denotados pelo símbolo I (I_1, I_2, I_3) e os sete agentes que não concederam deduções ilegais são denotados pelo símbolo N (N_1,..., N_7). O diagrama de Venn resultante está mostrado na Figura 3.16.

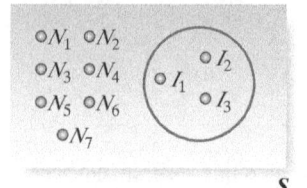

FIGURA 3.16 Diagrama de Venn para determinar $P(A)$

Uma vez que o primeiro agente foi selecionado ao acaso entre 10, é razoável atribuir probabilidades iguais aos 10 pontos amostrais. Portanto, cada ponto amostral tem a probabilidade de 1/10. Os pontos amostrais no evento A são $\{I_1, I_2, I_3\}$ — os três agentes que concederam deduções ilegais. Portanto:

$$P(A) = P(I_1) + P(I_2) + P(I_3)$$
$$= 1/10 + 1/10 + 1/10 = 3/10$$

Para achar a probabilidade condicional, $P(B|A)$, temos que alterar o espaço amostral S.

Uma vez que sabemos que A ocorreu [o primeiro agente selecionado concedeu deduções ilegais (digamos, I_3)], somente dois dos nove agentes que sobraram no espaço amostral estão concedendo deduções ilegais. O diagrama de Venn para esse novo espaço amostral (S') está representado na Figura 3.17.

Cada um desses nove pontos amostrais é igualmente provável, de modo que a cada um é atribuída uma probabilidade de 1/9. Uma vez que o evento $(B|A)$ contém os pontos amostrais $\{I_1, I_2\}$, temos:

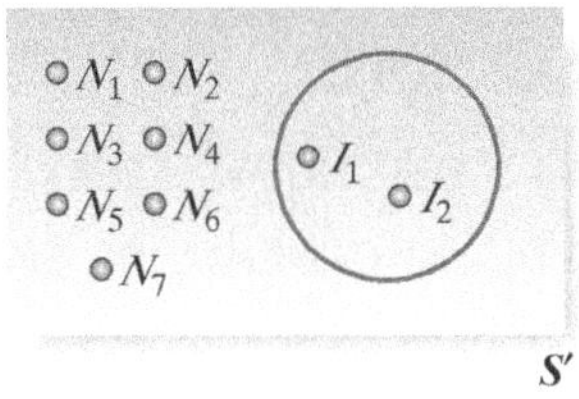

FIGURA 3.17 Diagrama de Venn para achar $P(B|A)$

$$P(B|A) = P(I_1) + P(I_2) = 1/9 + 1/9 = 2/9$$

Substituindo $P(A) = 3/10$ e $P(B|A) = 2/9$ na fórmula da regra da multiplicação, determinamos que:

$$P(A \cap B) = P(A)P(B|A)$$
$$= (3/10)(2/9) = 6/90 = 1/15$$

Portanto, há uma chance em 15 de que ambos os agentes escolhidos pelo supervisor tenham concedido deduções ilegais para solicitantes de cupons de alimentação.

Lembre-se As palavras-chave *ambos* e *e* na frase "ocorrem ambos A e B" implicam uma interseção de dois eventos, o que, por sua vez, implica que devemos *multiplicar* as probabilidades para obter a probabilidade de interesse.

AGORA FAÇA O EXERCÍCIO 3.45c

A abordagem de espaço amostral é apenas uma maneira de resolver o problema apresentado no Exemplo 3.18. Um método alternativo emprega o conceito de **diagrama de árvore.** Este diagrama é útil para calcular a probabilidade de uma interseção.

Para ilustrar, um diagrama de árvore para o Exemplo 3.18 está mostrado na Figura 3.18. A árvore começa no lado esquerdo, com dois ramos. Esses ramos representam os dois possíveis resultados, N (sem deduções ilegais) e I (deduções ilegais), para o

ATIVIDADE 3.1

PESQUISAS DE BOCA DE URNA:
PROBABILIDADE CONDICIONAL

Pesquisas de boca de urna são realizadas em locais selecionados à medida que os eleitores deixam seus locais de votação depois de votar. Além de serem utilizadas para predizer o resultado da eleição antes que os votos sejam contados, essas pesquisas são usadas para aferir tendências entre os eleitores. Os resultados são normalmente mostrados em termos de probabilidades condicionais.

A tabela ao lado mostra os resultados de uma pesquisa de boca de urna que sugere que os homens tendiam mais a votar em George W. Bush, enquanto as mulheres tendiam mais a votar em John F. Kerry na eleição presidencial de 2004. Além disso, a tabela também sugere que mais mulheres que homens votaram na eleição. As seis porcentagens nas últimas três colunas representam as probabilidades condicionais em que o evento dado é o sexo.

1. Procure resultados de pesquisas similares, nos quais os eleitores são categorizados por etnia, renda, educação ou outro critério para uma eleição recente nacional, estadual ou municipal. Escolha dois exemplos diferentes e interprete os percentuais fornecidos como probabilidades ou probabilidades condicionais, quando for apropriado.

2. Use a regra da multiplicação das probabilidades para achar as probabilidades relacionadas às porcentagens fornecidas. [Por exemplo, na tabela abaixo, determine P (Bush e masculino) usando a regra multiplicativa.] Em seguida, interprete cada uma dessas probabilidades e utilize-as para determinar a porcentagem total do eleitorado que votou em cada candidato.

3. Descreva a situação em que uma empresa poderia usar uma forma de pesquisa de boca de urna para aferir a reação dos clientes a um novo produto ou serviço. Identifique o tipo de negócio, o produto ou serviço, o critério usado para categorizar os clientes e como as reações desses clientes seriam determinadas.

Eleição presidencial de 2004, voto por sexo

	BUSH	KERRY	OUTROS
Masculino (46%)	55%	44%	1%
Feminino (54%)	48%	51%	1%

Fonte: CNN.com.

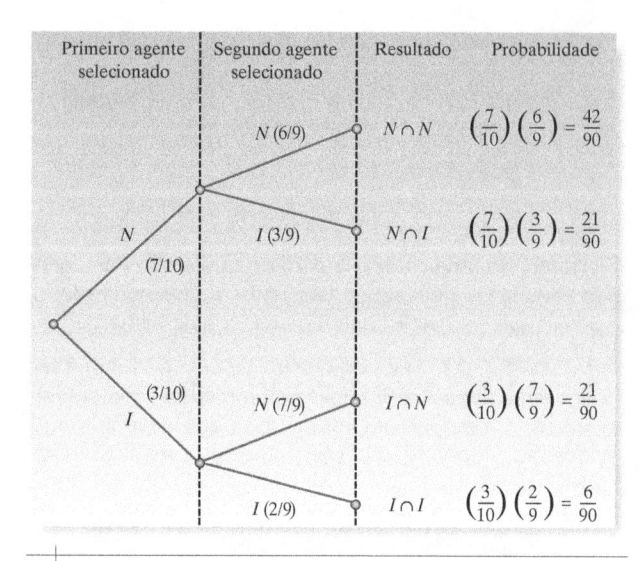

FIGURA 3.18 Diagrama de árvore para o Exemplo 3.18

primeiro agente selecionado. A probabilidade incondicional de cada resultado está dada (entre parênteses) no ramo apropriado — isto é, para o primeiro agente selecionado, $P(N) = 7/10$ e $P(I) = 3/10$. (Isso pode ser obtido somando-se as probabilidades dos pontos amostrais, como no Exemplo 3.18.)

O próximo nível do diagrama de árvore (movendo-se para a direita) representa os resultados para o segundo agente selecionado. As probabilidades mostradas são probabilidades condicionais, uma vez que o resultado para o primeiro agente é conhecido. Por exemplo, se o primeiro agente está concedendo deduções ilegais (*I*), a probabilidade de que o segundo agente também esteja concedendo deduções ilegais (*I*) é 2/9, uma vez que, dos nove agentes que não foram selecionados, restam somente dois que estão concedendo deduções ilegais. Essa probabilidade condicional, 2/9, está mostrada entre parênteses no ramo inferior da Figura 3.18.

Finalmente, os quatro possíveis resultados do experimento são mostrados no final de cada um dos quatro ramos da árvore. Esses eventos são interseções de dois eventos (resultado do primeiro agente e resultado do segundo agente). Conseqüentemente, a regra da multiplicação é aplicada para calcular cada probabilidade, como mostrado na Figura 3.18. Você pode ver que a interseção {*I* ∩ *I*} (isto é, o evento em que ambos os agentes selecionados estão concedendo deduções ilegais) tem probabilidade $6/90 = 1/15$ — o mesmo valor obtido no Exemplo 3.18.

Na Seção 3.5 mostramos que a probabilidade de um evento *A* pode ser substancialmente alterada pela informação de que o evento *B* ocorreu. Entretanto, esse não será sempre o caso. Em alguns casos, a suposição de que o evento *B* ocorreu *não* vai alterar a probabilidade do evento *A* de forma alguma. Quando isso é verdade, dizemos que os eventos *A* e *B* são *eventos independentes*.

> **DEFINIÇÃO 3.9**
>
> Os eventos *A* e *B* são **eventos independentes** se a ocorrência de *B* não altera a probabilidade de ocorrência de *A*, ou seja, os eventos *A* e *B* são independentes se
>
> $$P(A|B) = P(A)$$
>
> Quando os eventos *A* e *B* são independentes, também é verdade que
>
> $$P(B|A) = P(B)$$
>
> Os eventos que não são independentes são chamados **dependentes**.

EXEMPLO 3.19

VERIFICANDO A INDEPENDÊNCIA EM UM EXPERIMENTO DE LANÇAMENTO DE UM DADO

Problema Considere o experimento de lançamento de um dado não viciado, e sendo:

A: {Obter um número par}
B: {Obter um número menor ou igual a 4}

Os eventos *A* e *B* são independentes?

Solução

O diagrama de Venn para esse experimento está representado na Figura 3.19. Em primeiro lugar, calculamos:

$$P(A) = P(2) + P(4) + P(6) = 1/2$$
$$P(B) = P(1) + P(2) + P(3) + P(4) = 2/3$$
$$P(A \cap B) = P(2) + P(4) = 1/3$$

Agora, presumindo que *B* tenha ocorrido, a probabilidade condicional de *A*, considerando *B*, é:

$$P(A|B) = \frac{P(A \cap B)}{P(B)} = \frac{\frac{1}{3}}{\frac{2}{3}} = \frac{1}{2} = P(A)$$

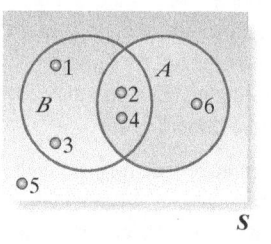

FIGURA 3.19 Diagrama de Venn para o lançamento de um dado

Então, presumir que o evento B ocorreu não altera a probabilidade de obter um número par; P(A) permanece 1/2. Portanto, os eventos A e B são independentes.

Lembre-se Se calcularmos a probabilidade condicional de B, dado A, nossa conclusão será a mesma:

$$P(B|A) = \frac{P(A \cap B)}{P(A)} = \frac{\frac{1}{3}}{\frac{1}{2}} = \frac{2}{3} = P(B)$$

Biografia **BLAISE PASCAL (1623–1662)**

EXEMPLO 3.20

VERIFICANDO A INDEPENDÊNCIA EM UM ESTUDO DE QUEIXAS DE CONSUMIDORES

Problema Relembre o estudo relativo a queixas dos consumidores do Exemplo 3.16. As porcentagens de queixas, dos diversos tipos, durante e depois do período de garantia, foram mostradas na Tabela 3.6. Defina os seguintes eventos:

A: {A causa da queixa é a aparência do produto}
B: {A queixa ocorreu durante o período de garantia}

A e B são eventos independentes?

Solução

Os eventos A e B são independentes se P(A|B) = P(A). Calculamos P(A|B) no Exemplo 3.15 como sendo 0,51, e, na Tabela 3.6, vemos que:

$$P(A) = 0,32 + 0,03 = 0,35$$

Portanto, P(A|B) não é igual a P(A) e A e B são eventos dependentes.

AGORA FAÇA O EXERCÍCIO 3.41C

Para conseguir uma compreensão intuitiva de independência, pense em situações em que a ocorrência de um evento não altera a probabilidade de que um segundo evento venha a ocorrer.

Por exemplo, suponha que duas pequenas empresas estejam sendo monitoradas por um investidor para um possível investimento. Se as empresas estão em setores diferentes e não estão relacionadas, então o sucesso — ou a falha — de uma empresa deve ser *independente* do sucesso ou falha da outra — ou seja, o evento em que a empresa A venha a falhar não altera a probabilidade de que a empresa B venha a falhar.

Como segundo exemplo, considere uma pesquisa eleitoral em que mil eleitores são questionados sobre suas preferências entre dois candidatos. Os pesquisadores tentam selecionar uma amostra de eleitores que tenham respostas independentes — isto é, o objetivo dos pesquisadores é selecionar uma amostra de tal forma que um eleitor que escolha o candidato A não altere a probabilidade de que um segundo eleitor escolha o mesmo candidato.

Vamos destacar finalmente três pontos sobre independência. O primeiro é que a propriedade da independência, ao contrário da propriedade de mútua exclusividade, não pode ser observada num diagrama de Venn. Isso significa que *você não pode confiar na sua intuição*. Em geral, a única maneira de verificar a independência é fazendo os cálculos das probabilidades na definição.

O segundo ponto diz respeito ao relacionamento entre as propriedades mutuamente exclusivas e as de independência. Suponha que os eventos A e B são mutuamente exclusivos, como mostrado na Figura 3.20, e que ambos têm probabilidades diferentes de zero. Esses eventos são dependentes ou independentes? Isto é, a suposição de que B ocorreu altera a probabilidade da ocorrência de A? Certamente sim, porque, se assumimos que B ocorreu, é impossível para A ter ocorrido simultaneamente — isto é, P(A|B) = 0. Então, *eventos mutuamente exclusivos são eventos dependentes*, uma vez que P(A) ≠ P(A|B).

O terceiro ponto é o fato de que a probabilidade da interseção de eventos independentes é muito fácil de calcular. Lembrando a fórmula para calcular a probabilidade de uma interseção, temos:

$$P(A \cap B) = P(A)P(B|A)$$

Então, uma vez que P(A|B) = P(B) quando A e B são independentes, temos a seguinte regra útil:

PROBABILIDADE DA INTERSEÇÃO DE DOIS EVENTOS INDEPENDENTES

Se os eventos A e B são independentes, a probabilidade da interseção de A e B é igual ao produto das probabilidades de A e B, isto é:

$$P(A \cap B) = P(A)P(B)$$

O contrário também é verdadeiro: se P(A ∩ B) = P(A)P(B), então os eventos A e B são independentes.

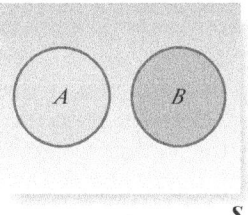

FIGURA 3.20 Eventos mutuamente exclusivos são eventos dependentes

No experimento de lançamento de dado, mostramos, no Exemplo 3.19, que os eventos A: {Obter um número par} e B: {Obter um número menor ou igual a 4} são independentes se o dado não é viciado. Portanto:

$$P(A \cap B) = P(A)P(B) = (1/2)(2/3) = 1/3$$

Isso está de acordo com o resultado que obtivemos no exemplo:

$$P(A \cap B) = P(2) + P(4) = 2/6 = 1/3$$

EXEMPLO 3.21

PROBABILIDADE DE EVENTOS INDEPENDENTES OCORREREM SIMULTANEAMENTE NO ESTUDO SOBRE TREINAMENTO EM DIVERSIDADE

Problema Releia o Exemplo 3.5. Relembre que o *USA Today* mostrou que, de todas as empresas norte-americanas que usam treinamento em diversidade, 38% declararam que a razão principal para isso era se manterem competitivas.

a. Qual é a probabilidade de que, em uma amostra de duas firmas que usem treinamento em diversidade, ambas visem principalmente manter-se competitivas?

b. Qual é a probabilidade de que, em uma amostra de dez firmas que usem o treinamento em diversidade, todas as dez visem principalmente manter-se competitivas?

Solução

a. Considere C_1 a representação do evento em que a firma 1 declara "manter-se competitiva" como a principal razão para usar o treinamento em diversidade. Considere C_2 de modo similar para a firma 2. O evento em que *ambas* as firmas declaram "manter-se competitivas" como a principal razão é a interseção dos dois eventos $C_1 \cap C_2$. Com base na pesquisa que mostrou que 38% das firmas norte-americanas usam o treinamento em diversidade para se manter competitivas, podemos com razão concluir que $P(C_1) = 0{,}38$ e $P(C_2) = 0{,}38$. Entretanto, para calcular a probabilidade de $C_1 \cap C_2$ a partir da regra da multiplicação, devemos supor que os dois eventos são independentes. Uma vez que a classificação de uma firma qualquer que usa treinamento em diversidade não deve afetar a classificação de outra firma, essa suposição é razoável. Supondo a independência, temos:

$$P(C_1 \cap C_2) = P(C_1)P(C_2) = (0{,}38)(0{,}38) = 0{,}1444$$

b. Para entender como calcular a probabilidade de que dez entre dez firmas declarem "manter-se competitiva" como razão principal, primeiro considere o evento de que três entre três firmas declarem "manter-se competitiva" como razão principal. Usando a notação definida anteriormente, queremos calcular a probabilidade da interseção $C_1 \cap C_2 \cap C_3$. Admitindo novamente a independência das classificações, temos:

$$P(C_1 \cap C_2 \cap C_3) = P(C_1)P(C_2)P(C_3)$$
$$= (0{,}38)(0{,}38)(0{,}38) = 0{,}054872$$

Um raciocínio similar nos leva à conclusão de que a interseção de dez desses eventos pode ser calculada como se segue:

$$P(C_1 \cap C_2 \cap C_3 \cap ... \cap C_{10}) = P(C_1)P(C_2)...P(C_{10})$$
$$= (0{,}38)^{10} = 0{,}0000628$$

Portanto, a probabilidade de que dez das dez firmas declarem "manter-se competitivas" como principal razão para usar o treinamento em diversidade é de cerca de 63 em 1 milhão, presumindo-se que os eventos (razões declaradas para usar o treinamento em diversidade) sejam independentes.

Lembre-se A probabilidade muito pequena do item **b** mostra que é extremamente improvável que dez entre dez firmas declarem "manter-se competitivas" como razão principal para o treinamento em diversidade. Se esse evento realmente viesse a ocorrer, teríamos que reavaliar nossa estimativa da probabilidade de 0,38 usada no cálculo. Se a razão das dez firmas é manter-se competitivas, então a probabilidade de que uma firma qualquer declare manter-se competitiva como razão é muito maior que 0,38. (Esta conclusão é outra aplicação da abordagem de eventos raros para a inferência estatística.)

AGORA FAÇA O EXERCÍCIO 3.62A

ESTATÍSTICA EM AÇÃO REVISITADA

PROBABILIDADE DE GANHAR NO CASH 3 OU NO PLAY 4

Além do jogo quinzenal 6/53, a loteria da Flórida promove vários outros jogos. Dois jogos diários muito populares são o *Cash 3* e o *Play 4*. No *Cash 3*, os jogadores pagam um dólar para selecionar três números em ordem seqüencial, onde cada número vai de 0 a 9. Se os três números selecionados (isto é, 2-8-4) coincidem exatamente com a ordem dos três números sorteados, o jogador ganha US$ 500. O *Play 4* é similar ao *Cash 3*, mas os jogadores devem escolher 4 números (cada número vai de 0 a 9). Para um cartão de um dólar do *Play 4* (isto é, 3-8-3-0), o jogador ganha US$ 5.000 se os números coicidem exatamente com os quatro números sorteados.

Durante o sorteio oficial do *Cash 3*, dez bolas de pingue-pongue numeradas 0, 1, 2, 3, 4, 5, 6, 7, 8 e 9 são colocadas em três caixas. As bolas da primeira caixa são coloridas de rosa, as da segunda caixa são azuis e as da terceira caixa são amarelas. Uma bola de cada cor é sorteada, na ordem oficial rosa-azul-amarelo. No *Play 4*, uma quarta caixa com bolas de cor laranja é adicionada e a ordem oficial é rosa-azul-amarelo-laranja. Uma vez que o sorteio das bolas é ao acaso e independente, podemos aplicar uma extensão da regra da probabilidade para a interseção de dois eventos independentes para calcular as chances de ganhar no *Cash 3* e no *Play 4*. A probabilidade de acertar uma bola retirada da caixa é 1/10. Portanto:

P(Ganhar no Cash 3) = P(Acertar a rosa E acertar a azul)
= P(Acertar a rosa) x P(Acertar a azul)
= (1/10)(1/10)(1/10) = 1/1000 = 0,001

P(Ganhar no Play 4) = P(Acertar a rosa E acertar a azul)
= P(Acertar a rosa) x P(Acertar a azul) x
P(Acertar a amarela) x P(Acertar a laranja)
= (1/10)(1/10)(1/10)(1/10)
= 1/10.000 = 0,0001

Ainda que as chances de ganhar em um desses jogos diários sejam muito melhores que as chances de ganhar na loto 6/53, há somente uma chance em mil (para o *Cash 3*), ou uma chance em 10.000 (para o *Play 4*) de ganhar o jogo diário.

E os prêmios são muito menores (US$ 500 ou US$ 5.000). De fato, pode ser mostrado que você perde em média 50 centavos toda vez que joga no *Cash 3* ou no *Play 4*!

Exercício 3.41 – 3.67

Aprendendo a mecânica

3.41 Para dois eventos A e B, $P(A) = 0{,}4$, $P(B) = 0{,}2$ e $P(A \cap B) = 0{,}1$.
  a. Determine $P(A|B)$.
  b. Determine $P(B|A)$.
  c. A e B são eventos independentes?

3.42 Para dois eventos A e B, $P(A) = 0{,}4$, $P(B) = 0{,}2$ e $P(A|B) = 0{,}6$.
  a. Determine $P(A \cap B)$.
  b. Determine $P(B|A)$.

3.43 Para dois eventos independentes, A e B, $P(A) = 0{,}4$ e $P(B) = 0{,}2$.
  a. Determine $P(A \cap B)$.
  b. Determine $P(A|B)$.
  c. Determine $P(A \cup B)$.

3.44 Um experimento resulta em um de três eventos mutuamente exclusivos, A, B ou C. Sabe-se que $P(A) = 0{,}30$, $P(B) = 0{,}55$ e $P(C) = 0{,}15$. Determine cada uma das seguintes probabilidades:
  a. $P(A \cup B)$
  b. $P(A \cap C)$
  c. $P(A|B))$
  d. $P(B \cup C)$
  e. B e C são eventos independentes? Explique.

3.45 Considere o experimento mostrado no diagrama de Venn abaixo, com o espaço amostral S contendo cinco pontos amostrais. Aos pontos amostrais são atribuídas as seguintes probabilidades: $P(E_1) = 0{,}20$, $P(E_2) = 0{,}30$, $P(E_3) = 0{,}30$, $P(E_4) = 0{,}10$, $P(E_5) = 0{,}10$.

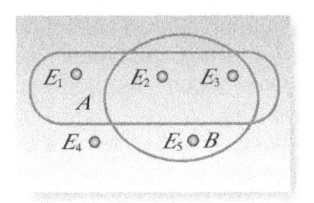

  a. Calcule $P(A)$, $P(B)$ e $P(A \cap B)$.
  b. Suponha que sabemos que o evento A ocorreu, de modo que o espaço amostral reduzido consiste de três pontos amostrais em A: E_1, E_2 e E_3. Use a fórmula para probabilidades condicionais para ajustar as probabilidades desses três pontos amostrais para a informação de que A ocorreu [isto é, $P(E_i|A)$]. Verifique que as probabilidades condicionais estejam na mesma proporção entre si que as probabilidades originais dos pontos amostrais.
  c. Calcule a probabilidade condicional $P(B|A)$ de duas formas: 1) some as probabilidades (condicionais) ajustadas dos pontos amostrais na interseção $A \cap B$, uma vez que representam o evento de que B ocorreu, dado que A ocorreu; 2) use a fórmula para a probabilidade condicional:

$$P(B|A) = \frac{P(A \cap B)}{P(A)}$$

  Verifique que os dois métodos levam ao mesmo resultado.
  d. Os eventos A e B são independentes? Por quê?

3.46 Duas moedas são lançadas e os seguintes eventos são definidos:

  A: {Obter exatamente uma cara}
  B: {Obter pelo menos uma cara}

  a. Desenhe um diagrama de Venn para o experimento, mostrando os eventos A e B. Atribua probabilidades aos pontos amostrais.
  b. Determine $P(A)$, $P(B)$ e $P(A \cap B)$.
  c. Use a fórmula da probabilidade condicional para achar $P(A|B)$ e $P(B|A)$. Verifique sua resposta observando o diagrama de Venn e usando o conceito de espaços amostrais reduzidos.

3.47 Um experimento resulta em um de cinco pontos amostrais com as seguintes probabilidades: $P(E_1) = 0{,}22$, $P(E_2) = 0{,}31$, $P(E_3) = 0{,}15$, $P(E_4) = 0{,}22$ e $P(E_5) = 0{,}1$. Os seguintes eventos foram definidos:

$A: \{E_1, E_3\}$
$B: \{E_2, E_3, E_4\}$
$C: \{E_1, E_5\}$

Determine as seguintes probabilidades:
a. $P(A)$.
b. $P(B)$.
c. $P(A \cap B)$.
d. $P(A|B)$.
e. $P(B \cap C)$.
f. $P(C|B)$.
g. Considere cada par de eventos: A e B, A e C, B e C. Algum desses pares é um evento independente? Por quê?

3.48 Duas moedas são lançadas e os eventos a seguir são definidos:

A: {A soma dos números mostrados é par}
B: {A soma dos números mostrados é 9, 11 ou 12}

Os eventos A e B são independentes? Por quê?

3.49 Um espaço amostral contém seis pontos amostrais e os eventos A, B e C, como mostrado no diagrama de Venn abaixo. As probabilidades dos pontos amostrais são:

$P(1) = 0{,}20, P(2) = 0{,}05, P(3) = 0{,}30, P(4) = 0{,}10,$
$P(5) = 0{,}10, P(6) = 0{,}25.$

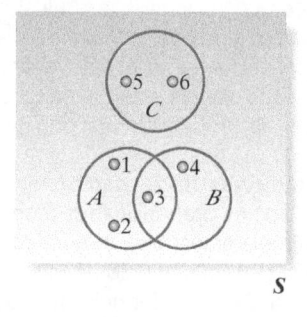

a. Que pares de eventos, se houver algum, são mutuamente exclusivos? Por quê?
b. Que pares de eventos, se houver algum, são independentes? Por quê?
c. Determine $P(A \cup B)$ somando as probabilidades dos pontos amostrais e também usando a regra da adição. Verifique que os resultados confiram. Repita para $P(A \cup C)$.

APPLET **Exercício utilizando aplicativo 3.5**
(É necessário ter o Java instalado para utlizar esse aplicativo)

Use o aplicativo intitulado *Simulando a probabilidade de obter 6* para simular probabilidades condicionais. Comece rodando o aplicativo duas vezes com $n = 10$, sem reiniciar entre rodadas. Os dados na sua tela representam 20 jogadas de um dado. O diagrama acima do botão *Roll* mostra a freqüência de cada um dos seis possíveis resultados. Use essa informação para achar cada uma das probabilidades:
a. A probabilidade de 6, dado que o resultado seja 5 ou 6.
b. A probabilidade de 6, dado que o resultado seja par.
c. A probabilidade de 4 ou 6, dado que o resultado seja par.
d. A probabilidade de 4 ou 6, dado que o resultado seja ímpar.

Aplicação dos conceitos — Básico

3.50 Velocidade relacionada com acidentes de carro fatais. De acordo com a Administração Nacional de Tráfego e Segurança Rodoviária — Centro Nacional de Estatística e Análise (NCSA) dos Estados Unidos, "a velocidade é um dos fatores mais importantes que provoca os acidentes fatais de trânsito" (*NHTSA Technical Report*, ago. 2005). A probabilidade de que a velocidade seja causa de um acidente fatal é de 0,30. Além disso, a probabilidade de que a velocidade e perda de uma curva sejam causas de um acidente fatal é 0,12. Considerando a velocidade como causa de um acidente fatal, qual é a probabilidade de que o acidente tenha ocorrido numa curva?

3.51 Maiores empresas públicas não domésticas. A *Forbes* (26 jul. 1999), realizou um levantamento das 20 maiores empresas públicas não domésticas do mundo. Dessas 20 empresas, 6 eram de *trading* com sede no Japão. Um total de 11 empresas japonesas estava no topo da lista de 20. Suponha que selecionemos uma dessas 20 empresas, ao acaso. Dado que a empresa tem sede no Japão, qual é a probabilidade de que se trate de uma empresa de *trading*?

3.52 Vencedores da Série Mundial. O New York Yankees, um membro da Divisão Leste da Liga Americana de Baseball, venceu três vezes consecutivas a Série Mundial entre 1998 e 2000. A tabela a seguir mostra os 15 vencedores da Série Mundial de 1990 a 2005 por divisão e liga. (Não houve Série Mundial em 1994, devido a uma greve dos jogadores.) Um dos vencedores das 15 Séries Mundiais será escolhido ao acaso.
a. Considerando que o vencedor é membro da Liga Americana, qual a probabilidade de que ele jogue na Divisão Leste?
b. Se o vencedor jogar na Divisão Centro, qual a probabilidade de que ele seja membro da Liga Nacional?
c. Se o vencedor é membro da Liga Nacional, qual é a probabilidade de que ele jogue na Divisão Centro ou na Divisão Oeste?

		Liga	
		Nacional	Americana
Divisão	Leste	3	7
	Centro	1	2
	Oeste	1	1

Fonte: Major League Baseball.

3.53 Estudo de usuários da Internet. Em um estudo de usuários da Internet, pesquisadores descobriram que 80% dos usuários usam pelo menos um computador próprio e que 25% deles se conectam à Internet por mais de 30 horas por semana (*Internet Research*, vol. 11, 2001). Suponha que 15% dos usuários são donos de pelo menos um computador e que se conectam à Internet por mais de 30 horas por semana.
a. Dado que um usuário da Internet é dono de pelo menos um computador, qual a probabilidade de que ele se conecte à Internet por mais de 30 horas por semana?

b. Dado que um usuário da Internet se conecta por mais de 30 horas por semana, qual a probabilidade de que ele tenha pelo menos um computador?

3.54 Monitorando a qualidade do equipamento de energia. A *Mechanical Engineering* (fev. 2005) relatou a necessidade de redes sem fio para monitorar a qualidade de equipamentos industriais. Por exemplo, considere a Eaton Corp., uma empresa que desenvolve produtos de distribuição. A Eaton estimou que 90% dos dispositivos de comutação elétrica que vende podem monitorar a qualidade da energia, rodando dentro do dispositivo. A Eaton estimou, além disso, que, dos compradores de dispositivos de comutação elétrica capazes de monitorar a qualidade, 90% não preparam o equipamento para esse propósito. Use essa informação para estimar a probabilidade de que um equipamento de comutação elétrica da Eaton seja capaz de monitorar a qualidade da energia e que esteja preparado para isso.

Aplicação dos conceitos — Intermediário

3.55 Erros reversíveis em casos de pena de morte. A Escola de Direito da Universidade de Colúmbia, em Nova York, liberou um relatório em fevereiro de 2002 a respeito de todos os casos de pena de morte que ocorreram nos últimos 25 anos nos Estados Unidos. Duas das conclusões foram: 68% de todos os casos de pena de morte têm um erro sério e reversível. Dos casos que foram revertidos por causa de erro, 7% resultaram em absolvição para o réu depois do novo julgamento.
a. Escreva cada uma dessas conclusões em forma de probabilidade.
b. Use as conclusões para achar a probabilidade de que um caso de pena de morte tenha um erro sério e reversível e um réu inocente.

3.56 Grau de instrução dos presidentes mais bem pagos. Examine os resultados de um estudo da *Forbes* (8 maio 2006) a respeito dos 40 mais bem pagos presidentes de empresas, mostrado na Tabela 2.1. Os dados a respeito do maior grau universitário obtido são resumidos no relatório do SPSS, a seguir. Suponha que você tenha selecionado ao acaso cinco dos presidentes (sem reposição) e que tenha registrado o maior grau obtido por cada um.
a. Qual é a probabilidade de que o maior grau obtido pelo primeiro presidente que você selecionou seja grau de bacharelado?
b. Suponha que o maior grau obtido por cada um dos primeiros quatro presidentes selecionados seja grau de bacharelado. Qual a probabilidade de que o maior grau obtido pelo quinto presidente selecionando seja grau de bacharelado?

Relatório do SPSS para o Exercício 3.56

DEGREE

		Frequency	Percent	Valid Percent	Cumulative Percent
Valid	Bachelors	8	20.0	20.0	20.0
	Law	4	10.0	10.0	30.0
	Masters	4	10.0	10.0	40.0
	MBA	20	50.0	50.0	90.0
	None	2	5.0	5.0	95.0
	PhD	2	5.0	5.0	100.0
	Total	40	100.0	100.0	

3.57 Modificações domésticas para cadeirantes. Relembre o estudo do *American Journal of Public Health* (jan. 2002) a respeito de cadeirantes idosos que vivem em casa, Exercício 3.38. A tabela abaixo classifica uma amostra de 306 cadeirantes, de acordo com as alterações instaladas em suas casas e se sofreram ou não quedas violentas. Suponha que selecionemos, ao acaso, um dos 306 cadeirantes pesquisados.

Mudanças nas casas	Queda(s) violentas	Sem quedas	Total
Todas as cinco	2	7	9
Pelo menos uma	26	162	188
Nenhuma	20	89	109
Total	48	258	306

Fonte: Berg, K., Hines, M. e Allen, S. "Wheelchair users at home: few home modifications and many injurious falls." *American Journal of Public Health,* vol. 92, n. 1, jan. 2002 (Tabela 1).

a. Dado um cadeirante que tem todas as mudanças instaladas em sua casa, qual é a probabilidade de que tenha sofrido uma queda violenta?
b. Dado um cadeirante que não tem nenhuma das mudanças instaladas, qual a probabilidade de que tenha sofrido uma queda violenta?

3.58 Mulheres trabalhadoras com crianças. O U.S. Census Bureau relatou um declínio nas porcentagens de mães com crianças pequenas na força de trabalho. A tabela a seguir fornece o detalhamento do estado civil e de trabalho dos 3,9 milhões de mães com crianças pequenas no ano de 2000 (os números da tabela estão em milhões). Considere os seguintes eventos: A = {Mãe com criança pequena trabalha}, B = {Mãe com criança pequena é casada e vive com o marido}. A e B são eventos independentes?

	Trabalha	Não trabalha
Casada/vive com o marido	1.385	1.175
Todos os outros casos	786	588

Fonte: U.S. Census Bureau; *American Demographics,* fev. 2002.

3.59 Sistemas de detecção de intrusos. Um sistema de detecção de intrusos computadorizado (IDS) é projetado para acionar um alarme sempre que uma intrusão (um acesso não autorizado) é detectado num sistema de computador. Uma avaliação probabilística do sistema com dois sistemas de detecção operando independentemente (um duplo IDS) foi publicada no *Journal of Research of the National Institute of Standards and Technology* (nov./dez. 2003). Considere o duplo IDS com o sistema A e o sistema B. Se há um intruso, o sistema A aciona o alarme com probabilidade 0,9 e o sistema B aciona com probabilidade 0,95. Se não há intruso, a probabilidade de que o sistema A acione o alarme (isto é, um falso alarme) é de 0,2 e a probabilidade de que o sistema B acione o alarme é de 0,1.
a. Usando símbolos, expresse as quatro probabilidades dadas no exemplo.
b. Se há um intruso, qual a probabilidade de que ambos os sistemas acionem um alarme?
c. Se não há intruso, qual a probabilidade de que ambos os sistemas acionem um alarme?
d. Dado um intruso, qual a probabilidade de que pelo menos um dos sistemas acione um alarme?

3.60 Detectando traços de TNT. Pesquisadores da University of Florida, no Departamento de Ciências de Materiais e Engenharia, inventaram uma técnica para detectar rapidamente traços de TNT (*Today*, primavera, 2005). O método, que envolve apontar um laser no objeto potencialmente contaminado, fornece resultados instantâneos e não dá falsos positivos. Nessa aplicação, um falso positivo ocorreria se o laser detectasse traços de TNT quando, de fato, nenhum TNT estivesse presente no objeto. Seja A o evento em que o laser detecta traços de TNT, B o evento em que o objeto não contém traços de TNT e a probabilidade de um falso positivo, 0. Escreva essa probabilidade em termos de A e B usando símbolos como $\cup$, $\cap$ e $|$.

SWDEFECTS
Companion Website

3.61 Defeitos de códigos de software em instrumentos de espaçonaves da nasa. Partes dos códigos de software de computador podem conter defeitos não detectados, chamados de *pontos cegos*. Essa questão de avaliação de pontos cegos em códigos de software foi abordada no 8º Simpósio Internacional de Engenharia de Software de Alta Confiabilidade do IEEE (mar. 2004). Os pesquisadores desenvolveram roteiros de métodos de análise para predizer defeitos de software usando dados de 498 módulos de código de software escritos na linguagem 'C' para instrumentos de espaçonaves da nasa. Um algoritmo de predição simples é contar o número de linhas de código no módulo; qualquer módulo com mais de 50 linhas de código terá provavelmente um defeito. O arquivo **SWDEFECTS** contém a situação prevista e real dos defeitos em todos os 498 módulos. Uma abordagem padrão para avaliar um algoritmo de previsão de defeitos em software é construir uma tabela-resumo similar à mostrada aqui. Na tabela, a, b, c, d representam o número de módulos em cada célula. Os engenheiros de software usam essas entradas da tabela para calcular várias medidas de probabilidade, chamadas *correção*, *taxa de detecção*, *taxa de alarme falso* e *precisão*.

		Módulo tem defeitos	
		Falso	Verdadeiro
Algoritmo Prediz Defeitos	Não	a	b
	Sim	c	d

a. A *correção* é definida como a probabilidade de que o algoritmo de previsão esteja correto. Escreva uma fórmula para *correção* em função dos valores da tabela, a, b, c, d.
b. A *taxa de detecção* é definida como a probabilidade de que o algoritmo preveja o defeito, dado que o módulo está, na realidade, com defeito. Escreva uma fórmula para *taxa de detecção* em função dos valores da tabela, a, b, c, d.
c. A *taxa de alarme falso* é definida como a probabilidade de que o algoritmo preveja o defeito, dado que o módulo não tem, na realidade, nenhum defeito. Escreva uma fórmula para *taxa de alarme falso* em função dos valores da tabela, a, b, c, d.
d. *Precisão* é definida como a probabilidade de que o módulo tenha um defeito, dado que o algoritmo previu o defeito. Escreva uma fórmula para *precisão* em função dos valores da tabela, a, b, c, d.
e. Acesse o arquivo **SWDEFECTS** e calcule os valores correção, taxa de detecção, taxa de alarme falso e precisão. Interprete os resultados.

3.62 Teste no detector de mentiras. Um novo tipo de detector de mentiras — chamado analisador computadorizado de estresse vocal (Computerized Voice Stress Analyzer — CVSA) — foi desenvolvido. O fabricante afirma que o CVSA é 98% preciso e, ao contrário de outros polígrafos, não é afetado pelo uso de drogas e fatores médicos. Entretanto, estudos de laboratório do Departamento de Defesa dos Estados Unidos estabeleceram que o CVSA tem uma taxa de precisão de 49,8% — um pouco menos que pura chance (*Tampa Tribune*, 10 jan. 1999). Suponha que o CVSA seja usado para testar a veracidade de quatro suspeitos. Presuma que as respostas dos suspeitos sejam independentes.
a. Se o que o fabricante afirma é verdade, qual a probabilidade de que o CVSA determine corretamente a veracidade dos quatro suspeitos?
b. Se o que o fabricante afirma é verdade, qual a probabilidade de que o CVSA forneça um resultado incorreto para pelo menos um dos quatro suspeitos?
c. Suponha que, em um experimento de laboratório realizado pelo Departamento de Defesa dos Estados Unidos nos quatro suspeitos, o CVSA levou a resultados incorretos para dois dos quatro suspeitos. Use esse resultado para fazer uma inferência a respeito da verdadeira taxa de precisão desse novo detector de mentiras.

3.63 Sucesso das empresas que usam a GQT. Uma definição da *gerência da qualidade total* (GQT) é ter uma "filosofia gerencial e um sistema de técnicas gerenciais para melhorar o produto e a qualidade do serviço, além da produtividade dos trabalhadores" (Benson, *Minnesota Management Review*, outono, 1992). Cem empresas norte-americanas foram pesquisadas e verificou-se que 30 delas tinham implantado a GQT. Entre as 100 empresas pesquisadas, 60 relataram um aumento de vendas no último ano. Destas 60, 20 tinham implantado a GQT. Suponha que uma dessas 100 empresas pesquisadas fosse selecionada ao acaso para uma análise adicional.
a. Qual é a probabilidade de que uma empresa que implantou a GQT seja selecionada? E de que uma empresa cujas vendas cresceram seja selecionada?
b Os dois eventos {GQT implantada} e {Vendas aumentaram} são independentes ou dependentes? Explique.
c. Suponha que foram 18, e não 20, as empresas que implantaram a GQT entre as 60 que relataram aumento das vendas. Agora os eventos {GQT implantada} e {Vendas aumentaram} são independentes ou dependentes? Explique.

Aplicação dos conceitos – Avançado

3.64 Risco de acidentes em dutos de gás natural. A *Process Safety Progress* (dez. 2004) publicou uma análise de risco em um duto de gás natural entre a Bolívia e o Brasil. O cenário mais provável para um acidente seria um vazamento de gás natural por um orifício no duto. A probabilidade de que o vazamento incendeie imediatamente (causando um jato de fogo) é de 0,01. Se o vazamento não incendiar imediatamente, pode resultar em uma ignição retardada de uma nuvem de gás. Dado que não tenha havido uma ignição imediata, a probabilidade de uma ignição retardada (causando uma explosão) é de 0,01. Se não houver ignição retardada, a nuvem de gás se dispersará sem danos. Suponha que um vazamento tenha ocorrido em um duto de gás natural. Determine a probabilidade de um jato de fogo ou uma explosão ocorrer. Ilustre com um diagrama de árvore.

3.65 Folhas de instrução médica para o paciente. Médicos e farmacêuticos algumas vezes falham em informar adequadamente os pacientes sobre a aplicação correta de remédios prescritos e sobre as precauções a tomar para evitar possíveis efeitos colaterais. Um método para aumentar a percepção dos pacientes a esse respeito é o de os médicos fornecerem formulários de instrução ao paciente sobre a medicação (IPM). A Associação Médica Americana, entretanto, descobriu que somente 20% dos médicos que prescrevem remédios com freqüência entregam formulários IPM aos seus pacientes. Presuma que 20% de todos os pacientes recebam formulários IPM com suas receitas e que 12% recebam esses formulários e sejam hospitalizados por causa de um problema relacionado com os remédios. Qual é a probabilidade de que uma pessoa seja hospitalizada por causa de um problema relacionado com os remédios, tendo recebido o formulário IPM?

3.66 Estratégia no jogo 'Go'. O 'Go' é um dos mais antigos e populares jogos de tabuleiro do mundo, especialmente no Japão e na Coréia. Esse jogo de dois jogadores é jogado em uma superfície plana, marcada com 19 linhas verticais e 19 horizontais. O objetivo é controlar território, colocando peças chamadas *pedras* nos pontos vazios do tabuleiro. Os jogadores se alternam na colocação das pedras. O jogador que usa as pedras pretas começa, seguido pelo jogador que usa as pedras brancas.

[*Nota:* A University of Virginia obriga os seus estudantes de MBA a aprender Go para entender como os japoneses conduzem seus negócios.]

A revista *Chance* (verão, 1995) publicou um artigo investigando a vantagem de jogar primeiro (isto é, usando as pedras pretas) no Go. Os resultados de 577 jogos recentes por jogadores profissionais de Go foram analisados.
 a. Nos 577 jogos, os jogadores com as pedras pretas venceram 319 vezes, e os jogadores com as pedras brancas venceram 258 vezes. Use essa informação para estimar a probabilidade de vencer quando se joga primeiro no Go.
 b. Os jogadores profissionais de Go são classificados por nível. O Grupo C inclui os jogadores de nível mais alto, seguido pelo Grupo B (nível intermediário) e pelo Grupo A (nível baixo). A tabela a seguir mostra o número de jogos vencidos pelo jogador com as pedras pretas, categorizada por nível do jogador com as pedras pretas e nível do oponente. Estime a probabilidade de vencer jogando primeiro, para cada combinação de nível do jogador e do oponente.
 c. Se o jogador com as pedras pretas tem um nível mais alto que o jogador com as pedras brancas, qual é a probabilidade de que as pretas vençam?
 d. Dado que os jogadores são do mesmo nível, qual é a probabilidade de que o jogador com as pedras pretas vença?

Nível do jogador com a pedra ppeta	Nível do oponente	Número de vitórias	Número de jogos
C	A	34	34
C	B	69	79
C	C	66	118
B	A	40	54
B	B	52	95
B	C	27	79
A	A	15	28
A	B	11	51
A	C	5	39
Total		319	577

Fonte: Kim, J. e Kim, H. J. "The advantage of playing first in go."*Chance*, vol. 8, n. 3, verão, 1995, p. 26 (Tabela 3).

3.67 Seqüência mais provável no lançamento de moedas. Na coluna "Ask Marilyn" da revista *Parade Magazine* (26 nov. 2000), a seguinte pergunta foi feita: "Eu joguei uma moeda [não viciada] 10 vezes e peço a você para adivinhar qual das seguintes três seqüências foi o resultado. Somente uma das sequências é verdadeira."

(1) 10 *caras*
(2) *cara cara coroa coroa cara coroa coroa cara cara cara*
(3) 10 *coroas*

 a. Demonstre que, antes de jogar as moedas, as três seqüências têm a mesma probabilidade de ocorrer.
 b. Determine a probabilidade de que 10 lançamentos de moeda resultem em 10 caras ou 10 coroas.
 c. Determine a probabilidade de que os 10 lançamentos de moeda resultem em uma mistura de caras e coroas.
 d. A resposta de Marilyn para a pergunta feita foi: "Tendo em vista que as chances de três seqüências específicas ocorrerem ao acaso são iguais, é razoável escolher a seqüência (2) como o resultado verdadeiro mais provável". Se você sabe que somente uma das seqüências ocorreu na realidade, explique por que a resposta de Marilyn é correta. [*Dica:* Compare as probabilidades das partes **b** e **c**.]

3.7 Amostragem aleatória

A maneira como uma amostra é selecionada de uma população é de importância vital para a inferência estatística, porque a probabilidade de uma amostra observada será usada para inferir as características da população amostrada. Para ilustrar, suponha que você pegue quatro cartas de um baralho de 52 cartas e que todas as quatro cartas sejam ases. Você conclui que o seu baralho é um baralho comum, contendo somente quatro ases, ou conclui que o baralho é recheado com mais de quatro ases? Isso depende de como as cartas foram retiradas. Se os quatro azes são sempre colocados no topo de um baralho comum, retirar quatro ases não é incomum, é certo. Por outro lado, se as cartas são

ATIVIDADE 3.2

FIQUE COM O TROCO: EVENTOS INDEPENDENTES

Mais uma vez retornamos ao programa de poupança "Fique com o troco" do Bank of America, da Atividade 1.1. Desta vez vamos examinar se certos eventos envolvendo totais de compras e quantias transferidas para poupanças são independentes. Em toda a atividade, o experimento consiste em selecionar, ao acaso, uma compra de um grande grupo de compras.

1. Defina os eventos A e B como se segue:

   A: {O total da compra termina em US$ 0,25}
   B: {A quantia transferida é menor que US$ 0,50}

   Explique por que os eventos A e B não são independentes.

   Os eventos A e B são mutuamente exclusivos? Use esse exemplo para explicar a diferença entre eventos independentes e eventos mutuamente exclusivos.

2. Agora defina os eventos A e B da seguinte maneira:

   A: {O total da compra é maior que US$ 10}
   B: {A quantia transferida é menor que US$ 0,50}

   Você acredita que esses eventos sejam independentes? Explique seu raciocínio.

3. Para investigar numericamente se os eventos na Questão 2 são independentes, usaremos os dados coletados na Atividade 1.1. Junte seus dados com os dados de outros estudantes ou da classe inteira, de modo que o conjunto de dados combinado represente pelo menos 100 compras. Complete a tabela contando o número de compras em cada categoria.

Distribuição das compras

	Compra	Total	
Quantia transferida	≤ $10	> $10	Total
$ 0,00 – $ 0,49			
$ 0,99 – $ 0,99			
Total			

Calcule as probabilidades apropriadas, baseando-se em sua tabela preenchida, para testar se os eventos da Questão 2 são independentes. Se você concluir que os eventos não são independentes, pode explicar sua conclusão com relação aos dados originais?

---

bem embaralhadas, retirar quatro ases em uma amostra de quatro cartas é altamente improvável. O ponto aqui, é claro, é que, para usar a amostra observada de quatro cartas para fazer inferências sobre a população (o baralho de 52 cartas), você precisa saber como a amostra foi selecionada do baralho.

Um dos modos de amostragem mais simples está implícito em muitos dos exemplos e exercícios precedentes. Ele produz a chamada *amostra aleatória*. Aprendemos na Seção 1.5 que uma amostra aleatória tende a ser *representativa* da população da qual foi selecionada.

DEFINIÇÃO 3.10

Se n elementos são selecionados de uma população, de tal maneira que qualquer conjunto de n elementos na população tenha uma probabilidade igual de ser escolhido, os n elementos são chamados de **amostra aleatória**.[4]

Se a população não for muito grande e os elementos puderem ser numerados em pedaços de papel, fichas de pôquer ou algo semelhante, você pode fisicamente misturar os pedaços de papel ou as fichas e retirar n elementos do total. Os números que aparecem nas fichas selecionadas indicariam os elementos da população que seriam incluídos na amostra. Uma vez que freqüentemente é difícil chegar a uma mistura bem-feita, esse procedimento fornece somente uma aproximação para a amostragem aleatória. Muitos pesquisadores confiam em **geradores de números aleatórios** para gerar automaticamente a amostra aleatória. Geradores de números aleatórios são disponíveis em forma de tabelas e estão embutidos na maioria dos programas estatísticos.

EXEMPLO 3.22

SELECIONANDO UMA AMOSTRA ALEATÓRIA DE RESIDÊNCIAS

Problema Suponha que você deseje amostrar aleatoriamente cinco residências de uma população de 100.000 residências para participarem de um estudo.

a. Quantas amostras diferentes podem ser selecionadas?
b. Use um gerador de números aleatórios para selecionar uma amostra aleatória.

Solução

a. Para determinar o número de amostras, aplicaremos a regra das combinações da Seção 3.1. Nesse caso, $N = 100.000$ e $n = 5$. Então:

$$\binom{N}{n} = \binom{100.000}{5} = \frac{100.000!}{5!99.995!}$$

$$= \frac{100.000 \cdot 99.999 \cdot 99.998 \cdot 99.997 \cdot 99.996}{5 \cdot 4 \cdot 3 \cdot 2 \cdot 1}$$

$$= 8,33 \times 10^{22}$$

---

[4] Falando estritamente, essa é uma **amostra aleatória simples**. Há muitos tipos diferentes de amostras aleatórias. A simples é a mais comum.

Portanto, há 83,3 bilhões de trilhões de diferentes amostras de cinco residências que podem ser selecionadas de 100.000.

b. Para assegurar que cada uma das possíveis amostras tem uma chance igual de ser selecionada, como requerido para uma amostra aleatória, podemos empregar uma **tabela de números aleatórios**, como a Tabela I do Apêndice B. Tabelas de números aleatórios são construídas de tal maneira que qualquer número ocorre com (aproximadamente) igual probabilidade. Além disso, a ocorrência de qualquer número em uma posição é independente de qualquer um dos outros números que aparecem na tabela. Para usar uma tabela de números aleatórios, numere os N elementos da população de 1 a N. Vá então para a Tabela I e selecione um número inicial na tabela. Prosseguindo a partir desse número ao longo de uma linha ou de uma coluna, anote n números retirados da tabela.

Para ilustrar, primeiramente numeramos as residências da população de 1 a 100.000. A seguir, vamos para uma página da Tabela I; digamos, a primeira página. (Uma reprodução parcial da primeira página da Tabela I é mostrada na Tabela 3.7.) Agora selecionamos arbitrariamente um número inicial; digamos, o número aleatório que aparece na terceira linha, segunda coluna. Esse número é 48.360. Prosseguimos então para baixo na segunda coluna e obtemos os quatro números aleatórios faltantes. Nesse caso, selecionamos cinco números aleatórios,

que estão sombreados na Tabela 3.7. Usando os primeiros cinco dígitos para representar as residências de 1 a 99.999, e o número 00000 para representar a residência 100.000, podemos ver que as residências numeradas

48.360

93.093

39.975

6.907

72.905

deveriam ser incluídas na nossa amostra.

Nota: Use somente o número necessário de dígitos em cada número aleatório para identificar o elemento a ser incluído na amostra. Se, durante o registro de n números da tabela, você selecionar um que já tinha sido selecionado, simplesmente descarte a duplicata e selecione um número substituto no fim da seqüência. Portanto, você pode ter que registrar mais de n números da tabela para obter uma amostra de n números únicos.

Lembre-se Podemos estar perfeitamente seguros de que todos os 83,3 bilhões de trilhões de amostras têm uma chance igual de serem selecionados? De fato, não podemos; mas, na medida em que a tabela de números aleatórios contém seqüências verdadeiramente aleatórias de dígitos, a amostra estaria muito próxima de ser aleatória.

AGORA FAÇA O EXERCÍCIO **3.68**

TABELA 3.7 Reprodução parcial da Tabela I do Apêndice B

Coluna / Linha	1	2	3	4	5	6
1	10480	15011	01536	02011	81647	91646
2	22368	46573	25595	85393	30995	89198
3	24130	48360	22527	97265	76393	64809
4	42167	93093	06243	61680	07856	16376
5	37570	39975	81837	16656	06121	91782
6	77921	06907	11008	42751	27756	53498
7	99562	72905	56420	69994	98872	31016
8	96301	91977	05463	07972	18876	20922
9	89579	14342	63661	10281	17453	18103
10	85475	36857	53342	53988	53060	59533
11	28918	69578	88231	33276	70997	79936
12	63553	40961	48235	03427	49626	69445
13	09429	93969	52636	92737	88974	33488

A Tabela I, no Apêndice B, é apenas um exemplo de um gerador de números aleatórios. Para muitos estudos científicos que requerem uma grande amostra aleatória, os computadores são utilizados para gerar essa amostra. Os programas estatísticos Excel, MINITAB e SPSS contêm geradores de números aleatórios fáceis de serem usados.

Por exemplo, suponha que precisamos de uma amostra aleatória de $n = 50$ residências da população de 100.000 residências no Exemplo 3.21. Aqui, podemos empregar o gerador de números aleatórios do MINITAB. A Figura 3.21 mostra uma listagem do MINITAB contendo 50 números aleatórios (de uma população de 100.000). As residências identificadas por esses números seriam incluídas na amostra aleatória.

Exercícios 3.68 – 3.75

Aprendendo a mecânica

3.68 Suponha que você deseja amostrar $n = 2$ elementos de um total de $N = 10$ elementos.

a. Conte o número de amostras diferentes que podem ser obtidas, primeiro fazendo uma lista e, depois, usando matemática combinatória. (Veja a Seção 3.1.)
b. Se uma amostragem aleatória é empregada, qual é a probabilidade de que qualquer amostra em particular seja selecionada?
c. Mostre como usar a tabela de números aleatórios, Tabela I no Apêndice B, para selecionar uma amostra aleatória de 2 elementos 20 vezes. Existem quaisquer duas amostras contendo os mesmos 2 elementos? Dada a sua resposta no item **b**, você esperaria amostras repetidas?

3.69 Suponha que você deseja amostrar $n = 3$ elementos de um total de $N = 600$ elementos.

a. Calcule o número de amostras diferentes usando matemática combinatória. (Veja a Seção 3.1.)
b. Se a amostragem aleatória é empregada, qual é a probabilidade de que qualquer amostra em particular seja selecionada?
c. Mostre como usar a tabela de números aleatórios, Tabela I no Apêndice B, para selecionar uma amostra aleatória de 3 elementos de uma população de 600 elementos. Realize o procedimento de amostragem 20 vezes. Existem quaisquer duas amostras contendo os mesmos 3 elementos? Dada a sua resposta no item **b**, você esperaria amostras repetidas?
d. Use o computador para gerar uma amostra aleatória de 3 em uma população de 600 elementos.

3.70 Suponha que a população contenha $N = 200.000$ elementos. Use o computador ou a Tabela I do Apêndice B para selecionar uma amostra aleatória de $n = 10$ elementos da população. Explique como você selecionou sua amostra.

Aplicação dos conceitos — Básico

3.71 Discagem de números aleatórios. Para assegurar a eficácia das suas campanhas publicitárias, as empresas freqüentemente realizam entrevistas telefônicas com consumidores usando *discagem de números aleatórios*. Com essa abordagem, um gerador de números aleatórios cria mecanicamente a amostra dos números de telefone a serem chamados.

a. Explique como a tabela de números aleatórios (Tabela I do Apêndice B) ou um computador poderiam ser usados para gerar uma amostra de números de telefones de sete dígitos.
b. Use o procedimento que você descreveu no item **a** para gerar uma amostra de dez números de telefone de sete dígitos.
c. Use o procedimento que você descreveu no item **a** para gerar cinco números de telefone de sete dígitos cujos primeiros três dígitos são 373.

FIGURA 3.21 Tabela do Minitab com uma amostra aleatória de 50 residências

	C1	C2	C3
	HouseID		
1	832		
2	4010		
3	4535		
4	5219		
5	5584		
6	6890		
7	8060		
8	8237		
9	11445		
10	12283		
11	12548		
12	14096		
13	17376		
14	22464		
15	24019		
16	24664		
17	26183		
18	27439		
19	28044		
20	31598		
21	32249		
22	33103		
23	37956		
24	45573		
25	48559		
26	48751		
27	51488		
28	52912		
29	53975		
30	54388		
31	54932		
32	60158		
33	60166		
34	61286		
35	62169		
36	68876		
37	70487		
38	70607		
39	78736		
40	82305		
41	83385		
42	84279		
43	85559		
44	88629		
45	92277		
46	93985		
47	94391		
48	95748		
49	96502		
50	97256		

3.72 Amostragem do censo. Além da decenal contagem da população, o U.S. Bureau of the Census regularmente tira uma amostra da população para estimar o seu número e mudanças em outros atributos, como renda, tamanho das famílias, emprego e estado civil. Suponha que o bureau planeja amostrar 1.000 residências em uma cidade que tem um total de 534.322 residências. Mostre como o bureau poderia usar a tabela de números aleatórios do Apêndice B ou um computador para gerar a amostra. Selecione as 10 primeiras residências a serem incluídas na amostra.

Aplicação dos conceitos — Intermediário

3.73 Auditando um sistema de contabilidade. Para auditar os demonstrativos financeiros de uma empresa, um auditor (1) examinará a capacidade do sistema de contabilidade da empresa em acumular, medir e sintetizar adequadamente os dados das transações e (2) examinará a eficiência operacional do sistema de contabilidade. Para realizar o segundo exame, o auditor freqüentemente se baseia em uma amostra aleatória das transações realizadas (Stickney e Weil, *Contabilidade financeira: uma introdução aos conceitos, métodos e usos*, 2002). Certa firma tem 5.382 contas de clientes, numeradas de 0001 a 5382.
   a. Uma conta é selecionada ao acaso para auditoria. Qual é a probabilidade de que a conta número 3.241 seja selecionada?
   b. Selecione uma amostra aleatória de 10 contas e explique o procedimento que você usou.
   c. Reveja o item **b**. As tabelas a seguir representam duas possíveis amostras aleatórias de tamanho 10. Alguma delas é mais provável de ser selecionada do que a outra? Explique.

AMOSTRA NÚMERO 1				
5011	0082	0963	0772	3415
2663	1126	0008	0026	4189

AMOSTRA NÚMERO 2				
0001	0003	0005	0007	0009
0002	0004	0006	0008	0010

3.74 Fornecendo uma amostra das ações na Bolsa de Nova York. Os resultados das transações com ações do dia útil anterior na Bolsa de Ações de Nova York (NYSE) e de cinco bolsas regionais — as bolsas de ações de Chicago, Pacífico, Filadélfia, Boston e Cincinnati — aparecem resumidos em cada dia útil na tabela NYSE (Transações compostas, publicada no *Wall Street Journal*).
   a. Examine a tabela NYSE — Transações compostas — em uma edição recente do *Wall Street Journal* e explique como retirar uma amostra aleatória das ações na tabela.
   b. Use o procedimento que você descreveu no item **a** para retirar uma amostra de 20 ações de uma tabela recente da NYSE — Transações compostas. Para cada ação, escreva seu nome (isto é, a abreviação fornecida na tabela), seu volume negociado e seu preço de fechamento.

Aplicação dos conceitos — Avançado

3.75 Fornecendo amostras dos mercados de TV para um caso judicial. Um caso judicial recente envolveu uma reclamação de assinantes de televisão por satélite, obtendo acesso ilegal a estações de TV locais. A ré (a empresa de TV por satélite) queria amostrar os mercados de TV nacionais e determinar a porcentagem dos seus assinantes, em cada mercado amostrado, que tinham acesso ilegal às estações de TV locais. Para fazer isso, a testemunha especializada da ré desenhou uma grade retangular sobre os Estados Unidos continental, com linhas de grade horizontais e verticais em cada 0,02 graus de latitude e longitude, respectivamente. Isso criou um total de 500 linhas e 1.000 colunas, ou (500)(1.000) = 500.000 interseções. O plano era amostrar aleatoriamente 900 pontos de interseção e incluir o mercado de TV de cada interseção na amostra. Explique como você poderia usar um gerador de números aleatórios para obter uma amostra aleatória de 900 interseções. Desenvolva pelo menos dois planos: um que numere as interseções de 1 a 500.000 antes da seleção e outro que selecione a linha e a coluna de cada interseção amostrada (de um total de 500 linhas e 1.000 colunas).

3.8 Regra de Bayes (Opcional)

Uma antiga tentativa de empregar probabilidades para realizar inferências é a base de um ramo da metodologia estatística conhecido como **método estatístico bayesiano**. A lógica empregada pelo filósofo inglês Thomas Bayes, na metade dos anos de 1700, implica converter uma probabilidade condicional desconhecida, digamos $P(B|A)$, em outra que implique uma probabilidade condicional conhecida, digamos $P(A|B)$. O método é ilustrado no exemplo a seguir.

EXEMPLO 3.23

APLICANDO A LÓGICA DE BAYES A UM SISTEMA DE DETECÇÃO DE INTRUSÕES

Problema Um sistema de monitoração automático usa equipamento de vídeo de alta tecnologia e microprocessadores para detectar intrusos. Um protótipo do sistema foi desenvolvido e está em uso na área externa de uma fábrica de munições para armas. O sistema é projetado para detectar intrusos com uma probabilidade de 0,90. Entretanto, os projetistas acreditam que essa probabilidade varie de acordo com as condições do tempo. O sistema registra, automaticamente, as condições do tempo toda vez que um intruso é detectado. Com base em uma série de testes controlados, nos quais um intruso foi colocado na fábrica sob diversas condições de tempo, a seguinte informação foi disponibilizada: dado que um intruso foi, de fato, detectado pelo sistema, o céu estava claro em 75% do período, nublado em 20% e chovia em 5% do período.

Quando o sistema falhou em detectar o intruso, 60% dos dias estavam claros, 30% nublados e 10% chuvosos. Use essa informação para achar a probabilidade de detectar um intruso, em condições de chuva. (Presuma que um intruso foi colocado na fábrica.)

Solução

Defina D como sendo o evento em que o intruso foi detectado pelo sistema. Então D^c é o evento em que o sistema falhou em detectar o intruso. Nosso objetivo é calcular a probabilidade condicional $P(D|\text{chuvoso})$. Da definição do problema, a seguinte informação encontra-se disponível:

$$P(D) = 0{,}90 \qquad P(D^c) = 0{,}10$$
$$P(\text{claro}|D) = 0{,}75 \qquad P(\text{claro}|D^c) = 0{,}60$$
$$P(\text{nublado}|D) = 0{,}20 \qquad P(\text{nublado}|D^c) = 0{,}30$$
$$P(\text{chuvoso}|D) = 0{,}05 \qquad P(\text{chuvoso}|D^c) = 0{,}10$$

Note que $P(D|\text{chuvoso})$ não é uma probabilidade condicional conhecida. Entretanto, podemos determinar:

$$P(\text{chuvoso} \cap D) = P(D)P(\text{chuvoso}|D) = (0{,}90)(0{,}05) = 0{,}045$$

e

$$P(\text{chuvoso} \cap D^c) = P(D^c)P(\text{chuvoso}|D^c) = (0{,}10)(0{,}10) = 0{,}01$$

usando a regra da multiplicação da probabilidade. Essas duas probabilidades estão destacadas no diagrama de árvore para o problema na Figura 3.22.

Agora, o evento chuvoso é a união de dois eventos mutuamente exclusivos, (chuvoso $\cap D$) e (chuvoso $\cap D^c$). Então, aplicando a regra da adição da probabilidade, temos:

$P(\text{chuvoso}) = P(\text{chuvoso} \cap D) + P(\text{chuvoso} \cap D^c) = 0{,}045 + 0{,}01 = 0{,}055$

Agora aplicamos a fórmula da probabilidade condicional para obter:

$$P(D|\text{chuvoso}) = \frac{P(\text{chuvoso} \cap D)}{P(\text{chuvoso})}$$
$$= \frac{P(\text{chuvoso} \cap D)}{P(\text{chuvoso} \cap D) + P(\text{chuvoso} \cap D^c)}$$
$$= 0{,}045/0{,}055 = 0{,}818$$

Portanto, em condições de chuva, o protótipo do sistema detecta um intruso com a probabilidade de 0,818 — um valor menor que a probabilidade de projeto: 0,90.

Agora faça o Exercício 3.76

A técnica utilizada no Exemplo 3.23, chamada **regra de Bayes**, pode ser aplicada quando um evento observado A ocorre com qualquer um de vários eventos mutuamente exclusivos e exaustivos, $B_1, B_2, \ldots, B_k$. A fórmula para determinar as probabilidades condicionais apropriadas é dada a seguir.

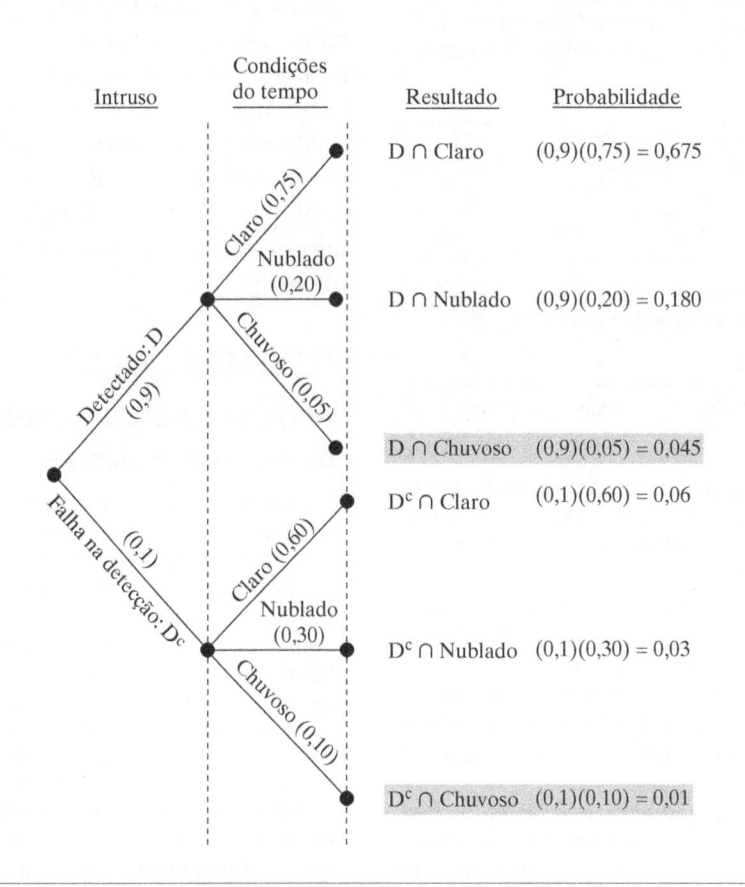

Intruso	Condições do tempo	Resultado	Probabilidade
	Claro (0,75)	$D \cap$ Claro	$(0{,}9)(0{,}75) = 0{,}675$
Detectado: D (0,9)	Nublado (0,20)	$D \cap$ Nublado	$(0{,}9)(0{,}20) = 0{,}180$
	Chuvoso (0,05)	$D \cap$ Chuvoso	$(0{,}9)(0{,}05) = 0{,}045$
	Claro (0,60)	$D^c \cap$ Claro	$(0{,}1)(0{,}60) = 0{,}06$
Falha na detecção: D^c (0,1)	Nublado (0,30)	$D^c \cap$ Nublado	$(0{,}1)(0{,}30) = 0{,}03$
	Chuvoso (0,10)	$D^c \cap$ Chuvoso	$(0{,}1)(0{,}10) = 0{,}01$

FIGURA 3.22 Diagrama de árvore para o Exemplo 3.23

REGRA DE BAYES

Dados k eventos mutuamente exclusivos e exaustivos, $B_1, B_2, ..., B_k$, de tal forma que $P(B_1) + P(B_2) + ... + P(B_k) = 1$, e um evento observado A, então:

$$P(B_i|A) = P(B_i \cap A)/P(A)$$

$$= \frac{P(B_i)P(A|B_i)}{P(B_1)P(A|B_1) + P(B_2)P(A|B_2) + \cdots + P(B_k)P(A|B_k)}$$

Aplicando a regra de Bayes ao Exemplo 3.23, o evento observado é $A = \{\text{Chuvoso}\}$ e os $k = 2$ eventos mutuamente exclusivos e exaustivos são os eventos complementares $D = \{\text{Intruso detectado}\}$ e $D^c = \{\text{Intruso não detectado}\}$. Portanto, a fórmula:

$$P(D|\text{chuvoso}) =$$

$$= \frac{P(D)P(\text{chuvoso}|D)}{P(D)P(\text{chuvoso}|D) + P(D^c)P(\text{chuvoso}|D^c)}$$

$$= \frac{(0,90)(0,05)}{(0,90)(0,05) + (0,10)(0,10)} = 0,818$$

Biografia

THOMAS BAYES (1702–1761)

Exercícios 3.76 – 3.85

Aprendendo a mecânica

3.76 Suponha que os eventos B_1 e B_2 são mutuamente exclusivos e complementares, tais que $P(B_1) = 0,75$ e $P(B_2) = 0,25$. Considere outro evento A, tal que $P(A|B_1) = 0,3$ e $P(A|B_2) = 0,5$.
   a. Determine $P(B_1 \cap A)$.
   b. Determine $P(B_2 \cap A)$.
   c. Determine $P(A)$ usando os resultados dos itens **a** e **b**.
   d. Determine $P(B_1|A)$.
   e. Determine $P(B_2|A)$.

3.77 Suponha que os eventos B_1, B_2 e B_3 são mutuamente exclusivos e complementares, tais que $P(B_1) = 0,2$, $P(B_2) = 0,15$ e $P(B_3) = 0,65$. Considere outro evento A, tal que $P(A|B_1) = 0,4$, $P(A|B_2) = 0,25$ e $P(A|B_3) = 0,6$. Use a regra de Bayes para achar:
   a. $P(B_1|A)$ **b.** $P(B_2|A)$ **c.** $P(B_3|A)$

3.78 Suponha que os eventos B_1, B_2 e B_3 são mutuamente exclusivos e complementares, tais que $P(B_1) = 0,2$, $P(B_2) = 0,15$ e $P(B_3) = 0,65$. Considere outro evento A, tal que $P(A) = 0,4$. Se A é independente de B_1, B_2 e B_3, use a regra de Bayes para mostrar que $P(B_1|A) = P(B_1) = 0,2$.

Aplicação dos conceitos — Básico

DDT

3.79 Peixes contaminados pelos rejeitos tóxicos de uma fábrica. Relembre o estudo do Corpo de Engenheiros do Exército norte-americano a respeito da contaminação por DDT de peixes do rio Tennessee (Alabama), Exemplo 1.5. Parte da investigação foi focalizada em quanto, correnteza acima, os peixes contaminados migraram. (Um peixe é considerado contaminado se tem uma concentração medida de DDT maior que 5 partes por milhão.)
   a. Considerando apenas os peixes contaminados capturados no rio Tennessee, os dados revelam que 52% deles foram achados entre 275 e 300 milhas correnteza acima, 39% foram achados entre 305 e 325 milhas correnteza acima, e 9% foram achados entre 330 e 350 milhas correnteza acima. Use essas porcentagens para determinar as probabilidades $P(275–300)$, $P(305–325)$ e $P(330–350)$.
   b. Dado que um peixe contaminado foi achado a certa distância correnteza acima, a probabilidade de que seja da espécie *channel catfish* (CC) é determinada a partir dos dados como sendo $P(CC|275–300) = 0,775$, $P(CC|305–325) = 0,77$ e $P(CC|330–350) = 0,86$. Se um *channel catfish* contaminado foi capturado no rio Tennessee, qual a probabilidade de que tenha sido capturado 275 e 300 milhas correnteza acima?

3.80 Erros em estimativas de custos de obras. Uma empresa de construção emprega três engenheiros de vendas. Os engenheiros 1, 2 e 3 estimam os custos em 30%, 20% e 50%, respectivamente, de todas as obras conseguidas pela companhia. Para $i = 1, 2, 3$, defina E como o evento em que uma obra é estimada pelo engenheiro i. As seguintes probabilidades descrevem as taxas de erros sérios cometidos pelos engenheiros nas estimativas de custos:

$P(\text{erro}|E_1) = 0,01$, $P(\text{erro}|E_2) = 0,03$ e $P(\text{erro}|E_3) = 0,02$

   a. Se um caso particular resulta em erro sério na estimativa de custos da obra, qual a probabilidade de que o erro tenha sido cometido pelo engenheiro 1?
   b. Se um caso particular resulta em erro sério na estimativa de custos da obra, qual a probabilidade de que o erro tenha sido cometido pelo engenheiro 2?
   c. Se um caso particular resulta em erro sério na estimativa de custos da obra, qual a probabilidade de que o erro tenha sido cometido pelo engenheiro 3?
   d. Baseando-se nas probabilidades dos itens **a** até **c**, qual engenheiro é mais provavelmente responsável por ter cometido o erro sério?

3.81 Testes de drogas em atletas. Devido às imprecisões nos procedimentos de testes para drogas (isto é, falsos positivos e falsos negativos) na área médica, os resultados de testes de drogas representam apenas um fator no diagnóstico médico. Ainda assim, quando atletas olímpicos são testados para detectar o uso de drogas ilegais (*doping*), os resultados de um único teste são usados para banir o atleta da competição. Na revista *Chance* (primavera, 2004), os bioestatísticos D. A. Berry e L. Chastain da University of Texas demonstraram a aplicação da regra de Bayes para fazer inferências a respeito de abuso de testosterona entre atletas olímpicos. Eles usaram o seguinte exemplo: em uma população de 1.000 atletas, suponha que 100 deles estão usando testosterona ilegalmente. Dos usuários, suponha que 50 dariam positivo no teste de testosterona. Dos não-usuários, suponha que 9 dariam positivo.

a. Dado que o atleta é usuário, determine a probabilidade de que um teste para testosterona daria um resultado positivo. (Essa probabilidade representa a *sensibilidade* do teste de drogas.)

b. Dado que o atleta não é usuário, determine a probabilidade de que um teste para testosterona daria um resultado negativo. (Essa probabilidade representa a *especificidade* do teste de drogas.)

c. Se o teste de um atleta resulta positivo para testosterona, use a regra de Bayes para achar a probabilidade de que o atleta está realmente dopado. (Essa probabilidade representa o *valor preditivo positivo* do teste de drogas.)

Aplicação dos conceitos — Intermediário

3.82 Avaliação não destrutiva. A avaliação não destrutiva (AND) descreve os métodos que caracterizam quantitativamente materiais, tecidos e estruturas por meios não invasivos, tais como tomografia computadorizada por raios X, ultra-som e emissão acústica. Recentemente, a AND foi utilizada para detectar defeitos em juntas de aço (*JOM*, maio 2005). Presuma que a probabilidade de que a AND detecte uma falha (ou seja, que prediga um defeito em uma junta de aço), quando, de fato, o defeito existe, seja de 0,97. (Isto é chamado de *probabilidade de detecção*.) Presuma também que a probabilidade de que a AND detecte uma falha, quando, de fato, o defeito não existe, seja de 0,005. (Isto é chamado de *probabilidade de um falso aviso*.) A experiência passada tem mostrado que um defeito ocorre uma vez em cada grupo de 100 juntas de aço. Se a AND detecta uma falha em uma junta de aço particular, qual é a probabilidade de que um defeito exista na realidade?

3.83 Linhas de produção defeituosas. Uma operação de manufatura utiliza duas linhas de produção para montagem de fusíveis eletrônicos. Ambas as linhas produzem fusíveis à mesma taxa e geralmente produzem 2,5% de fusíveis defeituosos. Entretanto, a linha de produção 1 sofreu, recentemente, dificuldades mecânicas, e produziu 6% de defeitos durante um período de três semanas. Essa situação não era conhecida até que muitos lotes de fusíveis eletrônicos produzidos no período fossem enviados para os clientes. Se um dos dois fusíveis testados por um cliente estava com defeito, qual é a probabilidade de que o lote a que pertencia tenha sido produzido pela linha defeituosa 1? (Presuma que todos os fusíveis do lote tenham sido produzidos na mesma linha.)

3.84 Sistemas de detecção de intrusos. Relembre o estudo do *Journal of Research of the National Institute of Standards and Technology* (nov./dez. 2003) a respeito de um sistema duplo de detecção de intrusões com sistemas independentes, Exercício 3.59. Lembre que, se há um intruso, o sistema A aciona o alarme com probabilidade de 0,9 e o sistema B aciona o alarme com probabilidade de 0,95. Se não há intruso, o sistema A aciona o alarme com probabilidade de 0,2 e o sistema B, com probabilidade de 0,1. Agora, presuma que a probabilidade de um intruso é de 0,4. Se ambos os sistemas acionam o alarme, qual é a probabilidade de que um intruso seja detectado?

3.85 Comprando microprocessadores. Um componente importante do seu computador pessoal (PC) de mesa ou laptop é o microprocessador. A tabela fornece as proporções de microprocessadores nas quais certo fabricante de PCs compra de sete fornecedores.

FORNECEDOR	PROPORÇÃO
S_1	0,15
S_2	0,05
S_3	0,10
S_4	0,20
S_5	0,12
S_6	0,20
S_7	0,18

a. Sabe-se que as proporções de microprocessadores com defeito produzidos pelos sete fornecedores são 0,001, 0,0003, 0,0007, 0,006, 0,0002, 0,0002 e 0,001, respectivamente. Se uma falha de microprocessador de um único PC é observada, qual fornecedor é de mais provavelmente o responsável?

b. Suponha que os sete fornecedores produzam microprocessadores defeituosos à mesma taxa, 0,0005. Se uma falha de microprocessador de um único PC é observada, qual fornecedor é mais provavelmente o responsável?

Termos-chave

[Nota: Os termos marcados com um asterisco (*) são da seção opcional do capítulo.]

Amostra aleatória
Complemento de um evento
Diagrama de árvore
Diagramas de Venn

Espaço amostral
Evento
Eventos compostos
Eventos dependentes
Eventos independentes
Eventos mutuamente exclusivos
Experimento
Gerador de números aleatórios

Interseção
Lei dos grandes números
Matemática combinatória
*Métodos estatístico bayesiano
Ponto amostral
Probabilidade condicional
Probabilidades incondicionais
Regra da adição da probabilidade

Regra da multiplicação da
probabilidade
Regra das combinações

*Regra de Bayes
Regras de probabilidades (pontos amostrais)

Tabela de dupla entrada
Tabela de números aleatórios
União

Guia para selecionar regras de probabilidade

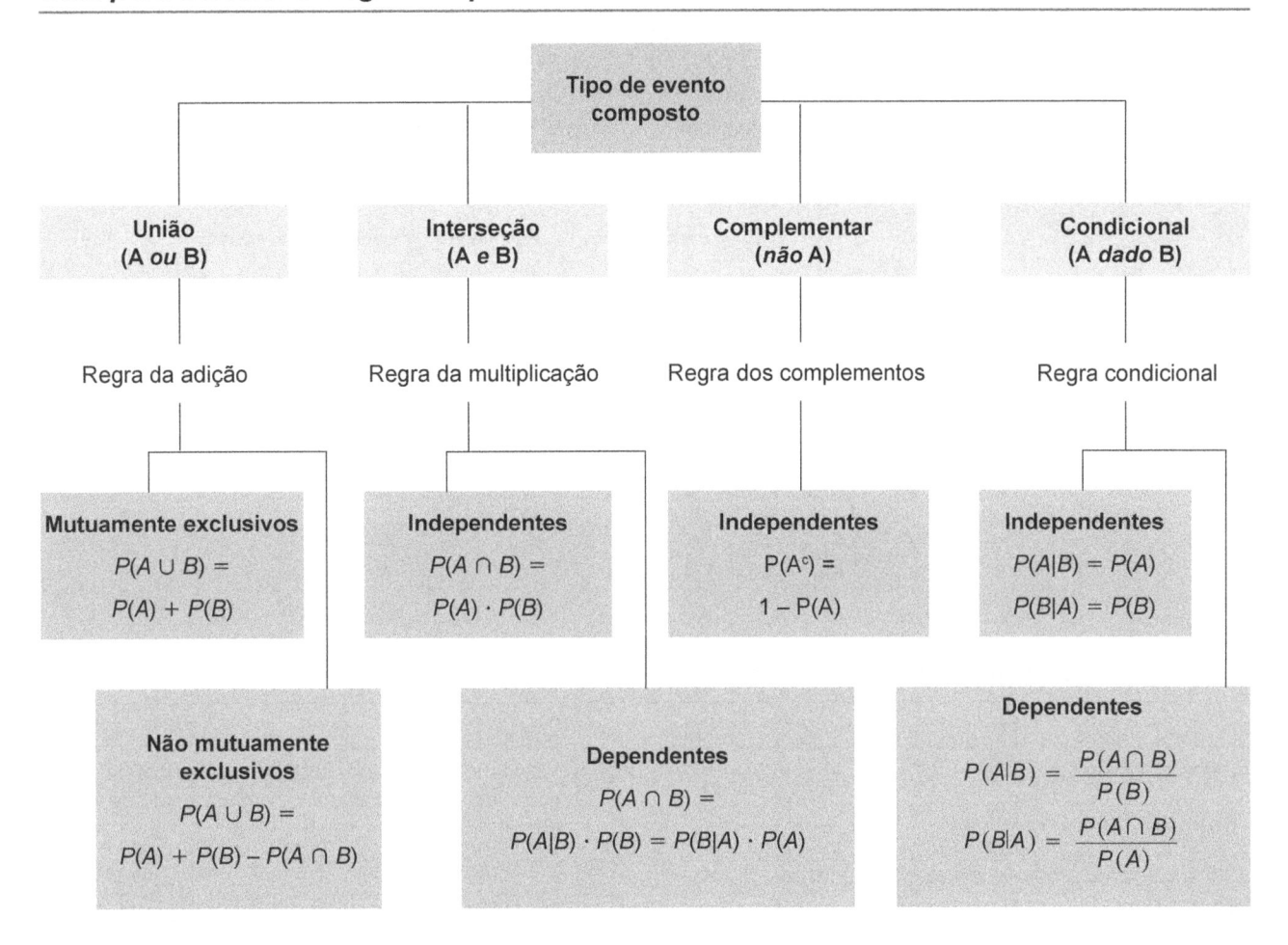

Tipo de evento composto

- **União (A ou B)** — Regra da adição
  - **Mutuamente exclusivos**
    $P(A \cup B) = P(A) + P(B)$
  - **Não mutuamente exclusivos**
    $P(A \cup B) = P(A) + P(B) - P(A \cap B)$

- **Interseção (A e B)** — Regra da multiplicação
  - **Independentes**
    $P(A \cap B) = P(A) \cdot P(B)$
  - **Dependentes**
    $P(A \cap B) = P(A|B) \cdot P(B) = P(B|A) \cdot P(A)$

- **Complementar (não A)** — Regra dos complementos
  - **Independentes**
    $P(A^c) = 1 - P(A)$

- **Condicional (A dado B)** — Regra condicional
  - **Independentes**
    $P(A|B) = P(A)$
    $P(B|A) = P(B)$
  - **Dependentes**
    $P(A|B) = \dfrac{P(A \cap B)}{P(B)}$
    $P(B|A) = \dfrac{P(A \cap B)}{P(A)}$

Notas do capítulo

Regras de probabilidade para k pontos amostrais

$S_1, S_2, S_3, \ldots S_k$

1. $0 \leq P(S_i) \leq 1$
2. $\Sigma P(S_i) = 1$

Amostra aleatória
Todas as possíveis amostras têm igual probabilidade de serem selecionadas.

Regra das combinações

Cálculo do número de amostras de n elementos selecionados de N elementos

$$\binom{N}{n} = \frac{N!}{n!(N-n)!}$$
$$= \frac{N(N-1)(N-2)\ldots(N-n+1)}{n(n-1)(n-2)\ldots(2)(1)}$$

SÍMBOLOS-CHAVE	
S	**Espaço amostral** (conjunto de todos os pontos amostrais)
$A: \{1,2\}$	Conjunto de **pontos amostrais no evento A**
$P(A)$	**Probabilidade** do evento A
$A \cup B$	**União** dos eventos A e B (A ou B podem ocorrer)
$A \cap B$	**Interseção** dos eventos A e B (A e B ocorrem)
A^c	**Complemento** de A (o evento A não ocorre)
$A\|B$	O evento A ocorre, dado que o evento B ocorre
$\binom{N}{n}$	Número de **combinações** de N elementos tomados n de cada vez
$N!$	**N fatorial** $= N(N-1)(N-2) \ldots (2)(1)$

Regra de Bayes

Para os pontos amostrais $S_1, S_2, S_3, \ldots, S_k$:

$$P(S_i|A) = \frac{P(S_i)P(A|S_i)}{P(S_1)P(A|S_1) + P(S_2)P(A|S_2) + \cdots + P(S_k)P(A|S_k)}$$

Exercícios suplementares 3.86 – 3.123

[Nota: Os Exercícios marcados com um asterisco (*) são da seção opcional.]

Aprendendo a mecânica

3.86 Um espaço amostral consiste de quatro pontos amostrais, em que:
$P(S_1) = 0,2$, $P(S_2) = 0,1$, $P(S_3) = 0,3$ e $P(S_4) = 0,4$.
a. Mostre que os pontos amostrais obedecem às duas regras de probabilidade para um espaço amostral.
b. Se um evento $A = \{S_1, S_4\}$, determine $P(A)$.

3.87 A e B são eventos mutuamente exclusivos, com $P(A) = 0,2$ e $P(B) = 0,3$.
a. Determine $P(A|B)$.
b. A e B são eventos independentes?

3.88 Para dois eventos A e B, suponha que $P(A) = 0,7$, $P(B) = 0,5$ e $P(A \cap B) = 0,4$. Determine $P(A \cup B)$.

3.89 Dado que $P(A \cap B) = 0,4$ e $P(A|B) = 0,8$, determine $P(B)$.

3.90 Quais dos seguintes pares de eventos são mutuamente exclusivos? Justifique sua resposta.
a. {O índice Dow Jones Industrial Average aumenta na segunda-feira}, {Um grande banco de Nova York diminui sua taxa de juros na segunda-feira}
b. {A próxima venda de um revendedor de PCs é um laptop}, {A próxima venda de um revendedor de PCs é um desktop}

c. {Você reinveste todas as suas receitas de dividendos em uma empresa limitada}, {Você reinveste todas as suas receitas de dividendos em um fundo de investimentos}

3.91 O diagrama de Venn a seguir ilustra um espaço amostral contendo seis pontos amostrais e três eventos, A, B e C. As probabilidades dos pontos amostrais são $P(1) = 0,3$, $P(2) = 0,2$, $P(3) = 0,1$, $P(4) = 0,1$, $P(5) = 0,1$ e $P(6) = 0,2$.

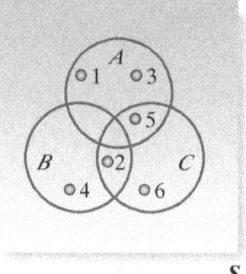

a. Determine $P(A \cap B)$, $P(B \cap C)$, $P(A \cup C)$, $P(A \cup B \cup C)$, $P(B^c)$, $P(A^c \cap B)$, $P(B|C)$ e $P(B|A)$.
b. A e B são independentes? Mutuamente exclusivos? Por quê?
c. B e C são independentes? Mutuamente exclusivos? Por quê?

3.92 Dois eventos, A e B, são independentes, com $P(A) = 0,3$ e $P(B) = 0,1$.
a. A e B são mutuamente exclusivos? Por quê?

b. Determine $P(A|B)$ e $P(B|A)$.
c. Determine $P(A \cup B)$.

3.93 Determine o valor numérico de

a. 6!   b. $\binom{10}{9}$ c. $\binom{10}{1}$ d. $\binom{6}{3}$ e. 0!

3.94 Uma amostra aleatória de cinco estudantes graduados será selecionada de 50 graduados em MBA para participar de uma competição.

a. De quantas maneiras diferentes a amostra pode ser retirada?
b. Mostre como a tabela de números aleatórios, Tabela I do Apêndice B, pode ser usada para selecionar a amostra dos estudantes.

APPLET Exercício utilizando aplicativo 3.6
(É necessário o Java instalado para utilizar esse aplicativo)

Use o aplicativo intitulado *Números aleatórios* para gerar uma lista de 50 números entre 1 e 100, incluindo-os. Use essa lista para achar cada uma das probabilidades.

a. A probabilidade de que um número escolhido da lista seja menor ou igual a 50.
b. A probabilidade de que um número escolhido da lista seja par.
c. A probabilidade de que um número escolhido da lista seja menor ou igual a 50 e par.
d. A probabilidade de que um número escolhido da lista seja menor ou igual a 50, dado que o número é par.
e. Seus resultados nos itens de **a** até **d** sustentam a conclusão de que os eventos *menor que ou igual a 50* e *par* são independentes? Explique.

Aplicação dos conceitos — Básico

3.95 De acordo com o *USA Today* (19 set. 2000), há 650 membros na Associação Internacional de Babás (AIN). Destes, somente três são homens. Determine a probabilidade de que um membro da AIN selecionado ao acaso seja homem.

3.96 Condições das instalações das escolas públicas. O Centro Nacional de Estatísticas de Educação (CNES) realizou um levantamento sobre as condições das instalações das escolas públicas norte-americanas. O levantamento revelou as informações a seguir: a probabilidade de que um prédio de escola pública tenha um encanamento inadequado é de 0,25; dos prédios com encanamento inadequado, a probabilidade de que a escola tenha planos para repará-los é de 0,38. Determine a probabilidade de que um prédio de escola pública tenha um encanamento inadequado e que ele seja reparado.

3.97 Novos testes de impacto em carros. Relembre os testes de impacto de novos modelos de carros realizados pela Administração Nacional do Tráfego e Segurança em Rodovias (ANTSR), Exercício 2.129. Relembre que a ANTSR desenvolveu um sistema de pontuação por 'estrelas', com resultados entre uma estrela até cinco estrelas.

Quanto mais estrelas na classificação, melhor o nível de proteção contra impactos em uma colisão frontal. Um resumo das classificações, do ponto de vista do motorista, para 98 carros, está reproduzido na listagem do MINITAB seguinte. Presuma que um dos 98 carros foi selecionado ao acaso. Diga se cada uma das seguintes afirmações é verdadeira ou falsa.

a. A probabilidade de que um carro tenha uma classificação de duas estrelas é 4.
b. A probabilidade de que um carro tenha uma classificação de quatro ou cinco estrelas é 0,7857.
c. A probabilidade de que um carro tenha uma classificação de uma estrela é 0.
d. O carro tem uma chance maior de ter uma classificação de duas estrelas do que de cinco estrelas.

Tally for Discrete Variables: DRIVSTAR

```
DRIVSTAR    Count    Percent
      2         4       4.08
      3        17      17.35
      4        59      60.20
      5        18      18.37
N=             98
```

3.98 Empresas registradas na ISO 9000. A ISO 9000 é uma série de padrões para estabelecer e documentar sistemas, processos e procedimentos de qualidade. Para aferir como os gerentes vêem os padrões e como os padrões foram alcançados, uma amostra de 40 empresas registradas na ISO 9000, no Colorado, foi selecionada, e os gerentes responsáveis pela implantação da ISO 9000 foram entrevistados (*Quality Progress*, 1995). Os dados a seguir são alguns dos obtidos no estudo.

Nível de envolvimento da alta gerência no processo de registro da ISO 9000	Freqüência
Muito envolvimento	9
Envolvimento moderado	16
Pouco envolvimento	12
Não envolvimento	3

Tempo necessário para conseguir o registro na ISO 9000	Freqüência
Menos de 1 ano	5
1–1,5 anos	21
1,6–2 anos	9
2,1–2,5 anos	2
Mais que 2,5 anos	3

Fonte: Weston, F. C. "What do managers really think of the ISO 9000 registration process?" *Quality Progress*, out. 1995, p. 68-69 (Tabelas 3 e 4).

Suponha que um dos 40 gerentes entrevistados seja selecionado ao acaso para perguntas adicionais. Considere os eventos definidos a seguir:

A: {O gerente estava envolvido com o registro da ISO 9000}
B: {O período de tempo para conseguir o registro da ISO 9000 foi de mais de 2 anos}

a. Determine P(A).
b. Determine P(B).
c. Explique por que os dados anteriores não são suficientes para determinar se os eventos A e B são independentes.

3.99 Estudo sobre conservação de energia. Uma agência estadual de energia enviou questionários sobre conservação de energia para 1.000 proprietários de residências na capital do estado. Quinhentos questionários foram devolvidos. Suponha que um experimento consista em selecionar aleatoriamente e rever um dos questionários devolvidos. Considere os eventos:

A: {A casa foi construída com tijolos}
B: {A casa foi construída há mais de 30 anos}
C: {A casa é aquecida com óleo}

Descreva cada um dos seguintes eventos em termos de uniões, interseções e complementos (isto é, $A \cup B$, $A \cap B$, A^c etc.):
a. A casa foi construída há mais de 30 anos e é aquecida com óleo.
b. A casa não é construída com tijolos.
c. A casa é aquecida com óleo e foi construída há mais de 30 anos.
d. A casa foi construída com tijolos e não é aquecida com óleo.

3.100 Envolvimento da gerência com a GQT. A Gerência da Qualidade Total (GQT) inclui serviço interativo com os clientes por meio de processos de trabalho continuamente aperfeiçoados e reprojetados (*Quality Progress*, jul. 1995). Para avaliar as percepções da GQT, um estudo da University of North Carolina, em Charlotte, pediu a 159 empregados para informar quão fortemente eles concordam ou discordam de uma série de afirmações, incluindo: "Eu acredito que a gerência está comprometida com a GQT". As seguintes respostas foram recebidas:

Concordam Fortemente	Concordam	Não concordam nem discordam	Discordam	Discordam Fortemente
30	64	41	18	6

Fonte: Buch, K. e Shelnut, J. W. "UNC Charlotte measures the effects of its quality initiative." *Quality Progress*, jul. 1995, p. 75 (Tabela 2).

a. Defina o experimento e liste os pontos amostrais.
b. Atribua probabilidades aos pontos amostrais.
c. Qual é a probabilidade de que um empregado concorde ou concorde fortemente com a afirmação acima?
d. Qual é a probabilidade de que um empregado não concorde fortemente com a afirmação acima?

3.101 Uso das instalações de um clube de campo. Um clube de campo tem 600 sócios e opera instalações que incluem um campo de golfe de 18 buracos e 12 quadras de tênis. Antes de decidir se aceitará novos sócios, o presidente do clube gostaria de saber quantos sócios usam regularmente cada instalação. Um levantamento entre os sócios indicou que 70% usam regularmente o campo de golfe, 50% usam regularmente as quadras de tênis e 5% não usam nenhuma dessas instalações regularmente.

a. Construa um diagrama de Venn para descrever os resultados do levantamento.
b. Se um sócio do clube é escolhido ao acaso, qual é a probabilidade de que ele use o campo de golfe ou as quadras de tênis ou ambos?
c. Se um sócio é escolhido ao acaso, qual é a probabilidade de que ele use as instalações do campo de golfe e as quadras de tênis?
d. Um sócio é escolhido ao acaso entre aqueles que usam as quadras de tênis regularmente. Qual é a probabilidade de que o sócio também use o campo de golfe regularmente?

3.102 Envenenamento por monóxido de carbono no Colorado. O *The American Journal of Public Health* (jul. 1995) publicou um estudo a respeito do envenenamento não intencional, por monóxido de carbono (CO), dos habitantes do Colorado. Um total de 981 casos de envenenamento por CO foram reportados durante um período de seis anos. Cada caso foi classificado como fatal ou não fatal e pela fonte de exposição. O número de casos que ocorreu em cada categoria aparece representado na tabela seguinte. Presuma que um dos 981 casos de envenenamento não intencional foi selecionado ao acaso.

Fonte de exposição	Fatal	Não fatal	Total
Fogo	63	53	116
Escapamento de carro	60	178	238
Fornalha	18	345	363
Querosene ou aquecedor	9	18	27
Aparelho doméstico	9	63	72
Outros motores a gás	3	73	76
Lareira	0	16	16
Outros	3	19	22
Desconhecido	9	42	51
Total	174	807	981

Fonte: Cook, M. C., Simon, P. A. e Hoffman, R. E. "Unintentional carbon monoxide poisoning in Colorado, 1986 a 1991." *American Journal of Public Health*, vol. 85, n. 7, jul. 1995, p. 989 (Tabela 1). American Public Health Association.

a. Liste todos os pontos amostrais para esse experimento.
b. Como é chamado o conjunto de todos os pontos amostrais?
c. Seja A o evento em que o envenenamento por CO tenha sido causado por fogo. Determine P(A).
d. Seja B o evento em que o envenenamento por CO tenha sido fatal. Determine P(B).
e. Seja C o evento em que o envenenamento por CO tenha sido causado por escapamento de carro. Determine P(C).
f. Seja D o evento em que o envenenamento por CO tenha sido causado por escapamento de carro e fatal. Determine P(D).
g. Seja E o evento em que o envenenamento por CO tenha sido causado por fogo, mas não fatal. Determine P(E).

h. Dado que a fonte de envenenamento tenha sido fogo, qual é a probabilidade de que o caso tenha sido fatal?
i. Dado que o caso não foi fatal, qual é a probabilidade de que tenha sido causado por escapamento de carro?
j. Se o caso foi fatal, qual a probabilidade de que a fonte seja desconhecida?
k. Se o caso não foi fatal, qual a probabilidade de que a fonte não tenha sido fogo ou lareira?

Aplicação dos conceitos — Intermediário

3.103 Efeito do mercado de ações nos gastos e na poupança dos consumidores. De acordo com o *Economic Inquiry* (jan. 2002), 50% de todas as residências norte-americanas têm ações na bolsa. A uma amostra desses acionistas foi perguntado o efeito das tendências recentes no mercado acionário nas suas poupanças e despesas nos últimos anos. As respostas estão resumidas na tabela. As residências foram selecionadas ao acaso.

Efeito do mercado de ações nas poupanças/despesas	Percentual de acionistas
Nenhum efeito	85,0
Gastou mais/poupou menos	3,4
Gastou menos/poupou mais	11,6
Total	100,0

Fonte: Starr-McCluer, M. "Stock market wealth and consumer spending." *Economic Inquiry*, vol. 40, n. 1, jan. 2002 (Tabela 3).

a. Qual a probabilidade de que uma residência não tenha ações?
b. Dada uma residência que tenha ações, qual a probabilidade de que ela tenha gasto mais e poupado menos devido às recentes tendências do mercado de ações?
c. Qual a probabilidade de que uma residência tenha ações, mas tenha gasto menos e poupado mais devido às tendências recentes no mercado de ações?

3.104 Montando um painel de especialistas em energia. A assembléia estadual apropriou US$ 1 milhão para distribuir na forma de bolsas a indivíduos e organizações engajados na pesquisa e no desenvolvimento de fontes alternativas de energia. Você foi contratado pela agência estadual de energia para montar um painel de cinco especialistas em energia, cuja tarefa será determinar quais indivíduos e organizações devem receber o dinheiro. Você identificou 11 indivíduos igualmente qualificados que desejam participar do painel. Quantos diferentes grupos de cinco especialistas poderiam ser formados por esses 11 indivíduos?

3.105 Testando a afirmação de um fabricante de relógios. Um fabricante de relógios eletrônicos digitais afirma que a probabilidade de que o seu relógio adiante ou atrase um minuto depois de um ano de uso é 0,05. Uma agência de proteção ao consumidor comprou quatro desses relógios com a intenção de testar a afirmação.
a. Presumindo que a afirmação do fabricante esteja correta, qual a probabilidade de que nenhum dos relógios seja tão preciso como foi dito?
b. Presumindo que a afirmação do fabricante esteja correta, qual a probabilidade de exatamente dois dos quatro relógios serem tão precisos quanto foi dito?
c. Suponha que somente um dos quatro relógios testados seja tão preciso quanto foi dito. Que inferência pode ser feita a respeito da afirmação do fabricante? Explique.
d. Suponha que nenhum dos relógios testados seja tão preciso quanto foi dito. É necessariamente verdade que a afirmação do fabricante seja falsa? Explique.

3.106 Classificando lâminas de barbear. As empresas que estão no mercado altamente competitivo de lâminas de barbear realizam um grande volume de propaganda a cada ano. A empresa G entregou a uma consumidora aparelhos de barbear de três marcas importantes, G, S e W, e pediu que ela os usasse e os classificasse por ordem de preferência. A empresa estava, é claro, esperando que a consumidora preferisse sua marca e a classificasse em primeiro lugar, fornecendo material para uma campanha publicitária com entrevista com a consumidora. Se a consumidora não preferisse uma lâmina em relação a qualquer outra, mas ainda assim fosse solicitada a classificar as lâminas, qual a probabilidade de que:
a. A consumidora tenha classificado a marca G em primeiro lugar?
b. A consumidora tenha classificado a marca G em último?
c. A consumidora tenha classificado a marca G em último e a marca W em segundo?
d. A consumidora tenha classificado a marca W em primeiro, a marca G em segundo e a marca S em terceiro?

3.107 Prevendo o sucesso de um novo produto. A Acupoll é uma pesquisa de preferências dos consumidores, usada para prever se produtos recentemente desenvolvidos vão ser bem-sucedidos caso levados ao mercado. A confiabilidade da Acupoll foi descrita como se segue: a probabilidade de que a Acupoll tenha previsto o sucesso de um produto em particular, dado que, posteriormente, o produto foi realmente bem-sucedido, é de 0,89 (*Minneapolis Star Tribune*, 16 dez. 1992). Uma empresa está pensando em introduzir um novo produto e estima que a probabilidade de seu sucesso seja de 0,90. Se essa empresa tivesse avaliado o produto por intermédio da Acupoll, qual a probabilidade de que a Acupoll previsse o sucesso do produto e ele de fato se tornasse um sucesso?

3.108 Quais eventos são independentes? Use sua compreensão intuitiva de independência para formar uma opinião a respeito de se os seguintes cenários representam eventos independentes.
a. Os resultados de lançamentos consecutivos de uma moeda.
b. As opiniões de indivíduos selecionados ao acaso em uma pesquisa eleitoral.
c. Os resultados de um jogador de beisebol em duas jogadas consecutivas.
d. O valor de ganhos ou perdas associados com aplicações em diferentes ações, se essas ações são compradas no mesmo dia e vendidas no mesmo dia um mês depois.
e. O valor de ganhos ou perdas associados a aplicações em diferentes ações que são compradas e vendidas em datas diferentes, com cinco anos de intervalo.

f. Os preços propostos por duas construtoras diferentes, em resposta a uma concorrência para a construção de um prédio.

3.109 Relação entre o cigarro e o câncer. O *Journal of the National Cancer Institute* (16 fev. 2000) publicou os resultados de um estudo que investigou a associação entre o hábito de fumar cigarros e as mortes por câncer relacionadas ao fumo. Os dados foram obtidos de uma amostra nacional de 137.243 norte-americanos do sexo masculino. Os resultados aparecem resumidos na tabela a seguir. Cada indivíduo, no estudo, foi classificado de acordo com sua situação relacionada ao cigarro e se veio a falecer por causa de câncer relacionado ao fumo.

a. Determine a probabilidade de que um homem que nunca fumou morra de câncer.
b. Determine a probabilidade de que um ex-fumante morra de câncer.
c. Determine a probabilidade de que um fumante morra de câncer.

	MORREU DE CÂNCER	NÃO MORREU DE CÂNCER	TOTAL
Nunca fumou	782	120.747	121.529
Ex-fumante	91	7.757	7.848
Fumante	141	7.725	7.866
Total	1.014	136.229	137.243

Fonte: Shapiro, J. A., Jacobs, e. J.e Thun, M. J. "Cigar smoking in men and risk of death from tobacco-related cancers." *Journal of the National Cancer Institute*, vol. 92, n. 4, 16 fev. 2000 (Tabela 2).

3.110 Confiabilidade de um sistema automático de aspersores de água. Determinado sistema automático de aspersores de água contra incêndios, para uso em edifícios de apartamentos de grande altura, edifícios de escritórios e hotéis, tem dois tipos diferentes de dispositivos de ativação para cada aspersor. Um tipo tem uma confiabilidade de 0,91 (isto é, a probabilidade de que ativará o aspersor, quando tiver de fazê-lo, é de 0,91). O outro tipo, que opera de forma independente do primeiro, tem uma confiabilidade de 0,87. Suponha que um incêndio sério começou perto de um aspersor.

a. Qual a probabilidade de que o aspersor seja ativado?
b. Qual a probabilidade de que o aspersor não seja ativado?
c. Qual a probabilidade de que ambos os dispositivos de ativação funcionem adequadamente?
d. Qual a probabilidade de que somente o dispositivo com confiabilidade de 0,91 funcione adequadamente?

3.111 Escolha de planos de saúde pelos empregados. A maioria das empresas oferece aos seus empregados uma variedade de planos de saúde para escolha — isto é, organizações preferenciais de serviços (PPO, em inglês) e organizações de manutenção de saúde (HMO) (*Monthly Labor Review*, out. 1995). Foi realizado um levantamento entre 100 grandes, 100 médias e 100 pequenas empresas que oferecem HMOs, PPOs e planos de pagamento por serviço médico aos seus empregados. Cada empresa forneceu informações a respeito dos planos escolhidos pelos seus empregados. Essas empresas empregavam um total de 833.303 pessoas. Um detalhamento do número de empregados em cada categoria, por tamanho da empresa e plano escolhido, está mostrado na tabela.

EMPRESA TAMANHO	PAGAMENTO POR SERVIÇO	PPO	HMO	TOTAL
Pequena	1.808	1.757	1.456	5.021
Média	8.953	6.491	6.938	22.382
Grande	330.419	241.770	233.711	805.900
Total	341.180	250.018	242.105	833.303

Fonte: Adaptado de Bucci, M. e Grant, R. "Employer-sponsored health insurance: what's offered: what's chosen?" *Monthly Labor Review*, out. 1995, pp. 38-43.

Um empregado, do total dos 833.303 empregados, será escolhido ao acaso para análise mais detalhada. Defina os eventos *A* e *B*, como se segue:

A: {Obter um empregado que escolheu pagamento por serviço}
B: {Obter um empregado de uma pequena empresa}

a. Determine $P(B)$.
b. Determine $P(A \cap B)$.
c. Determine $P(A \cup B)$.
d. Determine $P(A|B)$.
e. A e B são independentes? Justifique sua resposta.

*3.112 Consertando uma rede de computadores. A rede local (LAN) do sistema de computadores da Escola de Negócios de uma grande universidade está temporariamente desligada para reparos. Desligamentos anteriores tinham sido ocasionados por falhas nos equipamentos, falhas no software ou falhas de energia. Os engenheiros de manutenção determinaram que as probabilidades de problemas nos equipamentos, software e energia são de 0,01, 0,05 e 0,02, respectivamente. Eles também determinaram que, se o sistema tiver problemas de equipamento, estará desligado 73% do tempo; similarmente, se ocorrerem problemas de software, o sistema estará desligado 12% do tempo; e, se ocorrerem problemas de energia, estará desligado 88% do tempo. Qual é a probabilidade de que o atual desligamento da rede seja devido a problemas de equipamentos? E de software? E de energia?

3.113 Chance de uma venda da Avon. A probabilidade de que uma vendedora da Avon venda produtos de beleza a uma potencial compradora na primeira visita é de 0,4. Se a vendedora não consegue fazer a venda na primeira visita, a probabilidade de que a venda seja feita na segunda visita é de 0,65. Uma vendedora nunca visita uma potencial compradora mais de duas vezes. Qual é a probabilidade de que a vendedora faça uma venda a uma cliente em particular?

3.114 Avaliando o desempenho de inspetores de qualidade. O desempenho dos inspetores de qualidade afeta não só a qualidade dos produtos que saem da produção, como o custo dos produtos. Entende-se que um produto que passou na inspeção está de acordo com os padrões de qualidade, e que um produto que não passou na inspeção terá que ser reprocessado, descartado ou reinspecionado. Engenheiros de qualidade da Westinghouse Electric Corporation avaliaram o desempenho de inspetores que analisam a qualidade de juntas soldadas, comparando a classificação de cada inspetor para um conjunto de 153 juntas com a avaliação de consenso de um comitê de especialistas. Os resultados para determinado inspetor são mostrados na seguinte tabela.

Julgamento do comitê	Julgamento do inspetor	
	Junta aceitável	Junta rejeitável
Junta aceitável	101	10
Junta rejeitável	23	19

Fonte: Sociedade Americana para o Controle de Qualidade.

Uma das 153 juntas soldadas será escolhida ao acaso.
 a. Qual a probabilidade de que o inspetor julgue a junta aceitável? E de que o comitê julgue a junta aceitável?
 b. Qual é a probabilidade de que tanto o inspetor quanto o comitê julguem a junta aceitável? De que nenhum dos dois julgue a junta aceitável?
 c. Qual é a probabilidade de que o inspetor e o comitê discordem? Concordem?

3.115 Componentes de um sistema operando em série. A figura mostrada abaixo é uma representação esquemática de um sistema composto de três componentes. O sistema opera adequadamente somente se todos os três componentes operam adequadamente. Diz-se que os três componentes operam em *série*. Os componentes podem ser mecânicos ou elétricos; podem ser estações de trabalho em um processo de montagem; ou podem representar as funções de três diferentes departamentos em uma organização. A probabilidade de falha em cada componente está listada na tabela. Admita que cada componente opere independentemente dos outros.

Componente	Probabilidade de falha
1	0,12
2	0,09
3	0,11

 a. Determine a probabilidade de que o sistema opere adequadamente.
 b. Qual é a probabilidade de que pelo menos um dos componentes falhará e de que, portanto, o sistema falhará?

3.116 Subsistemas operando em paralelo. A figura abaixo é a representação de dois subsistemas que se diz operarem *em paralelo*. Cada subsistema tem dois componentes que operam em série. (Veja o Exercício 3.115.) O sistema operará adequadamente à medida que pelo menos um dos subsistemas operar adequadamente. A probabilidade de falha para cada componente do sistema é de 0,1. Admita que os componentes operem independentemente dos outros.
 a. Determine a probabilidade de que o sistema opere adequadamente.
 b. Determine a probabilidade de que exatamente um dos subsistemas falhe.
 c. Determine a probabilidade de que o sistema não opere adequadamente.
 d. Quantos subsistemas em paralelo, como os dois mostrados, seriam necessários para garantir que o sistema operasse adequadamente em pelo menos 99% do tempo?

Aplicação dos conceitos — Avançado

3.117 A pesquisa de ações da Value Line. A pesquisa da Value Line, um serviço para investidores em ações, fornece aos seus assinantes avaliações atualizadas das perspectivas e dos riscos associados à compra de grande número de ações. Cada ação é classificada numa escala de 1 (mais alta) a 5 (mais baixa), de acordo com a estimativa da Value Line relativa ao potencial de valorização da ação nos próximos doze meses. Suponha que você planeje comprar ações de três operadoras de eletricidade, entre sete que possuam uma classificação de 2 para valorização. Você não sabe, mas duas das empresas vão experimentar sérias dificuldades com suas usinas nucleares durante o próximo ano. Se você selecionar ao acaso três empresas entre as sete, qual será a probabilidade de que selecione:
 a. Nenhuma das empresas com futuras dificuldades com as usinas nucleares?
 b. Uma das empresas com futuras dificuldades com as usinas nucleares?

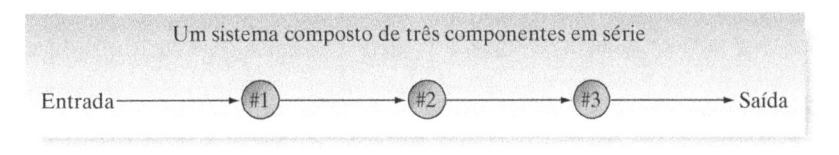

Figura do Exercício 3.115

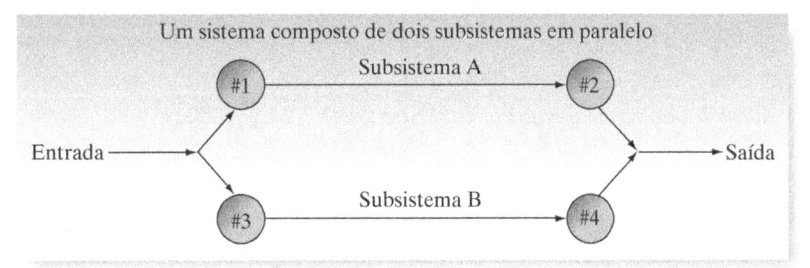

Figura do Exercício 3.116

c. Ambas as empresas com futuras dificuldades com as usinas nucleares?

*3.118 Garrafas rejeitadas de uma cervejaria. Uma pequena cervejaria tem duas máquinas de engarrafamento. A máquina A produz 75% das garrafas e a máquina B produz 25%. Uma de cada 20 garrafas enchidas por A é rejeitada por alguma razão, enquanto uma de cada 30 garrafas enchidas por B é rejeitada. Que proporção de garrafas é rejeitada? Qual é a probabilidade de que uma garrafa escolhida ao acaso venha da máquina A, dado que seja aceita?

*3.119 Taxa de descarte de partes de máquina. Uma prensa produz partes utilizadas na fabricação de TVs de plasma de tela grande. Se a prensa está corretamente ajustada, produz partes com uma taxa de descarte de 5%. Se não está corretamente ajustada, a taxa de descarte sobe para 50%. Dos registros passados da empresa, sabe-se que a máquina está ajustada em 90% do tempo. Um inspetor de controle de qualidade seleciona ao acaso uma parte das produzidas recentemente pela prensa e verifica que está defeituosa. Qual é a probabilidade de que a máquina esteja incorretamente ajustada?

3.120 Chance de vencer no jogo de *craps*. Uma versão do jogo de dados chamado *craps* é jogada da seguinte maneira: um jogador começa jogando dois dados não viciados. Se a jogada (a soma dos dois números mostrados pelos dados) resulta em 7 ou 11, o jogador ganha; se a jogada resulta em 2 ou 3 (chamados *craps*), o jogador perde. Para qualquer outro resultado, o jogador continua jogando os dados até que a jogada inicial se repita (nesse caso, o jogador ganha) ou até que um 7 ocorra (nesse caso, o jogador perde).
a. Qual é a probabilidade de que um jogador ganhe o jogo na primeira jogada?
b. Qual é a probabilidade de que o jogador perca o jogo na primeira jogada?
c. Se o jogador obteve 4 na primeira jogada, qual é a probabilidade de que o jogo acabe (ganhando ou perdendo) na próxima jogada?

3.121 Chance de ganhar no *blackjack*. O *blackjack*, um dos jogos favoritos dos jogadores, é jogado por um carteador e pelo menos por um oponente (chamado *jogador*). Em uma versão do jogo, 2 cartas de um baralho padrão de 52 cartas são entregues ao jogador e 2 cartas ao carteador. Para este exercício, presuma que receber um ás e uma carta de figura é chamado de um *blackjack*. Se o carteador não receber um *blackjack* e o jogador receber, o jogador ganhará. Se tanto o carteador quanto o jogador receberem *blackjacks*, um *push* (isto é, um empate) ocorrerá.
a. Qual é a probabilidade de o carteador receber um *blackjack*?
b. Qual é a probabilidade de o jogador vencer com um *blackjack*?

Desafios críticos do pensamento

3.122 Falha do microprocessador Pentium. Em outubro de 1994, uma falha foi descoberta no microprocessador Pentium, instalado nos computadores pessoais. O microprocessador produzia um resultado incorreto na divisão de dois números. A Intel, fabricante do Pentium, anunciou inicialmente que esse erro só ocorreria uma vez em 9 bilhões de operações de divisão, ou "uma vez em 27.000 anos" para um usuário típico; em conseqüência, não ofereceu, de imediato, a troca do microprocessador.

Dependendo do procedimento, os programas estatísticos (isto é, MINITAB) podem realizar um número extremamente grande de divisões para produzir o resultado necessário. Para usuários 'pesados', 1 bilhão de divisões de software em um pequeno período de tempo não é incomum. Será que o processador defeituoso constitui um problema para um usuário pesado do MINITAB? [*Nota:* Dois meses depois que a falha foi descoberta, a Intel aceitou substituir todos os Pentium de graça.]

3.123 "Vamos fazer um trato." Marilyn vos Savant, que é citada no Hall da Fama do *Guinness Book of World Records* como o 'maior QI', escreve uma coluna semanal no suplemento *Parade Magazine* do jornal Sunday. Sua coluna, "Ask Marilyn", é dedicada a jogos de habilidade, quebra-cabeças e enigmas desafiadores. Em uma edição (*Parade Magazine*, 24 fev. 1991), Vos Savant colocou a seguinte pergunta: "Suponha que você está num espetáculo e lhe dão a chance de escolher entre três portas. Atrás de uma porta está um carro; atrás das outras, estão cabras. Você escolhe uma porta — digamos, a 1 e o apresentador, que sabe o que está atrás das portas, abre outra porta — digamos, a 3 — que tem uma cabra. Então ele diz para você: 'Quer escolher a porta 2?' Seria vantajoso para você mudar sua escolha?"

A resposta de Marilyn: "Sim, você deveria mudar. Na primeira porta você tem uma chance de 1/3 de ganhar [o carro], mas na segunda você tem uma chance de 2/3 [de ganhar o carro]". Como seria de esperar, a resposta surpreendente de Vos Savant deu origem a milhares de cartas críticas, muitas delas de matemáticos com PhD, que discordaram dela. Quem está correto, os PhDs ou Marilyn?

Referências bibliográficas

BENNETT, D. J. *Randomness*. Cambridge, Mass.: Harvard University Press, 1998.

EPSTEIN, R. A. *The theory of gambling and statistical logic*, ed. rev. Nova York: Academic Press, 1977.

FELLER, W. *An introduction to probability theory and its applications*, 3. ed., vol. 1. Nova York: Wiley, 1968.

LINDLEY, D. V. *Making decisions*, 2. ed. Londres: Wiley, 1985.

PARZEN, E. *Modem probability theory and its applications*. Nova York: Wiley, 1960.

WACKERLY, D., MENDENHALL W. e SCHEAFFER, R. L. *Mathematical statistics with applications*, 6. ed. Boston: Duxbury, 2002.

WILLIAMS, B. *A sampler on sampling*. Nova York: Wiley, 1978.

WINKLER, R. L. *An introduction to Bayesian inference and decision*. Nova York: Holt, Rinehart e Winston, 1972.

WRIGHT, G. e AYTON, P. eds. *Subjective probability*. Nova York: Wiley, 1994.

Uso da tecnologia

3.1 Gerando uma amostra aleatória usando o SPSS

Para obter uma amostra aleatória de observações (casos) de um conjunto de dados guardados numa planilha do SPSS, clique no botão "Data" na barra de menu SPSS e, em seguida, clique em "Select cases", como mostrado na Figura 3.S.1. A lista que aparece está mostrada na Figura 3.S.2. Selecione "Random sample of cases" na lista e clique no botão "Sample". Aparece, então, a caixa de diálogo da Figura 3.S.3. Especifique o tamanho da amostra por uma porcentagem ou por um número de casos. Depois de especificado o tamanho da amostra, clique em "Continue" para retornar à caixa de diálogo "Select cases" (Figura 3.S.2) e clique em "OK". A planilha do SPSS vai reaparecer com a amostra selecionada de casos.

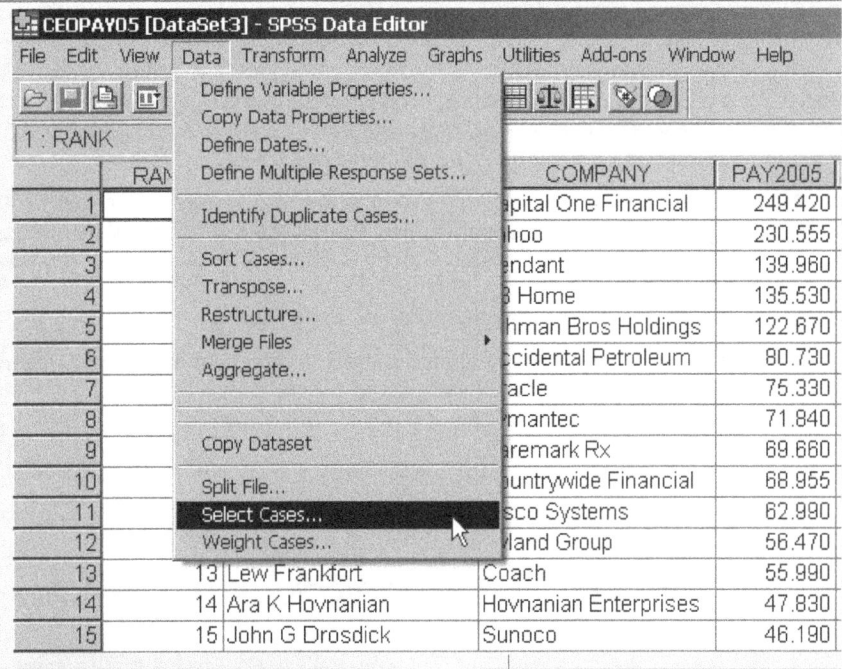

FIGURA 3.S.1 Opções do menu do SPSS para amostragem de um conjunto de dados

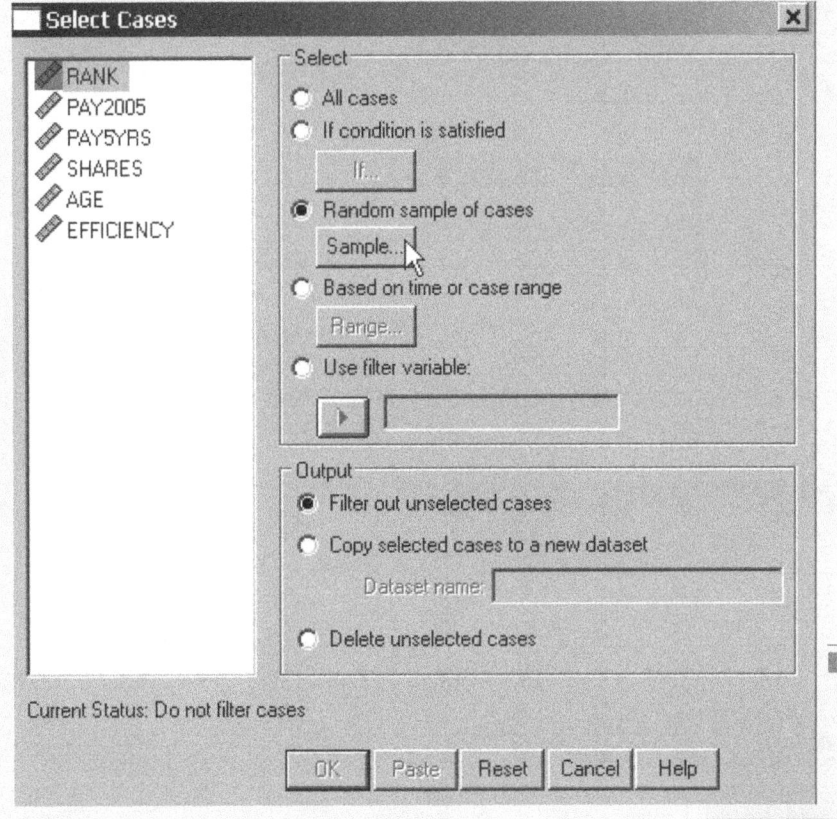

FIGURA 3.S.2 Opções do SPSS para a seleção de uma amostra aleatória

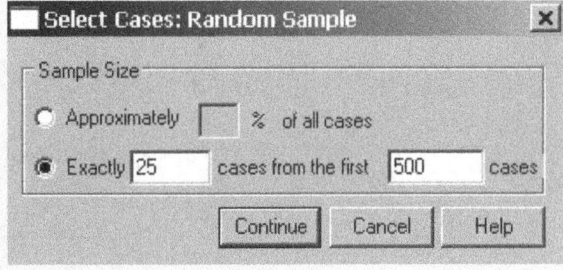

FIGURA 3.S.3 Caixa de diálogo de amostra aleatória do SPSS

3.2 Gerando uma amostra aleatória usando o MINITAB

Para obter uma amostra aleatória de observações (casos) de um conjunto de dados guardados numa folha de trabalho do MINITAB, clique no botão "Calc" na barra de menus do MINITAB, então clique em "Random data" e, finalmente, clique em "Sample from columns", conforme mostrado na Figura 3.M.1. A caixa de diálogo resultante aparece na Figura 3.M.2. Especifique o tamanho da amostra (isto é, o número de linhas), a variável (ou variáveis) a amostrar e a coluna (ou colunas) em que você deseja guardar a amostra. Clique em "OK" e a folha de trabalho do MINITAB reaparecerá com os valores da variável, para os casos amostrados, na coluna especificada.

No MINITAB, você também pode gerar uma amostra de casos. No menu do MINITAB, clique no botão "Calc", clique então em "Random data" e, finalmente, clique na opção "Uniform". (Veja a Figura 3.M.1.) A caixa de diálogo resultante aparece na Figura 3.M.3. Especifique o número de casos (linhas, isto é, o tamanho da amostra) e a coluna onde serão guardados os casos selecionados. Clique em "OK", e a folha de trabalho do MINITAB reaparecerá com os valores da variável, para os casos amostrados, na coluna especificada.

[*Nota*: Se você escolher a opção de gerar a mesma (idêntica) amostra muitas vezes do mesmo conjunto de dados, primeiro clique na opção "Set base" mostrada na Figura 3.M.1. Especifique um inteiro na caixa de diálogo resultante. Se você sempre escolher o mesmo inteiro, o MINITAB selecionará a mesma amostra quando você escolher as opções de amostragem aleatória.]

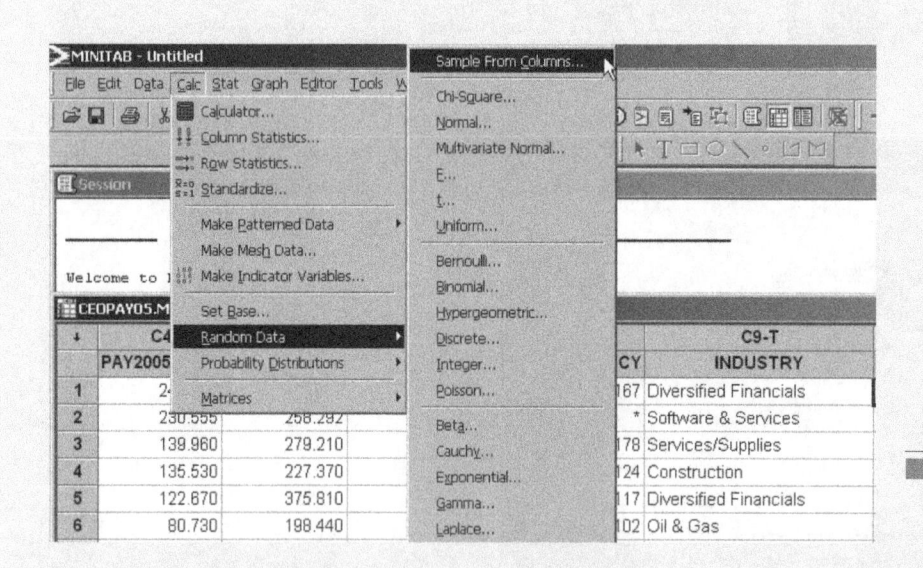

FIGURA 3.M.1 Opções do menu do MINITAB para amostragem de um conjunto de dados

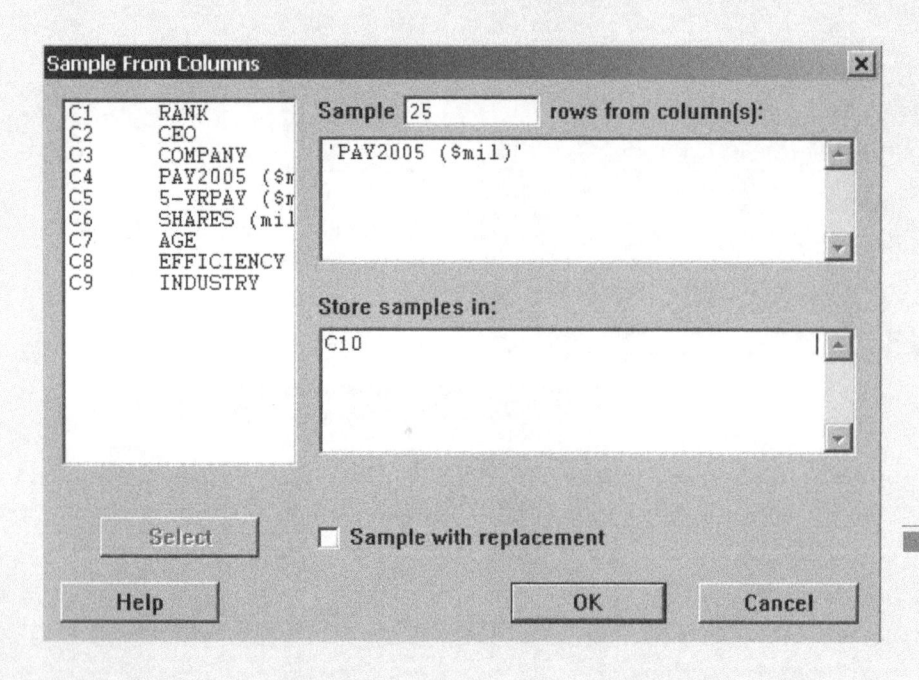

FIGURA 3.M.2 Opções do MINITAB para selecionar uma amostra aleatória das colunas da folha de trabalho

Capítulo 3 — PROBABILIDADE ■ 173

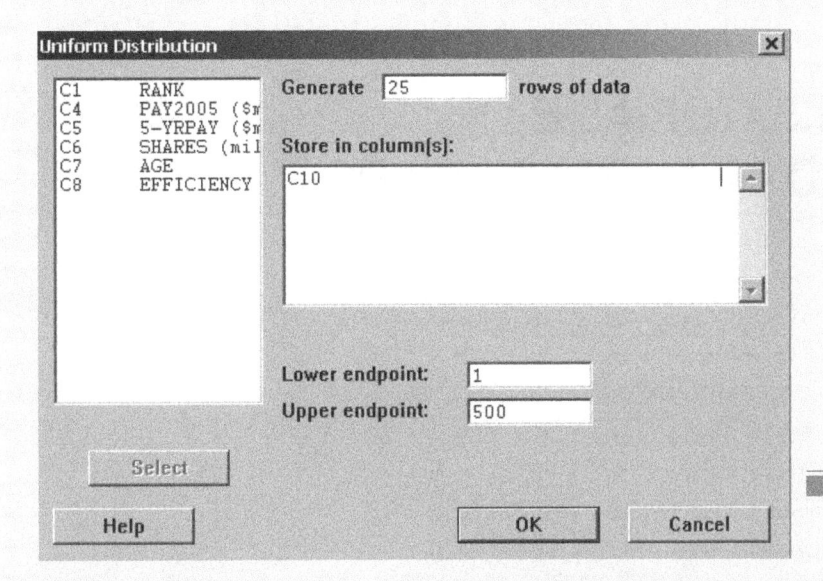

FIGURA 3.M.3 Opções do MINITAB para selecionar uma amostra aleatória de casos

3.3 Gerando uma amostra aleatória usando o Excel/PHStat2

Para obter uma amostra aleatória das observações (casos) de um conjunto de dados guardados numa planilha Excel, entre numa seção do PHStat2. No menu principal do PHStat2, clique no botão "PHStat" e, a seguir, em "Sampling" e, finalmente, clique em "Random sample generator," como mostrado na Figura 3.E.1. A caixa de diálogo resultante aparece na Figura 3.E.2.

Especifique o tamanho da amostra (ou seja, o número de casos) e, então, escolha se você deseja uma lista dos números dos casos ou uma lista de valores da variável de interesse. Para uma lista dos números dos casos, selecione "Generate list of random numbers" e especifique o tamanho da população. (Veja a Figura 3.E.2.) Para uma lista de valores das variáveis, selecione "Values from range" e especifique a área de células. (Veja a Figura 3.E.3.) Depois de fazer a seleção, clique em "OK", e uma nova planilha Excel vai aparecer na tela, contendo os números aleatórios.

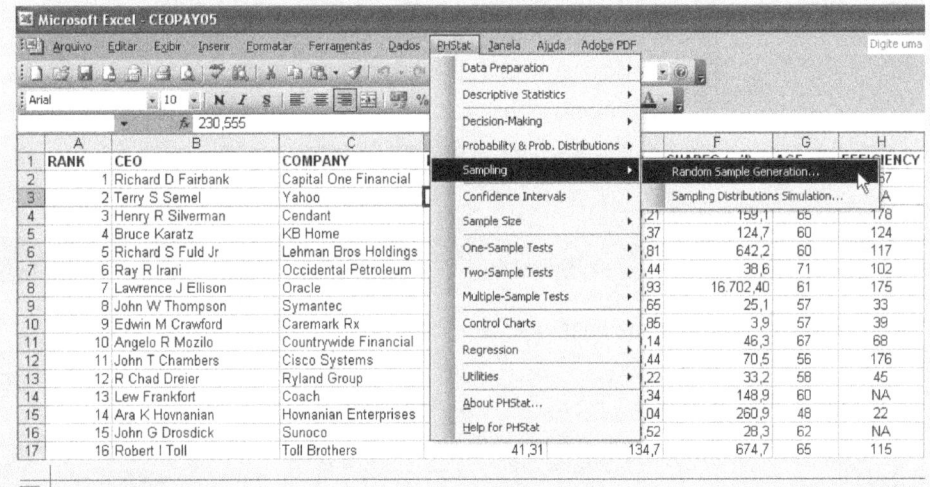

FIGURA 3.E.1 Opções do menu do Excel/PHStat para amostragem de um conjunto de dados

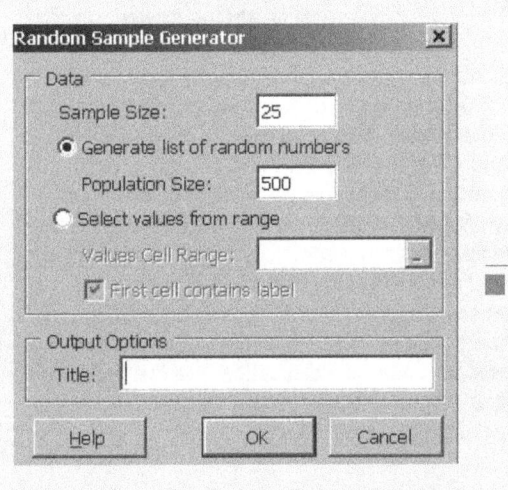

FIGURA 3.E.2 Caixa de diálogo do gerador de números aleatórios do Excel/PHStat com as opções de seleção dos números dos casos

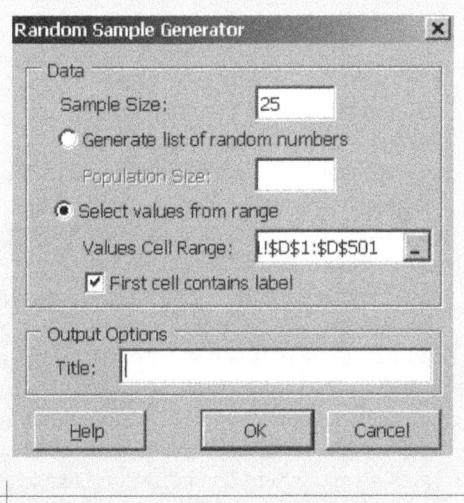

FIGURA 3.E.3 Caixa de diálogo do gerador de números aleatórios do Excel/PHStat com as opções para selecionar valores de uma variável

VARIÁVEIS ALEATÓRIAS E DISTRIBUIÇÃO DE PROBABILIDADES

Conteúdo

4.1 Dois tipos de variáveis aleatórias
4.2 Distribuição de probabilidades para variáveis aleatórias discretas
4.3 Distribuição binomial
4.4 Distribuição de Poisson (Opcional)
4.5 Distribuições de probabilidades para variáveis aleatórias contínuas
4.6 Distribuição uniforme (Opcional)
4.7 Distribuição normal
4.8 Métodos descritivos para descobrir a normalidade
4.9 Aproximando uma distribuição binomial com uma distribuição normal (Opcional)
4.10 Distribuições amostrais
4.11 Distribuição amostral de $\bar{x}$ e o teorema do limite central

Estatística em ação

Desenvolvimento de superarmas – otimizando a taxa de acertos

O exército norte-americano está trabalhando com um grande fabricante para desenvolver uma 'superarma'. A arma é criada para atirar um grande número de balas de tungstênio — chamadas de **flechettes** — com um único tiro que destruirá grande número de soldados inimigos. As **flechettes** são do tamanho aproximado de uma unha, com pequenas aletas em uma extremidade para estabilizá-las durante o trajeto. Desde a Primeira Guerra Mundial, quando a França as lançou de aviões em grande quantidade em direção às tropas no chão, especialistas em munições testaram o uso das **flechettes** em uma variedade de armas. O problema com o uso dessas balas como munição é a precisão — as armas de hoje em dia que lançam grandes quantidades de balas têm taxa de acerto insatisfatória quando atiradas de longas distâncias.

O fabricante (não identificado aqui tanto por motivo de confidencialidade como por questões de segurança) desenvolveu o protótipo de uma arma que atira 1.100 balas em um único disparo. Em testes, três alvos de 2 pés de largura foram colocados a uma distância de 500 m da arma. Usando uma linha numerada como referência, os centros dos três alvos estavam a 0, 5 e 10 pés, respectivamente, como mostrado na Figura EA4.1.

O protótipo foi apontado ao alvo do meio (centro a 5 pés) e atirou uma vez. O ponto onde cada uma das 1.100 balas atingiu 500 m de distância foi medido por uma grade vertical e horizontal. Para os objetivos desta aplicação, somente as medições horizontais são consideradas. Essas

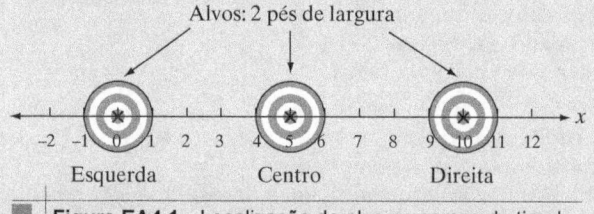

Figura EA4.1 Localização do alvo no campo de tiro de uma arma

1.100 medições estão salvas no arquivo **MOAGUN**. (Os dados estão simulados por razões de confidencialidade.) Por exemplo, uma bala com um valor de x = 5,5 atinge o alvo do meio, mas uma bala com um valor de x = 2,0 não atinge nenhum dos três alvos. (Veja a Figura EA4.1.)

O fabricante está interessado na probabilidade de cada um dos três alvos serem atingidos pelas balas e, em particular, quer ajustar as especificações da arma para maximizar o número de acertos no alvo. A arma é desenvolvida para ter uma média de valor horizontal igual ao ponto-alvo (isto é, μ = 5 pés quando apontado para o alvo do centro). Ao mudar as especificações, o fabricante pode variar o desvio-padrão σ. O arquivo **MOAGUN** contém medições de balas para os três diferentes testes – um com desvio-padrão de σ = 1 pé, um com σ = 2 pés e um com σ = 4 pés.

Neste capítulo, três exemplos de Estatística em ação revisitada demonstram como podemos usar um dos modelos de probabilidade nele discutidos — a distribuição de probabilidade normal — para ajudar o fabricante no desenvolvimento dessa 'superarma'.

Estatística em ação revisitada

- Usando o modelo normal para maximizar a probabilidade de acerto com a superarma
- Avaliando se a distribuição normal é apropriada para exibir os dados de acertos da superarma
- Fazendo uma inferência sobre a precisão média da superarma

Você deve ter percebido que muitos dos exemplos dos experimentos do Capítulo 3 geraram observações quantitativas (numéricas). O índice de preços ao consumidor, a taxa de desemprego, o número de vendas feitas em uma semana e o lucro anual de uma empresa são todos exemplos de medições numéricas de algum fenômeno. Assim, a maior parte dos experimentos tem pontos amostrais que correspondem a valores de alguma variável numérica. Para ilustrar, considere o experimento de lançamento da moeda do Capítulo 3. A Figura 4.1 é um diagrama de Venn mostrando os pontos amostrais quando duas moedas são jogadas e a face de cima (cara ou coroa) delas é observada. Um possível resultado numérico é o número total de caras observado. Esses valores (0, 1 ou 2) são mostrados entre parênteses no diagrama de Venn, um valor numérico associado com cada ponto amostral. No jargão da probabilidade, a variável 'número total de caras observado quando duas moedas são lançadas' é chamada de *variável aleatória*.

DEFINIÇÃO 4.1

Uma **variável aleatória** é uma variável que assume valores associados com resultados aleatórios de um experimento, onde um (e apenas um) valor numérico é marcado para cada ponto da amostra.

O termo *variável aleatória* é mais significativo do que o termo *variável* porque o adjetivo *aleatório* indica que o experimento de lançamento de moeda pode resultar em um de muitos valores possíveis da variável — 0, 1 e 2 — de acordo com o resultado aleatório do experimento: *cara/cara, cara/coroa, coroa/cara* e *coroa/coroa*. De forma similar, se o experimento tem o objetivo de contar o número de clientes que usa a janela de atendimento expresso de um banco a cada dia, a variável aleatória (o número de clientes) variará dia após dia, em parte por causa do fenômeno aleatório que influencia os consumidores a usarem a janela de atendimento. Assim, os possíveis valores dessa variável aleatória variam de 0 ao número máximo de consumidores que a janela pode servir em um dia. Definimos dois diferentes tipos de variáveis aleatórias — *discretas* e *contínuas* — na Seção 4.1. Então, usamos o restante do capítulo para discutir tipos específicos das variáveis discretas e contínuas e os aspectos que as tornam importantes nas aplicações de negócios.

4.1 Dois tipos de variáveis aleatórias

Lembre-se de que as probabilidades dos pontos amostrais correspondendo a um experimento devem somar 1. Dividir uma unidade de probabilidade entre os pontos amostrais em um espaço amostral e, conseqüentemente, alocar probabilidades a valores de uma variável aleatória não é sempre tão fácil como os exemplos no Capítulo 3 poderiam fazê-lo pensar. Se o número de pontos amostrais pode ser completamente listado, o trabalho é mais simples. Mas, se o experimento resulta em um infinito número de pontos amostrais numéricos que são impossíveis de listar, a tarefa de alocar as probabilidades aos pontos amostrais é impossível sem a ajuda de um modelo de probabilidades. Os próximos três exemplos demonstram a necessidade de diferentes modelos dependendo do número de valores que uma variável aleatória po-de assumir.

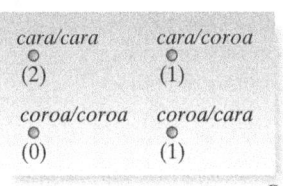

cara/cara   cara/coroa
 (2)   (1)

coroa/coroa coroa/cara
 (0)   (1)

                    S

FIGURA 4.1 Diagrama de Venn para o experimento de lançamento de moedas

EXEMPLO 4.1

VALORES DE UMA VARIÁVEL ALEATÓRIA DISCRETA
— CLASSIFICAÇÕES DE VINHOS

Problema Uma relação de 10 *experts* para a *Wine Spectator* (uma publicação norte-americana) é solicitada para o teste de um novo vinho branco, cuja nota pode ser 0, 1, 2 ou 3. Uma pontuação é obtida ao somar as notas dos 10 experts. Quantos valores essa variável aleatória pode assumir?

Solução
Um ponto amostral é a seqüência de 10 números associados com a nota de cada *expert*. Por exemplo, um ponto amostral é

$$\{1, 0, 0, 1, 2, 0, 0, 3, 1, 0\}$$

A variável aleatória dá uma pontuação a cada um dos pontos amostrais ao adicionar os 10 números. Assim, a menor pontuação é 0 (se todas as 10 notas foram 0), e a maior é 30 (se todas foram 3). Uma vez que cada número entre 0 e 30 é um possível resultado, a variável aleatória denotada pelo símbolo x pode assumir 31 valores. Note que o valor da variável aleatória para o ponto amostral acima é $x = 8$.[1]

Relembrando Esse é um exemplo de uma *variável aleatória discreta*, uma vez que há um número finito de possibilidades distintas. Sempre que todos os valores possíveis que uma variável aleatória for capaz de assumir possam ser listados (ou contados), a variável aleatória será discreta.

EXEMPLO 4.2

VALORES DE UMA VARIÁVEL ALEATÓRIA DISCRETA
— UMA APLICAÇÃO DA EPA

Problema Suponha que a Agência de Proteção Ambiental (EPA) relate uma vez por mês a quantidade de pesticida na água despejada por uma empresa do setor químico. Se a quantidade de pesticida excede o nível máximo definido pela EPA, a empresa é forçada a tomar medidas corretivas e pode estar sujeita a penalidades. Considere a variável aleatória x, número de meses antes de a descarga da empresa exceder o nível máximo da EPA. Que valores x pode assumir?

Solução
A descarga de pesticida da empresa pode exceder o máximo permitido no primeiro mês de testes, no segundo mês de testes, e assim por diante. É possível que a descarga da companhia nunca exceda o nível máximo. Assim, o grupo de possíveis valores para o número de meses até que o nível seja ultrapassado pela primeira vez é o grupo de possíveis números

1, 2, 3, 4, ...

Relembrando Se podemos listar os valores de uma variável aleatória x, mesmo que a lista nunca acabe, chamamos o valor de **contável** e a variável aleatória correspondente de *discreta*. Assim, o número de meses até que a descarga de uma empresa exceda pela primeira vez o limite é uma *variável discreta*.

> AGORA FAÇA O EXERCÍCIO **4.4**

EXEMPLO 4.3

VALORES DE UMA VARIÁVEL ALEATÓRIA CONTÍNUA
— OUTRA APLICAÇÃO DA EPA

Problema Retome o Exemplo 4.2. Uma segunda variável aleatória de interesse é a quantidade x de pesticida (em miligramas por litro) encontrada na amostragem mensal de descargas em águas feitas pela empresa do setor químico. Que valores essa variável pode assumir?

Solução
Ao contrário do *número* de meses antes que a descarga da empresa exceda o nível máximo da EPA, o grupo de todas as possíveis variáveis para a *quantidade* de descarga *não pode* ser listado — isto é, ele não é contável. Os valores possíveis para as quantidades de pesticida corresponderiam aos pontos no intervalo entre 0 e o maior valor possível que a descarga poderia conter, o número máximo de miligramas que poderia ocupar 1 litro de volume. (De forma prática, o intervalo seria bem menor, digamos, entre 0 e 500 miligramas por litro.)

Relembrando Quando os valores de uma variável aleatória não são contáveis, mas, ao contrário, correspondem a pontos em algum intervalo, nós o chamamos de *variável aleatória contínua*. Assim, a *quantidade* de pesticida na descarga da planta química é uma *variável aleatória contínua*.

> AGORA FAÇA O EXERCÍCIO **4.5**

> **DEFINIÇÃO 4.2**
>
> Variáveis aleatórias que podem assumir um número *contável* de valores são chamadas **discretas**.

> **DEFINIÇÃO 4.3**
>
> Variáveis aleatórias que podem assumir valores correspondendo a quaisquer pontos contidos em um ou mais intervalos (isto é, valores que são *incontáveis*) são chamadas **contínuas**.

---

[1] A convenção matemática padrão é usar uma letra maiúscula (exemplo: X) para denotar a variável aleatória teórica. Os possíveis valores (ou realizações) da variável aleatória são tipicamente denotados com uma letra minúscula (exemplo: x). Assim, no Exemplo 4.1, a variável aleatória X pode assumir os valores $x = 0, 1, 2, ..., 30$. Uma vez que essa notação pode ser confusa para estudantes iniciantes em estatística, nós a simplificamos usando a letra minúscula para representar a variável aleatória.

Seguem-se vários outros exemplos de variáveis aleatórias discretas:

1. O número de vendas feitas por um vendedor em uma dada semana: $x = 0, 1, 2, ...$
2. O número de consumidores em uma amostra de 500 que preferem um produto em relação a seus concorrentes: $x = 0, 1, 2, ..., 500$
3. O número de ofertas recebidas em uma oferta de títulos: $x = 0, 1, 2, ...$
4. O número de erros em uma página de registros de um contador: $x = 0, 1, 2, ...$
5. O número de clientes esperando serem servidos em um restaurante em um horário específico: $x = 0, 1, 2, ...$

Note que cada um dos exemplos de variáveis aleatórias discretas começa com as palavras 'O número de ...'. Isso é muito comum, uma vez que variáveis aleatórias discretas mais freqüentemente observadas são contáveis.

Vamos concluir esta seção com mais exemplos de variáveis aleatórias contínuas:

1. A quantidade de tempo entre chegadas a um hospital: $0 \leq x < \infty$ (infinito)
2. Para um novo complexo de apartamentos, a quantidade de tempo desde a conclusão da obra até que um número específico de apartamentos esteja alugado: $0 \leq x < \infty$
3. A quantidade de bebida abastecida dentro de uma lata de 12 onças em uma operação de enchimento de latas: $0 \leq x \leq 12$
4. A profundidade na qual uma perfuração chega pela primeira vez com sucesso ao petróleo: $0 \leq x \leq c$, em que c é a profundidade máxima que pode ser obtida
5. O peso de um item de alimentação comprado em um supermercado: $0 \leq x \leq 500$ [*Nota*: Teoricamente, não há limite superior para x, mas seria improvável ele exceder 500 libras.]

Variáveis aleatórias discretas e suas distribuições de probabilidades são discutidas nas seções 4.2–4.4. Variáveis aleatórias contínuas e suas distribuições de probabilidades são tópicos das seções 4.5–4.7.

Exercícios 4.1 – 4.10

Aplicação dos conceitos — Básico

4.1 Tipos de variáveis aleatórias. Quais dos seguintes itens descrevem variáveis aleatórias contínuas, e quais descrevem variáveis aleatórias discretas?
 a. O número de jornais vendidos pelo *New York Times* todo mês.
 b. A quantidade de tinta usada na impressão da edição de domingo do *New York Times*.
 c. O número real de onças em uma garrafa de um galão de detergente de lavanderia.
 d. O número de partes defeituosas em um carregamento de *pins* e tarraxas.
 e. O número de pessoas buscando seguro-desemprego a cada mês.

4.2 Tipos de variáveis aleatórias financeiras. Analistas de segurança são profissionais que dedicam esforços em tempo integral para avaliar os benefícios de investimentos em uma lista de ações. As variáveis a seguir são de interesse do analista de segurança (Radcliffe, *Investments: concepts, analysis and strategy*, 1997). Quais são discretas e quais são variáveis aleatórias contínuas?
 a. O preço de fechamento de uma ação em particular na Bolsa de Valores de Nova York.
 b. O número de contratos de uma ação em particular negociados a cada dia.
 c. Os ganhos trimestrais de determinada empresa.
 d. A mudança percentual nos ganhos anuais de uma empresa entre 2005 e 2006.
 e. O número de novos produtos introduzidos por ano por uma empresa.

 f. O tempo até que uma empresa do ramo farmacêutico consiga a aprovação do U.S. Food and Drug Administration para comercializar um novo medicamento.

4.3 Testes de segurança de colisão da NHTSA. Releia o Exercício 2.129, sobre testes de segurança de colisão da National Highway Traffic Safety Administration em novos modelos de carros. Recorde que a NHTSA desenvolveu um sistema de pontuação baseado em 'estrelas', com resultados variando de uma estrela a cinco estrelas. Quanto mais estrelas na classificação, melhor o nível de proteção em uma colisão frontal. Suponha que um carro seja selecionado e sua pontuação seja determinada. Digamos que x seja o número de estrelas na pontuação. O x é uma variável aleatória discreta ou contínua?

4.4 Clientes em uma fila em loja da rede Subway. O número de clientes x esperando em uma fila para pedir sanduíches em uma loja do Subway ao meio-dia é do interesse do gerente da loja. Que valores x pode assumir? x é uma variável aleatória discreta ou contínua?

4.5 Quadro de remuneração de executivos. Busque o Quadro de remuneração de executivos da *Forbes* 2005. Uma variável salva no arquivo é a remuneração dos CEOs (em US$ milhões) em 2005. O x é uma variável aleatória discreta ou contínua?

Aplicação dos conceitos —— Intermediário

4.6 Bancos. Dê um exemplo de uma variável aleatória discreta que seria do interesse de um banqueiro.

4.7 Economia. Dê um exemplo de uma variável aleatória contínua que seria do interesse de um economista.

4.8 Administração de hotel. Dê um exemplo de uma variável aleatória discreta que seria do interesse do administrador de um hotel.

4.9 Varejo. Dê dois exemplos de variáveis aleatórias discretas que seriam do interesse do gerente de uma loja de roupas.

4.10 Mercado de ações. Dê um exemplo de variável aleatória contínua que seria do interesse de um corretor de ações.

4.2 Distribuição de probabilidades para variáveis aleatórias discretas

Uma descrição completa de uma variável aleatória discreta requer que especifiquemos *os possíveis valores que ela pode assumir e a probabilidade associada com cada valor*. Considere o Exemplo 4.4.

EXEMPLO 4.4

ENCONTRANDO UMA DISTRIBUIÇÃO DE PROBABILIDADES PARA O EXPERIMENTO DE LANÇAMENTO DA MOEDA

Problema Lembre-se do experimento de lançamento de duas moedas (Seção 4.1) e considere x o número de caras observado. Encontre a probabilidade associada com cada valor da variável aleatória x, presumindo que as duas moedas sejam isentas de erros. Mostre esses valores em uma tabela ou gráfico.

Solução
O espaço amostral e os pontos amostrais para esse experimento são reproduzidos na Figura 4.2. Note que a variável aleatória x pode assumir os valores 0, 1 e 2. Lembre-se (do Capítulo 3) de que toda probabilidade associada com cada um dos pontos amostrais é 14. Então, identificando as probabilidades dos pontos amostrais associados com cada um desses valores de x, temos:

$$P(x = 0) = P(coroa\text{-}coroa) = 1/4$$
$$P(x = 1) = P(coroa\text{-}cara) + P(cara\text{-}coroa) = 1/4 + 1/4 = 1/2$$
$$P(x = 2) = P(cara\text{-}cara) = 1/4$$

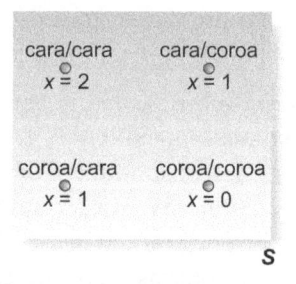

FIGURA 4.2 Diagrama de Venn para o experimento de lançamento de duas moedas

Agora sabemos os valores que a variável aleatória pode assumir (0, 1, 2) e como a probabilidade é *distribuída sobre* esses valores ($\frac{1}{4}, \frac{1}{2}, \frac{1}{4}$). Isso descreve completamente a variável aleatória e é referido como sendo a *distribuição de probabilidade*, denotada pelo símbolo $p(x)$.[2] A distribuição de probabilidade para o exemplo do lançamento de moedas é mostrada na forma tabular na Tabela 4.1 e na forma gráfica na Figura 4.3. Uma vez que a distribuição de probabilidade para uma variável aleatória discreta está concentrada em pontos específicos (valores de x), o gráfico na Figura 4.3(a) representa probabilidades como as alturas das linhas verticais sobre os valores correspondentes de x. Apesar de a representação da distribuição de probabilidades como um histograma, como na Figura 4.3(b), ser menos precisa (uma vez que a probabilidade está espalhada sobre uma unidade de intervalo), a representação do histograma se mostrará útil quando aproximarmos probabilidades de certas variáveis aleatórias discretas na Seção 4.4.

TABELA 4.1 Distribuição de probabilidades para o experimento de lançamento de moedas: forma tabular

x	p (x)
0	$\frac{1}{4}$
1	$\frac{1}{2}$
2	$\frac{1}{4}$

Relembrando Também poderíamos apresentar a distribuição de probabilidades para x como uma fórmula, mas isso seria complicar desnecessariamente um exemplo muito simples. Fornecemos as fórmulas para as distribuições de probabilidades de algumas variáveis aleatórias discretas comuns mais à frente neste capítulo.

AGORA FAÇA O EXERCÍCIO 4.15

---

[2] Em uma notação matemática padrão, a probabilidade de que uma variável aleatória X assuma um valor é denotada $P(X = x) = p(x)$. Assim, $P(X = 0) = p(0)$, $P(X = 1) = p(1)$, etc. Neste texto introdutório, adotamos a notação mais simples $p(x)$.

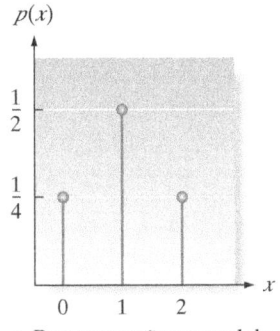

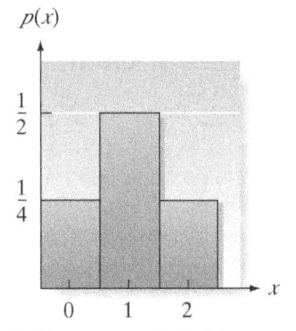

a. Representação pontual de p(x)   b. Representação de histograma de p(x)

FIGURA 4.3 Distribuição de probabilidades para o experimento de lançamento de moedas: forma gráfica

Definição 4.4

A **distribuição de probabilidades** de uma **variável aleatória discreta** é um gráfico, tabela ou fórmula que especifica a probabilidade associada com cada valor possível que a variável aleatória pode assumir.

Dois requisitos precisam ser satisfeitos por todas as distribuições de probabilidades para variáveis aleatórias discretas.

Requisitos para a distribuição de probabilidade de uma variável aleatória discreta X

1. $p(x) \geq 0$ para todos os valores de x
2. $\sum p(x) = 1$

onde a soma de $p(x)$ está sobre todos os possíveis valores de x.[3]

Agora faça o exercício 4.12

O Exemplo 4.4 ilustra como a distribuição de probabilidade para uma variável aleatória discreta pode ser derivada, mas, em muitas situações práticas, a tarefa é muito mais difícil. Felizmente, muitos experimentos e variáveis aleatórias discretas associadas observadas em negócios possuem características idênticas. Assim, você deve observar uma variável em um experimento de marketing que possuiria as mesmas características que uma variável aleatória observada na contabilidade, na economia ou na gestão. Classificamos as variáveis aleatórias de acordo com o tipo do experimento, derivamos a distribuição de probabilidades para cada um dos tipos diferentes e, então, usamos a distribuição de probabilidade apropriada quando um tipo particular de variável aleatória é observado em uma situação prática. As distribuições de probabilidades para as variáveis aleatórias discretas de ocorrência mais comum já foram derivadas. Esse fato simplifica o problema de encontrar a distribuição de probabilidades apropriada para o analista de negócios, como ilustra o próximo exemplo.

EXEMPLO 4.5

Distribuição de probabilidades para as secas no Texas usando uma fórmula

Problema Uma seca é um período anormal de falta de água que causa sérios problemas no setor de fazendas da região. Pesquisadores da University of Arizona usaram dados anuais históricos para estudar a severidade das secas no Texas (*Journal of Hydrologic Engineering*, set./out. 2003). Eles mostraram que a distribuição de x, o número de anos consecutivos que são amostrados até que um ano de seca seja observado, pode ser exemplificado pela fórmula:

$$p(x) = (0,3)(0,7)^{x-1}, x = 1, 2, 3, ...$$

Encontre a probabilidade de que exatamente 3 anos sejam tirados como amostra até que um ano de seca ocorra.

Solução
Queremos encontrar a possibilidade de que $x = 3$. Usando a fórmula, temos:

$p(3) = (0,3)(0,7)^{3-1} = (0,3)(0,7)^2 = (0,3)(0,49) = 0,147$

Portanto, há cerca de 15% de chance de que exatamente 3 anos sejam tirados como amostra antes que uma seca ocorra no Texas.

Relembrando A probabilidade de interesse também pode ser derivada usando os princípios de probabilidade desenvolvidos no Capítulo 3. O evento de interesse é

---
[3] Até que seja indicado o contrário, as somas serão sempre de todos os valores possíveis de x.

$N_1N_2D_3$, em que N_1 representa que nenhuma seca ocorre no primeiro ano da amostra, N_2 representa que nenhuma seca ocorre no segundo ano da amostra e D_3 representa que uma seca ocorre no terceiro ano da amostra. Os pesquisadores descobriram que a probabilidade de uma seca ocorrer em qualquer ano da amostra é 0,3 (e, conseqüentemente, a probabilidade de nenhuma seca ocorrer em qualquer ano da amostra é 0,7). Usando a lei da multiplicação da probabilidade para eventos independentes, a probabilidade de interesse é (0,7)(0,7)(0,3) = 0,147.

Uma vez que as distribuições de probabilidade são análogas às distribuições de freqüência relativas do Capítulo 2, não deveria surpreender o fato de que a média e o desvio-padrão são medidas de descrição úteis.

Se uma variável aleatória discreta x foi observada um grande número de vezes e os dados gerados foram organizados em uma distribuição de freqüência relativa, ela seria indistinta da distribuição de probabilidades da variável aleatória. Assim, a distribuição de probabilidades para uma variável aleatória é um modelo teórico para a distribuição de freqüência relativa para uma população. Uma vez que as duas distribuições são equivalentes (e vamos presumir que sejam), a distribuição de probabilidades para x possui uma média μ e uma variação σ^2 que são idênticas às medidas descritivas numéricas para a população. Como podemos encontrar a média para uma variável aleatória? Ilustramos o procedimento com um exemplo.

Examine a distribuição de probabilidades para x (o número de caras observadas no lançamento para duas moedas) na Figura 4.4. Tente localizar a média para a distribuição intuitivamente. Podemos pensar que a média μ dessa distribuição é igual a 1, como se segue: em um grande número de experimentos $\frac{1}{4}$ deveria resultar em $x = 0$, $\frac{1}{2}$ em $x = 1$, e $\frac{1}{4}$ em $x = 2$ caras. Assim, o número médio de caras é:

$$\mu = 0\left(\tfrac{1}{4}\right) + 1\left(\tfrac{1}{2}\right) + 2\left(\tfrac{1}{4}\right) = 0 + \tfrac{1}{2} + \tfrac{1}{2} = 1$$

Note que, para conseguir a média da população para uma variável aleatória x, multiplicamos cada valor possível de x por sua probabilidade $p(x)$ e, então, somamos esse produto com todos os valores possíveis de x. A *média de* x também é chamada *valor esperado de* x, representada por $E(x)$.

Definição 4.5

A **média**, ou **valor esperado**, de uma variável aleatória discreta x é

$$\mu = E(x) = \sum xp(x)$$

Esperado é um termo matemático, e não deve ser interpretado como é comumente usado. Especificamente, uma variável aleatória não deve nunca ser igual a seu 'valor esperado'. Por outro lado, o valor esperado é a média da distribuição de probabilidades ou uma medida de sua tendência central. Você pode pensar em μ como o valor médio de x em um *enorme* (na verdade, *infinito*) número de repetições do experimento, onde os valores de x ocorrem em proporções equivalentes às probabilidades de x.

EXEMPLO 4.6

Encontrando um valor esperado — uma aplicação para seguros

Problema Suponha que você trabalhe em uma empresa de seguros e que venda uma apólice de seguros de um ano por US$ 10.000 com um prêmio anual de US$ 290. Tabelas atuariais mostram que a probabilidade de morte durante o próximo ano para uma pessoa da idade, sexo, nível de saúde, etc. do seu cliente é 0,001. Qual o ganho esperado (quantidade de dinheiro feito pela empresa) para uma apólice desse tipo?

Solução
O objetivo do experimento é observar se o cliente viverá no ano seguinte. As probabilidades associadas com os

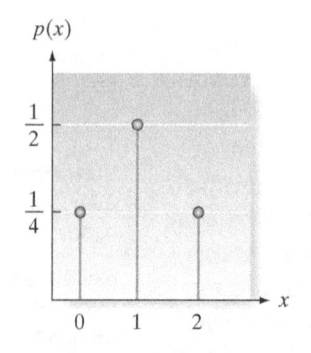

FIGURA 4.4 Distribuição de probabilidades para o lançamento de duas moedas

dois pontos amostrais, *viver* e *morrer*, são 0,999 e 0,001, respectivamente. A variável aleatória na qual você está interessado é o ganho x, que pode assumir valores conforme mostrado na tabela a seguir.

Ganho x	Ponto amostral	Probabilidade
US$ 290	Cliente vive	0,999
– US$ 9.710	Cliente morre	0,001

Se o cliente vive, a empresa ganha o prêmio de US$ 290 como lucro. Se o cliente morre, o ganho é negativo, porque a empresa deve pagar US$ 10.000 para um 'ganho' líquido de US$ (290 – 10.000) = – US$ 9.710. Assim, o ganho esperado é:

$$\mu = E(x) = \sum_{\text{qualquer } x} xp(x)$$
$$= (290)(0,999) + (-9.710)(0,001) = \text{US\$ } 280$$

Em outras palavras, se a empresa fosse vender um número grande de apólices de um ano de US$ 10.000 para clientes que possuíssem as características previamente descritas, ela ganharia um valor líquido (em média) de US$ 280 por venda no próximo ano.

Relembrando Note que $E(x)$ não se iguala necessariamente a um valor possível de x, ou seja, o valor esperado é US$ 280, mas x se igualará ou a US$ 290 ou a — US$ 9.710 cada vez que o experimento for realizado (uma apólice é vendida e o ano passa). O valor esperado é uma medida de tendência central — e, nesse caso, representa a média sobre um grande número de apólices de um ano —, mas não é um valor possível de x.

Agora faça o exercício 4.28a

Vimos no Capítulo 2 que a média e outras medidas de tendência central contam apenas parte da história do grupo de dados. O mesmo vale para distribuições de probabilidades. Precisamos medir a variabilidade também. Uma vez que uma distribuição de probabilidades pode ser visualizada como uma representação de uma população, usaremos a variância da população para medir sua variabilidade.

A *variância da população* σ^2 é definida como a média das distâncias ao quadrado de x a partir da média da população μ. Uma vez que x é uma variável aleatória, a distância ao quadrado $(x - \mu)^2$ também é uma variá-vel aleatória. A partir da mesma lógica usada para encontrar o valor médio de x, encontramos o valor médio de $(x - \mu)^2$ multiplicando todos os possíveis valores de $(x - \mu)^2$ por $p(x)$ e, então, somando com todos os valores possíveis de x.[4] Essa quantidade:

$$E[(x-\mu)^2] = \sum_{\text{qualquer } x} (x-\mu)^2 p(x)$$

é também chamada de *valor esperado da distância da média ao quadrado*, isto é, $\sigma^2 = E[(x-\mu)^2]$. O desvio-padrão de x é definido como a raiz quadrada da variância σ^2.

> **Definição 4.6**
>
> A **variância** de uma **variável aleatória discreta** x é:
> $$\sigma^2 = E[(x-\mu)^2] = \sum(x-\mu)^2 p(x)$$

> **Definição 4.7**
>
> O **desvio-padrão** de uma **variável aleatória discreta** é igual à raiz quadrada da variação, isto é, $\sigma = \sqrt{\sigma^2}$.

Conhecendo a média μ e o desvio-padrão σ da distribuição de probabilidade de x, em conjunto com a regra de Chebyshev (Tabela 2.6) e a regra empírica (Tabela 2.7), podemos fazer afirmações sobre a possibilidade de que valores de x fiquem dentro dos intervalos $\mu \pm \sigma$, $\mu \pm 2\sigma$ e $\mu \pm 3\sigma$. Essas probabilidades são dadas no quadro a seguir.

Regras de probabilidades para uma variável aleatória discreta

Considere x uma variável aleatória discreta com distribuição de probabilidades $p(x)$, média μ e desvio-padrão σ. Então, dependendo do formato de $p(x)$, as seguintes afirmações sobre probabilidades podem ser feitas:

	Regra de Chebyshev	Regra empírica
	Aplicada a qualquer distribuição de probabilidades (Veja Figura 4.5a.)	Aplicada a probabilidades cujas distribuições sejam em formato de sino e simétricas (Veja Figura 4.5b.)
$P(\mu - \sigma < x < \mu + \sigma)$	≥ 0	$\approx 0,68$
$P(\mu - 2\sigma < x < \mu + 2\sigma)$	$\geq 3/4$	$\approx 0,95$
$P(\mu - 3\sigma < x < \mu + 3\sigma)$	$\geq 8/9$	$\approx 1,00$

---

[4] Pode ser demonstrado que $E[(x-\mu)^2] = E(x)^2 - \mu^2$, onde $E(x)^2 = \sum x^2 p(x)$. Note a similaridade entre essa expressão e a fórmula atalho $\sum(x-\bar{x})^2 = \sum x^2 - (\sum x)^2/n$ dadas no Capítulo 2.

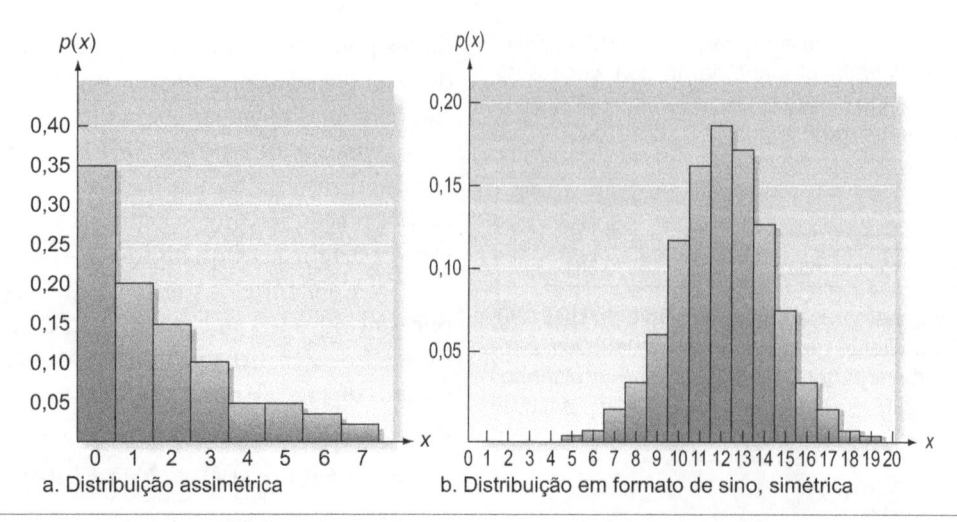

FIGURA 4.5 Formas de duas distribuições de probabilidades para uma variável aleatória discreta x

a. Distribuição assimétrica
b. Distribuição em formato de sino, simétrica

EXEMPLO 4.7

ENCONTRANDO μ E σ PARA INVESTIMENTOS DE NEGÓCIOS NA ÁREA DE INTERNET

Problema Suponha que você invista uma soma fixa de dinheiro em cinco negócios na área de Internet. Presuma que você saiba que 70% desses investimentos têm sucesso, que os resultados dos investimentos são independentes uns dos outros e que a distribuição de probabilidades para o número x de investimentos de sucesso entre cinco é:

x	0	1	2	3	4	5
p(x)	0,002	0,029	0,132	0,309	0,360	0,168

a. Encontre $\mu = E(x)$. Interprete o resultado.
b. Encontre $\sigma = \sqrt{E[(x-\mu)^2]}$. Interprete o resultado.
c. Faça um gráfico de p(x). Localize μ e o intervalo $\mu \pm 2\sigma$ no gráfico. Use a regra de Chebyshev ou a regra empírica para aproximar a probabilidade de que x fique nesse intervalo. Compare esse resultado com sua probabilidade real.
d. Você esperaria observar menos de dois investimentos de sucesso entre os cinco?

Solução
a. Aplicando a fórmula:

$$\mu = E(x) = \sum xp(x) = 0(0,002) + 1(0,029) + 2(0,132) + 3(0,309) + 4(0,360) + 5(0,168) = 3,50$$

Na média, o número de investimentos de sucesso em cinco será igual a 3,5. Lembre-se de que esse valor esperado apenas tem sentido quando o experimento — realizar cinco investimentos em Internet — for repetido um grande número de vezes.

b. Agora calculamos a variância de x:

$$\sigma^2 = E[(x-\mu)^2] = \sum (x-\mu)^2 p(x)$$

$$= (0-3,5)^2(0,002) + (1-3,5)^2(0,029) + (2-3,5)^2(0,132) + (3-3,5)^2(0,309) + (4-3,5)^2(0,360) + (5-3,5)^2(0,168) = 1,05$$

Assim, o desvio-padrão é

$$\sigma = \sqrt{\sigma^2} = \sqrt{1,05} = 1,02$$

Esse valor mede a dispersão da distribuição de probabilidades de x, o número de investimentos de sucesso entre os cinco. Uma interpretação mais útil é obtida ao se responder às letras **c** e **d**.

c. O gráfico de p(x) na forma de histograma é mostrado na Figura 4.6 com a média μ e o intervalo $\mu \pm 2\sigma = 3,5 \pm 2(1,02) = 3,50 \pm 2,04 = (1,46; 5,54)$ mostrado no gráfico. Note especialmente que $\mu = 3,5$ localiza o centro da distribuição de probabilidades. Uma vez que essa distribuição é uma distribuição de freqüência relativa teórica, que é moderadamente em formato de sino (veja Figura 4.6), esperamos (a partir da regra de Chebyshev) que pelo menos 75%, e, mais provavelmente (a partir da regra empírica), que aproximadamente 95% dos valores observados de x ficarão no intervalo

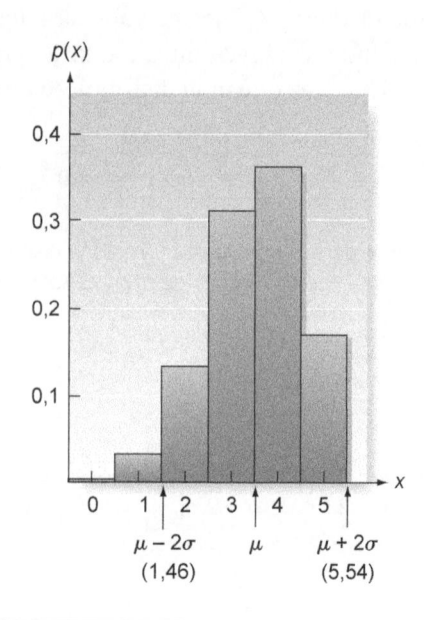

FIGURA 4.6 Gráfico de p(x) para o Exemplo 4.6

$\mu \pm 2\sigma$ — isto é, entre 1,46 e 5,54. Você pode ver a partir da Figura 4.6 que a probabilidade real de que x fique no intervalo $\mu \pm 2\sigma$ inclui a soma de $p(x)$ para os valores $x = 2$, $x = 3$, $x = 4$ e $x = 5$. Essa probabilidade é $p(2) + p(3) + p(4) + p(5) = 0,132 + 0,309 + 0,360 + 0,168 = 0,969$. Dessa forma, 96,9% da distribuição de probabilidades fica dentro de dois desvios-padrão da média. Essa porcentagem é consistente tanto com a regra de Chebyshev quanto com a regra empírica.

d. Menos de dois investimentos de sucesso em cinco implica que $x = 0$ ou $x = 1$. Uma vez que ambos os valores de x ficam fora do intervalo $\mu \pm 2\sigma$, sabemos pela regra empírica que tal resultado é improvável (probabilidade aproximada de 0,05). A probabilidade exata, $P(x \leq 1)$ é $p(0) + p(1) = 0,002 + 0,029 = 0,031$. Conseqüentemente, em um único experimento no qual realizamos cinco investimentos em Internet, não deveríamos esperar menos de dois investimentos de sucesso.

AGORA FAÇA O EXERCÍCIO **4.17**

Probabilidades normais não padrão

Usando a calculadora gráfica TI-83/TI-84

I. Encontrando probabilidades normais sem um gráfico

Para calcular probabilidades para uma distribuição normal, usamos o comando normalcdf(. *Normalcdf* significa "função densidade não cumulativa". Esse comando está sob o menu DISTRibution e tem o formato normalcdf(*limite inferior, limite superior, média, desvio padrão*).

Passo 1   Encontre probabilidade.
    Pressione 2nd VARS para DISTR e selecione Normalcdf(
    Depois de Normalcdf(entre com o limite inferior
    Pressione COMMA
    Entre com o limite superior
    Pressione COMMA
    Entre com a média
    Pressione COMMA
    Entre com o desvio padrão
    Pressione)
    Pressione ENTER

    A probabilidade será mostrada na tela.

Exemplo   Qual é o $P(x < 115)$ para uma distribuição normal com $\mu = 100$ e $\sigma = 10$?

    Nesse exemplo, o limite inferior é $-\infty$, o limite superior é 115, a média é 100, e o desvio padrão é 10. Para representar $-\infty$ na calculadora, entre com (–) 1, pressione 2nd e pressione COMMA para EE, então pressione 99. A tela é mostrada abaixo.

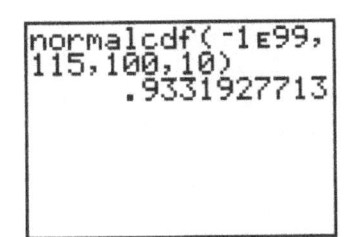

```
normalcdf(-1E99,
115,100,10)
        .9331927713
```

II. Encontrando probabilidades normais a partir de um gráfico

Passo 1   *Desligue todos os gráficos*
    Pressione **Y =** e **CLEAR** todas as funções dos registros Y
    Pressione **2nd Y =** e selecione **4:PlotsOff**
    Pressione **ENTER** e "Done" aparecerá na tela.

Passo 2   *Defina a janela de visualização. (Esses valores dependem da média e do desvio-padrão dos dados.)*
    [*Nota*: Quando entrar com um número negativo, certifique-se de ter usado o sinal negativo (–), e não o sinal de menos.]

Pressione **WINDOW**
Defina **Xmin** = $\mu - 5\sigma$
Xmax = $\mu + 5\sigma$
Xscl = σ
Ymin = $-0{,}125/\sigma$
Ymax = $0{,}5/\sigma$
Yscl = 1
Xres = 1

Passo 3 *Visualize o gráfico*
Pressione **2nd VARS**
ARROW direita para **DRAW**
Pressione **ENTER** para selecionar **1:ShadeNorm(**
Entre com limite inferior
Pressione **COMMA**
Entre com limite superior
Pressione **COMMA**
Entre com a média
Pressione **COMMA**
Entre com desvio padrão
Pressione **)**
Pressione **ENTER**

O gráfico será mostrado com a área, limite inferior e limite superior.

Exemplo Qual é a $P(x < 115)$ para uma distribuição normal com $\mu = 100$ e $\sigma = 10$?

Nesse exemplo, o limite inferior é $-q$, o limite superior é 115, a média é 100, e o desvio padrão é 10.

Para representar $-q$ na calculadora, digite (–) 1, pressione **2nd** e pressione a tecla **comma** para **EE**, então pressione **99**. As telas são mostradas abaixo.

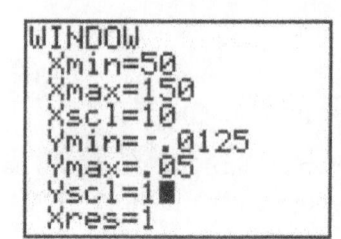

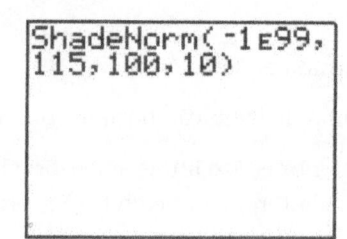

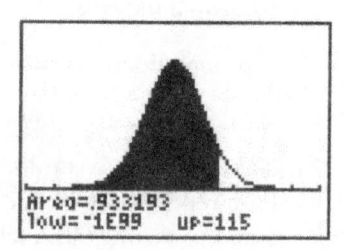

Portanto, o $P(x < 115)$ é 0,9332.

Exercícios 4.11 – 4.34

Aprendendo a mecânica

4.11 Um dado é lançado. Considerando x o número de pontos observados na face de cima do dado:

a. Encontre a distribuição de probabilidades de x e mostre-a de forma tabular.
b. Mostre a distribuição de probabilidades de x de forma gráfica.

4.12 A variável aleatória x tem a seguinte distribuição discreta de probabilidades:

x	1	3	5	7	9
$p(x)$	0,1	0,2	0,4	0,2	0,1

a. Liste os valores que x pode assumir.
b. Que valor de x é mais provável?
c. Mostre a distribuição de probabilidades como um gráfico.
d. Encontre $P(x = 7)$.
e. Encontre $P(x \geq 5)$.
f. Encontre $P(x > 2)$.

4.13 Uma variável aleatória discreta x pode assumir cinco possíveis valores: 2; 3, 5, 8 e 10. Sua distribuição de probabilidades é mostrada abaixo:

x	2	3	5	8	10
p(x)	0,15	0,10	—	0,25	0,25

a. Qual é o p(5)?
b. Qual a probabilidade de que x seja igual a 2 ou 10?
c. Qual é o $P(x \leq 8)$?

4.14 Explique por que cada uma das seguintes é ou não uma distribuição de probabilidades para uma variável aleatória discreta x:

a.
x	0	1	2	3
p(x)	0,1	0,3	0,3	0,2

b.
x	-2	-1	0
p(x)	0,25	0,50	0,25

c.
x	4	9	20
p(x)	-0,3	0,4	0,3

d.
x	2	3	5	6
p(x)	0,15	0,15	0,45	0,35

4.15 Lance três moedas não viciadas e considere x o número de caras observadas.
a. Identifique os pontos amostrais associados com esse experimento.
b. Calcule p(x) para cada valor de x.
c. Construa um gráfico para p(x).
d. Qual o $P(x = 2$ ou $x = 3)$?

APPLET **Exercício utilizando aplicativo**
(É necessário ter o Java instalado para utilizar esse aplicativo)

Use o aplicativo intitulado *Random numbers* para gerar uma lista de 25 números entre 1 e 3, incluindo-os. Deixe que x represente um número escolhido a partir da lista.
a. Quais os possíveis valores de x?
b. Escreva a distribuição de probabilidades para x na forma tabular.
c. Use a distribuição de probabilidades do item **b** para encontrar o valor esperado de x.
d. Deixe que y seja um número aleatoriamente escolhido a partir do grupo {1, 2, 3}. Escreva a distribuição de probabilidades para y em forma tabular e use-a para encontrar o valor esperado de y.
e. Compare os valores esperados de x e y nos itens **c** e **d**. Por que esses dois números deveriam ser aproximadamente os mesmos?

APPLET **Exercício utilizando aplicativo**
(É necessário ter o Java instalado para utilizar esse aplicativo)

Rode o aplicativo intitulado *Simulating the probability of a head with a fair coin* dez vezes com $n = 2$, reiniciando entre as vezes em que o aplicativo for rodado para simular duas moedas girando dez vezes. Conte e registre o número de caras a cada vez. Faça com que x represente o número de caras em uma única jogada das duas moedas.
a. Quais os possíveis valores de x?

b. Use os resultados dessa simulação para escrever a distribuição de probabilidades para x na forma tabular e então use-a para encontrar o valor esperado de x.
c. Explique por que o valor esperado do item **b** deve ser próximo a 1.

4.16 Considere a distribuição de probabilidades para a variável aleatória x mostrada aqui.

x	10	20	30	40	50	60
p(x)	0,05	0,20	0,30	0,25	0,10	0,10

a. Encontre μ, σ^2 e σ.
b. Faça um gráfico de p(x).
c. Localize μ e o intervalo $\mu \pm 2\sigma$ no seu gráfico. Qual a probabilidade de que x fique dentro do intervalo $\mu \pm 2\sigma$?

4.17 Considere a distribuição de probabilidades mostrada a seguir.

x	-4	-3	-2	-1	0	1	2	3	4
p(x)	0,02	0,07	0,10	0,15	0,30	0,18	0,10	0,06	0,02

a. Calcule μ, σ^2 e σ.
b. Faça um gráfico de p(x). Localize μ, $\mu - 2\sigma$ e $\mu + 2\sigma$ no gráfico.
c. Qual a probabilidade de que x esteja dentro do intervalo $\mu \pm 2\sigma$?

4.18 Considere a distribuição de probabilidades mostrada abaixo.

x	0	1	2
p(x)	0,3	0,4	0,3

y	0	1	2
p(y)	0,1	0,8	0,1

a. Use sua intuição para encontrar a média para cada distribuição. Como você chegou à sua escolha?
b. Que distribuição parece ser mais variável? Por quê?
c. Calcule μ e σ^2 para cada distribuição. Compare essas respostas com suas respostas dos itens **a** e **b**.

Aplicação dos conceitos — Básico

CRASH

4.19 Testes de segurança de colisão da NHTSA. Busque os testes de segurança de colisão da National Highway Traffic Safety Administration (NHTSA) com novos modelos de carros, Exercício 4.3. Um resumo das estrelas para o lado do motorista dos 98 carros do arquivo **CRASH** está reproduzido na tela do MINITAB a seguir. Presuma que um dos 98 carros seja selecionado aleatoriamente e considere x igual ao número de estrelas na classificação do lado do motorista para o carro.

Tally for Discrete Variables: DRIVSTAR

DRIVSTAR	Count	Percent
2	4	4.08
3	17	17.35
4	59	60.20
5	18	18.37
N=	98	

a. Use a informação na tela para encontrar a distribuição de probabilidades para x.
b. Encontre $P(x = 5)$.
c. Encontre $P(x \leq 2)$.
d. Encontre $\mu = E(x)$ e interprete de forma prática o resultado.

4.20 Idade de empregados 'ponto-com'. A distribuição de idades de empregados de uma empresa 'ponto-com' de grande sucesso com sede em Atlanta é mostrada a seguir. Um empregado será aleatoriamente selecionado a partir dessa população.
   a. A distribuição de freqüência na tabela pode ser interpretada como distribuição de probabilidades? Explique.
   b. Faça um gráfico da distribuição de probabilidades.
   c. Qual a probabilidade de que o empregado selecionado aleatoriamente tenha mais de 30 anos de idade? E mais de 40 anos? E abaixo de 30 anos?
   d. Qual a probabilidade de que o empregado selecionado aleatoriamente tenha 25 ou 26 anos de idade?

Idade	20	21	22	23	24	25	26	27	28	29	30	31	32	33
Proporção	0,02	0,04	0,05	0,07	0,04	0,02	0,07	0,02	0,11	0,07	0,09	0,13	0,15	0,12

Fonte: P. George Benson, comunicação pessoal.

4.21 Chegadas de clientes no Wendy's. A distribuição de probabilidades para o número de chegadas de clientes por período de 15 minutos na lanchonete Wendy's em New Jersey é mostrada abaixo.
   a. A distribuição atende aos dois requisitos para a distribuição de probabilidades para uma variável aleatória discreta? Justifique sua resposta.
   b. Qual a probabilidade de que exatamente 16 clientes entrem no restaurante nos próximos 15 minutos?
   c. Encontre $p(x \leq 10)$.
   d. Encontre $p(5 \leq x \leq 15)$.

x	5	6	7	8	9	10	11	12	13	14	15
p(x)	0,01	0,02	0,03	0,05	0,08	0,09	0,11	0,13	0,12	0,10	0,08

x	16	17	18	19	20	21
p(x)	0,06	0,05	0,03	0,02	0,01	0,01

Fonte: FORD, R., ROBERTS, D. e SAXTON. P. *Queuing models*. Graduate School of Management, Rutgers University, 1992.

4.22 Escolhendo tipos de churrasqueiras portáteis. Busque o estudo de marketing do *Journal of Consumer Research* (mar. 2003) a respeito da influência sobre as escolhas dos clientes ao se oferecer alternativas não desejáveis, Exercício 3.17. Lembre-se de que cada um dos 124 estudantes selecionou cartazes para exposição em lojas relativos a churrasqueiras portáteis. Cinco cartazes diferentes (representando cinco churrasqueiras de diferentes tamanhos) estavam disponíveis, mas os estudantes foram instruídos a escolher apenas três cartazes de forma a maximizar a venda da churrasqueira nº 2 (uma de menor tamanho). A tabela abaixo mostra as combinações de cartazes das churrasqueiras e o número de cada uma delas selecionadas pelos 124 estudantes. Suponha que um dos 124 estudantes tenha sido selecionado aleatoriamente. Deixe que x represente a soma dos números de churrasqueiras selecionadas por esse estudante. (Esse valor é um indicador do tamanho das churrasqueiras selecionados.)
   a. Encontre a distribuição de probabilidades para x.
   b. Qual a probabilidade de que x exceda 10?

Combinação de cartazes de churrasqueiras	Número de estudantes
1-2-3	35
1-2-4	8
1-2-5	42
2-3-4	4
2-3-5	1
2-4-5	34

Fonte: HAMILTON, R. W. "Why do people suggest what they do not want? Using context effects to influence others' choices", *Journal of Consumer Research*, vol. 29, mar. 2003 (Tabela 1).

Aplicação dos conceitos —— Intermediário

4.23 Salas do correio contaminadas por anthrax. Durante o outono de 2001, houve um número grande de casos divulgados de anthrax entre os trabalhados do Serviço Postal Americano. Em *Chance* (primavera, 2002), pesquisadores estatísticos discutiram o problema de fazer um modelo de salas de correio para detectar a presença de anthrax. Considere x igual ao número de salas de correio contaminadas por anthrax em uma amostra aleatória de n salas selecionadas a partir de uma população de N salas. Os pesquisadores mostraram que a distribuição de probabilidades para x é dada pela fórmula:

$$p(x) = \frac{\binom{k}{x}\binom{N-k}{n-x}}{\binom{N}{n}}$$

onde k é o número de salas contaminadas na população. (Essa distribuição de probabilidades é conhecida como *distribuição hipergeométrica*.) Suponha que $N = 100$, $n = 3$ e $k = 20$.
   a. Encontre $p(0)$.
   b. Encontre $p(1)$.
   c. Encontre $p(2)$.
   d. Encontre $p(3)$.

4.24 Inspeção de frangos da USDA. No Exercício 3.11, você aprendeu que um em cada 100 frangos abatidos passam pela inspeção da USDA com contaminação fecal.

Considere uma amostra aleatória de três frangos abatidos que passaram pela inspeção da USDA. Considere x igual ao número de frangos na amostra que tinham contaminação fecal.
a. Encontre $p(x)$ para $x = 0, 1, 2, 3$.
b. Faça um gráfico de $p(x)$.
c. Encontre $P(x \leq 1)$.

4.25 Cartuchos de armas contaminados. Um fabricante de armas usa um propulsor líquido para produzir cartuchos de armas. Durante o processo de fabricação, o propulsor pode ser misturado com outro líquido para produzir um cartucho contaminado. Um estatístico da University of South Florida, contratado pela empresa para investigar o nível de contaminação nos cartuchos estocados, descobriu que 23% dos cartuchos em um lote em particular estavam contaminados. Suponha que você pegue uma amostra (sem reposição) de cartuchos a partir desse lote até que encontre um contaminado. Considere x o número de cartuchos amostrados até que um contaminado seja encontrado. É sabido que a distribuição de probabilidades para x é dada pela fórmula:

$$p(x) = (0{,}23)(0{,}77)^{x-1}, \quad x = 1, 2, 3, \ldots$$

a. Encontre $p(1)$. Interprete esse resultado.
b. Encontre $p(5)$. Interprete esse resultado.
c. Encontre $P(x \geq 2)$. Interprete esse resultado.

4.26 Apelações em julgamentos civis federais. Busque o estudo do *Journal of the American Law and Economics Association* (v. 3, 2001) sobre apelações, Exercício 3.35. Um detalhamento dos 678 casos que foram originalmente julgados em frente a um juiz (e não um júri) e que receberam apelação pelo promotor ou pelo advogado de defesa está reproduzido na tabela a seguir. Suponha que cada caso civil receba pontos (positivos ou negativos) baseados no resultado da apelação com o objetivo de avaliar os juízes federais. Se a apelação é confirmada ou negada, + 5 pontos são dados. Se a apelação de um ganho do promotor é revertida, −1 ponto é dado. Se a apelação de uma vitória da defesa é revertida, −3 pontos são dados. Suponha que um entre os 678 casos seja selecionado aleatoriamente e que o número x de pontos seja determinado. Encontre a distribuição de probabilidades e faça o gráfico para ela.

Resultado da apelação	Número de casos
Vitória da promotoria — revertido	71
Vitória da promotoria — confirmado/revertido	240
Vitória da defesa — revertido	68
Vitória da defesa — confirmado/revertido	299
Total	678

4.27 Confiabilidade de uma rede de pontes. Um grupo de professores de uma universidade chinesa investigou a confiabilidade de diversas redes de fluxos capacitados no jornal *Networks* (maio 1995). Uma rede examinada no artigo, ilustrada abaixo, é uma rede de ponte com arcos a^1, a^2, a^3, a^4, a^5 e a^6. A distribuição de probabilidades para a capacidade x de cada um dos seis arcos é dada na seguinte tabela:

Arco	Capacidade (x)	$p(x)$	Arco	Capacidade (x)	$p(x)$
a_1	3	0,60	a_4	1	0,90
	2	0,25		0	0,10
	1	0,10			
	0	0,05			
a_2	2	0,60	a_5	1	0,90
	1	0,30		0	0,10
	0	0,10			
a_3	1	0,90	a_6	2	0,70
	0	0,10		1	0,25
				0	0,05

Fonte: LIN, J., et al. "On reliability evaluation of capacitated-flow network in terms of minimal pathsets." *Networks*, vol. 25, n. 3, maio 1995, p. 135 (Tabela 1), 1995, John Wiley and Sons.

a. Verifique que as propriedades para distribuições de probabilidades discretas estejam satisfeitas para cada distribuição de capacidade de arco.
b. Encontre a probabilidade de que a capacidade para o arco a1 excederá 1.
c. Repita o item **b** para cada um dos cinco arcos restantes.
d. Calcule a capacidade média para cada arco e interprete esse valor.
e. Calcule σ para cada arco e interprete os resultados.

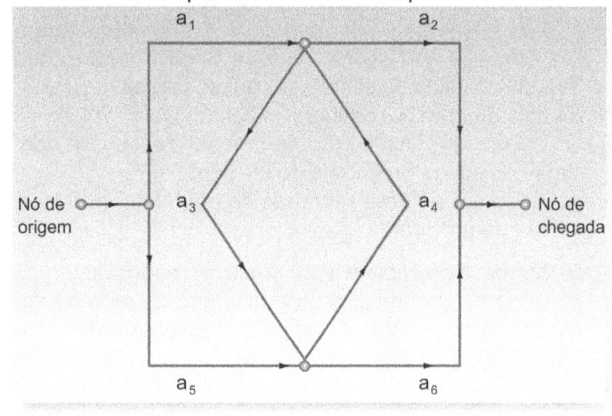

4.28 Análise de risco de investimentos. O risco de ativos financeiros de um portfólio é algumas vezes chamado de risco de investimentos (Radcliffe, 1997). Em geral, o risco de investimentos é tipicamente mensurado ao computar a variação ou desvio-padrão da distribuição de probabilidades que descreve os possíveis resultados do tomador de decisões (ganhos ou perdas). Quanto maior a variação em retornos potenciais, maior a incerteza enfrentada pelo tomador de decisão; quanto menor a variação em resultados potenciais, mais previsíveis os ganhos ou perdas do tomador de decisão. As duas distribuições de probabilidades discretas dadas na próxima tabela foram desenvolvidas a partir de dados históricos. Elas descrevem as perdas potenciais totais de danos físicos no próximo ano para frotas de caminhões de entregas para duas firmas diferentes.

Firma A		Firma B	
Perda no próximo ano	Probabilidade	Perda no próximo ano	Probabilidade
(US$) 0	0,01	(US$) 0	0,00
500	0,01	200	0,01
1.000	0,01	700	0,02
1.500	0,02	1.200	0,02
2.000	0,35	1.700	0,15
2.500	0,30	2.200	0,30
3.000	0,25	2.700	0,30
3.500	0,02	3.200	0,15
4.000	0,01	3.700	0,02
4.500	0,01	4.200	0,02
5.000	0,01	4.700	0,01

a. Verifique que ambas as firmas tenham a mesma perda esperada total por danos físicos.
b. Calcule o desvio-padrão para cada distribuição de probabilidades e determine qual firma enfrenta o maior risco de dano físico à sua frota no próximo ano.

4.29 Perda esperada em decorrência de danos de enchente. O National Weather Service faz previsões de precipitação que indicam a probabilidade de precipitação mensurável ($\geq 0,01$ polegadas) em um ponto específico (o ponto oficial do equipamento de medição) durante um dado período de tempo (Doswell e Brooks, *Probabilistic forecasting: a primer*, 1996). Suponha que, se uma quantidade mensurável de chuva cair durante as próximas 24 horas, um rio atinja o estágio de enchente e um dano de US$ 300.000 ocorrerá a uma empresa. O National Weather Service indicou que há 30% de chances de que uma quantidade mensurável de chuva caia durante as próximas 24 horas.
a. Construa a distribuição de probabilidades que descreve os danos potenciais da enchente.
b. Encontre a perda esperada da empresa em decorrência da enchente.

4.30 Números de caixa em um supermercado. Um grupo de consultores que trabalha para uma grande rede de supermercados nacional norte-americana localizada na área metropolitana de Nova York desenvolveu um modelo estatístico para prever as vendas anuais de novas localidades potenciais de lojas. Parte de sua análise incluiu a identificação de variáveis que influenciam as vendas das lojas, como o tamanho delas, o tamanho da população da vizinhança e o número de caixas. Eles entrevistaram 52 supermercados em uma região em particular do país e construíram a distribuição de freqüência relativa mostrada a seguir para descrever número de caixas por loja x.
a. Por que as freqüências relativas na tabela representam as probabilidades aproximadas de um supermercado selecionado aleatoriamente tendo uma quantidade de x de caixas?
b. Encontre $E(x)$ e interprete seu valor no contexto do problema.
c. Encontre o desvio-padrão x.

d. De acordo com a regra de Chebyshev (Capítulo 2), qual porcentagem de supermercados seria esperado enquadrar-se em $\mu \pm \sigma$? E dentro de $\mu \pm 2\sigma$?
e. Qual o número real de supermercados que fica dentro de $\mu \pm \sigma$? E de $\mu \pm 2\sigma$? Compare suas respostas àquelas do item **d**. As respostas são consistentes?

x	1	2	3	4	5	6	7	8	9	10
Freqüência relativa	0,01	0,04	0,04	0,08	0,10	0,15	0,25	0,20	0,08	0,05

Fonte: Adaptado de CHOW, W. et. al. "A model for predicting a supermarket's annual sales per square foot." Graduate School of Management, Rutgers University, 1994.

4.31 'The Showcase Showdown'. No popular jogo televisivo *The price is right*, os competidores podem jogar o 'The Showcase Showdown'. O jogo inclui uma grande roda com 30 valores monetários: 5, 10, 15, 20, ..., 95, 100, marcados sobre a roda. Competidores giram a roda uma ou duas vezes, com o objetivo de obter a maior pontuação total, mas sem ultrapassar o valor de 100 (que equivale a um dólar). [De acordo com a American Statistician (ago. 1995), a estratégia ótima para o primeiro competidor em um jogo com três jogadores é girar uma segunda vez apenas se o valor da primeira rodada for 65 ou menos]. Considere x a pontuação total para um único competidor jogando o 'The Showcase Showdown'. Parta do princípio de que a roda é 'justa' (isto é, com iguais possibilidades para todos os resultados). Se o total de giros de um jogador exceder 100, a pontuação total será 0.
a. Se ao jogador só é permitido um giro, encontre a distribuição de probabilidades para x.
b. Em relação ao item **a**, encontre $E(x)$ e interprete seu valor.
c. Em relação ao item **a**, dê o grupo de valores dentro dos quais x pode cair.
d. Suponha que o jogador gire a roda duas vezes, independentemente do resultado do primeiro giro. Encontre a distribuição de probabilidades para x.
e. Que premissa você fez para obter a distribuição de probabilidades do item **d**? É uma premissa adequada?
f. Encontre μ e σ para a distribuição de probabilidades, item **d**, e interprete os resultados.
g. Em relação ao item **d**, qual a probabilidade de que, em dois giros, a pontuação total do jogador exceda um dólar (isto é, seja 0)?
h. Suponha que o jogador obtenha 20 no primeiro giro e decida girar de novo. Encontre a distribuição de probabilidades de x.
i. Em relação ao item **h**, qual a probabilidade de que a pontuação exceda um dólar?
j. Dado que o jogador obtenha 65 na primeira tentativa e decida girar de novo, encontre a probabilidade de que o total de pontos exceda um dólar.
k. Repita o item **j** para diferentes resultados do primeiro giro. Use essa informação para sugerir uma estratégia para um jogo com um único jogador.

4.32 Ganhos esperados na loteria. A maioria dos estados norte-americanos oferece loterias semanais para geração de receitas. Apesar das baixas probabilidades de ganho, as pessoas continuam a apostar a cada semana. No SIA, Capítulo 3, você aprendeu que a chance de ganhar em um jogo *Pick-6* da Flórida é de aproximadamente 1 em 23 milhões. Suponha que você compre um cartão de US$ 1 com a previsão de ganhar o grande prêmio de US$ 7 milhões. Calcule os seus ganhos líquidos esperados. Interprete os resultados.

Aplicação dos conceitos —— Avançado

4.33 Cartão de apostas acumuladas. Apostadores tentam prever qual time de futebol profissional e do colégio ganhará e por quanto (a variabilidade). Se os apostadores fizerem isso de forma precisa, adicionar a variabilidade ao resultado menos provável faria com que o resultado final fosse um empate. Suponha que um apostador dará a você US$ 6 para cada US$ 1 que você arriscar se pegar os três vencedores em três jogos (ajustado pela variabilidade) em um cartão de apostas acumuladas. Assim, para cada US$ 1 de aposta, você perderá US$ 1 ou ganhará US$ 5. Qual os ganhos esperados por dólar apostado pelo apostador?

4.34 Sistema de configuração de sensor robotizado. Engenheiros da Broadcom Corp. e da Simon Fraser University colaboraram em uma pesquisa envolvendo um sistema de sensores robotizados em um ambiente desconhecido (*International Journal of Robotics Research*, dez. 2004). Como exemplo, os engenheiros apresentaram o sistema de link único, de três pontos, mostrado na figura a seguir. Cada ponto (A, B ou C) no espaço físico do sistema ou tem o status 'obstáculo' ou 'livre'. Há dois links únicos no sistema: A ↔ B e B ↔ C. Um link tem um status 'livre' se, e somente se, ambos os pontos do link estão 'livres'. De outra forma, o link tem o status 'obstáculo'. A variável de interesse é Y, o número total de links no sistema que estão 'livres'.

   a. Liste os valores possíveis de Y para o sistema.
   b. Os pesquisadores afirmaram que a probabilidade de que algum ponto no sistema tenha o status 'livre' é 0,5. Presumindo que os três pontos no sistema operem de forma independente, encontre a distribuição de probabilidade para Y.

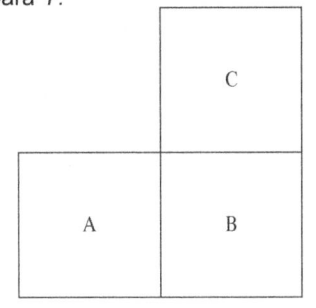

4.3 Distribuição binomial

Muitos experimentos resultam em respostas *dicotômicas* – isto é, respostas para as quais existem duas alternativas possíveis, como sim/não, sucesso/falha, defeituoso/não nefeituoso ou masculino/feminino. Um simples exemplo de um experimento assim é o do lançamento de moedas. Uma moeda é lançada um determinado número de vezes — digamos, 10. Cada jogada resulta em um de dois resultados: *cara* ou *coroa*. Estamos interessados na distribuição de probabilidades para x, o número de caras observado. Muitos outros experimentos são equivalentes a lançar uma moeda (tanto viciada quanto não viciada) um número fixo x de vezes e observar o número n de vezes em que um dos dois possíveis resultados ocorre. Variáveis aleatórias que possuem essas características são chamadas de **variáveis aleatórias binomiais**.

Pesquisas de opinião pública e de preferências do consumidor (como as realizadas por empresas como CNN, Gallup e Harris) freqüentemente geram observações sobre variáveis aleatórias binomiais. Por exemplo, suponha que uma amostra de 100 consumidores seja selecionada a partir do banco de dados de uma empresa e que cada pessoa seja questionada se prefere o produto da empresa (uma *cara*) ou o do concorrente (uma *coroa*). Considere que estejamos interessados em x, o número de consumidores da amostra que prefere o produto da empresa. Fazer uma amostragem de 100 clientes é algo análogo a lançar uma moeda 100 vezes. Assim, você pode perceber que pesquisas de preferências de consumidores como a descrita aqui são equivalentes da vida real para experimentos de lançamento de moeda. Estamos descrevendo um **experimento binomial**; ele é identificado pelas características a seguir.

CARACTERÍSTICAS DE UMA VARIÁVEL ALEATÓRIA BINOMIAL

   1. O experimento consiste em n tentativas idênticas.
   2. Há apenas dois resultados possíveis para cada tentativa. Vamos simbolizar um resultado por S (para Sucesso) e outro por F (para Falha).
   3. A probabilidade de S permanece a mesma de tentativa para tentativa. Essa probabilidade é simbolizada por p, e probabilidade de F é simbolizada por q. Note que $q = 1 - p$.
   4. As tentativas são independentes.
   5. A variável aleatória binomial x é o número de "esses" (S) nas tentativas.

Jacob Bernoulli (1654–1705)

EXEMPLO 4.8

Descobrindo se X é binomial

Problema Para os exemplos a seguir, determine se x é uma variável aleatória binomial.

a. Você seleciona aleatoriamente 3 títulos em 10 possíveis para um portfólio de investimentos. Você desconhece o fato de que 8 em 10 manterão seu valor presente e outros 2 perderão valor devido a mudanças em suas classificações. Considere x o número de títulos, entre os 3, que você seleciona, que perdem valor.

b. Antes de comercializar um novo produto em larga escala, muitas empresas conduzirão uma pesquisa de preferência do consumidor para determinar se o produto tem a possibilidade de atingir sucesso. Suponha que uma empresa desenvolva um novo refrigerante diet e faça um teste de preferência de sabor no qual 100 consumidores selecionados aleatoriamente mostram suas preferências entre o novo refrigerante e os dois líderes de vendas. Considere x o número, entre os 100, dos que escolhem a nova marca em detrimento das outras duas.

c. Algumas pesquisas são conduzidas usando um método de amostragem em vez de amostragem aleatória simples (definida no Capítulo 3). Por exemplo, suponha que uma empresa de televisão a cabo planeje conduzir uma pesquisa para determinar a fração de residências na cidade que usaria o serviço de TV a cabo. O método de amostragem é o de selecionar um bloco da cidade aleatoriamente e, então, pesquisar cada casa no bloco. Essa técnica de amostragem é chamada *amostragem por cluster*. Suponha que a amostra seja constituída de 10 blocos, produzindo um total de 124 residências respondentes. Considere x o número de residências, entre as 124 que usariam o serviço de televisão a cabo.

Atividade 4.1

Filiação ao clube de depósitos: explorando uma variável aleatória binomial

Clubes de depósitos são varejistas que oferecem preços mais baixos que varejistas tradicionais, mas apenas vendem a clientes que tenham comprado a filiação e, geralmente, no caso de mercadorias compradas em grandes quantidades. Um clube de depósitos pode oferecer mais de um tipo de filiação, como a filiação regular R por uma taxa anual baixa e uma filiação estendida U por uma taxa anual maior. A filiação estendida tem benefícios adicionais que podem incluir horas de compras estendidas, descontos adicionais em certos produtos ou devolução de dinheiro em compras. Um clube de depósitos local determinou que 20% de sua base de clientes tem uma filiação estendida.

1. Qual a probabilidade $P(U)$ de que um cliente aleatoriamente selecionado ao entrar na loja tenha uma filiação estendida? Qual a probabilidade $P(R)$ de que um cliente aleatoriamente selecionado ao entrar na loja tenha uma filiação regular (não estendida)?

   Em um esforço para vender mais filiações estendidas, pessoas de vendas são colocadas na entrada da loja para explicar os benefícios dessa filiação aos clientes à medida que eles entram. Suponha que, em um dado período de tempo, 5 clientes entrem na loja.

2. Considerando que 20% dos clientes da loja tenham uma filiação estendida, quantos dos 5 que entraram você esperaria que tivessem uma filiação estendida?

3. Uma vez que há 5 consumidores e cada um deles ou tem uma filiação estendida (U) ou não (R), há $2^5 = 32$ possíveis combinações diferentes de filiação entre os cinco consumidores. Liste essas 32 possibilidades.

4. Encontre a probabilidade para cada um dos 32 resultados. Considere que a filiação de cada um dos 5 clientes seja independente de cada um dos outros consumidores e use suas probabilidades $P(U)$ e $P(R)$ com a regra multiplicativa. Por exemplo: $P(RRUUR) = P(R)P(R)P(U)P(U)P(R)$.

5. Note que $P(URRRR) = P(RURRR) = P(RRURR) = P(RRRUR) = P(RRRRU) = P(U)^1 P(R)^4$, em que de forma que P(exatamente um U) $= P(URRRR) + P(RURRR) + P(RRURR) + P(RRRUR) + P(RRRRU) = 5P(U)^1 P(R)^4$, onde 5 é o número de maneiras em que exatamente um U pode ocorrer. Encontre P(exatamente um U). Use o mesmo raciocínio para estabelecer que P(sem Us) $= 1P(U)^0 P(R)^5$, P(exatamente dois Us) $= 10P(U)^2 P(R)^3$, P(exatamente três Us) $= 10P(U)^3 P(R)^2$, P(exatamente quatro Us) $= 5P(U)^4 P(R)^1$ e P(cinco Us) $= 1P(U)^5 P(R)^0$.

6. Considere x o número de filiações estendidas U em uma amostra de cinco consumidores. Use os resultados do número 5 para escrever a distribuição de probabilidades para a variável aleatória x na forma tabular. Encontre a média e o desvio-padrão da distribuição usando as fórmulas da Seção 4.2.

7. Calcule np e $\sqrt{npq}$, sendo $n = 5$, $p = P(U)$ e $q = P(R)$. Como esses números se comparam à média e ao desvio-padrão da variável aleatória x do número 6 e ao número esperado de consumidores com filiações estendidas do número 1?

8. Explique como as características de uma variável aleatória binomial são ilustradas nessa atividade.

Solução

a. Ao checar as características binomiais da caixa de texto, um problema surge tanto com a característica 3 (probabilidades permanecendo as mesmas de tentativa para tentativa) como com a característica 4 (independência). A probabilidade de que o primeiro título que você pegue perca valor é claramente 2/10. Agora, suponha que o primeiro título que você pegou fosse um dos dois que perderão valor. Isso reduziria a chance de que o segundo título que você pegue perca valor para 1/9, uma vez que agora apenas um em nove títulos remanescentes está nessa categoria. Assim, as escolhas que você fez são dependentes e, por isso, x, o número entre os três títulos que você seleciona que perderão valor, *não é* uma variável aleatória binomial.

b. Pesquisas que produzem respostas dicotômicas e utilizam técnicas aleatórias de amostragem são exemplos clássicos de experimentos binomiais. Em nosso exemplo, cada consumidor selecionado ou mostra a preferência pelo novo refrigerante diet ou não. A amostra de 100 consumidores é uma proporção muito pequena da totalidade de potenciais consumidores, de modo que a resposta de uma seria, para todos os motivos práticos, independente da outra.[5] Assim, x é uma variável aleatória binomial.

c. Esse exemplo é uma pesquisa com respostas dicotômicas (*sim* ou *não* para o serviço a cabo), mas o método de amostragem não é de amostragem aleatória simples. Novamente, a característica binomial de tentativas independentes não seria satisfeita.

As respostas das residências dentro de um bloco em particular seriam dependentes, já que residências dentro de um bloco tendem a ser similares em relação a renda, nível de educação e interesses gerais. Assim, o modelo binomial não seria satisfatório para x se a técnica de amostragem por cluster fosse empregada.

Relembrando Variáveis aleatórias não binomiais com dois resultados em cada tentativa ocorrem de forma típica porque não satisfazem as características 3 e 4 da distribuição binomial.

Agora faça o exercício **4.42A**

EXEMPLO 4.9

DERIVANDO A DISTRIBUIÇÃO DE PROBABILIDADE BINOMIAL EM UMA APLICAÇÃO DE COMPRA DE PCS

Problema Um varejista de computadores vende PCs (personal computers) on-line, tanto desktops quanto laptops. Presuma que 80% dos PCs que o varejista vende on-line seja desktop e 20% laptop.

a. Use os passos dados no Capítulo 3 para encontrar a probabilidade de que todos os quatro próximos PCs on-line comprados sejam laptops.
b. Encontre probabilidade de que três dos próximos quatro PCs comprados on-line sejam laptops.
c. Deixe que x represente o número dos próximos quatro PCs comprados que sejam laptops. Explique por que x é uma variável aleatória binomial.
d. Use as respostas dos itens **a** e **b** para derivar a fórmula para $p(x)$, a distribuição de probabilidades da variável aleatória binomial x.

Solução

a. 1) O primeiro passo é definir o experimento. Aqui, estamos interessados em observar o tipo de PC comprado on-line por cada um dos próximos quatro compradores: desktop (D) ou laptop (L).

2) Em seguida, listamos os pontos amostrais associados com esse experimento. Cada ponto amostral consiste na decisão de compra feita pelos quatro clientes on-line. Por exemplo, *DDDD* representa o ponto amostral no qual as quatro compras serão de desktops, enquanto *LDDD* representa o ponto amostral no qual um cliente compra um laptop, enquanto os clientes 2, 3 e 4 compram desktops. Os 16 pontos amostrais estão listados na Tabela 4.2.

3) Agora, achamos as probabilidades para os pontos amostrais. Note que cada ponto amostral pode ser visualizado como a interseção da decisão de quatro consumidores, e, presumindo que as decisões são feitas de forma independente, a probabilidade de cada ponto amostral pode ser obtida usando a regra multiplicativa, como se segue:

$P(DDDD) = P[$(cliente 1 escolhe desktop) $\cap$ (cliente 2 escolhe desktop)
$\cap$ (cliente 3 escolhe desktop) $\cap$ (cliente 4 escolhe desktop)$]$

$= P$(cliente 1 escolhe desktop) $\times$ P(cliente 2 escolhe desktop) $\times$ P(cliente 3 escolhe desktop) $\times$ P(cliente 4 escolhe desktop)

$= (0,8)(0,8)(0,8)(0,8) = (0,8)^4 = 0,4096$

TABELA 4.2 Pontos amostrais para o experimento do PC do Exemplo 4.9

DDDD	LDDD	LLDD	DLLL	LLLL
	DLDD	LDLD	LDLL	
	DDLD	LDDL	LLDL	
	DDDL	DLLD	LLLD	
		DLDL		
		DDLL		

Todas as outras probabilidades dos pontos amostrais são calculadas usando raciocínio similar. Por exemplo:

$P(LDDD) = (0,2)(0,8)(0,8)(0,8) = (0,2)(0,8)^3 = 0,1024$

---

[5] Na maior parte das aplicações da vida real de distribuição binomial, a população de interesse tem um número finito de elementos (tentativas), simbolizados por *N*. Quando *N* é grande e o tamanho da amostra *n* é pequeno em relação a *N*, digamos $n/N \leq 0,05$, o procedimento de amostragem, para todas as razões práticas, satisfaz as condições de um experimento binomial.

Você pode checar os resultados desse raciocínio nas probabilidades de pontos amostrais que somam 1 através dos 16 pontos no espaço amostral.

4) Finalmente, adicionamos as probabilidades dos pontos amostrais apropriadas para obter a probabilidade de evento desejada. O evento de interesse é que todos os quatro compradores on-line comprem laptops. Na Tabela 4.2, encontramos apenas um ponto amostral, LLLL, contido nesse evento. Todos os outros pontos amostrais implicam que pelo menos um desktop seja comprado. Assim:

P(todas as quatro compras de laptops) =
P(LLLL) = (0,2)^4 = 0,0016

Isto é, a probabilidade é de apenas 16 em 10.000 de que todos os quatro consumidores comprem laptops.

b. O evento em que três dos próximos quatro compradores on-line adquiram laptops consiste em quatro pontos amostrais na quarta coluna da Tabela 4.2: DLLL, LDLL, LLDL e LLLD. Para obter a probabilidade do evento, adicionamos as probabilidades dos pontos amostrais:

P(3 dos 4 compradores adquirem laptop)
= P(DLLL) + P(LDLL) + P(LLDL) + P(LLLD)
= (0,2)^3(0,8) + (0,2)^3(0,8) + (0,2)^3(0,8) + (0,2)^3(0,8)
= 4(0,2)^3(0,8) = 0,0256

Note que cada uma das quatro probabilidades de pontos amostrais é a mesma, porque cada ponto amostral consiste em três Ls e um D; a ordem não afeta a probabilidade, pois as decisões dos consumidores são (supostamente) independentes.

c. Podemos caracterizar o experimento como consistindo em quatro tentativas idênticas — as quatro decisões de compras dos clientes. Há dois possíveis resultados para cada tentativa D ou L, e a probabilidade de L, p = 0,2 é a mesma para cada tentativa. Finalmente, estamos supondo que cada decisão de compra seja independente de todas as outras, de forma que as quatro compras sejam independentes. Assim, entende-se que x, o número de laptops nas próximas quatro compras, é uma variável aleatória independente.

d. As probabilidades dos eventos dos itens **a** e **b** proporcionam conhecimentos sobre a fórmula para a distribuição de probabilidades p(x). Primeiro, considere o evento em que três compras são laptops (item **b**). Descobrimos que:

P(x = 3) = (Número de pontos amostrais para os quais x = 3) ×

(0,2)$^{\text{Número de laptops comprados}}$ × (0,8)$^{\text{Número de desktops comprados}}$

= 4(0,2)^3(0,8)^1

Em geral, usamos matemática combinatória para contar o número de pontos amostrais. Por exemplo:

Número de pontos amostrais para os quais x = 3

= Número de diferentes maneiras de selecionar 3 em 4 tentativas para compras de L

$= \binom{4}{3} = \frac{4!}{3!(4-3)!} = \frac{4 \cdot 3 \cdot 2 \cdot 1}{(3 \cdot 2 \cdot 1) \cdot 1} = 4$

A fórmula que funciona para qualquer valor de x pode ser deduzida como se segue. Uma vez que

$$P(x = 3) = \binom{4}{3}(0,2)^3(0,8)^1$$

então, $p(x) = \binom{4}{x}(0,2)^x(0,8)^{4-x}$

O componente $\binom{4}{x}$ conta o número de pontos amostrais com x laptops e o componente $(0,2)^x(0,8)^{4-x}$ é a probabilidade associada com cada ponto amostral que tenha x laptops. Para o experimento binomial geral, com n tentativas e probabilidade de sucesso p em cada tentativa, a probabilidade de x sucessos é

$$p(x) = \binom{n}{x} \cdot p^x(1-p)^{n-x}$$

Número de pontos amostrais com x S

Probabilidade de x S e (n – x) F em qualquer ponto amostral

Relembrando Na teoria, você poderia sempre adotar os princípios desenvolvidos nesse exemplo para calcular probabilidades binomiais, listar os pontos amostrais e somar suas probabilidades. No entanto, como o número de tentativas (n) aumenta, o número de pontos amostrais cresce muito rápido (o número de pontos amostrais é 2^n). Dessa forma, preferimos a fórmula para calcular probabilidades binomiais, uma vez que seu uso evita listar pontos amostrais.

A distribuição binomial[6] está resumida no quadro.

DISTRIBUIÇÃO DE PROBABILIDADES BINOMIAL

$$p(x) = \binom{n}{x} p^x q^{n-x} \quad (x = 0, 1, 2, \ldots, n)$$

onde:

p = probabilidade de sucesso em uma única tentativa
q = 1 – p
n = número de tentativas
x = número de sucessos em n tentativas

$$\binom{n}{x} = \frac{n!}{x!(n-x)!}$$

Como mostrado no Capítulo 3, o símbolo 5! significa $5 \cdot 4 \cdot 3 \cdot 2 \cdot 1 = 120$. De forma similar, $n! = n(n-1)(n-2) \cdots 3 \cdot 2 \cdot 1$; lembre-se de que $0! = 1$.

---

[6] A distribuição binomial é assim chamada porque as probabilidades p(x), x = 0, 1, ..., n, são termos da expansão binomial $(q + p)^n$.

EXEMPLO 4.10

APLICANDO A DISTRIBUIÇÃO BINOMIAL NA INDÚSTRIA DE AUTOMÓVEIS

Problema Uma máquina que produz estampas para motores de automóveis está funcionando mal e gerando 10% de produtos defeituosos. As estampas defeituosas e não defeituosas saem da máquina de maneira aleatória. Se as próximas cinco estampas são testadas, encontre a probabilidade de que três sejam defeituosas.

Solução
Considere x igual ao número de estampas defeituosas em $n = 5$ tentativas. Então, x é uma variável aleatória binomial com p, a probabilidade de que uma única estampa seja defeituosa é igual a 0,1 e $q = 1 - p = 1 - 0,1 = 0,9$. A distribuição de probabilidades para x é dada pela expressão:

$$p(x) = \binom{n}{x} p^x q^{n-x} = \binom{5}{x}(0,1)^x(0,9)^{5-x}$$

$$= \frac{5!}{x!(5-x)!}(0,1)^x(0,9)^{5-x} \quad (x = 0, 1, 2, 3, 4, 5)$$

Para encontrar a probabilidade de observar $x = 3$ estampas defeituosas na amostra de $n = 5$, substitua $x = 3$ na fórmula de $p(x)$ para obter

$$p(3) = \frac{5!}{3!(5-3)!}(0,1)^3(0,9)^{5-3} = \frac{5!}{3!2!}(0,1)^3(0,9)^2$$

$$= \frac{5 \cdot 4 \cdot 3 \cdot 2 \cdot 1}{(3 \cdot 2 \cdot 1)(2 \cdot 1)}(0,1)^3(0,9)^2 = 10(0,1)^3(0,9)^2$$

$$= 0,0081$$

Relembrando Note que a fórmula binomial nos diz que há 10 pontos amostrais tendo 3 defeitos (cheque isso listando-os), cada um com a probabilidade $(0,1)^3(0,9)^2$.

AGORA FAÇA O EXERCÍCIO 4.37

A média, a variação e o desvio-padrão para a variável aleatória binomial x são mostrados no quadro.

MÉDIA, VARIÂNCIA E DESVIO PADRÃO PARA UMA VARIÁVEL ALEATÓRIA BINOMIAL

Média: $\mu = np$
Variância: $\sigma^2 = npq$
Desvio-padrão: $\sigma = \sqrt{npq}$

Como demonstramos no Capítulo 2, a média e o desvio-padrão proporcionam medidas de tendência central e variabilidade, respectivamente, de uma distribuição. Assim, podemos usar μ e σ para obter uma visualização da distribuição de probabilidades para x quando o cálculo das probabilidades é muito entediante. O próximo exemplo ilustra essa idéia.

EXEMPLO 4.11

ENCONTRANDO μ E σ EM UMA APLICAÇÃO NA INDÚSTRIA DE AUTOMÓVEIS

Problema Releia o Exemplo 4.10 e encontre os valores de $p(0)$, $p(1)$, $p(2)$, $p(4)$ e $p(5)$. Faça um gráfico para $p(x)$. Calcule a média μ e o desvio-padrão σ. Localize os intervalos $\mu - 2\sigma$ e $\mu + 2\sigma$ no gráfico. Se o experimento devesse ser repetido muitas vezes, que proporção das x observações ficaria dentro do intervalo $\mu - 2\sigma$ a $\mu + 2\sigma$?

Solução
Novamente, $n = 5$, $p = 0,1$ e $q = 0,9$. Então, substituindo na fórmula para $p(x)$:

$$p(0) = \frac{5!}{0!(5-0)!}(0,1)^0(0,9)^{5-0}$$
$$= \frac{5 \cdot 4 \cdot 3 \cdot 2 \cdot 1}{(1)(5 \cdot 4 \cdot 3 \cdot 2 \cdot 1)}(1)(0,9)^5 = 0,59049$$

$$p(1) = \frac{5!}{1!(5-1)!}(0,1)^1(0,9)^{5-1}$$
$$= 5(0,1)(0,9)^4 = 0,32805$$

$$p(2) = \frac{5!}{2!(5-2)!}(0,1)^2(0,9)^{5-2}$$
$$= (10)(0,1)^2(0,9)^3 = 0,07290$$

$$p(4) = \frac{5!}{4!(5-4)!}(0,1)^4(0,9)^{5-4} = 5(0,1)^4(0,9) = 0,00045$$

$$p(5) = \frac{5!}{5!(5-5)!}(0,1)^5(0,9)^{5-5} = 5(0,1)^5 = 0,00001$$

O gráfico de $p(x)$ é mostrado como o histograma da probabilidade na Figura 4.7 [$p(3)$ é tirado do Exemplo 4.10 como sendo 0,0081].

Para calcular os valores de μ e σ, substitua $n = 5$ e $p = 0,1$ nas seguintes fórmulas:

$$\mu = np = (5)(0,1) = 0,5$$
$$\sigma = \sqrt{npq} = \sqrt{(5)(0,1)(0,9)} = \sqrt{0,45} = 0,67$$

Para encontrar o intervalo $\mu - 2\sigma$ a $\mu + 2\sigma$, calculamos:

$$\mu - 2\sigma = 0,5 - 2(0,67) = -0,84$$
$$\mu + 2\sigma = 0,5 + 2(0,67) = 1,84$$

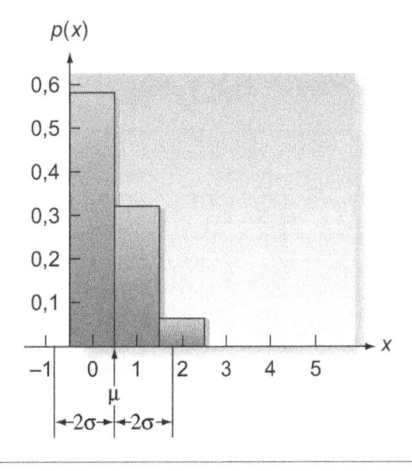

FIGURA 4.7 A distribuição binomial: $n = 5$, $p = 0,1$

Se o experimento foi repetido um grande número de vezes, que proporção das x observações cairia dentro do intervalo de $\mu - 2\sigma$ a $\mu + 2\sigma$? Você pode ver a partir da Figura 4.7 que todas as observações iguais a 0 ou 1 cairão dentro do intervalo. As probabilidades correspondendo a esses valores são 0,5905 e 0,3280, respectivamente. Conseqüentemente, você esperaria $0,5950 + 0,3280 = 0,9185$, ou aproximadamente 91,9% das observações dentro do intervalo de $\mu - 2\sigma$ a $\mu + 2\sigma$.

Relembrando Esse resultado novamente enfatiza que, para a maioria das distribuições de probabilidades, observações raramente ficam a mais de 2 desvios-padrão de μ.

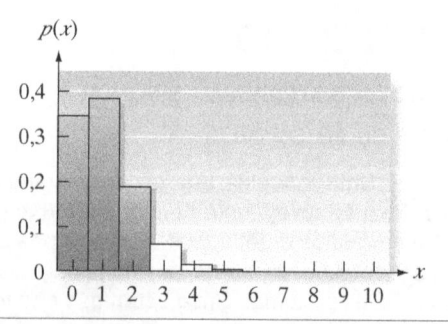

FIGURA 4.8 Distribuição de probabilidade binomial para $n = 10$ e $p = 0,10$; $P(x \leq 2)$ sombreada

Usando tabelas binomiais

Calcular probabilidades binomiais se torna entediante quando n é grande. Para alguns valores de n e p, as probabilidades binomiais foram tabuladas na Tabela II do Apêndice B. Parte desta tabela é mostrada na Tabela 4.3; um gráfico da distribuição de probabilidades binomial para $n = 10$ e $p = 0,10$ é mostrado na Figura 4.8. A Tabela 4.8 na verdade contém um total de nove tabelas, marcadas de (a) até (i), cada uma correspondendo a $n = 5, 6, 7, 8, 9, 10, 15, 20$ e 25. Em cada uma dessas tabelas, as colunas correspondem a valores de p e as linhas correspondem a valores (k) de variáveis aleatórias x. As entradas na tabela representam **probabilidades binomiais cumulativas** $p(x \leq k)$. Assim, por exemplo, a entrada na coluna correspondendo a $p = 0,10$ e a linha correspondendo a $k = 2$ é 0,930 (sombreada), e sua interpretação é:

$$P(x \leq 2) = P(x = 0) + P(x = 1) + P(x = 2) = 0,930$$

Essa probabilidade também está sombreada na representação gráfica da distribuição binomial com $n = 10$ e $p = 0,10$ na Figura 4.8.

Você também pode usar a Tabela II para encontrar a probabilidade de que x se iguala a um valor em específico. Por exemplo, suponha que você queira encontrar a probabilidade de $x = 2$ na distribuição binomial com $n = 10$ e $p = 0,10$. Isso é encontrado por subtração, como se segue:

$$\begin{aligned} P(x = 2) &= [P(x = 0) + P(x = 1) + P(x = 2)] \\ &\quad - [P(x = 0) + P(x = 1)] \\ &= P(x \leq 2) - P(x \leq 1) \\ &= 0,930 - 0,736 = 0,194 \end{aligned}$$

A probabilidade de que uma variável aleatória binomial exceda um valor especificado pode ser encontrada usando a Tabela II e a noção de eventos complementares. Por exemplo, para encontrar a probabilidade de que x exceda 2 quando $n = 10$ e $p = 0,10$, usamos:

$$P(x > 2) = 1 - P(x \leq 2) = 0,930 = 0,070$$

Note que essa probabilidade é representada pela porção não sombreada do gráfico da Figura 4.8.

Todas as probabilidades na Tabela II são arredondadas para três casas decimais. Assim, apesar de nenhuma das probabilidades binomiais na tabela ser exatamente zero, algumas são pequenas o suficiente (menores que 0,0005) para se arredondar para 0,000. Por exemplo, usando a fórmula para encontrar $P(x = 0)$ quando $n = 10$ e $p = 0,6$, obtemos:

$$P(x = 0) = \binom{10}{0}(0,6)^0 (0,4)^{10-0} = 4^{10} = 0,00010486$$

mas isso é arredondado para 0,000 na Tabela II do Apêndice B. (Veja Tabela 4.3.)

TABELA 4.3 Reprodução de parte da Tabela II do Apêndice B: probabilidades binomiais para $n = 10$

k \ p	0,01	0,05	0,10	0,20	0,30	0,40	0,50	0,60	0,70	0,80	0,90	0,95	0,99
0	0,904	0,599	0,349	0,107	0,028	0,006	0,001	0,000	0,000	0,000	0,000	0,000	0,000
1	0,996	0,914	0,736	0,376	0,149	0,046	0,011	0,002	0,000	0,000	0,000	0,000	0,000
2	1.000	0,988	0,930	0,678	0,383	0,167	0,055	0,012	0,002	0,000	0,000	0,000	0,000
3	1.000	0,999	0,987	0,879	0,650	0,382	0,172	0,055	0,011	0,001	0,000	0,000	0,000
4	1.000	1.000	0,998	0,967	0,850	0,633	0,377	0,166	0,047	0,006	0,000	0,000	0,000
5	1.000	1.000	1.000	0,994	0,953	0,834	0,623	0,367	0,150	0,033	0,002	0,000	0,000
6	1.000	1.000	1.000	0,999	0,989	0,945	0,828	0,618	0,350	0,121	0,013	0,001	0,000
7	1.000	1.000	1.000	1.000	0,998	0,988	0,945	0,833	0,617	0,322	0,070	0,012	0,000
8	1.000	1.000	1.000	1.000	1.000	0,998	0,989	0,954	0,851	0,624	0,264	0,086	0,004
9	1.000	1.000	1.000	1.000	1.000	1.000	0,999	0,994	0,972	0,893	0,651	0,401	0,096

De forma similar, nenhuma das entradas da tabela é exatamente 1,0, mas, quando as probabilidades acumuladas excedem 0,9995, elas são arredondadas para 1,000. A linha correspondente ao maior valor possível para x, $x = n$, é omitida, porque todas as probabilidades cumulativas na linha são iguais a 1,0 (exatamente). Por exemplo, na Tabela 4.3, com $n = 10$, $P(x \leq 10) = 1,0$, independentemente do valor de p.

O exemplo a seguir ilustra o uso da Tabela II.

EXEMPLO 4.12

USANDO A TABELA BINOMIAL PARA ENCONTRAR PROBABILIDADES DE ASSOCIAÇÃO COM O SINDICATO DOS TRABALHADORES

Problema Suponha que uma eleição com 20 empregados seja realizada em uma grande empresa. O objetivo é determinar x, o número dos que são a favor da sindicalização. Suponha que 60% de todos os funcionários da empresa sejam a favor da sindicalização.

a. Encontre a média e o desvio-padrão de x.
b. Use a Tabela II do Apêndice B para encontrar a probabilidade de que $x \leq 10$.
c. Use a Tabela II para encontrar a probabilidade de que $x > 12$.
d. Use a Tabela II para encontrar a probabilidade de que $x = 11$.
e. Faça um gráfico da distribuição de probabilidades de x e localize o intervalo $\mu \pm 2\sigma$ no gráfico.

Solução

a. O número de empregados que votou é presumivelmente pequeno em comparação com o número total de empregados nessa empresa. Assim, devemos tratar x, o número entre os 20 que foram favoráveis à sindicalização, como uma variável aleatória binomial. O valor de p é a fração do número total de empregados que são a favor da sindicalização; isto é, $p = 0,6$. Assim, calculamos a média e variação:

$$\mu = np = 20(0,6) = 12$$
$$\sigma^2 = npq = 20(0,6)(0,4) = 4,8$$
$$\sigma = \sqrt{4,8} = 2,19$$

b. Verificando a linha $k = 10$ e a coluna $p = 0,6$ da Tabela II (Apêndice B) para $n = 20$, encontramos o valor 0,245. Assim:

$$P(x \leq 10) = 0,245$$

c. Para encontrar a probabilidade

$$P(x > 12) = \sum_{x=13}^{20} p(x)$$

usamos o fato de que, para todas as distribuições de probabilidades, $\sum_{\text{qualquer } x} p(x) = 1$. Assim:

$$P(x > 12) = 1 - P(x \leq 12) = 1 - \sum_{x=0}^{12} p(x)$$

Consultando a Tabela II, encontramos a entrada na linha $k = 12$, coluna $p = 0,6$ como sendo 0,584. Assim:

$$P(x > 12) = 1 - 0,584 = 0,416$$

d. Para encontrar a probabilidade de que exatamente 11 empregados sejam a favor da sindicalização, lembre-se de que as entradas na Tabela II são probabilidades cumulativas e use a relação:

$$P(x = 11) = [p(0) + p(1) + \ldots + p(11)]$$
$$- [p(0) + p(1) + \ldots + p(10)]$$
$$= P(x \leq 11) - P(x \leq 10)$$

Então:

$$P(x = 11) = 0,404 - 0,245 = 0,159$$

e. A distribuição de probabilidades para x nesse exemplo é mostrada na Figura 4.9. Note que:

$$\mu - 2\sigma = 12 - 2(2,2) = 7,6$$
$$\mu + 2\sigma = 12 + 2(2,2) = 16,4$$

O intervalo (7,6; 16,4) também é mostrado na Figura 4.9. A probabilidade de que x caia nesse intervalo é $P(x = 8, 9, 10, \ldots, 16) = P(x \leq 16) - P(x \leq 7) = 0,984 - 0,021 = 0,963$. Essa probabilidade está muito próxima a 0,95, dada pela regra empírica. Assim, esperamos que o número de empregados a favor da sindicalização na amostra de 20 esteja entre 8 e 16.

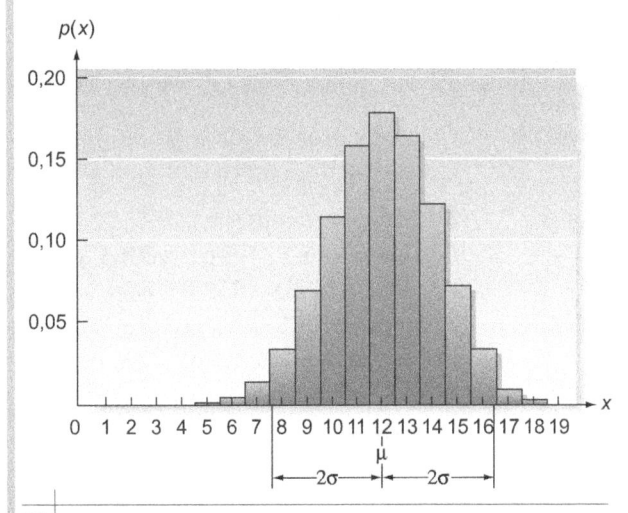

FIGURA 4.9 A distribuição de probabilidades binomiais para x no Exemplo 4.12: $n = 20$, $p = 0,6$

Probabilidades binomiais

Usando a calculadora gráfica TI-83/TI-84

Calculando probabilidades binomiais

I. $P(x = k)$

Para calcular a probabilidade de k sucessos em n tentativas, em que p é a probabilidade de sucesso para cada tentativa, use o comando **binompdf**(. *Binompdf* é a 'função de densidade de probabilidade binomial'. Esse comando está sob o menu **DISTR**ibution e tem o formato **binompdf**(n, p, k).

Exemplo Calcule a probabilidade de 5 sucessos em 8 tentativas, na qual a probabilidade de sucesso para uma única tentativa é 40%. Nesse exemplo, $n = 8$, $p = 0,4$ e $k = 5$.

Passo 1 *Insira os parâmetros binomiais.*
Pressione **2nd VARS** para **DISTR**.
Pressione a tecla **ARROW** para baixo até que **binompdf** esteja marcado.
Pressione **ENTER**.
Depois de **binompdf**(, digite **8, 0,4, 5**). [*Nota*: certifique-se de ter usado a tecla **COMMA** entre cada parâmetro.]
Pressione **ENTER**.
Você deverá ver:

```
binompdf(8,.4,5)
           .12386304
```

Assim, $P(x = 5)$ é de cerca de 12,4%.

II. $P(x \leq k)$

Para calcular a probabilidade de k ou menos sucessos em n tentativas, em que p é a probabilidade de sucesso para cada tentativa, use o comando **binomcdf**(. *Binomcdf* é a 'função de densidade de probabilidade binomial cumulativa'. Esse comando está sob o menu **DISTR**ibution e tem o formato **binompdf**(n, p, k).

Exemplo Calcule a probabilidade de 5 ou menos sucessos em 8 tentativas, na qual a probabilidade de sucesso para uma única tentativa é 40%. Nesse exemplo, $n = 8$, $p = 0,4$ e $k = 5$.

Passo 2 *Insira os parâmetros binomiais.*
Pressione **2nd VARS** para **DISTR**.
Pressione a tecla **ARROW** para baixo até que **binomcdf** esteja marcado.
Pressione **ENTER**.
Depois de **binomcdf**(, digite **8, 0,4, 5**).
Pressione **ENTER**.
Você deverá ver:

```
binomcdf(8,.4,5)
           .95019264
```

Assim, $P(x \leq k)$ é de cerca de 95%.

III. $P(x < k)$, $P(x > k)$, $P(x \geq k)$

Para encontrar a probabilidade de menos de k sucessos $P(x < k)$, mais que k sucessos $P(x > k)$, ou pelo menos k sucessos $P(x \geq k)$, variações do comando **binomcdf**(devem ser usadas, como mostrado abaixo:
$P(x < k)$ use **binomcdf**$(n, p, k - 1)$
$P(x > k)$ use 1 – **binomcdf**(n, p, k)
$P(x \geq k)$ use 1 – **binomcdf**$(n, p, k -1)$

Exercícios 4.35 – 4.54

Aprendendo a mecânica

4.35 Calcule o que se segue:
a. $\dfrac{6!}{2!(6-2)!}$ b. $\binom{5}{2}$ c. $\binom{7}{0}$ d. $\binom{6}{6}$ e. $\binom{4}{3}$

4.36 Considere a seguinte distribuição de probabilidades:

$$p(x) = \binom{5}{0}(0,7)^x (0,3)^{5-x} \quad (x = 0, 1, 2, \ldots, 5)$$

a. x é uma variável aleatória discreta ou contínua?
b. Qual o nome da distribuição de probabilidades?
c. Faça um gráfico para a distribuição de probabilidades.
d. Encontre a média e o desvio-padrão de x.
e. Mostre a média e o intervalo de 2 desvios-padrão em cada lado da média no gráfico que você desenhou no item c.

4.37 Se x é uma variável aleatória binomial, calcule $p(x)$ para cada um dos casos a seguir:
a. $n = 5$, $x = 1$, $p = 0,2$
b. $n = 4$, $x = 2$, $q = 0,4$
c. $n = 3$, $x = 0$, $p = 0,7$
d. $n = 5$, $x = 3$, $p = 0,1$
e. $n = 4$, $x = 2$, $q = 0,6$
f. $n = 3$, $x = 1$, $p = 0,9$

4.38 Suponha que x seja uma variável aleatória binomial com $n = 3$ e $p = 0,3$.
a. Calcule o valor de $p(x)$, $x = 0, 1, 2, 3$, usando a fórmula para a distribuição de probabilidades binomial.
b. Usando sua resposta do item a, dê a distribuição de probabilidades para x na forma tabular.

4.39 Se x é uma variável aleatória binomial, calcule μ, σ^2 e σ para cada um dos seguintes itens:
a. $n = 25$, $p = 0,5$
b. $n = 80$, $p = 0,2$
c. $n = 100$, $p = 0,6$
d. $n = 70$, $p = 0,9$
e. $n = 60$, $p = 0,8$
f. $n = 1.000$, $p = 0,04$

4.40 Se x é uma variável aleatória binomial, use a Tabela II do Apêndice B para encontrar as seguintes probabilidades:
a. $P(x = 2)$ para $n = 10$, $p = 0,4$
b. $P(x \leq 5)$ para $n = 15$, $p = 0,6$
c. $P(x > 1)$ para $n = 5$, $p = 0,1$
d. $P(x < 10)$ para $n = 25$, $p = 0,7$
e. $P(x \geq 10)$ para $n = 15$, $p = 0,9$
f. $P(x = 2)$ para $n = 20$, $p = 0,2$

4.41 A distribuição de probabilidades binomial é uma família de distribuições de probabilidades, e cada única distribuição depende dos valores de n e p. Presuma que x seja uma variável aleatória binomial com $n = 4$.
a. Determine um valor de p de forma que a distribuição de probabilidades de x seja simétrica.
b. Determine um valor de p de forma que a distribuição de probabilidades de x seja assimétrica à direita.
c. Determine um valor de p de forma que a distribuição de probabilidades de x seja assimétrica à esquerda.
d. Faça um gráfico para cada uma das distribuições binomiais que você obteve nos itens a, b e c. Localize a média de cada distribuição no gráfico.
e. Em geral, para quais valores de p a distribuição de probabilidades será simétrica? E assimétrica à direita? E assimétrica à esquerda?

APPLET **Exercício utilizando aplicativo 4.3**
(É necessário ter o Java instalado para utilizar esse aplicativo)

Use os aplicativos intitulados *Simulating the probability of a head with an unfair coin*, $(P(H) = 0,2)$ e *Simulating the probability of a head with an unfair coin*, $(P(H) = 0,8)$, para estudar a média μ de uma distribuição binomial.
a. Rode cada aplicativo mencionado uma vez com $n = 1.000$ e registre as proporções acumuladas. Como as proporções acumuladas para cada aplicativo se comparam ao valor de $P(H)$ dado para o aplicativo?
b. Usando a proporção acumulada a partir de cada aplicativo como p, calcule $\mu = np$ para cada aplicativo em que $n = 1.000$. O que o valor de μ representa em termos dos resultados obtidos rodando cada aplicativo no item a?
c. Com suas próprias palavras, descreva o que a média μ de uma distribuição binomial representa.

APPLET **Exercício utilizando aplicativo 4.4**
(É necessário ter o Java instalado para utilizar esse aplicativo)

Abra o aplicativo chamado *Sample from a population*. No menu ao lado direito do gráfico do topo, escolha *Binary*. Defina $n = 10$ como o tamanho da amostra e, repetidamente, escolha amostras a partir da população. Para cada amostra, registre o número de 1s na amostra. Considere x o número de 1s em uma amostra de 10. Explique por que x é uma variável aleatória binomial.

Exercício utilizando aplicativo 4.5
(É necessário ter o Java instalado para utilizar esse aplicativo)

Use o aplicativo intitulado *Simulating the stock market* para estimar a probabilidade de que uma ação suba em cada um dos próximos dois dias. De forma repetida, rode o aplicativo para $n = 2$, registrando o número de altas para cada vez. Use a proporção de 2 entre seus resultados como a estimativa da probabilidade. Compare a probabilidade binomial em que $x = 2$, $n = 2$ e $p = 0,5$.

Aplicação dos conceitos — Básico

4.42 Celulares com acesso à Internet. De acordo com uma pesquisa Júpiter/NPD entre jovens adultos (18-24 anos de idade) que compram on-line, 20% possuem um aparelho de telefone celular com acesso à Internet (*American Demographics*, maio 2002). Em uma amostra aleatória de 200 jovens adultos que compram on-line, considere x o número daqueles que possuem um telefone celular com acesso à Internet.
 a. Explique por que x é uma variável aleatória binomial (com um grau de aproximação razoável).
 b. Qual o valor de p? Interprete esse valor.
 c. Qual o valor esperado de x? Interprete esse valor.

4.43 Negócios de mulheres. De acordo com o *Journal of Business Venturing* (v. 17, 2002), 27% de todos os pequenos negócios de brancos não hispânicos ao redor dos Estados Unidos são formados por empresas cujos donos são mulheres.
 a. Em uma amostra de 200 pequenos negócios cujos donos são brancos não hispânicos, quantos você esperaria que fossem de mulheres?
 b. Se oito pequenos negócios cujos donos são brancos não hispânicos fossem aleatoriamente selecionados, qual a probabilidade de que nenhum fosse de uma mulher? E que de metade fosse de mulheres?

4.44 Análise de água engarrafada. A água que você está bebendo é realmente purificada? Um estudo de quatro anos de marcas de água engarrafada conduzido pelo Conselho de Defesa dos Recursos Naturais dos Estados Unidos apontou que 25% da água engarrafada é apenas água da torneira embalada em uma garrafa (*Scientific American*, jul. 2003). Considere uma amostra de cinco marcas de água engarrafada, e x o número dessas marcas que usam água da torneira.
 a. Explique por que x é (aproximadamente) uma variável aleatória binomial.
 b. Dê a distribuição de probabilidade para x como uma fórmula.
 c. Encontre $P(x = 2)$.
 d. Encontre $P(x \leq 1)$.

4.45 Rastreando mísseis com imagens de satélite. O governo norte-americano destinou fundos consideráveis para pesquisas de defesa de mísseis ao longo dos últimos 20 anos. O último desenvolvimento é o Sistema Infra-Vermelho Baseado no Espaço (Space-Based Infrared System – SBIRS), que usa imagens de satélite para detectar e rastrear mísseis (*Chance*, verão, 2005). A probabilidade de que um objeto intruso (por exemplo, um míssil) seja detectado pelo SBIRS é 0,8. Considere uma amostra de 20 rastreamentos simulados, cada um com um objeto intruso. Considere x igual ao número desses rastreamentos em que SBIRS detecta o objeto.
 a. Demonstre que x é (aproximadamente) uma variável aleatória binomial.
 b. Dê os valores de p e n para a distribuição binomial.
 c. Encontre $P(x = 15)$, a probabilidade de que o SBIRS detectará o objeto em exatamente 15 rastreamentos.
 d. Encontre $P(x = 15)$, a probabilidade de que o SBIRS detectará o objeto em pelo menos 15 rastreamentos.
 e. Encontre $E(x)$ e interprete o resultado.

4.46 Lesões nas costas no trabalho. Uma pesquisa da organização Gallup patrocinada pela CIGNA Integrated Care sediada na Philadelphia revelou que aproximadamente 40% dos empregados perderam dia de trabalho devido a lesão músculo-esqueletal (costas) de algum tipo (*National Underwriter*, 5 abr. 1999). Considere x o número de trabalhadores da amostra que faltou ao trabalho devido a lesão nas costas.
 a. Explique por que x é aproximadamente uma variável aleatória binomial.
 b. Use os dados da pesquisa do Gallup para estimar p para a variável aleatória binomial do item **a**.
 c. Uma amostra aleatória de 10 trabalhadores será feita a partir de uma fábrica em particular. Use o p do item **b** para encontrar a média e o desvio-padrão de x, o número de trabalhadores que faltou ao trabalho devido a lesão nas costas.
 d. Para a amostra no item **c**, encontre a probabilidade de que exatamente um trabalhador tenha faltado ao trabalho devido a lesão nas costas e de que mais de um trabalhador tenha perdido o trabalho devido a lesão nas costas.

Aplicação dos conceitos — Intermediário

4.47 Pontuações de inspeção em pontes. De acordo com o National Bridge Inspection Standard (NBIS), pontes públicas com mais de 6 metros de comprimento devem ser inspecionadas e classificadas a cada dois anos. A escala de pontuação do NBIS varia de 0 (pior classificação) a 9 (pontuação mais alta). Engenheiros da University of Colorado usaram um modelo probabilístico para prever as pontuações de inspeção de todas as principais pontes de Denver (*Journal of Performance of Constructed Facilities*, fev. 2005). Para o ano de 2020, os engenheiros prevêem que 9% de todas as principais pontes de Denver terão classificação 4 ou menos.
 a. Use a previsão para encontrar a probabilidade de que, em uma amostra aleatória de 10 pontes principais de Denver, pelo menos 3 terão uma classificação de inspeção de 4 ou menos em 2020.
 b. Suponha que você na verdade observe 3 ou mais das 10 pontes da amostra com uma classificação de inspeção de 4 ou menos em 2020. Que inferência você pode fazer? Por quê?

4.48 Detectando um ataque de vírus de computador. A *Chance* (inverno, 2004) apresentou métodos básicos para detectar ataques de vírus (como programas Trojan ou worms) em uma rede de computadores que tenham sido enviados de um servidor remoto. Esses vírus alcançam a rede por meio de pedidos de comunicação (por exemplo, e-mail, Web chat, ou log in remoto) que são identificados como 'pacotes'. Por exemplo, o vírus 'SYN flood' amarra a rede de computadores ao 'inundar' a rede com múltiplos pacotes. Experts em segurança podem detectar esse tipo de ataque de vírus se pelo menos um pacote é observado por um sensor da rede. Presuma que a probabilidade de observar um único pacote enviado por um novo vírus seja de apenas 0,001. Se o vírus na verdade envia 150 pacotes para uma rede de computadores, qual a probabilidade de que ele seja detectado pelo sensor?

4.49 Declarações de impostos auditadas pelo IRS. De acordo com o Internal Revenue Service (IRS), as chances de uma declaração ser auditada nos Estados Unidos são de aproximadamente 15 em 1.000 se a renda é de menos de US$ 100.000 e 30 em 1.000 se a renda é de US$ 100.000 ou mais (*Statistical Abstract of the United States*).
    a. Qual a probabilidade de que o contribuinte com renda menor que US$ 100.000 seja auditado pelo IRS? E com renda de US$ 100.000 ou mais?
    b. Se cinco contribuintes com rendas abaixo de US$ 100.000 são aleatoriamente selecionados, qual a probabilidade de que exatamente um seja auditado? E de que mais de um seja auditado?
    c. Repita o item **b** presumindo que cinco contribuintes com renda de US$ 100.000 ou mais sejam aleatoriamente selecionados.
    d. Se dois contribuintes com renda abaixo de US$ 100.000 são aleatoriamente selecionados e dois com rendas maiores que US$ 100.000, qual a probabilidade de que nenhum desses contribuintes seja auditado pelo IRS?
    e. Que premissas você teve que fazer para responder a essas questões usando a metodologia apresentada nesta seção?

4.50 Trocando bancos após uma fusão. Bancos que se fundem com outros para formar 'megabancos' algumas vezes deixam os consumidores insatisfeitos com o serviço impessoal. Uma pesquisa da organização Gallup informou que 20% dos clientes de varejo trocaram de banco depois de seu banco ter se fundido com outro (*Bank Marketing*, fev. 1999). Um ano após a aquisição do First Fidelity pelo First Union, em uma amostra aleatória, foram questionados 25 clientes que tinham contas no First Fidelity. Considere x o número daqueles consumidores que trocaram seus negócios do First Union para um banco diferente.
    a. Que premissas devem ser feitas para que x seja uma variável aleatória binomial? No restante do exercício, use os dados da pesquisa do Gallup para estimar p.
    b. Qual a probabilidade de que $x \leq 10$?
    c. Encontre $E(x)$ e o desvio-padrão de x.
    d. Calcule o intervalo $\mu \pm 2\sigma$.
    e. Se amostras de tamanho 25 forem montadas repetidamente um grande número de vezes e x for determinado para cada amostra, qual proporção dos valores de x ficaria dentro do intervalo calculado no item **d**?

4.51 Relatório do FDA sobre pesticidas em comida. A cada trimestre, o Food and Drug Administration (FDA) produz um relatório chamado o 'Estudo da dieta total'. O relatório do FDA cobre uma variedade de itens de comida, cada um deles analisado para potenciais componentes químicos maléficos. Um Estudo da dieta total recente relatou que nenhum pesticida foi encontrado em 60% das amostras de alimentos produzidos domesticamente (*FDA Pesticide Program: Residue Monitoring*, 2001). Considere uma amostra aleatória de 800 itens de alimentos analisados para a presença de pesticidas.
    a. Calcule μ e σ para a variável aleatória x, o número de itens de comida que não mostrou nenhum traço de pesticida.
    b. Com base em uma amostra de 800 itens de comida, é provável que você observe menos do que a metade sem qualquer sinal de pesticida? Explique.

Aplicação dos conceitos — Avançado

4.52 Decisão de compra. Suponha que você seja um agente de compras para uma grande empresa. Você comprou 5 milhões de interruptores elétricos, e seu fornecedor garantiu que o carregamento não continha mais de 0,1% de defeituosos. Para checar o carregamento, você realiza uma amostra aleatória de 500 interruptores, testa-os e encontra quatro com defeito. Com base nessa evidência, você acredita que o fornecedor cumpriu a garantia? Explique.

4.53 Especificações da bola de golfe da USGA. De acordo com a U.S. Golf Association (USGA): "O peso da bola [de golfe] não deve ser maior que 1.620 onças avoirdupois (45,93 gramas) (...). O diâmetro da bola não deve ser menor que 1.680 polegadas. (...) A velocidade da bola não pode ser maior que 250 pés por segundo" (USGA, 2002). A USGA periodicamente checa as especificações das bolas de golfe vendidas nos Estados Unidos ao fazer amostras aleatórias nas lojas ao redor do país. Duas dúzias de cada tipo são amostradas, e, se mais de três não atendem aos requisitos de tamanho e/ou velocidade, aquele tipo de bola é removido da lista de bolas aprovadas pela USGA.
    a. Que premissas devem ser feitas e que informações devem ser conhecidas para usar a distribuição de probabilidade binomial de modo a calcular a probabilidade de que a USGA removerá um tipo em particular de bola de golfe de sua lista de aprovadas?
    b. Suponha que 10% de todas as bolas produzidas por um fabricante em particular tenham menos de 1.680 polegadas de diâmetro, e presuma que o número de tais bolas x em uma amostra de duas dúzias de bolas possa ser adequadamente caracterizado por uma distribuição de probabilidades binomial. Encontre a média e o desvio-padrão da distribuição binomial.
    c. Retome os dados do item **b**. Se x tem uma distribuição binomial, então também tem o número y de bolas na amostra que está de acordo com o mínimo de diâmetro [*Nota*: $x + y = 24$.] Descreva a distribuição de y. Em particular, o que são p, q e n? Encontre também $E(y)$ e o desvio-padrão de y.

4.54 Confiabilidade de um aparelho de 'dose única'.
Um aparelho de 'dose única' só pode ser usado uma vez; após o uso, o aparelho (por exemplo, uma arma nuclear, uma cápsula espacial, o *air bag* de um automóvel) ou é destruído ou reconstruído. A natureza destrutiva de um equipamento de dose única faz com que testes repetidos sejam impraticáveis ou muito custosos. Dessa forma, a confiabilidade de tal equipamento deve ser determinada por um nível mínimo de testes. Considere um equipamento de dose única que tem alguma probabilidade, p, de falha. Claramente, o valor de p é desconhecido, então os designers especificarão um valor de p que seja a maior taxa de defeito que eles esperam aceitar. Os designers conduzirão n testes do equipamento e determinarão o sucesso ou a falha de cada teste. Se o número de falhas observadas x é menor que ou igual a algum valor especificado K, então o equipamento é considerado como tendo a taxa de falha desejada. Conseqüentemente, os designers querem saber o tamanho mínimo da amostra n necessário para observar K ou menos defeitos na amostra que demonstrarão que a verdadeira probabilidade de falha para um equipamento de dose única não é maior que p.

    a. Suponha que a taxa de falha desejada para um equipamento de dose única seja $p = 0{,}10$. Presuma também que designers conduzam $n = 20$ testes de equipamento e concluam que o equipamento está funcionando dentro das especificações se $K = 1$ (isto é, se 1 ou nenhuma falha é observada na amostra). Encontre $P(x \leq 1)$.
    b. Na análise de confiabilidade, $1 - P(x \leq K)$ é geralmente chamado de *nível de confiança* por concluir que a verdadeira taxa de falha é menor que ou igual a p. Encontre o nível de confiança para um equipamento de dose única descrito no item **a**. Em sua opinião, esse é um nível aceitável? Explique.
    c. Demonstre que o nível de confiança pode ser aumentado por (1) aumento do tamanho da amostra n ou (2) diminuição do número K de falhas permitidas na amostra.
    d. De forma típica, os designers querem um nível de confiança de 0,90, 0,95 ou 0,99. Encontre os valores de n e K a usar de forma que os designers possam concluir (com pelo menos 95% de confiança) que a taxa de falha para um equipamento de dose única do item **a** não é maior que $p = 0{,}10$.

[*Nota*: O U.S. Department of Defense Reliability Analysis Center (DoD RAC) dá aos designers acesso livre a tabelas e quadros que fornecem o tamanho mínimo da amostra n requerido para obter um nível de confiança desejado para um número específico de falhas observadas na amostra.]

4.4 Distribuição de Poisson (Opcional)

Um tipo de distribuição de probabilidades que é comumente útil para descrever o número de eventos que ocorrerá em um período específico de tempo ou em uma área ou volume específicos é a distribuição de Poisson (assim chamada por causa do físico e matemático do século XVIII, Siméon Poisson). Exemplos típicos de variáveis aleatórias para as quais a distribuição de probabilidades proporciona um bom modelo são os que se seguem:

1. O número de acidentes industriais por mês em uma indústria.
2. O número de defeitos notificáveis de superfície (arranhões, amassados, etc.) encontrado pelos inspetores de qualidade em um novo automóvel.
3. As partes por milhão de alguma toxina encontrada na água ou emissão de ar a partir de uma fábrica industrial.
4. O número de chegadas de clientes por unidade de tempo em um caixa de supermercado.
5. O número de atestados de óbito recebidos por uma empresa de seguro.
6. O número de erros por 100 duplicatas nos registros contábeis de uma empresa.

CARACTERÍSTICA DE UMA VARIÁVEL ALEATÓRIA DE POISSON

1. O experimento consiste em contar o número de vezes que certo evento ocorre durante uma dada unidade de tempo ou em uma dada área ou volume (ou peso, distância ou outra unidade de medição).
2. A probabilidade de que um evento ocorra em uma dada unidade de tempo, área ou volume é a mesma para todas as unidades.
3. O número de eventos que ocorre em uma unidade de tempo, área ou volume é independente do número que ocorre em qualquer outra unidade mutuamente excludente.
4. A média (ou número esperado) de eventos em cada unidade é denotada pela letra grega lambda: λ.

As características da variável aleatória de Poisson são em geral difíceis de verificar para exemplos práticos. Os exemplos práticos dados satisfazem o suficiente para que a distribuição de Poisson proporcione um bom modelo em muitas instâncias. Como em todos os modelos de probabilidades, o teste real de adequação de modelo de Poisson é se ele proporciona uma aproximação razoável da realidade — isto é, se os dados empíricos o suportam. A distribuição de probabilidades, a média e a variação para uma variável aleatória Poisson são mostradas no próximo quadro.

O cálculo das probabilidades de Poisson é facilitado com o uso da Tabela III do Apêndice B, que dá as probabilidades cumulativas $P(x \leq k)$ para vários valores de λ. O uso da Tabela III é ilustrado no Exemplo 4.13.

DISTRIBUIÇÃO DE PROBABILIDADES, MÉDIA E VARIÂNCIA PARA UMA VARIÁVEL ALEATÓRIA DE POISSON[7]

$$p(x) = \frac{\lambda^x e^{-\lambda}}{x!} \quad (x = 0, 1, 2, \ldots)$$

$$\mu = \lambda$$

$$\sigma^2 = \lambda$$

onde:

λ = número médio de eventos durante dada unidade de tempo, área, volume etc.
e = 2,71828...

Biografia

SIMÉON D. POISSON (1781–1840)

EXEMPLO 4.13

ENCONTRANDO PROBABILIDADES DE POISSON ASSOCIADAS COM ABSENTEÍSMO DO TRABALHADOR

Problema Suponha que o número x de trabalhadores de uma empresa que está ausente às segundas-feiras tenha (aproximadamente) uma distribuição de probabilidades de Poisson. Além disso, presuma que o número médio de ausentes na segunda-feira seja 2,6.

a. Encontre a média e o desvio-padrão de x, o número de empregados ausentes na segunda-feira.

b. Use a Tabela III para encontrar a probabilidade de que menos de 2 empregados estejam ausentes em uma dada segunda-feira.

c. Use a Tabela III para encontrar a probabilidade de que mais de 5 empregados estejam ausentes em uma dada segunda-feira.

d. Use a Tabela III para encontrar a probabilidade de que exatamente 5 empregados estejam ausentes em uma dada segunda-feira.

Solução

a. A média e a variação de uma variável aleatória de Poisson são ambas iguais a λ. Assim, para este exemplo:

$$\mu = \lambda = 2,6$$

$$\sigma^2 = \lambda = 2,6$$

Então, o desvio-padrão de x é:

$$\sigma = \sqrt{2,6} = 1,61$$

Lembre-se de que a média mede a tendência central da distribuição e não é necessariamente igual a um possível valor de x. Neste exemplo, a média é 2,6 ausências e, apesar de não poder haver 2,6 ausências em uma dada segunda-feira, o número médio de ausências é 2,6. De forma similar, o desvio-padrão de 1,61 mede a variabilidade do número de ausências por semana. Talvez uma medida mais útil seja o intervalo $\mu \pm 2\sigma$, que nesse caso vai de –0,62 a 5,82. Esperamos o número de ausências dentro desse intervalo na maior parte do tempo — com pelo menos 75% de freqüência relativa (de acordo com a regra de Chebyshev) e provavelmente com 95% da freqüência relativa (regra empírica). A média e o intervalo de dois desvios-padrão ao seu redor são mostrados na Figura 4.10.

TABELA 4.4 Reprodução de parte de Tabela III do Apêndice B

λ \ k	0	1	2	3	4	5	6	7	8	9
2,2	0,111	0,355	0,623	0,819	0,928	0,975	0,993	0,998	1.000	1.000
2,4	0,091	0,308	0,570	0,779	0,904	0,964	0,988	0,997	0,999	1.000
2,6	0,074	0,267	0,518	0,736	0,877	0,951	0,983	0,995	0,999	1.000
2,8	0,061	0,231	0,469	0,692	0,848	0,935	0,976	0,992	0,998	0,999
3,0	0,050	0,199	0,423	0,647	0,815	0,916	0,966	0,988	0,996	0,999
3,2	0,041	0,171	0,380	0,603	0,781	0,895	0,955	0,983	0,994	0,998
3,4	0,033	0,147	0,340	0,558	0,744	0,871	0,942	0,977	0,992	0,997
3,6	0,027	0,126	0,303	0,515	0,706	0,844	0,927	0,969	0,988	0,996
3,8	0,022	0,107	0,269	0,473	0,668	0,816	0,909	0,960	0,984	0,994
4,0	0,018	0,092	0,238	0,433	0,629	0,785	0,889	0,949	0,979	0,992
4,2	0,015	0,078	0,210	0,395	0,590	0,753	0,867	0,936	0,972	0,989
4,4	0,012	0,066	0,185	0,359	0,551	0,720	0,844	0,921	0,964	0,985
4,6	0,010	0,056	0,163	0,326	0,513	0,686	0,818	0,905	0,955	0,980
4,8	0,008	0,048	0,143	0,294	0,476	0,651	0,791	0,887	0,944	0,975
5,0	0,007	0,040	0,125	0,265	0,440	0,616	0,762	0,867	0,932	0,968
5,2	0,006	0,034	0,109	0,238	0,406	0,581	0,732	0,845	0,918	0,960
5,4	0,005	0,029	0,095	0,213	0,373	0,546	0,702	0,822	0,903	0,951
5,6	0,004	0,024	0,082	0,191	0,342	0,512	0,670	0,797	0,886	0,941
5,8	0,003	0,021	0,072	0,170	0,313	0,478	0,638	0,771	0,867	0,929
6,0	0,002	0,017	0,062	0,151	0,285	0,446	0,606	0,744	0,847	0,916

[7] A distribuição de probabilidades Poisson também proporciona uma boa aproximação de uma distribuição binomial com média $\lambda = np$ quando n é grande e p é pequeno (digamos, $np \leq 7$).

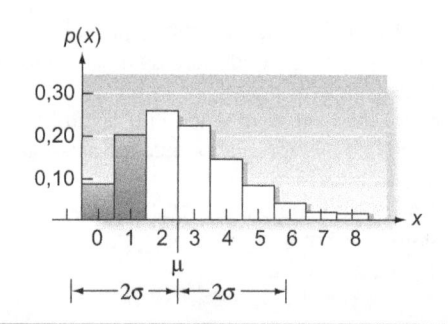

FIGURA 4.10 Distribuição de probabilidades para o número de ausências na segunda-feira

b. Uma reprodução parcial da Tabela III é mostrada na Tabela 4.4. As linhas da tabela correspondem a valores diferentes de λ, e as colunas correspondem a valores diferentes (k) da variável aleatória Poisson x. As entradas na tabela (como as probabilidades binomiais na Tabela II) dão a probabilidade cumulativa $P(x \leq k)$. Para encontrar a probabilidade de que menos de dois empregados estejam ausentes na segunda-feira, primeiro notamos que:

$$P(x < 2) = P(x \leq 1)$$

Essa probabilidade é cumulativa e, por isso, é a entrada na Tabela III da linha correspondendo a λ = 2,6 e da coluna correspondendo a k = 1. A entrada é 0,267, mostrada em destaque na Tabela 4.4. Essa probabilidade corresponde à área sombreada na Figura 4.10 e pode ser interpretada como significando que há uma chance de 26,7% de que menos de 2 empregados estejam ausentes em uma dada segunda-feira.

c. Para encontrar a probabilidade de que mais de 5 empregados estejam ausentes em uma dada segunda-feira, consideramos o evento complementar

$$P(x > 5) = 1 - P(x \leq 5) = 1 - 0,951 = 0,049$$

onde 0,951 é a entrada na Tabela III correspondendo a λ = 2,6 e k = 5 (veja Tabela 4.4). Note, pela Figura 4.10, que essa é a área no intervalo $\mu \pm 2\sigma$, ou –0,62 a 5,82. Então, o número de ausências deveria exceder 5 — ou, de forma equivalente, deveria estar a mais de 2 desvios-padrão da média — durante apenas cerca de 4,9% de todas as segundas-feiras. Note que essa porcentagem está bastante de acordo com aquela dada pela regra empírica para distribuições em formato de sino, que nos diz que devemos esperar aproximadamente 5% de todas as medições (valores da variável aleatória) para ficar além de 2 desvios-padrão da média.

d. Para usar a Tabela III para encontrar a probabilidade de que *exatamente* 5 empregados estejam ausentes em uma dada segunda-feira, devemos escrever a probabilidade como a diferença entre duas probabilidades cumulativas:

$$P(x = 5) = P(x \leq 5) - P(x \leq 4)$$
$$= 0,951 - 0,877 = 0,074$$

AGORA FAÇA O EXERCÍCIO 4.56

Note que as probabilidades da Tabela III estão todas arredondadas para três casas decimais. Assim, apesar de, em teoria, uma variável aleatória Poisson poder assumir valores infinitamente grandes, os valores de k na Tabela III são estendidos apenas até que a probabilidade cumulativa seja 1,000. Isso não significa que x não possa assumir valores maiores, mas apenas que a possibilidade de que assuma é menor que 0,001 (na verdade, inferior a 0,0005).

Finalmente, você pode precisar calcular as probabilidades Poisson para valores de λ não encontrados na Tabela III. Você pode obter uma aproximação adequada por intercalação, mas, caso contrário, consulte tabelas mais completas para a distribuição de Poisson.

Exercícios 4.55 – 4.68

Aprendendo a mecânica

4.55 Considere a distribuição de probabilidades mostrada:

$$p(x) = \frac{3^x e^{-3}}{x!} \quad (x = 0, 1, 2, \ldots)$$

a. x é uma variável aleatória discreta ou contínua? Explique.
b. Qual o nome dessa distribuição de probabilidade?
c. Faça um gráfico da distribuição de probabilidade.
d. Encontre a média e o desvio-padrão de x.

4.56 Presuma que x seja uma variável aleatória com uma distribuição de probabilidades Poisson de média 1,5. Use a Tabela III para encontrar as seguintes probabilidades:

a. $P(x \leq 3)$
b. $P(x \geq 3)$
c. $P(x = 3)$
d. $P(x = 0)$
e. $P(x > 0)$
f. $P(x > 6)$

4.57 Dado que x é uma variável aleatória para a qual uma distribuição de probabilidades Poisson proporciona uma boa aproximação, use a Tabela III para calcular o seguinte:

a. $P(x \leq 2)$ quando λ = 1
b. $P(x \leq 2)$ quando λ = 2
c. $P(x \leq 2)$ quando λ = 3
d. O que acontece com a probabilidade do evento $\{x \leq 2\}$ quando λ aumenta de 1 para 3? Isso é intuitivamente razoável?

4.58 Suponha que x seja uma variável aleatória para a qual uma distribuição de Poisson com λ = 5 proporcionaria uma boa caracterização.

a. Faça um gráfico de p(x) para x = 0, 1, 2, ..., 15.
b. Encontre μ e σ para x, localize μ e o intervalo μ ± 2σ no gráfico.
c. Qual a probabilidade de que x fique dentro do intervalo μ ± 2σ?

Aplicação dos conceitos — Básico

4.59 Conferência de vídeo LAN. Um administrador de rede está instalando um módulo de videoconferência para um sistema de computador de uma rede local (LAN). O interesse é a capacidade da LAN de segurar usuários que tentam fazer uma chamada de videoconferência durante os horários de pico. Chamadas são bloqueadas se o usuário encontra todas as linhas LAN 'ocupadas'. A capacidade se relaciona diretamente à taxa na qual as chamadas são bloqueadas (Traffic Engineering Model for LAN Video Conferencing, Intel, 2005). Considere x igual ao número de chamadas bloqueadas durante o horário de pico (ocupado) do tempo de videoconferência. O administrador da rede acredita que x tenha uma distribuição de Poisson com média igual a λ = 5.
a. Encontre a probabilidade de que menos de 3 chamadas sejam bloqueadas durante o horário de pico.
b. Encontre E(x) e interprete seu valor.

4.60 Falências bancárias e FDIC. A Federal Deposit Insurance Corporation (FDIC) garante depósitos de até US$ 100.000 em bancos que sejam membros do Federal Reserve System contra perdas devido a falências bancárias ou roubo. Ao longo dos últimos cinco anos, o número médio de falências bancárias por ano entre bancos segurados foi de 5,8 (*FDIC Stats at a Glance*, mar. 2003). Presuma que x, o número de falhas bancárias por ano entre bancos segurados, possa ser adequadamente caracterizado por uma probabilidade Poisson com média 6.
a. Encontre o valor esperado e o desvio-padrão de x.
b. Em 1997, apenas um banco segurado faliu. Quanto (em desvios-padrão) x = 1 fica abaixo da média da distribuição de Poisson? Ou seja, encontre a pontuação z para x = 1.
c. Em 2002, 10 bancos segurados faliram. Encontre P(x ≤ 10).

4.61 Acidentes fatais com linhas aéreas. Companhias aéreas têm em média 1,2 vítimas fatais por mês (*Statistic al Abstract of the United States*, 2006). Presuma que a distribuição de probabilidade para x, o número de vítimas fatais por mês, possa ser aproximada por uma distribuição de probabilidade Poisson.
a. Qual a probabilidade de que nenhuma fatalidade ocorra em algum mês?
b. Qual a probabilidade de que uma fatalidade ocorra durante um mês?
c. Encontre E(x) e o desvio-padrão de x.

4.62 Acidentes em embarcações militares. Os economistas Gawande e Wheeler da University of New Mexico, apresentaram o número de feridos em uma embarcação militar durante um período de três anos como uma variável aleatória Poisson x. Eles estimaram E(x) como sendo 0,03 (*Management Science*, jan. 1999).
a. Encontre a variação de x.
b. Discuta as condições que tornariam plausível a hipótese de variável aleatória Poisson dos pesquisadores.
c. Qual a probabilidade de que uma embarcação militar norte-americana tenha exatamente um ferido em um período de três anos? E nenhum ferido em três anos?

Aplicação dos conceitos — Intermediário

4.63 Emissões de cloreto de vinil. A Agência de Proteção Ambiental (EPA) limita a quantidade de cloreto de vinil nas emissões de uma fábrica a não mais de 10 partes por milhão. Suponha que a emissão média de cloreto de vinil para uma fábrica em particular seja de 4 partes por milhão. Presuma que o número de partes por milhão de cloreto de vinil em amostras do ar x siga uma distribuição de probabilidade Poisson.
a. Qual o desvio-padrão de x para uma fábrica?
b. É provável que uma amostra do ar da fábrica gerasse um valor de x que excedesse o limite da EPA? Explique.
c. Discuta as condições que fariam a premissa da distribuição de Poisson plausível.

4.64 Chegada de clientes a uma padaria. Como parte de um projeto com o objetivo de melhorar os serviços em uma padaria, uma consultora gerencial (L. Lei, da Rutgers University) monitorou as chegadas de clientes em diversos sábados e domingos. Usando os dados, ela estimou o número médio de chegadas de clientes por período de 10 minutos nos sábados como sendo de 6,2. Ela presumiu que as chegadas por intervalo de 10 minutos seguissem a distribuição de Poisson (da qual alguns valores estão faltando) mostrada na tabela abaixo.
a. Calcule as probabilidades restantes.
b. Faça um gráfico da distribuição.
c. Encontre μ e σ e faça um gráfico dos intervalos μ ± σ, μ ± 2σ e μ ± 3σ em seu gráfico do item **b**.
d. O dono da padaria diz que mais de 75 clientes por hora entram na padaria em um domingo. Com base nos dados da consultora, isso é possível? Explique.

x	0	1	2	3	4	5	6	7	8	9	10	11	12	13
p(x)	0,002	0,013	—	0,081	0,125	0,155	—	0,142	0,110	0,076	—	0,026	0,014	0,007

Fonte: LEI, L. *Dorsi's Bakery: modeling service operations*. Graduate School of Management. Rutgers University, 1993.

Distribuição de probabilidades para o exercício 4.64

Probabilidades de Poisson

Usando a calculadora gráfica TI-83/TI-84

Calculando as probabilidades Poisson

I. $P(x = k)$

Para calcular $P(x = k)$, a probabilidade de exatamente k sucessos em um intervalo específico em que λ é a média do número de sucessos no intervalo, use o comando **poissonpdf(**. *Poissonpdf* se refere à 'função densidade da probabilidade Poisson'. Esse comando está sob o menu **DISTR**ibution e tem o formato **poissonpdf( )**.

Exemplo Suponha que o número x de visões relatadas de baleias-azuis seja registrado. Presuma que x tenha aproximadamente uma distribuição de probabilidade Poisson e que o número médio de visões semanais seja de 2,6. Calcule a probabilidade de que exatamente cinco visões sejam feitas durante uma dada semana.
Neste exemplo, $\lambda = 2{,}6$ e $k = 5$.

Passo 1 *Insira os parâmetros Poisson.*
Pressione **2nd VARS** para **DISTR**.
Pressione a tecla **ARROW** de baixo até que **poissonpdf** esteja marcado.
Pressione **ENTER**.
Depois de **poissonpdf(,—** digite **2,6, 5**) [*Nota*: esteja certo de usar a tecla **COMMA** entre cada parâmetro.]
Pressione **ENTER**.

Você deverá ver:

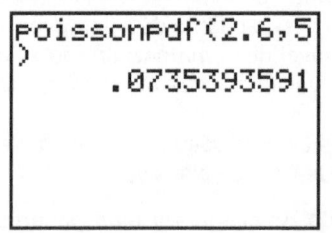

```
poissonpdf(2.6,5
)
        .0735393591
```

Assim, $P(x = 5)$ é de aproximadamente 7,4%.

II. $P(x \leq k)$

Para calcular a probabilidade de k ou menos sucessos em um intervalo específico, em que λ é o número médio de sucessos no intervalo, use o comando **poissoncdf(**. *Poissoncdf* se refere à 'função densidade da probabilidade acumulada de Poisson'. Esse comando está sob o menu **DISTR**ibution e tem o formato **poissoncdf(**

Exemplo No exemplo anterior, calcule a probabilidade de que cinco ou menos visões são feitas durante uma dada semana. Neste exemplo, $\lambda = 2{,}6$ e $k = 5$.

Passo 2 *Insira os parâmetros Poisson.*
Pressione **2nd VARS** para **DISTR**.
Pressione a tecla **ARROW** de baixo até que **poissoncdf** esteja marcado.
Pressione **ENTER**.
Depois de **poissoncdf(**, digite **2,6, 5**)
Pressione **ENTER**.
Você deve ver:

```
poissoncdf(2.6,5
)
        .9509628481
```

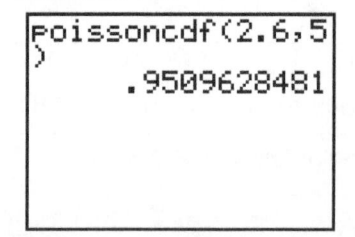

Assim, $P(x = 5)$ é de aproximadamente 95,1%.

III. $P(x < k)$, $P(x > k)$, $P(x \geq k)$

Para encontrar a probabilidade de menos que k sucessos, mais que k sucessos ou pelo menos k sucessos, variações do comando **poissoncdf(** devem ser usadas, conforme mostrado a seguir:

$P(x < k)$, use **poissoncdf(**λ, $k - 1$**)**

$P(x > k)$, use **1 − poissoncdf(**λ, k**)**

$P(x \geq k)$, use **1 − poissoncdf(**λ, $k - 1$**)**

4.65 Ciclo de vida de computador Mainframe. Ao estudar o ciclo de vida de produto no mercado comercial de computador mainframe, Greenstein (Northwestern University) e Wade (University of Illinois) descobriram que o número x de novos produtos introduzidos por ano pela firma poderia ser aproximado por uma variável aleatória Poisson com média igual a 0,37. (*Rand Journal of Economics*, inverno, 1998).

   a. Encontre o desvio-padrão de x.
   b. Faça um gráfico de $p(x)$, a distribuição de probabilidade para x.
   c. Seria provável que o fabricante de mainframe introduzisse mais de dois novos produtos por ano? Menos de um novo produto por ano? Justifique suas respostas.

4.66 Imperfeições em portas de madeira. Como checagem da qualidade de portas de madeira produzidas por uma empresa, seu dono requisitou que cada peça fosse para inspeção de defeitos antes de deixar a fábrica. O inspetor de qualidade da fábrica descobriu que 30 centímetros quadrados da superfície da porta contêm, em média, 0,5 imperfeições pequenas. Conseqüentemente, 30 centímetros quadrados de cada superfície da porta foram examinados em relação a imperfeições. O dono decidiu ter todas as portas retrabalhadas se fossem encontradas duas ou mais imperfeições menores nos 30 centímetros quadrados inspecionados. Qual a probabilidade de que uma porta não passe na inspeção e seja enviada de volta para retrabalho? Qual a probabilidade de que uma porta passe na inspeção?

4.67 Confiabilidade de bulbos incandescentes de lâmpadas. Uma grande fábrica tem 3.200 lâmpadas incandescentes iluminando a área de produção. A taxa à qual os bulbos falham segue uma distribuição de Poisson com média de três bulbos por hora. Qual a probabilidade de que nenhum bulbo falhe em um turno de 8 horas?

Aplicação dos conceitos — Avançado

4.68 Espera em um lava-rápido. Um lava-rápido automático leva exatamente 5 minutos para lavar um carro. Em média, 10 carros por hora chegam ao lava-rápido. Suponha que 30 minutos antes do final do expediente 5 carros estejam na fila. Se o lava-rápido está em uso contínuo até a hora de fechar, é provável que alguém esteja na fila na hora de fechar?

4.5 Distribuições de probabilidades para variáveis aleatórias contínuas

A forma gráfica da distribuição de probabilidades para uma **variável aleatória contínua** x é uma curva suave que deve parecer conforme mostrado na Figura 4.11. Essa curva, uma função de x, é representada pelo símbolo $f(x)$ e é diferentemente chamada de **função densidade de probabilidade (pdf)**, **função de freqüência** ou **distribuição de probabilidade**.

As áreas sob uma distribuição de probabilidades correspondem a probabilidades para x. Por exemplo, a área A abaixo da curva entre os dois pontos a e b, como mostrado na Figura 4.11, é a probabilidade de que x assuma um valor entre a e b ($a < x < b$). Como não há área sobre um ponto, digamos, $x = a$, segue-se que (de acordo com nosso modelo) a probabilidade associada com um valor em particular de x é igual a 0, isto é, $P(x = a) = 0$ e, assim, $P(a < x < b) = P(a \leq x \leq b)$. Em outras palavras, a probabilidade será a mesma se você incluir os pontos finais do intervalo ou não. Também, como as áreas sobre os intervalos representam probabilidades, segue-se que a área total sob uma distribuição de probabilidade, a probabilidade assinalada a todos os valores de x, deve ser igual a 1. Note que as distribuições de probabilidade para variáveis aleatórias contínuas possuem diferentes formatos, dependendo das distribuições de freqüência relativa de dados reais que se supõe que as distribuições de probabilidade exibam.

As áreas abaixo da maioria das distribuições de probabilidade são obtidas com o uso de cálculos ou

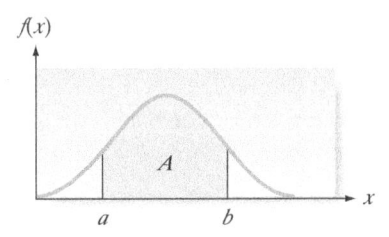

FIGURA 4.11 Uma distribuição de probabilidade $f(x)$ para uma variável aleatória contínua x

métodos numéricos[8]. Como esses métodos geralmente envolvem procedimentos difíceis, daremos as áreas para algumas das distribuições de probabilidade mais comuns na forma tabular no Apêndice B. Então, para encontrar a área entre os dois valores de x, digamos, $x = a$ e $x = b$, você simplesmente precisa consultar a tabela apropriada.

Para cada uma das variáveis aleatórias contínuas apresentadas neste capítulo, daremos a fórmula para a distribuição de probabilidade com sua média μ e desvio-padrão σ. Esses dois números permitirão que você faça algumas afirmações aproximadas sobre uma variável aleatória mesmo quando não tiver acesso a uma tabela de áreas abaixo da distribuição de probabilidades.

4.6 Distribuição uniforme (opcional)

Todos os problemas de probabilidade discutidos no Capítulo 3 tiveram espaços amostrais que continham um número finito de pontos amostrais. Em muitos desses problemas, os pontos amostrais foram assinalados com probabilidades iguais — por exemplo, o lançamento de um dado ou de uma moeda. Para variáveis aleatórias contínuas, há um número infinito de valores no espaço amostral, mas, em alguns casos, os valores podem parecer igualmente possíveis. Por exemplo, se um curto existe em 5 metros de fio elétrico, ele deve ter igual probabilidade de estar em qualquer 1 centímetro em particular ao longo do fio. Ou se um inspetor de segurança planeja escolher um horário aleatoriamente durante as quatro horas de trabalho da tarde para fazer uma visita-surpresa em certa área da fábrica, então cada intervalo nesse período de quatro horas terá igual chance de ser selecionado para a visita.

Variáveis aleatórias contínuas que parecem ter resultados igualmente possíveis sobre sua amplitude de possíveis valores possuem uma **distribuição de probabilidades uniforme**, talvez a mais simples das distribuições de probabilidades contínuas. Suponha que uma variável aleatória x possa assumir valores apenas em um intervalo $c \leq x \leq d$. Então, a função de freqüência uniforme tem um formato retangular, conforme mostrado na Figura 4.12. Note que todos os possíveis valores de x consistem de todos os pontos no intervalo entre o ponto c e o ponto d. A altura

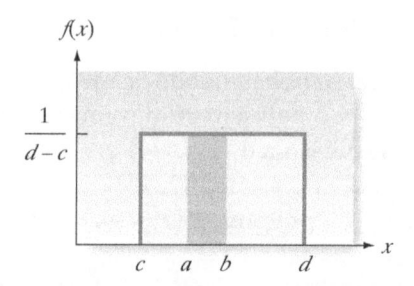

FIGURA 4.12 Uma distribuição de probabilidades uniforme.

de $f(x)$ é constante no intervalo e igual a $1/(d-c)$. Por isso, a área total sob $f(x)$ é dada por:

$$\text{Área total do retângulo} = (\text{Base})(\text{Altura})$$
$$= (d - c)\left(\frac{1}{d - c}\right) = 1$$

A distribuição de probabilidades uniforme proporciona um modelo para variáveis aleatórias contínuas que são *igualmente distribuídas* sobre um certo intervalo — isto é, uma variável aleatória uniforme é aquela que é apenas tão provável de assumir um valor em um intervalo como o é de assumir um valor em outro intervalo de igual tamanho. Não há agrupamento de valores ao redor de nenhum valor; em vez disso, há uma dispersão igual sobre toda a região de possíveis valores.

A distribuição uniforme é algumas vezes referida como sendo a **distribuição aleatória**, uma vez que uma forma de gerar uma variável aleatória uniforme é realizar um experimento no qual um ponto é *selecionado aleatoriamente* no eixo horizontal entre os pontos c e d. Se fôssemos repetir esse experimento de forma infinitamente freqüente, criaríamos uma **distribuição de probabilidade uniforme** como a mostrada na Figura 4.12. A seleção aleatória de pontos em um intervalo também pode ser usada para gerar números aleatórios como aqueles da Tabela I do Apêndice B. Lembre-se de que números aleatórios são selecionados de forma que cada número tenha uma igual probabilidade de seleção. Por isso, números aleatórios são realizações de uma variável aleatória uniforme. (Números aleatórios foram usados para fazer amostras aleatórias na Seção 3.7.) As fórmulas para a distribuição de probabilidade uniforme, sua média e seu desvio-padrão estão mostrados no quadro a seguir.

---

[8] Estudantes com conhecimento de cálculo deverão perceber que a probabilidade de que x assuma um valor no intervalo $a < x < b$ é $P(a < x < b) = \int_a^b f(x)\,dx$, assumindo que a integral exista. Similarmente para uma distribuição aleatória discreta, precisamos que $f(x) \geq 0$ e que $\int_{-\infty}^{\infty} f(x)\,dx = 1$.

Capítulo 4 — VARIÁVEIS ALEATÓRIAS E DISTRIBUIÇÃO DE PROBABILIDADES

DISTRIBUIÇÃO DE PROBABILIDADE PARA UMA VARIÁVEL ALEATÓRIA UNIFORME X

Função densidade de probabilidade:

$$f(x) = \frac{1}{d - c} \quad c \leq x \leq d$$

Média: $\mu = \dfrac{c + d}{2}$ Desvio-padrão: $\sigma = \dfrac{d - c}{\sqrt{12}}$

$P(a < x < b) = (b - a)/(d - c), \; c \leq a < b \leq d$

Suponha que o intervalo $a < x < b$ fique dentro do domínio de x; isto é, ele fica dentro do intervalo maior $c \leq x \leq d$. Então, a probabilidade de que x assuma um valor dentro do intervalo $a < x < b$ é igual à área do retângulo sobre o intervalo, chamada $(b - a)/(d - c)$.[9] (Veja a área sombreada na Figura 4.12.)

EXEMPLO 4.14

APLICANDO A DISTRIBUIÇÃO UNIFORME PARA A FABRICAÇÃO DE AÇO

Problema Suponha que o departamento de pesquisa de uma fábrica de aço acredite que uma das máquinas da empresa está produzindo lâminas de aço de espessuras variadas. A espessura é uma variável aleatória uniforme com valores entre 150 e 200 milímetros. Quaisquer lâminas com menos de 160 milímetros devem ser descartadas, pois não são aceitas pelos compradores.

a. Calcule e interprete a média e o desvio-padrão de x, a espessura das lâminas produzidas por essa máquina.

b. Faça um gráfico da distribuição de probabilidade de x e mostre a média no eixo horizontal. Mostre também os intervalos de desvio-padrão 1- e 2- em torno da média.

c. Calcule a fração de lâminas de metal produzidas por essa máquina que deverá ser descartada.

Solução

a. Para calcular a média e o desvio-padrão de x, substituímos 150 e 200 milímetros por c e d, respectivamente, nas fórmulas das variáveis aleatórias uniformes. Assim:

$$\mu = \frac{c + d}{2} = \frac{150 + 200}{2} = 175 \text{ milímetros}$$

e

$$\sigma = \frac{d - c}{\sqrt{12}} = \frac{200 - 150}{\sqrt{12}} = \frac{50}{3{,}464} = 14{,}43 \text{ milímetros}$$

Nossas interpretações seguem:

A espessura média de todas as lâminas de aço manufaturadas é $\mu = 175$ milímetros. A partir do teorema de Chebyshev (Tabela 2.6), sabemos que pelo menos 75% dos valores de espessura x na distribuição ficarão no intervalo

$$\mu \pm 2\sigma = 175 \pm 2(14{,}43)$$

$$= 175 \pm 28{,}86$$

ou entre 146,14 e 203,86 milímetros. (Isso demonstra, mais uma vez, o conservadorismo do teorema de Chebyshev, uma vez que sabemos que todos os valores de x ficam entre 150 e 200 milímetros.)

b. A distribuição de probabilidade uniforme é

$$f(x) = \frac{1}{d - c} = \frac{1}{200 - 150} = \frac{1}{50} (150 \leq x \leq 200)$$

O gráfico dessa função é mostrado na Figura 4.13. A média e os intervalos 1- e 2- desvios-padrão em torno da média são mostrados no eixo horizontal.

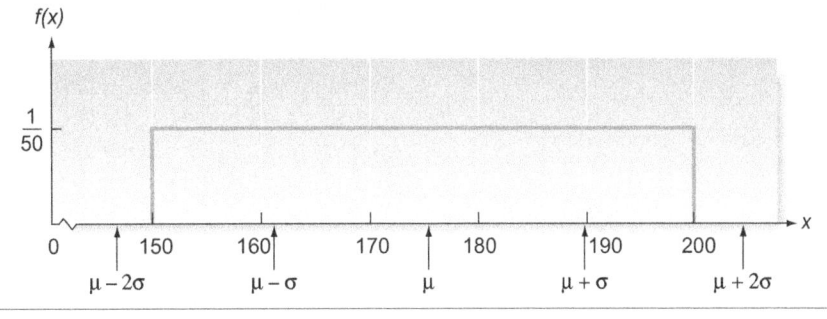

FIGURA 4.13 Distribuição de x no Exemplo 4.14

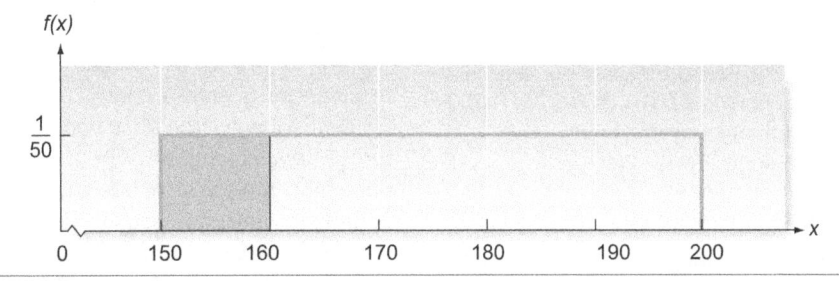

FIGURA 4.14 Probabilidade de que a espessura da lâmina x esteja entre 150 e 160 milímetros

---

[9] O estudante com conhecimento de cálculo deverá perceber que $P(a < x < b) = \int_a^b f(x)\, d(x) = \int_a^b 1/(d - c)\, dx = (b - a)/(d - c)$.

c. Para calcular a fração de lâminas de aço produzidas pela máquina que deverão ser descartadas, devemos encontrar a probabilidade de que x, a espessura, seja menor que 160 milímetros. Conforme indicado na Figura 4.14, temos que calcular a área sob a função de freqüência $f(x)$ entre os pontos $x = 150$ e $x = 160$. Dessa forma, nesse caso, $a = 150$ e $b = 160$. Aplicando a fórmula do quadro, temos:

$$P(x < 160) = P(150 < x < 160)$$
$$= \frac{b-a}{d-c} = \frac{160-150}{200-150} = \frac{10}{50} = \frac{1}{5}$$

Isto é, 20% de todas as lâminas produzidas por essa máquina devem ser descartadas.

Relembrando A probabilidade calculada no item **c** é a área de um retângulo com base $160 - 150 = 10$ e altura $1/50$. De forma alternativa, podemos encontrar a fração que deve ser descartada como:

$$P(x < 160) = (\text{Base})(\text{Altura}) = (10)\left(\frac{1}{50}\right) = \frac{1}{5}$$

AGORA FAÇA O EXERCÍCIO 4.76

Exercícios 4.69 – 4.83

Aprendendo a mecânica

4.69 Suponha que x seja uma variável melhor descrita por uma distribuição de probabilidades uniforme com $c = 20$ e $d = 45$.
   a. Encontre $f(x)$.
   b. Encontre a média e o desvio-padrão de x.
   c. Faça um gráfico de $f(x)$ e localize μ e o intervalo $\mu \pm 2\sigma$ no gráfico. Note que a probabilidade de que x assuma um valor dentro do intervalo $\mu \pm 2\sigma$ é igual a 1.

4.70 Com relação ao Exercício 4.69, encontre as seguintes probabilidades:
   a. $P(20 \leq x \leq 30)$
   b. $P(20 < x \leq 30)$
   c. $P(x \geq 30)$
   d. $P(x \geq 45)$
   e. $P(x \leq 40)$
   f. $P(x < 40)$
   g. $P(15 \leq x \leq 35)$
   h. $P(21,5 \leq x \leq 31,5)$

4.71 Suponha que x seja uma variável aleatória melhor descrita por uma distribuição de probabilidades uniforme com $c = 3$ e $d = 7$.
   a. Encontre $f(x)$.
   b. Encontre a média e o desvio-padrão de x.
   c. Encontre $P(\mu - \sigma \leq x \leq \mu + \sigma)$.

4.72 Em relação ao Exercício 4.71, encontre o valor de a que faz com que cada uma das seguintes igualdades seja verdadeira.
   a. $P(x \geq a) = 0,6$
   b. $P(x \leq a) = 0,25$
   c. $P(x \leq a) = 1$
   d. $P(4 \leq x \leq a) = 0,5$

4.73 A variável aleatória x é melhor descrita por uma distribuição de probabilidades uniforme com $c = 100$ e $d = 200$. Encontre a probabilidade de que x assuma um valor:
   a. Mais de dois desvios-padrão de μ.
   b. Menos de três desvios-padrão de μ.
   c. Dentro de dois desvios-padrão de μ.

4.74 A variável aleatória x é melhor descrita por uma distribuição de probabilidades uniforme com média 10 e desvio-padrão 1. Encontre c, d e $f(x)$. Faça um gráfico da distribuição de probabilidades.

APPLET Exercício utilizando aplicativo 4.6
(É necessário ter o Java instalado para utilizar esse aplicativo)

Abra o aplicativo intitulado *Sample from a population*. No menu à direita do gráfico de cima, selecione *Uniform*. O quadro à esquerda do gráfico de cima mostra a média da população, a mediana e o desvio-padrão.
   a. Rode o aplicativo para cada valor disponível de n no menu para o tamanho da amostra. Vá do menor para o maior valor de n. Para cada valor de n, observe o formato do gráfico dos dados da amostra, e registre a média, a mediana e o desvio-padrão da amostra.
   b. Descreva o que ocorre ao formato do gráfico e à média, à mediana e ao desvio-padrão da amostra à medida que o tamanho dela aumenta.

APPLET Exercício utilizando aplicativo 4.7
(É necessário ter o Java instalado para utilizar esse aplicativo)

Suponha que tenhamos definido o aplicativo *Random numbers* para gerar um número entre 1 e 100, incluindo-os. Deixamos o valor da variável aleatória x ser o número gerado quando o botão *Sample* é clicado. Explique por que a distribuição de x é aproximadamente uniforme mesmo que x seja variável aleatória discreta e não contínua.

Aplicação dos conceitos — Básico

4.75 Mantendo a temperatura do encanamento de parede. A manutenção de uma temperatura constante de um encanamento de parede em algumas aplicações de processo quente é crítica. Uma nova técnica que utiliza elementos *bolt-on trace* para manter a temperatura foi apresentada no *Journal of Heat Transfer* (nov. 2000). Sem elementos *bolt-on trace*, a temperatura do cano da parede de um condensador usado para produzir plásticos tem uma distribuição uniforme variando entre 260°F e 290°F. Quando diversos elementos *bolt-on trace* estão anexados ao encanamento, a temperatura da parede é uniforme, entre 278°F e 285°F.

a. De forma ideal, a temperatura do encanamento de parede deveria variar entre 280°F e 284°F. Qual a probabilidade de que ela fique dentro dessa faixa ideal quando nenhum elemento *bolt-on trace* for usado? E quando elementos *bolt-on trace* estiverem anexados ao encanamento?

b. Quando a temperatura é de 268°F ou menor, o plástico líquido quente endurece (ou endurece na superfície), causando uma obstrução no encanamento. Qual a probabilidade de endurecimento do plástico quando nenhum elemento *bolt-on trace* for usado? E quando elementos *bolt-on trace* estiverem anexados ao encanamento?

4.76 Trajetória de um circuito elétrico. Pesquisadores da University of California — Berkeley desenvolveram, construíram e testaram um circuito condensador para gerar sinais aleatórios (*International Journal of Circuit Theory and Applications*, maio/jun. 1990). A trajetória do circuito demonstrou ser uniformemente distribuída no intervalo (0, 1).

a. Dê a média e a variação da trajetória do circuito.
b. Calcule a probabilidade de que a trajetória fique entre 0,2 e 0,4.
c. Você esperaria observar uma trajetória que exceda 0,995? Explique.

4.77 Números aleatórios. O grupo de dados listado na tabela abaixo foi criado usando o gerador de números aleatórios do MINITAB. Construa um histograma de freqüência relativa para os dados. Exceto pela variação esperada nas freqüências relativas entre os intervalos de classes, o seu histograma sugere que os dados são observações de uma variável aleatória uniforme com $c = 0$ e $d = 100$? Explique.

RANUNI
Companion Website

38,8759	98,0716	64,5788	60,8422	0,8413
88,3734	31,8792	32,9847	0,7434	93,3017
12,4337	11,7828	87,4506	94,1727	23,0892
47,0121	43,3629	50,7119	88,2612	69,2875
62,6626	55,6267	78,3936	28,6777	71,6829
44,0466	57,8870	71,8318	28,9622	23,0278
35,6438	38,6584	46,7404	11,2159	96,1009
95,3660	21,5478	87,7819	12,0605	75,1015

Aplicação dos conceitos — Intermediário

4.78 Perdas marinhas para uma empresa de petróleo. A distribuição de freqüência mostrada na tabela acima revela a propriedade e as perdas marinhas com quais uma grande empresa de petróleo esteve envolvida ao longo dos últimos dois anos. Essa distribuição pode ser usada pela empresa para prever perdas futuras e ajudar a determinar um nível apropriado de cobertura de seguros. Ao analisar as perdas dentro do intervalo de distribuição, para simplificação, analistas podem tratar o intervalo com uma distribuição de probabilidade uniforme (*Research Review*, verão, 1998). No negócio de seguros, intervalos como esse são geralmente chamados de *camadas*.

CAMADA	PROPRIEDADE E PERDAS MARINHAS (MILHÕES DE $)	FREQÜÊNCIA
1	0,00 – 0,01	668
2	0,01 – 0,05	38
3	0,05 – 0,10	7
4	0,10 – 0,25	4
5	0,25 – 0,50	2
6	0,50 – 1,00	1
7	1,00 – 2,50	0

Fonte: COZZOLINO, John M.; MIKOLAJ, Peter J. "Applications of the piecewise constant Pareto distribution." *Research Review*, verão, 1998.

a. Use uma distribuição uniforme para modelar o tamanho da perda na camada 2. Faça um gráfico da distribuição. Calcule e interprete a média e a variação.
b. Repita o item **a** para a camada 6.
c. Se uma perda ocorre na camada 2, qual a probabilidade de que ela exceda US$ 10.000? E de que seja inferior a US$ 25.000?
d. Se uma perda na camada 6 ocorre, qual a probabilidade de que seja entre US$ 750.000 e US$ 1.000.000? E de que exceda US$ 900.000? E de que seja exatamente US$ 900.000?

4.79 Máquina de refrigerantes. O gerente de uma empresa local de engarrafamento de refrigerantes acredita que, quando uma nova máquina de refrigerantes é programada para entregar 7 onças, ela de fato entrega uma quantidade x aleatória em algum ponto entre 6,5 e 7,5 onças, incluindo-os. Suponha que x tenha uma distribuição de probabilidades uniforme.

a. A quantidade entregue pela máquina de refrigerantes é uma variável aleatória discreta ou contínua? Explique.
b. Faça um gráfico da função freqüência para x, a quantidade de bebida que o gerente acredita que seja entregue pela nova máquina quando programada para entregar 7 onças.
c. Encontre a média e o desvio-padrão para a distribuição do gráfico do item **b** e localize a média e o intervalo $\mu \pm 2\sigma$ no gráfico.
d. Encontre $P(x \geq 7)$.
e. Encontre $P(x < 6)$.
f. Encontre $P(6,5 \leq x \leq 7,25)$.
g. Qual a probabilidade de que cada uma das próximas seis garrafas enchidas pela nova máquina contenha mais que 7,25 onças da bebida? Presuma que a quantidade de bebida entregue em uma garrafa seja independente da quantidade entregue em outra garrafa.

4.80 Disponibilidade cíclica de um sistema. No jargão de manutenção de sistemas, a disponibilidade cíclica é definida como a probabilidade de que o sistema esteja funcionando em qualquer ponto do tempo. O Departamento de Defesa dos Estados Unidos desenvolveu uma série de medidas de performance para descobrir a disponibilidade cíclica de sistemas (*START*, v. 11, 2004). Sob certas premissas sobre o tempo de falha e o tempo de manutenção de um sistema, a disponibilidade cíclica se mostra uniformemente distribuída entre 0 e 1. Encontre os seguintes parâmetros para a disponibilidade de ciclo: média, desvio-padrão, 10º percentil, quartil inferior e quartil superior. Interprete os resultados.

4.81 Atrasos em um ponto de ônibus. Um ônibus está programado para parar em certo ponto a cada meia hora. Ao final do dia, os ônibus continuam parando a cada meia hora, mas como atrasos geralmente ocorrem mais cedo durante o dia, os ônibus nunca chegam antes da hora e é provável que cheguem atrasados. O diretor da linha de ônibus argumenta que o tempo que um ônibus se atrasa é uniformemente distribuído, e que o tempo máximo que um ônibus se atrasa são 20 minutos.
   a. Se o argumento do diretor é verdadeiro, qual o número esperado de minutos que um ônibus se atrasará?
   b. Se o argumento do diretor é verdadeiro, qual a probabilidade de que o último ônibus em dado dia estará mais de 19 minutos atrasado?
   c. Se você chegar ao ponto de ônibus ao fim do dia exatamente quando marcar meia hora de atraso e tiver que esperar mais de 19 minutos para pegar o ônibus, o que concluiria sobre o argumento do diretor? Por quê?

Aplicação dos conceitos — Avançado

4.82 Confiabilidade de um equipamento robótico. A confiabilidade de um equipamento é freqüentemente definida como sendo a probabilidade p de que o equipamento execute sua função com sucesso por um dado período de tempo sob condições específicas (Render e Heizer, *Principles of operations management*, 1995). Como p varia de um ponto para outro, alguns analistas de confiabilidade tratam p como uma variável aleatória. Suponha que um analista caracterize a incerteza sobre a confiabilidade de um equipamento robótico em particular, usado em uma produção de automóveis, usando a seguinte distribuição:

$$f(p) = \begin{cases} 1 & 0 \le p \le 1 \\ 0 & \text{de outro modo} \end{cases}$$

   a. Faça um gráfico da distribuição de probabilidades do analista para p.
   b. Encontre a média e a variação de p.
   c. De acordo com a distribuição de probabilidades do analista para p, qual a probabilidade de que p seja maior que 0,95? E menor que 0,95?
   d. Suponha que o analista receba a informação adicional de que p está definitivamente entre 0,90 e 0,95, mas que há completa incerteza sobre onde ele fica entre esses valores. Descreva a distribuição de probabilidade que o analista deveria usar agora para descrever p.

4.83 Marcas em um suporte de armas. Uma máquina produz suportes de armas de tolerância muito rigorosa. Os suportes são hastes delgadas de 18 polegadas usadas em vários equipamentos militares. Uma peça do equipamento usado na fabricação dos suportes falha ocasionalmente e coloca uma marca em algum lugar do suporte. Entretanto, se o suporte puder ser cortado de forma a ter 14 polegadas consecutivas sem marca, pode ser reaproveitado para outros usos. Presumindo que a localização da marca ao longo do suporte seja aleatória, qual é a probabilidade de que o suporte defeituoso possa ser reaproveitado?

4.7 Distribuição normal

Uma das variáveis aleatórias contínuas mais comumente observadas tem uma distribuição de probabilidade em **forma de sino** (ou **curva de sino**), conforme mostrado na Figura 4.15. Ela é conhecida como **variável aleatória normal**, e sua distribuição de probabilidade é chamada **distribuição normal**.

A distribuição normal desempenha um papel muito importante na ciência da inferência estatística. Além disso, muitos fenômenos de negócios geram variáveis aleatórias com distribuições de probabilidade que são bem aproximadas por uma distribuição normal. Por exemplo, a taxa mensal de retorno para uma ação em particular é aproximadamente uma variável aleatória normal, e a distribuição de probabilidades para as vendas semanais de uma empresa pode ser aproximada por uma distribuição normal. A distribuição normal também pode proporcionar um modelo preciso para as pontuações de um teste de aptidão a um emprego. Você pode determinar a adequação da aproximação normal para uma população existente ao comparar a distribuição de freqüência relativa de uma grande amostra dos dados à distribuição de probabilidades normal. Métodos para detectar discordância entre um grupo de dados e a premissa da normalidade são apresentados na Seção 4.8.

A distribuição normal é perfeitamente simétrica em torno de sua média μ, como pode ser visto nos exemplos da Figura 4.16. Sua dispersão é determinada pelo valor de seu desvio-padrão σ.

A fórmula para a distribuição de probabilidades normal é mostrada no quadro da página seguinte. Quando representada graficamente, essa fórmula gera uma curva como a mostrada na Figura 4.15.

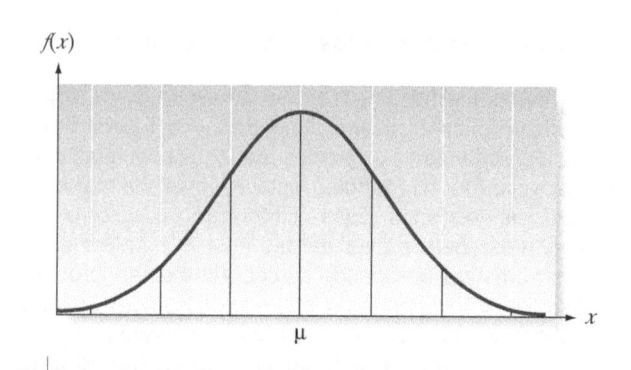

FIGURA 4.15 Uma distribuição de probabilidade normal

Capítulo 4 — VARIÁVEIS ALEATÓRIAS E DISTRIBUIÇÃO DE PROBABILIDADES

DISTRIBUIÇÃO DE PROBABILIDADE PARA UMA VARIÁVEL ALEATÓRIA NORMAL X

Função densidade de probabilidade:

$$f(x) = \frac{1}{\sigma\sqrt{2\pi}} e^{-(1/2)[(x-\mu)/\sigma]^2}$$

onde:
- μ = Média da variável aleatória normal x
- σ = Desvio-padrão
- π = 3,1416...
- e = 2,71828...
- $P(x < a)$ é obtido a partir de uma tabela de probabilidades normais

A Figura 4.17 mostra o gráfico para distribuição normal padrão.

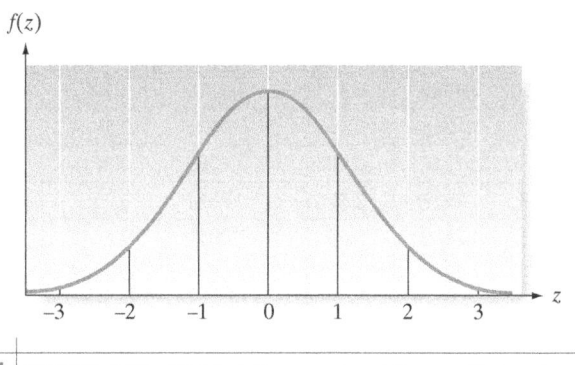

FIGURA 4.17 Distribuição normal padrão: $\mu = 0$, $\sigma = 1$

Note que, como a média μ e o desvio-padrão σ aparecem nessa fórmula, não são necessárias fórmulas separadas para μ e σ. Para fazer o gráfico da curva normal, temos que saber os valores numéricos de μ e σ.

Calcular a área sobre os intervalos sob a distribuição de probabilidades normal é uma tarefa difícil.[10] Conseqüentemente, usamos as áreas calculadas listadas na Tabela IV do Apêndice B. Apesar de haver um número infinitamente grande de curvas normais — um para cada par de valores para μ e σ —, criamos uma tabela única que se aplicará a qualquer curva normal.

A Tabela IV é baseada em uma distribuição normal com média $\mu = 0$ e desvio-padrão $\sigma = 1$, chamado de *distribuição normal padrão*. Uma variável aleatória com uma distribuição normal padrão é normalmente representada pelo símbolo z. A fórmula para a distribuição de probabilidade de z é dada por:

$$f(z) = \frac{1}{\sqrt{2\pi}} e^{-(1/2)z^2}$$

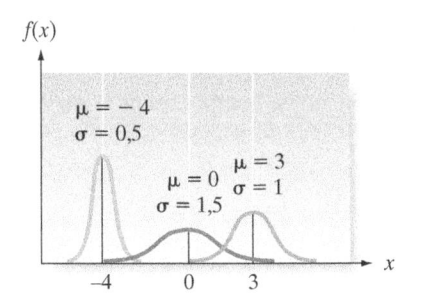

Biografia
CARL F. GAUSS (1777–1855)

DEFINIÇÃO 4.8

A **distribuição normal padrão** é uma distribuição normal com $\mu = 0$ e $\sigma = 1$. Uma variável aleatória com uma distribuição normal padrão denotada pelo símbolo z é chamada *variável aleatória normal padrão*.

Uma vez que convertemos todas as variáveis aleatórias normais em normais padrão para usar a Tabela IV para encontrar probabilidades, é importante que você aprenda a usar bem a Tabela IV. Uma reprodução parcial da Tabela IV é mostrada na Tabela 4.5. Note que os valores da variável aleatória normal padrão z estão listados na coluna da esquerda. As entradas no corpo da tabela dão a área (probabilidade) entre 0 e z. Os exemplos 4.15–4.18 ilustram o uso da tabela.

FIGURA 4.16 Diversas distribuições normais com diferentes médias e desvios-padrão

TABELA 4.5 Reprodução de parte da Tabela IV no Apêndice B

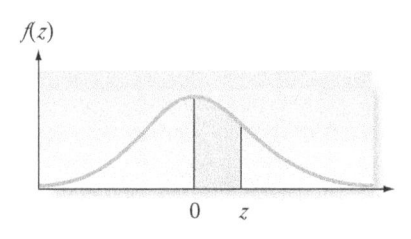

(continua)

---

[10] O estudante com conhecimento de cálculo deve notar que não há uma expressão de forma fechada para $P(a < x < b) = \int_a^b f(x)\,dx$ para a distribuição de probabilidades normal. O valor dessa integral definida pode ser obtido para qualquer nível de precisão desejado por procedimentos de aproximação numérica. Por essa razão, ele está tabulado para o usuário.

z	0,00	0,01	0,02	0,03	0,04	0,05	0,06	0,07	0,08	0,09
0,0	0,0000	0,0040	0,0080	0,0120	0,0160	0,0199	0,0239	0,0279	0,0319	0,0359
0,1	0,0398	0,0438	0,0478	0,0517	0,0557	0,0596	0,0636	0,0675	0,0714	0,0753
0,2	0,0793	0,0832	0,0871	0,0910	0,0948	0,0987	0,1026	0,1064	0,1103	0,1141
0,3	0,1179	0,1217	0,1255	0,1293	0,1331	0,1368	0,1406	0,1443	0,1480	0,1517
0,4	0,1554	0,1591	0,1628	0,1664	0,1700	0,1736	0,1772	0,1808	0,1844	0,1879
0,5	0,1915	0,1950	0,1985	0,2019	0,2054	0,2088	0,2123	0,2157	0,2190	0,2224
0,6	0,2257	0,2291	0,2324	0,2357	0,2389	0,2422	0,2454	0,2486	0,2517	0,2549
0,7	0,2580	0,2611	0,2642	0,2673	0,2704	0,2734	0,2764	0,2794	0,2823	0,2852
0,8	0,2881	0,2910	0,2939	0,2967	0,2995	0,3023	0,3051	0,3078	0,3106	0,3133
0,9	0,3159	0,3186	0,3212	0,3238	0,3264	0,3289	0,3315	0,3340	0,3365	0,3389
1,0	0,3413	0,3438	0,3461	0,3485	0,3508	0,3531	0,3554	0,3577	0,3599	0,3621
1,1	0,3643	0,3665	0,3686	0,3708	0,3729	0,3749	0,3770	0,3790	0,3810	0,3830
1,2	0,3849	0,3869	0,3888	0,3907	0,3925	0,3944	0,3962	0,3980	0,3997	0,4015
1,3	0,4032	0,4049	0,4066	0,4082	0,4099	0,4115	0,4131	0,4147	0,4162	0,4177
1,4	0,4192	0,4207	0,4222	0,4236	0,4251	0,4265	0,4279	0,4292	0,4306	0,4319
1,5	0,4332	0,4345	0,4357	0,4370	0,4382	0,4394	0,4406	0,4418	0,4429	0,4441

EXEMPLO 4.15

Usando a tabela normal padrão para encontrar $P(-z_0 < z < z_0)$

Problema Encontre a probabilidade de que a variável aleatória normal padrão z fique entre $-1,33$ e $1,33$.

Solução
A distribuição normal padrão é mostrada de novo na Figura 4.18. Uma vez que todas as probabilidades associadas com variáveis aleatórias normais padrão podem ser representadas com áreas abaixo da curva normal padrão, você deve sempre desenhar a curva e então igualar a probabilidade desejada a uma área.

Neste exemplo, queremos encontrar a probabilidade de que z fique entre $-1,33$ e $1,33$, o que é equivalente à área entre $-1,33$ e $1,33$ mostrada sombreada na Figura 4.18. A Tabela IV dá a área entre $z = 0$ e qualquer valor de z, de forma que, se olharmos $z = 1,33$, descobriremos que a área entre $z = 0$ e $z = 1,33$ é $0,4082$. (O valor de $1,33$ e a área de $0,4082$ estão ambos sombreados na Tabela 4.5.) Essa é a área chamada A_1 na Figura 4.18. Para encontrar a área A_2 entre $z = 0$ e $z = -1,33$ notamos que a simetria da distribuição normal implica que a área entre $z = 0$ e qualquer ponto à esquerda é igual à área entre $z = 0$ e o ponto eqüidistante à direita. Assim, neste exemplo, a área entre $z = 0$ e $z = -1,33$ é igual à área entre $z = 0$ e $z = 1,33$. Isto é:

$$A_1 = A_2 = 0,4082$$

A probabilidade de que z fique entre $-1,33$ e $1,33$ é a soma das áreas de A_1 e A_2. Resumimos em notação de probabilidade:

$$P(-1,33 < z < 1,33) = P(-1,33 < z < 0) + P(0 < z < 1,33)$$
$$= A_1 + A_2 = 0,4082 + 0,4082 = 0,8164$$

Relembrando $<$ e $\leq$ são equivalentes em eventos envolvendo z, porque a inclusão (ou exclusão) de um único ponto não altera a probabilidade de um evento envolvendo uma variável aleatória contínua.

Agora faça o exercício **4.87**

EXEMPLO 4.16

Usando a tabela normal padrão para encontrar $P(z > z_0)$

Problema Encontre a probabilidade de que uma variável aleatória normal exceda $1,64$; ou seja, encontre $P(z > 1,64)$.

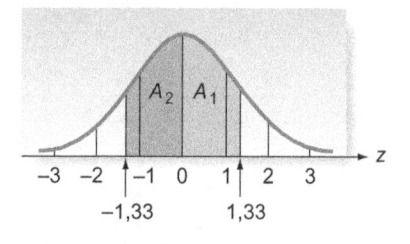

FIGURA 4.18 Áreas sob a curva normal padrão para o Exemplo 4.15

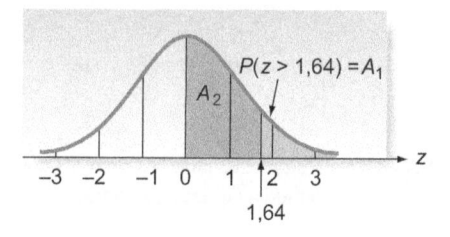

FIGURA 4.19 Áreas sob a curva normal padrão para o Exemplo 4.16.

Solução

A área sob a distribuição normal padrão à direita de 1,64 é a área sombreada chamada A_1 na Figura 4.19. Essa área representa a probabilidade desejada de que z exceda 1,64. No entanto, quando olhamos $z = 1,64$ na Tabela IV, devemos lembrar que a probabilidade dada na tabela corresponde à área entre $z = 0$ e $z = 1,64$ (a área chamada A_2 na Figura 4.19). A partir da Tabela IV, encontramos $A_2 = 0,4495$. Para encontrar a área A_1 à direita de 1,64, consideramos dois fatos:

1. A distribuição normal padrão é simétrica ao redor de sua média, $z = 0$.
2. A área total sob a distribuição de probabilidade normal padrão é igual a 1.

Considerados conjuntamente, esses dois fatos implicam que as áreas em ambos os lados da média $z = 0$ são iguais a 0,5. Assim, a área ao lado de $z = 0$ na Figura 4.19 é $A_1 + A_2 = 0,5$. Então:

$$P(z > 1,64) = A_1 = 0,5 - 0,4495 = 0,0505$$

Relembrando Para adicionar alguma significância prática a essa probabilidade, isso implica que a chance de uma variável aleatória normal padrão exceder 1,64 é de aproximadamente 0,05.

AGORA FAÇA O EXERCÍCIO 4.85A

EXEMPLO 4.17

USANDO A TABELA NORMAL PADRÃO PARA ENCONTRAR $P(z < z_0)$

Problema Encontre a probabilidade de que uma variável aleatória normal fique à esquerda de 0,67.

Solução

O evento é mostrado como a área sombreada na Figura 4.20. Queremos encontrar $P(z < 0,67)$. Dividimos a área sombreada em duas partes: a área A_1 entre $z = 0$ e $z = 0,67$, e a área A_2, à esquerda de $z = 0$. Devemos sempre fazer tal divisão quando a área desejada fica em ambos os lados da média ($z = 0$), pois a Tabela IV contém áreas entre $z = 0$ e o ponto que você olhou. Olhamos para $z = 0,67$ na Tabela IV para encontrar $A_1 = 0,2486$. A simetria da distribuição normal padrão também implica que metade da distribuição fica em cada lado da média, de forma que a área A_2 à esquerda de $z = 0$ é igual a 0,5. Então:

$$P(z < 0,67) = A_1 + A_2 = 0,2486 + 0,5 = 0,7486$$

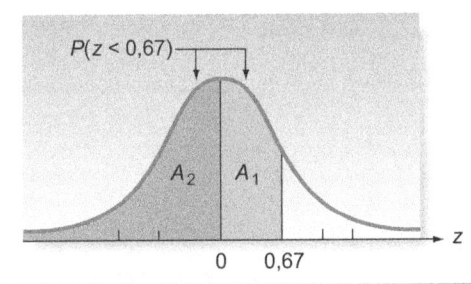

FIGURA 4.20 Áreas sob a curva normal padrão para o Exemplo 4.17

Relembrando Note que essa probabilidade é de aproximadamente 0,75. Assim, cerca de 75% do tempo a variá-vel aleatória normal padrão z ficará abaixo de 0,67. Isso significa que $z = 0,67$ representa aproximadamente o 75º percentil para a distribuição.

AGORA FAÇA O EXERCÍCIO 4.86F

EXEMPLO 4.18

USANDO A TABELA NORMAL PADRÃO PARA ENCONTRAR $P(|z| > z_0)$

Problema Encontre a probabilidade de que uma variável aleatória normal padrão exceda 1,96 em valor absoluto.

Solução

Queremos encontrar:

$$P(|z| > 1,96) = P(z < -1,96 \text{ ou } z > 1,96)$$

Essa probabilidade é a área sombreada na Figura 4.21. Note que a área sombreada total é a soma de duas áreas, A_1 e A_2 — áreas que são iguais por causa da simetria da distribuição normal.

Olhamos para $z = 1,96$ e encontramos a área entre $z = 0$ e $z = 1,96$ como sendo 0,4750. Então, a área à direita de 1,96, A_2, é $0,5 - 0,4750 = 0,0250$, de forma que:

$$P(|z| > 1,96) = A_1 + A_2 = 0,0250 + 0,0250 = 0,5$$

Relembrando Enfatizamos, de novo, a importância de desenhar a curva normal padrão quando formos encontrar probabilidades normais.

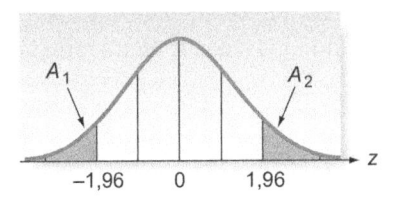

FIGURA 4.21 Áreas sob a curva normal padrão para o Exemplo 4.18

Para aplicar a Tabela IV a uma variável aleatória normal x com qualquer média μ e qualquer desvio-padrão σ, primeiro precisamos converter o valor de x para uma pontuação z. A pontuação z da população para uma medição foi definida (na Seção 2.7) como sendo a *distância* entre a medição e a média da população, dividida pelo desvio-padrão da população. Assim, a pontuação z dá a distância entre uma medição e a média em unidades iguais aos desvio-padrão. De forma simbólica, a pontuação z para a medição x é:

$$z = \frac{x - \mu}{\sigma}$$

Note que, quando $x = \mu$, obtemos $z = 0$.

Uma propriedade importante da distribuição normal é que, se x é normalmente distribuído com qualquer média e qualquer desvio-padrão, z é sempre normalmente distribuído com média 0 e desvio-padrão 1. Isto é, z é uma variável aleatória normal padrão.

PROPRIEDADE DE DISTRIBUIÇÕES NORMAIS

Se x é uma variável aleatória normal com média μ e desvio-padrão σ, então a variável aleatória z, definida pela fórmula

$$z = \frac{x - \mu}{\sigma}$$

tem uma distribuição normal padrão. O valor z descreve o número de desvios-padrão entre x e μ.

Lembre-se, a partir do Exemplo 4.18, que $P(|z| > 1,96) = 0,05$. Essa probabilidade combinada com nossa interpretação de z implica que qualquer variável aleatória normal fica acima de 1,96 desvios-padrão a partir de sua média apenas 5% do tempo. Compare isso com a regra empírica (Capítulo 2), que nos diz que cerca de 5% das medições em distribuições em formato de sino ficarão entre 2 desvios-padrão da média. A distribuição normal na verdade proporciona o modelo no qual a regra empírica é baseada, juntamente com muita experiência 'empírica' com dados reais que com freqüência obedecem parcialmente à regra, desenhados a partir de uma distribuição normal ou não.

EXEMPLO 4.19

ENCONTRANDO A PROBABILIDADE DE UMA VARIÁVEL ALEATÓRIA NORMAL — APLICAÇÃO COM CELULARES

Problema Presuma que o tempo x entre cargas de um telefone celular seja normalmente distribuído com média de 10 horas e desvio-padrão de 1,5 horas. Encontre a probabilidade de que o celular durará entre 8 e 12 horas entre as cargas.

Solução

A distribuição normal com média $\mu = 10$ e $\sigma = 1,5$ é mostrada na Figura 4.22. A probabilidade desejada de que a carga dure entre 8 e 12 horas está sombreada. Para encontrar a probabilidade, devemos primeiro converter a distribuição para normal padrão, o que fazemos calculando a pontuação z:

$$z = \frac{x - \mu}{\sigma}$$

As pontuações z que correspondem a importantes valores de x são mostradas abaixo dos valores x no eixo horizontal na Figura 4.22. Note que $z = 0$ corresponde à média de $\mu = 10$ horas, enquanto os x valores 8 e 12 geram pontuações z de $-1,33$ e $1,33$, respectivamente. Assim, o evento de que uma carga de telefone celular dure entre 8 e 12 horas é equivalente ao evento de que uma variável aleatória normal padrão fique entre $-1,33$ e $1,33$. Encontramos essa probabilidade no Exemplo 4.15 (veja Figura 4.18) ao dobrar a área correspondendo a $z = 1,33$ na Tabela IV. Isto é:

$$P(8 \leq x \leq 12) = P(-1,33 \leq z \leq 1,33) = 2(0,4082) = 0,8164$$

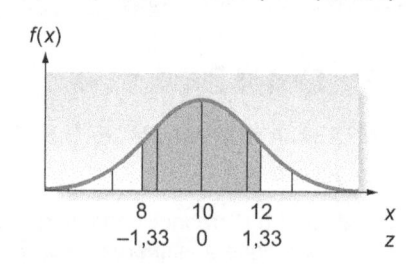

FIGURA 4.22 Áreas sob a curva normal para o Exemplo 4.19

AGORA FAÇA OS EXERCÍCIOS 4.98A,B,C

Os passos a seguir quando se calcula a probabilidade correspondente a uma variável aleatória normal estão mostrados no quadro abaixo.

PASSOS PARA ENCONTRAR UMA PROBABILIDADE CORRESPONDENDO A UMA VARIÁVEL ALEATÓRIA NORMAL

1. Esboce a distribuição normal e indique a média da variável aleatória x. Então, sombreie a área correspondendo à probabilidade que você quer encontrar.

2. Converta as bordas da área sombreada de x valores para z valores da variável aleatória normal padrão usando a fórmula:

$$z = \frac{x - \mu}{\sigma}$$

Mostre os z valores sob os x valores correspondentes de seu esboço.

3. Use a Tabela IV do Apêndice B para encontrar áreas correspondendo aos valores de z. Se necessário, use a simetria da distribuição normal para encontrar áreas correspondendo aos valores negativos de z e o fato de que a área total em cada lado da média é igual a 0,5 para converter as áreas a partir da Tabela IV às probabilidades do evento que você sombreou.

Probabilidades Normais Padrão

Usando a calculadora gráfica TI-83/TI-84

Fazendo gráfico da área sob a curva normal padrão

Passo 1 *Desligue todos os gráficos.*
Pressione **2nd PRGM** e selecione **1:ClrDraw**.
Pressione **ENTER** e 'Done' aparecerá na tela.
Pressione **2nd Y =** e selecione **4:PlotsOff**.
Pressione **ENTER** e 'Done' aparecerá na tela.

Passo 2 *Defina a janela de visualização. (Lembre-se de que quase toda a área sob a curva normal padrão fica entre –5 e 5. Uma altura de 0,5 é uma boa escolha para Ymax.)*
[*Nota*: **Quando entrar com um número negativo, certifique-se de usar o sinal negativo (–), e não o sinal de menos.**]
Defina **Xmin** = –5
Xmax = 5
Xscl = 1
Ymin = 0
Ymax = 0,5
Yscl = 0
Xres = 1

Passo 3 *Visualize o gráfico.*
Pressione **2nd VARS**.
Seta da direita para **DRAW**.
Pressione **ENTER** para selecionar **1:ShadeNorm(**
Insira o limite inferior.
Pressione **COMMA**.
Insira o limite superior.
Pressione **)**. Pressione **ENTER**.
O gráfico será mostrado juntamente com a área, o limite inferior e o limite superior.

Exemplo Usando a curva normal padrão, qual a probabilidade de que z seja menor que 1,5?
Neste exemplo, defina a janela como mostrado no **Passo 2**. Para os limites no **Passo 3**, use –5 para o limite inferior e 1,5 para o limite superior.
As telas para esse exemplo são mostradas abaixo.

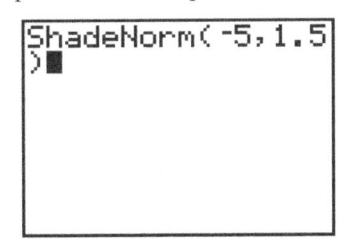

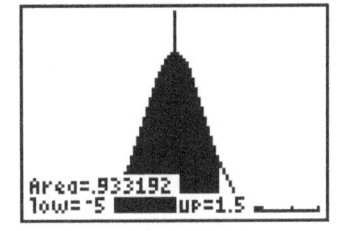

Assim, $P(z < 1,5) = 0,9332$.

EXEMPLO 4.20

USANDO PROBABILIDADES NORMAIS PARA FAZER UMA INFERÊNCIA SOBRE A MILHAGEM ANUNCIADA

Problema Suponha que um fabricante de automóveis introduza um novo modelo que tenha uma média de milhagem na cidade de 27 milhas por litro. Apesar de esses anúncios raramente falarem sobre medidas de variabilidade, suponha que você escreva para o fabricante para saber os detalhes do teste e que descubra que o desvio-padrão é de 3 milhas por litro. Essa informação leva você a formular um modelo de probabilidade para a variável aleatória x, a milhagem na cidade para esse modelo de carro. Você acredita que a distribuição de probabilidade para x pode ser aproximada por uma distribuição normal com média 27 e desvio-padrão 3.

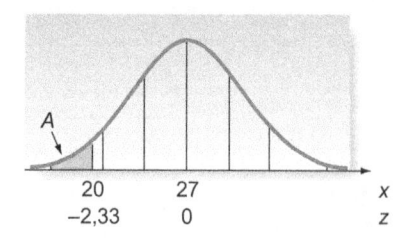

FIGURA 4.23 Áreas abaixo da curva normal para o Exemplo 4.20

a. Se você fosse comprar esse modelo de automóvel, qual a probabilidade de que compraria um com média menor que 20 milhas por litro dentro da cidade? Em outras palavras, encontre $P(x < 20)$.
b. Suponha que você compre um desses novos modelos e ele realmente faça menos de 20 milhas por litro na cidade. Você deveria concluir que o modelo de probabilidade está incorreto?

Solução
a. O modelo de probabilidade proposto para x, a milhagem na cidade, é mostrado na Figura 4.23. Estamos interessados em encontrar a área A à esquerda de 20, uma vez que essa área corresponde à probabilidade de que uma medição escolhida a partir dessa distribuição fique abaixo de 20. Em outras palavras, se esse modelo está correto, a área A representa a fração de carros que se pode esperar que façam menos de 20 milhas por litro na cidade. Para encontrar A, primeiro calculamos o valor z correspondente a $x = 20$. Isto é:

$$z = \frac{x - \mu}{\sigma} = \frac{20 - 27}{3} = -\frac{7}{3} = -2{,}33$$

Então:

$$P(x < 20) = P(z < -2{,}33)$$

como indicado pela área sombreada na Figura 4.23. Uma vez que a Tabela IV dá apenas áreas à direita da média (e como a distribuição normal é simétrica em torno de sua média), olhamos 2,33 na Tabela IV e descobrimos que a área correspondente é 0,4901. Isso é igual à área entre $z = 0$ e $z = -2{,}33$, de modo que encontramos:

$$P(x < 20) = A = 0{,}5 - 0{,}4901 = 0{,}0099 \approx 0{,}01$$

De acordo com esse modelo de probabilidade, você deve ter apenas 1% de chance de comprar um carro como esse que faça 20 milhas por litro na cidade.

b. Agora você é solicitado a fazer uma inferência com base em uma amostra — o carro que você comprou. Você está conseguindo menos de 20 milhas por litro na cidade. O que você infere? Achamos que você concordará com o fato de que uma das duas possibilidades que se seguem é verdadeira:

1. O modelo de probabilidade está correto. Você simplesmente foi infeliz ao ter comprado um dos carros dentro de 1% que faz menos de 20 milhas na cidade.
2. O modelo de probabilidade está incorreto. Talvez a premissa de uma distribuição normal não esteja garantida, ou a média de 27 esteja superestimada, ou o desvio-padrão de 3 esteja subestimado, ou exista alguma combinação desses erros.

A qualquer índice, a forma do modelo de probabilidade real certamente demanda maior investigação.

Você não tem como saber com certeza qual possibilidade está correta, mas as evidências apontam para a segunda. Estamos de novo acreditando na abordagem do evento raro para a inferência estatística que introduzimos anteriormente. A amostra (uma medição, neste caso) era tão improvável de ter sido retirada do modelo de probabilidades proposto que gera sérias dúvidas sobre ele. Estaríamos inclinados a acreditar que o modelo está de alguma forma errado.

Relembrando Quando se aplica a abordagem do evento raro, a probabilidade calculada deve ser pequena (digamos, menos ou igual a 0,05), de forma a inferir que o evento observado é, na verdade, improvável.

AGORA FAÇA OS EXERCÍCIOS 4.98D

De vez em quando, será dada a você uma probabilidade e você desejará encontrar os valores da variável aleatória normal que correspondem à probabilidade. Por exemplo, suponha que as pontuações em um exame de admissão em uma faculdade sejam conhecidas como normalmente distribuídas e que uma universidade de prestígio considere para admissão apenas aqueles candidatos cujas pontuações excederem o 90º percentil da distribuição da pontuação do teste. Para determinar a pontuação mínima para consideração de admissão, você precisará estar pronto para usar a Tabela IV ao contrário, como demonstrado no exemplo a seguir.

EXEMPLO 4.21
USANDO A TABELA NORMAL AO CONTRÁRIO

Problema Encontre o valor de z, chamado z_0, na distribuição normal padrão que será excedida apenas 10% do tempo — isto é, encontre z_0 de forma que $P(z \geq z_0) = 0{,}10$.

Solução
Neste caso, foi dada uma probabilidade, ou área, e solicitado encontrar o valor de uma variável aleatória normal padrão que corresponde à área. Especificamente, queremos achar o valor de z_0 de forma que apenas 10% da distribuição normal padrão exceda z_0 (veja Figura 4.24). Sabemos que a área total à direita da média $z = 0$ é 0,5, o que implica que z_0 deva ficar à direita (ou acima) de 0. Para localizar exatamente o valor, usamos o fato de que a área à direita de z_0 é 0,10, o que implica que a área entre $z = 0$ e z_0 é $0{,}5 - 0{,}1 = 0{,}4$. Mas áreas entre $z = 0$ e

algum outro valor de z são exatamente os tipos dados na Tabela IV. Dessa forma, olhamos a área 0,4000 no corpo da Tabela IV e verificamos que o valor correspondente de z é (na aproximação mais próxima) $z_0 = 1{,}28$. A implicação é que o ponto 1,28 desvios-padrão acima da média é o 90° percentil da distribuição normal.

Relembrando Como em problemas anteriores, é critico desenhar corretamente a probabilidade normal de interesse na curva normal. A localização de z_0 à esquerda ou à direita de 0 é a chave. Certifique-se de sombrear a probabilidade (área) envolvendo z_0. Se isso não está de acordo com a probabilidade de interesse (isto é, a área sombreada é maior que 0,5 e a probabilidade de interesse é menor que 0,5), então você precisa posicionar z_0 ao lado oposto de 0.

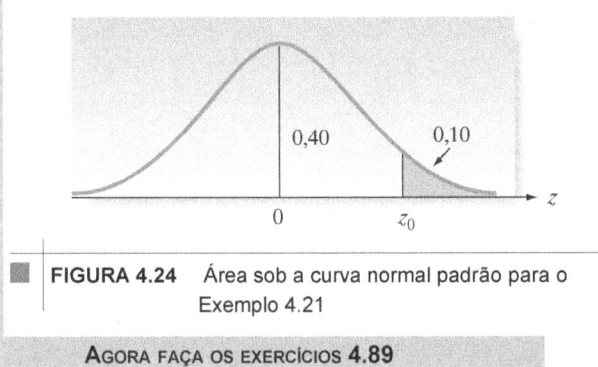

FIGURA 4.24 Área sob a curva normal padrão para o Exemplo 4.21

AGORA FAÇA OS EXERCÍCIOS **4.89**

EXEMPLO 4.22

USANDO A TABELA NORMAL AO CONTRÁRIO

Problema Encontre o valor de z_0 de forma que 95% dos valores de z normais padrão fiquem entre $-z_0$ e z_0; isto é, $P(-z_0 \leq z \leq z_0) = 0{,}95$.

Solução
Aqui, desejamos mover uma distancia igual a z_0 na direção positiva e negativa a partir de média $z = 0$ até que 95% da distribuição normal padrão esteja coberta. Isso significa que a área em cada lado da média será igual a $1/2(0{,}95) = 0{,}475$, como mostrado na Figura 4.25. Uma vez que a área entre $z = 0$ e z_0 é 0,475, olhamos 0,475 no corpo da Tabela IV para encontrar o valor $z_0 = 1{,}96$. Assim, como encontramos na ordem contrária no Exemplo 4.18, 95% de uma distribuição normal fica entre $-1{,}96$ e 1,96 desvios-padrão da média.

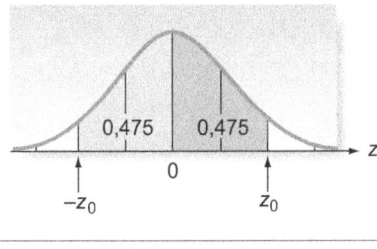

FIGURA 4.25 Áreas abaixo da curva normal padrão para o Exemplo 4.22

AGORA FAÇA OS EXERCÍCIOS **4.94**

Agora que você aprendeu a usar a Tabela IV para encontrar um valor z normal padrão que corresponda a uma probabilidade especificada, demonstraremos uma aplicação prática no Exemplo 4.23.

EXEMPLO 4.23

USANDO A TABELA NORMAL AO CONTRÁRIO — APLICAÇÃO EM UMA FÁBRICA DE TINTAS

Problema Suponha que um fabricante de tintas tenha uma produção diária x, normalmente distribuída com média de 100.000 galões e desvio-padrão de 10.000 galões. A direção quer criar um bônus de incentivo para a mão-de-obra da produção quando a produção diária exceder o 90° percentil da distribuição, na esperança de que os trabalhadores se tornarão, em retorno, mais produtivos. Em que nível de produção a direção deveria pagar o bônus de incentivo?

Solução
Neste exemplo, queremos encontrar um nível de produção x_0, de forma que 90% dos níveis diários (valores de x) na distribuição fiquem abaixo de x_0 e apenas 10% fiquem acima de x_0; isto é:

$$P(x \leq x_0) = 0{,}90$$

Convertendo x para uma variável aleatória normal padrão, em que $\mu = 100.000$ e $\sigma = 10.000$, temos:

$$P(x \leq x_0) = P\left(z \leq \frac{x_0 - \mu}{\sigma}\right)$$
$$= P\left(z \leq \frac{x_0 - 100.000}{10.000}\right) = 0{,}90$$

No Exemplo 4.21 (veja Figura 4.24), encontramos o 90° percentil de uma distribuição normal padrão como sendo $z_0 = 1{,}28$ — ou seja, encontramos $P(z \leq 1{,}28) = 0{,}90$. Conseqüentemente, sabemos que o nível de produção x_0 no qual o bônus de incentivo é pago corresponde a uma pontuação z de 1,28; isto é:

$$\frac{x_0 - 100.000}{10.000} = 1{,}28$$

Se solucionarmos essa equação para x_0, encontraremos:

$x_0 = 100.000 + 1{,}28(10.000) = 100.000 + 12.800 = 112.800$

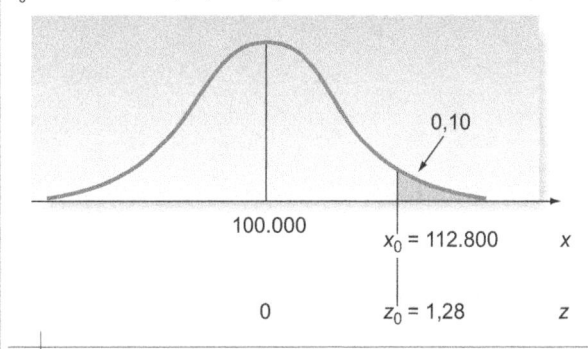

FIGURA 4.26 Área sob a curva normal para o Exemplo 4.23

Esse valor é mostrado na Figura 4.26. Assim, o 90º percentil da distribuição da produção é de 112.800 galões. A direção deverá pagar um bônus de incentivo quando a produção diária exceder esse nível se seu objetivo for pagar apenas quando a produção estiver nos primeiros 10% da distribuição de produção diária atual.

Relembrando Como esse exemplo mostra, em aplicações práticas da tabela normal ao contrário, primeiro encontre o valor de z_0, então converta o valor para unidades de x usando a fórmula da pontuação z ao contrário.

ESTATÍSTICA EM AÇÃO REVISITADA

USANDO O MODELO NORMAL PARA MAXIMIZAR A PROBABILIDADE DE ACERTO COM A SUPERARMA

Lembre-se que um fabricante de armas desenvolveu um protótipo de arma para o Exército norte-americano que atira 1.100 flechettes com um simples tiro. As especificações da arma são desenvolvidas de forma que, quando ela está apontada para um alvo a 500 metros de distância, a média horizontal do valor da grade de balas é igual ao ponto de mira. No teste de amplitude, a arma estava apontada para o alvo central na Figura EA4.1; assim, $\mu = 5$ pés. Para três diferentes testes, o desvio-padrão foi definido como $\sigma = 1$ pé, $\sigma = 2$ pés e $\sigma = 4$ pés. A partir de experiência passada, o fabricante descobriu que a distribuição da medição do ponto atingido na horizontal pode ser aproximada de perto por uma distribuição normal. Dessa forma, podemos usar a distribuição normal para encontrar a probabilidade de que uma única bala atirada da arma atingirá um dos três alvos. Lembre-se, a partir da Figura EA4.1, que os três alvos variam de –1 a 1, 4 a 6, 9 a 11 pés na grade horizontal.

Considere, primeiro, o alvo do meio. Sendo x a medição horizontal para um tiro de bala a partir da arma, a bala atingirá o alvo se $4 \leq x \leq 6$. A probabilidade de que essa bala atinja o alvo quando $\mu = 5$ e $\sigma = 1$ é, usando a tabela de probabilidade normal (Tabela IV, Apêndice B):

Meio:
$$\sigma = 1 \quad P(4 \leq x \leq 6) = P\left(\frac{4-5}{1} < z < \frac{6-5}{1}\right)$$
$$= P(-1 < z < 1)$$
$$= 2(0{,}3413) = 0{,}6826$$

De forma similar, encontramos a probabilidade de que uma bala atinja o alvo da esquerda e da direita mostrados na Figura EA4.1.

Esquerda:
$$\sigma = 1 \quad P(-1 \leq x \leq 1) = P\left(\frac{-1-5}{1} < z < \frac{1-5}{1}\right)$$
$$= P(-6 < z < -4) \approx 0$$

Direita:
$$\sigma = 1 \quad P(9 \leq x \leq 11) = P\left(\frac{9-5}{1} < z < \frac{11-5}{1}\right)$$
$$= P(4 < z < 6) \approx 0$$

Você pode ver que há aproximadamente 68% de chance de que uma bala atinja o alvo do meio, mas praticamente nenhuma chance de que atinja os alvos da esquerda e da direita quando o desvio-padrão estiver definido como 1 pé.

Para encontrar essas probabilidades para $\sigma = 2$ e $\sigma = 4$, usamos a função de probabilidade normal no MINITAB. A Figura EA4.2 é uma planilha do MINITAB que fornece as probabilidades cumulativas de uma variável aleatória normal (com $\mu = 5$, $\sigma = 1$) caindo abaixo dos valores de x na primeira coluna. As probabilidades cumulativas para $\sigma = 2$ e $\sigma = 4$ são dadas nas colunas 'sigma2' e 'sigma4', respectivamente.

Usando as probabilidades acumuladas na figura para encontrar as três probabilidades quando $\sigma = 2$, temos:

Meio:
$$\sigma = 2 \quad P(4 \leq x \leq 6) = P(x \leq 6) - P(x \leq 4)$$
$$= 0{,}6915 - 0{,}3085 = 0{,}3830$$

Esquerda:
$$\sigma = 2 \quad P(-1 \leq x \leq 1) = P(x \leq 1) - P(x \leq -1)$$
$$= 0{,}0227 - 0{,}0013 = 0{,}0214$$

Direita:
$$\sigma = 2 \quad P(9 \leq x \leq 11) = P(x \leq 11) - P(x \leq 9)$$
$$= 0{,}9987 - 0{,}9773 = 0{,}0214$$

↓	C1	C2	C3	C4	C5
	x	sigma1	sigma2	sigma4	
1	-1	0.00000	0.001350	0.066807	
2	1	0.00003	0.022750	0.158655	
3	4	0.15866	0.308538	0.401294	
4	6	0.84134	0.691462	0.598706	
5	9	0.99997	0.977250	0.841345	
6	11	1.00000	0.998650	0.933193	
7					

FIGURA EA4.2 Planilha do MINITAB com probabilidades normais cumulativas atuais

Assim, quando $\sigma = 2$, há cerca de 38% de chance de que uma bala atinja o alvo do meio, 2% de chance de que atinja o alvo da esquerda e 2% de chance de que atinja o alvo da direita. A probabilidade de que uma bala atinja ou o alvo do meio ou o da esquerda ou da direita é simplesmente a soma dessas três probabilidades (uma aplicação de regra da probabilidade aditiva). Essa soma é 0,3830 + 0,0214 + 0,0214 = 0,4258; conseqüentemente, há cerca de 42% de chance de que se atinja um dos três alvos quando as especificações estão definidas de forma que $\sigma = 2$.

Agora, usamos as probabilidades cumulativas da Figura EA4.2 para encontrar as três probabilidades de acerto quando $\sigma = 4$:

Meio:
$$\sigma = 4 \quad P(4 \leq x \leq 6) = P(x \leq 6) - P(x \leq 4)$$
$$= 0{,}5987 - 0{,}4013 = 0{,}1974$$

Esquerda:
$$\sigma = 4 \quad P(-1 \leq x \leq 1) = P(x \leq 1) - P(x \leq -1)$$
$$= 0{,}1587 - 0{,}0668 = 0{,}0919$$

Direita:
$$\sigma = 4 \quad P(9 \leq x \leq 11) = P(x \leq 11) - P(x \leq 9)$$
$$= 0{,}9332 - 0{,}8413 = 0{,}0919$$

Assim, quando $\sigma = 4$, há cerca de 20% de chance de que uma bala atinja o alvo do meio, 9% de chance de que atinja o alvo da esquerda e 9% de chance de que atinja o alvo da direita. A probabilidade de que atinja qualquer um dos três alvos é 0,1974 + 0,0919 + 0,0919 = 0,3812.

Esses cálculos de probabilidade revelam algumas tendências. Primeiro, a probabilidade de atingir o alvo do meio (o alvo para o qual a arma está apontada) é reduzida à medida que o desvio-padrão é aumentado. Obviamente, se o Exército norte-americano quer maximizar a chance de atingir o alvo para o qual a arma protótipo está apontada, ele desejará definir especificações com um menor valor de σ. Mas, se o Exército quiser atingir múltiplos alvos com um único tiro da arma, σ deverá ser aumentado. Com um σ maior, nem tantas balas atingirão o alvo para o qual a arma está apontada, porém mais balas atingirão alvos periféricos. Se σ deve ser definido em 4 ou 6 (ou algum outro valor) dependerá de quão grande a taxa de acerto é desejada para alvos periféricos.

Exercícios 4.84 – 4.110

Aprendendo a mecânica

4.84 Encontre a área sob a distribuição de probabilidade normal padrão entre os seguintes pares de pontuações z:
    a. $z = 0$ e $z = 2{,}00$ b. $z = 0$ e $z = 3$
    c. $z = 0$ e $z = 1{,}5$ d. $z = 0$ e $z = 0{,}80$

4.85 Encontre as seguintes probabilidades para a variável aleatória normal padrão z:
    a. $P(z > 1{,}46)$ b. $P(z < -1{,}56)$
    c. $P(0{,}67 \leq z \leq 2{,}41)$ d. $P(-1{,}96 \leq z < -0{,}33)$
    e. $P(z \geq 0)$ f. $P(-2{,}33 < z < 1{,}50)$

4.86 Encontre as seguintes probabilidades para a variável aleatória normal padrão z:
    a. $P(-1 \leq z \leq 1)$ b. $P(-2 \leq z \leq 2)$
    c. $P(-2{,}16 \leq z \leq 0{,}55)$ d. $P(-0{,}42 < z < 1{,}96)$
    e. $P(z \geq 2{,}33)$ f. $P(z < 2{,}33)$

4.87 Encontre cada uma das seguintes probabilidades para a variável aleatória normal padrão z:
    a. $P(-1 \leq z \leq 1)$ b. $P(-1{,}96 \leq z \leq 1{,}96)$
    c. $P(-1{,}645 \leq z \leq 1{,}645)$ d. $P(-2 \leq z \leq 2)$

4.88 Encontre cada uma das seguintes probabilidades para a variável aleatória normal padrão z:
    a. $P(z = 1)$ b. $P(z \leq 1)$
    c. $P(z < 1)$ d. $P(z > 1)$

4.89 Encontre o valor da variável aleatória normal padrão z, chamada z_0, de forma que:
    a. $P(z \leq z_0) = 0{,}2090$
    b. $P(z \leq z_0) = 0{,}7090$
    c. $P(-z_0 \leq z < z_0) = 0{,}8472$
    d. $P(-z_0 \leq z \leq z_0) = 0{,}1664$
    e. $P(z_0 \leq z \leq 0) = 0{,}4798$
    f. $P(-1 \leq z \leq z_0) = 0{,}5328$

4.90 Encontre o valor da variável aleatória normal padrão z, chamada z_0, de forma que:
    a. $P(z \geq z_0) = 0{,}05$
    b. $P(z \geq z_0) = 0{,}025$
    c. $P(z \leq z_0) = 0{,}025$
    d. $P(z \geq z_0) = 0{,}10$
    e. $P(z > z_0) = 0{,}10$

4.91 Suponha que a variável aleatória x seja melhor descrita por uma distribuição normal com $\mu = 30$ e $\sigma = 4$. Encontre a pontuação z que corresponde a cada um dos seguintes valores de x:
    a. $x = 20$ b. $x = 30$
    c. $x = 27{,}5$ d. $x = 15$
    e. $x = 35$ f. $x = 25$

4.92 Dê a pontuação z para uma medição a partir de uma distribuição normal para o seguinte:
    a. Um desvio-padrão acima da média.
    b. Um desvio-padrão abaixo da média.
    c. Igual à média.
    d. 2,5 desvios-padrão abaixo da média.
    e. 3 desvios-padrão acima da média.

4.93 Suponha que x seja uma variável aleatória normalmente distribuída com $\mu = 11$ e $\sigma = 2$. Encontre o que se segue:
    a. $P(10 \leq x \leq 12)$ b. $P(6 \leq x \leq 10)$
    c. $P(13 \leq x \leq 16)$ d. $P(7{,}8 \leq x \leq 12{,}6)$
    e. $P(x \geq 13{,}24)$ f. $P(x \geq 7{,}62)$

4.94 A variável aleatória x tem uma distribuição normal com $\mu = 1.000$ e $\sigma = 10$.
a. Encontre a probabilidade de que x assuma um valor mais de 2 desvios-padrão de sua média e mais de 3 desvios-padrão de μ.
b. Encontre a probabilidade de que x assuma um valor dentro de 1 desvio-padrão da média e 2 desvios-padrão de μ.
c. Encontre o valor de x que representa o 80º percentil dessa distribuição e o 10º percentil.

4.95 Suponha que x seja uma variável aleatória normalmente distribuída com média 120 e variância 36. Faça o esboço de um gráfico da distribuição de x. Localize μ e o intervalo $\mu \pm 2\sigma$ no gráfico. Encontre as seguintes probabilidades:
a. $P(\mu - 2\sigma \leq x \leq \mu + 2\sigma)$
b. $P(x \geq 128)$
c. $P(x \leq 108)$
d. $P(112 \leq x \leq 130)$
e. $P(114 \leq x \leq 116)$
f. $P(115 \leq x \leq 128)$

4.96 Suponha que x seja uma variável aleatória normalmente distribuída com $\mu = 50$ e $\sigma = 3$. Encontre o valor de uma variável aleatória, chamada x_0, de forma que:
a. $P(x \leq x_0) = 0{,}8413$
b. $P(x > x_0) = 0{,}025$
c. $P(x > x_0) = 0{,}95$
d. $P(41 \leq x < x_0) = 0{,}8630$
e. 10% dos valores de x sejam menores que x_0
f. 1% dos valores de x sejam maiores que x_0

APPLET **Exercício utilizando aplicativo 4.8**
(É necessário ter o Java instalado para utilizar esse aplicativo)

Abra o aplicativo intitulado *Sample of population*. No menu à direita do gráfico de cima, selecione *Bell shaped*. O quadro à esquerda do gráfico de cima mostra a média da população, a mediana e o desvio-padrão.
a. Rode o aplicativo para cada valor disponível de n no menu para o tamanho da amostra. Vá do menor para o maior valor de n. Para cada valor de n, observe o formato do gráfico dos dados da amostra e registre a média, a mediana e o desvio-padrão.
b. Descreva o que acontece com o formato do gráfico e a média, a mediana e o desvio-padrão da amostra à medida que o tamanho da amostra aumenta.

Aplicação dos conceitos — Básico

WPOWER50

4.97 Mulheres mais poderosas da América. Relembre a lista da *Fortune* (14 nov. 2005) contendo as 50 mulheres mais poderosas dos Estados Unidos, Exercício 2.45. Lembre-se que os dados sobre idade (em anos) para cada mulher está salvo no arquivo **WPOWER50**. As idades no grupo de dados podem ser mostradas como sendo aproximadamente e normalmente distribuídas com uma média de 50 anos e um desvio-padrão de 5,3 anos. Uma mulher poderosa é aleatoriamente selecionada a partir dos dados e sua idade é observada.
a. Encontre a probabilidade de que a idade dessa mulher ficará entre 55 e 60 anos.
b. Encontre a probabilidade de que a idade dela ficará entre 48 e 52 anos.
c. Encontre a probabilidade de que a idade dela será menor que 35 anos.
d. Encontre a probabilidade de que a idade dela excederá 40 anos.

4.98 O negócio dos jogos em cassino. Jogos em cassinos geram mais de US$ 35 bilhões em receitas a cada ano nos Estados Unidos. Em *Chance* (primavera, 2005), o estatístico R. C. Hannum, da University of Denver, discutiu o negócio dos jogos de cassino e sua ligação com as leis da probabilidade. Jogos de azar em cassino (como jogo de dados, roleta, bacará e loto) sempre geram 'vantagem para a banca'. Por exemplo, no jogo de roletas de duplo zero, a porcentagem esperada de ganho do cassino será de 5,26% sobre as apostas feitas se o resultado for tanto preto quanto vermelho (isso implica que, para cada US$ 5 de aposta em preto ou vermelho, o cassino ganhará um líquido de cerca de 25 centavos). Pode ser mostrado que, em 100 jogos de roleta de preto/vermelho, a porcentagem média de ganhos do cassino é normalmente distribuída, com média de 5,26% e desvio-padrão de 10%. Considere x a porcentagem média de ganho do cassino após 100 apostas em preto/vermelho em um jogo de roleta de duplo zero.
a. Encontre $P(x > 0)$. (Esta é a probabilidade de que o cassino ganhe dinheiro.)
b. Encontre $P(5 < x < 15)$.
c. Encontre $P(x < 1)$.
d. Se você observou uma porcentagem média de ganho do cassino de –25% após 100 apostas em preto/vermelho na roleta, o que concluiria?

DDT

4.99 Peixes contaminados por uma descarga de fábrica. Relembre os dados do U.S. Army Corps of Engineers sobre peixes contaminados no Rio Tennessee, salvos no arquivo **DDT**. Lembre-se de que uma das variáveis medidas para cada peixe capturado foi o peso (em gramas). Os pesos no grupo de dados podem ser vistos como aproximadamente e normalmente distribuídos, com média de 1.050 gramas e desvio-padrão de 375 gramas. Uma observação é aleatoriamente selecionada a partir dos dados e o peso do peixe é observado.
a. Encontre a probabilidade que o peso fique entre 1.000 e 1.400 gramas.
b. Encontre a probabilidade de que o peso fique entre 800 e 1.000 gramas.
c. Encontre a probabilidade de que o peso seja menor que 1.750 gramas.
d. Encontre a probabilidade de que o peso exceda 500 gramas.

CRASH

4.100 Testes de segurança de colisão da NHTSA. Releia o Exercício 4.19 e os dados dos testes de segurança de colisão de novos carros da National Highway Traffic Safety Administration (NHTSA). Uma das variáveis salvas no arquivo **CRASH** é a severidade dos ferimentos de cabeça quando o carro tem colisão frontal com uma barreira fixa enquanto viaja a 35 milhas por hora. Quanto mais pontos marcados na classificação de ferimentos da cabeça, mais grave o ferimento. As classificações de ferimentos na cabeça podem ser aproximadamente e normalmente distribuídas, com média de 605 pontos e desvio-padrão de 185 pontos. Um dos carros testados é aleatoriamente selecionado a partir dos dados e a taxa de ferimento na cabeça do motorista é observada.

a. Encontre a probabilidade de que a taxa fique entre 500 e 700 pontos.
b. Encontre a probabilidade de que a taxa fique entre 400 e 500 pontos.
c. Encontre a probabilidade de que a taxa seja menor que 850 pontos.
d. Encontre a probabilidade de que a taxa exceda 1.000 pontos.

4.101 Atrasos de transmissão em tecnologia wireless. O Resource Reservation Protocol (RSVP) foi originalmente desenvolvido para estabelecer links de sinais para redes estacionárias. Em *Mobile Networks and Applications* (dez. 2003), RSVP foi aplicado para tecnologia móvel wireless (um PC notebook com cartão wireless LAN para acesso à Internet). Um estudo de simulação revelou que o atraso na transmissão (medido em milissegundos) de um equipamento wireless com link RSVP tem uma distribuição aproximada normal com média $\mu = 48,5$ milissegundos e $\sigma = 8,5$ milissegundos.

a. Qual a probabilidade de que o atraso de transmissão seja menor que 57 milissegundos?
b. Qual a probabilidade de que o atraso de transmissão esteja entre 40 e 60 milissegundos?

Aplicação dos conceitos — Intermediário

4.102 Estudo sobre colheita de plantação de algodão. A colheita de uma plantação em uma fazenda em particular é tipicamente medida como a quantidade de plantação produzida por acre. Por exemplo, o algodão é medido em libras por acre. Foi demonstrado que uma distribuição normal pode ser usada para caracterizar colheitas de plantações ao longo do tempo (*American Journal of Agricultural Economics*, maio 1999). Dados históricos indicam que a colheita de algodão do próximo verão para um fazendeiro da Geórgia em particular pode ser caracterizada por uma distribuição normal, com média de 1.500 libras por acre e desvio-padrão de 250. O fazendeiro em questão terá lucro se produzir pelo menos 1.600 libras por acre.

a. Qual a probabilidade de que o fazendeiro perca dinheiro no próximo verão?
b. Presuma que a mesma distribuição normal seja apropriada para descrever a colheita de algodão em cada um dos dois próximos verões. Também parta do princípio de que as duas colheitas são independentes. Qual a probabilidade de que o fazendeiro perca dinheiro por dois anos consecutivos?
c. Qual a probabilidade de que a colheita fique dentro de 2 desvios-padrão de 1.500 libras por acre no próximo verão?

4.103 Problema de alocação de vôo em uma companhia aérea. O problema de adequar a aeronave com a demanda de passageiros em cada trecho de vôo é chamado de *problema de alocação de vôo* no setor aéreo. A perda é definida como o número de passageiros não transportados porque a capacidade da aeronave é insuficiente. Uma solução para esse problema na Delta Airlines foi publicada em *Interfaces* (jan./ fev. 1994). Os autores — quatro pesquisadores da Delta Airlines e um professor da Georgia Tech (Roy Marsten) — demonstraram sua abordagem com um exemplo no qual a demanda de passageiros para um trecho em particular é normalmente distribuída, com média de 125 passageiros e desvio-padrão de 45. Considere um Boeing 727 com capacidade para 148 passageiros e um Boeing 757 com capacidade para 182.

a. Qual a probabilidade de que a demanda de passageiros exceda a capacidade do Boeing 727? E do Boeing 757?
b. Se o 727 é designado para um trecho do vôo, qual a probabilidade de que o vôo saia com um ou mais assentos vazios? Responda à mesma questão para o Boeing 757.
c. Se o 727 é designado para o vôo, qual a probabilidade de que a perda seja de mais de 100 passageiros?

4.104 Taxa de pagamento por hora em fábrica. Dados do governo indicam que o salário médio por hora para trabalhadores de uma fábrica nos Estados Unidos é de US$ 16 (*Statistical Abstract of the United States*, 2006). Suponha que a distribuição de pagamentos da fábrica no país possa ser aproximada por uma distribuição normal, com desvio-padrão de US$ 1,25 por hora. A primeira fábrica contatada por um trabalhador em particular buscando um novo emprego paga US$ 17,30 por hora.

a. Se o trabalhador fosse fazer uma pesquisa nacional, aproximadamente qual proporção de valores de salários ficaria acima de US$ 17,30 por hora?
b. Se o trabalhador fosse aleatoriamente selecionar uma fábrica norte-americana, qual a probabilidade de que ela pague mais de US$ 17,30 por hora?
c. A mediana da população, chamada η, de uma variável aleatória contínua x é o valor de forma que $P(x \geq \eta) = P(x \leq \eta) = 0,5$ — isto é, a mediana é o valor η, de forma que metade da área sob a distribuição de probabilidade fica acima de η e metade abaixo de η. Encontre a mediana da variável aleatória correspondente ao salário e compare-a com a média.

4.105 Testes de destreza pessoal. Testes pessoais são desenvolvidos para testar as habilidades cognitivas e/ou físicas de um candidato a emprego. Um teste de QI é um exemplo do primeiro; um teste de velocidade envolvendo pendurar objetos em pinos fixados na parede é um exemplo do último (Cowling e James, *The essence of personnel managements and industrial relations*, 1994). Um teste de destreza é aplicado nos Estados Unidos por uma empresa privada de recrutamento. É sabido que, para todos os testes administrados no ano anterior, a distribuição era aproximadamente normal, com média 75 e desvio-padrão 7,5.

a. Um empregador em particular requer que os candidatos façam pelo menos 80 pontos no teste de destreza. Aproximadamente, qual porcentagem de pontuações excedeu 80 no ano anterior?

b. O serviço de testes reportou a um empregador em particular que a pontuação de um de seus candidatos ficou no 98º percentil da distribuição (isto é, aproximadamente 98% das pontuações foram inferiores às do candidato e apenas 2% foram maiores). Qual a pontuação do candidato?

4.106 Modelo para custo de construção no longo prazo. Antes de negociar um contrato de construção de longo prazo, empresas de construção devem cuidadosamente estimar o custo total de completar o projeto. Benzion Barlev, da New York University, propôs um modelo para o custo total de um contrato de longo prazo baseado na distribuição normal (*Journal of Business Finance and Accounting*, jul. 1995). Para um contrato de construção em particular, Barley assumiu um custo total x, que seria normalmente distribuído, com média de US$ 850.000 e desvio-padrão de US$ 170.000. A receita R prometida ao construtor é de US$ 1.000.000.

a. O contrato será lucrativo se a receita exceder o custo total. Qual a probabilidade de que o contrato seja rentável para o construtor?
b. Qual a probabilidade de que o projeto resulte em perda para o construtor?
c. Suponha que o construtor tenha a oportunidade de renegociar o contrato. Que valor de R deveria pedir para que tivesse 0,99 de probabilidade de ter lucro?

4.107 Avaliando a performance de uma ação. A taxa de retorno mensal de uma ação é uma medida que investidores geralmente usam para avaliar o comportamento dela ao longo do tempo. A taxa de retorno mensal de uma ação geralmente reflete a quantidade de dinheiro que um investidor faz (ou perde, se o retorno é negativo) para cada dólar investido na ação em dado mês. Em seu texto clássico, *Foundations of finance* (1976), Eugene Fama demonstrou que a distribuição de probabilidade para a taxa de retorno mensal de uma ação pode ser aproximada por uma distribuição de probabilidades normal. Suponha que as taxas mensais de retorno para a ação ABC sejam normalmente distribuídas, com média 0,05 e desvio-padrão 0,03, e que as taxas médias de retorno da ação XYZ sejam normalmente distribuídas, com média 0,07 e desvio-padrão 0,05. Presuma que você tenha US$ 100 investidos em cada ação.

a. No longo prazo, qual ação resultará em uma maior taxa de retorno mensal? Por quê?
b. Suponha que você planeje segurar cada ação por apenas um mês. Qual o valor esperado de cada investimento ao final de cada mês?
c. Qual ação oferece maior proteção contra perdas em seus investimentos no próximo mês? Por quê?

Aplicação dos conceitos — Avançado

4.108 Processo de preenchimento industrial. As características de um processo de preenchimento industrial no qual um líquido caro é injetado em um container foram investigadas pelo *Journal of Quality Technology* (jul. 1999).

A quantidade injetada por container é aproximadamente e normalmente distribuída, com média de 10 unidades e desvio-padrão de 0,2 unidades. Cada unidade preenchida custa US$ 20. Se um container contém menos de 10 unidades (isto é, está subpreenchido), ele precisará ser reprocessado a um custo de US$ 10. Um container devidamente preenchido é vendido por US$ 230.

a. Encontre a probabilidade de que um container esteja subpreenchido e de que não esteja subpreenchido.
b. Um container é inicialmente subpreenchido e deve ser reprocessado. Com o repreenchimento, ele passa a conter 10,60 unidades. Quanto de lucro a empresa obterá com esse container?
c. O gerente de operações ajusta a média do processo de preenchimento para 10,10 unidades, de forma a fazer com que a probabilidade de subpreenchimento seja aproximadamente zero. Sob essas condições, qual o lucro esperado por container?

4.109 Corante descarregado na tinta. Uma máquina usada para regular a quantidade de corante dispensado para misturar cores de tinta pode ser ajustada de forma que descarregue em média μ mililitros (mL) de corante por lata de tinta. Sabe-se que a quantidade de corante descarregada tem uma distribuição normal, com desvio-padrão de 0,4 mL. Se mais de 6 mL de corante são descarregados quando se faz certa mistura de tinta azul, a mistura é inaceitável. Determine o ajuste para μ de forma que apenas 1% das latas de tinta se tornem inaceitáveis.

4.110 *Box plot* e distribuição normal padrão. Qual relação existe entre a distribuição normal padrão e a metodologia do *box plot* (Seção opcional 2.8) para descrever as distribuições de dados usando quartis? A resposta depende, na verdade, da distribuição de probabilidades dos dados. Presuma, para este exercício, que a distribuição seja normal.

a. Calcule os valores da variável aleatória normal padrão z, chamados z_L e z_U, que correspondem às fronteiras do *box plot* — isto é, os quartis inferior e superior, Q_L e Q_U — da distribuição de probabilidade.
b. Calcule os valores de z que correspondem às cercas internas do *box plot* para uma distribuição de probabilidade normal.
c. Calcule os valores de z que correspondem às cercas externas do *box plot* para a distribuição de probabilidade normal.
d. Qual a probabilidade de que uma observação fique além das cercas internas de uma distribuição de probabilidade normal? E das externas?
e. Você pode entender melhor por que as cercas internas e externas de um *box plot* são usadas para detectar valores aberrantes em uma distribuição? Explique.

4.8 Métodos descritivos para descobrir a normalidade

Nos capítulos que se seguem, aprenderemos como fazer inferências sobre a população com base na informação da amostra. Diversas dessas técnicas são baseadas na premissa de que a população é aproxi-

---

DETERMINANDO SE OS DADOS SÃO DE UMA DISTRIBUIÇÃO APROXIMADAMENTE NORMAL

1. Construa um histograma ou um diagrama de ramo e folhas para os dados e observe o formato do gráfico. Se os dados são aproximadamente normais, o formato do histograma ou diagrama de ramo e folhas será similar a uma curva normal, Figura 4.15 (isto é, formato de sino e simétrico em torno da média).
2. Calcule os intervalos $\bar{x} \pm s$, $\bar{x} \pm 2s$ e $\bar{x} \pm 3s$ e determine a porcentagem de medições caindo em cada um deles. Se os dados são aproximadamente normais, as porcentagens serão aproximadamente iguais a 68%, 95% e 100%, respectivamente.
3. Encontre a amplitude interquartil, IQR, e o desvio-padrão s para a amostra, então calcule a taxa IQR/s. Se os dados são aproximadamente normais, então IQR/$s \approx 1{,}3$.
4. Construa um *gráfico de probabilidade normal* para os dados. Se os dados são aproximadamente normais, os pontos cairão (aproximadamente) em uma linha reta.

---

madamente e normalmente distribuída. Conseqüentemente, será importante determinar se os dados da amostra vêm de uma população normal antes de podermos aplicar apropriadamente essas técnicas.

Diversos métodos descritivos podem ser usados para checar a normalidade. Nesta seção, consideramos quatro métodos, resumidos no quadro acima.

Os dois primeiros métodos vêm diretamente a partir de propriedades de uma distribuição normal, estabelecidas na Seção 4.7. O Método 3 é baseado no fato de que, para distribuições normais, os valores de z correspondentes ao 25º e 75º percentis são $-0{,}67$ e $0{,}67$, respectivamente (veja Exemplo 4.17). Uma vez que $\sigma = 1$ para uma distribuição normal padrão:

$$\frac{\text{IQR}}{\sigma} = \frac{Q_U - Q_L}{\sigma} = \frac{0{,}67 - (-0{,}67)}{1} = 1{,}34$$

O método descritivo final para checar a normalidade é baseado em um *gráfico de probabilidade normal*. Em tal gráfico, as observações em um grupo de dados são ordenadas a partir do menor para o maior e, então, representadas graficamente contra as pontuações z esperadas das observações calculadas sob

---

DEFINIÇÃO 4.9

Um **gráfico de probabilidade normal** para um grupo de dados é um diagrama de dispersão com os valores de dados ranqueados em um eixo e suas pontuações z correspondentes esperadas a partir de uma distribuição normal padrão no outro eixo. [*Nota*: O cálculo das pontuações z normais padrão esperadas está além do escopo deste texto. Dessa forma, vamos confiar em softwares estatísticos disponíveis para gerar um gráfico de probabilidade normal.]

---

a premissa de que o dado vem de uma distribuição normal. Quando os dados são, de fato, normalmente distribuídos, uma tendência linear (linha reta) resultará. Uma tendência não linear no gráfico sugere que os dados são não normais.

EXEMPLO 4.24

CHECANDO DADOS NORMAIS — MILHAGEM DE GASOLINA ESTIMADA PELA EPA

Problema A Agência de Proteção ao Meio Ambiente dos Estados Unidos (Environmental Protection Agency – EPA) desenvolve testes intensos em todos os novos modelos de carros para determinar suas taxas de milhagem. Os resultados de 100 testes da EPA em um novo modelo de carro são mostrados na Tabela 4.6. Medidas descritivas numéricas e gráficas para os dados são mostradas nas telas do MINITAB e SPSS, Figuras 4.27 a – c. Determine se as taxas de milhagem da EPA são de uma distribuição normal aproximada.

Solução
Como uma primeira checagem, examinamos o histograma do MINITAB dos dados mostrados na Figura 4.27a. Claramente, as milhagens caem em uma distribuição aproximadamente em formato de sino, simétrica ao redor da média de aproximadamente 37 mpg. Note que uma curva normal é sobreposta na figura. Dessa forma, usando a checagem #1 no quadro, os dados aparentam ser aproximadamente normais.

Para aplicar a checagem #2, obtemos $\bar{x} = 37$ e $s = 2{,}4$ a partir da tela do MINITAB, Figura 4.27b. Os intervalos $\bar{x} \pm s$, $\bar{x} \pm 2s$ e $\bar{x} \pm 3s$ são mostrados na Tabela 4.7, assim como a porcentagem de taxas de milhagem que caem em cada intervalo. Essas porcentagens estão de acordo quase exatamente com aquelas de uma distribuição normal.

TABELA 4.6 Taxa de milhagem de gasolina da EPA para 100 carros (milhas por galão)

36,3	41,0	36,9	37,1	44,9	36,8	30,0	37,2	42,1	36,7
32,7	37,3	41,2	36,6	32,9	36,5	33,2	37,4	37,5	33,6
40,5	36,5	37,6	33,9	40,2	36,4	37,7	37,7	40,0	34,2
36,2	37,9	36,0	37,9	35,9	38,2	38,3	35,7	35,6	35,1
38,5	39,0	35,5	34,8	38,6	39,4	35,3	34,4	38,8	39,7
36,3	36,8	32,5	36,4	40,5	36,6	36,1	38,2	38,4	39,3
41,0	31,8	37,3	33,1	37,0	37,6	37,0	38,7	39,0	35,8
37,0	37,2	40,7	37,4	37,1	37,8	35,9	35,6	36,7	34,5
37,1	40,3	36,7	37,0	33,9	40,1	38,0	35,2	34,8	39,5
39,9	36,9	32,9	33,8	39,8	34,0	36,8	35,0	38,1	36,9

A checagem #3 no quadro requer que encontremos a taxa IQR/s. A partir da Figura 4.27b, o 25º percentil (chamado Q_1 pelo MINITAB) é $Q_L = 35,625$ e o 75º percentil (chamado Q_3 pelo MINITAB) é $Q_U = 38,375$. Então, IQR $= Q_U - Q_L = 2,75$ e a taxa é:

$$\frac{IQR}{s} = \frac{2,75}{2,4} = 1,15$$

Uma vez que esse valor é aproximadamente igual a 1,3, temos uma confirmação mais efetiva de que os dados são aproximadamente normais.

TABELA 4.7 Descrevendo as 100 taxas de milhagem da EPA

Intervalo	Porcentagem em intervalo
$\bar{x} \pm s = (34,6; 39,4)$	68
$\bar{x} \pm 2s = (32,2; 41,8)$	96
$\bar{x} \pm 3s = (29,8; 44,2)$	99

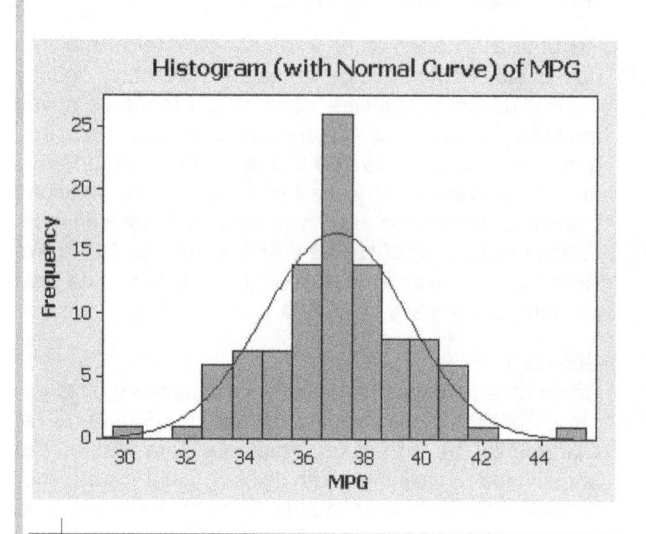

FIGURA 4.27a Histograma do MINITAB para os dados de milhagem de gasolina

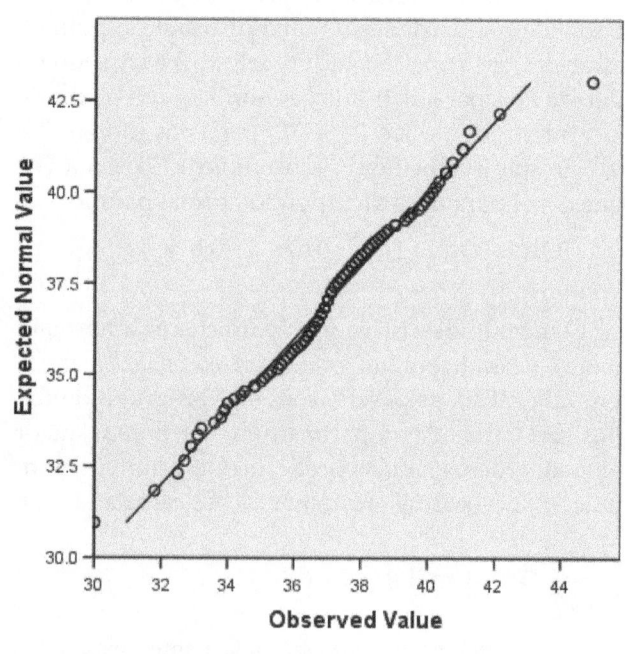

FIGURA 4.27c Gráfico da probabilidade normal do SPSS para os dados de milhagem de gasolina

Descriptive Statistics: MPG

```
Variable    N    Mean   StDev  Minimum     Q1  Median      Q3  Maximum
MPG       100  36.994   2.418   30.000  35.625  37.000  38.375   44.900
```

FIGURA 4.27b Estatísticas descritivas do MINITAB para os dados de milhagem de gasolina

Um quarto método descritivo consiste em interpretar um gráfico de probabilidade normal. Um gráfico de probabilidade normal do SPSS para os dados de milhagem é mostrado na Figura 4.27c. Perceba que os valores de milhagem ordenados (mostrados no eixo horizontal) ficam razoavelmente próximos a uma linha reta quando representados graficamente contra as pontuações z esperadas de uma distribuição normal. Assim, a checagem #4 também sugere que os dados de milhagem da EPA sejam provavelmente aproximados a uma distribuição normal.

Relembrando As checagens de normalidade dadas no quadro são simples, embora poderosas técnicas para aplicar, mas apenas descritivas por natureza. É possível (apesar de improvável) que os dados sejam não normais mesmo quando as checagens forem razoavelmente satisfeitas. Assim, devemos ser cuidadosos para não afirmar que as 100 taxas de milhagem da EPA do Exemplo 4.24 são, de fato, normalmente distribuídas. Apenas podemos afirmar que é razoável acreditar que os dados sejam de uma distribuição normal.[11]

AGORA FAÇA OS EXERCÍCIOS 4.114

Como aprenderemos no próximo capítulo, diversos métodos deduzíveis de análise requerem que os dados sejam aproximadamente normais. Se eles forem claramente não normais, inferências derivadas a partir do método podem ser inválidas. Dessa maneira, é aconselhável checar a normalidade dos dados antes de conduzir a análise.

ESTATÍSTICA EM AÇÃO REVISITADA

AVALIANDO SE A DISTRIBUIÇÃO NORMAL É APROPRIADA PARA EXIBIR OS DADOS DE ACERTOS DA SUPERARMA

Avaliando se a distribuição normal é apropriada para exibir as taxas de acerto da superarma

Em Estatística em ação revisitada, Seção 4.7, usamos a distribuição normal para encontrar a probabilidade de que uma única bala de uma superarma que atira 1.100 balas em um tiro atinja três alvos a 500 metros. Lembre-se de que, para os três testes, a arma estava sempre apontada para o alvo do meio (isto é, a média especificada estava definida para $\mu = 5$ pés), mas o desvio-padrão variou de $\sigma = 1$ pé, $\sigma = 2$ pés e $\sigma = 4$ pés. A Tabela EA 4.1 mostra as probabilidades normais calculadas de atingir os três alvos para valores diferentes de σ, assim como os resultados dos três testes. (Lembre-se de que os dados estão salvos no arquivo **MOAGUN**.) Você pode ver que a proporção das 1.100 balas que realmente atingem cada alvo — chamada taxa de acerto — está bem de acordo com a probabilidade estimada de acerto usando a distribuição normal.

Conseqüentemente, parece que nossa premissa de que as medições de acertos horizontais são aproximadamente e normalmente distribuídas está razoavelmente satisfeita. Mais evidência disso é dada pelos histogramas do MINITAB das medições de acerto horizontal mostradas nas Figuras EA 4.3a – c. A curva normal superposta nos histogramas se encaixa muito bem nos dados.

TABELA EA4.1 Resumo dos cálculos de probabilidade normal e resultados reais dos testes de amplitude

ALVO	ESPECIFICAÇÃO	PROBABILIDADE NORMAL	NÚMERO REAL DE ACERTOS	TAXA DE ACERTOS (ACERTOS/1.100)
ESQUERDA (−1 a 1)	$\sigma = 1$	0,0000	0	0,000
	$\sigma = 2$	0,0214	30	0,027
	$\sigma = 4$	0,0919	73	0,066
MEIO (4 a 6)	$\sigma = 1$	0,6826	764	0,695
	$\sigma = 2$	0,3820	409	0,372
	$\sigma = 4$	0,1974	242	0,220
DIREITA (9 a 11)	$\sigma = 1$	0,0000	0	0,000
	$\sigma = 2$	0,0214	23	0,021
	$\sigma = 4$	0,0919	93	0,085

---

[11] Testes estatísticos de normalidade que proporcionam uma medida de confiabilidade para a inferência estão disponíveis. Contudo, esses testes tendem a ser muito sensíveis a pequenos desvios da normalidade (isto é, eles tendem a rejeitar a hipótese de normalidade para qualquer distribuição que não seja perfeitamente simétrica e em formato de sino). Consulte as referências (veja Ramsey & Ramsey, 1990) se quiser aprender mais sobre esses testes.

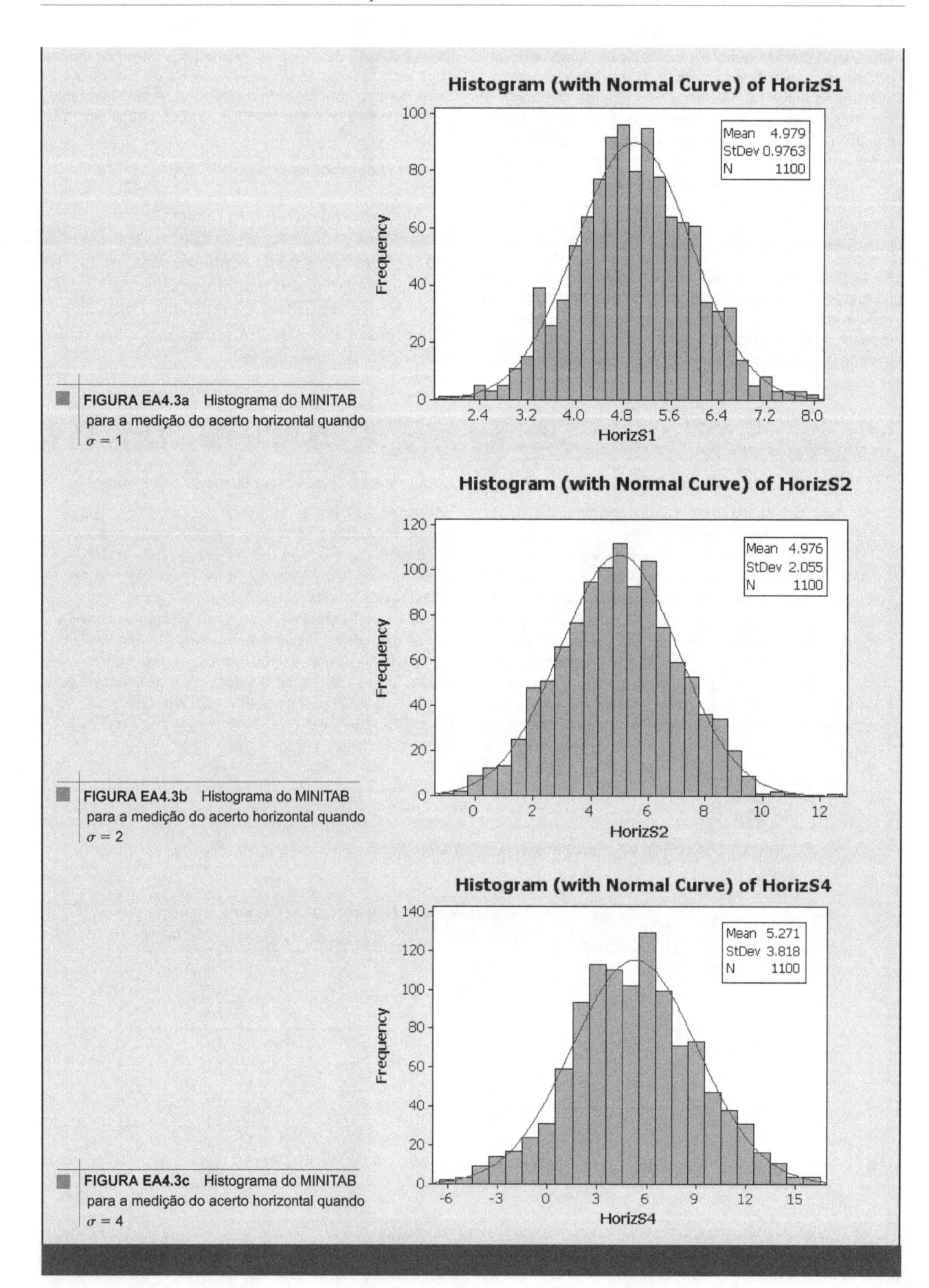

FIGURA EA4.3a Histograma do MINITAB para a medição do acerto horizontal quando $\sigma = 1$

Histogram (with Normal Curve) of HorizS1

Mean 4.979
StDev 0.9763
N 1100

FIGURA EA4.3b Histograma do MINITAB para a medição do acerto horizontal quando $\sigma = 2$

Histogram (with Normal Curve) of HorizS2

Mean 4.976
StDev 2.055
N 1100

FIGURA EA4.3c Histograma do MINITAB para a medição do acerto horizontal quando $\sigma = 4$

Histogram (with Normal Curve) of HorizS4

Mean 5.271
StDev 3.818
N 1100

Gráfico de probabilidade normal

Usando a calculadora gráfica TI-83/TI-84

Criando um gráfico de probabilidade normal

Passo 1 *Insira os dados.*
Pressione **STAT** e selecione **1:Edit**.
[*Nota*: Se a lista já contém dados, limpe os dados antigos. Use a seta de cima para marcar **L1**. Pressione **CLEAR ENTER**.]
Use as teclas **ARROW** e **ENTER** para inserir o grupo de dados em **L1**.

Passo 2 *Defina o gráfico de probabilidade normal.*
Pressione **Y=** e **CLEAR** para limpar todas as funções dos registros Y.
Pressione **2nd** e **Y=** para **STAT PLOT**.
Pressione **1** para **Plot 1**.
Defina o cursor de forma que **ON** esteja piscando.
Para **Type**, use as teclas **ARROW** e **ENTER** para marcar e selecionar o último gráfico na linha de baixo.
Para **Data List**, escolha a coluna contendo os dados (na maioria dos casos, L1). [*Nota*: Pressione **2nd** 1 para **L1**.]
Para **Data Axis**, escolha X e pressione **ENTER**.

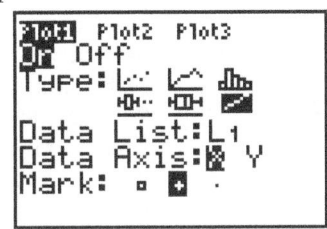

Passo 3 *Visualize o gráfico.*
Pressione **ZOOM 9**.
Seus dados serão mostrados contras os valores esperados de z de uma distribuição normal.
Se você observar uma relação 'geralmente' linear, seu grupo de dados será aproximadamente normal.

Exemplo Usando um gráfico de probabilidade normal, teste se os dados são normalmente distribuídos ou não.

| 9,7 | 93,1 | 33,0 | 21,2 | 81,4 | 51,1 |
| 43,5 | 10,6 | 12,8 | 7,8 | 18,1 | 12,7 |

A tela a seguir mostra o gráfico de probabilidade normal. Há uma curva perceptível no gráfico, indicando que o grupo de dados não é normalmente distribuído.

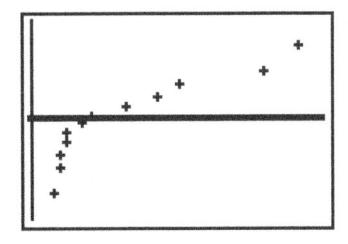

Exercícios 4.111 – 4.122

Aprendendo a mecânica

4.111 Se o grupo de dados de uma população é normalmente distribuído, qual proporção de medições você esperaria que ficasse nos seguintes intervalos?
  a. $\mu \pm \sigma$
  b. $\mu \pm 2\sigma$
  c. $\mu \pm 3\sigma$

4.112 Considere um grupo de dados amostral com as seguintes estatísticas resumo: $s = 95$, $Q_L = 72$, $Q_U = 195$.
  a. Calcule IQR.
  b. Calcule IQR/s.
  c. O valor de IQR/s é aproximadamente igual a 1,3? O que isso implica?

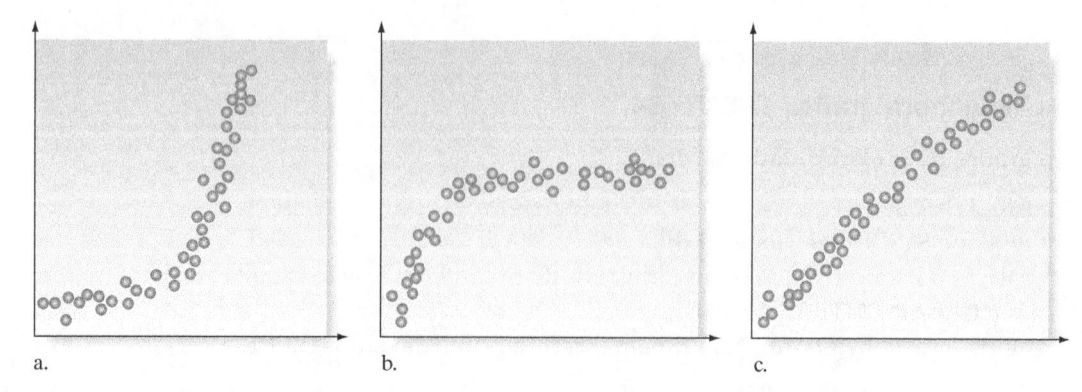

Gráficos de probabilidade normal para o Exercício 4.113

4.113 Gráficos de probabilidade normal para três grupos de dados são mostrados acima. Qual gráfico indica que os dados são aproximadamente e normalmente distribuídos?

4.114 Examine os dados amostrais abaixo:

LM4-114
Companion Website

5,9	5,3	1,6	7,4	8,6	1,2	2,1
4,0	7,3	8,4	8,9	6,7	4,5	6,3
7,6	9,7	3,5	1,1	4,3	3,3	8,4
1,6	8,2	6,5	1,1	5,0	9,4	6,4

a. Construa um gráfico de ramo e folhas para descobrir se os dados são de uma distribuição aproximadamente normal.
b. Calcule s para os dados da amostra.
c. Encontre os valores de Q_L e Q_U e o valor de s do item **b** para descobrir se os dados vêm de uma distribuição aproximadamente normal.
d. Gere um gráfico de probabilidade normal para os dados e use-o para descobrir se os dados são aproximadamente normais.

Aplicação dos conceitos — Básico

WPOWER50
Companion Website

4.115 Mulheres mais poderosas da América. Busque a lista da *Fortune* (14 nov. 2005) com as 50 mulheres mais poderosas da América. No Exercício 4.97, você partiu do princípio de que as idades dessas mulheres eram normalmente distribuídas. Uma tela do MINITAB com estatísticas resumidas para a distribuição da idade está reproduzida abaixo.
a. Use as estatísticas relevantes da tela para encontrar a amplitude interquartil, IQR.
b. Localize o valor do desvio-padrão s na tela.
c. Use os resultados dos itens **a** e **b** para demonstrar que a distribuição de idades é aproximadamente normal.

d. No Exercício 2.45c você construiu um histograma de freqüência relativa para os dados de idade. Use esse gráfico para dar suporte à sua premissa de normalidade.

STLRUNS
Companion Website

4.116 Runs marcados pelo St. Louis Cardinals. Busque o estudo do *Journal of Statistic Education* sobre a quebra de recorde de Mark McGwire na temporada de 1998 da Major League Baseball dos Estados Unidos, Exercício 2.23. Os dados sobre o número de *runs* marcados pelo time de McGwire, o St. Louis Cardinals, em jogos nos quais McGwire atingiu um *home run*, estão salvos no arquivo **STLRUNS**. Um gráfico de probabilidade normal do SPSS é mostrado abaixo. Use o gráfico para descobrir se os dados são aproximadamente normais.

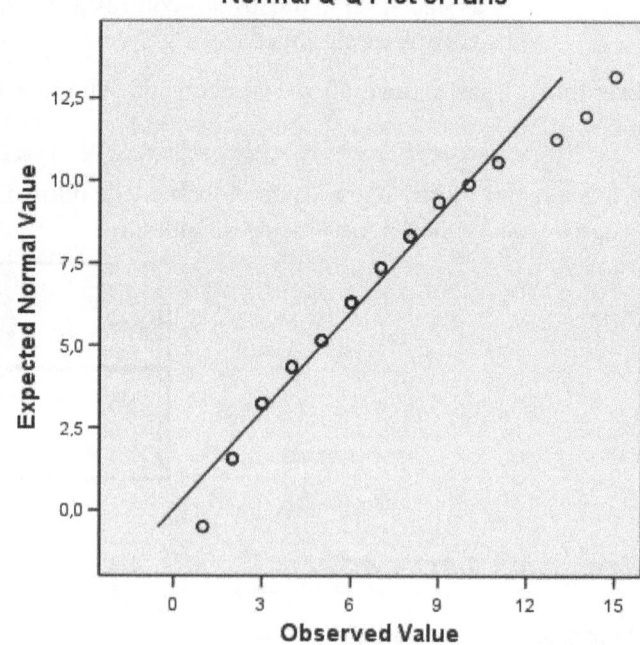

Descriptive Statistics: AGE

```
Variable   N    Mean    StDev   Minimum    Q1    Median    Q3    Maximum
AGE        50   49.880  5.275   39.000    47.000  49.500   53.000  64.000
```

Resultado do MINITAB para o Exercício 4.115

4.117 Updates de arquivos de softwares. A gestão de configuração de software foi usada para monitorar a performance de uma equipe de engenharia de software na Motorola, Inc. (*Software Quality Professional*, nov. 2004). Uma das variáveis de interesse foi o número de atualizações em um arquivo mudado por causa de problemas reportados. As estatísticas resumidas para $n = 421$ arquivos geraram os seguintes resultados: $\bar{x} = 4,71$, $s = 6,09$, $Q_L = 1$ e $Q_U = 6$. Esses dados são aproximadamente e normalmente distribuídos? Explique.

Aplicação dos conceitos — Intermediário

DDT
Companion Website

4.118 Peixes contaminados por descarga de fábrica. Busque os dados do U.S. Army Corps of Engineers sobre peixes contaminados no Rio Tennessee.
   a. No Exercício 4.99, você presumiu que o peso (em gramas) de um peixe capturado fosse aproximadamente e normalmente distribuído. Aplique os métodos deste capítulo aos dados salvos no arquivo **DDT** para dar suporte a essa premissa.
   b. Outra variável salva no arquivo **DDT** é a quantidade de DDT (em partes por milhão) detectada em cada um dos peixes capturados. Determine se o nível de DDT é aproximadamente normal.

CRASH
Companion Website

4.119 Testes de segurança de colisão do NHTSA. Busque os dados dos testes de segurança de colisão para novos carros do National Highway Traffic Safety Administration (NHTSA). No Exercício 4.100, você presumiu que a taxa de ferimentos na cabeça do motorista fosse uma distribuição aproximadamente normal. Aplique os métodos deste capítulo aos dados salvos no arquivo **CRASH** para dar suporte a essa premissa.

SHIPSAINT
Companion Website

4.120 Inspeção sanitária em navios de cruzeiro. Busque os dados das pontuações sanitárias de maio 2006 para navios de cruzeiro, primeiramente apresentadas no Exercício 2.22. Os dados estão salvos no arquivo **SHIPSANIT**. Descubra se as pontuações sanitárias são distribuições aproximadamente normais.

4.121 Horas semestrais cursadas por candidatos ao CPA. Busque os dados do estudo do *Journal of Accounting and Public Policy* (primavera, 2002) sobre candidatos de primeira viagem na prova do CPA, Exercícios 2.49. A variável de interesse é o número total de horas semestrais de crédito cursado por cada candidato. Lembre-se de que a média e a mediana para o grupo de dados foram 141,31 e 140 horas, respectivamente, e que o desvio-padrão foi de 17,77 horas. Demonstre por que a distribuição de probabilidades para a variável horas semestrais totais provavelmente não é normalmente distribuída.

4.122 Planilhas START do Departamento de Defesa. O U.S. Department of Defense (DoD) Reliability Analysis Center publica as planilhas *Selected Topics in Assurance Related Technologies* (*START*) para o governo e a indústria. Essas planilhas são desenvolvidas para melhorar a confiabilidade, a manutenção, a suportabilidade e a qualidade de componentes e sistemas manufaturados. Na *START* (vol. 11, 2004), o DoD analisou o grupo de dados a seguir sobre medições da força de tensão, medidas a duas temperaturas. Na planilha *START*, o DoD demonstrou que os dados para 11 medições de força de tensão foram tirados como amostra a partir de uma distribuição aproximadamente normal. Você concorda?

TENSILE
Companion Website

Temperatura	Força
75	328,2
75	334,7
75	347,8
75	346,3
75	338,7
75	340,8
−67	343,6
−67	334,2
−67	348,7
−67	356,3
−67	344,1

4.9 Aproximando uma distribuição binomial com uma distribuição normal (opcional)

Quando a variável aleatória binomial discreta (Seção 4.3) pode assumir um grande número de valores, o cálculo de suas probabilidades pode ser tornar entediante. Para resolver esse problema, apresentamos tabelas no Apêndice B para dar as probabilidades para alguns valores de n e p, mas essas tabelas estão necessariamente, incompletas. Lembre-se de que a tabela de probabilidade binomial (Tabela II) pode ser usada apenas para $n = 5, 6, 7, 8, 9, 10, 15, 20$ ou 25. Para lidar com essa limitação, buscamos procedimentos de aproximação para calcular as probabilidades associadas com uma distribuição de probabilidades binomial.

Quando n é grande, uma distribuição de probabilidade normal pode ser usada para proporcionar uma boa aproximação para a distribuição de probabilidades de uma variável aleatória binomial. Para mostrar como essa aproximação funciona, buscamos o Exemplo 4.12, no qual usamos a distribuição binomial para modelar o número x de 20 empregados que estavam a favor da sindicalização. Presumimos que 60% de todos os empregados da empresa estivessem a favor da sindicalização. A média e o desvio-padrão de x foram encontrados e são $\mu = 12$ e $\sigma = 2,2$. A distribuição binomial para $n = 20$ e $p = 0,6$ é mostrada na Figura 4.28 e a distribuição normal aproximada com média $\mu = 12$ e $\sigma = 2,2$ é sobreposta.

Como parte do Exemplo 4.12, usamos a Tabela II para encontrar a probabilidade de que $x \leq 10$. Essa probabilidade, que é igual à soma das áreas contidas nos retângulos (mostrados na Figura 4.28) que correspondem a $p(0), p(1), p(2)..., p(10)$, foi descoberta com 0,245. A porção da curva aproximadamente normal que seria usada para aproximar a área $p(0) + p(1) + p(2) + ... + p(10)$ está sombreada na Figura 4.28. Note que essa área sombreada fica à esquerda de 10,5 (e não 10), então podemos incluir todas as probabilidades no retângulo correspondendo a $p(10)$. Como estamos aproximando uma distribuição discreta (a binomial) com uma distribuição contínua (a normal), chamamos o uso de 10,5 (em vez de 10 ou 11) como uma **correção para continuidade**, isto é, estamos corrigindo a distribuição discreta de forma que ela possa ser aproximada por uma contínua. O uso da correção para a continuidade leva ao cálculo dos seguintes valores de z normais padrão:

$$z = \frac{x - \mu}{\sigma} = \frac{10,5 - 12}{2,2} = -0,68$$

Usando a Tabela IV, encontramos a área entre $z = 0$ e $z = 0,68$ como sendo 0,2517. Então, a probabilidade de que x seja menor ou igual a 10 é aproximada pela área sob a distribuição normal à esquerda de 10,5, mostrada sombreada na Figura 4.28; isto é:

$$P(x \leq 10) \approx P(z \leq -0,68) = 0,5 - P(-0,68 < z \leq 0)$$
$$= 0,5 - 0,2517 = 0,2483$$

A aproximação difere apenas levemente da probabilidade binomial exata, 0,245. É claro, quando tabelas de probabilidades binomiais exatas estão disponíveis, usamos o valor exato em vez da aproximação normal.

O uso da distribuição normal não proporcionará sempre uma boa aproximação para probabilidades binomiais. A regra a seguir é ótima para determinar quando n é grande o suficiente para que a aproximação seja efetiva: *O intervalo $\mu \pm 3\sigma$ deve ficar entre a faixa da variável aleatória binomial x (isto é, 0 a n) de forma que a aproximação normal seja adequada.* A regra funciona porque quase todas as distribuições normais ficam dentro de 3 desvios-padrão da média, de modo que, se esse intervalo é contido dentro de uma faixa de valores de x, há 'espaço' para a aproximação normal funcionar.

Conforme mostrado na Figura 4.29a para o exemplo anterior, com $n = 20$ e $p = 0,6$, o intervalo $\mu \pm 3\sigma = 12 \pm 3(2,2) = (5,4; 18,6)$ fica dentro da faixa de 0 a 20. No entanto, se nós tentarmos usar a aproximação normal com $n = 10$ e $p = 0,1$, o intervalo $\mu \pm 3\sigma$ é $1 \pm 3(0,95)$, ou $(-1,85; 3,85)$. Como mostrado na Figura 4.29b, esse intervalo não é contido dentro da faixa de x, uma vez que $x = 0$ é a fronteira inferior para uma variável aleatória binomial. Note na Figura 4.29b que a distribuição normal não 'caberá' na faixa de x, e por isso não dará uma boa aproximação para as probabilidades binomiais.

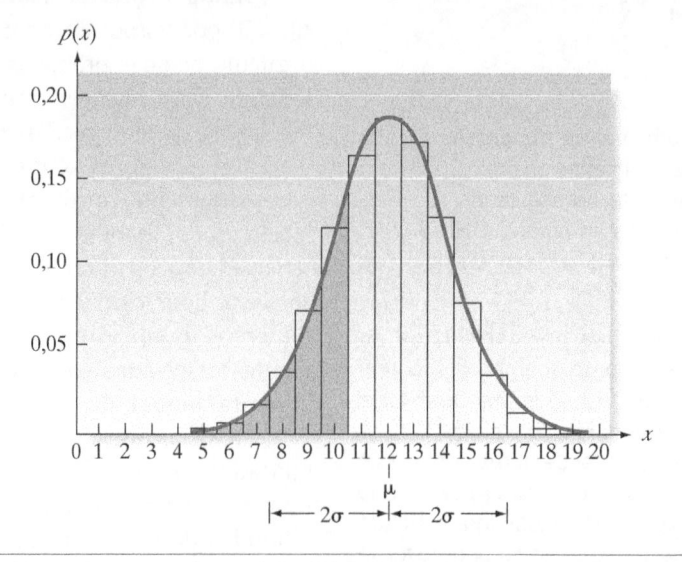

FIGURA 4.28 Distribuição binomial para $n = 20$, $p = 0,6$ e distribuição normal com $\mu = 12$ e $\sigma = 2,2$

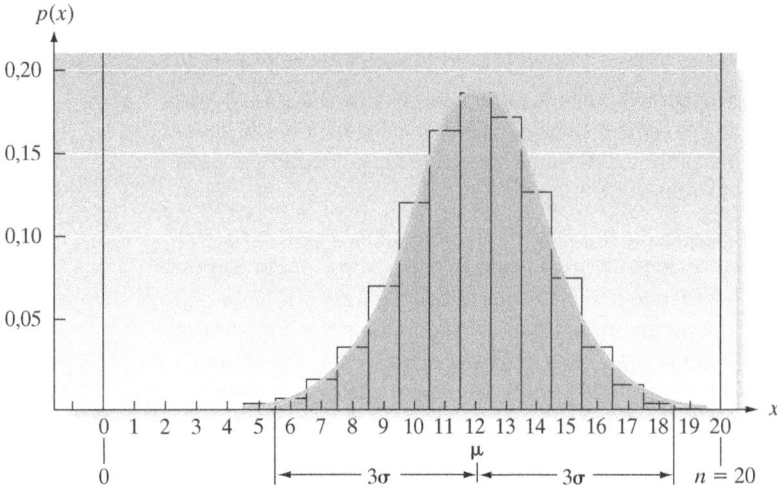

FIGURA 4.29 Regra para uma aproximação normal de probabilidades binomiais

a. $n = 20, p = 0{,}6$: aproximação normal é boa

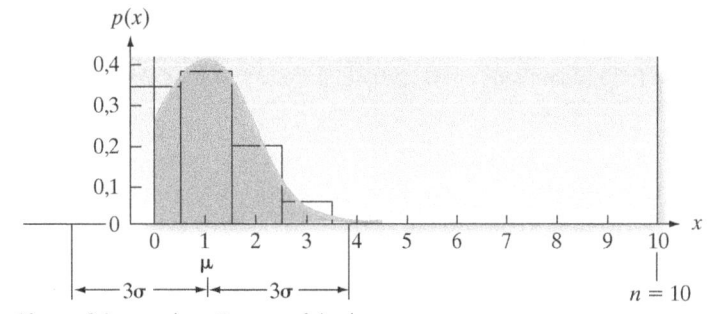

b. $n = 10, p = 0{,}1$: aproximação normal é ruim

ABRAHAM DE MOIVRE (1667–1754)

EXEMPLO 4.25

APLICANDO A APROXIMAÇÃO NORMAL A UMA PROBABILIDADE BINOMIAL — AMOSTRA DE ACEITAÇÃO DE LOTES

Problema Um problema com qualquer produto (por exemplo, uma calculadora gráfica) que seja produzido em massa é o controle de qualidade. O processo deve de alguma forma ser monitorado ou auditado para se estar certo de que o resultado do processo está conforme os requisitos. Um método de lidar com esse problema é a amostra de aceitação de lotes, na qual os itens produzidos são amostrados em vários estágios do processo de produção e cuidadosamente inspecionados. O lote de itens a partir do qual a amostra foi tirada é então aceito ou rejeitado, com base no número de peças defeituosas da amostra. Lotes que são aceitos podem ser enviados adiante na produção para processamento posterior ou para distribuição aos consumidores; lotes que são rejeitados devem ser retrabalhados ou rejeitados. Suponha, por exemplo, que um fabricante de calculadores escolha 200 circuitos de um dia de produção e determine x, o número de circuitos defeituosos na amostra. Suponha que uma taxa de até 6% de defeituosos seja considerada aceitável para o processo.

a. Encontre a média e o desvio-padrão de x, presumindo uma taxa de defeitos de 6%.

b. Use a aproximação normal para determinar a probabilidade de que 20 ou mais circuitos defeituosos sejam observados na amostra de 200 circuitos (isto é, encontre a probabilidade aproximada de que $x \geq 20$).

Solução

a. A variável aleatória x é binomial com $n = 200$ e a fração de defeituosos $p = 0{,}06$. Assim:

$$\mu = np = 200(0{,}06) = 12$$
$$\sigma = \sqrt{npq} = \sqrt{200(0{,}06)(0{,}94)} = \sqrt{11{,}28} = 3{,}36$$

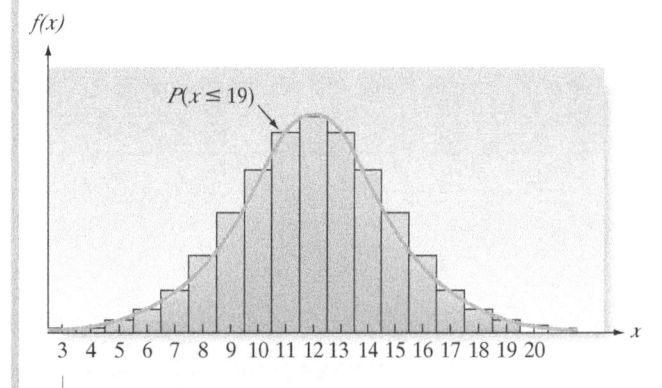

FIGURA 4.30 Aproximação normal para a distribuição binomial com $n = 200$, $p = 0{,}06$

Notamos primeiro que:

$$\mu \pm 3\sigma = 12 \pm 3(3{,}36) = 12 \pm 10{,}08 = (1{,}92;\ 22{,}08)$$

fica completamente dentro da faixa de 0 a 200. Dessa forma, uma distribuição de probabilidade normal deveria proporcionar uma aproximação adequada a essa distribuição binomial.

b. Usando a regra dos complementos, $P(x \geq 20) = 1 - P(x \leq 19)$. Para encontrar a área aproximada correspondendo a $x \leq 19$, observe a Figura 4.30. Note que queremos incluir todo o histograma de probabilidade binomial de 0 a 19. Uma vez que o evento é da forma $x \leq a$, a correção para continuidade apropriada é $a + 0{,}5 = 19 + 0{,}5 = 19{,}5$. Assim, o valor z de interesse é:

$$z = \frac{(a + 0{,}5) - \mu}{\sigma} = \frac{19{,}5 - 12}{3{,}36} = \frac{7{,}5}{3{,}36} = 2{,}23$$

Consultando a Tabela IV do Apêndice B, verificamos que a área à direita da média 0 que corresponde a $z = 2{,}23$ (veja Figura 4.31) é 0,4871. Assim, a área $A = P(z \leq 2{,}23)$ é:

$$A = 0{,}5 + 0{,}4871 = 0{,}9871$$

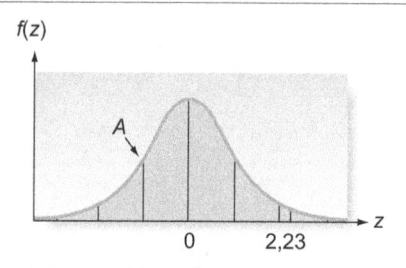

FIGURA 4.31 Distribuição normal padrão

Assim, a aproximação normal para a probabilidade binomial que procuramos é:

$$P(x \geq 20) = 1 - P(x \leq 19) \approx 1 - 0{,}9871 = 0{,}0129$$

Em outras palavras, a probabilidade de que 20 ou mais circuitos defeituosos serão observados em uma amostra de 200 circuitos é extremamente pequena — *se de fato a fração de defeituosos é de 0,06.*

Relembrando Se o fabricante observa $x \geq 20$, a possível razão é que o processo esteja produzindo mais que 6% de peças defeituosas aceitáveis. O procedimento de amostragem da aceitação do lote é outro exemplo de usar uma abordagem de evento raro para fazer inferências.

AGORA FAÇA OS EXERCÍCIOS 4.124

Os passos para aproximar uma probabilidade binomial por uma probabilidade normal são dados no quadro a seguir.

USANDO UMA DISTRIBUIÇÃO NORMAL PARA APROXIMAR PROBABILIDADES BINOMIAIS

1. Depois de você ter determinado n e p para a distribuição normal, calcule o intervalo:

$$\mu \pm 3\sigma = np \pm 3\sqrt{npq}$$

Se o intervalo fica na faixa de 0 a n, a distribuição normal proporcionará uma aproximação razoável das probabilidades da maior parte dos eventos binomiais.

2. Expresse a probabilidade binomial a ser aproximada na forma $P(x \leq a)$ ou $P(x \leq b) - P(x \leq a)$. Por exemplo:

$$P(x < 3) = P(x \leq 2)$$
$$P(x \geq 5) = 1 - P(x \leq 4)$$
$$P(7 \leq x \leq 10) = P(x \leq 10) - P(x \leq 6)$$

3. Para cada valor de interesse a, a correção pela continuidade é $(a + 0{,}5)$, e o valor z normal padrão correspondente é:

$$z = \frac{(a + 0{,}5) - \mu}{\sigma} \quad \text{(Veja Figura 4.32.)}$$

4. Esboce uma distribuição normal aproximada e sombreie a área correspondendo à probabilidade do evento de interesse, como na Figura 4.32. Verifique se os retângulos que você incluiu na área sombreada correspondem à probabilidade do evento que você deseja aproximar. Usando a Tabela IV e (ou os valores) z que você calculou no passo 3, encontre a área sombreada. Essa é a probabilidade aproximada do evento binomial.

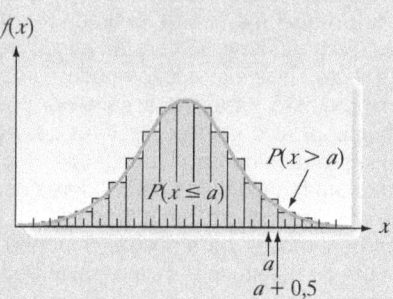

FIGURA 4.32 Aproximando probabilidades binomiais através de probabilidades normais

Exercícios 4.123 – 4.136

Aprendendo a mecânica

4.123 Presuma que x seja uma variável aleatória binomial com n e p especificados nos itens de **a** até **f**. Para quais casos seria apropriado usar uma distribuição normal para aproximar a distribuição binomial?
- **a.** $n = 100, p = 0,01$
- **b.** $n = 20, p = 0,6$
- **c.** $n = 10, p = 0,4$
- **d.** $n = 1.000, p = 0,05$
- **e.** $n = 100, p = 0,8$
- **f.** $n = 35, p = 0,7$

4.124 Suponha que x seja uma variável aleatória binomial com $p = 0,4$ e $n = 25$.
- **a.** Seria apropriado aproximar a distribuição de probabilidade de x com uma distribuição normal? Explique.
- **b.** Presumindo que a distribuição normal proporcione uma aproximação adequada para a distribuição de x, qual a média e a variação da distribuição normal aproximada?
- **c.** Use a Tabela II do Apêndice B para encontrar o valor real de $P(x \geq 9)$.
- **d.** Use a aproximação normal para encontrar $P(x \geq 9)$.

4.125 Presuma que x seja uma variável aleatória binomial com $n = 100$ e $p = 0,40$. Use a aproximação normal para encontrar o que se segue:
- **a.** $P(x \leq 35)$
- **b.** $P(40 \leq x \leq 50)$
- **c.** $P(x \geq 38)$

4.126 Presuma que x seja uma variável aleatória binomial com $n = 1.000$ e $p = 0,50$. Use a aproximação normal para encontrar cada uma das seguintes probabilidades:
- **a.** $P(x > 500)$
- **b.** $P(490 \leq x < 500)$
- **c.** $P(x > 550)$

Aplicação dos conceitos — Básico

4.127 Telefones celulares com acesso à Internet. No Exercício 4.42, você aprendeu que 20% dos jovens adultos que compram on-line possuem um telefone celular com acesso à Internet (*American Demographics*, maio 2002). Em uma amostra aleatória de 200 jovens adultos que compram on-line, considere x o número daqueles que possuem um telefone móvel com acesso à Internet.
- **a.** Encontre a média de x. (Esse valor deve estar de acordo com sua resposta para o Exercício 4.42c.)
- **b.** Encontre o desvio-padrão de x.
- **c.** Encontre a pontuação z para o valor $x = 50,5$.
- **d.** Encontre a probabilidade aproximada de que o número de jovens adultos que possuem um telefone celular com acesso à Internet em uma amostra de 200 seja menor ou igual a 50.

4.128 Negócios de mulheres. No Exercício 4.43, você aprendeu que 27% de todos os pequenos negócios cujos donos são brancos não hispânicos pertencem a mulheres (*Journal of Business Venturing*, v. 17, 2002). Em uma amostra aleatória de 350 pequenos negócios cujos donos são brancos não hispânicos, considere x o número daqueles que pertencem a mulheres.
- **a.** Encontre a média de x.
- **b.** Encontre o desvio-padrão de x.
- **c.** Encontre a pontuação z para o valor $x = 99,5$.
- **d.** Encontre a probabilidade aproximada de que o número de pequenos negócios da amostra de 350 que pertencem a mulheres é de 100 ou mais.

4.129 Complicações de cirurgia LASIK. De acordo com estudos recentes, 1% de todos os pacientes que passam por cirurgia a laser (isto é, LASIK) para corrigir sua visão têm sérios problemas de visão pós-laser (*All about vision*, 2006). Em uma amostra de 100.000 pacientes, qual a probabilidade aproximada de que menos de 950 apresentarão problemas pós-laser na visão?

4.130 Stress em trabalhadores de escritório. Um artigo no *International Journal of Sports Psychology* (jul./set. 1990) avaliou a relação entre condicionamento físico e stress. O trabalho revelou que trabalhadores de escritório em boas condições físicas têm apenas 10% de probabilidade de desenvolver um problema de saúde relacionado a stress. Qual a probabilidade de que mais de 60 em uma amostra aleatória de 400 trabalhadores de escritório em boas condições físicas desenvolvam doenças ligadas a stress?

Aplicação dos conceitos — Intermediário

4.131 Análise de água engarrafada. Busque a reportagem da *Scientific American* (jul. 2003) sobre a pureza de água engarrafada, Exercício 4.44. Lembre-se de que o Conselho de Defesa dos Recursos Naturais dos Estados Unidos descobriu que 25% das marcas engarrafadas enchem suas garrafas apenas com água de torneira. Em uma amostra aleatória de 65 marcas de água engarrafada, é provável que 20 ou mais marcas contenham água de torneira? Explique.

4.132 Defeitos em cristais semicondutores. Os chips de computador nos notebooks e laptops de hoje são produzidos a partir de cristais semicondutores. Certos cristais são expostos a um ambiente que gera até 100 possíveis defeitos por cristal. O número de defeitos por cristal x foi descoberto como seguindo uma distribuição binomial se o processo de manufatura é estável e gera defeitos aleatoriamente distribuídos nos cristais (*IEEE Transactions on Semiconductor Manufacturing*, maio 1995). Considere p a representação da probabilidade de que um defeito ocorra em um dos 100 pontos do cristal. Para cada um dos seguintes casos, determine se a aproximação normal pode ser usada para caracterizar x.
- **a.** $p = 0,01$
- **b.** $p = 0,50$
- **c.** $p = 0,90$

4.133 Testando a alegação de um fabricante. Um fabricante de CD-ROMs alega que 99,4% de seus CDs são livres de defeitos. Uma grande empresa de software que compra e usa um grande número de CDs quer verificar essa alegação, então seleciona 1.600 CDs a serem testados. O teste revela que 12 CDs são defeituosos. Presumindo que a alegação do fabricante esteja correta, qual a probabilidade de encontrar 12 ou mais CDs defeituosos em uma amostra de 1.600? Sua resposta coloca em dúvida a alegação do fabricante? Explique.

4.134 Participação de mercado de cartões de crédito. A tabela a seguir mostra a participação de mercado de 2005 do setor de cartões de crédito nos Estados Unidos. Um total de 100 usuários de cartões de crédito em uma amostra aleatória é questionado sobre sua satisfação com sua empresa de cartão de crédito. Para fins de simplificação, presuma que cada usuário de cartão de crédito carregue apenas um cartão e que as porcentagens de participação de mercado sejam as porcentagens de todos os clientes que carregam cada marca.

CARTÃO DE CRÉDITO	PARTICIPAÇÃO DE MERCADO (%)
Visa	53,9
MasterCard	28,9
American Express	13,2
Discover	4,0

Fonte: CardWeb.com, Inc., nov. 2005.

a. Proponha um procedimento para selecionar aleatoriamente os 100 usuários de cartões de crédito.
b. Para amostras aleatórias de 100 usuários de cartões de crédito, qual o número esperado de consumidores que usam Visa? E Discover?
c. Qual a probabilidade de que metade ou mais dos usuários de cartão da amostra tenham Visa? E American Express?
d. Justifique o uso da aproximação normal à binomial na resposta do item **c**.

4.135 Ajuda financeira para estudantes de faculdades. O *Chronicle of Higher Education Almanac* reporta que a porcentagem de estudantes nos Estados Unidos que recebem ajuda financeira é de 45% em instituições públicas de 4 anos de duração e 52% em instituições privadas de 4 anos. O Departamento de Educação dos Estados Unidos está interessado em questionar uma amostra aleatória de 100 estudantes norte-americanos para descobrir sua satisfação em relação a procedimentos e políticas da ajuda financeira federal.
a. Explique as dificuldades para a obtenção da amostra aleatória desejada.
b. Presuma que a porcentagem apropriada acima se aplique à sua instituição. Se uma amostra aleatória de 100 estudantes de sua instituição foi contatada, qual a probabilidade aproximada de que 50 ou mais recebam ajuda financeira? E menos do que 25?
c. Que premissas devem ser feitas para responder ao item **b** usando a aproximação normal à binomial?

Aplicação dos conceitos — Avançado

4.136 Inspeção de bagagem no aeroporto de Newark. De acordo com a *New Jersey Business* (fev. 1996), os novos terminais do Newark International Airport recebem uma média de 3.000 passageiros internacionais a cada hora, mas é capaz de receber o dobro desse número. Além disso, 80% dos passageiros que chegam passam sem ter suas bagagens inspecionadas e o restante é detido para inspeção. O ambiente de inspeção pode atender a 600 passageiros por hora sem gerar atrasos para os viajantes.
a. Quando os passageiros internacionais chegam a uma taxa de 1.500 por hora, qual o número esperado de passageiros que será detido para inspeção de bagagem?
b. No futuro, é esperado que em torno de 4.000 passageiros internacionais cheguem por hora. Quando isso ocorrer, qual o número esperado de passageiros que será detido para inspeção de bagagem?
c. Com relação ao item **b**, encontre a probabilidade aproximada de que mais de 600 passageiros internacionais sejam parados para inspeção de bagagem. (Essa também é a probabilidade de que os viajantes vivenciem atrasos por inspeções excessivas)

4.10 Distribuições amostrais

Nas seções anteriores, presumimos que conhecíamos a distribuição de probabilidades de uma variável aleatória e, usando esse conhecimento, fomos capazes de computar a média, a variação e as probabilidades associadas com essa variável. No entanto, na maioria das aplicações práticas, essa informação não está disponível. Na realidade, a verdadeira média e o desvio-padrão são quantidades desconhecidas que deveriam ser estimadas. Quantidades numéricas que descrevem distribuições de probabilidades são chamados *parâmetros*. Assim, p, a probabilidade de sucesso em um experimento binomial, e μ e σ, a média e o desvio-padrão de uma distribuição normal, são exemplos de parâmetros.

> **DEFINIÇÃO 4.10**
>
> Um **parâmetro** é uma medida descritiva numérica de uma população. Como é baseado em observações na população, seu valor é quase sempre desconhecido.

Também discutimos a média da amostra $\bar{x}$, a variância da amostra s^2, o desvio-padrão da amostra s, etc., que são medidas descritivas numéricas calculadas a partir da amostra. Geralmente usaremos a informação contida nessas estatísticas amostrais para fazer inferências sobre os parâmetros de uma população.

DEFINIÇÃO 4.11

Uma **estatística amostral** é uma medida descritiva numérica de uma amostra. É calculada a partir de observações da amostra.

TABELA 4.8 Lista de parâmetros da população e estatísticas amostrais correspondentes

	PARÂMETRO DA POPULAÇÃO	ESTATÍSTICA AMOSTRAL
Média:	μ	$\bar{x}$
Variância:	σ^2	s^2
Desvio-padrão:	σ	s
Proporção binomial:	p	$\hat{p}$

Note que o termo *estatística* se refere a uma *quantidade da amostra*, e que o termo *parâmetro* se refere a uma *quantidade da população*.

Antes de mostrar como usar a estatística amostral para fazer inferências sobre parâmetros da população, precisamos avaliar suas propriedades. Uma estatística amostral contém mais informação do que outra sobre um parâmetro da população? Em que base deveríamos escolher a 'melhor' estatística para fazer inferências sobre um parâmetro? Por exemplo, se quiséssemos estimar o parâmetro de uma população — digamos, a média da população μ —, poderíamos usar o número de estatísticas amostrais para nossa estimativa. Duas possibilidades são a média da amostra $\bar{x}$ e a mediana da amostra m. Qual dessas duas daria uma melhor estimativa de μ?

Antes de responder a essa questão, considere o seguinte exemplo: jogue um dado não viciado e considere x igual ao número de pontos da face de cima. Suponha que o dado seja jogado três vezes, produzindo as medições amostrais 2, 2, 6. A média da amostra é $\bar{x} = 3,33$ e a mediana da amostra é $m = 2$. Uma vez que a média da população de x é $\mu = 3,5$, você pode ver que, nessa amostra de três medições, a média da amostra $\bar{x}$ proporciona uma estimativa que cai mais perto de μ do que a mediana da amostra (veja Figura 4.33a). Agora suponha que jogamos os dados mais três vezes e obtemos as medições amostrais 3, 4, 6. A média e a mediana dessa amostra são $\bar{x} = 4,33$ e $m = 4$, respectivamente. Dessa vez, m está mais perto de μ (veja Figura 4.33b).

Esse simples exemplo ilustra um ponto importante: nem a média da amostra nem a mediana da amostra cairão *sempre* mais perto da média da população. Conseqüentemente, não podemos comparar essas duas estatísticas amostrais, ou, em geral, quaisquer duas estatísticas amostrais, na base de sua performance para um único exemplo. Em vez disso, precisamos reconhecer que as estatísticas amostrais são por si só variáveis aleatórias, pois amostras diferentes podem levar a diferentes valores para as estatísticas amostrais. Como variáveis aleatórias, estatísticas amostrais devem ser julgadas e comparadas em suas distribuições de probabilidades (isto é, a *coleção* de valores e probabilidades associadas de cada estatística que seria obtida se o experimento amostral fosse repetido um *grande número de vezes*). Ilustraremos esse conceito com outro exemplo.

Suponha que se saiba que o módulo conector fabricado por certa marca de marca-passo tem um comprimento médio de $\mu = 0,3$ polegadas e um desvio-padrão de 0,005 polegadas. Considere um experimento que consiste em selecionar aleatoriamente 25 módulos conectores recentemente fabricados, medindo o comprimento de cada um, e calcular o comprimento médio da amostra $\bar{x}$. Se esse experimento fosse repetido grande número de vezes, o valor de $\bar{x}$ variaria de uma amostra para outra. Por exemplo, a primeira amostra de 25 medições de comprimento deve ter uma média $\bar{x} = 0,301$, a segunda amostra, uma média $\bar{x} = 0,298$, a terceira amostra, uma média $\bar{x} = 0,303$, etc. Se o experimento amostral fosse repetido grande número de vezes, o histograma resultante das médias das amostras seria aproximadamente a distribuição de probabilidades de $\bar{x}$. Se $\bar{x}$ for um bom avaliador de μ, esperaremos que os valores de se concentrem em torno de μ, conforme mostrado na Figura 4.34. Essa distribuição de probabilidade é chamada *distribuição amostral* porque é gerada ao se repetir o experimento amostral grande número de vezes.

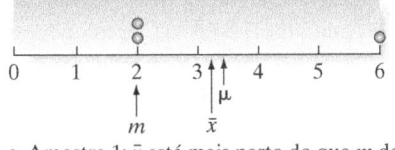

a. Amostra 1: $\bar{x}$ está mais perto do que m de μ

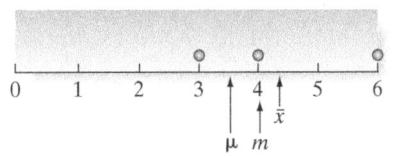

b. Amostra 2: m está mais perto do que $\bar{x}$ de μ

FIGURA 4.33 Comparando a média e a mediana da amostra como estimadores da média da população

> **Definição 4.12**
>
> A **distribuição amostral** de uma estatística amostral calculada a partir de uma amostra de *n* medições é a distribuição de probabilidades da estatística.

Na prática atual, a distribuição amostral de uma estatística é obtida matematicamente (ou pelo menos aproximadamente) ao simular a amostra em um computador usando um procedimento similar ao descrito há pouco.

Se $\bar{x}$ foi calculado de uma amostra de $n = 25$ medições selecionadas de uma população com média $\mu = 0,3$ e $\sigma = 0,005$, a distribuição amostral (Figura 4.34) proporciona informações sobre o comportamento de $\bar{x}$ na amostragem repetida. Por exemplo, a probabilidade de que você retirará uma amostra de 25 medições de comprimento e obterá um valor de $\bar{x}$ no intervalo $0,299 \leq \bar{x} \leq 0,3$ será a área sob a distribuição amostral do intervalo.

Uma vez que as propriedades de uma estatística são tipificadas por sua distribuição amostral, para comparar duas estatísticas amostrais você compara suas distribuições amostrais. Por exemplo, se você tem duas estatísticas, A e B, para estimar o mesmo parâmetro (para fins de ilustração, suponha que o parâmetro seja a variância da população σ^2), e se suas distribuições amostrais são como mostrado na Figura 4.35, você deveria escolher a estatística A em detrimento da estatística B. Você faria essa escolha porque a distribuição amostral para a estatística A está centralizada após σ^2 e tem menos dispersão (variância) do que a distribuição amostral para a estatística B. Quando você tira uma amostra única em uma situação de amostragem prática, a probabilidade maior é de que a estatística A fique perto de σ^2.

Lembre-se de que, na prática, você não saberá o valor numérico do parâmetro desconhecido σ^2,

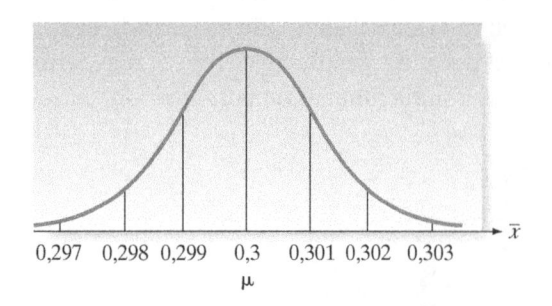

FIGURA 4.34 Distribuição amostral para $\bar{x}$ baseada em uma amostra de $n = 25$ medições de comprimento

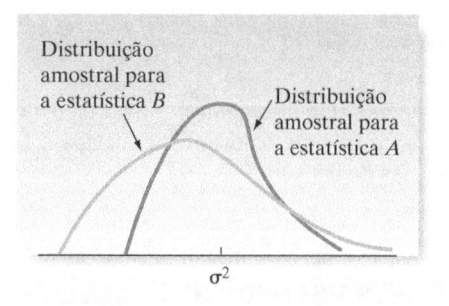

FIGURA 4.35 Duas distribuições amostrais para estimar a variação da população, σ^2

então não saberemos se a estatística A ou a estatística B está mais próxima de σ^2 para uma amostra. Temos que acreditar em nosso conhecimento de distribuições amostrais teóricas para escolher a melhor estatística amostral e, então, usá-la amostra após amostra. O procedimento para encontrar a distribuição amostral para a estatística está demonstrado no Exemplo 4.26.

EXEMPLO 4.26

ENCONTRANDO UMA DISTRIBUIÇÃO AMOSTRAL

Problema Considere um jogo jogado com as 52 cartas-padrão de bridge no qual você pode marcar 0, 3 ou 12 pontos por mão. Suponha que a população de pontos por mão seja descrita pela distribuição de probabilidades mostrada aqui. Uma amostra aleatória de $n = 3$ mãos é selecionada a partir da população.

PONTOS, *x*	0	3	12
p(x)	1/2	1/4	1/4

a. Encontre a distribuição amostral da média do número de pontos da amostra, $\bar{x}$.

b. Encontre a distribuição amostral da média do número de pontos da amostra, *m*.

Solução
Os pontos para cada possível amostra de $n = 3$ mãos estão listados na Tabela 4.9 juntamente com a média e a mediana da amostra. A probabilidade para cada amostra é obtida usando a regra multiplicativa. Por exemplo, a probabilidade da amostra (0, 0, 3) é $p(0) \cdot p(0) \cdot p(3) = (1/2)(1/2)(1/4) = 1/16$. A probabilidade para cada amostra também é listada na Tabela 4.9. Note que a soma dessas probabilidades é igual a 1.

a. A partir da Tabela 4.9, você pode ver que $\bar{x}$ pode assumir os valores 0, 1, 2, 3, 4, 5, 6, 8, 9 e 12. Como $\bar{x} = 0$ ocorre apenas na primeira amostra listada, $P(\bar{x} = 0) = 8/64$. De forma similar, $\bar{x} = 1$ ocorre em três amostras: (0, 0, 3), (0, 3, 0) e (3, 0, 0). Assim, $P(\bar{x} = 1)$ é a soma das probabilidades para essas três amostras, isto é, $P(\bar{x} = 1) = 4/64 + 4/64 + 4/64 = 12/64$. Calculando as probabilidades dos valores remanescentes de $\bar{x}$ e arranjando-os em uma tabela, obtemos a distribuição de probabilidades mostrada abaixo.

$\bar{x}$	0	1	2	3	4	5	6	8	9	12
$p(\bar{x})$	8/64	12/64	6/64	1/64	12/64	12/64	3/64	6/64	3/64	1/64

Essa é a distribuição amostral para $\bar{x}$ porque especifica a probabilidade associada com cada possível valor de $\bar{x}$.

b. Na Tabela 4.9, você pode ver que a mediana m pode assumir um dos três valores 0, 3 ou 12. O valor $m = 0$ ocorre em sete diferentes amostras. Dessa forma, $P(m = 0)$ é a soma das probabilidades dessas sete amostras, isto é, $P(m = 0) = 8/64 + 4/64 + 4/64 + 4/64 + 4/64 + 4/64 = 32/64$, De forma similar, $m = 3$ ocorre em 13 amostras e $m = 12$ ocorre em sete amostras, e essas probabilidades são obtidas quando as probabilidades de seus respectivos pontos amostrais são somadas. Dessa forma, a distribuição de probabilidades (isto é, a distribuição amostral) para a mediana m é mostrada abaixo.

m	0	3	12
$p(m)$	32/64	22/64	10/64

TABELA 4.9 Todas as possíveis amostras de $n = 3$ mãos de um jogo de cartas, Exemplo 4.26

Possíveis amostras	$\bar{x}$	m	Probabilidade
0, 0, 0	0	0	$(1/2)(1/2)(1/2) = 1/8 = 8/64$
0, 0, 3	1	0	$(1/2)(1/2)(1/4) = 1/16 = 4/64$
0, 0, 12	4	0	$(1/2)(1/2)(1/4) = 1/16 = 4/64$
0, 3, 0	1	0	$(1/2)(1/4)(1/2) = 1/16 = 4/64$
0, 3, 3	2	3	$(1/2)(1/4)(1/4) = 1/32 = 2/64$
0, 3, 12	5	3	$(1/2)(1/4)(1/4) = 1/32 = 2/64$
0, 12, 0	4	0	$(1/2)(1/4)(1/2) = 1/16 = 4/64$
0, 12, 3	5	3	$(1/2)(1/4)(1/4) = 1/32 = 2/64$
0, 12, 12	8	12	$(1/2)(1/4)(1/4) = 1/32 = 2/64$
3, 0, 0	1	0	$(1/4)(1/2)(1/2) = 1/16 = 4/64$
3, 0, 3	2	3	$(1/4)(1/2)(1/4) = 1/32 = 2/64$
3, 0, 12	5	3	$(1/4)(1/2)(1/4) = 1/32 = 2/64$
3, 3, 0	2	3	$(1/4)(1/4)(1/2) = 1/32 = 2/64$
3, 3, 3	3	3	$(1/4)(1/4)(1/4) = 1/64$
3, 3, 12	6	3	$(1/4)(1/4)(1/4) = 1/64$
3, 12, 0	5	3	$(1/4)(1/4)(1/2) = 1/32 = 2/64$
3, 12, 3	6	3	$(1/4)(1/4)(1/4) = 1/64$
3, 12, 12	9	12	$(1/4)(1/4)(1/4) = 1/64$
12, 0, 0	4	0	$(1/4)(1/2)(1/2) = 1/16 = 4/64$
12, 0, 3	5	3	$(1/4)(1/2)(1/4) = 1/32 = 2/64$
12, 0, 12	8	12	$(1/4)(1/2)(1/4) = 1/32 = 2/64$
12, 3, 0	5	3	$(1/4)(1/4)(1/2) = 1/32 = 2/64$
12, 3, 3	6	3	$(1/4)(1/4)(1/4) = 1/64$
12, 3, 12	9	12	$(1/4)(1/4)(1/4) = 1/64$
12, 12, 0	8	12	$(1/4)(1/4)(1/2) = 1/32 = 2/64$
12, 12, 3	9	12	$(1/4)(1/4)(1/4) = 1/64$
12, 12, 12	12	12	$(1/4)(1/4)(1/4) = 1/64$
			Soma = 64/64 = 1

Relembrando As distribuições amostrais dos itens **a** e **b** são encontradas primeiramente listando todos os possíveis valores distintos da estatística e então calculando a probabilidade para cada valor. Note que se os valores de x forem igualmente prováveis, então os 27 pontos amostrais na Tabela 4.9 terão a mesma probabilidade de ocorrer: 1/27.

AGORA FAÇA O EXERCÍCIO 4.137

O Exemplo 4.26 demonstra o procedimento para encontrar a distribuição amostral exata de uma estatística quando o número de diferentes amostras que poderiam ser selecionadas a partir da população é relativamente pequeno. No mundo real, populações geralmente consistem de um número grande de diferentes valores, fazendo amostras difíceis (ou impossíveis) de enumerar. Quando essa situação ocorre, devemos escolher obter a distribuição amostral aproximada para uma estatística simulando a amostragem, repetindo a simulação e registrando a proporção de vezes que diferentes valores da estatística ocorre. O Exemplo 4.27 ilustra esse procedimento.

EXEMPLO 4.27

SIMULANDO UMA DISTRIBUIÇÃO AMOSTRAL

Problema Releia o Exemplo 4.14. Lembre-se de que a espessura da folha de aço segue uma distribuição uniforme com valores entre 150 e 200 milímetros. Suponha que façamos o seguinte experimento de forma repetida: aleatoriamente, selecionamos amostras de 11 folhas de aço da linha de produção e registramos a espessura x de cada uma. Calcule as duas estatísticas amostrais

$\bar{x}$ = média da amostra = $\dfrac{\Sigma x}{11}$

m = mediana = sexta medição da amostra quando as 11 espessuras são arranjadas de forma ascendente

SIMUNI

Obtenha aproximações das distribuições amostrais de $\bar{x}$ e m.

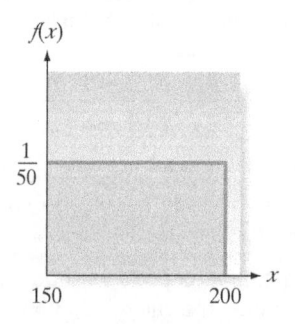

FIGURA 4.36 Distribuição uniforme para espessura das folhas de aço

Solução

Lembre-se, da Seção 4.6, de que a população de espessuras segue uma distribuição uniforme mostrada na Figura 4.36. Usamos o MINITAB para gerar 1.000 amostras a partir da população, cada uma com $n = 11$ observações. Então, calculamos $\bar{x}$ e m para cada amostra. Nosso objetivo é obter aproximações das distribuições amostrais de $\bar{x}$ e m para descobrir qual estatística amostral ($\bar{x}$ ou m) contém mais informações sobre μ. [*Nota*: Neste exemplo em particular, sabemos que a média da população é $\mu = 175$ mm. (Veja a Seção opcional 4.6.)] As primeiras 10 das 1.000 amostras geradas são apresentadas na Tabela 4.10. A amostra gerada pelo computador a partir da distribuição uniforme (organizada em ordem ascendente), por exemplo, continha as seguintes medidas de espessura: 151, 157, 162, 169, 171, 173, 181, 182, 187, 188 e 193 milímetros. A média $\bar{x}$ e a mediana m calculadas para essa amostra são:

$$\bar{x} = \frac{151 + 157 + \cdots + 193}{11} = 174,0$$

m = sexta medição ordenada = 173

Os histogramas de freqüência relativa do MINITAB para $\bar{x}$ e m para as 1.000 amostras de tamanho $n = 11$ são mostrados na Figura 4.37. Esses histogramas representam aproximações das distribuições amostrais verdadeiras de $\bar{x}$ e m.

TABELA 4.10 Primeiras 10 amostras de $n = 11$ medidas de espessuras para distribuição uniforme

AMOSTRA	MEDIDAS DE ESPESSURA											MÉDIA	MEDIANA
1	173	171	187	151	188	181	182	157	162	169	193	174,00	173
2	181	190	182	171	187	177	162	172	188	200	193	182,09	182
3	192	195	187	187	172	164	164	189	179	182	173	180,36	182
4	173	157	150	154	168	174	171	182	200	181	187	172,45	173
5	169	160	167	170	197	159	174	174	161	173	160	169,46	169
6	179	170	167	174	173	178	173	170	173	198	187	176,55	173
7	166	177	162	171	154	177	154	179	175	185	193	172,09	175
8	164	199	152	153	163	156	184	151	198	167	180	169,73	164
9	181	193	151	166	180	199	180	184	182	181	175	179,27	181
10	155	199	199	171	172	157	173	187	190	185	150	176,18	173

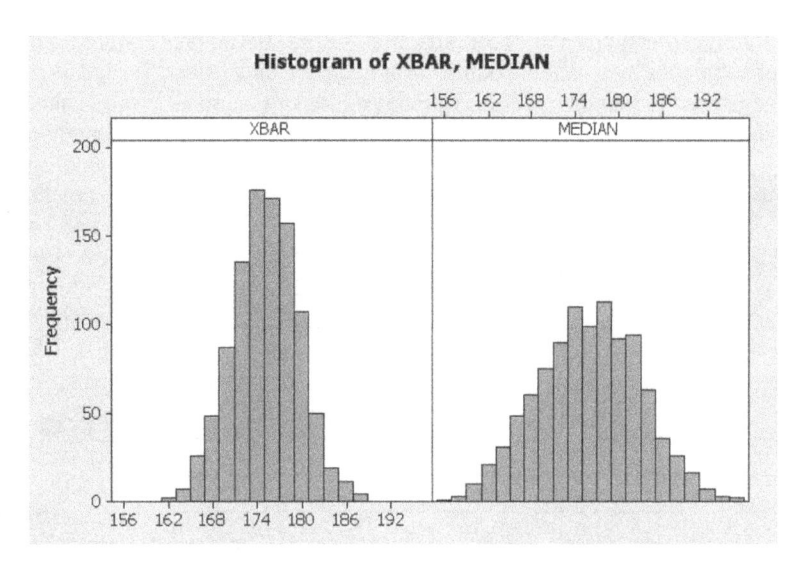

FIGURA 4.37 Histogramas do MINITAB para média e mediana da amostra, Exemplo 4.27

Relembrando Você pode observar que os valores de $\bar{x}$ tendem a se agrupar em torno de μ de forma mais forte que os valores de m. Assim, com relação às distribuições amostrais observadas, concluímos que $\bar{x}$ contém mais informação sobre μ do que m — pelo menos para amostras de $n = 11$ medições de uma distribuição uniforme.

AGORA FAÇA O EXERCÍCIO **4.142**

Conforme observado anteriormente, muitas distribuições amostrais podem ser derivadas matematicamente, mas a teoria necessária para isso está além do escopo deste texto. Conseqüentemente, quando precisarmos conhecer as propriedades de uma estatística, apresentaremos sua distribuição amostral e simplesmente descreveremos suas propriedades. As propriedades importantes da distribuição amostral da média da amostra serão discutidas na próxima seção.

Exercícios 4.137 – 4.143

Aprendendo a mecânica

4.137 A distribuição de probabilidades mostrada abaixo descreve uma população de medições que podem assumir valores 0, 2, 4 e 6, cada uma ocorrendo com a mesma freqüência relativa:

x	0	2	4	6
p(x)	1/4	1/4	1/4	1/4

a. Liste todas as diferentes amostras de $n = 2$ medições que podem ser selecionadas a partir dessa população.
b. Calcule a média de cada diferente amostra listada no item **a**.
c. Se a amostra de $n = 2$ medições é aleatoriamente selecionada a partir da população, qual a probabilidade de que uma amostra específica seja selecionada?
d. Presuma que uma amostra aleatória de $n = 2$ medições seja selecionada a partir da população. Liste os diferentes valores de $\bar{x}$ encontrados no item **b** e encontre a probabilidade de cada um. Então, dê a distribuição amostral da média da amostra $\bar{x}$ na forma tabular.
e. Construa um histograma de probabilidades para a distribuição amostral de $\bar{x}$.

4.138 Simule a amostragem a partir da população descrita no Exercício 4.37 marcando os valores de x, um em cada uma das quatro moedas idênticas (ou fichas de pôquer, etc.). Coloque as moedas (marcadas com 0, 2, 4 e 6) em uma bolsa, selecione uma e observe seu valor. Recoloque a moeda, pegue uma segunda moeda e observe o seu valor. Finalmente, calcule a média $\bar{x}$ para essa amostra de $n = 2$ observações aleatoriamente selecionadas a partir da população (Exercício 4.137, item **b**). Recoloque as moedas, misture-as e, usando o mesmo procedimento, selecione uma amostra de $n = 2$ observações a partir da população. Registre os números e calcule $\bar{x}$ para essa amostra. Repita esse processo de amostragem até que você tenha 100 valores de $\bar{x}$. Construa uma distribuição de freqüência relativa para essas 100 médias da amostra. Compare essa distribuição à distribuição amostral exata de $\bar{x}$ encontrada no item **e** do Exercício 4.137. [*Nota*: A distribuição obtida nesse exercício é uma aproximação da exata distribuição amostral. Mas, se você fosse repetir o procedimento de amostragem tirando duas moedas não 100 vezes, mas 10.000 vezes, a distribuição de freqüência relativa para as 10.000 médias da amostra seria praticamente idêntica à distribuição amostral de x encontrada no Exercício 4.137, item **e**.]

4.139 Considere a população descrita pela distribuição de probabilidades mostrada abaixo.

x	1	2	3	4	5
p(x)	0,2	0,3	0,2	0,2	0,1

A variável aleatória x é observada duas vezes. Se essas observações são independentes, verifique as diferentes amostras de tamanho 2 e suas probabilidades mostradas abaixo.

Amostra	Probabilidade	Amostra	Probabilidade
1.1	0,04	3.4	0,04
1.2	0,06	3.5	0,02
1.3	0,04	4.1	0,04
1.4	0,04	4.2	0,06
1.5	0,02	4.3	0,04
2.1	0,06	4.4	0,04
2.2	0,09	4.5	0,02
2.3	0,06	5.1	0,02
2.4	0,06	5.2	0,03
2.5	0,03	5.3	0,02
3.1	0,04	5.4	0,02
3.2	0,06	5.5	0,01
3.3	0,04		

a. Encontre a distribuição amostral da média $\bar{x}$ da amostra.
b. Construa um histograma de probabilidade para a distribuição da amostra de $\bar{x}$.
c. Qual a probabilidade de que $\bar{x}$ seja 4,5 ou maior?
d. Você esperaria observar um valor de $\bar{x}$ igual a 4,5 ou maior? Explique.

4.140 Releia o Exercício 4.139 e encontre $E(x) = \mu$. Então, use a distribuição amostral de $\bar{x}$ encontrada no Exercício 4.139 para encontrar o valor esperado de $\bar{x}$. Note que $E(\bar{x}) = \mu$.

4.141 Reveja o Exercício 4.139. Presuma que uma amostra aleatória de $n = 2$ medições seja aleatoriamente selecionada a partir da população.
a. Liste os diferentes valores que a mediana m da amostra pode assumir e encontre a probabilidade de cada um. Então, dê a distribuição amostral da mediana da amostra.
b. Construa um histograma de probabilidade para a distribuição amostral da mediana da amostra e compare-o com o histograma de probabilidade para a média da amostra (Exercício 4.139, item **b**).

4.142 No Exemplo 4.27 usamos o computador para gerar 1.000 amostras, cada uma contendo $n = 11$ observações, a partir de uma distribuição uniforme sobre o intervalo de 150 a 200. Para esse exercício, use o computador para gerar 500 amostras, cada uma contendo $n = 15$ observações, a partir dessa população.
a. Calcule a média da amostra para cada amostra. Para aproximar a distribuição amostral de $\bar{x}$, construa um histograma de freqüência relativa para os 500 valores de $\bar{x}$.
b. Repita o item **a** para a mediana da amostra. Compare essa distribuição amostral aproximada com a distribuição amostral aproximada de $\bar{x}$ encontrada no item **a**.

4.143 Considere uma população que contenha valores de x iguais a 00, 01, 02, 03..., 96, 97, 98, 99. Presuma que esses valores de x ocorram com igual probabilidade. Use o computador para gerar 500 amostras, cada uma contendo $n = 25$ medições a partir da população. Calcule a média da amostra $\bar{x}$ e a variação da amostra s^2 para cada uma das 500 amostras.
a. Para aproximar a distribuição amostral de $\bar{x}$, construa um histograma de freqüência relativa para os 500 valores de $\bar{x}$.
b. Repita o item **a** para os 500 valores de s^2.

4.11 Distribuição amostral de $\bar{x}$ e o teorema do limite central

Estimando a vida útil média de automóveis, as vendas médias mensais para os revendedores de computadores em uma grande cidade e a força média de um novo tipo de plástico são problemas práticos com algo em comum. Em cada um desses casos, estamos interessados em fazer inferência sobre a média μ de algumas populações. Como mencionamos no Capítulo 2, a média da amostra é, em geral, um bom avaliador de μ. Agora, damos informações pertinentes sobre a distribuição amostral para essa estatística útil.

EXEMPLO 4.28

Descrevendo a distribuição amostral de $\bar{x}$

Problema Suponha que uma população tenha a probabilidade uniforme dada na Figura 4.38. A média e o desvio-padrão dessa distribuição de probabilidade são $\mu = 175$ e $\sigma = 14,43$. (Veja a Seção opcional 4.6 para as fórmulas de μ e σ.) Agora, suponha que uma amostra de 11 medições seja selecionada a partir da população. Descreva a distribuição amostral da média da amostra $\bar{x}$ baseada em 1.000 experimentos amostrais discutidos no Exemplo 4.27.

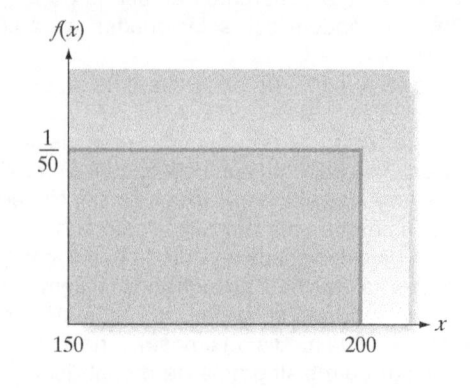

FIGURA 4.38 População uniformemente amostrada

Capítulo 4 — VARIÁVEIS ALEATÓRIAS E DISTRIBUIÇÃO DE PROBABILIDADES   241

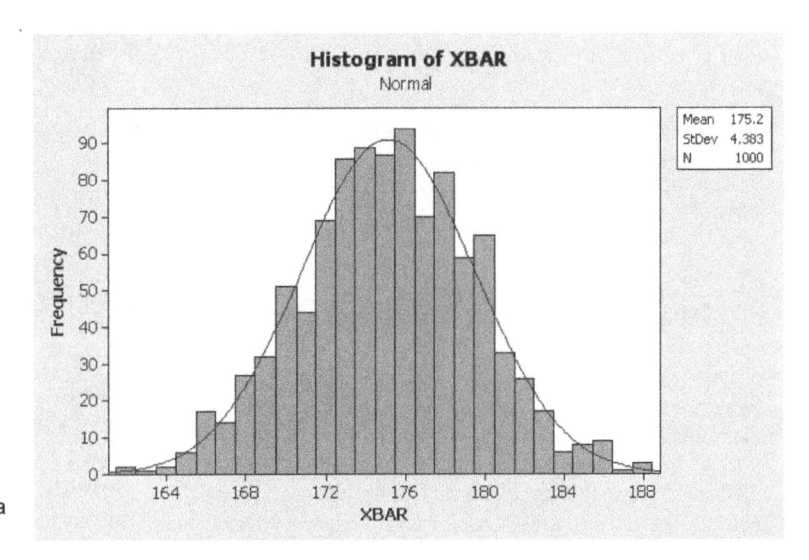

FIGURA 4.39 Histograma do MINITAB para a média da amostra em 1.000 amostras

Histogram of XBAR
Normal
Mean 175,2
StDev 4,383
N 1000

Solução
Você se lembrará de que, no Exemplo 4.27, geramos 1.000 amostras de $n = 11$ medições cada. O histograma do MINITAB para as 1.000 médias da amostra é mostrado na Figura 4.39 com uma distribuição de probabilidade normal superposta. Você pode ver que essa distribuição normal de probabilidade se aproxima muito bem da distribuição amostral gerada pelo computador.

Para descrever completamente uma distribuição de probabilidade normal, é necessário conhecer sua média e seu desvio-padrão. O MINITAB dá essas estatísticas para os 1.000 $\bar{x}$ no canto direito superior do histograma, Figura 4.39. Você pode ver que a média é 175,2 e o desvio-padrão é 4,383.

Para resumir nossas descobertas com base nas 1.000 amostras, cada uma consistindo em 11 medições a partir de uma população uniforme, a distribuição amostral de $\bar{x}$ parece aproximadamente normal, com uma média em torno de 175 e um desvio-padrão de 4,38.

Relembrando Note que o valor simulado $\mu_{\bar{x}} = 175,2$ é muito próximo de $\mu = 175$ para a distribuição uniforme — isto é, a distribuição amostral simulada de $\bar{x}$ parece proporcionar uma estimativa precisa de μ.

A distribuição amostral verdadeira de $\bar{x}$ tem as propriedades dadas no quadro abaixo, presumindo apenas que uma amostra aleatória de n observações foi selecionada a partir de *alguma* população.

Você pode ver que nossa aproximação de $\mu_{\bar{x}}$ no Exemplo 4.28 era precisa, uma vez que a propriedade 1 nos assegura que a média é a mesma que aquela da população da qual se extraiu a amostra: 175 mm. A propriedade 2 nos diz como calcular o desvio-padrão da distribuição amostral de $\bar{x}$. Substituindo $\sigma = 14,43$, o desvio-padrão da distribuição uniforme da amostra, e o tamanho da amostra $n = 11$ na fórmula para $\sigma_{\bar{x}}$, encontramos:

$$\sigma_{\bar{x}} = \frac{\sigma}{\sqrt{n}} = \frac{14,43}{\sqrt{11}} = 4,35$$

Assim, a aproximação que obtivemos no Exemplo 4.28, $\sigma_{\bar{x}} = 4,38$, é muito próxima ao valor exato, $\sigma_{\bar{x}} = 4,35$.[12]

O que pode ser dito sobre a forma da distribuição amostral de $\bar{x}$? Dois importantes teoremas oferecem essa informação.

PROPRIEDADES DA DISTRIBUIÇÃO AMOSTRAL DE $\bar{x}$

1. A média da distribuição amostral é igual à média da população da qual foi extraída a amostra[13], isto é, $\mu_{\bar{x}} = E(\bar{x}) = \mu$.
2. O desvio-padrão da distribuição amostral é igual a:

$$\frac{\text{Desvio-padrão da população da qual foi extraída a amostra}}{\text{Raiz quadrada do tamanho da amostra}}$$

Isto é, $\sigma_{\bar{x}} = \sigma/\sqrt{n}$.[14]
O desvio-padrão $\sigma\bar{x}$ é geralmente chamando de **erro-padrão a partir da média**.

---

[12] Pode ser mostrado (prova omitida) que o valor de $\sigma\frac{2}{\bar{x}}$ é a menor variação entre todos os estimadores não de μ — assim, $\bar{x}$ é o ENMV (estimador não enviesado de mínima variância) para μ.

[13] Quando essa propriedade se aplica, dizemos que $\bar{x}$ é uma estimativa *não enviesada* de μ.

[14] Se o tamanho da amostra, n, é grande em relação ao número N de elementos na população (por exemplo, 5% ou mais), $\sigma/\sqrt{n}$ deve ser multiplicado por um fator de correção finito da população, $\sqrt{(N-n)(N-1)}$. Para a maior parte das situações de amostragem, esse fator de correção estará próximo de 1 e poderá ser ignorado.

Teorema 4.1

Se uma amostra aleatória de n observações é selecionada a partir de uma população com distribuição normal, a distribuição amostral de $\bar{x}$ será uma distribuição normal.

Teorema 4.2 (Teorema do limite central)

Considere uma amostra aleatória de n observações selecionadas a partir de uma população (qualquer distribuição de probabilidades) com média μ e desvio-padrão σ. Então, quando n é suficientemente grande, a distribuição amostral de $\bar{x}$ será aproximadamente normal, com média $\mu_{\bar{x}} = \mu$ e desvio-padrão $\sigma_{\bar{x}} = \sigma/\sqrt{n}$. Quanto maior o tamanho da amostra, melhor será a aproximação normal da distribuição amostral de $\bar{x}$.[15]

Pierre-Simon Laplace (1749–1827)

Assim, para amostras suficientemente grandes, a distribuição amostral de $\bar{x}$ é aproximadamente normal. Quão grande deve ser o tamanho da amostra n para que a distribuição normal proporcione uma boa aproximação da distribuição amostral de $\bar{x}$? A resposta depende do formato da distribuição da população amostrada, como exibido na Figura 4.40. De forma geral, quanto maior a assimetria da população da qual foi extraída a amostra, maior deve ser o tamanho da amostra antes que a distribuição normal seja uma aproximação adequada para a distribuição amostral de $\bar{x}$. Para a maior parte das populações das quais se extraem amostras, tamanhos de amostra de $n \geq 30$ serão adequados para que a aproximação normal seja razoável. Usaremos a aproximação normal para a distribuição amostral de $\bar{x}$ quando o tamanho da amostra for pelo menos 30.

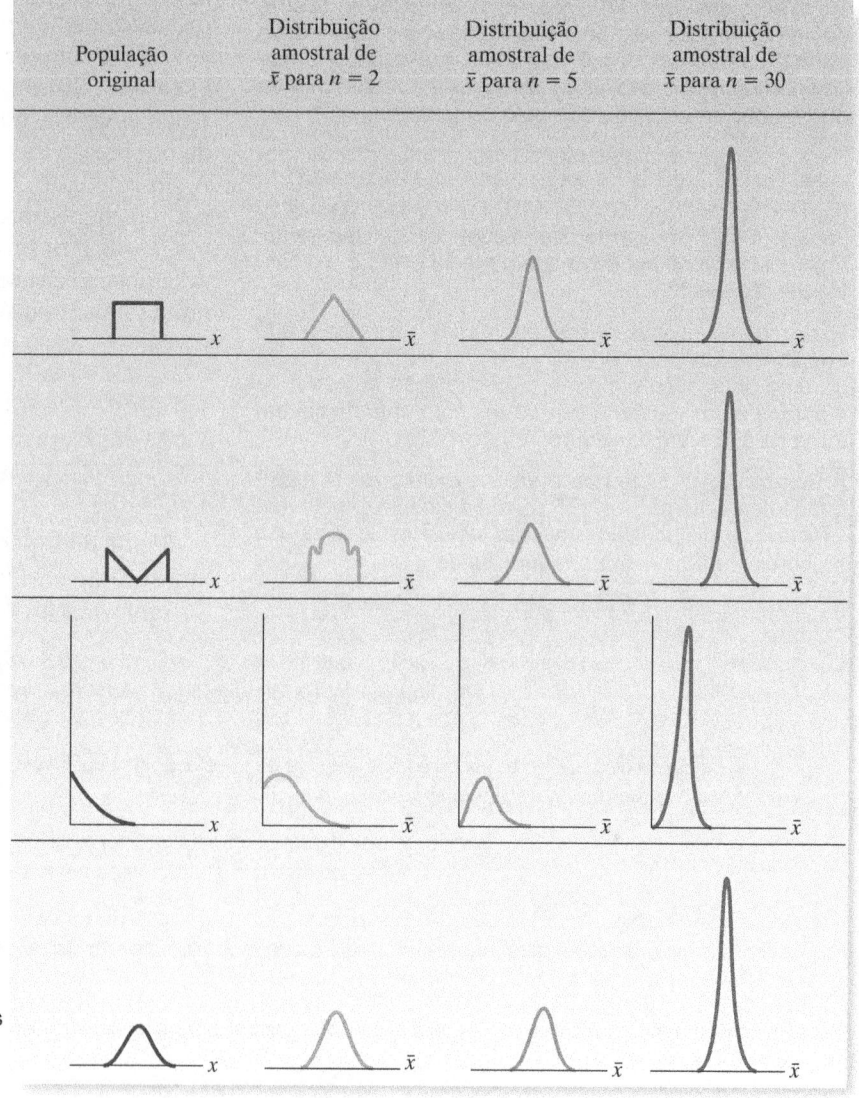

FIGURA 4.40 Distribuições amostrais de $\bar{x}$ para diferentes populações e diferentes tamanhos de amostra

[15] Além disso, por causa do Teorema do Limite Central, a soma de uma amostra aleatória de n observações Σx possuirá uma distribuição amostral que é aproximadamente normal para grandes amostras. Essa distribuição terá uma média igual a $n\mu$ e uma variação igual a $n\sigma^2$. Provas do Teorema de Limite Central estão além do escopo deste livro, mas podem ser encontradas em muitoa textos de estatística matemática.

EXEMPLO 4.29

USANDO O TEOREMA DO LIMITE CENTRAL PARA ENCONTRAR UMA PROBABILIDADE

Problema Suponha que tenhamos selecionado uma amostra aleatória de $n = 36$ observações a partir de uma população com média igual a 80 e desvio-padrão igual a 6. É sabido que a população não é extremamente assimétrica.

a. Faça um esboço das distribuições de freqüência relativa para a população e para a distribuição amostral da média da amostra, $\bar{x}$.

b. Encontre a probabilidade de que $\bar{x}$ seja maior que 82.

Solução

a. Não sabemos o formato exato da distribuição de freqüência relativa da população, mas sabemos que ela deve estar centralizada cerca de $\mu = 80$, sua dispersão deve ser medida por $\sigma = 6$ e ela não é altamente assimétrica. Uma possibilidade é mostrada na Figura 4.41a. A partir do teorema do limite central, sabemos que a distribuição amostral de $\bar{x}$ será aproximadamente normal, uma vez que a distribuição da população da qual se extrai a amostra não é extremamente assimétrica. Também sabemos que a distribuição amostral terá uma média e desvio-padrão:

$$\mu_{\bar{x}} = \mu = 80 \quad \text{e} \quad \sigma_{\bar{x}} = \frac{\sigma}{\sqrt{n}} = \frac{6}{\sqrt{36}} = 1$$

A distribuição amostral de $\bar{x}$ é mostrada na Figura 4.41b.

b. A probabilidade de que $\bar{x}$ exceda 82 é igual à área sombreada na Figura 4.42. Para encontrar essa área, precisamos encontrar o valor z correspondendo a $x = 82$. Lembre-se de que a variável aleatória normal padrão z é a diferença entre qualquer variável aleatória normalmente distribuída e sua média, expressa em unidades de seu desvio-padrão. Uma vez que $\bar{x}$ é uma variável aleatória normalmente distribuída com média $\mu_{\bar{x}} = \mu$ e $\sigma_{\bar{x}} = \sigma/\sqrt{n}$, segue-se que o valor normal padrão z correspondente à média da amostra $\bar{x}$ é:

$$z = \frac{(\text{Valor normal padrão}) - (\text{Média})}{\text{Desvio-padrão}} = \frac{\bar{x} - \mu_{\bar{x}}}{\sigma_{\bar{x}}}$$

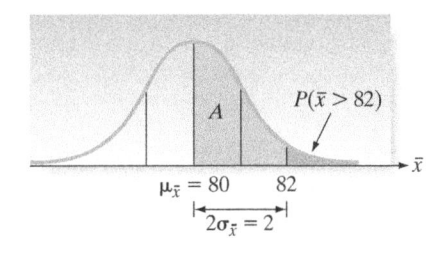

FIGURA 4.42 A distribuição amostral de $\bar{x}$

Dessa forma, para $\bar{x} = 82$, temos:

$$z = \frac{\bar{x} - \mu_{\bar{x}}}{\sigma_{\bar{x}}} = \frac{82 - 80}{1} = 2$$

A área A na Figura 4.42 correspondendo a $z = 2$ é dada na tabela de áreas sob a curva normal (veja Tabela IV do Apêndice B) como 0,4772. Dessa forma, a área correspondente à probabilidade de que $\bar{x}$ exceda 82 é:

$$P(\bar{x} > 82) = P(z > 2) = 0,5 - 0,4772 = 0,0228$$

Relembrando A chave para encontrar a probabilidade, item **b**, é reconhecer que a distribuição de $\bar{x}$ é normal, com média $\mu_{\bar{x}} = \mu$ e $\sigma_{\bar{x}} = \sigma/\sqrt{n}$.

AGORA FAÇA OS EXERCÍCIOS 4.148–4.149

EXEMPLO 4.30

UMA APLICAÇÃO PRÁTICA DO TEOREMA DO LIMITE CENTRAL PARA TESTAR A ALEGAÇÃO DE UM FABRICANTE

Problema Um fabricante de baterias de automóveis alega que a distribuição de vida útil das baterias tem uma média de 54 meses e um desvio-padrão de 6 meses. Recentemente, o fabricante recebeu muitas reclamações de clientes insatisfeitos cujas baterias pararam de funcionar antes do esperado. Suponha que um grupo de consumidores decida checar a alegação do fabricante comprando uma amostra de 50 dessas baterias e sujeitando-as a testes para determinar sua vida útil.

a. Presumindo que a alegação do fabricante seja verdadeira, descreva a distribuição amostral da média de vida útil da amostra de 50 baterias.

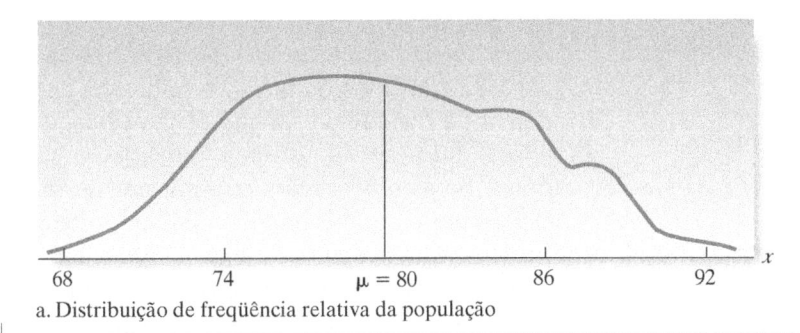

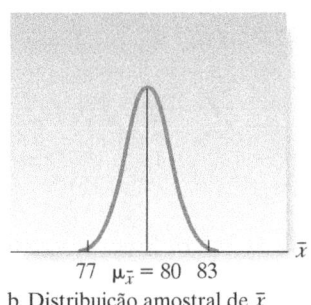

a. Distribuição de freqüência relativa da população

b. Distribuição amostral de $\bar{x}$

FIGURA 4.41 Uma distribuição de freqüência relativa da população e a distribuição amostral para x

b. Presumindo que a alegação do fabricante seja verdadeira, qual a probabilidade de que a amostra do grupo de consumidores tenha uma média de 52 ou menos meses?

Solução

a. Mesmo não tendo nenhuma informação sobre o formato da distribuição de probabilidades das vidas das baterias, podemos usar o teorema do limite central para deduzir que a distribuição amostral para a média da vida útil da amostra de 50 baterias é aproximadamente e normalmente distribuída. Além disso, a média dessa distribuição amostral é a mesma que a média da população da qual se extrai a amostra, que é $\mu = 54$ meses, de acordo com a alegação do fabricante. Finalmente, o desvio-padrão da distribuição amostral é dado por:

$$\sigma_{\bar{x}} = \frac{\sigma}{\sqrt{n}} = \frac{6}{\sqrt{50}} = 0{,}85 \text{ meses}$$

Note que usamos o desvio-padrão alegado pelo fabricante para a população da qual se extraiu a amostra, $\sigma = 6$ meses. Assim, se assumirmos que a alegação é verdadeira, a distribuição amostral para a vida média de 50 baterias da amostra é mostrada na Figura 4.43.

b. Se a alegação do fabricante for verdadeira, a probabilidade de que o grupo de consumidores observe uma média de vida útil da bateria de 52 ou menos meses para sua amostra de 50 baterias, $P(\bar{x} \le 52)$, é equivalente à área sombreada na Figura 4.43. Uma vez que a distribuição amostral é aproximadamente normal, podemos encontrar essa área computando o valor z normal padrão:

$$z = \frac{\bar{x} - \mu_{\bar{x}}}{\sigma_{\bar{x}}} = \frac{52 - 54}{0{,}85} = -2{,}35$$

em que $\mu_{\bar{x}}$, a média da distribuição amostral de $\bar{x}$, é igual a μ, a média de vidas da população da qual se extrai a amostra, e $\sigma_{\bar{x}}$ é o desvio-padrão da distribuição amostral de x. Note que z é a distância padronizada familiar (pontuação z) da Seção 2.7 e, uma vez que $\bar{x}$ é normalmente distribuído, ele possuirá (aproximadamente) a distribuição normal padrão da Seção 4.7.

A área A mostrada na Figura 4.43 entre $\bar{x} = 52$ e $\bar{x} = 54$ (correspondendo a $z = -2{,}35$) é encontrada na Tabela IV do Apêndice B como sendo 0,4906. Dessa forma, a área à esquerda de $\bar{x} = 52$ é:

$$P(\bar{x} \le 52) = 0{,}5 - A = 0{,}5 - 0{,}4906 = 0{,}0094$$

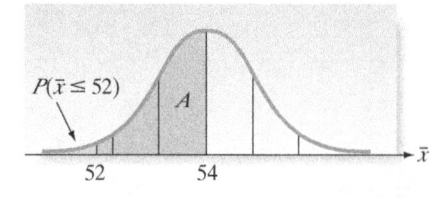

FIGURA 4.43 Distribuição amostral de $\bar{x}$ no Exemplo 4.30 para $n = 50$

Assim, a probabilidade de que o grupo de consumidores observe uma média da amostra de 52 ou menos é de apenas 0,0094 se a alegação do fabricante é verdadeira.

Relembrando Se as 50 baterias testadas realmente apresentarem uma média de 52 ou menos meses, o grupo de consumidores terá fortes evidências de que a alegação do fabricante não é verdadeira, pois tal evento é bastante improvável de ocorrer se a alegação é verdadeira. (Essa é ainda uma outra aplicação da abordagem de evento raro para inferência estatística.)

Agora faça o exercício 4.154

Concluímos esta seção com dois comentários finais sobre a distribuição amostral de $\bar{x}$. Primeiramente, a partir da fórmula $\sigma_{\bar{x}} = \sigma/\sqrt{n}$, vemos que o desvio-padrão da distribuição amostral de $\bar{x}$ se torna menor à medida que o tamanho da amostra n se torna maior. Por exemplo, calculamos $\sigma_{\bar{x}} = 0{,}85$ quando $n = 50$ no Exemplo 4.30. No entanto, para $n = 100$, obtemos $\sigma_{\bar{x}} = \sigma/\sqrt{n} = 6/\sqrt{100} = 0{,}60$. Essa relação permanecerá verdadeira para a maioria das amostras estatísticas encontradas neste texto — isto é, *o desvio-padrão da distribuição amostral diminui à medida que o tamanho da amostra aumenta*. Conseqüentemente, quanto maior o tamanho da amostra, mais precisa é a estatística amostral (por exemplo, $\bar{x}$) em estimar um parâmetro da população (por exemplo, μ). Usaremos esse resultado no Capítulo 5 para nos ajudar a determinar o tamanho da amostra necessário para obter uma precisão específica de estimativa.

Nosso segundo comentário diz respeito ao teorema do limite central. Além de oferecer uma aproximação útil para a distribuição amostral de uma média de amostra, esse teorema oferece uma explicação para o fato de que muitas distribuições de freqüência relativa de dados que possui distribuições em formato de sino. Muitas das medidas que usamos em negócios são realmente médias ou somas de grande número de pequenos fenômenos. Por exemplo, as vendas de uma empresa para um ano são o total das vendas individuais que a empresa fez durante o ano. De forma similar, podemos ver quanto tempo uma empresa de construção leva para construir uma casa como o total de tempos levados para completar uma série de trabalhos distintos, e podemos entender a demanda mensal de sangue em um hospital como o total das necessidades de muitos pacientes individuais. Se as observações que entram nessas somas satisfazem ou não a premissa básica do teorema do limite central é algo questionável. No entanto, é fato que muitas distribuições de dados na natureza são em formato de sino e possuem a aparência de distribuições normais.

ATIVIDADE 4.2

MANTENHA A MUDANÇA: SIMULANDO UMA DISTRIBUIÇÃO AMOSTRAL

Nesta atividade, trabalharemos mais uma vez com o grupo de dados *Quantias transferidas* da Atividade 1.1. Esta atividade é desenvolvida para pequenos grupos ou para toda a classe.

1. Agrupe os dados do *Quantias transferidas* com outros membros da classe ou com toda a classe, de forma que os grupos dados tenham pelo menos 100 itens. Deixe alguém do grupo calcular a média e o desvio-padrão do grupo de dados.

2. Crie uma forma conveniente de escolher uma amostra aleatória a partir do grupo de dados. Você pode dar a cada item do grupo de dados um número, começando por 1, e usar o gerador de números aleatórios para selecionar uma amostra, ou pode escrever cada item de dados em um pequeno cartão e então tirar os cartões sem olhar.

3. Escolha uma amostra aleatória de tamanho $n = 30$ a partir dos dados do grupo e encontre a média dessa amostra, chamada *média amostral*. Membros do grupo devem repetir o processo de escolha de uma amostra de tamanho $n = 30$ a partir dos dados e encontrar a média da amostra até que o grupo tenha acumulado pelo menos 25 médias de amostra. Chamamos esse novo grupo de dados de *médias da amostra*.

4. Encontre a média e o desvio-padrão do grupo de dados *médias da amostra*. Explique como o teorema do limite central é ilustrado nessa atividade. Mantenha os grupos de dados desta atividade para uso em outras atividades.

Exercícios 4.144 – 4.163

Aprendendo a mecânica

4.144 A distribuição amostral de $\bar{x}$ será sempre aproximadamente e normalmente distribuída? Explique.

4.145 Suponha que uma amostra aleatória de n medições seja selecionada a partir da população com média $\mu = 100$ e variação $\sigma^2 = 100$. Para cada um dos seguintes valores de n, dê a média e o desvio-padrão da distribuição amostral da média da amostra $\bar{x}$.
   a. $n = 4$
   b. $n = 25$
   c. $n = 100$
   d. $n = 50$
   e. $n = 500$
   f. $n = 1.000$

4.146 Suponha que uma amostra aleatória de $n = 25$ medições seja selecionada a partir de uma população com média μ e desvio-padrão σ. Para cada um dos seguintes valores de μ e σ, dê os valores de $\mu_{\bar{x}}$ e $\sigma_{\bar{x}}$:
   a. $\mu = 10, \sigma = 3$
   b. $\mu = 100, \sigma = 25$
   c. $\mu = 20, \sigma = 40$
   d. $\mu = 10, \sigma = 100$

4.147 Considere a distribuição de probabilidades mostrada abaixo.

x	1	2	3	8
P(x)	0,1	0,4	0,4	0,1

   a. Encontre μ, σ^2 e σ.
   b. Encontre a distribuição amostral de $\bar{x}$ para amostras aleatórias de $n = 2$ medições a partir dessa distribuição, listando todos os possíveis valores de $\bar{x}$, e encontre a probabilidade associada a cada um.
   c. Use os resultados do item **b** para calcular $\mu_{\bar{x}}$ e $\sigma_{\bar{x}}$. Confirme que $\mu_{\bar{x}} = \mu$ e que $\sigma_{\bar{x}} = \sigma/\sqrt{n} = \sigma/\sqrt{2}$.

4.148 Uma amostra aleatória de $n = 64$ observações é tirada a partir de uma população com média igual a 20 e desvio-padrão igual a 16.
   a. Dê a média e o desvio-padrão da distribuição amostral (repetida) de $\bar{x}$.
   b. Descreva o formato da distribuição amostral de $\bar{x}$. Sua resposta depende do tamanho da amostra?
   c. Calcule a pontuação z normal padrão correspondendo ao valor de $\bar{x} = 15,5$.
   d. Calcule a pontuação z normal padrão correspondendo ao valor de $\bar{x} = 23$.

4.149 Releia o Exercício 4.148. Encontre a probabilidade em que:
   a. $\bar{x}$ seja menor que 16.
   b. $\bar{x}$ seja maior que 23.
   c. $\bar{x}$ seja maior que 25.
   d. $\bar{x}$ fique entre 16 e 22.
   e. $\bar{x}$ seja menor que 14.

4.150 Uma amostra aleatória de $n = 900$ observações é selecionada a partir de uma população com $\mu = 100$ e $\sigma = 10$.
   a. Qual o maior e o menor valor de $\bar{x}$ que você esperaria observar?

ESTATÍSTICA EM AÇÃO REVISITADA

FAZENDO UMA INFERÊNCIA SOBRE A PRECISÃO MÉDIA DA SUPERARMA

Considere novamente a arma protótipo desenvolvida para o Exército norte-americano que atira mais de 1.000 balas com um único disparo. Suponha que as especificações da arma sejam feitas de forma que, quando ela for apontada para o alvo do meio (ver Figura EA4.1), a 500 metros de distância, o valor horizontal da grade média será $\mu = 5$ pés (isto é, o ponto-alvo) e o desvio-padrão seria $\sigma = 1$ pé. Após fazer um disparo com a superarma, o Exército faz uma amostra aleatória de 100 das balas descarregadas e registra x, a medida horizontal para cada uma. A média da amostra foi determinada como sendo $\bar{x} = 5,3$. Esse resultado é consistente com as especificações da arma ou a verdadeira média μ definida é maior que 5?

Para responder a essa questão, necessitamos examinar a possibilidade de obter o resultado da amostra, dado que as especificações da arma são satisfeitas — isto é, quão provável é de se observar uma média da amostra de $\bar{x} = 5,3$ ou mais para uma amostra de $n = 100$ balas quando a média e o desvio-padrão da população das medições da grade horizontal são definidos como $\mu = 5$ e $\sigma = 1$? Assim, a probabilidade de interesse é $P(\bar{x} > 5,3)$.

Para encontrar essa probabilidade, invocamos o teorema do limite central (TLC). De acordo com esse teorema, a distribuição amostral de $\bar{x}$ é aproximadamente e normalmente distribuída com a média e o desvio-padrão a seguir:

$$\mu_{\bar{x}} = \mu = 5 \qquad \sigma_{\bar{x}} = \sigma/\sqrt{n} = 1/\sqrt{100} = 0,1$$

[Note que, uma vez que já estabelecemos que (veja EA anteriormente) a população de medições da grade horizontal é normalmente distribuída, o Teorema 4.1 também garante que a distribuição de $\bar{x}$ será normalmente distribuída.] Dessa forma, encontramos a probabilidade desejada (usando a tabela normal padrão) como se segue:

$$P(\bar{x} > 5,3) = P\left(z > \frac{5,3 - \mu_{\bar{x}}}{\sigma_{\bar{x}}}\right)$$

$$= P\left(z > \frac{5,3 - 5}{0,1}\right) = P(z > 3) = 0,0013$$

Em outras palavras, a probabilidade de que observemos uma média de amostra pelo menos tão grande quanto $\bar{x} = 5,3$ pés *se a média e o desvio-padrão das medições da grade horizontal são $\mu = 5$ e $\sigma = 1$ (isto é, se as especificações desejadas são satisfeitas)* é quase 0.

Essa pequena probabilidade nos leva a uma ou duas conclusões: ou as especificações da arma são satisfeitas e o que o Exército norte-americano observou foi um evento extremamente raro (com praticamente nenhuma chance de ocorrer), ou uma ou ambas as especificações da arma ($\mu = 5$ e $\sigma = 1$) não estão sendo satisfeitas. A *abordagem do evento raro* para fazer inferências estatísticas, é claro, favoreceria a segunda conclusão. Possivelmente, as especificações da arma foram definidas de forma que a verdadeira média μ seja maior que 5 pés, ou o desvio-padrão foi definido por um número diferente de $\sigma = 1$. [Na verdade, você pode mostrar que, se as especificações são definidas em $\sigma = 4$, $P(\bar{x} > 5,3) = 0,2266$. Assim, a amostra observada tem uma chance razoável de ocorrer se o desvio-padrão é inadvertidamente definido em $\sigma = 4$.]

---

b. Quanto, no máximo, você esperaria que $\bar{x}$ se desviasse de μ?
c. Você teve que conhecer μ para responder ao item **b**? Explique.

4.151 Uma amostra aleatória de $n = 100$ observações é selecionada a partir de uma população com $\mu = 30$ e $\sigma = 16$. Aproxime as seguintes probabilidades:
  a. $P(\bar{x} \geq 28)$
  b. $P(22,1 \leq \bar{x} \leq 26,8)$
  c. $P(\bar{x} \leq 28,2)$
  d. $P(\bar{x} \geq 27,0)$

4.152 Considere uma população que contenha valores de x iguais a 0, 1, 2, ..., 97, 98, 99. Presuma que os valores de x sejam igualmente prováveis. Para cada um dos seguintes valores de n, use um computador para gerar 500 amostras aleatórias e calcular $\bar{x}$ para cada amostra. Para cada tamanho de amostra, construa um histograma de freqüência relativa dos 500 valores de $\bar{x}$. Que mudanças ocorrem no histograma à medida que o valor de n aumenta? Que similaridades existem? Use $n = 2$, $n = 5$, $n = 10$, $n = 30$ e $n = 50$.

APPLET **Exercício utilizando apicativo 4.9**
(É necessário ter o Java instalado para utilizar esse aplicativo)

Abra o aplicativo intitulado *Sample distributions*. No menu à direita do gráfico do topo, selecione *Binary*.
  a. Rode o aplicativo para o tamanho da amostra $n = 10$ e o número de amostras $N = 1.000$. Observe o formato do gráfico das proporções da amostra e registre a média, a mediana e o desvio-padrão das proporções da amostra.
  b. Como a média das proporções da amostra se compara à média $\mu = 0,5$ da distribuição original?
  c. Calcule o desvio-padrão da distribuição original usando a fórmula $\sigma = \sqrt{np(1-p)}$, onde $n = 1$ e $p = 0,5$. Divida o resultado por $\sqrt{10}$, a raiz quadrada do tamanho da

amostra usada na distribuição amostral. Como esse resultado se compara ao desvio-padrão das proporções da amostra?
d. Explique como o gráfico da distribuição das proporções da amostra sugere que a distribuição pode ser aproximadamente normal.
e. Explique como os resultados dos itens de b até d ilustram o teorema do limite central.

APPLET **Exercício utilizando apicativo 4.10**
(É necessário ter o Java instalado para utilizar esse aplicativo)

Abra o aplicativo intitulado *Sampling distributions*. No menu da direita do topo do gráfico, selecione *Uniform*. O quadro à esquerda do gráfico do topo mostra a média da população, a mediana e o desvio-padrão da distribuição original.
a. Rode o aplicativo para o tamanho de amostra $n = 30$ e o número de amostras $N = 1.000$. Observe o formato do gráfico das médias da amostra e registre a média, a mediana e o desvio-padrão das médias da amostra.
b. Como a média das médias da amostra se compara com a média da distribuição original?
c. Divida o desvio-padrão da distribuição original por $\sqrt{30}$, a raiz quadrada do tamanho da amostra usada na distribuição amostral. Como esse resultado se compara ao desvio-padrão das proporções da amostra?
d. Explique como o gráfico da distribuição da média da amostra sugere que a distribuição seja aproximadamente normal.
e. Explique como os resultados dos itens b a d ilustram o teorema do limite central.

Aplicação dos conceitos — Básico

4.153 Horas semestrais cursadas por candidato ao CPA. Releia o estudo do *Journal of Accounting and Public Policy* (primavera, 2002) de candidatos que fazem o exame CPA pela primeira vez, Exercício 2.49. O número de horas semestrais de crédito cursado por candidatos tem uma distribuição com média de 141 horas e desvio-padrão de 18 horas. Considere uma amostra aleatória de 100 candidatos de primeira viagem ao exame CPA e $\bar{x}$ o número médio de horas de crédito cursadas para a amostra.
a. Qual é $\mu_{\bar{x}}$?
b. Qual é $\sigma_{\bar{x}}$?
c. Descreva o formato da distribuição amostral de $\bar{x}$.
d. Encontre a pontuação z para o valor de $\bar{x} = 142$ horas.
e. Encontre $P(\bar{x} > 142)$.

4.154 Salário de um profissional de gestão de viagens. De acordo com a *Business Travel News* (17 jul. 2006), o salário médio de um gerente de viagens profissional é de US$ 98.500. Presuma que o desvio-padrão de tais salários seja de US$ 30.000. Considere uma amostra aleatória de 50 gestores de viagem profissional e $\bar{x}$ o salário médio para a amostra.
a. Qual é $\mu_{\bar{x}}$?
b. Qual é $\sigma_{\bar{x}}$?
c. Descreva o formato da distribuição amostral de $\bar{x}$.
d. Encontre a pontuação z para o valor $\bar{x} = 89.500$.
e. Encontre $P(\bar{x} > 89.500)$

4.155 Melhorando as pontuações SAT. Busque o exame de *Chance* (inverno, 2001) sobre as pontuações do Standardized Admission Test (SAT) de estudantes que pagam um tutor particular para ajudá-los a melhorar suas notas, Exercício 2.84. No teste de Matemática, esses estudantes tiveram uma média de mudanças na pontuação de +19 pontos, com desvio-padrão de 65 pontos. Em uma amostra aleatória de 100 alunos que pagam um tutor particular para melhorar suas notas, qual a probabilidade de que a mudança na pontuação média seja menor que 10 pontos?

4.156 Crescimento de quahogs marinhos. O quahog marinho é um tipo de molusco comum nas águas da Nova Inglaterra e nos estados centrais dos Estados Unidos banhados pelo Atlântico. Uma pesquisa federal sobre crescimento de quahogs fora da costa, em New Jersey, conduzido de 1980 a 1992, revelou um esforço médio de captura da unidade (EMCU) de 89,34 moluscos. O desvio-padrão do EMCU é de 7,74 (*Journal of Shellfish Research,* jun. 1995). Considere $\bar{x}$ a média de EMCU para uma amostra de 35 tentativas de capturar quahogs além da costa de New Jersey.
a. Calcule $\mu_{\bar{x}}$ e $\sigma_{\bar{x}}$. Interprete seus valores.
b. Esboce a distribuição amostral de $\bar{x}$.
c. Encontre $P(\bar{x} > 88)$.
d. Encontre $P(\bar{x} < 87)$.

Aplicação dos conceitos — Intermediário

4.157 Nivelamento de pilastras de concreto. Engenheiros geotécnicos usam pesquisas com 'manômetro' de nível de água para descobrir o nivelamento de pilastras de concreto recém-construídas. Elevações são normalmente medidas a oito pontos na pilastra; o interesse é a diferença máxima entre as elevações. O *Journal of Constructed Facilities* (fev. 2005) publicou um artigo sobre o nivelamento de pilastras em projetos imobiliários na Califórnia. Dados de elevação coletados para 1.300 pilastras de concreto *antes de tensionar* revelaram que o diferencial máximo x possui uma média $\mu = 0,53$ polegadas e desvio-padrão $\sigma = 0,193$ polegadas. Considere uma amostra de $n = 50$ pilastras selecionadas a partir das pesquisadas e $\bar{x}$ a média da amostra.
a. Descreva completamente a distribuição amostral de $\bar{x}$.
b. Encontre $P(\bar{x} > 0,58)$.
c. O estudo também revelou que o diferencial médio máximo de pilastras de concreto medido após tensão e carga é de $\mu = 0,58$ polegadas. Suponha que os dados da amostra gerem $\bar{x} = 0,59$ polegadas. Comente se as medições da amostra foram obtidas antes da tensão ou após tensão e carga.

4.158 Espessura de superfície de um cano. Releia o estudo da *Anti-Corrosion Methods and Materials* (v. 50, 2003) sobre a espessura da superfície de canos de óleo, Exercício 2.46. Lembre-se de que um instrumento de scanner foi usado para medir a espessura x (em micrômetros) de 20 seções amostradas do interior revestido de um cano.

Considere a média da amostra $\bar{x}$.

a. Presuma que a distribuição da espessura da superfície tenha uma média de $\mu = 1,8$ micrometros e um desvio-padrão de $\sigma = 0,5$ micrômetros. Use essa informação para encontrar a probabilidade de que $\bar{x}$ exceda 1,85 micrômetros.

b. Os dados da amostra são reproduzidos na tabela abaixo. Calcule $\bar{x}$.

c. Com base no resultado do item **b**, comente sobre a validade das premissas feitas no item **a**.

ROUGHPIPE
Companion Website

| 1,72 | 2,50 | 2,16 | 2,13 | 1,06 | 2,24 | 2,31 | 2,03 | 1,09 | 1,40 |
| 2,57 | 2,64 | 1,26 | 2,05 | 1,19 | 2,13 | 1,27 | 1,51 | 2,41 | 1,95 |

Fonte: FARSHAD, F.; PESACRETA, T. "Coated pipe interior surface roughness as measured by three scanning probe instruments." *Anti-Corrosion Methods and Materials*, Vol. 50, N. 1, 2003 (Tabela III).

4.159 Tempo de trabalho para um empregador. Trabalhadores são muito menos propensos a permanecer com um empregador por muitos anos do que seus pais o foram uma geração atrás ingressar. (*Georgia Trend*, dez. 1999). Os estudantes de faculdade de hoje entendem que o local de trabalho em que estão para ingressar é muito diferente daquele em que seus pais ingressaram? Para ajudar a responder a essa questão, pesquisadores da Terry College of Business na University of Georgia amostraram 344 estudantes de administração e perguntaram: no curso de sua vida, qual o número máximo de anos que você espera trabalhar para um empregador? A amostra resultante tem $\bar{x} = 19,1$ anos e $s = 6$ anos. Presuma que a amostra de estudantes tenha sido aleatoriamente selecionada a partir de 5.800 estudantes no Terry College.

a. Descreva a distribuição amostral de $\bar{x}$.
b. Se a média da população foi de 18,5 anos, qual é $P(\bar{x} \geq 19,1 \text{ anos})$?
c. Se a média da população foi de 19,5 anos, qual é $P(\bar{x} \geq 19,1 \text{ anos})$?
d. Se $P(\bar{x} \geq 19,1 \text{ anos}) = 0,5$, qual a média da população?
e. Se $P(\bar{x} \geq 19,1 \text{ anos}) = 0,2$, a média da população é maior ou menor que 19,1 anos? Justifique sua resposta.

4.160 Avaliação de frota de carros de aluguel. A National Car Rental Systems Inc. autorizou o United States Automobile Club (USAC) a conduzir uma pesquisa sobre a condição geral dos carros alugados ao público pelas empresas Hertz, Avis, National e Budget Rent-a-Car[16]. Os representantes do USAC avaliaram os carros de cada companhia usando um sistema de pontuação de demérito. Cada carro começa com um score perfeito de 0 ponto e incorre em pontos de demérito para cada discrepância percebida pelos inspetores. Uma medida da condição geral de um carro da companhia é a média de todas as pontuações recebidas pela empresa (isto é, a *pontuação média da frota* da empresa). Para estimar a média da pontuação da frota de cada empresa de locação de veículos, 10 grandes aeroportos foram aleatoriamente selecionados e 10 carros de cada empresa foram aleatoriamente alugados para inspeção em cada aeroporto pelos oficiais do USAC (isto é, uma amostra de tamanho $n = 100$ da frota de cada empresa foi retirada e inspecionada).

a. Descreva a distribuição de $\bar{x}$, a pontuação média de uma amostra de $n = 100$ carros de aluguel.
b. Interprete a média de $\bar{x}$ no contexto desse problema.
c. Presuma que $\mu = 30$ e $\sigma = 60$ para uma empresa de aluguel de carros. Para essa empresa, encontre $P(\bar{x} \geq 45)$.
d. Referente ao item **c**: a empresa alega que sua verdadeira pontuação média da frota "talvez não pudesse ser tão alta quanto 30". A média da pontuação da amostra tabulada pelo USAC para essa companhia foi $\bar{x} = 45$. Esse resultado tende a embasar ou rejeitar a alegação? Explique.

4.161 Análise do *lead time* de fornecedor. Ao determinar quando colocar ordens para repor produtos em falta no estoque, um varejista deveria levar em consideração o *lead time* de seus produtos. *Lead time* é o tempo entre colocar uma ordem e ter o produto disponível para satisfazer a demanda do consumidor. Isso inclui tempo para colocar a ordem, receber o carregamento do fornecedor, inspecionar as unidades recebidas e colocá-las no estoque (Clauss, *Applied management science and spreadsheet modeling*, 1996). Interessado no *lead time* médio μ para um fornecedor em particular de vestuário masculino, o departamento de compras de uma loja de departamentos norte-americana aleatoriamente seleciona 50 dos *lead times* do fornecedor e encontra $\bar{x} = 44$ dias.

a. Descreva o formato da distribuição amostral de $\bar{x}$.
b. Se μ e σ forem realmente 40 e 12, respectivamente, qual a probabilidade de que uma segunda amostra de tamanho 50 gerasse $\bar{x}$ maior ou igual a 44?
c. Usando os valores de μ e σ do item **b**, qual a probabilidade de que a amostra de tamanho 50 geraria uma amostra dentro do intervalo $\mu \pm 2\sigma/\sqrt{n}$?

Aplicação dos conceitos — Avançado

4.162 Processo de enchimento de plástico. Os pesquisadores J. Usher, S. Alexander e D. Duggins da University of Louisville, examinaram o processo de enchimento de embalagens plásticas de uma mistura de biscoitos (*Quality Engineering*, v. 91, 1996). A média atual do processo de enchimento é definida em $\mu = 406$ gramas, e o desvio-padrão do processo é $\sigma = 10,1$ gramas. (De acordo com os pesquisadores: "O alto nível de variação é devido ao fato de que o produto tem propriedades pobres de fluir e, dessa forma, é difícil de consistentemente preencher de embalagem para embalagem".) Operadores monitoram o processo ao selecionar aleatoriamente 36 embalagens a cada dia e medir a quantidade de mistura de biscoito em cada uma. Considere $\bar{x}$ a média da quantidade preenchida da amostra de 36 produtos. Suponha que, em um dia em

[16] Informações para comunicação pessoal com Rajiv Tandon, vice-presidente corporativo e gerente geral da Car Rental Division, National Car Rental Systems, Inc., Minneapolis, Minnesota.

particular, os operadores observem $\bar{x}$ = 400,8. Um dos operadores acredita que isso indica que a média verdadeira do processo de preenchimento é menor que 406 gramas. Outro operador argumenta que μ = 406 gramas e que o pequeno valor de $\bar{x}$ observado é decorrente da variação aleatória no processo de preenchimento. Com qual operador você concorda? Por quê?

4.163 Lavagem versus limpeza da mão. O *British Medical Journal* (17 ago. 2002) publicou os resultados de um estudo para comparar a efetividade de lavar as mãos com sabão e limpá-las com álcool. Trabalhadores da área de saúde que usaram a limpeza com álcool tiveram uma contagem bacteriana média de 35 por mão, com um desvio-padrão de 59. Trabalhadores da área de saúde que as lavaram com sabão tiveram uma contagem bacteriana média de 69 por mão, com desvio-padrão de 106. Em uma amostra aleatória de 50 trabalhadores da área de saúde, todos usando os mesmos métodos de limpeza das mãos, a contagem bacteriana média por mão $\bar{x}$ é menor que 30. Dê sua opinião sobre se a amostra de trabalhadores usou limpeza com álcool ou lavagem com sabão.

Termos-chave

Nota: Termos marcados com (*) fazem parte da seção opcional deste capítulo.

Contável
* Correção para continuidade
Curva de sino
Desvio-padrão de variável aleatória discreta
*Distribuição aleatória
Distribuição amostral
Distribuição binomial
* Distribuição de Poisson
Distribuição de probabilidades contínua

Distribuição de probabilidades discretas
Distribuição em forma de sino
Distribuição normal
Distribuição normal padrão
* Distribuição de probabilidade uniforme
Erro-padrão a partir da média
Estatística amostral
Experimento binomial
Função densidade de probabilidade
Função de freqüência
Gráfico de probabilidade normal
Média de variável aleatória discreta

Parâmetro
Probabilidades binomiais cumulativas
Teorema do limite central
Valor esperado
Variável aleatória
Variável aleatória binomial
Variável aleatória contínua
Variável aleatória discreta
Variável aleatória normal
* Variável aleatória Poisson
Variável aleatória normal padrão
Variável aleatória uniforme
Variância de uma variável aleatória discreta

Guia para selecionar uma distribuição de probabilidade

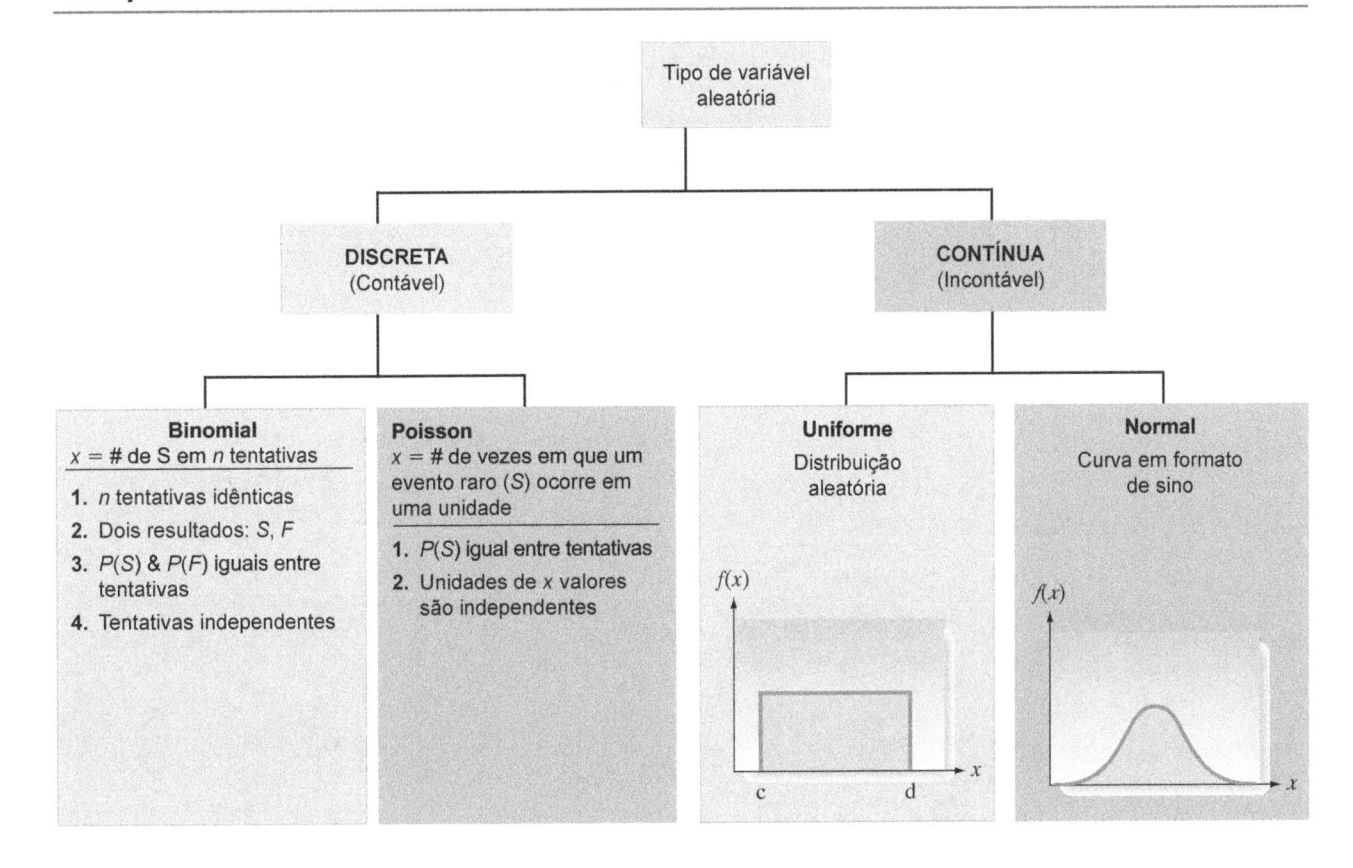

Tipo de variável aleatória

DISCRETA (Contável)

CONTÍNUA (Incontável)

Binomial
x = # de S em n tentativas
1. n tentativas idênticas
2. Dois resultados: S, F
3. $P(S)$ & $P(F)$ iguais entre tentativas
4. Tentativas independentes

Poisson
x = # de vezes em que um evento raro (S) ocorre em uma unidade
1. $P(S)$ igual entre tentativas
2. Unidades de x valores são independentes

Uniforme
Distribuição aleatória

Normal
Curva em formato de sino

Notas do capítulo

PROPRIEDADES DAS DISTRIBUIÇÕES DE PROBABILIDADES

DISTRIBUIÇÕES DISCRETAS	DISTRIBUIÇÕES CONTÍNUAS
1. $P(x) \geq 0$ 2. $\sum_{\text{qualquer } x} p(x) = 1$	(1) $P(x = a) = 0$ (2) $P(a < x < b)$ é a área sob a curva entre a e b

SÍMBOLOS-CHAVE

$p(x)$	Distribuição de probabilidade para a variável aleatória discreta x
$f(x)$	Distribuição de probabilidade para a variável aleatória contínua x
S	Resultado da tentativa binomial chamada 'sucesso'
F	Resultado da tentativa binomial chamada 'falha'
p	$P(S)$ em tentativa binomial
q	$P(F)$ em tentativa binomial $= 1 - p$
e	Constante usada em distribuições de probabilidade normal & Poisson: $e = 2{,}71828\ldots$
π	Constante usada em distribuições de probabilidade normal: $\pi = 3{,}1416\ldots$
$\mu_{\bar{x}}$	Média da distribuição da amostra da população de $\bar{x}$
$\sigma_{\bar{x}}$	Desvio-padrão da distribuição da amostra da população de $\bar{x}$

FÓRMULAS-CHAVE

VARIÁVEL ALEATÓRIA	DISTRIBUIÇÃO DE PROBABILIDADE	MÉDIA	VARIAÇÃO
Discreta geral	Tabela, fórmula ou gráfico para $p(x)$	$\sum_{\text{qualquer } x} x \cdot p(x)$	$\sum_{\text{qualquer } x} (x - \mu)^2 \cdot p(x)$
Binomial	$p(x) = \binom{n}{x} p^x q^{n-x}$ $x = 0, 1, 2, \ldots, n$	np	npq
Poisson	$p(x) = \dfrac{\lambda^x e^{-\lambda}}{x!}$ $x = 0, 1, 2, \ldots$	λ	λ
Uniforme	$f(x) = 1/(d - c)$ $(c \leq x \leq d)$	$(c + d)/2$	$(d - c)^2/12$
Normal	$f(x) = \dfrac{1}{\sigma \sqrt{2\pi}} e^{-1/2[(x-\mu)/\sigma]^2}$	σ	σ^2
Normal padrão	$f(z) = \dfrac{1}{\sqrt{2\pi}} e^{-1/2(z)^2}$	$\mu = 0$	$\sigma^2 = 1$
Média da amostra (n grande)	$f(\bar{x}) = \dfrac{1}{\sigma_{\bar{x}} \sqrt{2\pi}} e^{-1/2[(x-\mu)/\sigma_{\bar{x}}]^2}$	$\mu_{\bar{x}} = \mu$	$\sigma_{\bar{x}}^2 = \sigma^2/n$

Notas do capítulo (Continuação)

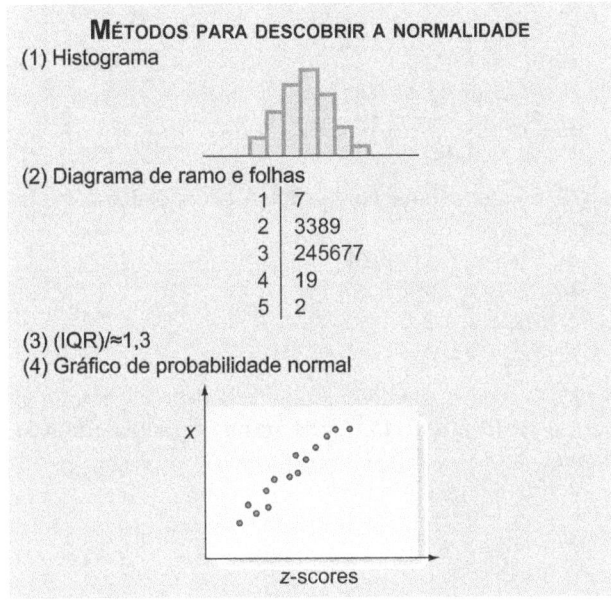

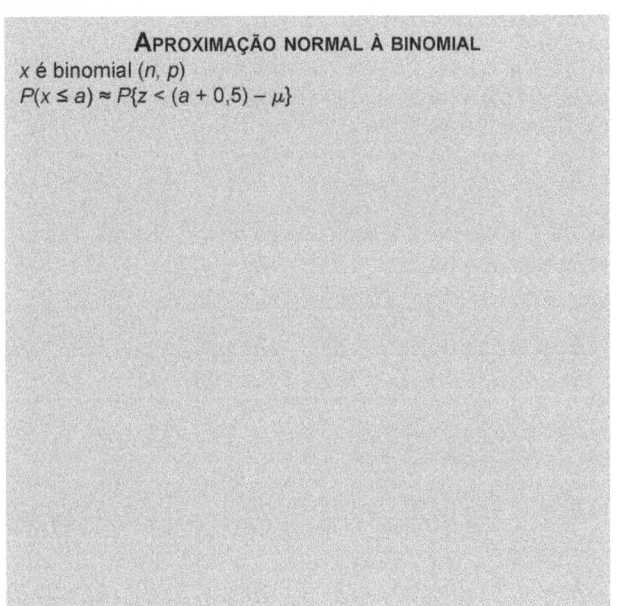

MÉTODOS PARA DESCOBRIR A NORMALIDADE

(1) Histograma

(2) Diagrama de ramo e folhas

1	7
2	3389
3	245677
4	19
5	2

(3) (IQR)/$s \approx 1,3$

(4) Gráfico de probabilidade normal

APROXIMAÇÃO NORMAL À BINOMIAL

x é binomial (n, p)

$P(x \leq a) \approx P\{z < (a + 0,5) - \mu\}$

GERANDO A DISTRIBUIÇÃO AMOSTRAL DE $\bar{x}$

Selecione o tamanho da amostra n (grande) a partir da população-alvo

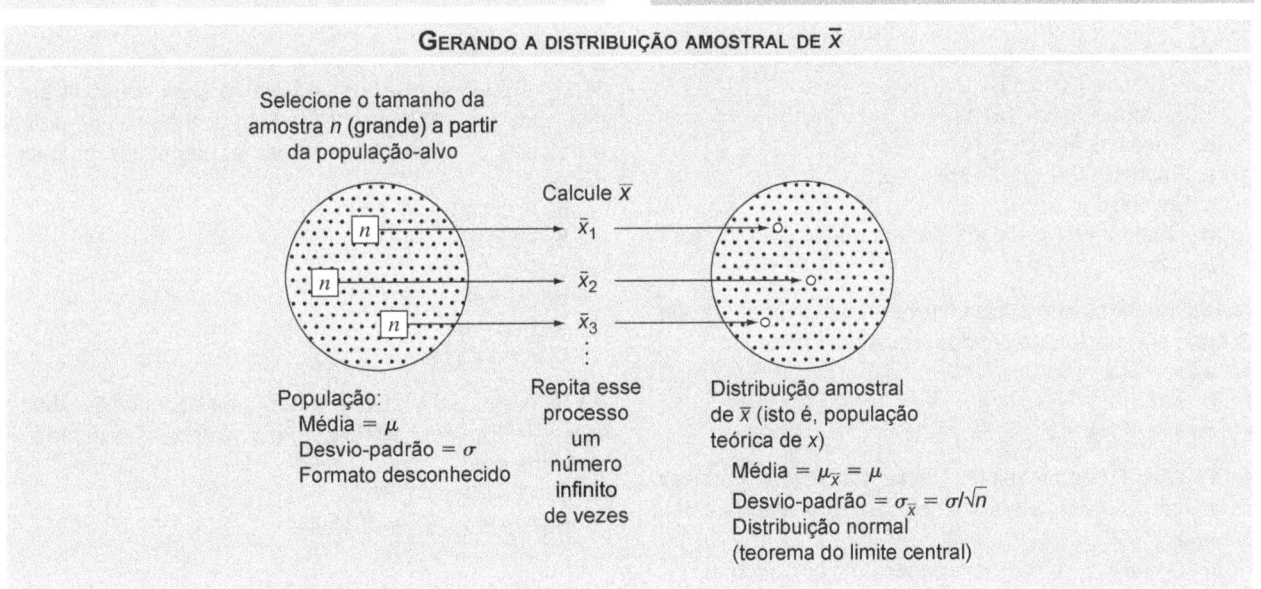

Calcule $\bar{x}$

$\bar{x}_1$
$\bar{x}_2$
$\bar{x}_3$

População:
Média = μ
Desvio-padrão = σ
Formato desconhecido

Repita esse processo um número infinito de vezes

Distribuição amostral de $\bar{x}$ (isto é, população teórica de x)
Média = $\mu_{\bar{x}} = \mu$
Desvio-padrão = $\sigma_{\bar{x}} = \sigma/\sqrt{n}$
Distribuição normal (teorema do limite central)

Exercícios suplementares 4.164 – 4.201

[*Nota: Exercícios marcados com (*) se referem às seções opcionais deste capítulo.*]

Aprendendo a mecânica

4.164 Para cada um dos seguintes exemplos, decida se x é uma variável aleatória binomial e explique sua decisão:

a. Um fabricante de chips de computador seleciona aleatoriamente 100 chips de cada hora de produção de forma a determinar a proporção de defeituosos. Considere x o número de defeituosos nos 100 chips da amostra.

b. De cinco candidatos a um emprego, dois serão selecionados. Apesar de todos os candidatos parecerem igualmente qualificados, apenas três têm a habilidade para preencher as expectativas da empresa. Suponha que duas seleções sejam feitas aleatoriamente a partir dos cinco candidatos, e considere x o número de candidatos qualificados selecionados.

c. Um desenvolvedor de software estabelece uma linha de suporte para clientes ligarem com dúvidas relacionadas ao uso do software. Considere x o número de chamadas recebidas no suporte durante um dia de trabalho específico.

d. A Flórida é um dos estados pertencentes a uma minoria sem imposto de renda estadual. Uma pesquisa com 1.000 eleitores registrados é conduzida para determinar quantos seriam favoráveis a um imposto de renda estadual em virtude da situação fiscal do estado. Considere x o número na amostra daqueles que seriam a favor do imposto.

4.165 Dado que x é uma variável aleatória binomial, calcule p(x) para cada um dos seguintes casos:
a. $n = 7, x = 3, p = 0,5$
b. $n = 4, x = 3, p = 0,8$
c. $n = 15, x = 1, p = 0,1$

4.166 Considere a distribuição de probabilidades discreta mostrada abaixo:

x	10	12	18	20
p(x)	0,2	0,3	0,1	0,4

a. Calcule μ, σ^2 e σ.
b. Qual é $P(x < 15)$?
c. Calcule $\mu \pm 2\sigma$.
d. Qual a probabilidade de que x esteja no intervalo $\mu \pm 2\sigma$?

4.167 Suponha que x seja uma variável aleatória binomial com $n = 20$ e $p = 0,7$.
a. Encontre $P(x = 14)$.
b. Encontre $P(x \leq 12)$.
c. Encontre $P(x > 12)$.
d. Encontre $P(9 \leq x \leq 18)$.
e. Encontre $P(8 < x < 18)$.
f. Encontre μ, σ^2 e σ.
g. Quais a probabilidade de que x esteja no intervalo $\mu \pm 2\sigma$?

*4.168 Suponha que x seja uma variável aleatória Poisson. Calcule p(x) para cada um dos seguintes casos:
a. $\lambda = 2, x = 3$
b. $\lambda = 1, x = 4$
c. $\lambda = 0,5, x = 2$

4.169 Quais dos seguintes itens descrevem variáveis aleatórias discretas, e quais descrevem variáveis aleatórias contínuas?
a. O número de itens danificados em um estoque.
b. A receita de vendas médias mensais geradas por um vendedor no último ano.
c. O espaço em metros quadrados que uma empresa aluga.
d. O tempo que uma empresa deve esperar até que sua máquina copiadora esteja consertada.

4.170 Presuma que x seja uma variável aleatória melhor descrita por uma distribuição uniforme com $c = 10$ e $d = 90$.
a. Encontre $f(x)$.
b. Encontre a média e o desvio-padrão de x.
c. Represente graficamente a distribuição de probabilidade de x e situe sua média e o intervalo $\mu + 2\sigma$ nesse gráfico.
d. Encontre $P(x \leq 60)$
e. Encontre $P(x \geq 90)$
f. Encontre $P(x \leq 80)$
g. Encontre $P(\mu - \sigma \leq x \leq \mu + \sigma)$
h. Encontre $P(x > 75)$

4.171 Encontre as seguintes probabilidades para a variável aleatória normal padrão z:
a. $P(z \leq 2,1)$
b. $P(z \geq 2,1)$
c. $P(z \geq -1,65)$
d. $P(-2,13 \leq z \leq -0,41)$
e. $P(-1,45 \leq z \leq 2,15)$
f. $P(z \leq -1,43)$

4.172 Encontre uma pontuação z e denomine-a z_0, de forma que:
a. $P(z \leq z_0) = 0,5080$
b. $P(z \geq z_0) = 0,5517$
c. $P(z \geq z_0) = 0,1492$
d. $P(z_0 \leq z \leq 0,59) = 0,4773$

4.173 A variável aleatória x tem uma distribuição normal com $\mu = 75$ e $\sigma = 10$. Encontre as seguintes probabilidades:
a. $P(x \leq 80)$
b. $P(x \geq 85)$
c. $P(70 \leq x \leq 75)$
d. $P(x > 80)$
e. $P(x = 78)$
f. $P(x \leq 110)$

*4.174 Presuma que x seja uma variável aleatória binomial com $n = 100$ e $p = 0,5$. Use a distribuição de probabilidades normal para aproximar as seguintes probabilidades:
a. $P(x \leq 48)$
b. $P(50 \leq x \leq 65)$
c. $P(x \geq 70)$
d. $P(55 \leq x \leq 58)$
e. $P(x = 62)$
f. $P(x \leq 49$ ou $x \geq 72)$

4.175 A variável aleatória x tem uma distribuição normal com $\mu = 40$ e $\sigma^2 = 36$. Encontre o valor de x, chamado x_0, de forma que:
a. $P(x \geq x_0) = 0,10$
b. $P(\mu \leq x < x_0) = 0,40$
c. $P(x < x_0) = 0,05$
d. $P(x \geq x_0) = 0,40$
e. $P(x_0 \leq x < \mu) = 0,45$

4.176 Uma variável aleatória de 40 observações deve ser tirada de uma grande população de medições. É sabido que 30% das medições da população é 1s, 20% é 2s, 20% é 3s e 30% é 4s.
a. Dê a média e o desvio-padrão da distribuição (repetida) amostral de $\bar{x}$, a média da amostra de 40 observações.
b. Descreva o formato da distribuição amostral de $\bar{x}$. Sua resposta depende do tamanho da amostra?

4.177 Uma amostra aleatória de $n = 68$ observações é selecionada a partir de uma população com $\mu = 19,6$ e $\sigma = 3,2$. Aproxime cada uma das seguintes probabilidades:
a. $P(\bar{x} \leq 19,6)$
b. $P(\bar{x} \leq 19)$
c. $P(\bar{x} \geq 20,1)$
d. $P(19,2 \leq x \leq 20,6)$

4.178 Use um software estatístico para gerar 100 amostras aleatórias de tamanho $n = 2$ a partir de uma população caracterizada por uma distribuição de probabilidade uniforme (Seção opcional 4.6) com $c = 0$ e $d = 10$. Calcule $\bar{x}$ para cada amostra e represente graficamente uma distribuição de freqüência para os 100 valores de $\bar{x}$. Repita esse processo para $n = 5, 10, 30$ e 50. Explique como seus gráficos ilustram o teorema do limite central.

4.179 Uma amostra aleatória de tamanho n deve ser tirada de uma grande população com média 100 e desvio-padrão 10, e a média da amostra $\bar{x}$ deve ser calculada. Para ver o efeito de diferentes tamanhos de amostras no desvio-padrão da distribuição amostral de $\bar{x}$, represente graficamente $\sigma/\sqrt{n}$ contra n para $n = 1, 5, 10, 20, 30, 40$ e 50.

Aplicação dos conceitos — Básico

4.180 Precisão de scanners eletrônicos de checkouts. Um estudo da Federal Trade Comission (FTC) sobre a precisão dos preços de scanners eletrônicos de checkouts em lojas descobriu que um em cada 30 itens está precificado incorretamente (*Price check II: a follow-up report on the accuracy of checkout scanner prices*, 16 dez. 1998). Suponha que a FTC aleatoriamente selecione cinco itens em uma loja de varejo e teste a precisão do preço de scanner em cada um. Considere x o número dos cinco itens que estão precificados incorretamente.
   a. Mostre que x é (aproximadamente) uma variável aleatória binomial.
   b. Use a informação do estudo do FTC para estimar p para o experimento binomial.
   c. Qual a probabilidade de que exatamente um em cinco itens seja precificado incorretamente pelo scanner?
   d. Qual a probabilidade de que pelo menos um em cinco itens seja precificado incorretamente pelo scanner?
   ***e.** Suponha que 10.000 itens do supermercado sejam escaneados. Qual a probabilidade aproximada de que você observe pelo menos 100 itens com preços incorretos?
   ***f.** Suponha que 100 itens sejam escaneados e que você esteja interessado na probabilidade de que menos de cinco sejam incorretamente precificados. Explique por que o método aproximado do item **a** pode não gerar uma estimativa precisa da probabilidade.

4.181 Uso de gás hilariante por dentistas. De acordo com a Associação Dental Americana, 60% de todos os dentistas usam óxido nitroso em sua prática (*New York Times*, 20 jun. 1995). Se x é igual ao número de dentistas em uma amostra aleatória de cinco dentistas que usam gás hilariante em sua prática, então a distribuição de probabilidade de x é:

x	0	1	2	3	4	5
$p(x)$	0,0102	0,0768	0,2304	0,3456	0,2592	0,0778

   a. Verifique que as probabilidades de x somem 1.
   b. Encontre $P(x = 4)$
   c. Encontre $P(x < 2)$
   d. Encontre $P(x \geq 3)$
   e. Encontre $\mu = E(x)$ e interprete de forma prática esse resultado.

4.182 Análise de 'não-acertos' no baseball. No baseball, um *não-acerto* é uma série de nove rodadas nos quais o rebatedor não consegue nenhum acerto nos lançamentos do oponente. *Chance* (verão, 1994) realizou um estudo de não-acertos na Major League Baseball (MLB). A análise inicial foi focada no número total de acertos por jogo por time para nove turnos em jogos da MLB. A distribuição de acertos em nove turnos é aproximadamente normal, com média 8,72 e desvio-padrão 1,10.
   a. Qual a porcentagem de nove turnos em jogos da MLB que resultou em menos de seis acertos?
   b. Demonstre, estatisticamente, por que um não-acerto é considerado uma ocorrência extremamente rara na MLB.

***4.183 Reembolso a funcionários.** Uma empresa descobriu que reembolsos mensais a seus funcionários, x, poderiam ser adequadamente modelados por uma distribuição uniforme sobre o intervalo US\$ $10.000 \leq x \leq$ US\$ 15.000.
   a. Encontre $E(x)$ e o interprete no contexto do exercício.
   b. Qual a probabilidade de que reembolsos a empregados excedam US\$ 12.000 no próximo mês?
   c. Para fins de orçamento, ela necessita estimar as despesas com reembolso dos empregados para o próximo mês. Quanto ela deveria lançar no orçamento para reembolsos de empregados, se quer que a probabilidade de exceder a quantia orçada seja de apenas 0,20?

***4.184 Chegadas a um caixa de banco.** O número x de pessoas que chegam a um caixa em um banco durante um período específico de tempo exibe uma distribuição de probabilidade de Poisson com taxa média de chegada λ. Suponha que você estime que o número médio de chegadas por minutos para serviços de caixa em um banco é de uma pessoa por minuto (isto é, $\lambda = 1$).
   a. Qual a probabilidade de que em dado minuto o número de chegadas seja igual a três?
   b. Qual a probabilidade de que o número de chegadas exceda dois por minuto?

4.185 Avaliando o desempenho de um elevador. Uma medida de desempenho de um elevador é o tempo de ciclo — o tempo entre sucessivas partidas do elevador. A *Simulation* (out. 1993) publicou um estudo sobre o uso de um simulador computadorizado para estimar os tempos de ciclo de um elevador. O simulador produziu um tempo de ciclo médio μ de 26 segundos quando a intensidade de tráfego foi definida em 50 pessoas a cada 5 minutos. Considere uma amostra de 200 corridas simuladas do elevador e $\bar{x}$ o tempo médio de ciclo dessa amostra.
   a. O que você sabe sobre a distribuição de x, o tempo entre partidas sucessivas do elevador? (Dê o valor da média e o desvio-padrão de x e o formato da distribuição, se possível.)
   b. O que você sabe sobre a distribuição de $\bar{x}$? (Dê o valor da média e o desvio-padrão de $\bar{x}$ e o formato da distribuição, se possível.)
   c. Presuma que σ, o desvio-padrão do tempo de ciclo x, é de 20 segundos. Use essa informação para calcular $P(\bar{x} > 26,8)$.
   d. Repita o item **c**, mas presuma que $\sigma = 10$.

Aplicação dos conceitos — Intermediário

4.186 Abuso de substâncias em local de trabalho. Um estudo conduzido em New Jersey pelo Conselho do Governo para um Local de Trabalho Livre de Drogas concluiu que 70% dos negócios de New Jersey têm empregados cujo desempenho é afetado por drogas e/ou álcool. Nesses negócios, foi estimado que 8,5% de sua força de trabalho tem problemas com álcool e 5,2% tem problemas com drogas (relatório *The Governor's Council for a Drug-Free Workplace*, primavera/verão, 1995).
   a. Em uma empresa de New Jersey que sabe que possui problemas de desempenho causados pelo abuso de substâncias, de 1.000 empregados, aproximadamente quantos têm problemas com drogas?
   b. Na empresa do item a, se 10 empregados são aleatoriamente selecionados para formar um comitê para lidar com problemas de abuso de álcool, qual a probabilidade de que pelo menos um membro do comitê abuse de álcool? E de que exatamente dois membros do comitê abusem de álcool?
   c. Que premissas você adotou para responder ao item b usando a metodologia desta seção?

4.187 Expectativas da geração X quanto ao futuro. Retome o estudo da New Jersey Chamber of Commerce/Rutgers Business School/Arthur Anderson sobre as expectativas dos membros da geração X sobre suas futuras carreiras, Exercício 2.78. Lembre-se de que um total de 590 pessoas pertencentes à geração X responderam à questão: "Qual o número máximo de anos que você espera passar com um empregador?" A resposta média foi 18,2 anos, com um desvio-padrão de 10,64 anos. Demonstre por que a distribuição de anos para todos os membros da geração X que responderam é pouco provável de ser normalmente distribuída.

4.188 Demanda estimada para pão branco. Um padaria determinou que o número de pães brancos demandados diariamente tem uma distribuição normal, com média de 7.200 pães e desvio-padrão de 300. Com base em considerações de custos, a empresa decidiu que sua melhor estratégia seria produzir um número suficiente de pães de forma a suprir completamente a demanda em 94% dos dias.
   a. Quantos pães a empresa deveria produzir?
   b. Com base na produção do item a, em qual porcentagem de dias a empresa seria deixada com mais de 500 pães não vendidos?

*4.189 Milhões de trabalhadores que moram no subúrbio acham os trens uma alternativa conveniente, econômica em termos de tempo e menos estressante do que o automóvel. Enquanto geralmente o trem é percebido como um modo seguro de transporte, o número médio de mortes em acidentes ferroviários semanais é surpreendentemente alto: 20 (U.S. National Center for Health Statistics, *Vital statistics of the United States*, 2001).
   a. Construa argumentos a favor e contra o uso da distribuição de Poisson para caracterizar o número de mortes por semana devido a acidentes ferroviários.
   b. Para esse exercício, presuma que a distribuição de Poisson é uma aproximação adequada para x, o número de mortes por semana devido a acidentes ferroviários. Encontre $E(x)$ e o desvio-padrão de x.
   c. Com base estritamente em suas respostas do item b, é provável que apenas quatro ou menos mortes ocorram na próxima semana? Explique.
   d. Encontre $P(x \leq 4)$. Essa probabilidade é consistente com suas respostas no item c? Explique.

4.190 Falhas ambientais de empresas do Arkansas. Releia o estudo das 38 empresas do Arkansas que foram penalizadas por violar uma ou mais leis ambientais, Exercício 2.27. As penas dessas companhias estão salvas no arquivo **CLEANAIR**. Determine se as penas financeiras são aproximadamente e normalmente distribuídas.

4.191 Tempo de falência. Busque o estudo do *Financial Management* (primavera, 1995) sobre 49 empresas que foram enquadradas em falência, Exercício 2.30. O tempo em falência (medido em meses) para cada empresa está salvo no arquivo **BANKRUPT**. Determine se os tempos de falência são aproximadamente e normalmente distribuídos.

4.192 Comparando estudantes tradicionais e não tradicionais em faculdades. O *College Student Journal* (dez. 1992) investigou as diferenças entre estudantes tradicionais e não tradicionais, em que estudantes não tradicionais são geralmente distribuídos como aqueles com 25 anos ou mais e estão trabalhando em tempo integral ou parcial. Com base nos resultados do estudo, podemos presumir que a média da população e o desvio-padrão para o GPA de todos os estudantes não tradicionais são $\mu = 3,5$ e $\sigma = 0,5$. Suponha que uma amostra aleatória de $n = 100$ estudantes não tradicionais seja selecionada a partir da população de todos os estudantes não tradicionais, e que o coeficiente de rendimento de cada aluno seja determinado. Então $\bar{x}$, a média da amostra, será aproximadamente e normalmente distribuída (por causa do teorema do limite central).
   a. Calcule $\mu_{\bar{x}}$ e $\sigma_{\bar{x}}$.
   b. Qual a probabilidade aproximada de que uma amostra de estudantes não tradicionais tenha um coeficiente de rendimento médio entre 3,40 e 3,60?
   c. Qual a probabilidade aproximada de que uma amostra de 100 estudantes não tradicionais tenha um coeficiente de rendimento médio que exceda 3,62?
   d. Como a distribuição amostral de $\bar{x}$ mudaria se o tamanho da amostra n fosse dobrado de 100 para 200? Como suas respostas aos itens b e c mudam quando o tamanho da amostra é dobrado?

4.193 Erros na medição de pesos de caminhões. Para ajudar planejadores de estradas a antecipar a necessidade de reparo e realizar futuros projetos de construção, dados são coletados sobre o volume estimado e o peso do tráfego de caminhões em estradas específicas (*Transportation Planning Handbook*, 1992) usando equipamentos especializados para medir 'peso em movimento'. Em um experimento realizado pelo Departamento de Transporte de Minnesota (MDT) envolvendo pesagem repetida de um caminhão de 27.907 libras, foi verificado que os pesos registrados pelo equipamento eram aproximadamente e normalmente distribuídos com média 27.315 e desvio-padrão de 628 libras (Minnesota Department of Transportation). A diferença entre o peso real e o peso registrado, o erro de medição, é normalmente distribuída, com média de 592 libras e desvio-padrão de 628 libras.

a. Qual a probabilidade de que o equipamento de medição de peso em movimento subestime o peso real do caminhão?
b. Se um caminhão de 27.907 libras foi conduzido pelo equipamento 100 vezes, aproximadamente quantas vezes o equipamento superestimaria o peso do caminhão?
c. Qual a probabilidade de que um erro no peso registrado pelo equipamento para um caminhão de 27.907 libras exceda 400 libras?
d. É possível ajustar (ou calibrar) o equipamento para controlar o erro médio da medição. A que nível o erro médio deveria ser definido de forma que o equipamento subestimasse o peso de um caminhão de 27.907 libras 50% do tempo? E 40% do tempo?

4.194 Erros no preenchimento de receitas. Um grande número de erros que podem ser previstos (como overdoses, operações mal conduzidas, diagnósticos errados) está sendo cometido por médicos e enfermeiros em hospitais norte-americanos (*New York Times*, 18 jul. 1995). Um estudo sobre um grande hospital metropolitano revelou que, de cada 100 medicações prescritas ou dispensadas, uma foi equivocada, mas apenas 1 em 500 resultou em problemas significativos para o paciente. É sabido que o hospital receita e dispensa 60.000 medicações por ano.

a. Qual o número esperado de erros nesse hospital? E o número de erros significativos por ano?
b. Dentro de quais limites você esperaria que ficasse o número de erros significantes?
c. Que premissas você teve que fazer para responder a essas questões?

4.195 Fraudes delatadas entre trabalhadores federais. O *Journal of Applied Psychology* (v. 71, 1986) relatou os resultados de uma pesquisa extensiva conduzida para determinar a extensão de fraudes delatadas entre empregados federais. *Fraude* delatada se refere a um empregado relatando um ato errôneo de colegas de trabalho. A pesquisa verificou que cerca de 5% dos empregados contatados reportaram atos errôneos durante os últimos 12 meses. Assuma que a amostra de 25 empregados em uma agência seja contatada e seja x o número daqueles que observaram e relataram atos errôneos nos últimos 12 meses. Presuma que a probabilidade de delação seja 0,05 para qualquer empregado federal nos últimos 12 meses.

a. Encontre a média e o desvio-padrão de x. Pode x ser igual ao seu valor esperado? Explique.
b. Escreva o evento de que pelo menos cinco dos empregados sejam delatores em termos de x. Encontre a probabilidade do evento.
c. Se 5 dos 25 contatados tiverem sido delatores nos últimos 12 meses, o que você concluiria sobre a aplicabilidade da premissa de 5% dessa agência? Use sua resposta do item **b** para justificar sua conclusão.

4.196 Um fabricante produz coletes de segurança para atiradores competitivos. Essas roupas são classificadas por força mínima, em newtons, que permite que uma arma atravesse a roupa. Quando esse processo está funcionando corretamente, ele produz roupas que têm taxas com uma média de 840 newtons e desvio-padrão de 15 newtons. O FIE, o órgão governamental para segurança, requer que os coletes sejam classificados a um mínimo de 800 newtons. Para checar se o processo está operando corretamente, uma gerente pega uma amostra de 50 coletes do processo, classifica-os e calcula $\bar{x}$, a classificação média para coletes na amostra. Ela presume que o desvio-padrão do processo é fixo, mas está preocupada com o fato de que a classificação média do processo pode ter mudado.

a. Qual a distribuição amostral de $\bar{x}$ se o processo estiver funcionando corretamente?
b. Suponha que a amostra da gerente tenha uma taxa média de 830 newtons. Qual a probabilidade de encontrar um $\bar{x}$ de 830 newtons ou menos se o processo estiver funcionando corretamente?
c. Dada a premissa da gerência de que o desvio-padrão do processo é fixo, o que a sua resposta ao item **b** sugere sobre o atual estado do processo (isto é, parece que a média da classificação dos coletes ainda é de 840 newtons)?
d. Agora suponha que a média do processo não tenha mudado, mas que o desvio-padrão tenha aumentado de 15 para 45 newtons. Qual a distribuição amostral de $\bar{x}$ nesse caso? Qual a probabilidade de que seja encontrado um $\bar{x}$ de 830 newtons ou menos quando $\bar{x}$ tem essa distribuição?

4.197 Quantos questionários enviar? A probabilidade de que um consumidor responda a um questionário enviado pelo departamento de marketing via correio é de 0,4. Quantos questionários devem ser enviados se você quer ter considerável certeza de que pelo menos 100 retornarão?

Aplicação dos conceitos — Avançado

4.198 Estabelecendo limites de tolerância. Os *limites de tolerância* para uma característica de qualidade em particular (como comprimento, peso ou força) de um produto são os valores mínimos e/ou máximos aos quais o produto opera adequadamente. Limites de tolerância são definidos pela função de engenharia de design de uma operação de manufatura (Moss, *Applying TQM to product design and development*, 1996). A força de tensão de uma peça de metal em particular pode ser caracterizada como sendo normalmente distribuída, com média de 25 libras e desvio-padrão de 2 libras. Os limites de tolerância superior e inferior para a peça são 30 libras e 21 libras, respectivamente. Uma peça que fique dentro dos limites de tolerância resulta em lucro de US$ 10. Uma parte que fique abaixo do limite inferior de tolerância custa US$ 2 à empresa; uma parte que fique sobre o limite superior de tolerância custa US$ 1 à empresa. Encontre o lucro esperado da empresa por peça de metal produzida.

*4.199 Decisão de compra. Um construtor decidiu comprar uma carga de alumínio rejeitado por uma fábrica se o número médio de falhas por peça, em uma amostra de tamanho 35 de uma pilha de rejeitos de uma fábrica, for de 2,1 ou menos. Se for sabido que o número de falhas por peça em uma pilha de rejeitos tem uma distribuição de probabilidade de Poisson com média 2,5, encontre a probabilidade aproximada de que o construtor não compre a carga.

Desafios críticos de pensamento

4.200 Operação reversa com cocaína. A *American Statistician* (maio 1991) descreveu uma aplicação interessante de distribuição de probabilidades em um caso envolvendo drogas ilegais. Durante uma apreensão de drogas, a polícia encontrou 496 pacotes de uma substância branca, em pó, que parecia ser cocaína. O laboratório da polícia selecionou aleatoriamente quatro pacotes e descobriu que todos os quatro deram positivo para cocaína. Essa descoberta levou à condenação dos traficantes de drogas. Seguindo a condenação, a polícia usou dois dos 492 pacotes remanescentes (isto é, aqueles não testados) em uma operação reversa. Os dois pacotes selecionados aleatoriamente foram vendidos por oficiais disfarçados a um comprador que demonstrou evidências antes de ser preso. Há dúvida de que os dois pacotes continham cocaína? Para resolver o dilema, presuma que, dos 496 pacotes originais confiscados, 331 continham cocaína genuína e 165, um pó (legal) inerte. (Um estatístico, contratado como testemunha expert, mostrou que a chance de o acusado ser considerado não culpado é maximizada quando 331 pacotes contêm cocaína e 165 não.) [Pista: Primeiramente, encontre a probabilidade de que os quatro pacotes aleatoriamente selecionados dos 496 originais testarão positivo para cocaína. Depois, encontre a probabilidade de que os dois pacotes vendidos na operação reversa não contenham cocaína. Finalmente, encontre a probabilidade de que ambos os eventos ocorram (isto é, que os primeiros quatro pacotes selecionados testem positivo para cocaína, mas os outros dois, não). Em cada um dos cálculos de probabilidade, aplique a distribuição de probabilidade binomial para aproximar as probabilidades.]

4.201 A pílula de insônia. Uma pesquisa publicada na *Proceedings of the National Academy of Sciences* (mar. 1994) trouxe notícias encorajadoras para pessoas que sofrem de insônia e viajantes de negócios internacionais que sofrem de *jet lag*. Neurocientistas do Instituto de Tecnologia de Massachusetts (MIT) têm experimentado a melatonina — um hormônio da glândula pineal no cérebro — como um hormônio indutor de sono. Uma vez que o hormônio é naturalmente produzido, ele não é viciante. Os pesquisadores acreditam que a melatonina possa ser efetiva para tratar *jet lag*. No estudo do MIT, foram ministradas várias doses de melatonina ou placebo (uma medicação sem efeito, sem conter melatonina) em jovens voluntários do sexo masculino. Então, foram colocados em um quarto escuro ao meio-dia e foi-lhes recomendado que fechassem os olhos por 30 minutos. A variável de interesse foi o tempo (em minutos) gasto antes que cada voluntário pegasse no sono.

Agora, considere uma amostra aleatória de 40 jovens homens, a cada um dos quais é dada uma dosagem do hormônio indutor do sono, a melatonina. O tempo (em minutos) para pegar no sono para esses 40 homens está listado na tabela abaixo e salvo no arquivo **INSOMNIA**. Os pesquisadores sabem que com o placebo (isto é, sem hormônio) o tempo médio de dormir é $\mu = 15$ minutos e o desvio-padrão é $\sigma = 10$ minutos. Eles querem usar os dados para fazer uma inferência sobre o real valor de μ para aqueles que tomam a melatonina. A melatonina é uma droga efetiva contra a insônia?

7,6	2,1	1,4	1,5	3,6	17,0	14,9	4,4	4,7	20,1
7,7	2,4	8,1	1,5	10,3	1,3	3,7	2,5	3,4	10,7
2,9	1,5	15,9	3,0	1,9	8,5	6,1	4,5	2,2	2,6
7,0	6,4	2,8	2,8	22,8	1,5	4,6	2,0	6,3	3,2

[*Nota*: Estes dados são tempos de sono simulados baseados na informação resumida dada pelo estudo do MIT.]

Referências bibliográficas

DEMING, W. E. *Out of the crisis*. Cambridge, Mass.: MIT Center for Advanced Engineering Study, 1986.

HOGG, R. V.; CRAIG, A. T. *Introduction to mathematical statistics*, 5. ed. Upper Saddle River, NJ: Prentice Hall, 1995.

LARSEN, R. J.; MARX, M. L. *An introduction to mathematical statistics and its applications*. 3. ed. Upper Saddle River, NJ: Prentice Hall, 2001.

LINDGREN, B. W. *Statistical theory*. 3. ed. Nova York: Macmillan, 1976.

RAMSEY, P. P.; RAMSEY, P. H. "Simple tests of normality in small samples." *Journal of Quality Technology*, vol. 22, 1990.

WACKERLY, D.; MENDENHALL, W.; SCHEAFFER, R. *Mathematical statistics with applications*. 6. ed. North Scituate, Mass.: Duxbury, 2002.

Uso da tecnologia

Probabilidades binomiais, probabilidades normais e distribuições amostrais simuladas usando o SPSS

Probabilidades binomiais

Para obter probabilidades binomiais usando o SPSS, clique no botão 'Transform' na barra de menu do SPSS, então clique em 'Compute', como mostrado na Figura 4.S.1. A caixa de diálogo resultante aparece como mostrado na Figura 4.S.2. Especifique um nome para a 'Target variable' (por exemplo, o nome da probabilidade que você quer encontrar), então selecione a função de probabilidade apropriada no quadro 'Numeric expression'. O SPSS permite que você calcule as probabilidades cumulativas ou as probabilidades de valores exatos. Para probabilidades cumulativas da binomial, use a função CDF.BINOM. Para probabilidades binomiais exatas, use a função PDF.BINOM. Você precisará entrar com os parâmetros para cada distribuição que selecionou.

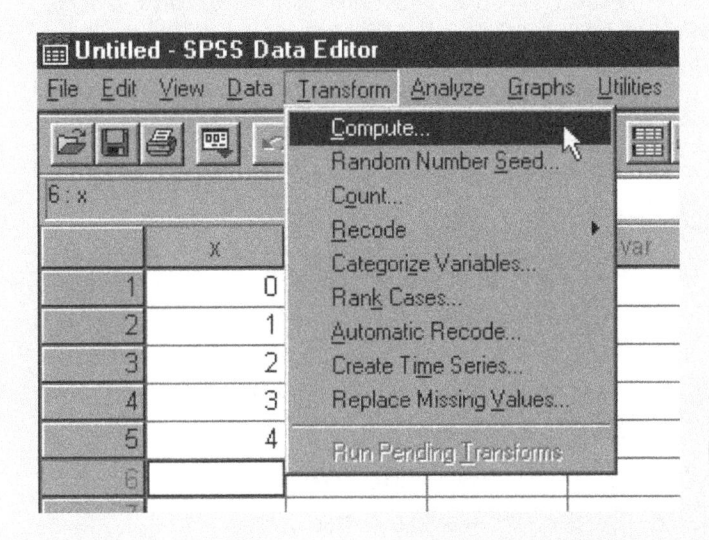

FIGURA 4.S.1 Opções de menu do SPSS para a obtenção de probabilidades

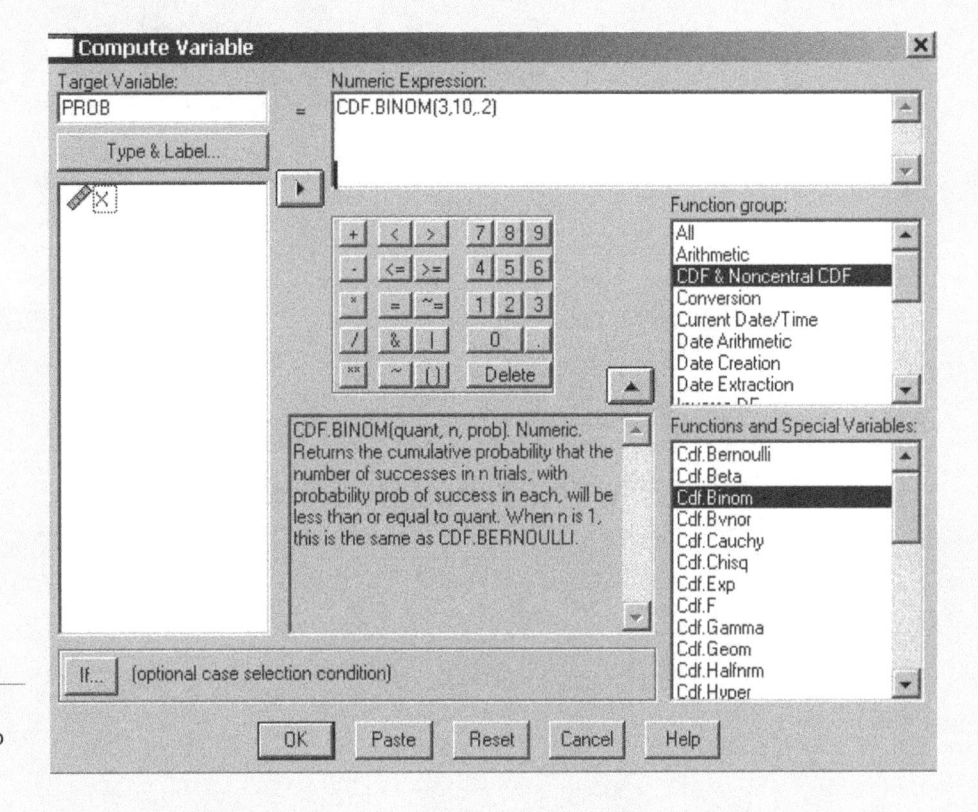

FIGURA 4.S.2 Caixa de diálogo da variável de cálculo do SPSS

Por exemplo, a Figura 4.S.2 mostra a função binomial cumulativa com parâmetros de $x = 3$ (o primeiro número da função), $n = 10$ (o segundo número) e $p = 0,2$ (o terceiro número). Quando você clica 'OK', o SPSS calcula a probabilidade requisitada (neste exemplo, a probabilidade binomial cumulativa de que x seja menor ou igual a 3) e a mostra na planilha do SPSS.

Probabilidade normal

Para obter probabilidades cumulativas para a variável aleatória normal usando o SPSS, clique no botão 'Transform' na barra de menu do SPSS, então clique em 'Compute'. A caixa de diálogo resultante aparece como mostrado na Figura 4.S.3. Especifique um nome para a 'Target variable' (por exemplo, o nome da probabilidade que você quer encontrar), então selecione a função probabilidade apropriada na caixa 'Numeric expression'. Para probabilidades cumulativas das distribuições normais, use a função CDF.

NORMAL. Você precisará inserir os parâmetros de cada distribuição que selecionar. Por exemplo, a Figura 4.S.3 mostra a função normal cumulativa com os parâmetros de $x = 3,7$ (primeiro número da função), $\mu = 5$ (segundo número) e $\sigma = 2$ (terceiro número). Quando você clica 'OK', o SPSS calcula a probabilidade requisitada (neste exemplo, a probabilidade normal cumulativa de que x seja menor que 3,7) e a mostra na planilha do SPSS.

Gráfico de probabilidade normal

Para obter um gráfico de probabilidade normal usando o SPSS, clique no botão 'Graphs' na barra de menu do SPSS, então clique em 'Q-Q', como mostrado na Figura 4.S.4. A caixa de diálogo resultante aparece como mostrado na Figura 4.S.5. Especifique a variável de interesse na caixa 'Variables', selecione 'Normal' na caixa 'Test distribution', então clique 'OK' para gerar o gráfico de probabilidade normal.

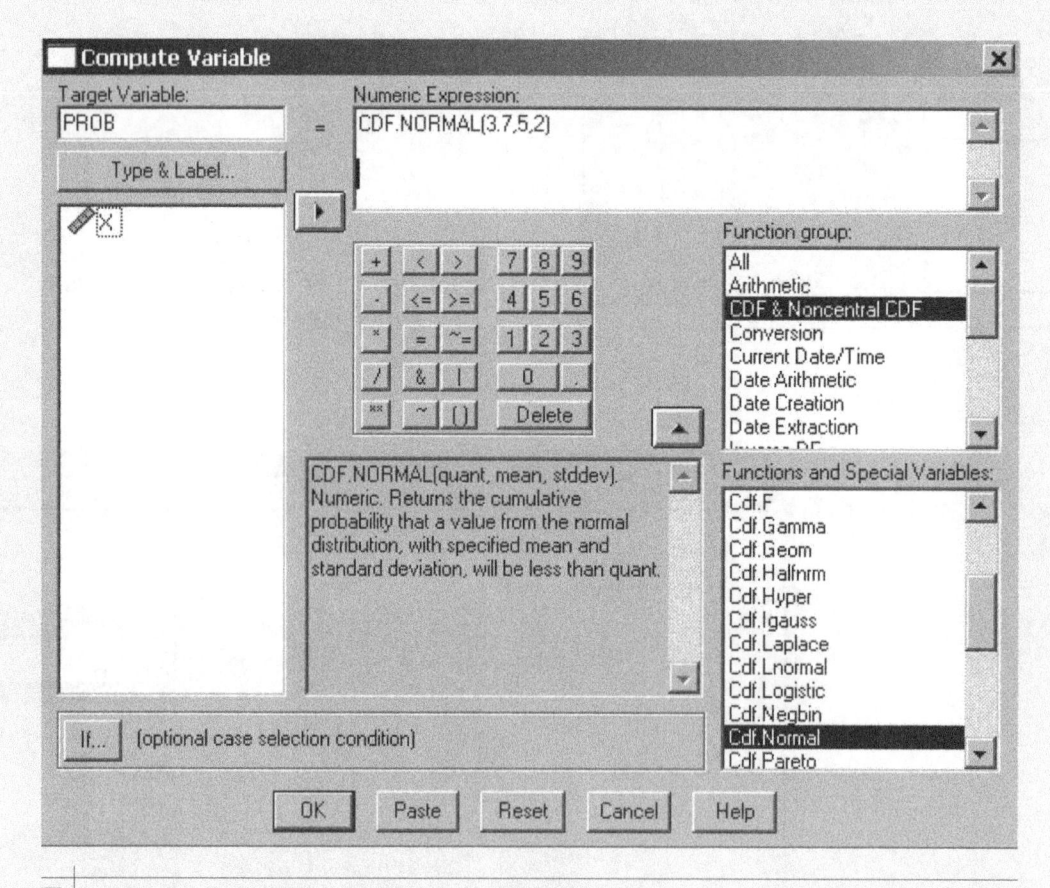

FIGURA 4.S.3 Caixa de diálogo da variável de cálculo do SPSS

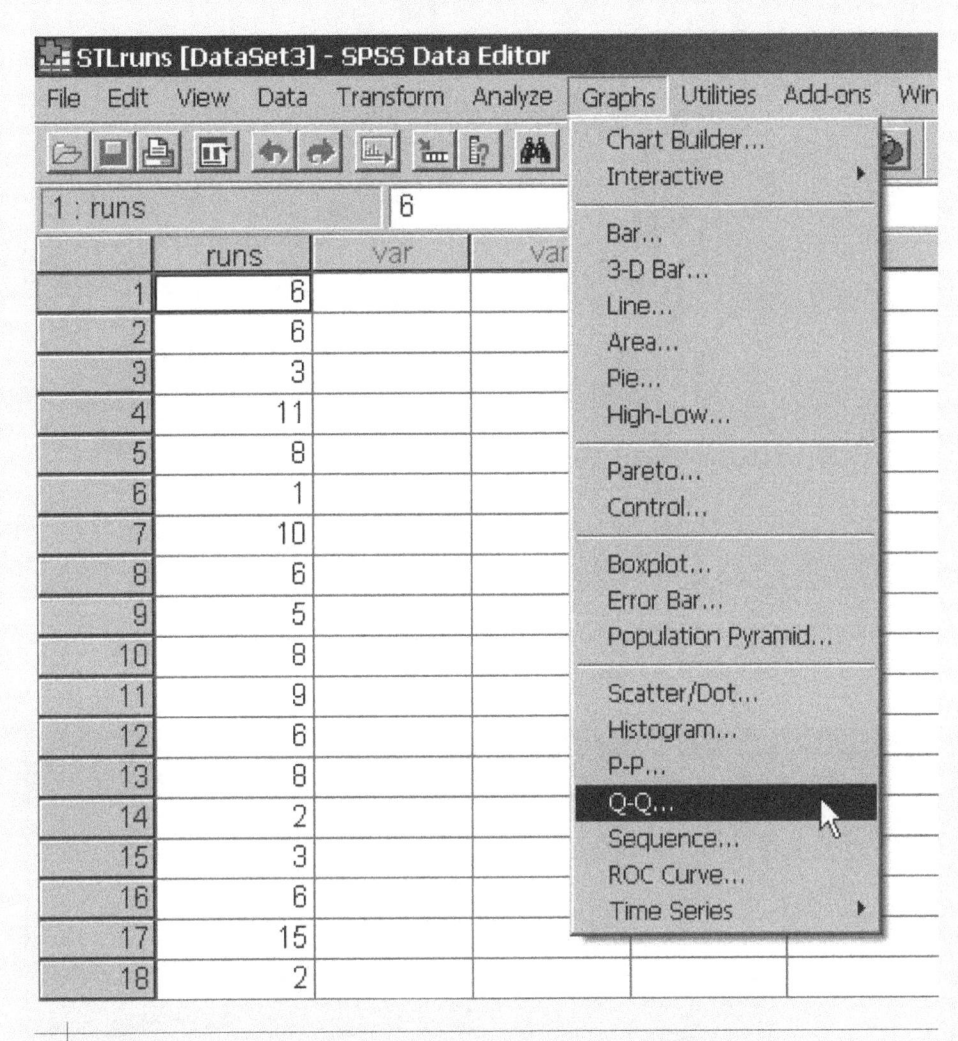

FIGURE 4.S.4 Opções do SPSS para obter um gráfico de probabilidade normal

Distribuições amostrais

Gerar distribuições amostrais com o SPSS não é um processo simples. Consulte o guia do usuário do SPSS para ajuda com essa função.

Probabilidades binomiais, probabilidades normais e distribuições amostrais simuladas usando o MINITAB

Probabilidades binomiais

Para obter probabilidades binomiais usando o MINITAB, primeiramente insira os valores de x para cada uma das probabilidades desejadas em uma coluna (por exemplo, C1) na planilha de trabalho do MINITAB. Agora clique no botão 'Calc' na barra de menus do MINITAB, clique em 'Probability distributions' e então finalmente clique na distribuição de sua escolha (por exemplo,'Binomial'), como mostrado na Figura 4.M.1. A caixa de diálogo resultante aparece como mostrado na Figura 4.M.2. Selecione ou 'Probabilities' ou 'Cumulative probabilities', especifique os parâmetros da distribuição (por exemplo, tamanho da amostra n e probabilidade de sucesso p), e entre com 'C1' na 'Input column'. Quando você clicar 'OK', as probabilidades binomiais para os valores de x (salvas em C1) aparecerão na planilha de trabalho do MINITAB.

Probabilidades normais

Para obter probabilidades cumulativas para a variável aleatória normal usando o MINITAB, clique no botão 'Calc' na barra de menus do MINITAB, clique em 'Probability distributions', e então clique na distribuição de sua escolha (por exemplo, 'Normal'), como mostrado na Figura 4.M.1. A caixa de diálogo resultante aparece como mostrado na Figura 4.M.3. Selecione 'Cumulative probability', especifique os parâmetros da distribuição (por exemplo, a média μ e o desvio-padrão σ) e insira o valor de x na caixa 'Input constant'. Quando você clicar 'OK', a probabilidade normal cumulativa para o valor de x aparecerá na janela da sessão do MINITAB.

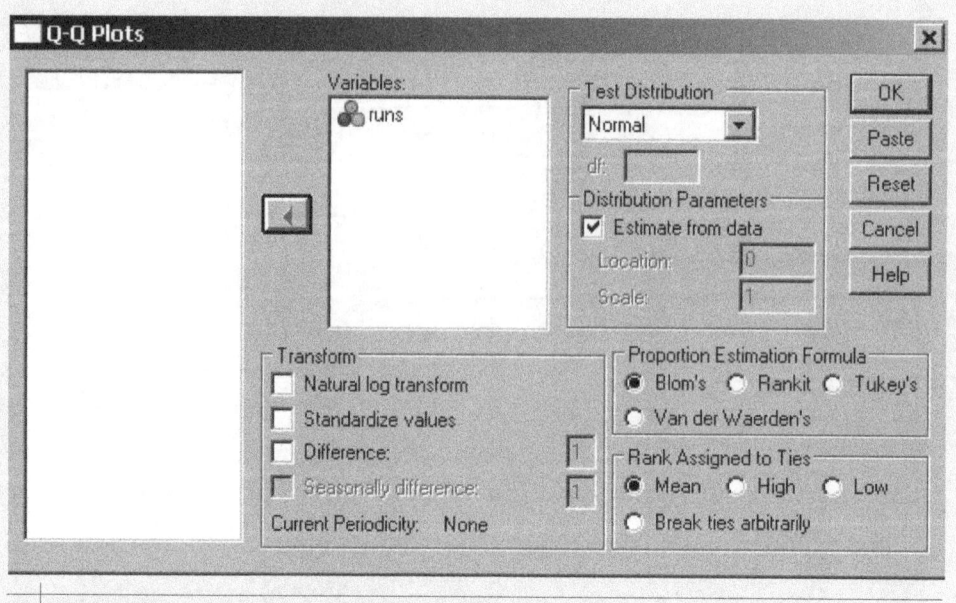

FIGURA 4.S.5 Caixa de diálogo do gráfico de probabilidade normal do SPSS

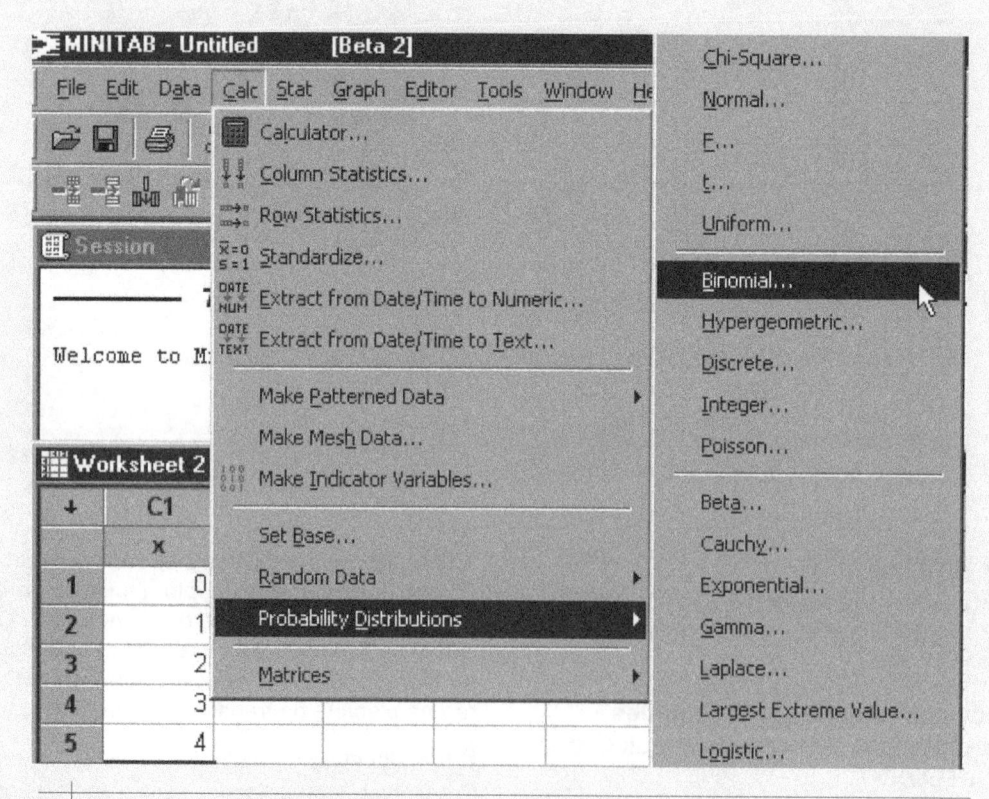

FIGURA 4.M.1 Opções do menu MINITAB para a obtenção de probabilidades

Gráfico de distribuição normal

Para obter um gráfico de distribuição normal usando o MINITAB, clique no botão 'Graph' na barra de menu do MINITAB, então clique em 'Probability plot', como mostrado na Figura 4.M.4. Selecione 'Single' (para uma variável) na próxima caixa, e a caixa de diálogo aparecerá como mostrado na Figura 4.M.5. Especifique a variável de interesse na caixa 'Graph variables', então clique no botão 'Distribution' e selecione a opção 'Normal'. Clique 'OK' para retornar para a caixa de diálogo do gráfico de probabilidade, então clique 'OK' para gerar o gráfico de probabilidade normal.

FIGURA 4.M.2 Caixa de diálogo da distribuição binomial do MINITAB

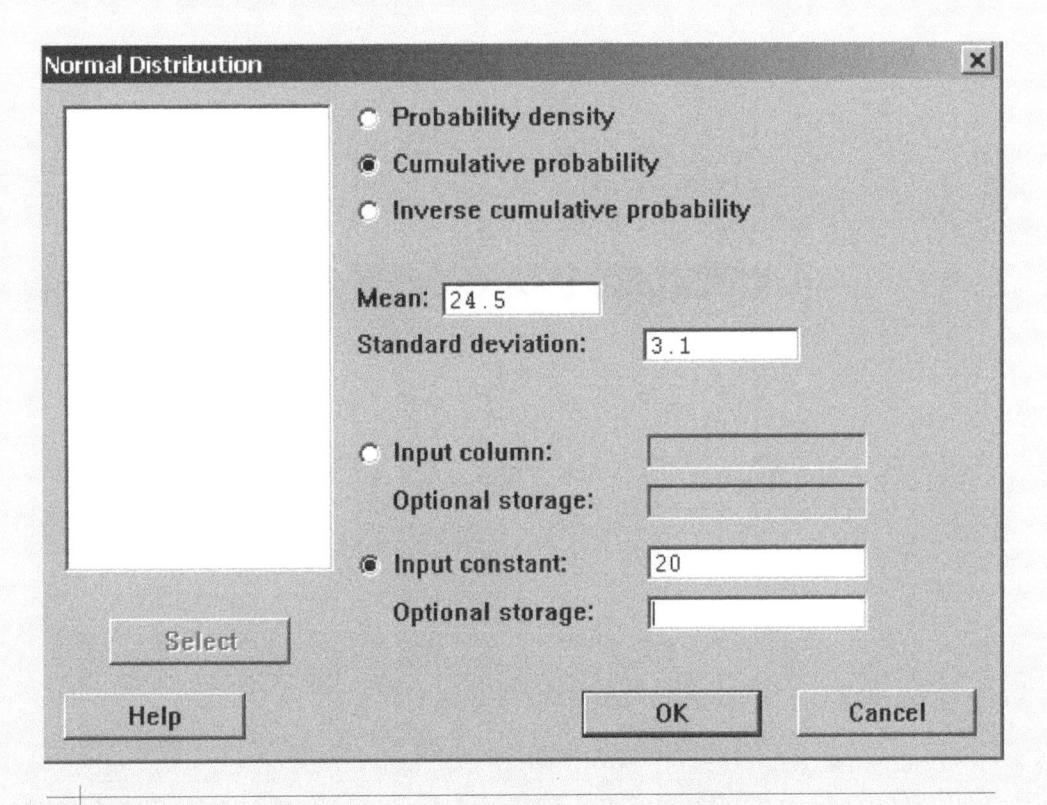

FIGURA 4.M.3 Caixa de diálogo da distribuição normal do MINITAB

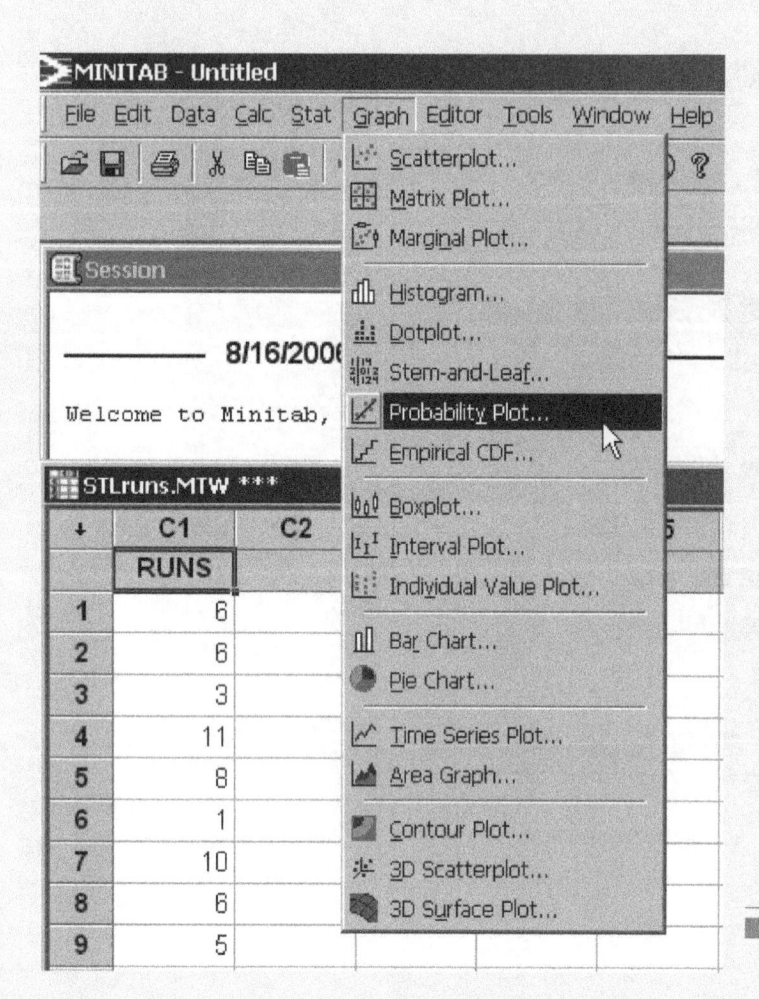

FIGURA 4.M.4 Opções do MINITAB para o gráfico de probabilidade normal

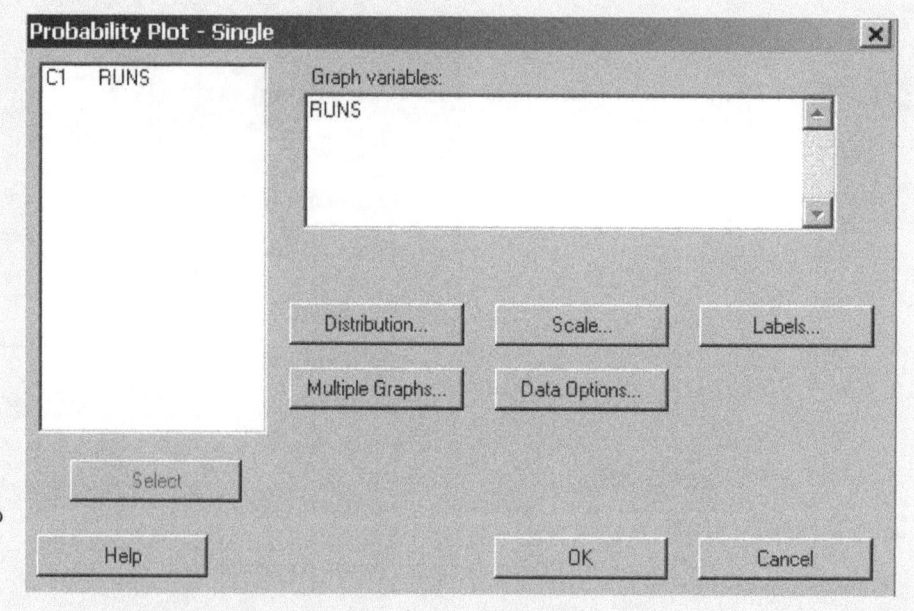

FIGURA 4.M.5 Caixa de diálogo do gráfico de probabilidade do MINITAB

Distribuições amostrais

Para gerar uma distribuição amostral para uma estatística amostral usando o MINITAB, clique no botão 'Calc' na barra de menu do MINITAB, clique em 'Random data', então clique na distribuição de sua escolha (por exemplo, 'Uniforme'). Uma caixa de diálogo similar à mostrada (a distribuição uniforme) na Figura 4.M.6 aparecerá. Especifique o número de amostras (por exemplo, 1.000) para gerar na caixa 'Generate... rows of data' e as colunas onde os dados serão armazenadas na caixa 'Store in columns'. (O número de colunas será igual ao tamanho da amostra, por exemplo, 40.) Finalmente, especifique os parâmetros da distribuição (por exemplo, a faixa de baixo e de cima da distribuição uniforme). Quando você clica 'OK', os dados simulados aparecem na planilha do MINITAB.

Em seguida, calcule o valor da estatística amostral de interesse para cada amostra. Para fazer isso, clique no botão 'Calc' na barra de menu do MINITAB, então clique em 'Row statistics', como mostrado na Figura 4.M.7. A caixa de diálogo resultante aparece em Figura 4.M.8. Cheque a estatística amostral (por exemplo, a média) que você quer calcular, especifique as 'Input variables' (ou colunas) e a coluna onde você quer que o valor da estatística amostral seja salvo. Clique 'OK' e o valor da estatística para cada amostra aparecerá na planilha de trabalho do MINITAB.

[*Nota*: Use as escolhas do menu do MINITAB mostradas no 'Tutorial de tecnologia do Capítulo 2' para gerar um histograma da distribuição amostral da estatística ou para encontrar a média e a variação da distribuição amostral.]

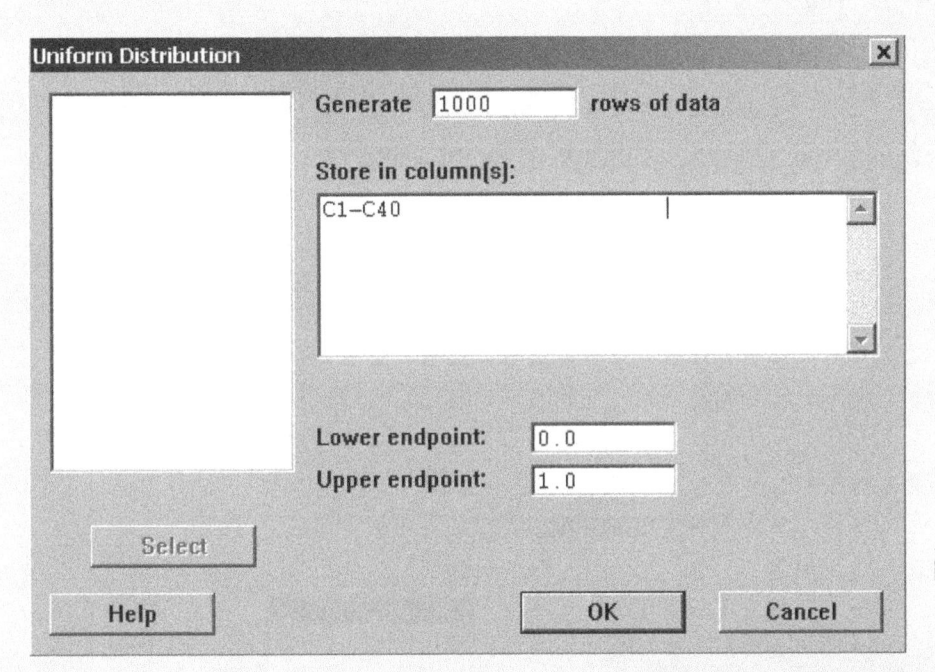

FIGURA 4.M.6 Caixa de diálogo do MINITAB para simulação da distribuição uniforme

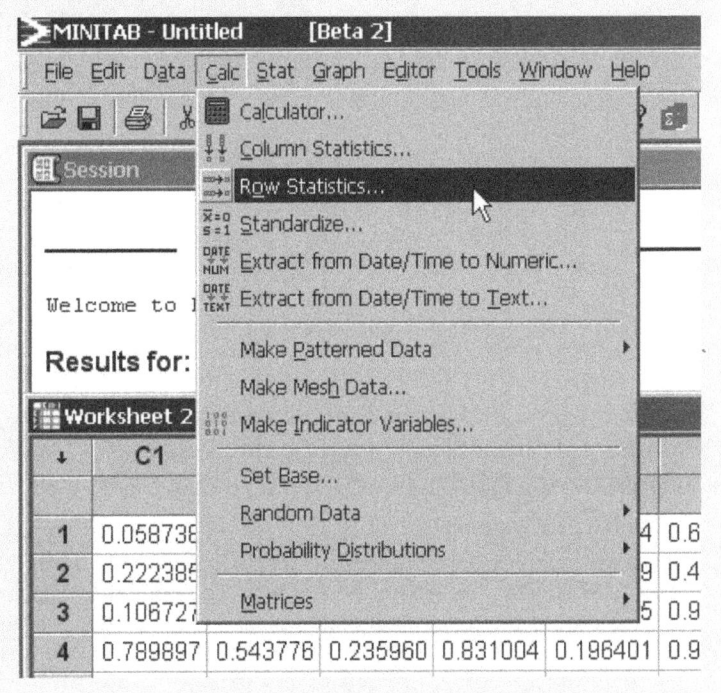

FIGURA 4.M.7 Seleções do MINITAB para geração de estatísticas amostrais para os dados simulados

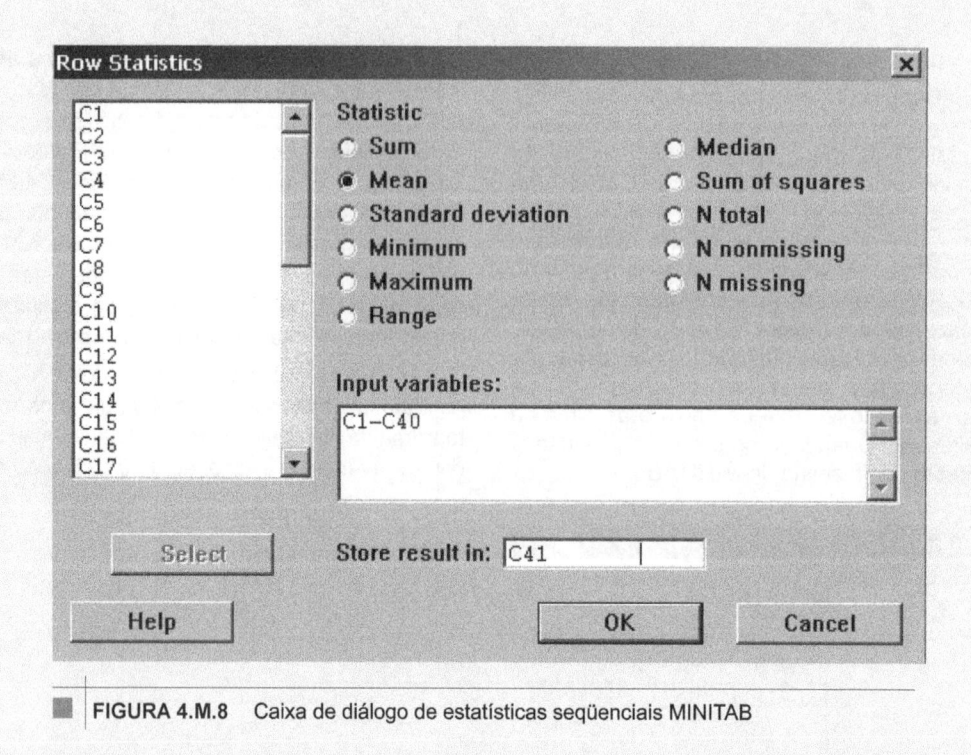

FIGURA 4.M.8 Caixa de diálogo de estatísticas seqüenciais MINITAB

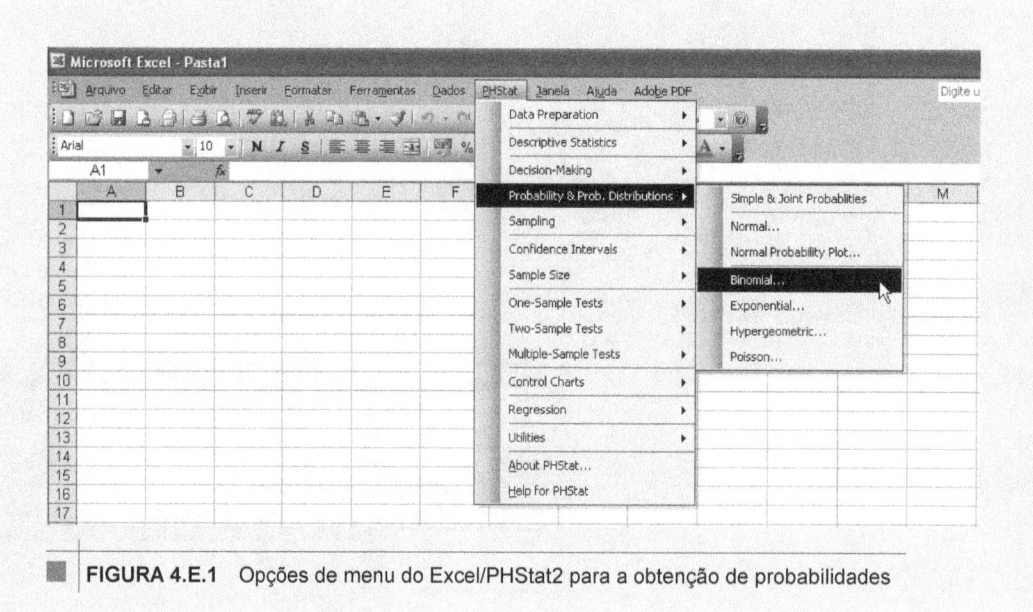

FIGURA 4.E.1 Opções de menu do Excel/PHStat2 para a obtenção de probabilidades

Probabilidades binomiais, probabilidades normais e distribuições amostrais simuladas usando o Excel/PHStat2

Probabilidades binomiais

Para obter probabilidades binomiais usando o Excel, primeiro entre em uma sessão PHStat2. Agora clique no botão 'PHStat2' na barra do menu principal, clique em 'Probability distributions' e, finalmente, clique na distribuição de sua escolha (por exemplo, 'Binomial'), como mostrado na Figura 4.E.1. A caixa de diálogos resultante aparece como mostrado na Figura 4.E.2. Especifique os parâmetros da distribuição (por exemplo, tamanho da amostra n e probabilidade de sucesso p) e dê os valores de x para os quais você quer calcular probabilidades na caixa 'Outcomes from'. Quando você clicar 'OK', as probabilidades binomiais para os valores de x especificados aparecerão em uma nova planilha do Excel.

FIGURA 4.E.2 Caixa de diálogo binomial do Excel/PHStat2

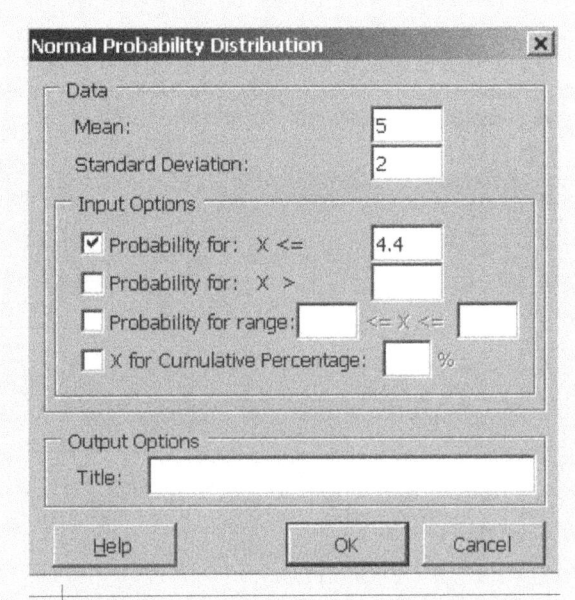

FIGURA 4.E.3 Caixa do diálogo normal do Excel/PHStat2

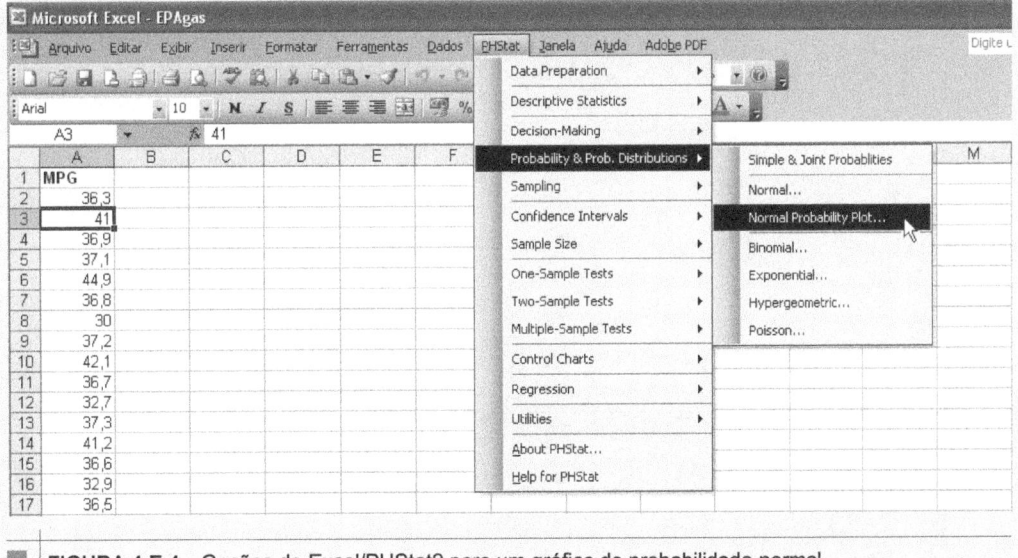

FIGURA 4.E.4 Opções do Excel/PHStat2 para um gráfico de probabilidade normal

Probabilidades normais

Para obter probabilidades cumulativas para a variável aleatória normal usando o Excel, primeiro entre na sessão do PHStat2. Agora, clique no botão 'PHStat2' na barra de menu principal, e então clique em 'Probability distributions", como mostrado na Figura 4.E.1. Então, clique na distribuição de sua escolha (por exemplo, 'Normal'). A caixa de diálogo resultante aparece como mostrado na Figura 4.E.3. Especifique os parâmetros da distribuição (por exemplo, a média μ e o desvio-padrão σ), clique na probabilidade cumulativa que você deseja ($X <=$ ou $X >$) e especifique o valor de x de interesse no quadro. Quando você clicar 'OK', a probabilidade normal cumulativa para o valor de x especificado aparecerá em uma nova planilha Excel.

Gráfico de probabilidade normal

Para obter um gráfico de probabilidade normal, clique no botão 'PHStat' na barra de menu do Excel, selecione 'Probability & Prob. distributions', e então clique em 'Normal probability plot', como mostrado na Figura 4.E.4. A caixa de diálogo aparecerá como mostrado na Figura 4.E.5. Especifique o intervalo das células para a variável de interesse, então clique 'OK' para gerar um gráfico de probabilidade normal.

Distribuições amostrais

Para gerar uma distribuição amostral para a média da amostra usando o Excel, clique no botão 'PHStat' na barra de menu principal, então clique em 'Sampling distributions simulation', como mostrado na Figura 4.E.6. A caixa de diálogo mostrada na Figura 4.E.7 aparecerá. Especifique o número de amostras (por exemplo, 250) a gerar e o tamanho de cada amostra (por exemplo, 30). Finalmente, especifique a distribuição (distribuição uniforme ou normal padronizada) a partir da qual as amostras serão selecionadas. Quando você clicar 'OK', os dados simulados aparecerão em uma nova planilha Excel, assim como as médias para cada amostra e um histograma das médias da amostra.

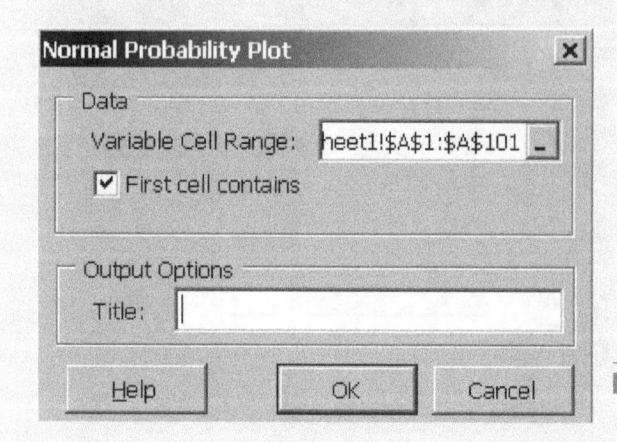

FIGURA 4.E.5 Caixa de diálogo do PHStat2 para gráfico de probabilidade normal

FIGURA 4.E.6 Opções do Excel para simular uma distribuição amostral

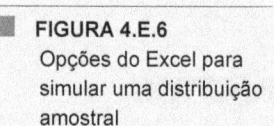

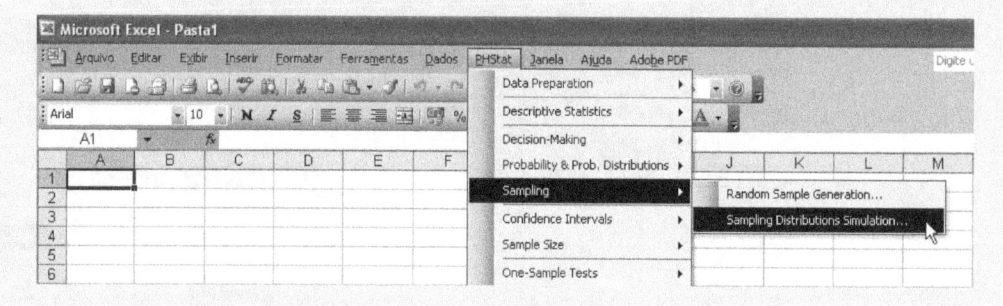

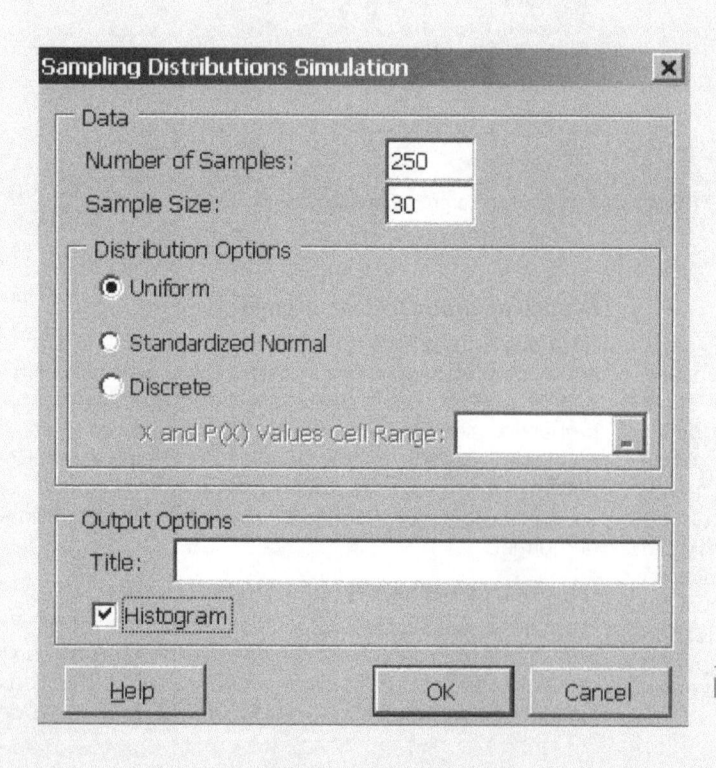

FIGURA 4.E.7 Caixa de diálogo do Excel/PHStat2 para simular a distribuição amostral da média

Caso real

O caso do fogo nos móveis (um caso envolvendo os capítulos 3 a 4)

Um atacadista de móveis estoca itens em um grande depósito localizado em Tampa, na Flórida. No início de 1992, um incêndio destruiu o depósito, todos os móveis ali armazenados. Depois de apurar que o incêndio foi acidental, a empresa buscou recuperar as perdas, enviando um pedido à empresa de seguros. Como é típico nas políticas de seguro contra incêndio desse tipo, a empresa deve dar à seguradora uma estimativa do lucro 'perdido' para os itens destruídos. Os vendedores calculam a margem de lucro de forma percentual usando o fator de lucro bruto (FLB). Por definição, o FLB para um único item é a taxa de lucro sobre o preço de venda do item, medido como porcentagem, isto é:

FLB do item = (Lucro/preço de venda) × 100%

O FLB médio para todos os itens no depósito interessa à empresa e à companhia de seguros. Uma vez que todos os móveis foram destruídos, seus eventuais preços de venda e lucro são, obviamente, desconhecidos. Conseqüentemente, o FLB para todos os itens do depósito é desconhecido.

Uma maneira de estimar o FLB médio dos itens destruídos é usar o FLB médio de itens similares, recentemente vendidos. A empresa vendeu 3.005 itens de mobiliário em 1991 (o ano anterior ao incêndio) e manteve duplicatas de todas as vendas. Mais do que calcular a média do FLB para todos os 3.005 itens (os dados não estavam armazenados em computador), a empresa fez uma amostra de um total de 253 duplicatas de vendas e calculou o FLB para esses itens. Os 253 itens foram obtidos primeiramente selecionando uma amostra de 134 itens e depois aumentando essa amostra com uma segunda amostra de 119 itens. A média de FLBs para as duas subamostras foram calculadas como sendo 50,6% e 51,0%, respectivamente, gerando uma média geral de 50,8% de FLB. Esse FLB médio pode ser aplicado aos custos dos itens de mobiliário destruídos no incêndio para que seja estimado o lucro 'perdido'.

De acordo com a empresa seguradora, o FLB para itens vendidos do tipo dos destruídos no incêndio raramente excede 48%. Conseqüentemente, a estimativa de 50,8% se mostrou incomumente alta. (Um aumento de 1% no FLB para itens desse tipo é igual a aproximadamente um adicional de US$ 16.000 em lucro.) Quando a seguradora questionou a empresa sobre essa questão, ouviu a seguinte resposta: "Nossa estimativa foi baseada em selecionar duas amostras aleatórias independentes da população de 3.005 duplicatas de vendas do ano de 1991. Uma vez que as amostras foram selecionadas aleatoriamente e que o tamanho da amostra total é grande, a estimativa de FLB médio de 50,8% é válida".

Uma disputa surgiu entre o vendedor de móveis e a seguradora, e um processo judicial foi aberto. Em uma parte do processo, a seguradora acusou o vendedor de representar de forma fraudulenta a metodologia de amostragem. Em vez de selecionar amostras aleatoriamente, o vendedor foi acusado de selecionar um número pouco usual de itens de 'alto lucro' a partir da população, de forma a aumentar o FLB médio da amostra.

Para embasar sua alegação de fraude, a seguradora contratou uma firma de contabilidade para estudar de forma independente o fator de lucro bruto de 1991 da empresa. Através da empresa, a firma de contabilidade legalmente obteve as duplicatas de vendas para toda a população de 3.005 itens vendidos e lançou a informação em um computador. O preço de vendas, lucro, margem de lucro e vendas mensais para esses 3.005 móveis está gravado no arquivo **FIRE**, descrito abaixo.

Seu objetivo neste caso é usar esses dados para determinar a possibilidade de fraude. É provável que uma amostra aleatória de 253 itens selecionados a partir da população de 3.005 itens gerasse um FLB médio de pelo menos 50,8%? Ou é provável que as duas amostras aleatórias independentes de tamanho 134 e 119 gerassem média de FLB de pelo menos 50,6% e 51,0%, respectivamente? (Essas foram as duas questões colocadas a um estatístico contratado pela empresa de contabilidade.) Use as idéias de probabilidade e distribuições amostrais para guiar sua análise.

Prepare um documento profissional que apresente os resultados de sua análise e dê sua opinião sobre a fraude. Certifique-se de descrever as premissas e a metodologia usada para chegar às suas descobertas.

Variável	Tipo	Descrição
MÊS	QL	Mês em que o item foi vendido em 1991
DUPLICATA	QN	Número da duplicata
VENDAS	QN	Preço de venda do item em dólares
LUCRO	QN	Tamanho do lucro do item em dólares
MARGEM	QN	Margem de lucro do item = (Lucro/vendas) × 100%

5

INFERÊNCIAS BASEADAS EM UMA ÚNICA AMOSTRA — ESTIMATIVA COM INTERVALOS DE CONFIANÇA

Conteúdo

5.1 Identificando o parâmetro-alvo
5.2 Intervalo de confiança de amostra grande para a média de uma população
5.3 Intervalo de confiança de amostra pequena para a média de uma população
5.4 Intervalo de confiança de amostra grande para a proporção de uma população
5.5 Determinando o tamanho da amostra
5.6 Correção de população finita para uma amostragem aleatória simples (Opcional)
5.7 Projetos de pesquisas com amostras (Opcional)

ESTATÍSTICA EM AÇÃO

VIEIRAS, AMOSTRAGEM E A LEI

Arnold Bennett, professor da Sloan School of Management do Massachusetts Institute of Technology (MIT), descreveu um caso jurídico na revista Interfaces (mar.-abr., 1995) no qual ele serviu como 'perito' em estatística. O caso envolveu um navio que pesca vieiras (mariscos comestíveis) na costa da Nova Inglaterra. Para proteger as vieiras recém-nascidas de serem pescadas, o Serviço Americano de Áreas Pesqueiras e Vida Selvagem exige que *a parte comestível média por vieira pese pelo menos 1/36 de libra*. O navio foi acusado de violar esse padrão de peso. Bennett descreve o cenário:

O navio chegou a um porto de Massachusets com 11.000 sacos de vieiras, dos quais o fiscal portuário selecionou, ao acaso, 18 para pesagem. De cada um desses sacos, seus agentes retiraram uma grande pá cheia de vieiras; então, para estimar a parte comestível média por vieira do saco, dividiram o peso total da parte comestível da pá pelo número de vieiras que continha. Baseado nos 18 [números] então gerados, o fiscal portuário estimou que cada uma das vieiras do navio possuía uma média de 1/39 de libra de parte comestível (isto é, eram cerca de 7% mais leves que o mínimo requerido). Vendo esse resultado como uma evidência conclusiva de que o padrão de peso tinha sido violado, as autoridades federais imediatamente confiscaram 95 por cento do que foi capturado (que depois foi vendido em leilão). A viagem de pesca foi então transformada em uma catástrofe financeira para seus participantes.

Bennett forneceu, no artigo, as medidas de peso estimadas (em libras) para cada um dos 18 sacos amostrados. Esses dados estão disponíveis no arquivo chamado **SCALLOPS**. [Nota: 1/36 de uma libra, o peso médio mínimo permitido por vieira, é equivalente a 0,0278 libras. Conseqüentemente, pesos menores que 0,0278 indicam sacos individuais que não estão de acordo com o padrão.] O proprietário do navio entrou com uma ação contra o governo federal, declarando que o seu navio estava completamente de acordo com o padrão de peso. Uma firma jurídica de Boston foi contratada para representar o proprietário nos procedimentos legais, e Bennett foi contratado pela firma para fornecer o suporte estatístico na pendência judicial e, se necessário, testemunhar como perito.

Neste capítulo, vários exemplos de Estatística em ação demonstram como os intervalos de confiança podem ser usados para apoiar o proprietário do navio no litígio judicial.

SCALLOPS Companion Website

Estatística em ação revisitada
- Estimando o peso médio por vieira
- Estimando a proporção de sacos de vieiras abaixo do peso
- Determinando o número de sacos de vieiras para amostrar

5.1 Identificando o parâmetro-alvo

Neste capítulo, nosso objetivo é estimar o valor de um parâmetro desconhecido de uma população, tal como a média de uma população, ou a proporção de uma população binomial. Por exemplo, podemos querer saber o consumo médio de gasolina para um novo modelo de carro, ou a vida média esperada de um monitor de computador de tela plana, ou a proporção de empresas ponto-com que fecha dentro de um ano de sua abertura.

Você verá que técnicas diferentes são usadas para estimar uma média ou uma proporção, dependendo de a amostra conter um número grande ou pequeno de medidas. Todavia, nossos objetivos continuam os mesmos. Desejamos utilizar a informação da amostra para estimar o parâmetro de interesse da população (chamado parâmetro-alvo) e avaliar a confiabilidade da estimativa.

> **DEFINIÇÃO 5.1**
>
> O parâmetro desconhecido da população (por exemplo, média ou proporção) no qual estamos interessados é chamado de **parâmetro-alvo**.

Com freqüência, há uma ou mais palavras-chave na descrição do problema que indica o parâmetro-alvo apropriado. Algumas palavras-chave associadas aos dois parâmetros abordados nesta seção são listadas na tabela a seguir.

DETERMINANDO O PARÂMETRO-ALVO		
Parâmetro	Palavras ou frases-chave	Tipo de dados
μ	Média	Quantitativo
p	Proporção; porcentagem; fração; taxa	Qualitativo

Para os exemplos dados acima, as palavras *médio* em *consumo médio de gasolina* e *média* em *vida média esperada* implicam que o parâmetro-alvo é a média da população μ. A palavra *proporção* em *proporção de empresas ponto-com que fecha dentro de um ano de sua abertura* indica que o parâmetro-alvo é a proporção binomial p.

Além das palavras e frases-chave, o tipo de dados (quantitativo ou qualitativo) coletados é indicativo do parâmetro-alvo. Com dados quantitativos, é provável que você esteja estimando a média dos dados. Com dados qualitativos com dois resultados (sucesso ou falha), a proporção binomial de sucessos é provavelmente o parâmetro de interesse.

Vamos examinar um método de estimar a média de uma população usando uma amostra grande na Seção 5.2 e uma amostra pequena na Seção 5.3. A estimativa de proporção de uma população é apresentada na Seção 5.4. Na Seção 5.5, mostramos como determinar os tamanhos de amostras necessárias para estimativas confiáveis dos parâmetros-alvo, com base em uma amostragem aleatória simples. Finalmente, nas seções opcionais 5.6 e 5.7, introduzimos projetos de pesquisas com amostras mais complexas e sua aplicação aos negócios.

5.2 Intervalo de confiança de amostra grande para a média de uma população

Suponha que um grande banco queira estimar a quantidade média de dinheiro devida por seus devedores inadimplentes (isto é, devedores que estão mais de dois meses atrasados no pagamento). Para alcançar esse objetivo, o banco planeja amostrar aleatoriamente 100 das suas contas inadimplentes e usar a média da amostra $\bar{x}$ das quantias devidas com atraso para estimar μ, a média de *todas* as contas inadimplentes. A média $\bar{x}$ da amostra representa um único estimador numérico — chamado *estimador pontual* — da média μ da população. Como podemos ter uma idéia da precisão desse estimador pontual?

> **DEFINIÇÃO 5.2**
>
> Um **estimador pontual** de um parâmetro de uma população é a regra ou a fórmula que nos diz como usar os dados da amostra para calcular um único número que pode ser usado como uma estimativa do parâmetro da população.

De acordo com o teorema do limite central, a distribuição amostral da média da amostra é aproximadamente normal para amostras grandes, como mostrado na Figura 5.1. Vamos calcular o intervalo:

$$\bar{x} \pm 1,96\sigma_{\bar{x}} = \bar{x} \pm \frac{1,96\sigma}{\sqrt{n}}$$

FIGURA 5.1 Distribuição amostral de x

TABELA 5.1 Quantias devidas com atraso (em dólares) para 100 contas inadimplentes

195	243	132	133	209	400	142	312	221	289
221	162	134	275	355	293	242	458	378	148
278	222	236	178	202	222	334	208	194	135
363	221	449	265	146	215	113	229	221	243
512	193	134	138	209	207	206	310	293	310
237	135	252	365	371	238	232	271	121	134
203	178	180	148	162	160	86	234	244	266
119	259	108	289	328	331	330	227	162	354
304	141	158	240	82	17	357	187	364	268
368	274	278	190	344	157	219	77	171	280

Isto é, formamos um intervalo de 1,96 desvios-padrão abaixo da média da amostra até 1,96 desvios-padrão acima da média. *Antes de retirar a amostra*, quais são as chances de que esse intervalo conterá μ, a média da população?

Para responder a essa questão, veja a Figura 5.1. Se as 100 medidas levarem a um valor de $\bar{x}$ que caia entre as duas linhas de cada um dos lados de μ (isto é, dentro de 1,96 desvios-padrão de μ), então o intervalo $\bar{x} \pm 1,96\sigma_{\bar{x}}$ conterá μ; se $\bar{x}$ cair fora desses limites, o intervalo $\bar{x} \pm 1,96\sigma_{\bar{x}}$ não conterá μ. Da Seção 4.7, sabemos que a área sob a curva normal (a distribuição amostral de $\bar{x}$) entre esses limites é, exatamente, 0,95. Portanto, a probabilidade de que o intervalo selecionado aleatoriamente $\bar{x} \pm 1,96\sigma_{\bar{x}}$ conterá μ é igual a 0,95.

Por exemplo, considere as quantias devidas com atraso das 100 contas inadimplentes mostradas na Tabela 5.1. Uma listagem de estatísticas sumárias do Excel para a amostra das 100 quantias devidas com atraso é mostrada na Figura 5.2a. Da porção sombreada da listagem, achamos $\bar{x}$ = US$ 233,28 e s = US$ 90,34. Para alcançar nosso objetivo, devemos construir o intervalo:

$$\bar{x} \pm 1,96\sigma_{\bar{x}} = 233,28 \pm 1,96\frac{\sigma}{\sqrt{100}}$$

Mas agora temos um problema. Você pode ver que, sem conhecer o desvio-padrão σ da população original — isto é, o desvio-padrão das quantias devidas com atraso de *todas* as contas inadimplentes —, não podemos calcular esse intervalo. Entretanto, uma vez que temos uma amostra grande ($n = 100$ medidas), podemos aproximar o intervalo usando o desvio-padrão da amostra s para aproximar σ. Então:

$$\bar{x} \pm 1,96\frac{\sigma}{\sqrt{100}} \approx \bar{x} \pm 1,96\frac{s}{\sqrt{100}}$$

$$= 233,28 \pm 1,96\left(\frac{90,34}{10}\right) = 233,28 \pm 17,71$$

Assim, estimamos que a quantia média de delinqüência para todas as contas cai dentro do intervalo US$ 215,57 e US$ 250,99. (Este intervalo está destacado no final da listagem do Excel/PHStat2, Figura 5.2b. As diferenças se devem ao arredondamento.)

Podemos estar seguros de que μ, a média verdadeira, está no intervalo (215,57 a 250,99)? Não é pos-

	A	B
1	AMOUNT	
2		
3	Mean	233.28
4	Standard Error	9.033988347
5	Median	222
6	Mode	221
7	Standard Deviation	90.33988347
8	Sample Variance	8161.294545
9	Kurtosis	0.254810234
10	Skewness	0.476799829
11	Range	495
12	Minimum	17
13	Maximum	512
14	Sum	23328
15	Count	100

FIGURA 5.2a Resumo estatístico do Excel para quantias devidas com atraso

	A	B
1	Confidence Interval Estimate for the Mean	
2		
3	Data	
4	Sample Standard Deviation	90.33988347
5	Sample Mean	233.28
6	Sample Size	100
7	Confidence Level	95%
8		
9	Intermediate Calculations	
10	Standard Error of the Mean	9.033988347
11	Degrees of Freedom	99
12	t Value	1.984217306
13	Interval Half Width	17.92539602
14		
15	Confidence Interval	
16	Interval Lower Limit	215.35
17	Interval Upper Limit	251.21

FIGURA 5.2b Saída do Excel/PHStat2 mostrando o intervalo de confiança de 95% para a média

sível ter certeza, mas podemos estar razoavelmente confiantes de que está. Essa confiança é derivada do conhecimento de que, se retirarmos repetidamente amostras aleatórias de 100 medidas dessa população e formarmos o intervalo $\bar{x} \pm 1{,}96\sigma_{\bar{x}}$ a cada vez, 95% dos intervalos conterão μ. Não temos meios de saber (sem examinar todas as contas inadimplentes) se o intervalo da nossa amostra é um dos 95% que contêm μ ou um dos 5% que não contêm, mas as chances certamente favorecem os que contêm μ. Conseqüentemente, o intervalo US$ 215,57 a US$ 250,99 fornece uma estimativa confiável da delinqüência média por conta.

A fórmula que nos diz como calcular uma estimativa de intervalo com base em dados de uma amostra é chamada *estimador de intervalo*, ou *intervalo de confiança*. A probabilidade 0,95 que mede a confiança que podemos colocar na estimativa de intervalo é chamada de *coeficiente de confiança*. A porcentagem, 95%, é chamada *nível de confiança* para a estimativa de intervalo. Normalmente não é possível saber com precisão a confiabilidade de estimadores pontuais porque eles são pontos únicos, e não intervalos. Sendo assim, e porque preferimos usar estimadores para os quais uma medida de confiabilidade pode ser calculada, geralmente usamos estimadores de intervalo.

> **DEFINIÇÃO 5.3**
>
> Um **estimador de intervalo** (ou **intervalo de confiança**) é a fórmula que nos diz como usar os dados da amostra para calcular um intervalo que estima o parâmetro da população.

> **DEFINIÇÃO 5.4**
>
> O **coeficiente de confiança** é a probabilidade de que um intervalo de confiança selecionado aleatoriamente inclua o parâmetro da população — isto é, a freqüência relativa com a qual intervalos construídos de forma similar incluirão o parâmetro da população quando o estimador for usado repetidamente um grande número de vezes. O **nível de confiança** é o coeficiente de confiança expresso como uma porcentagem.

Vimos agora como um intervalo pode ser usado para estimar a média de uma população. Quando usamos um estimador de intervalo, geralmente podemos calcular a probabilidade de que o *processo* de estimativa resultará num intervalo que contenha o valor verdadeiro da média da população — isto é, a probabilidade de que o intervalo contenha o parâmetro, quando usado repetidamente, é normalmente conhecida. A Figura 5.3 mostra o que acontece quando 10 diferentes amostras são retiradas de uma população e um intervalo de confiança para μ é calculado para cada uma delas. A localização de μ é indicada pela linha vertical na figura. Dez intervalos de confiança, cada um baseado em uma das 10 amostras, são mostrados como segmentos de linha horizontais. Note que os intervalos de confiança se movem de amostra para amostra — algumas vezes contendo μ, outras vezes não. *Se nosso nível de confiança é 95%, então, a longo prazo, 95% dos nossos intervalos de confiança conterão μ e 5% não conterão.*

Suponha que você deseje escolher um coeficiente de confiança diferente de 0,95. Note, na Figura 5.1, que o coeficiente de confiança 0,95 é igual à área total sob a distribuição amostral menos 0,05 da área, que é dividida igualmente entre as duas caudas. Usando essa idéia, podemos construir um intervalo de confiança com qualquer coeficiente de confiança desejado, aumentando ou diminuindo a área (vamos chamar de α) atribuída às caudas da distribuição amostral (veja a Figura 5.4). Por exemplo, se colocamos a área $\alpha/2$ em cada cauda e se $z_{\alpha/2}$ é o valor z tal que a área $\alpha/2$ se situa à sua direita, então o intervalo de confiança com o coeficiente de confiança $(1-\alpha)$ é:

$$\bar{x} \pm z_{\alpha/2}\sigma_{\bar{x}}$$

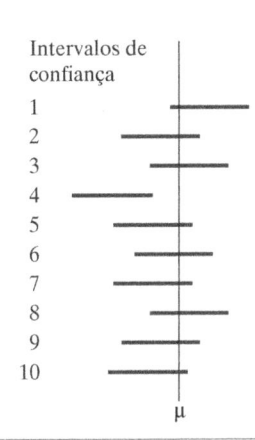

FIGURA 5.3 Intervalos de confiança para μ: 10 amostras

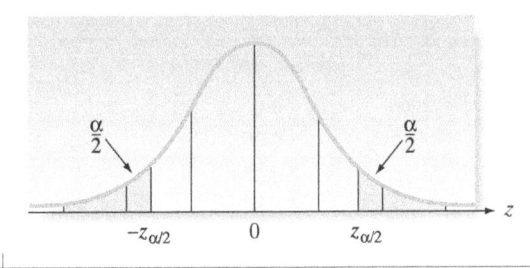

FIGURA 5.4 Localizando $z_{\alpha/2}$ na curva normal padrão

Condições requeridas para um intervalo de confiança válido de amostra grande para μ

1. Uma amostra aleatória é selecionada da população-alvo.
2. O tamanho n da amostra é grande (isto é, $n \geq 30$; devido ao teorema do limite central, essa condição garante que a distribuição amostral de $\bar{x}$ seja aproximadamente normal. Além disso, para n grande, s será um bom estimador de σ).

Para ilustrar, para um coeficiente de confiança de 0,90, temos $(1 - \alpha) = 0,90$, $\alpha = 0,10$ e $\alpha/2 = 0,05$; $z_{0,05}$ é o valor z que localiza a área 0,05 na cauda superior da distribuição amostral. Lembre-se de que a Tabela IV no Apêndice B fornece as áreas entre a média e o valor z especificado. Uma vez que a área total à direita da média é 0,5, achamos que o valor $z_{0,05}$ é o valor z correspondente a uma área de $0,5 - 0,05 = 0,45$ para a direita da média (veja a Figura 5.5). Esse valor z é $z_{0,05} = 1,645$.

Coeficientes de confiança usados na prática estão geralmente na faixa de 0,90 a 0,99. Os coeficientes de confiança mais utilizados com os valores correspondentes de α e $z_{\alpha/2}$ são mostrados na Tabela 5.2.

Biografia
JERZEIY NEYMAN (1894–1981)

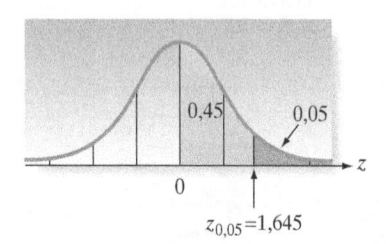

FIGURA 5.5 O valor z ($z_{0,05}$) correspondente a uma área igual a 0,05 na cauda superior da distribuição z

TABELA 5.2 Valores comumente usados de $z_{\alpha/2}$

Nível de confiança			
$100(1-\alpha)$	α	$\alpha/2$	$z_{\alpha/2}$
90%	0,10	0,05	1,645
95%	0,05	0,025	1,96
99%	0,01	0,005	2,575

Agora faça o exercício **5.1**

Intervalo de confiança de $(1 - \alpha)\%$, de uma amostra grande para μ

$$\bar{x} \pm z_{\alpha/2}\sigma_{\bar{x}} = \bar{x} \pm z_{\alpha/2}\frac{\sigma}{\sqrt{n}}$$

onde $z_{\alpha/2}$ é o valor z com uma área $\alpha/2$ à sua direita (veja a Figura 5.4) $\sigma_{\bar{x}} = \sigma/\sqrt{n}$.
O parâmetro σ é o desvio-padrão da população amostrada e n é o tamanho da amostra.

Nota: Quando σ é desconhecido (como acontece quase sempre) e n é grande (digamos, $n \geq 30$), o intervalo de confiança é aproximadamente igual a

$$\bar{x} \pm z_{\alpha/2}\left(\frac{s}{\sqrt{n}}\right)$$

onde s é o desvio-padrão da amostra.

EXEMPLO 5.1

AIRNOSHOWS
Companion Website

Encontrando um intervalo de confiança de amostra grande para o número médio μ de assentos desocupados por vôo

Problema Assentos desocupados nos vôos provocam perda de receita para as empresas aéreas. Suponha que uma grande empresa aérea deseje estimar seu número médio de assentos desocupados por vôo no ano anterior. Para conseguir isso, os registros de 225 vôos foram selecionados aleatoriamente e o número de assentos desocupados foi anotado para cada um dos vôos amostrados. (Os dados estão no arquivo **AIRNOSHOWS**.) As estatísticas descritivas para os dados são mostradas na listagem do MINITAB, Figura 5.6.

Estime μ, o número médio de assentos desocupados por vôo durante o ano anterior, usando um intervalo de confiança de 90%.

Solução

A forma geral do intervalo de confiança de 90% para a média de uma população é:

$$\bar{x} \pm z_{\alpha/2}\sigma_{\bar{x}} = \bar{x} \pm z_{0,05}\sigma_{\bar{x}} = \bar{x} \pm 1,645\left(\frac{\sigma}{\sqrt{n}}\right)$$

Da Figura 5.6, achamos (depois do arredondamento) $\bar{x} = 11,6$. Uma vez que não sabemos o valor de σ (desvio-padrão do número de assentos desocupados por vôo para todos os vôos do ano), usamos nossa melhor aproximação — o desvio-padrão da amostra s. Então, o intervalo de confiança de 90% é, aproximadamente:

$$11,6 \pm 1,645\left(\frac{4,1}{\sqrt{225}}\right) = 11,6 \pm 0,45$$

ou de 11,15 a 12,05 — isto é, no nível de confiança de 90%, estimamos que o número médio de assentos desocupados por vôo esteve entre 11,15 e 12,05 durante o ano amostrado.

Capítulo 5 — INFERÊNCIAS BASEADAS EM UMA ÚNICA AMOSTRA   273

```
Variable     N    Mean    StDev   SE Mean       90% CI
NOSHOWS    225  11.5956   4.1026   0.2735   (11.1438, 12.0473)
```

FIGURA 5.6 Intervalo de confiança do MINITAB para a média, Exemplo 5.1

Esse resultado é confirmado (exceto quanto ao arredondamento) no lado direito da listagem do MINITAB na Figura 5.6.

Relembrando Insistimos em que o nível de confiança para este exemplo, 90%, refere-se ao procedimento usado. Se aplicarmos esse procedimento repetidamente para diferentes amostras, aproximadamente 90% dos intervalos conterão μ. Embora não saibamos se esse intervalo em especial (11,15; 12,05) é um dos 90% que contêm μ ou um dos 10% que não contêm, nosso conhecimento de probabilidade nos dá 'confiança' em o intervalo contenha μ.

AGORA FAÇA O EXERCÍCIO **5.10**

INTERPRETAÇÃO DE UM INTERVALO DE CONFIANÇA PARA A MÉDIA DE UMA POPULAÇÃO

Quando formamos, para m, um intervalo de confiança de 100$(1 - \alpha)$%, geralmente expressamos nossa confiança no intervalo com uma frase tal como: 'Podemos estar 100$(1 - \alpha)$% confiantes de que μ se situa entre os limites inferior e superior do intervalo de confiança', em que, para uma aplicação em particular, substituímos os valores numéricos apropriados para a confiança e para os limites inferior e superior. *A frase reflete nossa confiança no processo de estimativa, e não no intervalo em particular que é calculado a partir dos dados da amostra*. Sabemos que a aplicação repetida do mesmo procedimento resultará em limites inferior e superior diferentes no intervalo. E sabemos que 100$(1 - \alpha)$% dos intervalos resultantes conterão μ. Não há, normalmente, nenhuma maneira de determinar se qualquer intervalo em particular é um dos que contêm μ, ou um dos que não contêm. Entretanto, ao contrário dos estimadores pontuais, os intervalos de confiança têm uma medida de confiabilidade, o coeficiente de confiança, associada a eles. Por essa razão, eles são geralmente preferidos em relação aos estimadores pontuais.

Algumas vezes, o procedimento de estimativa produz um intervalo de confiança que é muito amplo para nossos propósitos. Nesse caso, desejaremos reduzir a amplitude do intervalo para obter uma estimativa mais precisa de μ. Uma maneira de conseguir isso é diminuir o coeficiente de confiança $1 - \alpha$. Por exemplo, reconsidere o problema de estimar a quantia média devida μ para todas as contas inadimplentes. Relembre que, para uma amostra de 100 contas, $\bar{x}$ = US\$ 233,28 e s = US\$ 90,34. Um intervalo de confiança de 90% para μ é:

$$\bar{x} \pm 1{,}645\sigma/\sqrt{n} \approx 233{,}28 \pm$$
$$(1{,}645)(90{,}34/\sqrt{100}) = 233{,}28 \pm 14{,}86$$

ou (US\$ 218,42; US\$ 248,14). Você pode verificar que esse intervalo é mais estreito que o intervalo de 95% previamente calculado (US\$ 215,57; US\$ 250,99). Infelizmente, também temos 'menos confiança' no intervalo de confiança de 90%. Um método alternativo usado para diminuir a amplitude do intervalo sem sacrificar a 'confiança' é aumentar o tamanho n da amostra. Demonstraremos esse método na Seção 5.5.

Intervalo de confiança para a média de uma população (conhecido σ ou n ≥ 30)

Usando a calculadora gráfica TI-83/TI-84

Criando um intervalo de confiança para a média de uma população

Passo 1   Insira *os dados (Pule para o Passo 2 se você tiver estatísticas resumidas, e não dados brutos).*

Aperte **STAT** e selecione 1:**Edit**.

Nota: Se a lista já contiver dados, apague os dados antigos. Use a seta para cima para destacar **'L1'**.

Aperte **CLEAR ENTER**.

Use as teclas **ARROW** e **ENTER** para inserir os dados em **L1**.

Passo 2   Acesse o Menu de Testes Estatísticos.
Aperte **STAT**.
Seta direita para **TESTS**.
Seta para baixo para **ZInterval**.
Aperte **ENTER**.

Passo 3   Escolha '**Data**' ou '**Stats**'. ('Data' é selecionado quando você dá entrada com dados brutos em uma lista. 'Stats' é selecionado quando você tem somente a média, o desvio-padrão e o tamanho da amostra.)
Aperte **ENTER**.
Se você selecionou 'Data', insira um valor
para σ (a melhor aproximação é s, o desvio-padrão da amostra).
Ponha **List** para **L1**.
Ponha **Freq** para **1**.
Ponha **C-Level** para o nível de confiança.
Seta para baixo para '**Calculate**'.
Aperte **ENTER**.

Se você selecionou 'Stats', insira um valor para σ (a melhor aproximação é s, o desvio-padrão da amostra).
Insira a média e o tamanho da amostra.
Ponha **C-Level** para o nível de confiança.
Seta para baixo para '**Calculate**'.
Aperte **ENTER**.
(A tela à direita está preparada para um exemplo com desvio-padrão de 20, uma média de 200 e um tamanho de amostra de 40.)

O intervalo de confiança será mostrado com a média e o tamanho da amostra.

Exemplo   Calcule um intervalo de confiança de 90% para o número médio de assentos desocupados por vôo usando as seguintes informações:

$\bar{x} = 11{,}6$ assentos $s = 4{,}1$ assentos $n = 225$ vôos

Como você pode ver na tela, nosso intervalo de confiança de 90% é (11,5; 12,05).
Observe também que a tela mostra a média e o tamanho da amostra.

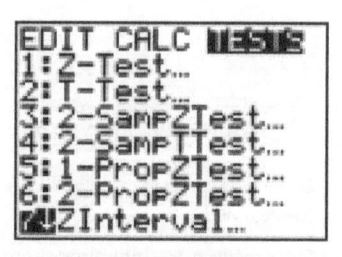

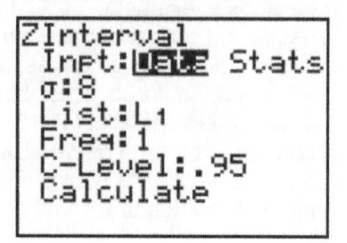

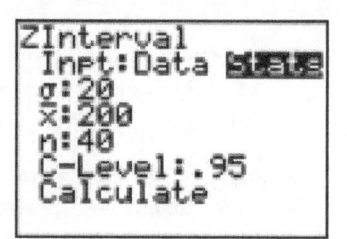

Exercícios 5.1–5.20

Aprendendo a mecânica

5.1 Ache $z_{\alpha/2}$ para cada um dos seguintes itens:

a. $\alpha = 0{,}10$ b. $\alpha = 0{,}01$
c. $\alpha = 0{,}05$ d. $\alpha = 0{,}20$

5.2 Qual é o nível de confiança para cada um dos seguintes intervalos de confiança para μ?

a. $\bar{x} \pm 1{,}96 \left(\dfrac{\sigma}{\sqrt{n}} \right)$ b. $\bar{x} \pm 1{,}645 \left(\dfrac{\sigma}{\sqrt{n}} \right)$

c. $\bar{x} \pm 2{,}575 \left(\dfrac{\sigma}{\sqrt{n}} \right)$ d. $\bar{x} \pm 1{,}282 \left(\dfrac{\sigma}{\sqrt{n}} \right)$

e. $\bar{x} \pm 0{,}99 \left(\dfrac{\sigma}{\sqrt{n}} \right)$

5.3 Uma amostra aleatória de n medidas foi selecionada de uma população com uma média desconhecida μ e um desvio-padrão σ. Calcule um intervalo de confiança de 95% para μ para cada uma das seguintes situações:

a. $n = 75$, $\bar{x} = 28$, $s^2 = 12$
b. $n = 200$, $\bar{x} = 102$, $s^2 = 22$
c. $n = 100$, $\bar{x} = 15$, $s = 0{,}3$
d. $n = 100$, $\bar{x} = 4{,}05$, $s = 0{,}83$
e. O pressuposto de que a população subjacente de medidas seja normalmente distribuída é necessário para garantir a validade dos intervalos de confiança nos itens de **a** até **d**? Explique.

5.4 Uma amostra aleatória de 90 observações produziu uma média $\bar{x} = 25{,}9$ e um desvio-padrão de $s = 2{,}7$.

a. Determine um intervalo de confiança de 95% para a média da população μ.
b. Determine um intervalo de confiança de 90% para μ.
c. Determine um intervalo de confiança de 99% para μ.

5.5 Uma amostra aleatória de 70 observações de uma população normalmente distribuída possui uma média igual a 26,2 e um desvio-padrão igual a 4,1.

a. Determine um intervalo de confiança de 95% para μ.
b. O que significa dizer que o coeficiente de confiança é 0,95?

c. Determine um intervalo de confiança de 99% para μ.

d. O que acontece com a amplitude do intervalo de confiança quando o valor do coeficiente de confiança é aumentado, enquanto o tamanho da amostra é mantido fixo?

e. Seus intervalos de confiança dos itens **a** e **c** seriam válidos se a distribuição da população original não fosse normal? Explique.

APPLET Exercícios utilizando aplicativo 5.1
(É preciso ter o Java instalado para utilizar esse aplicativo)

Use o aplicativo intitulado *Confidence intervals for a mean (the impact of confidence level)* para investigar mais profundamente a situação no Exercício 5.5. Para esse exercício, presuma que μ = 2,62 seja a média da população e que σ = 4,1 seja o desvio-padrão da população.

a. Usando n = 70 e a distribuição normal com a média e o desvio-padrão acima, rode o aplicativo uma vez. Quantos intervalos de confiança de 95% contêm a média? Quantos você esperaria que contivessem a média? Quantos intervalos de confiança de 99% contêm a média? Quantos você esperaria que contivessem a média?

b. Que nível de confiança tem uma freqüência maior de intervalos que contêm a média? Esse é o resultado que você poderia esperar? Explique.

c. Sem limpar, rode o aplicativo muitas vezes mais. O que acontece com a proporção de intervalos de confiança de 95% que contêm a média quando você roda o aplicativo repetidamente? O que acontece com a proporção de intervalos de confiança de 99% que contêm a média quando você roda o aplicativo repetidamente? Interprete os resultados em termos dos significados do intervalo de confiança de 95% e do intervalo de confiança de 99%.

d. Mude a distribuição para *assimétrica para a direita*, limpe e rode o aplicativo muitas vezes mais. Você obtém os mesmos resultados do item **c**? Você mudaria sua resposta para o item **e** do Exercício 5.5? Explique.

APPLET Exercícios utilizando aplicativo 5.2
(É preciso ter o Java instalado para utilizar esse aplicativo)

Use o aplicativo intitulado *Confidence intervals for a mean (the impact of confidence level)* para investigar o efeito do tamanho da amostra na proporção dos intervalos de confiança que contêm a média quando a distribuição subjacente é assimétrica. Mude a distribuição para *assimétrica para a direita*, a média para 10 e o desvio-padrão para 1.

a. Usando n = 30, rode o aplicativo várias vezes sem limpar. O que acontece com a proporção dos intervalos de confiança de 95% que contêm a média quando você roda o aplicativo repetidamente? O que acontece com a proporção dos intervalos de confiança de 99% que contêm a média quando você roda o aplicativo repetidamente? As proporções parecem estar se aproximando dos valores que você esperaria?

b. Limpe e rode o aplicativo várias vezes usando n = 100. O que acontece com as proporções dos intervalos de confiança de 95% e com os intervalos de confiança de 99% que contêm a média, desta vez? Como esses resultados se comparam com os resultados do item **a**?

c. Limpe e rode o aplicativo várias vezes usando n = 1.000. Como esses resultados se comparam com os resultados dos itens **a** e **b**?

d. Descreva o efeito do tamanho da amostra na probabilidade de que o intervalo de confiança contenha a média para uma distribuição assimétrica.

5.6 Explique o que significa a frase: "Estamos 95% confiantes de que uma estimativa de intervalo contém μ".

5.7 Explique a diferença entre um estimador de intervalo e um estimador pontual para μ.

5.8 A média e o desvio-padrão para uma amostra aleatória de n medidas são iguais a 33,9 e 3,3, respectivamente.

a. Determine um intervalo de confiança de 95% para μ se n = 100.

b. Determine um intervalo de confiança de 95% para μ se n = 400.

c. Determine as larguras dos intervalos de confiança encontrados nas partes **a** e **b**. Qual é o efeito na largura dos intervalos de confiança de quadruplicar o tamanho da amostra enquanto se mantém o coeficiente de confiança fixo?

5.9 Um intervalo de confiança de uma amostra grande será válido se a população da qual a amostra foi retirada não for normalmente distribuída? Explique.

Aplicação dos conceitos — Básico

5.10 Alergia a látex em profissionais da saúde. Profissionais da saúde que usam luvas de látex com pó para luvas diariamente são particularmente suscetíveis a desenvolver alergia ao látex. Os sintomas de alergia ao látex incluem conjuntivite, eczema nas mãos, congestão nasal, erupções na pele e dificuldade de respiração. Cada um, em uma amostra de profissionais de 46 hospitais que foram diagnosticados com alergia a látex, com base em um teste de pele, falou sobre o uso das luvas de látex no trabalho e das suas conseqüências (*Current Allergy & Clinical Immunology*, mar. 2004). Estatísticas resumidas para a quantidade de luvas de látex usadas por semana são: $\bar{x}$ = 19,3 e s = 11,9.

a. Forneça uma estimativa pontual para o número médio de luvas de látex usadas por semana por todos os profissionais de saúde com alergia a látex.

b. Forme um intervalo de confiança de 95% para o número médio de luvas de látex usadas por semana por todos os profissionais de saúde com alergia a látex.

c. Forneça uma interpretação prática do intervalo do item **b**.

d. Forneça as condições requeridas para que o intervalo do item **b** seja válido.

CEOPAY05

5.11 Quadro comparativo de compensação de executivos. Consulte o 'Quadro comparativo de compensação de executivos' da *Forbes*, em 2006. Relembre que o arquivo **CEOPAY05** contém os salários de 2005 (em milhões de dólares) dos 500 principais executivos que participaram do levantamento da *Forbes*. Suponha que você esteja interessado em estimar o salário médio de 2005 para esses 500 executivos.

a. Qual é o parâmetro-alvo?

b. Obtenha uma amostra aleatória de 50 salários do conjunto de dados.

c. Determine a média e o desvio-padrão dos 50 salários do item **b**.

d. Use a informação do item **c** para formar um intervalo de confiança de 99% da média verdadeira dos

```
Variable    N     Mean     StDev   SE Mean         95% CI
COMMIT     30   74.9667   18.0220   3.2903    (68.2371, 81.6962)
```

Resultado do MINITAB para o Exercício 5.12

salários de 2005 dos 500 executivos do levantamento da *Forbes*.
e. Forneça uma interpretação prática do intervalo do item **d**.
f. Determine a média salarial verdadeira dos 500 executivos e verifique se esse valor cai dentro do intervalo de confiança de 99% do item **d**.

5.12 Entidades de caridade isentas de impostos. Doações a entidades de caridade isentas de impostos, como a Cruz Vermelha, o Exército da Salvação, a YMCA e a Sociedade Americana do Câncer, são destinadas não apenas para fins de caridade, mas também para cobrir despesas de levantamento de fundos e outras despesas administrativas. De uma amostra de 30 entidades, na tabela a seguir aparecem listados os seus *comprometimentos com caridade* e as porcentagens de suas receitas que são destinadas para fins de caridade. Uma análise do MINITAB dos dados está apresentada abaixo.

a. Forneça uma estimativa pontual do comprometimento com caridade médio das organizações isentas de impostos.
b. Encontre um intervalo de confiança de 95% para a média verdadeira dos comprometimentos com caridade das organizações isentas de impostos na listagem. Interprete o resultado.
c. Por que o intervalo de confiança do item **b** é um estimador melhor do comprometimento com caridade médio do que o estimador pontual do item **a**? Explique.

ORGANIZAÇÃO	COMPROMETIMENTO COM CARIDADE %
American Cancer Society	62
American National Red Cross	91
Big Brothers Big Sisters of America	77
Boy Scouts of America National Council	81
Boys & Girls Club of America	81
CARE	91
Covenant House	15
Disabled American Veterans	65
Ducks Unlimited	78
Feed the Children	90
Girl Scouts of the USA	83
Goodwill Industries International	89
Habitat for Humanity International	81
Mayo Foundation	26
Mothers Against Drunk Drivers	71

(continua)

ORGANIZAÇÃO	COMPROMETIMENTO COM CARIDADE %
Multiple Sclerosis Association of America	56
Museum of Modern Art	79
Nature Conservancy	77
Paralyzed Veterans of America	50
Planned Parenthood Federation	81
Salvation Army	84
Shriners Hospital for Children	95
Smithsonian Institution	87
Special Olympics	72
Trust for Public Land	88
United Jewish Appeal/Federation-NY	75
United States Olympic Committee	78
United Way of New York City	85
WGBH Educational Foundation	81
YMCA of the USA	80

Fonte: "Look before you give". *Forbes*, 27 dez. 1999, p. 206-216.

5.13 Horas semestrais adquiridas pelos candidatos a CPA. Consulte o estudo do *Journal of Accounting and Public Policy* (primavera, 2002) relativo aos 100.000 candidatos que fazem o exame de CPA pela primeira vez, Exercício 2.49. Relembre que o número médio de horas semestrais de créditos universitários adquiridos pelos candidatos era de 141,31. O desvio-padrão foi informado como sendo de 17,77 horas.

a. Calcule um intervalo de confiança de 99% para o número médio de horas semestrais adquiridas por todos os candidatos que fazem pela primeira vez o exame de CPA.
b. Forneça uma interpretação prática para o intervalo do item **a**.
c. Para que essa interpretação do item **b** seja válida, que condições devem ocorrer?

5.14 Processo de avaliação de desempenho. A relação entre a participação de um empregado no processo de avaliação de desempenho e as reações subseqüentes do subordinado em relação à avaliação foi investigada pelo *Journal of Applied Psychology* (ago. 1998). No Capítulo 10 discutiremos uma medida quantitativa da relação entre duas variáveis, chamada *coeficiente do correlação, r*. Os pesquisadores obtiveram r para uma amostra de 34 estudos que examinaram o relacionamento entre a participação na avaliação e a satisfação do subordinado com a avaliação. Essas correlações estão listadas na tabela a seguir. (Valores de r próximos de +1 refletem uma forte relação positiva entre as variáveis). Determine um intervalo de confiança de 95% para a média dos dados e interprete-a nas palavras do problema.

CORR34*

0,50	0,58	0,71	0,46	0,63	0,66	0,31	0,35	0,51	0,06	0,35	0,19
0,40	0,63	0,43	0,16	–0,08	0,51	0,59	0,43	0,30	0,69	0,25	0,20
0,39	0,20	0,51	0,68	0,74	0,65	0,34	0,45	0,31	0,27		

Fonte: CAWLEY, B. D.; KEEPING, L. M.; LEVY, P. E. 'Participation in the performance appraisal process and employee reactions: a meta-analytic review of field investigations.' *Journal of Applied Psychology*, vol. 83, n. 4, ago. 1998, pp. 632-633 (Apêndice).

* Para usar os dados da tabela no software, é preciso trocar as vírgulas dos valores numéricos por ponto.

Aplicação dos conceitos — Intermediário

5.15 Melhorando a pontuação do SAT. Consulte a revista *Chance* (inverno, 2001) e o estudo do Levantamento Longitudinal Nacional de Educação (LLNE) relativo aos 256 estudantes que pagaram um professor particular para ajudá-los a melhorar as suas pontuações no SAT, Exercício 2.84. As mudanças de pontuação para esses estudantes no SAT-Matemática e no SAT-Verbal estão reproduzidas na tabela abaixo.

	SAT-Matemática	SAT-Verbal
Mudança média na pontuação	19	17
Desvio-padrão da mudança da pontuação	65	49

a. Construa e interprete um intervalo de confiança de 90% para a mudança média da população na pontuação do SAT-Matemática para os estudantes que pagaram um professor particular.
b. Repita o item **a** para a mudança média da população na pontuação do SAT-Verbal.
c. Suponha que a mudança média na população verdadeira na pontuação de um dos testes SAT para todos os estudantes que pagaram um professor particular seja 15. Qual dos dois testes, SAT-Matemática ou SAT-Verbal, apresenta mais chance de ter sofrido essa mudança média? Explique.

5.16 Taxas de participação no plano 401(k). Chamados pelo nome da seção do Código da Receita Interna de 1978 que os autorizou, os planos 401(k) permitem aos empregados usar uma parte dos seus salários, antes do desconto dos impostos, em investimentos, tais como fundos mútuos. Os empregadores em geral contribuem com 50% da contribuição dos empregados, até 6% do salário (*Fortune*, 28 dez. 1992). Uma empresa, preocupada com o que acreditava ser uma baixa participação dos empregados no seu plano 401(k), tirou uma amostra de outras 30 empresas, com planos similares, e perguntou a respeito das taxas de participação nos seus planos 401(k). As seguintes taxas (em porcentagens) foram obtidas:

RATE401K

80	76	81	77	82	80	85	60	80	79	82	70
88	85	80	79	83	75	87	78	80	84	72	75
90	84	82	77	75	86						

a. Construa um intervalo de confiança de 90% para a taxa de participação média para todas as empresas que têm planos 401(k).
b. Interprete o intervalo no contexto do problema.
c. Que pressuposto é necessário para assegurar a validade desse intervalo de confiança?
d. Se a empresa que realizou a amostra tem uma taxa de participação de 71%, ela pode concluir com segurança que sua taxa está abaixo da taxa média da população para todas as empresas com planos 401(k)? Explique.
e. Se, no conjunto de dados, 60% tivesse sido 80%, como o centro e a amplitude do intervalo de confiança que você construiu no item **a** seriam afetados?

5.17 Comparação de QI de trabalhadores mais velhos e mais jovens. A Lei de Discriminação de Idade no Emprego (LDIE) de 1967 tornou ilegal a discriminação contra os trabalhadores de 40 anos de idade ou mais. Opositores da lei argumentam que há sólidas razões econômicas quando os empregadores não desejam contratar e treinar trabalhadores que estão muito próximos da aposentadoria. Eles argumentam também que as habilidades das pessoas tendem a deteriorar com a idade. De fato, a *Forbes* (13 dez. 1999) reportou que pessoas de 25 anos se saíram significativamente melhor do que pessoas de 60 anos na escala de inteligência adulta de Wechsler, que é o teste de QI mais popular. Os dados na tabela a seguir são pontuações brutas do teste (isto é, não são as pontuações normalizadas de QI mais conhecidas) para uma amostra de 36 pessoas de 25 anos e 36 pessoas de 60 anos.
a. Estime a pontuação média dos dados brutos para todas as pessoas de 25 anos, usando um intervalo de confiança de 99%. Forneça uma interpretação prática do intervalo.
b. Que pressupostos devem valer para que o método de estimativa usado no item **a** seja apropriado?
c. Determine um intervalo de confiança de 95% para a pontuação média bruta de todas as pessoas de 60 anos e interprete seu resultado.

IQ25

Pessoas de 25 anos					
54	61	80	92	41	63
59	68	66	76	82	80
82	47	81	77	88	94
49	86	55	82	45	51
70	72	63	50	52	67
75	60	58	49	63	68

IQ60

Pessoas de 60 anos					
42	54	38	22	58	37
60	49	51	60	45	42
73	28	65	65	60	34
34	33	40	28	36	60
45	61	47	30	45	45
45	37	27	40	37	58

Fonte: Adaptado de "The case for age discrimination." *Forbes*, 13 dez. 1999, p. 13.

5.18 Tamanho dos diamantes vendidos no varejo. Consulte o Exercício 2.47 e os dados do *Journal of Statistics Education* relativos a diamantes, que estão no arquivo **DIAMONDS**. Considere a variável quantitativa 'número de quilates', registrada para cada um dos 308 diamantes para venda no mercado aberto.

a. Selecione uma amostra aleatória de 30 diamantes, a partir dos 308 diamantes.
b. Determine a média e o desvio-padrão do número de quilates por diamante para a amostra.
c. Use a informação da amostra do item **b** para construir um intervalo de confiança de 95% para o número médio de quilates na população de 308 diamantes.
d. Interprete a frase 'confiança de 95%' quando aplicada ao intervalo do item **c**.
e. Consulte a média de todos os 308 diamantes que você calculou no Exercício 2.47. A média da 'população' cai no intervalo de confiança do item **c**?

Aplicação dos conceitos — Avançado

5.19 Satisfação dos trabalhadores no trabalho. Uma pesquisa publicada no *Journal of Psychology and Aging* (maio 1992) estudou qual o papel que a idade dos trabalhadores tem na determinação do nível de satisfação no trabalho. O pesquisador formulou uma hipótese de que os trabalhadores mais jovens e mais velhos teriam um grau de satisfação no trabalho maior do que os trabalhadores de meia-idade. Para cada um dos 1.686 adultos de uma amostra, foi atribuído um grau de satisfação no trabalho baseado nas respostas a uma série de questões. Graus maiores de pontuação de satisfação no trabalho indicam maiores níveis de satisfação. Os dados, organizados por grupo de idade, estão resumidos a seguir.

	GRUPO DE IDADE		
	Mais jovens (18-24)	Meia-idade (25-44)	Mais velhos (45-64)
$\bar{x}$	4,17	4,04	4,31
s	0,75	0,81	0,82
n	241	768	677

a. Construa um intervalo de confiança de 95% para o grau de satisfação médio em cada grupo de idade. Interprete cuidadosamente cada intervalo.
b. Na construção dos três intervalos de confiança de 95%, é mais ou menos provável que pelo menos um deles *não* contenha a média da população que se deseja estimar do que um único intervalo de confiança não contenha a média da população? [*Dica*: presuma que os três intervalos sejam independentes e calcule a probabilidade de que pelo menos um deles não contenha a média da população a estimar. Compare essa probabilidade com a probabilidade de que um único intervalo não contenha a média.]
c. Com base nesses intervalos, parece que a hipótese do pesquisador tem suporte? [*Cuidado*: aprenderemos como usar a informação da amostra para comparar médias de população no Capítulo 7 e então voltaremos a este exercício. Aqui, simplesmente baseie a sua opinião nos intervalos de confiança individuais que você construiu no item **a**.]

5.20 Cozinha de teste de 'Raid'. De acordo com os cientistas, a barata teve 300 milhões de anos para desenvolver resistência à destruição. Num estudo realizado por cientistas para a S.C. Johnson & Son, Inc. (fabricantes de Raid e Off), 5.000 baratas (que é o número esperado para uma casa infestada de baratas) foram soltas na cozinha de teste de Raid. Uma semana depois, a cozinha foi dedetizada e 16.298 baratas mortas foram contadas, um aumento de 11.298 baratas no período de uma semana. Presuma que nenhuma das baratas originais tenha morrido durante o período de uma semana e que o desvio-padrão de x, o número de baratas produzido por barata no período de uma semana, seja 1,5. Use o número de baratas produzidas pela amostra de 5.000 baratas para determinar um intervalo de confiança de 95% para o número médio de baratas produzidas por semana, por cada barata, numa típica casa infestada.

5.3 Intervalo de confiança de amostra pequena para a média de uma população

A legislação federal exige das empresas farmacêuticas que realizem testes extensivos de novas drogas antes de elas serem colocadas no mercado. Inicialmente, a nova droga é testada em animais. Se é considerada segura depois dessa primeira fase de testes, a empresa farmacêutica é autorizada a iniciar testes em humanos de forma limitada. Durante essa segunda fase, inferências devem ser feitas a respeito da segurança da droga, baseadas em informações de amostras muito pequenas.

Suponha que uma empresa farmacêutica deva estimar o aumento médio na pressão sanguínea de pacientes que tomaram certa droga nova. Presuma que somente seis pacientes (selecionados aleatoriamente da população de todos os pacientes) possam ser usados na fase inicial de testes em humanos. O uso de uma *amostra pequena* para realizar inferências a respeito de μ apresenta dois problemas imediatos, quando tentamos usar o padrão normal z como estatística de teste.

Problema 1 A forma da distribuição amostral da média $\bar{x}$ da amostra (e a estatística z) agora depende da forma da população que foi amostrada. Não podemos mais presumir que a distribuição amostral de $\bar{x}$ seja aproximadamente normal, porque o teorema do limite central assegura a normalidade somente para amostras que são suficientemente grandes.

Solução para o Problema 1

De acordo com o Teorema 4.1, a distribuição amostral de $\bar{x}$ (e z) é exatamente normal mesmo para amostras pequenas, se a população amostrada é normal. E é aproximadamente normal se a população amostrada é aproximadamente normal.

Problema 2 O desvio-padrão σ da população é quase sempre desconhecido. Embora ainda seja verdade que $\sigma_{\bar{x}} = \sigma/\sqrt{n}$, o desvio-padrão s da amostra pode fornecer apenas uma aproximação pobre para σ, quando o tamanho da amostra é pequeno.

Solução para o Problema 2

Em vez de usar a estatística normal padrão

$$z = \frac{\bar{x} - \mu}{\sigma_{\bar{x}}} = \frac{\bar{x} - \mu}{\sigma/\sqrt{n}}$$

que requer o conhecimento ou uma boa aproximação de σ, definimos e usamos a estatística

$$t = \frac{\bar{x} - \mu}{s/\sqrt{n}}$$

na qual o desvio-padrão s da amostra substitui o desvio-padrão da população σ.

Se você está realizando uma amostra a partir de uma distribuição normal, a **estatística t** tem uma distribuição amostral muito parecida com a estatística z: em forma de colina, simétrica, com média 0. A diferença principal entre as distribuições amostrais de t e z é que a estatística t é mais variável que a z, o que é intuitivo quando você se dá conta de que t contém duas quantidades aleatórias ($\bar{x}$ e s), enquanto z contém somente uma ($\bar{x}$).

O aumento real da variabilidade na distribuição amostral de t depende do tamanho da amostra n. Uma maneira conveniente de expressar essa dependência é dizer que a estatística t tem ($n - 1$) **graus de liberdade (gl)**. Relembre que a quantidade ($n - 1$) é o divisor que aparece na fórmula para s^2. Esse número tem um papel-chave na distribuição amostral de s^2 e aparecerá na discussão de outras estatísticas nos capítulos seguintes. Em particular, quanto menor o número de graus de liberdade associados com a estatística t, mais variável será a sua distribuição amostral.

WILLIAM S. GOSSET (1876–1937)

Na Figura 5.7, mostramos a distribuição amostral de z e a distribuição amostral de uma estatística t com 4 gl. Você pode ver que a variabilidade maior da estatística t significa que o valor t, t_α, que localiza uma área α na cauda superior da distribuição t, é

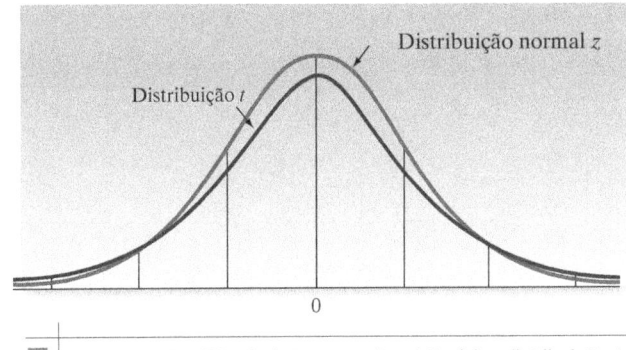

FIGURA 5.7 Distribuição normal padrão (z) e distribuição t com 4 gl

maior que o valor correspondente z_α. Para qualquer valor dado de α, o valor t, t_α aumenta à medida que o número de graus de liberdade (gl) diminui. Os valores de t que serão usados na formação de intervalos de confiança de amostras pequenas para μ são dados na Tabela V do Apêndice B. Uma reprodução parcial dessa tabela é apresentada na Tabela 5.3.

Note que os valores t_α estão listados para vários graus de liberdade, em que α se refere à área da cauda sob a distribuição t, à direita de t_α. Por exemplo, se desejamos saber o valor t com uma área de 0,025 à sua direita e 4 gl, procuramos na tabela, na coluna $t_{0,025}$, o valor correspondente à linha de 4 gl. Esse valor é $t_{0,025} = 2,776$, como mostrado na Figura 5.8. O valor correspondente na normal padrão z é $z_{0,025} = 1,96$.

Note que a última linha da Tabela V, em que gl = ∞ (infinito), contém os valores da normal padrão z. Isso deriva do fato de que, à medida que o tamanho n da amostra se torna muito grande, s se aproxima de σ e, então, t se aproxima, na distribuição, de z. De fato, quando gl = 29, há pouca diferença entre os valores tabulados correspondentes de z e t. Então, os pesquisadores escolhem o ponto de corte arbitrário $n = 30$ (gl = 29) para distinguir entre as técnicas de inferência de amostra grande e amostra pequena.

Retornando ao exemplo de teste da nova droga, suponha que os seis pacientes do teste tenham um

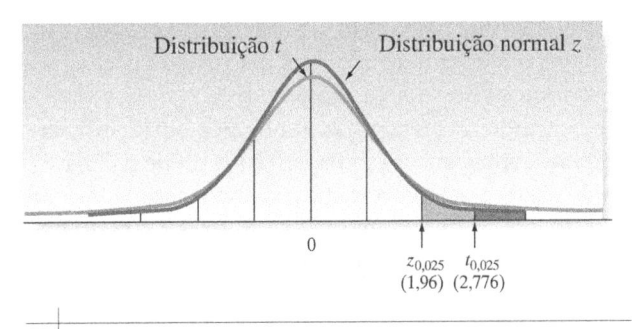

FIGURA 5.8 O valor $t_{0,025}$ na distribuição t com 4 gl e o valor correspondente $z_{0,025}$

TABELA 5.3 Reprodução de parte da Tabela V do Apêndice B

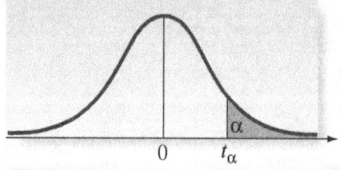

GRAUS DE LIBERDADE	$t_{0,100}$	$t_{0,050}$	$t_{0,025}$	$t_{0,010}$	$t_{0,005}$	$t_{0,001}$	$t_{0,0005}$
1	3,078	6,314	12,706	31,821	63,657	318,13	636,62
2	1,886	2,920	4,303	6,965	9,925	22,326	21,598
3	1,638	2,353	3,182	4,541	5,841	10,213	12,924
4	1,533	2,132	2,776	3,747	4,604	7,173	8,610
5	1,476	2,015	2,571	3,365	4,032	5,893	6,869
6	1,440	1,943	2,447	3,132	3,707	5,208	5,959
7	1,415	1,895	2,365	2,998	3,499	4,785	5,408
8	1,397	1,860	2,306	2,896	3,355	4,501	5,041
9	1,383	1,833	2,262	2,821	3,250	4,297	4,781
10	1,372	1,812	2,228	2,764	3,169	4,144	4,587
11	1,363	1,796	2,201	2,718	3,106	4,025	4,437
12	1,356	1,782	2,179	2,681	3,055	3,930	4,318
13	1,350	1,771	2,160	2,650	3,012	3,852	4,221
14	1,345	1,761	2,145	2,624	2,977	3,787	4,140
15	1,341	1,753	2,131	2,602	2,947	3,733	4,073
⋮	⋮	⋮	⋮	⋮	⋮	⋮	⋮
∞	1,282	1,645	1,960	2,326	2,576	3,090	3,291

aumento da pressão sanguínea de 1,7; 3,0; 0,8; 3,4; 2,7; e 2,1 pontos. (Estes dados estão no arquivo **BPINCR**). Como podemos usar essa informação para construir um intervalo de confiança de 95% para μ, o aumento médio da pressão sanguínea, associado com a nova droga, para todos os pacientes na população?

BPINCR
Companion Website

Primeiro, sabemos que estamos lidando com uma amostra muito pequena para assumir, pelo teorema do limite central, que a média $\bar{x}$ da amostra seja aproximadamente distribuída de forma normal — isto é, não temos a distribuição normal de $\bar{x}$ 'automaticamente' pelo teorema do limite central quando o tamanho da amostra é pequeno. Ao contrário, a variável medida, neste caso, o aumento da pressão sanguínea, deve ser normalmente distribuída para que a distribuição de $\bar{x}$ seja normal.

Segundo, a menos que tenhamos sorte suficiente para conhecer o desvio-padrão σ da população, o que, neste caso, representa o desvio-padrão do aumento da pressão sanguínea de *todos* os pacientes quando tomam a nova droga, não podemos usar a estatística normal padrão z para formar nosso intervalo de confiança para μ. Em vez disso, temos que usar a distribuição t, com $(n - 1)$ graus de liberdade.

Nesse caso, $n - 1 = 5$ gl e o valor t são encontrados na Tabela 5.3, sendo $t_{0,025} = 2,571$ com 5 gl. Relembre que o intervalo de confiança para amostra grande seria da forma:

$$\bar{x} \pm z_{\alpha/2}\sigma_{\bar{x}} = \bar{x} \pm z_{\alpha/2}\frac{\sigma}{\sqrt{n}} = \bar{x} \pm z_{0,025}\frac{\sigma}{\sqrt{n}}$$

em que 95% é o nível de confiança desejado. Para formar o intervalo para uma amostra pequena *de distribuição normal*, simplesmente substituímos t por z e s por σ na fórmula anterior:

$$\bar{x} \pm t_{\alpha/2}\frac{s}{\sqrt{n}}$$

Uma listagem do SPSS mostrando as estatísticas descritivas para os seis aumentos de pressão sanguínea é mostrada na Figura 5.9. Note que $\bar{x} = 2,283$ e $s = 0,950$. Substituindo esses valores numéricos na fórmula do intervalo de confiança, temos:

$$2,283 \pm (2,571)\left(\frac{0,950}{\sqrt{6}}\right) = 2,283 \pm 0,997$$

ou 1,286 a 3,280 pontos. Note que esse intervalo está de acordo (exceto quanto ao arredondamento) com o intervalo de confiança gerado pelo SPSS na Figura 5.9.

Interpretamos o intervalo da seguinte maneira: podemos estar 95% confiantes de que o aumento médio na pressão sanguínea, associado com tomar a nova droga, está entre 1,286 e 3,28 pontos. Como nas nossas

Descriptives

			Statistic	Std. Error
BPINCR	Mean		2.283	.3877
	95% Confidence Interval for Mean	Lower Bound	1.287	
		Upper Bound	3.280	
	5% Trimmed Mean		2.304	
	Median		2.400	
	Variance		.902	
	Std. Deviation		.9496	
	Minimum		.8	
	Maximum		3.4	
	Range		2.6	
	Interquartile Range		1.625	
	Skewness		-.573	.845
	Kurtosis		-.389	1.741

FIGURA 5.9 Intervalo de confiança do SPSS para o aumento médio da pressão sanguínea

estimativas de intervalos para amostras grandes, nossa confiança é no processo, e não nesse intervalo em especial. Sabemos que, se usarmos repetidamente esse processo de estimativa, 95% dos intervalos de confiança produzidos conterão a verdadeira média μ, *presumindo que a distribuição de probabilidade para as mudanças de pressão sanguínea, da qual nossa amostra foi selecionada, é normal*. Este último pressuposto é necessário para que um intervalo de amostra pequena seja válido.

Que preço pagamos por ter que utilizar uma amostra pequena para fazer a inferência? Primeiro, tivemos que presumir que a população subjacente seja normalmente distribuída, e, se o pressuposto for inválido, nosso intervalo também será inválido[1]. Segundo, tivemos que formar o intervalo usando o valor t de 2,571, em vez do valor z de 1,96, resultando em um intervalo mais amplo para chegar ao mesmo nível de confiança de 95%. Se o intervalo de 1,286 a 3,28 for muito amplo para ser usado, então sabemos como resolver esse problema: aumentar o número de pacientes amostrados para diminuir a amplitude do intervalo (em média).

Agora faça o exercício 5.22

O procedimento para formar um intervalo de confiança para amostra pequena aparece resumido nos quadros a seguir.

INTERVALO DE CONFIANÇA[2] DE AMOSTRA PEQUENA PARA μ

$$\bar{x} \pm t_{\alpha/2}\left(\frac{s}{\sqrt{n}}\right)$$

onde $t_{\alpha/2}$ é baseado em $(n-1)$ graus de liberdade.

CONDIÇÕES REQUERIDAS PARA UM INTERVALO DE CONFIANÇA DE AMOSTRA PEQUENA VÁLIDO PARA μ

1. Uma amostra aleatória é selecionada de uma população-alvo.
2. A população tem uma distribuição de freqüência relativa que é aproximadamente normal.

EXEMPLO 5.2

DETERMINANDO UM INTERVALO DE CONFIANÇA DE AMOSTRA PEQUENA PARA μ EM AMOSTRAGEM DESTRUTIVA

Problema Alguns experimentos de controle de qualidade requerem *amostragem destrutiva* (isto é, o teste para determinar se o item defeituoso destrói o item) para medir algumas características particulares do produto. O custo da amostragem destrutiva freqüentemente força peque-

---

[1] Por *inválido* entendemos, a probabilidade de que o procedimento *resultará num intervalo que contenha* μ não é igual a $(1 - \alpha)$. Em geral, se a população subjacente é aproximadamente normal, então o coeficiente de confiança se aproximará da probabilidade de que um intervalo selecionado aleatoriamente contenha μ.

[2] O procedimento exposto no quadro presume que o desvio-padrão σ seja desconhecido, o que é quase sempre o caso. Se σ for conhecido, podemos formar um intervalo de confiança de amostra pequena da mesma maneira que formaríamos um intervalo de confiança de amostra grande, usando o valor z normal padrão, em vez de t. Entretanto, devemos ainda presumir que a população subjacente seja aproximadamente normal.

nas amostras. Por exemplo, suponha que um fabricante de impressoras para computadores pessoais deseje estimar o número médio de caracteres impressos antes que a cabeça de impressão falhe. Suponha que o fabricante de impressoras teste $n = 15$ cabeças de impressão selecionadas aleatoriamente e registre o número de caracteres impressos até a falha de cada uma. Essas 15 medidas (em milhões de caracteres) estão listadas na Tabela 5.4, seguidas por uma listagem de estatísticas sumárias do Excel/PHStat2, na Figura 5.10.

a. Forme um intervalo de confiança de 99% para o número médio de caracteres impressos antes que a cabeça de impressão falhe. Interprete o resultado.

b. Que pressuposto é requerido para que o intervalo do item **a** seja válido? Está razoavelmente atendido?

Solução

a. Para essa amostra pequena ($n = 15$), usamos a estatística t para formar o intervalo de confiança. Usamos um coeficiente de confiança de 0,99 e $n - 1 = 14$ graus de liberdade para achar $t_{\alpha/2}$ na Tabela V:

$$t_{\alpha/2} = t_{0,005} = 2,977$$

TABELA 5.4 Número de caracteres (em milhões) para $n = 15$ testes de cabeças de impressão com 4 gl

1,13	1,55	1,43	0,92	1,25
1,36	1,32	0,85	1,07	1,48
1,20	1,33	1,18	1,22	1,29

Confidence Interval Estimate for the Mean

Data	
Sample Standard Deviation	0.19316413
Sample Mean	1.238666667
Sample Size	15
Confidence Level	99%

Intermediate Calculations	
Standard Error of the Mean	0.049874764
Degrees of Freedom	14
t Value	2.976848918
Interval Half Width	0.148469637

Confidence Interval	
Interval Lower Limit	1.09
Interval Upper Limit	1.39

FIGURA 5.10 Resumo estatístico e intervalo de confiança do Excel/PHStat para os dados da Tabela 5.4

[*Nota*: A amostra pequena nos força a estender o intervalo quase 3 desvios-padrão (de $\bar{x}$) para cada lado da média da amostra, de modo a formar um intervalo de confiança de 99%.] Na listagem do Excel/PHStat, Figura 5.10, encontramos $\bar{x} = 1,239$ e $s = 0,193$. Substituindo esses valores na fórmula do intervalo de confiança, obtemos:

$$\bar{x} \pm t_{0,005}\left(\frac{s}{\sqrt{n}}\right) = 1,239 \pm 2,977\left(\frac{0,193}{\sqrt{15}}\right)$$

$$= 1,239 \pm 0,148 \text{ ou } (1,091; 1,387)$$

Esse intervalo é mostrado no final da listagem, Figura 5.10.

Nossa interpretação é a seguinte: o fabricante pode estar 99% confiante de que a cabeça de impressão tem uma vida média entre 1,091 e 1,387 milhões de caracteres. Se ele fosse anunciar que a vida média de suas cabeças de impressão é de (pelo menos) 1 milhão de caracteres, o intervalo apoiaria essa afirmação. Nossa confiança é derivada do fato de que 99% dos intervalos formados em aplicações repetidas desse procedimento conteriam μ.

b. Uma vez que n é pequeno, devemos presumir que o número de caracteres impressos antes da falha da cabeça de impressão é uma variável aleatória de distribuição normal, isto é, presumimos que a população da qual a amostra de 15 medidas foi selecionada é normalmente distribuída. Uma maneira de confirmar esse pressuposto é fazer um gráfico de distribuição dos dados da Tabela 5.4. Se os dados amostrados são aproximadamente normais, então a população da qual a amostra foi selecionada é, muito provavelmente, normal. Um diagrama de ramo e folhas do MINITAB para os dados da amostra é apresentado na Figura 5.11. A distribuição tem forma de colina e é quase simétrica. Portanto, o pressuposto de normalidade parece razoavelmente satisfeito.

Relembrando Outros testes para normalidade, tais como o diagrama de probabilidade normal e a razão IQR/S, também podem ser usados para verificar a condição de normalidade.

Stem-and-Leaf Display: NUMBER

```
Stem-and-leaf of NUMBER  N  = 15
Leaf Unit = 0.010

   1    8   5
   2    9   2
   3   10   7
   5   11   38
  (4)  12   0259
   6   13   236
   3   14   38
   1   15   5
```

FIGURA 5.11 Diagrama de ramo e folhas dos dados da Tabela 5.4

AGORA FAÇA O EXERCÍCIO **5.33**

Temos enfatizado, ao longo desta seção, que o pressuposto de que a população é normalmente distribuída é necessário para realizar inferências de amostras pequenas sobre μ quando se usa a estatística t. Ainda que muitos fenômenos tenham, de fato, distribuições aproximadamente normais, também é verdade que muitos fenômenos aleatórios apresentam distribuições que não são normais e nem mesmo em forma de colina. A evidência empírica adquirida ao longo dos anos tem mostrado que a distribuição t é pouco sensível a desvios moderados da normalidade — isto é, o uso da estatística t na amostragem de populações leve ou moderadamente assimétricas, mas em forma de colina, geralmente produz resultados críveis; entretanto, para os casos nos quais a distribuição é distintamente não normal, devemos tomar uma amostra grande ou usar um *método não paramétrico* (tópico do Capítulo 14).

> **O QUE VOCÊ FAZ QUANDO A DISTRIBUIÇÃO DE FREQÜÊNCIA RELATIVA DA POPULAÇÃO É MUITO DIFERENTE DA NORMALIDADE?**
>
> *Resposta*: Use os métodos estatísticos não paramétricos do Capítulo 14.

ESTATÍSTICA EM AÇÃO REVISITADA

ESTIMANDO O PESO MÉDIO POR VIEIRA

Consulte o processo judicial das vieiras descrito anteriormente. Relembre que um navio, retornando de uma viagem de pesca, com 11.000 sacos de vieiras, foi acusado de violar o padrão de peso do Serviço Americano de Áreas Pesqueiras e Vida Selvagem para as vieiras recém-nascidas. A lei exige que a parte comestível média por vieira pese pelo menos 1/36 de libra. O fiscal portuário selecionou, ao acaso, 18 sacos para pesagem e estimou que o navio capturou vieiras que pesavam, em média, apenas 1/39 de libra de parte comestível. Conseqüentemente, as autoridades federais confiscaram a captura. O navio realmente violou o padrão de peso das vieiras?

Uma maneira de responder a essa questão é formar um intervalo de confiança para o peso médio verdadeiro, por vieira, para todos os 11.000 sacos capturados pelo navio pesqueiro. Os dados para os 18 sacos amostrados, que estão no arquivo **SCALLOPS**, encontram-se também na Tabela EA5.1. (Cada medida da tabela é o peso médio estimado, por vieira, do saco. Uma medida menor que 1/36 = 0,0278 libras indica que o saco individual não está de acordo com o padrão.)

O programa MINITAB foi utilizado para achar um intervalo de confiança de 95% para o peso médio da população por vieira. A listagem do MINITAB está mostrada na Figura EA5.1. O intervalo mostrado na listagem é (0,024830; 0,026915). Note que o ponto superior do intervalo está abaixo de 0,0278 (ou 1/36 de libra). Conseqüentemente, estamos 95% confiantes de que o peso médio verdadeiro, por vieira, dos 11.000 sacos capturados pelo navio pesqueiro, está abaixo do mínimo de 1/36 de libra estabelecido pelo Serviço Americano de Áreas Pesqueiras e Vida Selvagem. Parece que o navio violou o peso mínimo requerido pelo governo para vieiras recém-nascidas.

[*Nota*: Uma vez que o navio violou a regra de peso relativa às vieiras recém-nascidas, as autoridades federais confiscaram 95% da captura do navio. O proprietário do navio reclamou que isso não era correto, uma vez que nem todos (muito menos 95%) dos sacos de vieiras tinham um peso médio por vieira inferior a 1/36 de libra. Vamos voltar a este assunto no próximo Estatística em ação].

SCALLOPS Companion Website

TABELA EA5.1 Medidas de peso das vieiras (em libras) para os 18 sacos amostrados

0,0258	0,0244	0,0236	0,0253	0,0253	0,0233	0,0250	0,0272	0,0244
0,0247	0,0272	0,0242	0,0253	0,0256	0,0275	0,0317	0,0294	0,0258

Fonte: Adaptado de BENNETT, A. "Misapplications review: jail terms". *Interfaces*, vol. 25, n. 2, mar.-abr. 1995, p. 20.

```
One-Sample T: Weight

Variable    N      Mean      StDev    SE Mean           95% CI
Weight     18   0.025872   0.002096   0.000494   (0.024830, 0.026915)
```

FIGURA EA5.1 Intervalo de confiança do MINITAB para os dados de peso das vieiras

Intervalo de confiança para a média de uma população (n < 30)

Usando a calculadora gráfica TI-83/TI-84

Criando um intervalo de confiança para a média de uma população

Passo 1 *Insira os dados (vá para o Passo 2 se você tiver estatísticas resumidas e não dados brutos).*
Aperte **STAT** e selecione **1:Edit**.
Nota: Se a lista já contiver dados, limpe os dados antigos. Use a seta para cima para destacar 'L1'.
Aperte **CLEAR ENTER**.
Use as teclas **ARROW** e **ENTER** para inserir o conjunto de dados em **L1**.

Passo 2 *Acesse o Menu de Testes Estatísticos.*
Aperte **STAT**.
Seta direita até **TESTS**.
Seta para baixo até **TInterval**.
Aperte **ENTER**.

```
EDIT CALC TESTS
2↑T-Test…
3:2-SampZTest…
4:2-SampTTest…
5:1-PropZTest…
6:2-PropZTest…
7:ZInterval…
8:TInterval…
```

Passo 3 *Escolha 'Data' ou 'Stats'. ('Data' deve ser selecionado quando você entra com dados brutos na Lista. 'Stats' deve ser selecionado quando você tem apenas a média, o desvio-padrão e o tamanho da amostra.)*

Aperte **ENTER**.
Se você selecionou 'Data', fixe **List** em **L1**.
Fixe **Freq** em **1**.
Fixe **C-Level** para o nível de confiança.
Seta para baixo até '**Calculate**'.
Aperte **ENTER**.

```
TInterval
Inpt:Data Stats
List:L1
Freq:1
C-Level:.95
Calculate
```

Se você selecionou 'Stats', entre com a média, o desvio-padrão e o tamanho da amostra.
Fixe **C-Level** para o nível de confiança.
Seta para baixo até '**Calculate**'.
Aperte **ENTER**.
(A tela ao lado está preparada com um exemplo com média de 100 e desvio-padrão de 10.)

O intervalo de confiança será mostrado com a média, o desvio-padrão e o tamanho da amostra.

```
TInterval
Inpt:Data Stats
x̄:100
Sx:10
n:19
C-Level:.95
Calculate
```

Exemplo Calcule um intervalo de confiança de 99% para a média usando os 15 elementos de dados do Exemplo 5.2.

1,13	1,55	1,43	0,92	1,25
1,36	1,32	0,85	1,07	1,48
1,20	1,33	1,18	1,22	1,29

```
TInterval
(1.0902,1.3871)
x̄=1.238666667
Sx=.1931641296
n=15
```

Como você pode ver na tela, nosso intervalo de confiança de 99% é **(1,0902; 1,3871)**.
Observe também que a tela mostra a média, o desvio-padrão e o tamanho da amostra.

Exercícios 5.21 – 5.35

Aprendendo a mecânica

5.21 Suponha que você tenha selecionado uma amostra aleatória de $n = 5$ medidas de uma distribuição normal. Compare os valores da normal padrão z com os correspondentes valores t se você formar os seguintes intervalos de confiança:
a. Intervalo de confiança de 80%.
b. Intervalo de confiança de 90%.
c. Intervalo de confiança de 95%.
d. Intervalo de confiança de 98%.
e. Intervalo de confiança de 99%.
f. Use os valores da tabela que você obteve nos itens de a até e para desenhar as distribuições z e t. Quais são as semelhanças e diferenças?

APPLET **Exercícios utilizando aplicativo 5.3**
(É preciso ter o Java instalado para utilizar esse aplicativo)
Use o aplicativo intitulado *Confidence intervals for a mean (the impact of not knowing the standard deviation)* para comparar as proporções dos intervalos z e t que contêm a média para uma população que é normalmente distribuída.
a. Usando $n = 5$ e a distribuição normal com média 50 e desvio-padrão 10, rode o aplicativo várias vezes. Como se comparam as proporções dos intervalos z e dos intervalos t que contêm a média?
b. Repita o item a, primeiro para $n = 10$ e, depois, para $n = 20$. Compare os resultados com o item a.
c. Descreva quaisquer padrões que você tenha observado entre a proporção dos intervalos z que contêm a média e a proporção dos intervalos t que contêm a média à medida que o tamanho da amostra aumenta.

APPLET **Exercícios utilizando aplicativo 5.4**
(É preciso ter o Java instalado para utilizar esse aplicativo)
Use o aplicativo intitulado *Confidence intervals for a mean (the impact of not knowing the standard deviation)* para comparar as proporções dos intervalos z e t que contêm a média para uma população com uma distribuição assimétrica.
a. Usando $n = 5$ e a distribuição assimétrica para a direita, com média 50 e desvio-padrão 10, rode o aplicativo várias vezes. Como se comparam as proporções dos intervalos z e t que contêm a média?
b. Repita o item a, primeiro para $n = 10$ e, depois, para $n = 20$. Compare os resultados com o item a.
c. Descreva quaisquer padrões que você tenha observado entre a proporção dos intervalos z que contêm a média e a proporção dos intervalos t que contêm a média, à medida que o tamanho da amostra aumenta.
d. Como a assimetria da distribuição subjacente afeta as proporções dos intervalos z e t que contêm a média?

5.22 Explique as diferenças na distribuição amostral de $\bar{x}$ para amostras grandes e pequenas, considerando os seguintes pressupostos:
a. A variável de interesse x é normalmente distribuída.
b. Nada se sabe sobre a distribuição da variável x.

5.23 Seja t_0 um valor particular de t. Use a Tabela V do Apêndice B para achar valores de t_0 de modo que as seguintes afirmações sejam verdadeiras:
a. $P(-t_0 < t < t_0) = 0{,}95$, em que gl = 10.
b. $P(t \leq -t_0$ ou $t \geq t_0) = 0{,}05$, em que gl = 10.
c. $P(t \leq t_0) = 0{,}05$, em que gl = 10.
d. $P(t \leq -t_0$ ou $t \geq t_0) = 0{,}10$, em que gl = 20.
e. $P(t \leq -t_0$ ou $t \geq t_0) = 0{,}01$, em que gl = 5.

5.24 Considere t_0 um valor específico de t. Use a Tabela V do Apêndice B para achar valores de t_0 tais que as seguintes afirmações sejam verdadeiras:
a. $P(t \geq t_0) = 0{,}025$, em que gl = 11.
b. $P(t \geq t_0) = 0{,}01$, em que gl = 9.
c. $P(t \leq t_0) = 0{,}005$, em que gl = 6.
d. $P(t \leq t_0) = 0{,}05$, em que gl = 18.

5.25 A seguinte amostra aleatória foi selecionada de uma distribuição normal: 4, 6, 3, 5, 9, 3.
a. Construa um intervalo de confiança de 90% para a média da população μ.
b. Construa um intervalo de confiança de 95% para a média da população, μ.
c. Construa um intervalo de confiança de 99% para a média da população, μ.
d. Presuma que a média $\bar{x}$ e o desvio-padrão s da amostra permaneçam exatamente os mesmos que você acabou de calcular, mas que estejam baseados em uma amostra de $n = 25$ observações, e não em $n = 6$ observações. Repita os itens de a até c. Qual é o efeito de aumentar o tamanho da amostra na largura dos intervalos de confiança?

5.26 A seguinte amostra de 16 medidas foi selecionada de uma população que é aproximadamente e normalmente distribuída:

LM5_26 Companion Website

| 91 | 80 | 99 | 110 | 95 | 106 | 78 | 121 | 106 | 100 | 97 | 82 |
| 100 | 83 | 115 | 104 | | | | | | | | |

a. Construa um intervalo de confiança de 80% para a média da população.
b. Construa um intervalo de confiança de 95% para a média da população e compare a largura desse intervalo com o do item a.
c. Interprete cuidadosamente cada intervalo de confiança e explique por que o intervalo de confiança de 80% é mais estreito.

Aplicação dos conceitos — Básico

5.27 Examinando a resistência à dobra de um teto de madeira. A madeira branca usada no teto de um antigo templo japonês é importada do norte da Europa. O teto de madeira deve resistir a até 100 centímetros de neve no inverno. Arquitetos da Universidade Tohoku (Japão) realizaram um estudo para estimar a resistência média à dobra do teto de madeira branca (*Journal of the International Association for Shell and Spatial Structures*, ago. 2004). Uma amostra de 25 peças da madeira importada foi testada e resultou nas seguintes estatísticas de resistência à quebra (Mpa): $\bar{x} = 75,4$, $s = 10,9$. Estime a média verdadeira da resistência à quebra da madeira branca com um intervalo de confiança de 90%. Interprete o resultado.

5.28 Contaminação de poços em New Jersey. O éter Metil *t*-butil (MTBE) é um contaminante orgânico da água que resulta, freqüentemente, de derrame de gasolina. O nível de MTBE (em partes por bilhão) foi medido em uma amostra de 12 poços localizados próximos a postos de gasolina em New Jersey (*Environmental Science & Technology*, jan. 2005). Os dados estão listados na tabela a seguir.

NJGAS
Companion Website

150	367	38	12	11	134
12	251	63	8	13	107

Fonte: KUDER, T., et al. 'Enrichment of stable carbon and hydrogen isotopes during anaerobic biodegradation of MTBE: microcosm and field evidence.' *Environmental Science & Technology*, vol. 39, n. 1, jan. 2005 (Tabela 1).

a. Forneça uma estimativa pontual para μ, a média verdadeira do nível de MTBE para todos os poços situados perto de postos de gasolina de New Jersey.
b. Calcule e interprete um intervalo de confiança de 99% para μ.
c. Que pressupostos são requeridos para que o intervalo do item b seja válido? Esses pressupostos estão razoavelmente satisfeitos?

5.29 Chumbo e cobre na água potável. Periodicamente, o Departamento de Águas do Município de Hillsborough (Flórida) testa a água potável das residências para contaminantes como chumbo e cobre. Os níveis de chumbo e cobre nas amostras de água coletadas em uma amostra de 10 residências do distrito de Crystal Lakes Manors estão apresentados a seguir.

LEADCOPP
Companion Website
LEADCOPP*

Chumbo (μg/L)	Cobre (mg/L)
1,32	0,508
0	0,279
13,1	0,320
0,919	0,904
0,657	0,221
3,0	0,283
1,32	0,475
4,09	0,130
4,45	0,220
0	0,743

Fonte: Laboratório Ambiental do Departamento de Águas do Município de Hillsborough, Tampa, Flórida.
* Para usar os dados da tabela no software, é preciso trocar as vírgulas dos valores numéricos por ponto.

a. Construa um intervalo de confiança de 99% para o nível médio de chumbo das amostras de água de Crystal Lake Manors.
b. Construa um intervalo de confiança de 99% para o nível médio de cobre das amostras de água de Crystal Lake Manors.
c. Interprete os intervalos dos itens a e b nas palavras do problema.
d. Discuta o significado da frase '99% confiante'.

5.30 Tempo de permanência no hospital. Os seguros de saúde e o governo federal estão pressionando os hospitais para reduzir o tempo médio de permanência (TMP) dos seus

```
One-Sample T: GrwthRate

Variable     N     Mean     StDev    SE Mean         95% CI
GrwthRate   12   4935.42   11289.53  3259.01   (-2237.61, 12108.44)

Stem-and-Leaf Display: GrwthRate

Stem-and-leaf of GrwthRate   N = 12
Leaf Unit = 1000


    (10)   0   0000000012
      2    0
      2    1   2
      1    1
      1    2
      1    2
      1    3
      1    3   9
```

Saída do MINITAB para o Exercício 5.31

pacientes. O TMP médio para homens nos Estados Unidos é de 5,3 dias, e a média para mulheres é de 4,6 dias (*Statistical Abstract of the United States*, 2005). Uma amostra aleatória de 20 hospitais em um estado tinha um TMP médio para mulheres de 3,8 dias e um desvio-padrão de 1,2 dias.

    a. Use um intervalo de confiança de 90% para estimar o TMP médio para mulheres dos hospitais do estado.
    b. Interprete o resultado nos termos dessa aplicação.
    c. O que quer dizer a frase 'intervalo de confiança de 90%'?

5.31 Tecnology Fast 500. A empresa de consultoria Deloitte & Touche classifica as 500 empresas de tecnologia de crescimento mais rápido dos Estados Unidos baseada no crescimento percentual em um período de 5 anos. As suas classificações são chamadas *Technology Fast 500*. Uma amostra aleatória de 12 empresas do *Technology Fast 500* de 2005 e suas taxas de crescimento estão mostradas na tabela abaixo; uma análise dos dados pelo MINITAB aparece na tabela da página anterior.

FAST500*

Classificação	Empresa	Taxa de crescimento da receita em 5 anos (%)
4	Case Stack	39.071
22	Go2Call.com	12.514
88	Active Motiv	2.789
160	Netspoke	1.185
193	Conduant Corp.	860
268	ARGON ST	576
274	Immtech Int'l.	555
323	Open Solutions	430
359	eCopy	384
397	:Basis	331
444	Espial Group	281
485	Pacific Biometrics	249

Fonte: Technology Fast 500, Deloitte & Touche 2005 (www.fast500.com).
* Para usar os dados da tabela no software, é preciso trocar as vírgulas dos valores numéricos por ponto.

    a. Determine um intervalo de confiança de 95% para a média verdadeira da taxa de crescimento de 5 anos para o *Technology Fast 500* de 2005. Interprete o resultado.
    b. Para estimar a média descrita no item **a**, com um intervalo de confiança de amostra pequena, que característica a população deve possuir?
    c. Explique por que a característica requerida para a população pode não se sustentar neste caso.

5.32 Aspereza da superfície de um duto. Consulte o estudo da *Anti-corrosion Methods and Materials* (vol. 50, 2003), relativo à aspereza da superfície de um duto revestido interiormente, usado em campos de petróleo, do Exercício 2.46. Os dados (em micrometros) para uma amostra de 20 seções de dutos estão reproduzidos na tabela abaixo; uma análise dos dados feita pelo MINITAB aparece no pé desta página.

    a. Encontre um intervalo de confiança de 95% para a aspereza média da superfície de um duto revestido interiormente na saída do MINITAB.
    b. Você esperaria que a aspereza média da superfície fosse tão alta quanto 2,5 micrometros? Explique.

ROUGHPIPE

1,72	2,50	2,16	2,13	1,06	2,24	2,31	2,03	1,09	1,40
2,57	2,64	1,26	2,05	1,19	2,13	1,27	1,51	2,41	1,95

Fonte: FARSHAD, F.; PESACRETA,T. "Coated pipe interior surface roughness as measured by three scanning probe instruments." *Anti-corrosion Methods and Materials*, vol. 50, n. 1, 2003 (Tabela III).

5.33 Minimizando a distância de derrapagem de um trator. Quando planejam uma nova estrada na floresta para ser usada na coleta de árvores, os planejadores devem selecionar a localização de forma a minimizar a distância de derrapagem do trator. No *Journal of Forest Engineering* (jul. 1999), os pesquisadores quiseram estimar a média verdadeira da distância de derrapagem ao longo de uma nova estrada numa floresta européia. As distâncias de derrapagem (em metros) foram medidas em 20 locais da estrada, selecionados aleatoriamente. Esses valores estão na tabela abaixo.

    a. Estime a média verdadeira da distância de derrapagem para a estrada, com um intervalo de confiança de 95%.
    b. Forneça uma interpretação prática do intervalo do item **a**.
    c. Que condições são requeridas para que a inferência do item **b** seja válida? Essas condições estão razoavelmente satisfeitas?
    d. Um lenhador, trabalhando na estrada, afirmou que a distância média de derrapagem é de pelo menos 425 metros. Você concorda?

SKIDDING

488	350	457	199	285	409	435	574	439	546
385	295	184	261	273	400	311	312	141	425

Fonte: TUJEK, J.; PACOLA, E. "Algorithms for skidding distance modeling on a raster digital terrain model." *Journal of Forest Engineering*, vol. 10, n. 1, jul. 1999 (Tabela 1).

One-Sample T: ROUGH

```
Variable    N     Mean    StDev   SE Mean       95% CI
ROUGH      20  1.88100  0.52391  0.11715  (1.63580, 2.12620)
```

Saída do MINITAB para o Exercício 5.32

TRAFFIC*

Estação	Tipo de rota	30ª Maior Hora	100ª Maior Hora
0117	cidade pequena	1.890	1.736
0087	recreação	2.217	2.069
0166	cidade pequena	1.444	1.345
0013	rural	2.105	2.049
0161	urbano	4.905	4.815
0096	urbano	2.022	1.958
0145	rural	594	548
0149	rural	252	229
0038	urbano	2.162	2.048
0118	rural	1.938	1.748
0047	rural	879	811
0066	urbano	1.913	1.772
0094	rural	3.494	3.403
0105	cidade pequena	1.424	1.309
0113	cidade pequena	4.571	4.425
0151	urbano	3.494	3.359
0159	rural	2.222	2.137
0160	cidade pequena	1.076	989
0164	recreação	2.167	2.039
0165	recreação	3.350	3.123

Fonte: EWING, R. "Roadway levels of service in an era of growth management."*Journal of Star Research*, vol. 3, jul. 1994, p. 103 (Tabela 2).
* Para usar os dados da tabela no software, é preciso trocar as vírgulas dos valores numéricos por ponto.

5.34 Contagem do tráfego do DOT. É prática costumeira, nos Estados Unidos, basear o projeto de rodovias no trigésimo maior volume horário do ano. Portanto, espera-se que todas as rodovias operem em níveis de serviço aceitáveis, exceto 29 horas do ano. O Departamento de Transporte da Flórida (DOT), entretanto, desviou-se da regra da trigésima maior hora para a da centésima maior hora, como base para suas determinações de níveis de serviço. O pesquisador Reid Ewing, da Florida Atlantic University, publicou no *Journal of Star Research* (jul. 1994) uma pesquisa para saber se essa mudança foi correta. A tabela acima fornece as contagens de tráfego para a 30ª maior hora e para a 100ª maior hora de um ano recente, para 20 estações permanentes de contagem do DOT, selecionadas aleatoriamente.

a. Descreva a população da qual os dados amostrais foram selecionados.
b. A amostra parece ser representativa da população? Explique.
c. Calcule e interprete um intervalo de confiança de 95% para a contagem média de tráfego na 30ª.
d. Que pressuposto é necessário para que o intervalo de confiança seja válido? Ele parece estar satisfeito? Explique.
e. Repita as partes c e d para a 100ª maior hora.
f. Se $\mu = 2.700$, é mais provável que essa seja a média da contagem de tráfego para a 30ª maior hora ou a 100ª maior hora? Explique.

5.35 As maiores empresas de capital fechado. As ofertas iniciais de ações (IPOs, em inglês) criam bilhões de dólares de nova riqueza para os proprietários, gerentes e empregados das empresas que anteriormente eram de capital fechado. Apesar disso, centenas de grandes e milhares de pequenas empresas permanecem com capital fechado. As receitas de uma amostra aleatória de 15 empresas da lista das 339 maiores empresas de capital fechado da revista *Forbes* é apresentada na tabela a seguir.

PRIVCOM*

Empresa	Receita (em bilhões de dólares)
Enterprise Rent-A-Car	8,23
Flying j	5,91
Tenaska Energy	6,67
Wawa	3,08
Ergon	2,68
Brookshire Grocery	1,96
BrightStar	1,74
Bose	1,80
Mary Kay	2,00
LL Bean	1,41
Rooms to Go	1,40
SAS Institute	1,53
Anderson News	1,30
Printpack	1,10
US Oil	1,05

Fonte: "Largest private companies", *Forbes*, 28 nov. 2005.
* Para usar os dados da tabela no software, é preciso trocar as vírgulas dos valores numéricos por ponto.

a. Descreva a população da qual a amostra aleatória foi retirada.
b. Use um intervalo de confiança de 98% para estimar a receita média da população das empresas em questão.
c. Interprete o seu intervalo de confiança no contexto do problema.
d. Que característica a população deve possuir para assegurar que o procedimento de estimativa usado no item **b** foi apropriado?
e. A *Forbes* informou que a média verdadeira da receita das 339 empresas da lista foi de US$ 3,04 bilhões. Pode-se acreditar na informação da *Forbes*?

5.4 Intervalo de confiança de amostra grande para a proporção de uma população

O número de pesquisas de opinião pública tem crescido de uma forma assustadora nos últimos anos. Quase diariamente os meios de comunicação reportam os resultados de alguma pesquisa. Os pesquisadores determinam regularmente a porcentagem de pessoas que aprovam o desempenho do presidente, a fração de eleitores a favor de certo candidato, a fração de consumidores que preferem um produto em particular e a proporção de residências que assistem a um programa de TV em particular. Em cada caso, estamos interessados em estimar a porcentagem (ou proporção) de algum grupo com certa característica. Nesta seção, vamos examinar métodos para fazer inferências a respeito de proporções de população quando a amostra é grande.

EXEMPLO 5.3

Estimando uma proporção de população — preferências relativas a um cereal para o café da manhã

Problema Uma empresa de produtos alimentícios realizou um estudo de mercado, amostrando aleatoriamente e entrevistando 1.000 consumidores para determinar qual marca de cereal para o café da manhã eles preferem. Suponha que tenha sido apurado que 313 consumidores preferem o cereal da empresa. Como você estimaria a fração verdadeira de *todos* os consumidores que preferem o cereal da marca da empresa?

Solução

Neste estudo, foi perguntado aos consumidores qual marca de cereal para o café da manhã eles preferem. Note que 'marca' é uma variável qualitativa, e que o que estamos perguntando é como você estimaria a probabilidade p de sucesso em um experimento binomial em que p é a probabilidade de que o consumidor escolhido prefira a marca da empresa. Um método lógico de estimar p para a população é usar a proporção de sucessos da amostra — isto é, podemos estimar p calculando:

$$\hat{p} = \frac{\text{Número de consumidores que preferem a marca da empresa}}{\text{Número de consumidores amostrados}}$$

em que $\hat{p}$ se lê 'p chapéu'. Então, neste caso:

$$\hat{p} = \frac{313}{1.000} = 0{,}31$$

Relembrando Para determinar a confiabilidade do estimador $\hat{p}$, precisamos saber sua distribuição amostral — isto é, se tirarmos amostras dos 1.000 consumidores, várias e várias vezes, calculando, de cada vez, uma nova estimativa de $\hat{p}$, qual seria a distribuição de freqüências de todos os valores de $\hat{p}$? A resposta está em ver $\hat{p}$ como uma média, o número de sucessos por tentativa em n tentativas. Se, para cada sucesso, atribuirmos um valor igual a 1 e, para a falha, atribuirmos um valor de 0, então a soma de todas as n observações da amostra será x, o número total de sucessos, e $\hat{p} = x/n$ será a média do número de sucessos por tentativa em n tentativas. O teorema do limite central nos diz que a distribuição de freqüência relativa da média da amostra para qualquer população é aproximadamente normal, para uma amostra suficientemente grande.

Agora faça o exercício 5.43a

A distribuição da amostragem repetida de $\hat{p}$ tem as características listadas no próximo quadro e é mostrada na Figura 5.12.

Distribuição amostral de $\hat{p}$

1. A média da distribuição de $\hat{p}$ é p, isto é, $\hat{p}$, é um estimador não viesado de p.
2. O desvio-padrão da distribuição amostral de $\hat{p}$, é $\sqrt{pq/n}$; isto é, $\sigma_{\hat{p}} = \sqrt{pq/n}$, onde $q = 1 - p$.
3. Para amostras grandes, a distribuição amostral de $\hat{p}$ é aproximadamente normal. O tamanho da amostra é considerado grande se $n\hat{p} \geq 15$ e $n\hat{q} \geq 15$ (ambas as condições).

O fato de que $\hat{p}$ é um 'número médio, na amostra, de sucessos por tentativa' permite-nos formar intervalos de confiança sobre p de uma maneira completamente análoga à usada para a estimativa de μ em uma amostra grande.

Intervalo de confiança de amostra grande para p

$$\hat{p} \pm z_{\alpha/2}\sigma_{\hat{p}} = \hat{p} \pm z_{\alpha/2}\sqrt{\frac{pq}{n}} \approx \hat{p} \pm z_{\alpha/2}\sqrt{\frac{\hat{p}\hat{q}}{n}}$$

onde $\hat{p} = \dfrac{x}{n}$ e $\hat{q} = 1 - \hat{p}$.

Nota: Quando n é grande, $\hat{p}$ pode aproximar o valor de p na fórmula para $\sigma_{\hat{p}}$.

Condições requeridas para um intervalo de confiança válido, de amostra grande, para p

1. Uma amostra aleatória é selecionada da população-alvo.
2. O tamanho da amostra n é grande. (Esta condição será satisfeita se $n\hat{p} \geq 15$ e $n\hat{q} \geq 15$ ambas as condições. Note que $n\hat{p}$ e $n\hat{q}$ são simplesmente o número de sucessos e o número de falhas, respectivamente, na amostra.)

Portanto, se 313 dos 1.000 consumidores preferem o cereal da marca da empresa, um intervalo de con-

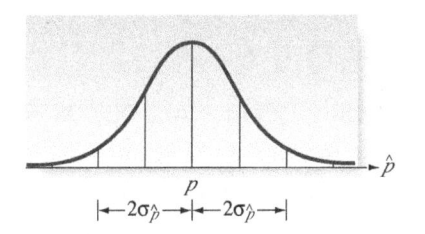

FIGURA 5.12 Distribuição amostral de $\hat{p}$

TABELA 5.5 Valores de pq para vários diferentes valores de p

p	pq	$\sqrt{pq}$
0,5	0,25	0,50
0,6 ou 0,4	0,24	0,49
0,7 ou 0,3	0,21	0,46
0,8 ou 0,02	0,16	0,40
0,9 ou 0,1	0,09	0,30

fiança de 95% para a proporção de *todos* os consumidores que preferem a marca da empresa é:

$$\hat{p} \pm z_{\alpha/2}\sigma_{\hat{p}} = 0{,}313 \pm 1{,}96\sqrt{\frac{pq}{1.000}}$$

onde $q = 1 - p$. Da mesma forma como precisamos de uma aproximação para σ quando calculamos um intervalo de confiança de amostra grande para μ, precisamos agora de uma aproximação para p. Como a Tabela 5.6 mostra, a aproximação para p não precisa ser muito acurada, porque o valor de $\sqrt{pq}$ necessário para o intervalo de confiança é relativamente insensível a mudanças em p. Portanto, podemos usar $\hat{p}$ para aproximar p. Levando em conta que $\hat{q} = 1 - \hat{p}$, substituímos esses valores na fórmula para o intervalo de confiança:

$$\hat{p} \pm 1{,}96\sqrt{\frac{pq}{1.000}} \approx \hat{p} \pm 1{,}96\sqrt{\frac{\hat{p}\hat{q}}{1.000}}$$

$$= 0{,}313 \pm 1{,}96\sqrt{\frac{(0{,}313)(0{,}687)}{1.000}}$$

$$= 0{,}313 \pm 0{,}029$$

$$= (0{,}284;\ 0{,}342)$$

A empresa pode estar 95% confiante de que o intervalo entre 28,4% e 34,2% contém a verdadeira porcentagem de *todos* os consumidores que preferem sua marca — isto é, na construção repetida de intervalos de confiança, aproximadamente 95% de todas as amostras produziriam intervalos de confiança que contêm p. Note que as orientações para interpretar um intervalo de confiança de μ também se aplicam à interpretação do intervalo de confiança de p, porque p é a 'fração de sucesso da população', em um experimento binomial.

EXEMPLO 5.4

DETERMINANDO UM INTERVALO DE CONFIANÇA DE AMOSTRA GRANDE PARA p, A PROPORÇÃO OTIMISTA EM RELAÇÃO À ECONOMIA

Problema Muitas agências de pesquisas de opinião pública realizam levantamentos para determinar como os consumidores se sentem com relação ao andamento da economia. Por exemplo, o Escritório de Pesquisas Econômicas e de Negócios (EPEN) da University of Florida realiza levantamentos trimestrais para verificar como os consumidores se sentem com relação à economia no estado. Suponha que o EPEN tenha amostrado aleatoriamente 484 consumidores e descoberto que 257 estão otimistas com relação à economia. Use um intervalo de confiança de 90% para estimar a proporção de todos os consumidores da Flórida que estão otimistas com relação à economia. Com base no intervalo de confiança, o EPEN pode inferir que a maioria dos consumidores da Flórida está otimista em relação à economia?

Solução

O número x dos 484 consumidores amostrados que estão otimistas em relação à economia da Flórida é uma variável aleatória binomial, se presumimos que a amostra foi selecionada aleatoriamente da população de consumidores do estado e que a pesquisa foi realizada identicamente para cada consumidor amostrado.

A estimativa pontual da proporção de consumidores da Flórida que está otimista em relação à economia é:

$$\hat{p} = \frac{x}{n} = \frac{257}{484} = 0{,}531$$

Primeiro, vamos nos assegurar de que o tamanho da amostra é suficientemente grande, de forma que a distribuição normal possa representar uma aproximação razoável da distribuição amostral de $\hat{p}$. É necessário que tanto $n\hat{p}$ quanto $n\hat{q}$ sejam pelo menos 15. Então:

$$n\hat{p} = 484(0{,}531) = 257$$

e

$$n\hat{q} = 484(1 - 0{,}531) = 227$$

Uma vez que ambos os valores são pelo menos 15, podemos concluir que a aproximação é razoável.

Prosseguimos para formar um intervalo de confiança de 90% para p, a verdadeira proporção dos consumidores da Flórida que está otimista em relação à economia:

$$\hat{p} \pm z_{\alpha/2}\sigma_{\hat{p}} = \hat{p} \pm z_{\alpha/2}\sqrt{\frac{pq}{n}} \approx \hat{p} \pm z_{\alpha/2}\sqrt{\frac{\hat{p}\hat{q}}{n}}$$

$$= 0{,}531 \pm 1{,}645\sqrt{\frac{(0{,}531)(0{,}469)}{484}} = 0{,}531 \pm 0{,}037$$

$$= (0{,}494;\ 0{,}568)$$

(Esse intervalo também é mostrado na listagem do MINITAB, Figura 5.13). Portanto, podemos estar 90% confiantes de que a proporção de todos os consumidores da Flórida que está confiante em relação à economia encontra-se entre 0,494 e 0,568. Como sempre, nossa confiança resulta do fato de que 90% de todos os intervalos formados similarmente conterão a verdadeira proporção p, e não de qualquer conhecimento de que esse intervalo em particular contenha.

```
Sample    X    N    Sample p         90% CI
1        257  484   0.530992   (0.493681, 0.568303)
```

FIGURA 5.13 Parte da listagem do MINITAB com o intervalo de confiança de 90% para p

Podemos concluir que a maioria dos consumidores da Flórida está otimista com relação à economia com base nesse intervalo? Se desejarmos usar esse intervalo para inferir que a maioria está otimista, ele teria que suportar a inferência de que p excede 0,5 — isto é, de que mais de 50% dos consumidores da Flórida está otimista com relação à economia. Note que o intervalo contém alguns valores abaixo de 0,5 (tão baixos quanto 0,494), assim como alguns acima de 0,5 (tão altos quanto 0,568). Portanto, não podemos concluir que o verdadeiro valor de p excede 0,5, com base nesse intervalo de confiança de 90%.

Relembrando Se todo o intervalo de confiança ficasse acima de 0,5 (por exemplo, um intervalo de 0,52 a 0,54), poderíamos concluir que (com 90% de confiança) a verdadeira proporção dos consumidores que está otimista excede 0,5.

AGORA FAÇA O EXERCÍCIO **5.43B,C**

CUIDADO

A menos que n seja extremamente grande, o procedimento para amostras grandes apresentado nesta seção não funciona bem quando p é próximo de 0 ou 1. Por exemplo, suponha que você deseje estimar a proporção de executivos que morrem em acidente relacionado ao trabalho. Essa proporção é provavelmente próxima de 0 (digamos $p \approx 0,001$). Intervalos de confiança para p baseados em uma amostra de tamanho $n = 100$ serão provavelmente enganosos. (Note que $np \approx 100(0,001) = 0,1 < 15$.)

Para superar esse problema potencial, uma amostra extremamente grande é necessária. Uma vez que o valor de n requerido para satisfazer o 'extremamente grande' é difícil de determinar, os estatísticos (veja Agresti & Coull, 1998) têm proposto um método alternativo, baseado no estimador pontual de p de Wilson (1927). Esse procedimento aparece descrito no quadro. Pesquisadores têm mostrado que esse intervalo de confiança funciona melhor para qualquer p, mesmo quando o tamanho n da amostra é muito pequeno.

INTERVALO DE CONFIANÇA AJUSTADO $(1 - \alpha)100\%$ PARA A PROPORÇÃO DE UMA POPULAÇÃO p

$$\tilde{p} \pm z_{\alpha/2}\sqrt{\frac{\tilde{p}(1-\tilde{p})}{n+4}}$$

---

onde $\tilde{p} = \frac{x+2}{n+4}$ é a proporção da amostra ajustada de observações com a característica de interesse, x é o número de sucessos na amostra e n é o tamanho da amostra.

EXEMPLO 5.5

APLICANDO O PROCEDIMENTO DE INTERVALO DE CONFIANÇA AJUSTADO PARA p, PROPORÇÃO DOS QUE SÃO VÍTIMAS DE UM CRIME VIOLENTO

Problema De acordo com *Chances verdadeiras: como o risco afeta sua vida diária* (Walsh, 1997), a probabilidade de ser vítima de crime violento é menor que 0,01. Suponha que, em uma amostra aleatória de 200 norte-americanos, 3 tenham sido vítimas de um crime violento. Estime a verdadeira proporção de norte-americanos que foram vítimas de um crime violento, usando um intervalo de confiança de 95%.

Solução
Considere p a representação da verdadeira proporção de norte-americanos que foi vítima de um crime violento. Uma vez que p é próximo de 0, uma amostra 'extremamente grande' é requerida para estimar seu valor usando o método usual de amostra grande. Note que o número de 'sucessos', 3, é menor do que 15. Portanto, temos dúvidas quanto a se o tamanho da amostra de 200 é suficientemente grande para aplicar o método de amostra grande. Alternativamente, aplicaremos o ajuste delineado no quadro.

Uma vez que o número de 'sucessos' (isto é, o número de vítimas de crimes violentos) na amostra é $x = 3$, a proporção da amostra ajustada é:

$$\tilde{p} = \frac{x+2}{n+4} = \frac{3+2}{200+4} = \frac{5}{204} = 0,025$$

Note que essa proporção da amostra ajustada é obtida somando um total de quatro observações — dois 'sucessos' e duas 'falhas' — aos dados da amostra. Substituindo $p = 0,025$ na equação para um intervalo de confiança de 95%, obtemos:

$$\tilde{p} \pm 1,96\sqrt{\frac{\tilde{p}(1-\tilde{p})}{n+4}} = 0,025 \pm 1,96\sqrt{\frac{(0,025)(0,975)}{204}}$$

$$= 0,025 \pm 0,021$$

ou (0,004; 0,046). Conseqüentemente, estamos 95% confiantes de que a verdadeira proporção de norte-americanos que é vítima de um crime violento está entre 0,004 e 0,046.

Estatística em ação revisitada

Estimando a proporção de sacos de vieiras abaixo do peso

Na última Estatística em ação, descobrimos que um navio, retornando de uma temporada de pesca com 11.000 sacos de vieiras, tinha violado o padrão de peso do Serviço Americano de Áreas Pesqueiras e Vida Selvagem para vieiras recém-nascidas. (A lei exige que a parte comestível média por vieira pese pelo menos 1/36 de libra). Conseqüentemente, as autoridades federais confiscaram 95% da captura do navio. Isso está certo? De fato 95% dos 11.000 sacos do navio contêm vieiras abaixo do peso?

Para responder a essa questão, temos que estimar p, a verdadeira fração dos 11.000 sacos de vieiras que têm um peso médio por vieira menor do que $1/36 = 0{,}0278$ libras. Se você examinar os dados para os 18 sacos amostrados (que estão no arquivo **SCALLOPS** e também aparecem listados na Tabela EA5.1), verificará que 16 dos 18 sacos têm um peso médio por vieira menor do que 0,0278. Portanto, nossa estimativa de p é:

$$\hat{p} = 16/18 = 0{,}889$$

Um intervalo de confiança de 95% para p pode ser obtido usando a fórmula do intervalo de confiança ou com um programa estatístico. A listagem do MINITAB com a análise é mostrada na Figura EA5.2. O intervalo de confiança de 95%, destacado na listagem, é (0,7437; 1,0000). Portanto, estamos 95% confiantes de que a verdadeira porcentagem dos 11.000 sacos de vieiras que está abaixo do peso mínimo de 1/36 libras está entre 74,4% e 100%. Isso implica que a porcentagem dos sacos abaixo do peso pode ser tão baixa quanto 74,4%. Confiscando 95% dos 11.000 sacos de vieiras, os agentes federais podem ter superestimado a fração de sacos que estava violando o peso mínimo.

[*Nota*: O intervalo de confiança do MINITAB da Figura EA5.2 é baseado em uma aproximação normal, que requer uma amostra 'grande'. Um tamanho de amostra de $n = 18$ sacos é muito pequeno; portanto, o intervalo pode ser impreciso (como dito no final da listagem do MINITAB). Para chegar a uma estimativa mais confiável da verdadeira proporção de sacos abaixo do peso, os agentes federais deveriam ter selecionado um número maior de sacos para pesar. No próximo Estatística em ação, veremos qual tamanho uma amostra precisa ter para ser selecionada.]

```
Test and CI for One Proportion: Limit

Test of p = 0.5 vs p not = 0.5

Event = Below


Variable    X    N   Sample p       95% CI          Z-Value   P-Value
Limit      16   18   0.888889   (0.743706, 1.000000)   3.30     0.001


* NOTE * The normal approximation may be inaccurate for small samples.
```

FIGURA EA5.2 Intervalo de confiança do MINITAB para a proporção de sacos abaixo do peso

Intervalo de confiança para a proporção de uma população (caso de amostra grande)

Usando a calculadora gráfica TI-83/TI-84

Criando um intervalo de confiança para a proporção de uma população

Passo 1 *Acesse o Menu de Testes Estatísticos.*
   Aperte **STAT**.
   Seta à direita para **TESTS**.
   Seta para baixo para **1-PropZInt**.
   Aperte **ENTER**.

Passo 2 *Inisra com os valores para x, n e C-Level, onde:*
x = número de sucessos
n = tamanho da amostra
C-Level = nível de confiança
Seta para baixo para '**Calculate**'.
Aperte **ENTER**.

Exemplo Suponha que 1.100 cidadãos norte-americanos tenham sido escolhidos aleatoriamente e que 532 tenham respondido que são favoráveis a um percentual único de imposto de renda. Use um intervalo de confiança de 95% para estimar a verdadeira proporção de cidadãos que são a favor de um percentual único de imposto de renda. Neste exemplo, $x = 532$, $n = 1.100$ e o nível de confiança (C-Level) = 0,95.

As telas para este exemplo estão apresentadas ao lado.

Portanto, um intervalo de confiança para a verdadeira porcentagem de todos os cidadãos norte-americanos que são a favor de um percentual único de imposto de renda é de 45,4% a 51,3%.

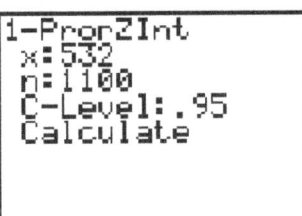

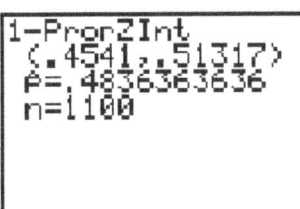

```
1-PropZInt
 x:532
 n:1100
 C-Level:.95
 Calculate
```

```
1-PropZInt
 (.4541,.51317)
 p̂=.4836363636
 n=1100
```

Exercícios 5.36–5.51

Aprendendo a mecânica

5.36 Descreva a distribuição amostral de p com base em amostras grandes de tamanho n — isto é, dê a média, o desvio-padrão e a forma (aproximada) da distribuição de $\hat{p}$ quando amostras grandes de tamanho n são (repetidamente) selecionadas de uma distribuição binomial com probabilidade de sucesso p.

APPLET **Exercícios utilizando aplicativo 5.5**
(É preciso ter o java instalado para utilizar esse aplicativo)

Use o aplicativo intitulado *Confidence intervals for a proportion* para investigar o efeito do valor de p no número de intervalos de confiança que contêm a proporção p da população para um tamanho fixo da amostra. Para este exercício, use o tamanho da amostra $n = 10$.

  a. Rode o aplicativo várias vezes, sem limpar, para $p = 0,1$. Que proporção dos intervalos de confiança de 95% contém p? Que proporção dos intervalos de confiança de 99% contém p? Os resultados o surpreendem? Explique.
  b. Repita o item **a** para cada valor de p: $p = 0,2$; $p = 0,3$; $p = 0,4$; $p = 0,5$; $p = 0,6$; $p = 0,7$; $p = 0,8$ e $p = 0,9$.
  c. Que valor de p resulta na maior proporção de cada tipo de intervalo que contém p?
  d. Com base em seus resultados, que valores de p produzirão intervalos de confiança mais confiáveis para um tamanho fixo n da amostra? Explique.

APPLET **Exercícios utilizando aplicativo 5.5**
(É preciso ter o java instalado para utilizar esse aplicativo)

Use o aplicativo intitulado *Confidence intervals for a proportion* para investigar o efeito do tamanho da amostra no número de intervalos de confiança que contêm a proporção p da população para um valor de p próximo de 0 ou 1.

  a. Rode o aplicativo várias vezes, sem limpar, para $p = 0,5$ e $n = 50$. Registre a proporção de intervalos de confiança de 99% contendo p.
  b. Agora programe $p = 0,1$ e rode o aplicativo várias vezes, sem limpar, para $n = 50$. Como a proporção de intervalos de confiança de 99% contendo p se compara com a do item **a**?
  c. Repita o item **b** mantendo $p = 0,1$ e aumentando o tamanho da amostra de 50 em 50, até que você ache um tamanho de amostra que resulte em uma proporção similar de intervalos de confiança de 99% contendo p, como a do item **a**.
  d. Com base em seus resultados, descreva como o valor de p afeta o tamanho de amostra necessário para garantir um certo nível de confiança.

5.37 Para a informação da amostra binomial resumida em cada parte, indique se o tamanho da amostra é grande o suficiente para usar os métodos deste capítulo para construir um intervalo de confiança para p.
  a. $n = 400$, $\hat{p} = 0,10$
  b. $n = 50$, $\hat{p} = 0,10$
  c. $n = 20$, $\hat{p} = 0,5$
  d. $n = 20$, $\hat{p} = 0,3$

5.38 Uma amostra aleatória de tamanho $n = 121$ resultou em $\hat{p} = 0,88$.
  a. O tamanho da amostra é suficientemente grande para usar os métodos desta seção para construir um intervalo de confiança para p? Explique.
  b. Construa um intervalo de confiança de 90% para p.
  c. Que pressuposto é necessário para assegurar a validade desse intervalo de confiança?

5.39 Uma amostra aleatória de tamanho $n = 225$ resultou em $\hat{p} = 0{,}46$.

a. O tamanho da amostra é suficientemente grande para usar os métodos desta seção para construir um intervalo de confiança para p? Explique.
b. Construa um intervalo de confiança de 95% para p.
c. Interprete o intervalo de confiança de 95%
d. Explique o que significa a frase 'intervalo de confiança de 95%'.

5.40 Uma amostra aleatória de 50 consumidores testou o sabor de um novo salgadinho. Suas respostas foram codificadas (0: não gosto; 1: gosto; 2: indiferente) e registradas como se segue:

SNACK Companion Website

1	0	0	1	2	0	1	1	0	0
0	1	0	2	0	2	2	0	0	1
1	0	0	0	0	1	0	2	0	0
0	1	0	0	1	0	0	1	0	1
0	2	0	0	1	1	0	0	0	1

a. Use um intervalo de confiança de 80% para estimar a proporção de consumidores que gostou do salgadinho.
b. Forneça uma interpretação estatística para o intervalo de confiança que você construiu no item **a**.

Aplicação dos conceitos — Básico

5.41 Empresas de construção com um site na Internet. A cada ano, empresários de construção e distribuidores de equipamentos de todo os Estados Unidos participam de uma pesquisa chamada de Projeção da Indústria de Construção (PIC). Recentemente, 900 empreiteiros foram entrevistados para a pesquisa. Destes, 414 informaram que já têm um site na Internet ou que planejam ter até o final do ano (*Contractor Magazine*, jan. 2005).

a. Use a informação da pesquisa para encontrar uma estimativa pontual para a verdadeira proporção dos empreiteiros dos Estados Unidos que têm um site empresarial na Internet ou que o terão até o final do ano.
b. Encontre uma estimativa de intervalo para a proporção do item **a**. Use um intervalo de confiança de 90%.
c. Forneça uma interpretação prática para o intervalo do item **b**. Sua resposta deve começar com 'Estamos 90% confiantes...'.
d. Explique o significado da frase '90% confiantes'.

5.42 Folhas de dados de segurança de materiais. Por mais de 20 anos, a Administração de Saúde e Segurança Ocupacional tem exigido das empresas que manipulam produtos químicos perigosos que preencham as folhas de dados de segurança de materiais (FDSM). Estas falhas têm sido criticadas por serem muito difíceis de entender e de preencher pelos empregados. Ainda que melhorias tenham sido implantadas em 1990, um estudo recente de 150 FDSMs revelou que somente 11% delas foram satisfatoriamente preenchidas (*Chemical & Engineering News*, 7 fev. 2005).

a. Forneça uma estimativa pontual de p, a verdadeira proporção de FDSM que foi satisfatoriamente preenchida.
b. Determine um intervalo de confiança de 95% para p.
c. Forneça uma interpretação prática do intervalo do item **b**.

5.43 Uso de telefones celulares por motoristas. Em uma nota de pesquisa de julho de 2001, o Departamento de Transporte dos Estados Unidos relatou os resultados da Pesquisa Nacional de Uso de Proteção pelo Ocupante. Um objetivo da pesquisa era determinar o nível de utilização de telefones celulares por motoristas enquanto estão dirigindo um veículo motorizado de passageiros. Dados coletados por observadores em cruzamentos aleatoriamente selecionados em todo o país revelaram que, em uma amostra de 1.165 motoristas, 35 estavam usando telefones celulares.

a. Forneça uma estimativa pontual de p, a taxa verdadeira de uso de telefones celulares por motoristas (isto é, a verdadeira proporção de motoristas que estava usando um celular enquanto dirigia).
b. Calcule um intervalo de confiança de 95% para p.
c. Forneça uma interpretação prática do intervalo do item **b**.

DIAMONDS Companion Website

5.44 Diamantes vendidos no mercado aberto. Consulte a amostra de 308 diamantes listados para venda no mercado aberto no *Business Times* de Singapura. Os dados estão no arquivo **DIAMONDS**. Relembre que a cor de cada diamante é classificada como D, E, F, G, H ou I, enquanto a clareza de cada um é classificada como VVS1, VVS2, VS1 ou VS2.

a. Determine um intervalo de confiança de 99% para a proporção de todos os diamantes para venda no mercado aberto que foram classificados como de cor D. Interprete o resultado.
b. Determine um intervalo de confiança de 99% para a proporção de todos os diamantes para venda no mercado aberto que foram classificados como de clareza VS1. Interprete o resultado.

5.45 Produtos 'Made in the USA'. Consulte o Exercício 2.8 e o levantamento do *Journal of Global Business* (primavera, 2002) para determinar o que 'Made in USA' significa para os consumidores. Relembre que 106 compradores em um shopping center de Muncie, Indiana, responderam à seguinte questão: 'Made in USA' significa que porcentagem de trabalho e materiais são norte-americanos?'. Sessenta e quatro compradores responderam '100%'.

a. Defina a população de interesse da pesquisa.
b. Qual é a característica de interesse na população?
c. Estime a verdadeira proporção de consumidores que acredita que 'Made in USA' significa que 100% do trabalho e dos materiais são norte-americanos, usando um intervalo de confiança de 90%.

d. Forneça uma interpretação prática do intervalo do item c.
e. Explique o que a frase '90% confiante' significa para esse intervalo.

Aplicação dos conceitos — Intermediário

5.46 Entrevistando candidatos para um trabalho. Os custos associados com a realização de entrevistas para uma vaga de trabalho têm crescido muito ao longo dos anos. De acordo com uma pesquisa da Harris Interactive, 211 de 502 executivos experientes de recursos humanos de empresas norte-americanas acreditam que seus gerentes responsáveis pelas contratações estão entrevistando pessoas demais para encontrar candidatos qualificados para o trabalho (*Business Wire*, 8 jun. 2006).
a. Descreva a população de interesse para esse estudo.
b. Identifique o parâmetro de interesse da população p.
c. O tamanho da amostra é suficientemente grande para fornecer uma estimativa confiável de p?
d. Determine e interprete uma estimativa de intervalo para a verdadeira proporção de executivos de recursos humanos experientes que acredita que seus gerentes responsáveis pelas contratações entrevistam candidatos demais durante uma busca de trabalhadores. Use um nível de confiança de 98%.
e. Se você tivesse construído um intervalo de confiança de 90%, ele seria mais amplo ou mais estreito?

5.47 Segurança das informações passadas pela Internet. À medida que o uso da Internet prolifera, também proliferam as questões de segurança e confidencialidade das informações pessoais, incluindo questões como números de cartões de crédito e segurança social. A NCR Corporation pesquisou 1.000 adultos norte-americanos e perguntou-lhes sob que circunstâncias forneceriam informações pessoais para uma empresa. Dessas pessoas 29% disseram que jamais forneceriam informações pessoais para uma empresa, enquanto 51% disseram que forneceriam se a empresa tivesse regras estritas de privacidade (*Precision Marketing*, 4 out. 1999).
a. Verifique que o tamanho da amostra seja suficientemente grande para construir um intervalo de confiança válido para p, a proporção de todos os adultos norte-americanos que jamais forneceria informações pessoais para uma empresa.
b. Construa um intervalo de confiança de 95% para p e interprete o seu resultado no contexto do problema.
c. Além do tamanho da amostra, que pressuposto deve ser feito a respeito da amostra de modo a tornar válido o procedimento de estimativa do item **b**?

5.48 Air bags representam perigo para as crianças. De acordo com a lei, todos os novos carros devem ser equipados com *air bags* de segurança nos Estados Unidos, tanto no lado do motorista quanto no do passageiro. Há uma preocupação, entretanto, a respeito de se os *air bags* representam um perigo para crianças sentadas no lado do passageiro. Em um estudo da Administração Nacional de Segurança do Tráfego Rodoviário (ANSTR) a respeito de 55 pessoas mortas pela força explosiva dos *air bags*, 35 eram crianças sentadas no lado do passageiro, na frente (*Wall Street Journal*, 22 jan. 1997). Esse estudo fez com que alguns donos de carros desligassem os *air bags* do lado do passageiro. Considere todos os acidentes automobilísticos fatais nos quais foi determinado que os *air bags* foram a causa da morte. Considere p representando a verdadeira proporção desses acidentes que envolveram crianças sentadas na frente, no lado do passageiro.
a. Use os dados do estudo da ANSTR para estimar p.
b. Construa um intervalo de confiança de 99% para p.
c. Interprete o resultado do item **b**, nas palavras do problema.
d. Os investigadores da ANSTR determinaram que 24 das 35 crianças mortas pelos *air bags* não estavam usando cintos de segurança, ou estavam presas inadequadamente. Como essa informação impacta sua estimativa de risco de uma fatalidade causada por *air bag*?

5.49 Precisão dos scanners de preço do Wal-Mart. O Instituto Nacional de Padrões e Tecnologia (INPT) determina que, de cada 100 itens escaneados por um scanner de caixa eletrônico de um supermercado, não mais de 2 podem ter preço errado. Um estudo recente foi realizado sobre a precisão dos scanners de caixa de lojas Wal-Mart na Califórnia (*Tampa Tribune*, 22 nov. 2005). Em 60 lojas do Wal-Mart, selecionadas aleatoriamente, 100 itens escolhidos ao acaso foram escaneados. Os pesquisadores verificaram que 52 das 60 lojas tinham mais de 2 itens escaneados com o preço errado.
a. Forneça uma estimativa de p, a proporção das lojas Wal-Mart da Califórnia que tinha mais de 2 itens escaneados com preços errados, a cada 100 itens.
b. Construa um intervalo de confiança de 95% para p.
c. Forneça uma interpretação prática do intervalo do item **b**.
d. Suponha que um porta-voz do Wal-Mart afirme que 99% das lojas do Wal-Mart da Califórnia estão em conformidade com a determinação do INPT quanto à precisão dos scanners de preço. Comente a credibilidade dessa afirmação.

5.50 Alergia a látex dos profissionais de saúde. Consulte o estudo da *Current Allergy & Clinical Immunology* (mar. 2004) a respeito dos profissionais de saúde que usam luvas de látex, do Exercício 5.10. Além dos 46 empregados de hospitais que foram diagnosticados com alergia a látex com base em um teste de pele, outros 37 profissionais de saúde foram diagnosticados com alergia usando-se um teste específico de soro para látex. Desses 83 profissionais com alergia a látex confirmada, somente 36 suspeitavam que tivessem a alergia quando responderam ao questionário. Faça uma afirmação a respeito da probabilidade de que um profissional de saúde com alergia a látex suspeite que tem realmente a alergia. Inclua uma medida de confiabilidade da sua inferência.

Aplicação dos conceitos — Avançado

5.51 Desempenho dos Correios norte-americanos. A empresa de contabilidade Price Waterhouse monitora, anualmente, o desempenho dos Correios norte-americanos.

Um parâmetro de interesse é a porcentagem da correspondência entregue no prazo. Em uma amostra de 332.000 itens postados entre 10 de dezembro e 3 de março — que é o período mais difícil, devido ao mau tempo e aos feriados —, a Price Waterhouse verificou que 282.200 itens foram entregues no prazo (*Tampa Tribune*, 26 mar. 1995). Use essa informação para fazer uma afirmação a respeito da probabilidade de um item ser entregue no prazo pelos Correios norte-americanos.

5.5 Determinando o tamanho da amostra

Relembre (Seção 1.6) que uma maneira de coletar os dados relevantes para um estudo usado para fazer inferências a respeito da população é implementar um experimento planejado. Talvez a mais importante decisão de projeto enfrentada pelo analista seja determinar o tamanho da amostra. Vamos ver, nesta seção, que o tamanho apropriado da amostra para realizar uma inferência sobre a média ou a proporção de uma população depende da confiabilidade desejada.

Estimando a média de uma população

Considere o exemplo da Seção 5.2, no qual estimamos a quantia média devida com atraso em todas as contas inadimplentes em uma grande empresa de crédito. Uma amostra de 100 contas inadimplentes produziu o intervalo de confiança de $\bar{x} \pm 1,96\sigma_{\bar{x}} \approx 233,28 \pm 17,71$. Conseqüentemente, nossa estimativa de $\bar{x}$ estava dentro dos US$ 17,71 da média verdadeira da quantia devida μ para todas as contas inadimplentes, em um nível de confiança de 95% — isto é, o intervalo de confiança de 95% para μ tinha amplitude de $2(17,71) = $ US$ 35,42 quando 100 contas foram amostradas. Isso está ilustrado na Figura 5.14a.

Agora, suponha que desejemos estimar μ dentro de US$ 5 com confiança de 95% — isto é, estreitar o intervalo de confiança de US$ 35,42 para US$ 10, conforme mostrado na Figura 5.14b. Quanto o tamanho da amostra terá que aumentar para conseguirmos isso? Se desejamos que o estimador $\bar{x}$ esteja dentro de US$ 5 de μ, precisamos ter:

$$2\sigma_{\bar{x}} = 5 \text{ ou, de forma equivalente, } 2\left(\frac{\sigma}{\sqrt{n}}\right) = 5$$

O tamanho da amostra necessário é obtido resolvendo essa equação para n. Para fazer isso, precisamos de uma aproximação para σ. Temos uma aproximação da amostra inicial de 100 contas — ou seja, o desvio-padrão da amostra $s = 90,34$. Portanto:

$$2\left(\frac{\sigma}{\sqrt{n}}\right) \approx \left(\frac{s}{\sqrt{n}}\right) = 2\left(\frac{90,34}{\sqrt{n}}\right) = 5$$

$$\sqrt{n} = \frac{2(90,34)}{5} = 36,136$$

$$n = (36,136)^2 = 1.305,81 \approx 1.306$$

Aproximadamente, 1.306 contas terão que ser amostradas aleatoriamente para estimar a quantia média devida com atraso μ dentro de US$ 5 com (aproximadamente) 95% de confiança. O intervalo de confiança resultante de uma amostra desse tamanho terá a amplitude aproximada de US$ 10 (veja a Figura 5.14b).

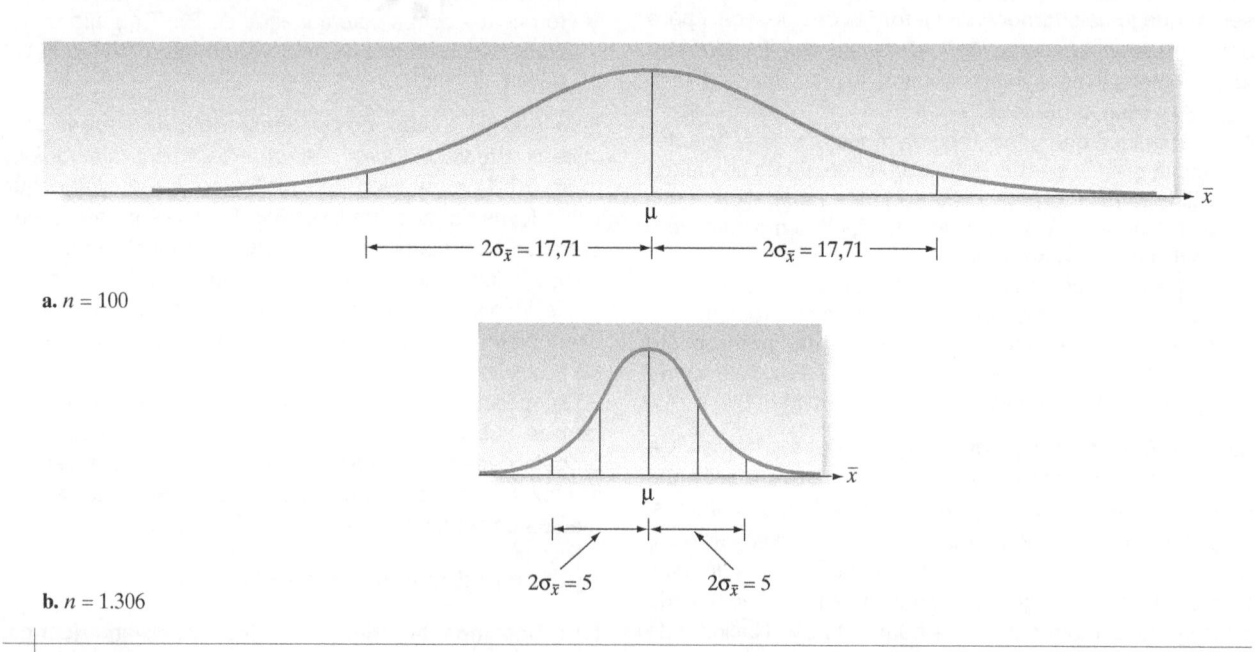

a. $n = 100$

b. $n = 1.306$

FIGURA 5.14 Relacionamento entre o tamanho da amostra e a amplitude do intervalo de confiança: exemplo dos devedores inadimplentes

Em geral, expressamos a confiabilidade associada ao intervalo de confiança para a média da população μ especificando o **erro de amostragem** dentro do qual desejamos estimar μ com $100(1 - \alpha)\%$ de confiança. O erro de amostragem (simbolizado por SE), portanto, é igual à metade da amplitude do intervalo de confiança, como mostrado na Figura 5.15.

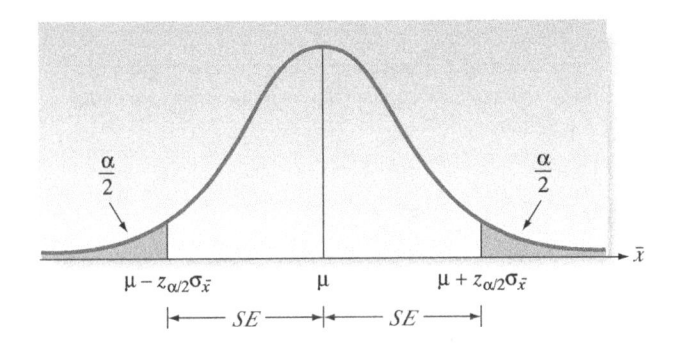

FIGURA 5.15 Especificando o erro de amostragem SE como a metade da amplitude do intervalo de confiança

---

DETERMINAÇÃO DO TAMANHO DA AMOSTRA PARA UM INTERVALO DE CONFIANÇA DE $100(1 - \alpha)\%$ PARA μ

Para estimar μ com um erro de amostragem SE e com confiança de $100(1-\alpha)\%$, o tamanho requerido da amostra é encontrado como se segue:

$$z_{\alpha/2}\left(\frac{\sigma}{\sqrt{n}}\right) = SE$$

A solução para n é dada pela equação:

$$n = \frac{(z_{\alpha/2})\,\sigma}{(SE)^2}$$

Nota: O valor de σ é geralmente desconhecido. Ele pode ser estimado pelo desvio-padrão s de uma amostra anterior. Alternativamente, podemos aproximar a amplitude R de observações em uma população e (de modo conservador) estimar $\sigma \approx R/4$. Em todo caso, você deve arredondar *para cima* o valor obtido de n, de forma a assegurar que o tamanho da amostra seja suficiente para assegurar a confiabilidade especificada.

EXEMPLO 5.6

ENCONTRANDO O TAMANHO DA AMOSTRA PARA ESTIMAR μ, A PRESSÃO MÉDIA DE AR NAS BOLAS DE FUTEBOL AMERICANO

Problema O fabricante das bolas oficiais de futebol americano da NFL usa uma máquina para inflar as bolas até uma pressão de 13,5 libras. Quando a máquina está corretamente calibrada, a pressão média é de 13,5 libras, mas fatores incontroláveis fazem com que a pressão de bolas individuais varie aleatoriamente de cerca de 13,3 até 13,7 libras. Para efeito de controle de qualidade, o fabricante deseja estimar a pressão média dentro de 0,025 libras do seu valor verdadeiro, com um intervalo de confiança de 99%. Que tamanho de amostra deve ser usado?

Solução

Desejamos um intervalo de confiança de 99%, que estime μ com um erro de amostragem de SE = 0,025 libras. Para um intervalo de confiança de 99%, temos $z_{\alpha/2} = z_{0,005} = 2,575$. Nenhuma estimativa prévia de σ está disponível; entretanto, fomos informados de que a amplitude de observações é $R = 13{,}7 - 13{,}3 = 0{,}4$. Uma estimativa conservadora (baseada na regra de Chebychev) é $\sigma \approx R/4 = 0{,}1$. Agora usamos a fórmula demonstrada no quadro para encontrar o tamanho da amostra n:

$$n = \frac{(z_{\alpha/2})^2 \sigma^2}{(SE)^2} \approx \frac{(2{,}575)^2(0{,}1)^2}{(0{,}025)^2} = 106{,}09$$

Arredondamos esse valor para cima, para $n = 107$. Lembrando que σ foi aproximado por $R/4$, devemos mesmo considerar que o tamanho da amostra seja especificado como $n = 110$ para estarmos mais certos de chegar a um intervalo de confiança de 99%, com um erro de amostragem de 0,025 libras ou menos.

Relembrando Para determinar o valor do erro de amostragem SE, procure o valor que segue as palavras-chave 'estime μ dentro de...'.

AGORA FAÇA O EXERCÍCIO 5.62

Algumas vezes, a fórmula resultará em um tamanho pequeno da amostra (digamos, $n < 30$). Infelizmente, essa solução é inválida, porque os procedimentos e os pressupostos para amostras pequenas são diferentes daqueles para amostras grandes, como vimos na Seção 5.3. Portanto, se as fórmulas resultam em um tamanho pequeno da amostra, uma estratégia simples é escolher um tamanho de amostra de $n = 30$.

Estimando a proporção de uma população

O método delineado acima é facilmente aplicado à proporção p de uma população. Por exemplo, na Seção 5.4 uma empresa usou uma amostra de 1.000 consumidores para calcular um intervalo de confiança de 95% para a proporção de consumidores que preferia a sua marca de cereal, obtendo o intervalo de $0{,}313 \pm 0{,}029$. Suponha que a empresa deseje estimar a sua parcela de mercado mais precisamente, digamos, dentro de 0,015, com um intervalo de confiança de 95%.

A empresa deseja um intervalo de confiança com um erro de amostragem para a estimativa de p de SE $= 0{,}015$. O tamanho requerido da amostra para gerar tal intervalo é achado resolvendo a seguinte equação para n (veja a Figura 5.16):

$$z_{\alpha/2}\sigma_{\hat{p}} = SE \quad \text{ou} \quad z_{\alpha/2}\sqrt{\frac{pq}{n}} = 0{,}015$$

Uma vez que um intervalo de confiança de 95% é desejado, o valor z apropriado é $z_{\alpha/2} = z_{0,025} = 1,96 \approx 2$. Devemos ter uma aproximação do valor do produto pq antes de podermos resolver a equação para n. Conforme mostrado na Tabela 5.6, quanto mais próximos de 0,5 forem os valores de p e q, maior o produto pq. Então, para encontrar um tamanho de amostra conservadoramente grande, que produzirá um intervalo de confiança com a confiabilidade requerida, geralmente escolhemos um aproximação de p próxima de 0,5. No caso da empresa de produtos alimentícios, entretanto, temos uma estimativa da amostra inicial de $\hat{p} = 0,313$. Uma estimativa conservadoramente grande de pq pode, portanto, ser obtida usando, digamos, $p = 0,35$. Agora, substituímos na equação e resolvemos para n:

$$2\sqrt{\frac{(0,35)(0,65)}{n}} = 0,015$$

$$n = \frac{(2)^2(0,35)(0,65)}{(0,015)^2}$$

$$= 4.044,44 \approx 4.045$$

A empresa deve amostrar cerca de 4.045 consumidores para estimar a porcentagem dos que preferem a sua marca dentro de 0,015, com um intervalo de confiança de 95%.

O procedimento para encontrar o tamanho da amostra necessário para estimar a proporção p de uma população com um erro de amostragem especificado SE é dado no quadro.

DETERMINAÇÃO DO TAMANHO DA AMOSTRA PARA UM INTERVALO DE CONFIANÇA DE $100(1 - \alpha)$% PARA p

Para estimar a probabilidade binomial p com um erro de amostragem SE e com confiança de $100(1 - \alpha)$%, o tamanho de amostra requerido é encontrado resolvendo a seguinte equação para n:

$$z_{\alpha/2}\sqrt{\frac{pq}{n}} = SE$$

A solução para n pode ser escrita como se segue:

$$n = \frac{(z_{\alpha/2})^2(pq)}{(SE)^2}$$

Nota: Uma vez que o valor do produto pq é desconhecido, ele pode ser estimado usando a fração de sucessos da amostra $\hat{p}$ a partir de uma amostra anterior. Relembre (Tabela 5.5) que o valor de pq é máximo quando p é igual a 0,5, de modo que você pode obter valores conservadoramente grandes de n aproximando p de 0,5 ou de valores próximos de 0,5. Em todo caso, você deve arredondar *para cima* o valor de n, para assegurar que o tamanho da amostra será suficiente para alcançar a confiabilidade requerida.

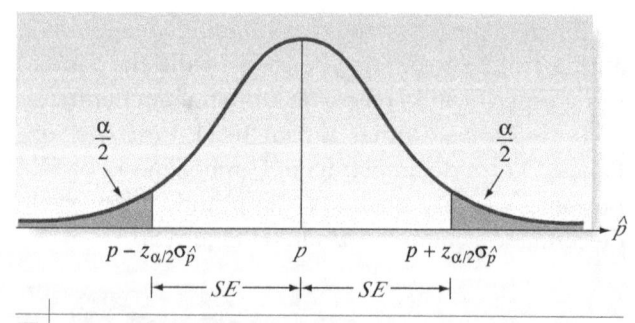

FIGURA 5.16 Especificando o erro de amostragem SE de um intervalo de confiança para a proporção p de uma população

EXEMPLO 5.7

DETERMINANDO O TAMANHO DA AMOSTRA PARA ESTIMAR p, A FRAÇÃO DE TELEFONES CELULARES DEFEITUOSOS

Problema Um fabricante de telefones celulares que entrou muito rapidamente no mercado após a desregulamentação teve um problema inicial com um número excessivo de reclamações dos consumidores e conseqüentes devoluções de telefones celulares para reparo ou substituição. O fabricante deseja determinar o tamanho do problema para estimar o seu passivo de garantias. Quantos telefones celulares a empresa deve amostrar aleatoriamente do seu depósito e verificar quanto à fração com defeito p dentro de 0,01, com confiança de 90%?

Solução

Para estimar p dentro de 0,01 do seu valor verdadeiro, estabelecemos a metade da amplitude do intervalo de confiança igual a SE = 0,01, conforme mostrado na Figura 5.17.

A equação para o tamanho n da amostra requer uma estimativa do produto pq. Podemos, muito conservadoramente, estimar $pq = 0,25$ (isto é, usando $p = 0,5$), mas isso pode ser excessivamente conservador quando estimamos a fração defeituosa. Um valor de 0,1, correspondente a 10% de defeituosos, será, provavelmente, conservadoramente grande para essa aplicação. A solução é, portanto:

$$n = \frac{(z_{\alpha/2})^2(pq)}{(SE)^2} = \frac{(1,645)^2(0,1)(0,9)}{(0,01)^2} = 2.435,4 \approx 2.436$$

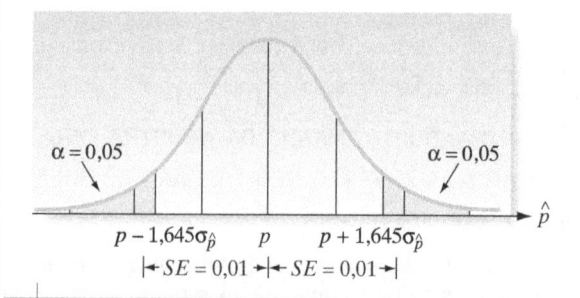

FIGURA 5.17 Confiabilidade especificada para estimar a fração de defeituosos no Exemplo 5.7

Estatística em Ação Revisitada

Determinando o número de sacos de vieiras para amostrar

Nas Estatísticas em ação anteriores, neste capítulo, usamos intervalos de confiança para (1) estimar μ, a média de peso por vieira da população, e (2) estimar p, a proporção de sacos de vieiras com peso médio menor do que 1/36 de libra. O intervalo de confiança para p foi bastante largo, devido ao pequeno número de sacos amostrados (n = 18) dos mais de 11.000 sacos capturados pelo navio. Além disso, com uma amostra tão pequena, o uso da estatística normal (z) para formar um intervalo de confiança pode ser inválido. Para encontrar um intervalo de confiança mais estreito e válido para a verdadeira proporção, o fiscal portuário precisaria tomar uma amostra maior de sacos de vieiras.

Quantos sacos deveriam ser amostrados do navio capturado para estimar p dentro de 0,03 com 95% de confiança? Aqui, temos o erro de amostragem SE = 0,03 e $z_{0,025}$ = 1,96 (uma vez que, para um intervalo de confiança de 95%, α = 0,05 e $\alpha/2$ = 0,025). Da nossa análise anterior, a proporção estimada é $\hat{p}$ = 0,89. Substituindo esses valores na seguinte equação, obtemos:

$$n = \frac{(z_{0,025})^2(\hat{p})(1-\hat{p})}{(SE)^2} = \frac{(1,96)^2(0,89)(0,11)}{(0,03)^2} = 417,88$$

Conseqüentemente, o fiscal portuário teria que amostrar 418 sacos dos 11.000 sacos de vieiras do navio, para encontrar um intervalo de confiança de 95% válido para p.

Desse modo, o fabricante deveria amostrar 2.436 telefones celulares para estimar a fração defeituosa p dentro de 0,1 com confiança de 90%.

Relembrando Lembre-se de que essa resposta depende de nossa aproximação para pq, na qual usamos 0,09. Se a fração defeituosa está mais próxima de 0,05 do que de 0,10, podemos usar uma amostra de 1.286 telefones celulares (verifique isso) para estimar p dentro de 0,01 com confiança de 90%.

Agora faça o exercício 5.61

O custo da amostragem também desempenhará um papel importante na determinação final do tamanho da amostra a ser selecionada para estimar μ ou p. Ainda que fórmulas mais complexas possam ser estabelecidas para equilibrar as considerações de confiabilidade e custo, nós as resolveremos para encontrar o tamanho da amostra necessário e notar que o orçamento da amostragem pode ser um fator de limitação. Consulte as referências bibliográficas no final do livro para uma abordagem mais completa desse problema.

Exercícios 5.52 – 5.68

Aprendendo a mecânica

5.52 Se você deseja estimar a média de uma população com um erro de amostragem de SE = 0,3 usando um intervalo de confiança de 95%, e você sabe, de uma amostragem anterior, que σ^2 é aproximadamente igual a 7,2, quantas observações teriam que ser incluídas na sua amostra?

5.53 Suponha que você deseje estimar uma média correta de uma população, dentro de 0,20, com uma probabilidade igual a 0,90. Você não conhece σ^2, mas sabe que as observações estão na faixa de valores entre 30 e 34.
   a. Encontre o tamanho aproximado da amostra que produzirá a precisão desejada da estimativa. Você deseja ser conservador para assegurar que o tamanho da amostra será amplo para garantir a precisão desejada da estimativa. [Dica: Usando seu conhecimento da variação dos dados da Seção 2.6, presuma que a faixa de observações será igual a 4σ.]
   b. Calcule o tamanho aproximado da amostra, fazendo o pressuposto menos conservador, de que a faixa de observações seja igual a 6σ.

5.54 Em cada caso, encontre o tamanho aproximado da amostra necessário para construir um intervalo de confiança de 95% para p que tenha um erro de amostragem SE = 0,08.
   a. Presuma que p seja próximo de 0,2.
   b. Presuma que você não tenha um conhecimento anterior relativo a p, mas queira certificar-se de que a sua amostra é suficientemente grande para alcançar a precisão desejada para a estimativa.

5.55 O intervalo seguinte é de confiança de 90% para p: (0,26; 0,54). Qual o tamanho da amostra usado para construir esse intervalo?

5.56 Retirar uma amostra de tamanho n = 1 e considerar que o atributo de interesse custa cerca de US$ 10. Você tem uma verba de US$ 1.500.
   a. Você tem dinheiro suficiente para estimar a média da população para o atributo de interesse com um intervalo de confiança de 95% com amplitude de 5 unidades? Presuma que σ = 14.

b. Se você usar um nível de confiança de 90%, sua resposta para o item **a** mudaria? Explique.

5.57 Suponha que você deseje estimar a média de uma população normal usando um intervalo de confiança de 95%, e você sabe, de uma informação anterior, que $\sigma^2 \approx 1$.
   a. Para ver o efeito do tamanho da amostra na amplitude do intervalo de confiança, calcule a amplitude desse intervalo para $n = 16, 25, 49, 100$ e 400.
   b. Desenhe a amplitude como uma função do tamanho n da amostra, em um papel quadriculado. Ligue os pontos com uma curva suave e note como a largura diminui à medida que n aumenta.

5.58 Se nada se sabe a respeito de p, 0,5 pode ser usado como p na fórmula do tamanho da amostra para a proporção de uma população. Mas, quando isso é feito, o tamanho resultante da amostra pode ser maior que o necessário. Sob que circunstâncias o uso de $p = 0,5$ na fórmula do tamanho da amostra resultará em um tamanho da amostra maior que o necessário para construir um intervalo de confiança para p com um limite e um nível de confiança especificados?

Aplicação dos conceitos — Básico

5.59 Verificando a resistência à curvatura de um teto de madeira. Consulte o estudo do *Journal of the International Association for Shell and Spatial Structures* (ago. 2004) para estimar a resistência média à curvatura da madeira branca importada usada no teto de um antigo templo japonês, Exercício 5.27. Suponha que você deseje estimar a verdadeira resistência à quebra da madeira branca, dentro de 4 MPa, usando um intervalo de confiança de 90%. Quantas peças de madeira importada precisam ser testadas? Relembre que o desvio-padrão da amostra de resistência à quebra, no estudo, era de 10,9 MPa.

5.60 Pesquisa do 'Made in USA'. Consulte o Exercício 5.45 e o levantamento do *Journal of Global Business* (primavera, 2002) para determinar o que 'Made in USA' significa para os consumidores. Relembre que 64 de 106 compradores num shopping de Muncie, Indiana, acreditavam que 'Made in USA' implicava que todo o trabalho e os materiais eram produzidos nos Estados Unidos. Suponha que os pesquisadores desejem aumentar o tamanho da amostra de forma a estimar a verdadeira proporção p dentro de 0,05 do seu valor verdadeiro, usando um intervalo de confiança de 90%.
   a. Qual é o nível de confiança desejado pelos pesquisadores?
   b. Qual é o erro de amostragem desejado pelos pesquisadores?
   c. Calcule o tamanho da amostra necessário para obter a estimativa desejada.

5.61 Latas de alumínio contaminadas por incêndio. Um depósito gigante localizado em Tampa, Flórida, guarda aproximadamente 60 milhões de latas de alumínio vazias de cerveja e refrigerantes. Recentemente, um incêndio ocorreu no depósito. A fumaça do incêndio contaminou muitas das latas com manchas negras, tornando-as inúteis.

Um estatístico da University of South Florida foi contratado por uma seguradora para estimar p, a verdadeira proporção das latas do depósito que foram contaminadas pelo incêndio. Quantas latas de alumínio devem ser amostradas aleatoriamente para estimar p, dentro de 0,02, com confiança de 90%?

5.62 Testando a poluição da água. A Agência de Proteção Ambiental dos Estados Unidos (EPA) deseja testar uma amostra selecionada aleatoriamente de n espécimes de água e estimar a taxa média diária de poluição produzida por uma mina. Se a EPA deseja estimar um intervalo de confiança de 95% com um erro de amostragem de 1 miligrama por litro (mg/L), quantos espécimes de água são requeridos na amostra? Presuma que um conhecimento anterior indique que as leituras de poluição nas amostras de água, tomadas durante um dia, são aproximadamente e normalmente distribuídas, com um desvio-padrão igual a 5 mg/L.

Aplicação dos conceitos – Intermediário

5.63 Bactérias na água engarrafada. A água engarrafada que você bebe é segura? De acordo com um artigo do *U.S. News & World Report* (12 abr. 1999), o Conselho de Defesa dos Recursos Naturais alerta que a água engarrafada que você está bebendo pode conter mais bactérias e outros produtos químicos potencialmente carcinogênicos do que o permitido pelos regulamentos federais e estaduais. Das mais de 1.000 garrafas estudadas, cerca de um terço excedeu os níveis governamentais. Suponha que o Conselho de Defesa dos Recursos Naturais deseje uma estimativa atualizada da proporção da população de água engarrafada que viola pelo menos um dos padrões governamentais. Determine o tamanho da amostra (número de garrafas) necessário para estimar essa proporção dentro de $\pm 0,01$, com confiança de 99%.

5.64 Respostas do IRS relativas a impostos. De acordo com estimativas feitas pelo Escritório de Contabilidade Geral, a Receita Federal norte-americana (IRS) respondeu a 18,3 milhões de perguntas feitas por telefone, durante uma recente temporada de declaração de impostos, e 17% dos escritórios da IRS deram respostas erradas. Essas estimativas foram baseadas em dados coletados de amostras de ligações para vários escritórios da IRS. Quantos escritórios da IRS devem ser selecionados aleatoriamente e contatados para estimar a proporção desses escritórios que responderam erroneamente a perguntas sobre impostos, com um intervalo de confiança de 90% de largura 0,06?

5.65 Monitorando chamadas telefônicas para um número 0800. Uma grande empresa de produtos alimentícios recebe cerca de 100.000 chamadas telefônicas de consumidores, por ano, no seu número 0800. Um computador monitora e registra quantos toques são necessários para o operador atender e quanto tempo cada consumidor permanece na linha, além de outros dados. Entretanto, a confiabilidade do sistema de monitoração foi questionada pelos operadores e pelo seu sindicato. Para verificar o sistema computadorizado, aproximadamente quantas ligações devem ser monitoradas manualmente durante o próximo ano, para estimar o tempo médio verdadeiro que o consumidor segura a ligação, dentro de 3 segundos e com 95% de confiança? Responda a essa questão para os seguintes valores do desvio-padrão do tempo de espera (em segundos): 10, 20 e 30.

5.66 Testes de bolas de golfe da USGA. A Associação de Golfe dos Estados Unidos (USGA) testa todas as novas marcas de bolas de golfe para assegurar que elas estão de acordo com suas especificações. Um dos testes realizados é orientado a medir a distância média alcançada pela bola, quando lançada por uma máquina chamada 'Iron Byron', nome inspirado no famoso jogador de golfe Byron Nelson. Suponha que a USGA deseje estimar a distância média para uma nova marca de bola, dentro de 1 jarda, com confiança de 90%. Presuma que testes anteriores indicaram que o desvio-padrão das distâncias em que a máquina lançou as bolas é de aproximadamente 10 jardas. Quantas bolas de golfe devem ser lançadas pela máquina Iron Byron para chegar à precisão desejada na estimativa da média?

Aplicação dos conceitos — Avançado

5.67 A cafeína vicia? A cafeína contida no café, em chá e refrigerantes tipo cola induz a um vício similar ao induzido por álcool, fumo, heroína ou cocaína? Tentando responder a esta questão, pesquisadores da Johns Hopkins University examinaram 27 consumidores de cafeína e descobriram que 25 apresentaram algum tipo de síndrome de abstinência quando não tomavam cafeína. [*Nota*: Os 27 consumidores de cafeína foram voluntários para o estudo.] Além disso, dos 11 consumidores de cafeína que foram diagnosticados como dependentes dela, 8 mostraram sintomas dramáticos de síndrome de abstinência (incluindo diminuição da capacidade de comportamento normal) quando consumiram uma dieta livre de cafeína em um ambiente controlado. A Associação Nacional do Café protestou, dizendo que o grupo era muito pequeno para que se pudessem tirar conclusões (*Los Angeles Times*, 5 out. 1994). Essa amostra é suficientemente grande para estimar a verdadeira proporção de consumidores de cafeína que são dependentes, dentro de 0,05 do valor verdadeiro, com confiança de 99%? Explique.

5.68 Evitando a produção de itens defeituosos. Custa mais produzir itens defeituosos — uma vez que eles devem ser descartados ou refeitos — do que produzir itens sem defeito. Esse fato simples sugere que os fabricantes devam assegurar a qualidade dos seus produtos pelo aperfeiçoamento dos seus processos de produção, e não por meio de inspeção aos produtos acabados (Deming, 1986). De modo a entender um processo em particular de prensagem de metal, um fabricante deseja estimar o comprimento médio dos itens produzidos por esse processo durante as últimas 24 horas.
a. Quantos produtos devem ser amostrados para estimar a média da população dentro de 0,1 milímetro (mm) com 90% de confiança? Estudos anteriores dessa máquina indicaram que o desvio-padrão dos comprimentos produzidos pela operação de prensagem é de cerca de 2 mm.
b. O tempo permite o uso de um tamanho de amostra não maior que 100. Se um intervalo de confiança de 90% para μ for construído usando $n = 100$, este seria mais amplo ou mais estreito do que o obtido usando o tamanho de amostra determinado no item **a**? Explique.
c. Se a gerência exigir que μ seja estimado dentro de 0,1 mm e que um tamanho de amostra não maior do que 100 seja usado, qual é, aproximadamente, o nível de confiança máximo que pode ser obtido para um intervalo de confiança que esteja de acordo com as especificações da gerência?

5.6 Correção de população finita para uma amostragem aleatória simples (Opcional)

Os intervalos de confiança de amostras grandes para a média μ de uma população e para a proporção p de uma população apresentados nas seções anteriores são baseados em uma amostra aleatória simples, selecionada da população-alvo. Ainda que não tenhamos dito, o procedimento também pressupõe que o número N de medidas (isto é, de unidades amostráveis) na população é relativamente grande ao tamanho da amostra n.

Em algumas situações de amostragem, o tamanho da amostra n pode representar 5%, ou talvez 10%, do número total N de unidades amostráveis na população. Quando o tamanho da amostra é grande relativamente ao número de medidas na população (veja o quadro seguinte), os erros-padrão dos estimadores de μ e p dados nas seções 5.2 e 5.4, respectivamente, devem ser multiplicados por um **fator de correção de população finita**.

A forma do fator de correção de população finita depende de como a variação σ^2 da população é definida. Para simplificar as fórmulas dos erros-padrão, é comum definir σ^2 como a divisão da soma dos quadrados dos desvios, por $N - 1$, em vez de N (de forma análoga à maneira como definimos a variação da amostra). Se adotarmos essa convenção, o fator de correção de população finita será $\sqrt{(N - n)/N}$. Então, os erros-padrão estimados de $\bar{x}$ (estimador de μ) e $\hat{p}$ (estimador de p) são estes mostrados no quadro.[3]

REGRA PRÁTICA PARA O FATOR DE CORREÇÃO DE POPULAÇÃO FINITA

Use o fator de correção de população finita (mostrado no próximo quadro) quando $n/N > 0{,}05$.

---

[3] Para muitos levantamentos e pesquisas de opinião, o fator de correção de população finita é aproximadamente igual a 1 e, se desejado, pode ser ignorado com segurança. Entretanto, se $n/N > 0{,}05$, o fator de correção de população finita deve ser incluído no cálculo do erro-padrão.

AMOSTRAGEM ALEATÓRIA SIMPLES COM POPULAÇÃO FINITA DE TAMANHO N

Estimativa da média da população

Erro-padrão estimado:

$$\hat{\sigma}_{\bar{x}} = \frac{s}{\sqrt{n}}\sqrt{\frac{N-n}{N}}$$

Intervalo de confiança de 95% aproximado: $\bar{x} \pm 2\hat{\sigma}_{\bar{x}}$

Estimativa da proporção da população

Erro padrão-estimado:

$$\hat{\sigma}_{\hat{p}} = \sqrt{\frac{\hat{p}(1-\hat{p})}{n}}\sqrt{\frac{N-n}{N}}$$

Intervalo de confiança de 95% aproximado: $\hat{p} \pm 2\hat{\sigma}_{\hat{p}}$

Nota: Os intervalos de confiança são 'aproximados', uma vez que estamos usando 2 como aproximação para o valor $z_{0,025} = 1,96$.

EXEMPLO 5.8

APLICANDO O FATOR DE CORREÇÃO DE POPULAÇÃO FINITA NA FABRICAÇÃO DE FOLHAS DE ALUMÍNIO

Problema Um fabricante especializado deseja adquirir restos de folhas de alumínio. As folhas, que têm todas a mesma espessura, estão armazenadas em 1.462 rolos, todos contendo uma quantidade variável de folhas. Para obter uma estimativa do número total de pés quadrados de folhas nos rolos, o fabricante amostrou aleatoriamente 100 rolos e mediu o número de pés quadrados em cada um. A média da amostra foi de 47,4 e o desvio-padrão foi de 12,4.

a. Encontre um intervalo de confiança aproximado de 95% para a quantidade média de folhas nos 1.462 rolos.

b. Estime o número total de pés quadrados de folhas em todos os rolos, multiplicando o intervalo de confiança do item **a** por 1.462. Interprete o resultado.

Solução

a. Cada rolo de folhas é uma unidade amostral e existem $N = 1.462$ unidades na população, sendo o tamanho da amostra $n = 100$. Uma vez que $n/N = 100/1.462 = 0,068$ excede 0,05, precisamos aplicar a correção de população finita. Temos $n = 100$, $\bar{x} = 47,4$ e $s = 12,4$. Substituindo essas quantidades, obtemos o intervalo de confiança de 95%.

$$\bar{x} \pm 2\frac{s}{\sqrt{n}}\sqrt{\frac{(N-n)}{N}} = (47,4) \pm 2\frac{12,4}{\sqrt{100}}\sqrt{\frac{(1.462-100)}{1.462}}$$

$$= 47,4 \pm 2,39$$

ou (45,01; 49,79).

b. Para populações finitas de tamanho N, a soma de todas as medidas na população, chamada *total da população*, é:

$$\sum_{i=1}^{N} x_i = N\mu$$

Uma vez que o intervalo de confiança do item **a** estima μ, uma estimativa do total da população é obtida multiplicando os pontos extremos do intervalo por N. Então temos:

Limite inferior = $N(45,01) = 1.462(45,01) = 65.804,6$

Limite superior = $N(49,79) = 1.462(49,79) = 72.793,0$

Conseqüentemente, o fabricante estima que a quantidade total de folhas de alumínio está no intervalo entre 65.805 pés quadrados até 72.793 pés quadrados, com 95% de confiança.

Relembrando Se o fabricante deseja adotar uma abordagem conservadora, o preço ofertado pelas folhas será baseado no limite de confiança inferior, 65.805 pés quadrados de folhas.

AGORA FAÇA O EXERCÍCIO **5.76A**

Exercícios 5.69 – 5.81

Aprendendo a mecânica

5.69 Calcule a porcentagem da população amostrada e o fator de correção de população finita para cada uma das seguintes situações:
   a. $n = 1.000$, $N = 2.500$
   b. $n = 1.000$, $N = 5.000$
   c. $n = 1.000$, $N = 10.000$
   d. $n = 1.000$, $N = 100.000$

5.70 Suponha que o desvio-padrão da população seja conhecido e que seja $\sigma = 200$. Calcule o erro-padrão de $\bar{x}$ para cada uma das situações descritas no Exercício 5.69.

5.71 Suponha que $N = 10.000$, $n = 2.000$ e $s = 50$.
   a. Calcule o erro-padrão de $\bar{x}$ usando o fator de correção de população finita.
   b. Repita o item **a** presumindo que $n = 4.000$.
   c. Repita o item **a** presumindo que $n = 10.000$.
   d. Compare os itens **a**, **b** e **c** e descreva o que acontece com o erro-padrão de $\bar{x}$ à medida que n cresce.
   e. A resposta para o item **c** é 0. Isso indica que não há erro de amostragem neste caso. Explique.

5.72 Suponha que $N = 5.000$, $n = 64$ e $s = 24$.
   a. Compare o tamanho do erro-padrão de $\bar{x}$ calculado com e sem o fator de correção de população finita.
   b. Repita o item **a**, mas desta vez presuma que $n = 400$.
   c. Teoricamente, quando amostramos uma população finita, o fator de correção dessa população deve sempre ser usado no cálculo do erro-padrão de $\bar{x}$. Entretanto, quando n é pequeno em relação a N, o fator de

correção de população finita é próximo de 1 e pode ser ignorado com segurança. Explique como os itens **a** e **b** ilustram esse ponto.

5.73 Suponha que você deseje estimar a proporção p de uma população e $\hat{p} = 0,42$, $N = 6.000$ e $n = 1.600$. Encontre um intervalo de confiança de 95% aproximado para p.

5.74 Suponha que você deseje estimar a média μ de uma população, e $\bar{x} = 422$, $s = 14$, $N = 375$ e $n = 40$. Encontre um intervalo de confiança de 95% aproximado para μ.

5.75 Uma amostra aleatória de tamanho $n = 30$ foi retirada de uma população de tamanho $N = 300$. As seguintes medidas foram obtidas:

LMS_75
Companion Website

21	33	19	29	22	38	58	29	52	36	37	30
53	37	29	18	35	42	36	41	35	36	33	38
29	38	39	54	42	42						

a. Estime μ com um intervalo de confiança de 95%, aproximado.
b. Estime p, a proporção de medidas da população que são maiores do que 30, com um intervalo de confiança de 95% aproximado.

Aplicação dos conceitos — Básico

5.76 Salários dos assinantes de revistas. A revista de negócios *Quality Progress* (dez. 2002) publicou um estudo dos salários dos assinantes. Os 223 vice-presidentes amostrados tinham um salário médio de US$ 116.754 e um desvio-padrão de US$ 39.185. Suponha que o objetivo do estudo seja estimar a verdadeira média salarial de todos os vice-presidentes que assinam a *Quality Progress*.
a. Se 2.193 vice-presidentes assinam a *Quality Progress*, estime a média com um intervalo de confiança de 95% aproximado.
b. Interprete o resultado.

5.77 Empregados com problemas de abuso de substâncias. De acordo com o *Governor's Council for a Drug-Free Workplace Report* (primavera/verão, 1995) de New Jersey, 50 das 72 empresas amostradas que faziam parte do Conselho admitiram que tinham empregados com problemas de abuso de substâncias. Na época da pesquisa, 251 empresas de New Jersey faziam parte do Conselho. Com base nessa informação, determine um intervalo de confiança de 95% para a proporção de todas as empresas que fazem parte do Conselho que têm empregados com problemas de abuso de substâncias. Interprete o intervalo resultante.

Aplicação dos conceitos — Intermediário

5.78 Familiaridade com marca de mobília. Uma marca que os consumidores reconhecem é uma mercadoria muito valiosa em qualquer ramo de negócios. Para avaliar a familiaridade com marcas no ramo de móveis, a NPD (empresa de pesquisa de mercado) pesquisou 1.333 donas de casa cuja renda era de US$ 25.000 ou mais. A amostra foi retirada de um banco de dados de 25.000 residências que estavam de acordo com os critérios acima. Das 10 marcas de móveis avaliadas, La-Z-Boy foi a mais reconhecida: 70,8% das respondentes disseram que tinham "muita familiaridade" com ela (*HFN*, 11 out. 1999).
a. Descreva a população investigada pela NPD.
b. Para construir o intervalo de confiança para estimar a proporção de residências que tinham muita familiaridade com a marca La-Z-Boy, é necessário usar o fator de correção de população finita? Explique.
c. Que estimativa do erro-padrão de $\hat{p}$ deveria ser usada na construção do intervalo de confiança do item **b**?
d. Construa um intervalo de confiança de 90% para a verdadeira proporção e interprete-o no contexto do problema.

5.79 Métodos de amostragem para auditoria. Desde a década de 1950, os auditores têm confiado, em grande medida, em técnicas de amostragem, em vez de auditar 100%, para ajudá-los a testar e avaliar os registros financeiros da empresa cliente. Quando a amostragem é usada para obter uma estimativa do valor total de uma conta — o balanço da conta —, o exame é conhecido como *teste substantivo* (*Métodos Amostrais para o Auditor*, Arkin, 1982). Para avaliar a razoabilidade do valor total declarado pela empresa para o seu estoque de peças, um auditor amostrou aleatoriamente 100 de um total de 500 peças no estoque, tomou o preço de cada uma e relatou os resultados mostrados na tabela.

AUDPARTS
Companion Website

NÚMERO DA PEÇA	PREÇO DA PEÇA ($)	TAMANHO DA AMOSTRA
002	108	3
101	55	2
832	500	1
077	73	10
688	300	1
910	54	4
839	92	6
121	833	5
271	50	9
399	125	12
761	1.000	2
093	62	8
505	205	7
597	88	11
830	100	19

a. Forneça uma estimativa pontual do valor médio das peças do estoque.
b. Determine o erro-padrão estimado da estimativa pontual do item **a**.
c. Construa um intervalo de confiança de 95%, aproximado para o valor médio das peças do estoque.

d. A empresa informou um valor médio de US$ 300 para as peças do estoque. O que o seu intervalo de confiança do item **c** sugere a respeito da razoabilidade do valor informado pela empresa? Explique.

5.80 Erros em contas em um sistema de faturamento. Em um estudo de erros em contas de um novo sistema de faturamento de uma empresa, um auditor amostrou aleatoriamente 35 contas produzidas pelo novo sistema e registrou o valor real (A), o valor da conta (I) e a diferença, ou erro, $x = (A - I)$. Os resultados foram $\bar{x}$ = US$ 1 e s = US$ 124. Na época em que a amostra foi retirada, o novo sistema tinha produzido 1.500 contas. Use essa informação para determinar um intervalo de confiança de 95%, aproximado, para o erro médio verdadeiro, por conta do novo sistema. Interprete o resultado.

Aplicação dos conceitos — Avançado

5.81 Resíduos de pesticida em produtos derivados do milho. A Agência de Proteção Ambiental dos Estados Unidos (EPA) proíbe o uso do pesticida causador de câncer *ethylene dibromide* (EDB) como fumigante para equipamentos de moinhos de grãos e farinha. O EDB foi antigamente usado para proteção contra infestações de vermes microscópicos chamados nematódeos. A EPA estabelece um nível máximo de segurança para a presença de EDB em grãos, farinha, tortas, cereais, pães e outros produtos derivados de grãos nas prateleiras dos supermercados e em depósitos. Dos 3.000 produtos derivados do milho vendidos em um estado, testes indicaram que 15, de uma amostra aleatória de 175, tinham resíduos de EDB acima do nível de segurança. Será que mais de 7% dos produtos derivados do milho, nesse estado, terão que ser removidos das prateleiras e dos depósitos? Explique.

5.7 Projetos de pesquisas com amostras (Opcional)

A metodologia de intervalos de confiança desenvolvida nas seções 5.2–5.5 é baseada em amostragem aleatória simples (Capítulo 3). Uma amostra aleatória (simples) é apenas um de vários projetos de amostragem diferentes usados em *pesquisas por amostragem*.

A expressão **pesquisa por amostragem** é usada em conjunto com a amostragem de populações (isto é, coleções de pessoas, residências, empresas, etc.). Uma pesquisa de preferência de consumidores é um exemplo de pesquisa por amostragem. Amostragens realizadas para estimar o nível geral de estoques de uma empresa ou a proporção de residências que assistiu a um programa de televisão em particular também são exemplos de pesquisas por amostragem.

Pesquisas por amostragem custam tempo e dinheiro e algumas vezes são quase impossíveis de realizar. Por exemplo, suponha que desejemos obter uma estimativa da proporção de residências nos Estados Unidos que planejam comprar novos aparelhos de televisão no próximo ano e que queremos basear nossa estimativa nas intenções de uma amostra aleatória de 3.000 residências. Quais são os problemas associados à coleta desses dados? Para que pudéssemos usar um gerador de números aleatórios (Capítulo 3) para selecionar uma amostra, precisaríamos ter uma lista de todas as residências dos Estados Unidos. A obtenção dessa lista seria um obstáculo monumental. Depois que tivéssemos uma lista das residências, teríamos que contatar cada uma das 3.000 selecionadas para a amostra. Estariam todos em casa quando o pesquisador chegasse à residência? E todos responderiam à pergunta do pesquisador? Você pode perceber que coletar uma amostra aleatória é mais fácil na teoria do que na prática.

O grande volume de conhecimento que está subjacente à **pesquisa por amostragem** ou ao **projeto de pesquisas por amostragem** foi desenvolvido para ajudar a resolver alguns dos problemas de que falamos. Ele inclui projetos de pesquisas por amostragem que ajudam a reduzir o custo e o tempo envolvidos em realizar uma pesquisa por amostragem e inclui os procedimentos de intervalos de confiança associados a esses projetos. Uma vez que a pesquisa por amostragem por si só é assunto suficiente para um curso inteiro, vamos apresentar, nesta seção opcional, somente alguns dos projetos de pesquisas por amostragem mais amplamente usados e examinar apenas alguns dos problemas que você poderá encontrar. Mais informações sobre este importante assunto podem ser encontradas nas referências no final do texto.

Um dos projetos de amostragem mais comuns (sem considerar a amostragem aleatória) é chamado de *amostragem aleatória estratificada*. A **amostragem aleatória estratificada** é usada quando as unidades de amostragem (isto é, as unidades que foram amostradas) associadas à população podem ser fisicamente separadas em dois ou mais grupos de unidades de amostragem (chamados **estratos**), em que a variação de respostas dentro do estrato é menor do que a variação dentro de toda a população. Por exemplo, suponha que desejemos estimar a quantia média de aluguel paga por um apartamento de dois dormitórios em Nova York. Uma vez que a variação do aluguel pago nessa cidade é provavelmente bem grande, poderíamos querer dividi-la em regiões (estratos), onde os aluguéis dentro de cada estrato são relativamente homogêneos. Então, estimaríamos a média da população selecionando amostras aleatórias dentro de cada estrato e combinando as estimativas dos estratos.

A amostragem aleatória estratificada freqüentemente produz estimadores com menores erros-padrão do que aqueles conseguidos quando se usa a amostragem aleatória simples. Além disso, amostrando cada estrato, será mais provável obtermos uma amostra representativa de toda a população. Mais ainda, os custos administrativos e de pessoal para selecionar amostras de estratos são, com freqüência, menores do que aqueles para amostragem aleatória simples.

Algumas vezes, é difícil ou muito caro selecionar amostras aleatórias. Por exemplo, seria mais fácil obter uma amostra das opiniões de estudantes de uma grande universidade selecionando sistematicamente cada centésimo nome de uma lista de todos os estudantes. Esse tipo de projeto de amostragem é chamado de **amostragem sistemática**. Ainda que amostras sistemáticas sejam geralmente mais fáceis de selecionar do que outros tipos de amostras, uma dificuldade é a possibilidade de parcialidade sistemática de amostragem. Por exemplo, se cada quinto item de uma linha de montagem for selecionado para inspeção de controle de qualidade, e se cinco diferentes máquinas estão seqüencialmente produzindo os itens, todos os itens amostrados podem ter sido fabricados pela mesma máquina. Se formos usar amostragem sistemática, deveremos estar seguros de que não existem ciclos (como cada quinto item ter sido fabricado pela mesma máquina) na lista de unidades amostradas.

Uma terceira alternativa ao projeto de amostragem aleatória simples é a *amostragem por resposta aleatória*. A **amostragem por resposta aleatória** é particularmente útil quando as perguntas dos pesquisadores podem resultar em respostas falsas. Por exemplo, suponha que cada pessoa em uma amostra de assalariados seja perguntada sobre se cometeu fraude para receber devolução do imposto de renda. Uma pessoa que não tenha cometido fraude, mais provavelmente, dará uma resposta honesta a essa pergunta. Um fraudador poderá mentir, distorcendo uma estimativa da proporção de pessoas que comete fraude na sua declaração de imposto de renda para obter devolução.

Um método para lidar com falsas respostas produzidas por perguntas delicadas é a amostragem por resposta aleatória. A cada pessoa são feitas *duas* perguntas; uma pergunta é o objetivo da pesquisa, e a outra é uma pergunta inócua, para a qual o entrevistado dará uma resposta honesta. Por exemplo, a cada pessoa poderiam ser feitas estas duas perguntas:
1. Você já cometeu fraude para devolução do imposto de renda?
2. Você tomou café da manhã hoje?

Então, um procedimento é usado para selecionar aleatoriamente qual das duas perguntas a pessoa vai responder. Por exemplo, será solicitado ao entrevistado que jogue uma moeda. Se cair cara, o entrevistado responderá à pergunta delicada, 1; se cair coroa, responderá à pergunta inócua, 2. Uma vez que o entrevistador não tem a oportunidade de ver a moeda, o entrevistado pode responder à pergunta e se sentir seguro de que a sua culpa (se for culpado) não será exposta. Conseqüentemente, o procedimento de resposta aleatória pode obter uma resposta honesta a uma pergunta delicada. Uma metodologia sofisticada é então utilizada para retirar uma estimativa da porcentagem de respostas 'sim' à pergunta delicada.

Como mencionado anteriormente, em qualquer projeto de pesquisa por amostragem, o custo (seja em tempo, pessoal ou dinheiro) pode ser um problema. Dois métodos de reduzir o custo de amostragem aleatória são realizar pesquisa por telefone ou por carta. Ainda que esse tipo de amostragem elimine custos de transporte e reduza custos de pessoal, ele introduz uma dificuldade séria — o problema da **não-resposta**. Por isso, queremos dizer que unidades de amostragem contidas na amostra não produzem observações amostrais. Por exemplo, um indivíduo pode não estar em casa quando o pesquisador telefonar, ou pode se recusar a preencher e devolver o questionário.

As não-respostas são um problema sério, porque podem conduzir a resultados distorcidos. Pode existir uma alta correlação entre o tipo de resposta e se a pessoa responde ou não. Por exemplo, a maioria dos cidadãos em uma comunidade pode ter uma opinião a respeito de vales escolares, mas os respondentes de uma pesquisa por carta podem muito bem ser aqueles que têm interesse no resultado da pesquisa — digamos, pais com filhos em idade escolar, ou professores, ou aqueles cujos impostos podem ser substancialmente afetados. Outros que não têm interesse no assunto podem ter opiniões a respeito, mas não tempo de responder. Para esse exemplo, a ausência dos dados dos não-respondentes pode levar a uma estimativa maior da porcentagem a favor do assunto do que realmente seria o caso. Em outras palavras, a ausência dos dados dos não-respondentes pode levar a um resultado distorcido.

A não-resposta é um problema de amostragem muito importante. Se o seu plano de amostragem precisa de uma coleção específica de unidades de amostragem, uma falha em obter as respostas dessas unidades pode violar o seu plano e levar a estimativas distorcidas. Se você intenciona selecionar uma amostra aleatória e não pode obter as respostas para algumas das unidades de amostragem, então o seu procedimento de amostragem *não é mais aleatório*, e a metodologia baseada nele (por exemplo, intervalos de confiança) e o produto da metodologia (por exemplo, inferências) serão suspeitos.

Há maneiras de lidar com as não-respostas. A maioria implica rastrear e perguntar a todos ou a parte dos não-respondentes e usar essas informações adicionais para adaptá-las aos dados faltantes dos não-respondentes. Para pesquisas por carta, entretanto, descobriu-se que a inclusão de um incentivo monetário com o questionário — mesmo tão pequeno quanto 25 centavos — aumenta substancialmente a taxa de respostas à pesquisa.

Há muitos projetos de amostragem disponíveis para o pesquisador de amostras; alguns são variações da amostragem aleatória simples e da amostragem aleatória estratificada, enquanto outros são completamente diferentes. Além disso, diferentes tipos de estimadores podem ser usados com esses projetos. Nesta breve introdução à pesquisa por amostragem, nossa intenção foi apresentar somente alguns dos mais importantes projetos de pesquisa por amostragem, bem como alguns dos problemas inerentes a eles. Apresentações completas de diferentes projetos de pesquisa por amostragem são fornecidas em livros-texto direcionados a esse tópico (veja referências no final deste texto).

Guia para a construção de um intervalo de confiança

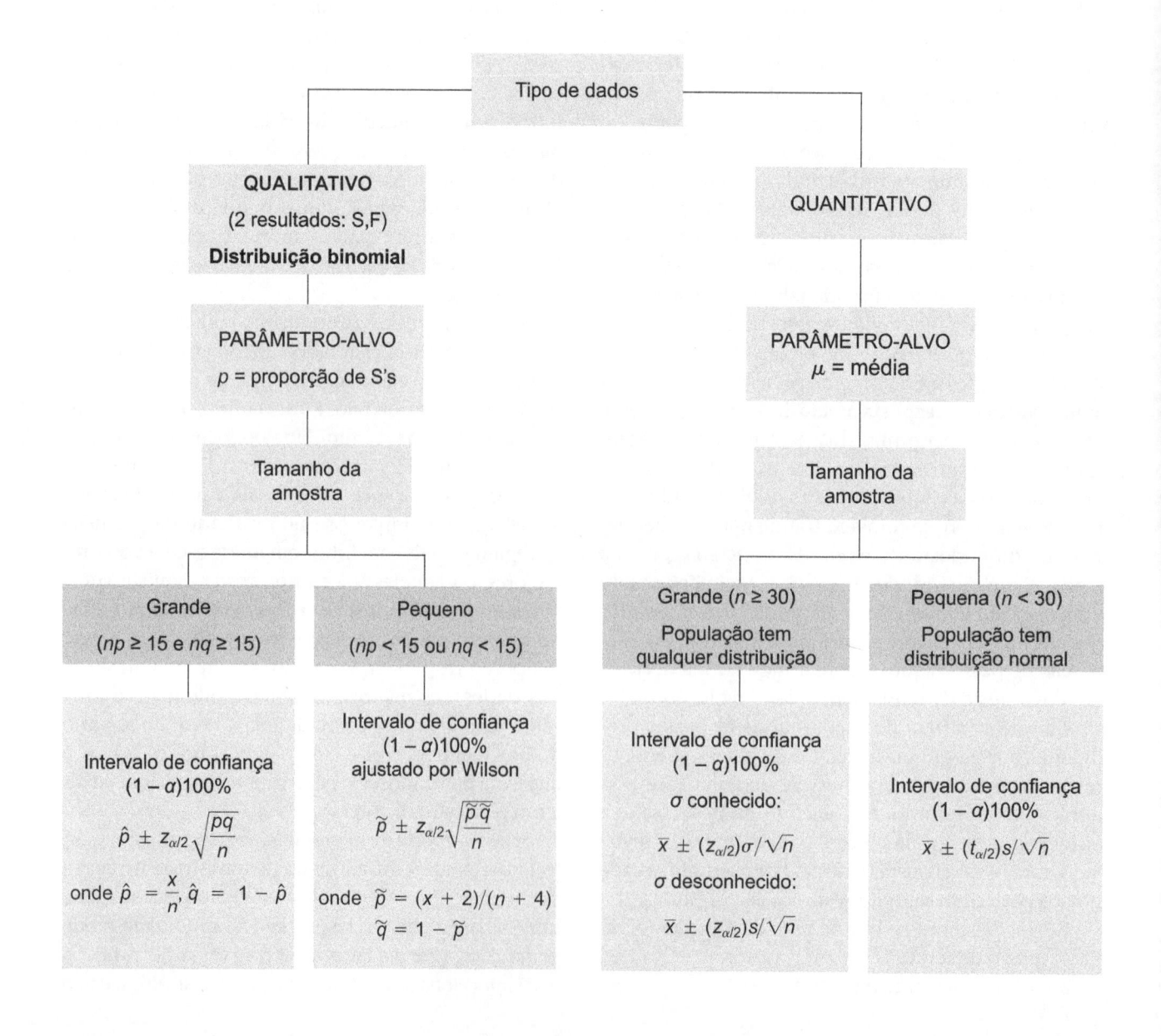

Tipo de dados

QUALITATIVO
(2 resultados: S,F)
Distribuição binomial

PARÂMETRO-ALVO
p = proporção de S's

Tamanho da amostra

Grande
($np \geq 15$ e $nq \geq 15$)

Intervalo de confiança
$(1 - \alpha)100\%$

$$\hat{p} \pm z_{\alpha/2}\sqrt{\frac{pq}{n}}$$

onde $\hat{p} = \frac{x}{n}$, $\hat{q} = 1 - \hat{p}$

Pequeno
($np < 15$ ou $nq < 15$)

Intervalo de confiança
$(1 - \alpha)100\%$
ajustado por Wilson

$$\tilde{p} \pm z_{\alpha/2}\sqrt{\frac{\tilde{p}\tilde{q}}{n}}$$

onde $\tilde{p} = (x + 2)/(n + 4)$
$\tilde{q} = 1 - \tilde{p}$

QUANTITATIVO

PARÂMETRO-ALVO
μ = média

Tamanho da amostra

Grande ($n \geq 30$)
População tem qualquer distribuição

Intervalo de confiança
$(1 - \alpha)100\%$

σ conhecido:

$$\bar{x} \pm (z_{\alpha/2})\sigma/\sqrt{n}$$

σ desconhecido:

$$\bar{x} \pm (z_{\alpha/2})s/\sqrt{n}$$

Pequena ($n < 30$)
População tem distribuição normal

Intervalo de confiança
$(1 - \alpha)100\%$

$$\bar{x} \pm (t_{\alpha/2})s/\sqrt{n}$$

Termos-chave

Nota: Os itens marcados com asterisco (*) são das seções opcionais deste capítulo.

Ajuste de Wilson na estimativa de p
*Amostragem aleatória estratificada
Amostragem sistemática
*Amostragem de resposta aleatória
Coeficiente de confiança
Erro de amostragem
Estatística t

Estimador de intervalo
Estimador pontual
*Estrato
*Fator de correção de população finita
Graus de liberdade
Intervalo de confiança
Nível de confiança

*Não-resposta
Parâmetro-alvo
*Pesquisa por amostragem
*Projeto de pesquisas por amostragem

Notas do capítulo

Parâmetros da população, estimadores e erros-padrão

Parâmetro (θ)	Estimador ($\hat{\theta}$)	Erro-padrão do estimador ($\hat{\sigma}_\theta$)	Erro-padrão estimado ($\hat{\sigma}_\theta$)
Média μ	$\bar{x}$	$\sigma/\sqrt{n}$	$s/\sqrt{n}$
Proporção, p	$\hat{p}$	$\sqrt{pq/n}$	$\sqrt{\hat{p}\hat{q}/n}$

SÍMBOLOS-CHAVE

θ	Parâmetro geral da população (teta)
μ	Média da população
σ	Desvio-padrão da população
p	Proporção da população; P (sucessos) em tentativa binomial
q	$1 - p$
$\bar{x}$	Média da amostra (estimador de μ)
$\hat{p}$	Proporção da amostra (estimador de p)
$\mu_{\bar{x}}$	Média da distribuição amostral de $\bar{x}$ da população
$\sigma_{\bar{x}}$	Desvio-padrão da distribuição amostral de $\bar{x}$ da população
$\sigma_{\hat{p}}$	Desvio-padrão da distribuição amostral de $\hat{p}$ da população
SE	Erro de amostragem na estimativa
α	$(1-\alpha)$ representa o coeficiente de confiança
$z_{\alpha/2}$	Valor z usado em um $100(1-\alpha)\%$ intervalo de confiança de amostra grande
$t_{\alpha/2}$	Valor t de Student usado em um $100(1-\alpha)\%$ intervalo de confiança de amostra pequena
N	Número de observações na população-alvo

Intervalo de confiança: um intervalo que inclui um parâmetro desconhecido de uma população, com certo nível de confiança $(1-\alpha)$.

Coeficiente de confiança: a probabilidade $(1-\alpha)$ de que um intervalo de confiança selecionado aleatoriamente inclua o valor verdadeiro do parâmetro da população.

PROJETOS DE PESQUISA POR AMOSTRAGEM

1. *Amostragem aleatória simples*
2. *Amostragem aleatória estratificada*
3. *Amostragem sistemática*
4. *Amostragem de resposta aleatória*

DETERMINANDO O TAMANHO N DA AMOSTRA:

Estimando μ: $n = (z_{\alpha/2})^2(\sigma^2)/(SE)^2$

Estimando p: $n = (z_{\alpha/2})^2(pq)/(SE)^2$

PALAVRAS-CHAVE PARA IDENTIFICAR O PARÂMETRO-ALVO

μ – média

p – proporção, fração, porcentagem, taxa, probabilidade

VALORES Z COMUMENTE USADOS PARA UM INTERVALO DE CONFIANÇA DE AMOSTRA GRANDE:

IC de 90%: $(1-\alpha) = 0{,}10$ $z_{0,05} = 1{,}645$

IC de 95%: $(1-\alpha) = 0{,}05$ $z_{0,025} = 1{,}96$

IC de 99%: $(1-\alpha) = 0{,}01$ $z_{0,005} = 2{,}575$

FATOR DE CORREÇÃO DE POPULAÇÃO FINITA:

Necessário quando $n/N > 0{,}05$

Ilustrando a noção de '95% de confiança'

Construir um IC de 95% para μ

$\bar{x}_1 \pm 1,96\sigma_{\bar{x}}$ → (15, 28)
$\bar{x}_2 \pm 1,96\sigma_{\bar{x}}$ → (10, 31)
$\bar{x}_3 \pm 1,96\sigma_{\bar{x}}$ → (12, 25)

População com média desconhecida μ

Repita esse processo um número infinito de vezes

População teórica de ICs para μ

"95% destes intervalos contém μ"

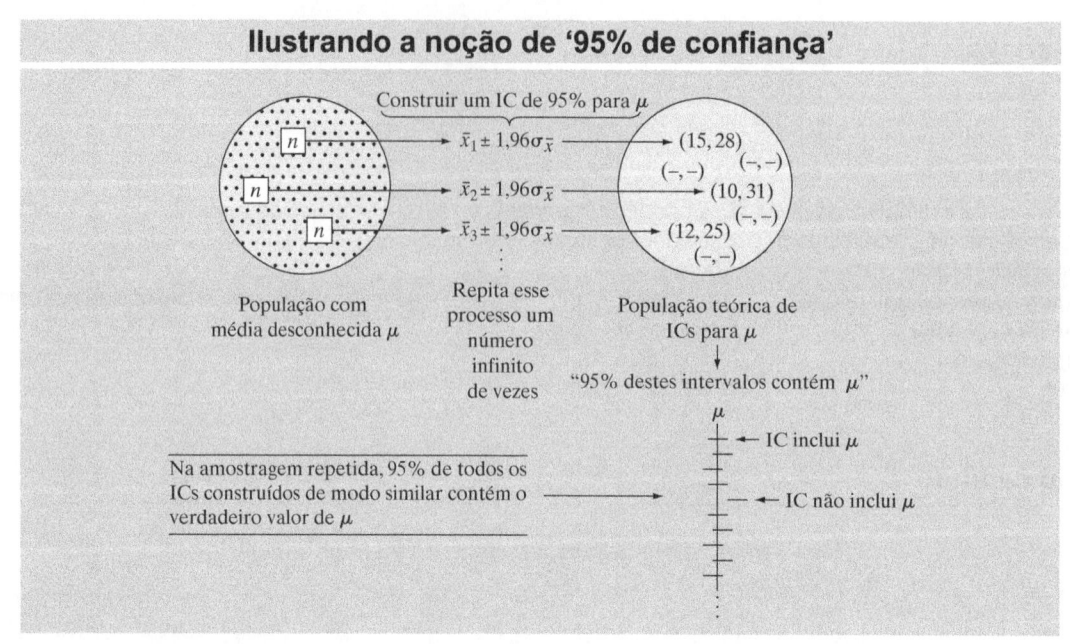

Na amostragem repetida, 95% de todos os ICs construídos de modo similar contém o verdadeiro valor de μ

← IC inclui μ
← IC não inclui μ

Exercícios suplementares 5.82 – 5.110

Nota: Liste os pressupostos necessários para a implementação válida dos procedimentos estatísticos que usar para resolver todos esses exercícios. Os exercícios marcados com asterisco (*) referem-se às seções opcionais deste capítulo.

Aprendendo a mecânica

5.82 Em cada um dos seguintes casos, determine se você usaria uma estatística z ou t (ou nenhuma das duas) para formar um intervalo de confiança de 95%, e então procure o valor apropriado de z ou t.
   a. Amostra aleatória de tamanho $n = 23$, de uma distribuição normal, com média μ e desvio-padrão σ desconhecidos.
   b Amostra aleatória de tamanho $n = 135$, de uma distribuição normal, com média μ e desvio-padrão σ desconhecidos.
   c. Amostra aleatória de tamanho $n = 10$, de uma distribuição normal, com média desconhecida μ e desvio-padrão $\sigma = 5$.
   d. Amostra aleatória de tamanho $n = 73$, de uma distribuição da qual nada se sabe.
   e. Amostra aleatória de tamanho $n = 12$, de uma distribuição da qual nada se sabe.

5.83 Considere t_0 a representação de um valor particular de t da Tabela V do Apêndice B. Encontre os valores da tabela tais que as seguintes afirmações sejam verdadeiras:
   a. $P(t \leq t_0) = 0,05$ em que gl = 20.
   b. $P(t \geq t_0) = 0,005$ em que gl = 9.
   c. $P(t \leq -t_0$ ou $t \geq t_0) = 0,10$ em que gl = 8.
   d. $P(t \leq -t_0$ ou $t \geq t_0) = 0,01$ em que gl = 17.

5.84 Em uma amostra aleatória de 400 medidas, 227 delas possuíam a característica de interesse A.
   a. Use um intervalo de confiança de 95% para estimar a verdadeira proporção p de medidas na população com a característica A.
   b. De que tamanho seria a amostra necessária para estimar p, dentro de 0,02, com 95% de confiança?

5.85 Uma amostra aleatória de 225 medidas foi selecionada de uma população; a média e o desvio-padrão da amostra são, respectivamente, $\bar{x} = 32,5$ e $s = 30,0$.
   a. Use um intervalo de confiança de 99% para estimar a média μ da população.
   b. De que tamanho seria a amostra necessária para estimar μ, dentro de 0,5, com 99% de confiança?
   c. O que significa a frase '99% de confiança', como usada neste exercício?

*5.86 Calcule o fator de correção de população finita para cada uma das seguintes situações:
   a. $n = 50$, $N = 2.000$.
   b. $n = 20$, $N = 100$.
   c. $n = 300$, $N = 1.500$.

Aplicação dos conceitos — Básico

5.87 Pesquisa geral de saúde. O Centro de Prevenção e Controle de Doenças (CPCD) de Atlanta, Geórgia, realiza uma pesquisa anual do estado geral de saúde da população dos Estados Unidos como parte do seu Sistema de Supervisão de Fatores de Risco Comportamentais (*New York Times*, 29 mar. 1995). Usando uma discagem aleatória, o CPCD ligou para cidadãos norte-americanos maiores de 18 anos e fez a eles as seguintes quatro perguntas:
   1. Sua saúde está, no geral, excelente, muito boa, boa, razoável ou ruim?
   2. Em quantos dias, dos últimos 30 dias, sua saúde física não esteve boa, por causa de doença ou traumatismo?
   3. Em quantos dias, dos últimos 30 dias, sua saúde mental não esteve boa, por causa de estresse, depressão ou problemas emocionais?
   4. Em quantos dias, dos últimos 30 dias, sua saúde física ou mental não permitiu que você realizasse suas atividades normais?
   Identifique o parâmetro de interesse de cada questão.

One-Sample T: OFFICES

```
Variable    N    Mean    StDev    SE Mean        90% CI
OFFICES    26  5.23077  2.84686  0.55832    (4.27709, 6.18445)
```

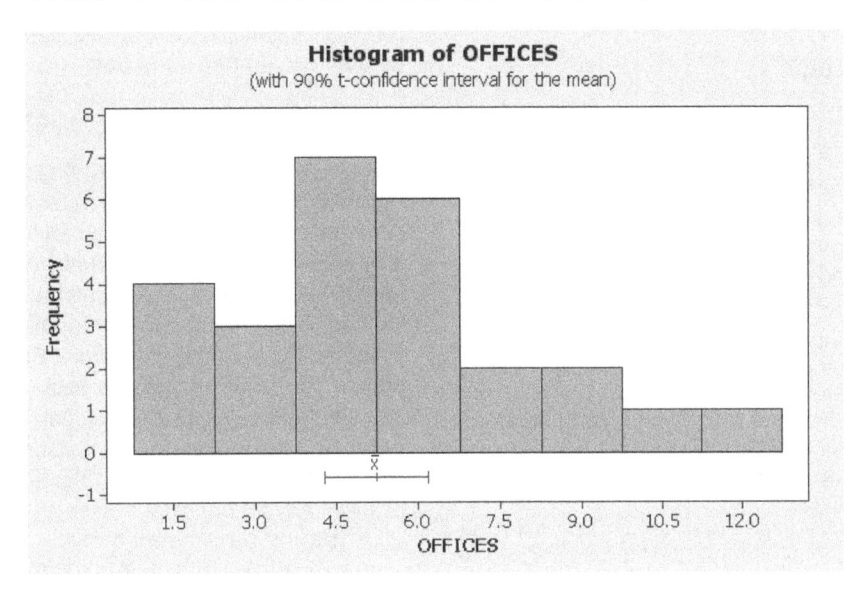

Histogram of OFFICES
(with 90% t-confidence interval for the mean)

Saída do MINITAB para o exercício 5.88

5.88 Principais firmas de advocacia da Flórida.
Consulte o Exercício 2.44 e os dados de alguns dos escritórios das principais firmas de advocacia da Flórida, como foram classificadas pela revista *Florida Trends Magazine* (abr. 2002). Os dados, que estão no arquivo **FLALAW**, foram analisados usando o MINITAB, e sua listagem é mostrada acima.

a. Determine um intervalo de confiança de 90% para o número médio de escritórios operados por todas as firmas de advocacia da Flórida. Interprete o intervalo resultante.

b. As condições de uma população normalmente distribuída parecem estar satisfeitas para essa aplicação do método de intervalo de confiança para amostra pequena?

c. Forneça uma razão pela qual o intervalo do item **a** possa ser inválido.

5.89 Derramamento de petróleo causado por falhas no casco.
Consulte o estudo da revista *Marine Technology* (jan. 1995), a respeito das causas de 50 recentes derramamentos de petróleo de navios-tanque, do Exercício 2.135: Relembre que 12 desses derramamentos foram causados por falhas no casco.

a. Forneça uma estimativa pontual da proporção dos grandes derramamentos de petróleo que foram causados por falhas no casco.

b. Crie um intervalo de confiança de 95% para a estimativa do item **a**. Interprete o resultado.

5.90 Homicídio no trabalho.
Em um estudo relativo a homicídios no trabalho, pesquisadores da University of North Carolina coletaram dados em locais de trabalho onde um empregado tenha sido assassinado (*American Journal of Epidemiology*, v. 154, 2001). Em uma amostra de 105 casos, 67 dos homicídios ocorreram durante as horas de trabalho noturnas (entre 21 e 6 horas).

a. Forneça uma estimativa pontual de p, a verdadeira proporção dos casos de homicídios no trabalho que ocorreram à noite.

b. Calcule um intervalo de confiança de 95% para p.

c. Forneça uma interpretação prática para o intervalo do item **b**.

5.91 Salários dos assinantes de revistas.
A pesquisa salarial da *Quality Progress* 2002 dos profissionais de qualidade, descrita no Exercício 5.76, gerou respostas de 2.413 gerentes de qualidade. O menor salário relatado por um gerente foi de US$ 20.000; o maior foi de US$ 205.000.

a. Estão sendo feitos planos para repetir a pesquisa no próximo ano. Use a informação acima para determinar que tamanho deveria ter a amostra a ser selecionada para estimar a receita média dos gerentes, dentro de US$ 5.000, com 95% de confiança.

b. Na pesquisa, o desvio-padrão dos salários dos gerentes foi de US$ 19.830. Use essa informação para recalcular o tamanho da amostra do item **a**.

c. Compare suas respostas dos itens **a** e **b**. Que tamanho de amostra você usaria para estimar o salário médio no próximo ano? Justifique sua resposta.

5.92 Valores das propriedades residenciais de New Jersey.
Como parte de um estudo dos valores das propriedades residenciais em Cedar Grove, New Jersey, o assessor

fiscal do município amostrou 20 residências unifamiliares que tinham sido vendidas recentemente e registrou os preços de venda (em milhares de dólares). Os dados são fornecidos abaixo.

NJVALUES*

189,9	235,0	159,0	190,9	239,0	559,0	875,0	635,0
265,0	330,0	669,0	935,0	210,0	179,9	334,9	219,0
1.190,0	739,0	424,7	229,0				

Fonte: Multiple Listing Service of Suburban Essex County, New Jersey.
* Para usar os dados da tabela no software, é preciso trocar as vírgulas dos valores numéricos por ponto.

a. Construa um intervalo de confiança de 95% para o preço médio de venda de todas as residências unifamiliares de Cedar Grove, New Jersey.
b. Forneça uma interpretação prática do intervalo do item **a**.
c. O que significa a frase '95% de confiança', como usada neste exercício?
d. Comente a validade de quaisquer pressupostos necessários à aplicação adequada do procedimento de estimativa.

5.93 Fundos de doações de faculdades. Nos Estados Unidos, faculdades privadas e públicas, bem como universidades, dependem de contribuições monetárias de indivíduos, empresas e fundações para o pagamento de salários e despesas operacionais. A maior parte desse dinheiro é posta em um fundo chamado *doação*, e a faculdade gasta somente os juros que o fundo rende. Uma amostra aleatória de oito fundos de doações de faculdades, retirada de uma lista de doações do *Almanaque de Crônicas da Educação Superior*, resultou nas doações a seguir (em milhões de dólares). Estime a doação média para essa população de faculdades e universidades usando um intervalo de confiança de 95%. Liste todos os pressupostos que você fez.

ENDOW*

| 148,6 | 66,1 | 340,8 | 500,2 | 212,8 | 55,4 | 72,6 | 83,4 |

* Para usar os dados da tabela no software, é preciso trocar as vírgulas dos valores numéricos por ponto.

5.94 Licenças por doença dos empregados. Uma empresa está interessada em estimar μ, o número médio de dias de licença por doença tomados por todos os seus empregados. O estatístico da firma selecionou aleatoriamente 100 fichas de empregados e anotou o número de dias de licença por doença tomados por cada empregado. As seguintes estatísticas da amostra foram calculadas: $\bar{x}$ = 12,2 dias, s = 10 dias.
a. Estime μ usando um intervalo de confiança de 90%. Interprete o resultado.
b. Quantas fichas de empregados o estatístico teria que selecionar para estimar μ dentro de 2 dias, com um intervalo de confiança de 99%?

5.95 Peixes contaminados por despejos de uma fábrica. Consulte os dados do Corpo de Engenheiros do Exército dos Estados Unidos a respeito de uma amostra de 144 peixes contaminados coletados de um rio próximo a uma fábrica de produtos químicos. Os dados estão no arquivo **DDT**. Estime a proporção de peixes contaminados que são da espécie *channel catfish*. Use um intervalo de confiança de 90% e interprete o resultado.

Aplicação dos conceitos — Intermediário

5.96 Aumentando a produtividade das galinhas. Os fazendeiros descobriram que, quanto mais as galinhas bicam objetos colocados em seu ambiente, mais saudáveis e produtivas parecem ficar. Descobriu-se que uma corda branca é um estímulo particularmente atraente para as galinhas bicarem. Em uma experiência, 72 galinhas foram expostas ao estímulo da corda. Em vez de uma corda branca, foi usada uma corda azul. O número de bicadas de cada galinha na corda azul, em um intervalo de tempo específico, foi registrado. As estatísticas resumidas para as 72 galinhas foram: $\bar{x}$ = 1,13 bicadas, s = 2,21 bicadas (*Applied Animal Behaviour Science*, out. 2000).
a. Estime o número médio da população de bicadas dadas pelas galinhas na corda azul usando um intervalo de confiança de 99%. Interprete o resultado.
b. Pesquisas anteriores tinham mostrado que μ = 7,5 bicadas se as galinhas são expostas a uma corda branca. Com base nos resultados do item **a**, há evidências de que as galinhas tendam a bicar mais uma corda branca do que uma azul? Explique.

5.97 Contaminação por resíduos de petróleo. Derramamento acidental e descarte descuidado de resíduos de petróleo nos Estados Unidos têm resultado em extensiva contaminação de solos em todo o país. Um composto particularmente perigoso achado nos solos contaminados é o benzo(a)pireno [B(a)p]. Uma experiência foi realizada para determinar a eficiência de um método projetado para remover o B(a)p do solo (*Journal of Hazardous Materials*, jun. 1995). Três espécimes de solo contaminado com uma quantidade conhecida de B(a)p foram tratados com uma toxina que inibe o crescimento de micróbios. Depois de 95 dias de incubação, a porcentagem de B(a)p removida de cada espécime de solo foi medida. A experiência produziu as seguintes estatísticas resumidas: $\bar{x}$ = 49,3 e s = 1,5.
a. Use um intervalo de confiança de 99% para estimar a porcentagem média de B(a)p removida de um espécime de solo no qual a toxina tenha sido usada.
b. Interprete o resultado nos termos da aplicação.
c. Que pressuposto é necessário para assegurar a validade desse intervalo de confiança?
d. Comente a possibilidade de que a verdadeira média percentual removida possa ser tão alta quanto 50%.

5.98 Apnéia de sono em motoristas de caminhão. A apnéia obstrutiva é uma desordem do sono que provoca a parada momentânea da respiração de uma pessoa, que então acorda brevemente. Essas interrupções do sono, que podem ocorrer centenas de vezes em uma noite, podem reduzir drasticamente a qualidade do descanso e causar fadiga durante as horas despertas. Pesquisadores da Stanford University estudaram 159 motoristas de cami-

nhões comerciais e descobriram que 124 deles sofriam de apnéia obstrutiva do sono (*Chest*, maio 1995).
   a. Use os resultados do estudo para estimar, com 90% de confiança, a fração dos motoristas de caminhão que sofre de desordens do sono.
   b. Pesquisadores do sono acreditam que cerca de 25% da população em geral sofre de apnéia obstrutiva do sono. Comente se esse valor representa ou não a verdadeira porcentagem de motoristas de caminhão que sofre de desordens do sono.

5.99 Distância percorrida até o trabalho por homens e mulheres. Pesquisa relatada na *Professional Geographer* (maio 1992) investigou a hipótese de que a responsabilidade desproporcional do trabalho doméstico possa ser um fator importante na determinação da proximidade do local de trabalho das mulheres. O pesquisador estudou a distância (em milhas) até o trabalho de homens e mulheres em residências nas quais os dois trabalham. Amostras aleatórias de homens e mulheres forneceram os seguintes resultados:

	RESIDÊNCIA NO CENTRO DA CIDADE		RESIDÊNCIA SUBURBANA	
	Homens	Mulheres	Homens	Mulheres
Tamanho da amostra	159	119	138	93
Média	7,4	4,5	9,3	6,6
Desvio-padrão	6,3	4,2	7,1	5,6

   a. Para residências no centro da cidade, calcule um intervalo de confiança de 95% para a distância média até o trabalho para homens e mulheres em residências nas quais os dois trabalham. Interprete os intervalos. Há alguma diferença entre homens e mulheres?
   b. Repita o item a para residências suburbanas. [*Nota*: Mostraremos como usar técnicas estatísticas para comparar duas médias de população no Capítulo 7.]

5.100 Usando cartões de débito na Internet. A Organização Gallup pesquisou 1.252 donos de cartões de débito nos Estados Unidos e descobriu que 180 já haviam usado seus cartões para comprar um produto ou serviço pela Internet (*Card Fax*, 12 nov. 1999).
   a. Descreva a população de interesse da Organização Gallup.
   b. Se você fosse pessoalmente encarregado de retirar uma amostra aleatória dessa população, que dificuldades encontraria? Presuma, para o restante do exercício, que os 1.252 donos de cartões de débito tenham sido selecionados aleatoriamente.
   c. Esse tamanho de amostra é suficientemente grande para construir um intervalo de confiança válido de donos de cartões de débito que já usaram o seu cartão para fazer compras pela Internet? Justifique sua resposta.
   d. Estime a proporção do item c usando um intervalo de confiança de 98%. Interprete seu resultado no contexto do problema.
   e. Se você tivesse construído um intervalo de confiança de 90%, ele seria mais largo ou mais estreito?

5.101 Períodos de férias em grandes empresas. O principal determinante do tempo de férias que os empregados norte-americanos recebem é o seu tempo de serviço. De acordo com dados liberados pela Hewitt Associates (*Management Review*, nov. 1995), mais de 8 em cada 10 empregadores fornecem 2 semanas de férias depois do primeiro ano. Depois de 5 anos, 75% dos empregadores fornecem 3 semanas e, depois de 15 anos, a maioria fornece férias de 4 semanas. Para estimar mais precisamente p, a proporção de empregadores nos Estados Unidos que fornece somente 2 semanas de férias para os novos empregados, uma amostra aleatória de 24 grandes empresas do país foi contatada. Os seguintes tempos de férias foram relatados (em dias):

VACTIMES Companion Website

10	12	10	10	10	10
15	10	10	10	10	10
10	10	10	10	10	15
10	10	15	10	10	10

   a. Construa um intervalo de confiança de 95% para p.
   b. A amostra é suficientemente grande para assegurar que a distribuição normal forneça uma aproximação razoável para a distribuição amostral de $\hat{p}$? Justifique sua resposta.
   c. De que tamanho deveria ser a amostra para estimar p, dentro de 0,02, com 95% de confiança?

5.102 Demissão de pacientes com câncer. De acordo com o Escritório de Estatísticas do Trabalho dos Estados Unidos, 1 de cada 80 trabalhadores do país (isto é, 1,3%) é demitido. Os empregados com câncer são demitidos na mesma taxa? Para responder a essa questão, a revista *Working Women* e a Amgen — uma empresa que fabrica drogas para reduzir os efeitos colaterais da quimioterapia — realizaram uma pesquisa telefônica com 100 sobreviventes de câncer que trabalhavam enquanto se submetiam ao tratamento (*Tampa Tribune*, 25 set. 1996). Desses 100 pacientes de câncer, 7 haviam sido demitidos em decorrência de sua doença.
   a. Construa um intervalo de confiança de 90% para a verdadeira porcentagem de todos os pacientes de câncer que foram demitidos em decorrência de sua doença.
   b. Forneça uma interpretação prática do intervalo do item a.
   c. Os empregados com câncer foram demitidos na mesma taxa que todos os empregados norte-americanos?

*5.103 Interpretando 'erro de amostragem'. Quando uma pesquisa de opinião relata, por exemplo, que 61% do público concorda com um programa nacional de seguro-saúde, também relata o erro de amostragem. Por exemplo, uma pesquisa de opinião relata que a estimativa é precisa dentro de mais ou menos 3%. Um artigo na revista *Time* ("Como não ler as pesquisas de opinião", 28 abr. 1980) aponta o seguinte:

Os leitores interpretam erroneamente, de forma consistente, o significado desta 'nota de advertência'. (...) [A nota sobre o erro de amostragem] nada diz a respeito dos erros que poderiam ser causados por uma pergunta redigida de forma descuidada ou tendenciosa, ou por uma pergunta que evoque sentimentos complexos. Exemplo: 'Você está satisfeito com o seu trabalho?'. Mais importante de tudo, as notas de advertência a respeito de erros de amostragem nada dizem sobre se o público está em conflito ou se pensou um pouco sobre o assunto. Esta é a fonte mais séria de interpretação errada das pesquisas de opinião.

Explique cuidadosamente a diferença entre erro de amostragem e erro que não é de amostragem, de forma geral e no contexto da citação acima.

*5.104 Pesquisa de assinantes de revistas. Editores de revistas de negócios semanais de circulação nacional acreditam que uma grande proporção dos seus assinantes na Flórida invista no mercado de ações. Eles gostariam de poder usar essa informação para persuadir as empresas corretoras de ações da Flórida a anunciar em suas revistas. Os editores remeteram, a cada um dos 500.000 assinantes da Flórida, um questionário sobre investimentos em ações. Um total de 10.000 questionários foram devolvidos e, destes, 9.296 assinantes responderam que no momento possuíam investimentos no mercado de ações.
   a. Use essa informação para estimar a proporção dos assinantes na Flórida que investem no mercado de ações, com um intervalo de confiança aproximado de 95%.
   b. As empresas corretoras da Flórida deveriam considerar a estimativa do item **a** confiável? Explique.

5.105 *Air bags* oferecem perigo para as crianças. Consulte o estudo da Administração Nacional de Segurança do Tráfego Rodoviário (ANSTR) a respeito de acidentes fatais de carros causados por *air bags*, Exercício 5.48. Relembre que a ANSTR deseja estimar a proporção de tais acidentes nos quais crianças que estavam sentadas no lado do passageiro, na frente, foram mortas. Quantos acidentes fatais a ANSTR deve amostrar para estimar a proporção, dentro de 0,1 do seu verdadeiro valor, usando um intervalo de confiança de 99%?

5.106 Envenenamento por salmonela comendo um picolé. Recentemente, um caso de envenenamento (bacterial) por salmonela foi rastreado até determinada marca de picolés, e o fabricante retirou os picolés do mercado. A despeito disso, muitos consumidores se recusaram a comprar *qualquer* marca de picolés por um período de tempo depois do evento (McClave, consultoria pessoal). Um fabricante realizou uma pesquisa com consumidores 6 meses depois do evento. Uma amostra de 244 consumidores de picolés foi contatada e 23 disseram que não iriam comprar picolés por causa do risco de envenenamento alimentar.
   a. Qual é a estimativa pontual da verdadeira fração de todo o mercado que se recusa a comprar picolés 6 meses após o evento?
   b. Essa amostra é suficientemente grande para usar a aproximação normal para a distribuição amostral do estimador da probabilidade binomial? Justifique sua resposta.
   c. Construa um intervalo de confiança de 95% para a verdadeira proporção do mercado que ainda se recusa a comprar picolés 6 meses após o evento.
   d. Interprete a estimativa pontual e o intervalo de confiança nos termos dessa aplicação.

5.107 Envenenamento por salmonela comendo um picolé (continuação). Consulte o Exercício 5.106. Suponha que já faça um ano que o evento de envenenamento alimentar tenha ocorrido com o picolé. O fabricante deseja estimar a proporção dos que ainda não comprarão picolés, dentro de 0,02, usando um intervalo de confiança de 95%. Quantos consumidores deveriam ser amostrados?

Aplicação dos conceitos — Avançado

5.108 Pesquisa salarial dos contadores. A cada ano, a revista *Management Accounting* reporta os resultados de uma pesquisa salarial dos membros do Instituto dos Contadores Gerenciais (ICG). Em um certo ano, os 2.112 membros responderam que tinham uma distribuição salarial com o 20º percentil de US$ 35.100; uma mediana de US$ 50.000; e o 80º percentil de US$ 73.000.
   a. Use essa informação para determinar o tamanho mínimo da amostra que deveria ser usada na pesquisa do ano seguinte para estimar o salário médio dos membros do ICG dentro de US$ 2.000, com 98% de confiança. [*Dica*: Para estimar s, primeiro aplique o teorema de Chebyshev para encontrar k, de forma que pelo menos 60% dos dados caiam dentro de k desvios-padrão de μ. Então ache $s \approx$ (80º percentil − 20º percentil)/k].
   b. Explique como você estimou o desvio-padrão necessário para o cálculo do tamanho da amostra.
   c. Liste todos os pressupostos que fez.

5.109 Auditoria interna de faturas. O presidente de uma empresa, os vice-presidentes, os gerentes de departamento e outros usam os dados financeiros produzidos pelo sistema de contabilidade da empresa para ajudá-los a tomar decisões relativas a coisas como preços, orçamentos e expansão da fábrica. Para conseguir certa segurança de que o sistema forneça dados confiáveis, auditores internos realizam, periodicamente, várias verificações no sistema (Horngren, Foster e Datar, *Cost accounting: a managerial emphasis*, 2005). Suponha que uma auditora interna esteja interessada em determinar a proporção de faturas de vendas em uma população de 5.000 faturas de vendas nas quais o valor do 'total de vendas' esteja errado. Ela planeja estimar a verdadeira proporção de faturas erradas baseada em uma amostra aleatória de tamanho 100.
   a. Presuma que a população de faturas esteja numerada de 1 a 5.000 e que cada fatura que termine em 0 esteja errada (isto é, 10% estão erradas). Use um gerador de números aleatórios para retirar uma amostra aleatória de 100 faturas da população de 5.000 faturas. Por exemplo, o número aleatório 456 diz respeito à fatura 456. Liste os números das faturas da sua amostra e indique quais delas estão erradas (isto é, as que terminam em 0).

b. Use o resultado da sua amostra do item **a** para construir um intervalo de confiança de 90% para a verdadeira proporção de faturas com erro.

c. Relembre que a verdadeira proporção da população de faturas que está errada é igual a 0,1. Compare a verdadeira proporção com a estimativa da verdadeira proporção que você desenvolveu no item **b**. O seu intervalo de confiança inclui a verdadeira proporção?

Desafio crítico de pensamento

5.110 Processo de produção 'fora de controle'. Quando as empresas empregam gráficos de controle para monitorar a qualidade de seus produtos, uma série de pequenas amostras é tipicamente usada para determinar se o processo está 'sob controle' durante o período de tempo em que cada amostra foi selecionada. (Veremos os gráficos de controle de qualidade no Capítulo 12.) Suponha que um fabricante de blocos de concreto amostre nove blocos por hora e teste a resistência à quebra de cada um. Durante um teste de 1 hora, a média e o desvio-padrão foram 985,6 libras por polegada quadrada (psi) e 22,9 psi, respectivamente. O processo é considerado 'fora de controle' se a média verdadeira difere de 1.000 psi. O fabricante deseja estar razoavelmente certo de que o processo está realmente fora de controle antes de interrompê-lo e tentar determinar o problema. Qual é a sua recomendação?

Referências bibliográficas

AGRESTI, A.; COULL, B. A. 'Approximate is better than 'exact' for interval estimation of binomial proportions'. *The American Statistician*, vol. 52, n. 2, maio 1998, pp. 119-126.

ARKIN, H. *Sampling methods for the aditor*. Nova York: McGraw-Hill, 1982.

COCHRAN, W. G. *Sampling techniques*. 3. ed. Nova York: Wiley, 1977.

FREEDMAN, D.; PISANI, R.; PURVES, R. *Statistics*. Nova York: Norton, 1978.

KISH, L. *Survey sampling*. Nova York: Wiley, 1965.

MENDENHALL, W.; BEAVER, R. J.; BEAVER, B. *Introduction to probability and statistics*. 11. ed. North Scituate, Mass.: Duxbury, 2002.

WILSON, E. G. 'Probable inference, the law of succession, and statistical inference.' *Journal of the American Statistical Association*, vol. 22, 1927, pp. 209-212.

Uso da tecnologia

5.1 Intervalos de confiança usando o SPSS

O SPSS pode ser usado para obter intervalos de confiança de uma amostra para a média de uma população, mas atualmente não produz intervalos de confiança para a proporção de uma população. Para gerar um intervalo de confiança para a média, primeiro acesse o arquivo de tabela do SPSS que contém os dados da amostra. A seguir, clique no botão 'Analyse' na barra de menus do SPSS, então clique em 'Descriptive Statistics' e 'Explore', como mostrado na Figura 5.S.1. O quadro com o diálogo resultante aparece mostrado na Figura 5.S.2. Especifique a variável quantitativa de interesse na 'Dependent List' e então clique no botão 'Statistics' no final do quadro. Especifique o nível de confiança no quadro de diálogo resultante, conforme mostrado na Figura 5.S.3. Clique em 'Continue' para retornar ao quadro de diálogo 'Explore' e então clique em 'OK' para produzir o intervalo de confiança.

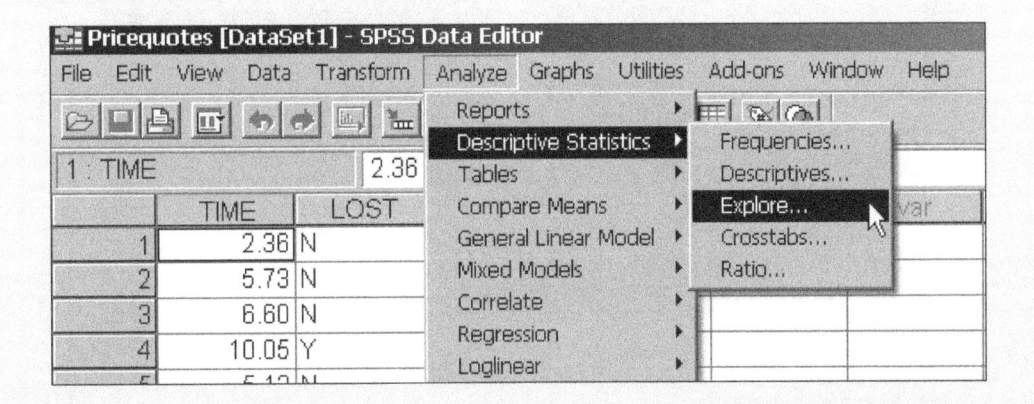

FIGURA 5.S.1 Opções do menu do SPSS — intervalo de confiança para a média

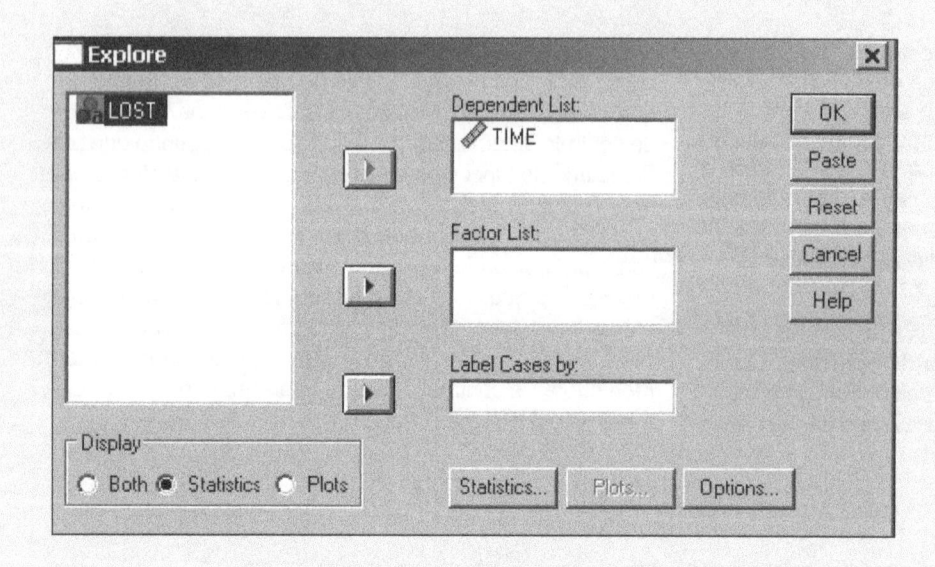

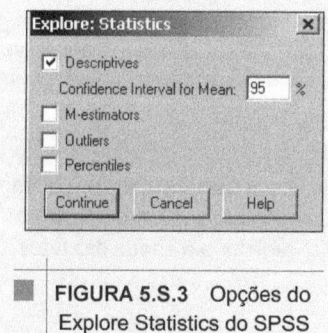

FIGURA 5.S.2 Quadro de diálogo Explore do SPSS

FIGURA 5.S.3 Opções do Explore Statistics do SPSS

5.2 Intervalos de confiança usando o MINITAB

O MINITAB pode ser usado para obter intervalos de confiança de uma amostra tanto para a média de uma população quanto para a proporção de uma população. Para gerar um intervalo de confiança para a média usando um conjunto de dados de amostra previamente preparado, primeiro acesse a tabela de dados do MINITAB. A seguir, clique no botão 'Stat' na barra de menus do MINITAB, então clique em 'Basic Statistics' e '1-Sample t', conforme mostrado na Figura 5.M.1. O quadro de diálogo resultante aparece como mostrado na Figura 5.M.2. Clique em 'Samples in Columns' e então especifique a variável quantitativa de interesse no quadro aberto. Então, clique no botão 'Options' no final do quadro de diálogo e especifique o nível de confiança no quadro de diálogo resultante, como mostrado na Figura 5.M.3. Clique em 'OK' para retornar ao quadro de diálogo '1-Sample t', e clique em 'OK' novamente para produzir o intervalo de confiança.

Se você deseja produzir um intervalo de confiança para a média a partir da informação resumida (por exemplo, a média da amostra, o desvio-padrão da amostra e o tamanho da amostra), então clique em 'Summarized data' no quadro de diálogo '1-Sample t', como mostrado na Figura 5.M.4. Insira os valores das estatísticas resumidas e então clique em 'OK'.

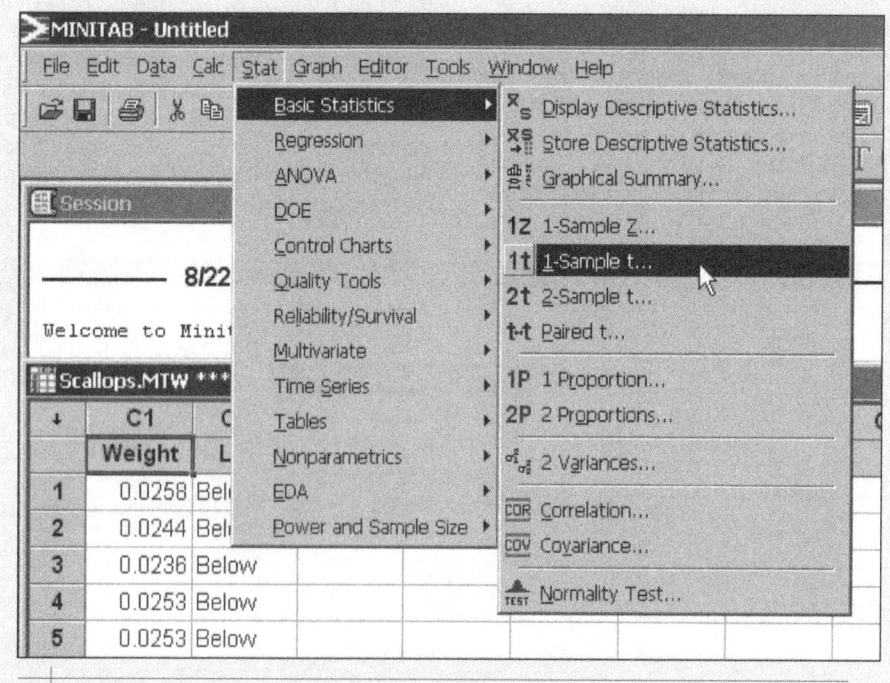

FIGURA 5.M.1 Opções do menu do MINITAB — intervalo de confiança para a média

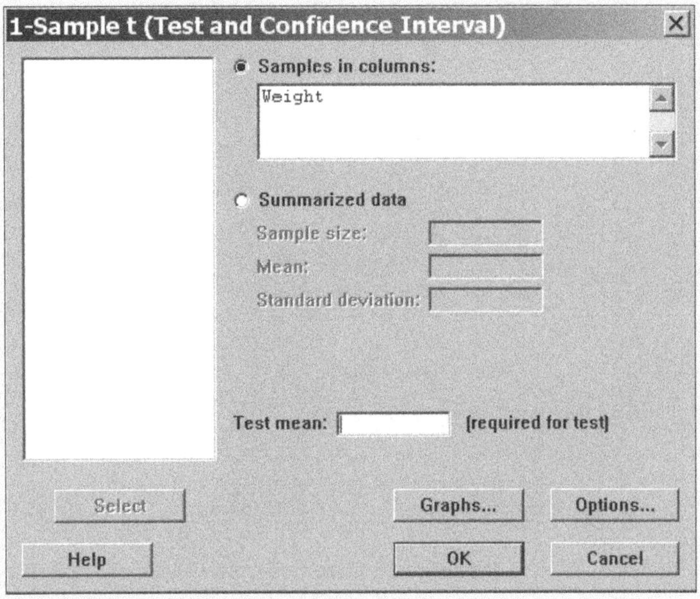

FIGURA 5.M.2 Quadro de diálogo 1-Sample t, do MINITAB

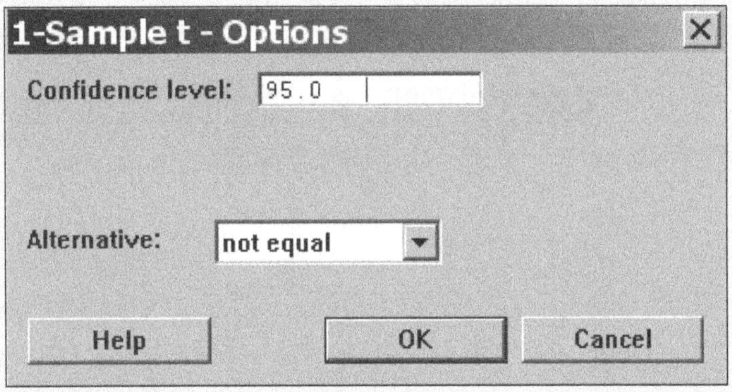

FIGURA 5.M.3 Quadro de diálogo 1-Sample t Options, do MINITAB

Nota importante: O procedimento 1-Sample t, do MINI-TAB, usa a estatística *t* para gerar o intervalo de confiança. Quando o tamanho *n* da amostra é pequeno, esse é o método apropriado. Quando o tamanho *n* da amostra é grande, o valor *t* será aproximadamente igual ao valor *z* para amostras grandes e o intervalo resultante será ainda válido. Se você tiver uma amostra grande e souber o valor do desvio-padrão σ da população (o que raramente é o caso), então selecione '1-Sample Z' das opções do menu 'Basic Statistics' (veja a Figura 5.M.1) e faça as seleções apropriadas.

Para gerar um intervalo de confiança para a proporção média de uma população usando um conjunto de dados de amostra previamente preparado, primeiro acesse a tabela de dados do MINITAB. A seguir, clique no botão 'Stat' na barra de menus do MINITAB, então clique em 'Basic Statistics' e '1 Proportion' (veja a Figura 5.M.1). O quadro de diálogo resultante aparece como mostrado na Figura 5.M.5. Clique em 'Samples in Columns' e então especifique a variável quantitativa de interesse no quadro aberto. Então clique no botão 'Options' no final do quadro de diálogo e especifique o nível de confiança no quadro de diá-

logo resultante, conforme mostrado na Figura 5.M.6. Além disso, marque o item 'Use test and interval based on normal distribution' no final do quadro. Clique em 'OK' para retornar ao quadro de diálogo '1-Proportion' e então clique em 'OK' de novo para produzir o intervalo de confiança.

Se você deseja produzir um intervalo de confiança para uma proporção a partir da informação resumida (por exemplo, o número de sucessos e o tamanho da amostra), então clique em 'Summarized data' no quadro de diálogo '1-Proportion' (veja a Figura 5.M.5). Insira o valor para o número de tentativas (isto é, o tamanho da amostra) e o número de eventos (isto é, o número de sucessos) e então clique em 'OK'.

5.3 Intervalos de confiança usando o Excel/PHStat2

O Excel, com o acessório PHStat2, pode ser usado para obter os intervalos de confiança tanto para a média de uma população quanto para a proporção de uma população. Para gerar um intervalo de confiança para a média usando um conjunto de dados de amostra previamente preparado, primeiro acesse a planilha de trabalho do Excel. A seguir,

FIGURA 5.M.4 Quadro de diálogo 1-Sample t, com estatísticas resumidas, do MINITAB

clique no botão 'PHStat' na barra de menus do Excel, então clique em 'Confidence Intervals' e 'Estimate for the mean, sigma unknown', conforme mostrado na Figura 5.E.1. O quadro de diálogo resultante aparece como mostrado na Figura 5.E.2. Especifique o nível de confiança, então clique em 'Sample Statistics Unknown' e especifique a faixa de células para a variável quantitativa de interesse (veja Figura 5.E.2). Clique em 'OK' para produzir o intervalo de confian-

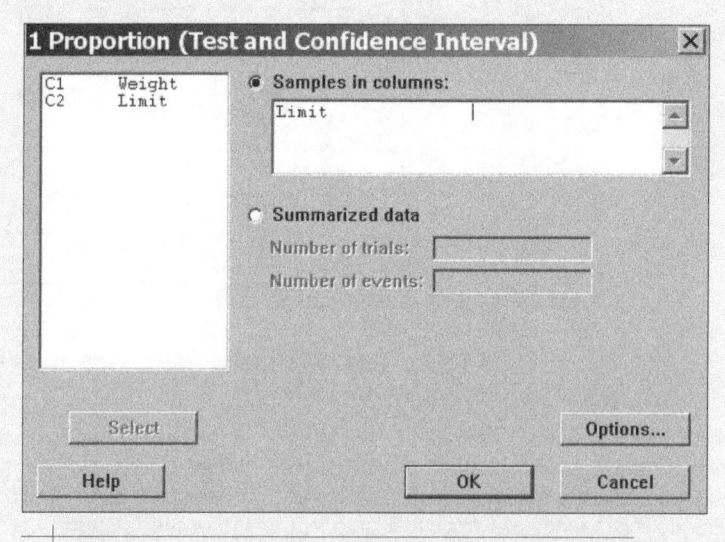

FIGURA 5.M.5 Quadro de diálogo 1 Proportion, do MINITAB

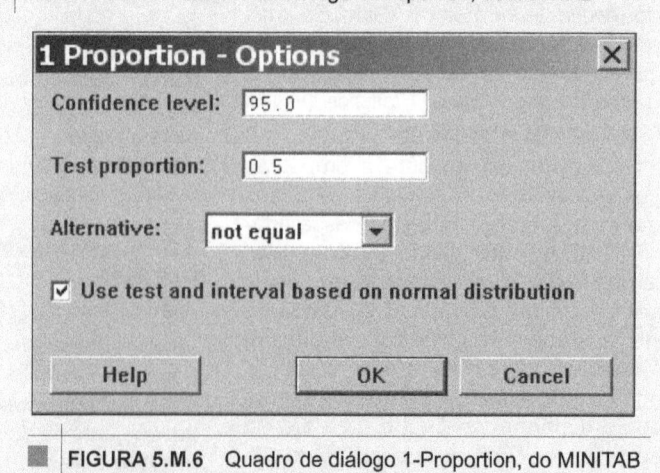

FIGURA 5.M.6 Quadro de diálogo 1-Proportion, do MINITAB

ça. Se você deseja produzir um intervalo de confiança para a média a partir de informações resumidas (por exemplo, a média da amostra, o desvio-padrão da amostra e o tamanho da amostra), então clique em 'Sample Statistics Known' no quadro de diálogo, como mostrado na Figura 5.E.2. Insira os valores das estatísticas sumárias e então clique em 'OK'.

Nota importante: O procedimento de uma amostra do Excel/PHStat mostrado usa a estatística *t* para gerar o intervalo de confiança quando σ é desconhecido. Quando o tamanho *n* da amostra é pequeno, esse é o método apropriado. Quando o tamanho *n* da amostra é grande, o valor *t* será aproximadamente igual ao valor *z* para amostras grandes, e o intervalo resultante ainda será válido. Se você tiver uma amostra grande e souber o valor do desvio-padrão σ da população (o que raramente é o caso), então selecione 'Estimate for the Mean, sigma known' das opções do menu 'Confidence Intervals' (veja a Figura 5.E.1) e faça as seleções apropriadas.

Para gerar um intervalo de confiança para a proporção de uma população usando o Excel, você primeiro deve determinar o tamanho da amostra e o número de sucessos na amostra de interesse. A seguir, clique no botão 'PHStat' da barra de menus do Excel, então clique em 'Confidence Intervals' e em 'Estimate for the Proportion' (veja a Figura 5.E.1). O quadro de diálogo resultante aparece como mostrado na Figura 5.E.3. Especifique o tamanho da amostra, o número de sucessos e o nível de confiança nos quadros apropriados e então clique 'OK' para produzir o intervalo de confiança.

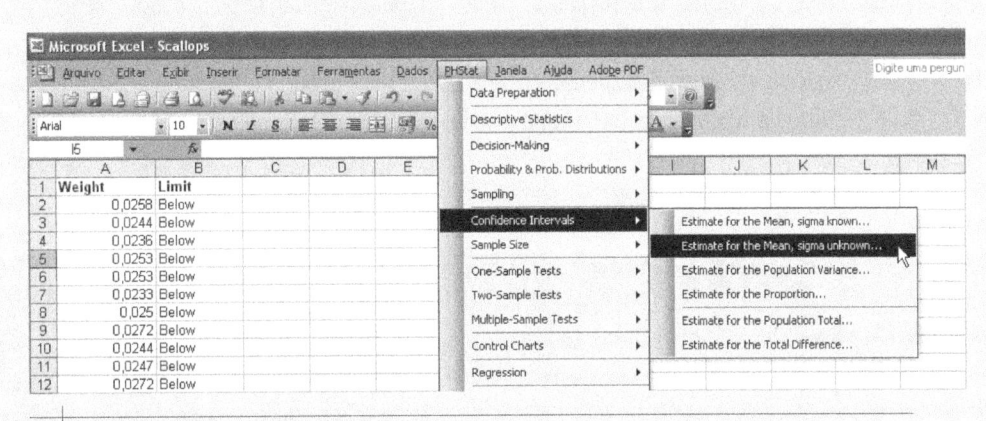

FIGURA 5.E.1 Opções do menu do Excel/PHStat2 para um intervalo de confiança para μ

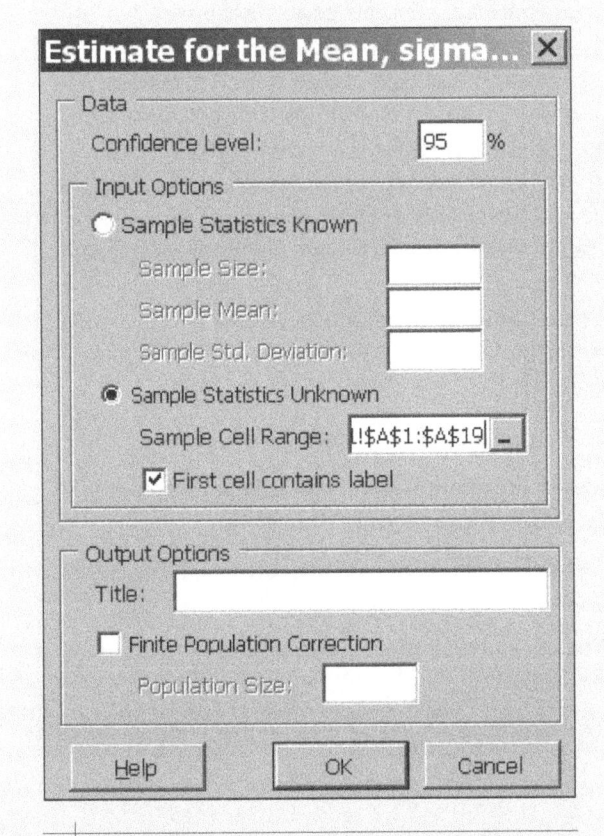

FIGURA 5.E.2 Quadro de diálogo do Excel para um intervalo de confiança para a média

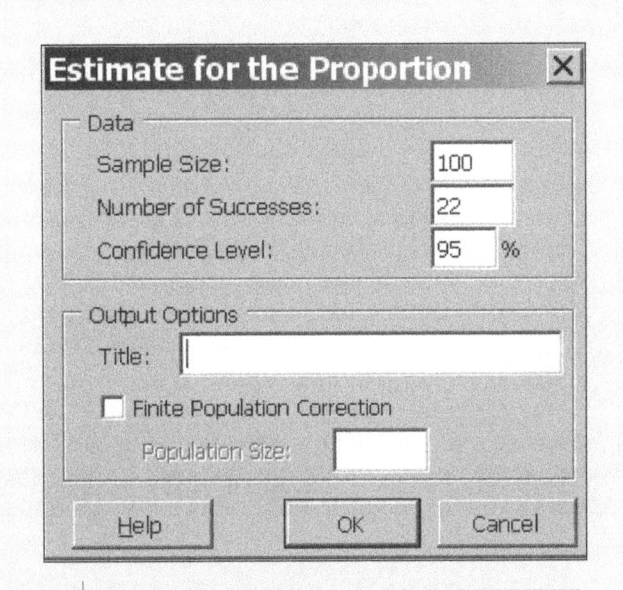

FIGURA 5.E.3 Quadro de diálogo do Excel para um intervalo de confiança para a Proporção

INFERÊNCIAS BASEADAS EM UMA AMOSTRA SIMPLES

6

Conteúdo

6.1 Os elementos de um teste de hipóteses
6.2 Teste de hipóteses de grandes amostras sobre a média da população
6.3 Níveis observados de significância: valores p
6.4 Teste de hipóteses de pequenas amostras sobre a média da população
6.5 Teste de hipóteses de grandes amostras sobre a proporção da população
6.6 Calculando as probabilidades de erro Tipo II: mais sobre β (Opcional)
6.7 Teste de hipóteses sobre a variância da população (Opcional)

ESTATÍSTICA EM AÇÃO

DIÁRIO DE UM USUÁRIO DE KLEENEX®

Em 1924, a Kimberly-Clark Corporation inventou um lenço facial para remover cremes e começou a comercializá-lo com a marca Kleenex®. Hoje, a Kleenex® é reconhecida como a marca de lenços mais vendida do mundo. Uma grande variedade de produtos está disponível, desde lenços extragrandes a lenços com loção. Nos últimos 80 anos, a Kimberly-Clark Corporation embalou os lenços em caixas de diferentes tamanhos e formatos e variou o número de lenços em cada caixa. Por exemplo, hoje uma caixa tamanho família contém 144 lenços, uma caixa de cuidados especiais com o resfriado contém 70 lenços (com loção) e um pacote de bolso contém 15 lenços em miniatura.

Como a Kimberly-Clark Corp. decide quantos lenços colocar em cada caixa? De acordo com o *Wall Street Journal*, os especialistas em marketing da empresa usam os resultados de uma pesquisa com clientes Kleenex® para ajudar a determinar quantos lenços colocar em uma caixa. Em meados da década de 1980, quando a Kimberly-Clark Corp. desenvolveu a caixa de cuidados especiais com o resfriado especialmente para pessoas sofrendo da doença, a empresa conduziu sua pesquisa inicial para esse fim. Centenas de pessoas foram solicitadas a registrar seu uso de lenços Kleenex® em diários. De acordo com a reportagem do *Wall Street Journal*, os resultados da pesquisa deixaram "poucas dúvidas de que a empresa deveria colocar 60 lenços em cada caixa". O número 60 era "o número médio de vezes que uma pessoa assoa o nariz em quanto está resfriada". (*Nota:* Em 2000, a empresa aumentou o número de lenços embalados em uma dessas caixas para 70.)

A partir da informação resumida do artigo do *Wall Street Journal* (1 set. 1984), construímos um grupo de dados que representa os resultados de uma pesquisa similar à descrita acima. No arquivo de nome **TISSUES**, registramos o número de lenços usados por cada um dos 250 consumidores durante o período em que estiveram resfriados. Aplicamos a metodologia de teste de hipóteses apresentada neste capítulo a esse grupo de dados em diversos exemplos do Estatística em ação revisitada.

TISSUES
Companion Website

Estatística em ação revisitada

- Identificando os elementos-chave de um teste de hipóteses relevante à pesquisa da Kleenex®
- Testando a média de uma população na pesquisa da Kleenex®
- Testando a proporção de uma população na pesquisa da Kleenex®

Suponha que você queira determinar se o tempo médio de espera em uma fila de *drive-through* de um restaurante *fast-food* é menor que 5 minutos, ou se a maioria dos consumidores está otimista a respeito da economia. Em ambos os casos, você está interessado em fazer uma inferência sobre como o valor de um parâmetro se relaciona com um valor numérico específico. Ele é menor, igual ou maior que o número especificado? Esse tipo de inferência, chamado **teste de hipóteses**, é o assunto deste capítulo.

Introduzimos os elementos de um teste de hipóteses na Seção 6.1. Mostramos como conduzir um teste de hipóteses de grande amostra sobre a média de uma população nas seções 6.2 e 6.3. Na Seção 6.4, utilizamos pequenas amostras para conduzir testes sobre médias. Testes de amostras grandes sobre probabilidades binomiais são o assunto da Seção 6.5, e alguns métodos avançados para determinar a confiabilidade de um teste são abordados na Seção opcional 6.6. Finalmente, mostramos como conduzir uma teste de hipóteses sobre a variância de uma população na Seção opcional 6.7.

6.1 Os elementos de um teste de hipóteses

Suponha que as especificações de construções em uma cidade requeiram que a resistência média de um encanamento seja maior que 2.400 libras por pé de comprimento (isto é, por pé linear). Cada fabricante que deseja vender encanamento nessa cidade deve demonstrar que seu produto está de acordo com a especificação. Note que estamos novamente interessados em fazer uma inferência sobre a média μ de uma população. No entanto, nesse exemplo, estamos menos interessados em estimar o valor de μ do que em testar uma *hipótese* sobre o seu valor — isto é, *queremos decidir se a resistência média do encanamento excede 2.400 libras por pé linear.*

O método usado para alcançar a decisão é baseado no conceito do evento raro explicado em capítulos anteriores. Definimos duas hipóteses: (1) a **hipótese nula** é aquela que representa o *status quo* àqueles que estão realizando o experimento amostral — a hipótese que será aceita, a menos que os dados propiciem evidência convincente de que seja falsa; (2) a **hipótese alternativa**, ou **de pesquisa**, é aquela que será aceita apenas se os dados propiciarem evidência convincente de sua veracidade. A partir do ponto de vista da cidade conduzindo os testes, a hipótese nula é de que o fabricante de encanamento *não* esteja de acordo com as especificações, a menos que os testes proporcionem evidências contrárias. A hipótese nula e alternativa são, dessa forma:

Hipótese nula (H_0): $\mu \leq 2.400$

(isto é, o encanamento do fabricante não está de acordo com as especificações)

Hipótese alternativa (de pesquisa) (H_a): $\mu > 2.400$

(isto é, o encanamento do fabricante está de acordo com as especificações)

AGORA FAÇA O EXERCÍCIO 6.10

Como a cidade pode decidir quando existe evidência suficiente para concluir que o encanamento do fabricante está de acordo com as especificações? Uma vez que a hipótese se relaciona ao valor da média da população μ, é razoável usar a média da amostra $\bar{x}$ para fazer inferência, assim como fizemos quando formamos intervalos de confiança para μ nas seções 5.2 e 5.3. A cidade concluirá que os encanamentos estão de acordo com as especificações apenas quando a média da amostra $\bar{x}$ indicar de forma convincente que a média da população exceda 2.400 libras por pé linear.

A evidência 'convincente' em favor da hipótese alternativa existirá quando o valor de $\bar{x}$ exceder 2.400 por uma quantia que não pode ser prontamente atribuída à variabilidade amostral. Para decidir, calculamos uma **estatística-teste**, que é o valor z que mede a distância entre o valor de $\bar{x}$ e o valor de μ especificados na hipótese nula.

Quando a hipótese nula contém mais de um valor de μ, como nesse caso (H_0: $\mu \leq 2.400$), usamos o valor de μ mais próximo dos valores especificados na hipótese alternativa. A idéia é de que, se a hipótese de μ *igual* a 2.400 pode ser rejeitada em favor de $\mu >$ 2.400, então μ *menor ou igual* a 2.400 pode ser certamente rejeitada. Assim, a estatística-teste é:

$$z = \frac{\bar{x} - 2.400}{\sigma_{\bar{x}}} = \frac{\bar{x} - 2.400}{\sigma/\sqrt{n}}$$

Note que o valor de $z = 1$ significa que $\bar{x}$ é 1 desvio-padrão acima de $\mu = 2.400$; um valor de $z = 1,5$ significa que $\bar{x}$ é 1,5 desvios-padrão acima de $\mu = 2.400$, etc. Quão grande deve ser z antes de a cidade estar convencida de que a hipótese nula pode ser rejeitada em favor da alternativa e concluir que os encanamentos estão de acordo com as especificações?

Se você examinar a Figura 6.1, perceberá que a chance de observar $\bar{x}$ maior que 1,645 desvios-padrão acima de 2.400 é de apenas 0,05 — *se de fato a verdadeira média μ é 2.400*. Assim, se a média da amostra é maior que 1,645 desvios-padrão acima de 2.400, ou H_0 é verdadeiro e um evento relativamente raro ocorreu (0,05 de probabilidade), ou H_a é verdadeiro e a média da população excede 2.400. Uma vez que seria mais provável rejeitarmos a noção de que um evento raro ocorreu, rejeitaríamos a hipótese nula ($\mu \leq 2.400$) e concluiríamos que a hipótese alternativa ($\mu > 2.400$) é verdadeira. Qual a probabilidade de que esse procedimento nos leve a uma decisão incorreta?

Tal decisão incorreta — decidir que a hipótese nula é falsa quando ela é de fato verdadeira — é chamada **erro Tipo I**. Como indicado na Figura 6.1, o risco de se cometer um erro representado pelo símbolo α — isto é:

$\alpha = P(\text{erro Tipo I})$
$= P(\text{rejeição da hipótese nula quando na verdade ela é verdadeira})$

Em nosso exemplo:

$\alpha = P(z > 1{,}645 \text{ quando na verdade } \mu = 2.400) = 0{,}05$

Agora resumimos os elementos do teste:

H_0: $\mu \leq 2.400$ (Encanamento não está de acordo com as especificações)

H_a: $\mu > 2.400$ (Encanamento de acordo com as especificações)

Estatística-teste: $z = \dfrac{\bar{x} - 2.400}{\sigma_{\bar{x}}}$

Região de rejeição: $z > 1{,}645$, o que corresponde a $\alpha = 0{,}05$

Note que a **região de rejeição** se refere aos valores da estatística-teste para os quais *rejeitaremos a hipótese nula*.

Para ilustrar o uso do teste, suponha que testemos 50 seções do encanamento e que encontremos a média e o desvio-padrão para essas 50 medições como sendo:

$\bar{x} = 2.460$ libras por pé linear

$s = 200$ libras por pé linear

Como no caso da estimação, podemos usar s para aproximar σ quando s é calculado a partir de um grande grupo de medições amostrais. A estatística-teste é:

$$z = \frac{\bar{x} - 2.400}{\sigma_{\bar{x}}} = \frac{\bar{x} - 2.400}{\sigma/\sqrt{n}} \approx \frac{\bar{x} - 2.400}{s/\sqrt{n}}$$

Substituindo $\bar{x} = 2.460$, $n = 50$ e $s = 200$, temos:

$$z \approx \frac{2.460 - 2.400}{200/\sqrt{50}} = \frac{60}{28{,}28} = 2{,}12$$

Dessa forma, a média da amostra fica em torno de $2{,}12\sigma_{\bar{x}}$, acima do valor hipotético de 2.400, como mostrado na Figura 6.2. Uma vez que o valor de z excede 1,645, ele fica na região de rejeição. Isto é, rejeitamos a hipótese nula de que $\mu = 2.400$ e concluímos que $\mu > 2.400$. Assim, parece que o encanamento da empresa tem uma resistência média que excede 2.400 libras por pé linear.

Quanto de certeza pode ser colocado nessa conclusão? Qual a probabilidade de que nosso teste estatístico possa nos levar a rejeitar a hipótese nula (e concluir que o encanamento da empresa está de acordo com as especificações), quando, na verdade, a hipótese nula é verdadeira? A resposta é $\alpha = 0{,}05$ — isto é, selecionamos o nível de risco α de cometer um erro Tipo I quando construímos o teste. Assim, a chance é de apenas 1 em 20 de que nossos testes nos levem a concluir que o encanamento do fabricante satisfaz as especificações da cidade quando, na verdade, *não* satisfaz.

Agora, suponha que a resistência média da amostra para as 50 seções do encanamento tenha sido de

FIGURA 6.1 A distribuição amostral de $\bar{x}$, presumindo $\mu = 2.400$

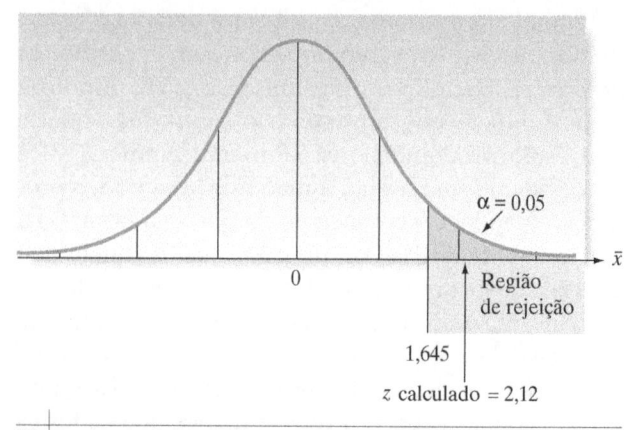

FIGURA 6.2 Localização do teste estatístico para um teste da hipótese H_0: $\mu = 2.400$

$\bar{x} = 2.430$ libras por pé linear. Presumindo que o desvio-padrão da amostra ainda é $s = 200$, a estatística-teste é:

$$z = \frac{2.430 - 2.400}{200/\sqrt{50}} = \frac{30}{28,28} = 1,06$$

Assim, a média da amostra $\bar{x} = 2.430$ é apenas 1,06 desvios-padrão acima do valor da hipótese nula de $\mu = 2.400$. Como mostrado na Figura 6.3, esse valor não fica dentro da região de rejeição ($z > 1,645$). Dessa forma, sabemos que não podemos rejeitar H_0 usando $\alpha = 0,05$. Mesmo que a média da amostra exceda a especificação da cidade de 2.400 por 30 libras por pé linear, ela não excede a especificação o suficiente para propiciar evidência *convincente* de que a *média da população* exceda 2.400.

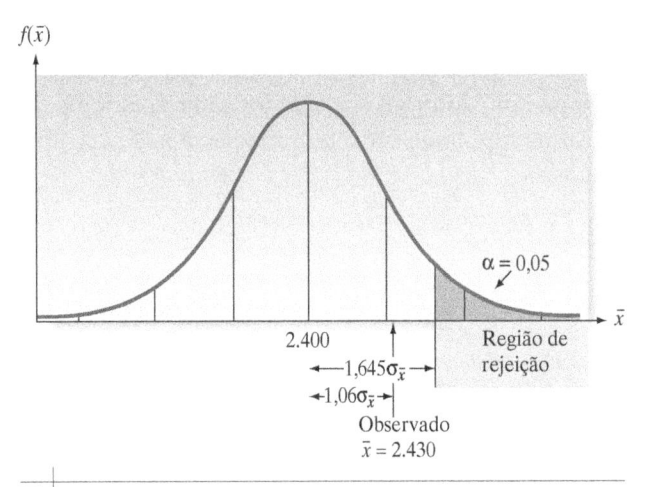

FIGURA 6.3 Localização da estatística-teste quando $\bar{x} = 2.430$

Biografia
EGON S. PEARSON (1895–1980)

Deveríamos aceitar a hipótese nula H_0: $\mu \leq 2.400$ e concluir que o encanamento do fabricante não atende às especificações? Fazê-lo seria um **erro Tipo II** — aquele concluindo que a hipótese nula é verdadeira (o encanamento não satisfaz as especificações) quando de fato ela é falsa (o encanamento satisfaz as especificações). Representamos a probabilidade de cometer o erro Tipo II por β e mostramos na Seção opcional 6.6 que geralmente é difícil determiná-lo com precisão. Mais do que tomar uma decisão (aceitar H_0), para a qual a probabilidade de erro (β) é desconhecida, evitamos o erro potencial Tipo II ao evitar a conclusão de que a hipótese nula é verdadeira. Em vez disso, simplesmente dizemos que a *evidência da amostra é insuficiente para rejeitar H_0 a $\alpha = 0,05$*. Uma vez que a hipótese nula é a hipótese *status quo*, o efeito de não rejeitar H_0 é manter o *status quo*. Em nosso exemplo de teste de encanamento, o efeito de ter evidência insuficiente para rejeitar a hipótese nula de que o encanamento não satisfaz as especificações é provavelmente proibir a utilização do encanamento, a menos e até que haja evidência suficiente de que ele realmente esteja de acordo com as especificações — isto é, até que os dados indiquem convincentemente que a hipótese nula é falsa, geralmente mantemos o *status quo* implícito por essa verdade.

A Tabela 6.1 resume os quatro possíveis resultados de um teste de hipóteses. As colunas 'verdadeiro estado da natureza' na tabela se referem ao fato de que ou a hipótese nula é verdadeira ou a hipótese alternativa é verdadeira. Note que o verdadeiro estado da natureza é desconhecido do pesquisador que conduz o teste. As linhas de 'decisão' na Tabela 6.1 se referem à ação do pesquisador, presumindo que ele ou concluirá que H_0 é verdadeiro ou que H_a é verdadeiro, com base nos resultados do experimento amostral. Note que um erro Tipo I pode ser cometido apenas quando a hipótese nula é rejeitada em favor da hipótese alternativa, e um erro Tipo II pode ser cometido apenas quando a hipótese nula é aceita.

Nossa opção será tomar uma decisão apenas quando soubermos a probabilidade de cometer o erro corresponde àquela decisão. Uma vez que α geralmente é especificado pelo analista, seremos normalmente capazes de rejeitar H_0 (aceitar H_a) quando a evidência da amostra reforça aquela decisão. No entanto, uma vez que β não é normalmente especificado, *geralmente evitaremos a decisão de aceitar H_0, preferindo, em vez disso, estabelecer que a evidência da amostra é insuficiente para rejeitar H_0 quando a estatística-teste não está na região de rejeição.*

CUIDADO

Tenha cuidado para não 'aceitar H_0' quando conduzir um teste de hipóteses, uma vez que a medida de confiabilidade $\beta = P(\text{erro Tipo II})$ é quase sempre desconhecida. Se a estatística-teste não fica na região de rejeição, é melhor enunciar a conclusão como sendo 'evidência insuficiente para rejeitar H_0.'[1]

Os elementos de um teste de hipóteses estão resumidos no quadro a seguir. Note que os primeiros quatro elementos são todos especificados *antes* que

---

[1] Em muitas aplicações práticas de teste de hipótese em negócios, a não-rejeição leva a gestão a se comportar como se a hipótese nula fosse aceita. Dessa maneira, a distinção entre a aceitação e a não-rejeição é freqüentemente deixada de lado na prática. Discutiremos as questões ligadas à aceitação da hipótese nula e o cálculo de β em mais detalhes na Seção opcional 6.6.

o experimento amostral seja realizado. Em nenhum caso os resultados da amostra serão usados para determinar as hipóteses — os dados são coletados para testar as hipóteses predeterminadas, e não para formulá-las.

Agora faça o Exercício 6.13b

Elementos de um teste de hipóteses

1. *Hipótese nula* (H_0): uma teoria sobre os valores específicos de um ou mais parâmetros. A teoria geralmente representa o *status quo*, que adotamos até que seja provada como falsa. A teoria é sempre mostrada como H_0: parâmetro = valor.
2. *Hipótese alternativa* (*de pesquisa*) (H_a): uma teoria que contradiz a hipótese nula. A teoria geralmente diz que a adotaremos apenas quando existir evidência suficiente para estabelecer sua verdade.
3. *Estatística-teste*: uma estatística amostral usada para decidir se a hipótese nula é rejeitada.
4. *Região de rejeição*: os valores numéricos da estatística-teste para os quais a hipótese nula será rejeitada. A região de rejeição é escolhida de forma que a probabilidade α contenha a estatística — teste quando a hipótese nula for verdadeira, levando, assim, ao erro Tipo I. O valor de α é normalmente escolhido como sendo pequeno (por exemplo, 0,01, 0,05 ou 0,10) e é chamado de **nível de significância** do teste.
5. *Premissas*: afirmações claras de qualquer premissa feita sobre a população ou as populações que está sendo amostrada.
6. *Experimento e cálculo da estatística-teste*: realização do experimento amostral e determinação do valor numérico da estatística-teste.
7. *Conclusão*:
   a. Se o valor numérico da estatística-teste fica na região de rejeição, rejeitamos a hipótese nula e concluímos que a hipótese alternativa é verdadeira. Sabemos que o processo de teste de hipótese nos levará a essa conclusão de forma incorreta (erro Tipo I) apenas $100\alpha\%$ das vezes em que H_0 é verdadeiro.
   b. Se a estatística não fica na região de rejeição, não rejeitamos H_0. Assim, restringimos o julgamento sobre qual hipótese é verdadeira. Não concluímos que a hipótese nula é verdadeira porque não sabemos (em geral) a probabilidade β de que nosso procedimento de teste nos levará a uma aceitação incorreta de H_0 (erro Tipo II).

Como intervalos de confiança, a metodologia para testar hipóteses varia dependendo do parâmetro da população-alvo. Neste capítulo, desenvolvemos métodos para testar a média, a proporção e a variância de uma população. Algumas palavras-chave e o tipo de dados associados a esses parâmetros-alvo são listados no quadro abaixo.

Determinando o parâmetro-alvo		
Parâmetro	**Palavras-chave ou frases**	**Tipo de dados**
μ	Média	Quantitativo
p	Proporção; porcentagem; fração; taxa	Qualitativo
σ^2	Variância; variabilidade; dispersão	Quantitativo

TABELA 6.1 Conclusões e conseqüências para um teste de hipóteses

Conclusão	Verdadeiro estado da população	
	H_0 VERDADEIRO	H_a VERDADEIRO
Aceitar H_0 (presumir que H_0 seja verdadeiro)	Decisão correta	Erro Tipo II (probabilidade β)
Rejeitar H_0 (presumir que H_a seja verdadeiro)	Erro tipo I (probabilidade α)	Decisão correta

Exercícios 6.1 – 6.16

Aprendendo a mecânica

6.1 Qual hipótese, a nula ou a alternativa, é a hipótese *status quo*? Qual a hipótese de pesquisa?

6.2 Qual elemento de um teste de hipóteses é usado para decidir se deve ser rejeitada a hipótese nula em favor da hipótese alternativa?

6.3 Qual o nível de significância de um teste de hipóteses?

6.4 Qual a diferença entre o erro Tipo I e o Tipo II no teste de hipótese? Como α e β se relacionam a esses erros?

6.5 Liste os quatro possíveis resultados da combinação de decisões e verdadeiros estados da natureza para um teste de hipóteses.

6.6 Em geral rejeitamos a hipótese nula quando a estatística-teste fica dentro da região de rejeição, mas não aceitamos essa hipótese quando a estatística-teste não fica dentro da região de rejeição. Por quê?

6.7 Se você testa uma hipótese e rejeita a hipótese nula em favor da hipótese alternativa, o seu teste prova que esta última hipótese está correta? Explique.

Exercícios utilizando aplicativo 6.1

APPLET

(É necessário ter o Java instalado para utilizar esse aplicativo)

Use o aplicativo intitulado *Hypotheses test for a mean* para avaliar a freqüência de erros Tipo I e Tipo II. Para este exercício, use $n = 100$ e a distribuição normal, com média 50 e desvio-padrão 10.

a. Defina a média nula igual a 50 e a alternativa como *não-igual*. Rode o aplicativo uma vez. Quantas vezes a hipótese nula foi rejeitada ao nível 0,05? Nesse caso, a hipótese nula é verdadeira. Que tipo de erro ocorreu cada vez que a hipótese nula foi rejeitada? Qual a probabilidade de rejeição de uma hipótese nula verdadeira ao nível 0,05? Como a proporção de vezes que a hipótese nula foi rejeitada se compara a essa probabilidade?

b. Limpe o aplicativo, então defina a média nula igual a 47 e mantenha a alternativa *não-igual*. Rode o aplicativo uma vez. Quantas vezes a hipótese nula *não* foi rejeitada ao nível 0,05? Nesse caso, a hipótese nula é falsa. Que tipo de erro ocorreu cada vez que a hipótese nula *não* foi rejeitada? Rode o aplicativo várias outras vezes, sem limpar. Com base em seus resultados, o que você pode concluir sobre a probabilidade de falhar em rejeitar a hipótese nula sob certas condições?

Aplicação dos conceitos — Básico

6.8 Política de viagem de trabalho. O American Express Consulting relatou no *USA Today* (15 jun. 2001) que 80% das companhias norte-americanas têm políticas formais e escritas sobre viagens e lazer para seus funcionários. Dê a hipótese nula para testar a alegação feita pelo American Express Consulting.

6.9 Taxa-padrão de empréstimo estudantil. A taxa média padrão de empréstimos estudantis caiu seguidamente ao longo da última década. O Departamento de Educação relatou a taxa-padrão (isto é, a proporção de alunos de faculdade que tem taxa-padrão em seus empréstimos) a 0,045 no ano fiscal de 2003. Defina as hipóteses nula e alternativa se você quer determinar se a taxa-padrão de empréstimo estudantil de 2006 é menor que 0,045.

6.10 Taxa de juros Libor. A taxa de juros à qual os bancos de Londres emprestam dinheiro a outros bancos é chamada *London interbank offered rate*, ou *Libor*. A Associação dos Banqueiros Britânicos regularmente entrevista bancos internacionais sobre a taxa Libor. Uma reportagem recente (*Bankrate.com*, 23 ago. 2006) encontrou a taxa Libor a 5,40% para empréstimos de três meses — um valor considerado alto por muitos bancos ocidentais. Defina as hipóteses nula e alternativa para testar o valor reportado.

6.11 Calorias em almoços escolares. Um economista da University of Florida conduziu um estudo sobre os cardápios de almoço das escolas de ensino fundamental da Virgínia. Durante o período dos testes encomendados pelo governo do estado, os almoços tinham em média 863 calorias (*National Bureau of Economic Research*, nov. 2002). O economista alega que, após o término do período de teste, o conteúdo calórico médio dos almoços das escolas da Virgínia caiu significativamente. Defina as hipóteses nula e alternativa para testar a alegação do economista.

6.12 Uma câmera que detecta mentirosos. De acordo com a *NewScientist* (2 jan. 2002), uma nova câmera de imagens térmicas, que detecta pequenas mudanças de temperatura, está sendo usada como um equipamento polígrafo. O Department of Defense Polygraph Institute dos Estados Unidos (DDPI) alega que a câmera pode identificar mentirosos corretamente 75% das vezes, ao monitorar a temperatura de suas faces. Dê a hipótese nula para testar a alegação feita pelo DDPI.

Aplicação dos conceitos — Intermediário

6.13 Certificação da FDA para novas drogas. De acordo com a *Chemical Marketing Reporter*, empresas farmacêuticas gastam US$ 15 bilhões por ano em pesquisa e de-

---

ESTATÍSTICA EM AÇÃO REVISITADA

IDENTIFICANDO OS ELEMENTOS-CHAVE PARA UM TESTE DE HIPÓTESES RELEVANTE À PESQUISA DA KLEENEX®

Na pesquisa Kimberly-Clark Corporation com pessoas com resfriado, a cada um dos 250 clientes foi pedido que contasse quantos lenços Kleenex® usou diariamente. Um objetivo da empresa era determinar quantos lenços colocar em uma embalagem de lenços de cuidado especial com o resfriado; assim, o número total de lenços usados foi registrado para cada pessoa pesquisada. Uma vez que o número de lenços é uma variável quantitativa, o parâmetro de interesse é o número médio μ de lenços usados por todos os consumidores com resfriado.

Contudo, de acordo com reportagem do *Wall Street Journal*, havia "poucas dúvidas de que a empresa deveria colocar 60 lenços" em cada caixa de lenços Kleenex® de cuidados especiais com o resfriado. Essa afirmação foi baseada em uma alegação feita por especialistas em marketing de que 60 é o número médio de vezes que uma pessoa assoará seu nariz durante um resfriado. Conseqüentemente, os profissionais de marketing alegam que $\mu = 60$. Suponha que não acreditemos na afirmação de que $\mu = 60$, considerando, em vez disso, que a média da população seja menor que 60 lenços. Para testar a alegação contrária à sua crença, estabelecemos as seguintes hipóteses nula e alternativa:

$$H_0: \mu = 60 \quad H_a: \mu < 60$$

Conduziremos esse teste no Estatística em ação revisitada mais à frente neste capítulo.

Atividade 6.1

DESAFIANDO A ALEGAÇÃO DE UMA EMPRESA: TESTES DE HIPÓTESES

Use a Internet, um jornal ou uma revista para encontrar uma alegação feita por uma empresa sobre a confiabilidade ou eficiência de um de seus produtos. Nesta atividade, você representa um grupo de consumidores que acredita que a alegação possa ser falsa.

1. Em seu exemplo, que tipos de evidência podem existir que levariam alguém a suspeitar que a alegação pudesse ser falsa e, dessa forma, passível de estudo estatístico? Seja específico. Se a alegação for falsa, como os consumidores poderão ser prejudicados?

2. Explique os passos necessários para rejeitar a alegação da empresa ao nível α. Enuncie as hipóteses nula e alternativa. Se você rejeitar a alegação, isso significará que ela é falsa?

3. Se você rejeitar a alegação quando ela na verdade for verdadeira, que tipo de erro terá ocorrido? Qual a probabilidade de esse erro ocorrer?

4. Se você fosse entrar com um processo contra a empresa com base em sua rejeição da alegação, como a empresa poderia usar seus resultados para se defender?

---

senvolvimento de novas drogas. A empresa farmacêutica deve sujeitar cada droga a testes intensivos antes de receber a permissão necessária da Food and Drug Administration (FDA) para comercializar o medicamento nos Estados Unidos. A política da FDA é de que a empresa farmacêutica deve dar evidência substancial de que a nova droga é segura antes de receber a aprovação, de forma que a FDA possa se certificar com confiança sobre a segurança da droga para potenciais usuários.

a. Se um novo teste de droga fosse colocado em uma abordagem de teste de hipóteses, a hipótese nula seria de que a droga é segura ou insegura? E a hipótese alternativa?

b. Dada a escolha das hipóteses nula e alternativa do item **a**, descreva o erro Tipo I e II em termos de aplicação. Defina α e β em termos dessa aplicação.

c. Se a FDA quer estar muito confiante de que a droga é segura antes de permitir sua comercialização, é mais importante que α ou β seja pequeno? Explique.

6.14 Autorizando usuários de computadores. Um dos problemas que mais pressiona as empresas de alta tecnologia é a segurança de computadores. Ela é normalmente conseguida com o uso de uma senha — um conjunto de símbolos (geralmente letras e números) que deve ser dado pelo usuário antes que o computador permita o acesso à conta. O problema é que hackers persistentes podem criar programas que entram com milhões de combinações de símbolos em um sistema-alvo até que a senha correta seja descoberta. Os mais novos sistemas solucionam esse problema ao requerer a usuários autorizados que se identifiquem por características únicas de seus corpos. Por exemplo, um sistema desenvolvido pela Palmguard, Inc. testa as hipóteses

H_0: o usuário proposto está autorizado

versus

H_a: o usuário proposto não está autorizado

ao checar características da palma da mão do usuário proposto contra aquelas guardadas no banco de dados dos usuários autorizados (*Omni*, 1984).

a. Defina um erro Tipo I e um Tipo II para esse teste. Qual o erro mais sério? Por quê?

b. A Palmguard relata que a taxa de erro Tipo I para esse sistema é menor que 1%, enquanto a de Tipo II é 0,00025%. Interprete estas taxas de erros.

c. Outro sistema de segurança de sucesso, o EyeDentifyer, 'registra os usuários autorizados do computador ao ler padrões formados pela rede de veias de sangue da retina no fundo do olho'. A EyeDentifyer diz que taxas erros Tipo I e II são de 0,01% (1 em 10.000) e 0,005% (5 em 100.000), respectivamente. Interprete essas taxas.

Aplicação dos conceitos — Avançado

6.15 Resultados de tribunal de júri. Algumas vezes, o resultado de um tribunal de júri desafia as expectativas do 'senso comum' do público em geral (por exemplo, o veredito de O. J. Simpson no 'Julgamento do Século'). Tal veredito será mais aceitável se compreendermos que o tribunal do júri de um acusado de assassinato é análogo a um processo estatístico de teste de hipóteses. A hipótese nula em um tribunal de júri é de que o acusado seja inocente. (A hipótese *status quo* no sistema de justiça norte-americano é a inocência, que é presumida como verdadeira até que provas dadas não deixem dúvidas razoáveis.) A hipótese alternativa é culpado, que é aceita somente quando existe evidência suficiente para estabelecer sua verdade. Se o voto do júri é unânime em favor da culpa, a hipótese nula de inocência é rejeitada e a corte conclui que o acusado de assassinato é culpado. Qualquer voto além da unanimidade para a culpa resulta em um veredito 'não culpado'. A corte nunca aceita a hipótese nula, isto é, nunca declara o acusado 'inocente'. Um veredito 'não culpado' (como no caso de O. J. Simpson) implica que a corte não pôde encontrar a culpa do réu sem dúvida razoável.

a. Defina os erros Tipo I e II em um júri de assassinato.
b. Qual dos dois erros é mais sério? Explique.
c. A corte, em geral, não conhece os valores de α e β, mas, de forma ideal, ambos devem ser pequenos.

Uma dessas probabilidades é presumida como sendo menor que a outra em um tribunal de júri. Qual e por quê?

d. A corte se apóia na crença de que o valor de α é muito pequeno, requerendo voto unânime antes que a culpa seja declarada. Explique por que é assim.

e. Para um júri com preconceito de um veredito de culpa quando o julgamento começa, o valor de α deve aumentar ou diminuir? Explique.

f. Para um júri com preconceito de um veredito de culpa quando o julgamento começa, o valor de β deve aumentar ou diminuir? Explique.

6.16 Sistemas de detecção de intrusos. Consulte o estudo do *Journal of Research of the National Institute of Standards and Technology* (nov./dez. 2003) sobre um sistema de detecção de invasão em computadores (IDS), Exercício 3.84. Lembre-se de que um IDS é desenvolvido para soar um alarme se qualquer acesso não autorizado (por exemplo, uma invasão) a um sistema de computadores ocorre. A probabilidade de que o sistema dê um alarme falso (isto é, que dê um alerta sem que nenhuma invasão ocorra) é definida pelo símbolo α, enquanto a probabilidade de não-detecção (isto é, nenhum alerta dado quando ocorre uma invasão) é definida pelo símbolo β. Esses símbolos são usados para representar as taxas de erros Tipo I e II, respectivamente, em um cenário de teste de hipóteses.

a. Qual a hipótese nula, H_0?
b. Qual a hipótese alternativa, H_a?
c. De acordo com dados reais do sistema EMERALD coletados pelo Massachusetts Institute of Technology Lincoln Laboratory, apenas 1 em 1.000 sessões de computador com nenhuma invasão resultou em um alarme falso. Para o mesmo sistema, o laboratório descobriu que apenas 500 de 1.000 invasões foram realmente detectadas. Use essas informações para estimar os valores α e β.

6.2 Teste de hipóteses de grandes amostras sobre a média da população

Na Seção 6.1, aprendemos que as hipóteses nula e alternativa formam a base para a inferência do teste de hipóteses. As hipóteses nula e alternativa podem ter uma ou diversas formas. No exemplo do encanamento, testamos a hipótese nula de que a resistência média de uma população de canos seja menor ou igual a 2.400 libras por pé linear contra a hipótese alternativa de que a resistência média exceda 2.400 — isto é, testamos:

H_0: $\mu \leq 2.400$
(encanamento não satisfaz as especificações)

H_a: $\mu > 2.400$
(encanamento satisfaz as especificações)

Esse é um **teste estatístico de uma cauda** (ou **um lado**) porque a hipótese alternativa especifica que o parâmetro da população (a média da população μ, nesse exemplo) é estritamente maior que um valor especificado (2.400, nesse exemplo). Se a hipótese nula fosse H_0: $\mu \geq 2.400$ e a hipótese alternativa fosse H_a: $\mu < 2.400$, o teste ainda seria de um lado, pois o parâmetro é ainda especificado como sendo em 'um lado' do valor da hipótese nula. Algumas pesquisas estatísticas buscam mostrar que o parâmetro da população é ou *maior ou menor* que algum valor especificado. Tal hipótese alternativa é chamada de **hipótese de duas caudas** (ou **dois lados**).

Enquanto hipóteses alternativas são sempre especificadas como desigualdades estritas, como $\mu < 2.400$, $\mu > 2.400$ ou $\mu \neq 2.400$, hipóteses nulas são geralmente especificadas como igualdades, como $\mu = 2.400$. Mesmo quando a hipótese nula é uma desigualdade, como $\mu \leq 2.400$, especificamos H_0: $\mu = 2.400$, justificando que, se existe evidência suficiente para mostrar que H_a: $\mu > 2.400$ é verdadeiro quando testado contra H_0: $\mu = 2.400$, então certamente existe evidência suficiente para rejeitar $\mu < 2.400$ também. Dessa forma, a hipótese nula é especificada como o valor de μ mais próximo de uma hipótese alternativa de uma cauda e como o único valor *não* especificado em uma hipótese alternativa de duas caudas. Os passos para selecionar as hipóteses nula e alternativa estão resumidos no quadro a seguir.

PASSOS PARA SELECIONAR AS HIPÓTESES NULA E ALTERNATIVA

1. Selecione a *hipótese alternativa* como aquela que o experimento amostral está destinado a estabelecer. A hipótese alternativa assumirá uma de três formas:

a. Uma cauda, cauda superior
(por exemplo, H_a: $\mu > 2.400$)

b. Uma cauda, cauda inferior
(por exemplo, H_a: $\mu < 2.400$)

c. Duas caudas
(por exemplo, H_a: $\mu \neq 2.400$)

2. Selecione a *hipótese nula* como *status quo*, que será presumido como verdadeiro a menos que o experimento amostral conclusivamente estabeleça a hipótese alternativa. A hipótese alternativa será especificada como o valor parâmetro mais próximo à alternativa em testes de uma cauda e como o valor complementar (ou apenas não especificado) em testes de duas caudas.

(por exemplo, H_0: $\mu = 2.400$)

A região de rejeição para um teste de duas caudas difere daquela do teste de uma cauda. Quando estamos tentando detectar a saída de uma hipótese nula em qualquer direção, devemos estabelecer a região de rejeição em ambas as caudas da distribuição amostral da estatística-teste. As figuras 6.4a e b mostram as regiões de rejeição de uma cauda para teste de caudas inferiores e superiores, respectivamente. A região de rejeição de duas caudas está ilustrada na Figura 6.4c. Note que a região de rejeição está estabelecida em cada cauda da distribuição amostral para um teste de duas caudas.

As regiões de rejeição correspondentes a valores típicos selecionados para α são mostradas na Tabela 6.2 para testes de uma e duas caudas. Note que, quanto menor o α que selecionar, você necessitará de mais evidência (maior z) antes de poder rejeitar H_0.

TABELA 6.2 Regiões de rejeição para valores comuns de α

	HIPÓTESES ALTERNATIVAS		
	Cauda inferior	Cauda superior	Duas caudas
$\alpha = 0{,}10$	$z < -1{,}28$	$z > 1{,}28$	$z < -1{,}645$ ou $z > 1{,}645$
$\alpha = 0{,}05$	$z < -1{,}645$	$z > 1{,}645$	$z < -1{,}96$ ou $z > 1{,}96$
$\alpha = 0{,}01$	$z < -2{,}33$	$z > 2{,}33$	$z < -2{,}575$ ou $z > 2{,}575$

EXEMPLO 6.1

DEFININDO UM TESTE DE HIPÓTESES PARA μ, A QUANTIDADE MÉDIA DE CEREAL EM UMA CAIXA

Problema Um fabricante de cereais quer testar o desempenho de uma de suas máquinas de encher caixas. A máquina é programada para descarregar uma quantidade média de 12 onças por caixa, e o fabricante quer detectar algum desvio. Esse estudo de qualidade precisa de amostragem aleatória de 100 caixas da produção do dia de hoje e determinar se a média de enchimento é de 12 onças por caixa. Defina um teste de hipóteses para esse estudo, usando $\alpha = 0{,}01$.

Solução
A palavra-chave *média* no enunciado do problema implica que o parâmetro-alvo é μ, a quantidade média de cereal descarregado na caixa. Uma vez que o fabricante deseja detectar o desvio da definição de $\mu = 12$ em ambas as direções, $\mu < 12$ ou $\mu > 12$, conduzimos um teste estatístico de duas caudas.

Seguindo o procedimento para selecionar as hipóteses nula e alternativa, especificamos como hipótese alternativa que a média seja diferente de 12 onças, uma vez que detectar o desvio da máquina em relação às especificações é o objetivo do estudo de controle de qualidade. A hipótese nula é a premissa de que a máquina está operando apropriadamente, a menos que os dados da amostra indiquem o contrário. Assim:

H_0: $\mu = 12$ (a média da população de quantidade preenchida é 12 onças)

H_a: $\mu \neq 12$ (isto é, $\mu < 12$ ou $\mu > 12$; a máquina está preenchendo a caixa além ou aquém do necessário)

A estatística-teste mede o número de desvios-padrão entre o valor observado de $\bar{x}$ e o valor da hipótese nula $\mu = 12$:

$$\text{Estatística-teste: } \frac{\bar{x} - 12}{\sigma_{\bar{x}}}$$

A região de rejeição deve ser designada a detectar o desvio de $\mu = 12$ em *qualquer* direção, então rejeitaremos H_0 para valores de z que sejam ou muito pequenos (negativos) ou muito grandes (positivos). Para determinar os valores precisos de z que consistem na região de rejeição, primeiramente selecionamos α, a probabilidade de que o teste leve à rejeição incorreta da hipótese nula. Então, dividimos α igualmente entre a cauda inferior e a superior da distribuição de z, como mostrado na Figura 6.5. Nesse exemplo, $\alpha = 0{,}01$, então $\alpha/2 = 0{,}005$ é alocado em cada cauda. As áreas nas caudas correspondem a $z = -2{,}575$ ou $z = 2{,}575$, respectivamente (da Tabela 6.2):

Região de rejeição: $z < -2{,}575$ ou $z > 2{,}575$ (veja Figura 6.5)

Premissas: Uma vez que o tamanho da amostra desse experimento é grande o suficiente ($n > 30$), o teorema do limite central se aplicará, e nenhuma premissa necessita ser feita sobre a população de medições de valores preenchidos. A distribuição amostral da média da amostra de preenchimentos de 100 caixas será aproximadamente normal independentemente da distribuição do preenchimento individual das caixas.

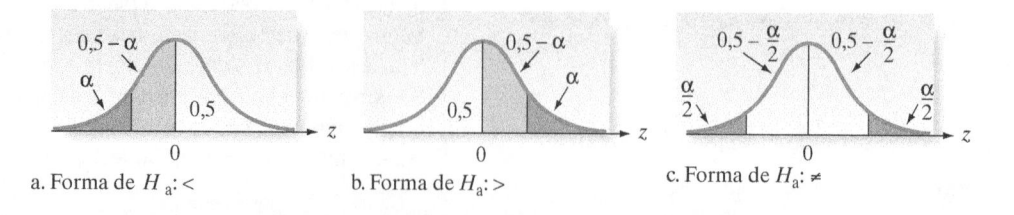

a. Forma de H_a: <
b. Forma de H_a: >
c. Forma de H_a: $\neq$

FIGURA 6.4 Regiões de rejeição correspondendo a testes de uma e duas caudas

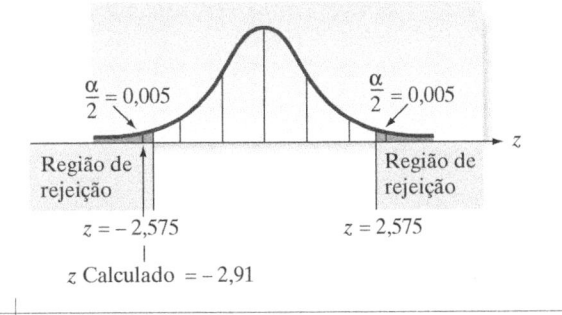

FIGURA 6.5 Regiões de rejeição de duas caudas: $\alpha = 0{,}01$

Valores na figura: $\frac{\alpha}{2} = 0{,}005$, $z = -2{,}575$, $z = 2{,}575$, z Calculado $= -2{,}91$

Relembrando Note que o teste é realizado *antes* de o experimento amostral ser conduzido. Os dados não são usados para realizar o teste. Evidentemente, o fabricante não quer interromper o processo de preenchimento das caixas para ajustar a máquina, a menos que os dados da amostra revelem evidência muito convincente de que ela não está satisfazendo as especificações, pois o valor de α foi definido a um nível relativamente baixo, a 0,01. Se a evidência da amostra resulta na rejeição de H_0, o fabricante com certeza concluirá que a máquina precisa de ajuste, uma vez que há apenas uma probabilidade de 0,01 de erro Tipo I.

AGORA FAÇA O EXERCÍCIO **6.17**

Uma vez que o teste é definido, o fabricante está pronto para realizar o experimento amostral e conduzi-lo. O teste é realizado no Exemplo 6.2.

EXEMPLO 6.2

REALIZANDO UM TESTE DE HIPÓTESES PARA μ, A QUANTIDADE MÉDIA EM UMA CAIXA DE CEREAL

Problema Consulte o teste de controle de qualidade do Exemplo 6.1. A amostra de 100 caixas gerou resultados (em onças) mostrados na Tabela 6.3 abaixo. Use esses dados para conduzir o teste de hipóteses.

CEREAL*

Solução

Para realizar o teste, precisamos encontrar os valores de $\bar{x}$ e s. Esses valores, $\bar{x} = 11{,}851$ e $s = 0{,}512$, são mostrados (sombreados) na tela do MINITAB, Figura 6.6.

Agora, substituímos essas estatísticas amostrais na estatística-teste e obtemos:

$$z = \frac{\bar{x} - 12}{\sigma_{\bar{x}}} = \frac{\bar{x} - 12}{\sigma/\sqrt{n}} = \frac{11{,}851 - 12}{\sigma/\sqrt{100}}$$

$$\approx \frac{11{,}851 - 12}{s/10} = \frac{-0{,}149}{0{,}512/10} = -2{,}91$$

A implicação é que a média da amostra, 11,851, é aproximadamente 3 desvios-padrão abaixo do valor da hipótese nula 12,0 na distribuição amostral de $\bar{x}$. Você pode ver na Figura 6.5 que esse valor de z está na cauda inferior da região de rejeição, o que consiste em todos os valores de $z < -2{,}575$. Esse dados da amostra fornecem evidência suficiente para rejeitar H_0 e concluir, ao nível de siginificância de $\alpha = 0{,}01$, que a média de preenchimento difere da especificação de $\mu = 12$ onças. Parece que a máquina está, em média, subpreenchendo a caixa.

Relembrando Três pontos sobre o teste de hipóteses nesse exemplo se aplicam a todos os testes estatísticos:

1. Uma vez que z é menor que $-2{,}575$, é tentador tirar nossa conclusão a um nível de significância menor que $\alpha = 0{,}01$. Resistimos à tentação porque o nível de α é determinado antes que o experimento seja realizado. Se decidirmos que podemos tolerar uma taxa de erro Tipo I de 1%, o resultado do experimento amostral deveria não ter efeito nessa decisão. Em geral, *os mesmos dados não deveriam ser usados juntos para definir e conduzir o teste.*

TABELA 6.3 Quantidades preenchidas na caixa para teste de controle de qualidade, Exemplo 6.2

12,3	12,2	12,9	11,8	12,1	11,7	11,8	11,3	12,0	11,7
11,0	12,7	11,2	11,8	11,4	11,3	11,5	12,1	12,5	11,7
12,3	11,7	11,6	11,6	11,1	12,1	12,4	11,4	11,6	11,4
10,9	11,0	11,5	11,6	11,6	11,4	11,9	11,1	11,7	12,1
12,2	11,7	11,6	11,4	12,4	11,0	11,8	12,9	13,2	11,5
11,5	12,0	11,9	11,8	12,5	11,8	12,4	12,0	12,2	12,4
118	12,6	11,8	11,8	11,5	12,0	12,7	11,5	11,0	11,8
11,2	12,6	12,0	12,6	12,0	12,0	12,5	12,0	12,8	11,8
12,6	12,4	10,9	12,0	11,9	11,6	11,3	12,1	11,8	12,2
12,2	11,5	12,7	11,5	11,0	11,7	12,5	11,6	11,3	11,1

* Para usar os dados da tabela no software, é preciso trocar as vírgulas dos valores numéricos por ponto.

Descriptive Statistics: FILL

```
Variable     N    Mean   StDev   Minimum      Q1   Median      Q3  Maximum
FILL       100  11.851   0.512    10.900  11.500   11.800  12.200   13.200
```

FIGURA 6.6 Estatísticas descritivas do MINITAB para as quantidades de preenchimento, Exemplo 6.2

2. Quando tiramos nossa conclusão a um nível de significância de 0,01, estamos nos referindo à taxa de falha do procedimento, não ao resultado do teste em particular. Sabemos que o procedimento-teste levará à rejeição da hipótese nula apenas 1% do tempo quando de fato $\mu = 12$. Dessa forma, *quando a estatística-teste fica na região de rejeição, inferimos que a alternativa $\mu \neq 12$ é verdadeira e expressamos nossa confiança no procedimento ao cotar o nível de significância, ou o nível de confiança $100(1 - \alpha)$%.*

3. Apesar de um teste poder levar a um resultado 'estatisticamente significante' (isto é, rejeitando H_0 ao nível de significância α, como no teste acima), ele pode não ser 'significante na prática'. Por exemplo, suponha que o estudo de controle de qualidade testou $n = 100.000$ caixas de cereal, resultando em $\bar{x} = 11,995$ e $s = 0,5$. Agora, um teste de hipóteses de duas caudas de $H_0: \mu = 12$ resulta em uma estatística-teste $z = \dfrac{(11,995 - 12)}{0,5/\sqrt{100.000}} = -3,16$

Esse resultado a $\alpha = 0,05$ nos leva a 'rejeitar H_0' e concluir que a média μ é 'estatisticamente diferente' de 12. No entanto, para todos os objetivos práticos, a média da amostra $\bar{x} = 11,995$ e a média hipotética $\mu = 12$ são a mesma. Como o resultado não é 'praticamente significante', a empresa não está propensa a gastar dinheiro consertando uma máquina que, para todos os propósitos práticos, está dispensando uma média de 12 onças de cereal nas caixas. Conseqüentemente, nem todos os resultados 'estatisticamente significantes' são 'significantes na prática'.

Agora faça o Exercício 6.21

O ajuste de um teste de hipóteses de grande amostra sobre uma média da população está resumido nos quadros a seguir. Tanto o teste de uma cauda quanto o de duas caudas são mostrados.

TESTE DE HIPÓTESES DE AMOSTRA GRANDE SOBRE μ

Teste de uma cauda
$H_0: \mu = \mu_0$
$H_a: \mu < \mu_0$ (ou $H_a: \mu > \mu_0$)

Estatística-teste: $z = \dfrac{\bar{x} - \mu_0}{\sigma_{\bar{x}}}$

Região de rejeição: $z < -z_\alpha$ (ou $z > z_\alpha$ quando $H_a: \mu > \mu_0$)
onde z_α é escolhido de forma que $P(z > z_\alpha) = \alpha$

Teste de duas caudas
$H_0: \mu = \mu_0$
$H_a: \mu \neq \mu_0$

Estatística-teste: $z = \dfrac{\bar{x} - \mu_0}{\sigma_{\bar{x}}}$

Região de rejeição: $|z| > z_{\alpha/2}$

onde $z_{\alpha/2}$ é escolhido de forma que $P(|z| > z_{\alpha/2}) = \alpha/2$

Nota: μ_0 é o símbolo para o valor numérico designado a μ sob a hipótese nula.

CONDIÇÕES REQUERIDAS PARA UM TESTE DE HIPÓTESES DE AMOSTRA MUITO GRANDE PARA μ

1. Uma amostra aleatória é selecionada a partir da população-alvo.
2. O tamanho da amostra n é grande (isto é, $n \geq 30$). (Devido ao teorema do limite central, essa condição garante que a estatística-teste será aproximadamente normal, independentemente do formato da distribuição de probabilidades da população.)

Uma vez que o teste tenha sido definido, o experimento amostral é realizado e a estatística-teste é calculada. O próximo quadro contém possíveis conclusões para um teste de hipóteses, dependendo do resultado do experimento amostral.

POSSÍVEIS CONCLUSÕES PARA UM TESTE DE HIPÓTESES

1. Se a estatística-teste calculada fica na região de rejeição, rejeite H_0 e conclua que a hipótese alternativa H_a é verdadeira. Diga que está rejeitando H_0 ao nível de significância α. Lembre-se de que a confiança está no *processo* de teste, e não no resultado em particular de um único teste.
2. Se a estatística teste não fica na região de rejeição, conclua que o experimento amostral não oferece evidência suficiente para rejeitar H_0 ao nível de significância α. [Geralmente, não 'aceitaremos' a hipótese nula, a menos que a probabilidade β de erro Tipo II tenha sido calculada (ver Seção opcional 6.6).]

Exercícios 6.17–6.31

Aprendendo a mecânica

6.17 Para cada uma das seguintes regiões de rejeição, faça um esboço da distribuição amostral para z e indique a localização da região de rejeição.
   a. $z > 1,96$
   b. $z > 1,645$
   c. $z > 2,575$
   d. $z < -1,28$
   e. $z < -1,645$ ou $z > 1,645$
   f. $z < -2,575$ ou $z > 2,575$
   g. Para cada uma das regiões de rejeição especificadas nos itens de **a** até **f**, qual a probabilidade de que seja cometido erro Tipo I?

6.18 Suponha que você esteja interessado em conduzir um teste estatístico de H_0: $\mu = 255$ contra H_a: $\mu > 255$ e que tenha decidido usar a seguinte regra de decisão: rejeitar H_0 se a média da amostra de uma amostra aleatória de 81 itens for maior que 270. Presuma que o desvio-padrão da população seja 63.
   a. Expresse a regra de decisão em termos de z.
   b. Encontre α, a probabilidade de cometer erro Tipo I ao usar essa regra de decisão.

6.19 Uma amostra aleatória de 100 observações a partir de uma população com desvio-padrão 60 gerou uma média de amostra de 110.
   a. Teste a hipótese nula $\mu = 100$ contra a hipótese alternativa $\mu > 100$ usando $\alpha = 0,05$. Interprete os resultados do teste.
   b. Teste a hipótese nula $\mu = 100$ contra a hipótese alternativa $\mu \neq 100$ usando $\alpha = 0,05$. Interprete os resultados do teste.
   c. Compare os resultados dos dois testes que você conduziu. Explique por que os resultados diferem.

6.20 Uma amostra aleatória de 64 observações produziu as seguintes estatísticas resumidas: $\bar{x} = 0,323$ e $s^2 = 0,034$.
   a. Teste a hipótese nula $\mu = 0,36$ contra a hipótese alternativa $\mu < 0,36$ usando $\alpha = 0,10$.
   b. Teste a hipótese nula $\mu = 0,36$ contra a hipótese alternativa $\mu \neq 0,36$ usando $\alpha = 0,10$. Interprete os resultados.

APPLET Exercício utilizando aplicativo 6.2
(É necessário ter o Java instalado para utilizar esse aplicativo)
Use o aplicativo intitulado *Hypotheses test for a mean* para investigar o efeito da distribuição base na proporção de erros Tipo I. Para este exercício, use $n = 100$, média = 50, desvio-padrão = 10, média nula = 50 e alternativa <.
   a. Selecione a distribuição normal e rode o aplicativo diversas vezes, sem limpar. O que acontece com a proporção de vezes que a hipótese nula é rejeitada ao nível 0,05 conforme o aplicativo é rodado mais e mais vezes?
   b. Limpe o aplicativo e repita o item **a** usando a distribuição assimétrica à direita. Você chega a resultados similares? Explique.
   c. Descreva o efeito que a distribuição base tem sobre a probabilidade de que seja cometido um erro Tipo I.

APPLET Exercício utilizando aplicativo 6.3
(É necessário ter o Java instalado para utilizar esse aplicativo)
Use o aplicativo intitulado *Hypotheses test for a mean* para avaliar o efeito da distribuição base na proporção de erros Tipo II. Para este exercício, use $n = 100$, média = 50, desvio-padrão = 10, média nula = 52 e alternativa <.
   a. Selecione a distribuição normal e rode o aplicativo diversas vezes, sem limpar. O que acontece com a proporção de vezes em que a hipótese nula é rejeitada ao nível 0,05 conforme o aplicativo é rodado mais e mais vezes? Isso é o que você esperaria? Explique.
   b. Limpe o aplicativo e repita o item **a** usando a distribuição assimétrica à direita. Você chega a resultados similares? Explique.
   c. Descreva o efeito que a distribuição base tem sobre a probabilidade de que seja cometido um erro Tipo II.

APPLET Exercício utilizando aplicativo 6.4
(É necessário ter o Java instalado para utilizar esse aplicativo)
Use o aplicativo intitulado *Hypotheses test for a mean* para avaliar o efeito da média nula sobre a probabilidade de que seja cometido um erro Tipo II. Para este exercício, use $n = 100$, média = 50, desvio-padrão = 10 e alternativa < com a distribuição normal. Defina a média nula como 55 e rode o aplicativo diversas vezes, sem limpar. Registre a proporção de erros Tipo II que ocorreram ao nível 0,01. Limpe o aplicativo e repita para as médias nulas de 54, 53, 52 e 51. O que você pode concluir sobre a probabilidade de um erro Tipo II conforme a média nula se aproxima da média real? Você pode oferecer uma explicação razoável para isso?

Aplicação dos conceitos — Básico

6.21 Alergia ao látex em trabalhadores da área de saúde. Consulte o estudo do *Current Allergy & Clinical Immunology* (mar. 2004) de $n = 46$ empregados de hospital que tiveram diagnóstico de alergia a látex a partir da exposição ao pó presente nas luvas de látex, Exercício 5.10. O número de luvas de látex usado por semana pelos trabalhadores da amostra é resumido como se segue: $\bar{x} = 19,3$ e $s = 11,9$. Considere μ o número médio de luvas de látex usadas por semana por todos os empregados do hospital. Considere testar H_0: $\mu = 20$ contra H_a: $\mu < 20$.
   a. Dê a região de rejeição para o teste a um nível de significância de $\alpha = 0,01$.
   b. Calcule o valor da estatística-teste.
   c. Use os resultados, itens **a** e **b**, para fazer uma conclusão apropriada.

6.22 Preços de carros híbridos. A *BusinessWeek.com* dá aos consumidores os preços do varejo para novos carros em concessionárias nos Estados Unidos. Os preços de julho de 2006 para o híbrido Toyota Prius foram obtidos a partir de uma amostra de 160 concessionárias. Os 160 preços estão salvos no arquivo **HYBRIDCARS**.

a. Dê a hipótese nula e alternativa para testar se a média de preços de concessionárias em julho de 2006 para o Toyota Prius, μ, difere de US$ 25.000.
b. Acesse o arquivo **HYBRIDCARS** e encontre a média e o desvio-padrão da amostra.
c. Use a informação do item **b** para encontrar a estatística-teste para o teste de hipóteses.
d. Dê a região de rejeição para o teste de hipóteses, usando $\alpha = 0{,}05$.
e. Revele a conclusão apropriada para o teste de hipóteses.

6.23 Horas semestrais cursadas por candidatos ao CPA. Consulte o estudo do *Journal of Accounting and Public Policy* (primavera, 2002) sobre candidatos que se inscreveram pela primeira vez para o exame do CPA, Exercício 5.13. O número de horas semestrais de créditos cursados pela amostra de candidatos é resumido como se segue: $\bar{x} = 141{,}31$ horas e $s = 17{,}77$ horas. Considere μ o número médio de horas semestrais cursadas por candidatos que se inscreveram pela primeira vez no exame CPA. Considere testar $H_0: \mu = 140$ contra $H_a: \mu > 140$.

a. Dê a região de rejeição para o teste a um nível de significância de $\alpha = 0{,}01$.
b. Calcule o valor da estatística-teste.
c. Use os resultados dos itens **a** e **b** para revelar a conclusão apropriada.

DIAMONDS
Companion Website

6.24 Tamanho de diamantes no varejo. Consulte os dados do *Journal of Statistics Education* sobre diamantes salvos no arquivo **DIAMONDS**. No Exercício 5.18, você selecionou uma amostra aleatória de 30 diamantes a partir de 308 diamantes e encontrou a média e o desvio-padrão do número de quilates por diamante para a amostra. Considere μ o número médio de quilates na população de 308 diamantes. Suponha que você queira testar $H_0: \mu = 0{,}6$ contra $H_a: \mu \neq 0{,}6$.

a. Nos termos do problema, defina o erro Tipo I e o Tipo II.
b. Use a informação da amostra para conduzir um teste a um nível de significância de $\alpha = 0{,}05$.
c. Conduza o teste, item **b**, usando $\alpha = 0{,}10$.
d. O que os resultados sugerem sobre a escolha de α no teste de hipóteses?

6.25 Risco do produtor e do consumidor. Em aplicações de testes de hipóteses ao controle de qualidade, as hipóteses nula e alternativa são freqüentemente especificadas como:

H_0: O processo de produção está sendo realizado satisfatoriamente.

H_a: O processo de produção está sendo realizado de maneira insatisfatória.

Dessa forma, α é algumas vezes chamado de *risco do produtor*, enquanto β é chamado de *risco do consumidor* (Stevenson, *Production/operations management*, 2000). Um molde de injeção produz suportes de plástico para bolas de golfe. O processo é desenhado de forma a produzir as peças com um peso médio de 0,250 onças. Para avaliar se o molde de injeção está operando satisfatoriamente, 40 peças foram aleatoriamente amostradas a partir de uma produção de uma hora. Seus pesos (em onças) estão listados na tabela a seguir.

TEES
Companion Website

0,247	0,251	0,254	0,253	0,253	0,248	0,253	0,255	0,256	0,252
0,253	0,252	0,253	0,256	0,254	0,256	0,252	0,251	0,253	0,251
0,253	0,253	0,248	0,251	0,253	0,256	0,254	0,250	0,254	0,255
0,249	0,250	0,254	0,251	0,251	0,255	0,251	0,253	0,252	0,253

a. Escreva H_0 e H_a em termos do peso médio verdadeiro das peças, μ.
b. Os dados proporcionam evidência suficiente para concluir que o processo não está operando satisfatoriamente? Teste usando $\alpha = 0{,}01$.
c. No contexto desse problema, explique por que faz sentido chamar α de risco do produtor e β de risco do consumidor.

Aplicação dos conceitos — Intermediário

6.26 Métodos de resfriamento para turbinas a gás. Durante períodos de alta demanda de eletricidade, especialmente nos meses quentes de verão, o poder de uma turbina de gás pode cair drasticamente. Uma forma de conter essa queda de poder é diminuir a temperatura do ar que entra na turbina a gás. Um método a cada dia mais usado para resfriamento usa a entrada de vapor de alta pressão. O aumento do desempenho da amostra de 67 turbinas a gás com a entrada de vapor de alta pressão foi pesquisado no *Journal of Engineering for Gas Turbines and Power* (jan. 2005). Uma medida de desempenho é a taxa de aquecimento (quilojoules por quilowatt/hora). Taxas de aquecimento para as 67 turbinas a gás, salvas no arquivo **GASTURBINE**, são listadas na tabela no alto da página seguinte. Suponha que uma turbina a gás padrão tenha, na média, uma taxa de aquecimento de 10.000 kJ/kWh. Conduza um teste para determinar se a taxa de aquecimento média das turbinas a gás aumentada com a entrada de fumaça de alta pressão excede 10.000 kJ/kWh. Use $\alpha = 0{,}05$.

6.27 Dispersão de pontos em jogos da NFL. Durante a temporada da National Football League (NFL), os responsáveis pelas apostas em Las Vegas estabelecem uma dispersão de pontos em cada jogo para fins de aposta. Por exemplo, os Seattle Seahawks foram colocados como favoritos 4,5 pontos em relação aos campeões Pittsburgh Steelers no Super Bowl de 2006. Os resultados finais dos jogos da NFL foram comparados com a dispersão dos pontos finais pelo responsável pelas apostas em *Chance* (outono, 1998).

Capítulo 6 — INFERÊNCIAS BASEADAS EM UMA AMOSTRA SIMPLES

GASTURBINE

14622	13196	11948	11289	11964	10526	10387	10592	10460	10086
14628	13396	11726	11252	12449	11030	10787	10603	10144	11674
11510	10946	10508	10604	10270	10529	10360	14796	12913	12270
11842	10656	11360	11136	10814	13523	11289	11183	10951	9722
10481	9812	9669	9643	9115	9115	11588	10888	9738	9295
9421	9105	10233	10186	9918	9209	9532	9933	9152	9295
16243	14628	12766	8714	9469	11948	12414			

As diferenças entre o resultado do jogo e a dispersão de pontos (chamada *erro de dispersão de pontos*) foi calculada para 240 jogos da NFL. A média e o desvio-padrão dos erros de dispersão de pontos são $\bar{x}$ = –1,6 e s = 13,3. Use essa informação para testar a hipótese de que a média verdadeira do erro de dispersão de pontos para todos os jogos da NFL seja diferente de 0. Conduza o teste e interprete o resultado.

6.28 Receitas para um serviço completo de funeral. De acordo com o National Funeral Directors Association (NFDA), nos Estados Unidos, os 22.000 estabelecimentos de funeral da nação tiveram uma receita média de US$ 6.500 por serviço completo de funeral em 2005 (*NFDA Fact Sheet*, 2006). Uma amostra aleatória de 36 estabelecimentos funerários relatou os dados de receitas para 2006. Entre outras medidas, cada um relatou sua remuneração média por serviço completo de funeral. Esses dados (em milhares de dólares) são mostrados na tabela a seguir, arredondados para a centena mais próxima.

FUNERAL *

7,4	9,4	5,3	8,4	7,5	6,5	6,2	8,3	6,7
11,6	6,3	5,9	6,7	5,8	5,2	6,4	6,0	7,4
7,2	6,6	6,3	5,3	6,6	5,6	8,4	7,2	7,4
5,8	6,3	6,1	7,0	7,2	6,1	5,4	7,4	6,6

* Para usar os dados da tabela no software, é preciso trocar as vírgulas dos valores numéricos por ponto.

a. Quais são as hipóteses nula e alternativa apropriadas para testar se a taxa do serviço funerário completo médio dos estabelecimentos funerários dos Estados Unidos excedeu US$ 6.500 em 2006?
b. Conduza o teste com α = 0,05. Os dados da amostra fornecem evidência suficiente para concluir que a taxa média em 2006 foi maior que em 2005?
c. Ao conduzir o teste, foi necessário presumir que a população de taxas médias do serviço completo foi normalmente disribuída? Justifique sua resposta.

6.29 Salários de pós-graduados. O *Economics of Education Review* (v. 21, 2002) publicou um estudo sobre a relação entre o nível de educação e a remuneração. Os dados para a pesquisa foram obtidos da pesquisa do National Adult Literacy de mais de 25.000 respondentes norte-americanos. A pesquisa revelou que homens com nível de pós-graduação têm uma média salarial de US$ 61.340 (com erro-padrão $s_{\bar{x}}$ = US$ 2.185), enquanto mulheres com nível de pós-graduação têm uma média de US$ 32.227 (com erro-padrão $s_{\bar{x}}$ = US$ 932).

a. O artigo relata que o intervalo de confiança de 95% para μ_M, a população de salários médios de todos os homens com pós-graduação, é US$ 57.050, US$ 65.631. Com base nesse intervalo, há evidência para dizer que μ_M difere de US$ 60.000? Explique.
b. Use a informação resumida para testar a hipótese de que a verdadeira média de salário de homens com pós-graduação difere de US$ 60.000. Use α = 0,05. (*Nota:* $s_{\bar{x}} = s/\sqrt{n}$)
c. Explique por que as inferências nos itens **a** e **b** estão de acordo.
d. O artigo relata que o intervalo de confiança de 95% para μ_F, a população de salários médios de todas as mulheres com pós-graduação, é US$ 30.396, US$ 34.058. Com base nesse intervalo, há evidência para dizer que μ_F difere de US$ 33.000? Explique.
e. Use a informação resumida para testar a hipótese de que a verdadeira média de salários de mulheres com pós-graduação difere de US$ 33.000. Use α = 0,05. (*Nota:* $s_{\bar{x}} = s/\sqrt{n}$)
f. Explique por que as inferências nos itens **d** e **e** estão de acordo.

6.30 Inspeções em soldagens. A tecnologia atual usa raios X e laser para inspeção de soldagens em placas de circuito impressas (*Quality congress transactions*, 1986). Um fabricante de equipamento baseado em laser, em particular, diz que seu produto pode inspecionar em média pelo menos 10 pontos de soldagem por segundo quando as soldagens forem espaçadas em 0,1 polegada. O equipamento foi testado por um fabricante em potencial em 48 diferentes placas. Em cada caso, ele foi operado por exatamente 1 segundo. O número de pontos de soldagem inspecionado em cada tentativa segue-se na tabela:

PCB

10	9	10	10	11	9	12	8	8	9	6	10
7	10	11	9	9	13	9	10	11	10	12	8
9	9	9	7	12	6	9	10	10	8	7	9
11	12	10	0	10	11	12	9	7	9	9	10

a. O potencial comprador quer saber se os dados da amostra refutam a afirmação do fabricante. Especifique as hipóteses nula e alternativa de que o comprador deveria realizar o teste.

b. No contexto desse exercício, o que é um erro Tipo I? E um Tipo II?

c. Conduza o teste de hipóteses que você descreveu no item **a** e interprete os restultados do teste no contexto deste exercício. Use $\alpha = 0{,}05$.

Aplicação dos conceitos — Avançado

6.31 Por que pequenas empresas exportam? O que motiva pequenas empresas a exportarem seus produtos? Para responder a essa questão, o professor Ralph Pope, da California State University, conduziu uma pesquisa com 137 firmas listadas no *California International Trade Register (Journal of Small Business Management*, v. 40, 2002.) Foi solicitado aos CEOs das empresas que atribuíssem à afirmação: "A administração acredita que a firma possa atingir economias de escala ao exportar" notas em uma escala de 1 (discordam fortemente) a 5 (concordam fortemente). As estatísticas resumidas para as $n = 137$ pontuações da escala foram relatadas como: $\bar{x} = 3{,}85$ e $s = 1{,}5$. No artigo do jornal, o pesquisador criou a hipótese de que, se a média verdadeira da pontuação da escala exceder 3,5, os CEOs de todas as pequenas firmas da Califórnia em boa parte estarão de acordo com a afirmação.

a. Conduza o teste apropriado usando $\alpha = 0{,}05$. Estabeleça sua conclusão sobre a questão do problema.

b. Explique por que os resultados do estudo, apesar de 'estatisticamente significantes', podem não ser significantes em termos práticos.

c. As pontuações da escala para a amostra de 137 pequenas firmas provavelmente não são normalmente distribuídas. Isso invalida a inferência que você fez no item **a**? Explique.

6.3 Níveis observados de significância: valores *p*

De acordo com o procedimento de teste estatístico descrito na Seção 6.2, a região de rejeição e, de forma correspondente, o valor de α são selecionados antes de o teste ser conduzido, e as conclusões são colocadas em termos de rejeitar ou não rejeitar a hipótese nula. Um segundo método para apresentar os resultados do teste estatístico é o que relata quanto a estatística-teste discorda da hipótese nula e deixa ao leitor a tarefa de decidir se a rejeita. Essa medida de discordância é chamada *nível de significância observada* (ou *valor p*) para o teste.

> **Definição 6.1**
>
> O **nível de significância observado**, ou valor *p*, para uma estatística-teste em específico, é a probabilidade (presumindo que H_0 seja verdadeiro) de que seja observado um valor da estatística-teste pelo menos tão contraditório à hipótese nula, e tão de acordo com a hipótese alternativa, como o real calculado a partir dos dados da amostra.

Por exemplo, o valor da estatística-teste calculado para a amostra de $n = 50$ seções do encanamento foi $z = 2{,}12$. Uma vez que o teste foi de uma cauda — isto é, a hipótese alternativa (de pesquisa) de interesse é $H_a: \mu > 2.400$ —, valores da estatística-teste ainda mais contraditórios a H_0 do que aquele observado seriam maiores que $z = 2{,}12$. Dessa forma, o nível observado de significância (valor *p*) para o teste é:

$$\text{Valor } p = P(z > 2{,}12)$$

ou, de forma equivalente, a área sob a curva normal padrão à direita de $z = 2{,}12$ (veja Figura 6.7).

A área A na Figura 6.7 é dada na Tabela IV do Apêndice B como 0,4830. Dessa forma, a área da cauda superior correspondendo a $z = 2{,}12$ é

$$\text{Valor } p = 0{,}5 - 0{,}4830 = 0{,}0170$$

Conseqüentemente, dizemos que esses resultados do teste são 'muito significantes' (isto é, eles estão fortemente em desacordo, de certa maneira, com a hipótese nula $H_0: \mu = 2.400$, e a favor de $H_a: \mu > 2.400$. A probabilidade de observar um valor z tão grande como 2,12 é apenas 0,0170, se de fato o valor verdadeiro de μ é 2.400.

Se você está inclinado a selecionar $\alpha = 0{,}05$ para esse teste, então deve rejeitar a hipótese nula, porque o valor *p* para o teste, 0,0170, é menor que 0,05. Se, ao contrário, você escolher $\alpha = 0{,}01$, não deve rejeitar a hipótese nula, porque o valor *p* para o teste é maior que 0,01. Assim, o uso do nível de significância observado é idêntico ao do procedimento de teste descrito nas seções anteriores, exceto pela escolha de α, que fica a seu critério.

Os passos para calcular o valor *p* correspondente à estatística-teste para a média da população são dados no próximo quadro.

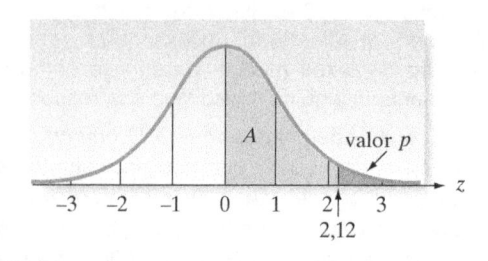

FIGURA 6.7 Encontrando o valor *p* para um teste de cauda superior quando $z = 2{,}12$

Capítulo 6 — INFERÊNCIAS BASEADAS EM UMA AMOSTRA SIMPLES

Passos para calcular o valor P para um teste de hipóteses

1. Determine o valor da estatística teste z correspondendo ao resultado do experimento amostral.
2. a. Se o teste é de uma cauda, o valor p é igual à área da cauda além de z na mesma direção que a hipótese alternativa. Assim, se a hipótese alternativa é da forma $>$, o valor p é a área à direita, ou acima, do valor observado de z. De forma oposta, se a hipótese alternativa é da forma $<$, o valor p é a área à esquerda, ou abaixo, do valor observado de z. (Veja Figura 6.8.)
   b. Se o teste é de duas caudas, o valor p é igual a duas vezes a área da cauda além do valor observado de z na direção do sinal de z — isto é, se z é positivo, o valor de p é duas vezes a área à direita, ou acima, do valor observado de z. De forma oposta, se z é negativo, o valor p é duas vezes a área à esquerda, ou abaixo, do valor observado de z. (Veja Figura 6.9.)

EXEMPLO 6.3

Calculando o valor p para o teste da média do peso preenchido

Problema Encontre o nível de significância observado para o teste da média de peso preenchido dos exemplos 6.1 e 6.2.

Solução

O Exemplo 6.1 apresentou um teste de duas caudas da hipótese:

$$H_0: \mu = 12 \text{ onças}$$

contra a hipótese alternativa:

$$H_a: \mu \neq 12 \text{ onças}$$

O valor oservado da estatística-teste no Exemplo 6.2 foi $z = -2,91$, e qualquer valor de z menor que $-2,91$ ou maior que $2,91$ (uma vez que esse é um teste de duas caudas) seria ainda mais contraditório a H_0. Dessa forma, o nível de significância observado para o teste é:

$$\text{Valor } p = P(z < -2,91 \text{ ou } z > 2,91) = P(|z| > 2,91)$$

Assim, calculamos a área abaixo do valor observado de z, $z = -2,91$, e a dobramos. Consultando a Tabela IV no Apêndice B, encontramos $P(z < -2,91) = 0,5 - 0,4982 = 0,0018$. Dessa forma, o valor p para esse teste de duas caudas é:

$$2P(z < -2,91) = 2(0,0018) = 0,0036$$

Esse valor p também pode ser obtido usando software estatístico. O valor p arredondado é mostrado (sombreado) na tela do MINITAB, Figura 6.10, na página a seguir.

Relembrando Podemos interpretar esse valor p como uma forte indicação de que a máquina não está preenchendo as caixas de acordo com as especificações, uma vez que deveríamos observar uma estatística-teste tão extrema quanto ou mais extrema do que apenas 36 em 10.000 vezes se a máquina estivesse de acordo com as

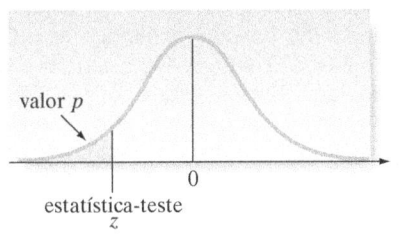

a. Teste de cauda inferior $H_a: \mu < \mu_0$

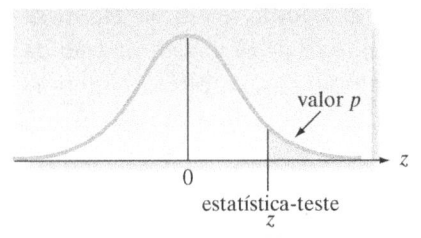

b. Teste de cauda superior $H_a: \mu > \mu_0$

FIGURA 6.8 Encontrando o valor p para um teste de uma cauda

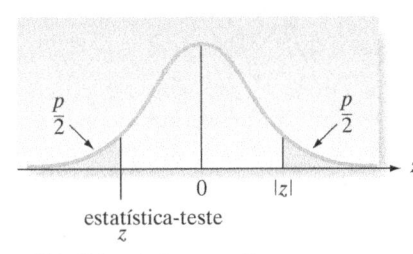

a. Estatística-teste z negativa

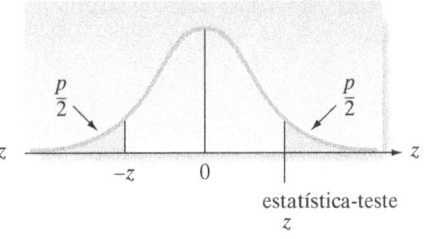

b. Estatística-teste z positiva

FIGURA 6.9 Encontrando o valor p para um teste de duas caudas: valor $p = 2(p/2)$

```
Test of mu = 12 vs not = 12


Variable    N     Mean    StDev   SE Mean      95% CI              T       P
FILL      100   11.8510  0.5118   0.0512   (11.7495, 11.9525)    -2.91   0.004
```

FIGURA 6.10 Teste do MINITAB para a quantidade média preenchida, Exemplo 6.3

especificações ($\mu = 12$). Quanto a média difere de 12 poderia ser melhor determinado ao se calcular o intervalo de confiança para μ.

AGORA FAÇA O EXERCÍCIO **6.37**

Quando os resultados do teste estatístico de hipóteses são publicados em jornais, estudos de caso, relatórios e outros, muitos pesquisadores fazem uso de valores p. Em vez de selecionar α antecipadamente e então conduzir um teste, como mostrado neste capítulo, o pesquisador calcula (normalmente com uso de software estatístico) e reporta o valor da estatística-teste apropriada e seu valor p associado. É deixado ao leitor do relatório julgar a significância do resultado (isto é, o leitor deve determinar se rejeita a hipótese nula em favor da hipótese alternativa, baseado no valor p reportado). Normalmente, a hipótese nula é rejeitada se o nível de significância observado é menor que o nível de significância fixo, escolhido pelo leitor. A vantagem inerente de que os resultados de testes sejam reportados dessa maneira é dividida em duas: (1) aos leitores é permitido selecionar o valor máximo que estão desejando tolerar se realmente levarem adiante um teste de hipóteses padrão da maneira como foi mostrado neste capítulo; e (2) uma medida do grau de significância do resultado (isto é, o valor p) é proporcionada.

REPORTANDO RESULTADOS DE TESTES COMO VALORES p: COMO DECIDIR SE H_0 DEVE SER REJEITADO

1. Escolha o valor máximo de α que você deseja tolerar.
2. Se o nível de significância observado (valor p) do teste for menor que o valor escolhido para α, rejeite a hipótese nula. De outra forma, não rejeite essa hipótese.

EXEMPLO 6.4

USANDO VALORES p PARA TESTAR A ESTADA MÉDIA EM HOSPITAIS

Problema O conhecimento da quantidade de tempo durante o qual um paciente ocupa uma cama de hospital — chamado duração da estada (DDE) — é importante para a alocação de recursos. Em um hospital, a duração

TABELA 6.4 Duração de estada para 100 pacientes de hospital

2	3	8	6	4	4	6	4	2	5
8	10	4	4	4	2	1	3	2	10
1	3	2	3	4	3	5	2	4	1
2	9	1	7	17	9	9	9	4	4
1	1	1	3	1	6	3	3	2	5
1	3	3	14	2	3	9	6	6	3
5	1	4	6	11	22	1	9	6	5
2	2	5	4	3	6	1	5	1	6
17	1	2	4	5	4	4	3	2	3
3	5	2	3	3	2	10	2	4	2

média foi determinada como sendo 5 dias. Um administrador do hospital acredita que a DDE pode agora ser inferior a 5 dias devido a um novo sistema de cuidados adotado. Para checar isso, as DDEs (em dias) para 100 pacientes do hospital aleatoriamente selecionados foram registradas; elas estão listadas na Tabela 6.4. Teste a hipótese de que a média verdadeira de DDE no hospital seja menor que 5 dias, isto é:

$H_0: \mu = 5$ (DDE média de 5 dias)
$H_a: \mu < 5$ (DDE média menor que 5 dias)

Use os dados da tabela para conduzir o teste a $\alpha = 0{,}05$.

Solução

Os dados foram inseridos no computador, e o Excel/PHStat2 foi usado para conduzir a análise. A tela do Excel para o teste de cauda inferior é mostrada na Figura 6.11. Tanto a estatística-teste quanto o valor p do teste são mostrados na parte de baixo da tela. Uma vez que o valor p excede nosso valor selecionado, não podemos rejeitar a hipótese nula. Como conseqüência, não há evidência suficiente (a $\alpha = 0{,}05$) para concluir que a média verdadeira DDE do hospital seja menor que 5 dias.

t Test for Hypothesis of the Mean	
Data	
Null Hypothesis μ=	5
Level of Significance	0.05
Sample Size	100
Sample Mean	4.53
Sample Standard Deviation	3.677545844
Intermediate Calculations	
Standard Error of the Mean	0.367754584
Degrees of Freedom	99
t Test Statistic	-1.278026216
Lower-Tail Test	
Lower Critical Value	-1.660391717
p-Value	0.102114325
Do not reject the null hypothesis	

FIGURA 6.11 Tela do Excel e PHStat2 para o teste de hipóteses do Exemplo 6.4

AGORA FAÇA O EXERCÍCIO **6.40**

Nota: Alguns softwares estatísticos (por exemplo, SPSS) conduzirão apenas testes de hipóteses de duas caudas. Para esses pacotes, você obtém o valor p para um teste de uma cauda, como mostrado no quadro abaixo.

CONVERTENDO UM VALOR p DE DUAS CAUDAS A PARTIR DE UMA TELA PARA UM VALOR DE UMA CAUDA

$$p = \frac{\text{Valor } p \text{ reportado}}{2}$$

se $\begin{cases} H_a \text{ é da forma} > \text{e } z \text{ é positivo} \\ H_a \text{ é da forma} < \text{e } z \text{ é negativo} \end{cases}$

$$p = 1 - \left(\frac{\text{Valor } p \text{ reportado}}{2}\right)$$

se $\begin{cases} H_a \text{ é da forma} > \text{e } z \text{ é negativo} \\ H_a \text{ é da forma} < \text{e } z \text{ é positivo} \end{cases}$

ESTATÍSTICA EM AÇÃO REVISITADA

TESTANDO A MÉDIA DE UMA POPULAÇÃO NA PESQUISA DA KLEENEX®

Consulte a pesquisa da Kimberly-Clark Corporation de 250 pessoas que mantiveram registro de seu uso de lenços Kleenex® em diários que apareceu antes neste capítulo. Queremos testar a afirmação feita pelos especialistas em marketing de que o número médio de lenços usados pelas pessoas com resfriado em relação à nossa crença de que a média da população é menor que 60 lenços — isto é, queremos testar:

$H_0: \mu = 60$ $H_a: \mu < 60$

Selecionaremos $\alpha = 0{,}05$ como nível de significância para o teste.

Os resultados da pesquisa para 250 usuários da Kleenex® da amostra estão armazendos no arquivo **TISSUES**.

Uma análise do MINITAB para os dados gerou a tela mostrada na Figura EA6.1. O nível de significância observado do teste, sombreado na tela, é o valor $p = 0{,}018$. Uma vez que esse valor p é menor que $\alpha = 0{,}05$, temos evidência suficiente para rejeitar H_0; dessa forma, concluímos que o número médio de lenços usados por uma pessoa com resfriado é menor que 60 lenços.

[*Nota*: Se conduzirmos o mesmo teste usando $\alpha = 0{,}01$ como nível de significância, teremos insuficiência de evidências para rejeitar H_0, uma vez que o valor $p = 0{,}018$ é maior que $\alpha = 0{,}01$. Assim, a $\alpha = 0{,}01$, não há evidência suficiente para apoiar nossa alternativa de que a média da população é menor que 60.]

```
Test of mu = 60 vs < 60

                                           95%
                                         Upper
Variable    N     Mean    StDev  SE Mean  Bound      T      P
NUMUSED   250  56.6760  25.0343   1.5833 59.2900  -2.10  0.018
```

FIGURA EA6.1 Teste do MINITAB para $\mu = 60$ na pesquisa da Kleenex®

Teste de hipóteses para a média de uma população (caso de amostra grande)

Usando a calculadora gráfica TI-83/T1-84

Passo 1 *Insira os dados (pule para o passo 2 se você tem estatísticas resumidas, e não dados puros).*
Pressione **STAT** e selecione **1:Edit**.
Nota: Se a lista já contém dados, limpe os dados antigos. Use a tecla **ARROW** de cima para marcar 'L1'.
Pressione **CLEAR ENTER**.
Use as teclas **ARROW** e **ENTER** para inserir o grupo de dados em **L1**.

Passo 2 *Acesse o menu de estatísticas-teste.*
Pressione **STAT**.
Seta à direita para **TESTS**.
Pressione **ENTER** para selecionar **Z-Test**.

Passo 3 *Escolha 'Data' ou 'Stats'. ('Data' é selecionado quando você entra com dados puros em uma lista. 'Stats' é selecionado quando a você é dada somente a média, o desvio-padrão e o tamanho da amostra.)*

Pressione ENTER.
Se você selecionou 'Data', entre com os valores para o teste de hipóteses em que μ_0 = valor para μ na hipótese nula, σ = valor presumido do desvio-padrão da população.
Defina **List** para **L1**.
Defina **Freq** para 1.
Use a tecla **ARROW** para marcar a hipótese alternativa apropriada.
Pressione ENTER.
Seta para baixo para '**Calculate**'.
Pressione ENTER.

Se você selecionou 'Stats', insira os valores para o teste de hipóteses em que μ_0 = valor para μ na hipótese nula, σ = valor presumido para o desvio-padrão da população.
Insira a média e o tamanho da amostra.
Use a tecla **ARROW** para marcar a hipótese alternativa apropriada.
Pressione ENTER.
Seta para baixo para '**Calculate**'.
Pressione ENTER.

O teste escolhido será mostrado, assim como a estatística-teste z, o valor p, a média e o tamanho da amostra.

Exemplo Um fabricante afirma que a expectativa de vida média do seu modelo em particular de bulbos de lâmpadas é de pelo menos 10.000 horas, com σ = 1.000 horas. Uma amostra aleatória simples de 40 bulbos de lâmpadas mostra uma média de 9.755 horas. Usando σ = 0,05, teste a afirmação do fabricante.
Para esse problema, as hipóteses serão:

$$H_0: \mu \geq 10.000$$
$$H_a: \mu < 10.000$$

As telas são mostradas à direita.

Como você pode ver, o valor p é 0,061. Como $p > 0,05$, *não* rejeite H_0.

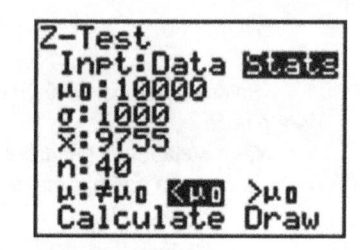

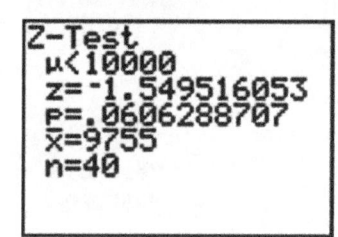

Exercícios 6.32 – 6.46

Aprendendo a mecânica

6.32 Se um teste de hipóteses fosse conduzido usando $\alpha = 0,05$, para qual dos seguintes valores p a hipótese nula seria rejeitada?
- a. 0,06
- b. 0,10
- c. 0,01
- d. 0,001
- e. 0,251
- f. 0,042

6.33 Para cada α e nível de significância observado (valor p), indique se a hipótese nula seria rejeitada.
- a. $\alpha = 0,05$, valor $p = 0,10$
- b. $\alpha = 0,10$, valor $p = 0,05$
- c. $\alpha = 0,01$, valor $p = 0,001$
- d. $\alpha = 0,025$, valor $p = 0,05$
- e. $\alpha = 0,10$, valor $p = 0,45$

6.34 Em um teste de hipóteses, $H_0: \mu = 50$ versus $H_a: \mu > 50$, uma amostra de $n = 100$ observações possuiu média $\bar{x} = 49,4$ e desvio-padrão $s = 4,1$. Encontre e interprete o valor p para esse teste.

6.35 Em um teste de hipóteses $H_0: \mu = 100$ versus $H_a: \mu > 100$, os dados da amostra geraram uma estatística-teste $z = 2,17$. Encontre e interprete o valor p para esse teste.

6.36 Em um teste de hipóteses $H_0: \mu = 10$ versus $H_a: \mu \neq 10$, uma amostra de $n = 50$ observações possuiu média $\bar{x} = 10,7$ e desvio-padrão $s = 3,1$. Encontre e interprete o valor p para esse teste.

6.37 Em um teste de hipóteses $H_0: \mu = 100$ versus $H_a: \mu \neq 100$, os dados da amostra geraram uma estatística-teste $z = 2,17$. Encontre e interprete o valor p para esse teste.

6.38 Em um teste de $H_0: \mu = 75$ realizado com o uso do computador, o SPSS reporta um valor p de duas caudas de 0,1032. Tire a conclusão apropriada para cada uma das seguintes situações:
- a. $H_a: \mu < 75$, $z = -1,63$, $\alpha = 0,05$
- b. $H_a: \mu < 75$, $z = 1,63$, $\alpha = 0,10$
- c. $H_a: \mu > 75$, $z = 1,63$, $\alpha = 0,10$
- d. $H_a: \mu \neq 75$, $z = -1,63$, $\alpha = 0,01$

6.39 Um analista testou a hipótese nula $\mu \geq 20$ contra a hipótese alternativa $\mu < 20$. O analista reportou um valor p de 0,06. Qual o menor valor de α para o qual a hipótese nula seria rejeitada?

Aplicação dos conceitos — Básico

HYBRIDCARS

6.40 Preços de carros híbridos. Consulte a listagem da *BusinessWeek.com* de julho de 2006 sobre os preços de concessionárias para o híbrido Toyota Prius, Exercício 6.22. Lembre-se de que os dados estão salvos no arquivo **HYBRIDCARS**. Os resultados do teste de $H_0: \mu = 25.000$ versus $H_a: \mu \neq 25.000$ são mostrados na tela do MINITAB abaixo. Encontre e interprete o valor p do teste.

DIAMONDS

6.41 Tamanho de diamantes vendidos no varejo. Consulte os dados de quilates de 308 diamantes salvos no arquivo **DIAMONDS**. No Exercício 6.24, você testou $H_0: \mu = 0,6$ contra $H_a: \mu \neq 0,6$ baseado em uma amostra aleatória de 30 diamantes.
- a. Use um software estatístico para encontrar o valor p do teste.
- b. Compare o valor p a $\alpha = 0,05$ e tire a conclusão apropriada.

TEES

6.42 Testando o peso médio de suporte para bolas de golfe. No Exercício 6.25, você testou $H_0: \mu = 0,250$ versus $H_a: \mu \neq 0,250$, em que μ é a média da população de suportes plásticos de golfe. Uma tela do SPSS para o teste de hipóteses é mostrada na página a seguir. Localize o valor p na tela e interprete-o.

FUNERAL

6.43 Receitas para um serviço completo de funeral. Consulte o estudo da National Funeral Directors Association sobre a taxa média cobrada para um serviço completo de funeral, Exercício 6.28. Lembre-se de que o teste foi conduzido para determinar se a verdadeira média da taxa cobrada excede US$ 6.500. Os dados (registrados em milhares de dólares) para a amostra de 36 estabelecimentos funerários foram analisados com o uso do Excel/PHStat2. A tela resultante do teste de hipóteses é mostrada na página a seguir.

```
Test of mu = 25000 vs not = 25000

Variable    N    Mean    StDev   SE Mean      95% CI            T      P
PRICE     160  25476.7  2429.8   192.1   (25097.3, 25856.1)   2.48  0.014
```

Saída de MINITAB para o Exercício 6.40

One-Sample Test

	Test Value = .250					
					95% Confidence Interval of the Difference	
	t	df	Sig. (2-tailed)	Mean Difference	Lower	Upper
WEIGHT	7.019	39	.000	.002475	.00176	.00319

Saída de SPSS para o Exercício 6.55

	A	B
1	t Test for Hypothesis of the Mean	
2		
3	Data	
4	Null Hypothesis μ=	6.5
5	Level of Significance	0.05
6	Sample Size	36
7	Sample Mean	6.819444444
8	Sample Standard Deviation	1.26487028
9		
10	Intermediate Calculations	
11	Standard Error of the Mean	0.210811713
12	Degrees of Freedom	35
13	t Test Statistic	1.515306903
14		
15	Upper-Tail Test	
16	Upper Critical Value	1.689572855
17	p-Value	0.069337376
18	Do not reject the null hypothesis	

a. Localize o valor p para esse teste de hipótese de cauda superior.

b. Use o valor p para tomar a decisão em relação à hipótese nula testada. A decisão está de acordo com sua decisão no Exercício 6.28?

Aplicação dos conceitos — Intermediário

6.44 Idades de compradores de TV a cabo. Em um artigo apresentado na Conferência de 2000 da International Association for Time Use Research, a professora Margaret Sanik, da Ohio State University, relatou os resultados de seu estudo sobre os espectadores de TV a cabo que compram itens a partir de um dos canais de compras. Ela verificou que a idade média desses compradores é de 51 anos. Suponha que você queira testar a hipótese nula, H_o: $\mu = 51$, usando uma amostra de $n = 50$ compradores de TV a cabo.

a. Encontre o valor p de um teste de duas caudas se $\bar{x} = 52,3$ e $s = 7,1$.

b. Encontre o valor p de um teste de cauda superior se $\bar{x} = 52,3$ e $s = 7,1$.

c. Encontre o valor p de um teste de duas caudas se $\bar{x} = 52,3$ e $s = 10,4$.

d. Para cada um dos testes, dos itens de **a** até **c**, dê o valor de α que levará à rejeição da hipótese nula.

e. Se $\bar{x} = 52,3$, dê o valor de s que gerará um valor p de duas caudas de 0,01 ou menos.

6.45 Fumo de cigarros na China. Um artigo publicado no *Journal of the American Medical Association* (16 out. 1995) chama o fumo na China de 'emergência de saúde pública'. Os pesquisadores descobriram que os fumantes nesse país fumam uma média de 16,5 cigarros por dia. A alta taxa de fumo é uma razão pela qual a indústria do tabaco é a maior fonte de receitas de impostos do governo central nos Estados Unidos. A média de cigarros fumados por dia pelos fumantes chineses aumentou ao longo dos últimos dois anos? Considere que, em uma amostra aleatória de 200 fumantes chineses em 2007, o número de cigarros fumados por dia tinha média de 17,05 e desvio-padrão de 5,21.

a. Defina as hipóteses nula e alternativa para testar se os fumantes chineses fumam, em média, mais cigarros em um dia em 2007 do que em 1995. (Presuma que a média da população para 1995 seja $\mu = 16,5$.)

b. Calcule e interprete o nível de significância observado no teste.

c. Por que o teste de duas caudas é inapropriado para esse problema?

6.46 Rostos afeminados em comerciais de TV. Os comerciais da televisão geralmente empregam mulheres, ou homens 'afeminados', para apresentar o produto da empresa. Uma pesquisa publicada na *Nature* (27 ago. 1998) revelou que as pessoas são, de fato, mais atraídas por rostos 'afeminados', independentemente do gênero. Em um experimento, 50 pessoas viram tanto uma face japonesa feminina quanto uma caucasiana masculina em um computador. Usando efeitos gráficos especiais, cada pessoa poderia mudar os rostos (torná-los mais femininos ou mais masculinos) até obter o rosto 'mais atraente'. O nível de feminilidade x (em forma percentual) foi medido.

a. Para a face feminina japonesa, $\bar{x} = 10,2\%$ e $s = 31,3\%$. Os pesquisadores usaram essa informação da amostra para testar a hipótese nula de um nível médio de feminilização igual a 0%. Verifique que a estatística-teste seja igual a 2,3.

b. Consulte o item **a**. Os pesquisadores relataram que o valor p do teste foi $p = 0,021$. Verifique e interprete esse resultado.

c. Para a face caucasiana masculina, $\bar{x} = 15,0\%$ e $s = 25,1\%$. Os pesquisadores relataram a estatística-teste (para o teste da hipótese nula mostrado no item **a**) como 4,23 com um valor p associado de aproximadamente 0. Verifique e interprete esses resultados.

6.4 Teste de hipóteses de pequenas amostras sobre a média da população

Uma operação industrial consiste em um único sistema mecanizado que produz uma média de 15,5 partes de produto em transformação por hora. Após uma revisão completa, o sistema foi monitorado com a observação do número de partes produzidas em cada um dos 17 períodos de 1 hora aleatoriamente selecionados. A média e o desvio-padrão para os 17 períodos de trabalho são:

$$\bar{x} = 15,42 \quad s = 0,16$$

Essa amostra fornece evidência suficiente para concluir que a média verdadeira do número de partes produzidas a cada hora pelo sistema que passou por revisão difere de 15,5?

Essa inferência pode ser colocada sob a perspectiva de um teste de hipóteses. Estabelecemos a média antes da revisão como sendo o valor da hipótese nula e utilizamos uma alternativa de duas caudas em que a verdadeira média do sistema difere da média antes da revisão:

H_0: $\mu = 15,5$ (Média do sistema revisado igual a 15,5 partes por hora)

H_a: $\mu \neq 15,5$ (Média do sistema revisado diferente de 15,5 partes por hora)

Lembre-se, da Seção 5.3, de que quando nos deparamos com a realização de inferências sobre a média usando a informação de uma amostra pequena, dois problemas emergem:

1. A normalidade da distribuição amostral para $\bar{x}$ não segue o teorema do limite central quando o tamanho da amostra é pequeno. Devemos presumir que a distribuição das medições a partir da qual a amostra foi selecionada seja aproximadamente e normalmente distribuída de forma a garantir a normalidade aproximada da distribuição amostral de $\bar{x}$.

2. Se o desvio-padrão σ da população é desconhecido, como é geralmente o caso, então não podemos presumir que s dará uma boa aproximação para σ quando o tamanho da amostra for pequeno. Por outro lado, devemos usar a distribuição t, e não a distribuição normal padrão z, para fazer inferências sobre a média da população μ.

Dessa forma, como estatística-teste da média da população, usamos a estatística t:

$$\text{Estatística-teste: } t = \frac{\bar{x} - \mu_0}{s/\sqrt{n}} = \frac{\bar{x} - 15,5}{s/\sqrt{n}}$$

onde μ_0 é o valor da hipótese nula da média da população μ. Em nosso exemplo, $\mu_0 = 15,5$.

Para encontrar a região de rejeição, devemos especificar o valor de α, a probabilidade de que o teste leve à rejeição da hipótese nula quando ela for verdadeira, e então consultar a tabela t (Tabela V do Apêndice B). Usando $\alpha = 0,05$, a região de rejeição de duas caudas é

Região de rejeição: $t_{\alpha/2} = t_{0,025} = 2,120$, com $n - 1 = 16$ graus de liberdade
Rejeite H_0 se $t < -2,120$ ou $t > 2,120$

A região de rejeição é mostrada na Figura 6.12. Agora estamos preparados para calcular a estatística-teste e chegar à conclusão:

$$t = \frac{\bar{x} - \mu_0}{s/\sqrt{n}} = \frac{15,42 - 15,50}{0,16/\sqrt{17}} = \frac{-0,08}{0,0388} = -2,06$$

Uma vez que o valor calculado de t não fica na região de rejeição (Figura 6.12), não podemos rejeitar H_0 ao nível de significância $\alpha = 0,05$. Com base na evidência da amostra, não deveríamos concluir que o número médio de partes produzidas por hora pelo sistema revisado difira de 15,5.

É interessante notar que o valor t calculado, –2,06, é *menor que* o nível 0,05 do valor z, –1,96. A implicação é que, se tivéssemos usado *incorretamente* uma estatística z para esse teste, teríamos rejeitado a hipótese nula ao nível 0,05, concluindo que a produção média por hora do sistema revisado difere de 15,5 partes. O ponto importante é que o procedimento estatístico a ser usado deve sempre ser examinado de perto e todas as premissas devem ser compreendidas. Muitas distorções estatísticas são resultado de más aplicações de procedimentos de outra forma válidos.

A técnica para conduzir um teste de hipóteses de amostra pequena sobre a média de uma população é resumida no quadro da página seguinte.

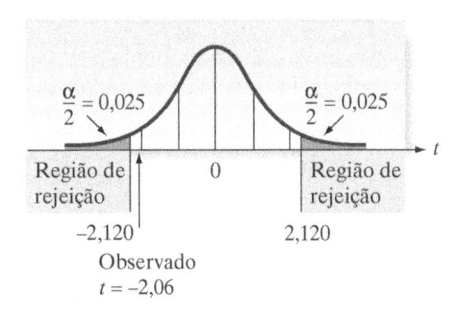

FIGURA 6.12 Região de rejeição de duas caudas para teste t de amostra pequena

TESTE DE HIPÓTESES DE AMOSTRA PEQUENA SOBRE μ

Teste de uma cauda

$H_0: \mu = \mu_0$
$H_a: \mu < \mu_0$ (ou $H_a: \mu > \mu_0$)

Estatística-teste: $t = \dfrac{\bar{x} - \mu_0}{s/\sqrt{n}}$

Região de rejeição: $t < -t_\alpha$ (ou $t > t_\alpha$ quando $H_a: \mu > \mu_0$) onde t_α e $t_{\alpha/2}$ são baseados em $(n-1)$ graus de liberdade

Teste de duas caudas

$H_0: \mu = \mu_0$
$H_a: \mu \ne \mu_0$

Estatística-teste: $t = \dfrac{\bar{x} - \mu_0}{s/\sqrt{n}}$

Região de rejeição: $|t| > t_{\alpha/2}$

CONDIÇÕES REQUERIDAS PARA UM TESTE DE HIPÓTESES VÁLIDO DE AMOSTRA PEQUENA PARA μ

1. Uma amostra aleatória é selecionada a partir da população-alvo.
2. A população a partir da qual a amostra é selecionada tem uma distribuição que é aproximadamente normal.

EXEMPLO 6.5

CONDUZINDO UM TESTE DE AMOSTRA PEQUENA PARA μ — UM NOVO MOTOR ESTÁ DE ACORDO COM OS PADRÕES DE POLUIÇÃO DO AR?

Problema Um grande fabricante de veículos quer testar um novo motor para determinar se ele está dentro das especificações de poluição do ar. A média de emissões para todos os motores desse tipo deve ser menor que 20 partes de carbono por milhão. Dez motores são fabricados para fins de testes, e o nível de emissões de cada um é determinado. Os dados (em partes por milhão) são listados na Tabela 6.5.

Os dados fornecem evidência suficiente para permitir que o fabricante conclua que esse tipo de motor está de acor-

TABELA 6.5 Níveis de emissão para dez motores

| 15,6 | 16,2 | 22,5 | 20,5 | 16,4 | 19,4 | 16,6 | 17,9 | 12,7 | 13,9 |

do com os padrões de poluição? Presuma que o processo de produção seja estável e o fabricante esteja querendo arriscar um erro Tipo I com probabilidade de $\alpha = 0{,}01$.

Solução
O fabricante quer reforçar a hipótese de pesquisa de que o nível médio de emissão para todos os motores desse tipo é menor que 20 partes por milhão. Os elementos desse teste de uma cauda de pequena amostra são:

$H_0: \mu = 20$ (Nível de emissão médio igual a 20 ppm)

$H_a: \mu < 20$ (Nível de emissão médio menor que 20 ppm — isto é, motor de acordo com os padrões de poluição)

Estatística-teste: $t = \dfrac{\bar{x} - 20}{s/\sqrt{n}}$

Premissa: A distribuição de freqüência relativa da população de níveis de emissão para todos os motores desse tipo é aproximadamente normal.

Região de rejeição: Para $\alpha = 0{,}01$ e gl $= n - 1 = 9$, a região de rejeição de uma cauda (veja Figura 6.13) é $t < -t_{0{,}01} = -2{,}821$.

Para calcular a estatística-teste, inserimos os dados em um computador e os analisamos usando o MINITAB. A tela do MINITAB é mostrada na Figura 6.14. A partir da tela, obtemos $\bar{x} = 17{,}17$ e $s = 2{,}98$. Substituindo esses valores na fórmula da estatística-teste, temos:

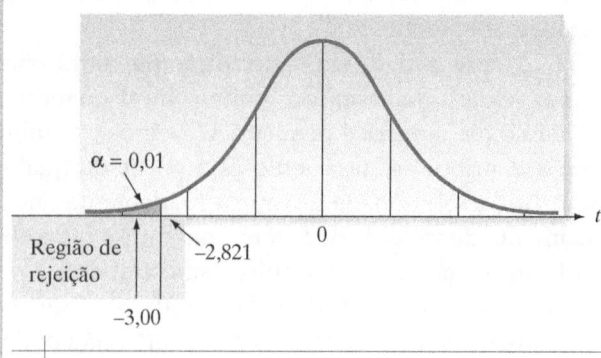

FIGURA 6.13 Uma distribuição t com 9 gl e a região de rejeição para o Exemplo 6.5

```
Test of mu = 20 vs < 20

                                          95%
                                        Upper
Variable    N     Mean    StDev  SE Mean   Bound       T       P
EMIT       10   17.1700   2.9814  0.9428  18.8983   -3.00   0.007
```

FIGURA 6.14 Tela do MINITAB para teste de média de emissões

$$t = \frac{\bar{x} - 20}{s/\sqrt{n}} = \frac{17{,}17 - 20}{2{,}98/\sqrt{10}} = -3{,}00$$

Uma vez que o *t* calculado fica na região de rejeição (veja Figura 6.13), o fabricante conclui que $\mu < 20$ partes por milhão e que o novo motor atende às especificações de poluição.

Relembrando Você está satisfeito com a confiabilidade associada a essa inferência? A probabilidade é apenas $\alpha = 0{,}01$ de que o teste reforce a hipótese de pesquisa se de fato ela for falsa.

AGORA FAÇA O EXERCÍCIO 6.50A,B

EXEMPLO 6.6

O VALOR *p* PARA UM TESTE DE AMOSTRA PEQUENA DE μ

Problema Encontre o nível observado de significância para o teste descrito no Exemplo 6.5. Interprete o resultado.

Solução

O teste do Exemplo 6.5 foi um teste de cauda inferior: $H_0: \mu = 20$ versus $H_a: \mu < 20$. Uma vez que o valor de *t* calculado a partir dos dados da amostra foi $t = -3{,}00$, o nível observado de significância (ou valor *p*) para o teste é igual à probabilidade de que *t* assuma um valor menor ou igual a $-3{,}00$ se de fato H_0 fosse verdadeira. Isso é igual à área na cauda inferior da distribuição *t* (sombreada na Figura 6.15).

Uma forma de encontrar essa área (isto é, o valor *p* para o teste) é consultar a tabela *t* (Tabela V no Apêndice B). Ao contrário da tabela de áreas abaixo da curva normal, a Tabela V dá apenas os valores *t* correspondentes às áreas 0,100; 0,050; 0,025; 0,010; 0,005; 0,001 e 0,0005.

Dessa forma, podemos apenas aproximar o valor *p* para o teste. Uma vez que o valor observado *t* foi baseado em 9 graus de liberdade, usamos a linha gl = 9 na Tabela V e movemos pela linha até atingir *t* valores que eram mais próximos a $t = -3{,}00$ observado. [*Nota:* Ignoramos o sinal menos.] Os valores *t* que correspondem aos valores *p* de 0,010 e 0,005 são 2,821 e 3,250, respectivamente. Uma vez que o valor *t* observado fica entre $t_{0{,}010}$ e $t_{0{,}005}$, o valor *p* para o teste fica entre 0,005 e 0,010. Em outras palavras, $0{,}005 <$ valor $p < 0{,}01$. Assim, rejeitaríamos a hipótese nula $H_0: \mu = 20$ partes por milhão, para qualquer valor de α maior que 0,01 (o limite de cima do valor *p*).

Uma segunda, e mais precisa, maneira de obter o valor *p* é usar um software estatístico para conduzir o teste de hipóteses. A tela do MINITAB mostrada na Figura 6.14 fornece tanto a estatística-teste ($-3{,}00$) quanto o valor *p* (0,007). Você pode ver que o valor real *p* do teste fica dentro dos limites obtidos a partir da Tabela V. Assim, os dois métodos estão de acordo. Rejeitaremos $H_0: \mu = 20$ em favor de $H_a: \mu < 20$ para qualquer nível α maior que 0,01.

AGORA FAÇA O EXERCÍCIO 6.50C

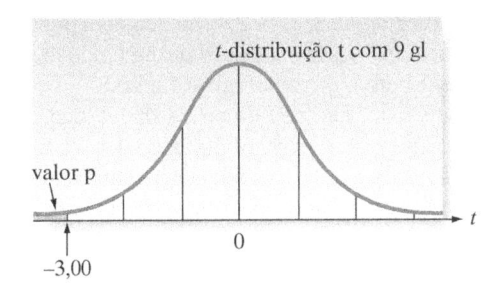

FIGURA 6.15 O nível observado de significância para o teste do Exemplo 6.5

Inferências de amostras pequenas geralmente requerem mais premissas e dão menos informações sobre o parâmetro de uma população do que inferências de amostras grandes. No entanto, o teste *t* é um método de testar uma hipótese sobre a média de uma população de uma distribuição normal quando apenas um pequeno número de observações está disponível. O que pode ser feito se você souber que a distribuição de freqüência relativa da população é decididamente não normal, digamos, altamente assimétrica?

O QUE PODE SER FEITO SE A DISTRIBUIÇÃO DE FREQÜÊNCIA RELATIVA DA POPULAÇÃO SE DESVIA MUITO DO NORMAL?

Resposta: Use um dos métodos estatísticos não paramétricos do Capítulo 14.

ATIVIDADE 6.2

MANTENHA A MUDANÇA: TESTES DE HIPÓTESES

Nesta atividade, testaremos afirmações de que a quantia média transferida para cada compra é US$ 0,50 e que a quantidade que o Bank of America devolve para um consumidor durante os primeiros 90 dias de inscrição é de pelo menos US$ 25. Trabalharemos com grupos de dados da Atividade 1.1 e da Atividade 4.2.

1. Com base na premissa de que todas as quantidades transferidas entre US$ 0,00 e US$ 0,99 aparentam ser igualmente prováveis de ocorrer, alguém pode concluir que a média de quantidades transferidas é

cerca de US$ 0,50. Explique como alguém que não acredita nessa conclusão usaria um teste de hipóteses para argumentar que ela é falsa.

2. Suponha que seu grupo de dados original *Quantidades transferidas* da Atividade 1.1 representa uma amostra aleatória das quantias transferidas para todas as compras dos clientes do Bank of America. A sua amostra atende aos requisitos para que se realize um teste de hipóteses de amostra grande ou de amostra pequena sobre a média da população? Exlique. Se seus dados atendem aos critérios para um dos testes, realize-o a $\alpha = 0,05$.

3. Use o grupo de dados de *Quantidades transferidas* da Atividade 4.2 para representar uma amostra aleatória das quantidades transferidas para todas as compras dos clientes do Bank of America. Explique como as condições são atendidas para o teste de hipóteses de amostra grande sobre a população. Então, realize o teste a $\alpha = 0,05$. Seus resultados sugerem que a média pode ser algo diferente de US$ 0.50? Explique.

4. Um amigo sugere a você que a quantidade média que o banco devolve para um cliente durante os primeiros 90 dias é pelo menos US$ 25. Explique como você poderia usar um teste de hipóteses para argumentar que seu amigo está errado.

5. Suponha que seu grupo de dados Bank Matching da Atividade 1.1 represente uma amostra aleatória de todas as devoluções a clientes do Bank of America. Faça um teste de hipóteses apropriado a $\alpha = 0,05$ contra a alegação de seu amigo. Presuma que a distribuição seja normal, se necessário. O seu teste fornece evidência de que a alegação de seu amigo é falsa? Mantenha os resultados dessa atividade para uso em outras atividades.

Exercícios 6.47 – 6.60

Aprendendo a mecânica

6.47 a. Considere testar H_0: $\mu = 80$. Sob que condições você deveria usar uma distribuição t para conduzir o teste?

b. De que maneiras as distribuições das estatísticas z e teste t são parecidas? Como diferem uma da outra?

6.48 Para cada uma das regiões de rejeição a seguir, esboce a distribuição amostral de t e indique a localização da região de rejeição em seu esboço:

a. $t > 1,440$, em que gl = 6
b. $t < -1,782$, em que gl = 12
c. $t < -2,060$ ou $t > 2,060$, em que gl = 25
d. Para cada um dos itens de **a** até **c**, qual a probabilidade de que seja cometido um erro Tipo I?

6.49 Uma amostra aleatória de n observações é selecionada a partir de uma população normal para testar a hipótese nula $n = 10$. Especifique a região de rejeição para cada uma das seguintes combinações de H_a, α e n:

a. H_a: $\mu \neq 10$; $\alpha = 0,05$; $n = 14$
b. H_a: $\mu > 10$; $\alpha = 0,01$; $n = 24$
c. H_a: $\mu > 10$; $\alpha = 0,10$; $n = 9$
d. H_a: $\mu < 10$; $\alpha = 0,01$; $n = 12$
e. H_a: $\mu \neq 10$; $\alpha = 0,10$; $n = 20$
f. H_a: $\mu < 10$; $\alpha = 0,05$; $n = 4$

6.50 Uma amostra de cinco medições, aleatoriamente selecionadas a partir de uma população normalmente distribuída, resultou nas seguintes estatísticas resumidas: $\bar{x} = 4,8$ e $s = 1,3$.

a. Teste a hipótese nula de que a média da população seja 6 contra a hipótese alternativa $\mu < 6$. Use $\alpha = 0,05$.
b. Teste a hipótese nula de que a média da população seja 6 contra a hipótese alternativa $\mu \neq 6$. Use $\alpha = 0,05$.
c. Encontre o nível observado de significância para cada teste.

6.51 Suponha que você conduza um teste t para a hipótese nula H_0: $\mu = 1.000$ versus a hipótese alternativa H_a: $\mu > 1.000$ com base em uma amostra de 17 observações. Os resultados do teste são: $t = 1,89$ e valor $p = 0,038$.

a. Que premissas são necessárias para a validade desse procedimento?
b. Interprete os resultados do teste.
c. Suponha que a hipótese alternativa tenha sido a de duas caudas H_a: $\mu \neq 1.000$. Se a estatística t fosse imutável, então qual seria o valor p para esse teste? Interprete este valor para o teste de duas caudas.

Aplicação dos conceitos — Básico

6.52 Um novo agente para colagem de dentes. Quando estão colando um dente, os ortodontistas devem manter uma área limpa. Um novo adesivo (chamando Smartbond) foi desenvolvido para eliminar a necessidade de uma área limpa. No entanto, suspeita-se que o novo adesivo não seja tão forte quanto o atual, um adesivo composto (*Trends in Biomaterials & Artificial Organs*, jan. 2003). Testes em uma amostra de 10 dentes extraídos que haviam sido colados com o novo adesivo resultaram em uma resistência média (após 24 horas) de $\bar{x} = 5,07$ Mpa e um desvio-padrão de $s = 0,46$ Mpa. Os ortodontistas querem saber se a verdadeira resistência do novo adesivo é menor que 5,70 Mpa, a resistência média do adesivo composto.

a. Defina as hipóteses nula e alternativa para o teste.
b. Encontre a região de rejeição para o teste usando $\alpha = 0,01$.
c. Calcule a estatística-teste.
d. Forneça a conclusão apropriada para o teste.
e. Que condições são requeridas para que os resultados do teste sejam válidos?

6.53 Resistência da superfície de canos. Consulte o estudo da *Anti-corrosion Methods and Materials* (v. 50, 2003) sobre a resistência da superfície de canos com interior revestido em campos de óleo, Exercício 5.32. Os dados (em micrômetros) para amostra de 20 seções do cano são reproduzidas na tabela abaixo.
 a. Dê as hipóteses nula e alternativa para testar se a resistência média da superfície do interior revestido do cano μ difere de 2 micrômetros.
 b. Encontre a estatística-teste para o teste de hipóteses.
 c. Forneça a região de rejeição para o teste de hipóteses, usando $\alpha = 0,05$.
 d. Tire a conclusão apropriada para o teste de hipóteses.
 e. Uma tela do MINITAB com os resultados do teste é mostrada na parte inferior da página. Encontre e interprete o valor p do teste.
 f. No Exercício 5.32, você encontrou um intervalo de confiança de 95% para μ. Explique por que o intervalo de confiança e o teste levam à mesma conclusão sobre μ.

ROUGHPIPE

1,72	2,50	2,16	2,13	1,06	2,24	2,31	2,03	1,09	1,40
2,57	2,64	1,26	2,05	1,19	2,13	1,27	1,51	2,41	1,95

Fonte: FARSHAD, F.; PESACRETA, T. "Coated pipe interior surface roughness as measured by three scanning probe instruments E. *Anti-corrosion Methods and Materials*, vol.50, n.1, 2003 (Tabela 3).

6.54 Índice de uso de produtos. A Information Resources, Inc., uma empresa de pesquisa sediada em Chicago, acompanha as vendas de supermercados em 28 mercados metropolitanos nos Estados Unidos. Eles convertem os dados referentes a produtos específicos para um índice que mede o uso relativo do produto ao uso relativo nacional. Por exemplo, em Green Bay, Wisconsin, o índice de ketchup é 143, o maior do país. Isso significa que os moradores de Green Bay consomem 43% mais ketchup, em média, que a taxa média de consumo nacional. A tabela abaixo lista o índice de molhos de salada para cada cidade em uma amostra de sete cidades do sudeste.

SALAD

ÍNDICE DE MOLHOS DE SALADA (MÉDIA EUA = 100)			
Charlotte, N.C.	124	Memphis, Tenn.	90
Birmingham, Al.	99	Atlanta, Ga.	111
Raleigh, N.C.	124	Nashville, Tenn.	89
Knoxville, Tenn.	99		

Fonte: Wall Street Journal Interactive Edition, 5 jan. 2000.

 a. Especifique as hipóteses nula e alternativa para testar se a verdadeira taxa de consumo médio de molhos de salada no Sudeste dos Estados Unidos é diferente da taxa média de consumo de 100.
 b. Que premissas sobre a amostra e a população devem ser feitas de forma que seja apropriado usar uma estatística t na condução do teste de hipóteses?
 c. Conduza o teste de hipóteses usando $\alpha = 0,05$.
 d. O nível de significância observado no teste é maior ou menor que 0,05? Justifique sua resposta.

6.55 Temperatura-limite para uma fundição de ferro para automóveis. A Cleveland Casting Plant produz ferro fundido para automóveis para a Ford Motor Company (*Quality Engineering*, v. 7, 1995). As temperaturas-limite (em graus Fahrenheit) para uma amostra de 10 virabrequins produzidos na planta são listadas na página a seguir. Quando o processo é estável, a temperatura-limite de fundição do ferro é 2.550 graus. Conduza um teste para determinar se a verdadeira média da temperatura difere do alvo estabelecido. Teste usando $\alpha = 0,01$. Use a tela do SPSS mostrada no pé desta página para conduzir o teste.

One-Sample T: ROUGH

```
Test of mu = 2 vs not = 2


Variable   N    Mean    StDev   SE Mean      95% CI              T      P
ROUGH     20  1.88100  0.52391  0.11715  (1.63580, 2.12620)   -1.02  0.322
```

Resultado do MINITAB para o Exercício 6.53

One-Sample Test

	Test Value = 2550					
					95% Confidence Interval of the Difference	
	t	df	Sig. (2-tailed)	Mean Difference	Lower	Upper
POURTEMP	1.210	9	.257	8.70	-7.57	24.97

Resultado do SPSS para o Exercício 6.55

IRONTEMP
Companion Website

2.543	2.541	2.544	2.620	2.560	2.559	2.562
2.553	2.552	2.533				

Fonte: PRICE, B.; BARTH, B. "A structural model relating process inputs and final product characteristics." *Quality Engineering*, vol.7, n.4, 1995, p. 696 (Tabela 2).

Aplicação dos conceitos — Intermediário

6.56 Testando a efetividade de um novo repelente de mosquitos. Um estudo foi conduzido para avaliar a efetividade de um novo repelente de mosquitos desenvolvido pelo Exército norte-americano para ser aplicado como pintura de camuflagem da face (*Journal of the Mosquito Control Association*, jun. 1995). O repelente foi aplicado aos antebraços de cinco voluntários, e então os braços foram expostos a 15 mosquitos ativos por um período de 10 horas. A porcentagem da superfície do antebraço protegida de picadas (chamada *porcentagem de repelência*) foi calculada para cada um dos cinco voluntários. Para uma cor de tinta (cor de terra), foram obtidas as estatísticas resumidas a seguir:

$$\bar{x} = 83\% \qquad s = 15\%$$

a. O novo repelente é considerado efetivo se oferece um percentual de repelência de pelo menos 95. Conduza um teste para determinar se o percentual médio de repelência do novo repelente de mosquito é menor que 95. Teste usando $\alpha = 0{,}10$.
b. Que premissas são necessárias para que o teste de hipóteses do item **a** seja válido?

6.57 Minimizando a distância de derrapagem de trator. Consulte o estudo do *Journal of Forest Engineering* (jul. 1999) sobre a minimização de distâncias de derrapagem para tratores em uma nova rodovia em uma floresta européia, Exercício 5.33. As distâncias de derrapagem (em metros) foram medidas em 20 pontos da rodovia aleatoriamente selecionados. Os dados são repetidos abaixo. Lembre-se de que um lenhador trabalhando na rodovia alega que a distância média é de pelo menos 425 metros. Há evidência suficiente para refutar sua alegação? Use $\alpha = 0{,}10$.

SKIDDING
Companion Website

488	350	457	199	285	409	435	574	439	546
385	295	184	261	273	400	311	312	141	425

Fonte: TUJEK, J.; PACOLA, E. "Algorithms for skidding distance modeling on a raster digital terrain model." *Journal of Forest Engineering*, vol.10, n.1, jul. 1999 (Tabela 1).

6.58 Plantas nucleares ativas. Consulte a lista da U.S. Energy Information Administration sobre plantas nucleares ativas operando em cada um dos estados em uma amostra de 20 estados, Exercício 2.54. Os dados, salvos no arquivo **NUCLEAR**, são reproduzidos na tabela à direita.
   a. Há evidência suficiente para afirmar que o número médio de plantas nucleares ativas operando em todos os estados exceda 3? Teste usando $\alpha = 0{,}10$.

b. As condições requeridas para um teste de amostra pequena válido são razoavelmente satisfeitas? Explique.
c. Elimine os dois valores menores e os maiores do grupo de dados, então conduza o teste do item **a** no grupo de dados menor. Que impacto isso tem nos resultados do teste?
d. Por que é perigoso eliminar pontos de dados para satisfazer uma premissa para um teste de hipóteses?

NUCLEAR
Companion Website

Estado	Número de plantas de energia	Estado	Número de plantas de energia
Alabama	5	New Hampshire	1
Arizona	3	New York	6
California	4	North Carolina	5
Florida	5	Ohio	2
Georgia	4	Pennsylvania	9
Illinois	13	South Carolina	7
Kansas	1	Tennessee	3
Louisiana	2	Texas	4
Massachusetts	1	Vermont	1
Mississippi	1	Wisconsin	3

Fonte: Statistical Abstract of the United States, 2000 (Tabela 966). U.S.Energy Information Administration, Electric Power Annual.

6.59 Intensidade de congestionamento em rodovias pavimentadas. O Departamento de Transporte do Mississippi coletou dados sobre o número de congestionamentos (chamado *intensidade de congestionamentos*) em uma rodovia não dividida de duas pistas usando um equipamento de tecnologia móvel de vídeo (*Journal of Infrastructure Systems*, mar. 1995). O número médio de congestionamentos encontrados em uma amostra de oito seções de 50 metros da estrada foi $\bar{x} = 0{,}210$, com variância $s^2 = 0{,}011$. Suponha que a American Association of State Highway and Transportation Officials (AASHTO) recomende uma intensidade média de congestionamento de 0,100 para fins de segurança. Há evidência para dizer que a real média de intensidade de congestionamento da estrada do Mississippi excede o máximo recomendado pela AASHTO? Use $\alpha = 0{,}01$ no teste.

Aplicação dos conceitos — Avançado

6.60 Arsênico em odorizadores. O Occupational Safety and Health Act (OSHA) determina padrões de engenharia para garantir ambientes de trabalho seguros para todos os norte-americanos. O nível médio máximo de arsênico em odorizadores, equipamentos de produção de herbicidas e outros locais onde o arsênico é usado é de 0,004 miligramas por metro cúbico de ar. Suponha que os odorizadores em duas plantas estejam sendo investigados para determinar se estão atingindo os padrões do OSHA. Duas análises do ar são feitas em cada planta, e os resultados (em miligramas por metro cúbico de ar) são mostrados na tabela abaixo. Uma alegação é feita de que o padrão do OSHA é violado na Planta 2, mas não na Planta 1. Você concorda?

ARSENIC Companion Website

PLANTA 1		PLANTA 2	
Observação	Nível de Arsênico	Observação	Nível de Arsênico
1	0,01	1	0,05
2	0,005	2	0,09

6.5 Teste de hipóteses de grandes amostras sobre a proporção da população

Inferências sobre proporções (ou porcentagens) de populações geralmente são feitas no contexto da probabilidade p de 'sucesso' para uma distribuição binomial. Vimos como usar amostras grandes a partir de distribuições binomiais para formar intervalos de confiança para p na Seção 5.4. Agora, consideramos testes de hipóteses sobre p.

Por exemplo, considere o problema de *insider trading* no mercado de ações. *Insider trading* é a compra e venda de ações por um indivíduo com privilégio de acesso a informações de dentro da empresa, geralmente um executivo de alto nível. Nos Estados Unidos, o Securities and Exchange Commission (SEC)[2] impõe regras rígidas sobre *insider trading*, de forma que todos os investidores tenham igual acesso às informações que podem afetar o preço de uma ação. Um investidor que deseja testar a efetividade das regras da SEC monitora o mercado em um período de um ano e registra o número de vezes que um preço de uma ação sobe no dia seguinte a uma compra significante de ações por um *insider*. Para um total de 576 informações desse tipo, a ação subiu 327 vezes no dia seguinte. Essa amostra fornece evidência de que o preço da ação pode ser afetado por *insider trading*?

Primeiramente, enxergamos a questão como um experimento binomial, as 576 transações como os experimentos e o sucesso representando um aumento no preço da ação no dia seguinte. Considere p a probabilidade de que o preço da ação suba após uma grande compra de *insider*. Se esta compra não tiver efeito no preço da ação (isto é, se a informação disponível ao *insider* for idêntica àquela disponível ao mercado em geral), então o investidor esperará que a probabilidade de uma alta da ação seja a mesma de uma baixa, ou $p = 0,5$. Por outro lado, se o *insider trading* afeta o preço de uma ação (indicando que o mercado não contabilizou completamente a informação conhecida pelos *insiders*), então o investidor espera que a ação ou suba ou desça mais que a metade do tempo, seguindo transações significativas de *insiders*; isto é, $p \neq 0,5$.

Podemos agora colocar o problema no contexto de um teste de hipóteses:

$H_0: p = 0,5$ (Probabilidade de alta da ação igual a 0,5 — isto é, compra do *insider* não tem efeito no preço)

$H_a: p \neq 0,5$ (Probabilidade de alta da ação difere de 0,5 — isto é, compra do *insider* afeta preço da ação)

Lembre-se de que a proporção da amostra $\hat{p}$ é realmente apenas a média da amostra de resultados dos experimentos binomiais e, como tal, é aproximadamente e normalmente distribuída (para amostras grandes) de acordo com o teorema do limite central. Assim, para grandes amostras, podemos usar a normal padrão z como estatística-teste:

$$\text{Estatística-teste: } z = \frac{\text{Proporção da amostra} - \text{Proporção da hipótese nula}}{\text{Desvio-padrão da proporção da amostra}}$$

$$= \frac{\hat{p} - p_0}{\sigma_{\hat{p}}}$$

onde usamos o símbolo p_0 para representar o valor p da hipótese nula.

Região de rejeição: Usamos a distribuição normal padrão para encontrar a região de rejeição apropriada para o valor especificado de α. Usando $\alpha = 0,05$, a região de rejeição de duas caudas é:

$z < -z_{\alpha/2} = -z_{0,025} = -1,96$ ou
$z > z_{\alpha/2} = z_{0,025} = 1,96$

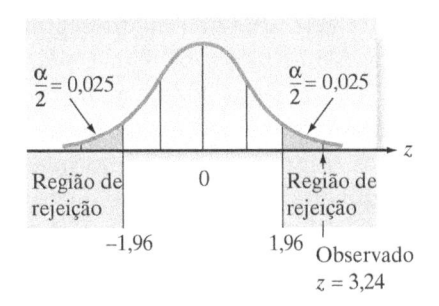

Veja a Figura 6.16.

FIGURA 6.16 Região de rejeição para o exemplo do *insider trading*

---

[2] No Brasil, a Comissão de Valores Mobiliários (CVM) é o órgão responsável por tal regulamentação (N. do T).

Estamos agora preparados para calcular o valor da estatística-teste. Antes de fazê-lo, queremos nos assegurar de que o tamanho da amostra é grande o suficiente para garantir que a aproximação normal para a distribuição amostral de $\hat{p}$ seja razoável. Lembre-se, da Seção 5.4, de que é preciso que tanto np como nq sejam pelo menos 15. Uma vez que o valor da hipótese nula p_0 é presumido como o verdadeiro valor de p até que nosso procedimento de teste indique o contrário, então checamos se $np_0 \geq 15$ e $nq_0 \geq 15$ (onde $q_0 = 1 - p_0$).

Agora, $np_0 = (576)(0,5) = 288$ e $nq_0 = (576)(0,5) = 288$. Dessa forma, a distribuição normal proporcionará uma aproximação razoável para a distribuição amostral de $\hat{p}$. Retornando ao teste de hipóteses em mãos, a proporção das transações da amostra que resultou em uma alta da ação é:

$$\hat{p} = \frac{327}{576} = 0,568$$

Finalmente, calculamos o número de desvios-padrão (o valor z) entre o valor amostrado e o valor da hipótese da proporção binomial:

$$z = \frac{\hat{p} - p_0}{\sigma_{\hat{p}}} = \frac{\hat{p} - p_0}{\sqrt{p_0 q_0 / n}}$$

$$= \frac{0,568 - 0,5}{0,021} = \frac{0,068}{0,021} = 3,24$$

A implicação é que a proporção observada da amostra é aproximadamente 3,24 desvios-padrão acima da proporção da hipótese nula 0,5 (Figura 6.16). Dessa forma, rejeitamos a hipótese nula, concluindo, a um nível de sinificância de 0,05, que a verdadeira probabilidade de uma alta ou baixa no preço da ação difere de 0,5 no dia seguinte à compra da ação pelo *insider*. Parece que uma compra por um *insider* aumenta significativamente a probabilidade de que o preço da ação aumente no dia seguinte. (Para estimar a magnitude da probabilidade de uma alta, um intervalo de confiança pode ser construído.)

O teste de hipóteses sobre a proporção de uma população p é resumido no próximo quadro. Note que o procedimento é inteiramente análogo àquele usado para conduzir testes de amostras grandes sobre a média da população.

TESTE DE HIPÓTESES DE AMOSTRAS GRANDES SOBRE p

Teste de uma cauda
$H_0: p = p_0$ (p_0 = valor hipotético de p)

$H_a: p < p_0$ (ou $H_a: p > p_0$)

Estatística-teste: $z = \dfrac{\hat{p} - p_0}{\sigma_{\hat{p}}}$

onde, de acordo com H_0,
$\sigma_{\hat{p}} = \sqrt{p_0 q_0 / n}$ e $q_0 = 1 - p_0$

Região de rejeição
$z < -z_\alpha$ (ou $z > z_\alpha$ quando $H_a: p > p_0$)

Teste de duas caudas
$H_0: p = p_0$
$H_a: p \neq p_0$

Estatística-teste: $z = \dfrac{\hat{p} - p_0}{\sigma_{\hat{p}}}$

Região de rejeição: $|z| > z_{\alpha/2}$

CONDIÇÕES REQUERIDAS PARA UM TESTE DE HIPÓTESES DE AMOSTRA GRANDE VÁLIDO SOBRE p

1. Uma amostra aleatória é selecionada a partir de uma população binomial.
2. O tamanho da amostra n é grande. (Essa condição será satisfeita tanto se $np_0 \geq 15$ quanto se $nq_0 \geq 15$.)

EXEMPLO 6.7

CONDUZINDO UM TESTE DE HIPÓTESES PARA p, A PROPORÇÃO DE PILHAS COM DEFEITO

Problema A reputação (e, conseqüentemente, as vendas) de muitos negócios pode ser severamente prejudicada pela entrega de itens fabricados que contenham grande porcentagem de peças defeituosas. Por exemplo, um fabricante de pilhas alcalinas pode querer ter razoável certeza de que menos de 5% de suas pilhas apresentem defeito. Suponha que 300 pilhas sejam aleatoriamente selecionadas a partir de um carregamento muito grande; cada uma é testada e 10 defeituosas são encontradas. Isso fornece evidência suficiente para que o fabricante conclua que a fração de pilhas defeituosas no carregamento é menor que 0,05? Use $\alpha = 0,01$.

Solução
O objetivo da amostragem é determinar se há evidência suficiente para indicar que a fração de defeituosas p é menor que 0,05. Conseqüentemente, testaremos a hipótese nula $p = 0,05$ contra a hipótese alternativa $p < 0,05$. Os elementos do teste são:

$H_0: p = 0,05$ (Fração de pilhas defeituosas igual a 0,05)

$H_a: p < 0,05$ (Fração de pilhas defeituosas menor que 0,05)

Estatística-teste: $z = \dfrac{\hat{p} - p_0}{\sigma_{\hat{p}}}$

Região de rejeição: $z < -z_{0,01} = -2,33$ (veja Figura 6.17)

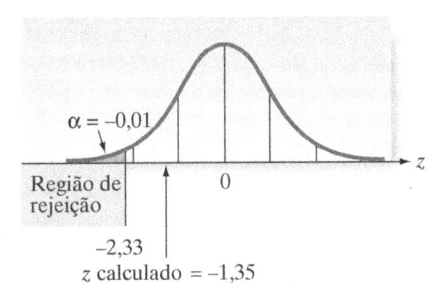

FIGURA 6.17 Região de rejeição para o Exemplo 6.7

Antes de conduzir o teste, checamos para deteminar se o tamanho da amostra é grande o suficiente para usar a aproximação normal à distribuição amostral de $\hat{p}$. Uma vez que $np_0 = (300)(0,05) = 15$ e $nq_0 = (300)(0,95) = 285$ são ambos pelo menos iguais a 15, a aproximação normal será adequada.

Agora calculamos a estatística-teste:

$$z = \frac{\hat{p} - 0,05}{\sigma_{\hat{p}}} = \frac{(10/300) - 0,05}{\sqrt{p_0 q_0/n}} = \frac{0,033 - 0,05}{\sqrt{p_0 q_0/300}}$$

Perceba que usamos p_0 para calcular $\sigma_{\hat{p}}$ porque, em vez de calcular $\sigma_{\hat{p}}$ para um intervalo de confiança, a estatística-teste é calculada considerando a premissa de que a hipótese nula seja verdadeira — isto é, $p = p_0$. Dessa forma, substituindo os valores para $\hat{p}$ e p_0 na estatística z, obtemos:

$$z \approx \frac{-0,017}{\sqrt{(0,05)(0,95)/300}} = \frac{-0,017}{0,0126} = -1,35$$

Conforme mostrado na Figura 6.17, os valores calculados de z não ficam na região de rejeição. Por isso, não há evidência suficiente a um nível de significância de 0,01 para indicar que o carregamento contém menos de 5% de pilhas defeituosas.

AGORA FAÇA O EXERCÍCIO **6.62**A,B

EXEMPLO 6.8

O VALOR p PARA UM TESTE SOBRE p

Problema No Exemplo 6.7, descobrimos que não tínhamos evidência suficiente, a um nível de significância $\alpha = 0,01$, para indicar que a fração de pilhas alcalinas defeituosas p era menor que $p = 0,05$. Quão forte era o peso da evidência favorecendo a hipótese alternativa ($H_a: p < 0,05$)? Encontre o nível de significância observado para o teste.

Solução
O valor calculado da estatística-teste z foi $z = -1,35$. Dessa forma, para esse teste de cauda inferior, o nível observado de significância é:

Nível observado de significância = $P(z \leq -1,35)$

Essa área de cauda inferior é mostrada na Figura 6.18. A área entre $z = 0$ e $z = 1,35$ é dada na Tabela IV do Apêndice B como 0,4115. Assim, o nível observado de significância é $0,5 - 0,4115 = 0,0885$.

Relembrando Note que essa probabilidade é bem pequena. Apesar de não termos rejeitado $H_0: p = 0,05$ a $\alpha = 0,01$, a probabilidade de que seja observado um valor z tão pequeno ou menor que $-1,35$ é de apenas 0,0885 se de fato H_0 é verdadeiro. Dessa forma, rejeitaríamos H_0 se escolhêssemos $\alpha = 0,10$ (uma vez que o nível de significância observado é menor que 0,10), e não rejeitaríamos H_0 (a conclusão do Exemplo 6.7) se escolhêssemos $\alpha = 0,05$ ou $\alpha = 0,01$.

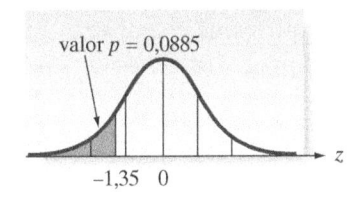

FIGURA 6.18 O nível observado de significância para o Exemplo 6.8.

AGORA FAÇA O EXERCÍCIO **6.62**C

ESTATÍSTICA EM AÇÃO REVISITADA

TESTANDO A PROPORÇÃO DE UMA POPULAÇÃO NA PESQUISA DA KLEENEX®

Na Estatística em ação revisitada anterior, analisamos a alegação da Kimberly-Clark Corporation de que a empresa deveria colocar 60 lenços em uma caixa de Kleenex® para cuidados especiais com o resfriado. Fizemos isso testando a afirmação de que o número médio de lenços usados por uma pessoa com resfriado é $\mu = 60$, usando dados coletados em uma pesquisa com 250 usuários Kleenex®. Outra abordagem para o problema é considerar a proporção de consumidores da Kleenex® que usam menos de 60 lenços quando estão resfriados. Agora, o parâmetro de interesse da população é p, a proporção de usuários de Kleenex® que usam menos a 60 lenços quando estão resfriados.

A crença da Kimberly-Clark Corporation de que deveria colocar 60 lenços em uma caixa de cuidados especiais com o resfriado será reforçada se o número da *mediana* de lenços usados for 60. Agora, se a verdadeira mediana for, de fato, 60, então metade dos usuários da Kleenex® usará menos de 60 lenços, e a outra metade usará mais de 60 lenços (isto é, $p = 0,5$). Há evidência para indicar que a proporção da população difere de 0,5? Para responder a essa questão, definimos as seguintes hipóteses nula e alternativa:

$H_0: p = 0,5$ $H_a: p \neq 0,5$

Lembre-se de que os resultados da pesquisa com os 250 usuários da Kleenex® estão salvos no arquivo **TISSUES**. Em adição ao número de lenços usado por cada pessoa, o arquivo contém uma variável qualitativa — chamada USED60 — representando se a pessoa usou menos ou mais de 60 lenços. (Os valores de USED60 no grupo de dados da análise são 'BELOW' — abaixo — ou 'ABOVE' — acima.) Uma análise do MINITAB para essa variável gerou a tela mostrada na Figura EA6.2.

Na tela do MINITAB, X representa o número de pessoas com resfriado, entre os 250 participantes, que usou menos de 60 lenços. Note que X = 143. Esse valor é usado para calcular a estatística teste $z = 2,28$, sombreada na tela. O valor p do teste, também sombreado na tela, é o valor $p = 0,023$. Uma vez que esse valor é menor que $\alpha = 0,05$, há evidência suficiente (a $\alpha = 0,05$) para rejeitar H_0. Concluímos que a proporção de todos os usuários de Kleenex® que usam menos de 60 lenços quando estão resfriados difere de 0,5. No entanto, se testarmos a $\alpha = 0,01$, há evidência insuficiente para rejeitar H_0. Conseqüentemente, nossa escolha de α (como na seção Estatística em ação revisitada anterior) é crítica para nossa decisão.

```
Test of p = 0.5 vs p not = 0.5

Event = BELOW


Variable    X    N   Sample p          95% CI         Z-Value  P-Value
USED60     143  250  0.572000  (0.510666, 0.633334)    2.28     0.023
```

FIGURA EA6.2 Teste do MINITAB de $p = 0,5$ para a pesquisa dos lenços Kleenex®

Procedimentos de testes de amostras pequenas também estão disponíveis para p, apesar de a maior parte das pesquisas usar amostras grandes o suficiente para empregar os testes de amostras grandes apresentados nesta seção. Um teste de proporções que pode ser aplicado a amostras pequenas será discutido no Capítulo 9.

Exercícios 6.61 – 6.75

Aprendendo a mecânica

6.61 Para os tamanhos de amostra binomial e valores da hipótese nula p em cada item, determine se o tamanho da amostra é grande o suficiente para usar a metodologia da aproximação binomial apresentada nesta seção para conduzir um teste de hipótese nula $H_0: p = p_0$.
a. $n = 900$, $p_0 = 0,975$
b. $n = 125$, $p_0 = 0,01$
c. $n = 40$, $p_0 = 0,75$
d. $n = 15$, $p_0 = 0,75$
e. $n = 12$, $p_0 = 0,62$

6.62 Suponha que uma amostra aleatória de 100 observações a partir de uma população binomial dê um valor de $\hat{p} = 0,63$ e que você deseja testar a hipótese nula de que o parâmetro da população p é igual a 0,70 contra a hipótese alternativa de que p é menor que 0,70.
a. Notando que $\hat{p} = 0,63$, o que sua intuição diz? O valor $\hat{p}$ parece contradizer a hipótese nula?
b. Use o teste z de amostras grandes para testar $H_0: p = 0,70$ contra a hipótese alternativa $H_a: p < 0,70$. Use $\alpha = 0,05$. Como os resultados do testes se comparam com sua decisão intuitiva do item **a**?
c. Encontre e interprete o nível observado de significância do teste que você conduziu no item **b**.

6.63 Suponha que a amostra no Exercício 6.62 tenha produzido $\hat{p} = 0,83$ e que desejemos testar $H_0: p = 0,9$ contra a alternativa $H_a: p < 0,9$.
a. Calcule o valor da estatística z para esse teste.
b. Note que o numerador da estatística z ($\hat{p} - p_0 = 0,83 - 0,90 = -0,07$) é o mesmo que para o Exercício 6.62. Considerando isso, por que o valor absoluto de z para esse exercício é maior do que o calculado no Exercício 6.62?
c. Complete o teste usando $\alpha = 0,05$ e interprete o resultado.
d. Encontre o nível observado de significância para o teste e interprete o valor.

6.64 Um estudante de estatística usou um programa de computador para testar a hipótese nula $H_0: p = 0,5$ contra a alternativa de uma cauda $H_a: p > 0,5$. Uma amostra de 500 observações é lançada no SPSS, o que retorna os seguintes resultados: $z = 0,44$, valor p de duas caudas = 0,33.
a. O estudante conclui, baseado no valor p, que há uma chance de 33% de que a hipótese alternativa seja verdadeira. Você concorda? Se não concorda, corrija a interpretação.

b. Como o valor de p mudaria se a hipótese alternativa fosse de duas caudas, $H_a: p \neq 0{,}5$? Interprete esse valor de p.

6.65 Consulte o Exercício 5.40, no qual 50 consumidores fizeram um teste de sabor de um salgadinho. Suas respostas (0 = não gosta, 1 = gosta e 2 = é indiferente) são reproduzidas abaixo.

SNACK
Companion Website

1	0	0	1	2	0	1	1	0	0	0	1
0	2	0	2	2	0	0	1	1	0	0	0
0	1	0	2	0	0	0	1	0	0	1	0
0	1	0	1	0	2	0	0	1	1	0	0
0	1										

a. Teste $H_0: p = 0{,}5$ contra $H_a: p > 0{,}5$, onde p é a proporção de consumidores que não gostaram do salgadinho. Use $\alpha = 0{,}10$.
b. Encontre o nível de significância observado do seu teste.

APPLET **Exercício utilizando aplicativo 6.5**

Companion Website (É necessário ter o Java instalado para utilizar esse aplicativo)

Use o aplicativo intitulado *Hypotheses test for a proportion* para analisar a relação entre as probabilidades de erros Tipo I e II ocorrendo ao nível 0,05 e 0,01. Para este exercício, use $n = 100$, p verdadeira = 0,5 e alternativa *não-igual*.

a. Defina a nula $p = 0{,}5$. O que ocorre com a proporção de vezes em que a hipótese nula é rejeitada ao nível 0,05 e ao nível 0,01 conforme o aplicativo é rodado mais e mais vezes? Que tipo de erro ocorreu quando a hipótese nula foi rejeitada nessa situação? Com base em seus resultados, é mais provável que esse tipo de erro ocorra ao nível 0,05 ou ao nível 0,01? Explique.
b. Defina a nula $p = 0{,}6$. O que ocorre com a proporção de vezes em que a hipótese nula *não* é rejeitada ao nível 0,05 e ao nível 0,01 conforme o aplicativo é rodado mais e mais vezes? Que tipo de erro ocorreu quando a hipótese nula não foi rejeitada nessa situação? Com base em seus resultados, é mais provável que esse tipo de erro ocorra ao nível 0,05 ou ao nível 0,01? Explique.
c. Use seus resultados dos itens **a** e **b** para fazer uma afirmação geral sobre as probabilidades de erros Tipo I e II aos níveis 0,05 e 0,01.

APPLET **Exercício utilizando aplicativo 6.6**

Companion Website (É necessário ter o Java instalado para utilizar esse aplicativo)

Use o aplicativo intitulado *Hypotheses test for a proportion* para investigar o efeito da verdadeira proporção da população p na probabilidade de ocorrerem erros Tipo I. Para este exercício, use $n = 100$ e alternativa *não-igual*.

a. Defina a verdadeira $p = 0{,}5$ e a nula $p = 0{,}5$. Rode o aplicativo diversas vezes e registre a proporção de vezes que a hipótese nula é rejeitada ao nível de 0,01.
b. Limpe o aplicativo e repita o item **a** para verdadeira $p = 0{,}1$ e nula $p = 0{,}1$. Então, repita uma vez mais para verdadeira $p = 0{,}01$ e nula $p = 0{,}01$.

c. Com base em seus resultados nos itens **a** e **b**, o que você pode concluir sobre a probabilidade de erro Tipo I ocorrer à medida que a proporção verdadeira da população se aproxima de 0?

Aplicação dos conceitos — Básico

6.66 Pesquisa 'Made in USA'. Consulte o estudo do *Journal of Global Business* (primavera, 2002) sobre o que o termo 'Made in USA' significa para os consumidores, Exercício 2.8. Recorde-se de que 64 de 106 compradores selecionados aleatoriamente acreditam que 'Made in USA' significa 100% de trabalho e materiais dos Estados Unidos. Considere p a verdadeira proporção de consumidores que acreditam que 'Made in USA' significa 100% de trabalho e materiais dos Estados Unidos.
a. Calcule um ponto estimado para p.
b. Uma alegação é feita de que $p = 0{,}70$. Defina as hipóteses nula e alternativa para testar essa alegação.
c. Calcule a estatística-teste para o teste, item **b**.
d. Encontre a região de rejeição para o teste se $\alpha = 0{,}01$.
e. Use os resultados dos itens **c** e **d**, para tirar a conclusão apropriada.

6.67 Uso não autorizado de computador. Consulte a pesquisa do Computer Security Institute (CSI) sobre crimes de computadores, Exercício 2.12. Lembre-se de que, em 1999, 62% dos negócios sofreram uso não autorizado de sistemas de computador. Em uma pesquisa conduzida sete anos depois, 320 em uma amostra de 616 negócios reportaram uso não autorizado de sistemas de computador (*Computer Security Issues & Trends*, primavera, 2006). Considere p a verdadeira proporção de negócios que reportaram uso não autorizado de sistemas de computadores em 2006.
a. Calcule um ponto estimado para p.
b. Defina a hipótese nula e a alternativa para testar se o valor de p mudou desde 1999.
c. Calcule a estatística-teste para o teste, item **b**.
d. Encontre a região de rejeição para o teste se $\alpha = 0{,}05$.
e. Use os resultados dos itens **c** e **d**, para tirar a conclusão apropriada.
f. Encontre o valor p para o teste e confirme que a conclusão baseada no valor p está de acordo com a conclusão do item **e**.

6.68 Precisão de scanners de preços no Wal-Mart. Busque o Exercício 5.49 e o estudo sobre a precisão dos scanners de caixa eletrônico nas lojas Wal-Mart da Califórnia. Lembre-se de que o Instituto Nacional de Padrões e Tecnologia (INPT) dos Estados Unidos diz que, para cada 100 itens passados no scanner de caixa eletrônico em um supermercado, não mais de 2 podem apresentar preço errado. Um estudo de itens aleatórios comprados nas lojas Wal-Mart da Califórnia descobriu que 8,3% tinham preço errado (*Tampa Tribune*, 22 nov. 2005). Presuma que o estudo tenha incluído 1.000 itens aleatoriamente selecionados.
a. Identifique o parâmetro de interesse da população no estudo.

b. Defina H_0 e H_a para um teste para determinar se a verdadeira proporção de itens passados no scanner nas lojas Wal-Mart da Califórnia excede os 2% do padrão INPT.

c. Encontre a estatística-teste e a região de rejeição (a $\alpha = 0,05$) para o teste.

d. Dê uma interpretação prática para o teste.

e. Que condições são requeridas para que a inferência, item **d**, seja válida? Essas condições são satisfeitas?

6.69 Marcas de pastas de dente com selo ADA. A *Consumer Reports* avaliou e classificou 46 marcas de pasta de dente. Um atributo examinado no estudo foi se a marca de pasta de dente leva ou não o selo da American Dental Association (ADA), que verifica a efetiva prevenção contra as cáries. Os dados para as 46 marcas (código 1 = com selo ADA, 0 = sem selo ADA) são listados abaixo.

ADA Companion Website

0	0	0	0	0	0	1	1	1	0	0	1
0	1	0	0	0	0	1	1	1	0	1	1
1	1	0	0	0	0	0	1	0	0	1	1
1	0	1	0	1	1	1	0	0	0		

a. Dê as hipóteses nula e alternativa para testar se a verdadeira proporção de marcas de pasta de dentes com selo ADA verificando a efetiva prevenção das cáries é menor que 0,5.

b. Localize o valor p na tela do MINITAB abaixo.

c. Tire uma conclusão apropriada usando $\alpha = 0,10$.

```
Test of p = 0.5 vs p < 0.5

Event = 1

                                      95%
                                     Upper      Exact
Variable   X    N   Sample p         Bound    P-Value
ADASEAL   20   46   0.434783       0.566289     0.231
```

Resultado de MINITAB para o Exercício 6.69

6.70 Proprietários de casa de veraneio ilegais. A National Association of Realtors dos Estados Unidos (NAR) relatou os resultados de uma pesquisa de maio de 2006 com proprietários de casas de veraneio. Em uma amostra de 416 pessoas que possuíam uma ou mais casas de veraneio, 46 eram ilegais. Antes de 2003, 6% dos proprietários eram ilegais.

a. Os resultados da pesquisa permitem que a NAR conclua (a $\alpha = 0,01$) que a porcentagem de proprietários de casas de veraneio ilegais em 2006 é maior que 6%?

b. A NAR enviou o questionário da pesquisa para uma amostra de 45.000 proprietários que possuíam casa de veraneio em todo o país. Apenas 416 responderam à pesquisa. Como isso pode enviesar os resultados da pesquisa?

Aplicação dos conceitos — Intermediário

6.71 Efetividade de creme para pele. O Complexo Antienvelhecimento da Pond's, um creme com ácido alfa-hidroxílico, anuncia que pode reduzir rugas e melhorar a pele. Em um estudo publicado na *Archives of Dermatology* (jun. 1996), 33 mulheres de meia-idade usaram o creme com ácido alfa-hidroxílico por 22 semanas. Ao final do período de estudo, um dermatologista julgou se cada mulher exibia melhorias na pele. Os resultados para 33 mulheres (sendo I = melhoria na pele e N = nenhuma melhoria) estão listados na tabela a seguir.

a. Os dados dão evidência suficiente para concluir que o creme melhorará a pele de mais de 60% das mulheres de meia-idade? Teste usando $\alpha = 0,05$.

b. Encontre e interprete o valor p do teste.

SKINCREAM Companion Website

I	I	N	I	N	N	I	I	I	I	I	I
N	I	I	I	N	I	I	I	N	I	N	I
I	I	I	I	I	N	I	I	N			

6.72 Relato de mudanças na empresa à SEC. A Securities Exchange Commission (SEC) requer que uma empresa preencha um formulário chamado 8-K para relatar mudanças materiais em suas condições financeiras ou operações. Eventos materiais comuns são mudanças em diretorias, auditores e disposição de ativos. Até 2004, as empresas tinham 15 dias úteis para submeter o formulário 8-K. Atualmente, a SEC requer que o formulário seja submetido dentro de 4 dias úteis a partir do evento material (*Sarbanes-Oxley Act*, Seção 409). Pesquisas prévias indicaram que até 10% das firmas violavam a antiga regra dos 15 dias. O professor de Contabilidade Rob Pinsker, da Old Dominion University, conduziu um estudo para determinar se as empresas estavam aptas a se adequar à nova 'regra dos 4 dias' (*Information Systems Mid-Year Meeting*, 2004). Em uma amostra de 462 firmas com eventos materiais, apenas 23 estavam violando o novo requisito dos 4 dias para submissão do formulário. Você pode concluir que a verdadeira porcentagem de empresas violando a nova regra dos 4 dias para relato de mudanças materiais é menor que 10%? Faça sua inferência a um nível de significância de $\alpha = 0,01$.

6.73 Escolhendo cartazes de churrasqueira portátil. Consulte o experimento do *Journal of Consumer Research* (mar. 2003) sobre a influência da escolha de terceiros oferecendo alternativas não desejadas, Exercício 3.17. Recorde-se de que cada um dos 124 estudantes selecionou três cartazes de churrasqueiras portáteis de um grupo de cinco para exposição em loja. Os estudantes foram instruídos a incluir a churrasqueira nº 2 (de menor tamanho) e selecionar as duas churrasqueiras remanescentes para maximizar a compra da churrasqueira nº 2. Se as seis possíveis combinações (1-2-3, 1-2-4, 1-2-5, 2-3-4, 2-3-5 e 2-4-5) são selecionadas aleatoriamente, então a proporção de estudantes selecionando qualquer cartaz será 1/6 = 0,167. Uma teoria testada pelo pesquisador é a de que os estudantes tenderão a escolher os cartazes de três churrasqueiras de forma que a churrasqueira nº 2 seja uma mescla entre a churrasqueira mais desejável e a menos desejável. Dos 124 estudantes, 85 selecionaram cartazes de três churrasqueiras que fossem consistentes com essa teoria. Use essa informação para testar a teoria proposta pelo pesquisador a $\alpha = 0,05$.

Aplicação dos conceitos — Avançado

6.74 Testando o efeito placebo. *O placebo é efetivo?* descreve o fenômeno da melhoria de condições em um paciente tomando placebo — uma pílula que parece e tem sabor real, mas não contém substâncias químicas ativas. Médicos em uma clínica em La Jolla, Califórnia, deram o que eles pensaram ser drogas para 7.000 pacientes de asma, úlcera e herpes. Apesar de os médicos depois ficarem sabendo que os medicamentos eram na verdade placebos, 70% dos pacientes relatou uma melhora em suas condições (*Forbes*, 22 maio 1995). Use essa informação para testar (a $\alpha = 0,05$) o efeito placebo na clínica. Presuma que, se o placebo não é efetivo, a probabilidade de a condição de um paciente melhorar é de 0,5.

6.75 O desafio Pepsi. 'Aceite o desafio Pepsi' foi uma campanha de marketing usada pela Pepsi-Cola Company. Consumidores de Coca-Cola participaram de um teste cego no qual se solicitou que testassem copos não marcados de Pepsi e Coca e dissessem qual o seu refrigerante favorito. Em um comercial de televisão da Pepsi, um anunciante diz que, "em testes cegos recentes, mais da metade de consumidores de Diet Coke pesquisados disse que preferia o sabor da Diet Pepsi" (*Consumer's Research*, maio 1993). Suponha que 100 consumidores de Diet Coke tenham aceitado o desafio Pepsi e que 56 tenham preferido o sabor da Diet Pepsi. Determine se mais da metade de todos os consumidores de Diet Coke selecionarão Diet Pepsi em um teste cego de sabor. Selecione α para minimizar a probabilidade de erro Tipo I. Quais as conseqüências dos resultados do teste da perspectiva da Coca-Cola?

6.6 Calculando as probabilidades de erro Tipo II: mais sobre β (Opcional)

Em nossa introdução ao teste de hipótese na Seção 6.1, mostramos que a probabilidade de cometer um erro Tipo II, α, pode ser controlada pela seleção da região de rejeição para o teste. Assim, quando a estatística-teste fica na região de rejeição e tomamos a decisão de rejeitar a hipótese nula, fazemos isso conhecendo a taxa de erro para a rejeição incorreta de H_0. A situação correspondente a aceitar a hipótese nula e, por isso, arriscar um erro Tipo II, geralmente não é controlável. Por essa razão, adotamos uma política de não-rejeição de H_0 quando a estatística-teste não fica na região de rejeição, em vez de arriscar um erro de magnitude desconhecida.

Para verificar como β, a probabilidade de um erro Tipo II, pode ser calculado para um teste de hipóteses, lembre-se do exemplo da Seção 6.1 no qual uma cidade testa o encanamento de um fabricante para ver se ele está de acordo com o requisito de resistência média mínima excedendo 2.400 libras por pé linear. A definição para o teste é como se segue:

$$H_0: \mu = 2.400$$
$$H_a: \mu > 2.400$$

Estatística-teste: $z = \dfrac{\bar{x} - 2.400}{\sigma/\sqrt{n}}$

Região de rejeição: $z > 1,645$ para $\alpha = 0,05$

A Figura 6.19a mostra a região de rejeição para a **distribuição nula** — isto é, a distribuição da estatística-teste presumindo que a hipótese nula seja verdadeira. A área na região de rejeição é 0,05, e essa área representa a probabilidade de que a estatística-teste leve à rejeição de H_0 quando de fato H_0 é verdadeira.

A probabilidade β de erro Tipo II é calculada presumindo que a hipótese nula seja falsa, porque é definida como a *probabilidade de aceitar H_0 quando esta é falsa*. Uma vez que H_0 é falsa para qualquer valor de μ excedendo 2.400, um valor β existe para cada possível valor de μ maior que 2.400 (um número infinito de possibilidades). As figuras 6.19b-d mostram três das possibilidades, correspondendo a valores da hipótese alternativa iguais a 2.425, 2.450 e 2.475, respectivamente. Note que β é a área na *região de não-rejeição* (ou *aceitação*) em cada uma das distribuições e que β diminui à medida que o valor verdadeiro de μ se move adiante a partir do valor da hipótese nula de $\mu = 2.400$. Isso é delicado porque a probabilidade de que a hipótese nula seja aceita incorretamente deveria diminuir conforme a distância entre os valores da hipótese nula e alternativa de μ aumentam.

Para calcular o valor de β para um valor específico de μ em H_a, procedemos como se segue:

1. Calculamos o valor de $\bar{x}$ que corresponde ao limite entre a região de aceitação e a de rejeição. Para o exemplo do encanamento, esse é o valor de $\bar{x}$ que fica 1,645 desvios-padrão acima de $\mu = 2.400$ na distribuição amostral de $\bar{x}$.

Simbolizando esse valor por $\bar{x}_0$, que corresponde ao maior valor de $\bar{x}$ que reforça a hipótese nula, encontramos (lembrando que $s = 200$ e $n = 50$):

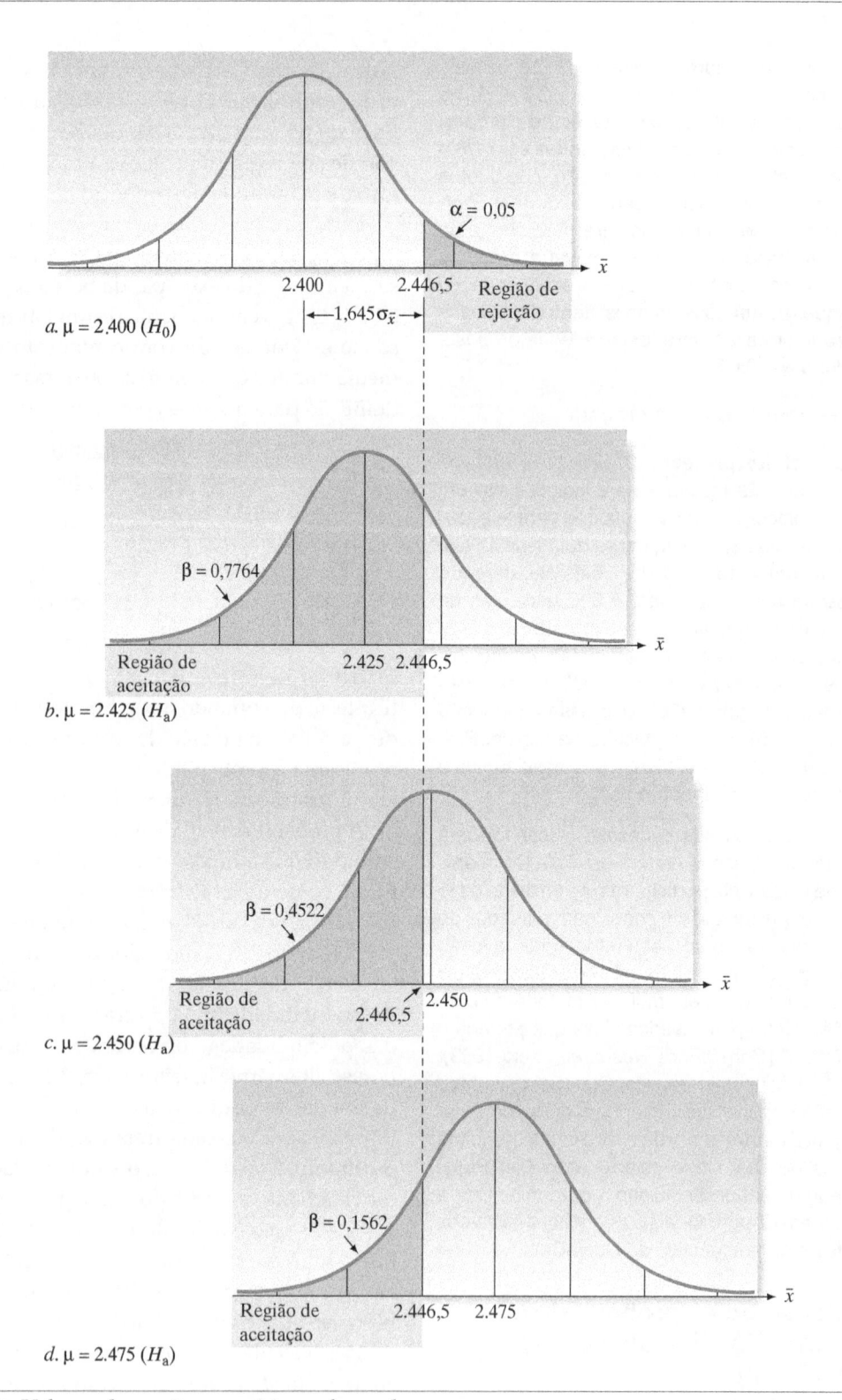

352 ESTATÍSTICA PARA ADMINISTRAÇÃO E ECONOMIA

a. $\mu = 2.400 \ (H_0)$

b. $\mu = 2.425 \ (H_a)$

c. $\mu = 2.450 \ (H_a)$

d. $\mu = 2.475 \ (H_a)$

FIGURA 6.19 Valores de α e β para vários valores de μ

$$\bar{x}_0 = \mu_0 + 1{,}645\sigma_{\bar{x}} = 2.400 + 1{,}645\left(\frac{\sigma}{\sqrt{n}}\right)$$
$$\approx 2.400 + 1{,}645\left(\frac{s}{\sqrt{n}}\right) = 2.400 + 1{,}645\left(\frac{200}{\sqrt{50}}\right)$$
$$= 2.400 + 1{,}645(28{,}28) = 2.446{,}5$$

2. Para uma distribuição alternativa correspondente a um valor de μ, simbolizado por μ_a, calculamos o valor z correspondente a $\bar{x}_0$, o limite entre as regiões de rejeição e aceitação. Então, usamos esse valor e a Tabela IV do Apêndice B para determinar a área na *região de aceitação* sob a distribuição alternativa. Essa área é o valor de β correspondente à alternativa particular μ_a. Por exemplo, para a alternativa μ_a = 2.425, calculamos:

$$z = \frac{\bar{x}_0 - 2.425}{\sigma_{\bar{x}}} = \frac{\bar{x}_0 - 2.425}{\sigma/\sqrt{n}}$$

$$\approx \frac{\bar{x}_0 - 2.425}{s/\sqrt{n}} = \frac{2.446{,}5 - 2.425}{28{,}28} = 0{,}76$$

Note, na Figura 6.19b, que a área na região de aceitação é a área à esquerda de $z = 0{,}76$. Essa área é:

$$\beta = 0{,}5 + 0{,}2764 = 0{,}7764$$

Assim, a probabilidade de que o procedimento-teste leve a uma aceitação incorreta da hipótese nula $\mu = 2.400$ quando de fato $\mu = 2.425$ é de cerca de 0,78. Como a força média do encanamento aumenta para 2.450, o valor de β diminui para 0,4522 (Figura 6.19c). Se a resistência média é posteriormente aumentada para 2.475, o valor de β é então diminuído para 0,1562 (Figura 6.19d). Dessa forma, mesmo se a verdadeira resistência média do encanamento exceder a especificação mínima por 75 libras por pé linear, o procedimento-teste levará a uma aceitação incorreta da hipótese nula (rejeição do encanamento) aproximadamente 16% das vezes. O resultado é que o encanamento deve ser fabricado de forma que a resistência média exceda bem o requisito mínimo se o fabricante almeja que a probabilidade de sua aceitação pela cidade seja alta (isto é, que β seja pequeno).

Os passos para calcular β para um teste de amostra grande sobre a média da população está resumido no quadro a seguir.

PASSOS PARA CALCULAR β PARA UM TESTE DE GRANDE AMOSTRA SOBRE μ

1. Calcule o valor (ou os valores) de *x* correspondente ao limite (ou aos limites) da região de rejeição. Haverá um valor de limite para um teste de uma cauda e dois para um teste de duas caudas. A fórmula é uma das indicadas a seguir, correspondendo a um tese com nível de significância α:

Teste de cauda superior:

$$\bar{x}_0 = \mu_0 + z_\alpha \sigma_{\bar{x}} \approx \mu_0 + z_\alpha\left(\frac{s}{\sqrt{n}}\right)$$

Teste de cauda inferior:

$$\bar{x}_0 = \mu_0 - z_\alpha \sigma_{\bar{x}} \approx \mu_0 - z_\alpha\left(\frac{s}{\sqrt{n}}\right)$$

Teste de duas caudas:

$$\bar{x}_{0.L} = \mu_0 - z_{\alpha/2}\sigma_{\bar{x}} \approx \mu_0 - z_{\alpha/2}\left(\frac{s}{\sqrt{n}}\right)$$

$$\bar{x}_{0.U} = \mu_0 + z_{\alpha/2}\sigma_{\bar{x}} \approx \mu_0 + z_{\alpha/2}\left(\frac{s}{\sqrt{n}}\right)$$

2. Especifique o valor de μ_a na hipótese alternativa para a qual o valor de β deve ser calculado. Então, converta o valor do limite de $\bar{x}_0$ para o valor *z* usando a distribuição alternativa com média μ_a. A fórmula geral para o valor *z* é:

$$z = \frac{\bar{x}_0 - \mu_a}{\sigma_{\bar{x}}}$$

Esboce a distribuição alternativa (centrada em μ_a), e sombreie a área na região de aceitação (não-rejeição). Use a estatística *z* e a Tabela IV do Apêndice B para encontrar a área sombreada, que é β.

Seguindo o cálculo de β para um valor particular de μ_a, você deveria interpretar o valor no contexto da aplicação do teste de hipóteses. Ele é geralmente útil para interpretar o valor de $1 - \beta$, que é conhecido como o *poder do teste* correspondente a uma alternativa em particular μ_a. Uma vez que β é a probabilidade de aceitação da hipótese nula quando a hipótese alternativa é verdadeira com $\mu = \mu_a$, $1 - \beta$ é a probabilidade do evento complementar — isto é, o poder $1 - \beta$ mede a possibilidade de que o procedimento-teste leve à decisão correta (rejeitar H_0) para um valor particular da média da hipótese alternativa.

DEFINIÇÃO 6.2

O **poder de um teste** é a probabilidade de que o teste leve corretamente à rejeição da hipótese nula para um valor em particular de μ na hipótese alternativa. O poder é igual a $1 - \beta$ para a alternativa particular considerada.

Por exemplo, no caso do encanamento, encontramos $\beta = 0{,}7764$ quando $\mu = 2.425$. Essa é a probabilidade de que o teste leve à aceitação (incorreta) da hipótese nula quando $\mu = 2.425$. Ou, de forma equivalente, o poder do teste é $1 - 0{,}7764 = 0{,}2236$, o que significa que o teste levará à rejeição (correta) da hipótese nula apenas 22% das vezes quando o encanamento exceder as especificações por 25 libras por pé linear. Quando o encanamento do fabricante tem uma resistência média de 2.475 (isto é, 75 libras por pé linear acima das especificações), o poder do teste aumenta para $1 - 0{,}1562 = 0{,}8438$ — ou seja, o teste levará à aceitação do encanamento do fabricante 84% das vezes se $\mu = 2.475$.

EXEMPLO 6.9

ENCONTRANDO O PODER DO TESTE

Problema Lembre-se do estudo de controle de qualidade nos exemplos 6.1 e 6.2, nos quais realizamos testes para determinar se a máquina de preenchimento de uma caixa de cereal estava desviando da média especificada de $\mu = 12$ onças. A definição do teste é repetida aqui:

$H_0: \mu = 12$

$H_a: \mu \neq 12$ (isto é, $\mu < 12$ ou $\mu > 12$)

Estatística-teste: $z = \dfrac{\bar{x}_0 - 12}{\sigma_{\bar{x}}}$

Região de rejeição: $z < -1{,}96$ ou $z > 1{,}96$ para $\alpha = 0{,}05$

$z < -2{,}575$ ou $z > 2{,}575$ para $\alpha = 0{,}01$

Note que duas regiões de rejeição foram especificadas correspondendo a valores de $\alpha = 0{,}05$ e $\alpha = 0{,}01$, respectivamente. Presuma que $n = 100$ e $s = 0{,}5$.

a. Suponha que a máquina esteja enchendo menos a caixa em uma média de 0,1 onças (isto é, $\mu = 11{,}9$). Calcule os valores de β correspondentes às duas regiões de rejeição. Discuta a relação entre os valores de α e β.

b. Calcule o poder do teste para cada uma das regiões de rejeição quando $\mu = 11{,}9$.

Solução

a. Primeiramente, consideramos a região de rejeição correspondendo a $\alpha = 0{,}05$. O primeiro passo é calcular os valores do limite de $\bar{x}$ correspondentes à região de rejeição de duas caudas, $z < -1{,}96$ ou $z > 1{,}96$:

$$\bar{x}_{0.L} = \mu_0 - 1{,}96\,\sigma_{\bar{x}} \approx \mu_0 - 1{,}96\left(\dfrac{s}{\sqrt{n}}\right)$$

$$= 12 - 1{,}96\left(\dfrac{0{,}5}{10}\right) = 11{,}902$$

$$\bar{x}_{0.U} = \mu_0 + 1{,}96\,\sigma_{\bar{x}} \approx \mu_0 + 1{,}96\left(\dfrac{s}{\sqrt{n}}\right)$$

$$= 12 + 1{,}96\left(\dfrac{0{,}5}{10}\right) = 12{,}098$$

Esses valores de limite são mostrados na Figura 6.20.

Depois, convertemos esses valores para z na distribuição alternativa, com $\mu_a = 11{,}9$:

$$z_L = \dfrac{\bar{x}_{0.L} - \mu_a}{\sigma_{\bar{x}}} \approx \dfrac{11{,}902 - 11{,}9}{0{,}05} = 0{,}04$$

$$z_U = \dfrac{\bar{x}_{0.U} - \mu_a}{\sigma_{\bar{x}}} \approx \dfrac{12{,}098 - 11{,}9}{0{,}05} = 3{,}96$$

Esses valores de z são mostrados na Figura 6.20b. Você pode ver que a região de aceitação (ou não-rejeição) é a área entre eles. Usando a Tabela IV do Apêndice B, verificamos que a área entre $z = 0$ e $z = 0{,}04$ é 0,0160 e que a área entre $z = 0$ e $z = 3{,}96$ é aproximadamente 0,5 (uma vez que $z = 3{,}96$ está fora da escala da Tabela IV). Então, a área entre $z = 0{,}04$ e $z = 3{,}96$ é, aproximadamente:

$$\beta = 0{,}5 - 0{,}0160 = 0{,}4840$$

Assim, o teste com $\alpha = 0{,}05$ levará a um erro Tipo II cerca de 48% do tempo quando a máquina estiver subpreenchendo, em média, 0,1 onça.

Para a região de rejeição correspondente a $\alpha = 0{,}01$, $z < -2{,}575$ ou $z > 2{,}575$, encontramos:

$$\bar{x}_{0.L} = 12 - 2{,}575\left(\dfrac{0{,}5}{10}\right) = 11{,}871$$

$$\bar{x}_{0.U} = 12 + 2{,}575\left(\dfrac{0{,}5}{10}\right) = 12{,}129$$

Esses valores de limite da região de rejeição são mostrados na Figura 6.20c.

Convertendo-os em valores z na distribuição alternativa com $\mu_a = 11{,}9$, encontramos $z_L = -0{,}58$ e $z_U = 4{,}58$. A área entre esses valores é, aproximadamente:

$$\beta = 0{,}2190 + 0{,}5 = 0{,}7190$$

Assim, a chance de que o procedimento-teste com $\alpha = 0{,}01$ leve a uma aceitação incorreta de H_0 é de cerca de 72%.

Note que o valor de β cresce de 0,4840 para 0,7190 quando diminuímos o valor de α de 0,05 para 0,01. Esta é uma propriedade geral da relação entre α e β: à medida que α é diminuído (ou aumentado), β é aumentado (ou diminuído).

b. O poder é definido como sendo a probabilidade de rejeitar (corretamente) a hipótese nula quando a alternativa é verdadeira. Quando $\mu = 11{,}9$ e $\alpha = 0{,}05$, encontramos:

$$\text{Poder} = 1 - \beta = 1 - 0{,}4840 = 0{,}5160$$

Quando $\mu = 11{,}9$ e $\alpha = 0{,}01$, encontramos:

$$\text{Poder} = 1 - \beta = 1 - 0{,}7190 = 0{,}2810$$

Você pode ver que o poder do teste aumenta à medida que o nível de α é diminuído. Isso significa que uma vez que a probabilidade de rejeitar corretamente a hipótese nula diminui, a probabilidade de aceitar corretamente a hipótese nula para uma dada alternativa também diminui.

Relembrando Um ponto-chave desse exemplo é que o valor de α deve ser selecionado cuidadosamente, considerando que um teste torna-se menos capaz de detectar

Capítulo 6 — INFERÊNCIAS BASEADAS EM UMA AMOSTRA SIMPLES ■ 355

a. $\mu = 12$ (H_0)
Duas regiões de rejeição
$\alpha = 0,05$ e $\alpha = 0,01$

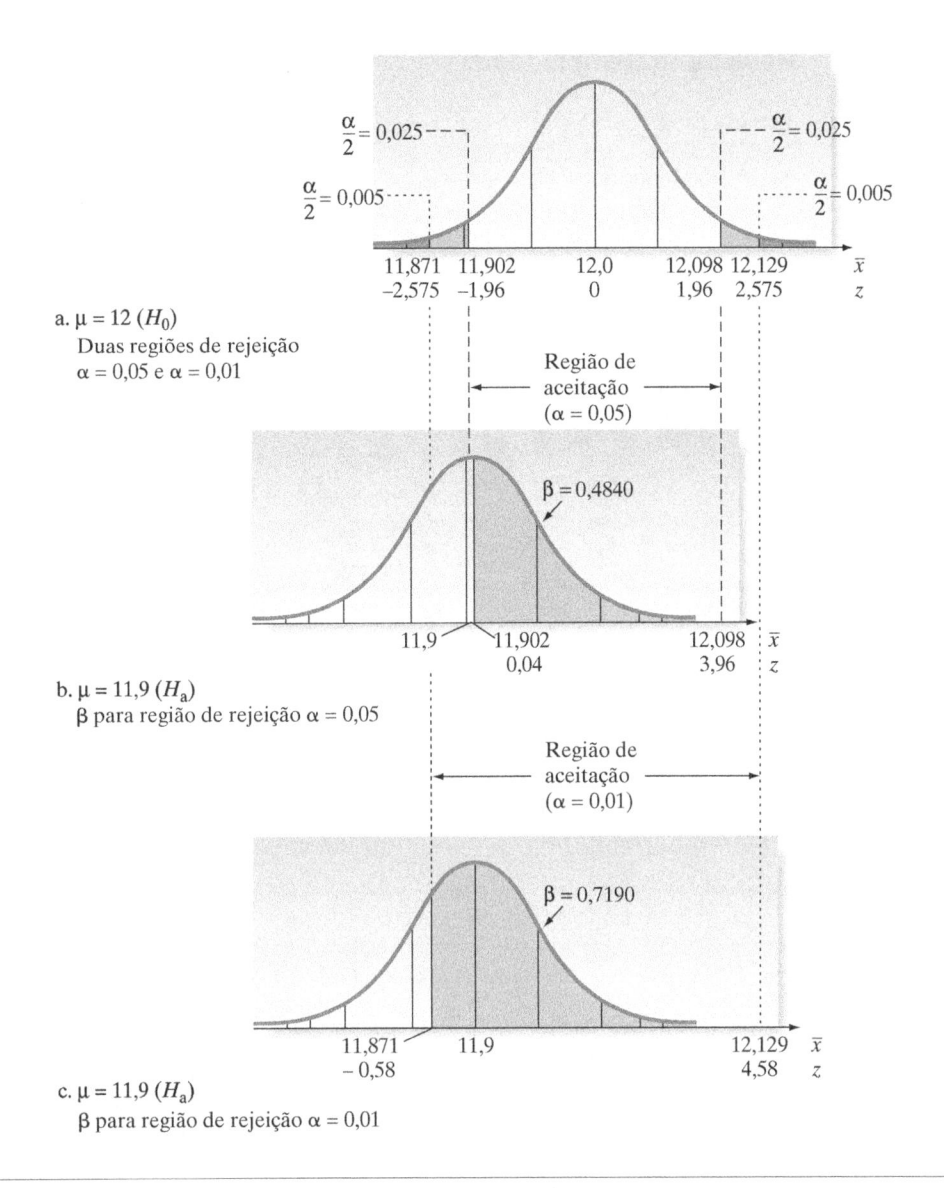

b. $\mu = 11,9$ (H_a)
β para região de rejeição $\alpha = 0,05$

c. $\mu = 11,9$ (H_a)
β para região de rejeição $\alpha = 0,01$

■ **FIGURA 6.20** Cálculo de β para o exemplo da máquina de preenchimento

desvios em relação à hipótese nula quando o valor de α diminui.

Nota: A maior parte dos softwares estatísticos agora tem opções para calcular o poder de testes de hipóteses-padrão. Geralmente, precisaremos especificar o tipo de teste (teste z ou teste t), a forma de H_a ($<$, $>$. ou $\neq$), o desvio-padrão, o tamanho da amostra e o valor do parâmetro em H_a (ou a diferença entre o valor em H_0 e o valor em H_a). A análise de poder do MINITAB para o Exemplo 6.9 quando $\alpha = 0,5$ é mostrada na Figura 6.21. O poder do teste (0,516) está sombreado na tela.

Mostramos que a probabilidade de cometer um erro Tipo II, β, é inversamente relacionada a α (Exemplo 6.9) e que o valor de β diminui à medida que o valor de μ_a se move contra o valor da hipótese nula (o exemplo do encanamento). O tamanho da amostra n tambem afeta β. Lembre-se de que o desvio-padrão da distribuição amostral de $\bar{x}$ é inversamente proporcional à raiz quadrada do tamanho da amostra ($\sigma_{\bar{x}} = \sigma/\sqrt{n}$). Assim, como ilustrado na Figura 6.22, a variabilidade de ambas as distribuições amostrais nula e alternativa é diminuída quando n é aumentado. Se o valor de α é especificado e permanece fixo, o valor de β diminui quando n aumenta, conforme ilustrado na Figura 6.22. De forma oposta, o poder do teste para uma dada hipótese alternativa aumenta à medida que o tamanho da amostra aumenta. As propriedades de β e do poder estão resumidas no quadro da página seguinte.

Power and Sample Size

```
1-Sample Z Test

Testing mean = null (versus not = null)
Calculating power for mean = null + difference
Alpha = 0.05  Assumed standard deviation = 0.5

                    Sample
Difference          Size        Power
    0.1             100         0.516005
```

FIGURA 6.21 Análise de poder do MINITAB para o Exemplo 6.9

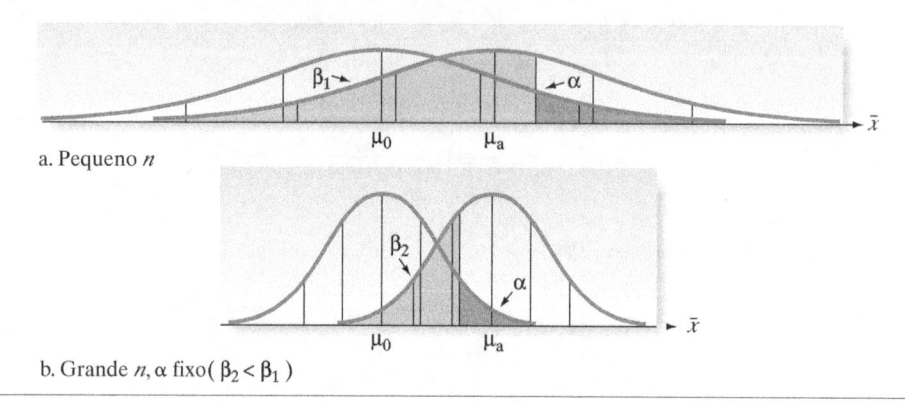

FIGURA 6.22 Relação entre α, β e n

a. Pequeno n

b. Grande n, α fixo ($\beta_2 < \beta_1$)

PROPRIEDADES DE β E PODER

1. Para n e α fixos, o valor de β diminui e o poder aumenta à medida que a distância entre o valor especificado nulo μ_0 e o valor especificado alternativo μ_a aumenta (ver Figura 6.19).

2. Para n fixo e valores de μ_0 e μ_a, o valor de β aumenta e o poder diminui conforme o valor de α aumenta (ver Figura 6.20).

3. Para α fixo e valores de μ_0 e μ_a, o valor de β diminui e o poder aumenta conforme o tamanho da amostra n aumenta (ver Figura 6.22).

Exercícios 6.76 – 6.85

Aprendendo a mecânica

6.76 a. Liste três fatores que aumentam o poder de um teste.
b. Qual a relação entre β, a probabilidade de se cometer um erro Tipo II e o poder de um teste?

6.77 Suponha que você queira testar H_0: $\mu = 500$ contra H_a: $\mu > 500$ usando $\alpha = 0,05$. A população em questão é normalmente distribuída, com desvio-padrão 100. Uma amostra aleatória de tamanho $n = 25$ será usada.
a. Esboce a distribuição amostral de $\bar{x}$, presumindo que H_0 seja verdadeira.
b. Encontre o valor de $\bar{x}_0$, o valor de $\bar{x}$ acima do qual a hipótese nula será rejeitada. Indique a região de rejeição no seu gráfico do item **a**. Sombreie a área acima da região de rejeição e classifique-a como α.
c. Em seu gráfico do item **a**, esboce a distribuição amostral de $\bar{x}$ se $\mu = 550$. Sombreie a área sob essa distribuição que corresponde à probabilidade de que $\bar{x}$ caia na região de não-rejeição quando $\mu = 550$. Classifique essa área β.
d. Encontre β.
e. Calcule o poder desse teste para detectar a alternativa H_a: $\mu = 550$.

6.78 Consulte o Exercício 6.77.
a. Se $\mu = 575$ em vez de 550, qual a probabilidade de que o teste de hipóteses falhe incorretamente para rejeitar H_0? Isto é, qual é β?
b. Se $\mu = 575$, qual a probabilidade de que o teste rejeite corretamente a hipótese nula? Isto é, qual o poder do teste?
c. Compare β e o poder do teste quando $\mu = 575$ aos valores que você obteve no Exercício 6.77 para $\mu = 550$. Explique as diferenças.

6.79 É desejado testar H_0: $\mu = 75$ contra H_a: $\mu < 75$ usando $\alpha = 0,10$. A população em questão é uniformemente distribuída, com desvio-padrão 15. Uma amostra aleatória de tamanho 49 será retirada a partir da população.

a. Descreva a distribuição amostral (aproximada) de $\bar{x}$ sob a premissa de que H_0 é verdadeira.
b. Descreva a distribuição amostral (aproximada) de $\bar{x}$ sob a premissa de que a média da população é 70.
c. Se μ fosse realmente igual a 70, qual a probabilidade de que o teste de hipóteses leve o pesquisador a cometer um erro Tipo II?
d. Qual o poder desse teste para detectar a alternativa $H_a: \mu = 70$?

6.80 Consulte o Exercício 6.79.
a. Encontre β para cada um dos seguintes valores da média da população: 74, 72, 70, 68 e 66.
b. Faça um gráfico para cada valor de β que você obteve no item **a** contra sua média de população associada. Mostre β no eixo vertical e μ no horizontal. Desenhe uma curva através dos cinco pontos em seu gráfico.
c. Use seu gráfico do item **b** para encontrar a probabilidade aproximada de que o teste de hipóteses leve a um erro Tipo II quando $\mu = 73$.
d. Converta cada um dos valores β que você calculou no item **a** para o poder do teste ao valor de μ especificado. Faça um gráfico do poder no eixo vertical contra μ no eixo horizontal. Compare o gráfico do item **b** à força da *curva* desse item.
e. Examine os gráficos dos itens **b** e **d**. Explique o que eles revelam sobre a distância entre a verdadeira média μ e a média da hipótese nula μ_0, o valor de β e a força.

6.81 Suponha que você queira conduzir um teste de duas caudas de $H_0: \mu = 30$ contra $H_a: \mu \neq 30$ usando $\alpha = 0,05$. Uma amostra aleatória de tamanho 121 será tirada da população em questão. Presuma que a população tenha um desvio-padrão igual a 1,2.
a. Descreva a distribuição amostral de $\bar{x}$ sob a premissa de que H_0 é verdadeira.
b. Descreva a distribuição amostral de $\bar{x}$ sob a premissa de que $\mu = 29,8$.
c. Se μ for realmente igual a 29,8, encontre o valor de β associado ao teste.
d. Encontre o valor de β para a alternativa $H_a: \mu = 30,4$.

Aplicação dos conceitos — Intermediário

6.82 Metros quadrados de novas casas na Califórnia. O tamanho médio de casas de famílias formadas por um único membro construídas nos Estados Unidos é de 2.230 metros quadrados, um aumento de mais de 200 metros quadrados em relação a uma década antes (*Wall Street Journal Interactive Edition*, 7 jan. 2000). Uma amostra aleatória de 100 novas casas vendidas na Califórnia gerou as seguintes informações sobre tamanho: $\bar{x} = 2.347$ metros quadrados e $s = 257$ metros quadrados.
a. Presuma que o tamanho médio da casas norte-americanas seja conhecido com certeza. Os dados da amostra fornecem evidência suficiente para concluir que o tamanho médio de casas construídas na Califórnia excede a média nacional? Teste usando $\alpha = 0,01$.
b. Suponha que o tamanho médio real das novas casas da Califórnia fosse de 2.330 metros quadrados. Qual o poder desse teste no item **a** para detectar essa diferença de 100 metros quadrados?
c. Se a média da Califórnia fosse na verdade de 2.280 metros quadrados, qual o poder do teste no item **a** para descrever essa diferença de 50 metros quadrados?

6.83 Fabricantes que praticam fornecimento único. Se um fabricante (o comprador) compra todos os itens de um tipo específico de um vendedor específico, está praticando fornecimento único (Schonberger and Knod, *Operations management*, 1994). Como parte de um acordo de fornecimento único, um vendedor concorda em fornecer periodicamente a seu comprador dados amostrais de seu processo de produção. O comprador usa os dados para verificar se o comprimento médio de peças produzidas pelo processo de produção do vendedor tem verdadeiramente 5,0 milímetros (mm) ou mais, conforme anunciado pelo vendedor e desejado pelo comprador.
a. Se o processo de produção tem um desvio-padrão de 0,01 mm, o vendedor fornece $n = 100$ itens ao comprador, que usa $\alpha = 0,05$ para testar $H_0: \mu = 5,0$ mm contra $H_a: \mu < 5,0$ mm, qual a probabilidade de que o teste do comprador falhará ao rejeitar a hipótese nula quando na verdade $\mu = 4,9975$ mm? Qual o nome dado a esse tipo de erro?
b. Consulte o item **a**. Qual a probabilidade de que o teste do vendedor rejeite a hipótese nula quando na verdade $\mu = 5,0$? Qual o nome dado a esse tipo de erro?
c. Qual o poder do teste para detectar uma saída de 0,0025 mm abaixo da média especificada de comprimento da peça de 5,0 mm?

6.84 Economia de combustível do Honda Civic. De acordo com o *Fuel Economy Guide* da Environmental Protection Agency (EPA), o automóvel Honda Civic de 2006 obtém uma média de 38 milhas por galão (mpg) na estrada. Suponha que a Honda afirme que a EPA subestimou a milhagem do Civic. Para dar suporte à sua afirmação, a companhia seleciona 36 modelos de carros Civic 2006 e registra a milhagem obtida para cada um após dirigir em pista similar àquela usada pela EPA. Os seguintes dados foram obtidos: $\bar{x} = 40,3$ mpg e $s = 6,4$ mpg.
a. Se a Honda deseja mostrar que a média de mpg para os automóveis Civic 2006 é maior que 38 mpg, qual deve ser a hipótese alternativa? E a hipótese nula?
b. Os dados fornecem evidência suficiente para dar suporte à alegação do fabricante? Teste usando $\alpha = 0,05$. Liste quaisquer premissas que você faça quando estiver conduzindo esse teste.
c. Calcule o poder do teste para os valores médios de 38,5; 39,0; 39,5; 40,0 e 40,5, presumindo que $s = 6,4$ é uma boa estimativa de σ.
d. Represente graficamente o poder do teste em um eixo vertical contra a média no eixo horizontal. Desenhe uma curva através dos pontos.
e. Use a curva de poder do item **d** para estimar o poder do valor médio $\mu = 39,75$. Calcule o poder para esse valor de μ e compare-o à sua aproximação.

f. Use a curva de poder do item **d** para estimar o poder do teste quando $\mu = 43$. Se o verdadeiro valor da média de mpg para esse modelo for realmente 43, quais serão, aproximadamente, as chances de que o teste falhe para rejeitar a hipótese nula de que a média é 38?

6.85 Inspeções em soldagens. Reveja o Exercício 6.30, no qual o desempenho de um tipo particular de equipamento de inspeção baseado em laser foi investigado. Presuma que o desvio-padrão do número de soldagens inspecionadas em cada tentativa seja 1,2. Se $\alpha = 0,05$ é usado para a condução do teste de hipóteses usando uma amostra de 48 placas de circuitos, e se o verdadeiro número médio de soldagens que podem ser inspecionadas é realmente igual a 9,5, qual a probabilidade de que o teste resulte em um erro Tipo II?

6.7 Teste de hipóteses sobre a variância da população (Opcional)

Apesar de muitos problemas práticos envolverem inferências sobre a média da população (ou proporção), às vezes é interessante fazer uma inferência sobre a variância da população σ^2. Para ilustrar, um supervisor de controle de qualidade em um empresa de comidas enlatadas sabe que a exata quantidade que cada lata contém variará, uma vez que existem certos fatores incontroláveis que afetam a quantidade de preenchimento. O preenchimento médio por lata é importante, mas igualmente importante é a variação do preenchimento. Se σ^2, a variância de preenchimento, é grande, algumas latas serão pouco preenchidas e outras serão em excesso. Suponha que agências regulatórias especifiquem que o desvio-padrão da quantidade preenchida deve ser inferior a 0,1 onça. Para determinar se o processo está atingindo essa especificação, o supervisor seleciona 10 latas aleatoriamente e pesa o conteúdo de cada uma. Os resultados são apresentados na Tabela 6.6.

Esses dados fornecem evidência suficiente para indicar que a variabilidade é tão pequena quanto desejada? Para responder a esta questão, precisamos de um procedimento para testar uma hipótese sobre σ^2.

Intuitivamente, parece que deveríamos comparar a variação da amostra σ^2 ao valor hipotético de σ^2 (ou s a σ) de forma a tomar a decisão sobre a variabilidade da população. A quantidade:

$$\frac{(n-1)s^2}{\sigma^2}$$

foi mostrada como tendo uma distribuição amostral chamada **distribuição qui-quadrado** (χ^2), quando a população a partir da qual a amostra foi tirada é *normalmente distribuída*. Diversas distribuições qui-quadrado são mostradas na Figura 6.23.

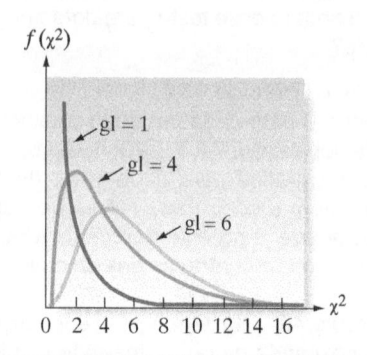

TABELA 6.6 Pesos preenchidos (em onças) de 10 latas

| 16,00 | 16,06 | 15,95 | 16,04 | 16,10 | 16,05 | 16,02 | 16,03 | 15,99 | 16,02 |

FIGURA 6.23 Diversas distribuições de probabilidades X^2

As áreas de cauda superior para essa distribuição foram tabuladas e são dadas na Tabela VI do Apêndice B; uma parte dessa tabela é reproduzida na Tabela 6.7. A tabela fornece os valores de χ^2, simbolizados como χ_α^2, que localiza uma área de α na cauda superior da distribuição qui-quadrado; isto é, $P(\chi^2 > \chi_\alpha^2) = \alpha$. Neste caso, assim como com a estatística t, o formato da distribuição qui-quadrado depende dos graus de liberdade asociados com s^2, chamados $(n-1)$. Assim, para $n = 10$ e um valor de cauda superior de $\alpha = 0,05$, você terá $n - 1 = 9$ gl e $\chi_{0,05}^2 = 16,9190$ (sombreado na Tabela 6.7). Para ilustrar melhor o uso da Tabela VI, retornamos ao exemplo do preenchimento de latas.

TABELA 6.7 Reprodução de parte da Tabela VI no Apêndice B: valores críticos do qui-quadrado

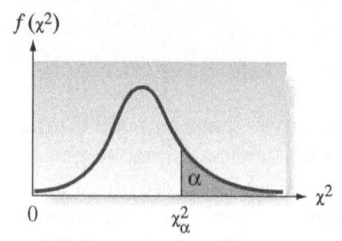

Graus de liberdade	$\chi_{0,100}^2$	$\chi_{0,050}^2$	$\chi_{0,025}^2$	$\chi_{0,010}^2$	$\chi_{0,005}^2$
1	2,70554	3,84146	5,02389	6,63490	7,87944
2	4,60517	5,99147	7,37776	9,21034	10,5966
3	6,25139	7,81473	9,34840	11,3449	12,8381
4	7,77944	9,48773	11,1433	13,2767	14,8602
5	9,23635	11,0705	12,8325	15,0863	16,7496
6	10,6446	12,5916	14,4494	16,8119	18,5476

(continua)

Graus de liberdade	$\chi^2_{0,100}$	$\chi^2_{0,050}$	$\chi^2_{0,025}$	$\chi^2_{0,010}$	$\chi^2_{0,005}$
7	12,0170	14,0671	16,0128	18,4753	20,2777
8	13,3616	15,5073	17,5346	20,0902	21,9550
9	14,6837	16,9190	19,0228	21,6660	23,5893
10	15,9871	18,3070	20,4831	23,2093	25,1882
11	17,2750	19,6751	21,9200	24,7250	25,7569
12	18,5494	21,0261	23,3367	26,2170	28,2995
13	19,8119	22,3621	24,7356	27,6883	29,8194
14	21,0642	23,6848	26,1190	29,1413	31,3193
15	22,3072	24,9958	27,4884	30,5779	32,8013
16	23,5418	26,2862	28,8454	31,9999	34,2672
17	24,7690	27,5871	30,1910	33,4087	35,7185
18	25,9894	28,8693	31,5264	34,8053	37,1564
19	27,2036	30,1435	32,8523	36,1908	38,5822

AGORA FAÇA O EXERCÍCIO 6.86

FRIEDRICH R. HELMERT (1843-1917)

EXEMPLO 6.10

CONDUZINDO UM TESTE PARA A VARIAÇÃO σ^2 DE PESOS PREENCHIDOS

Problema Consulte os pesos preenchidos para a amostra de dez latas de 16 onças na Tabela 6.6. Os dados fornecem evidência suficiente para indicar que o verdadeiro desvio-padrão de medições de preenchimentos de todas as latas de 16 onças é menor que 0,1 onça?

Solução
Aqui, queremos testar se $\sigma < 0,1$. Uma vez que as hipóteses nula e alternativa devem ser descritas em termos de σ^2 em vez de σ, queremos testar a hipótese nula de que $\sigma^2 = (0,1)^2 = 0,01$ contra a hipótese alternativa de que $\sigma^2 < 0,01$. Dessa forma, os elementos do teste são:

H_0: $\sigma^2 = 0,01$ (Variação de preenchimento igual a 0,01 — isto é, especificações do processo não satisfeitas)

H_a: $\sigma^2 < 0,01$ (Variação de preenchimento menor que 0,01 — isto é, especificações do processo satisfeitas)

Estatística-teste: $\chi^2 = \dfrac{(n-1)s^2}{\sigma^2}$

Premissa: A distribuição de quantidades preenchidas é aproximadamente normal.

Região de rejeição: Quanto menor o valor de s^2 que observamos, mais forte é a evidência em favor de H_a. Assim, rejeitamos H_0 para 'pequenos valores' da estatística-teste. Com $\alpha = 0,05$ e 9 gl, o valor χ^2 para a rejeição é encontrado na Tabela VI e mostrado na Figura 6.24. Rejeitaremos H_0 se $\chi^2 < 3,32511$.

(Lembre-se de que a área dada na Tabela VI é a área à *direita* do valor numérico na tabela. Dessa forma, para determinar o valor de cauda inferior, que tem $\alpha = 0,05$ à sua *esquerda*, usamos a coluna $\chi^2_{0,95}$ na Tabela VI.)

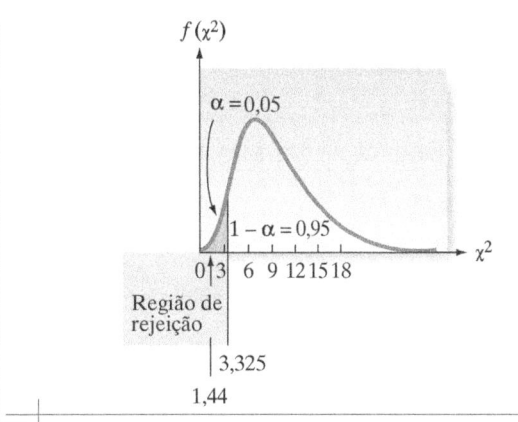

FIGURA 6.24 Região de rejeição para o Exemplo 6.10

Uma análise do Excel/PHStat2 para os dados na Tabela 6.6 é mostrada na Figura 6.25. O valor de s mostrado é $s = 0,04115$. Substituindo na fórmula para o teste, temos:

$$\chi^2 = \frac{(n-1)s^2}{\sigma^2} = \frac{9(0,04115)^2}{0,01} = 1,524$$

Uma vez que a estatística-teste fica na região de rejeição, rejeitamos H_0 em favor de H_a — isto é, o supervisor pode concluir que a variação σ^2 da população de todas as quantidades preenchidas é menor que 0,01 ($\sigma < 0,1$), com probabilidade de erro Tipo I igual a $\alpha = 0,05$. Se esse procedimento for repetidamente usado, ele rejeitará incorretamente H_0 apenas 5% do tempo. Assim, o supervisor de controle de qualidade está confiante na decisão de que a empresa está operando dentro dos limites desejáveis de variabilidade.

Relembrando Note que tanto a estatística-teste (1,524) como o valor p de cauda inferior do teste (0,003) são mostrados na parte de baixo da tela, Figura 6.25. Uma vez que $\alpha = 0,05$ excede o valor p, nossa decisão de rejeitar está confirmada.

Chi-Square Test of Variance	
Data	
Null Hypothesis σ^2=	0.01
Level of Significance	0.05
Sample Size	10
Sample Standard Deviation	0.04115
Intermediate calculations	
Degrees of Freedom	9
Half Area	0.025
Chi-Square Statistic	1.52399025
Lower-Tail Test Results	
Lower Critical Value	3.32511514
p-Value	0.003035148
Reject the null hypothesis	

FIGURA 6.25 Teste do Excel/PHStat2 test para a variância de pesos preenchidos

AGORA FAÇA O EXERCÍCIO 6.94

Testes-hipóteses de uma e duas caudas são dados no quadro a seguir.[3]

TESTE DE HIPÓTESES SOBRE σ^2
Teste de uma cauda $H_0: \sigma^2 = \sigma_0^2$ $H_a: \sigma^2 < \sigma_0^2$ (ou $H_a: \sigma^2 > \sigma_0^2$)   Estatística-teste: $\chi^2 = \dfrac{(n-1)s^2}{\sigma_0^2}$ Região de rejeição: $\chi^2 < \chi^2_{(1-\alpha)}$ (ou $\chi^2 > \chi^2_\alpha$ quando $H_a: \sigma^2 > \sigma_0^2$)   onde σ^2 é a variância hipotética e a distribuição de χ^2 é baseada em $(n-1)$ graus de liberdade.   Teste de duas caudas $H_0: \sigma^2 = \sigma_0^2$ $H_0: \sigma^2 \neq \sigma_0^2$ Estatística teste: $\chi^2 = \dfrac{(n-1)s^2}{\sigma_0^2}$ Região de rejeição: $\chi^2 < \chi^2_{(1-\alpha/2)}$ ou $\chi^2 > \chi^2_{(\alpha/2)}$

CONDIÇÕES REQUERIDAS PARA UM TESTE DE HIPÓTESES VÁLIDO PARA S^2

1. Uma amostra aleatória é selecionada a partir da população-alvo.
2. A população a partir da qual a amostra é selecionada tem uma distribuição aparentemente normal.

CUIDADO

O procedimento para conduzir um teste de hipóteses para σ^2 nos exemplos acima requer uma premissa independentemente de o tamanho da amostra n ser grande ou pequeno. Devemos presumir que a população a partir da qual a amostra é retirada tem uma distribuição aproximadamente normal. Ao contrário de testes pequenos de amostras para μ com base em estatísticas t, *leves a moderados desvios da normalidade tornarão o teste qui-quadrado inválido.*

Exercícios 6.86 – 6.97

Aprendendo a mecânica

6.86 Considere χ_0^2 um valor de χ^2 em particular. Encontre o valor de χ_0^2 de forma que:
a. $P(\chi^2 > \chi_0^2) = 0,10$ para $n = 12$
b. $P(\chi^2 > \chi_0^2) = 0,05$ para $n = 9$
c. $P(\chi^2 > \chi_0^2) = 0,25$ para $n = 5$

6.87 Uma amostra aleatória de n observações é selecionada a partir de uma população normal para testar a hipótese nula de que $\sigma^2 = 25$. Especifique a região de rejeição para cada uma das seguintes combinações de H_a, α e n:
a. $H_a: \sigma^2 \neq 25; \alpha = 0,05; n = 16$
b. $H_a: \sigma^2 > 25; \alpha = 0,01; n = 23$
c. $H_a: \sigma^2 > 25; \alpha = 0,10; n = 15$
d. $H_a: \sigma^2 < 25; \alpha = 0,01; n = 13$
e. $H_a: \sigma^2 \neq 25; \alpha = 0,10; n = 7$
f. $H_a: \sigma^2 < 25; \alpha = 0,05; n = 25$

6.88 Uma amostra aleatória de sete medições resultou em $\bar{x} = 9,4$ e $s^2 = 4,84$.
a. Que premissas você deve fazer em relação à população de forma a testar a hipótese sobre σ^2?
b. Suponha que as premissas no item **a** sejam satisfeitas. Teste a hipótese nula, $\sigma^2 = 1$, contra a hipótese alternativa, $\sigma^2 > 1$. Use $\alpha = 0,05$.
c. Teste a hipótese nula de que $\sigma^2 = 1$, contra a hipótese alternativa $\sigma^2 \neq 1$. Use $\alpha = 0,05$.

6.89 Reveja o Exercício 6.88. Suponha que tenhamos $n = 100$, $\bar{x} = 9,4$ e $s^2 = 4,84$.
a. Teste a hipótese nula $H_0: \sigma^2 = 1$, contra a hipótese alternativa $H_a: \sigma^2 > 1$.
b. Compare seu resultado com o do Exercício 6.88.

6.90 Uma amostra aleatória de $n = 7$ observações a partir de uma população normal produziu as seguintes medições: 4, 0, 6, 3, 3, 5, 9. Os seus dados fornecem evidência suficiente para indicar que: $\sigma^2 < 1$? Teste usando $\alpha = 0,05$.

Aplicação dos conceitos — Básico

6.91 Alergia a látex em trabalhadores da área de saúde. Consulte o estudo *Current Allergy & Clinical Immunology* (mar. 2004) sobre funcionários de hospital que foram diagnosticados com alergia a látex devido à exposição ao pó das luvas de látex, Exercício 6.21. Lembre-se de que o número de luvas de látex usadas por semana pelos trabalhadores da amostra é resumido como se segue: $\bar{x} = 19,3$ e $s = 11,9$. Presuma que σ^2 é a variação no número de luvas de látex usadas por semana por todos os funcionários do hospital. Considere testar $H_0: \sigma^2 = 100$ contra $H_a: \sigma^2 < 100$.
a. Dê a região de rejeição para o teste a um nível de significância de $\alpha = 0,01$.

---
[3] Um intervalo de confiança para σ^2 também pode ser formado usando a distribuição qui-quadrado com $(n-1)$ graus de liberdade. Um intervalo de confiança $(1 - \alpha^2)100\%$ é:

$$\frac{(n-1)s^2}{\chi^2_{\alpha/2}} < \sigma^2 < \frac{(n-1)s^2}{\chi^2_{(1-\alpha/2)}}$$

b. Calcule o valor da estatística-teste.
c. Use os resultados, itens **a** e **b**, para tirar a conclusão apropriada.

6.92 Um novo agente para colagem de dentes. Consulte o estudo *Trends in Biomaterials & Artificial Organs* (jan. 2003) sobre um novo agente de colagem de dentes (chamado Smartbond), Exercício 6.52. Lembre-se de que testes em uma amostra de 10 dentes extraídos que foram colados com o novo adesivo resultaram em uma média de resistência (após 24 horas) de $\bar{x} = 5{,}07$ Mpa e desvio-padrão $s = 46$ Mpa. O fabricante deve demonstrar que a variação da força do novo adesivo é menor que a variação do adesivo padrão, $\sigma^2 = 0{,}25$.
a. Defina a hipótese nula e a alternativa para o teste.
b. Encontre a região de rejeição para o teste usando $\alpha = 0{,}01$.
c. Calcule a estatística-teste.
d. Forneça a conclusão apropriada para o teste.
e. Que condições são requeridas para que os resultados do teste sejam válidos?

TEES
Companion Website

6.93 Suportes de golfe produzidos por um molde de injeção. Releia o Exercício 6.25 e o peso de suportes para bolas de golfe produzido por um processo de molde de injeção. Se estiver operando corretamente, o processo produzirá peças com uma variação de peso de 0,000004 (onças)^2. Se a variação do peso diferir de 0,000004, o molde de injeção estará fora de controle.
a. Defina a hipótese nula e a alternativa para testar se o processo está fora de controle.
b. Use os dados salvos no arquivo TEES para conduzir o teste, item **a**. Use $\alpha = 0{,}01$.
c. Que condições são requeridas para inferências derivadas do teste para serem válidas? Elas são razoavelmente satisfeitas?

Aplicação dos conceitos — Intermediário

6.94 Dispersão de pontos em jogos da NFL. Consulte o estudo de *Chance* (outono, 1998) sobre erros de dispersão de pontos em jogos da NFL, Exercício 6.27. Lembre-se de que a diferença entre o resultado real do jogo e a dispersão de pontos estabelecida pelos responsáveis pelas apostas — o erro de dispersão de pontos — foi calculada para 240 jogos da NFL. Os resultados são resumidos como se segue: $\bar{x} = -1{,}6$ e $s = 13{,}3$. Suponha que o pesquisador queira saber se o verdadeiro desvio-padrão dos erros de dispersão de pontos excede 15. Conduza a análise usando $\alpha = 0{,}10$.

6.95 Os rolamentos estão de acordo com as especificações? É essencial na fabricação de maquinárias utilizar partes que estejam de acordo com as especificações. No passado, diâmetros de rolamentos produzi-dos por certo fabricante tinham uma variância de 0,00156. Para cortar custos, o fabricante instituiu um método de produção menos caro. A variação dos diâmetros de 100 rolamentos aleatoriamente selecionados produzidos pelo novo processo foi 0,00211. Os dados fornecem evidência suficiente para indicar se os diâmentros de rolamentos produzidos pelo novo processo são mais variáveis (instáveis) do que aqueles produzidos pelo processo antigo?

GASTURBINE
Companion Website

6.96 Método de resfriamento para turbinas a gás. Consulte o estudo do *Journal of Engineering for Gas Turbines and Power* (jan. 2005) sobre o desempenho de motores aumentados de turbina a gás, Exercício 6.26. Lembre-se de que o desempenho para cada turbina a gás em uma amostra de 67 foi medido pela taxa de calor (quilojoules por quilowatt por hora). Os dados estão salvos no arquivo **GASTURBINE**. Suponha que a turbina a gás padrão tenha taxas de calor com desvio-padrão de 1.500 kJ/kWh. Há evidência suficiente para indicar que as taxas de calor do motor de turbina a gás aumentado são mais variáveis do que as taxas de calor do motor de turbina a gás padrão? Teste usando $\alpha = 0{,}05$.

Aplicação dos conceitos — Avançado

6.97 Por que pequenas empresas exportam? Consulte o estudo do *Journal of Small Business Management* (v. 40, 2002) sobre o que motiva pequenas empresas a exportar, Exercício 6.31. Lembre-se de que, em uma pesquisa com 137 firmas de exportação, foi solicitado aos CEOs que atribuíssem à afirmação: "A administração acredita que a firma possa atingir economias de escala ao exportar" notas em uma escala de 1 (discordam fortemente) a 5 (concordam fortemente). Estatísticas resumidas para a pontuação da escala foram relatadas como $\bar{x} = 3{,}85$ e $s = 1{,}5$.
a. Explique por que o pesquisador não será capaz de concluir que a verdadeira média da pontuação da escala excede 3,5 (como no Exercício 6.31) se o desvio-padrão da pontuação da escala é muito grande.
b. Dê o maior valor do verdadeiro desvio-padrão σ para o qual você rejeitará a hipótese nula $H_0: \mu = 3{,}5$ em favor da hipótese alternativa $H_a: \mu > 3{,}5$ usando $\alpha = 0{,}01$.
c. Com base nos resultados do estudo, há evidência (a $\alpha = 0{,}01$) para indicar que σ é menor que o valor que você determinou no item **b**?

Termos-chave

Nota: Itens marcados com (*) são de seções opcionais deste capítulo.

Conclusão	*Estatística-teste	*Poder de teste
Distribuição nula	Hipótese alternativa (de pesquisa)	Região de rejeição
*Distribuição qui-quadrado	Hipótese de duas caudas	Teste de cauda inferior
Erro Tipo I	Hipótese nula	Teste de cauda superior
Erro Tipo II	Nível de significância	Teste de duas caudas
	Nível de significância observado (valor *p*)	Teste de hipóteses
		Teste de uma cauda

Guia para selecionar teste de hipóteses de uma amostra

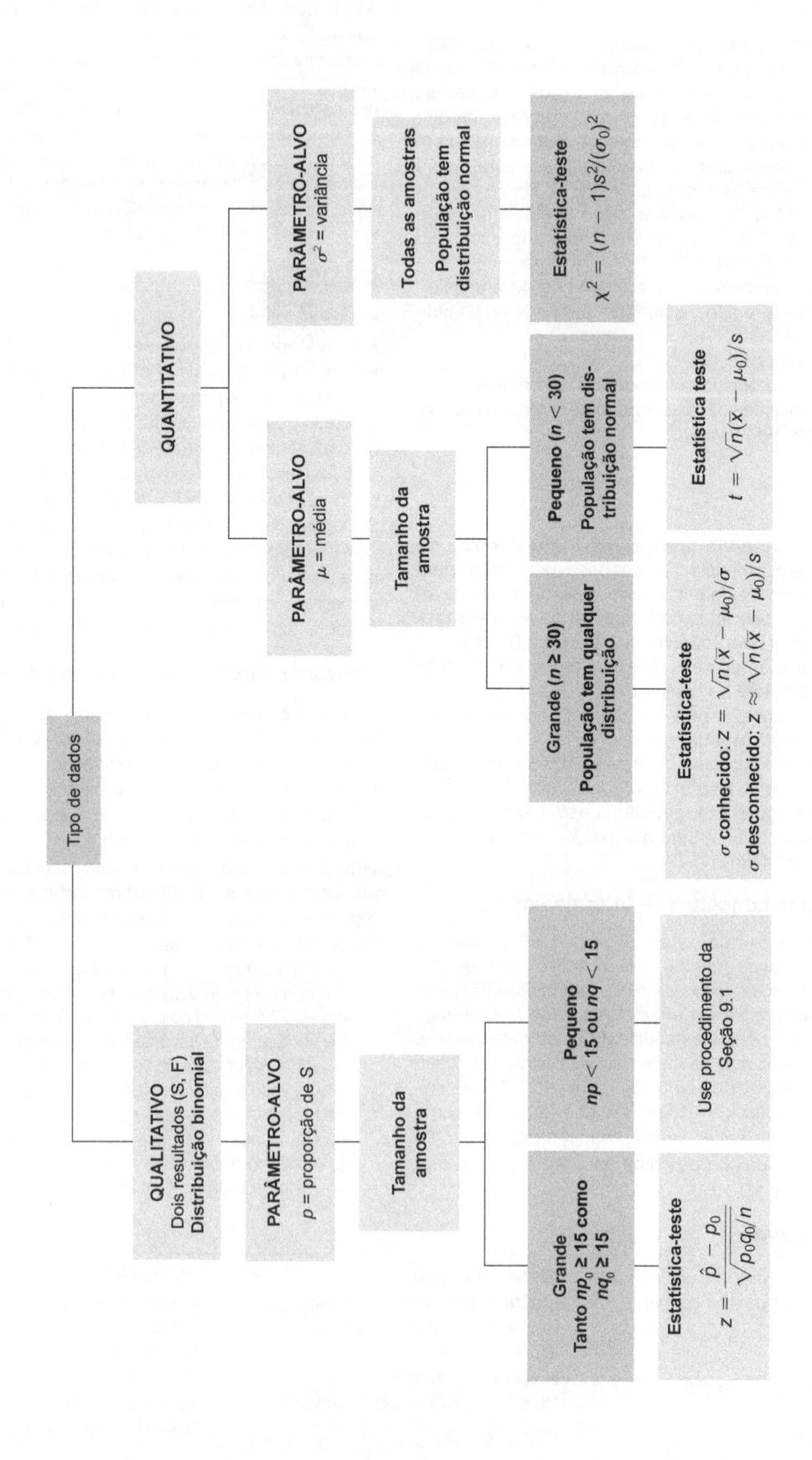

Tipo de dados

QUANTITATIVO

PARÂMETRO-ALVO
σ^2 = variância

→ Todas as amostras. População tem distribuição normal

→ Estatística-teste
$$\chi^2 = (n-1)s^2/(\sigma_0)^2$$

PARÂMETRO-ALVO
μ = média

Tamanho da amostra

→ Pequeno ($n < 30$). População tem distribuição normal

→ Estatística teste
$$t = \sqrt{n}(\bar{x} - \mu_0)/s$$

→ Grande ($n \geq 30$). População tem qualquer distribuição

→ Estatística-teste
σ conhecido: $z = \sqrt{n}(\bar{x} - \mu_0)/\sigma$
σ desconhecido: $z \approx \sqrt{n}(\bar{x} - \mu_0)/s$

QUALITATIVO
Dois resultados (S, F)
Distribuição binomial

PARÂMETRO-ALVO
p = proporção de S

Tamanho da amostra

→ Pequeno
$np < 15$ ou $nq < 15$

→ Use procedimento da Seção 9.1

→ Grande
Tanto $np_0 \geq 15$ como $nq_0 \geq 15$

→ Estatística-teste
$$z = \frac{\hat{p} - p_0}{\sqrt{p_0 q_0/n}}$$

Notas do capítulo

PALAVRAS-CHAVE PARA IDENTIFICAR O PARÂMETRO-ALVO:	SÍMBOLOS-CHAVE:
μ — Média p — Proporção, fração σ^2 — Variação, variabilidade, dispersão	μ Média da população p Proporção da população, P(sucesso) em uma distribuição binomial σ^2 Variação da população $\bar{x}$ Média da amostra (estimador de μ) $\hat{p}$ Proporção da amostra (estimador de p) s^2 Variação da amostra (estimador de σ^2) H_0 Hipótese nula H_a Hipótese alternativa α Probabilidade de erro Tipo I β Probabilidade de erro Tipo II X^2 Qui-quadrado (distribuição amostral de s^2 para dados normais)
ELEMENTOS DE UM TESTE DE HIPÓTESES	
1. Hipótese nula (H_0) 2. Hipótese alternativa (H_a) 3. Estatística teste (z, t ou χ^2) 4. Nível de significância (α) 5. Valor p 6. Conclusão	Erro Tipo I = Rejeitar H_0 quando H_0 é verdadeiro (ocorre com probabilidade α) Erro Tipo II = Aceitar H_0 quando H_0 é falso (ocorre com probabilidade β) Poder de teste = P(rejeitar H_0 quando H_0 é falso) = $1 - \beta$
FORMAS DA HIPÓTESE ALTERNATIVA:	**USANDO VALORES p PARA DECIDIR:**
Cauda inferior: H_a: $\mu_0 < 50$ Cauda superior: H_a: $\mu_0 > 50$ Duas caudas: H_a: $\mu_0 \neq 50$	1. Escolher nível de significância (α) 2. Obter valor p para o teste 3. Se α > valor p, rejeitar H_0

Exercícios suplementares 6.98 – 6.130

Nota: Liste as premissas necessárias para a implementação válida dos procedimentos estatísticos que você usa para resolver todos estes exercícios. Exercícios marcados com (*) se referem a seções opcionais deste capítulo.

Aprendendo a mecânica

6.98 Especifique as diferenças entre um teste de hipóteses de amostra grande e amostra pequena sobre a média da população μ. Foque nas premissas e estatísticas-teste.

6.99 *Complete a seguinte sentença*: Quanto menor o valor p associado ao teste de hipóteses, mais forte o suporte para a hipótese _____. Explique sua resposta.

6.100 Qual dos elementos do teste de hipóteses pode e deve ser especificado *antes* de analisar os dados que devem ser utilizados para conduzir o teste?

6.101 Se você selecionar um valor muito pequeno para α quando estiver conduzindo um teste de hipóteses, β tenderá a ser grande ou pequeno? Explique.

6.102 Se a rejeição da hipótese nula de um teste particular provocasse a saída da firma do negócio, você desejaria que α fosse pequeno ou grande? Explique.

6.103 Uma amostra aleatória de 20 observações selecionadas a partir de uma população normal produziu $\bar{x} = 72,6$ e $s^2 = 19,4$.
   a. Teste H_0: $\mu = 80$ contra H_a: $\mu < 80$. Use $\alpha = 0,05$.
   b. Teste H_0: $\mu = 80$ contra H_a: $\mu \neq 80$. Use $\alpha = 0,01$.

6.104 Uma amostra aleatória de 175 medições possuiu uma média $\bar{x} = 8,2$ e $s^2 = 0,79$.
   a. Teste H_0: $\mu = 8,3$ contra H_a: $\mu \neq 8,3$. Use $\alpha = 0,05$.
   b. Teste H_0: $\mu = 8,4$ contra H_a: $\mu \neq 8,4$. Use $\alpha = 0,05$.
   *c. Teste H_0: $\sigma = 1$ contra H_a: $\sigma \neq 1$. Use $\alpha = 0,05$.
   *d. Encontre o poder de teste, item a, se $\mu_a = 8,5$.

6.105 Uma amostra aleatória de $n = 200$ observações de uma população binomial gera $\hat{p} = 0,29$.
   a. Teste H_0: $p = 0,35$ contra H_a: $p < 0,35$. Use $\alpha = 0,05$.
   b. Teste H_0: $p = 0,35$ contra H_a: $p \neq 0,35$ Use $\alpha = 0,05$.

6.106 Um teste t é conduzido para a hipótese nula H_0: $\mu = 10$ contra a alternativa H_a: $\mu > 10$ para uma amostra aleatória de $n = 17$ observações. Os resultados do teste são: $t = 1,174$ e o valor $p = 0,1288$.
   a. Interprete o valor p.
   b. Que premissas são necessárias para a validade desse teste?
   c. Calcule e interprete o valor p presumindo que a hipótese alternativa fosse H_a: $\mu \neq 10$.

6.107 Uma amostra aleatória de 41 obsevações de uma população normal possui média $\bar{x} = 88$ e desvio-padrão $s = 6,9$.
   a. Teste H_0: $\sigma^2 = 30$ contra H_a: $\sigma^2 > 30$. Use $\alpha = 0,05$.
   b. Teste H_0: $\sigma^2 = 30$ contra H_a: $\sigma^2 \neq 30$. Use $\alpha = 0,05$.

Aplicação dos conceitos — Básico

6.108 Relacionando estado de emprego com saúde mental. Um estudo relatado no *Journal of Occupational and Organizational Psychology* (dez. 1992) investigou a relação entre estado de emprego e saúde mental. A cada desempregado homem de uma amostra de 49 foi dado um exame de saúde mental usando o Questionário de Saúde Geral (QSG). O QSG é amplamente reconhecido como medida de saúde mental presente, com valores baixos indicando maior saúde mental. A média e o desvio-padrão da pontuação do QSG foram $\bar{x}$ = 10,94 e s = 5,10, respectivamente.

   a. Uma pontuação QSG de 10 geralmente é considerada como um valor que divide o mentalmente estável do instável. Especifique as hipóteses nula e alternativa apropriadas se quisermos testar a hipótese de pesquisa de que a pontuação do QSG médio para todos os homens desempregados excede 10. Esse teste é de uma cauda ou duas caudas? Por quê?
   b. Se especificarmos α = 0,05, qual a região de rejeição apropriada para o teste?
   c. Conduza o teste e tire sua conclusão claramente na linguagem deste exercício.
   d. Encontre e interprete o valor p para o teste.

6.109 Pesquisa para consumidores on-line. A Creative Good, uma empresa de consultoria de Nova York, afirmou que 39% dos compradores falham em suas tentativas de comprar mercadoria on-line porque os sites são muito complexos (*Forbes*, 13 dez. 1999). Outra empresa de consultoria pediu a uma amostra aleatória de 60 compradores on-line que cada um testasse um site diferente de e-commerce aleatoriamente selecionado. Apenas 15 relataram frustração com seu site, suficiente para impedi-los de realizar a compra.

   a. Esses dados fornecem evidência suficiente para rejeitar a alegação feita pela Creative Good? Teste usando α = 0,01.
   b. Encontre o nível observado de significância do teste e interprete-o no contexto do problema.

6.110 Qualidade do noticiário de TV a cabo. Em uma pesquisa com 500 espectadores de televisão com acesso à TV a cabo, foi perguntado a cada um se concordava com a afirmação: 'De forma geral, eu acho que a qualidade das notícias em canais a cabo (como CNN, CNN, FOXNews, CNBC e MSNBC) é melhor do que as notícias da ABC, da CBS e da NBC'. Um total de 248 espectadores concordou com a afirmação (*Cabletelevision Advertising Bureau*, maio 2002).

Nota: Os respondentes da pesquisa foram contactados via e-mail na internet.

   a. Identifique o parâmetro da população de interesse na pesquisa.
   b. Dê um ponto estimado do parâmetro da população.
   c. Defina H_0 e H_a para testar se a verdadeira porcentagem de espectadores de TV que acha as notícias da TV a cabo de melhor qualidade do que as de canais abertos difere de 50%.
   d. Conduza o teste, item **c**, usando α = 0,10. Tire a conclusão apropriada no contexto do problema.
   e. Que condições são requeridas para que a inferência, item **d**, seja válida? Elas parecem estar satisfeitas?

6.111 Valor beta de uma ação. O 'coeficiente beta' de uma ação é a medida da volatilidade da ação (ou risco) em relação ao mercado como um todo. Ações com coeficiente beta maior que 1 geralmente trazem maior risco (maior volatilidade) que o mercado, enquanto ações com coeficientes beta menores que 1 são menos arriscadas (menos voláteis) do que o mercado em geral (Alexander, Sharpe e Bailey, *Fundamentals of investments*, 2000). Foi selecionada uma amostra aleatória com 15 ações de tecnologia ao final de 2006, e a média e o desvio-padrão dos coeficientes beta foram calculados: $\bar{x}$ = 1,23, s = 0,37.

   a. Defina as hipóteses nula e alternativa apropriadas para testar se uma ação de alta tecnologia é, na média, mais arriscada que o mercado como um todo.
   b. Estabeleça a estatística-teste apropriada e a região de rejeição para o teste. Use α = 0,10.
   c. Que premissas são necessárias para garantir a validade do teste?
   d. Calcule a estatística-teste e tire sua conclusão.
   e. Qual o valor p associado a esse teste? Interprete.
   *f. Conduza um teste para determinar se a variação dos valores do beta da ação diferem de 0,15. Use α = 0,05.

6.112 Apnéia do sono em motoristas de caminhão. Consulte o estudo de *Chest* (maio 1995) sobre apnéia do sono obstrutiva, Exercício 5.98. Lembre-se de que esse mal faz com que uma pessoa pare de respirar e acorde de repente durante um ciclo de sono. Pesquisadores da Stanford University descobriram que 124 de 159 motoristas de caminhões comerciais sofrem de apnéia do sono obstrutiva.

   a. Pesquisadores do sono teorizam que 25% da população em geral sofre de apnéia do sono obstrutiva. Use um teste de hipóteses (a α = 0,10) para determinar se essa porcentagem difere para motoristas de caminhões comerciais.
   b. Encontre o nível de significância observado do teste e interprete seu valor.
   c. No item **b** do Exercício 5.98, você usou um intervalo de confiança de 90% para fazer a inferência do item **a**. Explique por que essas duas inferências devem necessariamente estar de acordo.

FLALAW Companion Website

6.113 Principais firmas de advocacia da Flórida. Retome o Exercício 5.88 e os dados sobre firmas de direito na Flórida listadas na *Florida Trendmagazine* (abr. 2002). Lembre-se de que você encontrou um intervalo de confiança de 90% para μ, o número médio de escritórios operados por todas as empresas de direito da Flórida.

   a. Use os dados salvos no arquivo **FLALAW** para conduzir um teste (a α = 0,10) de H_0: μ = 5 contra H_a: $\mu \neq 5$.
   b. A inferência do item **a** está de acordo com a inferência que você fez usando o intervalo de confiança no Exercício 5.88?

Aplicação dos conceitos — Intermediário

6.114 Uso de cupons de desconto por consumidores. Em 1894, o farmacêutico Asa Candler começou a distribuir tickets escritos à mão para seus clientes para garrafas grátis de Coca-Cola em sua fonte de refrigerante. Essa foi a origem do cupom de desconto. Em 1975, era estimado que 65% dos consumidores norte-americanos usavam cupons de desconto regularmente enquanto compravam. Em uma pesquisa de consumidores mais recente, 77% responderam que trocam cupons regularmente (*Mediamark Research*, Inc.). Presuma que a pesquisa recente tenha sido constituída de uma amostra aleatória de 1.000 compradores.

   a. A pesquisa fornece evidência suficiente de que a porcentagem de consumidores que usa cupons de desconto excede 65%? Teste usando $\alpha = 0,05$.
   b. O tamanho da amostra é grande o suficiente para usar os procedimentos de inferência apresentados nesta seção? Explique.
   c. Encontre o nível de significância observado para o teste que você conduziu no item a e interprete seu valor.

6.115 Erros em testes médicos. Testes médicos foram desenvolvidos para detectar muitas doenças graves. Um teste médico é desenvolvido para minimizar a probabilidade de que produza um 'falso positivo' ou 'falso negativo'. Um falso positivo se refere a um resultado positivo para um indivíduo que não tem a doença, enquanto um falso negativo é um resultado negativo para um indivíduo que tem a doença.

   a. Se tratarmos um teste médico para uma doença como um teste de hipóteses estatístico, quais as hipóteses nula e alternativa do teste?
   b. Quais são os erros Tipo I e II para o teste? Relacione cada um ao falso positivo e ao falso negativo.
   c. Qual dos erros tem conseqüências mais graves? Considerando esse erro, é mais importante minimizar α ou β? Explique.

6.116 Uso do Lincoln Tunnel por motoristas. O Lincoln Tunnel (sob o Rio Hudson) conecta o subúrbio de New Jersey a Manhattan. Às segundas, às 8:30h, o número médio de carros esperando em fila para pagar o pedágio do Lincoln Tunnel é 1.220. Em virtude da espera considerável na hora do *rush*, as autoridades portuárias de Nova York e New Jersey estão pensando em aumentar o valor do pedágio entre 7:30h e 8:30h para estimular mais motoristas a usarem o túnel em horário mais cedo ou mais tarde (*Newark Star-Ledger*, 27 ago. 1995). Suponha que as autoridades portuárias experimentem a precificação para horas de pico por 6 meses, aumentando o pedágio de US$ 4 para US$ 7. Em 10 diferentes dias úteis, às 8:30h, fotos aéreas das filas do túnel são tiradas, e o número de veículos é contado. Os resultados são:

TUNNEL

| 1.260 | 1.052 | 1.201 | 942 | 1.062 | 999 | 931 | 849 | 867 | 735 |

Analise os dados a fim de determinar se a precificação diferenciada na hora de pico teve sucesso na redução do número médio de veículos tentando usar o Lincoln Tunnel nesse período.

6.117 Stress pós-traumático. A maior parte das grandes empresas têm psicólogos disponíveis para ajudar empregados que sofrem de stress. Um problema difícil de diagnosticar é a disordem de stress pós-traumático (DSPT). Pesquisadores que estudam DSPT geralmente usam como sujeitos antigos prisioneiros de guerra. A *Psychological Assessment* (mar. 1995) publicou os resultados de um estudo com aviadores da Segunda Guerra que foram capturados pelas forças alemãs depois de terem sido abatidos. Tendo localizado um total de 239 aviadores prisioneiros de guerra sobreviventes na Segunda Guerra, os pesquisadores pediram que cada veterano participasse do estudo; 33 responderam à carta-convite. A cada um dos 33 prisioneiros de guerra sobreviventes foi administrado o Minnesota Multiphasic Personality Inventory, um componente que mede o nível de DSPT. [*Nota*: Quanto maior a pontuação, maior o nível de DSPT.] Os aviadores produziram um DSPT médio de $\bar{x} = 9,00$ e $s = 9,32$.

   a. Defina a hipótese nula e a alternativa para determinar se a pontuação média verdadeira de DSPT de todos os prisioneiros de guerra sobreviventes da Segunda Guerra é menor que 16. [*Nota*: O valor 16 representa a pontuação DSPT média para os prisioneiros de guerra do Vietnã.]
   b. Conduza o teste, item a, usando $\alpha = 0,10$. Quais as implicações práticas do teste?
   c. Discuta a representatividade da amostra usada no estudo e suas ramificações.

6.118 Melhorando a produtividade de galinhas. Consulte o estudo do *Applied Animal Behaviour Science* (out. 2000) sobre a cor de corda preferida por galinhas domésticas, Exercício 5.96. Lembre-se de que galinhas foram expostas à corda azul e que o número de bicadas que cada uma deu na corda, em um intervalo específico de tempo, teve uma média de $\bar{x} = 1,13$ e desvio-padrão, $s = 2,21$. Lembre-se também da pesquisa anterior, que mostrou $\mu = 7,5$ bicadas se as galinhas estavam expostas a uma corda branca.

   a. Conduza um teste (a $\alpha = 0,01$) para determinar se o verdadeiro número médio de bicadas na corda azul é menor que $\mu = 7,5$.
   b. No Exercício 5.96, você usou um intervalo de confiança de 99% como evidência de que as galinhas são mais aptas a bicar a corda branca do que a azul. Os resultados do item a reforçam essa conclusão? Explique.

6.119 Os fabricantes estão satisfeitos com promoções? Promoções de vendas usadas por fabricantes para forçar os varejistas a levarem, anunciarem ou empurrarem sua produção são chamadas promoções de negócios. Uma pesquisa com 250 fabricantes coduzidas pela Cannondale Associates, uma empresa de consultoria em vendas e marketing, verificou que 91% dos fabricantes acreditam que seus gastos com esse tipo de promoção são ineficientes (*Potentials in Marketing*, jun. 1995). Isso é evidência suficiente para rejeitar a alegação anterior da American Marketing Association de que não mais que metade de todos os fabricantes está insatisfeita com seus gastos em promoções de negócios?

a. Conduza o teste de hipóteses apropriado a $\alpha = 0,02$. Comece sua análise determinando se o tamanho da amostra é grande o suficiente para aplicar a metodologia de teste apresentada neste capítulo.
b. Relate o nível de significância observado do teste e interprete seu significado no contexto do problema.
*c. Calcule β, a probabilidade de erro Tipo II, se, na verdade, 55% de todos os fabricantes estão insatisfeitos com seus gastos em promoções de negócios.

6.120 Prendendo ladrões que se passam por clientes em lojas. Roubos de pessoas que se passam por clientes em lojas nos Estados Unidos custam aos varejistas cerca de US$ 15 bilhões por ano. Apesar da gravidade do problema, a Shoplifters Alternative of Jericho, em Nova York, diz que apenas 50% desses ladrões são entregues à polícia (*Athens Daily News*, 12 dez. 1999). Um total de 40 varejistas norte-americanos foi questionado em uma amostra aleatória a respeito da disposição dos ladrões mais recentes que apreenderam. Um total de 24 foi entregue à polícia. Esses dados fornecem evidência suficiente para contradizer a Shoplifters Alternative?
a. Conduza um teste de hipóteses para responder à questão de interesse. Use $\alpha = 0,05$.
b. O tamanho da amostra é grande o suficiente para usar o procedimento inferencial do item **a**?
c. Encontre o nível observado de significância do teste de hipóteses do item **a**. Interprete o valor.
d. Para que valores de α o nível de significância observado seria suficiente para rejeitar a hipótese nula do teste que você conduziu no item **b**?

*6.121 Prendendo ladrões que se passam por clientes em lojas (continuação). Consulte o Exercício 6.120.
a. Descreva o erro Tipo II em termos dessa aplicação.
b. Calcule a probabilidade β de erro Tipo II para esse teste, presumindo que a verdadeira fração de ladrões entregue à polícia é $p = 0,55$.
c. Suponha que o número de varejistas da amostra aumente de 40 para 100. Como isso afeta a probabilidade de um erro Tipo II para $p = 0,55$?

6.122 Programas de marketing de freqüência em restaurantes. Para aumentar a lealdade do cliente, linhas aéreas, hotéis, companhias de aluguel de carros e empresas de cartão de crédito (entre outras) iniciaram programas de marketing de freqüência que premiam seus clientes regulares. Mais de 80 milhões de pessoas são membros de programas de passageiros freqüentes na indústria aérea (*www.frequentflier.com*). Uma grande cadeia de restaurantes de *fast-food* desejou explorar a lucratividade de tal programa. Eles selecionaram aleatoriamente 12 de 1.200 restaurantes nos Estados Unidos e instituíram um programa que premiou os consumidores com um certificado-presente de US$ 5,00 depois de cada 10 refeições compradas a preço cheio. Fizeram o teste por 3 meses. Os restaurantes fora da amostra tiveram um aumento médio em lucros de US$ 1.047,34 sobre os três meses anteriores, enquanto os restaurantes da amostra tiveram as seguintes mudanças nos lucros:

US$ 2.232,90	US$ 545,47	US$ 3.440,70	US$ 1.809,10
US$ 6.552,70	US$ 4.798,70	US$ 2.965,00	US$ 2.610,70
US$ 3.381,30	US$ 1.591,40	US$ 2.376,20	–US$ 2.191,0

Note que o último número é negativo, representando uma diminuição nos lucros.
a. Especifique as hipóteses nula e alternativa apropriadas para deteminar se a mudança média nos lucros para restaurantes com programas de freqüência é significantemente maior (em sentido estatístico) do que US$ 1.047,34.
b. Conduza um teste do item **b** usando $\alpha = 0,05$. Há indícios de que o programa de freqüência seria lucrativo para essa companhia caso adotado nacionalmente?

6.123 Limites de cloreto de vinil da EPA. A EPA define um limite de suspensão no ar de 5 partes por milhão (ppm) de cloreto de vinil, um gás sem cor usado para fazer plásticos, adesivos e outros produtos químicos. Ele é tanto um carcinogênio quanto um mutante (*New Jersey Department of Health, Hazardous Substance Fact Sheet*, 2005). Um grande fabricante de plástico, tentando controlar a quantidade de cloreto de vinil à qual seus trabalhadores estão expostos, deu instruções de paralisação da produção se a quantidade média desse cloreto no ar exceder 3,0 ppm. Uma amostra aleatória de 50 espécimes do ar produziu a seguinte estatística: $\bar{x} = 3,1$ ppm, $s = 0,5$ ppm
a. Essas estatísticas fornecem evidência suficiente para interromper o processo? Use $\alpha = 0,01$.
b. Se você fosse o gerente da fábrica, gostaria de usar um valor grande ou pequeno para o teste no item **a**? Explique.
c. Encontre o valor p para o teste e interprete esse valor.

*6.124 Limites de cloreto de vinil da EPA (continuação). Consulte o Exercício 6.123.
a. No contexto do problema, defina o erro Tipo II.
b. Calcule β para o teste descrito no item **a** do Exercício 6.123, presumindo que a verdadeira média seja $\mu = 3,1$ ppm.
c. Qual o poder do teste para detectar um desvio do limite do fabricante de 3,0 ppm, quando a média é 3,1 ppm?
d. Repita os itens **b** e **c** presumindo que a verdadeira média seja 3,2 ppm. O que acontece ao poder do teste, uma vez que o nível médio de cloreto de vinil da fábrica vai além do limite?

*6.125 Limites de cloreto de vinil da EPA (continuação). Consulte os exercícios 6.123 e 6.124.
a. Suponha que o valor de 0,05 seja usado para conduzir o teste. Essa mudança favorece o processo de paralisação? Explique.
b. Determine o valor de β e o poder do teste quando $\alpha = 0,05$ e $\mu = 3,1$.
c. O que acontece com o poder do teste quando α é aumentado?

6.126 Avaliando um instrumento de medição. Uma forma de avaliar um instrumento de medição é medir repetidamente o mesmo item e comparar a média dessas medições com o valor conhecido medido do item. A diferença é usada para descobrir a precisão do instrumento (*Quality Progress*, jan. 1993). Para avaliar uma escala Metlar em particular, um item cujo peso é conhecido como sendo 16,01 onças é pesado cinco vezes pelo mesmo operador. As medições, em onças, são como se segue:

METLAR Companion Website

| 15,99 | 16,00 | 15,97 | 16,01 | 15,96 |

a. Em sentido estatístico, a medição média difere de 16,01? Conduza um teste de hipóteses apropriado a $\alpha = 0,05$. O que sua análise sugere sobre a precisão desse instrumento?
b. Liste quaisquer premissas que você tenha feito para conduzir o teste de hipóteses do item **a**.
*c. Avalie a precisão do instrumento ao testar se o desvio-padrão médio das medições do peso é maior que 0,01. Use $\alpha = 0,05$.

6.127 Testando a validade de um anúncio de TV. O fabricante de um analgésico alega que seu produto traz alívio de dor para pessoas que sofrem de dor de cabeça em menos de 3,5 minutos, em média. Para poder fazer essa alegação em anúncios de TV, um canal de TV em particular requisitou ao fabricante que apresentasse evidência estatística que desse suporte à alegação. O fabricante relatou que, para uma amostra aleatória de 50 pessoas que sofriam de dor de cabeça, o tempo médio para alívio era de 3,3 minutos, e o desvio-padrão, de 1,1 minuto.

a. Esses dados reforçam a alegação do fabricante? Teste usando $\alpha = 0,05$.
b. Relate o valor p do teste.
c. Em geral, valores grandes de p ou valores pequenos dão suporte à alegação do fabricante? Explique.

Aplicação dos conceitos — Avançado

6.128 'Loucuras de março' da NCAA. Por três semanas, a cada março, a National Collegiate Athletic Association (NCAA) faz seu torneio anual masculino de basquete. Os 64 melhores times de basquete do ensino médio nos Estados Unidos jogam um torneio de eliminação única — um total de 63 jogos — para determinar o campeão da NCAA. Os seguidores de torneios, de grandes apostadores a fãs casuais que entram no escritório de apostas, têm grande interesse nos dados das partidas. Para dar informações sobre esse fenômeno, os estatísticos Hal Stern e Barbara Mock analisaram os dados de 13 torneios anteriores da NCAA e publicaram seus resultados em *Chance* (inverno, 1998). Os resutados dos jogos de primeira rodada estão resumidos na tabela abaixo.

a. Uma percepção comum entre fãs, mídia e apostadores é que times melhor ranqueados têm uma chance maior que 50–50 de ganhar em um jogo na primeira rodada. Há evidência para reforçar essa percepção? Conduza o teste de hipóteses apropriado para cada jogo. Que tendências você observa?
b. Há evidência para reforçar a alegação de que um cabeça de chave 1, 2, 3 ou 4 ganhará por uma pontuação média de mais de 10 pontos nos jogos da primeira rodada? Conduza o teste de hipóteses apropriado para cada cruzamento.
c. Há evidência para reforçar que o time cabeça de chave 5, 6, 7 ou 8 ganhará por uma diferença inferior a 5 pontos nos jogos da primeira rodada? Conduza o teste apropriado para cada cruzamento.
*d. Para cada cruzamento, teste a hipótese nula de que o desvio-padrão da margem da vitória seja de 11 pontos.
e. Os pesquisadores também calcularam a diferença entre o resultado do jogo (margem de vitória, em pontos) e a dispersão de pontos estabelecida pelos responsáveis por apostas em Las Vegas para uma amostra de 360 jogos recentes de torneios da NCAA. A diferença média é 0,7 e o desvio-padrão da diferença é 11,3. Se a verdadeira média é 0, então a dispersão de pontos pode ser considerada um bom prognóstico do resultado do jogo. Use essa informação da amostra para testar a hipótese de que a dispersão de pontos, em média, é um bom prognóstico da margem de vitória em jogos de torneios da NCAA.

Resumo dos jogos de primeira rodada do torneio da NCAA, 1985-1997				
Matchup (*seeds*)	Número de jogos	Número ganho pelo favorito (maior *seed*)	Margem de vitória (pontos)	
			Média	Desvio-padrão
1 vs. 16	52	52	22,9	12,4
2 vs. 15	52	49	17,2	11,4
3 vs. 14	52	41	10,6	12,0
4 vs. 13	52	42	10,0	12,5
5 vs. 12	52	37	5,3	10,4
6 vs. 11	52	36	4,3	10,7
7 vs. 10	52	35	3,2	10,5
8 vs. 9	52	22	–2,1	11,0

Fonte: STERN, H. S.; MOCK, B. "College basketball upsets: will a 16-seed ever beat a 1-seed?" *Chance*, vol. 11, n.1, inverno, 1998, p. 29 (Tabela 3).

6.129 Fatores que inibem o aprendizado em marketing. Que fatores inibem o processo de aprendizado em sala de aula? Para responder a essa questão, os pesquisadores da Murray State University pesquisaram 40 estudantes de um nível sênior de turma de marketing (*Marketing Education Review*, outono, 1994). A cada estudante foi dada uma lista de fatores e foi pedido que classificassem quanto cada fator inibiu o processo de aprendizagem em cursos oferecidos em seu departamento. Uma escala de classificação de 7 pontos foi usada, em que 1 = 'nada' e 7 = 'fortemente'. O fator com a maior classificação foi relacionado aos instrutores: "Professores que dão muita ênfase a uma única resposta correta em lugar do pensamento geral e idéias criativas". Estatísticas resumidas para as classificações dos estudantes desse fator são: $\bar{x}$ = 4,70 e s = 1,62.
  a. Conduza um teste para determinar se a verdadeira classificação média para esse fator relacionado a instrutor excede 4. Use $\alpha = 0,05$. Interprete os resultados.
  b. Examine os resultados do estudo de uma visão prática, então discuta por que 'estatisticamente significante' nem sempre implica 'praticamente significante'.
  c. Em virtude de a variável de interesse, classificação, ser medida em uma escala de 7 pontos, é pouco provável que a população de classificações seja normalmente distribuída. Conseqüentemente, alguns analistas devem considerar o teste, item **a**, como inválido e buscar métodos alternativos de análise. Defenda ou refute esse argumento.

Desafio de pensamento crítico

6.130 A travessura do tamale quente. 'Tamales quentes' são doces com sabor de canela. Uma máquina de vendas é conhecida por entregar, em média, 15 tamales quentes por sacola, com um desvio-padrão de 3 por sacola. A *Chance* (outono, 2000) publicou um artigo em um projeto de sala de aula no qual foi solicitado aos alunos que comprassem sacolas de tamales quentes da máquina e contassem o número de doces por sacola. Um grupo de estudantes alegou que comprou cinco sacolas que tinham as seguintes contagens: 25, 23, 21, 21 e 20. Houve alguns questionamentos, como por exemplo se os estudantes tinham inventado os dados. Use um teste de hipóteses para conseguir informações sobre se os dados coletados pelos estudantes foram ou não inventados. Use um nível de significância que dê o benefício da dúvida aos estudantes.

Referências bibliográficas

ALEXANDER, G. J.; SHARPE, W. F.; BAILEY, J. *Fundamentals of investments*. 3. ed. Upper Saddle River, N.J.: Prentice Hall, 2000.

SCHONBERGER, R. J.; KNOD, Jr., E. M. *Operations management*. 5. ed. Burr Ridge, Ill.: Irwin, 1994.

SNEDECOR, G. W.; COCHRAN, W. G. *Statistical methods*. 7. ed. Ames: Iowa State University Press, 1980.

STEVENSON, W. J. *Production/operations management*. 6. ed. Chicago: Irwin, 2000.

WACKERLY, D.; MENDENHALL, W.; SCHEAFFER, R. *Mathematical statistics with applications*. 6. ed. North Scituate, Mass.: Duxbury, 2002.

Uso da tecnologia

6.1 Testes de hipóteses usando o SPSS

O SPSS pode ser usado para testar hipóteses sobre a média da população e a proporção da população, mas não pode conduzir um teste para a variação da população. Para gerar um teste para a média, primeiro acesse a planilha do SPSS que contém os dados da amostra. Depois, clique no botão 'Analyze' na barra de menu, então clique em 'Compare means' e 'One-sample T test', conforme mostrado na Figura 6.S.1. A caixa de diálogo resultante aparece como mostrado na Figura 6.S.2. Especifique a variável quantitativa de interesse na caixa 'Test variable(s)' e o valor de μ_0 para a hipótese nula na caixa 'Test value', então clique 'OK'. O SPSS automaticamente conduzirá um teste de hipóteses de duas caudas.

Nota importante: o procedimento *t* de uma amostra do SPSS usa a estatística *t* para conduzir o teste de hipóteses. Quando o tamanho da amostra *n* é pequeno, esse é o método apropriado. Quando o tamanho da amostra *n* é grande, o valor *t* será aproximadamente igual ao valor *z* de amostra grande e o teste resultante ainda será válido.

Para gerar um teste para uma proporção, primeiro acesse o arquivo da planilha do SPSS que contém os dados da amostra. Depois, clique no botão 'Analyze' na barra de menu, então clique em 'Nonparametric tests' e 'Binomial',

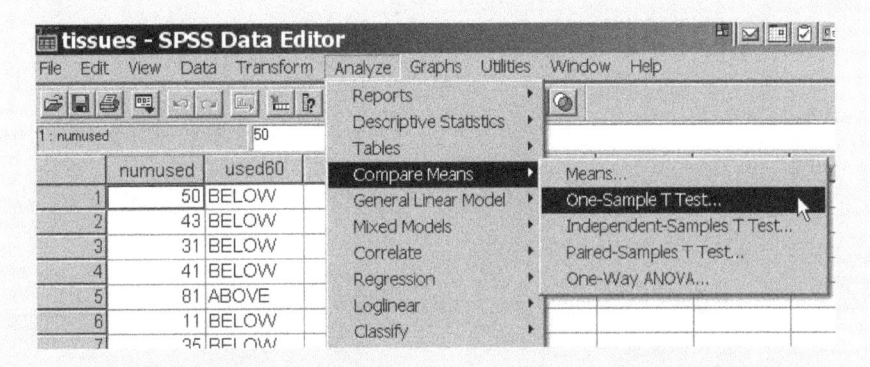

FIGURA 6.S.1 Opções de menu do SPSS para um teste sobre μ

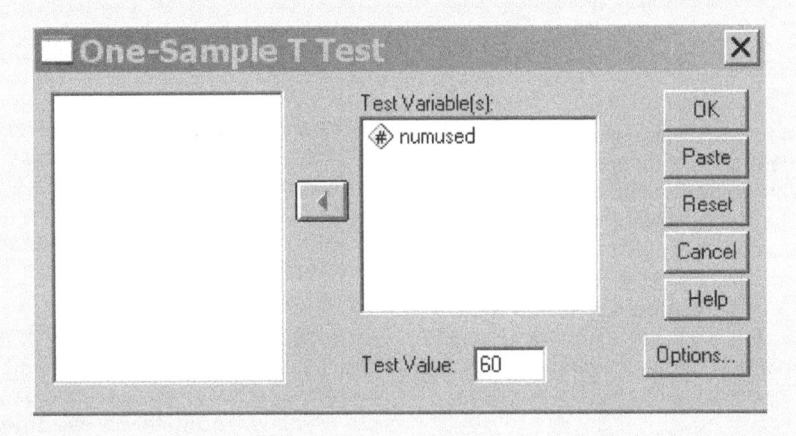

FIGURA 6.S.2 Caixa de diálogo do SPSS para teste t

conforme mostrado na Figura 6.S.3. A caixa de diálogo resultante aparece como mostrado na Figura 6.S.4. Especifique a variável binomial de interesse na caixa 'Test variable list' e o valor de p_0 para a hipótese nula na caixa 'Test proportion'.

Nota importante: O SPSS requer que a variável binomial seja inserida como uma variável quantitativa. Tipicamente, isso é conseguido ao se inserir dois valores numéricos (por exemplo, 0 e 1) para os dois resultados da variável. Se o dado foi inserido dessa maneira, então selecione a

FIGURA 6.S.3 Opções de menu do SPSS para um teste sobre p

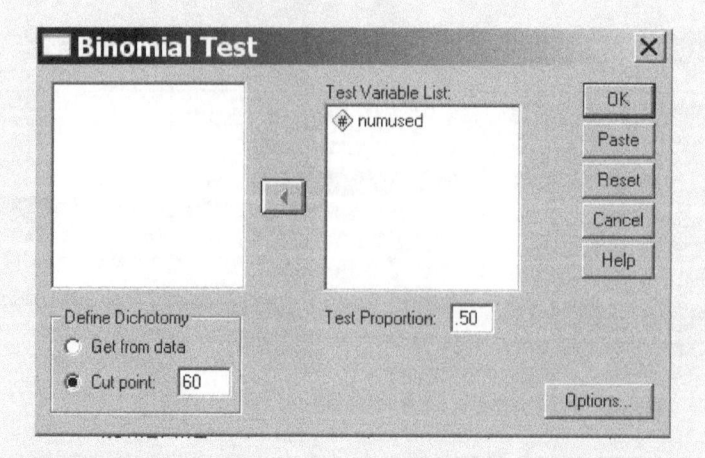

FIGURA 6.S.4 Caixa de diálogo do teste binomial do SPSS

opção 'Get from data' na área 'Define dichotomy' da caixa de diálogo. Você também pode criar os dois valores de resultados para uma variável quantitativa ao selecionar a opção 'Cut point' na área 'Define dichotomy' e especificar um valor numérico. Todos os valores da variável menores ou iguais a esse ponto de corte são associados a um grupo (sucesso), e todos os outros valores são associados ao outro grupo (fracasso). Uma vez que a dicotomia esteja definida, clique 'OK'. O SPSS automaticamente conduzirá um teste de hipóteses de duas caudas para a proporção.

6.2 Testes de hipóteses usando o MINITAB

O MINITAB pode ser usado para obter testes de uma amostra tanto para a média da população quanto para a proporção da população, mas não pode produzir um teste para a variação da população. Para gerar um teste de hipóteses para a média usando um grupo de dados da amostra previamente criado, primeiro acesse a planilha de dados do MINITAB. Depois, clique no botão 'Stat' na barra de menu do MINITAB, então clique em 'Basic statistics' e '1-Sample t', conforme mostrado na Figura 6.M.1. A caixa de diálogos resultante aparece como mostrado na Figura 6.M.2. Clique em 'Samples in columns', depois especifique a variá-

vel quantitativa de interesse na caixa aberta. Especifique o valor de μ_0 para a hipótese nula na caixa 'Test mean'. Em seguida, clique no botão 'Options' na parte de baixo da caixa de diálogo e especifique a forma da hipótese alternativa como mostrado na Figura 6.M.3. Clique em 'OK' para retornar à caixa de diálogo '1-Sample t', então clique 'OK' novamente para produzir o teste de hipóteses.

Se você quer produzir um teste para a média da informação resumida (por exemplo, a média da amostra, o desvio-padrão da amostra e o tamanho da amostra), então clique em 'Summarized data' na caixa de diálogo '1-Sample t', insira os valores da estatística resumidos e clique 'OK'.

Nota importante: O procedimento t de uma amostra do MINITAB usa a estatística t para gerar o teste de hipóteses. Quando o tamanho da amostra n é pequeno, esse é um método apropriado. Quando o tamanho da amostra n é grande, o valor t será aproximadamente igual ao valor z de amostra grande e o teste resultante ainda será válido. Se você tiver uma amostra grande e souber o valor do desvio-padrão da população (o que raramente é o caso), então selecione '1-Sample Z' a partir do menu de opções 'Basic statistics' (veja Figura 6.M.1) e faça as seleções apropriadas.

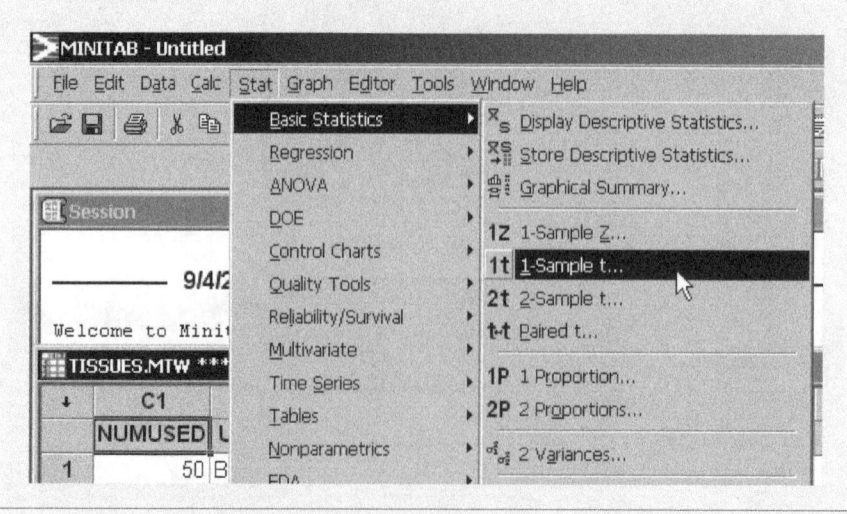

FIGURA 6.M.1 Menu de opções do MINITAB para um teste sobre μ

FIGURA 6.M.2 Caixa de diálogo de uma amostra *t* do MINITAB

Para gerar um teste para a proporção de uma população usando um grupo de dados previamente criado, primeiro acesse a planilha de dados do MINITAB. Depois, clique em 'Stat' na barra de menu do MINITAB, então clique em 'Basic statistics' e '1 Proportion' (veja Figura 6.M.1). A caixa de diálogo resultante aparece conforme mostrado na Figura 6.M.4. Clique em 'Samples in columns', então especifique a variável qualitativa de interesse na caixa aberta. Agora, clique no botão 'Options' na parte de baixo da caixa de diálogo e especifique o valor da hipótese nula e a forma da hipótese alternativa na caixa de diálogos resultante, como mostrado na Figura 6.M.5. Também marque a caixa 'Use test and interval based on normal distribution' na parte de baixo. Clique 'OK' para retornar à caixa de diálogo '1-Proportion', então clique 'OK' de novo para produzir os resultados do teste.

Se você quer produzir um intervalo de confiança para a proporção a partir da informação resumida (por exemplo, o número de sucessos e o tamanho da amostra), clique em 'Summarized data' na caixa de diálogo '1-Proportion' (veja Figura 6.M.4). Insira o valor para o número de tentativas (isto é, o tamanho da amostra) e o número de eventos (isto é, o número de sucessos), depois clique 'OK'.

6.3 Testes de hipóteses usando o Excel/PHStat2

O Excel com o PHStat2 adicionado pode ser usado para obter testes de uma amostra para médias de população, proporções e variações. Para gerar um teste de hipóteses para a média usando um grupo de dados previamente criado, primeiro acesse a planilha do Excel. Depois, clique no botão 'PHStat' na barra de menu do Excel, e então clique em 'One-sample tests' e 't Test for the mean, sigma unknown,' conforme mostrado na Figura 6.E.1. A caixa de diálogo resultante aparece como mostrado na Figura 6.E.2. Especifique o valor de μ_0 para a hipótese nula, o nível de significância α e a forma da hipótese alternativa (teste de cauda superior, inferior ou de duas caudas), depois clique em 'Sample statistics unknown' e especifique a amplitude de células para a variável quantitativa de interesse (veja Figura 6.E.2). Clique 'OK' para produzir os resultados do teste.

Se você quer produzir um teste para a média a partir da informação resumida (por exemplo, a média da amostra, o desvio-padrão da amostra e o tamanho da amostra), clique em 'Sample statistics known' na caixa de diálogo mostrada na Figura 6.E.2. Entre com os valores das estatísticas resumidas e clique 'OK'.

Nota importante: A amostra do Excel/PHStat2 gerada acima usa a estatística *t* para gerar o teste de hipóteses quando σ é desconhecido. Quando o tamanho da amostra *n* é pequeno, esse é o método apropriado. Quando o tamanho da amostra *n* é grande, o valor *t* será aproximadamente igual ao valor de *z* da amostra grande e o intervalo resultante ainda será válido. Se você tem uma amostra grande e conhece o valor do desvio-padrão da população (o que raramente é o caso), então selecione 'Z Test for the mean,

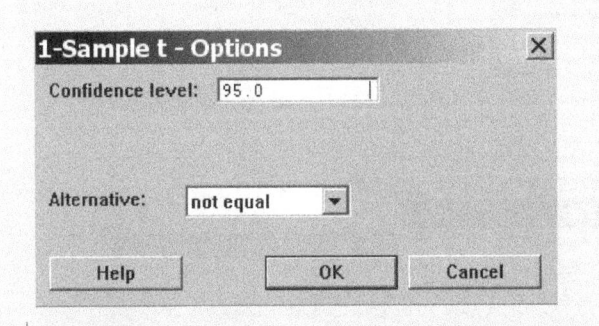

FIGURA 6.M.3 Caixa de diálogo de opções de uma amostra *t* do MINITAB

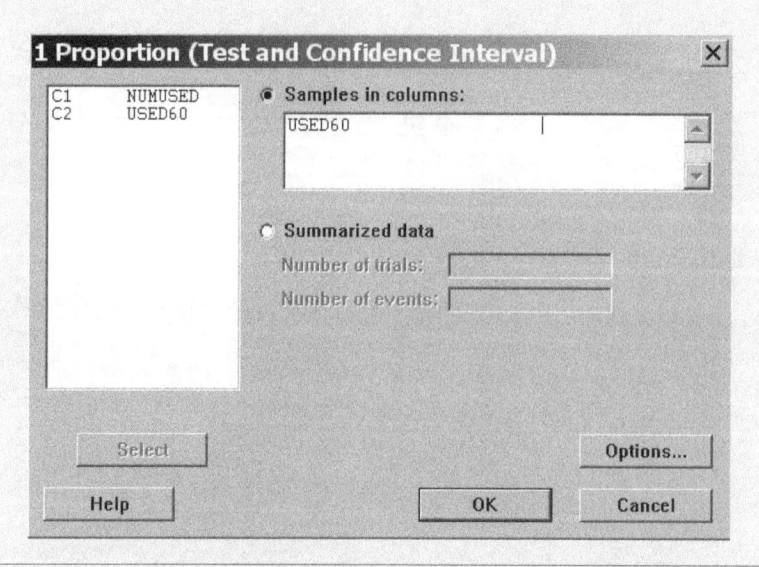

FIGURA 6.M.4 Caixa de diálogo 1 — proporção do MINITAB

FIGURA 6.M.5 Opções 1 — proporção do MINITAB

sigma known' das opções de menu 'One-sample tests' (veja Figura 6.E.1) e faça as seleções apropriadas.

Para gerar um teste para uma proporção de população usando Excel, você deve primeiro determinar o tamanho da amostra e o número de sucessos na amostra de interesse. Em seguida, clique no botão 'PHStat' na barra de menu do Excel, clique em 'One-sample tests' e em 'Z Test for the proportion'(veja Figura 6.E.1). A caixa de diálogo resultante aparece conforme mostrado na Figura 6.E.3. Especifique o valor p_0 da hipótese nula de nível de significância α, o número de sucessos, o tamanho da amostra e o formato da hipótese alternativa (teste de cauda superior, inferior ou duas caudas), então clique 'OK' para produzir os resultados. Para gerar um teste para a variação de uma

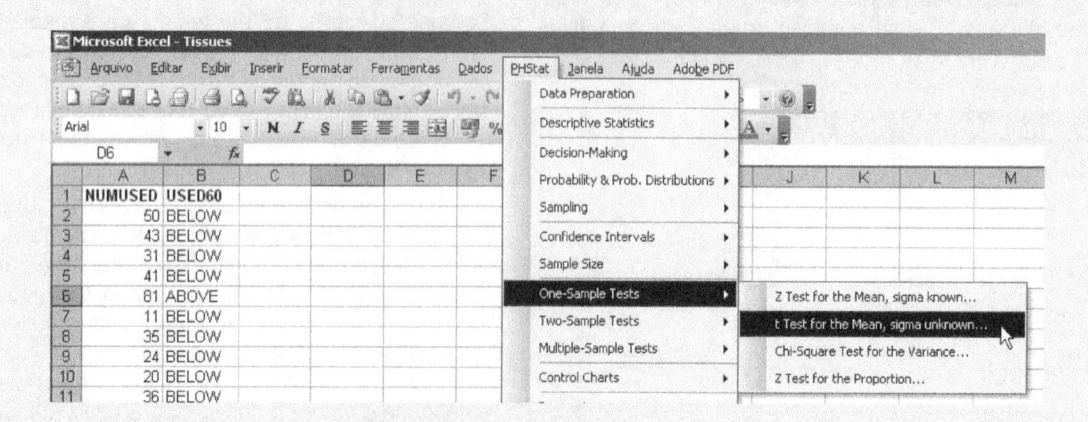

FIGURA 6.E.1 Opções de menu do Excel/PHStat2 para um teste sobre μ

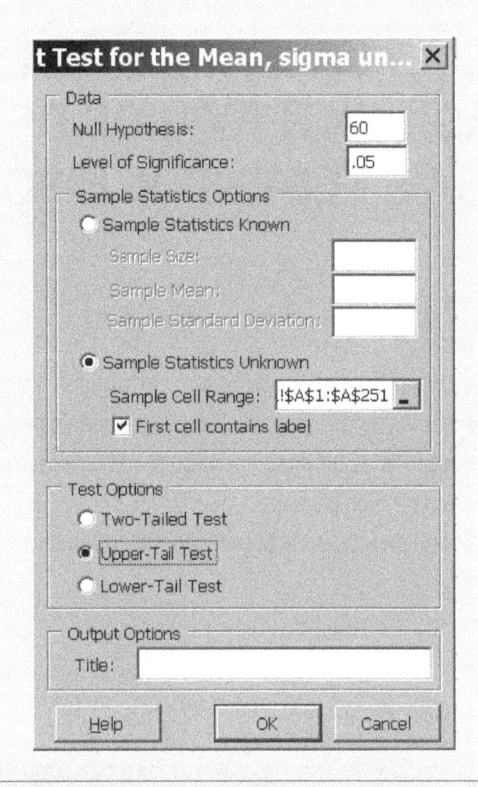

FIGURA 6.E.2 Caixa de diálogo do teste t do Excel para a média

população usando o Excel, você deve primeiramente determinar o desvio-padrão da amostra para a variável de interesse. Em seguida, clique no botão 'PHStat' na barra de menus do Excel e em 'One-sample tests' e 'Chi-square test for the variance' (veja Figura 6.E.1). A caixa de diálogo resultante aparece conforme mostrado na Figura 6.E.4. Especifique o valor da hipótese nula da variância σ_0^2, o nível de significância α, o tamanho da amostra, o desvio-padrão da amostra e o formato da hipótese alternativa (teste de cauda superior, inferior ou de duas caudas), clicando depois em 'OK' para produzir os resultados.

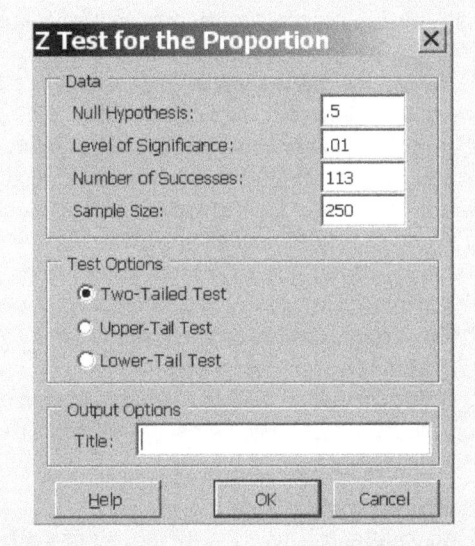

FIGURA 6.E.3 Caixa de diálogo do teste para proporção do Excel

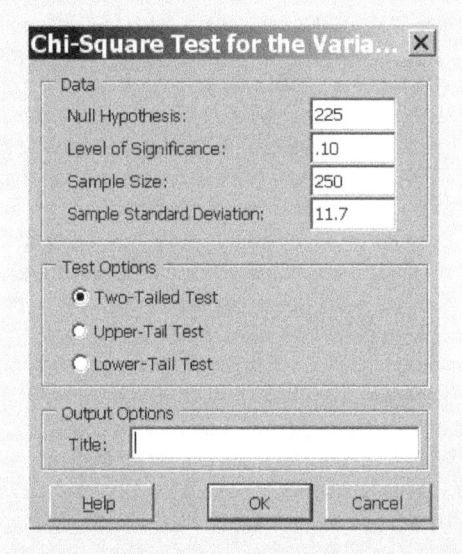

FIGURA 6.E.4 Caixa de diálogo do teste do Excel para variância

7 INFERÊNCIAS BASEADAS EM DUAS AMOSTRAS — INTERVALOS DE CONFIANÇA E TESTES DE HIPÓTESE

Conteúdo

7.1 Identificando o parâmetro-alvo
7.2 Comparando as médias de duas populações: amostragem independente
7.3 Comparando as médias de duas populações: experimentos de diferenças de pares
7.4 Comparando as proporções de duas populações: amostragem independente
7.5 Determinando o tamanho da amostra
7.6 Comparando as variações de duas populações: amostragem independente (Opcional)

Estatística em Ação

O EFEITO DE EQUIPES DE TRABALHO AUTOGERENCIADAS NA VIDA DA FAMÍLIA

Para melhorar a qualidade, a produtividade e a pontualidade, mais e mais empresas norte-americanas estão adotando um novo estilo de gerência participativa. Essa nova abordagem utiliza equipes de trabalho autogerenciadas (ETAGs). Uma equipe consiste, tipicamente, de 5 a 15 trabalhadores, que são coletivamente responsáveis pela tomada de decisões e pela realização de todas as tarefas relacionadas com um projeto em particular. Por exemplo, uma ETAG pode ser responsável pela programação das horas de trabalho, pelo relacionamento com os clientes, pela disciplina dos membros da equipe e pela participação na contratação de pessoas. Estudos anteriores revelaram que as ETAGs tiveram impactos positivos no desempenho das firmas e nas atitudes dos empregados.

O sistema de ETAGs implica que os empregados sejam treinados em habilidades interpessoais, tais como ouvir com atenção, tomar decisões e resolver conflitos. Conseqüentemente, as ETAGs podem ter, potencialmente, efeitos positivos na vida familiar de um trabalhador. Os pesquisadores L. Stanley (Tarleton State University), D. E. Yeatts e R. R. Seward (ambos da University of North Texas) investigaram a conexão entre as características de trabalho da ETAG e as percepções dos trabalhadores quanto aos efeitos positivos na vida familiar (Quality Management Journal, verão, 1995).

Foram coletados dados de 114 empregados da AT&T que trabalham em uma das quinze ETAGs, em uma divisão técnica da empresa. Os trabalhadores foram divididos em dois grupos: (1) aqueles que relataram efeitos positivos das habilidades do trabalho na vida familiar; e (2) aqueles que não relataram efeitos positivos do trabalho. Os dois grupos foram comparados em várias características demográficas e de trabalho, algumas das quais são mostradas na Tabela EA7.1. Todas, exceto as características demográficas, foram medidas em uma escala de 7 pontos, indo de 1 = 'discordo fortemente' até 7 = 'concordo fortemente'; portanto, quanto maior o número, mais forte a característica indicada.

O objetivo dos pesquisadores era comparar os dois grupos de trabalhadores em cada característica. Eles queriam saber principalmente quais características relacionadas com o trabalho eram mais fortemente associadas aos efeitos positivos. A partir da informação resumida publicada no artigo do Quality Management Journal, construímos um conjunto de dados que representa os resultados de um levantamento similar ao descrito. O arquivo, chamado **SPILLOVER**, *inclui os valores das variáveis listadas na Tabela EA7.1 para cada um dos 114 participantes do levantamento. Aplicamos a metodologia estatística apresentada neste capítulo a esse conjunto de dados em vários exemplos de Estatística em ação.*

Estatística em ação revisitada
• Comparando as médias para dois grupos de ETAGs pesquisados
• Comparando as proporções para dois grupos de ETAGs pesquisados

TABELA EA7.1 — Variáveis medidas no levantamento das ETAGs

CARACTERÍSTICA	VARIÁVEL
Fluxo de informações	Uso de idéias criativas (escala de 7 pontos)
Fluxo de informações	Utilização da informação (escala de 7 pontos)
Tomada de decisões	Participação em decisões relativas a assuntos pessoais (escala de 7 pontos)
Trabalho	Bom uso de habilidades (escala de 7 pontos)
Trabalho	Identidade da tarefa (escala de 7 pontos)
Demografia	Idade (anos)
Demografia	Educação (anos)
Demografia	Sexo (homem ou mulher)
Comparação	Grupo (efeito positivo ou sem efeito)

7.1 Identificando o parâmetro-alvo

Muitos experimentos envolvem a comparação de duas populações. Por exemplo, um corretor de imóveis pode querer estimar a diferença no preço médio de venda entre casas na cidade e na zona suburbana. Um grupo de consumidores pode desejar testar se duas marcas importantes de congeladores diferem na quantidade média de eletricidade que consomem. Um pesquisador de mercado de TV pode querer estimar a diferença nas proporções de telespectadores mais jovens e mais velhos que assistem regularmente a um programa de TV popular. Um fornecedor de bolas de golfe pode estar interessado em comparar a variabilidade na distância alcançada por duas marcas competidoras de bolas de golfe quando batidas pelo mesmo taco. Neste capítulo, vamos examinar técnicas para usar duas amostras a fim de comparar as populações das quais elas foram selecionadas.

Os mesmos procedimentos que foram usados para estimar e testar hipóteses sobre uma única população podem ser modificados para realizar inferências sobre duas populações. Como nos capítulos 5 e 6, a metodologia usada dependerá do tamanho das amostras e do parâmetro de interesse (isto é, do *parâmetro-alvo*). Algumas palavras-chave e o tipo de dados associados aos parâmetros cobertos neste capítulo estão listados no quadro a seguir.

DETERMINANDO O PARÂMETRO-ALVO

PARÂMETRO	PALAVRAS OU FRASES-CHAVE	TIPO DE DADOS
$\mu_1 - \mu_2$	Diferença média; diferença nas médias	Quantitativo
$p_1 - p_2$	Diferença entre proporções, porcentagens, frações ou taxas; comparar proporções	Qualitativo
$(\sigma_1)^2/(\sigma_2)^2$	Razão de variância; diferença na variabilidade ou na dispersão; comparar as variações	Quantitativo

Você pode ver que as palavras-chave *diferença* e *comparar* ajudam a identificar o fato de que duas populações serão comparadas. Para os exemplos mencionados, as palavras *médio* em *preço médio de venda* ou *média* em *quantidade média de eletricidade* implicam que o parâmetro-alvo é a diferença nas médias das populações, $\mu_1 - \mu_2$. A palavra *proporções* em *proporções de telespectadores adultos mais jovens e mais velhos* indica que o parâmetro-alvo é a diferença entre proporções, $p_1 - p_2$. Finalmente, a palavra chave *variabilidade* em *variabilidade na distância* indica a razão das variâncias das populações, $(\sigma_1)^2/(\sigma_2)^2$ como o parâmetro-alvo.

Da mesma forma que com inferências sobre uma única população, o tipo de dados (quantitativos ou qualitativos) coletados nas duas amostras também é indicativo do parâmetro-alvo. Com dados quantitativos, você provavelmente está interessado em comparar as médias ou as variações dos dados. Com dados qualitativos com duas possibilidades (sucesso ou falha), uma comparação de proporções de sucessos é provavelmente o que interessa.

Vamos considerar métodos para comparar as médias de duas populações nas seções 7.2 e 7.3. Uma comparação de proporções entre populações é apresentada na Seção 7.4, e, entre variações de populações, na Seção 7.6. Vamos mostrar como determinar os tamanhos das amostras necessárias para estimativas confiáveis dos parâmetros-alvo na Seção 7.5.

7.2 Comparando as médias de duas populações: amostragem independente

Nesta seção, vamos desenvolver metodologias com amostras grandes e pequenas para comparar as médias de duas populações. No caso de amostras grandes, vamos usar a estatística z, enquanto no caso de pequenas amostras usaremos a estatística t.

EXEMPLO 7.1

COMPARANDO OS PREÇOS MÉDIOS DE CARROS JAPONESES E NORTE-AMERICANOS — INTERVALO DE CONFIANÇA DE UMA AMOSTRA GRANDE PARA $\mu_1 - \mu_2$

Problema Nos últimos anos, os Estados Unidos e o Japão se envolveram em intensas negociações a respeito de restrições ao comércio entre os dois países. Uma das reclamações feitas repetidamente pelos funcionários norte-americanos é a de que muitos fabricantes japoneses praticam um preço maior dos seus produtos no Japão do que nos Estados Unidos, o que significa que subsidiam os preços baixos nos Estados Unidos por meio de preços extremamente altos no Japão. De acordo com esse argumento, o Japão consegue com isso impedir que os produtos norte-americanos competitivos cheguem ao mercado japonês.

Uma economista decidiu testar a hipótese de que os preços finais dos automóveis japoneses no Japão são mais altos do que nos Estados Unidos. Ela obteve amostras aleatórias independentes de 50 preços finais de venda nos Estados Unidos e 50 preços finais de venda no Japão, no mesmo período de tempo e para o mesmo modelo de automóvel, convertendo os preços de venda japoneses de ienes para dólares, usando as taxas de câmbio correntes. Os dados, salvos no arquivo **AUTOSTUDY**, são listados na Tabela 7.1. Construa um intervalo de confiança de 95% para a diferença entre as médias das populações de preços de venda desse modelo de automóvel para os dois países. Interprete o resultado.

Solução

Relembre que a forma geral de um intervalo de confiança para uma única média μ é $\bar{x} \pm z_{\alpha/2}\sigma_{\bar{x}}$ — isto é, somamos e subtraímos $z_{\alpha/2}$ desvios-padrão da estimativa da amostra $\bar{x}$ do valor da estimativa. Empregamos um procedimento similar para formar o intervalo de confiança para a diferença entre as médias de duas populações.

Considere que μ_1 representa a média da população de preços finais de venda para esse modelo de carro vendido nos Estados Unidos. Considere que μ_2 é definido de forma similar para os preços finais de venda no Japão. Desejamos formar o intervalo de confiança para $(\mu_1 - \mu_2)$. Um estimador intuitivo para $(\mu_1 - \mu_2)$ é a diferença entre as médias das amostras $(\bar{x}_1 - \bar{x}_2)$. Portanto, construiremos o intervalo de confiança de interesse por:

$$(\bar{x}_1 - \bar{x}_2) \pm z_{\alpha/2}\sigma_{(\bar{x}_1 - \bar{x}_2)}$$

TABELA 7.1 Preços de venda do automóvel (em milhares de dólares)

VENDAS NOS ESTADOS UNIDOS	18,2	16,2	17,2	18,7	18,4	16,6	14,9	16,8	12,1	10,8
	18,5	15,5	16,2	16,3	18,2	19,5	13,2	16,8	12,9	17,2
	18,2	16,3	16,8	16,4	18,6	15,6	17,1	18,1	18,9	19,0
	17,3	18,8	14,9	16,7	20,3	17,1	14,6	17,2	13,0	18,4
	16,9	13,3	16,3	15,9	16,6	17,6	16,0	17,1	14,6	18,0
VENDAS NO JAPÃO	18,5	14,0	18,2	21,1	13,9	18,7	14,9	16,4	16,3	18,0
	16,8	19,8	17,3	16,6	14,9	16,3	16,5	15,4	17,6	20,1
	16,4	18,0	17,5	18,4	19,8	14,8	18,2	16,7	20,2	16,2
	20,4	17,9	15,5	15,4	17,7	17,1	17,9	17,4	18,2	16,2
	18,5	16,9	17,6	14,4	21,6	18,6	16,2	14,3	12,5	20,0

Presumindo que as duas amostras sejam independentes, o desvio-padrão da diferença entre as médias das amostras é:

$$\sigma_{(\bar{x}_1 - \bar{x}_2)} = \sqrt{\frac{\sigma_1^2}{n_1} + \frac{\sigma_2^2}{n_2}} \approx \sqrt{\frac{s_1^2}{n_1} + \frac{s_2^2}{n_2}}$$

A estatística resumida para os dados de vendas de automóveis é mostrada na listagem do SPSS, Figura 7.1. Note que $\bar{x}_1$ = US$ 16.596, $\bar{x}_2$ = US$ 17.236, s_1 = US$ 1.981 e s_2 = US$ 1.974.

Usando esses valores e notando que α = 0,05 e $z_{0,025}$ = 1,96, vemos que o intervalo de confiança de 95% é, aproximadamente:

$$(16.596 - 17.236) \pm 1{,}96\sqrt{\frac{(1.981)^2}{50} + \frac{(1.974)^2}{50}}$$

$$= -640 \pm (1{,}96)(396)$$

$$= -640 \pm 776$$

ou (–1.416; 136). Esse intervalo também está na base da Figura 7.1. (As diferenças nos resultados se devem ao arredondamento.)

Usando esse procedimento de estimativa várias vezes para diferentes amostras, sabemos que aproximadamente 95% dos intervalos de confiança formados dessa maneira incluirão a diferença nas médias das populações $(\mu_1 - \mu_2)$. Portanto, estamos muito confiantes de que a diferença entre os preços médios de venda nos Estados Unidos e no Japão está entre –US$ 1.416 e US$ 136. Uma vez que 0 está nesse intervalo, é possível que a diferença seja 0 (isto é, $\mu_1 = \mu_2$); portanto, a economista não pode concluir que existe uma diferença significativa entre os preços médios de venda nos dois países.

Relembrando Se o intervalo de confiança para $(\mu_1 - \mu_2)$ contém apenas números positivos [por exemplo, (527, 991)], podemos concluir que a diferença entre as médias é positiva e que $\mu_1 > \mu_2$. Por outro lado, se o intervalo contém apenas números negativos [por exemplo, (–722, –145)], podemos concluir que a diferença entre as médias é negativa e que $\mu_1 < \mu_2$.

A justificativa para o procedimento usado no Exemplo 7.1 para estimar $(\mu_1 - \mu_2)$ se baseia nas propriedades da distribuição amostral de $(\bar{x}_1 - \bar{x}_2)$. O desempenho do estimador em amostragem repetida é apresentado no quadro abaixo e suas propriedades estão resumidas nele.

PROPRIEDADES DA DISTRIBUIÇÃO AMOSTRAL DE $(\bar{x}_1 - \bar{x}_2)$

1. A média da distribuição amostral $(\bar{x}_1 - \bar{x}_2)$ é $(\mu_1 - \mu_2)$.
2. Se as duas amostras são independentes, o desvio-padrão da distribuição amostral é

$$\sigma_{(\bar{x}_1 - \bar{x}_2)} = \sqrt{\frac{\sigma_1^2}{n_1} + \frac{\sigma_2^2}{n_2}}$$

onde σ_1^2 e σ_2^2 são as variâncias das duas populações sendo amostradas, e n_1 e n_2 são os respectivos tamanhos das amostras. Também nos referimos a $\sigma_{(\bar{x}_1 - \bar{x}_2)}$ como o **erro-padrão** da estatística $(\bar{x}_1 - \bar{x}_2)$.

3. A distribuição amostral de $(\bar{x}_1 - \bar{x}_2)$ é aproximadamente normal para grandes amostras pelo teorema do limite central.

No Exemplo 7.1, notamos a similaridade entre os procedimentos para formar um intervalo de confiança de amostras grandes para a média de uma população e um intervalo de confiança de amostras grandes para a diferença entre as médias de duas populações. Quando estamos testando hipóteses, os procedimentos são, novamente, muito similares. Os procedimentos gerais de amostras grandes para formar intervalos de confiança e testar hipóteses sobre $(\mu_1 - \mu_2)$ estão resumidos nos que se seguem quadros.

INTERVALO DE CONFIANÇA DE GRANDES AMOSTRAS PARA $(\mu_1 - \mu_2)$

$$(\bar{x}_1 - \bar{x}_2) \pm z_{\alpha/2}\sigma_{(\bar{x}_1 - \bar{x}_2)} = (\bar{x}_1 - \bar{x}_2) \pm z_{\alpha/2}\sqrt{\frac{\sigma_1^2}{n_1} + \frac{\sigma_2^2}{n_2}}$$

Group Statistics

	COUNTRY	N	Mean	Std. Deviation	Std. Error Mean
PRICE	USA	50	16596.00	1981.440	280.218
	JAPAN	50	17236.00	1974.093	279.179

Independent Samples Test

		Levene's Test for Equality of Variances		t-test for Equality of Means					95% Confidence Interval of the Difference	
		F	Sig.	t	df	Sig. (2-tailed)	Mean Difference	Std. Error Difference	Lower	Upper
PRICE	Equal variances assumed	.118	.732	-1.618	98	.109	-640.000	395.554	-1424.964	144.964
	Equal variances not assumed			-1.618	97.999	.109	-640.000	395.554	-1424.964	144.964

FIGURA 7.1 Estatística resumida do SPSS e intervalo de confiança para o estudo de preços de automóveis

AGORA FAÇA O EXERCÍCIO **7.3A**

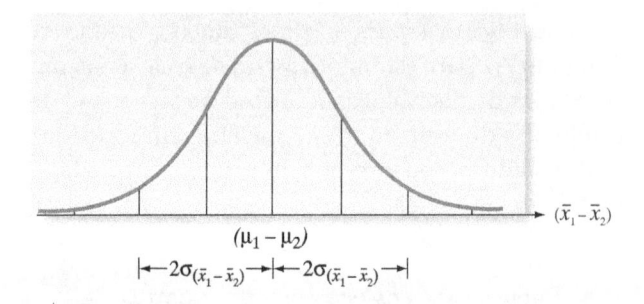

FIGURA 7.2 Distribuição amostral de $(\bar{x}_1 - \bar{x}_2)$

TESTE DE HIPÓTESES DE GRANDES AMOSTRAS PARA
$$(\mu_1 - \mu_2)$$

Teste de uma cauda	Teste de duas caudas
$H_0: (\mu_1 - \mu_2) = D_0$	$H_0: (\mu_1 - \mu_2) = D_0$
$H_a: (\mu_1 - \mu_2) < D_0$	$H_a: (\mu_1 - \mu_2) \neq D_0$
[ou $H_a: (\mu_1 - \mu_2) > D_0$]	

onde D_0 = diferença hipotética entre as médias (esta diferença freqüentemente é presumida como igual a 0)

Estatística-teste:

$$z = \frac{(\bar{x}_1 - \bar{x}_2) - D_0}{\sigma_{(\bar{x}_1 - \bar{x}_2)}} \quad \text{onde} \quad \sigma_{(\bar{x}_1 - \bar{x}_2)} = \sqrt{\frac{\sigma_1^2}{n_1} + \frac{\sigma_2^2}{n_2}}$$

Região de rejeição: Região de rejeição:
$z < -z_\alpha$ $|z| > z_{\alpha/2}$
[ou $z > z_\alpha$ quando
$H_a: (\mu_1 - \mu_2) > D_0$]

CONDIÇÕES REQUERIDAS PARA INFERÊNCIAS VÁLIDAS EM AMOSTRAS GRANDES SOBRE $\mu_1 - \mu_2$

1. As duas amostras são selecionadas aleatoriamente, de maneira independente, nas duas populações-alvo.
2. Os tamanhos das amostras, n_1 e n_2, são ambos grandes (isto é, $n_1 \geq 30$ e $n_2 \geq 30$). [Devido ao teorema do limite central, essa condição garante que a distribuição amostral de $(\bar{x}_1 - \bar{x}_2)$ será aproximadamente normal, sem importar as formas das distribuições de probabilidades subjacentes das populações. Além disso, s_1^2 e s_2^2 fornecerão boas aproximações de σ_1^2 e σ_2^2 quando as amostras são ambas grandes.]

EXEMPLO 7.2

COMPARANDO OS PREÇOS MÉDIOS DE CARROS JAPONESES E NORTE-AMERICANOS COM UM TESTE DE AMOSTRA GRANDE PARA $\mu_1 - \mu_2$

Problema Relembre o estudo dos preços de varejo de um automóvel vendido nos Estados Unidos e no Japão,

Exemplo 7.1. Outra maneira de comparar os preços de varejo médios nos dois países é realizar um teste de hipóteses. Use a informação da listagem do SPSS, Figura 7.1, para realizar o teste. Adote $\alpha = 0{,}05$.

Solução

Mais uma vez, considere μ_1 e μ_2 representando as médias das populações de preços de varejo nos Estados Unidos e no Japão, respectivamente. Se a queixa feita pelo governo norte-americano é verdadeira, então o preço de varejo médio no Japão excederá a média nos Estados Unidos [isto é, $\mu_1 < \mu_2$ ou $(\mu_1 - \mu_2) < 0$]. Então, os elementos do teste são os que se seguem:

$H_0: (\mu_1 - \mu_2) = 0$ (isto é, $\mu_1 = \mu_2$; note que $D_0 = 0$ para esse teste de hipóteses)

$H_a: (\mu_1 - \mu_2) < 0$ (isto é, $\mu_1 < \mu_2$)

$$\text{Estatística-teste:} \quad z = \frac{(\bar{x}_1 - \bar{x}_2) - D_0}{\sigma_{(\bar{x}_1 - \bar{x}_2)}} = \frac{\bar{x}_1 - \bar{x}_2 - 0}{\sigma_{(\bar{x}_1 - \bar{x}_2)}}$$

Região de rejeição: $z < -z_{0{,}05} = -1{,}645$ (veja Figura 7.3)

Substituindo as estatísticas resumidas da Figura 7.1 na estatística-teste, obtemos:

$$z = \frac{(\bar{x}_1 - \bar{x}_2) - 0}{\sigma_{(\bar{x}_1 - \bar{x}_2)}} = \frac{(16{.}596 - 17{.}236)}{\sqrt{\dfrac{\sigma_1^2}{n_1} + \dfrac{\sigma_2^2}{n_2}}}$$

$$\approx \frac{-640}{\sqrt{\dfrac{s_1^2}{n_1} + \dfrac{s_2^2}{n_2}}} = \frac{-640}{\sqrt{\dfrac{(1{.}981)^2}{50} + \dfrac{(1{.}974)^2}{50}}} = \frac{-640}{396} = -1{,}62$$

[Nota: Esse valor da estatística-teste é mostrado (em destaque) no final da listagem do SPSS, Figura 7.1

Como você pode ver na Figura 7.3, o valor calculado de z não cai na região de rejeição. Portanto, as amostras não fornecem evidências suficientes, a $\alpha = 0{,}05$, para a economista concluir que o preço médio de varejo no Japão excede o dos Estados Unidos.

Relembrando Primeiro, note que essa conclusão está de acordo com a inferência retirada do intervalo de confiança de 95%, no Exemplo 7.1. Entretanto, geralmente um intervalo de confiança fornecerá mais informações sobre a diferença de médias que o teste. Um teste somente

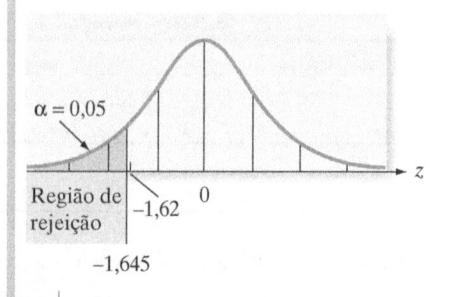

FIGURA 7.3 Região de rejeição para o Exemplo 7.2

poderá detectar se a diferença entre as médias existe ou não, enquanto o intervalo de confiança fornece informações sobre a magnitude da diferença. Segundo, um teste de hipóteses de uma cauda e um intervalo de confiança (que tem duas caudas) podem não estar sempre de acordo. No entanto, um teste de hipóteses de duas caudas e um intervalo de confiança fornecerão *sempre* a mesma inferência a respeito do parâmetro-alvo desde que o valor de α seja o mesmo para ambos.

EXEMPLO 7.3

O VALOR p DE UM TESTE PARA $\mu_1 - \mu_2$

Problema Determine o nível observado de significância para o teste do Exemplo 7.2. Interprete o resultado.

Solução

A hipótese alternativa no Exemplo 7.2, H_a: $(\mu_1 - \mu_2) < 0$, requeria um teste inferior, de uma cauda, usando:

$$z = \frac{\overline{x}_1 - \overline{x}_2}{\sigma_{(\overline{x}_1 - \overline{x}_2)}}$$

como estatística-teste. Uma vez que o valor z aproximado calculado dos dados da amostra era $-1{,}62$, o nível de significância observado (valor p) para o teste da cauda inferior é a probabilidade de observar um valor de z mais contraditório com a hipótese nula, na medida em que $z = -1{,}62$; isto é:

$$\text{valor } p = P(z < -1{,}62)$$

Essa probabilidade é calculada presumindo-se que H_0 seja verdadeira e igual à área sombreada mostrada na Figura 7.4.

A área tabulada correspondente a $z = 1{,}62$ na Tabela IV do Apêndice B é $0{,}4474$. Portanto, o nível de significância observado do teste é:

$$\text{valor } p \approx 0{,}5 - 0{,}4474 = 0{,}0526$$

Uma vez que nosso valor selecionado para α, $0{,}05$, é menor que o valor p, temos evidências insuficientes para rejeitar H_0: $(\mu_1 - \mu_2) = 0$ em favor de H_a: $(\mu_1 - \mu_2) < 0$.

Relembrando O valor p do teste é mais facilmente obtido com um programa estatístico. Uma listagem do MINITAB para o teste de hipóteses está apresentada na Figura 7.5. O valor p de uma cauda, destacado na listagem, é $0{,}054$, que está de acordo (exceto quanto ao arredondamento) com o nosso valor p aproximado.

Two-Sample T-Test and CI: USA, JAPAN

```
Two-sample T for USA vs JAPAN

         N    Mean    StDev   SE Mean
USA     50   16596    1981      280
JAPAN   50   17236    1974      279


Difference = mu (USA) - mu (JAPAN)
Estimate for difference:  -640.000
95% upper bound for difference:  16.838
T-Test of difference = 0 (vs <): T-Value = -1.62
 P-Value = 0.054   DF = 98
Both use Pooled StDev = 1977.7703
```

FIGURA 7.5 Análise do MINITAB para a comparação dos preços médios de automóveis nos Estados Unidos e no Japão.

AGORA FAÇA O EXERCÍCIO 7.3B

Amostras pequenas

Quando comparamos as médias de duas populações com amostras pequenas (digamos, $n_1 < 30$ e $n_2 < 30$), a metodologia dos três exemplos anteriores é inválida. A razão? Quando as amostras são pequenas, as estimativas de σ_1^2 e σ_2^2 não são confiáveis, e o teorema do limite central (que garante que a estatística z é normal) não pode mais ser aplicado. Mas, como no caso de uma média única (Seção 6.4), usamos a distribuição t de Student, já familiar, descrita no Capítulo 5.

Para usar a distribuição t, *ambas as populações amostradas devem ser aproximadamente e normalmente distribuídas, com variações de população iguais, e as amostras aleatórias devem ser selecionadas de forma independente uma da outra.* Os pressupostos de normalidade e variações iguais implicam em distribuições de freqüência relativas para as populações que apareceriam como mostrado na Figura 7.6.

Uma vez que presumimos que as duas populações têm variações iguais ($\sigma_1^2 = \sigma_2^2 = \sigma^2$), é razoável usar a informação contida em ambas as amostras para construir um **estimador de σ^2 das amostras combi-**

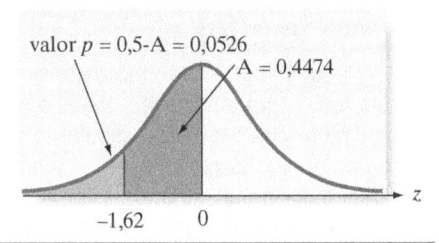

FIGURA 7.4 Nível de significância observado para o Exemplo 7.2

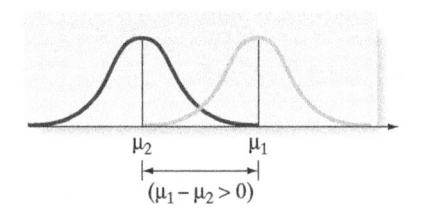

FIGURA 7.6 Pressupostos para t de duas amostras: (1) populações normais, (2) variações iguais

nadas para uso nos intervalos de confiança e estatísticas-teste. Então, se s_1^2 e s_2^2 são as duas variações das amostras (ambas estimando a variação σ^2 comum a ambas as populações), o estimador combinado de σ^2, representado como s_p^2, é:

$$s_p^2 = \frac{(n_1 - 1)s_1^2 + (n_2 - 1)s_2^2}{(n_1 - 1) + (n_2 - 1)}$$

$$= \frac{(n_1 - 1)s_1^2 + (n_2 - 1)s_2^2}{n_1 + n_2 - 2}$$

ou

$$s_p^2 = \frac{\overbrace{\sum(x_1 - \bar{x}_1)^2}^{\text{Da amostra 1}} + \overbrace{\sum(x_2 - \bar{x}_2)^2}^{\text{Da amostra 2}}}{n_1 + n_2 - 2}$$

onde x_1 representa uma medida da amostra 1 e x_2 representa uma medida da amostra 2. Relembre que a expressão *graus de liberdade* foi definida na Seção 5.2 como o tamanho da amostra menos 1. Então, neste caso, temos $(n_1 - 1)$ graus de liberdade para a amostra 1 e $(n_2 - 1)$ graus de liberdade para a amostra 2. Uma vez que estamos combinando a informação sobre σ^2 obtida de ambas as amostras, os graus de liberdade associados com a variação combinada s_p^2 é igual à soma dos graus de liberdade para as duas amostras, a saber, o denominador de s_p^2; isto é, $(n_1 - 1) + (n_2 - 1) = n_1 + n_2 - 2$.

Note que a segunda fórmula dada para s_p^2 mostra que a variação combinada é simplesmente uma *média ponderada* das duas variações das amostras s_1^2 e s_2^2. O peso dado a cada variação é proporcional aos seus graus de liberdade. Se as duas variações tiverem o mesmo número de graus de liberdade (isto é, se os tamanhos das amostras forem iguais), então a variação combinada será uma média simples das variações das duas amostras. O resultado será uma variação média ou 'combinada', que é uma estimativa melhor de σ^2 do que s_1^2 ou s_2^2 sozinhas.

Biografia | **BRADLEY EFRON**
Companion Website | **(1938 –)**

Os procedimentos de intervalo de confiança e de teste de hipóteses para comparar as médias de duas populações com pequenas amostras estão resumidos nos quadros seguintes.

INTERVALO DE CONFIANÇA DE AMOSTRAS PEQUENAS PARA $(\mu_1 - \mu_2)$ (AMOSTRAS INDEPENDENTES)

$$(\bar{x}_1 - \bar{x}_2) \pm t_{\alpha/2}\sqrt{s_p^2\left(\frac{1}{n_1} + \frac{1}{n_2}\right)}$$

onde $s_p^2 = \dfrac{(n_1 - 1)s_1^2 + (n_2 - 1)s_2^2}{n_1 + n_2 - 2}$

e $t_{\alpha/2}$ é baseado em $(n_1 + n_2 - 2)$ graus de liberdade.

TESTE DE HIPÓTESES DE AMOSTRAS PEQUENAS PARA $(\mu_1 - \mu_2)$ (AMOSTRAS INDEPENDENTES)

Teste de uma cauda
$H_0: (\mu_1 - \mu_2) = D_0$
$H_a: (\mu_1 - \mu_2) < D_0$
[ou $H_a: (\mu_1 - \mu_2) > D_0$]

Teste de duas caudas
$H_0: (\mu_1 - \mu_2) = D_0$
$H_a: (\mu_1 - \mu_2) \neq D_0$

Estatística-teste: $t = \dfrac{(\bar{x}_1 - \bar{x}_2) - D_0}{\sqrt{s_p^2\left(\dfrac{1}{n_1} + \dfrac{1}{n_2}\right)}}$

Região de rejeição:
$t < -t_\alpha$ [ou $t > t_\alpha$ quando $H_a: (\mu_1 - \mu_2) > D_0$]

Regiões de rejeição:
$|t| > t_{\alpha/2}$

onde t_α e $t_{\alpha/2}$ estão baseados em $(n_1 + n_2 - 2)$ graus de liberdade.

CONDIÇÕES REQUERIDAS PARA INFERÊNCIAS VÁLIDAS SOBRE $(\mu_1 - \mu_2)$ EM AMOSTRAS PEQUENAS

1. As duas amostras são selecionadas aleatoriamente, de forma independente, para as duas populações-alvo.
2. Ambas as populações amostradas têm distribuições que são aproximadamente normais.
3. As variações das populações são iguais (isto é, $\sigma_1^2 = \sigma_2^2$).

EXEMPLO 7.4

COMPARANDO O DESEMPENHO DE GERENTES COM UM INTERVALO DE CONFIANÇA DE AMOSTRA PEQUENA PARA $(\mu_1 - \mu_2)$

Problema Pesquisadores de comportamento desenvolveram um índice projetado para medir o sucesso gerencial. O índice (medido em uma escala de 100 pontos) é baseado no tempo do gerente na organização e no seu nível dentro da firma; quanto maior o índice, mais bem-sucedido é o gerente. Suponha que um pesquisador deseje comparar o índice de sucesso médio para dois grupos de gerentes em uma grande fábrica. Os gerentes do grupo 1 se engajam em um grande volume de interações com pessoas de fora da sua unidade de trabalho. (Essas interações incluem reuniões pessoalmente e por telefone com clientes e fornecedores, reuniões externas e trabalho de relações públicas.) Os gerentes do grupo 2 raramente interagem com pessoas de fora da sua unidade de trabalho. Amostras aleatórias independentes de 12 e 15 gerentes foram selecionadas dos grupos 1 e 2, respectivamente, e o índice de sucesso de cada um foi registrado. O resultado do estudo está na Tabela 7.2.

a. Use os dados da tabela para estimar a verdadeira diferença das médias dos índices de sucesso dos gerentes dos dois grupos. Use um intervalo de confiança de 95%.
b. Interprete o intervalo do item **a**.
c. Que pressupostos devem ser feitos para que a estimativa seja válida? Eles estão razoavelmente satisfeitos?

Solução

a. Para esse experimento, considere que μ_1 e μ_2 representam o índice de sucesso médio dos gerentes do grupo 1 e do grupo 2, respectivamente. Então, o objetivo é obter um intervalo de confiança de 95% para $(\mu_1 - \mu_2)$.

O primeiro passo para a construção do intervalo de confiança é obter as estatísticas resumidas ($\bar{x}$ e s) dos índices de sucesso para cada grupo de gerentes. Os dados da Tabela 7.2 foram digitados em um computador e o MINITAB foi usado para obter essas estatísticas descritivas. A listagem do MINITAB aparece na Figura 7.7. Note que $\bar{x}_1 = 65{,}33$, $s_1 = 6{,}61$, $\bar{x}_2 = 49{,}47$ e $s_2 = 9{,}33$.

Em seguida, calculamos a estimativa combinada da variância:

$$s_p^2 = \frac{(n_1 - 1)s_1^2 + (n_2 - 1)s_2^2}{n_1 + n_2 - 2}$$

$$= \frac{(12 - 1)(6{,}61)^2 + (15 - 1)(9{,}33)^2}{12 + 15 - 2} = 67{,}97$$

onde s_p^2 é baseado em $(n_1 + n_2 - 2) = (12 + 15 - 2) = 25$ graus de liberdade. Determinamos também $t_{\alpha/2} = t_{0{,}025} = 2{,}06$ (com base em 25 graus de liberdade) na Tabela V do Apêndice B.

Finalmente, o intervalo de confiança de 95% para $(\mu_1 - \mu_2)$, a diferença entre os índices médios de sucesso gerencial para os dois grupos, é:

$$(\bar{x}_1 - \bar{x}_2) \pm t_{\alpha/2}\sqrt{s_p^2\left(\frac{1}{n_1} + \frac{1}{n_2}\right)}$$

$$= 65{,}33 - 49{,}47 \pm t_{0{,}025}\sqrt{67{,}97\left(\frac{1}{12} + \frac{1}{15}\right)}$$

$$= 15{,}86 \pm (2{,}06)(3{,}19)$$

$$= 15{,}86 \pm 6{,}57$$

ou (9,29; 22,43). Esse intervalo está de acordo (exceto quanto ao arredondamento) com o mostrado na parte de baixo da listagem do MINITAB, Figura 7.7.

b. Observe que o intervalo de confiança inclui apenas diferenças positivas. Conseqüentemente, estamos 95% confiantes de que $(\mu_1 - \mu_2)$ excede 0. De fato, estimamos o índice de sucesso médio μ_1 para os ge-

TABELA 7.2 Índices de sucesso gerencial para dois grupos de gerentes.

Grupo 1						Grupo 2					
Interação com pessoas de fora						Poucas interações					
65	58	78	60	68	69	62	53	36	34	56	50
66	70	53	71	63	63	42	57	46	68	48	42
						52	53	43			

```
Two-sample T for SUCCESS

GROUP   N    Mean    StDev   SE Mean
1      12   65.33    6.61      1.9
2      15   49.47    9.33      2.4


Difference = mu (1) - mu (2)
Estimate for difference:   15.8667
95% CI for difference:   (9.2883, 22.4451)
T-Test of difference = 0 (vs not =): T-Value = 4.97   P-Value = 0.000   DF = 25
Both use Pooled StDev = 8.2472
```

FIGURA 7.7 Listagem do MINITAB para o Exemplo 7.4

rentes com um alto volume de interações com pessoas de fora (grupo 1) como estando em algum lugar entre 9,29 e 22,43 pontos maior do que o índice médio de sucesso μ_2 dos gerentes com poucas interações (grupo 2).

c. Para usar apropriadamente o intervalo de confiança de amostra pequena, os seguintes pressupostos devem ser satisfeitos:

1. As amostras dos gerentes são aleatórias e selecionadas de forma independente das populações de gerentes do grupo 1 e do grupo 2.

2. Os índices de sucesso são distribuídos normalmente para ambos os grupos de gerentes.

3. As variações dos índices de sucesso são as mesmas para as duas populações (isto é, $\sigma_1^2 = \sigma_2^2$).

O primeiro pressuposto está satisfeito, baseado na informação fornecida sobre o procedimento de amostragem na descrição do problema. Para verificar a plausibilidade dos dois pressupostos restantes, recorremos a métodos gráficos. A Figura 7.8 é uma listagem do MINITAB que mostra gráficos de probabilidade normal para os índices de sucesso das duas amostras de gerentes. As tendências quase em linha reta em ambos os gráficos indicam que as distribuições dos índices de sucesso são aproximadamente em forma de sino e simétricas. Conseqüentemente, cada conjunto de dados das amostras parece vir de uma população aproximadamente normal.

Uma maneira de verificar o pressuposto nº 3 é testar a hipótese nula H_0: $\sigma_1^2 = \sigma_2^2$. Esse teste está explicado na Seção opcional 7.6. Outra abordagem é examinar as representações gráficas dos dados das amostras. A Figura 7.9 é uma listagem do MINITAB que mostra, lado a lado, representações gráficas verticais para os índices de sucesso em ambas as amostras. Relembre, da Seção 2.9, que a representação gráfica mostra a 'dispersão' do conjunto de dados. As duas representações gráficas parecem ter aproximadamente a mesma dispersão; portanto, as amostras parecem vir de populações com quase igual variação.

Relembrando Os três pressupostos parecem estar razoavelmente satisfeitos para esta aplicação de intervalo de confiança para amostras pequenas.

AGORA FAÇA O EXERCÍCIO **7.7**

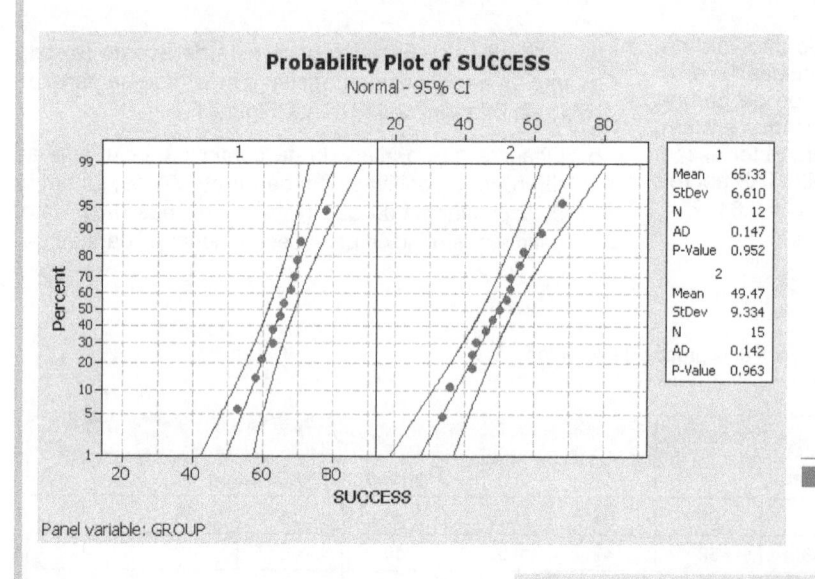

FIGURA 7.8 Gráficos de probabilidade normal do MINITAB para os índices de sucesso dos gerentes

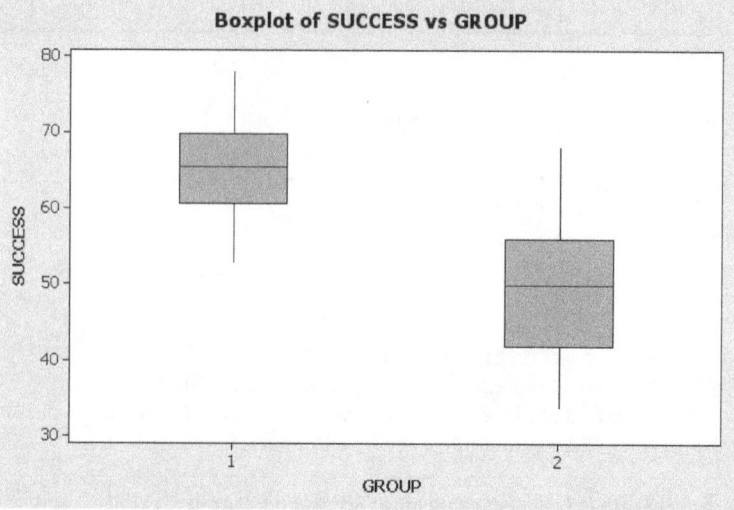

FIGURA 7.9 Representações gráficas do MINITAB para o índice de sucesso gerencial

A estatística *t* de duas amostras é uma ferramenta poderosa para comparar médias de população quando os pressupostos estão satisfeitos. Tem sido mostrado também que ela continua útil quando as populações amostradas são apenas aproximadamente normais. E quando os tamanhos das amostras são iguais, o pressuposto de variâncias iguais das populações pode ser menos rígido — isto é, se $n_1 = n_2$, então σ_1^2 e σ_2^2 podem ser bem diferentes e a estatística-teste ainda possuirá, aproximadamente, uma distribuição *t* de Student. No caso em que $\sigma_1^2 \neq \sigma_2^2$ e $n_1 \neq n_2$, um intervalo de confiança ou um teste de amostra pequena aproximado pode ser obtido com a modificação dos graus de liberdade associados à distribuição *t*.

O quadro a seguir fornece os procedimentos aproximados de amostra pequena para serem usados quando o pressuposto de variâncias iguais é violado. O teste para o caso de 'tamanhos de amostras diferentes' é baseado na aproximação de Satterhwaite (1946).

PROCEDIMENTOS APROXIMADOS DE AMOSTRA PEQUENA QUANDO $\sigma_1^2 \neq \sigma_2^2$

1. **Tamanhos de amostra iguais ($n_1 = n_2 = n$)**
   Intervalo de confiança:

   $$(\bar{x}_1 - \bar{x}_2) \pm t_{\alpha/2}\sqrt{(s_1^2 + s_2^2)/n}$$

   Estatística-teste para $H_0: (\mu_1 - \mu_2) = 0$:

   $$t = (\bar{x}_1 - \bar{x}_2)/\sqrt{(s_1^2 + s_2^2)/n}$$

   onde *t* é baseado em $v = n_1 + n_2 - 2 = 2(n-1)$ graus de liberdade.

2. **Tamanhos de amostra desiguais ($n_1 \neq n_2$)**
   Intervalo de confiança:

   $$(\bar{x}_1 - \bar{x}_2) \pm t_{\alpha/2}\sqrt{(s_1^2/n_1) + (s_2^2/n_2)}$$

   Estatística-teste para: $H_0: (\mu_1 - \mu_2) = 0$:

   $$t = (\bar{x}_1 - \bar{x}_2)/\sqrt{(s_1^2/n_1) + (s_2^2/n_2)}$$

   onde *t* é baseado em graus de liberdade iguais a:

   $$v = \frac{(s_1^2/n_1 + s_2^2/n_2)^2}{\dfrac{(s_1^2/n_1)^2}{n_1 - 1} + \dfrac{(s_2^2/n_2)^2}{n_2 - 1}}$$

   Nota: O valor de *v* geralmente não será um inteiro. Arredonde *v* para o inteiro inferior mais próximo para usar a tabela *t*.

Quando os pressupostos estão claramente não satisfeitos, você pode selecionar amostras maiores das populações ou usar outros testes estatísticos disponíveis (testes estatísticos não paramétricos, descritos no Capítulo 14, disponíveis no Companion Website do livro [www.prenhall.com/mcclave_br]).

O QUE VOCÊ DEVER FAZER SE OS PRESSUPOSTOS NÃO ESTÃO SATISFEITOS?

Resposta: Se você está preocupado porque os pressupostos não estão satisfeitos, use o teste de soma de grau de Wilcoxon para amostras independentes, para testar para um desvio nas distribuições das populações. Veja o Capítulo 14.

Intervalo de confiança para $\mu_1 - \mu_2$

Usando a calculadora gráfica TI-83/TI-84

Passo 1 *Insira os dados (pule para o Passo 2 se você tiver estatísticas resumidas, e não dados brutos).*
Pressione **STAT** e selecione **1:Edit**.
Nota: Se as listas já contêm dados, limpe os dados antigos. Use a seta para cima para destacar '**L1**'.
Pressione **CLEAR ENTER**.
Use a seta para cima para destacar '**L2**'.
Pressione **CLEAR ENTER**.
Use as teclas **ARROW** e **ENTER** para inserir o primeiro conjunto de dados em **L1**.
Use as teclas **ARROW** e **ENTER** para inserir o segundo conjunto de dados em **L2**.

Passo 2 *Acesse o menu de testes estatísticos.*
Pressione **STAT**.
Seta direita até **TESTS**.
Seta para baixo até **2-SampTInt**.
Pressione **ENTER**.

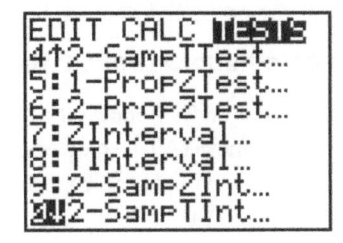

Passo 3 Escolha **'Data'** ou **'Stats'**. ('Data' é selecionado quando você insere os dados brutos nas listas. 'Stats' é selecionado quando você tem somente as médias, os desvios-padrão e os tamanhos das amostras.)
Pressione **ENTER**.
Se você selecionou 'Data', ponha **List1** para **L1** e **List2** para **L2**.
Coloque **Freq1** para **1** e **Freq2** para **1**.
Coloque **C-Level** para o nível de confiança.
Se você está presumindo que as duas populações têm variâncias iguais, selecione **Yes** para **Pooled**.
Se você não está presumindo variações iguais, selecione **No**.
Pressione **ENTER**.
Seta para baixo até **'Calculate'**.
Pressione **ENTER**.
Se você selecionou 'Stats', insira as médias, os desvios-padrão e os tamanhos das amostras.
Coloque **C-Level** para o nível de confiança.
Se você está presumindo que as duas populações têm variâncias iguais, selecione **Yes** para **Pooled**.
Se você não está presumindo variâncias iguais, selecione **No**.
Pressione **ENTER**.
Seta para baixo até **'Calculate'**.
Pressione **ENTER**.

(A tela ao lado está preparada para um exemplo com uma média de 100, um desvio-padrão de 10 e um tamanho de amostra de 15 para o primeiro conjunto de dados, e uma média de 105, um desvio-padrão de 12 e um tamanho de amostra de 18 para o segundo conjunto de dados).

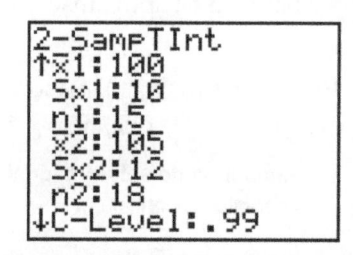

O intervalo de confiança será mostrado com os graus de liberdade, as estatísticas da amostra e o desvio-padrão combinado (quando apropriado).

Exemplo Calcule um intervalo de confiança de 95% para $\mu_1 - \mu_2$ usando os dados a seguir. Neste exemplo, presuma que as variâncias das populações sejam iguais.

Grupo 1: 65 58 78 60 68 69 66 70 53 71 63 63
Grupo 2: 62 53 36 34 56 50 42 57 46 68 48 42 52 53 43

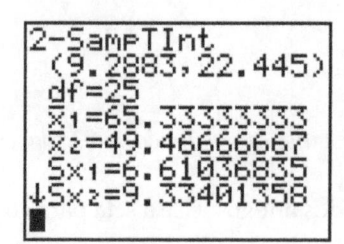

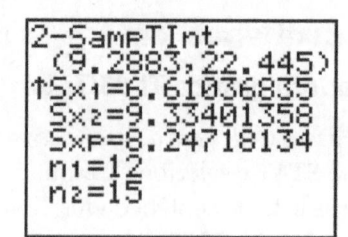

Como você pode ver nas telas, o intervalo de confiança de 95% para $\mu_1 - \mu_2$ é **(9,2883, 22,445)**. Você também vai observar que a saída inclui as médias, os desvios-padrão, os tamanhos das amostras e o desvio-padrão combinado.

Teste de hipótese para $\mu_1 - \mu_2$

Usando a calculadora gráfica TI-83/TI-84

Passo 1 Insira os dados (pule para o Passo 2 se você tiver estatísticas resumidas, e não dados brutos).
Pressione **STAT** e selecione **1:Edit**.
Nota: Se as listas já contêm dados, limpe os dados antigos. Use a tecla **ARROW** para cima para destacar **'L1'**.

Capítulo 7 — INFERÊNCIAS BASEADAS EM DUAS AMOSTRAS   385

Pressione **CLEAR ENTER**.
Use a tecla **ARROW** para cima para destacar '**L2'**.
Pressione **CLEAR ENTER**.
Use as teclas **ARROW** e **ENTER** para inserir o primeiro conjunto de dados em **L1**.
Use as teclas **ARROW** e **ENTER** para inserir o segundo conjunto de dados em **L2**.

Passo 2 *Acesse o menu de testes estatísticos.*
Pressione **STAT**.
Seta direita até **TESTS**.
Seta para baixo até **2-SampTTest**.
Pressione **ENTER**.

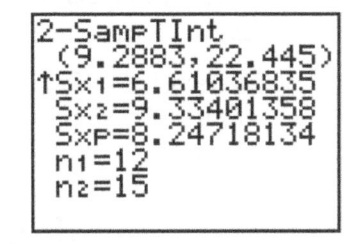

```
2-SampTInt
 (9.2883,22.445)
↑Sx1=6.61036835
 Sx2=9.33401358
 SxP=8.24718134
 n1=12
 n2=15
```

Passo 3 *Escolha '**Data**' ou '**Stats**'. ('Data' é selecionado quando você insere os dados brutos nas listas. 'Stats' é selecionado quando você tem somente as médias, os desvios-padrão e os tamanhos das amostras.)*
Pressione **ENTER**.
Se você selecionou 'Data', ponha **List1** para **L1** e **List2** para **L2**.
Coloque **Freq1** para **1** e **Freq2** para **1**.
Use a tecla **ARROW** para destacar a hipótese alternativa apropriada.
Pressione **ENTER**.
Se você está presumindo que as duas populações têm variâncias iguais, selecione **Yes** para **Pooled**.
Se você não está presumindo variâncias iguais, selecione **No**.
Pressione **ENTER**.
Seta para baixo até '**Calculate**'.
Pressione **ENTER**.

```
2-SampTTest
 Inpt:Data  Stats
 List1:L1
 List2:L2
 Freq1:1
 Freq2:1
 μ1:≠μ2  <μ2  >μ2
↓Pooled:No  Yes
```

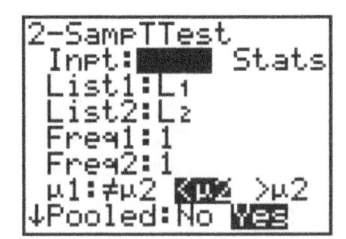

Se você selecionou 'Stats', insira as médias, os desvios-padrão e os tamanhos das amostras.
Use a tecla **ARROW** para destacar a hipótese alternativa apropriada.
Pressione **ENTER**.
Se você está presumindo que as duas populações têm variâncias iguais, selecione **Yes** para **Pooled**.
Se você não está presumindo variâncias iguais, selecione **No**.
Pressione **ENTER**.
Seta para baixo até '**Calculate**'.
Pressione **ENTER**.

(A tela seguinte está preparada para um exemplo com uma média de 100, um desvio-padrão de 10 e um tamanho de amostra de 15 para o primeiro conjunto de dados, e uma média de 120, um desvio-padrão de 12 e um tamanho de amostra de 18 para o segundo conjunto de dados.)

```
2-SampTTest
↑x̄1:100
 Sx1:10
 n1:15
 x̄2:120
 Sx2:12
 n2:18
↓μ1:≠μ2  <μ2  >μ2
```

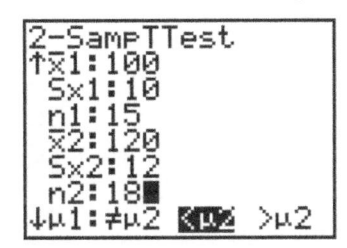

Os resultados do teste de hipóteses serão mostrados com o valor p, os graus de liberdade, as estatísticas das amostras e o desvio-padrão combinado (quando apropriado).

Exemplo Teste as hipóteses: vs. usando os dados a seguir. Neste exemplo, presuma que as variâncias das populações sejam iguais.

Grupo 1: 65 58 78 60 68 69 66 70 53 71 63 63
Grupo 2: 62 53 36 34 56 50 42 57 46 68 48 42 52 53 43

```
2-SampTTest          2-SampTTest
 μ1>μ2                μ1>μ2
 t=4.96746167         ↑Sx1=6.61036835
 p=2.0272631E-5        Sx2=9.33401358
 df=25                 SxP=8.24718134
 x1=65.33333333        n1=12
↓x2=49.46666667        n2=15
```

Como você pode ver nas telas, $t = 4{,}967$ e o valor p é $0{,}00002$.
Você também vai observar que a saída inclui as médias, os desvios-padrão, os tamanhos das amostras e o desvio-padrão combinado.

ESTATÍSTICA EM AÇÃO REVISITADA

COMPARANDO AS MÉDIAS PARA DOIS GRUPOS DE ETAGs PESQUISADOS

No estudo de Estatística em ação deste capítulo, os pesquisadores desejam comparar dois grupos de trabalhadores da AT&T que pertencem a equipes de trabalho autogerenciadas (ETAGs). O grupo 1 ($n_1 = 47$) era o daqueles empregados que relataram efeitos positivos das habilidades do trabalho na vida familiar. O grupo 2 ($n_2 = 67$) era o daqueles empregados que não relataram efeitos positivos. Os pesquisadores coletaram dados de sete variáveis quantitativas e de uma qualitativa para cada trabalhador. As variáveis quantitativas (listadas na Tabela EA7.1), são Uso de idéias criativas, Utilização da informação, Participação em decisões relativas a assuntos pessoais, Bom uso de habilidades, Identidade da tarefa, Idade e Educação. (*Lembrete:* Idade e Educação são medidas em anos, enquanto as outras variáveis quantitativas são medidas em uma escala de 7 pontos). Esses dados estão no arquivo **SPILLOVER**.

Relembre que o objetivo dos pesquisadores era comparar os dois grupos de trabalhadores em relação a cada característica. Eles conseguiram isso realizando um teste de duas caudas da hipótese nula, H_0: $(\mu_1 - \mu_2) = 0$, para cada variável quantitativa. Uma vez que ambas as amostras são grandes ($n_1 = 47$ e $n_2 = 67$), o teste z de amostra grande é apropriado. Realizamos esses testes usando o SPSS. O resultado aparece na Figura EA7.1. (*Nota:* Os resultados do teste de amostra grande são fornecidos na linha 'Equal variances not assumed' (Variações iguais não presumidas) na listagem do SPSS).

Independent Samples Test

		Levene's Test for Equality of Variances		t-test for Equality of Means					95% Confidence Interval of the Difference	
		F	Sig.	t	df	Sig. (2-tailed)	Mean Difference	Std. Error Difference	Lower	Upper
CREATIVE	Equal variances assumed	16.479	.000	8.565	112	.000	.81	.094	.621	.994
	Equal variances not assumed			8.847	108.727	.000	.81	.091	.627	.988
INFO	Equal variances assumed	6.501	.012	1.437	112	.153	.56	.387	-.210	1.323
	Equal variances not assumed			1.503	110.916	.136	.56	.370	-.177	1.289
DECPERS	Equal variances assumed	.059	.808	1.514	112	.133	.57	.378	-.177	1.323
	Equal variances not assumed			1.506	97.314	.135	.57	.380	-.182	1.328
SKILLS	Equal variances assumed	.139	.710	4.812	112	.000	1.03	.214	.606	1.454
	Equal variances not assumed			4.766	95.741	.000	1.03	.216	.601	1.459
TASKID	Equal variances assumed	27.854	.000	1.902	112	.060	.57	.299	-.024	1.163
	Equal variances not assumed			1.738	66.922	.087	.57	.328	-.085	1.224
AGE	Equal variances assumed	2.923	.090	.702	112	.484	.95	1.360	-1.740	3.649
	Equal variances not assumed			.742	111.872	.460	.95	1.287	-1.595	3.504
EDYRS	Equal variances assumed	4.430	.038	-.600	112	.549	-.14	.231	-.597	.319
	Equal variances not assumed			-.623	109.709	.534	-.14	.223	-.580	.303

FIGURA EA7.1 Comparação do SPSS de dois grupos de ETAGs

Os valores p de duas caudas dos testes estão destacados na Figura EA7.1. As únicas variáveis que mostram uma diferença significativa para $\alpha = 0,05$ são Uso de idéias criativas (valor $p = 0,000$) e Bom uso de habilidades (valor $p = 0,000$). As duas variáveis demográficas, Idade e Educação, são claramente não significativas (valores p de 0,460 e 0,534, respectivamente), assim como Utilização da informação (valor $p = 0,136$) e Participação em decisões relativas a assuntos pessoais (valor $p = 0,135$). Ainda que não seja significativa a $\alpha = 0,05$, a Identidade da tarefa (valor $p = 0,087$) mostra uma diferença significativa para $\alpha = 0,10$.

Nos casos das variáveis significativas Uso de idéias criativas e Bom uso de habilidades e da variável significativa limítrofe Identidade da tarefa, a estimativa da diferença média $(\mu_1 - \mu_2)$ é positiva — isto é, para essas variáveis, a média para o grupo que relatou efeitos positivos é significativamente maior do que a média para o grupo que não relatou efeitos positivos. Conseqüentemente, os pesquisadores concluíram que Uso de idéias criativas e Bom uso de habilidades eram as características mais fortemente associadas com os efeitos positivos, seguidas por Identidade da tarefa.

Depois de ler esta seção, você sabe que essas conclusões podem ser rapidamente obtidas examinando os intervalos de confiança de 95% para $(\mu_1 - \mu_2)$ mostrados na última coluna da listagem do SPSS. Somente as variáveis Uso de idéias criativas e Bom uso de habilidades têm intervalos de confiança com todos os números positivos.

Exercícios 7.1 – 7.24

Aprendendo a mecânica

7.1 A proposta deste exercício é comparar a variabilidade de $\bar{x}_1$ e $\bar{x}_2$ com a variabilidade de $(\bar{x}_1 - \bar{x}_2)$.

a. Suponha que a primeira amostra tenha sido selecionada de uma população com média $\mu_1 = 150$ e variação $\sigma_1^2 = 900$. Dentro de que faixa a média da amostra deveria variar, cerca de 95% do tempo, em amostras repetidas de 100 medidas dessa distribuição? Isto é, construa um intervalo com extensão de 2 desvios-padrão de $\bar{x}_1$ de cada lado de μ_1.
b. Suponha que a segunda amostra tenha sido selecionada de forma independente da primeira, de uma segunda população com média $\mu_2 = 150$ e variação $\sigma_2^2 = 1.600$. Dentro de que faixa a média da amostra deveria variar, cerca de 95% do tempo, em amostras repetidas de 100 medidas dessa distribuição? Isto é, construa um intervalo com extensão de 2 desvios-padrão de $\bar{x}_2$ de cada lado de μ_2.
c. Agora considere a diferença entre as duas médias das amostras $(\bar{x}_1 - \bar{x}_2)$. Qual é a média e o desvio-padrão da distribuição amostral de $(\bar{x}_1 - \bar{x}_2)$?
d. Dentro de que faixa a diferença das médias das amostras deveria variar, cerca de 95% do tempo, em amostras repetidas independentes de 100 medidas, de cada uma das duas populações?
e. O que, em geral, pode ser dito a respeito da variabilidade da diferença entre médias de amostras independentes com relação às variabilidades das médias das amostras individuais?

7.2 Amostras aleatórias independentes, de 64 observações cada, foram selecionadas de duas populações, com as seguintes médias e desvios-padrão:

População 1	População 2
$\mu_1 = 12$	$\mu_2 = 10$
$\sigma_1 = 4$	$\sigma_2 = 3$

Considere que $\bar{x}_1$ e $\bar{x}_2$ representam as duas médias das amostras.

a. Forneça a média e o desvio-padrão da distribuição amostral de $\bar{x}_1$.
b. Forneça a média e o desvio-padrão da distribuição amostral de $\bar{x}_2$.
c. Suponha que você tivesse que calcular a diferença $(\bar{x}_1 - \bar{x}_2)$ entre as médias das amostras. Ache a média e o desvio-padrão da distribuição amostral de $(\bar{x}_1 - \bar{x}_2)$.
d. A estatística $(\bar{x}_1 - \bar{x}_2)$ seria normalmente distribuída? Explique.

7.3 Para comparar as médias de duas populações, amostragens aleatórias independentes de 400 observações foram selecionadas de cada população, com os seguintes resultados:

Amostra 1	Amostra 2
$\bar{x}_1 = 5.275$	$\bar{x}_2 = 5.240$
$s_1 = 150$	$s_2 = 200$

a. Use um intervalo de confiança de 95% para estimar a diferença entre as médias das populações $(\mu_1 - \mu_2)$. Interprete o intervalo de confiança.
b. Teste a hipótese nula $H_0: (\mu_1 - \mu_2) = 0$ versus a hipótese alternativa $H_a: (\mu_1 - \mu_2) \neq 0$. Forneça o nível de significância do teste e interprete o resultado.
c. Suponha que o teste do item **b** tenha sido realizado com a hipótese alternativa $H_a: (\mu_1 - \mu_2) > 0$. Como mudaria a sua resposta ao item **b**?
d. Teste a hipótese nula $H_0: (\mu_1 - \mu_2) = 25$ versus $H_a: (\mu_1 - \mu_2) \neq 25$. Forneça o nível de significância e interprete o resultado. Compare sua resposta com o teste realizado no item **b**.
e. Que pressupostos são necessários para assegurar a validade dos procedimentos inferenciais aplicados nos itens de **a** até **d**?

7.4 Para usar a estatística t para testar a diferença entre as médias de duas populações, que pressupostos devem ser feitos a respeito das duas populações? E a respeito das duas amostras?

7.5 Duas populações são descritas em cada um dos seguintes casos. Em quais casos seria apropriado aplicar o teste t de amostras pequenas para investigar a diferença entre as médias das populações?
  a. População 1: Distribuição normal, com variância σ_1^2.
     População 2: Assimétrica à direita, com variância $\sigma_2^2 = \sigma_1^2$.
  b. População 1: Distribuição normal, com variância σ_1^2.
     População 2: Distribuição normal, com variância $\sigma_2^2 \neq \sigma_1^2$.
  c. População 1: Assimétrica à esquerda, com variância σ_1^2.
     População 2: Assimétrica à esquerda, com variância $\sigma_2^2 = \sigma_1^2$.
  d. População 1: Distribuição normal, com variância σ_1^2.
     População 2: Distribuição normal, com variância $\sigma_2^2 = \sigma_1^2$.
  e. População 1: Distribuição uniforme, com variância σ_1^2.
     População 2: Distribuição uniforme, com variância $\sigma_2^2 = \sigma_1^2$.

7.6 Presuma que $\sigma_1^2 = \sigma_2^2 = \sigma^2$. Calcule o estimador combinado de σ^2 para cada um dos seguintes casos:
  a. $s_1^2 = 120$, $s_2^2 = 100$, $n_1 = n_2 = 25$.
  b. $s_1^2 = 12$, $s_2^2 = 20$, $n_1 = 20$, $n_2 = 10$.
  c. $s_1^2 = 0{,}15$, $s_2^2 = 0{,}20$, $n_1 = 6$, $n_2 = 10$.
  d. $s_1^2 = 3.000$, $s_2^2 = 2.500$, $n_1 = 16$, $n_2 = 17$.

Note que a estimativa combinada é uma média ponderada das variância da amostra. De quais variância o estimador combinado chega mais perto em cada um dos casos acima?

7.7 Amostras aleatórias independentes de populações normais produziram os resultados mostrados na tabela a seguir.

Amostra 1	Amostra 2
1,2	4,2
3,1	2,7
1,7	3,6
2,8	3,9
3,0	

  a. Calcule o estimador combinado de σ^2.
  b. Os dados fornecem evidências suficientes para indicar que $\mu_2 > \mu_1$? Teste usando $\alpha = 0{,}10$.
  c. Encontre um intervalo de confiança de 90% para $(\mu_1 - \mu_2)$.
  d. Qual dos dois procedimentos inferenciais, o teste de hipóteses do item b ou o intervalo de confiança do item c, fornece mais informações sobre $(\mu_1 - \mu_2)$?

7.8 Duas amostras aleatórias independentes foram selecionadas — 100 observações da população 1 e 100 da população 2. Foram obtidas as médias das amostras, $\bar{x}_1 = 15{,}5$ e $\bar{x}_2 = 26{,}6$. De experiência prévia com essas populações, sabe-se que as variâncias são $\sigma_1^2 = 9$ e $\sigma_2^2 = 16$.
  a. Encontre $\sigma_{(\bar{x}_1 - \bar{x}_2)}$.
  b. Faça um rascunho do gráfico da distribuição amostral aproximada para $(\bar{x}_1 - \bar{x}_2)$, presumindo que $(\mu_1 - \mu_2) = 10$.
  c. Localize o valor observado de $(\bar{x}_1 - \bar{x}_2)$ no gráfico que você desenhou no item **b**. Esse valor parece contradizer a hipótese nula $H_0: (\mu_1 - \mu_2) = 10$?
  d. Use a tabela z da parte interna da capa da frente para determinar a região de rejeição para o teste de $H_0: (\mu_1 - \mu_2) = 10$ contra $H_0: (\mu_1 - \mu_2) \neq 0$. Use $\alpha = 0{,}05$.
  e. Realize o teste de hipóteses do item **d** e interprete o resultado.
  f. Construa um intervalo de confiança de 95% para $(\mu_1 - \mu_2)$. Interprete o intervalo.
  g. Qual inferência fornece mais informações sobre o valor de $(\mu_1 - \mu_2)$: o teste de hipóteses do item **e** ou o intervalo de confiança do item **f**?

7.9 Amostras aleatórias independentes de $n_1 = 233$ e $n_2 = 312$ foram selecionadas de duas populações e usadas para testar a hipótese $H_0: (\mu_1 - \mu_2) = 0$ contra a alternativa $H_a: (\mu_1 - \mu_2) \neq 0$.
  a. O valor p de duas caudas do teste é 0,1150. Interprete esse resultado.
  b. Se a hipótese alternativa fosse $H_a: (\mu_1 - \mu_2) < 0$, como mudaria o valor p? Interprete o valor p para esse teste de uma cauda.

7.10 Amostras aleatórias independentes de populações aproximadamente normais produziram os resultados mostrados abaixo:

LM7_10
Companion Website

Amostra 1				Amostra 2			
52	33	42	44	52	43	47	56
41	50	44	51	62	53	61	50
45	38	37	40	56	52	53	60
44	50	43		50	48	60	55

  a. Os dados fornecem evidências suficientes para concluir que $(\mu_2 - \mu_1) > 10$? Teste usando $\alpha = 0{,}01$.
  b. Construa um intervalo de confiança de 98% para $(\mu_2 - \mu_1)$. Interprete o resultado.

7.11 Amostras aleatórias independentes, selecionadas de duas populações normais, produziram as médias e os desvios-padrão de amostras mostrados abaixo.

Amostra 1	Amostra 2
$n_1 = 17$	$n_2 = 12$
$\bar{x}_1 = 5{,}4$	$\bar{x}_2 = 7{,}9$
$s_1 = 3{,}4$	$s_2 = 4{,}8$

  a. Realize o teste $H_0: (\mu_1 - \mu_2) = 0$ contra $H_a: (\mu_1 - \mu_2) \neq 0$. Interprete os resultados.
  b. Estime $(\mu_1 - \mu_2)$ usando um intervalo de confiança de 95%.

Aplicação dos conceitos — Básico

DIAMONDS
Companion Website

7.12 Diamantes vendidos a varejo. Consulte os dados dos 308 diamantes que estão no arquivo **DIAMONDS**. As duas variáveis quantitativas no conjunto de dados são o número de quilates e o preço de venda. Uma das variáveis qualitativas é a entidade independente de certificação que examinou cada uma das pedras. Três entidades de certificação foram usadas: GIA, IGI e HRD. A listagem do MINITAB mostrada abaixo fornece as médias e os desvios-padrão das variáveis quantitativas para cada entidade de certificação.

Descriptive Statistics: CARAT, PRICE

```
Variable   CERT    N    Mean    StDev
CARAT      GIA    151   0.6723  0.2456
           HRD     79   0.8129  0.1831
           IGI     78   0.3665  0.2163

PRICE      GIA    151   5310    3247
           HRD     79   7181    2898
           IGI     78   2267    2121
```

a. Construa um intervalo de confiança de 95% para a diferença entre o tamanho médio em quilates dos diamantes certificados pela GIA e o tamanho médio em quilates dos diamantes certificados pela HRD.
b. Interprete o resultado do item **a**. Especificamente, qual (se alguma) das médias das duas populações comparadas é maior, e de quanto?
c. Construa um intervalo de confiança de 95% para a diferença entre o tamanho médio em quilates dos diamantes certificados pela GIA e daqueles certificados pela IGI.
d. Interprete o resultado do item **c**. Especificamente, qual (se alguma) das médias das duas populações é maior, e de quanto?
e. Construa um intervalo de confiança de 95% para a diferença entre o preço médio de venda dos diamantes certificados pela HRD e daqueles certificados pela IGI.
f. Interprete o resultado do item **e**. Especificamente, qual (se alguma) das médias das duas populações é maior, e de quanto?

7.13 Lembrança de comerciais de TV pelas crianças. Os professores universitários de marketing Robert Morris e Kent St. analisaram a lembrança e o reconhecimento de anúncios de TV pelas crianças (*Journal of Advertising*, primavera, 2006). Um comercial de 60 segundos da Sunkist FunFruit Rock-n-Roll Shapes foi exibido para dois grupos de crianças. Um grupo (o grupo A/V) assistiu à exibição do anúncio com áudio e vídeo; o segundo grupo (o grupo de somente vídeo) assistiu somente à parte de vídeo do anúncio. Depois da exibição, foi solicitado que as crianças relembrassem 10 itens específicos do anúncio. O número de itens dos 10 relembrados corretamente por cada criança está resumido na tabela acima à direita. Os pesquisadores teorizaram que 'crianças que assistem a uma apresentação audiovisual têm o mesmo nível médio de lembrança das informações anunciadas do que aquelas que assistem somente ao vídeo do anúncio'.

Amostra 1	Amostra 2
$n_1 = 20$	$n_2 = 20$
$\bar{x}_1 = 3{,}70$	$\bar{x}_2 = 3{,}30$
$s_1 = 1{,}98$	$s_2 = 2{,}13$

Fonte: MAHER, J. K.; HU, M.Y., Kolbe, R. H. 'Children's recall of television ad elements.' *Journal of Advertising*, vol. 35, n. 1, primavera, 2006 (Tabela 1).

a. Estabeleça as hipóteses nula e alternativa para testar a teoria dos pesquisadores.
b. Encontre o valor da estatística-teste.
c. Forneça a região de rejeição para $\alpha = 0{,}10$.
d. Faça a inferência apropriada. O que você pode dizer a respeito da teoria dos pesquisadores?
e. Os pesquisadores relataram o valor p para o teste como sendo $p = 0{,}542$. Interprete este resultado.
f. Que condições são requeridas para que a inferência seja válida?

7.14 Classificando os serviços em hotéis de cinco estrelas. Um estudo publicado no *The Journal of American Academy of Business, Cambridge* (mar. 2002) analisou se a percepção da qualidade do serviço em hotéis cinco estrelas na Jamaica seria diferente por sexo. Hóspedes dos hotéis foram selecionados aleatoriamente nas áreas de entrada e dos restaurantes e solicitou-se que classificassem dez itens relacionados aos serviços (por exemplo, 'A atenção pessoal que você recebeu dos nossos empregados'). Cada item foi classificado em uma escala de 5 pontos (1 = 'muito pior do que eu esperava', 5 = 'muito melhor do que eu esperava') e a soma dos itens para cada hóspede foi determinada. Um resumo da pontuação dos hóspedes encontra-se nesta tabela.

Sexo	Tamanho da amostra	Pontuação média	Desvio-padrão
Homens	127	39,08	6,73
Mulheres	114	38,79	6,94

a. Construa um intervalo de confiança de 90% para a diferença entre a média das populações de pontuação dos serviços fornecida pelos homens e mulheres aos hotéis cinco estrelas na Jamaica.
b. Use o intervalo do item **a** para fazer uma inferência sobre se a percepção da qualidade dos serviços nos hotéis cinco estrelas da Jamaica difere por sexo.

7.15 Incentivos financeiros para estudantes universitários. Estudantes que usam jogos de software educacional de realidade virtual têm desempenho melhor na escola? Se tiverem, projetistas de software usarão essa informação para criar softwares educacionais mais atraentes e motivadores. Em um estudo publicado na revista *Educacional Technology & Society* (abr. 2005), uma turma de 90 crianças de escolas elementares foi aleatoriamente dividida em dois grupos de 45. Um grupo usou um jogo de realidade virtual chamado VR-ENGAGE para estudar geografia. O outro grupo estudou geografia no computador com uma interface de usuário simples. A todos os estudantes foi dada uma prova no início e no final do período de aprendizagem. A diferença nas pontuações das provas foi utilizada para verificar a melhoria percentual das notas para cada estudante. A tabela a seguir resume os resultados para os dois grupos.

	VR-ENGAGE	INTERFACE DE USUÁRIO
n	45	45
$\bar{x}$	43,15	32,48
s	12,57	9,26

Fonte: VIRVOU, M.; KATSIONIS, G.; MANOS, K. 'Combining software games with education: evaluation of its educational effectiveness.' *Educational Technology & Society*, vol. 8, n. 2, abr. 2005 (Tabela 2).

a. Analise visualmente os resultados resumidos. A melhoria média nas notas para o grupo de realidade virtual parece maior do que a média para o grupo de interface de usuário simples?
b. Realize uma análise (um intervalo de confiança ou um teste de hipóteses) para $\alpha = 0{,}05$ para dar suporte à sua observação do item **a**.

7.16 Taxas de rotatividade nos Estados Unidos e no Japão. Altas taxas de rotatividade no trabalho estão freqüentemente associadas com altas taxas de defeitos nos produtos, uma vez que altas taxas de rotatividade significam mais trabalhadores inexperientes, que não estão familiarizados com as linhas de produtos da empresa (Stevenson, *Production/operations management*, 2000). Em um estudo recente, cinco fábricas japonesas e cinco norte-americanas que fabricam condicionadores de ar foram amostradas aleatoriamente. Suas taxas de rotatividade estão listadas na tabela abaixo.

FÁBRICAS NORTE-AMERICANAS	FÁBRICAS JAPONESAS
7,11%	3,52%
6,06	2,02
8,00	4,91
6,87	3,22
4,77	1,92

a. Os dados fornecem evidências suficientes para indicar que a porcentagem de rotatividade anual média das fábricas norte-americanas excede a correspondente porcentagem média das fábricas japonesas? Teste usando $\alpha = 0{,}05$.
b. Determine e interprete o nível de significância observado do teste que você realizou no item **a**.
c. Liste quaisquer pressupostos que você tenha feito na realização do teste de hipóteses do item **a**. Comente a respeito da sua validade para esta aplicação.

Aplicação dos conceitos — Intermediário

7.17 Caso de violação de patente. A revista *Chance* (outono, 2002) descreveu um processo legal em que a Intel Corp. foi acusada de infringir a patente de uma invenção usada na fabricação automática de chips de computador. Em resposta, a Intel acusou o inventor de adicionar material ao seu caderno de patente depois que esta foi examinada e concedida. O problema foi se a assinatura de um examinador da patente foi colocada em cima de um texto importante no caderno ou embaixo do texto. A Intel contratou um físico, que usou um feixe de raios X para medir a concentração relativa de certos elementos (por exemplo, níquel, zinco e potássio) em vários pontos da página do caderno. As medidas de zinco para três pontos do caderno — na linha do texto, na linha do examinador e na interseção das linhas do examinador e do texto — são fornecidas na tabela abaixo.

LINHA DO TEXTO:	0,335	0,374	0,440			
LINHA DO EXAMINADOR:	0,210	0,262	0,188	0,329	0,439	0,397
INTERSEÇÃO:	0,393	0,353	0,285	0,295	0,319	

a. Use um teste ou um intervalo de confiança (com $\alpha = 0{,}05$) para comparar a medida média de zinco para a linha do texto com a média para a interseção.
b. Use um teste ou um intervalo de confiança (com $\alpha = 0{,}05$) para comparar a medida média de zinco para a linha do examinador com a média para a interseção.
c. Dos resultados dos itens **a** e **b**, o que você pode inferir a respeito das medidas médias de zinco nos três pontos do caderno?
d. Que pressupostos são requeridos para que as inferências sejam válidas? Eles estão razoavelmente satisfeitos?

7.18 Estudo da comunicação mediada por computador. Comunicação mediada por computador (CMC) é uma forma de interação que envolve alta tecnologia (mensagens instantâneas, e-mail). Um estudo foi realizado para comparar a intimidade relacional entre pessoas interagindo por CMC em relação a pessoas encontrando-se cara a cara (CAC) (*Journal of Computer-Mediated Communication*, abr. 2004). Os participantes foram 48 estudantes do ensino médio, dos quais metade foi aleatoriamente designada para o grupo CMC e a outra metade, para o grupo CAC. A cada grupo foi atribuída uma tarefa que exigia comunicação entre os membros do grupo. Aqueles do grupo CMC usaram o modo *chat* de um software de mensagens instantâneas; os do grupo de CAC se reuniram em uma sala de conferências. A variável de interesse, pontuação de intimidade relacional, foi medida (em uma escala de 7 pontos) para cada participante depois de três diferentes seções de encontros. As pontuações para a primeira seção de encontro são dadas na tabela a seguir. Os pesquisadores construíram a hipótese de que, depois do primeiro encontro, a pontuação média de intimidade relacional para os participantes do grupo CMC seria menor do que a pontuação média de intimidade relacional para os participantes do grupo CAC. Teste a hipótese dos pesquisadores, usando $\alpha = 0{,}10$.

INTIMACY
Companion Website

CMC:	4	3	3	4	3	3	3	3	4	4	3	4
	3	3	2	4	2	4	5	4	4	4	5	3
CAC:	5	4	4	4	3	3	3	4	3	3	3	3
	4	4	4	4	4	3	3	3	4	4	2	4

Nota: Dados simulados a partir das estatísticas descritivas fornecidas no artigo.

7.19 Comportamento insinuante em relação aos supervisores. *Insinuação* é definida como uma classe de comportamento estratégico destinada a fazer os outros acreditarem na atratividade das qualidades pessoais de alguém. No contexto organizacional, indivíduos usam esse tipo de comportamentos para influenciar os superiores, de forma a alcançar objetivos pessoais. Um índice que mede o comportamento insinuante, chamado índice de medida de comportamentos insinuantes no contexto organizacional (imcico), foi aplicado independentemente em uma amostra de gerentes empregados por quatro empresas industriais no Sudeste dos Estados Unidos e em funcionários administrativos de uma grande universidade do Noroeste do país (*Journal of Applied Psychology*, dez. 1998). As pontuações foram publicadas em uma escala de 5 pontos; as pontuações mais altas indicam um comportamento insinuante mais intenso. As estatísticas resumidas estão apresentadas nesta tabela.

GERENTES	FUNCIONÁRIOS
$n_1 = 288$	$n_2 = 110$
$\bar{x}_1 = 2{,}41$	$\bar{x}_2 = 1{,}90$
$s_1 = 0{,}74$	$s_2 = 0{,}59$

Fonte: HARRISON, Allison W.; HOCHWARTER, Wayne A.; PERREWE, Pamela L.; RALSTON, David A. 'The ingratiation construct: an assessment of the validity of the measure of ingratiatory behaviors in organization settings (MIBOS).' *Journal of Applied Psychology*, vol. 86, n. 6, dez. 1998, pp. 932-943.

a. Especifique as hipóteses nula e alternativa que você usaria para testar a diferença no comportamento insinuante entre gerentes e funcionários.
b. Realize o teste do item **a** usando $\alpha = 0{,}05$. Interprete os resultados do teste no contexto do problema.
c. Construa um intervalo de confiança de 95% para $(\mu_1 - \mu_2)$ e interprete o resultado. Sua conclusão deverá estar de acordo com a sua resposta no item **b**.

7.20 Você deveria comprar as notas de aula? Alguns professores universitários tornam disponíveis aos seus alunos notas de aulas encadernadas, num esforço para melhorar a efetividade do ensino. A revista *Marketing Educacional Review* (outono, 1994) publicou um estudo das opiniões dos estudantes de administração a respeito das notas de aulas. Dois grupos de estudantes foram pesquisados — 86 estudantes matriculados em um curso de estratégia promocional, que exigia a compra das notas de aulas, e 35 estudantes matriculados numa cadeira eletiva de vendas e varejo, que não oferecia notas de aulas. No final do semestre, solicitou-se aos estudantes que comentassem a seguinte frase: 'Ter uma cópia das notas de aulas foi [teria sido] importante para a compreensão do material'. As respostas foram medidas em uma escala de diferença semântica de 9 pontos, em que 1 = 'discordo fortemente'

e 9 = 'concordo fortemente'. Um resumo dos resultados é apresentado nesta tabela.

TURMAS QUE COMPRARAM AS NOTAS DE AULAS	TURMAS QUE NÃO COMPRARAM AS NOTAS DE AULAS
$n_1 = 86$	$n_2 = 35$
$\bar{x}_1 = 8{,}48$	$\bar{x}_2 = 7{,}80$
$s_1 = 0{,}94$	$s_2 = 2{,}99$

Fonte: GRAY, J. I.; ABERNATHY, A.M. 'Pros and cons of lecture notes and handout packages: faculty and student opinions.' *Marketing Education Review*, vol. 4, n. 3, outono, 1984, p. 25 (Tabela 4). American Marketing Association.

a. Descreva as duas populações envolvidas na comparação.
b. As amostras fornecem evidências suficientes para concluir que há uma diferença nas respostas médias dos dois grupos de estudantes? Teste usando $\alpha = 0{,}01$.
c. Construa um intervalo de confiança de 99% para $(\mu_1 - \mu_2)$. Interprete o resultado.
d. Um intervalo de confiança de 95% para $(\mu_1 - \mu_2)$ seria mais estreito ou mais largo do que o que você encontrou no item **c**? Por quê?

7.21 Comparando compradores e não-compradores de pasta de dentes. Os estrategistas de marketing gostariam de prever as respostas dos consumidores a novos produtos e a seus esquemas promocionais. Conseqüentemente, estudos que examinam as diferenças entre compradores e não-compradores de um produto lhes interessam. Um estudo clássico realizado por Shuchman e Riesz (*Journal of Marketing Research*, fev. 1975) foi direcionado para caracterizar compradores e não-compradores da pasta de dentes Crest. Os pesquisadores demonstraram que tanto o tamanho médio das residências (número de pessoas) quanto sua renda média eram significativamente maiores para os compradores do que para os não-compradores. Um estudo similar utilizou amostras aleatórias independentes de tamanho 20, que resultaram nos dados mostrados na tabela abaixo, relativos à idade do principal morador responsável pela compra de pasta de dentes.

a. Os dados apresentam evidências suficientes para concluir que há uma diferença entre a idade média de compradores e não-compradores? Use $\alpha = 0{,}10$.
b. Que pressupostos são necessários para responder ao item **a**?
c. Determine o nível observado de significância para o teste e interprete seu valor.
d. Calcule e interprete um intervalo de confiança de 90% para a diferença entre as idades médias de compradores e não-compradores.

CREST
Companion Website

COMPRADORES						NÃO-COMPRADORES					
34	35	23	44	52	46	28	22	44	33	55	63
28	48	28	34	33	52	45	31	60	54	53	58
41	32	34	49	50	45	52	52	66	35	25	48
29	59					59	61				

7.22 Contagem de bactérias na descarga de resíduos líquidos de uma fábrica. Suponha que você gerencie uma fábrica que purifica seus resíduos líquidos e descarrega a água em um rio local. Um inspetor da Agência Ambiental coletou amostras de água da descarga da sua fábrica e também do rio, correnteza acima da sua fábrica. Cada amostra de água foi dividida em cinco partes; a contagem de bactérias foi feita em cada uma delas e a contagem média para cada amostra foi registrada. As contagens de bactérias para cada uma das seis amostras estão registradas na seguinte tabela, para os dois locais.

BACTERIA
Companion Website

Descarga da fábrica			Correnteza acima		
30,1	36,2	33,4	29,7	30,3	26,4
28,2	29,8	34,9	27,3	31,7	32,3

a. Por que as contagens de bactérias mostradas aqui tendem a ser aproximadamente e normalmente distribuídas?
b. Quais são as hipóteses nula e alternativa apropriadas para testar se a contagem média de bactérias para a descarga da fábrica excede a da correnteza acima? Defina quaisquer símbolos que usar.
c. Realize o teste do item b. Interprete cuidadosamente os resultados.
d. Que pressupostos são necessários para assegurar a validade desse teste?

GASTURBINE
Companion Website

7.23 Métodos de resfriamento para turbinas a gás. Consulte o estudo do *Journal of Engineering for Gas Turbines and Power* (jan. 2005) sobre turbinas a gás potencializadas pela entrada de nuvem de alta pressão do Exercício 6.26. Os pesquisadores classificaram as turbinas a gás em três categorias: tradicionais, avançadas e aeroderivadas. Estatísticas resumidas da taxa de calor (quilojoules por quilowatt por hora) para cada um dos três tipos de turbinas a gás da amostra estão apresentadas na listagem do MINITAB abaixo.

a. Há evidências suficientes de que haja uma diferença entre as taxas médias de calor das turbinas a gás potencializadas tradicionais e das turbinas a gás potencializadas aeroderivadas? Teste usando $\alpha = 0,05$.
b. Há evidências suficientes de que haja uma diferença entre as taxas médias de calor das turbinas a gás potencializadas avançadas e das turbinas a gás potencializadas aeroderivadas? Teste usando $\alpha = 0,05$.

Aplicação dos conceitos — Avançado

7.24 Pesquisa salarial anual do CareerBank.com. O CareerBank.com realiza uma pesquisa salarial anual de profissionais de contabilidade, finanças e bancos. Na pesquisa de 2004, foram coletados dados de 2.800 respostas, feitas on-line, por profissionais dos Estados Unidos que responderam voluntariamente à pesquisa pela Internet do CareerBank.com. Comparações salariais foram feitas por sexo, educação e estado civil. Alguns dos resultados são mostrados na tabela abaixo.

a. Suponha que você deseje fazer uma inferência sobre a diferença entre os salários médios de homens e mulheres, profissionais de contabilidade, finanças e bancos, a um nível de confiança de 95%. Por que é impossível fazer isso usando as informações da tabela?
b. Forneça os valores dos desvios-padrão que estão faltando e que levariam você a concluir que o salário médio dos homens é significativamente maior do que o salário médio das mulheres, a um nível de confiança de 95%.
c. Em sua opinião, os desvios-padrão da amostra do item **b** são valores razoáveis para dados salariais? Explique.
d. Como os métodos de coleta de dados impactam as inferências derivadas desses dados?

	Homens	Mulheres
Salário médio	US$ 69.848	US$ 52.012
Número de respostas	1.400	1.400

7.3 Comparando as médias de duas populações: experimentos de diferenças de pares

Suponha que você deseje comparar a média das vendas diárias de dois restaurantes localizados na mesma cidade. Se você tivesse que registrar as vendas totais dos restaurantes, para cada um de 12 dias selecionados aleatoriamente durante um período de 6 meses, o resultado poderia ser parecido com o mostrado na Tabela 7.3. Esses dados fornecem evidências de uma diferença entre as vendas médias diárias dos dois restaurantes?

Desejamos testar a hipótese nula de que as médias diárias de vendas μ_1 e μ_2 para os dois restaurantes

Descriptive Statistics: HEATRATE

```
Variable   ENGINE         N    Mean   StDev   Minimum   Maximum
HEATRATE   Advanced      21    9764     639      9105     11588
           Aeroderiv      7   12312    2652      8714     16243
           Traditional   39   11544    1279     10086     14796
```

Listagem do MINITAB para o Exercício 7.23

são iguais contra a hipótese alternativa de que são diferentes, isto é:

$$H_0: (\mu_1 - \mu_2) = 0$$
$$H_a: (\mu_1 - \mu_2) \neq 0$$

Uma forma de realizar esse teste é usar a estatística t para duas amostras independentes (Seção 7.2). A análise está mostrada na listagem do Excel, Figura 7.10. A estatística-teste, $t = 0{,}384$, está destacada na listagem, assim como o valor p do teste, $p = 0{,}705$. Para $\alpha = 0{,}10$, o valor p excede α. Assim, *desta* análise concluiríamos que não existem evidências suficientes para inferir que há uma diferença nas vendas médias diárias para os dois restaurantes.

RESTSALES
Companion Website

TABELA 7.3 Vendas diárias para dois restaurantes

Dia	Restaurante 1 x_1	Restaurante 2 x_2
1 (Quarta-feira)	US$ 1.005	US$ 918
2 (Sábado)	2.073	1.971
3 (Terça-feira)	873	825
4 (Quarta-feira)	1.074	999
5 (Sexta-feira)	1.932	1.827
6 (Quinta-feira)	1.338	1.281
7 (Quinta-feira)	1.449	1.302
8 (Segunda-feira)	759	678
9 (Sexta-feira)	1.905	1.782
10 (Segunda-feira)	693	639
11 (Sábado)	2.106	2.049
12 (Terça-feira)	981	933

Se você examinar cuidadosamente os dados da Tabela 7.3, entretanto, vai achar essa conclusão difícil de aceitar. As vendas do restaurante 1 excedem as do restaurante 2 *para todos os 12 dias selecionados aleatoriamente*. Isso, por si só, é uma forte evidência para indicar que μ_1 é diferente de μ_2 e, na seqüência, confirmaremos esse fato. Por que, então, o teste t não foi capaz de detectar essa diferença? A resposta é: *o teste t de amostras independentes não é um procedimento válido para ser usado com esse conjunto de dados*.

O teste t não é apropriado porque o pressuposto de amostras independentes não é válido. Escolhemos aleatoriamente *dias* e, então, uma vez que escolhemos a amostra dos dias para o restaurante 1, *não* escolhemos independentemente a amostra de dias para o res-

	A	B
1	t Test for Differences in Two Means	
2		
3	Data	
4	Hypothesized Difference	0
5	Level of Significance	0.05
6	Population 1 Sample	
7	Sample Size	12
8	Sample Mean	1349
9	Sample Standard Deviation	530.07
10	Population 2 Sample	
11	Sample Size	12
12	Sample Mean	1267
13	Sample Standard Deviation	516.04
14		
15	Intermediate Calculations	
16	Population 1 Sample Degrees of Freedom	11
17	Population 2 Sample Degrees of Freedom	11
18	Total Degrees of Freedom	22
19	Pooled Variance	273635.7
20	Difference in Sample Means	82
21	t Test Statistic	0.383975
22		
23	Two-Tail Test	
24	Lower Critical Value	-2.07388
25	Upper Critical Value	2.073875
26	p-Value	0.704683
27	Do not reject the null hypothesis	

FIGURA 7.10 Análise do EXCEL/PHStat2 das vendas diárias dos restaurantes

taurante 2. A dependência entre observações dentro dos dias pode ser verificada examinando-se os pares de vendas diárias, que tendem a subir e descer juntos quando passamos de um dia para outro. Esse padrão fornece uma forte evidência visual da violação do pressuposto de independência, necessário para o teste t de duas amostras da Seção 7.2. Note também que:

$$s_p^2 = \frac{(n_1 - 1)s_1^2 + (n_2 - 1)s_2^2}{n_1 + n_2 - 2}$$

$$= \frac{(12 - 1)(530{,}07)^2 + (12 - 1)(516{,}04)^2}{12 + 12 - 2}$$

$$= 273.635{,}7$$

Assim, há uma *grande variação dentro das amostras* (refletida pelo elevado valor de s_p^2) em comparação com uma *diferença relativamente pequena entre as médias das amostras*. Pelo fato de s_p^2 ser tão grande, o teste t da Seção 7.2 não é capaz de detectar a possível diferença entre μ_1 e μ_2.

Vamos examinar agora um método válido para analisar os dados da Tabela 7.3. Na Tabela 7.4 adicionamos uma coluna de diferenças entre as vendas diárias dos dois restaurantes, $d = x_1 - x_2$. Podemos considerar essas diferenças diárias nas vendas como uma amostra aleatória de todas as diferenças diárias, passadas e presentes. Então, podemos usar essa amostra para realizar inferências a respeito da média da população de diferenças μ_d, que é igual à diferença $(\mu_1 - \mu_2)$ — isto é, a média da população (e da amostra) de diferenças é igual à diferença entre as médias das populações (e amostras). Assim, nosso teste será:

$H_0: \mu_d = 0$ [isto é, $(\mu_1 - \mu_2) = 0$]
$H_a: \mu_d \neq 0$ [isto é, $(\mu_1 - \mu_2) \neq 0$]

A estatística-teste é uma única amostra t (Seção 6.4), uma vez que estamos analisando uma única amostra de diferenças para um n pequeno.

$$\text{Estatística-teste: } t = \frac{\bar{d} - 0}{s_d/\sqrt{n_d}}$$

onde $\bar{d}$ = Diferença média da amostra
s_d = Desvio-padrão da amostra de diferenças
n_d = Número de diferenças = número de pares

Pressupostos: A população de diferenças nas vendas diárias é aproximadamente e normalmente distribuída. As diferenças da amostra são selecionadas aleatoriamente das diferenças da população. [*Nota:* Não precisamos fazer o pressuposto de que $\sigma_1^2 = \sigma_2^2$].
Região de rejeição: No nível de significância $\alpha = 0,05$, rejeitaremos H_0 se $|t| > t_{0,05}$, onde $t_{0,05}$ é baseado em $(n_d - 1)$ graus de liberdade.

Na Tabela V do Apêndice B, encontramos o valor t correspondente a $\alpha = 0,025$ e $n_d - 1 = 12 - 1 = 11$ gl como sendo $t_{0,025} = 2,201$. Então, rejeitaremos a hipótese nula se $|t| > 2,201$ (veja a Figura 7.11). Note que o número de graus de liberdade decresceu de $n_1 + n_2 - 2 = 22$ para 11 quando usamos o experimento de diferenças de pares, ao contrário do projeto de duas amostras independentes.

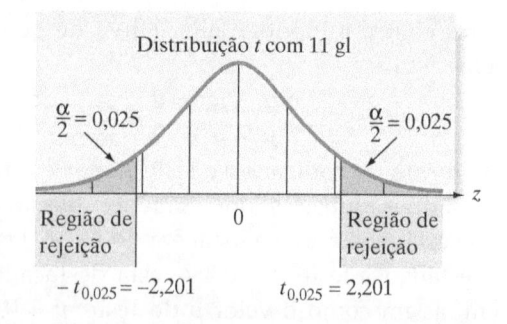

Figura 7.11 Região de rejeição para o exemplo de vendas dos restaurantes

Estatísticas resumidas para as $n = 12$ diferenças estão mostradas na listagem do MINITAB, Figura 7.12. Note que $\bar{d} = 82,0$ e $s_d = 32,0$ (arredondado). Substituindo esses valores na fórmula para a estatística teste, temos:

$$t = \frac{\bar{d} - 0}{s_d/\sqrt{n_d}} = \frac{82}{32/\sqrt{12}} = 8,88$$

Como esse valor de t cai na região de rejeição, concluímos (para $\alpha = 0,05$) que a diferença nas médias das populações de vendas diárias dos dois restaurantes é diferente de 0. Podemos chegar a essa mesma conclusão notando que o valor p do teste, destacado na Figura 7.12, é aproximadamente 0. O fato de que $(\bar{x}_1 - \bar{x}_2) = \bar{d} = \text{US\$ } 82,00$ sugere fortemente que as vendas médias diárias para o restaurante 1 excedem as vendas médias diárias para o restaurante 2.

TABELA 7.4 Vendas diárias e diferenças para dois restaurantes

Dia	Restaurante 1 x_1	Restaurante 2 x_2	Diferença $d = x_1 - x_2$
1 (Quarta-feira)	US$ 1.005	US$ 918	US$ 87
2 (Sábado)	2.073	1.971	102
3 (Terça-feira)	873	825	48
4 (Quarta-feira)	1.074	999	75
5 (Sexta-feira)	1.932	1.827	105
6 (Quinta-feira)	1.338	1.281	57
7 (Quinta-feira)	1.449	1.302	147
8 (Segunda-feira)	759	678	81
9 (Sexta-feira)	1.905	1.782	123
10 (Segunda-feira)	693	639	54
11 (Sábado)	2.106	2.049	57
12 (Terça-feira)	981	933	48

```
Paired T for SALES1 - SALES2

              N     Mean    StDev   SE Mean
SALES1       12   1349.00   530.07  153.02
SALES2       12   1267.00   516.04  148.97
Difference   12     82.0000  31.9886   9.2343


95% CI for mean difference: (61.6754, 102.3246)
T-Test of mean difference = 0 (vs not = 0): T-Value = 8.88   P-Value = 0.000
```

FIGURA 7.12 Análise do MINITAB das diferenças nas vendas diárias dos restaurantes

AGORA FAÇA O EXERCÍCIO 7.26A,B

Esse tipo de experimento, no qual as observações são em pares e as diferenças são analisadas, é chamado **experimento de diferenças de pares**. Em muitos casos, um experimento desse tipo pode fornecer mais informação a respeito de diferenças entre médias de populações do que um experimento de amostras independentes. A idéia é comparar médias de populações por meio da comparação das diferenças entre pares de unidades do experimento (objetos, pessoas, etc.) que eram muito similares antes do experimento. A diferenciação remove fontes de variação que tendem a inflar σ^2. Por exemplo, no caso dos restaurantes, a variabilidade de um dia para outro nas vendas diárias é removida pela análise das diferenças entre as vendas diárias dos restaurantes. Realizar comparações dentro de grupos de unidades experimentais similares é chamado **agrupamento em blocos**, e o experimento de diferenças de pares é um exemplo de **experimento de blocos aleatórios**. No nosso exemplo, os dias representam os blocos.

Alguns outros exemplos para os quais experimentos de diferenças de pares poderiam ser apropriados são os seguintes:

1. Suponha que você deseje estimar a diferença $(\mu_1 - \mu_2)$ entre os preços médios por galão de duas importantes marcas de gasolina aditivada. Se você escolhe duas amostras aleatórias independentes nos postos para cada marca, a variabilidade nos preços, devido às localizações geográficas, pode ser grande. Para eliminar essa fonte de variabilidade, você poderia escolher pares de postos de tamanho similar, um para cada marca, geograficamente próximos, e usar a amostra de diferenças entre os preços das marcas para realizar uma inferência a respeito de $(\mu_1 - \mu_2)$.

2. Um centro de empregos de uma faculdade deseja estimar a diferença $(\mu_1 - \mu_2)$ nos salários iniciais médios dos formandos, homens e mulheres, que procuram emprego por intermédio do centro. Se o centro amostrar independentemente homens e mulheres, os salários iniciais podem variar, por causa das diferentes áreas de especialização e das diferenças na pontuação acadêmica. Para eliminar essas fontes de variabilidade, o centro de empregos poderia formar pares de candidatos a emprego, um homem e uma mulher, de acordo com a especialização e a pontuação acadêmica. Então, as diferenças entre os salários iniciais para cada par da amostra poderiam ser usadas para realizar uma inferência sobre $(\mu_1 - \mu_2)$.

3. Para comparar o desempenho de dois vendedores de automóveis, poderíamos testar uma hipótese a respeito da diferença $(\mu_1 - \mu_2)$ nas suas respectivas vendas mensais médias. Se escolhermos aleatoriamente n_1 meses de vendas do vendedor 1 e, de forma independente, n_2 meses de vendas do vendedor 2, a variabilidade mês a mês causada pela natureza sazonal das vendas de carros novos pode inflar s_p^2 e impedir que a estatística t de duas amostras consiga detectar a diferença entre μ_1 e μ_2, se esta diferença realmente existir. Entretanto, tomando a diferença nas vendas mensais para os dois vendedores para cada um de n meses, eliminamos a variabilidade mês a mês (variação sazonal) nas vendas, e a probabilidade de detectar uma diferença entre μ_1 e μ_2, se essa diferença existir, será aumentada.

Os procedimentos de testes de hipóteses e o método de formação de intervalos de confiança para a diferença entre duas médias usando o experimento de diferenças de pares estão resumidos nos quadros seguintes, para n grande e pequeno.

TESTE DE HIPÓTESE DE DIFERENÇAS DE PARES PARA
$$\mu_d = (\mu_1 - \mu_2)$$

Teste de uma cauda
$H_0: \mu_d = D_0$
$H_a: \mu_d < D_0$
[ou $H_a: \mu_d > D_0$]

Teste de duas caudas
$H_0: \mu_d = D_0$
$H_a: \mu_d \neq D_0$

Amostra grande
Estatística-teste: $z = \dfrac{\bar{d} - D_0}{\sigma_d/\sqrt{n_d}} \approx \dfrac{\bar{d} - D_0}{s_d/\sqrt{n_d}}$

Região de rejeição:
$z < -z_\alpha$ [ou $z > z_\alpha$ quando $H_a: \mu_d > D_0$]

Região de rejeição:
$|z| > z_{\alpha/2}$

Amostra pequena
Estatística-teste: $t = \dfrac{\bar{d} - D_0}{s_d/\sqrt{n_d}}$

Região de rejeição:
$t < -t_\alpha$ [ou $t > t_\alpha$ quando $H_a: \mu_d > D_0$]

Regiões de rejeição:
$|t| > t_{\alpha/2}$

onde t_α e $t_{\alpha/2}$ são baseados em $(n_d - 1)$ graus de liberdade.

INTERVALO DE CONFIANÇA DE DIFERENÇAS DE PARES PARA $\mu_d = (\mu_1 - \mu_2)$

Amostra grande
$$\bar{d} \pm z_{\alpha/2} \dfrac{\sigma_d}{\sqrt{n_d}} \approx \bar{d} \pm z_{\alpha/2} \dfrac{s_d}{\sqrt{n_d}}$$

Amostra pequena
$$\bar{d} \pm t_{\alpha/2} \dfrac{s_d}{\sqrt{n_d}}$$

onde $t_{\alpha/2}$ é baseado em $(n_d - 1)$ graus de liberdade.

CONDIÇÕES REQUERIDAS PARA INFERÊNCIAS VÁLIDAS DE AMOSTRAS GRANDES SOBRE μ_d

1. Uma amostra aleatória das diferenças é selecionada de uma população-alvo de diferenças.
2. O tamanho n_d da amostra é grande (isto é, $n_d \geq 30$). Devido ao teorema do limite central, essa condição garante que a estatística-teste seja aproximadamente normal, não importando a forma de distribuição de probabilidade da população subjacente.

CONDIÇÕES REQUERIDAS PARA INFERÊNCIAS VÁLIDAS DE AMOSTRAS PEQUENAS SOBRE μ_d

1. Uma amostra aleatória das diferenças é selecionada de uma população-alvo de diferenças.
2. A população de diferenças tem uma distribuição aproximadamente normal.

AGORA FAÇA O EXERCÍCIO 7.25

EXEMPLO 7.5
USANDO UM INTERVALO DE CONFIANÇA DE μ_d PARA COMPARAR AS MÉDIAS SALARIAIS DE HOMENS E MULHERES

Problema Um experimento é realizado para comparar os salários iniciais de homens e mulheres recém-formados de uma faculdade que encontraram emprego. Pares são formados com a escolha de um homem e uma mulher com a mesma especialização e médias de graus acadêmicos (MGAs) similares. Suponha que uma amostra aleatória de 10 pares seja formada dessa maneira e que o salário anual inicial de cada pessoa seja registrado. Os resultados são mostrados na Tabela 7.5. Compare o salário inicial médio μ_1 dos homens com o salário inicial μ_2 das mulheres usando um intervalo de confiança de 95%. Interprete os resultados.

Solução
Uma vez que os dados de salários anuais foram coletados em pares de homens e mulheres com especialização e MGAs similares, um experimento de diferenças de pares é realizado. Para realizar a análise, inicialmente calculamos a diferença entre os salários, como mostrado na Tabela 7.5. Estatísticas resumidas para essas $n = 10$ diferenças são mostradas na listagem do MINITAB, Figura 7.13.
O intervalo de confiança de 95% para $\mu_d = (\mu_1 - \mu_2)$ para essa amostra pequena é:

$$\bar{d} \pm t_{\alpha/2} \dfrac{s_d}{\sqrt{n_d}}$$

onde $t_{\alpha/2} = t_{0,025} = 2,262$ (obtido da Tabela V do Apêndice

```
Paired T for MALE - FEMALE

                 N      Mean    StDev   SE Mean
MALE            10   43930.0  11665.1    3688.8
FEMALE          10   43530.0  11616.9    3673.6
Difference      10   400.000  434.613   137.437


95% CI for mean difference: (89.096, 710.904)
T-Test of mean difference = 0 (vs not = 0): T-Value = 2.91   P-Value = 0.017
```

FIGURA 7.13 Análise do MINITAB para as diferenças salariais

TABELA 7.5 Dados dos salários anuais para pares de recém-formados*

Par	Homem x_1	Mulher x_2	Diferença $d = x_1 - x_2$
1	US$29.300	US$28.800	$500
2	41.500	41.600	–100
3	40.400	39.800	600
4	38.500	38.500	0
5	43.500	42.600	900
6	37.800	38.000	US$–200
7	69.500	69.200	300
8	41.200	40.100	1.100
9	38.400	38.200	200
10	59.200	58.500	700

* Para usar os dados da tabela no software, é preciso trocar as vírgulas dos valores numéricos por ponto.

B) é baseada em $n_d - 1 = 9$ graus de liberdade. Substituindo os valores de $\overline{d} = 400$ e $s_d = 434{,}6$ mostrados na listagem, obtemos:

$$\overline{d} \pm t_{0{,}025} \frac{s_d}{\sqrt{n_d}} = 400 \pm 2{,}262 \left(\frac{434{,}6}{\sqrt{10}}\right)$$

$$= 400 \pm 310{,}87 \approx 400 \pm 311 =$$

$$= (\text{US\$ } 89, \text{US\$ } 711)$$

[*Nota:* Esse intervalo também é mostrado na listagem do MINITAB, Figura 7.13]. Nossa interpretação é que a verdadeira diferença média entre os salários iniciais de homens e mulheres está entre US$ 89 e US$ 711, com 95% de confiança. Uma vez que o intervalo está acima de 0, inferimos que $\mu_1 - \mu_2 > 0$, isto é, que o salário médio dos homens excede o salário médio das mulheres.

Relembrando Lembre-se de que $\mu_d = \mu_1 - \mu_2$. Se $\mu_d > 0$, então $\mu_1 > \mu_2$. Por outro lado, se $\mu_d < 0$, então $\mu_1 < \mu_2$.

Agora faça o Exercício 7.33

Para medir a quantidade de informação sobre $(\mu_1 - \mu_2)$ conseguida com o uso do experimento de diferenças de pares do Exemplo 7.5 em relação ao experimento de amostras independentes, podemos comparar as larguras relativas dos intervalos de con-

Group Statistics

	GENDER	N	Mean	Std. Deviation	Std. Error Mean
SALARY	M	10	43930.00	11665.148	3688.844
	F	10	43530.00	11616.946	3673.601

Independent Samples Test

		Levene's Test for Equality of Variances		t-test for Equality of Means						
									95% Confidence Interval of the Difference	
		F	Sig.	t	df	Sig. (2-tailed)	Mean Difference	Std. Error Difference	Lower	Upper
SALARY	Equal variances assumed	.000	.991	.077	18	.940	400.00	5206.046	-10537.5	11337.50
	Equal variances not assumed			.077	18.000	.940	400.00	5206.046	-10537.5	11337.51

FIGURA 7.14 Análise do SPSS relativa aos salários, pressupondo amostras independentes

fiança obtidos pelos dois métodos. Um intervalo de confiança de 95% para ($\mu_1 - \mu_2$) usando o experimento de diferenças de pares é, do Exemplo 7.5, (US$ 89, US$ 711). Se analisarmos os mesmos dados como se fossem de um experimento de amostras independentes,[1] primeiro obteremos as estatísticas descritivas mostradas na listagem do SPSS, Figura 7.14.

Substituímos, então, as médias e os desvios-padrão das amostras apresentadas na listagem na fórmula para um intervalo de confiança de 95% para ($\mu_1 - \mu_2$) usando amostras independentes:

$$(\bar{x}_1 - \bar{x}_2) \pm t_{0,025}\sqrt{s_p^2\left(\frac{1}{n_1} + \frac{1}{n_2}\right)}$$

onde:

$$s_p^2 = \frac{(n_1 - 1)s_1^2 + (n_2 - 1)s_2^2}{n_1 + n_2 - 2}$$

O SPSS realizou esses cálculos e obteve o intervalo (–US$ 10.537,50, US$ 11.337,50). Este intervalo está destacado na Figura 7.14.

Observe que o intervalo de amostras independentes inclui 0. Conseqüentemente, se tivéssemos que usar esse intervalo para fazer uma inferência a respeito de ($\mu_1 - \mu_2$), concluiríamos incorretamente que os salários iniciais médios de homens e mulheres não são diferentes! Você pode ver que o intervalo de confiança para o experimento de amostragem independente é cerca de cinco vezes maior que o correspondente intervalo de confiança para as diferenças de pares. Bloquear as variabilidades devido às diferenças nas especializações e aos graus acadêmicos médios aumenta significativamente a informação a respeito das diferenças dos salários iniciais médios de homens e mulheres, fornecendo uma estimativa muito mais precisa (menor intervalo de confiança para o mesmo coeficiente de confiança) de ($\mu_1 - \mu_2$).

Você pode se perguntar se realizar um experimento de diferenças de pares seria sempre melhor do que um experimento de amostras independentes. A resposta é: na maior parte do tempo, sim, mas nem sempre. Sacrificamos metade dos graus de liberdade da estatística t quando um projeto de diferenças de pares é usado no lugar de um projeto de amostras independentes. Esta é uma perda de informação e, a menos que esta perda seja mais do que compensada pela redução da variabilidade obtida pelo bloqueio (formação dos pares), o experimento de diferenças de pares resultará em uma perda líquida de informação a respeito de ($\mu_1 - \mu_2$). Portanto, devemos estar convencidos de que a formação de pares reduzirá significativamente a variabilidade antes de realizar o experimento de diferenças de pares. Na maioria das vezes isso acontecerá.

Uma última observação: A formação dos pares das observações é determinada antes de o experimento ser realizado (isto é, pelo *projeto* do experimento). Um experimento de diferenças de pares *nunca* é obtido pela formação de pares de observações da amostra depois que as medidas foram realizadas.

O QUE VOCÊ FAZ QUANDO O PRESSUPOSTO DE DISTRIBUIÇÃO NORMAL DE UMA POPULAÇÃO DE DIFERENÇAS NÃO É SATISFEITO?

Resposta: Use o teste de grau de Wilcoxon para o projeto de diferenças de pares (Capítulo 14, disponível em inglês no Companion Website do livro [www.prenhall.com/mcclave_br])

ATIVIDADE 7.1

RECEITAS DE BILHETERIAS:
COMPARANDO MÉDIAS DE POPULAÇÃO

Use a Internet para achar as receitas diárias de bilheterias de cinemas para dois filmes de sucesso diferentes, durante as primeiras oito semanas após seu lançamento. Nessa atividade, você comparará as receitas médias diárias desses filmes de duas maneiras diferentes.

1. Selecione, de forma independente, amostras aleatórias de tamanho $n = 30$ dos conjuntos de dados das receitas de bilheteria de cada um dos filmes. Ache a média e o desvio-padrão de cada amostra. Encontre, então, um intervalo de confiança para a diferença das médias.

2. Agora forme pares com os dados dos dois filmes por dia, isto é, as receitas de bilheteria para o dia do lançamento de cada filme formam um par, as receitas de bilheteria do segundo dia de cada filme formam outro par, etc. Calcule a diferença das receitas de bilheteria para cada dia e selecione uma amostra aleatória de tamanho $n = 30$ das diferenças diárias. Determine então um intervalo de confiança para a média da amostra.

---

[1] Isso é feito somente para fornecer uma medida do aumento da quantidade de informação obtida pelo projeto de pares em comparação com o projeto sem pares. Na realidade, se um experimento for projetado usando pares, uma análise sem pares será inválida, porque o pressuposto de amostras independentes não estará satisfeito.

3. Compare os intervalos de confiança para os exercícios 1 e 2. Explique como a amostragem para o experimento de diferenças de pares é diferente da amostragem independente. Como essa técnica de amostragem poderia levar a uma melhor comparação das duas médias no exemplo das bilheterias?

4. Calcule as médias reais para as receitas de bilheteria para cada um dos filmes e encontre, então, a diferença das médias. A diferença das médias está incluída em ambos os intervalos de confiança que você achou? A diferença exata está bem mais próxima de uma das estimativas? Explique.

Intervalo de confiança para a média de diferenças de pares

Usando a calculadora gráfica TI-83/TI-84

Nota: Não há a opção de diferenças de pares na calculadora. Estas instruções mostram como calcular as diferenças e então usar o intervalo t de uma amostra.

Passo 1 *Insira os dados e calcule as diferenças.*
Aperte **STAT** e selecione **1:Edit**.
Nota: Se a lista já contiver dados, limpe os dados antigos. Use a tecla **ARROW** para cima para destacar '**L1**'.
Pressione **CLEAR ENTER**.
Use a tecla **ARROW** para cima para destacar '**L2**'.
Pressione **CLEAR ENTER**.
Use as teclas **ARROW** e **ENTER** para inserir o primeiro conjunto de dados em **L1**.
Use as teclas **ARROW** e **ENTER** para inserir o segundo conjunto de dados em **L2**.
As diferenças serão calculadas em **L3**.
Use a tecla **ARROW** para cima para destacar '**L3**'.
Pressione **CLEAR** para limpar os dados antigos, mas **L3** continuará em destaque.
Para entrar com a equação L3 = L1 − L2, use as seguintes teclas:
Pressione 2ND **'1'** (entrará em L1).
Pressione o botão **MINUS**.
Pressione 2ND **'2'** (entrará em L2).
(Veja a equação na parte inferior da tela.)
Aperte **ENTER** (as diferenças serão calculadas em L3).

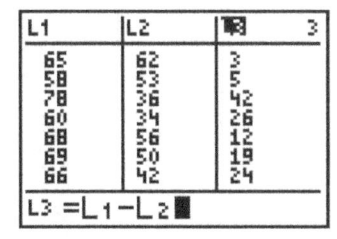

Passo 2 *Acesse o menu de testes estatísticos.*
Pressione **STAT**.
Seta à direita para **TESTS**.
Seta para baixo até **TInterval (o mesmo para o caso de amostras grandes)**.
Pressione **ENTER**.

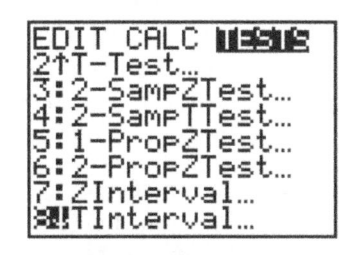

Passo 3 *Escolha 'Data'.*
Pressione **ENTER**.
Coloque **L3** em **List**.
Coloque **1** em **Freq**.
Coloque o nível de confiança em **C-Level**.
Seta para baixo até '**Calculate**'.
Pressione **ENTER**.

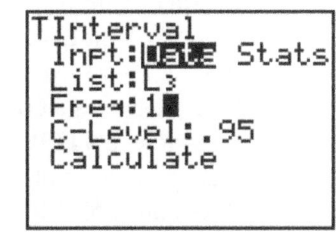

O intervalo de confiança será mostrado com a média, o desvio-padrão e o tamanho da amostra de diferenças.

Teste de hipótese para a média de diferenças de pares
Usando a calculadora gráfica TI-83/TI-84

Nota: Não há a opção de diferenças de pares na calculadora. Estas instruções mostram como calcular as diferenças e então usar o teste t de uma amostra.

Passo 1 Insira os dados e calcule as diferenças.
Pressione **STAT** e selecione **1:Edit**.
Nota: Se a lista já contiver dados, limpe os dados antigos. Use a tecla **ARROW** para cima para destacar '**L1**'.
Pressione **CLEAR ENTER**.
Use a tecla **ARROW** para cima para destacar '**L2**'.
Pressione **CLEAR ENTER**.
Use as teclas **ARROW** e **ENTER** para inserir o primeiro conjunto de dados em **L1**.
Use as teclas **ARROW** e **ENTER** para inserir o segundo conjunto de dados em **L2**.
As diferenças serão calculadas em **L3**.
Use a tecla **ARROW** para cima para destacar '**L3**'.
Pressione **CLEAR** para limpar os dados antigos, mas **L3** continuará destacada.
Para inserir a equação L3 = L1 − L2, use as seguintes teclas:
Pressione 2ND **'1'** (entrará em L1).
Pressione o botão **MINUS**.
Pressione 2ND **'2'** (entrará em L2).
(Veja a equação na parte inferior da tela.)
Pressione **ENTER** (as diferenças serão calculadas em L3).

Passo 2 Acesse o menu de testes estatísticos.
Pressione **STAT**.
Seta à direita para **TESTS**.
Seta para baixo até **T-Test** (o mesmo para o caso de amostras grandes).
Pressione **ENTER**.

Passo 3 Escolha '**Data**'.
Pressione **ENTER**.
Insira os valores para o teste de hipótese em que μ_0 = valor para μ_d na hipótese nula.
Ponha **L3** em **List**.
Ponha **1** em **Freq**.
Use a tecla **ARROW** para destacar a hipótese alternativa apropriada.
Pressione **ENTER**.
Seta para baixo até '**Calculate**'.
Pressione **ENTER**.

A estatística-teste e o valor p serão mostrados junto com a média, o desvio-padrão e o tamanho da amostra de diferenças.

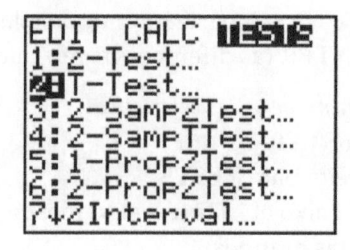

Exercícios 7.25 – 7.40

Aprendendo a mecânica

7.25 Um experimento de diferenças de pares resultou em n_d pares de observações. Em cada caso, qual é a região de rejeição para testar $H_0: \mu_d > 2$?
a. $n_d = 12$, $\alpha = 0{,}05$
b. $n_d = 24$, $\alpha = 0{,}10$
c. $n_d = 4$, $\alpha = 0{,}025$
d. $n_d = 80$, $\alpha = 0{,}01$

7.26 Os dados de uma amostra aleatória de seis pares de observações são mostrados na tabela.

LM7_26 Companion Website

Par	Amostra da população 1 (observação 1)	Amostra da população 2 (observação 2)
1	7	4
2	3	1
3	9	7
4	6	2
5	4	4
6	8	7

a. Calcule a diferença entre cada par de observações, subtraindo a observação 2 da observação 1. Use as diferenças para calcular $\bar{d}$ e s_d^2.
b. Se μ_1 e μ_2 são as médias das populações 1 e 2, respectivamente, expresse μ_d em termos de μ_1 e μ_2.
c. Forme um intervalo de confiança de 95% para μ_d.
d. Teste a hipótese nula $H_0: \mu_d = 0$ contra a hipótese alternativa $H_a: \mu_d \neq 0$. Use $\alpha = 0{,}05$.

7.27 Os dados de uma amostra aleatória de 10 pares de observações são mostrados na tabela a seguir.

LM7_27 Companion Website

Par	Amostra da população 1	Amostra da população 2
1	19	24
2	25	27
3	31	36
4	52	53
5	49	55
6	34	34
7	59	66
8	47	51
9	17	20
10	51	55

a. Se você deseja testar se esses dados são suficientes para indicar que a média da população 2 é maior que a da população 1, quais são as hipóteses nula e alternativa apropriadas? Defina os símbolos que você usar.
b. Realize o teste do item **a** usando $\alpha = 0{,}10$.
c. Determine um intervalo de confiança de 90% para μ_d. Interprete esse resultado.
d. Que pressupostos são necessários para assegurar a validade dessa análise?

7.28 Um experimento de diferenças de pares produziu os seguintes resultados:

$$n_d = 38 \quad \bar{x}_1 = 92 \quad \bar{x}_2 = 95{,}5 \quad \bar{d} = -3{,}5 \quad s_d^2 = 21$$

a. Determine os valores de z para os quais a hipótese nula $\mu_1 - \mu_2 = 0$ seria rejeitada em favor da hipótese alternativa $\mu_1 - \mu_2 < 0$. Use $\alpha = 0{,}10$.
b. Realize o teste de diferenças de pares descrito no item **a**. Tire as conclusões apropriadas.
c. Que pressupostos são necessários para que o teste de diferenças de pares seja válido?
d. Determine um intervalo de confiança de 90% para a diferença média μ_d.
e. Qual dos dois procedimentos inferenciais, o intervalo de confiança do item **d**, ou o teste de hipóteses do item **b**, fornece mais informações sobre as diferenças entre as médias das populações?

7.29 Um experimento de diferenças de pares produziu os seguintes resultados:

$$n_d = 40 \quad \Sigma d = 468 \quad \Sigma d^2 = 6.880$$

a. Teste $H_0: \mu_d = 10$ contra $H_a: \mu_d \neq 10$, onde $\mu_d = (\mu_1 - \mu_2)$. Use $\alpha = 0{,}05$.
b. Verifique o valor p para o teste realizado no item **a**. Interprete o valor p.
c. É necessário presumir que a população de diferenças é normalmente distribuída? Explique.

Aplicação dos conceitos — Básico

7.30 Salários de profissionais de tecnologia. Os dados da tabela na página seguinte, obtidos da seção de tecnologia da revista *Business Week* (22 jun. 2006), representam salários típicos de profissionais de tecnologia, em 13 áreas metropolitanas dos Estados Unidos, para 2003 e 2005. Suponha que você deseje determinar se os salários médios dos profissionais de tecnologia, em todas as áreas metropolitanas do país, aumentaram entre 2003 e 2005.
a. Estabeleça as hipóteses nula e alternativa para o teste.
b. Calcule a diferença entre os salários de 2003 e 2005 para cada área metropolitana.
c. Determine a média e o desvio-padrão das diferenças do item **b**.
d. Use os resultados do item **c** para calcular a estatística-teste.
e. Determine a região de rejeição para o teste, a $\alpha = 0{,}10$.
f. Tire as conclusões apropriadas.
g. Que condições são requeridas para que a inferência do item **f** seja válida? Essas condições estão razoavelmente satisfeitas?

Área METROPOLITANA	Salário de 2003 (milhares de US$)	Salário de 2005 (milhares de US$)
Vale do Silício	87,7	85,9
Nova York	78,6	80,3
Washington, D.C.	71,4	77,4
Los Angeles	70,8	77,1
Denver	73,0	77,1
Boston	76,3	80,1
Atlanta	73,6	73,2
Chicago	71,1	73,0
Filadélfia	69,5	69,8
San Diego	69,0	77,1
Seattle	71,0	66,9
Dallas – Ft. Worth	73,0	71,0
Detroit	62,3	64,1

Fonte: Dice, Inc.; www.businessweek.com, 22 jun. 2006.

7.31 Procura visual e estudo de memória. Quando se procura um item (por exemplo, uma placa de trânsito ao longo da estrada, um arquivo colocado no lugar errado ou um tumor em uma mamografia), o senso comum diz que não se reexaminam itens previamente rejeitados. Entretanto, pesquisadores da Faculdade de Medicina de Harvard descobriram que uma procura visual não tem memória (*Nature*, 6 ago. 1998). No seu experimento, nove pessoas procuraram a 'T' misturada entre várias letras 'L'. Cada pessoa realizou a procura sob duas condições: aleatória e estática. Na condição aleatória, a localização das letras era modificada a cada 111 milésimos de segundo; na condição estática, a localização das letras permanecia inalterada. Em cada tentativa, o tempo de reação (isto é, a quantidade de tempo que cada pessoa levava para localizar a letra-alvo) foi registrado, em milésimos de segundo.

a. Um dos objetivos da pesquisa era comparar os tempos médios de reação das pessoas nas duas condições do experimento. Explique por que os dados deveriam ser analisados como um experimento de diferenças de pares.
b. Se a procura visual não tem memória, então os tempos médios de reação nas duas condições não deveriam ser diferentes. Especifique H_0 e H_a para testar a teoria 'sem memória'.
c. A estatística-teste foi calculada como sendo $t = 1,52$, com valor $p = 0,15$. Tire as conclusões apropriadas.

7.32 Expectativa de vida dos ganhadores do Oscar. Atores de cinema que ganham o Oscar geralmente exigem um pagamento maior no seu próximo filme. O fato de ganhar um prêmio da Academia de Artes e Ciências do Cinema (conhecido como Oscar) resulta em mortalidade a longo prazo para os atores? Em um artigo da revista *Annals of Internal Medicine* (15 maio 2001), pesquisadores amostraram 762 ganhadores do prêmio da Academia e compararam cada um com outro ator, do mesmo sexo, que esteve no mesmo filme premiado e nasceu na mesma época. A expectativa de vida (idade) de cada par de atores foi comparada.

a. Explique por que os dados deveriam ser analisados como um experimento de diferenças de pares.
b. Estabeleça a hipótese nula para o teste e compare as expectativas médias de vida dos ganhadores do prêmio da Academia e dos não-ganhadores.
c. As expectativas médias de vida dos ganhadores do prêmio da Academia e dos não-ganhadores foram relatadas como sendo 79,7 anos e 75,8 anos, respectivamente. O valor p para comparar as médias das duas populações foi relatado como sendo $p = 0,003$. Interprete esse valor no contexto do problema.

7.33 Testando circuitos eletrônicos. Pesquisadores japoneses desenvolveram um método de compressão/depressão para testar circuitos eletrônicos baseado no código de Huffman (*IEICE Transactions on Information & Systems*, jan. 2005). O novo método é projetado para reduzir o tempo requerido para descompressão de entrada e compressão de saída — chamado de *razão de compressão*. Resultados experimentais foram obtidos testando uma amostra de 11 circuitos de referência (todos de tamanhos diferentes) para uma estação de trabalho SUN Blade 1000. Cada circuito foi testado usando o método de compressão/depressão normal e o novo método baseado no código de Huffman, sendo a razão de compressão registrada. Os dados são fornecidos na tabela a seguir. Compare os dois métodos com um intervalo de confiança de 95%. Qual dos métodos tem uma razão de compressão média menor?

Circuito	Método normal	Método do código de Huffman
1	0,80	0,78
2	0,80	0,80
3	0,83	0,86
4	0,53	0,53
5	0,50	0,51
6	0,96	0,68
7	0,99	0,82
8	0,98	0,72
9	0,81	0,45
10	0,95	0,79
11	0,99	0,77

Fonte: ICHIHARA, H.; SHINTANI, M.; INOUE, T. "Huffman-based test response coding." *IEICE Transactions on Information & Systems*, vol. E88-D, n. 1, jan. 2005 (Tabela 3).

7.34 Testes de batidas de carros novos da ANSTR. Consulte os dados de batidas de carros novos da Administração Nacional de Segurança do Tráfego em Rodovias (ANSTR), que estão no arquivo **CRASH**. Manequins de teste foram colocados nos assentos do motorista e do passageiro da frente, em um modelo de carro novo, e o carro foi dirigido por controle remoto até uma colisão frontal com uma barreira fixa, a uma velocidade de 35 milhas por hora. Duas das variáveis medidas para cada um dos 98 carros novos no conjunto de dados são: (1) a gravidade do traumatismo no peito do motorista e (2) a gravidade do traumatismo no peito do passageiro. (Quanto mais pontos atribuídos ao traumatismo no peito, mais grave o traumatismo.) Suponha que a ANSTR queira determinar se a média verdadeira da pontuação do traumatismo no peito do motorista excede a média verdadeira da pontuação do traumatismo no peito do passageiro e, se for verdade, por quanto.

a. Estabeleça o parâmetro de interesse para a ANSTR.
b. Explique por que os dados deveriam ser analisados como pares.
c. Encontre um intervalo de confiança de 99% para a verdadeira diferença entre as médias verdadeiras das pontuações dos traumatismos no peito dos motoristas e dos passageiros da frente.
d. Interprete o intervalo do item **c**. A média verdadeira da pontuação do traumatismo no peito do motorista excede a média verdadeira da pontuação do traumatismo no peito do passageiro? Se excede, por quanto?
e. Que condições são requeridas para que a análise seja válida? Essas condições valem para esses dados?

Aplicação dos conceitos — Intermediário

7.35 Tirando 'cochilos revigorantes' durante os intervalos de trabalho. A falta de sono custa para as empresas cerca de US$ 18 bilhões por ano em perda de produtividade, de acordo com a Fundação Nacional do Sono norte-americana. As empresas, no entanto, estão acordando para o problema. Algumas até têm quartos silenciosos disponíveis para estudar ou dormir. 'Cochilos revigorantes' estão na moda (*Athens Daily News*, 9 jan. 2000). Uma grande empresa aérea começou, recentemente, a estimular os agentes de reservas a cochilar durante os intervalos. A tabela abaixo lista o número de reclamações recebidas sobre cada

POWERNAP
Companion Website

OPERADOR	ANTES DA POLÍTICA	DEPOIS DA POLÍTICA
1	10	5
2	3	0
3	16	7
4	11	4
5	8	6
6	2	4
7	1	2
8	14	3
9	5	5
10	6	1

agente de uma amostra de 10 agentes de reservas, durante os 6 meses anteriores ao estímulo aos cochilos e durante os 6 meses posteriores, depois que essa política mudou.

a. Os dados apresentam evidências suficientes para concluir que a nova política dos cochilos reduziu o número médio de reclamações a respeito dos agentes de reservas? Teste usando $\alpha = 0,05$.
b. Que pressupostos devem ocorrer para assegurar a validade do teste?
c. Que variáveis não controladas no estudo podem levar a uma conclusão inválida?

7.36 Estudo da comunicação mediada por computador. Consulte o estudo do *Journal of Computer-Mediated Communication* (abr. 2004) para comparar a intimidade relacional entre pessoas interagindo via comunicação mediada por computador (CMC) em relação a pessoas encontrando-se cara a cara (CAC), Exercício 7.18. Relembre que a pontuação da intimidade relacional foi medida (em uma escala de 7 pontos) para cada participante, depois de três diferentes sessões de interação. Os pesquisadores levantaram a hipótese de que a pontuação média de intimidade relacional para cada participante no grupo CMC aumentaria significativamente entre o primeiro e o terceiro encontros, mas a diferença entre o primeiro e o terceiro encontros não mudaria significativamente para os participantes do grupo CAC.

a. Para a comparação do grupo CMC, forneça as hipóteses nula e alternativa de interesse.
b. Os pesquisadores realizaram a comparação do item **a** usando um teste *t* de pares. Explique por que os dados deveriam ser analisados como pares.
c. Para a comparação do grupo CMC, a estatística-teste relatada foi $t = 3,04$, com um valor $p = 0,003$. Interprete esses resultados. A hipótese dos pesquisadores tem suporte?
d. Para a comparação do grupo CAC, forneça as hipóteses nula e alternativa de interesse.
e. Para a comparação do grupo CAC, a estatística-teste relatada foi $t = 0,39$, com um valor $p = 0,70$. Interprete esses resultados. A hipótese dos pesquisadores tem suporte?

7.37 Avaliação do interesse do cliente com um pupilômetro. Um *pupilômetro* é um dispositivo usado para observar mudanças na dilatação da pupila à medida que o olho é exposto a diferentes estímulos visuais. Uma vez que há uma correlação direta entre o aumento da dilatação da pupila de um indivíduo e o seu interesse pelo estímulo, as organizações de marketing algumas vezes usam pupilômetros para ajudá-las a avaliar o interesse potencial dos consumidores em novos produtos, desenhos alternativos de embalagens e outros elementos (*Optical Engineering*, mar. 1995). O Laboratório de Pesquisa de Mercado e Desenho da Container Corporation of America usou um pupilômetro para avaliar a reação dos consumidores a diferentes desenhos de talheres de prata para um cliente. Suponha que 15 consumidores tenham sido escolhidos aleatoriamente e que a cada um tenham sido mostrados dois desenhos de talheres de prata. As leituras dos pupilômetros (em milímetros) são mostradas na tabela a seguir.

a. Quais são as hipóteses nula e alternativa apropriadas para testar se a quantidade média de dilatação da pupila difere nos dois desenhos? Defina os símbolos que usar.
b. Realize o teste do item **a**. Interprete os resultados.
c. O projeto de diferenças de pares usado neste estudo é preferível em relação a um projeto de amostras independentes? Para amostras independentes, poderíamos selecionar 30 consumidores, dividi-los em dois grupos de 15 e mostrar a cada grupo um desenho diferente. Explique sua preferência.

PUPILL
Companion Website

Consumidor	Desenho 1	Desenho 2
1	1,00	0,80
2	0,97	0,66
3	1,45	1,22
4	1,21	1,00
5	0,77	0,81
6	1,32	1,11
7	1,81	1,30
8	0,91	0,32
9	0,98	0,91
10	1,46	1,10
11	1,85	1,60
12	0,33	0,21
13	1,77	1,50
14	0,85	0,65
15	0,15	0,05

7.38 Movimento do sensor de um robô. Consulte o estudo do *The International Journal of Robotics Research* (dez. 2004) sobre o movimento de um sensor de um braço robótico com uma câmera montada, do Exercício 2.110. Relembre que a variável de interesse é o erro de estimativa da translação do braço (medida em centímetros).

SENSOR
Companion Website

Tentativa	Erro de Translação (cm)	
	Método 1	Método 2
1	1,0	2,1
2	1,3	1,8
3	3,0	2,6
4	1,5	1,4
5	1,3	1,7
6	22,9	20,5
7	21,0	23,2
8	34,4	30,7
9	29,8	30,6
10	17,7	16,4

Adaptado de: STRELOW,D.; SINGH, S. "Motion estimation form image and inertial measurements." *The International Journal of Robotics Research*, vol. 23, n. 12, dez. 2004 (Tabela 4).

Dados de 10 experimentos (nos quais a perturbação dos fatores intrínsecos da câmera e das projeções foi alterada) estão na tabela anterior. Suponha que dois métodos tenham sido usados para medir o erro de translação. Há evidências suficientes (para $\alpha = 0,10$) para indicar que o erro médio de translação para o método 1 difere do erro médio de translação para o método 2?

7.39 Avaliando uma nova droga. O laboratório de pesquisas da Merck realizou um experimento para avaliar o efeito de uma nova droga usando o labirinto de natação em *"T"*. Dezenove ratos foram capturados e neles foram injetados 12,5 miligramas da droga. Dois filhotes, um macho e uma fêmea, foram selecionados aleatoriamente de cada grupo que nasceu para serem colocados no labirinto de natação. Cada filhote foi colocado na água em um extremo do labirinto e liberado para nadar até escapar do lado oposto. Se o filhote não conseguisse escapar depois de certo período de tempo, era colocado no início do labirinto e outra chance lhe era dada. O experimento foi repetido até que cada filhote conseguisse três escapadas bem-sucedidas. A tabela a seguir informa o número de tentativas necessárias para que cada filhote conseguisse três escapadas bem-sucedidas. Há evidência suficiente de uma diferença entre o número médio de tentativas requeridas pelos filhotes machos e fêmeas? Realize o teste (com $\alpha = 0,10$). Comente a respeito dos pressupostos requeridos para que o teste seja válido.

RATPUPS
Companion Website

Grupo	Macho	Fêmea	Grupo	Macho	Fêmea
1	8	5	11	6	5
2	8	4	12	6	3
3	6	7	13	12	5
4	6	3	14	3	8
5	6	5	15	3	4
6	6	3	16	8	12
7	3	8	17	3	6
8	5	10	18	6	4
9	4	4	19	9	5
10	4	4			

Fonte: THOMAS E. Bradstreet, Merck Research Labs, BL 3–2,West Point, PA 19486.

Aplicação dos conceitos — Avançado

7.40 Fermentação alcoólica em vinhos. A determinação da fermentação alcoólica no vinho é fundamental para o processo de fabricação da bebida. A densidade do mosto do vinho é um bom indicador do ponto de fermentação, porque o valor da densidade decresce à medida que os açúcares são convertidos em álcool. Durante décadas, os fabricantes de vinhos mediram a densidade do mosto do vinho com um hidrômetro. Ainda que preciso, o aparelho emprega um processo manual que consome muito tempo. Conseqüentemente, muitas adegas estão procurando meios mais rápidos para medir a densidade. Um método alternativo utiliza um instrumento de balança hidrostática (similar ao hidrômetro, mas digital). Uma adega em Portugal coletou medidas de densidade do mosto do vinho para amostras de vinho branco, selecionadas aleatoriamente no processo de fermentação, para uma colheita recente. As densidades para 40 amostras de vinho estão no arquivo **WINE40**. As cinco primeiras e as cinco últimas observações são mostradas na tabela abaixo. A adega usará o método alternativo de medição da densidade do vinho somente se puder ser demonstrado que a diferença média entre as medidas de densidade pelos dois métodos não excede 0,002. Realize a análise para a adega. Forneça-lhe um relatório escrito de suas conclusões.

WINE 40 (Primeiras e últimas 5 observações)

Amostra	Hidrômetro	Hidrostática
1	1,08655	1,09103
2	1,00270	1,00272
3	1,01393	1,01274
4	1,09467	1,09634
5	1,10263	1,10518
.	.	.
.	.	.
36	1,08084	1,08097
37	1,09452	1,09431
38	0,99479	0,99498
39	1,00968	1,01063
40	1,00684	1,00526

Fonte: Adega Cooperativa de Borba, Portugal.

7.4 Comparando as proporções de duas populações: amostragem independente

Suponha que um fabricante de barcos de passeio deseje comparar o mercado potencial para seus produtos no Nordeste dos Estados Unidos com o mercado no Sudeste do país. Tal comparação ajudaria o fabricante a decidir onde concentrar os esforços de vendas. Usando listas telefônicas, a empresa escolheu aleatoriamente 1.000 residências no Sudeste (SE) e 1.000 no Nordeste (NE) e verificou se cada família planeja adquirir um barco dentro de 5 anos. O objetivo é usar essa informação de amostras para realizar uma inferência a respeito da diferença $(p_1 - p_2)$ entre a proporção p_1 de todas as residências no SE e a proporção p_2 de todas as residências no NE que planejam adquirir um barco dentro de 5 anos.

As duas amostras representam experimentos binomiais independentes. (Veja a Seção 4.3 para as características dos experimentos binomiais). As variáveis binomiais aleatórias são os números x_1 e x_2 das 1.000 residências amostradas em cada área que disseram que vão comprar um barco dentro de 5 anos. Os resultados estão resumidos na Tabela 7.6

TABELA 7.6 Resultados da pesquisa telefônica

SE	NE
$n_1 = 1.000$	$n_2 = 1.000$
$x_1 = 42$	$x_2 = 42$

Podemos agora calcular as proporções das amostras $\hat{p}_1$ e $\hat{p}_2$ das residências no SE e no NE, respectivamente, que são potenciais compradoras:

$$\hat{p}_1 = \frac{x_1}{n_1} = \frac{42}{1.000} = 0{,}042$$

$$\hat{p}_2 = \frac{x_2}{n_2} = \frac{24}{1.000} = 0{,}024$$

A diferença entre as proporções das amostras $(\hat{p}_1 - \hat{p}_2)$ fornece um estimador pontual intuitivamente interessante da diferença entre os parâmetros das populações $(p_1 - p_2)$. Para o nosso exemplo, a estimativa é:

$$(\hat{p}_1 - \hat{p}_2) = 0{,}042 - 0{,}024 = 0{,}018$$

Para julgar a confiabilidade do estimador $(\hat{p}_1 - \hat{p}_2)$, devemos observar seu desempenho em amostragens repetidas das duas populações — isto é, precisamos saber a distribuição amostral de $(\hat{p}_1 - \hat{p}_2)$. As propriedades da distribuição amostral são fornecidas no quadro a seguir. Relembre que $\hat{p}_1$ e $\hat{p}_2$ podem ser vistos como médias do número de sucessos por tentativa nas respectivas amostras, de forma que o teorema do limite central seja aplicado quando os tamanhos das amostras forem grandes.

PROPRIEDADES DA DISTRIBUIÇÃO AMOSTRAL DE $(\hat{p}_1 - \hat{p}_2)$

1. A média da distribuição amostral de $(\hat{p}_1 - \hat{p}_2)$ é $(p_1 - p_2)$; isto é:

$$E(\hat{p}_1 - \hat{p}_2) = p_1 - p_2$$

Portanto, $(\hat{p}_1 - \hat{p}_2)$ é um estimador não viesado de $(p_1 - p_2)$.

2. O desvio-padrão da distribuição amostral de $(\hat{p}_1 - \hat{p}_2)$ é:

$$\sigma_{(\hat{p}_1 - \hat{p}_2)} = \sqrt{\frac{p_1 q_1}{n_1} + \frac{p_2 q_2}{n_2}}$$

3. Se os tamanhos das amostras n_1 e n_2 forem grandes (veja a Seção 5.4 para orientação), a distribuição amostral de $(\hat{p}_1 - \hat{p}_2)$ será aproximadamente normal.

Uma vez que a distribuição de $(\hat{p}_1 - \hat{p}_2)$ em amostragem repetida é aproximadamente normal, podemos usar a estatística z para calcular intervalos de confiança para $(p_1 - p_2)$ ou para testar uma hipótese sobre $(p_1 - p_2)$.

No exemplo dos barcos, um intervalo de confiança de 95% para a diferença $(p_1 - p_2)$ é:

$$(\hat{p}_1 - \hat{p}_2) \pm 1{,}96\sigma_{(\hat{p}_1 - \hat{p}_2)}$$

$$\text{ou} \quad (\hat{p}_1 - \hat{p}_2) \pm 1{,}96\sqrt{\frac{p_1 q_1}{n_1} + \frac{p_2 q_2}{n_2}}$$

As quantidades $p_1 q_1$ e $p_2 q_2$ devem ser estimadas para completar o cálculo do desvio-padrão $\sigma_{(\hat{p}_1 - \hat{p}_2)}$ e, portanto, o cálculo do intervalo de confiança. Na Seção 5.4 mostramos que o valor de pq é relativamente insensível ao valor escolhido para aproximar p. Portanto, $\hat{p}_1\hat{q}_1$ e $\hat{p}_2\hat{q}_2$ fornecerão estimativas satisfatórias para aproximar $p_1 q_1$ e $p_2 q_2$, respectivamente. Então:

$$\sqrt{\frac{p_1 q_1}{n_1} + \frac{p_2 q_2}{n_2}} \approx \sqrt{\frac{\hat{p}_1 \hat{q}_1}{n_1} + \frac{\hat{p}_2 \hat{q}_2}{n_2}}$$

e aproximaremos o intervalo de confiança de 95% por:

$$(\hat{p}_1 - \hat{p}_2) \pm 1{,}96\sqrt{\frac{\hat{p}_1 \hat{q}_1}{n_1} + \frac{\hat{p}_2 \hat{q}_2}{n_2}}$$

Substituindo as quantidades da amostra, resulta:

$$(0{,}042 - 0{,}024) \pm 1{,}96\sqrt{\frac{(0{,}042)(0{,}958)}{1.000} + \frac{(0{,}024)(0{,}976)}{1.000}}$$

ou $0{,}018 \pm 0{,}016$. Então, estamos 95% confiantes de que o intervalo de 0,002 a 0,034 contém $(p_1 - p_2)$.

Inferimos que há, entre 0,2% e 3,4%, mais residências no Sudeste do que no Nordeste que planejam comprar um barco nos próximos 5 anos.

Agora faça o Exercício 7.47

A forma geral de um intervalo de confiança para a diferença $(p_1 - p_2)$ entre proporções de populações é fornecida no quadro seguinte.

Intervalo de confiança de $(1 - \alpha)\%$ de amostras grandes para $(p_1 - p_2)$

$$(\hat{p}_1 - \hat{p}_2) \pm z_{\alpha/2}\sigma_{(\hat{p}_1 - \hat{p}_2)}$$

$$= (\hat{p}_1 - \hat{p}_2) \pm z_{\alpha/2}\sqrt{\frac{p_1 q_1}{n_1} + \frac{p_2 q_2}{n_2}}$$

$$\approx (\hat{p}_1 - \hat{p}_2) \pm z_{\alpha/2}\sqrt{\frac{\hat{p}_1 \hat{q}_1}{n_1} + \frac{\hat{p}_2 \hat{q}_2}{n_2}}$$

Condições requeridas para inferências válidas de amostras grandes sobre $(p_1 - p_2)$

1. As duas amostras são selecionadas aleatoriamente, de forma independente, de duas populações-alvo.
2. Os tamanhos das amostras n_1 e n_2 são ambos grandes, de forma que a distribuição amostral de $(\hat{p}_1 - \hat{p}_2)$ seja aproximadamente normal. (Esta condição será satisfeita se $n_1\hat{p}_1 \geq 15$, $n_1\hat{q}_1 \geq 15$ e $n_2\hat{p}_2 \geq 15$, $n_2\hat{q}_2 \geq 15$.)

A estatística z:

$$z = \frac{(\hat{p}_1 - \hat{p}_2) - (p_1 - p_2)}{\sigma_{(\hat{p}_1 - \hat{p}_2)}}$$

é usada para testar a hipótese nula de que $(p_1 - p_2)$ se iguala a alguma diferença específica, digamos D_0. Para o caso especial em que $D_0 = 0$ — isto é, em que desejamos testar a hipótese nula H_0: $(p_1 - p_2) = 0$ (ou, de forma equivalente, H_0: $p_1 = p_2$) —, a melhor estimativa de $p_1 = p_2 = p$ é obtida dividindo-se o número total de sucessos $(x_1 + x_2)$ para as duas amostras pelo número total de observações $(n_1 + n_2)$; isto é:

$$\hat{p} = \frac{x_1 + x_2}{n_1 + n_2} \quad \text{ou} \quad \hat{p} = \frac{n_1\hat{p}_1 + n_2\hat{p}_2}{n_1 + n_2}$$

A segunda equação mostra que $\hat{p}$ é uma média ponderada de $\hat{p}_1$ e $\hat{p}_2$, com a amostra maior recebendo mais peso. Se os tamanhos das amostras são iguais, então $\hat{p}$ é uma média simples das duas proporções de sucessos das amostras. Substituímos agora a média ponderada $\hat{p}$ em p_1 e p_2 na fórmula para o desvio-padrão de $(\hat{p}_1 - \hat{p}_2)$:

$$\sigma_{(\hat{p}_1 - \hat{p}_2)} = \sqrt{\frac{p_1 q_1}{n_1} + \frac{p_2 q_2}{n_2}}$$

$$\approx \sqrt{\frac{\hat{p}\hat{q}}{n_1} + \frac{\hat{p}\hat{q}}{n_2}} = \sqrt{\hat{p}\hat{q}\left(\frac{1}{n_1} + \frac{1}{n_2}\right)}$$

O teste está resumido no quadro a seguir.

Teste de hipóteses de amostra grande sobre $(p_1 - p_2)$

Teste de uma cauda	Teste de duas caudas
H_0: $(p_1 - p_2) = 0$*	H_0: $(p_1 - p_2) = 0$
H_a: $(p_1 - p_2) < 0$	H_a: $(p_1 - p_2) \neq 0$
[ou H_a: $(p_1 - p_2) > 0$]	

Estatística-teste: $z = \dfrac{(\hat{p}_1 - \hat{p}_2)}{\sigma_{(\hat{p}_1 - \hat{p}_2)}}$

Região de rejeição:	Regiões de rejeição:
$z < -z_\alpha$ [ou $z > z_\alpha$ quando H_a: $(p_1 - p_2) > 0$]	$|z| > z_{\alpha/2}$

Nota: $\sigma_{(\hat{p}_1 - \hat{p}_2)} = \sqrt{\dfrac{p_1 q_1}{n_1} + \dfrac{p_2 q_2}{n_2}} \approx \sqrt{\hat{p}\hat{q}\left(\dfrac{1}{n_1} + \dfrac{1}{n_2}\right)}$,

onde $\hat{p} = \dfrac{x_1 + x_2}{n_1 + n_2}$.

---

* O teste pode ser adaptado para testar para uma diferença $D_0 \neq 0$. Como a maioria das aplicações pede uma comparação de p_1 e p_2, implicando $D_0 = 0$, vamos restringir nossa atenção a esse caso.

EXEMPLO 7.6
COMPARANDO TAXAS DE CONSERTOS PARA DOIS MODELOS DE CARROS USANDO UM TESTE DE AMOSTRA GRANDE PARA $(p_1 - p_2)$

Problema Um grupo de defesa do consumidor deseja determinar se há uma diferença entre as proporções de dois modelos conhecidos de automóveis que precisam de grandes consertos (de mais de US$ 500) nos dois primeiros anos de sua compra. Foram contatadas uma amostra de 400 proprietários, a dois anos, do modelo 1, e uma amostra de 500 proprietários, a dois anos, do modelo 2. Os números x_1 e x_2 de proprietários que relataram que seus carros precisaram de grandes consertos dentro dos primeiros dois anos foram 53 e 78, respectivamente. Teste a hipótese nula de que não existe diferença entre as proporções das populações 1 e 2 que precisam de grandes consertos contra a alternativa de que uma diferença realmente existe. Use $\alpha = 0{,}10$.

Solução
Se definirmos p_1 e p_2 como as verdadeiras proporções dos proprietários do modelo 1 e do modelo 2, respectivamente, cujos carros precisaram de grandes consertos nos dois primeiros anos, os elementos do teste são:

$H_0: (p_1 - p_2) = 0$

$H_a: (p_1 - p_2) \neq 0$

Estatística-teste $z = \dfrac{(\hat{p}_1 - \hat{p}_2) - 0}{\sigma_{(\hat{p}_1 - \hat{p}_2)}}$

Região de rejeição: $(\alpha = 0{,}10)$: $|z| > z_{\alpha/2} = z_{0,05} = 1{,}645$ (veja a Figura 7.15)

Calcularemos agora as proporções da amostra de proprietários que precisaram de grandes consertos em seus carros:

$\hat{p}_1 = \dfrac{x_1}{n_1} = \dfrac{53}{400} = 0{,}1325$

$\hat{p}_2 = \dfrac{x_2}{n_2} = \dfrac{78}{500} = 0{,}1560$

Então:

$z = \dfrac{(\hat{p}_1 - \hat{p}_2) - 0}{\sigma_{(\hat{p}_1 - \hat{p}_2)}} \approx \dfrac{(\hat{p}_1 - \hat{p}_2)}{\sqrt{\hat{p}\hat{q}\left(\dfrac{1}{n_1} + \dfrac{1}{n_2}\right)}}$

onde:

$\hat{p} = \dfrac{x_1 + x_2}{n_1 + n_2} = \dfrac{53 + 78}{400 + 500} = 0{,}1456$

Note que $\hat{p}$ é uma média ponderada de $\hat{p}_1$ e $\hat{p}_2$, com o maior peso dado à maior amostra dos proprietários do modelo 2. Então, o valor calculado da estatística-teste é:

$z = \dfrac{0{,}1325 - 0{,}1560}{\sqrt{(0{,}1456)(0{,}8544)\left(\dfrac{1}{400} + \dfrac{1}{500}\right)}} = \dfrac{-0{,}0235}{0{,}0237} = -0{,}99$

As amostras fornecem evidências insuficientes a $\alpha = 0{,}10$ para detectar uma diferença entre as proporções dos dois modelos que precisaram de consertos nos dois primeiros anos. Ainda que 2,35% a mais de proprietários amostra-

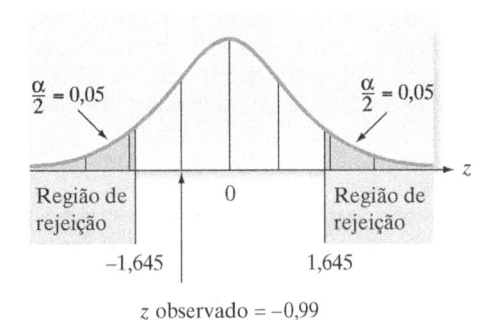

FIGURA 7.15 Região de rejeição para o Exemplo 7.6

z observado $= -0{,}99$

dos no modelo 2 tenham dito que os modelos precisaram de grandes consertos, essa diferença é menor do que 1 desvio-padrão ($z = -0{,}99$) da diferença zero da hipótese entre as duas proporções.

EXEMPLO 7.7
ACHANDO O NÍVEL DE SIGNIFICÂNCIA OBSERVADO DO TESTE PARA $p_1 - p_2$

Problema Use um software estatístico para realizar o teste do Exemplo 7.6. Ache e interprete o valor p do teste.

Solução
Inserimos os tamanhos das amostras (n_1 e n_2) e o número de sucessos (x_1 e x_2) no Excel, com o acessório PHStat2, e obtivemos a listagem mostrada na Figura 7.16. A

Z Test for Differences in Two Proportions	
Data	
Hypothesized Difference	0
Level of Significance	0.1
Group 1	
Number of Successes	53
Sample Size	400
Group 2	
Number of Successes	78
Sample Size	500
Intermediate Calculations	
Group 1 Proportion	0.1325
Group 2 Proportion	0.156
Difference in Two Proportions	-0.0235
Average Proportion	0.145555556
Z Test Statistic	-0.993356864
Two-Tailed Test	
Lower Critical Value	-1.644853476
Upper Critical Value	1.644853476
p-Value	0.320536082
Do not reject the null hypothesis	

FIGURA 7.16 Listagem do Excel/PHStat2 para o teste de duas proporções

estatística-teste, para esse teste de duas caudas, está sombreada na listagem, assim como o nível de significância observado (valor p). Note que o valor p = 0,3205 é menor que α = 0,10. Conseqüentemente, não há evidências de uma diferença entre as proporções verdadeiras das populações.

ESTATÍSTICA EM AÇÃO REVISITADA

COMPARANDO AS PROPORÇÕES PARA OS DOIS GRUPOS DE ETAGS PESQUISADOS

Na primeira Estatística em ação deste capítulo, mostramos como os pesquisadores compararam as médias de diversas variáveis quantitativas para os dois grupos de trabalhadores da AT&T. Relembre que os trabalhadores do grupo 1 ($n_1 = 47$) eram aqueles empregados que relataram efeitos positivos de habilidades do trabalho na vida familiar, enquanto os trabalhadores do grupo 2 ($n_2 = 67$) eram aqueles empregados que não relataram efeitos positivos do trabalho. Os pesquisadores também coletaram dados sobre a variável qualitativa Sexo para cada trabalhador e procuraram saber se as proporções de trabalhadores homens seria diferente nos dois grupos.

Uma análise da variável Sexo, que faz parte do arquivo **SPILLOVER**, está mostrada na listagem do MINITAB, Figura EA7.2. A informação resumida exposta na parte superior da listagem mostra que 39 dos 47 trabalhadores (83%) do grupo dos efeitos positivos (grupo 1) eram homens, e 59 dos 67 trabalhadores (88%) do grupo sem efeitos positivos (grupo 2) eram homens. Um intervalo de confiança para ($p_2 - p_1$) e os resultados de um teste de duas caudas da hipótese nula $H_0: (p_2 - p_1) = 0$ são apresentados na parte inferior da listagem. [*Nota:* O MINITAB ordena os grupos alfabeticamente. Então, 'NONSPILL' (sem efeitos) precede 'SPILLOV' (com efeitos); a população 1, na análise do MINITAB, é o grupo 2, e a população 2 é o grupo 1.] O intervalo de confiança de 95% é (–0,08; 0,18) e o valor p para o teste de hipóteses é $p = 0,453$. Ambos os resultados levaram os pesquisadores a concluir que não há diferença significativa entre as proporções de homens nos dois grupos de ETAGs.

```
Test and CI for Two Proportions: GENDER, GROUP

Event = MALE


GROUP     X    N   Sample p
NOSPILL   59   67  0.880597
SPILLOV   39   47  0.829787



Difference = p (NOSPILL) - p (SPILLOV)
Estimate for difference:  0.0508098
95% CI for difference:  (-0.0817519, 0.183371)
Test for difference = 0 (vs not = 0):  Z = 0.75  P-Value = 0.453
```

FIGURA EA7.2 Comparação do MINITAB dos grupos de ETAG para a variável Sexo

Intervalo de confiança para ($p_1 - p_2$)

Usando a calculadora gráfica TI-83/TI-84

Passo 1 *Acesse o menu de testes estatísticos.*
Pressione **STAT**.
Seta à direita para **TESTS**.
Seta para baixo até **2-PropZInt**.
Pressione **ENTER**.

Capítulo 7 — INFERÊNCIAS BASEADAS EM DUAS AMOSTRAS

Passo 2 *Insira os valores das informações das amostras e o **nível de confiança***
onde x_1 = número de sucessos na primeira amostra
n_1 = tamanho da primeira amostra
x_2 = número de sucessos na segunda amostra
n_2 = tamanho da segunda amostra
Determine o nível de confiança em **C-Level**.
Seta para baixo até '**Calculate**'.
Pressione **ENTER**.

Exemplo Determine um intervalo de confiança de 95% para a diferença nas proporções de dois conhecidos modelos de automóveis que precisam de grandes consertos.

Modelo 1: Uma amostra de 400 proprietários é contatada, e 53 deles relatam que seus carros precisaram de grandes consertos nos dois primeiros anos.

Modelo 2: Uma amostra de 500 proprietários é contatada, e 78 deles relatam que seus carros precisaram de grandes consertos nos dois primeiros anos.

As telas para esses exemplos são mostradas abaixo.

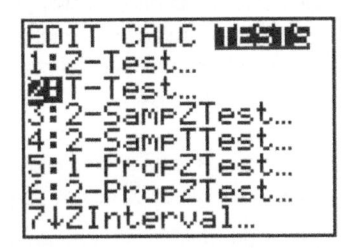

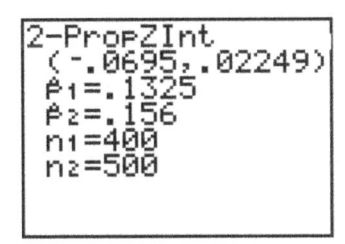

```
EDIT CALC TESTS          2-PropZInt
1:Z-Test...              (-.0695,.02249)
2:T-Test...              p̂1=.1325
3:2-SampZTest...         p̂2=.156
4:2-SampTTest...         n1=400
5:1-PropZTest...         n2=500
6:2-PropZTest...
7↓ZInterval...
```

O intervalo de confiança de 95% para a diferença entre as duas proporções é (–0,0695; 0,02249).

Teste de hipóteses para ($p_1 - p_2$)

Usando a calculadora gráfica TI-83/TI-84

Passo 1 *Acesse o menu de testes estatísticos.*
Pressione **STAT**.
Seta à direita para **TESTS**.
Seta para baixo até **2-PropZTest**.
Pressione **ENTER**.

Passo 2 *Insira os valores das informações das amostras e **selecione a hipótese alternativa**.*
onde x_1 = número de sucessos na primeira amostra
n_1 = tamanho da primeira amostra
x_2 = número de sucessos na segunda amostra
n_2 = tamanho da segunda amostra
Use a tecla **ARROW** para destacar a hipótese alternativa apropriada.
Pressione **ENTER**.
Seta para baixo até '**Calculate**'.
Pressione **ENTER**.

Exemplo Teste a hipótese de que não há diferença entre as proporções de dois modelos conhecidos de automóveis que precisam de grandes consertos.

Modelo 1: Uma amostra de 400 proprietários é contatada, e 53 deles relatam que seus carros precisaram de grandes consertos nos dois primeiros anos.

Modelo 2: Uma amostra de 500 proprietários é contatada, e 78 deles relatam que seus carros precisaram de grandes consertos nos dois primeiros anos.

As telas para esses exemplos são mostradas abaixo.

```
2-PropZInt
 (-.0695,.02249)
 p̂₁=.1325
 p̂₂=.156
 n1=400
 n2=500
```

```
2-PropZTest
 p1≠p2
 z=-.9933568641
 p=.3205360811
 p̂₁=.1325
 p̂₂=.156
 ↓p̂=.1455555556
```

Uma vez que o valor p (0,3205) é maior que α (0,10), não se rejeita a hipótese nula. Não há evidência suficiente para detectar uma diferença entre as proporções das populações.

ATIVIDADE 7.2

FIQUE COM O TROCO:
INFERÊNCIAS BASEADAS EM DUAS AMOSTRAS

Nesta atividade, você comparará as quantias médias transferidas para dois diferentes clientes do Bank of America, assim como irá projetar alguns estudos que poderiam ajudar o departamento de marketing a determinar onde alocar mais verba de publicidade. Você trabalhará com os conjuntos de dados da Atividade 1.1, Fique com o troco: coletando dados.

1. Neste exercício, você precisará trabalhar com outro estudante da sua classe. Cada um de vocês deverá usar seu conjunto de dados *Quantias transferidas* da atividade do Capítulo 1 como uma amostra aleatória de um conjunto teórico maior de todas as quantias que já foram transferidas. Então as médias e os desvios-padrão dos seus conjuntos de dados serão as médias e os desvios-padrão das amostras. Calcule um intervalo de confiança para a diferença das duas médias com um nível de 95%. O intervalo contém 0? Suas quantias transferidas médias são significativamente diferentes? Explique.

2. Projete um estudo para determinar se há uma diferença significativa entre as quantias médias das promoções do Bank of America para os clientes da Califórnia inscritos na promoção em relação às quantias médias das promoções do Bank of America para os clientes da Flórida inscritos na promoção. Seja específico em relação ao tamanhos das amostras, testes usados e como se chegou a uma conclusão. Como os resultados deste estudo ajudariam o Bank of America a estimar os custos do programa?

3. Projete um estudo para determinar se há uma diferença significativa na porcentagem dos clientes do Bank of America da Califórnia inscritos no programa e a porcentagem dos clientes do Bank of America da Flórida inscritos no programa. Seja específico em relação aos tamanhos das amostras, testes usados e como se chegou a uma conclusão. Como os resultados deste estudo ajudariam o departamento de marketing do Bank of America?

Guarde os resultados desta atividade para uso posterior em outras atividades.

Exercícios 7.41–7.57

Aprendendo a mecânica

7.41 Considere a realização de uma inferência sobre $p_1 - p_2$, em que há x_1 sucessos em n_1 tentativas binomiais e x_2 sucessos em n_2 tentativas binomiais.
   a. Descreva as distribuições de x_1 e x_2.
   b. Explique por que o teorema do limite central é importante para achar uma distribuição aproximada para $(\hat{p}_1 - \hat{p}_2)$.

7.42 Para cada um dos valores de α a seguir, ache os valores de z para os quais $H_0: (p_1 - p_2) = 0$ seria rejeitada em favor de $H_a: (p_1 - p_2) < 0$.
   a. $\alpha = 0{,}01$
   b. $\alpha = 0{,}025$
   c. $\alpha = 0{,}05$
   d. $\alpha = 0{,}10$

7.43 Em cada caso, determine se os tamanhos das amostras são grandes o suficiente para que se possa concluir que a distribuição amostral de $(\hat{p}_1 - \hat{p}_2)$ é aproximadamente normal.
   a. $n_1 = 12, n_2 = 14, \hat{p}_1 = 0{,}42, \hat{p}_2 = 0{,}57$
   b. $n_1 = 12, n_2 = 14, \hat{p}_1 = 0{,}92, \hat{p}_2 = 0{,}86$
   c. $n_1 = n_2 = 30, \hat{p}_1 = 0{,}70, \hat{p}_2 = 0{,}73$
   d. $n_1 = 100, n_2 = 250, \hat{p}_1 = 0{,}93, \hat{p}_2 = 0{,}97$
   e. $n_1 = 125, n_2 = 200, \hat{p}_1 = 0{,}08, \hat{p}_2 = 0{,}12$

7.44 Construa um intervalo de confiança de 95% para $(p_1 - p_2)$ em cada uma das seguintes situações:
   a. $n_1 = 400, \hat{p}_1 = 0{,}65; n_2 = 400, \hat{p}_2 = 0{,}58$
   b. $n_1 = 180, \hat{p}_1 = 0{,}31; n_2 = 250, \hat{p}_2 = 0{,}25$
   c. $n_1 = 100, \hat{p}_1 = 0{,}46; n_2 = 120, \hat{p}_2 = 0{,}61$

7.45 Amostras aleatórias independentes, cada uma contendo 800 observações, foram selecionadas de duas populações binomiais. As amostras das populações 1 e 2 produziram 320 e 400 sucessos, respectivamente.

   a. Teste H_0: $(p_1 - p_2) = 0$ contra H_a: $(p_1 - p_2) > 0$. Use $\alpha = 0,05$.
   b. Teste H_0: $(p_1 - p_2) = 0$ contra H_a: $(p_1 - p_2) \neq 0$. Use $\alpha = 0,01$.
   c. Teste H_0: $(p_1 - p_2) = 0$ contra H_a: $(p_1 - p_2) < 0$. Use $\alpha = 0,01$.
   d. Forme um intervalo de confiança de 90% para $(p_1 - p_2)$.

7.46 Amostras aleatórias de tamanho $n_1 = 55$ e $n_2 = 65$ foram retiradas das populações 1 e 2, respectivamente. As amostras resultaram em $\hat{p}_1 = 0,7$ e $\hat{p}_2 = 0,6$. Teste H_0: $(p_1 - p_2) = 0$ contra H_a: $(p_1 - p_2) > 0$, usando $\alpha = 0,05$.

Aplicação dos conceitos — Básico

7.47 A 'maldição do vencedor' nos leilões. Nos leilões, a 'maldição do vencedor' é o fenômeno pelo qual o preço vencedor (mais alto) fica acima do valor esperado do item leiloado. A *Revista de Economia e Estatística* (ago. 2001) publicou um estudo sobre se a experiência em leilões impacta a probabilidade de ocorrer a 'maldição do vencedor'. Dois grupos de participantes em um leilão fechado foram comparados: (1) participantes muito experientes; e (2) participantes menos experientes. No grupo dos muito experientes, 29 dos 189 lances vencedores estavam acima do valor esperado do item; no grupo dos menos experientes, 32 dos 149 lances vencedores estavam acima do valor esperado do item.
   a. Determine uma estimativa de p_1, a verdadeira proporção dos participantes muito experientes que foram presas da 'maldição do vencedor'.
   b. Determine uma estimativa de p_2, a verdadeira proporção dos participantes menos experientes que foram presas da 'maldição do vencedor'.
   c. Construa um intervalo de confiança de 90% para $p_1 - p_2$.
   d. Forneça uma interpretação prática do intervalo de confiança do item c. Faça uma afirmação sobre se a experiência em leilões impacta a probabilidade de ocorrência da 'maldição do vencedor'.

7.48 Pesquisa de hábitos de planejamento. A revista *American Demographics* (jan. 2002) publicou os resultados de uma pesquisa sobre os hábitos de planejamento de homens e mulheres. Em resposta à pergunta: 'Qual é o seu método preferido de planejamento e de manter controle sobre reuniões, encontros e prazos?', 56% dos homens e 46% das mulheres responderam: 'Mantê-los na minha cabeça'. Uma amostra representativa de 1.000 adultos nos Estados Unidos participou da pesquisa; portanto, presuma que 500 fossem homens e 500 fossem mulheres.
   a. Estabeleça as hipóteses nula e alternativa para testar se a porcentagem de homens que prefere manter o controle dos encontros na cabeça é maior do que a porcentagem correspondente de mulheres.
   b. Calcule a estatística-teste para esse teste.
   c. Forneça a região de rejeição para o teste, usando $\alpha = 0,01$.
   d. Determine o valor p para o teste.
   e. Tire as conclusões apropriadas.

7.49 Probabilidade de conseguir um exame médico de rotina. Quem tem maior probabilidade de conseguir um exame médico de rotina: uma pessoa empregada ou uma desempregada? Para responder a essa pergunta, uma equipe de médicos e professores de saúde pública coletou dados em uma amostra de 2.200 indivíduos (*American Journal of Public Health*, jan. 2002). Dos 1.140 indivíduos que estavam empregados, 642 visitaram um médico para um exame médico de rotina no último ano. Em contraste, 740 dos 1.106 indivíduos desempregados tiveram um exame médico de rotina no último ano.
   a. Especifique o parâmetro de interesse para a equipe de pesquisadores.
   b. Estabeleça as hipóteses nula e alternativa para testar se há uma diferença entre as porcentagens de pessoas empregadas e desempregadas que tiveram um exame médico de rotina recentemente.
   c. Calcule a estatística-teste para esse teste.
   d. Forneça a região de rejeição para o teste, usando $\alpha = 0,01$.
   e. A equipe de pesquisadores reportou o valor p para o teste como sendo ≈ 0. Você concorda?
   f. Tire as conclusões apropriadas.

7.50 Pesquisas eletrônicas versus impressas. A rápida evolução do hardware e do software dos computadores facilitou para as empresas a realização de pesquisas por meio de computador ou pela Internet (isto é, por meios eletrônicos). Professores das universidades do estado de Michigan e da DePaul colaboraram em um estudo projetado para comparar as taxas de respostas das pesquisas eletrônicas com as das tradicionais pesquisas impressas (Instituto de Ciências da Decisão, *Decision Line*, jul. 2001). As duas pesquisas foram desenvolvidas com clientes que compraram produtos pela Internet de um conhecido varejista de materiais de escritório. Dos 631 clientes que receberam a pesquisa impressa, 261 retornaram respostas úteis. Dos 414 clientes que receberam um arquivo de computador com a pesquisa eletrônica, 155 retornaram respostas úteis.
   a. Estime a diferença entre as taxas de respostas dos dois tipos de pesquisa, usando um intervalo de confiança de 90%. Interprete o resultado.
   b. Se a diferença nas taxas de respostas for de 5% ou menos, os pesquisadores inferirão que não há diferença 'prática' nas taxas de respostas para as duas pesquisas. Os pesquisadores estão aptos a fazer esta inferência? Explique.

7.51 Construção de perfis raciais pelo LAPD. *Construção de perfis raciais* é uma expressão que descreve qualquer ação policial que se baseia em razões étnicas, e não no comportamento, para apontar suspeitos de atividades criminosas. O *Los Angeles Police Department* (LAPD) invoca perfis raciais quando pára e revista motoristas de

Los Angeles? Essa pergunta foi assunto da revista *Chance* (primavera, 2006).

a. Dados sobre paradas e revistas de motoristas afro-americanos e brancos, de janeiro até junho de 2005, estão resumidos na tabela a seguir. Realize um teste (com $\alpha = 0,05$) para determinar se há uma disparidade nas proporções de motoristas afro-americanos e brancos que são revistados pela polícia de Los Angeles depois de terem sido parados.

b. O LAPD define uma '*taxa de sucesso*' como a proporção de revistas que resultaram na descoberta de atividades criminosas. Use os dados da tabela para estimar a disparidade nas taxas de sucesso para motoristas afro-americanos e brancos, usando um intervalo de confiança de 95%. Interprete os resultados.

Raça	Número de Parados	Número de Revistados	Número de Sucessos
Afro-americanos	61.688	12.016	5.134
Brancos	106.892	5.312	3.006

Fonte: KHADJAVI, L. S. "Driving while black in the city of Angels". *Chance*, vol. 19, n. 2, primavera, 2006 (Tabelas 1 e 2).

Aplicação dos conceitos — Intermediário

7.52 Expectativa de sucesso na carreira. Para avaliar a utilidade e a validade de um questionário, os pesquisadores freqüentemente o testam previamente em diferentes amostras de respondentes, selecionadas independentemente. O conhecimento das diferenças e das similaridades das amostras e de suas respectivas populações é importante para a interpretação da validade do questionário. A revista *Educational and Psychological Measurement* (fev. 1998) publicou um artigo sobre um questionário recentemente desenvolvido para medir as expectativas de empregados quanto ao sucesso na carreira. O instrumento foi testado em duas amostras independentes descritas na seguinte tabela.

	Gerentes e profissionais	Estudantes de MBA de tempo parcial
Tamanho da amostra	162	109
Sexo (% de homens)	95,0	68,9
Estado civil (% de casados)	91,2	53,4

Fonte: STEPHENS, Gregory K.; SZAJNA, Bernadette; BROOME, Kirk M.,"The career success expectation scale: an exploratory and confirmatory factor analysis". *Educational and Psychological Measurement*, vol. 58, n. 1, fev. 1998, pp. 129-141.

a. A população de gerentes e profissionais da qual a amostra foi retirada consiste de mais homens do que a população de estudantes de MBA de tempo parcial? Realize um teste apropriado usando $\alpha = 0,05$.

b. Descreva os pressupostos que você fez para realizar o teste do item **a** e por que o fez.

c. A população de gerentes e profissionais consiste de mais indivíduos casados que a população de estudantes de MBA de tempo parcial? Realize um teste de hipóteses apropriado, usando $\alpha = 0,01$.

d. Que pressupostos devem valer para que o teste do item **c** seja válido?

7.53 Jogo em escolas públicas. Com o rápido crescimento do jogo legalizado nos Estados Unidos, há uma preocupação com o envolvimento de jovens em atividades de jogo, que também parece estar também esteja crescendo. O professor Randy Stinchfield, da University of Minnesota, comparou as taxas de jogo entre estudantes de escolas públicas de Minnesota no período entre 1992 e 1998 (*Journal of Gambling Studies*, inverno, 2001). Com base nos dados da pesquisa, a tabela abaixo mostra as porcentagens de garotos da 9ª série que jogaram semanalmente, ou diariamente, em qualquer tipo de jogo (por exemplo, cartas, apostas esportivas, loterias) para os dois anos.

	1992	1998
Número de garotos da 9ª série na pesquisa	21.484	23.199
Número dos que jogaram semanalmente/diariamente	4.684	5.313

a. As porcentagens dos garotos da 9ª série que jogaram semanalmente ou diariamente em qualquer tipo de jogo entre 1992 e 1998 são significativamente diferentes? (Use $\alpha = 0,01$).

b. O professor Stinchfield afirma que, 'por causa dos tamanhos grandes das amostras, mesmo pequenas diferenças podem resultar em significância estatística, de modo que as interpretações das diferenças devem incluir um julgamento a respeito da grandeza da diferença e do seu significado para a saúde pública'. Você está de acordo com essa afirmação? Se não está, por quê? Se estiver, obtenha uma medida da magnitude da diferença entre 1992 e 1998 e também uma medida da confiabilidade da diferença.

SWDEFECTS
Companion Website

7.54 Predição de defeitos de software. Consulte os dados da PROMISE Software Engineering Repository sobre os 498 módulos de código de software escritos em linguagem 'C' para o instrumento de uma espaçonave da Nasa que estão no arquivo **SWDEFECTS** (veja o Exercício 3.61). Relembre que o código de software em cada módulo foi avaliado quanto a defeitos: 49 foram classificados como 'verdadeiros' (isto é, o módulo tem o código defeituoso) e 449 foram classificados como 'falsos' (isto é, o módulo tem o código correto). Considere estas amostras aleatórias independentes dos módulos de código de software. Os pesquisadores predisseram o estado de defeito de cada módulo usando o algoritmo simples: 'Se o número de linhas de código no módulo excede 50, podemos predizer que o módulo tem um defeito'. A listagem do SPSS a seguir mostra o número de módulos em cada uma das duas amostras que foram preditas como defeituosas

DEFECT * PRED_LOC Crosstabulation

Count

		PRED_LOC		Total
		no	yes	
DEFECT	false	400	49	449
	true	29	20	49
Total		429	69	498

■ Listagem do SPSS para o Exercício 7.54

(PRED_LOC = 'sim') e como não defeituosas (PRED_LOC = 'não'). Agora, vamos definir a *taxa de precisão* do algoritmo como a proporção de módulos que foram preditos corretamente. Compare a taxa de precisão do algoritmo quando aplicado aos módulos com o código correto. Use um intervalo de confiança de 99%.

7.55 Idades dos gerentes de produtos comerciais. A revista *Industrial Marketing Management* (v. 25, 1996) publicou um estudo que examinou a demografia, os papéis quanto à tomada de decisões e as necessidades de tempo dos gerentes de produtos. Amostras independentes de n_1 = 93 gerentes de produtos comerciais/consumo e n_2 = 212 gerentes de produtos industriais participaram do estudo. No grupo comercial/consumo, 40% dos gerentes de produtos têm 40 anos de idade ou mais; no grupo industrial, 54% têm 40 anos ou mais. Faça uma inferência sobre a diferença entre as verdadeiras proporções dos gerentes de produtos comerciais/consumo e industriais que têm 40 anos ou mais. Justifique sua escolha do método (intervalo de confiança ou teste de hipóteses) e do valor de α. Os gerentes de produtos industriais tendem a ser mais velhos que os gerentes de produtos comerciais/consumo?

7.56 Capacidade das crianças no reconhecimento de anúncios de cigarros. Os especialistas em marketing devem fazer anúncios que apelam às crianças para vender produtos adultos? Uma campanha publicitária controversa foi a dos cigarros Camel, que usava um personagem de desenho animado, 'Joe Camel', como símbolo da marca. (A Comissão Federal de Comércio posteriormente proibiu anúncios com Joe Camel, porque eles supostamente estimulavam jovens a fumar.) Lucy L. Henke, professora de marketing da University of New Hampshire, analisou a capacidade das crianças de reconhecer os símbolos da marca de cigarros anunciada. Ela descobriu que 15 em 28 crianças menores de 6 anos e 46 em 55 crianças de 6 anos ou mais reconheciam Joe Camel, o símbolo da marca de cigarros Camel (*Journal of Advertising*, inverno, 1995).

a. Use um intervalo de confiança de 95% para estimar a proporção de todas as crianças que reconhecem Joe Camel. Interprete o intervalo.

b. Os dados indicam que o reconhecimento de Joe Camel aumenta com a idade? Teste usando α = 0,05.

Aplicação dos conceitos — Avançado

7.57 Estudo de desejo por comida. Você tem um desejo insaciável por chocolate ou por alguma outra comida? Uma vez que muitos norte-americanos aparentemente têm, psicólogos estão projetando estudos científicos para examinar o fenômeno. De acordo com o *New York Times* (22 fev. 1995), um dos mais amplos estudos sobre desejos alimentares envolveu uma pesquisa com 1.000 estudantes da McMaster University (Canadá). A pesquisa revelou que 97% das mulheres do estudo reconheceram desejos alimentares específicos, enquanto somente 67% dos homens o fizeram.

a. De que tamanho n_1 e n_2 precisam ser para que se possa concluir que a verdadeira proporção de mulheres que reconheceram ter desejos alimentares excede a correspondente proporção de homens? Considere α = 0,01.

b. Por que é perigoso concluir do estudo que as mulheres têm uma maior incidência de desejos alimentares do que os homens?

7.5 Determinando o tamanho da amostra

Você pode calcular o tamanho apropriado da amostra para estimar a diferença entre um par de parâmetros, com uma margem de erro (ME) e um grau de confiabilidade especificados, usando o método descrito na Seção 5.5 — isto é, para estimar a diferença entre um par de parâmetros correta dentro de ME unidades e com nível de confiança $(1 - \alpha)$, com $z_{\alpha/2}$ desvios-padrão da distribuição amostral do estimador igual à ME. Então resolva para o tamanho da amostra. Para fazer isso, você tem que resolver o problema para uma razão específica entre n_1 e n_2. Com freqüência, você desejará ter tamanhos de amostras iguais, isto é, $n_1 = n_2 = n$. Vamos ilustrar o procedimento com dois exemplos.

EXEMPLO 7.8

ACHANDO OS TAMANHOS DE AMOSTRAS PARA ESTIMAR $\mu_1 - \mu_2$: COMPARANDO RESULTADOS MÉDIOS DE COLHEITAS

Problema Novos compostos fertilizantes são, com freqüência, anunciados com a promessa de aumentar os resultados das colheitas. Suponha que desejemos comparar o resultado médio μ_1 de trigo, quando um novo fertilizante é usado, com o resultado médio μ_2 com o fertilizante de uso normal. A estimativa da diferença no resultado médio por acre deverá estar correta dentro de 0,25 bushels, com um intervalo de confiança de 0,95. Se os tamanhos das amostras devem ser iguais, ache $n_1 = n_2 = n$, o número de lotes de trigo por um acre que usou cada fertilizante.

Solução

Para resolver o problema, você precisa saber algo a respeito da variação do resultado das colheitas, em bushels por acre. Suponha que, a partir de registros passados, você saiba que os resultados das colheitas de trigo possuem uma faixa de variação de aproximadamente 10 bushels por acre. Você pode, então, aproximar $\sigma_1 = \sigma_2 = \sigma$, considerando a faixa de variação como sendo igual a 4σ.

Então:

$$4\sigma \approx 10 \text{ bushels}$$
$$\sigma \approx 2{,}5 \text{ bushels}$$

O próximo passo é resolver a equação:

$$z_{\alpha/2}\sigma_{(\bar{x}_1 - \bar{x}_2)} = ME \quad \text{ou} \quad z_{\alpha/2}\sqrt{\frac{\sigma_1^2}{n_1} + \frac{\sigma_2^2}{n_2}} = ME$$

para n, em que $n = n_1 = n_2$. Uma vez que desejamos que a estimativa caia dentro de ME = 0,25 de $(\mu_1 - \mu_2)$, com um intervalo de confiança igual a 0,95, temos $z_{\alpha/2} = z_{0,025} = 1{,}96$. Então, fazendo $\sigma_1 = \sigma_2 = 2{,}5$ e resolvendo para n, temos:

$$1{,}96\sqrt{\frac{(2{,}5)^2}{n} + \frac{(2{,}5)^2}{n}} = 0{,}25$$

$$1{,}96\sqrt{\frac{2(2{,}5)^2}{n}} = 0{,}25$$

$$n = 768{,}32 \approx 769$$

(arredondando para cima)

Conseqüentemente, você terá que amostrar 769 acres de trigo, para cada fertilizante, para estimar a diferença no resultado médio de colheita por acre, dentro de 0,25 bushels.

Relembrando Uma vez que $n = 769$ demandaria um trabalho extenso e custoso, você poderia decidir permitir uma margem de erro maior (digamos, ME = 0,50 ou ME = 1), com o objetivo de reduzir o tamanho da amostra, ou poderia diminuir o coeficiente de confiança. Podemos ter uma idéia do esforço experimental necessário para alcançar determinada precisão da nossa estimativa final determinando o tamanho aproximado da amostra *antes* de começar o experimento.

Agora faça o Exercício 7.58a

EXEMPLO 7.9

Achando o tamanho das amostras para estimar $p_1 - p_2$: comparando as taxas de defeitos de duas máquinas

Problema Um supervisor de produção suspeita que exista uma diferença entre as proporções p_1 e p_2 de itens defeituosos produzidos por duas máquinas diferentes. A experiência tem mostrado que a proporção de defeitos para cada uma das duas máquinas gira em torno de 0,03. Se o supervisor deseja estimar a diferença nas proporções, dentro de 0,005, usando um intervalo de confiança de 95%, quantos itens deverão ser amostrados aleatoriamente da produção de cada máquina? (Presuma que o supervisor deseje $n_1 = n_2 = n$.)

Solução

Neste problema de amostragem, a margem de erro é ME = 0,005 e, para o nível especificado de confiabilidade, $(1 - \alpha) = 0{,}95$, $z_{\alpha/2} = z_{0,025} = 1{,}96$. Então, fazendo $p_1 = p_2 = 0{,}03$ e $n_1 = n_2 = n$, achamos o tamanho requerido da amostra por máquina, resolvendo a seguinte equação para n:

$$z_{\alpha/2}\sigma_{(\hat{p}_1 - \hat{p}_2)} = ME$$

$$z_{\alpha/2}\sqrt{\frac{p_1 q_1}{n_1} + \frac{p_2 q_2}{n_2}} = ME$$

$$1{,}96\sqrt{\frac{(0{,}03)(0{,}97)}{n} + \frac{(0{,}03)(0{,}97)}{n}} = 0{,}005$$

$$1{,}96\sqrt{\frac{2(0{,}03)(0{,}97)}{n}} = 0{,}005$$

$$n = 8.943{,}2$$

Relembrando Esse n grande provavelmente resultará em um procedimento tedioso de amostragem. Se o supervisor insistir em estimar $(p_1 - p_2)$ corretamente dentro de 0,005, com 95% de confiança, aproximadamente 9.000 itens terão que ser inspecionados para cada máquina.

Agora faça o Exercício 7.61a

Você pode verificar, dos cálculos do Exemplo 7.9, que $\sigma_{(\hat{p}_1 - \hat{p}_2)}$ (e, portanto, a solução $n_1 = n_2 = n$) depende dos valores reais (mas desconhecidos) de p_1 e p_2. De fato, o tamanho requerido da amostra $n_1 = n_2 = n$ é o maior quando $p_1 = p_2 = 0{,}5$. Portanto, se você não tiver uma informação prévia dos valores aproximados de p_1 e p_2, use $p_1 = p_2 = 0{,}5$ na fórmula para $\sigma_{(\hat{p}_1 - \hat{p}_2)}$. Se p_1 e p_2 são, de fato, próximos de 0,5, então os valores de n_1 e n_2 que você calculou estarão corretos. Se p_1 e p_2 diferirem substancialmente de 0,5, então as suas soluções para n_1 e n_2 serão maiores que as necessárias. Conseqüentemente, usar $p_1 = p_2 = 0{,}5$ quando calculamos n_1 e n_2 é um procedimento conservador, porque o tamanho das amostras n_1 e n_2 será pelo menos tão grande quanto (e, provavelmente, maior do que) o necessário. Os procedimentos para determinar os tamanhos das amostras necessárias para estimar $(\mu_1 - \mu_2)$ ou $(p_1 - p_2)$ para o caso de $n_1 = n_2$ são fornecidos nos quadros a seguir.

Determinação do tamanho da amostra para estimar $\mu_1 - \mu_2$

Para estimar $(\mu_1 - \mu_2)$ com uma dada margem de erro ME e com um nível de confiança $(1 - \alpha)$, use a seguinte fórmula para resolver, para tamanhos de amostras iguais que alcançarão a confiabilidade desejada:

$$n_1 = n_2 = \frac{(z_{\alpha/2})^2(\sigma_1^2 + \sigma_2^2)}{(ME)^2}$$

Você terá que estabelecer estimativas dos valores de σ_1^2 e σ_2^2 antes de encontrar a solução para o tamanho da amostra. Essas estimativas poderiam ser as variações das amostras s_1^2 e s_2^2 provenientes de uma amostragem anterior (por exemplo, uma amostra piloto) ou de uma suposição cautelosa (conservadoramente grande) baseada na faixa de variação — isto é, $s \approx R/4$.

Determinação do tamanho da amostra para estimar $p_1 - p_2$

Para estimar $(p_1 - p_2)$ com uma dada margem de erro ME e com um nível de confiança $(1 - \alpha)$, use a seguinte fórmula para resolver, para tamanhos de amostras iguais que alcançarão a confiabilidade desejada:.

$$n_1 = n_2 = \frac{(z_{\alpha/2})^2(p_1q_1 + p_2q_2)}{(ME)^2}$$

Você terá que colocar estimativas dos valores de p_1 e p_2 antes de achar a solução para o tamanho da amostra. Essas estimativas poderiam ser baseadas em amostras anteriores, obtidas de uma suposição ou, mais conservadoramente, especificadas como $p_1 = p_2 = 0,5$.

Exercícios 7.58–7.68

Aprendendo a mecânica

7.58 Encontre os valores apropriados de n_1 e n_2 (presuma que $n_1 = n_2$) necessários para estimar $(\mu_1 - \mu_2)$ com:
   a. Uma margem de erro igual a 3,2, com 95% de confiança. Por experiência anterior, sabe-se que $\sigma_1 \approx 15$ e $\sigma_2 \approx 17$.
   b. Uma margem de erro igual a 8, com confiança de 99%. A faixa de variação de cada população é 60.
   c. Um intervalo de confiança de 90%, com largura 1,0. Presuma que $\sigma_1^2 \approx 5,8$ e $\sigma_2^2 \approx 7,5$.

7.59 Suponha que você deseje estimar a diferença entre duas médias de população corretas dentro de 1,8 e com um intervalo de confiança de 95%. Se informações anteriores sugerem que as variações das populações são aproximadamente iguais a $\sigma_1^2 = \sigma_2^2 = 14$ e você deseja selecionar amostras aleatórias de tamanhos iguais das populações, de que tamanho deverão ser as amostras n_1 e n_2?

7.60 Um valor suficiente foi orçado para coletar amostras aleatórias independentes de tamanho $n_1 = n_2 = 100$ das populações 1 e 2, com o objetivo de estimar $(\mu_1 - \mu_2)$. Informações anteriores indicam que $\sigma_1 = \sigma_2 = 10$. Existe dinheiro suficiente no orçamento para construir um intervalo de confiança de 90% para $(\mu_1 - \mu_2)$ de largura 5 ou menos? Justifique sua resposta.

7.61 Presumindo que $n_1 = n_2$, ache os tamanhos das amostras necessários para estimar $(p_1 - p_2)$ para cada uma das seguintes situações:
   a. Margem de erro = 0,01, com 99% de confiança. Presuma que $p_1 \approx 0,4$ e $p_2 \approx 0,7$.
   b. Um intervalo de confiança de 90%, com largura de 0,05. Presuma que não há informação prévia disponível para obter valores aproximados de p_1 e p_2.
   c. Margem de erro = 0,03, com 90% de confiança. Presuma que $p_1 \approx 0,2$ e $p_2 \approx 0,3$.

Aplicação dos conceitos — Básico

7.62 Contagem de bactérias na descarga de resíduos líquidos de uma fábrica. Consulte o estudo da Agência Ambiental sobre a contagem média de bactérias em amostras de água em dois locais de um rio, Exercício 7.22. Quantas amostras de água precisam ser selecionadas em cada local para obter um intervalo de confiança de 95% para a verdadeira diferença média na contagem de bactérias, de forma a conseguir uma estimativa que esteja dentro de 1,5 bactérias da diferença verdadeira? Presuma que amostras de tamanhos iguais serão coletadas em cada local.

7.63 Pesquisas eletrônicas *versus* impressas. Consulte o estudo da *Decision Line* (jul. 2001) projetado para comparar as taxas de resposta de pesquisas eletrônicas e das tradicionais pesquisas impressas do Exercício 7.50. Relembre que as duas pesquisas foram desenvolvidas com clientes que compraram produtos pela Internet de um conhecido varejista de materiais de escritório. Quantos clientes deveriam ser amostrados para estimar a diferença entre as taxas de resposta dos dois tipos de pesquisa, dentro de 0,01, usando um intervalo de confiança de 90%? Presuma que o mesmo número de clientes deveria ser amostrado em cada pesquisa.

7.64 Realizando uma pesquisa política. Um pesquisador de opinião pública deseja estimar a diferença entre as proporções de homens e mulheres a favor de certo candidato nacional, usando um intervalo de confiança de 90%, de largura 0,04. Suponha que o pesquisador não tenha informações preliminares sobre as proporções. Se um número igual de homens e mulheres será pesquisado, de que tamanho deverão ser as amostras?

Aplicação dos conceitos — Intermediário

7.65 Expectativas de vida de mulheres trabalhadoras e donas de casa. Ser dona de casa faz mal à saúde? Um estudo publicado na *Public Health Reports* (jul./ago. 1992) compara as expectativas de vida de mulheres brancas, de 25 anos, que estão na força de trabalho com as que são donas de casa. Que tamanho uma amostra deveria ter, tomada em cada grupo, de forma a se conseguir uma confiança de 95% de que a estimativa da diferença na expectativa média de vida dos dois grupos esteja dentro de 1 ano da verdadeira diferença nas expectativas médias de vida? Presuma que amostras de tamanhos iguais serão selecionadas nos dois grupos e que o desvio-padrão para ambos os grupos seja de aproximadamente 15 anos.

7.66 Usuários de serviços de compras em casa. Todas as empresas de TV a cabo têm pelo menos um canal de

compras em casa. Quem usa esses serviços de compras em casa? Os compradores são principalmente homens ou mulheres? Suponha que você deseje estimar a diferença nas proporções de homens e mulheres que afirmam que já usaram ou que esperam usar serviços de compras em casa pela televisão, adotando um intervalo de confiança de 80%, com largura de 0,06 ou menos.
a. Aproximadamente quantas pessoas devem ser incluídas nas suas amostras?
a. Suponha que você deseje obter estimativas individuais para as duas proporções de interesse. O tamanho da amostra encontrado no item a será suficientemente grande para fornecer estimativas de cada proporção correta dentro de 0,02, com probabilidade igual a 0,90? Justifique sua resposta.

7.67 Pesquisa da AMA sobre redução de tamanho nas corporações. De acordo com uma pesquisa nacional de 1.441 empresas feita pela *American Management Association*, a redução do tamanho não é mais um tema dominante no local de trabalho. Mas será que existem diferenças regionais nesse fenômeno? Há mais crescimento de empregos no Cinturão do Sol (Sul e Sudoeste dos Estados Unidos) do que no Cinturão da Ferrugem (Nova Inglaterra e Meio-Oeste norte-americano)? Presumindo amostras de tamanhos iguais para as duas regiões, de que tamanho devam ser as amostras para estimar a diferença na proporção de empresas que planejam aumentar os empregos no próximo ano nas duas regiões? Um intervalo de confiança de 90%, com largura não maior que 0,10, é desejado.

7.68 Espaço médio da casa por pessoa. Ainda que o Japão seja uma superpotência econômica, os trabalhadores japoneses estão, de muitas maneiras, em pior situação do que os seus similares norte-americanos e europeus. Por exemplo, uma década atrás, o espaço médio estimado da habitação por pessoa (em pés quadrados) era de 665,2 nos Estados Unidos e somente 269 no Japão (*Minneapolis Star-Tribune*, 31 jan. 1993). Suponha que uma equipe de economistas e sociólogos das Nações Unidas planeje reestimar a diferença no espaço médio da habitação por pessoa para os trabalhadores dos Estados Unidos e do Japão. Presuma que tamanhos iguais de amostras serão usados nos dois países e que o desvio-padrão seja de 35 pés quadrados no Japão e 80 nos Estados Unidos. Quantas pessoas deveriam ser amostradas em cada país para estimar a diferença dentro de 10 pés quadrados, com 95% de confiança?

7.6 Comparando as variações de duas populações: amostragem independente (Opcional)

Muitas vezes, é de interesse prático usar as técnicas desenvolvidas neste capítulo para comparar as médias ou as proporções de duas populações. Entretanto, há também casos importantes nos quais desejamos comparar as variações de duas populações. Por exemplo, quando dois dispositivos estão disponíveis para realizar medidas de precisão (réguas, medidores de calibres, termômetros, etc.), gostaríamos de comparar a variabilidade das medidas dos dispositivos antes de decidir qual deles comprar. Ou, quando dois testes padronizados podem ser usados para avaliar candidatos a um emprego, a variabilidade das notas para ambos os testes deve ser levada em consideração antes de decidir qual teste usar.

Para problemas como esses, precisamos desenvolver um procedimento estatístico para comparar as variações das populações. O procedimento estatístico comum para comparar variações de populações, σ_1^2 e σ_2^2, faz uma inferência a respeito da razão σ_1^2/σ_2^2. Nesta seção, mostraremos como testar a hipótese nula de que a razão σ_1^2/σ_2^2 é igual a 1 (as variações são iguais) contra a hipótese alternativa de que a razão é diferente de 1 (as variações são diferentes):

$$H_0: \frac{\sigma_1^2}{\sigma_2^2} = 1 \qquad (\sigma_1^2 = \sigma_2^2)$$

$$H_a: \frac{\sigma_1^2}{\sigma_2^2} \neq 1 \qquad (\sigma_1^2 \neq \sigma_2^2)$$

Para fazer uma inferência sobre a razão σ_1^2/σ_2^2, parece razoável coletar dados amostrais e usar a razão das variações da amostra, s_1^2/s_2^2. Usaremos a estatística-teste:

$$F = \frac{s_1^2}{s_2^2}$$

Para estabelecer uma região de rejeição para a estatística-teste, precisamos conhecer a distribuição amostral de s_1^2/s_2^2. Como você vai ver depois, essa distribuição amostral está baseada em dois pressupostos já requeridos para o teste *t*:

1. As duas populações amostradas são normalmente distribuídas.
2. As amostras são selecionadas aleatória e independentemente das suas respectivas populações.

Quando esses pressupostos estão satisfeitos e a hipótese nula é verdadeira (isto é, $\sigma_1^2 = \sigma_2^2$), a distribuição amostral de $F = s_1^2/s_2^2$ é a **distribuição F** com $(n_1 - 1)$ graus de liberdade do numerador e $(n_2 - 1)$ graus de liberdade do denominador, respectivamente. A forma da distribuição F depende dos graus de liberdade associados a s_1^2 e s_2^2 — isto é, de $(n_1 - 1)$ e $(n_2 - 1)$. Uma distribuição F com 7 e 9 gl é mostrada na Figura 7.17. Como você pode ver, a distribuição é assimétrica para a direita, uma vez que s_1^2/s_2^2 não pode ser menor do que 0, mas pode aumentar sem limite.

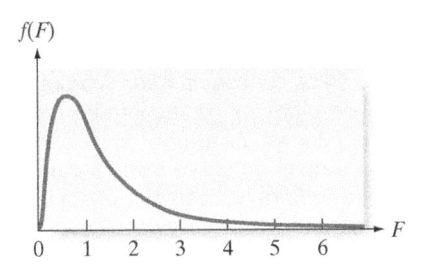

Capítulo 7 — INFERÊNCIAS BASEADAS EM DUAS AMOSTRAS   417

FIGURA 7.17   Uma distribuição F de numerador com 7 e denominador com 9 graus de liberdade

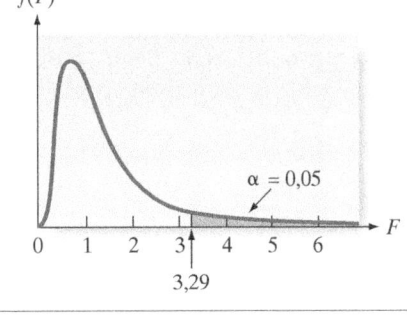

FIGURA 7.18   Uma distribuição F para $v_1 = 7$ e $v_2 = 9$ gl; $\alpha = 0{,}05$

Precisamos saber achar valores de F correspondentes às áreas da cauda dessa distribuição para estabelecer a região de rejeição para nosso teste de hipóteses, porque esperamos que a razão F das variações das amostras seja ou muito grande ou muito pequena quando as variações das populações não são iguais. Os valores da cauda de F para $\alpha = 0{,}10$; 0,05; 0,025 e 0,01 podem ser encontrados nas tabelas VII, VIII, IX e X do Apêndice B. A Tabela VIII está parcialmente reproduzida na Tabela 7.7. Ela fornece os valores de F que correspondem às áreas da cauda superior, com $\alpha = 0{,}05$, para diferentes graus de liberdade v_1 para a variação da amostra do numerador s_1^2, enquanto as linhas correspondem aos graus de liberdade v_2 para a variação da amostra do denominador s_2^2. Então, se os graus de liberdade do numerador são $v_1 = 7$ e os do denominador são $v_2 = 9$, olhamos a sétima coluna e a nona linha para achar

TABELA 7.7   Reprodução de parte da Tabela VIII do Apêndice B: pontos percentuais da distribuição F, $\alpha = 0{,}05$

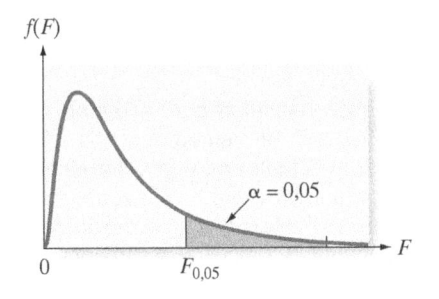

		\multicolumn{9}{c	}{GRAUS DE LIBERDADE DO NUMERADOR}
	v_1 \\ v_2	1	2	3	4	5	6	7	8	9
GRAUS DE LIBERDADE DO DENOMINADOR	1	161,4	199,5	215,7	224,6	230,2	234,0	236,8	238,9	240,5
	2	18,51	19,00	19,16	19,25	19,30	19,33	19,35	19,37	19,38
	3	10,13	9,55	9,28	9,12	9,01	8,94	8,89	8,85	8,81
	4	7,71	6,94	6,59	6,39	6,26	6,16	6,09	6,04	6,00
	5	6,61	5,79	5,41	5,19	5,05	4,95	4,88	4,82	4,77
	6	5,99	5,14	4,76	4,53	4,39	4,28	4,21	4,15	4,10
	7	5,59	4,74	4,35	4,12	3,97	3,87	3,79	3,73	3,68
	8	5,32	4,46	4,07	3,84	3,69	3,58	3,50	3,44	3,39
	9	5,12	4,26	3,86	3,63	3,48	3,37	3,29	3,23	3,18
	10	4,96	4,10	3,71	3,48	3,33	3,22	3,14	3,07	3,02
	11	4,84	3,98	3,59	3,36	3,20	3,09	3,01	2,95	2,90
	12	4,75	3,89	3,49	3,25	3,11	3,00	2,91	2,85	2,80
	13	4,67	3,81	3,41	3,18	3,03	2,92	2,83	2,77	2,71
	14	4,60	3,74	3,34	3,11	2,96	2,85	2,76	2,70	2,65

$F_{0,05} = 3,29$. Conforme mostrado na Figura 7.18, $\alpha = 0,05$ é a área da cauda à direita de 3,29 na distribuição F com 7 e 9 gl — isto é, se $\sigma_1^2 = \sigma_2^2$, então a probabilidade de que a estatística F exceda 3,29 é $\alpha = 0,05$.

Agora faça o Exercício 7.69

George W. Snedecor (1882–1974)

EXEMPLO 7.10

Comparando as variações da produção de máquinas de fabricar papel usando um teste F

Problema Um fabricante de produtos de papel deseja comparar as variações nos níveis de produção diária de duas máquinas de fabricação de papel. Amostras aleatórias independentes de alguns dias foram selecionadas para cada máquina e os níveis de produção (em unidades) foram registrados. Os dados são mostrados na Tabela 7.8. Esses dados fornecem evidências suficientes para indicar uma diferença na variabilidade dos níveis de produção das duas máquinas de papel? (Use $\alpha = 0,10$.)

Solução

Sejam

σ_1^2 = Variação da população de níveis de produção da máquina 1

σ_2^2 = Variação da população de níveis de produção da máquina 2

As hipóteses de interesse, então, são:

$$H_0: \frac{\sigma_1^2}{\sigma_2^2} = 1 \quad (\sigma_1^2 = \sigma_2^2)$$

$$H_a: \frac{\sigma_1^2}{\sigma_2^2} \neq 1 \quad (\sigma_1^2 \neq \sigma_2^2)$$

A natureza das tabelas F do Apêndice B afeta a forma da estatística-teste. Para formar a região de rejeição para um teste F de duas caudas, devemos assegurar que a cauda superior seja usada, porque somente os valores da cauda superior de F são mostrados nas tabelas VII, VIII, IX e X. Para conseguir isso, *sempre colocamos a maior variação amostral no numerador da estatística* F. Isso dobra o valor tabulado para α, uma vez que dobramos a probabilidade de que a razão F caia na cauda superior, porque sempre colocamos a maior variação amostral no numerador — isto é, estabelecemos uma região de rejeição de uma cauda, colocando a maior variação no numerador, em vez de estabelecer regiões de rejeição nas duas caudas.

Então, para o nosso exemplo, temos um numerador s_1^2 com gl = $v_1 = n_1 - 1 = 12$ e um denominador s_2^2 com gl = $v_2 = n_2 - 1 = 17$. Então, a estatística-teste será:

$$F = \frac{\text{Maior variação da amostra}}{\text{Menor variação da amostra}} = \frac{s_1^2}{s_2^2}$$

e rejeitamos H_0: $\sigma_1^2 = \sigma_2^2$ para $\alpha = 0,10$ quando o valor calculado de F excede o valor tabulado:

$$F_{\alpha/2} = F_{0,05} = 2,38 \quad (\text{veja a Figura 7.19})$$

Para calcular o valor da estatística-teste, precisamos das variações das amostras. A estatística resumida para os dados da Tabela 7.9 está mostrada na listagem do MINITAB, Figura 7.20. Os desvios-padrão das amostras (sombreados) são $s_1 = 8,36$ e $s_2 = 4,85$. Portanto:

$$F = \frac{s_1^2}{s_2^2} = \frac{(8,36)^2}{(4,85)^2} = 2,97$$

Quando comparamos esse resultado com a região de rejeição mostrada na Figura 7.19, vemos que $F = 2,97$ cai na região de rejeição. Portanto, os dados fornecem evidências suficientes para indicar que as variações das populações são diferentes. Parece que a variação nos níveis de produção da máquina 1 tende a ser maior que a variação da máquina 2.

Relembrando O que você concluiria se o valor de F calculado a partir das amostras não tivesse caído na região de rejeição? Você concluiria que a hipótese nula de variações iguais é verdadeira? Não, porque você se arrisca com a possibilidade de um erro Tipo II (aceitar H_0 se H_a for verdadeira) sem conhecer o valor de β, a probabilidade de aceitar H_0: $\sigma_1^2 = \sigma_2^2$, se de fato ela é falsa. Uma vez que não examinaremos o cálculo de β para alternativas específicas neste texto, quando a estatística F não cai na região de rejeição, simplesmente concluímos que existe insuficiente evidência amostral para refutar a hipótese nula de que $\sigma_1^2 = \sigma_2^2$.

TABELA 7.8 Níveis de produção de duas máquinas de papel

Máquina 1	34 25	18 10	28 38	21	32	40	22	23	22	29
Máquina 2	31 18	13 15	27 24	19 13	22 19	18 18	23 19	22 23	21	13

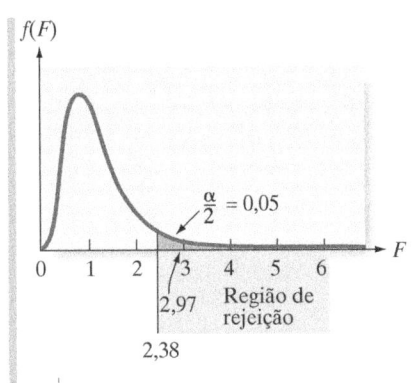

Descriptive Statistics: LEVEL

```
Variable   MILL    N    Mean   SE Mean   StDev   Minimum   Maximum
LEVEL        1    13   26.31    2.32     8.36     10.00     40.00
             2    18   19.89    1.14     4.85     13.00     31.00
```

FIGURA 7.19 Região de rejeição para o Exemplo 7.10

FIGURA 7.20 Estatística resumida do MINITAB para os dados da Tabela 7.9

AGORA FAÇA O EXERCÍCIO **7.74A**

O teste F para variações de populações iguais está resumido nos quadros a seguir.[2]

TESTE F PARA VARIAÇÕES DE POPULAÇÕES IGUAIS

Teste de uma cauda

$H_0: \sigma_1^2 = \sigma_2^2$
$H_a: \sigma_1^2 < \sigma_2^2$ (ou $H_a: \sigma_1^2 > \sigma_2^2$)

Estatística-teste:

$$F = \frac{s_2^2}{s_1^2}$$

(ou $F = \frac{s_1^2}{s_2^2}$ quando $H_a: \sigma_1^2 > \sigma_2^2$)

Região de rejeição:
$F > F_\alpha$

Teste de duas caudas

$H_0: \sigma_1^2 = \sigma_2^2$
$H_0: \sigma_1^2 \neq \sigma_2^2$

Estatística-teste:

$$F = \frac{\text{Maior variação da amostra}}{\text{Menor variação da amostra}}$$

$= \frac{s_1^2}{s_2^2}$ quando $s_1^2 > s_2^2$

(ou $\frac{s_2^2}{s_1^2}$ quando $s_2^2 > s_1^2$)

Região de rejeição:
$F > F_{\alpha/2}$

onde F_α e $F_{\alpha/2}$ são baseados em ν_1 = graus de liberdade do numerador e ν_2 = graus de liberdade do denominador; ν_1 e ν_2 são os graus de liberdade para as variações amostrais do numerador e do denominador, respectivamente.

CONDIÇÕES REQUERIDAS PARA UM TESTE F VÁLIDO PARA VARIAÇÕES IGUAIS

1. Ambas as populações amostradas são normalmente distribuídas.
2. As amostras são aleatórias e independentes.

EXEMPLO 7.11

O NÍVEL OBSERVADO DE SIGNIFICÂNCIA DE UM TESTE F

Problema Ache o valor p para o teste do Exemplo 7.10 usando as tabelas F do Apêndice B. Compare este valor com o valor p exato obtido de uma listagem de computador.

Solução

Uma vez que o valor observado da estatística F no Exemplo 7.10 foi de 2,97, o nível observado de significância do teste seria igual à probabilidade de observar um valor de F pelo menos tão contraditório para $H_0: \sigma_1^2 = \sigma_2^2$ quanto $F = 2,97$ se, de fato, H_0 é verdadeira. Uma vez que temos as tabelas F do Apêndice B somente para valores de α iguais a 0,10; 0,05; 0,025 e 0,01, podemos apenas obter aproximadamente o nível observado de significância. Verificando as tabelas IX e X, achamos $F_{0,025} = 2,82$ e $F_{0,01} = 3,46$. Uma vez que o valor observado de F excede $F_{0,025}$, mas é menor do que $F_{0,01}$, o nível observado de significância para o teste é menor do que $2(0,025) = 0,05$, mas maior do que $2(0,01) = 0,02$; isto é:

$$0,02 < \text{valor } p < 0,05$$

O valor p exato do teste está mostrado na listagem do MINITAB, Figura 7.21. Esse valor (destacado) é 0,04.

Relembrando Dobramos o valor de α mostrado nas tabelas IX e X porque este é um teste de duas caudas.

---

[2] Ainda que o teste de hipóteses de igualdade das variações seja a aplicação mais comum do teste F, ele também pode ser usado para testar a hipótese de que a razão entre variações de populações seja igual a algum valor específico, $H_0: \sigma_1^2/\sigma_2^2 = k$. O teste é realizado da mesma maneira especificada no quadro, exceto quando usamos a estatística-teste $F = \frac{s_1^2}{s_2^2}\left(\frac{1}{k}\right)$

```
Test for Equal Variances: LEVEL versus MILL

95% Bonferroni confidence intervals for standard deviations

MILL    N     Lower     StDev     Upper
   1   13   5.73182   8.36047   14.9507
   2   18   3.49950   4.84936    7.7455


F-Test (normal distribution)
Test statistic = 2.97, p-value = 0.040


Levene's Test (any continuous distribution)
Test statistic = 3.78, p-value = 0.062
```

FIGURA 7.21 Teste F do MINITAB para variações iguais

AGORA FAÇA O EXERCÍCIO **7.74B**

Como um exemplo final de uma aplicação, considere a comparação de variações de populações como uma verificação do pressuposto $\sigma_1^2 = \sigma_2^2$ necessário para o teste t de duas amostras. A rejeição da hipótese nula $\sigma_1^2 = \sigma_2^2$ indica que o pressuposto não é válido. [*Nota*: A não-rejeição da hipótese nula *não* implica que o pressuposto seja válido.] Ilustraremos com um exemplo.

EXEMPLO 7.12

VERIFICANDO O PRESSUPOSTO DE VARIAÇÕES IGUAIS

Problema No Exemplo 7.4 (Seção 7.2), usamos a estatística t de duas amostras para comparar os índices de sucesso de dois grupos de gerentes. Os dados estão repetidos na Tabela 7.9 para facilitar. O uso da estatística t foi baseado no pressuposto de que as variações das populações nos índices de sucesso gerencial eram iguais para os dois grupos. Realize um teste de hipóteses para verificar esse pressuposto, com $\alpha = 0,10$.

Solução

Desejamos o teste:

$$H_0: \sigma_1^2 = \sigma_2^2$$
$$H_a: \sigma_1^2 \neq \sigma_2^2$$

Esse teste F está mostrado na listagem do Excel, Figura 7.22. Tanto a estatística-teste $F = 1,99$ quanto o valor p de duas caudas, 0,2553, estão destacados na listagem. Uma vez que $\alpha = 0,10$ é menor que o valor p, não rejeitamos a hipótese nula de que as variações das populações de índices de sucesso sejam iguais. É aqui que a tentação de usar erroneamente o teste F é mais forte. *Não podemos concluir que os dados justificam o uso da estatística* t. Isto equivale a aceitar H_0, e temos repetidamente alertado a respeito dessa conclusão, porque a probabilidade de um erro Tipo II, β, é desconhecida. O nível α de 0,10 nos protege somente contra a rejeição de H_0 se ela é verdadeira. O uso do teste F pode nos impedir de abusar do procedimento t quando obtemos um valor de F que leva à rejeição do pressuposto de que $\sigma_1^2 = \sigma_2^2$. Mas quando a estatística F não cai na região de rejeição, sabemos pouco mais sobre a validade do pressuposto do que antes de realizar o teste.

TABELA 7.9 Índices de sucesso gerencial para dois grupos de gerentes

GRUPO 1							GRUPO 2					
INTERAÇÃO COM PESSOAS DE FORA							POUCAS INTERAÇÕES					
65	58	78	60	68	69	62	53	36	34	56	50
66	70	53	71	63	63	42	57	46	68	48	42
						52	53	43			

F Test for Differences in Two Variances	
Data	
Level of Significance	0.05
Population 1 Sample	
Sample Size	15
Sample Standard Deviation	9.334
Population 2 Sample	
Sample Size	12
Sample Standard Deviation	6.61
Intermediate Calculations	
F-Test Statistic	1.994035
Population 1 Sample Degrees of Freedom	14
Population 2 Sample Degrees of Freedom	11
Two-Tailed Test	
Lower Critical Value	0.323144
Upper Critical Value	3.358821
p-Value	0.255307
Do not reject the null hypothesis	

FIGURA 7.22 Teste F do Excel/PHStat2 para testar o pressuposto de variações iguais

O QUE VOCÊ FAZ SE O PRESSUPOSTO DE DISTRIBUIÇÕES NORMAIS DAS POPULAÇÕES NÃO É SATISFEITO?

Resposta: O teste F é muito menos robusto (isto é, muito mais sensível) a desvios da normalidade que o teste t para comparação de médias de populações (Seção 7.2). Se você tiver dúvidas a respeito da normalidade das distribuições de freqüências das populações, use um **método não paramétrico** (por exemplo, o *teste de Levene*) para comparar as variações das duas populações. Esse método pode ser encontrado nos textos de estatística não paramétrica listados nas referências do Capítulo 14 (disponível em inglês no Companion Website do livro [www.prenhall.com/mcclave_br]).

AGORA FAÇA O EXERCÍCIO **7.82**

Teste de hipóteses para (σ_1^2/σ_2^2)

Usando a calculadora gráfica TI-83/TI-84

Passo 1 *Insira os dados (pule para o Passo 2 se você tiver estatísticas resumidas, e não dados brutos)*
Pressione **STAT** e selecione **1:Edit**.
Nota: Se as listas já contêm dados, limpe os dados antigos. Use a tecla **ARROW** para cima para destacar '**L1**'.
Pressione **CLEAR ENTER**.
Use a tecla **ARROW** para cima para destacar '**L2**'.
Pressione **CLEAR ENTER**.
Use as teclas **ARROW** e **ENTER** para inserir o primeiro conjunto de dados em **L1**.
Use as teclas **ARROW** e **ENTER** para inserir o segundo conjunto de dados em **L2**.

Passo 2 *Acesse o menu de testes estatísticos.*
Pressione **STAT**.
Seta direita até **TESTS**.
Seta para baixo até **2-SampFTest**.
Pressione **ENTER**.

Passo 3 *Escolha '**Data**' ou '**Stats**' ('Data' é selecionado quando os dados brutos são inseridos nas listas; 'Stats' é selecionado quando você tem somente as médias, os desvios-padrão e os tamanhos das amostras).*
Pressione **ENTER**.
Se você selecionou 'Data', ponha **List1** para **L1** e **List2** para **L2**.
Ponha **Freq1** para **1** e **Freq2** para **1**.
Use as teclas **ARROW** para destacar a hipótese alternativa apropriada.
Pressione **ENTER**.
Seta para baixo até '**Calculate**'.
Pressione **ENTER**.
Se você selecionou 'Stats', insira os desvios-padrão e os tamanhos das amostras.

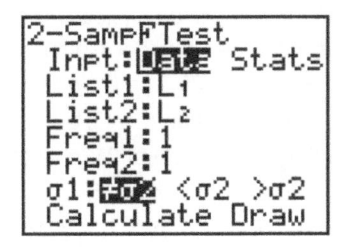

Use a tecla **ARROW** para destacar a hipótese alternativa apropriada.
Pressione **ENTER**.
Seta para baixo até '**Calculate**'.
Pressione **ENTER**.
Os resultados do teste de hipóteses serão mostrados com o valor p e os dados de entrada usados.

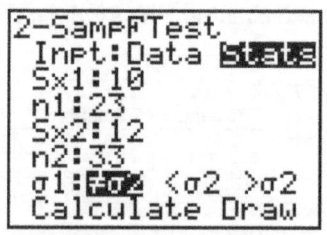

Exemplo Teste as hipóteses H_0: $\sigma_1^2 = \sigma_2^2$ versus H_a: $\sigma_1^2 \neq \sigma_2^2$ usando os dados mostrados abaixo.

Grupo 1: desvio-padrão = 10; n = 23
Grupo 2: desvio-padrão = 12; n = 33

Como você pode ver nas telas, $F = 0{,}6944$ e o valor p é 0,3759. Uma vez que esse valor p é grande, você *não rejeita* a hipótese nula. Observe também que a listagem inclui os desvios-padrão e os tamanhos das amostras.

Exercícios 7.69 – 7.83

Aprendendo a mecânica

7.69 Use as tabelas VII, VIII, IX e X do Apêndice B para achar cada um dos seguintes valores F:

a. $F_{0,05}$, em que $\nu_1 = 9$ e $\nu_2 = 6$.
b. $F_{0,01}$, em que $\nu_1 = 18$ e $\nu_2 = 14$.
c. $F_{0,025}$, em que $\nu_1 = 11$ e $\nu_2 = 4$.
d. $F_{0,10}$, em que $\nu_1 = 20$ e $\nu_2 = 5$.

7.70 Dados ν_1 e ν_2, ache as seguintes probabilidades:

a. $\nu_1 = 2$, $\nu_2 = 30$, $P(F \geq 5{,}39)$
b. $\nu_1 = 24$, $\nu_2 = 10$, $P(F < 2{,}74)$
c. $\nu_1 = 7$, $\nu_2 = 1$, $P(F \leq 236{,}8)$
d. $\nu_1 = 40$, $\nu_2 = 40$, $P(F > 2{,}11)$

7.71 Para cada um dos seguintes casos, identifique a região de rejeição que deveria ser usada para testar H_0: $\sigma_1^2 = \sigma_2^2$ contra H_a: $\sigma_1^2 > \sigma_2^2$. Presuma que $\nu_1 = 30$ e $\nu_2 = 20$.

a. $\alpha = 0{,}10$
b. $\alpha = 0{,}05$
c. $\alpha = 0{,}025$
d. $\alpha = 0{,}01$

7.72 Para cada um dos seguintes casos, identifique a região de rejeição que deveria ser usada para testar H_0: $\sigma_1^2 = \sigma_2^2$ contra H_a: $\sigma_1^2 \neq \sigma_2^2$. Presuma que $\nu_1 = 10$ e $\nu_2 = 12$.

a. $\alpha = 0{,}20$
b. $\alpha = 0{,}10$
c. $\alpha = 0{,}05$
d. $\alpha = 0{,}02$

7.73 Especifique a região de rejeição apropriada para testar H_0: $\sigma_1^2 = \sigma_2^2$ em cada uma das seguintes situações:

a. H_a: $\sigma_1^2 > \sigma_2^2$; $\alpha = 0{,}05$, $n_1 = 25$, $n_2 = 20$
b. H_a: $\sigma_1^2 < \sigma_2^2$; $\alpha = 0{,}05$, $n_1 = 10$, $n_2 = 15$
c. H_a: $\sigma_1^2 \neq \sigma_2^2$; $\alpha = 0{,}10$, $n_1 = 21$, $n_2 = 31$
d. H_a: $\sigma_1^2 < \sigma_2^2$; $\alpha = 0{,}01$, $n_1 = 31$, $n_2 = 41$
e. H_a: $\sigma_1^2 \neq \sigma_2^2$; $\alpha = 0{,}05$, $n_1 = 7$, $n_2 = 16$

7.74 Amostras aleatórias independentes foram selecionadas de cada uma de duas populações normalmente distribuídas, $n_1 = 12$ da população 1 e $n_2 = 27$ da população 2. As médias e variações para as duas amostras são mostradas na tabela abaixo.

Amostra 1	Amostra 2
$n_1 = 12$	$n_2 = 27$
$\bar{x}_1 = 31{,}7$	$\bar{x}_2 = 37{,}4$
$s_1^2 = 3{,}87$	$s_2^2 = 8{,}75$

a. Teste a hipótese nula H_0: $\sigma_1^2 = \sigma_2^2$ contra a hipótese alternativa H_a: $\sigma_1^2 \neq \sigma_2^2$. Use $\alpha = 0{,}10$.
b. Encontre e interprete o valor p aproximado do teste.

7.75 Amostras aleatórias independentes foram selecionadas de cada uma de duas populações normalmente distribuídas, $n_1 = 6$ da população 1 e $n_2 = 5$ da população 2. Os dados são mostrados na tabela a seguir.

LM_75 Companion Website

Amostra 1	Amostra 2
3,1	2,3
4,4	1,4
1,2	3,7
1,7	8,9
0,7	5,5
3,4	

a. Teste H_0: $\sigma_1^2 = \sigma_2^2$ contra H_a: $\sigma_1^2 < \sigma_2^2$. Use $\alpha = 0{,}01$.
b. Ache e interprete o p valor aproximado do teste.

Aplicação dos conceitos — Básico

DIAMONDS
Companion Website

7.76 Diamantes vendidos no varejo. Releia o Exercício 7.12 e os dados do arquivo **DIAMONDS**. As estatísticas descritivas do MINITAB para o tamanho em quilates e o preço de venda dos 308 diamantes estão reproduzidas na listagem a seguir. Os diamantes estão agrupados de acordo com a entidade independente de certificação (GIA, IGI e HRD) que examinou as pedras.

Descriptive Statistics: CARAT, PRICE

```
Variable    CERT     N     Mean    StDev
CARAT       GIA     151   0.6723   0.2456
            HRD      79   0.8129   0.1831
            IGI      78   0.3665   0.2163

PRICE       GIA     151    5310     3247
            HRD      79    7181     2898
            IGI      78    2267     2121
```

a. Realize um teste para determinar se a variação do tamanho em quilates difere para os diamantes certificados pela GIA e para os certificados pela HRD. Use $\alpha = 0,05$.
b. Realize um teste para determinar se a variação do tamanho em quilates difere para os diamantes certificados pela GIA e para os certificados pela IGI. Use $\alpha = 0,05$.
c. Realize um teste para determinar se a variação do preço de venda difere para os diamantes certificados pela HRD e para os certificados pela IGI. Use $\alpha = 0,05$.
d. Use um software estatístico (e os dados do arquivo **DIAMONDS**) para determinar se o pressuposto dos dados normalmente distribuídos, para cada grupo de certificação, está razoavelmente satisfeito.

7.77 Avaliação do serviço em hotéis cinco estrelas. Consulte o estudo do *The Journal of American Academy of Business, Cambridge* (mar. 2002) a respeito de como os hóspedes percebem a qualidade do serviço em hotéis cinco estrelas na Jamaica, do Exercício 7.14. Um resumo da pontuação da percepção dos hóspedes, por sexo, está reproduzido na tabela acima, à direita. Considere σ_M^2 e σ_F^2 representando as verdadeiras variações nas pontuações para hóspedes homens e mulheres, respectivamente.

a. Estabeleça H_0 e H_a para determinar se σ_M^2 é menor do que σ_F^2.
b. Determine a estatística-teste para o teste.
c. Forneça a região de rejeição para o teste, se $\alpha = 0,10$.
d. Determine o valor p aproximado do teste.
e. Tire uma conclusão apropriada no contexto do problema.
f. Que condições são requeridas para que os resultados do teste sejam válidos?

Sexo	Tamanho da amostra	Pontuação média	Desvio-padrão
Homens	127	39,08	6,73
Mulheres	114	38,79	6,94

7.78 Saúde mental de trabalhadores e desempregados. Um estudo do *Journal of Occupational and Organizational Psychology* (dez. 1992) pesquisou a relação entre a condição de emprego e a saúde mental. Uma amostra de pessoas empregadas e desempregadas foi selecionada e cada uma realizou um exame de saúde mental usando o questionário geral de saúde (QGS), que é uma medida de saúde mental amplamente reconhecida. Ainda que o estudo estivesse focado em comparar as médias dos níveis do QGS, uma comparação da variabilidade das pontuações do QGS para empregados e desempregados, homens e mulheres, também é oportuna.

a. Em termos gerais, o que a quantidade de variabilidade das pontuações do QGS nos diz a respeito do grupo?
b. Quais são as hipóteses nula e alternativa apropriadas para comparar a variabilidade das pontuações de saúde mental dos grupos de empregados e desempregados? Defina todos os símbolos que usar.
c. O desvio-padrão de uma amostra de 142 homens empregados foi 3,26, enquanto o desvio-padrão de 49 homens desempregados foi 5,10. Realize o teste que você estabeleceu no item **b**, usando $\alpha = 0,05$. Interprete os resultados.
d. Que pressupostos são necessários para assegurar a validade do teste?

Aplicação dos conceitos — Intermediário

7.79 Analisando erros humanos de inspeção. Testes de qualidade de produtos usando inspetores humanos podem conduzir a problemas sérios de erros de inspeção (*Journal of Quality Technology*, abr. 1986). Para avaliar o desempenho de inspetores em uma nova empresa, um gerente de qualidade tinha uma amostra de avaliações de 200 produtos acabados realizadas por 12 inspetores novatos. Os mesmos 200 itens foram avaliados por 12 inspetores experientes. A qualidade de cada item — se defeituoso ou não — era conhecida pelo gerente. A tabela abaixo lista o número de erros de inspeção (classificando o item defeituoso como não defeituoso ou vice-versa) cometidos por cada inspetor.

INSPECT
Companion Website

Inspetores novatos				Inspetores experientes			
30	35	26	40	31	15	25	19
36	20	45	31	28	17	19	18
33	29	21	48	24	10	20	21

a. Antes de realizar esse experimento, o gerente acreditava que a variação nos erros de inspeção fosse menor para os inspetores experientes do que para os inspetores novatos. Os dados da amostra sustentam essa premissa? Teste usando $\alpha = 0,05$.

b. Qual é o valor p apropriado para o teste que você realizou no item **a**?

7.80 Caso de violação de patente. Consulte a descrição da revista *Chance* (outono, 2002) de um caso de violação de patente contra a Intel Corp., do Exercício 7.17. As medidas de zinco em três locais do caderno original do inventor — na linha do texto, na linha do examinador e na interseção das linhas do examinador e do texto — estão reproduzidas na tabela abaixo.

PATENT
Companion Website

LINHA DO TEXTO	0,335	0,374	0,440			
LINHA DO EXAMINADOR	0,210	0,262	0,188	0,329	0,439	0,397
INTERSEÇÃO	0,393	0,353	0,285	0,295	0,319	

a. Use um teste (com $\alpha = 0,05$) para comparar a variação nas medidas de zinco para a linha do texto, com a correspondente variação para a interseção.

b. Use um teste (com $\alpha = 0,05$) para comparar a variação nas medidas de zinco para a linha do examinador com a correspondente variação para a interseção.

c. Dos resultados dos itens **a** e **b**, o que você pode inferir sobre as variações nas medidas de zinco nos três locais do caderno?

d. Que pressupostos são requeridos para que as inferências sejam válidas? Eles estão razoavelmente satisfeitos? (Você verificou esses pressupostos quando realizou o Exercício 7.17d.)

7.81 Entregas expressas das fábricas para as trincheiras. Depois da Guerra do Golfo Pérsico, o Pentágono mudou seus processos de logística, tornando-os mais parecidos com os das empresas. A mentalidade extravagante do sistema de entrega anterior foi substituída pelos sistemas expressos. Imitando a Federal Express e a United Parcel Service, as entregas das fábricas para as trincheiras agora são expedidas usando códigos de barras, cartões de laser, etiquetas de rádio e bancos de dados para rastrear os suprimentos. A tabela a seguir contém os tempos do pedido até a entrega (em dias) para uma amostra de embarques dos Estados Unidos até o Golfo Pérsico em 1991 e uma amostra de embarques para a Bósnia em 1995.

a. Há evidência suficiente para indicar que as variações nos tempos dos pedidos até as entregas, para os embarques para o Golfo Pérsico e a Bósnia, são diferentes? Use $\alpha = 0,05$.

b. Dada a sua resposta ao item **a**, seria apropriado construir um intervalo de confiança de diferenças de pares para as diferenças entre os tempos médios dos pedidos até as entregas? Explique.

ORDTIMES
Companion Website

GOLFO PÉRSICO	BÓSNIA
28,0	15,1
20,0	6,4
26,5	5,0
10,6	11,4
9,1	6,5
35,2	6,5
29,1	3,0
41,2	7,0
27,5	5,5

Fonte: Adaptado de CROCK, S."The Pentagon goes to B-school." *Business Week*, 11 dez. 1995, p. 98.

GASTURBINE
Companion Website

7.82 Método de resfriamento para turbina a gás. Consulte o estudo do *Journal of Engineering for Gas Turbines and Power* (jan. 2005) sobre turbinas a gás potencializadas por admissão por nuvem de alta pressão, Exercício 7.23. Os dados das taxas de calor (em quilojoules por quilowatt por hora) para cada um dos três tipos de turbinas a gás (avançadas, aeroderivadas, tradicionais) estão no arquivo **GASTURBINE**. Para comparar as taxas médias de calor de dois tipos de turbinas a gás, você presumiu que as variações das taxas de calor fossem iguais.

a. Realize um teste (com $\alpha = 0,05$) para a igualdade das variações das taxas de calor entre as turbinas a gás potencializadas tradicionais e as aeroderivadas. Use os resultados para fazer uma afirmação a respeito da validade da inferência feita no Exercício 7.23a.

b. Realize um teste (com $\alpha = 0,05$) para a igualdade das variações das taxas de calor entre as turbinas a gás potencializadas avançadas e as aeroderivadas. Use os resultados para fazer uma afirmação a respeito da validade da inferência feita no Exercício 7.23b.

7.83 Variabilidade das pontuações em matemática. O *American Educational Research Journal* (outono, 1998) publicou um estudo para comparar as pontuações nos testes de matemática de estudantes homens e mulheres. Os pesquisadores criaram a hipótese de que a distribuição das pontuações dos testes dos homens era mais variável do que a correspondente distribuição para as mulheres. Use as informações resumidas da tabela abaixo para testar essa hipótese, com $\alpha = 0,01$.

	HOMENS	MULHERES
Tamanho da amostra	1.764	1.739
Média	48,9	48,4
Desvio-padrão	12,96	11,85

Fonte: BIELINSKI, J.; DAVISON, M. L. "Gender differences by item difficulty interactions in multiple-choice mathematics items." *American Educational Research Journal*, vol. 35, n. 3, outono, 1998, p. 464 (Tabela 1).

Termos-chave

Nota: Os termos marcados com asterisco (*) são de seções opcionais deste capítulo.

Agrupamento em blocos
*Distribuição F

Estimador das amostras combinadas
Erro-padrão
Experimento de blocos aleatórios
Experimento de diferenças de pares
*Método não paramétrico

Guia de seleção de uma hipótese ou intervalo de cofiança de duas amostras

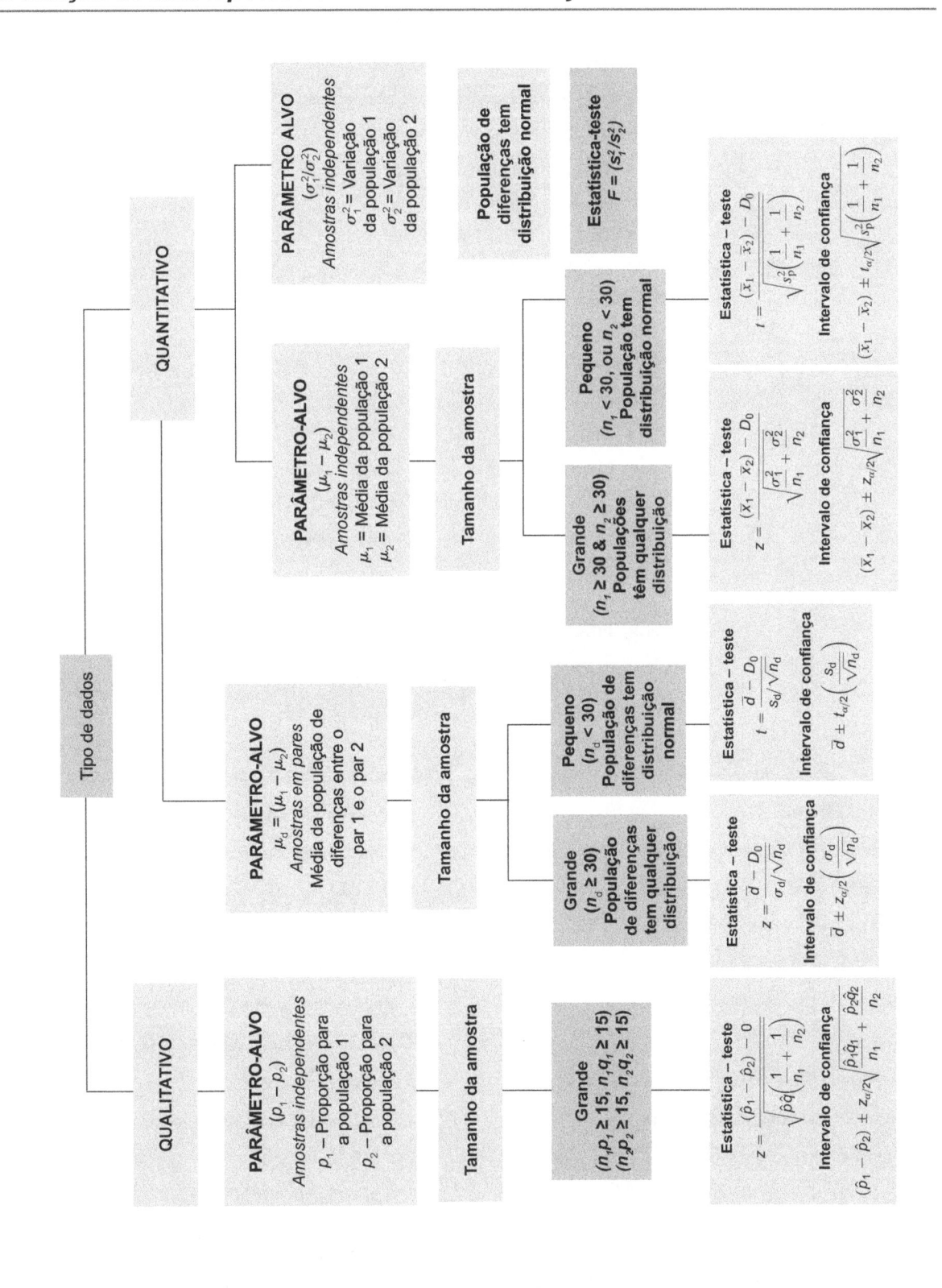

Tipo de dados

QUANTITATIVO

PARÂMETRO ALVO (σ_1^2/σ_2^2)
Amostras independentes
σ_1^2 = Variação da população 1
σ_2^2 = Variação da população 2

- População de diferenças tem distribuição normal
- Estatística-teste $F = (s_1^2/s_2^2)$

PARÂMETRO-ALVO $(\mu_1 - \mu_2)$
Amostras independentes
μ_1 = Média da população 1
μ_2 = Média da população 2

Tamanho da amostra:

- **Pequeno** ($n_1 < 30$, ou $n_2 < 30$) População tem distribuição normal
  - Estatística – teste: $t = \dfrac{(\bar{x}_1 - \bar{x}_2) - D_0}{\sqrt{s_p^2\left(\dfrac{1}{n_1} + \dfrac{1}{n_2}\right)}}$
  - Intervalo de confiança: $(\bar{x}_1 - \bar{x}_2) \pm t_{\alpha/2}\sqrt{s_p^2\left(\dfrac{1}{n_1} + \dfrac{1}{n_2}\right)}$

- **Grande** ($n_1 \geq 30$ & $n_2 \geq 30$) Populações têm qualquer distribuição
  - Estatística – teste: $z = \dfrac{(\bar{x}_1 - \bar{x}_2) - D_0}{\sqrt{\dfrac{\sigma_1^2}{n_1} + \dfrac{\sigma_2^2}{n_2}}}$
  - Intervalo de confiança: $(\bar{x}_1 - \bar{x}_2) \pm z_{\alpha/2}\sqrt{\dfrac{\sigma_1^2}{n_1} + \dfrac{\sigma_2^2}{n_2}}$

PARÂMETRO-ALVO $\mu_d = (\mu_1 - \mu_2)$
Amostras em pares
Média da população de diferenças entre o par 1 e o par 2

Tamanho da amostra:

- **Pequeno** ($n_d < 30$) População de diferenças tem distribuição normal
  - Estatística – teste: $t = \dfrac{\bar{d} - D_0}{s_d/\sqrt{n_d}}$
  - Intervalo de confiança: $\bar{d} \pm t_{\alpha/2}\left(\dfrac{s_d}{\sqrt{n_d}}\right)$

- **Grande** ($n_d \geq 30$) População de diferenças tem qualquer distribuição
  - Estatística – teste: $z = \dfrac{\bar{d} - D_0}{\sigma_d/\sqrt{n_d}}$
  - Intervalo de confiança: $\bar{d} \pm z_{\alpha/2}\left(\dfrac{\sigma_d}{\sqrt{n_d}}\right)$

QUALITATIVO

PARÂMETRO-ALVO $(p_1 - p_2)$
Amostras independentes
p_1 – Proporção para a população 1
p_2 – Proporção para a população 2

Tamanho da amostra:

- **Grande** ($n_1p_1 \geq 15, n_1q_1 \geq 15$), ($n_2p_2 \geq 15, n_2q_2 \geq 15$)
  - Estatística – teste: $z = \dfrac{(\hat{p}_1 - \hat{p}_2) - 0}{\sqrt{\hat{p}\hat{q}\left(\dfrac{1}{n_1} + \dfrac{1}{n_2}\right)}}$
  - Intervalo de confiança: $(\hat{p}_1 - \hat{p}_2) \pm z_{\alpha/2}\sqrt{\dfrac{\hat{p}_1\hat{q}_1}{n_1} + \dfrac{\hat{p}_2\hat{q}_2}{n_2}}$

Notas do capítulo

PALAVRAS-CHAVE PARA IDENTIFICAR O PARÂMETRO-ALVO	
$\mu_1 - \mu_2$	Diferença nas médias
μ_d	Diferenças de pares nas médias
$p_1 - p_2$	Diferenças em proporções, frações, porcentagens, taxas
σ_1^2/σ_2^2	Razão (ou diferença) em variações, dispersões

SÍMBOLOS-CHAVE	
$\mu_1 - \mu_2$	Diferença entre médias de populações
μ_d	Diferenças de pares em médias de populações
$p_1 - p_2$	Diferença entre proporções de populações
σ_1^2/σ_2^2	Razão de variações de populações
D_0	Valor hipotético da diferença
$\bar{x}_1 - \bar{x}_2$	Diferença entre médias das amostras
$\bar{d}$	Média das diferenças da amostra
$\hat{p}_1 - \hat{p}_2$	Diferença entre proporções das amostras
s_1^2/s_2^2	Razão das variações das amostras
$\sigma_{(\bar{x}_1 - \bar{x}_2)}$	Erro-padrão de $\bar{x}_1 - \bar{x}_2$
$\sigma_{\bar{d}}$	Erro-padrão de $\bar{d}$
$\sigma_{(\hat{p}_1 - \hat{p}_2)}$	Erro-padrão de $\hat{p}_1 - \hat{p}_2$
F_α	Valor crítico para a distribuição F
v_1	Graus de liberdade do numerador para a distribuição F
v_2	Graus de liberdade do denominador para a distribuição F
ME	Margem de erro na estimativa

DETERMINANDO O TAMANHO DA AMOSTRA
Para estimar $\mu_1 - \mu_2$: $n_1 = n_2 = (z_{\alpha/2})^2 (\sigma_1^2 + \sigma_2^2)/(ME)^2$
Para estimar $p_1 - p_2$: $n_1 = n_2 = (z_{\alpha/2})^2 (p_1 q_1 + p_2 q_2)/(ME)^2$

CONDIÇÕES REQUERIDAS PARA INFERÊNCIAS SOBRE $\mu_1 - \mu_2$
AMOSTRAS GRANDES:
1. Amostras aleatórias independentes
2. $n_1 \geq 30$, $n_2 \geq 30$
AMOSTRAS PEQUENAS:
1. Amostras aleatórias independentes
2. Ambas as populações normais
3. $\sigma_1^2 = \sigma_2^2$

CONDIÇÕES REQUERIDAS PARA INFERÊNCIAS SOBRE σ_1^2/σ_2^2
AMOSTRAS GRANDES OU PEQUENAS:
1. Amostras aleatórias independentes
2. Ambas as populações normais

CONDIÇÕES REQUERIDAS PARA INFERÊNCIAS SOBRE μ_d
AMOSTRAS GRANDES:
1. Amostra aleatória de diferenças de pares
2. $n_d \geq 30$
AMOSTRAS PEQUENAS:
1. Amostra aleatória de diferenças de pares
2. População de diferenças é normal

CONDIÇÕES REQUERIDAS PARA INFERÊNCIAS SOBRE $p_1 - p_2$
AMOSTRAS GRANDES:
1. Amostras aleatórias independentes
2. $n_1 p_1 \geq 15$, $n_1 q_1 \geq 15$
3. $n_2 p_2 \geq 15$, $n_2 q_2 \geq 15$

Usando um intervalo de confiança para $(\mu_1 - \mu_2)$ ou $(p_1 - p_2)$ para determinar se existe uma diferença
1. Se o intervalo de confiança inclui apenas números *positivos* (+, +): → Inferir que $\mu_1 > \mu_2$ ou $p_1 > p_2$
2. Se o intervalo de confiança inclui apenas números *negativos* (–, –): → Inferir que $\mu_1 < \mu_2$ ou $p_1 < p_2$
3. Se o intervalo de confiança inclui 0 (–, +): → Inferir que 'não existe evidência de uma diferença'

Exercícios suplementares 7.84 – 7.115

Exercícios marcados com asterisco (*) referem-se a seções opcionais deste capítulo.

Aprendendo a mecânica

7.84 Liste os pressupostos necessários para cada uma das seguintes técnicas inferenciais:
  a. Inferências de amostras grandes sobre a diferença $(\mu_1 - \mu_2)$ entre médias de populações, usando uma estatística z de duas amostras.
  b. Inferências de amostras pequenas sobre a diferença $(\mu_1 - \mu_2)$ usando um projeto de amostras independentes e uma estatística t de duas amostras.
  c. Inferências de amostras pequenas sobre $(\mu_1 - \mu_2)$ usando um modelo de diferenças de pares e uma estatística t de uma amostra para analisar as diferenças.
  d. Inferências de amostras grandes sobre as diferenças $(p_1 - p_2)$ entre proporções binomiais usando uma estatística z de duas amostras.
  *e. Inferências sobre a razão σ_1^2/σ_2^2 das variações de duas populações usando um teste F.

7.85 Amostras aleatórias independentes foram selecionadas de duas populações normalmente distribuídas com médias μ_1 e μ_2, respectivamente. Os tamanhos das amostras, as médias e as variações são apresentados na tabela a seguir.

Amostra 1	Amostra 2
$n_1 = 12$	$n_2 = 14$
$\bar{x}_1 = 17,8$	$\bar{x}_2 = 15,3$
$s_1^2 = 74,2$	$s_2^2 = 60,5$

  a. Teste $H_0: (\mu_1 - \mu_2) = 0$ contra $H_a: (\mu_1 - \mu_2) > 0$. Use $\alpha = 0,05$.
  b. Construa um intervalo de confiança de 99% para $(\mu_1 - \mu_2)$.
  c. De que tamanho n_1 e n_2 devem ser se você deseja estimar $(\mu_1 - \mu_2)$ dentro de 2 unidades, com confiança de 99%? Presuma que $n_1 = n_2$.

7.86 Duas amostras aleatórias independentes foram selecionadas de duas populações normalmente distribuídas, com médias e variações (μ_1, σ_1^2) e (μ_2, σ_2^2), respectivamente. Os tamanhos das amostras, as médias e as variações são mostrados na tabela a seguir.

Amostra 1	Amostra 2
$n_1 = 20$	$n_2 = 15$
$\bar{x}_1 = 123$	$\bar{x}_2 = 116$
$s_1^2 = 31,3$	$s_2^2 = 120,1$

  *a. Teste $H_0: \sigma_1^2 = \sigma_2^2$ contra $H_a: \sigma_1^2 \neq \sigma_2^2$. Use $\alpha = 0,05$.
  b. Você pretenderia usar um teste t de pequenas amostras para testar a hipótese nula $H_0: (\mu_1 - \mu_2) = 0$ contra a hipótese alternativa $H_a: (\mu_1 - \mu_2) \neq 0$? Por quê?

7.87 Duas amostras aleatórias independentes foram tomadas de duas populações. Os resultados dessas amostras estão resumidos na tabela a seguir.

Amostra 1	Amostra 2
$n_1 = 135$	$n_2 = 148$
$\bar{x}_1 = 12,2$	$\bar{x}_2 = 8,3$
$s_1^2 = 2,1$	$s_2^2 = 3,0$

  a. Forme um intervalo de confiança de 90% para $(\mu_1 - \mu_2)$.
  b. Teste $H_0: (\mu_1 - \mu_2) = 0$ contra $H_a: (\mu_1 - \mu_2) \neq 0$. Use $\alpha = 0,01$.
  c. Que tamanhos de amostras seriam requeridos se você desejasse estimar $(\mu_1 - \mu_2)$ dentro de 0,2, com 90% de confiança? Presuma que $n_1 = n_2$.

7.88 Duas amostras independentes foram selecionadas de duas populações binomiais. Os tamanhos e o número de sucessos observados para cada amostra estão expostos na tabela a seguir.

Amostra 1	Amostra 2
$n_1 = 200$	$n_2 = 200$
$x_1 = 110$	$x_2 = 130$

  a. Teste $H_0: (p_1 - p_2) = 0$ contra $H_a: (p_1 - p_2) < 0$. Use $\alpha = 0,10$.
  b. Forme um intervalo de confiança de 95% para $(p_1 - p_2)$.
  c. Que tamanhos de amostras seriam requeridos se você quisesse usar um intervalo de confiança de 95%, de largura 0,01, para estimar $(p_1 - p_2)$?

7.89 Uma amostra aleatória de cinco pares de observações foi selecionada, sendo um elemento de cada par de uma população com média μ_1 e o outro elemento de uma população com média μ_2. Os dados são mostrados na tabela a seguir.

LM7_89

Par	Valor da população 1	Valor da população 2
1	28	22
2	31	27
3	24	20
4	30	27
5	22	20

a. Teste a hipótese nula H_0: $\mu_d = 0$ contra H_a: $\mu_d \neq 0$, onde $\mu_d = \mu_1 - \mu_2$. Use $\alpha = 0{,}05$.
b. Forme um intervalo de confiança de 95% para μ_d.
c. Quando são válidos os procedimentos que você usou nos itens **a** e **b**?

Aplicação dos conceitos — Básico

7.90 Incentivos financeiros para estudantes universitários. Um estudo publicado no *Inside Higher Education News* (22 maio 2006) descobriu que incentivos financeiros podem aumentar as notas e as taxas de retenção dos estudantes universitários de baixa renda. Como parte do seu programa de boas-vindas, uma faculdade comunitária da Louisiana ofereceu-se para pagar aos estudantes US$ 1.000 por semestre, sob a condição de que eles mantivessem a matrícula em pelo menos meio período, e também uma média escolar de 2,0 no GPA.

a. Cerca de 61% dos estudantes do programa de boas-vindas se matricularam em período de tempo integral, contra cerca de 52% dos estudantes veteranos. Identifique o parâmetro-alvo para essa comparação.

b. O GPA médio dos estudantes do programa de boas-vindas foi de 2,3, comparado com um GPA médio de 2,1 para os estudantes veteranos. Identifique o parâmetro-alvo para essa comparação.

7.91 Identificando o parâmetro-alvo. Para cada um dos estudos a seguir, forneça o parâmetro de interesse e os pressupostos necessários para que as inferências sejam válidas.

a. Para investigar uma possível ligação entre o *jet lag* (diferenças de horários nas cidades de origem e destino de uma viagem aérea) e problemas de memória, um neurologista da University of Bristol (Inglaterra) recrutou 20 aeromoças que trabalharam em vôos que atravessaram muitas zonas horárias. Metade das aeromoças teve apenas um pequeno tempo de recuperação entre os vôos, e a outra metade teve um período de recuperação mais longo. O tamanho médio do lobo temporal direito do cérebro para o grupo de recuperação curta era significativamente menor que o tamanho médio do lobo temporal direito do cérebro para o grupo de recuperação mais longa (*Tampa Tribune*, 23 maio 2001).

b. Em um estudo apresentado na reunião de março de 2001 da Associação para o Progresso da Psicologia Esportiva Aplicada, pesquisadores revelaram que a proporção de atletas que têm uma boa auto-imagem do seu corpo é 20% maior que a correspondente proporção de não-atletas.

c. Um professor de ciências veterinárias da University of Florida descobriu que alimentar galinhas com óleo de milho contribui para a produção de ovos maiores (*UF News*, 11 abr. 2001). O peso dos ovos produzidos por cada galinha de uma amostra que teve alimentação normal foi registrado. Então, as mesmas galinhas foram alimentadas com uma dieta suplementada por óleo de milho, e, novamente, o peso dos ovos produzidos por cada galinha foi registrado. O peso médio dos ovos produzidos com óleo de milho era 3 gramas maior que o peso médio produzido com a alimentação normal.

OILSPILL

7.92 Falhas no casco de petroleiros. Consulte o estudo da revista *Marine Technology* (jan. 1995) a respeito de grandes derramamentos de petróleo de navios petroleiros, Exercício 2.135. Os dados de 50 derramamentos recentes estão no arquivo **OILSPILL**.

a. Construa um intervalo de confiança de 90% para a diferença entre a quantidade média derramada em acidentes causados por colisão e a quantidade média derramada em acidentes causados por fogo/explosão. Interprete o resultado.

b. Realize um teste de hipóteses para comparar a quantidade média derramada em acidentes causados por encalhamento com a média correspondente dos acidentes causados por falha no casco. Use $\alpha = 0{,}05$.

c. Consulte os itens **a** e **b**. Informe os pressupostos requeridos para que as inferências derivadas das análises sejam válidas. Esses pressupostos estão razoavelmente satisfeitos?

*d. Realize um teste de hipóteses para comparar as variações nas quantidades derramadas em acidentes causados por colisão e acidentes causados por encalhamento. Use $\alpha = 0{,}02$.

7.93 Análise das distâncias até o trabalho para homens e mulheres. Uma pesquisa relatada no *Professional Geographer* (maio 1992) examinou a hipótese de que a responsabilidade desproporcional das mulheres no trabalho caseiro em residências onde ambos trabalham é um fator importante na determinação da proximidade do local do trabalho da mulher. As distâncias até o trabalho de homens e mulheres em residências onde ambos trabalham foi relatada para amostras aleatórias de residências centrais e suburbanas:

	Residência central		Residência suburbana	
	Homens	Mulheres	Homens	Mulheres
n	159	119	138	93
$\bar{x}$	7,4	4,5	9,3	6,6
s	6,3	4,2	7,1	5,6

a. Para residências no centro da cidade, calcule um intervalo de confiança de 99% para a diferença na distância média até o trabalho, para homens e mulhe-

res, em residências onde ambos trabalham. Interprete o intervalo.
b. Repita o item **a** para residências suburbanas.
c. Interprete os intervalos de confiança. Eles indicam que as mulheres tendem a trabalhar mais perto de casa do que os homens?
d. Que pressupostos você fez para assegurar a validade dos intervalos de confiança construídos nos itens **a** e **b**?

7.94 Durabilidade de amortecedores. Um fabricante de amortecedores para automóveis estava interessado em comparar a durabilidade dos seus amortecedores com a dos fabricados por seu maior concorrente. Para realizar a comparação, um amortecedor do fabricante e um do concorrente foram selecionados aleatoriamente e instalados nas rodas traseiras de seis carros. Depois que os carros rodaram 20.000 milhas, a resistência de cada amortecedor do teste foi medida, codificada e registrada. Os resultados do exame estão mostrados nesta tabela.

SHOCKABS
Companion Website

Número do carro	Amortecedor do fabricante	Amortecedor do concorrente
1	8,8	8,4
2	10,5	10,1
3	12,5	12,0
4	9,7	9,3
5	9,6	9,0
6	13,2	13,0

a. Explique por que os dados foram coletados como pares casados.
b. Os dados apresentam evidência suficiente para concluir que há uma diferença entre a resistência média dos dois tipos de amortecedores depois de 20.000 milhas de uso? Use $\alpha = 0{,}05$.
c. Determine o nível observado de significância aproximado para o teste e interprete seu valor.
d. Que pressupostos são necessários para aplicar uma análise de diferenças de pares aos dados?
e. Construa um intervalo de confiança de 95% para μ_d. Interprete esse intervalo.
f. Suponha que os dados estejam baseados em amostras aleatórias independentes. Construa um intervalo de confiança de 95% para $(\mu_1 - \mu_2)$. Interprete seu resultado.
g. Compare os intervalos de confiança que você obteve nos itens **e** e **f**. Qual é o mais largo? A que você atribui a diferença na largura? Presumindo em cada caso que os pressupostos apropriados estão satisfeitos, qual intervalo fornece mais informações sobre $(\mu_1 - \mu_2)$? Explique.
h. Os resultados de uma análise sem pares são válidos se os dados vêm de um experimento de pares?

7.95 Graus GPA de estudantes universitários tradicionais e não tradicionais. Estudantes universitários não tradicionais, geralmente definidos como aqueles com pelo menos 25 anos de idade, formam uma proporção crescente dos estudantes das séries mais baixas em muitas universidades. Um estudo publicado no *College Student Journal* (dez. 1992) comparou estudantes tradicionais e não tradicionais com relação a vários fatores, incluindo a média das pontuações (GPA). A tabela a seguir resume a informação da amostra.

GPA	Estudantes tradicionais	Estudantes não tradicionais
n	94	73
$\bar{x}$	2,90	3,50
s	0,50	0,50

a. Quais são as hipóteses nula e alternativa apropriadas se quisermos testar se os GPAs médios dos estudantes tradicionais e não tradicionais são diferentes?
b. Realize o teste usando $\alpha = 0{,}01$ e interprete o resultado.
c. Que pressupostos são necessários para assegurar a validade do teste?

7.96 Você está preocupado com a adulteração de produtos? Um estudo publicado no *Journal of Psychology and Marketing* (jan. 1992) investigou o grau em que os consumidores norte-americanos estão preocupados com a adulteração de produtos. Foi solicitado a grandes amostras aleatórias de consumidores homens e mulheres que dessem uma nota que representasse a sua preocupação com relação à adulteração de produtos, numa escala de 1 (pouca ou nenhuma preocupação) até 9 (muita preocupação).
a. Quais são as hipóteses nula e alternativa apropriadas para determinar se existe uma diferença entre o nível médio de preocupação a respeito de adulteração de produtos entre homens e mulheres? Defina os símbolos que usar.
b. O valor p para o teste é 0,008. Interprete esse resultado.
c. Que pressupostos são necessários para assegurar a validade desse teste?

7.97 Idades dos compradores por TV a cabo. Consulte o estudo da Associação Internacional para Pesquisa de Uso do Tempo a respeito de telespectadores de TV a cabo que compram itens de um dos canais de compras em casa, Exercício 6.44. Os 1.600 telespectadores amostrados descreveram suas motivações para assistir aos canais de vendas das redes de TV a cabo informando seus níveis de concordância (em uma escala de 5 pontos, em que 1 = discordo fortemente e 5 = concordo fortemente) com a frase: 'Não tenho mais nada para fazer'. O pesquisador desejava comparar as respostas médias dos espectadores que assistiam aos canais de vendas ao meio-dia com os espectadores que não assistiam ao meio-dia.
a. Forneça as hipóteses nula e alternativa para determinar se a resposta média dos espectadores que assistiam aos canais ao meio-dia é diferente da resposta média dos espectadores que não assistiam ao meio-dia.

b. O pesquisador descobriu que o valor *p* para o teste do item **a** é 0,02. Interprete esse resultado, presumindo que α = 0,05.

c. Interprete o resultado do item **b**, presumindo que α = 0,01.

d. As médias das amostras dos espectadores que assistiam aos canais ao meio-dia e dos que não assistiam ao meio-dia foram determinadas como sendo 3,3 e 3,4, respectivamente. Comente o 'significado prático' desse resultado.

7.98 Você votaria em uma mulher para presidente? A revista *Working Women* (jun. 1999) publicou os resultados de uma pesquisa de opinião do Gallup que descobriu que 92% dos norte-americanos adultos votariam em uma mulher para presidente. Em 1975, uma pesquisa similar mostrou que somente 73% votariam em uma mulher.

a. Considere que p_{1999} e p_{1975} representam os parâmetros da população de interesse para este estudo. Nas palavras do problema, defina esses parâmetros.

b. Presuma que os tamanhos das amostras tenham sido 2.000 em 1999 e 1.500 em 1975. Esses tamanhos são suficientemente grandes para concluir que a distribuição amostral de $(p_{1999} - p_{1975})$ é aproximadamente e normalmente distribuída? Justifique sua resposta.

c. Construa um intervalo de confiança de 90% para $(p_{1999} - p_{1975})$. Interprete seu intervalo de confiança no contexto do problema.

d. Refaça o item **b** sob o pressuposto de que os tamanhos das amostras em 1999 e 1975 foram de 20 e 50, respectivamente.

7.99 Você votaria em uma mulher para presidente? (continuação). Reveja o Exercício 7.98. Suponha que você deseje realizar uma comparação similar para os anos 2000 e 2003. Quantos adultos devem ser amostrados em cada ano para estimar a diferença nas porcentagens dos que votariam em uma mulher para presidente dentro de 3%, com confiança de 90%? Presuma que amostras de tamanhos iguais serão coletadas.

7.100 Estudo de satisfação com o trabalho. A hora do dia na qual alguém trabalha afeta a satisfação com o trabalho? Um estudo do *Journal of Occupational Psychology* (set. 1991) examinou diferenças na satisfação com o trabalho entre enfermeiras do turno do dia e do turno da noite. A satisfação das enfermeiras com seus horários de trabalho, tempo livre fora do trabalho e intervalos durante o trabalho foi medida. A tabela a seguir mostra a pontuação média para cada medida de satisfação com o trabalho (pontuações mais altas indicam maior satisfação), juntamente com o nível observado de significância da comparação das médias das amostras para o turno do dia e o da noite.

a. Especifique as hipóteses nula e alternativa se desejamos testar se existe uma diferença na satisfação com o trabalho entre as enfermeiras do turno do dia e do turno da noite em cada uma das três medidas. Defina os símbolos que usar.

b. Interprete o valor *p* para cada um dos testes. (Cada um dos valores *p* da tabela é de duas caudas.)

c. Presuma que cada um dos testes seja baseado em amostras pequenas de enfermeiras de cada grupo. Que pressupostos são necessários para que os testes sejam válidos?

	SATISFAÇÃO MÉDIA		
	TURNO DO DIA	TURNO DA NOITE	VALOR *p*
Satisfação com:			
Horário de trabalho	3,91	3,56	0,813
Tempo livre	2,55	1,72	0,047
Intervalos	2,53	3,75	0,0073

7.101 Comparando taxas de desemprego. Uma economista deseja investigar a diferença nas taxas de desemprego entre uma comunidade industrial urbana e uma comunidade universitária no mesmo estado. Ela entrevistou 525 membros potenciais da força de trabalho da comunidade industrial e 375 da comunidade universitária. Destes, 47 e 22, respectivamente, estavam desempregados. Use um intervalo de confiança de 95% para estimar a diferença nas taxas de desemprego nas duas comunidades.

Aplicação dos conceitos — Intermediário

7.102 Plano de amostragem para uma promoção de cinema. Empresas de publicidade freqüentemente tentam caracterizar o usuário médio de um produto do cliente, de forma que os anúncios possam ser dirigidos a segmentos particulares de uma comunidade de compradores. Um novo filme está para ser exibido, e a empresa de publicidade deseja determinar se direciona a campanha publicitária a pessoas de menos ou mais de 25 anos de idade. Ela planeja realizar uma exibição prévia do filme para audiências de cada grupo e então obter uma opinião a respeito do filme de cada indivíduo. Quantos indivíduos devem ser incluídos em cada amostra, se a empresa de publicidade desejar estimar a diferença na proporção de espectadores em cada grupo de idade que gostará do filme dentro de 0,05, com 90% de confiança? Presuma que o tamanho da amostra de cada grupo será o mesmo e que cerca de metade de cada um gostará do filme.

7.103 Taxas de geração de resíduos sólidos. O *International Journal of Environmental Health Research* (v. 4, 1994) apresentou um relatório a respeito de taxas de geração de resíduos sólidos (em quilogramas *per capita* por dia) em amostras de cidades de países industrializados e países de renda média. Os dados são fornecidos na tabela a seguir.

a. Com base somente em uma análise visual dos dados, as taxas médias de geração de resíduos das cidades nos países industrializados e de renda média parecem diferentes?

b. Realize um teste de hipóteses (com α = 0,05) para reforçar sua observação do item **a**.

*****c.** Para realizar o teste *t* de duas amostras do item **b**, era necessário presumir que as variações das duas populações fossem iguais. Teste esse pressuposto com $\alpha = 0,05$.

*d. O que o seu teste indica sobre a adequação da aplicação de um teste t de duas amostras?

SOLWASTE
Companion Website

PAÍSES INDUSTRIALIZADOS		PAÍSES DE RENDA MÉDIA	
Nova York (EUA)	2,27	Singapura	0,87
Phoenix (EUA)	2,31	Hong Kong	0,85
Londres (Inglaterra)	2,24	Medellin (Colômbia)	0,54
Hamburgo (Alemanha)	2,18	Kano (Nigéria)	0,46
Roma (Itália)	2,15	Manila (Filipinas)	0,50
		Cairo (Egito)	0,50
		Tunis (Tunísia)	0,56

7.104 Matando mariposas com dióxido de carbono. Um biólogo da University of South Florida realizou uma experiência para determinar se níveis mais elevados de dióxido de carbono matam mariposas comedoras de folhas (*USF Magazine*, inverno, 1999). Larvas de mariposas foram colocadas em recipientes abertos cheios de folhas de carvalho. Metade dos recipientes tinha níveis normais de dióxido de carbono, enquanto a outra metade tinha o dobro do nível normal de dióxido de carbono. Dez por cento das larvas que estavam nos recipientes com níveis altos de dióxido de carbono morreram, em comparação com 5% das que estavam nos recipientes com níveis normais. Presuma que 80 larvas de mariposa tenham sido colocadas, aleatoriamente, em cada um dos dois tipos de recipientes. Os resultados experimentais demonstram que um nível mais elevado de dióxido de carbono é efetivo em matar maior porcentagem de larvas de mariposas comedoras de folhas? Teste usando $\alpha = 0,01$.

7.105 Duração dos comerciais de TV. A professora Carol Byrd-Bredbenner, da Rutgers University, estudou a tendência na publicidade de alimentos no horário nobre da televisão (*Nutrition & Food Science*, v. 30, 2000). Amostras independentes de comerciais de produtos de alimentação no horário nobre de TV foram gravadas, em 1992 e 1998, e a duração de cada comercial (em segundos) foi determinada. Os resultados estão resumidos na tabela a seguir. Use as ferramentas desta seção para determinar se existe uma tendência nesse período de 6 anos.

ANO	NÚMERO DE COMERCIAIS	DURAÇÃO MÉDIA	DESVIO-PADRÃO
1992	105	24,52	7,32
1998	106	24,21	8,21

7.106 Trocando de carreiras universitárias. Quando mulheres universitárias trocam de especialização em ciências, matemática e engenharia (CME) para disciplinas como jornalismo, marketing e sociologia, suas razões serão diferentes das dos homens? Essa questão foi pes-

quisada na revista *Science Education* (jul. 1995). Uma amostra de 335 estudantes junior/sênior – 172 mulheres e 163 homens — em duas grandes universidades de pesquisa foi classificada como 'mutante' — isto é, os estudantes abandonaram uma especialidade CME por uma não-CME. Cada estudante listou um ou mais fatores que contribuíram para a sua decisão de mudar.

a. Das 172 mulheres da amostra, 74 informaram a falta ou perda de interesse em CME (isto é, 'enjoaram' dessas ciência) como o fator mais importante, comparado com 72 dos 163 homens. Realize um teste (com $\alpha = 0,10$) para determinar se a proporção de mulheres mutantes que informaram 'falta de interesse em CME' como razão mais importante para a mudança difere da correspondente proporção de homens.

b. Trinta e três das 172 mulheres da amostra admitiram que foram desestimuladas ou que perderam a confiança devido às notas baixas em CME nos primeiros anos, em comparação com 44 dos 163 homens.

c. Construa um intervalo de confiança de 90% para a diferença entre as proporções de mutantes homens e mulheres que perderam a confiança devido às notas baixas em CME. Interprete o resultado.

7.107 Pontuação dos estados no SAT. Consulte o Exercício 2.29 e os dados das pontuações médias do SAT para cada um dos 50 estados norte-americanos e do Distrito de Colúmbia para os anos de 1990 e 2005. Os dados estão no arquivo **SATSCORES**. (As primeiras cinco e as últimas duas observações do conjunto de dados são mostradas na tabela abaixo.)

SATSCORES
Companion Website

ESTADO	1990	2005
Alabama	1079	1126
Alasca	1015	1042
Arizona	1041	1056
Arkansas	1077	1115
Califórnia	1002	1026
.	.	.
.	.	.
Wisconsin	1111	1191
Wyoming	1072	1087

Fonte: College Entrance Examination Board, 2006.

a. No Exercício 2.29b, você calculou as *diferenças de pares* nas pontuações do SAT subtraindo a pontuação de 1990 da pontuação de 2005 para cada estado. Ache a média dessas 50 diferenças de pares. Esse valor é μ_d, a diferença média nas pontuações do SAT para a população dos 50 estados (e do Distrito de Colúmbia).

b. Explique por que não é necessário empregar os procedimentos de intervalo de confiança ou de teste nesta seção para fazer uma inferência sobre μ_d.

c. Agora, suponha que as 50 diferenças de pares do item **a** representem uma amostra das diferenças de pontuação de 50 estudantes do segundo grau selecionados aleatoriamente. Use os dados do arquivo **SATS-CORES** para fazer uma inferência sobre se a média verdadeira das pontuações do SAT para os estudantes do segundo grau em 2005 difere da média verdadeira em 1999. Use um intervalo de confiança de 0,90.

7.108 Estudo de impacto ambiental. Algumas usinas elétricas estão localizadas perto de rios e oceanos, de modo que a água disponível pode ser usada para resfriar os condensadores. Suponha que, como parte de um estudo de impacto ambiental, uma empresa de eletricidade queira estimar a diferença na temperatura média da água entre a descarga da sua usina e as águas mais afastadas da costa. Quantas medidas de amostra devem ser tomadas em cada local para que se possa estimar a verdadeira diferença entre as médias dentro de 0,2 °C com 95% de confiança? Presuma que a faixa de leituras será de cerca de 4 °C em cada local e que o mesmo número de medições será feito em cada um.

7.109 Danos provocados por ratos em plantações de cana. Venenos são utilizados para prevenir danos causados por ratos em plantações de cana-de-açúcar. O Departamento de Agricultura dos Estados Unidos está investigando se o veneno para os ratos deveria ser colocado no meio da plantação ou no perímetro externo. Uma maneira de resolver essa questão é determinar onde a maior parte dos danos ocorre. Se os danos forem medidos pela proporção de pés de cana danificados pelos ratos, quantos pés em cada parte da plantação deveriam ser amostrados, de forma a se poder estimar a verdadeira diferença entre as proporções de pés danificados nas duas partes dentro de 0,02, com confiança de 95%?

*7.110 Precisão do instrumento. Quando novos instrumentos são desenvolvidos para realizar análises químicas de produtos (alimentos, remédios, etc.), eles normalmente são avaliados em relação a dois critérios: *exatidão*, que se refere à capacidade do instrumento de identificar corretamente a natureza e as quantidades dos componentes de um produto, e *precisão*, que se refere à consistência com a qual o instrumento identificará os componentes do mesmo material. Assim, uma variabilidade grande na identificação de uma única amostra de um produto indica falta de precisão. Suponha que uma empresa farmacêutica esteja analisando duas marcas de um instrumento projetado para identificar os componentes de certas drogas. Como parte da comparação de precisão, foram selecionadas 10 amostras em tubos de ensaio de uma porção bem misturada de uma droga, sendo 5 analisadas pelo instrumento

INSTRAB
Companion Website

Instrumento A	Instrumento B
43	46
48	49
37	43
52	41
45	48

A e 5 pelo instrumento B. Os dados mostrados na tabela anterior são porcentagens de um componente primário da droga fornecidos pelos instrumentos. Esses dados fornecem evidência de uma diferença na precisão das duas máquinas? Use $\alpha = 0{,}10$.

7.111 Estudo da Academia Nacional de Ciências. A Operação Crossroads foi um exercício militar em 1946, durante o qual bombas atômicas foram detonadas sobre navios vazios que serviram como alvos no oceano Pacífico. A Marinha designou marinheiros para lavar os navios de teste imediatamente depois das explosões atômicas. A Academia Nacional de Ciências relatou que 'a taxa de mortalidade geral entre os marinheiros da Operação Crossroads foi 4,6% maior do que entre um grupo comparável de marinheiros... Entretanto, esse aumento não foi estatisticamente significativo' (*Tampa Tribune*, 30 out. 1996).

a. Descreva o parâmetro de interesse do estudo da Academia Nacional de Ciências.

b. Interprete a frase 'Esse aumento não foi estatisticamente significativo'.

7.112 Corretagem de debêntures. Uma maneira de as corporações levantarem recursos financeiros para expansão é emitir *debêntures*, que são acordos de empréstimo prevendo pagar ao comprador uma quantia especificada com uma taxa fixa de juros pagos periodicamente ao longo da vida da debênture. A venda de debêntures é normalmente feita por uma firma de corretagem. É importante, para as empresas, selecionar bem uma firma de corretagem? A razão para essa pergunta é que o preço de uma debênture pode subir ou cair depois da sua emissão. Portanto, o fato de a corporação receber o preço de mercado por uma debênture vai depender da habilidade da corretora (Radcliffe, 1994). A mudança média nos preços de 27 debêntures a cargo de uma corretora, em um período de 12 meses, bem como os preços de 23 debêntures a cargo de outra, são mostrados abaixo.

	Corretora 1	Corretora 2
Tamanho da amostra	27	23
Média da amostra	– 0,0491	– 0,0307
Variação da amostra	0,009800	0,002465

a. Os dados fornecem evidência suficiente para indicar uma diferença na mudança média nos preços das debêntures a cargo das duas corretoras? Teste usando $\alpha = 0{,}05$.

b. Determine um intervalo de confiança de 95% para a diferença média para as duas corretoras e interprete-o.

Aplicação dos conceitos — Avançado

7.113 Impacto do sexo na propaganda. Como o sexo afeta o tipo de propaganda que prova ser mais eficiente? Um artigo no *Journal of Advertising Research* (maio/jun. 1990) faz referência a numerosos estudos que concluem que os homens tendem a ser mais competitivos com os outros do que com eles mesmos. Para aplicar essa conclusão à publicidade, o autor criou dois anúncios promovendo uma nova marca de refrigerante:

Anúncio 1: São mostrados quatro homens jogando raquetebol

Anúncio 2: É mostrado um homem jogando raquetebol contra ele mesmo

O autor estabeleceu a hipótese de que o primeiro anúncio seria mais eficiente quando exibido para homens. Para testar esta hipótese, ambos os anúncios foram mostrados a 43 homens, aos quais se solicitou que medissem sua atitude em relação ao anúncio (Aan), sua atitude em relação à marca do refrigerante (Am) e sua intenção de comprar o refrigerante (Intenção). Cada variável foi medida usando uma escala de 7 pontos, com maior pontuação indicando uma atitude mais favorável. Os resultados são mostrados na tabela a seguir. Você concorda com a hipótese do autor?

	MÉDIAS DAS AMOSTRAS		
	Aan	Am	Intenção
Anúncio 1	4,465	3,311	4,366
Anúncio 2	4,150	2,902	3,813
Nível de significância	p = 0,091	p = 0,032	p = 0,050

7.114 Salários de pós-graduados. Consulte o estudo da *Economics of Education Review* (v. 21, 2002), relativo ao relacionamento entre níveis de educação e rendimentos, Exercício 6.29. Uma Pesquisa Nacional de Alfabetização de Adultos revelou que os homens com pós-graduação têm uma amostra de média salarial de US$ 61.340 (com erro-padrão $s_{\bar{x}_M}$ = US$ 2.185), enquanto as mulheres com pós-graduação têm uma média salarial da amostra de US$ 32.227 (com erro-padrão $s_{\bar{x}_F}$ = US$ 932). Considere μ_M representando a média salarial de todos os homens com pós-graduação e μ_F representando a média salarial de todas as mulheres com pós-graduação.

a. Estabeleça as hipóteses nula e alternativa para determinar se μ_M excede μ_F.
b. Calcule a estatística-teste para o teste do item **a**.
[*Nota*: $s_{\bar{x}_M - \bar{x}_F} = \sqrt{(s_{\bar{x}_M}^2 + s_{\bar{x}_F}^2)}$.]
c. Ache a região de rejeição para o teste usando α = 0,01.
d. Use os resultados dos itens **b** e **c** para tirar a conclusão apropriada.

Desafio de pensamento crítico

7.115 Estudo de arrumação de uma fábrica. A disposição dos elementos e os caminhos do fluxo de materiais são fatores importantes na análise da produtividade de sistemas automáticos de fabricação. A disposição dos elementos da fábrica diz respeito à localização de máquinas e estoques para o processo contínuo. Os caminhos de fluxo dizem respeito à direção dos fluxos dos materiais de fabricação (por exemplo, unidirecionais ou bidirecionais; Lee, Lei e Pinedo, *Annals of operations research*, 1997). Um fabricante de chapas de circuitos impressos (CCI) está interessado em avaliar dois projetos alternativos existentes de disposição dos elementos e caminhos de fluxo. A saída de cada projeto foi monitorada durante 8 dias consecutivos de trabalho. O Projeto 2 parece ser superior ao Projeto 1. Você concorda? Explique detalhadamente.

Dias de trabalho	Projeto 1	Projeto 2
16/8	1.220 unidades	1.273 unidades
17/8	1.092 unidades	1.363 unidades
18/8	1.136 unidades	1.342 unidades
19/8	1.205 unidades	1.471 unidades
20/8	1.086 unidades	1.299 unidades
23/8	1.274 unidades	1.457 unidades
24/8	1.145 unidades	1.263 unidades
25/8	1.281 unidades	1.368 unidades

Referências bibliográficas

FREEDMAN, D.; PISANI, R.; PURVES, R. *Statistics*. Nova York: W.W. Norton and Co., 1978.

GIBBONS, J. D. *Nonparametric statistical inference*. 2. ed. Nova York: McGraw-Hill, 1985.

HOLLANDER, M.; WOLFE, D. A. *Nonparametric statistical methods*. Nova York: Wiley, 1973.

LEE, C. F.; FINNERTY, J. E.; NORTON, E. A. *Foundations of financial management*. Minneapolis/St. Paul: West Publishing Co., 1997.

MENDENHALL, W.; BEAVER, R. J.; BEAVER, B.M. *Introduction to probability and statistics*. 11. ed. North Scituate, Mass: Duxbury, 2002.

SATTERTHWAITE, F. W. 'An approximate distribution of estimates of variance components.' *Biometrics Bulletin*, vol 2, 1946, pp. 110-114.

SNEDECOR, G. W.; COCHRAN, W. *Statistical methods*, 7. ed. Ames: Iowa State University Press, 1980.

STEEL, R. G. D.; TORRIE, J. H. *Principles and procedures of statistics*. 2. ed. Nova York: McGraw-Hill, 1980.

STEVENSON, William J. *Production/operations management*. 6. ed. Chicago: Irwin, 2000.

TWOMEY, David P. *Labor and employment law*. 9. ed. Cincinnati: South-Western Publishing Co., 1994.

Uso da tecnologia

7.1 Inferências de duas amostras usando o SPSS

O SPSS pode ser usado para fazer inferências de duas amostras a respeito de $\mu_1 - \mu_2$ para amostras independentes e μ_d para amostras de pares, mas atualmente não pode realizar análises sobre $p_1 - p_2$ ou um teste F para comparar variações de populações.

Para realizar uma análise sobre $\mu_1 - \mu_2$, primeiro acesse o arquivo de folha de cálculo do SPSS que contém os dados amostrais. O arquivo de dados deve conter uma variável quantitativa (para a qual as médias deverão ser calculadas) e uma variável qualitativa com dois valores codificados em valores numéricos (por exemplo, 1 e 2) ou em dois níveis curtos de categorias (por exemplo, 'sim' e 'não'). Esses dois valores representam os dois grupos ou populações a serem comparados. A seguir, clique no botão 'Analyse' da barra de menu do SPSS e então clique em 'Compare means' e em 'Independent-samples T test', conforme mostrado na Figura 7.S.1.

A caixa de diálogo resultante aparece como mostrado na Figura 7.S.2. Especifique a variável quantitativa de interesse na caixa 'Test variable(s)' e a variável qualitativa na caixa 'Grouping variable'. Clique no botão 'Define groups' e especifique os valores dos dois grupos na caixa de diálogo resultante (veja a Figura 7.S.3). A seguir, clique em 'Continue' para retornar à tela de diálogo 'Independent-samples T test'. Sem necessidade de novas seleções nos menus, o SPSS automaticamente realizará um teste de duas caudas da hipótese nula $H_0: \mu_1 - \mu_2 = 0$. Se você desejar gerar um intervalo de confiança para $\mu_1 - \mu_2$, clique no botão 'Options' e especifique o nível de confiança na tela de menu resultante, como mostrado na Figura 7.S.4. Clique em 'Continue' para retornar à caixa de diálogo 'T test' e então clique em 'OK' para gerar a listagem do SPSS.

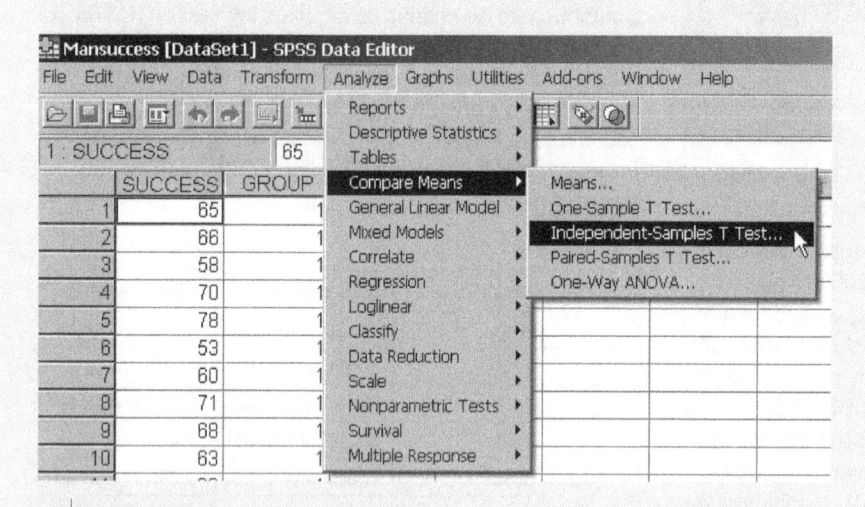

FIGURA 7.S.1 Opções do menu do SPSS para inferências sobre $\mu_1 - \mu_2$

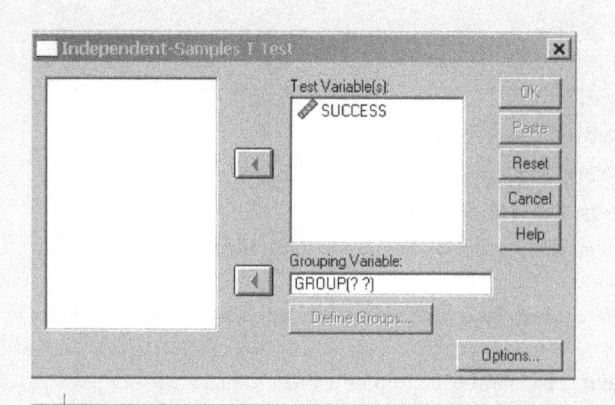

FIGURA 7.S.2 Caixa de diálogo Independent-samples T test do SPSS

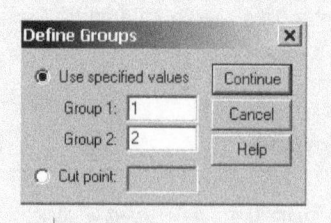

FIGURA 7.S.3 Caixa de diálogo Define groups do SPSS

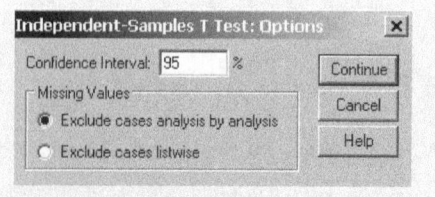

FIGURA 7.S.4 Caixa de diálogo de opções do SPSS

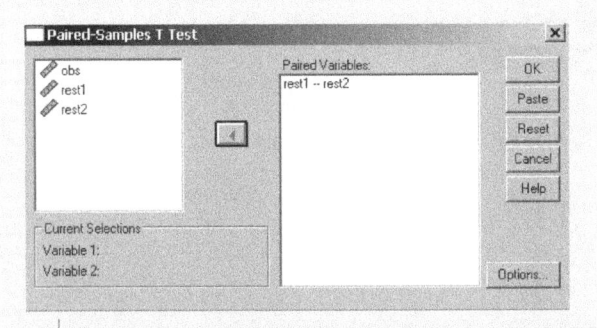

FIGURA 7.S.5 Caixa de diálogo Paired-samples do SPSS

Nota importante: O procedimento t de duas amostras do SPSS usa a estatística t para realizar o teste de hipóteses. Quando os tamanhos das amostras são pequenos, esse é o método apropriado. Quando os tamanhos das amostras são grandes, o valor t será aproximadamente igual ao valor z de amostras grandes e o resultado do teste ainda será válido.

Para realizar uma análise de μ_d para pares casados, primeiro acesse o arquivo de folha de cálculo do SPSS que contém os dados amostrais. O arquivo de dados deve conter duas variáveis quantitativas — uma com os valores dos dados do primeiro grupo (ou população) e a outra com os valores dos dados do segundo grupo. (*Nota:* O tamanho da amostra deve ser o mesmo para cada grupo.) A seguir, clique no botão 'Analyse' na barra de menus do SPSS, então clique em 'Compare means' e 'Paired-samples T test' (veja a Figura 7.S.1). A caixa de diálogo resultante aparece conforme mostrado na Figura 7.S.5.

Especifique as duas variáveis quantitativas de interesse na caixa 'Paired variables', como mostrado na Figura 7.S.5. Sem necessidade de novas seleções nos menus, o SPSS automaticamente realizará um teste de duas caudas da hipótese nula, $H_0: \mu_d = 0$. Se você desejar gerar um intervalo de confiança para μ_d, clique no botão 'Options' e especifique o nível de confiança na tela de menu resultante (como mostrado na Figura 7.S.4). Clique em 'Continue' para retornar à caixa de diálogo 'Paired-samples' e então clique em 'OK' para gerar a listagem do SPSS.

Nota: Ainda que o SPSS não possa realizar um teste F para comparar duas variações, ele automaticamente fornecerá um teste não-paramétrico (por exemplo, o teste de Levene) para variações iguais quando você escolher fazer um teste t de amostras independentes para $\mu_1 - \mu_2$.

7.2 Inferências de duas amostras usando o MINITAB

O MINITAB pode ser usado para fazer inferências de duas amostras a respeito de $\mu_1 - \mu_2$ para amostras independentes, μ_d para amostras de pares, $p_1 - p_2$ e σ_1^2/σ_2^2.

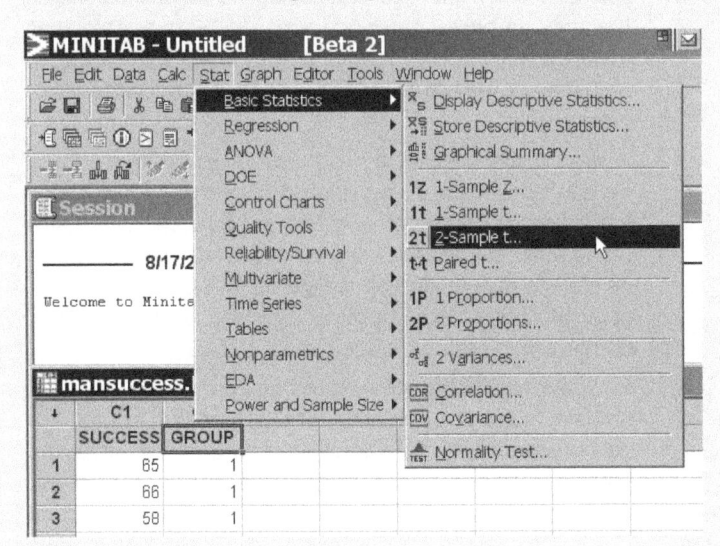

FIGURA 7.M.1 Opções do menu do MINITAB para inferências sobre $\mu_1 - \mu_2$

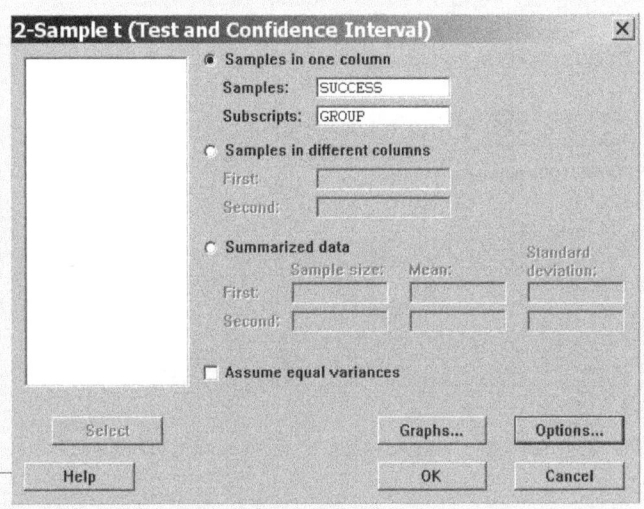

FIGURA 7.M.2 Caixa de diálogo 2-Sample T do MINITAB

Para realizar uma análise sobre $\mu_1 - \mu_2$, primeiro acesse a planilha do MINITAB que contém os dados amostrais. A seguir, clique no botão 'Basic statistics' na barra de menu do MINITAB e clique em '2-Sample t', conforme mostrado na Figura 7.M.1. A caixa de diálogo resultante aparece como mostrado na Figura 7.M.2.

Se a planilha contém dados para uma variável quantitativa (para a qual as médias deverão ser calculadas) e uma variável qualitativa (que representa os dois grupos ou populações), selecione 'Samples in one column', então especifique a variável quantitativa na área de 'Samples' e a variável qualitativa na área de 'Subscripts' (veja a Figura 7.M.2).

Se a planilha contém os dados para a primeira amostra em uma coluna e os dados para a segunda amostra em outra coluna, selecione 'Samples in different columns' e, então, especifique as variáveis 'First' e 'Second'. Por outro lado, se você tiver apenas dados resumidos (isto é, tamanhos das amostras, médias das amostras e desvios-padrão das amostras), selecione 'Summarized data' e insira os valores resumidos nas caixas apropriadas.

Uma vez que você tenha feito as seleções apropriadas nos menus, clique no botão 'Options' na caixa de diálogo '2-Sample T' do MINITAB. Especifique o nível de confiança para o intervalo de confiança, o valor nulo hipotético da diferença $\mu_1 - \mu_2$ e forme a hipótese alternativa (cauda inferior, duas caudas ou cauda superior) na caixa de diálogo resultante, como mostrado na Figura 7.M.3. Clique em 'OK' para retornar à caixa de diálogo '2-Sample T' e clique em 'OK' de novo para gerar a listagem do MINITAB.

Nota importante: O procedimento t de duas amostras do MINITAB usa a estatística t para realizar o teste de hipóteses. Quando os tamanhos das amostras são pequenos, esse é o método apropriado. Quando os tamanhos das amostras são grandes, o valor t será aproximadamente igual ao valor z de amostras grandes e o resultado do teste será ainda válido.

Para realizar uma análise de μ_d para pares casados, primeiro acesse a planilha do MINITAB que contém os dados amostrais. O arquivo de dados deve conter duas variáveis quantitativas — uma com os valores dos dados do primeiro grupo (ou população) e outra com os valores dos dados do segundo grupo. (*Nota:* O tamanho da amostra deve ser o mesmo para cada grupo.) Em seguida, clique no botão 'Basic statistics' na barra de menus do MINITAB, então cli-

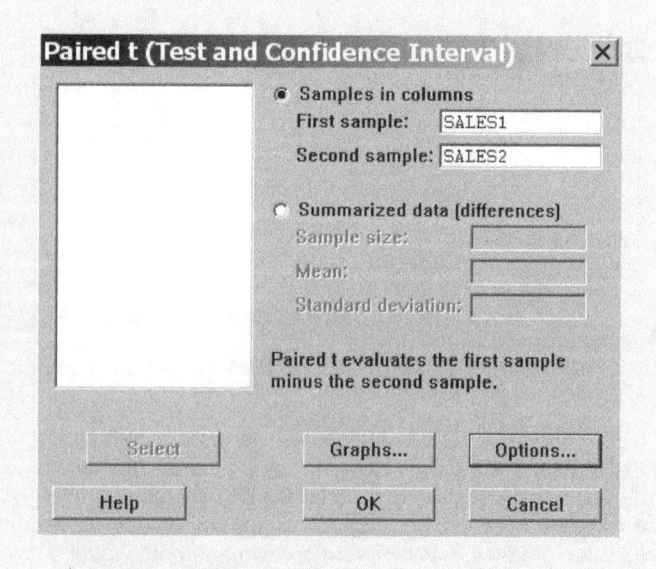

FIGURA 7.M.4 Caixa de diálogo de amostras de pares do MINITAB

que em 'Paired t' (veja a Figura 7.M.1). A caixa de diálogo resultante aparece como mostrado na Figura 7.M.4. [Se, por outro lado, você tiver apenas dados resumidos das diferenças de pares, selecione a opção 'Summarized data (differences)' e insira o tamanho da amostra, a média da amostra e o desvio-padrão da amostra nas caixas apropriadas.]

A seguir, clique no botão 'Options' e especifique o nível de confiança para o intervalo de confiança, o valor nulo hipotético da diferença μ_d e forme a hipótese alternativa (cauda inferior, duas caudas ou cauda superior) na caixa de diálogo resultante (veja a Figura 7.M.3). Clique em 'OK' para retornar à caixa de diálogo 'Paired t' e clique em 'OK' de novo para gerar a listagem do MINITAB.

Para analisar a diferença entre duas proporções, $p_1 - p_2$, primeiro acesse a planilha do MINITAB que contém os dados amostrais. A seguir, clique em 'Basic statistics' na barra de menus do MINITAB e clique em '2 Proportions', conforme mostrado na Figura 7.M.1. A caixa de diálogo resultante aparece como mostrado na Figura 7.M.5. Selecione a opção dos dados ('Samples in one column', 'Samples in different columns' ou 'Summarized data') e faça as escolhas apropriadas nos menus (a Figura 7.M.5 mostra as opções do menu quando você seleciona 'Summarized data').

Em seguida, clique no botão 'Options' e especifique o nível de confiança para o intervalo de confiança, o valor nulo hipotético da diferença, e forme a hipótese alternativa (cauda inferior, duas caudas ou cauda superior) na caixa de diálogo resultante, como mostrado na Figura 7.M.6. (Se você desejar uma estimativa compartilhada de p para o teste, marque a caixa apropriada.) Clique em 'OK' para retornar à caixa de diálogo '2 Proportions' e em 'OK' novamente para gerar a listagem do MINITAB.

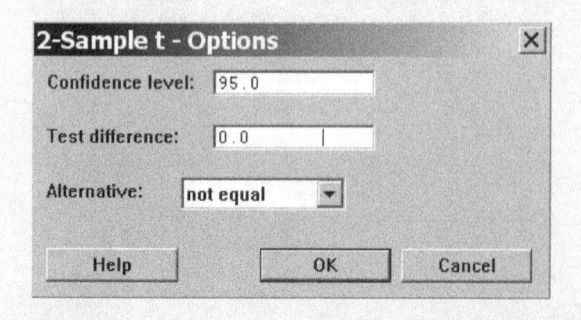

FIGURA 7.M.3 Caixa de diálogo de opções do MINITAB

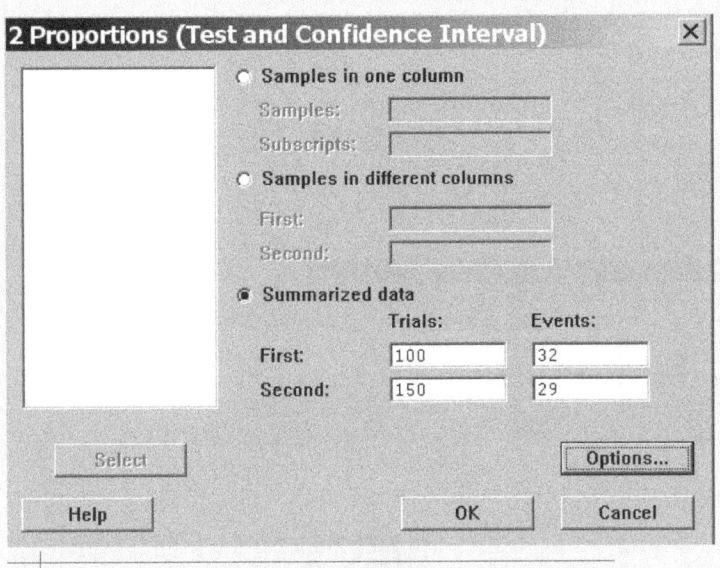

FIGURA 7.M.5 Caixa de diálogo 2 Proportions do MINITAB

FIGURA 7.M.6 Caixa de opções 2 Proportions do MINITAB

FIGURA 7.M.7 Caixa de diálogo 2 Variances do MINITAB

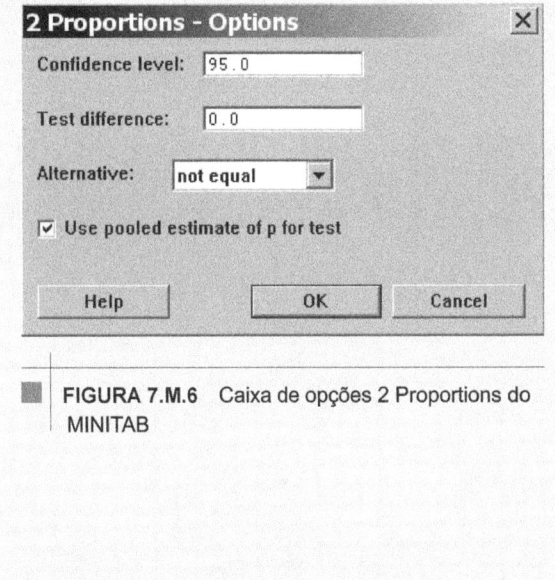

Para realizar uma análise da razão de duas variações σ_1^2/σ_2^2, primeiro acesse a planilha do MINITAB que contém os dados amostrais. Em seguida, clique no botão 'Basic statistics' na barra de menu do MINITAB e clique em '2 Variances', conforme mostrado na Figura 7.M.1. A caixa de diálogo resultante aparece como mostrado na Figura 7.M.7. As seleções nos menus e opções são similares às do teste t de duas amostras. Uma vez que as seleções foram feitas, clique em 'OK' para produzir uma listagem do teste F do MINITAB.

7.3 Inferências de duas amostras usando o Excel/PHStat2

O Excel, com o aplicativo PHStat2, pode ser usado para fazer inferências de duas amostras a respeito de $\mu_1 - \mu_2$ para amostras independentes, μ_d para amostras de pares, $p_1 - p_2$ e σ_1^2/σ_2^2.

Para realizar um teste de hipóteses para $\mu_1 - \mu_2$, primeiro calcule as estatísticas resumidas para os dados (tamanhos das amostras, médias das amostras e desvios-padrão das amostras para as duas amostras). Em seguida, clique no botão 'PHStat' no menu principal do Excel e, depois, clique em 'Two-sample tests' e em 't Test for differences in two means', conforme mostrado na Figura 7.E.1. A caixa de diálogo resultante aparece como mostrado na Figura 7.E.2.

Especifique a hipótese nula da diferença $\mu_1 - \mu_2$, o nível de significância α, as estatísticas resumidas para as duas amostras e forme a hipótese alternativa (cauda inferior, duas caudas ou cauda superior) na caixa de diálogo resultante, como mostrado na Figura 7.E.2. Clique em 'OK' para gerar uma listagem do Excel.

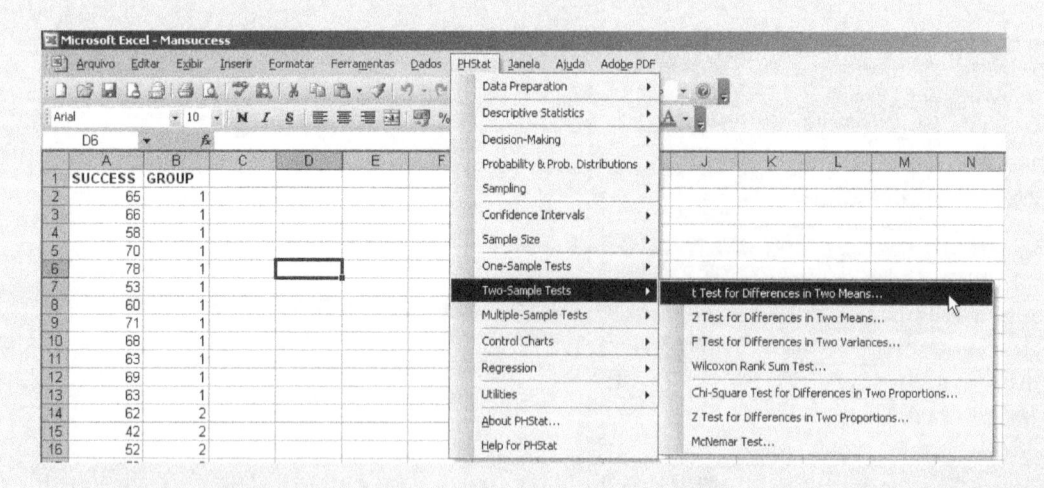

FIGURA 7.E.1 Opções do menu do Excel/PHStat2 para inferências sobre $\mu_1 - \mu_2$

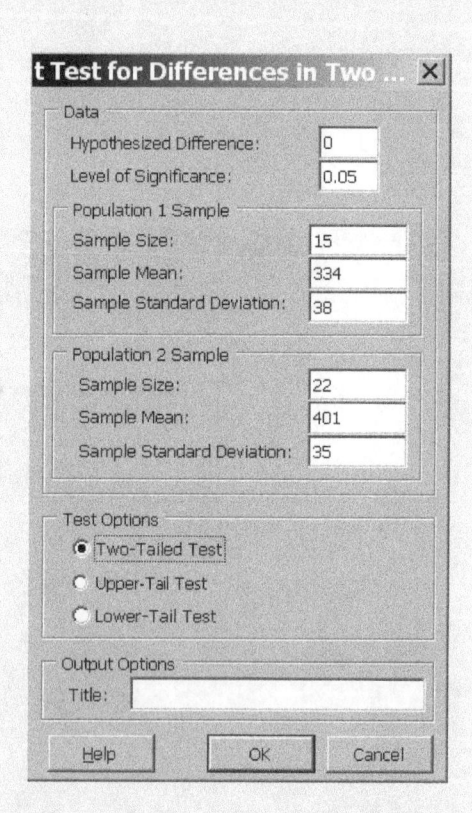

FIGURA 7.E.2 Caixa de diálogo do Excel/PHStat2 para o teste t de duas amostras

Para realizar uma análise de diferenças de pares para μ_d, primeiro calcule as diferenças entre os dois valores dos pares na planilha do Excel. Então realize um teste t para uma única média. Consulte a seção do Excel de 'Usando a tecnologia' do Capítulo 6 para ver as telas e as seleções para esta análise.

Para realizar um teste de hipóteses de amostra grande para $p_1 - p_2$, primeiro calcule as estatísticas resumi-das para os dados (tamanhos das amostras e número de sucessos das amostras, para as duas amostras). A seguir, clique no botão 'PHStat' na barra de menu do Excel, então clique em 'Two-sample tests' e 'Z test for differences in two proportions' (veja a Figura 7.E.1). A caixa de diálogo resultante aparece conforme mostrado na Figura 7.E.3. Especifique o valor nulo hipotético da diferença $p_1 - p_2$, o nível de significância α, as estatísticas resumidas para as duas amostras e forme a hipótese alternativa (cauda infe-rior, duas caudas ou cauda superior) na caixa de diálogo resultante, como mostrado na Figura 7.E.3. Clique em 'OK' para gerar uma listagem do Excel.

Para realizar um teste F para a razão de duas variações σ_1^2/σ_2^2, primeiro calcule as estatísticas resumidas para os dados (tamanhos das amostras e desvios-padrão das amostras para as duas amostras). Agora, clique no bo-tão 'PHStat' no menu principal do Excel, então clique em 'Two-sample tests' e 'F test for differences in two variances' (veja a Figura 7.E.1). A caixa de diálogo resultante aparece como mostrado na Figura 7.E.4. Especifique o valor nulo hipotético da razão σ_1^2/σ_2^2, o nível de significância α, as es-tatísticas resumidas para as duas amostras e a forma da hipótese alternativa (cauda inferior, duas caudas ou cauda superior) na caixa de diálogo resultante, como mostrado na Figura 7.E.4. Clique em 'OK' para gerar uma listagem do Excel.

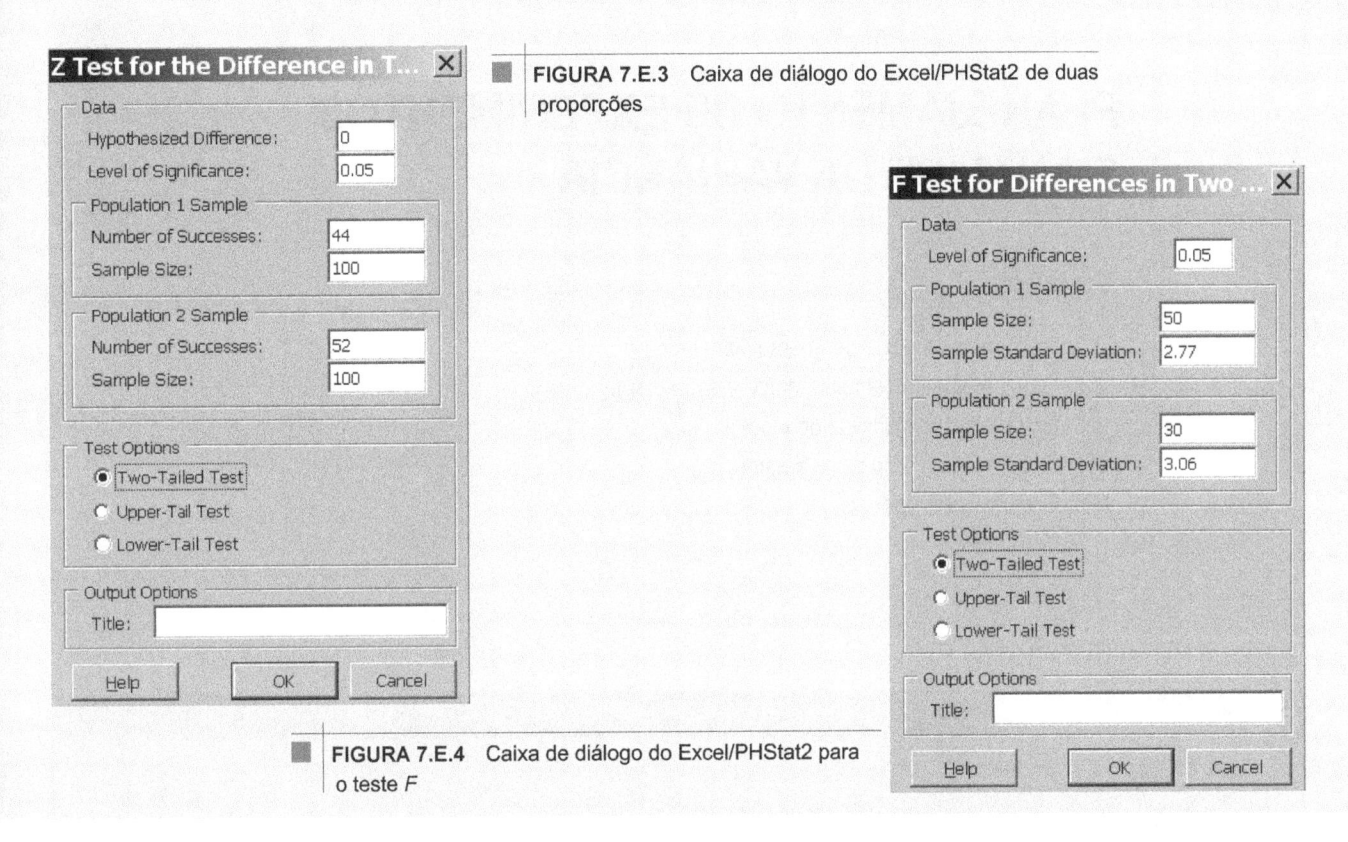

FIGURA 7.E.3 Caixa de diálogo do Excel/PHStat2 de duas proporções

FIGURA 7.E.4 Caixa de diálogo do Excel/PHStat2 para o teste F

Caso real

O caso do leite de Kentucky – Parte II

(Um caso englobando os capítulos 5 a 7)

No caso do leite de Kentucky — Parte I, você usou estatísticas descritivas numéricas e gráficas para investigar acordos fraudulentos em concorrências no mercado de fornecimento de leite para as escolas no estado de Kentucky. Este caso expande suas análises anteriores, incorporando metodologia estatística de inferências. As três áreas a serem focadas estão descritas a seguir. Mais uma vez, você deverá preparar um documento profissional, apresentando os resultados das análises e quaisquer implicações a respeito das práticas fraudulentas no mercado de leite em três municípios do Kentucky.

Taxas de incumbência. Relembre, da Parte I, que a divisão do mercado (onde o mesmo fornecedor controla os mesmos distritos escolares, ano após ano) é uma forma comum de comportamento fraudulento em conspirações de fraude nas concorrências. A divisão do mercado é tipicamente medida pela taxa de incumbência para o mercado em um dado ano escolar — definida como a porcentagem dos distritos escolares que são vencidos pelo mesmo fornecedor de leite que venceu no ano anterior. A experiência passada com concorrências de leite em um mercado competitivo revela que uma taxa de incumbência 'normal' seria de cerca de 0,7 — isto é, espera-se que 70% dos distritos escolares comprem seu leite do mesmo fornecedor que forneceu no ano anterior. No mercado dos 13 distritos escolares em três municípios de Kentucky, 13 mudanças de fornecedor ocorrem potencialmente a cada ano. No período 1985–1988 (quando os acordos fraudulentos nas concorrências supostamente ocorreram), existem 52 mudanças potenciais de fornecedor. Com base no número real de mudanças de fornecedor que ocorreu em cada ano e no período 1985–1988, faça uma inferência a respeito de acordos fraudulentos em concorrências.

Dispersão de preços de propostas. Relembre que, em mercados competitivos de propostas fechadas, é observada maior dispersão ou variabilidade entre as propostas em relação aos mercados fraudados (isto é, devido à troca de informações sobre as propostas, entre os concorrentes envolvidos na conspiração). Conseqüentemente, se existem acordos fraudulentos, a variação nos preços das propostas no mercado dos três municípios deve ser significativamente menor que a variação correspondente no mercado ao redor. Para cada produto de leite, realize uma análise para comparar as variações nos preços das propostas nos dois mercados em cada ano. Realize as inferências apropriadas.

Preço médio da proposta vencedora. De acordo com os teóricos de acordos fraudulentos, o preço médio da proposta vencedora no mercado fraudado será maior que o preço médio da proposta vencedora no mercado competitivo em cada ano que ocorrerem os acordos fraudulentos. Além disso, a diferença entre a média competitiva e a média fraudada tende a crescer no tempo, quando as táticas de fraude são empregadas durante muitos anos consecutivos. Para cada produto de leite, realize uma análise para comparar as médias dos preços das propostas vencedoras no mercado dos três municípios e nos mercados ao redor. Faça as inferências apropriadas.

PLANEJAMENTO DE EXPERIMENTOS E ANÁLISE DA VARIÂNCIA

Conteúdo

8.1 Elementos de um experimento planejado
8.2 O planejamento completamente aleatório: fator único
8.3 Comparações múltiplas de médias
8.4 O planejamento do bloco aleatório
8.5 Experimentos fatoriais

ESTATÍSTICA EM AÇÃO

A ÉTICA DO DOWNSIZING

Uma grande alternativa estratégica para muitas empresas norte-americanas é reduzir o tamanho de sua força de trabalho (isto é, executar um downsizing*). DuPont, Upjohn Company, AT&T e IBM são apenas algumas das muitas grandes empresas norte-americanas que recentemente fizeram* downsizing*. Apesar de ser do interesse dos acionistas atrasar a informação aos funcionários de sua decisão de* downsizing*, a alta administração é moralmente obrigada a comunicar a eles todos os aspectos do processo, incluindo quando ocorrerá e como isso afetará seus empregos. Quando a total transparência no* downsizing *por parte da alta administração não ocorre, é provável que os funcionários percebam isso como uma violação ética de seus direitos.*

W. E. Hopkins (Colorado State University) e S. A. Hopkins (University of Denver) investigaram a ética do processo de *downsizing* da perspectiva do funcionário e publicaram os resultados dessa pesquisa no *Journal of Business Ethics* (v. 18, 1999). Os pesquisadores utilizaram uma amostra com 209 funcionários que foram inscritos em um programa de MBA Executivo ou em um programa de fim de semana em uma das três universidades do Colorado. Esses indivíduos foram divididos em cinco grupos distintos, dependendo de sua situação de trabalho em uma empresa anterior ou na atual. Os grupos são descritos na Tabela EA8.1.

Cada um dos 209 funcionários preencheu um questionário sobre suas percepções éticas do *downsizing*. Um item no questionário, o foco deste Estatística em ação, pediu a cada funcionário a respondesse à questão: "É antiético que uma decisão de *downsizing* seja anunciada ou implementada durante ou antes de um grande feriado (por exemplo, Natal, Ação de Graças, etc.)?" As respostas foram medidas por uma escala de 5 pontos de Likert, em que 1 = concorda fortemente, 2 = concorda, 3 = neutro, 4 = discorda e 5 = discorda fortemente. Dados tanto sobre as variáveis qualitativas grupo quanto as variáveis quantitativas ética estão salvos no arquivo **DOWNSIZE**. Os pesquisadores usaram os dados para testar três hipóteses:

Hipótese 1: Percepções de sobreviventes, feridos e implementadores/feridos da afirmação da ética sobre *downsizing* não diferirão significativamente.

Hipótese 2: Percepções de formuladores e implementadores/sobreviventes sobre a afirmação da ética do *dowsizing* não diferirão significativamente.

Hipótese 3: Percepções de sobreviventes, feridos e implementadores/feridos sobre a afirmação da ética do *downsizing* diferirão significativamente das percepções de formuladores e implementadores/sobreviventes.

Testamos as hipóteses dos pesquisadores ao aplicar a metodologia estatística deste capítulo aos dados do **DOWNSIZE** nas seções Estatística em ação revisitada a seguir.

Estatística em ação revisitada
- Testando as diferenças em média de respostas éticas de cinco grupos de *downsizing*
- Ranqueando as respostas éticas médias para os cinco grupos de *downsizing*

TABELA EA8.1 Grupos de funcionários para o estudo sobre a ética do downsizing

Grupo	Número	Descrição
Feridos	47	Pessoal não gerencial que foi demitido pelo menos uma vez
Sobreviventes	71	Pessoal não gerencial que trabalhou para uma firma que praticou *downsizing*, mas nunca foi demitido
Implementadores/feridos	27	Gerentes/supervisores que foram demitidos pelo menos uma vez, mas agora implementam decisões de *downsizing*
Implementadores/sobreviventes	33	Gerentes/supervisores que tomaram a decisão de fazer *downsizing* em sua firma atual e trabalharam para uma firma que realizou *downsizing*, mas nunca foram demitidos
Formuladores	31	CEOs que tomaram a decisão de fazer *downsizing* e presidiram depois de sua implementação

A maior parte dos dados analisados em capítulos anteriores foram coletados em experimentos amostrais *observacionais*, em vez de experimentos de amostragem *desenhados*. Em *estudos observacionais*, o analista tem pouco ou nenhum controle sobre as variáveis em estudo e apenas observa seus valores. Em contraste, *experimentos desenhados* são aqueles nos quais o analista busca controlar os níveis de uma ou mais variáveis para determinar seu efeito sobre a variável de interesse. Apesar de muitas situações práticas de negócios não apresentarem oportunidade para tal controle, é educativo, mesmo para experimentos observacionais, ter conhecimento do trabalho de análise e interpretação do dado que resulta de experimentos desenhados e noções básicas de como desenhar experimentos quando a oportunidade surge.

Primeiramente, apresentamos os elementos básicos de um desenho experimental na Seção 8.1. Então discutimos três dos mais simples e mais populares desenhos experimentais nas seções 8.2, 8.4 e 8.5. Na Seção 8.3, mostramos como ranquear as médias da população, da menor para a maior.

8.1 Elementos de um experimento planejado

Certos elementos são comuns para quase todos os experimentos planejados, independentemente da área específica de aplicação. Por exemplo, a resposta é a variável de interesse no experimento. As respostas podem ser as pontuações de SAT para um aluno de ensino médio, o total de vendas de uma firma no último ano ou a quantia total recebida por uma família em particular nesse ano. A resposta também é chamada de *variável dependente y*. Usaremos esses termos de modo alternado neste capítulo.

> **Definição 8.1**
>
> A **variável de resposta** é a variável de interesse para ser medida no experimento. Também nos referimos à resposta como **variável dependente**.

O objetivo da maior parte dos experimentos estatísticos é determinar o efeito de uma ou mais variáveis na resposta. Essas variáveis, que chamamos de *variáveis independentes* na análise de regressão, geralmente são chamadas de *fatores* em um experimento planejado. Como variáveis independentes, fatores são ou *quantitativos* ou *qualitativos*, dependendo se a variável é medida em escala numérica ou não. Por exemplo, podemos querer explorar os efeitos do fator qualitativo gênero na pontuação do SAT. Em outras palavras, queremos comparar as pontuações do SAT de alunos e alunas do ensino médio. Ou podemos querer determinar o efeito do fator quantitativo Número de vendedores na resposta Vendas totais para firmas de varejo. Geralmente, dois ou mais fatores interessam. Por exemplo, podemos querer determinar o efeito do fator Número de assalariados e do fator qualitativo Localização na resposta Receita da família.

> **Definição 8.2**
>
> **Fatores** são aquelas variáveis cujo efeito na resposta é do interesse do experimentador. **Fatores quantitativos** são medidos em escala numérica, enquanto **fatores qualitativos** são aqueles que não são (naturalmente) medidos em escala numérica. Fatores são também chamados de **variáveis independentes**.

Níveis são os valores dos fatores utilizados no experimento. Os níveis de fatores qualitativos são geralmente não numéricos. Por exemplo, os níveis de gênero são masculino e feminino, e os níveis de localização são norte, sul, leste e oeste.[1] Os níveis dos fatores quantitativos são valores numéricos. Por exemplo, o Número de pessoas de vendas pode ter níveis 1, 3, 5, 7 e 9. O fator Anos de educação pode ter níveis 8, 12, 16 e 20.

> **DEFINIÇÃO 8.3**
>
> **Níveis de fator** são os valores do fator utilizados no experimento.

Quando um *único fator* é empregado em um experimento, os *tratamentos* do experimento são os níveis do fator. Por exemplo, se o efeito do fator Gênero na resposta da pontuação do SAT está sendo investigado, os tratamentos do experimento são os dois níveis do gênero — feminino ou masculino. Ou, se o efeito do número de assalariados na receita da família é o sujeito do experimento, os valores numéricos assumidos pelo fator quantitativo Número de assalariados são os tratamentos. Se *dois ou mais fatores* são utilizados em um experimento, os tratamentos são as combinações nível–fator usadas.

Por exemplo, se os efeitos do fatores Gênero e GPA na resposta da pontuação do SAT estão sendo investigados, os tratamentos são as combinações dos níveis de gênero e GPA usados; assim (feminino, 2,61), (masculino, 3,43) e (feminino, 3,82) seriam todos tratamentos.

> **DEFINIÇÃO 8.4**
>
> Os **tratamentos** de um experimento são as combinações nível–fator utilizadas.

Os objetos nos quais a variável resposta e os fatores são observados são as *unidades experimentais*. Por exemplo, a pontuação do SAT, o GPA do ensino médio e gênero são variáveis que podem ser observadas na mesma unidade experimental — um veterano do ensino médio. Ou Vendas totais, Ganhos por participação e Número de pessoas de vendas podem ser medidos em uma firma em particular, em um ano em particular, e a combinação firma–ano é a unidade experimental. Renda total, Número de assalariadas do sexo feminino e Localização podem ser observados para uma família em um momento particular do tempo, e a combinação família–tempo é a unidade experimental. Cada experimento, observacional ou planejado, tem unidades experimentais nas quais as variáveis são observadas. No entanto, a identificação das unidades experimentais é mais importante em experimentos planejados, quando o experimentador deve na verdade amostrar as unidades experimentais e medir as variáveis.

> **DEFINIÇÃO 8.5**
>
> Uma **unidade experimental** é o objeto no qual a resposta e os fatores observados são medidos.[2]

Quando a especificação dos tratamentos e o método de alocar unidades experimentais a cada um dos tratamentos são controlados pelo analista, o experimento é dito planejado. Ao contrário, se o analista é apenas um observador dos tratamentos em uma amostra de unidades experimentais, o experimento é *observacional*. Por exemplo, se você der a um grupo aleatoriamente selecionado de funcionários um programa de treinamento e afastá-lo de outro grupo aleatoriamente selecionado para avaliar o efeito do treinamento na produtividade do trabalhador, então você estará planejando um experimento. Se, por outro lado, você comparar a produtividade de funcionários com titulação escolar com a produtividade de funcionários sem titulação, o experimento será observacional.

> **DEFINIÇÃO 8.6**
>
> Um **experimento planejado** é aquele para o qual o analista controla a especificação dos tratamentos e o método de alocar as unidades experimentais a cada tratamento. Um **experimento observacional** é aquele para o qual o analista simplesmente observa os tratamentos e a resposta em uma amostra de unidades experimentais.

---

[1] Os níveis da variável qualitativa podem gerar rótulos numéricos. Por exemplo, a variável localizações poderia ser numerada 1, 2, 3 e 4. No entanto, em tais casos, os rótulos numéricos para uma variável qualitativa serão geralmente códigos representando níveis não numéricos.

[2] Lembre-se (do Capítulo 1) de que o grupo de todas as unidades experimentais é a população.

Capítulo 8 — PLANEJAMENTO DE EXPERIMENTOS E ANÁLISE DA VARIÂNCIA

Biografia

SIR RONALD A. FISHER (1890–1962)

O diagrama na Figura 8.1 propicia uma visualização do processo experimental e um resumo da terminologia introduzida nesta seção. Note que a unidade experimental encontra-se no centro do processo. O método pelo qual a amostra das unidades experimentais é selecionada a partir da população determina o tipo do experimento. O nível de todos os fatores (o tratamento) e a resposta são todas as variáveis observadas ou medidas em cada unidade experimental.

EXEMPLO 8.1

OS ELEMENTOS-CHAVE DE UM EXPERIMENTO PLANEJADO PARA TESTAR MARCAS DE BOLAS DE GOLFE

Problema A USGA (United States Golf Association) testa regularmente equipamentos de golfe para garantir que estejam em conformidade com os seus padrões. Suponha que você deseje comparar a distância média viajada por quatro diferentes marcas de bolas de golfe quando atiradas por um taco *driver* (o taco usado para maximizar a distância). O seguinte experimento foi realizado: 10 bolas de cada marca foram aleatoriamente selecionadas. Cada uma é atingida pelo 'Iron Byron' (o robô de golfe da USGA, assim chamado por causa do famoso jogador de golfe Byron Nelson) usando um *driver*, e a distância viajada é registrada. Identifique cada um dos seguintes elementos nesse experimento: resposta, fatores, tipos de fatores, níveis, tratamentos e unidades experimentais.

Solução

A resposta é a variável de interesse Distância viajada. O único fator investigado é marca da bola de golfe; ele é não-numérico, mas qualitativo. As quatro marcas (digamos, A, B, C e D) representam os níveis desse fator — isto é, as quatro marcas. A unidade experimental é a bola de golfe; mais especificamente, é a bola de golfe em uma posição em particular na seqüência de tiros, uma vez que a distância viajada pode ser registrada apenas quando a bola é lançada, e esperaríamos que a distância fosse diferente (devido a fatores aleatórios, como resistência do vento, ponto de aterrisagem e assim por diante) se a mesma bola fosse lançada uma segunda vez. Note que 10 unidades experimentais são amostradas para cada tratamento, gerando um total de 40 observações.

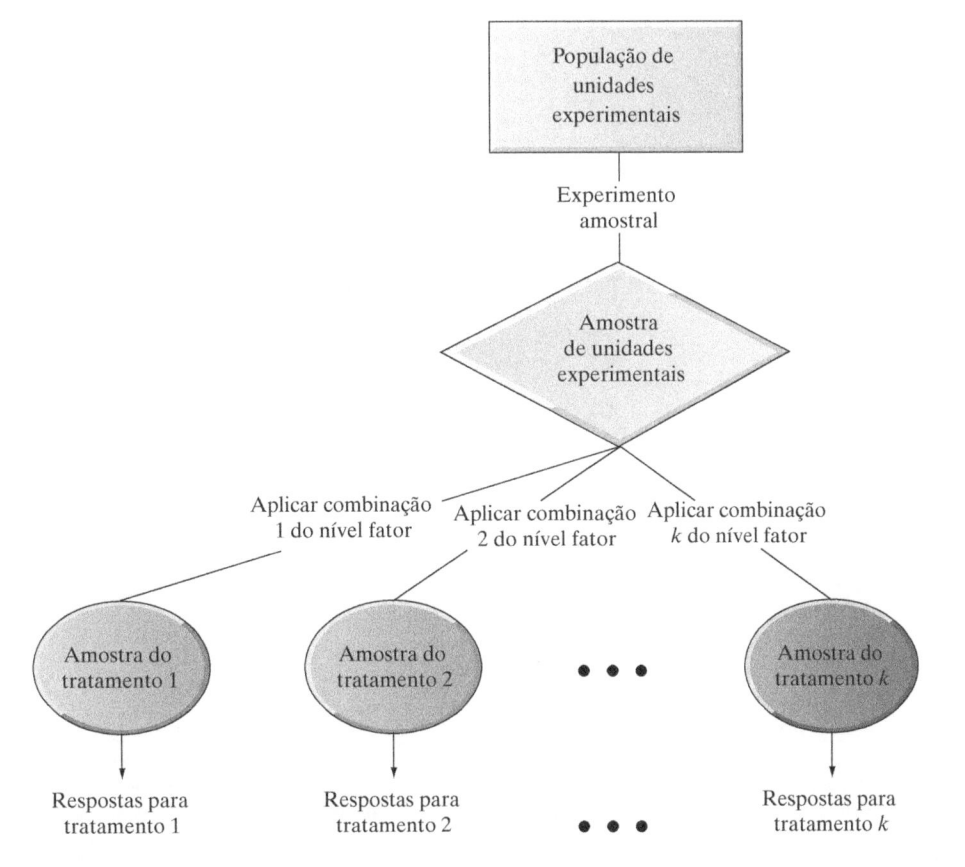

FIGURA 8.1 Experimento amostral: processo e terminologia

Relembrando Esse experimento, como muitas aplicações reais, é uma mistura entre desenhado e observacional: o analista não pode controlar a alocação da marca a cada bola de golfe (observacional), mas pode controlar a alocação de cada bola à posição na seqüência de lançamento (desenhado).

AGORA FAÇA O EXERCÍCIO 8.5

EXEMPLO 8.2

UM EXPERIMENTO DE DOIS FATORES PARA TESTAR MARCAS DE BOLAS DE GOLFE

Problema Suponha que a USGA também esteja interessada em comparar as distâncias médias que as quatro marcas de bolas de golfe viajam quando atingidas por um taco *five-iron* e um *driver*. Dez bolas de cada marca são aleatoriamente selecionadas, cinco a serem atingidas por um *driver* e cinco por um *five-iron*. Identifique os elementos do experimento e construa um diagrama esquemático similar ao da Figura 8.1 para dar uma visão geral do experimento.

Solução
A resposta é a mesma que a do Exemplo 8.1 — Distância viajada. O experimento agora tem dois fatores: marca da bola de golfe e taco utilizado. Há quatro níveis de marca (A, B, C e D) e dois de taco (*driver* e *five-iron*, ou 1 e 5). Tratamentos são combinações nível fator da bola de golfe — posição de tiro. Note que cinco unidades experimentais são amostradas por tratamento, gerando 40 observações. O experimento está resumido na Figura 8.2.

Relembrando Quando há dois ou mais fatores em um experimento, lembre-se de combinar o nível dos fatores — um nível para cada fator — para obter os tratamentos.

AGORA FAÇA O EXERCÍCIO 8.8

Nosso objetivo ao planejar um experimento geralmente é maximizar a quantidade de informação obtida sobre a relação entre os tratamentos e a resposta. É claro, estamos quase sempre sujeitos a limitações em orçamento, tempo e mesmo disponibilidade de unidades experimentais. No entanto, experimentos planejados são em geral preferidos a experimentos

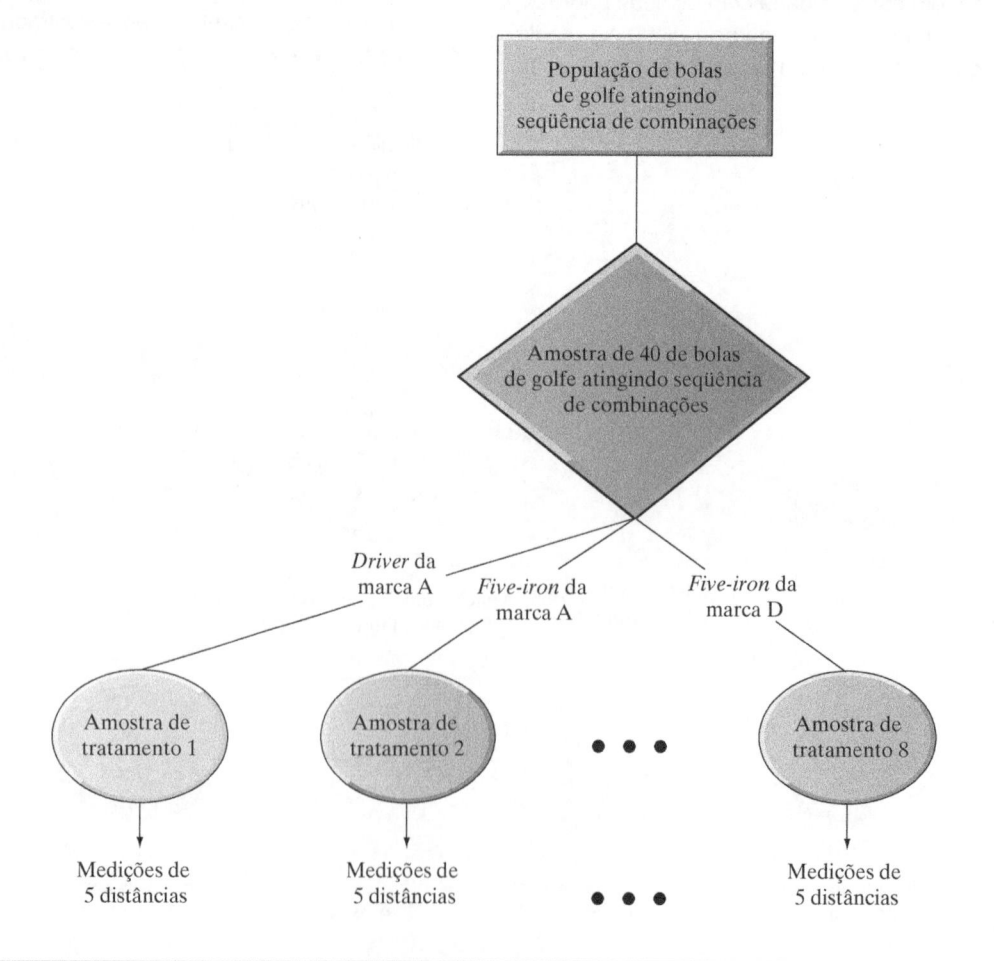

FIGURA 8.2 Resumo do experimento de dois fatores do golfe: Exemplo 8.2

observacionais. Não apenas temos maior controle da quantidade e da qualidade da informação coletada, mas também evitamos os vieses inerentes em experimentos observacionais na seleção de unidades experimentais representando cada tratamento. Inferências baseadas em experimentos observacionais sempre levam a premissa implícita de que a amostra não tem viés escondido que não tenha sido considerado na análise estatística. Uma maior compreensão dos problemas potenciais com experimentos observacionais será um produto de nosso estudo sobre planejamento experimental no restante deste capítulo.

Exercícios 8.1 – 8.13

Aprendendo a mecânica

8.1 Quais tratamentos para um experimento desenhado utilizam um fator qualitativo com quatro níveis: A, B, C e D?

8.2 Quais os tratamentos para um experimento desenhado com dois fatores, um qualitativo com dois níveis (A e B) e um quantitativo com cinco níveis (50, 60, 70, 80 e 90)?

8.3 Qual a diferença entre um experimento observacional e um desenhado?

8.4 Quais as unidades experimentais nas quais as seguintes respostas foram observadas?
 a. GPA do colégio
 b. Renda da família
 c. Taxa de quilometragem da gasolina para um modelo de automóvel
 d. Número de setores defeituosos em um disquete de computador
 e. Taxa de desemprego de dezembro para um estado

Aplicação dos conceitos — Básico

8.5 Identificando o tipo de experimento. Descrições simples de experimentos são dadas a seguir. Determine se cada uma é observacional ou desenhada e explique suas razões.
 a. Um economista obtém a taxa de desemprego e o produto bruto de um estado para uma amostra de estados ao longo dos últimos dez anos com o objetivo de examinar a relação entre a taxa de desemprego e o produto do estado por região de censo.
 b. Um gerente em uma fábrica de produção de papel instala um de três programas de incentivo em cada uma de nove instalações para determinar o efeito de cada programa na produtividade.
 c. Um profissional de marketing de computadores pessoais faz anúncios em cada uma de quatro publicações nacionais por um trimestre e mantém registro do

ATIVIDADE 8.1

EXPERIMENTO DESENHADO *VERSUS* EXPERIMENTO OBSERVACIONAL

Nesta atividade, você deverá rever a Atividade 7.1 e a Atividade 7.2 e considerar dois experimentos novos, mas similares.

1. Explique o porquê de cada uma das situações no Recibo de caixas: *Comparando média da população* e *Mantenha a mudança: inferências baseadas em duas amostras*, são experimentos observacionais. Quais elementos-chave de um experimento desenhado estão faltando em cada situação?

2. Uma empresa de cinema deseja medir o efeito da propaganda nos recibos do caixa. Trinta cidades norte-americanas com dados demográficos similares são escolhidas para um experimento. As trinta cidades são aleatoriamente divididas em três grupos de dez cidades. Em cada cidade, um *trailer* para um novo filme será exibido na TV local durante o horário nobre na semana que precede o lançamento do filme. No primeiro grupo de dez cidades, o *trailer* será exibido 500 vezes; no segundo grupo, 1.000 vezes; e, no terceiro grupo, 1.500 vezes. A empresa coletará os recibos do caixa no fim de semana de lançamento do filme em cada cidade e comparará a média de recibos. Explique por que esse é um experimento desenhado. Identifique o fator e a variável resposta. O fator é quantitativo ou qualitativo? Identifique os níveis de fator e as unidades experimentais. Qual parte da escolha das cidades não é necessariamente aleatória? Explique por que deve ser difícil tornar aleatória essa parte do experimento.

3. Suponha que o Bank of America queira determinar se lembretes de e-mail ou carta dos benefícios do programa *Mantenha a mudança* resultam no uso mais freqüente dos cartões de débito pelos clientes. Uma amostra aleatória de consumidores é escolhida e dividida em quatro grupos. Os clientes em um grupo recebem um lembrete por e-mail, os do segundo grupo recebem cartão-postal, os do terceiro grupo recebem ambos e os do quarto grupo, nenhum dos dois. O banco mantém registro de quantas vezes cada consumidor usou seu cartão de débito em duas semanas após os lembretes serem enviados, comparando com o uso de duas semanas antes do envio. As médias dos grupos são comparadas. Explique por que esse é um experimento desenhado. Identifique fatores e a variável resposta. O fator é quantitativo ou qualitativo? Identifique os níveis do fator, os tratamentos e as unidades experimentais. Comparando esse experimento com aquele do Exercício 2, por que é mais realista escolher uma amostra aleatória para o experimento?

número de vendas que são atribuíveis ao anúncio de cada uma.

d. Uma empresa de energia coloca um consultor para monitorar a descarga de sua chaminé em regime mensal por um período de um ano para relacionar o nível de dióxido sulfúrico nos geradores da empresa.

e. Taxas de viagens de caminhões dentro do estado são comparadas antes e depois da desregulamentação do governo dos preços cobrados. A comparação também leva em conta distâncias transportadas, bens transportados e preço do diesel.

8.6 Cartões de crédito e participação de mercado. Consulte o estudo do CardWeb.com, Inc., sobre compras com cartão de crédito, Exercício 1.14. Lembre-se de que a empresa rastreou as compras feitas com cartão de crédito por titulares e mediu duas variáveis: (1) o tipo de cartão usado (Visa, Mastercard, American Express ou Discover) e (2) a quantia (em dólares) da compra. Suponha que você queira comparar a compra média de titulares de Visa, MasterCard, American Express e Discover. Identifique cada um dos seguintes elementos para esse estudo:

a. Variável resposta
b. Fator (ou fatores)
c. Tratamentos
d. Unidades experimentais

8.7 Tomografia computadorizada (TC) para câncer de pulmão. Consulte o Exercício 1.22 e o experimento clínico da University of South Florida de 50.000 fumantes para comparar a efetividade da tomografia computadorizada (TC) com raios X para detectar câncer de pulmão (*Todays' Tomorrows*, outono, 2002). Lembre-se de que cada fumante participante será aleatoriamente alocado a um dos dois métodos de diagnóstico, TC ou raio X do tórax, e de que a idade (em anos) na qual o método de scanner primeiramente detecta um tumor será determinada. Um dos objetivos do estudo é comparar as idades médias de quando o câncer é primeiramente descoberto nos dois métodos.

a. Identifique a variável resposta do estudo.
b. Identifique as unidades experimentais do estudo.
c. Identifique o fator (ou os fatores) do estudo.
d. Identifique os tratamentos do estudo.

Aplicação dos conceitos — Intermediário

8.8 Percepções de valor dos consumidores. Consulte o estudo do *Journal of Consumer Research* (set. 1996) sobre se comparações entre lojas resultam em melhor percepção de valor pelos consumidores do que comparações dentro da loja, Exemplo 1.7. Lembre-se de que 50 clientes foram aleatoriamente selecionados de todos os consumidores em uma área designada para participar do estudo. Os pesquisadores aleatoriamente alocaram 25 consumidores para ler um anúncio de preço promocional dentro da loja ('de US$ 100 por US$ 80') e 25 consumidores para ler um anúncio de promoção entre lojas ('US$ 100 lá, US$ 80 aqui'). Os consumidores então deram sua opinião em relação ao valor da oferta de desconto em uma escola de 10 pontos (em que 1 = menor valor e 10 = maior valor). O objetivo é comparar os valores de desconto médios nos dois grupos de consumidores.

a. Qual é a variável resposta do estudo?
b. Quais os tratamentos para esse estudo?
c. Qual a unidade experimental para esse estudo?

8.9 Percepções de valor dos consumidores (continuação). Consulte o Exercício 8.8. Em adição ao fator Tipo de anúncio (promoção dentro da loja, promoção entre lojas), os pesquisadores também investigaram o impacto de um segundo fator: Local onde o anuncio é lido (em casa ou na loja). Cerca de metade dos consumidores alocados com Promoção dentro da loja leram o anúncio em casa, e a outra metade leu na loja. No segundo experimento, o objetivo é comparar os valores médios de descontos dos grupos de consumidores criados pela combinação tipo de anúncio com local.

a. Quantos tratamentos estão envolvidos no experimento?
b. Identifique os tratamentos.

8.10 Fermento de padeiro e de cervejeiro. O *Electronic Journal of Biotechnology* (15 dez. 2003) publicou um artigo sobre uma comparação de dois extratos: fermento de padeiro e fermento de cervejeiros. O fermento de cervejeiros é um produto adicional obtido em uma cervejaria; dessa forma, é menos caro do que o fermento primário de panificação. Amostras de ambos os extratos de fermento foram preparadas a quatro temperaturas diferentes (45, 48, 51, e 54°C), e o resultado da autólise (registrado como porcentagem) foi medido para cada uma das combinações de temperatura do fermento. O objetivo da análise é investigar o impacto do extrato de fermento e a temperatura média no resultado da autólise.

a. Identifique os fatores (e níveis de fator) no experimento.
b. Identifique a variável resposta.
c. Quantos tratamentos estão incluídos no experimento?
d. Que tipo de planejamento experimental é empregado?

8.11 Estudo de performance em exame. Na *Teaching of Psychology* (ago. 1998), um estudo verificou se o desempenho no exame final é afetado pelo fato de os estudantes fazerem ou não um teste prático. Estudantes em uma turma iniciante de psicologia na Pennsylvania State University foram inicialmente divididos em três grupos baseados em suas notas: baixa, média ou alta. Dentro de cada grupo, os estudantes foram aleatoriamente alocados ou para assistir a uma sessão de revisão ou para fazer um teste prático antes do exame final. Assim, seis grupos foram formados: (baixa, revisão), (baixa, exame prático), (média, revisão), (baixa, exame prático), (alta, revisão) e (alta, exame prático). Um dos objetivos do estudo foi comparar a média da pontuação dos exames finais dos seis grupos de estudantes.

a. Qual a unidade experimental para esse estudo?
b. O estudo é um experimento desenhado? Por quê?

c. Quais os fatores no estudo?
d. Dê os níveis para cada fator.
e. Quantos tratamentos há no estudo? Identifique-os.
f. Qual é a variável resposta?

Aplicação dos conceitos — Avançado

8.12 Ética do pessoal de vendas. Dentro do marketing, a área de vendas pessoais há muito sofre de uma fraca imagem ética, particularmente aos olhos de alunos de faculdades. Um artigo no *Journal of Business Ethics* (v. 15, 1996) verificou se essas opiniões são em função do tipo de trabalho de vendas (alta tecnologia *versus* baixa tecnologia) e/ou da tarefa de vendas (desenvolvimento de novas contas *versus* manutenção de contas). Quatro diferentes amostras de alunos foram confrontadas com quatro diferentes situações (desenvolvimento de novas contas em uma tarefa de vendas de alta tecnologia; desenvolvimento de novas contas em tarefa de vendas de baixa tecnologia; manutenção de contas em tarefa de vendas de alta tecnologia e manutenção de contas em tarefa de vendas de baixa tecnologia) e solicitou-se a avaliação do comportamento ético do pessoal de vendas em uma escala de 7 pontos, variando de 1 (violação ética não séria) a 7 (violação ética muito séria). Identifique cada um dos seguintes elementos do experimento:
a. Resposta.
b. Fatores e níveis de fator.
c. Tratamentos.
d. Unidades experimentais.

8.13 Testando um novo comprimido para aliviar a dor. Paracetamol é o ingrediente ativo em drogas designadas para aliviar dor e febre de leve a moderada. Para diminuir custos, empresas farmacêuticas estão tentando produzir comprimidos de paracetamol a partir de materiais localmente disponíveis. As propriedades dos comprimidos de paracetamol derivadas da goma khaya foram estudadas no *Tropical Journal of Pharmaceutical Research* (jun. 2003). Três fatores que se acreditava que impactariam as propriedades do comprimido de paracetamol são: (1) a natureza do agente ativo; (2) a concentração do agente; e (3) a densidade relativa do comprimido. No experimento, o agente ativo foi definido em dois níveis (goma khaya e PVP); a concentração do agente, em dois níveis (0,5% e 4,0%); e a densidade relativa, em dois níveis (baixo e alto). Uma das variáveis dependentes investigadas no estudo foi o tempo de dissolução do comprimido (isto é, a quantidade de tempo [em minutos] para que 50% dele se dissolva). O objetivo do estudo era determinar o efeito do agente, a concentração do agente e a densidade relativa no tempo médio de dissolução.
a. Identifique a variável dependente (resposta) no estudo.
b. Quais são os fatores investigados no estudo? Forneça os níveis de cada um.
c. Quantos tratamentos são possíveis no estudo? Liste-os.

8.2 O planejamento completamente aleatório: fator único

O experimento planejado mais simples, um *planejamento completamente aleatório*, consiste de uma seleção aleatória independente de unidades experimentais representando cada tratamento. Por exemplo, poderíamos selecionar independentemente amostras aleatórias de 20 moças e 15 rapazes veteranos do ensino médio para comparar sua pontuação média no SAT. Ou poderíamos selecionar independentemente amostras aleatórias de 30 famílias a partir de cada um em quatro distritos de censo para comparar a renda média por família entre os distritos. Em ambos os exemplos, nosso objetivo é comparar médias de tratamentos ao selecionar amostras aleatórias independentes para cada um.

> **Definição 8.7**
>
> Um **planejamento completamente aleatório** é um planejamento no qual amostras independentes e aleatórias de unidades experimentais são selecionadas para cada tratamento.[3]

EXEMPLO 8.3

ALOCANDO TRATAMENTOS A UM PLANEJAMENTO COMPLETAMENTE ALEATÓRIO PARA COMPARAR MARCAS DE ÁGUAS ENGARRAFADAS

Problema Suponha que desejemos comparar as preferências de sabor de consumidores para três diferentes marcas de águas engarrafadas (digamos, marcas A, B e C) usando uma amostra aleatória de 15 consumidores de águas engarrafadas. Defina um desenho completamente aleatório para esse objetivo — isto é, aloque os tratamentos às unidades experimentais para esse desenho.

Solução

Nesse estudo, as unidades experimentais são os 15 clientes, e os tratamentos são as três marcas de água engarrafada. Uma forma de definir um planejamento completamente aleatório é alocar, aleatoriamente, uma das três marcas a cada consumidor para provar. Então, pode-

---
[3] Usamos desenho completamente aleatório para nos referirmos tanto a experimentos desenhados quanto observacionais. Assim, o único requisito é que as unidades experimentais para as quais os tratamentos são aplicados (desenhados) ou observados (observacionais) sejam independentemente selecionadas para cada tratamento.

ríamos medir (digamos, em uma escala 1 a 10 pontos) a preferência de sabor de cada consumidor. Uma boa prática é alocar o mesmo número de consumidores a cada marca — nesse caso, 5 consumidores para cada uma das três marcas. (Quando um número igual de unidades experimentais é alocado a cada tratamento, chamamos de *desenho balanceado*.)

Uma tabela de números aleatórios (Tabela I, Apêndice B), ou software de computador, pode ser usada para fazer alocações aleatórias. A Figura 8.3 é uma planilha do MINITAB mostrando as alocações aleatórias feitas com a função 'Random data' do MINITAB. Você pode ver que o MINITAB alocou aleatoriamente consumidores numerados 2, 11, 1, 13 e 3 para testar a marca A, consumidores numerados 15, 14, 7, 10 e 8 para testar a marca B e consumidores numerados 6, 5, 12, 9 e 4 para testar a marca C.

CRD3brands.MTW ***

↓	C1 Consumer	C2 BrandA	C3 BrandB	C4 BrandC	C5
1	1	2	15	6	
2	2	11	14	5	
3	3	1	7	12	
4	4	13	10	9	
5	5	3	8	4	
6	6				
7	7				
8	8				
9	9				
10	10				
11	11				
12	12				
13	13				
14	14				
15	15				
16					

FIGURA 8.3 Alocações aleatórias do MINITAB de consumidores a marcas

Relembrando Em alguns experimentos, não será possível alocar aleatoriamente tratamentos a unidades experimentais — as unidades já serão associadas com um dos tratamentos. (Por exemplo, se os tratamentos são 'Masculino' e 'Feminino', você não pode mudar o gênero de uma pessoa.) Nesse caso, um desenho completamente aleatório é aquele em que você seleciona amostras aleatórias independentes das unidades experimentais para cada tratamento.

O objetivo de um planejamento completamente aleatório geralmente é comparar as médias dos tratamentos. Se definirmos as verdadeiras médias de tratamentos de k, ou a população dessas médias, como $\mu_1, \mu_2, ..., \mu_k$, então testaremos a hipótese nula de que as médias dos tratamentos são todas iguais em relação à alternativa de que pelo menos duas ou mais médias de tratamentos diferem:

$H_0: \mu_1 = \mu_2 = ... = \mu_k$
$H_a:$ Pelo menos duas das médias k de tratamentos diferem

Os μ representam as médias de todas as pontuações do SAT de moças e rapazes veteranos do ensino médio ou as médias de todas as rendas das famílias em cada uma das quatro regiões de censo.

Para realizar um teste estatístico dessas hipóteses, usaremos as médias de amostras aleatórias independentes selecionadas a partir de populações de tratamento usando o desenho completamente aleatório — isto é, comparamos as k médias das amostras $\bar{x}_1, \bar{x}_2, ..., \bar{x}_k$.

Por exemplo, suponha que você selecione amostras aleatórias independentes de cinco veteranas e cinco veteranos do ensino médio e obtenha a média da amostra de pontuações do SAT de 550 e 590, respectivamente. Podemos concluir que as pontuações dos rapazes ficarão 40 pontos acima daquelas das moças, em média? Para responder a essa questão, devemos considerar a quantidade de variabilidade da amostra entre as unidades experimentais (estudantes). Se as pontuações são colocadas no gráfico de pontos mostrado na Figura 8.4, então a diferença entre as médias é pequena em relação à variabilidade das pontuações dentro dos tratamentos feminino e masculino. Poderíamos ficar inclinados a não rejeitar a hipótese nula de médias de população iguais nesse caso.

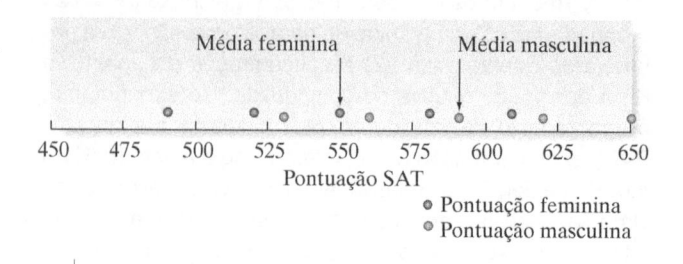

FIGURA 8.4 Gráfico de pontos de pontuações de SAT: diferença entre médias dominadas por variabilidade de amostras

Já se os dados são colocados em um gráfico de pontos da Figura 8.5, a variabilidade da amostra é pequena em relação à diferença entre as duas médias. Estaríamos inclinados a favorecer a hipótese alternativa de que as médias das populações diferem nesse caso.

Capítulo 8 — PLANEJAMENTO DE EXPERIMENTOS E ANÁLISE DA VARIÂNCIA

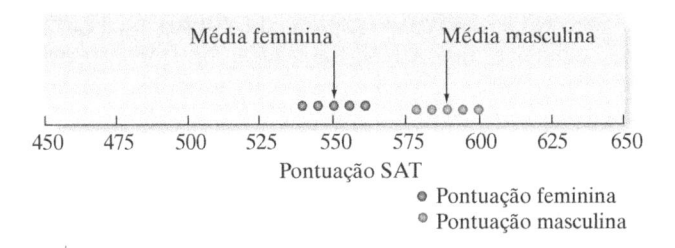

FIGURA 8.5 Gráfico de pontos de pontuações de SAT: diferenças entre médias grandes em relação à variabilidade da amostra

AGORA FAÇA O EXERCÍCIO 8.16A

Você pode ver que a chave é comparar a diferença entre as médias dos tratamentos com a quantidade de variabilidade da amostra. Realizar um teste estatístico formal das hipóteses requer medidas numéricas da diferença entre as médias dos tratamentos e a variabilidade da amostra dentro de cada tratamento. A variância entre as médias dos tratamentos é medida pela **soma de quadrados para tratamentos** (SQT), que é calculada pela elevação ao quadrado da distância entre cada média de tratamento e a média geral de *todas* as medições de amostras, multiplicando cada distância ao quadrado pelo número de medições da amostra para o tratamento e adicionando os resultados sobre todos os tratamentos:

$$\text{SQT} = \sum_{i=1}^{k} n_i (\bar{x}_i - \bar{x})^2 = 5(550 - 570)^2 + 5(590 - 570)^2 = 4.000$$

onde usamos $\bar{x}$ para representar a média de resposta geral de todas as medições das amostras — ou seja, a média das amostras combinadas. O símbolo n_i é usado para representar o tamanho da amostra para o i-ésimo tratamento. Você pode ver que o valor do SQT é 4.000 para as duas amostras de pontuações do SAT de cinco moças e cinco rapazes mostrados nas figuras 8.4 e 8.5.

Depois, devemos medir a variabilidade da amostra dentro dos tratamentos. Chamamos isso de **soma de quadrados para o erro** (SQE), porque mede a variabilidade em torno das médias dos tratamentos atribuída ao erro amostral. Suponha que 10 medições no primeiro gráfico de pontos (Figura 8.4) sejam 490, 520, 550, 580 e 610 para moças, e 530, 560, 590, 620 e 650 para rapazes. Então, o valor do SQE é calculado pela soma da distância ao quadrado entre cada medição de resposta com a média do tratamento correspondente e, então, pela adição das diferenças ao quadrado sobre todas as medições em toda a amostra:

$$\text{SQE} = \sum_{j=1}^{n_1} (x_{1j} - \bar{x}_1)^2 + \sum_{j=1}^{n_2} (x_{2j} - \bar{x}_2)^2 + \cdots + \sum_{j=1}^{n_k} (x_{kj} - \bar{x}_k)^2$$

onde o símbolo x_{1j} é a j-ésima medição na amostra 1, x_{2j} é a j-ésima medição na amostra 2, e assim por diante. Essa fórmula de aparência complexa pode ser simplificada ao recalcular a fórmula para a variância da amostra s^2, dada no Capítulo 2:

$$s^2 = \sum_{i=1}^{n} \frac{(x_i - \bar{x})^2}{n-1}$$

Note que cada soma no SQE é simplesmente o numerador de s^2 para aquele tratamento em particular. Conseqüentemente, podemos reescrever o SQE como

$$\text{SQE} = (n_1 - 1)s_1^2 + (n_2 - 1)s_2^2 + \cdots + (n_k - 1)s_k^2$$

onde $s_1^2, s_2^2, ..., s_k^2$ são as variâncias das amostras para os k tratamentos. Para nossas amostras de pontuações do SAT, encontramos $s_1^2 = 2.250$ (para o sexo feminino) e $s_2^2 = 2.250$ (para o sexo masculino); então, temos:

$$\text{SQE} = (5 - 1)(2.250) + (5 - 1)(2.250) = 18.000$$

Para tornar as duas medições da variabilidade comparáveis, dividimos cada uma pelos graus de liberdade para converter as somas dos quadrados para quadrados médios. Primeiro, a **média do quadrado para tratamento**s (MQT), que mede a variabilidade entre as médias dos tratamentos, é igual a:

$$\text{MQT} = \frac{\text{SQT}}{k - 1} = \frac{4.000}{2 - 1} = 4.000$$

onde o **número de graus de liberdade para** k **tratamentos é** $(k - 1)$. Depois, **quadrado médio para erro** (QME), que mede a variabilidade da amostra dentro de tratamentos, é:

$$\text{QME} = \frac{\text{SQE}}{n - k} = \frac{18.000}{10 - 2} = 2.250$$

Finalmente, calculamos a taxa de MQT e QME — uma **estatística** F:

$$F = \frac{\text{MQT}}{\text{QME}} = \frac{4.000}{2.250} = 1{,}78$$

Valores da estatística *F* perto de 1 indicam que duas fontes de variância, entre médias de tratamentos e dentro de tratamentos, são aproximadamente iguais. Nesse caso, a diferença entre as médias de tratamentos pode ser atribuível ao erro amostral, que dá pouca base para a hipótese alternativa de que as médias dos tratamentos da população diferem. Valores de *F* superiores a 1 indicam que a variância entre as médias dos tratamentos excede aquela dentro das médias e, por isso, dão suporte à hipótese alternativa de que as médias de tratamentos da população diferem.

Quando *F* excede 1 o suficiente para rejeitar a hipótese nula de que as médias são iguais? Isso depende dos graus de liberdade para tratamentos e para erro e do valor de α selecionado para o teste. Comparamos o valor *F* calculado com o valor *F* da tabela (tabelas VII a X do Apêndice B) com $v_1 = (k-1)$ graus de liberdade no numerador e $v_2 = (n-k)$ graus de liberdade no denominador e correspondendo a uma probabilidade de erro Tipo I de α. Para o exemplo da pontuação de SAT, a estatística *F* tem $v_1 = (2-1) = 1$ numerador grau de liberdade e $v_2 = (10-2) = 8$ denominador graus de liberdade.

Assim, para $\alpha = 0{,}05$, encontramos (Tabela VIII do Apêndice B):

$$F_{0,05} = 5{,}32$$

A implicação é que a MQT teria que ser 5,32 vezes maior que o QME antes que concluíssemos a 0,05 grau de significância que as duas médias de tratamentos da população diferem. Uma vez que os dados geraram $F = 1{,}78$, nossas impressões iniciais para o gráfico de pontos na Figura 8.4 são confirmadas — há informação insuficiente para concluir que as pontuações médias do SAT diferem para a população de veteranas e veteranos do ensino médio. A região de rejeição e o valor de *F* calculado são mostrados na Figura 8.6.

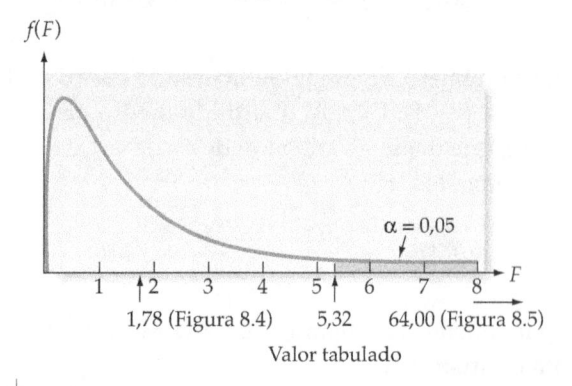

FIGURA 8.6 Região de rejeição e valores *F* calculados para as amostras de populações do SAT

Agora, considere o gráfico de pontos na Figura 8.5. Uma vez que as médias são as mesmas do primeiro exemplo, 550 e 590, respectivamente, a variância entre as médias é a mesma, $MQT = 4.000$. Mas a variância dentro de dois tratamentos parece consideravelmente menor. As pontuações do SAT observadas são 540, 545, 550, 555 e 560 para moças e 580, 585, 590, 595 e 600 para rapazes. Esses valores geram $s_1^2 = 62{,}5$ e $s_2^2 = 62{,}5$. Assim, a variância dentro dos tratamentos é medida por:

$$SQE = (5-1)(62{,}5) + (5-1)(62{,}5) = 500$$

$$QME = \frac{SQE}{n-k} = \frac{500}{8} = 62{,}5$$

Então a proporção *F* é:

$$F = \frac{MQT}{QME} = \frac{4.000}{62{,}5} = 64{,}0$$

Novamente, nossa análise visual do gráfico de pontos é confirmada estatisticamente: $F = 64{,}0$ excede o valor *F* tabulado 5,32, correspondendo a 0,05 nível de significância. Dessa forma, rejeitaríamos a hipótese nula àquele nível e concluiríamos que a média do SAT de homens difere daquela das mulheres.

AGORA FAÇA O EXERCÍCIO 8.16B-H

Lembre-se de que fizemos um teste de hipóteses para a diferença entre duas médias na Seção 7.2, usando uma estatística *t* de duas amostras para duas amostras independentes. Quando duas amostras independentes estão sendo comparadas, os testes *t* e *F* são equivalentes. Para verificar isso, lembre-se da fórmula:

$$t = \frac{\bar{x}_1 - \bar{x}_2}{\sqrt{s_p^2\left(\frac{1}{n_1} + \frac{1}{n_2}\right)}} = \frac{590 - 550}{\sqrt{(62{,}5)\left(\frac{1}{5} + \frac{1}{5}\right)}} = \frac{40}{5} = 8$$

onde usamos o fato de que $s_p^2 = QME$, o que você pode verificar ao comparar as fórmulas. Note que o *F* calculado para essas amostras ($F = 64$) se iguala ao quadrado do *t* calculado para as mesmas amostras ($t = 8$). Da mesma forma, o valor *F* tabulado (5,32) se iguala ao quadrado do valor *t* tabulado no nível de significância de dois lados 0,05 ($t_{0,025} = 2{,}306$ com 8 gl). Uma vez que tanto a região de rejeição quanto os valores calculados são relacionados da mesma maneira, os testes são equivalentes. Além disso, as premissas que devem ser atendidas para garantir a validade dos testes *t* e *F* são as mesmas:

1. As distribuições de probabilidades das populações de respostas associadas com cada tratamento devem ser todas normais.

2. As distribuições de probabilidades das populações de respostas associadas com cada tratamento devem ter variâncias iguais.
3. As amostras de unidades experimentais selecionadas para os tratamentos devem ser aleatórias e independentes.

De fato, a única diferença real entre os testes é que o teste F pode ser usado para comparar *mais de duas* médias de tratamentos, enquanto o teste t é aplicável a duas amostras apenas. O teste F é resumido no quadro a seguir.

TESTE F ANOVA PARA COMPARAR MÉDIAS DE TRATAMENTOS K: PLANEJAMENTO COMPLETAMENTE ALEATÓRIO

H_0: $\mu_1 = \mu_2 = \ldots = \mu_k$
H_a: Pelo menos duas médias de tratamentos diferem

Estatística-teste: $F = \dfrac{MQT}{QME}$

Região de rejeição: $F > F\alpha$, onde $F\alpha$ baseia-se em ($k-1$) graus de liberdade do numerador (associado com MQT) e em ($n-k$) graus de liberdade do denominador (associado com QME).

CONDIÇÕES REQUERIDAS PARA UM TESTE F ANOVA VÁLIDO: PLANEJAMENTO COMPLETAMENTE ALEATÓRIO

1. As amostras são aleatoriamente selecionadas de uma maneira independente a partir de populações k de tratamentos. (Isso pode ser conseguido ao alocar aleatoriamente as unidades experimentais aos tratamentos.)
2. Todas as populações k amostradas têm distribuições aproximadamente normais.
3. As populações k de variâncias são iguais (isto é, $\sigma_1^2 = \sigma_2^2 = \sigma_3^2 = \ldots = \sigma_k^2$).

Fórmulas computacionais para MQT e QME são dadas no Apêndice C. Confiaremos em diversos softwares estatísticos disponíveis para calcular a estatística F, concentrando-nos na interpretação dos resultados mais do que nos cálculos.

EXEMPLO 8.4

REALIZANDO UM TESTE F ANOVA PARA COMPARAR MARCAS DE BOLAS DE GOLFE

Problema Suponha que a USGA queira comparar as distâncias médias associadas com quatro diferentes marcas de bolas de golfe quando atingidas com um taco. Um desenho completamente aleatório é empregado com o Iron Byron, o robô golfista da USGA, usando um taco para atingir uma amostra aleatória de 10 bolas de cada marca, em seqüência aleatória. A distância é registrada para cada tacada, e os resultados são mostrados na Tabela 8.1, organizada por marca.

a. Defina o teste para comparar as distâncias médias para as quatro marcas. Use $\alpha = 0{,}10$.

b. Use o Excel para obter a estatística-teste e o valor p. Interprete os resultados.

GOLFCRD
Companion Website

TABELA 8.1 Resultados de um desenho completamente aleatório: Iron Byron Driver

	MARCA A	MARCA B	MARCA C	MARCA D
	251,2	263,2	269,7	251,6
	245,1	262,9	263,2	248,6
	248,0	265,0	277,5	249,4
	251,1	254,5	267,4	242,0
	260,5	264,3	270,5	246,5
	250,0	257,0	265,5	251,3
	253,9	262,8	270,7	261,8
	244,6	264,4	272,9	249,0
	254,6	260,6	275,6	247,1
	248,8	255,9	266,5	245,9
Médias das amostras	250,8	261,1	270,0	249,3

Solução

a. Para comparar as distâncias médias das quatro marcas, primeiro especificamos as hipóteses a serem testadas. Representando a média da população da i-ésima marca por μ_i, testamos:

H_0: $\mu_1 = \mu_2 = \mu_3 = \mu_4$

H_a: As distâncias médias diferem para pelo menos duas marcas

A estatística-teste compara a variância entre as quatro médias de tratamentos (marcas) com a variabilidade da amostra dentro de cada tratamento.

Estatística-teste: $F = \dfrac{MQT}{QME}$

Região de rejeição: $F > F\alpha = F_{0{,}10}$

Com $v_1 = (k-1) = 3$ gl e $v_2 = (n-k) = 36$ gl

Da Tabela VII do Apêndice B, encontramos $F_{0{,}10} \approx 2{,}25$ para 3 e 36 gl. Assim, rejeitaríamos H_0 se $F > 2{,}25$. (Veja Figura 8.7.)

As premissas necessárias para garantir a validade do teste são como se segue:

1. As amostras de 10 bolas de golfe para cada marca são selecionadas aleatoriamente e independentemente.
2. As distribuições de probabilidade das distâncias para cada marca são normais.
3. As variâncias das distribuições de probabilidades da distância para cada marca são iguais.

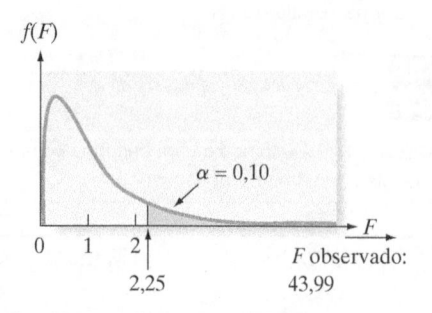

FIGURA 8.7 Teste F para desenho completamente aleatório: experimento da bola de golfe

b. A tela do Excel para os dados na Tabela 8.1 resultante desse desenho completamente aleatório é dada na Figura 8.8. Na parte de baixo da tela, a soma de quadrados total é designada como **total** e é dividida em **between groups** (entre grupos, isto é, marca) e na soma de quadrados **within groups** (dentro dos grupos, isto é, erro). A coluna Soma de quadrados é marcada por **SQ**.

Os valores dos quadrados médios MQT e QME (sombreados na tela) são 931,4629 e 21,17503, respectivamente. A razão F, 43,98875, também sombreada na tela, excede o valor tabulado de 2,25. Dessa forma, rejeitamos a hipótese nula ao nível de significância 0,10, concluindo que pelo menos duas das marcas diferem no que diz respeito à distância média viajada quando atingida pelo taco.

Relembrando Também podemos chegar à conclusão apropriada ao notar que o nível observado de significância do teste F (sombreado na tela) é aproximadamente 0. Isso implica que rejeitaríamos a hipótese nula de que as médias são iguais a qualquer nível razoável selecionado.

[*Nota*: O Excel usa a notação exponencial para mostrar o valor p. O valor 3,97E-12 é igual a 0,00000000000397.]

AGORA FAÇA O EXERCÍCIO 8.21

Os resultados de uma **análise de variância** (ANOVA) podem ser resumidos em um formato tabular simples similar àquele obtido da tela do Excel no Exemplo 8.4. A forma geral da tabela é mostrada na Tabela 8.2, onde os símbolos gl, SQ e QM significam graus de liberdade, soma de quadrados e quadrado médio, respectivamente. Note que a soma das duas fontes de variância, tratamentos e erro, resultam na soma de quadrados total, SQ(total). A tabela-resumo ANOVA para o Exemplo 8.3 é dada na Tabela 8.3, e a divisão da soma de quadrados total em seus dois componentes é ilustrada na Figura 8.9.

```
Anova: Single Factor

SUMMARY
  Groups    Count    Sum      Average   Variance
  BrandA      10    2507.8    250.78    22.42178
  BrandB      10    2610.6    261.06    14.94711
  BrandC      10    2699.5    269.95    20.25833
  BrandD      10    2493.2    249.32    27.07289


ANOVA
  Source of Variation    SS         df    MS         F          P-value     F crit
  Between Groups       2794.389      3   931.4629   43.98875   3.97E-12    2.242608
  Within Groups         762.301     36    21.17503

  Total                3556.69      39
```

FIGURA 8.8 Tela do Excel para os dados ANOVA da distância da bola de golfe

TABELA 8.2 Tabela geral ANOVA resumida para um desenho completametne aleatório

Fonte	gl	SQ	QM	F
Tratamentos	$k-1$	SQT	$MQT = \dfrac{SQT}{k-1}$	$\dfrac{MQT}{QME}$
Erro	$n-k$	SQE	$QME = \dfrac{SQE}{n-k}$	
Total	$n-1$	SQ (total)		

TABELA 8.3 Tabela-resumo ANOVA para o Exemplo 8.4

Fonte	gl	SQ	QM	F	Valor p
Marcas	3	2.794,39	931,46	43,99	0,000
Erro	36	762,30	21,18		
Total	39	3.556,69			

Suponha que o teste F resulte na rejeição da hipótese nula de que as médias dos tratamentos são iguais. A análise está completa? Geralmente, a conclusão de que pelo menos duas das médias dos tratamentos diferem leva a outras questões. Quais das médias diferem e por quanto? Por exemplo, o teste F, no Exemplo 8.4, leva à conclusão de que pelo menos duas marcas de bolas de golfe têm distâncias médias viajadas diferentes quando atingidas por um taco. Agora a questão é: Quais das marcas diferem? Como as marcas estão ranqueadas em relação à distância média?

Uma maneira de obter essa informação é construir um intervalo de confiança para a diferença entre as médias de qualquer par de tratamentos usando o método da Seção 7.2. Por exemplo, se um intervalo de confiança de 95% para $(\mu_A - \mu_C)$ no Exemplo 8.4 é $(-24, -13)$, estamos certos de que a distância média para a marca C excede a média da marca A (uma vez que todas as diferenças no intervalo são negativas). Construir esses intervalos de confiança para todos os possíveis pares de marcas lhe permitirá ranquear as médias das marcas. Um método para realizar essas *comparações múltiplas* — um que controle para erros Tipo I — é apresentado na Seção 8.3.

EXEMPLO 8.5
CHECANDO AS PREMISSAS ANOVA

Consulte o desenho completamente aleatório ANOVA do Exemplo 8.4. As premissas requeridas para o teste são aproximadamente satisfeitas?

Solução

As premissas para o teste são repetidas abaixo.

1. As amostras de bolas de golfe para cada marca são selecionadas aleatoriamente e independentemente.
2. As distribuições de probabilidades das distâncias para cada marca são normais.
3. As variâncias das distribuições de probabilidade das distâncias para cada marca são iguais.

Uma vez que a amostra consistiu de 10 bolas aleatoriamente selecionadas de cada marca e que o robô golfista Iron Byron foi usado para acertar todas as bolas, a primeira premissa de amostras aleatórias independentes é satisfeita. Para checar as duas próximas premissas, empregaremos dois métodos gráficos apresentados no Capítulo 2: histogramas e representações gráficas. Um histograma do MINITAB das distâncias de tiro para cada marca de bola é mostrado na Figura 8.10, seguido por representações gráficas do SPSS na Figura 8.11.

A premissa da normalidade pode ser checada ao se examinar os histogramas na Figura 8.10. Com apenas 10 medições de amostra para cada marca, no entanto, as telas não são muito informativas. Mais dados de cada marca serão necessários antes que possamos descobrir se as distâncias vêm de distribuições normais. Felizmente, a análise de variância se mostra um **método muito resistente** quando a premissa da normalidade não é satisfeita exatamente — isto é, *leves saídas da normalidade não têm muito efeito no nível de significância do teste* F *ANOVA ou em coeficientes de confiança*. Mais do que gastar tempo, energia ou dinheiro para coletar dados adicionais para esse experimento de forma a verificar a premissa da normalidade, confiaremos na resistência da metodologia ANOVA.

Box plots são uma maneira conveniente de obter uma boa checagem da premissa de variâncias iguais. Com a exceção de um possível desvirtuamento para a marca D, as representações gráficas na Figura 8.11 mostram que a variância das medições de distância é mais ou menos a mesma para cada marca. Uma vez que as variâncias das

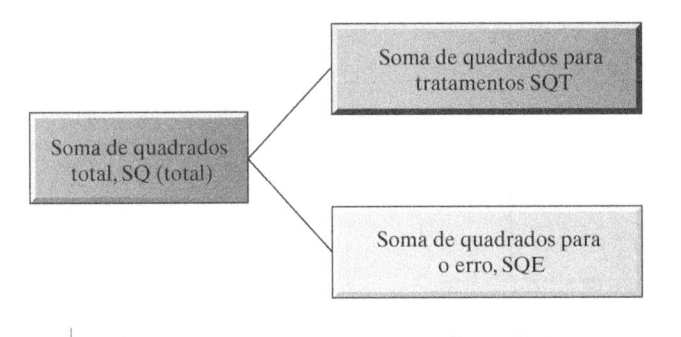

FIGURA 8.9 Dividindo a soma de quadrados em um desenho completamente aleatório

Análise de variância

Usando a calculadora gráfica TI-83/TI-84

Calculando uma ANOVA de um caminho

Passo 1   Insira o grupo de dados em sua própria lista (isto é, amostra 1 em L1, amostra 2 em L2, amostra 3 em L3, etc.)

Passo 2   Acesse o menu teste estatístico.
Pressione **STAT**.
Seta da direita para **TESTS**.
Seta de baixo para **ANOVA(**
Pressione **ENTER**.
Digite em cada nome de lista separado por vírgulas (por exemplo, L1, L2, L3, L4).
Pressione **ENTER**.

Passo 3   Veja a tela.
A calculadora mostrará a estatística-teste F, assim como o valor p, o fator graus de liberdade, média de quadrados, quadrado médio, e, ao pressionar a seta para baixo, o erro graus de liberdade, soma de quadrados, quadrado médio e desvio-padrão associado.

Exemplo   Abaixo estão quatro amostras diferentes. Ao nível de significância $\alpha = 0{,}05$, teste se as quatro médias das populações são iguais. A hipótese nula será $H_0: \mu_1 = \mu_2 = \mu_3 = \mu_4$. A hipótese alternativa é H_a: pelo menos uma média é diferente.

AMOSTRA 1	AMOSTRA 2	AMOSTRA 3	AMOSTRA 4
60	59	55	58
61	52	55	58
56	51	52	55

As telas para esse exemplo são mostradas abaixo.

```
ANOVA(L1,L2,L3,L4)
```

```
One-way ANOVA
  F=2.25
  p=.1597672711
  Factor
    df=3
    SS=54
↓ MS=18
```

```
One-way ANOVA
↑ MS=18
  Error
    df=8
    SS=64
    MS=8
  Sxp=2.82842712
```

Como você pode ver na tela, o valor p é 0,1598, que **não é menor que** 0,05; dessa forma, **não deveríamos rejeitar** H_0. As diferenças não são significativamente diferentes.

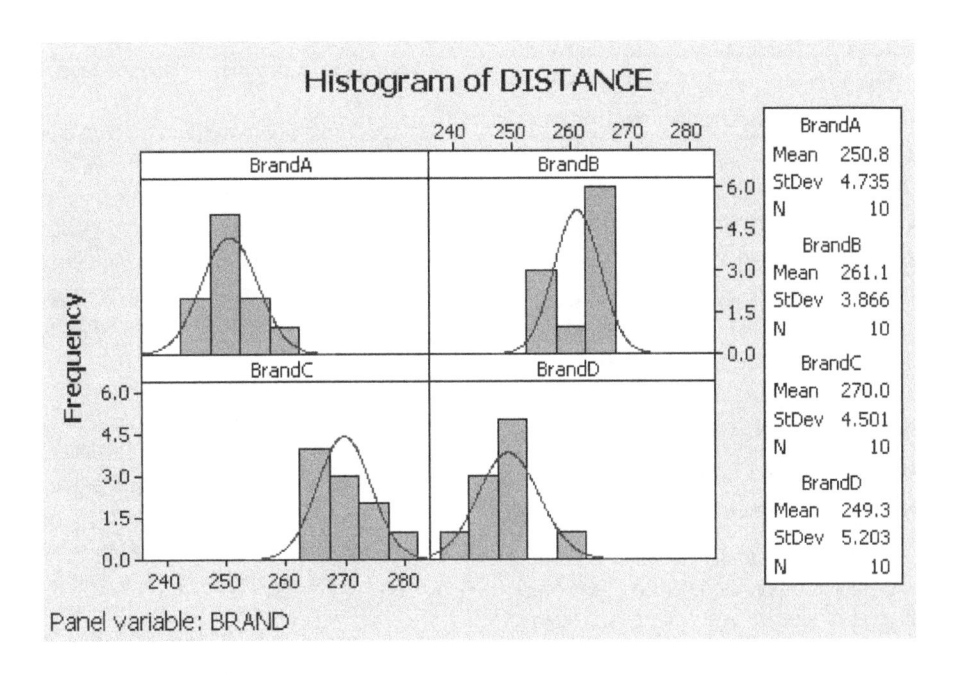

FIGURA 8.10 Histogramas do MINITAB para distâncias da bola de golfe

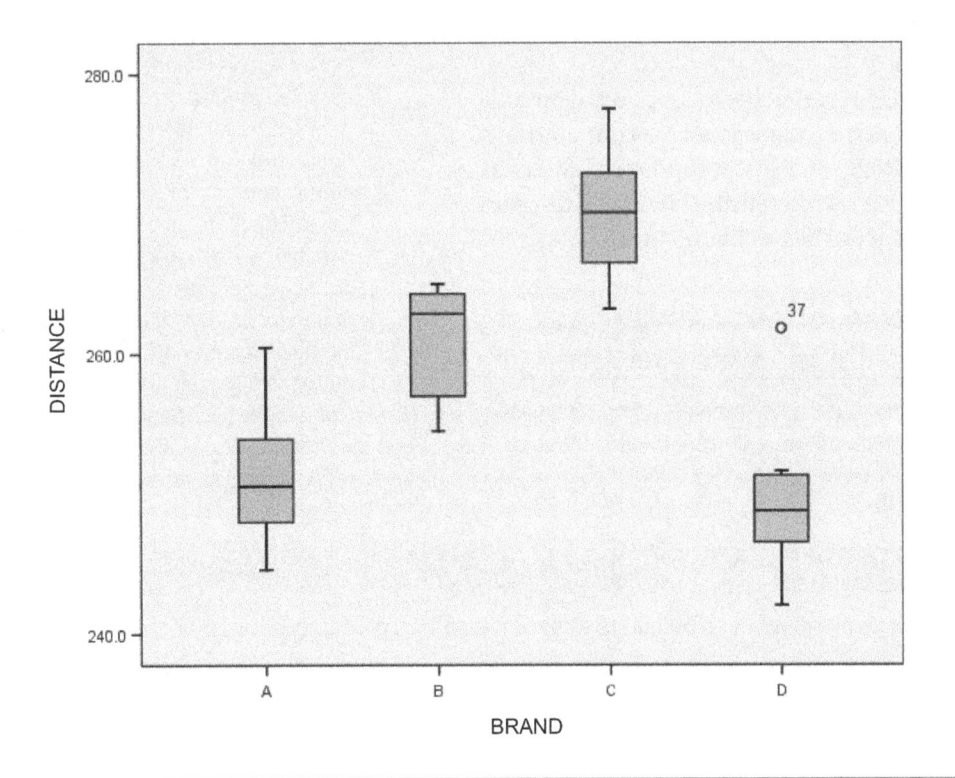

FIGURA 8.11 Box plots do SPSS para distâncias da bola de golfe

amostras parecem as mesmas, a premissa de variâncias iguais da população para as marcas é provavelmente satisfeita. Apesar de resistente no que diz respeito à premissa da normalidade, a ANOVA *não é resistente* em relação à premissa das variâncias iguais. Desvios dessa premissa de variâncias iguais de população podem afetar as medidas associadas de confiabilidade (por exemplo, valores p e níveis de confiança). Felizmente, o efeito é leve quando os tamanhos de amostras são iguais como nesse experimento.

AGORA FAÇA O EXERCÍCIO 8.30

Apesar de gráficos poderem ser usados para checar as premissas ANOVA, como no Exemplo 8.5, nenhuma medida de confiabilidade pode ser anexada a esses gráficos. Quando você tem um gráfico que não é claro em relação a uma premissa ser ou não satisfeita, pode usar testes estatísticos formais, que estão além do escopo deste texto. (Consulte as referências bibliográficas para informações sobre esses testes.) Quando a validade das premissas ANOVA está em cheque, métodos estatísticos não paramétricos são úteis.

> **O QUE FAZER QUANDO AS PREMISSAS NÃO SÃO SATISFEITAS PARA A ANÁLISE DE VARIÂNCIA DE UM PLANEJAMENTO COMPLETAMENTE ALEATÓRIO?**
>
> *Resposta*: Use métodos estatísticos não paramétricos, como o teste H Kruskal-Wallis da Seção 14.5 (disponível, em inglês, no Companion Website do livro [www.prenhall.com./mcclave_br]).

O procedimento para realizar uma análise de variância para um planejamento completamente aleatório é resumido no box a seguir. Lembre-se de que o símbolo desse planejamento são amostras aleatórias independentes de unidades experimentais associadas com cada tratamento. No entanto, planejamentos com amostras dependentes podem ser mais apropriados em certas situações. Consulte as referências bibliográficas para informação sobre o uso desses planejamentos.

> **PASSOS PARA REALIZAR UMA ANOVA PARA UM PLANEJAMENTO COMPLETAMENTE ALEATÓRIO**
>
> 1. Certifique-se de que o planejamento é completamente aleatório, com variáveis aleatórias independentes para cada tratamento.
>
> 2. Cheque a premissa da normalidade e de variâncias iguais.
>
> 3. Crie uma tabela-resumo ANOVA que especifique a variabilidade atribuível a tratamentos e erro, certificando-se de que ela leve ao cálculo da estatística F para testar a hipótese nula de que as médias dos tratamentos são iguais na população. Use um software estatístico para obter os resultados numéricos. Se nenhum software do tipo estiver disponível, use as fórmulas de cálculo do Apêndice C.
>
> 4. Se o teste F levar à conclusão de que as médias diferem:
>   a. realize um procedimento de comparações múltiplas para tantos pares quantas forem as médias que você quer comparar (veja Seção 8.3). Use os resultados para resumir as diferenças estatisticamente significativas entre as médias dos tratamentos.
>   b. se desejado, forme intervalos de confiança para uma ou mais médias individuais de tratamentos.
>
> 5. Se o teste F leva à não-rejeição da hipótese nula de que as médias dos tratamentos são iguais, considere as seguintes possibilidades:
>   a. as médias dos tratamentos são iguais — isto é, a hipótese nula é verdadeira.
>   b. as médias dos tratamentos realmente diferem, mas outros fatores importantes que afetam a resposta não são levados em conta para o desenho completamente aleatório. Esses fatores inflam a variabilidade da amostra, como medido pelo QME, resultando em valores menores da estatística F. Ou aumente o tamanho da amostra para cada tratamento, ou use um planejamento experimental diferente (como na Seção 8.4) que leve em conta outros fatores que afetam a resposta.
>
> *Nota*: Tome cuidado para não concluir que as médias dos tratamentos são iguais, uma vez que a possibilidade de erro Tipo II deve ser considerada se você aceitar H_0.

ESTATÍSTICA EM AÇÃO REVISITADA

TESTANDO AS DIFERENÇAS EM MÉDIA DE RESPOSTAS ÉTICAS DE CINCO GRUPOS DE DOWNSIZING

Os professores universitários W. E. Hopkins e S. A. Hopkins pesquisaram 209 funcionários e mediram suas 'pontuações éticas' (isto é, suas respostas, em uma escala de 5 pontos, à pergunta: "É antiético que uma decisão de *downsizing* seja anunciada ou implementada durante ou antes de um grande feriado (por exemplo, Natal, Ação de Graças, etc.)?". Os funcionários foram divididos em cinco grupos distintos: (1) feridos, (2) sobreviventes, (3) implementadores/feridos, (4) implementadores/sobreviventes, e (5) formuladores. (Veja Tabela EA 8.1.) Os pesquisadores usaram os dados para testar três hipóteses.

H_1: As percepções de sobreviventes, feridos e implementadores/feridos da afirmação ética não diferirão significativamente.

H_2: As percepções de formuladores e implementadores/sobreviventes sobre a afirmação ética não diferirão significativamente.

H_3: As percepções de sobreviventes, feridos e implementadores/feridos sobre a afirmação ética em relação ao *downsizing* diferirão significativamente das percepções de formuladores e implementadores/sobreviventes.

Se deixarmos μ_j representar a verdadeira média das pontuações de ética para todos os funcionários no grupo j, então poderemos reafirmar as hipóteses como se segue:

$H_1: \mu_1 = \mu_2 = \mu_3$

$H_2: \mu_4 = \mu_5$

$H_3: (\mu_4, \mu_5) \neq (\mu_1, \mu_2, \mu_3)$

Inicialmente, os pesquisadores realizaram uma análise de variância para um planejamento completamente aleatório sobre os dados. A variável dependente é a pontuação ética, os tratamentos são os cinco grupos de funcionários e a hipótese nula é $H_0: \mu_1 = \mu_2 = \mu_3 = \mu_4 = \mu_5$. A tela do MINITAB para a ANOVA é mostrada na Figura EA8.1. O nível de significância observado para o teste (sombreado na tela) é valor $p = 0,000$. Para qualquer nível α que selecionarmos (0,01; 0,05 ou 0,10), há evidência suficiente para rejeitar a hipótese nula. Conseqüentemente, os pesquisadores concluíram que as pontuações éticas médias para os cinco grupos de funcionários eram significativamente diferentes.

Os pesquisadores deveriam concluir que as hipóteses H_1, H_2 e H_3 são embasadas? Possivelmente, mas não com base apenas nos resutados do teste F ANOVA. Lembre-se: a hipótese alternativa (H_a) para esse teste diz que pelo menos duas das cinco médias das populações são diferentes, mas isso não indica quais médias em particular são diferentes. Para testar as hipóteses, precisaremos ranquear as médias dos tratamentos usando um procedimento que dê uma medida de confiabilidade. Apresentaremos tal método na próxima seção.

Deveríamos, contudo, checar se as premissas requeridas para o teste F (populações normais com variâncias iguais) estão razoavelmene satisfeitas. Os histogramas e as representações gráficas do MINITAB são mostrados nas figuras EA8.2 e EA8.3. Primeiro, perceba as formas não simétricas nos histogramas, Figura EA8.2. Esses gráficos não parecem apoiar a premissa da normalidade para grupo de tratamentos. No entanto, essa premissa não precisa ser exatamente satisfeita para que a ANOVA gere resultados válidos. Segundo, examine a variabilidade nos dados mostrados nas representações gráficas, Figura EA8.3. Parece que a variância das pontuações de ética para os grupos 1, 2 e 3 é mais curta do que para os grupos 4 e 5. Conseqüentemente, é pouco provável que a premissa de variâncias iguais para os cinco grupos de tratamentos seja satisfeita. Os pesquisadores deveriam considerar a realização de uma análise não paramétrica dos dados — uma análise que não dependa das premissas de normalidade e variâncias iguais.

```
One-way ANOVA: CASUAL, SURVIVE, IMPCAS, IMPSUR, FORMUL

Source     DF      SS      MS      F       P
Factor      4   40.84   10.21   9.85   0.000
Error     204  211.35    1.04
Total     208  252.19

S = 1.018    R-Sq = 16.19%    R-Sq(adj) = 14.55%


                                Individual 95% CIs For Mean Based on
                                Pooled StDev
Level       N    Mean   StDev   +---------+---------+---------+---------
CASUAL     47   1.787   0.832        (----*----)
SURVIVE    71   1.845   1.023         (---*---)
IMPCAS     27   1.593   0.636   (------*-----)
IMPSUR     33   2.545   1.301                         (----*-----)
FORMUL     31   2.871   1.176                              (-----*-----)
                                +---------+---------+---------+---------
                               1.20      1.80      2.40      3.00

Pooled StDev = 1.018
```

FIGURA EA8.1 ANOVA do MINITAB sobre os dados do *downsizing*

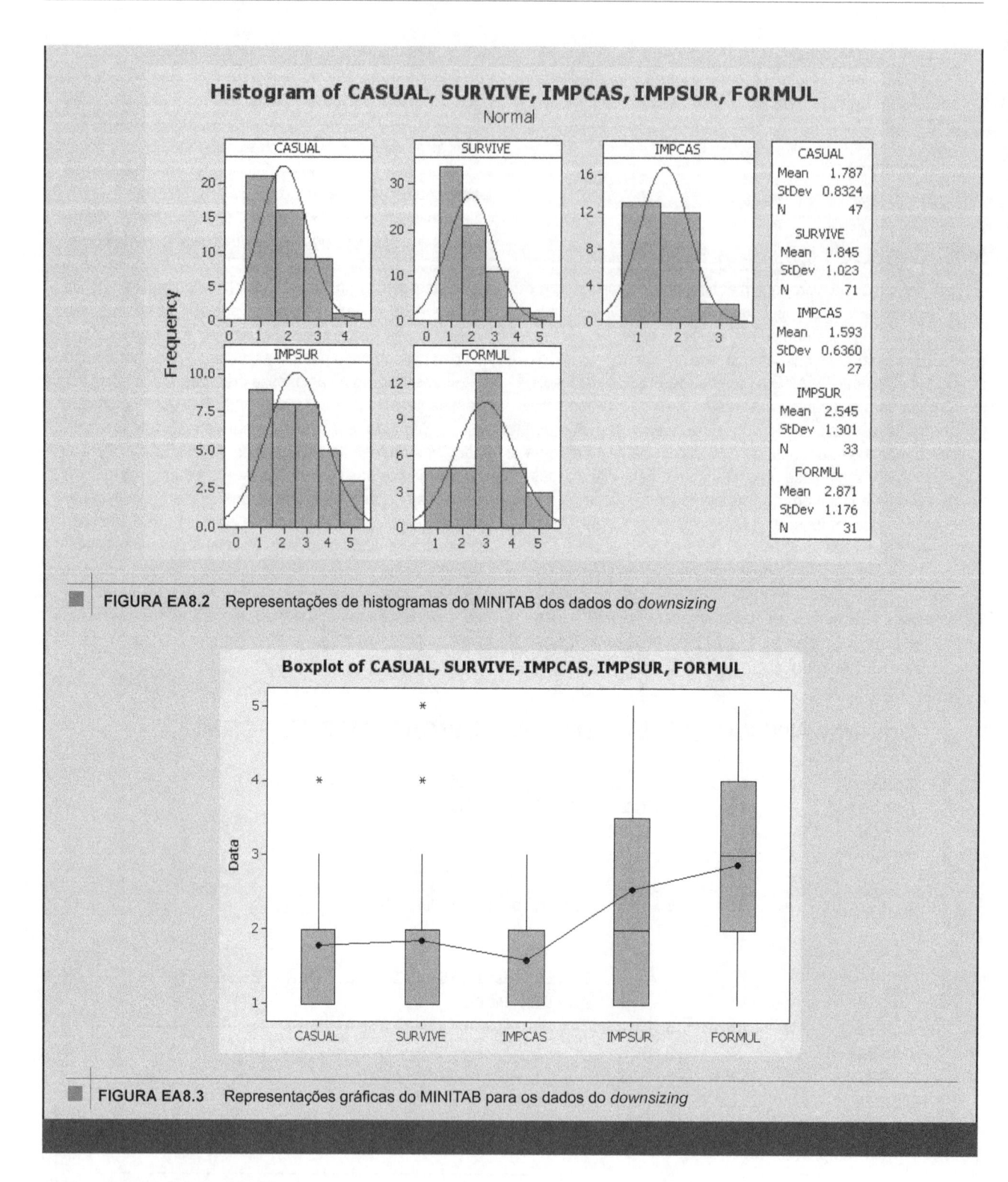

FIGURA EA8.2 Representações de histogramas do MINITAB dos dados do *downsizing*

FIGURA EA8.3 Representações gráficas do MINITAB para os dados do *downsizing*

Exercícios 8.14 – 8.32

Aprendendo a mecânica

8.14 Use as tabelas VII, VIII, IX e X do Apêndice B para encontrar cada um dos valores F:
  a. $F_{0,05}, v_1 = 4, v_2 = 4$
  b. $F_{0,01}, v_1 = 4, v_2 = 4$
  c. $F_{0,10}, v_1 = 30, v_2 = 40$
  d. $F_{0,025}, v_1 = 15, v_2 = 12$

8.15 Encontre as seguintes probabilidades:
  a. $P(F \leq 3{,}48)$ para $v_1 = 5, v_2 = 9$.
  b. $P(F > 3{,}09)$ para $v_1 = 15, v_2 = 20$.
  c. $P(F > 2{,}40)$ para $v_1 = 15, v_2 = 15$.
  d. $P(F \leq 1{,}83)$ para $v_1 = 8, v_2 = 40$.

8.16 Considere os gráficos de pontos 1 e 2 a seguir. Presuma que duas amostras representem amostras aleatórias

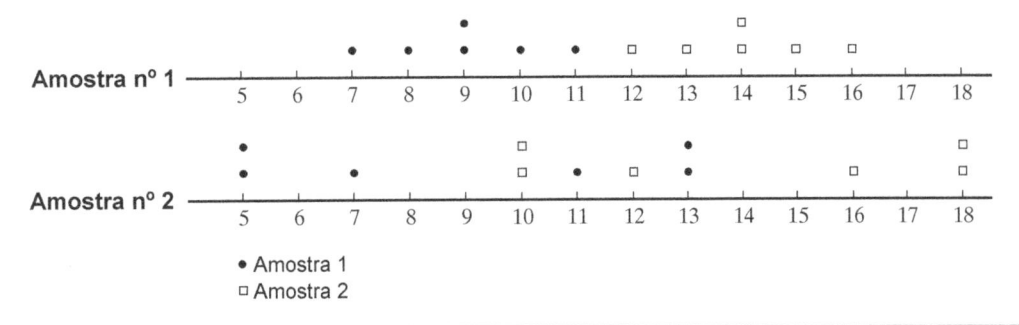

Gráfico de pontos para o Exercício 8.16

Amostra nº 1: pontos cheios em 7, 8, 9, 9, 10, 11; pontos vazios em 13, 14, 14, 15, 16, 17

Amostra nº 2: pontos cheios em 5, 6, 6, 8, 11, 12, 13; pontos vazios em 10, 11, 13, 16, 18, 18

● Amostra 1
□ Amostra 2

---

independentes correspondendo a dois tratamentos em um planejamento completamente aleatório.

a. Em qual gráfico a diferença entre as médias das amostras é pequena em relação à variabilidade dentro das observações da amostra? Justifique sua resposta.

b. Calcule as médias dos tratamentos (isto é, as médias das amostras 1 e 2, para ambos os gráficos de pontos).

c. Use as médias para calcular a soma de quadrados para tratamentos (SQT) para cada gráfico de pontos.

d. Calcule a variância da amostra para cada amostra e use esses valores para obter as somas de quadrados para o erro (SQE) para cada gráfico de pontos.

e. Calcule a soma de quadrados total [SQ(total)] para os dois gráficos de pontos adicionando as somas de quadrados para tratamentos e erro. Que porcentagem de SQ(total) é levada em conta pelos tratamentos — isto é, que porcentagem da soma de quadrados total é a Soma de quadrados para tratamentos — em cada caso?

f. Converta a soma de quadrados para tratamentos e erro em quadrados médios dividindo cada uma pelo número apropriado de graus de liberdade. Calcule a proporção F de quadrado médio de tratamentos (MQT) para o quadrado médio para erros (QME) para cada gráfico.

g. Use as proporções F para testar a hipótese nula de que as duas amostras são tiradas de populações com médias iguais. Use $\alpha = 0{,}05$.

h. Que premissas devem ser feitas sobre as distribuições de probabilidade correspondentes às respostas para cada tratamento, de forma que garantam a validade dos testes F realizados no item **g**?

8.17 Consulte o Exercício 8.16. Realize um teste t de duas amostras (Seção 7.2) da hipótese nula de que as duas médias de tratamentos sejam iguais para cada gráfico de pontos. Use $\alpha = 0{,}05$ e testes de duas caudas. Ao longo dos testes, compare cada um dos itens a seguir com os testes F no Exercício 8.16:

a. As variâncias acumuladas e os QMEs.
b. As estatísticas-teste t e F.
c. Os valores tabulados de t e F que determinam as regiões de rejeição.
d. As conclusões dos testes t e F.
e. As premissas que devem ser feitas de forma a garantir a validade dos testes t e F.

8.18 Consulte os exercícios 8.16 e 8.17. Complete a tabela ANOVA a seguir para cada um dos dois gráficos de pontos:

Fonte	gl	SQ	QM	F
Tratamentos				
Erro				
Total				

8.19 Suponha que a soma de quadrados total para um desenho completamente aleatório com $k = 6$ tratamentos e $n = 36$ medições totais (6 por tratamento) seja igual a 500. Em cada um dos casos a seguir, realize um teste F da hipótese nula no qual as respostas médias para os cinco tratamentos sejam as mesmas. Use $\alpha = 0{,}10$.

a. A soma de quadrados para tratamentos (SQT) é 20% do total.
b. SQT é 50% de SQ(total).
c. SQT é 80% de SQ(total).
d. O que acontece com a proporção F, uma vez que a porcentagem de somas de quadrados total atribuível aos tratamentos é aumentada?

8.20 Uma tabela ANOVA parcialmente preenchida para um desenho completamente aleatório é mostrada abaixo:

Fonte	gl	SQ	QM	F
Tratamentos	6	17,5	—	—
Erro	—	—	—	
Total	41	46,5		

a. Complete a tabela ANOVA.
b. Quantos tratamentos estão envolvidos no experimento?
c. Os dados fornecem evidência suficiente para indicar uma diferença entre as médias da população? Teste usando $\alpha = 0{,}10$.
d. Encontre o nível de significância aproximado observado para o teste do item **c** e interprete-o.
e. Suponha que $\bar{x}_1 = 3{,}7$ e $\bar{x}_2 = 4{,}1$. Os dados fornecem evidência suficiente para indicar uma diferença entre μ_1 e μ_2? Presuma que haja seis observações para cada tratamento. Teste usando $\alpha = 0{,}10$.

f. Consulte o item **e**. Encontre um intervalo de confiança de 90% para $(\mu_1 - \mu_2)$. [Dica: Use $s = \sqrt{QME}$ como uma estimativa tanto de σ_1 quanto de σ_2.]

g. Consulte o item **e**. Encontre um intervalo de confiança de 90% para μ_1. [Dica: Use $s = \sqrt{QME}$ como uma estimativa de σ_1.]

8.21 Os dados na próxima tabela resultaram de um experimento que utilizou um planejamento completamente aleatório.

LM8_21*

Tratamento 1	Tratamento 2	Tratamento 3
3,8	5,4	1,3
1,2	2,0	0,7
4,1	4,8	2,2
5,5	3,8	
2,3		

* Para usar os dados da tabela no software, é preciso trocar as vírgulas dos valores numéricos por ponto.

a. Use um software estatístico (ou as fórmulas de cálculo apropriadas no Apêndice C) para completar a seguinte tabela ANOVA:

Fonte	gl	SQ	QM	F
Tratamentos	—	—	—	—
Erro	—	—	—	
Total	—	—		

b. Teste a hipótese nula de que $\mu_1 = \mu_2 = \mu_3$, onde μ_i representa a verdadeira média para o tratamento i, contra a alternativa de que pelo menos duas das médias diferem. Use $\alpha = 0,01$.

Aplicação dos conceitos — Básico

8.22 Recrutamento de time de tênis da universidade pelo Web site. A maior parte dos programas atléticos universitários agora tem um Web site com informações sobre esportes individuais e um formulário prospectivo de estudantes atletas que permite que atletas da universidade submetam seus feitos acadêmicos e esportivos diretamente ao técnico da escola. O *Sport Journal* (inverno, 2004) publicou um estudo sobre como os Web sites de times são importantes para o recrutamento de jogadores de tênis. Uma pesquisa foi realizada com os técnicos de tênis da NCAA, dos quais 53 eram de escolas da Divisão I, 20, de escolas da Divisão II, e 53, de escolas da Divisão III. Técnicos foram chamados a responder a uma série de afirmações, incluindo: "formulário prospectivo de estudantes atletas nos Web sites contribui muito pouco para o processo de recrutamento". As respostas foram medidas em uma escala de 7 pontos (em que 1 = discordam fortemente e 7 = concordam fortemente). Para comparar as respostas médias dos técnicos de tênis das divisões da NCAA, os dados foram analisados com um desenho completamente aleatório ANOVA.

a. Identifique a unidade experimental, a variável dependente (resposta) e os tratamentos para esse estudo.
b. Dê a hipótese nula e a alternativa para o teste F ANOVA.
c. O nível de significância observado do teste foi identificado como o valor $p < 0,003$. Que conclusão você pode tirar se quer testar a $\alpha = 0,05$?

8.23 Estudo sobre a lembrança de comerciais de TV. Anunciantes de televisão buscam promover seus produtos em programas de TV que atraem a maioria dos espectadores. Os programas de TV com apelo de violência e sexo geram memória para os comerciais? Para responder a essa questão, os professores, B. Bushman e A. Bonacci, de Iowa, realizaram um experimento desenhado no qual 324 adultos foram aleatoriamente alocados a um dos três grupos de espectadores, 108 em cada grupo (*Journal of Applied Psychology*, jun. 2002). Um grupo assistiu a um programa de TV (por exemplo, *Tour of Duty*) com um código de violência (V); o segundo grupo assistiu a um show (por exemplo, *Strip Mall*) com um código de sexo (S); e o último grupo assistiu a um programa neutro (por exemplo, *Candid Camera*) sem os códigos V ou S. Nove comerciais foram inseridos em cada programa de TV. Depois de assistir ao programa, cada participante foi pontuado em sua lembrança de nomes de marcas nas mensagens dos comerciais, com pontuações variando de 0 (nenhuma marca lembrada) a 9 (todas as marcas lembradas). Os dados (simulados da informação dada no artigo) estão salvos no arquivo **TVADRECALL**. Os pesquisadores compararam as pontuações de lembrança média dos três grupos de espectadores, com uma análise de variância para um desenho completamente aleatório.

a. Identifique as unidades experimentais no estudo.
b. Identifique a variável dependente (resposta) no estudo.
c. Identifique o fator e os tratamentos no estudo.
d. As médias de pontuações de lembrança da amostra para os três grupos foram $\bar{x}_V = 2,08$, $\bar{x}_S = 1,71$ e $\bar{x}_{NEUTRO} = 3,17$. Explique por que não se poderia fazer uma inferência sobre as diferenças nas pontuações de lembranças médias com base nessas estatísticas resumidas.
e. Uma ANOVA nos dados do arquivo **TVADRECALL** gerou os resultados mostrados na tela do MINITAB a seguir. Localize a estatística-teste e o valor p na tela.
f. Interprete os resulados, item **e**, usando $\alpha = 0,01$. O que os pesquisadores podem concluir sobre os três grupos de espectadores de anúncios de TV?

One-way ANOVA: VIOLENT, SEX, NEUTRAL

```
Source   DF       SS      MS       F       P
Factor    2   123.27   61.63   20.45   0.000
Error   321   967.35    3.01
Total   323  1090.62

S = 1.736   R-Sq = 11.30%   R-Sq(adj) = 10.75%
```

8.24 Robôs treinados para se comportar como formigas. Pesquisadores de Robótica verificaram se robôs poderiam ser treinados para se comportar como formigas em uma colônia (*Nature*, ago. 2000). Robôs foram treinados e aleatoriamente alocados a 'colônias' (isto é, grupos) consistindo de 3, 6, 9 ou 12 robôs. Aos robôs foi dada a tarefa de buscar 'comida' e recrutar outro robô quando eles encontrassem uma área rica em recursos. Um objetivo do experimento foi comparar a energia média dispendida (por robô) dos quatro diferentes tamanhos de colônias.
  a. Qual tipo de planejamento experimental foi empregado?
  b. Identifique os tratamentos e a variável dependente.
  c. Defina as hipóteses nula e alternativa do teste.
  d. Os resultados ANOVA a seguir foram reportados: $F = 7{,}70$, numerador gl = 3, denominador gl = 56, valor $p < 0{,}001$. Realize o teste a um nível de significância $\alpha = 0{,}05$ e interprete o resultado.

8.25 Mulheres mais poderosas dos Estados Unidos. Releia o estudo da revista *Fortune* (14 nov. 2005) sobre as mulheres mais poderosas dos Estados Unidos, Exercício 2.45. Lembre-se de que os dados sobre idade (em anos) e título de cada uma das 50 mulheres na pesquisa estão guardados no arquivo **WPOWER50**. (As primeiras cinco e as duas últimas observações dos dados são listadas na tabela ao lado.) Suponha que você queira comparar as idades médias de todas as mulheres norte-americanas poderosas em três grupos, com base em suas posições (título) dentro da firma: grupo 1 (CEO); grupo 2 (diretora, presidente, CFO, COO, ou CRO); grupo 3 (EVP, SVP e vice-diretora); e Grupo 4 (fundadora, tesoureira, executiva).

WPOWER50

Posição	Nome	Idade	Empresa	Título
1	Meg Whitman	49	eBay	CEO/diretora
2	Anne Mulcahy	52	Xerox	CEO/diretora
3	Brenda Barnes	51	Sara Lee	CEO/presidente
4	Oprah Winfrey	51	Harpo	Diretora
5	Andrea Jung	47	Avon	CEO/diretora
.	.	.	.	.
.	.	.	.	.
.	.	.	.	.
49	Safra Catz	43	Oracle	Presidente
50	Kathy Cassidy	51	General Electric	Tesoureira

Fonte: *Fortune*, 14 nov. 2005.

a. Quais as hipóteses nula e alternativa para serem testadas.
b. Uma tela de análise de variância do EXCEL para o teste é mostrada abaixo. Localize as médias das amostras para os quatro grupos na tela. Por que é insufi-

	A	B	C	D	E	F	G
1	Anova: Single Factor						
2							
3	SUMMARY						
4	*Groups*	*Count*	*Sum*	*Average*	*Variance*		
5	GROUP1	15	766	51.06667	27.20952		
6	GROUP2	18	866	48.11111	31.39869		
7	GROUP3	14	694	49.57143	12.26374		
8	GROUP4	3	168	56	49		
9							
10							
11	ANOVA						
12	*Source of Variation*	*SS*	*df*	*MS*	*F*	*P-value*	*F crit*
13	Between Groups	191.1403	3	63.71344	2.5004	0.071175	2.806843
14	Within Groups	1172.14	46	25.4813			
15							
16	Total	1363.28	49				

■ Resultado do Excel para o Exercício 8.25

ciente tomar a decisão sobre a hipótese nula com base somente nessas médias de amostras?
c. Localize a estatística-teste e o valor p na tela. Use essa informação para tirar a conclusão apropriada a $\alpha = 0,10$.
d. Use os dados no arquivo **WPOWER50** para determinar se as premissas ANOVA são razoavelmente satisfeitas.

8.26 Estudo sobre desempenho de fundos mútuos. Fundos mútuos são classificados como de grande capacidade, capacidade média ou pequena, dependendo da capitalização das empresas no fundo. Os pesquisadores S. Shi e M. Seiler, da Hawaii Pacific University, investigaram se o desempenho médio de um fundo múto está relacionado ao tamanho da capitalização (*American Business Review*, jan. 2002). Amostras aleatórias independentes de 30 fundos mútuos foram selecionadas a partir de cada um dos três grupos de fundos e a taxa de retorno de 90 dias foi sujeita a uma análise de variância, com os resultados mostrados na tabela resumida ANOVA abaixo.

FONTE	gl	SQ	QM	F	VALOR p
Grupo de fundo	2	409,566	204,783	6,965	0,002
Erro	87	2.557,860	29,401		
Total	89	2.967,426			

Fonte: SHI, S.W.W.; SEILER, M.J. "Growth and value style comparison of U.S. stock mutual funds." *American Business Review*, jan. 2002 (Tabela 3).

a. Faça as hipóteses nula e alternativa para a ANOVA.
b. Dê a região de rejeição para o teste usando $\alpha = 0,01$.
c. Tire a conclusão apropriada usando tanto a estatística-teste quanto o valor p.

Aplicação dos conceitos — Intermediário

8.27 Renda e violência na estrada. O fenômeno da violência nas estradas recebeu muita atenção da mídia em anos recentes. A propensão de um motorista para entrar em situação de raiva na estrada é relacionada à sua renda? Pesquisadores da Mississippi State University tentaram responder a essa questão realizando uma pesquisa de uma amostra representativa de mais de 1.000 motoristas norte-americanos adultos (*Accident Analysis and Prevention*, v. 34, 2002). Com base na freqüência com que cada motorista se envolveu em comportamentos de raiva na estrada (por exemplo, fazendo gestos obscenos, dirigindo muito próximo ao veículo da frente em tom de perseguição ou pensando em ferir outro motorista), uma pontuação de raiva na estrada foi alocada. (Pontuações mais altas indicam maior tendência de comportamento de raiva na estrada.) Os motoristas também foram agrupados por renda anual: abaixo de US$ 30.000, entre US$ 30.000 e US$ 60.000 e acima de US$ 60.000. Os dados foram submetidos a uma análise de variância; os resultados estão resumidos na tabela a seguir. Interprete detalhadamente os resultados. A propensão de um motorista para se envolver em uma situação de raiva na estrada está relacionada à sua renda?

GRUPO DE RENDA	TAMANHO DA AMOSTRA	PONTUAÇÃO MÉDIA DE RAIVA NA ESTRADA
Abaixo de US$ 30.000	379	4,60
US$ 30.000 a US$ 60.000	392	5,08
Mais de US$ 60.000	267	5,15
Resultados ANOVA:	Valor F = 3,90	Valor p < 0,01

Fonte: WELLS-PARKER, E. et al. "An exploratory study of the relationship between road rage and crash experience in a representative sample of US drivers."
Accident Analysis and Prevention, vol. 34, 2002 (Tabela 2).

8.28 Segurança de usinas nucleares. Pesquisadores da Pennsylvania State University e da Iowa State University estudaram conjuntamente as atitudes de três grupos de profissionais que influenciam as políticas norte-americanas em relação a novas tecnologias: cientistas, jornalistas e responsáveis pelas políticas do governo (*American Journal of Political Science*, jan. 1998). Perguntou-se a amostras aleatórias de 100 cientistas, 100 jornalistas e 100 oficiais do governo a respeito da segurança de usinas nucleares. As respostas foram colocadas em uma escala de 7 pontos, em que 1 = muito inseguras e 7 = muito seguras. A média das pontuações de segurança para os grupos são: cientistas, 4,1; jornalistas, 3,7; oficiais do governo, 4,2.
a. Identifique a variável resposta para esse estudo.
b. Quantos tratamentos estão incluídos nesse estudo? Descreva-os.
c. Especifique as hipóteses nula e alternativa que devem ser usadas para investigar se há diferenças nas atitudes de cientistas, jornalistas e oficiais do governo em relação à segurança de usinas nucleares.
d. O QME para os dados da amostra é 2,355. Quão grande deve ser a MQT, pelo menos de forma a rejeitar a hipótese nula do teste do item **a** usando $\alpha = 0,05$?
e. Se a MQT = 11,280, qual o valor p aproximado do teste do item **a**?

8.29 Contaminação de peixes perto de descarga de usinas de energia. Consulte os dados do U.S. Army Corps of Engineers sobre peixes contamindos salvos no arquivo **DDT**. Lembre-se de que as espécies (lampreia, labro ou sugador), o comprimento (em centímetros), o peso (em gramas) e o nível de DDT (em partes por milhão) foram medidos para cada um dos 144 peixes capturados.
a. Há evidência suficiente para indicar diferenças entre os comprimentos médios das três espécies de peixes? Teste usando $\alpha = 0,05$.
b. Há evidência suficiente para indicar diferenças entre os pesos médios das três espécies de peixes? Teste usando $\alpha = 0,05$.
c. Há evidência suficiente para indicar diferenças entre os níveis médios de DDT das três espécies de peixes? Teste usando $\alpha = 0,05$.
d. Cheque quaisquer premissas requeridas para que a metodologia usada nos itens de **a** a **c** seja válida.

DIAMONDS
Companion Website

8.30 Diamantes vendidos no varejo. Releia o estudo do *Journal of Statistics Education* sobre 308 diamantes à venda no mercado aberto, Exercicio 2.25. Lembre-se de que o arquivo **DIAMONDS** contém informações sobre as variáveis quantitativas, o tamanho (número de quilates) e o preço (em dólares), e sobre as variáveis qualitativas cor (D, E, F, G, H e I), claridade (IF, VS1, VS2, VVS1 e VVS2) e grupo de certificação independente (GIA, HRD ou IGI). Selecione uma das variáveis quantitativas e uma das variáveis qualitativas.

a. Defina as hipóteses nula e alternativa para determinar se as médias da variável quantitativa diferem dos níveis da variável qualitativa.
b. Use os dados no arquivo **DIAMONDS** para realizar o teste, item **a**, a $\alpha = 10$. Escreva suas conclusões nos termos do problema.
c. Verifique quaisquer premissas requeridas para que a metodologia usada no item **b** seja válida.

8.31 Efetividade das técnicas de fechamento de vendas. Profissionais de vendas industriais há muito vêm debatendo a efetividade de várias técnicas de fechamento de vendas. Os pesquisadores S. Hawes, J. Strong e B. Winick, da University of Akron, verificaram o impacto de cinco diferentes técnicas de fechamento e uma condição de não-fechamento no nível de um acordo de venda prospectivo na pessoa de vendas (*Industrial Marketing Management*, set. 1996). Duas das cinco técnicas de fechamento foram *assumido como fechado* e *técnica do evento quase acontecendo*. Na primeira, o vendedor simplesmente escreve o pedido ou se comporta como se a venda tivesse sido feita. Na última, ele incentiva o comprador a comprar na hora, antes que algum evento futuro aconteça e faça com que os termos da venda sejam menos favoráveis para o comprador. Cenários de vendas foram apresentados a uma amostra de 237 executivos de compras. Cada um recebeu uma das cinco técnicas de fechamento de vendas ou um cenário no qual nenhum fechamento tenha sido atingido. Após ler o cenário de vendas, foi solicitado a cada executivo que classificasse seu nível de confiança no vendedor, em uma escala de 7 pontos. A tabela relata os seis tratamentos empregados no estudo e o número de sujeitos recebendo cada tratamento.

TRATAMENTO: TÉCNICAS DE FECHAMENTO	TAMANHO DA AMOSTRA
1. Sem fechameto	38
2. Evento por acontecer	36
3. Validação social	29
4. Se-então	42
5. Assumido como fechado	36
6. Ou-ou	56

a. As hipóteses do pesquisador foram:
H_0: O nível de confiança prospectiva do vendedor não é influenciado pela escolha do método de fechamento.
H_a: O nível de confiança prospectiva do vendedor é influenciado pela escolha do método de fechamento.
Reescreva essas hipóteses na forma requerida para uma análise de variância.
b. Os pesquisadores relataram a estatística F ANOVA como $F = 2,21$. Há evidência suficiente para rejeitar H_0 a $\alpha = 0,05$?
c. Que premissas devem ser satisfeitas de forma a tornar o teste do item **a** válido?
d. Você classificaria esse experimento como observacional ou desenhado? Explique.

Aplicação dos conceitos — Avançado

8.32 Atividades dos empreendedores na abertura de negócios. Em média, mais de um milhão de novos negócios são iniciados nos Estados Unidos todo ano. Um artigo no *Journal of Business Venturing* (v. 11, 1996) relatou as atividades de empreendedores durante o processo de criação da organização. Entre as questões pesquisadas, estava: quais atividades e quantas atividades os empreendedores iniciam na tentativa de estabelecer um novo negócio? Um total de 71 empreendedores foram entrevistados e divididos em três grupos: aqueles que tiveram sucesso na fundação de uma nova firma (34), aqueles que ainda estão ativamente tentando estabelecer uma firma (21) e aqueles que tentaram abrir uma nova firma, mas acabaram desistindo (16). O número total de atividades levadas adiante (isto é, desenvolvimento do plano de negócios, busca de capitais, procura da localização, etc.) por cada grupo, em um período específico de tempo, durante a criação da organização foi medido e a tabela ANOVA incompleta a seguir foi produzida.

FONTE	gl	SQ	QM	F
Grupos	—	128,70	—	—
Erro	—	27.124,52	—	

Fonte: CARTER, N.; GARNER, W.; REYNOLDS, P. "Exploring start-up event sequences." *Journal of Business Venturing*, vol. 11, 1996,

a. Complete a tabela ANOVA.
b. Os dados fornecem evidência suficiente para indicar que o número total de atividades diferiu entre os três grupos de empreendedores? Teste usando $\alpha = 0,05$.
c. Qual o valor p do teste que você realizou no item **b**?
d. Uma das conclusões do estudo foi que os comportamentos dos empreendedores que começaram uma nova empresa com sucesso podem ser diferenciados do comportamento de empreendedores que falharam. Você concorda? Justifique sua resposta.
e. Classifique esse estudo como observacional ou experimental. Como isso impacta a força das conclusões tiradas do estudo?

8.3 Comparações múltiplas de médias

Considere um planejamento completamente aleatório com três tratamentos: A, B e C. Suponha que determinemos que as médias dos tratamentos são estatisticamente diferentes via teste F ANOVA da Seção 8.2. Para completar a análise, queremos ranquear as três médias de tratamentos. Como mencionado na Seção 8.2, começamos alocando intervalos de confiança à diferença entre vários pares de médias de tratamentos no experimento. No experimento de três tratamentos, por exemplo, construiríamos intervalos de confiança para as seguintes diferenças: $\mu_A - \mu_B$, $\mu_A - \mu_C$ e $\mu_B - \mu_C$.

DETERMINANDO O NÚMERO DE COMPARAÇÕES DE PARES DE MÉDIAS DE TRATAMENTOS

Em geral, se há k médias de tratamentos, há:

$$c = \frac{k(k-1)}{2}$$

pares de médias que podem ser comparadas.

Se quisermos ter $100(1 - \alpha)\%$ de confiança de que cada intevalo de confiança c contenha a diferença verdadeira que ele deve estimar, devemos usar um valor menor de α para cada intervalo do que usaríamos para um único intervalo.

Por exemplo, suponha que queiramos ranquear as médias de três tratamentos, A, B e C, com 95% de confiança de que todos os três intervalos de confiança, comparando as médias, contêm as verdadeiras diferenças entre as médias de tratamentos. Então, cada intervalo de confiança individual precisará ser construído usando um nível de significância menor que $\alpha = 0,05$ para ter 95% de confiança de que os três intervalos coletivamente incluem as verdadeiras diferenças.[4]

Para **fazer múltiplas comparações de um grupo de médias de tratamentos**, podemos usar um número de procedimentos que, sob várias premissas, garanta que o nível de confiança associado com todas as comparações permaneça ao ou sobre o nível especificado $100(1 - \alpha)\%$. Três técnicas amplamente usadas são os métodos Bonferroni, Scheffé e Tukey. Para cada um desses procedimentos, o risco de cometer um erro Tipo I se aplica às comparações de médias de tratamento no experimento; assim, o valor de α selecionado é chamado **taxa de erro de experimento** (oposta a uma **taxa de erro de comparação**).

A escolha de múltiplos métodos de comparação na ANOVA dependerá do tipo de planejamento experimental usado e das comparações de interesse do analista. Por exemplo, **Tukey** (1949) desenvolveu seu procedimento especificamente para comparações de pares quando os tamanhos das amostras dos tratamentos são iguais. O **método Bonferroni** (veja Miller, 1981), como o procedimento Tukey, pode ser aplicado quando comparações de pares interessam; no entanto, esse método não requer tamanhos iguais de amostras. **Scheffé** (1953) desenvolveu um procedimento mais geral para comparar todas as possíveis combinações lineares para médias de tratamentos (chamadas *contrastes*). Conseqüentemente, quando se está fazendo comparações de pares, os intervalos de confiança produzidos pelo método de Scheffé são geralmente mais amplos do que os intervalos de confiança de Tukey ou Bonferroni.

Carlo E. Bonferroni (1892–1960)

As fórmulas para a construção de intervalos de confiança para diferenças entre tratamentos usando os métodos Tukey, Bonferroni ou Scheffé estão além do escopo deste texto. No entanto, esses procedimentos (e muitos outros) estão disponíveis nos programas ANOVA da maioria dos softwares estatísticos. Os programas geram um intervalo de confiança para a diferença entre duas médias de tratamentos para todos os possíveis pares de tratamentos, com base na taxa de erro (α) de experimento selecionada pelo analista.

---

[4] A razão para que cada intervalo seja formado em um nível de confiança maior do que aquele especificado para a coleção de intervalos pode ser demonstrada como se segue:

P {Pelo menos um dos intervalos c falha em conter a verdadeira diferença}
$= 1 - P$ {Todos os intervalos c contêm as verdadeiras diferenças}
$= 1 - (1 - \alpha)^c \geq \alpha$

Assim, para fazer essa probabilidade de pelo menos uma falha igual a α, devemos especificar os níveis individuais como sendo menores que α.

EXEMPLO 8.6

Ranqueando médias de tratamentos no experimento da bola de golfe

Problema Observe o desenho completamente aleatório do Exemplo 8.4, no qual concluímos que pelo menos duas das quatro marcas de bolas de golfe estão associadas com distâncias médias diferentes viajadas quando atingidas com um taco.

a. Use o procedimento das comparações múltiplas de Tukey para ranquear as médias de tratamentos com um nível de confiança geral de 95%.

b. Estime a distância média viajada pelas bolas fabricadas pela marca com o ranking mais alto.

Solução

a. Para ranquear as médias dos tratamentos com um nível de confiança geral de 0,95, requeremos a taxa de erro de experimento de $\alpha = 0{,}05$. Os intervalos de confiança gerados pelo método Tukey aparecem no alto da tela do SPSS, Figura 8.12. [Nota: O SPSS usa o número 1 para a marca A, 2 para a marca B, etc.] Para qualquer par de médias μ_i e μ_j, o SPSS calcula dois intervalos de confiança — um para $(\mu_i - \mu_j)$ e outro para $(\mu_j - \mu_i)$. Apenas um desses intervalos é necessário para decidir se as médias diferem significativamente.

Nesse exemplo, temos médias $k = 4$ de marcas para comparar. Conseqüentemente, o número de comparações de pares relevantes — isto é, o número de intervalos de confiança não redundantes — é $c = 4(3)/2 = 6$.

Multiple Comparisons

Dependent Variable: DISTANCE
Tukey HSD

(I) BRANDNUM	(J) BRANDNUM	Mean Difference (I-J)	Std. Error	Sig.	95% Confidence Interval	
					Lower Bound	Upper Bound
1	2	-10.2800*	2.0579	.000	-15.822	-4.738
	3	-19.1700*	2.0579	.000	-24.712	-13.628
	4	1.4600	2.0579	.893	-4.082	7.002
2	1	10.2800*	2.0579	.000	4.738	15.822
	3	-8.8900*	2.0579	.001	-14.432	-3.348
	4	11.7400*	2.0579	.000	6.198	17.282
3	1	19.1700*	2.0579	.000	13.628	24.712
	2	8.8900*	2.0579	.001	3.348	14.432
	4	20.6300*	2.0579	.000	15.088	26.172
4	1	-1.4600	2.0579	.893	-7.002	4.082
	2	-11.7400*	2.0579	.000	-17.282	-6.198
	3	-20.6300*	2.0579	.000	-26.172	-15.088

*. The mean difference is significant at the .05 level.

DISTANCE

Tukey HSD[a]

BRANDNUM	N	Subset for alpha = .05		
		1	2	3
4	10	249.320		
1	10	250.780		
2	10		261.060	
3	10			269.950
Sig.		.893	1.000	1.000

Means for groups in homogeneous subsets are displayed.
a. Uses Harmonic Mean Sample Size = 10.000.

FIGURA 8.12 Tela do SPSS com as múltiplas comparações de Tukey para os dados da bola de golfe

Esses seis intervalos, sombreados na Figura 8.12, são dados na Tabela 8.4.

TABELA 8.4 Comparações de pares para o Exemplo 8.6

Comparação entre marcas	Intervalo de confiança
$(\mu_A - \mu_B)$	(−15,82; −4,74)
$(\mu_A - \mu_C)$	(−24,71; −13,63)
$(\mu_A - \mu_D)$	(−4,08; 7,00)
$(\mu_B - \mu_C)$	(−14,43; −3,35)
$(\mu_B - \mu_D)$	(6,20; 17,28)
$(\mu_C - \mu_D)$	(15,09; 26,17)

Temos 95% de confiança de que os intervalos contêm *coletivamente* todas as diferenças entre as verdadeiras distâncias médias das marcas. Note que os intervalos que contêm 0, como no intervalo (marca A–marca D) de −4,08 a 7,00, não dão suporte à conclusão de que as verdadeiras distâncias médias das marcas diferem. Se ambos os pontos finais do intervalo são positivos, como no intervalo (marca B–marca D) de 6,20 a 17,28, a implicação é que a primeira distância média da marca (B) excede a segunda (D). De forma oposta, se ambos os pontos finais do intervalo são negativos, como no intervalo (marca A–marca C) de −24,71 a −13,63, a implicação é que a segunda distância média da marca (C) excede a distância média da primeira marca (A).

Um resumo conveniente dos resultados das múltiplas comparações de Tukey é uma lista de médias de marcas da maior para a menor, com uma linha sólida conectando aquelas que não são significativamente diferentes. Esse resumo é mostrado na Figura 8.13. Um resumo similar é mostrado na parte de baixo da tela do SPSS, Figura 8.12. A interpretação é que a distância média da marca C excede todas as outras; a média da marca B excede aquelas das marcas A e D; e as médias das marcas A e D não diferem significativamente. Todas essas inferências são feitas simultaneamente, com 95% de confiança, o nível de confiança geral das comparações múltiplas de Tukey.

Marca	Média da amostra
C	270,0
B	261,1
A	250,8
D	249,3

FIGURA 8.13 Resumo das comparações múltiplas de Tukey

b. A marca C é classificada acima; assim, queremos um intervalo de confiança para μ_C. Uma vez que as amostras foram selecionadas independentemente em um desenho completamente aleatório, um intervalo de confiança para uma média de tratamento individual é obtida com o intervalo de confiança *t* de uma amostra da Seção 5.3, usando o quadrado médio para erro, QME, como a medida de variabiliade da amostra para o experimento. Um intervalo de 95% na distância média viajada pela marca C (aparentemente, a bola 'mais longa' dentre as testadas) é:

$$\bar{x}_C \pm t_{0,025}\sqrt{\frac{QME}{n}}$$

onde $n = 10$, $t_{0,025} \approx 2$ (com base em 36 graus de liberdade) e QME = 21,175 (obtido da tela do Excel, Figura 8.8). Em uma substituição, obtemos:

$$270,0 \pm (2)\sqrt{\frac{21,175}{10}}$$

$$270,0 \pm 2,9 \text{ ou } (267,1; 272,9)$$

Assim, estamos 95% confiantes de que a verdadeira distância média viajada para a marca C está entre 267,1 e 272,9 jardas, quando as bolas são atingidas por um taco pelo Iron Byron.

Relembrando A maneira mais simples de criar uma tabela resumida como a da Figura 8.13 é primeiro listar as médias dos tratamentos em ordem de ranking. Comece com a maior média e compare-a (em ordem) com a segunda maior média, a terceira maior média, e assim por diante, examinando os intervalos de confiança apropriados mostrados na tela do computador. Se um intervalo de confiança contém 0, então conecte as duas médias com uma linha. (Essas duas médias não são significativamente diferentes.) Continue dessa maneira, comparando a segunda maior média com a terceira, com a quarta e assim por diante, até que todas as possíveis comparações $c = (k)(k+1)/2$ sejam feitas.

Agora faça o Exercício 8.39

Lembre-se de que o método Tukey — desenhado para comparar pares de tratamentos com tamanhos de amostras iguais — é apenas um dos numerosos procedimentos de comparações múltiplas disponíveis. Outra técnica pode ser mais apropriada para o planejamento experimental que você empregа. Consulte as referências bibliográficas para detalhes sobre esses outros métodos e quando devem ser aplicados. Diretrizes para usar os métodos Tukey, Bonferroni e Scheffé são dadas na tabela a seguir.

Diretrizes para selecionar um método de múltiplas comparações na ANOVA

Método	Tamanho das amostras de tratamentos	Tipos de comparações
Tukey	Igual	De pares
Bonferroni	Igual ou desigual	De pares
Scheffé	Igual ou desigual	Contrastes gerais

Nota: Para tamanhos de amostras iguais e comparações de pares, o método Tukey gerará intervalos de confiança simultâneos com a menor profundidade, e os intervalos de Bonferroni terão menores profundidades do que os intervalos de Scheffé.

Estatística em ação revisitada

Ranqueando as respostas éticas médias para os cinco grupos de *downsizing*

Na seção Estatística em ação revisitada anterior, usamos uma ANOVA para testar a hipótese nula de que as pontuações médias de ética dos cinco grupos são iguais. Lembre-se de que esses cinco grupos foram nomeados (1) feridos, (2) sobreviventes, (3) implementadores/feridos, (4) implementadores/sobreviventes e (5) formuladores. O teste F ANOVA resultou em uma rejeição da hipótese, nula, levando os pesquisadores a concluir que as pontuações médias de ética dos cinco grupos foram significativamente diferentes. Agora seguimos com a ANOVA com comparações múltiplas das médias de tratamentos (grupos). Uma vez que os tamanhos das amostras dos grupos são desiguais, empregamos o método Bonferroni.

A tela do SPSS para essa análise, usando um taxa de erro de experimento de 0,05, é mostrada na Figura EA8.4. Os intervalos de confiança relevantes para todas as possíveis diferenças entre as médias dos tratamentos estão sombreados na tela. Note que há $c = (k)(k - 1)/2 = (5)(4)/2 = 10$ comparações que interessam. Diferenças significativas estão indicadas na tela do SPSS com um asterisco (*) na coluna 'Diferença média'; essas diferenças estão associadas com intervalos de confiança que não incluam o 0. Os resultados mostram que ambos os grupos 4 e 5 têm pontuações médias significativamente maiores do que aquelas dos grupos 1, 2 e 3. Também não há diferença significativa entre as pontuações médias para os grupos 4 e 5; e não há diferenças significativas entre as pontuações médias para os grupos 1, 2 e 3. Conseqüentemente, podemos ranquear as médias dos grupos como mostrado na Tabela EA 8.2.

As hipóteses originais dos pesquisadores sobre os cinco grupos são repetidas abaixo. Você pode ver que os rankings na Tabela EA 8.2 dão total suporte para essas hipóteses.

H_1: Percepções dos sobreviventes, feridos e implementadores/feridos sobre a afirmação da ética do *downsizing* não diferirão significativamente (isto é, nenhuma diferença entre os grupos 1, 2 e 3).

H_2: Percepções dos formuladores e implementadores/sobreviventes sobre a afirmação da ética do *dowsizing* não diferirão significativamente (isto é, nenhuma diferença entre o grupo 4 e o grupo 5).

H_3: Percepções dos sobreviventes, feridos e implementadores/feridos sobre a afirmação da ética do *downsizing* diferirão significativamente das percepções dos formuladores e implementadores/sobreviventes (isto é, os grupos 4 e 5 são diferentes dos grupos 1, 2 e 3).

Multiple Comparisons

Dependent Variable: ETHICS
Bonferroni

(I) GROUPNUM	(J) GROUPNUM	Mean Difference (I-J)	Std. Error	Sig.	95% Confidence Interval	
					Lower Bound	Upper Bound
1	2	-.06	.191	1.000	-.60	.49
	3	.19	.246	1.000	-.50	.89
	4	-.76*	.231	.012	-1.41	-.10
	5	-1.08*	.236	.000	-1.75	-.42
2	1	.06	.191	1.000	-.49	.60
	3	.25	.230	1.000	-.40	.91
	4	-.70*	.214	.013	-1.31	-.09
	5	-1.03*	.219	.000	-1.65	-.40
3	1	-.19	.246	1.000	-.89	.50
	2	-.25	.230	1.000	-.91	.40
	4	-.95*	.264	.004	-1.70	-.20
	5	-1.28*	.268	.000	-2.04	-.52
4	1	.76*	.231	.012	.10	1.41
	2	.70*	.214	.013	.09	1.31
	3	.95*	.264	.004	.20	1.70
	5	-.33	.255	1.000	-1.05	.40
5	1	1.08*	.236	.000	.42	1.75
	2	1.03*	.219	.000	.40	1.65
	3	1.28*	.268	.000	.52	2.04
	4	.33	.255	1.000	-.40	1.05

*. The mean difference is significant at the .05 level.

FIGURA EA8.4 Múltiplas comparações de Bonferroni no SPSS para as médias dos cinco grupos de tratamentos

TABELA EA8.2 Ranking das médias dos grupos com base na análise de Bonferroni

1,59	1,79	1,84	2,54	2,87
Implementadores/feridos	Feridos	Sobreviventes	Implementadores/sobreviventes	Formuladores
GRUPO 3	GRUPO 1	GRUPO 2	GRUPO 4	GRUPO 5

Exercícios 8.33 – 8.45

Aprendendo a mecânica

8.33 Considere um desenho completamente aleatório com k tratamentos. Presuma que todas as comparações de pares das médias dos tratamentos devem ser feitas usando o procedimento de comparações múltiplas. Determine o número total de comparações de pares para os valores de k a seguir.

a. $k = 3$
b. $k = 5$
c. $k = 4$
d. $k = 10$

8.34 Defina uma taxa de erro de experimento.

8.35 Defina uma taxa de erro de comparação.

8.36 Considere um planejamento completamente aleatório com cinco tratamentos, A, B, C, D e E. O teste F ANOVA revelou diferenças significativas entre as médias. Um procedimento de múltiplas comparações foi usado para comparar todos os possíveis pares de médias de tratamentos a $\alpha = 0{,}05$. O ranking das cinco médias dos tratamentos é resumido abaixo. Identifique quais pares de médias são significativamente diferentes.

a. $\overline{A \ C \ E \ B \ D}$
b. $\overline{A \ C \ E \ B \ D}$
c. $\overline{A \ C \ E \ B \ D}$
d. $\overline{A \ C \ E \ B \ D}$

Aplicação dos conceitos — Básico

8.37 Recrutamento de time de tênis da universidade pelo Web site. Releia o estudo do *Sport Journal* (inverno, 2004) para comparar as atitudes dos técnicos de tênis das divisões I, II e III em relação às ferramentas de recrutamento do time dos Web sites, Exercício 8.22. As respostas médias (medida em uma escala de 7 pontos) à afirmação "o formulário prospectivo de estudantes atletas nos Web sites contribui muito pouco para o processo de recrutamento" estão listadas e classificadas abaixo. Os resultados foram obtidos usando o procedimento de comparações múltiplas com uma taxa de erro de experimento de 0,05. Interprete os resultados de forma prática.

Média	4,51	3,60	3,21
Divisão	I	II	III

8.38 Robôs treinados para se comportar como formigas. Releia o estudo da *Nature* (ago. 2000) sobre robôs treinados para se comportar como formigas, Exercício 8.24. Múltiplas comparações da energia média dispendida para os quatro tamanhos de colônias foram realizadas usando uma taxa de erro de experimento de 0,05. Os resutados estão resumidos abaixo.

Média da amostra	0,97	0,95	0,93	0,80
Tamanho do grupo	3	6	9	12

a. Quantas comparações de pares são feitas nessa análise?
b. Interprete os resultados mostrados na tabela.

8.39 Estudo do desempenho de fundos mútuos. Consulte a comparação da *American* sobre fundos mútuos de grande, média e pequena capacidade, Exercício 8.26. Usando uma taxa de erro de experimento de 0,05, os intervalos de confiança de Tukey para as diferenças entre as taxas médias de retorno para todos os possíveis pares de tipos de fundos são dados abaixo.

Comparação	Intervalo de confiança de Tukey
$\mu_{Grande} - \mu_{Média}$	(−0,1847; 5,3807)
$\mu_{Grande} - \mu_{Pequena}$	(2.4426; 8,0080)
$\mu_{Média} - \mu_{Pequena}$	(−0,1554; 5,4100)

a. Por que o método das múltiplas comparações de Tukey é preferido em relação ao outro método?
b. Há diferença significativa entre as médias dos tratamentos para fundos mútuos de grande e média capacidade? Explique.
c. Há diferença significativa entre as médias dos tratamentos para fundos mútuos de grande e pequena capacidade? Explique.
d. Há diferença significativa entre as médias dos tratamentos para fundos mútuos de média e grande capacidade? Explique.
e. Use suas respostas aos itens de **b** a **d** para ranquear as médias dos tratamentos.
f. Dê uma medida de confiabilidade para a inferência do item **e**.

8.40 Segurança de usinas nucleares. Consulte o estudo do *American Journal of Political Science* (jan.1998) sobre as atitudes de três grupos de profissionais (cientistas, jornalistas e responsáveis pelas políticas do governo fede-ral) em relação à segurança de usinas nucleares, Exercício 8.28. As pontuações médias de segurança para os grupos foram:

Oficiais do governo	4,2
Cientistas	4,1
Jornalistas	3,7

a. Determine o número de comparações de pares de médias de tratamentos que podem ser feitas nesse estudo.
b. Usando uma taxa de erro de experimento de $\alpha = 0,05$, a diferença mínima significativa de Tukey para comparar as médias é 0,23 — isto é, se a diferença entre a média da amostra excede 0,23, as médias dos tratamentos são estatisticamente diferentes. Use essa informação para realizar um procedimento de múltiplas comparações sobre as médias da pontuação de segurança. Interprete detalhadamente os resultados.

Aplicação dos conceitos — Intermediário

TVADRECALL Companion Website

8.41 Estudo sobre a lembrança de comerciais de TV. Observe o desenho completamente aleatório do estudo do *Journal of Applied Psychology* (jun. 2002) para comparar as pontuações médias de lembranças de comerciais de três programas de TV, Exercício 8.23. Lembre-se de que um programa tinha código de violência (V), outro tinha conteúdo de sexo (S) e um terceiro era um programa neutro. Os pesquisadores realizaram comparações múltiplas das três pontuações médias de lembranças usando o método Tukey.
a. Quantas comparações de pares são feitas nesse estudo?
b. Os resultados das comparações múltiplas, usando uma taxa de erro de experimento de 0,05, são mostrados na tela do MINITAB da página a seguir. Localize o intervalo de confiança para os grupos V e S. Interprete esse resultado de forma prática.
c. Repita o item **b** para as comparações remanescentes. Qual dos grupos tem a pontuação média de lembrança mais alta?
d. No artigo do jornal, os pesquisadores concluíram que "a memória para comerciais [de televisão] é prejudicada depois que se assiste a uma programação de conteúdo violento ou sexual". Você concorda?

8.42 Renda e violência na estrada. Releia o estudo da *Accident Analysis and Prevention* (v. 34, 2002) sobre violência nas estradas, Exercício 8.27. Lembre-se de que a pontuação média para situações de raiva de motoristas nas estradas em três grupos de renda, abaixo de US$ 30.000, entre US$ 30.000 e US$ 60.000 e acima de US$ 60.000, era 4,60, 5,08 e 5,15, respectivamente.

```
Tukey 95% Simultaneous Confidence Intervals
All Pairwise Comparisons

Individual confidence level = 98.01%


VIOLENT subtracted from:

            Lower    Center   Upper    --------+---------+---------+---------+--
SEX        -0.923   -0.370    0.183              (----*----)
NEUTRAL     0.530    1.083    1.636                            (----*----)
                                       --------+---------+---------+---------+--
                                            -1.2       0.0       1.2       2.4


SEX subtracted from:

            Lower    Center   Upper    --------+---------+---------+---------+--
NEUTRAL     0.901    1.454    2.007                                (---*----)
                                       --------+---------+---------+---------+--
                                            -1.2       0.0       1.2       2.4
```

Resultado do MINITAB para o Exercício 8.41

a. Uma taxa de erro de experimento de 0,01 foi usada para ranquear as três médias. Dê uma interpretação prática dessa taxa de erro.
b. Quantas comparações de pares são necessárias para comparar as três médias? Liste-as.
c. Um procedimento de comparações múltiplas verificou que as médias para os dois grupos de renda, US$ 30.000 a US$ 60.000 e acima de US$ 60.000, não foram significativamente diferentes. Todos os outros pares de médias foram considerados significativamente diferentes. Resuma os resultados em forma de tabela.
d. Quais das comparações do item **b** gerarão um intervalo de confiança que não contenha 0?

DDT

8.43 Contaminação de peixes perto de uma descarga de uma usina de energia. Consulte os dados do U.S. Army Corps of Engineers sobre peixes contaminados salvos no arquivo **DDT**. No Exercício 8.29, você rodou uma ANOVA para comparar três espécies (lampreia, labro ou sugador) nas variáveis dependentes comprimento (em centímetros), peso (em gramas) e nível de DDT (em partes por milhão). Para aquelas variáveis dependentes que resultaram em um teste F ANOVA significativo, faça comparações múltiplas das médias dos tratamentos. Use uma taxa de erro de experimento de 0,05. Interprete os resultados de forma prática.

DIAMONDS

8.44 Diamantes vendidos no varejo. Consulte os dados do *Journal of Statistics Education* sobre diamantes para venda no varejo salvos no arquivo **DIAMONDS**. No Exercício 8.30, você rodou uma ANOVA para comparar níveis da variável qualitativa (cor, claridade ou grupo de certificação) na média da variável quantitativa (tamanho de quilate ou preço). Siga com a análise de comparações múltiplas das médias dos tratamentos. Use uma taxa de erro de experimento de 0,05. Interprete os resultados de forma prática.

8.45 Efetividade de técnicas de fechamento de vendas. Releia a comparação da *Industrial Marketing Management* (set. 1996) de seis técnicas de fechamento de vendas, Exercício 8.31. As médias de 'nível de confiança' para prospecções de vendedores usando cada uma das seis técnicas de vendas estão listadas na tabela abaixo. Uma análise de comparações múltiplas de médias pode ser realizada (a $\alpha = 0,05$) com os resultados mostrados na terceira coluna da tabela. Interprete detalhadamente os resultados.

TRATAMENTOS: TÉCNICA DE FECHAMENTO	NÍVEL MÉDIO DE CONFIANÇA	TRATAMENTOS DIFERINDO
1. Sem fechamento	4,67	1 de 5 e 6
2. Evento por acontecer	4,48	2 de 6
3. Validação social	4,40	Sem diferenças
4. Se-então	4,33	Sem diferenças
5. Assumido como fechado	4,04	5 de 1
6. ou-ou	3,98	6 de 1 e 2

Fonte: HAWES, S.M.; STRONG, J. T.; WINICK, B. S. "Do closing techniques diminish prospect trust?" *Industrial Marketing Management*, vol. 25, n.5, set. 1996, p. 355.

8.4 O planejamento do bloco aleatório

Se o planejamento completamente aleatório resulta em não-rejeição da hipótese nula de que as médias dos tratamentos diferem porque a variabilidade da amostra (como medida pelo QME) é grande, podemos querer consider um planejamento experimental que melhor controle a variabilidade. Ao contrário da seleção de amostras independentes de unidades experimentais especificadas por um planejamento completamente aleatório, o *planejamento aleatório em bloco* utiliza unidades que são *grupos combinados*, alocando um de cada grupo a cada tratamento. Os grupos combinados de unidades experimentais são chamados *blocos*. A teoria por trás do planejamento aleatório em bloco é que a variabilidade da amostra das unidades experimentais em cada bloco será reduzida, reduzindo a medida de erro, QME.

> **DEFINIÇÃO 8.8**
>
> O **planejamento aleatório em bloco** consiste em um procedimento de dois passos:
> 1. Grupos combinados de unidades experimentais, chamados **blocos**, são formados, cada bloco consistindo de k unidades experimentais (em que k é o número de tratamentos). Os blocos b devem consistir em unidades experimentais o mais similares possível.
> 2. Uma unidade experimental de cada bloco é aleatoriamente alocada a cada tratamento, resultando em um total de respostas $n = bk$.

Por exemplo, se desejarmos comparar pontuações SAT de veteranas e veteranos do ensino médio, poderemos selecionar amostras aleatórias independentes de cinco moças e cinco rapazes e analisar os resultados do planejamento completamente aleatório, como mostrado na Seção 8.2. Ou podemos selecionar pares combinados de moças e rapazes de acordo com seus registros escolares, e analisar os resultados do SAT dos pares. Como exemplo, poderemos selecionar pares de estudantes com GPAs aproximadamente iguais da mesma escola. Cinco pares desse tipo (blocos) são mostrados na Tabela 8.5. Note que isso é apenas um *experimento de diferença de pares*, discutido inicialmente na Seção 7.3.

TABELA 8.5 Desenho aleatório em bloco: comparação da pontuação do SAT

Bloco	Pontuação SAT Mulheres	Pontuação SAT Homens	Média do Bloco
1 (Escola A, 2,75 GPA)	540	530	535
2 (Escola B, 3,00 GPA)	570	550	560
3 (Escola C, 3,25 GPA)	590	580	585
4 (Escola D, 3,50 GPA)	640	620	630
5 (Escola E, 3,75 GPA)	690	690	690
Média do tratamento	606	594	

Como antes, a variância entre as médias dos tratamentos é medida ao se elevar ao quadrado a distância entre cada média de tratamento e a média geral, multiplicando cada distância ao quadrado pelo número de medições para o tratamento e somando os tratamentos:

$$\text{SQT} = \sum_{i=1}^{k} b(\bar{x}_{T_i} - \bar{x})^2$$
$$= 5(606 - 600)^2 + 5(594 - 600)^2 = 360$$

onde $\bar{x}_{T_i}$ representa a média da amostra para o i-ésimo tratamento, b (o número de blocos) é o número de medições para cada tratamento e k é o número de tratamentos. O bloco também leva em conta alguma parte das variâncias entre as diferentes respostas — isto é, assim como a SQT mede a variância entre as médias de mulheres e homens, podemos calcular uma medida de variância entre as médias dos cinco blocos representando diferentes escolas e habilidades escolares. Análogo ao cálculo da SQT, somamos os quadrados das diferenças entre cada média do bloco e a média geral, multiplicando cada diferença ao quadrado pelo número de medições para cada bloco e somando os blocos para calcular a **soma de quadrados para os blocos** (SQB):

$$\text{SQB} = \sum_{i=1}^{b} k(\bar{x}_{B_i} - \bar{x})^2$$
$$= 2(535-600)^2 + 2(560-600)^2 + 2(585-600)^2$$
$$+ 2(630-600)^2 + 2(690-600)^2$$
$$= 30.100$$

onde $\bar{x}_{B_i}$ representa a média da amostra para o i-ésimo bloco e k (o número de tratamentos) é o número de medições em cada bloco. Como esperamos, a variância nas pontuações do SAT atribuível às escolas e aos níveis de sucesso escolar é aparentemente grande.

Agora, desejamos comparar a variabilidade atribuída aos tratamentos com aquela atribuída à variabilidade da amostra. Em um planejamento aleatório em bloco, a variabilidade da amostra é medida pela subtração daquela porção atribuída aos tratamentos e blocos da soma de quadrados total, SQ, (total). A variância total é a soma de diferenças ao quadrado para cada medição a partir da média geral:

$$\begin{aligned} SQ(total) &= \sum_{i=1}^{n}(x_i - \bar{x})^2 \\ &= (540 - 600)^2 + (530 - 600)^2 \\ &\quad + (570 - 600)^2 + (550 - 600)^2 + \cdots \\ &\quad + (690 - 600)^2 \\ &= 30.600 \end{aligned}$$

Então, a variância atribuível ao erro da amostragem é encontrada pela subtração:

$$\begin{aligned} SQE &= SQ(total) - SQT - SQB \\ &= 30.600 - 360 - 30.100 = 140 \end{aligned}$$

Em resumo, a soma de quadrados total — 30.600 — é dividida em três componentes: 360 atribuídos aos tratamentos (gênero), 30.100 atribuídos aos blocos (habilidade escolar) e 140 atribuídos ao erro amostral.

Os quadrados médios associados com cada fonte de variabilidade são obtidos com a divisão da soma de quadrados pelo número apropriado de graus de liberdade. A divisão da soma de quadrados total e os graus de liberdade para um experimento aleatório em bloco são resumidos na Figura 8.14.

Para determinar se podemos rejeitar a hipótese nula de que as médias de tratamentos são iguais em favor da alternativa de que pelo menos duas delas diferem, calculamos:

$$MQT = \frac{SQT}{k - 1} = \frac{360}{2 - 1} = 360$$

$$QME = \frac{SSE}{n - b - k + 1} = \frac{140}{10 - 5 - 2 + 1} = 35$$

A proporção F usada para testar a hipótese é

$$F = \frac{360}{35} = 10{,}29$$

Comparando essa taxa com o valor F tabulado correspondente a $\alpha = 0{,}05$, $v_1 = (k - 1) = 1$ grau de liberdade no numerador e $v_2 = (n - b - k + 1) = 4$ graus de liberdade no denominador, verificamos que:

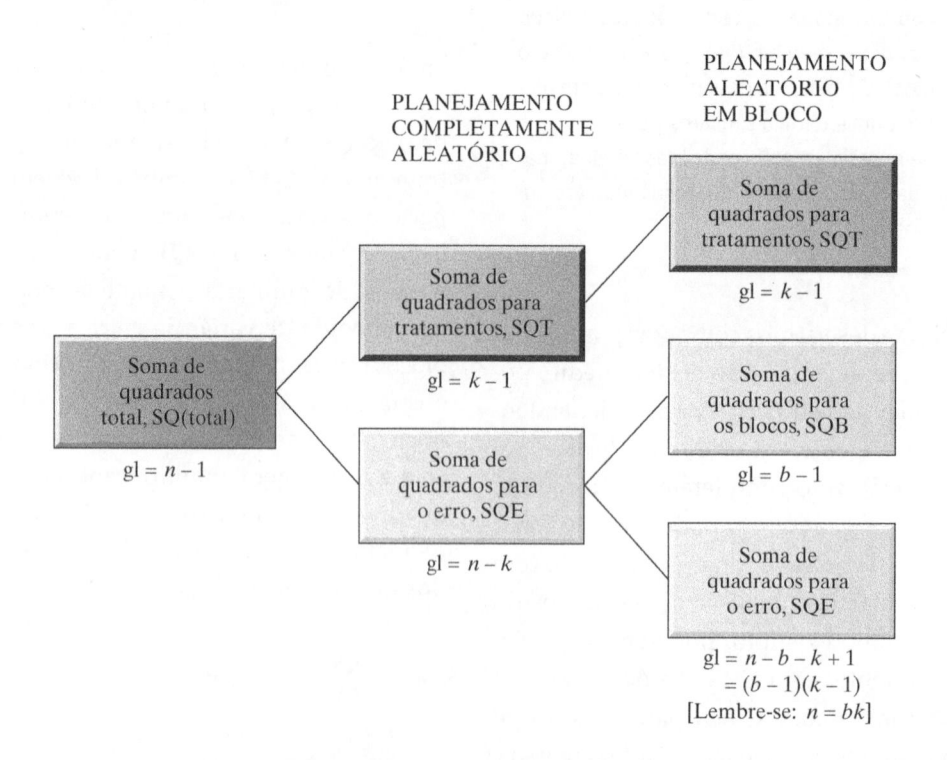

FIGURA 8.14 Divisão da soma de quadrados total para o desenho aleatório em bloco

$$F = 10{,}29 > F_{0{,}05} = 7{,}71$$

o que indica que rejeitaríamos a hipótese nula e concluiríamos que a média de pontuações do SAT difere para moças e rapazes.

Se você revisar a Seção 7.3, verificará que a análise de experimento de diferenças em pares resulta em um teste t de uma amostra sobre as diferenças entre as respostas dos tratamentos dentro de cada bloco.

Aplicando o procedimento às diferenças entre pontuações de moças e rapazes na Tabela 8.5, verificamos:

$$t = \frac{\bar{x}_d}{s_d/\sqrt{n_d}} = \frac{12}{\sqrt{70}/\sqrt{5}} = 3{,}207$$

Ao grau de significância 0,05 com $(n_d - 1) = 4$ graus de liberdade:

$$t = 3{,}21 > t_{0{,}025} = 2{,}776$$

Uma vez que $t^2 = (3{,}207)^2 = 10{,}29$ e $t^2_{0{,}025} = (2{,}776)^2 = 7{,}71$, verificamos que o teste t de diferença em pares e o teste F ANOVA são equivalentes, tanto com as estatísticas-teste calculadas como com a região de rejeição, relacionadas pela fórmula: $F = t^2$. A diferença entre os testes é que o teste t de diferença em pares pode ser usado para comparar apenas dois tratamentos em um planejamento aleatório em bloco, enquanto o teste F pode ser aplicado a *dois ou mais* tratamentos em um planejamento aleatório em bloco. O teste F é resumido no quadro a seguir.

TESTE F ANOVA PARA COMPARAR K MÉDIAS DE TRATAMENTOS: DESENHO ALEATÓRIO EM BLOCO

H_0: $\mu_1 = \mu_2 = \ldots = \mu_k$
H_a: Pelo menos duas médias de tratamentos diferem

Estatística-teste: $F = \dfrac{MQT}{QME}$

Região de rejeição: $F > F\alpha$, onde $F\alpha$ é baseado no numerador $(k - 1)$ graus de liberdade e no denominador $(n - b - k + 1)$ graus de liberdade.

CONDIÇÕES REQUERIDAS PARA UM TESTE ANOVA VÁLIDO: PLANEJAMENTO ALEATÓRIO EM BLOCO

1. Os blocos b são aleatoriamente selecionados, e todos os tratamentos k são aplicados (em ordem aleatória) a cada bloco.
2. As distribuições de observações correspondentes a todas as bk combinações bloco–tratamento são aproximadamente normais.
3. As distribuições bk bloco–tratamento têm variâncias iguais.

Note que as premissas dizem respeito a distribuições de probabilidade associadas com cada combinação bloco–tratamento. A unidade experimental selecionada para cada combinação é tida como tendo sido aleatoriamente selecionada a partir de todas as unidades experimentais possíveis para aquela combinação, e a resposta é considerada normalmente distribuída com a mesma variância para cada uma das combinações bloco–tratamento. Por exemplo, o teste F comparando pontuações médias SAT para moças e rapazes requer que as pontuações para cada combinação de gênero e habilidade escolar (por exemplo, moças com GPA 3,25) sejam normalmente distribuídas, com a mesma variância que outras combinações empregadas no experimento.

As fórmulas de cálculo para desenhos aleatórios em bloco são dadas no Apêndice C. Confiamos em softwares estatísticos para analisar desenhos aleatórios em blocos e para obter os itens necessários para testar a hipótese nula de que as médias dos tratamentos são iguais.

EXEMPLO 8.7

PRINCÍPIOS DO PLANEJAMENTO EXPERIMENTAL

Problema Consulte os exemplos 8.4 a 8.6. Suponha que a USGA queira comparar as distâncias médias associadas com todas as quatro marcas de bolas de golfe quando atingidas por um taco, mas queira empregar golfistas humanos em vez do robô Iron Byron. Presuma que 10 bolas de cada marca serão utilizadas no experimento.

a. Explique como um planejamento completamente aleatório poderia ser empregado.
b. Explique como um planejamento aleatório em bloco poderia ser empregado.
c. Qual planejamento é mais indicado para proporcionar mais informações sobre as diferenças entre as distâncias médias das marcas?

Solução

a. Uma vez que o planejamento completamente aleatório pede amostras independentes, podemos empregar tal planejamento ao selecionar aleatoriamente 40 golfistas e depois alocar aleatoriamente 10 deles a cada uma das quatro marcas. Finalmente, cada golfista atingirá a bola da marca alocada e a distância será registrada. O planejamento está representado na Figura 8.15a.

b. O planejamento aleatório em bloco emprega blocos de unidades experimentais relativamente homogêneas. Por exemplo, poderíamos selecionar aleatoriamente 10 golfistas e permitir que cada um deles atinja quatro bolas, uma de cada marca, em seqüência aleatória. Então, cada golfista é um bloco, com cada tratamento (marca) alocado a cada bloco (golfista). O planejamento é resumido na Figura 8.15b.

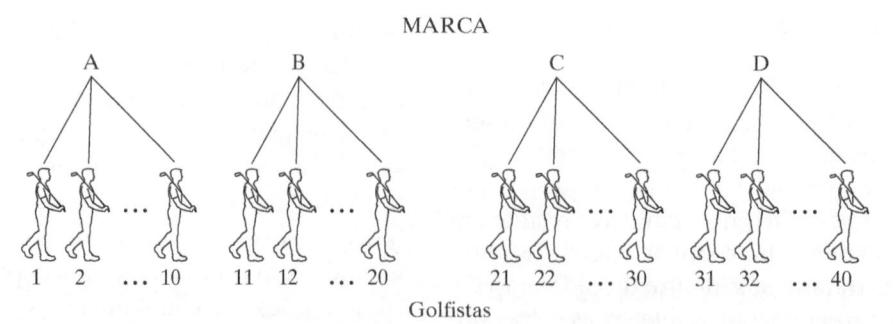

FIGURA 8.15 Ilustração de planejamento completamente aleatório e planejamento aleatório em bloco: comparação de quatro marcas de bolas de golfe

a. Planejamento completamente aleatório

b. Planejamento aleatório em bloco

c. Como esperamos muito mais variabilidade entre as distâncias geradas por golfistas 'reais' do que pelo Iron Byron, esperaríamos que o desenho aleatório em bloco controlasse melhor a variabilidade do que o desenho completamente aleatório — isto é, com 40 golfistas diferentes, esperaríamos que a variabilidade da amostra entre as distâncias medidas dentro de cada marca fosse maior do que aquela entre as quatro distâncias geradas por cada um dos 10 golfistas atingindo uma bola de cada marca.

Agora faça o Exercício 8.50 a,b

EXEMPLO 8.8

Comparando marcas de bolas de golfe com um planejamento aleatório em bloco

Problema Consulte o Exemplo 8.7. Suponha que o planejamento aleatório em bloco do item **b** seja empregado, utilizando uma amostra aleatória de 10 golfistas, com cada golfista usando um taco para atingir quatro bolas, uma de cada marca, em seqüência aleatória.

a. Defina um teste da hipótese de pesquisa de que as distâncias médias das marcas diferem. Use $\alpha = 0{,}05$.

b. Os dados para o experimento são dados na Tabela 8.6. Use um software estatístico para analisar os dados e realize o teste definido no item **a**.

GOLDRDB*

TABELA 8.6 Dados de distância para o desenho aleatório em bloco

Golfista (Bloco)	Marca A	Marca B	Marca C	Marca D
1	202,4	203,2	223,7	203,6
2	242,0	248,7	259,8	240,7
3	220,4	227,3	240,0	207,4
4	230,0	243,1	247,7	226,9
5	191,6	211,4	218,7	200,1
6	247,7	253,0	268,1	244,0
7	214,8	214,8	233,9	195,8
8	245,4	243,6	257,8	227,9
9	224,0	231,5	238,2	215,7
10	252,2	255,2	265,4	245,2
Médias da amostra	227,0	233,2	245,3	220,7

* Para usar os dados da tabela no software, é preciso trocar as vírgulas dos valores numéricos por ponto.

Two-way ANOVA: DISTANCE versus BRAND, GOLFER

```
Source   DF       SS       MS        F       P
BRAND     3   3298.7  1099.55    54.31   0.000
GOLFER    9  12073.9  1341.54    66.26   0.000
Error    27    546.6    20.25
Total    39  15919.2

S = 4.499    R-Sq = 96.57%    R-Sq(adj) = 95.04%
```

FIGURA 8.16 Desenho ANOVA aleatório em bloco do MINITAB: comparação entre marcas de bola de golfe

Solução

a. Queremos testar se os dados na Tabela 8.6 fornecem evidência suficiente para concluir que as distâncias médias das marcas diferem. Representando a média da população da i-ésima marca por μ_i, testamos:

$H_0: \mu_1 = \mu_2 = \mu_3 = \mu_4$

H_a: As distâncias médias diferem para pelo menos duas das marcas

A estatística-teste compara a variância entre as quatro médias de tratamentos (marcas) com a variabilidade da amostra dentro de cada um dos tratamentos.

Estatística-teste: $F = \dfrac{MQT}{QME}$

Região de rejeição: $F > F\alpha = F_{0,05}$, com $v_1 = (k - 1) = 3$ numerador graus de liberdade e $v_2 = (n - k - b + 1) = 27$ denominador graus de liberdade. Da Tabela VIII do Apêndice B, encontramos $F_{0,05} = 2,96$. Assim, rejeitaremos H_0 se $F > 2,96$.

As premissas necessárias para garantir a validade do teste são como se segue: (1) As distribuições de probabilidade das distâncias para cada combinação marca–golfista são normais. (2) As variâncias das distribuições de probabilidade das distâncias para cada combinação marca–golfista são iguais.

b. O MINITAB foi usado para analisar os dados da Tabela 8.6, e o resultado é mostrado na Figura 8.16. Os valores de MQT e QME (sombreado na tela) são 1.099,6 e 20,2, respectivamente. A proporção F para marca (também sombreada na tela) é $F = 54,31$, o que excede o valor tabulado de 2,96. Então rejeitamos a hipótese nula ao nível de significância $\alpha = 0,05$, concluindo que pelo menos duas das marcas diferem no que diz respeito à distância média viajada quando atingida pelo taco.

Relembrando O resultado do item **b** é confirmado ao se notar que o nível observado de significância do teste, sombreado na tela, é $p \approx 0$.

Agora faça o Exercício 8.50c

Os resultados de uma ANOVA podem ser resumidos em um formato tabular simples, similar àquele utilizado para o desenho completamente aleatório na Seção 8.2. A forma geral da tabela é mostrada na Tabela 8.7, e aquele para o Exemplo 8.8 é dado na Tabela 8.8. Note que o desenho aleatório em bloco é caracterizado por três fontes de variância — tratamentos, blocos e erro — que, adicionados, representam a soma de quadrados total. Esperamos que o emprego de blocos de unidades experimentais reduza a variabilidade de erro, tornando o teste para comparar médias de tratamentos mais poderoso.

Quando o teste F resulta na região de rejeição de hipóteses nulas de que as médias do tratamento são iguais, normalmente desejaremos comparar os vários pares de médias de tratamento para determinar quais pares específicos diferem. Podemos empregar procedimentos de múltipla comparação, como na Seção 8.3. O número de pares de médias a serem comparados será de novo $c = k(k - 1)/2$, onde k é o número de médias de tratamentos. No Exemplo 8.8, $c = 4(3)/2 = 6$; isto é, há seis pares de médias de marcas de bolas de golfe a serem comparadas.

TABELA 8.7 Tabela geral da ANOVA resumida para um desenho aleatório em bloco

Fonte	gl	SQ	QM	F
Tratamento	$k - 1$	SQT	MQT	MQT/QME
Bloco	$b - 1$	SQB	QMB	
Erro	$n - k - b + 1$	SQE	QME	
Total	$n - 1$	SQ (total)		

TABELA 8.8 Tabela ANOVA para Exemplo 8.8

Fonte	gl	SQ	QM	F	P
Tratamento (marca)	3	3.298,7	1.099,6	54,31	0,000
Bloco (golfista)	9	12.073,9	1.341,5		
Erro	27	546,6	20,2		
Total	39	15.919,2			

EXEMPLO 8.9

Ranqueando médias de marcas de bolas de golfe em um planejamento aleatório em bloco

Problema O procedimento de Bonferroni é usado para comparar as distâncias médias das quatro marcas de bola de golfe no Exemplo 8.8. Os intervalos de confiança resultantes, com uma taxa de erro *experimentwise* de $\alpha = 0,05$, são mostrados na tela do SPSS, Figura 8.17. Interprete os resultados.

Solução

Note que 12 intervalos de confiança são mostrados na Figura 8.17, em vez de 6. Lembre-se de que o SPSS calcula intervalos tanto para $\mu_j - \mu_i$ como para $i \neq j$. Apenas metade destes testes é necessária para realizar a análise,

e eles estão sombreados na tela. Os intervalos (arredondados) são resumidos abaixo:

(A–B): (–11,9; –0,4)

(A–C): (–24,0; –12,6)

(A–D): (0,6; 12,0)

(B–C): (–17,9; –6,4)

(B–D): (6,7; 18,2)

(C–D): (18,9; 30,3)

Note que estamos 95% confiantes de que todas as médias de marcas diferem porque nenhum dos intervalos contém 0. A listagem das médias de marcas na Figura 8.18 não tem linhas conectando-as porque não há diferenças significativas ao nível 0,05.

Marca	Média
C	245,3
B	233,2
A	227,0
D	220,7

FIGURA 8.18 Listagem de médias de marcas para desenho aleatório em bloco [*Nota*: Todas as diferenças são estatisticamente significantes.]

Agora faça o Exercício 8.50d

Multiple Comparisons

Dependent Variable: DISTANCE
Bonferroni

(I) BRAND	(J) BRAND	Mean Difference (I-J)	Std. Error	Sig.	95% Confidence Interval Lower Bound	95% Confidence Interval Upper Bound
A	B	-6.1300*	2.01222	.031	-11.8586	-.4014
	C	-18.2800*	2.01222	.000	-24.0086	-12.5514
	D	6.3200*	2.01222	.024	.5914	12.0486
B	A	6.1300*	2.01222	.031	.4014	11.8586
	C	-12.1500*	2.01222	.000	-17.8786	-6.4214
	D	12.4500*	2.01222	.000	6.7214	18.1786
C	A	18.2800*	2.01222	.000	12.5514	24.0086
	B	12.1500*	2.01222	.000	6.4214	17.8786
	D	24.6000*	2.01222	.000	18.8714	30.3286
D	A	-6.3200*	2.01222	.024	-12.0486	-.5914
	B	-12.4500*	2.01222	.000	-18.1786	-6.7214
	C	-24.6000*	2.01222	.000	-30.3286	-18.8714

Based on observed means.
*. The mean difference is significant at the .05 level.

FIGURA 8.17 Listagem do SPSS dos intervalos de confiança de Bonferroni: seqüência do planejamento aleatório em bloco ANOVA

Ao contrário do planejamento completamente aleatório, o planejamento aleatório em bloco não pode, em geral, ser usado para estimar médias de tratamentos individuais. Enquanto o planejamento completamente aleatório emprega uma amostra aleatória para cada tratamento, o planejamento aleatório em bloco não emprega necessariamente uma amostra aleatória de unidades experimentais para cada tratamento. As unidades experimentais dentro dos blocos são assumidas como aleatoriamente selecionadas, mas os blocos propriamente ditos podem não ser aleatoriamente selecionados.

TABELA 8.9 Tabela ANOVA para desenho aleatório em bloco: teste para blocos incluídos

Fonte	gl	SQ	QM	F	p
Tratamentos (marcas)	3	3.298,7	1.099,6	54,31	0,000
Blocos (golfistas)	9	12.073,9	1.341,5	66,26	0,000
Erro	27	546,6	20,2		
Total	39	15.919,2			

Podemos, no entanto, testar a hipótese de que as médias dos blocos são significativamente diferentes. Simplesmente comparamos a variabilidade atribuível a diferenças entre as médias dos blocos com aquelas associadas com variabilidade da amostra. A proporção de QMB e QME é uma taxa F similar àquela formada no teste de médias de tratamentos. A estatística F é comparada a um valor tabulado para um valor específico α, com numerador $(b-1)$ graus de liberdade e denominador $(n-k-b+1)$ graus de liberdade. O teste geralmente é dado na mesma tela que o teste para médias de tratamentos. Consulte a tela do MINITAB na Figura 8.18 e note que a estatística-teste para comparar as médias dos blocos é:

$$F = \frac{QMB}{QME} = \frac{QM(\text{Golfistas})}{QM(\text{Erro})} = \frac{1.341,5}{20,2} = 66,26$$

com valor p de 0,000. Uma vez que $\alpha = 0,05$ excede esse valor p, concluímos que as médias dos blocos são diferentes. Os resultados do teste estão resumidos na Tabela 8.9.

No exemplo do golfe, o teste para média de blocos confirma nossa suspeita de que golfistas variam significativamente; portanto, o uso de desenho em bloco foi uma boa decisão. No entanto, tenha cuidado para não concluir que o desenho em bloco foi um erro se o teste F para blocos não resultar em rejeição da hipótese nula de que as médias dos blocos são as mesmas. Lembre-se de que a possibilidade de erro do Tipo II existe, e não estamos controlando essa probabilidade como estamos controlando a probabilidade α de erro Tipo I. Se o pesquisador acredita que as unidades experimentais sejam mais homogêneas dentro dos blocos do que entre blocos, ele deve usar o desenho aleatório em bloco, independentemente dos resultados de um único teste comparando as médias de blocos.

O procedimento para realizar uma análise de variância para um planejamento aleatório em bloco é resumido no próximo quadro. Lembre-se de que o símbolo desse planejamento é a utilização de blocos de unidades experimentais homogêneas nos quais cada tratamento é representado.

PASSOS PARA REALIZAR UM TESTE ANOVA PARA UM PLANEJAMENTO ALEATÓRIO EM BLOCO

1. Certifique-se de que o planejamento consiste em blocos (preferencialmente, blocos de unidades experimentais homogêneas) e que cada tratamento é alocado aleatoriamente a uma unidade experimental em cada bloco.
2. Se possível, cheque as premissas de normalidade e variâncias iguais para todas as combinações bloco–tratamento. [*Nota:* Isso pode ser difícil de fazer, uma vez que o planejamento provavelmente terá uma observação para cada combinação bloco–tratamento.]
3. Crie uma tabela ANOVA resumida que especifique a variabilidade atribuível a tratamentos, blocos e erro e que leve ao cálculo da estatística F para testar a hipótese nula de que as médias dos tratamentos são iguais na população. Use um software estatístico para fórmulas de cálculo no Apêndice C para obter os itens numéricos necessários.
4. Se o teste F levar à conclusão de que as médias diferem, use o procedimento Bonferroni, Tukey ou algum similar para realizar comparações múltiplas do número de pares que você desejar. Use os resultados para resumir as diferenças estatisticamente significativas entre as médias de tratamentos. Lembre-se de que, em geral, o planejamento aleatório em bloco não pode ser usado para formar intervalos de confiança para médias de tratamentos individuais.
5. Se o teste F levar à não-rejeição da hipótese nula de que as médias dos tratamentos são iguais, duas possibilidade existem:
   a. As médias de tratamentos são iguais — isto é, a hipótese nula é verdadeira.
   b. As médias de tratamentos realmente diferem, mas outros importantes fatores que afetam a resposta não são levados em conta pelo planejamento aleatório em bloco. Esses fatores inflam a variabilidade, como medido pelo QME, resultando em valores menores da estatística F. Ou ainda aumente o tamanho da amostra para cada tratamento ou realize um experimento que leve em conta outros fatores que afetam a resposta (como na Seção 8.5). Não atinja automaticamente a conclusão anterior, uma vez que a possibilidade de erro Tipo II deve ser considerada se você aceitar H_0.

6. Se desejar, realize o teste F de hipótese nula de que as médias dos blocos são iguais. A rejeição dessa hipótese apóia estatisticamente a utilização do planejamento aleatório em bloco.

Nota: Normalmente é difícil checar se premissas para um planejamento aleatório em bloco são satisfeitas. Quando você sente que essas premissas estão para ser violadas, um procedimento não paramétrico é recomendável.

O QUE VOCÊ FAZ QUANDO PREMISSAS NÃO SÃO SATISFEITAS PARA A ANÁLISE DE VARIÂNCIA PARA UM DESENHO ALEATÓRIO EM BLOCO?

Resposta: Use um método estatístico não paramétrico, como o teste F_r de Friedman da Seção 14.6 (disponível, em inglês, no Companion Website do livro [www.prenhall.com/mcclave_br]).

Atividade 8.2:

PLANEJAMENTO ALEATÓRIO EM BLOCO

Nesta atividade, você reverá a Atividade 8.1. Para cada um dos planejamentos experimentais nos exercícios 2 e 3 de experimentos planejados versus observacionais, você retrabalhará o experimento para ter um planejamento aleatório em bloco. Explique como você escolherá suas unidades experimentais a partir de cada população. Então, descreva o critério que usou para dividir as unidades experimentais em grupos combinados. Como você determina qual unidade experimental em cada grupo combinado recebe cada nível de tratamento? Que dado é coletado e como é comparado? Você acredita que haja algum benefício para o planejamento em bloco? Explique.

Exercícios 8.46 – 8.57

Aprendendo a mecânica

8.46 Um desenho aleatório em bloco gerou a seguinte tabela ANOVA.

FONTE	gl	SQ	QM	F
Tratamentos	4	501	125,25	9,109
Blocos	2	225	112,50	8,182
Erro	8	110	13,75	
Total	14	836		

a. Quantos blocos e tratamentos foram usados no experimento?
b. Quantas observações foram coletadas no experimento?
c. Especifique a hipótese nula e a hipótese alternativa que você usaria para comparar as médias dos tratamentos.
d. Qual estatística-teste deveria ser usada para realizar o teste de hipóteses do item **c**?
e. Especifique a região de rejeição para o teste dos itens **c** e **d**. Use $\alpha = 0{,}01$.
f. Realize os testes dos itens de **c** a **e** e tire a conclusão apropriada.
g. Que premissas são necessárias para garantir a validade do teste que você realizou no item **f**?

8.47 Um experimento foi realizado usando um planejamento do bloco aleatório. Os dados do experimento são mostrados na tabela a seguir.

LM8_47 Companion Website

Tratamento	BLOCO		
	1	2	3
1	2	3	5
2	8	6	7
3	7	6	5

a. Preencha os campos que estão faltando na tabela ANOVA.

FONTE	gl	SQ	QM	F
Tratamentos	2	21,5555		
Blocos	2			
Erro	4			
Total	8	30,2222		

b. Especifique as hipóteses nula e alternativa que você usaria para investigar a diferença existente entre as médias dos tratamentos.
c. Qual estatística-teste deveria ser usada para realizar o teste do item **b**?
d. Descreva os erros Tipo I e II associados com as hipóteses do item **b**.
e. Realize o teste de hipóteses do item **b** usando $\alpha = 0{,}05$.

8.48 Um planejamento aleatório em bloco foi usado para comparar as respostas médias para três tratamentos. Quatro blocos de três unidades experimentais homogêneas foram selecionados, e cada tratamento foi aleatoriamente alocado a uma unidade experimental dentro de cada bloco. Os dados são mostrados na próxima tabela, e a tela ANOVA dos SPSS para esse experimento é mostrada abaixo.

	BLOCO			
TRATAMENTO	1	2	3	4
A	3,4	5,5	7,9	1,3
B	4,4	5,8	9,6	2,3
C	2,2	3,4	6,9	0,3

a. Use a tela para preencher as entradas na seguinte tabela ANOVA.

FONTE	gl	SQ	QM	F
Tratamentos				
Blocos				
Erro				
Total				

b. Os dados fornecem evidência suficiente para indicar que as médias dos tratamentos diferem? Use $\alpha = 0{,}05$.

c. Os dados fornecem evidência suficiente para indicar que o bloco foi efetivo na redução do erro experimental? Use $\alpha = 0{,}05$.

d. Use a tela para ranquear as médias de tratamentos a $\alpha = 0{,}05$.

e. Que premissas são necessárias para garantir a validade de inferências feitas nos itens **b**, **c** e **d**?

Tests of Between-Subjects Effects

Dependent Variable: RESPONSE

Source	Type III Sum of Squares	df	Mean Square	F	Sig.
Corrected Model	83.781[a]	5	16.756	141.935	.000
Intercept	238.521	1	238.521	2020.412	.000
TRTMENT	12.032	2	6.016	50.958	.000
BLOCK	71.749	3	23.916	202.586	.000
Error	.708	6	.118		
Total	323.010	12			
Corrected Total	84.489	11			

a. R Squared = .992 (Adjusted R Squared = .985)

Multiple Comparisons

Dependent Variable: RESPONSE
Tukey HSD

(I) TRTMENT	(J) TRTMENT	Mean Difference (I-J)	Std. Error	Sig.	95% Confidence Interval	
					Lower Bound	Upper Bound
A	B	-1.125*	.2430	.009	-1.870	-.380
	C	1.325*	.2430	.004	.580	2.070
B	A	1.125*	.2430	.009	.380	1.870
	C	2.450*	.2430	.000	1.705	3.195
C	A	-1.325*	.2430	.004	-2.070	-.580
	B	-2.450*	.2430	.000	-3.195	-1.705

Based on observed means.
*. The mean difference is significant at the .05 level.

Resultado do SPSS para o Exercício 8.48

8.49 Suponha que um experimento utilizando um planejamento aleatório em bloco tenha quatro tratamentos e nove blocos, para um total de 4 × 9 = 36 observações. Presuma que a soma de quadrados total para a resposta seja SQ(total) = 500. Para cada uma das seguintes divisões de SQ(total), teste a hipótese nula de que as médias de tratamentos são iguais, e a hipótese nula de que as médias de blocos são iguais. Use α = 0,05 para cada teste.

a. A soma de quadrados para tratamentos (SQT) é 20% de SQ(total), e a soma de quadrados para os Blocos (SQB) é 30% de SQ(total).
b. SQT é 50% de SQ(total), e SQB é 20% de SQ(total).
c. SQT é 20% de SQ(total), e SQB é 50% de SQ(total).
d. SQT é 40% de SQ(total), e SQB é 40% de SQ(total).
e. SQT é 20% de SQ(total), e SQB é 20% de SQ(total).

Aplicação dos conceitos — Básico

8.50 Produção de flores de mudas anãs. Plantas anãs são populares entre paisagistas. Pesquisadores da Stetson University realizaram um experimento para determinar os efeitos do fogo no crescimento da planta (*Florida Scientist*, primavera, 1997). Doze canteiros experimentais de terra foram selecionados em um pasto onde a planta é abundante. Dentro de cada canteiro, três plantas anãs foram aleatoriamente selecionadas e tratadas como segue: uma planta foi exposta ao fogo, outra, a aparas, e a terceira foi mantida sem manipulação (controle). Após 5 meses, o número de flores produzidas por cada uma das 36 mudas foi determinado. O objetivo do estudo foi comparar o número médio de flores produzidas por mudas anãs para três tratamentos (fogo, apara e controle).

a. Identifique o tipo de planejamento experimental empregado, incluindo tratamentos, variável resposta e unidades experimentais.
b. Ilustre o layout do desenho usando um gráfico similar ao da Figura 8.15.
c. A ANOVA dos dados resultou em uma estatística-teste de F = 5,42 para tratamentos com um valor associado de p = 0,009. Interprete esse resultado.
d. As três médias de tratamentos foram comparadas usando o método Tukey a α = 0,05. Interprete os resultados, mostrados abaixo.

Número médio de flores	1,17	10,58	17,08
Tratamento	Controle	Apara	Fogo

8.51 Oleodutos rotativos. Um economista quer comparar o número médio de meses de oleodutos rotativos de três estados: Califórnia, Utah e Alaska. De forma a levar em conta a variância mensal, 3 meses foram aleatoriamente selecionados em um período de 2 anos, e o número de oleodutos funcionando em cada estado em cada mês foi obtido a partir dos dados da revista *World Oil* (jan. 2002). Os dados, reproduzidos na tabela a seguir, foram analisados usando desenho aleatório em bloco.

OILRIGS

MÊS/ANO	CALIFÓRNIA	UTAH	ALASKA
Nov. 2000	27	17	11
Out. 2001	34	20	14
Nov. 2001	36	15	14

a. Por que um planejamento aleatório em bloco é preferido em relação a um planejamento completamente aleatório para comparar o número médio de oleodutos funcionando na Califórnia, em Utah e no Alaska?
b. Identifique os tratamentos para esse experimento.
c. Identifique os blocos para o experimento.
d. Escreva a hipótese nula para o teste F ANOVA.
e. Localize a estatística-teste e o valor p na tela do MINITAB mostrada abaixo. Interprete os resultados.

Two-way ANOVA: NumRigs versus State, Month/Year

```
Source       DF      SS        MS       F       P
State         2   617.556   308.778   38.07   0.002
Month/Year    2    30.889    15.444    1.90   0.262
Error         4    32.444     8.111
Total         8   680.889

S = 2.848    R-Sq = 95.23%    R-Sq(adj) = 90.47%


                  Individual 95% CIs For Mean Based on
                  Pooled StDev
State    Mean   ---------+---------+---------+---------+
AL     13.0000  (----*-----)
CAL    32.3333                                (----*-----)
UT     17.3333       (-----*----)
                  ---------+---------+---------+---------+
                       16.0      24.0      32.0      40.0
```

Resultado do MINITAB para o Exercício 8.51

NUMRIGS

Tukey HSD[a,b]

STATE	N	Subset 1	Subset 2
AL	3	13.00	
UT	3	17.33	
CAL	3		32.33
Sig.		.262	1.000

Means for groups in homogeneous subsets are displayed.
Based on Type III Sum of Squares
The error term is Mean Square(Error) = 8.111.
  a. Uses Harmonic Mean Sample Size = 3.000.
  b. Alpha = .05.

Resultado do SPSS para o Exercício 8.51

f. Uma comparação múltipla de Tukey para médias (a $\alpha = 0,05$) está resumida na tela SPSS acima. Qual estado tem o maior número médio de oleodutos funcionando significativamente mensalmente?

8.52 Efetividade de armadilhas contra gansos. Qual tipo de isca você deveria comprar para caçar gansos? Um estudo no *Journal of Wildlife Management* (jul. 1995) comparou a efetividade de três diferentes tipos de armadilhas — iscas empalhadas, iscas envolvidas por plástico e iscas de corpo inteiramente plástico — para atrair gansos canadenses para armadilhas. De forma a levar em conta fontes externas de variância, três armadilhas foram usadas como blocos no experimento. Assim, um planejamento aleatório em bloco com três tratamentos (tipos de iscas) e três blocos (armadilhas) foram empregados. A variável resposta foi a porcentagem de grupos de gansos a se aproximar dentro de 46 metros de cativeiro em determinado dia. Os dados são apresentados na tabela[5] ao lado. Uma tela do MINITAB para a análise segue abaixo. Localize o valor *p* para tratamentos na tela e interprete o resultado.

Two-way ANOVA: PERCENT versus DECOY, BLIND

```
Source  DF      SS       MS      F      P
DECOY    2  30.069  15.0344   0.61  0.589
BLIND    2  44.149  22.0744   0.89  0.479
Error    4  99.338  24.8344
Total    8 173.556

S = 4.983   R-Sq = 42.76%   R-Sq(adj) = 0.00%
```

DECOY Companion Website

ARMADILHA	SUPERFÍCIE	CORPO INTEIRO	EMPALHADO
1	7,3	13,6	17,8
2	12,6	10,4	17,0
3	16,4	23,4	13,6

Fonte: HARREY, W. F.; HINDMAN, L.J.; RHODES, W. E. "Vulnerability of Canada geese to taxidermy-mounted decoys." *Journal of Wildlife Management*, vol. 59, n. 3, jul. 1995, p. 475 (Tabela 1).

8.53 Participação em um programa de caminhada de uma empresa. Um estudo foi realizado para pesquisar o efeito de entrar em um programa de caminhada instituído em uma grande empresa (*Health Psychology*, mar. 1995). Cinco grupos de andadores — 27 em cada grupo — concordaram em participar de uma caminhada de 20 minutos pelo menos um dia por semana por um período de 24 semanas. Os participantes foram convidados a caminhar cada semana por meio de ligações telefônicas, mas diferentes esquemas foram usados para cada grupo. Andadores no grupo de controle não receberam nenhum telefonema; os do grupo 'freqüente/baixa' receberam uma ligação uma vez por semana com pouca estrutura (isto é, 'just touching base'); andadores no grupo 'freqüente/alta' receberam uma ligação uma vez por semana com alta estrutura (isto é, objetivos são colocados); aqueles no grupo 'não freqüente/baixa' receberam uma chamada a cada três semanas com alta estrutura, e andadores do grupo 'não freqüente/alta' receberam uma chamada a cada três semanas com alta estrutura. A tabela acima lista o número de participantes

---

[5] O planejamento real empregado no estudo foi mais complexo do que os planejamento dos blocos aleatórios mostrados aqui. No estudo real, cada número na tabela representa a média da porcentagem diária de grupos de gansos atraídos para a armadilha, em média sobre 13 a 17 dias.

WALKERS
Companion Website

Semana	Controle	Freqüente/ Baixa	Freqüente/Alta	Não freqüente/ Baixa	Não freqüente/ Alta
1	7	23	25	21	19
4	2	19	25	10	12
8	2	18	19	9	9
12	2	7	20	8	2
16	2	18	18	8	7
24	1	17	17	7	6

Fonte: LOMBARD, D. N. et al. "Walking to meet health guidelines: the effect of prompting frequency and prompt structure." *Health Psychology*, vol.14, n.2, mar. 1995, p.167 (Tabela 2). Copyright 1995 American Psychological Association.

em cada grupo que realmente andou o número mínimo requerido a cada semana para as semanas 1, 4, 8, 12, 16 e 24. Os dados foram sujeitos a uma análise de variância para um desenho aleatório em bloco, com os cinco grupos de andadores representando os tratamentos, e os seis períodos de tempo (semanas) representando os blocos.

a. Qual o objetivo dos blocos em semanas nesses estudos?
b. Complete os campos faltando na tabela resumo ANOVA mostrada abaixo.

Fonte	gl	SQ	QM	F	valor P
CAMINHADA	4	1185,000	—	—	0,0000
SEMANA	—	386,400	77,28000	10,40	0,0001
Erro	20	148,600	7,43000		
TOTAL	29	1720,00			

c. Há evidência suficiente de uma diferença no número médio de andadores por semana entre os cinco grupos de caminhada? Use $\alpha = 0,05$.
d. A técnica de Tukey foi usada para comparar todos os pares de tratamentos, com uma taxa de erro de experimento de $\alpha = 0,05$. Os rankings são mostrados na parte de baixo da página. Interprete os resultados.
e. Que premissas devem ser seguidas para garantir a validade das inferências dos itens **c** e **d**?

Aplicação dos conceitos — Intermediário

8.54 Reduzindo o stress no trabalho. Terapeutas que trabalham com plantas acreditam que as elas possam reduzir o stress no trabalho. Um estudo da Kansas State University foi realizado para verificar esse fenômeno. Duas semanas antes dos exames finais, 10 estudantes participaram de um experimento no qual ficavam isolados em um cômodo escurecido para determinar qual efeito a presença de uma planta viva, uma foto de uma planta ou a ausência de uma planta tem na capacidade de fazê-los relaxar. Cada estudante participou de três sessões — uma com uma planta viva, outra com uma foto e uma última sem planta (controle).[6] Durante cada sessão, a temperatura dos dedos foi medida em intervalos de 1 minuto por 20 minutos. Uma vez que um aumento na temperatura dos dedos indica um nível maior de relaxamento, a temperatura máxima (em graus) foi usada como variável resposta. Os dados para o experimento são fornecidos na tabela a seguir. Realize um teste ANOVA e faça as inferências apropriadas a $\alpha = 0,10$.

PLANTS
Companion Website
PLANTS*

Estudante	Planta viva	Foto de planta	Sem planta (controle)
1	91,4	93,5	96,6
2	94,9	96,6	90,5
3	97,0	95,8	95,4
4	93,7	96,2	96,7
5	96,0	96,6	93,5
6	96,7	95,5	94,8
7	95,2	94,6	95,7
8	96,0	97,2	96,2
9	95,6	94,8	96,0
10	95,6	92,6	96,6

Fonte: Elizabeth Schreiber. Department of Statistics, Kansas State University, Manhattan, Kansas.
* Para usar os dados da tabela no software, é preciso trocar as vírgulas dos valores numéricos por ponto.

Média	2,67	9,17	10,50	17,00	20,67
Caminhada	Controle	Não freqüente/alta	Não freqüente/Baixa	Freqüente/baixa	Freqüente/alta

■ Rankings de Tukey para o Exercício 8.53

---

[6] O experimento está simplificado para este exercício. O experimento real envolveu 30 estudantes que participaram de 12 sessões.

8.55 Taxa de ausência em uma fábrica de jeans. Uma fábrica que produz jeans no Reino Unido recentemente introduziu um sistema computadorizado para manusear o tecido. O novo sistema entrega peças para operadores da linha de produção por meio de um transportador. Enquanto o sistema automatizado minimiza o tempo de manuseio do operador, ele inibe o operador de trabalhar mais e fazer intervalos em sua máquina. Um estudo na *New Technology, Work, and Employment* (jul. 2001) verificou o impacto do novo sistema de manuseio sobre as taxas de ausência do trabalhador na fábrica de jeans. Uma teoria é que a taxa média de ausência variará por dia de trabalho, conforme os operadores decidam tirar um dia de folga para aliviar a pressão do trabalho. Nove semanas foram aleatoriamente selecionadas, e a taxa de ausência (porcentagem de trabalhadores ausentes), foi determinada para cada dia (segunda a sexta) da semana de trabalho. Os dados estão listados na tabela abaixo. Realize uma análise completa dos dados para determinar se a taxa média de ausência difere entre os cinco dias de trabalho.

JEANS*

Semana	Seg	Ter	Qua	Qui	Sex
1	5,3	0,6	1,9	1,3	1,6
2	12,9	9,4	2,6	0,4	0,5
3	0,8	0,8	5,7	0,4	1,4
4	2,6	0,0	4,5	10,2	4,5
5	23,5	9,6	11,3	13,6	14,1
6	9,1	4,5	7,5	2,1	9,3
7	11,1	4,2	4,1	4,2	4,1
8	9,5	7,1	4,5	9,1	12,9
9	4,8	5,2	10,0	6,9	9,0

Fonte: BOGGIS, J. J. "The eradication of leisure." *New Technology, Work, and Employment*, vol. 16, n. 2, jul. 2001 (Tabela 3).
* Para usar os dados da tabela no software, é preciso trocar as vírgulas dos valores numéricos por ponto.

8.56 Comparando dois remédios para glaucoma. Dois medicamentos, A e B, usados para o tratamento do glaucoma (uma doença dos olhos) foram testados com relação a sua efetividade em 10 cachorros doentes. A droga A foi administrada em um olho (escolhido aleatoriamente) de cada cachorro e a droga B, em outro olho. As medições de pressão foram tiradas uma hora depois dos dois olhos de cada cachorro. Os 10 cães doentes serviram como blocos para comparar os dois tratamentos, as drogas A e B. Medições de pressão são dadas na tabela a seguir. (Quanto menor a medição, menos séria é a doença dos olhos.)

EYEDOGS*

Cachorro	Droga A	Droga B
1	0,17	0,15
2	0,20	0,18
3	0,14	0,13
4	0,18	0,18
5	0,23	0,19
6	0,19	0,12
7	0,12	0,07
8	0,10	0,09
9	0,16	0,14
10	0,13	0,08

* Para usar os dados da tabela no software, é preciso trocar as vírgulas dos valores numéricos por ponto.

a. Faça uma análise de variância desses dados. Os dados fornecem evidência suficiente para indicar uma diferença na leitura de pressão média para os dois tratamentos (isto é, uma das drogas de glaucoma é melhor que a outra)? Use $\alpha = 0{,}05$.
b. Qual o objetivo de usar os cachorros como blocos nesse experimento?
c. Lembre-se de que um planejamento aleatório em bloco com $p = 2$ tratamentos é um experimento de diferença em pares (Capítulo 7). Analise os dados como experimento de diferença em pares usando um teste t para comparar as médias dos tratamentos. Use $\alpha = 0{,}05$.
d. Compare o F calculado e os valores t dos itens **a** e **c**, e verifique que $F = t^2$. Verifique o mesmo para os valores da região de rejeição de F e t, $F\alpha = t^2_{\alpha/2}$.
e. Encontre o nível de significância observado aproximado para o teste do item **a** e interprete seu valor.

Aplicação dos conceitos — Avançado

8.57 Comportamento anticorrosivo de aço revestido com epóxi. Revestimentos orgânicos com resina epóxi são amplamente usados para proteger aço e metal contra o tempo e a corrosão. Pesquisadores da National Technical University (Atenas, Grécia) examinaram o comportamento anticorrosivo do aço de diferentes revestimentos epóxi formulados com pigmentos de zinco, em uma tentativa de encontrar o revestimento epóxi com melhor inibição de corrosão (*Pigment & Resin Technology*, v. 32, 2003). As unidades experimentais são planas: painéis retangulares cortados de folhas de aço. Cada painel foi revestido com um de quatro diferentes sistemas de revestimento, S1, S2, S3 e S4. Três painéis foram preparados para cada sistema de revestimento. (Esses painéis são chamados S1-A, S1-B, S1-C, S2-A, S2-B, ..., S4-C.). As características dos quatro sistemas de revestimento são listadas a seguir.

Características de quatro sistemas de revestimento epóxi

Sistema de revestimento	1ª camada	2ª camada
S1	Zinco pó	Tinta epóxi,100 micrômetros de espessura
S2	Zinco fosfato	Tinta epóxi,100 micrômetros de espessura
S3	Zinco fosfato com mica	Camada final,100 micrômetros de espessura
S4	Zinco fosfato com mica	Camada final, 200 micrômetros de espessura

Cada painel revestido foi imerso em água desionizada e desoxigenada e então testada para corrosão. Uma vez que o tempo de exposição é provavelmente de grande influência no comportamento anticorrosivo, os pesquisadores tentaram remover essa fonte externa de variância por meio do planejamento experimental. Tempos de exposição foram fixados em 24 horas, 60 dias e 120 dias. Para cada um dos sistemas de revestimento, um painel foi exposto à água por 24 horas, outro, por 60 dias, e um terceiro, por 120 dias, em ordem aleatória. O desenho é apresentado na tabela a seguir.

Diagrama de planejamento experimental

Tempo de exposição	Sistema de revestimento/painel exposto
24 horas	S1-A, S2-C, S3-C, S4-B
60 dias	S1-C, S2-A, S3-B, S4-A
120 dias	S1-B, S2-B, S3-A, S4-C

Seguindo a exposição, a taxa de corrosão (nanoamperes por centímetro quadrado) foi determinada para cada painel. Quanto menor a taxa de corrosão, maior o desempenho anticorrosão do sistema de revestimento. Os dados são mostrados na tabela abaixo. Existem diferenças entre as médias dos tratamentos de epóxi? Se existem, qual dos sistemas de revestimento epóxi tem a menor taxa de corrosão?

Taxas de corrosão para o revestimento epóxi

Tempo de exposição	Sistema S1	Sistema S2	Sistema S3	Sistema S4
24 horas	6,7	7,5	8,2	6,1
60 dias	8,7	9,1	10,5	8,3
120 dias	11,8	12,6	14,5	11,8

Fonte: KOULOUMBI, N. et al. "Anticorrosion performance of epóxi coatings on steel surface exposed to deionized water." *Pigment & Resin Technology*, vol. 32, n.2, 2003 (Tabela II).

8.5 Experimentos fatoriais

Todos os experimentos discutidos da Seção 8.2 à Seção 8.4 foram **experimentos de fator único**. Os tratamentos foram níveis de um único fator, com a amostra de unidades experimentais realizadas ou com um planejamento completamente aleatório ou com um planejamento aleatório em bloco. No entanto, a maior parte das respostas é afetada por mais de um fator, e geralmente desejaremos, portanto, desenvolver experimentos envolvendo mais de um fator.

Considere um experimento no qual os efeitos de dois fatores na resposta estão sendo pesquisados. Presuma que o fator A seja verificado em a níveis, e que o fator B seja verificado em b níveis. Lembrando que tratamentos são combinações fator–nível, você pode perceber que o experimento tem, potencialmente, ab tratamentos que poderiam ser incluídos no experimento. Um *experimento fatorial completo* é aquele no qual todos os possíveis ab tratamentos são utilizados.

> **Definição 8.9**
>
> Um **experimento fatorial completo** é aquele no qual toda combinação fator–nível é utilizada — isto é, o número de tratamentos no experimento igual ao número total de combinações fator–nível.

Por exemplo, suponha que a USGA queira determinar não apenas a relação entre a distância e a marca da bola de golfe, mas também entre a distância e o taco usado para atingir a bola. Se é decidido usar quatro marcas e dois tacos (digamos, *driver* e *five-iron*) no experimento, então um fatorial completo exigiria a utilização de todas as $4 \times 2 = 8$ combinações marca–taco. Esse experimento é referido mais especificamente como um **fatorial completo 4 × 2**. Um layout para um experimento fatorial de dois fatores (estamos nos referindo a um *fatorial completo* quando usamos o termo *fatorial*) é dado na Tabela 8.10. O experimento fatorial também é chamado **classificação de dupla entrada**, porque pode ser arranjado no formato linha–coluna exibido na Tabela 8.10.

De forma a completar a especificação do planejamento experimental, os tratamentos devem ser alocados às unidades experimentais. Se a alocação de ab tratamentos no experimento fatorial é aleatória e independente, o desenho é completamente aleatório.

Por exemplo, se a máquina Iron Byron é usada para atingir 80 bolas de golfe, 10 para cada uma de oito combinações marca–taco, em seqüência aleatória, o desenho seria completamente aleatório. Na

TABELA 8.10 Layout esquemático do experimento fatorial de dois sentidos

		Fator B em b Níveis				
	Nível	1	2	3	...	B
Fator A a níveis	1	Tratamento 1	Tratamento 2	Tratamento 3	...	Tratamento b
	2	Tratamento b + 1	Tratamento b + 2	Tratamento b + 3	...	Tratamento 2b
	3	Tratamento 2b + 1	Tratamento 2b + 2	Tratamento 2b + 3	...	Tratamento 3b
	⋮	⋮	⋮	⋮	...	⋮
	a	Tratamento (a − 1)b + 1	Tratamento (a − 1)b + 2	Tratamento (a − 1)b + 3	...	Tratamento ab

seqüência desta seção, concentramos nossa atenção nos experimentos fatoriais utilizando desenhos completamente aleatórios.

Se utilizamos um planejamento completamente aleatório para realizar um experimento fatorial com ab tratamentos, podemos proceder com a análise exatamente da mesma forma que fizemos na Seção 8.2 — isto é, calculamos (ou deixamos o computador calcular) a medida da média de variabilidade do tratamento (MQT) e a medida da variabilidade da amostra (QME) e usamos a taxa F dessas duas quantidades para testar a hipótese nula de que as médias dos tratamentos são iguais. No entanto, se essa hipótese é rejeitada, de forma que concluímos que existem algumas diferenças entre as médias dos tratamentos, questões importantes continuam. Ambos os fatores estão afetando a resposta, ou apenas um? Se ambos, eles afetam as respostas independentemente, ou interagem para afetá-la?

Por exemplo, suponha que os dados da distância indiquem que pelo menos duas das oito médias dos tratamentos (combinações marca–taco) diferem no experimento de golfe. A marca da bola (fator A) ou o taco utilizado (fator B) afetam a distância mé-

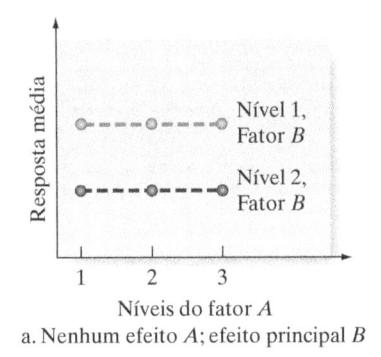

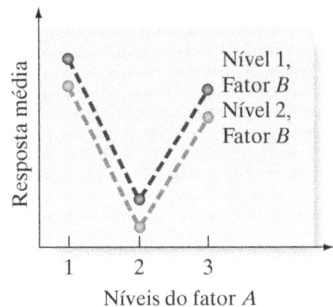

FIGURA 8.19 Ilustração de possíveis efeitos de tratamentos: experimento fatorial

a. Nenhum efeito A; efeito principal B

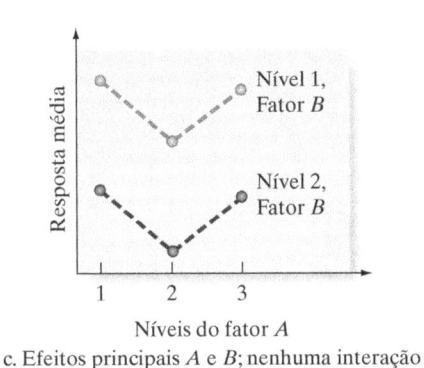

b. Efeito principal A; efeito B não significativo

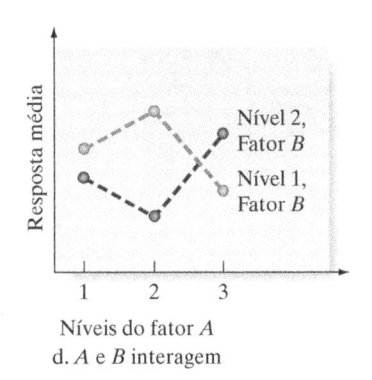

c. Efeitos principais A e B; nenhuma interação

d. A e B interagem

dia, ou ambos a afetam? Diversas possibilidades são mostradas na Figura 8.19. Na Figura 8.19a, as médias das marcas são iguais (apenas três são mostradas para fins dessa ilustração), mas as distâncias diferem para os dois níveis do fator B (taco). Assim, não há efeito da marca na distância, mas um efeito principal do taco está presente. Na Figura 8.19b, as médias das marcas diferem, mas as médias dos tacos são iguais para cada marca. Aqui, um efeito principal da marca está presente, mas nenhum efeito do taco está.

As figuras 8.19c e 8.19d ilustram casos nos quais ambos os fatores afetam a resposta. Na Figura 8.19c, as distâncias médias entre tacos não mudam para as três marcas, de forma que o efeito da marca na distância é independente do taco — isto é, os dois fatores, marca e taco, *não interagem*. Já, a Figura 8.19d mostra que a diferença entre as distâncias médias entre tacos variam com a marca. Assim, o efeito da marca na distância depende do taco e, por isso, os dois fatores *interagem*.

AGORA FAÇA O EXERCÍCIO 8.67

De forma a determinar a natureza do efeito do tratamento, se houver algum, na resposta em um experimento fatorial, precisamos dividir a variabilidade em três componentes: interação entre fatores A e B, efeito principal no fator A e efeito principal no fator B. O componente **fator interação** é usado para testar se os fatores combinam para afetar a resposta, enquanto os componentes **fator efeito principal** são usados para determinar se fatores afetam a resposta separadamente.

A divisão da soma de quadrados total em seus vários componentes é ilustrada na Figura 8.20. Note que, no estágio 1, os componentes são idênticos àqueles nos desenhos completamente aleatórios de um fator da Seção 8.2; as somas de quadrados para tratamentos e a soma do erro, à soma de quadrados total. Os graus de liberdade para tratamentos é igual a $(ab - 1)$, um menos do que o número de tratamentos. Os graus de liberdade para erro são iguais a $(n - ab)$, o tamanho total da amostra menos o número de tratamentos. Apenas no estágio 2 da divisão é que o experimento fatorial difere daquele previamente discutido. Aqui, dividimos as somas de quadrados para tratamentos em três componentes: interação e os dois efeitos principais. Esses componentes podem então ser usados para testar a natureza das diferenças, se houver alguma, entre as médias de tratamentos. Há várias maneiras para proceder no teste e na estimação dos fatores em um experimento fatorial. Apresentamos uma abordagem no próximo quadro.

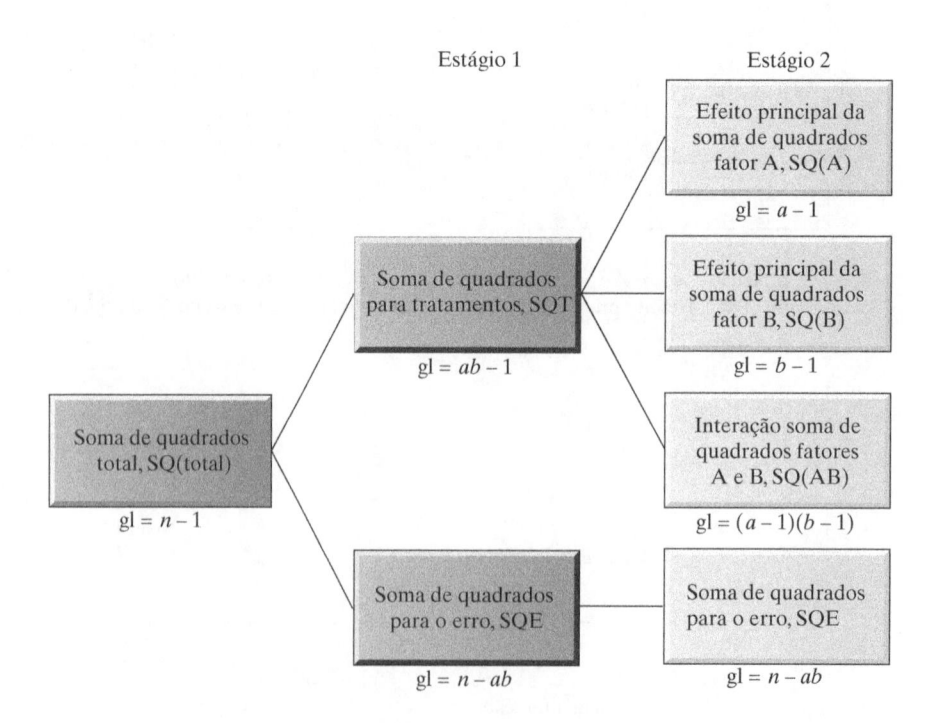

FIGURA 8.20 Divisão da soma de quadrados total para um fatorial de dois fatores

Capítulo 8 — PLANEJAMENTO DE EXPERIMENTOS E ANÁLISE DA VARIÂNCIA

Procedimento para análise de experimento fatorial de dois fatores

1. Divisão da soma de quadrados total em componentes de tratamentos e erros (estágio 1 da Figura 8.20). Use ou um software estatístico ou as fórmulas de cálculo do Apêndice C para conseguir a divisão.
2. Use a taxa F de quadrado médio para tratamento para testar a hipótese nula de que as médias dos tratamentos são iguais.[7]
   a. Se o teste resulta em não-rejeição da hipótese nula, considere refinar o experimento aumentando o número de replicações ou introduzindo outros fatores. Também considere a possibilidade de que a resposta não esteja relacionada aos dois fatores.
   b. Se o teste resulta na rejeição da hipótese nula, então siga com o passo 3.
3. Divisão de somas de quadrados para tratamentos no efeito principal e soma de quadrados (estágio 2 da Figura 8.20). Use ou um software estatístico ou as fórmulas de cálculo do Apêndice C para conseguir a divisão.
4. Teste a hipótese nula de que os fatores A e B não interagem para afetar a resposta ao computar a proporção F do quadrado médio para interação para o quadrado médio para o erro.
   a. Se o teste resultar na não-rejeição da hipótese nula, siga para o passo 5.
   b. Se o teste resultar na rejeição da hipótese nula, conclua que os dois fatores interagem para afetar a resposta média. Então, siga para o passo 6a.
5. Realize testes de duas hipóteses nulas de que a resposta média é a mesma a cada nível de fator A e de fator B. Calcule duas proporções F comparando o quadrado médio para cada fator efeito principal para quadrado médio para o erro.
   a. Se um dos testes ou ambos resultam na rejeição da hipótese nula, conclua que os fatores afetam a resposta média. Prossiga para o passo 6b.
   b. Se ambos os testes resultam em não-rejeição, uma aparente contradição ocorreu. Apesar de as médias de tratamentos aparentemente diferirem (passo 2 do teste), os testes da interação (passo 4) e efeito principal (passo 5) não deram suporte ao resultado. Mais experimentação é recomendável.
6. Compare as médias:
   a. Se o teste para interação (passo 4) é significativo, use o procedimento de comparações múltiplas para comparar qualquer par ou todos os pares de médias de tratamentos.
   b. Se o teste para um dos efeitos principais ou para ambos (passo 5) é significativo, use o procedimento de múltiplas comparações para comparar os pares de médias correspondentes aos níveis de fator(ou fatores) significativos.

Assumimos que o desenho completamente aleatório é um **planejamento balanceado**, o que significa que o mesmo número de observações é feito para cada tratamento — isto é, assumimos que r unidades experimentais são aleatoriamente selecionadas para cada tratamento. O valor numérico de r deve exceder 1, de forma a ter quaisquer graus de liberdade com os quais possa medir a variabilidade da amostra. [Note que se $r = 1$, então $n = ab$, e os graus de liberdade associados com o erro (Figura 8.20) são gl = $n - ab = 0$.] O valor de r geralmente é chamado de **número de replicações** do experimento fatorial, uma vez que assumimos que todos os tratamentos ab são repetidos, ou replicados r vezes. Qualquer que seja a abordagem adotada na análise do experimento fatorial, geralmente diversos testes de hipóteses são realizados. Os testes são resumidos no próximo quadro.

Testes ANOVA realizados para experimentos fatoriais: planejamento completamente aleatório, r replicações por tratamentos

Teste para médias de tratamentos

H_0: Nenhuma diferença entre as médias ab de tratamentos
H_a: Pelo menos duas médias de tratamento diferem

Estatística-teste: $F = \dfrac{MQT}{QME}$

Região de rejeição: $F \geq F_\alpha$, com base no numerador ($ab - 1$) e no denominador ($n - ab$) graus de liberdade [Nota: $n = abr$]

Teste para interação de fator

H_0: Os fatores A e B não interagem para afetar a média de resposta
H_a: Os fatores A e B interagem para afetar a média da resposta

Estatística-teste: $F = \dfrac{QM(AB)}{QME}$

Região de rejeição: $F \geq F_\alpha$, com base no numerador ($a - 1$)($b - 1$) e no denominador ($n - ab$) graus de liberdade

Teste para efeito principal do fator A

H_0: Nenhuma diferença entre os a níveis médios do fator A
H_a: Pelo menos dois níveis médios fator A diferem

Estatística-teste: $F = \dfrac{QM(A)}{QME}$

---

[7] Alguns analistas preferem prosseguir diretamente para testar os componentes interação e efeito principal, pulando o teste das médias de tratamentos. Começamos com esse teste para sermos consistentes com nossa abordagem no planejamento completamente aleatório de um fator.

Região de rejeição: $F \geq F_\alpha$, com base no numerador $(a - 1)$ e no denominador $(n - ab)$ graus de liberdade

Teste para efeito principal do fator B
H_0: Nenhuma diferença entre os níveis médios b do fator B
H_a: Pelo menos dois níveis médios fator B diferem

Estatística-teste: $F = \dfrac{QM(B)}{QME}$

Região de rejeição: $F \geq F_\alpha$, com base no numerador $(b - 1)$ e no denominador $(n - ab)$ graus de liberdade

---

CONDIÇÕES REQUERIDAS PARA TESTES F VÁLIDOS EM EXPERIMENTOS FATORIAIS

1. A distribuição resposta para cada combinação fator–nível (tratamento) é normal.
2. A variância resposta é constante para todos os tratamentos.
3. Amostras aleatórias e independentes de unidades são associadas com cada tratamento.

EXEMPLO 8.10

REALIZANDO UMA ANOVA FATORIAL DOS DADOS DAS MARCAS DE BOLAS DE GOLFE

Problema Suponha que a USGA teste quatro diferentes marcas (A, B, C, D) de bolas de golfe e dois tacos diferentes (*driver*, *five-iron*) em um desenho completamente aleatório. Cada uma das oito combinações marca–taco (tratamentos) é aleatória e independentemente alocada a quatro unidades experimentais, cada unidade consistindo em uma posição específica na seqüência de tacadas pelo Iron Byron. A resposta distância é registrada para cada um dos 32 acertos, e os resultados são mostrados na Tabela 8.11.

a. Use um software estatístico para dividir a soma de quadrados total em dois componentes necessários para analisar esse experimento fatorial 4 × 2.
b. Realize os testes ANOVA apropriados e interprete os resultados de sua análise. Use $\alpha = 0{,}10$ para cada teste que realizar.
c. Se apropriado, realize comparações múltiplas de médias de tratamentos. Use uma taxa de erro de experimento de 0,10. Ilustre as comparações com um gráfico.

GOLFFAC1*

■ **TABELA 8.11** Dados de distância 4 × 2 para o experimento fatorial do golfe

		MARCA			
		A	B	C	D
Taco	Driver	226,4	238,3	240,5	219,8
		232,6	231,7	246,9	228,7
		234,0	227,7	240,3	232,9
		220,7	237,2	244,7	237,6
	Five-Iron	163,8	184,4	179,0	157,8
		179,4	180,6	168,0	161,8
		168,6	179,5	165,2	162,1
		173,4	186,2	156,5	160,3

* Para usar os dados da tabela no software, é preciso trocar as vírgulas dos valores numéricos por ponto.

Solução

a. A tela do SPSS que mostra a divisão da soma de quadrados total [isto é, SQ(total)] para esse experimento fatorial é dada na Figura 8.21. O valor SQ(total) = 34.482,049, mostrado como 'corrected total SS' na parte de baixo da tela, é dividido em 'corrected model' (isto é, tratamento) e soma de quadrados para o erro.

Tests of Between-Subjects Effects

Dependent Variable: DISTANCE

Source	Type III Sum of Squares	df	Mean Square	F	Sig.
Corrected Model	33659.809a	7	4808.544	140.354	.000
Intercept	1306778.61	1	1306778.611	38142.98	.000
BRAND	800.736	3	266.912	7.791	.001
CLUB	32093.111	1	32093.111	936.752	.000
BRAND * CLUB	765.961	3	255.320	7.452	.001
Error	822.240	24	34.260		
Total	1341260.66	32			
Corrected Total	34482.049	31			

a. R Squared = .976 (Adjusted R Squared = .969)

■ **FIGURA 8.21** ANOVA do SPSS para experimento fatorial de dados de bola de golfe

Note que SQT = 33.659,09 (com 7 graus de liberdade) e SQE = 822,24 (com 24 gl) somam o SQ(total) (com 31 gl). A soma de quadrados para tratamentos, SQT, é depois dividida em efeito principal (marca e taco) e soma de quadrados para interação. Esses valores, sombreados na Figura 8.21, são SQ(marca) = 800,7 (com 3 gl), SQ(taco) = 32.093,1 (com 1 gl) e SQ(marca × taco) = 766,0 (com 3 gl).

b. Uma vez que a divisão é conseguida, nosso primeiro teste é:

H_0: As oito médias de tratamentos são iguais

H_a: Pelo menos duas das oito médias diferem

Estatística-teste: $F = \dfrac{MQT}{QME} = 140{,}354$ (linha no topo da tela)

Nível observado de significância: $p = 0{,}000$ (linha no topo da tela)

Uma vez que $\alpha = 0{,}10$ excede p, rejeitamos essa hipótese nula e concluímos que pelo menos duas das combinações marca–taco diferem na distância média.

Depois de aceitar a hipóteses de que as médias de tratamentos diferem e, portanto, que os fatores marca e/ou taco de alguma forma afetam a distância média, queremos determinar como os fatores afetam a resposta média. Começamos com um teste de interação entre marca e taco:

H_0: Os fatores marca e taco não interagem para afetar a resposta média

H_a: Marca e taco interagem para afetar a resposta média

Estatística-teste:

$$F = \dfrac{QM(AB)}{QME} = \dfrac{QM(\text{Marca} \times \text{Taco})}{QME}$$

$$= \dfrac{255{,}32}{34{,}26} = 7{,}452 \text{ (parte de baixo da tela)}$$

Nível observado de significância: $p = 0{,}001$ (parte de baixo da tela)

Uma vez que $\alpha = 0{,}10$ excede o valor p, concluímos que os fatores marca e taco interagem para afetar a distância média.

Como os fatores interagem, não testamos os efeitos principais para marca e taco. Em vez disso, comparamos as médias de tratamento, em uma tentativa de aprender a natureza da interação do item **c**.

c. Mais do que comparar todos os 8(7)/2 = 28 pares de médias de tratamentos, testamos diferenças apenas entre pares de marcas dentro de cada taco. Essas diferenças existentes *entre* tacos podem ser assumidas. Dessa forma, apenas 4(3)/2 = 6 pares de médias precisam ser comparadas para cada taco, ou um total de 12 comparações para os dois tacos. Os resultados dessas comparações, usando o método Tukey com uma taxa de erro de experimento de $\alpha = 0{,}10$ para cada taco, são mostrados na tela SPSS, Figura 8.22. Para cada taco, as médias de marcas são listadas em ordem descendente na Figura 8.22, e aquelas não significativamente diferentes são listadas na mesma coluna 'Homogeneous subset'.

A Figura 8.22 não é clara com respeito às médias de marcas. Para o *five-iron* (topo da Figura 8.22), a média da marca B significativamente excede todas as outras marcas. No entanto, quando atingida por um *driver* (parte de baixo da Figura 8.22), a média da marca B não é significativamente diferente de qualquer uma das outras marcas. A interação taco × marca pode ser vista no gráfico do SPSS de médias da Figura 8.23. Note que a diferença entre as distâncias médias dos dois tacos (*driver* e *five-iron*) varia dependendo da marca. A maior diferença aparece para a marca C, enquanto a menor diferença é da marca B.

Relembrando Note a natureza não transitiva das comparações múltiplas. Por exemplo, para o *driver*, a média da marca C pode ser 'a mesma' que a média da marca B, e a média da marca B pode ser 'a mesma' que a da marca D, e ainda a média da marca C pode exceder significativamente a média da marca D. A razão fica na definição de 'a mesma'— devemos ser cuidadosos para não concluir que duas médias são iguais simplesmente porque são colocadas no mesmo subgrupo ou conectadas por uma linha vertical. A linha indica apenas que as *médias conectadas não são significativamente diferentes*. Você deveria concluir (no nível geral α de significância) apenas que médias não conectadas são diferentes, recusando-se a julgar aquelas que são conectadas. A figura mostrando quais médias diferem e por quanto se tornará clara à medida que aumentarmos o número de replicações do experimento fatorial.

CLUB=5IRON

Tukey HSD[a,b]

BRAND	N	Subset 1	Subset 2
D	4	160.500	
C	4	167.175	
A	4	171.300	
B	4		182.675
Sig.		.103	1.000

Means for groups in homogeneous subsets are displayed.
Based on Type III Sum of Squares
The error term is Mean Square(Error) = 36.108.
  a. Uses Harmonic Mean Sample Size = 4.000.
  b. Alpha = .10.

CLUB=DRIVER

Tukey HSD[a,b]

BRAND	N	Subset 1	Subset 2
A	4	228.425	
D	4	229.750	
B	4	233.725	233.725
C	4		243.100
Sig.		.570	.146

Means for groups in homogeneous subsets are displayed.
Based on Type III Sum of Squares
The error term is Mean Square(Error) = 32.412.
  a. Uses Harmonic Mean Sample Size = 4.000.
  b. Alpha = .10.

FIGURA 8.22 Ranking do SPSS para médias de marcas para cada nível do taco

Estimated Marginal Means of DISTANCE

CLUB
— 5IRON
— DRIVER

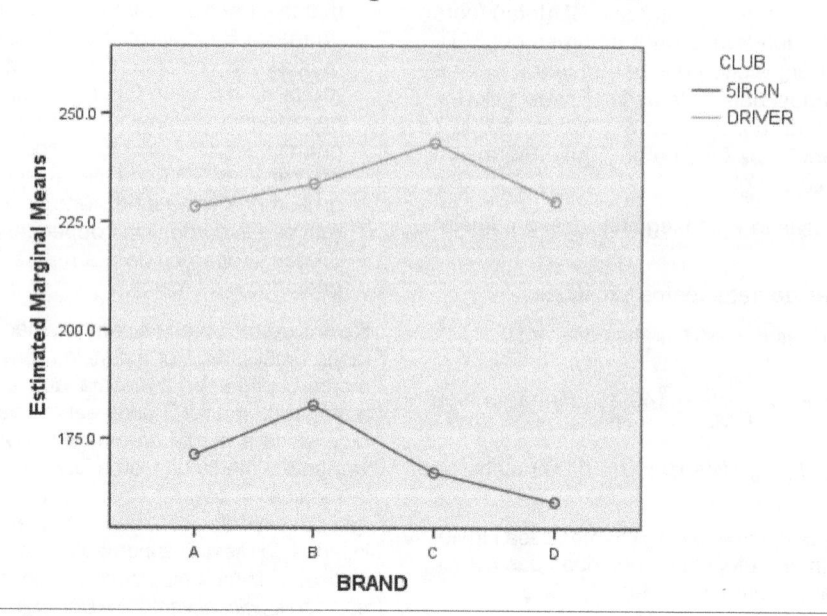

FIGURA 8.23 Gráfico de médias do SPSS para experimento fatorial de bolas de golfe

Agora faça o Exercício **8.64**

TABELA 8.12 Tabela geral ANOVA resumida para experimento fatorial de dois fatores com r replicações, em que o fator A tem a níveis e o fator B tem b níveis

Fonte	GL	SQ	QM	F
A	$a-1$	SQA	MQA	MQA/QME
B	$b-1$	SQB	MQB	MQB/QME
AB	$(a-1)(b-1)$	SQAB	MQAB	MQAB/QME
Erro	$ab(r-1)$	SQE	QME	
Total (total)	$n-1$	SS (total)		

TABELA 8.13 Tabela ANOVA resumida para o Exemplo 8.10

Fonte	GL	SQ	QM	F
Marca	1	32.093,11	32.093,11	936,75
Taco	3	800,74	266,91	7,79
Interação	3	765,96	255,32	7,45
Erro	24	822,24	34,26	
Total	31	34.482,05		

Assim como os desenhos completamente aleatório e aleatório em bloco, os resultados de uma ANOVA fatorial são tipicamente apresentados em uma tabela ANOVA resumida. A Tabela 8.12 dá a forma geral da tabela ANOVA, enquanto a Tabela 8.13 dá a tabela ANOVA para os dados da bola de golfe analisados no Exemplo 8.10. Um fatorial de dois fatores é caracterizado por quatro fontes de variância — fator A, fator B, interação A × B e erro — que somam a soma de quadrados total.

EXEMPLO 8.11

MAIS PRÁTICA NA REALIZAÇÃO DA ANÁLISE FATORIAL

Problema Releia o Exemplo 8.10. Suponha que o mesmo experimento fatorial seja realizado sobre quatro outras marcas (E, F, G e H) e que os resultados sejam como mostrado na Tabela 8.14. Repita a análise fatorial e interprete os resultados.

GOLFFAC2
Companion Website

TABELA 8.14 Dados da distância para o segundo experimento fatorial do golfe

		MARCA			
		E	F	G	H
Taco	Driver	238,6	261,4	264,7	235,4
		241,9	261,3	262,9	239,8
		236,6	254,0	253,5	236,2
		244,9	259,9	255,6	237,5
	Five-iron	165,2	179,2	189,0	171,4
		156,9	171,0	191,2	159,3
		172,2	178,0	191,3	156,6
		163,2	182,7	180,5	157,4

Solução

A tela do MINITAB para o segundo experimento fatorial é mostrada na Figura 8.24. Note que o MINITAB (ao contrário do SPSS) não realiza automaticamente o teste F para diferenças de tratamentos. Conseqüentemente, para realizar esse teste, devemos primeiro calcular a soma de quadrados para tratamentos.

Usando as somas de quadrados para marcas, tacos e interação mostrados na tela, obtemos:

SQ(tratamentos) = SQ(marcas) + SQ(tacos) + SQ(interação)

$= 46.443,9 + 3.410,3 + 105,2$

$= 49.959,4$

Para esse experimento fatorial 4 × 2 há 8 tratamentos. Assim:

QM(tratamentos) = SQ(tratamentos) / (8 − 1)

$= 49.959,4/7$

$= 7.137,1$

A estatística-teste é:

F = QM(tratamentos)/QME = 7.137,1/24,6 = 290,1

Uma vez que esse valor F excede o valor crítico de $F_{0,10} = 1,98$ (obtido da Tabela VII, Apêndice B), rejeitamos a hipótese nula de nenhuma diferença de tratamento e concluímos que pelo penos duas das combinações marca–taco têm médias de distâncias significativamente diferentes.

Agora, testamos a interação entre marca e taco:

$$F = \frac{\text{QM(Marca} \times \text{Taco)}}{\text{QME}} = 1,42 \quad \text{(sombreado na tela)}$$

Uma vez que essa proporção F não excede o valor tabulado de $F_{0,10} = 2,33$ com 3 e 24 gl (obtido a partir da Tabela VII, Apêndice B), não podemos concluir, ao nível de significância 0,10, que os fatores interagem. Na verdade, note que o nível observado de significância (na tela do MINITAB) para o teste para interação é 0,26. Assim, a um nível de significância menor que $\alpha = 0,26$, concluímos que os fatores interagem. Testamos, dessa forma, os efeitos principais para marca e taco.

Primeiramente, testamos o efeito principal da marca:

H_0: Nenhuma diferença existe entre as verdadeiras distâncias médias de marca

H_a: Pelo menos duas distâncias médias de marca diferem

$$\text{Estatística-teste:} \quad F = \frac{\text{QM(Marca)}}{\text{QME}} = \frac{1.136,77}{24,60} = 46,21$$
(sombreado na tela)

Nível observado de significância: $p = 0,000$

Uma vez que $\alpha = 0,10$ excede o valor p, concluímos que pelo menos duas das diferenças médias de marcas diferem. Determinaremos, subseqüentemente, qual média de marca difere usando o procedimento de comparações múltiplas de Tukey. Mas primeiro queremos testar o efeito principal do taco:

H_0: Nenhuma diferença existe entre as distâncias médias do taco

H_a: as distâncias médias do taco diferem

$$\text{Estatística-teste:} \quad F = \frac{\text{QM(Taco)}}{\text{QME}} = \frac{46.443,9}{24,60} = 1.887,94$$

Nível observado de significância: $p = 0,000$

Uma vez que $\alpha = 0,10$ excede o valor p, concluímos que os dois tacos estão associados com diferentes distâncias médias. Já que apenas dois níveis de taco foram utilizados no experimento, esse teste F leva à inferência de que a distância média difere para os dois tacos. Não é surpresa (para os golfistas) que a distância média para bolas atingidas com um *driver* seja significativamente maior que a distância média para aquelas atingidas por um *five-iron*.

Para determinar quais das distâncias médias das marcas diferem, queremos comparar as médias das marcas $k = 4$ usando o método de Tukey a $\alpha = 0,10$. Os resultados dessas comparações múltiplas são mostrados na tela do MINITAB, Figura 8.25. O MINITAB calcula intervalos de confiança de 90% simultâneos para $c = (4)(3)/2 = 6$ possíveis comparações da forma $\mu_i - \mu_j$. Esses intervalos (sombreados na tela) estão resumidos na Tabela 8.15. Qualquer intervalo que não inclua 0 implica uma diferença significativa entre as duas médias de tratamentos. Você pode ver que as marcas G e F são associadas com distâncias médias significativamente maiores do que as marcas E e H, mas não podemos distinguir entre as marcas G e F ou entre as marcas E e H.

Two-way ANOVA: DISTANCE versus BRAND, CLUB

```
Source       DF       SS        MS         F        P
BRAND         3    3410.3    1136.8     46.21    0.000
CLUB          1   46443.9   46443.9   1887.94    0.000
Interaction   3     105.2      35.1      1.42    0.260
Error        24     590.4      24.6
Total        31   50549.8

S = 4.960    R-Sq = 98.83%    R-Sq(adj) = 98.49%
```

FIGURA 8.24 Análise do MINITAB para o segundo experimento fatorial do golfe

```
Tukey 90.0% Simultaneous Confidence Intervals
Response Variable DISTANCE
All Pairwise Comparisons among Levels of BRAND
BRAND = E   subtracted from:

BRAND   Lower   Center   Upper     ---------+---------+---------+-------
F       10.003  16.000   21.997                             (---*---)
G       15.153  21.150   27.147                                (---*---)
H       -9.235  -3.237    2.760                  (---*---)
                                   ---------+---------+---------+-------
                                          -16        0        16


BRAND = F   subtracted from:

BRAND   Lower   Center   Upper     ---------+---------+---------+-------
G       -0.85    5.15    11.15                           (---*---)
H      -25.23  -19.24   -13.24        (---*---)
                                   ---------+---------+---------+-------
                                          -16        0        16


BRAND = G   subtracted from:

BRAND   Lower   Center   Upper     ---------+---------+---------+-------
H      -30.38  -24.39   -18.39     (---*---)
                                   ---------+---------+---------+-------
                                          -16        0        16
```

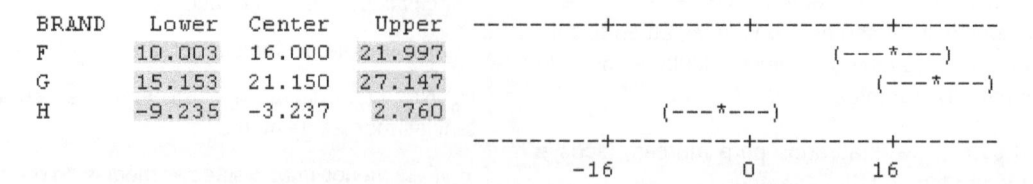

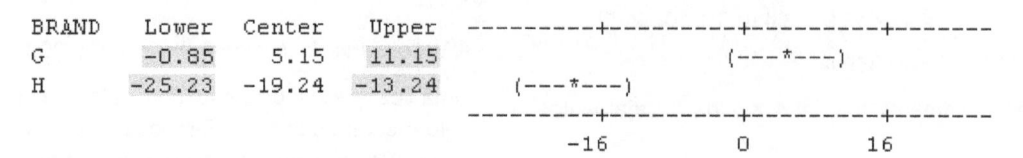

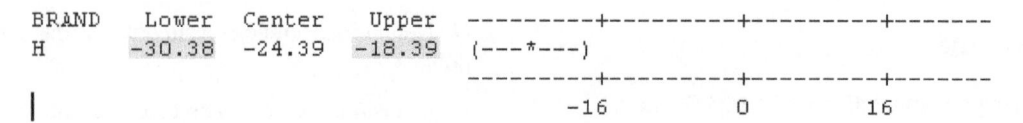

FIGURA 8.25 Comparações múltiplas de Tukey no MINITAB para marca no segundo experimento fatorial de golfe

TABELA 8.15 Tabela resumida de múltiplas comparações de Tukey

Comparação	Intervalo de confiança de 90%	Inferência
$\mu_F - \mu_E$	(10,00; 21,99)	$\mu_F > \mu_E$
$\mu_G - \mu_E$	(15,15; 27,15)	$\mu_G > \mu_E$
$\mu_H - \mu_E$	(−9,24; 2,76)	Sem diferença significativa
$\mu_G - \mu_F$	(−,85; 11,15)	Sem diferença significativa
$\mu_H - \mu_F$	(−25,23; −13,24)	$\mu_H < \mu_F$
$\mu_H - \mu_G$	(−30,38; −18,39)	$\mu_H < \mu_G$

Relembrando Uma vez que a interação entre marca e taco não era significativa, concluímos que essa diferença entre marcas se aplica a ambos os tacos. As médias das amostras para todas as combinações taco–marca são mostrada na Figura 8.26 e parecem reforçar as conclusões de testes e comparações. Note que as médias das marcas mantêm suas posições relativas para cada taco — as marcas F e G dominam as marcas E e H tanto para o *driver* quanto para o *five-iron*.

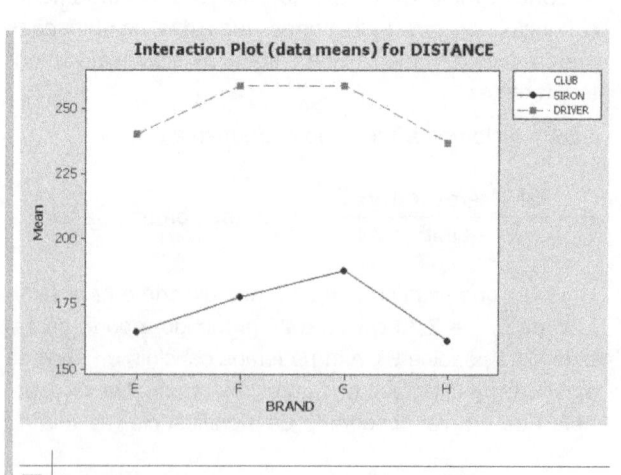

FIGURA 8.26 Gráfico de médias do MINITAB para o segundo experimento fatorial de bola de golfe

Agora faça Exercício 8.66

A análise de experimentos fatoriais pode se tornar complexa se o número de fatores é aumentado. Mesmo o experimento de dois fatores se torna mais difícil de analisar se algumas combinações de fator têm diferentes números de observações do que outras. Introduzimos esses importantes experimentos usando fatoriais de dois fatores com igual número de observações para cada tratamento. Apesar de princípios similares se aplicarem à maioria de experimentos fatoriais, caso você precise desenhar e analisar fatoriais mais complexos, será interessante consultar as referências bibliográficas deste capítulo ao final do livro.

Exercícios 8.58 – 8.72

Aprendendo a mecânica

8.58 Suponha que você realize um experimento fatorial 4 × 3.
a. Quantos fatores são usados no experimento?
b. Você pode determinar o tipo de fator — qualitativo ou quantitativo — a partir da informação dada? Explique.
c. Você pode determinar o número de níveis para cada fator? Explique.
d. Descreva o tratamento para esse experimento e determine o número de tratamentos usados.
e. Qual problema é causado por usar uma única replicação desse experimento? Como o problema é resolvido?

8.59 A ANOVA parcialmente completa para um experimento fatorial 3 × 4 com duas replicações é mostrada abaixo.

Fonte	gl	SQ	QM	F
A	–	0,8	–	–
B	–	5,3	–	–
AB	–	9,6	–	–
Erro	–	—	—	
Total	–	17,0		

a. Complete a tabela ANOVA.
b. Quais somas de quadrados são combinadas para que se encontre a soma de quadrados para tratamentos? Os dados fornecem evidência suficiente para indicar que as médias de tratamentos diferem? Use $\alpha = 0,05$.
c. O resultado do teste no item **b** garante testes posteriores? Explique.
d. O que significa *interação fatorial* e qual a implicação prática caso ela exista?
e. Teste para determinar se esses fatores interagem para afetar a média de resposta. Use $\alpha = 0,05$ e interprete os resultados.
f. Os resultados da interação garantem testes posteriores? Explique.

8.60 A tabela ANOVA parcialmente preenchida dada abaixo é para um experimento fatorial de dois fatores.

Fonte	gl	SQ	QM	F
Tratamentos	7	4,1	—	—
A	3	—	0,75	—
B	1	0,95	—	—
AB	—	—	0,30	—
Erro	—	—	—	
Total	23	6,5		

a. Forneça o número total de níveis para cada fator.
b. Quantas observações foram coletadas para cada combinação nível–fator?
c. Complete a tabela ANOVA.
d. Teste para determinar se as médias de tratamentos diferem. Use $\alpha = 0,10$.
e. Realize os testes de interação de fator e efeitos principais, cada um ao nível de significância $\alpha = 0,10$. Quais dos testes são garantidos como parte da análise fatorial? Explique.

8.61 A tabela de dois sentidos a seguir fornece dados para um experimento fatorial 2 × 3 com duas observações para cada combinação fator–nível.

LM8_61 Companion Website

		Fator B		
	Nível	1	2	3
Fator A	1	3,1; 4,0	4,6; 4,2	6,4; 7,1
	2	5,9; 5,3	2,9; 2,2	3,3; 2,5

a. Identifique os tratamentos para esse experimento. Calcule e faça o gráfico das médias de tratamentos, usando a variável resposta como eixo y e os níveis do fator B como eixo x. Use os níveis do fator A como símbolos de esboço. Os tratamentos das médias parecem diferir? Os fatores parecem interagir?
b. A tela ANOVA do MINITAB para esse experimento é mostrada abaixo. Some as somas de quadrados apropriadas e teste para determinar se as médias de tratamentos diferem ao nível de significância $\alpha = 0,05$. O teste reforça sua interpretação visual do item **a**?
c. O resultado do teste no item **b** garante um teste para interação entre os dois fatores? Em caso positivo, faça-o usando $\alpha = 0,05$.
d. Os resutados dos testes prévios garantem testes dos efeitos principais dos dois fatores? Se garantem, faça-o usando $\alpha = 0,05$.
e. Interprete os resultados dos testes. Eles reforçam sua interpretação visual do item **a**?

Two-way ANOVA: RESPONSE versus A, B

```
Source        DF      SS        MS       F       P
A              1   4.4408   4.44083   18.06   0.005
B              2   4.1267   2.06333    8.39   0.018
Interaction    2  18.0067   9.00333   36.62   0.000
Error          6   1.4750   0.24583
Total         11  28.0492

S = 0.4958     R-Sq = 94.74%     R-Sq(adj) = 90.36%
```

8.62 A tabela abaixo fornece dados para um experimento fatorial 2 × 2 com duas observações por combinação fator–nível.

LM8_62
Companion Website

		FATOR B	
	Nível	1	2
Fator A	1	29,6; 35,2	47,3; 42,1
	2	12,9; 17,6	28,4; 22,7

a. Identifique os tratamentos para esse experimento. Calcule e rascunhe os gráficos para as médias dos tratamentos, usando a variável resposta como eixo y e os níveis do fator B como eixo x. Use os níveis do fator A como símbolos do esboço. As médias de tratamentos parecem diferir? Os fatores parecem interagir?
b. Use as fórmulas computacionais no Apêndice C para criar uma tabela ANOVA para esse experimento.
c. Teste para determinar se as médias de tratamentos diferem ao nível de significância $\alpha = 0{,}05$. O teste reforça sua interpretação visual do item **a**?
d. O resultado do teste no item **b** garante um teste para interação entre os dois fatores? Se garante, faça-o usando $\alpha = 0{,}05$.
e. Os resultados dos testes anteriores garantem testes de efeitos principais de dois fatores? Se garante, faça-os usando $\alpha = 0{,}05$.
f. Interprete os resultados dos testes. Eles fornecem suporte à sua interpretação visual do item **a**?
g. Dados os resultados de seus testes, quais pares de médias, se houver algum, deveriam ser comparados?

8.63 Suponha que um experimento fatorial 3 × 3 seja realizado com três replicações. Presuma que SQ(total) = 1.000. Para cada um dos seguintes cenários, forme uma tabela ANOVA, realize o teste apropriado e interprete os resultados.
a. A soma de quadrados do efeito principal do fator A [SQ(A)] é 20% de SQ(total), a soma de quadrados para o efeito principal B [SQ(B)] é 10% de SQ(total) e a soma de quadrados para interação [SQ(AB)] é 10% de SQ(total).
b. SQ(A) é 10%, SQ(B) é 10% e SQ(AB) é 50% de SQ(total).
c. SQ(A) é 40%, SQ(B) é 10% e SQ(AB) é 20% de SQ(total).
d. SQ(A) é 40%, SQ(B) é 40% e SQ(AB) é 10% de SQ(total).

Aplicação dos conceitos — Básico

8.64 Fermento de padeiro versus de cervejeiro. O *Electronic Journal of Biotechnology* (15 dez. 2003) publicou um artigo sobre a comparação de dois extratos de fermento, de padeiro e de cervejeiro. O fermento de cervejeiro é um produto obtido do fermento de padeiro, e é menos caro do que o fermento primário do padeiro. Amostras de ambos os extratos foram preparadas a quatro diferentes temperaturas (45, 48, 51 e 54°C); assim, um desenho fatorial 2 × 4 com extrato de fermento aos dois níveis e temperatura aos quatro níveis foi empregado. A variável resposta foi o resultado da autólise (registrado como porcentagem).
a. Quantos tratamentos são incluídos no experimento?
b. Uma ANOVA encontrou evidência suficiente do fator interação a $\alpha = 0{,}05$. Interprete os resultados de forma prática.
c. Dê as hipóteses nula e alternativa para testar os efeitos principais dos extratos de fermentos e da temperatura.
d. Explique por que os testes, item **c**, não deveriam ser realizados.
e. Comparações múltiplas das quatro médias de temperaturas para cada um dos dois extratos de fermento foram realizadas. Interprete os resultados mostrados abaixo.

Fermento de padeiro	Resultado médio (%)	41,1	47,5	48,6	50,3
	Temperatura (°C)	54	45	48	51
Fermento de cervejeiro	Resultado médio (%)	39,4	47,3	49,2	49,6
	Temperatura (°C)	54	51	48	45

8.65 Removendo bactérias da água. Um processo de microfilmagem de coagulação para remover bactérias da água foi pesquisado na *Environmental Science & Engineering* (1 set. 2000). Engenheiros químicos da Seoul National University realizaram um experimento desenhado para estimar o efeito de ambos os níveis de coagulante e ácido (pH) na eficiência de coagulação do processo. Seis níveis de coagulante (5, 10, 20, 50, 100 e 200 miligramas por litro) e seis níveis de pH (4,0; 5,0; 6,0; 7,0; 8,0 e 9,0) foram empregados. Amostras da água coletadas do Rio Han em Seoul, na Coréia, foram colocadas em jarras, e cada jarra foi aleatoriamente alocada para receber uma das 6 × 6 = 36 combinações de nível de coagulante e pH.
a. Que tipo de planejamento experimental foi aplicado nesse estudo?
b. Dê os fatores, os níveis de fatores e os tratamentos para o estudo.

8.66 Uso do computador pelos estudantes. Um laboratório de computador na University of Oklahoma fica aberto 24 horas por dia, 7 dias por semana. No *Production and Inventory Management Journal* (3° trimestre, 1999), S. Barmon pesquisou se o uso diferiu significativamente (1) entre os dias da semana e (2) entre as horas do dia. Usando o registro de *log-on* dos estudantes, foram coletados dados de horários do uso de estudantes (número de usuários por hora) durante um período de 7 semanas. Um fatorial ANOVA foi usado para analisar os dados; os resultados são apresentados na tabela a seguir.

Fonte	gl	F	P
Modelo	167	25,06	0,001
Erro	1004		
Total	1171		

$R^2 = 0{,}8065$

Fonte	gl	F	P
Dia	6	68,39	0,0001
Tempo	23	156,80	0,0001
Dia × tempo	138	1,22	0,0527

Fonte: BARMAN, S. "A statistical analysis of the attendance pattern of a computer laboratory." *Production and Inventory Management Journal*, terceiro trimestre, 1999, pp. 26-30.

a. Trata-se de um experimento observacional ou planejamento? Explique.
b. Quais são os dois fatores do experimento e quantos níveis de cada fator são usados?
c. Esse é um experimento fatorial a × b. Quais são a e b?
d. Realize um teste para determinar se qualquer das médias de tratamentos a × b difere significativamente. Use $\alpha = 0{,}01$.
e. Especifique as hipóteses nula e alternativa que deveriam ser usadas para testar um efeito interação entre os dois fatores do estudo.
f. Realize o teste do item e usando $\alpha = 0{,}01$. Interprete seu resultado no contexto do problema.
g. Se apropriado, realize os testes de efeitos principais para dias e horas. Use $\alpha = 0{,}01$. Interprete seus resultados no contexto do problema.

8.67 Impacto da cor do papel em pontuações de exames. Um estudo publicado na *Teaching Psychology* (maio 1998) examinou como pistas externas influenciam o desempenho do estudante. Estudantes foram aleatoriamente alocados a um de quatro diferentes exames semestrais. O formulário 1 foi impresso em papel azul e continha questões difíceis, enquanto o formulário 2 foi também impresso em papel azul, mas continha questões simples. O formulário 3 foi impresso em papel vermelho, com questões difíceis; o formulário 4 foi impresso em papel vermelho, com questões simples. Os pesquisadores estavam interessados no impacto que a cor (vermelho ou azul) e a questão (simples ou difícil) tinha na pontuação média do exame.
a. Qual planejamento experimental foi empregado no estudo? Identifique os fatores e os tratamentos.
b. Os pesquisadores realizaram uma ANOVA e encontraram interação significativa entre cor e questão (valor $p < 0{,}03$). Interprete esse resultado.
c. As pontuações médias da amostra (porcentagem correta) para os quatro formulários exame são listadas na tabela a seguir. Esboce as quatro interações.

Formulário	Cor	Questão	Pontuação média
1	Azul	Difícil	53,3
2	Azul	Simples	80,0
3	Vermelho	Difícil	39,3
4	Vermelho	Simples	73,6

Aplicação dos conceitos — Intermediário

8.68 Fatores que impactam a propensão a consumir do cliente. Avanços na tecnologia da informação geraram serviços que competem contra produtos, cada um dando aproximadamente os mesmos benefícios ao consumidor (por exemplo, secretárias eletrônicas e serviços de viva voz). Com o advento de tais serviços, os consumidores também enfrentam diferentes tipos de de esquemas de preços. Usando um desenho fatorial 2 × 2, D. Fortin e T. Greenlee, da University of Rhode Island, investigaram os efeitos do tipo de sistema de retorno da mensagem (secretária eletrônica *versus* serviço de voz) e tipo de precificação (quantia somada por 5 anos de uso *versus* custo mensal por 5 anos de uso) da propensão a pagar do consumidor (*Journal of Business Research*, v. 41, 1998). A primeira opção de precificação requer que o consumidor faça conta mental para determinar o custo total do sistema; o segundo dá o custo total real. Trinta pessoas foram aleatoriamente alocadas a cada um dos quatro tratamentos. Cada uma foi exposta a uma situação de compra envolvendo um produto ou serviço relevante e a descrição de pagamento, e lhe foi pedido que indicasse sua propensão a comprar o item em uma escala de 5 pontos (1 = definitivamente não compraria; 5 = definitivamente compraria). Os resultados são apresentados na tabela ANOVA incompleta abaixo.
a. Preencha a coluna graus de liberdade (gl) na tabela ANOVA.
b. Especifique as hipóteses nula e alternativa que deveriam ser usadas para testar efeitos de interação entre tipo de retorno da mensagem e opção de precificação.
c. Realize o teste do item b usando $\alpha = 0{,}05$. Interprete os resultados no contexto do problema.
d. Dados os resultados do item c, é recomendável realizar os testes de efeito principal? Por que sim ou por que não? Se for, realize o teste apropriado dos efeitos principais usando $\alpha = 0{,}05$.

Fonte	gl	SQ	QM	F
Tipo de sistema de retorno de mensagem	—	—	—	2,001
Opção de precificação	—	—	—	5,019
Tipo de sistema × opção de precificação	—	—	—	4,986
Erro				
Total	119	—		

Fonte: Adaptado de FORTIN, D.; GREENLEE, T. "Using a product/service evaluation frame: an experiment on the economic equivalence of product *versus* service alternatives for message retrieval systems." *Journal of Business Research*, vol. 41, 1998, pp. 205-214.

8.69 Melhorando um processo de preenchimento de latas.
A *Quality Engineering* (v. 2, 1990) publicou os resultados de um experimento realizado por um fabricante de comida para cachorro para melhorar o processo de preenchimento das latas nas quais a carne é inserida. O processo usa uma máquina de preenchimento rotatória com seis cilindros, cada um distribuindo carne. A empresa queria estudar os efeitos das diferenças em porções de carne e em cilindros no peso final do produto. Cinco porções de carne foram usadas no experimento. Três latas preenchidas foram aleatoriamente selecionadas a partir de cada cilindro, enquanto cada porção estava sendo preparada. As latas foram pesadas, e os pesos, registrados. Para simplificar a análise, pesos foram codificados ao subtrair 12 onças de cada peso. Os dados codificados aparecem na tabela abaixo.

a. Que tipo de planejamento experimental foi usado pelo fabricante de comida de cachorro?
b. Identifique os fatores usados no estudo e seus níveis.
c. Quantos tratamentos diferentes foram usados no experimento?
d. Analise os dados com uma análise de variância. Resuma os resultados na tabela ANOVA.
e. No contexto do problema, explique o que significa dizer que porção e cilindro interagem. O que poderia causar tal interação?
f. Teste uma interação entre porções e cilindros. Use $\alpha = 0{,}05$.
g. Se apropriado, teste os efeitos principais usando $\alpha = 0{,}05$.

DOGFOOD

		Porção				
		1	2	3	4	5
		1	4	6	3	1
	1	1	3	3	1	3
		2	5	7	3	3
		−1	−2	3	2	1
	2	3	1	1	0	0
		−1	0	5	1	1
		1	2	2	1	3
	3	1	0	4	3	3
		1	1	3	3	3
Cilindro						
		−2	−2	3	0	0
	4	3	0	3	0	1
		0	1	4	2	1
		1	2	0	1	−2
	5	1	1	1	0	3
		−1	5	2	−1	1
		0	0	3	3	3
	6	1	0	3	0	1
		1	3	4	2	2

Fonte: GRIFFITH, B. A.; WESTMAN, A. E. R.; LLOYD, B.H. "Analysis of variance." *Quality Engineering*, vol 2. n. 2, 1990, pp. 195-226.

8.70 Confiança dos gestores e tensão relacionada ao trabalho.
Uma pesquisa publicada na *Accounting, Organizations and Society* (v. 19, 1994) verificou se os efeitos de diferentes estilos de avaliações de desempenho (EAD) no nível de tensão relacionada ao trabalho são afetados pela confiança. Três estilos de avaliações de desempenho foram considerados. Cada um é relacionado ao modo como informações contábeis são usadas para o objetivo de avaliação. Os três estilos são: restrição de orçamento (RO), consciente do lucro (CL) e não contábil (NC), focados em fatores como qualidade de resultado e atitude em relação ao trabalho. Um questionário foi aplicado a 215 gerentes em organizações australianas para medir o estilo de avaliação de desempenho de cada superior do gerente, a tensão do gestor ligada ao trabalho e o nível de confiança do gestor (baixo, médio ou alto) em seu superior. Esses dados foram usados para produzir a tabela ANOVA parcial e a tabela de médias de tratamentos mostradas a seguir.

Fonte	gl	SQ	QM	F
EAD	2	2,1774	—	—
Confiança	—	7,6367	—	—
EAD × confiança	4	1,7380	—	—
Erro	206	—		
Total	214	161,1162		

		Estilo de Avaliação de Desempenho		
		RO	CL	NC
Confiança	Baixa	3,2350 ($n = 32$)	3,111 ($n = 24$)	3,2290 ($n = 16$)
	Média	2,7601 ($n = 26$)	2,8530 ($n = 31$)	2,6373 ($n = 14$)
	Alta	2,3067 ($n = 30$)	2,4436 ($n = 26$)	3,1810 ($n = 16$)

Fonte: ROSS, A. "Trust as a moderator of the effect of performance evaluation style on job-related tension: a research note." *Accounting, Organizations and Society*, vol. 19, n. 7, 1994, p. 633 (Tabelas 3 e 4).

a. Descreva os tratamentos desse estudo.
b. Complete a tabela ANOVA.
c. Investigue a presença de um efeito de interação ao realizar o teste de hipótese apropriado usando $\alpha = 0{,}05$.
d. Use um gráfico de médias de tratamentos para pesquisar o efeito de interação. Interprete os resultados. Os seus resultados dos itens c e d são consistentes?
e. Explique por que os testes F para os dois efeitos principais são irrelevantes, dadas as suas respostas aos itens c e d.

Aplicação dos conceitos — Avançado

8.71 Testando um novo comprimido para aliviar a dor.
Consulte o estudo do *Tropical Journal of Pharmaceutical*

Research (jun. 2003) sobre a natureza, a concentração e a densidade relativa do agente ativo no tempo de dissolução média de comprimidos para aliviar a dor, Exercício 8.13. Lembre-se de que o agente foi definido em dois níveis (goma khaya e PVP), a concentração, em mais dois níveis (0,5% e 4,0%), e a densidade relativa, também em dois níveis (baixa e alta); assim, um desenho fatorial 2 × 2 × 2 foi empregado. A média da amostra de tempos de dissolução para os tratamentos associados com os fatores natureza e densidade relativa quando o outro fator (concentração) é mantido fixo em 0,5% são $\bar{x}_{goma/baixa}$ = 4,70, $\bar{x}_{goma/alta}$ = 7,95, $\bar{x}_{PVP/baixa}$ = 3,00 e $\bar{x}_{PVP/alta}$ = 4,10. Os resultados sugerem que há interação entre natureza e densidade relativa? Explique.

8.72 Na trilha da barata. O conhecimento sobre como as baratas procuram comida é valioso para empresas que desenvolvem e fabricam iscas e armadilhas. Muitos entomologistas acreditam, no entanto, que o comportamento das baratas na caminhada ao procurar comida seja aleatório. D. Miller, da Virginia Tech University, desafiou o 'andar aleatório' ao desenhar um experimento para testar a habilidade da barata de procurar uma trilha de material fecal (*Explore*, Research at the University of Florida, outono, 1998). Um extrato de metanol de fezes de baratas foi usado para criar uma trilha química. Baratas alemãs foram soltas no começo da trilha, uma de cada vez, e câmeras de vídeo foram usadas pra monitor os movimentos das baratas. Além da triha contendo o material fecal (o tratamento), uma trilha usando apenas metanol (o controle) foi criada. Para determinar se a habilidade de seguir a trilha diferiu entre baratas de diferentes idades, sexos e condições reprodutivas, quatro grupos de baratas foram utilizados no experimento: machos adultos, fêmeas adultas, grávidas e ninfas (imaturas). Vinte baratas de cada tipo foram aleatoriamente alocadas para a trilha de tratamento e dez para a de controle. Assim, um total de 120 baratas foi usado no experimento. O padrão de movimento de cada barata foi medido (em 'pixels') como o desvio médio da trilha. Os dados para as 120 baratas no estudo estão armazenados no arquivo **ROACH**. (As primeiras cinco e as últimas cinco observações do grupo de dados estão listadas abaixo.) Realize uma análise completa dos dados. Determine se as baratas podem distinguir entre o extrato fecal e a trilha de controle e se a habilidade de seguir a trilha difere de acordo com idade, sexo e condição reprodutiva.

ROACH
Companion Website

Desvio da trilha	Grupo de baratas	Trilha
3,1	Macho adulto	Extrato
42,0	Macho adulto	Controle
6,2	Macho adulto	Extrato
22,7	Macho adulto	Controle
34,0	Macho adulto	Extrato
.	.	.
.	.	.
.	.	.
23,8	Ninfa	Extrato
5,1	Ninfa	Extrato
3,8	Ninfa	Extrato
3,1	Ninfa	Extrato
2,8	Ninfa	Extrato

Termos-chave

Análise de variância (ANOVA)
Blocos
Estatística *F*
Experimento de dois fatores
Experimento de fator único
Experimento fatorial completo
Experimento observacional
Experimento planejado
Experimentos fatoriais
Fator efeito principal
Fator interação
Fatores
Fatores qualitativos
Fatores quantitativos

Média do quadrado para tratamentos
Método muito resistente
Múltiplas comparações de um grupo
Níveis de fator
Planejamento aleatório em bloco
Planejamento balanceado
Planejamento completamente aleatório
Procedimento de comparações múltiplas de Scheffé
Procedimento de comparações múltiplas de Tukey
Procedimento de múltiplas comparações de Bonferroni

Quadrado médio para erro
Replicações do experimento
Soma de quadrados para o erro
Soma de quadrados para os blocos
Soma de quadrados para tratamentos
Taxa de erro de comparação
Taxa de erro de experimento
Tratamentos
Unidade experimental
Variável dependente
Variável de resposta
Variáveis independentes

Guia de seleção do planejamento experimental

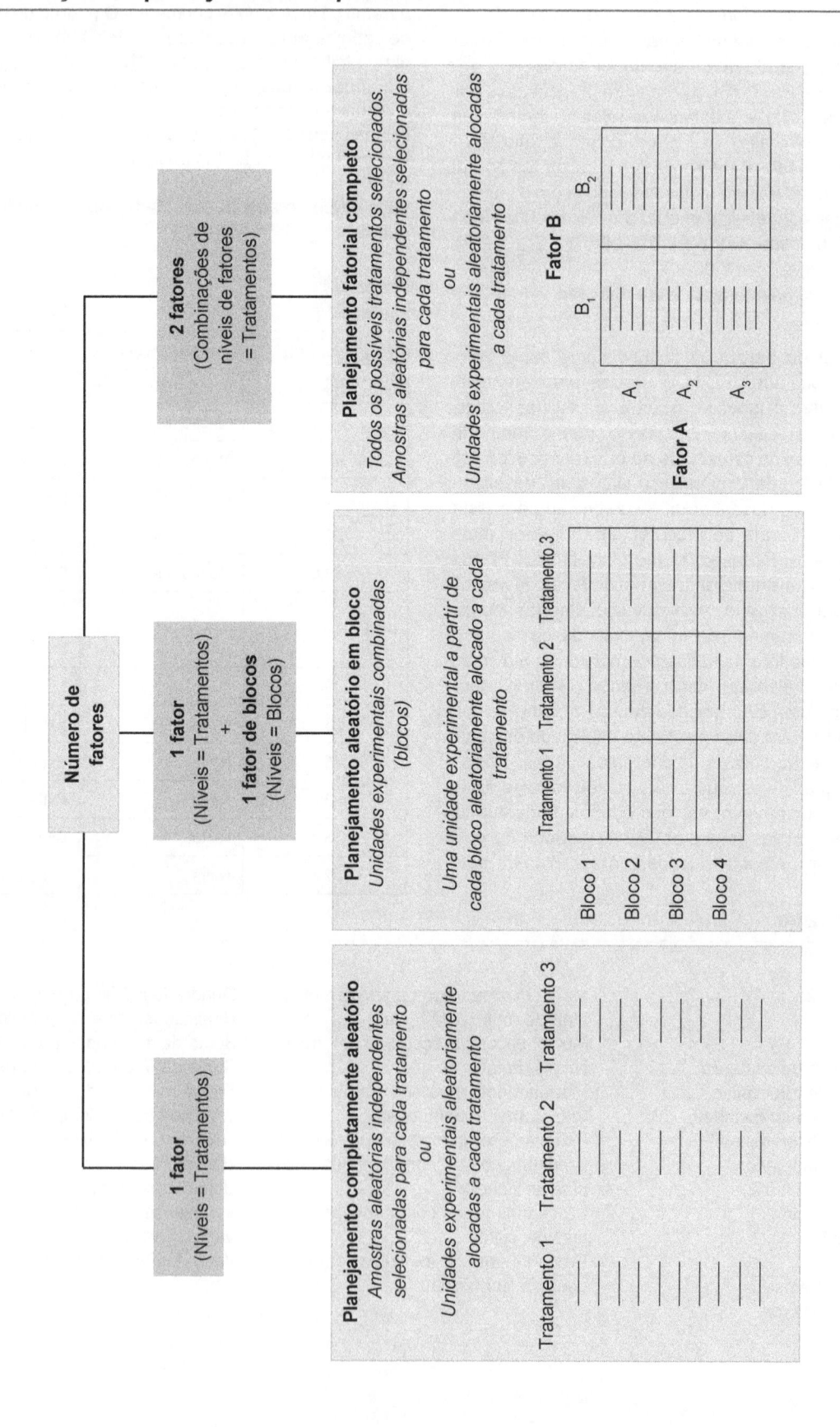

Número de fatores

- **1 fator**
  (Níveis = Tratamentos)
  → **Planejamento completamente aleatório**
  Amostras aleatórias independentes selecionadas para cada tratamento
  ou
  Unidades experimentais aleatoriamente alocadas a cada tratamento

  Tratamento 1 | Tratamento 2 | Tratamento 3

- **1 fator**
  (Níveis = Tratamentos)
  +
  1 fator de blocos
  (Níveis = Blocos)
  → **Planejamento aleatório em bloco**
  Unidades experimentais combinadas (blocos)
  Uma unidade experimental a partir de cada bloco aleatoriamente alocado a cada tratamento

  Tratamento 1 | Tratamento 2 | Tratamento 3
  Bloco 1
  Bloco 2
  Bloco 3
  Bloco 4

- **2 fatores**
  (Combinações de níveis de fatores = Tratamentos)
  → **Planejamento fatorial completo**
  Todos os possíveis tratamentos selecionados.
  Amostras aleatórias independentes selecionadas para cada tratamento
  ou
  Unidades experimentais aleatoriamente alocadas a cada tratamento

  Fator B: B_1, B_2
  Fator A: A_1, A_2, A_3

Guia para realizar testes *F* anova

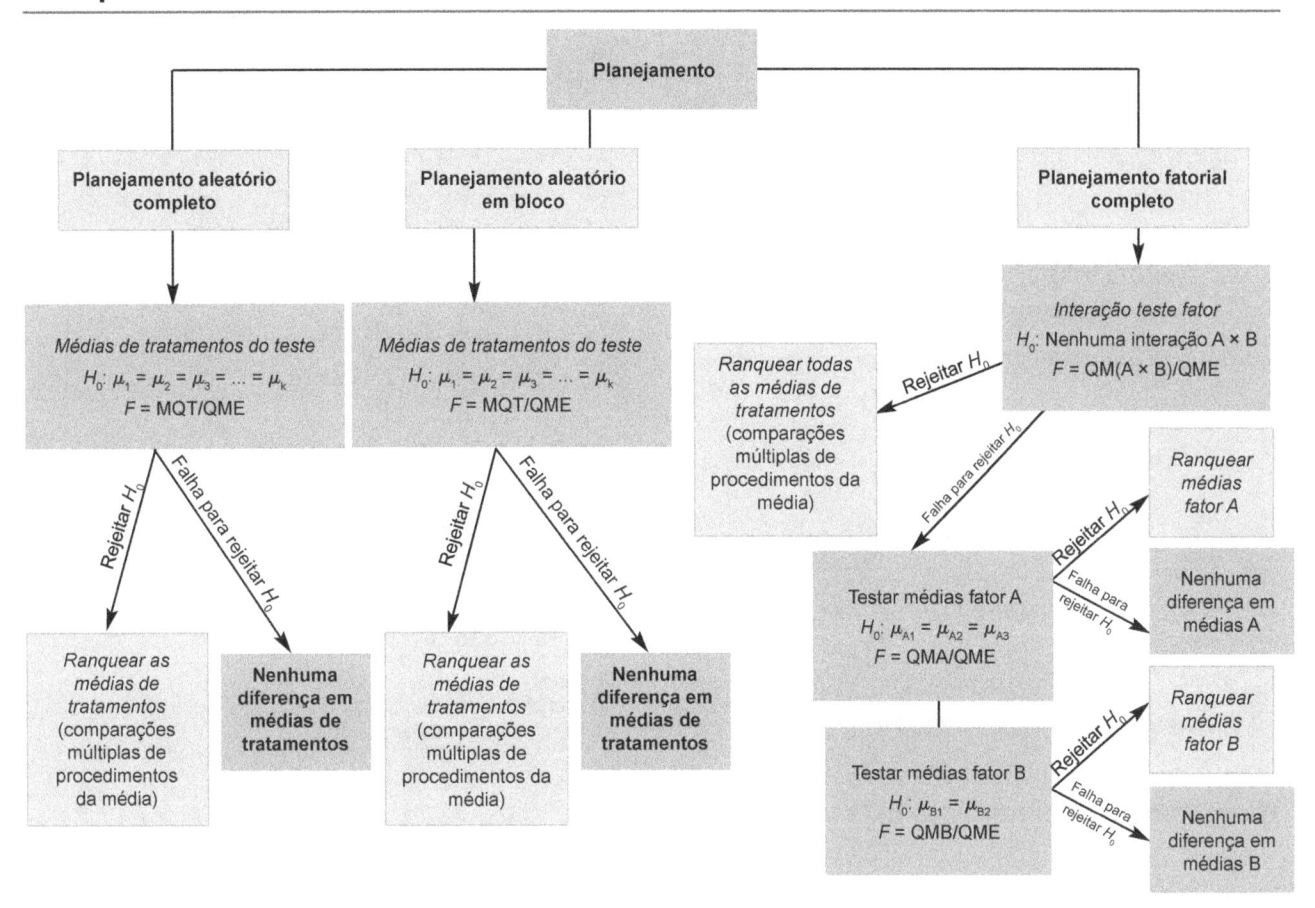

Planejamento

Planejamento aleatório completo

Médias de tratamentos do teste
$H_0: \mu_1 = \mu_2 = \mu_3 = ... = \mu_k$
$F = MQT/QME$

- Rejeitar H_0 → *Ranquear as médias de tratamentos (comparações múltiplas de procedimentos da média)*
- Falha para rejeitar H_0 → **Nenhuma diferença em médias de tratamentos**

Planejamento aleatório em bloco

Médias de tratamentos do teste
$H_0: \mu_1 = \mu_2 = \mu_3 = ... = \mu_k$
$F = MQT/QME$

- Rejeitar H_0 → *Ranquear as médias de tratamentos (comparações múltiplas de procedimentos da média)*
- Falha para rejeitar H_0 → **Nenhuma diferença em médias de tratamentos**

Planejamento fatorial completo

Interação teste fator
H_0: Nenhuma interação A × B
$F = QM(A \times B)/QME$

- Rejeitar H_0 → *Ranquear todas as médias de tratamentos (comparações múltiplas de procedimentos da média)*
- Falha para rejeitar H_0 →

Testar médias fator A
$H_0: \mu_{A1} = \mu_{A2} = \mu_{A3}$
$F = QMA/QME$
- Rejeitar H_0 → *Ranquear médias fator A*
- Falha para rejeitar H_0 → **Nenhuma diferença em médias A**

Testar médias fator B
$H_0: \mu_{B1} = \mu_{B2}$
$F = QMB/QME$
- Rejeitar H_0 → *Ranquear médias fator B*
- Falha para rejeitar H_0 → **Nenhuma diferença em médias B**

Notas do capítulo

ELEMENTOS-CHAVE DE UM EXPERIMENTO DESENHADO

(1) *Variável resposta (dependente)* — quantitativa
(2) *Fatores (variáveis independentes)* — quantitativa ou qualitativa
(3) *Níveis de fator (valores de fatores)* — selecionados pelo pesquisador
(4) *Tratamentos* — combinações de níveis de fator
(5) *Unidades experimentais* — alocar tratamentos a unidades experimentais e medir resposta para cada um

SÍMBOLOS-CHAVE/ NOTAÇÃO

ANOVA	Análise de variância
SQT	Soma de quadrados para tratamentos
MQT	Quadrado médio para tratamentos
SQB	Soma de quadrados para os blocos
MQB	Média de quadrado para os blocos
SQE	Soma de quadrados para o erro
QME	Quadrado médio para o erro
$a \times b$ fatorial	Desenho fatorial com um fator de a níveis e o outro fator de b níveis
SQ(A)	Soma de quadrados para efeito principal fator A
QM(A)	Quadrado médio para efeito principal fator A
SQ(B)	Soma de quadrados para efeito principal fator B
QM(B)	Quadrado médio para efeito principal fator B
SQ(AB)	Soma de quadrados para interação fator A × B
QM(AB)	Quadrado médio para interação fator A × B

DESENHO BALANCEADO

Tamanhos da amostra para cada tratamento são iguais

TESTES PARA EFEITO PRINCIPAL EM DESENHO FATORIAL

Apenas apropriado se o teste para interação fator é não significativo

CONDIÇÕES REQUERIDAS PARA UM TESTE F VÁLIDO EM UM PLANEJAMENTO COMPLETAMENTE ALEATÓRIO

(1) Todas as k populações de tratamentos são aproximadamente normais

(2) $\sigma_1^2 = \sigma_2^2 = \ldots = \sigma_k^2$

CONDIÇÕES REQUERIDAS PARA TESTES F VÁLIDOS EM UM PLANEJAMENTO ALEATÓRIO EM BLOCO

(1) Todas as populações tratamento–bloco são aproximadamente normais

(2) Todas as populações tratamento–bloco têm a mesma variância

CONDIÇÕES REQUERIDAS PARA TESTES F VÁLIDOS EM UM PLANEJAMENTO FATORIAL COMPLETO

1. Todas as populações de tratamentos são aproximadamente normais
2. Todas as populações de tratamentos têm a mesma variância

MÉTODO RESISTENTE

Leves a moderados desvios da normalidade não têm impacto na validade dos resultados ANOVA.

TAXA DE ERRO DE EXPERIMENTO

Risco de fazer pelo menos um erro Tipo I na realização de comparações múltiplas de médias na ANOVA

NÚMERO DE COMPARAÇÕES DE PARES COM K MÉDIAS DE TRATAMENTOS:

$$c = k(k-1)/2$$

MÉTODOS DE MÚLTIPLAS COMPARAÇÕES DE MÉDIAS

Tukey:
(1) Planejamento balanceado
(2) Comparações de pares de médias

Bonferroni:
(1) Planejamento balanceado ou não balanceado
(2) Comparações de pares de médias

Scheffé:
(1) Planejamento balanceado ou não balanceado
(2) Contrastes gerais de médias

Exercícios suplementares 8.73 – 8.95

Aprendendo a mecânica

8.73 Explique a diferença entre um experimento que utiliza um planejamento completamente aleatório e outro que utiliza um planejamento aleatório em bloco.

8.74 Quais os tratamentos em um experimento de dois fatores, com fator A a três níveis e fator B a dois níveis?

8.75 Por que a taxa de erro de experimento de um procedimento de múltiplas comparações difere do nível de significância para cada comparação (presumindo que o experimento tenha mais de dois tratamentos)?

8.76 Um planejamento completamente aleatório é utilizado para comparar quatro médias de tratamentos. Os dados são mostrados na tabela.

LM8_76 Companion Website

TRATAMENTO 1	TRATAMENTO 2	TRATAMENTO 3	TRATAMENTO 4
8	6	9	12
10	9	10	13
9	8	8	10
10	8	11	11
11	7	12	11

a. Dado que SQT = 36,95 e SQ(Total) = 62,55, complete a tabela ANOVA para esse experimento.

b. Há evidência de que as médias dos tratamentos diferem? Use $\alpha = 0{,}10$.

c. Coloque um intervalo de confiança de 90% na resposta média para o tratamento 4.

8.77 Um experimento que utiliza um planejamento aleatório em bloco foi realizado para comparar as respostas médias para quatro tratamentos: A, B, C e D. Os tratamentos foram aleatoriamente alocados para quatro unidades experimentais em cada um dos cinco blocos. Os dados são mostrados na tabela a seguir.

EX10_77 Companion Website

TRATAMENTO	BLOCO				
	1	2	3	4	5
A	8,6	7,5	8,7	9,8	7,4
B	7,3	6,3	7,3	8,4	6,3
C	9,1	8,3	9,0	9,9	8,2
D	9,3	8,2	9,2	10,0	8,4

a. Dado que SQ(total) = 22,31 e SQ(bloco) = 10,688 e SQE = 0,288, complete uma tabela ANOVA para esse experimento.

b. Os dados fornecem evidência suficiente para indicar uma diferença entre as médias dos tratamentos? Teste usando $\alpha = 0{,}05$.

c. O resultado do teste no item **b** garante posterior comparação das médias dos tratamentos? Se garante, quantas comparações de pares precisam ser feitas?

d. Há evidência de que as médias dos blocos diferem? Use $\alpha = 0,05$.

8.78 A tabela a seguir mostra uma tabela ANOVA parcialmente preenchida para um experimento fatorial de dois fatores.
   a. Complete a tabela ANOVA.
   b. Quantos níveis foram usados para cada fator? Quantos tratamentos foram usados? Quantas replicações foram feitas?

Fonte	gl	SQ	QM	F
A	3	2,6	—	—
B	5	9,2	—	—
A × B	—	—	3,1	
Erro	—	18,7		
Total	47			

   c. Encontre o valor da soma de quadrados para tratamentos. Teste para determinar se os dados fornecem evidência suficiente de que as médias dos tratamentos diferem. Use $\alpha = 0,05$.
   d. Testes posteriores da natureza dos fatores estão garantidos? Se estão, teste para determinar se os fatores interagem. Use $\alpha = 0,05$. Interprete os resultados.

Aplicação dos resultados — Básico

8.79 Força de caixas de fibra. O *Journal of Testing and Evaluation* (jul. 1992) publicou uma pesquisa sobre a compressão média de contêineres de fibras corrugadas embarcados. Comparações foram feitas para caixas de cinco diferentes tamanhos: A, B, C, D e E. Vinte caixas idênticas de cada tamanho foram testadas e a força de compressão no pico (em libras) foi registrada para cada caixa. A figura abaixo mostra as médias das amostras para os cinco tipos de caixas, assim como a variância em torno da média da amostra.
   a. Explique por que os dados são coletados como um planejamento completamente aleatório.
   b. Consulte as caixas de tipos B e D. Com base no gráfico, parece que as médias de forças de compressão desses dois tipos de caixas são significativamente diferentes? Explique.
   c. Com base no gráfico, parece que as forças de compressão média de todos os cinco tipos de caixas são significativamente diferentes? Explique.

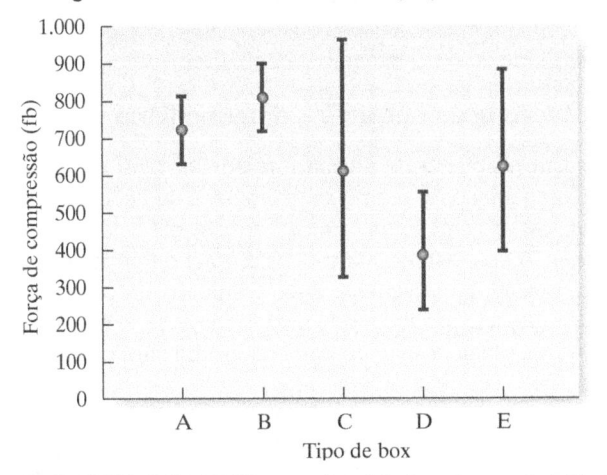

Fonte: SINGH, S. P. et al. "Compression of single-wall corrugated shipping containers using fixed and floating test platens." *Journal of Testing and Evaluation*, vol. 20, n. 4, jul. 1992, p. 319 (Figura 3). Copyright American Society for Testing and Materials. Reimpresso com permissão.

8.80 Estudo sobre como fazer perguntas em pesquisas. Pesquisadores de marketing geralmente concordam com o fato de que a forma como você faz uma pergunta para os consumidores é tão importante quanto o que você pergunta. Um artigo no *Journal of the Market Research Society* (jul. 1996) pesquisou os efeitos de perguntas positivamente e negativamente colocados sobre as respostas dos consumidores. Foi pedido aos consumidores que expressassem seu nível de concordância com afirmações positivamente colodas em uma escala de 1 (discorda fortemente) a 5 (concorda fortemente). Os valores da escala foram revertidos para perguntas negativamente colocadas. Alocou-se aleatoriamente um total de 154 pessoas do Meio-Oeste a quatro condições de tratamentos definidas pelos dois níveis de variáveis: envolvimento no tópico (alto e baixo) e colocação da questão (positiva/negativa). Solicitou-se a cada pessoa que respondesse a uma questão (positivamente colocada para um grupo e negativamente para outro). A escala de 5 pontos descrita acima foi usada. Aqueles na condição de alto envolvimento receberam uma questão sobre a Guerra do Golfo; aqueles na condição de baixo envolvimento receberam uma questão geral sobre compras e produtos. Os dados resultantes foram analisados usando ANOVA.
   a. Que tipo de planejamento experimental foi usado pelo pesquisador?
   b. Identifique os fatores usados no experimento. Eles são quantitativos ou qualitativos?
   c. Descreva os níveis de cada fator.
   d. Descreva os tratamentos dos experimentos.
   e. Qual a variável dependente do experimento?

8.81 Lista E-50 da *Fortune*. A lista E-50 da *Fortune* é uma lista dos 50 melhores comércios eletrônicos e empresas baseadas na Internet, como determinado pela *Revista Fortune* todo ano. A *Fortune* agrupa as empresas em quatro categorias: (1) e-empresas, (2) software de Internet e serviços, (3) hardware de Internet e (4) comunicação de Internet. Considere um estudo para comparar as taxas médias de retorno para as ações das empresas nas quatro categorias da *Fortune*. Uma vez que a idade do comércio eletrônico ou da empresa baseada em Internet pode ter um impacto na taxa de retorno, o estudo é desenhado para remover qualquer variância de idade. Quatro empresas de 1 ano de idade, quatro de 3 anos de idade e quatro de 5 anos de idade foram selecionadas; dentro de cada grupo, uma empresa foi selecionada aleatoriamente da categoria 1, uma da categoria 2, uma da categoria 3 e uma da categoria 4.
   a. Que tipo de planejamento experimental é empregado?
   b. Identifique os elementos-chave do experimento (isto é, tratamentos, blocos, variável resposta e unidades experimentais).

8.82 Diversificando holdings imobiliárias. Ao formar portfólios em negócios de imóveis, investidores podem escolher diversificar holdings por meio de submercados dentro da mesma região metropolitana. J. Rabianski e P. Cheng, da Georgia State University, pesquisaram se essa estratégia era apropriada para propriedades de escritórios (*Journal of Real Estate Portfolio Management*, v. 3, 1997). Usando a taxa de vacância de um submercado como comparação para a taxa de retorno total para o submercado de escritórios, os pesquisadores compararam submercados dentro de diversas áreas metropolitanas dos Estados Unidos. A tabela a seguir apresenta as taxas médias de vacância para os oito submercados de escritórios de Atlanta, na Geórgia, para um período de nove anos. Taxas trimestrais de vacância foram usadas para calcular as médias.

a. Especifique as hipóteses nula e alternativa para usar na comparação das taxas médias de vacância dos oito submercados de escritórios de Atlanta.

b. Os pesquisadores relataram em uma ANOVA de estatística F de $F = 17,54$ para os dados de Atlanta. Realize o teste de hipóteses que você especificou no item **a**. Tire as conclusões apropriadas no contexto do problema.

c. Dê o valor p aproximado para o teste que você realizou no item **b**.

Submercado	Taxa média de vacância (%)
Central Norte	16,73
Noroeste	16,81
Buckhead	16,85
Nordeste	16,95
Centro	19,75
Lago Norte	20,38
Cidade Baixa	20,73
Sul	28,26

Fonte: Adaptado de RABIANSKI, J. S.; CHENG, P. "Intrametropolitan spatial diversification." *Journal of Real Estate Portfolio Management*, v. 3. n. 2, 1997, pp. 117-128.

d. Que premissas devem ser satisfeitas para garantir a validade da inferência que você fez no item **b**? Qual dessas premissas você considera a mais questionável nessa aplicação? Por quê?

e. A tabela dá os rankings Bonferroni das taxas médias de vacância. (A linha vertical conecta médias que não são significativamente diferentes a $\alpha = 0,10$.) Interprete detalhadamente esses resultados.

8.83 Estilo de liderança e comportamento do subordinado. Atos de liderança ocorrem quando uma pessoa tenta influenciar o comportamento de outras para alcançar algum objetivo. Os efeitos do estilo de liderança no comportamento de subordinados foi investigado na *Accounting, Organizations and Society* (v. 20, 1995). Quatro tipos de estilo de liderança foram definidos com base em duas variáveis: o grau de controle aplicado (alto ou baixo) e o nível de consideração mostrado pelos subordinados (alto ou baixo). Uma amostra de 257 auditores sênior nas seis principais empresas de contabilidade gerou a seguinte distribuição de estilos de liderança para os líderes auditores:

Estilo de liderança	N
A. Alto controle, baixa consideração	51
B. Baixo controle, baixa consideração	63
C. Alto controle, alta consideração	79
D. Baixo controle, alta consideração	64
Total	257

Foi solicitado a todos que indicassem (confidencialmente) quão freqüentemente seu campo de atuação na auditoria está intencionalmente abaixo do padrão de uma forma em particular e que respondessem usando uma escala que varia de 1 (nunca) a 5 (sempre). Esses dados estão resumidos na tabela a seguir. Uma ANOVA realizada para testar para diferenças nas quatro médias de tratamentos gerou $F = 30,4$.

Estilo de liderança	Média	Desvio-padrão	Análise Bonferroni: médias significativamente menores
A	4,27	1,13	B, C, D
B	2,83	1,18	D
C	2,54	1,24	Nenhum
D	2,87	1,31	Nenhum
Geral	2,87	1,42	

Fonte: OTLEY, D. T.; PIERCE, B. J. "The control problem in public accounting firms: an empirical study of the impact of leadership style." *Accounting Organizations and Society*, vol. 20, n. 5, 1995, pp. 405-420.

a. Os dados indicam que o estilo de liderança afeta o comportamento de suborndinados? Teste usando $\alpha = 0,05$.

b. O procedimento de comparações múltiplas de Bonferroni foi usado para ranquear as quatro médias de tratamentos a $\alpha = 0,05$. Interprete cuidadosamente os resultados mostrados na tabela.

c. Que premissas devem ser seguidas para garantir a validade do procedimento de Bonferroni?

Aplicação dos conceitos — Intermediário

8.84 Um problema de decisão gerencial. Uma empresa de postagem fabrica e armazena produtos de papel (envelopes, cartas, brochuras, outros cartões, etc.) para seus clientes. A empresa estima o número total de peças recebidas em um carregamento pela estimativa do peso por peça e, depois, pesando todo o carregamento. A empresa não está certa se a amostra de peças usada para estimar o peso médio por peça deveria ser tirada de uma única caixa, ou se valeria a pena o tempo extra requerido para buscar peças extras de diversas caixas. Para ajudar a gerência na tomada de decisão, oito brochuras foram retiradas de cada uma das cinco caixas de um carregamento típico e pesadas. Os pesos (em libras) são mostrados na tabela a seguir.

CARTONS*

Caixa 1	Caixa 2	Caixa 3	Caixa 4	Caixa 5
0,01851	0,01872	0,01869	0,01899	0,01882
0,01829	0,01861	0,01853	0,01917	0,01895
0,01844	0,01876	0,01876	0,01852	0,01884
0,01859	0,01886	0,01880	0,01904	0,01835
0,01854	0,01896	0,01880	0,01923	0,01889
0,01853	0,01879	0,01882	0,01905	0,01876
0,01844	0,01879	0,01862	0,01924	0,01891
0,01833	0,01879	0,01860	0,01893	0,01879

* Para usar os dados da tabela no software, é preciso trocar as vírgulas dos valores numéricos por ponto.

a. Identifique a resposta, os fatores, os tratamentos e as unidades experimentais.
b. Esses dados fornecem evidência suficiente para indicar diferenças no peso médio por brochura entre as cinco caixas?
c. Que premissas devem ser satisfeitas de forma que o teste do item **b** seja válido?
d. Use o método de Tukey para comparar todos os pares de médias, com $\alpha = 0,05$ como o nível de significância geral.
e. Dados os resultados, faça uma recomendação para a gerência sobre se a amostra deve ser feita a partir de uma caixa ou de muitas caixas.

8.85 Falhas em tanques de óleo. Consulte o estudo da *Marine Technology* (jan. 1995) sobre os principais derramamentos de óleo por navios petroleiros, Exercício 2.135. A quantidade derramada (milhares de toneladas métricas) e a causa do acidente para 48 navios estão salvas no arquivo **OILSPILL**. Lembre-se de que as quatro causas de acidentes são: colisão, encalhameto, fogo/explosão e falha no tanque. (*Nota*: Apague as duas observações com derramamentos de óleos por causas desconhecidas.)
a. Há evidência suficiente para indicar diferenças entre as quantidades médias derramadas para as quatro causas de acidentes? Teste usando $\alpha = 0,01$. Certifique-se de checar quaisquer premissas requeridas para que a metodologia usada seja válida.
b. Realize uma análise de acompanhamento para ranquear as médias de tratamentos. Use $\alpha = 0,01$.

8.86 Estudo de drogas anticoagulantes. Três drogas anticoagulantes são estudadas para comparar sua efetividade em dissolver coágulos de sangue. Cinco pessoas recebem as drogas em intervalos de tempo igualmente espaçados e em ordem aleatória. Períodos de tempo entre as aplicações das drogas permitem que uma droga seja passada pelo corpo do indivíduo antes que ele receba a nova droga. Após cada droga entrar na corrente sangüínea, o tempo (em segundos) requerido para um corte de tamanho específico parar de sangrar é registrado. Os resultados são mostrados na tabela a seguir.

CLOTS*

Pessoa	DROGA		
	A	B	C
1	127,5	129,0	135,5
2	130,6	129,1	138,0
3	118,3	111,7	110,1
4	155,5	144,3	162,3
5	180,7	174,4	181,8

* Para usar os dados da tabela no software, é preciso trocar as vírgulas dos valores numéricos por ponto.

a. Que tipo de desenho experimental foi usado nesse estudo? Identifique a resposta, os fatores, os tipos de fator, os tratamentos e as unidades experimentais.
b. Há evidência de uma diferença na média de coagulação entre as três drogas? Teste usando $\alpha = 0,10$.
c. Qual o nível observado de significância do teste que você realizou no item **a**? Interprete-o.
d. O bloco foi efetivo na redução da variância entre os dados? Isto é, os dados reforçam a afirmação de que o tempo médio de coagulação varia de pessoa para pessoa?
e. Se garantido, use a técnica de comparações múltiplas para determinar se uma das drogas é mais efetiva. Use um nível geral de significância de $\alpha = 0,10$.

8.87 Estudo de qualidade do lingote de ferro. Um supervisor de controle de qualidade mede a qualidade de um lingote de ferro em uma escala de 0 a 10. Ele desenha um experimento no qual três diferentes temperaturas (variando de 1.100 a 1.200 °F) e cinco diferentes pressões (variando de 500 a 600 psi) são utilizadas, com 20 lingotes produzidos em cada combinação temperatura–pressão. Identifique os seguintes elementos do experimento:
a. Resposta.
b. Fatores e tipos de fator.
c. Tratamentos.
d. Unidades experimentais.

8.88 Atitudes de contadores em relação ao risco. O professor D.C. Kim, da Louisiana State University, pesquisou os efeitos das atitudes dos contadores em relação ao risco e ao desempenho de definição de orçamento recente (em relação a seus colegas) em suas decisões orçamentárias (*Accounting Review*, abr. 1992). Oitenta e um estudantes foram usados como objeto de estudo. Usando métodos-padrão de medição de risco, 40 indivíduos foram descobertos como sendo tomadores de riscos e 41, como aversos a riscos. Solicitou-se aos indivíduos que tomassem o papel de contador no nível inicial em uma firma pública de contabilidade. Foi pedido que cada um lesse um caso hipotético de auditoria de comprometimento. Cada um tinha um caso no qual seu desempenho na auditoria de custos (horas cobráveis) era ou favorável ou desfavorável em relação aos colegas. Após a leitura do caso, pediu-se a cada um que estabelecesse ou um orçamento apertado (arriscado) ou um orçamento seguro (sem risco) que indicasse a força de sua preferência pelo orçamento. Os indivíduos responderam em uma escala de 11 pontos quer variou de –5 (forte preferência por uma escolha arriscada) a + 5 (forte preferência por uma escolha sem risco). A partir desses dados, Kim gerou a seguinte tabela ANOVA parcial:

Fonte	gl	SQ	QM	F
Desempenho recente (A)	1	243,2	—	—
Exposição ao risco (B)	1	57,8	—	—
AB	1	—	—	—
Erro	77	670,8		
Total	80	976,3		

Fonte: KIM, D.C. "Risk preferences in participative budgeting." *Accounting Review*, vol. 67, abr. 1992, pp. 303-318.

a. Complete a tabela ANOVA.
b. Os dados indicam que os fatores A e B interagem? Teste usando $\alpha = 0,05$.
c. Uma atitude individual de risco afeta suas decisões de orçamento? Teste usando $\alpha = 0,05$.
d. O desempenho recente de orçamento afeta as decisões de orçamento? Teste usando $\alpha = 0,01$.

8.89 Estudo de adulteração de produto. Um estudo no *Journal of Psychology and Marketing* (jan. 1992) pesquisou as atitudes do consumidor em relação à adulteração de produtos. Uma variável considerada foi o nível de educação do consumidor. Eles foram divididos em cinco classificações de educação e foi-lhes pedido que classificassem sua preocupação com adulteração em uma escala de 1 (pouca ou nenhuma preocupação) a 9 (muita preocupação). A tabela mostra os níveis de educação e as médias.

Nível de Educação	Média	Tamanho da Amostra
Segundo grau incompleto	3,731	26
Segundo grau completo	3,224	49
Ensino superior incompleto	3,330	94
Ensino superior completo	3,167	60
Pós-graduação incompleta	4,341	86

a. Identifique o tipo de ANOVA usada no experimento. Identifique os tratamentos no experimento.
b. O artigo comparou a preocupação média para cinco níveis de educação. A estatística F para esse teste foi registrada como sendo 3,298. Realize um teste de hipóteses (a $\alpha = 0,05$) para determinar se a taxa de preocupação média difere para pelo menos dois dos níveis de educação. [*Dica*: Calcule os graus de liberdade para tratamentos e erro a partir da informação dada.]
c. Usando $\alpha = 0,05$, uma análise de Bonferroni gerou o resultado mostrado na parte de baixo da página. Interprete o resultado.

8.90 Protegendo pacientes dentários da radiação. Um composto de pó metálico misturado com resina plástica foi inventado para impedir a radiação usada para terapia de câncer oral ou de pele. Um experimento fatorial 2 × 2 com duas replicações foi realizado em um laboratório de pesquisa dental para medir o grau de radiação viajando através do composto quando a densidade do pó metálico era pesada ou leve e quando uma segunda camada de plástico abaixo do composto estava presente ou ausente. A tabela a seguir mostra os dados coletados. Use as técnicas apresentadas neste capítulo para analisar esses dados e fazer uma recomendação em relação ao método preferido para proteger pacientes da superexposição à radiação potencialmente maléfica.

		DENSIDADE DO METAL	
		Pesado	Leve
Segundo plástico	Presente	0,04; 0,02	0,46; 0,40
	Ausente	0,38; 0,13	1,84; 2,29

Fonte: Comunicação pessoal de F. Eichmiller, Paffenbarger Research Center, Gaithersburg, MD.

8.91 Fatores que impactam na atitude no trabalho. Dezesseis trabalhadores foram aleatoriamente selecionados para participar de um experimento para determinar os efeitos de agendamento de trabalhos e métodos de pagamento na atitude em relação ao trabalho. Dois agendamentos foram empregados: o dia-padrão das 8 horas às 17 horas e uma modificação na qual o trabalhador poderia decidir a cada dia se começaria às 7 horas ou às 8 horas; além disso, o trabalhador poderia escolher entre um período de meia hora ou uma hora para o almoço em cada dia. Os dois métodos de pagamento foram a taxa-padrão por hora e uma taxa reduzida por hora com uma parte adicionada em relação à produtividade do trabalhador. Quatro trabalhadores foram aleatoriamente alocados a cada uma das quatro combinações agendamento–pagamento, e cada um fez um teste de atitude após um mês no trabalho. As pontuações do teste são mostradas na tabela da página a seguir.

Média	3,167	3,224	3,330	3,731	4,3441
Nível de Educação	Superior completo	Segundo grau completo	Superior incompleto	Segundo grau incompleto	Pós-graduação

Comparações múltiplas para o Exercício 8.89

JOBATT
Companion Website

		PAGAMENTO	
		Taxa Horária	Taxa Horária e por Produção
Agendamento	8h – 17h	54, 68, 55, 63	89, 75, 71, 83
	Modificado pelo trabalhador	79, 65, 62, 74	83, 94, 91, 86

a. Que tipo de experimento foi realizado? Identifique a resposta, os fatores, os tipos de fator, os tratamentos e as unidades experimentais.
b. Há evidência de que as médias de tratamentos diferem? Use $\alpha = 0{,}05$.
c. Se o teste do item **b** garante análise posterior, realize o teste apropriado de interação e efeitos principais. Interprete seus resultados.
d. Que premissas são necessárias para garantir a validade das inferências? Enuncie as premissas em termos desse experimento.

8.92 Testando a efetividade das estratégias de supermercados. Desenhos fatoriais são comumente empregados na pesquisa de marketing para avaliar a efetividade de estratégias de vendas. Em um supermercado, dois dos fatores foram nível de preço (regular, reduzido, custo para o supermercado) e nível de display (display de espaço normal, display de espaço normal mais display de fim de corredor, dobro de espaço para display). Um desenho fatorial completo 3 × 3 foi empregado, em que cada tratamento foi aplicado três vezes a um produto em particular em um supermercado em particular. A variável dependente de interesse foi vendas unitárias para a semana. (Para minimizar efeitos de carregamento no tratamento, cada tratamento foi precedido e seguido por uma semana na qual o produto foi colocado em seu preço regular e no display de maneira normal.) A tabela acima, à direita, relata os dados coletados.

a. Quantos tratamentos são considerados nesse estudo?
b. Os dados indicam que as médias de vendas diferem entre os tratamentos? Teste usando $\alpha = 0{,}10$.
c. O teste de interação entre os fatores preço e display é garantido como resultado do teste do item **b**? Se é, realize o teste usando $\alpha = 0{,}10$.
d. Os testes de efeitos principais para preço e display são garantidos como resultado do teste prévio? Se são, realize-os usando $\alpha = 0{,}10$.
e. Quais pares de médias de tratamentos deveriam ser comparados com o resultado dos testes dos itens de **b** a **d**?

SUPERMKT
Companion Website

		PREÇO		
		Regular	Reduzido	Custo para o supermercado
Display	Normal	989	1.211	1.577
		1.025	1.215	1.559
		1.030	1.182	1.598
	Normal adicionado	1.191	1.860	2.492
		1.233	1.910	2.527
		1.221	1.926	2.511
	Duas vezes o normal	1.226	1.516	1.801
		1.202	1.501	1.833
		1.180	1.498	1.852

Aplicação dos conceitos — Avançado

8.93 Testando um novo repelente de insetos. Tradicionalmente, pessoas protegem a si mesmas de picadas de mosquitos aplicando repelentes de insetos em sua pele e no vestuário. Pesquisas recentes sugerem que o *permethrin*, um inseticida com baixa toxicidade em humanos, pode oferecer proteção em relação a mosquitos. Um estudo no *Journal of the American Mosquito Control Association* (mar. 1995) pesquisou se uma barraca borrifada com uma fórmula de 1% de *permethrin* protegeria as pessoas, tanto dentro quanto fora dela, contra as picadas de mosquitos. Duas barracas de canvas — uma tratada com *permethrin*, a outra não tratada — foram posicionadas 25 metros uma das outra em uma superfície plana e seca em uma área infestada com mosquitos. Oito pessoas participaram do experimento, quatro aleatoriamente alocadas em cada barraca. Das quatro alocadas em cada barraca, duas foram aleatoriamente colocadas dentro da barraca (em cantos opostos) e duas fora da barraca (em cantos opostos). Durante um período especificado de 20 minutos durante a noite, cada pessoa manteve a contagem do número de picadas de mosquitos que recebeu. O objetivo do estudo foi determinar o efeito tanto do tipo de barraca (tratada ou não tratada) como de localização (dentro ou fora da barraca) na contagem de picadas.

a. Que tipo de desenho foi empregado no estudo?
b. Identifique os fatores e os tratamentos.
c. Identifique a variável resposta.
d. O estudo encontrou evidência estatística de interação entre tipo de barraca e localização. Dê a interpretação prática para esse resultado.

8.94 Melhorando o resultado de uma máquina industrial. A *Quality Engineering* (v. 6, 1994) relatou os resultados de um experimento desenhado para encontrar maneiras de melhorar os resultados de uma máquina industrial de corte. A máquina é controlada por um computador que automaticamente a alimenta, corta o produto, faz o acabamento da superfície e libera a peça. Como é uma máquina, a barra gira e é presa em um local por uma flange. O operador define a alimentação (a taxa à qual as barras são colocadas na máquina) e a velocidade (taxa de giro). A característica de interesse do produto é a finalização da superfície. Ela é medida em uma peça que registra a distância vertical que um instrumento viaja à medida que se move ao longo de uma dada distância horizontal na barra. Quanto mais áspera a superfície, maior a medida da peça. Os fatores manipulados no experimento foram velocidade, alimentação, pressão da flange e desgaste da ferramenta. A tabela abaixo registra as definições fator–nível e as medições resultantes do acabamento da superfície.

a. Qual tipo de planejamento experimental foi usado?
b. Quantos tratamentos diferentes foram aplicados?

LATHE*

Velocidade	Alimentação	Pressão da flange	Desgaste da ferramenta	Acabamento
A	A	A	A	216
B	A	A	A	212
A	B	A	A	48
B	B	A	A	40
A	A	B	A	232
B	A	B	A	248
A	B	B	A	514
B	B	B	A	298
A	A	A	B	238
B	A	A	B	219
A	B	A	B	40
B	B	A	B	33
A	A	B	B	230
B	A	B	B	253
A	B	B	B	273
B	B	B	B	101
A	A	A	A	217
B	A	A	A	221
A	B	A	A	39
B	B	A	A	31
A	A	B	A	235
B	A	B	A	238
A	B	B	A	437
B	B	B	A	87
A	A	A	B	245
B	A	A	B	226
A	B	A	B	51
B	B	A	B	33
A	A	B	B	226
B	A	B	B	214
A	B	B	B	691
B	B	B	B	130

* Os dados existente no site de apoio do livro estão em inglês.

Fonte: COLLINS, W. H.; COLINS, C. B. "Including residual analysis in designed experiments: case studies." *Quality Engineering*, vol. 6, n. 4, 1994, pp. 547-565.

c. Faça uma análise de variância para esses dados.
d. Efeitos de interação significativas existem? Teste usando $\alpha = 0{,}05$. Interprete os resultados.
e. É necessário realizar testes de efeitos principais? Por que sim ou por que não? Se for, faça os testes usando $\alpha = 0{,}05$.
f. Que premissas devem ser seguidas para garantir a validade de seus resultados dos itens c, d e e?

Desafio de pensamento crítico

8.95 Estudo de desempenho de exame. Consulte o estudo *Teaching of Psychology* (ago. 1998) sobre se um teste prático ajuda estudantes a se prepararem para o exame final, Exercício 8.11. Lembre-se de que estudantes foram agrupados de acordo com sua posição na classe e se assistiram a uma sessão de revisão ou tiveram um teste prático antes do exame final. O desenho experimental foi um desenho fatorial 3 × 2 com posição na classe em três níveis (baixa, média ou alta) e preparação de exame em dois níveis (exame prático ou sessão de revisão). Havia 22 estudantes em cada um dos 3 × 2 = 6 grupos de tratamento. Depois de completar o exame final, cada estudante classificou seu exame de preparação em uma escala de 11 pontos, variando de 0 (absolutamente nenhuma ajuda) a 10 (extremamente útil). Os dados para esse experimento (simulado a partir de estatísticas resumidas dadas nesse artigo) são salvos no arquivo **PRACEXAM**. As primeiras cinco e as cinco últimas observações no grupo de dados estão listadas a seguir. Realize uma análise completa de variância dos dados da classificação de utilidade, incluindo (caso garantido) múltiplas comparações de médias. Os seus resultados reforçam a conclusão da pesquisa de que "estudantes de todos os níveis de habilidade acadêmica se beneficiam de um ... exame prático"?

PRACEXAM
Companion Website

EXAME PREPARAÇÃO	POSIÇÃO NA CLASSE	CLASSIFICAÇÃO DE UTILIDADE
PRÁTICA	BAIXA	6
PRÁTICA	BAIXA	7
PRÁTICA	BAIXA	7
PRÁTICA	BAIXA	5
PRÁTICA	BAIXA	3
.	.	.
.	.	.

(continua)

EXAME PREPARAÇÃO	POSIÇÃO NA CLASSE	CLASSIFICAÇÃO DE UTILIDADE
.	.	.
REVISÃO	ALTA	5
REVISÃO	ALTA	2
REVISÃO	ALTA	5
REVISÃO	ALTA	4
REVISÃO	ALTA	3

Fonte: BALCH, W. R. "Practice versus review exams and final exam performance." *Teaching of Psychology*, vol. 25, n. 3, ago. 1998 (adaptado da Tabela 1).

Referências bibliográficas

COCHRAN, W. G.; COX, M. G. *Experimental designs*. 2. ed. Nova York: Wiley, 1957.

HSU, J. C. *Multiple comparisons: theory and methods*. Londres: Chapman & Hall, 1996.

KRAMER, C. Y. "Extension of multiple range tests to group means with unequal number of replications". *Biometrics*, vol. 12, 1956, p. 307-310.

MASON, R. L.; GUNST, R. F.; HESS, J. L. *Statistical design and analysis of experiments*. Nova York: Wiley, 1989.

MENDENHALL, W. *Introduction to linear models and the design and analysis of experiments*. Belmont, Calif.: Wadsworth, 1968.

MILLER, R. G. Jr. *Simultaneous statistical inference*. Nova York: Springer-Verlag, 1981.

NETER, J.; KUTNER, M.; NACHTSHEIM, C.; WASSERMAN, W. *Applied linear statistical models*. 4. ed. Homewood, Ill.: Richard D. Irwin, 1996.

SCHEFFÉ, H. "A method for judging all contrasts in the analysis of variance". *Biometrica*, vol. 40, 1953, p. 87-104.

SCHEFFÉ, H. *The analysis of variance*. Nova York: Wiley, 1959.

SNEDECOR, G. W.; COCHRAN, W. G. *Statistical methods*. 7. ed. Ames: Iowa State University Press, 1980.

STEELE, R. G. D.; TORRIE, J. H. *Principles and procedures of statistics: a biometrical approach*. 2. ed. Nova York: McGraw-Hill, 1980.

TUKEY, J. "Comparing individual means in the analysis of variance". *Biometrics*, vol. 5, 1949, p. 99-114.

WINER, B. J. *Statistical principles in experimental design*. 2. ed. Nova York: McGraw-Hill, 1971.

Uso da tecnologia

8.1 Análise de variância usando SPSS

O SPSS pode realizar uma ANOVA para todos os três tipos de desenhos experimentais discutidos neste capítulo: completamente aleatório, aleatório em bloco e desenhos fatoriais.

Planejamento completamente aleatório

Para realizar um planejamento completamente aleatório ANOVA, primeiro acesse o arquivo do SPSS que contém os dados da amostra. O arquivo de dados contém uma variável quantitativa (a variável resposta, ou variável dependente) e um fator variável com pelo menos dois níveis. (Esses valores devem ser números, por exemplo, 1, 2, 3, etc.) Depois, clique no botão 'Analyze' na barra de menu do SPSS, então clique em 'Compare means' e 'One-way ANOVA', conforme mostrado na Figura 8.S.1.

A caixa de diálogo resultante aparece como mostrado na Figura 8.S.2. Especifique a variável resposta na caixa 'Dependent list' e a variável fator na caixa 'Factor'. Clique no botão 'Post hoc' e selecione um método de múltiplas comparações e taxa de erro de experimento na caixa de diálogo resultante (veja Figura 8.S.3). Então, clique em 'Continue' para retornar à tela 'One-way ANOVA'. Clique em 'OK' para gerar a tela do SPSS.

Aleatório em bloco e planejamentos fatoriais

Para realizar uma ANOVA aleatória em bloco ou planejamento fatorial, primeiro acesse o arquivo do SPSS que contém os dados da amostra. O arquivo de dados deve conter uma variável quantitativa (a variável resposta, ou dependente) e pelo menos duas outras variáveis que representem os fatores e/ou blocos. Depois, clique no botão 'Analyze' na barra de menu SPSS, então clique em 'General linear model' e 'Univariate', como mostrado na Figura 8.S.4

A caixa de diálogos resultante aparece conforme mostrado na Figura 8.S.5. Especifique a variável resposta na caixa 'Dependent variable' e as variáveis fator e bloco na caixa 'Fixed factor(s)'. Clique no botão 'Post hoc' e selecione a variável fator de interesse, um método de múltiplas comparações, e a taxa de erro de experimento na caixa de dialogo resultante (similar à Figura 8.S.3). Então clique em 'Continue' para retornar à tela de diálogo 'Two-way ANOVA'. Em seguida, clique no botão 'Model' para especificar o tipo de planejamento experimental (aleatório em bloco ou fatorial) na tela resultante de menu, como mostrado na Figura 8.S.6. Para planejamentos fatoriais, selecione a opção 'Full factorial'; para planejamento aleatório em bloco, selecione "Custom" e especifique o tratamento e os fatores de blocos na caixa 'Model'. Clique em 'Continue' para retornar à tela de diálogo 'Two-way ANOVA', então clique em 'OK' para gerar a tela do SPSS.

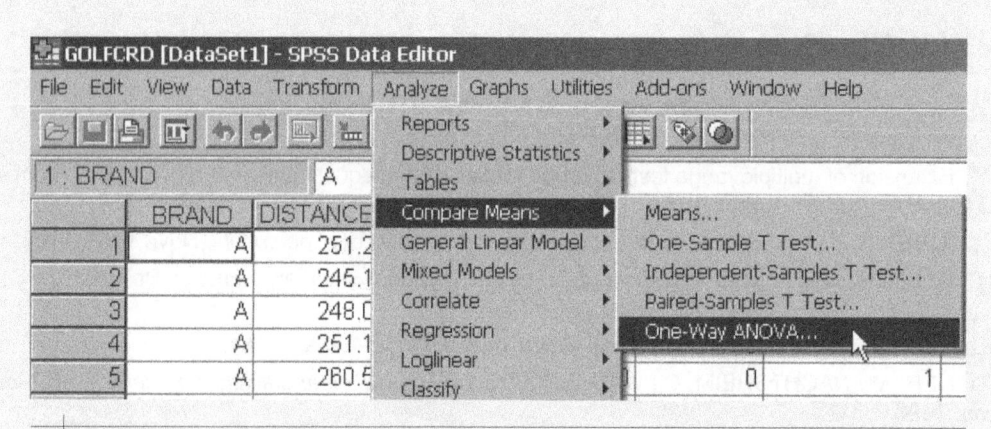

FIGURA 8.S.1 Opções de menu do SPSS para ANOVA de um sentido

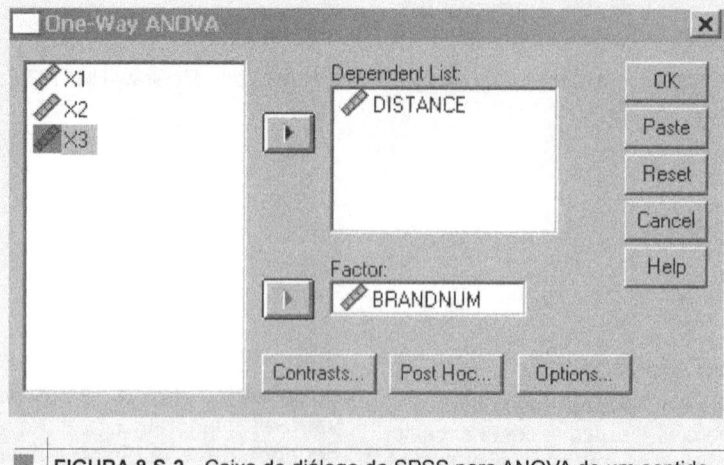

FIGURA 8.S.2 Caixa de diálogo do SPSS para ANOVA de um sentido

FIGURA 8.S.3 Caixa de diálogo de comparações múltiplas do SPSS

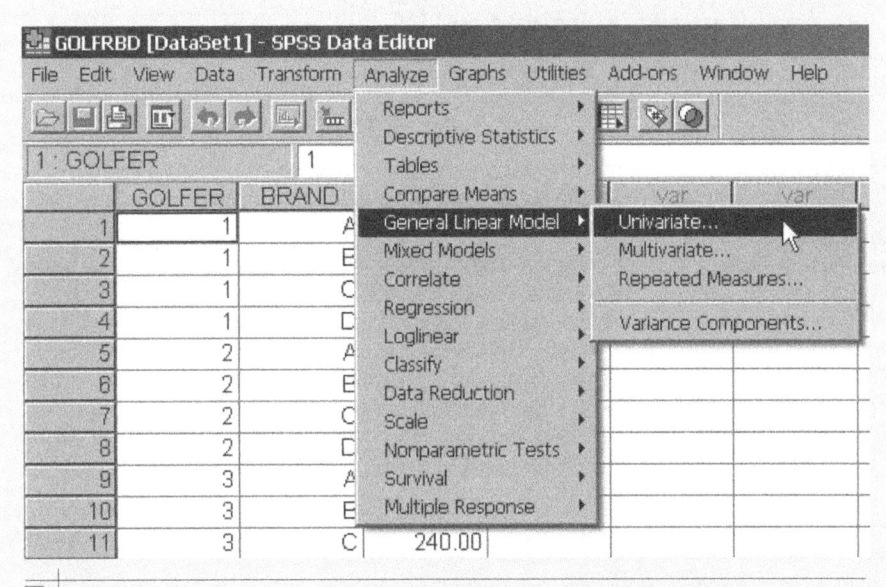

FIGURA 8.S.4 Opções de menu do SPSS para ANOVA de dois sentidos

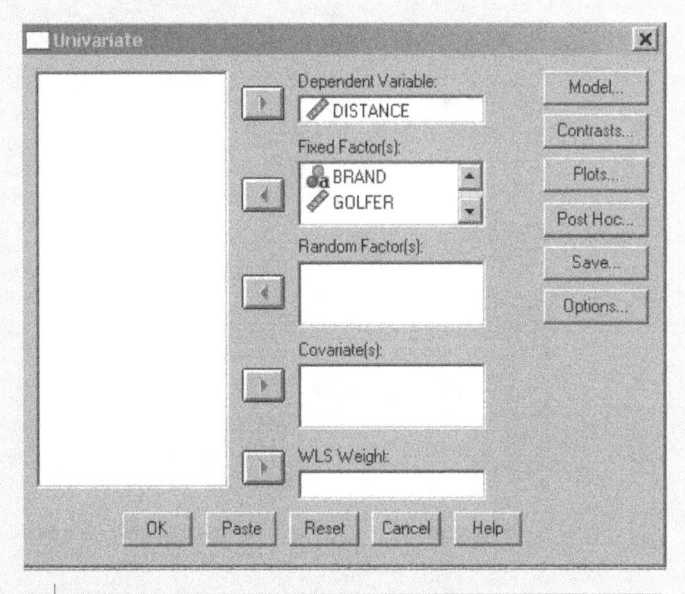

FIGURA 8.S.5 Caixa de diálogo do SPSS para ANOVA de dois sentidos

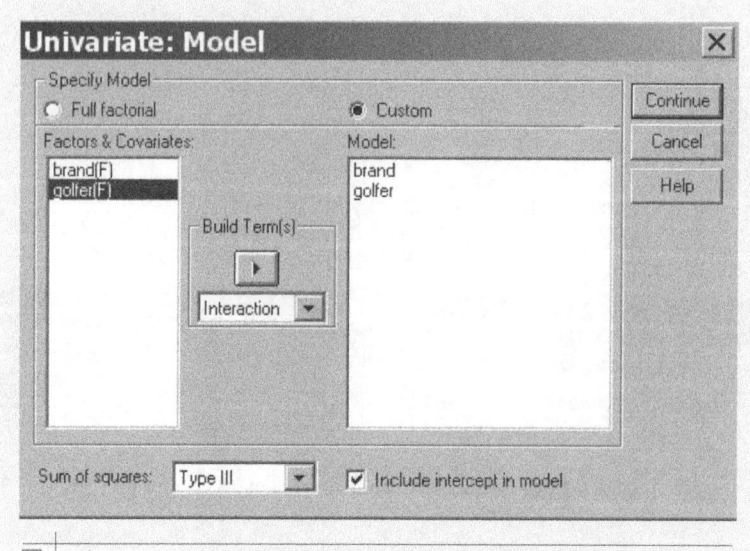

FIGURA 8.S.6 Caixa de especificação (modelo) do SPSS

8.2 Análise de variância usando o MINITAB

O MINITAB pode realizar ANOVAs para todos os três tipos de desenhos experimentais discutidos neste capítulo: completamente aleatório, aleatório em bloco e desenhos fatoriais.

Planejamento completamente aleatório

Para realizar uma ANOVA planejamento completamente aleatório, primeiro acesse o arquivo MINITAB que contém os dados da amostra. O arquivo de dados contém uma variável quantitativa (a variável resposta, ou variável dependente) e uma variável de fator qualitativa com pelo menos dois níveis. Depois, clique no botão 'Stat' na barra de menu do MINITAB, então clique em 'ANOVA' e em 'One-way', como mostrado na Figura 8.M.1.

A caixa de diálogo resultante aparece conforme mostrado na Figura 8.M.2. Especifique a variável resposta na caixa 'Response' e a variável fator na caixa 'Factor'. Clique no botão 'Comparisons' e selecione o método de comparações múltiplas e taxa de erro de experimento na caixa de diálogo resultante (veja Figura 8.M.3). Então clique em 'OK' para retornar para a tela de diálogo 'One-way ANOVA'. Clique em 'OK' para gerar a tela MINITAB.

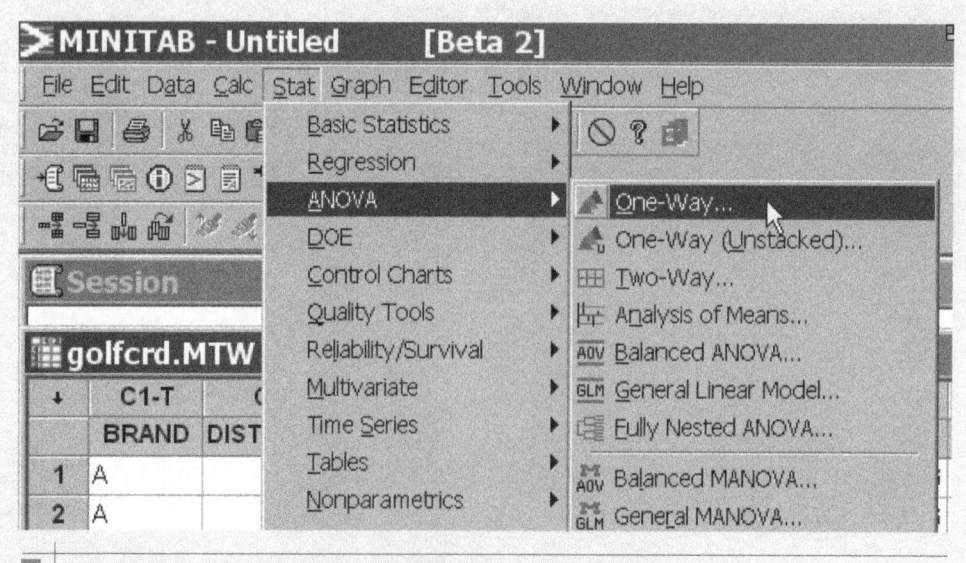

FIGURA 8.M.1 Opções de menu do MINITAB para ANOVA de um sentido

CAPÍTULO 8 — PLANEJAMENTO DE EXPERIMENTOS E ANÁLISE DE VARIÂNCIA

FIGURA 8.M.2 Caixa de diálogo do MINITAB para ANOVA de um sentido

FIGURA 8.M.3 Caixa de diálogo de comparações múltiplas do MINITAB

Aleatório em bloco e planejamentos fatoriais

Para realizar uma ANOVA aleatória em bloco ou planejamento fatorial, primeiro acesse o arquivo MINITAB que contém os dados da amostra. O arquivo de dados deve conter uma variável quantitativa (a variável resposta, ou variável aleatória) e duas outras variáveis que representem os fatores e/ou os blocos. Então, clique no botão 'Stat' na barra de menus do MINITAB, depois clique em 'ANOVA' e em 'Two-way' (veja Figura 8.M.1). A caixa de diálogo resultante aparece conforme mostrado na Figura 8.M.4.

Especifique a variável resposta na caixa 'Response', a primeira variável de fator na caixa 'Row factor' e a segunda variável de fator ou bloco na caixa 'Column factor'. Se o planejamento for um bloco aleatório, selecione a opção 'Fit additive model', como mostrado na Figura 8.M.4. Se o planejamento for fatorial, deixe a opção 'Fit additive model' desmarcada. Clique em 'OK' para gerar a tela MINITAB.

Nota: Comparações múltiplas das médias dos tratamentos são obtidas selecionando 'Stat', depois 'ANOVA' e 'General linear model'.

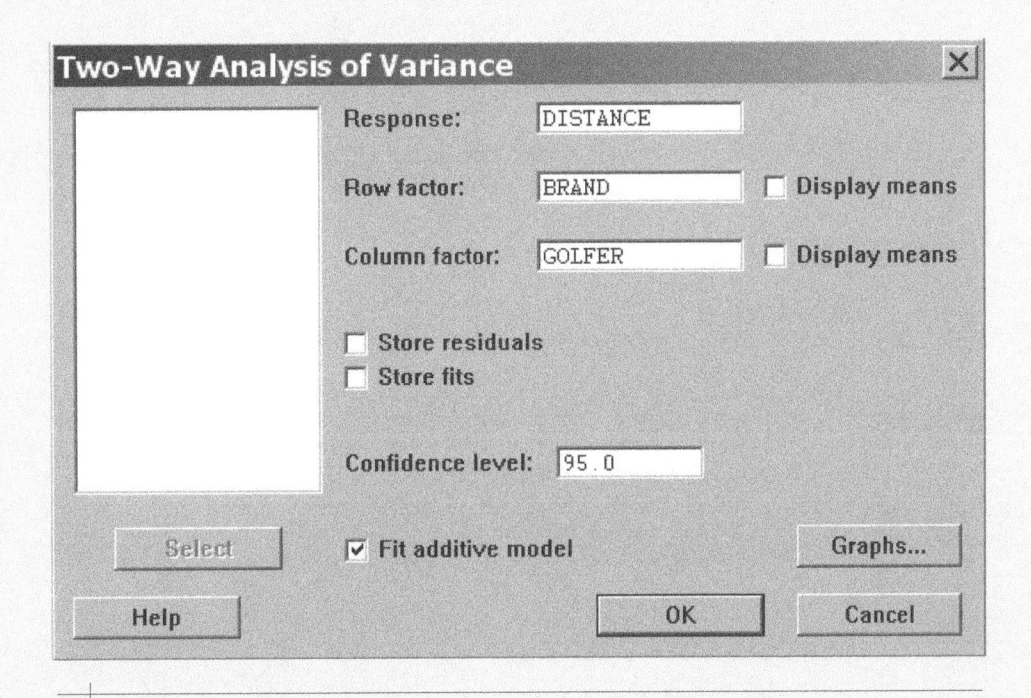

FIGURA 8.M.4 Caixa de diálogo do MINITAB para ANOVA de dois sentidos

8.3 Análise de variância usando Excel/PHStat2

O Excel pode realizar ANOVAs para os três tipos de desenhos experimentais discutidos neste capítulo: completamente aleatório, aleatório em bloco e desenhos fatoriais.

Planejamento completamente aleatório

Para realizar uma ANOVA planejamento completamente aleatório, primeiro acesse a planilha do arquivo Excel que contém os dados da amostra. O arquivo deve conter k colunas de dados para a variável quantitativa (resposta), uma para cada um dos k tratamentos. Depois, clique no botão 'Ferramentas' na barra de menu principal, então clique em 'Análise de dados', como mostrado na Figura 8.E.1.

Selecione 'Anova: fator único', a partir do menu Data analysis, conforme mostrado na Figura 8.E.2, e clique em 'OK'. A caixa de diálogo resultante aparece como mostrado na Figura 8.E.3.

Especifique o 'Intervalo de entrada' de seus dados, selecione a opção 'Agrupado por: colunas', o valor de α e, se a planilha contiver legendas, selecione 'Rótulos na primeira linha', conforme mostrado na Figura 8.E.3. Clique em 'OK' para gerar a tela do Excel.

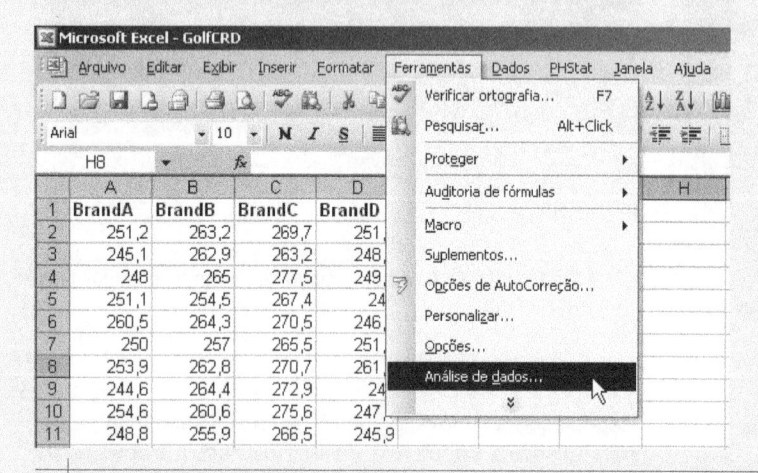

FIGURA 8.E.1 Opções do menu principal do Excel para análise dos dados

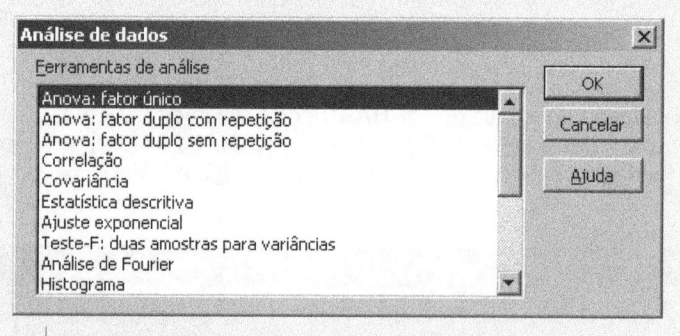

FIGURA 8.E.2 Opção do menu de análise de dados do Excel para ANOVA de fator único

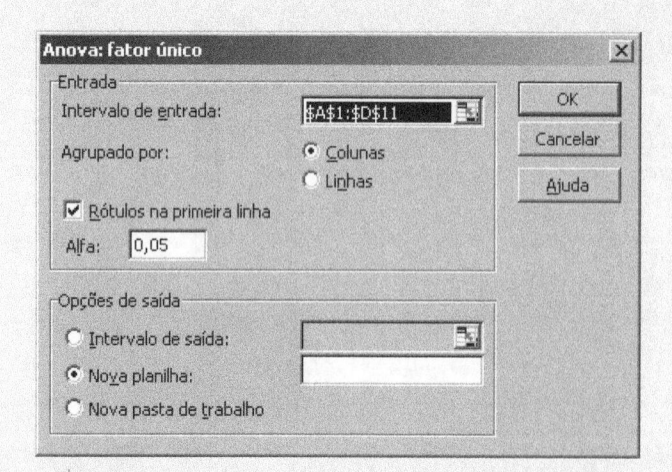

FIGURA 8.E.3 Caixa de diálogo do Excel ANOVA de fator único

Nota: O método de comparações múltiplas de Tukey está disponível no Excel com o aplicativo PHStat, *se você tem acesso à tabela de valores críticos do Studentized range*. Clique no botão 'PHStat' na barra principal de menu do Excel, então clique em 'Multiple-sample tests' e em 'Tukey-kramer procedure'. Insira o 'Group data cell range' e clique em 'OK'. O PHStat requererá que você preencha o valor crítico do Studentized range (chamado *Q-statistic*). Insira esse valor e pressione 'Enter' para ver os resultados.

Planejamento aleatório em bloco

Para realizar uma ANOVA planejamento aleatório em bloco, primeiro acesse o arquivo da planilha do Excel que contém os dados da amostra. O arquivo deve conter *k* colunas dos dados para a variável quantitativa (resposta), um para cada um dos *k* tratamentos, e *b* linhas, uma para cada um dos *b* blocos. Depois, clique no botão 'Ferramentas', na barra de menu principal do Excel, então clique em 'Análise de dados' (veja Figura 8.E.1). Selecione 'Anova: fator duplo sem repetição' a partir do menu de Análise de dados (veja Figura 8.E.2) e clique em 'OK'. A caixa de diálogos resultante aparece como mostrado na Figura 8.E.4.

Especifique o 'Agrupado por' de seus dados, o valor de α, e, se a planilha contiver legendas, selecione 'Rótulos', conforme mostrado na Figura 8.E.4. Clique em 'OK' para gerar a tela do Excel.

Nota: Comparações múltiplas de médias de tratamentos estão indisponíveis no Excel para planejamento aleatório em bloco.

Planejamento fatorial

Para realizar uma ANOVA planejamento fatorial de dois fatores, primeiro acesse a planilha do arquivo do Excel que contém os dados da amostra. O arquivo deve conter as colunas de dados para a variável quantitativa (resposta), uma para cada um dos *a* níveis do fator A, e *br* linhas, sendo *b* o número de níveis do fator B e *r* o número de replicados. [*Nota*: coloque todos os dados para um nível do fator B em linhas consecutivas, seguidas por todos os dados para o próximo nível de B, e assim por diante.] Depois, clique no botão 'Ferramentas' na barra de menu principal do Excel, então clique em 'Análise de dados' (veja Figura 8.E.1). Selecione 'Anova: fator duplo com repetição' a partir do menu de Análise de dados (veja Figura 8.E.2) e clique em 'OK'. A caixa de diálogos resultante aparece como mostrada na Figura 8.E.5.

Especifique o 'Agrupado por' de seus dados, o número de 'Linhas por amostra' (esse é o número de replicações) e o valor de α como mostrado na Figura 8.E.5. Clique em 'OK' para gerar a tela do Excel.

Nota: Comparações múltiplas das médias dos tratamentos são indisponíveis no Excel para desenho fatorial em bloco.

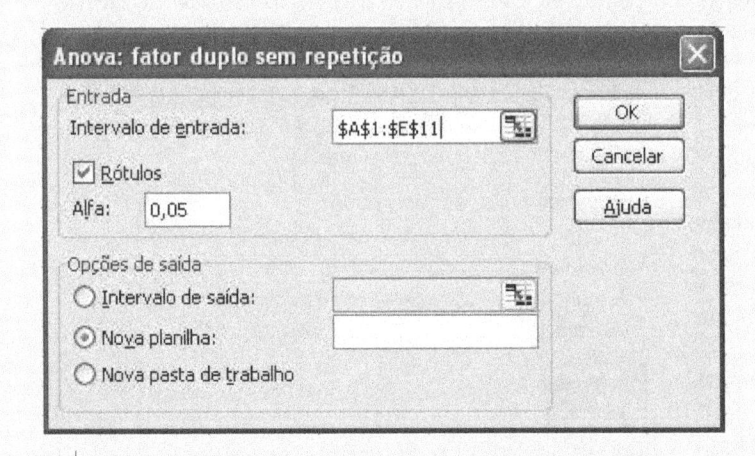

FIGURA 8.E.4 Caixa de diálogo do Excel para ANOVA de fator duplo sem repetição

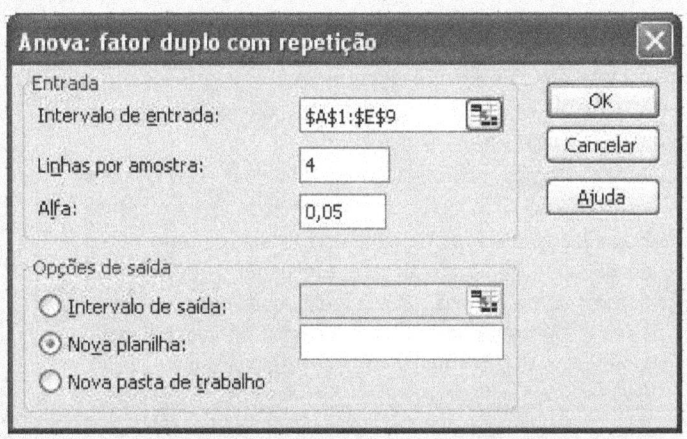

FIGURA 8.E.5 Caixa de diálogo do Excel para ANOVA de fator duplo sem repetição

ANÁLISE DE DADOS CATEGÓRICOS

9

Conteúdo

9.1 Dados categóricos e o experimento multinomial
9.2 Testando as probabilidades das categorias: tabela de uma entrada
9.3 Testando as probabilidades das categorias: tabela de duas entradas (de contingência)
9.4 Alerta sobre os testes de qui-quadrado

Estatística em Ação

Um estudo de usuários de cupons — Correios versus Internet

O encontro de serviço é a interação crítica entre um cliente e a firma. Neste encontro, a firma tenta vender seus serviços, reforçar suas ofertas e satisfazer o cliente. Um tópico importante em pesquisa de marketing é o estudo do encontro de auto-serviço baseado em tecnologia (ASBT), em que várias tecnologias permitem ao cliente um encontro inteiro de serviço ou parte dele. Exemplos de ASBT incluem terminais bancários automáticos, fechamento automático de contas de hotel, atendimento bancário por telefone, auto-escaneamento em lojas e transações via Internet, tais como acompanhamento de encomendas do Federal Express e serviços on-line de compra e venda de ações da Charles Schwab.

O professor de marketing Dan Ladik (University of Suffolk) investigou a motivação dos clientes em usar o ASBT e comparou dois segmentos de clientes: um que não necessita usar nenhuma tecnologia eletrônica para realizar o serviço e outro que se baseia na Internet para realizar o serviço. O sistema de auto-serviço estudado foi um que distribui cupons pelos correios e pela Internet. Ladik investigou se há diferenças nas características e na satisfação dos clientes, entre os usuários de cupons pelos correios (sem tecnologia) e os usuários de cupons via Internet.

Os dados para o estudo foram obtidos de uma firma norte-americana de serviços, especializada em cupons de descontos (por razões de confidencialidade, a firma não é identificada). Tanto os clientes que usam o método não tecnológico de entrega pelos correios quanto os que usam o site da firma na Internet para acessar os cupons foram amostrados. Para o problema desta Estatística em ação, focalizaremos um subconjunto do conjunto de dados completo — uma amostra de 440 usuários de cupons. Utilizando um questionário, diversas variáveis qualitativas foram medidas para cada usuário. Elas estão listadas na Tabela EA9.1. Os dados estão no arquivo **COUPONS**.

Numa tentativa de responder às perguntas do pesquisador, aplicaremos a metodologia estatística apresentada neste capítulo a esse conjunto de dados, em dois exemplos de Estatística em ação revisitada.

Estatística em ação revisitada
- Testando as proporções de categorias para o tipo de cliente no estudo de cupons
- Testando se as características dos clientes de cupons estão relacionadas ao tipo de usuário

COUPONS Companion Website

TABELA EA9.1 Variáveis qualitativas medidas no estudo de cupons

Nome da variável	Níveis (valores possíveis)
Tipo de usuário de cupons	Correios, Internet ou ambos
Sexo	Masculino, feminino
Educação	Segundo grau, técnico, universitário de quatro anos ou pós-graduado
Situação de trabalho	Tempo integral, tempo parcial, sem trabalho, aposentado
Satisfação com os cupons	Satisfeito, não satisfeito, indiferente

9.1 Dados categóricos e o experimento multinomial

Relembre, da Seção 1.5, que observações sobre uma variável qualitativa podem apenas ser categorizadas. Por exemplo, considere o maior nível educacional alcançado por cada pessoa de um grupo de vendedores. Nível educacional é uma variável qualitativa, e cada vendedor cairá em uma e somente uma das seguintes cinco categorias: curso secundário incompleto, curso secundário completo, faculdade incompleta, faculdade completa e pós-graduação. O resultado da categorização seria uma contagem do número de vendedores em cada categoria.

Quando a variável qualitativa resulta em uma de duas respostas (sim ou não, sucesso ou fracasso, a favor ou contra, etc.), os dados (isto é, as contagens) podem ser analisados usando a distribuição de probabilidade binomial vista na Seção 4.3. Entretanto, variáveis qualitativas, tais como nível educacional, que permitem uma resposta com mais de duas categorias, são muito mais comuns e devem ser analisadas usando um método diferente.

Dados qualitativos, que caem em mais de duas categorias, resultam freqüentemente de um **experimento multinomial**. As características de um experimento multinomial com k resultados estão descritas no quadro abaixo. Você pode ver que o experimento binomial do Capítulo 4 é um experimento multinomial com $k = 2$.

PROPRIEDADES DO EXPERIMENTO MULTINOMIAL

1. O experimento consiste de n tentativas idênticas.
2. Há k possíveis resultados para cada tentativa. Esses resultados são chamados de *classes, categorias* ou *células*.
3. As probabilidades dos k resultados, simbolizadas por $p_1, p_2, ..., p_k$, permanecem as mesmas, tentativa após tentativa, em que $p_1 + p_2 + ... + p_k = 1$.
4. As tentativas são independentes.
5. As variáveis aleatórias de interesse são as *contagens de células* $n_1, n_2, ..., n_k$ do número de observações que caem em cada uma das k classes.

EXEMPLO 9.1

IDENTIFICANDO UM EXPERIMENTO MULTINOMIAL

Problema Considere o problema de determinar o maior nível educacional alcançado por cada um de $n = 100$ vendedores de uma grande empresa. Suponha que tenhamos categorizado o nível educacional em uma de cinco categorias: curso secundário incompleto, curso secundário completo, faculdade incompleta, faculdade completa e pós-graduação, e que contamos o número dos 100 vendedores que caem em cada categoria. Isso é um experimento multinomial com um razoável grau de aproximação?

Solução

Verificando as cinco propriedades de um experimento multinomial mostradas no quadro, temos o seguinte:

1. O experimento consiste de $n = 100$ tentativas idênticas, em que cada tentativa deve determinar o maior nível educacional alcançado por um vendedor.
2. Há $k = 5$ possíveis resultados para cada tentativa, correspondentes às cinco categorias de nível educacional.
3. As probabilidades dos $k = 5$ resultados, p_1, p_2, p_3, p_4 e p_5, permanecem (dentro de um razoável grau de aproximação) as mesmas, tentativa após tentativa, em que p_i representa a verdadeira probabilidade de que um vendedor tenha alcançado o nível educacional i.
4. As tentativas são independentes (isto é, o nível educacional alcançado por um vendedor não afeta o nível alcançado por nenhum outro).
5. Estamos interessados na contagem do número de vendedores que caem em cada uma das cinco categorias. Estas cinco *contagens de células* são simbolizadas por n_1, n_2, n_3, n_4 e n_5.

Assim, as propriedades de um experimento multinomial estão satisfeitas.

Neste capítulo, estamos preocupados com a análise de dados categóricos — especificamente, os dados que representam as contagens para cada categoria de um experimento multinomial. Na Seção 9.2, vamos aprender como fazer inferências sobre probabilidades de categorias para dados classificados de acordo com uma única variável qualitativa (ou categórica). Então, na Seção 9.3, vamos examinar inferências sobre probabilidades de categorias para dados classificados de acordo com duas variáveis qualitativas. A estatística usada para essas inferências é uma que possui, aproximadamente, a distribuição familiar de qui-quadrado.

9.2 Testando as probabilidades das categorias: tabela de uma entrada

Nesta seção, examinamos um experimento binomial com k resultados, que correspondem às categorias de uma *única* variável qualitativa. Os resultados de um experimento como esse são resumidos numa **tabela de uma entrada**. A expressão *uma entrada* é usada porque somente uma variável é classificada. Tipicamente, desejamos realizar inferências sobre as verdadeiras proporções que ocorrem nas k categorias, com base na informação de amostra da tabela de uma entrada.

Para ilustrar, suponha que uma grande cadeia de supermercados realize uma pesquisa de preferência dos consumidores, registrando a *marca de pão* comprada pelos consumidores nas suas lojas. Presuma que a cadeia venda três marcas de pão: duas marcas importantes (A e B) e sua própria marca. As preferências de marca de uma amostra aleatória de 150 consumidores foram observadas e o número dos que preferem cada marca foi tabulado; os dados da contagem resultante aparecem na Tabela 9.1.

TABELA 9.1 Resultados da pesquisa de preferências dos consumidores

A	B	Marca própria
61	53	36

Note que nossa pesquisa de preferência dos consumidores satisfaz as propriedades de um experimento multinomial, para a variável qualitativa *marca de pão*. O experimento consiste em amostrar aleatoriamente $n = 150$ compradores de uma população grande de consumidores, contendo uma proporção desconhecida p_1 que prefere a marca A, uma proporção p_2 que prefere a marca B e uma proporção p_3 que prefere a marca da loja. Cada comprador representa uma única tentativa que pode levar a um de três resultados: o consumidor prefere as marcas A, B ou a própria marca da loja, com probabilidades p_1, p_2 e p_3, respectivamente (presuma que todos os consumidores terão uma preferência). A preferência de compra de cada consumidor específico na amostra não afeta a preferência de outro; em conseqüência, as tentativas são independentes. E, finalmente, você pode ver que os dados registrados representam o número de compradores em cada uma das três categorias de preferência dos consumidores. Então, a pesquisa de preferência dos consumidores satisfaz as cinco propriedades de um experimento multinomial.

Na pesquisa de preferência dos consumidores e na maioria das aplicações práticas do experimento multinomial, as probabilidades $p_1, p_2, ..., p_k$ dos k resultados são desconhecidas e tipicamente desejamos usar os dados da pesquisa para realizar inferências sobre seus valores. As probabilidades desconhecidas na pesquisa de preferência dos consumidores são:

p_1 = Proporção de todos os compradores que preferem a marca A

p_2 = Proporção de todos os compradores que preferem a marca B

p_3 = Proporção de todos os compradores que preferem a marca própria da loja

Por exemplo, para decidir se os consumidores têm preferência por alguma das marcas, queremos testar a hipótese nula de que as marcas de pão são igualmente preferidas (isto é, $p_1 = p_2 = p_3 = 1/3$) contra a hipótese alternativa de que uma marca é preferida (ou seja, pelo menos uma das probabilidades p_1, p_2 e p_3, excede $1/3$). Então, desejamos testar:

$H_0: p_1 = p_2 = p_3 = 1/3$ (sem preferências)

H_a: Pelo menos uma das proporções excede $\frac{1}{3}$ (existe uma preferência)

Se a hipótese nula é verdadeira e $p_1 = p_2 = p_3 = 1/3$, o valor esperado (valor médio) do número de consumidores que preferem a marca A é dado por:

$$E(n_1) = np_1 = (n)\ 1/3 = (150)\ 1/3 = 50$$

De modo similar, $E(n_2) = E(n_3) = 50$ se a hipótese nula é verdadeira e não existe preferência.

A seguinte estatística-teste — o **teste de qui-quadrado** — mede o grau de discordância entre os dados e a hipótese nula:

$$\chi^2 = \frac{[n_1 - E(n_1)]^2}{E(n_1)} + \frac{[n_2 - E(n_2)]^2}{E(n_2)} + \frac{[n_3 - E(n_3)]^2}{E(n_3)}$$
$$= \frac{(n_1 - 50)^2}{50} + \frac{(n_2 - 50)^2}{50} + \frac{(n_3 - 50)^2}{50}$$

Note que, quanto mais afastados estiverem os números observados n_1, n_2 e n_3 do seu valor esperado (50), maior será χ^2 — valores grandes de χ^2 implicam que a hipótese nula seja falsa.

Karl Pearson (1895–1980)

Precisamos conhecer a distribuição de χ^2 em amostragem repetida antes de podermos decidir se os dados indicam que existe uma preferência. Quando H_0 é verdadeira, pode ser demonstrado que χ^2 tem aproximadamente a distribuição familiar de qui-quadrado da Seção 6.7. Para esta classificação de uma entrada, a distribuição χ^2 tem $(k-1)$ graus de liberdade.[1] A região de rejeição para a pesquisa de preferência dos consumidores, para $\alpha = 0,05$ e

---

[1] O cálculo dos graus de liberdade para χ^2 envolve o número de restrições lineares impostas aos dados de contagem. No presente caso, a única restrição é que $\Sigma n_i = n$, onde n (tamanho da amostra) é fixado antecipadamente. Portanto, $gl = k - 1$. Para outros casos, daremos os graus de liberdade para cada utilização de χ^2 e remeteremos o leitor interessado às referências bibliográficas para mais detalhes.

$k - 1 = 3 - 1 = 2$ gl, é:

Região de rejeição: $\chi^2 > \chi^2_{0,05}$

O valor de $\chi^2_{0,05}$ (encontrado na Tabela VI do Apêndice B) é 5,99147 (veja a Figura 9.1). O valor calculado da estatística-teste é:

$$\chi^2 = \frac{(n_1 - 50)^2}{50} + \frac{(n_2 - 50)^2}{50} + \frac{(n_3 - 50)^2}{50}$$
$$= \frac{(61 - 50)^2}{50} + \frac{(53 - 50)^2}{50} + \frac{(36 - 50)^2}{50} = 6,52$$

Uma vez que o valor calculado de $\chi^2 = 6,52$ excede o valor crítico de 5,99147, concluímos, no nível de significância $\alpha = 0,05$, que existe uma preferência dos consumidores por uma ou mais marcas de pão.

Agora que temos evidências para indicar que as proporções p_1, p_2 e p_3 não são iguais, podemos fazer inferências a respeito dos seus valores individuais, usando os métodos da Seção 5.4. [*Nota:* Não podemos usar os métodos da Seção 7.4 para comparar duas proporções porque as contagens das células são variáveis aleatórias dependentes.]

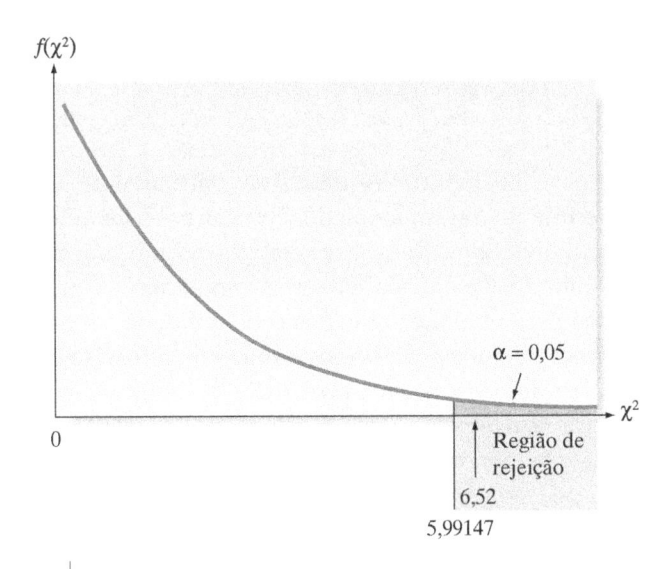

FIGURA 9.1 Região de rejeição para a pesquisa de preferências dos consumidores

A forma geral para um teste de hipóteses a respeito de probabilidades multinomiais é apresentada no quadro a seguir.

TESTE DE HIPÓTESES SOBRE PROBABILIDADES MULTINOMIAIS: TABELA DE UMA ENTRADA

H_0: $p_1 = p_{1,0}$, $p_2 = p_{2,0}$, ..., $p_k = p_{k,0}$

onde $p_{1,0}$, $p_{2,0}$, ..., $p_{k,0}$ representam os valores hipotéticos das probabilidades multinomiais

H_a: Pelo menos uma das probabilidades multinomiais não é igual ao valor hipotético

Estatística-teste: $\chi^2 = \sum \frac{[n_i - E(n_i)]^2}{E(n_i)}$

onde $E(n_i) = np_{i,0}$ é a **contagem esperada da célula** — o número esperado de resultados do tipo i, presumindo que H_0 seja verdadeira. O tamanho total da amostra é n.

Região de rejeição: $\chi^2 > \chi^2_\alpha$

onde χ^2_α tem $(k - 1)$ gl.

CONDIÇÕES REQUERIDAS PARA A VALIDADE DO TESTE DE χ^2: TABELA DE UMA ENTRADA

1. Um experimento multinomial foi realizado. Isso geralmente é satisfeito tomando uma amostra aleatória da população de interesse.
2. O tamanho n da amostra é grande. Isso é satisfeito se, para cada célula, a contagem esperada da célula $E(n_i)$ é igual a 5 ou mais.[2]

EXEMPLO 9.2

AVALIANDO UM PLANO DE AUMENTOS POR MÉRITO DE UMA EMPRESA, USANDO O TESTE DE χ^2 DE UMA ENTRADA

Problema Uma grande empresa estabeleceu o que espera que seja um sistema objetivo de decidir os aumentos anuais de salários dos seus empregados. O sistema é baseado numa série de pontuações de avaliação, determinadas pelos supervisores, para cada empregado. Os empregados com pontuações acima de 80 recebem um aumento de salário por mérito; aqueles com pontuações entre 50 e 80 recebem o aumento-padrão, e aqueles com pontuação abaixo de 50 não recebem aumento. A empresa projetou o plano com o objetivo de que, em média, 25% dos seus empregados recebam o aumento por mérito, 65% recebam o aumento-padrão e 10% não

---

[2] O pressuposto de que todas as contagens esperadas das células sejam pelo menos 5 é necessário para assegurar que a aproximação de χ^2 seja apropriada. Métodos exatos para realizar o teste de hipóteses existem e podem ser usados para pequenas contagens esperadas de células, mas esses métodos estão fora do escopo deste livro.

recebam aumento. Depois de um ano de operação usando o novo plano, a distribuição dos aumentos salariais para os 600 empregados da empresa mostrou-se como aparece representada na Tabela 9.2. Realize um teste, a um nível de α = 0,01, para determinar se os dados indicam que a distribuição dos aumentos salariais difere significativamente das proporções estabelecidas pela empresa.

PAYPLAN Companion Website

■ **TABELA 9.2** Distribuição dos aumentos salariais

Nenhum	Padrão	Mérito
42	365	193

Solução

Defina as proporções de população para as três categorias de aumento salarial como sendo:

p_1 = Proporção dos empregados que não receberam aumento

p_2 = Proporção dos empregados que receberam o aumento-padrão

p_3 = Proporção dos empregados que receberam o aumento por mérito

Então, a hipótese nula representando a distribuição de porcentagens no plano proposto pela firma é:

H_0: p_1 = 0,10; p_2 = 0,65; p_3 = 0,25

e a alternativa é:

H_a: Pelo menos duas das proporções diferem do plano proposto pela firma

Estatística-teste: $\chi^2 = \sum \frac{[n_i - E(n_i)]^2}{E(n_i)}$

onde:

$E(n_1) = np_1 = 600\,(0,10) = 60$

$E(n_2) = np_2 = 600\,(0,65) = 390$

$E(n_3) = np_3 = 600\,(0,25) = 150$

Região de rejeição: Para α = 0,01 e gl = k − 1 = 2, rejeite H_0 se $\chi^2 > \chi^2_{0,01}$, onde (da Tabela VI do Apêndice B) $\chi^2_{0,01}$ = 9,21034.

Agora, vamos calcular a estatística-teste:

$\chi^2 = \frac{(42-60)^2}{60} + \frac{(365-390)^2}{390} + \frac{(193-150)^2}{150} = 19,33$

Esse valor excede o valor da tabela de χ^2 (9,21034); portanto, os dados fornecem fortes evidências de que a distribuição do plano real de pagamentos da empresa difere do plano proposto.

O teste de χ^2 também pode ser realizado usando um software estatístico. A Figura 9.2 mostra uma listagem do Excel da análise dos dados da Tabela 9.2; note que o valor *p* do teste é 0,0000634908. Uma vez que α = 0,01 excede esse valor *p*, há evidências suficientes para rejeitar H_0.

	A	B	C
1			
2			
3	CATEGORY	Observed	Expected
4	None	42	60
5	Standard	365	390
6	Merit	193	150
7	TOTAL	600	
8			
9	Significance Level	0.05	
10	Number of categories	3	
11	Degrees of freedom	2	
12	**Chi-square test statistic**	19.32550222	
13	*p*-value	6.34908E-05	
14			

■ **FIGURA 9.2** Análise de qui-quadrado do Excel sobre os dados da Tabela 9.2

Relembrando Note que todas as contagens esperadas das células excedem 5. Conseqüentemente, o teste de χ^2 é apropriado.

FAÇA AGORA O EXERCÍCIO **9.6**

Se focalizamos um resultado em particular de um experimento multinomial, podemos usar os métodos desenvolvidos na Seção 5.4 relativos a uma proporção binomial para estabelecer um intervalo de confiança para qualquer uma das probabilidades multinomiais.[3] Por exemplo, se desejamos um intervalo de confiança de 95% para a proporção dos empregados da empresa que vão receber aumentos por mérito no novo sistema, calculamos:

$$\hat{p}_3 \pm 1{,}96\,\sigma_{\hat{p}_3} \approx \hat{p}_3 \pm 1{,}96\sqrt{\frac{\hat{p}_3(1-\hat{p}_3)}{n}}$$

onde $\hat{p}_3 = \frac{n_3}{n} = \frac{193}{600} = 0{,}32$

$= 0{,}32 \pm 1{,}96\sqrt{\frac{(0{,}32)(1-0{,}32)}{600}} = 0{,}32 \pm 0{,}04$

---

[3] Note que focalizar um resultado tem o efeito de juntar os outros resultados (k − 1) em um único grupo. Então obtemos, de fato, dois resultados — ou um experimento binomial.

Portanto, estimamos que entre 28% e 36% dos empregados da firma estará qualificado para receber aumento por mérito no novo plano. Parece que a firma terá que aumentar os requisitos para os aumentos por mérito, de forma a alcançar o objetivo estabelecido de 25% na taxa de qualificação dos empregados.

ESTATÍSTICA EM AÇÃO REVISITADA

TESTANDO AS PROPORÇÕES DAS CATEGORIAS PARA O TIPO DE CLIENTE NO ESTUDO DE CUPONS

Na pesquisa sobre o encontro de auto-serviço baseado em tecnologia (ASBT), 440 usuários de cupons de desconto de uma empresa foram amostrados e solicitados a preencher um questionário. Uma das variáveis de interesse do pesquisador era o tipo de usuário do cupom. Relembre (da Tabela EA9.1) que os clientes recebiam os cupons de uma de três maneiras: somente pelos correios (usuário não tecnológico), somente via Internet (usuário de ASBT) e tanto pelos correios como pela Internet. Quais as proporções de usuários apenas de correios, apenas de Internet e de ambos? Essas proporções são estatisticamente diferentes?

Para responder a essas perguntas, usamos o SPSS para analisar a variável tipo de usuário no arquivo **COUPONS**. A Figura EA9.1 mostra as estatísticas resumidas e um gráfico para descrever as três categorias. Na tabela resumida no topo da listagem, você pode ver que 262 (ou 59,5%) dos clientes são usuários de cupons apenas pelos correios, 43 (ou 9,8%) são usuários apenas pela Internet e o restante (30,7%) são usuários de ambos, correios e Internet. Essas porcentagens da amostra estão representadas no gráfico de barras na parte de baixo da Figura EA9.1. Nesta amostra de clientes, a maioria (quase 60%) obtém seus cupons apenas pelos correios.

Isso seria evidência suficiente para indicar que as verdadeiras proporções na população de clientes são diferentes? Definindo p_1, p_2 e p_3 para representar as verdadeiras proporções de somente correios, somente Internet e ambas as categorias, respectivamente, testamos H_0: $p_1 = p_2 = p_3 = 1/3$, usando o SPSS. A listagem está mostrada na Figura EA9.2. As freqüências das células e os números esperados estão mostrados na tabela superior da figura, enquanto a estatística-teste de qui-quadrado (164,895) e o valor p (0,000) são mostrados na tabela inferior. A qualquer nível razoável escolhido de α (digamos, $\alpha = 0{,}01$), o valor p pequeno indica que há evidência suficiente para rejeitar a hipótese nula e concluir que as verdadeiras proporções associadas às três categorias de tipo de usuário são, de fato, estatisticamente diferentes.

USER

		Frequency	Percent	Valid Percent	Cumulative Percent
Valid	Mail	262	59.5	59.5	59.5
	Net	43	9.8	9.8	69.3
	Both	135	30.7	30.7	100.0
	Total	440	100.0	100.0	

Chi-Square Test

Frequencies

USER

	Observed N	Expected N	Residual
Mail	262	146.7	115.3
Net	43	146.7	-103.7
Both	135	146.7	-11.7
Total	440		

Test Statistics

	USER
Chi-Square[a]	164.895
df	2
Asymp. Sig.	.000

a. 0 cells (.0%) have expected frequencies less than 5. The minimum expected cell frequency is 146.7.

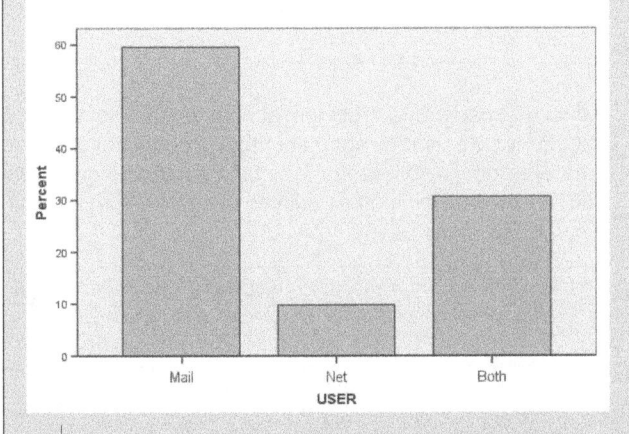

■ **FIGURA EA9.1** Estatísticas descritivas e gráfico do SPSS para o tipo de usuário de cupons

■ **FIGURA EA9.2** Teste de qui-quadrado do SPSS para as categorias de tipo de usuário

ATIVIDADE 9.1

EXPERIMENTOS BINOMIAIS VERSUS MULTINOMIAIS

Nesta atividade, você estudará a diferença entre experimentos binomiais e multinomiais.

1. Uma estação de televisão contratou um grupo independente de pesquisas para determinar se os telespectadores da área preferem seu noticiário local ou os noticiários de duas outras estações na mesma cidade. Explique por que um experimento multinomial seria apropriado e projete uma pesquisa de opinião que satisfaça as cinco propriedades de um experimento multinomial. Estabeleça as hipóteses nula e alternativa para o teste de χ^2 correspondente.

2. Suponha que a estação de televisão acredite que a maioria dos telespectadores locais prefira seu noticiário, e não os de seus dois competidores. Explique por que um experimento binomial seria apropriado para apoiar essa crença e projete uma pesquisa de opinião que satisfaça as cinco propriedades de um experimento binomial. Estabeleça as hipóteses nula e alternativa para o teste correspondente.

3. Generalize as situações dos exercícios 1 e 2 de forma a descrever as condições sob as quais um experimento multinomial pode ser recolocado como um experimento binomial. Há alguma vantagem em fazer isso? Explique.

ATIVIDADE 9.2

TABELAS DE CONTINGÊNCIA

Nesta atividade, você vai rever a Atividade 3.1, *Pesquisas de saída*. Por conveniência, repetimos abaixo a tabela mostrada naquela atividade.

Eleição presidencial de 2004, voto por sexo

	BUSH	KERRY	OUTROS
Homens (46%)	55%	44%	1%
Mulheres (54%)	48%	51%	1%

Fonte: CNN.com.

1. Determine se a tabela acima e as tabelas similares da Atividade 3.1 são tabelas de contingência. Se não são, você tem informação suficiente para criar uma tabela de contingência para os dados? Se você precisa de mais informações, diga especificamente quais são essas informações.

2. Escolha um dos seus exemplos da atividade anterior se ele contiver uma tabela de contingência ou informação suficiente para criar uma, ou utilize a Internet ou alguma outra fonte para encontrar um novo exemplo que contenha uma tabela de contingência. Determine se existem as condições para um teste de χ^2 válido. Senão, escolha um exemplo diferente em que existam essas condições.

3. Realize um teste de χ^2 para independência, no exemplo escolhido no Exercício 2. Os resultados são os que você esperaria nessa situação? Explique.

Exercícios 9.1 – 9.15

Aprendendo a mecânica

9.1 Encontre a região de rejeição para um teste de χ^2 unidimensional de uma hipótese nula, a respeito de $p_1, p_2, \ldots, p_k$, se:
 a. $k = 3$; $\alpha = 0{,}05$
 b. $k = 5$; $\alpha = 0{,}10$
 c. $k = 4$; $\alpha = 0{,}01$

9.2 Quais são as características de um experimento multinomial? Compare essas características com as de um experimento binomial.

9.3 A que condições *n* deve satisfazer para que se possa realizar um teste de χ^2 válido?

9.4 Um experimento multinomial com $k = 3$ células e $n = 320$ produziu os dados apresentados na seguinte tabela de uma entrada. Esses dados fornecem evidência suficiente para contradizer a hipótese nula de que $p_1 = 0{,}25$, $p_2 = 0{,}25$ e $p_3 = 0{,}50$? Teste usando $\alpha = 0{,}05$.

	CÉLULA		
	1	2	3
n_i	78	60	182

9.5 Um experimento multinomial com $k = 4$ células e $n = 205$ produziu os dados mostrados na seguinte tabela de uma entrada.

	Célula			
	1	2	3	4
n_i	43	56	59	47

a. Esses dados fornecem evidência suficiente para concluir que as probabilidades multinomiais são diferentes? Teste usando $\alpha = 0{,}05$.
b. Quais são os erros Tipo I e Tipo II associados com o teste do item **a**?
c. Construa um intervalo de confiança de 95% para a probabilidade multinomial associada com a célula 3.

Aplicação dos conceitos — Básico

9.6 Localização de grandes eventos esportivos. Há uma tendência recente das franquias de esportes profissionais nas ligas de baseball (MLB), futebol americano (NFL), basquete (NBA) e hóquei (NHL) de construção de novos estádios em áreas urbanas e centrais. Um artigo da *Professional Geographer* (fev. 2000) investigou se tem ocorrido um deslocamento significativo das áreas suburbanas para urbanas na localização das instalações dos principais esportes. Em 1985, 40% de todas as instalações dos principais esportes estava localizada nos centros das cidades, 30% nas áreas urbanas e 30% nas áreas suburbanas. Em contraste, das 113 franquias dos principais esportes que existiam em 1997, 58 foram construídas nos centros das cidades, 26 em área urbana e 29 em área suburbana.
a. Descreva a variável qualitativa de interesse do estudo. Forneça os níveis (categorias) associados à variável.
b. Forneça a hipótese nula para um teste para determinar se as proporções das instalações dos principais esportes nos centros, nas áreas urbanas e nas áreas suburbanas em 1997 são as mesmas que em 1985.
c. Se a hipótese nula do item **b** for verdadeira, quantas das 113 instalações esportivas você esperaria que estivessem localizadas nos centros das cidades, em área urbana e em área suburbana, respectivamente?
d. Encontre o valor da estatística de qui-quadrado para testar a hipótese nula do item **b**.
e. Encontre o valor p (aproximado) do teste e forneça a conclusão apropriada nas palavras do problema. Considere $\alpha = 0{,}05$.

9.7 Pesquisa de "Made in USA". Releia o estudo do *Journal of Global Business* (primavera, 2002) a respeito do que a frase "Made in USA" nas etiquetas de produtos significa para o consumidor típico norte-americano, Exercício 2.8. Relembre que 106 compradores participaram da pesquisa. Suas respostas, dadas como porcentagens de trabalho e materiais norte-americanos, em quatro categorias, estão resumidas na tabela a seguir. Suponha que um grupo de defesa do consumidor afirme que metade de todos os consumidores acredita que "Made in USA" significa que '100%' do trabalho e dos materiais são produzidos nos Estados Unidos; um quarto acredita que essa porcentagem é de '75 a 99%'; um quinto acredita que é de '50 a 74%'; e 5% acredita que é de 'menos de 50%'.

Resposta ao "Made in USA"	Número de compradores
100%	64
75 a 99%	20
50 a 74%	18
Menos de 50%	4

Fonte: "'Made in the USA': consumer perceptions, deception and policy alternatives." *Journal of Global Business*, vol. 13, n. 24, primavera, 2002 (Tabela 3).

a. Descreva a variável qualitativa de interesse do estudo. Forneça os níveis (categorias) associados à variável.
b. Quais são os valores de p_1, p_2, p_3 e p_4, as probabilidades associadas com as quatro categorias de respostas da hipótese do grupo de defesa do consumidor?
c. Forneça as hipóteses nula e alternativa para testar a afirmação do grupo de defesa do consumidor.
d. Calcule a estatística-teste para testar as hipóteses do item **c**.
e. Encontre a região de rejeição do teste, para $\alpha = 0{,}10$.
f. Forneça a conclusão nas palavras do problema.
g. Encontre e interprete um intervalo de confiança de 90% para a verdadeira proporção de consumidores que acreditam que "Made in USA" significa que '100%' do trabalho e materiais são produzidos nos Estados Unidos.

9.8 Classificação dos programas de MBA. Consulte a classificação da revista *Business Ethics* (outono, 2005), dos programas de Master in Business Administration (MBA) em todo o mundo, Exercício 2.14. Relembre que 30 escolas de negócios foram pontuadas de acordo com a exposição dos estudantes a questões sociais e ambientais na sala de aula. As pontuações variaram de 1 estrela (grupo menos pontuado) a 5 estrelas (grupo mais pontuado). Um resumo das pontuações de estrelas atribuídas aos 30 programas de MBA está reproduzido na tabela da página a seguir.
a. Identifique a variável categórica (e seus níveis) medida no estudo.
b. Quantos dos programas de MBA amostrados você espera observar em cada categoria de pontuação de estrelas se não houver diferenças nas proporções de categorias na população de todos os programas de MBA?
c. Especifique as hipóteses nula e alternativa para testar se há diferenças nas proporções das categorias de pontuações de estrelas, na população de todos os programas de MBA.
d. Calcule a estatística-teste de χ^2 para testar as hipóteses do item **c**.
e. Forneça a região de rejeição do teste, usando $\alpha = 0{,}05$.
f. Use os resultados dos itens **d** e **e** para tirar a conclusão apropriada.
g. Determine e interprete um intervalo de confiança de 95% para a proporção de todos os programas de MBA que estão pontuados na categoria de três estrelas.

CRITÉRIOS	5 ESTRELAS	4 ESTRELAS	3 ESTRELAS	2 ESTRELAS	1 ESTRELAS	TOTAL
Exposição dos estudantes	2	9	14	5	0	30

Fonte: BIELLO, D. "MBA programs for social and environmental stewardship." Business Ethics, outono, 2005, p. 25.

9.9 Pesquisa sobre doações e voluntariado. O National Tax Journal (dez. 2001) publicou um estudo sobre doadores para caridade baseado em dados coletados da Pesquisa Setorial Independente sobre Doações e Voluntariado. Um total de 1.072 doadores para caridade relatou que suas contribuições tinham sido motivadas por considerações sobre impostos. O número desses 1.072 doadores em cada uma de dez categorias de renda familiar é mostrado na tabela abaixo.

RENDA FAMILIAR	NÚMERO DE DOADORES PARA CARIDADE
Abaixo de US$10.000	42
US$10.000–US$20.000	93
US$20.000–US$30.000	99
US$30.000–US$40.000	153
US$40.000–US$50.000	91
US$50.000–US$60.000	114
US$60.000–US$70.000	157
US$70.000–US$80.000	101
US$80.000–US$100.000	95
Acima de US$100.000	127

Fonte: TIEHEN, L."Tax policy and charitable contributions of money." National Tax Journal, vol. 54, n. 4, dez. 2001, p. 717 (adaptado da Tabela 5).

a. Se as verdadeiras proporções dos doadores para caridade em cada grupo de renda familiar fossem as mesmas, quantos dos 1.072 doadores amostrados você esperaria encontrar em cada grupo de renda?
b. Forneça a hipótese nula para testar se as verdadeiras proporções de doadores para caridade em cada grupo de renda familiar são as mesmas.
c. Calcule a estatística-teste de qui-quadrado para testar a hipótese nula do item **b**.
d. Encontre a região de rejeição para o teste, se $\alpha = 0{,}10$.
e. Forneça a conclusão apropriada para o teste, nas palavras do problema.

Aplicação dos conceitos — Intermediário

9.10 Principais máquinas de pesquisa na Internet. A Nielsen/NetRatings é um líder global em publicidade na Internet e pesquisa de mercado. Em maio de 2006, a empresa publicou um relatório a respeito da participação em pesquisas (isto é, porcentagem de todas as pesquisas pela Internet) das mais populares máquinas de pesquisa disponíveis na Internet. O Google tinha 50% de todas as pesquisas, o Yahoo!, 22%, o MSN, 11% e todas as outras máquinas de pesquisa, 17%. Suponha que, em uma amostra aleatória de 1.000 pesquisas recentes na Internet, 487 usaram o Google, 245, o Yahoo!, 121, o MSN e 147, outra máquina de pesquisa.
a. Os dados da amostra estão em desacordo com as porcentagens relatadas pela Nielsen/NetRatings? Teste usando $\alpha = 0{,}05$.
b. Determine e interprete um intervalo de confiança de 95% para a porcentagem de todas as pesquisas na Internet que usam a máquina de pesquisa do Google.

9.11 Opiniões sobre o seguro nacional de saúde. Para estudar as preferências dos consumidores em relação a uma reforma do sistema de saúde dos Estados Unidos, pesquisadores da University of Michigan pesquisaram 500 residências norte-americanas (Journal of Consumer Affairs, inverno, 1999). Foi perguntado aos chefes de família se eram a favor, neutros ou contra um programa nacional de seguro saúde, no qual todos os norte-americanos estariam cobertos e os custos seriam pagos por impostos. As 434 respostas que podem ser utilizadas estão resumidas na tabela.

A FAVOR	NEUTRO	CONTRA
234	119	81

Fonte: HONG,G.; WHITE-MEANS, S. "Consumer preferences for health care reform." Journal of Consumer Affairs, vol. 33, n. 2, inverno, 1999, pp. 237-253.

a. Há evidência suficiente para concluir que as opiniões não estão igualmente divididas na questão do seguro nacional de saúde? Realize o teste apropriado usando $\alpha = 0{,}01$.
b. Construa um intervalo de confiança de 95% para a proporção de chefes de família na população dos Estados Unidos que são a favor do seguro nacional de saúde.

9.12 Atitudes em relação aos altos dirigentes das corporações. Os escândalos envolvendo grandes empresas norte-americanas (por exemplo, Enron, WorldCom e Adelphia) aparentemente têm tido grande impacto na atitude do público em relação aos dirigentes de corporações. Em uma pesquisa de opinião pública de 2002 realizada pela Harris imediatamente depois do escândalo da Enron, foi perguntado a uma amostra nacional de 2.023 adultos se concordavam ou discordavam da seguinte afirmação: "Os altos dirigentes das empresas têm se tornado ricos à custa dos trabalhadores comuns" (Pesquisa Harris, #55, 18 out. 2002). As categorias de respostas (e o número de respondentes em cada uma delas) eram: concordo fortemente (1.173), concordo parcialmente (587), discordo parcialmente (182) e discordo fortemente (81). Suponha que, antes do escândalo da Enron, as porcentagens de todos os norte-americanos adultos caindo nas quatro categorias de respostas fossem 45%, 35%, 15% e 5%, respectivamente. Há evidência para inferir que as porcentagens de todas essas pessoas caindo nas quatro categorias de respostas mudaram depois do escândalo da Enron? Teste usando $\alpha = 0{,}01$.

9.13 Falhas em sistemas gerenciais. Consulte o estudo da revista *Process Safety Progress* (dez. 2004) e do U.S. Chemical Safety and Hazard Investigation Board, relativo a acidentes industriais causados por falhas em sistemas gerenciais, Exercício 2.6. A tabela abaixo fornece a subdivisão das causas básicas de uma amostra de 83 incidentes. Há diferenças significativas na porcentagem de incidentes nas quatro categorias de causas? Teste usando $\alpha = 0{,}05$.

MSFAIL
Companion Website

Sistema gerencial causador	Número de incidentes
Engenharia e projeto	27
Procedimentos e práticas	24
Gerência e supervisão	22
Treinamento e comunicação	10
Total	83

Fonte: Blair, A. S. "Management system failures identified in incidents investigated by the U.S. chemical safety and hazard investigation board." *Process Safety Progress* vol. 23, n. 4, dez. 2004 (Tabela 1).

Aplicação dos conceitos — Avançado

9.14 Análise do jogo Scrabble. No jogo de tabuleiro Scrabble™, um jogador inicialmente retira uma 'mão' de sete pedras, ao acaso, das 100 pedras. Cada pedra tem uma letra do alfabeto e o jogador tenta formar uma palavra com as letras que tem na mão. Na revista *Chance* (inverno, 2002), o cientista C. J. Robinove investigou se uma versão eletrônica de mão do jogo, chamada Scrabble-Express™, produziria muito poucas vogais nas retiradas de 7 letras. Para cada uma das 26 letras (e 'branco' para qualquer letra), a tabela ao lado fornece a freqüência relativa verdadeira das letras no jogo de tabuleiro, assim como a freqüência de ocorrência das letras numa amostra de 700 pedras (isto é, 100 'mãos'), retiradas aleatoriamente usando o jogo eletrônico.

a. Os dados apóiam a reclamação do cientista de que o ScrabbleExpress™ "apresenta ao jogador oportunidades desleais de seleção de palavras", que não são as mesmas do jogo Scrabble™ de tabuleiro? Teste usando $\alpha = 0{,}05$.

b. Estime a verdadeira proporção de letras vogais retiradas no jogo eletrônico, usando um intervalo de confiança de 95%. Compare os resultados com a verdadeira freqüência relativa de vogais no jogo de tabuleiro.

SCRABBLE
Companion Website

Letra	Freqüência relativa no jogo de tabuleiro	Freqüência no jogo eletrônico
A	0,09	39
B	0,02	18
C	0,02	30
D	0,04	30
E	0,12	31
F	0,02	21
G	0,03	35
H	0,02	21
I	0,09	25
J	0,01	17
K	0,01	27
L	0,04	18
M	0,02	31
N	0,06	36
O	0,08	20
P	0,02	27
Q	0,01	13
R	0,06	27
S	0,04	29
T	0,06	27
U	0,04	21
V	0,02	33
W	0,02	29
X	0,01	15
Y	0,02	32
Z	0,01	14
# (branco)	0,02	34
TOTAL		700

Fonte: ROBINOVE, C. J. "Letter-frequency bias in an electronic scrabble game." *Chance*, vol. 15, n. 1, inverno, 2002, p. 31 (Tabela 3).

9.15 Sobrecarga no setor de transporte por caminhões. Ainda que ilegal, a sobrecarga é comum no setor de transporte rodoviário por caminhões nos Estados Unidos. Uma agência estadual de planejamento de rodovias (Departamento de Transportes de Minnesota) monitorou os movimentos dos caminhões acima do peso, em uma rodovia interestadual, usando uma balança automática computadorizada, implantada na rodovia. Sem os caminhoneiros saberem, a balança pesava seus veículos à medida que passavam por ela. A proporção diária do total de tráfego de caminhões em uma semana (caminhões semitrailers de cinco eixos) é mostrada na primeira tabela abaixo. Durante a mesma semana, o número de caminhões acima do peso, por dia, é dado na segunda tabela. A agência de planejamento gostaria de saber se o número de caminhões acima do peso, por semana, está distribuído pelos 7 dias da semana em proporção direta com o volume de tráfego de caminhões. Teste usando $\alpha = 0{,}05$.

OVERLOAD Companion Website

Segunda-feira	0,191
Terça-feira	0,198
Quarta-feira	0,187
Quinta-feira	0,180
Sexta-feira	0,155
Sábado	0,043
Domingo	0,046

Segunda-feira	90
Terça-feira	82
Quarta-feira	72
Quinta-feira	70
Sexta-feira	51
Sábado	18
Domingo	31

9.3 Testando as probabilidades das categorias: tabela de duas entradas (de contingência)

Na Seção 9.1, introduzimos a distribuição de probabilidades multinomial e examinamos dados classificados de acordo com um único critério qualitativo. Agora vamos examinar experimentos multinomiais nos quais os dados são classificados de acordo com dois critérios — isto é, *uma classificação com relação a dois fatores qualitativos*.

Por exemplo, considere o estudo publicado no *Journal of Marketing* (outono, 1992) sobre o impacto de usar celebridades nos anúncios de televisão. Os pesquisadores investigaram a relação entre o sexo do telespectador e sua percepção da marca. Três centenas de telespectadores foram convidados a identificar produtos anunciados por uma celebridade do sexo masculino. Os dados estão resumidos na **tabela de duas entradas** a seguir (Tabela 9.3).

TABELA 9.3 Tabela de contingência para o exemplo de marketing

		Sexo		
		Homem	Mulher	Totais
Percepção da marca	Conseguiria identificar o produto	95	41	136
	Não conseguiria identificar o produto	55	109	164
	Totais	150	150	300

Essa tabela é chamada de **tabela de contingência**; ela apresenta contagens de dados multinomiais classificados em duas escalas, ou **dimensões de classificação** — a saber, sexo do telespectador e percepção da marca.

Os símbolos representando as contagens de células para o experimento multinomial na Tabela 9.3 são mostrados na Tabela 9.4a; e as correspondentes probabilidades de célula, linha e coluna, são mostradas na Tabela 9.4b. Portanto, n_{11} corresponde ao número de telespectadores que são homens e conseguiriam identificar a marca e p_{11} representa a probabilidade da célula correspondente. Note os símbolos para os totais de linha e coluna e também os símbolos para os totais de probabilidade. Estes últimos são chamados de **probabilidades marginais** para cada linha e coluna. A probabilidade marginal p_{r1} é a probabilidade de que um telespectador identifique o produto; a probabilidade marginal p_{c1} é a probabilidade de que um telespectador seja do sexo masculino. Portanto:

$$p_{r1} = p_{11} + p_{12} \text{ e } p_{c1} = p_{11} + p_{21}$$

Então, podemos ver que esse é realmente um experimento multinomial, com um total de 300 tentativas, $(2)(2) = 4$ células de possíveis resultados e probabilidades para cada célula, como mostrado na Tabela 9.4b. Se os 300 telespectadores forem escolhidos aleatoriamente, as tentativas serão consideradas independentes e as probabilidades serão vistas como permanecendo constantes, tentativa após tentativa.

Suponha que desejemos saber se as duas classificações, sexo e percepção da marca, são dependentes — isto é, se soubermos o sexo do telespectador, essa informação nos dará algum indício sobre a percepção da marca por esse telespectador?

Num sentido probabilístico, sabemos (Capítulo 3) que a independência dos eventos A e B implica em $P(AB) = P(A)P(B)$. De modo similar, na análise de tabelas de contingência, se as **duas classificações são independentes**, a probabilidade de que um item seja classificado em qualquer célula em particular da tabela é o produto das correspondentes probabilidades marginais. Então, sob a hipótese de independência, na Tabela 9.4b deveremos ter:

$$p_{11} = p_{r1} p_{c1}$$
$$p_{12} = p_{r1} p_{c2}$$

e assim por diante.

TABELA 9.4a Contagens observadas para a tabela de contingência 9.3

		Sexo		
		Homem	Mulher	Totais
Percepção da marca	Conseguiria identificar o produto	n_{11}	n_{12}	R_1
	Não conseguiria identificar o produto	n_{21}	n_{22}	R_2
	Totais	C_1	C_2	n

TABELA 9.4b Probabilidades para a tabela de contingência 9.3

		Sexo		
		Homem	Mulher	Totais
Percepção da marca	Conseguiria identificar o produto	p_{11}	p_{12}	p_{r1}
	Não conseguiria identificar o produto	p_{21}	p_{22}	p_{r2}
	Totais	p_{c1}	p_{c2}	1

Para testar a hipótese de independência, usamos o mesmo raciocínio empregado nos testes de uma dimensão da Seção 9.2. Primeiro, calculamos a *contagem esperada, ou média, em cada célula*, presumindo que a hipótese nula de independência seja verdadeira. Fazemos isso notando que a contagem esperada em cada célula da tabela é apenas o número total de tentativas multinomiais n multiplicado pela probabilidade da célula. Relembre que n_{ij} representa a **contagem observada da célula** localizada na i-ésima linha e j-ésima coluna. Então, a contagem esperada da célula superior esquerda (primeira linha, primeira coluna) é:

$$E(n_{11}) = np_{11}$$

ou, quando a hipótese nula (as classificações são independentes) é verdadeira:

$$E(n_{11}) = np_{r1} p_{c1}$$

Uma vez que essas verdadeiras probabilidades não são conhecidas, estimamos p_{r1} e p_{c1} pelas proporções $\hat{p}_{r1} = R_1/n$ e $\hat{p}_{c1} = C_1/n$, onde R_1 e C_1 representam os totais para a linha 1 e a coluna 1, respectivamente. Assim, a estimativa do valor esperado $E(n_{11})$ é:

$$E_{11} = n\left(\frac{R_1}{n}\right)\left(\frac{C_1}{n}\right) = \frac{R_1 C_1}{n}$$

De modo similar, para cada i e j:

$$E_{ij} = \frac{(\text{Total da linha})(\text{Total da coluna})}{\text{Tamanho total da amostra}}$$

Portanto:

$$E_{12} = \frac{R_1 C_1}{n}$$
$$E_{21} = \frac{R_2 C_1}{n}$$
$$E_{22} = \frac{R_2 C_2}{n}$$

Encontrando as contagens esperadas das células em uma tabela de contingência de duas entradas

A estimativa do número esperado de observações que caem na célula da linha i e da coluna j é dada por:

$$E_{ij} = \frac{R_i C_j}{n}$$

onde R_i = total da linha i, C_j = total da coluna j e n = tamanho da amostra.

Usando os dados da Tabela 9.3, encontramos:

$$E_{11} = \frac{R_1 C_1}{n} = \frac{(136)(150)}{300} = 68$$

$$E_{12} = \frac{R_1 C_2}{n} = \frac{(136)(150)}{300} = 68$$

$$E_{21} = \frac{R_2 C_1}{n} = \frac{(164)(150)}{300} = 82$$

$$E_{22} = \frac{R_2 C_2}{n} = \frac{(164)(150)}{300} = 82$$

Os dados observados e os valores estimados esperados (entre parênteses) são mostrados na Tabela 9.5.

TABELA 9.5 Contagens observadas e estimadas esperadas (entre parênteses)

		Sexo		
		Homem	Mulher	Totais
Percepção da marca	Conseguiria identificar o produto	95 (68)	41 (68)	136
	Não conseguiria identificar o produto	55 (82)	109 (82)	164
	Totais	150	150	300

Usamos agora a estatística χ^2 para comparar as contagens observadas e esperadas (estimadas) em cada célula da tabela de contingência:

$$\chi^2 = \frac{[n_{11} - E_{11}]^2}{E_{11}} + \frac{[n_{12} - E_{12}]^2}{E_{12}} + \frac{[n_{21} - E_{21}]^2}{E_{21}}$$

$$+ \frac{[n_{22} - E_{22}]^2}{E_{22}}$$

$$= \sum \frac{[n_{ij} - E_{ij}]^2}{E_{ij}}$$

Nota: O uso de Σ no contexto da análise de uma tabela de contingência refere-se à soma de todas as células da tabela.

Substituindo os dados da Tabela 9.5 na expressão, temos:

$$\chi^2 = \frac{(95 - 68)^2}{68} + \frac{(41 - 68)^2}{68}$$

$$+ \frac{(55 - 82)^2}{82} + \frac{(109 - 82)^2}{82}$$

$$= 39,22$$

Valores grandes de χ^2 implicam que as contagens observadas não estão muito próximas e, então, a hipótese de independência é falsa. Para determinar de que tamanho χ^2 deve ser, antes de considerá-lo muito grande para ter uma chance, usamos o fato de que a distribuição amostral de χ^2 é aproximadamente uma distribuição de probabilidade de χ^2, quando as classificações são independentes.

Quando testamos a hipótese nula de independência em uma tabela de contingência de duas entradas, os graus de liberdade apropriados serão $(r-1)(c-1)$, onde r é o número de linhas e c é o número de colunas da tabela.

Para o exemplo de percepção da marca, os graus de liberdade para χ^2 são $(r-1)(c-1) = (2-1)(2-1) = 1$. Então, para $\alpha = 0,05$, rejeitamos a hipótese de independência quando:

$$\chi^2 > \chi^2_{0,05} = 3,8146$$

Uma vez que o valor calculado $\chi^2 = 39,22$ excede o valor 3,84146, concluímos que o sexo do telespectador e a percepção da marca são eventos dependentes.

O padrão de **dependência** pode ser visto mais claramente expressando os dados como porcentagens. Primeiro selecionamos uma das duas classificações para ser usada como variável de base. No exemplo anterior, suponha que selecionemos o sexo do telespectador como a variável classificatória que será a base. A seguir, representamos as respostas para cada nível da segunda variável categórica (percepção da marca, no nosso exemplo) como uma porcentagem do subtotal da variável de base. Por exemplo, da Tabela 9.5, convertemos as respostas dos homens que identificam a marca (95) para uma porcentagem do número total de telespectadores homens (150), isto é:

$$(95/150)100\% = 63,3\%$$

As conversões de todas as entradas da Tabela 9.5 são calculadas de modo similar e os valores são mostrados na Tabela 9.6. O valor à direita de cada linha é o total da linha expresso como uma porcentagem do número total de respostas na tabela inteira. Então, a porcentagem de telespectadores que identifica o produto é $(136/300)100\% = 45,3\%$ (arredondando para o percentual mais próximo).

TABELA 9.6 Porcentagens de telespectadores que identificam a marca, por sexo

		Sexo		
		Homem	Mulher	Totais
Percepção da marca	Conseguiria identificar o produto	63,3	27,3	45,3
	Não conseguiria identificar o produto	36,7	72,7	54,7
	Totais	100	100	100

Se as variáveis sexo e percepção da marca são independentes, então as porcentagens nas células da tabela são esperadas como sendo aproximadamente iguais às correspondentes porcentagens da linha. Então, esperaríamos que as porcentagens dos que identificam a marca, para cada sexo, seriam aproximadamente 45%, se as duas variáveis fossem independentes. A extensão em que a porcentagem de cada sexo se afasta desse valor determina a dependência das duas classificações, e uma maior variabilidade das porcentagens das linhas significa maior grau de dependência. Um gráfico das porcentagens ajuda a resumir o padrão observado. No gráfico de barras do SPSS da Figura 9.3, mostramos o sexo do telespectador (a variável base) no eixo horizontal e as porcentagens dos telespectadores que identificam a marca no eixo vertical. A porcentagem 'esperada', sob o pressuposto de independência, está mostrada como uma linha horizontal pontilhada.

A Figura 9.3 indica claramente a razão pela qual o teste resultou na conclusão de que as duas classificações na tabela de contingência são dependentes. A porcentagem de telespectadores homens que identificam a marca promovida por uma celebridade do sexo masculino é mais que o dobro da porcentagem de telespectadores do sexo feminino que identifica a marca.

Medidas estatísticas do grau de dependência, bem como procedimentos para realizar comparações de pares de níveis de classificação, estão disponíveis. Eles estão fora do escopo deste livro, mas podem ser encontrados nas referências bibliográficas. Utilizaremos, entretanto, resumos descritivos, tais como a Figura 9.3, para examinar o grau de dependência exibido pelos dados amostrais.

A forma geral de uma tabela de contingência de duas entradas, contendo r linhas e c colunas (chamada de uma tabela de contingência $r \times c$), está representada na Tabela 9.7. Note que a contagem observada na célula (ij) é simbolizada por n_{ij}, o total da linha i é R_i, o total da coluna j é C_j e o tamanho total da amostra é n. Usando essa notação, fornecemos a forma geral do teste para classificações independentes no quadro seguinte.

TABELA 9.7 Tabela de contingência geral $r \times c$

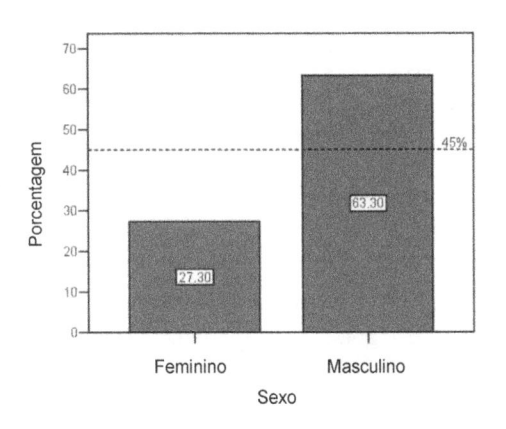

	Coluna	1	2	...	c	Totais das linhas
Linha	1	n_{11}	n_{12}	...	n_{1c}	R_1
	2	n_{21}	n_{22}	...	n_{2c}	R_2
	.	.	.		.	.
	.	.	.		.	.
	.	.	.		.	.
	r	n_{r1}	n_{r2}	...	n_{rc}	R_r
	Totais das colunas	C_1	C_2	...	C_c	n

FIGURA 9.3 Gráfico de barras do SPSS mostrando as porcentagens de telespectadores que identificam o produto

> **FORMA GERAL DE ANÁLISE DE UMA TABELA DE CONTINGÊNCIA: UM TESTE DE χ^2 PARA INDEPENDÊNCIA**
>
> H_0: As duas classificações são independentes
> H_a: As duas classificações são dependentes
>
> Estatística-teste: $\chi^2 = \sum \dfrac{[n_{ij} - E_{ij}]}{E_{ij}}$
>
> onde $E_{ij} = \dfrac{R_i C_j}{n}$
>
> Região de rejeição: $\chi^2 > \chi^2_\alpha$, onde χ^2_α tem $(r-1)(c-1)$ gl.

CONDIÇÕES REQUERIDAS PARA UM TESTE DE χ^2 VÁLIDO: TABELA DE CONTINGÊNCIA

1. As n contagens observadas são uma amostra aleatória da população de interesse. Podemos então considerar isso como sendo um experimento multinomial, com $r \times c$ resultados possíveis.
2. O tamanho da amostra n será suficientemente grande para que, em cada célula, a contagem esperada E_{ij} seja igual ou maior do que 5.

EXEMPLO 9.3

REALIZANDO UMA ANÁLISE DE DUAS ENTRADAS PARA UMA FIRMA DE CORRETAGEM

Problema Uma grande firma de corretagem deseja saber se o serviço que ela presta aos clientes mais ricos difere do serviço prestado aos clientes de menor renda. Uma amostra de 500 clientes foi selecionada e a cada cliente foi solicitado que atribuísse uma pontuação à corretora. Os resultados são mostrados na Tabela 9.8.

TABELA 9.8 Resultados da pesquisa do Exemplo 9.3 (clientes observados)

		RENDA DO CLIENTE			TOTAIS
		ABAIXO DE US$ 30.000	US$ 30.000 – US$ 60.000	ACIMA DE US$ 60.000	
Pontuação da corretora	Excepcional	48	64	41	153
	Média	98	120	50	268
	Pobre	30	33	16	79
	Totais	176	217	107	500

```
Rows: RATING    Columns: INCOME

              1:UND30K   2:30K-60K   3:OVR60K      All

1:OUTSTAN          48          64         41       153
                27.27       29.49      38.32     30.60
                53.86       66.40      32.74    153.00

2:AVERAGE          98         120         50       268
                55.68       55.30      46.73     53.60
                94.34      116.31      57.35    268.00

3:POOR             30          33         16        79
                17.05       15.21      14.95     15.80
                27.81       34.29      16.91     79.00

All               176         217        107       500
               100.00      100.00     100.00    100.00
               176.00      217.00     107.00    500.00

Cell Contents:       Count
                     % of Column
                     Expected count


Pearson Chi-Square = 4.278, DF = 4, P-Value = 0.370
Likelihood Ratio Chi-Square = 4.184, DF = 4, P-Value = 0.382
```

FIGURA 9.4 Análise de tabela de contingência do MINITAB para os dados da corretora

a. Realize um teste para determinar se há evidência de que a pontuação da corretora e a renda do cliente são independentes. Use $\alpha = 0{,}10$.

b. Faça um gráfico com os dados e descreva os padrões revelados. O resultado do teste é apoiado pelo gráfico?

Solução

a. O primeiro passo é calcular as freqüências esperadas estimadas das células sob o pressuposto de que as classificações são independentes. Em vez de calcular manualmente esses valores, vamos recorrer a um computador. A listagem do MINITAB da análise da Tabela 9.8 está apresentada na Figura 9.4. Cada célula na Figura 9.4 contém a freqüência observada (parte superior) e esperada (parte inferior) naquela célula. Note que E_{11}, a contagem estimada esperada para a célula excepcional abaixo de US$ 30.000 é 53,86. De modo similar, a contagem estimada esperada para a célula excepcional US$ 30.000–US$ 60.000 é $E_{12} = 66{,}40$. Uma vez que todas as freqüências estimadas esperadas das células são maiores que 5, a aproximação do χ^2 para a estatística-teste é apropriada. Presumindo que os clientes escolhidos foram selecionados aleatoriamente de todos os clientes da firma de corretagem, as características de uma distribuição de probabilidade multinomial estão satisfeitas. As hipóteses nula e alternativa que desejamos testar são:

H_0: A pontuação que um cliente deu ao seu corretor é independente da renda do cliente

H_a: A pontuação do corretor e a renda do cliente são dependentes

A estatística-teste, $\chi^2 = 4{,}278$, está destacada na parte inferior da listagem, assim como o nível observado de significância (valor p) do teste. Uma vez que $\alpha = 0{,}10$ é menor que $p = 0{,}370$, falhamos em rejeitar H_0. Essa pesquisa não apóia a hipótese alternativa da firma de que os clientes mais ricos recebem serviços de corretagem diferentes dos clientes de menor renda.

b. As freqüências de pontuação da corretora são expressas como porcentagens das freqüências de categorias de renda e destacadas na listagem do MINITAB, Figura 9.4. As porcentagens esperadas sob o pressuposto de independência são mostradas na coluna 'All' da listagem. Um gráfico de barras agrupadas, produzido pelo MINITAB para os dados, está apresentado na Figura 9.5. Note que as porcentagens das respostas diferem muito pouco daquelas esperadas sob o pressuposto de independência, apoiando o resultado do teste do item **a** — isto é, nem o gráfico nem o teste estatístico fornecem evidências de que uma pontuação conferida aos serviços de corretagem depende da (ou varia com) renda do cliente.

Faça agora o Exercício **9.21**

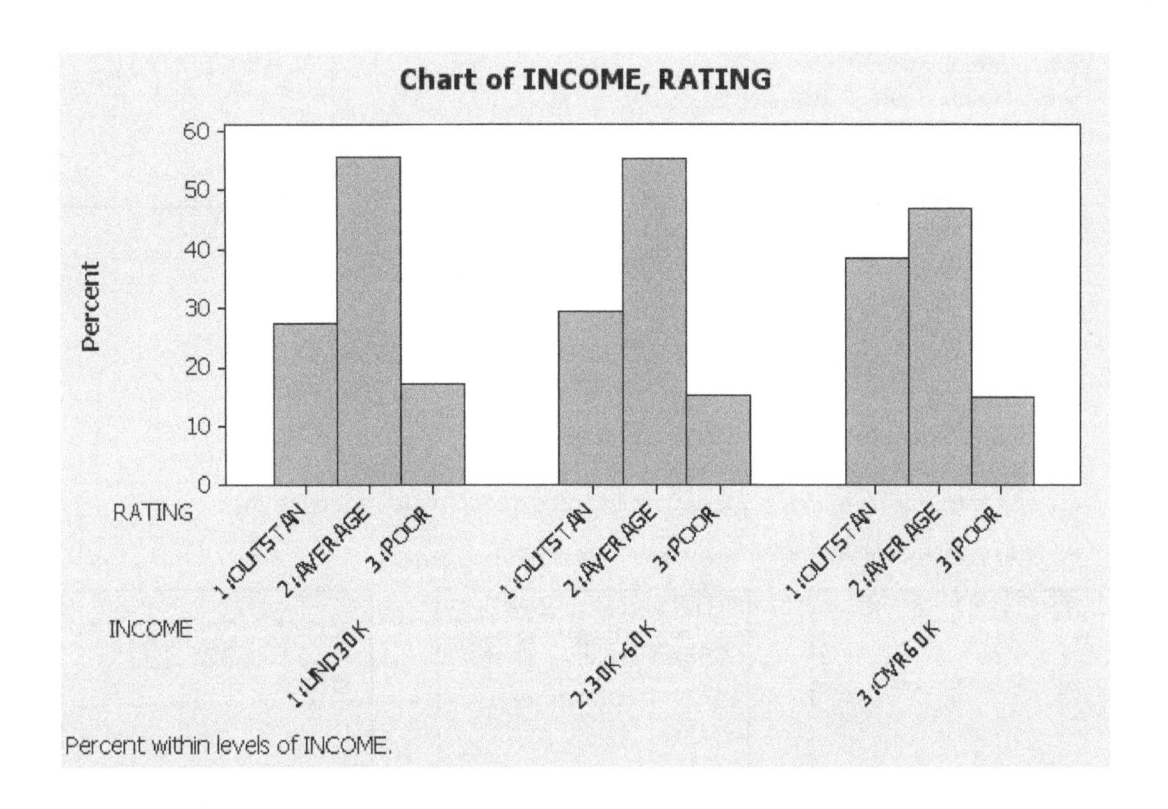

FIGURA 9.5 Gráfico de barras agrupadas do MINITAB para os dados da corretora

Tabelas de contingência

Usando a calculadora gráfica TI-83/TI-84

Encontrando o valor p para **tabelas de contingência**

Passo 1 *Acesse o menu de matriz para inserir os valores observados*
Pressione **2nd** x^{-1} para **MATRX**. (*Nota*: Na TI-83, pressione **MATRX**.)
Seta à direita até **EDIT**.
Pressione **ENTER**.
Use as teclas **ARROW** para inserir as dimensões de linha e coluna da sua matriz observada.
Use as teclas **ARROW** para inserir seus valores observados na matriz [A].

Passo 2 *Acesse o menu de matriz para entrar com os valores esperados*
Pressione **2nd** x^{-1} para **MATRX**. (*Nota*: Na TI-83, aperte **MATRX**.)
Seta à direita até **EDIT**.
Seta para baixo até **2:[B]**.
Pressione **ENTER**.
Use as teclas **ARROW** para inserir as dimensões de linha e coluna da sua matriz esperada. (As dimensões serão as mesmas da matriz A.)
Use as teclas **ARROW** para inserir seus valores esperados na matriz [B].

Passo 3 *Acesse o menu de testes estatísticos e realize o teste do qui-quadrado.*

Pressione **STAT**.
Seta à direita até **TESTS**.
Seta para baixo até χ^2 **Test**.
Pressione **ENTER**.
Seta para baixo até **Calculate**.
Pressione **ENTER**.

Passo 4 *Rejeite H_0 se o valor $p < \alpha$*

Exemplo

Nossa matriz observada é [A] = $\begin{matrix} 39 & 19 & 12 & 28 & 18 \\ 172 & 61 & 44 & 70 & 37 \end{matrix}$

Nossa matriz esperada é [B] = $\begin{matrix} 48{,}952 & 18{,}56 & 12{,}992 & 22{,}736 & 12{,}76 \\ 162{,}05 & 51{,}44 & 43{,}008 & 75{,}264 & 42{,}24 \end{matrix}$

Use $\alpha = 0{,}05$ para testar as seguintes hipóteses:
H_0: As entradas na matriz representam eventos independentes.
H_a: As entradas na matriz representam eventos que **não são** independentes.

As telas para esse exemplo são apresentadas abaixo.

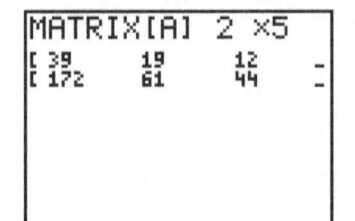

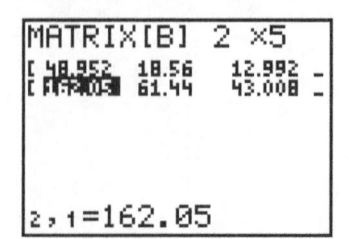

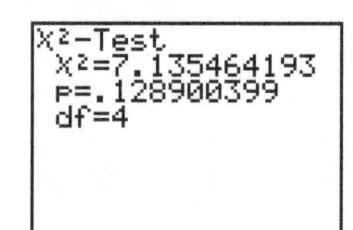

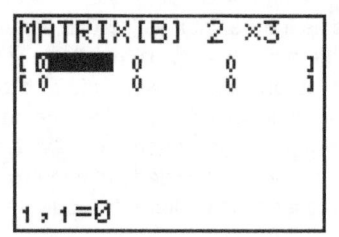

Como você pode ver na tela, o valor p é 0,1289. Uma vez que esse valor é **maior** do que $\alpha = 0{,}05$, **não** rejeitamos H_0.

ESTATÍSTICA EM AÇÃO REVISITADA

TESTANDO SE AS CARACTERÍSTICAS DOS CLIENTES DE CUPONS ESTÃO RELACIONADAS AO TIPO DE USUÁRIO

No seu estudo sobre usuários de cupons de desconto de uma empresa, o professor de marketing Dan Ladik desejava saber se havia diferenças nas características dos clientes (isto é, sexo, educação, situação de emprego e satisfação) entre os três tipos de usuários de cupons: usuários somente pelos correios (não tecnológicos), usuários somente pela Internet (ASBT) e usuários de cupons pelos correios e pela Internet. Uma abordagem de análise desses dados é determinar se cada uma das quatro variáveis de características está relacionada com o tipo de usuário de cupom. Uma vez que todas as variáveis medidas na amostra de 440 usuários de cupons são qualitativas, uma análise de tabela de contingência é apropriada.

As figuras EA9.3–EA9.6 mostram as análises de tabela de contingência do SPSS, relacionando a característica de cada consumidor com o tipo de usuário de cupons.

Os valores p para os testes de qui-quadrado para as variáveis sexo, educação, satisfação e situação de trabalho são: 0,033; 0,361; 0,000 e 0,069, respectivamente. Se realizarmos cada teste com $\alpha = 0{,}01$ (propositadamente escolhemos um α pequeno para minimizar a chance de cometer um erro do Tipo I), o único resultado significativo é para satisfação do cliente — isto é, os dados fornecem evidências para indicar que o nível de satisfação do cliente depende do tipo de usuário de cupom; entretanto, não há evidências suficientes para afirmar que qualquer outra característica do cliente (sexo, educação ou situação de emprego) esteja relacionada com o tipo de usuário de cupom.

As porcentagens de coluna destacadas na tabela de contingência da Figura EA9.5 revelam as diferenças nos níveis de satisfação dos três tipos de usuários. As porcentagens de clientes satisfeitos para usuários de cupons dos tipos somente pelos correios e somente pela Internet são 65,6% e 69,8%, respectivamente. Entretanto, para usuários de correios e Internet, 91,1% estão satisfeitos. Essa informação foi utilizada pela empresa de cupons para desenvolver uma estratégia de marketing direcionada aos usuários de cupons somente pelos correios e somente pela Internet.

GENDER * USER Crosstabulation

			USER			
			Mail	Net	Both	Total
GENDER	Male	Count	84	7	31	122
		Expected Count	72.6	11.9	37.4	122.0
	Female	Count	178	36	104	318
		Expected Count	189.4	31.1	97.6	318.0
Total		Count	262	43	135	440
		Expected Count	262.0	43.0	135.0	440.0

Chi-Square Tests

	Value	df	Asymp. Sig. (2-sided)
Pearson Chi-Square	6.797[a]	2	.033
Likelihood Ratio	7.105	2	.029
Linear-by-Linear Association	4.371	1	.037
N of Valid Cases	440		

a. 0 cells (.0%) have expected count less than 5. The minimum expected count is 11.92.

FIGURA EA9.3 Análise de tabela de contingência do SPSS — sexo versus tipo de usuário

EDUC * USER Crosstabulation

			USER			Total
			Mail	Net	Both	
EDUC	HS	Count	34	7	19	60
		Expected Count	35.7	5.9	18.4	60.0
	VT/COLL	Count	96	20	62	178
		Expected Count	106.0	17.4	54.6	178.0
	COLL4	Count	85	9	38	132
		Expected Count	78.6	12.9	40.5	132.0
	GRAD	Count	47	7	16	70
		Expected Count	41.7	6.8	21.5	70.0
Total		Count	262	43	135	440
		Expected Count	262.0	43.0	135.0	440.0

Chi-Square Tests

	Value	df	Asymp. Sig. (2-sided)
Pearson Chi-Square	6.587[a]	6	.361
Likelihood Ratio	6.786	6	.341
Linear-by-Linear Association	3.546	1	.060
N of Valid Cases	440		

a. 0 cells (.0%) have expected count less than 5. The minimum expected count is 5.86.

■ **FIGURA EA9.4** Análise de tabela de contingência do SPSS — educação *versus* tipo de usuário

COUPSAT * USER Crosstabulation

			USER			Total
			Mail	Net	Both	
COUPSAT	Satisfied	Count	172	30	123	325
		Expected Count	193.5	31.8	99.7	325.0
		% within USER	65.6%	69.8%	91.1%	73.9%
	Indiff	Count	62	9	9	80
		Expected Count	47.6	7.8	24.5	80.0
		% within USER	23.7%	20.9%	6.7%	18.2%
	Unsatis	Count	28	4	3	35
		Expected Count	20.8	3.4	10.7	35.0
		% within USER	10.7%	9.3%	2.2%	8.0%
Total		Count	262	43	135	440
		Expected Count	262.0	43.0	135.0	440.0
		% within USER	100.0%	100.0%	100.0%	100.0%

Chi-Square Tests

	Value	df	Asymp. Sig. (2-sided)
Pearson Chi-Square	30.418[a]	4	.000
Likelihood Ratio	34.934	4	.000
Linear-by-Linear Association	25.717	1	.000
N of Valid Cases	440		

a. 1 cells (11.1%) have expected count less than 5. The minimum expected count is 3.42.

■ **FIGURA EA9.5** Análise de tabela de contingência do SPSS — satisfação *versus* tipo de usuário

WORK * USER Crosstabulation

			USER			Total
			Mail	Net	Both	
WORK	FULL	Count	148	29	90	267
		Expected Count	159.0	26.1	81.9	267.0
	PART	Count	31	8	13	52
		Expected Count	31.0	5.1	16.0	52.0
	NONE	Count	31	3	17	51
		Expected Count	30.4	5.0	15.6	51.0
	RETIRED	Count	52	3	15	70
		Expected Count	41.7	6.8	21.5	70.0
Total		Count	262	43	135	440
		Expected Count	262.0	43.0	135.0	440.0

Chi-Square Tests

	Value	df	Asymp. Sig. (2-sided)
Pearson Chi-Square	11.687a	6	.069
Likelihood Ratio	12.208	6	.057
Linear-by-Linear Association	5.619	1	.018
N of Valid Cases	440		

a. 1 cells (8.3%) have expected count less than 5. The minimum expected count is 4.98.

FIGURA EA9.6 Análise de tabela de contingência do SPSS — situação de emprego versus tipo de usuário

Exercícios 9.16 – 9.31

Aprendendo a mecânica

9.16 Encontre a região de rejeição para um teste de independência de duas classificações em que a tabela de contingência contém r linhas e c colunas.
   a. $r = 5$, $c = 5$, $\alpha = 0{,}05$
   b. $r = 3$, $c = 6$, $\alpha = 0{,}10$
   c. $r = 2$, $c = 3$, $\alpha = 0{,}01$

9.17 Considere a tabela de contingência 2 × 3 (isto é, $r = 2$ e $c = 3$) mostrada ao lado.
   a. Especifique as hipóteses nula e alternativa que deveriam ser usadas para testar a independência das classificações da linha e da coluna.
   b. Especifique a estatística-teste e a região de rejeição que deveriam ser usadas para realizar um teste de hipóteses no item **a**. Use $\alpha = 0{,}01$.
   c. Presumindo que as classificações de linha e coluna sejam independentes, encontre estimativas para as contagens esperadas das células.
   d. Realize o teste de hipóteses do item **a**. Interprete seu resultado.

LM9_17 Companion Website

		COLUNA		
		1	2	3
Linha	1	9	34	53
	2	16	30	25

9.18 Consulte o Exercício 9.17.
   a. Converta as freqüências de respostas para porcentagens, calculando a porcentagem do total de cada coluna caindo em cada linha. Também converta os totais de linha para porcentagens do número total de respostas. Mostre as porcentagens numa tabela.
   b. Construa um gráfico de barras com a porcentagem da linha 1 no eixo vertical e o número da coluna no eixo horizontal. Mostre a porcentagem total da linha 1 como uma linha horizontal do gráfico.

c. Que padrões você esperaria ver se as linhas e as colunas fossem independentes? O gráfico reforça o resultado do teste de independência do Exercício 9.17?

9.19 Teste a hipótese nula de independência das duas classificações, A e B, da tabela de contingência 3 × 3 mostrada abaixo. Use $\alpha = 0{,}05$.

LM9_19

		B		
		B_1	B_2	B_3
	A_1	40	72	42
A	A_2	63	53	70
	A_3	31	38	30

9.20 Releia o Exercício 9.19.
a. Converta as respostas para porcentagens, calculando a porcentagem total de cada classe B caindo em cada classificação A.
b. Calcule a porcentagem do número total de respostas que constitui cada um dos totais da classificação A.
c. Construa um gráfico de barras com a porcentagem da linha A_1 no eixo vertical e a classificação B no eixo horizontal. O gráfico reforça o resultado do teste de hipóteses do Exercício 9.19? Explique.
d. Repita o item **c** para as porcentagens de A_2.
e. Repita o item **c** para as porcentagens de A_3.

Aplicação dos conceitos – Básico

9.21 Estudo do JAMA sobre pacientes cardíacos. O *Journal of the American Medical Association* (18 abr. 2001) publicou os resultados de um estudo sobre consumo de álcool em pacientes que sofrem de infarto agudo do miocárdio (AMI). Os pacientes foram classificados de acordo com o número médio de doses de bebidas alcoólicas ingeridas por semana e se tiveram falhas cardíacas congestivas. Um resumo dos resultados para 1.913 pacientes de AMI está exposto na tabela abaixo.

AMAAMI

Falha cardíaca congestiva	Consumo de álcool		
	Abstêmios	Menos que 7 doses/semana	7 ou mais doses/semana
Sim	146	106	29
Não	750	590	292
Totais	869	696	321

Fonte: MUKAMAL, K. J. et al. "Prior alcohol consumption and mortality following acute myocardial infarction." *Journal of the American Medical Association*, vol. 285, n. 15, 18 abr. 2001 (Tabela 1).

a. Encontre a proporção de abstêmios da amostra com falha cardíaca congestiva.
b. Encontre a proporção de bebedores moderados (pacientes que consumiram menos de 7 doses por semana) com falha cardíaca congestiva.
c. Encontre a proporção de bebedores pesados (pacientes que consumiram 7 ou mais doses por semana) com falha cardíaca congestiva.
d. Compare as proporções das amostras dos itens de **a** a **c**. Aparentemente, a proporção de pacientes de AMI com falha cardíaca congestiva depende do consumo de álcool?

```
Rows: FAILURE    Columns: ALCOHOL

        7ORMORE    ABSTAIN    LESS7       All

NO          292        750      590      1632
          273.8      764.4    593.8    1632.0

YES          29        146      106       281
           47.2      131.6    102.2     281.0

All         321        896      696      1913
          321.0      896.0    696.0    1913.0

Cell Contents:       Count
                     Expected count


Pearson Chi-Square = 10.197, DF = 2, P-Value = 0.006
Likelihood Ratio Chi-Square = 11.240, DF = 2, P-Value = 0.004
```

Listagem do MINITAB para o Exercício 9.21

e. Forneça a hipótese nula para testar se a proporção de pacientes de AMI com falha cardíaca congestiva depende do consumo de álcool.

f. Use a listagem do MINITAB da página anterior para realizar o teste do item e. Teste para $\alpha = 0{,}05$.

9.22 Pesquisa sobre doações e voluntariado. Consulte o estudo dos doadores para caridade publicado no *National Tax Journal* (dez. 2001), Exercício 9.9. Além dos 1.072 doadores para caridade que relataram que suas contribuições foram motivadas por razões de pagamento de impostos, outros 1.693 doadores relataram que não eram motivados por redução de impostos, num total de 2.765 doadores para a caridade. Dos 1.072 que eram motivados por razões de impostos, 691 detalharam suas deduções nas suas devoluções de imposto de renda. Dos 1.693 que não eram motivados por razões de impostos, 794 detalharam suas deduções.

a. Considere as duas variáveis categóricas: motivação por razões de impostos (sim ou não) e detalharam deduções (sim ou não). Construa uma tabela de contingência 2 × 2 para essas variáveis.

b. Calcule as contagens esperadas de células para a tabela de contingência do item **a**.

c. Calcule o valor de χ^2 para o teste de independência.

d. Para $\alpha = 0{,}05$, que inferência pode ser feita sobre se as duas variáveis — motivação por impostos e detalhamento das deduções — estão relacionadas para os doadores?

e. Construa um gráfico de barras que reforce visualmente sua conclusão no item **d**.

9.23 Os profissionais de turismo são pagos eqüitativamente? A revista *Business Travel News* (17 jul. 2006) publicou um relatório da sua pesquisa anual sobre salários e atitudes dos gerentes de viagens. Um total de 277 profissionais de turismo, 103 homens de 174 mulheres, participou da pesquisa de 2005. Uma pergunta feita aos profissionais de turismo foi sobre se acham seu salário adequado ou não. As respostas foram classificadas como 'salário muito baixo', 'adequado/bom' e 'bem pago'. A tabela acima à direita fornece um detalhamento das respostas em cada categoria, por sexo.

a. Encontre a proporção dos profissionais de turismo do sexo masculino que acredita que o salário seja muito baixo e compare com a proporção de profissionais do sexo feminino que acredita que o salário seja muito baixo.

b. Repita o item **a**, comparando as proporções dos que acreditam que o salário seja adequado/bom.

c. Repita o item **a**, comparando as proporções dos que acreditam que são bem pagos.

d. Com base nas comparações dos itens de **a** a **c**, você acredita que as opiniões quanto à adequação dos salários dos profissionais de turismo sejam diferentes para homens e mulheres?

e. Consulte o item **d**. Realize um teste estatístico apropriado usando $\alpha = 0{,}10$.

f. Construa e interprete um intervalo de confiança de 90% para a diferença entre as proporções do item **a**.

	HOMENS	MULHERES
Salários muito baixos	29	89
Adequado/bom	58	64
Bem pago	16	21
TOTAIS	103	174

9.24 Nuvens de poeira emitidas pelos equipamentos de fazendas. Nuvens de poeira emitidas por equipamentos de fazendas podem ser danosas para a saúde humana. No *Journal of Agricultural, Biological, and Environmental Sciences* (mar. 2001), engenheiros ambientais desenvolveram um modelo de concentrações de partículas de poeira produzidas por um trator operando em um campo de trigo. O trator passou ao longo de seis caminhos paralelos, de igual comprimento, no campo. Um instrumento de sensoriamento remoto, com um feixe de raios laser, colocado no canto do campo, media as partículas sólidas da poeira a cada 0,5 segundo. Infelizmente, poucas medidas foram aproveitadas (isto é, eram maiores do que o nível de sensibilidade do instrumento). Isso normalmente ocorre quando o trator está a uma curta distância do feixe de laser. A tabela a seguir mostra o número de medidas aproveitadas para cada um dos seis caminhos do trator.

a. Calcule e compare as proporções da amostra de medidas aproveitadas para os seis caminhos do trator.

b. Os dados fornecem evidências suficientes para indicar que a proporção de medidas aproveitadas difere para os seis caminhos do trator? Teste usando $\alpha = 0{,}01$.

c. Comente a respeito da significação prática e estatística do teste.

CAMINHO DO TRATOR	MEDIDAS NÃO APROVEITADAS	MEDIDAS APROVEITADAS	TOTAIS
1	6.047	175	6.222
2	4.456	236	4.692
3	6.821	319	7.140
4	5.889	231	6.120
5	9.873	480	10.353
6	4.607	187	4.794
TOTAIS	37.693	1.628	39.321

Fonte: JOHNS, C.; Holmen, B.; NIEMEIER, A.; SHUMWAY, R. "Nonlinear regression for modeling censored one-dimensional concentration profiles of fugitive dust plumes." *Journal of Agricultural, Biological, and Environmental Sciences*, vol. 6, n. 1, mar. 2001 (dos dados fornecidos pelo co-autor Brit Holmen).

Aplicação dos conceitos — Intermediário

9.25 Defeitos em software. O PROMISE Software Engineering Repository, da University of Ottawa, forneceu aos pesquisadores conjuntos de dados para a construção de modelos preditivos de software (veja o Exercício 2.128). Dados sobre 498 módulos de software escritos em linguagem 'C' para um instrumento de uma espaçonave da Nasa estão no arquivo **SWDEFECTS**. Relembre que cada módulo foi analisado quanto a defeitos e classificado como 'verdadeiro' se continha código defeituoso e 'falso', se não tinha. Um algoritmo para predizer se um módulo tinha defeitos ou não era a 'complexidade essencial' (chamada EVG), em que um módulo com pelo menos 15 gráficos de subfluxo com primitivas estruturadas em D é predito como tendo um defeito. Quando o método prediz um defeito, o valor EVG predito é 'sim'; de outra forma, é 'não'. Uma tabela de contingência para as duas variáveis, estado real de defeito e EVG predito, está mostrada na listagem do SPSS, abaixo. Interprete os resultados. Você recomendaria o algoritmo de complexidade essencial como um preditor de módulos de software defeituosos? Explique.

9.26 Estudo de uma fazenda de porcos. Um artigo na revista *Sociological Methods & Research* (maio 2001) analisou os dados apresentados na tabela ao lado. Uma amostra de 262 criadores de porcos do Kansas foi classificada de acordo com o seu nível educacional (se tem faculdade ou não) e o tamanho da sua criação de porcos (em número de porcos). Realize um teste para determinar se o nível educacional do criador de porcos tem alguma relação com o tamanho da criação do animal. Use $\alpha = 0,05$ e reforce a sua resposta com um gráfico.

TAMANHO DA CRIAÇÃO	NÍVEL EDUCACIONAL		TOTAIS
	SEM FACULDADE	COM FACULDADE	
< 1.000 porcos	42	53	95
1.000–2.000 porcos	27	42	69
2.000–5.000 porcos	22	20	42
> 5.000 porcos	27	29	56
TOTAIS	118	114	262

Fonte: AGRESTI, A.; LIU, I. "Strategies for modeling a categorical variable allowing multiple category choices." *Sociological Methods & Research*, vol. 29, n. 4, maio 2001 (Tabela 1).

DEFECT * PRED_EVG Crosstabulation

Count

		PRED_EVG		Total
		no	yes	
DEFECT	false	441	8	449
	true	47	2	49
Total		488	10	498

Chi-Square Tests

	Value	df	Asymp. Sig. (2-sided)	Exact Sig. (2-sided)	Exact Sig. (1-sided)
Pearson Chi-Square	1.188[b]	1	.276		
Continuity Correction[a]	.306	1	.580		
Likelihood Ratio	.948	1	.330		
Fisher's Exact Test				.257	.257
N of Valid Cases	498				

a. Computed only for a 2x2 table

b. 1 cells (25.0%) have expected count less than 5. The minimum expected count is .98.

Listagem do SPSS para o Exercício 9.25

9.27 Onde você obtém informações sobre viagens?
Com o objetivo de criar um perfil comportamental dos viajantes turísticos, os pesquisadores M. Bonn (da Universidade do Estado da Flórida), L. Furr (da Georgia Southern University) e A. Susskind (da Cornell University) entrevistaram 5.026 viajantes turísticos na região da baía de Tampa (*Journal of Travel Research*, maio 1999). Duas características investigadas foram a educação dos viajantes e o uso da Internet para procurar informações sobre viagens. A tabela abaixo resume os resultados das entrevistas. Os pesquisadores concluíram que os viajantes que usam a Internet para procurar informações sobre viagens são provavelmente os que possuem educação superior. Você concorda? Teste usando $\alpha = 0{,}05$. Que pressuposto deve valer para assegurar a validade do seu teste?

NETRAVEL
Companion Website

	USA A INTERNET	
Educação	Sim	Não
Faculdade ou mais	1.072	1.287
Menos que faculdade	640	2.227

Fonte: BONN, M.; FURR, L.; SUSSKIND, A. "Predicting a behavioral profile for pleasure travelers on the basis of internet use segmentation." *Journal of Travel Research,* vol. 37, maio 1999, pp. 333-340.

9.28 Comportamento ético dos contadores. A professora Julia Karcher, da University of Louisville, realizou uma pesquisa para investigar o comportamento ético dos contadores (*Journal of Business Ethics,* v. 15, 1996). Ela focou sua pesquisa na capacidade de um auditor detectar problemas éticos que poderiam não ser óbvios. A 70 auditores das seis maiores empresas de contabilidade foi fornecido um estudo de caso detalhado, que continha vários problemas, incluindo evasão de impostos pelo cliente. Em 35 casos, o problema de evasão de impostos era grave; nos outros 35 casos, era apenas moderado. Foi solicitado aos auditores que identificassem quaisquer problemas que detectassem no caso. A tabela seguinte resume os resultados para o problema ético.

ACCETHIC
Companion Website

	GRAVIDADE DO PROBLEMA ÉTICO	
	Moderado	Grave
Problema ético identificado	27	26
Problema ético não identificado	8	9

Fonte: KARCHER, J. "Auditors' ability to discern the presence of ethical problems." *Journal of Business Ethics,* vol. 15, 1996, p. 1041 (Tabela V).

a. A gravidade do problema ético influencia o fato de ter sido identificado ou não pelos auditores? Teste usando $\alpha = 0{,}05$.

b. Suponha que a coluna à esquerda da tabela contenha as contagens 35 e 0, em vez de 27 e 8. O teste do item **a** ainda poderia ser realizado? Explique.

c. Mantendo o mesmo tamanho da amostra, mude os números da tabela de contingência de modo que a resposta que você deu para a pergunta do item **a** seja alterada.

9.29 Criando menus para influenciar outros. Consulte o estudo do *Journal of Consumer Research* (mar. 2003) sobre influenciar a escolha de outros oferecendo alternativas indesejáveis, Exercício 6.73. Em outra experiência realizada pelo pesquisador, foi solicitado a 96 pessoas que imaginassem que acabaram de se mudar para um apartamento com duas outras pessoas e que compraram um eletrodoméstico (por exemplo, uma televisão, um forno de microondas). A cada pessoa foi solicitado que criasse um menu com a escolha de três marcas para seus companheiros de apartamento. Então as pessoas foram designadas aleatoriamente (em números iguais) para um de três objetivos: 1) criar um menu de modo a influenciar seus companheiros de apartamento a comprar uma marca predeterminada; 2) criar um menu de modo a influenciar seus companheiros de apartamento a comprar uma marca de sua própria escolha; 3) criar um menu sem nenhuma intenção de influenciar seus companheiros de apartamento. Os pesquisadores criaram uma teoria segundo a qual os menus criados para influenciar outros provavelmente incluiriam marcas alternativas indesejáveis. Conseqüentemente, o número de menus com cada objetivo consistente com a teoria foi determinado. Os dados estão resumidos na tabela abaixo. Analise os dados com o propósito de determinar se a proporção de pessoas que selecionou menus consistentes com a teoria depende do objetivo. Use $\alpha = 0{,}01$.

MENU3
Companion Website

Objetivo	Número consistente com a teoria	Número não consistente com a teoria	Totais
Influência/ marca pré-selecionada	15	17	32
Influência/ marca própria	14	18	32
Sem influência	3	29	32

Fonte: HAMILTON, R. W. "Why do people suggest what they do not want? Using context effects to influence others' choices." *Journal of Consumer Research,* vol. 29, mar. 2003 (Tabela 2).

9.30 Resposta dos gansos ao tráfego de helicópteros. A exploração marítima de petróleo perto de um estuário do Alasca provocou um aumento do tráfego aéreo — majoritariamente, de grandes helicópteros — na área. O Serviço Americano de Peixes e Vida Selvagem encomendou um estudo para investigar o impacto que esses helicópteros têm nos bandos de gansos do Pacífico que habitam o estuário, no outono, antes da migração (*Estudos de casos estatísticos: uma colaboração entre a universidade e a Indústria,* 1998). Dois grandes helicópteros voaram repetidamente sobre o estuário em diferentes altitudes e distâncias laterais do bando. As respostas em vôo dos gansos (registradas como 'baixa' e 'alta'), a altitude (em centenas de metros) e a distância lateral (em centenas de metros) para cada um dos 464 sobrevôos dos helicópteros foram registradas e estão no arquivo **PACGEESE**. (Os dados para os dez primeiros sobrevôos estão apresentados na tabela a seguir.)

PACGEESE (Mostradas as primeiras 10 observações)

Sobrevôo	Altitude	Distância Lateral	Respostas em vôo
1	0,91	4,99	ALTA
2	0,91	8,21	ALTA
3	0,91	3,38	ALTA
4	9,14	21,08	BAIXA
5	1,52	6,60	ALTA
6	0,91	3,38	ALTA
7	3,05	0,16	ALTA
8	6,10	3,38	ALTA
9	3,05	6,60	ALTA
10	12,19	6,60	ALTA

Fonte: ERICKSON, W.; NICK, T.; WARD, D. "Investigating flight response of pacific brant to helicopters at Izembek Lagoon, Alaska, by using logistic regression." *Statistical case studies: a collaboration between academe and industry,* ASA-SIAM Series on Statistics and Applied Probability, 1998.

a. Os pesquisadores categorizaram a altitude como se segue: menos de 300 metros, 300 a 600 metros e 600 metros ou mais. Resuma os dados do arquivo **PACGEESE**, criando uma tabela de contingência para as categorias de altitude e as respostas em vôo.
b. Realize um teste para determinar se a resposta em vôo dos gansos depende da altitude do helicóptero. Teste usando $\alpha = 0,01$.
c. Os pesquisadores categorizaram a distância lateral como se segue: menos de 1.000 metros, 1.000 a 2.000 metros, 2.000 a 3.000 metros e 3.000 metros ou mais. Resuma os dados do arquivo **PACGEESE**, criando uma tabela de contingência para as categorias de distância lateral e as respostas em vôo.
d. Realize um teste para determinar se a resposta em vôo dos gansos depende da distância lateral entre o helicóptero e o bando. Teste usando $\alpha = 0,01$.
e. O padrão mínimo atual de altitude da Autoridade Federal de Aviação dos Estados Unidos (FAA) para vôos sobre o estuário é de 2.000 pés (aproximadamente 610 metros). Com base nos resultados dos itens de **a** a **d**, que mudanças na regulamentação da FAA você recomendaria para minimizar os efeitos nos gansos do Pacífico?

Aplicação dos conceitos — Avançado

9.31 Eficácia de uma vacina para o HIV. Vacinas novas e efetivas contra a AIDS estão sendo desenvolvidas usando o processo de 'coagem' (isto é, coando as infecções com algumas cepas de HIV). O estatístico Peter Gilbert, da Escola de Saúde Pública de Harvard, demonstrou como testar a eficácia de uma vacina para HIV na revista *Chance* (outono, 2000). Como exemplo, Gilbert relatou os resultados de um teste preliminar da vacina VaxGen, contra HIV, usando a tabela 2 × 2 a seguir. A vacina foi projetada para eliminar uma cepa em particular do vírus, chamada "cepa MN". O teste consistiu em vacinar, com a nova droga, 7 pacientes portadores de Aids, enquanto 31 desses pacientes foram tratados com placebos (sem vacina). A tabela abaixo mostra o número de pacientes que resultaram em positivo e negativo para a cepa MN no período de acompanhamento do teste.

VAXGEN1

GRUPO DE PACIENTES	CEPA MN		TOTAIS
	Positivo	Negativo	
Não vacinados	22	9	31
Vacinados	2	5	7
TOTAIS	24	14	38

Fonte: GILBERT, P. "Developing an AIDS vaccine by sieving." *Chance,* vol. 13, n. 4, outono, 2000.

a. Realize um teste para determinar se a vacina é efetiva no tratamento da cepa MN do HIV. Use $\alpha = 0,05$.
b. Os pressupostos do teste do item **a** estão satisfeitos? Quais serão as conseqüências se os pressupostos forem violados?
c. No caso de uma tabela de contingência 2 × 2, R. A. Fisher (1935) desenvolveu um procedimento para calcular o valor *p* exato para o teste (chamado *teste exato de Fisher*). O método utiliza a *distribuição de probabilidade hipergeométrica* (uma distribuição de probabilidade discreta, não abordada no Capítulo 4). Considere a probabilidade hipergeométrica

$$\frac{\binom{7}{2}\binom{31}{22}}{\binom{38}{24}}$$

Isso representa a probabilidade de que 2 dos 7 pacientes de Aids vacinados resultassem positivo e 22 dos 31 pacientes não vacinados resultassem positivo (isto é, a probabilidade do resultado da tabela, dado que a hipótese nula de independência é verdadeira). Calcule

GROUP * MNSTRAIN Crosstabulation

			MNSTRAIN		Total
			NEG	POS	
GROUP	UNVAC	Count	9	22	31
		Expected Count	11.4	19.6	31.0
	VACC	Count	5	2	7
		Expected Count	2.6	4.4	7.0
Total		Count	14	24	38
		Expected Count	14.0	24.0	38.0

Chi-Square Tests

	Value	df	Asymp. Sig. (2-sided)	Exact Sig. (2-sided)	Exact Sig. (1-sided)
Pearson Chi-Square	4.411[b]	1	.036		
Continuity Correction[a]	2.777	1	.096		
Likelihood Ratio	4.289	1	.038		
Fisher's Exact Test				.077	.050
N of Valid Cases	38				

a. Computed only for a 2x2 table

b. 2 cells (50.0%) have expected count less than 5. The minimum expected count is 2.58.

Listagem do SPSS para o Exercício 9.31

essa probabilidade (chamada *probabilidade da tabela de contingência*).

d. Consulte o item **c**. Duas tabelas de contingência (com os mesmos totais das margens da tabela original), que são mais contraditórias com a hipótese nula de independência que a tabela observada, são expostas abaixo. Primeiro, explique por que essas tabelas fornecem mais evidências para rejeitar H_0 do que a tabela original; calcule, então, a probabilidade de cada tabela, usando a fórmula hipergeométrica.

e. O valor *p* do teste exato de Fisher é a probabilidade de que seja observado um resultado pelo menos tão contraditório para a hipótese nula como o da tabela de contingência observada, dados os mesmos totais das margens. Some as probabilidades dos itens **c** e **d** para obter o valor *p* do teste exato de Fisher (para verificar os seus cálculos, veja o valor *p* no final da listagem do SPSS mostrada acima). Interprete esse valor no contexto do teste da vacina.

VAXGEN2
Companion Website

GRUPO DE PACIENTES	CEPA MN		TOTAIS
	Positivo	Negativo	
Não vacinados	23	8	31
Vacinados	1	6	7
TOTAIS	24	14	38

VAXGEN3
Companion Website

GRUPO DE PACIENTES	CEPA MN		TOTAIS
	Positivo	Negativo	
Não vacinados	24	7	31
Vacinados	0	7	7
TOTAIS	24	14	38

9.4 Alerta sobre os testes de qui-quadrado

Uma vez que a estatística χ^2 para testar hipóteses sobre probabilidades multinomiais é uma das ferramentas estatísticas mais amplamente aplicadas, é também um dos procedimentos estatísticos mais usados de forma abusiva. Conseqüentemente, o usuário deve estar sempre seguro de que o experimento satisfaz os pressupostos assumidos para cada procedimento. Além disso, o usuário deve estar sempre certo de que a amostra foi retirada da população certa — isto é, da população sobre a qual a inferência deverá ser feita.

O uso da distribuição de probabilidade χ^2 como uma aproximação da distribuição amostral para χ^2

deve ser evitado quando as contagens esperadas são muito pequenas. A aproximação pode se tornar muito pobre quando as contagens esperadas são pequenas e, portanto, o nível verdadeiro de α pode ser muito diferente do valor tabelado. Como regra simples, uma contagem esperada de célula de pelo menos 5 indica que a distribuição de probabilidade χ^2 pode ser usada para determinar um valor crítico aproximado.

Se o valor de χ^2 não exceder o valor crítico estabelecido de χ^2, *não aceite a hipótese de independência*. Você estaria se arriscando a um erro Tipo II (aceitar H_0 se ela for falsa) e a probabilidade β de cometer esse erro é desconhecida. A hipótese alternativa comum é de que as classificações são dependentes. Uma vez que o número de maneiras pelas quais duas classificações podem ser dependentes é virtualmente infinito, é difícil calcular um ou mesmo vários valores de β para representar uma hipótese alternativa tão ampla. Portanto, evitamos concluir que duas classificações sejam independentes, mesmo quando χ^2 é pequeno.

Finalmente, se o valor de χ^2 de uma tabela de contingência não excede o valor crítico, devemos ser cuidadosos para evitar inferir que um relacionamento *causal* existe entre as classificações. Nossa hipótese alternativa estabelece que as duas classificações são estatisticamente dependentes — e a dependência estatística não implica em causalidade. Portanto, *a existência de um relacionamento causal não pode ser estabelecida por uma análise de tabela de contingência*.

Termos-chave

Categorias
Célula
Classes
Contagem de célula
Contagem esperada da célula

Contagem observada da célula
Dependência
Dimensões de classificação
Duas classificações independentes
Experimento multinomial

Probabilidades marginais
Tabela de contingência
Tabela de duas entradas
Tabela de uma entrada
Teste de qui-quadrado

Guia de análise de dados categóricos

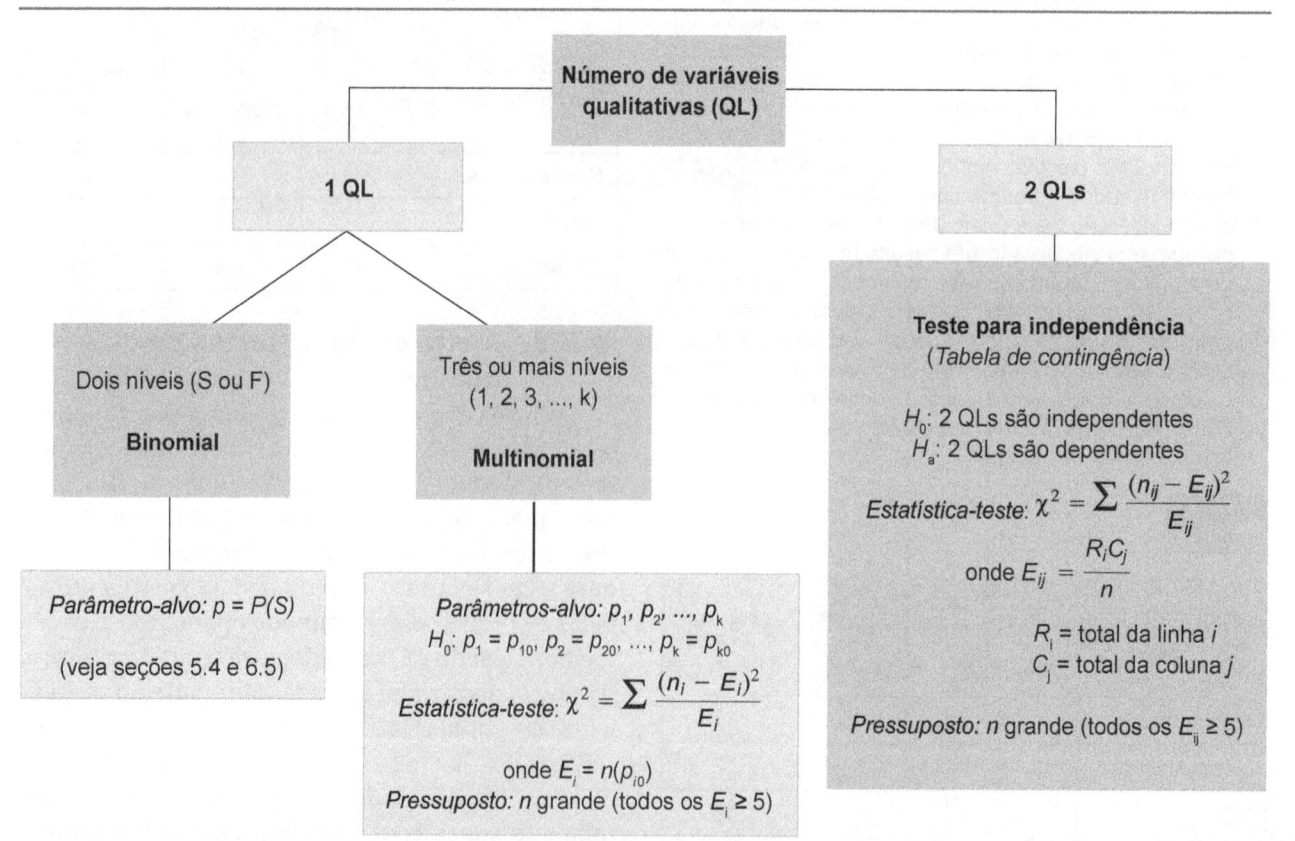

Número de variáveis qualitativas (QL)

1 QL

Dois níveis (S ou F)
Binomial

Parâmetro-alvo: $p = P(S)$

(veja seções 5.4 e 6.5)

Três ou mais níveis
$(1, 2, 3, ..., k)$
Multinomial

Parâmetros-alvo: $p_1, p_2, ..., p_k$
H_0: $p_1 = p_{10}, p_2 = p_{20}, ..., p_k = p_{k0}$

Estatística-teste: $\chi^2 = \sum \dfrac{(n_i - E_i)^2}{E_i}$

onde $E_i = n(p_{i0})$
Pressuposto: n grande (todos os $E_i \geq 5$)

2 QLs

Teste para independência
(*Tabela de contingência*)

H_0: 2 QLs são independentes
H_a: 2 QLs são dependentes

Estatística-teste: $\chi^2 = \sum \dfrac{(n_{ij} - E_{ij})^2}{E_{ij}}$

onde $E_{ij} = \dfrac{R_i C_j}{n}$

R_i = total da linha i
C_j = total da coluna j

Pressuposto: n grande (todos os $E_{ij} \geq 5$)

Notas do capítulo

DADOS MULTINOMIAIS
Dados qualitativos que caem em mais que duas categorias (ou classes)

PROPRIEDADES DE UM EXPERIMENTO MULTINOMIAL

(1) n tentativas idênticas
(2) k possíveis resultados para cada tentativa
(3) As probabilidades dos k resultados $(p_1, p_2, ..., p_k)$ permanecem as mesmas de tentativa para tentativa, onde $p_1 + p_2 + ... + p_k = 1$.
(4) As tentativas são independentes
(5) Variáveis de interesse: *contagens de células* (isto é, o número de observações caindo em cada categoria de resultado), representadas por $n_1, n_2, ..., n_k$.

SÍMBOLOS-CHAVE/NOTAÇÃO

$p_{i,0}$ Valor da probabilidade multinomial p_i, tomada como hipótese em H_0

χ^2 Estatística-teste qui-quadrado usada na análise de dados categóricos

n_i Número de resultados observados na célula i de uma tabela de uma entrada

E_i Número esperado de resultados na célula i de uma tabela de uma entrada

p_{ij} Probabilidade de um resultado na linha i e na coluna j de uma tabela de duas entradas

n_{ij} Número de resultados esperados na linha i e na coluna j de uma tabela de duas entradas

SÍMBOLOS-CHAVE/NOTAÇÃO

E_{ij} Número esperado de resultados na linha i e na coluna j de uma tabela de duas entradas

R_i Número total de resultados na linha i de uma tabela de duas entradas

C_j Número total de resultados na coluna j de uma tabela de duas entradas

TABELA DE UMA ENTRADA
Tabela-resumo para uma *única* variável qualitativa

ESTATÍSTICA DE QUI-QUADRADO (χ^2)
Usada para testar probabilidades de categorias em tabelas de uma entrada e tabelas de duas entradas

TABELA DE DUAS ENTRADAS (DE CONTINGÊNCIA)
Tabela-resumo para *duas* variáveis qualitativas

TESTE DE QUI-QUADRADO PARA INDEPENDÊNCIA
Não deve ser usado para *inferir relacionamento causal entre 2 QLs*

CONDIÇÕES REQUERIDAS PARA TESTES DE χ^2 VÁLIDOS
(1) Experimento multinomial

(2) O tamanho n da amostra é grande (contagens esperadas das células são todas maiores que ou iguais a 5)

Exercícios suplementares 9.32 – 9.50

Aprendendo a mecânica

9.32 Uma amostra aleatória de 250 observações foi classificada de acordo com as categorias de linha e coluna mostradas na tabela ao lado.

a. Os dados fornecem evidências suficientes para concluir que as linhas e as colunas são dependentes? Teste usando $\alpha = 0,05$.

b. Essa análise mudaria se os totais das linhas fossem fixados antes de os dados serem coletados?

c. Os pressupostos requeridos para que a análise seja válida diferem se os totais das linhas (ou colunas) estão fixos? Explique.

d. Converta as entradas da tabela para porcentagens usando cada total de coluna como base e calculando a resposta de cada linha como uma porcentagem do total da coluna correspondente. Além disso, calcule os totais das linhas e converta-os para porcentagens em todas as 250 observações.

e. Crie um gráfico de barras com a porcentagem da linha 1 no eixo vertical contra o número da coluna no eixo horizontal. Desenhe linhas horizontais correspondentes às porcentagens da linha 1. O gráfico reforça o resultado do teste realizado no item **a**?

LM9_32

		COLUNA		
		1	2	3
Linha	1	20	20	10
	2	10	20	70
	3	20	50	30

9.33 Uma amostra aleatória de 150 observações foi classificada nas categorias mostradas na tabela abaixo.

LM9_33

	CATEGORIA				
	1	2	3	4	5
n_i	28	35	33	25	29

a. Os dados fornecem evidências suficientes de que as categorias não são igualmente prováveis? Use $\alpha = 0,10$.

b. Forme um intervalo de confiança de 90% para p_2, a probabilidade de que uma observação caia na categoria 2.

Aplicação dos conceitos — Básico

9.34 Os vegetais menos favoritos dos consumidores. A revista *Bon Appetit* entrevistou 200 dos seus leitores a respeito de qual de quatro vegetais — couve-de-bruxelas, quiabo, feijão-manteiga e couve-flor — é o seu menos favorito. Os resultados (adaptado de *Adweek*, 21 fev. 2000) estão apresentados na tabela abaixo. Considere que p_1, p_2, p_3 e p_4 representam as proporções de todos os leitores da *Bon Appetit* que indicaram couve-de-bruxelas, quiabo, feijão-manteiga e couve-flor, respectivamente, como o seu vegetal menos favorito.

BONAPP
Companion Website

Couve-de-bruxelas	Quiabo	Feijão-manteiga	Couve-flor
46	76	44	34

a. Se, em geral, os leitores da *Bon Appetit* não têm uma preferência quanto ao seu vegetal menos favorito, quais são os valores de p_1, p_2, p_3 e p_4?
b. Especifique as hipóteses nula e alternativa que deveriam ser usadas para determinar se os leitores da *Bon Appetit* têm uma preferência por um dos vegetais como o 'menos favorito'.
c. Realize o teste que você descreveu no item **b** usando $\alpha = 0{,}05$. Relate suas conclusões no contexto do problema.
d. Que pressupostos devem valer para assegurar a validade do teste que você realizou no item **c**? Qual desses pressupostos, caso haja algum, pode ser uma preocupação nessa aplicação?

9.35 Pesquisa de privacidade dos consumidores. A *Inc. Technology* (18 mar. 1997) relatou os resultados de uma Pesquisa de Privacidade dos Consumidores da Equifax/Harris, na qual 328 usuários da Internet informaram o seu nível de concordância com a seguinte afirmação: "O governo precisa estar apto a verificar as mensagens pela Internet e as comunicações dos usuários para prevenir fraudes e outros crimes". O número de usuários em cada categoria de resposta está resumido abaixo.

GOVWEB
Companion Website

Concorda totalmente	Concorda parcialmente	Discorda parcialmente	Discorda totalmente
59	108	82	79

a. Especifique as hipóteses nula e alternativa que você usaria para determinar se as opiniões dos usuários da Internet são igualmente divididas entre as quatro categorias.
b. Realize o teste do item **a**, usando $\alpha = 0{,}05$.
c. No contexto deste exercício, o que é um erro Tipo I? E um erro Tipo II?
d. Que pressupostos devem valer para assegurar a validade do teste que você realizou no item **b**?

9.36 Boa forma física e estresse dos empregados. As pesquisas têm indicado que o estresse produzido pelo estilo de vida atual resulta em problemas de saúde para uma grande parte da sociedade. Um artigo no *International Journal of Sports Psychology* (jul./set. 1990) avaliou o relacionamento entre a boa forma física e o estresse. Quinhentos e quarenta e nove empregados de empresas que participaram do Programa de Exame de Saúde oferecido pela Health Advancement Services (HAS) foram classificados em três grupos de níveis de forma física: boa, média e ruim. Cada pessoa foi examinada quanto a sinais de estresse. A tabela a seguir relata os resultados para os três grupos.

Nível de forma física	Número sem estresse	Número com sinais de estresse
Ruim	204	38
Média	184	28
Boa	85	10

a. Os dados fornecem evidências para indicar que a chance de haver estresse é dependente do nível de forma física do empregado?
b. No contexto deste problema, especifique os erros Tipo I e II associados com o teste do item **a**.
c. Construa um gráfico que ajude a interpretar o resultado do teste do item **a**.

9.37 Estudo do uso do cinto de segurança. O *American Journal of Public Health* (jul. 1995) relatou um estudo baseado na proporção de traumatismos em crianças hispânicas. Um dos objetivos do estudo era comparar o uso de dispositivos protetores em veículos motorizados para transportar crianças hispânicas e crianças brancas, não hispânicas. Com base nos dados coletados do Sistema de Trauma Regionalizado do Município de San Diego, 792 crianças tratadas de ferimentos provocados em acidentes com veículos foram classificadas de acordo com a sua etnia (hispânica ou branca não hispânica) e uso do cinto de segurança (usava ou não usava) durante o acidente. Os dados estão resumidos na tabela abaixo.

TRAUMA
Companion Website

	Hispânica	Branca não hispânica	Totais
Usava cinto de segurança	31	148	179
Não usava cinto de segurança	283	330	613
Totais	314	478	792

Fonte: MATTENECI, R. M. et al."Trauma among Hispanic children: a population-based study in a regionalized system of trauma care." *American Journal of Public Health,* vol. 85, n. 7, jul. 1995, p. 1007 (Tabela 2).

a. Das crianças hispânicas feridas, que proporção não estava usando o cinto de segurança durante o acidente?
b. Das crianças brancas não hispânicas, que proporção não estava usando o cinto de segurança durante o acidente?
c. Compare as duas proporções das amostras dos itens **a** e **b**. Você acha que as verdadeiras proporções da população são diferentes?
d. Realize um teste para determinar se o uso do cinto de segurança em acidentes com veículos motorizados depende da etnia no Sistema de Trauma Regionalizado do Município de San Diego. Use $\alpha = 0,01$.
e. Construa um intervalo de confiança de 99% para a diferença entre as proporções dos itens **a** e **b**. Interprete o intervalo.

9.38 Cor dos chocolates da M&M. Os chocolates simples da M&M vêm em seis cores diferentes: marrom escuro, amarelo, vermelho, laranja, verde e azul. De acordo com o fabricante (Mars, Inc.), as taxas de cores em cada grande lote de produção são 30% marrom, 20% amarelo, 20% vermelho, 10% laranja, 10% verde e 10% azul. Para testar essa afirmação, um professor da Carleton College (Minnesota) pediu aos estudantes que contassem as cores dos M&Ms encontrados nos pacotes 'tamanho alegria' do chocolate (*Teaching Statistics*, primavera, 1993). Os resultados para 370 M&Ms são mostrados na tabela abaixo.

Marrom	Amarelo	Vermelho	Laranja	Verde	Azul	Total
84	79	75	49	36	47	370

Fonte: JOHNSON, R. W. "Testing colour proportions of M&M's." *Teaching Statistics,* vol. 15, n. 1, primavera, 1993, p. 2 (Tabela 1).

a. Presumindo que as porcentagens informadas pelo fabricante sejam precisas, calcule o número esperado caindo nas seis categorias.
b. Calcule o valor de χ^2 para testar a afirmação do fabricante.
c. Realize o teste para determinar se as verdadeiras porcentagens de cores produzidas diferem das porcentagens informadas pelo fabricante. Use $\alpha = 0,05$.

Aplicação dos conceitos — Intermediário

9.39 Tecnologia educacional na sala de aula. Em educação, a expressão *tecnologia educacional* refere-se a produtos como computadores, planilhas eletrônicas, CD-ROMs, vídeos e softwares de apresentação. Com que freqüência os professores usam a tecnologia educacional na sala de aula? Para responder a essa pergunta, pesquisadores da Western Michigan University pesquisaram 306 dos seus companheiros professores (*Educational Technology,* mar./abr. 1995). As respostas quanto à freqüência de uso da tecnologia foram registradas como 'semanalmente a todas as aulas', 'uma vez por semestre a mensalmente', ou 'nunca'. As respostas dos professores (número em cada categoria de resposta) para as três tecnologias estão resumidas na tabela a seguir.

a. Determine se as porcentagens das três categorias de respostas de freqüência de uso diferem para planilhas eletrônicas. Use $\alpha = 0,01$.
b. Repita o item **a** para processamento de texto.
c. Repita o item **a** para software estatístico.
d. Construa um intervalo de confiança de 99% para a verdadeira porcentagem de professores que nunca usa planilhas eletrônicas na sala de aula. Interprete o intervalo.

Tecnologia	Semanalmente	Uma vez por semestre/ mensalmente	Nunca
Planilhas eletrônicas	58	67	181
Processamento de texto	168	61	77
Software estatístico	37	82	187

9.40 Propriedade interna e tamanho da firma. Considerando que os acionistas controlam a empresa, eles podem transferir recursos dos possuidores de títulos da empresa para si próprios, por meio de diferentes estratégias de dividendos. Esse conflito de interesses potencial entre acionistas e possuidores de títulos pode ser reduzido com o uso de acordos de dívida. Os contadores E. Griner e H. Huss, da Universidade do Estado da Geórgia, investigaram os efeitos da propriedade interna e do tamanho da firma nos tipos de acordos de dívida requeridos pelos possuidores de títulos de uma empresa (*Journal of Applied Business Research,* v. 11, 1995). Como parte do estudo, eles examinaram uma amostra de 31 companhias, cujos possuidores de títulos exigiram acordos baseados nos ativos tangíveis, e não na liquidez, em ativos líquidos ou lucros retidos. As características dessas 31 firmas estão resumidas abaixo. O objetivo do estudo era determinar se havia uma relação entre a extensão da propriedade interna e o tamanho das firmas para firmas com acordos sobre ativos tangíveis.

		TAMANHO	
		Pequena	Grande
Propriedade Interna	Baixa	3	17
	Alta	8	3

Fonte: GRINER, E.; HUSS, H. "Firm size. Insider ownership, and accounting-based debt covenants." *Journal of Applied Business Research,* vol. 11, n. 4, 1995, p. 7 (Tabela 4).

a. Presumindo que a hipótese nula de independência seja verdadeira, quantas firmas se espera que caiam em cada célula da tabela?
b. Os pesquisadores não conseguiram usar o teste de qui-quadrado para analisar os dados. Mostre por quê.
c. Um teste da hipótese nula pode ser realizado usando o *teste exato de Fisher* (veja o Exercício 9.31). Esse método calcula a probabilidade exata (valor p) de observar resultados da amostra pelo menos tão contraditórios com a hipótese nula como os observados para os dados dos pesquisadores. Os pesquisadores reportaram um valor p, para esse teste, de 0,0043. Interprete esse resultado.
d. Investigue a natureza da dependência exibida pela tabela de contingência, colocando em um gráfico as porcentagens apropriadas da tabela de contingência. Descreva o que você descobriu.

9.41 Erros de dosagens em hospitais. A cada ano, aproximadamente 1,3 milhões de norte-americanos sofrem de efeitos adversos de drogas (EADs) — isto é, malefícios não intencionais causados por medicamentos prescritos. Um estudo publicado no *Journal of the American Medical Association* (5 jul. 1995) identifica a causa de 247 EADs que ocorreram em dois hospitais de Boston. Os pesquisadores descobriram que erros de dosagens (isto é, dosagens erradas prescritas e/ou ministradas) eram os mais comuns. A tabela a seguir resume a causa mais próxima de 95 EADs que resultaram de erros de dosagens. Realize um teste (com α = 0,10) para determinar se as verdadeiras porcentagens de EADs nas cinco categorias de 'causa' são diferentes.

Causa da dosagem errada	Número de EADs
Falta de conhecimento da droga	29
Violação de regras	17
Insuficiente verificação da dosagem	13
Desatenção	9
Outras	27

9.42 Ocupações de pais e filhos. Um economista estava interessado em saber se os filhos têm uma tendência a escolher a mesma ocupação dos seus pais. Para investigar essa questão, 500 homens foram pesquisados e a cada um foi perguntado a respeito da sua ocupação e da ocupação de seu pai. Um resumo do número de pares pai-filho caindo em cada categoria ocupacional é mostrado na tabela no pé da página. Os dados fornecem evidência suficiente, com α = 0,05, para indicar uma dependência entre a escolha de uma ocupação pelo filho e a ocupação do seu pai?

9.43 Desempenho de inspetores de juntas soldadas. A Westinghouse Electric Company tem experimentado diferentes maneiras de avaliar o desempenho de inspetores de juntas soldadas. Uma abordagem envolve comparar as classificações individuais de um inspetor com as do grupo de especialistas que compõem o Comitê de Padrões de Trabalho da Westinghouse. Em uma experiência realizada pela Westinghouse, 153 conexões soldadas foram avaliadas pelo comitê e 111 foram classificadas como aceitáveis. Um inspetor avaliou as mesmas 153 conexões e classificou 124 como aceitáveis. Dos itens rejeitados pelo inspetor, o comitê concordou com 19.

a. Construa uma tabela de contingência que resuma as classificações do comitê e do inspetor.
b. Com base em um exame visual da tabela que você construiu no item **a**, há, aparentemente, uma relação entre as classificações do inspetor e as do comitê? Explique. (Um gráfico das porcentagens rejeitadas pelo comitê e pelo inspetor ajudará sua análise.)
c. Realize um teste de qui-quadrado da independência desses dados. Use α = 0,05. Interprete cuidadosamente os resultados do seu teste, no contexto do problema.

9.44 Firmas que praticam TQM. Para melhor entender se e como a gerência de qualidade total (*total quality management* — TQM) é praticada nas empresas norte-americanas, os pesquisadores N. Tamimi e R. Sebastianelli, da University of Scranton, entrevistaram um gerente em cada empresa de uma amostra de 86 empresas na Pennsylvania, em Nova York e em New Jersey (*Production and*

		Filho			
		Profissional ou negócios	Especializado	Não especializado	Fazendeiro
Pai	Profissional ou negócios	55	38	7	0
	Especializado	79	71	25	0
	Não especializado	22	75	38	10
	Fazendeiro	15	23	10	32

Inventory Management Journal, 1996). Foram obtidos os seguintes dados a respeito de se as empresas estão ou não envolvidas com TQM.

TQM
Companion Website

	EMPRESAS DE SERVIÇOS	EMPRESAS INDUSTRIAIS
Número das que praticam TQM	34	23
Número das que não praticam TQM	18	11
Totais	52	34

Fonte: Adaptado de TAMIMI, N.; SEBASTIANELLI, R. "How firms define and measure quality." *Production and Inventory Management Journal,* terceiro trimestre, 1996, p. 35.

a. Os pesquisadores concluíram que "empresas industriais não são significativamente mais prováveis de estar envolvidas com TQM do que as empresas de serviços". Você concorda? Teste usando $\alpha = 0,05$.

b. Ache e interprete o valor p aproximado para o teste que você realizou no item **a**.

c. Que pressupostos devem valer para que o seu teste do item **a** e o seu valor p do item **b** sejam válidos?

9.45 Participação no mercado de manteiga de amendoim. Dados dos *scanners* dos supermercados são usados pelos pesquisadores para entender os padrões de compra e as preferências dos consumidores. Os pesquisadores freqüentemente estudam as compras de uma amostra de famílias, chamada de *painel de scanner.* Quando compram, essas famílias apresentam um cartão magnético de identificação que permite que os seus dados de compras sejam identificados e agregados. Pesquisadores de marketing recentemente estudaram a extensão em que o comportamento relativo a compras do painel de famílias é representativo da população de famílias comprando nas mesmas lojas (*Marketing Research,* nov. 1996). A tabela no topo da coluna da direita relata dados de compras de manteiga de amendoim, coletados pela A. C. Nielsen Company, para um painel de 2.500 famílias em Sioux Falls, SD, em um período de 102 semanas. As porcentagens de participação no mercado na coluna à direita foram retiradas de todas as compras de manteiga de amendoim nas mesmas 15 lojas nas quais o painel de famílias comprou durante o mesmo período de 102 semanas.

a. Os dados fornecem evidência suficiente para concluir que as compras do painel de famílias não são representativas da população de famílias? Teste usando $\alpha = 0,05$.

b. Que pressupostos devem valer para assegurar a validade do procedimento de teste que você usou no item **a**?

c. Ache o valor p aproximado para o teste do item **a** e interprete-o no contexto do problema.

SCANNER
Companion Website

MARCA	TAMANHO	NÚMERO DE COMPRAS PELO PAINEL DE FAMÍLIAS	PARTICIPAÇÃO NO MERCADO (%)
Jif	18 oz	3.165	20,10
Jif	28	1.892	10,10
Jif	40	726	5,42
Peter Pan	10	4.079	16,01
Skippy	18	6.206	28,65
Skippy	28	1.627	12,38
Skippy	40	1.420	7,32
Total		19.115	

Fonte: GUPTA, S. et. al. "Do household scanner data provide representative inferences from brand choices? A comparison with store data." *Journal of Marketing Research,* vol. 33, nov. 1996, p. 393 (Tabela 6).

9.46 Remédio para esclerose múltipla. Interferons são proteínas produzidas naturalmente pelo corpo humano que ajudam a combater infecções e regular o sistema imunológico. Uma droga desenvolvida a partir de interferons, chamada Avonex, está agora disponível para tratar pacientes com esclerose múltipla (EM). Em um estudo clínico, 85 pacientes de EM receberam injeções semanais de Avonex durante um período de dois anos. O número de exarcebações (isto é, ressurgimento de sintomas) foi registrado para cada paciente e está resumido na tabela abaixo. Para os pacientes de EM que tomaram um placebo (sem droga) em um período similar de duas semanas, é sabido, de estudos anteriores, que 26% não vão experimentar exarcebações, 30% vão experimentar uma exarcebação, 11%, duas exarcebações, e 19%, quatro ou mais exarcebações.

AVONEX
Companion Website

NÚMERO DE EXARCEBAÇÕES	NÚMERO DE PACIENTES
0	32
1	26
2	15
3	6
4 ou mais	6

Fonte: Biogen, Inc., 1997.

a. Realize um teste para determinar se a distribuição de exarcebações entre os pacientes de EM que tomaram Avonex difere das porcentagens reportadas para os pacientes de placebo. Teste usando $\alpha = 0,05$.

b. Encontre um intervalo de confiança de 95% para a verdadeira proporção de pacientes de EM com Avonex que estiveram livres de exarcebações durante o período de dois anos.

c. Consulte o item **b**. Há evidências de que os pacientes com Avonex tenham maior probabilidade de exarcebações do que os pacientes com placebo? Explique.

9.47 Polegares para cima ou polegares para baixo. Por mais de 20 anos, os críticos de cinema Gene Siskel (anteriormente no *Chicago Tribune*) e Roger Ebert (*Chicago Sun-Times*) classificaram os últimos lançamentos cinematográficos no programa nacional de televisão *Sneak Previews*. Desde a morte de Siskel em 1999, Ebert juntou-se a Richard Roeper (*New York Times Syndicate*) para classificar filmes no programa de TV *Ebert & Roeper at the Movies*. As classificações de Ebert e Roeper ('polegares para cima' ou 'polegares para baixo') para 218 filmes lançados em 2003 estão no arquivo **THUMBSUP**. Os dados do arquivo para os primeiros e os últimos cinco filmes são apresentados na tabela abaixo. Realize um teste para determinar se as classificações dos filmes pelos dois críticos são independentes. Use $\alpha = 0{,}05$.

FILME	CLASSIFICAÇÃO DE EBERT	CLASSIFICAÇÃO DE ROEPER
Terminator 3	PARA BAIXO	PARA CIMA
Finding Nemo	PARA CIMA	PARA CIMA
2 Fast 2 Furious	PARA CIMA	PARA BAIXO
Hulk	PARA CIMA	PARA CIMA
Matrix Reloaded	PARA CIMA	PARA CIMA
.	.	.
.	.	.
Daredevil	PARA CIMA	PARA CIMA
Just Married	PARA BAIXO	PARA BAIXO
Sonny	PARA BAIXO	PARA BAIXO
Narc	PARA CIMA	PARA BAIXO
City of God	PARA CIMA	PARA CIMA

Fonte: www.movies.com.

9.48 'Adequação para uso' de filtros de gasolina. A qualidade de um produto ou serviço é freqüentemente definida como *adequação para uso*. Isso significa que o produto ou serviço está de acordo com as necessidades do consumidor. Falando em termos gerais, a adequação para uso está baseada em cinco características de qualidade: tecnológica (por exemplo, resistência, dureza), psicológica (gosto, beleza), duração no tempo (confiabilidade), contratual (fornecimento de garantia) e ética (cortesia, honestidade). A qualidade de um serviço pode envolver todas essas características, enquanto a qualidade de um produto manufaturado geralmente depende de características tecnológicas e de duração no tempo (Schroeder, *Operations Management*, 1993). Depois de crescentes queixas dos consumidores a respeito de baixa qualidade, um fabricante de filtros de gasolina para carros fez com que seus inspetores de qualidade amostrassem 600 filtros — 200 por turno de trabalho — e verificassem os defeitos. Os dados resultantes estão na tabela abaixo.

TURNO	PRODUZIDOS COM DEFEITO
Primeiro	25
Segundo	35
Terceiro	80

a. Os dados indicam que a qualidade dos filtros produzidos pode estar relacionada com o turno de produção? Teste usando $\alpha = 0{,}05$.

b. Estime a proporção de filtros defeituosos produzida no primeiro turno. Use um intervalo de confiança de 95%.

Aplicação dos conceitos — Avançado

9.49 Teste de qualidade do ajuste. Uma análise estatística está para ser feita em um conjunto de dados consistindo de 1.000 salários mensais. A análise requer o pressuposto de que a amostra tenha sido retirada de uma distribuição normal. Um teste preliminar, chamado de *teste de χ^2 de qualidade do ajuste*, pode ser usado para ajudar a determinar se é razoável presumir que a amostra tenha vindo de uma distribuição normal. Suponha que a média e o desvio-padrão dos 1.000 salários sejam, por hipótese, US$ 1.200 e US$ 200, respectivamente. Usando a tabela normal padrão, podemos aproximar a probabilidade de um salário estar nos intervalos listados na tabela no alto da página a seguir. A terceira coluna representa o número esperado dos 1.000 salários encontrados em cada intervalo, se a amostra foi retirada de uma distribuição normal com μ = US$ 1.200 e Σ = US$ 200. Suponha que a última coluna contenha as freqüências reais observadas na amostra. Diferenças grandes entre as freqüências observadas e esperadas criam dúvidas sobre o pressuposto de normalidade.

a. Calcule a estatística χ^2 com base nas freqüências observadas e esperadas, como você fez na Seção 9.2.

b. Encontre o valor tabelado de χ^2 quando $\alpha = 0{,}05$ e há 5 graus de liberdade.

c. Com base na estatística χ^2 e no valor tabelado de χ^2, há evidências de que a distribuição salarial seja não normal?

d. Encontre o nível de significância aproximado para o teste do item **c**.

Tabela para o Exercício 9.49

INTERVALO	PROBABILIDADE	FREQÜÊNCIA ESPERADA	FREQÜÊNCIA OBSERVADA
Menos de US$ 800	0,023	23	26
Entre US$ 800 e US$ 1.000	0,136	136	146
Entre US$ 1.000 e US$ 1.200	0,341	341	361
Entre US$ 1.200 e US$ 1.400	0,341	341	311
Entre US$ 1.400 e US$ 1.600	0,136	136	143
Acima de US$ 1.600	0,023	23	13

Desafio do pensamento crítico

9.50 Uma eleição "manipulada"? A revista *Chance* (primavera, 2004) apresentou dados de uma recente eleição para escolher a mesa diretora de uma comunidade local. Havia 27 candidatos para a mesa e, a cada um dos 5.553 votantes, foi permitido escolher 6 candidatos. A reclamação era de que "uma votação fixa, com porcentagens fixas, foi atribuída a cada um e a todos os candidatos, tornando impossível a participação numa eleição honesta". Os votos eram apurados em seis períodos de tempo: depois de 600 votos depositados, depois de 1.200, depois de 2.444, depois de 3.444, depois de 4.444 e depois de 5.553 votos. Os dados para três dos candidatos (Smith, Coppin e Montes) são apresentados na tabela ao lado. Uma organização residencial acredita que "não há nada aleatório em relação à contagem e apurações em cada período de tempo e porcentagens específicas não naturais e manipuladas foram atribuídas a cada um e a todos os candidatos". Dê sua opinião. A probabilidade de os candidatos receberem votos é independente do período de tempo? Se for, isso implica uma eleição manipulada?

RIGVOTE
Companion Website

Período de tempo	1	2	3	4	5	6
Votos para Smith	208	208	451	392	351	410
Votos para Coppin	55	51	109	98	88	104
Votos para Montes	133	117	255	211	186	227
Total de votos	600	600	1.244	1.000	1.000	1.109

Fonte: GELMAN, A. "55,000 residents desperately need your help!" *Chance,* vol. 17, n. 2, primavera, 2004 (figuras 1 e 5).

Referências bibliográficas

AGRESTI, A. *Categorical data analysis.* Nova York: Wiley, 1990.

COCHRAN, W. G. "The χ^2 test of goodness of fit." *Annals of Mathematical Statistics,* 1952, 23.

CONOVER, W. J. *Practical nonparametric statistics,* 2. ed. Nova York: Wiley, 1980.

DEGROOT, M. H.; FIENBERG, S.E.; KADANE, J.B. eds. *Statistics and the law.* Nova York: Wiley, 1986.

FISHER, R. A. "The logic of inductive inference (with discution)." *Journal of the Royal Statistical Society,* vol. 98, 1935, p. 39-82.

HOLLANDER, M.; WOLFE, D. A. *Nonparametric statistical methods.* Nova York: Wiley, 1973.

SAVAGE, I. R. "Bibliography of nonparametric statistics and related topics." *Journal of the American Statistical Association,* 1953, 48.

SCHROEDER, R. G. *Operations management,* 4. ed. Nova York: McGraw-Hill, 1993.

Uso da tecnologia

9.1 Análises de qui-quadrado usando o SPSS

O SPSS pode realizar testes de qui-quadrado em tabelas de uma entrada e de duas entradas (de contingência).

Tabela de uma entrada

Para realizar um teste de qui-quadrado em uma tabela de uma entrada, primeiro acesse o arquivo de planilha do SPSS que contém a variável com os valores das categorias para cada uma das *n* observações no conjunto de dados. (*Nota:* O SPSS requer que essas categorias sejam especificadas numericamente; por exemplo, 1, 2, 3, etc.). A seguir, clique no botão 'Analyse' na barra de menu do SPSS, depois clique em 'Nonparametric tests' e em 'Chi-square', como mostrado na Figura 9.S.1.

A caixa de diálogo resultante aparece como mostrado na Figura 9.S.2. Especifique a variável qualitativa de interesse na caixa 'Test variable list'. Se você deseja fazer o teste para probabilidades iguais de células na hipótese nula, selecione a opção 'All categories equal' sob a caixa 'Expected values' (como mostrado na Figura 9.S.2). Se a hipótese nula especificar probabilidades desiguais das células, então selecione a opção 'Values' sob a caixa 'Expected values'. Entre com as probabilidades das células da hipótese na caixa adjacente, uma de cada vez, clicando em 'Add' depois de cada especificação. Clique em 'OK' para gerar a listagem do SPSS.

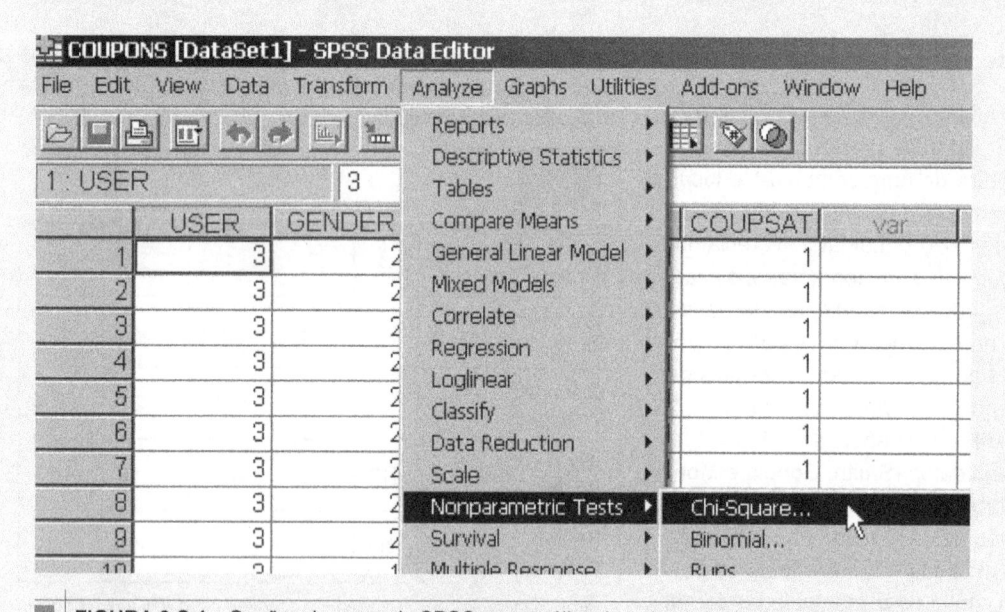

FIGURA 9.S.1 Opções do menu do SPSS para análise de qui-quadrado de uma entrada

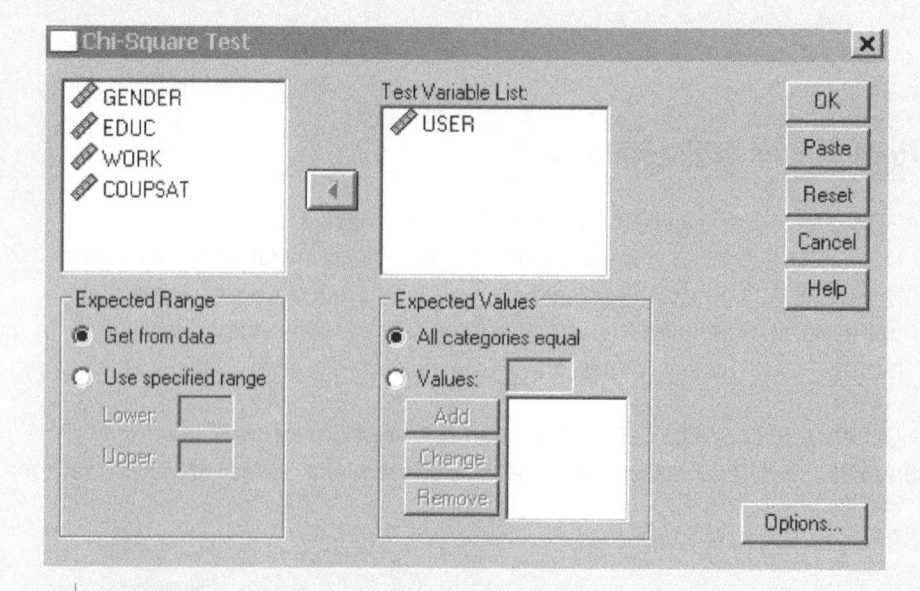

FIGURA 9.S.2 Caixa de diálogo do SPSS para qui-quadrado de uma entrada

Tabela de duas entradas

Para realizar um teste de qui-quadrado em uma tabela de duas entradas (de contingência), primeiro acesse o arquivo de planilha do SPSS que contém os dados da amostra. O arquivo de dados deve conter duas variáveis qualitativas, com os valores de categorias para cada uma das *n* observações no conjunto de dados. A seguir, clique no botão 'Analyse' na barra de menus do SPSS, então clique em 'Descriptive statistics' e em 'Crosstabs', como mostrado na Figura 9.S.3.

A caixa de diálogo resultante aparece como mostrado na Figura 9.S.4. Especifique uma variável qualitativa na caixa 'Row(s)' e a outra variável qualitativa na caixa 'Column(s)'. Clique no botão 'Statistics' e selecione a opção 'Chi-square', como mostrado na Figura 9.S.5. Clique em 'Continue' para retornar à caixa de diálogo 'Crosstabs'. Se você deseja que a tabela de contingência inclua valores esperados, porcentagens de linhas e/ou porcentagens de colunas, clique no botão 'Cells' e faça as seleções apropriadas no menu. Quando retornar à tela do menu 'Crosstabs', clique em 'OK' para gerar a listagem do SPSS.

Nota: Se a sua planilha do SPSS contém informações resumidas (ou seja, as contagens de células para a tabela de contingência) no lugar dos valores de dados categóricos atuais para cada observação, você pode mensurar cada observação em seu arquivo de dados por meio da contagem de células para a observação antes da execução da análise qui-quadrado. Faça isso selecionando o botão "Data" da barra de menu do SPSS, em seguida clique em "Weight cases" e especifique a variável que contém as contagens de células.

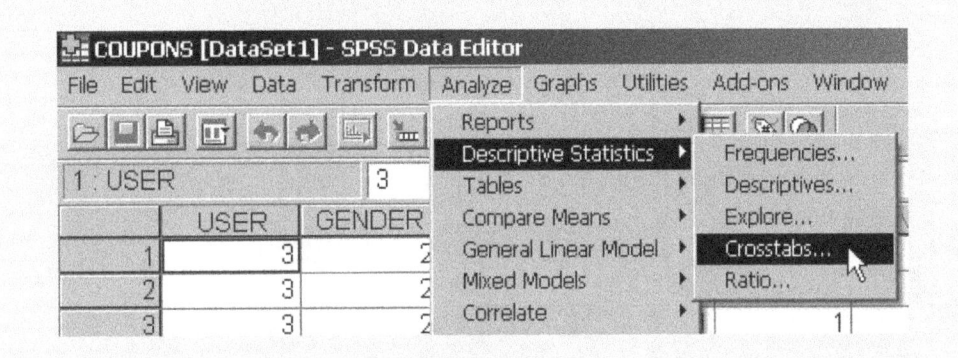

FIGURA 9.S.3 Opções do menu do SPSS para análise de qui-quadrado de duas entradas

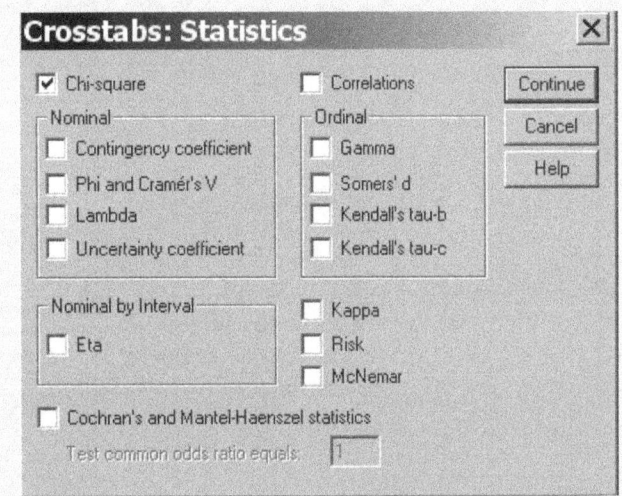

FIGURA 9.S.4 Caixa de diálogo Crosstabs do SPSS

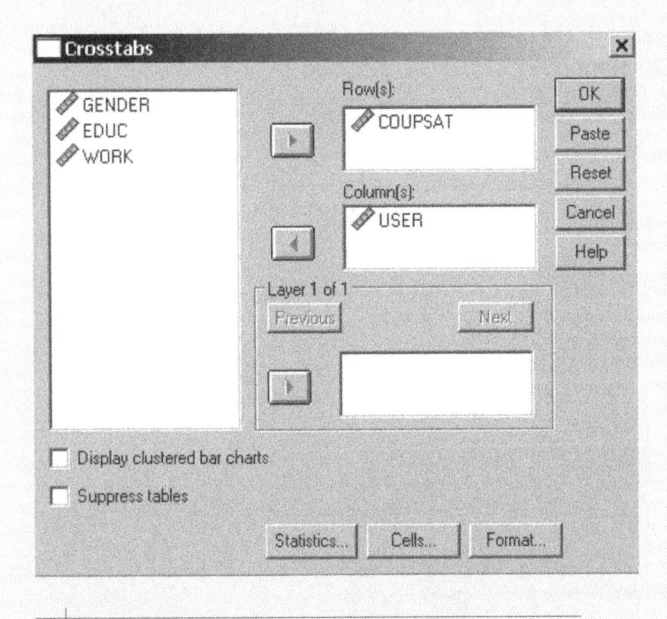

FIGURA 9.S.5 Seleções do menu 'Statistics' do SPSS para análise de duas entradas

9.2 Análises de qui-quadrado usando o MINITAB

O MINITAB pode realizar testes de qui-quadrado em tabelas de duas entradas (de contingência), mas não pode, atualmente, produzir um teste de qui-quadrado para tabelas de uma entrada.

Para realizar um teste de qui-quadrado em uma tabela de duas entradas, primeiro acesse o arquivo de planilha do MINITAB que contém os dados amostrais. O arquivo de dados deve conter duas variáveis qualitativas, com os valores das categorias para cada uma das n observações no conjunto de dados. Alternativamente, a planilha pode conter as contagens de células para cada uma das categorias das duas variáveis qualitativas. A seguir, clique no botão 'Stat' na barra de menus do SPSS, então clique em 'Tables' e em 'Cross tabulation and Chi-square', como mostrado na Figura 9.M.1.

A caixa de diálogo resultante aparece como mostrado na Figura 9.M.2. Especifique uma variável qualitativa na caixa 'For rows' e a outra variável qualitativa na caixa 'For columns'. [*Nota:* Se a planilha contiver contagens de células para as categorias, insira a variável com as contagens de células na caixa 'Frequencies are in'.] A seguir, selecione as estatísticas resumidas (por exemplo, contagens, porcentagens) que você deseja mostrar na tabela de contingência. Então clique no botão 'Chi-square'. A caixa de diálogo resultante mostrada na Figura 9.M.3. Selecione 'Chi-square analysis' e 'Expected cell counts' e clique em 'OK'. Quando você retornar à tela do menu 'Cross tabulation', clique em 'OK' para gerar a listagem do MINITAB.

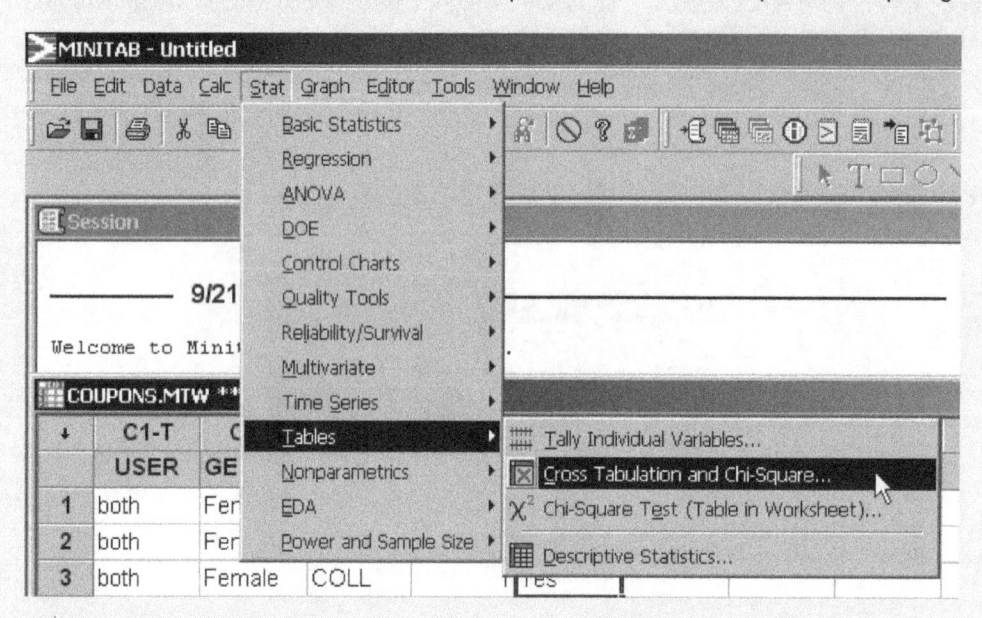

FIGURA 9.M.1 Opções do menu do MINITAB para análise de qui-quadrado de duas entradas

FIGURA 9.M.2 Caixa de diálogo 'Cross tabulation' do MINITAB

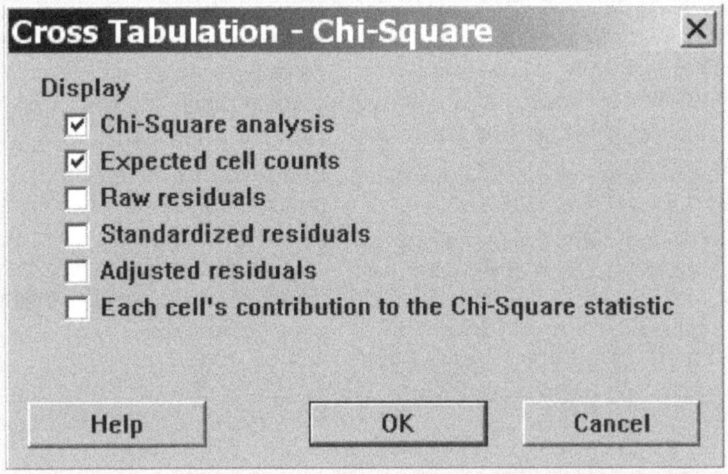

FIGURA 9.M.3 Caixa de diálogo 'Chi-square' do MINITAB

Nota: Se a sua planilha MINITAB contém somente as contagens de células para a tabela de contingência em colunas, clique na opção do menu 'Chi-square test (Table in worksheet)' (veja a Figura 9.M.1) e especifique as colunas na caixa 'Columns containing the table'. Clique em 'OK' para produzir a listagem do MINITAB.

9.3 Análises de qui-quadrado usando o Excel/PHStat2

O Excel pode realizar testes de qui-quadrado para tabelas de uma entrada e de duas entradas (de contingência); entretanto, você deve calcular as contagens de células da tabela previamente.

Tabela de uma entrada

Para realizar um teste de qui-quadrado em uma tabela de uma entrada, primeiro crie uma planilha com as colunas representando os níveis da variável qualitativa, as contagens das células e as contagens esperadas das células, como mostrado na Figura 9.E.1. O valor p do teste de qui-quadrado é encontrado usando a fórmula:

= *CHITEST(faixa das contagens das células, faixa das contagens esperadas das células)*

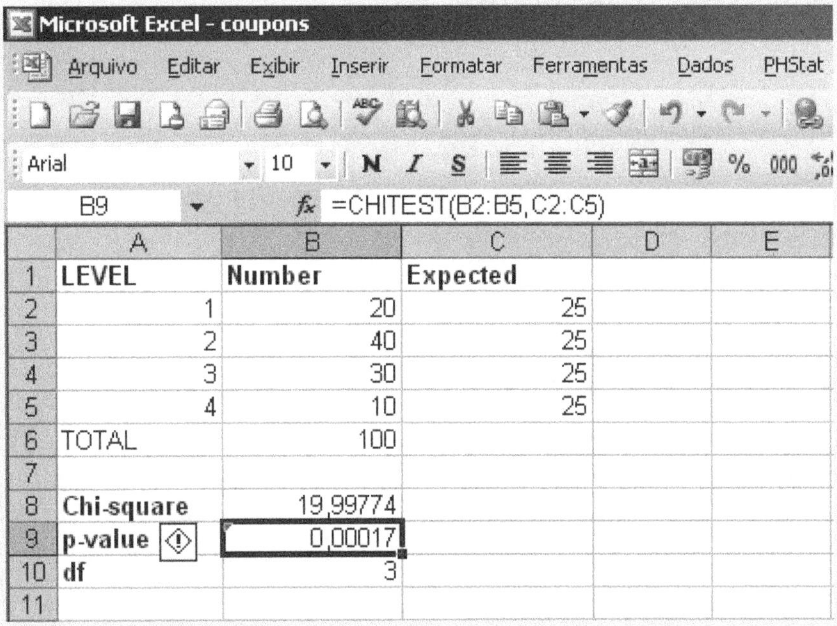

	A	B	C
1	LEVEL	Number	Expected
2	1	20	25
3	2	40	25
4	3	30	25
5	4	10	25
6	TOTAL	100	
7			
8	Chi-square	19,99774	
9	p-value	0,00017	
10	df	3	

FIGURA 9.E.1 Formato da planilha do Excel para a análise de qui-quadrado de uma entrada

(Essa fórmula é mostrada na área de fórmulas da planilha do Excel, na Figura 9.E.1). Uma vez que o valor p é calculado, o valor da estatística-teste do qui-quadrado é encontrado usando a fórmula:

= CHIINV(*célula com o valor p, célula com os graus de liberdade*)

Tabela de duas entradas

Para realizar um teste de qui-quadrado para uma tabela de duas entradas (de contingência), clique em 'PHStat' na barra de menus do Excel, então selecione 'Multiple-sample tests' e 'Chi-square test', como mostrado na Figura 9.E.2.

Na caixa de diálogo resultante, especifique o nível de significância (α), o número de linhas e o número de colunas da tabela de contingência, como mostrado na Figura 9.E.3, e então clique em 'OK'. A planilha do Excel mostrada na Figura 9.E.4 aparecerá.

Entre com as contagens das células nas células apropriadas da tabela de contingência mostrada no item superior da planilha. Uma vez que as contagens das células foram digitadas, o valor da estatística-teste de qui-quadrado e o valor p do teste aparecerão no final da planilha do Excel.

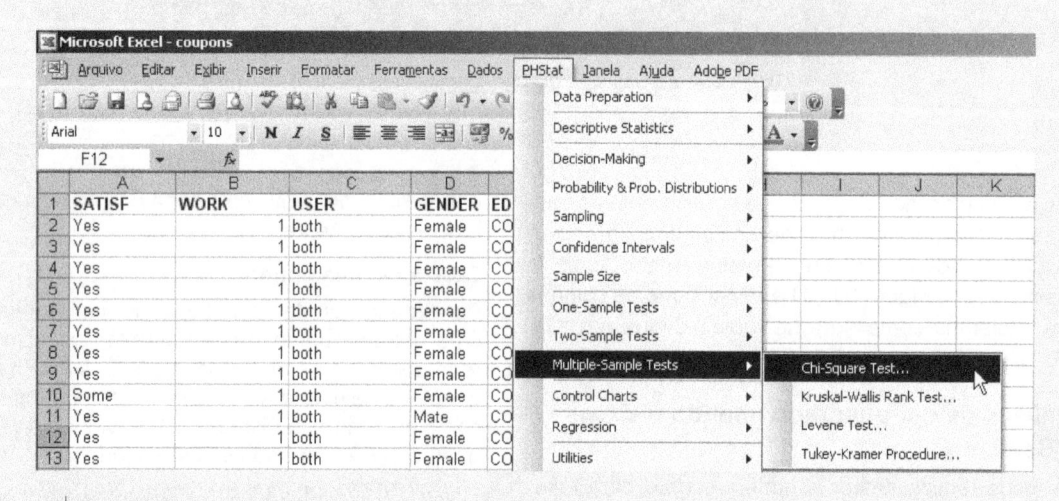

FIGURA 9.E.2 Seleções do menu do Excel para uma análise de qui-quadrado de duas entradas

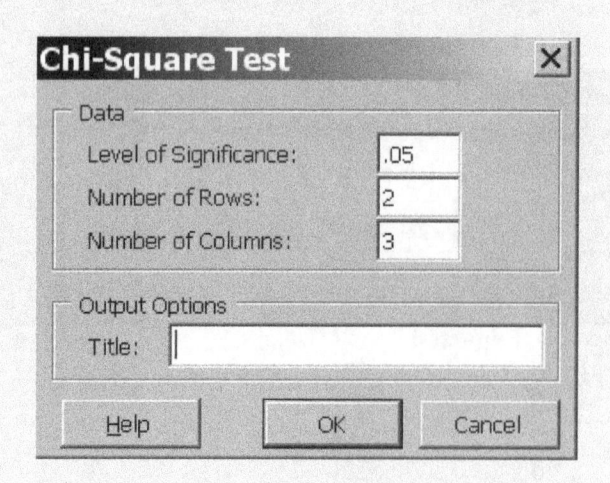

FIGURA 9.E.3 Caixa de diálogo do Excel/PHStat2 do qui-quadrado de duas entradas

	A	B	C	D	E	F
1	Chi-Square Test					
2						
3		Observed Frequencies				
4		Column variable				
5	Row variable	C1	C2	C3	Total	
6	R1	22	45	21	88	
7	R2	11	17	15	43	
8	Total	33	62	36	131	
9						
10		Expected Frequencies				
11		Column variable				
12	Row variable	C1	C2	C3	Total	
13	R1	22.16794	41.64885	24.18321	88	
14	R2	10.83206	20.35115	11.81679	43	
15	Total	33	62	36	131	
16						
17	Data					
18	Level of Significance	0.05				
19	Number of Rows	2				
20	Number of Columns	3				
21	Degrees of Freedom	2				
22						
23	Results					
24	Critical Value	5.991476				
25	Chi-Square Test Statistic	2.101829				
26	p-Value	0.349618				
27	Do not reject the null hypothesis					
28						

FIGURA 9.E.4 Formato da planilha do Excel para a análise de qui-quadrado de duas entradas

Caso real

Discriminação no ambiente de trabalho
(*Um caso abrangendo os capítulos 8-9*)

O Título VII do Ato de Direitos Civis de 1964 dos Estados Unidos proíbe discriminação no local de trabalho com base em raça, cor, sexo ou país de origem. O Ato de Discriminação no Emprego por Idade de 1967 (ADEI) protege os trabalhadores com idade entre 40 e 70 anos contra a discriminação baseada na idade. O potencial para discriminação existe em processos tais como contratação, promoção, compensação salarial e dispensa.

Em 1971, a Corte Suprema dos Estados Unidos estabeleceu que os casos de discriminação no emprego caem em duas categorias: **tratamento dissimilar** e **impacto dissimilar**. No primeiro, a questão é se o empregador intencionalmente discrimina um trabalhador. Por exemplo, se o empregador leva em conta a raça de um indivíduo na decisão de dispensá-lo, o caso é um de tratamento dissimilar. No caso do impacto dissimilar, a questão é se as práticas de emprego têm um impacto adverso em uma classe ou grupo protegido de pessoas, mesmo quando o empregador não tem a intenção de discriminar.

Parte I: Redução de tamanho de uma firma de computadores

Casos de impacto dissimilar quase sempre envolvem o uso de evidências estatísticas e testemunho especializado de estatísticos profissionais. Os advogados dos queixosos freqüentemente usam resultados de testes de hipóteses, na forma de valores p, na argumentação dos casos para seus clientes.

A Tabela C4.1 foi recentemente apresentada como evidência em um caso racial que resultou de uma rodada de demissões durante a redução do tamanho de uma divisão de um fabricante de computadores. A companhia selecionou, para demissão, 51 dos 1.215 empregados da divisão. Os queixosos — no caso, 15 dos 20 afro-americanos que foram demitidos — estavam exigindo da empresa US$ 20 milhões em reparações de danos.

TABELA C4.1 Resumo dos dados de redução de tamanho para o caso racial

		DECISÃO	
		Não demitidos	Demitidos
Raça	Brancos	1.051	31
	Negros	113	20

Fonte: Comunicação pessoal confidencial com P. George Benson.

Os advogados da empresa argumentaram que as seleções seguiram uma classificação baseada no desempenho de todos os empregados. Os advogados dos queixosos e seus peritos, citando os resultados de um teste estatístico de hipóteses, argumentaram que as demissões foram feitas em função da raça.

A validade da interpretação dos dados pelos queixosos depende de se os pressupostos do teste estão sendo atendidos nessa situação. Em particular, como todos os testes de hipóteses apresentados neste livro, o pressuposto de amostragem aleatória deve ser atendido. Se não for, os resultados do teste poderão ser ocasionados pela violação desse pressuposto, e não por discriminação. Em geral, o procedimento de teste ser apropriado dependerá da capacidade do teste em capturar os aspectos relevantes do processo de emprego em questão (DeGroot, Fienberg e Kadane, *Statistics and the law*, 1986).

Prepare um documento a ser apresentado como evidência no caso (isto é, uma apresentação), no qual você avalia a validade da interpretação dos dados pelos queixosos. Sua avaliação deve ser baseada, em parte, no seu conhecimento dos processos usados pelas empresas para demitir empregados e em quão bem esses processos estão refletidos no procedimento de teste de hipóteses empregado pelos queixosos.

Parte II: Discriminação por idade — Seja o juiz

Em 1996, como parte de uma reestruturação significativa das linhas de produtos, a AJAX Farmacêutica (nome fictício para uma empresa real) demitiu 24 dos 55 empregados da linha de montagem na sua fábrica de Pittsburgh. Citando o ADEI, 11 dos trabalhadores demitidos reclamaram que foram discriminados com base na idade e exigiram da AJAX US$ 5 milhões em reparações. A gerência contestou a reclamação, afirmando que, uma vez que os trabalhadores eram essencialmente intercambiáveis, foi usada uma amostra aleatória para escolher os 24 trabalhadores a serem demitidos.

A Tabela C4.2 lista os 55 trabalhadores da linha de montagem e identifica aqueles que foram demitidos e os que permaneceram ativos. Os queixosos estão marcados com um asterisco. Esses dados foram usados pelos queixosos e pelos réus para determinar se as demissões tiveram um impacto adverso nos trabalhadores com idade de 40 anos ou mais e para estabelecer a credibilidade da amostragem aleatória afirmada pelos gerentes.

Usando quaisquer métodos estatísticos que você considere apropriados, construa uma argumentação que apóie a posição dos queixosos. (Chame os documentos relacionados com essa posição de Apresentação A.) De modo similar, construa uma argumentação que apóie a posição dos réus. (Chame esses documentos de Apresentação B.) Discuta, então, qual das duas apresentações é mais convincente e por quê. [*Nota*: Os dados para este caso estão disponíveis no arquivo **DISCRIM**, descrito na tabela.]

TABELA C4.2 Dados para o caso de discriminação por idade

Empregado	Salários Anuais US$	Idade	Estado de Emprego
*Adler, C. J.	41.200	45	Demitido
Alario, B. N.	39.565	43	Ativo
Anders, J. M.	30.980	41	Ativo
Bajwa, K. K.	23.225	27	Ativo
Barny, M. L.	21.250	26	Ativo
*Berger, R. W.	41.875	45	Demitido
Brenn, L. O.	31.225	41	Ativo
Cain, E. J.	30.135	36	Demitido
Carle, W. J	29.850	32	Ativo
Castle, A. L.	21.850	22	Ativo
Cho, J. Y.	43.005	48	Demitido
Chan, S.D	43.005	48	Demitido
Cohen, S. D.	25.350	27	Ativo
Darel, F. E.	36.300	42	Ativo
*Davis, D. E.	40.425	46	Demitido
*Dawson, P. K.	39.150	42	Demitido
Denker, U. H.	19.435	19	Ativo
Dorando, T. R.	24.125	28	Ativo
Dubois, A. G.	30.450	40	Ativo
England, N.	24.750	25	Ativo
Estis, K. B.	22.755	23	Ativo
Fenton, C. K.	23.000	24	Ativo
Finer, H. R.	42.000	46	Demitido
*Frees, O. C.	44.100	52	Demitido
Gary, J. G.	44.975	55	Demitido
Gillen, D. J.	25.900	27	Ativo
Harvey, D. A.	40.875	46	Demitido
Higgins, N. M.	38.595	41	Ativo
*Huang, T. J.	42.995	48	Demitido
Jatho, J. A.	31.755	40	Ativo
Johnson, C. H.	29.540	32	Ativo
Jurasik, T. B.	34.300	41	Ativo
Klein, K. L.	43.700	51	Demitido
Lang, T. F.	19.435	22	Ativo
Liao, P. C.	28.750	32	Ativo
*Lostan, W. J.	44.675	52	Demitido
Mak, G. L.	35.505	38	Demitido
Maloff, V. R.	33.425	38	Demitido
McCall, R. M.	31.300	36	Demitido
*Nadeau, S. R.	42.300	46	Demitido
*Nguyen, O. L.	43.625	50	Demitido
Oas, R. C.	37.650	42	Ativo
*Patel, M. J.	38.400	43	Demitido
Porter, K. D.	32.195	35	Demitido
Rosa, L. M.	19.435	21	Ativo
Roth, J. H.	32.785	39	Demitido
Sayino, G. L.	37.900	42	Ativo
Scott, I. W.	29.150	30	Demitido
Smith, E. E.	35.125	41	Ativo
Teel, Q. V.	27.655	33	Ativo
*Walker, F. O.	42.545	47	Demitido
Wang, T. G.	22.200	32	Ativo
Yen, D. O.	40.350	44	Demitido
Young, N. L.	28.305	34	Ativo
Zeitels, P. W.	36.500	42	Ativo

* Marca os queixosos

DISCRIM (Número de observações: 55)

Variável	Tipo
LASTNAME	QL (último nome: qualitativa)
WAGES	QN (salários: quantitativa)
AGE	QN (idade: quantitativa)
STATUS	QL (estado de emprego: qualitativa)

REGRESSÃO LINEAR SIMPLES

10

Conteúdo

10.1 Modelos probabilísticos
10.2 Ajustando o modelo: a abordagem dos mínimos quadrados
10.3 Premissas-modelo
10.4 Um estimador de σ^2
10.5 Descobrindo a utilidade do modelo: fazendo inferências sobre a inclinação β_1
10.6 O coeficiente de correlação
10.7 O coeficiente de determinação
10.8 Usando o modelo para estimativa e previsão
10.9 Um exemplo completo

ESTATÍSTICA EM AÇÃO

O EQUILÍBRIO DA VIDA PROFISSIONAL DE UM MBA

Se você concluir um Master of Business Administration (MBA), quão equilibrada seria sua vida entre trabalho e vida pessoal diante de um alto salário? De acordo com o estudo do Aspen Institute's Business and Society Program's 2003 sobre estudantes de MBA, mais da metade (53%) sentem que o equilíbrio trabalho–vida pessoal é um dos fatores mais importantes, se não o mais importante, na seleção de um emprego. Atitudes como essas levaram muitas escolas de negócios a oferecer cursos que dão assistência aos alunos de MBA para que desenvolvam equilíbrio saudável entre hábitos de trabalho–vida pessoal.

A importância de ter funcionários com um equilíbrio saudável entre trabalho–vida pessoal foi reconhecida por empresas norte-americanas há décadas. Um olhar positivo sobre a vida, assim como boa saúde mental e física, permite aos funcionários atingir seu potencial completo, visto que aqueles que não conseguem equilibrar bem trabalho e vida pessoal tendem a ser menos produtivos e mais propensos a absenteísmo. A maioria das grandes empresas desenvolveu programas de equilíbrio entre trabalho–vida pessoal para seus funcionários. Além disso, estudos recentes descobriram uma baixa taxa de utilização desses programas nas empresas. Em uma era como esta de *downsizing* corporativo e terceirização, funcionários vivem com medo de perder seu trabalho bem remunerado — de modo que tendem a trabalhar mais e por longas horas. Evidentemente, o desejo por uma vida equilibrada entra em conflito com tais pressões de trabalho. Para este Estatística em ação, exploramos a questão do equilíbrio trabalho–vida pessoal entre alunos de MBA empregados. Informações adicionais e dados para o estudo podem ser obtidos a partir de um relatório de pesquisa do Graduate Management Admission Council (GMAC, 13 out. 2005), com o título 'Work-life balance: an MBA alumni report'. Duas vezes por ano, o GMAC realiza uma pesquisa com alunos de MBA para descobrir o desempenho de escolas de negócios, monitorar necessidades educacionais dos alunos e medir a colocação, a satisfação e a rotatividade no trabalho. Para a pesquisa de abril de 2005, mais de 2.000 alunos recentes de MBA responderam a uma série de perguntas sobre o equilíbrio entre trabalho–vida pessoal. (Por exemplo, uma das perguntas pedia aos alunos para enunciar seu nível de concordância com a frase: 'Minhas demandas pessoais e de trabalho são excitantes.') Com base nessas respostas, o GMAC determinou uma pontuação de equilíbrio trabalho–vida pessoal para cada aluno de MBA. A pontuação variou entre 0 e 100, e os pontos menores indicaram maior equilíbrio entre trabalho e vida. Muitas outras variáveis, incluindo salário e número médio de horas trabalhadas por semana, também foram medidas.

Os dados para o estudo sobre equilíbrio trabalho–vida pessoal está salvo no arquivo **GMAC**. Nas seções Estatística em ação revisitada deste capítulo, examinamos a relação entre a pontuação do equilíbrio trabalho–vida pessoal e as outras variáveis para propiciar maiores esclarecimentos sobre a questão.

Estatística em ação revisitada
- Estimando um modelo de regressão de linha reta para os dados de equilíbrio trabalho–vida pessoal
- Descobrindo quão bem o modelo de regressão de linha reta se ajusta aos dados de equilíbrio trabalho–vida pessoal
- Usando o coeficiente de correlação e o coeficiente de determinação para analisar os dados de equilíbrio trabalho–vida pessoal
- Prevendo o resultado do equilíbrio trabalho–vida pessoal com o uso do modelo de linha reta

Nos capítulos 5 a 8, descrevemos métodos para fazer inferências sobre médias de uma população. A média de uma população foi tratada como constante, e mostramos como usar os dados da amostra para estimar ou testar hipóteses sobre a média dessa constante. Em muitas aplicações, a média da população não é vista como uma constante, mas como uma variável. Por exemplo, o preço médio de residências vendidas este ano em uma grande cidade deve ser tratado como uma variável que depende dos pés quadrados de espaço do imóvel. Por exemplo, a relação deve ser:

Preço médio de vendas = US$ 30.000 + US$ 60 (pés quadrados)

Essa fórmula implica que a média de preços de vendas de casas de 1.000 pés quadrados é US$ 90.000; para casas de 2.000 pés quadrados, US$ 150.000; e para casas de 3.000 pés quadrados, US$ 210.000.

Neste capítulo, discutimos situações em que a média da população é tratada como uma variável dependente do valor de outra variável. A dependência do preço de venda residencial dos pés quadrados de espaço é um exemplo. Outros incluem a dependência das **receitas médias de vendas de uma firma** sobre gastos com propaganda, a dependência do salário inicial de um universitário sobre seu GPA, a dependência da produção média mensal de automóveis em relação ao número total de vendas do mês anterior.

Iniciamos nossa discussão como o mais simples de todos os modelos que relaciona a média da população com outra variável: o *modelo de linha reta*. Mostramos como usar os dados da amostra para estimar a relação linear entre o valor médio de uma variável y à medida que se relaciona com uma segunda variável x. A metodologia para estimar e usar a relação de linha reta é chamada de *análise de regressão linear simples*.

10.1 Modelos probabilísticos

Uma consideração importante no merchandising de um produto é a quantidade de dinheiro gasto em propaganda. Suponha que você queira representar as receitas médias de vendas de uma loja em função do gasto mensal em propaganda. A primeira questão a ser respondida é: 'Você acha que existe uma relação exata entre essas duas variáveis?' Isto é, você pensa ser possível enunciar as vendas exatas mensais se a quantidade de propaganda é conhecida? Esperamos que você concorde conosco que não é possível por diversas razões. As vendas dependem de muitas variáveis além dos gastos com propaganda — por exemplo, época do ano, estado geral da economia, estoques e estrutura de preço. Mesmo se muitas variáveis fossem incluídas no modelo (tópico do Capítulo 11), seria ainda improvável que pudéssemos prever as vendas mensais *com precisão*. Haverá, certamente, alguma variação nas vendas mensais causada estritamente por *fenômenos aleatórios* que não poderão ser representados ou explicados.

Se fôssemos construir um modelo que fizesse uma relação hipotética do relacionamento entre as variáveis, ele seria chamado de **modelo determinístico**. Por exemplo, se acreditamos que y — as receitas médias de vendas — será exatamente 15 vezes x, os gastos mensais em propaganda, escrevemos:

$$y = 15x$$

Isso representa uma *relação determinística* entre as variáveis y e x. E implica que y pode sempre ser determinado precisamente quando o valor de x é conhecido. *Não há permissão para erro nessa previsão.*

Se, por outro lado, acreditamos existirem variações não explicadas nas vendas mensais — talvez causadas por variáveis importantes, mas não incluídas, ou por fenômenos aleatórios —, descartamos o modelo determinístico e usamos um modelo que leve em conta o **erro aleatório**. Esse **modelo probabilístico** inclui tanto um componente determinístico como um componente aleatório de erro. Por exemplo, se criarmos a hipótese de que as vendas y estão relacionadas a gastos em propaganda x por:

$$y = 15x + \text{erro aleatório}$$

estaremos criando a hipótese de uma *relação probabilística* entre y e x. Note que o componente determinístico desse modelo probabilístico é $15x$.

A Figura 10.1a mostra os possíveis valores de y e x para cinco diferentes meses, quando o modelo é determinístico. Todos os pares de (x, y) pontos de dados devem ficar exatamente na linha, porque um modelo determinístico não deixa espaço para erro.

A Figura 10.1b mostra um possível grupo de pontos para os mesmos valores de x quando estamos usando um modelo probabilístico. Note que a parte determinística do modelo (a linha reta por si só) é a mesma. Agora, no entanto, a inclusão de um componente de erro aleatório permite que as vendas mensais variem a partir dessa linha. Uma vez que sabemos que a receita de vendas varia aleatoriamente para dado valor de x, o modelo probabilístico fornece um modelo mais realista para y do que o determinístico.

FORMA GERAL DE MODELOS PROBABILÍSTICOS

y = Componente determinístico + erro aleatório

onde y é a variável de interesse. Sempre presumimos que o valor médio do erro aleatório é igual a 0. Isso é equivalente a presumir que o valor médio de y, $E(y)$, é igual ao componente determinístico do modelo; ou seja:

$E(y)$ = Componente determinístico

Neste capítulo, apresentamos o mais simples dos modelos probabilísticos — o **modelo de linha reta**, cujo nome deriva do fato de que a porção determinística do modelo tem gráfico igual a uma linha reta. Ajustar esse modelo a um grupo de dados é um exemplo de **análise de regressão**, ou **modelagem de regressão**. Os elementos de um modelo de linha reta aparecem resumidos neste quadro.

FORMA GERAL DE MODELOS PROBABILÍSTICOS

$$y = \beta_0 + \beta_1 x + \varepsilon$$

onde:
y = **variável dependente** ou **resposta** (variável a ser modelada)
x = **variável independente** ou **variável preditora** (variável usada como preditor de y)[1]
$E(y) = \beta_0 + \beta_1 x$ = componente determinístico
ε (épsilon) = componente erro aleatório
β_0 (beta zero) = **intercepto y da linha**, isto é, o ponto no qual a linha *intercepta ou corta o eixo y* (veja Figura 10.2)
β_1 (beta um) = **inclinação da linha**, ou seja, a mudança (quantidade de aumento ou diminuição) no componente determinístico de y para cada 1 unidade de aumento em x.
[*Nota*: Uma inclinação positiva implica que $E(y)$ *aumenta* pela quantidade β_1 (veja Figura 10.2). Uma inclinação negativa implica que $E(y)$ *diminui* pela quantidade β_1.]

No modelo probabilístico, o componente determinístico é referido como a **linha das médias**, porque a média de y, $E(y)$, é igual ao componente de linha reta do modelo, isto é:

$$E(y) = \beta_0 + \beta_1 x$$

Note que os símbolos gregos β_0 e β_1 representam respectivamente, o intercepto y e a inclinação do modelo. Eles são parâmetros da população que serão conhecidos apenas se você tiver acesso a todas as medições da população (x, y). Juntamente com um

a. Modelo determinístico:
$y = 15x$

b. Modelo probabilístico:
$y = 15x$ + erro aleatório

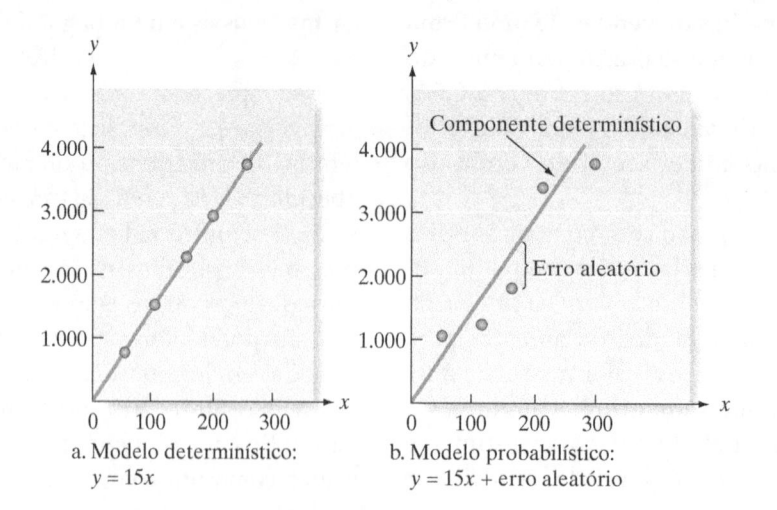

FIGURA 10.1 Possíveis receitas de vendas y para cinco diferentes meses x

---

[1] A palavra *independente* não deveria ser interpretada no sentido probabilístico, como definido no Capítulo 3. O termo *variáveis independentes* é usado na análise de regressão para se referir a uma variável preditora para a resposta y.

valor específico da variável independente x, eles determinam o valor médio de y, que é apenas um ponto específico na linha de médias (Figura 10.2).

Biografia — **Francis Galton (1822–1911)**

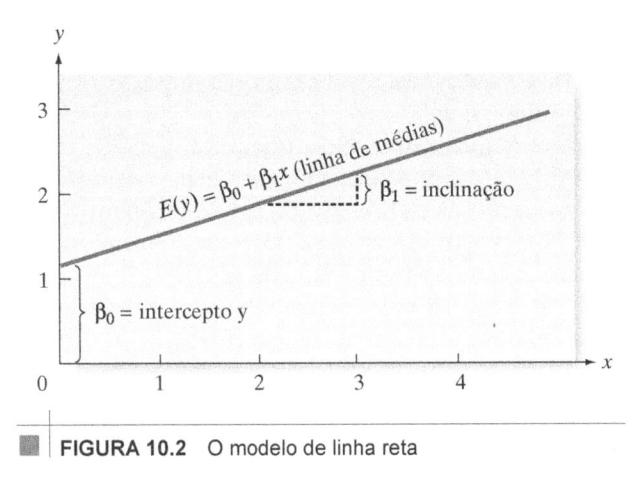

FIGURA 10.2 O modelo de linha reta

Os valores de β_0 e β_1 serão desconhecidos na maioria das aplicações práticas da análise de regressão. O processo de desenvolver um modelo, estimar o parâmetro desconhecido e usar o modelo pode ser visto como o procedimento de cinco passos mostrado no quadro abaixo.

> **Passo 1:** Faça a hipótese do componente determinístico do modelo que relaciona a média $E(y)$ com a variável independente x (Seção 10.1).
> **Passo 2:** Use os dados da amostra para estimar parâmetros desconhecidos no modelo (Seção 10.2).
> **Passo 3:** Especifique a distribuição de probabilidade do termo 'erro aleatório' e estime o desvio-padrão da distribuição (seções 10.3 e 10.4).
> **Passo 4:** Avalie estatisticamente a utilidade do modelo (seções 10.5, 10.6 e 10.7).
> **Passo 5:** Quando estiver certo de que o modelo é útil, use-o para previsão, estimativa e outros fins (Seção 10.8).

Exercícios 10.1 – 10.9

Aprendendo a mecânica

10.1 Em cada caso, faça o gráfico da linha que passa pelos pontos dados.
  a. (1, 1) e (5, 5)
  b. (0, 3) e (3, 0)
  c. (–1, 1) e (4, 2)
  d. (–6, –3) e (2, 6)

10.2 Dê a inclinação e o intercepto y para cada uma das linhas representadas graficamente no Exercício 10.1.

10.3 A equação para uma linha reta (modelo determinístico) é:
$$y = \beta_0 + \beta_1 x$$
Se a linha passa pelo ponto (–2, 4), então $x = -2$, $y = 4$ deve satisfazer a equação; isto é:
$$4 = \beta_0 + \beta_1(-2)$$
De forma similar, se a linha passa pelo ponto (4, 6), então $x = 4$, $y = 6$ deve satisfazer a equação; isto é:
$$6 = \beta_0 + \beta_1(4)$$
Use essas duas equações para resolver para β_0 e β_1; então encontre a equação da linha que passa pelos pontos: (–2, 4) e (4, 6).

10.4 Consulte o Exercício 10.3. Encontre as equações das linhas que passam pelos pontos listados no Exercício 10.1.

10.5 Represente graficamente as seguintes linhas:
  a. $y = 4 + x$
  b. $y = 4 - 2x$
  c. $y = -4 + 3x$
  d. $y = -2x$
  e. $y = x$
  f. $y = 0{,}50 + 1{,}5x$

10.6 Dê a inclinação e o intercepto y para cada uma das linhas definidas no Exercício 10.5.

10.7 Por que geralmente preferimos um modelo probabilístico a um modelo determinístico? Dê exemplos para os quais os dois tipos de modelos devem ser apropriados.

10.8 O que é a linha de médias?

10.9 Se uma relação probabilística de linha reta relaciona a média $E(y)$ a uma variável independente x, isso significa que cada valor da variável y sempre cairá exatamente na linha de médias? Por que sim ou por que não?

10.2 Ajustando o modelo: a abordagem dos mínimos quadrados

Após ter sido criada a hipótese do modelo de linha reta para relacionar a média $E(y)$ à variável independente x, o próximo passo é coletar dados e estimar os parâmetros (desconhecidos) da população, o intercepto y β_0 e a inclinação β_1.

Para começar com um exemplo simples, suponha que uma loja realize um experimento de cinco meses para determinar o efeito da propaganda nas receitas de vendas. Os resultados são mostrados na Tabela

10.1. (O número de medições e as medições propriamente ditas são de uma simplicidade irreal, de forma a evitar confusão aritmética neste exemplo introdutório.) Esse grupo de dados será usado para demonstrar o procedimento de cinco passos da modelagem de regressão apresentado na Seção 10.1. Nessa seção, criamos a hipótese do componente determinístico do modelo e estimamos seus parâmetros desconhecidos (passos 1 e 2). As premissas do modelo e o componente erro aleatório (passo 3) são estudados nas seções 10.3 e 10.4, enquanto as seções 10.5 a 10.7 buscam a utilidade do modelo (passo 4). Finalmente, usamos o modelo para previsão e estimativa (passo 5) na Seção 10.8.

Passo 1: *Crie a hipótese do componente determinístico do modelo.* Como afirmamos anteriormente, consideraremos apenas modelos de linha reta neste capítulo. Assim, o modelo completo para relacionar receitas médias de vendas $E(y)$ com gastos de propaganda x é dado por:

$$E(y) = \beta_0 + \beta_1 x$$

ADSALES
Companion Website

▪ **TABELA 10.1** Dados propaganda–vendas

Mês	Gasto em propaganda, x (US$ 100s)	Receitas de vendas, y (US$ 1.000s)
1	1	1
2	2	1
3	3	2
4	4	2
5	5	4

Passo 2: *Use dados da amostra para estimar parâmetros desconhecidos do modelo.* Esse passo é objeto de estudo desta seção: como podemos usar da melhor forma a informação na amostra de cinco observações da Tabela 10.1 para estimar o intercepto y β_0 desconhecido e a inclinação β_1?

Para determinar se uma relação linear entre y e x é plausível, é útil fazer uma representação gráfica dos dados da amostra em um **diagrama de dispersão** (ou **gráfico de dispersão**). Lembre-se (Seção 2.9) de que um diagrama de dispersão localiza cada um dos cinco pontos de dados em um gráfico, como mostrado na Figura 10.3. Note que o diagrama de dispersão sugere uma tendência geral para y aumentar à medida que x aumenta. Se você colocar uma régua sobre o diagrama de dispersão, verá que uma linha pode ser desenhada por três dos cinco pontos, como mostrado na Figura 10.4. Para obter a equação dessa linha visualmente ajustada, note que a linha tem intersecção com o eixo y em $y = -1$, de modo que o intercepto y é –1. E y aumenta exatamente 1 unidade para cada 1 unidade aumentada em x, indicando que a inclinação é +1. Dessa forma, a equação é:

$$\tilde{y} = -1 + 1(x) = -1 + x$$

onde $\tilde{y}$ é usado para representar o y previsto a partir do modelo visual.

Uma maneira de decidir quantitativamente quão bem uma linha reta se ajusta a um grupo de dados é notar quanto os pontos de dados se desviam da linha. Por exemplo, para avaliar o modelo na Figura 10.4, calculamos a magnitude de *desvios* (isto é, as diferenças entre os valores observados e previstos de y). Esses desvios, ou **erros de previsão**, são as distâncias verticais entre os valores observados e previstos (veja Figura 10.4). Os valores observados e previstos de y, suas diferenças e suas diferenças ao quadrado são mostrados na Tabela 10.2. Note que *a soma dos erros* é igual a 0 e que *a soma dos quadrados dos erros* (SQE), que dá maior ênfase a grandes desvios de pontos a partir da linha, é igual a 2.

Você pode ver, ao mudar a régua ao longo do gráfico, que é possível encontrar muitas linhas a partir das quais a soma de erros é igual a 0, mas também

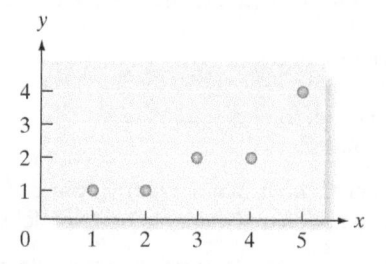

▪ **FIGURA 10.3** Diagrama de dispersão para os dados da Tabela 10.1

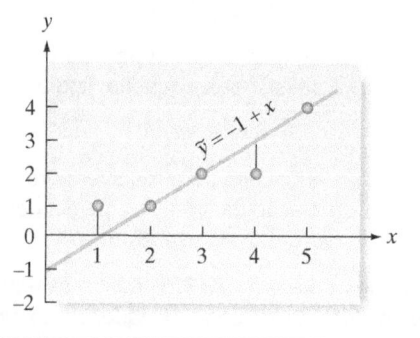

▪ **FIGURA 10.4** Linha reta visual ajustada aos dados na Figura 10.3

pode ser observado que há uma (e apenas uma) linha para a qual o SQE é *mínimo*. Essa linha é chamada **linha dos mínimos quadrados, linha de regressão** ou **equação de previsão dos mínimos quadrados**. A metodologia usada para obter essa linha é chamada **método dos mínimos quadrados**.

> FAÇA AGORA O EXERCÍCIO **10.12**A-D

Para encontrar a equação de mínimos quadrados de previsão para um grupo de dados, presuma que tenhamos uma amostra de n pontos de dados consistindo de pares de valores de x e y, digamos (x_1, y_1), (x_2, y_2), ..., (x_n, y_n). Por exemplo, os $n = 5$ pontos de dados mostrados na Tabela 10.2 são (1, 1), (2, 1), (3, 2), (4, 2) e (5, 4). A linha ajustada, que calcularemos com base nos cinco pontos de dados, está escrita como:

$$\hat{y} = \hat{\beta}_0 + \hat{\beta}_1 x$$

■ **TABELA 10.2** Comparando valores observados e previstos para o modelo visual

x	y	$\tilde{y} = -1 + x$	$(y - \tilde{y})$	$(y - \tilde{y})^2$
1	1	0	(1 − 0) = 1	1
2	1	1	(1 − 1) = 0	0
3	2	2	(2 − 2) = 0	0
4	2	3	(2 − 3) = −1	1
5	4	4	(4 − 4) = 0	0
			Soma de erros = 0	Soma de quadre do para erros (SQE) = 2

Os 'chapéus' indicam que os símbolos abaixo deles são estimativas: y ('y chapéu') é um estimador do valor médio de y, $E(y)$, e um preditor de algum valor futuro de y; e $\hat{\beta}_0$ e $\hat{\beta}_1$ são estimadores de β_0 e β_1, respectivamente.

Para um ponto de dados, digamos (x_i, y_i), o ponto do valor observado de y é y_i, e o valor previsto de y seria obtido pela substituição de x_i na equação de previsão:

$$\hat{y}_i = \hat{\beta}_0 + \hat{\beta}_1 x_i$$

E o desvio do i-ésimo valor de y a partir do valor previsto é:

$$(y_i - \hat{y}_i) = [y_i - (\hat{\beta}_0 + \hat{\beta}_1 x_i)]$$

Então, a soma dos quadrados dos desvios dos y valores sobre seus valores previstos para todos os n pontos é:

$$\mathbf{SQE} = \sum [y_i - (\hat{\beta}_0 + \hat{\beta}_1 x_i)]^2$$

As quantidades $\hat{\beta}_0$ e $\hat{\beta}_1$ que fazem de SQE um mínimo são chamados de **estimativas de mínimos quadrados** dos parâmetros da população β_0 e β_1, e a equação de previsão $\hat{y} = \hat{\beta}_0 + \hat{\beta}_1 x$ é chamada de *linha de mínimos quadrados*.

> **DEFINIÇÃO 10.1**
>
> A **linha de mínimos quadrados** $\hat{y} = \hat{\beta}_0 + \hat{\beta}_1 x$ é a que tem as seguintes propriedades:
> 1. a soma dos erros (SE) é igual a 0;
> 2. a soma dos quadrados dos erros (SQE) é menor que para qualquer outro modelo de linha reta.

Os valores de $\hat{\beta}_0$ e $\hat{\beta}_1$ que minimizam o SQE são (provas omitidas) dados nas fórmulas do quadro a seguir.[2]

FÓRMULAS PARA AS ESTIMATIVAS DE MÍNIMOS QUADRADOS

Inclinação: $\hat{\beta}_1 = \dfrac{SQ_{xy}}{SQ_{xx}}$

Intercepto y: $\hat{\beta}_0 = \bar{y} - \hat{\beta}_1 \bar{x}$

onde: $SQ_{xy} = \sum (x_i - \bar{x})(y_i - \bar{y}) =$

$$= \sum x_i y_i - \frac{(\sum x_i)(\sum y_i)}{n}$$

$$SQ_{xx} = \sum (x_i - \bar{x})^2 = \sum x_i^2 - \frac{(\sum x_i)^2}{n}$$

n = tamanho da amostra

EXEMPLO 10.1

APLICANDO O MÉTODO DOS MÍNIMOS QUADRADOS PARA DADOS VENDAS–PROPAGANDA

Problema Consulte os dados de vendas–propaganda apresentados na Tabela 10.1. Considere o modelo de linha reta $E(y) = \beta_0 + \beta_1 x$, onde y = receita de vendas (milhares de dólares) e x = gastos em propaganda (centenas de dólares).

a. Use o método de mínimos quadrados para estimar os valores de β_0 e β_1.

b. Preveja as receitas de vendas quando os gastos de propaganda são US$ 200 (isto é, quando $x = 2$).

---

[2] Estudantes que estão familiarizados com cálculos devem notar que os valores de β_0 e β_1 que minimizam SQE = $\sum(y_i - \hat{y}_i)^2$ são obtidos ao definir as duas derivadas parciais $\partial SQE/\partial \beta_0$ e $\partial SQE/\partial \beta_1$ iguais a 0. As soluções para essas duas equações geram as fórmulas mostradas no quadro. Além disso, representamos as soluções da amostra com as equações de $\hat{\beta}_0$ e $\hat{\beta}_1$, em que o 'chapéu' representa que essas são estimativas da amostra do verdadeiro intercepto da população e a verdadeira inclinação da população β_1.

c. Encontre SQE para a análise.

d. Forneça interpretações práticas para β_0 e β_1.

Solução

a. Cálculos preliminares para encontrar a linha de mínimos quadrados para os dados de propaganda–vendas são apresentados na Tabela 10.3. Podemos agora calcular:

$$SQ_{xy} = \sum x_i y_i - \frac{(\sum x_i)(\sum y_i)}{5} = 37 - \frac{(15)(10)}{5}$$
$$= 37 - 30 = 7$$

$$SQ_{xx} = \sum x_i^2 - \frac{(\sum x_i)^2}{5} = 55 - \frac{(15)^2}{5} = 55 - 45 = 10$$

Então, a inclinação da linha de quadrados mínimos é:

$$\hat{\beta}_1 = \frac{SS_{xy}}{SS_{xx}} = \frac{7}{10} = 0{,}7$$

E o intercepto y é:

$$\hat{\beta}_0 = \bar{y} - \hat{\beta}_1 \bar{x} = \frac{\sum y_i}{5} - \hat{\beta}_1 \frac{\sum x_i}{5}$$
$$= \frac{10}{5} - (0{,}7)\left(\frac{15}{5}\right) = 2 - (0{,}7)(3) = 2 - 2{,}1 = -0{,}1$$

A linha de quadrados mínimos fica, assim:

$$\hat{y} = \hat{\beta}_0 + \hat{\beta}_1 x = -0{,}1 + 0{,}7x$$

O gráfico dessa linha é mostrado na Figura 10.5.

TABELA 10.3 Cálculos preliminares para exemplo propaganda–vendas

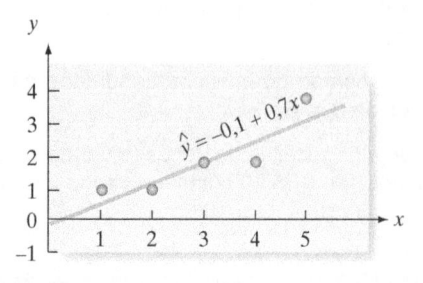

x_i	y_i	x_i^2	$x_i y_i$
1	1	1	1
2	1	4	2
3	2	9	6
4	2	16	8
5	4	25	20
Totais $\sum x_i = 15$	$\sum y_i = 10$	$\sum x_i^2 = 55$	$\sum x_i y_i = 37$

FIGURA 10.5 A linha $\hat{y} = -0{,}1 + 0{,}7x$ ajustada aos dados

b. O valor previsto de y para um dado valor de x pode ser obtido com a substituição na fórmula da linha de quadrados mínimos. Substituindo $x = 2$ na equação de quadrados mínimos:

$$\hat{y} = -0{,}1 + 0{,}7x = -0{,}1 + 0{,}7(2) = 1{,}3$$

Assim, quando o gasto de propaganda é US$ 200, prevemos vendas mensais de US$ 1.300. Mostramos como encontrar um intervalo de previsão para y na Seção 10.8.

c. Os valores observados e previstos de y, os desvios dos valores y sobre seus valores previstos e os quadrados desses desvios são mostrados na Tabela 10.4. Note que a soma dos quadrados dos desvios SQE é 1,10, e (como esperaríamos) isso é menos do que o SQE = 2,0 obtido na Tabela 10.2 para a linha visualmente ajustada.

d. O intercepto estimado y, $\hat{\beta}_0 = -0{,}1$, parece implicar que as vendas médias estimadas são iguais a –0,1, ou –US$ 100, quando o gasto de propaganda x é igual a US$ 0. Uma vez que valores negativos de vendas não são possíveis, isso parece tornar o modelo sem sentido. No entanto, *os parâmetros do modelo devem ser interpretados apenas dentro da área amostrada da variável independente* — nesse caso, para gastos de propaganda entre US$ 100 e US$ 500. Assim, o intercepto y — que é, por definição, a $x = 0$ (US$ 0 gasto em propaganda) — não está dentro da área dos valores amostrados de x e não está sujeito a uma interpretação significativa.

A inclinação para a linha de mínimos quadrados, $\hat{\beta}_1 = 0{,}7$, implica que, para cada unidade de aumento de x, o valor médio de y é estimado para crescer 0,7 unidade. Em termos deste exemplo, para cada US$ 100 de aumento na propaganda, estima-se que as receitas médias de vendas cresçam US$ 700 *sobre a área amostrada de gastos de propaganda de US$ 100 a US$ 500*. Assim, o modelo não implica que o aumento dos gastos de propaganda de US$ 500 a US$ 1.000 resultará em um aumento nas vendas médias de US$ 3.500, porque a faixa de x na amostra não se aplica a US$ 1.000 ($x = 10$). Tenha cuidado para interpretar os parâmetros estimados apenas dentro da faixa amostrada de x.

Relembrando Os cálculos requeridos para obter $\hat{\beta}_0$ e $\hat{\beta}_1$ e SQE na regressão linear simples, apesar de diretos, podem se tornar entediantes. Mesmo com o uso de uma calculadora de bolso, o processo é trabalhoso e suscetível a erro, em especial quando o tamanho da amostra é grande. Felizmente, o uso de um software estatístico pode reduzir de modo significativo o trabalho envolvido nos cálculos de regressão. As telas do SPSS, MINITAB e Excel para a regressão linear simples dos dados na Tabela 10.1 são mostradas nas figuras 10.6a a 10.6c. Os valores de $\hat{\beta}_0$ e $\hat{\beta}_1$ estão sombreados nas telas. Esses valores, $\hat{\beta}_0 = -0{,}1$ e $\hat{\beta}_1 = 0{,}7$, estão exatamente de acordo com nossos valores calculados a mão. O valor de SQE = 1,10 também está sombreado nas telas.

TABELA 10.4 Comparando valores observados e previstos para equação de previsão de mínimos quadrados

X	Y	$\hat{y} = -0,1 + 0,7x$	$(y - \hat{y})$	$(x - \hat{y})^2$
1	1	0,6	(1 − 0,6) = 0,4	0,16
2	1	1,3	(1 − 1,3) = −0,3	0,09
3	2	2,0	(2 − 2,0) = 0	0,00
4	2	2,7	(2 − 2,7) = 0,7	0,49
5	4	3,4	(4 − 3,4) = 0,6	0,36
			Soma de erros = 0	SQE = 1,10

Model Summary

Model	R	R Square	Adjusted R Square	Std. Error of the Estimate
1	.904[a]	.817	.756	.606

a. Predictors: (Constant), ADVEXP_X

ANOVA[b]

Model		Sum of Squares	df	Mean Square	F	Sig.
1	Regression	4.900	1	4.900	13.364	.035[a]
	Residual	1.100	3	.367		
	Total	6.000	4			

a. Predictors: (Constant), ADVEXP_X
b. Dependent Variable: SALES_Y

Coefficients[a]

Model		Unstandardized Coefficients		Standardized Coefficients	t	Sig.
		B	Std. Error	Beta		
1	(Constant)	-.100	.635		-.157	.885
	ADVEXP_X	.700	.191	.904	3.656	.035

a. Dependent Variable: SALES_Y

FIGURA 10.6a Tela do SPSS para a regressão propaganda–vendas

Regression Analysis: SALES_Y versus ADVEXP_X

```
The regression equation is
SALES_Y = - 0.100 + 0.700 ADVEXP_X


Predictor      Coef    SE Coef       T      P
Constant    -0.1000     0.6351   -0.16  0.885
ADVEXP_X     0.7000     0.1915    3.66  0.035


S = 0.605530    R-Sq = 81.7%    R-Sq(adj) = 75.6%


Analysis of Variance

Source          DF       SS       MS       F      P
Regression       1   4.9000   4.9000   13.36  0.035
Residual Error   3   1.1000   0.3667
Total            4   6.0000
```

FIGURA 10.6b Tela do MINITAB para a regressão propaganda–vendas

	A	B	C	D	E	F	G
1	Regression Analysis						
2							
3	*Regression Statistics*						
4	Multiple R	0.903696114					
5	R Square	0.816666667					
6	Adjusted R Square	0.755555556					
7	Standard Error	0.605530071					
8	Observations	5					
9							
10	ANOVA						
11		df	SS	MS	F	Significance F	
12	Regression	1	4.9	4.9	13.36363636	0.035352847	
13	Residual	3	1.1	0.366666667			
14	Total	4	6				
15							
16		Coefficients	Standard Error	t Stat	P-value	Lower 95%	Upper 95%
17	Intercept	-0.1	0.635085296	-0.157459164	0.88488398	-2.12112675	1.92112675
18	ADVEXP_X	0.7	0.191485422	3.655630775	0.035352847	0.090607356	1.309392644
19							

FIGURA 10.6c Tela do Excel para a regressão propaganda–vendas

AGORA FAÇA O EXERCÍCIO 10.14D,E

INTERPRETANDO AS ESTIMATIVAS DE β_0 E β_1 EM UMA REGRESSÃO LINEAR SIMPLES

Intercepto y: $\hat{\beta}_0$ representa o valor previsto de y quando $x = 0$ (*Cuidado*: esse valor não é significativo se o valor $x = 0$ é sem sentido ou fora da área dos dados da amostra.)

Inclinação: $\hat{\beta}_1$ representa o aumento (ou diminuição) em y para cada aumento de 1 unidade de x (*Cuidado*: essa interpretação é válida apenas para os valores de x dentro da área dos dados da amostra.)

Mesmo quando as interpretações dos parâmetros estimados em uma regressão linear simples são significativas, necessitamos lembrar que eles são apenas estimativas baseadas na amostra. Como tal, seus valores tipicamente mudam na amostragem repetida. Quanta confiança temos de que a inclinação estimada $\hat{\beta}_1$ se aproxima de forma precisa da verdadeira inclinação β_1? Isso requer inferência estatística, na forma de intervalos de confiança e testes de hipóteses, sobre os quais falamos na Seção 10.5.

Para resumir, definimos a linha reta melhor ajustada como sendo aquela que minimiza a soma de erros quadrados ao redor da linha e a chamamos *linha de mínimos quadrados*. Deveríamos interpretar os mínimos quadrados apenas dentro da área amostrada da variável independente. Em seções subseqüentes, mostramos como fazer inferências estatísticas sobre o modelo.

ESTATÍSTICA EM AÇÃO REVISITADA

ESTIMANDO UM MODELO DE REGRESSÃO DE LINHA RETA PARA OS DADOS DO EQUILÍBRIO TRABALHO–VIDA PESSOAL

Retornamos ao relatório de pesquisa do Graduate Management Admission Council (GMAC) sobre o equilíbrio de alunos de MBA. Na pesquisa de abril de 2005 do GMAC, 2.087 alunos recém-graduados em MBA responderam a uma série de questões sobre equilíbrio trabalho–vida pessoal. Duas variáveis de interesse do GMA foram pontuação de equilíbrio trabalho–vida pessoal (medido em uma escala de 0 a 100, com menores pontuações indicando maior equilíbrio entre trabalho e vida pessoal) e número médio de horas trabalhadas por semana. Os dados para essas variáveis para os 2.087 respondentes estão salvos no arquivo **GMAC**. As primeiras 15 observações são listadas na Tabela EA 10.1.

Agora considere x = número de horas trabalhadas por semana e y = pontuação na escala de equilíbrio para cada aluno de MBA. Uma maneira de investigar o link entre essas duas variáveis é ajustar o modelo de linha reta $E(y) = \beta_0 + \beta_1 x$ aos dados na Tabela EA 10.1. Um diagrama de dispersão do MINITAB para os dados é mostrado na Figura EA 10.1. A linha de mínimos quadrados obtida da regressão do MINITAB mostrada na Figura 10.2 também é mostrada no diagrama de dispersão. Apesar de a linha dos quadrados mínimos ter uma leve tendência para baixo, a variação dos pontos dos dados em torno dela é grande. Não parece que o número de horas trabalhadas por semana (x) será um bom preditor da pontuação do equilíbrio trabalho–vida pessoal (y). Na verdade, a inclinação estimada (obtida da Figura EA10.2) é $\beta_1 = -0{,}35$ pontos. Na seção Estatística em ação que se segue, daremos uma medida de confiabilidade para essa inferência e investigaremos o equilíbrio trabalho–vida pessoal mais profundamente.

TABELA EA10.1 Dados do equilíbrio trabalho–vida pessoal (primeiras 15 observações)

Pontuação ETVP	Horas
75,22	50
64,98	45
49,62	50
44,51	55
70,10	50
54,74	60
55,98	55
21,24	60
59,86	50
70,10	50
29,00	70
64,98	45
36,75	40
35,45	40
45,75	50

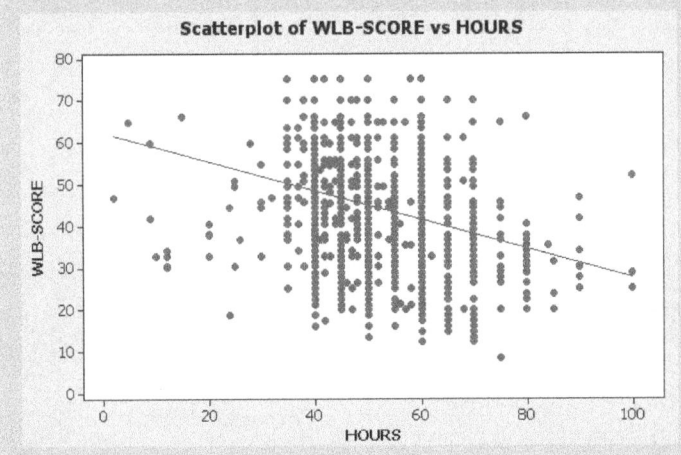

FIGURA EA10.1 Diagrama de dispersão do MINITAB para dados do equilíbrio trabalho–vida pessoal

FIGURA EA10.2 Regressão linear simples do MINITAB para dados do equilíbrio trabalho–vida pessoal

Regression Analysis: WLB-SCORE versus HOURS

```
The regression equation is
WLB-SCORE = 62.5 - 0.347 HOURS


Predictor        Coef    SE Coef        T        P
Constant       62.499      1.414    44.22    0.000
HOURS         -0.34673    0.02761   -12.56    0.000


S = 12.2845    R-Sq = 7.0%    R-Sq(adj) = 7.0%


Analysis of Variance

Source            DF        SS        MS         F         P
Regression         1     23803     23803    157.73     0.000
Residual Error  2085    314647       151
Total           2086    338451
```

Regressão linear simples

Usando a calculadora gráfica TI-83/TI-84

I. Encontrando a equação da regressão dos quadrados mínimos

Passo 1 *Insira os dados.*
Pressione **STAT** e selecione **1:Edit**.
Nota: Se uma lista já contém dados, limpe os dados antigos.
Use a seta de cima para sombrear o nome da lista,'**L1**'ou '**L2**'.
Pressione **CLEAR ENTER**.
Insira seus dados x em **L1** e seus dados y em **L2**.

Passo 2 *Encontre a equação.*
Pressione **STAT** e sombreie **CALC**.
Pressione **4** para **LinReg(ax + b)**.
Pressione **ENTER**.
A tela mostrará os valores para a e b na equação $y = ax + b$.

Exemplo As figuras abaixo mostram uma tabela de dados inseridos na TI-84/TI-83 e a equação de regressão obtida usando os dados acima.

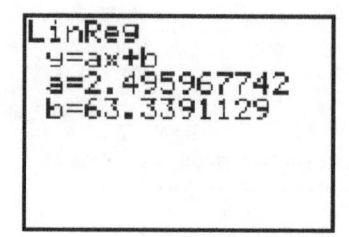

II. Encontrando r e r^2

Se r e r^2 não aparecem ainda na tela LinReg da parte I:

Passo 1 *Ligue a função de diagnóstico.*
Pressione **2nd 0** para **CATALOG**.
Pressione a tecla **ALPHA** e x^{-1} para **D**.
Pressione a tecla **ARROW** para baixo até que **DiagnosticsOn** esteja sombreada.
Pressione **ENTER** duas vezes.

Passo 2 *Encontre a equação de regressão como mostrado na parte I acima.*
Os valores de r e r^2 aparecerão na tela também.

Exemplo A figura abaixo mostra a saída com **DiagnosticsOn**.

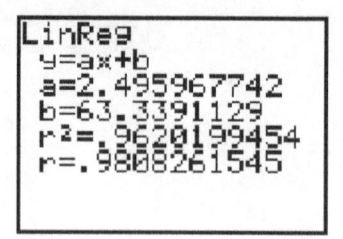

III. Criando um gráfico da linha de quadrados mínimos com o diagrama de dispersão

Passo 1 *Insira os dados como mostrado na parte I acima.*

Passo 2 *Defina o gráfico de dados.*
Pressione **Y =** e **CLEAR** (LIMPE) todas as funções dos registros Y.
Pressione **2nd Y=** para **STAT PLOT**.
Pressione **1** para **Plot1**.
Defina o cursor de forma que **ON** esteja brilhando e pressione **ENTER**.

Para **Type**, use as teclas **ARROW** e **ENTER** para sombrear
e selecionar o diagrama de dispersão
(primeiro ícone na primeira linha).
Para **Xlist**, escolha a coluna contendo os dados x.
Para **Ylist**, escolha a coluna contendo os dados y.

Passo 3 *Encontre a equação de regressão e armazene a equação em Y1.*
Pressione **STAT** e sombreie **CALC**.
Pressione **4** para **LinReg(ax + b)** (Nota: Não pressione ENTER aqui porque você quer armazenar a equação de regressão em Y1).
Pressione **VARS**.
Use a seta da direita para sombrear **Y-VARS**.
Pressione **ENTER** para selecionar **1:Function**.
Pressione **ENTER** para selecionar **1:Y1**.
Pressione **ENTER**.

Passo 4 *Visualize o diagrama de dispersão e a linha de regressão.*
Pressione **ZOOM** e então pressione **9** para selecionar **9:ZoomStat**.

Você deve ver os dados do gráfico ao longo da linha de regressão.

Exemplo A figura mostra um gráfico do diagrama de dispersão
e a linha de quadrados mínimos obtida usando os passos
dados acima.

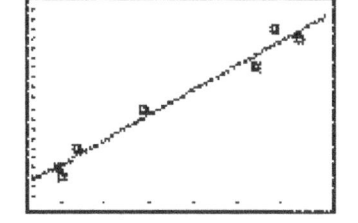

Atividade 10.1

MANTENHA A MUDANÇA: MODELOS DE MÍNIMOS QUADRADOS

Nesta atividade, você mais uma vez usará os dados coletados na Atividade 1.1, *Mantenha a mudança: coletando dados*. Para cada estudante na sua sala, colete a soma do grupo de dados *compras totais* e a soma do grupo de dados *quantias transferidas*, além do número de compras total (o número de itens de dados no grupo *compras totais*).

1. Para cada estudante na sala, forme um par ordenado (*soma das compras totais*, *soma de quantias transferidas*).
   Use esses pares ordenados para criar um diagrama de dispersão. Então, use os pares ordenados para encontrar os valores de $\hat{\beta}_0$ e $\hat{\beta}_1$ na linha dos mínimos quadrados para os dados.

2. Suponha que três consumidores tenham feito apenas uma compra em cartão de débito cada, como mostrado na tabela a seguir.

Cliente	Compras	Quantia Total Transferida	Quantia Estimada Transferida	Diferença
A	US$ 3,49			
B	US$ 30,49			
C	US$ 300,49			

Complete a tabela encontrando primeiro o valor real que será transferido para cada cliente. Então, use a linha dos mínimos quadrados $y = \hat{\beta}_0 + \hat{\beta}_1 x$ do Exercício 1 para estimar as quantias transferidas. Finalmente, calcule a diferença entre as quantias reais e estimadas para cada cliente.

3. Com base em seus resultados no Exercício 2, comente a utilidade de usar seu modelo do Exercício 1 para estimar as quantias transferidas. Você acredita que o modelo dos mínimos quadrados seja um modelo apropriado nessa situação? Explique.

4. Para cada estudante na sua classe, forme um par ordenado (*número de compras*, *soma de quantias transferidas*). Use esses pares ordenados para criar um diagrama de dispersão. Então, use os pares ordenados para encontrar os valores de $\hat{\beta}_0$ e $\hat{\beta}_1$ na linha dos mínimos quadrados para os dados. Crie seus próprios dados hipotéticos como no Exercício 2 para testar seu modelo. Você acredita que esse modelo seja mais ou menos útil do que o modelo no Exercício 1? Explique.

Exercícios 10.10 – 10.23

Aprendendo a mecânica

10.10 A tabela a seguir é similar à Tabela 10.3. É usada para fazer cálculos preliminares para encontrar as linhas de mínimos quadrados para os dados em par de valores x e y.

	x_i	y_i	x_i^2	$x_i y_i$
	7	1		
	4	1		
	6	2		
	2	2		
	1	7		
	1	6		
	3	5		
Totais	$\Sigma x_i =$	$\Sigma x_i =$	$\Sigma x_i^2 =$	$\Sigma x_i y_i =$

a. Complete a tabela.
b. Encontre SQ_{xy}.
c. Encontre SQ_{xx}.
d. Encontre $\hat{\beta}_1$.
e. Encontre $\bar{x}$ e $\bar{y}$.
f. Encontre $\hat{\beta}_0$.
g. Encontre a linha de mínimos quadrados.

10.11 Consulte o Exercício 10.10. Depois de a linha dos quadrados mínimos ter sido obtida, a tabela abaixo (que é similar à Tabela 10.4) pode ser usada para: (1) comparar os valores observados e previstos de y; e (2) calcular SQE

x	y	$\hat{y}$	$(y - \hat{y})$	$(y - \hat{y})^2$
7	2			
4	4			
6	2			
2	5			
1	7			
1	6			
3	5			
			$\Sigma (y - \hat{y}) =$	$SQE = \Sigma (y - \hat{y})^2 =$

a. Complete a tabela.
b. Represente graficamente a linha de mínimos quadrados em um diagrama de dispersão dos dados. Represente graficamente a seguinte linha do mesmo gráfico: $\hat{y} = 14 - 2{,}5x$.
c. Mostre que SQE é maior que a linha no item **b** do que é para a linha dos mínimos quadrados.

10.12 Construa um diagrama de dispersão para os dados na tabela a seguir.

x	0,5	1	1.5
y	2	1	3

a. Represente graficamente as duas linhas a seguir no seu diagrama de dispersão:
$y = 3 - x$ e $y = 1 + x$

b. Qual dessas linhas você escolheria para caracterizar a relação entre x e y? Explique.
c. Mostre que a soma de erros para ambas as linhas é igual a 0.
d. Qual dessas linhas tem o menor SQE?
e. Encontre a linha dos quadrados mínimos para os dados e compare-os com as duas linhas descritas no item **a**.

10.13 Considere os seguintes pares de medições:

LM10_13 Companion Website

x	8	5	4	6	2	5	3
y	1	3	6	3	7	2	5

a. Construa um diagrama de dispersão para esses dados.
b. O que o diagrama de dispersão sugere sobre a relação entre x e y?
c. Encontre as estimativas dos mínimos quadrados de β_0 e β_1.
d. Represente graficamente a linha dos mínimos quadrados no seu diagrama de dispersão. A linha parece se ajustar bem aos dados? Explique.

APPLET **Exercício utilizando aplicativo 10.1**
Companion Website (É necessário ter o Java instalado para utilizar esse aplicativo)

Use o aplicativo intitulado *Regression by eye* para explorar a relação entre a tendência dos dados no diagrama de dispersão e o modelo correspondente de quadrados mínimos.

a. Rode o aplicativo diversas vezes. A cada vez, tente mover a linha verde para a posição que parece minimizar as distâncias verticais dos pontos a partir da linha. Então, clique em *Show regression line* para ver a linha de regressão real. Quão perto sua linha está da linha real? Clique em *New data* para zerar o aplicativo.
b. Clique na lixeira para limpar o gráfico. Use o mouse para colocar cinco pontos no diagrama de dispersão que estão aproximadamente em uma linha reta. Então mova a linha verde para aproximar a linha de regressão. Clique em *Show regression line* para ver a linha de regressão real. Quão perto você esteve dessa vez?
c. Continue a limpar o gráfico e a representar graficamente diversos grupos de cinco pontos com diferentes tendências entre os pontos. Use a linha verde para aproximar a linha de regressão. Quão perto você chegou da regressão real em cada vez?
d. Com base em suas experiências com o aplicativo, explique por que necessitamos usar métodos mais confiáveis para encontrar a linha de regressão do que apenas 'olhando' para ela.

Aplicação dos conceitos — Básico

DIAMONDS Companion Website

10.14 Características de diamantes vendidos no varejo. Consulte os dados do *Journal of Statistics Education* sobre os 308 diamantes vendidos no varejo, salvos no arquivo **DIAMONDS**. No Exercício 2.115, você relacionou o tamanho dos diamantes (número de quilates) ao preço pedido (dólares) usando um diagrama de dispersão.

Regression Analysis: PRICE versus CARAT

```
The regression equation is
PRICE = - 2298 + 11599 CARAT


Predictor      Coef    SE Coef       T       P
Constant     -2298.4     158.5   -14.50   0.000
CARAT        11598.9     230.1    50.41   0.000


S = 1117.56    R-Sq = 89.3%   R-Sq(adj) = 89.2%


Analysis of Variance

Source             DF          SS          MS        F       P
Regression          1   3173248722   3173248722  2540.73   0.000
Residual Error    306    382178624      1248950
Total             307   3555427347
```

Tela do MINITAB para o Exercício 10.14

a. Escreva a equação do modelo de linha reta relacionando preço pedido (y) com número de quilates (x).

b. Uma tela de regressão linear do MINITAB para os dados é mostrada acima. Encontre a equação para a linha dos mínimos quadrados.

c. Dê uma interpretação prática do intercepto y da linha de mínimos quadrados. Se uma interpretação prática não for possível, explique por quê.

d. Dê uma interpretação prática da inclinação da linha de mínimos quadrados. Sobre qual área de x a interpretação é significativa?

e. Use a linha de mínimos quadrados para prever o preço pedido de um diamante de 0,52 quilate.

10.15 Pontuações SAT estaduais. Consulte os dados sobre a pontuação SAT estadual para 1990 e 2005, Exercício 2.29. As primeiras cinco observações e as duas últimas observações no arquivo **SATSCORES** são reproduzidas na tabela ao lado. No Exercício 2.113, você examinou a relação entre a pontuação de 1990 do SAT e a pontuação de 2005 com um diagrama de dispersão.

a. Escreva a equação do modelo de linha reta relacionando a pontuação SAT 2005 (y) com a pontuação SAT 1990 (x).

b. Uma tela de regressão linear do SPSS para os dados é mostrada no pé da página. Encontre a equação de previsão de quadrados mínimos.

c. Dê uma interpretação prática para o intercepto y da linha de mínimos quadrados. Se uma interpretação prática não for possível, explique por quê.

d. Dê uma interpretação prática da inclinação da linha de mínimos quadrados. Sobre qual faixa a interpretação de x é útil?

Estado	1990	2005
Alabama	1.079	1126
Alaska	1.015	1.042
Arizona	1.041	1.056
Arkansas	1.077	1.115
Califórnia	1.002	1.026
.	.	.
.	.	.
Wisconsin	1.111	1.191
Wyoming	1.072	1.087

Fonte: College Entrance Examination Board, 2006.

Coefficients[a]

Model		Unstandardized Coefficients		Standardized Coefficients	t	Sig.
		B	Std. Error	Beta		
1	(Constant)	-43.308	58.216		-.744	.460
	SAT1990	1.073	.056	.940	19.275	.000

a. Dependent Variable: SAT2005

Tela do MINITAB para o Exercício 10.15

10.16 Aumentando a vida útil de caldeiras de fundição de alumínio. Uma pesquisa sobre as propriedades dos tijolos usados para alinhar as caldeiras de fundição de alumínio foi publicada no *American Ceramic Society Bulletin* (fev. 2005). Seis diferentes tijolos comerciais foram avaliados. A duração da vida útil de uma caldeira de fundição depende da porosidade do tijolo (quanto menor a porosidade, mais longa a vida útil); conseqüentemente, os pesquisadores mediram a porosidade aparente de cada tijolo, assim como o diâmetro médio dos poros de cada um. Os dados são apresentados na tabela a seguir.

SMELTPOT
Companion Website

Tijolo	Porosidade aparente (%)	Diâmetro médio dos poros (micrômetros)
A	18,8	12,0
B	18,3	9,7
C	16,3	7,3
D	6,9	5,3
E	17,1	10,9
F	20,4	16,8

Fonte: BONADIA, P. et al. 'Aluminosilicate refractories for aluminum cell linings.' *The American Ceramic Society Bulletin*, v. 84, n. 2, fev. 2005 (Tabela II).

a. Encontre a linha de quadrados mínimos relacionando a porosidade (y) com o diâmetro médio dos poros (x).
b. Interprete o intercepto y da linha.
c. Interprete a inclinação da linha.
d. Preveja a porcentagem de porosidade aparente para um tijolo com um diâmetro médio de poros de 10 micrômetros.

10.17 Estudo sobre taxa de liberação de drogas controladas. Pesquisadores da Dow Chemical Co. analisaram o efeito da área da superfície de um comprimido e o volume na taxa à qual a droga é liberada em uma dosagem controlada (*Drug Development and Industrial Pharmacy*, v. 28, 2002). Seis comprimidos de formato similar foram preparados com diferentes pesos e espessuras, e a taxa da área da superfície em relação ao volume foi medida para cada um. Usando um aparato de dissolução, cada comprimido foi colocado em 900 mililitros de água desionizada, e a taxa de liberação de difusão da droga (porcentagem da droga liberada dividida pela raiz quadrada do tempo) foi determinada. Os dados experimentais são listados na tabela abaixo.

DOWDRUG
Companion Website

Taxa de liberação da droga (% liberado/√tempo)	Área da superfície em relação ao volume (mm^2/mm^3)
60	1,50
48	1,05
39	0,90
33	0,75
30	0,60
29	0,65

Fonte: REYNOLDS,T.; MITCHELL, S.; Balwinski, K. 'Investigation of the effect of tablet surface area/volume on drug release from hydroxypropyl-methylcellulose controlled-release matrix tablets.' *Drug Development and Industrial Pharmacy*, v. 28, n. 4, 2002 (Figura 3).

a. Ajuste o modelo linear simples $E(y) = \beta_0 + \beta_1 x$, onde y = taxa de liberação da droga e x = taxa da área da superfície em relação ao volume.
b. Interprete as estimativas de β_0 e β_1.
c. Preveja a taxa de liberação das drogas para um comprimido que tenha uma proporção da área superfície/volume de 0,50.
d. Comente a confiabilidade da previsão do item **c**.

Aplicação dos conceitos — Intermediário

10.18 Suco de laranja doce. A qualidade do suco de laranja produzido por um fabricante (como Minute Maid, Tropicana) é constantemente monitorada. Há numerosos componentes sensoriais e químicos combinados para proporcionar ao suco o melhor sabor. Por exemplo, um fabricante desenvolveu um índice quantitativo para descobrir quão doce é o suco de laranja. (Quanto maior o índice, mais doce o suco.) Há alguma relação entre o índice e uma medida química como a quantidade de pectina solúvel em água (partes por milhão) no suco de laranja? Dados coletados sobre essas duas variáveis para 24 lotes de produção em uma fábrica de suco são mostrados na tabela a seguir. Suponha que um fabricante queira usar uma regressão linear simples para prever quão doce (y) é o suco a partir da quantidade de pectina (x).

OJUICE
Companion Website

Lote	Índice	Pectina (ppm)
1	5,2	220
2	5,5	227
3	6,0	259
4	5,9	210
5	5,8	224
6	6,0	215
7	5,8	231
8	5,6	268
9	5,6	239
10	5,9	212
11	5,4	410
12	5,6	256
13	5,8	306
14	5,5	259
15	5,3	284
16	5,3	383
17	5,7	271
18	5,5	264
19	5,7	227
20	5,3	263
21	5,9	232
22	5,8	220
23	5,8	246
24	5,9	241

Nota: Os dados da tabela são reais. Por razões de confidencialidade, o fabricante não pode ser revelado.

a. Encontre a linha dos quadrados mínimos para os dados.
b. Interprete $\hat{\beta}_0$ e $\hat{\beta}_1$ no contexto do problema.
c. Preveja o índice para medir quão doce é o suco se a quantidade de pectina nele é 300 ppm. [*Nota*: Uma medida de confiabilidade de tal previsão é discutida na Seção 10.8.]

10.19 Filantropos mais generosos. Ao longo dos últimos cinco anos, o fundador da Intel Corp., Gordon Moore, doou mais de 7 milhões de dólares para causas ambientais, enquanto o fundador da Microsoft, Bill Gates, doou mais de 5 milhões de dólares para saúde, educação e bibliotecas. Esses dois empreendedores foram os maiores doadores na lista anual da *Business Week* (28 nov. 2005) dos 50 filantropos mais generosos. Dados sobre a quantidade doada e o valor remanescente (em milhões de dólares) estão salvos no arquivo **TOPGIVERS**. (A lista é dada na tabela abaixo.)

TOPGIVERS
Companion Website

(primeiros 10 doadores listados)

Doador	Empresa/ Origem	Doação (US$ milhões)	Patrimônio Líquido (US$ milhões)
Gordon Moore	Intel	7.046	4.600
Bill Gates	Microsoft	5.458	51.000
Warren Buffet	Berkshire Hathaway	2.622	40.000
George Soros	Investor	2.367	7.200
Eli Broad	SunAmerica	1.475	5.500
James Stowers	American Century	1.205	716
Walton Family	Wal-Mart	1.100	82.700
Alfred Mann	Medical devices	993	2.100
Michael Dell	Dell	933	18.000
George Kaiser	Oil and gas	617	4.500

Fonte: *Business Week*, 28 nov. 2005, p. 61.

a. Proponha um modelo de linha reta relacionando a quantidade doada (y) com o patrimônio líquido (x).
b. Ajuste o modelo aos dados do arquivo **TOPGIVERS** usado o método dos mínimos quadrados.
c. Grafique a linha dos mínimos quadrados em um diagrama de dispersão dos dados. Há evidência visual de relação linear entre as duas variáveis? A relação é positiva ou negativa?
d. Interprete as estimativas do intercepto y e a inclinação no contexto do problema.

10.20 Pontuações FCAT e pobreza. No estado da Flórida, o desempenho na escola fundamental é baseado na pontuação média obtida por estudantes no exame-padrão, chamado Florida Comprehensive Assessment Test (FCAT).

Uma análise da relação entre as pontuações FCAT e fatores sociodemográficos foi publicada no *Journal of Educational and Behavioral Statistics* (primavera, 2004). Dados sobre as pontuações médias de matemática e leitura no FCAT para alunos do terceiro ano, assim como a porcentagem de alunos abaixo do nível de pobreza, para uma amostra de 22 escolas de ensino fundamental da Flórida, estão listados na tabela abaixo.
a. Proponha um modelo de linha reta relacionando a pontuação de matemática (y) à porcentagem (x) de estudantes abaixo do nível de pobreza.
b. Ajuste o modelo aos dados do arquivo **FCAT** usando o método dos quadrados mínimos.
c. Grafique a linha dos mínimos quadrados em um diagrama de dispersão dos dados. Há evidência visual de uma relação entre as duas variáveis? A relação é positiva ou negativa?
d. Interprete as estimativas de intercepto y e inclinação no contexto do problema.
e. Agora considere um modelo relacionando pontuação de leitura (y) com a porcentagem (x) de estudantes abaixo do nível de pobreza. Repita os itens de **a** a **d** para esse modelo.

FCAT
Companion Website

Ensino Fundamental	FCAT Matemática	FCAT Leitura	% abaixo do nível de pobreza
1	166,4	165,0	91,7
2	159,6	157,2	90,2
3	159,1	164,4	86,0
4	155,5	162,4	83,9
5	164,3	162,5	80,4
6	169,8	164,9	76,5
7	155,7	162,0	76,0
8	165,2	165,0	75,8
9	175,4	173,7	75,6
10	178,1	171,0	75,0
11	167,1	169,4	74,7
12	177,0	172,9	63,2
13	174,2	172,7	52,9
14	175,6	174,9	48,5
15	170,8	174,8	39,1
16	175,1	170,1	38,4
17	182,8	181,4	34,3
18	180,3	180,6	30,3
19	178,8	178,0	30,3
20	181,4	175,9	29,6
21	182,8	181,6	26,5
22	186,1	183,8	13,8

Fonte: TEKWE, C. D. et al. 'An empirical comparison of statistical models for value-added assessment of school performance.' *Journal of Educational and Behavioral Statistics*, vol. 29, n. 1, primavera, 2004 (Tabela 2).

10.21 Retaliações contra 'dedos-duros' em empresas.
Indivíduos que relatam atos errados de uma empesa ou agência pública são conhecidos como dedos-duros. Dois pesquisadores desenvolveram um índice para medir o grau de retaliação contra um dedo-duro (*Journal of Applied Psychology*, 1986). O índice foi baseado no número de formas de retaliação realmente vividas, no número de formas de ameaça de retaliação e no número de pessoas dentro da empresa (por exemplo, colegas de trabalho ou supervisor imediato) que promoveu retaliação contra eles. A tabela abaixo lista o índice de retaliação (altos números indicam retaliação mais intensiva) e o salário para uma amostra de 15 dedos-duros em agências federais.
a. Construa um diagrama de dispersão para os dados. O grau de retaliação parece aumentar, diminuir ou permanecer o mesmo em relação ao salário? Explique.
b. Use o método dos mínimos quadrados para ajustar uma linha reta aos dados.
c. Grafique a linha dos mínimos quadrados no seu diagrama de dispersão. A linha de mínimos quadrados parece reforçar a sua resposta para o item a? Explique.

RETAL
Companion Website

Índice de Retaliação	Salário US$	Índice de Retaliação	Salário US$
301	62.000	535	19.800
550	36.500	455	44.000
755	21.600	615	46.600
327	24.000	700	15.100
500	30.100	650	70.000
377	35.000	630	21.000
290	47.500	360	16.900
452	54.000		

Fonte: Dados adaptados de NEAR, J. P.; MICELI, M. P. 'Retaliation against whistle blowers: predictors and effects.' *Journal of Applied Psychology*, vol. 71, n. 1, 1986, pp. 137-145.

d. Interprete o intercepto y, $\hat{\beta}_0$, da linha de quadrados mínimos no contexto dessa aplicação. A interpretação é útil?
e. Interprete a inclinação $\hat{\beta}_1$ da linha de quadrados mínimos no contexto dessa aplicação. Sobre qual faixa de x a interpretação é útil?

10.22 Pesquisa sobre as melhores escolas de negócios. A cada ano, o *Wall Street Journal* e a *Harris Interactive* buscam as opiniões e experiências de recrutadores para grandes corporações e resumem os resultados na Pesquisa Business School. Em 2005, a pesquisa incluiu rankings de 76 escolas de negócios. Dados da pesquisa para as 10 melhores escolas de negócios são dados na tabela no pé da página.
a. Selecione uma das variáveis como variável dependente y e outra como variável independente x. Use seus conhecimentos da área e o bom senso para ajudar a selecionar as variáveis.
b. Ajuste o modelo linear simples $E(y) = \beta_0 + \beta_1 x$ aos dados do arquivo **BSCHOOL**. Interprete as estimativas da inclinação e do intercepto y.

Aplicação dos conceitos — Avançado

10.23 Taxa de dispersão de líquido derramado. Releia o estudo da *Chemical Engineering Progress* (jan. 2005) sobre a taxa à qual um líquido volátil derramado se espalhará sobre uma superfície, Exercício 2.118. Lembre-se de que um engenheiro da DuPont Corp. calculou a massa (em libras) de um derramamento de 50 galões de metano depois de um período de tempo que variou de 0 a 60 minutos. Os dados na tabela da página a seguir indicam que a massa derramada tende a diminuir à medida que o tempo aumenta? Se tende, quanto a massa diminuirá a cada minuto?

BSCHOOL
Companion Website

Escola	Matrículas (N° de estudantes período integral)	Custos anuais (US$)	GMAT médio	% de oferta de trabalho	Salário médio (US$)
Dartmouth	503	38.400	704	—	119.800
Michigan	1.873	33.076	690	9	105.986
Carnegie Mellon	661	38.800	691	93	95.531
Northwestern	2.650	38.844	700	94	117.060
Yale	468	36.800	696	86	104.018
Pennsylvania	1.840	40.458	716	92	117.471
Cal., Berkeley	1.281	21.512	701	92	112.699
Colúmbia	1.796	38.290	709	95	126.319
Carolina do Norte	855	16.375	652	86	92.565
Carolina do Sul	1.588	37.558	685	82	88.839

Fonte: *The Wall Street Journal*, 21 set. 2005.

LIQUIDSPILL
Companion Website

Tempo (minutos)	Massa (libras)	Tempo (minutos)	Massa (libras)
0	6,64	22	1,86
1	6,34	24	1,60
2	6,04	26	1,37
4	5,47	28	1,17
6	4,94	30	0,98
8	4,44	35	0,60
10	3,98	40	0,34
12	3,55	45	0,17
14	3,15	50	0,06
16	2,79	55	0,02
18	2,45	60	0,00
20	2,14		

Fonte: BARRY, J. 'Estimating rates of spreading and evaporation of volatile liquids.' *Chemical Engineering Progress*, vol. 101, n. 1, jan. 2005.

10.3 Premissas-modelo

Na Seção 10.2, presumimos que o modelo probabilístico relacionando a receita de vendas da empresa y com os dólares gastos em publicidade fosse

$$y = \beta_0 + \beta_1 x + \varepsilon$$

Também lembramos que a estimativa dos quadrados mínimos do componente determinístico do modelo $\beta_0 + \beta_1 x$ era:

$$\hat{y} = \hat{\beta}_0 + \hat{\beta}_1 x = -0,1 + 0,7x$$

Agora, voltamos nossa atenção para o componente aleatório do modelo probabilístico e sua relação com os erros na estimativa de β_0 e β_1. Usaremos uma distribuição de probabilidades para caracterizar o comportamento de ε. Veremos como a distribuição de probabilidades de ε determina como o modelo descreve tão bem a relação entre a variável dependente y e a variável independente x.

O passo 3 na análise de regressão requer que especifiquemos a distribuição de probabilidades do erro aleatório ε. Faremos quatro premissas sobre a forma geral dessa distribuição de probabilidade:

Premissa 1: A média da distribuição de probabilidades de ε é 0 — isto é, a média de valores de ε sobre uma série infinitamente longa de experimentos é 0 para cada definição da variável independente x. Essa premissa implica que o valor médio de y, $E(y)$, para um dado valor de x é $E(y) = \beta_0 + \beta_1 x$.

Premissa 2: A variação da distribuição de probabilidade de ε é constante para todas as definições da variável independente x. Para nosso modelo de linha reta, essa premissa significa que a variação de ε é igual a uma constante, digamos, σ^2, para todos os valores de x.

Premissa 3: A distribuição de probabilidade de ε é normal.

Premissa 4: Os valores de ε associados com quaisquer dois valores observados de y são independentes — isto é, o valor de ε associado com um valor de y não tem efeito sobre os valores de ε associados com outros valores de y.

As implicações das três primeiras premissas podem ser vistas na Figura 10.7, que mostra distribuições de erros para três valores de x, chamados x_1, x_2 e x_3. Note que as distribuições de freqüências relativas de erros são normais, com uma média 0 e uma variação constante σ^2 (todas as distribuições mostradas têm a mesma quantidade de dispersão ou variabilidade). A linha reta mostrada na Figura 10.7 é a linha de médias. Ela indica o valor médio de y para um valor médio de x. Representamos esse valor médio como $E(y)$. Então, a linha de médias é dada pela equação:

$$E(y) = \beta_0 + \beta_1 x$$

Essas premissas tornam possível desenvolver medidas de confiabilidade para os estimadores de mínimos quadrados e testes de hipótese para examinar a utilidade da linha de mínimos quadrados. Dispomos de várias técnicas para verificar a validade dessas premissas, e temos formas de

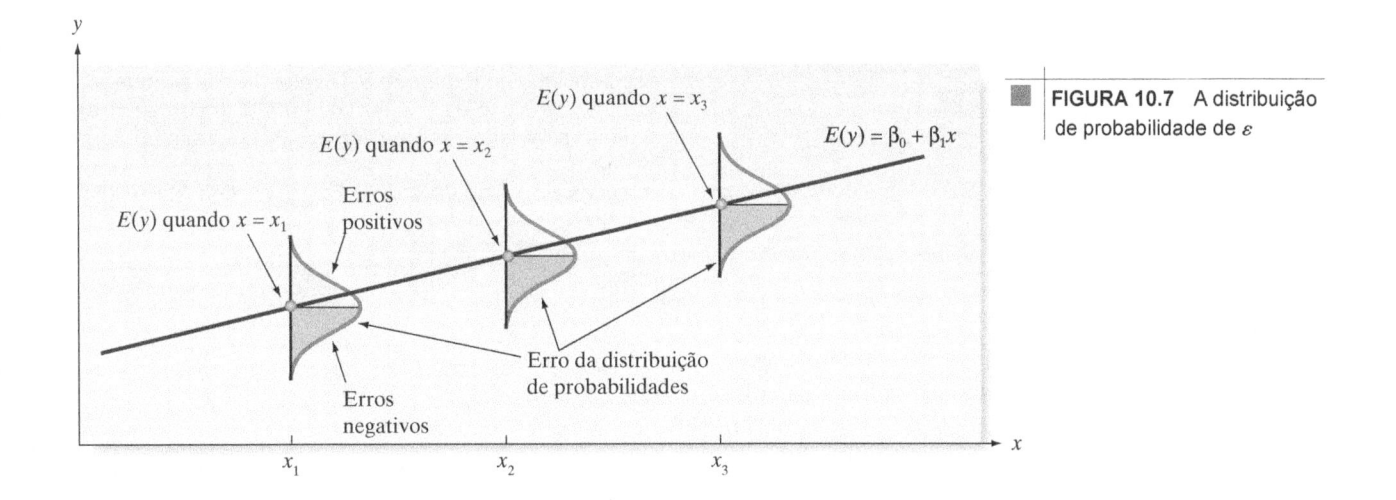

FIGURA 10.7 A distribuição de probabilidade de ε

corrigir a aplicação quando ela parece inválida. Diversas dessas formas são discutidas no Capítulo 11. Felizmente, as premissas não precisam ser seguidas exatamente para tornar os estimadores de quadrados mínimos úteis. Elas serão satisfeitas adequadamente para muitas aplicações encontradas na prática.

10.4 Um estimador de σ^2

Parece razoável presumir que, quanto maior a variabilidade do erro aleatório (que é medido pela sua variância σ^2), maiores serão os erros na estimativa dos parâmetros-modelo β_0 e β_1 e no erro de previsão quando $\hat{y}$ é usado para prever y para algum valor de x. Conseqüentemente, à medida que prosseguirmos no capítulo, você não deverá ficar surpreso ao verificar que σ^2 aparece nas fórmulas para todos os intervalos de confiança e estatísticas-teste que usamos.

Na maioria das situações práticas, σ^2 é desconhecido e devemos usar nossos dados para estimar seu valor. A melhor estimativa de σ^2, simbolizada por s^2, é obtida pela divisão da soma dos quadrados dos desvios dos valores y a partir da linha de previsão:

$$SQE = \sum(y_i - \hat{y}_i)^2$$

pelo número de graus de liberdade associados com essa quantidade. Usamos 2 gl para estimar os dois parâmetros β_0 e β_1, deixando $(n-2)$ gl para o erro de estimativa de variação.

ESTIMATIVA DE σ^2 PARA UM MODELO DE LINHA RETA (PRIMEIRA ORDEM)

$$s^2 = \frac{SQE}{\text{Graus de liberdade para erro}} = \frac{SQE}{n-2}$$

onde: $SQE = \sum(y_i - \hat{y}_i)^2 = SQ_{yy} - \hat{\beta}_1 SQ_{xy}$

$$SQ_{yy} = \sum(y_i - \bar{y})^2 = \sum y_i^2 - \frac{(\sum y_i)^2}{n}$$

Para estimar o desvio-padrão σ de σ, calculamos:

$$s = \sqrt{s^2} = \sqrt{\frac{SQE}{n-2}}$$

Vamos nos referir a s como o **erro padrão estimado do modelo de regressão**.

CUIDADO

Quando estiver realizando esses cálculos, você pode ficar tentado a arredondar os valores calculados de SQ_{yy}, β_1 e SQ_{xy}. Certifique-se de arredondar pelo menos seis casas significativas para cada uma dessas quantidades para evitar erros substanciais no cálculo de SQE.

EXEMPLO 10.2

ESTIMANDO σ PARA A REGRESSÃO VENDAS–PROPAGANDA

Problema Reveja o Exemplo 10.1 e a regressão linear simples dos dados vendas–propaganda na Tabela 10.3.

a. Calcule uma estimativa de σ.

b. Dê uma interpretação prática da estimativa.

Solução

a. Calculamos previamente SQE = 1,10 para a linha de quadrados mínimo $\hat{y} = -0,1 + 0,7x$. Relembrando que havia $n = 5$ pontos de dados, temos $n - 2 = 5 - 2 = 3$ gl para estimar σ^2. Assim,

$$s^2 = \frac{SQE}{n-2} = \frac{1,10}{3} = 0,367$$

é a variação estimada, e:

$$s = \sqrt{0,367} = 0,61$$

é o erro-padrão do modelo de regressão.

b. Você pode descobrir s intuitivamente relembrando a interpretação de um desvio-padrão dado no Capítulo 2 e recordando que a linha de quadrados mínimos estima o valor médio de y para dado valor de x. Uma vez que s mede a extensão da distribuição de valores y sobre a linha de quadrados mínimos, não deveríamos ficar surpresos ao verificar que a maioria das observações ficam dentro de $2s$ ou $2(0,61) = 1,22$ da linha de quadrados mínimos. Para esse simples exemplo (apenas cinco pontos de dados), todos os cinco valores de receitas de vendas caem dentro de $2s$ (ou US\$ 1.220) da linha de quadrados mínimos. Na Seção 10.8, usamos s para avaliar o erro de previsão quando a linha de quadrados mínimos é empregada para prever um valor de y a ser observado para dado valor de x.

Relembrando: Os valores de s^2 e s também podem ser obtidos a partir de uma tela de regressão linear simples. A tela do MINITAB para o exemplo propaganda–vendas é reproduzida na Figura 10.8. O valor de s^2 é sombreado na parte de baixo da tela na coluna **MS** (mean square), na linha chamada **residual error**. (Na regressão, a es-

Regression Analysis: SALES_Y versus ADVEXP_X

```
The regression equation is
SALES_Y = - 0.100 + 0.700 ADVEXP_X


Predictor     Coef    SE Coef       T       P
Constant    -0.1000     0.6351   -0.16   0.885
ADVEXP_X     0.7000     0.1915    3.66   0.035


S = 0.605530    R-Sq = 81.7%    R-Sq(adj) = 75.6%
```
(continua)

```
Analysis of Variance

Source          DF      SS       MS      F      P
Regression       1   4.9000   4.9000  13.36  0.035
Residual Error   3   1.1000   0.3667
Total            4   6.0000
```

FIGURA 10.8 Tela do MINITAB para a regressão propaganda–vendas

timativa de σ^2 é chamada quadrado médio para erro, ou QME.) O valor $s^2 = 0{,}3667$ está de acordo com o calculado a mão. O valor de s também está destacado na Figura 10.8. Esse valor $s = 0{,}60553$ está de acordo (exceto por arredondamento) com nosso valor calculado a mão.

AGORA FAÇA O EXERCÍCIO 10.28

INTERPRETAÇÃO DE S, O DESVIO-PADRÃO ESTIMADO DE σ

Esperamos que a maior parte ($\approx 95\%$) dos valores observados de y fiquem dentro de $2s$ de seus respectivos valores de mínimos quadrados previstos, $\hat{y}$.

Exercícios 10.24 – 10.34

Aprendendo a mecânica

10.24 Compare visualmente os diagramas de dispersão mostrados abaixo. Se uma linha de mínimos quadrados fosse determinada para cada grupo de dados, qual você acha que teria a menor variação, s^2? Explique.

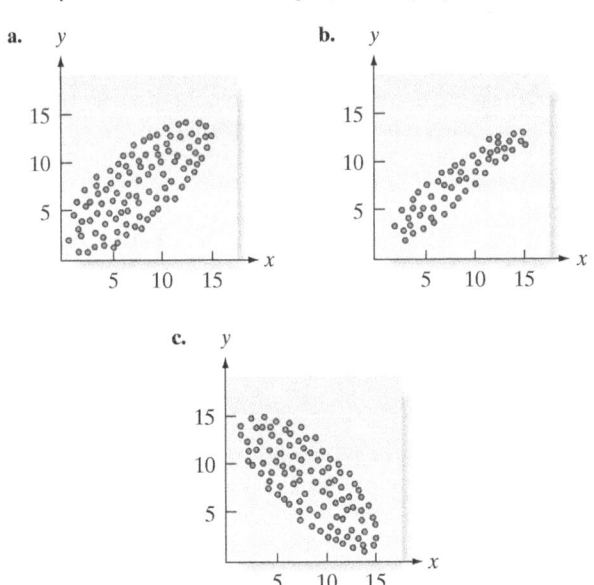

10.25 Suponha que você ajuste uma linha de mínimos quadrados a 26 pontos de dados e o valor calculado de SQE seja 8,34.
   a. Encontre s^2, o estimador de σ^2 (a variação do termo erro aleatório ε).
   b. Qual o maior desvio que você pode esperar entre qualquer um dos 26 pontos e a linha dos quadrados mínimos?

10.26 Calcule SQE e s^2 para cada um dos seguintes casos:
   a. $n = 20$, $SQ_{yy} = 95$, $SQ_{xy} = 50$, $\hat{\beta}_1 = 0{,}75$
   b. $n = 40$, $\sum y^2 = 860$, $\sum y = 50$, $SQ_{xy} = 2.700$, $\hat{\beta}_1 = 0{,}2$
   c. $n = 10$, $\sum(y_i - \bar{y})^2 = 58$, $SQ_{xy} = 91$, $SQ_{xx} = 170$

10.27 Consulte os exercícios 10.10 e 10.13. Calcule SQE, s^2 e s para as linhas de mínimos quadrados obtidas nesses exercícios. Interprete o erro-padrão do modelo de regressão s para cada item.

Aplicação dos conceitos — Básico

DIAMONDS

10.28 Características de diamantes vendidos no varejo. Consulte a relação linear simples relacionando preço (dólares) a quilates para diamantes vendidos no varejo, Exercício 10.14.
   a. Localize os valores de SQE, s^2, e s na tela do MINITAB mostrada no exercício.
   b. Dê uma interpretação prática do valor de s.

SAT SCORES

10.29 Pontuações de SAT estaduais. Consulte a regressão linear simples relatando a pontuação $y = 2005$ do SAT com a pontuação $x = 1990$ do SAT, Exercício 10.15. Uma parte da tela do SPSS da análise é mostrada na página a seguir.
   a. Localize os valores de SQE, s^2 e s na tela do SPSS.
   b. Dê uma interpretação prática do valor de s.

DOWDRUG

10.30 Estudo sobre taxa de liberação de drogas controladas. Consulte a regressão linear simples relacionando a proporção de liberação de medicamentos (y) à superfície da área em relação ao volume (x), Exercício 10.17.
   a. Encontre o valor de s para o modelo de linha reta.
   b. Dê uma interpretação prática do valor de s.

Aplicação dos conceitos — Intermediário

OJUICE

10.31 Suco de laranja doce. Releia o estudo sobre a qualidade do suco de laranja produzido em uma fábrica, Exercício 10.18. Lembre-se de que a regressão linear simples foi usada para prever o índice de quão doce é o suco (y) a partir da quantidade de pectina (x) nele existente.

Model Summary

Model	R	R Square	Adjusted R Square	Std. Error of the Estimate
1	.940ª	.883	.881	23.420

a. Predictors: (Constant), SAT1990

ANOVAᵇ

Model		Sum of Squares	df	Mean Square	F	Sig.
1	Regression	203794.5	1	203794.464	371.535	.000ª
	Residual	26877.46	49	548.520		
	Total	230671.9	50			

a. Predictors: (Constant), SAT1990

b. Dependent Variable: SAT2005

saída do spss para o exercício 10.29

Saída do SPSS para o Exercício 10.29

a. Encontre os valores de SQE, s^2 e s para essa regressão.
b. Explique por que é difícil dar uma interpretação prática para s^2.
c. Dê uma interpretação prática para o valor de s.

10.32 Cobranças do hospital versus duração da estadia. O *Statistical Bulletin* (out./dez. 1999) relatou os valores médios cobrados e o tempo médio de duração de uma estadia em hospital para pacientes submetidos a prostatectomias radicais em uma amostra de 12 estados norte-americanos. Os dados são listados na tabela a seguir.

HOSPITAL
Companion Website

ESTADO	COBRANÇA MÉDIA DO HOSPITAL (US$)	DURAÇÃO MÉDIA DA ESTADIA (DIAS)
Massachusetts	11.680	3,64
New Jersey	11.630	4,20
Pennsylvania	9.850	3,84
Minnesota	9.950	3,11
Indiana	8.490	3,86
Michigan	9.020	3,54
Flórida	13.820	4,08
Georgia	8.440	3,57
Tennessee	8.790	3,80
Texas	10.400	3,52
Arizona	12.860	3,77
Califórnia	16.740	3,78

Fonte: *Statistical Bulletin*, vol. 80, n. 4, out./dez. 1999, p. 13.

a. Represente graficamente os dados em um diagrama de dispersão.
b. Use o método dos mínimos quadrados para modelar a relação entre o valor médio cobrado pelo hospital (y) e a duração da estadia no hospital (x).
c. Encontre o erro-padrão estimado do modelo de regressão e interprete seu valor no contexto do problema.
d. Para a duração da estadia de $x = 4$ dias, encontre $\hat{y} \pm 2s$.
e. Que fração dos estados da amostra tem cobranças médias dentro da linha de mínimos quadrados $\pm 2s$?

FCAT
Companion Website

10.33 Pontuações FCAT e pobreza. Releia o estudo do *Journal of Educational and Behavioral Statistics* (primavera, 2004) de pontuações no Florida Comprehensive Assessment Test (FCAT), Exercício 10.20.
a. Considere a regressão linear simples relacionando a pontuação de matemática (y) com a porcentagem (x) de estudantes abaixo do nível de pobreza. Encontre e interprete o valor de s para essa regressão.
b. Considere a regressão linear simples relacionando a pontuação de leitura (y) com a porcentagem (x) de estudantes abaixo do nível de pobreza. Encontre e interprete o valor de s para essa regressão.
c. Qual variável dependente, pontuação de matemática ou pontuação de leitura, pode ser mais precisamente prevista pela porcentagem (x) de estudantes abaixo da linha da pobreza? Explique.

Aplicação dos conceitos — Avançado

10.34 Testes de duração de ferramentas de corte. Para melhorar a qualidade do resultado de qualquer processo produtivo, é necessário primeiro compreender as capacidades do processo (Gitlow et al., *Quality management: tools and methods for improvement*, 1995). Em um processo de manufatura em particular, a vida útil de uma ferramenta de corte é relacionada com a velocidade à qual ela é operada. Os dados na tabela abaixo foram derivados de testes de duração para duas diferentes marcas de ferramentas de corte usadas correntemente no processo de produção. Para qual marca você se sentiria mais confiante em usar a linha de mínimos quadrados para prever a vida útil para uma dada velocidade de corte? Explique.

CUTTOOLS
Companion Website

VELOCIDADE DE CORTE (METROS POR MINUTO)	VIDA ÚTIL (HORAS)	
	MARCA A	MARCA B
30	3,5	6,0
30	3,5	6,5
30	5,2	5,0
40	5,2	6,0
40	4,0	4,5
40	2,5	5,0
50	4,4	4,5
50	2,8	4,0
50	1,0	3,7
60	4,0	3,8
60	2,0	3,0
60	1,1	2,4
70	1,1	1,5
70	0,5	2,0
70	3,0	1,0

10.5 Descobrindo a utilidade do modelo: fazendo inferências sobre a inclinação β_1

Agora que especificamos a distribuição de probabilidades de ε e encontramos uma estimativa da variância σ^2, estamos prontos para fazer inferências estatísticas sobre a utilidade do modelo para prever a resposta y. Esse é o passo 4 de nosso procedimento de modelagem da regressão.

Consulte de novo os dados da Tabela 10.1 e suponha que as receitas de vendas da loja sejam *completamente não relacionadas* com gastos de propaganda. O que poderia ser dito sobre os valores de β_0 e β_1 no modelo probabilístico hipotético:

$$y = \beta_0 + \beta_1 x + \varepsilon$$

se x contribui com nenhuma informação para a previsão de y? A implicação é que a média de y — isto é, a parte determinística do modelo $E(y) = \beta_0 + \beta_1 x$ — não muda à medida que x muda. No modelo de linha reta, isso significa que a verdadeira inclinação β_1 é igual a 0 (ver Figura 10.9). De forma alternativa, se há uma relação linear positiva entre x e y, a inclinação será positiva. Desse modo, para testar a hipótese nula de que o modelo linear contribui com nenhuma informação para a previsão de y contra a hipótese alternativa de que a inclinação é positiva, testamos:

$$H_0: \beta_1 = 0 \text{ contra } H_a: \beta_1 > 0$$

Se os dados dão suporte à hipótese alternativa, é concluimos que a inclinação é positiva e que x contribui com informações para a previsão de y usando o modelo de linha reta (embora houvesse a possibilidade de a verdadeira relação entre $E[y]$ e x ser mais complexa do que uma linha reta). Assim, efetivamente, esse é um teste da utilidade do modelo hipotético. A estatística-teste apropriada é encontrada ao considerar a distribuição amostral de $\hat{\beta}_1$, o estimador dos mínimos quadrados da inclinação β_1, como mostrado no quadro a seguir.

DISTRIBUIÇÃO AMOSTRAL DE $\hat{\beta}_1$

Se fizermos as quatro premissas sobre σ (veja Seção 10.3), a distribuição amostral do estimador dos mínimos quadrados $\hat{\beta}_1$ da inclinação será normal com a média β_1 (a verdadeira inclinação) e desvio-padrão:

$$\sigma_{\hat{\beta}_1} = \frac{\sigma}{\sqrt{SQ_{xx}}} \text{ (veja Figura 10.10)}$$

Estimamos $\sigma_{\hat{\beta}_1}$ por $s_{\hat{\beta}_1} = \frac{s}{\sqrt{SQ_{xx}}}$ e nos referimos a essa quantidade como o **erro estimado da inclinação dos mínimos quadrados $\hat{\beta}_1$**.

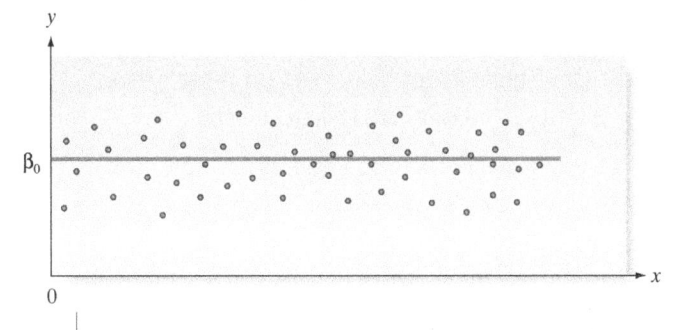

FIGURA 10.9 Gráfico do modelo de linha reta quando a inclinação é zero, isto é, $y = \beta_0 + \varepsilon$

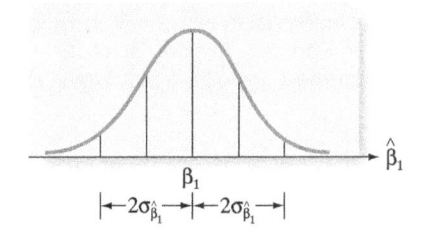

FIGURA 10.10 Distribuição amostral de $\hat{\beta}_1$

Uma vez que σ é geralmente desconhecido, a estatística-teste apropriada é uma estatística t, formada como se segue:

$$t = \frac{\hat{\beta}_1 - \text{Valor hipotético de } \beta_1}{s_{\hat{\beta}_1}} \quad \text{onde} \quad s_{\hat{\beta}_1} = \frac{s}{\sqrt{SQ_{xx}}}$$

Assim:

$$t = \frac{\hat{\beta}_1 - 0}{s/\sqrt{SQ_{xx}}}$$

Note que substituímos o estimador s por σ e então formamos o erro estimado padrão $s_{\hat{\beta}_1}$ dividindo x por $\sqrt{SQ_{xx}}$. O número de graus de liberdade associado com essa estatística t é o mesmo que o número de graus de liberdade associados com s. Lembre-se de que esse número é $(n-2)$ gl quando o modelo hipotético é uma linha reta (veja a Seção 10.4). O ajuste de nosso teste de utilidade do modelo de linha reta aparece resumido nos quadros.

UM TESTE DE UTILIDADE DO MODELO:
REGRESSÃO LINEAR SIMPLES

Teste de uma cauda
$H_0: \beta_1 = 0$
$H_a: \beta_1 < 0$ (ou $H_a: \beta_1 > 0$)

Teste de duas caudas
$H_0: \beta_1 = 0$
$H_a: \beta_1 \neq 0$

Estatística-teste: $t = \dfrac{\hat{\beta}_1}{s_{\hat{\beta}_1}} = \dfrac{\hat{\beta}_1}{s/\sqrt{SQ_{xx}}}$

Região de rejeição: $t < -t_\alpha$ Região de rejeição: $t > t_{\alpha/2}$
(ou $t > t_\alpha$ quando $H_a: \beta_1 > 0$)
onde t_α e $t_{\alpha/2}$ são baseados em $(n-2)$ graus de liberdade.

CONDIÇÕES REQUERIDAS PARA UM TESTE VÁLIDO:
REGRESSÃO LINEAR SIMPLES

As quatro premissas sobre ε listadas na Seção 10.3.

EXEMPLO 10.3

TESTANDO A INCLINAÇÃO β_1 DA LINHA VENDAS–PROPAGANDA

Problema Consulte a análise de regressão linear simples dos dados vendas–propaganda, exemplos 10.1 e 10.2. Realize um teste (a $\alpha = 0{,}05$) para determinar se as receitas de vendas (y) estão positiva e linearmente relacionadas com os gastos em propaganda (x).

Solução
Como afirmamos anteriormente, queremos testar $H_0: \beta_1 = 0$ contra $H_a: \beta_1 > 0$. Para este exemplo, $n = 5$. Assim, t será baseado em $n - 2 = 3$ gl e a região de rejeição (a $\alpha = 0{,}05$) será:

$$t > t_{0{,}05} = 2{,}353$$

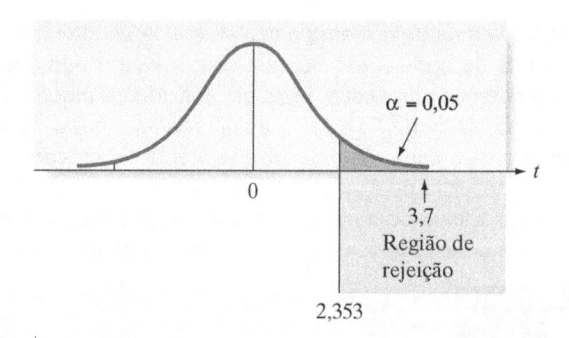

FIGURA 10.11 Região de rejeição e valor t calculado para testar $H_0: \beta_1 = 0$ versus $H_a: \beta_1 \neq 0$

Calculamos previamente $\hat{\beta}_1 = 0{,}7$, $s = 0{,}61$ e $SQ_{xx} = 10$. Assim, a estatística-teste é:

$$t = \frac{\hat{\beta}_1}{s/\sqrt{SQ_{xx}}} = \frac{0{,}7}{0{,}61/\sqrt{10}} = \frac{0{,}7}{0{,}19} = 3{,}7$$

Como esse valor de t calculado fica na região de rejeição (veja Figura 10.11), rejeitamos a hipótese nula e concluímos que a inclinação β_1 é maior que 0. A evidência da amostra indica que o gasto de propaganda x é positivo e linearmente relacionado com receitas de vendas y.

[*Nota*: Podemos chegar à mesma conclusão usando o nível observado de significância (valor p) de teste a partir da tela do computador. A tela do MINITAB para o exemplo de propaganda–vendas é reproduzida na Figura 10.12. A estatística-teste e o valor p *de duas caudas* estão sombreados na tela. O valor p apropriado *de uma cauda* é obtido pela divisão do valor mostrado na tela (0,035) por 2; isto é, o valor p de uma cauda = (valor p de duas caudas)/2 = 0,035/2 = 0,0175. (Veja o próximo quadro.) Uma vez que o valor p é menor que $\alpha = 0{,}05$, rejeitamos H_0.]

Regression Analysis: SALES_Y versus ADVEXP_X

```
The regression equation is
SALES_Y = - 0.100 + 0.700 ADVEXP_X


Predictor      Coef    SE Coef       T       P
Constant    -0.1000     0.6351   -0.16   0.885
ADVEXP_X     0.7000     0.1915    3.66   0.035


S = 0.605530    R-Sq = 81.7%    R-Sq(adj) = 75.6%


Analysis of Variance

Source           DF        SS        MS       F       P
Regression        1    4.9000    4.9000   13.36   0.035
Residual Error    3    1.1000    0.3667
Total             4    6.0000
```

FIGURA 10.12 Tela do MINITAB para a regressão propaganda–vendas

Relembrando Qual conclusão pode ser tirada se o valor calculado de *t* não fica na região de rejeição ou se o nível de significância observado do teste excede α? Sabemos, das discussões anteriores sobre a filosofia do teste de hipóteses, que tal valor *t não* nos leva a aceitar a hipótese nula — isto é, não concluímos que $\beta_1 = 0$. Dados adicionais devem indicar que β_1 difere de 0, ou que uma relação mais complexa existe entre *x* e *y*, requerendo o ajuste de um modelo diferente do de linha reta. Discutiremos diversos modelos no Capítulo 11.

AGORA FAÇA O EXERCÍCIO **10.39**

INTERPRETANDO VALORES – *P* PARA COEFICIENTES β NA REGRESSÃO

Quase todos os softwares estatísticos de computador relatam um valor *p de duas caudas* para cada um dos parâmetros β no modelo de regressão. Por exemplo, em uma regressão linear simples, o valor *p* para o teste de duas caudas $H_0: \beta_1 = 0$ versus $H_a: \beta_1 \neq 0$ é dado na tela. Se você realizar um teste de hipóteses de *uma cauda*, precisará ajustar o valor *p* relatado na tela como se segue:

Teste de cauda superior ($H_a: \beta_1 > 0$):

$$\text{valor } p = \begin{cases} p/2 & \text{se } t > 0 \\ 1 - p/2 & \text{se } t < 0 \end{cases}$$

Teste de cauda inferior ($H_a: \beta_1 < 0$):

$$\text{valor } p = p/2 \begin{cases} p/2 & \text{se } t < 0 \\ 1 - p/2 & \text{se } t > 0 \end{cases}$$

onde *p* é o valor *p* reportado na tela e *t* é o valor da estatística-teste.

Outra forma de fazer inferências sobre a inclinação β_1 é estimá-la usando um intervalo de confiança. Esse intervalo é formado como mostrado no quadro abaixo.

UM INTERVALO DE CONFIANÇA 100(1 − α)% PARA A INCLINAÇÃO $S_{\hat{\beta}_1}$ DA REGRESSÃO LINEAR SIMPLES

$$\hat{\beta}_1 \pm t_{\alpha/2} s_{\hat{\beta}_1}$$

onde o erro padrão estimado $S_{\hat{\beta}_1}$ é calculado por:

$$s_{\hat{\beta}_1} = \frac{s}{\sqrt{SQ_{xx}}}$$

e $t_{\alpha/2}$ é baseado em $(n - 2)$ graus de liberdade.

CONDIÇÕES REQUERIDAS PARA UM INTERVALO DE CONFIANÇA VÁLIDO: REGRESSÃO LINEAR SIMPLES

As quatro premissas sobre ε listadas na Seção 10.3.

No exemplo propaganda–vendas, $t_{\alpha/2}$ é baseado em $(n - 2) = 3$ graus de liberdade. Para $\alpha = 0{,}05$, $t_{0,025} = 3{,}182$. Dessa forma, um intervalo de confiança de 95% para a inclinação β_1, a mudança esperada nas receitas de vendas para um aumento de US$ 100 em gasto de propaganda, é:

$$\hat{\beta}_1 \pm (t_{0,025}) s_{\hat{\beta}_1} = 0{,}7 \pm 3{,}182 \left(\frac{s}{\sqrt{SQ_{xx}}} \right)$$

$$= 0{,}7 \pm 3{,}182 \left(\frac{0{,}61}{\sqrt{10}} \right) = 0{,}7 \pm 0{,}61$$

Assim, o intervalo estimado do parâmetro da população β_1 é 0,09 a 1,31. [*Nota*: Esse intervalo também pode ser obtido usando software estatístico e está sombreado na tela do SPSS, Figura 10.13.] Em termos deste exemplo, a implicação é que podemos ter 95% de confiança de que o *verdadeiro* aumento médio em receitas de vendas mensais por US$ 100 adicionais de gastos de propaganda está entre US$ 90 e US$ 1.310. Essa inferência é significativa apenas para a faixa amostrada de *x* — isto é, de US$ 100 a US$ 500 de gastos em propaganda.

AGORA FAÇA O EXERCÍCIO **10.37C**

Uma vez que todos os valores nesse intervalo são positivos, parece que β_1 é positivo e que a média de *y*, $E(y)$, aumenta à medida que *x* aumenta. No entanto, a grande largura do intervalo de confiança reflete o pequeno número de pontos de dados (e, conseqüentemente, uma ausência de confirmação) no experimento. Particularmente incômodo é o fato de que o extremo inferior do intervalo de confiança implica que não estamos recuperando nosso gasto adicional, já que um aumento de US$ 100 em propaganda produziria apenas US$ 90 em aumento médio de vendas. Se desejamos encurtar esse intervalo, precisamos aumentar o tamanho da amostra.

Coefficients[a]

Model		Unstandardized Coefficients		Standardized Coefficients	t	Sig.	95% Confidence Interval for B	
		B	Std. Error	Beta			Lower Bound	Upper Bound
1	(Constant)	-.100	.635		-.157	.885	-2.121	1.921
	ADVEXP_X	.700	.191	.904	3.656	.035	.091	1.309

a. Dependent Variable: SALES_Y

FIGURA 10.13 Tela do SPSS com intervalos de confiança de 95% para a regressão vendas–propaganda βs

ESTATÍSTICA EM AÇÃO REVISITADA

DESCOBRINDO QUÃO BEM O MODELO DE REGRESSÃO DE LINHA RETA SE AJUSTA AOS DADOS DO EQUILÍBRIO TRABALHO–VIDA PESSOAL

Na seção Estatística em ação revisitada anterior, ajustamos o modelo de linha reta $E(y) = \beta_0 + \beta_1 x$, onde $x =$ número de horas trabalhadas por semana e $y =$ equilíbrio na escala de pontuação para os alunos de MBA. A tela de regressão do SPSS para a análise é mostrada na Figura EA10.3. O valor p de duas caudas para testar a hipótese nula $H_0: \beta_1 = 0$ (sombreada na tela) é valor $p \approx 0$. Conseqüentemente, para qualquer valor racionalmente escolhido de α, há evidência suficiente para rejeitar H_0 e concluir que a pontuação de equilíbrio trabalho–vida pessoal está linearmente relacionada com o número médio de horas trabalhadas por semana.

Esse resultado aparentemente contradiz a inferência feita a partir do diagrama de dispersão dos dados mostrado na Figura EA10.1. Lembre-se de que a variação dos pontos de dados ao redor da linha de quadrados mínimos é muito grande, implicando que o número de horas trabalhadas por semana (x) não será um bom preditor da pontuação de equilíbrio trabalho–vida pessoal (y). Essa aparente contradição deve-se ao tamanho extremamente grande da amostra ($n = 2.087$) para os dados. O teste de hipóteses para a inclinação provavelmente resultará na rejeição da hipótese nula para valores extremamente grandes de n, mesmo em casos em que há uma relação linear muito fraca entre y e x. Podemos conseguir mais informações sobre o fenômeno examinando duas outras estatísticas: o intervalo de confiança de 95% para a inclinação β_1 e o desvio-padrão estimado do modelo, s.

A confiança de 95% para β_1, sombreada na tela do SPSS, é (–0,401, –0,293). Com 95% de confiança, podemos afirmar que, para cada uma hora de aumento em horas semanais trabalhadas, a pontuação equilíbrio trabalho–vida pessoal diminuirá entre 0,29 e 0,40 pontos — isto é, o aumento não será nem mesmo metade de um ponto! E sobre um aumento de 10 horas em números de horas trabalhadas? Multiplicando os pontos extremos do intervalo por 10, vemos que esse grande aumento em x apenas leva a uma diminuição no equilíbrio trabalho–vida pessoal entre 2,9 e 4,0 pontos.

O desvio-padrão modelo, também sombreado na tela do SPSS, é $s = 12,3$. Nossa interpretação é que o modelo de linha reta pode prever a pontuação de equilíbrio trabalho–vida pessoal (y) para cerca de $2s = 24,6$ pontos de seu verdadeiro valor. Esse é um erro de previsão, considerando que a escala de equilíbrio trabalho–vida pessoal varia de 0 a 100 pontos.

Apesar de o teste de hipóteses para a inclinação ser *estatisticamente significante*, tanto o intervalo de confiança para a inclinação como o modelo de desvio-padrão indicam que o modelo pode não ser *significativo na prática* (isto é, sem valor na prática real).

Model Summary

Model	R	R Square	Adjusted R Square	Std. Error of the Estimate
1	.265[a]	.070	.070	12.28455

a. Predictors: (Constant), HOURS

ANOVA[b]

Model		Sum of Squares	df	Mean Square	F	Sig.
1	Regression	23803.05	1	23803.051	157.730	.000[a]
	Residual	314647.5	2085	150.910		
	Total	338450.5	2086			

a. Predictors: (Constant), HOURS
b. Dependent Variable: WLBSCORE

Coefficients[a]

Model		Unstandardized Coefficients		Standardized Coefficients	t	Sig.	95% Confidence Interval for B	
		B	Std. Error	Beta			Lower Bound	Upper Bound
1	(Constant)	62.499	1.414		44.215	.000	59.726	65.271
	HOURS	-.347	.028	-.265	-12.559	.000	-.401	-.293

a. Dependent Variable: WLBSCORE

FIGURA EA 10.3 Regressão linear simples do SPSS para dados de equilíbrio trabalho–vida pessoal

Exercícios 10.35 – 10.50

Aprendendo a mecânica

10.35 Construa tanto um intervalo de confiança de 95% como de 90% para cada um dos seguintes casos:
a. $\hat{\beta}_1 = 31$, $s = 3$, $SQ_{xx} = 35$, $n = 10$
b. $\hat{\beta}_1 = 64$, $SQE = 1.960$, $SQ_{xx} = 30$, $n = 14$
c. $\hat{\beta}_1 = -8,4$, $SQE = 146$, $SQ_{xx} = 64$, $n = 20$

10.36 Considere os seguintes pares de observações:

x	1	4	3	2	5	6	0
y	1	3	3	1	4	7	2

a. Construa um diagrama de dispersão para os dados.
b. Use o método dos mínimos quadrados para ajustar uma linha reta aos sete pontos de dados na tabela.
c. Represente graficamente a linha dos mínimos quadrados no seu diagrama de dispersão do item **a**.
d. Especifique as hipóteses nula e alternativa que você usaria para testar se os dados fornecem evidência suficiente para indicar que x contribui com informação para a previsão (linear) de y.
e. Que estatística-teste deveria ser usada na condução do teste de hipóteses do item **d**? Especifique os graus de liberdade associados com a estatística-teste.
f. Realize o teste de hipóteses do item **d** usando $\alpha = 0,05$.

10.37 Consulte o Exercício 10.36. Construa um intervalo de confiança de 80% e de 90% para β_1.

10.38 Os dados a seguir fornecem evidência suficiente para concluir que uma linha reta é útil para caracterizar a relação entre x e y?

x	4	2	4	3	2	4
y	1	6	5	3	2	4

Aplicação dos conceitos — Básico

DIAMONDS

10.39 Características de diamantes vendidos no varejo. Releia a análise de regressão linear simples do MINITAB relacionando y = preço pedido (dólares) com x = número de quilates para diamantes vendidos no varejo, Exercício 10.14.
a. Dê as hipóteses nula e alternativa para determinar se existe uma relação linear positiva entre y e x.
b. Localize o valor p do teste na tela do MINITAB. Interprete o resultado se $\alpha = 0,01$.
c. Encontre um intervalo de confiança de 99% para a inclinação β_1. Interprete o resultado.

SATSCORES

10.40 Pontuações estaduais do SAT Scores. Reveja a regressão linear simples relacionando y = pontuação estadual do SAT em 2005 com x = pontuação estadual do SAT em 1990, Exercício 10.15.

a. Dê as hipóteses nula e alternativa para determinar se existe uma relação linear positiva entre y e x.
b. Localize o valor p do teste na tela do SPSS. Interprete o resultado se $\alpha = 0,05$.
c. Encontre o intervalo de confiança de 95% para a inclinação β_1. Interprete o resultado.

DOWDRUG

10.41 Taxa de liberação de drogas controladas. Consulte a análise de regressão linear simples relacionando y = taxa de liberação de difusão da droga com x = taxa da área da superfície em relação ao volume, Exercício 10.17. Use os resultados da regressão para formar um intervalo de confiança de 90% da inclinação β_1. Interprete o resultado.

OJUICE

10.42 Suco de laranja doce. Consulte a regressão linear simples relacionado y = o índice de quão doce é uma amostra de suco de laranja com x = quantidade de pectina solúvel em água, Exercício 10.18. Use os resultados da regressão para formar um intervalo de confiança de 95% da inclinação β_1. Interprete o resultado.

Aplicação dos conceitos — Intermediário

BSCHOOL

10.43 Pesquisa das melhores escolas de negócios. Consulte a pesquisa Business School do *Wall Street Journal* (25 set. 2005), Exercício 10.22. Se você pagar mais em taxas para cursar uma escola de melhor nível, necessariamente resultará em maior probabilidade de oferta de trabalho após a graduação? Considere y = porcentagem de graduados com ofertas de trabalho e x = custo do curso, então ajuste o modelo linear simples, $E(y) = \beta_0 + \beta_1 x$, para os dados no arquivo **BSCHOOL**. Há evidência suficiente (a $\alpha = 0,10$) de uma relação linear positiva entre y e x?

LIQUIDSPILL

10.44 Taxa de dispersão de líquido derramado. Reveja o estudo da *Chemical Engineering Progress* (jan. 2005) sobre a taxa à qual líquido volátil derramado se espalhará por uma superfície, Exercício 10.23. Para os dados no arquivo **LIQUIDSPILL**, considere y = massa derramada e x = tempo passado após o derramamento.
a. Há evidência suficiente (a $\alpha = 0,05$) para indicar que a massa derramada diminui linearmente à medida que o tempo aumenta?
b. Dê uma estimativa de intervalo (com 95% de confiança) da diminuição na massa derramada para cada minuto passado de tempo.

10.45 Jogadores de tênis casados e seus rankings. A revista *Tennis* (fev. 2000) afirma que 'jogadores de tênis que se casam geralmente vêem seu jogo piorar'. A tabela a seguir lista uma amostra de ex-jogadores e seus rankings na data de casamento e no primeiro aniversário de casamento.

a. Construa um diagrama de dispersão para esses dados. Ele tende a reforçar ou refutar a afirmação da revista? Justifique sua resposta.
b. Use o método dos mínimos quadrados para construir um modelo da relação entre o ranking do dia do casamento (x) e o ranking no primeiro aniversário de casamento (y).
c. O modelo linear que você desenvolveu no item **b** contribui com informações para prever o ranking dos jogadores em seu primeiro aniversário? Teste a $\alpha = 0,05$.
d. Se não ocorressem mudanças no ranking das amostras depois do casamento, quais seriam os valores verdadeiros de β_0 e β_1?

TENLOVE
Companion Website

Jogador	Ranking no dia de casamento	Ranking no 1º aniversário do casal
Arthur Ashe	12	130
Jonathan Stark	67	165
Richey Reneberg	28	97
Paul Haarhuis	28	73
Richard Fromberg	40	79
Byron Black	44	77
Sabine Appelmans	16	49
Petr Korda	7	11
Dominique Van Roost	43	46
Ivan Lendl	1	3
John McEnroe	7	9
Stefan Edberg	2	3
Chris Evert	4	4
Mats Wilander	3	3
Sandrine Testud	14	12
Zina Garrison	6	4
Yevgeny Kafelnikov	8	4
Boris Becker	11	3
Michael Stich	15	6
Julie Halard-Decugis	32	15
Todd Woodbridge	71	27
Jason Stoltenberg	82	31

Fonte: Tennis, fev. 2000, p.14.

10.46 Os bancos de Nova Jersey servem as comunidades minoritárias? Instituições financeiras têm uma responsabilidade legal e social para servir a todas as comunidades. Os bancos servem adequadamente tanto cidades do interior como vizinhanças no subúrbio, tanto pobres quanto ricas? Em Nova Jersey, bancos foram cobrados com taxas para áreas urbanas com alta porcentagem de minorias. Para examinar essa cobrança, um jornal regional de Nova Jersey, o *Asbury Park Press*, compilou dados de cada condado sobre o número (y) de pessoas em cada condado por agência bancária e a porcentagem (x) da população em cada condado que é minoria. Esses dados para cada um dos 21 condados de Nova Jersey são apresentados na tabela abaixo.

NJBANKS
Companion Website

Condado	Número de pessoas por agência bancária	Porcentagem de população minoritária
Atlantic	3.073	23,3
Bergen	2.095	13,0
Burlington	2.905	17,8
Camden	3.330	23,4
Cape May	1.321	7,3
Cumberland	2.557	26,5
Essex	3.474	48,8
Gloucester	3.068	10,7
Hudson	3.683	33,2
Hunterdon	1.998	3,7
Mercer	2.607	24,9
Middlesex	3.154	18,1
Monmouth	2.609	12,6
Morris	2.253	8,2
Ocean	2.317	4,7
Passaic	3.307	28,1
Salem	2.511	16,7
Somerset	2.333	12,0
Sussex	2.568	2,4
Union	3.048	25,6
Warren	2.349	2,8

Fonte: D'AMBROSIO, P.; CHAMBERS, S. 'No checks and balances.' Asbury Park Press, 10 set. 1995.

a. Represente graficamente os dados em um diagrama de dispersão. Que tendência, caso haja alguma, o gráfico revela?
b. Considere o modelo linear $E(y) = \beta_0 + \beta_1 x$. Se, de fato, a cobrança contra os bancos de New Jersey é verdadeira, então um aumento na porcentagem de minorias (x) levará a uma diminuição no número de agências bancárias em um condado e, dessa forma, resultará em um aumento no número de pessoas (y) por agência. O valor de β_1 será positivo ou negativo nessa situação?
c. Os dados reforçam ou refutam a cobrança feita contra a comunidade bancária de New Jersey? Teste usando $\alpha = 0,01$.

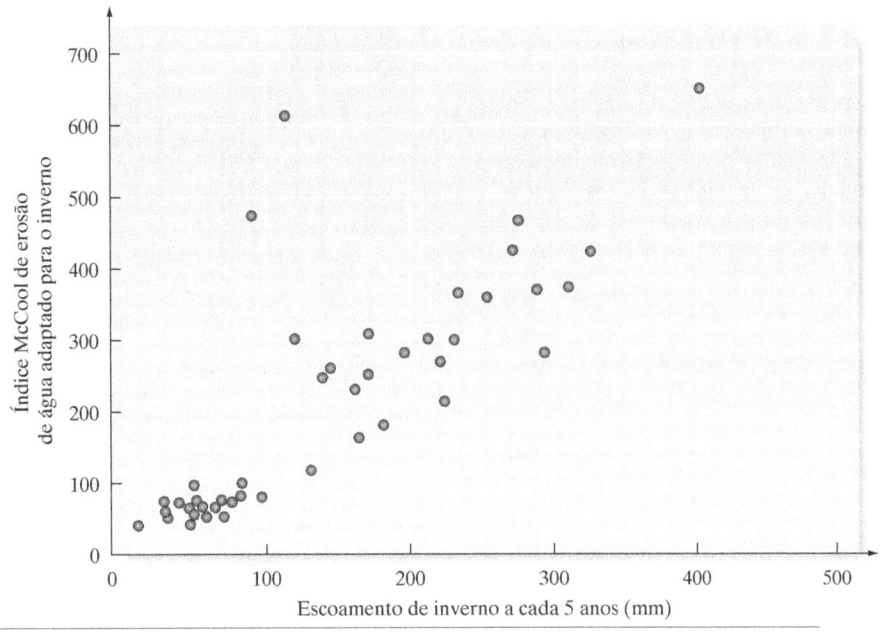

Diagrama de dispersão para o Exercício 10.47

10.47 Prevendo erosão de água nos solos. O Departamento Americano de Agricultura desenvolveu e adotou a equação universal de perda do solo (EUPS) para prever a erosão dos solos causada por água. Em áreas geográficas onde o derretimento de neve é comum, o EUPS requer uma estimativa precisa da erosão causada pelo derretimento de neve. Um artigo no *Journal of Soil and Water Conservation* (mar./abr. 1995) usou uma regressão linear simples para desenvolver um índice de erosão por derretimento de neve. Dados para 54 estações climatológicas no Canadá foram usados para estruturar o índice y McCool de erosão de água adaptado para o inverno como uma função de linha reta para a quantia x de derretimento escoada uma vez a cada 5 anos (medida em milímetros).

a. Os pontos de dados são representados graficamente no diagrama de dispersão mostrado acima. Há evidência visual de uma tendência linear?
b. Os dados para sete estações foram removidos da análise devido à falta de neve durante o período de estudo. Por que essa estratégia é aconselhável?
c. A regressão linear simples nos pontos remanescentes gerou os resultados a seguir:

$$\hat{y} = -6{,}72 + 1{,}39x \qquad S_{\hat{\beta}_1} = 0{,}06.$$

Use essa informação para construir um intervalo de confiança de 90% para β_1.
d. Interprete o intervalo, item **c**.

10.48 Avaliando o sucesso gerencial. O livro clássico de H. Mintzberg, *The nature of managerial work* ('A natureza do trabalho gerencial'), de 1973, identificou os papéis encontrados em todos os trabalhos gerenciais. Um estudo observacional de 19 gestores de uma fábrica de tamanho médio ampliou o trabalho de Mintzberg, pesquisando quais atividades os gestores de sucesso realmente desempenham (*Journal of Applied Behavioral Science*, ago. 1985). Para medir o sucesso, os pesquisadores criaram um índice baseado em seu nível dentro da firma; quanto maior o índice, mais sucesso tinha o gestor. A abaixo tabela apresenta dados (representativos dos dados coletados pelos pesquisadores) que podem ser usados para determinar se o sucesso gerencial é relacionado com a extensão da construção de *network* com pessoas de fora da unidade do gerente. Tais interações incluem contatos telefônicos e encontros pessoais com clientes e fornecedores, comparecer a reuniões fora da empresa e fazer trabalho de relações públicas.

GESTOR	ÍNDICE Y DE SUCESSO DO GESTOR	NÚMERO X DE INTERAÇÕES COM PESSOAS DE FORA
1	40	12
2	73	71
3	95	70
4	60	81
5	81	43
6	27	50
7	53	42
8	66	18
9	25	35
10	63	82
11	70	20
12	47	81
13	80	40
14	51	33
15	32	45
16	50	10
17	52	65
18	30	20
19	42	21

a. Construa um diagrama de dispersão para os dados.
b. Encontre a equação de previsão para o sucesso gerencial.
c. Encontre s para a sua equação de previsão. Interprete o desvio-padrão s no contexto do problema.
d. Represente graficamente a linha de mínimos quadrados no seu diagrama de dispersão do item **a**. O número de interações com pessoas de fora parece contribuir com informações para a previsão de sucesso gerencial? Explique.
e. Realize o teste de hipótese da estatística formal para responder à questão colocada no item **d**. Use $\alpha = 0{,}05$.
f. Construa um intervalo de confiança de 95% para β_1. Interprete o intervalo no contexto do problema.

Aplicação dos conceitos — Avançado

RETAL

10.49 Retaliações contra 'dedos-duros' em empresas. Releia o Exercício 10.21, no qual a extensão da retaliação contra dedos-duros foi pesquisada. Uma vez que o salário é um indicador razoavelmente bom de poder de uma pessoa dentro de uma organização, os dados do Exercício 10.21 podem ser usados para verificar se a extensão da retaliação está relacionada com o poder do dedo-duro na empresa. Os pesquisadores foram incapazes de rejeitar a hipótese de que a extensão da retaliação não está relacionada ao poder. Você concorda? Teste usando $\alpha = 0{,}05$.

10.50 Risco de investimento estrangeiro. Uma das mais difíceis tarefas de desenvolver e administrar um portfólio global é descobrir os riscos de potenciais investimentos estrangeiros. O pesquisador C. R. Henry da Duke University, , colaborou com dois diretores da First Chicago Investment Management Company examinando o uso das taxas de crédito dos Estados Unidos como meio de avaliar investimentos estrangeiros (*Journal of Portfolio Management*, inverno, 1995). Para ser efetiva, a medida deveria ajudar a explicar e prever a volatilidade do mercado estrangeiro em questão. Dados sobre o risco anualizado (y) e taxa média de crédito (x) para 40 países fictícios (com base em resultados do estudo) estão salvos no arquivo **GLOBRISKF**. (Os primeiros e os últimos cinco países são mostrados na tabela no alto, à direita.)
a. Os dados fornecem evidência suficiente para concluir que o risco de crédito do país (x) contribui com informações para a previsão da volatilidade do mercado (y)?
b. Use um gráfico para localizar visualmente quaisquer pontos de dados não usuais.
c. Elimine os dados não usuais, item **b**, a partir do grupo de dados e rode de novo a análise de regressão linear simples. Registre quaisquer mudanças expressivas nos resultados.

GLOBRISKF

País	Risco anualizado (%)	Taxa média de crédito
1	85,9	30,7
2	25,8	77,1
3	25,2	82,7
4	20,9	77,3
5	63,7	35,1
.	.	.
.	.	.
.	.	.
36	73,0	31,5
37	20,7	86,5
38	14,3	95,3
39	44,9	43,9
40	34,5	23,4

10.6 O coeficiente de correlação

Lembre-se (da Seção opcional 2.10) de que uma **relação bivariada** descreve uma relação entre as duas variáveis, x e y. Diagramas de dispersão são usados para descrever graficamente uma relação bivariada. Nesta seção, discutiremos o conceito de **correlação** e mostraremos como ele pode ser usado para medir a relação linear entre duas variáveis, x e y. Uma medida descritiva numérica da associação linear entre x e y é dada pelo *coeficiente de correlação r*.

> **DEFINIÇÃO 10.2**
>
> O **coeficiente de correlação**[3] r é uma medida da força da relação linear entre duas variáveis, x e y. É calculado (para uma amostra de n medições de x e y) como se segue:
>
> $$r = \frac{SQ_{xy}}{\sqrt{SQ_{xx}SQ_{y}}}$$

Observe que a fórmula computacional para o coeficiente de correlação r dado na Definição 10.2 envolve as mesmas quantidades que foram usadas no cálculo da equação de previsão dos quadrados mínimos. Na verdade, uma vez que os numeradores das expressões para $\hat{\beta}_1$ e r são idênticos, você pode notar que $r = 0$ quando $\hat{\beta}_1 = 0$ (o caso em que x não contribui com nenhuma informação para a previsão de y) e que r é positivo quando a inclinação é positiva, e negativo quando a inclinação é negativa. Ao contrário de $\hat{\beta}_1$, o

---

[3] O valor de r geralmente é chamado de *coeficiente de correlação de Pearson*, em honra a seu desenvolvedor, Karl Pearson (veja Biografia).

coeficiente de correlação r é *sem escala* e presume um valor entre -1 e $+1$, independentemente das unidades de x e y.

Um valor de r próximo ou igual a 0 implica pouca ou nenhuma relação linear entre y e x. Ao contrário, quanto mais próximo r chega de 1 ou -1, mais forte é a relação linear entre y e x. E se $r = 1$ ou $r = -1$, todos os pontos da amostra ficam exatamente na linha de quadrados mínimos. Valores positivos de r implicam em uma relação linear positiva entre y e x; isto é, y aumenta à medida que x aumenta. Valores negativos de r implicam uma relação linear negativa entre y e x; isto é, y diminui à medida que x aumenta. Cada uma dessas situações é mostrada na Figura 10.14.

Agora faça o Exercício 10.52

Demonstramos como calcular o coeficiente de correlação r usando os dados na Tabela 10.1 para o exemplo propaganda–vendas. As quantidades ne-cessárias para calcular r são SQ_{xy}, SQ_{xx} e SQ_{yy}. As primeiras duas quantidades foram calculadas anteriormente e são repetidas aqui por conveniência:

$$SQ_{xy} = 7 \quad SQ_{xx} = 10 \quad SQ_{yy} = \sum y^2 - \frac{(\sum y)^2}{n}$$

$$= 26 - \frac{(10)^2}{5} = 26 - 20 = 6$$

Agora encontramos o coeficiente de correlação:

$$r = \frac{SQ_{xy}}{\sqrt{SQ_{xx} SQ_{yy}}} = \frac{7}{\sqrt{(10)(6)}} = \frac{7}{\sqrt{60}} = 0{,}904$$

O fato de que r é positivo e próximo a 1 em valor indica que as receitas de vendas y tendem a aumentar à medida que os gastos de propaganda x aumentam — *para essa amostra de cinco meses*. Essa é a mesma conclusão à que chegamos quando encontramos o valor calculado da inclinação dos quadrados mínimos como sendo positivo.

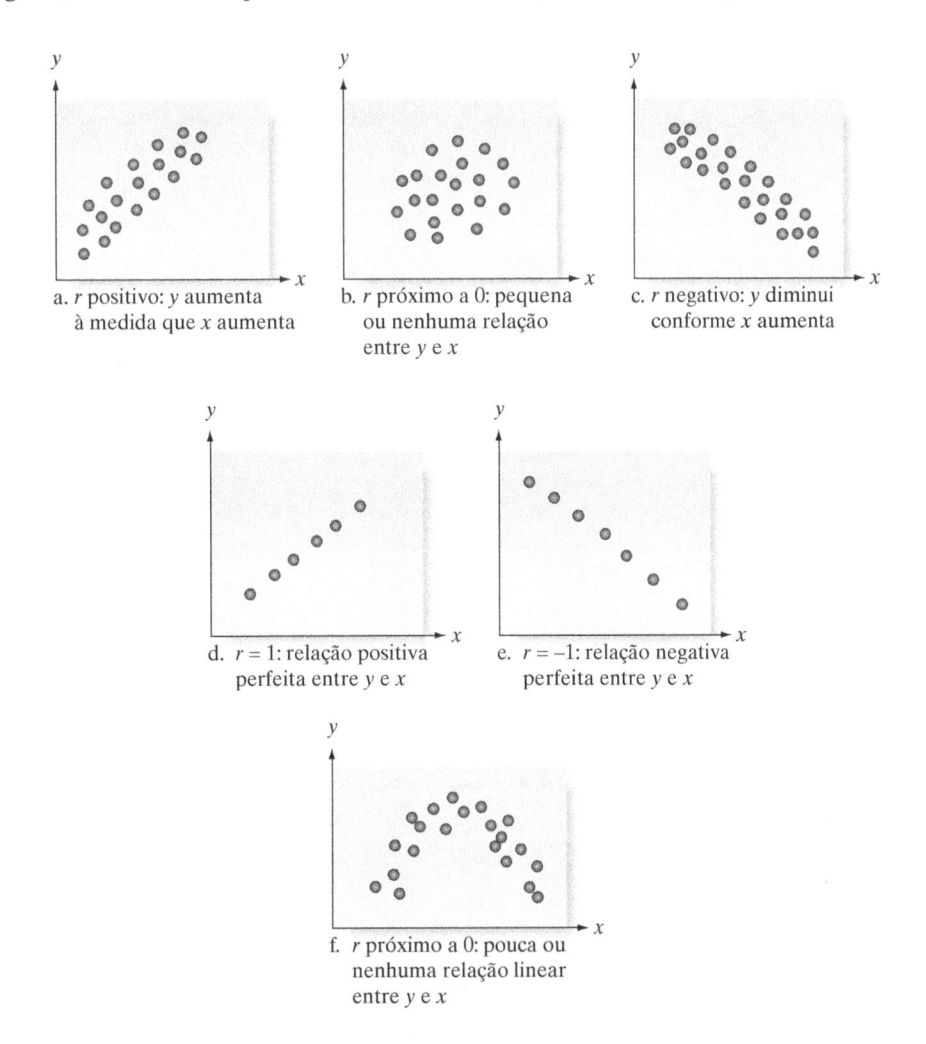

a. r positivo: y aumenta à medida que x aumenta

b. r próximo a 0: pequena ou nenhuma relação entre y e x

c. r negativo: y diminui conforme x aumenta

d. $r = 1$: relação positiva perfeita entre y e x

e. $r = -1$: relação negativa perfeita entre y e x

f. r próximo a 0: pouca ou nenhuma relação linear entre y e x

FIGURA 10.14 Valores de r e suas implicações

EXEMPLO 10.4

RELACIONANDO TAXA DE CRIMINALIDADE E EMPREGO DE CASSINO USANDO COEFICIENTE DE CORRELAÇÃO

Problema O jogo legalizado é disponível em diversos cassinos de barcos em uma cidade no Mississippi. O prefeito da cidade quer saber a correlação entre o número de funcionários de cassinos e a taxa de criminalidade anual. Os registros para os últimos 10 anos são examinados, e são obtidos os resultados listados na Tabela 10.5. Calcule o coeficiente de correlação r para os dados. Interprete os resultados.

TABELA 10.5 Dados sobre funcionários de cassinos e taxa de criminalidade, Exemplo 10.4

Ano	Número de funcionários de cassinos x (milhares)	Taxa de criminalidade y (número de crimes por 1.000 da população)
1997	15	1,35
1998	18	1,63
1999	24	2,33
2000	22	2,41
2001	25	2,63
2002	29	2,93
2003	30	3,41
2004	32	3,26
2005	35	3,63
2006	38	4,15

Solução

Em vez de usar a fórmula de cálculo dada na Definição 10.2, recorremos a um software estatístico. Os dados da Tabela 10.5 foram inseridos em um computador e o MINITAB foi usado para calcular r. A tela do MINITAB é mostrada na Figura 10.15.

O coeficiente de correlação, sombreado no topo da tela, é $r = 0{,}987$. Assim, o tamanho da força de trabalho em cassinos e a taxa de criminalidade na cidade são muito correlacionados — pelo menos ao longo dos últimos 10 anos. A implicação é que uma relação positiva linear existe entre essas variáveis (veja o diagrama de dispersão na parte de baixo da Figura 10.15). Devemos ser cautelosos, no entanto, para não chegar a conclusões não garantidas. Por exemplo, o prefeito pode ser tentado a concluir que a contratação de mais trabalhadores de cassino no próximo ano aumentará a taxa de criminalidade — ou seja, há uma *relação causal* entre as duas variáveis. No entanto, alta correlação não implica causalidade. O fato é: muitas coisas provavelmente contribuíram tanto para aumentar a força de trabalho do cassino como para aumentar a taxa de criminalidade. O turismo na cidade indubitavelmente cresceu desde que foram legalizados os barcos, e é possível que os cassinos tenham se expandido tanto em serviços oferecidos como em número. *Não podemos inferir uma relação causal com base em uma correlação de amostra grande. Quando uma alta correlação é observada nos dados da amostra, a única conclusão segura é que uma tendência linear existe entre x e y.*

Relembrando Outra variável, como o aumento no turismo, pode ser a causa implícita da alta correlação entre x e y.

AGORA FAÇA O EXERCÍCIO **10.60**A,B

Correlations: EMPLOYEES, CRIMERAT

```
Pearson correlation of EMPLOYEES and CRIMERAT = 0.987
P-Value = 0.000
```

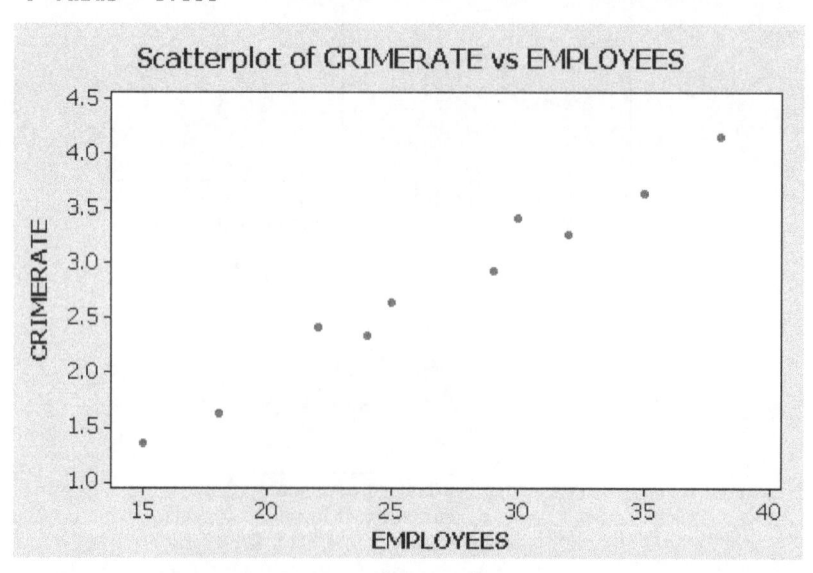

FIGURA 10.15 Tela de correlação do MINITAB para o Exemplo 10.4

Cuidado

Quando usamos o coeficiente de correlação r para inferir a natureza da relação entre x e y, dois cuidados devem ser tomados: (1) uma *alta correlação* não implica necessariamente que uma relação casual exista entre x e y — apenas que uma tendência linear pode existir; (2) uma *baixa correlação* não implica necessariamente que x e y não estejam relacionados — apenas que não estão fortemente e linearmente relacionados.

Tenha em mente que o coeficiente de correlação mede a correlação linear entre os valores x e y na amostra, e que um coeficiente de correlação linear similar existe para a população a partir da qual os pontos de dados são selecionados. O **coeficiente de correlação da população** é representado pelo símbolo ρ (rô). Como você deve esperar, ρ é estimado pela estatística amostral correspondente, r. Ou, em vez de estimar ρ, podemos querer testar a hipótese nula H_0: $\rho = 0$ contra H_a: $\rho \neq 0$ — ou seja, podemos testar a hipótese de que x não contribui com nenhuma informação para previsão de y usando o modelo de linha reta contra a alternativa de que duas variáveis são pelo menos linearmente relacionadas.

No entanto, já realizamos teste idêntico na Seção 10.5 quando testamos H_0: $\beta_1 = 0$ contra H_a: $\beta_1 \neq 0$ — isto é, a hipótese nula H_0: $\rho = 0$ é equivalente à hipótese H_0: $\beta_1 = 0$.[4] Quando testamos a hipótese nula H_0: $\beta_1 = 0$ juntamente com o exemplo propaganda–vendas, os dados levaram à rejeição da hipótese nula ao nível $\alpha = 0{,}05$. Essa rejeição implica que a hipótese nula de uma correlação linear 0 entre as duas variáveis (receita de vendas e gasto com publicidade) também pode ser rejeitada ao nível $\alpha = 0{,}05$. A única diferença real entre a inclinação $\hat{\beta}_1$ de quadrados mínimos e o coeficiente de correlação r é a escala da medição. Dessa forma, a informação que eles fornecem sobre a utilidade do modelo de quadrados mínimos é, de certa forma, redundante. Por essa razão, usaremos a inclinação para fazer inferências sobre a existência de uma relação linear positiva ou negativa entre as duas variáveis.

Atividade 10.2

Mantenha a mudança: coeficientes de correlação

Nesta atividade, você usará os dados coletados na Atividade 1.1, *Mantenha a mudança: coletando dados* e os resultados da Atividade 10.1, *Mantenha a mudança: modelos de quadrados mínimos* para estudar a força da relação linear.

1. Para cada um dos modelos de quadrados mínimos nos exercícios 1 e 4 da Atividade 10.1, calcule o coeficiente de correlação correspondente. Esses valores reforçam sua conclusão sobre qual modelo é mais útil? Explique.

2. Para cada compra no seu grupo de dados original *totais comprados*, forme o par ordenado:

    (*compra total, quantia transferida*)

    Calcule o coeficiente de correlação e discuta a força da relação linear entre as duas variáveis. Explique por que você deve esperar que a inclinação da linha correspondente dos quadrados mínimos seja próxima a zero. Encontre o modelo de quadrados mínimos e comente sua utilidade. O modelo produz valores estimados que são menos significativos para grandes totais comprados? Explique.

3. Para cada estudante na classe, forme um par ordenado:

    (*soma de totais transferidos, combinação bancária*)

    Calcule o coeficiente de correlação. Quão forte é a relação entre as duas variáveis? Encontre o modelo de quadrados mínimos. A inclinação $\hat{\beta}_1$ é aproximadamente 13 e o intercepto y $\hat{\beta}_0$, aproximadamente 0? Explique por que a linha deveria ter essa inclinação e intercepto y. Quão boas são as estimativas dadas pelo modelo nessa situação?

10.7 O coeficiente de determinação

Outra forma de avaliar a utilidade do modelo é medir a contribuição de x na previsão de y. Para conseguir isso, calculamos quanto os erros de previsão de y foram reduzidos usando as informações dadas por x. Para exemplificar, considere a amostra apresentada no diagrama de dispersão da Figura 10.16a. Se presumimos que x não contribui com nenhuma informação para a previsão de y, a melhor previsão para um valor de y é a média da amostra $\bar{y}$ apresentada na linha horizontal da Figura 10.16b. Os segmentos de linha vertical na Figura 10.16b são os desvios

---

[4] A correlação da estatística-teste equivalente a $t = \hat{\beta}_1/s_{\hat{\beta}_1}$ é $t = \dfrac{r}{\sqrt{(1-r^2)/(n-2)}}$.

dos pontos sobre a média $\bar{y}$. Note que a soma dos quadrados dos desvios para a equação de previsão $\hat{y} = \bar{y}$ é:

$$SQ_{yy} = \sum(y_i - \bar{y})^2$$

Agora, suponha que você ajuste uma linha de quadrados mínimos para o mesmo grupo de dados e localize os desvios dos pontos sobre a linha, como mostrado na Figura 10.16c. Compare os desvios sobre as linhas de previsão nas figuras 10.16b e 10.16c. Você pode ver que:

1. Se x contribui com pouca ou nenhuma informação para a previsão de y, as somas dos quadrados dos desvios para as duas linhas:

$$SQ_{yy} = \sum(y_i - \bar{y})^2 \quad \text{e} \quad SQE = \sum(y_i - \hat{y}_i)^2$$

serão praticamente iguais.

2. Se x não fornece informação para a previsão de y, a SQE será menor que SQ_{yy}. Na verdade, se todos os pontos caírem na linha dos mínimos quadrados, SQE = 0.

Então, a redução na soma dos quadrados dos desvios que pode ser atribuída a x, expressa como uma proporção de SQ_{yy}, é:

$$\frac{SQ_{yy} - SQE}{SQ_{yy}}$$

Note que SQ_{yy} é a 'variação total da amostra' das observações ao redor da média $\bar{y}$ e que SQE é a 'variabilidade remanescente não explicada' após o ajuste da linha $\hat{y}$. Assim, a diferença ($SQ_{yy} - SQE$) é a 'variabilidade explicada da amostra' atribuível à relação linear com x. Então, uma descrição verbal da proporção é:

$$\frac{SQ_{yy} - SQE}{SQ_{yy}} = \frac{\text{Variabilidade explicada da amostra}}{\text{Variabilidade total da amostra}}$$

$$= \text{Proporção da variabilidade total da amostra explicada pela relação linear}$$

Na regressão linear simples, pode ser mostrado que essa proporção — chamada *coeficiente de determinação* — é igual ao quadrado do coeficiente linear simples da correlação r.

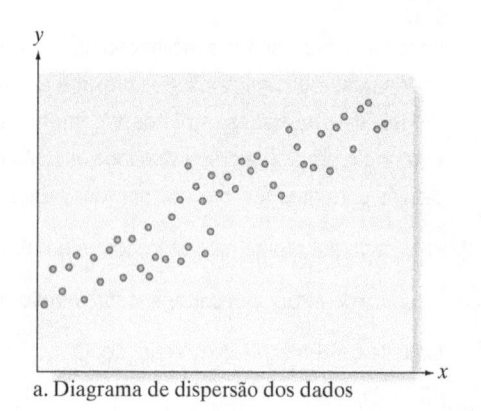

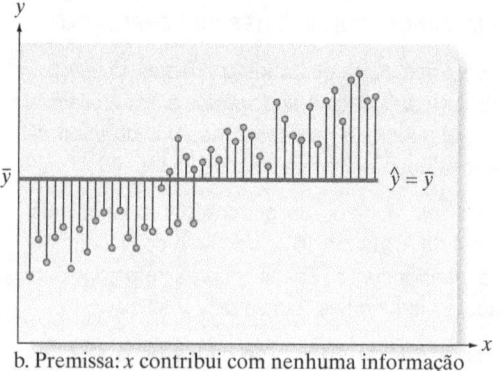

a. Diagrama de dispersão dos dados

b. Premissa: x contribui com nenhuma informação para previsão y, $\hat{y} = \bar{y}$

c. Premissa: x contribui com informações para previsão de y, $\hat{y} = \hat{\beta}_0 + \hat{\beta}_1 x$

FIGURA 10.16 Uma comparação da soma dos quadrados dos desvios para dois modelos

Definição 10.3

O **coeficiente de determinação** é:

$$r^2 = \frac{SQ_{yy} - SQE}{SQ_{yy}} = 1 - \frac{SQE}{SQ_{yy}}$$

Ele representa a proporção da variabilidade total da amostra ao redor de $\bar{y}$ que é explicada pela relação linear entre y e x. (Na regressão linear simples, também pode ser calculado como o quadrado do coeficiente de correlação r.)

Note que r^2 está sempre entre 0 e 1, porque r está entre –1 e +1. Assim, r^2 de 0,60 significa que a soma de quadrados de desvios dos valores de y ao redor de seus valores previstos foi reduzida em 60% pelo uso da equação de quadrados mínimos $\hat{y}$, em vez de $\bar{y}$, para prever y.

EXEMPLO 10.5

Obtendo o valor de r^2 para os dados de estimativas de vendas

Problema Calcule o coeficiente de determinação para o exemplo propaganda–vendas. Os dados são repetidos na Tabela 10.6 para facilitar. Interprete o resultado.

Solução

A partir de cálculos prévios:

$$SQ_{yy} = 6 \quad \text{e} \quad SQE = \sum(y_i - \hat{y})^2 = 1{,}10$$

Então, pela Definição 10.3, o coeficiente de determinação é dado por:

$$r^2 = \frac{SQ_{yy} - SQE}{SQ_{yy}} = \frac{6{,}0 - 1{,}1}{6{,}0} = \frac{4{,}9}{6{,}0} = 0{,}82$$

ADSALES Companion Website

TABELA 10.6 Dados para gastos de propaganda e receitas de vendas

Gastos de propaganda X (US$ 100)	Receita de vendas Y (US$ 1.000)
1	1
2	1
3	2
4	2
5	4

Outra forma de calcular r^2 é lembrar (Seção 10.6) que $r = 0{,}904$, então, temos $r^2 = (0{,}904)^2 = 0{,}82$. Uma terceira maneira de obter r^2 é a partir de uma tela de computador. Esse valor está sombreado na tela do SPSS reproduzida na Figura 10.17. Nossa interpretação é como se segue: sabemos que, usando os gastos de propaganda, x, para prever y com a linha de mínimos quadrados:

$$\hat{y} = -0{,}1 + 0{,}7x$$

conta para 82% das somas totais dos desvios dos quadrados dos cinco valores de y da amostra ao redor da média. Ou, colocado de outra forma, 82% da variação da amostra nas receitas de vendas (y) pode ser 'explicada' ao usar o gasto de propaganda (x) em um modelo de linha reta.

Agora faça o Exercício 10.56A

Interpretação prática do coeficiente de determinação r^2

Cerca de $100(r^2)\%$ da variação da amostra em y (medida pela soma total de quadrados de desvios dos valores y da amostra sobre suas médias y) pode ser explicada pelo (ou atribuída ao) uso de x para prever y no modelo de linha reta.

Model Summary

Model	R	R Square	Adjusted R Square	Std. Error of the Estimate
1	.904ª	.817	.756	.606

a. Predictors: (Constant), ADVEXP_X

FIGURA 10.17 Parte da tela do SPSS para regressão propaganda–vendas

Estatística em ação revisitada

Usando o coeficiente de correlação e o coeficiente de determinação para analisar os dados de equilíbrio trabalho–vida pessoal

Na seção Estatística em ação revisitada, descobrimos que o número médio de horas trabalhadas por semana (x) por alunos de MBA foi estatisticamente útil, mas não útil de forma prática, para prever a pontuação de equilíbrio trabalho–vida pessoal (y) em um modelo de linha reta. Tanto o coeficiente de correlação quanto de determinação (sombreados nas telas do MINITAB da Figura EA10.4) também reforçam essa conclusão. O valor de coeficiente de correlação $r = -0{,}265$, apesar de estatisticamente diferente de 0, indica uma relação linear relativamente fraca entre as variáveis. O coeficiente de determinação, $r^2 = 0{,}07$, implica que apenas 7% da variação da amostra na pontuação de equilíbrio trabalho–vida pessoal pode ser explicada pelo modelo de linha reta.

Regression Analysis: WLB-SCORE versus HOURS

```
The regression equation is
WLB-SCORE = 62.5 - 0.347 HOURS


Predictor        Coef    SE Coef        T        P
Constant       62.499      1.414    44.22    0.000
HOURS        -0.34673    0.02761   -12.56    0.000


S = 12.2845      R-Sq = 7.0%    R-Sq(adj) = 7.0%


Analysis of Variance

Source            DF       SS       MS        F        P
Regression         1    23803    23803   157.73    0.000
Residual Error  2085   314647      151
Total           2086   338451
```

Correlations: WLB-SCORE, HOURS

```
Pearson correlation of WLB-SCORE and HOURS = -0.265
P-Value = 0.000
```

FIGURA EA 10.4 Telas do MINITAB com coeficientes de correlação e determinação para os dados de equilíbrio trabalho–vida pessoal

Regressão linear simples

Usando a calculadora gráfica TI-83/TI-84

Encontrando r e r^2

Passo 1 *Insira os dados.*

Pressione **STAT** e selecione **1:Edit**.

Nota: se uma lista já contém dados, limpe os dados antigos. Use a seta de cima para sombrear o nome da lista, **L.1** ou **L.2'**.

Pressione **CLEAR ENTER**.

Insira seus dados x em **L1** e seus dados y em **L2**.

Passo 2 *Ligue a característica de diagnósticos.*

Pressione **2nd 0** para **CATALOG**.

Pressione a tecla para **D**.

Pressione a seta de baixo até que **Diagnostics On** esteja sombreada.
Pressione **ENTER** duas vezes.

Passo 3 *Encontre a equação.*
Pressione **STAT** e marque **CALC**.
Pressione 4 para LinReg (**ax + b**).
Pressione **ENTER**.
A tela mostrará os valores de a e b na equação y = ax + b.
Os valores de r e r^2 aparecerão na tela também.

Exemplo A figura mostra a forma da tela com **DiagnosticsOn**.

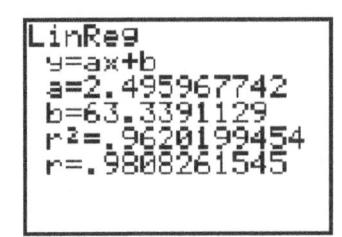

```
LinReg
y=ax+b
a=2.495967742
b=63.3391129
r²=.9620199454
r=.9808261545
```

Exercícios 10.51–10.65

Aprendendo a mecânica

10.51 Descreva a inclinação da linha dos mínimos quadrados se
   a. $r = 0{,}7$
   b. $r = -0{,}7$
   c. $r = 0$
   d. $r^2 = 0{,}64$

10.52 Explique o que cada um dos seguintes coeficientes de correlação da amostra diz sobre a relação entre os valores x e y na amostra.
   a. $r = 1$
   b. $r = -1$
   c. $r = 0$
   d. $r = -0{,}90$
   e. $r = 0{,}10$
   f. $r = -0{,}88$

10.53 Calcule r^2 para a linha dos mínimos quadrados em cada um dos exercícios a seguir. Interprete seus valores.
   a. Exercício 10.10
   b. Exercício 10.13

10.54 Construa um diagrama de dispersão para cada grupo de dados. Então, calcule r e r^2 para cada grupo de dados. Interprete seus valores.

a.

x	-2	-1	0	1	2
y	-2	1	2	5	6

b.

x	-2	-1	0	1	2
y	6	5	3	2	0

c.

x	1	2	2	3	3	3	4
y	2	1	3	1	2	3	2

d.

x	0	1	3	5	6
y	0	1	2	1	0

APPLET **Exercício utilizando aplicativo 10.2**
(É preciso ter o java instalado para utilizar esse aplicativo)

Use o aplicativo intitulado *Correlation by eye* para explorar a relação entre a tendência dos dados em um diagrama de dispersão e o coeficiente de correlação correspondente.
   a. Rode o aplicativo diversas vezes. A cada vez, adivinhe o valor do coeficiente de correlação. Então clique em *Show r* para ver o coeficiente de correlação real. Quão perto está o seu valor do real valor de r ? Clique em *New data* para reiniciar o aplicativo.
   b. Clique na lixeira para limpar o gráfico. Use o mouse para colocar cinco pontos no diagrama de dispersão que são aproximadamente uma linha reta. Então, adivinhe o valor do coeficiente de correlação. Clique em *Show r* para ver o coeficiente de correlação real. Quão perto você esteve desta vez?
   c. Continue a limpar o gráfico e a representar graficamente grupos de cinco pontos com diferentes tendências entre os pontos. Adivinhe o valor de r. Quão perto você chega do valor real de r em cada oportunidade?
   d. Com base em suas experiências com o aplicativo, explique por que precisamos usar métodos mais confiáveis para encontrar o coeficiente de correlação em vez de simplesmente 'adivinhá-lo'.

Aplicação dos conceitos — Básico

10.55 'Meta-habilidades' e gestão de carreiras. No atual mundo de negócios, a gestão efetiva de sua própria carreira requer um conjunto de habilidades que inclui adaptabilidade, tolerância para com ambigüidade, bom senso e identificação de mudanças. Professores de gestão da Pace University (Nova York) usaram coeficientes de correlação para investigar a relação entre essas 'meta-habilidades' e a gestão efetiva da carreira (*International Journal of Manpower*, ago. 2000). Dados foram coletados entre 446 graduados em administração que completaram um curso de gestão de 'meta-habilidades'. Duas das diversas habilidades medidas foram nível de habilidade de autoconhecimento (x) e habilidade de definir objetivos (y). O coeficiente de correlação para essas duas variáveis foi $r = 0{,}70$.
   a. Dê uma interpretação prática para o valor de r.
   b. O valor p para um teste de não-correlação entre as duas variáveis foi relatado como valor $p = 0{,}001$. Interprete esse resultado.
   c. Encontre o coeficiente de determinação r^2 e interprete o resultado.

DIAMONDS

10.56 Características de diamantes vendidos no varejo. Consulte a análise de regressão linear simples do MINITAB relacionando y = preço pedido (em dólares) a x = número de quilates para diamantes vendidos no varejo, Exercício 10.14.

a. Localize o coeficiente de determinação r^2 na tela do MINITAB e interprete o resultado.
b. Encontre o valor do coeficiente de correlação r a partir do valor de r^2 e o sinal da inclinação estimada. Interprete o resultado.

OJUICE

10.57 Suco de laranja doce. Consulte a regressão linear simples relacionando y = índice de quão doce é uma amostra de suco de laranja com x = quantidade de pectina solúvel em água, Exercício 10.18. Encontre e interprete o coeficiente de determinação r^2 e o coeficiente de correlação r.

10.58 Notícias de esportes em redes de TV locais. O *Sports Journal* (inverno, 2004) publicou os resultados de um estudo realizado para descobrir os fatores que impactam o tempo destinado a notícias de esportes em redes de TV de notícias locais dos Estados Unidos. Informações sobre o tempo total (em minutos) destinado a esportes e as taxas de audiência das redes de TV (medidas em escala de 100 pontos) foram obtidas de uma amostra nacional de 163 diretores de notícias. Uma análise de correlação dos dados gerou $r = 0{,}43$.

a. Interprete o valor do coeficiente de correlação r.
b. Encontre e interprete o valor do coeficiente de determinação r^2.

Aplicação dos conceitos — Intermediário

10.59 Salário relacionado a altura. Pessoas mais baixas são afetadas negativamente em relação a salário? De acordo com os professores de negócios T. A. Judge (University of Florida) e D. M. Cable (University of North Carolina), pessoas altas tendem a ganhar mais dinheiro ao longo de sua carreira do que pessoas baixas (*Journal of Applied Psychology*, jun. 2004). Usando dados coletados de participantes nas Pesquisas Longitudinais Nacionais iniciadas em 1979, os pesquisadores calcularam a correlação entre os ganhos médios de 1985-2000 (em dólares) e a altura (em polegadas) para diversas ocupações. Os resultados são dados na próxima tabela.

a. Interprete o valor de r para pessoas em cargos de vendas.
b. Calcule r^2 para pessoas em cargos de vendas. Interprete os resultados.
c. Dê H_0 e H_a para testar se os ganhos médios e a altura são positivamente correlacionados.
d. A estatística-teste para testar H_0 e H_a no item **c** é:

$$t = \frac{r\sqrt{n-2}}{\sqrt{1-r^2}}$$

Calcule esse valor para pessoas em cargos de vendas.
e. Use o resultado, item **d**, para realizar o teste a $\alpha = 0{,}01$. Tire as conclusões apropriadas.
f. Selecione outra ocupação e repita os itens de **a** a **e**.

Ocupação	Correlação r	Tamanho da amostra n
Vendas	0,41	117
Gerentes	0,35	455
Operários de produção	0,32	349
Trabalhadores de serviços	0,31	265
Profissionais/técnicos	0,30	453
Assistentes administrativos	0,25	358
Especialistas/supervisores	0,24	250

Fonte: JUDGE, T. A.; CABLE, D. M. "The effect of physical height on workplace success and income: preliminary test of a theoretical model." *Journal of Applied Psychology*, vol. 89, n. 3, jun. 2004 (Tabela 5).

10.60 O Forbes 400. O *Forbes 400* é um ranking anual das 400 pessoas mais ricas nos Estados Unidos. Os bilionários top 15 nessa lista de 2006 são apresentados na tabela da página a seguir.

a. Construa um diagrama de dispersão para esses dados. O que o gráfico sugere a respeito da relação entre idade e patrimônio líquido dos bilionários?
b. Encontre o coeficiente de correlação e explique o que ele revela sobre a relação entre idade e patrimônio líquido.
c. Se o coeficiente de correlação do item **b** tivesse o sinal oposto, como isso mudaria sua interpretação da relação entre idade e patrimônio líquido?
d. Encontre o coeficiente de determinação para o modelo de linha reta relacionando patrimônio líquido (y) a idade (x). Interprete os resultados no contexto do problema.

BSCHOOL

10.61 Pesquisa das principais escolas de negócios. Reveja a pesquisa Business School Survey, do *Wall Street Journal* (25 set. 2005), Exercício 10.22. Encontre e interprete r e r^2 para a regressão linear simples relacionando y = porcentagem de graduados com ofertas de trabalho e x = custo do curso e ajuste do modelo de regressão linear simples.

LIQUIDSPILL

10.62 Taxa de dispersão de líquido derramado. Releia o estudo da *Chemical Engineering Progress* (jan. 2005) sobre a taxa à qual um líquido volátil derramado se dispersará sobre uma superfície, Exercício 10.23. Encontre e interprete r e r^2 para a regressão linear simples y = massa do derramamento e x = tempo decorrido de derramamento.

RANKING	NOME	PATRIMÔNIO LÍQUIDO (BILHÕES US$)	IDADE	ESTADO CIVIL	RESIDÊNCIA	FONTE DE RIQUEZA
1	Gates, Bill	53,0	50	casado	Medina, WA	Microsoft
2	Buffett, Warren	46,0	76	viúvo	Omaha, NE	Berkshire
3	Adelson, Sheldon	20,5	73	casado	Las Vegas, NV	apostas
4	Ellison, Lawrence	19,5	62	casado	Redwood, CA	Oracle
5	Allen, Paul	16,0	53	solteiro	Seattle, WA	Microsoft
6	Walton, Jim	15,7	58	casado	Bentonville, AR	Wal-Mart
7	Walton, Christy	15,6	51	viúvo	Jackson, WY	Wal-Mart
8	Walton, S.Robson	15,6	62	casado	Bentonville, AR	Wal-Mart
9	Dell, Michael	15,5	41	casado	Austin, TX	Dell Computer
10	Walton, Alice	15,5	57	divorciado	Fort Worth, TX	Wal-Mart
11	Walton, Helen	15,3	86	viúvo	Bentonville, AR	Wal-Mart
12	Brin, Sheldon	14,1	23	solteiro	Palo Alto, CA	Google
13	Page, Larry	14,0	33	solteiro	San Francisco, CA	Google
14	Taylor, Jack	13,9	84	casado	St.Louis, MO	Enterprise Rent-A-Car
15	Ballmer, Steve	13,6	50	casado	Bellevue, WA	Microsoft

Fonte: Forbes, 21 set. 2006.

10.63 Taxas de retorno de ações estrangeiras e de empresas norte-americanas. Se as economias do mundo fossem fortemente interconectadas, os mercados de ações de diferentes países se moveriam conjuntamente. Se eles se movessem assim, não haveria razão para investidores diversificarem seus portfólios de ações com ações de vários países (Sharpe, Alexander e Bailey, *Investments*, 1999). A tabela abaixo lista as correlações de retornos de ações em cada um de seis países, com os retornos de ações norte-americanas.

PAÍS	CORRELAÇÃO ENTRE AÇÕES ESTRANGEIRAS E NORTE-AMERICANAS
Austrália	0,48
Canadá	0,74
França	0,50
Alemanha	0,43
Japão	0,41
Reino Unido	0,58

Fonte: SHARPE, W.F.; Alexander, G. J.; BAILEY. Jeffery V. *Investments*. Upper Saddle River, N.J.: Prentice Hall, 1999, p. 887.

a. Interprete a correlação Austrália/ Estados Unidos. O que ela sugere sobre a relação linear entre as ações dos dois países?
b. Esboce um diagrama de dispersão que seja relativamente consistente com a magnitude de correlação França/ Estados Unidos.
c. Por que devemos ter cuidado para não concluir, a partir das informações da tabela, que o país mais fortemente integrado aos Estados Unidos é o Canadá?

10.64 Tipo de alimentação de gansos de neve. Pesquisadores da University of Toronto realizaram uma série de experimentos para verificar se uma comida de animais comercializada poderia servir como dieta substituta para gansos de neve bebês (*Journal of Applied Ecology*, v. 32, 1995). Jovens gansos foram privados de comida até que seus estômagos estivessem vazios, então foram liberados para comer por 6 horas em uma dieta de plantas ou Purina Duck Chow. Para cada tipo de alimentação, a mudança de peso do ganso depois de 2,5 horas foi registrada como uma porcentagem do peso inicial. Duas outras variáveis registradas foram eficiência da digestão (medida como porcentagem) e quantidade de fibra ácida detergente no trato digestivo (também medida como porcentagem). Os dados para 42 tentativas de alimentação estão salvos no arquivo **SNOWGEES**. (As primeiras e as últimas cinco observações são mostradas na segunda tabela da página a seguir.)
a. Os pesquisadores estavam interessados na correlação entre a mudança de peso (y) e a eficiência de digestão (x). Represente graficamente os dados para essas duas variáveis em um diagrama de dispersão. Você observa uma tendência?
b. Encontre o coeficiente de correlação relacionando mudança de peso y com eficiência de digestão x. Interprete esse valor.

c. Realize um teste (em $\alpha = 0{,}01$) para determinar se a mudança de peso y está correlacionada com a eficiência de digestão x.

d. Repita os itens **b** e **c**, mas exclua da análise os dados para tentativas que usaram Purina Duck Chow. O que você conclui?

e. Os pesquisadores também estavam interessados na correlação entre a eficiência de digestão (y) e a fibra ácida detergente (x). Repita os itens de **a** a **d** para essas duas variáveis.

Aplicação dos conceitos — Avançado

10.65 Atitudes em direção à gestão da qualidade. Estudos de gestores asiáticos (particularmente japoneses) e norte-americanos nas décadas de 1970 e 1980 apontam fortes diferenças de opinião e atitude em relação à gestão da qualidade. Essas diferenças continuam a existir? Para descobrir, dois pesquisadores da California State University (B. F. Yavas e T. M. Burrows) pesquisaram 100 gestores norte-americanos e 96 asiáticos na indústria de eletrônicos (*Quality Management Journal*, outono, 1994). A tabela ao lado dá a porcentagem de gestores norte-americanos e asiáticos que concordam com cada uma das 13 afirmações aleatoriamente selecionadas em relação à qualidade. (Por exemplo, uma frase é: 'Qualidade é um problema em minha empresa'. Outra é: 'Aumentar a qualidade é caro'.)

QLAGREE

AFIRMAÇÃO	PORCENTAGEM DE GESTORES QUE CONCORDAM	
	NORTE-AMERICANOS	ASIÁTICOS
1	36	38
2	31	42
3	28	43
4	27	48
5	78	58
6	74	49
7	43	46
8	50	56
9	31	65
10	66	58
11	18	21
12	61	69
13	53	45

Fonte: YAVAS, B. F.; BURROWS, T. M. "A comparative study of attitudes of U.S. and Asian managers toward product quality." *Quality Management Journal*, out. 1994, p. 49 (Tabela 5).

SNOWGEESE

TENTATIVA DE ALIMENTAÇÃO	DIETA	MUDANÇA DE PESO (%)	EFICIÊNCIA DE DIGESTÃO (%)	FIBRA ÁCIDA DETERGENTE (%)
1	Plantas	−6	0	28,5
2	Plantas	−5	2,5	27,5
3	Plantas	−4,5	5	27,5
4	Plantas	0	0	32,5
5	Plantas	2	0	32
.	.	.	.	.
.	.	.	.	.
.	.	.	.	.
38	Duck Chow	9	59	8,5
39	Duck Chow	12	52,5	8
40	Duck Chow	8,5	75	6
41	Duck Chow	10,5	72,5	6,5
42	Duck Chow	14	69	7

Fonte: GADALLAH, F. L.; JEFFERIES, R. L. "Forage quality in brood rearing areas of the lesser snow goose and the growth of captive goslings." *Journal of Applied Biology*, vol. 32, n. 2, 1995, p. 281-282 (adaptado das figuras 2 e 3).

a. Encontre o coeficiente de correlação *r* para esses dados.
b. Interprete *r* no contexto do problema.
c. Consulte o item **b**. Usar o coeficiente de correlação *r* para fazer inferências sobre a diferença de atitudes entre gestores norte-americanos e asiáticos em relação apenas à qualidade pode ser equivocado. O valor de *r* mede a força da relação linear entre duas variáveis; não leva em conta a diferença entre as médias das variáveis. Para ilustrar isso, examine os dados hipotéticos na tabela a seguir. Mostre que $r \approx 1$, mas a porcentagem de asiáticos é aproximadamente 30 pontos maior para cada afirmação de qualidade. Você concluiria que as atitudes de gestores norte-americanos e asiáticos são similares?

QLAGREE2
Companion Website

Afirmação sobre qualidade	Porcentagem hipotética de gestores que acreditam	
	Norte-americanos	Asiáticos
1	20	50
2	30	65
3	40	70
4	50	80
5	55	90

10.8 Usando o modelo para estimativa e previsão

Se estamos satisfeitos com o fato de que um modelo útil foi encontrado para descrever a relação entre x e y, estamos prontos para o passo 5 em nosso procedimento de modelagem de regressão: usando o modelo para estimativa e previsão.

Os usos mais comuns de um modelo probabilístico para fazer inferências podem ser divididos em duas categorias. A primeira é o uso do modelo para estimar o valor médio de y, E(y), para um valor específico de x.

Para nosso exemplo propaganda–vendas, podemos querer estimar as receitas médias de vendas para todos os meses durante os quais US$ 400 ($x = 4$) são gastos em propaganda.

O segundo uso do modelo serve para previsão de um novo valor individual para determinado x.

Isto é, se decidimos gastar US$ 400 em propaganda no próximo mês, podemos querer prever as receitas de vendas da firma para aquele mês. No primeiro caso, estamos tentando estimar o valor médio de y para um grande número de experimentos ao valor dado de x. Qual desses usos do modelos — estimando o valor médio de y ou prevendo um novo valor individual de y (para o mesmo valor de x) — pode ser conseguido com maior precisão?

Antes de responder a essa questão, primeiro consideramos o problema de escolher um estimador (ou preditor) do valor médio de y (ou um novo individual). Usaremos a equação de previsão dos quadrados mínimos:

$$\hat{y} = \hat{\beta}_0 + \hat{\beta}_1 x$$

tanto para estimar o valor médio de y como para prever um novo valor específico de x. Para o nosso exemplo, encontramos:

$$\hat{y} = -0{,}1 + 0{,}7x$$

de forma que a média estimada de receitas de vendas para todos os meses quando $x = 4$ (a propaganda é US$ 400) é:

$$y = -0{,}1 + 0{,}7(4) = 2{,}7$$

ou US$ 2.700 (lembre-se de que as unidades de y são milhares de dólares). O mesmo valor é usado para prever um novo valor de y quando $x = 4$ — isto é, tanto a média estimada como o valor previsto de y são $\hat{y} = 2{,}7$ quando $x = 4$, como mostrado na Figura 10.18.

A diferença entre esses dois usos do modelo fica na precisão relativa da estimativa e da previsão. Essas precisões são melhor medidas ao usar os erros amostrais da linha dos quadrados mínimos quando são usadas como estimador e preditor, respectivamente. Esses erros são refletidos nos desvios-padrão dados no próximo quadro.

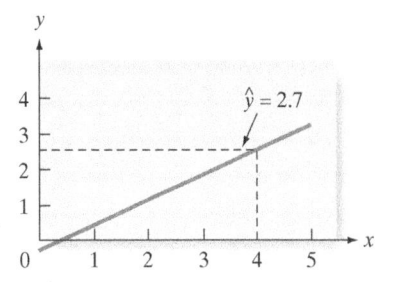

FIGURA 10.18 Valor médio estimado e valor individual previsto de receita de vendas para x = 4.

Erros amostrais para o estimador da média de y e o preditor de um novo valor individual de y

1. O desvio-padrão da distribuição amostral do estimador y do valor médio de $\hat{y}$ a um valor específico de x, digamos, x_p, é:

$$\sigma_{\hat{y}} = \sigma \sqrt{\frac{1}{n} + \frac{(x_p - \overline{x})^2}{SQ_{xx}}}$$

onde σ é o desvio-padrão do erro aleatório ε. Vamos nos referir a $\sigma_{\hat{y}}$ como o erro-padrão de $\hat{y}$.

2. O desvio-padrão do erro de previsão para o preditor y de um novo valor y individual a um valor especificado de x é:

$$\sigma_{(y-\hat{y})} = \sigma\sqrt{1 + \frac{1}{n} + \frac{(x_p - \bar{x})^2}{SQ_{xx}}}$$

onde σ é o desvio-padrão do erro aleatório ε. Vamos nos referir a $\sigma_{(y-\hat{y})}$ como o erro-padrão da previsão.

O valor verdadeiro de σ raramente é conhecido, então estimamos σ por s e calculamos os intervalos de estimativa e previsão como mostrado nos dois próximos quadros.

UM INTERVALO DE CONFIANÇA $100(1 - \alpha)$% PARA O VALOR MÉDIO DE y A $x = x_p$

$\hat{y} \pm t_{\alpha/2}$ (erro-padrão estimado de y)

ou

$$\hat{y} \pm t_{\alpha/2} s \sqrt{\frac{1}{n} + \frac{(x_p - \bar{x})^2}{SQ_{xx}}}$$

onde $t_{\alpha/2}$ baseia-se em $(n - 2)$ graus de liberdade.

UM INTERVALO DE PREVISÃO $100(1 - \alpha)$%[5] PARA UM NOVO VALOR INDIVIDUAL DE y A $x = x_p$

$\hat{y} \pm t_{\alpha/2}$ (erro-padrão estimado da previsão)

ou

$$\hat{y} \pm t_{\alpha/2} s \sqrt{1 + \frac{1}{n} + \frac{(x_p - \bar{x})^2}{SQ_{xx}}}$$

onde $t_{\alpha/2}$ baseia-se em $(n - 2)$ graus de liberdade.

EXEMPLO 10.6

ESTIMANDO A MÉDIA DE y PARA A APLICAÇÃO DE VENDAS—PROPAGANDA

Problema Reveja a regressão linear simples dos exemplos anteriores. Encontre um intervalo de confiança de 95% para a média de vendas mensais quando a loja gasta US$ 400 em propaganda.

Solução

Para um gasto de US$ 400 em propaganda, $x = 4$ e o intervalo de confiança para o valor médio de y é:

$$\hat{y} \pm t_{\alpha/2} s \sqrt{\frac{1}{n} + \frac{(x_p - \bar{x})^2}{SQ_{xx}}} =$$

$$\hat{y} \pm t_{0,025} s \sqrt{\frac{1}{5} + \frac{(4 - \bar{x})^2}{SQ_{xx}}}$$

onde $t_{0,025}$ baseia-se em $n - 2 = 5 - 2 = 3$ graus de liberdade. Lembre-se de que $\hat{y} = 2,7$, $s = 0,61$, $\bar{x} = 3$ e $SQ_{xx} = 10$. A partir da Tabela V do Apêndice B, $t_{0,025} = 3,182$. Assim, temos:

$$2,7 \pm (3,182)(0,61)\sqrt{\frac{1}{5} + \frac{(4-3)^2}{10}}$$

$= 2,7 \pm (3,182)(0,61)(0,55)$

$= 2,7 \pm (3,182)(0,34)$

$= 2,7 \pm 1,1 = (1,6; 3,8)$

Dessa forma, quando a loja gasta US$ 400 em um mês de propaganda, estamos 95% confiantes de que a receita média de vendas está entre US$ 1.600 e US$ 3.800.

Relembrando Note que usamos uma pequena quantidade de dados (pequena em tamanho) para fins de ilustração no ajuste da linha de quadrados mínimos. O intervalo provavelmente seria mais estreito se mais informações fossem obtidas de uma amostra maior.

AGORA FAÇA O EXERCÍCIO 10.66A–D

EXEMPLO 10.7

PREVENDO UM VALOR INDIVIDUAL DE y PARA A APLICAÇÃO DE ESTIMATIVA DE VENDAS

Problema Olhe, novamente a regressão de estimativa de vendas. Preveja as vendas mensais para o próximo mês se US$ 400 forem gastos em propaganda. Use um intervalo de previsão de 95%.

Solução

Para prever as vendas para um mês em particular para o qual $x = 4$, calculamos o intervalo de previsão de 95% como:

$$\hat{y} \pm t_{\alpha/2} s \sqrt{1 + \frac{1}{n} + \frac{(x_p - \bar{x})^2}{SQ_{xx}}}$$

$= 2,7 \pm (3,182)(0,61)\sqrt{1 + \frac{1}{5} + \frac{(4-3)^2}{10}}$

$= 2,7 \pm (3,182)(0,61)(1,14)$

$= 2,7 \pm (3,182)(0,70)$

$= 2,7 \pm 2,2 = (0,5; 4,9)$

---

[5] O termo *intervalo de previsão* é usado quando o intervalo formado tem a intenção de aproximar o valor de uma variável aleatória. O termo *intervalo de confiança* é reservado para estimativa de parâmetros da população (como a média).

Dessa forma, prevemos, com 95% de confiança, que a receita de vendas do próximo mês (um mês no qual gastamos US$ 400 em propaganda) cairá no intervalo de US$ 500 a US$ 4.900.

Relembrando Assim como o intervalo de confiança para a média do valor y, o intervalo de previsão para y é relativamente grande. Isso ocorre porque escolhemos um exemplo simples (apenas cinco pontos de dados) para ajustar a linha de quadrados mínimos. A amplitude do intervalo de previsão poderia ser reduzida usando um número maior de pontos de dados.

AGORA FAÇA O EXERCÍCIO 10.66E

Tanto o intervalo de confiança para $E(y)$ como o intervalo de previsão y podem ser obtidos usando um software estatístico. A Figura 10.19 é uma tela do MINITAB que mostra o intervalo de confiança e o intervalo de previsão para os dados no exemplo propaganda–vendas.

O intervalo de confiança de 95% para $E(y)$ quando $x = 4$, sombreado sob '95% CI' na Figura 10.19, é (1,645;

3,755). O intervalo de previsão de 95% para y quando $x = 4$, sombreado na Figura 10.19 sob '95% PI', é (0,503; 4,897). Ambos os intervalos estão de acordo com aqueles calculados nos exemplos 10.6 e 10.7.

Note que o intervalo de previsão para um novo valor individual de y é *sempre* maior que o intervalo de confiança correspondente para o valor médio de y. Isso será sempre verdade? A resposta é sim. O erro em estimar o valor médio de y, $E(y)$, para dado valor de x, digamos x_p, é a distância entre a linha de quadrados mínimos e a verdadeira linha de médias $E(y) = \beta_0 + \beta_1 x$. Esse erro, $[\hat{y} - E(y)]$, é mostrado na Figura 10.20. Em contraste, *o erro $(y_p - \hat{y})$ em prever algum valor futuro de y é a soma de dois erros* — o erro de estimar a média de y, $E(y)$, somado ao erro aleatório, que é um componente do valor de y a ser previsto (veja Figura 10.21). Conseqüentemente, o erro de previsão de um valor em particular de y será maior que o erro de estimar o valor médio de y para um valor particular de x. Note, a partir das fórmulas, que tanto o erro de

```
Predicted Values for New Observations

New
Obs    Fit   SE Fit      95% CI           95% PI
  1  2.700    0.332  (1.645, 3.755)   (0.503, 4.897)


Values of Predictors for New Observations

New
Obs  ADVEXP_X
  1      4.00
```

FIGURA 10.19 Tela do MINITAB dando intervalo de confiança de 95% para $E(y)$ e 95% de intervalo de previsão para y

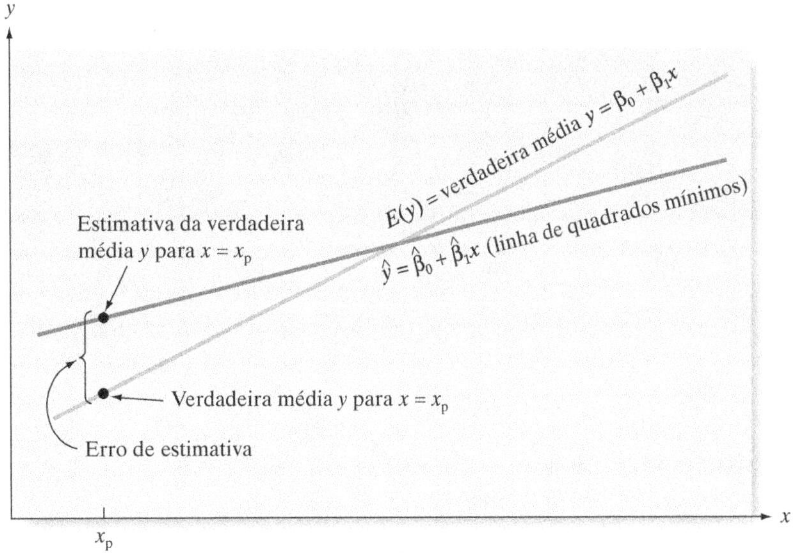

FIGURA 10.20 Erro de estimativa do valor médio de y para dado valor de x

estimativa como o erro de previsão têm seu menor valor quando $x_p = \bar{x}$. Quanto mais longe x_p fica de $\bar{x}$, maiores serão os erros de estimativa e previsão. Você pode ver por que isso é verdadeiro ao representar os desvios para diferentes valores de x_p entre a linha de médias $E(y) = \beta_0 + \beta_1 x$ e a linha prevista de médias $\hat{y} = \hat{\beta}_0 + \hat{\beta}_1 x$ mostrada na Figura 10.21. O desvio é maior nos extremos do intervalo na qual o maior e o menor valores de x no grupo de dados ocorre.

Tanto o intervalo de confiança para valores médios como intervalos de previsão para novos valores são mostrados sobre uma faixa inteira na linha de regressão na Figura 10.22. Você pode ver que o intervalo de confiança é sempre mais estreito que o intervalo de previsão e que eles são ambos mais estreitos na média $\bar{x}$, aumentando constantemente à medida que a distância $|x - \bar{x}|$ aumenta. Na verdade, quando x é selecionado distante o bastante de $\bar{x}$ de forma que ele caia fora da área dos dados da amostra, é perigoso fazer qualquer inferência sobre $E(y)$, ou y.

Cuidado

Usar a equação de previsão dos mínimos quadrados para estimar o valor médio de y ou para prever um valor particular de y para valores de x que ficam *fora da faixa* de valores de x contidos nos seus dados de amostra pode levar a erros de estimativa ou previsão que são muito maiores do que esperado. Apesar de o modelo de quadrados mínimos poder proporcionar um ajuste muito bom para dados sobre a faixa de valores x contidos na amostra, ele poderia dar uma representação pobre do verdadeiro modelo para valores de x fora dessa região.

A amplitude do intervalo de confiança cresce menos à medida que n aumenta; assim, teoricamente, você pode obter uma estimativa da média tão precisa quanto desejado (a qualquer x dado) ao selecionar uma amostra grande o suficiente. O intervalo de previsão para um novo valor de y também cresce menos à medida que n aumenta, mas há um limite inferior

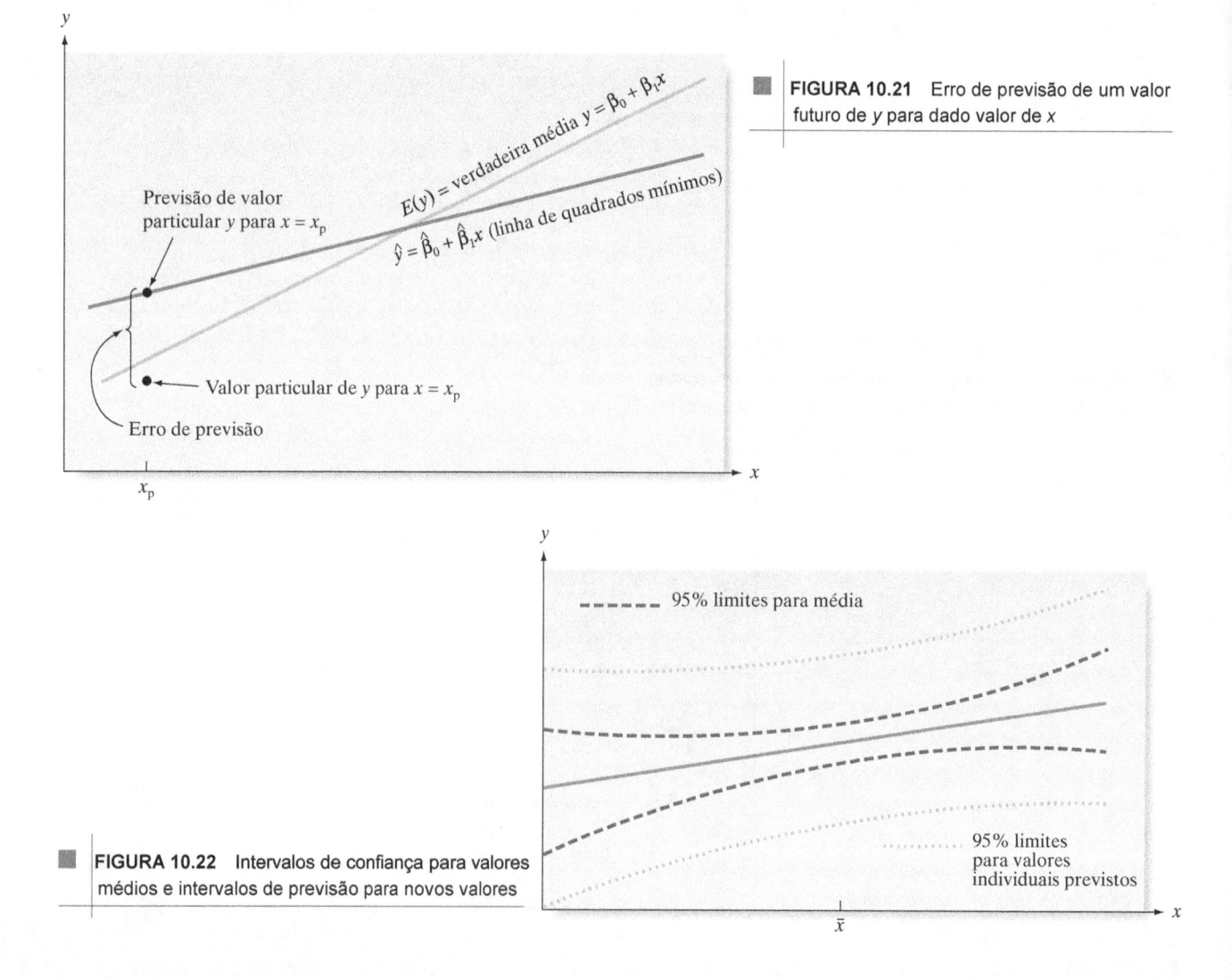

FIGURA 10.21 Erro de previsão de um valor futuro de y para dado valor de x

FIGURA 10.22 Intervalos de confiança para valores médios e intervalos de previsão para novos valores

em sua amplitude. Se você observar a fórmula para o intervalo de previsão, verá que o intervalo não será menor que $\hat{y} \pm z_{\alpha/2}\sigma$.[6] Assim, a única maneira de obter previsões mais precisas para novos valores de y é reduzir o desvio-padrão do modelo de regressão σ. Isso só pode ser conseguido com o aperfeiçoamento do modelo, ou usando uma relação curvilinear (em vez de linear) com x, ou adicionando novas variáveis independentes ao modelo, ou ambos. Métodos para aperfeiçoar o modelo são discutidos no Capítulo 11.

Agora faça o Exercício 10.66f

Estatística em ação revisitada

Prevendo o resultado de equilíbrio trabalho–vida pessoal com o uso do modelo de linha reta

Nas duas seções prévias de Estatística em ação revisitada, recomendamos que o modelo de linha reta não fosse usado para pontuação de equilíbrio trabalho–vida pessoal (y) como função das horas trabalhadas por semana (x). Ilustramos esse ponto de forma mais profunda ao mostrar a falta de precisão de usar x para prever y com o modelo.

A tela do MINITAB mostrada na Figura EA10.5 dá um intervalo de previsão de 95% para a pontuação de equilíbrio trabalho–vida pessoal de um aluno de MBA que trabalha, em média, x = 50 horas por semana. O intervalo sombreado é (21,1; 69,3). Assim, podemos ficar 95% confiantes com o fato de que a pontuação real do equilíbrio trabalho–vida pessoal para esse aluno do MBA ficará entre 21,1 e 69,3 pontos. Considerando que a faixa sobre o valor de y no grupo de dados da amostra é 8,5 a 75 pontos, o intervalo de previsão é extremamente amplo. Muito pouca informação é obtida na pontuação de equilíbrio trabalho–vida pessoal do aluno, dado que sabemos o número de horas trabalhadas por semana. Esse resultado não é surpreendente, uma vez que a amplitude do intervalo da previsão depende da magnitude do desvio-padrão do modelo s.

```
Predicted Values for New Observations

New
Obs     Fit    SE Fit       95% CI              95% PI
  1  45.162   0.269    (44.634, 45.689)    (21.065, 69.2

Values of Predictors for New Observations

New
Obs  HOURS
  1   50.0
```

FIGURA EA 10.5 Intervalo de previsão do MINITAB para modelo de equilíbrio trabalho–vida pessoal

Exercícios 10.66 – 10.76

Aprendendo a mecânica

10.66 Considere os seguintes pares de medições:

x	−2	0	2	4	6	8	10
y	0	3	2	3	8	10	11

a. Construa um diagrama de dispersão para esses dados.
b. Encontre a linha dos mínimos quadrados e represente-a graficamente em seu diagrama de dispersão.
c. Encontre s^2.
d. Encontre um intervalo de confiança de 90% para o valor médio de y quando x = 3. Represente graficamente os limites inferior e superior do intervalo de confiança em seu diagrama de dispersão.
e. Encontre um intervalo de previsão de 90% para um novo valor de y quando x = 3. Represente graficamente os limites inferior e superior do intervalo de confiança em seu diagrama de dispersão.
f. Compare as amplitudes dos intervalos que você construiu nas letras **d** e **e**. Qual é mais amplo e por quê?

10.67 Considere os pares de medições mostrados na tabela. Para esses dados, SQ_{xx} = 38,9000, SQ_{yy} = 33,600, SQ_{xy} = 32,8 e y = − 0,414 + 0,843x.

---

[6] O resultado se dá a partir dos fatos de que, para n grande, $t_{\alpha/2} \approx z_{\alpha/2}$, $s \approx \sigma$ e os dois últimos termos no erro-padrão do preditor são aproximadamente 0.

LM10_67
Companion Website

x	4	6	0	5	2	3	2	6	2	1
y	3	5	-1	4	3	2	0	4	1	1

a. Construa um diagrama de dispersão para esses dados.
b. Represente graficamente a linha de mínimos quadrados em seu diagrama de dispersão.
c. Use um intervalo de confiança de 95% para estimar o valor médio de y quando $x_p = 6$. Represente graficamente os limites superior e inferior do intervalo em seu diagrama de dispersão.
d. Repita o item **c** para $x_p = 3,2$ e $x_p = 0$.
e. Compare as amplitudes dos três intervalos de confiança que você construiu nos itens **c** e **d** e explique por que eles diferem.

10.68 Consulte o Exercício 10.67.
a. Sem usar nenhuma informação sobre x, estime e calcule o intervalo de confiança de 95% para o valor médio de y. [*Dica*: Use a metodologia *t* de uma amostra da Seção 5.4.]
b. Represente graficamente o valor médio estimado e o intervalo de confiança como linhas horizontais em seu diagrama de dispersão.
c. Compare os intervalos de confiança que você calculou nos itens **c** e **d** do Exercício 10.67 com o que você calculou no item **a** deste exercício. O x parece contribuir com informações sobre o valor médio de y?
d. Cheque a resposta que você deu no item **c** com um teste estatístico da hipótese nula $H_0: \beta_1 = 0$ contra $H_a: \beta_1 \neq 0$. Use $\alpha = 0,05$.

10.69 Ao ajustar a linha dos quadrados mínimos aos pontos de dados, as seguintes quantidades foram calculadas:

$SQ_{xx} = 32$

$\bar{x} = 3$

$SQ_{yy} = 26$

$\bar{y} = 4$

$SQ_{xy} = 28$

a. Encontre a linha de mínimos quadrados.
b. Faça um gráfico da linha de mínimos quadrados.
c. Calcule SQE.
d. Calcule s^2.
e. Encontre um intervalo de confiança de 95% para o valor médio de y quando $x_p = 2,5$.
f. Encontre um intervalo de previsão de 95% para y quando $x_p = 4$.

Aplicação dos conceitos — Básico

DIAMONDS
Companion Website

10.70 Características de diamantes vendidos no varejo. Reveja a análise de regressão linear do MINITAB relacionando y = preço pedido (dólares) a x = número de quilates para diamantes vendidos no varejo, Exercício 10.14. A parte da tela do MINITAB que dá um intervalo de confiança de 95% para $E(y)$ e um intervalo de previsão de 95% para y quando x = 0,52 é mostrada abaixo.
a. Encontre e interprete o intervalo de 95% para $E(y)$.
b. Encontre e interprete o intervalo de previsão de 95% para y.

DOWDRUG
Companion Website

10.71 Estudo de taxa de liberação controlada de drogas. Consulte o estudo do *Drug Development and Industrial Pharmacy* (v. 28, 2002) sobre a taxa de liberação controlada de drogas, Exercício 10.17. Lembre-se de que dados para seis comprimidos foram usados para ajustar o modelo linear simples, $E(y) = \beta_0 + \beta_1 x$, onde y = taxa de liberação de drogas e x = taxa de área de superfície em relação ao volume. No Exercício 10.17c você usou o modelo para prever a taxa de liberação de drogas por comprimido que tem uma taxa de área de superfície/volume de 0,50. Uma tela do Excel/ PHStat2 dando o intervalo de previsão associado de 90% é mostrada no alto da página a seguir. Dê uma interpretação prática para o intervalo de previsão.

```
Predicted Values for New Observations

New
Obs      Fit    SE Fit        95% CI              95% PI
  1   3733.1      68.6    (3598.1, 3868.1)    (1529.8, 5936.3)


Values of Predictors for New Observations

New
Obs   CARAT
  1   0.520
```

Saída do MINITAB para Exercício 10.70

	A	B
1	Confidence Interval Estimate	
2		
3	Data	
4	X Value	0.5
5	Confidence Level	90%
6		
7	Intermediate Calculations	
8	Sample Size	6
9	Degrees of Freedom	4
10	t Value	2.131846
11	Sample Mean	0.908333
12	Sum of Squared Difference	0.557083
13	Standard Error of the Estimate	2.013046
14	h Statistic	0.465969
15	Predicted Y (YHat)	25.16754
16		
17	For Average Y	
18	Interval Half Width	2.929463
19	Confidence Interval Lower Limit	22.2381
20	Confidence Interval Upper Limit	28.097
21		
22	For Individual Response Y	
23	Interval Half Width	5.196035
24	Prediction Interval Lower Limit	19.9715
25	Prediction Interval Upper Limit	30.3636

■ Saída do Excel/ PHStat2 para Exercício 10.70

10.72 Suco de laranja doce. Consulte a regressão linear do índice y de quão doce é um suco de laranja e a quantidade x de pectina para $n = 24$ amostras de suco de laranja, Exercício 10.18. Um intervalo de confiança de 90% para o índice de quão doce é o suco, $E(y)$, para cada uma das 12 primeiras tentativas, é mostrado na planilha do SPSS abaixo. Selecione uma observação e interprete seu intervalo.

Aplicação dos conceitos — Intermediário

LIQUIDSPILL

10.73 Taxa de dispersão de líquido derramado. Consulte o estudo do *Chemical Engineering Progress* (jan. 2005) sobre a taxa à qual um líquido volátil se espalhará em uma superfície, Exercício 10.23. Lembre-se de que uma regressão linear simples foi usada para modelar y = massa do derramamento como função de x = tempo transcorrido do derramamento.
 a. Encontre um intervalo de confiança de 99% para a massa média de todos os derramamentos com um tempo transcorrido de 15 minutos. Interprete o resultado.
 b. Encontre um intervalo de previsão de 99% para a massa de um único derramamento com um tempo transcorrido de 15 minutos. Interprete o resultado.
 c. Compare os intervalos, itens **a** e **b**. Qual intervalo é maior? Será sempre dessa forma? Explique.

10.74 Prevendo necessidades gerenciais. Gestores são parte importante da base de recursos de qualquer organização. Dessa forma, uma organização deveria estar tão preocupada com a previsão das necessidades futuras da gestão como está em relação a suas próprias necessidades — digamos, recursos naturais usados no processo de produção (Northcraft; Neale, *Organizational behavior: a management challenge*, 1994). Um procedimento comum de previsão é estruturar a relação entre vendas e o número de gestores necessários, uma vez que a demanda por gestores é o resultado de aumentos e diminuições na demanda por produtos e serviços que uma firma oferece a seus consumidores. Para desenvolver essa relação, os dados mostrados na tabela da página a seguir são coletados dos registros de uma firma.

	run	sweet	pectin	lower90m	upper90m
1	1	5.2	220	5.64898	5.83848
2	2	5.5	227	5.63898	5.81613
3	3	6.0	259	5.57819	5.72904
4	4	5.9	210	5.66194	5.87173
5	5	5.8	224	5.64337	5.82560
6	6	6.0	215	5.65564	5.85493
7	7	5.8	231	5.63284	5.80379
8	8	5.6	268	5.55553	5.71011
9	9	5.6	239	5.61947	5.78019
10	10	5.9	212	5.65946	5.86497
11	11	5.4	410	5.05526	5.55416
12	12	5.6	256	5.58517	5.73592

■ Saída do SPSS para Exercício 10.72

MANAGERS2

Unidades vendidas x	Gestores y	Unidades vendidas x	Gestores y
5	10	30	22
4	11	31	25
8	10	36	30
7	10	38	30
9	9	40	31
15	10	41	31
20	11	51	32
21	17	40	30
25	19	48	32
24	21	47	32

a. Teste a utilidade do modelo. Use $\alpha = 0,05$. Tire sua conclusão no contexto do problema.
b. A empresa estima que venderá 39 unidades no próximo mês. Use o modelo de quadrados mínimos para construir um intervalo de previsão de 90% para o número de gestores necessários no próximo mês.
c. Interprete o intervalo no item **b**. Use o intervalo para determinar a confiabilidade da projeção da firma.

10.75 Prevendo taxas de desistência na indústria. As razões dadas por trabalhadores para desistir de seus trabalhos geralmente ficam dentro de uma de duas categorias: (1) o trabalhador desiste para buscar ou aceitar um emprego diferente; ou (2) o trabalhador desiste para sair da força de trabalho. A teoria econômica sugere que salários e taxa de desistência estão relacionados. A tabela abaixo lista taxas de desistência (desistência por 100 funcionários) e o salário médio por hora em uma amostra de 15 indústrias. Considere a regressão linear de taxa de desistência y sobre um salário médio x.

QUITTERS

Indústria	Taxa de desistência y	Salário médio x US$
1	1,4	8,20
2	0,7	10,35
3	2,6	6,18
4	3,4	5,37
5	1,7	9,94
6	1,7	9,11
7	1,0	10,59
8	0,5	13,29
9	2,0	7,99
10	3,8	5,54
11	2,3	7,50
12	1,9	6,43
13	1,4	8,83
14	1,8	10,93
15	2,0	8,80

a. Os dados apresentam evidência suficiente para concluir que a taxa de salário médio contribui com informação útil para a previsão de taxas de desistência? O que o seu modelo sugere sobre a relação entre taxas de desistência e salários?
b. Encontre um intervalo de previsão de 95% para a taxa de desistência em uma indústria com um salário médio por hora de US$ 9,00. Interprete o resultado.
c. Encontre um intervalo de confiança de 95% para a taxa média de desistência em indústrias com um salário médio por hora de US$ 9,00. Interprete esse resultado.

Aplicação dos conceitos — Avançado

CUTTOOLS

10.76 Testes de vida útil de ferramentas de corte. Consulte os dados salvos no arquivo **CUTTOOLS**, Exercício 10.34.
a. Use um intervalo de confiança de 90% para estimar a vida útil média de uma ferramenta de corte da marca A quando a velocidade de corte é de 45 metros por minuto. Repita para a marca B. Compare as amplitudes dos dois intervalos e comente as razões para qualquer diferença.
b. Use um intervalo de previsão de 90% para prever a vida útil de uma ferramenta de corte de marca A quando a velocidade de corte é de 45 metros por minuto. Repita para a marca B. Compare as amplitudes dos dois intervalos, um em relação ao outro, e em relação aos dois intervalos que você calculou no item **a**. Comente as razões para quaisquer diferenças.
c. Note que a estimativa e a previsão que você realizou nas letras **a** e **b** foram para um valor de x que não estava incluído na amostra original — isto é, o valor x = 45 não era parte da amostra. No entanto, o valor está dentro do campo de valores x da amostra, de modo que o modelo de regressão distribui o valor x para o qual a estimativa e a previsão foram feitas. Em tais situações, a estimativa e a previsão representam *interpolações*. Suponha que seja solicitado a você que preveja a vida útil de uma ferramenta de corte da marca A para uma velocidade de corte x = 100 metros por minuto. Uma vez que o valor dado de x está fora da área dos valores x da amostra, a previsão é um exemplo de *extrapolação*. Preveja a vida útil da ferramenta de corte da marca A que é operada a 100 metros por minuto e construa um intervalo de confiança de 95% para a vida útil real da ferramenta. Que premissa adicional você deve fazer de forma a garantir a validade da extrapolação?

10.9 Um exemplo completo

Nas seções anteriores, apresentamos os elementos básicos necessários para ajustar e usar um modelo de regressão de linha reta. Nesta seção, usaremos esses elementos aplicando-os em um exemplo com a ajuda de um computador.

Suponha que uma empresa de seguro de incêndio queira relacionar a quantidade de estrago causada pelo fogo nos principais incêndios residenciais com a distância entre a casa em chamas e a estação de bombeiros mais próxima.

O estudo será realizado em um grande subúrbio de uma grande cidade; é selecionada uma amostra de 15 incêndios recentes nesse subúrbio. A quantidade de estrago y e a distância entre o incêndio e a estação de bombeiros mais próxima x são registradas para cada incêndio. Os resultados são dados na Tabela 10.7.

Passo 1: Primeiro, fazemos a hipótese do modelo para relacionar o estrago do incêndio y com a distância da estação mais próxima x. Fazemos a hipótese de um modelo probabilístico de linha reta:

$$y = \beta_0 + \beta_1 x + \varepsilon$$

Passo 2: Depois, inserimos os dados da Tabela 10.7 em um computador e usamos um software estatístico para estimar os parâmetros desconhecidos no componente determinístico do modelo hipotético. A tela do Excel para a análise de regressão linear simples é mostrada na Figura 10.23. As estimativas de quadrados mínimos da inclinação β_1 e do intercepto β_0, sombreados na tela, são:

$$\hat{\beta}_1 = 4{,}919331$$
$$\hat{\beta}_0 = 10{,}277929$$

e a equação dos quadrados mínimos é (arredondada):

$$\hat{y} = 10{,}278 + 4{,}919x$$

TABELA 10.7 Dados de estragos de incêndios

Distância da estação dos bombeiros x (milhas)	Estrago do incêndio y (milhares de dólares)
3,4	26,2
1,8	17,8
4,6	31,3
2,3	23,1
3,1	27,5
5,5	36,0
0,7	14,1
3,0	22,3
2,6	19,6
4,3	31,3
2,1	24,0
1,1	17,3
6,1	43,2
4,8	36,4
3,8	26,1

Regression Analysis

Regression Statistics	
Multiple R	0.960977715
R Square	0.923478169
Adjusted R Square	0.917591874
Standard Error	2.316346184
Observations	15

ANOVA

	df	SS	MS	F	Significance F
Regression	1	841.766358	841.766358	156.8861596	1.2478E-08
Residual	13	69.75097535	5.365459643		
Total	14	911.5173333			

	Coefficients	Standard Error	t Stat	P-value	Lower 95%	Upper 95%
Intercept	10.27792855	1.420277811	7.236562082	6.58556E-06	7.209605476	13.34625162
DISTANCE	4.919330727	0.392747749	12.52542054	1.2478E-08	4.070850963	5.767810491

FIGURA 10.23 Tela do Excel para a análise de regressão de estragos do incêndio

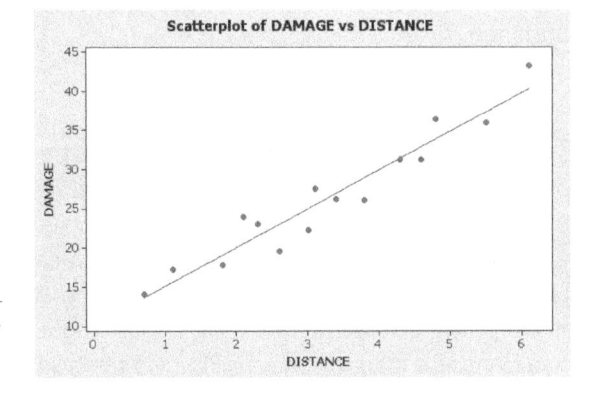

FIGURA 10.24 Gráfico de dispersão do MINITAB com linha de quadrados mínimos para análise de regressão de estragos de incêndios

Essa equação de previsão está representada no gráfico de dispersão do MINITAB, Figura 10.24.

A estimativa de quadrados mínimos da inclinação, $\hat{\beta}_1 = 4{,}919$, implica que o estrago médio estimado aumenta em US$ 4.919 para cada milha adicional da estação de bombeiros.

Essa interpretação é válida sobre a amplitude de x, ou de 0,7 a 6,1 milhas da estação. O intercepto y estimado, $\hat{\beta}_0 = 10{,}278$, tem a interpretação de que um incêndio a 0 milha da estação tem um estrago médio de US$ 10.278. Apesar de isso parecer se aplicar à estação de bombeiros, lembre-se de que o intercepto y é significativamente interpretável apenas se $x = 0$ está dentro da faixa da amostra da variável independente. Uma vez que $x = 0$ está fora da amplitude neste caso, $\hat{\beta}_0$ não tem interpretação prática.

Passo 3: Agora especificamos a distribuição de probabilidades do componente erro aleatório ε. As premissas sobre a distribuição são idênticas àquelas listadas na Seção 10.3. Apesar de sabermos que essas premissas não são completamente satisfeitas (elas raramente são para problemas práticos), desejamos presumir que elas são aproximadamente satisfeitas para este exemplo. A estimativa do desvio-padrão σ de ε, sombreada na tela do Excel (Figura 10.23), é:

$$s = 2{,}31635$$

Isso implica que a maior parte dos valores do estrago observado de incêndios (y) ficarão aproximadamente dentro de $2s = 4{,}64$ milhares de dólares de seus respectivos valores previstos quando usada a linha de quadrados mínimos. [*Nota*: um intervalo de previsão mais preciso para y é dado no passo 5.]

Passo 4: Agora podemos checar a utilidade do modelo da hipótese — isto é, se x realmente contribuiu com informações para a previsão de y usando o modelo de linha reta. Primeiro, teste a hipótese nula de que a inclinação β_1 seja 0 — ou seja, de que não há relação linear entre o estrago de incêndio e a distância da estação mais próxima, contra a hipótese alternativa de que o estrago aumenta à medida que a distância aumenta. Testamos:

$$H_0: \beta_1 = 0$$
$$H_a: \beta_1 > 0$$

O nível de significância de duas caudas observado para testar $H_a: \beta_1 \neq 0$, sombreado na tela, é aproximadamente 0. Quando dividimos esse valor pela metade, o valor p para nosso teste de uma cauda é também aproximadamente 0. Esse pequeno valor p deixa pouca dúvida de que o estrago médio e a distância entre o fogo e a estação são pelo menos linearmente relacionados, com o estrago médio aumentando à medida que a distância aumenta.

Conseguimos informação adicional sobre a relação ao formar um intervalo de confiança de 95% para a inclinação β_1. Os pontos finais abaixo e acima desse intervalo estão sombreados na tela do Excel mostrada na Figura 10.23.

Isso gera o intervalo (4,070; 5,768). Estimamos (com 95% de confiança) que o intervalo de US$ 4.070 a US$ 5.768 aproxima o aumento médio (β_1) no estrago do incêndio por milha adicional de distância a partir da estação.

Outra medida de utilidade do modelo é o coeficiente de determinação r^2. O valor (sombreado na Figura 10.23) é $r^2 = 0{,}9235$, o que implica que cerca de 92% da variação da amostra no estrago do incêndio (y) é explicada pela distância (x) entre o fogo e a estação dos bombeiros.

O coeficiente de correlação r, que mede a força da relação linear entre y e x, não é mostrado na tela do Excel e deve ser calculado. Usando os fatos de que

Confidence Interval Estimate	
Data	
X Value	3.5
Confidence Level	95%
Intermediate Calculations	
Sample Size	15
Degrees of Freedom	13
t Value	2.160368
Sample Mean	3.28
Sum of Squared Difference	34.784
Standard Error of the Estimate	2.316346
h Statistic	0.068058
Average Predicted Y (YHat)	27.49559
For Average Predicted Y (YHat)	
Interval Half Width	1.305483
Confidence Interval Lower Limit	26.1901
Confidence Interval Upper Limit	28.80107
For Individual Response Y	
Interval Half Width	5.171645
Prediction Interval Lower Limit	22.32394
Prediction Interval Upper Limit	32.66723

FIGURA 10.25 Intervalo de confiança/previsão do Excel/PHStat2 para análise de regressão de estrago de incêndio

$r = \sqrt{r^2}$ na regressão linear simples e de que r e $\hat{\beta}_1$ têm o mesmo sinal, encontramos:

$$r = +\sqrt{r^2} = \sqrt{0{,}9235} = 0{,}96$$

A alta correlação confirma nossa conclusão de que β_1 é maior que 0; parece que o estrago do fogo e a distância da estação são positivamente correlacionados. Todos os sinais apontam para uma forte correlação entre y e x.

Passo 5: Estamos agora preparados para usar o modelo dos quadrados mínimos. Suponha que a empresa de seguros queira prever o estrago de incêndio se um grande incêndio residencial ocorrer a 3,5 milhas da estação mais próxima. Um intervalo de confiança de 95% para $E(y)$ e um intervalo de previsão para y quando $x = 3{,}5$ são mostrados na tela do Excel, Figura 10.25.

O valor previsto (dado no meio da tela) é $\hat{y} = 27{,}4956$, enquanto o intervalo de 95% de previsão (sombreado) é (22,3239; 32,6672). Dessa forma, com 95% de confiança, predizemos que danos por fogo em um incêndio residencial a 3,5 milhas da estação mais próxima ficam entre US$ 22,324 e US$ 32,667.

Cuidado

Não usaríamos esse modelo de previsão para fazer previsões para casas a menos de 0,7 milha ou a mais de 6,1 milhas da estação de bombeiros mais próxima. Uma olhada nos dados na Tabela 10.7 revela que todos os valores de x ficam entre 0,7 e 6,1. É perigoso usar o modelo para fazer previsões fora da região na qual os dados da amostra caem. Uma linha reta pode não dar um bom modelo para a relação entre o valor médio de y e o valor de x quando distribuídos ao longo de uma faixa mais longa de valores de x.

Termos-chave

Análise de regressão
Coeficiente de correlação da população
Coeficiente de correlação
Coeficiente de determinação
Diagrama de dispersão
Erros de previsão
Erro aleatório
Erro estimado da inclinação dos quadrados mínimos

Erro-padrão estimado do modelo de regressão
Estimativas de mínimos quadrados
Inclinação da linha
Intercepto y da linha
Intervalo de confiança para o valor médio de y
Intervalo de previsão para y
Linha de médias
Linha dos mínimos quadrados

Método dos mínimos quadrados
Modelagem de regressão
Modelo de linha reta (primeira ordem)
Modelo determinístico
Modelo probabilístico
Relação bivariada
Variável dependente
Variável independente
Variável preditora
Variável resposta

Notas do capítulo

Variáveis de regressão linear simples:

y = variável **dependente** (quantitativa)

x = variável **independente** (qualitativa)

Propriedades dos métodos dos mínimos quadrados:

1) erro médio de previsão = 0

2) soma dos quadrados dos erros é mínima

Interpretação prática do intercepto y:

Valor y previsto quando $x = 0$

(sem interpretação prática se $x = 0$ é ou sem sentido ou fora da faixa dos dados da amostra)

Interpretação prática da inclinação:

Aumento (ou diminuição) em y para cada aumento de 1 unidade em x

Modelo de primeira ordem (linha reta):

$E(y) = \beta_0 + \beta_1 x$

onde $E(y)$ = média de y

β_0 = **intercepto y** da linha (ponto onde a linha intercepta o eixo y)

β_1 = **inclinação** da linha (mudança em y para cada 1 unidade de mudança em x)

Coeficiente de correlação r:

1) faixas entre -1 e $+1$

2) mede força da *relação linear* entre y e x

Coeficiente de determinação r^2:

1) faixas entre 0 e 1

2) mede proporção da variação da amostra em y 'explicada' pelo modelo

Interpretação prática do modelo do desvio-padrão s:

Noventa e cinco por cento dos valores y ficam dentro de $2s$ dos seus respectivos valores previstos

Amplitude do *intervalo de confiança para* $E(y)$ será sempre **mais estreita** do que amplitude do *intervalo previsto para* y

Guia para a construção de um intervalo de confiança

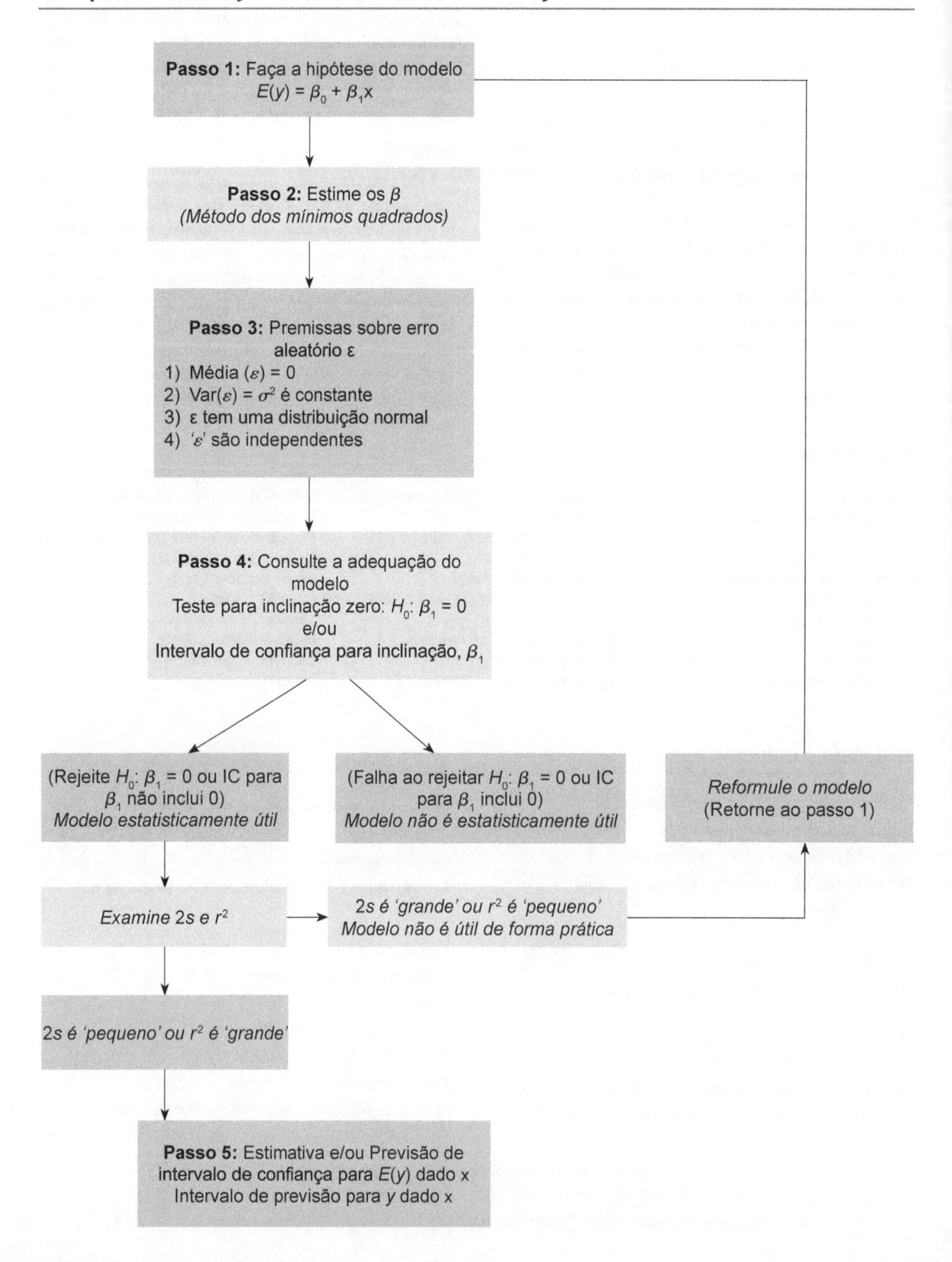

Passo 1: Faça a hipótese do modelo
$E(y) = \beta_0 + \beta_1 x$

↓

Passo 2: Estime os β
(Método dos mínimos quadrados)

↓

Passo 3: Premissas sobre erro aleatório ε
1) Média $(\varepsilon) = 0$
2) Var$(\varepsilon) = \sigma^2$ é constante
3) ε tem uma distribuição normal
4) 'ε' são independentes

↓

Passo 4: Consulte a adequação do modelo
Teste para inclinação zero: $H_0: \beta_1 = 0$
e/ou
Intervalo de confiança para inclinação, β_1

↙ ↘

(Rejeite $H_0: \beta_1 = 0$ ou IC para β_1 não inclui 0)
Modelo estatisticamente útil

(Falha ao rejeitar $H_0: \beta_1 = 0$ ou IC para β_1 inclui 0)
Modelo não é estatisticamente útil

Reformule o modelo
(Retorne ao passo 1)

↓

Examine 2s e r^2 → 2s é 'grande' ou r^2 é 'pequeno'
Modelo não é útil de forma prática

↓

2s é 'pequeno' ou r^2 é 'grande'

↓

Passo 5: Estimativa e/ou Previsão de intervalo de confiança para $E(y)$ dado x
Intervalo de previsão para y dado x

SÍMBOLOS-CHAVE

y	Variável dependente (variável a ser prevista)
x	Variável independente (variável usada para prever y)
$E(y)$	Valor esperado (média) de y
β_0	Intercepto y da linha verdadeira
β_1	Inclinação da linha verdadeira
$\hat{\beta}_0$	Estimativa dos mínimos quadrados do intercepto y
$\hat{\beta}_1$	Estimativa dos mínimos quadrados da inclinação
ε	Erro aleatório
$\hat{y}$	Valor previsto de y para um dado valor de x
$(y - \hat{y})$	Erro estimado de previsão
SQE	Soma dos quadrados para erros de previsão
r	Coeficiente de correlação
r^2	Coeficiente de determinação
x_p	Valor de x usado para prever y
$r^2 = \dfrac{SQ_{yy} - SQE}{SQ_{yy}}$	Coeficiente de determinação
$\hat{y} \pm t_{\alpha/2} s \sqrt{\dfrac{1}{n} + \dfrac{(x_p - \bar{x})^2}{SQ_{xx}}}$	$(1 - \alpha)$ 100% intervalo de confiança para $E(y)$ quando $x = x_p$
$\hat{y} \pm t_{\alpha/2} s \sqrt{1 + \dfrac{1}{n} + \dfrac{(x_p - \bar{x})^2}{SQ_{xx}}}$	$(1 - \alpha)$ 100% intervalo de previsão para y quando $x = x_p$

Exercícios suplementares 10.77 – 10.94

Aprendendo a mecânica

10.77 Ao ajustar a linha dos mínimos quadrados a $n = 15$ pontos de dados, as seguintes quantidades foram calculadas: $SQ_{xx} = 55$, $SQ_{yy} = 198$, $SQ_{xy} = -88$, $\bar{x} = 1,3$ e $\bar{y} = 35$.
 a. Encontre a linha dos mínimos quadrados.
 b. Faça um gráfico da linha de mínimos quadrados.
 c. Calcule SQE.
 d. Calcule s^2.
 e. Encontre um intervalo de confiança de 90% para β_1. Interprete essa estimativa.
 f. Encontre um intervalo de confiança de 90% para o valor médio de y quando $x = 15$.
 g. Encontre um intervalo de previsão de 90% para y quando $x = 15$.

10.78 Considere os seguintes dados da amostra:

y	5	1	3
x	5	1	3

 a. Construa um diagrama de dispersão para os dados.
 b. É possível encontrar muitas linhas para as quais $\sum(y - \hat{y}) = 0$. Por essa razão, o critério não é usado para identificar a linha reta de 'melhor ajuste'. Encontre duas linhas que tenham $\sum(y - \hat{y}) = 0$.
 c. Encontre a linha dos mínimos quadrados.
 d. Compare o valor de SQE para a linha dos mínimos quadrados com aquele das duas linhas que você encontrou no item **b**. Que princípio dos quadrados mínimos é demonstrado por essa comparação?

10.79 Considere os seguintes 10 pontos de dados:

LM10_79 Companion Website

x	3	5	6	4	3	7	6	5	4	7
y	4	3	2	1	2	3	3	5	4	2

 a. Represente graficamente os dados no diagrama de dispersão.
 b. Calcule os valores de r e r^2.
 c. Há evidência suficiente para indicar que x e y estão linearmente correlacionados? Teste ao nível de significância $\alpha = 0,10$.

Aplicação dos conceitos — Básico

10.80 Exaustão de profissionais de serviços humanos. A exaustão emocional é um problema significativo para pessoas com carreiras na área de serviços humanos. Uma análise de regressão foi usada para pesquisar a relação entre a exaustão e os aspectos de trabalho de profissionais de serviços humanos e comportamento relacionado a trabalho (*Journal of Applied Behavioral Science*, v. 22, 1986). A exaustão emocional foi medida com o Maslach Burnout Inventory, um questionário. Uma das variáveis independentes consideradas, chamada *concentração*, foi a proporção de contatos sociais com indivíduos que pertençam ao grupo de trabalho de uma pessoa. A tabela ao lado lista os valores do índice de exaustão emocional (valores maiores indicam maior exaustão) e a concentração para uma amostra de 25 profissionais de serviços humanos que trabalham em um grande hospital público. Uma tela do MINITAB da regressão linear simples aparece abaixo.

a. Construa um diagrama de dispersão para os dados. As variáveis *x* e *y* parecem estar relacionadas?
b. Encontre o coeficiente de correlação para os dados e interprete seu valor. Sua conclusão significa que a concentração causa exaustão emocional? Explique.
c. Teste a utilidade da relação de linha reta com a concentração para a previsão da exaustão. Use $\alpha = 0{,}05$.
d. Encontre o coeficiente de determinação para o modelo e interprete-o.
e. Encontre o intervalo de confiança de 95% para a inclinação β_1. Interprete o resultado.
f. Use um intervalo de confiança de 95% para estimar o nível de exaustão média para todos os profissionais que tenham 80% de seus contatos sociais dentro de seus grupos de trabalho. Interprete o intervalo.

ÍNDICE DE EXAUSTÃO y	ÍNDICE DE CONCENTRAÇÃO x (%)	ÍNDICE DE EXAUSTÃO y	ÍNDICE DE CONCENTRAÇÃO x (%)
100	20	493	86
525	60	892	83
300	38	527	79
980	88	600	75
310	79	855	81
900	87	709	75
410	68	791	77
296	12	718	77
120	35	684	77
501	70	141	17
920	80	400	85
810	92	970	96
506	77		

```
The regression equation is
EXHAUST = - 29 + 8.87 CONCEN


Predictor    Coef    SE Coef      T       P
Constant    -29.5     106.7    -0.28   0.785
CONCEN       8.865    1.471     6.03   0.000


S = 174.207    R-Sq = 61.2%    R-Sq(adj) = 59.5%


Analysis of Variance

Source            DF        SS         MS       F       P
Regression         1    1102408    1102408   36.33   0.000
Residual Error    23     698009      30348
Total             24    1800417


Predicted Values for New Observations

New
Obs     Fit   SE Fit      95% CI           95% PI
  1   679.7     38.7   (599.7, 759.8)   (310.6, 1048.9)


Values of Predictors for New Observations

New
Obs   CONCEN
  1    80.0
```

Saída do MINITAB para Exercício 10.80

10.81 Duração de comerciais de TV. Reveja o estudo do *Nutrition & Food Science* (v. 30, 2000) sobre a tendência nos anúncios de horário nobre da televisão, Exercício 7.105. O número de comerciais de TV em horário nobre para todos os produtos e apenas para produtos alimentícios para horas aleatoriamente selecionadas durante 1971, 1977, 1988, 1992 e 1998 foi registrado. A taxa de comerciais por hora para cada um desses anos é dada na tabela abaixo. Os pesquisadores estavam interessados em estruturar a taxa de comerciais de horário nobre por hora como função do número de anos desde 1970.

FOODADS
Companion Website

Ano	Número de anos desde 1970	Comerciais totais (taxa por hora)	Comerciais de alimentos (taxa por hora)
1971	1	—	5,4
1977	7	11	3,0
1988	18	26	6,5
1992	22	31	6,0
1998	28	40	6,0

Fonte: BYRD-BREDBENNER, C.; GRASSO, D. 'Trends in US prime-time television food advertising across three decades.' *Nutrition & Food Science*, vol. 30, n. 2, 2000, p. 61 (Tabela 1).

a. Relacione os dados para o total de comerciais de TV em um gráfico de dispersão. Você identifica uma tendência?
b. Ajuste um modelo de linha reta para um total de comerciais por hora usando o método dos mínimos quadrados.
c. Interprete a inclinação da linha dos mínimos quadrados.
d. Interprete o intercepto y da linha de mínimos quadrados.
e. Repita os itens de **a** a **d** para comerciais de alimentos durante o horário nobre.
f. Os pesquisadores concluíram que 'a taxa horária para comerciais totais está aumentando significativamente em 1,4 comerciais por hora a cada ano'. Você concorda com a afirmação? Explique.
g. Os pesquisadores também concluíram que 'a taxa horária de comerciais de alimentos não está mudando ao longo do tempo de uma forma estatisticamente significativa'. Você concorda com a afirmação? Explique.
h. Use uma regressão linear simples para encontrar um intervalo de previsão de 95% para a taxa do número total de comerciais de TV de horário nobre por hora no ano de 2005.
i. Forneça uma interpretação prática do intervalo, item **h**.
j. Por que a inferência feita sobre o intervalo de previsão pode ser inválida? Explique.

10.82 Poder de compra de famílias. A *Sales and Marketing Management* determinou a 'renda efetiva da família' (REF) da família média em um estado norte-americano. A REF pode ser usada para prever vendas de varejo por família em uma categoria de grupo de 'locais de bebida e alimentação'?

a. Use os dados dos 13 estados mostrados na tabela abaixo para encontrar a linha de quadrados mínimos relacionando vendas no varejo por família (y) com REF média (x).
b. Represente graficamente a linha de mínimos quadrados, assim como os pontos de dados reais, em um diagrama de dispersão.
c. Com base no gráfico, item **b**, dê sua opinião em relação à habilidade de previsão da linha de mínimos quadrados.
d. Encontre um intervalo de confiança de 95% para a inclinação da linha.
e. Use os resultados, item **d**, para descobrir a adequação do modelo de linha reta.

EBI
Companion Website

Estado	Poder de compra médio da família (US$)	Vendas do varejo: locais de bebida e alimentação (US$ por família)
Connecticut	60.998	2.553.8
New Jersey	63.853	2.154.8
Michigan	46.915	2.523.3
Minnesota	44.717	2.278.6
Flórida	42.442	2.475.8
Carolina do Sul	37.848	2.358.4
Mississippi	34.490	1.538.4
Oklahoma	34.830	2.063.1
Texas	44.729	2.363.5
Colorado	44.571	3.214.9
Utah	43.421	2.653.8
Califórnia	50.713	2.215.0
Oregon	40.597	2.144.0

Fonte: *Sales and Marketing Management*, 1995.

10.83 Desempenho de busca de documentos. Um dos tipos mais comuns de processos de 'retorno de informações' é a busca de base de dados de documentos. Um experimento foi realizado para pesquisar as variáveis que influenciam o desempenho de busca na base de dados e sistemas de respostas Medline (*Journal of Information Science*, v. 21, 1995). Uma regressão linear simples foi usada para modelar a fração de y do grupo de documentos potencialmente informativos retornados usando o Medline como função do número x de termos na linha de busca, com base em uma amostra de $n = 124$ linhas de busca. Os resultados são resumidos abaixo:

$$\hat{y} = 0{,}202 + 0{,}135x$$

t (para testar $H_0: \beta_1 = 0$) = 4,98

Valor p de duas caudas = 0,001

a. Há evidência suficiente para indicar que x e y estão linearmente relacionadas? Teste usando $\alpha = 0{,}01$.
b. Se apropriado, use o modelo para prever a fração de documentos retornados para uma linha de busca com $x = 3$ termos.
c. O valor de r foi relatado no artigo como $r = 0{,}679$. Interprete esse resultado.
d. Calcule o coeficiente de determinação r^2 e interprete o resultado.

10.84 Ansiedade no computador. Muitos estudantes de segundo grau sentem 'ansiedade de matemática', que foi mostrada como tendo um efeito negativo no alcance do aprendizado. Tal atitude pode ser transferida para habilidades no computador? Uma pesquisadora da Duquesne University investigou essa questão e publicou seus resultados na *Educational Technology* (maio/jun. 1995). Uma amostra de 1.730 estudantes de segundo grau — 902 meninos e 828 meninas — de escolas públicas em Pittsburgh, na Pennsylvania, participaram do estudo. Usando a escala de 5 pontos de Likert, em que 1 = 'discorda fortemente' e 5 = 'concorda fortemente', a pesquisadora mediu o interesse de confiança dos estudantes tanto em matemática como em computadores.
a. Para meninos, a confiança em matemática e o interesse em computadores estavam correlacionados a $r = 0{,}14$. Interprete detalhadamente esse resultado.
b. Para meninas, a confiança em matemática e o interesse em computadores estavam correlacionados a $r = 0{,}33$. Interprete detalhadamente esse resultado.

MANAGERS
Companion Website

10.85 Avaliando o sucesso gerencial. Releia o Exercício 10.48, no qual o sucesso gerencial y foi estruturado como função do número de contatos que um gestor faz com pessoas fora de sua unidade de trabalho, x, durante um período específico de tempo. Os dados estão salvos no arquivo **MANAGERS**.
a. Uma gerente em particular foi observada por duas semanas, como no estudo do *Journal of Applied Behavioral Science*. Ela fez 55 contatos com pessoas de fora de sua unidade de trabalho. Preveja o valor do índice de sucesso da gerente. Use um intervalo de previsão de 90%.
b. Um segundo gerente foi observado por duas semanas. Esse gerente fez 110 contatos com pessoas de fora de sua unidade de trabalho. Por que se deve ter cautela em usar o modelo de quadrados mínimos desenvolvido a partir do grupo de dados para construir um intervalo de previsão para o índice de sucesso desse gerente?
c. No contexto deste problema, determine o valor de x para o qual o intervalo de previsão associado para y é mais estreito.

Aplicação dos conceitos — Intermediário

10.86 Estudo sobre mofo no milho. O mofo no milho doce comum causa uma séria doença. Para limitar sua expansão, pesquisadores no estado de Nova York desenvolveram uma ação para iniciar a aplicação de um fungicida com base em uma equação de regressão relacionando a incidência de mofo no milho com a severidade da doença (*Phytopathology*, v. 80, 1990). Em um campo em particular, dados foram coletados sobre mais de 100 plantas do milho doce híbrido Jubilee. Para cada planta, a incidência foi medida como a porcentagem de folhas infectadas (x) e a severidade foi calculada como o log (base 10) do número médio de infecções por folha (y). Uma análise de regressão linear simples dos dados produziu os seguintes resultados:

$$\hat{y} = -0{,}939 + 0{,}020x$$
$$r^2 = 0{,}816$$
$$s = 0{,}288$$

a. Interprete o valor de $\hat{\beta}_1$.
b. Interprete o valor de r^2.
c. Interprete o valor de s.
d. Calcule o valor de r e interprete-o.
e. Use o resultado, item d, para testar a utilidade do modelo. Use $\alpha = 0{,}05$. (Presuma que $n = 100$).
f. Preveja a severidade da doença quando a incidência de mofo no milho para uma planta é 80%. [*Nota*: Use o antilog (base 10) de $\hat{y}$ para obter o número médio previsto de infecções por folha.]

10.87 Coletando Beanie Babies. Reveja o Exercício 2.134 e os dados sobre 50 itens de colecionadores de Beanie Babies, publicado na *Beanie World Magazine*. A idade (em meses, como em set. 1998) de um Beanie Baby pode ser usada para prever precisamente o seu valor de mercado? Responda a essa questão realizando uma análise completa de regressão linear simples sobre os dados salvos no arquivo **BEANIE**. (As primeiras e as últimas cinco observações são mostradas na tabela abaixo.)

BEANIE
Companion Website

Nome	Idade (meses) como em set. 1998	Valor (US$)
1. Ally the Alligator	52	55,00
2. Batty the Bat	12	12,00
3. Bongo the Brown Monkey	28	40,00
4. Blackie the Bear	52	10,00
5. Bucky the Beaver	40	45,00
.	.	.
.	.	.
.	.	.
46. Stripes the Tiger (Gold/ Black)	40	400,00
47. Teddy the 1997 Holiday Bear	12	50,00
48. Tuffy the Terrier	17	10,00
49. Tracker the Basset Hound	5	15,00
50. Zip the Black Cat	28	40,00

Fonte: Beanie World Magazine, set. 1998.

10.88 Valor monetário de times da NFL. Consulte a reportagem da revista *Forbes* (1 set. 2005) sobre os dados financeiros de cada time da National Football League (NFL), Exercício 2.143. A tabela listando o valor atual (sem dedução para dívida, exceto dívida do estádio) e a receita operacional para cada time está reproduzida abaixo.

NFLVALUE
Companion Website

Time	Valor corrente (US$ milhões)	Receita operacional (US$ milhões)
Dallas Cowboys	1.063	54,3
Washington Redskins	1.264	53,8
New England Patriots	1.040	50,5
Denver Broncos	907	49,4
Cincinnati Bengals	716	45,6
Tampa Bay Buccaneers	877	45,4
San Francisco 49ers	699	43,6
New Orleans Saints	718	42,6
Houston Texans	946	41,3
Cleveland Browns	892	41,1
Chicago Bears	871	40,1
St.Louis Rams	757	39,8
Pittsburgh Steelers	820	36,5
Buffalo Bills	708	36,1
Green Bay Packers	849	35,4
Tennessee Titans	839	35,1
Jacksonville Jaguars	691	34,6
San Diego Chargers	678	32,8
Baltimore Ravens	864	32,7
Kansas City Chiefs	762	31
Atlanta Falcons	690	26,8
Nova York Giants	806	26,7
Philadelphia Eagles	952	24,5
Carolina Panthers	878	24,3
Indianapolis Colts	715	16,4
Arizona Cardinals	673	16,2
Miami Dolphins	856	15,8
Minnesota Vikings	658	15,6
Detroit Lions	780	15,4
Seattle Seahawks	823	14,4
Nova York Jets	739	12
Oakland Raiders	676	7,8

Fonte: Forbes, 1 dez. 2005.

a. Proponha um modelo de linha reta relacionando o valor atual do time da NFL (y) com sua receita operacional (x).
b. Ajuste o modelo aos dados usando o método dos quadrados mínimos.
c. Interprete as estimativas de quadrados mínimos da inclinação e o intercepto y no contexto do problema.
d. Estatisticamente, descubra a adequação do modelo. Você recomenda usá-lo para prever o valor do time da NFL?

10.89 Avaliando um programa de pesagem em movimento de caminhões. O Departamento de Transporte de Minnesota instalou uma balança de última geração para pesagem em movimento na superfície de concreto das pistas leste da rodovia Interstate 494 em Bloomington, Minnesota. Após a instalação, um estudo foi feito para determinar se as leituras da balança correspondem aos pesos estáticos dos veículos monitorados. (Estudos desse tipo são conhecidos como estudos de calibração.) Depois de algumas comparações preliminares usando um caminhão de dois eixos e seis pneus carregando diferentes cargas (veja a tabela na parte superior da página a seguir), ajustes de calibragem foram feitos no software do sistema de pesagem em movimento e as balanças foram reavaliadas.

a. Construa dois diagramas de dispersão, um de y_1 versus x e outro de y_2 versus x.
b. Use os diagramas de dispersão do item **a** para avaliar o desempenho da balança de pesagem em movimento tanto antes quanto depois da calibração de ajuste.
c. Calcule o coeficiente de correlação para ambos os grupos de dados e interprete seus valores. Explique como esses coeficientes de correlação podem ser usados para avaliar a balança de pesagem em movimento.
d. Suponha que o coeficiente de correlação da amostra para y_2 e x seja 1. Isso poderia acontecer se as leituras dos pesos estáticos e em movimento estivessem em desacordo? Explique.

10.90 Eficiência energética de prédios. Empresas que planejam construir novas fábricas ou fazer ampliações em unidades existentes têm se tornado muito conscientes no que se refere à eficiência energética das novas estruturas propostas e estão interessadas na relação entre o consumo anual de energia e o número de metros quadrados da construção. A tabela na parte inferior da página a seguir lista o consumo de energia em unidades térmicas britânicas (*British thermal units* — um BTU é a quantidade de calor necessário para elevar 1 libra de água em 1° F) para 22 prédios que estiveram sujeitos às mesmas condições climáticas. Considere um modelo de linha reta relacionando consumo de BTU y com área de construção x.

a. Encontre as estimativas de quadrados mínimos do intercepto β_0 e da inclinação β_1.
b. Investigue a utilidade do modelo que você desenvolveu no item **a**. O consumo anual de energia está positiva e linearmente relacionado com a área construída do prédio? Teste usando $\alpha = 0,10$.
c. Encontre o nível observado de significância do teste do item **b**. Interprete seu valor.
d. Encontre o coeficiente de determinação r^2 e interprete seu valor.
e. Uma empresa deseja construir um novo depósito que conterá 8.000 pés quadrados de área. Encontre o valor previsto de consumo de energia e intervalo de

TRUCKWTS
Companion Website

Número da tentativa	Peso estático do caminhão x (em milhares de libras)	Leitura da pesagem em movimento antes do ajuste de calibração y_1 (milhares de libras)	Leitura da pesagem em movimento depois do ajuste de calibração y_2 (milhares de libras)
1	27,9	26,0	27,8
2	29,1	29,9	29,1
3	38,0	39,5	37,8
4	27,0	25,1	27,1
5	30,3	31,6	30,6
6	34,5	36,2	34,3
7	27,8	25,1	26,9
8	29,6	31,0	29,6
9	33,1	35,6	33,0
10	35,5	40,2	35,0

Fonte: Adaptado de dados em WRIGHT, J. L.; OWEN, F.; PENA, D. 'Status of MN/ DOT's weigh-in-motion program.' St. Paul: Minnesota Department of Transportation, jan. 1983.

previsão associado de 95%. Comente a utilidade do intervalo.

f. A aplicação do modelo que você desenvolveu no item **a** para o problema do depósito do item **e** é apropriada apenas se certas premissas puderem ser feitas sobre o novo depósito. Quais são essas premissas?

BTU
Companion Website

BTU/ ano (milhares)	Área construída (pés quadrados)
3.870.000	30.001
1.371.000	13.530
2.422.000	26.060
672.200	6.355
233.100	4.576
218.900	24.680
354.000	2.621
3.135.000	23.350
1.470.000	18.770
1.408.000	12.220
2.201.000	25.490
2.680.000	23.680
337.500	5.650
567.500	8.001
555.300	6.147
239.400	2.660
2.629.000	19.240
1.102.000	10.700
423.500	9.125
423.500	6.510
1.691.000	13.530
1.870.000	18.860

10.91 Melhores firmas de Direito da Flórida. Consulte os dados da *Florida Trend Magazine* (abr. 2002) sobre as firmas de Direito com sede no estado da Flórida, Exercício 2.44. Dados sobre o número de advogados e o número de escritórios, salvos no arquivo **FLALAW**, são reproduzidos na tabela da página a seguir. Suponha que você queira prever o número de firmas de Direito (y) com base no número de advogados (x) na firma.

a. Use o método dos quadrados mínimos (e software de computador) para encontrar a melhor linha de ajuste aos dados.
b. Avalie a linha realizando uma análise completa de regressão linear simples.
c. Uma firma com 300 advogados está planejando construir sua sede na Flórida. Quantos escritórios essa firma deve esperar construir?

Aplicação dos conceitos — Avançado

10.92 Regressão pela origem. Algumas vezes é sabido, de considerações teóricas, que a relação de linha reta entre duas variáveis x e y passa pela origem do plano xy. Considere a relação entre o peso total de um carregamento de sacos de farinha de 50 libras y e o número de sacos no carregamento x. Uma vez que um carregamento contendo $x = 0$ bolsa (isto é, nenhum carregamento) tem um peso total de $y = 0$, um modelo de linha reta da relação entre x e y deveria passar pelo ponto $x = 0$, $y = 0$.

Em tal caso, você poderia presumir $\beta_0 = 0$ e caracterizar a relação entre x e y com o seguinte modelo:

$$y = \beta_1 x + \varepsilon$$

A estimativa de quadrados mínimos de β_1 para esse modelo é:

$$\hat{\beta}_1 = \frac{\sum x_i y_i}{\sum x_i^2}$$

Posição	Firma	Matriz	Número de advogados	Número de escritórios
1	Holland & Knight	Tallahassee	529	11
2	Akerman Senterfit	Orlando	355	9
3	Greenberg Traurig	Miami	301	6
4	Carlton Fields	Tampa	207	6
5	Gruden McClosky Smit	Ft. Lauder	175	9
6	Fowler White Boggs	Tampa	175	7
7	Foley & Lardner	Orlando	159	5
8	GrayHarris	Orlando	158	6
9	Broad and Cassel	Orlando	150	7
10	Shutts & Bowen	Miami	144	5
11	Steel Hector & Davis	Miami	141	5
12	Gunster Yoakley	W PalmBeach	140	6
13	Adorno & Zeder	Miami	105	4
14	Becker & Poliakoff	Ft. Lauder	100	12
15	Lowndes Drosdick	Orlando	100	1
16	Conroy Simberg Ganon	Hollywood	91	6
17	Stearns Weaver	Miami	85	3
18	Wicker Smith O'Hara	Miami	85	6
19	Rogers Towers Bailey	Jacksonville	80	2
20	Butler Burnette	Tampa	77	3
21	Bilzin Sumberg Dunn	Miami	70	1
22	Morgan Colling	Orlando	70	4
23	White & Case	Miami	70	1
24	Fowler White Burnett	Miami	64	4
25	Rissman Weisberg	Orlando	63	3
26	Rumberger Kirk	Orlando	63	4

Fonte: Florida Trend Magazine, abr. 2002, p.105.

Dos registros dos carregamentos anteriores de farinha, 15 foram selecionados aleatoriamente e os dados são apresentados na tabela ao lado.

a. Encontre a linha de quadrados mínimos para os dados sob a premissa de que $\beta_0 = 0$. Represente graficamente a linha de quadrados mínimos em um diagrama de dispersão dos dados.

b. Encontre a linha dos quadrados mínimos para os dados usando o modelo

$$y = \beta_0 + \beta_1 x + \varepsilon$$

(isto é, não restrinja β_0 a igual a 0). Represente graficamente essa linha no mesmo diagrama de dispersão que você construiu no item **a**.

Peso do carregamento	Número de sacolas de 50 libras no carregamento
5.050	100
10.249	205

(continua)

Peso do carregamento	Número de sacolas de 50 libras no carregamento
20.000	450
7.420	150
24.685	500
10.206	200
7.325	150
4.958	100
7.162	150
24.000	500
4.900	100
14.501	300
28.000	600
17.002	400
16.100	400

c. Consulte o item **b**. Por que $\hat{\beta}_0$ pode ser diferente de 0 mesmo que o valor de β_0 seja conhecido como 0?

d. O erro-padrão estimado de $\hat{\beta}_0$ é igual a:

$$s\sqrt{\frac{1}{n} + \frac{\bar{x}^2}{SQ_{xx}}}$$

Use a estatística t:

$$t = \frac{\hat{\beta}_0 - 0}{s\sqrt{(1/n) + (\bar{x}^2/SQ_{xx})}}$$

para testar a hipótese nula H_0: $\beta_0 = 0$ contra a alternativa H_a: $\beta_0 \neq 0$. Use $\alpha = 0,10$. Você deveria incluir β_0 em seu modelo?

Desafios críticos de pensamento

10.93 Comparando funções custos. Gestores estão interessados em estruturar comportamentos anteriores de custos de forma a fazer previsões mais precisas para custos futuros. Modelos de comportamento de custos passados são chamados *função custos*. Fatores que influenciam custos são chamados *direcionadores de custos* (Horngren, Foster, and Datar, *Cost Accounting*, 1994). Os dados de custos mostrados abaixo são de um fabricante de carpetes. Custos indiretos de trabalho na fabricação consistem de custos de manutenção da máquina e custos de pessoal em planejamento de produção. Horas/máquina e horas diretas de trabalho em manufatura são direcionadores de custos. Sua tarefa é estimar e comparar duas funções custo alternativas para custos indiretos de trabalho em manufatura. Na primeira, horas/máquina é a variável independente; na segunda, horas diretas de trabalho em manufatura é a variável independente. Prepare um relatório que compare as duas funções custo e recomende qual deveria ser usada para explicar e prever custos indiretos de trabalho em manufatura. Certifique-se de justificar sua escolha.

RUG Companion Website

SEMANA	CUSTOS INDIRETOS DE TRABALHO EM MANUFATURA US$	HORAS/ MÁQUINA	HORAS DIRETAS DE TRABALHO EM MANUFATURA
1	1.190	68	30
2	1.211	88	35
3	1.004	62	36
4	917	72	20
5	770	60	47
6	1.456	96	45
7	1.180	78	44
8	710	46	38
9	1.316	82	70
10	1.032	94	30
11	752	68	29
12	963	48	38

Fonte: Dados e exercício adaptados de HORNGREN, C. T.; FOSTER, G.; DATAR, S. M. *Cost accounting*. Englewood Cliffs, N.J.: Prentice Hall, 1994.

10.94 Danos com quebras de tijolos. Um processo civil recente girou em torno de um complexo de cinco apartamentos de tijolos localizado no Bronx, em Nova York, que começou a sofrer *quebras* (isto é, uma separação de alguma porção da frente do tijolo do restante de seu corpo). O proprietário do complexo alegou que os tijolos tinham sido fabricados defeituosamente. O fabricante de tijolos alegou que um design pobre e má gestão levaram aos danos. Para resolver o processo, uma estimativa da taxa de danos por 1.000 tijolos, chamada *taxa de quebras*, foi requerida (*Chance*, verão 1994). O proprietário estimou a taxa de quebras usando diversas pesquisas com andaimes pendentes. (Com esse método, um engenheiro desce um andaime em lugares selecionados em paredes de cons-truções e conta o número de quebras para cada 1.000 tijolos na área de observação.) O fabricante de tijolos realizou sua própria pesquisa dividindo as paredes do complexo em 83 segmentos de parede e tirando fotografias de cada segmento. (O número de tijolos quebrados que poderia ser visualizado a partir de cada foto foi registrado e a soma de todos os 83 segmentos usada como uma estimativa do dano total de quebras.) Nesse caso, o júri foi confrontado com o seguinte dilema: a pesquisa com andaime pendente deu a estimativa mais acurada das taxas de quebras em um dado segmento de parede. Infelizmente, as áreas de descida não foram selecionadas aleatoriamente a partir do complexo inteiro; em vez disso, descidas foram feitas em áreas com grandes concentrações de quebras, levando a uma superestimativa do dano total. Por outro lado, a pesquisa com fotos foi completa no sentido de que todos os 83 segmentos de paredes no complexo foram checados em relação a danos por quebras. Mas a taxa de quebras estimadas pelas fotos, pelo menos em áreas de grande concentração de quebras, sofreu viés para baixo (o dano de quebras nem sempre pode ser visto por uma foto), levando a uma subestimativa do dano total.

BRICKS Companion Website

LOCALIZAÇÃO DA DESCIDA	TAXA DE QUEBRAS POR DESCIDA (POR 1.000 TIJOLOS)	TAXA DE QUEBRAS POR FOTOS (POR 1.000 TIJOLOS)
1	0	0
2	5,1	0
3	6,6	0
4	1,1	0,8
5	1,8	1,0
6	3,9	1,0
7	11,5	1,9
8	22,1	7,7
9	39,3	14,9
10	39,9	13,9
11	43,0	11,8

Fonte: FAIRLEY, W. B. et al. 'Bricks, buildings, and the bronx: estimating masonry deterioration.' *Chance*, vol. 7, n. 3, verão, 1994, p. 36 (Figura 3). [*Nota*: Os pontos de dados são estimados a partir de pontos mostrados no gráfico de dispersão.]

Os dados da tabela da página anterior são taxas de quebras obtidas usando os dois métodos em 11 localizações de descidas. Use os dados, como fizeram os especialistas em estatística que testemunharam no caso, para ajudar o júri a estimar a verdadeira taxa de quebras em um dado segmento da parede. Então, explique como essa informação, juntamente com os dados (não mostrados aqui) sobre todos os 83 segmentos de paredes, pode proporcionar uma estimativa razoável do dano total de quebras (isto é, número total de tijolos danificados).

Referências bibliográficas

CHATTERJEE, S.; PRICE, B. *Regression analysis by example*, 2. ed. Nova York: Wiley, 1991.

DRAPER, N.; SMITH, H. *Applied regression analysis*, 3. ed. Nova York: Wiley, 1987.

GITLOW, H.; OPPENHEIM, A.; Oppenheim, R. *Quality management: tools and methods for improvement*. 2. ed. Burr Ridge, Ill.: Irwin, 1995.

GRAYBILL, F. *Theory and application of the linear model*. North Scituate, Mass.: Duxbury, 1976.

KLEINBAUM, D.; KUPPER, L. *Applied regression analysis and other multivariable methods*. 2. ed. North Scituate, Mass.: Duxbury, 1997.

MENDENHALL, W. *Introduction to linear models and the design and analysis of experiments*, Belmont, Calif.: Wadsworth, 1968.

MENDENHALL, W.; SINCICH, T. *A second course in statistics: regression analysis*, 6. ed. Upper Saddle River, N.J.: Prentice Hall, 2003.

MINTZBERG, H. *The nature of managerial work*. Nova York: Harper and Row, 1973.

MONTGOMERY, D.; PECK, E.; VINING, G. *Introduction to linear regression analysis*, 3. ed. Nova York: Wiley, 2001.

MOSTELLER, F.; TUKEY, J. W. *Data analysis and regression: a second course in statistics*. Reading, Mass.: Addison-Wesley, 1977.

NETER, J.; KUTNER, M.; Nachtsheim, C.; Wasserman, W. *Applied linear statistical models*, 4. ed. Hornewood, Ill.: Richard Irwin, 1996.

ROUSSEEUW, P. J.; LEROY, A. M. *Robust regression and outlier detection*. Nova York: Wiley, 1987.

WEISBURG, S. *Applied linear regression*, 2. ed. Nova York: Wiley, 1985.

Uso da tecnologia

10.1 Regresão linear simples usando o SPSS

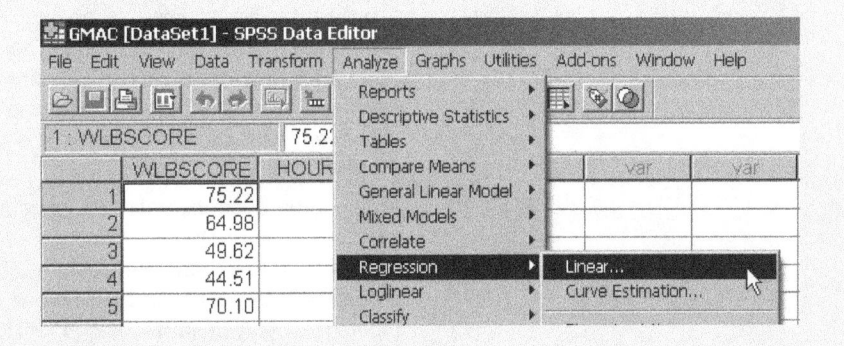

Para realizar uma análise de regressão linear simples, primeiro acesse o arquivo do SPSS que contém as duas variáveis quantitativas (variáveis dependente e independente). Depois, clique no botão 'Analyze' na barra de menu do SPSS, então clique em 'Regression' e em 'Linear', como mostrado na Figura 10.S.1. A caixa de diálogo resultante aparece como mostrado na Figura 10.S.2.

Especifique a variável dependente na caixa 'Dependent' e a variável independente na caixa 'Independent(s)'. Certifique-se de selecionar 'Enter' na caixa 'Method'.

FIGURA 10.S.1 Opções de menu do SPSS para regressão

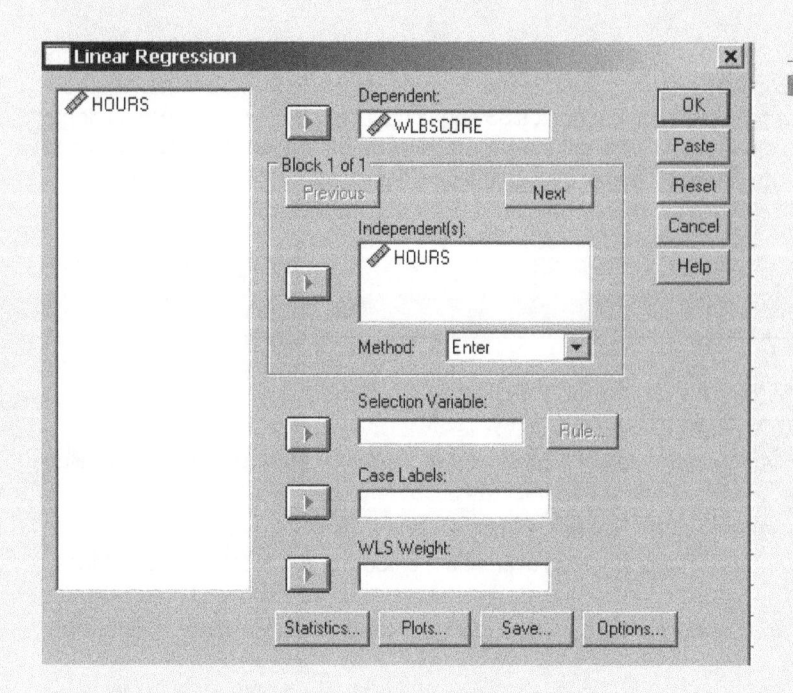

FIGURA 10.S.2 Caixa de diálogo de regressão linear do SPSS

Opcionalmente, você pode fazer com que o SPSS produza intervalos de confiança para os parâmetros do modelo ao clicar em 'Statistics' e marcar os itens do menu apropriados na lista resultante. Você também pode obter intervalos de previsão para y e intervalos de confiança para $E(y)$ clicando no botão 'Save' e marcando os itens apropriados na lista resultante. (Os intervalos de previsão serão adicionados como novas colunas dos dados do arquivo do SPSS.) Para retornar para a caixa de diálogo principal Regression a partir de qualquer uma dessas telas opcionais, clique em 'Continue'. Clique em 'OK' na caixa de diálogo Regression para visualizar os resultados da regressão linear.

Para obter o coeficiente de correlação para duas variáveis quantitativas, clique no botão 'Analyze' na barra de menu principal, então clique em 'Correlate' (veja Figura 10.S.1) e, finalmente, clique em 'Bivariate'. A caixa de diálogo resultante aparece na Figura 10.S.3. Insira a variável de interesse na caixa 'Variables', marque a opção 'Pearson' e então clique em 'OK' para obter uma tela da correlação.

10.2 Regressão linear simples usando o MINITAB

Para realizar uma análise de regressão linear simples, primeiro acesse a planilha do MINITAB que contém as duas variáveis quantitativas (variáveis dependente e independente). Depois, clique no botão 'Stat' na barra de menu do MINITAB, então clique em 'Regression' e em 'Regression' novamente, como mostrado na Figura 10.M.1.

A caixa de diálogo resultante aparece como mostrado na Figura 10.M.2. Especifique a variável dependente na caixa 'Resposta' e a variável independente na caixa 'Predictors'.

Opcionalmente, você pode usar o MINITAB para gerar intervalos de previsão para y e seus intervalos de confiança para $E(y)$ clicando no botão 'Options'. A caixa de diálogo resultante é mostrada na Figura 10.M.3. Marque 'Confidence limits' e/ou 'Prediction limits', especifique 'Confidence level' e insira o valor de x em 'Prediction intervals for new observations'. Clique em 'OK' para retornar para a caixa de diálogo principal Regression, então clique em 'OK' para produzir a tela de regressão linear do MINITAB.

Para obter o coeficiente de correlação para as duas variáveis quantitativas, clique no botão 'Stat' na barra de menu principal do MINITAB, então clique em 'Basic statistics' e depois em 'Correlation', como mostrado na Figura10.M.4. A caixa de diálogo resultante aparece na Figura 10.M.5. Insira as duas variáveis de interesse na tela da correlação.

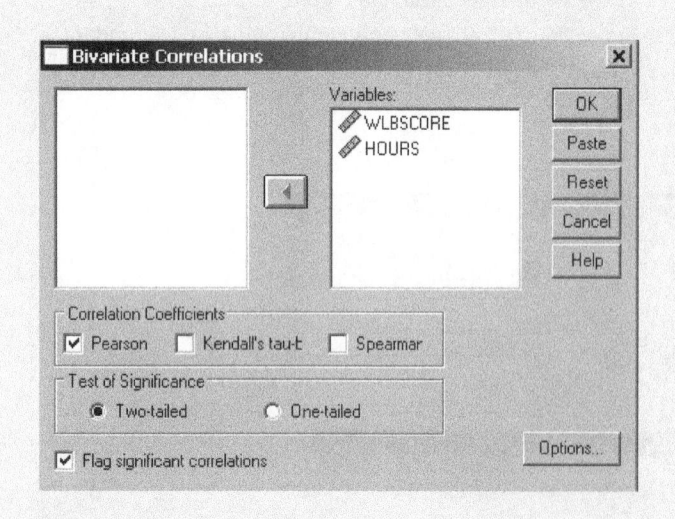

FIGURA 10.S.3 Caixa de diálogo de correlação do SPSS

Capítulo 10 — REGRESSÃO LINEAR SIMPLES   617

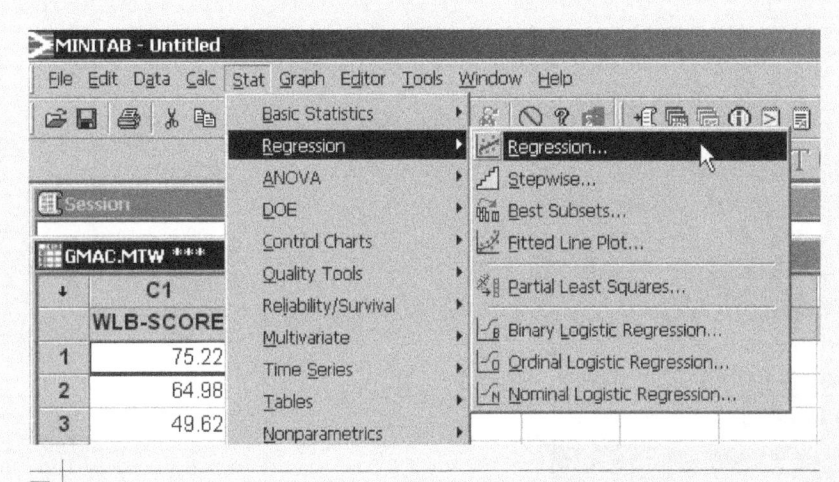

FIGURA 10.M.1   Opções de menu do MINITAB para regressão

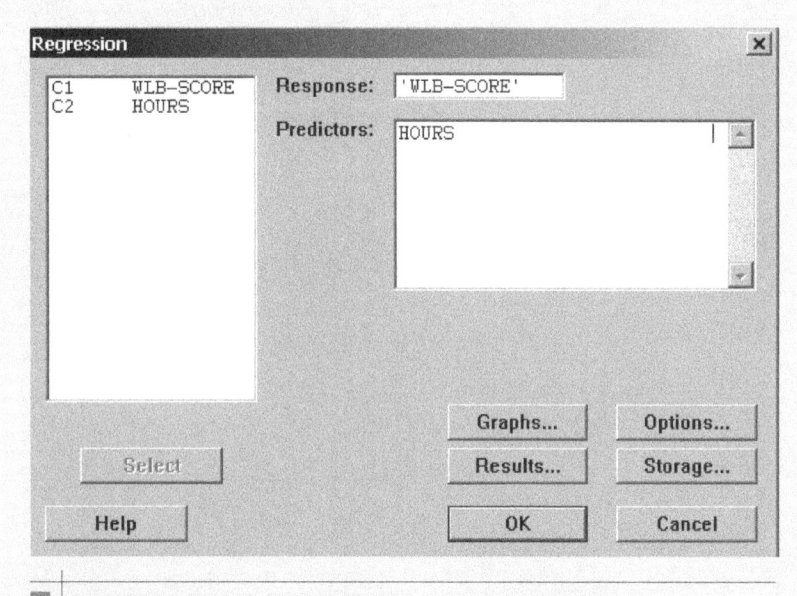

FIGURA 10.M.2   Caixa de diálogo de regressão do MINITAB

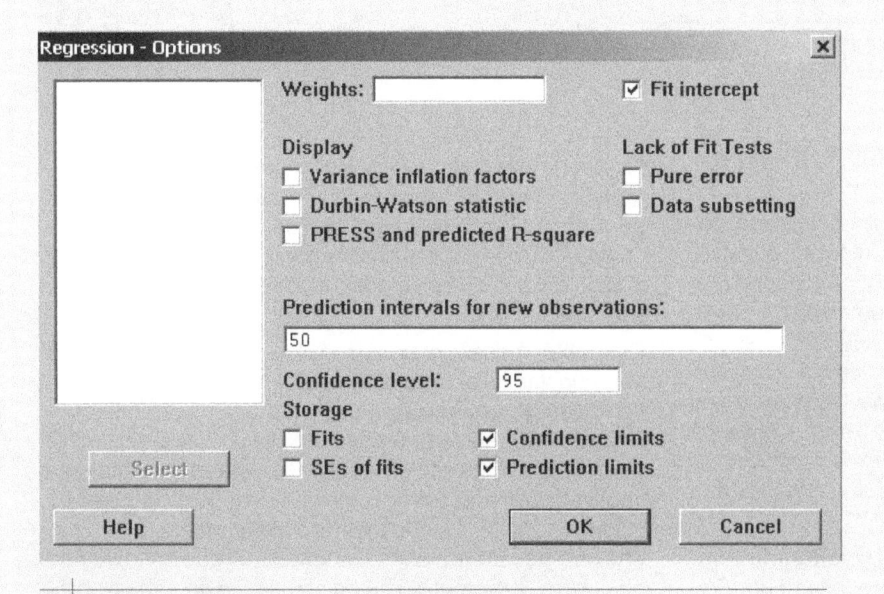

FIGURA 10.M.3   Opções de regressão do MINITAB

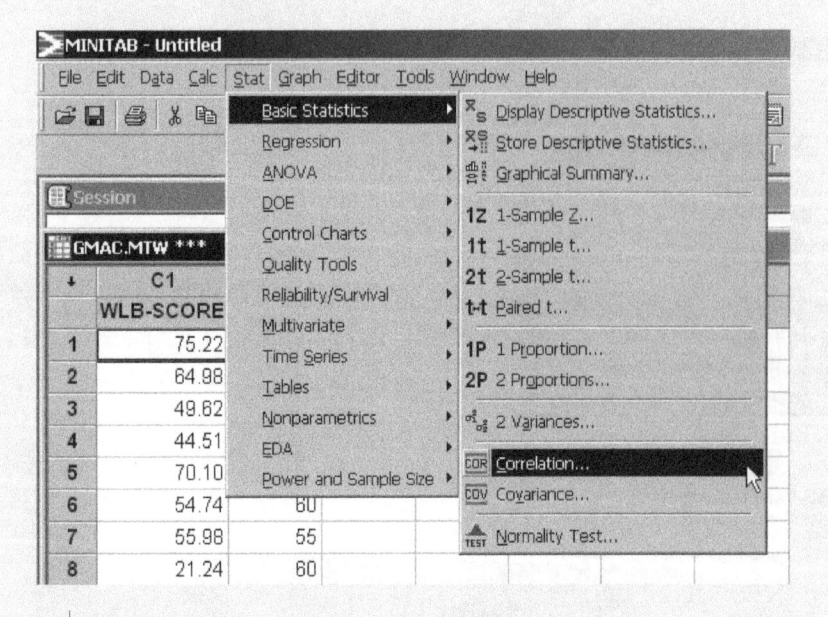

FIGURA 10.M.4 Opções de menu do MINITAB para correlação

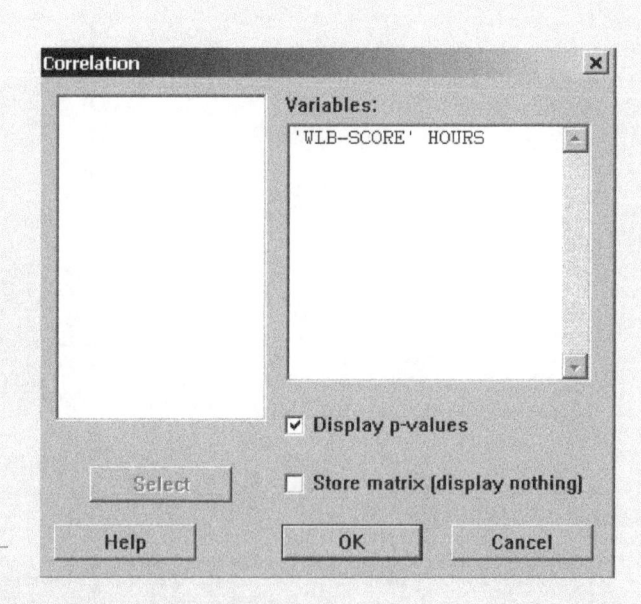

FIGURA 10.M.5 Caixa de diálogo do MINITAB para correlação

10.3 Regressão linear simples usando o Excel/PHStat2

Para realizar uma análise de regressão linear simples, primeiro acesse a planilha do Excel que contém as duas variáveis quantitativas (variáveis dependente e independente). Depois, clique no 'PHStat' da barra de menu do Excel, então selecione 'Regression' e 'Simple linear regression', como mostrado na Figura 10.E.1. A caixa de diálogo resultante é mostrada na Figura 10.E.2. Especifique as faixas das células para as variáveis y e x, o nível de confiança dos intervalos de confiança para parâmetros do modelo, e selecione tanto 'Regression statistics' como 'ANOVA and coefficients' na tabela de opções.

Opcionalmente, você pode fazer o Excel produzir intervalos de previsão para y e intervalos de confiança para $E(y)$ selecionando a opção 'Confidence and prediction interval for X = ' e inserindo o valor x de interesse, conforme mostrado na parte de baixo da Figura 10.E.2. Clique em 'OK' para produzir os resultados da regressão linear simples. (A tela da regressão padrão aparecerá em uma planilha e os intervalos de confiança/previsão aparecerão em uma segunda planilha.)

Para obter o coeficiente de correlação para as duas variáveis quantitativas, clique no botão 'Tools' na barra de menu do MINITAB, então clique em 'Data analysis' e selecione a opção 'Correlation'. A caixa de diálogo aparece na Figura 10.E.3. Especifique a faixa de células para as duas variáveis de interesse e selecione a opção 'Grouped by: columns'. (*Nota*: As duas variáveis devem estar em colunas adjacentes na planilha do Excel.) Clique em 'OK' para obter o valor do coeficiente de correlação em uma planilha em separado.

Capítulo 10 — REGRESSÃO LINEAR SIMPLES ■ 619

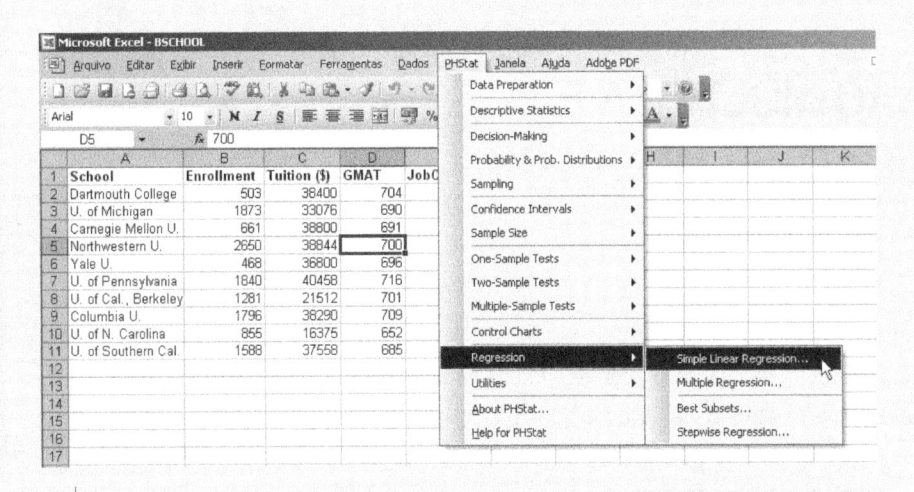

FIGURA 10.E.1 Opções de menu do Excel/PHStat2 para regressão linear simples

FIGURA 10.E.2 Caixa de diálogo do Excel/PHStat2 para regressão liner simples.

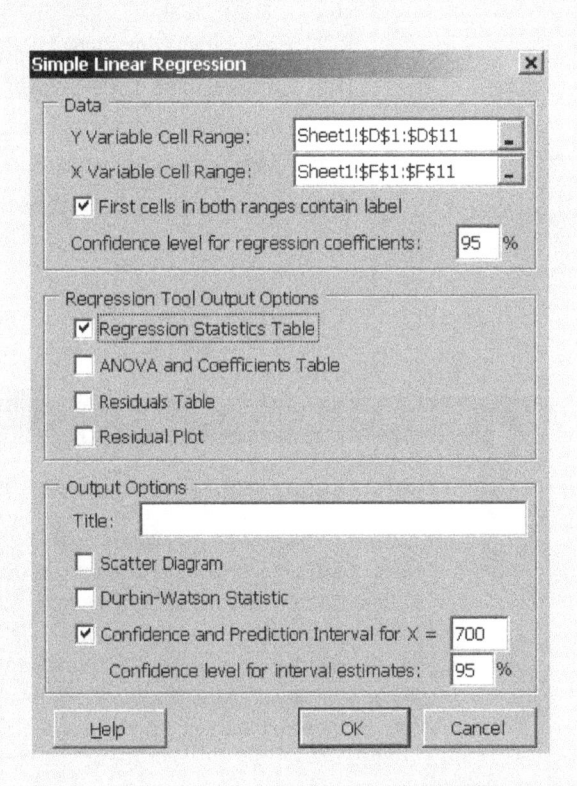

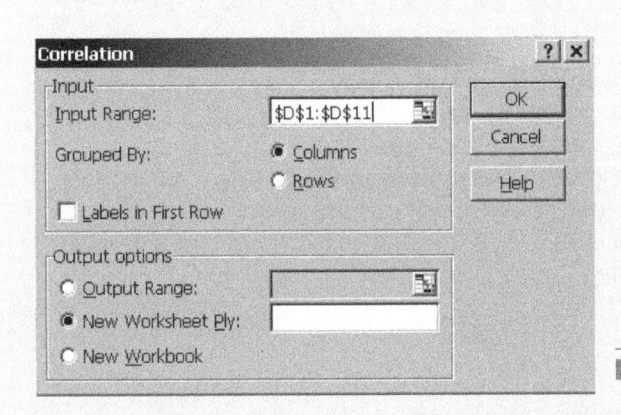

FIGURA 10.E.3 Caixa de diálogo do Excel para correlação

REGRESSÃO MÚLTIPLA E CONSTRUÇÃO DE MODELOS

Conteúdo

11.1 Modelos de regressão múltipla
11.2 Modelo de primeira ordem: estimando e interpretando os parâmetros β
11.3 Inferências sobre os parâmetros β e a utilidade geral do modelo
11.4 Usando o modelo para estimativa e previsão
11.5 Construção de modelos: modelos de interação
11.6 Construção de modelos: modelos quadráticos e de outras ordens maiores
11.7 Construção de modelos: modelos com variáveis qualitativas (*Dummy*)
11.8 Construção de modelos: modelos com variáveis quantitativas e qualitativas (Opcional)
11.9 Construção de modelos: comparando modelos aninhados (Opcional)
11.10 Construção de modelos: regressão passo a passo (Opcional)
11.11 Análise dos resíduos: verificando os pressupostos da regressão
11.12 Algumas ciladas: estimabilidade, multicolinearidade e extrapolação

Estatística em ação

Fraudes em concorrências na indústria de construção de rodovias

Nos Estados Unidos, os empreiteiros comerciais concorrem apresentando propostas para o direito de construir rodovias estaduais e estradas municipais. Uma agência do governo estadual, normalmente o Departamento de Transportes (DOT), notifica vários empreiteiros a respeito da intenção do estado em construir uma rodovia. Propostas fechadas são apresentadas pelos empreiteiros e aquele que apresenta a proposta de menor valor (custo da proposta) ganha o contrato de construção da rodovia. O processo de concorrência funciona extremamente bem em mercados competitivos, mas tem um potencial de aumentar os custos de construção se os mercados não forem competitivos ou se práticas fraudulentas estão presentes. Estas últimas ocorreram nos anos de 1980, na Flórida. Numerosos empreiteiros admitiram ou foram acusados de fixação de preços (isto é, estabelecimento de preços de construção acima do valor justo, ou competitivo, por meio de conluios nas concorrências ou de outros meios).

Esta Estatística em ação inclui dados coletados pelo procurador geral da Flórida logo depois da crise de fixação de preços. O objetivo do procurador geral era construir um modelo para o custo (y) de um contrato de construção de uma rodovia ganho pelo sistema de propostas fechadas. O arquivo **FLAG** contém dados de uma amostra de 235 contratos de rodovias. As variáveis mensuradas para cada contrato estão listadas na Tabela EA11.1. Em última análise, o procurador geral desejava usar o modelo para prever os custos de futuros contratos de rodovias no estado.

Em várias seções de Estatística em ação revisitada (veja abaixo), vamos mostrar como analisar os dados usando uma análise de regressão múltipla.

Estatística em ação revisitada
- Um modelo de primeira ordem para o custo de contratos de rodovias
- Selecionando as variáveis independentes e construindo um modelo para o custo de contratos de rodovias
- Uma análise dos resíduos do modelo de custos de rodovias

TABELA EA11.1 Variáveis do arquivo FLAG

Nome da variável	Tipo	Descrição
CONTRACT	Quantitativa	Número do contrato da rodovia
COST	Quantitativa	Menor custo proposto para o contrato (milhares de dólares)
DOTEST	Quantitativa	Estimativa do custo pelo engenheiro do DOT (milhares de dólares)
STATUS	Qualitativa	Estado da concorrência (1 = fixada, 0 = competitiva)
B2B1RAT	Quantitativa	Razão da segunda menor proposta para a menor
B3B1RAT	Quantitativa	Razão da terceira menor proposta para a menor
BHB1RAT	Quantitativa	Razão da maior proposta para a menor
DISTRICT	Qualitativa	Localização da rodovia (1 = sul da Flórida, 0 = norte da Flórida)
BTPRATIO	Quantitativa	Razão do número de proponentes para o número dos que receberam o plano
DAYSEST	Quantitativa	Estimativa do engenheiro do DOT para o número de dias de trabalho requerido

11.1 Modelos de regressão múltipla

A maioria das aplicações práticas da análise de regressão utiliza modelos que são mais complexos do que um simples modelo de linha reta. Por exemplo, um modelo probabilístico realista para o tempo de reação a um estímulo incluiria mais do que somente a quantidade de uma droga em particular na corrente sanguínea. Fatores como a idade, uma medida de percepção visual e o sexo da pessoa são algumas das muitas variáveis que podem estar relacionadas ao tempo de reação. Portanto, poderíamos desejar incorporar essas e outras variáveis independentes potencialmente importantes ao modelo de forma a poder fazer previsões com precisão.

Modelos probabilísticos que incluem mais de uma variável independente são chamados **modelos de regressão múltipla**. A forma geral desses modelos é:

$$y = \beta_0 + \beta_1 x_1 + \beta_2 x_2 + \cdots + \beta_k x_k + \varepsilon$$

A variável dependente y está agora escrita como uma função de k variáveis independentes $x_1, x_2, \ldots, x_k$. O termo de erro aleatório está adicionado para tornar o modelo probabilístico, em vez de determinístico. O valor do coeficiente β_i determina a contribuição da variável independente x_i, e β_0 é o intercepto de y. Os coeficientes $\beta_0, \beta_1, \ldots, \beta_k$ são normalmente desconhecidos porque representam parâmetros da população.

À primeira vista, pode parecer que o modelo de regressão mostrado não permitiria nada além de relações de linha reta entre y e as variáveis independentes, mas isso não é verdade. Na realidade, $x_1, x_2, \ldots, x_k$ podem ser funções de variáveis, desde que as funções não contenham parâmetros desconhecidos. Por exemplo, o tempo de reação y de uma pessoa a um estímulo visual pode ser uma função das variáveis independentes:

$x_1 =$ idade da pessoa
$x_2 = (\text{idade})^2 = x_1^2$
$x_3 = 1$ se pessoa for do sexo masculino,
    0 se for do sexo feminino

O termo x_2 é chamado de **termo de maior ordem**, uma vez que é o valor da variável quantitativa (x_1) ao quadrado (isto é, elevado à segunda potência). O termo x_3 é uma **variável codificada**, que representa uma variável qualitativa (sexo). O modelo de regressão múltipla é muito versátil e pode ser construído para modelar muitos tipos diferentes de variáveis de resposta.

> **MODELO GERAL DE REGRESSÃO MÚLTIPLA**
>
> $$y = \beta_0 + \beta_1 x_1 + \beta_2 x_2 + \cdots + \beta_k x_k + \varepsilon$$
>
> onde:
> y é a variável dependente
> $x_1, x_2, ..., x_k$ são as variáveis independentes
>
> $$E(y) = \beta_0 + \beta_1 x_1 + \beta_2 x_2 + ... + \beta_k x_k$$
>
> é a parte determinística do modelo
> β_i determina a contribuição da variável independente x_i
>
> *Nota*: Os símbolos $x_1, x_2, ..., x_k$ podem representar termos de maior ordem para preditores quantitativos ou termos que representam preditores qualitativos.

Como mostrado no quadro, os passos usados para desenvolver um modelo de regressão múltipla são similares aos usados para o modelo de regressão linear simples.

> **ANALISANDO UM MODELO DE REGRESSÃO MÚLTIPLA**
>
> **Passo 1** Crie a hipótese do componente determinístico do modelo. Esse componente relaciona a média $E(y)$ às variáveis independentes $x_1, x_2, ..., x_k$. Isso envolve a escolha das variáveis independentes a serem incluídas no modelo (seções 11.2, 11.5-11.10).
>
> **Passo 2** Use os dados amostrais para estimar os parâmetros desconhecidos no modelo $\beta_0, \beta_1, \beta_2, ..., \beta_k$ (Seção 11.2).
>
> **Passo 3** Especifique a distribuição de probabilidade do termo de erro aleatório ε e estime o desvio-padrão σ dessa distribuição (Seção 11.3).
>
> **Passo 4** Verifique se os pressupostos sobre ε estão satisfeitos e faça modificações no modelo, se necessário (Seção 11.11).
>
> **Passo 5** Avalie estatisticamente a utilidade do modelo (Seção 11.3).
>
> **Passo 6** Quando estiver convencido de que o modelo é útil, utilize-o para previsão, estimativa e outros propósitos (Seção 11.4).

Os pressupostos que fazemos sobre o erro aleatório ε do modelo de regressão múltipla são também similares aos da regressão linear simples. Eles estão resumidos abaixo.

> **PRESSUPOSTOS PARA O ERRO ALEATÓRIO ε**
>
> Para qualquer conjunto de valores $x_1, x_2, ..., x_k$, o erro aleatório ε tem uma distribuição de probabilidade com as seguintes propriedades:
>
> 1. Média igual a 0
> 2. Variância igual a σ^2
> 3. Distribuição normal
> 4. Os erros aleatórios são independentes (num sentido probabilístico)

Ao longo deste capítulo, introduziremos vários tipos diferentes de modelos que formam as fundações da **construção de modelos** (ou construção de modelos úteis). Nas próximas seções, vamos considerar o modelo de regressão múltipla mais básico, chamado de *modelo de primeira ordem*.

11.2 Modelo de primeira ordem: estimando e interpretando os parâmetros β

Um modelo que inclui apenas termos para variáveis independentes *quantitativas*, chamado de **modelo de primeira ordem**, está descrito no quadro. Note que o modelo de primeira ordem não inclui termos de ordens mais altas (tais como x_1^2).

> **UM MODELO DE PRIMEIRA ORDEM DE CINCO VARIÁVEIS QUANTITATIVAS INDEPENDENTES**[1]
>
> $$E(y) = \beta_0 + \beta_1 x_1 + \beta_2 x_2 + \beta_3 x_3 + \beta_4 x_4 + \beta_5 x_5$$
>
> onde $x_1, x_2, ..., x_5$ são todas variáveis quantitativas que *não são* funções de outras variáveis independentes.
>
> *Nota*: β_i representa a inclinação da linha relacionando y com x_i quando todos os outros x são mantidos fixos.

O método de ajuste de modelos de primeira ordem — e dos modelos de regressão múltipla em geral — é idêntico ao do ajuste do modelo simples de linha reta: o método dos mínimos quadrados; isto é, escolhemos o modelo estimado:

$$\hat{y} = \hat{\beta}_0 + \hat{\beta}_1 x_1 + \cdots + \hat{\beta}_k x_k$$

que minimiza

$$SQE = \Sigma(y - \hat{y})^2$$

Como no caso do modelo linear simples, as estimativas da amostra $\hat{\beta}_0, \hat{\beta}_1, ..., \hat{\beta}_k$ são obtidas como solução de um conjunto de equações lineares simultâneas.[2]

A diferença principal entre o ajuste dos modelos de regressão simples e múltipla é a dificuldade do cálcu-

---

[1] A terminologia *primeira ordem* deriva do fato de que cada x no modelo é elevado à primeira potência.

[2] Os estudantes familiarizados com o cálculo podem notar que $\hat{\beta}_0, \hat{\beta}_1, ..., \hat{\beta}_k$ são as soluções do conjunto de equações $\partial SSE/\partial \hat{\beta}_0 = 0$, $\partial SSE/\partial \hat{\beta}_1 = 0$, ..., $\partial SSE/\partial \hat{\beta}_k = 0$. A solução normalmente é dada em forma matricial, mas não vamos apresentar esses detalhes aqui. Veja as referências bibliográficas para mais detalhes.

lo. As $(k + 1)$ equações lineares simultâneas que devem ser resolvidas para encontrar os $(k + 1)$ coeficientes estimados $\hat{\beta}_0, \hat{\beta}_1, \ldots, \hat{\beta}_k$ são difíceis (algumas vezes, quase impossíveis) de resolver com uma calculadora. Conseqüentemente, recorremos ao uso de computadores. Em vez de apresentar o tedioso cálculo manual necessário para ajustar os modelos, apresentamos os resultados do SPSS, MINITAB e Excel.

Biografia

GEORGE U. YULE (1871 – 1951)

EXEMPLO 11.1

AJUSTANDO UM MODELO DE REGRESSÃO MÚLTIPLA DE PRIMEIRA ORDEM AO PREÇO DE VENDA DE UMA CASA

Problema Suponha que um avaliador de imóveis deseje modelar a relação entre o preço de venda de uma residência em uma cidade de tamanho médio e as seguintes três variáveis independentes: (1) valor avaliado do terreno da propriedade; (2) valor avaliado das melhorias (isto é, valor da casa) na propriedade; e (3) área do espaço habitável da propriedade (isto é, tamanho da casa). Considere o modelo de primeira ordem:

$$y = \beta_0 + \beta_1 x_1 + \beta_2 x_2 + \beta_3 x_3 + \varepsilon$$

onde:

y = preço de venda (dólares)

x_1 = valor avaliado do terreno (dólares)

x_2 = valor avaliado das melhorias (dólares)

x_1 = área (pés quadrados)

Para ajustar o modelo, o avaliador selecionou uma amostra aleatória de $n = 20$ propriedades das milhares de propriedades que foram vendidas em um ano em particular. Os dados resultantes estão na Tabela 11.1.

a. Use um gráfico xy para desenhar os dados amostrais. Interprete o gráfico.

b. Use o método dos mínimos quadrados para estimar os parâmetros desconhecidos β_0, β_1, β_2 e β_3 no modelo.

c. Encontre o valor de SQE que é minimizado pelo método dos mínimos quadrados.

d. Estime σ, o desvio-padrão do modelo, e interprete o resultado.

Solução

a. Os gráficos xy lado a lado do MINITAB para examinar a relação de duas variáveis entre y e x_1, y e x_2, y e x_3 são apresentados na Figura 11.1. Das três variáveis, a avaliação das melhorias (x_2) parece ter a relação linear mais forte com o preço de venda (y).

REALESTATE

TABELA 11.1 Dados de avaliação imobiliária para 20 propriedades

PROPRIEDADE Nº (OBS.)	PREÇO DE VENDA y	PREÇO DO TERRENO x_1	PREÇO DAS MELHORIAS x_2	ÁREA x_3
1	68.900	5.960	44.967	1.873
2	48.500	9.000	27.860	928
3	55.500	9.500	31.439	1.126
4	62.000	10.000	39.592	1.265
5	116.500	18.000	72.827	2.214
6	45.000	8.500	27.317	912
7	38.000	8.000	29.856	899
8	83.000	23.000	47.752	1.803
9	59.000	8.100	39.117	1.204
10	47.500	9.000	29.349	1.725
11	40.500	7.300	40.166	1.080
12	40.000	8.000	31.679	1.529
13	97.000	20.000	58.510	2.455
14	45.500	8.000	23.454	1.151
15	40.900	8.000	20.897	1.173
16	80.000	10.500	56.248	1.960
17	56.000	4.000	20.859	1.344
18	37.000	4.500	22.610	988
19	50.000	3.400	35.948	1.076
20	22.400	1.500	5.779	962

Fonte: Alachua County (Florida) Property Appraisers Office.

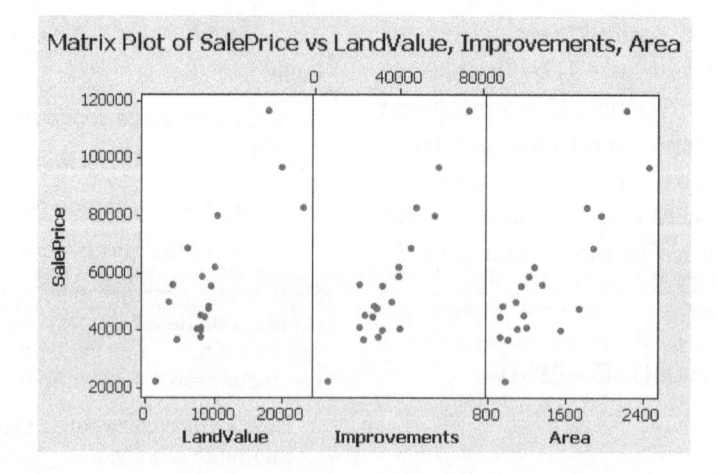

FIGURA 11.1 Gráficos do MINITAB para os dados da Tabela 11.1

b. O modelo hipotético apresentado é ajustado aos dados da Tabela 11.1 usando o MINITAB. A resposta do MINITAB está reproduzida na Figura 11.2. As estimativas de mínimos quadrados dos parâmetros β aparecem (destacadas) na coluna **Coef**.

Você pode ver que $\hat{\beta}_0 = 1.470$, $\hat{\beta}_1 = 0,8145$, $\hat{\beta}_2 = 0,8204$ e $\hat{\beta}_3 = 13,529$. Portanto, a equação que minimiza o SQE para esse conjunto de dados (isto é, a **equação de previsão de mínimos quadrados**) é:

$$\hat{y} = 1.470 + 0,8145x_1 + 0,8204x_2 + 13,53x_3$$

c. O valor mínimo do SQE, destacado na Figura 11.2, é SQE = 1.003.491.259.

d. Lembre-se de que o estimador de σ^2 para o modelo de linha reta é $s^2 = SQE/(n-2)$ e note que o denominador é $(n -$ Número dos parâmetros β estimados), que é $(n-2)$ no modelo de linha reta. Uma vez que devemos estimar quatro parâmetros, $\beta_0, \beta_1, \beta_2$ e β_3, para o modelo de primeira ordem, o estimador de σ^2 é:

$$s^2 = \frac{SQE}{(n-4)} = \frac{SQE}{20-4}$$

$$= \frac{1.003.491.259}{16} = 62.718.204$$

Esse valor, freqüentemente chamado de **quadrado médio para o erro (QME)**, está destacado no final da resposta do MINITAB, na Figura 11.2. A estimativa de σ é, portanto:

Regression Analysis: SALEPRIC versus LANDVAL, IMPROVAL, AREA

```
The regression equation is
SALEPRIC = 1470 + 0.814 LANDVAL + 0.820 IMPROVAL + 13.5 AREA


Predictor      Coef     SE Coef       T       P
Constant       1470        5746    0.26   0.801
LANDVAL      0.8145      0.5122    1.59   0.131
IMPROVAL     0.8204      0.2112    3.88   0.001
AREA         13.529       6.586    2.05   0.057


S = 7919.48     R-Sq = 89.7%     R-Sq(adj) = 87.8%


Analysis of Variance

Source           DF          SS          MS       F       P
Regression        3  8779676741   2926558914   46.66   0.000
Residual Error   16  1003491259     62718204
Total            19  9783168000
```

FIGURA 11.2 Análise do MINITAB para o modelo de preço de venda

$$s = \sqrt{62.718.204} = 7.919,5$$

em destaque no meio da resposta do MINITAB, na Figura 11.2. Uma interpretação útil do desvio-padrão estimado s é que o intervalo $\pm 2s$ fornecerá uma aproximação por alto para a precisão com a qual o modelo predirá os valores futuros de y para valores dados de x. Portanto, esperamos que o modelo forneça previsões do preço de venda dentro de cerca de $\pm 2s = \pm 2(7.919,5) = \pm 15.839$ dólares.[3]

Relembrando Como na regressão linear simples, usaremos o estimador de σ^2 para verificar a utilidade do modelo (Seção 11.3) e para fornecer uma medida de confiabilidade das previsões e estimativas quando o modelo for usado para esses propósitos (Seção 11.4). Portanto, você verá que a estimativa de σ^2 é parte importante do desenvolvimento de um modelo de regressão.

AGORA FAÇA O EXERCÍCIO 11.2A-C

ESTIMADOR DE σ^2 PARA UM MODELO DE REGRESSÃO MÚLTIPLA COM K VARIÁVEIS INDEPENDENTES

$$s^2 = \frac{\text{SQE}}{n - \text{Número de parâmetros } \beta \text{ estimados}}$$

$$= \frac{\text{SQE}}{n - (k + 1)}$$

Depois da obtenção da equação de previsão de mínimos quadrados, o analista geralmente desejará realizar interpretações significativas das estimativas β. Lembre-se de que, no modelo de linha reta (Capítulo 10):

$$y = \beta_0 + \beta_1 x + \varepsilon$$

β_0 representa o intercepto y da linha e β_1 representa a inclinação da linha. Da nossa discussão no Capítulo 10, β_1 tem uma interpretação prática: representa a mudança média em y para cada aumento de 1 unidade em x. Quando as variáveis independentes são quantitativas, os parâmetros β no modelo de primeira ordem especificado no Exemplo 11.1 têm interpretações similares. A diferença é que, quando interpretamos o β que multiplica uma das variáveis (por exemplo, x_1), devemos estar seguros de manter fixos os valores das variáveis independentes remanescentes (por exemplo, x_2, x_3).

Para verificar isso, suponha que a média $E(y)$ de uma resposta y está relacionada a duas variáveis quantitativas independentes, x_1 e x_2, pelo modelo de primeira ordem:

$$E(y) = 1 + 2x_1 + x_2$$

Em outras palavras, $\beta_0 = 1, \beta_1 = 2$ e $\beta_2 = 1$.

Agora, quando $x_2 = 0$, a relação entre $E(y)$ e x_1 é dada por:

$$E(y) = 1 + 2x_1 + (0) = 1 + 2x_1$$

Um gráfico dessa relação (uma linha reta) é apresentado na Figura 11.3. Gráficos similares para a relação entre $E(y)$ e x_1 para $x_2 = 1$:

$$E(y) = 1 + 2x_1 + (1) = 2 + 2x_1$$

e, para $x_2 = 2$:

$$E(y) = 1 + 2x_1 + (2) = 3 + 2x_1$$

também são apresentados na Figura 11.3. Note que as inclinações das três linhas são iguais a $\beta_1 = 2$, o coeficiente que multiplica x_1.

A Figura 11.3 exibe uma característica de todos os modelos de primeira ordem: se você representa $E(y)$ graficamente *versus* qualquer uma das variáveis — digamos, x_1 — para valores fixos das outras variáveis, o resultado será sempre uma *linha reta* com inclinação igual a β_1. Se você repetir o processo para outros valores das variáveis independentes fixas, obterá um conjunto de linhas retas *paralelas*. Isso indica que o efeito da variável independente x_i sobre $E(y)$ é independente de todas as outras variáveis independentes do modelo, e esse efeito é medido pela inclinação β_i (veja o quadro apresentado anteriormente).

Um gráfico tridimensional do modelo $E(y) = 1 + 2x_1 + x_2$ é mostrado na Figura 11.4. Note que o gráfico do modelo é um plano. Se você cortar o plano em um valor particular de x_2 (digamos, $x_2 = 0$), obtém uma linha reta relacionando $E(y)$ a x_1 (por exemplo, $E[y] = 1 + 2x_1$). De modo similar, se você cortar o plano em um valor particular de x_1, obterá uma linha reta relacionando $E(y)$ a x_2. Uma vez que é mais difícil a visualização de superfícies tridimensionais e, em geral, as superfícies k dimensionais, vamos fazer os gráficos de todos os modelos apresentados neste capítulo em duas dimensões. *A chave para obter esses gráficos é manter fixas todas as variáveis independentes do modelo, exceto uma.*

---

[3] A aproximação $\pm 2s$ melhorará à medida que o tamanho da amostra for aumentado. Forneceremos metodologias mais precisas para a construção de intervalos de previsão na Seção 11.4.

FIGURA 11.3 Gráficos de $E(y) = 1 + 2x_1 + x_2$ para $x_2 = 0, 1, 2$

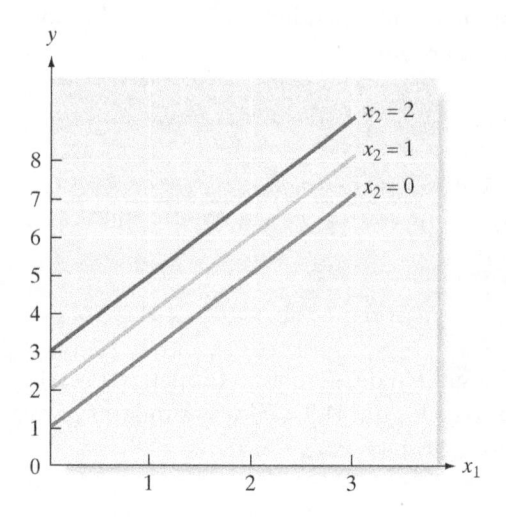

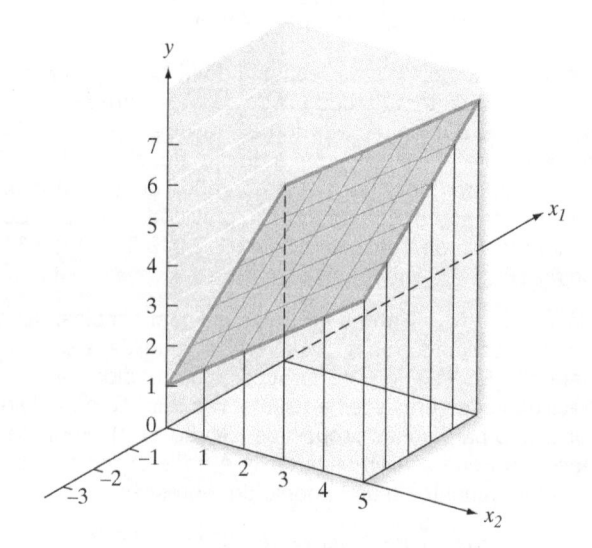

FIGURA 11.4 O plano de $E(y) = 1 + 2x_1 + x_2$

EXEMPLO 11.2

INTERPRETANDO AS ESTIMATIVAS DE β PARA O MODELO DE PREÇO DE VENDA DE CASAS

Problema Consulte o modelo de primeira ordem para o preço de venda y examinado no Exemplo 11.1. Interprete as estimativas dos parâmetros β do modelo.

Solução

A equação de previsão de mínimos quadrados, dada no Exemplo 11.1, é $y = 1.470 + 0{,}8145x_1 + 0{,}8204x_2 + 13{,}53x_3$. Sabemos que, nos modelos de primeira ordem, β_1 representa a inclinação da linha $y - x_1$ para x_2 e x_3 fixos — isto é, β_1 mede a mudança em $E(y)$ para cada aumento de 1 unidade em x_1 quando todas as outras variáveis independentes do modelo são mantidas fixas. Afirmações similares podem ser feitas sobre β_2 e β_3; por exemplo, β_2 mede a mudança em $E(y)$ para cada aumento de 1 unidade em x_1 quando todos os outros x do modelo são mantidos fixos. Conseqüentemente, obtemos as seguintes interpretações:

1. $\hat{\beta}_1 = 0{,}8145$: Estimamos que o preço médio de venda de uma propriedade, $E(y)$, aumente 0,8145 dólares para cada aumento de 1 dólar no valor avaliado do terreno (x_1), quando as melhorias avaliadas (x_2) e a área (x_3) são mantidas fixas.

2. $\hat{\beta}_2 = 0{,}8204$: Estimamos que o preço médio de venda de uma propriedade, $E(y)$, aumente 0,8204 dólares para cada aumento de 1 dólar no valor avaliado das melhorias (x_2), quando o valor avaliado do terreno (x_1) e da área (x_3) são mantidos fixos.

3. $\hat{\beta}_3 = 13{,}53$: Estimamos que o preço médio de venda de uma propriedade, $E(y)$, aumente 13,53 dólares para cada pé quadrado adicional de área habitável (x_3), quando o valor avaliado do terreno (x_1) e as melhorias avaliadas (x_2) são mantidos fixos.

O valor $\hat{\beta}_0 = 1.470$ não tem uma interpretação significativa neste exemplo. Para verificar isso, note que $\hat{y} = \hat{\beta}_0$ quando $x_1 = x_2 = x_3 = 0$. Portanto, $\hat{\beta}_0 = 1.470$ representa o preço médio estimado de venda quando os valores de todas as variáveis independentes são estabelecidos como iguais a 0. Uma vez que uma propriedade residencial com essas características — valor avaliado do terreno de US$ 0, melhorias avaliadas em US$ 0 e 0 pé quadrado de área habitável — não é prática, o valor de $\hat{\beta}_0$ não tem uma interpretação significativa.

Relembrando Em geral, $\hat{\beta}_0$ não terá uma interpretação prática, a menos que faça sentido colocar os valores dos x's simultaneamente iguais a 0.

AGORA FAÇA O EXERCÍCIO 11.12A-B

CUIDADO

A interpretação dos parâmetros β em um modelo de regressão múltipla vai depender dos termos especificados no modelo. As interpretações acima são somente para um modelo linear de primeira ordem. Na prática, você deverá estar seguro de que um modelo de primeira ordem é o modelo correto para $E(y)$ antes de fazer interpretações dos β. (Discutiremos modelos alternativos para $E(y)$ nas seções 11.5–11.8).

Atividade 11.1

PRÊMIOS DE SEGURO: COLETANDO DADOS PARA DIFERENTES VARIÁVEIS

Os prêmios de seguro de vida, seguro-saúde, seguro da casa e seguro do carro são baseados em mais de um fator. Nesta atividade, você examinará fatores que influenciam o preço que um indivíduo paga pelos seguros e como você poderia coletar dados que poderiam ser úteis no estudo de prêmios de seguros. Você pode querer dar uma olhada nas cláusulas das suas próprias apólices de seguros para verificar qual a cobertura que tem e quanto isso lhe custa.

1. Suponha que você opere um site independente da Internet, que forneça informações sobre coberturas e custos de seguros. Você gostaria de adicionar um recurso ao seu site, no qual uma pessoa, respondendo a algumas questões simples, receberia uma estimativa de quanto poderia esperar pagar pelo seguro em uma seguradora importante. Escolha um tipo de seguro e determine as cinco perguntas que você mais gostaria de fazer para preparar uma estimativa.

2. Use as cinco perguntas do Exercício 1 para definir cinco variáveis independentes. Qual é a variável dependente nessa situação? Como seria um modelo de primeira ordem nessa situação?

3. As estimativas fornecidas no seu site serão baseadas numa amostra aleatória de apólices recentemente contratadas em seguradoras importantes. Uma vez que as taxas de seguros mudam com freqüência, seu site terá que ser também atualizado com freqüência, por meio de novas amostras. Projete uma metodologia de amostragem que possa ser facilmente repetida quando necessário. Seja específico em como você identificará pessoas que contrataram apólices recentemente, como vai selecionar sua amostra, que dados serão coletados e que método usará para coletar os dados.

4. Uma vez que os dados foram coletados, descreva como você os organizará e os utilizará para completar o modelo do Exercício 3.

11.3 Inferências sobre os parâmetros β e a utilidade geral do modelo

Inferências sobre os parâmetros β individuais em um modelo são obtidas usando ou um intervalo de confiança ou um teste de hipóteses, como delineado nos dois quadros a seguir.[4]

UM INTERVALO DE CONFIANÇA DE 100(1 − α)% PARA UM PARÂMETRO β

$$\hat{\beta}_i \pm t_{\alpha/2} s_{\hat{\beta}_i}$$

onde $t_{\alpha/2}$ está baseado em $n - (k + 1)$ graus de liberdade e

n = número de observações

$k + 1$ = número de parâmetros β do modelo

TESTE DE UM COEFICIENTE DE PARÂMETRO INDIVIDUAL NO MODELO DE REGRESSÃO MÚLTIPLA

TESTE DE UMA CAUDA	TESTE DE DUAS CAUDAS
$H_0: \beta_i = 0$	$H_0: \beta_i = 0$
$H_a: \beta_i < 0$ [ou $H_a: \beta_i > 0$]	$H_a: \beta_i \neq 0$

Estatística-teste: $t = \dfrac{\hat{\beta}_i}{s_{\hat{\beta}_i}}$

Região de rejeição: $t < -t_a$ Região de rejeição: $|t| > t_{a/2}$

[ou $t > t_a$ quando $H_a: \beta_i > 0$]

onde t_a e $t_{a/2}$ estão baseados em $n - (k + 1)$ graus de liberdade e

n = número de observações

$k + 1$ = número de parâmetros β do modelo

CONDIÇÕES REQUERIDAS PARA INFERÊNCIAS VÁLIDAS SOBRE OS PARÂMETROS β

Os quatro pressupostos sobre a distribuição de probabilidade do erro aleatório ε.

Ilustraremos esses métodos com outro exemplo.

---

[4] As fórmulas para calcular $\hat{\beta}_i$ e seu erro-padrão são muito complexas e a única maneira razoável de apresentá-las é usando álgebra matricial. Não presumimos um pré-requisito de álgebra matricial para este livro, e, em todo caso, pensamos que as fórmulas podem ser omitidas num curso introdutório sem grandes perdas. Elas estão programadas em quase todos os pacotes de software estatístico com rotinas de regressão múltipla e estão apresentadas em alguns dos textos listados nas referências bibliográficas.

EXEMPLO 11.3

Fazendo inferências sobre os parâmetros β em um modelo para o preço de um relógio antigo

Problema Um colecionador de relógios antigos sabe que o preço recebido pelos relógios aumenta linearmente com a idade dos relógios. Além disso, o colecionador supõe que o preço de leilão dos relógios aumente linearmente à medida que o número de participantes aumenta. Então, o seguinte modelo de primeira ordem é tomado como hipótese:

$$y = \beta_0 + \beta_1 x_1 + \beta_2 x_2 + \varepsilon$$

onde:

y = preço de leilão

x_1 = idade do relógio (em anos)

x_2 = número de participantes

Uma amostra de 32 preços de leilão de relógios antigos, juntamente com suas idades e número de participantes, é apresentada na Tabela 11.2. O modelo $y = \beta_0 + \beta_1 x_1 + \beta_2 x_2 + \varepsilon$ será ajustado aos dados, e a listagem do Excel é apresentada na Figura 11.5.

GFCLOCKS Companion Website

a. Teste a hipótese de que o preço médio de leilão de um relógio aumenta à medida que o número de participantes aumenta, quando a idade é mantida constante, isto é, teste se $\beta_2 > 0$. Use $\alpha = 0{,}05$.

b. Forme um intervalo de confiança de 90% para β_1 e interprete o resultado.

Solução

a. A hipótese de interesse diz respeito ao parâmetro β_2. Especificamente:

$$H_0: \beta_2 = 0$$
$$H_a: \beta_2 > 0$$

A estatística-teste é uma estatística t formada pela divisão da estimativa da amostra $\hat{\beta}_2$ do parâmetro β_2 pelo erro-padrão estimado de $\hat{\beta}_2$ (representado por $s_{\hat{\beta}_2}$). Essas estimativas, bem como o valor t calculado, estão destacadas no final da resposta do Excel. Esses valores resultam no seguinte:

$$\text{Estatística-teste: } t = \frac{\hat{\beta}_2}{s_{\hat{\beta}_2}} = \frac{85{,}953}{8{,}729} = 9{,}85$$

A região de rejeição para o teste é encontrada exatamente da mesma maneira que as regiões de rejei-

TABELA 11.2 Dados de preços de leilões

Idade x_1	Número de participantes x_2	Preço de leilão y US$	Idade x_1	Número de participantes x_2	Preço de leilão y US$
127	13	US$ 1.235	170	14	US$ 2.131
115	12	1.080	182	8	1.550
127	7	845	162	11	1.884
150	9	1.522	184	10	2.041
156	6	1.047	143	6	845
182	11	1.979	159	9	1.483
156	12	1.822	108	14	1.055
132	10	1.253	175	8	1.545
137	9	1.297	108	6	729
113	9	946	179	9	1.792
137	15	1.713	111	15	1.175
117	11	1.024	187	8	1.593
137	8	1.147	111	7	785
153	6	1.092	115	7	744
117	13	1.152	194	5	1.356
126	10	1.336	168	7	1.262

Regression Analysis

Regression Statistics	
Multiple R	0.94463957
R Square	0.892343916
Adjusted R Square	0.884919359
Standard Error	133.4846678
Observations	32

ANOVA

	df	SS	MS	F	Significance F
Regression	2	4283062.96	2141531.48	120.1881617	9.21636E-15
Residual	29	516726.5399	17818.15655		
Total	31	4799789.5			

	Coefficients	Standard Error	t Stat	P-value	Lower 90.0%	Upper 90.0%
Intercept	-1338.95134	173.8094707	-7.703558013	1.70581E-08	-1634.275722	-1043.62696
AGE	12.7405741	0.904740307	14.08202331	1.69276E-14	11.20330533	14.27784287
NUMBIDS	85.95298437	8.728523289	9.847368395	9.34495E-11	71.12211393	100.7838548

FIGURA 11.5 Análise do Excel do modelo de preços de leilão para relógios antigos

ção para os testes t nos capítulos anteriores — isto é, consultamos a Tabela V do Apêndice B para obter um valor de t da cauda superior. Esse é um valor t_α tal que $P(t > t_\alpha) = \alpha$. Podemos então usar esse valor para construir regiões de rejeição para testes de uma ou duas caudas.

Para $\alpha = 0{,}05$ e $n - (k + 1) = 32 - (2 + 1) = 29$ gl, o valor t crítico obtido da Tabela V é $t_{0{,}05} = 1{,}699$. Portanto:

Região de rejeição: $t > 1{,}699$ (veja a Figura 11.6)

Uma vez que o valor da estatística-teste $t = 9{,}85$ cai na região de rejeição, temos evidência suficiente para rejeitar H_0. Portanto, o colecionador pode concluir que o preço médio de leilão de um relógio aumenta à medida que o número de participantes aumenta, quando a idade é mantida constante. Note que o nível observado de significância do teste também é dado na listagem. Uma vez que o valor $p \approx 0$, qualquer α diferente de zero (por exemplo, $\alpha = 0{,}01$) nos levará a rejeitar H_0.

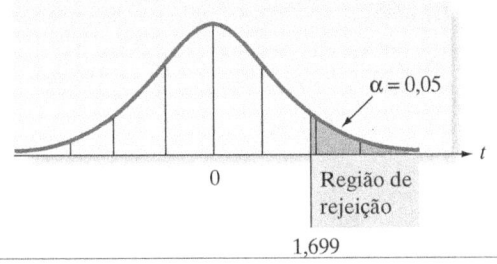

FIGURA 11.6 Região de rejeição para H_0: $\beta_2 = 0$ vs. H_a: $\beta_2 > 0$

b. Um intervalo de confiança de 90% para β_1 é (do quadro):

$$\hat{\beta}_1 \pm t_{\alpha/2} s_{\hat{\beta}_1} = \hat{\beta}_1 \pm t_{0{,}05} s_{\hat{\beta}_1}$$

Substituindo $\hat{\beta}_1 = 12{,}74$, $s_{\hat{\beta}_1} = 0{,}905$ (ambos obtidos da listagem do Excel, Figura 11.5) e $t_{0{,}05} = 1{,}699$ (do item **a**) na equação, obtemos:

$$12{,}74 \pm 1{,}699(0{,}905) = 12{,}74 \pm 1{,}54$$

ou (11,20; 14,28). Esse intervalo também é apresentado na listagem do Excel, Figura 11.5. Então, estamos 90% confiantes de que β_1 cai entre 11,20 e 14,28. Uma vez que β_1 é a inclinação da linha relacionando o preço de leilão (y) com a idade do relógio (x_1), concluímos que o preço aumenta entre US$ 11,20 e US$ 14,28 para cada aumento de 1 ano na idade, mantendo o número de participantes (x_2) constante.

Relembrando Quando interpretar um β multiplicado por um x, esteja seguro de manter fixos os valores dos outros x do modelo.

AGORA FAÇA O EXERCÍCIO 11.12C-D

Há algumas precauções a tomar quando se realiza testes t em parâmetros β individuais em um modelo, com o propósito de determinar que x são úteis para prever y. Algumas delas estão listadas a seguir.

CUIDADO

É perigoso realizar testes t em parâmetros β individuais em um *modelo linear de primeira ordem* com o propósito de determinar quais variáveis independentes são úteis para prever y e quais não são. Se você falhar em rejeitar H_0: $\beta_i = 0$, várias conclusões são possíveis:

1. Não há relação entre y e x_i.
2. Uma relação de linha reta entre y e x existe (mantendo fixos os outros x do modelo), mas um erro Tipo II ocorreu.
3. Uma relação entre y e x_i (mantendo fixos os outros x do modelo) existe, mas é mais complexa do que uma relação de linha reta (por exemplo, uma relação de linha curva poderia ser apro-

priada). O melhor que você pode dizer sobre um teste de parâmetro β é que há suficiente (se você rejeitar $H_0: \beta_i = 0$) ou insuficiente (se você não rejeitar $H_0: \beta_i = 0$) evidência de uma relação *linear* (*de linha reta*) entre y e x_i.

Além disso, realizar testes t em cada parâmetro β de um modelo *não é* a melhor maneira de determinar se o modelo como um todo está contribuindo com informações para a previsão de y. Se realizássemos uma série de testes t para determinar se as variáveis independentes estão contribuindo para a relação preditiva, seria muito provável que incorrêssemos em um ou mais erros na decisão sobre quais termos deveríamos reter no modelo e sobre quais termos deveríamos excluir.

Por exemplo, suponha que você tenha ajustado um modelo de primeira ordem com 10 variáveis x quantitativas e decida realizar testes t em todos os 10 β individuais do modelo, cada um com $\alpha = 0{,}05$. Ainda que todos os parâmetros β (exceto β_0) sejam iguais a 0, em aproximadamente 40% do tempo você rejeitará incorretamente a hipótese nula pelo menos uma vez e concluirá que alguns parâmetros β são diferentes de 0.[5] Então, em modelos de regressão múltipla para os quais um grande número de variáveis está sendo considerado, realizar uma série de testes t pode incluir um grande número de variáveis insignificantes e excluir algumas úteis. Para testar a utilidade de um modelo de regressão múltipla, precisamos de um *teste global* (que inclua todos os parâmetros β). Também gostaríamos de encontrar alguma quantidade estatística que meça quão bem o modelo se ajusta aos dados.

Vamos começar com o problema mais fácil: encontrar uma medida de quão bem um modelo linear se ajusta ao conjunto de dados. Para isso, usaremos o equivalente para regressão múltipla de r^2, que é o coeficiente de determinação para o modelo de linha reta (Capítulo 10), como mostrado no quadro.

Definição 11.1

O **coeficiente de determinação múltipla** R^2 é definido como:

$$R^2 = 1 - \frac{SQE}{SQ_{yy}} = \frac{SQ_{yy} - SQE}{SQ_{yy}} = \frac{\text{Variabilidade explicada}}{\text{Variabilidade total}}$$

Regression Analysis: SALEPRIC versus LANDVAL, IMPROVAL, AREA

```
The regression equation is
SALEPRIC = 1470 + 0.814 LANDVAL + 0.820 IMPROVAL + 13.5 AREA


Predictor     Coef    SE Coef       T       P
Constant      1470       5746    0.26   0.801
LANDVAL     0.8145     0.5122    1.59   0.131
IMPROVAL    0.8204     0.2112    3.88   0.001
AREA        13.529      6.586    2.05   0.057


S = 7919.48     R-Sq = 89.7%    R-Sq(adj) = 87.8%


Analysis of Variance

Source           DF          SS          MS       F       P
Regression        3  8779676741  2926558914   46.66   0.000
Residual Error   16  1003491259    62718204
Total            19  9783168000
```

FIGURA 11.7 Análise do MINITAB do modelo de preço de venda

---

[5] A prova desse resultado (presumindo independência dos testes) é a seguinte:
$P(\text{Rejeitar } H_0 \text{ pelo menos uma vez}|\beta_1 = \beta_2 = ... = \beta_{10} = 0)$
$= 1 - P(\text{Não rejeitar } H_0 \text{ nenhuma vez}|\beta_1 = \beta_2 = ... = \beta_{10} = 0)$
$\leq 1 - [P(\text{Aceitar } H_0: \beta_1 = 0|\beta_1 = 0) \cdot P(\text{Aceitar } H_0: \beta_2 = 0|\beta_2 = 0) \cdot ... \cdot P(\text{Aceitar } H_0: \beta_{10} = 0|\beta_{10} = 0)]$
$= 1 - [(1 - \alpha)^{10}] = 1 - (0{,}05)^{10} = 0{,}401$
Para testes dependentes, a desigualdade de Bonferroni estabelece que:
$P(\text{Rejeitar } H_0 \text{ pelo menos uma vez}|\beta_1 = \beta_2 = ... = \beta_{10} = 0) \leq 10(\alpha) = 10(0{,}05) = 0{,}50$.

Assim como no modelo linear simples, R^2 representa a fração da variação da amostra de valores de y (medida por SQ_{yy}) que é explicada pela equação de previsão dos mínimos quadrados. Então, $R^2 = 0$ implica uma completa falta de ajuste do modelo aos dados e $R^2 = 1$ implica um ajuste perfeito, com o modelo passando por todos os pontos de dados. Em geral, quanto maior o valor de R^2, mais o modelo se ajusta aos dados.

Para ilustrar, o valor $R^2 = 0,897$ para o modelo do preço de venda do Exemplo 11.1 é mostrado na Figura 11.7. Esse valor alto de R^2 implica que o uso das variáveis independentes, do valor do terreno, da avaliação das melhorias e do tamanho da casa em um modelo de primeira ordem explica 89,7% da *variação total da amostra* (medida por SQ_{yy}) do preço de venda y. Portanto, R^2 é uma estatística amostral que diz quão bem o modelo se ajusta aos dados e, por conseqüência, representa uma medida da utilidade do modelo inteiro.

Um valor elevado de R^2 calculado dos dados da *amostra* **não significa, necessariamente,** que o modelo forneça um bom ajuste para todos os dados da *população*. Por exemplo, um modelo linear de primeira ordem que contenha três parâmetros fornecerá um ajuste perfeito para uma amostra de três pontos de dados e R^2 será igual a 1. Da mesma forma, você sempre obterá um ajuste perfeito ($R^2 = 1$) a um conjunto de n pontos de dados se o modelo contiver exatamente n parâmetros. Conseqüentemente, se você desejar usar o valor de R^2 como uma medida da utilidade do modelo em prever y, esse modelo deverá estar baseado numa amostra que contenha bem mais pontos de dados que o número de parâmetros do modelo.

Cuidado

Em uma análise de regressão múltipla, use o valor de R^2 como uma medida da utilidade de um modelo linear na previsão de y somente se a amostra contiver substancialmente mais pontos de dados que o número de parâmetros β do modelo.

Como uma alternativa ao uso de R^2 como medida de adequação do modelo, o *coeficiente de determinação múltiplo ajustado*, representado por R_a^2, é relatado com freqüência. A fórmula para o R_a^2 é apresentada no quadro a seguir.

Definição 11.2

O **coeficiente de determinação ajustado múltiplo** é dado por:

$$R_a^2 = 1 - \left[\frac{(n-1)}{n-(k+1)}\right]\left(\frac{SQE}{SQ_{yy}}\right)$$

$$= 1 - \left[\frac{(n-1)}{n-(k+1)}\right](1 - R^2)$$

Nota: $R_a^2 \leq R^2$

R^2 e R_a^2 têm interpretações similares. Entretanto, ao contrário de R^2, R_a^2 leva em consideração ('se ajusta' a) o tamanho da amostra n e o número de parâmetros β no modelo. R_a^2 será sempre menor que R^2 e, mais importante, não pode ser 'forçado' a 1 simplesmente adicionando mais e mais variáveis independentes ao modelo. Conseqüentemente, os analistas preferem o mais conservador R_a^2 quando escolhem uma medida de adequação do modelo. Na Figura 11.7, note que $R_a^2 = 0,878$, um valor apenas um pouco menor que R^2.

A despeito da sua utilidade, R^2 e R_a^2 são somente estatísticas da amostra. Portanto, é perigoso julgar a utilidade global do modelo com base somente nesses valores. Um método melhor é realizar um teste de hipóteses envolvendo *todos* os parâmetros β (exceto β_0) do modelo. Em particular, para o modelo geral de regressão múltipla $E(y) = \beta_0 + \beta_1 x_1 + \beta_2 x_2 + ... + \beta_k x_k$, poderíamos testar:

$H_0: \beta_1 = \beta_2 = ... = \beta_k = 0$
H_a: Pelo menos um dos coeficientes é diferente de zero

A estatística-teste usada para testar essa hipótese é uma estatística F, e várias versões equivalentes da fórmula podem ser usadas (ainda que, normalmente, utilizemos um computador para calcular a estatística F):

Estatística-teste:
$$F = \frac{(SQ_{yy} - SQE)k}{SQE/[n-(k+1)]}$$

$$= \frac{\text{Quadrado médio (modelo)}}{\text{Quadrado médio (erro)}}$$

$$= \frac{R^2/k}{(1-R^2)/[n-(k+1)]}$$

Essas fórmulas indicam que a estatística F é a razão da variabilidade *explicada* dividida pelos graus de liberdade do modelo para a variabilidade *não explicada* dividida pelos graus de liberdade do erro.

Portanto, quanto maior a proporção da variabilidade total creditada ao modelo, maior a estatística F.

Para determinar quando a razão se torna suficientemente grande para que possamos rejeitar com confiança a hipótese nula e concluir que o modelo é mais útil do que nenhum modelo para prever y, comparamos a estatística F calculada com o valor F tabelado, com k gl no numerador e $[n-(k+1)]$ gl no denominador. Lembre-se de que valores tabelados da distribuição F para vários valores de α são dados nas tabelas VII, VIII, IX e X do Apêndice B.

Região de rejeição: $F > F_\alpha$, onde F é baseado em k graus de liberdade do numerador e $n - (k + 1)$ graus de liberdade do denominador.

A análise do teste F de variação para testar a utilidade do modelo está resumida no quadro a seguir.

TESTANDO A UTILIDADE GLOBAL DO MODELO: A ANÁLISE DO TESTE F PARA A VARIÂNCIA

H_0: $\beta_1 = \beta_2 = ... = \beta_k = 0$ (Nenhum termo do modelo é importante para prever y)
H_a: Pelo menos um $\beta_i \neq 0$ (Pelo menos um termo do modelo é útil para prever y)
Estatística-teste =

Estatística-teste: $F = \dfrac{(SQ_{yy} - SQE)/k}{SQE/[n-(k+1)]}$

$= \dfrac{R^2/k}{(1-R^2)/[n-(k+1)]} = \dfrac{\text{Quadrado médio (modelo)}}{\text{Quadrado médio (erro)}}$

onde n é o tamanho da amostra e k é o número de termos do modelo.
Região de rejeição: $F > F_\alpha$, com k graus de liberdade do numerador e $[n - (k + 1)]$ graus de liberdade do denominador.

CONDIÇÕES REQUERIDAS PARA A VALIDADE DO TESTE F GLOBAL NA REGRESSÃO

Os pressupostos padrão da regressão sobre o componente de erro aleatório (Seção 11.1)

CUIDADO

A rejeição da hipótese nula H_0: $\beta_1 = \beta_2 = ... = \beta_k$ no teste F global leva-nos à conclusão [com $100(1-\alpha)\%$ de confiança] de que o modelo é estatisticamente útil. Entretanto, estatisticamente 'útil' não significa, necessariamente, 'melhor'. Outro modelo poderia se mostrar ainda mais útil em termos de fornecer estimativas e previsões mais confiáveis. O teste F global é normalmente considerado um teste no qual o modelo *deve* passar para merecer atenção posterior.

EXEMPLO 11.4

EXAMINANDO A ADEQUAÇÃO GERAL DE UM MODELO DE PREÇO DE LEILÃO DE RELÓGIOS

Problema Consulte o Exemplo 11.3, no qual um colecionador de antigüidades modelou o preço de leilão y de relógios antigos como uma função da idade do relógio x_1 e do número de participantes x_2. Lembre-se de que o modelo hipotético de primeira ordem é:

$$y = \beta_0 + \beta_1 x_1 + \beta_2 x_2 + \varepsilon$$

a. Ache e interprete o coeficiente ajustado de determinação R_a^2 na listagem do Excel, Figura 11.5.
b. Realize um teste F global da utilidade do modelo para o nível de significância $\alpha = 0{,}05$.

Solução

a. O valor de R_a^2 (destacado na Figura 11.5) é 0,885. Isso implica que o modelo de mínimos quadrados explicou cerca de 88,5% da variação total da amostra dos valores de y (preços de leilão), depois do ajuste para o tamanho da amostra e do número de variáveis independentes do modelo.

b. Seguem-se os elementos do teste global do modelo:

H_0: $\beta_1 = \beta_2 = 0$ (*Nota*: $k = 2$)

H_a: Pelo menos um dos dois coeficientes do modelo é diferente de zero

Estatística-teste: $F = \dfrac{\text{QM(modelo)}}{\text{QME}} = \dfrac{2.141.531}{17.818}$

$= 120{,}19$ (veja Figura 11.5)

valor $p \approx 0$

Conclusão: Uma vez que $\alpha = 0{,}05$ excede o nível observado de significância ($p \approx 0$), os dados fornecem forte evidência de que pelo menos um dos coeficientes do modelo é diferente de zero. O modelo completo parece estatisticamente útil para prever os preços de leilão.

Relembrando Podemos estar certos de que o melhor modelo de previsão foi encontrado se o teste global F indica que o modelo é útil? Infelizmente, não. A adição de outras variáveis independentes pode melhorar a utilidade do modelo (veja o quadro à esquerda). Vamos examinar modelos de regressão múltipla mais complexos nas seções 11.5–11.8.

AGORA FAÇA O EXERCÍCIO 11.11D-H

Nesta seção, examinamos várias estatísticas diferentes para avaliar a utilidade de um modelo de regressão múltipla: testes t para os parâmetros β individuais, R^2, R_a^2 e o teste global F. R^2 e R_a^2 indicam quão bem a equação de previsão se ajusta aos dados. Avaliações intuitivas da contribuição do modelo baseadas em R^2 devem ser vistas com cuidado. Ao contrário de R_a^2, o valor de R^2 aumenta à medida que mais e mais variáveis são adicionadas ao modelo. Conseqüentemente, você pode forçar R^2 a assumir um valor muito próximo de 1, mesmo quando o modelo não contribui com informações para a previsão de y. De fato, R^2 será igual a 1 quando o número de termos do modelo (incluindo β_0) for igual ao número de pontos de dados. Portanto, você não pode confiar somente no valor de R^2 (ou mesmo de R_a^2) para dizer se o modelo é útil na previsão de y.

Realizar testes t em todos os parâmetros β individuais também não é o melhor método para testar a utilidade global do modelo, uma vez que esses múltiplos testes resultam em uma alta probabilidade de incorrer em pelo menos um erro Tipo I. Use o teste F para testar a utilidade global do modelo.

Depois que determinamos que o modelo completo é útil para a previsão de y usando o teste F, podemos querer realizar um ou mais testes t nos parâmetros β individuais. Entretanto, o teste (ou testes) a ser realizado deve ser decidido *a priori* — isto é, antes do ajuste do modelo. Além disso, devemos limitar o número de testes t realizados para evitar o problema potencial de incorrer em muitos erros Tipo I. Geralmente, o analista de regressão realizará testes t somente nos β 'mais importantes'. Forneceremos ajuda na identificação dos β mais importantes de um modelo linear nas seções 11.5–11.18.

RECOMENDAÇÕES PARA A VERIFICAÇÃO DA UTILIDADE DE UM MODELO DE REGRESSÃO MÚLTIPLA

1. Primeiramente, realize um teste de adequação do modelo completo usando um teste F — isto é, teste:

$$H_0: \beta_1 = \beta_2 = \ldots = \beta_k = 0$$

Se o modelo for considerado adequado (isto é, se você rejeitar H_0), prossiga então para o passo 2. Se não for, crie e ajuste outro modelo. O novo modelo pode incluir mais variáveis independentes ou termos de ordem mais elevada.

2. Realize testes t nos parâmetros β em que você estiver particularmente interessado (isto é, nos β 'mais importantes'). Estes normalmente envolvem somente os β associados com os termos de ordem mais elevada (x_2, $x_1 x_2$, etc.). Entretanto, é uma prática segura limitar o número de β que são testados. Realizar uma série de testes t leva a uma alta taxa geral α de erros Tipo I.

Exercícios 11.1 – 11.24

Aprendendo a mecânica

11.1 Escreva um modelo de primeira ordem relacionando $E(y)$ a:
- **a.** duas variáveis quantitativas independentes.
- **b.** quatro variáveis quantitativas independentes.
- **c.** cinco variáveis quantitativas independentes.

11.2 O MINITAB foi usado para ajustar o modelo $E(y) = \beta_0 + \beta_1 x_1 + \beta_2 x_2$ a $n = 20$ pontos de dados, e a listagem mostrada abaixo foi obtida.
- **a.** Quais são as estimativas amostrais de β_0, β_1 e β_2?
- **b.** Qual é a equação de previsão dos mínimos quadrados?
- **c.** Encontre SQE, QME e s. Interprete o desvio-padrão no contexto do problema.
- **d.** Teste $H_0: \beta_1 = 0$ contra $H_a: \beta_1 \neq 0$. Use $\alpha = 0{,}05$.
- **e.** Use um intervalo de confiança de 95% para estimar β_2.
- **f.** Encontre R^2 e R_a^2 e interprete esses valores.
- **g.** Encontre a estatística-teste para testar $H_0: \beta_1 = \beta_2 = 0$.
- **h.** Encontre o nível observado de significância do teste do item **g**. Interprete o resultado.

11.3 Suponha que você tenha ajustado o modelo de regressão múltipla:

$$y = \beta_0 + \beta_1 x_1 + \beta_2 x_2 + \beta_3 x_3 + \varepsilon$$

a $n = 30$ pontos de dados, e que tenha obtido o seguinte resultado:

$$\hat{y} = 3{,}4 - 4{,}6 x_1 + 2{,}7 x_2 + 0{,}93 x_3$$

Os erros-padrão estimados de $\hat{\beta}_2$ e $\hat{\beta}_3$ são 1,86 e 0,29, respectivamente.
- **a.** Teste a hipótese nula $H_0: \beta_2 = 0$ contra a hipótese alternativa $H_a: \beta_2 \neq 0$. Use $\alpha = 0{,}05$.
- **b.** Teste a hipótese nula $H_0: \beta_3 = 0$ contra a hipótese alternativa $H_a: \beta_3 \neq 0$. Use $\alpha = 0{,}05$.
- **c.** A hipótese nula $H_0: \beta_2 = 0$ não é rejeitada. Já a hipótese nula $H_0: \beta_3 = 0$ é rejeitada. Explique por que isso pode acontecer, mesmo sabendo que $\hat{\beta}_2 > \hat{\beta}_3$.

```
The regression equation is
Y = 506.35 - 941.9 X1 - 429.1 X2


Predictor        Coef    SE Coef         T        P
Constant      506.346      45.17     11.21    0.000
X1           -941.900     275.08     -3.42    0.003
X2           -429.060     379.83     -1.13    0.274


S = 94.251     R-Sq = 45.9%     R-Sq(adj) = 39.6%


Analysis of Variance

Source           DF         SS         MS        F        P
Regression        2     128329      64165     7.22    0.005
Residual Error   17     151016       8883
Total            19     279345
```

FIGURA 11.5 Resultado do MINITAB para o Exercício 11.2

11.4 Suponha que você tenha ajustado o modelo de regressão múltipla de primeira ordem:

$$y = \beta_0 + \beta_1 x_1 + \beta_2 x_2 + \varepsilon$$

a $n = 25$ pontos de dados, e que tenha obtido a equação de previsão:

$$\hat{y} = 6{,}4 + 3{,}1 x_1 + 0{,}92 x_2$$

Os desvios-padrão estimados da distribuição amostral de β_1 e β_2 são 2,3 e 0,27, respectivamente.
a. Teste H_0: $\beta_1 = 0$ contra H_a: $\beta_1 > 0$. Use $\alpha = 0{,}05$.
b. Teste H_0: $\beta_2 = 0$ contra H_a: $\beta_2 \neq 0$. Use $\alpha = 0{,}05$.
c. Encontre um intervalo de confiança de 90% para β_1. Interprete o resultado.
d. Encontre um intervalo de confiança de 99% para β_2. Interprete o resultado.

11.5 Como o número de graus de liberdade disponível para estimar σ^2 (a variância de ε) está relacionado com o número de variáveis independentes em um modelo de regressão?

11.6 Considere a equação do modelo de primeira ordem de três variáveis quantitativas independentes:

$$E(y) = 1 + 2x_1 + x_2 - 3x_3$$

a. Faça um gráfico da relação entre y e x_1 para $x_2 = 1$ e $x_3 = 3$.
b. Repita o item **a** para $x_2 = -1$ e $x_3 = 1$.
c. Como as linhas dos gráficos dos itens **a** e **b** se relacionam uma com a outra? Qual é a inclinação de cada linha?
d. Se um modelo linear é de primeira ordem em três variáveis independentes, que tipo de relação geométrica você obterá quando fizer um gráfico de $E(y)$ como função de uma das variáveis independentes, para várias combinações de valores das outras variáveis independentes?

11.7 Suponha que você tenha ajustado o modelo de primeira ordem:

$$y = \beta_0 + \beta_1 x_1 + \beta_2 x_2 + + \beta_3 x_3 + \beta_4 x_4 + \beta_5 x_5 + \varepsilon$$

a $n = 30$ pontos de dados e que tenha obtido:

$$SQE = 0{,}33 \quad R^2 = 0{,}92$$

a. Esses valores de SQE e R^2 sugerem que o modelo fornece um bom ajuste aos dados? Explique.
b. O modelo serve para prever y em qualquer situação? Teste a hipótese nula H_0: $\beta_1 = \beta_2 = \beta_3 = \beta_4 = \beta_5 = 0$ contra a hipótese alternativa H_a: Pelo menos um dos parâmetros $\beta_1, \beta_2, ..., \beta_5$ é diferente de zero. Use $\alpha = 0{,}05$.

11.8 Se a análise do teste F para a variância levar à conclusão de que pelo menos um dos parâmetros do modelo é diferente de zero, você poderia concluir que o modelo é o melhor preditor para a variável dependente y? Você poderia concluir que todos os termos do modelo são importantes para prever y? Qual seria a conclusão apropriada?

Aplicação dos conceitos — Básico

11.9 Análise dos dados de acidentes em rodovias. Pesquisadores da Universidade do Estado de Montana escreveram um tutorial sobre um método empírico para analisar, antes e depois, os dados de acidentes rodoviários (Departamento de Transportes de Montana, Relatório de Pesquisa, maio 2004). O passo inicial da metodologia é desenvolver uma função de desempenho de segurança (FDS), um modelo matemático que estime a ocorrência de acidentes para dado trecho rodoviário. Usando os dados coletados para mais de 100 trechos rodoviários, os pesquisadores ajustaram o modelo $E(y) = \beta_0 + \beta_1 x_1 + \beta_2 x_2$, onde y = número de acidentes em 3 anos, x_1 = comprimento da rodovia (milhas) e x_2 = TDMA = tráfego diário médio anual (número de veículos). Os resultados são mostrados nas tabelas a seguir.

RODOVIAS INTERESTADUAIS

Variável	Estimativa do parâmetro	Erro-padrão	Valor t
Intercepto	1,81231	0,50568	3,58
Comprimento (x_1)	0,10875	0,03166	3,44
TDMA (x_2)	0,00017	0,00003	5,19

RODOVIAS NÃO INTERESTADUAIS

Variável	Estimativa do parâmetro	Erro-padrão	Valor t
Intercepto	1,20785	0,28075	4,30
Comprimento (x_1)	0,06343	0,01809	3,51
TDMA (x_2)	0,00056	0,00012	4,86

a. Forneça a equação de previsão de mínimos quadrados para o modelo das rodovias interestaduais.
b. Forneça interpretações práticas para os parâmetros β do item **a**.
c. Consulte o item **a**. Encontre um intervalo de confiança de 99% para β_1 e interprete o resultado.
d. Consulte o item **a**. Encontre um intervalo de confiança de 99% para β_2 e interprete o resultado.
e. Repita os itens de **a** a **d** para o modelo das rodovias não interestaduais.

11.10 Confie nos vendedores pela Internet. O comércio eletrônico descreve o uso de redes eletrônicas para simplificar uma operação comercial. Com o comércio eletrônico, varejistas podem agora anunciar e vender seus produtos facilmente pela Internet. Na revista *Internet Research: Electronic Networking Applications and Policy* (v. 11, 2001), pesquisadores canadenses investigaram os fatores que impactam o nível de confiança nos varejistas da Internet. Cinco variáveis quantitativas independentes foram usadas para modelar o nível de confiança (y):

x_1 = facilidade de navegação no site da Internet
x_2 = consistência do site da Internet
x_3 = facilidade em aprender a interface da Internet
x_4 = percepção do projeto da interface
x_5 = nível do suporte disponível para o usuário

a. Escreva um modelo de primeira ordem para o nível de confiança como uma função das cinco variáveis independentes.
b. O modelo do item a foi ajustado aos dados coletados para $n = 66$ visitantes dos sites dos varejistas pela Internet e resultou num coeficiente de determinação de $R^2 = 0,58$. Interprete esse resultado.
c. Calcule a estatística F usada para testar a utilidade global do modelo.
d. Usando $\alpha = 0,10$, forneça a conclusão apropriada para o teste do item c.

11.11 Novidade de um destino de férias. Muitos turistas escolhem um destino de férias com base na novidade ou na exclusividade do itinerário. O professor J. Petrick, da Texas A&M University, investigou a relação entre a novidade e a demografia dos jogadores de golfe nas férias (*Annals of Tourism Research*, v. 29, 2002). Os dados foram obtidos em uma pesquisa pelo correio de 393 jogadores de golfe nas férias, em um grande hotel costeiro do Sudeste dos Estados Unidos. Várias medidas de nível de novidade (em uma escala numérica) foram obtidas para cada jogador, incluindo 'mudança na rotina', 'desafio', 'alívio do cansaço' e 'surpresa'. O pesquisador empregou quatro variáveis independentes em um modelo de regressão para prever cada uma das medidas de novidade. As variáveis independentes eram: x_1 = número de torneios de golfe por ano; x_2 = número total de férias de golfe tomadas; x_3 = número de anos jogando golfe; e x_4 = pontuação média no golfe.
a. Forneça a equação hipotética do modelo de primeira ordem para y = mudança da rotina.
b. Um teste para $H_0: \beta_3 = 0$ versus $H_a: \beta_3 < 0$ resultou em um valor p de 0,005. Interprete esse resultado se $\alpha = 0,01$.
c. A estimativa de β_3 foi negativa. Com base nesse resultado (e no resultado do item b), o pesquisador concluiu que "aqueles que têm jogado golfe por mais anos estão menos aptos a procurar uma mudança da sua rotina normal em suas férias de golfe". Você concorda com essa frase? Explique.
d. Os resultados da regressão para três medidas dependentes de novidade com base nos dados coletados de $n = 393$ jogadores de golfe nas férias estão resumidos na tabela abaixo. Forneça a hipótese nula para testar a adequação geral do modelo de regressão de primeira ordem.
e. Forneça a região de rejeição para o teste do item d, para $\alpha = 0,01$.
f. Use as estatísticas-teste da tabela e a região de rejeição do item e para realizar o teste para cada uma das medidas dependentes de novidade.
g. Verifique se os valores p relatados na tabela apóiam as suas conclusões do item f.
h. Interprete os valores de R^2 relatados na tabela.

Variável dependente	Valor F	Valor p	R^2
Desafio	5,56	< 0,001	0,055
Mudança da rotina	3,02	0,018	0,030
Surpresa	3,33	0,011	0,023

Fonte: PETRICK, J. F. "An examination of golf vacationers' novelty." *Annals of Tourism Research*, vol. 29, 2002.

11.12 Prevendo as pontuações de 'runs' no beisebol. Na revista *Chance* (outono, 2000), o estatístico Scott Berry construiu um modelo de regressão múltipla para prever o número total de 'runs' pontuados por um time de uma liga importante de beisebol durante a temporada. Usando dados de todos os times, de 1990 a 1998 (uma amostra de $n = 234$), foram obtidos os resultados da tabela a seguir.
a. Escreva a equação de previsão dos mínimos quadrados para y = número total de 'runs' pontuados por um time na temporada.
b. Interprete, em termos práticos, as estimativas β do modelo.
c. Realize um teste de $H_0: \beta_7 = 0$ contra $H_a: \beta_7 < 0$ para $\alpha = 0,05$. Interprete os resultados.
d. Forme um intervalo de confiança de 95% para β_5. Interprete os resultados.
e. Prediga o número de 'runs' pontuados pelo seu time favorito de uma liga importante de beisebol no último ano. Quão perto o valor predito ficou do número real de 'runs' pontuados pelo seu time? (*Nota:* Você pode encontrar dados sobre o seu time favorito na Internet, em www.majorleaguebaseball.com).

Variável independente	Estimativa de β	Erro-padrão
Intercepto	3,70	15,00
Walks (x_1)	0,34	0,02
Singles (x_2)	0,49	0,03
Doubles (x_3)	0,72	0,05
Triples (x_4)	1,14	0,19
Home Runs (x_5)	1,51	0,05
Stolen Bases (x_6)	0,26	0,05
Caught Stealing (x_7)	−0,14	0,14
Strikeouts (x_8)	−0,10	0,01
Outs (x_9)	−0,10	0,01

Fonte: BERRY, S. M. "A statistician reads the sports pages: modeling offensive ability in baseball." *Chance*, vol. 13, n. 4, outono, 2000 (Tabela 2).

11.13 Fatores que identificam municípios urbanos. Em um estudo de municípios urbanos e rurais no oeste dos Estados Unidos publicado na *Professional Geographer* (fev. 2000), pesquisadores da University of Nevada (Reno) perguntaram, a uma amostra de 256 comissários municipais, como classificavam seus próprios municípios em uma escala de 1 (predominantemente rural) a 10 (predominantemente urbano). A classificação urbano/rural (y) foi usada como variável dependente em um modelo de regressão múltipla de primeira ordem com seis variáveis independentes: população total do município (x_1); densidade populacional (x_2); concentração populacional (x_3); crescimento da população (x_4); proporção de fazendas no território do município (x_5); e mudança na base de território agrícola em 5 anos (x_6). Alguns dos resultados da regressão são apresentados na tabela seguir.

Variável independente	Estimativa de β	Valor p
x_1: população total	0,110	0,045
x_2: densidade populacional	0,065	0,230
x_3: concentração populacional	0,540	0,000
x_4: crescimento da população	–0,009	0,860
x_5: território de fazendas	–0,150	0,003
x_6: mudança agrícola	–0,027	0,580
Modelo geral: $R^2 = 0,44$ $R_a^2 = 0,43$ $F = 32,47$ valor $p < 0,001$		

Fonte: BERRY, K. A. et al. "Interpreting what is rural and urban for Western U.S. Counties." *Professional Geographer*, vol. 52, n. 1, fev. 2000 (Tabela 2).

a. Interprete a estimativa dos β para y.
b. Forneça a hipótese nula para testar a adequação do modelo em geral.
c. Realize o teste do item b para $\alpha = 0,01$ e forneça a conclusão apropriada.
d. Interprete os valores de R^2 e R_a^2.
e. Forneça a hipótese nula para testar a contribuição do crescimento populacional (x_4), para o modelo.
f. Realize o teste do item e para $\alpha = 0,01$ e forneça a conclusão apropriada.

11.14 Aquecimento global e investimentos estrangeiros. Os cientistas acreditam que uma causa importante do aquecimento global sejam os níveis maiores de dióxido de carbono (CO_2) na atmosfera. No *Journal of World-Systems Research* (verão, 2003), sociólogos examinaram o impacto da dependência dos investimentos estrangeiros nas emissões de CO_2 em $n = 66$ países em desenvolvimento. Em particular, os pesquisadores modelaram o nível das emissões de CO_2 em 1996, com base em investimentos estrangeiros realizados 16 anos antes e em várias outras variáveis independentes. As variáveis e os resultados do modelo estão listados na tabela abaixo.

a. Interprete o valor de R^2.
b. Use o valor de R^2 para testar a hipótese nula $H_0: \beta_1 = \beta_2 = ... = \beta_7 = 0$ para $\alpha = 0,01$.
c. Que hipótese nula você testaria para determinar se os investimentos estrangeiros em 1980 são um preditor estatisticamente útil das emissões de CO_2 em 1996?
d. Realize o teste do item c, para $\alpha = 0,05$.

Aplicação dos conceitos — Intermediário

11.15 Receitas dos vendedores de rua do México. Entrevistas detalhadas foram realizadas com mais de 1.000 vendedores de rua da cidade de Puebla, no México, com o objetivo de estudar os fatores que influenciam as receitas dos vendedores (*World Development*, fev. 1998). Os vendedores foram definidos como indivíduos que trabalham nas ruas e incluem vendedores com carrinhos e bancas sobre rodas, mas excluem mendigos, traficantes de drogas e prostitutas. Os pesquisadores coletaram dados sobre sexo, idade, horas trabalhadas por dia, rendas anuais e nível educacional. Um subconjunto desses dados aparece na tabela abaixo.

Número do vendedor	Receitas anuais y	Idade x_1	Horas trabalhadas por dia x_2
21	US$ 2.841	29	12
53	1.876	21	8
60	2.934	62	10
184	1.552	18	10
263	3.065	40	11
281	3.670	50	11
354	2.005	65	5
401	3.215	44	8
515	1.930	17	8
633	2.010	70	6
677	3.111	20	9
710	2.882	29	9
800	1.683	15	5
914	1.817	14	7
997	4.066	33	12

Fonte: Adaptado de SMITH, Paula A.; WETZER, Michael R. "The return to education: street vendors in Mexico." *World Development*, vol. 26, n. 2, fev. 1998, pp. 289-296.

$y = \ln$(nível de emissões de CO_2 em 1996)	Estimativa de β	Valor t	valor p
$x_1 = \ln$(investimentos estrangeiros em 1980)	0,79	2,52	< 0,05
$x_2 =$ investimento doméstico bruto em 1980	0,01	0,13	> 0,10
$x_3 =$ exportações em 1980	–0,02	–1,66	> 0,10
$x_4 = \ln$(PNB em 1980)	–0,44	–0,97	> 0,10
$x_5 =$ produção agrícola em 1980	–0,03	–0,66	> 0,10
$x_6 = 1$ se for país da África, 0 se não	–1,19	–1,52	> 0,10
$x_7 = \ln$(nível de emissões de CO_2 em 1980)	0,56	3,35	< 0,001
$R^2 = 0,31$			

Fonte: GRIMES, P.; Kentor, J. "Exporting the greenhouse: foreign capital penetration and emissions 1980-1996." *Journal of World-Systems Research*, vol. IX, n. 2, verão, 2003 (Tabela 1).

a. Escreva um modelo de primeira ordem para as receitas médias anuais $E(y)$ como função da idade (x_1) e das horas trabalhadas (x_2).
b. Ajuste o modelo aos dados e forneça a equação de previsão dos mínimos quadrados.
c. Interprete os coeficientes β estimados do seu modelo.
d. A idade x_1 é um preditor estatisticamente útil das receitas anuais? Teste usando $\alpha = 0{,}01$.
e. Construa um intervalo de confiança de 95% para β_2. Interprete o intervalo nas palavras do problema.
f. Encontre e interprete o valor de R^2.
g. Encontre e interprete o valor de R_a^2. Explique a relação entre R^2 e R_a^2.
h. Realize um teste da utilidade global do modelo, com $\alpha = 0{,}01$.

11.16 Contaminação pela descarga de uma fábrica. Consulte os dados do Corpo de Engenheiros do Exército dos Estados Unidos sobre contaminação de peixes pelas descargas tóxicas de uma fábrica de produtos químicos localizada nas margens do Rio Tennessee, no Alabama. Lembre-se de que os engenheiros mediram o comprimento (em centímetros), o peso (em gramas) e o nível de DDT (em partes por milhão) de 144 peixes capturados. Além disso, o número de milhas, correnteza acima do rio, foi registrado. Os dados estão no arquivo **DDT** (as cinco primeiras e as cinco últimas observações são mostradas na tabela seguinte).

Rio	Milha	Espécie	Comprimento	Peso	DDT
FC	5	LAMPREIA	42,5	732	10,00
FC	5	LAMPREIA	44,0	795	16,00
FC	5	LAMPREIA	41,5	547	23,00
FC	5	LAMPREIA	39,0	465	21,00
FC	5	LAMPREIA	50,5	1252	50,00
.	.	.	.	.	.
.	.	.	.	.	.
.	.	.	.	.	.
TR	345	LABRO	23,5	358	2,00
TR	345	LABRO	30,0	856	2,20
TR	345	LABRO	29,0	793	7,40
TR	345	LABRO	17,5	173	0,35
TR	345	LABRO	36,0	1433	1,90

a. Ajuste o modelo de primeira ordem $E(y) = \beta_0 + \beta_1 x_1 + \beta_2 x_2 + \beta_3 x_3$ aos dados, onde y = nível de DDT, x_1 = milha, x_2 = comprimento e x_3 = peso. Forneça a equação de previsão dos mínimos quadrados.
b. Encontre a estimativa de desvio-padrão de ε para o modelo e forneça uma interpretação prática do seu valor.
c. Realize um teste de utilidade global do modelo. Use $\alpha = 0{,}05$.
d. Os dados fornecem evidências suficientes para concluir que o nível de DDT aumenta à medida que o comprimento aumenta? Forneça o nível observado de significância do teste e chegue a uma conclusão usando $\alpha = 0{,}05$.
e. Encontre e interprete um intervalo de confiança de 95% para β_3.

11.17 Métodos de resfriamento de turbinas a gás. Consulte o estudo do *Journal of Engineering for Gas Turbines and Power* (jan. 2005) sobre um método de admissão de combustível por vapor de alta pressão para turbinas a gás do Exercício 6.26. Lembre-se de que a taxa de calor (quilojoules por quilowatt por hora) foi medida para cada uma em uma amostra de 67 turbinas a gás, potencializadas por admissão de combustível por vapor de alta pressão. Além dessa, várias outras variáveis foram medidas, incluindo a velocidade do ciclo (revoluções por minuto), a temperatura de admissão (°C), a temperatura de exaustão do gás (°C), a razão de pressão do ciclo e a taxa de fluxo da massa de ar (quilogramas por segundo). Os dados estão no arquivo **GASTURBINE** (as cinco primeiras e últimas observações estão listadas na tabela abaixo).

a. Escreva um modelo de primeira ordem para a taxa de calor (y) como uma função da velocidade, da temperatura de admissão, da temperatura de exaustão, da razão de pressão do ciclo e da taxa de fluxo de ar.
b. Ajuste o modelo aos dados, usando o método dos mínimos quadrados.
c. Forneça interpretações práticas das estimativas de β.
d. Ache o desvio-padrão do modelo, s, e interprete seu valor.
e. Realize um teste para a utilidade geral do modelo, usando $\alpha = 0{,}01$.
f. Encontre e interprete R_a^2.
g. Há evidência suficiente (para $\alpha = 0{,}01$) para indicar que a taxa de calor (y) está relacionada linearmente com a temperatura de admissão?

(Dados mostrados para as cinco primeiras e as cinco últimas turbinas a gás)

RPM	Razão CP	Temp. de Admissão	Temp. de Exaustão	Fluxo de Ar	Taxa de Calor
27.245	9,2	1.134	602	7	14.622
14.000	12,2	950	446	15	13.196
17.384	14,8	1.149	537	20	11.948
11.085	11,8	1.024	478	27	11.289
14.045	13,2	1.149	553	29	11.964
⋮					
18.910	14,0	1.066	532	8	12.766
3.600	35,0	1.288	448	152	8.714
3.600	20,0	1.160	456	84	9.469
16.000	10,6	1.232	560	14	11.948
14.600	13,4	1.077	536	20	12.414

Fonte: Bhargava, R.; Meher-Homji, C. B. "Parametric analysis of existing gas turbines with inlet evaporative and overspray fogging." *Journal of Engineering for Gas Turbines and Power*, vol. 127, n. 1, jan. 2005.

11.18 Testes de alimentação de gansos de neve. Consulte o estudo do *Journal of Applied Ecology* (v. 32, 1995) sobre os hábitos alimentares dos gansos de neve recém-nascidos do Exercício 10.64. Dados sobre mudança de peso dos pequenos gansos, eficiência digestiva, fibra ácida detergente (todos medidos em porcentagens) e dieta (plantas ou Purina Duck Chow) para 42 tentativas de alimentação estão no arquivo **SNOWGEESE** (as cinco primeiras e as cinco últimas observações são mostradas na tabela abaixo). Os botânicos estavam interessados em prever a mudança de peso (y) como uma função das outras variáveis. Considere o modelo de primeira ordem $E(y) = \beta_0 + \beta_1 x_1 + \beta_2 x_2$, onde x_1 é a eficiência digestiva e x_2 é a fibra ácida detergente.

a. Encontre a equação de previsão dos mínimos quadrados para a mudança de peso y.
b. Interprete as estimativas dos β da equação do item **a**.
c. Realize um teste para determinar se a eficiência digestiva x_1 é um preditor linear útil da mudança de peso. Use $\alpha = 0,01$.
d. Crie um intervalo de confiança de 99% para β_2. Interprete o resultado.
e. Encontre e interprete R^2 e R_a^2. Qual estatística é a medida preferencial de ajuste do modelo? Explique.
f. O modelo em geral é estatisticamente útil para prever a mudança de peso? Teste usando $\alpha = 0,05$.

11.19 Extraindo água de petróleo. Na indústria de petróleo, a água que se mistura com o petróleo cru durante a produção e o transporte deve ser removida. Os químicos descobriram que o petróleo pode ser extraído eletricamente da mistura água/petróleo. Pesquisadores da University of Bergen (Noruega) realizaram uma série de experimentos para estudar os fatores que influenciam a voltagem (y) necessária para separar a água do petróleo (*Journal of Colloid and Interface Science*, ago. 1995). As sete variáveis independentes investigadas no estudo estão listadas na tabela no alto da página a seguir (cada variável foi medida em dois níveis: um nível 'baixo' e um nível 'alto'). Dezesseis misturas de água/petróleo foram preparadas, usando diferentes combinações das variáveis independentes; então, cada emulsão foi exposta a um campo elétrico alto. Além disso, três misturas foram testadas, com todas as variáveis independentes postas em 0. Os dados para todos os 19 experimentos encontram-se também na tabela.

a. Proponha um modelo de primeira ordem para y como uma função de todas as sete variáveis independentes.
b. Use um pacote de software estatístico para ajustar o modelo aos dados da tabela.
c. Interprete todas as estimativas de β.
d. Avalie a utilidade geral do modelo para $\alpha = 0,10$.

11.20 Estudo das taxas cobradas pelos auditores. Auditores externos são contratados para revisar e analisar os registros financeiros e outros registros de uma organização e para atestar a integridade dos seus demonstrativos financeiros. Nos anos recentes, as taxas cobradas pelos auditores têm sido objeto de exame crescente. S. Butterworth e K. A. Houghton, dois pesquisadores da University of Melbourne (Austrália), investigaram o efeito de sete variáveis sobre o logaritmo das taxas cobradas pelos auditores (*Journal of Business Finance and Accounting*, abr.

Tentativa de alimentação	Dieta	Mudança de peso (%)	Eficiência digestão (%)	Fibra ácida detergente (%)
1	Plantas	–6	0	28,5
2	Plantas	–5	2,5	27,5
3	Plantas	–4,5	5	27,5
4	Plantas	0	0	32,5
5	Plantas	2	0	32
.	.	.	.	.
.	.	.	.	.
.	.	.	.	.
38	Duck Chow	9	59	8,5
39	Duck Chow	12	52,5	8
40	Duck Chow	8,5	75	6
41	Duck Chow	10,5	72,5	6,5
42	Duck Chow	14	69	7

Fonte: GADALLAT, F. L.; JEFFERIES, R. L. "Forage quality in brood rearing areas of the lesser snow goose and the growth of captive goslings." *Journal of Applied Biology*, vol. 32, n. 2, 1995, p. 281-282 (adaptado das figuras 2 e 3).

WATEROIL Companion Website

Número do experimento	Voltagem Y (kW/cm)	Volume da fase dispersa x_1 (%)	Salinidade x_2 (%)	Temperatura, x_3 (°C)	Retardo de tempo x_4 (horas)	Concentração do surfactante x_5 (%)	Largura: Triton x_6	Partículas sólidas x_7 (%)
1	0,64	40	1	4	0,25	2	0,25	0,5
2	0,80	80	1	4	0,25	4	0,25	2
3	3,20	40	4	4	0,25	4	0,75	0,5
4	0,48	80	4	4	0,25	2	0,75	2
5	1,72	40	1	23	0,25	4	0,75	2
6	0,32	80	1	23	0,25	2	0,75	0,5
7	0,64	40	4	23	0,25	2	0,75	2
8	0,68	80	4	23	0,25	4	0,75	0,5
9	0,12	40	1	4	24	2	0,75	2
10	0,88	80	1	4	24	4	0,75	0,5
11	2,32	40	4	4	24	4	0,75	2
12	0,40	80	4	4	24	2	0,75	0,5
13	1,04	40	1	23	24	4	0,25	0,5
14	0,12	80	1	23	24	2	0,25	2
15	1,28	40	4	23	24	2	0,75	0,5
16	0,72	80	4	23	24	4	0,75	2
17	1,08	0	0	0	0	0	0	0
18	1,08	0	0	0	0	0	0	0
19	1,04	0	0	0	0	0	0	0

Fonte: FORDEDAL, H. et al. "A multivariate analysis of W/O emulsions in high external electric fields as studied by means of dielectric time domain spectroscopy." *Journal of Colloid and Interface Science*, vol. 173, n. 2, ago. 1995, p. 398 (Tabela 2).

1995). O modelo de regressão múltipla $E(y) = \beta_0 + \beta_1 x_1 + \beta_2 x_2 + \beta_3 x_3 + ... + \beta_7 x_7$ foi ajustado aos dados coletados de n = 268 empresas. Os resultados estão resumidos na tabela da página seguinte.

a. Escreva a equação de previsão dos mínimos quadrados.
b. Avalie o ajuste geral do modelo.
c. Interprete a estimativa de β_3.
d. Os pesquisadores criaram hipóteses sobre a direção do efeito de cada variável independente sobre as taxas dos auditores. Essas hipóteses estão dadas na coluna 'sinal esperado de β', na tabela da página seguinte (por exemplo, se o sinal esperado é negativo, a hipótese alternativa é $H_a: \beta_i < 0$). Interprete os resultados do teste de hipóteses para β_4. Use $\alpha = 0,05$).
e. O principal objetivo da análise era determinar se os novos auditores cobram menos que os auditores experientes em um dado ano. Se essa hipótese é verdadeira, então o verdadeiro valor de β_1 é negativo. Há evidência para apoiar essa hipótese? Explique.

11.21 Estudo de segurança ocupacional. Um objetivo importante em segurança ocupacional é o 'cuidado ativo'. Os empregados demonstram cuidado ativo (CA) em relação à segurança dos seus colegas de trabalho quando identificam potenciais perigos ambientais e práticas de trabalho inseguras e implementam ações corretivas apropriadas para essas condições ou comportamentos inseguros. Os três fatores tomados como hipóteses no aumento da propensão de um empregado em cuidar ativamente da segurança foram: (1) auto-estima elevada; (2) otimismo; e (3) coesão do grupo. A revista *Applied & Preventive Psychology* (inverno, 1995) tentou estabelecer uma base empírica para as hipóteses de CA, ajustando o modelo $E(y) = \beta_0 + \beta_1 x_1 + \beta_2 x_2 + \beta_3 x_3$, onde:

y = pontuação de CA (pontuação de cuidado ativo, escala de 15 pontos)

x_1 = pontuação de auto-estima

x_2 = pontuação de otimismo

x_3 = pontuação de coesão do grupo

A análise de regressão, baseada em dados coletados para n = 31 trabalhadores horistas de uma grande fábrica de fibras, resultou em um coeficiente de determinação múltipla de $R^2 = 0,362$.

Variável independente	Sinal esperado de β	Estimativa de β	Valor t	Nível de significância (valor p)
Constante	–	–4,30	–3,45	0,001 (duas caudas)
$x_1 = \begin{cases} 1 \text{ se o auditado mudou de auditores depois de um ano} \\ 0 \text{ se não mudou} \end{cases}$	+	–0,002	–0,049	0,961 (uma cauda)
x_2 = logaritmo do ativo total do auditado	+	0,336	9,94	0,000 (uma cauda)
x_3 = número de subsidiárias do auditado	+	0,384	7,63	0,000 (uma cauda)
$x_4 = \begin{cases} 1 \text{ se o auditado recebeu uma qualificação de auditoria} \\ 0 \text{ se não recebeu} \end{cases}$	+	0,067	1,76	0,079 (uma cauda)
$x_5 = \begin{cases} 1 \text{ se o auditado é da indústria de mineração} \\ 0 \text{ se não é} \end{cases}$	–	–0,143	–4,05	0,000 (uma cauda)
$x_6 = \begin{cases} 1 \text{ se o auditado é um membro das '8 grandes' firmas} \\ 0 \text{ se não é} \end{cases}$	+	0,081	2,18	0,030 (uma cauda)
x_7 = logaritmo do valor em dólares dos serviços extra-auditoria prestados pelo auditor	+/–	0,134	4,54	0,000 (duas caudas)
$R^2 = 0{,}712$	$F = 111{,}1$			

Fonte: BUTTERWORTH, S.; HOUGHTON, K. A. "Auditor switching: the pricing of audit services." *Journal of Business Finance and Accounting*, vol. 22, n. 3, abr. 1995, p. 334 (Tabela 4).

Resultados para o Exercício 11.20

a. Interprete o valor de R^2.
b. Use o valor de R^2 para testar a utilidade global do modelo. Use $\alpha = 0{,}05$.

11.22 R^2 e o ajuste do modelo. Uma vez que o coeficiente de determinação R^2 sempre cresce quando uma nova variável independente é adicionada ao modelo, é tentador incluir muitas variáveis em um modelo para forçar R^2 a chegar perto de 1. Entretanto, fazê-lo reduz os graus de liberdade disponíveis para estimar σ^2, o que afeta adversamente nossa capacidade de fazer inferências confiáveis. Suponha que você deseje utilizar 18 indicadores econômicos para prever o produto interno bruto (PIB) do próximo ano. Você poderia ajustar o modelo:

$$y = \beta_0 + \beta_1 x_1 + \beta_2 x_2 + \ldots + \beta_{17} x_{17} + \beta_{18} x_{18} + \varepsilon$$

onde: y = PIB e $x_1, x_2, \ldots, x_{18}$ são os indicadores econômicos. Somente dados de 20 anos ($n = 20$) foram usados para ajustar o modelo, e você obteve $R^2 = 0{,}95$. Realize um teste para verificar se esse R^2 impressionante é suficientemente grande para determinar que o modelo seja útil — isto é, que pelo menos um termo do modelo seja importante na previsão do PIB. Use $\alpha = 0{,}05$.

Aplicação dos conceitos — Avançado

11.23 Vinhos de Bordeaux vendidos em leilão. Os vinhedos da região de Bordeaux, na França, são conhecidos pela produção de excelentes vinhos tintos. Entretanto, a incerteza em relação ao tempo durante a fase de crescimento, o fenômeno de que o vinho melhora de sabor com a idade e o fato de que alguns vinhedos de Bordeaux produzem vinhos melhores do que outros encorajam a especulação sobre o valor de uma caixa de vinhos produzidos por certo vinhedo durante certo ano (ou safra). Como resultado, muitos especialistas em vinhos tentam prever o preço de leilão de uma caixa de vinhos de Bordeaux. Os editores de uma publicação chamada *Liquid assets: the international guide to fine wine* ("Ativos líquidos: guia internacional dos grandes vinhos") discutiram, na revista *Chance* (outono, 1995), uma abordagem de regressão múltipla para prever o preço de leilão em Londres de um vinho tinto de Bordeaux. O logaritmo natural do preço y (em dólares) de uma caixa contendo uma dúzia de garrafas de vinho tinto foi modelado como uma função do tempo durante a fase de crescimento e da idade da safra, usando dados coletados para as safras de 1952 a 1980. Três modelos foram ajustados aos dados. Os resultados das regressões estão resumidos na tabela no alto da página a seguir.

a. Para cada modelo, realize um teste t (a $\alpha = 0{,}05$), para cada um dos parâmetros β do modelo. Interprete os resultados.
b. Quando o logaritmo natural de y é usado como variável dependente, o antilogaritmo de um coeficiente β menos 1 — isto é, $e^{\beta i} - 1$ — representa a mudança percentual em y para cada aumento de 1 unidade no valor do x associado. Use essa informação para interpretar as estimativas de β de cada modelo.

	Estimativas de beta (erros-padrão)		
Variáveis independentes	Modelo 1	Modelo 2	Modelo 3
x_1 = ano da safra	0,0354 (0,0137)	0,0238 (0,00717)	0,0240 (0,00747)
x_2 = temperatura média na fase de crescimento (°C)	(não incluso)	0,616 (0,0952)	0,608 (0,116)
x_3 = volume de chuva em set./ago. (cm)	(não incluso)	–0,00386 (0,0081)	–0,00380 (0,00095)
x_4 = volume de chuva nos meses precedentes à safra (cm)	(não incluso)	0,0001173 (0,000482)	0,00115 (0,000505)
x_5 = temperatura média em set. (°C)	(não incluso)	(não incluso)	0,00765 (0,565)
	R^2 = 0,212	R^2 = 0,828	R^2 = 0,828
	s = 0,575	s = 0,287	s = 0,293

Fonte: ASHENFELTER, O.; ASHMORE, D.; LALONDE, R. "Bourdeaux wine vintage quality and weather." *Chance,* vol. 8, n. 4, outono, 1995, p. 116 (Tabela 2).

c. Com base nos valores de R^2 e s, qual dos três modelos você recomendaria para a previsão dos preços do vinho de Bordeaux? Explique.

11.24 Análise de custos de um departamento de entregas. A regressão múltipla é usada pelos contadores na análise de custos com o objetivo de esclarecer os fatores que causam os custos e a magnitude dos seus efeitos. As variáveis independentes de um modelo de regressão desse tipo são os fatores que se acredita que estejam relacionados ao custo, que é a variável dependente. Em algumas ocasiões, entretanto, é desejável usar unidades físicas, e não o custo, como a variável dependente na análise de custos. Isso seria o caso se a maioria dos custos associados com a atividade de interesse fosse função de alguma unidade física, tal como horas de mão-de-obra. A vantagem dessa abordagem é que o modelo de regressão fornecerá estimativas do número de horas de mão-de-obra requerido sob diversas circunstâncias, e o custo dessas horas pode ser calculado à taxa atual de mão-de-obra (Horngren, Foster e Datar, 1994). Os dados amostrais apresentados na tabela a seguir foram coletados dos registros de produção e contabilidade de uma firma para fornecer informações de custo de seu departamento de entregas. Considere o modelo $y = \beta_0 + \beta_1 x_1 + \beta_2 x_2 + \beta_3 x_3 + \varepsilon$.

a. Encontre a equação de previsão dos mínimos quadrados.

b. Utilize um teste F para investigar a utilidade do modelo especificado no item **a**. Use $\alpha = 0,01$ e informe a sua conclusão no contexto do problema.

c. Teste H_0: $\beta_2 = 0$ *versus* H_a: $\beta_2 \neq 0$ usando $\alpha = 0,05$. O que os resultados do seu teste sugerem a respeito da magnitude dos efeitos de x_2 nos custos de mão-de-obra?

d. Encontre R^2 e interprete esse valor no contexto do problema.

e. Se os empregados do departamento de entregas recebem US$ 7,50 por hora, quanto menos, em média, custará à empresa, por semana, se o número médio de libras por entrega aumentar de um nível de 20 para 21? Presuma que x_1 e x_2 permaneçam constantes. Sua resposta é uma estimativa do que é conhecido em economia como *custo marginal esperado* associado a um aumento de 1 libra em x_3.

f. Com que precisão aproximada esse modelo pode ser usado para prever as horas de mão-de-obra? [*Nota:* A precisão das previsões de regressão múltipla será discutida na Seção 11.4.]

g. A análise de regressão pode, por si só, indicar que fatores *causam* os aumentos de custos? Explique.

11.4 Usando o modelo para estimativa e previsão

Na Seção 10.8 discutimos o uso da linha de mínimos quadrados para estimar o valor médio de y, $E(y)$, para algum valor em particular de x, digamos $x = x_p$. Mostramos também como usar o mesmo modelo ajustado para prever, quando $x = x_p$, algum novo valor de y a ser observado no futuro. Lembre-se de que a linha dos mínimos quadrados forneceu o mesmo valor para a estimativa de $E(y)$ e para a previsão de algum valor futuro de y — isto é, ambos são o resultado da substituição de x_p na equação de previsão $\hat{y} = \hat{\beta}_0 + \hat{\beta}_1 x$ e calcular $\hat{y}_p$. Lá a equivalência termina. O intervalo de confiança para a média $E(y)$ é mais estreito do que o intervalo de previsão para y, por causa da incerteza adicional, atribuível ao erro aleatório ε, quando se prediz algum valor futuro de y.

Esses mesmos conceitos se aplicam ao modelo de regressão múltipla. Considere, novamente, o modelo de primeira ordem relacionando o preço de venda de uma propriedade residencial ao valor do terreno (x_1), às melhorias (x_2) e ao tamanho da casa (x_3). Suponha que desejemos estimar o preço médio de venda para uma dada propriedade, com x_1 = US$ 15.000, x_2 = US$ 50.000 e x_3 = 1.800 pés quadrados. Presumindo que o modelo de primeira ordem represente a verdadeira relação entre o preço de venda e as três variáveis independentes, desejamos estimar:

$$E(y) = \beta_0 + \beta_1 x_1 + \beta_2 x_2 + \beta_3 x_3$$
$$= \beta_0 + \beta_1(15.000) + \beta_2(50.000) + \beta_3(1.800)$$

SHIPDEPT

Semana	Mão-de-obra y (em h)	Libras entregues x_1 (1.000)	Porcentagem de unidades entregues por caminhão x_2	Peso médio da entrega x_3 (libras)
1	100	5,1	90	20
2	85	3,8	99	22
3	108	5,3	58	19
4	116	7,5	16	15
5	92	4,5	54	20
6	63	3,3	42	26
7	79	5,3	12	25
8	101	5,9	32	21
9	88	4,0	56	24
10	71	4,2	64	29
11	122	6,8	78	10
12	85	3,9	90	30
13	50	3,8	74	28
14	114	7,5	89	14
15	104	4,5	90	21
16	111	6,0	40	20
17	110	8,1	55	16
18	100	2,9	64	19
19	82	4,0	35	23
20	85	4,8	58	25

Substituindo, na equação de previsão dos mínimos quadrados, encontramos a estimativa de $E(y)$ como sendo:

$$\hat{y} = \hat{\beta}_0 + \hat{\beta}_1(15.000) + \hat{\beta}_2(50.000) + \hat{\beta}_3(1.800)$$
$$= 1.470,27 + 0,814(15.000) + 0,820(50.000) + 13.529(1.800) = 79.061,4$$

Para formar um intervalo de confiança para a média, necessitamos conhecer o desvio–padrão da distribuição amostral do estimador $\hat{y}$. Para modelos de regressão múltipla, a forma desse desvio–padrão é bastante complexa. Entretanto, as rotinas de regressão dos pacotes de software estatístico para computador permitem-nos obter os intervalos de confiança para os valores médios de y para qualquer combinação dada de valores das variáveis independentes. Uma parte da listagem do SPSS para o exemplo do preço de venda é mostrada na Figura 11.8.

	PROPERTY	LANDVAL	IMPROVAL	AREA	PREDICT	LLMean95	ULMean95	LLPred95	ULPred95
1	1	5960	44967	1873	68557	59404	77709	49435	87678
2	2	9000	27860	928	44213	37904	50522	26278	62148
3	3	9500	31439	1126	50235	45338	55132	32747	67723
4	4	10000	39592	1265	59212	54285	64139	41715	76709
5	5	18000	72827	2214	105834	95659	116009	86203	125465
6	6	8500	27317	912	43144	36932	49355	25243	61044
7	7	8000	29856	899	44644	38243	51044	26677	62611
8	8	23000	47752	1803	83774	71575	95972	63021	104526
9	9	8100	39117	1204	56449	50998	61901	38798	74101
10	10	9000	29349	1725	56217	48550	63884	37760	74673
11	11	7300	40166	1080	54981	47863	62099	36746	73216
12	12	8000	31679	1529	54862	49555	59770	37114	72211
13	13	20000	58510	2455	98977	88619	109336	79250	118704
14	14	8000	23454	1151	42800	37649	47851	25239	60361
15	15	8000	20997	1173	41000	35078	46922	23198	58802
16	16	10500	56248	1960	82687	74643	90731	64071	101303
17	17	4000	20859	1344	40024	32814	47235	21753	58296
18	18	4500	22610	988	37052	31827	42278	19469	54635
19	19	3400	35948	1076	48290	40504	56076	29784	66796
20	20	1500	5779	962	20448	11231	29664	1296	39600
21	21	15000	50000	1800	79061	73381	84742	61338	96785

FIGURA 11.8 Planilha do SPSS com intervalos de confiança de 95% para o modelo de preço de venda

Além do intervalo de confiança de 95% para a média (destacado nas colunas 'LLMean95' e 'ULMean95'), a listagem do SPSS fornece os valores selecionados de x (destacados na parte de baixo da listagem) e o valor de $\hat{y} = 79{,}061$ (destacado sob PREDICT). A partir do intervalo de confiança de 95% para a média (73.381, 84.742), podemos inferir (com 95% de confiança) que o preço médio de venda para todas as propriedades com $x_1 =$ US\$ 15.000, $x_2 =$ US\$ 50.000 e $x_3 = 1.800$ pés quadrados cairá entre US\$ 73.381 e US\$ 84.742.

Se estivermos interessados em prever o preço médio de venda de uma única propriedade em particular, com $x_1 =$ US\$ 15.000, $x_2 =$ US\$ 50.000 e $x_3 = 1.800$ pés quadrados, usaremos $\hat{y} =$ US\$ 79.061 como o valor previsto. Entretanto, o intervalo de previsão para um novo valor de y é mais largo do que o intervalo de confiança para $E(y)$. O intervalo de previsão de 95% (destacado na listagem do SPSS, como 'LLPred95' e 'ULPred95') é (61.338, 96.785). Então, com 95% de confiança, concluímos que o preço de venda

Regression Analysis: PRICE versus AGE, NUMBIDS

```
The regression equation is
PRICE = - 1339 + 12.7 AGE + 86.0 NUMBIDS

Predictor      Coef    SE Coef       T      P
Constant    -1339.0      173.8   -7.70  0.000
AGE         12.7406     0.9047   14.08  0.000
NUMBIDS      85.953      8.729    9.85  0.000

S = 133.485    R-Sq = 89.2%    R-Sq(adj) = 88.5%

Analysis of Variance

Source          DF        SS        MS       F      P
Regression       2   4283063   2141531  120.19  0.000
Residual Error  29    516727     17818
Total           31   4799790

Predicted Values for New Observations

New
Obs     Fit   SE Fit        95% CI              95% PI
  1  1431.7     24.6   (1381.4, 1481.9)   (1154.1, 1709.3)

Values of Predictors for New Observations

New
Obs   AGE   NUMBIDS
  1   150      10.0
```

FIGURA 11.9 Listagem do MINITAB com intervalos de confiança de 95% para o modelo de relógios antigos

para uma propriedade individual com as características $x_1 =$ US$ 15.000, $x_2 =$ US$ 50.000 e $x_3 =$ 1.800 pés quadrados cairá entre US$ 61.338 e US$ 96.785.

EXEMPLO 11.5
ESTIMANDO $E(y)$ E PREVENDO y

Problema Consulte os exemplos 11.3–11.4 e o modelo de primeira ordem $E(y) = \beta_0 + \beta_1 x_1 + \beta_2 x_2$, onde y = preço de leilão de um relógio antigo, x_1 = idade do relógio e x_2 = número de participantes.

a. Estime o preço médio de leilão para todos os relógios de 150 anos de idade vendidos em um leilão com 10 participantes usando um intervalo de confiança de 95%. Interprete o resultado.

b. Suponha que você deseje prever o preço de leilão de um relógio de 50 anos de idade com 2 participantes. Como você deverá proceder?

Solução

a. Aqui, as palavras-chave *médio* e *para todos* implicam que desejamos estimar a média de y, $E(y)$. Desejamos um intervalo de confiança de 95% para $E(y)$ quando x_1 = 150 anos e x_2 = 10 participantes. Uma resposta do MINITAB para essa análise é apresentada na Figura 11.9.

O intervalo de confiança (destacado sob '95% CI') é (1381,4; 1481,9). Então, estamos 95% confiantes de que o preço médio de leilão para todos os relógios de 150 anos de idade vendidos em um leilão com 10 participantes situa-se entre US$ 1.381,4 e US$ 1.481,9.

b. Agora, desejamos prever o preço de leilão y para um único ('um') relógio antigo, quando x_1 = 50 anos e x_2 = 2 participantes. Conseqüentemente, desejamos um intervalo de previsão de 95% para y. Entretanto, antes de formar esse intervalo de previsão, deveremos nos certificar de que os valores selecionados das variáveis independentes, x_1 = 50 e x_2 = 2, sejam ambos razoáveis e estejam dentro de suas respectivas faixas de amostra. Se você examinar os dados de amostra apresentados na Tabela 11.2, verá que a faixa para idade é 108 $\leq x_1 \leq$ 194 e que a faixa para número de participantes é 5 $\leq x_2 \leq$ 15. Então, ambos os valores selecionados caem bem *fora* de suas respectivas faixas. Lembre-se do quadro *Cuidado* da Seção 10.8, que alerta sobre os perigos de utilizar um modelo para prever y para um valor de uma variável independente que não esteja dentro da faixa dos dados amostrais. Isso pode levar a uma previsão não confiável. Se desejarmos fazer uma previsão como essa, necessitaremos coletar dados adicionais sobre relógios com essas características (isto é, x_1 = 50 anos e x_2 = 2 participantes) e, então, reajustar o modelo.

AGORA FAÇA O EXERCÍCIO 11.25

ESTATÍSTICA EM AÇÃO REVISITADA

UM MODELO DE PRIMEIRA ORDEM PARA O CUSTO DE CONTRATOS DE RODOVIAS

O procurador geral da Flórida deseja desenvolver um modelo para o custo (y) de um contrato de construção de uma rodovia ganho por meio do sistema de propostas fechadas e usar o modelo para prever os custos de futuros contratos de construção de rodovias no estado. Além do custo do contrato, o arquivo **FLAG** contém dados sobre oito variáveis potencialmente preditoras, em uma amostra de 235 contratos de rodovias (veja a Tabela EA11.1). Gráficos do MINITAB (com a variável independente COST — custo — desenhada contra cada uma das potenciais preditoras) para os dados são mostrados na Figura EA11.1. A partir dos gráficos, parece que a estimativa de custo pelo engenheiro do DOT (DOTEST) e a estimativa do número de dias de trabalho (DAYSEST) seriam boas preditoras do custo do contrato (em uma futura seção de Estatística em ação revisitada), aprenderemos que as duas melhores preditoras do custo do contrato são, na realidade, DOTEST e o estado fixado ou competitivo, STATUS, do contrato. Entretanto, nesta seção, ajustaremos o modelo de regressão de primeira ordem usando todas as oito variáveis independentes.

A resposta do MINITAB para a análise da regressão é apresentada na Figura EA11.2. A estatística F global (F = 1166,88) e o valor p associado (0,000) mostrados na figura indicam que o modelo geral é estatisticamente útil para a previsão do custo de construção. O valor de R^2 indica que o modelo pode explicar 97,6% das variações amostrais do custo do contrato. Ambos os resultados fornecem forte apoio estatístico para o uso do modelo para estimativa e previsão.

[*Nota*: Nem todas as variáveis independentes têm valores t estatisticamente significativos. Entretanto, advertimos contra desprezar variáveis não significativas do modelo neste estágio. Uma razão (discutida nesta seção) é que a realização de um grande número de testes t resultará numa grande probabilidade de pelo menos um erro Tipo I. Em seções posteriores deste capítulo, veremos outras razões pelas quais a abordagem do teste t múltiplo não é uma boa estratégia para determinar quais variáveis independentes devem ser mantidas no modelo].

A resposta do MINITAB mostrada na Figura EA11.3 fornece um intervalo de previsão de 95% para o custo e um intervalo de confiança de 95% para o custo médio para os valores de x associados com a última observação (contrato) do arquivo FLAG. Esses valores de x são a estimativa do custo pelo engenheiro (DOTEST) = 497 milhares de dólares, a razão da segunda menor proposta para a menor (B2B1RAT) = 1,07, a razão da terceira menor proposta para a menor (B3B1RAT) = 1,08, a razão da maior proposta para a menor (BHB1RAT) = 1,19, a concorrência competitiva (STATUS = 0), o contrato do sul da Flórida (DISTRICT = 1), a razão do número de proponentes para o número dos que receberam o plano (BTPRATIO) = 0,5 e a estimativa para o número de dias de trabalho requeridos (DAYSEST) = 90. O intervalo de confiança de 95% (339,2; 528,2) implica que, para todos os contratos de rodovias com esses valores de x, o custo médio do contrato estará entre 339,2 e 528,2 milhares de dólares, com 95% de confiança.

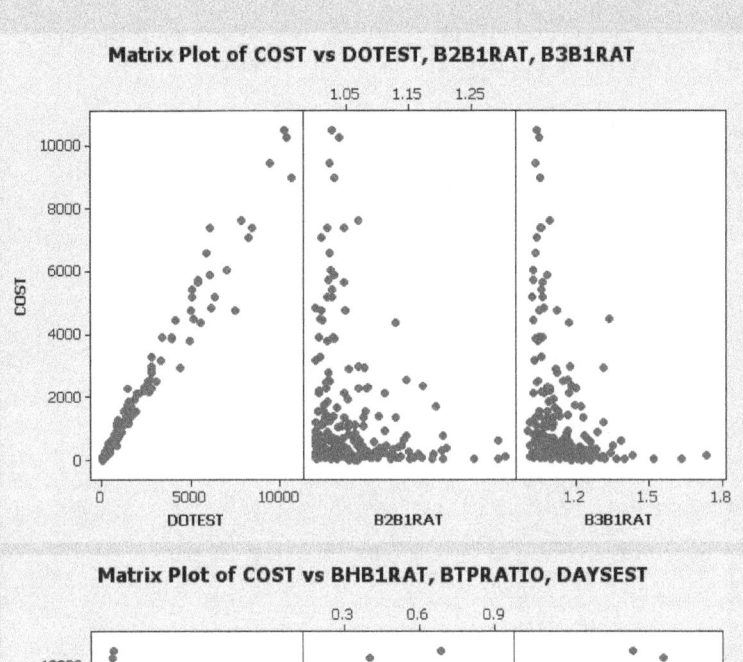

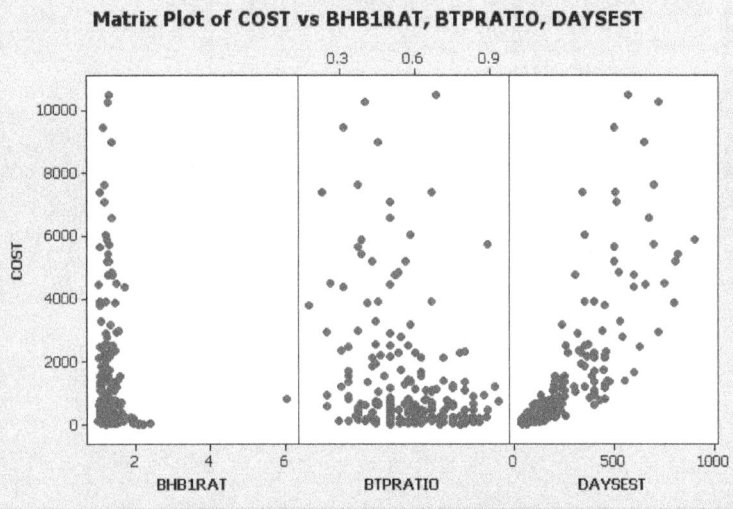

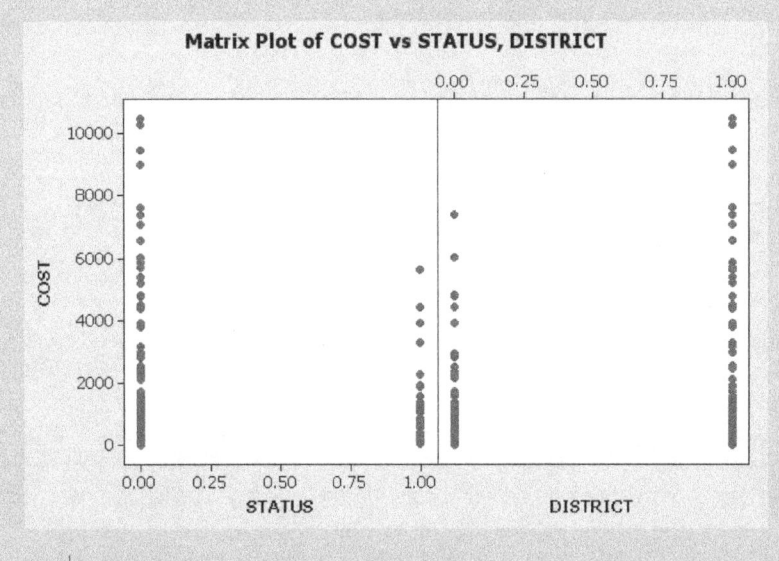

FIGURA EA11.1 Gráficos do MINITAB para os dados do arquivo FLAG

```
The regression equation is
COST = 124 + 0.906 DOTEST - 147 B2B1RAT - 84 B3B1RAT - 59.1 BHB1RAT + 148 STA>>
       + 37.8 DISTRICT + 218 BTPRATIO + 0.344 DAYSEST


Predictor       Coef    SE Coef       T      P
Constant       123.9      426.8    0.29  0.772
DOTEST       0.90647    0.01659   54.64  0.000
B2B1RAT       -147.1      419.0   -0.35  0.726
B3B1RAT        -83.8      245.4   -0.34  0.733
BHB1RAT       -59.09      54.90   -1.08  0.283
STATUS        148.16      51.48    2.88  0.004
DISTRICT       37.75      43.07    0.88  0.382
BTPRATIO       217.6      139.6    1.56  0.120
DAYSEST       0.3439     0.1803    1.91  0.058


S = 304.589    R-Sq = 97.6%    R-Sq(adj) = 97.6%


Analysis of Variance

Source           DF         SS         MS        F      P
Regression        8  865907936  108238492  1166.68  0.000
Residual Error  226   20967037      92774
Total           234  886874973
```

FIGURA EA11.2 Listagem da regressão do MINITAB para o modelo de primeira ordem de custo de construção rodoviária

```
Predicted Values for New Observations

New
Obs    Fit   SE Fit       95% CI            95% PI
  1  433.7     48.0   (339.2, 528.2)   (-173.9, 1041.2)


Values of Predictors for New Observations

New
Obs  DOTEST  B2B1RAT  B3B1RAT  BHB1RAT    STATUS  DISTRICT  BTPRATIO  DAYSEST
  1     497     1.07     1.08     1.19  0.000000      1.00     0.500     90.0
```

FIGURA EA11.3 Resposta do MINITAB com os intervalos de confiança e de previsão de 95%

O intervalo de previsão de 95% (–173,9; 1041,2) implica que, para um contrato rodoviário individual com esses valores de x, o custo do contrato estará entre 0 (uma vez que o custo do contrato não pode ser negativo) e 1.041,2 milhares de dólares, com 95% de confiança. Note a largura da faixa do intervalo de previsão. Isso ocorre por causa do tamanho do desvio–padrão do modelo, s = 305 milhares de dólares. Ainda que o modelo seja considerado estatisticamente útil na previsão do custo do contrato, pode não ser útil 'na prática' Para reduzir o tamanho de s, precisaremos melhorar a capacidade preditiva do modelo (vamos examinar tal modelo na próxima seção de Estatística em ação revisitada).

Exercícios 11.25 – 11.31

Aplicação dos conceitos — Básico

STREETVN
Companion Website

11.25 Receitas dos vendedores de rua do México. Releia o estudo da *World Development* (fev. 1998) sobre as receitas dos vendedores de rua y do Exercício 11.15. A planilha do SPSS abaixo mostra tanto um intervalo de previsão de 95% para y (lado direito) quanto um intervalo de confiança de 95% para $E(y)$ (lado esquerdo) para um vendedor de 45 anos de idade que trabalha 10 horas por dia (isto é, para $x_1 = 45$ e $x_2 = 10$).
 a. Interprete o intervalo de previsão de 95% para y no contexto do problema.
 b. Interprete o intervalo de confiança de 95% para $E(y)$ no contexto do problema.
 c. Note que o intervalo do item **a** é mais extenso do que o intervalo do item **b**. Isso será sempre verdadeiro? Explique.

DDT
Companion Website

11.26 Contaminação por uma fábrica de produtos químicos. Reveja o Exercício 11.16 e os dados do Corpo de Engenheiros do Exército dos Estados Unidos sobre peixes contaminados. Você ajustou o modelo de primeira ordem $E(y) = \beta_0 + \beta_1 x_1 + \beta_2 x_2 + \beta_3 x_3$ aos dados, onde y = nível de DDT (em partes por milhão), x_1 = número de milhas correnteza acima, x_2 = comprimento (em centímetros) e x_3 = peso (em gramas). Use a planilha do Excel abaixo para prever, com 90% de confiança, o nível de DDT de um peixe capturado 100 milhas correnteza acima, com um comprimento de 40 centímetros e um peso de 800 gramas. Interprete o resultado.

GASTURBINE
Companion Website

11.27 Métodos de resfriamento de turbinas a gás. Consulte o estudo do *Journal of Engineering for Gas Turbines and Power* (jan. 2005) sobre um método de admissão de combustível por vapor de alta pressão para uma turbina a gás do Exercício 11.17. Lembre-se de que você ajustou um modelo de primeira ordem para a taxa de calor (y) como uma função da velocidade (x_1), da temperatura de admissão (x_2), da temperatura de exaustão (x_3), da razão de pressão do ciclo (x_4) e da taxa de fluxo de ar (x_5) aos dados do arquivo **GASTURBINE**. Uma listagem do MINITAB com um intervalo de confiança de 95% para $E(y)$ e um intervalo de previsão para y para valores selecionados dos x são apresentados abaixo.
 a. Interprete o intervalo de previsão de 95% para y no contexto do problema.
 b. Interprete o intervalo de confiança de 95% para $E(y)$ no contexto do problema.
 c. O intervalo de confiança para $E(y)$ será sempre mais estreito que o intervalo de previsão para y? Explique.

age	hours	ci95low	ci95upp	pi95low	pi95upp
45	10	2620.25197	3414.87349	1759.74674	4275.37871

Listagem do SPSS para o Exercício 11.25

For Average Predicted Y (YHat)		Confidence and Prediction Estimate Intervals		
Interval Half Width	27.58531			
Confidence Interval Lower Limit	-15.8394	Data		
Confidence Interval Upper Limit	39.33117	Confidence Level	90%	
			1	
For Individual Response Y		MILE given value	100	
Interval Half Width	163.7415	LENGTH given value	40	
Prediction Interval Lower Limit	-151.996	WEIGHT given value	800	
Prediction Interval Upper Limit	175.4874			

Listagem do Excel/PHStat2 para o Exercício 11.26

```
Predicted Values for New Observations

New
Obs      Fit    SE Fit        95% CI              95% PI
  1  12632.5     237.3   (12157.9, 13107.1)   (11599.6, 13665.5)


Values of Predictors for New Observations

New
Obs    RPM   INLET-TEMP   EXH-TEMP   CPRATIO   AIRFLOW
  1   7500         1000        525      13.5      10.0
```

Listagem do MINITAB para o Exercício 11.27

Aplicação dos conceitos — Intermediário

11.28 Níveis de chuva na Califórnia. Um artigo publicado na revista *Geography* (jul. 1980) usou regressão múltipla para prever os níveis anuais de chuva na Califórnia. Dados sobre a precipitação anual média (y), altitude (x_1), latitude (x_2) e distância da costa do Pacífico (x_3) foram coletados para 30 estações meteorológicas espalhadas pela Califórnia. As primeiras 10 observações estão listadas na tabela abaixo. Considere o modelo de primeira ordem $y = \beta_0 + \beta_1 x_1 + \beta_2 x_2 + \beta_3 x_3 + \varepsilon$.
  a. Ajuste o modelo aos dados e forneça a equação de previsão dos mínimos quadrados.
  b. Há evidência de que o modelo de primeira ordem seja útil para prever a precipitação anual y? Teste usando $\alpha = 0,05$.
  c. Prediga, com 95% de confiança, a precipitação anual média para a estação meteorológica Giant Forest (estação nº 9).

SNOWGEESE
Companion Website

11.29 Testes de alimentação de gansos de neve. Reveja o estudo do *Journal of Applied Ecology* (v. 32, 1995) sobre os hábitos alimentares dos gansos de neve recém-nascidos do Exercício 11.18. Você ajustou o modelo de primeira ordem relacionando a mudança de peso dos pequenos gansos, y, com a eficiência digestiva, x_1, e com a fibra ácida detergente x_2. Estime, com 95% de confiança, a mudança de peso média para todos os gansos de neve com $x_1 = 5\%$ e $x_2 = 30\%$.

11.30 Extraindo água de petróleo. Consulte o Exercício 11.19. Os pesquisadores concluíram que "para quebrar uma mistura água/petróleo com a menor voltagem possível, a fração de volume da fase dispersa x_1 deve ser alta, enquanto a salinidade x_2 e a quantidade de surfactante x_5 devem ser baixas". Use essa informação e o modelo de primeira ordem do Exercício 11.19 para encontrar um intervalo de previsão de 95% para essa 'baixa' voltagem y. Interprete o intervalo.

11.31 Produção de tambores de aquecedores. Em uma fábrica, uma estimativa precisa dos homens-hora necessários para completar uma tarefa crucial para que a gerência possa tomar decisões, tais como o número correto de trabalhadores que devem ser contratados, o prazo preciso para a entrega ao cliente, ou decisões de análise de custos a respeito de orçamentos. Um fabricante de tambores para aquecedores deseja usar a regressão para prever o número de homens-hora necessários para montagem dos tambores em projetos futuros. Para conseguir isso, foram coletados dados de 35 aquecedores. Além dos homens-hora (y), as variáveis medidas foram a capacidade do aquecedor (x_1 = lb/h), a pressão de projeto do aquecedor (x_2 = libras por polegada quadrada, ou psi), o tipo do aquecedor (x_3 = 1 se montado na fábrica, 0 se montado no campo) e o tipo do tambor (x_4 = 1 se vapor e 0 se lama). Os dados estão no arquivo **BOILERS** (as cinco primeiras e as cinco últimas observações estão listadas na tabela da página a seguir).
  a. Ajuste o modelo $E(y) = \beta_0 + \beta_1 x_1 + \beta_2 x_2 + \beta_3 x_3 + \beta_4 x_4$ aos dados. Forneça as estimativas dos β.
  b. Realize um teste da utilidade global do modelo. Use $\alpha = 0,01$.
  c. Encontre um intervalo de confiança de 95% para $E(y)$ quando $x_1 = 150.000$, $x_2 = 500$, $x_3 = 1$ e $x_4 = 0$. Interprete o resultado.

CALIRAIN
Companion Website

(Dados para as primeiras 10 estações)

Estação	Média anual precipitação y (polegadas)	Altitude x_1 (pés)	Latitude x_2 (graus)	Distância da costa x_3 (milhas)
1. Eureka	39,57	43	40,8	1
2. Red Bluff	23,27	341	40,2	97
3. Thermal	18,20	4.152	33,8	70
4. Fort Bragg	37,48	74	39,4	1
5. Soda Springs	49,26	6.752	39,3	150
6. San Francisco	21,82	52	37,8	5
7. Sacramento	18,07	25	38,5	80
8. San Jose	14,17	95	37,4	28
9. Giant Forest	42,63	6.360	36,6	145
10. Salinas	13,85	74	36,7	12

Fonte: TAYLOR, P. J. "A pedagogic application of multiple regression analysis." *Geography*, jul. 1980, vol. 65, p. 203-212.

Homens-hora y	Capacidade do aquecedor x_1	Pressão de projeto x_2	Tipo do aquecedor x_3	Tipo do tambor x_4
3.137	120.000	375	1	1
3.590	65.000	750	1	1
4.526	150.000	500	1	1
10.825	1.073.877	2.170	0	1
4.023	150.000	325	1	1
.	.	.	.	.
.	.	.	.	.
.	.	.	.	.
4.206	441.000	410	1	0
4.006	441.000	410	1	0
3.728	627.000	1.525	0	0
3.211	610.000	1.500	0	0
1.200	30.000	325	1	0

Fonte: Dr. Kelly Uscategui, Universidade de Connecticut.

11.5 Construção de modelos: modelos de interação

Na Seção 11.2, demonstramos a relação entre $E(y)$ e as variáveis independentes em um modelo de primeira ordem. Quando $E(y)$ é colocado num gráfico contra qualquer outra variável (digamos, x_1) para valores fixos das outras variáveis, o resultado é um conjunto de linhas retas *paralelas* (veja a Figura 11.3). Quando essa situação ocorre (como sempre, em um modelo de primeira ordem), dizemos que a relação entre $E(y)$ e qualquer variável independente *não depende* dos valores das outras variáveis independentes do modelo.

Entretanto, se a relação entre $E(y)$ e x_1 depende, de fato, dos valores dos demais x mantidos fixos, então o modelo de primeira ordem não é apropriado para prever y. Nesse caso, precisamos de outro modelo que leve em consideração essa dependência. Tal modelo inclui *produtos cruzados* de dois ou mais x.

Por exemplo, suponha que o valor médio $E(y)$ de uma resposta y esteja relacionado a duas variáveis quantitativas independentes, x_1 e x_2, pelo modelo:

$$E(y) = 1 + 2x_1 - x_2 + x_1 x_2$$

Um gráfico da relação entre $E(y)$ e x_1 para $x_2 = 0$, 1 e 2 é apresentado na Figura 11.10.

Note que o gráfico mostra três linhas retas não paralelas. Você pode verificar que as inclinações das linhas são diferentes, substituindo cada um dos valores $x_2 = 0$, 1 e 2 na equação. Para $x_2 = 0$:

$$E(y) = 1 + 2x_1 - (0) + x_1(0) = 1 + 2x_1 \text{ (inclinação = 2)}$$

Para $x_2 = 1$:

$$E(y) = 1 + 2x_1 - (1) + x_1(1) = 3x_1 \text{ (inclinação = 3)}$$

Para $x_2 = 2$:

$$E(y) = 1 + 2x_1 - (2) + x_1(2) = -1 + 4x_1 \text{ (inclinação = 4)}$$

Note que a inclinação de cada linha é representada por $\beta_1 + \beta_3 x_2 = 2 + x_2$. Portanto, o efeito em $E(y)$ de uma mudança em x_1 (isto é, a inclinação) agora *depende* do valor de x_2. Quando essa situação ocorre, dizemos que x_1 e x_2 **interagem**. O termo do produto cruzado, $x_1 x_2$, é chamado de **termo de interação**, e o modelo $E(y) = \beta_0 + \beta_1 x_1 + \beta_2 x_2 + \beta_3 x_1 x_2$ é chamado de **modelo de interação** com duas variáveis quantitativas.

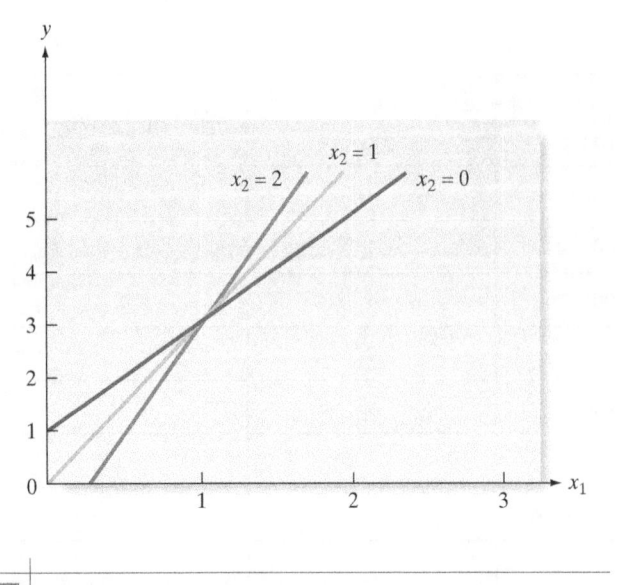

FIGURA 11.10 Gráficos de $1 + 2x_1 - x_2 + x_1x_2$ para $x_2 = 0, 1, 2$

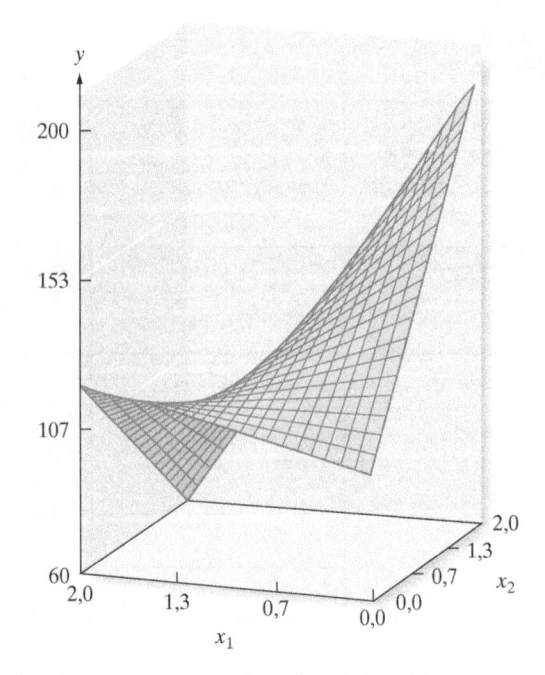

FIGURA 11.11 Gráfico gerado por computador para um modelo de interação

---

UM MODELO DE INTERAÇÃO RELACIONANDO $E(y)$ A DUAS VARIÁVEIS QUANTITATIVAS INDEPENDENTES

$$E(y) = \beta_0 + \beta_1 x_1 + \beta_2 x_2 + \beta_3 x_1 x_2$$

onde:

$(\beta_1 + \beta_3 x_2)$ representa a mudança em $E(y)$ para cada aumento de 1 unidade em x_1, mantendo x_2 fixa

$(\beta_2 + \beta_3 x_1)$ representa a mudança em $E(y)$ para cada aumento de 1 unidade em x_2, mantendo x_1 fixa

---

Um gráfico tridimensional (gerado por computador) de um modelo de interação de dois x quantitativos é mostrado na Figura 11.11. Ao contrário da superfície plana mostrada na Figura 11.4, o modelo de interação traça uma superfície curva (um plano torcido) no espaço tridimensional. Se fatiarmos o plano torcido em um valor fixo de x_2, obteremos uma linha reta relacionando $E(y)$ a x_1; entretanto, a inclinação da linha mudará sempre que mudarmos o valor de x_2. Conseqüentemente, um modelo de interação é apropriado quando a relação linear entre y e uma variável independente depende do valor de outra variável independente. O próximo exemplo ilustra essa idéia.

EXEMPLO 11.6

AJUSTANDO UM MODELO DE INTERAÇÃO

Problema Consulte os exemplos 11.3 e 11.4. Suponha que o colecionador de relógios antigos, tendo observado muitos leilões, acredite que a *taxa de crescimento* do preço de leilão, com a idade, será forçada para cima por um grande número de participantes. Então, em vez de uma relação como a mostrada na Figura 11.12(a), na qual a taxa de aumento do preço com a idade é a mesma para qualquer número de participantes, o colecionador acredita que a relação seja como a mostrada na Figura 11.12(b). Note que, à medida que o número de participantes aumenta de 5 para 15, a inclinação da curva do preço versus a idade aumenta.

Conseqüentemente, o modelo de interação é proposto da seguinte forma:

$$y = \beta_0 + \beta_1 x_1 + \beta_2 x_2 + \beta_3 x_1 x_2 + \varepsilon$$

Os 32 pontos de dados listados na Tabela 11.2 foram usados para ajustar o modelo com interação. Uma parte da resposta do MINITAB é apresentada na Figura 11.13.

a. Teste a utilidade geral do modelo usando o teste F global, com $\alpha = 0{,}05$.

b. Teste a hipótese (com $\alpha = 0{,}05$) de que a inclinação preço–idade aumenta à medida que o número de participantes aumenta — isto é, que a idade e o número de participantes, x_2, interagem positivamente.

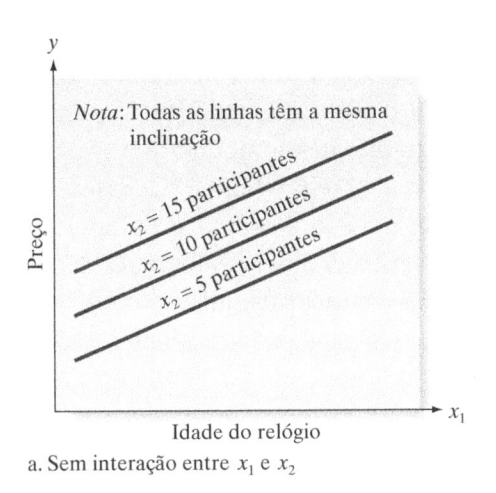

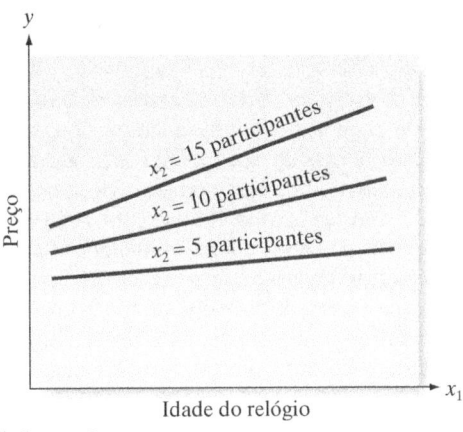

FIGURA 11.12 Exemplos de modelos de não–interação e interação

c. Estime a mudança, no preço de leilão, de um relógio de 150 anos de idade, y, para cada participante adicional.

Solução

a. O teste F global é usado para testar a hipótese nula

$$H_0: \beta_1 = \beta_2 = \beta_3 = 0$$

A estatística–teste e o valor p do teste (destacados na resposta do MINITAB) são $F = 193,04$ e valor $p = 0$, respectivamente. Uma vez que $\alpha = 0,05$ excede o valor p, há evidência suficiente para concluir que o modelo ajustado é um preditor estatisticamente útil do preço de leilão, y.

b. A hipótese de interesse do colecionador diz respeito ao parâmetro de interação β_3. Especificamente:

$$H_0: \beta_3 = 0$$
$$H_a: \beta_3 > 0$$

Uma vez que estamos testando um parâmetro β individual, um teste t é necessário. A estatística–teste e o valor p de duas caudas (destacados na listagem) são $t = 6,11$ e valor $p = 0$, respectivamente. O valor p da cauda superior, obtido dividindo-se o valor p de duas caudas pela metade, é $0/2 = 0$. Uma vez que $\alpha = 0,05$ excede o valor p, o colecionador pode rejeitar H_0 e concluir que a taxa de mudança do preço médio dos relógios com idade aumenta à medida que o número de participantes aumenta; isto é, x_1 e x_2 interagem positivamente. Então, parece que o termo de interação deveria ser incluído no modelo.

Regression Analysis: PRICE versus AGE, NUMBIDS, AGEBID

```
The regression equation is
PRICE = 320 + 0.88 AGE - 93.3 NUMBIDS + 1.30 AGEBID


Predictor      Coef    SE Coef      T       P
Constant      320.5      295.1    1.09   0.287
AGE           0.878      2.032    0.43   0.669
NUMBIDS      -93.26      29.89   -3.12   0.004
AGEBID       1.2978     0.2123    6.11   0.000


S = 88.9145    R-Sq = 95.4%    R-Sq(adj) = 94.9%


Analysis of Variance

Source           DF        SS         MS         F       P
Regression        3   4578427    1526142    193.04   0.000
Residual Error   28    221362       7906
Total            31   4799790
```

FIGURA 11.13 Resposta do MINITAB para o modelo de interação de preço de leilão

c. Para estimar a mudança no preço de leilão *y* para cada aumento de 1 unidade no número de participantes x_2, precisamos estimar a inclinação da linha relacionando *y* e x_2 quando a idade do relógio, x_1, é de 150 anos. Um analista pouco cuidadoso poderia estimar essa inclinação como sendo $\hat{\beta}_2 = -93{,}26$. Ainda que o coeficiente de x_2 seja negativo, isto *não* implica que o preço de leilão decresça à medida que o número de participantes aumenta. Uma vez que a interação está presente, a taxa de mudança (inclinação) do preço médio de leilão com o número de participantes *depende* de x_1, a idade do relógio. Então, a taxa de mudança estimada de *y* para um aumento unitário em x_2 (um novo participante) para um relógio de 150 anos é:

Inclinação estimada de *y* versus linha x_2 =

$$= \hat{\beta}_2 + \hat{\beta}_3 x_1$$

$$= -93{,}26 + 1{,}30(150) = 101{,}74$$

Em outras palavras, estimamos que o preço de leilão de um relógio de 150 anos *aumentará* em cerca de US$ 101,74 para cada participante adicional.

Relembrando Ainda que a taxa de crescimento varie à medida que x_1 mude, ela permanecerá positiva para a faixa de valores de x_1 incluída na amostra. É necessário muito cuidado na interpretação de sinais e grandezas dos coeficientes em um modelo de regressão múltipla.

Agora faça o Exercício **11.36**

O Exemplo 11.6 ilustra um ponto importante a respeito da realização de testes *t* nos parâmetros β de um modelo de interação. O parâmetro β 'mais importante' nesse modelo é o β de interação, β_3. Note que esse β é também o associado com o termo de mais alta ordem do modelo, $x_1 x_2$.[6] Conseqüentemente, desejaremos testar $H_0: \beta_3 = 0$ depois que determinarmos que o modelo em geral é útil para prever *y*. Uma vez que a interação é detectada (como no Exemplo 11.6), entretanto, testes nos termos de primeira ordem x_1 e x_2 não devem ser realizados, uma vez que seriam testes sem sentido; a presença da interação implica que ambos os *x* são importantes.

Cuidado

Uma vez que a interação tenha sido considerada importante no modelo $E(y) = \beta_0 + \beta_1 x_1 + \beta_2 x_2 + \beta_3 x_1 x_2$, não realize testes *t* nos coeficientes β dos termos de primeira ordem x_1 e x_2. Esses termos devem ser mantidos no modelo independentemente da grandeza dos valores *p* associados a eles, mostrados na planilha.

Exercícios 11.32 – 11.44

Aprendendo a mecânica

11.32 Escreva um modelo de interação relacionando o valor médio de *y*, $E(y)$, a:
a. duas variáveis quantitativas independentes
b. três variáveis quantitativas independentes [*Dica*: inclua todos os possíveis termos de produtos cruzados.]

11.33 Suponha que a verdadeira relação entre $E(y)$ e as variáveis quantitativas independentes x_1 e x_2 seja:

$$E(y) = 3 + x_1 + 2x_2 - x_1 x_2$$

a. Descreva a correspondente superfície tridimensional da resposta.
b. Desenhe a relação linear entre *y* e x_2 para $x_2 = 0, 1, 2$, onde $0 \leq x_2 \leq 5$.
c. Explique por que as linhas que você desenhou no item **b** não são paralelas.
d. Use as linhas que você desenhou no item **b** para explicar como as mudanças de x_1 e x_2 afetam $E(y)$.
e. Use o seu gráfico do item **b** para determinar quanto $E(y)$ muda quando x_1 muda de 2 para 0 e x_2 muda simultaneamente de 4 para 5.

11.34 Suponha que você ajuste o modelo de interação:

$$y = \beta_0 + \beta_1 x_1 + \beta_2 x_2 + \beta_3 x_1 x_2 + \varepsilon$$

para *n* = 32 pontos de dados e obtenha os seguintes resultados:

$SQ_{yy} = 479$ $SQE = 21$ $\hat{\beta}_3 = 10$ $s_{\hat{\beta}_3} = 4$

a. Ache R^2 e interprete seu valor.
b. O modelo é adequado para prever *y*? Teste para $\alpha = 0{,}05$.
c. Use um gráfico para explicar a contribuição do termo $x_1 x_2$ para o modelo.
d. Há evidências de que x_1 e x_2 interagem? Teste para $\alpha = 0{,}05$.

11.35 A listagem do MINITAB na página a seguir foi obtida do ajuste do modelo:

$$y = \beta_0 + \beta_1 x_1 + \beta_2 x_2 + \beta_3 x_1 x_2 + \varepsilon$$

a *n* = 15 pontos de dados.
a. Qual é a equação de previsão para a superfície da resposta?
b. Descreva a forma geométrica da superfície da resposta do item **a**.
c. Desenhe a equação de previsão para o caso em que $x_2 = 1$. Faça isso duas vezes mais, no mesmo gráfico, para os casos em que $x_2 = 3$ e $x_2 = 5$.
d. Explique o que significa dizer que x_1 e x_2 interagem.

---

[6] A ordem do termo é igual à soma dos expoentes das variáveis quantitativas incluídas no termo. Então, quando x_1 e x_2 são, ambas, variáveis quantitativas, o produto cruzado $x_1 x_2$ é um termo de segunda ordem.

```
The regression equation is
Y = -2.55 + 3.82 X1 + 2.63 X2 -1.29 X1X2


Predictor      Coef    SE Coef       T       P
Constant     -2.550      1.142   -2.23   0.043
X1            3.815      0.529    7.22   0.000
X2            2.630      0.344    7.64   0.000
X1X2         -1.285      0.159   -8.06   0.000


S = 0.713      R-Sq = 85.6%     R-Sq(adj) = 81.6%


Analysis of Variance

Source            DF        SS        MS       F       P
Regression         3    33.149    11.050   21.75   0.000
Residual Error    11     5.587     0.508
Total             14    38.736
```

Listagem do MINITAB para o Exercício 11.35

Explique por que o seu gráfico do item **c** sugere que x_1 e x_2 interagem.

e. Especifique as hipóteses nula e alternativa que você usaria para testar se x_1 e x_2 interagem.

f. Realize o teste de hipóteses do item **e** usando $\alpha = 0{,}01$.

11.36 Papel do interesse do varejista no comportamento de compras. O interesse do varejista é definido pelos especialistas em marketing como o nível de interesse que um consumidor tem em uma dada loja de varejo. Professores de marketing da University of Tennessee (em Chattanooga) e da University of Alabama investigaram o papel do interesse do varejista no comportamento de compras do consumidor (*Journal of Retailing*, verão, 2006). Usando dados de pesquisa coletados para $n = 375$ consumidores, os professores desenvolveram um modelo de interação para y = disposição do consumidor em comprar em uma loja de varejo no futuro (chamada de *intenções de repatronagem*) como uma função de x_1 = satisfação do consumidor e x_2 = interesse do varejista. Os resultados da regressão são apresentados abaixo.

Variável	$\hat{\beta}$	Valor t	Valor p
Satisfação (x_1)	0,426	7,33	<0,01
Interesse do varejista (x_2)	0,044	0,085	>0,10
Interação ($x_1 x_2$)	−0,157	−3,09	<0,01
$R^2 = 0{,}65$, $F = 226{,}35$, valor $p < 0{,}001$			

a. O modelo, em geral, é estatisticamente útil para prever y? Teste usando $\alpha = 0{,}05$.
b. Realize um teste para a interação, com $\alpha = 0{,}05$.
c. Use as estimativas de β para rascunhar a relação estimada entre as intenções de repatronagem (y) e a satisfação (x_1) quando o interesse do varejista é $x_2 = 1$ (valor baixo).

d. Repita o item **c** quando o interesse do varejista é $x_2 = 7$ (valor alto).
e. Rascunhe as duas linhas, dos itens **c** e **d**, no mesmo gráfico, para ilustrar a natureza da interação.

11.37 Defeitos em peças de silos de mísseis nucleares. A técnica de teste de multivariáveis (MVT) foi discutida no *Journal of the Reliability Analysis Center* (primeiro trimestre, 2004). Foi demonstrado que a MVT melhora a qualidade dos anéis de espuma de carbono usados nos silos dos mísseis nucleares. Os anéis são produzidos por um processo de moldagem que envolve a mistura dos ingredientes, a cura no forno e o acabamento das partes finais. Um tipo de defeito analisado foi o número y de marcas pretas no anel manufaturado. Descobriu-se que duas variáveis que impactam o número de defeitos são a velocidade do prato giratório (revoluções por minuto), x_1, e a posição da lâmina de corte (polegadas a partir do centro), x_2.

a. Os pesquisadores descobriram "uma interação entre a posição da lâmina de corte e a velocidade do prato giratório". Crie um modelo de regressão hipotético para $E(y)$ que incorpore essa interação.
b. Os pesquisadores relataram uma relação linear positiva entre o número de defeitos (y) e a velocidade do prato giratório (x_1), mas descobriram que a inclinação da relação era muito maior para valores baixos da posição da lâmina de corte (x_2). O que isso implica no termo de interação do modelo do item **a**? Explique.

11.38 Comportamento do consumidor enquanto espera na fila. Enquanto espera pelo atendimento numa longa fila (por exemplo, para usar um terminal bancário ou nos correios), em algum momento você poderá decidir abandonar a fila. O *Journal of Consumer Research* (nov. 2003) publicou um estudo do comportamento do consumidor enquanto espera na fila. Solicitou-se a uma amostra de $n = 148$ estudantes universitários que imaginasse estar esperando na fila dos correios para enviar um pacote e que o tempo de espera estimado seria de 10 minutos ou menos. Depois de uma espera de 10 minutos, perguntou-se aos estudantes a respeito do seu nível de sentimentos negativos (aborrecimento, ansiedade) em uma escala de 1 (discordo fortemente) até 9 (concordo fortemente). Antes de responder, entretanto, os estudantes foram informados sobre quantas pessoas estavam na frente e atrás deles na fila. Os pesquisadores usaram a regressão para relacionar a pontuação de sentimentos negativos (y) ao número de pessoas na frente (x_1) e o número atrás na fila (x_2).

a. Os pesquisadores ajustaram um modelo de interação aos dados. Escreva a equação hipotética do modelo.
b. Nas palavras do problema, explique o que significa dizer que 'x_1 e x_2 interagem para afetar y'.
c. Um teste t para a interação β do modelo resultou em um valor p maior do que 0,25. Interprete esse resultado.
d. A partir de sua análise, os pesquisadores concluíram que, "quanto maior o número de pessoas na frente, maior a pontuação de sentimentos negativos" e que, "quanto maior o número de pessoas atrás, menor a pontuação de sentimentos negativos". Use essa informação para determinar os sinais de β_1 e β_2 no modelo.

Aplicação dos conceitos — Intermediário

STREETVN
Companion Website

11.39 Receitas dos vendedores de rua mexicanos. Reveja o estudo da *World Development* (fev. 1998) sobre os vendedores de rua na cidade de Puebla, no México, do Exercício 11.15. Lembre-se de que a receita média anual dos vendedores, $E(y)$, foi modelada como uma função de primeira ordem da idade (x_1) e das horas trabalhadas (x_2). Agora, considere o modelo de interação $E(y) = \beta_0 + \beta_1 x_1 + \beta_2 x_2 + \beta_3 x_1 x_2$.

a. Encontre a equação de previsão dos quadrados mínimos.
b. Qual é a inclinação estimada, relacionando receitas anuais (y) à idade (x_1), quando o número de horas trabalhadas (x_2) é 10? Interprete o resultado.
c. Qual é a inclinação estimada, relacionando receitas anuais (y) às horas trabalhadas (x_2), quando a idade (x_1) é 40? Interprete o resultado.
d. Forneça a hipótese nula para testar a interação entre a idade e as horas trabalhadas.
e. Encontre o valor p do teste, parte d.
f. Em referência à parte e. Forneça a conclusão adequada, nas palavras do problema.

11.40 Fatores que impactam o julgamento de um auditor. Um estudo foi realizado para determinar os efeitos do estilo de linguagem utilizado e da credibilidade do cliente nos julgamentos dos auditores (*Advances in Accounting and Behavioral Research*, 2004). Solicitou-se a 200 auditores das 5 maiores firmas de contabilidade que supusessem ser supervisores de uma equipe de auditoria de um novo cliente industrial e estar realizando uma revisão analítica dos demonstrativos financeiros do cliente. Os pesquisadores forneceram aos auditores informações diferentes sobre a credibilidade do cliente e sobre o estilo de linguagem da explanação do cliente. Cada auditor forneceu então uma avaliação da probabilidade de que a explanação do cliente influísse na flutuação dos demonstrativos financeiros. As três variáveis de interesse — credibilidade (x_1), estilo de linguagem (x_2) e probabilidade (y) — foram medidas em uma escala numérica. A análise de regressão foi usada para ajustar o modelo de interação $y = \beta_0 + \beta_1 x_1 + \beta_2 x_2 + \beta_3 x_1 x_2 + \varepsilon$. Os resultados estão resumidos na tabela abaixo.

a. Interprete a frase "a credibilidade do cliente e o estilo de linguagem interagem", no contexto do problema.
b. Forneça as hipóteses nula e alternativa para testar a adequação geral do modelo.
c. Realize o teste do item **b**, usando as informações da tabela.
d. Forneça as hipóteses nula e alternativa para testar se a credibilidade do cliente e o estilo de linguagem interagem.
e. Realize o teste do item **d**, usando as informações da tabela.
f. Os pesquisadores estimaram a inclinação da linha de probabilidade — estilo de linguagem num nível baixo de credibilidade do cliente (x_1 = 22). Obtenha essa estimativa e interprete-a nas palavras do problema.
g. Os pesquisadores também estimaram a inclinação da linha de probabilidade — estilo de linguagem num nível alto de credibilidade do cliente (x_1 = 46). Obtenha essa estimativa e interprete-a no contexto do problema.

GASTURBINE
Companion Website

11.41 Métodos de resfriamento de turbinas a gás. Consulte o estudo do *Journal of Engineering for Gas Turbines and Power* (jan. 2005) sobre um método de admissão de combustível por vapor de alta pressão para uma turbina a gás, do Exercício 11.17. Lembre-se de que você ajustou um modelo de primeira ordem para a taxa de calor (y)

	ESTIMATIVA β	ERRO–PADRÃO	ESTATÍSTICA t	VALOR p
Constante	15,865	10,980	1,445	0,150
Credibilidade do cliente (x_1)	0,037	0,339	0,110	0,913
Estilo de linguagem (x_2)	–0,678	0,328	–2,064	0,040
Interação ($x_1 x_2$)	0,036	0,009	4,008	< 0,005
Estatística F = 55,35 (p < 0,0005): R^2 ajustado = 0,450				

Resultados para o Exercício 11.40

como função de velocidade (x_1), temperatura da admissão (x_2), temperatura de exaustão (x_3), razão de pressão do ciclo (x_4) e taxa de fluxo de ar (x_5), aos dados do arquivo **GASTURBINE**.

   a. Os pesquisadores criaram a hipótese de que a relação linear entre taxa de calor (y) e temperatura (tanto de admissão quanto de exaustão) depende da taxa de fluxo de ar. Escreva um modelo para a taxa de calor que incorpore as teorias dos pesquisadores.
   b. Use um software estatístico para ajustar o modelo de interação do item **a** aos dados do arquivo **GASTURBINE**. Forneça a equação dos mínimos quadrados.
   c. Realize um teste (para $\alpha = 0{,}05$) para determinar se a temperatura de admissão e a taxa de fluxo de ar interagem para afetar a taxa de calor.
   d. Realize um teste (para $\alpha = 0{,}05$) para determinar se a temperatura de exaustão e a taxa de fluxo de ar interagem para afetar a taxa de calor.
   e. Interprete na prática os resultados dos testes dos itens **c** e **d**.

11.42 Reações dos terapeutas aos relatórios de abusos de crianças. Os terapeutas licenciados são obrigados, por lei, a relatar abusos de crianças por parte dos seus clientes. Isso requer que o terapeuta quebre a confidencialidade e isso possivelmente implica a perda da confiança do cliente. Uma pesquisa nacional com psicoterapeutas licenciados foi realizada para investigar as reações dos clientes aos relatórios, obrigatórios por lei, a respeito de abusos de crianças (*American Journal of Orthopsychiatry*, jan. 1997). A amostra consistiu de 303 terapeutas que fizeram um relatório sobre abuso de crianças contra um dos seus clientes. Os pesquisadores estavam interessados em encontrar os melhores preditores da reação de um cliente (y) ao relatório, em que y é medido em uma escala de 30 pontos (quanto maior o valor, mais favorável a resposta do cliente ao relatório). As variáveis independentes estabelecidas como tendo o maior poder preditivo estão listadas abaixo.

x_1: idade do terapeuta (anos)

x_2: sexo do terapeuta (1 se masculino, 0 se feminino)

x_3: grau de pressão exercida pelo terapeuta (escala de 25 pontos)

x_4: firmeza do relacionamento cliente–terapeuta (escala de 40 pontos)

x_5: tipo do caso (1 se família, 0 se não)

$x_1 x_2$: interação idade × sexo

   a. Crie um modelo hipotético de primeira ordem relacionando y a cada uma das cinco variáveis independentes.
   b. Forneça a hipótese nula para testar a contribuição de x_4, firmeza do relacionamento cliente–terapeuta, para o modelo.
   c. A estatística–teste para o teste do item **b** era $t = 4{,}408$, com um valor p associado de $0{,}001$. Interprete esse resultado.
   d. O coeficiente estimado β para o termo de interação $x_1 x_2$ era positivo e altamente significativo ($p < 0{,}001$). De acordo com os pesquisadores, "essa interação sugere que (...), à medida que a idade do analista cresce (...), os terapeutas do sexo masculino têm menor probabilidade de obter reações negativas do cliente do que terapeutas do sexo feminino". Você concorda?
   e. Para este modelo, $R^2 = 0{,}2946$. Interprete esse valor.

11.43 Extraindo água de petróleo. Releia o estudo do *Journal of Colloid and Interface Science* sobre misturas de água/petróleo, do Exercício 11.19. Lembre-se de que três das sete variáveis usadas para prever a voltagem (y) eram volume (x_1), salinidade (x_2) e concentração do surfactante (x_5). O modelo justado pelos pesquisadores foi:

$$E(y) = \beta_0 + \beta_1 x_1 + \beta_2 x_2 + \beta_3 x_5 + \beta_4 x_1 x_2 + \beta_5 x_1 x_5$$

   a. Note que o modelo inclui interação entre o volume da fase dispersa (x_1) e a salinidade (x_2), bem como uma interação entre o volume da fase dispersa (x_1) e a concentração do surfactante (x_5). Discuta como esses termos de interação afetam a relação hipotética entre y e x_1. Desenhe um diagrama para reforçar sua resposta.
   b. Ajuste o modelo de interação aos dados do arquivo **WATEROIL**. Esse modelo parece se ajustar aos dados melhor do que o modelo de primeira ordem do Exercício 11.19? Explique.
   c. Interprete as estimativas de β do modelo de interação.

11.44 Cobertura da guerra pela mídia. A extensiva cobertura pela mídia de uma crise militar influencia a opinião pública sobre como responder à crise? Cientistas políticos da University of California (UCLA) pesquisaram essa questão e relataram seus resultados na revista *Communication Research* (jun. 1993). A crise militar de interesse foi a guerra do Golfo Pérsico de 1990, precipitada pela invasão do Kuwait pelo líder do Iraque, Saddam Hussein. Os pesquisadores usaram a análise de regressão múltipla para modelar o nível y de apoio que os norte–americanos deram a uma resposta militar (ao contrário de diplomática) para a crise. Os valores de y iam de 0 (preferência por uma resposta diplomática) a 4 (preferência por uma resposta militar). As seguintes variáveis independentes foram usadas no modelo:

   x_1 = nível de exposição pelos noticiários da TV em uma semana selecionada (número de dias)
   x_2 = conhecimento de sete figuras políticas (1 ponto para cada resposta correta)
   x_3 = sexo (1 se masculino, 0 se feminino)
   x_4 = raça (1 se não branco, 0 se branco)
   x_5 = participação partidária (escala de 0 a 6, em que 0 = fortemente democrata e 6 = fortemente republicano)
   x_6 = atitude quanto aos gastos de defesa (escala de 1 a 7, em que 1 = reduzir muito as despesas e 7 = aumentar muito as despesas)
   x_7 = nível educacional (escala de 1 a 7, em que 1 = menos que a oitava série e 7 = faculdade)

Dados de uma pesquisa com 1.763 cidadãos norte–americanos foram usados para ajustar o modelo:

Variável	Estimativa β	Erro padrão	Valor p de duas caudas
Exposição ao noticiário da TV (x_1)	0,02	0,01	0,03
Conhecimento de política (x_2)	0,07	0,03	0,03
Sexo (x_3)	0,67	0,11	< 0,001
Raça (x_4)	−0,76	0,13	< 0,001
Participação partidária (x_5)	0,07	0,01	< 0,001
Gastos com defesa (x_6)	0,20	0,02	< 0,001
Educação (x_7)	0,07	0,02	< 0,001
Conhecimento × sexo ($x_2 x_3$)	−0,09	0,04	0,02
Conhecimento × raça ($x_2 x_4$)	0,10	0,06	0,08

Fonte: IYENGAR, S.; SIMON, A. "News coverage of the Gulf crisis and public opinion." *Communication Research*, vol. 20, n. 3, jun. 1993, p. 380 (Tabela 2).

$E(y) = \beta_0 + \beta_1 x_1 + \beta_2 x_2 + \beta_3 x_3 + \beta_4 x_4 + \beta_5 x_5 + \beta_6 x_6 + \beta_7 x_7 + \beta_8 x_2 x_3 + \beta_9 x_2 x_4$

Os resultados da regressão estão apresentados na tabela acima.

a. Interprete a estimativa de β para a variável x_1, exposição aos noticiários da TV.
b. Realize um teste para determinar se um aumento na exposição aos noticiários da TV está associado com um aumento no apoio à solução militar da crise. Use $\alpha = 0,05$.
c. Há evidência suficiente para indicar que a relação entre o apoio para uma solução militar (y) e o sexo (x_3) depende do conhecimento político (x_2)? Teste usando $\alpha = 0,05$.
d. Há evidência suficiente para indicar que a relação entre apoio para uma solução militar (y) e a raça (x_4) depende do conhecimento político (x_2)? Teste usando $\alpha = 0,05$.
e. O coeficiente de determinação para o modelo foi $R^2 = 0,194$. Interprete esse valor.
f. Use o valor de R^2 do item **e** para realizar um teste global para a utilidade do modelo. Use $\alpha = 0,05$.

11.6 Construção de modelos: modelos quadráticos e de outras ordens maiores

Todos os modelos discutidos nas seções anteriores propuseram relações de linha reta entre $E(y)$ e cada uma das variáveis independentes do modelo. Nesta seção, vamos examinar modelos que permitem uma curvatura nas relações. Cada um desses modelos é um **modelo de segunda ordem**, porque incluirá um termo x^2.

Primeiramente, vamos examinar um modelo que inclui somente uma variável independente x. A forma desse modelo, chamado de **modelo quadrático**, é:

$$y = \beta_0 + \beta_1 x + \beta_2 x^2 + \epsilon$$

O termo envolvendo x^2, chamado **termo quadrático** (ou **termo de segunda ordem**), permite-nos criar a hipótese de curvatura no gráfico do modelo de resposta, relacionando y a x. Gráficos do modelo quadrático para dois valores diferentes de β_2 são mostrados na

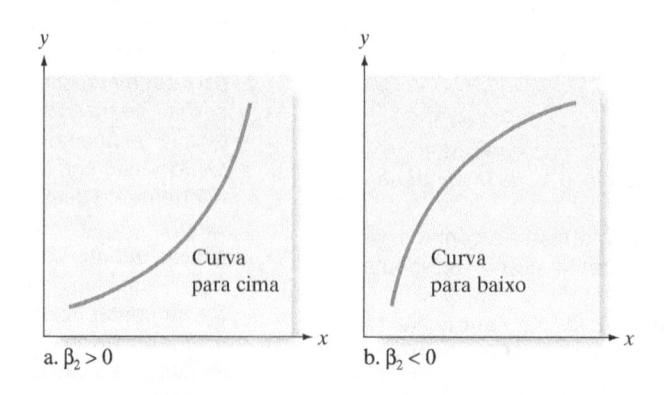

Figura 11.14 Gráficos para dois modelos quadráticos

a. $\beta_2 > 0$ — Curva para cima
b. $\beta_2 < 0$ — Curva para baixo

Figura 11.14. Quando a curva se abre para cima, o sinal de β_2 é positivo (veja a Figura 11.14a); quando a curva se abre para baixo, o sinal de β_2 é negativo (veja a Figura 11.14b).

UM MODELO QUADRÁTICO (DE SEGUNDA ORDEM) COM UMA ÚNICA VARIÁVEL QUANTITATIVA INDEPENDENTE

$$E(y) = \beta_0 + \beta_1 x + \beta_2 x^2$$

onde:

β_0 é o intercepto y da curva
β_1 é o parâmetro de deslocamento
β_2 é a taxa de curvatura

EXEMPLO 11.7

ANALISANDO UM MODELO QUADRÁTICO PARA O USO DE ELETRICIDADE

Problema Nas casas com eletricidade, a quantidade de energia consumida é de interesse de consumidores, construtores e grupos envolvidos com conservação de energia. Suponha que desejemos investigar a utilização mensal de eletricidade y em casas dotadas de eletricidade e sua relação com o tamanho x da casa. Além disso, suponha que imaginemos que a utilização mensal de eletricidade, nas casas com eletricidade, esteja relacionada ao tamanho da casa, pelo modelo quadrático:

$$y = \beta_0 + \beta_1 x + \beta_2 x^2 + \beta + \epsilon$$

Para se ajustar ao modelo, valores de y e x são coletados em 10 casas, durante um mês em particular. Os dados são apresentados na Tabela 11.3.

ELECTRIC Companion Website

■ **TABELA 11.3** Dados para tamanho da casa — Utilização de eletricidade

TAMANHO DA CASA x (PÉS QUADRADOS)	UTILIZAÇÃO MENSAL y (QUILOWATTS – HORA)
1.290	1.182
1.350	1.172
1.470	1.264
1.600	1.493
1.710	1.571
1.840	1.711
1.980	1.804
2.230	1.840
2.400	1.956
2.930	1.954

a. Construa um gráfico para os dados. Há evidência para reforçar o uso de um modelo quadrático?

b. Use o método dos mínimos quadrados para estimar os parâmetros desconhecidos β_0, β_1 e β_2 do modelo quadrático.

c. Faça um gráfico da equação de previsão e avalie quão bem o modelo se ajusta aos dados, tanto visual quanto numericamente.

d. Interprete as estimativas dos β.

e. O modelo em geral é útil (para $\alpha = 0{,}01$) para prever a utilização de eletricidade y?

f. Há evidência suficiente de curvatura para baixo na relação utilização de eletricidade–tamanho da casa? Teste usando $\alpha = 0{,}01$.

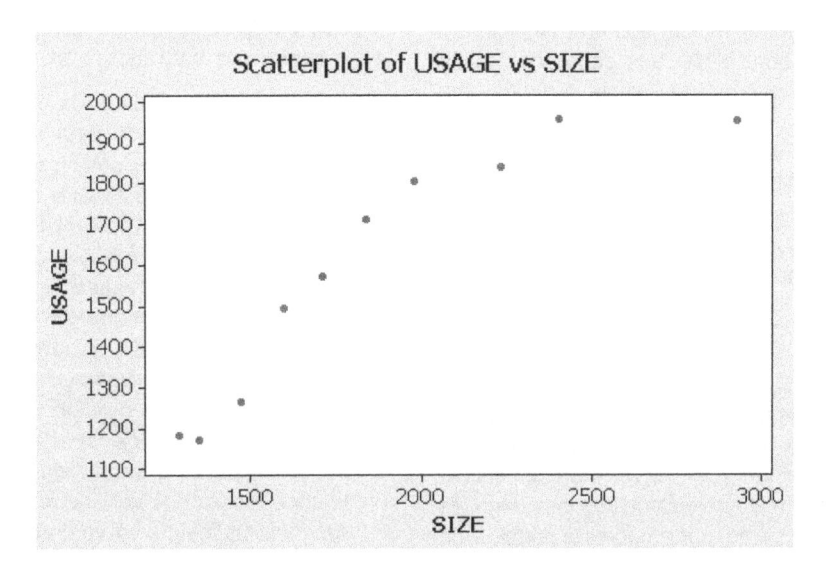

■ **FIGURA 11.15** Gráfico do MINITAB para os dados de utilização de eletricidade

Regression Analysis						
Regression Statistics						
Multiple R	0.990901117					
R Square	0.981885024					
Adjusted R Square	0.976709317					
Standard Error	46.80133336					
Observations	10					
ANOVA						
	df	SS	MS	F	Significance F	
Regression	2	831069.5464	415534.7732	189.7103041	8.00078E-07	
Residual	7	15332.55363	2190.364804			
Total	9	846402.1				
	Coefficients	Standard Error	t Stat	P-value	Lower 95%	Upper 95%
Intercept	-1216.143887	242.8063685	-5.008698472	0.001550025	-1790.289304	-641.9984703
SIZE	2.398930177	0.245835602	9.758269998	2.51335E-05	1.817621767	2.980238587
SIZESQ	-0.00045004	5.90766E-05	-7.617907059	0.000124415	-0.000589734	-0.000310346

FIGURA 11.16 Listagem da regressão do Excel para o modelo de utilização de eletricidade

Solução

a. Um gráfico do MINITAB para os dados da Tabela 11.3 é mostrado na Figura 11.15. A figura mostra que a utilização de eletricidade parece aumentar como uma linha curva com o tamanho da casa. Isso fornece algum reforço à inclusão do termo quadrático x^2 no modelo.

b. Usamos o Excel para ajustar o modelo aos dados da Tabela 11.3. Parte da regressão do Excel é mostrada na Figura 11.16. As estimativas de mínimos quadrados dos parâmetros β (destacados) são $\hat{\beta}_0 = -1.216,1$, $\hat{\beta}_1 = 2,3989$ e $\hat{\beta}_2 = -0,00045$. Portanto, a equação que minimiza o SQE para os dados é:

$$\hat{y} = -1.216,1 + 2,3989x - 0,00045x^2$$

c. A Figura 11.17 é um gráfico do MINITAB para a equação de previsão dos mínimos quadrados. Note que o gráfico mostra um bom ajuste aos dados da Tabela 11.3. Uma medida numérica do ajuste é obtida com o coeficiente de determinação ajustado R_a^2. Esse valor (destacado na Figura 11.16) é $R_a^2 = 0,9767$. Isso implica que quase 98% da variação amostral da utilização de eletricidade (y) pode ser explicada pelo modelo quadrático (depois de ajustado para o tamanho da amostra e os graus de liberdade).

d. A interpretação dos coeficientes estimados em um modelo quadrático deve ser feita com cautela. Primeiro, o intercepto de y, $\hat{\beta}_0$, pode ser interpretado significativamente somente se a faixa da variável independente inclui zero — isto é, se $x = 0$ está incluído na faixa amostral de x. Ainda que $\hat{\beta}_0 = -1.216,1$ pareça implicar que a utilização estimada de eletricidade seja negativa quando $x = 0$, esse ponto, zero, não está na faixa da amostra (o menor valor de x é 1.290 pés quadrados) e, além disso, o valor não tem sentido (uma casa com 0 pé quadrado); então, a interpretação de $\hat{\beta}_0$ não tem significado.

O coeficiente estimado de x é $\hat{\beta}_1 = 2,3989$, mas, na presença do termo quadrático x^2, não representa mais uma inclinação[7]. O coeficiente estimado do termo de primeira ordem, x, não terá, em geral, uma interpretação significativa no modelo quadrático. O sinal do coeficiente $\hat{\beta}_2 = -0,00045$ do termo quadrático, x^2, é o indicador de se a curva é côncava para baixo (em forma de colina) ou côncava para cima (em forma de taça). Um $\hat{\beta}_2$ negativo implica em concavidade para baixo, como no exemplo (Figura 11.17), e um $\hat{\beta}_2$ positivo implica em concavidade para cima. Em vez de interpretar o valor numérico de $\hat{\beta}_2$, utilizamos uma representação gráfica do modelo, como na Figura 11.17, para descrevê-lo.

Note que a Figura 11.17 implica que a utilização de eletricidade estimada está se nivelando à medida que o tamanho das casas aumenta além de 2.500 pés quadrados. De fato, a convexidade do modelo levaria a estimativas de utilização decrescentes se tivéssemos que mostrar o modelo até 4.000 pés quadrados e além (veja a Figura 11.18). Entretanto, interpretações do modelo não têm significado fora da faixa da variável independente, que tem um valor máximo de 2.930 pés quadrados neste exemplo. Então, ainda que o modelo pareça suportar a hipótese de que a *taxa de crescimento* por pé quadrado *decresce* para os tamanhos de casas próximos ao limite superior dos valores amostrais, a conclusão de que a utilização vai realmente começar a decres-

---

[7] Os estudantes que têm conhecimento de cálculo podem notar que a inclinação do modelo quadrático é a primeira derivada $\partial y/\partial x = \beta_1 + 2\beta_2 x$. Então, a inclinação varia como uma função de x, ao contrário de uma inclinação constante, associada com o modelo de linha reta.

cer para casas muito grandes seria um *uso errado* do modelo, uma vez que nenhuma casa de 3.000 pés quadrados ou maior foi incluída na amostra.

e. Para testar se o modelo quadrático é estatisticamente útil, realizamos o teste global *F*:

$H_0: \beta_1 = \beta_2 = 0$

H_a: Pelo menos um dos coeficientes acima é diferente de zero

Da listagem do Excel, Figura 11.16, a estatística-teste (destacada) é $F = 189{,}710$, com um valor *p* associado de 0. Para qualquer α razoável, rejeitaremos H_0 e concluiremos que o modelo, em geral, é um preditor útil da utilização de eletricidade *y*.

f. A Figura 11.17 mostra uma curvatura côncava para baixo na relação entre tamanho da casa e utilização de eletricidade, na amostra dos 10 pontos de dados. Para determinar se esse tipo de curvatura existe na população, desejaremos testar:

$H_0: \beta_2 = 0$ (nenhuma curvatura na curva da resposta)

$H_a: \beta_2 < 0$ (existe uma concavidade para baixo na curva da resposta)

A estatística-teste para testar β_2, destacada na listagem, é $t = -7{,}618$, e o valor *p* de duas caudas associado é 0,00012. Por se tratar de um teste de uma cauda, o valor *p* apropriado é $(0{,}00012)/2 = 0{,}00006$. Agora, $\alpha = 0{,}01$ excede esse valor *p*. Então, há uma evidência muito forte de uma curvatura para baixo na população — isto é, a utilização de eletricidade aumenta mais lentamente por pé quadrado para casas grandes do que para casas pequenas.

Relembrando Note que a listagem do Excel da Figura 11.16 também fornece a estatística-teste *t* e os valores *p* de duas caudas correspondentes para os testes de $H_0: \beta_0 = 0$ e $H_0: \beta_1 = 0$. Uma vez que as interpretações desses parâmetros não têm significado para esse modelo, os testes não interessam.

Agora faça o Exercício 11.50

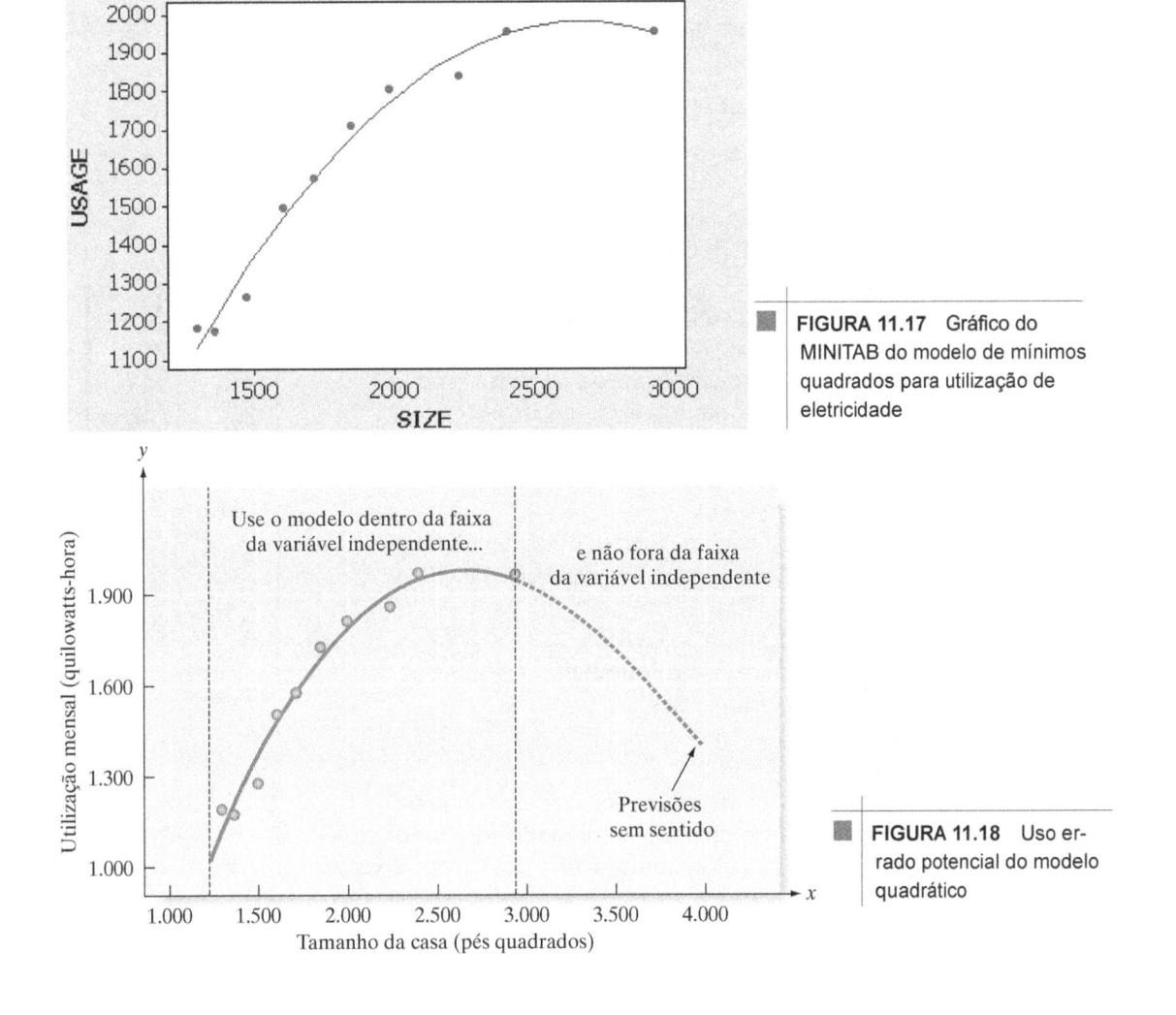

FIGURA 11.17 Gráfico do MINITAB do modelo de mínimos quadrados para utilização de eletricidade

FIGURA 11.18 Uso errado potencial do modelo quadrático

Quando duas ou mais variáveis quantitativas independentes são incluídas em um modelo de segunda ordem, podemos incorporar termos quadráticos para cada x do modelo, assim como as interações entre as duas variáveis independentes. Um modelo que inclui todos os possíveis termos de segunda ordem de duas variáveis independentes — chamado um **modelo completo de segunda ordem** — é dado no quadro da página seguinte.

Regressão quadrática

Usando a calculadora gráfica TI-83/TI-84

I. Encontrando a equação de regressão quadrática

Passo 1   *Insira os dados.*
Pressione **STAT** e selecione **1:Edit**.
Nota: Se a lista já contiver dados, apague os dados antigos. Use a seta para cima para destacar '**L1**' ou '**L2**'.
Pressione **CLEAR ENTER**.
Use as teclas **ARROW** e a tecla **ENTER** para inserir o conjunto de dados em **L1** e **L2**.

Passo 2   *Encontre a equação de regressão quadrática.*
Pressione **STAT** e destaque **CALC**.
Pressione **5** para **QuadReg**.
Pressione **ENTER**.
A tela mostrará os valores de **a**, **b** e **c** da equação.
Se o diagnóstico estiver ligado, a tela também fornecerá o valor de r^2.
Para ligar o recurso de diagnóstico:
Pressione **2nd 0** para **CATALOG**.
Pressione a tecla **ALPHA** e x^{-1} para **D**.
Pressione a tecla **ARROW** para baixo até que **DiagnosticsOn** esteja destacado.
Pressione **ENTER** duas vezes.

II. Fazendo um gráfico da curva quadrática

Passo 1   *Insira os dados como mostrado na parte I acima.*

Passo 2   *Prepare o gráfico dos dados.*
Pressione **Y =** e **CLEAR** para limpar todas as funções dos registros Y.
Pressione **2nd Y =** para **STAT PLOT**.
Pressione **1** para **Plot1**.
Coloque o cursor de forma que **ON** esteja piscando e aperte **ENTER**.
Para **Type**, use as teclas **ARROW** e **ENTER** para destacar e selecionar o gráfico 'scatterplot' (primeiro ícone da primeira linha).
Para **Xlist**, escolha a coluna contendo os dados de x.
Para **Freq**, escolha a coluna contendo os dados de y.

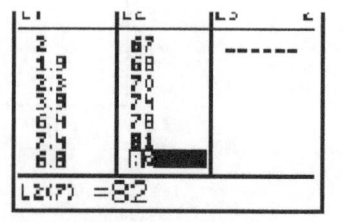

Passo 3   *Encontre a equação de regressão e guarde-a em Y1.*
Pressione **STAT** e destaque **CALC**.
Pressione **5** para **QuadReg**. (*Nota*: Não pressione ENTER aqui, porque você deseja guardar a equação de regressão em Y1.)
Pressione **VARS**.
Use a seta à direita para destacar **Y-VARS**.
Pressione **ENTER** para selecionar **1:Function**.
Pressione **ENTER** para selecionar **1:Y1**.
Pressione **ENTER**.

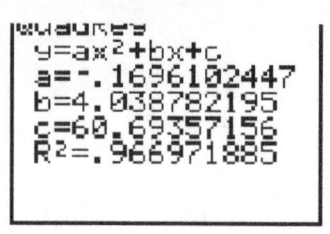

Passo 4   *Veja o gráfico e a linha de regressão.*
Pressione **ZOOM** e então aperte **9** para selecionar **9:ZoomStat**.

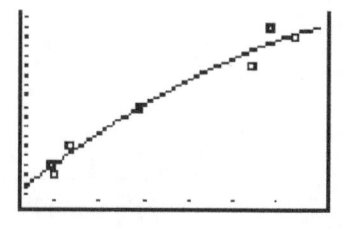

Exemplo   As figuras à direita mostram uma tabela de dados digitados na TI-83/TI-84, a equação de regressão quadrática e o gráfico obtido usando os passos fornecidos acima.

Capítulo 11 — REGRESSÃO MÚLTIPLA E CONSTRUÇÃO DE MODELOS

> **MODELO COMPLETO DE SEGUNDA ORDEM COM DUAS VARIÁVEIS QUANTITATIVAS INDEPENDENTES**
>
> $$E(y) = \beta_0 + \beta_1 x_1 + \beta_2 x_2 + \beta_3 x_1 x_2 + \beta_4 x_1^2 + \beta_5 x_2^2$$
>
> **Comentários sobre os parâmetros**
>
> β_0: Intercepto de y, o valor de $E(y)$ quando $x_1 = x_2 = 0$
>
> β_1, β_2: A mudança de β_1 e β_2 faz com que a superfície se desloque ao longo dos eixos x_1 e x_2
>
> β_3: Controla a rotação da superfície
>
> β_4, β_5: Os sinais e valores desses parâmetros controlam o tipo da superfície e as taxas de curvatura.

Três tipos de superfícies são produzidos por um modelo de segunda ordem:[8] um **parabolóide** que abre para cima (Figura 11.19a), outro que abre para baixo (Figura 11.19b) e uma **superfície em forma de sela** (Figura 11.19c).

Um modelo completo de segunda ordem é o equivalente tridimensional de um modelo quadrático de uma única variável quantitativa. Em vez de traçar parábolas, traça parabolóides e superfícies de sela. Como somente uma parte da superfície completa é usada para ajustar os dados, esse modelo fornece uma grande variedade de superfícies suavemente curvas que podem ser usadas para ajustar os dados. É uma boa escolha de um modelo se você espera curvatura na superfície de resposta relacionando $E(y)$ a x_1 e x_2.

EXEMPLO 11.8

UM MODELO DE SEGUNDA ORDEM MAIS COMPLEXO PARA AS HORAS TRABALHADAS POR SEMANA

Problema Um cientista social gostaria de relacionar o número de horas trabalhadas por semana (fora de casa) por uma mulher casada ao número de anos de educação formal que ela completou e ao número de crianças na sua família.

a. Identifique a variável dependente e as variáveis independentes.

b. Escreva o modelo de primeira ordem para esse exemplo.

c. Modifique o modelo do item **b** para incluir um termo de interação.

d. Escreva um modelo completo de segunda ordem para $E(y)$.

Solução

a. A variável dependente é:

y = Número de horas trabalhadas por semana por uma mulher casada

As duas variáveis independentes, ambas quantitativas por natureza, são:

x_1 = Número de anos de educação formal completados pela mulher

x_2 = Número de crianças na família

b. O modelo de primeira ordem é:

$$E(y) = \beta_0 + \beta_1 x_1 + \beta_2 x_2$$

Esse modelo provavelmente não seria apropriado nessa situação porque x_1 e x_2 podem interagir e/ou os termos de curvatura correspondentes a x_1^2 e x_2^2 podem ser necessários para a obtenção de um bom modelo para $E(y)$.

c. Adicionando um termo de interação, obtemos:

$$E(y) = \beta_0 + \beta_1 x_1 + \beta_2 x_2 + \beta_3 x_1 x_2$$

Esse modelo deve ser melhor que o modelo do item **b**, uma vez que permitimos agora a interação entre x_1 e x_2.

d. O modelo completo de segunda ordem é:

$$E(y) = \beta_0 + \beta_1 x_1 + \beta_2 x_2 + \beta_3 x_1 x_2 + \beta_4 x_1^2 + \beta_5 x_2^2$$

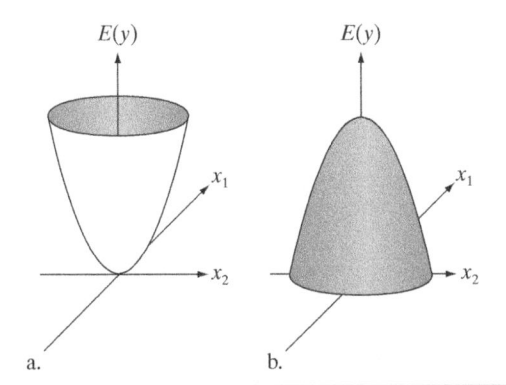

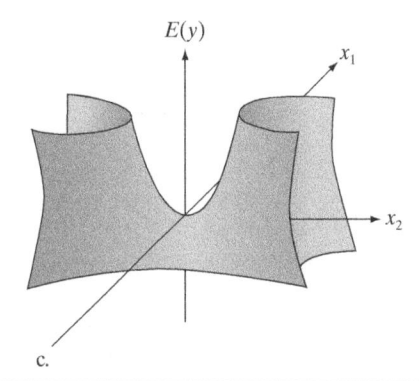

FIGURA 11.19 Gráficos para três superfícies de segunda ordem

---

[8] A superfície com forma de sela (Figura 11.19c) é produzida quando $\beta_3^2 > 4\beta_4\beta_5$; o parabolóide abre para cima (Figura 11.19a) quando $\beta_4 + \beta_5 > 0$ e abre para baixo (Figura 11.19c) quando $\beta_4 + \beta_5 < 0$.

Uma vez que não seria surpreendente achar curvatura na superfície de resposta, o modelo completo de segunda ordem seria preferível aos modelos dos itens **b** e **c**.

Relembrando Como poderemos saber se o modelo completo de segunda ordem realmente fornece melhores previsões das horas trabalhadas do que os modelos dos itens **b** e **c**? As respostas a essas e outras perguntas similares serão examinadas na Seção 11.9.

A maioria das relações entre $E(y)$ e duas ou mais variáveis quantitativas independentes são de segunda ordem e requerem o uso ou do modelo interativo ou do modelo completo de segunda ordem para a obtenção de um bom ajuste a um conjunto de dados. No caso de uma única variável quantitativa independente, entretanto, a curvatura da superfície de resposta pode ser muito suave em uma faixa de valores das variáveis do conjunto de dados. Quando isso acontece, um modelo de primeira ordem pode fornecer um bom ajuste aos dados.

Exercícios 11.45 – 11.58

Aprendendo a mecânica

11.45 Escreva um modelo de segunda ordem, relacionando a média de y, $E(y)$, a:
  a. uma variável quantitativa independente.
  b. duas variáveis quantitativas independentes.
  c. três variáveis quantitativas independentes. [*Dica*: inclua todos os possíveis termos de produtos cruzados e termos quadráticos.]

11.46 Suponha que você ajuste o modelo de segunda ordem:

$$y = \beta_0 + \beta_1 x + \beta_2 x^2 + \varepsilon$$

a $n = 25$ pontos de dados. Sua estimativa de β_2 é $\hat{\beta}_2 = 0{,}47$ e o erro padrão estimado da estimativa é 0,15.
  a. Teste $H_0: \beta_2 = 0$ contra $H_a: \beta_2 \neq 0$. Use $\alpha = 0{,}05$.
  b. Suponha que você deseje somente determinar se a curva quadrática abre para cima, isto é, se x aumenta, a inclinação da curva aumenta. Forneça a estatística-teste e a região de rejeição para o teste, para $\alpha = 0{,}05$. Os dados reforçam a teoria de que a inclinação da curva aumenta à medida que x aumenta? Explique.

11.47 Suponha que você tenha ajustado o modelo quadrático:

$$E(y) = \beta_0 + \beta_1 x + \beta_2 x^2$$

a um conjunto de $n = 20$ pontos de dados e que tenha encontrado $R^2 = 0{,}91$, $SQ_{yy} = 29{,}94$ e $SQE = 2{,}63$.
  a. Há evidência suficiente para indicar que o modelo contribui com informação para prever y? Teste usando $\alpha = 0{,}05$.
  b. Que hipóteses nula e alternativa você testaria para determinar se existe uma curvatura para cima?
  c. Que hipóteses nula e alternativa você testaria para determinar se existe uma curvatura para baixo?

```
The regression equation is
Y = -24.56 + 1.12 X1 + 27.99 X2 - 0.54 X1X2 - 0.004 X1SQ + 0.002 X2SQ


Predictor          Coef      SE Coef       T        P
Constant        -24.563        6.531   -3.76    0.001
X1              1.19848       0.1103   10.86    0.000
X2               27.988       79.489    0.35    0.727
X1X2            -0.5397       1.0338   -0.52    0.605
X1SQ            -0.0043       0.0004  -10.74    0.000
X2SQ             0.0020       0.0033    0.60    0.550


S = 2.762     R-Sq = 79.7%    R-Sq(adj) = 76.6%

Analysis of Variance

Source           DF         SS        MS        F        P
Regression        5     989.30    197.86    25.93    0.000
Residual Error   33     251.81      7.63
Total            38    1241.11
```

Listagem do MINITAB para o Exercício 11.49

11.48 Considere os seguintes modelos quadráticos:

(1) $y = 1 - 2x + x^2$

(2) $y = 1 + 2x + x^2$

(3) $y = 1 + x^2$

(4) $y = 1 - x^2$

(5) $y = 1 + 3x^2$

a. Desenhe cada um dos modelos quadráticos, lado a lado, na mesma folha de papel.
b. Que efeito o termo de primeira ordem (2x) tem no gráfico da curva?
c. Que efeito o termo de segunda ordem (x^2) tem no gráfico da curva?

11.49 O MINITAB foi utilizado para ajustar o modelo completo de segunda ordem:

$$E(y) = \beta_0 + \beta_1 x_1 + \beta_2 x_2 + \beta_3 x_1 x_2 + \beta_4 x_1^2 + \beta_5 x_2^2$$

a $n = 39$ pontos de dados. A listagem está mostrada na página anterior.

a. Há evidência suficiente para indicar que pelo menos um dos parâmetros β_1, β_2, β_3, β_4 ou β_5 é diferente de zero? Teste usando $\alpha = 0,05$.
b. Teste H_0: $\beta_4 = 0$ contra H_a: $\beta_4 \neq 0$. Use $\alpha = 0,01$.
c. Teste H_0: $\beta_5 = 0$ contra H_a: $\beta_5 \neq 0$. Use $\alpha = 0,01$.
d. Use os gráficos para explicar as conseqüências dos testes dos itens **b** e **c**.

Aplicação dos conceitos – Básico

11.50 Conversores catalíticos em carros. Um modelo quadrático foi aplicado a dados relativos a emissões tóxicas de veículos motorizados coletados entre 1984 e 1999 na Cidade do México (*Environmental Science & Engineering*, 1 set. 2000). A equação a seguir foi utilizada para prever a porcentagem (y) de veículos motorizados sem conversores catalíticos na frota da Cidade do México para um dado ano (x):

$$\hat{y} = 325.790 - 321{,}67x + 0{,}0794x^2$$

a. Explique por que o valor $\hat{\beta}_0 = 325.790$ não tem interpretação prática.
b. Explique por que o valor $\hat{\beta}_1 = -321{,}67$ não deve ser interpretado como uma inclinação.
c. Examine o valor de $\hat{\beta}_2$ para determinar a natureza da curvatura (para cima ou para baixo) dos dados amostrais.
d. Os pesquisadores usaram o modelo para estimar que "imediatamente depois do ano 2021 a frota de carros com conversores catalíticos desaparecerá completamente". Comente sobre o perigo de utilizar o modelo para prever y no ano 2021.

11.51 Testando desgaste de pneus. Pneus subinflados e superinflados podem aumentar o desgaste. Um novo pneu foi testado em relação ao desgaste, com pressões diferentes, originando os resultados da tabela a seguir:

TIRES (Companion Website)

Pressão x (libras por polegada quadrada)	Milhagem y (milhares)
30	29
31	32
32	36
33	38
34	37
35	33
36	26

a. Represente graficamente os dados.
b. Se você tivesse apenas a informação para $x = 30$, 31, 32 e 33, que tipo de modelo sugeriria? E para $x = 33$, 34, 35 e 36? E para todos os dados?

11.52 Estimando a dosagem do ponto de mudança. Um método padrão para estudar substâncias tóxicas e seus efeitos em humanos é observar as respostas de roedores expostos a várias dosagens das substâncias ao longo do tempo. No *Journal of Agricultural, Biological, and Environmental Statistics* (jun. 2005), pesquisadores usaram a regressão de mínimos quadrados para estimar a dosagem de *ponto de mudança* — definida como a maior dosagem que não tem efeitos adversos. Dados foram obtidos de um estudo de dosagem — resposta em ratos expostos à substância tóxica aconiazida. Uma amostra de 50 ratos foi igualmente dividida em cinco grupos de dosagem: 0, 100, 200, 500 e 750 miligramas por quilo de peso corporal. A variável dependente medida y foi a mudança de peso (em gramas) depois de duas semanas de exposição. Os pesquisadores ajustaram o modelo quadrático $E(y) = \beta_0 + \beta_1 x + \beta_2 x^2$, onde x = nível de dosagem, com os seguintes resultados: $\hat{y} = 10{,}25 + 0{,}0053x - 0{,}0000266x^2$.

a. Faça o rascunho de um gráfico da equação de previsão de mínimos quadrados. Descreva a natureza da curvatura do modelo estimado.
b. Estime a mudança de peso (y) de um rato, dada a dosagem de 500 mg/kg de aconiazida.
c. Estime a mudança de peso (y) de um rato, dada a dosagem de 0 mg/kg de aconiazida (essa dosagem é chamada de nível de dosagem de *controle*).
d. Dos cinco grupos de dosagem do estudo, encontre o maior nível de dosagem x que resulta numa mudança de peso estimada próxima da mudança, mas menor que ela. Esse valor é a dosagem do *ponto de mudança*.

11.53 Estudo de evaporação de petróleo. O *Journal of Hazardous Materials* (jul. 1995) apresentou uma revisão da literatura de modelos projetados para prever a evaporação de derramamentos de petróleo. Um modelo examinado no artigo usava a fervura (x_1) e a gravidade específica API (x_2) para prever o peso molecular (y) do petróleo derramado. Um modelo completo de segunda ordem para y foi proposto.

a. Escreva a equação do modelo.
b. Identifique os termos do modelo que permitem uma relação curvilínea.

Aplicação dos conceitos – Intermediário

11.54 Receitas de filmes populares. O *Internet Movie Database* (www.imdb.com) monitora as receitas brutas de todos os principais filmes. A tabela a seguir fornece as receitas brutas dos Estados Unidos e do Canadá, assim como de outros países, para uma amostra de 15 filmes de sucesso.

Título do filme (ano)	Bruta EUA/ Canadá (US$ milhões)	Bruta outros países (US$ milhões)
Titanic (1997)	600,7	1.234,6
E.T. (1982)	439,9	321,8
Piratas do Caribe: o baú da morte (2006)	420,3	631,0
Jurassic Park (1993)	356,8	563,0
O Rei Leão (1994)	328,4	455,0
Harry Potter e a Pedra Filosofal (2001)	317,6	651,1
Sexto sentido (1999)	293,5	368,0
Tubarão (1975)	260,0	210,6
Ghost (1990)	217,6	300,0
O resgate do soldado Ryan (1998)	216,1	263,2
Gladiador (2000)	187,7	268,6
Dança com lobos (1990)	184,2	240,0
O exorcista (1973)	204,6	153,0
Casamento Grego (2002)	241,4	115,1
Rocky IV (1985)	127,9	172,6

Fonte: The Internet Movie Database (www.imdb.com).

a. Escreva um modelo de primeira ordem para a receita bruta de outros países (y) como uma função da receita bruta de Estados Unidos e Canadá (x).
b. Escreva um modelo de segunda ordem para a receita bruta de outros países (y) como uma função da receita bruta de Estados Unidos e Canadá (x).
c. Construa um gráfico xy para esses dados. Qual dos modelos dos itens **a** e **b** parece a melhor escolha para explicar as variações na receita bruta de outros países?
d. Ajuste o modelo do item **b** aos dados e investigue sua utilidade. Há evidências de uma relação curvilínea entre as receitas brutas de outros países e de Estados Unidos e Canadá? Tente usando $\alpha = 0{,}05$.
e. Com base em sua análise do item **d**, qual dos modelos dos itens **a** e **b** explica melhor as variações nas receitas brutas de outros países? Compare sua resposta com a sua conclusão preliminar do item **c**.

11.55 Estudo do tempo de montagem de um automóvel. Gerenciar uma operação de fabricação de forma eficiente requer conhecimento do tempo que leva a fabricação do produto pelos empregados; de outra maneira, o custo de fabricar o produto não pode ser determinado. Além disso, a gerência não seria capaz de estabelecer um plano de incentivos eficiente para seus empregados porque não saberia como estabelecer os padrões de trabalho (Chase e Aquilano, *Production and operations management*, 1992). Estimativas do tempo de produção são freqüentemente obtidas usando estudos de tempos. Os dados da tabela abaixo foram retirados de um estudo de tempos recente, de uma amostra de 15 empregados, na realização de uma tarefa em particular, em uma linha de montagem de automóveis.

Tempo de Montagem y (minutos)	Meses de experiência x
10	24
20	1
15	10
11	15
11	17
19	3
11	20
13	9
17	3
18	1
16	7
16	9
17	7
18	5
10	20

a. Ajuste o modelo $y = \beta_0 + \beta_1 x + \beta_2 x^2 + \varepsilon$ e forneça a equação de previsão dos mínimos quadrados.
b. Desenhe a equação ajustada em um gráfico xy dos dados. Há evidência suficiente para reforçar a inclusão do termo quadrático no modelo? Explique.
c. Teste a hipótese nula de que $\beta_2 = 0$ contra a alternativa de que $\beta_2 \neq 0$. Use $\alpha = 0{,}01$. O termo quadrático traz uma contribuição importante para o modelo?
d. Sua conclusão no item **c** deve ter sido tirar o termo quadrático do modelo. Faça isso e ajuste o 'modelo reduzido', $y = \beta_0 + \beta_1 x + \varepsilon$ aos dados.

e. Defina β_1 no contexto deste exercício. Encontre um intervalo de confiança de 90% para β_1 no modelo reduzido do item d.

11.56 Otimizando o processamento de materiais semicondutores. Plasmas de fluorocarbono são utilizados na produção de materiais semicondutores. No *Journal of Applied Physics* (1 dez. 2000), engenheiros elétricos da Nagoya University, no Japão, estudaram a cinética dos plasmas de fluorocarbono de forma a otimizar o processamento dos materiais. Em uma parte do estudo, a taxa de produção de superfície dos radicais de fluorocarbono emitida pelo processo de produção foi medida em vários momentos no tempo (em milissegundos) depois que a energia de radiofreqüência foi desligada. Os dados são fornecidos na tabela abaixo. Examine um modelo que relacione a taxa de produção de superfície (y) ao tempo (x).

RADICALS
Companion Website

Taxa	Tempo
1,00	0,1
0,80	0,3
0,40	0,5
0,20	0,7
0,05	0,9
0,00	1,1
–0,05	1,3
–0,02	1,5
0,00	1,7
–0,10	1,9
–0,15	2,1
–0,05	2,3
–0,13	2,5
–0,08	2,7
0,00	2,9

Fonte: TAKIZAWA, K. et al. "Characteristics of C_3 radicals in high-density C_4F_8 plasmas studied by laser-induced fluorescence spectroscopy." *Journal of Applied Physics*, vol. 88, n. 11, 1 dez. 2000 (Figura 7).

a. Desenhe os dados em um gráfico xy. Que tendência você observa?
b. Ajuste um modelo quadrático aos dados. Forneça a equação de previsão dos mínimos quadrados.
c. Há evidência suficiente de uma curvatura para cima na relação entre a taxa de produção de superfície e o tempo depois do desligamento? Use $\alpha = 0,05$.

11.57 Resistência do plástico manufaturado. A quantidade de pressão usada para produzir certo plástico está supostamente relacionada com a resistência desse plástico. Pesquisadores criaram a hipótese de que, abaixo de certo nível, aumentos da pressão aumentam a resistência do plástico. Em algum ponto, entretanto, aumentos adicionais de pressão têm um efeito negativo na sua resistência. Escreva um modelo no qual a relação da resistência do plástico y à pressão x reflita essa hipótese. Esboce o modelo.

11.58 Estudo de demanda de suco de laranja. Um depósito de suco de laranja refrigerado, em Nova York, estava passando por muitas situações de fim de estoque de seus contêineres de 96 onças. Para entender melhor a demanda atual e futura desse produto, a empresa estudou os últimos 40 dias de vendas, apresentados na tabela a seguir. Um dos objetivos da empresa era modelar a demanda y em função do dia da venda x (em que x = 1, 2, 3, ..., 40).

a. Construa um gráfico xy para esses dados.
b. Um modelo de segunda ordem parece poder explicar melhor a variação da demanda do que um de primeira ordem? Explique.
c. Ajuste um modelo de primeira ordem a esses dados.
d. Ajuste um modelo de segunda ordem a esses dados.
e. Compare os resultados dos itens c e d e decida que modelo explica melhor a variação da demanda. Justifique sua escolha.

NYJUICE
Companion Website

Dia da venda x	Demanda de contêineres de 96 onças y (em unidades)
1	4.581
2	4.239
3	2.754
4	4.501
5	4.016
6	4.680
7	4.950
8	3.303
9	2.367
10	3.055
11	4.248
12	5.067
13	5.201
14	5.133
15	4.211
16	3.195
17	5.760

(continua)

Dia da venda x	Demanda de contêineres de 96 onças y (em unidades)
18	5.661
19	6.102
20	6.099
21	5.902
22	2.295
23	2.682
24	5.787
25	3.339
26	3.798
27	2.007
28	6.282
29	3.267
30	4.779
31	9.000
32	9.531
33	3.915
34	8.964
35	6.984
36	6.660
37	6.921
38	10.005
39	10.153
40	11.520

Fonte: Comunicação pessoal de Rick Campbell, Dave Metzler e Tom Nelson, Universidade Rutgers.

11.7 Construção de modelos: modelos com variáveis qualitativas (*Dummy*)

Modelos de regressão múltipla podem também ser escritos de forma a incluir variáveis independentes **qualitativas** (ou **categóricas**). Variáveis qualitativas, ao contrário de variáveis quantitativas, não podem ser medidas em uma escala numérica. Portanto, devemos codificar os valores da variável qualitativa (chamados de **níveis**) como números antes de podermos ajustar o modelo. Essas variáveis qualitativas codificadas são chamadas **variáveis** *dummy* (ou **indicadoras**), uma vez que os números atribuídos aos vários níveis são selecionados arbitrariamente.

Para ilustrar, suponha que uma executiva de certa empresa reclame que os executivos do sexo masculino ganham maiores salários, em média, que executivas femininas com a mesma formação, experiência e responsabilidade. Para apoiar sua reclamação, ela deseja modelar o salário y de um executivo usando uma variável qualitativa independente que represente o sexo dele (masculino ou feminino).

Um método conveniente de codificar os valores de uma variável qualitativa de dois níveis implica atribuir o valor 1 a um dos níveis e o valor 0 ao outro. Por exemplo, a variável *dummy* usada para descrever sexo poderia ser codificada como se segue:

$$x = \begin{cases} 1 & \text{se homem} \\ 0 & \text{se mulher} \end{cases}$$

A escolha de a qual nível será atribuído o 1 e o 0 é arbitrária. O modelo então toma a seguinte forma:

$$E(y) = \beta_0 + \beta_1 x$$

A vantagem de usar um esquema de codificação 0-1 é que os coeficientes β são facilmente interpretados. O modelo acima nos permite comparar a média salarial dos executivos $E(y)$ para homens com a média correspondente para mulheres.

Homens $(x = 1)$: $E(y) = \beta_0 + \beta_1(1) = \beta_0 + \beta_1$
Mulheres $(x = 0)$: $E(y) = \beta_0 + \beta_1(0) = \beta_0$

Essas duas médias estão apresentadas no gráfico de barras da Figura 11.20.

Primeiramente, note que β_0 representa o salário médio das mulheres (digamos, μ_F). Quando uma convenção de codificação 0-1 é usada, β_0 sempre representará a resposta média associada com o nível da variável qualitativa atribuída ao valor 0 (chamada de **nível base**). A diferença entre o salário médio dos homens e das mulheres, $\mu_M - \mu_F$, é representada por β_1, isto é:

$$\mu_M - \mu_F = (\beta_0 + \beta_1) - (\beta_0) = \beta_1$$

Essa diferença é mostrada na Figura 11.20.[9] Com uma convenção de codificação 0-1, β_1 sempre repre-

---
[9] Note que β_1 pode ser negativo. Se for altura da barra correspondente aos homens seria *reduzida* (e não aumentada) em relação à altura da barra das mulheres pela quantidade β_1. A Figura 11.20 está construída presumindo-se que β_1 seja uma quantidade positiva.

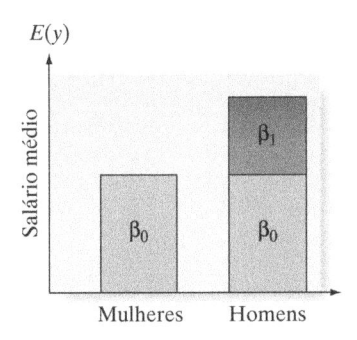

FIGURA 11.20 Gráfico de barras comparando $E(y)$ para homens e mulheres

sentará a diferença entre a resposta média para o nível atribuído ao valor 1 e a média do nível base. Então, para o modelo dos salários dos executivos, temos:

$$\beta_0 = \mu_F$$
$$\beta_1 = \mu_M - \mu_F$$

Agora examine cuidadosamente o modelo com uma única variável qualitativa independente de dois níveis, porque usaremos exatamente o mesmo padrão para qualquer número de níveis. Mais ainda, a interpretação dos parâmetros será sempre a mesma.

Um nível (digamos, o nível A), é selecionado como o nível base. Então, na codificação 0-1[10] para variáveis *dummy*:

$$\mu_A = \beta_0$$

A codificação para todas as variáveis *dummy* é a seguinte: para representar o valor médio de y para um nível em particular, estabeleça a variável *dummy* como igual a 1; de outra forma, a variável *dummy* é estabelecida como igual a 0. Usando esse sistema de codificação:

$$\mu_B = \beta_0 + \beta_1$$
$$\mu_C = \beta_0 + \beta_2$$

e assim por diante. Uma vez que $\mu_A = \beta_0$, qualquer outro parâmetro do modelo representará a diferença entre as médias desse nível e do nível base:

$$\beta_1 = \mu_B - \mu_A$$
$$\beta_2 = \mu_C - \mu_A$$

e assim por diante. Conseqüentemente, cada β multiplicado por uma variável *dummy* representa a diferença entre $E(y)$ de um nível da variável qualitativa e $E(y)$ do nível base.

PROCEDIMENTO PARA ESCREVER UM MODELO COM UMA VARIÁVEL QUALITATIVA INDEPENDENTE COM K NÍVEIS

Sempre utilize um número de variáveis *dummy* que seja o número de níveis da variável qualitativa menos um. Então, para uma variável qualitativa com k níveis, utilize $k - 1$ variáveis *dummy*:

$$y = \beta_0 + \beta_1 x_1 + \beta_2 x_2 + \ldots + \beta_{k-1} x_{k-1} + \varepsilon$$

onde x_i é a variável *dummy* para o nível $i + 1$ e:

$$x_i = \begin{cases} 1 & \text{se } y \text{ é observado no nível } i + 1 \\ 0 & \text{de outra forma} \end{cases}$$

Então, para esse sistema de codificação:

$$\mu_A = \beta_0 \qquad\quad \beta_1 = \mu_B - \mu_A$$
$$\mu_B = \beta_0 + \beta_1 \qquad \beta_2 = \mu_C - \mu_A$$
$$\mu_C = \beta_0 + \beta_2 \qquad \beta_3 = \mu_D - \mu_A$$
$$\mu_D = \beta_0 + \beta_3 \qquad \vdots$$

EXEMPLO 11.9

UM MODELO COM UMA VARIÁVEL QUALITATIVA INDEPENDENTE

Problema Suponha que um economista deseje comparar as quantias médias, em dólares, devidas por clientes maus pagadores de cartões de crédito em três classes socioeconômicas diferentes: (1) classe baixa; (2) classe média; e (3) classe alta. Uma amostra de 10 clientes com contas em atraso foi selecionada de cada grupo e a quantia devida por cada um foi registrada, como mostrado na Tabela 11.4.

a. Escreva um modelo de regressão hipotético para a quantia devida (y) usando a classe socioeconômica como variável independente.

b. Interprete os β do modelo.

c. Use o modelo para determinar se as quantias médias em dólares devidas pelos clientes diferem significativamente para os três grupos socioeconômicos, com $\alpha = 0{,}05$.

Solução

a. Note que a situação socioeconômica (classe baixa, média ou alta) é uma variável qualitativa (medida em uma escala ordinal). Para uma variável qualitativa de 3 níveis, precisamos de duas variáveis *dummy* no modelo de regressão. O modelo que relaciona $E(y)$ a essa única variá-vel qualitativa, grupo socioeconômico, é:

$$E(y) = \beta_0 + \beta_1 x_1 + \beta_2 x_2$$

---

[10] Você não precisa usar um sistema de codificação 0-1 para as variáveis *dummy*; qualquer sistema de dois valores vai funcionar, mas a interpretação dada aos parâmetros do modelo dependerá do código. O uso do sistema 0-1 faz com que os parâmetros do modelo sejam fáceis de interpretar.

TABELA 11.4 Dólares devidos, Exemplo 11.9

Grupo 1 (CLASSE BAIXA)	Grupo 2 (CLASSE MÉDIA)	Grupo 3 (CLASSE ALTA)
$ 148	$ 513	$ 335
76	264	643
393	433	216
520	94	536
236	535	128
134	327	723
55	214	258
166	135	380
415	280	594
153	304	465

onde (arbitrariamente):

$$x_1 = \begin{cases} 1 & \text{se grupo 2} \\ 0 & \text{se não} \end{cases} \quad x_2 = \begin{cases} 1 & \text{se grupo 3} \\ 0 & \text{se não} \end{cases}$$

b. Para esse modelo:

$$\beta_0 = \mu_1$$
$$\beta_1 = \mu_2 - \mu_1$$
$$\beta_2 = \mu_3 - \mu_1$$

onde μ_1, μ_2 e μ_3 são as respostas médias para os grupos socioeconômicos 1, 2 e 3, respectivamente — isto é, β_0 representa a quantia média devida pelo grupo 1 (classe baixa), β_1 representa a diferença média das quantias devidas pelo grupo 2 (média) e pelo grupo 1 (baixa) e β_2 representa a diferença média nas quantias devidas pelo grupo 3 (alta) e pelo grupo 1 (baixa).

c. Testar a hipótese nula de que as médias para os três grupos são iguais — isto é, $\mu_1 = \mu_2 = \mu_3$ — equivale a testar:

$$H_0: \beta_1 = \beta_2 = 0$$

Você pode verificar isso observando que, se $\beta_1 = \mu_2 - \mu_1 = 0$, então $\mu_1 = \mu_2$. De modo similar, se $\beta_2 = \mu_3 - \mu_1 = 0$, então $\mu_3 = \mu_1$. Então, se H_0 é verdadeira, μ_1, μ_2 e μ_3 devem ser iguais. A hipótese alternativa é:

H_a: Pelo menos um dos parâmetros (β_1 e β_2) difere de 0, o que implica que pelo menos duas das três médias (μ_1, μ_2 e μ_3) são diferentes.

Para testar essa hipótese, realizamos o teste global F para o modelo. A resposta do MINITAB para o ajuste do modelo:

Regression Analysis: AMOUNT versus X1, X2

```
The regression equation is
AMOUNT = 230 + 80.3 X1 + 198 X2


Predictor    Coef    SE Coef      T       P
Constant    229.60    53.43     4.30   0.000
X1           80.30    75.56     1.06   0.297
X2          198.20    75.56     2.62   0.014


S = 168.948    R-Sq = 20.5%    R-Sq(adj) = 14.6%

Analysis of Variance

Source           DF       SS       MS      F      P
Regression        2   198772    99386   3.48  0.045
Residual Error   27   770671    28543
Total            29   969443
```

FIGURA 11.21 Regressão do MINITAB para o modelo da variável *dummy*.

$$E(y) = \beta_0 + \beta_1 x_1 + \beta_2 x_2$$

está apresentada na Figura 11.21. O valor da estatística F para testar a adequação do modelo, $F = 3{,}48$, e o nível observado de significância do teste, valor $p = 0{,}045$, estão ambos destacados. Uma vez que $\alpha = 0{,}05$ excede o valor p, rejeitamos H_0 e concluímos que pelo menos um dos parâmetros (β_1 e β_2) difere de 0. Ou, de maneira equivalente, concluímos que os dados fornecem evidência suficiente de que a dívida média varia de um grupo socioeconômico para outro.

Relembrando Esse teste F global é equivalente ao teste F de análise de variação para um projeto completamente aleatório do Capítulo 8.

AGORA FAÇA O EXERCÍCIO **11.67**

CUIDADO

Um erro comum cometido pelos analistas de regressão é o uso de uma única variável *dummy*, x, para uma variável qualitativa de k níveis, onde $x = 1, 2, 3, \ldots, k$. Um modelo de regressão como esse terá β não estimáveis e β que serão difíceis de interpretar. Lembre-se, quando estiver modelando $E(y)$ com uma única variável qualitativa independente, de que o número de variáveis *dummy* do tipo 0-1 a serem incluídas no modelo será sempre o número de níveis da variável qualitativa menos 1.

Exercícios 11.59 – 11.71

Aprendendo a mecânica

11.59 Escreva um modelo de regressão relacionando o valor médio de y a uma variável independente qualitativa que pode assumir dois níveis. Interprete todos os termos do modelo.

11.60 Escreva um modelo de regressão relacionando $E(y)$ a uma variável independente qualitativa que pode assumir três níveis. Interprete todos os termos do modelo.

11.61 O modelo a seguir foi usado para relacionar $E(y)$ a uma única variável qualitativa com quatro níveis:

$$E(y) = \beta_0 + \beta_1 x_1 + \beta_2 x_2 + \beta_3 x_3$$

onde:

$$x_1 = \begin{cases} 1 \text{ se nível 2} \\ 0 \text{ se não} \end{cases}$$

$$x_2 = \begin{cases} 1 \text{ se nível 3} \\ 0 \text{ se não} \end{cases}$$

$$x_3 = \begin{cases} 1 \text{ se nível 4} \\ 0 \text{ se não} \end{cases}$$

Esse modelo foi ajustado a $n = 30$ pontos de dados e o seguinte resultado foi obtido:

$$\hat{y} = 10{,}2 - 4x_1 + 12x_2 + 2x_3$$

a. Use a equação de predição dos mínimos quadrados para encontrar a estimativa de $E(y)$ para cada nível da variável qualitativa independente.
b. Especifique as hipóteses nula e alternativa que você usaria para testar se $E(y)$ é o mesmo para todos os quatro níveis da variável independente.

11.62 O MINITAB (veja a tabela abaixo) foi utilizado para ajustar o seguinte modelo a $n = 15$ pontos de dados:

$$y = \beta_0 + \beta_1 x_1 + \beta_2 x_2 + \varepsilon$$

onde:

$$x_1 = \begin{cases} 1 \text{ se nível 2} \\ 0 \text{ se não} \end{cases}$$

$$x_2 = \begin{cases} 1 \text{ se nível 3} \\ 0 \text{ se não} \end{cases}$$

a. Escreva a equação de previsão dos mínimos quadrados.
b. Interprete os valores de β_1 e β_2.
c. Interprete as hipóteses a seguir em termos de μ_1, μ_2 e μ_3:

H_0: $\beta_1 = \beta_2 = 0$
H_a: Pelo menos um dos parâmetros (β_1 e β_2) é diferente de 0

d. Realize o teste de hipóteses do item **c**.

Aplicação dos conceitos — Básico

11.63 Precisão das estimativas de esforços de software. Periodicamente, os engenheiros de software devem fornecer estimativas dos seus esforços no desenvolvimento de novos softwares. No *Journal of Empirical Software Engineering* (v. 9, 2004), a regressão múltipla foi utilizada para prever a precisão dessas estimativas de esforço. A variável dependente, definida como o erro relativo na estimativa de esforço:

y = (Esforço real − Esforço estimado)/(Esforço real)

foi determinada para cada um em uma amostra de $n = 49$ tarefas de desenvolvimento de software. Diversas variáveis qualitativas independentes foram avaliadas como preditoras potenciais do erro relativo. Algumas dessas variáveis estão descritas na tabela da página a seguir.

```
The regression equation is
Y = 80.0 + 16.8 X1 + 40.4 X2


Predictor        Coef    SE Coef        T        P
Constant       80.000      4.082    19.60    0.000
X1             16.800      5.774     2.91    0.013
X2             40.400      5.774     7.00    0.000


S = 9.129      R-Sq = 80.5%    R-Sq(adj) = 77.2%

Analysis of Variance

Source           DF         SS        MS        F        P
Regression        2     4118.9    2059.5    24.72    0.000
Residual Error   12     1000.0      83.3
Total            14     5118.9
```

Resposta do MINITAB para o Exercício 11.62

Cargo do estimador (desenvolvedor ou líder de projeto)
Complexidade da tarefa (baixa, média, alta)
Tipo de contrato (preço fixo ou taxa por hora)
Prioridade do cliente (prazo de entrega, custo ou qualidade)

   a. Escreva um modelo para $E(y)$ como uma função do cargo do estimador. Interprete os β.
   b. Escreva um modelo para $E(y)$ como uma função da complexidade da tarefa. Interprete os β.
   c. Escreva um modelo para $E(y)$ como uma função do tipo do contrato. Interprete os β.
   d. Escreva um modelo para $E(y)$ como uma função da prioridade do cliente. Interprete os β.

11.64 Comparando taxas escolares de faculdades públicas e privadas. De acordo com o *Chronicle of Higher Education Almanac*, faculdades privadas de 4 anos cobram, em média, cinco vezes mais em taxas escolares do que faculdades públicas de 4 anos. Com o objetivo de estimar a verdadeira diferença nos valores médios cobrados no ano acadêmico 2006-2007, contatou-se e perguntou-se a amostras aleatórias de 40 faculdades privadas e 40 faculdades públicas a respeito de suas estruturas de taxas escolares.
   a. Quais dos procedimentos descritos no Capítulo 7 poderiam ser usados para estimar a diferença entre as taxas médias cobradas pelas faculdades privadas e públicas?
   b. Proponha um modelo de regressão que envolva a variável qualitativa independente tipo de faculdade que pudesse ser usada para investigar a diferença entre as médias. Especifique também o esquema de codificação para a variável *dummy* do modelo.
   c. Explique como o modelo de regressão que você desenvolveu no item b poderia ser usado para estimar a diferença entre as médias das populações.

11.65 Melhorando as pontuações do SAT. Reveja o estudo da revista *Chance* (inverno, 2001) relativo a estudantes que pagaram um professor particular para ajudá-los a melhorar as suas pontuações no teste padronizado de admissão (SAT), do Exercício 2.84. A regressão múltipla foi utilizada para estimar o efeito das aulas particulares nas pontuações do SAT de Matemática. Dados de 3.492 estudantes (573 dos quais tiveram aulas particulares) foram usados para ajustar o modelo $E(y) = \beta_0 + \beta_1 x_1 + \beta_2 x_2$, onde y = pontuação do SAT de Matemática, x_1 = pontuação no PSAT e x_2 = {1 se o estudante recebeu aulas particulares, 0 se não recebeu}.
   a. O modelo ajustado teve um valor de R^2 ajustado de 0,76. Interprete esse resultado.
   b. A estimativa de β_2 no modelo foi 19, com um erro-padrão de 3. Use essa informação para formar um intervalo de confiança de 95% para β_2. Interprete o intervalo.
   c. Com base no intervalo do item b, o que você pode dizer a respeito do efeito das aulas particulares nas pontuações do SAT de Matemática?

11.66 Estudo de preferências do primeiro emprego. A revista *Benefits Quarterly* (primeiro trimestre, 1995) publicou um estudo de preferências do primeiro emprego. Diversas variáveis independentes foram usadas para modelar as preferências de emprego (medidas em uma escala de 10 pontos) de 164 graduados em escolas de administração, incluindo as seguintes variáveis qualitativas:
   a. Flexibilidade do horário no cargo ao qual se candidatou (sim/não).
   b. Nível de assistência médica requerida (nenhuma, credenciado, no local).
   c. Apoio requerido quanto à transferência do cônjuge (nenhum, aconselhamento ou procura ativa).
   d. Estado civil do candidato (casado/não casado).
   e. Sexo do candidato (homem/mulher).

Para cada uma das variáveis qualitativas acima, crie um modelo hipotético para preferência de emprego (y) como uma função dessa variável. Interprete os β em cada modelo.

Aplicação dos conceitos — Intermediário

TVADRECALL

11.67 Estudo de lembrança de comerciais de TV. Releia o estudo do *Journal of Applied Psychology* (jun. 2002) relativo à lembrança de comerciais de televisão, do Exercício 8.23. Os participantes foram designados a assistir a um de três tipos de programas de TV com nove comerciais inseridos em cada um. O grupo V assistiu a um programa de TV (por exemplo, *Tour of Duty*) com uma classificação de conteúdo violento; o grupo S assistiu a um programa (por exemplo, *Strip Mall*) com uma classificação de conteúdo sexual; e o grupo N assistiu a um programa de TV neutro (por exemplo, *Candid Camera*), com nenhuma classificação do tipo V ou S. A variável dependente medida para cada participante foi a pontuação (y) da sua lembrança dos nomes das marcas nas mensagens comerciais, numa faixa de 0 (nenhuma marca lembrada) até 9 (todas as marcas lembradas). Os dados estão no arquivo **TVADRECALL**.
   a. Escreva um modelo para $E(y)$ como uma função do grupo do espectador.
   b. Ajuste o modelo do item a aos dados do arquivo **TVADRECALL**. Forneça a equação de previsão dos mínimos quadrados.
   c. Realize um teste da utilidade geral do modelo, com $\alpha = 0,01$. Interprete os resultados. Mostre que os resultados estão de acordo com a análise realizada no Exercício 8.23.
   d. As pontuações médias de lembrança da amostra, para os três grupos, foram $\bar{y}_V = 2,08$, $\bar{y}_S = 1,71$ e $\bar{y}_N = 3,17$. Mostre como encontrar essas médias amostrais usando somente as estimativas dos β obtidos no item b.

11.68 Estudo de reservas para impostos diferidos. Um estudo foi realizado para identificar as variáveis de escolhas contábeis que influenciam uma decisão gerencial de mudar o nível de reservas para impostos diferidos em uma empresa (*The Engineering Economist*, jan./fev. 2004). Dados foram coletados de uma amostra de 329 empresas que relataram ativos para impostos diferidos em 2000. A variável dependente de interesse (DTVA) é medida como a mudança nas reservas para impostos diferidos dividida pelos impostos diferidos. As variáveis independentes usadas como preditoras do DTVA estão listadas como se segue:

FORÇA
(DE ALAVANCA): x_1 = razão do valor contábil da dívida para o patrimônio líquido

BÔNUS: x_2 = 1 se a firma tem um plano de bonificações gerenciais, 0 se não tem

VALOR DE
MERCADO: x_3 = valor de mercado das ações

BIG BATH: x_4 = 1 se os lucros operacionais são negativos e menores que os do último ano, 0 se não são

GANHO: x_5 = mudança nos lucros operacionais dividida pelo total de ativos

Um modelo de primeira ordem foi ajustado aos dados com os seguintes resultados (valores p entre parênteses):

$$R_a^2 = 0{,}280$$

$\hat{y} = 0{,}044 + 0{,}006x_1 - 0{,}035x_2 - 0{,}001x_3 + 0{,}296 x_4 + 0{,}010x_5$
(0,070) (0,228) (0,157) (0,678) (0,001) (0,869)

a. Interprete a estimativa do coeficiente β para x_4.
b. A teoria do 'Big Bath', proposta pelos pesquisadores, afirma que a DTVA média para as empresas com lucros negativos e lucros menores do que no ano anterior excederá a DTVA média de outras firmas. Há evidências para reforçar essa teoria? Teste com $\alpha = 0{,}05$.
c. Interprete o valor de R_a^2.

11.69 Comparando repelentes de mosquitos. Quais repelentes de insetos protegem melhor contra mosquitos? A revista *Consumer Reports* (jun. 2000) testou 14 produtos, todos afirmando-se repelentes eficientes de mosquitos. Cada produto foi classificado como loção/creme ou como aerossol/spray. O custo do produto (em dólares) foi dividido pela quantidade necessária de repelente para cobrir as áreas expostas da pele (cerca de 1/3 de onça) para obter um valor de custo por utilização. A eficiência foi medida como o número máximo de horas de proteção (em incrementos de meia hora) obtido quando testadores humanos expuseram seus braços a 200 mosquitos. Os dados do relatório estão listados na tabela no alto, à direita.
a. Suponha que você deseje usar o tipo de repelente para modelar o custo por utilização (y). Crie o número apropriado de variáveis *dummy* para o tipo de repelente e escreva o modelo.
b. Ajuste o modelo do item **a** aos dados.
c. Forneça a hipótese nula para testar se o tipo de repelente é um preditor útil para o custo por utilização (y).
d. Realize o teste do item **c** e forneça a conclusão apropriada. Use $\alpha = 0{,}10$.

e. Repita os itens de **a** até **d** para a variável dependente número máximo de horas de proteção (y).

REPELENTE DE INSETOS	TIPO	CUSTO/ UTILIZAÇÃO	PROTEÇÃO MÁXIMA
Amway Hour Guard 12	Loção/creme	US$ 2,08	13,5 horas
Avon Skin-So-Soft	Aerossol/spray	0,67	0,5
Avon BugGuard Plus	Loção/creme	1,00	2,0
Ben's Backyard Formula	Loção/creme	0,75	7,0
Bite Blocker	Loção/creme	0,46	3,0
BugOut	Aerossol/spray	0,11	6,0
Cutter Skinsations	Aerossol/spray	0,22	3,0
Cutter Unscented	Aerossol/spray	0,19	5,5
Muskoll Ultra-6Hours	Aerossol/spray	0,24	6,5
Natrapel	Aerossol/spray	0,27	1,0
Off! Deep Woods	Aerossol/spray	1,77	14,0
Off! Skintastic	Loção/creme	0,67	3,0
SawyerDeet Formula	Loção/creme	0,36	7,0
Repel Permanone	Aerossol/spray	2,75	24,0

Fonte: "Buzz off." *Consumer Reports*, jun. 2000.

11.70 Estudo sobre o patrimônio do REIT. Robert Johnson (Associação para Gerência e Pesquisa de Investimentos) e Gerald Jensen (Universidade do Norte de Illinois) examinaram os efeitos das políticas monetárias da Reserva Federal dos Estados Unidos (FED) nas taxas de retorno de diferentes tipos de ativos imobiliários (*Real Estate Finance*, primavera, 1999). Eles empregaram o seguinte modelo para a taxa de retorno mensal (y) do ativo:

$$E(y) = \beta_0 + \beta_1 x$$

onde $x = \begin{cases} 1 \text{ se a política monetária da} \\ \text{FED é restritiva} \\ 0 \text{ se a política monetária da} \\ \text{FED é expansionista} \end{cases}$

Em uma parte do estudo, eles ajustaram esse modelo usando dados da taxa mensal de retorno de 1972 a 1997 de um índice de patrimônio REIT (fundo de investimento imobiliário) e, para comparação, de um índice de Letras do Tesouro (T-Bill). Eles obtiveram os resultados (as estatísticas t estão entre parênteses) mostrados na tabela a seguir.

ÍNDICE	ESTIMATIVA DE β_0	ESTIMATIVA DE β_1	VALOR F	R^2
T-Bills	0,0474 (30,94)	0,001948 (8,14)	66,24	0,1819
Patrimônio REIT	0,01863 (6,19)	−0,01582 (−3,46)	11,98	0,0387

Fonte: JOHNSON, Robert R.; JENSEN, Gerald R. "Federal reserve monetary policy and real Estate investment trust returns." *Real Estate Finance*, vol. 16, n. 1, primavera, 1999, pp. 52-59.

a. Avalie a utilidade de cada modelo ajustado. Formule suas conclusões no contexto do problema.
b. Interprete o valor estimado de β_1 em cada modelo.
c. Prediga a taxa de retorno mensal média para o índice de patrimônio REIT quando a política monetária da Reserva Federal for restritiva. Repita para uma política expansionista.

Aplicação dos conceitos — Avançado

11.71 À medida que as empresas norte-americanas achataram suas hierarquias gerenciais durante a década de 1990, muitos dos gerentes médios que foram demitidos abandonaram a 'vida corporativa' e abriram suas próprias empresas ou compraram franquias. Essa migração de talentos, juntamente com o fato de que a maioria dos novos empregos nos Estados Unidos estava sendo criada em pequenas empresas, levou o empreendedorismo ao foco de atenção nacional. As empresas listadas na tabela abaixo estavam entre as de maior crescimento na área de franquias.

a. Proponha um modelo de regressão que lhe permita comparar o número médio de novas franquias para os quatro tipos de franquias (alimentação, limpeza, contabilidade/consultoria e hospitalidade).
b. Sem a ajuda do computador, encontre estimativas dos β do modelo.
c. Use um programa estatístico para ajustar o modelo do item **a** aos dados. Interprete os resultados da regressão. Especificamente, há diferenças no número médio de franquias para os quatro tipos de franquias?

FRANCHISE
Companion Website

Franquia	Tipo	Número de novas franquias
Blimpie	Alimentação	330
Tower Cleaning	Limpeza	55
CleanNet USA	Limpeza	430
KFC	Alimentação	169
Comprehensive Business Services	Contabilidade/consultoria	58
Jani-King	Limpeza	451
Coverall Cleaning Concepts	Limpeza	435
McDonald's	Alimentação	744
Applebee's	Alimentação	124
Padgett Business Services	Contabilidade/consultoria	47
Super 8 Motels	Hospitalidade	181
General Business Services	Contabilidade/consultoria	44
LedgerPlus	Contabilidade/consultoria	79
Sonic Drive In	Alimentação	73
Pizza Inn	Alimentação	39
Holiday Inn Worldwide	Hospitalidade	150
Choice Hotels Int'l	Hospitalidade	93
Merry Maids	Limpeza	102
Checkers Drive-In	Alimentação	45

Fonte: Entrepreneur, abr. 1996, p. 150.

11.8 Construção de modelos: modelos com variáveis quantitativas e qualitativas (Opcional)

Suponha que você deseje relacionar as vendas médias mensais $E(y)$ de uma empresa com as despesas mensais de publicidade x em três veículos de publicidade (digamos jornais, rádio e televisão) e que queira usar modelos de primeira ordem (linha reta) para modelar as respostas para os três veículos. Os gráficos dessas três relações poderiam ser como os mostrados na Figura 11.22.

Como as linhas da Figura 11.22 são hipotéticas, surge uma série de perguntas práticas: algum meio de publicidade é mais eficiente que qualquer outro? Isto é, as três linhas de vendas médias são diferentes para os três meios de publicidade? Os aumentos de vendas médias por dólar gasto em publicidade são diferentes para os três veículos de publicidade? Ou seja, as inclinações das três linhas são diferentes? Note que as duas perguntas práticas foram reescritas como questões a respeito dos parâmetros que definem as três linhas da Figura 11.22. Para responder a essas perguntas, devemos escrever um único modelo de regressão que caracterizará as três linhas da Figura 11.22 e que, ao testar hipóteses a respeito das linhas, responderá às perguntas.

A resposta descrita previamente, vendas mensais, é uma função de *duas* variáveis independentes, uma quantitativa (despesas com publicidade, x_1) e uma qualitativa (tipo de veículo). Prosseguiremos, em estágios, para construir um modelo relacionando $E(y)$ a essas variáveis e mostraremos graficamente a interpretação que daríamos ao modelo em cada estágio. Isso ajudará você a perceber a contribuição dos vários termos do modelo.

1. A relação de linha reta entre vendas médias $E(y)$ e despesa com publicidade é a mesma para os três veículos — isto é, uma única linha descreverá a relação entre $E(y)$ e a despesa com

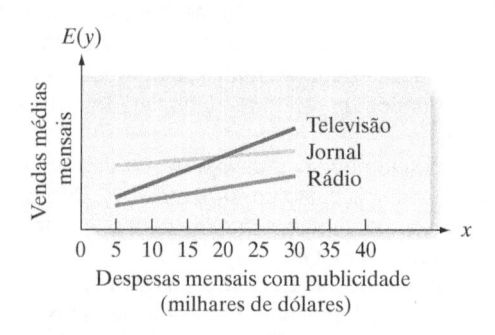

FIGURA 11.22 Gráficos das relações entre vendas médias $E(y)$ e despesa com publicidade x

publicidade x_1 para todos os veículos (veja a Figura 11.23).

$$E(y) = \beta_0 + \beta_1 x$$

onde x_1 = despesa com publicidade.

2. As linhas retas relacionando vendas médias $E(y)$ à despesa com publicidade x_1 são diferentes de um veículo para outro, mas a taxa de crescimento das vendas médias por crescimento na despesa com publicidade x_1 em dólares é a mesma para todos os veículos — isto é, as linhas são paralelas, mas possuem diferentes interceptos de y (veja a Figura 11.24).

$$E(y) = \beta_0 + \beta_1 x_1 + \beta_2 x_2 + \beta_3 x_3$$

onde:

x_1 = despesa com publicidade.

$x_2 = \begin{cases} 1 & \text{se o veículo é rádio} \\ 0 & \text{se não é} \end{cases}$

$x_3 = \begin{cases} 1 & \text{se o veículo é televisão} \\ 0 & \text{se não é} \end{cases}$

Observe que esse modelo é, essencialmente, uma combinação de um modelo de primeira ordem de uma única variável quantitativa e um modelo com uma única variável qualitativa:

Modelo de primeira ordem com uma única variável quantitativa: $E(y) = \beta_0 + \beta_1 x_1$
Modelo com uma única variável qualitativa de três níveis: $E(y) = \beta_0 + \beta_2 x_2 + \beta_3 x_3$

onde x_1, x_2 e x_3 são como definidos acima. O modelo descrito aqui não implica nenhuma interação entre as duas variáveis independentes, que são despesa com publicidade x_1 e variável qualitativa (tipo de veículo de publicidade). A mudança em $E(y)$ para o aumento de 1 unidade em x_1 é idêntica (as inclinações das linhas são iguais) para todos os três veículos de publicidade. Os termos correspondentes a cada uma das variáveis independentes são chamados **termos de efeito principal** porque não implicam nenhuma interação.

3. As linhas retas relacionando vendas médias $E(y)$ à despesa com publicidade x_1 são diferentes para os três veículos de publicidade — isto é, os interceptos das linhas e as inclinações são diferentes (veja a Figura 11.25).

Como você verá, esse modelo de interação é obtido pela adição de termos envolvendo os termos de produtos cruzados, um para cada uma das duas variáveis independentes:

$$E(y) = \beta_0 + \underbrace{\beta_1 x_1}_{\substack{\text{Efeito principal,} \\ \text{despesas de} \\ \text{publicidade}}} + \underbrace{\beta_2 x_2 + \beta_3 x_3}_{\substack{\text{Efeito principal,} \\ \text{tipo de} \\ \text{veículo}}} + \underbrace{\beta_4 x_1 x_2 + \beta_5 x_1 x_3}_{\text{Interação}}$$

Note que cada um dos modelos é obtido pela adição de termos ao modelo 1, o modelo único de primeira ordem usado para modelar as respostas para todos os três veículos. O modelo 2 é obtido pela adição dos termos de efeito principal para o tipo de veículo, a variável qualitativa. O modelo 3 é obtido pela adição dos termos de interação ao modelo 2.

EXEMPLO 11.10

INTERPRETANDO OS β EM UM MODELO COM VARIÁVEIS INDEPENDENTES MISTAS

Problema Substitua os valores apropriados das variáveis *dummy* no modelo 3 (acima) para obter as equações das três linhas de resposta da Figura 11.25.

Solução O modelo completo que caracteriza as três linhas da Figura 11.25 é:

$$E(y) = \beta_0 + \beta_1 x_1 + \beta_2 x_2 + \beta_3 x_3 + \beta_4 x_1 x_2 + \beta_5 x_1 x_3$$

FIGURA 11.23 A relação entre $E(y)$ e x_1 é a mesma para todos os veículos

FIGURA 11.24 Linhas de resposta paralelas para os três veículos

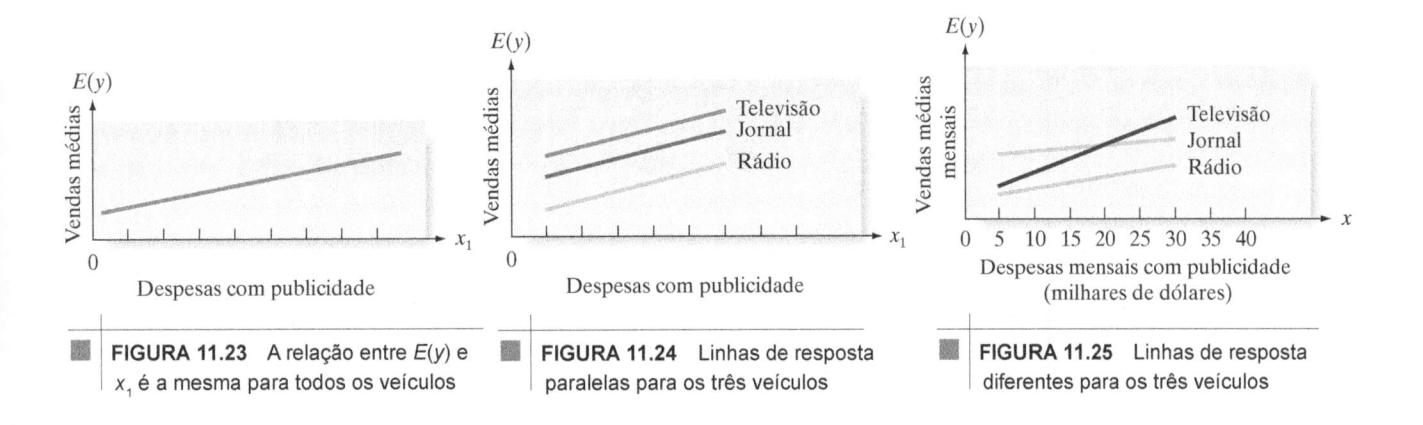

FIGURA 11.25 Linhas de resposta diferentes para os três veículos

onde:

x_1 = despesa com publicidade.

$x_2 = \begin{cases} 1 & \text{se o veículo é rádio} \\ 0 & \text{se não é} \end{cases}$

$x_3 = \begin{cases} 1 & \text{se o veículo é televisão} \\ 0 & \text{se não é} \end{cases}$

Examinando a codificação, você pode ver que $x_2 = x_3 = 0$ quando o veículo é jornal. Substituindo esses valores na expressão para $E(y)$, obtemos a linha para o veículo jornal:

$$E(y) = \beta_0 + \beta_1 x_1 + \beta_2(0) + \beta_3(0)$$
$$+ \beta_4 x_1(0) + \beta_5 x_1(0) = \beta_0 + \beta_1 x_1$$

De modo similar, substituímos os valores apropriados de x_2 e x_3 na expressão para $E(y)$ para obter a linha para o veículo rádio ($x_2 = 1, x_3 = 0$):

$$E(y) = \beta_0 + \beta_1 x_1 + \beta_2(1) + \beta_3(0) + \beta_4 x_1(1) + \beta_5 x_1(0)$$
$$\underbrace{}_{\text{intercepto de } y} \underbrace{}_{\text{inclinação}}$$
$$= (\beta_0 + \beta_2) + (\beta_1 + \beta_4) x_1$$

e a linha para o veículo televisão ($x_2 = 0, x_3 = 1$):

$$E(y) = \beta_0 + \beta_1 x_1 + \beta_2(0) + \beta_3(1) + \beta_4 x_1(0) + \beta_5 x_1(1)$$
$$\underbrace{}_{\text{intercepto de } y} \underbrace{}_{\text{inclinação}}$$
$$= (\beta_0 + \beta_3) + (\beta_1 + \beta_5) x_1$$

Relembrando Se você tivesse que ajustar o modelo 3, obter as estimativas de $\beta_0, \beta_1, \beta_2, ..., \beta_5$ e substituí-las nas equações para as linhas dos três veículos, obteria exatamente as mesmas equações de previsão que obteria se tivesse que ajustar três linhas retas separadas, uma para cada um dos três conjuntos de dados de veículos. Você poderia perguntar por que não ajustamos as três linhas separadamente. Por que nos preocupamos com um modelo que combina as três linhas (modelo 3) na mesma equação? A resposta é que você precisa usar esse procedimento se deseja empregar os testes estatísticos para comparar as linhas dos três veículos. Precisamos estar aptos a expressar uma pergunta prática a respeito das linhas, em termos de uma hipótese de que um conjunto de parâmetros do modelo seja igual a 0 (demonstraremos esse procedimento na próxima seção). Você não poderia fazer isso se tivesse que realizar três análises de regressão separadas e ajustar uma linha a cada conjunto de dados de veículos.

Agora faça o Exercício 11.72

EXEMPLO 11.11

TESTANDO DUAS INCLINAÇÕES DIFERENTES PARA PRODUTIVIDADE

Problema Um psicólogo industrial realizou uma experiência para investigar a relação entre a produtividade de um trabalhador e uma medida de incentivo salarial para duas fábricas; uma fábrica tinha representação do sindicato e a outra não tinha. A produtividade y por trabalhador foi medida registrando o número de peças moldadas que um trabalhador poderia produzir em um período de 4 semanas, de 40 horas por semana. O incentivo era a quantia x_1 de bônus (em centavos por peça) paga para todas as peças produzidas que excedessem 1.000 por trabalhador no período de 4 semanas. Nove trabalhadores foram selecionados em cada fábrica e três de cada grupo de nove foram designados para receber um bônus de 20 centavos por peça, três um bônus de 30 centavos e três um bônus de 40 centavos. Os dados de produtividade para os 18 trabalhadores, três para cada combinação de tipo de fábrica e incentivo, são apresentados na Tabela 11.5.

a. Escreva um modelo para a produtividade média $E(y)$ presumindo que a relação entre $E(y)$ e o incentivo x_1 seja de primeira ordem.

b. Ajuste o modelo e desenhe as equações de previsão para as fábricas com e sem sindicato.

c. Os dados fornecem evidência suficiente para indicar que a taxa de crescimento da produtividade do trabalhador é diferente para as fábricas com e sem sindicato? Teste usando $\alpha = 0{,}10$.

TABELA 11.5 Dados de produtividade para o Exemplo 11.11

TIPO DE FÁBRICA	INCENTIVO								
	US$ 0,20/PEÇA			US$ 0,30/PEÇA			US$ 0,40/PEÇA		
Sindicato	1.435	1.512	1.491	1.583	1.529	1.610	1.601	1.574	1.636
Sem sindicato	1.575	1.512	1.488	1.635	1.589	1.661	1.645	1.616	1.689

Model Summary

Model	R	R Square	Adjusted R Square	Std. Error of the Estimate
1	.843a	.711	.649	40.839

a. Predictors: (Constant), INC_PDUM, INCENTIV, PDUMMY

ANOVAb

Model		Sum of Squares	df	Mean Square	F	Sig.
1	Regression	57332.39	3	19110.796	11.459	.000a
	Residual	23349.22	14	1667.802		
	Total	80681.61	17			

a. Predictors: (Constant), INC_PDUM, INCENTIV, PDUMMY

b. Dependent Variable: CASTINGS

Coefficientsa

Model		Unstandardized Coefficients		Standardized Coefficients		
		B	Std. Error	Beta	t	Sig.
1	(Constant)	1365.833	51.836		26.349	.000
	INCENTIV	6.217	1.667	.758	3.729	.002
	PDUMMY	47.778	73.308	.357	.652	.525
	INC_PDUM	.033	2.358	.008	.014	.989

a. Dependent Variable: CASTINGS

FIGURA 11.26 Resposta do SPSS do modelo completo para os dados das peças moldadas

Solução

a. Se presumimos que um modelo de primeira ordem[11] seja adequado para detectar uma mudança na produtividade média como uma função do incentivo x_1, o modelo que produz duas linhas retas, uma para cada fábrica, é:

$$E(y) = \beta_0 + \beta_1 x_1 + \beta_2 x_2 + \beta_3 x_1 x_2$$

onde:

x_1 = incentivo $x_2 = \begin{cases} 1 & \text{se fábrica sem sindicato} \\ 0 & \text{se fábrica com sindicato} \end{cases}$

b. A resposta do SPSS para a análise de regressão é apresentada na Figura 11.26. Lendo os parâmetros estimados destacados no final da listagem, você pode ver que:

$\hat{y} = 1.365,833 + 6,217 x_1 + 47,778 x_2 + 0,033 x_1 x_2$

A equação de previsão para a fábrica com sindicato pode ser obtida (veja a codificação) substituindo $x_2 = 0$ na equação de previsão geral. Então:

$\hat{y} = \hat{\beta}_0 + \hat{\beta}_1 x_1 + \hat{\beta}_2(0) + \hat{\beta}_3 x_1(0) = \hat{\beta}_0 + \hat{\beta}_1 x_1$
$= 1.365,833 + 6,217 x_1$

De modo similar, a equação de previsão para a fábrica sem sindicato pode ser obtida substituindo $x_2 = 1$ na equação de previsão geral. Então:

$y = \beta_0 + \beta_1 x_1 + \beta_2 x_2 + \beta_3 x_1 x_2$
$= \beta_0 + \beta_1 x_1 + \beta_2(1) + \beta_3 x_1(1)$

$= \underbrace{(\beta_0 + \beta_2)}_{\text{intercepto de } y} + \underbrace{(\beta_1 + \beta_3)}_{\text{inclinação}} x_1$

$= (1.365,833 + 47,778) + (6,217 + 0,033) x_1$
$= 1.413,611 + 6,250 x_1$

---

[11] Ainda que o modelo contenha um termo envolvendo $x_1 x_2$, é de primeira ordem (desenhado como uma linha reta) na variável quantitativa x_1. A variável x_2 é uma variável *dummy* que introduz ou retira termos do modelo. A ordem de um modelo é determinada somente pelas variáveis quantitativas que aparecem nele.

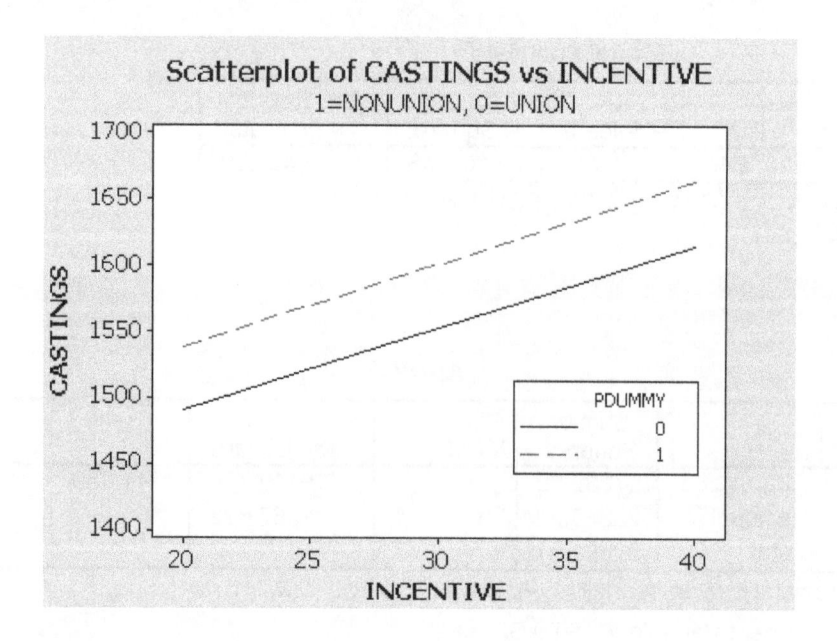

Scatterplot of CASTINGS vs INCENTIVE
1=NONUNION, 0=UNION

FIGURA 11.27 Gráfico do MINITAB das equações de predição para as duas linhas de produtividade

Um gráfico do MINITAB dessas equações de previsão é mostrado na Figura 11.27. Note que as inclinações das duas linhas são quase idênticas (6,217 para sindicato e 6,250 para sem sindicato).

c. Se a taxa de aumento da produtividade com o incentivo (isto é, a inclinação) para as fábricas sem sindicato é diferente da inclinação correspondente para as fábricas com sindicato, então o β de interação (isto é, β_3) é diferente de 0. Conseqüentemente, desejamos testar:

$$H_0: \beta_3 = 0$$
$$H_a: \beta_3 \neq 0$$

Esse teste é realizado usando o teste t da Seção 11.3. Da listagem do SPSS, a estatística-teste e o valor p correspondente são:

$t = 0,014$ $\qquad$ $p = 0,989$

Uma vez que $\alpha = 0,10$ é menor que o valor p, falhamos na rejeição de H_0. Há evidência insuficiente para concluir que os formatos de com sindicato e sem sindicato são diferentes. Então o teste reforça nossa observação de duas inclinações quase idênticas no item **b**.

Relembrando Uma vez que a interação não é significativa, retiramos o termo x_1x_2 do modelo e usamos o modelo mais simples, $E(y) = \beta_0 + \beta_1x_1 + \beta_2x_2$ para prever a produtividade.

AGORA FAÇA O EXERCÍCIO **11.79**

Modelos com x quantitativos e qualitativos podem também incluir termos de ordens mais elevadas (por exemplo, de segunda ordem). No problema de relacionar vendas médias mensais $E(y)$ de uma empresa com despesas mensais de publicidade x_1 e tipo de veículo, suponha que imaginemos que a relação entre $E(y)$ e x_1 seja curvilínea. Construiremos o modelo, passo a passo, para lhe permitir comparar o procedimento com a construção, passo a passo, do modelo de primeira ordem do início desta seção. As interpretações gráficas ajudarão você a entender a contribuição dos termos do modelo.

1. As curvas de vendas médias são idênticas para todos os três veículos de publicidade — isto é, uma única curva de segunda ordem será suficiente para descrever a relação entre $E(y)$ e x_1 para todos os veículos (veja a Figura 11.28):

$$E(y) = \beta_0 + \beta_1x_1 + \beta_2x_1^2$$

onde x_1 = despesas com publicidade

2. As curvas de resposta possuem a mesma forma, mas interceptos de y diferentes (veja a Figura 11.29):

$$E(y) = \beta_0 + \beta_1x_1 + \beta_2x_1^2 + \beta_3x_2 + \beta_4x_3$$

onde:

x_1 = despesa com publicidade.

$x_2 = \begin{cases} 1 & \text{se veículo é rádio} \\ 0 & \text{se não é} \end{cases}$

$x_3 = \begin{cases} 1 & \text{se veículo é televisão} \\ 0 & \text{se não é} \end{cases}$

FIGURA 11.28 A relação entre $E(y)$ e x_1 é a mesma para todos os veículos

FIGURA 11.29 As curvas de resposta têm a mesma forma, mas interceptos de y diferentes

FIGURA 11.30 As curvas de resposta para os três veículos são diferentes

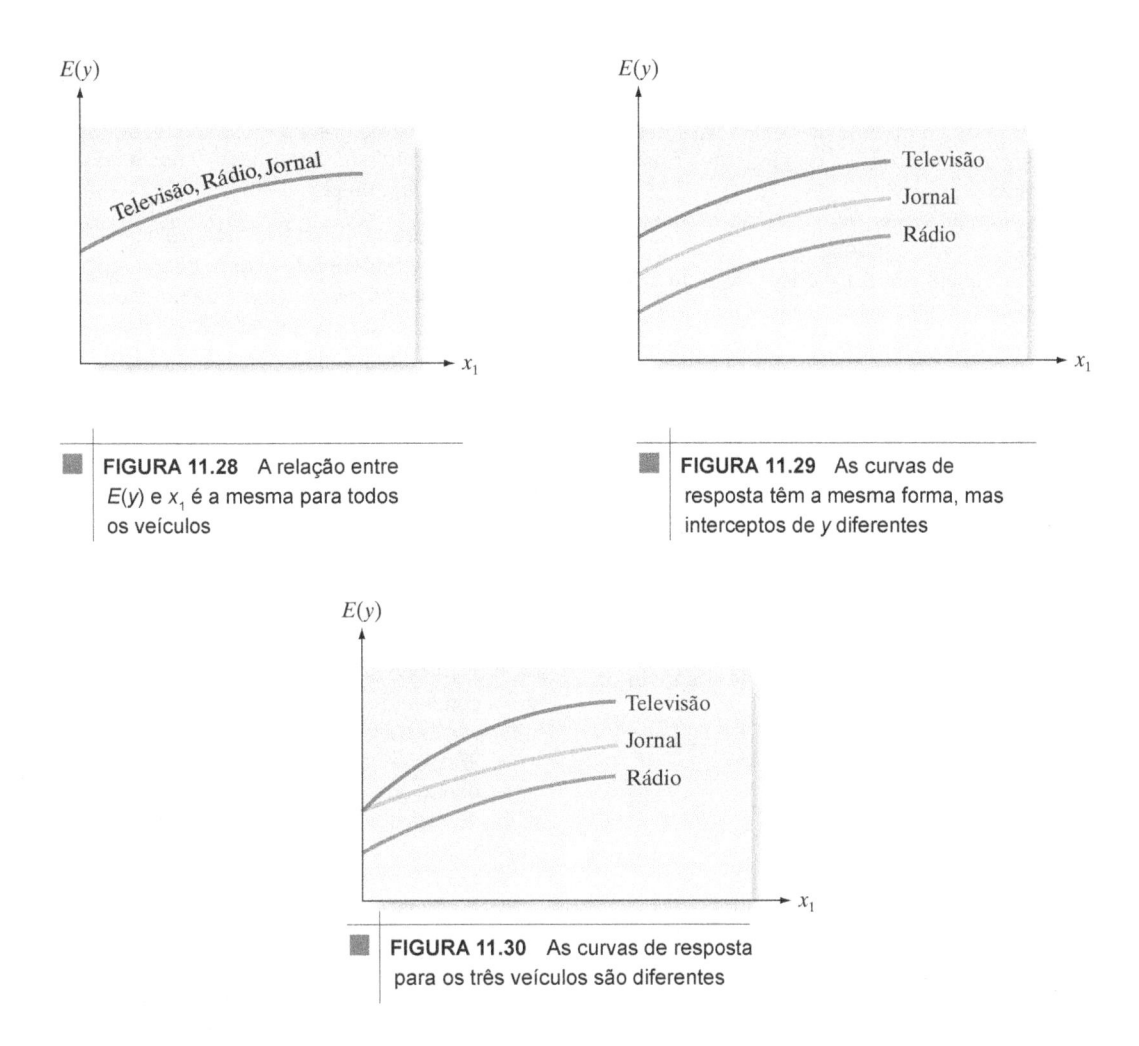

3. As curvas de resposta para os três veículos de publicidade são diferentes (isto é, despesas com publicidade e tipo de veículo interagem), como mostrado na Figura 11.30:

$$E(y) = \beta_0 + \beta_1 x_1 + \beta_2 x_1^2 + \beta_3 x_2 + \beta_4 x_3 + \beta_5 x_1 x_2$$
$$+ \beta_6 x_1 x_3 + \beta_7 x_1^2 x_2 + \beta_8 x_1^2 x_3$$

Agora que você sabe como escrever um modelo com duas variáveis independentes — uma qualitativa e uma quantitativa —, perguntamos: por que fazer isso? Por que não escrever um modelo de segunda ordem separado para cada tipo de veículo, em que $E(y)$ seja apenas uma função da despesa com publicidade? Como foi dito anteriormente, uma razão para escrever um único modelo representando todas as três curvas de resposta é que, fazendo isso, podemos aplicar um teste para determinar se as curvas são diferentes. Ilustraremos esse procedimento na Seção 11.9. Uma segunda razão para escrever um único modelo é que obtemos uma estimativa compartilhada de σ^2, a variação do componente de erro aleatório ε. Se a variação de ε for verdadeiramente a mesma para cada tipo de veículo, a estimativa compartilhada será superior às três estimativas separadas calculadas pelo ajuste de um modelo separado para cada tipo de veículo.

Exercícios 11.72 – 11.83

Aprendendo a mecânica

11.72 Considere um modelo de regressão múltipla para uma resposta y com uma variável quantitativa independente x_1 e uma variável qualitativa de três níveis.

a. Escreva um modelo de primeira ordem que relacione a resposta média $E(y)$ à variável quantitativa independente.

b. Adicione os termos de efeito principal da variável qualitativa independente ao modelo do item **a**. Especifique o esquema de codificação que você usar.
c. Adicione termos ao modelo do item **b** para permitir a interação entre as variáveis independentes qualitativa e quantitativa.
d. Sob que circunstâncias as linhas de resposta do modelo do item **c** serão paralelas?
e. Sob que circunstâncias o modelo do item **c** terá apenas uma linha de resposta?

11.73 Consulte o Exercício 11.72.
a. Escreva um modelo completo de segunda ordem que relacione $E(y)$ à variável quantitativa.
b. Adicione os termos de efeito principal da variável qualitativa (em três níveis) ao modelo do item **a**.
c. Adicione termos ao modelo do item **b** para permitir a interação entre as variáveis independentes quantitativa e qualitativa.
d. Sob que circunstâncias as curvas de resposta do modelo terão a mesma forma, mas interceptos de y diferentes?
e. Sob que circunstâncias as curvas de resposta do modelo serão linhas paralelas?
f. Sob que circunstâncias as curvas de resposta do modelo serão idênticas?

11.74 Considere o modelo:

$$y = \beta_0 + \beta_1 x_1 + \beta_2 x_2 + \beta_3 x_3 + \varepsilon$$

onde x_1 é a variável quantitativa, e x_2 e x_3 são variáveis *dummy* que descrevem uma variável qualitativa em três níveis, usando o esquema de codificação:

$$x_2 = \begin{cases} 1 & \text{se nível 2} \\ 0 & \text{se não} \end{cases} \quad x_3 = \begin{cases} 1 & \text{se nível 3} \\ 0 & \text{se não} \end{cases}$$

A equação de previsão dos mínimos quadrados resultante é:

$$\hat{y} = 44{,}8 + 2{,}2x_1 + 9{,}4x_2 + 15{,}6x_3$$

Qual é a linha de resposta (equação) para $E(y)$ quando $x_2 = x_3 = 0$? Quando $x_2 = 1$ e $x_3 = 0$? Quando $x_2 = 0$ e $x_3 = 1$?

Qual é a equação de previsão dos mínimos quadrados associada com o nível 1? Com o nível 2? Com o nível 3? Desenhe-as no mesmo gráfico.

11.75 Considere o modelo:

$$y = \beta_0 + \beta_1 x_1 + \beta_2 x_1^2 + \beta_3 x_2 + \beta_4 x_3 + \beta_5 x_1 x_2 + \beta_6 x_1 x_3 + \beta_7 x_1^2 x_2 + \beta_8 x_1^2 x_3 + \varepsilon$$

onde x_1 é uma variável quantitativa e:

$$x_2 = \begin{cases} 1 & \text{se nível 2} \\ 0 & \text{se não} \end{cases} \quad x_3 = \begin{cases} 1 & \text{se nível 3} \\ 0 & \text{se não} \end{cases}$$

A equação de previsão dos mínimos quadrados resultante é:

$$\hat{y} = 48{,}8 - 3{,}4x_1 + 0{,}07x_1^2 - 2{,}4x_2 - 7{,}5x_3 + 3{,}7x_1 x_2 + 2{,}7x_1 x_3 - 0{,}02x_1^2 x_2 - 0{,}04x_1^2 x_3$$

a. Qual é a equação da curva de resposta para $E(y)$ quando $x_2 = 0$ e $x_3 = 0$? Quando $x_2 = 1$ e $x_3 = 0$? Quando $x_2 = 0$ e $x_3 = 1$?
b. No mesmo gráfico, desenhe as equações de previsão dos mínimos quadrados associadas com o nível 1, o nível 2 e o nível 3.

11.76 Escreva um modelo que relacione $E(y)$ a duas variáveis independentes — uma quantitativa e uma qualitativa com quatro níveis. Construa um modelo que permita que as curvas de resposta associadas sejam de segunda ordem, mas não permita interação entre as duas variáveis independentes.

Aplicação dos conceitos — Básico

DDT

11.77 Contaminação por uma fábrica de produtos químicos. Consulte o Exercício 11.16 e o modelo relacionando o nível médio de DDT, $E(y)$, dos peixes contaminados a x_1 = milhas rio acima da captura, x_2 = tamanho e x_3 = peso. Agora considere um modelo para $E(y)$ como uma função do peso e da espécie (lampreia, labro e sugador).
a. Estabeleça as variáveis *dummy* apropriadas para as espécies.
b. Escreva a equação de um modelo que proponha relações de linhas retas paralelas entre o nível médio de DDT $E(y)$ e peso, uma linha para cada espécie.
c. Escreva a equação de um modelo que proponha relações de linhas retas não paralelas entre o nível médio de DDT $E(y)$ e peso, uma linha para cada espécie.
d. Ajuste o modelo do item **b** aos dados do arquivo **DDT**. Forneça a equação de previsão dos mínimos quadrados.
e. Consulte o item **d**. Interprete o valor da estimativa de mínimos quadrados do coeficiente beta multiplicado pelo peso.
f. Ajuste o modelo do item **c** aos dados do arquivo **DDT**. Forneça a equação de previsão dos mínimos quadrados.
g. Consulte a parte **f**. Encontre a inclinação estimada da linha que relaciona o nível de DDT (y) ao peso para a espécie lampreia.

SNOWGEESE

11.78 Testes de alimentação de gansos de neve. Consulte o estudo do *Journal of Applied Ecology* sobre hábitos alimentares dos gansos de neve recém-nascidos, do Exercício 11.18.
a. Escreva um modelo de primeira ordem relacionando a mudança de peso dos pequenos gansos (y) com eficiência digestiva (x_1) e dieta (plantas ou ração de pato) que permita diferentes inclinações para cada dieta.
b. Ajuste o modelo do item **a** aos dados do arquivo **SNOWGEESE** e forneça a equação de previsão dos mínimos quadrados.
c. Encontre a inclinação estimada da linha para gansos alimentados com uma dieta de plantas. Interprete seu valor.

d. Encontre a inclinação estimada da linha para gansos alimentados com uma dieta de ração de pato. Interprete seu valor.

e. Realize um teste para determinar se as inclinações associadas com as duas dietas são significativamente diferentes. Use $\alpha = 0{,}05$.

11.79 Fumo e energia em repouso. A influência do hábito de fumar cigarros no dispêndio de energia em repouso (DER) em fumantes de peso normal e obesos foi investigada (*Health Psicology*, mar. 1995). Os pesquisadores criaram a hipótese de que a relação entre o DER de um fumante e o tempo desde o último cigarro fumado é diferente para fumantes de peso normal e fumantes obesos. Conseqüentemente, o modelo de interação a seguir foi examinado.

$$E(y) = \beta_0 + \beta_1 x_1 + \beta_2 x_2 + \beta_3 x_1 x_2$$

onde:

y = DER, medido em quilocalorias por dia
x_1 = tempo, em minutos depois do último cigarro, de leituras de energia metabólica (níveis = 10, 20 e 30 minutos)
$x_2 = \begin{cases} 1 & \text{se peso normal} \\ 0 & \text{se obeso} \end{cases}$

a. Forneça a equação da linha hipotética relacionando o DER médio ao tempo depois do último cigarro para fumantes obesos. Qual é a inclinação da linha?
b. Repita o item **a** para fumantes de peso normal.
c. Um teste para interação resultou em um nível observado de significância de 0,044. Interprete esse valor.

Aplicação dos conceitos — Intermediário

11.80 Estudo de 'segurança no sol'. Numerosos produtos de proteção solar existem no mercado para prevenir a exposição excessiva à radiação solar. Muitas pessoas, no entanto, não praticam a 'segurança no sol' nem reconhecem a eficiência desses produtos. Um grupo de pesquisadores da University of Arizona examinou a viabilidade de educar crianças pré-escolares (4 a 5 anos de idade) a respeito de proteção solar (*American Journal of Public Health*, jul. 1995). Uma amostra de 122 crianças pré-escolares foi dividida em dois grupos: o grupo de controle e o grupo de intervenção. As crianças do grupo de intervenção receberam aulas de 'segurança no sol' na pré-escola, enquanto o grupo de controle não as recebeu. Todas as crianças foram testadas a respeito de seu conhecimento, compreensão e aplicação da proteção solar em dois momentos no tempo: antes das aulas de segurança no sol (pré-teste, x_1) e 7 semanas depois das aulas (pós-teste, y).

a. Escreva um modelo de primeira ordem para pontuação média do pós-teste $E(y)$ como uma função da pontuação do pré-teste x_1 e do grupo. Presuma que não exista interação entre a pontuação do pré-teste e o grupo.
b. Para o modelo do item **a**, mostre que a inclinação da linha que relaciona a pontuação do pós-teste à pontuação do pré-teste é a mesma para os dois grupos de crianças.
c. Repita o item **a**, mas presuma que a pontuação do pré-teste e o grupo interajam.
d. Para o modelo do item **c**, mostre que a linha que relaciona a pontuação do pós-teste à pontuação do pré-teste é diferente para os dois grupos de crianças.

11.81 Residências unifamiliares recém-vendidas. A Associação Nacional dos Corretores de Imóveis mantém um banco de dados com as informações sobre residências vendidas nos Estados Unidos. A tabela a seguir lista os preços de venda de uma amostra de 28 residências unifamiliares recentemente vendidas. A tabela também identifica a região do país na qual a casa está localizada e o número total de casas vendidas na região durante o mês em que houve a venda da casa.

a. Proponha um modelo de segunda ordem completo para o preço de venda de uma casa unifamiliar como função da região e do volume de vendas.
b. Forneça a equação da curva que relaciona o preço de venda ao volume de vendas de casas na região Oeste.
c. Repita o item **b** para as casas vendidas no Noroeste.
d. Que β do modelo do item **a** permitem diferenças entre os preços médios de venda para casas nas quatro regiões?
e. Ajuste o modelo do item **a** aos dados usando um software estatístico. O modelo é estatisticamente útil para prever o preço de venda? Teste usando $\alpha = 0{,}01$.

Preço da casa US$	Região	Volume de vendas
218.200	NE	55.156
235.900	NE	61.025
192.888	NE	48.991
200.990	NE	55.156
345.300	NE	60.324
178.999	NE	51.446
240.855	NW	61.025
183.200	NW	94.166
165.225	NW	92.063
160.633	NW	89.485
173.900	NW	91.772
241.000	NW	99.025
188.950	NW	94.166
192.880	NW	95.688
193.000	S	155.666
211.980	S	160.000
179.500	S	153.540

(continua)

Preço da casa US$	Região	Volume de vendas
185.650	S	148.668
250.900	S	163.210
190.990	S	141.822
242.790	S	163.611
258.900	W	109.083
202.420	W	101.111
365.900	W	116.983
219.900	W	108.773
228.250	W	105.106
235.300	W	107.839
269.800	W	109.026

Fonte: Adaptado da National Association of Realtors, www.realtor.org.

11.82 Redes de empreendedores e crescimento da empresa. O pesquisador E. L. Hansen, da Universidade do Estado da Califórnia (Long Beach), usou a análise de regressão múltipla para investigar a ligação entre as redes de empreendedores e o crescimento de novas organizações (*Entrepreneurship Theory and Practice*, verão, 1995). A variável dependente, crescimento inicial da nova organização (y), é definida como a folha de pagamento mensal da firma no final do seu primeiro ano de negócios. Uma variável independente examinada no modelo (e considerada estatisticamente significativa) é o tamanho do conjunto de ação dos empreendedores (x_1), definida como o número de pessoas na rede social de empreendedores direta ou indiretamente envolvido com a fundação da nova organização. Uma segunda variável independente considerada no estudo foi uma variável *dummy* representando o nível tecnológico da nova firma, onde:

$$x_2 = \begin{cases} 1 & \text{se firma de alta tecnologia} \\ 0 & \text{se firma de baixa tecnologia} \end{cases}$$

a. Escreva um modelo de primeira ordem para o crescimento da nova firma (y) como uma função do tamanho do conjunto de ação dos empreendedores (x_1) e do nível tecnológico (x_2). Presuma que o efeito do tamanho do crescimento da nova firma seja independente do nível tecnológico.
b. Forneça, em termos dos β do modelo do item **a**, a inclinação da linha que relaciona o crescimento da nova firma y ao tamanho x_1 para firmas de alta tecnologia.
c. Repita o item **a**, mas presuma que a taxa de mudança do crescimento da nova firma y com o tamanho x_1 dependa do nível tecnológico x_2.
d. Forneça, em termos dos β do modelo do item **c**, a inclinação da linha que relaciona o crescimento da nova firma y ao tamanho x_1 para firmas de alta tecnologia.

País	Volatilidade (desvio-padrão do retorno), y	Classificação de crédito, x_1	Desenvolvido (D) ou emergente, (E) x_2
1	56,9	9,5	E
2	25,1	72,4	D
3	28,4	58,2	E
4	56,2	9,9	E
5	21,5	92,1	D
6	21,8	90,3	D
7	31,5	47,3	E
8	23,5	80,4	D
9	23,3	81,5	D
10	49,1	15,3	E
11	56,1	10,0	E
12	21,4	92,8	D
13	37,9	31,2	E
14	25,5	70,3	E
15	33,0	43,0	E
16	25,5	70,6	D
17	47,4	17,0	E
18	29,8	53,0	D
19	39,8	27,6	E
20	24,6	74,9	D
21	61,7	7,2	E
22	23,4	81,1	D
23	22,6	85,8	D
24	24,5	75,3	D
25	46,3	18,2	E
26	47,5	16,9	E
27	22,0	89,0	D
28	21,5	91,9	D
29	38,1	30,7	E
30	37,4	32,2	E

11.83 Volatilidade de ações estrangeiras. A relação entre as classificações de crédito dos países e a volatilidade dos mercados de ações desses países foi analisada no *Journal of Portfolio Management* (primavera, 1996). Os pesquisadores mostraram que essa volatilidade pode ser explicada por dois fatores: a classificação de crédito dos países e se eles têm mercados desenvolvidos ou emergentes. A tabela da página anterior fornece a volatilidade (medida como o desvio-padrão dos retornos das ações), as classificações de crédito (medidas como porcentagens) e o tipo de mercado (desenvolvido ou emergente) para um conjunto de 30 países fictícios, com base nos resultados do estudo.

a. Escreva um modelo que descreva a relação entre volatilidade (y) e classificação de crédito (x_1) como duas linhas não paralelas, uma para cada tipo de mercado. Especifique o esquema de codificação das variáveis *dummy* que usar.

b. Desenhe a volatilidade y contra a classificação de crédito x_1 para todos os mercados desenvolvidos da amostra. No mesmo gráfico, desenhe y contra x_1 para todos os mercados emergentes da amostra. O modelo especificado no item **a** parece apropriado? Explique.

c. Ajuste o modelo do item **a** aos dados usando um software estatístico. Escreva a equação de previsão dos mínimos quadrados para cada um dos dois tipos de mercado.

d. Desenhe as duas equações de previsão do item **c** em um gráfico xy dos dados.

e. Há evidências para concluir que a inclinação da relação linear entre volatilidade y e classificação de crédito x_1 depende do tipo de mercado? Teste usando $\alpha = 0,01$.

11.9 Construção de modelos: comparando modelos aninhados (Opcional)

Para sermos construtores de modelos bem-sucedidos, precisamos de métodos estatísticos que nos permitam determinar (com um alto grau de confiança) qual modelo, entre um conjunto de modelos possíveis, melhor se ajusta aos dados. Nesta seção, apresentaremos uma técnica como essa para *modelos aninhados*.

> **DEFINIÇÃO 11.3**
>
> Dois modelos são **aninhados** se um deles contém todos os termos do outro e pelo menos um termo adicional. O modelo mais complexo dos dois é chamado de modelo **completo**, e o modelo mais simples é chamado de modelo **reduzido**.

Para ilustrar o conceito de modelos aninhados, considere o modelo de interação de linha reta para o preço médio de leilão $E(y)$ de um relógio antigo como uma função de duas variáveis quantitativas: a idade do relógio (x_1) e o número de participantes (x_2). O modelo de interação, ajustado no Exemplo 11.6, é:

$$E(y) = \beta_0 + \beta_1 x_1 + \beta_2 x_2 + \beta_3 x_1 x_2$$

Se presumirmos que a relação entre o preço de leilão (y), a idade (x_1) e os participantes (x_2) será curvilínea, o modelo completo de segunda ordem será mais apropriado:

$$E(y) = \beta_0 + \beta_1 x_1 + \beta_2 x_2 + \overbrace{\beta_3 x_1 x_2}^{\text{Termos do modelo de interação}} + \overbrace{\beta_4 x_1^2 + \beta_5 x_2^2}^{\text{Termos quadráticos}}$$

Note que o modelo curvilíneo contém termos quadráticos para x_1 e x_2, além dos termos do modelo de interação. Portanto, os modelos são modelos aninhados. Nesse caso, o modelo de interação está aninhado dentro do modelo curvilíneo mais complexo. Então, o modelo curvilíneo é o modelo *completo*, e o modelo de interação é o modelo *reduzido*.

Suponha que queiramos saber se o modelo curvilíneo mais complexo contribui com mais informação para a previsão de y do que o modelo de interação de linha reta. Isso é equivalente a determinar se os termos quadráticos β_4 e β_5 devem permanecer no modelo. Para testar se esses termos devem permanecer, testamos a hipótese nula:

H_0: $\beta_4 = \beta_5 = 0$ (isto é, os termos quadráticos não são importantes para prever y)

contra a hipótese alternativa:

H_a: pelo menos um dos parâmetros β_4 e β_5 é diferente de zero (isto é, pelo menos um dos termos quadráticos é útil para prever y)

Note que os termos testados são aqueles termos adicionais do modelo completo (curvilíneo) que não estão no modelo reduzido (interação de linha reta).

Na Seção 11.3, apresentamos o teste t para um único coeficiente β e o teste global F para *todos* os parâmetros β (exceto β_0) do modelo. Precisamos agora de um teste para um *subconjunto* dos parâmetros β do modelo completo. O procedimento de teste é intuitivo. Primeiramente, usamos o método dos mínimos quadrados para ajustar o modelo reduzido e calcular a correspondente soma dos quadrados do erro, SQE$_R$ (soma dos quadrados dos desvios entre os valores de y observados e preditos). A seguir, ajustamos o modelo completo e calculamos a soma dos quadrados do erro, SQE$_C$. Então, comparamos SQE$_R$ e SQE$_C$ por meio do cálculo da diferença SQE$_R$ − SQE$_C$. Se os termos adicionais do modelo completo são significativos, SQE$_C$ deve ser muito menor do que SQE$_R$, e a diferença SQE$_R$ − SQE$_C$ é grande.

Uma vez que SQE sempre diminuirá quando novos termos forem adicionados ao modelo, a questão é se a diferença $SQE_R - SQE_C$ é suficientemente grande para concluir que isso se deve a mais do que simplesmente um aumento no número de termos do modelo ou à sorte. O teste estatístico formal usa uma estatística F, como mostrado no quadro.

Quando os pressupostos listados na Seção 11.1 sobre o termo de erro aleatório são satisfeitos, essa estatística F tem uma distribuição F com v_1 e v_2 gl. Note que v_1 é o número de parâmetros β testados e v_2 é o número de graus de liberdade associados com s^2 no modelo completo.

TESTE F PARA COMPARAR MODELOS ANINHADOS

Modelo reduzido: $E(y) = \beta_0 + \beta_1 x_1 + \ldots + \beta_g x_g$
Modelo completo: $E(y) = \beta_0 + \beta_1 x_1 + \ldots + \beta_g x_g + \beta_{g+1} x_{g+1} + \ldots + \beta_k x_k$

$H_0: \beta_{g+1} = \beta_{g+2} = \ldots = \beta_k = 0$

H_a: Pelo menos um dos parâmetros β sob teste é diferente de zero.

Estatística-teste: $F = \dfrac{(SQE_R - SQE_C)/(k - g)}{SQE_C/[n - (k + 1)]}$

$= \dfrac{(SQE_R - SQE_C)/\#\beta \text{ testado em } H_0}{MSE_C}$

onde:
SQE_R = soma dos quadrados de erros no modelo reduzido
SQE_C = soma dos quadrados de erros no modelo completo
QME_C = erro quadrado médio (s^2) no modelo completo
$k - g$ = número de parâmetros β especificados em H_0 (isto é, número de parâmetros β testados)
$k + 1$ = número de parâmetros β no modelo completo (incluindo β_0)
n = tamanho total da amostra

Região de rejeição: $F > F_\alpha$
onde F é baseado em $v_1 = k - g$ graus de liberdade do numerador e $v_2 = n - (k + 1)$ graus de liberdade do denominador.

EXEMPLO 11.12

ANALISANDO UM MODELO COMPLETO DE SEGUNDA ORDEM PARA QUALIDADE DO PRODUTO

Problema Muitas empresas fabricam produtos (por exemplo, aço, tinta, gasolina) que são, pelo menos em parte, produzidos quimicamente. Em muitas circunstâncias, a qualidade do produto final é uma função da temperatura e da pressão nas quais as reações químicas acontecem. Suponha que você deseje modelar a qualidade y de um produto como uma função da temperatura x_1 e da pressão x_2 nas quais ele foi produzido. Quatro inspetores, de forma independente, atribuem uma pontuação de qualidade entre 0 e 100 a cada produto e, então, a qualidade y é calculada com a retirada da média das quatro pontuações. Uma experiência é realizada com a variação da temperatura entre 80° F e 100° F e da pressão entre 50 e 60 libras por polegada quadrada (psi). Os dados resultantes estão na Tabela 11.6.

a. Ajuste um modelo completo de segunda ordem aos dados.

TABELA 11.6 Temperatura (x_1), pressão (x_2) e qualidade do produto final (y)

QUALITY

x_1 (°F)	x_2 (psi)	y	x_1 (°F)	x_2 (psi)	y	x_1 (°F)	x_2 (psi)	y
80	50	50,8	90	50	63,4	100	50	46,6
80	50	50,7	90	50	61,6	100	50	49,1
80	50	49,4	90	50	63,4	100	50	46,4
80	55	93,7	90	55	93,8	100	55	69,8
80	55	90,9	90	55	92,1	100	55	72,5
80	55	90,9	90	55	97,4	100	55	73,2
80	60	74,5	90	60	70,9	100	60	38,7
80	60	73,0	90	60	68,8	100	60	42,5
80	60	71,2	90	60	71,3	100	60	41,4

```
The regression equation is
QUALITY = - 5128 + 31.1 TEMP + 140 PRES - 0.145 TEM_PRES - 0.133 TEMPSQ
          - 1.14 PRESSQ


Predictor          Coef     SE Coef        T       P
Constant        -5127.9       110.3   -46.49   0.000
TEMP             31.096       1.344    23.13   0.000
PRES            139.747       3.140    44.50   0.000
TEM_PRES      -0.145500    0.009692   -15.01   0.000
TEMPSQ        -0.133389    0.006853   -19.46   0.000
PRESSQ         -1.14422     0.02741   -41.74   0.000


S = 1.67870    R-Sq = 99.3%    R-Sq(adj) = 99.1%


Analysis of Variance

Source          DF       SS       MS        F       P
Regression       5   8402.3   1680.5   596.32   0.000
Residual Error  21     59.2      2.8
Total           26   8461.4
```

FIGURA 11.31 Resposta do MINITAB do modelo completo de segunda ordem para a qualidade do produto

b. Rascunhe o modelo ajustado em três dimensões.

c. Os dados fornecem evidência suficiente para indicar que os termos de segunda ordem, β_3, β_4 e β_5, contribuem com informação para a previsão de y?

Solução

a. O modelo completo de segunda ordem é:

$$E(y) = \beta_0 + \beta_1 x_1 + \beta_2 x_2 + \beta_3 x_1 x_2 + \beta_4 x_1^2 + \beta_5 x_2^2$$

Os dados da Tabela 11.6 foram usados para ajustar o modelo, e a resposta do MINITAB é apresentada na Figura 11.31.

A equação de previsão dos mínimos quadrados é:

$$\hat{y} = -5.128 + 31{,}1x_1 + 139{,}75x_2 - 0{,}146 x_1 x_2 - 0{,}133 x_1^2 - 1{,}14 x_2^2$$

b. Um gráfico tridimensional desse modelo de previsão, chamado **superfície de resposta**, é apresentado na Figura 11.32. Note que a qualidade parece maior para temperaturas de cerca de 85° F a 90° F e para pressões de cerca de 55 a 57 libras por polegada quadrada (psi).[12] Experimentações adicionais nessas faixas podem levar a uma determinação mais precisa da combinação ótima de temperatura e pressão.

c. Para determinar se os dados fornecem informação suficiente para indicar que os termos de segunda ordem contribuem com informação para a previsão de y, desejamos testar:

$$H_0: \beta_3 = \beta_4 = \beta_5 = 0$$

contra a hipótese alternativa:

H_a: Pelo menos um dos parâmetros (β_3, β_4 e β_5) é diferente de zero

O primeiro passo na realização do teste é retirar os termos de segunda ordem do modelo completo (de segunda ordem) e ajustar o modelo reduzido:

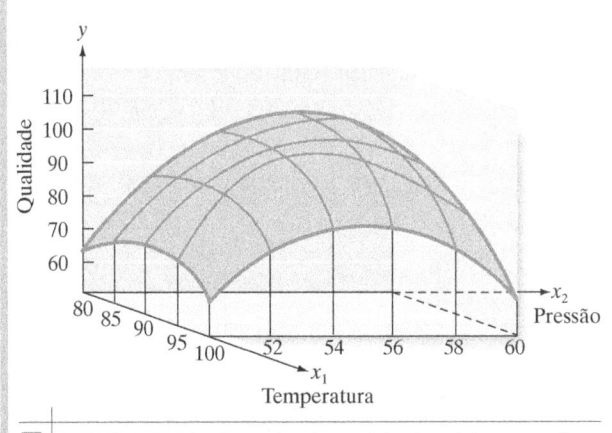

FIGURA 11.32 Desenho do modelo de mínimos quadrados de segunda ordem para o Exemplo 11.12

---

[12] Os estudantes com conhecimento de cálculo podem notar que podemos obter a solução para a temperatura e pressão exatas que maximizam a qualidade no modelo de mínimos quadrados resolvendo $\partial y/\partial x_1 = 0$ e $\partial y/\partial x_2 = 0$ para x_1 e x_2. As estimativas amostrais desses valores ótimos estimados são $x_1 = 86{,}25°$ F e $x_2 = 55{,}58$ psi.

```
                The regression equation is
                QUALITY = 106 - 0.916 TEMP + 0.788 PRES


                Predictor      Coef    SE Coef       T       P
                Constant      106.09    55.95      1.90   0.070
                TEMP          -0.9161   0.3930    -2.33   0.028
                PRES           0.7878   0.7860     1.00   0.326


                S = 16.6727    R-Sq = 21.2%    R-Sq(adj) = 14.6%


                Analysis of Variance

                Source            DF       SS       MS      F      P
                Regression         2    1789.9    895.0   3.22  0.058
                Residual Error    24    6671.5    278.0
                Total             26    8461.4
```

FIGURA 11.33 Resposta do MINITAB do modelo de primeira ordem para a qualidade

$$E(y) = \beta_0 + \beta_1 x_1 + \beta_2 x_2$$

aos dados. Uma resposta do MINITAB para esse modelo é mostrada na Figura 11.33.

Você pode ver que as somas dos quadrados dos erros destacadas nas figuras 11.31 e 11.33 para os modelos completo e reduzido, respectivamente, são:

$$SQE_C = 59{,}2$$
$$SQE_R = 6.671{,}5$$

e que o s^2 para o modelo completo (também destacado na Figura 11.31) é:

$$s^2 = QME_C = 2{,}8$$

Lembre-se de que $n = 27$, $k = 5$ e $g = 2$. Portanto, o valor calculado da estatística F, baseado em $v_1 = (k - g) = 3$ gl do numerador e $v_2 = [n - (k + 1)] = 21$ gl do denominador, é:

$$F = \frac{(SQE_R - SQE_C)/(k - g)}{SQE_C/[n - (k + 1)]} = \frac{(SQE_R - SQE_C)/(k - g)}{QME_C}$$

onde $v_1 = (k - g)$ é igual ao número de parâmetros envolvidos em H_0. Portanto:

Estatística-teste: $F = \dfrac{(6.671{,}5 - 59{,}2)/3}{2{,}8} = 787{,}2$

O passo final do teste é comparar esse valor calculado de F com o valor tabelado com base em $v_1 = 3$ e $v_2 = 21$ gl. Se escolhermos $\alpha = 0{,}05$, então $F_{0{,}05} = 3{,}07$ e a região de rejeição será:

Região de rejeição: $F > 3{,}07$

Como o valor calculado de F cai na região de rejeição (isto é, excede $F_{0{,}05} = 3{,}07$), rejeitamos H_0 e concluímos que pelo menos um dos termos de segunda ordem contribui com informação para a previsão de y. O modelo de segunda ordem parece fornecer melhores previsões de y do que um modelo de primeira ordem.

Relembrando Alguns softwares estatísticos realizarão o teste F desejado de modelo aninhado, se solicitado. A estatística-teste e o valor p do teste acima estão destacados na resposta do SPSS, Figura 11.34.

AGORA FAÇA O EXERCÍCIO **11.88**

Model Summary

					Change Statistics				
Model	R	R Square	Adjusted R Square	Std. Error of the Estimate	R Square Change	F Change	df1	df2	Sig. F Change
1	.460[a]	.212	.146	16.673	.212	3.220	2	24	.058
2	.996[b]	.993	.991	1.679	.781	782.143	3	21	.000

a. Predictors: (Constant), PRESSURE, TEMP
b. Predictors: (Constant), PRESSURE, TEMP, TEM_PRES, TEMPSQ, PRESSQ

FIGURA 11.34 Resposta do SPSS mostrando o teste F de modelo aninhado para o modelo de qualidade do produto

O teste F de modelo aninhado pode ser usado para determinar se *algum* subconjunto de termos deve ser incluído no modelo completo testando-se a hipótese nula de que um conjunto em particular de parâmetros β seja simultaneamente igual a 0. Por exemplo, podemos querer fazer o teste para determinar se o conjunto de termos de interação das variáveis quantitativas ou o conjunto dos termos de efeito principal de uma variável qualitativa devem ser incluídos no modelo. Se rejeitarmos H_0, o modelo completo será o melhor dos dois modelos aninhados.

Suponha que o teste F do Exemplo 11.12 tenha resultado numa estatística-teste que não caiu na região de rejeição. Ainda que devamos ser cautelosos em aceitar H_0, muitos praticantes da análise de regressão adotam o princípio da *parcimônia* — isto é, em situações em que se estabeleceu que dois modelos competidores têm, essencialmente, o mesmo poder preditivo (como neste caso), o modelo com o menor número de β (isto é, o modelo mais parcimonioso) é selecionado. Com base nesse princípio, deveríamos retirar os três termos de segunda ordem e selecionar o modelo reduzido (de linha reta), e não o modelo de segunda ordem (completo).

Definição 11.4

Um **modelo parcimonioso** é um modelo linear geral com o menor número de parâmetros β. Em situações em que dois modelos competidores têm, essencialmente, o mesmo poder preditivo (determinado por um teste F), escolha o mais parcimonioso dos dois.

Quando os modelos candidatos, na construção de modelos, são aninhados, o teste F desenvolvido nesta seção é o procedimento apropriado a ser aplicado para compará-los. Entretanto, se os modelos não são aninhados, esse teste não é aplicável. Nessa situação, o analista deve basear sua escolha do melhor modelo em estatísticas como R_a^2 e s. É importante lembrar que decisões baseadas nessas e em outras medidas descritivas numéricas de adequação do modelo não podem ser apoiadas com uma medida de confiabilidade e são, por natureza, muito subjetivas.

Exercícios 11.84 – 11.95

Aprendendo a mecânica

11.84 Explique por que o teste F usado para comparar os modelos completo e reduzido é um teste de uma cauda, de cauda superior.

11.85 Determine que pares dos seguintes modelos são modelos 'aninhados'. Para cada par de modelos aninhados, identifique o modelo completo e o modelo reduzido.
a. $E(y) = \beta_0 + \beta_1 x_1 + \beta_2 x_2$
b. $E(y) = \beta_0 + \beta_1 x_1$
c. $E(y) = \beta_0 + \beta_1 x_1 + \beta_2 x_1^2$
d. $E(y) = \beta_0 + \beta_1 x_1 + \beta_2 x_2 + \beta_3 x_1 x_2$
e. $E(y) = \beta_0 + \beta_1 x_1 + \beta_2 x_2 + \beta_3 x_1 x_2 + \beta_4 x_1^2 + \beta_5 x_2^2$

11.86 Suponha que você ajuste o modelo de regressão:

$$y = \beta_0 + \beta_1 x_1 + \beta_2 x_2 + \beta_3 x_1 x_2 + \beta_4 x_1^2 + \beta_5 x_2^2 + \varepsilon$$

a $n = 30$ pontos de dados e deseje testar:

$$H_0: \beta_3 = \beta_4 = \beta_5 = 0$$

a. Estabeleça a hipótese alternativa H_a.
b. Forneça o modelo reduzido apropriado para realizar o teste.
c. Quais são os graus de liberdade do numerador e do denominador associados com a estatística F?
d. Suponha que os SQEs para os modelos reduzido e completo são $SQE_R = 1.250,2$ e $SQE_C = 1.125,2$. Realize o teste de hipóteses e interprete os resultados do seu teste. Teste usando $\alpha = 0,05$.

11.87 O modelo completo:

$$y = \beta_0 + \beta_1 x_1 + \beta_2 x_2 + \beta_3 x_3 + \beta_4 x_4 + \varepsilon$$

foi ajustado a $n = 20$ pontos de dados, com SQE = 152,66. O modelo reduzido $y = \beta_0 + \beta_1 x_1 + \beta_2 x_2 + \varepsilon$ também foi ajustado, com SQE = 160,44.
a. Quantos parâmetros β estão no modelo completo? E no modelo reduzido?
b. Especifique as hipóteses nula e alternativa que você usaria para investigar se o modelo completo contribui com mais informações para a previsão de y do que o modelo reduzido.
c. Realize o teste de hipóteses do item b. Use $\alpha = 0,05$.

Aplicação dos conceitos — Básico

11.88 Saúde mental de uma comunidade. Um artigo no *Community Mental Health Journal* (ago. 2000) usou análise de regressão múltipla para modelar o nível de ajuste comunitário dos clientes do Departamento de Saúde Mental e Serviços para Dependentes de Connecticut. A variável dependente ajuste comunitário (y) foi medida quantitativamente, com base nas pontuações dos clientes pelos profissionais de saúde (pontuações menores indicam melhor ajuste). O modelo completo era um modelo de primeira ordem com 21 variáveis independentes. As variáveis independentes foram categorizadas como demográficas (4 variáveis), diagnóstico (7 variáveis), tratamento (4 variáveis) e comunidade (6 variáveis).

a. Escreva a equação de $E(y)$ para o modelo completo.
b. Forneça as hipóteses nula e alternativa para testar se as 7 variáveis de diagnóstico contribuem com informação para a previsão de y.
c. Forneça a equação do modelo reduzido apropriada para o teste do item **b**.
d. O teste do item **b** resultou em uma estatística-teste de $F = 59,3$ e um valor $p < 0,0001$. Interprete esse resultado nas palavras do problema.

11.89 Métodos de resfriamento de turbinas a gás. Releia o estudo do *Journal of Engineering for Gas Turbines and Power* (jan. 2005) sobre um método de admissão de combustível por nuvens de alta pressão para uma turbina a gás, do Exercício 11.17. Considere um modelo para a taxa de calor (quilojoules por quilowatt por hora) de uma turbina a gás como uma função da velocidade do ciclo (revoluções por minuto) e da razão de pressão do ciclo. Os dados estão no arquivo **GASTURBINE**.

a. Escreva um modelo de segunda ordem completo para taxa de calor (y).
b. Forneça as hipóteses nula e alternativa para determinar se os termos de curvatura do modelo completo de segunda ordem são estatisticamente úteis para prever a taxa de calor (y).
c. Para o teste do item **b**, identifique os modelos 'completo' e 'reduzido'.
d. Partes das respostas do MINITAB para os dois modelos são mostradas abaixo. Encontre os valores de SQE_R, SQE_C e QME_C nas listagens.

e. Calcule o valor da estatística-teste para o teste do item **b**.
f. Encontre a região de rejeição para o teste do item **b** usando $\alpha = 0,10$.
g. Enuncie a conclusão do teste nas palavras do problema.

11.90 Colecionando Beanie Babies. Releia o Exercício 10.87 e os dados sobre os valores dos 50 itens de coleção da Beanie Babies publicados na *Beanie World Magazine*. Suponha que desejemos prever o valor de mercado de uma Beanie Baby considerando a idade (em meses a partir de setembro de 1998) e se ela deixou de ser produzida ou ainda está em produção.

a. Escreva um modelo completo de segunda ordem para o valor de mercado como função da idade e da situação de em produção/fora de produção.
b. Especifique a hipótese nula para testar se os termos quadráticos do modelo do item **a** são importantes para prever o valor de mercado.
c. Especifique a hipótese nula para testar se os termos de interação do modelo do item **a** são importantes para prever o valor de mercado.
d. Ajuste os três modelos dos itens de **a** a **c** aos dados do arquivo **BEANIE**. Realize os testes especificados nos itens **b** e **c**. Interprete os resultados.

Aplicação dos conceitos — Intermediário

11.91 Melhorando as pontuações no SAT. Releia o estudo da revista *Chance* (inverno, 2001) relativo a estudantes

Complete Model

```
The regression equation is
HEATRATE = 15583 + 0.078 RPM - 523 CPRATIO + 0.00445 RPM_CPR - 0.000000 RPMSQ
           + 8.84 CPRSQ


S = 563.513    R-Sq = 88.5%    R-Sq(adj) = 87.5%

Analysis of Variance

Source            DF          SS          MS         F        P
Regression         5    148526859    29705372     93.55    0.000
Residual Error    61     19370350      317547
Total             66    167897208
```

Reduced Model

```
The regression equation is
HEATRATE = 12065 + 0.170 RPM - 146 CPRATIO - 0.00242 RPM_CPR

S = 633.842    R-Sq = 84.9%    R-Sq(adj) = 84.2%

Analysis of Variance

Source            DF          SS          MS         F        P
Regression         3    142586570    47528857    118.30    0.000
Residual Error    63     25310639      401756
Total             66    167897208
```

Resposta do MNITAB para o Exercício 11.89

que pagaram um professor particular para ajudá-los a melhorar as suas pontuações no teste padronizado de admissão (SAT) do Exercício 11.65. Lembre-se de que o modelo básico — $E(y) = \beta_0 + \beta_1 x_1 + \beta_2 x_2$, onde y = pontuação do SAT de Matemática, x_1 = pontuação no PSAT e x_2 = {1 se o estudante recebeu aulas particulares, 0 se não} obteve os seguintes resultados: $R_a^2 = 0{,}76$, $\hat{\beta}_2 = 19$ e $s_{\hat{\beta}_2} = 3$. Como um modelo alternativo, o pesquisador adicionou diversas variáveis de 'controle', incluindo variáveis *dummy* para etnia dos estudantes (x_3, x_4 e x_5), uma variável índice de status socioeconômico (x_6), duas variáveis que medem o desempenho escolar (x_7 e x_8), o número de cursos de Matemática realizados na escola (x_9) e o GPA geral para os cursos de Matemática (x_{10}).
   a. Escreva a equação hipotética para $E(y)$ para o modelo alternativo.
   b. Forneça a hipótese nula para um teste F de modelo aninhado, comparando os modelos inicial e alternativo.
   c. O teste F de modelo aninhado do item **b** foi estatisticamente significativo para $\alpha = 0{,}05$. Interprete esse resultado em termos práticos.
   d. O modelo alternativo do item **a** resultou em $R_a^2 = 0{,}79$, $\hat{\beta}_2 = 14$ e $s_{\hat{\beta}_2} = 3$. Interprete o valor de R_a^2.
   e. Consulte o item **d**. Encontre e interprete um intervalo de confiança de 95% para β_2.
   f. O pesquisador concluiu que "o efeito estimado das aulas particulares para o SAT decresce a partir do modelo básico quando variáveis de controle são adicionadas ao modelo". Você concorda? Justifique sua resposta.
   g. Como uma modificação do modelo do item **a**, o pesquisador adicionou todas as interações possíveis entre a variável das aulas particulares (x_2) e as outras variáveis independentes do modelo. Escreva a equação para $E(y)$ nesse modelo modificado.
   h. Forneça a hipótese nula para a comparação dos modelos dos itens de **a** a **g**. Como você realizaria esse teste?

11.92 Estudo de 'Segurança no Sol'. Consulte o estudo do *American Journal of Public Health* a respeito da percepção de crianças pré-escolares com relação à proteção solar, do Exercício 11.80. Considere o modelo de interação de primeira ordem

$$E(y) = \beta_0 + \beta_1 x_1 + \beta_2 x_2 + \beta_3 x_1 x_2$$

onde:
y = pontuação no pós-teste de segurança solar
x_1 = pontuação no pré-teste de segurança solar
$x_2 = \begin{cases} 1 \text{ se no grupo de intervenção segurança no sol} \\ 0 \text{ se no grupo de controle} \end{cases}$

   a. Presumindo que exista interação, forneça o modelo reduzido para testar se as pontuações médias no pós-teste são diferentes nos grupos de intervenção e controle.
   b. Quando o conhecimento a respeito da segurança solar foi usado como variável dependente, o teste do item **a** resultou em um valor p de 0,03. Interprete esse resultado.
   c. Quando a compreensão a respeito da segurança solar foi usada como variável dependente, o teste do item **a** resultou em um valor p de 0,033. Interprete esse resultado.
   d. Quando a aplicação da segurança solar foi usada como variável dependente, o teste do item **a** resultou em um valor p de 0,322. Interprete esse resultado.

11.93 Vidro como encapsulante de resíduos. Como o vidro não está sujeito a danos por radiação, o encapsulamento de resíduos em vidro é considerado uma das soluções mais promissoras para o problema dos resíduos nucleares de baixo nível no ambiente. Entretanto, reações químicas podem enfraquecer o vidro. Essa preocupação levou a um estudo, realizado conjuntamente pelo Departamento de Ciências dos Materiais e Engenharia da Universidade da Flórida e pelo Departamento de Energia dos Estados Unidos, para avaliar a utilidade do vidro como encapsulante de resíduos.[13] Soluções químicas corrosivas (chamadas *banhos corrosivos*) foram preparadas e aplicadas diretamente a amostras de vidro contendo um dos três tipos de resíduo (TDS-3A, FE e AL). As reações químicas foram observadas ao longo do tempo. Algumas das variáveis medidas foram:

y = quantidade de silício (em partes por milhão) encontrada na solução no final do experimento (o que é tanto uma medida do grau de decomposição do vidro como uma aproximação para a quantidade de material radioativo liberado no ambiente)

x_1 = temperatura (°C) do banho corrosivo

x_2 = 1 se o resíduo é do tipo TDS-3A, 0 se não é

x_3 = 1 se o resíduo é do tipo FE, 0 se não é

(O resíduo do tipo AL é o nível base.) Suponha que você deseje modelar a quantidade y de silício como uma função da temperatura (x_1) e do tipo de resíduo (x_2, x_3).
   a. Escreva um modelo que proponha relações de linhas retas paralelas entre a quantidade de silício e a temperatura, uma linha para cada um dos três tipos de resíduos.
   b. Adicione termos para a interação entre temperatura e tipo de resíduo ao modelo do item **a**.
   c. Consulte o modelo do item **b**. Para cada tipo de resíduo, forneça a inclinação da linha que relaciona quantidade de silício à temperatura.
   d. Explique como você poderia testar a interação entre temperatura e tipo de resíduo.

11.94 Distúrbios emocionais em bombeiros. O *Journal of Human Stress* (verão, 1987) publicou um estudo sobre a 'resposta psicológica de bombeiros ao fogo químico'. Imagina-se que o modelo completo de segunda ordem a seguir seja adequado para descrever a relação entre dis-

---
[13] As informações básicas para este exercício foram fornecidas pelo Dr. David Clark, do Departamento de Ciências dos Materiais e Engenharia da University of Florida.

túrbio emocional e anos de experiência para dois grupos de bombeiros — os expostos ao fogo químico e os não expostos.

$$E(y) = \beta_0 + \beta_1 x_1 + \beta_2 x_1^2 + \beta_3 x_2 + \beta_4 x_1 x_2 + \beta_5 x_1^2 x_2$$

onde:

y = distúrbio emocional

x_1 = experiência (anos)

x_2 = 1 se exposto a fogo químico, 0 se não

a. Que hipótese você testaria para determinar se a *taxa* de crescimento do distúrbio emocional com a experiência seria diferente para os dois grupos de bombeiros?
b. Que hipótese você testaria para determinar se há diferenças nos níveis médios de distúrbio emocional atribuíveis ao grupo de exposição?
c. O modelo de segunda ordem, ajustado a uma amostra de 200 bombeiros, resultou em SQE = 783,90. O modelo reduzido, $E(y) = \beta_0 + \beta_1 x_1 + \beta_2 x_1^2$, ajustado aos mesmos dados, resultou em SQE = 795,23. Há evidência suficiente para reforçar a afirmação de que os níveis médios de distúrbio emocional são diferentes para os dois grupos de bombeiros? Use $\alpha = 0{,}05$.

Aplicação dos conceitos — Avançado

11.95 Modelando reclamações mensais de colisões. Uma empresa de tamanho médio de seguros de automóveis está interessada em desenvolver um modelo de regressão para ajudar a predizer as reclamações mensais de colisões por parte de seus segurados. Uma analista da empresa propôs a modelagem das reclamações mensais de colisões (y) dos estados da Costa Atlântica como uma função da porcentagem de reclamações feitas por motoristas com idades abaixo de 30 anos (x_1) e a temperatura média diária durante o mês (x_2). Ela acredita que, à medida que a porcentagem de reclamações por motoristas com idades abaixo dos 30 anos aumenta, as reclamações crescem, uma vez que os motoristas mais jovens são normalmente envolvidos em acidentes mais sérios do que os mais velhos. Ela também acredita que as reclamações crescerão à medida que a temperatura média diária decrescer, uma vez que temperaturas mais baixas estão associadas com gelo e piores condições de direção. Para desenvolver um modelo preliminar, foram coletados dados do estado de New Jersey, abrangendo um período de três anos. Os dados estão no arquivo **NJCLAIMS**. (As cinco primeiras e as cinco últimas observações estão listadas na tabela abaixo.)

a. Use um software estatístico para ajustar o modelo completo de segunda ordem

$$E(y) = \beta_0 + \beta_1 x_1 + \beta_2 x_2 + \beta_3 x_1 x_2 + \beta_4 x_1^2 + \beta_5 x_2^2$$

b. Teste a hipótese $H_0: \beta_4 = \beta_5 = 0$, usando $\alpha = 0{,}05$. Interprete os resultados em termos práticos.
c. Os resultados reforçam as crenças da analista? Explique (você pode precisar realizar outros testes de hipóteses para responder a essa pergunta).

NJCLAIMS (Cinco primeiros e cinco últimos meses listados)

Mês	Reclamações mensais de colisões y (US$)	Porcentagem mensal de reclamantes abaixo de 30 anos x_1	Newark, N.J. temperatura média diária durante o mês x_2 (°F)
1	116.250	50,0	31,5
2	217.180	60,8	33,0
3	43.436	45,1	45,0
4	159.265	56,4	53,9
5	130.308	53,3	63,9
.	.	.	.
.	.	.	.
.	.	.	.
44	136.528	53,1	76,6
45	193.608	59,8	68,6
46	38.722	45,6	62,4
47	212.309	63,9	50,0
48	118.796	52,3	42,3

Fontes: Empresa de seguros anônima; New Jersey Department of Insurance; Weather of U.S. Cities, 4. ed., Gale Research Inc., Detroit, 1992.

11.10 Construção de modelos: regressão passo a passo (Opcional)

Considere o problema de prever o salário y de um executivo. Talvez o maior problema na construção de um modelo para descrever salários de executivos seja escolher as variáveis independentes importantes a serem incluídas no modelo. A lista de variáveis independentes potencialmente importantes é extremamente longa (por exemplo, idade, experiência, cargo, nível educacional, etc.); então, precisamos de um método objetivo para separar as que não são importantes.

O problema de decidir quais devem ser incluídas em um modelo, em um conjunto grande de variáveis independentes, é comum. Tentar determinar quais **variáveis influenciam os lucros de uma firma**, afetam a pressão sanguínea de seres humanos ou estão relacionadas ao desempenho de um estudante na faculdade são somente alguns exemplos.

Uma abordagem sistemática para a construção de um modelo com um grande número de variáveis independentes é difícil, porque a interpretação das interações entre as variáveis e os termos de ordem mais alta é cansativa. Voltamo-nos, então, para um procedimento de filtragem, disponível em muitos softwares estatísticos, conhecido como **regressão passo a passo**.

O procedimento de regressão passo a passo mais comumente usado funciona como se segue. O usuário primeiramente identifica a resposta y e o conjunto de variáveis independentes potencialmente importantes, $x_1, x_2, ..., x_k$, onde k é geralmente grande. [*Nota*: esse conjunto de variáveis pode incluir tanto termos de primeira ordem como de ordens mais altas. Entretanto, com freqüência, incluímos apenas os efeitos principais das variáveis quantitativas (termos de primeira ordem) e das variáveis qualitativas (variáveis *dummy*), uma vez que a inclusão de termos de segunda ordem aumenta muito o número de variáveis independentes.] A resposta e as variáveis independentes são então introduzidas no programa de computador e o procedimento por etapas começa.

Passo 1: O programa ajusta todos os modelos possíveis de uma variável da forma:

$$E(y) = \beta_0 + \beta_1 x_i$$

aos dados, em que x_i é a i-ésima variável independente, $i = 1, 2, ..., k$. Para cada modelo, o teste da hipótese nula:

$$H_0: \beta_1 = 0$$

contra a hipótese alternativa:

$$H_a: \beta_1 \neq 0$$

é realizado usando o teste t (ou o teste F equivalente) para um único parâmetro β. A variável independente que produz o maior valor (absoluto) de t é declarada a variável melhor preditora de y.[14] Vamos chamar essa variável independente de x_1.

Passo 2: O procedimento passo a passo começa agora a procurar, pelas variáveis independentes remanescentes $(k - 1)$, o melhor modelo de duas variáveis da forma:

$$E(y) = \beta_0 + \beta_1 x_1 + \beta_2 x_i$$

Isso é feito pelo ajuste de todos os modelos de duas variáveis que contêm x_1 e cada uma das outras $(k-1)$ opções para a segunda variável, x_i. Os valores t para o teste $H_0: \beta_2 = 0$ são calculados para cada um dos $(k-1)$ modelos (correspondentes às variáveis independentes remanescentes, x_i, $i = 2, 3, ..., k$) e a variável com o maior t é retida. Vamos chamar essa variável de x_2.

Nesse ponto, alguns softwares divergem na metodologia. Os melhores softwares agora voltam atrás e verificam o valor t de $\hat{\beta}_1$ depois que $\hat{\beta}_2 x_2$ foi adicionado ao modelo. Se o valor t se tornou não significativo para algum nível especificado de α (digamos $\alpha = 0,10$), a variável x_1 é removida e uma procura é feita para a variável independente com o parâmetro β que resultará no valor t mais significativo, na presença de $\hat{\beta}_2 x_2$. Outros softwares não verificam novamente a significância de $\hat{\beta}_1$ e continuam diretamente para o passo 3.

A razão pela qual o valor t para x_1 pode mudar do passo 1 para o passo 2 é o fato de o significado do coeficiente $\hat{\beta}_1$ mudar. No passo 2, estamos aproximando uma superfície complexa de resposta de duas variáveis com um plano. O plano que melhor se ajusta pode levar a um valor diferente de $\hat{\beta}_1$ do que o obtido no passo 1. Então, tanto o valor de $\hat{\beta}_1$ quanto sua significância normalmente mudam do passo 1 para o passo 2. Por essa razão, os softwares que verificam novamente o valor t em cada passo são preferíveis.

---

[14] Note que a variável com o maior valor t é também a que tem o maior produto (absoluto) de momento de correlação de Pearson, r (Seção 10.6), com y.

Passo 3: O procedimento passo a passo agora procura uma terceira variável independente para incluir no modelo com x_1 e x_2 — isto é, procuramos o melhor modelo da forma:

$$E(y) = \beta_0 + \beta_1 x_1 + \beta_2 x_2 + \beta_3 x_i$$

Para fazer isso, ajustamos todos os $(k-2)$ modelos usando x_1, x_2 e cada uma das $(k-2)$ variáveis remanescentes x_i como um possível x_3. O critério é, novamente, incluir a variável independente com o maior valor t. Chame essa melhor terceira variável de x_3.

Os melhores programas agora verificam novamente os valores t correspondentes aos coeficientes de x_1 e x_2 removendo as variáveis com valores t que se tornaram não significativas. O procedimento continua até que nenhuma variável independente adicional possa ser encontrada que resulte num valor t significativo (no nível especificado de α) na presença das variáveis já incluídas no modelo.

O resultado do procedimento passo a passo é um modelo contendo somente aqueles termos com valores t que são significativos para o nível especificado de α. Então, na maioria das situações práticas, somente algumas do grande número de variáveis independentes permanecem. Entretanto, é muito importante *não* concluir rapidamente que todas as variáveis independentes importantes para prever y foram identificadas, ou que as variáveis independentes não importantes foram eliminadas. Lembre-se de que o procedimento passo a passo está usando somente *estimativas amostrais* dos verdadeiros coeficientes do modelo (β) para selecionar as variáveis importantes. Um número extremamente grande de testes t de parâmetros β foi realizado, e a probabilidade é muito grande de que um ou mais erros tenham sido feitos na inclusão ou na exclusão de variáveis — isto é, muito provavelmente incluímos algumas variáveis não importantes no modelo (erros Tipo I) e eliminamos algumas importantes (erros Tipo II).

Há uma segunda razão pela qual podemos não ter chegado a um bom modelo. Quando escolhemos as variáveis a serem incluídas na regressão passo a passo, podemos freqüentemente omitir termos de ordem mais alta (para manter o número de variáveis gerenciável). Conseqüentemente, podemos ter omitido inicialmente vários termos importantes para o modelo. Então, devemos reconhecer a regressão passo a passo pelo que ela é: um procedimento objetivo de filtragem.

Construtores de modelos bem-sucedidos examinarão agora termos de segunda ordem (para as variáveis quantitativas) e outras interações entre as **variáveis filtradas pelo procedimento passo a passo.** Seria melhor desenvolver esse modelo da superfície de resposta com um segundo conjunto de dados independentes dos usados para a filtragem, de forma que os resultados do procedimento passo a passo **pudessem ser parcialmente verificados com os novos dados.** Nem sempre isso é possível, entretanto, porque, em muitas situações de modelagem, somente uma pequena quantidade de dados está disponível.

Não se iluda com os altos valores t que resultam do procedimento passo a passo — ele reteve apenas as variáveis independentes com os maiores valores t. Além disso, não deixe de examinar termos de segunda ordem no desenvolvimento sistemático do modelo de previsão. Finalmente, se você usou um modelo de primeira ordem para o seu procedimento passo a passo, lembre-se de que ele pode ser muito melhorado pela inclusão de termos de ordens mais elevadas.

Cuidado

Seja cuidadoso no uso dos resultados da regressão passo a passo na realização de inferências sobre a relação entre $E(y)$ e as variáveis independentes no modelo de primeira ordem resultante. Primeiro, um número extremamente grande de testes t foi realizado, levando a uma alta probabilidade de incorrer em um ou mais erros Tipo I ou II. Segundo, o modelo passo a passo não inclui temos de ordens mais altas nem termos de interação. A regressão passo a passo deve ser usada somente quando necessário — isto é, quando você deseja determinar quais, em um grande número de variáveis independentes potencialmente importantes, devem ser utilizadas no processo de construção do modelo.

EXEMPLO 11.13

Rodando uma regressão passo a passo

Problema Uma empresa internacional de consultoria gerencial desenvolveu modelos de regressão múltipla para os salários de executivos das suas empresas clientes. A empresa de consultoria descobriu que modelos que usam o logaritmo natural do salário como variável dependente têm um poder preditivo melhor do que os que usam o salário como variável dependente.[15] Um passo preliminar na construção desses modelos é a deter-

---

[15] Isto provavelmente acontece porque os salários tendem a ser aumentados em *porcentagens*, e não em valores monetários. Quando uma variável de resposta muda percentualmente à medida que as variáveis independentes são modificadas, o logaritmo da variável de resposta será mais apropriado como variável dependente.

TABELA 11.7 Variáveis independentes do exemplo de salários dos executivos

Variável independente	Descrição	Tipo
x_1	Experiência (anos)	Quantitativa
x_2	Educação (anos)	Quantitativa
x_3	Elegibilidade para o bônus (1 se sim, 0 se não)	Qualitativa
x_4	Número de empregados supervisionados	Quantitativa
x_5	Ativos corporativos (milhões de dólares)	Quantitativa
x_6	Membro da diretoria (1 se sim, 0 se não)	Qualitativa
x_7	Idade (anos)	Quantitativa
x_8	Lucros da empresa (últimos 12 meses, milhões de dólares)	Quantitativa
x_9	Tem responsabilidade internacional (1 se sim, 0 se não)	Qualitativa
x_{10}	Vendas totais da empresa (últimos 12 meses, milhões de dólares)	Quantitativa

```
Alpha-to-Enter: 0.15   Alpha-to-Remove: 0.15


Response is Y on 10 predictors, with N = 100


Step               1        2        3        4        5
Constant       11.091   10.968   10.783   10.278    9.962

X1             0.0278   0.0273   0.0273   0.0273   0.0273
T-Value         12.62    15.13    18.80    24.68    26.50
P-Value         0.000    0.000    0.000    0.000    0.000

X3                       0.197    0.233    0.232    0.225
T-Value                   7.10    10.17    13.30    13.74
P-Value                  0.000    0.000    0.000    0.000

X4                              0.00048  0.00055  0.00052
T-Value                            7.32    10.92    11.06
P-Value                           0.000    0.000    0.000

X2                                        0.0300   0.0291
T-Value                                     8.38     8.72
P-Value                                    0.000    0.000

X5                                                 0.00196
T-Value                                               3.95
P-Value                                              0.000

S               0.161    0.131    0.106   0.0807   0.0751
R-Sq            61.90    74.92    83.91    90.75    92.06
R-Sq(adj)       61.51    74.40    83.41    90.36    91.64
Mallows C-p     343.9    195.5     93.8     16.8      3.6
```

FIGURA 11.35 Resposta da regressão passo a passo do MINITAB para os dados dos salários dos executivos

minação das variáveis independentes mais importantes. Em uma empresa, 10 variáveis independentes potenciais (sete quantitativas e três qualitativas) foram medidas em uma amostra de 100 executivos. Os dados, descritos na Tabela 11.7, estão no arquivo **EXECSAL**. Como seria muito difícil construir um modelo completo de segunda ordem com todas as 10 variáveis independentes, utilize a regressão passo a passo para decidir quais das 10 variáveis devem ser incluídas na construção do modelo final para o logaritmo natural dos salários dos executivos.

Solução

Usaremos a regressão passo a passo com os efeitos principais das 10 variáveis independentes para identificar as variáveis mais importantes. A variável dependente y é o logaritmo natural dos salários dos executivos. A resposta da regressão passo a passo do MINITAB é mostrada na Figura 11.35.

Note que a primeira variável incluída no modelo é x_1, anos de experiência. No segundo passo, x_3, uma variável 'dummy' para a variável qualitativa elegibilidade (ou não) para o bônus foi trazida para o modelo. Nos passos 3, 4 e 5, as variáveis x_4 (número de empregados supervisionados), x_2 (anos de educação) e x_5 (ativos corporativos), respectivamente, foram selecionadas para inclusão no modelo. O MINITAB parou depois de cinco passos, porque nenhuma outra variável independente passou no critério de admissão no modelo. Como padrão, o MINITAB usa $\alpha = 0{,}15$ nos testes t realizados. Em outras palavras, se o valor p associado com o coeficiente β exceder $\alpha = 0{,}15$, a variável *não* será incluída no modelo.

Os resultados da regressão passo a passo sugerem que devemos nos concentrar nessas cinco variáveis independentes. Modelos com termos de segunda ordem e interações devem ser propostos e avaliados para determinar o melhor modelo para prever salários de executivos.

AGORA FAÇA O EXERCÍCIO **11.97**

RECOMENDAÇÃO

Não use o modelo da regressão passo a passo como modelo final para prever y. Lembre-se de que o procedimento passo a passo tende a realizar um grande número de testes t, aumentando a probabilidade geral de um erro Tipo I, e não inclui automaticamente termos de ordens mais altas (por exemplo, interações e termos quadráticos) no modelo final. Use a regressão passo a passo como uma ferramenta de filtragem quando existir um grande número de variáveis independentes potencialmente importantes. Comece, então, a construir modelos para y usando as variáveis identificadas pelo passo a passo.

ESTATÍSTICA EM AÇÃO REVISITADA

SELECIONANDO AS VARIÁVEIS INDEPENDENTES E CONSTRUINDO UM MODELO PARA O CUSTO DE CONTRATOS DE RODOVIAS

Na seção de Estatística em ação revisitada anterior, usamos todas as oito variáveis independentes da Tabela EA11.1 para ajustar um modelo de primeira ordem para o custo (y) de um contrato de construção de uma rodovia ganho pelo sistema de propostas fechadas. Ainda que o modelo tenha sido considerado estatisticamente útil para prever y, o desvio-padrão do modelo ($s = 305$ mil dólares) era provavelmente muito grande para que ele fosse útil 'na prática'. Um modelo mais complexo — envolvendo termos de ordem mais alta (interações e termos quadráticos) — precisa ser considerado. Um modelo completo de segunda ordem envolvendo todas as variáveis independentes, entretanto, requereria mais de 100 termos! Conseqüentemente, usaremos a regressão passo a passo para selecionar o 'melhor' subconjunto de variáveis independentes e, então, formar um modelo completo de segunda ordem apenas com essas variáveis.

A Figura EA11.4 é uma resposta do MINITAB da regressão passo a passo. Você pode ver que a estimativa de custo pelo engenheiro do DOT (DOTEST) é a primeira variável selecionada, seguida por estado da concorrência (STATUS), estimativa para o número de dias de trabalho requeridos (DAYSEST) e razão do número de proponentes para o número dos que receberam o plano (BTPRATIO). Lembre-se de que o MINITAB usa um nível padrão de α de $0{,}15$. Se reduzimos o nível de significância de entrada para $\alpha = 0{,}05$, somente DOTEST e STATUS são selecionadas, uma vez que os valores p (destacados na listagem) para DAYSEST e BTPRATIO são, ambos, maiores que $0{,}05$.

Uma vez que estado da concorrência é uma variável qualitativa ($x_2 = 1$ se fixada e 0 se competitiva), um modelo completo de segunda ordem para o custo do contrato (y), usando DOTEST (x_1) e STATUS (x_2), é dado pela equação:

$$E(y) = \beta_0 + \beta_1 x_1 + \beta_2 (x_1)^2 + \beta_3 x_2 + \beta_4 x_1 x_2 + \beta_5 (x_1)^2 x_2$$

A resposta do MINITAB para esse modelo é mostrada na Figura EA11.5. Note que o teste global F para o modelo é estatisticamente significativo (valor $p = 0{,}000$) e que o desvio-padrão do modelo, $s = 296{,}6$, é menor que o desvio-padrão do modelo de primeira ordem.

```
            Alpha-to-Enter: 0.15   Alpha-to-Remove: 0.15


   Response is COST on 8 predictors, with N = 235


   Step                    1         2         3         4
   Constant            20.91    -20.54    -55.22   -212.85

   DOTEST             0.9263    0.9308    0.9110    0.9132
   T-Value             93.89     95.52     56.86     57.11
   P-Value             0.000     0.000     0.000     0.000

   STATUS                          166       167       171
   T-Value                        3.38      3.40      3.50
   P-Value                       0.001     0.001     0.001

   DAYSEST                                  0.27      0.33
   T-Value                                  1.55      1.85
   P-Value                                 0.122     0.065

   BTPRATIO                                           241
   T-Value                                           1.81
   P-Value                                          0.072

   S                     313       306       305       304
   R-Sq                97.42     97.55     97.57     97.60
   R-Sq(adj)           97.41     97.52     97.54     97.56
   Mallows C-p          15.2       5.7       5.2       4.0
```

FIGURA EA11.4 Regressão passo a passo do MINITAB para os dados de custo de rodovias

```
The regression equation is
COST = - 3.0 + 0.916 DOTEST + 0.000001 DOTEST2 - 36.7 STATUS + 0.324 STA_DOT
       - 0.000036 STA_DOT2


Predictor          Coef      SE Coef        T       P
Constant          -2.98        30.89    -0.10   0.923
DOTEST          0.91553      0.02917    31.39   0.000
DOTEST2      0.00000072   0.00000340     0.21   0.833
STATUS           -36.72        74.77    -0.49   0.624
STA_DOT          0.3242       0.1192     2.72   0.007
STA_DOT2     -0.00003576   0.00002478   -1.44   0.150


S = 296.646    R-Sq = 97.7%    R-Sq(adj) = 97.7%


Analysis of Variance

Source           DF          SS          MS         F       P
Regression        5   866723202   173344640   1969.85   0.000
Residual Error  229    20151771       87999
Total           234   886874973
```

FIGURA EA11.5 Resposta da regressão do MINITAB para o modelo completo de segunda ordem de custo do contrato

Model Summary

Model	R	R Square	Adjusted R Square	Std. Error of the Estimate	Change Statistics				
					R Square Change	F Change	df1	df2	Sig. F Change
1	.988a	.977	.977	296.69515	.977	3281.312	3	231	.000
2	.989b	.977	.977	296.64238	.000	1.041	2	229	.355

a. Predictors: (Constant), STA_DOT, DOTEST, STATUS
b. Predictors: (Constant), STA_DOT, DOTEST, STATUS, DOTEST2, STA_DOT2

FIGURA EA11.6 Resposta do SPSS do teste para comparar o modelo completo de segunda ordem de custo do contrato com o modelo reduzido

Os termos de segunda ordem do modelo, $\beta_2(x_1)^2$ e $\beta_5(x_1)^2 x_2$, são necessários? Se não são, podemos simplificar o modelo retirando esses termos de curvatura. A hipótese de interesse é $H_0: \beta_2 = \beta_5 = 0$. Para testar esse subconjunto dos β, comparamos o modelo completo de segunda ordem com o modelo sem os termos curvilíneos. O modelo reduzido toma a forma:

$$E(y) = \beta_0 + \beta_1 x_1 + \beta_3 x_2 + \beta_4 x_1 x_2$$

Os resultados do teste F desse modelo aninhado (ou parcial) são apresentados no final da resposta do SPSS, Figura EA11.6. O valor p do teste (destacado na listagem do SPSS) é 0,355. Como esse valor p é maior do que α = 0,05, há evidência insuficiente para rejeitar H_0 — isto é, não há evidência para indicar que os dois termos de curvatura sejam preditores úteis do custo de rodovias. Conseqüentemente, o modelo reduzido é selecionado como o melhor preditor do custo.

A resposta do MINITAB para o modelo reduzido é mostrada na Figura EA11.7. O modelo em geral é estatisticamente significativo (valor p = 0,000 para o teste global F), explicando cerca de 98% das variações amostrais de custo do contrato. O desvio-padrão do modelo, s = 296,7, implica que podemos prever custos dentro de cerca de 593 mil dólares. Além disso, o teste t para o termo de interação, $\beta_4 x_1 x_2$, é significativo (valor p = 0,000), implicando que a relação entre custo do contrato (y) e estimativa de custo do DOT depende do estado da concorrência (fixada ou competitiva).

A natureza da interação está ilustrada no gráfico do MINITAB da equação de previsão dos mínimos quadrados para o modelo reduzido, Figura EA11.8. Você pode ver que a taxa de aumento do custo do contrato (y) com a estimativa de custo do engenheiro do DOT (x_1) é mais inclinada para contratos fixados do que para contratos competitivos.

```
The regression equation is
COST = - 6.4 + 0.921 DOTEST + 28.7 STATUS + 0.163 STA_DOT


Predictor       Coef     SE Coef        T        P
Constant       -6.43       26.21    -0.25    0.806
DOTEST      0.921336    0.009723    94.75    0.000
STATUS         28.67       58.66     0.49    0.625
STA_DOT      0.16328     0.04043     4.04    0.000


S = 296.699    R-Sq = 97.7%    R-Sq(adj) = 97.7%


Analysis of Variance

Source             DF           SS           MS         F        P
Regression          3    866540004    288846668   3281.22    0.000
Residual Error    231     20334968        88030
Total             234    886874973
```

FIGURA EA11.7 Resposta da regressão do MINITAB para o modelo reduzido de custo do contrato

FIGURA EA11.8 Gráfico do MINITAB da equação de previsão dos mínimos quadrados para o modelo reduzido de custo do contrato

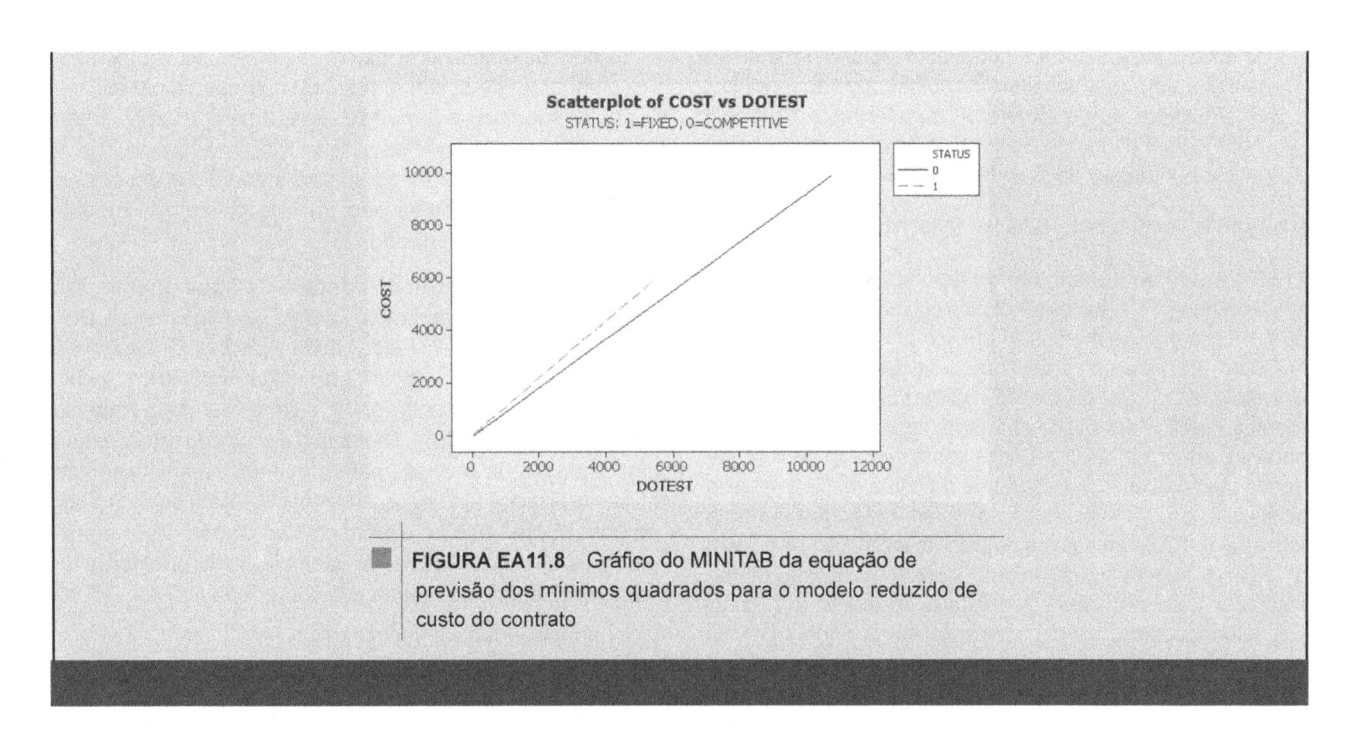

Exercícios 11.96 – 11.99

Aprendendo a mecânica

11.96 Há seis variáveis independentes, x_1, x_2, x_3, x_4, x_5 e x_6, que podem ser úteis na previsão de uma resposta y. Um total de $n = 50$ observações está disponível e decidiu-se empregar a regressão passo a passo para ajudar a selecionar as variáveis independentes que pareçam úteis. O computador ajustou todos os modelos possíveis de uma variável da forma:

$$E(y) = \beta_0 + \beta_1 x_i$$

onde x_i é a i-ésima variável independente, $i = 1, 2, ..., 6$. As informações da tabela abaixo foram retiradas da listagem do computador.

VARIÁVEL INDEPENDENTE	$\hat{\beta}_i$	$s_{\hat{\beta}_i}$
x_1	1,6	0,42
x_2	–0,9	0,01
x_3	3,4	1,14
x_4	2,5	2,06
x_5	–4,4	0,73
x_6	0,3	0,35

a. Qual variável independente é declarada a melhor variável preditora de y? Explique.
b. Essa variável deveria ser incluída no modelo nesse estágio? Explique.
c. Descreva a próxima fase que um procedimento passo a passo executaria.

Aplicação dos conceitos — Básico

11.97 Preferências de primeiro emprego. A revista *Benefits Quarterly* (primeiro trimestre, 1995) publicou um estudo sobre preferências quanto ao primeiro emprego. Diversas variáveis independentes foram usadas para modelar as preferências de emprego (medidas em uma escala de 10 pontos) de 164 recém-formados em administração. Suponha que a regressão passo a passo tenha sido usada para construir um modelo para pontuação de preferências de emprego (y) como uma função das seguintes variáveis independentes:

$x_1 = \begin{cases} 1 & \text{se tem horário flexível} \\ 0 & \text{se não tem} \end{cases}$

$x_2 = \begin{cases} 1 & \text{se tem assistência médica} \\ 0 & \text{se não tem} \end{cases}$

$x_3 = \begin{cases} 1 & \text{se tem apoio para transferência do cônjuge} \\ 0 & \text{se não tem} \end{cases}$

$x_4 = $ número de dias de licença por doença permitidos

$x_5 = \begin{cases} 1 & \text{se o candidato é casado} \\ 0 & \text{se não é} \end{cases}$

$x_6 = $ número de filhos do candidato

$x_7 = \begin{cases} 1 & \text{se o candidato é do sexo masculino} \\ 0 & \text{se o candidato é do sexo feminino} \end{cases}$

a. Quantos modelos são ajustados aos dados no passo 1? Forneça a forma geral desses modelos.
b. Quantos modelos são ajustados aos dados no passo 2? Forneça a forma geral desses modelos.
c. Quantos modelos são ajustados aos dados no passo 3? Forneça a forma geral desses modelos.

d. Explique como o procedimento determina quando parar de adicionar variáveis independentes ao modelo.

e. Descreva dois problemas importantes em usar o modelo final do passo a passo como o 'melhor' modelo para a pontuação de preferências de emprego y.

Aplicação dos conceitos — Intermediário

11.98 Estudo do trânsito rápido de ônibus. O trânsito rápido de ônibus (TRO) é uma tendência que cresce rapidamente no fornecimento de transporte público nos Estados Unidos. O Centro de Pesquisas de Transporte Urbano (CPTU) da Universidade do Sul da Flórida realizou uma pesquisa com clientes do TRO em Miami (*Transportation Research Board*, encontro anual, jan. 2003). Dados sobre as variáveis a seguir (todas medidas em uma escala de 5 pontos, onde 1 = muito insatisfeito e 5 = muito satisfeito) foram coletados em uma amostra de 500 passageiros de ônibus: satisfação geral com o TRO (y), segurança no ônibus (x_1), disponibilidade de assentos (x_2), confiabilidade (x_3), tempo de trajeto (x_4), custo (x_5), informação/mapas (x_6), conveniência das rotas (x_7), sinais de trânsito (x_8), segurança nos pontos de ônibus (x_9), horas de serviço (x_{10}) e freqüência do serviço (x_{11}). Os analistas do CPTU usaram a regressão passo a passo para modelar a satisfação geral (y).

a. Quantos modelos foram ajustados no passo 1 da regressão passo a passo?

b. Quantos modelos foram ajustados no passo 2 da regressão passo a passo?

c. Quantos modelos foram ajustados no passo 11 da regressão passo a passo?

d. A regressão passo a passo selecionou as oito variáveis a seguir para serem incluídas no modelo (na ordem de seleção): x_{11}, x_4, x_2, x_7, x_{10}, x_1, x_9, x_3. Escreva a equação de $E(y)$ que resultou do passo a passo.

e. O modelo do item **d** resultou em $R^2 = 0{,}677$. Interprete esse valor.

f. Explique por que os analistas do CPTU devem ser cuidadosos na conclusão de que o 'melhor' modelo para $E(y)$ foi encontrado.

11.99 Efeitos adversos do despejo de água quente. Um biólogo marinho foi contratado pela EPA (Agência de Proteção Ambiental dos Estados Unidos) para determinar se o despejo de água quente de certa usina hidrelétrica, localizada perto de um grande golfo, está tendo efeito adverso na vida marinha da área. O objetivo do biólogo era construir uma equação de previsão para o número de animais marinhos localizados em certas áreas específicas, ou estações, no golfo. Com base na experiência passada, a EPA considerou os seguintes fatores ambientais como preditores do número de animais em uma estação em particular:

x_1 = temperatura da água (TEMP)

x_2 = salinidade da água (SAL)

x_3 = conteúdo de oxigênio dissolvido na água (DO)

x_4 = índice de turbidez, uma medida da turbidez da água (TI)

x_5 = profundidade da água na estação (ST_DEPTH)

x_6 = peso total das plantas aquáticas na área amostrada (TGRSWT)

Como passo preliminar na construção desse modelo, o biólogo usou um procedimento de regressão passo a passo para identificar as mais importantes dessas seis variáveis. Um total de 716 amostras foi tomado em dife-

Variables Entered/Removed[a]

Model	Variables Entered	Variables Removed	Method
1	ST_DEPTH	.	Stepwise (Criteria: Probability-of-F-to-enter <= .050, Probability-of-F-to-remove >= .100).
2	TGRSWT	.	Stepwise (Criteria: Probability-of-F-to-enter <= .050, Probability-of-F-to-remove >= .100).
3	TI	.	Stepwise (Criteria: Probability-of-F-to-enter <= .050, Probability-of-F-to-remove >= .100).

a. Dependent Variable: LOGNUM

Model Summary

Model	R	R Square	Adjusted R Square	Std. Error of the Estimate
1	.329[a]	.122	.121	.7615773
2	.427[b]	.182	.180	.7348470
3	.432[c]	.187	.184	.7348469

a. Predictors: (Constant), ST_DEPTH

b. Predictors: (Constant), ST_DEPTH, TGRSWT

c. Predictors: (Constant), ST_DEPTH, TGRSWT, TI

Resposta do SPSS para o Exercício 11.99

rentes estações do golfo, produzindo a resposta do SPSS mostrada na página anterior (a resposta medida foi y, o logaritmo do número de animais marinhos encontrados na área amostrada).

a. De acordo com a resposta do SPSS, quais das seis variáveis independentes deveriam ser usadas no modelo? (Use $\alpha = 0{,}10$).
b. Podemos presumir que o biólogo marinho tenha identificado todas as variáveis independentes importantes para a previsão de y? Por quê?
c. Usando as variáveis identificadas no item **a**, escreva o modelo de primeira ordem com interação que pode ser usado para prever y.
d. Como o biólogo marinho poderia determinar se o modelo especificado no item **c** é melhor que o modelo de primeira ordem?
e. Note o valor pequeno de R^2. O que o biólogo poderia fazer para melhorar o modelo?

11.11 Análise dos resíduos: verificando os pressupostos da regressão

Quando aplicamos a análise de regressão a um conjunto de dados, nunca sabemos com certeza se os pressupostos da Seção 11.1 estão satisfeitos. Quanto podemos nos desviar dos pressupostos e ainda esperar que a análise de regressão forneça resultados que tenham a confiabilidade afirmada neste capítulo? Como podemos detectar desvios (se existirem) dos pressupostos e o que podemos fazer a respeito? Vamos fornecer algumas respostas a essas perguntas nesta seção.

Lembre-se, da Seção 11.1, de que, para qualquer conjunto dado de valores de $x_1, x_2, ..., x_k$, presumimos que o termo de erro aleatório ε tenha uma distribuição de probabilidade normal com média igual a 0 e variância igual a σ^2. Além disso, presumimos que os erros aleatórios sejam probabilisticamente independentes. É pouco provável que esses pressupostos sejam satisfeitos com exatidão em uma aplicação prática da análise de regressão. Afortunadamente, a experiência tem mostrado que a análise de regressão de mínimos quadrados produz testes estatísticos, intervalos de confiança e intervalos de previsão confiáveis, na medida em que os desvios dos pressupostos não sejam tão grandes. Nesta seção, vamos apresentar alguns métodos para determinar se os dados indicam desvios significativos dos pressupostos.

Uma vez que todos os pressupostos dizem respeito ao componente de erro aleatório ε do modelo, o primeiro passo é estimar esse erro. Uma vez que o erro aleatório real associado com um valor em particular de y é a diferença entre o valor real de y e sua média desconhecida, estimamos o erro pela diferença entre o valor real de y e a média *estimada*. Esse erro estimado é chamado de *resíduo da regressão*, ou simplesmente de **resíduo**, e é representado por $\hat{\varepsilon}$. O erro real ε e o resíduo $\hat{\varepsilon}$ são apresentados na Figura 11.36.

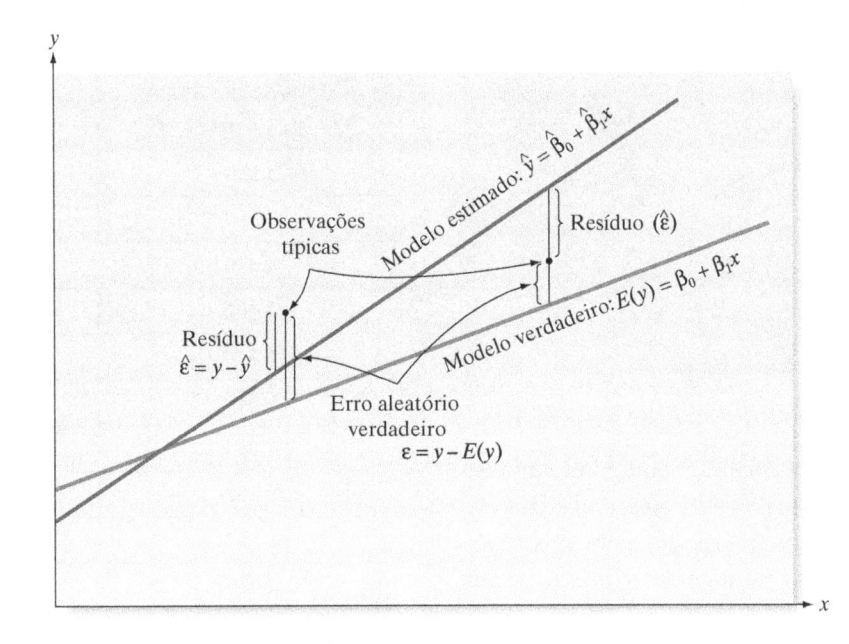

FIGURA 11.36 Erro aleatório real ε e resíduo da regressão $\hat{\varepsilon}$

DEFINIÇÃO 11.5

Um **resíduo de regressão** $\hat{\varepsilon}$ é definido como a diferença entre um valor observado y e seu correspondente valor predito:

$$\hat{\varepsilon} = (y - \hat{y}) = y - (\hat{\beta}_0 + \hat{\beta}_1 x_1 + \hat{\beta}_2 x_2 + \ldots + \hat{\beta}_k x_k)$$

Como a média verdadeira de y (isto é, o verdadeiro modelo de regressão) não é conhecida, o erro aleatório real não pode ser calculado. Entretanto, uma vez que o resíduo é baseado na média estimada (o modelo de regressão dos mínimos quadrados), ele pode ser calculado e usado para estimar o erro aleatório e para verificar os pressupostos da regressão. Essas verificações são geralmente chamadas de **análises dos resíduos**. Duas propriedades úteis dos resíduos são fornecidas no quadro a seguir.

PROPRIEDADES DOS RESÍDUOS DA REGRESSÃO

1. A média dos resíduos é igual a 0. Essa propriedade surge do fato de que a soma das diferenças entre os valores observados de y e seus valores preditos pelos mínimos quadrados y é igual a 0.

$$\sum(\text{Resíduos}) = \sum(y - \hat{y}) = 0$$

2. O desvio-padrão dos resíduos é igual ao desvio-padrão do modelo de regressão ajustado s. Essa propriedade deriva do fato de que a soma dos resíduos elevados ao quadrado é igual a SQE, que, quando dividido pelos graus de liberdade do erro, é igual à variação do modelo de regressão ajustado s^2. A raiz quadrada da variação é o desvio-padrão dos resíduos e o desvio-padrão do modelo de regressão.

$$\sum(\text{Resíduos})^2 = \sum(y - \hat{y})^2 = \text{SQE}$$

$$s = \sqrt{\frac{\sum(\text{Resíduos})^2}{n - (k + 1)}} = \sqrt{\frac{\text{SQE}}{n - (k + 1)}}$$

Biografia FRANCIS J. ANSCOMBE (1918–2001)

Os exemplos a seguir mostram como uma análise gráfica dos resíduos da regressão pode ser usada para verificar os pressupostos associados com o modelo e para ajudar a melhorá-lo quando os pressupostos não parecem estar satisfeitos. Ainda que os resíduos possam ser calculados e desenhados à mão, vamos utilizar os softwares estatísticos para essas tarefas nos exemplos e nos exercícios.

Primeiro, demonstramos como um gráfico dos resíduos pode detectar um modelo no qual a relação hipotética entre $E(y)$ e a variável independente x está especificada erroneamente. O pressuposto de erro médio de 0 é violado nesses tipos de modelos.[16]

EXEMPLO 11.14
ANALISANDO OS RESÍDUOS DO MODELO DE USO DE ELETRICIDADE

Problema Releia o problema de modelagem da relação entre tamanho da casa (x) e uso de eletricidade (y), do Exemplo 11.7. Os dados para $n = 10$ casas estão copiados na Tabela 11.8. As respostas do MINITAB para um modelo de linha reta e para um modelo quadrático ajustados aos dados estão mostradas nas figuras 11.37a e 11.37b, respectivamente.

Os resíduos desses modelos estão destacados nas respostas. Eles foram então desenhados no eixo vertical contra a variável x, tamanho da casa, no eixo horizontal nas figuras 11.38a e 11.38b, respectivamente.

a. Verifique que cada resíduo é igual à diferença entre o valor observado de y e o valor médio estimado $\hat{y}$.

b. Analise os gráficos dos resíduos.

ELECTRIC Companion Website

TABELA 11.8 Dados do tamanho da casa — Uso de eletricidade

TAMANHO DA CASA x (PÉS QUADRADOS)	USO MENSAL y (QUILOWATTS-HORA)
1.290	1.182
1.350	1.172
1.470	1.264
1.600	1.493
1.710	1.571
1.840	1.711
1.980	1.804
2.230	1.840
2.400	1.956
2.930	1.954

---

[16] Para um modelo especificado erroneamente, a média hipotética de y, representada por $E_h(y)$, não será igual à verdadeira média de y, $E(y)$. Uma vez que $y = E_h(y) + \varepsilon$, então $\varepsilon = y - E_h(y)$ e $E(\varepsilon) = E[y - E_h(y)] = E(y) - E_h(y) \neq 0$.

```
The regression equation is
USAGE = 579 + 0.540 SIZE


Predictor        Coef    SE Coef       T      P
Constant        578.9      167.0    3.47  0.008
SIZE          0.54030    0.08593    6.29  0.000


S = 133.438    R-Sq = 83.2%    R-Sq(adj) = 81.1%

Analysis of Variance

Source            DF        SS        MS       F      P
Regression         1    703957    703957   39.54  0.000
Residual Error     8    142445     17806
Total              9    846402


Obs   SIZE    USAGE      Fit   SE Fit   Residual   St Resid
  1   1290   1182.0   1275.9     66.0      -93.9      -0.81
  2   1350   1172.0   1308.3     62.1     -136.3      -1.15
  3   1470   1264.0   1373.2     55.0     -109.2      -0.90
  4   1600   1493.0   1443.4     48.6       49.6       0.40
  5   1710   1571.0   1502.8     44.7       68.2       0.54
  6   1840   1711.0   1573.1     42.3      137.9       1.09
  7   1980   1804.0   1648.7     43.1      155.3       1.23
  8   2230   1840.0   1783.8     51.8       56.2       0.46
  9   2400   1956.0   1875.7     61.5       80.3       0.68
 10   2930   1954.0   2162.0     99.6     -208.0      -2.34R

R denotes an observation with a large standardized residual.
```

FIGURA 11.37a Resposta do MINITAB para o modelo de linha reta do uso de eletricidade

```
The regression equation is
USAGE = - 1216 + 2.40 SIZE - 0.000450 SIZESQ


Predictor           Coef     SE Coef       T      P
Constant         -1216.1       242.8   -5.01  0.002
SIZE              2.3989      0.2458    9.76  0.000
SIZESQ       -0.00045004  0.00005908   -7.62  0.000


S = 46.8013    R-Sq = 98.2%    R-Sq(adj) = 97.7%

Analysis of Variance

Source            DF        SS        MS       F      P
Regression         2    831070    415535  189.71  0.000
Residual Error     7     15333      2190
Total              9    846402


Obs   SIZE    USAGE      Fit   SE Fit   Residual   St Resid
  1   1290   1182.0   1129.6     30.1       52.4       1.46
  2   1350   1172.0   1202.2     25.9      -30.2      -0.77
  3   1470   1264.0   1337.8     19.8      -73.8      -1.74
  4   1600   1493.0   1470.0     17.4       23.0       0.53
  5   1710   1571.0   1570.1     18.0        0.9       0.02
  6   1840   1711.0   1674.2     19.9       36.8       0.87
  7   1980   1804.0   1769.4     21.9       34.6       0.84
  8   2230   1840.0   1895.5     23.3      -55.5      -1.37
  9   2400   1956.0   1949.1     23.6        6.9       0.17
 10   2930   1954.0   1949.2     44.7        4.8       0.35 X

X denotes an observation whose X value gives it large influence.
```

FIGURA 11.37b Resposta do MINITAB para o modelo quadrático do uso de eletricidade

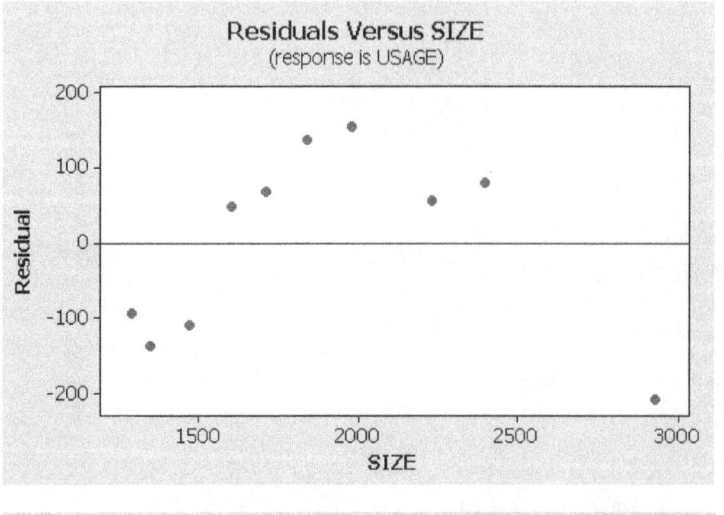

FIGURA 11.38a Gráfico do MINITAB para os resíduos do modelo de linha reta do uso de eletricidade

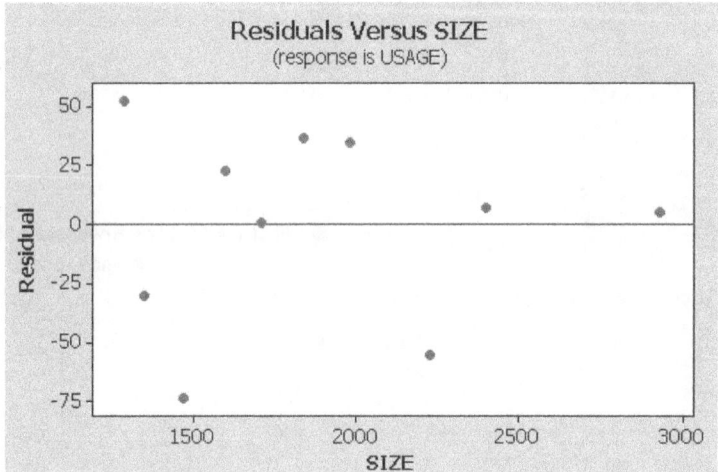

FIGURA 11.38b Gráfico do MINITAB para os resíduos do modelo quadrático do uso de eletricidade

Solução

a. Para o modelo de linha reta, o resíduo é calculado para o primeiro valor de y, como se segue:

$$\hat{\varepsilon} = (y - \hat{y}) = 1.182 - 1.275,9 = -93,9$$

onde $\hat{y}$ é o primeiro número da coluna 'Fit' na resposta do MINITAB da Figura 11.37a. De modo similar, o resíduo do primeiro valor de y do modelo quadrático (Figura 11.37b) é:

$$\hat{\varepsilon} = 1.182 - 1.129,6 = 52,4$$

Ambos os resíduos estão de acordo (depois do arredondamento) com os primeiros valores das colunas 'Residual' das figuras 11.37a e 11.37b, respectivamente. Ainda que ambos os resíduos correspondam ao mesmo valor observado de y, 1.182, eles diferem porque o valor médio predito muda, dependendo de se o modelo de linha reta ou o modelo quadrático é usado. Cálculos similares produzem os demais resíduos.

b. O gráfico do MINITAB para os resíduos do modelo de linha reta (Figura 11.38a), revela um padrão não aleatório. Os resíduos exibem uma forma curva, com os resíduos para os valores pequenos de x abaixo da linha 0 horizontal (média dos resíduos), os resíduos correspondentes aos valores do meio de x acima da linha 0 e o resíduo para o maior valor de x de novo abaixo da linha 0. A indicação é que o valor médio do erro aleatório ε *dentro* de cada uma dessas faixas de x (pequeno, médio, grande) pode não ser igual a 0. Um padrão como esse normalmente indica que uma curvatura precisa ser adicionada ao modelo.

Quando o termo de segunda ordem é adicionado ao modelo, o padrão não aleatório desaparece. Na Figura 11.38b, os resíduos parecem aleatoriamente distribuídos em torno da linha 0, como esperado. Note também que as linhas dos desvios-padrão ±2s estão em cerca de ±95 no gráfico quadrático dos resíduos, em comparação com (cerca de) ±275 no gráfico de linha reta. A implicação é que o modelo quadrático é um modelo consideravelmente melhor para prever o uso de eletricidade.

Relembrando A análise dos resíduos confirma nossa conclusão do Exemplo 11.7, no qual verificamos que o teste *t* para o termo quadrático $\beta_2 x^2$ é estatisticamente significativo.

AGORA FAÇA O EXERCÍCIO **11.100A**

A análise dos resíduos é também útil para detectar uma ou mais observações que se desviam significativamente do modelo de regressão. Esperamos que aproximadamente 95% dos resíduos caia entre 2 desvios-padrão da linha do 0 e que todos eles, ou quase todos, caiam entre 3 desvios-padrão da sua média 0. Resíduos extremamente afastados da linha do 0 e separados da maioria dos outros resíduos são chamados *outliers*, e devem receber atenção especial do analista de regressão.

Definição 11.6

Um resíduo maior do que $3s$ (em valor absoluto) é considerado um **outlier**.

EXEMPLO 11.15

IDENTIFICANDO *OUTLIERS*

Problema Consulte o Exemplo 11.6, no qual modelamos o preço de leilão de um relógio antigo y como uma função da idade x_1 e do número de participantes x_2. Os dados desse exemplo estão copiados na Tabela 11.9, com uma importante diferença: o preço de leilão do relógio, no topo da segunda coluna, foi modificado de US$ 2.131 para US$ 1.131 (destacado na Tabela 11.9). O modelo de interação:

$$E(y) = \beta_0 + \beta_1 x_1 + \beta_2 x_2 + \beta_3 x_1 x_2$$

foi novamente ajustado a esses dados (modificados), com a resposta do MINITAB mostrada na Figura 11.39. Os resíduos estão destacados na resposta e desenhados contra o número de participantes, x_2, na Figura 11.40. Analise o gráfico dos resíduos.

Solução

O gráfico dos resíduos revela dramaticamente a única medida alterada. Note que um dos dois resíduos para $x_2 = 14$ participantes cai mais de 3 desvios-padrão abaixo de 0. Note que nenhum outro resíduo cai mais de 2 desvios-padrão afastados do 0.

O que fazemos com os *outliers*, uma vez que os identificamos? Primeiro, tentamos determinar a causa. Os dados foram digitados incorretamente no computador? A observação foi registrada incorretamente quando os dados foram coletados? Se for isso, corrigimos a observação e realizamos novamente a análise. Outra possibilidade é a de que a observação não seja representativa das condi-

TABELA 11.9 Dados alterados de preço de leilão

IDADE x_1 (ANOS)	NÚMERO DE PARTICIPANTES x_2	PREÇO DE LEILÃO y (US$)	IDADE x_1 (ANOS)	NÚMERO DE PARTICIPANTES x_2	PREÇO DE LEILÃO y (US$)
127	13	1.235	170	14	1.131
115	12	1.080	182	8	1.550
127	7	845	162	11	1.884
150	9	1.522	184	10	2.041
156	6	1.047	143	6	845
182	11	1.979	159	9	1.483
156	12	1.822	108	14	1.055
132	10	1.253	175	8	1.545
137	9	1.297	108	6	729
113	9	946	179	9	1.792
137	15	1.713	111	15	1.175
117	11	1.024	187	8	1.593
137	8	1.147	111	7	785
153	6	1.092	115	7	744
117	13	1.152	194	5	1.356
126	10	1.336	168	7	1.262

```
The regression equation is
PRICE = - 513 + 8.17 AGE + 19.9 NUMBIDS + 0.320 AGE_BIDS


Predictor      Coef    SE Coef       T       P
Constant     -512.8      665.9   -0.77   0.448
AGE           8.165      4.585    1.78   0.086
NUMBIDS       19.89      67.44    0.29   0.770
AGE_BIDS     0.3196     0.4790    0.67   0.510


S = 200.598    R-Sq = 72.9%    R-Sq(adj) = 70.0%


Analysis of Variance

Source            DF         SS         MS       F       P
Regression         3    3033587    1011196   25.13   0.000
Residual Error    28    1126703      40239
Total             31    4160290

Obs    AGE     PRICE       Fit    SE Fit   Residual   St Resid
  1    127    1235.0    1310.4      59.3      -75.4      -0.39
  2    115    1080.0    1105.9      62.1      -25.9      -0.14
  3    127     845.0     947.5      61.1     -102.5      -0.54
  4    150    1522.0    1322.5      37.1      199.5       1.01
  5    156    1047.0    1179.5      60.3     -132.5      -0.69
  6    182    1979.0    1831.9      82.9      147.1       0.81
  7    156    1822.0    1598.0      61.9      224.0       1.17
  8    132    1253.0    1185.8      39.7       67.2       0.34
  9    137    1297.0    1178.9      39.0      118.1       0.60
 10    113     946.0     913.9      58.6       32.1       0.17
 11    137    1713.0    1561.0      78.4      152.0       0.82
 12    117    1024.0    1072.6      53.1      -48.6      -0.25
 13    137    1147.0    1115.2      44.3       31.8       0.16
 14    153    1092.0    1149.2      59.0      -57.2      -0.30
 15    117    1152.0    1187.2      69.7      -35.2      -0.19
 16    126    1336.0    1117.6      43.4      218.4       1.12
 17    170    1131.0    1914.4     116.7     -783.4      -4.80R
 18    182    1550.0    1597.7      62.8      -47.7      -0.25
 19    162    1884.0    1598.3      57.0      285.7       1.49
 20    184    2041.0    1776.6      70.7      264.4       1.41
 21    143     845.0    1048.4      58.9     -203.4      -1.06
 22    159    1483.0    1421.8      40.6       61.2       0.31
 23    108    1055.0    1130.7      97.9      -75.7      -0.43
 24    175    1545.0    1522.7      55.4       22.3       0.12
 25    108     729.0     695.5      99.6       33.5       0.19
 26    179    1792.0    1642.7      57.6      149.3       0.78
 27    111    1175.0    1224.0     107.2      -49.0      -0.29
 28    187    1593.0    1651.3      68.6      -58.3      -0.31
 29    111     785.0     781.1      80.9        3.9       0.02
 30    115     744.0     822.7      75.5      -78.7      -0.42
 31    194    1356.0    1480.7     133.6     -124.7      -0.83 X
 32    168    1262.0    1374.0      57.7     -112.0      -0.58

R denotes an observation with a large standardized residual.
X denotes an observation whose X value gives it large influence.
```

FIGURA 11.39 Resposta da regressão do MINITAB para os dados alterados do relógio antigo

Residuals Versus NUMBIDS
(response is PRICE)

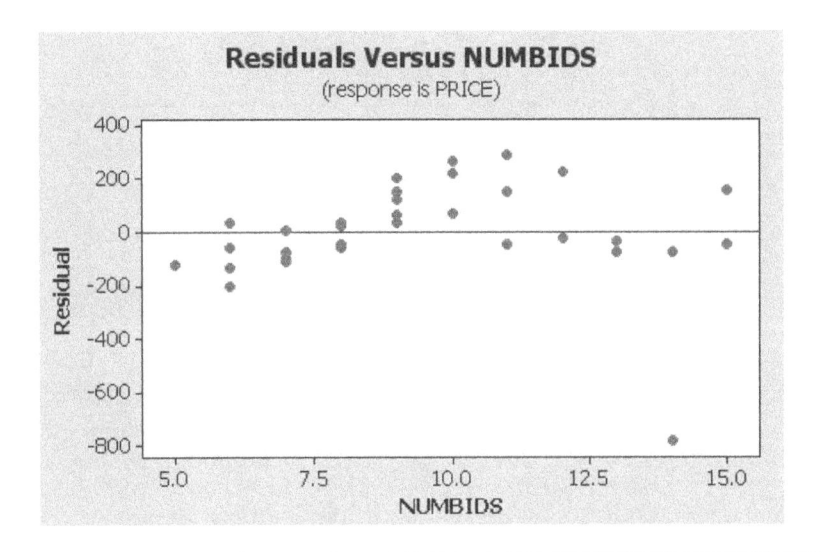

FIGURA 11.40 Gráfico do MINITAB para os resíduos dos dados alterados do relógio antigo

```
The regression equation is
PRICE = 474 - 0.46 AGE - 114 NUMBIDS + 1.48 AGE_BIDS


Predictor        Coef    SE Coef       T        P
Constant        474.0      298.2    1.59    0.124
AGE            -0.465      2.107   -0.22    0.827
NUMBIDS       -114.12      31.23   -3.65    0.001
AGE_BIDS       1.4781     0.2295    6.44    0.000


S = 85.8286    R-Sq = 95.2%    R-Sq(adj) = 94.7%


Analysis of Variance

Source          DF         SS        MS        F        P
Regression       3    3933417   1311139   177.99    0.000
Residual Error  27     198897      7367
Total           30    4132314
```

FIGURA 11.41 Resposta da regressão do MINITAB quando o *outlier* é retirado

ções que estamos tentando modelar. Por exemplo, neste caso, o preço baixo pode ser atribuído a grandes danos no relógio, ou ao fato de o relógio ser de qualidade inferior se comparado com os outros. Nesses casos, provavelmente excluiríamos a observação da análise. Em muitos casos, você pode não conseguir determinar a causa do *outlier*. Ainda assim, pode desejar realizar novamente a análise de regressão, excluindo o *outlier* para verificar o efeito da observação nos resultados da análise.

A Figura 11.41 mostra a resposta quando a observação *outlier* é excluída da análise do relógio antigo e a Figura 11.42 mostra o novo gráfico dos resíduos contra o número de participantes. Agora, somente um dos resíduos cai além de 2 desvios-padrão de 0, e nenhum deles cai além de 3 desvios-padrão. Além disso, as estatísticas do modelo indicam um modelo muito melhor sem o *outlier*. Ainda mais notavelmente, o desvio-padrão (*s*) caiu de 200,6 para 85,83, indicando um modelo que fornecerá

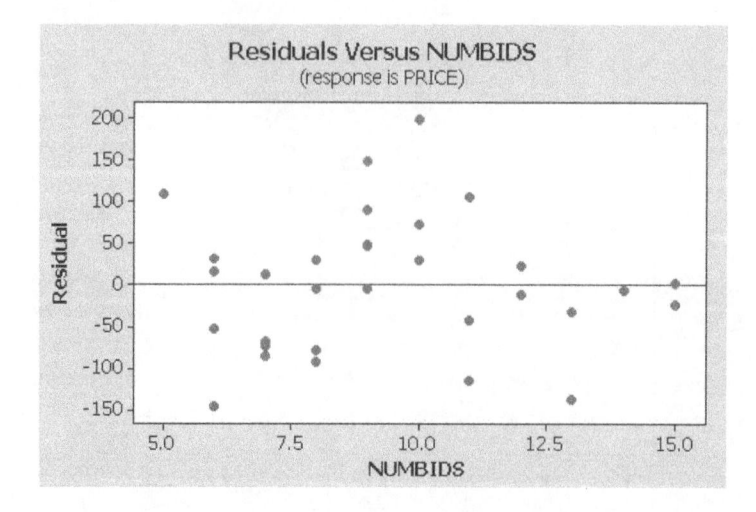

FIGURA 11.42 Resposta da regressão do MINITAB quando o *outlier* é retirado

estimativas e previsões mais precisas (com intervalos de confiança e de previsão mais estreitos) para os relógios similares aos da amostra reduzida.

Relembrando Lembre-se de que, se o *outlier* for removido da análise quando de fato pertence à mesma população do resto da amostra, o modelo resultante pode fornecer estimativas e previsões enganosas.

AGORA FAÇA O EXERCÍCIO **11.100c**

A análise dos *outliers* é outro exemplo de teste do pressuposto de que o valor esperado (médio) do erro aleatório ϵ é 0, uma vez que esse pressuposto se torna duvidoso para os termos de erro correspondentes aos *outliers*. O próximo exemplo desta seção verifica o pressuposto de normalidade do componente de erro aleatório.

EXEMPLO 11.16

USANDO OS RESÍDUOS PARA VERIFICAR A NORMALIDADE DOS ERROS

Problema Consulte o Exemplo 11.15. Analise a distribuição dos resíduos no exemplo do relógio antigo, antes e depois de o resíduo *outlier* ter sido removido. Determine se o pressuposto de que o termo de erro é normalmente distribuído é razoável.

Solução

Um histograma e um gráfico de probabilidade normal para os dois conjuntos de resíduos foram construídos usando o MINITAB e são mostrados nas figuras 11.43 e 11.44. Note que o *outlier* parece distorcer o histograma da Figura 11.43, enquanto o histograma da Figura 11.44 parece ter mais a forma de colina. De modo similar, o padrão dos resíduos no gráfico de probabilidade normal da Figura 11.44 (*outlier* detectado) é mais próximo de uma linha reta do que o padrão da Figura 11.43 (*outlier* incluído). Ainda que os gráficos não forneçam testes estatísticos formais de normalidade, eles oferecem uma imagem descritiva. Neste exemplo, o pressuposto de normalidade parece mais plausível depois que o *outlier* é removido. Consulte os livros de referência quanto a métodos para realização de testes estatísticos de normalidade usando os resíduos.

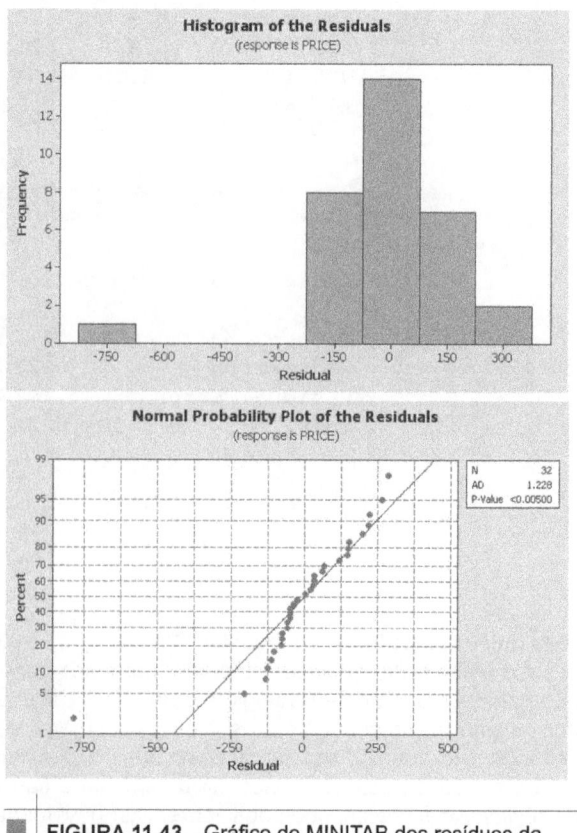

FIGURA 11.43 Gráfico do MINITAB dos resíduos da regressão para o modelo do relógio antigo (*outlier* incluído)

FIGURA 11.44 Gráfico do MINITAB dos resíduos da regressão para o modelo do relógio antigo (*outlier* retirado)

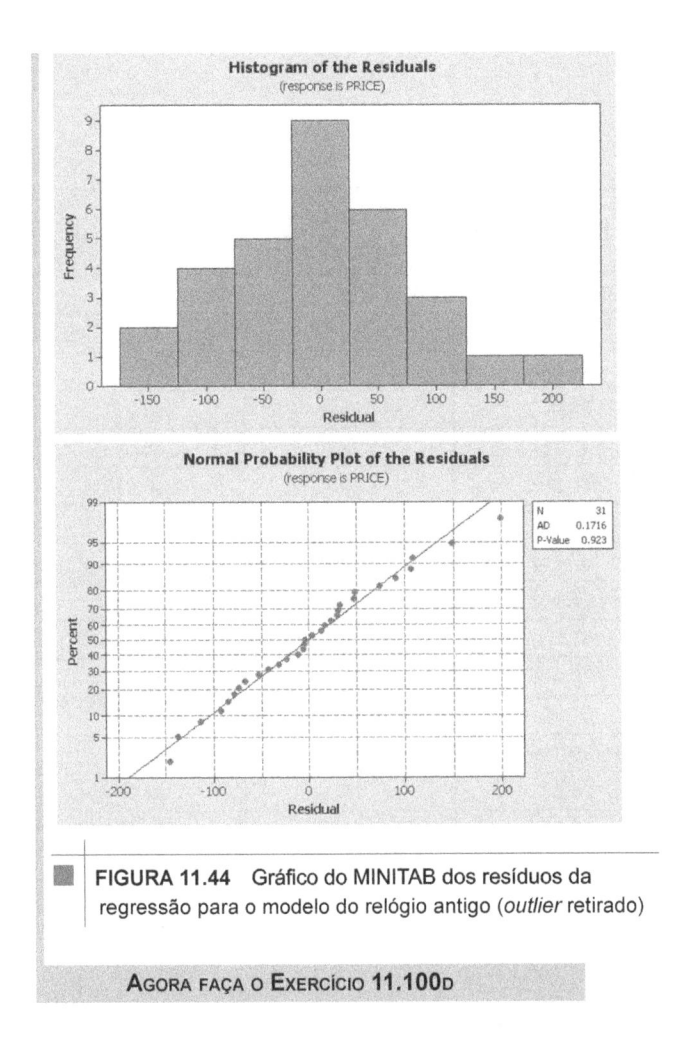

AGORA FAÇA O EXERCÍCIO **11.100D**

Dos quatro pressupostos da Seção 11.1, o de que o erro aleatório é normalmente distribuído é o menos restritivo quando aplicamos a análise de regressão na prática — isto é, desvios moderados da distribuição normal têm muito pouco efeito na validade de testes estatísticos, intervalos de confiança e intervalos de previsão apresentados neste capítulo. Nesse caso, dizemos que a análise de regressão é **robusta** com relação aos erros não normais. Entretanto, grandes desvios da normalidade levam a dúvidas em quaisquer inferências derivadas da análise de regressão.

Gráficos dos resíduos também podem ser usados para detectar violações do pressuposto de variação do erro constante. Por exemplo, um gráfico dos resíduos *versus* o valor predito $\hat{y}$ pode revelar um dos padrões mostrados na Figura 11.45. Nessa figura, a faixa de valores dos resíduos aumenta (ou diminui) à medida que $\hat{y}$ aumenta, indicando, então, que a variação do erro aleatório ε se torna maior (ou menor) à medida que a estimativa de $E(y)$ aumenta de valor. Uma vez que $E(y)$ depende dos valores de x no modelo, isso implica que a variação de ϵ não é constante para todos os x.

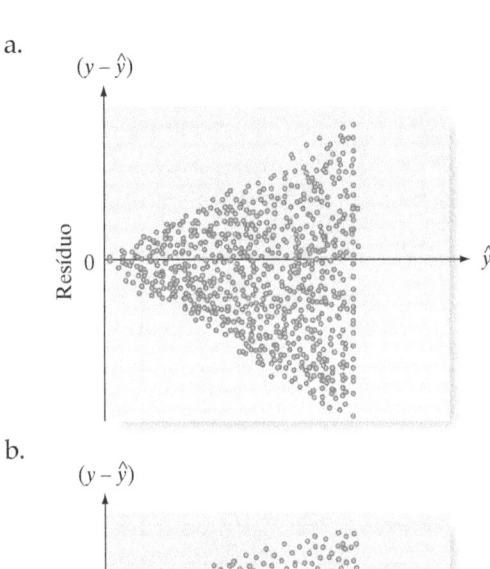

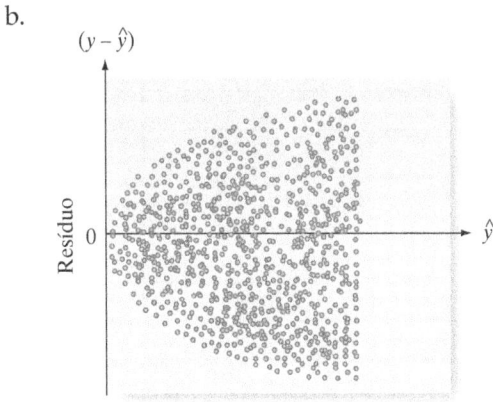

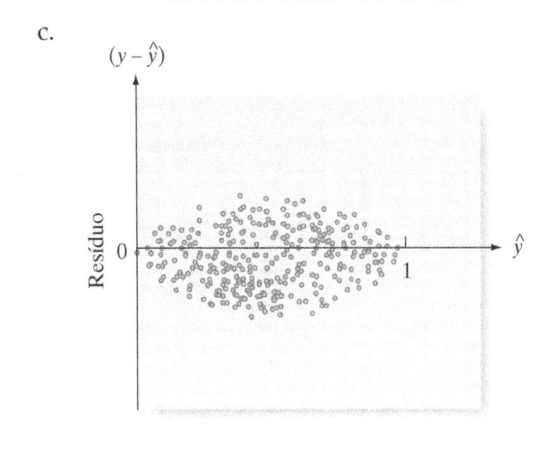

FIGURA 11.45 Gráfico dos resíduos mostrando as mudanças na variação de ε

No exemplo final desta seção, demonstraremos como usar esse gráfico para detectar uma variação não constante e sugerir uma solução útil.

EXEMPLO 11.17

USANDO OS RESÍDUOS PARA VERIFICAR VARIAÇÕES IGUAIS

Problema Os dados da Tabela 11.10 são os salários y e os anos de experiência x para uma amostra de 50 agentes sociais. O modelo de primeira ordem $E(y) = \beta_0 + \beta_1 x$ foi

TABELA 11.10 Dados de salários para o Exemplo 11.17

Anos de Experiência X	Salário y (US$)	Anos de Experiência X	Salário y	Anos de Experiência X	Salário y (US$)
7	26.075	21	US$ 43.628	28	99.139
28	79.370	4	16.105	23	52.624
23	65.726	24	65.644	17	50.594
18	41.983	20	63.022	25	53.272
19	62.308	20	47.780	26	65.343
15	41.154	15	38.853	19	46.216
24	53.610	25	66.537	16	54.288
13	33.697	25	67.447	3	20.844
2	22.444	28	64.785	12	32.586
8	32.562	26	61.581	23	71.235
20	43.076	27	70.678	20	36.530
21	56.000	20	51.301	19	52.745
18	58.667	18	39.346	27	67.282
7	22.210	1	24.833	25	80.931
2	20.521	26	65.929	12	32.303
18	49.727	20	41.721	11	38.371
11	33.233	26	82.641		

Model Summary[b]

Model	R	R Square	Adjusted R Square	Std. Error of the Estimate
1	.887[a]	.787	.782	8642.441

a. Predictors: (Constant), ESP

b. Dependent Variable: SALARY

ANOVA[b]

Model		Sum of Squares	df	Mean Square	F	Sig.
1	Regression	1.3E+10	1	1.324E+10	177.257	.000[a]
	Residual	3.6E+09	48	74691793.28		
	Total	1.7E+10	49			

a. Predictors: (Constant), ESP

b. Dependent Variable: SALARY

Coefficients[a]

Model		Unstandardized Coefficients		Standardized Coefficients	t	Sig.
		B	Std. Error	Beta		
1	(Constant)	11368.72	3160.317		3.597	.001
	ESP	2141.381	160.839	.887	13.314	.000

a. Dependent Variable: SALARY

FIGURA 11.46 Resposta da regressão do SPSS para o modelo de primeira ordem para salário

Scatterplot

Dependent Variable: SALARY

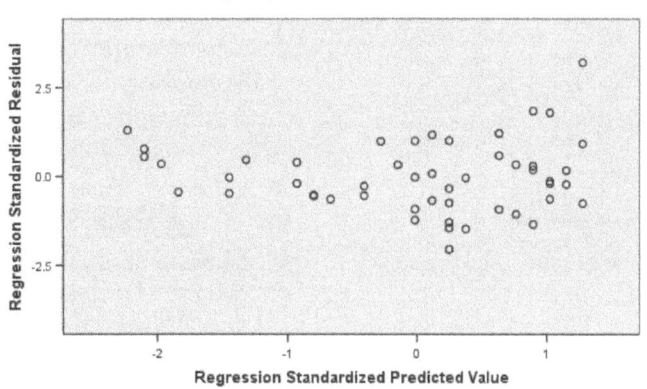

FIGURA 11.47 Gráfico do SPSS dos resíduos do modelo de primeira ordem para salário

Model Summary[b]

Model	R	R Square	Adjusted R Square	Std. Error of the Estimate
1	.929[a]	.864	.861	.1541127

a. Predictors: (Constant), ESP

b. Dependent Variable: LNSALARY

ANOVA[b]

Model		Sum of Squares	df	Mean Square	F	Sig.
1	Regression	7.212	1	7.212	303.660	.000[a]
	Residual	1.140	48	.024		
	Total	8.352	49			

a. Predictors: (Constant), ESP

b. Dependent Variable: LNSALARY

Coefficients[a]

Model		Unstandardized Coefficients		Standardized Coefficients	t	Sig.
		B	Std. Error	Beta		
1	(Constant)	9.841	.056		174.631	.000
	ESP	.050	.003	.929	17.426	.000

a. Dependent Variable: LNSALARY

FIGURA 11.48 Resposta da regressão do SPSS para o modelo logarítmico do salário

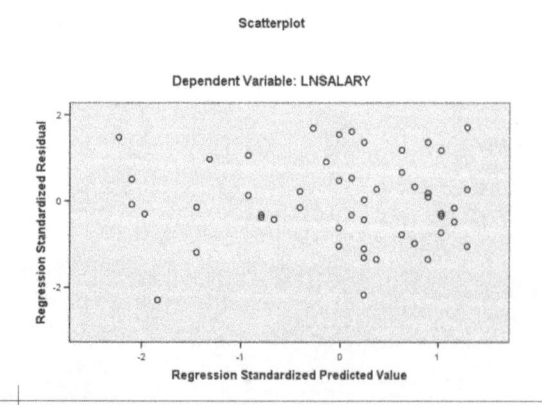

FIGURA 11.49 Gráfico do SPSS dos resíduos para o modelo logarítmico do salário

ajustado aos dados, usando o SPSS. A resposta do SPSS é mostrada na Figura 11.46, seguida por um gráfico dos resíduos versus $\hat{y}$, na Figura 11.47. Interprete os resultados. Faça modificações no modelo, se necessário.

Solução

A resposta do SPSS, Figura 11.46, indica que o modelo de primeira ordem fornece um ajuste adequado aos dados. O valor de R^2 indica que o modelo explica 78,7% das variações da amostra dos salários. O valor t do teste de β_1, 13,31, é altamente significativo (valor $p \approx 0$) e indica que o modelo contribui com informação para a previsão de y.

Entretanto, um exame dos resíduos desenhados contra $\hat{y}$, (Figura 11.47) revela um problema potencial. Note a forma de 'cone' da variabilidade dos resíduos; o tamanho deles aumenta à medida que o salário médio estimado aumenta, implicando que o pressuposto de variação constante é violado.

Uma maneira de estabilizar a variação de ε é reajustar o modelo usando uma transformação da variável dependente y. Com dados econômicos (por exemplo, salários), uma **transformação estabilizadora da variância** é o logaritmo natural de y, simbolizado por $\ln(y)$.[16] Ajustamos o modelo:

$$\ln(y) = \beta_0 + \beta_1 x + \varepsilon$$

aos dados da Tabela 11.10. A Figura 11.48 mostra a resposta da análise de regressão do SPSS para $n = 50$ medidas, enquanto a Figura 11.49 mostra um gráfico dos resíduos para o modelo logarítmico.

Você pode verificar que a transformação logarítmica estabilizou as variações dos erros. Note que a forma de cone não existe mais; não há uma tendência aparente de aumento da variação dos resíduos à medida que o salário médio aumenta. Podemos então estar confiantes de que as inferências usando o modelo logarítmico são mais confiáveis do que as que usam o modelo não transformado.

AGORA FAÇA O EXERCÍCIO **11.100B**

A análise dos resíduos é uma ferramenta útil para o analista de regressão, não apenas para verificar os pressupostos, mas também para fornecer informações sobre como o modelo pode ser melhorado. Um resumo das análises de resíduos apresentadas nesta seção, para verificar o pressuposto de que o erro aleatório ε é normalmente distribuído, com média 0 e variação constante, é apresentado no quadro a seguir.

PASSOS NA ANÁLISE DOS RESÍDUOS

1. Verifique se o modelo foi mal especificado, desenhando os resíduos contra cada uma das variáveis quantitativas independentes. Analise cada gráfico, procurando uma tendência curvilínea. Essa forma sinaliza a necessidade de um termo quadrático no modelo. Tente um termo de segunda ordem na variável contra a qual os resíduos foram desenhados.

2. Procure *outliers* nos gráficos dos resíduos. Trace linhas nestes gráficos, a distâncias de 2 e 3 desvios-padrão abaixo e acima da linha do 0. Examine os resíduos fora das linhas de 3 desvios-padrão como *outliers* potenciais e veja se aproximadamente 5% dos resíduos excedem as linhas de 2 desvios-padrão. Determine se cada *outlier* pode ser explicado como um erro na coleta ou na transcrição dos dados, se corresponde a um membro da população diferente daqueles do resto da amostra, ou se simplesmente representa uma observação não usual. Se a observação foi confirmada como sendo um erro, corrija-a ou remova-a, mesmo se você não puder determinar a causa; você pode realizar novamente a análise de regressão sem a observação para determinar seus efeitos na análise.

3. Procure erros não normais, desenhando uma distribuição de freqüência dos resíduos, usando um gráfico de ramo e folhas ou um histograma. Verifique se existem desvios óbvios da normalidade. Assimetria extrema na distribuição de freqüência pode ser causada por *outliers* ou pode indicar a necessidade de transformação da variável dependente. (Transformações normalizadoras estão além do escopo deste livro, mas você pode encontrar informações nas referências bibliográficas).

4. Procure variações desiguais dos erros, desenhando os resíduos contra os valores preditos $\hat{y}$. Se detectar um padrão em forma de cone, ou algum outro padrão que indique que a variação de ε não é constante, ajuste novamente o modelo usando uma transformação estabilizadora da variação apropriada em y, tal com $\ln(y)$. (Consulte as referências bibliográficas para outras transformações estabilizadoras da variância.)

---

[16] Outras transformações estabilizadoras da variação usadas com sucesso na prática são $\sqrt{y}$ e $\text{sen}^{-1}\sqrt{y}$. Consulte as referências bibliográficas na p. 89 para mais detalhes dessas transformações.

Capítulo 11 — REGRESSÃO MÚLTIPLA E CONSTRUÇÃO DE MODELOS

Resíduos

Usando a calculadora gráfica TI-83/TI-84

Desenhando os resíduos

Quando se calcula uma equação de regressão na TI-83/TI-84, os resíduos são calculados automaticamente e guardados em uma lista chamada **RESID**. A lista **RESID** pode ser encontrada no menu **LIST (2nd STAT)**.

Passo 1 *Insira os dados.*
Pressione **STAT** e selecione **1:Edit**.
Nota: Se a lista já contiver dados, limpe os dados antigos. Use a seta para cima para destacar '**L1**' ou '**L2**'.
Pressione **CLEAR ENTER**.
Use as teclas **ARROW** e **ENTER** para inserir os dados em **L1** e **L2**.

Passo 2 *Calcule a equação de regressão.*
Pressione **STAT** e destaque **CALC**.
Pressione **4** para **LinReg(ax + b)**.
Pressione **ENTER**.

Passo 3 *Prepare o gráfico dos dados.*
Pressione **Y=** e **CLEAR** para limpar as funções dos registros Y.
Pressione **2nd Y=** para **STATPLOT**.
Pressione **1** para **Plot1**.
Posicione o cursor de forma que **ON** esteja piscando e aperte **ENTER**.
Para **Type**, use as teclas **ARROW** e **ENTER** para destacar e selecionar o gráfico (primeiro ícone da primeira linha).
Mova o cursor para **Xlist** e escolha a coluna contendo os dados de x.
Mova o cursor para **Ylist**. Pressione **2nd STAT** para **LIST**. Use a seta para baixo para destacar o nome da lista **RESID** e aperte **ENTER**.

Passo 4 *Veja o gráfico dos resíduos*
Pressione **ZOOM 9** para **ZoomStat**.

Exemplo As figuras abaixo mostram uma tabela de dados digitados na TI-84/TI-83 e o gráfico dos resíduos obtido seguindo os passos acima.

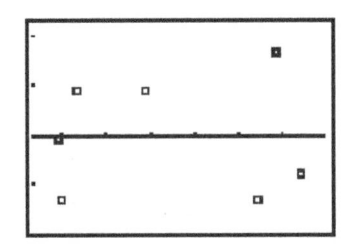

Estatística em ação revisitada

Uma análise dos resíduos do modelo para custo de rodovias

Na seção de Estatística em ação revisitada anterior, verificamos que o modelo de interação $E(y) = \beta_0 + \beta_1 x_1 + \beta_3 x_2 + \beta_4 x_1 x_2$ é um modelo tanto estatística como praticamente útil para prever o custo (y) de um contrato de construção de rodovia. Lembre-se de que as duas variáveis independentes são a estimativa de custo do engenheiro do DOT (x_1) e o estado da concorrência, em que $x_2 = 1$ se a concorrência é fixada e $x_2 = 0$ se é competitiva. Antes de usar o modelo na prática, precisamos examinar os resíduos, para estarmos seguros de que os pressupostos padrão da regressão estão razoavelmente satisfeitos.

As figuras EA11.9 e EA11.10 são gráficos do MINITAB dos resíduos do modelo de interação. O histograma mostrado na Figura EA11.9 parece aproximadamente e normalmente distribuído; em conseqüência, o pressuposto de erros normais está satisfeito de maneira razoável. O gráfico dos resíduos contra $\hat{y}$ mostrado na Figura SIA11.10, entretanto, apresenta um padrão distinto de 'funil'; isso indica que o pressuposto de variação constante dos erros pode ter sido violado. Uma maneira de modificar o modelo para satisfazer esse pressuposto é utilizar uma transformação estabilizadora da variação (tal como o logaritmo natural) no custo (y). Quando ambas as variáveis x e y, numa equação de regressão, são variáveis econômicas (preços, custos, salários, etc.), é, com freqüência, vantajoso transformar também a variável x. Portanto, modificaremos o modelo fazendo uma transformação logarítmica tanto em custo (y) quanto em DOTEST (x_1).

Nosso modelo de interação modificado (log-log) toma a forma:

$$E(y^*) = \beta_0 + \beta_1 x_1^* + \beta_2 x_2 + \beta_3 (x_1^*) x_2$$

onde $y^* = \ln(COST)$ e $x_1^* = \ln(DOTEST)$. A listagem do MINITAB para esse modelo está apresentada na Figura EA11.11, seguida pelo gráfico dos resíduos nas figuras EA11.12 e SIA11.13. O histograma mostrado na Figura EA11.12 é aproximadamente normal e, mais importante, o gráfico dos resíduos mostrado na Figura EA11.13 não tem uma tendência distinta. Parece que a transformação logarítmica estabilizou, com sucesso, a variação dos erros. Note, entretanto, que o teste t para o termo de interação do modelo (destacado na Figura EA11.11) não é mais estatisticamente significativo (valor $p = 0{,}420$). Em conseqüência, retiramos o termo de interação do modelo e usamos o modelo modificado mais simples:

$$E(y^*) = \beta_0 + \beta_1 x_1^* + \beta_2 x_2$$

para prever o custo do contrato de rodovias.

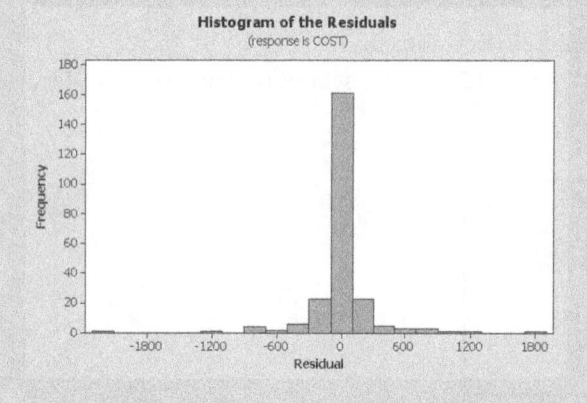

FIGURA EA11.9 Histograma do MINITAB dos resíduos do modelo de interação para o custo de rodovias

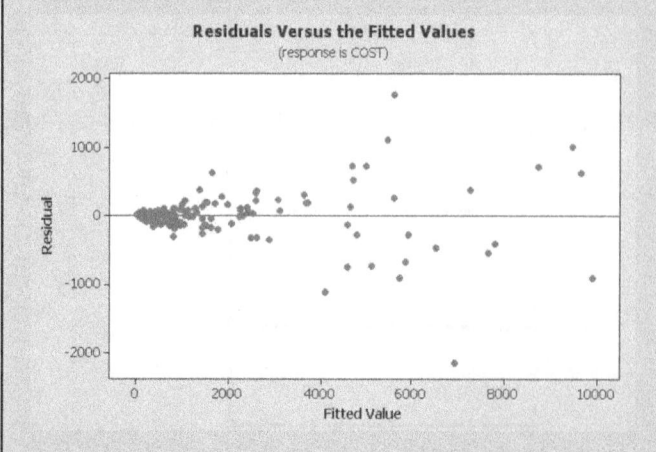

FIGURA EA11.10 Gráfico do MINITAB dos resíduos versus valores preditos do modelo de interação para o custo de rodovias

```
The regression equation is
LNCOST = - 0.162 + 1.01 LNDOTEST + 0.324 STATUS - 0.0176 STA_LNDOT


Predictor       Coef    SE Coef       T       P
Constant     -0.16188   0.05193    -3.12   0.002
LNDOTEST      1.00780   0.00798   126.23   0.000
STATUS        0.3243    0.1356     2.39   0.018
STA_LNDOT    -0.01762   0.02181    -0.81   0.420


S = 0.154922    R-Sq = 98.8%    R-Sq(adj) = 98.7%


Analysis of Variance

Source            DF       SS       MS        F       P
Regression         3   439.64   146.55  6105.87   0.000
Residual Error   231     5.54     0.02
Total            234   445.18
```

FIGURA EA11.11 Resposta da regressão do MINITAB para o modelo modificado (log-log) do custo de rodovias

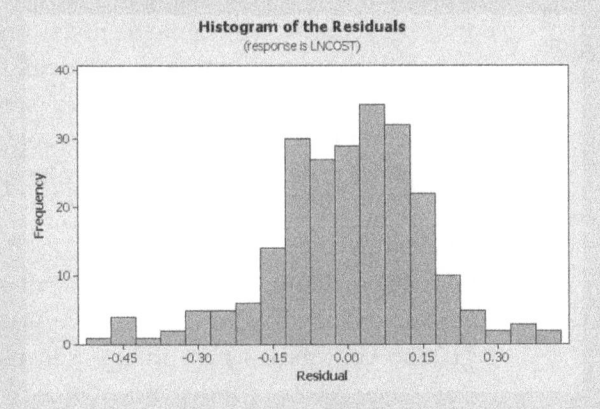

FIGURA EA11.12 Histograma do MINITAB dos resíduos do modelo modificado (log-log) para o custo de rodovias

FIGURA EA11.13 Gráfico do MINITAB dos resíduos versus valores preditos do modelo modificado (log-log) para o custo de rodovias

11.12 Algumas ciladas: estimabilidade, multicolinearidade e extrapolação

Você precisa estar informado sobre vários problemas potenciais na construção de um modelo de previsão para alguma resposta y. Alguns dos mais importantes são examinados nesta seção final.

Problema 1

Estimabilidade dos parâmetros Suponha que você deseje ajustar um modelo relacionando o resultado da colheita anual y à despesa total com fertilizante x. Propomos o modelo de primeira ordem:

$$E(y) = \beta_0 + \beta_1 x$$

Agora, suponha que tenhamos três anos de dados e que US$ 1.000 são gastos com fertilizante a cada ano. Os dados são mostrados na Figura 11.50. Você pode ver o problema: os parâmetros do modelo não podem ser estimados quando todos os dados estão concentrados em um único valor de x. Lembre-se de que são necessários dois pontos (valores de x) para traçar uma linha reta. Então, os parâmetros não são estimáveis quando somente um x é observado.

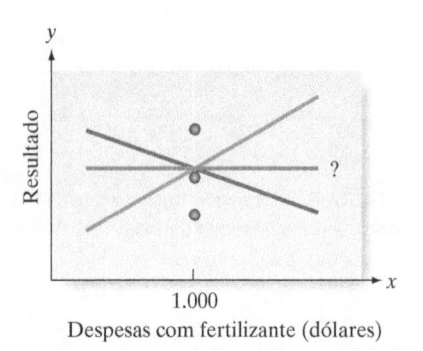

FIGURA 11.50 Dados de resultado da colheita e despesas com fertilizante: três anos

Um problema similar ocorreria se tentássemos ajustar o modelo quadrático:

$$E(y) = \beta_0 + \beta_1 x + \beta_2 x^2$$

a um conjunto de dados para os quais somente um ou dois valores diferentes de x tivessem sido observados (veja a Figura 11.51). Pelo menos três valores diferentes de x devem ser observados antes que um modelo quadrático possa ser ajustado a um conjunto de dados (isto é, antes que todos os três parâmetros sejam estimáveis).

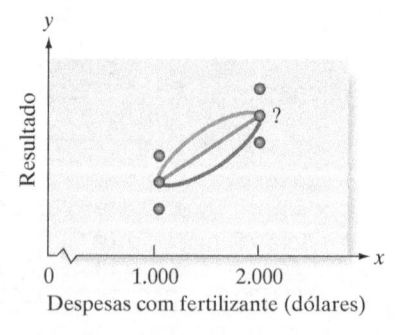

FIGURA 11.51 Somente dois valores de x observados: o modelo quadrático não é estimável

Em geral, o número de níveis dos valores observados de x *deve ser um a mais do que a ordem do polinômio em* x *que você deseja ajustar.*

Para experimentos controlados, o pesquisador pode selecionar um dos projetos experimentais do Capítulo 8 que permita a estimativa dos parâmetros do modelo. Mesmo quando os valores das variáveis independentes não podem ser controlados pelo pesquisador, essas variáveis são, quase sempre, observadas em um número suficiente de níveis que permite a estimativa dos parâmetros do modelo. Quando o software estatístico que você usa de repente se recusa a ajustar um modelo, entretanto, o problema ocorre provavelmente devido a parâmetros não estimáveis.

Problema 2

Multicolinearidade Com freqüência, duas ou mais variáveis independentes usadas em um modelo de regressão contribuem com informação redundante — isto é, as variáveis independentes são correlacionadas. Por exemplo, suponha que você deseje construir um modelo para prever o consumo de gasolina de um caminhão como uma função da sua carga, x_1 (em toneladas), e a potência, x_2 (em pés-libras por segundo), do seu motor. Você esperaria que cargas maiores requeressem maior potência e resultassem em maior consumo. Então, ainda que x_1 e x_2 contribuam com informação para a previsão do consumo y, alguma informação é superposta, porque x_1 e x_1 estão correlacionados.

Quando as variáveis independentes são correlacionadas, dizemos que existe uma *multicolinearidade*. Na prática, não é incomum observar correlações entre as variáveis independentes. Entretanto, surgem alguns problemas quando uma multicolinearidade séria está presente nas variáveis da regressão.

> **DEFINIÇÃO 11.7**
>
> Uma **multicolinearidade** existe quando duas ou mais variáveis independentes usadas na regressão são correlacionadas.

Primeiro, correlações elevadas entre as variáveis independentes aumentam a possibilidade de erros de arredondamento nos cálculos das estimativas dos β dos erros-padrão e assim por diante. Segundo, e mais importante, os resultados da regressão podem ser confusos e enganosos. Considere o modelo para a taxa de consumo (y) de um caminhão:

$$E(y) = \beta_0 + \beta_1 x_1 + \beta_2 x_2$$

onde: x_1 = carga e x_2 = potência. Ajustando o modelo a um conjunto de dados amostrais, poderíamos descobrir que os testes t para testar β_1 e β_2 são ambos não significativos para o nível de α = 0,05, enquanto o teste F para H_0: $\beta_1 = \beta_2 = 0$ é altamente significativo (p = 0,001). Os testes podem parecer contraditórios, mas, na realidade, não são. Os testes t indicam que a contribuição de uma variável, digamos x_1 = carga, não é significativa depois que o efeito de x_2 = potência já foi levado em consideração (porque x_2 também está no modelo). O teste F significativo, por outro lado, diz que pelo menos uma das duas variáveis está contribuindo para a previsão de y (isto é, ou β_1, ou β_2, ou ambas, são diferentes de 0). De fato, ambas estão provavelmente contribuindo, mas a contribuição de uma se superpõe à contribuição da outra.

A multicolinearidade pode também ter um efeito nos sinais das estimativas dos parâmetros. Mais especificamente, um valor de β_i pode ter o sinal oposto ao esperado. No exemplo do consumo do caminhão, esperamos que cargas pesadas resultem em taxas de milhagem menores e que maiores potências resultem também em taxas de milhagem menores; conseqüentemente, esperamos que os sinais de ambas as estimativas de parâmetros sejam negativos. Mas podemos, na realidade, ver um valor positivo de β_1 e ficar tentados a afirmar que cargas mais pesadas resultam em taxas de milhagem *maiores*. Esse é o perigo de interpretar um coeficiente β quando as variáveis independentes são correlacionadas. Uma vez que as variáveis contribuem com informação redundante, o efeito de x_1 = carga em y = taxa de milhagem é medido somente de forma parcial por β_1.

Como se podem evitar os problemas da multicolinearidade na análise de regressão? Uma maneira é pela realização de um experimento projetado (Capítulo 8) de modo que os níveis das variáveis x sejam não correlacionados. Infelizmente, restrições de tempo e custo podem impedir a coleta de dados dessa maneira. Conseqüentemente, a maioria dos dados é coletada por observações. Uma vez que os dados observacionais freqüentemente consistem de variáveis independentes correlacionadas, você precisará reconhecer quando a multicolinearidade está presente e, se necessário, fazer modificações na análise de regressão.

Vários métodos estão disponíveis para detectar multicolinearidade na regressão. Uma técnica simples é calcular o coeficiente de correlação r entre cada par de variáveis independentes do modelo e usar o procedimento delineado na Seção 10.6 para testar para variáveis significativamente correlacionadas. Se um ou mais dos valores r for estatisticamente diferente de 0, as variáveis em questão serão correlacionadas e o problema da multicolinearidade poderá existir.[17] Outras indicações da presença de multicolinearidade incluem os mencionados acima — a saber, testes t não significativos para as estimativas dos parâmetros individuais quando o teste F da adequação geral do modelo é significativo e, ainda, estimativas com sinais opostos aos esperados.[18]

> **DETECTANDO MULTICOLINEARIDADE NO MODELO DE REGRESSÃO**
>
> 1. Correlações significativas entre pares de variáveis independentes
> 2. Testes t não significativos para todos (ou quase todos) os parâmetros β individuais quando o teste F para a adequação geral do modelo é significativo
> 3. Sinais opostos aos esperados nos parâmetros β estimados

---

[17] Lembre-se de que r mede apenas a correlação entre pares de valores de x. Três variáveis, x_1, x_2 e x_3, podem ser altamente correlacionadas como um grupo, mas não mostrar correlações grandes entre pares. Então, a multicolinearidade pode estar presente mesmo quando todas as correlações de pares não são significativamente diferentes de 0.

[18] Métodos mais formais para detectar a multicolinearidade, tal como o de fatores inflacionadores da variação (VIFs), estão disponíveis. Variáveis independentes com um VIF de 10 ou maior em geral são consideradas altamente correlacionadas com uma ou mais das outras variáveis independentes do modelo. O cálculo dos VIFs está além do escopo deste livro introdutório. Consulte as referências bibliográficas do capítulo para uma discussão dos VIFs e de outros métodos formais de detectar a multicolinearidade.

EXEMPLO 11.18

DETECTANDO MULTICOLINEARIDADE

Problema A Comissão Federal de Comércio dos Estados Unidos (FTC) classifica, anualmente, os tipos de cigarros norte-americanos de acordo com os seus conteúdos de alcatrão, nicotina e monóxido de carbono. O Ministério da Saúde considera cada uma dessas três substâncias perigosas para a saúde do fumante. Estudos anteriores têm mostrado que incrementos nos conteúdos de alcatrão e nicotina de um cigarro são acompanhados por um incremento do monóxido de carbono emitido por ele. A Tabela 11.11 apresenta dados sobre os conteúdos de alcatrão, nicotina e monóxido de carbono (em miligramas) e o peso (em gramas) para uma amostra de 25 marcas (com filtro) testadas num ano recente. Suponha que você deseje modelar o conteúdo de monóxido de carbono, y, como uma função do conteúdo de alcatrão, x_1, de nicotina, x_2, e do peso, x_3, usando o modelo:

$$E(y) = \beta_0 + \beta_1 x_1 + \beta_2 x_2 + \beta_3 x_3$$

O modelo foi ajustado aos 25 pontos de dados da Tabela 11.11 e uma parte da resposta do MINITAB é apresentada na Figura 11.52. Examine a listagem. Você detecta algum sinal de multicolinearidade?

Solução

Primeiro, note que o teste F para a utilidade geral do modelo é altamente significativo. A estatística-teste ($F = 78,98$) e o nível observado de significância (valor p =

TABELA 11.11 Dados de cigarros do FTC para o Exemplo 11.18

Alcatrão (x_1)	Nicotina (x_2)	Peso (x_3)	Monóxido de carbono (y)
14,1	0,86	0,9853	13,6
16,0	1,06	1,0938	16,6
29,8	2,03	1,1650	23,5
8,0	0,67	0,9280	10,2
4,1	0,40	0,9462	5,4
15,0	1,04	0,8885	15,0
8,8	0,76	1,0267	9,0
12,4	0,95	0,9225	12,3
16,6	1,12	0,9372	16,3
14,9	1,02	0,8858	15,4
13,7	1,01	0,9643	13,0
15,1	0,90	0,9316	14,4
7,8	0,57	0,9705	10,0
11,4	0,78	1,1240	10,2
9,0	0,74	0,8517	9,5
1,0	0,13	0,7851	1,5
17,0	1,26	0,9186	18,5
12,8	1,08	1,0395	12,6
15,8	0,96	0,9573	17,5
4,5	0,42	0,9106	4,9
14,5	1,01	1,0070	15,9
7,3	0,61	0,9806	8,5
8,6	0,69	0,9693	10,6
15,2	1,02	0,9496	13,9
12,0	0,82	1,1184	14,9

Fonte: Comissão Federal de Comércio (EUA).

Regression Analysis: CO versus TAR, NICOTINE, WEIGHT

```
The regression equation is
CO = 3.20 + 0.963 TAR - 2.63 NICOTINE - 0.13 WEIGHT


Predictor      Coef    SE Coef        T        P
Constant      3.202      3.462     0.93    0.365
TAR          0.9626     0.2422     3.97    0.001
NICOTINE     -2.632      3.901    -0.67    0.507
WEIGHT       -0.130      3.885    -0.03    0.974


S = 1.44573     R-Sq = 91.9%    R-Sq(adj) = 90.7%


Analysis of Variance

Source           DF       SS       MS       F        P
Regression        3   495.26   165.09   78.98    0.000
Residual Error   21    43.89     2.09
```

Correlations: TAR, NICOTINE, WEIGHT

```
              TAR    NICOTINE
NICOTINE    0.977
            0.000

WEIGHT      0.491       0.500
            0.013       0.011


Cell Contents: Pearson correlation
               P-Value
```

FIGURA 11.52 Resposta do MINITAB para o modelo de conteúdo de CO, Exemplo 11.18

0,000) estão destacados na listagem do MINITAB, Figura 11.52. Portanto, para, digamos, α = 0,01, podemos concluir que pelo menos um dos parâmetros β_1, β_2 ou β_3 do modelo é diferente de zero. Os testes t para dois dos três β individuais, entretanto, são não significativos. (Os valores p para esses testes estão sombreados na listagem). A menos que alcatrão (x_1) seja a única das três variáveis útil para prever o conteúdo de monóxido de carbono, esses resultados são a primeira indicação de um potencial problema de multicolinearidade.

Os valores negativos para β_2 e β_3 (destacados na listagem) são um segundo indício da presença de multicolinearidade. A partir de estudos anteriores, a FTC espera que o conteúdo de monóxido de carbono (y) aumente quando ou o conteúdo de nicotina (x_2) ou o peso (x_3) aumentam — isto é, espera relações *positivas* entre y e x_2 e entre y e x_3, não negativos.

Todos os sinais indicam que um problema sério de multicolinearidade existe.

Relembrando Para confirmar nossas suspeitas, fizemos o MINITAB produzir o coeficiente de correlação r para cada um dos três pares de variáveis independentes do modelo. A listagem resultante é mostrada (em destaque) na parte de baixo da Figura 11.52. Você pode ver que alcatrão (x_1) e nicotina (x_2) são altamente correlacionados (r = 0,977), enquanto peso (x_3) é moderadamente correlacionado com os outros dois x ($r \approx 0,5$). Todas as três correlações têm valores p de 0,01 ou menor; conseqüentemente, todas as três são significativamente diferentes de 0, para, digamos, α = 0,05.

AGORA FAÇA O EXERCÍCIO 11.101

Uma vez que você detectou que a multicolinearidade existe, há várias medidas alternativas disponíveis para resolver o problema. A medida apropriada a tomar vai depender da gravidade da multicolinearidade e do objetivo final da análise de regressão.

Alguns pesquisadores, quando confrontados com variáveis independentes altamente correlacionadas, optam por incluir somente uma das variáveis correlacionadas no modelo final. Se você está interessado somente em usar o modelo para estimativa e previsão (passo 6), pode decidir não retirar nenhuma das variáveis independentes dele. Na presença de multicolinearidade, vimos que é perigoso interpretar os parâmetros β individuais. Entretanto, os intervalos de confiança para $E(y)$ e os intervalos de previsão para y geralmente permanecem não afetados *na medida em que os valores dos x usados para prever y seguem o mesmo padrão de multicolinearidade exibido nos dados amostrais* — isto é, você deve tomar muito cuidado para assegurar que os valores das variáveis x caiam dentro da faixa dos dados amostrais.

> **SOLUÇÕES PARA ALGUNS PROBLEMAS CRIADOS PELA MULTICOLINEARIDADE NA REGRESSÃO**[19]
>
> **1.** Retire uma ou mais variáveis independentes correlacionadas do modelo. Uma maneira de decidir quais variáveis manter nele é empregando a regressão passo a passo (Seção 11.10).
> **2.** Se você decidir manter todas as variáveis independentes no modelo:
> **a.** Evite fazer inferências sobre os parâmetros β individuais baseado nos testes t.
> **b.** Restrinja as inferências sobre $E(y)$ e sobre valores futuros de y aos valores dos x que caem dentro da faixa dos dados amostrais.

Problema 3
Previsão fora da região experimental Muitos pesquisadores economistas têm desenvolvido modelos altamente técnicos para relacionar o estado da economia a vários índices econômicos e a outras variáveis independentes. Muitos desses modelos são modelos de regressão múltipla, em que, por exemplo, a variável dependente y pode ser o produto interno bruto (PIB) do próximo ano e as variáveis independentes podem incluir a taxa de inflação desse ano, o índice de preços ao consumidor (IPC) desse ano e assim por diante. Em outras palavras, o modelo pode ser construído para prever a economia do próximo ano usando o conhecimento deste ano.

Infelizmente, esses modelos foram quase todos malsucedidos em prever a recessão no início da década de 1970 e no final da década de 1990. O que estava errado? Um dos problemas foi que muitos dos modelos de regressão foram usados para **extrapolar** (isto é, prever valores de y a partir de variáveis independentes que estavam fora da região na qual o modelo foi desenvolvido). Por exemplo, a taxa de inflação no final da década de 1960, quando os modelos foram desenvolvidos, estava na faixa de 6% a 8%. Quando a inflação de dois dígitos no início da década de 1970 se tornou uma realidade, alguns pesquisadores tentaram usar os mesmos modelos para prever o crescimento futuro do PIB. Como você pode ver na Figura 11.53, o modelo pode ser muito preciso na previsão de y quando x está na faixa da experimentação, mas o uso do modelo fora dessa faixa é uma prática perigosa.

Problema 4
Erros correlacionados Outro problema associado com o uso de um modelo de regressão para prever uma variável y com base em variáveis independentes $x_1, x_2, ..., x_k$ surge do fato de que os dados são, freqüentemente, *séries temporais* — isto é, valores tanto da variável dependente quanto das independentes observados seqüencialmente durante um período de tempo. As observações tendem a ser correlacionadas ao longo do tempo, o que, com freqüência, provoca a correlação dos erros de previsão do modelo de regressão. Então, o pressuposto de erros independentes é violado e os testes e intervalos de previsão do modelo não são mais válidos. Uma solução para esse problema é construir um **modelo de séries temporais** (tema do Capítulo 13, disponível, em inglês, no Companion Website do livro).

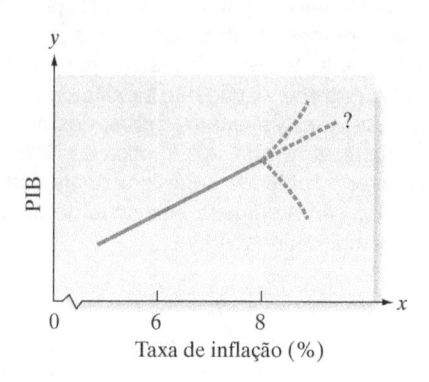

FIGURA 11.53 Usando o modelo de regressão fora da região experimental

---

[19] Várias outras soluções estão disponíveis. Por exemplo, no caso em que modelos de regressão de ordens mais altas são ajustados, o analista pode desejar codificar as variáveis independentes de modo que os termos de ordem mais alta (por exemplo, x^2) para uma variável x em particular não sejam altamente correlacionados com x. Uma transformação que funciona é $z = (x - \bar{x})/s$. Outros procedimentos mais sofisticados para analisar a multicolinearidade (como a *regressão de crista*) estão além do escopo deste livro. Consulte as referências bibliográficas no final deste capítulo.

Exercícios 11.100 – 11.109

Aprendendo a mecânica

11.100 Identifique os problemas em cada um dos gráficos de resíduos apresentados na parte de baixo da página.

11.101 Considere o ajuste do modelo de regressão múltipla:

$$E(y) = \beta_0 + \beta_1 x_1 + \beta_2 x_2 + \beta_3 x_3 + \beta_4 x_4 + \beta_5 x_5$$

Uma matriz de correlação de todos os pares de variáveis independentes foi fornecida abaixo. Você detecta algum problema de multicolinearidade? Explique.

	x_1	x_2	x_3	x_4	x_5
x_1	—	0,17	0,02	−0,23	0,19
x_2		—	0,45	0,93	0,02
x_3			—	0,22	−0,01
x_4				—	0,86
x_5					—

Aplicação dos conceitos — Básico

11.102 Fatores que identificam municípios urbanos. Consulte o estudo da *Professional Geographer* (fev. 2000) sobre municípios urbanos e rurais no Oeste dos Estados Unidos, do Exercício 11.13. Lembre-se de que seis variáveis independentes — população total do município (x_1), densidade populacional (x_2), concentração populacional (x_3), crescimento da população (x_4), proporção de fazendas no território do município (x_5) e mudança na base de território agrícola em 5 anos (x_6) — foram usadas para modelar a classificação urbano/rural (y) de um município. Antes de realizar a análise de regressão múltipla, os pesquisadores estavam preocupados com uma possível multicolinearidade nos dados. Abaixo está uma matriz de correlação (isto é, uma tabela com as correlações entre todos os pares de variáveis independentes).

VARIÁVEL INDEPENDENTE	x_1	x_2	x_3	x_4	x_5
x_1: população total					
x_2: densidade populacional	0,20				
x_3: concentração populacional	0,45	0,43			
x_4: crescimento da população	−0,05	−0,14	−0,01		
x_5: território de fazendas	−0,16	−0,15	−0,07	−0,20	
x_6: mudança agrícola	−0,12	−0,12	−0,22	−0,06	−0,06

Fonte: BERRY, K. A. et al. "Interpreting what is rural and urban for Western U.S. Counties." *Professional Geographer*, vol. 52, n. 1, fev. 2000 (Tabela 2).

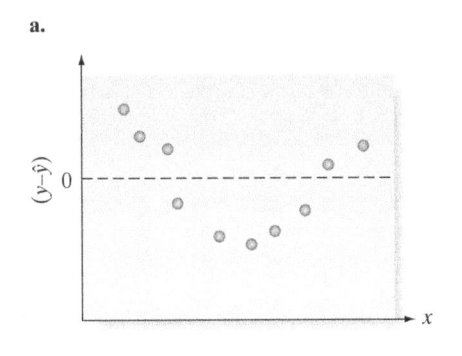

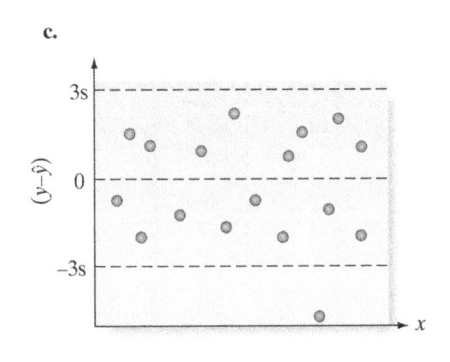

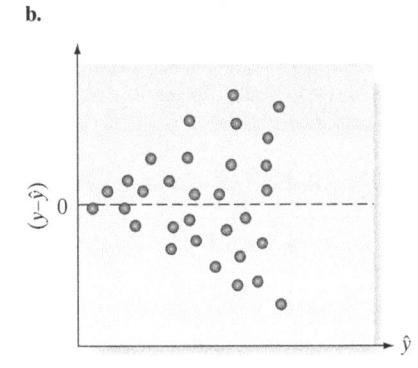

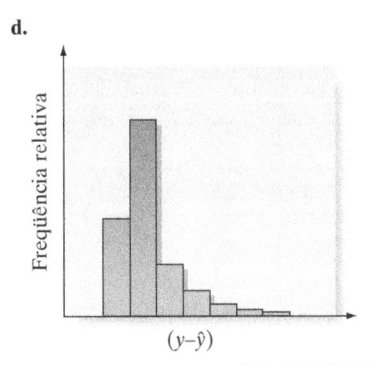

Gráficos dos resíduos para o Exercício 11.100

a. Com base na matriz de correlação, há alguma evidência de multicolinearidade extrema?
b. Consulte os resultados da regressão múltpla da tabela fornecida no Exercício 11.13. Com base nos testes relatados, há alguma evidência de multicolinearidade extrema?

11.103 Aquecimento global e investimentos estrangeiros. Consulte o estudo do *Journal of World-Systems Research* (verão, 2003) sobre uma relação entre investimentos de outros países e emissões de dióxido de carbono, do Exercício 11.14. Lembre-se de que os pesquisadores modelaram o nível anual (y) das emissões de CO_2 como uma função de sete variáveis independentes para $n = 66$ países em desenvolvimento. Uma matriz fornecendo a correlação (r) para cada par de variáveis independentes é apresentada abaixo. Identifique as variáveis independentes altamente correlacionadas. Que problemas podem resultar da inclusão dessas variáveis no modelo de regressão?

11.104 Exposição passiva ao fumo. A exposição passiva à fumaça de tabaco ambiental tem sido associada com a supressão do crescimento e o aumento da freqüência de infecções no trato respiratório em crianças normais. Essa associação é mais pronunciada em crianças com fibrose cística? Para responder a essa pergunta, 43 crianças (18 meninas e 25 meninos) que foram a um acampamento de verão de 2 semanas para pacientes de fibrose cística foram estudadas (*The New England Journal of Medicine*, 20 set. 1990). Os pesquisadores investigaram a correlação entre o percentil de peso de uma criança (y) e o número de cigarros fumados por dia na casa da criança (x). A tabela ao lado lista os dados para os 25 meninos. Usando regressão linear simples, os pesquisadores predisseram o percentil de peso para a última observação ($x = 44$ cigarros) como sendo $\hat{y} = 29{,}63$. Dado que o desvio-padrão do modelo é $s = 24{,}68$, essa observação é um *outlier*? Explique.

CFSMOKE

PERCENTIL DE PESO y	N° DE CIGARROS FUMADOS POR DIA x
6	0
6	15
2	40
8	23
11	20
17	7
24	3
25	0
17	25
25	20
25	15
31	23
35	10
43	0
49	0
50	0
49	22
46	30
54	0
58	0
62	0
66	0
66	23
83	0
87	44

Fonte: RUBIN, B. K. "Exposure of children with cystic fibrosis to environmental tobacco smoke." *The New England Journal of Medicine*, 20 set. 1990, vol. 323, n. 12, p. 85 (dados extraídos da Figura 3).

VARIÁVEL INDEPENDENTE	x_2	x_3	x_4	x_5	x_6	$x_7 = \ln$ (NÍVEL DE EMISSÕES DE CO_2 EM 1980)
$x_1 = \ln$(investimentos de outros países em 1980)	0,13	0,57	0,30	– 0,38	0,14	– 0,14
$x_2 =$ investimento bruto dos EUA em 1980		0,49	0,36	– 0,47	– 0,14	0,25
$x_3 =$ exportações dos EUA em 1980			0,43	– 0,47	– 0,06	– 0,07
$x_4 = \ln$(PIB dos EUA em 1980)				– 0,84	– 0,53	0,42
$x_5 =$ produção agrícola dos EUA em 1980					0,45	– 0,50
$x_6 = 1$ se país da África, 0 se não						– 0,47

Fonte: GRIMES, P.; KENTOR, J. "Exporting the greenhouse: foreign capital penetration and emissions 1980-1996." *Journal of World-Systems Research*, vol. IX, n. 2, verão, 2003 (Apêndice B).

Matriz de correlação para o Exercício 11.103

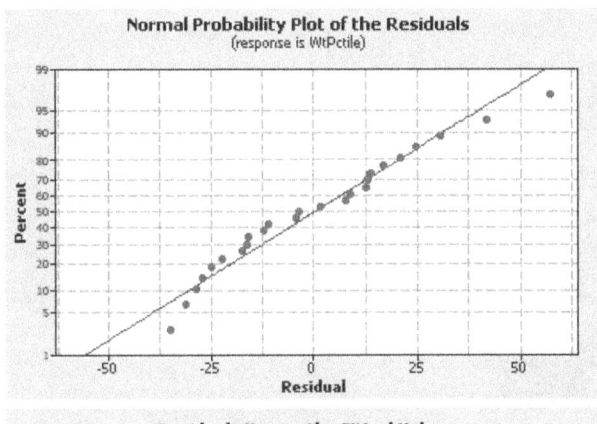

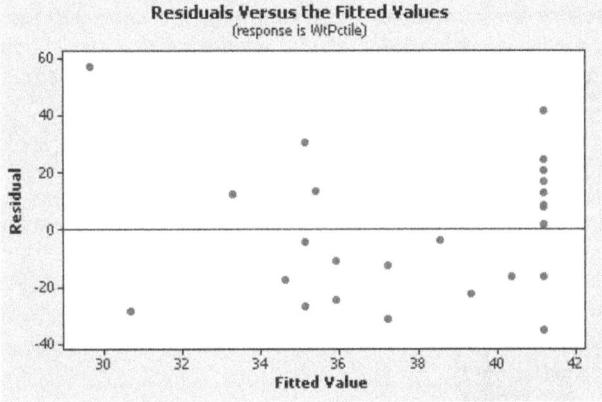

11.105 Exposição passiva ao fumo (continuação). Consulte o Exercício 11.104. Dois gráficos dos resíduos do modelo de regressão linear simples são mostrados à esquerda.

a. Que gráfico deveria ser usado para verificar a normalidade dos erros? O pressuposto de normalidade parece satisfeito?

b. Que gráfico deveria ser usado para verificar variâncias desiguais dos erros? O pressuposto de variâncias iguais parece satisfeito?

Aplicação dos conceitos — Intermediário

11.106 Consumo residencial de alimentos. Os dados da tabela abaixo foram coletados de uma amostra aleatória de 26 residências em Washington, D.C. Um economista deseja relacionar o consumo residencial de alimentos y à renda familiar x_1 e ao tamanho da residência x_2 com o modelo de primeira ordem:

$$E(y) = \beta_0 + \beta_1 x_1 + \beta_2 x_2$$

a. Ajuste o modelo aos dados. Você detectou algum sinal de multicolinearidade nos dados? Explique.

b. Há evidência visual (de um gráfico dos resíduos) de que um modelo de segunda ordem poderia ser mais apropriado para prever o consumo residencial de alimentos? Explique.

c. Comente o pressuposto de variância constante dos erros usando um gráfico dos resíduos. Ele parece satisfeito?

Gráficos do MINITAB para o Exercício 11.105

Residência	Consumo de alimentos (US$ 1.000)	Renda (US$ 1.000)	Tamanho da residência	Residência	Consumo de alimentos (US$ 1.000)	Renda (US$ 1.000)	Tamanho da residência
1	4,2	41,1	4	14	4,1	95,2	2
2	3,4	30,5	2	15	5,5	45,6	9
3	4,8	52,3	4	16	4,5	78,5	3
4	2,9	28,9	1	17	5,0	20,5	5
5	3,5	36,5	2	18	4,5	31,6	4
6	4,0	29,8	4	19	2,8	39,9	1
7	3,6	44,3	3	20	3,9	38,6	3
8	4,2	38,1	4	21	3,6	30,2	2
9	5,1	92,0	5	22	4,6	48,7	5
10	2,7	36,0	1	23	3,8	21,2	3
11	4,0	76,9	3	24	4,5	24,3	7
12	2,7	69,9	1	25	4,0	26,9	5
13	5,5	43,1	7	26	7,5	7,3	5

d. Há algum *outlier* nos dados? Se houver, identifique-o.

e. Com base em um gráfico dos resíduos, o pressuposto de normalidade dos erros parece razoavelmente satisfeito? Explique.

11.107 Análise do ar urbano de Tóquio. Engenheiros químicos da Universidade Metropolitana de Tóquio analisaram amostras de ar urbano para verificar a presença de ácido dicarboxílico (*Environmental Science & Engineering*, out. 1993). O ácido dicarboxílico (como uma porcentagem do carbono total) e as concentrações de oxidantes em 19 amostras de ar coletadas na área urbana de Tóquio estão listadas na próxima tabela. Considere o modelo de linha reta relacionando a porcentagem de ácido dicarboxílico (*y*) à concentração de oxidantes (*x*). Realize uma análise completa dos resíduos do modelo.

URBANAIR
Companion Website

ÁCIDO DICARBOXÍLICO (%)	OXIDANTE (PPM)	ÁCIDO DICARBOXÍLICO (%)	OXIDANTE (PPM)
0,85	78	0,50	32
1,45	80	0,38	28
1,80	74	0,30	25
1,80	78	0,70	45
1,60	60	0,80	40
1,20	62	0,90	45
1,30	57	1,22	41
0,20	49	1,00	34
			(continua)

ÁCIDO DICARBOXÍLICO (%)	OXIDANTE (PPM)	ÁCIDO DICARBOXÍLICO (%)	OXIDANTE (PPM)
0,22	34	1,00	25
0,40	36		

Fonte: KAWAMURA, K.; IKUSHIMA, K. "Seasonal changes in the distribution of dicarboxylic acids in the urban atmosphere." *Environmental Science & Technology*, vol. 27, n. 10, out. 1993, p. 2232 (dados extraídos da Figura 4).

DDT
Companion Website

11.108 Contaminação pela descarga de uma fábrica. Consulte os dados do Corpo de Engenheiros do Exército dos Estados Unidos sobre peixes contaminados pelas descargas tóxicas de uma fábrica de produtos químicos localizada nas margens do Rio Tennessee, no Alabama. No Exercício 11.16, você ajustou o modelo de primeira ordem $E(y) = \beta_0 + \beta_1 x_1 + \beta_2 x_2 + \beta_3 x_3$, onde y = nível de DDT nos peixes capturados, x_1 = milhas, correnteza acima, da captura, x_2 = comprimento do peixe e x_3 = peso do peixe. Realize uma análise completa dos resíduos do modelo. Você recomendaria alguma modificação no modelo? Explique.

GASTURBINE
Companion Website

11.109 Métodos de resfriamento de turbinas a gás. Consulte o estudo do *Journal of Engineering for Gas Turbines and Power* (jan. 2005) sobre um método de admissão de combustível por vapor de alta pressão para uma turbina a gás, do Exercício 11.89. Agora considere o modelo de interação para a taxa de calor (*y*) de uma turbina a gás como uma função da velocidade do ciclo (x_1) e da razão de pressão do ciclo (x_2), $E(y) = \beta_0 + \beta_1 x_1 + \beta_2 x_2 + \beta_3 x_1 x_2$. Use os dados do arquivo **GASTURBINE** para realizar uma análise completa dos resíduos do modelo. Você recomendaria fazer modificações no modelo?

Termos-chave

Nota: Os itens marcados com asterisco (*) são das seções opcionais deste capítulo

Análise dos resíduos
Coeficiente de determinação ajustado múltiplo
Coeficiente de determinação múltipla
Construção de modelos
Equação de previsão dos mínimos quadrados
Erros correlacionados
Estimabilidade dos parâmetros
Extrapolação
Interação
Método robusto
*Modelo aninhado

*Modelo completo
Modelo completo de segunda ordem
Modelo de primeira ordem
Modelo de regressão múltipla
Modelo de segunda ordem
*Modelo parcimonioso
Modelo quadrático
*Modelo reduzido
Multicolinearidade
Nível base
Nível de uma variável
Outlier
Parabolóide
Quadrado médio para o erro
*Regressão passo a passo
Resíduo

*Superfície de resposta
Superfície em forma de sela
Termo de maior ordem
*Termos de efeito principal
Termo de segunda ordem
*Teste *F* de modelo aninhado
Termo quadrático
Teste *F* global
Transformação estabilizadora da variância
Variável categórica
Variável codificada
Variáveis *dummy*
Variável indicadora
Variável qualitativa

Guia para a regressão múltipla

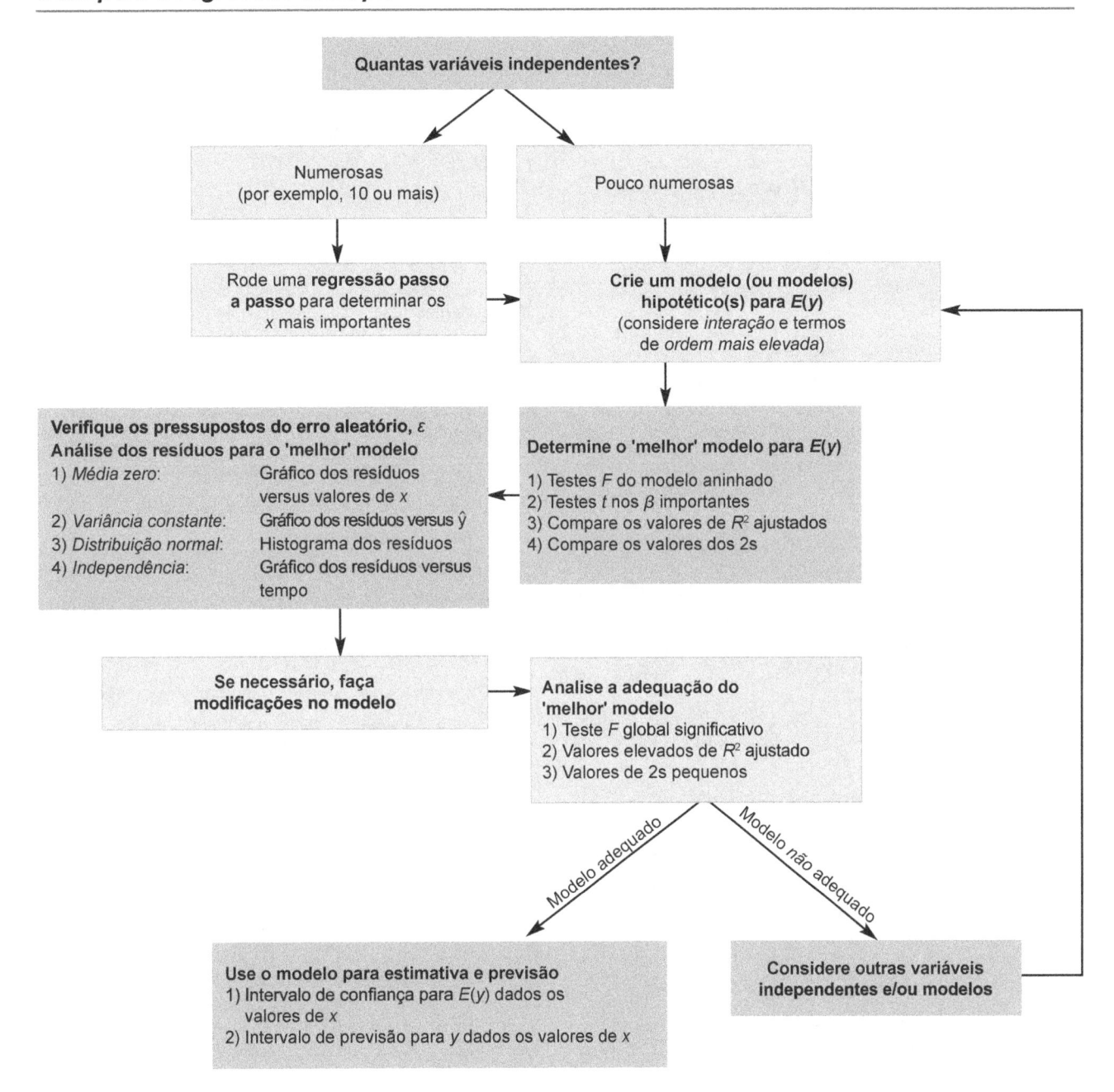

```
                    ┌─────────────────────────────────┐
                    │ Quantas variáveis independentes?│
                    └─────────────────────────────────┘
                         ↙                    ↘
        ┌─────────────────────┐       ┌─────────────────┐
        │ Numerosas           │       │ Pouco numerosas │
        │ (por exemplo, 10    │       │                 │
        │ ou mais)            │       └─────────────────┘
        └─────────────────────┘
                  ↓                              ↓
```

Numerosas (por exemplo, 10 ou mais) → Rode uma **regressão passo a passo** para determinar os x mais importantes

Pouco numerosas → Crie um modelo (ou modelos) hipotético(s) para $E(y)$ (considere *interação* e termos de *ordem mais elevada*)

Determine o 'melhor' modelo para $E(y)$
1) Testes F do modelo aninhado
2) Testes t nos β importantes
3) Compare os valores de R^2 ajustados
4) Compare os valores dos 2s

Verifique os pressupostos do erro aleatório, ε
Análise dos resíduos para o 'melhor' modelo
1) *Média zero*: Gráfico dos resíduos versus valores de x
2) *Variância constante*: Gráfico dos resíduos versus $\hat{y}$
3) *Distribuição normal*: Histograma dos resíduos
4) *Independência*: Gráfico dos resíduos versus tempo

Se necessário, faça modificações no modelo

Analise a adequação do 'melhor' modelo
1) Teste F global significativo
2) Valores elevados de R^2 ajustado
3) Valores de 2s pequenos

Modelo adequado →

Use o modelo para estimativa e previsão
1) Intervalo de confiança para $E(y)$ dados os valores de x
2) Intervalo de previsão para y dados os valores de x

Modelo não adequado →

Considere outras variáveis independentes e/ou modelos

Notas do capítulo

VARIÁVEIS DA REGRESSÃO MÚLTIPLA

y = variável **dependente** (quantitativa)

$x_1, x_2, ..., x_k$ são variáveis **independentes**

(quantitativas ou qualitativas)

MODELO QUADRÁTICO COM UM x QUANTITATIVO

$$E(y) = \beta_0 + \beta_1 x + \beta_2 x^2$$

β_2 representa a taxa de curvatura para x

($\beta_2 > 0$ implica curvatura *para cima*)

($\beta_2 < 0$ implica curvatura *para baixo*)

Modelo completo de segunda ordem com dois x quantitativos

$$E(y) = \beta_0 + \beta_1 x_1 + \beta_2 x_2 + \beta_3 x_1 x_2 + \beta_4 x_1^2 + \beta_5 x_2^2$$

β_4 representa a taxa de curvatura para x_1, mantendo x_2 fixo

β_5 representa a taxa de curvatura para x_2, mantendo x_1 fixo

Modelo completo de segunda ordem com um x quantitativo e um x qualitativo (dois níveis, A e B)

$$E(y) = \beta_0 + \beta_1 x_1 + \beta_2 x_1^2 + \beta_3 x_2 + \beta_4 x_1 x_2 + \beta_5 x_1^2 x_2$$

$x_2 = \{1$ se nível A, 0 se nível B$\}$

Interação entre x_1 e x_2

Implica que a relação entre y e um x depende do outro x

Modelo parcimonioso

Um modelo com um número pequeno de parâmetros β

Recomendação para a avaliação da adequação do modelo

(1) Realize o teste global F; se significativo, então:

(2) Realize testes t somente nos β 'mais importantes' (*interação ou termos quadráticos*)

(3) Interprete o valor de $2s$

(4) Interprete o valor de R_a^2

Recomendação para testar os β individuais

(1) Se a *curvatura* (x^2) for considerada importante, não realize teste para o termo de primeira ordem (x) do modelo

(2) Se a *interação* ($x_1 x_2$) for considerada importante, não realize testes para os termos de primeira ordem (x_1 e x_2) do modelo

Extrapolação

Ocorre quando você prediz y para valores dos x que estão fora da faixa dos dados amostrais

Modelo de primeira ordem com k x quantitativos

$$E(y) = \beta_0 + \beta_1 x_1 + \beta_2 x_2 + \ldots + \beta_k x_k$$

Cada β_i representa a mudança em y para cada aumento de 1 unidade em x_i, mantendo todos os outros x fixos

Modelo de interação com dois x quantitativos

$$E(y) = \beta_0 + \beta_1 x_1 + \beta_2 x_2 + \beta_3 x_1 x_2$$

($\beta_1 + \beta_3 x_2$) representa a mudança em y para cada aumento de uma unidade em x_1, para um valor fixo de x_2

($\beta_2 + \beta_3 x_1$) representa a mudança em y para cada aumento de uma unidade em x_2, para um valor fixo de x_1

Modelo de variável *dummy* para um x qualitativo

$$E(y) = \beta_0 + \beta_1 x_1 + \beta_2 x_2 + \ldots + \beta_{k-1} x_{k-1}$$

$x_1 = \{1$ se nível 1, 0 se não$\}$

$x_2 = \{1$ se nível 2, 0 se não$\}$

$x_{k-1} = \{1$ se nível $k-1$, 0 se não$\}$

$\beta_0 = E(y)$ para o nível k (nível base) $= \mu_k$

$\beta_1 = \mu_1 - \mu_k$

$\beta_2 = \mu_2 - \mu_k$

Coeficiente de determinação ajustado R_A^2

Não pode ser 'forçado' a 1 adicionando-se variáveis independentes ao modelo

Modelos aninhados

São modelos em que um modelo (o *completo*) contém todos os termos do outro modelo (o *reduzido*) mais, pelo menos um termo adicional.

Multicolinearidade

Ocorre quando dois ou mais x são correlacionados.

Indicadores de multicolinearidade:

(1) x muito correlacionados

(2) Teste global F significativo, mas todos os testes t não significativos

(3) Sinais dos β opostos aos esperados

Problemas no uso do modelo de regressão passo a passo como o modelo 'final'

(1) O número extremamente grande de testes t aumenta a probabilidade geral de pelo menos um erro Tipo I

(2) Termos de ordens mais elevadas (interações ou termos quadráticos) não são incluídos no modelo

Análise dos resíduos

(1) Para detectar **modelos especificados erroneamente**: *gráfico dos resíduos versus x quantitativo* (procure por tendências, por exemplo, tendência curvilínea)

(2) Para detectar **variações dos erros não constantes**: *gráfico dos resíduos versus $\hat{y}$* (procure por padrões, por exemplo, em forma de cone)

(3) Para detectar **erros não normais**: *histograma, ramo e folhas ou gráfico de probabilidade normal dos resíduos* (procure por grandes desvios da normalidade)

(4) Para identificar **outliers**: *resíduos maiores do que $3s$ em valor absoluto* (investigue os *outliers* antes de retirá-los)

Símbolos-chave

x_1^2	Forma quadrática de um x quantitativo
$x_1 x_2$	Termo de interação
QME	Quadrado médio dos erros (estima σ^2)
$\hat{\varepsilon}$	Erro aleatório estimado (resíduo)
SQE_R	Soma dos erros quadrados, modelo reduzido
SQE_C	Soma dos erros quadrados, modelo completo
QME_C	Quadrado médio dos erros, modelo completo
$\ln(y)$	Logaritmo natural da variável dependente

FÓRMULAS-CHAVE

$s^2 = QME = \dfrac{SQE}{n - (k + 1)}$ — Estimador de σ^2 para um modelo com k variáveis independentes

$t = \dfrac{\hat{\beta}_i}{s_{\hat{\beta}_i}}$ — Estatística-teste para testar $H_0: \beta_i$

$\hat{\beta}_i \pm (t_{\alpha/2}) s_{\hat{\beta}_i}$, onde $t_{\alpha/2}$ depende de $n - (k + 1)$ gl — $100(1 - \alpha)\%$ intervalo de confiança para β_i

$R^2 = \dfrac{SQ_{yy} - SQE}{SQ_{yy}}$ — Coeficiente de determinação múltiplo

$R_a^2 = 1 - \left[\dfrac{(n - 1)}{n - (k + 1)}\right](1 - R^2)$ — Coeficiente de determinação ajustado múltiplo

$F = \dfrac{QM(\text{Modelo})}{QME} = \dfrac{R^2/k}{(1 - R^2)/[n - (k + 1)]}$ — Estatística-teste para testar $H_0: \beta_1 = \beta_2 = \ldots = \beta_k = 0$

$F = \dfrac{(SQE_R - SQE_C)/\text{número de } \beta \text{ testados}}{QME_C}$ — Estatística-teste para comparar os modelos completo e reduzido*

$y - \hat{y}$ — Resíduo da regressão

Exercícios suplementares 11.110 – 11.146

nota: *Exercícios marcados com asterisco (*) são referentes às seções opcionais deste capítulo.*

Aprendendo a mecânica

11.110 Suponha que você ajuste o modelo:

$$y = \beta_0 + \beta_1 x_1 + \beta_2 x_1^2 + \beta_3 x_2 + \beta_4 x_1 x_2 + \varepsilon$$

a $n = 25$ pontos de dados, com os seguintes resultados:

$\hat{\beta}_0 = 1{,}26 \quad \hat{\beta}_1 = -2{,}43 \quad \hat{\beta}_2 = 0{,}05 \quad \hat{\beta}_3 = 0{,}62 \quad \hat{\beta}_4 = 1{,}81$

$s_{\hat{\beta}_1} = 1{,}21 \quad s_{\hat{\beta}_2} = 0{,}16 \quad s_{\hat{\beta}_3} = 0{,}26 \quad s_{\hat{\beta}_4} = 1{,}49$

$SQE = 0{,}41 \quad R^2 = 0{,}83$

a. Há evidência suficiente para concluir que pelo menos um dos parâmetros, $\beta_1, \beta_2, \beta_3$ ou β_4, seja diferente de zero? Teste usando $\alpha = 0{,}05$.
b. Teste $H_0: \beta_1 = 0$ contra $H_a: \beta_1 < 0$. Use $\alpha = 0{,}05$.
c. Teste $H_0: \beta_2 = 0$ contra $H_a: \beta_2 > 0$. Use $\alpha = 0{,}05$.
d. Teste $H_0: \beta_3 = 0$ contra $H_a: \beta_3 \neq 0$. Use $\alpha = 0{,}05$.

11.111 Quando um modelo de regressão múltipla é usado para estimar a média da variável dependente e para prever um novo valor de y, qual será mais estreito: o intervalo de confiança para a média ou o intervalo de previsão para o novo valor de y? Por quê?

11.112 Suponha que você tenha desenvolvido um modelo de regressão para explicar a relação entre y e x_1, x_2 e x_3. As faixas das variáveis que você observou foram como se segue: $10 \leq y \leq 100$, $5 \leq x_1 \leq 55$, $0{,}5 \leq x_2 \leq 1$ e $1.000 \leq x_3 \leq 2.000$. O erro de previsão será menor quando você usar a equação dos mínimos quadrados para prever y quando $x_1 = 30$, $x_2 = 0{,}6$ e $x_3 = 1.300$, ou quando $x_1 = 60$, $x_2 = 0{,}4$ e $x_3 = 900$? Por quê?

11.113 Suponha que você tenha usado o MINITAB para ajustar o modelo:

```
The regression equation is
Y = 90.1 - 1.84 X1 + .285 X2


Predictor     Coef    SE Coef       T       P
Constant     90.10      23.10    3.90   0.002
X1          -1.836      0.367   -5.01   0.001
X2           0.285      0.231    1.24   0.465


S = 10.68     R-Sq = 91.6%    R-Sq(adj) = 90.2%

Analysis of Variance

Source           DF       SS      MS       F       P
Regression        2    14801    7400   64.91   0.001
Residual Error   12     1364     114
Total            14    16165
```

Resposta do MINITAB para o Exercício 11.113

$$y = \beta_0 + \beta_1 x_1 + \beta_2 x_2 + \varepsilon$$

a $n = 15$ pontos de dados e que tenha obtido a resposta mostrada na página anterior.

a. Qual é a equação de previsão dos mínimos quadrados?
b. Ache R^2 e interprete seu valor.
c. Há evidência suficiente para indicar que o modelo é útil para prever y? Realize um teste F usando $\alpha = 0{,}05$.
d. Teste a hipótese nula $H_0: \beta_1 = 0$ contra a hipótese alternativa $H_a: \beta_1 \neq 0$. Use $\alpha = 0{,}05$. Chegue às conclusões apropriadas.
e. Encontre o desvio-padrão do modelo de regressão e interprete-o.

11.114 O modelo de primeira ordem $E(y) = \beta_0 + \beta_1 x_1$ foi ajustado a $n = 19$ pontos de dados. Um gráfico dos resíduos do modelo é fornecido abaixo. A necessidade de um termo quadrático no modelo está evidente no gráfico dos resíduos? Explique.

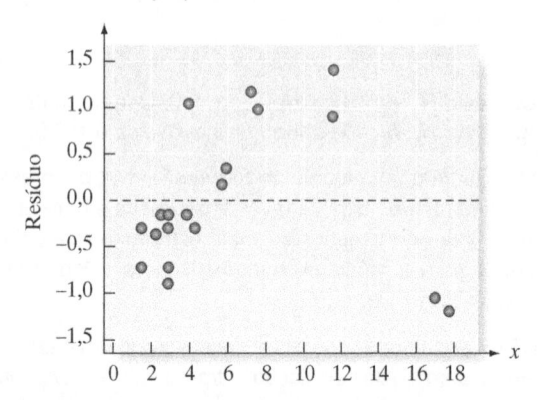

11.115 Por que a etapa de construção do modelo é a chave do sucesso ou do fracasso de uma análise de regressão?

11.116 Suponha que você tenha ajustado o modelo de regressão:

$$E(y) = \beta_0 + \beta_1 x_1 + \beta_2 x_2 + \beta_3 x_2^2 + \beta_4 x_1 x_2 + \beta_5 x_1 x_2^2$$

a $n = 35$ pontos de dados e que deseje testar a hipótese nula $H_0: \beta_4 = \beta_5 = 0$.

a. Informe a hipótese alternativa.
b. Explique em detalhes como calcular a estatística F necessária para testar a hipótese nula.
c. Quais são os graus de liberdade do numerador e do denominador associados com a estatística F do item **b**?
d. Forneça a região de rejeição para o teste, se $\alpha = 0{,}05$.

11.117 Escreva um modelo relacionando $E(y)$ a uma variável qualitativa independente de quatro níveis. Defina todos os termos do seu modelo.

11.118 Deseja-se relacionar $E(y)$ a uma variável quantitativa x_1 e a uma variável qualitativa de três níveis.

a. Escreva um modelo de primeira ordem.
b. Escreva um modelo que apareça num gráfico como três diferentes curvas de segunda ordem, uma para cada nível da variável qualitativa.

11.119 Explique por que a regressão passo a passo é usada. Qual é o seu valor no processo de construção do modelo?

11.120 Considere a relação de $E(y)$ com duas variáveis quantitativas independentes, x_1 e x_2.

a. Escreva um modelo de primeira ordem para $E(y)$.
b. Escreva um modelo completo de segunda ordem para $E(y)$.

11.121 Para modelar a relação entre y, uma variável dependente, e x, uma variável independente, um pesquisador tomou uma medida de y para cada um de três valores de x diferentes. Do seu conhecimento de matemática, o pesquisador descobre que pode ajustar o modelo de segunda ordem:

$$E(y) = \beta_0 + \beta_1 x + \beta_2 x^2$$

e que ele passará exatamente pelos três pontos, resultando em SQE = 0. O pesquisador, deliciado com o 'excelente' ajuste do modelo, rapidamente se prepara para fazer inferências. Que problemas ele vai encontrar na tentativa de fazer inferências?

Aplicação dos conceitos — Básico

11.122 GPAs de estudantes de negócios. Um cientista pesquisador do Serviço de Testes Educacionais (STE) usou a análise de regressão múltipla para modelar y, o grau médio de pontuação final (GPA) de estudantes de doutorado em negócios e administração (*Journal of Educational Statistics*, primavera, 1993). Uma lista das potenciais variáveis independentes medidas para cada estudante de doutorado do estudo é apresentada a seguir:

(1) Pontuação quantitativa do teste de atitude de graduados em gerência (GMAT)
(2) Pontuação do GMAT verbal
(3) GPA da graduação
(4) GPA do graduado de cinco anos
(5) Grupo do estudante (isto é, ano em que entrou no programa de doutorado: ano 1, ano 3 ou ano 5)

a. Identifique as variáveis como quantitativas ou qualitativas.
b. Para cada variável quantitativa, dê sua opinião sobre se ela é positiva ou negativamente relacionada ao GPA final.
c. Para cada uma das variáveis qualitativas, construa a variável *dummy* apropriada.
d. Escreva um modelo de primeira ordem, de efeitos principais, relacionando o GPA final y às cinco variáveis independentes.
e. Interprete os β do modelo do item **d**.
f. Escreva um modelo de primeira ordem para o GPA final y que permita uma inclinação diferente para cada grupo de estudantes.
g. Para cada variável independente quantitativa do modelo do item **f**, forneça a inclinação da linha (em termos dos β) para o grupo do ano 1.

11.123 Comparando dois extratores de suco de laranja. A Comissão de Cítricos da Flórida está interessada em avaliar o desempenho de dois extratores de suco de laranja, marca A e marca B. Acredita-se que o tamanho da fruta usada no teste possa influenciar a produtividade de suco (quantidade de suco por libra de laranja) obtida pelos extratores. A comissão deseja desenvolver um modelo de regressão que relacione a produtividade média de suco $E(y)$ com o tipo de extrator (marca A ou marca B) e com o tamanho da laranja (diâmetro) x_1.

a. Identifique as variáveis independentes como qualitativas ou quantitativas.
b. Escreva um modelo que descreva a relação entre $E(y)$ e o tamanho da laranja como duas linhas paralelas, uma para cada marca do extrator.
c. Modifique o modelo do item **b** para permitir que as inclinações das duas linhas sejam diferentes.
d. Rascunhe linhas de resposta típicas para o modelo do item **b**. Faça o mesmo para o modelo do item **c**. Identifique cuidadosamente os seus gráficos.
e. Especifique as hipóteses nula e alternativa que você usaria para determinar se o modelo do item **c** fornece mais informações para prever a produtividade do que o modelo do item **b**.
f. Explique como você obteria as quantidades necessárias para calcular a estatística F que deveria ser usada para testar as hipóteses que você descreveu no item **e**.

11.124 Análise dos salários dos gerentes. Muita pesquisa — e muita discussão — tem sido realizada sobre a disparidade entre os níveis salariais de homens e mulheres. Uma pesquisa relatada na revista *Work and Occupations* (nov. 1992) analisou os salários de uma amostra de 191 gerentes de Illinois usando uma análise de regressão com as seguintes variáveis independentes:

x_1 = sexo do gerente = $\begin{cases} 1 & \text{se masculino} \\ 0 & \text{se não} \end{cases}$

x_2 = raça do gerente = $\begin{cases} 1 & \text{se branco} \\ 0 & \text{se não} \end{cases}$

x_3 = nível educacional (em anos)

x_4 = tempo na firma (em anos)

x_5 = número de horas trabalhadas por semana

Os resultados da regressão estão mostrados na tabela a seguir, como foram relatados no artigo.

Variável	$\hat{\beta}$	valor p
x_1	12,774	< 0,05
x_2	0,713	> 0,10
x_3	1,519	< 0,05
x_4	0,320	< 0,05
x_5	0,205	< 0,05
Constante	15,491	—
R^2 = 0,240	n = 191	

a. Escreva o modelo hipotético que foi usado e interprete cada um dos parâmetros β do modelo.
b. Escreva a equação dos mínimos quadrados que estima o modelo do item **a** e interprete cada uma das estimativas dos β.
c. Interprete o valor de R^2. Teste para determinar se o modelo é útil para prever o salário anual. Teste usando α = 0,05.
d. Teste para determinar se a variável sexo indica que os gerentes homens são mais bem pagos que as gerentes mulheres, mesmo depois de ajustados para e mantendo constantes todos os outros quatro fatores do modelo. Teste usando α = 0,05. [*Nota:* Os valores p fornecidos na tabela são de duas caudas.]
e. Por que alguém desejaria ajustar para esses outros fatores antes de realizar um teste para discriminação salarial?

11.125 Determinantes de níveis de crimes contra a propriedade em uma área. O *Journal of Quantitative Criminology* (v. 8, 1992) publicou um artigo sobre os fatores determinantes do nível de crime contra a propriedade em uma área no Reino Unido. Foram examinados muitos modelos de regressão múltipla para a prevalência de crimes contra a propriedade, y, medidos como a porcentagem de residentes em uma área geográfica que tenham sido vítimas de pelo menos um crime contra a propriedade. Os resultados para um desses modelos, baseado em uma amostra de n = 313 respostas obtidas pelo British Crime Survey, são mostrados na tabela da página a seguir. [*Nota:* Todas as variáveis, exceto densidade, estão expressas como uma porcentagem da área base.]

a. Teste a hipótese de que a densidade (x_1) de uma região é positiva e linearmente relacionada à prevalência do crime (y), mantendo-se constante todas as outras variáveis independentes.
b. Você aconselharia a realização de testes t em cada uma das 18 variáveis independentes do modelo para determinar que variáveis são importantes preditoras da prevalência do crime? Explique.
c. O modelo resultou em R^2 = 0,411. Utilize essa informação para realizar um teste da utilidade global do modelo. Use α = 0,05.

11.126 Precisão das estimativas de esforço de software. Consulte o estudo do *Journal of Empirical Software Engineering* (v. 9, 2004) sobre a precisão das estimativas de esforço de software, do Exercício 11.63. Lembre-se de que a variável dependente (y) é medida como o erro relativo da estimativa de esforço de uma tarefa de desenvolvimento de software. Oito variáveis independentes foram avaliadas como preditoras potenciais do erro relativo. Cada uma delas foi formulada como uma variável *dummy*, como mostrado na segunda tabela da página a seguir.

a. As oito variáveis independentes foram analisadas em uma regressão passo a passo e as duas variáveis a seguir foram selecionadas para entrar no modelo: x_1 e x_8. Escreva o modelo de efeitos principais para $E(y)$ como uma função dessas duas variáveis.
b. A regressão passo a passo resultou na seguinte equação de previsão:

$$\hat{y} = 0,12 - 0,28x_1 + 0,27x_8$$

VARIÁVEL	β	t	VALOR p
x_1 = densidade (população por hectare)	0,331	3,88	$p < 0,01$
x_2 = população masculina desempregada	−0,121	−1,17	$p > 0,10$
x_3 = população profissional	−0,187	−1,90	$0,01 < p < 0,10$
x_4 = população com idade menor que 5 anos	−0,151	−1,51	$p > 0,10$
x_5 = população com idade entre 5 e 15 anos	0,353	3,42	$p < 0,01$
x_6 = população feminina	0,095	1,31	$p > 0,10$
x_7 = mudança da população em 10 anos	0,130	1,40	$p > 0,10$
x_8 = população de minorias	−0,122	−1,51	$p > 0,10$
x_9 = população de jovens adultos	0,163	5,62	$p < 0,01$
x_{10} = 1 se região Norte, 0 se não	0,369	1,72	$0,01 < p < 0,10$
x_{11} = 1 se região de Yorkshire, 0 se não	−0,210	−1,39	$p > 0,10$
x_{12} = 1 se região de East Midlands, 0 se não	−0,192	−0,78	$p > 0,10$
x_{13} = 1 se região de East Anglia, 0 se não	−0,548	−2,22	$0,01 < p < 0,10$
x_{14} = 1 se região de South East, 0 se não	0,152	1,37	$p > 0,10$
x_{15} = 1 se região de South West, 0 se não	−0,151	−0,88	$p > 0,10$
x_{16} = 1 se região de West Midlands, 0 se não	−0,308	−1,93	$0,01 < p < 0,10$
x_{17} = 1 se região de North West, 0 se não	0,311	2,13	$0,01 < p < 0,10$
x_{18} = 1 se região de Wales, 0 se não	−0,019	−0,08	$p > 0,10$

Fonte: OSBORN, D. R.; TICKETT, A.; ELDER, R. "Area characteristics and regional variates as determinants of area property crime." *Journal of Quantitative Criminology*, vol. 8, n. 3, 1992, Plenum Publishing Corp.

Resultados para o Exercício 11.125

Forneça uma interpretação prática das estimativas dos β multiplicados por x_1 e x_8.

c. O pesquisador está preocupado com o sinal de $\hat{\beta}_1$ do modelo, que é o oposto do esperado. (Ele esperava que o líder do projeto tivesse um erro relativo de estimativa menor do que um desenvolvedor.) Forneça pelo menos uma razão da ocorrência desse fenômeno.

Cargo do estimador na empresa	x_1 = 1 se desenvolvedor, 0 se líder de projeto
Complexidade da tarefa	x_2 = 1 se baixa, 0 se média/alta
Tipo do contrato	x_3 = 1 se preço fixo, 0 se taxa por hora
Importância do cliente	x_4 = 1 se alta, 0 se baixa/média
Prioridade do cliente	x_5 = 1 se prazo de entrega, 0 se custo ou qualidade
Nível de conhecimento	x_6 = 1 se alto, 0 se baixo/médio
Participação	x_7 = 1 se o estimador participa do trabalho, 0 se não
Precisão anterior	x_8 = 1 se mais de 20% preciso, 0 se menos de 20% preciso

11.127 Prevendo distúrbios no trabalho em trabalhadores de EMS. O *Journal of Consulting and Clinical Psychology* (jun. 1995) relatou um estudo sobre os trabalhadores de salvamento dos serviços de emergência dos Estados Unidos (EMS) que atenderam ao colapso da rodovia I-880 durante o terremoto de São Francisco em 1989. O objetivo do estudo era identificar os previsores de distúrbios sintomáticos nos trabalhadores de EMS. Uma das variáveis dos distúrbios estudada foi o índice global de sintomas (IGS). Vários modelos para o IGS, y, foram examinados, com base nas seguintes variáveis independentes:

x_1 = escala de exposição crítica ao incidente (ECI)

x_2 = escala de estoque ajustado de personalidade de Hogan (EAPH)

x_3 = anos de experiência (EXP)

x_4 = escala de local de controle (LC)

x_5 = escala de apoio social (AS)

x_6 = escala de experiências dissociativas (ED)

x_7 = questionário de experiências dissociativas peritraumáticas, auto-relatado (QEDP)

a. Escreva um modelo de primeira ordem para $E(y)$ como uma função das primeiras cinco variáveis independentes, x_1-x_5.
b. O modelo do item a, ajustado aos dados coletados para $n = 147$ trabalhadores de EMS, levou aos seguintes resultados: $R^2 = 0,469$, $F = 34,47$, valor $p < 0,001$. Interprete esses resultados.
c. Escreva um modelo de primeira ordem para $E(y)$ como uma função de todas as sete variáveis independentes, x_1-x_7.
d. O modelo do item c resultou em $R^2 = 0,603$. Interprete esse resultado.
e. Os testes t para testar as variáveis ED e QEPD resultaram, ambos, em um valor p de 0,001. Interprete esses resultados.

11.128 Impacto da economia nas taxas de suicídio. Desde a Grande Depressão de 1930, a ligação entre a taxa de suicídios e o estado da economia tem sido objeto de muita pesquisa. Um estudo que examina essa ligação utilizando a análise de regressão foi relatado em um artigo do *Journal of Socio-Economics* (primavera, 1992). Os pesquisadores coletaram dados, de um período de 45 anos, das seguintes variáveis:

y = taxa de suicídios

x_1 = taxa de desemprego

x_2 = porcentagem de mulheres na força de trabalho

x_3 = taxa de divórcios

x_4 = logaritmo do produto nacional bruto (PNB)

x_5 = mudança percentual anual do PNB

Um dos modelos explorados pelos pesquisadores foi um modelo de regressão múltipla relacionando y a termos lineares em x_1 até x_5. O resultado foi o modelo de mínimos quadrados mostrado a seguir (os níveis observados de significância das estimativas de β são mostrados entre parênteses, abaixo das estimativas):

$y = 0,002 + 0,0204x_1 - 0,0231x_2 + 0,0765x_3 + 0,2760x_4 + 0,0018x_5$
    (0,002)   (0,02)   (> 0,10)   (> 0,10)   (> 0,10)

$R^2 = 0,45$

a. Interprete o valor de R^2. Há evidência suficiente para indicar que o modelo é útil para prever a taxa de suicídio? Use $\alpha = 0,05$.
b. Interprete cada um dos coeficientes do modelo e cada um dos correspondentes níveis de significância.
c. Há evidência suficiente para indicar que a taxa de desemprego é um preditor útil da taxa de suicídio? Use $\alpha = 0,05$.
d. Discuta cada um dos seguintes termos com respeito a problemas potenciais com o modelo acima: curvatura (termos de segunda ordem), interação e multicolinearidade.

11.129 Criando protótipos de novos softwares. Para atender à demanda de novos produtos de software, muitos especialistas em desenvolvimento de sistemas adotaram uma metodologia de criação de protótipos. O efeito da criação de protótipos no ciclo de vida do desenvolvimento do sistema (CVDS) foi pesquisado no *Journal of Computer Information Systems* (primavera, 1993). Uma pesquisa com 500 gerentes de informática, em nível corporativo, selecionados aleatoriamente, foi realizada. Três variáveis independentes potenciais eram: (1) *importância* da criação de protótipos em cada fase do CVDS; (2) grau de *suporte* que a criação de protótipos fornece ao CVDS; (3) grau em que a criação de protótipos *substitui* cada fase do CVDS. A tabela abaixo fornece as correlações dos pares das três variáveis dos dados da pesquisa para uma fase em particular do CVDS. Use essa informação para avaliar o grau de multicolinearidade nos dados da pesquisa. Você recomendaria utilizar todas as três variáveis independentes na análise de regressão? Explique.

PARES DE VARIÁVEIS	COEFICIENTE DE CORRELAÇÃO r
Importância — Substitui	0,2682
Importância — Suporte	0,6991
Substitui — Suporte	– 0,0531

Fonte: HARDGRAVE, B. C.; DOKE, E. R.; SWANSON, N. E. "Prototyping effects of the system development life cycle: an empirical study." *Journal of Computer Information Systems*, vol. 33, n. 3, primavera, 1993, p. 16 (Tabela 1).

11.130 Impacto do presidente nos lucros corporativos. Podem os lucros anuais de uma corporação ser previstos a partir de informações sobre o presidente da empresa? A revista *Forbes* (maio 1999) apresentou dados sobre o lucro da empresa (em US$ milhões), rendimento anual do presidente (em US$ milhares) e porcentagem das ações da empresa possuídas pelo presidente. Considere um modelo que relacione o lucro da empresa (y) com o rendimento do presidente (x_1) e percentual das ações (x_2). Explique o que significa dizer que "o rendimento do presidente x_1 e o percentual das ações x_2 interagem para afetar o lucro da empresa y".

11.131 Selecionando locais do La Quinta Motor Inns. A localização é uma das decisões mais importantes das empresas de hotéis. Os pesquisadores S. E. Kimes (Cornell University) e J. A. Fitzsimmons (University of Texas) estudaram o processo de seleção de locais do La Quinta Motor Inns, uma cadeia de hotéis de preço moderado (*Interfaces*, mar./abr. 1990). Usando dados coletados em 57 hotéis já instalados do La Quinta, os pesquisadores construíram um modelo de regressão projetado para prever a rentabilidade dos hotéis em construção. O modelo dos mínimos quadrados foi o fornecido abaixo:

$$\hat{y} = 39,05 - 5,41x_1 + 5,86x_2 - 3,09x_3 + 1,75x_4$$

onde:

y = margem operacional (medida em porcentagem)

x_1 = população do estado (em milhares) dividida pelo número total de hotéis no estado

x_2 = tarifa do quarto (US$) para o hotel

x_3 = raiz quadrada da renda média da área (em US$ milhares)

x_4 = número de estudantes universitários num raio de quatro milhas do hotel

Todas as variáveis foram 'padronizadas' para terem uma média de 0 e um desvio-padrão de 1.

a. Interprete as estimativas de β do modelo. Comente o efeito de cada variável independente na margem operacional, y. [*Nota*: Um hotel rentável é definido como o que tem uma margem operacional acima de 50%.]
b. O modelo resultou em $R^2 = 0{,}51$. Forneça uma medida descritiva da adequação do modelo.
c. Faça uma inferência a respeito da adequação do modelo realizando o teste apropriado. Use $\alpha = 0{,}05$.

Aplicação dos conceitos — Intermediário

11.132 Promoção de vegetais num supermercado. Uma cadeia de supermercados está interessada em explorar a relação entre as vendas de vegetais enlatados de marca própria (y), a quantia despendida com promoção dos vegetais nos jornais locais (x_1) e a quantidade de espaço nas prateleiras alocada à marca (x_2). Um dos supermercados da cadeia foi selecionado aleatoriamente e, num período de 20 semanas, x_1 e x_2 foram variados, como relatado na tabela abaixo.

CANVEG Companion Website

Semana	Vendas (US$)	Despesas com publicidade (US$)	Espaço nas prateleiras (pés quadrados)
1	2.010	201	75
2	1.850	205	50
3	2.400	355	75
4	1.575	208	30
5	3.550	590	75
6	2.015	397	50
7	3.908	820	75
8	1.870	400	30
9	4.877	997	75
10	2.190	515	30
11	5.005	996	75
12	2.500	625	50
13	3.005	860	50
14	3.480	1.012	50
15	5.500	1.135	75

(continua)

Semana	Vendas (US$)	Despesas com publicidade (US$)	Espaço nas prateleiras (pés quadrados)
16	1.995	635	30
17	2.390	837	30
18	4.390	1.200	50
19	2.785	990	30
20	2.989	1.205	30

a. Ajuste o seguinte modelo aos dados:

$$y = \beta_0 + \beta_1 x_1 + \beta_2 x_2 + \beta_3 x_1 x_2 + \varepsilon$$

b. Realize um teste F para investigar a utilidade geral desse modelo. Use $\alpha = 0{,}05$.
c. Teste para a presença de interação entre despesas com publicidade e espaço nas prateleiras. Use $\alpha = 0{,}05$.
d. Explique o que significa dizer que as despesas com publicidade e o espaço nas prateleiras interagem.
e. Explique como você poderia ser enganado se usasse um modelo de primeira ordem, no lugar de um modelo de interação, para explicar como as despesas com publicidade e o espaço nas prateleiras influenciam as vendas.

11.133 Resistência resultante de uma liga metálica. Engenheiros industriais da University of Florida usaram a modelagem de regressão como uma ferramenta para o tempo e o custo associados com o desenvolvimento de novas ligas metálicas (*Modelling and simulation in materials science and engineering*, v. 13, 2005). Para ilustrar, os engenheiros construíram um modelo de regressão para a resistência resultante à tensão (y) de uma nova liga de aço. Os preditores potenciais importantes da resistência resultante estão listados a seguir.

x_1 = quantidade de carbono (% do peso)

x_2 = quantidade de manganês (% do peso)

x_3 = quantidade de cromo (% do peso)

x_4 = quantidade de níquel (% do peso)

x_5 = quantidade de molibdênio (% do peso)

x_6 = quantidade de cobre (% do peso)

x_7 = quantidade de nitrogênio (% do peso)

x_8 = quantidade de vanádio (% do peso)

x_9 = espessura da placa (milímetros)

x_{10} = solução de tratamento (mililitros)

x_{11} = temperatura de envelhecimento (graus Celsius)

a. Os engenheiros descobriram que a variável níquel (x_4) estava altamente correlacionada com as outras variáveis independentes potenciais. Conseqüentemente, níquel foi retirada do modelo. Você concorda com essa decisão? Explique.

b. Os engenheiros usaram a regressão passo a passo nas 10 variáveis independentes potenciais que sobraram em busca de um conjunto mais parcimonioso de variáveis preditoras. Você concorda com essa decisão? Explique.

c. A regressão passo a passo selecionou as seguintes variáveis independentes: x_1 = carbono, x_2 = manganês, x_3 = cromo, x_5 = molibdênio, x_6 = cobre, x_8 = vanádio, x_9 = espessura da placa, x_{10} = solução de tratamento e x_{11} = temperatura de envelhecimento. Todas essas variáveis eram estatisticamente significativas no modelo passo a passo, com R^2 = 0,94. Conseqüentemente, os engenheiros usaram o modelo passo a passo estimado para prever a resistência resultante. Você concorda com essa decisão? Explique.

11.134 Deslizamento de encostas fertilizadas e perdas de solo. O fósforo usado em fertilizantes de solo pode contaminar as fontes de água limpa durante o deslizamento provocado pela chuva. Conseqüentemente, é importante, para os engenheiros de qualidade da água, estimar a quantidade de fósforo dissolvido na água. A revista *Geoderma* (jun. 1995) apresentou uma investigação da relação entre perdas de solo e a porcentagem de fósforo dissolvido em amostras de água coletadas em 20 encostas fertilizadas em Oklahoma. Os dados são fornecidos na tabela a seguir.

a. Desenhe os dados em um gráfico *xy*. Você detecta uma tendência linear ou curvilínea?
b. Ajuste o modelo quadrático $E(y) = \beta_0 + \beta_1 x + \beta_2 x^2$ aos dados.
c. Realize um teste para determinar se uma relação curvilínea existe entre porcentagem de fósforo dissolvido (*y*) e perda de solo (*x*). Teste usando $\alpha = 0,05$.

PHOSPHOR

Encosta	Perdas de solo x (quilômetros por meio acre)	Porcentagem de fósforo dissolvido y
1	18	42,3
2	17	50,2
3	35	52,7
4	16	77,1
5	14	36,8
6	54	17,5
7	153	66,4
8	81	67,5
9	183	28,9

(continua)

Encosta	Perdas de solo x (quilômetros por meio acre)	Porcentagem de fósforo dissolvido y
10	284	15,1
11	767	20,1
12	148	38,3
13	649	5,6
14	479	8,6
15	1,371	5,5
16	9,150	4,6
17	15,022	2,2
18	69	77,9
19	4,392	7,8
20	312	42,9

Fonte: SHARPLEY, A. N.; ROBINSON, J. S.; SMITH, S. J. "Bioavailable phosphorus dynamics in agricultural soils and effects on water quality." *Geoderma,* vol. 67, n. 1-2, jun. 1995, p. 11 (Tabela 4).

11.135 Modelando o tráfego rodoviário no horário de pico. Os planejadores de tráfego do Departamento de Transportes de Minnesota (MDOT) usam a análise de regressão para estimar os volumes de tráfego no horário de pico durante os dias da semana nas rodovias existentes e planejadas. Em particular, eles modelam *y*, o volume no horário de pico (tipicamente, o volume entre 7 e 8 horas) como uma função de x_1, o volume total na rodovia durante o dia. Para um projeto envolvendo o replanejamento de uma seção da rodovia Interestadual 494, os planejadores coletaram *n* = 72 observações do volume de tráfego no horário de pico e do volume de tráfego em 24 horas de um dia de semana usando sensores eletrônicos que contam os veículos. Os dados estão no arquivo **MINNDOT**. (As cinco primeiras e as cinco últimas observações estão listadas na tabela abaixo.)

MINNDOT (Observações selecionadas)

Número da observação	Volume no horário de pico	Volume em 24 horas	I-35
1	1.990,94	20.070	0
2	1.989,63	21.234	0
3	1.986,96	20.633	0
4	1.986,96	20.676	0
5	1.983,78	19.818	0
.	.	.	.
.	.	.	.
.	.	.	.

(continua)

Número da observação	Volume no horário de pico	Volume em 24 horas	I-35
68	2.147,93	22.948	1
69	2.147,85	23.551	1
70	2.144,23	21.637	1
71	2.142,41	23.543	1
72	2.137,39	22.594	1

Fonte: John SEM, Director; Allan E. PINT, State Traffic Forecast Engineer; James Page Sr., Transportation Planner,Traffic and Commodities Studies Section. Minnesota Department of Transportation, St. Paul, Minnesota.

a. Construa um gráfico *xy* para os dados, desenhando o volume no horário de pico, *y*, contra o volume em 24 horas, x_1. Note o grupo isolado de observações no topo do gráfico. Os investigadores descobriram que todos esses pontos de dados foram coletados na interseção da Interestadual 35W com a 46th Street (são as observações 55-72 da tabela). Enquanto todos os outros locais da amostra são rodovias de três pistas, esse local é o único em que a rodovia se alarga para quatro pistas, exatamente ao norte do sensor eletrônico. Conseqüentemente, os planejadores decidiram incluir uma variável *dummy* para levar em conta a diferença entre a localização da I-35W e todas as outras localizações.
b. Sabendo que os volumes no horário de pico têm um limite superior teórico, o pesquisador criou a hipótese de que um modelo de segunda ordem deveria ser usado para explicar as variações de *y*. Proponha um modelo de segunda ordem completo para *E*(*y*) como função de volume de tráfego nas 24 horas x_1 e a variável *dummy* de localização.

c. Usando um software estatístico, ajuste o modelo do item **b** aos dados. Interprete os resultados. Especificamente, a relação curvilínea entre o volume do horário de pico e o volume em 24 horas é diferente nas duas localizações?
d. Realize uma análise dos resíduos do modelo do item **b**. Avalie os pressupostos de normalidade e de variância constante dos erros e determine se existem *outliers*.

11.136 Prevendo a porcentagem de hipotecas problemáticas. A *Best's Review* (jun. 1999) comparou as carteiras de empréstimos hipotecários de uma amostra de 25 empresas seguradoras de vida/saúde. A informação da tabela (final da página), que está no arquivo **BESTINS**, foi extraída do artigo. Suponha que você deseje modelar a porcentagem de hipotecas problemáticas (*y*) de uma empresa como uma função do total de empréstimos hipotecários (x_1), da porcentagem dos ativos investidos (x_2), da porcentagem de hipotecas comerciais (x_3) e da porcentagem de hipotecas residenciais (x_4).
a. Escreva um modelo de primeira ordem para *E*(*y*).
b. Ajuste o modelo do item **a** aos dados e avalie sua utilidade geral. Use $\alpha = 0{,}05$.
c. Interprete as estimativas de β no modelo ajustado.
d. Construa gráficos *xy* de *y* versus cada uma das quatro variáveis independentes do modelo. Que variáveis garantem a inclusão no modelo como termos de segunda ordem (isto é, quadrados)?
e. Ajuste o modelo que resultou da sua análise exploratória do item **d** aos dados. Avalie a sua utilidade global usando $\alpha = 0{,}05$.
f. Um ou mais termos de segunda ordem do seu modelo do item **e** contribui com informação para a previsão da porcentagem de hipotecas problemáticas? Teste usando $\alpha = 0{,}05$.

BESTINS (Observações selecionadas)

Companhia	Empréstimos hipotecários totais x_1	% dos ativos investidos x_2	Hipotecas comerciais x_3	Hipotecas residenciais x_4	Hipotecas problemáticas *y*
TIAA Group	US$ 18.803,163	20,7	100,0	0,0	11,4
Metropolitan Insurance	18.171,162	13,9	77,8	1,6	3,8
Prudential of Am Group	16.213,150	12,9	87,4	2,3	4,1
Principal Mutual IA	11.940,345	30,3	98,8	1,2	32,6
Northwestern Mutualk	10.834,616	17,8	99,5	0,0	2,2
.	.	.	.	.	.
.	.	.	.	.	.
.	.	.	.	.	.
State Farm Group	2.027,648	8,6	97,6	2,4	0,1
Pacific Mutual Life	1.945,392	9,7	96,4	3,6	6,1

Fonte: *Best's Review* (Life/Health), jun. 1999, p. 35.

11.137 Impacto da publicidade na parcela do mercado.

A audiência da publicidade de um produto pode ser dividida em quatro segmentos, de acordo com o grau de exposição resultante da publicidade. Esses segmentos são grupos de consumidores que recebem uma exposição muito alta (MA), alta (A), média (M) e baixa (B) à publicidade. Uma empresa está interessada em explorar se o seu esforço de publicidade afeta o *market share* do seu produto. Para isso, a empresa identificou 24 grupos amostrais de consumidores que têm sido expostos aos seus anúncios, seis grupos em cada nível de exposição. A empresa, então, determinou o *market share* do seu produto dentro de cada grupo.

a. Escreva um modelo de regressão que expresse o *market share* da empresa como uma função do nível de exposição à publicidade. Defina todos os termos do seu modelo e liste todos os pressupostos que foram feitos sobre eles.
b. Você incluiu termos de interação no seu modelo? Por que sim, ou por que não?
c. Os dados da tabela à esquerda que estão no arquivo **MKTSHR**, foram obtidos pela empresa. Ajuste o modelo que você construiu no item **a** aos dados.
d. Há evidência para sugerir que o *market share* esperado pela firma seja diferente para os diferentes níveis de exposição à publicidade? Teste usando $\alpha = 0,05$.

11.138 Paralisação de um processo de produção.

Um gerente de operações está interessado em modelar $E(y)$, o período de tempo esperado (em horas), por mês, que uma máquina será desligada para reparos, como uma função do tipo da máquina (001 ou 002) e da idade da máquina (em anos). O gerente propôs o seguinte modelo:

$$E(y) = \beta_0 + \beta_1 x_1 + \beta_2 x_1^2 + \beta_3 x_2$$

onde:

x_1 = idade da máquina

x_2 = 1 se a máquina é do tipo 001, 0 se é do tipo 002

a. Use os dados obtidos em $n = 20$ paralisações da máquina, mostradas abaixo, para estimar os parâmetros desse modelo.
b. Esses dados fornecem evidência suficiente para concluir que o termo de segunda ordem (x_1^2) do modelo proposto pelo gerente de operações é necessário? Teste usando $\alpha = 0,05$.
c. Teste a hipótese nula de que $\beta_1 = \beta_2 = 0$, usando $\alpha = 0,10$. Interprete o resultado do teste no contexto do problema.

MKTSHR

Market share dentro do grupo	Nível de exposição
10,1	B
10,3	B
10,0	B
10,3	B
10,2	B
10,5	B
10,6	M
11,0	M
11,2	M
10,9	M
10,8	M
11,0	M
12,2	A
12,1	A
11,8	A
12,6	A
11,9	A
12,9	A
10,7	MA
10,8	MA
11,0	MA
10,5	MA
10,8	MA
10,6	MA

SHUTDOWN

Paralisação (horas por mês)	Idade da máquina x_1 (anos)	Tipo da máquina	x_2
10	1,0	001	1
20	2,0	001	1
30	2,7	001	1
40	4,1	001	1
9	1,2	001	1
25	2,5	001	1
19	1,9	001	1
41	5,0	001	1
22	2,1	001	1
12	1,1	001	1
10	2,0	002	0
20	4,0	002	0
30	5,0	002	0

(continua)

Paralisa-ção (horas por mês)	Idade da máquina x_1 (anos)	Tipo da máquina	x_2
44	8,0	002	0
9	2,4	002	0
25	5,1	002	0
20	3,5	002	0
42	7,0	002	0
20	4,0	002	0
13	2,1	002	0

11.139 Prevendo as admissões diárias em um parque aquático. Para determinar se pessoal extra é necessário para o dia, os donos de um parque aquático gostariam de encontrar um modelo que lhes permitisse prever a freqüência diária a cada manhã, antes da abertura, com base no dia da semana e nas condições do tempo. O modelo é da forma:

$$E(y) = \beta_0 + \beta_1 x_1 + \beta_2 x_2 + \beta_3 x_3$$

onde:

y = admissões diárias

$x_1 = \begin{cases} 1 & \text{se fim de semana} \\ 0 & \text{se não} \end{cases}$ (*dummy* variável)

$x_2 = \begin{cases} 1 & \text{se ensolarado} \\ 0 & \text{se encoberto} \end{cases}$ (*dummy* variável)

x_3 = temperatura máxima prevista para o dia (°F)

Esses dados foram registrados para uma amostra aleatória de 30 dias e um modelo de regressão foi ajustado aos dados. A análise dos mínimos quadrados produziu os seguintes resultados:

$$\hat{y} = -105 + 25x_1 + 100x_2 + 10x_3$$

com

$s_{\hat{\beta}_1} = 10 \qquad s_{\hat{\beta}_2} = 30 \qquad s_{\hat{\beta}_3} = 4 \qquad R^2 = 0,65$

a. Interprete os coeficientes estimados do modelo.
b. Há evidência suficiente para concluir que esse modelo é útil para a previsão da freqüência diária? Use $\alpha = 0,05$.
c. Há evidência suficiente para concluir que a freqüência média aumenta nos finais de semana? Use $\alpha = 0,10$.
d. Use o modelo para prever a freqüência em um final de semana ensolarado, com uma temperatura máxima prevista de 95 °F.
e. Suponha que o intervalo de previsão de 90% do item **d** seja (645, 1.245). Interprete esse intervalo.

11.140 Prevendo as admissões diárias em um parque aquático (cont.). Consulte o Exercício 11.139. Os proprietários do parque aquático são alertados de que o modelo de previsão poderia provavelmente ser melhorado se termos de interação fossem adicionados. Em particular, imagina-se que a *taxa* na qual a freqüência média aumenta à medida que a temperatura máxima prevista aumenta será maior nos finais de semana do que nos dias de semana. O seguinte modelo é, então, proposto:

$$E(y) = \beta_0 + \beta_1 x_1 + \beta_2 x_2 + \beta_3 x_3 + \beta_4 x_1 x_3$$

Os mesmos 30 dias de dados usados no Exercício 11.139 foram utilizados novamente para obter o modelo de mínimos quadrados:

$$\hat{y} = 250 - 700x_1 + 100x_2 + 5x_3 + 15x_1 x_3$$

com:

$s_{\hat{\beta}_4} = 3,0 \qquad R^2 = 0,96$

a. Faça um gráfico da freqüência diária prevista y contra a temperatura máxima diária prevista x_3 para um final de semana ensolarado e para um dia de semana ensolarado. Desenhe ambos no mesmo papel, para x_3 entre 70 e 100 °F. Note o aumento da inclinação para o dia de final de semana. Interprete isso.
b. Os dados indicam que o termo de interação é uma adição útil ao modelo? Use $\alpha = 0,05$.
c. Use esse modelo para prever a freqüência para um dia de semana ensolarado com uma temperatura máxima prevista de 95 °F.
d. Suponha que o intervalo de previsão de 90% para o item **c** seja (800, 850). Compare esse resultado com o intervalo de previsão para o modelo sem interação, no Exercício 11.139, parte **e**. As larguras relativas dos intervalos de confiança apóiam ou refutam sua conclusão sobre a utilidade do termo de interação (item **b**)?
e. Os donos, notando que o coeficiente $\hat{\beta}_1 = -700$, concluíram que o modelo é ridículo, porque parece implicar que a freqüência média será 700 menor nos finais de semana do que nos dias de semana. Explique por que esse *não* é o caso.

11.141 Preço de venda de apartamentos. Um avaliador de imóveis de Minneapolis, Minnesota, usou a análise de regressão para explorar a relação entre os preços de venda de prédios e várias características deles. O arquivo **MNSALES** contém dados de uma amostra aleatória de 25 prédios. *Nota*: As condições físicas de cada prédio são codificadas como E (excelente), B (bom) e R (razoável).
a. Escreva um modelo que descreva a relação entre preço de venda e número de apartamentos como três linhas paralelas, uma para cada nível de condições físicas. Especifique o esquema de codificação da variável *dummy* que você usar.
b. Desenhe y contra x_1 (número de apartamentos) para todos os prédios em excelentes condições. No mesmo gráfico, desenhe y contra x_1 para todos os prédios em boas condições. Faça isso de novo para todos os prédios em condições razoáveis. O modelo que você especificou no item **a** parece apropriado? Explique.

MNSALES Companion Website

Código Nº	Preço de venda y (US$)	Nº de apartamentos x_1	Idade da estrutura x_2 (anos)	Tamanho do terreno x_3 (pés quad.)	Nº de vagas de estacionamento no local x_4	Área total do prédio x_5 (pés quad.)	Condições do prédio
0229	90.300	4	82	4.635	0	4.266	R
0094	384.000	20	13	17.798	0	14.391	B
0043	157.500	5	66	5.913	0	6.615	B
0079	676.200	26	64	7.750	6	34.144	E
0134	65.000	5	55	5.150	0	6.120	B
0179	300.000	10	65	12.506	0	14.552	B
0087	108.750	4	82	7.160	0	3.040	B
0120	276.538	11	23	5.120	0	7.881	B
0246	420.000	20	18	11.745	20	12.600	B
0025	950.000	62	71	21.000	3	39.448	B
0015	560.000	26	74	11.221	0	30.000	B
0131	268.000	13	56	7.818	13	8.088	R
0172	290.000	9	76	4.900	0	11.315	E
0095	173.200	6	21	5.424	6	4.461	B
0121	323.650	11	24	11.834	8	9.000	B
0077	162.500	5	19	5.246	5	3.828	B
0060	353.500	20	62	11.223	2	13.680	R
0174	134.400	4	70	5.834	0	4.680	E
0084	187.000	8	19	9.075	0	7.392	B
0031	155.700	4	57	5.280	0	6.030	E
0019	93.600	4	82	6.864	0	3.840	R
0074	110.000	4	50	4.510	0	3.092	B
0057	573.200	14	10	11.192	0	23.704	E
0104	79.300	4	82	7.425	0	3.876	R
0024	272.000	5	82	7.500	0	9.542	E

Fonte: Robinson Appraisal Co., Inc., Mankato, Minnesota.

■ Dados para o Exercício 11.141

c. Ajuste o modelo do item **a** aos dados. Escreva a equação de previsão dos mínimos quadrados para cada um dos três níveis de condições dos prédios.
d. Desenhe as três equações de previsão do item **c** em um gráfico *xy* dos dados.
e. Os dados fornecem evidência suficiente para concluir que a relação entre o preço de venda e o número de unidades é diferente dependendo das condições físicas dos apartamentos? Teste usando $\alpha = 0,05$.
f. Verifique o conjunto de dados para multicolinearidade. Como isso impacta sua escolha das variáveis independentes a serem usadas no modelo para preço de venda?
g. Realize uma análise completa dos resíduos do modelo para verificar os pressupostos sobre ε.

11.142 Saída de luz de uma lâmpada. Uma empresa que desenvolveu um novo tipo de lâmpada está interessada em avaliar seu desempenho com o objetivo de decidir se deve introduzi-la no mercado. É sabido que a saída de luz de uma lâmpada depende da limpeza da sua superfície e do tempo que a lâmpada esteve em operação. Use os dados da próxima tabela e os procedimentos que você aprendeu neste capítulo para construir um modelo de regressão que relacione a redução na saída de luz à limpeza da superfície e ao tempo de operação. Realize também uma análise dos resíduos.

LTBULB
Companion Website

REDUÇÃO NA SAÍDA DE LUZ (% DA SAÍDA ORIGINAL)	SUPERFÍCIE DA LÂMPADA (L = LIMPA) (S = SUJA)	TEMPO DE OPERAÇÃO (HORAS)
0	L	0
16	L	400
22	L	800
27	L	1.200
32	L	1.600
36	L	2.000
38	L	2.400
0	S	0
4	S	400
6	S	800
8	S	1.200
9	S	1.600
11	S	2.000
12	S	2.400

11.143 Projetando a classificação de mérito de um candidato a emprego. Uma grande empresa de pesquisa e desenvolvimento classifica o desempenho de cada membro do seu corpo técnico numa escala de 0 a 100, e essa classificação é usada para determinar o tamanho do aumento salarial da pessoa no ano seguinte. O departamento de pessoal da empresa está interessado em desenvolver um modelo de regressão para ajudá-lo a projetar a classificação de mérito que um candidato a uma posição técnica receberá depois de três anos no emprego. A empresa propõe usar o seguinte modelo de segunda ordem para projetar as classificações de mérito dos candidatos que acabaram de completar seus estudos de graduação e não têm experiência prévia de emprego:

$$E(y) = \beta_0 + \beta_1 x_1 + \beta_2 x_2 + \beta_3 x_1 x_2 + \beta_4 x_1^2 + \beta_5 x_2^2$$

onde:

y = classificação de mérito do candidato depois de 3 anos

x_1 = GPA do candidato na graduação

x_2 = pontuação total do candidato (verbal mais quantitativa) no Exame de Registro do Graduado (GRE)

O modelo, ajustado aos dados coletados em uma amostra aleatória de $n = 40$ empregados, resultou em SQE = 1830,44 e SQ(modelo) = 4911,5.

O modelo reduzido $E(y) = \beta_0 + \beta_1 x_1 + \beta_2 x_2$ também foi ajustado aos mesmos dados, resultando em SQE = 3197,16.

 a. Identifique as hipóteses nula e alternativa apropriadas para testar se o modelo completo (de segunda ordem) contribui com informação para a previsão de y.
 b. Realize o teste de hipóteses do item **a**. Teste usando $\alpha = 0,05$. Interprete os resultados no contexto deste problema.
 c. Identifique as hipóteses nula e alternativa apropriadas para testar se o modelo completo contribui com mais informação do que o modelo reduzido (de primeira ordem) para a previsão de y.
 d. Realize o teste de hipóteses do item **c**. Teste usando $\alpha = 0,05$. Interprete os resultados no contexto deste problema.
 e. Você usaria algum modelo para prever y? Qual? Explique.

11.144 Teste antes do lançamento de uma nova ração para cachorros. Pesquisadores de uma empresa de ração para cachorros desenvolveram uma nova ração para filhotes, que esperam concorrer com as grandes marcas. Um teste anterior ao lançamento envolveu a comparação da nova ração com as de dois concorrentes, em termos de ganho de peso. Quinze filhotes de pastor alemão, de 8 semanas, cada um de uma ninhada diferente, foram divididos em três grupos de cinco filhotes cada. Cada grupo foi alimentado com uma das três marcas de comida.

 a. Estabeleça um modelo que presuma que o peso final y seja linearmente relacionado ao peso inicial x, mas não permita diferenciar as três marcas; isto é, presuma que a curva de resposta seja a mesma para as três marcas de ração para cachorros. Esboce a curva de resposta como ela deveria parecer.
 b. Estabeleça um modelo que presuma que o peso final esteja linearmente relacionado ao peso inicial e permita que os interceptos das linhas sejam diferentes para as três marcas. Em outras palavras, presuma que o peso inicial e também a marca afetem o peso final, mas que as duas variáveis não interajam. Esboce as curvas de resposta típicas.
 c. Agora escreva os efeitos principais com um modelo de interação. Para esse modelo, presumimos que o peso final esteja linearmente relacionado ao peso inicial, mas que as inclinações e os interceptos das linhas dependam, ambos, da marca. Esboce as curvas de resposta típicas.

Desafios do pensamento crítico

11.145 Desenvolvendo um modelo para o GPA da faculdade. Muitas faculdades e universidades desenvolvem modelos de regressão para prever o GPA dos novos estudantes. Esse GPA previsto pode então ser usado para a tomada de decisões de admissão. Ainda que a maioria dos modelos use muitas variáveis independentes para prever o GPA, ilustraremos escolhendo duas variáveis:

COLLGPA

Verbal x_1	Matemática x_2	GPA y	Verbal x_1	Matemática x_2	GPA y	Verbal x_1	Matemática x_2	GPA y
81	87	3,49	83	76	3,75	97	80	3,27
68	99	2,89	64	66	2,70	77	90	3,47
57	86	2,73	83	72	3,15	49	54	1,30
100	49	1,54	93	54	2,28	39	81	1,22
54	83	2,56	74	59	2,92	87	69	3,23
82	86	3,43	51	75	2,48	70	95	3,82
75	74	3,59	79	75	3,45	57	89	2,93
58	98	2,86	81	62	2,76	74	67	2,83
55	54	1,46	50	69	1,90	87	93	3,84
49	81	2,11	72	70	3,01	90	65	3,01
64	76	2,69	54	52	1,48	81	76	3,33
66	59	2,16	65	79	2,98	84	69	3,06
80	61	2,60	56	78	2,58			
100	85	3,30	98	67	2,73			

x_1 = pontuação verbal no exame de admissão à faculdade (percentil)

x_2 = pontuação em Matemática no exame de admissão à faculdade (percentil)

Os dados da tabela acima foram obtidos em uma amostra aleatória de 40 calouros numa faculdade. Use os dados para desenvolver uma equação de previsão útil para o GPA dos calouros (y). Realize uma análise dos resíduos do modelo.

11.146 QIs e o livro *The bell curve*. O livro *The bell curve* (A curva normal), Free Press, 1994, escrito por Richard Herrnstein e Charles Murray (H&M), é uma obra muito controvertida sobre raças, genes, QI e mobilidade econômica. O livro emprega pesadamente estatística e metodologia estatística na tentativa de embasar as posições dos autores sobre a relação entre essas variáveis e suas conseqüências sociais. O principal tema do livro pode ser resumido como se segue:

(1) A inteligência medida (QI) é, em grande parte, geneticamente herdada.
(2) O QI está positivamente correlacionado com um conjunto de medidas de sucesso de status socioeconômico, tais como trabalho prestigiado, renda anual elevada e altas conquistas educacionais.
(3) A partir de 1 e 2, segue-se que os sucessos socioeconômicos são, em grande parte, causados pela genética e, portanto, resistentes a intervenções educacionais e ambientais (como as ações afirmativas).

A metodologia estatística (regressão) empregada pelos autores e as inferências derivadas da estatística foram criticadas na revista *Chance* (verão, 1995) e no *The Journal of the American Statistical Association* (dez. 1995). Os problemas a seguir são alguns dos que foram identificados no uso da regressão pelos autores:

Problema 1 Os autores usam, consistentemente, um trio de variáveis independentes — QI, status socioeconômico e idade — em uma série de modelos de primeira ordem projetados para prever variáveis dependentes de resultado social, tais como renda e desemprego (somente em uma única ocasião foram incorporados termos de interação). Considere, por exemplo, o modelo:

$$E(y) = \beta_0 + \beta_1 x_1 + \beta_2 x_2 + \beta_3 x_3$$

onde y = renda, x_1 = QI, x_2 = status socioeconômico e x_3 = idade. Os autores utilizam testes t nos parâmetros β individuais para avaliar a importância das variáveis independentes. Como na maioria dos modelos examinados no *The bell curve*, a estimativa de β_1 no modelo de renda é positiva e estatisticamente significativa para α = 0,05, e o valor t associado é maior (em valor absoluto) do que os valores t associados com as outras variáveis independentes. Conseqüentemente, *os autores afirmam que o QI é um preditor melhor da renda do que as outras duas variáveis independentes.* Nenhuma tentativa foi feita para determinar se o modelo estava especificado adequadamente ou se fornece um ajuste adequado aos dados.

Problema 2 Em um apêndice, os autores descrevem a regressão múltipla como "um procedimento matemático que fornece coeficientes para cada uma das [variáveis independentes], indicando quanto de uma mudança na [variável dependente] pode ser antecipada para uma mudança dada em qualquer variável [independente] em particular, com todas as outras mantidas constantes". Armados com essa informação e com o fato de que a estimativa de β_1 do modelo é positiva, *os autores inferem que um QI alto necessariamente implica (ou causa) uma renda elevada e que um baixo QI inevitavelmente conduz a uma renda baixa.* (Inferências de causa e efeito desse tipo são feitas repetidamente ao longo do livro.)

Problema 3 O título do livro se refere à distribuição normal e sua bem conhecida curva em forma de sino (*bell shaped*). Há uma concepção errada entre o público em geral de que as pontuações nos testes de inteligência (QI) são normalmente distribuídas. Na realidade, a maioria das pontuações de QI tem distribuições decididamente assimétricas. Tradicionalmente, os psicólogos têm transformado essas pontuações de forma que os números resultantes tenham uma distribuição normal precisa. Os autores destacam esse ponto. Conseqüentemente, *a medida de QI usada em todos os modelos de regressão é normalizada (isto é, transformada de modo que a distribuição resultante seja normal), a despeito do fato de que a metodologia de regressão não exija que as variáveis preditoras (independentes) sejam normalmente distribuídas.*

Problema 4 Uma variável que não é usada como preditora de resultado social em qualquer um dos modelos do livro é nível educacional. Os autores omitem, de propósito, a educação dos modelos, argumentando que o QI causa educação, e não o contrário. Outros pesquisadores que examinaram os dados dos autores relataram que, *quando a educação é incluída como uma variável independente do modelo, o efeito do QI na variável dependente (digamos, renda), é diminuído.*

a. Comente cada um dos problemas identificados. Por que cada um desses problemas levanta dúvidas sobre as inferências feitas pelos autores?

b. Usando as variáveis especificadas no modelo, descreva como você realizaria a análise de regressão múltipla. (Proponha um modelo mais complexo e descreva os testes apropriados, incluindo uma análise dos resíduos.)

Referências bibliográficas

BARNETT, V.; LEWIS, T. *Outliers in statistical data*. Nova York: Wiley, 1978.

BELSLEY, D. A.; KUH, E.; WELSCH, R. E. *Regression diagnostics: identifying influential data and sources of collinearity*. Nova York: Wiley, 1980.

CHASE, R. B.; AQUILANO, N. J. *Production and operations management*, 6. ed. Homewood, Ill.: Richard D. Irwin, 1992.

CHATTERJEE, S.; PRICE, B. *Regression analysis by example*, 2. ed. Nova York: Wiley, 1991.

DRAPER, N.; SMITH, H. *Applied regression analysis*, 2. ed. Nova York: Wiley, 1981.

GRAYBILL, F. *Theory and application of the linear model*. North Scituate, Mass.: Duxbury, 1976.

HORNGREN, Charles T.; FOSTER, George; DATAR, Srikant M. *Cost accounting*, 8. ed. Englewood Cliffs, N.J.: Prentice Hall, 1994.

MANSFIELD, E. *Applied microeconomics*. Nova York: Norton, 1994.

MENDENHALL, W. *Introduction to linear models and the design and analysis of experiments*. Belmont, Calif.: Wadsworth, 1968.

MENDENHALL, W.; SINCICH, T. *A second course in statistics: regression analysis*, 6. ed. Upper Saddle River, N.J.: Prentice Hall, 2003.

MOSTELLER, F.; TUKEY, J. W. *Data analysis and regression: a second course in statistics*. Reading, Mass.: Addison-Wesley, 1977.

NETER, J.; KUTNER, M.; NACHTSHEIM, C.; WASSERMAN, W. *Applied linear statistical models*, 4. ed. Homewood, Ill.: Richard Irwin, 1996.

ROUSSEEUW, P. J.; LEROY, A. M. *Robust regression and outlier detection*. Nova York: Wiley, 1987.

WEISBERG, S. *Applied linear regression*, 2. ed. Nova York: Wiley, 1985.

Uso da tecnologia

11.1 Regressão múltipla usando o SPSS

Para realizar uma análise de regressão múltipla, primeiro acesse o arquivo de planilha do SPSS, que contém as variáveis dependente e independentes. A seguir, clique no botão 'Analyze' na barra de menus do SPSS, clique então em 'Regression' e em 'Linear', como mostrado na Figura 11.S.1. A caixa de diálogo resultante aparece como mostrado na Figura 11.S.2. Especifique a variável dependente na caixa 'Dependent' e as variáveis independentes na caixa 'Independent(s)'. [*Nota*: Se o seu modelo inclui termos de interação e/ou quadrados, você deve criar e adicionar essas variáveis de ordens mais altas ao arquivo de planilha do SPSS *antes* de rodar a análise de regressão. Você pode fazê-lo ao clicar no botão 'Transform' no menu principal do SPSS e selecionar a opção 'Compute'.] Para realizar uma análise de regressão padrão, selecione 'Enter' na caixa 'Method'. Para realizar uma regressão passo a passo, selecione 'Stepwise' na caixa 'Method'.

Para realizar um teste F de modelo aninhado para termos adicionais do modelo, clique no botão 'Next' e insira os termos que você deseja testar na caixa 'Independent(s)'. [*Nota:* Esses termos, somados aos termos que você inseriu inicialmente, formam o modelo completo para o teste F aninhado.] A seguir, clique no botão 'Statistics' e selecione 'R squared change'. Clique em 'Continue' para retornar à caixa de diálogo principal da regressão do SPSS.

Para produzir intervalos de confiança para os parâmetros do modelo, clique no botão 'Statistics' e marque os itens apropriados do menu na lista de menu resultante. Para obter intervalos de previsão para y e intervalos de confiança para $E(y)$, clique no botão 'Save' e marque os itens apropriados na lista de menu resultante. (Os intervalos de previsão serão adicionados como novas colunas à planilha de dados do SPSS.) Gráficos dos resíduos são obtidos clicando no botão 'Plots' e fazendo as seleções apropriadas no menu resultante. Para retornar à caixa de diálogo principal

■ **FIGURA 11.S.1** Opções do menu do SPSS para regressão

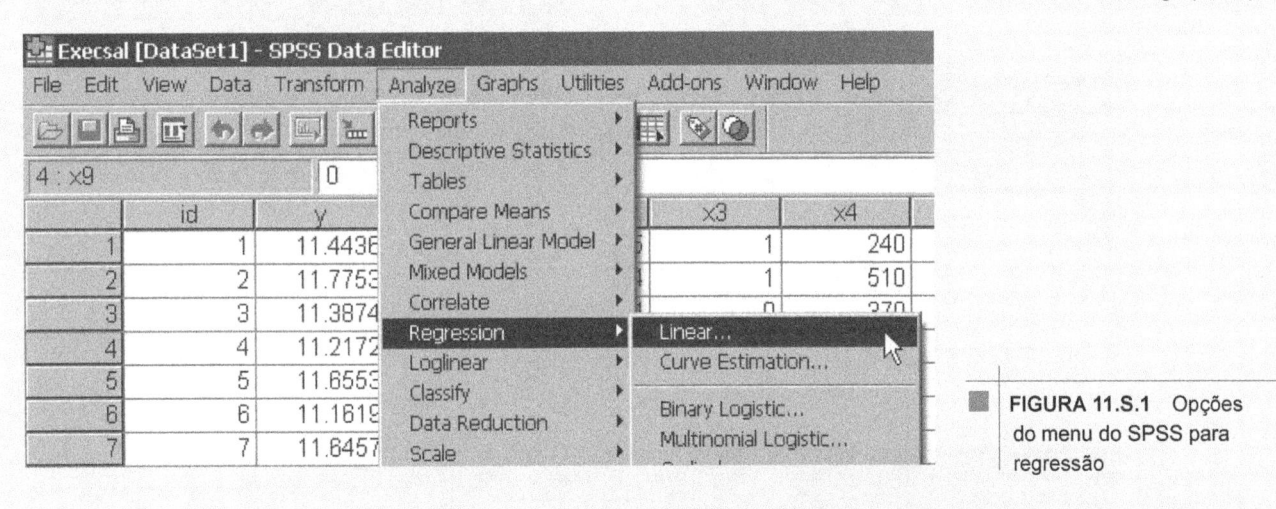

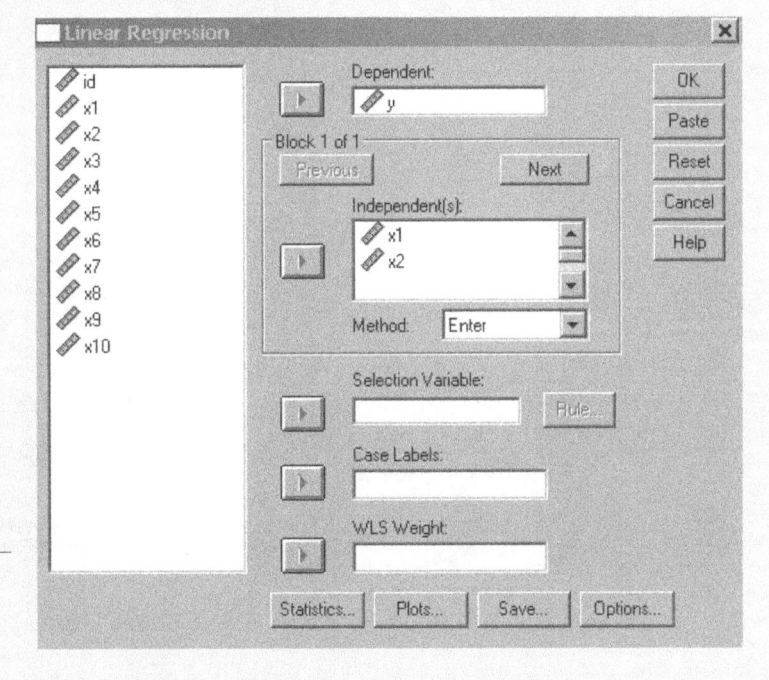

■ **Figura 11.S.2** Caixa de diálogo da regressão linear do SPSS

da regressão de qualquer uma das telas opcionais, clique em 'Continue'. Clique em 'OK' na caixa de diálogo Regression para ver os resultados da regressão múltipla.

11.2 Regressão múltipla usando o MINITAB

Para realizar uma análise de regressão múltipla, primeiro acesse o arquivo de planilha do MINITAB que contém as variáveis dependente e independentes. A seguir, clique no botão 'Stat' na barra de menus do MINITAB, então clique em 'Regression' e 'Regression' novamente, como mostrado na Figura 11.M.1.

A caixa de diálogo resultante aparece como mostrado na Figura 11.M.2. Especifique a variável dependente na caixa 'Response' e as variáveis independentes na caixa 'Predictors'. [*Nota:* Se o seu modelo inclui termos de interação e/ou quadrados, você deve criar e adicionar essas variáveis de ordens mais altas ao arquivo de planilha do MINITAB *antes* de rodar a análise de regressão. Você pode fazê-lo clicando no botão 'Calc' no menu principal do MINITAB e selecionando a opção 'Calculator'.]

Para produzir intervalos de previsão para *y* e intervalos de confiança para $E(y)$, clique no botão 'Options' e selecione

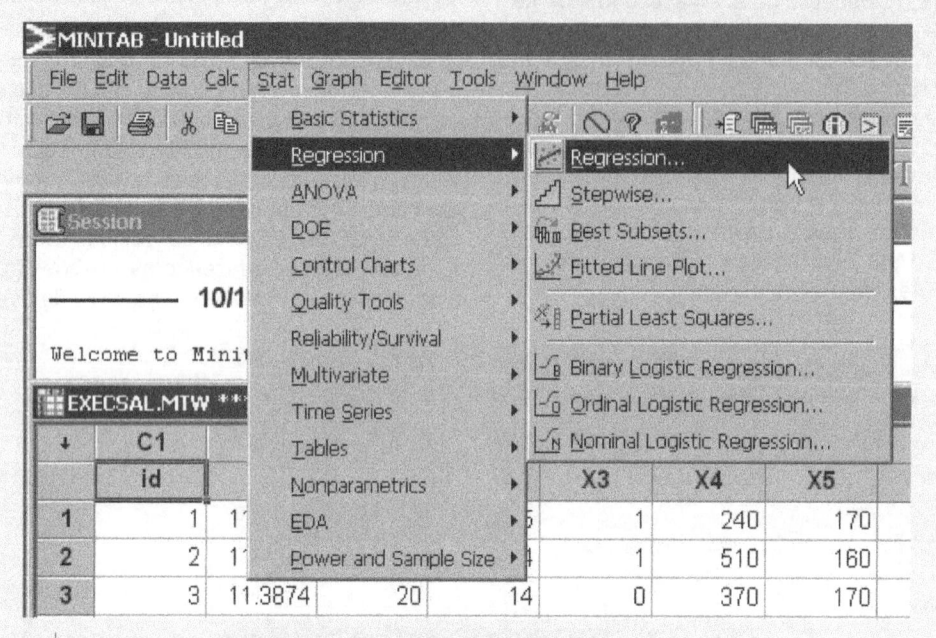

Figura 11.M.1 Opções do menu do MINITAB para a regressão

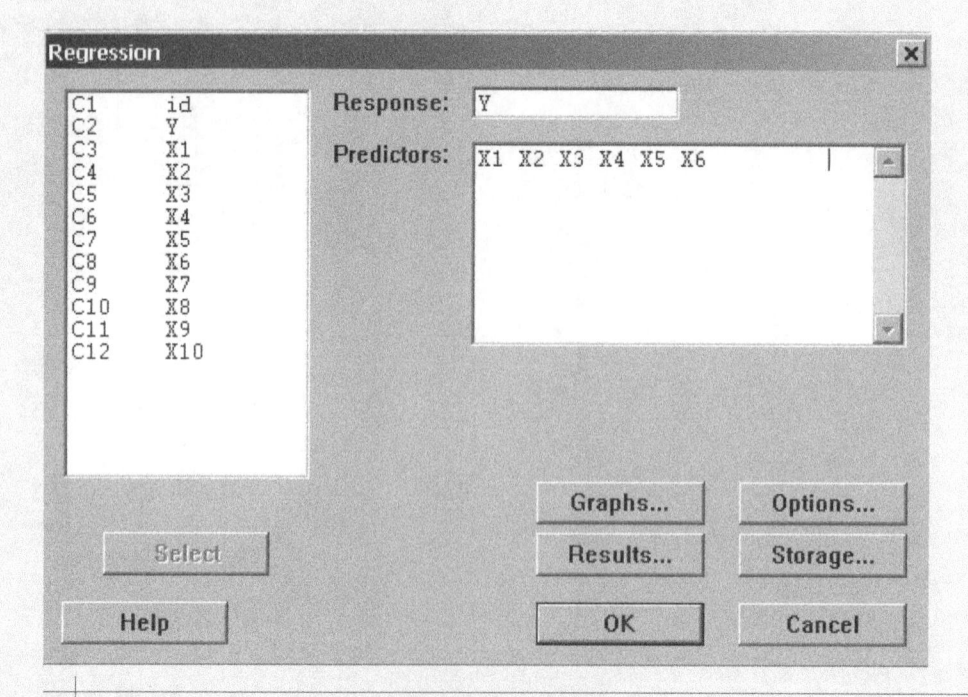

Figura 11.M.2 Caixa de diálogo da regressão do MINITAB

Figura 11.M.3 Caixa de diálogo da regressão passo a passo do MINITAB

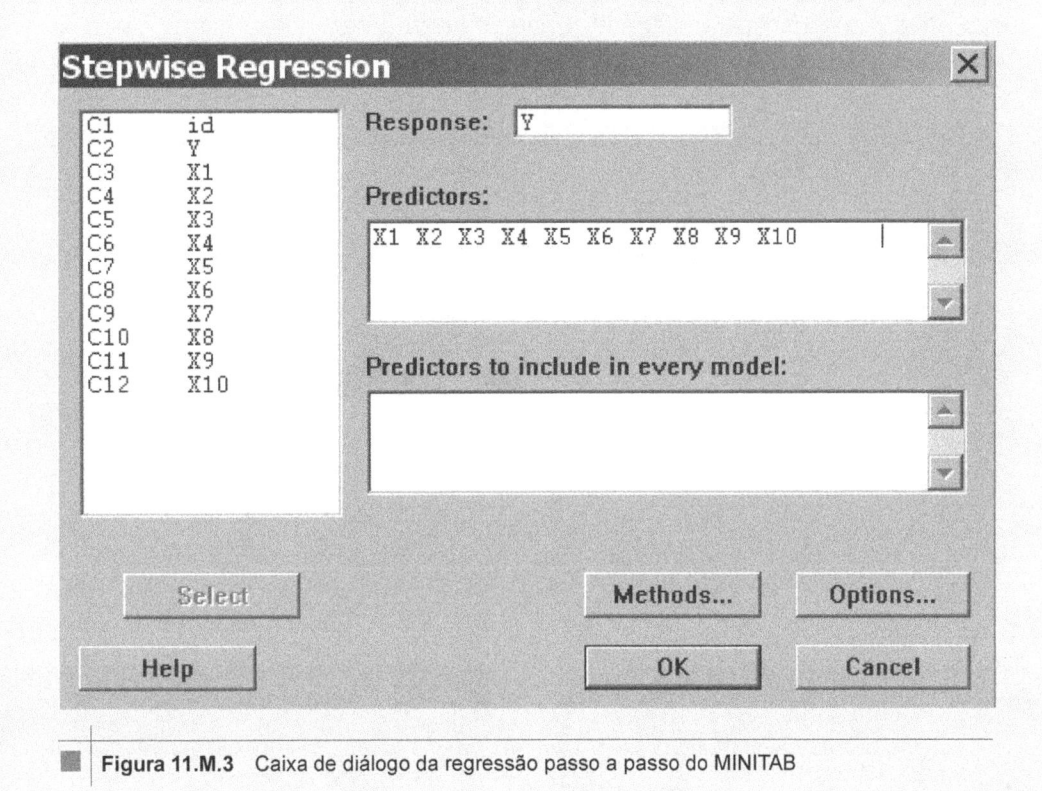

os itens apropriados do menu na lista de menu resultante. Gráficos dos resíduos são obtidos clicando no botão 'Graphs' e fazendo as seleções apropriadas no menu resultante. Para retornar à caixa de diálogo principal de regressão de qualquer uma das telas opcionais, clique em 'OK'. Quando você fizer todas as suas seleções, clique em 'OK' na caixa principal de diálogo da regressão para produzir a listagem do MINITAB da regressão múltipla.

Para realizar uma regressão passo a passo, clique no botão 'Stat' na barra de menu principal, então clique em 'Regression' e em 'Stepwise' (veja a Figura 11.M.1). A caixa de diálogo resultante aparece na Figura 11.M.3. Especifique a variável dependente na caixa 'Response' e as variáveis independentes do modelo passo a passo na caixa 'Predictors'. Como opção, você pode selecionar o valor de α a ser usado na análise clicando no botão 'Methods' e especificando o valor. (O padrão é $\alpha = 0,15$.) Clique em 'OK' para ver os resultados da regressão passo a passo.

11.3 Regressão múltipla usando o Excel/PHStat2

Para realizar uma análise de regressão múltipla, primeiro acesse o arquivo de planilha do Excel que contém as variáveis dependente e independentes. [*Nota:* Se o seu modelo inclui termos de interação e/ou quadrados, você deve criar e adicionar essas variáveis de ordens mais altas ao arquivo de planilha do Excel *antes* de rodar a análise de regressão.] A seguir, clique em 'PHStat' na barra de menus do Excel, selecione então 'Regression' e 'Multiple regression', como mostrado na Figura 11.E.1. A caixa de diálogo resultante é apresentada na Figura 11.E.2. Especifique a faixa de células das variáveis y e x na área 'Data' da caixa de diálogo 'Multiple regression'. [*Nota:* As variáveis x devem estar em colunas adjacentes na planilha do Excel.]

Selecione os níveis de confiança para os intervalos de confiança dos parâmetros do modelo e selecione ambas as opções 'Regression statistics' e 'ANOVA and coefficients' da tabela. Para produzir gráficos dos resíduos da regressão, selecione a opção 'Residual plots'. Para produzir intervalos de previsão para y e intervalos de confiança para $E(y)$, selecione a opção 'Confidence and prediction interval estimates' e especifique o nível de confiança (como mostrado no final da Figura 11.E.2). Depois de fazer todas as suas seleções, clique em 'OK' para produzir os resultados da regressão múltipla. [*Nota:* A listagem padrão da regressão aparecerá em uma planilha e os intervalos de confiança/ previsão aparecerão em uma segunda planilha. Além disso, na segunda planilha, você será alertado a selecionar valores específicos dos x para a previsão de y.]

Para realizar uma análise de regressão passo a passo, clique em "PHStat" na barra de menus do Excel, então selecione 'Regression' e 'Stepwise regression' (veja a Figura 11.E.1). A caixa de diálogo resultante é apresentada na Figura 11.E.3. Especifique as faixas de células para as variáveis y e x na área 'Data' da caixa de diálogo 'Stepwise regression'. [*Nota:* As variáveis x devem estar em colunas adjacentes na planilha Excel.] Como opção, você pode selecionar o valor p a ser usado para entrada e retirada de variáveis. (O padrão é valor $p = 0,05$.) Clique em 'OK' para ver os resultados da regressão passo a passo.

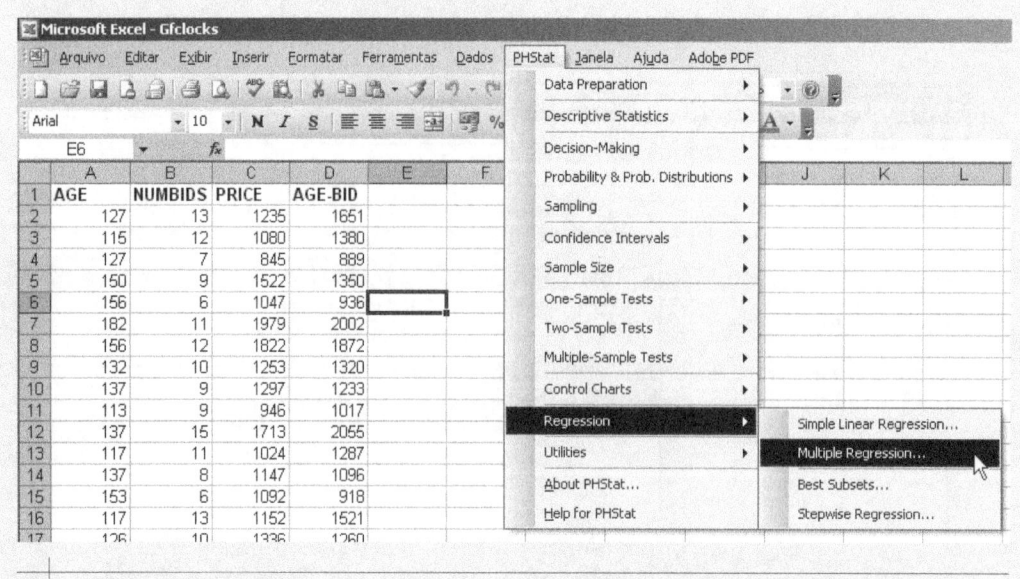

Figura 11.E.1 Opções do menu do Excel para a regressão múltipla

Figura 11.E.2 Caixa de diálogo da regressão múltipla do Excel/PHStat2

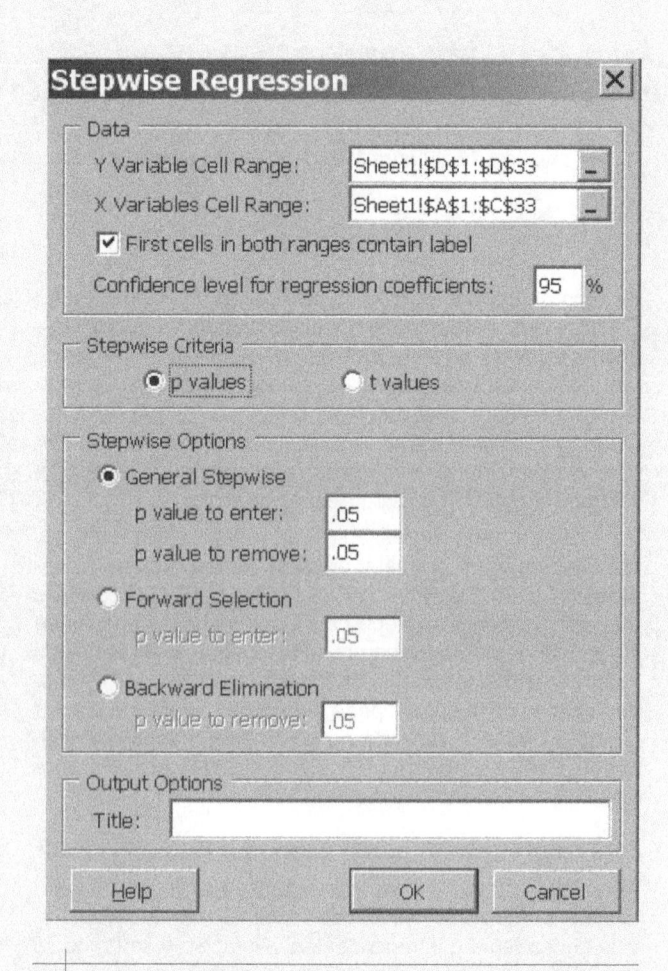

Figura 11.E.3 Caixa de diálogo da regressão passo a passo do Excel/PHStat2

Caso real

O caso das vendas do condomínio
(um caso envolvendo os capítulos 10 e 11)

Este caso envolve uma investigação dos fatores que afetam o preço de venda das unidades de um condomínio próximo ao mar. Ele representa uma extensão de uma análise dos mesmos dados feita por Herman Kelting (1979). Ainda que os preços de venda de condomínios tenham crescido drasticamente nos últimos 20 anos, a relação entre esses fatores e o preço de venda continua mais ou menos a mesma. Conseqüentemente, os dados fornecem uma visão valiosa do mercado atual de vendas de condomínios.

Os dados de vendas foram obtidos para um novo complexo de condomínio próximo ao oceano, consistindo de dois edifícios de oito andares, adjacentes e interligados. O complexo contém 200 unidades de igual tamanho (aproximadamente 500 pés quadrados cada). A localização dos edifícios em relação ao oceano, à piscina, ao estacionamento, etc. é mostrada na figura a seguir. Há várias características do complexo que você deve notar:

1. As unidades voltadas para o sul, chamadas de *vista para o mar*, estão de frente para a praia e o mar. Além disso, as unidades do edifício 1 têm uma boa vista da piscina. As unidades do fundo do edifício, chamadas de *vista para a baía*, estão de frente para o estacionamento e para uma área de terreno que, em última análise, é a borda da baía. A vista dos andares superiores dessas unidades é, principalmente, de um terreno arenoso e com floresta. A baía está muito distante e pouco visível.

2. O único elevador do complexo está localizado no final leste do edifício 1, assim como o escritório e o salão de jogos. As pessoas indo ou voltando das unidades nos andares mais altos do edifício 2 provavelmente usariam o elevador e se moveriam através das passagens para suas unidades. Então, unidades nos andares mais altos e a maiores distâncias do elevador seriam menos convenientes; elas requereriam maior esforço na movimentação de bagagens, compras, etc., e ainda estariam mais afastadas do salão de jogos, do escritório e da piscina. Essas unidades também possuem uma vantagem: elas teriam a menor quantidade de tráfego nos corredores da área e, portanto, são mais privativas.

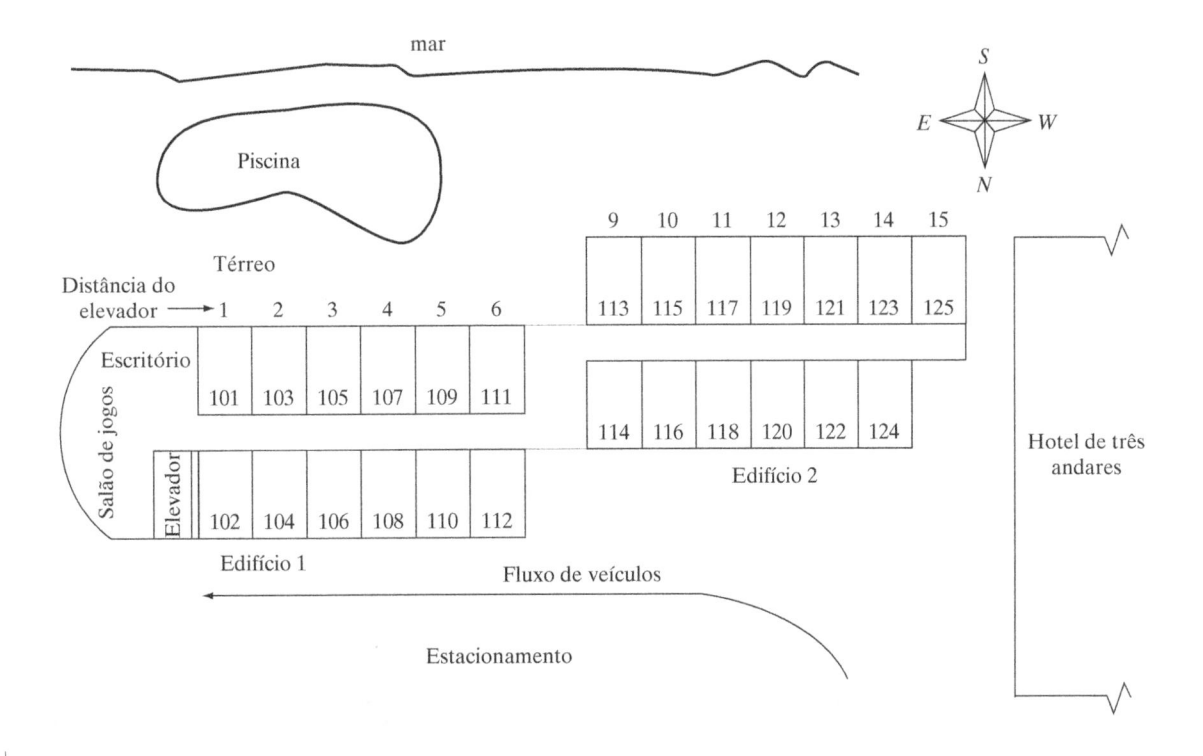

FIGURA C5.1 Layout do complexo do condomínio

3. As unidades dos andares mais baixos, do lado do mar, são mais adequadas às pessoas ativas; estão abertas para a praia, o mar e a piscina. Estão próximas do salão de jogos e são facilmente alcançadas pela área do estacionamento.
4. Verificando o layout do complexo do condomínio, você descobre que algumas das unidades no centro do complexo, terminando nos números 11 e 14, têm parte da sua vista bloqueada.
5. O complexo do condomínio foi terminado na época da recessão de 1975; as vendas foram vagarosas e o incorporador foi forçado a vender a maioria das unidades em leilão aproximadamente 18 meses depois da inauguração. Conseqüentemente, os dados dos leilões estão completamente especificados pelos compradores e, portanto, orientados pelo consumidor, em contraste com muitos outros dados de vendas de imóveis que são, em alto grau, especificados pelo vendedor.
6. Muitas unidades não vendidas do complexo foram mobiliadas pelo incorporador e alugadas antes do leilão. Conseqüentemente, algumas unidades vendidas nos leilões têm mobília, e outras, não.

Esse complexo de condomínio é, obviamente, um caso único. Por exemplo, o único elevador localizado no final de um dos lados do complexo produz um alto nível de inconveniência e também de privacidade para as pessoas que ocupam unidades nos andares mais altos do edifício 2. Conseqüentemente, o incorporador não sabe como a altura da unidade (número do andar), a distância da unidade até o elevador, a presença ou ausência de vista para o mar, etc. afetam os preços das unidades vendidas em leilão. Para investigar essas relações, os seguintes dados (que estão no arquivo **CONDO**) foram registrados para cada uma das 106 unidades vendidas em leilão:

1. *Preço de venda.* Medido em centenas de dólares (ajustados para a inflação).
2. *Altura do andar.* O andar da unidade; os níveis da variável são 1, 2, ..., 8.
3. *Distância do elevador.* Essa distância, medida ao longo do comprimento do complexo, está expressa em números de unidades do condomínio. Um adicional de duas unidades de distância foi incorporado às unidades do edifício 2, considerando a distância de caminhada na área de conexão entre os dois edifícios. Então, a distância da unidade 105 para o elevador seria 3, e a distância entre a unidade 113 e o elevador seria 9. Os níveis da variável são 1, 2, ..., 15.
4. *Vista do oceano.* A presença ou ausência de vista do oceano foi registrada para cada unidade e especificada com uma variável *dummy* (1 se a unidade possui vista para o oceano, 0 se não possui). Note que as unidades que não possuem vista para o oceano estão de frente para o estacionamento.
5. *Unidades finais.* Esperamos que a redução parcial da vista das unidades finais do lado do oceano (números terminando em 11) reduza o preço de venda. A vista para o oceano dessas unidades finais está parcialmente bloqueada pelo edifício 2. Essa variável qualitativa está também especificada com uma variável *dummy* (1 se a unidade tem um número terminando em 11, 0 se não tem).
6. *Mobília.* A presença ou ausência de mobília foi registrada para cada unidade e está representada com uma única variável *dummy* (1 se a unidade foi mobiliada, 0 se não foi).

Seu objetivo para este caso é construir um modelo de regressão que prediga com precisão o preço de venda de uma unidade do condomínio vendida em leilão. Prepare um documento profissional apresentando os resultados de sua análise. Inclua gráficos que demonstrem como cada uma das variáveis independentes do seu modelo afeta o preço de venda. Um layout do arquivo **CONDO** é descrito abaixo.

(Número de Observações: 106)

Variável	Tipo
PRICE (preço)	QN (quantitativa)
FLOOR (andar)	QN
DISTANCE (distância)	QN
VIEW (vista)	QL (qualitativa)
ENDUNIT (unidade final)	QL
FURNISH (mobília)	QL

MÉTODOS PARA MELHORIA DE QUALIDADE

12

Conteúdo

12.1 Qualidade, processos e sistemas
12.2 Controle estatístico
12.3 A lógica de gráficos de controle
12.4 Um gráfico de controle para monitorar a média de um processo: o gráfico $\bar{x}$
12.5 Um gráfico de controle para monitorar a variação de um processo: o gráfico R
12.6 Um gráfico de controle para monitorar a proporção de defeitos gerados por um processo: o gráfico p
12.7 Diagnosticando as causas de variação (Opcional)
12.8 Análise de capacidade (Opcional)

ESTATÍSTICA EM AÇÃO

TESTANDO ADITIVO DE COMBUSTÍVEIS DE JATO PARA SEGURANÇA

A American Society of Testing and Materials (ASTM) International fornece padrões e guias para materiais, sistemas e serviços. A Federal Aviation Administration (FAA) tem um grande conglomerado de requisitos de testes para a segurança de combustível de jato que são deixados de lado nos métodos ASTM. Este Estatística em ação envolve uma empresa de engenharia que está desenvolvendo um novo método de detecção de surfactante em combustível de jato.

Surfactantes (agentes ativos na superfície) são basicamente substância ensaboadas (sabão) que podem se formar devido a ácidos no combustível, mas que são mais comumente causados por contaminação de outros produtos, como aditivos de limpeza de motor. Apesar de surfactantes não causarem o problema diretamente, eles reduzem a capacidade de filtros misturadores de removerem a água. Água em combustível de jato carrega bactérias que se depositam em tanques e componentes do motor, causando corrosão e danos.

O teste-padrão para surfactantes (descrito na Regra D-3948 da ASTM) é usar um filtro miniatura (filtro A) com um mecanismo de injeção (injeção A). Uma mistura água/combustível é injetada pelo filtro a uma taxa específica, e a quantidade de água que passa por ele é detectada com um teste ótico de transmissão. Testes de medição geralmente geram um resultado entre 80 e 85.

Em uma tentativa de melhorar a precisão do teste de surfactante, a empresa de engenharia comparou o teste-padrão (injeção A com filtro A) com combinações de três outros mecanismos de injeção e opções de filtro: injeção A com filtro B, injeção B com filtro A e injeção B com filtro B. A cada dia, uma rotina-padrão de combustível de jato foi criada, adicionando-se 0,4 ppm de solução surfactante. Doze amostras do combustível foram aleatoriamente selecionadas e divididas em quatro grupos de três amostras cada. As três amostras em um grupo foram testadas para surfactantes usando umas das quatro combinações injeção/filtro. Conseqüentemente, a cada dia havia três resultados de testes para cada método injeção/filtro. Essa forma de amostragem continuou por mais de 100 dias. As medições de testes estão salvas em quatro arquivos **JETFUEL**. (Dados para os primeiros cinco dias do experimento amostral estão listados na Tabela EA 12.1.)

A empresa quer monitorar os resultados dos testes de surfactantes e determinar se um dos métodos de teste gera o processo mais estável. Nas seções Estatística em ação revisitada, mostramos como analisar os dados usando métodos para controle de qualidade e processo.

Estatística em ação revisitada

- Monitorando a média do processo de teste de surfactante de combustível de jato
- Monitorando a variação do processo de teste de surfactante de combustíveis de jato

TABELA EA12.1 Dados selecionados nos arquivos JETFUEL

Dia da semana	Mês	Dia	Amostra	Injeção B com filtro A	Injeção A com filtro A	Injeção B com filtro B	Injeção A com filtro B
Terça	Maio	9	1	76	84	85	85
			2	81	91	84	84
			3	81	86	84	88
Quarta	Maio	10	1	84	92	87	92
			2	81	93	82	95
			3	86	94	85	90
Quinta	Maio	11	1	83	94	82	90
			2	82	96	85	87
			3	79	92	84	81
Sexta	Maio	12	1	81	96	81	90
			2	84	91	82	91
			3	83	96	88	92
Segunda	Maio	15	1	80	90	87	94
			2	88	92	85	94
			3	87	91	86	84

Ao longo das últimas duas décadas, empresas norte-americanas foram seriamente desafiadas por produtos de qualidade superior vindos de outros países, particularmente do Japão. Este país atualmente produz 25% dos carros vendidos nos Estados Unidos, onde, em 1989, pela primeira vez, o carro mais vendido foi feito no Japão: o Honda Accord. Apesar de ser uma invenção norte-americana, virtualmente todos os aparelhos de videocassete são produzidos no Japão. Apenas uma empresa estadunidense ainda fabrica televisões; o restante é feito no Japão.

Para enfrentar esse desafio competitivo, mais e mais empresas norte-americanas — tanto indústrias quanto empresas de serviços — tomaram iniciativas próprias de aprimoramento de qualidade. Muitas dessas firmas agora levam adiante a **gestão da qualidade total** (*total quality management* — TQM) (isto é, a gestão da qualidade em todas as fases e os aspectos de seus negócios, desde o design de seus produtos até a produção, a distribuição, as vendas e os serviços).

De forma geral, a TQM está preocupada com: (1) encontrar o que o consumidor quer; (2) traduzir essas necessidades em um design de produto ou serviço; e (3) produzir o produto ou serviço que atenda ou exceda as especificações do design. Neste capítulo, focaremos primeiramente a terceira dessas três áreas e seu maior problema: variação de produção e serviços.

A variação é inerente ao resultado de todos os processos de produção e serviços. Duas partes produzidas por uma máquina não serão iguais; duas transações realizadas por um caixa de banco não serão as mesmas. Por que isso é um problema? Com a variação no resultado vem a variação na qualidade do produto ou serviço. Se essa variação é inaceitável para o consumidor, as vendas são perdidas, os lucros sofrem e a firma pode não sobreviver.

A existência dessa variação sempre presente faz com que métodos e treinamento estatísticos sejam tão vitais para a indústria. Neste capítulo, apresentamos algumas ferramentas e métodos atualmente empregados por firmas em todo o mundo para monitorar e reduzir a variação de produtos e serviços.

12.1 Qualidade, processos e sistemas

Qualidade

Antes de descrever várias ferramentas e métodos que podem ser usados para monitorar e aprimorar a qualidade de produtos e serviços, precisamos considerar o que significa o termo *qualidade*. Qualidade pode ser definida sob diversas perspectivas diferentes. Para os engenheiros e cientistas que desenvolvem produtos, qualidade tipicamente se refere à quantidade de algum ingrediente ou a atributos do produto. Por exemplo, um sorvete de alta qualidade contém grande quantidade de gordura de manteiga; tapetes de alta qualidade têm grande número de nós por polegada quadrada; uma blusa ou camisa de alta qualidade tem 22 ou 26 pontos por polegada.

Para gestores, engenheiros e trabalhadores envolvidos na produção de um produto (ou na entrega de um serviço), qualidade geralmente significa conformidade com requisitos ou o grau ao qual o produto ou serviço está de acordo com suas especificações de desenvolvimento. Por exemplo, de forma a se ajustar perfeitamente, a capa de uma garrafa plástica em particular deve ter entre 1,0000 e 1,0015 polegadas de diâmetro. Capas que não estão em conformidade com esse requisito são consideradas de qualidade inferior. Em um exemplo de operação de serviços, considere o serviço oferecido ao consumidor em restaurantes *fast-food*. Um restaurante em particular foi criado para servir consumidores dentro de dois minutos após seus pedidos terem sido feitos. Se demora mais de dois minutos, o serviço não está em conformidade com as especificações e é considerado de qualidade inferior. Usando essa interpretação com base em produção de qualidade, produtos bem-feitos são de alta qualidade; produtos fabricados precariamente são de baixa qualidade. Assim, um Rolls-Royce e um Chevrolet Nova bem-feitos são ambos carros de alta qualidade.

Apesar de a qualidade poder ser definida tanto pela perspectiva dos designers como dos produtores de um produto, em uma análise final ambas as definições deveriam ser derivadas das necessidades e preferências dos usuários do produto ou serviço. Uma firma que produz bens que ninguém quer comprar não pode permanecer no negócio. Definimos *qualidade* de uma forma que é apropriada para as circunstâncias.

> **DEFINIÇÃO 12.1**
>
> A **qualidade** de um bem ou serviço é indicada pelo grau em que ele satisfaz as necessidades e preferências de seus usuários.

As necessidades e os desejos dos consumidores moldam sua percepção de qualidade. Assim, para produzir um produto de alta qualidade, é necessário conhecer as necessidades e os desejos dos consumidores. Isso é tipicamente uma das principais funções do departamento de marketing de uma empresa. Uma vez que uma pesquisa com consumidores tenha sido realizada, é necessário traduzir seus desejos em termos de um produto. O design desse produto deve ser traduzido em um plano de produção e em uma especificação de produção que, se adequadamente implementados, se tornarão produtos com características que satisfarão as necessidades e os desejos dos usuários. Resumindo, as percepções de qualidade pelo consumidor cumprem papel em todas as fases e aspectos da operação da firma.

Mas que características de produtos os consumidores estão procurando? O que influencia as percepções de qualidade dos usuários? Esse é o tipo de conhecimento que as empresas necessitam, de forma a desenvolver e entregar bens e serviços de alta qualidade. Os elementos básicos de qualidade estão resumidos nos oito elementos mostrados no quadro abaixo.

> **AS OITO DIMENSÕES DA QUALIDADE**[1]
>
> 1. **Desempenho:** As características primárias de operação do produto. Para um automóvel, isso incluiria aceleração, suavidade da direção, quilometragem de combustível, etc.
> 2. **Características:** Os 'acessórios" que suplementam as funções básicas do produto. Exemplos incluem CD players e relógios digitais em carros e programas de fidelidade e drinks grátis oferecidos por companhias aéreas.
> 3. **Confiabilidade:** Reflete a probabilidade de que o produto operará de forma apropriada dentro de dado período de tempo.
> 4. **Conformidade:** O grau ao qual um produto está de acordo com padrões preestabelecidos. Isso é refletido, por exemplo, na preocupação de uma indústria farmacêutica de que as garrafas plásticas que ela pede para seus medicamentos tenham capas que tenham entre 1,0000 e 1,0015 polegadas de diâmetro, como especificado pelo pedido.
> 5. **Durabilidade:** A vida do produto. Se a reparação é possível, a durabilidade se relaciona ao tempo que um produto pode ser usado antes que a troca seja julgada preferível em relação ao reparo contínuo.
> 6. **Serviços:** A facilidade, a velocidade, a competência e a cortesia do setor de reparação.
> 7. **Estética:** A aparência, a textura, o som, o cheiro ou o sabor de um produto.
> 8. **Outras percepções que influenciam o julgamento da qualidade:** Fatores como a reputação, as imagens e os produtos de uma empresa criados por meio de propaganda.

---

[1] GARVIN, D. *Managing quality*. Nova York: Free Press/Macmillan, 1988.

Para desenvolver e produzir produtos de alta qualidade, é necessário traduzir as características descritas no quadro em atributos de produtos que podem ser transformados em produtos pelo fabricante — isto é, as preferências do usuário devem ser interpretadas em termos de variáveis de produto sobre as quais o fabricante tem controle. Por exemplo, ao considerar as características de desempenho de uma marca em particular de lápis de madeira, usuários podem indicar uma preferência por conseguiram usar o lápis por períodos maiores sem ter de apontá-lo. O fabricante pode traduzir essa característica de desempenho em uma ou mais características físicas mensuráveis, como dureza da madeira, dureza ou composição da ponta. Além de serem usadas para desenvolver produtos de alta qualidade, tais variáveis são empregadas no processo de monitoramento e melhoria da qualidade durante a produção.

Processos

Muito deste texto é focado nos métodos para usar dados da amostra tirados de uma população com o intuito de aprender sobre essa população. Neste capítulo e no Capítulo 13 (disponível, em inglês, no Companion Website do livro [www.prenhall.com/mcclave_br]), no entanto, nossa atenção não está na população, mas nos processos — como processos de produção — e no resultado que eles geram. Em geral, um processo é definido como se segue:

> **Definição 12.2**
>
> Um **processo** é uma série de ações ou operações que transformam entradas em saídas. Um processo produz saídas ao longo do tempo.

Processos podem ser organizacionais ou pessoais por natureza. Processos organizacionais são aqueles associados com organizações, tais como negócios e governos. Talvez o melhor exemplo seja um processo de manufatura, que consiste em uma série de operações, realizadas por pessoas e máquinas, onde entradas, como matérias-primas e partes, são convertidas em produtos acabados (as saídas). Exemplos incluem linhas de fabricação de automóveis, refinarias de óleo e siderúrgicas. Processos pessoais são aqueles associados com sua vida privada. Os passos que você deve cumprir a cada manhã para ficar pronto para a escola ou o trabalho podem ser pensados como um processo. Ao desligar o alarme, tomar banho, vestir-se, comer e abrir o portão da garagem, você se transformará de uma pessoa dormindo em alguém pronto para interagir com o mundo lá fora. A Figura 12.1 apresenta uma descrição geral de um processo e suas entradas.

É útil pensar em um processo como a *adição de valor* às entradas do processo. Processos de manufatura, por exemplo, são desenvolvidos de forma que o valor das saídas para compradores potenciais exceda o valor das entradas — de outra forma, a empresa não teria demanda por seus produtos e não sobreviveria.

Sistemas

Para entender o que causa a variação no processo de resultados e como os processos e suas saídas podem ser aprimorados, devemos entender o papel que os processos desempenham nos sistemas.

> **Definição 12.3**
>
> Um **sistema** é um conjunto ou combinação de processos que interagem entre si com um objetivo (ou missão) definido. Um sistema recebe entradas de seu ambiente, transforma-as em saídas e as devolve ao seu ambiente. Para sobreviver, um sistema usa o *feedback* (isto é, informação) de seu ambiente para entender e adaptar mudanças nele.

A Figura 12.2 apresenta um modelo de um sistema básico. Como exemplo de um sistema, considere uma indústria. Ela tem um conjunto de processos interagindo: pesquisa de marketing, engenharia, compras, recebimento, produção, vendas, distribuição, cobrança, etc. Sua missão é gerar dinheiro para

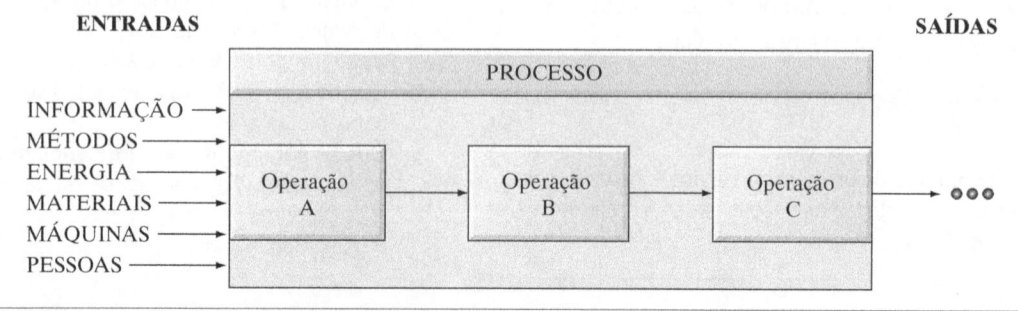

FIGURA 12.1 Demonstração gráfica de um processo e suas entradas

FIGURA 12.2 Modelo de um sistema básico

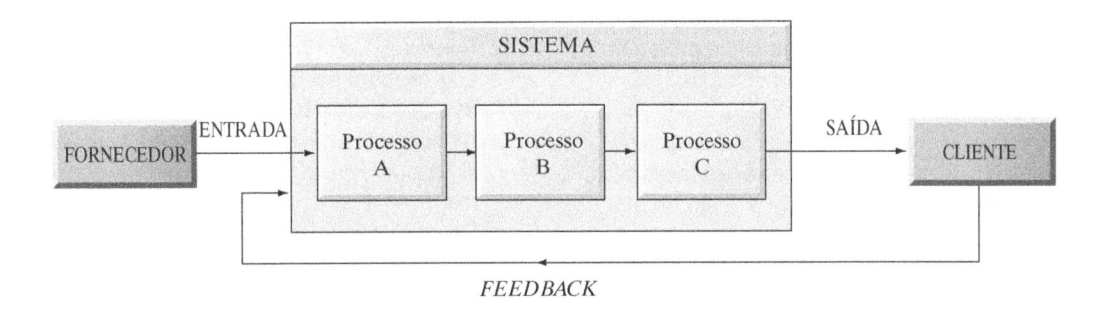

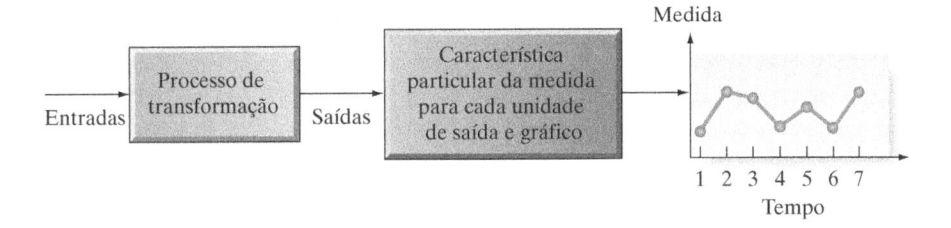

FIGURA 12.3 Variação de saídas

seus proprietários, dar condições de trabalho de alta qualidade para seus empregados e permanecer no negócio. A empresa recebe matérias-primas e partes (entradas) de vendedores de fora que, por meio de seus processos de produção, transforma em produtos finais (saídas). Os bens finais são distribuídos a seus consumidores. Pela aplicação da pesquisa de marketing, a empresa 'ouve' (recebe *feedback* de) seus consumidores e de potenciais consumidores de maneira a mudar ou adaptar seus processos e produtos para atender (ou exceder) as necessidades, preferências e expectativas do mercado.

Uma vez que sistemas são conjuntos de processos, os vários tipos de entradas de sistemas são iguais aos listados na Figura 12.1 para processos. As saídas de sistemas são produtos ou serviços. Essas saídas podem ser objetos físicos feitos, fabricados, reparados ou movidos pelo sistema, ou podem ser simbólicas, como informações, idéias ou conhecimento. Por exemplo, uma corretora dá a seus consumidores informações sobre ações, títulos e mercados onde eles são negociados.

Dois pontos sobre sistemas e saídas de seus processos são como se segue: (1) dois itens produzidos por um processo não são iguais; (2) variabilidade é uma característica inerente à saída de todos os processos. Isso é ilustrado na Figura 12.3. Dois carros produzidos pela mesma linha de produção não são os mesmos; duas janelas não são iguais; duas rodas não são iguais; dois pneus não são iguais. A mesma coisa pode ser dita de processos que entregam serviços. Considere os serviços oferecidos nos guichês de atendimento de um banco para dois clientes, cada um esperando em uma fila. Eles esperarão na fila a mesma quantidade de tempo? Eles serão atendidos por atendentes com o mesmo grau de conhecimento e a mesma personalidade? Presumindo que as transações dos consumidores sejam as mesmas, elas levarão o mesmo tempo para serem executadas? A resposta para todas essas questões é não.

Biografia *Companion Website*

W. Edwards Deming (1900–1993)

OS 14 PONTOS DE DEMING: DIRETRIZES PARA APRIMORAMENTO DE QUALIDADE

1. **Criar consistência de objetivos em direção à melhoria de produto e serviço, com o objetivo de se tornar competitivo e permanecer no negócio, além de gerar empregos.** A organização deve ter um objetivo ou meta claro. Todo mundo na organização deve ser estimulado a trabalhar em direção àquela meta dia a dia, ano após ano.

2. **Adotar a nova filosofia.** Rejeite a gestão de rejeição e detecção em favor de um estilo de gestão orientado ao consumidor, preventivo, no qual a melhoria sem fim da qualidade seja a força impulsionadora.

3. **Acabar com a dependência da inspeção para atingir qualidade.** É por causa de produtos mal desenhados e da variação excessiva no processo que a inspeção é necessária. Se a qualidade é desenhada em produtos e a gestão de processos é usada em sua produção, a inspeção em massa de produtos acabados não será necessária.
4. **Acabar com a prática de premiar negócios com base na etiqueta de preços.** Não compre simplesmente pelo menor preço. Considere a qualidade dos produtos do fornecedor juntamente com o preço. Estabeleça relações de longo prazo com fornecedores com base na lealdade e na confiança. Procure manter um único fornecedor para cada item necessário.
5. **Melhorar constantemente e sempre o sistema de produção e serviço, para aprimorar a qualidade e a produtividade e, assim, constantemente diminuir custos.**
6. **Instituir o treinamento.** Trabalhadores geralmente são treinados por outros trabalhadores que nunca receberam treino apropriado. O resultado é variação de processo excessiva e produtos e serviços inferiores. Isso não é culpa dos trabalhadores; o fato é que ninguém lhes disse como fazer bem o seu trabalho.
7. **Instituir a liderança.** Supervisores deveriam ajudar os trabalhadores a fazer um trabalho melhor. Sua função é liderar, e não dar ordem e punir os trabalhadores.
8. **Canalizar o medo para fora, de forma que todos possam trabalhar efetivamente para a empresa.** Muitos trabalhadores têm medo de perguntar ou trazer problemas para a gestão. Tal clima não é condizente com a produção de bens e serviços de alta qualidade. Pessoas trabalham melhor quando se sentem seguras.
9. **Quebrar barreiras entre departamentos.** Todos na empresa devem trabalhar juntos, como um time. Áreas diferentes dentro da firma devem ter objetivos complementares, e não conflitantes. Pessoas dentro da empresa devem ter em mente que são parte do mesmo sistema. Agrupar recursos para resolver problemas é melhor do que competir uns com os outros.
10. **Eliminar slogans, exortações e metas ou objetivos numéricos arbitrários para a força de trabalho que incitem os trabalhadores a atingir novos níveis de produtividade e qualidade.** Simplesmente pedir aos trabalhadores para melhorar seu trabalho não é suficiente: deve ser mostrado a eles como fazê-lo. A gestão deve entender que melhorias significativas podem ser atingidas apenas se a gestão se responsabiliza pela qualidade e faz as mudanças necessárias no desenho do sistema no qual os trabalhadores operam.
11. **Eliminar quotas numéricas.** Quotas são puramente quantitativas (por exemplo, número de peças produzidas por dia); elas não levam a qualidade em consideração. Quando confrontados com quotas, indivíduos tentam atingi-las a qualquer custo, independentemente do dano à empresa.
12. **Remover barreiras que tiram dos empregados o seu orgulho no trabalho.** Pessoas devem ser tratadas como seres humanos, e não como *commodities*. As condições de trabalho devem ser melhoradas, incluindo a eliminação de supervisão fraca, produtos mal desenhados, materiais e máquinas defeituosos. Essas coisas ficam no caminho dos trabalhadores, na realização do que são capazes e na produção de trabalho do qual eles se orgulham.
13. **Instituir um programa forte de educação e aprimoramento pessoal.** Aprimoramento contínuo requer aprendizagem contínua. Todos na organização devem ser treinados nos modernos métodos de melhoria da qualidade, incluindo conceitos estatísticos e trabalho em equipes interdepartamentais. A alta gestão deveria ser a primeira a ser treinada.
14. **Agir para conseguir a transformação.** Contrate pessoas com conhecimento para implementar os 14 pontos. Construa uma massa crítica de pessoas comprometidas com a transformação da organização. Coloque um time de alta gestão para liderar. Desenvolva um plano e uma estrutura organizacional que facilitem a transformação.

Em geral, a variação nas saídas é causada por seis fatores, listados abaixo.

Os seis principais fatores de variação no processo

1. Pessoas
2. Máquinas
3. Materiais
4. Métodos
5. Medidas
6. Ambiente

A consciência da variação no processo sempre presente tem feito com que o treinamento em pensamento estatístico e métodos estatísticos seja altamente valorizado pela indústria. Por **pensamento estatístico** entendemos o reconhecimento da variação e sua exploração na solução de problemas e na tomada de decisões. O restante deste capítulo é dedicado a ferramentas estatísticas para monitorar a variação em processos.

12.2 Controle estatístico

No restante deste capítulo, voltamos a nossa atenção para os **gráficos de controle** — peças gráficas usadas para monitorar a variação no processo, para identificar quando agir para melhorar o processo e para dar assistência ao diagnóstico das causas da variação no processo. Gráficos de controle desenvolvidos por Walter Shewhart, do Bell Laboratories, em meados da década de 1920, são a ferramenta de escolha para o monitoramento contínuo do processo. Antes de entrarmos em detalhes sobre a construção de gráficos de controle e seu uso, no entanto, é importante que você tenha um completo entendimento da variação no processo. Para esse fim, discutimos as características da variação nesta seção.

Como foi abordado no Capítulo 2, o método gráfico próprio para descrever a variação da saída do processo é um gráfico de séries temporais, algumas vezes chamado gráfico de corrida. Lembre-se de que, em um gráfico de série temporal, as medidas de interesse são representadas graficamente contra o tempo ou na ordem em que as medições foram feitas, como na Figura 12.4. Quando você se deparar com a tarefa de analisar dados gerados ao longo do tempo, sua primeira reação deverá ser representá-los graficamente. O olho humano é um dos instrumentos estatísticos mais sensíveis. Tire vantagem da sensibilidade ao representar graficamente os dados e permitir que seus olhos busquem padrões neles. Vamos começar pensando na variação do processo ao examinar o gráfico da Figura 12.4 mais de perto. As medidas, tiradas de um processo de manufatura de tinta, são os pesos de 50 latas de um galão de tinta consecutivamente preenchidas pela mesma cabeça de preenchimento (bocal).

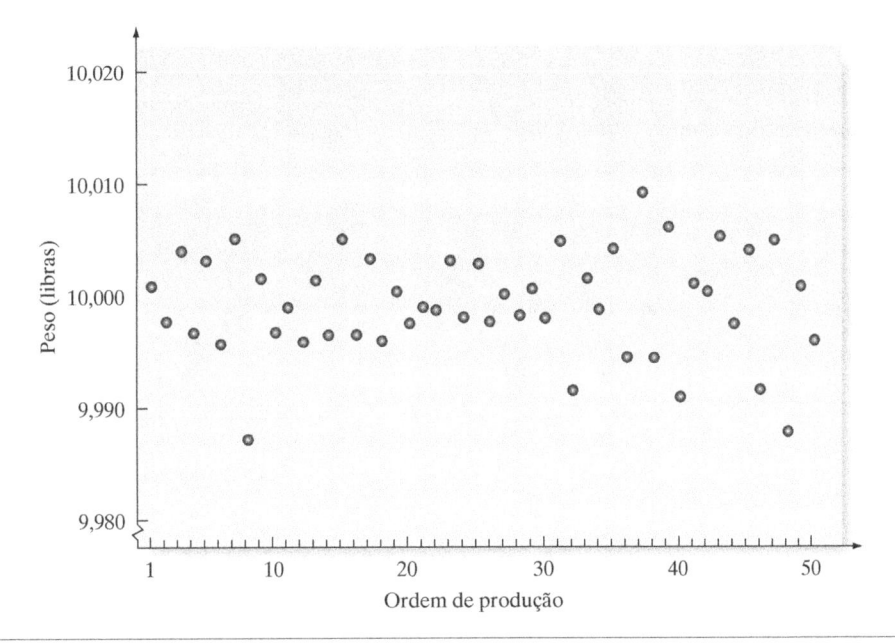

FIGURA 12.4 Gráfico de séries temporais de enchimento (pesos) para 50 latas de tinta cada produzidas consecutivamente

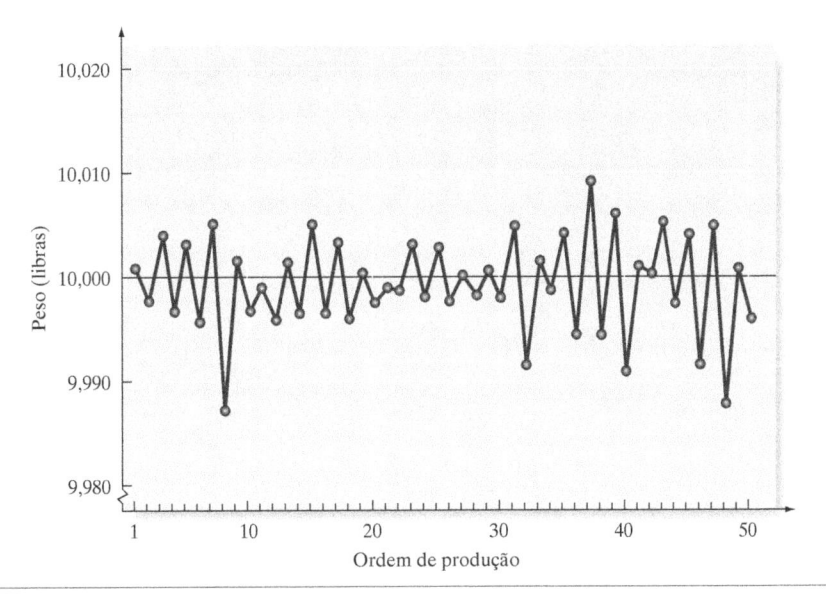

FIGURA 12.5 Uma versão aprimorada da série temporal de enchimento de tinta

Os pesos foram representados graficamente na ordem de produção. Você detecta algum padrão sistemático persistente na seqüência de pesos? Por exemplo, os pesos tendem a se deslocar vagarosamente para cima ou para baixo ao longo do tempo? Eles oscilam — alto, baixo, então alto e baixo, e assim por diante?

Para auxiliar seu exame visual desse ou de qualquer outro gráfico de séries temporais, Roberts (1991) recomenda aprimorar o gráfico básico de duas formas: primeiro, calculando (ou simplesmente estimando) a média do grupo de 50 pesos e desenhando a linha horizontal no gráfico no nível da média — essa **linha central** dá a você o ponto de referência na busca por padrões nos dados; segundo, usando linhas retas, que conectem cada um dos pesos representados graficamente na ordem na qual foram produzidos. Isso ajuda a mostrar a seqüência das medições. Ambos os aprimoramentos são mostrados na Figura 12.5.

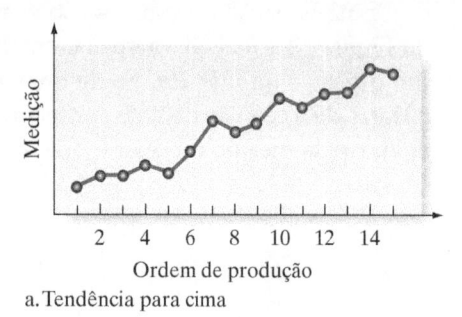

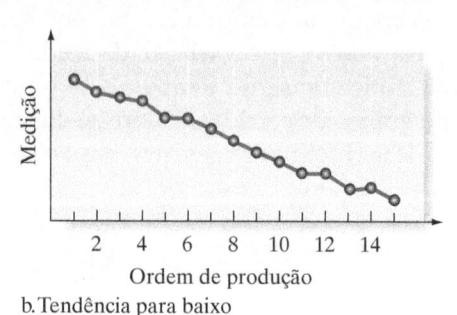

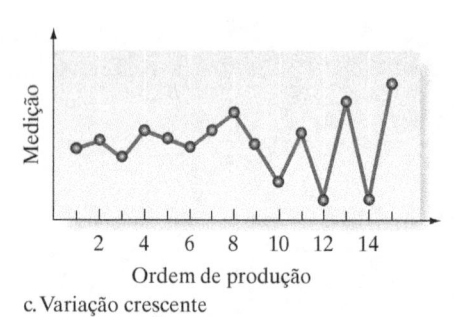

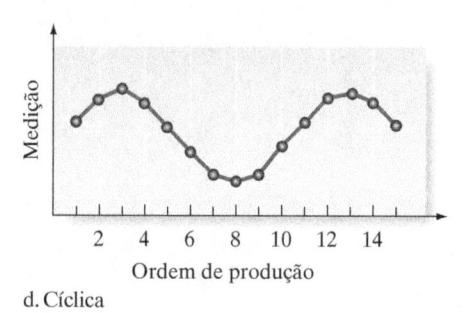

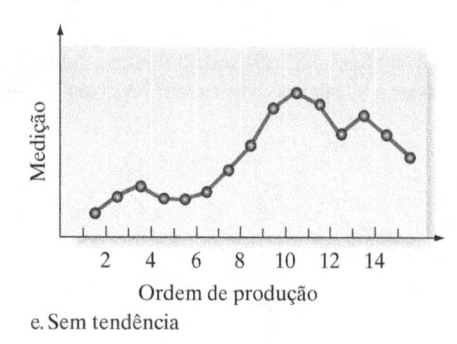

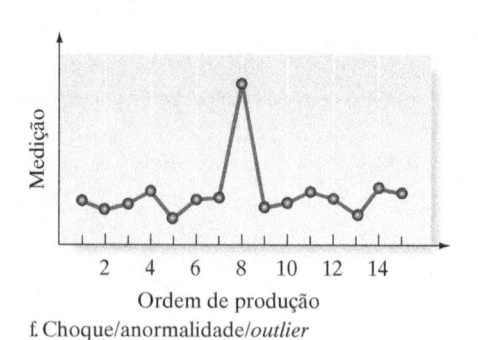

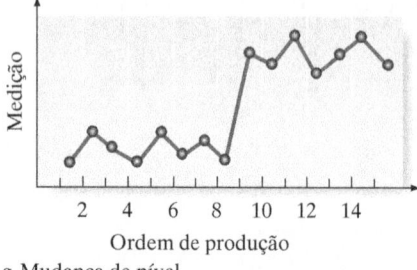

a. Tendência para cima

b. Tendência para baixo

c. Variação crescente

d. Cíclica

e. Sem tendência

f. Choque/anormalidade/*outlier*

g. Mudança de nível

FIGURA 12.6 Padrões da variação de processo: alguns exemplos

Agora você vê padrão nos dados? Pontos sucessivos se alternam para cima e para baixo, alto e então baixo, em uma **seqüência oscilante**. Nesse caso, os pontos alternam-se acima e abaixo da linha central. Esse padrão foi produzido por uma válvula na máquina de enchimento de tinta que tendia a ficar em uma posição parcialmente fechada toda vez que operava. Outros padrões da variação de processo são mostrados na Figura 12.6. Discutiremos vários deles posteriormente.

Tentar descrever a variação do processo e diagnosticar suas causas ajuda a pensar na seqüência de medições da variável saída (por exemplo, peso, comprimento, número de defeitos) como tendo sido geradas da seguinte maneira:

1. Em qualquer momento no tempo, a variável saída de interesse pode ser descrita por uma distribuição de probabilidade em particular (ou distribuição de freqüência relativa). Essa distribuição descreve os valores possíveis que a variável pode assumir e sua possibilidade de ocorrência. Três distribuições como essas são mostradas na Figura 12.7.
2. O valor em particular da variável saída realizado em um dado tempo pode ser pensado como tendo sido gerado ou produzido de acordo com a distribuição descrita no ponto 1. (De forma alternativa, o valor realizado pode ser pensado como tendo sido gerado por uma amostra aleatória de tamanho $n = 1$ a partir da população de valores cuja distribuição de freqüência relativa é a do ponto 1.)
3. A distribuição que descreve a variável saída pode mudar ao longo do tempo. Para simplificar, caracterizamos as mudanças como sendo de três tipos: a média (isto é, a localização) da distribuição pode mudar; a variação (isto é, o formato) da distribuição pode mudar; ou ambos os eventos podem ocorrer. Isso é ilustrado na Figura 12.8.

Em geral, quando a distribuição da variável saída muda ao longo do tempo, chamamos essa ocorrência de *mudança no processo*. Assim, se a média muda para um nível mais alto, dizemos que a média do processo mudou. De forma apropriada, algumas vezes nos referimos à distribuição da variável saída como simplesmente a **distribuição do processo**, ou a **distribuição saída do processo**.

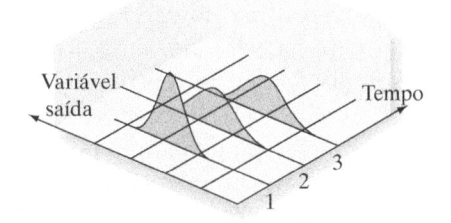

Vamos reconsiderar os padrões de variação na Figura 12.6 e modelá-las usando essa conceituação. Isso é feito na Figura 12.9. A tendência para cima da Figura 12.6a pode ser caracterizada como resultante de um processo cuja média está gradualmente mudando ao longo do tempo, como na Figura 12.9a. Mudanças graduais como essa são um fenômeno comum no processo de manufatura. Por exemplo, à medida que uma máquina se desgasta (por exemplo, lâminas de corte cegas), certas características de sua saída mudam gradualmente.

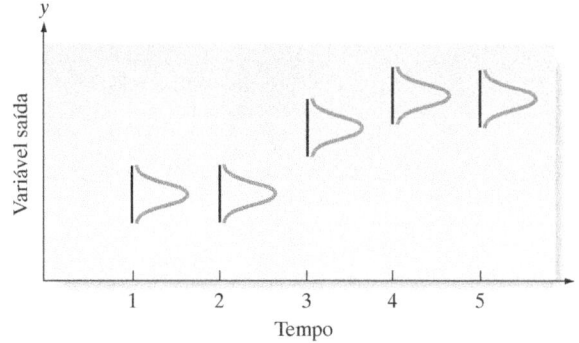

FIGURA 12.7 Distribuições descrevendo uma variável saída em três pontos do tempo

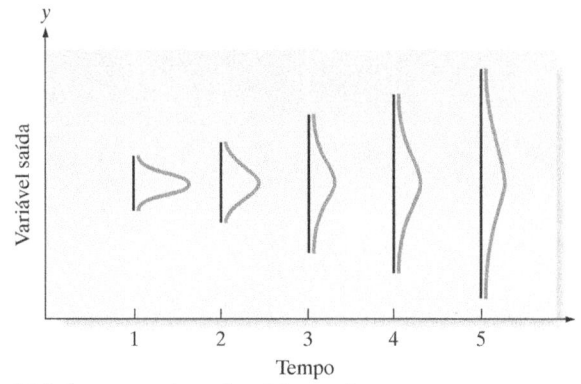

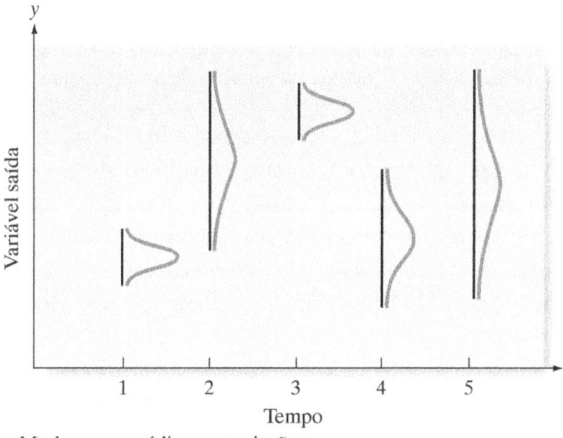

FIGURA 12.8 Tipos de mudanças nas variáveis saída

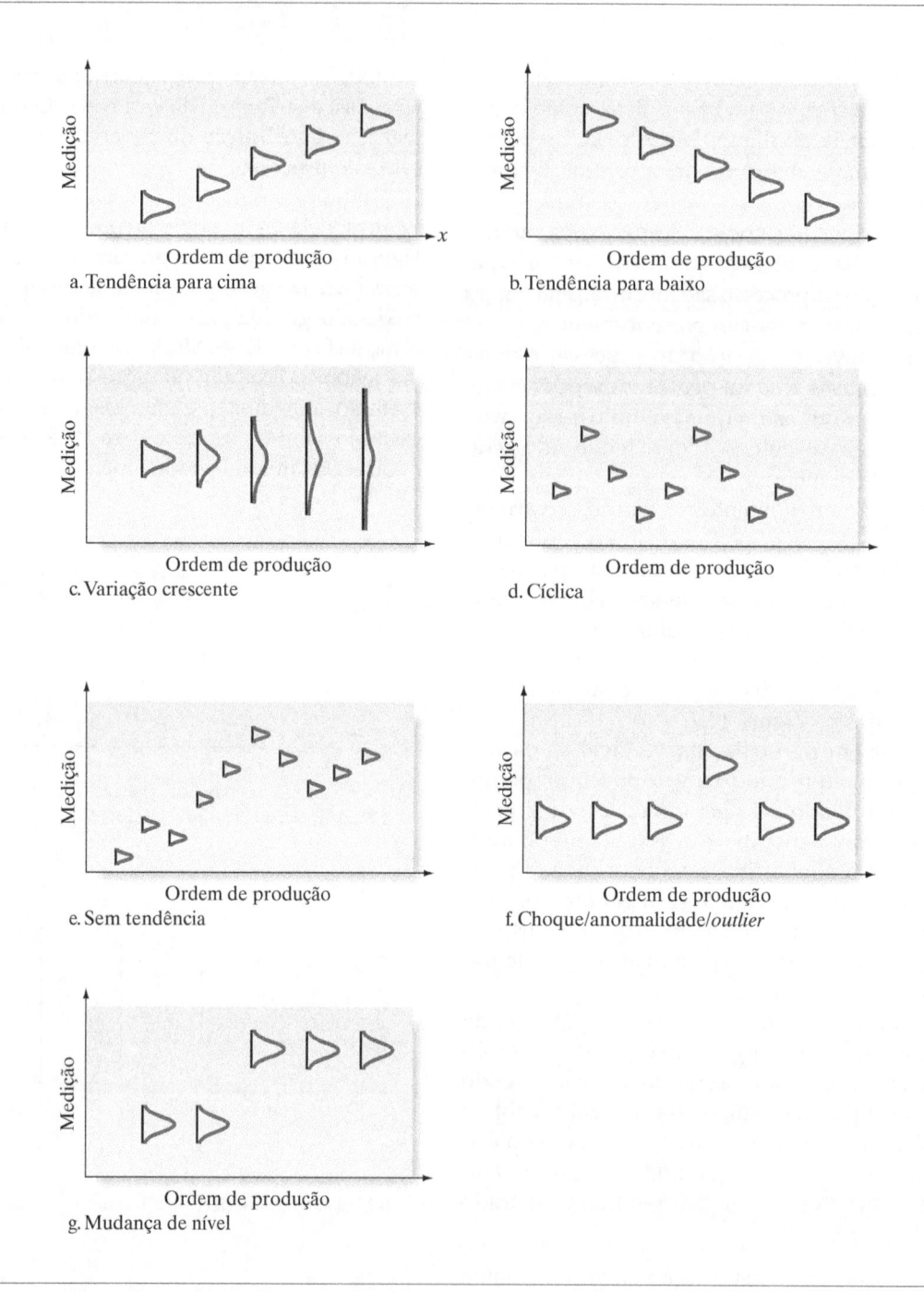

FIGURA 12.9 Padrões da variação do processo descritos por mudanças nas distribuições

A tendência de dispersão crescente na Figura 12.6c pode ser pensada como um resultado de processo cuja média permanece constante, mas cuja variação aumenta ao longo do tempo, como mostrado na Figura 12.9c. Esse tipo de deterioração no processo pode ser o resultado da fadiga do trabalhador. No começo do turno, trabalhadores — digitadores, operadores de máquinas ou gestores — estão bem e prestam atenção a cada item que processam. Mas, com o passar do tempo, a concentração pode se perder, e os trabalhadores podem se tornar menos cuidadosos ou distrair-se mais facilmente. Como resultado, alguns itens recebem mais atenção do que outros, causando a variação crescente da saída relacionada aos trabalhadores.

A mudança repentina no nível de medições da Figura 12.6g pode ser pensada como o resultado de um processo cuja média de repente aumenta, mas cuja variação permanece constante, como mostrado na Figura 12.9g. Esse tipo de padrão pode ser causado por fatores como uma mudança na qualidade das matérias-primas usadas no processo ou a introdução de uma nova máquina ou de um novo operador no processo.

O que todos esses exemplos têm em comum é o fato de a distribuição da variável saída *mudar ao longo do tempo*. Em tais casos, dizemos que o processo carece de **estabilidade**. Formalizamos a noção de estabilidade na definição a seguir.

> **DEFINIÇÃO 12.4**
>
> Um processo cuja distribuição saída *não* muda ao longo do tempo é considerado em estado de **controle estatístico**, ou simplesmente **em controle**. Se ela muda, é considerado **fora do controle estatístico**, ou simplesmente **fora do controle**.

A Figura 12.10 ilustra a seqüência de distribuições de saída para ambos os processos — dentro e fora do controle.

Para verificar como o padrão de medições se parece em um gráfico de séries temporais por um processo que está em controle estatístico, considere a Figura 12.11. Esses dados são do mesmo processo de pintura que descrevemos anteriormente, mas a seqüência de medições foi feita *depois* que a válvula defeituosa foi substituída. Note que não há padrões sistemáticos persistentes discerníveis na seqüência de medições como aqueles das figuras 12.5 e 12.6a a 12.6e. Nem há mudanças de nível ou choques transitórios como nas figuras 12.6f a 12.6g. Esse comportamento de 'falta de padrão' é chamado **comportamento aleatório. A saída de processos que estejam em controle estatístico exibem comportamento aleatório. Assim, mesmo a saída de processos estáveis exibe variação.**

Se um processo está em controle e se mantém assim, seu futuro será como o passado. Dessa forma, o processo é previsível, no sentido de que sua saída

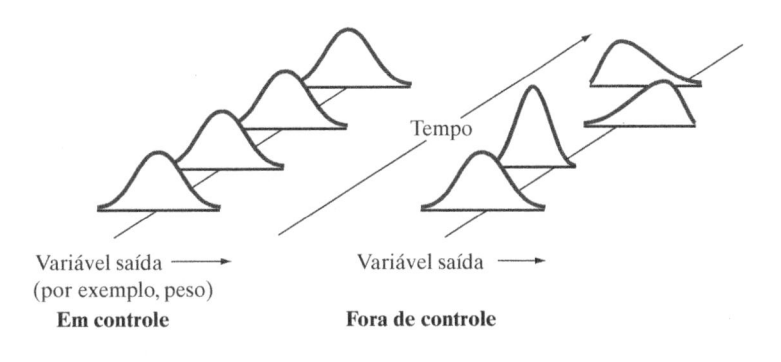

FIGURA 12.10 Comparação entre processo em controle e fora de controle

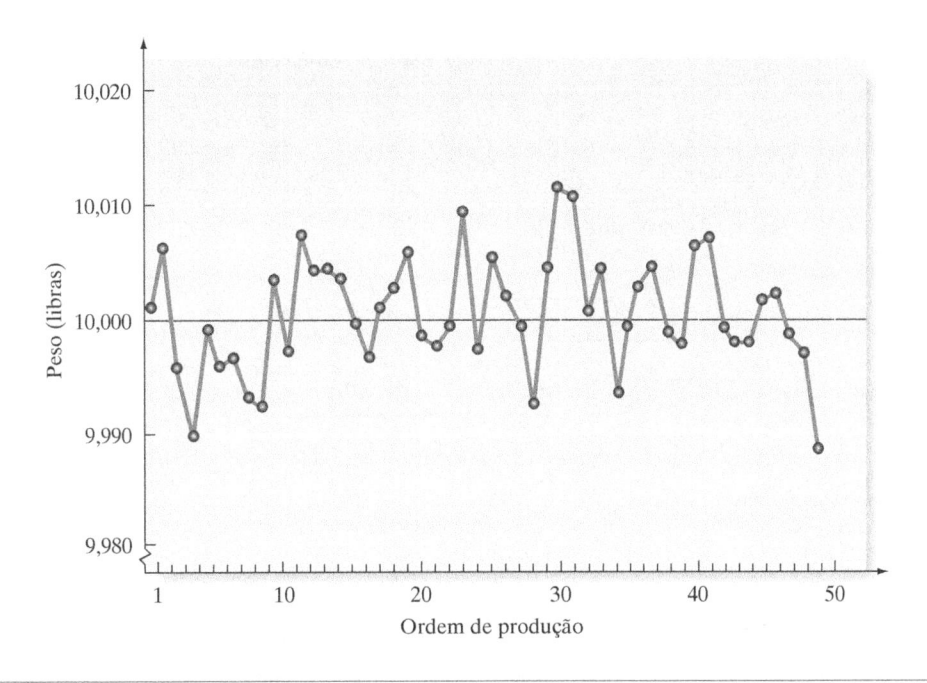

FIGURA 12.11 Gráfico de séries temporais para 50 preenchimentos consecutivos de latas de tinta coletadas após a troca da válvula defeituosa

ficará dentro de certos limites. Isso não pode ser dito sobre um processo fora do controle. Como ilustrado na Figura 12.12, com a maioria dos processos fora de controle, você não tem idéia sobre o padrão futuro com o qual a saída do processo se parecerá;[2] você simplesmente não sabe o que esperar do processo. Conseqüentemente, um negócio que opera processos fora do controle corre o risco de: (1) proporcionar produtos e serviços de qualidade inferior a seus clientes internos (pessoas de dentro da organização que usam as saídas dos processos); e (2) vender produtos e serviços inferiores a seus clientes externos. Em resumo, a empresa arrisca perder seus clientes e ameaça sua própria sobrevivência.

Um dos objetivos fundamentais da gestão de processos é identificar processos fora do controle, de modo a tomar atitudes para trazê-los para dentro do controle estatístico e mantê-los em um estado de controle estatístico. A série de atividades usadas para conseguir esse objetivo é chamada de *controle estatístico do processo*.

> **DEFINIÇÃO 12.5**
>
> O processo de monitorar e eliminar a variação de forma a *manter* um processo em um estado de controle estatístico ou *trazer* um processo para o estado de controle estatístico é chamado de **controle estatístico do processo (CEP)**.

Tudo o que está sendo discutido nesta seção e nas outras seções deste capítulo está relacionado a controle estatístico de processo. Agora continuaremos nossa discussão sobre controle estatístico.

A variação exibida pelos processos em controle é considerada decorrente de *causas comuns de variação*.

> **DEFINIÇÃO 12.6**
>
> **Causas comuns de variação** são métodos, materiais, máquinas, pessoas e ambientes que criam um processo e as entradas por ele requeridas. Causas comuns são assim atribuídas no desenho do processo. Elas afetam todas as saídas do processo e podem atingir qualquer um que participe dele.

A variação total exibida pelo processo em controle é decorrente de muitas causas comuns diferentes, a maioria das quais afeta a saída do processo de diversas pequenas maneiras. Em geral, no entanto, cada causa comum tem o potencial de afetar cada unidade de saída produzida pelo processo. Exemplos de causas comuns incluem a iluminação em uma fábrica ou um escritório, o grau de matérias-primas requeridas e a extensão de treinamento dos trabalhadores. Cada um desses fatores pode influenciar a variabilidade da saída do processo. Má iluminação pode dificultar aos trabalhadores perceber falhas e defeitos que poderiam descobrir em outra situação. Inconsistências em matérias-primas podem causar inconsistências na qualidade do produto final. A extensão do treinamento dado aos trabalhadores pode afetar seu nível de conhecimento e, como resultado, a qualidade dos produtos e serviços pelos quais eles são responsáveis.

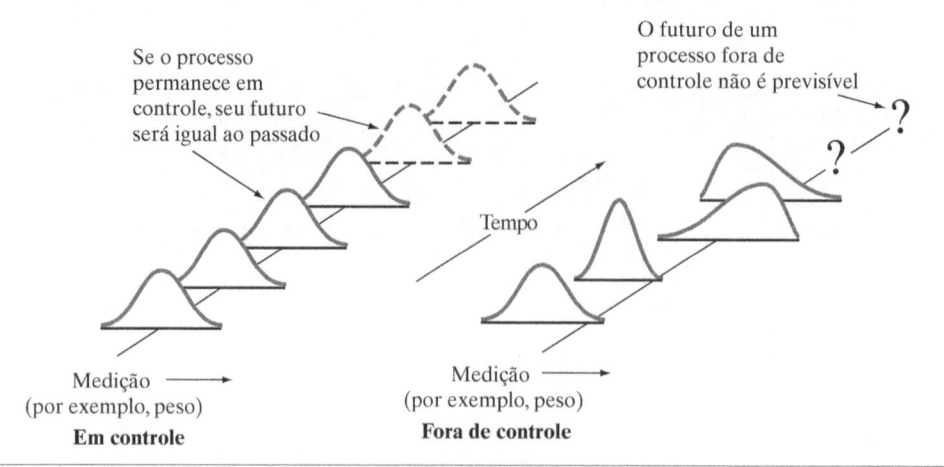

FIGURA 12.12 Processos em controle são previsíveis; processos fora de controle não o são

---

[2] As variáveis saída de processos em controle podem seguir distribuições aproximadamente normais, como nas figuras 12.10 e 12.12, ou podem não seguir. Mas qualquer processo em controle *seguirá* a mesma distribuição ao longo do tempo. Não interprete erroneamente o uso das distribuições normais em muitas figuras deste capítulo, como se estivessem indicando que todos os processos em controle seguem distribuições normais.

Como causas comuns são, de fato, embutidas em um processo, o nível de variação que delas resulta é visto como representativo da capacidade do processo. Se esse nível é muito alto (isto é, se a qualidade da saída varia muito), o processo pode ser redefinido (ou modificado) para eliminar uma ou mais causas comuns de variação. Uma vez que o redesenho de um processo é de responsabilidade da gestão, *a eliminação de causas comuns de variação é tipicamente responsabilidade da gestão*, e não dos trabalhadores.

Processos fora de controle exibem uma variação que é resultante tanto de causas comuns como de *causas especiais de variação*.

Definição 12.7

Causas especiais de variação (algumas vezes chamadas de **causas assinaláveis**) são eventos ou ações que não fazem parte do desenho do processo. Tipicamente, são eventos não permanentes que afetam apenas áreas locais ou operações dentro do processo (por exemplo, um único trabalhador, máquina ou lote de materiais) por um curto período de tempo. Ocasionalmente, no entanto, tais eventos devem ter um efeito persistente ou recorrente sobre o processo.

Exemplos de causas especiais de variação incluem um trabalhador acidentalmente definir os controles de uma máquina de forma não apropriada, ficar doente no trabalho e permanecer trabalhando; uma máquina em particular sair do ajuste; um fornecedor negligente embarcar um lote de materiais inferiores no processo.

No último caso, o padrão da variação de saída pode se parecer com a Figura 12.6f. Se, em vez de embarcar apenas um lote ruim, o fornecedor continuar a mandar materiais inferiores, o padrão de variação poderá se parecer com o da Figura 12.6g. A saída de uma máquina que está gradualmente desviando-se do ajuste correto pode gerar um padrão como o das figuras 12.6a, 12.6b ou 12.6c. Todos esses padrões devem parte de sua variação a causas comuns e parte às causas especiais mencionadas. Em geral, tratamos qualquer padrão de variação diferentemente de um padrão aleatório como originado tanto de causas comuns quanto de especiais.[3] Uma vez que os efeitos de causas especiais são freqüentemente localizados dentro de um processo, causas especiais podem ser diagnosticadas e eliminadas por trabalhadores ou por seu supervisor imediato. Ocasionalmente, elas podem ser cuidadas pela gestão, como no caso do fornecedor negligente ou mal intencionado.

É importante reconhecer que **a maior parte dos processos não está naturalmente no estado de controle estatístico**. Como observou Deming (1986, p. 322), '*a estabilidade [isto é, o controle estatístico] nem sempre é um estado natural. É uma conquista, o resultado da eliminação da causas especiais uma por uma [...] deixando apenas a variação aleatória de um processo estável*'.[4]

A melhoria de um processo primeiramente requer a identificação, o diagnóstico e a remoção de causas especiais de variação. Remover todas as causas especiais põe o processo no estado de controle estatístico. O aprimoramento posterior requer a identificação, o diagnóstico e a remoção de causas comuns de variação. Os efeitos no processo de remoção de causas especiais e comuns são ilustrados na Figura 12.13.

No restante deste capítulo, introduziremos alguns dos métodos de controle estatístico do processo. Em particular, mostraremos como gráficos de controle ajudam a determinar se dado processo está em controle.

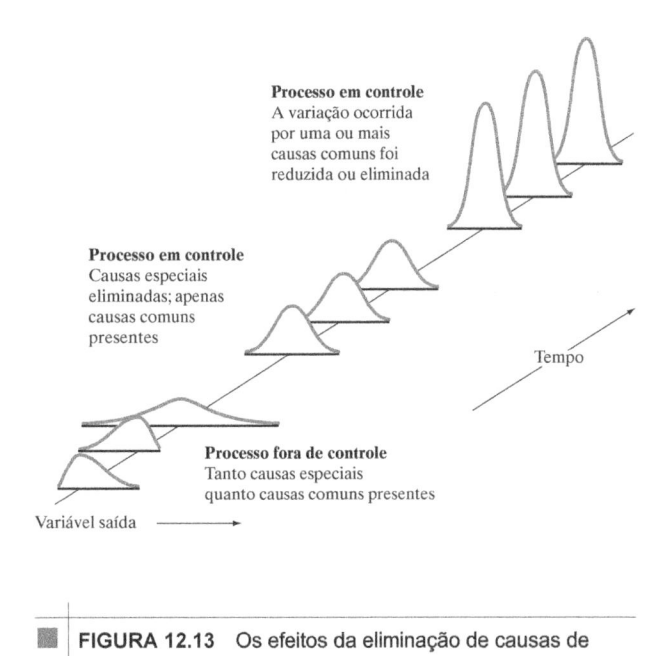

FIGURA 12.13 Os efeitos da eliminação de causas de variação

---

[3] Para certos processos (por exemplo, aqueles afetados por fatores sazonais), um padrão persistente sistemático — como o padrão cíclico da Figura 12.6d — é uma característica inerente. Nesses casos, em especial, alguns analistas tratam a causa da variação sistemática como uma causa comum. Esse tipo de análise está além do escopo deste texto; indicamos ao leitor interessado que consulte Alwan e Roberts (1988).

[4] Grifo do autor.

Atividade 12.1

Controle de qualidade: consistência

Em alguns negócios, tal como indústria de serviços alimentícios, a consistência de um produto contribui grandemente para a satisfação do consumidor. Quando um consumidor pede um prato em particular do cardápio com certa freqüência, espera receber um produto que tenha aproximadamente o mesmo sabor e aparência a cada pedido. O desafio para uma cadeia nacional é não apenas ter um trabalhador consistente, mas ter milhares de trabalhadores no país produzindo o mesmo item do cardápio com a mínima variação no sabor e na aparência.

1. A qualidade de alguns itens, como café e batatas fritas, deteriora-se rapidamente enquanto o produto acabado está esperando para ser comprado. Visite uma cafeteria ou um restaurante *fast-food* e levante questões específicas sobre os passos tomados para garantir um produto fresco. Se o consumidor reclama que o produto ficou esperando muito tempo, como os empregados foram instruídos para responder? Há uma política em relação a quantas reclamações devem ser recebidas antes que um produto seja jogado fora e um novo lote seja preparado?

2. Visite uma cadeia de restaurantes popular nacionalmente e pergunte sobre medidas tomadas para garantir a consistência do tamanho da porção, do sabor e da atratividade dos pratos do cardápio entre os restaurantes da cadeia. Certifique-se de perguntar aos vendedores quem fornece os componentes de um prato. A cadeia permite variações regionais no menu? Se permite, em que grau? A cadeia nacional tem um sistema para checar a consistência? Se tem, como ele funciona?

3. Algum dos estabelecimentos que você visitou indicou o uso de métodos estatísticos para checar a qualidade? Se indicou, quais foram os métodos? Identifique pelo menos uma maneira pela qual cada um dos lugares que você visitou poderia usar gráficos de controle para garantir a qualidade de um produto.

12.3 A lógica de gráficos de controle

Usamos gráficos de controle para nos ajudar a diferenciar variações de processo originadas por causas comuns daquelas originadas por causas especiais — isto é, usamos esses gráficos para determinar se o processo está sob controle estatístico (apenas causas comuns presentes) ou não (tanto causas comuns quanto especiais presentes). Estar apto a diferenciar significa saber quando tomar uma atitude para encontrar e remover causas especiais e quando deixar o processo. Se você tomar atitudes para remover causas especiais que não existem — isto é chamado de *interferir no processo* —, você pode na verdade acabar aumentando a variação do processo e, então, prejudicar a qualidade da saída.

Em geral, gráficos de controle são úteis para avaliar o desempenho anterior de um processo e para monitorar seu desempenho atual. Podemos usá-los para determinar se um processo estava em controle durante, digamos, as últimas duas semanas, ou para determinar se ele permanece sob controle de hora em hora ou minuto a minuto. No último caso, nosso objetivo é a detecção de mudança e a remoção de quaisquer causas especiais de variação que possam aparecer. Tenha em mente que **o objetivo principal das atividades de aprimoramento da qualidade é a redução de variação**.

Neste capítulo, mostraremos como construir e usar gráficos de controle tanto para variáveis de qualidade quantitativa como para as de qualidade qualitativa. Variáveis quantitativas importantes incluem fatores como peso, largura e tempo. Uma variável qualitativa importante é o *status* do produto: defeituoso ou não defeituoso.

Um exemplo de gráfico de controle é mostrado na Figura 12.14. Esse gráfico nada mais é do que um gráfico de séries temporais das medições individuais de uma variável de qualidade (isto é, uma variável saída), para o qual uma linha central e duas outras linhas horizontais chamadas **limites de controle** foram adicionadas. A linha central representa a média do processo (isto é, a média da variável qualidade) *quando o processo está em estado de controle estatístico*. O **limite superior de controle** e o **limite inferior de controle** estão posicionados de forma que, *quando o processo está em controle*, a probabilidade de um valor individual da variável saída sair fora dos limites de controle é muito pequena. A maior parte dos praticantes posiciona os limites de controle a uma distância de 3 desvios-padrão da linha central (isto é, da média do processo) e se referem a eles como **limites de 3 sigmas**. Se o processo está em controle e segue uma distribuição normal, a probabilidade de uma medição individual cair fora dos limites de controle é 0,0027 (menos de 3 chances em 1.000). Isso é mostrado na Figura 12.15.

Biografia
Companion Website

Walter. A. Shewhart (1891–1967)

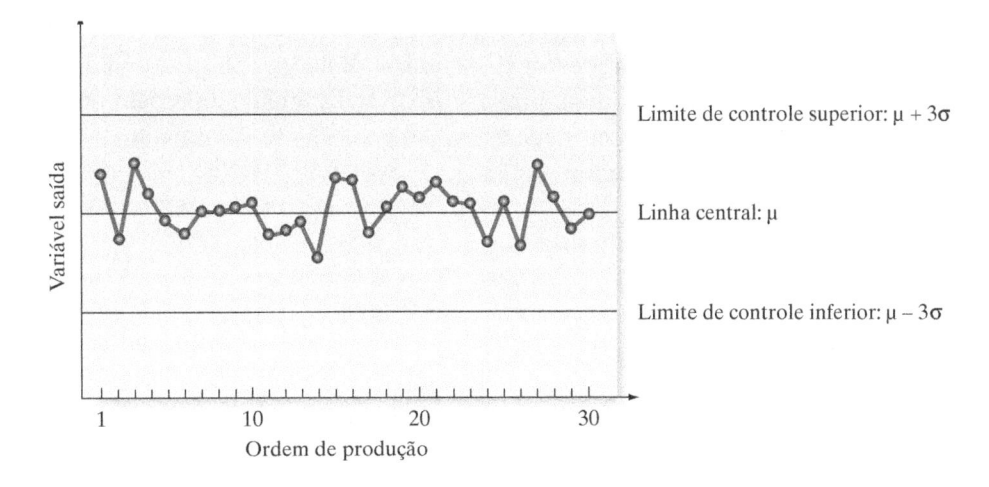

FIGURA 12.14 Gráfico de controle

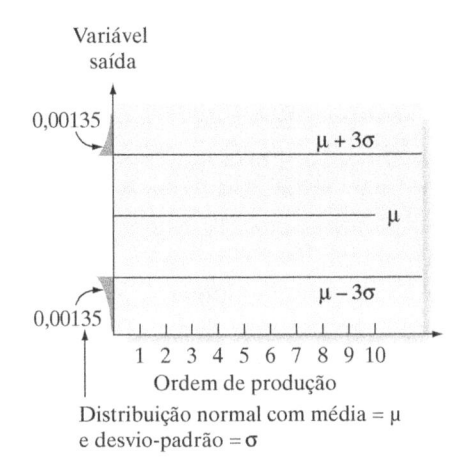

FIGURA 12.15 A probabilidade de observar uma medição além dos limites de controle quando o processo está em controle

Enquanto os valores individuais ficarem entre os limites de controle, o processo é considerado sob controle, o que significa que nenhuma causa especial de variação está influenciando o processo de saída. Se um ou mais valores ficam fora dos limites de controle, ou um **evento raro** ocorreu ou o processo está fora de controle. Seguindo a abordagem de evento raro para a inferência descrita anteriormente no texto, tal resultado é interpretado como evidência de que o processo está fora de controle e de que ações deveriam ser tomadas para eliminar as causas especiais de variação que existem.

Outra evidência para indicar que o processo encontra-se fora de controle pode estar presente no gráfico de controle. Por exemplo, se observarmos quaisquer dos padrões de variação mostrados na Figura 12.16, poderemos concluir que o processo está fora de controle, *mesmo que todos os pontos estejam entre os limites de controle*. Em geral, qualquer padrão de variação sistemático, persistente (isto é, qualquer padrão não aleatório), é interpretado como evidência de que o processo está fora de controle. Discutiremos essa questão em detalhes na próxima seção.

No Capítulo 6, tratamos como fazer inferências sobre a população usando técnicas de teste de hipóteses. O que fazemos nesta seção deverá parecer bem similar. Apesar de nosso foco agora estar em fazer inferências sobre um processo, em vez de sobre uma população, estamos novamente testando hipóteses. Neste caso, testamos:

H_0: Processo sob controle
H_a: Processo fora de controle

Cada vez que representamos graficamente um novo ponto e vemos se ele fica dentro ou fora dos limites de controle, estamos realizando um teste de hipóteses de dois lados. Os limites de controle funcionam como os valores críticos para o teste.

O que aprendemos no Capítulo 6 sobre os tipos de erros que podemos cometer ao realizar um teste de hipóteses também permanece verdadeiro no que se refere ao uso de gráficos de controle. Toda vez que rejeitamos a hipótese de que o processo está sob controle e concluímos que ele está fora de controle, corremos o risco de cometer um erro Tipo I (rejeitar a hipótese nula quando esta é verdadeira). Toda vez que concluímos (ou nos comportarmos como se tivéssemos concluído) que o processo está em controle, corremos o risco de um erro Tipo II (aceitar uma hipótese nula quando a alternativa é que é verdadeira). Não há nada mágico ou místico em relação aos gráficos de controle. Assim como em qualquer teste de hipóteses, a conclusão sugerida por um gráfico de controle pode estar errada.

Uma das principais razões para que limites de controle 3 sigmas sejam usados (e não limites de 2 sigmas ou 1 sigma, por exemplo) é a pequena probabilidade de erro Tipo I associada com seu uso. A probabilidade que notamos previamente de uma medição individual ficar fora dos limites de controle — 0,0027 — é uma probabilidade de erro Tipo I. Como interpretamos um ponto amostral que fica fora dos limites como um sinal de que o processo está fora de controle, o uso de limites de 3 sigmas gera muito poucos sinais de que são 'alarmes falsos.'

Para tornar essas idéias mais concretas, construiremos e interpretaremos um gráfico de controle para o processo de preenchimento de tinta discutido na Seção 12.2. Nossa intenção é simplesmente ajudar você a compreender melhor a lógica desses gráficos. Descrições passo a passo estruturadas sobre como construir gráficos de controle serão dadas em seções posteriores.

As medições de amostra do processo de enchimento de tinta apresentadas na Tabela 12.1 foram prévia e graficamente representadas na Figura 12.11. Usamos a média e o desvio-padrão da amostra, $\bar{x} = 9,9997$ e $s = 0,0053$, para estimar a média e o desvio-padrão do processo. Apesar de serem estimativas, ao usar e interpretar gráficos de controle, nós os tratamos como se eles fossem a média e o desvio-padrão real do processo. Essa é a prática padrão nos gráficos de controle.

A linha central do gráfico, representando a média do processo, é traçada de forma a interceptar o eixo vertical em 9,9997, como mostrado na Figura 12.16. O limite de controle superior está a uma distância de $3s = 3(0,0053) = 0,0159$ acima da linha central, e o limite de controle inferior está a $3s = 0,0159$ abaixo da linha central. Então, os 50 pesos da amostra são representados graficamente na ordem em que foram gerados pelo processo de enchimento de tinta.

Como pode ser visto na Figura 12.16, todas as medições de peso caem dentro dos limites de controle. Além disso, não parece haver quaisquer padrões sistemáticos não aleatórios nos dados, como mostrado na figuras 12.5 e 12.6. Assim, não podemos concluir que o processo está fora de controle — isto é, não podemos rejeitar a hipótese nula de que o processo está em controle. No entanto, em vez de usar essa linguagem formal de teste de hipóteses para interpretar resultados de gráficos de controle, preferimos simplesmente dizer que os dados sugerem ou indicam que o processo está em controle. Fazemos isso, no entanto, com compreensão total de que a probabilidade de erro Tipo II geralmente é desconhecida em aplicações de gráfico de controle e que podemos estar errados em nossa conclusão. O que estamos realmente dizendo, quando concluímos que o processo está em controle, é que os *dados indicam que é melhor se comportar como se o processo estivesse sob controle do que interferir nele.*

Mostramos o teste de hipótese de gráfico de controle testando 'em controle' versus 'fora de controle'. Outra forma de abordar o assunto é a seguinte: quando comparamos o peso de uma lata de tinta individual para os limites de controle, estamos realizando o seguinte teste de hipóteses de duas caudas:

$H_0: \mu = 9,9997$
$H_0: \mu \neq 9,9997$

TABELA 12.1 Pesos para 50 latas de tinta produzidas consecutivamente

Ordem	Peso	Ordem	Peso	Ordem	Peso	Ordem	Peso	Ordem	Peso
1	10,0008	11	9,9957	21	9,9977	31	10,0107	41	10,0054
2	10,0062	12	10,0076	22	9,9968	32	10,0102	42	10,0061
3	9,9948	13	10,0036	23	9,9982	33	9,9995	43	9,9978
4	9,9893	14	10,0037	24	10,0092	34	10,0038	44	9,9969
5	9,9994	15	10,0029	25	9,9964	35	9,9925	45	9,9969
6	9,9953	16	9,9995	26	10,0053	36	9,9983	46	10,0006
7	9,9963	17	9,9956	27	10,0012	37	10,0018	47	10,0011
8	9,9925	18	10,0005	28	9,9988	38	10,0038	48	9,9973
9	9,9914	19	10,0020	29	9,9914	39	9,9974	49	9,9958
10	10,0035	20	10,0053	30	10,0036	40	9,9966	50	9,9873

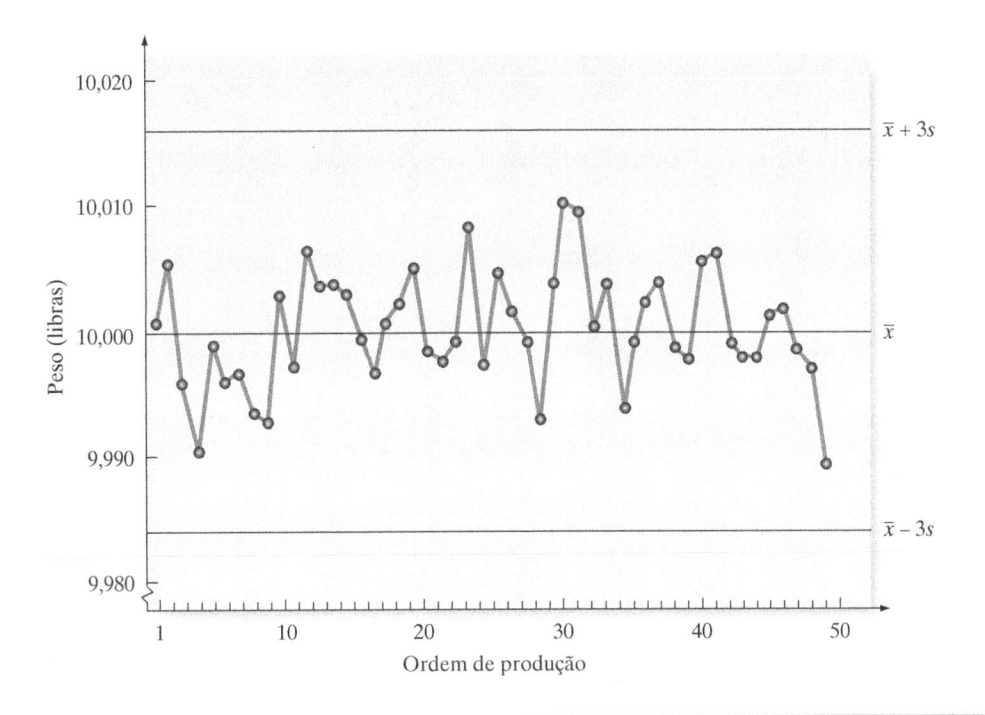

FIGURA 12.16 Gráfico de controle de pesos para 50 enchimentos consecutivos de latas de tintas

onde 9,9997 é a linha central do gráfico de controle. Os limites de controle delineiam as duas regiões de rejeição para esse teste. Assim, com cada medição de peso que representamos graficamente e comparamos aos limites de controle, estamos testando se a média do processo (a média de peso enchido) mudou. Por isso, o que o gráfico de controle está monitorando é a média do processo. **O gráfico de controle leva-nos a aceitar ou rejeitar o controle estatístico com base em se a média do processo mudou ou não.** Esse tipo de instabilidade do processo é ilustrado no gráfico do topo da Figura 12.8. No processo de enchimento de lata de tinta, a média do processo aparentemente permaneceu constante ao longo do período no qual os pesos das amostras foram coletados.

Outros tipos de gráficos de controle — um dos quais descreveremos na Seção 12.5 — ajudam-nos a determinar se a *variação* do processo mudou, como nos gráficos do meio e da parte de baixo da Figura 12.8.

O gráfico de controle que acabamos de descrever é chamado de **gráfico individual**, ou **gráfico x**. O termo *individual* se refere ao fato de que o gráfico usa medições individuais para monitorar o processo — isto é, medições tomadas a partir de unidades individuais da saída do processo. Isso contrasta com a representação gráfica das médias da amostra no gráfico de controle — por exemplo, como faremos na próxima seção.

Estudantes algumas vezes confundem limites de controle com *limites de especificação* de produtos. Já explicamos os limites de controle, que são função da variabilidade natural do processo. Presumindo que sempre usamos limites de 3 sigmas, a posição dos limites de controle é uma função do tamanho do desvio-padrão σ do processo.

> **DEFINIÇÃO 12.8**
>
> **Limites de especificação** são pontos de limite que definem os valores aceitáveis para a variável saída (isto é, para a característica qualidade) de um produto ou serviço em particular. Eles são determinados por clientes, gestores e engenheiros de produtos. Limites de especificação podem ser de dois lados, com limites superior e inferior, ou de um lado, com limite superior ou inferior.

Saídas de processo que caiam dentro do limite de especificação são denominadas **conforme as especificações**; de outra maneira, são denominadas **não conforme**.

Diferentemente dos limites de controle, os limites de especificação não são dependentes do processo de nenhuma forma. Um cliente do processo de preenchimento de tintas pode especificar que todas as latas contenham não mais de 10,005 libras de tintas e não menos de 9,995 libras. São limites de especificação.

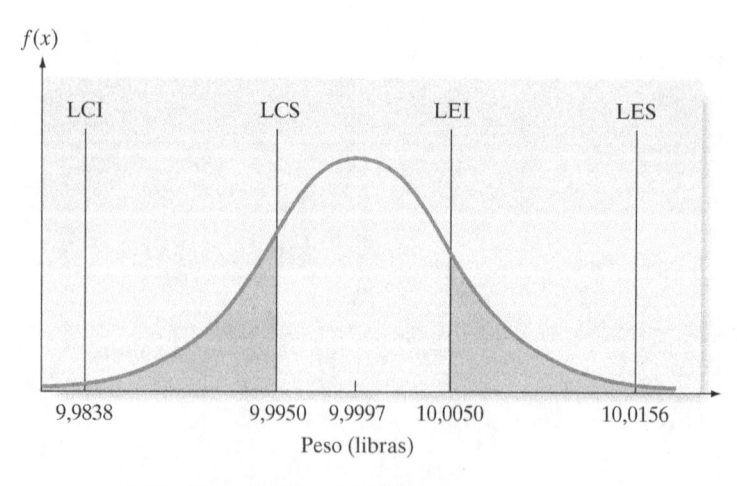

760 ESTATÍSTICA PARA ADMINISTRAÇÃO E ECONOMIA

LCI = Limite de controle inferior
LCS = Limite de controle superior
LEI = Limite de especificação inferior
LES = Limite de especificação superior

FIGURA 12.17 Comparação de limites de controle e limites de especificação

O cliente tem seus motivos para solicitar essas especificações, mas pode não ter idéia de se o processo do fornecedor conseguirá estar de acordo com elas. Tanto os limites de especificações do cliente como os limites de controle do fornecedor para o processo de preenchimento de tinta são mostrados na Figura 12.17. Você acha que o consumidor estará satisfeito com a qualidade do produto recebido? Nós, não. Apesar de algumas latas estarem dentro dos limites de especificação, a maioria não está, como indicado pela região sombreada na figura.

12.4 Um gráfico de controle para monitorar a média de um processo: o gráfico $\bar{x}$

Na última seção, introduzimos a lógica dos gráficos de controle, ao focarmos um gráfico que refletia a variação nas medições individuais da saída do processo. Usamos o gráfico para determinar se a média do processo mudou. O gráfico de controle que apresentamos nesta seção — o **gráfico $\bar{x}$** — também é usado para detectar mudanças na média do processo, mas o faz pelo monitoramento da média de amostras que foram tiradas do processo — isto é, em vez de representar graficamente medições individuais no gráfico de controle, neste caso representamos graficamente médias de amostras. Por causa de informações adicionais refletidas nas médias de amostras (porque cada média é calculada a partir de n medições individuais), o gráfico $\bar{x}$ é mais sensível do que os gráficos individuais para detectar mudanças na média do processo.

Na prática, o gráfico $\bar{x}$ raramente é usado sozinho. Ele é tipicamente usado em conjunto com um gráfico que monitora a variação do processo, em geral um gráfico chamado gráfico R. Os gráficos $\bar{x}$ e R são os mais amplamente usados na indústria. Empregados em harmonia, esses gráficos tornam possível determinar se o processo foi para fora de controle porque a variação mudou ou porque a média mudou. Apresentaremos o gráfico R na próxima seção, ao final da qual discutiremos seu uso simultâneo. Por ora, focaremos apenas o gráfico $\bar{x}$. **Conseqüentemente, assumimos, por meio desta seção, que a variação do processo é estável.**[5]

A Figura 12.18 apresenta um exemplo de um gráfico $\bar{x}$. Assim como no gráfico individual, a linha central representa a média do processo, e os limites superior e inferior estão posicionados a uma distância de 3 desvios-padrão da média. No entanto, como o gráfico segue as médias das amostras, em vez de medições individuais, o desvio-padrão relevante é o desvio-padrão de $\bar{x}$, e não σ, o desvio-padrão da variável saída.

Se o processo estava em controle estatístico, a seqüência de $\bar{x}$ representados graficamente exibiria comportamento aleatório entre os limites de controle. Apenas se um evento raro tivesse ocorrido, ou se o processo tivesse saído do controle, uma média da amostra cairia além dos limites de controle.

Para melhor entender a justificativa, de modo a ter limites de controle que envolvam $\sigma_{\bar{x}}$, considere

---

[5] *Para o professor*: tecnicamente, o gráfico R deveria ser construído e interpretado antes do gráfico $\bar{x}$. No entanto, em nossa experiência, estudantes captam mais rapidamente os conceitos se estão familiarizados com a teoria. Começamos com o gráfico $\bar{x}$ porque sua teoria foi apresentada nos capítulos 4 a 6.

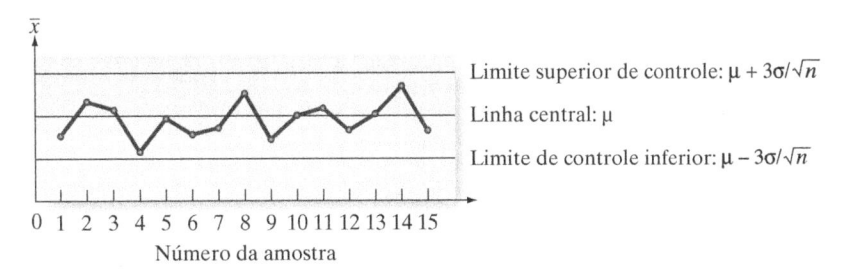

FIGURA 12.18 Gráfico $\bar{x}$

o seguinte: a gráfico $\bar{x}$ está relacionado com a variação que, como vimos no Capítulo 4, é descrita pela distribuição amostral. Mas o que é a distribuição amostral de $\bar{x}$? Se o processo está em controle e sua variável saída x é caracterizada em cada momento do tempo por uma distribuição normal, com média μ e desvio-padrão σ, a distribuição de $\bar{x}$ (isto é, sua distribuição amostral) também segue uma distribuição normal, com média μ em cada momento do tempo. Mas, como vimos no Capítulo 4, seu desvio-padrão é $\sigma_{\bar{x}} = \sigma/\sqrt{n}$. Os limites de controle do gráfico $\bar{x}$ são determinados a partir da distribuição amostral de $\bar{x}$ e interpretados com respeito a ela, e não da distribuição de x. Esses pontos estão ilustrados na Figura 12.19.[6]

Para construir um gráfico $\bar{x}$, você deve ter pelo menos 20 amostras de n itens cada, sendo $n \geq 2$. Isso fornecerá dados suficientes para obter estimativas razoavelmente boas da média e da variação do processo. A linha central, que representa a média do processo, é determinada como se segue:

$$\text{Linha central: } \bar{\bar{x}} = \frac{\bar{x}_1 + \bar{x}_2 + \cdots + \bar{x}_k}{k}$$

onde k é o número de amostras de tamanho n a partir das quais o gráfico deve ser construído e $\bar{x}_i$ é a média da amostra da i-ésima amostra. Assim, $\bar{\bar{x}}$ é um estimador de μ.

Os limites de controle são posicionados como se segue:

$$\text{Limite de controle superior: } \bar{\bar{x}} + \frac{3\sigma}{\sqrt{n}}$$

$$\text{Limite de controle inferior: } \bar{\bar{x}} - \frac{3\sigma}{\sqrt{n}}$$

Uma vez que σ, o desvio-padrão do processo, sempre é virtualmente desconhecido, ele deve ser estimado. Isso pode ser feito de diversas maneiras. Uma delas seria calcular os desvios-padrão para cada uma das k amostras e fazer sua média. A outra envolve usar o desvio-padrão s de uma amostra grande gerada enquanto se acreditava que o processo estava em controle. Empregamos uma terceira abordagem, contudo — a favorita da indústria. Ela se mostrou tão eficiente quanto outras abordagens para tamanhos de amostra de $n = 10$ ou menos, os tamanhos mais usados na indústria.

Essa abordagem utiliza as amplitudes de k amostras para estimar o desvio-padrão do processo, σ. Lembre-se, do Capítulo 2, que a amplitude, R, de uma amostra é a diferença entre as medições máxima e mínima na amostra. Pode ser mostrado que, dividindo a média de k amplitudes, $\bar{R}$, pela constante d_2, obtém-se um estimador não viesado de σ. [Para detalhes, veja Ryan (1989).] O estimador, representado por $\hat{\sigma}$, é calculado como se segue:

$$\hat{\sigma} = \frac{\bar{R}}{d_2} = \frac{R_1 + R_2 + \cdots + R_k}{k}\left(\frac{1}{d_2}\right)$$

onde R_i é a amplitude da i-ésima amostra e d_2 é uma constante que depende do tamanho da amostra. Valores de d_2 para amostras de tamanho $n = 2$ a $n = 25$ podem ser encontrados no Apêndice B, Tabela XI.

Substituindo $\hat{\sigma}$ por σ nas fórmulas para o limite de controle superior (LCS) e o limite de controle inferior (LCI), temos:

$$\text{LCS: } \bar{\bar{x}} + \frac{3\left(\dfrac{\bar{R}}{d_2}\right)}{\sqrt{n}} \qquad \text{LCI: } \bar{\bar{x}} - \frac{3\left(\dfrac{\bar{R}}{d_2}\right)}{\sqrt{n}}$$

Note que $(\bar{R}/d_2)/\sqrt{n}$ é um estimador de $\sigma_{\bar{x}}$. O cálculo desses limites pode ser simplificado ao se criar a constante:

$$A_2 = \frac{3}{d_2\sqrt{n}}$$

---

[6] A distribuição amostral de $\bar{x}$ também pode ser aproximada usando o Teorema do Limite Central (Capítulo 4) – isto é, qundo o processo está em controle e $\bar{x}$ será computado a partir de uma grande amostra do processo ($n \geq 30$), a distribuição amostral será aproximadamente e normalmente distribuída com média μ e desvio-padrão $\sigma/\sqrt{n}$. Mesmo para amostras pequenas, como 4 e 5, a distribuição amostral de $\bar{x}$ será aproximadamente normal enquanto a distribuição de x for razoavelmente simétrica e em formato de sino.

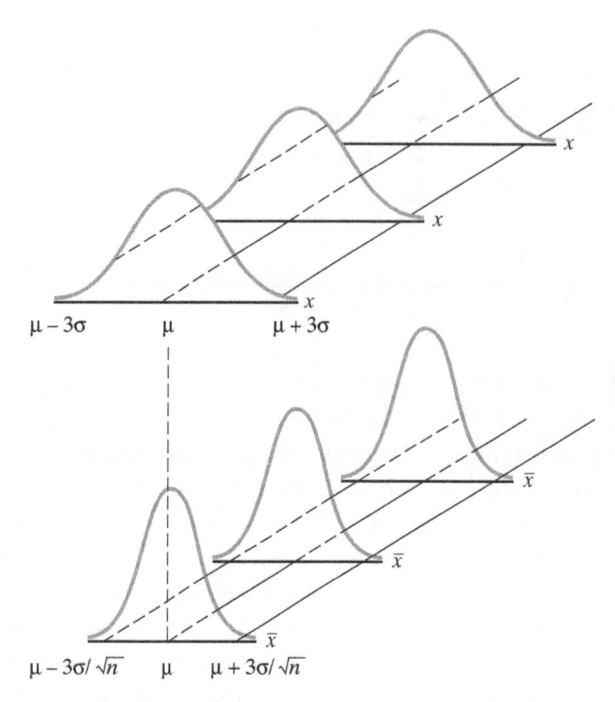

Se o processo está em controle e segue uma distribuição normal com média μ e desvio-padrão σ...

$\bar{x}$ também segue uma distribuição normal com média μ, mas tem desvio-padrão $\sigma/\sqrt{n}$.

FIGURA 12.19 A distribuição amostral de $\bar{x}$

Então, os limites de controle podem ser expressos como:

$$\text{LCS: } \bar{\bar{x}} + A_2\bar{R}$$
$$\text{LCI: } \bar{\bar{x}} - A_2\bar{R}$$

onde os valores para A_2 para amostras de tamanho $n = 2$ a $n = 25$ podem ser encontrados no Apêndice B, Tabela XI.

O grau de sensibilidade do gráfico $\bar{x}$ às mudanças na média do processo depende de duas decisões que devem ser tomadas na construção do gráfico.

AS DUAS DECISÕES MAIS IMPORTANTES NA CONSTRUÇÃO DE UM GRÁFICO $\bar{X}$

1. O tamanho da amostras, n, deve ser determinado.
2. A freqüência com a qual as amostras são tiradas do processo deve ser determinada (por exemplo, uma vez por hora, uma vez por turno ou uma vez por dia).

Para detectar rapidamente a mudança do processo, tentamos escolher amostras de tal forma que a mudança na média do processo ocorra *entre* amostras, e não *dentro* de amostras (isto é, não durante o período em que a amostra está sendo extraída). Desse modo, cada medição na amostra antes da mudança não será afetada por ela, e cada medição da amostra após a mudança será afetada. O resultado é que o $\bar{x}$ calculado da última amostra deverá ser substancialmente diferente daquele da primeira amostra — um sinal de que algo aconteceu à média do processo.

DEFINIÇÃO 12.9

Amostras cujo tamanho e freqüência foram desenhados para parecer que mudanças no processo ocorrerão entre amostras, em vez de acontecerem dentro delas, são chamadas de **subgrupos racionais**.

ESTRATÉGIA DE SUBAGRUPAMENTO RACIONAL

As amostras (subgrupos racionais) devem ser escolhidas de forma que:

1. Dêem chance máxima para que as *medições* em cada amostra sejam similares (isto é, sejam afetadas pela mesma fonte de variação).
2. Dêem chance máxima para que as *amostras* difiram (isto é, sejam afetadas por pelo menos uma fonte de variação).

O exemplo a seguir ilustra o conceito de *subagrupamento racional*. Um gerente de operações suspeita que a qualidade da saída no processo de manufatura possa diferir de turno a turno por causa da preponderância de trabalhadores recentemente contratados no turno da noite. O gerente quer detectar diferenças rapidamente, usando um gráfico $\bar{x}$. Seguindo a estratégia de subagrupamento racional, o gráfico de controle deveria ser construído com amostras que tivessem sido tiradas de *dentro* de cada turno. Nenhuma das amostras deveria misturar turnos — isto é, nenhuma amostra deveria conter, digamos, os últimos três itens produzidos pelo turno 1 e os primeiros dois itens produzidos pelo turno 2. Dessa maneira, as medições em cada amostra seriam similares, mas os $\bar{x}$ refletiriam diferenças entre os turnos.

O segredo para desenhar um gráfico $\bar{x}$ efetivo é antecipar os *tipos de causas especiais de variação* que podem afetar a média do processo. Então, o subagrupamento racional com propósito pode ser empregado para construir um gráfico sensível à causa (ou às causas) antecipada de variação.

A discussão e o exemplo precedentes focaram primeiramente o tempo ou a freqüência das amostras. Em relação ao tamanho, os usuários tipicamente trabalham com amostras $n = 4$ a $n = 10$ itens consecutivamente produzidos. Usar pequenas amostras de itens consecutivamente produzidos ajuda a garantir que as medições em cada uma sejam similares (isto é, afetadas pela mesma causa de variação).

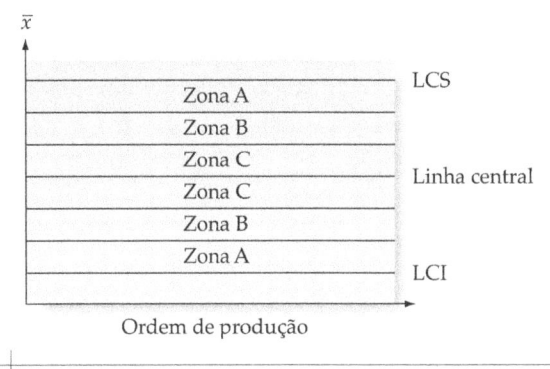

FIGURA 12.20 As zonas de um gráfico de controle

Ao interpretar um gráfico de controle, é conveniente pensar no gráfico como consistindo de seis zonas, conforme mostrado na Figura 12.20. Cada zona

Construindo um gráfico $\bar{x}$: um resumo

1. Usando uma estratégia de subagrupamento racional, colete pelo menos 20 amostras (subgrupos), cada uma de tamanho $n \geq 2$.
2. Calcule a média e a amplitude para cada amostra.
3. Calcule a média das médias de amostra, $\bar{\bar{x}}$, e a média das amplitudes de amostras, $\bar{R}$:

$$\bar{\bar{x}} = \frac{\bar{x}_1 + \bar{x}_2 + \cdots + \bar{x}_k}{k}$$

$$\bar{R} = \frac{R_1 + R_2 + \cdots + R_k}{k}$$

onde:

k = número de amostras (isto é, subgrupos)
$\bar{x}_i$ = média da amostra para a i-ésima amostra
R_i = amplitude da i-ésima amostra

4. Represente graficamente a linha central e os limites de controle:

Linha central: $\bar{\bar{x}}$
Limite de controle superior: $\bar{\bar{x}} + A_2 \bar{R}$
Limite de controle inferior: $\bar{\bar{x}} - A_2 \bar{R}$

onde A_2 é uma constante que depende de n. Seus valores são dados no Apêndice B, Tabela XI, para amostras de tamanho $n = 2$ a $n = 25$.

5. Represente graficamente as k médias de amostras no gráfico de controle, na ordem em que elas foram produzidas pelo processo.

Construindo limites de zonas para um gráfico $\bar{x}$

As fronteiras de zonas podem ser construídas de uma das seguintes maneiras:

1. Usando os limites de controle e 3 sigmas:

Limite $A - B$ superior: $\bar{\bar{x}} + \frac{2}{3}(A_2 \bar{R})$

Limite $A - B$ inferior: $\bar{\bar{x}} - \frac{2}{3}(A_2 \bar{R})$

Limite $B - C$ superior: $\bar{\bar{x}} + \frac{1}{3}(A_2 \bar{R})$

Limite $B - C$ inferior: $\bar{\bar{x}} - \frac{1}{3}(A_2 \bar{R})$

2. Usando o desvio-padrão estimado de $\bar{x}$, $(\bar{R}/d_2)/\sqrt{n}$:

Limite $A - B$ superior: $\bar{\bar{x}} + 2\left[\dfrac{\left(\dfrac{\bar{R}}{d_2}\right)}{\sqrt{n}}\right]$

Limite $A - B$ inferior: $\bar{\bar{x}} - 2\left[\dfrac{\left(\dfrac{\bar{R}}{d_2}\right)}{\sqrt{n}}\right]$

Limite $B - C$ superior: $\bar{\bar{x}} + \left[\dfrac{\left(\dfrac{\bar{R}}{d_2}\right)}{\sqrt{n}}\right]$

Limite $B - C$ inferior: $\bar{\bar{x}} - \left[\dfrac{\left(\dfrac{\bar{R}}{d_2}\right)}{\sqrt{n}}\right]$

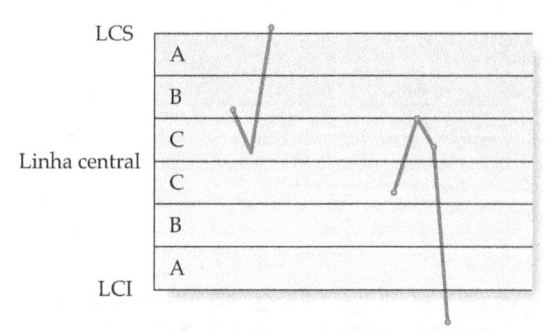

Regra 1: Um ponto além da zona A

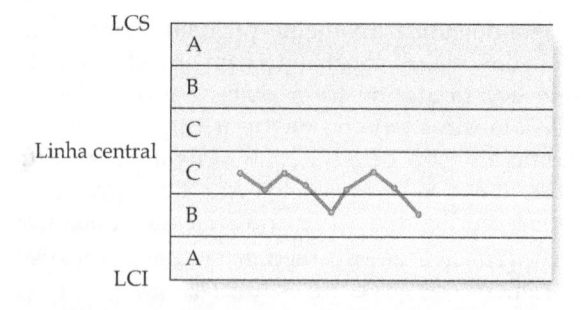

Regra 2: Nove pontos em seqüência na zona C ou além

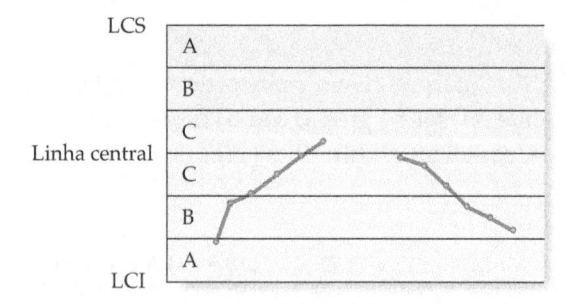

Regra 3: Seis pontos em seqüência aumentando ou diminuindo constantemente

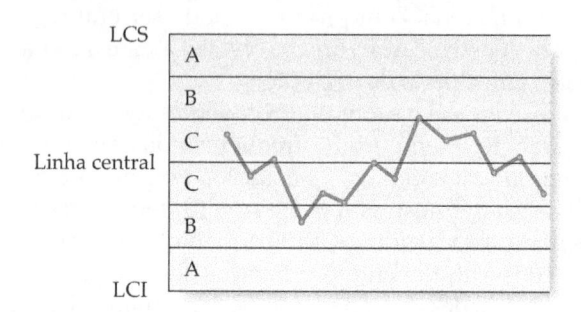

Regra 4: Quatorze pontos em seqüência alternando pontos altos e baixos

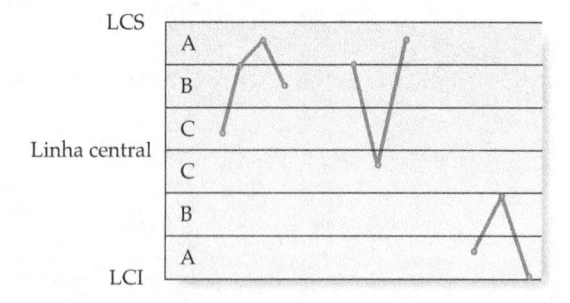

Regra 5: Dois de três pontos em seqüência na zona A ou além

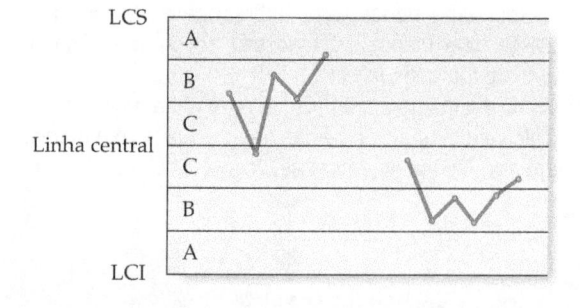

Regra 6: Quatro de cinco pontos em seqüência na zona B ou além

> As regras 1, 2, 5 e 6 deveriam ser aplicadas separadamente sobre as metades de cima e de baixo do gráfico de controle. As regras 3 e 4 deveriam ser aplicadas ao gráfico inteiro.

FIGURA 12.21 Regras para análise de padrão para detectar a presença de causas especiais de variação

tem largura de 1 desvio-padrão. As duas zonas dentro de 1 desvio-padrão da linha central são chamadas **zonas C**; as regiões entre 1 e 2 desvios-padrões da linha central são chamadas **zonas B**; e as regiões entre 2 e 3 desvios-padrão da linha central são chamadas **zonas A**. As ilustrações descrevem como construir as *fronteiras das zonas* **para um gráfico** $\bar{x}$.

Usuários usam seis regras simples baseadas nessas zonas para determinar quando um processo está fora de controle. As seis regras são resumidas na Figura 12.21. Elas são chamadas de **regras de análise de padrão**.

A Regra 1 é o ponto familiar além do limite de controle que mencionamos diversas vezes. Todas as outras regras ajudam a determinar quando o processo está fora do controle, *mesmo que todos os pontos representados graficamente caiam dentro de limites de controle* — isto é, as outras regras ajudam a identificar padrões não aleatórios de variação que ainda não romperam os limites de controle (ou talvez nunca rompam).

Todos os padrões mostrados na Figura 12.21 são *eventos raros* sob a premissa de que o processo está sob controle. Para verificar isso, vamos presumir que o processo esteja sob controle e que segue uma distribuição normal. Podemos facilmente trabalhar a probabilidade de que um ponto individual caia em qualquer zona dada. (Lidamos com esse tipo de problema no Capítulo 4.) Apenas focando um lado da linha central, você pode ver que a probabilidade de um ponto cair além da zona A é 0,00135, na zona A é 0,0214, na zona B é 0,1360 e na zona C é 0,3413. É claro, as mesmas probabilidades se aplicam a ambos os lados da linha central.

A partir dessas probabilidades, podemos determinar a probabilidade de vários padrões de pontos. Por exemplo, vamos avaliar a Regra 1. A probabilidade de observar um ponto fora dos limites de controle (isto é, acima do limite de controle superior ou abaixo do limite de controle inferior) é 0,00135 + 0,00135 = 0,0027. Este é claramente um evento raro.

Como outro exemplo, a Regra 5 indica que a observação de dois de três pontos na zona A ou além é um evento raro. É mesmo? A probabilidade de estar na zona A ou além é 0,00135 + 0,0214 = 0,02275. Podemos usar a distribuição binomial (Capítulo 4) para encontrar a probabilidade de observar 2 de 3 pontos dentro ou além da zona A. A probabilidade binomial $P(x = 2)$ quando $n = 3$ e $p = 0,02275$ é 0,0015. De novo, esse é claramente um evento raro.

Em geral, quando o processo está em controle e é normalmente distribuído, a probabilidade de qualquer uma dessas regras incorretamente assinalar a presença de causas especiais de variação é menor que 0,005, ou 5 chances em 1.000. Se todas as primeiras quatro regras são aplicadas, a probabilidade geral de um sinal falso é de cerca de 0,01. Se todas as seis regras são aplicadas, a probabilidade geral de um sinal falso sobe para 0,02, ou 2 chances em 100. Essas três probabilidades podem ser pensadas como probabilidades de erro Tipo I. Cada uma indica a probabilidade de rejeitar incorretamente a hipótese nula de que o processo está em estado de controle estatístico.

Uma explicação de possíveis causas desses padrões não aleatórios está além do escopo deste texto. Indicamos ao leitor interessado o *Statistical quality control handbook* (Guia estatístico de controle da qualidade) da AT&T, de 1956.

Usaremos essas regras de novo na próxima seção, quando interpretarmos o gráfico R.

INTERPRETANDO UM GRÁFICO $\bar{x}$

1. **O processo está fora do controle** se uma ou mais médias de amostras ficam além dos limites de controle ou se qualquer um dos outros cinco padrões de variação da Figura 12.21 são observados. Tais sinais são uma indicação de que uma ou mais causas especiais de variação estão afetando a média do processo. Devemos identificá-las e eliminá-las para trazer o processo ao controle.

2. **O processo é tratado como em controle** se nenhum dos sinais fora de controle notados são observados. Processos que estão em controle não deveriam ser burlados. Contudo, se o nível de variação for inaceitavelmente alto, causas comuns de variação deverão ser identificadas ou eliminadas.

Premissa: A variação do processo é estável. (Se não o fosse, os limites de controle do gráfico $\bar{x}$ não teriam significado, visto que são uma função da variação do processo. O gráfico R, apresentado na próxima seção, é usado para investigar essa premissa.

Em teoria, a linha central e os limites de controle deveriam ser desenvolvidos com o uso de amostras coletadas durante um período no qual o processo estivesse em controle. De outra forma, elas não seriam representativas da variação do processo (ou, no caso presente, a variação de $\bar{x}$) quando ele está em controle. No entanto, não saberemos se o processo está em controle até termos construído o gráfico de controle. Conseqüentemente, quando esse gráfico é construído pela primeira vez, a linha central e os limites de controle são tratados como **valores tentativos**. Se o gráfico indica que o processo estava em controle durante o período em que os dados da amostra foram coletados, então a linha central e os limites de controle se tornam 'oficiais' (isto é, não mais tratados como valores tentativos). É então apropriado estender os limites de controle e a linha central para a direita e usar o gráfico para monitorar a saída futura do processo.

Todavia, se, ao aplicar as regras de análise de padrões da Figura 12.21, verifica-se que o processo estava fora de controle enquanto os dados da amostra estavam sendo coletados, os valores tentativos (isto é, o gráfico de tentativas) não deveriam, em geral, ser usados para monitorar o processo. Os pontos no gráfico de controle que indicam que o processo está fora de controle deveriam ser investigados para verificar se quaisquer causas especiais de variação seriam identificadas. Um método gráfico que pode ser usado para facilitar essa investigação — um *diagrama de causa e efeito* — é descrito na Seção opcional 12.7. Se causas especiais de variação são encontradas: (1) elas devem ser eliminadas; (2) quaisquer pontos no gráfico determinados como tendo sido influenciado pelas causas especiais — dentro ou fora dos limites de controle — devem ser descartados; e (3) uma *nova* linha central de tentativa e os limites de controle devem ser calculados a partir dos dados remanescentes. Contudo, os novos limites tentativos podem ainda indicar que o processo está fora de controle. Se isso acontece, repita esses três passos até que todos os pontos caiam dentro dos limites de controle.

Se causas especiais não podem ser encontradas ou eliminadas, a severidade de indicações fora de controle deve ser avaliada e um julgamento deve ser feito como se: (1) os pontos fora de controle devessem ser descartados de qualquer maneira e novos limites de tentativa, construídos; (2) os limites tentativos originais fossem bons o suficiente para se tornar oficiais; ou (3) novos dados da amostra deveriam ser coletados para construir novos limites tentativos.

EXEMPLO 12.1

CRIANDO E INTERPRETANDO UM GRÁFICO $\bar{X}$ PARA O PROCESSO DE ENCHIMENTO DE TINTA

Problema Vamos retornar ao processo de enchimento de latas de tinta descrito nas seções 12.2 e 12.3. Suponha que, em vez de uma amostra de 50 galões consecutivos de tinta do processo para desenvolver um gráfico de controle, tenha sido decidido preparar uma amostra de cinco latas consecutivas a cada hora pelas próximas 25 horas. Os dados da amostra são apresentados na Tabela 12.2. Essa estratégia de amostragem (subagrupamento racional) foi selecionada porque diversas vezes por mês a cabeça de enchimento dispensa menos e menos tinta durante o curso do dia. No entanto, o padrão de diminuição é tão irregular que mudanças minuto a minuto ou mesmo de meia em meia hora são de difícil detecção.

a. Explique a lógica por trás da estratégia de subagrupamento racional usada.

b. Construa um gráfico $\bar{x}$ para o processo usando os dados da Tabela 12.2.

c. O que o gráfico sugere sobre a estabilidade do processo de preenchimento (se o processo está em estado de controle estatístico ou fora do estado de controle estatístico)?

d. Os limites de controle deveriam ser usados para monitorar a futura saída do processo?

Solução

a. As amostras são afastadas o suficiente no tempo para detectar mudanças de hora em hora na quantidade média de tinta dispensada, mas as medições individuais que formam cada amostra são próximas o suficiente no tempo para garantir que o processo tenha mudado um pouco, se mudou, durante o tempo em que as medições individuais foram feitas. De forma geral, o subagrupamento racional empregado oferece a oportunidade para que mudanças no processo ocorram entre amostras e, dessa forma, apareçam em gráficos de controle como diferenças entre as médias das amostras.

b. Vinte e cinco amostras (k = 25 subgrupos), cada uma contendo n = 5 latas de tinta, foram coletadas a partir do processo. O primeiro passo depois de coletar os dados é calcular as 25 médias de amostra e amplitudes de amostras necessárias para construir o gráfico $\bar{x}$. A média e a amplitude da primeira amostra são:

$$\bar{x} = \frac{10{,}0042 + 9{,}9981 + 10{,}0010 + 9{,}9964 + 10{,}001}{5}$$

$$= 9{,}99996$$

$$R = 10{,}0042 - 9{,}9964 = 0{,}0078$$

Todas as 25 médias e amplitudes são mostradas na Tabela 12.2.

Em seguida, calculamos a média das médias de amostras e a média das amplitudes da amostra:

$$\bar{\bar{x}} = \frac{9{,}99996 + 9{,}99704 + \cdots + 10{,}00016}{25} = 9{,}9999$$

$$\bar{R} = \frac{0{,}0078 + 0{,}0092 + \cdots + 0{,}0077}{25} = 0{,}010072$$

A linha central do gráfico está posicionada em $\bar{\bar{x}} = 9{,}9999$. Para determinar os limites de controle, precisamos da constante A_2, que pode ser encontrada na Tabela XI do Apêndice B. Para n = 5, A_2 = 0,577. Então:

LCS: $\bar{\bar{x}} + A_2 \bar{R} = 9{,}9999 + 0{,}577(0{,}010072) = 10{,}0058$

LCI: $\bar{\bar{x}} - A_2 \bar{R} = 9{,}9999 - 0{,}577(0{,}010072) = 9{,}9940$

Depois de posicionar os limites de controle no gráfico, representamos graficamente as 25 médias de amostras, de forma a amostrar e conectar os pontos com linhas retas. A tentativa resultante $\bar{x}$ mostrada na Figura 12.22 é produzida com o uso do MINITAB.

c. Para checar a estabilidade do processo, usamos as seis regras de análise de padrão para detectar causas especiais de variação, apresentadas na Figura 12.21. Aplicar a maior parte dessas regras requer identificar as zonas A, B e C do gráfico de controle. Elas estão indicadas (com anotações) na Figura 12.22. Descrevemos como elas foram construídas a seguir.

A fronteira entre as zonas A e B está a 2 desvios-padrão da linha central, e a fronteira entre B e C está a 1 desvio-padrão da linha central. Assim, usando os limites $A_2\bar{R}$ e 3 sigmas previamente calculados, localizamos as zonas A, B e C acima da linha central:

PAINT125*

TABELA 12.2 Vinte e cinco amostras de tamanho 5 a partir do processo de enchimento de tinta

Amostra	Medições					Média	Amplitude
1	10,0042	9,9981	10,0010	9,9964	10,0001	9,99996	0,0078
2	9,9950	9,9986	9,9948	10,0030	9,9938	9,99704	0,0092
3	10,0028	9,9998	10,0086	9,9949	9,9980	10,00082	0,0137
4	9,9952	9,9923	10,0034	9,9965	10,0026	9,99800	0,0111
5	9,9997	9,9883	9,9975	10,0078	9,9891	9,99648	0,0195
6	9,9987	10,0027	10,0001	10,0027	10,0029	10,00142	0,0042
7	10,0004	10,0023	10,0024	9,9992	10,0135	10,00356	0,0143
8	10,0013	9,9938	10,0017	10,0089	10,0001	10,00116	0,0151
9	10,0103	10,0009	9,9969	10,0103	9,9986	10,00340	0,0134
10	9,9980	9,9954	9,9941	9,9958	9,9963	9,99592	0,0039
11	10,0013	10,0033	9,9943	9,9949	9,9999	9,99874	0,0090
12	9,9986	9,9990	10,0009	9,9947	10,0008	9,99880	0,0062
13	10,0089	10,0056	9,9976	9,9997	9,9922	10,00080	0,0167
14	9,9971	10,0015	9,9962	10,0038	10,0022	10,00016	0,0076
15	9,9949	10,0011	10,0043	9,9988	9,9919	9,99820	0,0124
16	9,9951	9,9957	10,0094	10,0040	9,9974	10,00032	0,0143
17	10,0015	10,0026	10,0032	9,9971	10,0019	10,00126	0,0061
18	9,9983	10,0019	9,9978	9,997	10,0029	10,00012	0,0051
19	9,9977	9,9963	9,9981	9,9968	10,0009	9,99796	0,0046
20	10,0078	10,0004	9,9966	10,0051	10,007	10,00212	0,0112
21	9,9963	9,9990	10,0037	9,9936	9,9962	9,99776	0,0101
22	9,9999	10,0022	10,0057	10,0026	10,0032	10,00272	0,0058
23	9,9998	10,0002	9,9978	9,9966	10,0060	10,00008	0,0094
24	10,0031	10,0078	9,9988	10,0032	9,9944	10,00146	0,0134
25	9,9993	9,9978	9,9964	10,0032	10,0041	10,00016	0,0077

* Para usar os dados da tabela no software, é preciso trocar as vírgulas dos valores numéricos por ponto.

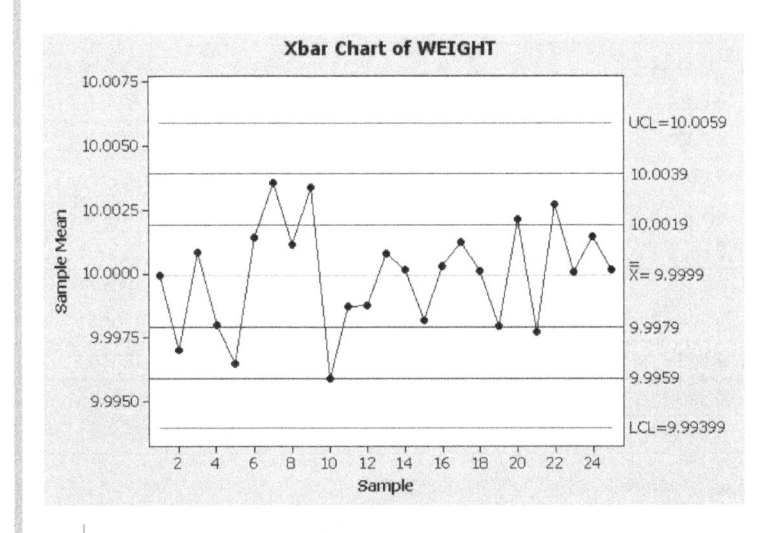

FIGURA 12.22 Gráfico $\bar{x}$ do MINITAB para o processo de enchimento de tinta

Fronteira A–B $= \bar{\bar{x}} + \frac{2}{3}(A_2\bar{R}) = 9{,}9999$
$+ \frac{2}{3}(0{,}577)(0{,}010072) = 10{,}0039$

Fronteira B–C $= \bar{\bar{x}} + \frac{1}{3}(A_2\bar{R}) = 9{,}9999$
$+ \frac{1}{3}(0{,}577)(0{,}010072) = 10{,}0019$

De forma similar, as zonas abaixo da linha central são localizadas:

Fronteira A–B $= \bar{\bar{x}} - \frac{2}{3}(A_2\bar{R}) = 9{,}9959$
Fronteira B–C $= \bar{\bar{x}} - \frac{1}{3}(A_2\bar{R}) = 9{,}9979$

Uma comparação cuidadosa das seis regras de análise de padrão com a seqüência das médias da amostra não gera sinais fora de controle. Todos os pontos estão dentro dos limites de controle, e parece não haver padrões não aleatórios dentro desses limites — isto é, não podemos encontrar nenhuma evidência de uma mudança na média do processo. Dessa forma, concluímos que o processo está em controle.

d. Uma vez verificado que o processo estava em controle durante o período no qual as amostras foram retiradas, os limites de controle das tentativas construídas no item **b** podem ser considerados oficiais. Eles deveriam ser estendidos para a direita e usados para monitorar a saída futura do processo.

Relembrando A maior parte dos softwares estatísticos (como o MINITAB) automaticamente calculará e representará graficamente as médias da amostra e os limites de controle. A quantidade de cálculos a mão necessária para criar um gráfico $\bar{x}$ é mínima.

AGORA FAÇA O EXERCÍCIO **12.7**

EXEMPLO 12.2

MONITORANDO SAÍDA FUTURA COM UM GRÁFICO DE CONTROLE $\bar{x}$

Problema Duas novas amostras de tamanho $n = 5$ foram tiradas do processo de enchimento de latas de tinta do exemplo anterior. Os dados da amostra, incluindo médias de amostra e amplitudes, são mostrados na Tabela 12.3. Investigue se o processo permaneceu em controle durante o período no qual a nova amostra foi coletada.

Solução

Começamos simplesmente estendendo os limites de controle, a linha central e as fronteiras de zona do gráfico de controle na Figura 12.22 para a direita. Em seguida, começando com a amostra número 26, representamos

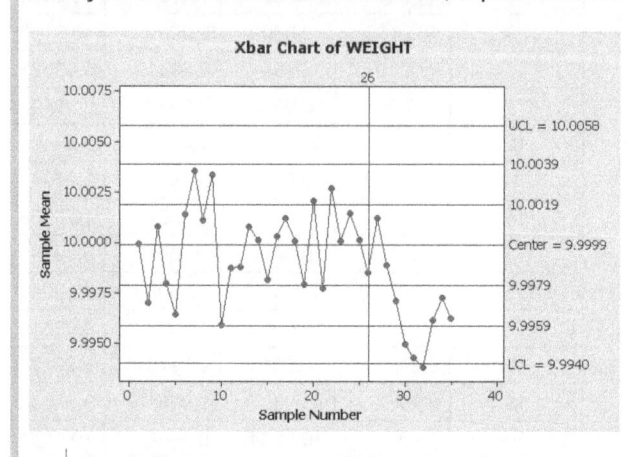

FIGURA 12.23 Gráfico $\bar{x}$ estendido do MINITAB para o processo de enchimento de tinta

PAINT125ADD*

TABELA 12.3 Dez amostras adicionais de tamanho 5 a partir do processo de enchimento de tinta

AMOSTRA	MEDIÇÕES					MÉDIA	AMPLITUDE
26	10,0019	9,9981	9,9952	9,9976	9,9999	9,99854	0,0067
27	10,0041	9,9982	10,0028	10,0040	9,9971	10,00124	0,0070
28	9,9999	9,9974	10,0078	9,9971	9,9923	9,99890	0,0155
29	9,9982	10,0002	9,9916	10,0040	9,9916	9,99712	0,0124
30	9,9933	9,9963	9,9955	9,9993	9,9905	9,99498	0,0088
31	9,9915	9,9984	10,0053	9,9888	9,9876	9,99432	0,0177
32	9,9912	9,9970	9,9961	9,9879	9,9970	9,99384	0,0091
33	9,9942	9,9960	9,9975	10,0019	9,9912	9,99616	0,0107
34	9,9949	9,9967	9,9936	9,9941	10,0071	9,99728	0,0135
35	9,9943	9,9969	9,9937	9,9912	10,0053	9,99628	0,0141

* Para usar os dados da tabela no software, é preciso trocar as vírgulas dos valores numéricos por ponto.

graficamente 10 novas médias de amostra no gráfico de controle e as conectamos com linhas retas. Essa versão estendida do gráfico de controle, produzida com o uso do MINITAB, é mostrada na Figura 12.23.

Agora que o gráfico de controle foi preparado, aplicamos as seis regras de análise de padrão para detectar causas especiais de variação (Figura 12.21) para a nova seqüência de médias de amostras. Primeiro, perceba que a média para a amostra 32 cai abaixo do limite de controle inferior (Regra 1). Perceba também que seis pontos em seqüência seguidamente decrescem (amostras 27 a 32). A Regra 3 diz que, se observarmos seis pontos em linha crescendo ou decrescendo seguidamente, essa é uma indicação da presença de causas especiais de variação.

Note que, se você aplicar as regras da esquerda para a direita ao longo da seqüência de médias da amostra, o padrão decrescente também mostrará sinais das regras 5 (amostras 29 a 31) e 6 (amostras 28 a 32). Esses sinais levam-nos a concluir que o processo se tornou fora do controle.

Relembrando Aparentemente, a cabeça de preenchimento começou a entupir mais ou menos no tempo em que a amostra 26 ou a 27 foi tirada do processo. Como resultado, a média do processo (o peso médio de enchimento dispensado pelo processo) começou a declinar.

AGORA FAÇA O EXERCÍCIO **12.8**

ESTATÍSTICA EM AÇÃO REVISITADA

MONITORANDO A MÉDIA DO PROCESSO DE TESTE DE SURFACTANTE DE COMBUSTÍVEL DE JATO

A empresa de engenharia que testa surfactantes em aditivos de combustível de jato está experimentando diferentes combinações de injeção e filtro — injeção A com filtro A (o teste-padrão), injeção A com filtro B, injeção B com filtro A e injeção B com filtro B. Para monitorar os resultados do teste, três amostras de combustível foram testadas a cada dia por cada um dos quatro métodos, por um período de mais de 100 dias consecutivos. Uma medição 'segura' de aditivo de surfactante deveria variar entre 80 e 90, e essa amplitude representa os limites de especificação do processo. Analisamos os dados no arquivo **JETFUEL** usando o MINITAB. Tratando as três amostras coletadas no mesmo dia como um subgrupo racional, quatro gráficos $\bar{x}$ do MINITAB são produzidos (um para cada método injeção/filtro) nas figuras EA 12.1a a 12.1d. Como opção, o MINITAB sombreará em vermelho (em cinza nas figuras EA12.1a a 12.1c) quaisquer médias de amostras que combinam com qualquer uma das seis regras de análise de padrão para detectar causas especiais de variação. O número da regra violada é mostrado ao lado da média da amostra no gráfico.

Você pode ver que apenas uma de três médias do processo está 'em controle' — a média para método da injeção B com o filtro B — como mostrado na Figura EA12.1d. Há pelo menos uma regra de análise de padrão violando cada um dos três gráficos $\bar{x}$. Também, cada média de amostra para injeção B/filtro B fica dentro dos limites de especificação (80% a 90%). Em contraste, os outros métodos de injeção têm diversas médias que ficam fora dos limites de especificação do processo. Dos três métodos de testes de surfactantes, o método injeção B/filtro B parece o mais promissor. Essa análise ajudou a empresa a focar o aperfeiçoamento desse método de teste de surfactante em jato de combustível.

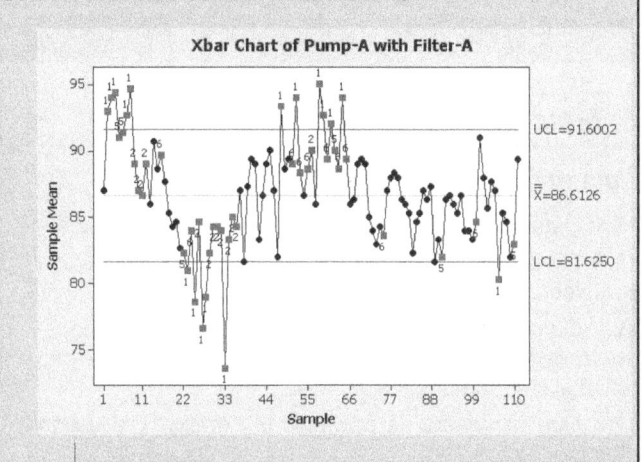

■ **FIGURA EA12.1a** Gráfico $\bar{x}$ para método da injeção A com filtro A (padrão)

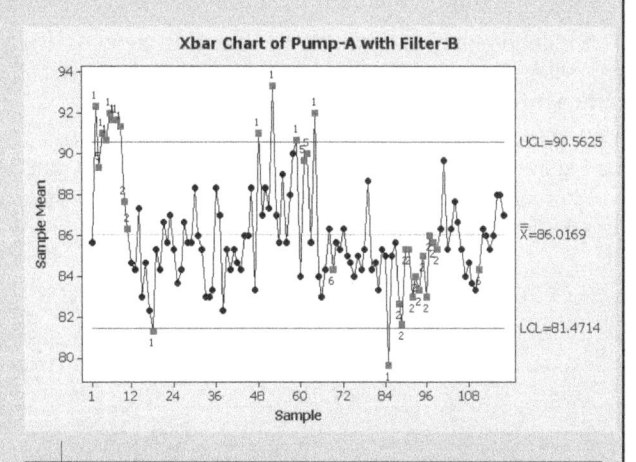

■ **FIGURA EA12.1b** Gráfico $\bar{x}$ para método da injeção A com filtro B

FIGURA EA12.1c Gráfico $\bar{x}$ para método da injeção B com filtro A

FIGURA EA12.1d Gráfico $\bar{x}$ para método da injeção B com filtro B

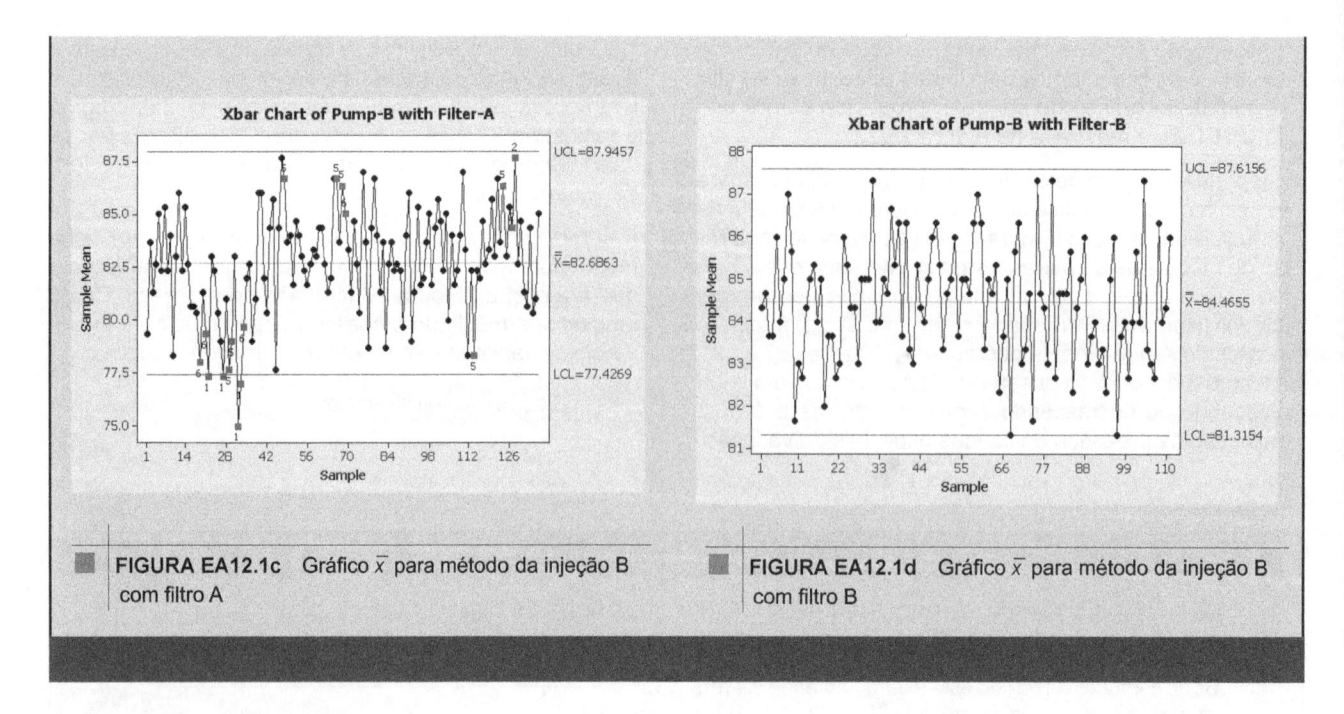

Exercícios 12.1 – 12.17

Aprendendo a Mecânica

12.1 O que é um gráfico de controle? Descreva seu uso.

12.2 Explique por que o subagrupamento racional deveria ser usado para construir os gráficos de controle.

12.3 Quando um gráfico de controle é primeiramente construído, por que a linha central e os limites de controle são tratados como valores de tentativa?

12.4 Que parâmetro de processo um gráfico $\bar{x}$ é usado para monitorar?

12.5 Mesmo se todos os pontos em um gráfico $\bar{x}$ ficarem entre os limite de controle, o processo poderá ficar fora de controle. Explique.

12.6 O que pode ser verdadeiro sobre a variação de um processo antes que um gráfico $\bar{x}$ seja usado para monitorar a média do processo? Por quê?

12.7 Use as regras de análise dos seis padrões descritas na Figura 12.21 para determinar se o processo que está sendo monitorado com o gráfico $\bar{x}$ mostrado abaixo está fora do controle estatístico.

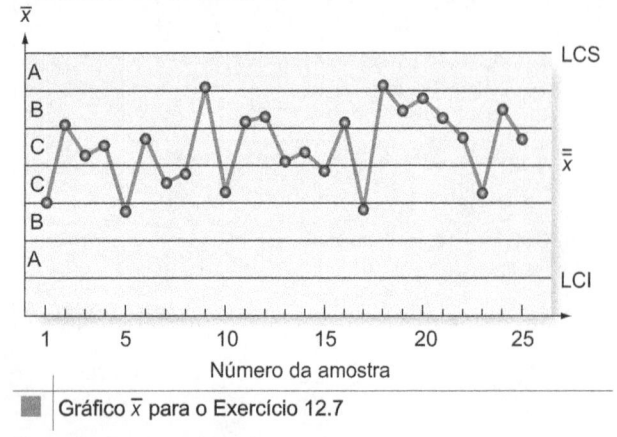

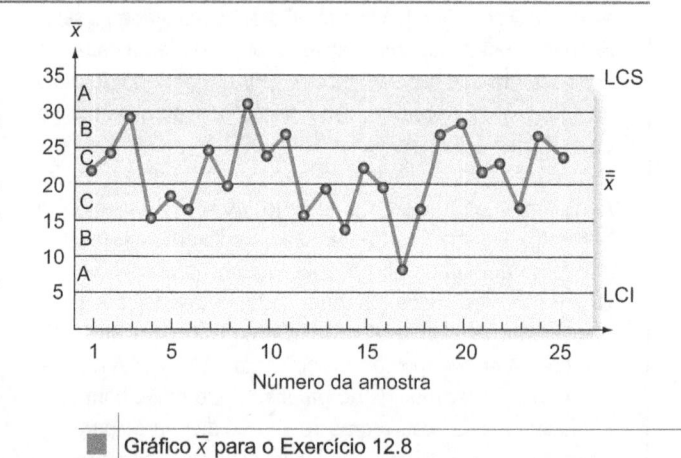

Gráfico $\bar{x}$ para o Exercício 12.7

Gráfico $\bar{x}$ para o Exercício 12.8

12.8 Considere o gráfico $\bar{x}$ mostrado acima.
  a. O processo é afetado apenas por causas especiais de variação, apenas por causas comuns de variação, ou por ambas? Explique.
  b. As médias para as próximas cinco amostras no processo são 27, 29, 32, 36 e 34. Represente graficamente esses pontos em um gráfico $\bar{x}$ estendido. O que o padrão sugere sobre o processo?

12.9 Use a Tabela XI no Apêndice B para encontrar o valor de A_2 para cada um dos tamanhos de amostra a seguir.
  a. $n = 3$
  b. $n = 10$
  c. $n = 22$

12.10 Vinte e cinco amostras de tamanho $n = 5$ foram coletadas para construir um gráfico $\bar{x}$. As médias das amostras e amplitudes foram calculadas para esses dados.

  a. Calcule a média das médias de amostras $\bar{\bar{x}}$ e a média de amplitudes de amostras $\bar{R}$.

b. Calcule e represente graficamente a linha central e os limites de controle superior e inferior para o gráfico $\bar{x}$.
c. Calcule e represente graficamente as fronteiras das zonas A, B e C do gráfico $\bar{x}$.
d. Represente graficamente as 25 médias de amostras no gráfico $\bar{x}$ e use as seis regras de análise de padrão para determinar se o processo está sob controle estatístico.

LM12_10 LM12_10*

Amostra	$\bar{x}$	R	Amostra	$\bar{x}$	R
1	80,2	7,2	14	83,1	10,2
2	79,1	9,0	15	79,6	7,8
3	83,2	4,7	16	80,0	6,1
4	81,0	5,6	17	83,2	8,4
5	77,6	10,1	18	75,9	9,9
6	81,7	8,6	19	78,1	6,0
7	80,4	4,4	20	81,4	7,4
8	77,5	6,2	21	81,7	10,4
9	19,8	7,9	22	80,9	9,1
10	85,3	7,1	23	78,4	7,3
11	77,7	9,8	24	79,6	8,0
12	82,3	10,7	25	81,6	7,6
13	79,5	9,2			

* Para usar os dados da tabela no software, é preciso trocar as vírgulas dos valores numéricos por ponto

12.11 Os dados na tabela a seguir foram coletados para construir um gráfico $\bar{x}$.
a. Calcule $\bar{x}$ e R para cada amostra.
b. Calcule $\bar{\bar{x}}$ e $\bar{R}$.
c. Calcule e represente graficamente a linha central e os limites de controle superior e inferior para o gráfico $\bar{x}$.
d. Calcule e represente graficamente as fronteiras das zonas A, B e C do gráfico $\bar{x}$.
e. Represente graficamente as 20 médias de amostras no gráfico $\bar{x}$. O processo está em controle? Justifique sua resposta.

LM12_11 LM12_11*

Amostra	Medições			
1	19,4	19,7	20,6	21,2
2	18,7	18,4	21,2	20,7
3	20,2	18,8	22,6	20,1
4	19,6	21,2	18,7	19,4
5	20,4	20,9	22,3	18,6
6	17,3	22,3	20,3	19,7
7	21,8	17,6	22,8	23,1
8	20,9	17,4	19,5	20,7
9	18,1	18,3	20,6	20,4
10	22,6	21,4	18,5	19,7
11	22,7	21,2	21,5	19,5
12	20,1	20,6	21,0	20,2
13	19,7	18,6	21,2	19,1
14	18,6	21,7	17,7	18,3
15	18,2	20,4	19,8	19,2
16	18,9	20,7	23,2	20,0
17	20,5	19,7	21,4	17,8
18	21,0	18,7	19,9	21,2
19	20,5	19,6	19,8	21,8
20	20,6	16,9	22,4	19,7

(continua)

* Para usar os dados da tabela no software, é preciso trocar as vírgulas dos valores numéricos por ponto

Aplicação dos conceitos — Básico

12.12 Chip de CPU de um computador. A unidade de processamento central (*Central Processing Unit* — CPU) de um microcomputador é um chip de computador contendo milhões de transistores. Pequenos caminhos de circuitos, de apenas 0,5 a 0,85 mícrons de espessura, conectam os transistores. Para entender quão curtos são esses caminhos, considere que um mícron é um milionésimo de um metro, e que o cabelo humano tem 70 mícrons de espessura (*Compute*, 1992). Um fabricante de chips de CPU sabe que, se os tamanhos do circuito não são de 0,5 a 0,85 mícrons de espessura, diversos problemas surgirão no desempenho do chip. O fabricante amostrou quatro chips de CPU seis vezes em um dia (a cada 90 minutos, das 8h às 16h30) por 5 dias consecutivos e mediu as espessuras dos caminhos dos circuitos. Esses dados e o MINITAB foram usados para construir o gráfico $\bar{x}$ mostrado abaixo.
a. Presumindo que $\bar{R} = 0,335$, calcule os limites de controle superior e inferior, as fronteiras A–B superior e inferior e as fronteiras B–C superior e inferior.
b. O que o gráfico sugere sobre a estabilidade do processo usada para pôr caminhos de circuito no chip de CPU? Justifique sua resposta.
c. Os limites de controle deveriam ser usados para monitorar futuras saídas do processo? Explique.

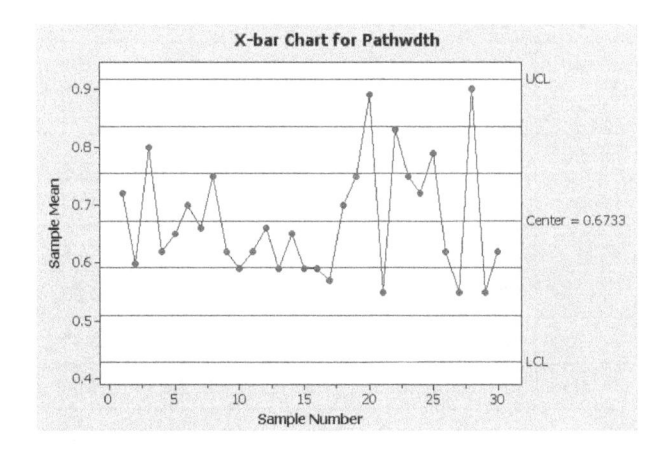

12.13 Fabricação de caixa de cereais. Uma máquina da K-Company enche caixas com cereais integrais. O peso-alvo para as caixas cheias é de 24 onças. A empresa gostaria de usar um gráfico $\bar{x}$ para monitorar o desempenho da máquina. Para desenvolver o gráfico de controle, a empresa decide amostrar e pesar cinco caixas de cereais a cada dia (às 8h e às 11h, e às 14h, às 15h e às 20h) por 20 dias consecutivos. Os dados são apresentados na tabela abaixo, juntamente com uma tela do SPSS com estatísticas resumidas.

a. Construa um gráfico $\bar{x}$ para os dados.
b. O que o gráfico sugere sobre a estabilidade do processo de enchimento (se o processo está em controle ou fora de controle)? Justifique sua resposta.
c. Os limites de controle deveriam ser usados para monitorar futuras saídas do processo? Explique.
d. Dois turnos de trabalhadores fazem o processo de preenchimento. A cada dia, o segundo turno assume às 15h. A estratégia de subagrupamento racional usada pela K-Company facilita ou dificulta a identificação da variação do processo causada pelas diferenças nos dois turnos? Explique.

CEREAL**

Dia	Peso de caixas de cereal (onças)				
1	24,02	23,91	24,12	24,06	24,13
2	23,89	23,98	24,01	24,00	23,91
3	24,11	24,02	23,99	23,79	24,04
4	24,06	23,98	23,95	24,01	24,11
5	23,81	23,90	23,99	24,07	23,96
6	23,87	24,12	24,07	24,01	23,99
7	23,88	24,00	24,05	23,97	23,97
8	24,01	24,03	23,99	23,91	23,98
9	24,06	24,02	23,80	23,79	24,07
10	23,96	23,99	24,03	23,99	24,01
11	24,10	23,90	24,11	23,98	23,95
12	24,01	24,07	23,93	24,09	23,98
13	24,14	24,07	24,08	23,98	24,02
14	23,91	24,04	23,89	24,01	23,95
15	24,03	24,04	24,01	23,98	24,10
16	23,94	24,07	24,12	24,00	24,02
17	23,88	23,94	23,91	24,06	24,07
18	24,11	23,99	23,90	24,01	23,98
19	24,05	24,04	23,97	24,08	23,95
20	24,02	23,96	23,95	23,89	24,04

** Para usar os dados da tabela no software, é preciso trocar as vírgulas dos valores numéricos por ponto.

Estatísticas resumidas*

	Dia	Peso médio	Variação de peso**
1	1	24,05	0,22
2	2	23,96	0,12
3	3	23,99	0,32
4	4	24,02	0,16
5	5	23,95	0,26
6	6	24,01	0,25
7	7	23,97	0,17
8	8	23,98	0,12
9	9	23,95	0,28
10	10	24,00	0,07
11	11	24,01	0,21
12	12	24,02	0,16
13	13	24,06	0,16
14	14	23,96	0,15
15	15	24,03	0,12
16	16	24,03	0,18
17	17	23,97	0,19
18	18	24,00	0,21
19	19	24,02	0,13
20	20	23,97	0,15

* Limitadas aos primeiros 100 casos

Aplicação dos conceitos — Intermediário

12.14 Barras para uso em aeronaves militares. Um fabricante de peças de precisão produz barras para uso em uma aeronave militar. De forma ideal, as barras devem ter 37 centímetros de comprimento. A empresa amostrou quatro barras produzidas consecutivamente de hora em hora durante 25 horas e mediu-as usando um instrumento computadorizado de precisão. Os dados são apresentados na página a seguir.

a. Que processo o fabricante está interessado em monitorar?
b. Construa um gráfico $\bar{x}$ a partir dos dados.
c. O gráfico sugere que causas especiais de variação estão presentes? Justifique sua resposta.
d. Dê um exemplo de uma causa especial de variação que poderia potencialmente afetar esse processo. Faça o mesmo para uma causa comum de variação.
e. Os limites de controle deveriam ser usados para monitorar saídas futuras do processo? Explique.

12.15 Caso da Empresa Bayfield Mud. Em seu texto, *Quantitative analysis of management* (1997), B. Render (Rollins College) e R. M. Stair (Florida State University) apresentaram o caso da Empresa Bayfield Mud. A Bayfield fornece caixas com sacos de 50 libras de agentes de tratamento de lama para a Empresa Wet-Land Drilling. Agentes como esses são usados para controlar o pH e outras propriedades químicas da polia durante as operações de

BOLTS*

HORA	COMPRIMENTO DE BARRAS (CENTÍMETROS)			
1	37,03	37,08	36,90	36,88
2	36,96	37,04	36,85	36,98
3	37,16	37,11	36,99	37,01
4	37,20	37,06	37,02	36,98
5	36,81	36,97	36,91	37,,10
6	37,13	36,96	37,01	36,89
7	37,07	36,94	36,99	37,00
8	37,01	36,91	36,98	37,12
9	37,17	37,03	36,90	37,01
10	36,91	36,99	36,87	37,11
11	36,88	37,10	37,07	37,03
12	37,06	36,98	36,90	36,99
13	36,91	37,22	37,12	37,03
14	37,08	37,07	37,10	37,04
15	37,03	37,04	36,89	37,01
16	36,95	36,98	36,90	36,99
17	36,97	36,94	37,14	37,10
18	37,11	37,04	36,98	36,91
19	36,88	36,99	37,01	36,94
20	36,90	37,15	37,09	37,00
21	37,01	36,96	37,05	36,96
22	37,09	36,95	36,93	37,12
23	37,00	37,02	36,95	37,04
24	36,99	37,07	36,90	37,02
25	37,10	37,03	37,01	36,90

* Para usar os dados da tabela no software, é preciso trocar as vírgulas dos valores numéricos por ponto.

extração de petróleo. A Wet-Land reclamou à Bayfield que seu mais recente carregamento de bolsas estava abaixo do peso em cerca de 5%. (O uso de bolsas abaixo do peso pode resultar em mau controle químico durante a extração, o que pode afetar a eficiência do processo, resultando em sérias conseqüências econômicas.) Com medo de perder um cliente de longo tempo, a Bayfield imediatamente começou a investigar seu processo de produção. A gestão suspeitou que as causas do problema foram o terceiro turno recentemente adicionado e o fato de que todos os três turnos estavam sob pressão para aumentar a saída e atender à crescente demanda para o produto. Seu pessoal de controle de qualidade começou, aleatoriamente, a amostrar e pesar 6 bolsas da produção a cada hora. O peso médio de cada amostra ao longo dos últimos três dias é registrado na tabela da página a seguir, juntamente com o peso da bolsa mais pesada e o da mais leve de cada amostra.
  a. Construa um gráfico $\bar{x}$ para esses dados.
  b. O processo está sob controle estatístico?
  c. A suspeita da administração sobre o terceiro turno parece correta? Explique.

12.16 Largura do intervalo do grampo robótico. O estatístico S. H. Steiner, da University of Waterloo (Canadá), aplicou a metodologia do gráfico de controle à fabricação de um metal em formato de ferradura de cavalo chamado *grampo robótico* (*Applied statistics*, v. 47, 1998). Usuários do grampo estavam preocupados com a largura do intervalo entre as duas extremidades dele. Seu alvo preferido é 0,054 polegadas. Um equipamento de medição óptica foi usado para medir a largura do intervalo durante o processo de produção. O fabricante amostrou cinco grampos acabados a cada 15 minutos durante sua produção diária de 16 horas e mediu o intervalo opticamente. Os dados para 4 horas consecutivas de produção são apresentados na tabela a seguir.
  a. Construa um gráfico $\bar{x}$ para esses dados.
  b. Aplique as regras de análise de padrão para o controle do gráfico. Sua análise sugere que causas especiais de variação estão presentes no processo de fabricação do grampo? Qual das seis regras levou você a essa conclusão?
  c. Os limites de controle deveriam ser usados para monitorar saídas futuras do processo? Explique.

CLAMPGAP*

HORA	LARGURA DO INTERVALO (MILÉSIMOS DE POLEGADA)				
00:15	54,2	54,1	53,9	54,0	53,8
00:30	53,9	53,7	54,1	54,4	55,1
00:45	54,0	55,2	53,1	55,9	54,5
01:00	52,1	53,4	52,9	53,0	52,7
01:15	53,0	51,9	52,6	53,4	51,7
01:30	54,2	55,0	54,0	53,8	53,6
01:45	55,2	56,6	53,1	52,9	54,0
02:00	53,3	57,2	54,5	51,6	54,3
02:15	54,9	56,3	55,2	56,1	54,0
02:30	55,7	53,1	52,9	56,3	55,4
02:45	55,2	51,0	56,3	55,6	54,2
03:00	54,2	54,2	55,8	53,8	52,1
03:15	55,7	57,5	55,4	54,0	53,1
03:30	53,7	56,9	54,0	55,1	54,2
03:45	54,1	53,9	54,0	54,6	54,8
04:00	53,5	56,1	55,1	55,0	54,0

Fonte: Adaptado de STEINER, STEFAN, H. "Grouped data exponentially weighted moving average control charts". *Applied Statistics — Journal of the Royal Statistical Society*, vol. 47, Parte 2, 1998, p. 203-216.

* Para usar os dados da tabela no software, é preciso trocar as vírgulas dos valores numéricos por ponto.

12.17 Enchendo tubos de ensaio de morfina. Uma empresa farmacêutica produz tubos de ensaio enchidos com morfina (*Communications in statistics*, v. 27, 1998). Na maior parte do tempo, o processo de preenchimento permanece estável, mas de vez em quan-

MUDBAGS*

Hora	Peso médio (libras)	Mais leve	Mais pesada	Hora	Peso médio (libras)	Mais leve	Mais pesada
6:00 A.M.	49,6	48,7	50,7	6:00 P.M.	46,8	41,0	51,2
7:00	50,2	49,1	51,2	7:00	50,0	46,2	51,7
8:00	50,6	49,6	51,4	8:00	47,4	44,0	48,7
9:00	50,8	50,2	51,8	9:00	47,0	44,2	48,9
10:00	49,9	49,2	52,3	10:00	47,2	46,6	50,2
11:00	50,3	48,6	51,7	11:00	48,6	47,0	50,0
12 meio-dia	48,6	46,2	50,4	12 meia-noite	49,8	48,2	50,4
1:00 P.M.	49,0	46,4	50,0	1:00 A.M.	49,6	48,4	51,7
2:00	49,0	46,0	50,6	2:00	50,0	49,0	52,2
3:00	49,8	48,2	50,8	3:00	50,0	49,2	50,0
4:00	50,3	49,2	52,7	4:00	47,2	46,3	50,5
5:00	51,4	50,0	55,3	5:00	47,0	44,1	49,7
6:00	51,6	49,2	54,7	6:00	48,4	45,0	49,0
7:00	51,8	50,0	55,6	7:00	48,8	44,8	49,7
8:00	51,0	48,6	53,2	8:00	49,6	48,0	51,8
9:00	50,5	49,4	52,4	9:00	50,0	48,1	52,7
10:00	49,2	46,1	50,7	10:00	51,0	48,1	55,2
11:00	49,0	46,3	50,8	11:00	50,4	49,5	54,1
12 meia-noite	48,4	45,4	50,2	12 meio-dia	50,0	48,7	50,9
1:00 A.M.	47,6	44,3	49,7	1:00 P.M.	48,9	47,6	51,2
2:00	47,4	44,1	49,6	2:00	49,8	48,4	51,0
3:00	48,2	45,2	49,0	3:00	49,8	48,8	50,8
4:00	48,0	45,5	49,1	4:00	50,0	49,1	50,6
5:00	48,4	47,1	49,6	5:00	47,8	45,2	51,2
6:00	48,6	47,4	52,0	6:00	46,4	44,0	49,7
7:00	50,0	49,2	52,2	7:00	46,4	44,4	50,0
8:00	49,8	49,0	52,4	8:00	47,2	46,6	48,9
9:00	50,3	49,4	51,7	9:00	48,4	47,2	49,5
10:00	50,2	49,6	51,8	10:00	49,2	48,1	50,7
11:00	50,0	49,0	52,3	11:00	48,4	47,0	50,8
12 meio-dia	50,0	48,8	52,4	12 meia-noite	47,2	46,4	49,2
1:00 P.M.	50,1	49,4	53,6	1:00 A.M.	47,4	46,8	49,0
2:00	49,7	48,6	51,0	2:00	48,8	47,2	51,4
3:00	48,4	47,2	51,7	3:00	49,6	49,0	50,6
4:00	47,2	45,3	50,9	4:00	51,0	50,5	51,5
5:00	46,8	44,1	49,0	5:00	50,5	50,0	51,9

Fonte: KINARD, J., Western Carolina University, as reported in RENDER, B.; STAIR, Jr., R. *Quantitative Analysis for Management*, 6. ed. Upper Saddle River, N.J.: Prentice Hall, 1997.

* Para usar os dados da tabela no software, é preciso trocar as vírgulas dos valores numéricos por ponto.

do o valor médio muda o alvo de 52,00 gramas. Para monitorar o processo, uma amostra de tamanho 3 é retirada do processo a cada 27 minutos. Medições de 20 amostras consecutivas são mostradas na tabela da página a seguir.

a. Construa um gráfico $\bar{x}$ para esses dados.

b. O que o gráfico $\bar{x}$ sugere sobre a estabilidade do processo?
c. O processo é influenciado tanto por causas comuns quanto especiais de variação? Explique.
d. Os limites de controle e a linha central do item **a** deveriam ser usados para monitorar futuras saídas do processo de preenchimento de morfina? Explique.

MORPHINE*

Amostra	Quantidade de morfina em tubos de ensaios (gramas)		
1	51,60	52,35	52,00
2	52,10	53,00	51,90
3	51,75	51,85	52,05
4	52,10	53,50	53,95
5	52,00	52,35	52,40
6	51,70	52,10	51,90
7	52,00	51,50	52,35
8	52,25	52,40	52,05
9	52,00	51,60	51,80
10	52,15	51,65	51,40
11	51,20	52,15	52,35
12	52,00	52,35	51,85
13	51,60	52,15	52,00
14	51,40	52,35	52,10
15	52,90	53,75	54,25
16	54,30	53,90	54,15
17	53,85	53,65	54,90
18	54,25	53,55	54,05
19	54,00	53,60	53,95
20	53,80	54,50	54,20

Fonte: Adaptado de COSTA, A. F. B. "VSSI × charts with sampling at fixed times." *Communications in Statistics — Theory and Methods*, vol. 27, n. 11 (1998), pp. 2853-2869.

* Para usar os dados da tabela no software, é preciso trocar as vírgulas dos valores numéricos por ponto

12.5 Um gráfico de controle para monitorar a variação de um processo: o gráfico R

Lembre-se, da Seção 12.2, que um processo pode estar fora do controle estatístico porque sua média, sua variância ou ambas estão mudando ao longo do tempo (veja Figura 12.8). O gráfico $\bar{x}$ da seção anterior é usado para detectar mudanças na média do processo. O gráfico de controle que apresentamos nesta seção — o **gráfico R** — é usado para detectar mudanças na variação do processo.

A principal diferença entre o gráfico $\bar{x}$ e o gráfico R é que, em vez de representar graficamente as *médias da amostra* e monitorar sua variação, representamos graficamente e monitoramos a variação das *amplitudes das amostras*. Mudanças no comportamento da amplitude da amostra sinalizam mudanças na variação do processo.

Poderíamos também monitorar a variação do processo ao representar graficamente *desvios-padrão da amostra* — isto é, poderíamos calcular s para cada amostra (ou subgrupo) e representá-los graficamente em um gráfico de controle conhecido como **gráfico** s. Neste capítulo, no entanto, focamos somente o gráfico R porque: (1) ao usar amostras de tamanho 9 ou menos, o gráfico s e o gráfico R refletem mais ou menos a mesma informação; e (2) o gráfico R é usado muito mais amplamente por praticantes da estatística do que o gráfico s (principalmente porque a amplitude da amostra é mais fácil de ser calculada e interpretada do que o desvio-padrão da amostra). Para mais informações sobre gráficos s, veja as referências bibliográficas no final do livro.

A lógica subjacente e a forma básica do gráfico R são similares ao gráfico $\bar{x}$. Ao monitorar $\bar{x}$, usamos o desvio-padrão de $\bar{x}$ para desenvolver limites de controle de 3 sigmas. Agora, uma vez que queremos determinar quando R assume valores não usualmente grandes ou pequenos, usamos o desvio-padrão de R, ou σ_R, para construir limites de controle de 3 sigmas. A linha central do gráfico $\bar{x}$ representa a média μ do processo ou, de forma equivalente, a média da distribuição amostral de $\bar{x}$, $\mu_{\bar{x}}$. De forma similar, a linha central do gráfico R representa μ_R, a média da distribuição amostral de R. Esses pontos são ilustrados nos gráficos R da Figura 12.24.

Assim como com o gráfico $\bar{x}$, você deveria ter pelo menos 20 amostras de n itens cada ($n \geq 2$) para construir um gráfico R. Isso fornecerá dados suficientes para obter estimativas razoavelmente boas de μ_R e σ_R. O agrupamento racional é novamente usado para determinar o tamanho da amostra e a freqüência da amostragem.

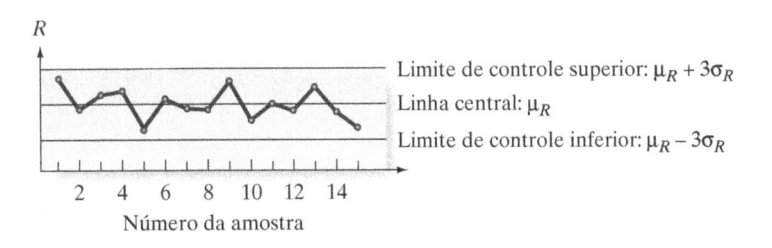

FIGURA 12.24 Gráfico R

A linha central do gráfico R é posicionada como se segue:

$$\text{Linha central: } \overline{R} = \frac{R_1 + R_2 + \cdots + R_k}{k}$$

onde k é o número de amostras de tamanho n e R_i é a amplitude da i-ésima amostra. $\overline{R}$ é uma estimativa de μ_R.

Para construir os limites de controle, precisamos de um estimador de σ_R. O estimador recomendado por Montgomery (1991) e Ryan (1989) é:

$$\hat{\sigma}_R = d_3\left(\frac{\overline{R}}{d_2}\right)$$

onde d_2 e d_3 são constantes cujos valores dependem do tamanho da amostra, n. Valores para d_2 e d_3 para amostras de tamanho $n = 2$ a $n = 25$ são fornecidos na Tabela XI do Apêndice B.

Os limites de controle são posicionados como se segue:

$$\text{Limite de controle superior: } \overline{R} + 3\hat{\sigma}_R = \overline{R} + 3d_3\left(\frac{\overline{R}}{d_2}\right)$$

$$\text{Limite de controle inferior: } \overline{R} - 3\hat{\sigma}_R = \overline{R} - 3d_3\left(\frac{\overline{R}}{d_2}\right)$$

Note que $\overline{R}$ aparece duas vezes em cada limite de controle. Dessa forma, podemos simplificar o cálculo desses limites fatorando $\overline{R}$:

LCS: $\overline{R}\left(1 + \dfrac{3d_3}{d_2}\right) = \overline{R}D_4$ LCI: $\overline{R}\left(1 - \dfrac{3d_3}{d_2}\right) = \overline{R}D_3$

onde:

$$D_4 = \left(1 + \frac{3d_3}{d_2}\right) \quad D_3 = \left(1 - \frac{3d_3}{d_2}\right)$$

Os valores de D_3 e D_4 foram tabulados para amostras de tamanho $n = 2$ a $n = 25$ e podem ser encontrados no Apêndice B, Tabela XI.

Para amostras de tamanho $n = 2$ a $n = 6$, D_3 é negativo, e o limite de controle inferior fica abaixo de zero. Uma vez que a amplitude da amostra não pode assumir valores negativos, tal limite de controle não tem significado. Assim, quando $n \leq 6$, o gráfico R contém apenas um limite de controle: o limite de controle superior.

Apesar de D_3 ser na verdade negativo para $n \leq 6$, os valores reportados na Tabela XI do Apêndice B são todos zero. Isso foi feito para desencorajar a construção inapropriada dos limites de controle inferiores negativos. Se o limite de controle inferior é calculado usando $D_3 = 0$, você obtém $D_3\overline{R}$. Isso deveria ser interpretado como indicando que o gráfico R não tem limite de controle abaixo de 3 sigmas.

CONSTRUINDO UM GRÁFICO R: UM RESUMO

1. Usando uma estratégia de subagrupamento racional, colete pelo menos 20 amostras (isto é, subgrupos), cada um de tamanho $n \geq 2$.
2. Calcule a amplitude de cada amostra.
3. Calcule a média das amplitudes da amostra, $\overline{R}$:

$$\overline{R} = \frac{R_1 + R_2 + \cdots + R_k}{k}$$

onde:
   k = o número de amostras (isto é, subgrupos)
   R_i = a amplitude da i-ésima amostra

4. Represente graficamente a linha central e os limites de controle:

   Linha central: $\overline{R}$
   Limite de controle superior: $\overline{R}D_4$
   Limite de controle inferior: $\overline{R}D_3$

onde D_3 e D_4 são constantes que dependem de n. Seus valores podem ser encontrados no Apêndice B, Tabela XI. Quando $n \leq 6$, $D_3 = 0$, indicando que o gráfico de controle não tem um limite de controle inferior.

5. Represente graficamente as k amplitudes de amostras no gráfico de controle na ordem em que as amostras foram produzidas pelo processo.

Interpretamos o gráfico R completo basicamente da mesma maneira que fizemos com o gráfico $\overline{x}$. Procuramos indicações de que o processo está fora de controle. Essas indicações incluem pontos que caem fora dos limites de controle, assim como quaisquer padrões não-aleatórios de variação que apareçam entre os limites de controle. Para ajudar a mostrar o comportamento não aleatório, incluímos as zonas A, B e C (descritas nas primeiras seções) no gráfico R. O próximo quadro descreve como construir as fronteiras de zonas para o gráfico R. Isso requer apenas as regras de 1 a 4 da Figura 12.21, porque as regras 5 e 6 são baseadas na premissa de que a estatística representada no gráfico de controle segue uma distribuição normal (ou quase normal), enquanto a distribuição dos R é assimétrica à direita.[7]

---

[7] Alguns autores (por exemplo, Kane, 1989) aplicam todas as seis regras de análise de padrão contanto que $n \geq 4$.

CONSTRUINDO LIMITES DE ZONA PARA UM GRÁFICO R

O método mais simples para a construção usa o estimador do desvio-padrão de R, que é $\hat{\sigma}_R = d_3(\overline{R}/d_2)$:

Limite A–B superior: $\overline{R} + 2d_3\left(\dfrac{\overline{R}}{d_2}\right)$

Limite A–B inferior: $\overline{R} - 2d_3\left(\dfrac{\overline{R}}{d_2}\right)$

Limite B–C superior: $\overline{R} + d_3\left(\dfrac{\overline{R}}{d_2}\right)$

Limite B–C inferior: $\overline{R} - d_3\left(\dfrac{\overline{R}}{d_2}\right)$

Nota: Quando $n \leq 6$, o gráfico R não tem limite de controle inferior a 3 sigmas. No entanto, as fronteiras A–B, B–C ainda podem ser representadas graficamente se não são negativas.

INTERPRETANDO UM GRÁFICO R

1. **O processo está fora de controle** se uma ou mais amplitudes de amostras caem além dos limites de controle (Regra 1) ou se qualquer um dos três padrões de variação descritos pelas regras 2, 3 e 4 (Figura 12.21) são observados. Tais sinais indicam que uma ou mais causas especiais de variação estão influenciando a *variação* do processo. Essas causas deveriam ser identificadas e eliminadas para trazer o processo para o controle.
2. **O processo é tratado como em controle** se nenhum dos sinais de falta de controle notados é observado. Processos que estão em controle não devem ser burlados. No entanto, se o nível de variação é inaceitavelmente alto, causas comuns de variação devem ser identificadas e eliminadas.

Assim como com o gráfico $\bar{x}$, a linha central e os limites de controle deveriam ser desenvolvidos pelo uso de amostras coletadas durante um período no qual o processo estava em controle. Dessa forma, quando um gráfico R é construído pela primeira vez, a linha central e os limites de controle são tratados como *valores tentativos* (veja Seção 12.4) e são modificados, se necessário, antes de serem estendidos à direita e usados para monitorar futuras saídas do processo.

EXEMPLO 12.3

CRIANDO E INTERPRETANDO UM GRÁFICO R PARA UM PROCESSO DE ENCHIMENTO DE LATA DE TINTA

Consulte o Exemplo 12.1.

Problema

a. Construa um gráfico R para o processo de enchimento de tinta.

b. O que o gráfico indica sobre a estabilidade do processo de enchimento durante o tempo em que os dados foram coletados?

c. É apropriado usar os limites de controle construídos no item **a** para monitorar a futura saída do processo?

Solução

a. O primeiro passo após coletar os dados é calcular a amplitude para cada amostra. Para a primeira amostra, a amplitude é:

$$R_1 = 10{,}0042 - 9{,}9964 = 0{,}0078$$

Todas as 25 amplitudes de amostras aparecem na Tabela 12.2.

Depois, calcule a média das amplitudes:

$$\overline{R} = \frac{0{,}0078 + 0{,}0092 + \cdots + 0{,}0077}{25} = 0{,}010072$$

A linha central do gráfico é posicionada a $\overline{R} = 0{,}010072$. Para determinar os limites de controle, precisamos das constantes D_3 e D_4, que podem ser encontradas na Tabela XI do Apêndice B. Para $n = 5$, $D_3 = 0$ e $D_4 = 2{,}114$. Uma vez que $D_3 = 0$, o limite de controle 3 sigmas inferior é negativo e não está incluído no gráfico. O limite de controle superior é calculado como se segue:

$$\text{LCS: } \overline{R}D_4 = (0{,}010072)(2{,}114) = 0{,}02130$$

Depois de posicionar o limite de controle superior no gráfico, representamos graficamente as 25 amplitudes de amostras, de forma a amostrar e conectar os pontos com linhas retas. O gráfico de tentativa resultante R, produzido com o uso do MINITAB, é mostrado na Figura 12.25.

b. Para facilitar nosso exame do gráfico R, representamos graficamente os quatro limites de zonas. Lembre-se de que, em geral, os limites A–B estão posicionadas a 2 desvios-padrão da linha central e os limites B–C estão a 1 desvio-padrão da linha central. No caso do gráfico R, usamos o desvio-padrão estimado de $\hat{\sigma}_R = d_3(\overline{R}/d_2)$ e calculamos os limites:

Limite A–B superior: $\overline{R} + 2d_3\left(\dfrac{\overline{R}}{d_2}\right) = 0{,}01755$

Limite A–B inferior: $\overline{R} - 2d_3\left(\dfrac{\overline{R}}{d_2}\right) = 0{,}00259$

Limite B–C superior: $\overline{R} + d_3\left(\dfrac{\overline{R}}{d_2}\right) = 0{,}01381$

Limite B–C inferior: $\overline{R} - d_3\left(\dfrac{\overline{R}}{d_2}\right) = 0{,}00633$

onde (da Tabela XI do Apêndice B), para $n = 5$, $d_2 = 2{,}326$ e $d_3 = 0{,}864$. Note, na Figura 12.25, que a zona inferior A é levemente mais estreita que a zona superior A. Isso ocorre porque o limite de controle 3 sigmas inferior (o limite inferior usual da zona A inferior) é negativo.

Todos os valores R representados graficamente ficam abaixo do limite de controle superior. Isso é uma indicação de que o processo está sob controle (isto é, é estável). No entanto, devemos também buscar padrões de pontos que provavelmente não ocorreriam se o processo estivesse em controle. Para nos orientar nesse processo, usamos as regras de análise de padrão de 1 a 4 (Figura 12.21). Nenhuma das regras sinaliza a presença de causas especiais de variação. Dessa forma, concluímos que é razoável tratar o processo — em particular, a variação do processo — como sob controle durante o período em questão. Aparentemente, nenhuma causa especial de variação significativa está influenciando a variação do processo.

c. Sim. Uma vez que a variação do processo parece estar em controle durante o período em que os dados da amostra foram coletados, os limites de controle caracterizam apropriadamente a variação em R esperada quando o processo está em estado de controle estatístico.

Na prática, o gráfico $\bar{x}$ e o gráfico R não estão sendo usados isoladamente, como nossa apresentação até então poderia sugerir. Ao contrário, eles estão sendo usados juntos para monitorar a média (isto é, a localização) do processo e a variação do processo simultaneamente. Na verdade, muitos usuários os representam graficamente no mesmo pedaço de papel.

Uma razão importante para lidar com eles como uma unidade é que os limites de controle do gráfico $\bar{x}$ são função de R — isto é, os limites de controle dependem da variação do processo. (Lembre-se de que os limites de controle são $\bar{x} \pm A_2\overline{R}$.) Assim, se a variação do processo está fora do controle, os limites de controle do gráfico $\bar{x}$ têm pouco significado. Isso deve-se ao fato de que, quando a variação do processo está mudando (como nos dois gráficos da parte de baixo da Figura 12.8), qualquer simples estimativa da variação (como $\overline{R}$ ou s) não é representativa do processo. Por isso, **o procedimento apropriado é primeiro construir e então interpretar o gráfico R. Se ele indicar que a variação do processo está em controle, então faz sentido construir e interpretar o gráfico $\bar{x}$.**

A Figura 12.26 é uma reimpressão do texto clássico de Kaoru Ishikawa sobre métodos de aprimoramento da qualidade, *Guide to quality control* (1986). Ele ilustra como mudanças em particular em um processo ao longo do tempo podem ser refletidas em gráficos $\bar{x}$ e R. No topo da figura, correndo pela página, está uma série de distribuições de probabilidade, A, B e C, que descrevem o processo (isto é, a variável saída) em diferentes momentos do tempo. Na práti-

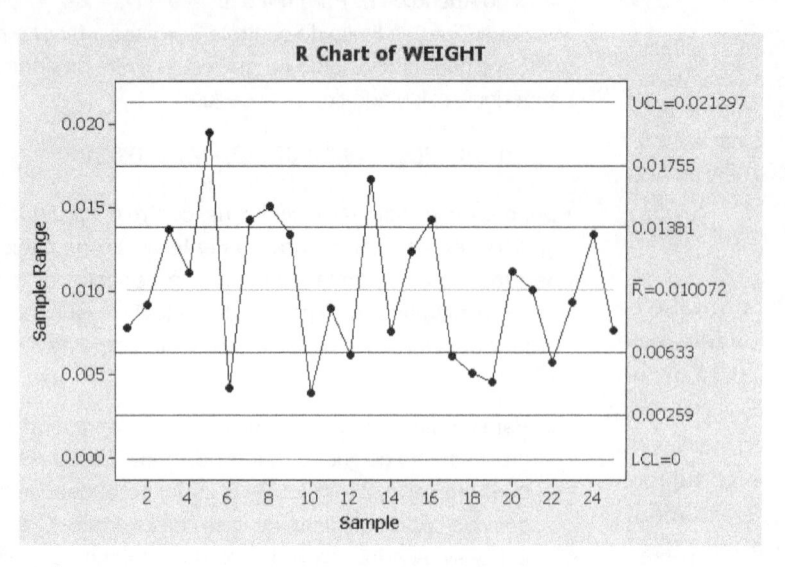

FIGURA 12.25 Gráfico R do MINITAB para o processo de enchimento de tinta

AGORA FAÇA O EXERCÍCIO 12.21

ca, nunca temos essa informação. Para esse exemplo, no entanto, Ishikawa trabalhou com um processo conhecido (isto é, com sua caracterização probabilística dada) para ilustrar como os dados da amostra de um processo conhecido devem se comportar.

Os limites de controle para ambos os gráficos foram construídos a partir de $k = 25$ amostras de tamanho $n = 5$. Esses dados foram gerados pela distribuição A. As 25 médias e amplitudes de amostras foram representadas graficamente em gráficos $\bar{x}$ e R, respectivamente. Uma vez que a distribuição não mudou nesse período de tempo, segue, da definição de controle estatístico, que o processo estava sob controle. Se você não soubesse disso — o que seria o caso na prática —, o que concluiria olhando para os gráficos de controle? (Lembre-se: sempre interprete o gráfico R antes do $\bar{x}$.) Ambos os gráficos indicam que o processo está sob controle. Dessa forma, os limites de controle se tornam oficiais e podem ser usados para monitorar futuras saídas, como ocorre a seguir.

Em direção ao meio da figura, o processo muda. A média muda para um nível superior. Agora, a variável saída é descrita pela distribuição B. O processo está fora de controle. Dez novas amostras de tamanho 5 são amostradas do processo. Uma vez que a variação do processo não mudou, o gráfico R deveria indicar que a variação permanece estável. Isso é, de fato, o caso. Todos os pontos ficam abaixo do limite de controle superior. Como poderíamos esperar, é o gráfico $\bar{x}$ que reage à mudança na média do processo.

Então, o processo muda de novo (distribuição C). Nesse momento, a média muda de volta para sua posição original, mas a variação do processo aumenta. O processo ainda está fora de controle, mas, desta vez, por razão diferente. Ao checar o gráfico R primeiro, vemos que ele reagiu como esperaríamos: ele detectou o aumento na variação. Dada essa descoberta do gráfico R, os limites de controle do gráfico $\bar{x}$ se tornam inapropriados (como descrito anteriormente) e não o utilizaríamos. Note, contudo, como as médias da amostra reagem à variação aumentada do processo. Essa variação aumentada em $\bar{x}$ é consistente com o que sabemos sobre a variação do processo, $\sigma_{\bar{x}}^2 = \sigma^2/n$.

Tenha em mente que o que Ishikawa fez nesse exemplo é exatamente o oposto do que fazemos na prática, ou seja, usamos os dados da amostra e os gráficos de controle para fazer inferências sobre mudanças em distribuições desconhecidas de processos. Aqui, para fins de ajudá-lo a entender e interpretar gráficos de controle, distribuições conhecidas de processos foram mudadas para verificar o que aconteceria com os gráficos de controle.

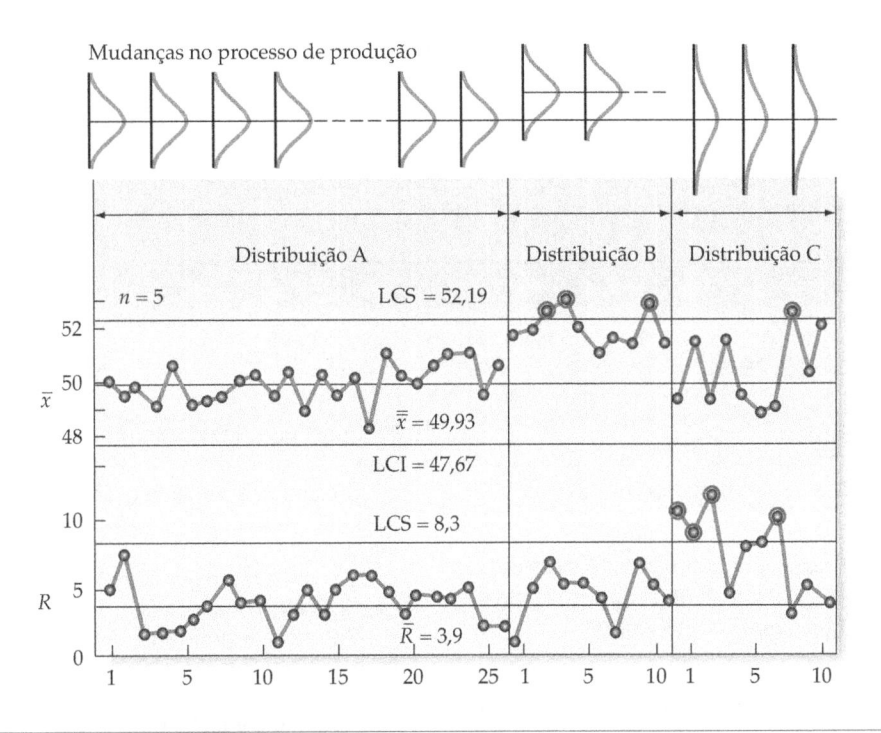

FIGURA 12.26 Gráficos $\bar{x}$ e R combinados

Fonte: Reimpresso de *Guide to quality control*, por Kaoru Ishikawa, © 1986 por Asian Productivity Organization, com permissão do publicante Asian Productivity Organization. Distribuído na América do Norte por Quality Resources, Nova York, NY.

ESTATÍSTICA EM AÇÃO REVISITADA

MONITORANDO A VARIAÇÃO DO PROCESSO DE TESTE DE SURFACTANTE DE COMBUSTÍVEIS DE JATO

Lembre-se de que a empresa de engenharia descobriu que os testes para surfactantes no aditivo de combustível de jato usando injeção B com filtro B geraram uma média de processo 'em controle'. No entanto, como discutido nesta seção, a variação do processo deveria ser checada primeiro interpretando o gráfico $\bar{x}$. A Figura EA12.2 é um gráfico R do MINITAB para os resultados do teste usando injeção B com filtro B. Como opção, de novo instruímos o MINITAB para sombrear (em vermelho) quaisquer amplitudes de amostra que combinem com qualquer uma das quatro regras de análise de padrão para detecção de causas especiais de variação dadas nesta seção. (Se uma regra é violada, o número da regra será mostrado perto da amplitude da amostra no gráfico.)

A Figura EA 12.2 mostra que a variação do processo está 'em controle' — nenhuma das regras de análise de padrão para amplitude é satisfeita. Agora que estabelecemos a estabilidade da variação do processo, o gráfico $\bar{x}$ da Figura EA12.1d pode ser interpretado de forma significativa.

Juntos, o gráfico $\bar{x}$ e o gráfico R ajudaram os engenheiros a estabelecer o método de teste de surfactante com injeção B e filtro B como alternativa viável para o teste-padrão, que parece não ter causas especiais de variação e com mais precisão que o padrão.

[Nota: Testes extensivos feitos com a Marinha concluíram que a precisão aprimorada do 'novo' teste de surfactante era válida. No entanto, o novo teste era incapaz de detectar diversos surfactantes leves que ainda poderiam causar problemas com motores dos jatos. O teste original para surfactantes no aditivo de combustível de jato continua o padrão da indústria.

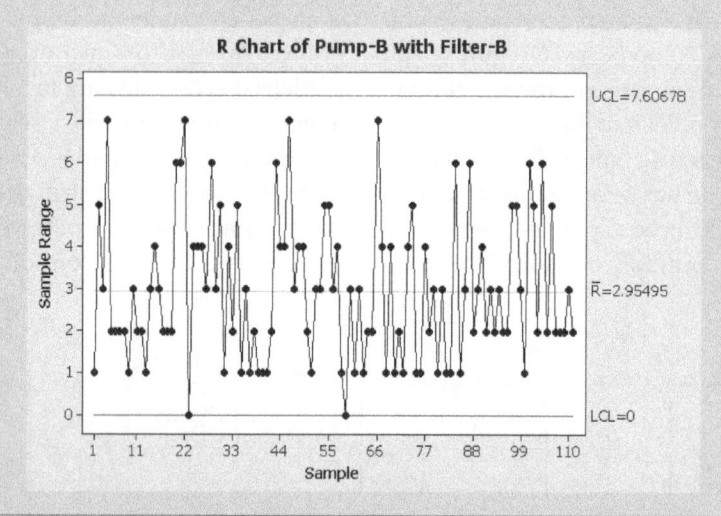

FIGURA EA12.2 Gráfico R para método injeção B com filtro B

Exercícios 12.18 – 12.29

Aprendendo a mecânica

12.18 Qual característica de um processo um gráfico R é usado para monitorar?

12.19 Na prática, gráficos $\bar{x}$ e R são usados juntamente para monitorar um processo. No entanto, o gráfico R deve ser interpretado antes que o gráfico $\bar{x}$. Por quê?

12.20 Use a Tabela XI no Apêndice B para encontrar os valores de D_3 e D_4 para cada um dos seguintes tamanhos de amostra.
 a. $n = 4$
 b. $n = 12$
 c. $n = 24$

12.21 Construa e interprete um gráfico R para os dados no Exercício 12.10.
 a. Calcule e represente graficamente o limite de controle superior e, se apropriado, o limite de controle inferior.
 b. Calcule e represente graficamente os limites de zonas A, B e C no gráfico R.
 c. Represente graficamente as amplitudes da amostra no gráfico R e use as regras de análise de padrão 1 a 4 da Figura 12.21 para determinar se o processo está sob controle estatístico.

12.22 Construa e interprete um gráfico R para os dados do Exercício 12.11.

LM12_23*

Amostra	Medições							$\bar{x}$	R
	1	2	3	4	5	6	7		
1	20,1	19,0	20,9	22,2	18,9	18,1	21,3	20,07	4,1
2	19,0	17,9	21,2	20,4	20,0	22,3	21,5	20,33	4,4
3	22,6	21,4	21,4	22,1	19,2	20,6	18,7	20,86	3,9
4	18,1	20,8	17,8	19,6	19,8	21,7	20,0	19,69	3,9
5	22,6	19,1	21,4	21,8	18,4	18,0	19,5	20,11	4,6
6	19,1	19,0	22,3	21,5	17,8	19,2	19,4	19,76	4,5
7	17,1	19,4	18,6	20,9	21,8	21,0	19,8	19,80	4,7
8	20,2	22,4	22,0	19,6	19,6	20,0	18,5	20,33	3,9
9	21,9	24,1	23,1	22,8	25,6	24,2	25,2	23,84	3,7
10	25,1	24,3	26,0	23,1	25,8	27,0	26,5	25,40	3,9
11	25,8	29,2	28,5	29,1	27,8	29,0	28,0	28,20	3,4
12	28,2	27,5	29,3	30,7	27,6	28,0	27,0	28,33	3,7
13	28,2	28,6	28,1	26,0	30,0	28,5	28,3	28,24	4,0
14	22,1	21,4	23,3	20,5	19,8	20,5	19,0	20,94	4,3
15	18,5	19,2	18,0	20,1	22,0	20,2	19,5	19,64	4,0
16	21,4	20,3	22,0	19,2	18,0	17,9	19,5	19,76	4,1
17	18,4	16,5	18,1	19,2	17,5	20,9	19,6	18,60	4,4
18	20,1	19,8	22,3	22,5	21,8	22,7	23,0	21,74	3,2
19	20,0	17,5	21,0	18,2	19,5	17,2	18,1	18,79	3,8
20	22,3	18,2	21,5	19,0	19,4	20,5	20,0	20,13	4,1

* Para usar os dados da tabela no software, é preciso trocar as vírgulas dos valores numéricos por ponto.

a. Calcule e represente graficamente o limite de controle superior e, se apropriado, o limite de controle inferior.
b. Calcule e represente graficamente os limites de zonas A, B e C no gráfico R.
c. Represente graficamente as amplitudes da amostra no gráfico R e determine se o processo está em controle.
12.23 Construa e interprete um gráfico R e um gráfico $\bar{x}$ a partir dos dados da amostra apresentados acima. Lembre-se de interpretar o gráfico R antes do gráfico $\bar{x}$.

Aplicação dos conceitos — Básico

12.24 CPU de um chip de computador. Releia o Exercício 12.12, em que as larguras de caminho de circuito desejadas foram de 0,5 a 0,85 mícron. O fabricante amostrou quatro chips de computador seis vezes por dia (a cada 90 minutos das 8h às 16h30) por 5 dias consecutivos. As larguras de caminhos foram medidas e usadas para construir o gráfico R do MINITAB mostrado abaixo.

a. Calcule os limites de controle superior e inferior do gráfico.
b. O que o gráfico R sugere sobre a presença de causas especiais de variação durante o tempo em que os dados foram coletados?
c. Os limites de controle deveriam ser usados para monitorar futuras saídas do processo? Explique.

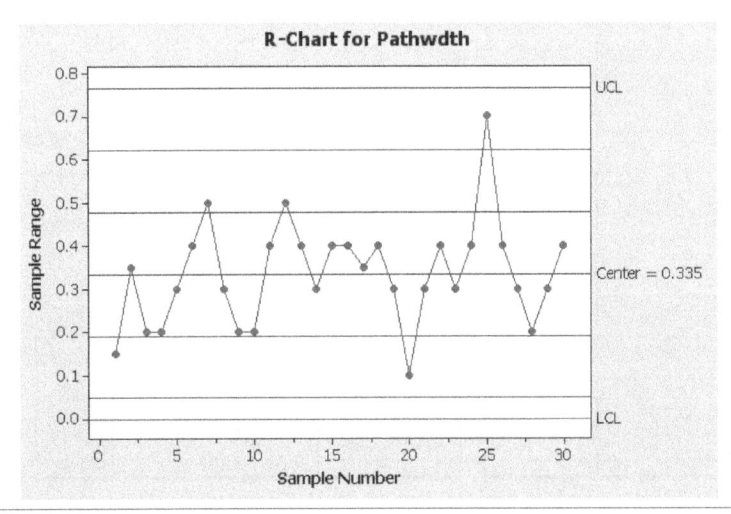

Saída do MINITAB para o Exercício 12.24

d. Quantos valores diferentes de R são representados no gráfico de controle? Note como a maioria dos valores de R cai dentro de três linhas horizontais. O que poderia causar tal padrão?

12.25 Processo de enchimento de garrafa de cola. Uma empresa engarrafadora de refrigerante está interessada em monitorar a quantidade de cola injetada em garrafas de 16 onças por uma cabeça de preenchimento em particular. O processo está inteiramente automatizado e opera 24 horas por dia. Às 6h e às 18h, a cada dia, um novo injetor de dióxido de carbono capaz de produzir 20.000 galões de cola é preso à máquina de enchimento. Para monitorar o processo usando gráficos de controle, a empresa decidiu amostrar cinco garrafas consecutivas de cola a cada hora, começando às 6h15 (isto é, 6h15, 7h15, 8h15, etc.). Os dados para o primeiro dia são apresentados na tabela ao lado. Uma tela de estatísticas descritivas do SPSS também é apresentada abaixo.

a. A estratégia de subagrupamento racional usada permite à empresa detectar a variação no enchimento causada por diferenças nos injetores de dióxido de carbono? Explique.

b. Construa um gráfico R a partir dos dados.

c. O que o gráfico R indica sobre a estabilidade do processo de enchimento durante o tempo em que os dados foram coletados? Justifique sua resposta.

d. Os limites de controle deveriam ser usados para monitorar futuras saídas do processo? Explique.

e. Dada a sua resposta para o item **c**, um gráfico $\bar{x}$ deveria ser construído a partir dos dados? Explique.

Amostra	Medições				
1	16,01	16,03	15,98	16,00	16,01
2	16,03	16,02	15,97	15,99	15,99
3	15,98	16,00	16,03	16,04	15,99
4	16,00	16,03	16,02	15,98	15,98
5	15,97	15,99	16,03	16,01	16,04
6	16,01	16,03	16,04	15,97	15,99
7	16,04	16,05	15,97	15,96	16,00
8	16,02	16,05	16,03	15,97	15,98
9	15,97	15,99	16,02	16,03	15,95
10	16,00	16,01	15,95	16,04	16,06
11	15,95	16,04	16,07	15,93	16,03

(continua na página seguinte)

Descriptive Statistics for 25 Cola Samples

	Count	Mean	Minimum	Maximum	Range
1	5	16.01	15.98	16.03	.05
2	5	16.00	15.97	16.03	.06
3	5	16.01	15.98	16.04	.06
4	5	16.00	15.98	16.03	.05
5	5	16.01	15.97	16.04	.07
6	5	16.01	15.97	16.04	.07
7	5	16.00	15.96	16.05	.09
8	5	16.01	15.97	16.05	.08
9	5	15.99	15.95	16.03	.08
10	5	16.01	15.95	16.06	.11
11	5	16.00	15.93	16.07	.14
12	5	16.02	15.94	16.08	.14
13	5	15.99	15.96	16.01	.05
14	5	16.00	15.98	16.02	.04
15	5	16.00	15.98	16.03	.05
16	5	16.00	15.97	16.02	.05
17	5	16.01	15.99	16.05	.06
18	5	16.01	15.98	16.04	.06
19	5	15.98	15.96	16.01	.05
20	5	16.01	15.96	16.04	.08
21	5	16.01	15.97	16.05	.08
22	5	16.01	15.95	16.07	.12
23	5	16.02	15.95	16.07	.12
24	5	15.99	15.93	16.08	.15

Saída do SPSS para o Exercício 12.25

Amostra	Medições				
12	15,98	16,07	15,94	16,08	16,02
13	15,96	16,00	16,01	16,00	15,98
14	15,98	16,01	16,02	15,99	15,99
15	15,99	16,03	16,00	15,98	16,01
16	16,02	16,02	16,01	15,97	16,00
17	16,01	16,05	15,99	15,99	16,03
18	15,98	16,03	16,04	15,98	16,01
19	15,97	15,96	15,99	15,99	16,01
20	16,03	16,01	16,04	15,96	15,99
21	15,99	16,03	15,97	16,05	16,03
22	15,98	15,95	16,07	16,01	16,04
23	15,99	16,06	15,95	16,03	16,07
24	16,00	16,01	16,08	15,94	15,93

Aplicação dos conceitos — Intermediário

12.26 Tempos de reposição para cartões perdidos. Em um esforço para reduzir a insatisfação do consumidor com atrasos na reposição de cartões de caixas eletrônicos perdidos, alguns bancos de varejo monitoram o tempo requerido para repor um cartão perdido. Chamado de tempo de ciclo de reposição, o tempo gasto desde o momento em que o consumidor contacta o banco avisando a perda até que receba um novo cartão (*Management Science*, set. 1999). Um banco de varejo em particular monitora o tempo de ciclo de reposição para as primeiras cinco requisições a cada semana para cartões repostos. A variação em tempos de ciclo é monitorada usando um gráfico *R*. Dados para 20 semanas são apresentados abaixo.

   a. Construa um gráfico *R* para esses dados.
   b. O que o gráfico *R* sugere sobre a presença de causas especiais de variação no processo?
   c. Os limites de controle do gráfico *R* podem ser usados para monitorar futuros tempos de ciclo de reposição? Explique.
   d. Dada sua conclusão no item **b** e o padrão apresentado no gráfico *R*, discuta o possível impacto futuro do desempenho do banco.

Semana	Tempo de ciclo de substituição (em dias)				
1	7	10	6	6	10
2	7	12	8	8	6
3	7	8	7	11	6
4	8	8	12	11	12
5	3	8	4	7	7
6	6	10	11	5	7
7	5	12	11	8	7
8	7	12	8	7	6
9	8	10	12	10	5
10	12	8	6	6	8
11	10	9	9	5	4
12	3	10	7	6	8
13	9	9	8	7	2
14	7	10	18	20	8
15	8	18	15	18	21
16	10	22	16	8	7
17	3	18	4	8	12
18	11	7	8	17	19
19	10	8	19	20	25
20	6	3	18	18	7

(continua)

12.27 Caso da Empresa Bayfield Mud. Reveja o Exercício 12.15, no qual a Empresa Bayfield Mud estava preocupada em descobrir por que a operação de enchimento estava produzindo sacos de lama abaixo do peso.
   a. Construa um gráfico *R* para o processo.
   b. De acordo com o gráfico *R*, o processo está sob controle estatístico? Explique.
   c. O gráfico *R* fornece alguma evidência sobre a causa do problema de subenchimento da Bayfield? Explique.

12.28 Largura do intervalo do grampo robótico. Releia o Exercício 12.16, no qual um fabricante de grampo robótico estava preocupado com a largura do intervalo.
   a. Construa um gráfico *R* para o intervalo da largura.
   b. Sobre qual parâmetro do processo de fabricação o seu gráfico *R* fornece informações?
   c. O que o gráfico *R* sugere sobre a presença de causas especiais de variação durante o tempo em que os dados foram coletados?

Aplicação dos conceitos — Avançado

12.29 Precisão de medições de balança de peso. O *Journal of Quality Technology* (jul. 1998) publicou um artigo examinando os efeitos da precisão da medição de um gráfico *R*. Os autores apresentaram dados de uma empresa de nutrição britânica que preenche contêineres com o rótulo de '500 gramas' com um suplemento em pó de dieta. Uma vez a cada 15 minutos, cinco contêineres são amostrados a partir do processo de enchimento e o peso é medido. A primeira tabela na página a seguir lista as medições para 25 amostras consecutivas feitas em uma balança que tem a precisão de 0,5 gramas, seguida por uma segunda tabela que fornece medições para as mesmas amostras feitas em uma balança com precisão de 2,5 gramas. Pelo período de tempo a partir do qual as amostras foram tiradas, é sabido que o processo estava em controle estatístico, com média de 500 gramas e desvio-padrão de 1 grama.
   a. Construa um gráfico *R* para os dados, preciso para 0,5 gramas. O processo está sob controle estatístico? Explique.
   b. Dada a sua resposta para o item **a**, é apropriado construir um gráfico $\bar{x}$ para os dados? Explique.
   c. Construa um gráfico *R* para os dados, preciso para apenas 2,5 gramas. O que ele sugere sobre a estabilidade do processo de enchimento?
   d. Com base em suas respostas para os itens de **a** a **c**, discuta a importância da precisão de instrumentos de medição ao avaliar a estabilidade do processo de produção.

FILLWT1

Amostra	Pesos preenchidos com precisão de 0,5 gramas					Amplitude
1	500,5	499,5	502,0	501,0	500,5	2,5
2	500,5	499,5	500,0	499,0	500,0	1,5
3	498,5	499,0	500,0	499,5	500,0	1,5
4	500,5	499,5	499,0	499,0	500,5	1,5
5	500,0	501,0	500,5	500,5	500,0	1,0
6	501,0	498,5	500,0	501,5	500,5	3,0
7	499,5	500,0	499,0	501,0	499,5	2,0
8	498,5	498,0	500,0	500,5	500,5	2,5
9	498,0	499,0	502,0	501,0	501,5	4,0
10	499,0	499,5	499,5	500,0	499,5	1,0
11	502,5	499,5	501,0	501,5	502,0	3,0
12	501,5	501,5	500,0	500,0	501,0	1,5
13	498,5	499,5	501,0	500,5	498,5	2,5
14	499,5	498,0	500,0	499,5	498,5	2,0
15	501,0	500,0	498,0	500,5	500,0	3,0
16	502,5	501,5	502,0	500,5	500,5	2,0
17	499,5	500,5	500,0	499,5	499,5	1,0
18	499,0	498,5	498,0	500,0	498,0	2,0
19	499,0	498,0	500,5	501,0	501,0	3,0
20	501,5	499,5	500,0	500,5	502,0	2,5
21	501,0	500,5	502,0	502,5	502,5	2,0
22	501,5	502,5	502,5	501,5	502,0	1,0
23	499,5	502,0	500,0	500,5	502,0	2,5
24	498,5	499,0	499,0	500,5	500,0	2,0
25	500,0	499,5	498,5	500,0	500,5	2,0

FILLWT2

Amostra	Pesos preenchidos com precisão de 2,5 gramas					Amplitude
1	500,0	500,0	502,5	500,0	500,0	2,5
2	500,0	500,0	500,0	500,0	500,0	0,0
3	500,0	500,0	500,0	500,0	500,0	0,0
4	497,5	500,0	497,5	497,5	500,0	2,5
5	500,0	500,0	500,0	500,0	500,0	0,0
6	502,5	500,0	497,5	500,0	500,0	5,0
7	500,0	500,0	502,5	502,5	500,0	2,5
8	497,5	500,0	500,0	497,5	500,0	2,5
9	500,0	500,0	497,5	500,0	502,5	5,0
10	500,0	500,0	500,0	500,0	500,0	0,0
11	500,0	505,0	502,5	500,0	500,0	5,0
12	500,0	500,0	500,0	500,0	500,0	0,0
13	500,0	500,0	497,5	500,0	500,0	2,5
14	500,0	500,0	500,0	500,0	500,0	0,0
15	502,5	502,5	502,5	500,0	502,5	2,5
16	500,0	500,0	500,0	500,0	500,0	0,0
17	497,5	497,5	497,5	497,5	497,5	0,0
18	500,0	500,0	500,0	500,0	500,0	0,0
19	495,0	497,5	500,0	500,0	500,0	5,0
20	500,0	502,5	500,0	500,0	502,5	2,5
21	500,0	500,0	500,0	500,0	500,0	0,0
22	500,0	500,0	500,0	500,0	500,0	0,0
23	500,0	500,0	500,0	500,0	500,0	0,0
24	497,5	497,5	500,0	497,5	497,5	2,5
25	500,0	500,0	497,5	500,0	500,0	2,5

(continua)

Fonte: Adaptado de TRICKER, A; COATES, E.; OKELL, E. "The effects on the R-chart of precision of measurement". *Journal of Quality Technology*, vol. 30, n. 3, jul. 1998, pp. 232-239.

12.6 Um gráfico de controle para monitorar a proporção de defeitos gerados por um processo: o gráfico p

Entre as dúzias de diferentes gráficos de controle propostos por pesquisadores e usuários, os gráficos $\bar{x}$ e R são de longe os mais usados para monitorar variáveis saída *quantitativas* como tempo, comprimento e peso. Entre os gráficos desenvolvidos para uso com variáveis saída *qualitativas*, o gráfico que introduzimos nesta seção é o mais conhecido. Chamado de **gráfico p**, é usado quando a variável saída é categoria (isto é, medida em escala nominal). Com o gráfico p, a proporção p de unidades produzidas pelo processo pertencente a uma categoria em particular (por exemplo, defeituosa ou não defeituosa; com ou sem sucesso; adiantada ou atrasada) pode ser monitorada.

O gráfico p costuma ser usado para monitorar a proporção de unidades defeituosas produzidas por um processo (isto é, a proporção de unidades que não estão em conformidade com a especificação). Essa proporção é usada para caracterizar um processo, da mesma forma que a média e variação são usadas para caracterizar um processo quando a variável saída é quantitativa. Exemplos de proporções do processo monitoradas na indústria incluem a proporção de erros de cobrança cometidos por empresas de cartão de crédito; a proporção de chips semicondutores não funcionando; e a proporção de cheques que um sistema de reconhecimento de tinta de um banco é incapaz de ler.

Como é o caso para a média e a variação, a proporção do processo pode mudar ao longo do tempo. Por exemplo, pode mudar para cima ou para baixo ou passar para um novo nível. Em tais casos, o processo está fora de controle. **À medida que a propor-**

ção do processo permanece constante, ele está em estado de controle estatístico.

Assim como acontece com outros gráficos de controle apresentados neste capítulo, o gráfico p tem uma linha central e limites de controle determinados a partir dos dados da amostra. Após k amostras de tamanho n serem retiradas do processo, cada unidade é classificada (por exemplo, defeituosa ou não defeituosa), a proporção de unidades defeituosas em cada amostra ($\hat{p}$) é calculada, a linha central e os limites de controle são determinados usando essa informação e as proporções da amostra são representadas graficamente no gráfico p. É a variação em $\hat{p}$ ao longo do tempo que monitoramos e interpretamos. Mudanças no comportamento de $\hat{p}$ sinalizam mudanças na proporção p do processo.

O gráfico p está baseado na premissa de que o número de itens defeituosos observados em cada amostra é uma variável aleatória binomial. O que chamamos de proporção do processo é realmente a probabilidade binomial p. (Discutimos variáveis aleatórias binomiais no Capítulo 4.) Quando o processo está em estado de controle estatístico, p permanece constante ao longo do tempo. A variação em $\hat{p}$ — como mostrado no gráfico p — é usada para julgar se p é estável.

Para determinar a linha central e os limites de controle para o gráfico p, precisamos conhecer a distribuição amostral de $\hat{p}$. Descrevemos esta distribuição na Seção 5.4. Lembre-se de que:

$$\hat{p} = \frac{\text{Número de itens defeituosos na amostra}}{\text{Número de itens na amostra}} = \frac{x}{n}$$

$$\mu_{\hat{p}} = p$$

$$\sigma_{\hat{p}} = \sqrt{\frac{p(1-p)}{n}}$$

e de que, para grandes amostras, $\hat{p}$ é aproximadamente e normalmente distribuído. Assim, se p fosse conhecido, a linha central seria p e os limites de controle de 3 sigmas seriam $p \pm 3\sqrt{p(1-p)/n}$. No entanto, uma vez que p é desconhecido, deve ser estimado a partir dos dados da amostra. O estimador apropriado é $\bar{p}$, a proporção geral de unidades defeituosas nas nk unidades amostradas:

$$\bar{p} = \frac{\text{Número total de unidades defeituosos em todas as } k \text{ amostras}}{\text{Número total de unidades da amostra}}$$

Para calcular os limites de controle do gráfico p, substitua $\bar{p}$ por p na expressão anterior para os limites de controle, como ilustrado na Figura 12.27.

Ao construir um gráfico p, é recomendável usar um tamanho de amostra muito maior daquele comumente usado para os gráficos $\bar{x}$ e R. A maior parte dos processos monitorados na indústria tem proporções de processo relativamente pequenas, geralmente menores que 0,05 (isto é, menos de 5% das saídas são 'não conforme'). Nesses casos, se um tamanho pequeno de amostra é usado, digamos $n = 5$, amostras tiradas do processo provavelmente não conteriam saídas 'não conforme'. Como resultado, a maioria, se não todo $\hat{p}$, seria igual a zero.

Apresentamos uma regra de bolso que pode ser usada para determinar um tamanho de amostra grande o suficiente para evitar esse problema. Essa regra também ajudará a evitar terminar com um limite de controle inferior negativo, uma situação que freqüentemente ocorre quando tanto p quanto n são pequenos. Veja Montgomery (1991) ou Duncan (1986) para maiores detalhes.

DETERMINAÇÃO DE TAMANHO DE AMOSTRA PARA MONITORAR A PROPORÇÃO DO PROCESSO

Escolha n de forma que $n > \dfrac{9(1 - p_0)}{p_0}$

onde:

n = tamanho da amostra

p_0 = uma estimativa (talvez julgamento) da proporção p do processo

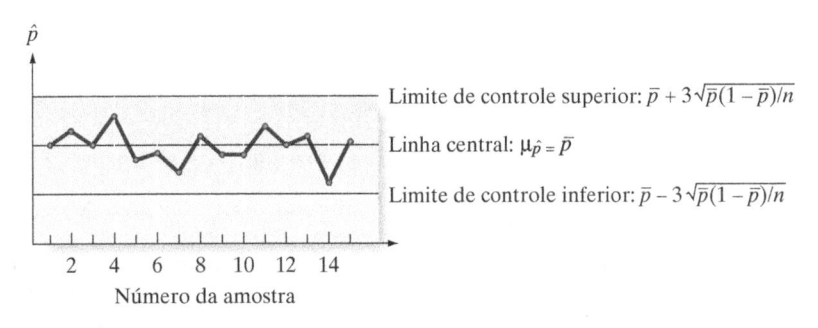

FIGURA 12.27 O gráfico p

Por exemplo, se p é pensado como sendo cerca de 0,05, a regra indica que amostras de tamanho pelo menos 171 deveriam ser usadas para construir o gráfico p:

$$n > \frac{9(1 - 0,05)}{0,05} = 171$$

Nos próximos três quadros, resumimos como construir um gráfico p e suas fronteiras de zona e como interpretar um gráfico p.

CONSTRUINDO UM GRÁFICO p: UM RESUMO

1. Usando uma estratégia de subagrupamento racional, colete pelo menos 20 amostras, cada uma de tamanho

$$n > \frac{9(1 - p_0)}{p_0}$$

onde p_0 é uma estimativa de p, a proporção de itens defeituosos (isto é, 'não conforme') produzidos pelo processo. p_0 pode ser determinado a partir dos dados da amostra (isto é, $\hat{p}$) ou ser baseado em opinião especializada.

2. Para cada amostra, calcule $\hat{p}$, a proporção de unidades defeituosas na amostra:

$$\hat{p} = \frac{\text{Número de itens defeituosos na amostra}}{\text{Número de itens na amostra}}$$

3. Represente graficamente a linha central e os limites de controle:

Linha central: $\bar{p} = \dfrac{\text{Número total de unidades defeituosas em todas as } k \text{ amostras}}{\text{Número total de unidades em todas as } k \text{ amostras}}$

Limite de controle superior: $\bar{p} + 3\sqrt{\dfrac{\bar{p}(1 - \bar{p})}{n}}$

Limite de controle inferior: $\bar{p} - 3\sqrt{\dfrac{\bar{p}(1 - \bar{p})}{n}}$

onde k é o número de amostras de tamanho n e $\bar{p}$ é a proporção geral de unidades defeituosas em nk unidades amostradas. $\bar{p}$ é uma estimativa da proporção desconhecida do processo p.

4. Represente graficamente as k proporções da amostra no gráfico de controle, na ordem em que elas foram produzidas pelo processo.

Assim como os gráficos $\bar{x}$ e R, a linha central e os limites de controle deveriam ser desenvolvidos com o uso de amostras coletadas durante um período no qual o processo estava em controle. Dessa forma, quando um gráfico p foi construído pela primeira vez, a linha central e os limites de controle deveriam ser tratados como *valores de tentativa* (veja Seção 12.4) e, se necessário, modificados antes de serem estendidos à direita no gráfico de controle e usados para monitorar futuras saídas do processo.

CONSTRUINDO LIMITES DE ZONAS PARA UM GRÁFICO p

Limite A–B superior: $\bar{p} + 2\sqrt{\dfrac{\bar{p}(1 - \bar{p})}{n}}$

Limite A–B inferior: $\bar{p} - 2\sqrt{\dfrac{\bar{p}(1 - \bar{p})}{n}}$

Limite B–C superior: $\bar{p} + \sqrt{\dfrac{\bar{p}(1 - \bar{p})}{n}}$

Limite B–C inferior: $\bar{p} - \sqrt{\dfrac{\bar{p}(1 - \bar{p})}{n}}$

Nota: Quando o limite de controle inferior for negativo, ele não deverá ser representado no gráfico de controle. Contudo, os limites de zona inferior poderão ainda ser representadas graficamente se não forem negativas.

INTERPRETANDO UM GRÁFICO p

1. O **processo é fora do controle** se uma ou mais proporções da amostra ficam além dos limites de controle (Regra 1) ou se qualquer um dos três padrões de variação descritos pelas regras 2, 3 e 4 (Figura 12.21) é observado. Tais sinais indicam que uma ou mais causas especiais de variação estão influenciando a proporção p do processo. Essas causas deveriam ser identificadas e eliminadas de forma a trazer o processo para o controle.

2. O **processo é tratado como em controle** se nenhum dos sinais fora de controle acima notados são observados. Processos em controle não deveriam ser burlados. No entanto, se o nível de variação for inaceitavelmente alto, causas comuns de variação deverão ser identificadas e eliminadas.

EXEMPLO 12.4

CRIANDO E INTERPRETANDO UM GRÁFICO p PARA UM PROCESSO DE ELABORAÇÃO DE PEDIDO

Problema Um fabricante de peças de automóveis está interessado em implementar um processo de controle estatístico em diversas áreas dentro de sua operação de depósito. Ele quer começar com o processo de elaboração de pedidos. Muito freqüentemente, pedidos recebidos de clientes contêm itens errados ou muito poucos itens.

Para cada pedido recebido, as peças são buscadas em latas no depósito, rotuladas e colocadas em um sistema de esteira rolante. Uma vez que as latas são espalhadas em uma área de 3 acres, itens que são parte do mesmo pedido podem ser colocados em diferentes partes da esteira rolante. Perto do final do sistema de esteira, todas as partes convergem e um trabalhador escolhe os itens de acordo com o pedido ao qual eles pertencem. Essa informação é contida nos rótulos que foram colocados nos itens pelos funcionários.

Os trabalhadores identificaram três erros que causam preparação imprópria para os carregamentos: (1) funcionários pegam a lata errada; (2) pegadores rolutam itens de forma errada; e (3) a pessoa que escolhe comete um erro.

O gerente de qualidade da firma implementou um programa de amostragem no qual ordens pedidas são amostradas a cada dia e checadas para a precisão. Um pedido fabricado é considerado 'não conforme' (defeituoso) se difere de alguma maneira do pedido colocado pelo consumidor. Para levantar os dados, 25 amostras foram avaliadas. Os dados resultantes são mostrados na Tabela 12.4.

a. Construa um gráfico p para a operação de fabricação dos pedidos.
b. O que o gráfico indica sobre a estabilidade de processo?
c. É apropriado usar os limites de controle e a linha central construídos no item **a** para monitorar a saída futura do processo?

TABELA 12.4 Vinte e cinco amostras de tamanho 90 a partir do processo de produção de pedidos

Amostra	Tamanho	Ordens Defeituosas	Proporção da Amostra
1	90	12	0,13333
2	90	6	0,06667
3	90	11	0,12222
4	90	8	0,08889
5	90	13	0,14444
6	90	14	0,15556
7	90	12	0,13333
8	90	6	0,06667
9	90	10	0,11111
10	90	13	0,14444
11	90	12	0,13333
12	90	24	0,26667
13	90	23	0,25556
14	90	22	0,24444
15	90	8	0,08889
16	90	3	0,03333
17	90	11	0,12222

(continua)

Amostra	Tamanho	Ordens Defeituosas	Proporção da Amostra
18	90	14	0,15556
19	90	5	0,05556
20	90	12	0,13333
21	90	18	0,20000
22	90	12	0,13333
23	90	13	0,14444
24	90	4	0,04444
25	90	6	0,06667
Totais	2.250	292	

Solução

a. O primeiro passo na construção do gráfico p depois de coletar os dados da amostra é calcular a proporção da amostra para cada amostra. Para a primeira amostra:

$$\hat{p} = \frac{\text{Número de itens defeituosos na amostra}}{\text{Número de itens na amostra}}$$

$$= \frac{12}{90} = 0,13333$$

Todas as proporções da amostra são mostradas na Tabela 12.4. Depois, calcule a proporção de itens defeituosos no número total de itens amostrados:

$$\bar{p} = \frac{\text{Número total de itens defeituosos}}{\text{Número total de itens amostrados}}$$

$$= \frac{292}{2.250} = 0,12978$$

A linha central é posicionada em $\bar{p}$, e $\bar{p}$ é usado para calcular os limites de controle:

$$\bar{p} \pm 3\sqrt{\frac{\bar{p}(1-\bar{p})}{n}} = 0,12978 \pm 3\sqrt{\frac{0,12978(1-0,12978)}{90}}$$

$$= 0,12978 \pm 0,10627$$

LCS: 0,23605

LCI: 0,02351

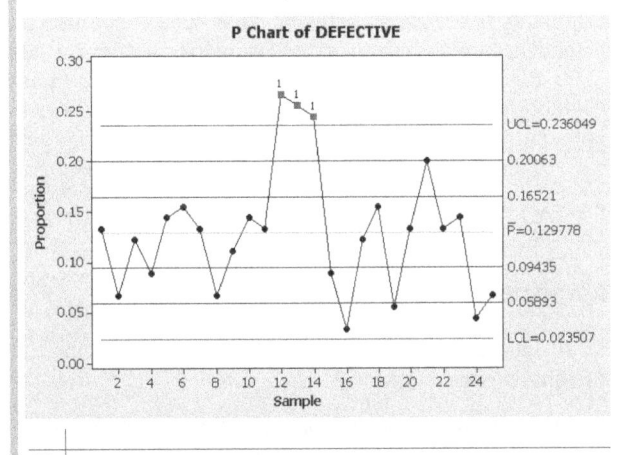

FIGURA 12.28 Gráfico p do MINITAB para o processo de fabricação do pedido

Depois de representar graficamente a linha central e os limites de controle, represente graficamente as 25 proporções de amostra na ordem da amostragem e conecte os pontos com linhas retas. O gráfico de controle completo, obtido usando o MINITAB, é apresentado na Figura 12.28.

b. Para dar assistência ao nosso exame do gráfico de controle, adicionamos as fronteiras de zona de 1 e 2 desvios-padrão. Os limites são localizadas substituindo $p = 0{,}12978$ nas seguintes fórmulas:

$$\text{Limite } A\text{–}B \text{ superior}: \bar{p} + 2\sqrt{\frac{\bar{p}(1-\bar{p})}{n}} = 0{,}20063$$

$$\text{Limite } A\text{–}B \text{ inferior}: \bar{p} - 2\sqrt{\frac{\bar{p}(1-\bar{p})}{n}} = 0{,}05893$$

$$\text{Limite } B\text{–}C \text{ superior}: \bar{p} + \sqrt{\frac{\bar{p}(1-\bar{p})}{n}} = 0{,}16521$$

$$\text{Limite } B\text{–}C \text{ inferior}: \bar{p} - \sqrt{\frac{\bar{p}(1-\bar{p})}{n}} = 0{,}09435$$

Note que três das proporções da amostra caem acima do limite de controle superior (Regra 1); assim, há forte evidência de que o processo está fora de controle. Nenhum dos padrões não-aleatórios das regras 2, 3 e 4 (Figura 12.21) são evidentes. A proporção do processo parece ter aumentado drasticamente em algum ponto perto da amostra 12.

c. Como o processo estava aparentemente fora de controle durante o período no qual os dados da amostra foram coletados para construir o gráfico de controle, não é apropriado continuar usando o gráfico. Os limites de controle e a linha central não são representativos do processo quando ele está em controle. O gráfico deve ser revisado antes de ser usado para monitorar saídas futuras.

Nesse caso, os três pontos fora de controle foram investigados, e foi descoberto que eles ocorreram em dias em que um funcionário temporário de coleta estava trabalhando no lugar de um trabalhador regular. Ações foram tomadas para garantir que, no futuro, trabalhadores temporários melhor treinados estivessem disponíveis.

Uma vez que a causa especial da variação esperada foi identificada e eliminada, todos os dados da amostra dos três dias em que o funcionário temporário estava trabalhando foram tirados a partir do grupo de dados, e a linha central e os limites de controle foram recalculados:

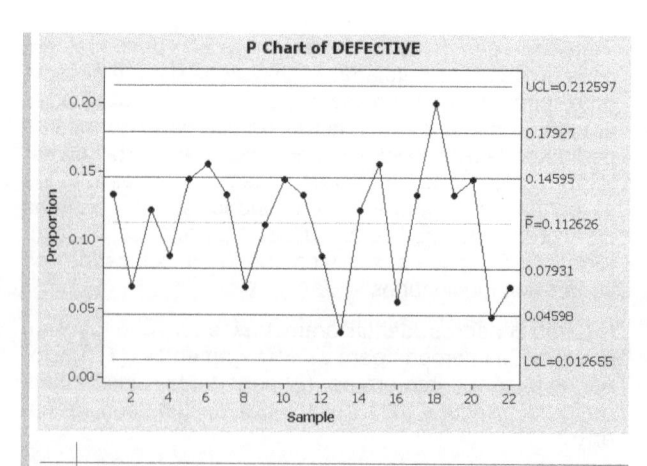

FIGURA 12.29 Gráfico p do MINITAB revisado para o processo de elaboração de pedidos

$$\text{Linha central}: \bar{p} = \frac{223}{1980} = 0{,}11263$$

$$\text{Limites de controle}: \bar{p} \pm 3\sqrt{\frac{\bar{p}(1-\bar{p})}{n}}$$

$$= 0{,}11263 \pm 3\sqrt{\frac{0{,}11263(0{,}88737)}{90}}$$

$$= 0{,}11263 \pm 0{,}09997$$

LCS: 0,21259   LCI: 0,01266

As zonas revisadas são calculadas com a substituição de $\bar{p} = 0{,}11263$ nas seguintes fórmulas:

$$\text{Limite } A\text{–}B \text{ superior}: \bar{p} + 2\sqrt{\frac{\bar{p}(1-\bar{p})}{n}} = 0{,}17927$$

$$\text{Limite } A\text{–}B \text{ inferior}: \bar{p} + \sqrt{\frac{\bar{p}(1-\bar{p})}{n}} = 0{,}14595$$

$$\text{Limite } B\text{–}C \text{ superior}: \bar{p} - 2\sqrt{\frac{\bar{p}(1-\bar{p})}{n}} = 0{,}04598$$

$$\text{Limite } B\text{–}C \text{ inferior}: \bar{p} - \sqrt{\frac{\bar{p}(1-\bar{p})}{n}} = 0{,}07931$$

O gráfico de controle revisado aparece na Figura 12.29. Note que agora todas as proporções da amostra caem dentro do limite de controle. Esses limites podem agora ser tratados como oficiais, estendendo-se para a direita no gráfico, e usados para monitorar futuros pedidos.

AGORA FAÇA O EXERCÍCIO **12.33**

Exercícios 12.30 – 12.38

Aprendendo a mecânica

12.30 Que característica de um processo um gráfico p é designado para monitorar?

12.31 Acredita-se que a proporção de itens defeituosos gerados por um processo de fabricação seja de 8%. Ao construir um gráfico p para o processo, determine quão grande o tamanho da amostra deverá ser para evitar acabar com um limite de controle inferior negativo.

12.32 Para construir um gráfico p para um processo de manufatura, 25 amostras de tamanho 200 foram tiradas de um processo. O número de itens defeituosos em cada amostra é listado na página a seguir.

a. Calcule a proporção de itens defeituosos em cada amostra.

b. Calcule e represente graficamente $\bar{p}$ e os limites de controle superior e inferior para o gráfico p.

c. Calcule e represente graficamente os limites de zonas A, B e C no gráfico p.

LM12_32
Companion Website

AMOSTRA	TAMANHOS DE AMOSTRA	DEFEITUOSOS
1	200	16
2	200	14
3	200	9
4	200	11
5	200	15
6	200	8
7	200	12
8	200	16
9	200	17
10	200	13
11	200	15
12	200	10
13	200	9
14	200	12
15	200	14
16	200	11
17	200	8
18	200	7
19	200	12
20	200	15
21	200	9
22	200	16
23	200	13
24	200	11
25	200	10

d. Represente graficamente as proporções da amostra em um gráfico p e ligue-as com linhas retas.

e. Use as regras de 1 a 4 de análise de padrões para detectar a presença de causas especiais de variação (Figura 12.21) de modo a determinar se o processo está fora de controle.

12.33 Para construir um gráfico p, 20 amostras de tamanho 150 foram tiradas de um processo. A proporção de itens defeituosos encontrados em cada uma das amostras está listada na segunda tabela abaixo.

a. Calcule e represente graficamente a linha central e os limites de controle superior e inferior para o gráfico p.

b. Calcule e represente graficamente as fronteiras de zonas A, B e C no gráfico p.

c. Represente graficamente as proporções da amostra em um gráfico p.

d. O processo está sob controle? Explique.

e. Os limites de controle e a linha central do item **a** deveriam ser usados para monitorar futuras saídas do processo? Explique.

LM12_33
Companion Website

AMOSTRA	PROPORÇÃO DE DEFEITUOSOS	AMOSTRA	PROPORÇÃO DE DEFEITUOSOS
1	0,03	11	0,07
2	0,05	12	0,04
3	0,10	13	0,06
4	0,02	14	0,05
5	0,08	15	0,07
6	0,09	16	0,06
7	0,08	17	0,07
8	0,05	18	0,02
9	0,07	19	0,05
10	0,06	20	0,03

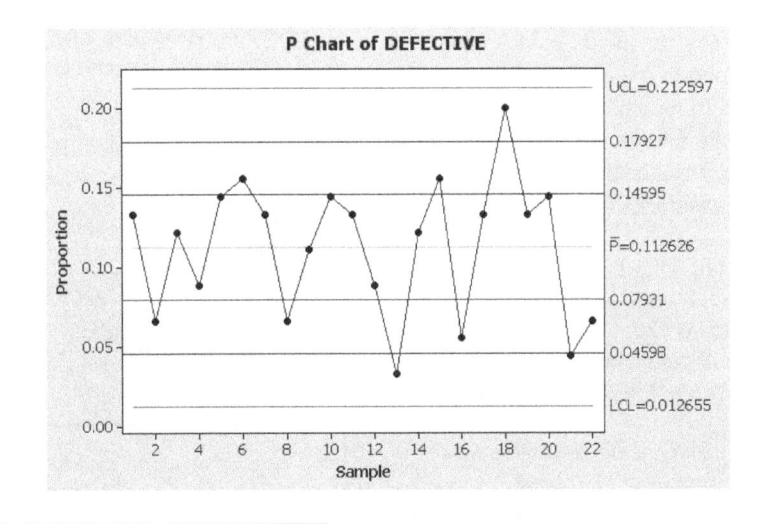

Saída do MINITAB para o Exercício 12.35

12.34 Em cada um dos casos a seguir, use a fórmula do tamanho da amostra, de modo a determinar um tamanho de amostra grande o suficiente para evitar construir um gráfico p com limite de controle inferior negativo.
a. $p_0 = 0{,}01$ **b.** $p_0 = 0{,}05$ **c.** $p_0 = 0{,}10$ **d.** $p_0 = 0{,}20$

Aplicação dos conceitos — Básico

12.35 Microchips defeituosos. Um fabricante produz microchips para computadores pessoais. A partir de suas experiências anteriores, o gerente de produção acredita que 1% dos chips sejam defeituosos. A empresa coletou uma amostra dos primeiros 1.000 chips manufaturados depois das 16h a cada dia por um mês. Os chips foram analisados para defeitos; então os dados e o MINITAB foram usados para construir o gráfico p mostrado na página anterior.
a. De uma perspectiva estatística, um tamanho de amostra 1.000 é adequado para construir o gráfico p? Explique.
b. Calcule os limites de controle superior e inferior do gráfico.
c. O que o gráfico p sugere sobre a presença de causas especiais de variação durante o tempo em que os dados foram coletados?
d. Critique a estratégia de subagrupamento racional usada pelo fabricante.

12.36 Testes de pneus de fabricante de borracha. A Goodstone Tire & Rubber Empresa está interessada em monitorar a proporção de pneus defeituosos gerados pelo processo de produção em sua planta de produção localizada em Akron, Ohio. O engenheiro-chefe acredita que a proporção seja de cerca de 7%. Como os pneus são destruídos durante o processo de testes, a empresa gostaria de manter o número de pneus testados em um mínimo. No entanto, o engenheiro gostaria também de usar um gráfico p com um limite de controle inferior positivo. Um limite deste tipo torna possível determinar quando o processo gerou uma proporção incomumente pequena de itens defeituosos. Tal ocorrência é uma boa notícia e direcionaria o engenheiro às causas do desempenho superior. Essa informação poderia ser usada para aprimorar o processo de produção. Usando a fórmula de tamanho da amostra, o engenheiro-chefe recomendou que a empresa aleatoriamente selecionasse e testasse 120 pneus a partir da produção de cada dia. Para isso, 20 amostras foram tiradas. Os dados são apresentados na tabela à direita, no alto da página.
a. Use a fórmula de tamanho da amostra para mostrar como o engenheiro chefe chegou ao tamanho recomendado da amostra de 120.
b. Construa um gráfico p para o processo de produção.
c. O que o gráfico indica sobre a estabilidade do processo? Explique.
d. É apropriado usar os limites de controle para monitorar futuras saídas do processo? Explique.
e. O gráfico p que você construiu no item **b** é capaz de sinalizar mudanças de hora em hora em p? Explique.

Amostra	Tamanho da amostra	Defeituosos
1	120	11
2	120	5
3	120	4
4	120	8
5	120	10
6	120	13
7	120	9
8	120	8
9	120	10
10	120	11
11	120	10
12	120	12
13	120	8
14	120	6
15	120	10
16	120	5
17	120	10
18	120	10
19	120	3
20	120	8

Aplicação dos conceitos — Intermediário

2.37 Monitorando a definição de caracteres de jornais. A definição precisa dos caracteres é essencial para a produção de jornais de alta qualidade. O editor do *Morristown Daily Tribune*, uma publicação semanal com circulação de 27.000, instituiu um processo para monitorar o desempenho dos definidores de caracteres. A cada semana, 100 parágrafos do jornal são aleatoriamente selecionados e lidos para precisão. O número de parágrafos com erros foi registrado na tabela abaixo para cada uma das últimas 30 semanas.
a. Construa um gráfico p para o processo.
b. O processo está sob controle estatístico? Explique.
c. Os limites de controle do item **a** deveriam ser usados para monitorar futuras saídas do processo? Explique.
d. Sugira dois métodos que poderiam ser usados para facilitar o diagnóstico das causas da variação do processo.

Semana	Parágrafos com erros	Semana	Parágrafos com erros
1	2	16	2
2	4	17	3
3	10	18	7
4	4	19	3
5	1	20	2

(continua)

Semana	Parágrafos com erros	Semana	Parágrafos com erros
6	1	21	3
7	13	22	7
8	9	23	4
9	11	24	3
10	0	25	2
11	3	26	2
12	4	27	0
13	2	28	1
14	2	29	3
15	8	30	4

Fonte primária: KINARD, Jerry. Western Carolina University. *Fonte secundária*: RENDER, B.; STAIR, Jr., R. *Quantitative analysis for management*: 6. ed. Upper Saddle River, N.J.: Prentice Hall, 1997.

12.38 Qualidade de CDs regraváveis. Um fabricante japonês de discos compactos (CD) tem uma produção diária de cerca de 20.000 CD-RW (discos regraváveis). A qualidade é monitorada ao amostrar, aleatoriamente, 200 CDs acabados a cada hora a partir do processo de produção e testá-los para defeitos. Se um ou mais defeitos são descobertos, o CD é considerado defeituoso e destruído. O processo de produção opera 20 horas por dia, 7 dias por semana. A tabela a seguir relata os dados para os últimos 3 dias de produção.
  a. Construa um gráfico p para o processo de produção do CD-RW.
  b. O que ele indica sobre a estabilidade do processo? Explique.
  c. Que recomendações você poderia dar ao fabricante para ajudá-lo em sua busca por causas especiais de variação?

CDRW
Companion Website

Dia	Hora	Número de defeituosos	Dia	Hora	Número de defeituosos
1	1	13		6	3
	2	5		7	1
	3	2		8	2
	4	3		9	3
	5	2		10	1
	6	3	3	1	9
	7	1		2	5
	8	2		3	2
	9	1		4	1
	10	1		5	3
2	1	11		6	2
	2	6		7	4
	3	2		8	2
	4	3		9	1
	5	1		10	1

12.7 Diagnosticando as causas de variação (Opcional)

O processo de controle estatístico (PCE) consiste de três grandes atividades ou fases: (1) monitorar o processo de variação; (2) diagnosticar causas de variação; e (3) eliminar essas causas. Uma descrição mais detalhada do PCE é apresentada na Figura 12.30, que o mostra como um ciclo de aprimoramento da qualidade. Na fase de monitoramento, sinais estatísticos a partir do processo são avaliados de forma a descobrir oportunidades de melhorá-lo. Essa é a fase com que lidamos nas seções 12.3 a 12.6. Voltamos nossa atenção agora para a fase de diagnóstico.

A fase de diagnóstico é a ligação crítica no ciclo de aprimoramento do PCE. A fase de monitoramento simplesmente identifica *se* o problema existe; a fase de diagnóstico identifica *quais* são os problemas. Se a fase de monitoramento detectou a presença de causas especiais de variação (isto é, um sinal fora de controle foi observado em um gráfico de controle), a fase de diagnóstico está preocupada em rastrear a causa (ou causas) inerentes. Se nenhuma causa especial for detectada na fase de monitoramento (isto é, o processo está sob controle estatístico) e um maior aprimoramento no processo for desejado, a fase de diagnóstico se concentrará em descobrir causas comuns de variação.

É importante reconhecer que o alcance da melhoria do processo requer mais que a aplicação de ferramentas estatísticas como gráficos de controle. Isso é particularmente evidente na fase de diagnóstico. O diagnóstico das causas de variação requer conhecimento especializado sobre o processo em questão. Assim como você iria a um médico para diagnosticar uma dor nas costas, você buscaria pessoas que trabalham no processo ou engenheiros ou analistas com experiência no processo para ajudá-lo a diagnosticar as causas da variação nele.

Diversos métodos foram desenvolvidos para ajudar especialistas com o diagnóstico do processo, incluindo *fluxogramas* e a simples mas poderosa ferramenta chamada *análise de Pareto* (Capítulo 2). Outro método gráfico, o **diagrama de causa e efeito**, é descrito nesta seção. (Uma quarta metodologia, *projeto experimental*, é assunto do Capítulo 8.)

O diagrama de causa e efeito foi desenvolvido por Kaoru Ishikawa, da Universidade de Tokyo, em 1943. Como resultado, é também conhecido como *diagrama de Ishikawa*. O diagrama de causa e efeito facilita a construção de cadeias causais que explicam a ocorrência de eventos, problemas ou condições. É geralmente construído por meio de sessões de *brainstorming* envolvendo um pequeno grupo de especialistas no processo. Foi empregado durante décadas por empresas japonesas, mas não foi amplamente usado nos Estados Unidos até meados da década de 1980. O modelo básico do diagrama de causa e efeito é mostrado na Figura 12.31. No quadro da direita na Figura, registramos o efeito cuja causa (ou causas) queremos diagnosticar.

Por exemplo, a GOAL/QPC (um grupo de consultoria de gestão da qualidade total de Massachusetts) usou o diagrama de causa e efeito na Figura 12.32 para demonstrar por que pizzas eram entregues com atraso às sextas e aos sábados. Como um segundo exemplo, a Figura 12.33 mostra as razões para a alta variação nos pesos de preenchimentos de sacos de 20 libras de comida de cachorro.

Examinando a Figura 12.31, vemos as ramificações do diagrama de causa e efeito representando os fatores principais que influenciam o processo e que poderiam ser responsáveis pelo efeito. Estes são geralmente tidos como as seis fontes universais da variação do processo que descrevemos na Seção 12.1: pessoas, máquinas, materiais, métodos, medições e ambiente. Note que, nos exemplos das figuras 12.32 e 12.33, essas categorias eram adequadas para se ajustar ao processo em questão. O grupo de categorias deve ser amplo o suficiente para incluir virtualmente todos os possíveis fatores que poderiam influenciar o processo. É menos importante quantas categorias são usadas ou como você rotula essas categorias.

O diagrama de causa e efeito é construído usando o raciocínio de efeito para causa — isto é, você começa especificando o efeito de interesse e então se move para trás para identificar *potenciais* causas do efeito. Depois de uma causa potencial ter sido identificada, você a trata como um efeito e tenta encontrar suas causas, e assim por diante. O resultado é uma **cadeia causal**. Esta cadeia nos ajuda a rastrear as causas cuja erradicação reduzirá, melhorará ou eliminará o efeito em questão.

Depois de definir o modelo básico para o diagrama de causa e efeito e registrar o efeito de interesse no quadro na página seguinte, você constrói as cadeias causais, procedendo de trás para a frente a partir das causas potenciais gerais para causas crescentemente mais específicas. Comece selecionando uma das categorias de causas universais — digamos, pessoas — e perguntando: 'Quais fatores relacionados a pessoas poderiam causar o efeito em questão?' No exemplo da entrega de pizza, dois fatores são identificados: (1) motoristas não aparecem para trabalhar; e (2) motoristas se perdem no caminho. Cada uma dessas causas está escrita em uma ramificação de pessoas. Depois, cada causa é tratada como um efeito, e uma tentativa é feita para identificar sua causa — isto é, — buscamos subcausas. Por exemplo, o absenteísmo dos motoristas foi culpa de (1) alto movimento; e (2) falta de trabalho em equipe. O alto movimento, por sua vez, era culpa do baixo pagamento, enquanto a falta de trabalho em equipe era culpa do **treinamento insuficiente**. Assim, o ramo 'motoristas não aparecem' tem tanto a ramificação 'alto movimento' como 'falta de trabalho em equipe' 'relacionados a ele; e cada um desses ramos tem um ramo de causa anexado. Cadeias causais múltiplas como essa

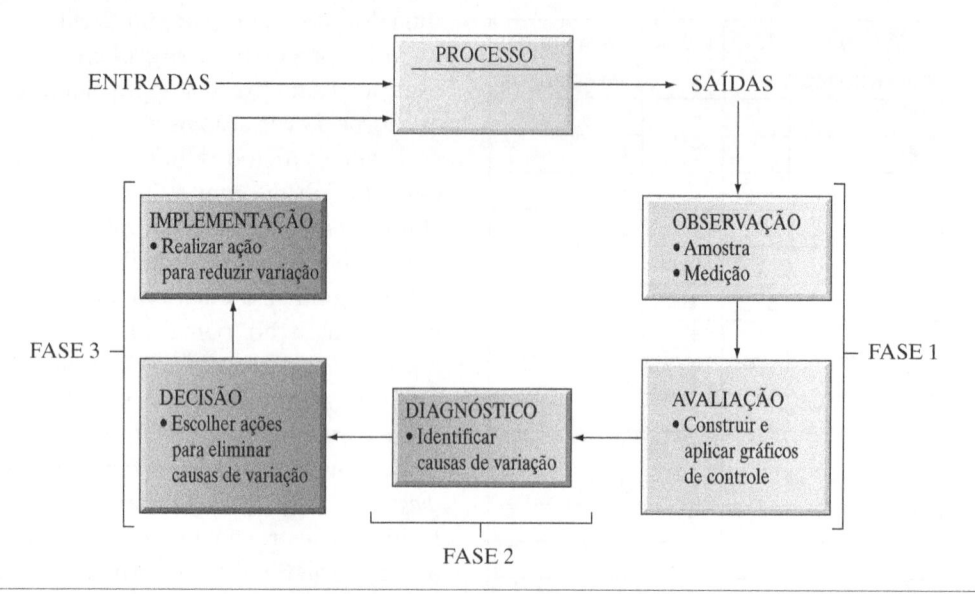

FIGURA 12.30 PCE visto como um ciclo de aprimoramento da qualidade

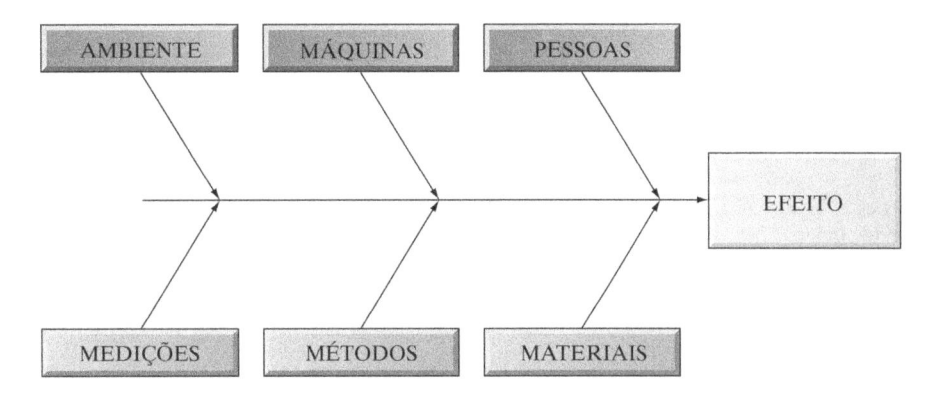

FIGURA 12.31 O modelo básico para um diagrama de causa e efeito

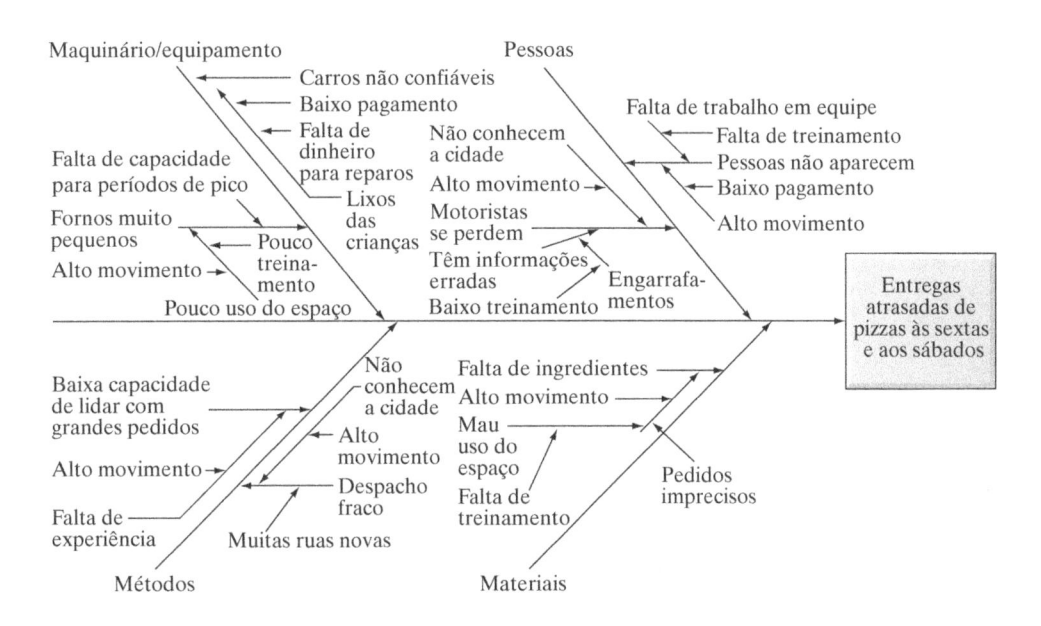

FIGURA 12.32 Diagramas de causa e efeito para entregas atrasadas de pizza
Fonte: Reimpresso com permissão de The Memory Jogger™ II, GOAL/QPC, 13 Branch Street, Methuan, Massachusetts, 1994, p. 27.

deveriam ser construídas para cada ramificação do diagrama de causa e efeito.

Uma vez completas, as várias cadeias causais do diagrama de causa e efeito devem ser avaliadas (geralmente subjetivamente) para identificar um ou mais fatores que mais provavelmente seriam as causas do efeito em questão. Então, ações poderão ser escolhidas e implementadas (veja Figura 12.30) para eliminar as causas e aprimorar o processo.

Além de facilitar o diagnóstico do processo, os diagramas de causa e efeito servem para documentar os fatores causais que podem potencialmente afetar um processo e comunicar aquela informação a outros na organização. Esses diagramas são uma ferramenta muito flexível que pode ser aplicada em diversas situações. Eles podem ser usados como parte formal do ciclo de aprimoramento do PCE, como sugerido, ou simplesmente como meio de investigar as causas de problemas organizacionais, eventos ou condições. Podem também ajudar a selecionar as variáveis apropriadas do processo para monitorar com gráficos de controle.

12.8 Análise de capacidade (Opcional)

Nas seções anteriores, mostramos que, se um processo estivesse em controle estatístico, mas o nível de variação fosse inaceitavelmente alto, causas comuns de variação deveriam ser identificadas ou eliminadas. Isso foi ilustrado na Figura 12.13. Nesta seção opcional, descrevemos a metodologia que pode ser usada para ajudar a determinar quando tal variação é inaceitavelmente alta. A metodologia é chamada **análise**

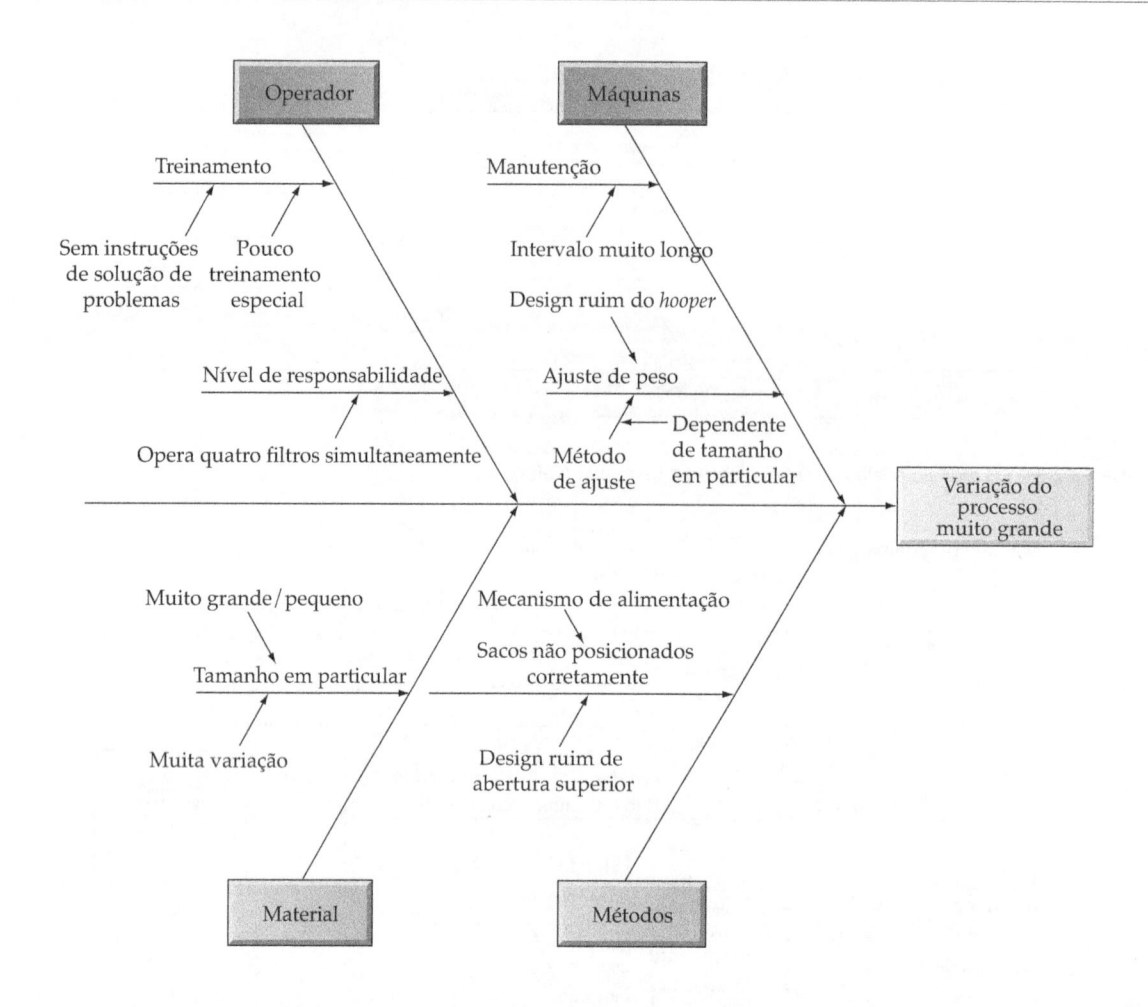

FIGURA 12.33 Diagrama de causa e efeito para o processo de preenchimento de sacos de ração para cachorro de 20 libras
Fonte: DEVOR, R. E.; CHANG, T.; SOUTHERLAND, J. W. *Statistical quality design and control*. Nova York: Macmillan, 1992. © 1992. Reimpresso com permissão de Prentice Hall, Inc., Upper Saddle River, NJ.

de capacidade. Como vimos, o alcance da estabilidade do processo é vitalmente importante para os esforços de seu aprimoramento. Mas ele não é um fim em si mesmo. Um processo pode estar em controle, mas ainda não ser capaz de produzir saídas aceitáveis pelos consumidores.

Para verificar isso, observe a Figura 12.34. Ela mostra seis diferentes processos em controle. Lembre-se de que, se um processo está sob controle estatístico, sua distribuição de saída não muda ao longo do tempo e o processo pode ser caracterizado por uma única distribuição de probabilidades, como em cada um dos painéis da figura. Os limites de especificação inferior e superior para a saída de cada um dos seis processos também são indicados em cada painel, assim como o valor-alvo para a variável saída. Lembre-se, da Definição 12.8, de que os limites de especificação são pontos de fronteira que definem os valores aceitáveis para uma variável saída.

O processo dos painéis **a**, **b** e **c** produz uma alta porcentagem de itens que estão fora dos limites de especificação. Nenhum desses processos é *capaz* de satisfazer seus consumidores. No painel **a**, o processo é centrado no valor-alvo, mas a variação originada por causas comuns é muito alta. No painel **b**, a variação é baixa em relação à largura dos limites de especificação, mas o processo está fora do centro. No painel **c**, ambos os problemas existem; a variação é muito alta e o processo está fora do centro. Assim, trazer um processo para controle estatístico não é suficiente para garantir a capacidade dele.

Todos os três processos nos painéis **d**, **e** e **f** são capazes. Em cada caso, a distribuição do processo se ajusta confortavelmente entre os limites de especificação. Virtualmente, todos os itens individuais produzidos por esses processos seriam aceitáveis. No entanto, qualquer estreitamento significativo dos limites de especificação — ou por clientes ou

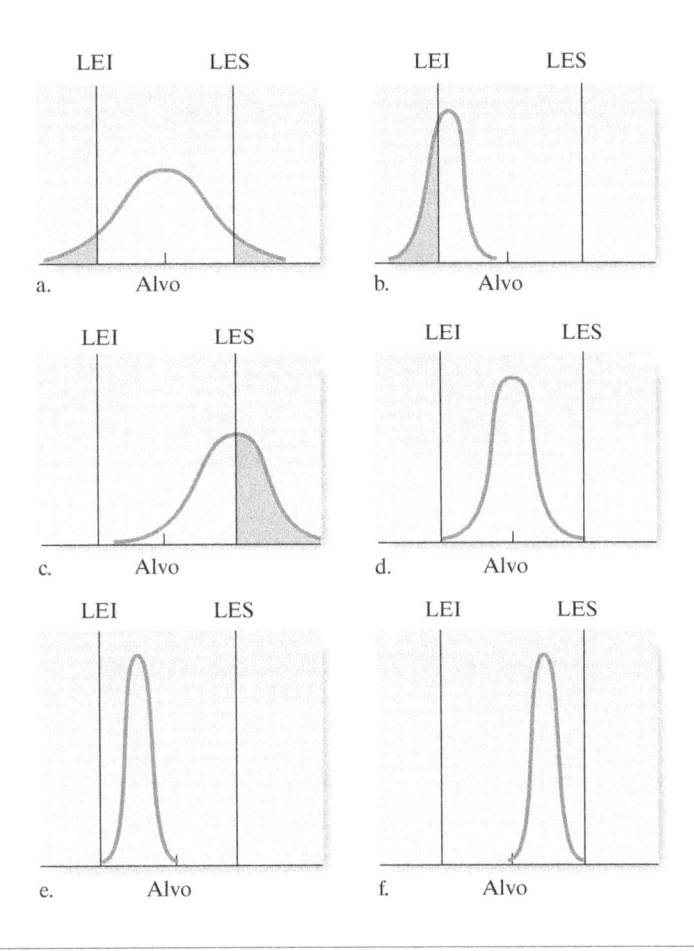

FIGURA 12.34 Distribuições saída de seis diferentes processos em controle, onde LEI = limite de especificação inferior e LES = limite de especificação superior

por gerentes internos ou engenheiros — resultaria na produção de saída inaceitável e necessitaria da iniciação de atividades de aprimoramento do processo para restaurar a capacidade dele. Além disso, mesmo que um processo seja capaz, seu contínuo aprimoramento requer constante aprimoramento de sua capacidade.

Quando um processo é tido como em controle, a forma mais direta de descobrir sua capacidade é construir uma distribuição de freqüência (por exemplo, gráfico de pontos, histogramas ou diagrama de ramo e folhas) para uma amostra grande ou medições individuais (geralmente 50 ou mais) a partir do processo. Então, adicione limites de especificação e o valor-alvo para a variável saída no gráfico. Isso é chamado **diagrama de análise de capacidade**. É uma ferramenta visual simples para descobrir a capacidade do processo.

A tela do MINITAB mostrada na Figura 12.35 é um diagrama de análise de capacidade para o processo de enchimento de tinta encontrado sob controle estatístico nos exemplos 12.1 e 12.2. Você pode ver que o processo está razoavelmente centrado no alvo de 10 libras de tinta, mas que grande número de latas de tinta fica fora dos limites de especificação. Isso nos diz que o processo não é capaz de atender aos requisitos de satisfação do consumidor.

A maioria dos profissionais de gestão de qualidade e estatísticos concordam que o diagrama de análise de capacidade é a melhor maneira de descrever o desempenho de um processo em controle. No entanto, muitas empresas acharam útil ter uma medida numérica de capacidade. A habilidade de resumir a capacidade em um único número tem as vantagens da conveniência, da simplicidade e da facilidade de comunicação. Contudo, tem a grande desvantagem de potencialmente enganar aqueles que a usam. Assim como quando você caracteriza um grupo de dados por sua média e ignora sua variação, a informação que você dá para seu público é incompleta e deve afetar de forma adversa suas ações e decisões. (Uma discussão mais ampla sobre os perigos de medidas numéricas de capacidade é apresentada posteriormente nesta seção.)

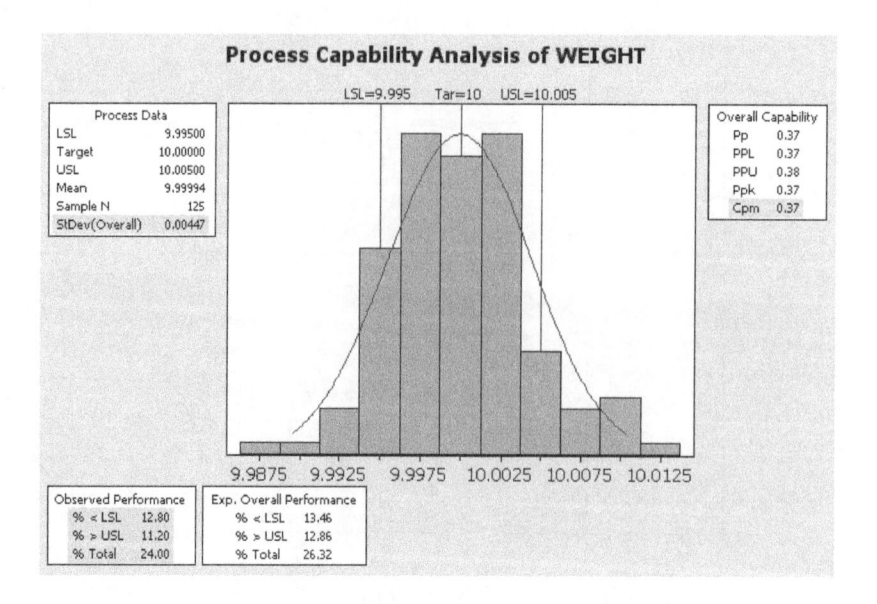

FIGURA 12.35 Análise de capacidade do MINITAB para um processo de enchimento de tinta

Há diversas abordagens diferentes para quantificar a capacidade. Descreveremos brevemente duas delas. A primeira (e mais direta) consiste em contar o número de itens que caem fora dos limites de especificação no diagrama de análise de capacidade e reportar a porcentagem de tais itens na amostra. Os dados originais ou a técnica gráfica que mostram as medições individuais — como um diagrama de ramo e folhas ou um gráfico de pontos — podem ser usados para obter a contagem necessária. Ou você pode usar a opção de análise de capacidade de um software estatístico.

A informação desejada para os dados da tinta é dada no canto inferior esquerdo da tela do MINITAB, Figura 12.35. Você pode ver que 24% das 125 latas de tinta ficam foram dos limites de especificação (12,8% abaixo de 9,995 e 11,2% sobre 10,005). Assim, 24% das 125 latas de tinta da amostra (isto é, 30 latas) são inaceitáveis.

Quando essa porcentagem é usada para caracterizar a capacidade do processo, as implicações são que, ao longo do tempo, se ele permanece em controle, cerca de 24% das latas de tinta serão inaceitáveis. Lembre-se, no entanto, de que essa porcentagem é apenas uma estimativa, uma amostra estatística, e não um parâmetro conhecido. Ela é baseada em uma amostra de tamanho 125 e está sujeita tanto a erro da amostra como a erro de medição. Discutimos tais porcentagens e proporções em detalhes no Capítulo 5.

Se é sabido que o processo segue aproximadamente uma distribuição normal, como em geral é o caso, a média e o desvio-padrão da amostra de medições usadas para construir o diagrama de análise de capacidade podem ser tomados como estimativa da média e do desvio-padrão do processo. Então, a fração de itens que ficam fora dos limites de especificação pode ser encontrada a partir da solução da área associada sob a curva normal, como fizemos no Capítulo 4. Como dissemos, se você usar essa porcentagem para caracterizar a capacidade do processo, lembre-se de que ele é apenas uma estimativa e que está sujeito a erro amostral.

A segunda abordagem para medir a capacidade é construir um **índice de capacidade**. Diversos itens como esse foram desenvolvidos. Descreveremos um usado para processos estáveis que estão centrados no valor-alvo, conhecido como o **índice C_p**.[8]

Quando o diagrama de análise de capacidade indica que o processo é centrado, a capacidade pode ser medida por meio de uma comparação da distância entre o limite de especificação superior (LES) e o limite de especificação inferior (LEI), chamada de **dispersão de especificação**, e a dispersão da distribuição saída. A dispersão da distribuição saída — chamado de **dispersão do processo** — é definida como 6σ e estimada por $6s$, onde s é o desvio-padrão da amostra de medições usadas para construir o

---

[8] Para processos fora do centro, seu índice irmão C_{pk} é usado. Consulte as referências bibliográficas do capítulo para uma descrição de C_{pk}.

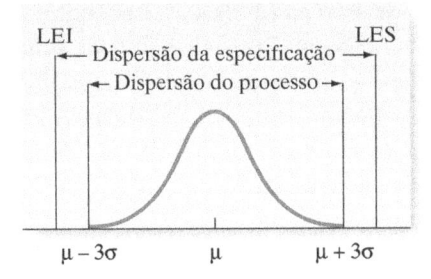

FIGURA 12.36 Dispersão do processo versus dispersão da especificação

diagrama de análise de capacidade. Essas duas distâncias são ilustradas na Figura 12.36. A taxa dessas distâncias é o índice de capacidade, conhecido como C_p.

DEFINIÇÃO 12.10

O **índice de capacidade** para um processo *centrado na média desejada* é:

$$C_p = \frac{\text{(Dispersão de especificação)}}{\text{(Dispersão de processo)}} = \frac{(LES - LEI)}{6\sigma}$$

onde σ é estimado por s, o desvio-padrão da amostra de medições usadas para construir o diagrama de análise de capacidade.

INTERPRETAÇÃO DO LIMITE DE CAPACIDADE C_p

C_p resume o desempenho de um processo estável, centrado e relativo aos limites de especificação. Ele indica o grau no qual a saída do processo fica dentro dos limites de especificação.

1. Se C_p = 1 (dispersão de especificação = dispersão de processo), o processo é capaz.
2. Se C_p > 1 (dispersão de especificação > dispersão de processo), o processo é capaz.
3. Se C_p < 1 (dispersão de especificação < dispersão de processo), o processo não é capaz.

Se o processo segue uma distribuição normal:

C_p = 1,00 média — cerca de 2,7 unidades por 1.000 serão inaceitáveis
C_p = 1,33 médias — cerca de 63 unidades por milhão serão inaceitáveis
C_p = 1,67 médias — cerca de 0,6 unidade por milhão serão inaceitáveis
C_p = 2,00 médias — cerca de 2 unidades por bilhão serão inaceitáveis

Em aplicações de manufatura nas quais o processo segue uma distribuição aproximadamente normal, gerentes costumam requerer um C_p de pelo menos 1,33. Com este C_p, a dispersão do processo leva apenas 75% da dispersão da especificação, deixando uma pequena flexibilidade no caso de o processo se mover para fora do centro.

EXEMPLO 12.5

ENCONTRANDO E INTERPRETANDO C_p PARA O PROCESSO DE ENCHIMENTO DE TINTA

Problema Vamos retomar o processo de enchimento de tinta analisado nos exemplos 12.1 e 12.3. Usando 25 amostras de tamanho 5 (125 medições), construímos gráficos $\bar{x}$ e R e concluímos que o processo estava em estado de controle estatístico. Os limites de especificação para a quantidade aceitável de tinta preenchida por lata são mostrados no diagrama de análise de capacidade da Figura 12.35.

a. É adequado construir um índice de capacidade para esse processo?

b. Encontre C_p para esse processo e interprete seu valor.

Solução

a. Uma vez que o processo é estável (sob controle), sua distribuição saída pode ser caracterizada pela mesma distribuição de probabilidade em qualquer momento no tempo (veja Figura 12.12). Dessa forma, é adequado buscar o desempenho do processo usando aquela distribuição e medidas de desempenho relacionadas como C_p.

b. A partir da Definição 12.10:

$$C_p = \frac{(LES - LEI)}{6\sigma}$$

A partir do diagrama de análise de capacidade da Figura 12.35, podemos ver que os limites de especificação superior e inferior são 10,005 libras e 9,995 libras, respectivamente. Mas o que é σ? Como a distribuição saída nunca será conhecida precisamente, também não o será σ, o desvio-padrão da distribuição saída. Ele deve ser estimado com s, o desvio-padrão de uma grande amostra tirada a partir do processo. Nesse caso, usamos o desvio-padrão de 125 medições utilizado para construir o diagrama de análise de capacidade. Esse valor, s = 0,00447, está sombreado na parte superior esquerda da tela do MINITAB, Figura 12.35. Então:

$$C_p = \frac{(10,005 - 9,995)}{6(0,00447)} = \frac{0,01}{0,02682} = 0,373$$

(Esse valor de C_p está sombreado no canto superior direito da Figura 12.35.) Uma vez que C_p é menor que 1,0, o processo não é capaz. A dispersão dele é maior que a dispersão de especificação.

> **Relembrando** A estatística C_p confirma os resultados mostrados no diagrama de análise de capacidade (Figura 12.35), em que 24% das latas amostradas podem ser consideradas inaceitáveis.
>
> AGORA FAÇA O EXERCÍCIO 12.48

Por duas razões, muito cuidado deve ser tomado no uso e na interpretação de C_p. Primeiramente, como o desvio-padrão da amostra s usado no cálculo, C_p é uma estatística sujeita a erro amostral — isto é, o valor de C_p mudará de amostra para amostra. Assim, a menos que entenda a magnitude do erro amostral, você deve ser cauteloso na comparação de C_p de diferentes processos. Em segundo lugar, C_p não reflete o formato da distribuição amostral. Distribuições de diferentes formatos podem ter o mesmo valor. Dessa forma, C_p não deveria ser usado no isolamento, mas em conjunção com o diagrama de análise de capacidade.

Se um estudo de análise de capacidade indica que um processo em controle não é capaz, como no exemplo do preenchimento de tinta, é geralmente a variação, em vez da não-centralização, a culpada. Assim, a capacidade é tipicamente atingida ou restaurada buscando-se e eliminando-se causas comuns de variação.

Exercícios 12.39 – 12.51

Aprendendo a mecânica

12.39 Explique por que não é apropriado realizar um estudo de análise de capacidade para um processo que não está em controle estatístico.

12.40 Explique a diferença entre dispersão de processos e dispersão de especificação.

12.41 Descreva duas diferentes maneiras de descobrir a capacidade de um processo.

12.42 Por que é recomendado usar e interpretar C_p em conjunto com um diagrama de análise de capacidade, em vez de com um em isolamento?

12.43 Para um processo que está em controle e segue uma distribuição normal, interprete cada um dos seguintes valores de C_p:
a. 1,00 b. 1,33 c. 0,50 d. 2,00

12.44 Encontre a dispersão de especificação para cada um dos itens a seguir:
a. LES = 19,65, LEI = 12.45
b. LES = 0,0010, LEI = 0,0008
c. LES = 1,43, LEI = 1,27
d. LES = 490, LEI = 486

12.45 Encontre (ou estime) a dispersão do processo para cada um dos seguintes itens:
a. σ = 21
b. σ = 5,2
c. s = 110,06
d. s = 0,0024

12.46 Encontre o valor de C_p para cada uma das seguintes situações:
a. LES = 1,0065, LEI = 1,0035, s = 0,0005
b. LES = 22 , LEI = 21, s = 0,2
c. LES = 875, LEI = 870, s = 0,75

Aplicação dos conceitos — Básico

12.47 Limite de especificação superior de um processo. Um processo em controle centralizado que segue uma distribuição normal tem um C_p = 2,0. A quantos desvios-padrão fora da média do processo está o limite de especificação superior?

12.48 Capacidade de um processo em controle. Um processo está em controle com uma distribuição saída normalmente distribuída com média 1.000 e desvio-padrão de 100. Os limites de especificação superior e inferior para o processo são 1.020 e 980, respectivamente.
a. Presumindo não haver mudanças no comportamento do processo, que porcentagem da saída será inaceitável?
b. Encontre e interprete o valor do processo.

Aplicação dos conceitos — Intermediário

12.49 Processo de enchimento de caixa de cereal. A tabela a seguir mostra os dados sobre pesos de caixas de cereais do Exercício 12.13. Presuma que os limites de especificação para os pesos sejam LES = 24,2 onças e LEI = 23,8 onças.
a. Presumindo que o processo esteja sob controle, construa um diagrama de análise de capacidade para ele.
b. O processo é capaz? Reforce sua resposta com uma medida numérica de capacidade.

CEREAL

Dia	Pesos das caixas de cereal (onças)				
1	24,02	23,91	24,12	24,06	24,13
2	23,89	23,98	24,01	24,00	23,91
3	24,11	24,02	23,99	23,79	24,04
4	24,06	23,98	23,95	24,01	24,11
5	23,81	23,90	23,99	24,07	23,96
6	23,87	24,12	24,07	24,01	23,99
7	23,88	24,00	24,05	23,97	23,97
8	24,01	24,03	23,99	23,91	23,98
9	24,06	24,02	23,80	23,79	24,07

(continua)

Capítulo 12 — MÉTODOS PARA MELHORIA DE QUALIDADE   799

Dia	Pesos das caixas de cereal (onças)				
10	23,96	23,99	24,03	23,99	24,01
11	24,10	23,90	24,11	23,98	23,95
12	24,01	24,07	23,93	24,09	23,98
13	24,14	24,07	24,08	23,98	24,02
14	23,91	24,04	23,89	24,01	23,95
15	24,03	24,04	24,01	23,98	24,10
16	23,94	24,07	24,12	24,00	24,02
17	23,88	23,94	23,91	24,06	24,07
18	24,11	23,99	23,90	24,01	23,98
19	24,05	24,04	23,97	24,08	23,95
20	24,02	23,96	23,95	23,89	24,04

12.50 Barras para uso em aeronaves militares. Releia o Exercício 12.14. Os dados sobre comprimentos de barras usadas em aeronaves militares são reproduzidos na tabela abaixo. A gestão determinou os limites de especificação superior e inferior de 37 cm e 35 cm, respectivamente.
  a. Presumindo que o processo esteja em controle, construa um diagrama de análise de capacidade para ele.
  b. Encontre a porcentagem de barras que ficam fora dos limites de especificação.
  c. Encontre o índice de capacidade C_p.
  d. O processo é capaz? Explique.

BOLTS
Companion Website

Hora	Comprimentos de barras (centímetros)			
1	37,03	37,08	36,90	36,88
2	36,96	37,04	36,85	36,98
3	37,16	37,11	36,99	37,01
4	37,20	37,06	37,02	36,98
5	36,81	36,97	36,91	37,10
6	37,13	36,96	37,01	36,89
7	37,07	36,94	36,99	37,00
8	37,01	36,91	36,98	37,12
9	37,17	37,03	36,90	37,01
10	36,91	36,99	36,87	37,11
11	36,88	37,10	37,07	37,03
12	37,06	36,98	36,90	36,99
13	36,91	37,22	37,12	37,03
14	37,08	37,07	37,10	37,04
15	37,03	37,04	36,89	37,01
16	36,95	36,98	36,90	36,99
17	36,97	36,94	37,14	37,10
18	37,11	37,04	36,98	36,91

(continua)

Hora	Comprimentos de barras (centímetros)			
19	36,88	36,99	37,01	36,94
20	36,90	37,15	37,09	37,00
21	37,01	36,96	37,05	36,96
22	37,09	36,95	36,93	37,12
23	37,00	37,02	36,95	37,04
24	36,99	37,07	36,90	37,02
25	37,10	37,03	37,01	36,90

12.51 Novo processo de fabricação de ferro. A *Mining Engineering* (out. 2004) publicou um estudo sobre uma nova tecnologia a partir de ferro puro e carvão. Para uma fase do estudo, a mudança de porcentagem no conteúdo de carbono das barras produzidas foi medida em intervalos de 4 horas por 33 intervalos consecutivos. Os dados para os 33 intervalos de tempo são listados na tabela abaixo. As especificações mostram que o conteúdo de carbono deveria estar entre 3,42 ± 0,3 por cento.
  a. Construa um diagrama de análise de capacidade para o processo de fabricação de ferro.
  b. Determine a proporção de medições de carbono que fica fora das especificações.
  c. Encontre o índice de capacidade para o processo e interprete seu valor.

CARBON
Companion Website

Intervalo	Mudança de carbono (%)	Intervalo	Mudança de carbono (%)
1	3,25	18	3,55
2	3,30	19	3,48
3	3,23	20	3,42
4	3,00	21	3,40
5	3,51	22	3,50
6	3,60	23	3,45
7	3,65	24	3,75
8	3,50	25	3,52
9	3,40	26	3,10
10	3,35	27	3,25
11	3,48	28	3,78
12	3,50	29	3,70
13	3,25	30	3,50
14	3,60	31	3,40
15	3,55	32	3,45
16	3,60	33	3,30
17	2.90		

Fonte: HOFFMAN, G.; TSUGE, O. "ITmk3 — Application of a new ironmaking technology for the iron ore mining industry". *Mining Engineering*, vol. 56, n. 9, out. 2004 (Figura 5).

Termos-chave

Nota: Itens marcados com asterisco (*) pertencem a seções opcionais deste capítulo.

* Análise de capacidade
* Cadeia causal
Causas comuns de variação
Causas especiais (assinaláveis) de variação
Comportamento aleatório
Conforme as especificações
Controle estatístico do processo
* Diagrama de análise de capacidade
* Diagrama de causa e efeito
* Dispersão de especificação
Dispersão de processo
Distribuição de saída
Distribuição do processo
* Índice de capacidade
Em controle

Estabilidade
Evento raro
Fora de controle
Gestão da qualidade total
Gráfico de controle
Gráfico individual
Gráfico P
Gráfico R
Gráfico S
Gráfico X
Gráfico $\bar{X}$
Limite inferior de controle
Limite superior de controle
Limites de 3 sigmas
Limites de controle
Limites de especificação

Linha central
Não-conforme
Pensamento estatístico
Processo
Qualidade
Regras de análise de padrão
Seqüência oscilante
Sistema
Subgrupos racionais
Valores tentativos
Variação de processo
Zona A
Zona B
Zona C

Guia para gráficos de controle

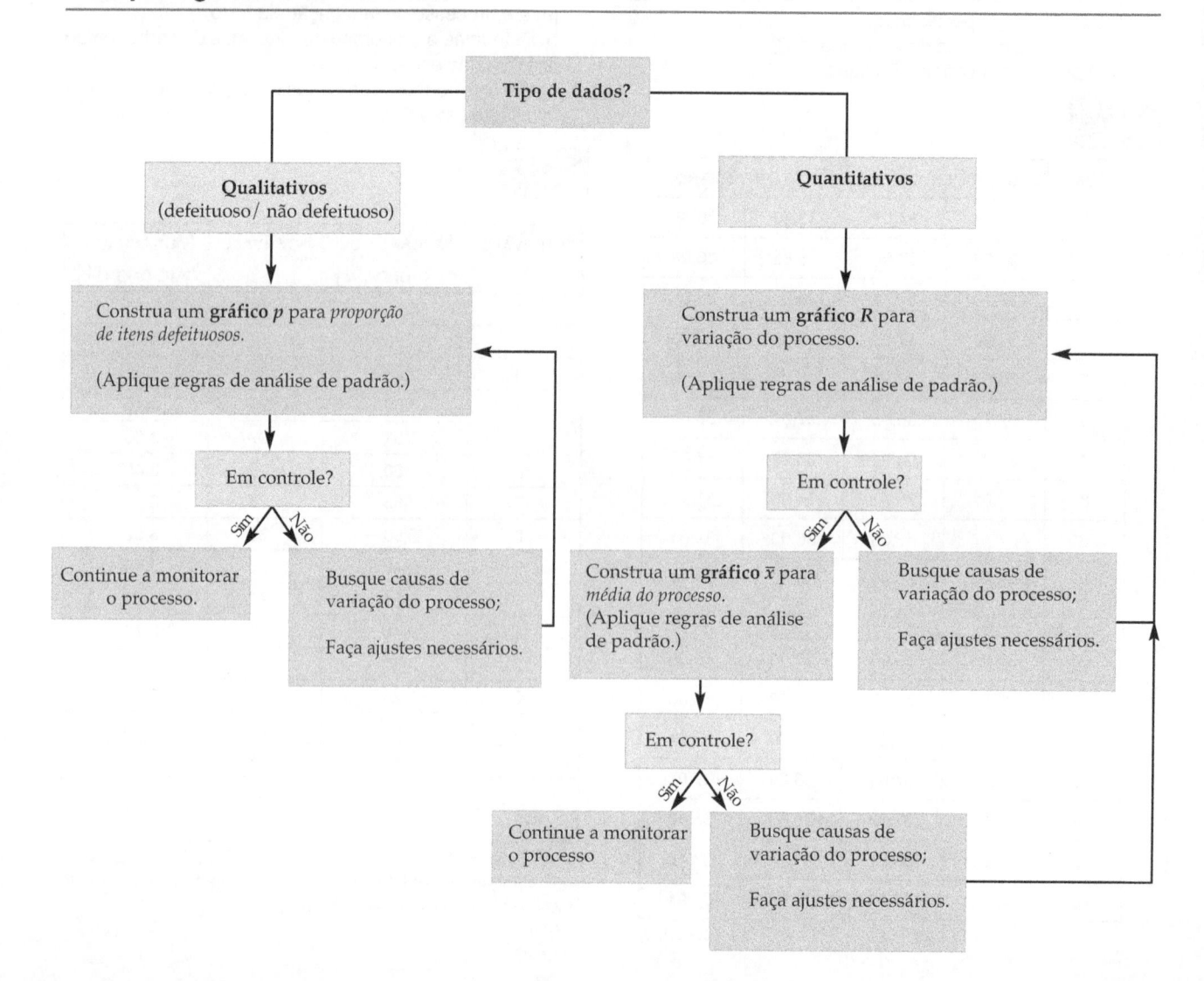

Tipo de dados?

Qualitativos (defeituoso/ não defeituoso)

Construa um **gráfico p** para *proporção de itens defeituosos*.
(Aplique regras de análise de padrão.)

Em controle?

Sim → Continue a monitorar o processo.

Não → Busque causas de variação do processo; Faça ajustes necessários.

Quantitativos

Construa um **gráfico R** para variação do processo.
(Aplique regras de análise de padrão.)

Em controle?

Sim → Construa um **gráfico $\bar{x}$** para *média do processo*.
(Aplique regras de análise de padrão.)

Não → Busque causas de variação do processo; Faça ajustes necessários.

Em controle?

Sim → Continue a monitorar o processo

Não → Busque causas de variação do processo; Faça ajustes necessários.

Notas do capítulo

Fórmulas-chave				
Gráfico de controle	Linha central	Limites de controle	Limite A–B	Limite B–C
gráfico $\bar{x}$	$\bar{\bar{x}} = \dfrac{\sum_{i=1}^{k} \bar{x}_i}{k}$	$\bar{\bar{x}} \pm A_2 \bar{R}$ ou $\bar{\bar{x}} \pm 2\dfrac{(\bar{R}/d_2)}{\sqrt{n}}$	$\bar{\bar{x}} \pm \dfrac{2}{3}(A_2 \bar{R})$ ou $\bar{\bar{x}} \pm \dfrac{(\bar{R}/d_2)}{\sqrt{n}}$	$\bar{\bar{x}} \pm \dfrac{1}{3}(A_2 \bar{R})$
gráfico R	$\bar{R} = \dfrac{\sum_{i=1}^{k} R_i}{k}$	$(\bar{R} D_3, \bar{R} D_4)$	$\bar{R} \pm 2 d_3 \left(\dfrac{\bar{R}}{d_2}\right)$	$\bar{R} \pm d_3 \left(\dfrac{\bar{R}}{d_2}\right)$
gráfico p	$\bar{p} = \dfrac{\text{Número total de itens defeituosos}}{\text{Número total de unidades amostradas}}$	$\bar{p} \pm 3 \sqrt{\dfrac{\bar{p}(1-\bar{p})}{n}}$	$\bar{p} \pm 2 \sqrt{\dfrac{\bar{p}(1-\bar{p})}{n}}$	$\bar{p} \pm \sqrt{\dfrac{\bar{p}(1-\bar{p})}{n}}$

Gestão da qualidade total (GQT)
Envolve a gestão da qualidade em todas as fases de um negócio

Processo de controle estatístico (PCE)
O processo de monitorar e eliminar a variação para manter um processo em controle

Processo em controle
Tem uma distribuição saída que *não muda ao longo do tempo*

Processo fora de controle
Tem uma distribuição saída que *muda ao longo do tempo*

Dimensões da qualidade
(1) Desempenho
(2) Características
(3) Confiabilidade
(4) Conformidade
(5) Durabilidade
(6) Serviços
(7) Estética
(8) Reputação e imagem

Fontes principais de variação do processo
(1) Pessoas
(2) Máquinas
(3) Materiais
(4) Métodos
(5) Medições
(6) Ambiente

Causas de variação
(1) Causas comuns
(2) Causas especiais (determináveis)

Tipos de gráficos de controle
(1) **gráfico $\bar{x}$**: monitora a média do processo
(2) **gráfico R**: monitora a variação do processo
(3) **gráfico p**: monitora a proporção de itens 'não conforme'

Limites de especificação
Definem valores aceitáveis para uma variável saída
LEI = limite de especificação inferior
LES = limite de especificação superior
(LES − LEI) = dispersão de especificação

Análise de capacidade
Determina se o processo é capaz de satisfazer seus consumidores

Índice de capacidade (C_p)
Resume o desempenho de um processo em relação aos limites de especificação
$C_p = (\text{LEI} - \text{LES})/6\sigma$

Regras de análise de padrão
Determinam se um processo está em controle ou fora de controle

Subgrupos racionais
Amostras designadas para tornar mais provável que mudanças no processo ocorram entre (em vez de dentro de) subgrupos

Tamanho da amostra para gráfico p
$(n > 9(1 - p_0)/p_0)$
onde p_0 estima a verdadeira proporção de defeituosos

Diagrama de causa e efeito
Facilita o diagnóstico do processo e documenta fatores causais em um processo

Símbolos-chave	
LCI	Limite de controle inferior
LCS	Limite de controle superior
$\bar{\bar{x}}$	Média de médias de amostras
$\bar{R}$	Média de amplitudes de amostras
A_2	Constante obtida a partir da Tabela XI, Apêndice B
D_3	Constante obtida a partir da Tabela XI, Apêndice B
D_4	Constante obtida a partir da Tabela XI, Apêndice B
d_2	Constante obtida a partir da Tabela XI, Apêndice B
d_3	Constante obtida a partir da Tabela XI, Apêndice B
$\hat{p}$	Número estimado de itens defeituosos na amostra
$\bar{p}$	Proporção geral de unidades defeituosas em todas as nk amostras
p_0	Proporção geral estimada de itens defeituosos para todo o processo
PCE	Processo de controle estatístico
LES	Limite de especificação superior
LEI	Limite de especificação inferior
C_p	Índice de capacidade

Exercícios suplementares 12.52 – 12.76

Nota: *Exercícios marcados com asterisco (*) referem-se a seções opcionais deste capítulo.*

Aprendendo a mecânica

12.52 Defina *qualidade* e liste suas importantes dimensões.

12.53 O que é um sistema? Dê um exemplo de um sistema com o qual você esteja familiarizado e descreva suas entradas e saídas e seu processo de transformação.

12.54 O que é um processo? Dê um exemplo de um processo organizacional e outro de um processo pessoal.

12.55 Selecione um processo pessoal que você gostaria de entender melhor ou aperfeiçoar e construa um fluxograma para ele.

12.56 Descreva as seis principais fontes de variação do processo.

12.57 Suponha que toda a saída de um processo ao longo do último ano tenha sido medida e descoberta como estando dentro dos limites de especificação requeridos por consumidores desse processo. Você deveria se preocupar com o fato de o processo estar ou não em controle estatístico? Explique.

* 12.58 Selecione um problema, evento ou condição cujas causas você gostaria de diagnosticar. Construa um diagrama de causa e efeito que possa facilitar seu diagnóstico.

* 12.59 Ao estimar a média da população μ usando uma média de amostra $\bar{x}$, por que é provável que $\bar{x} \neq \mu$? Construa um diagrama de causa e efeito para o efeito $\bar{x} \neq \mu$.

* 12.60 Construa um diagrama de causa e efeito para ajudar a explicar por que um consumidor esperando na janela de um *drive-in* de um restaurante *fast-food* é uma variável.

12.61 Processos que estão em controle são previsíveis; processos fora de controle não o são. Explique.

12.62 Compare e contraste causas especiais e comuns de variação.

12.63 Explique a diferença entre limites de controle e limites de especificação.

12.64 Gráficos de controle deveriam ser usados para monitorar um processo que tanto está em controle como é capaz? Por que sim ou por que não?

* 12.65 Sob quais circunstâncias é adequado usar C_p para descobrir a capacidade?

12.66 Um processo está sob controle e segue uma distribuição normal com média 100 e desvio-padrão 10. Ao construir um gráfico $\bar{x}$ padrão para o processo, os limites de controle são definidos 3 desvios-padrão da média — isto é, $100 \pm 3(10/\sqrt{n})$. A probabilidade de observar um $\bar{x}$ fora do limite de controle é $(0{,}00135 + 0{,}00135) = 0{,}0027$. Suponha que se deseje construir um gráfico de controle que sinalize a presença de uma potencial causa especial de variação para valores menos extremos de $\bar{x}$. A quantos desvios-padrão da média os limites-padrão deveriam ser definidos para que a probabilidade de um gráfico que indique falsamente a presença de causas especiais de variação seja 0,10 em vez de 0,0027?

Aplicação dos conceitos — Básico

12.67 Peso de um produto. Considere os dados de série histórica para o peso de um produto fabricado mostrados abaixo.
 a. Construa um gráfico de séries temporais. Certifique-se de conectar os pontos e adicionar uma linha central.
 b. Que tipo de padrão de variação na Figura 12.6 melhor descreve o padrão revelado por seu gráfico?

TIMEWT
Companion Website

Ordem de Produção	Peso (gramas)	Ordem de Produção	Peso (gramas)
1	6,0	9	6,5
2	5,0	10	9,0
3	7,0	11	3,0
4	5,5	12	11,0
5	7,0	13	3,0
6	6,0	14	12,0
7	8,0	15	2,0
8	5,0		

12.68 Comprimentos de lápis. As medições de comprimento a seguir foram feitas em 20 lápis produzidos consecutivamente.

PENCIL
Companion Website

Ordem de Produção	Comprimento (polegadas)	Ordem de Produção	Comprimento (polegadas)
1	7,47	11	7,57
2	7,48	12	7,56
3	7,51	13	7,55
4	7,49	14	7,58
5	7,50	15	7,56
6	7,51	16	7,59
7	7,48	17	7,57
8	7,49	18	7,55
9	7,48	19	7,56
10	7,50	20	7,58

 a. Construa um gráfico de séries temporais. Certifique-se de conectar os pontos representados graficamente e de adicionar uma linha central.
 b. Que tipo de padrão de variação na Figura 12.6 melhor descreve o padrão mostrado em seu gráfico?

12.69 Aplicando regras de análise de padrão. Use as regras de análise de padrão apropriadas para determinar se o processo monitorado por um gráfico de controle mostrado a seguir está sob influência de causas especiais de variação.

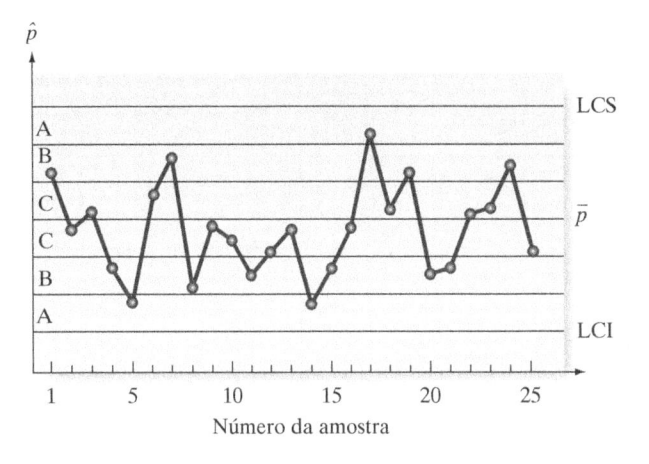

Aplicação dos conceitos — Intermediário

12.70 Moldes plásticos defeituosos. Uma empresa que produz moldes de peças plásticas acredita estar produzindo um número incomumente grande de peças defeituosas. Para investigar essa suspeita, cada turno tirou 7 amostras aleatórias de 200 partes, inspecionou visualmente cada parte para determinar se tinha defeito e assinalou o primeiro tipo de defeito encontrado (Hart, 1992). Esses dados são apresentados na tabela "MOLD".
 a. De uma perspectiva estatística, o número de amostras e o tamanho da amostra de 200 são adequados para construir um gráfico p para esses dados? Explique.
 b. Construa um gráfico p para esse processo de manufatura.
 c. Os limites de controle deveriam ser usados para monitorar futuras saídas do processo? Explique.
 d. Sugira uma estratégia para identificar as causas especiais de variação que podem estar presentes.

12.71 Monitorando a qualidade da enfermagem. Um hospital usa gráficos de controle para monitorar a qualidade da enfermagem. Um grupo de 363 critérios de pontuação, ou padrões, é aplicado em pontos críticos na estada dos pacientes para determinar se eles estão recebendo tratamento adequado da enfermagem. Auditores visitam cada unidade do hospital regularmente, amostram dois pacientes e avaliam os cuidados que recebem. Os auditores revisam os registros dos pacientes, entrevistam os pacientes, a enfermagem e o responsável pela enfermagem e observam o tratamento de enfermagem oferecido (*International Journal of Quality and Reliability Management*, v. 9, 1992). Os dados na tabela "NURSING", à direita, foram registrados em um período de 3 meses para uma unidade recentemente aberta do hospital.
 a. Construa um gráfico R para o processo de tratamento da enfermagem.
 b. Construa um gráfico $\bar{x}$ para o processo de tratamento da enfermagem.
 c. Os gráficos de controle dos itens **a** e **b** deveriam ser usados para monitorar a futura saída do processo? Explique.

Tipo de defeito	Amostra	Turno	Nº de defeitos	Quebra	Queimado	Bolha	Abaixo do peso
1	1	4	1	1	1	0	1
2	1	6	2	1	0	2	1
3	1	11	1	2	3	3	2
4	1	12	2	2	2	3	3
5	1	5	0	1	0	2	2
6	1	10	1	3	2	2	2
7	1	8	0	3	1	1	3
8	2	16	2	0	8	2	4
9	2	17	3	2	8	2	2
10	2	20	0	3	11	3	3
11	2	28	3	2	17	2	4
12	2	20	0	0	16	4	0
13	2	20	1	1	18	0	0
14	2	17	2	2	13	0	0
15	3	13	3	2	5	1	2
16	3	10	0	3	4	2	1
17	3	11	2	2	3	2	2
18	3	7	0	3	2	2	0
19	3	6	1	2	0	1	2
20	3	8	1	1	2	3	1
21	3	9	1	2	2	2	2

d. O hospital gostaria que todas as pontuações de qualidade excedessem 335 (seu limite de especificação). Após um período de 3 meses, que proporção de pacientes amostrados recebeu tratamento que não estava de acordo com os requisitos do hospital?

Amostra	Pontuações	Amostra	Pontuações
1	345.341	11	360.355
2	331.328	12	325.335
3	343.355	13	350.348
4	351.352	14	336.337
5	360.348	15	345.329
6	342.336	16	358.351
7	328.331	17	353.352
8	344.344	18	334.340
9	359.334	19	341.335
10	346.361	20	358.345

12.72 Tempo de separação de pacotes. A AirExpress, um serviço de correio expresso, está preocupada com a eficiência operacional dos departamentos de separação de pacotes em seu terminal de Toledo, Ohio. A empresa gostaria de monitorar o tempo que leva para que pacotes sejam colocados em recipientes de saída para entrega a partir do tempo em que foram recebidos. O departamento

Amostra	Tempo de Trânsito (min)			
1	31,9	33,4	37,8	26,2
2	29,1	24,3	33,2	36,7
3	30,3	31,1	26,3	34,1
4	39,6	29,4	31,4	37,7
5	27,4	29,7	36,5	33,3
6	32,7	32,9	40,1	29,7
7	30,7	36,9	26,8	34,0
8	28,4	24,1	29,6	30,9
9	30,5	35,5	36,1	27,4
10	27,8	29,6	29,0	34,1
11	34,0	30,1	35,9	28,8
12	25,5	26,3	34,8	30,0
13	24,6	29,9	31,8	37,9
14	30,6	36,0	40,2	30,8
15	29,7	33,2	34,9	27,6
16	24,1	26,8	32,7	29,0
17	29,4	31,6	35,2	27,6
18	31,1	33,0	29,6	35,2
19	27,0	29,0	35,1	25,1
20	36,6	32,4	28,7	27,9
21	33,0	27,1	26,2	35,1
22	33,2	41,2	30,7	31,6
23	26,7	35,2	39,7	31,5
24	30,5	36,8	27,9	28,6

de separação opera 6 horas por dia, das 18 horas até a meia-noite. A empresa amostrou aleatoriamente quatro pacotes durante cada hora da operação durante 4 dias em seqüência. O tempo para cada pacote se mover pelo sistema, em minutos, é fornecido na tabela "TRANSIT".
   a. Construa um gráfico $\bar{x}$ para esses dados. Para que o gráfico seja significativo, qual premissa deve ser feita sobre a variação do processo? Por quê?
   b. O que o gráfico sugere sobre a estabilidade do processo de separação de pacotes? Explique.
   c. Os limites de controle deveriam ser usados para monitorar futuras saídas do processo? Explique.

12.73 Tempo de espera de passageiros de companhias aéreas. Gestores da Mountain Airlines estão interessados em monitorar o tempo que os clientes devem esperar na fila para fazer o *check-in* em seu balcão de atendimento em Reno, Nevada. Para desenvolver um gráfico de controle, cinco consumidores foram selecionados para uma amostra a cada dia, por 20 dias. Os dados, em minutos, são apresentados na tabela a seguir.
   a. Construa um gráfico R a partir desses dados.
   b. O que o gráfico R sugere sobre a estabilidade do processo? Explique.
   c. Explique por que o gráfico R deveria ser interpretado antes do gráfico $\bar{x}$.
   d. Construa um gráfico $\bar{x}$ a partir desses dados.
   e. O que o gráfico $\bar{x}$ sugere sobre a estabilidade do processo? Explique.
   f. Os limites de controle para os gráficos R e $\bar{x}$ deveriam ser usados para monitorar futuras saídas do processo? Explique.

CHECKIN
Companion Website

Amostra	Tempo de espera (min)				
1	3,2	6,7	1,3	8,4	2,2
2	5,0	4,1	7,9	8,1	0,4
3	7,1	3,2	2,1	6,5	3,7
4	4,2	1,6	2,7	7,2	1,4
5	1,7	7,1	1,6	0,9	1,8
6	4,7	5,5	1,6	3,9	4,0
7	6,2	2,0	1,2	0,9	1,4
8	1,4	2,7	3,8	4,6	3,8
9	1,1	4,3	9,1	3,1	2,7
10	5,3	4,1	9,8	2,9	2,7
11	3,2	2,9	4,1	5,6	,8
12	2,4	4,3	6,7	1,9	4,8
13	8,8	5,3	6,6	1,0	4,5
14	3,7	3,6	2,0	2,7	5,9
15	1,0	1,9	6,5	3,3	4,7
16	7,0	4,0	4,9	4,4	4,7
17	5,5	7,1	2,1	0,9	2,8
18	1,8	5,6	2,2	1,7	2,1
19	2,6	3,7	4,8	1,4	5,8
20	3,6	,8	5,1	4,7	6,3

12.74 Tempo de espera de passageiros de companhias aéreas (continuação). Considere o processo de *check-in* da companhia aérea descrito no Exercício 12.73.
   a. Presuma que o processo esteja sob controle e construa um diagrama de análise de capacidade para ele. A gestão especificou um limite de especificação superior de 5 minutos.
   b. O processo é capaz? Justifique.
   c. Se for adequado estimar e interpretar C_p para esse processo, faça-o. Se não for, explique por quê.
   d. Por que a gestão fornece um limite de especificação inferior?

12.75 Histórias de crédito com erros de inserção de dados. Uma empresa chamada CRW faz checagem de crédito para grande número de bancos e empresas de seguro. A informação sobre o histórico de crédito é digitada no computador por assistentes administrativos treinados. A empresa está interessada em monitorar a proporção de históricos de crédito que contenham um ou mais erros de inserção de dados. Com base em sua experiência na operação de inserção de dados, a diretora da unidade de processamento de dados acredita que a proporção de históricos com erros é de cerca de 6%. A CRW auditou 150 históricos aleatoriamente selecionados a cada dia por 20 dias. Os dados da amostra são apresentados abaixo.

CRW
Companion Website

Amostra	Tamanho da amostra	Históricos com erros
1	150	9
2	150	11
3	150	12
4	150	8
5	150	10
6	150	6
7	150	13
8	150	9
9	150	11
10	150	5
11	150	7
12	150	6
13	150	12
14	150	10
15	150	11
16	150	7
17	150	6
18	150	12
19	150	14
20	150	10

a. Use a fórmula do tamanho da amostra para demonstrar que um tamanho de amostra de 150 é grande o suficiente para evitar que o limite de controle inferior de um gráfico p que eles planejam construir seja negativo.
b. Construa um gráfico p para o processo de inserção de dados.
c. O que o gráfico indica sobre a presença de causas especiais de variação? Explique.
d. Dê um exemplo de uma causa especial de variação que poderia potencialmente afetar esse processo. Faça o mesmo para uma causa comum de variação.
e. Os limites de controle deveriam ser usados para monitorar históricos de crédito produzidos pela operação de inserção de dados? Explique.

12.76 Defeitos em hastes de grafite. Durante o último ano, uma empresa que fabrica tacos de golfe recebeu inúmeras reclamações sobre o desempenho de suas hastes de grafite e perdeu diversos pontos percentuais de participação de mercado. Em resposta, a empresa decidiu monitorar seu processo de produção de hastes para identificar novas oportunidades de aprimorar o seu produto. O processo envolve a técnica de *pultrusion*. A estrutura é puxada por um polímero termoajustado e, então, por meio de uma longa peça de aço aquecido. À medida que se move pela peça, a haste vai sendo tratada. Finalmente, ela é cortada no comprimento desejado. Defeitos que podem ocorrer durante o processo são vazios internos, fibras quebradas, intervalos entre sucessivas camadas e quebras microscópicas causadas por secagem imprópria. O novo departamento de qualidade da empresa amostrou 10 hastes consecutivas a cada 30 minutos, e testes não destrutivos foram usados para buscar falhas nas hastes. Os dados de cada turno de 8 horas foram combinados para formar um turno amostra de 160 hastes. Dados sobre a proporção de hastes defeituosas para 36 amostras de turnos são apresentados na tabela ao lado.

a. Use o gráfico de controle apropriado para determinar se a proporção do processo permanece estável ao longo do tempo.
b. O seu gráfico de controle indica que estão presentes tanto causas comuns quanto causas especiais de variação? Explique.
c. Dados sobre os tipos de falhas identificadas também são mostrados abaixo. [*Nota*: Cada haste defeituosa pode ter mais de uma falha.] Para ajudar a diagnosticar as causas de variação na saída do processo, construa um diagrama de Pareto para os tipos de defeitos de hastes observados. Quais deles são 'poucos vitais'? E 'muitos triviais'?

SHAFT1

Turno	Número de hastes defeituosas	Proporção de hastes defeituosas
1	9	0,05625
2	6	0,03750
3	8	0,05000
4	14	0,08750
5	7	0,04375
6	5	0,03125
7	7	0,04375
8	9	0,05625
9	5	0,03125
10	9	0,05625
11	1	0,00625
12	7	0,04375
13	9	0,05625
14	14	0,08750
15	7	0,04375
16	8	0,05000
17	4	0,02500
18	10	0,06250
19	6	0,03750
20	12	0,07500
21	8	0,05000
22	5	0,03125
23	9	0,05625
24	15	0,09375
25	6	0,03750
26	8	0,05000
27	4	0,02500
28	7	0,04375
29	2	0,01250
30	6	0,03750
31	9	0,05625
32	11	0,06875
33	8	0,05000
34	9	0,05625
35	7	0,04375
36	8	0,05000

Fonte: KOLARIK, W. *Creating quality: concepts, systems, strategies, and tools*. Nova York: McGraw-Hill, 1995.

SHAFT2

Tipo de defeito	Número de defeitos
Vazios internos	11
Fibras quebradas	96
Intervalos entre camadas	72
Quebras microscópicas	150

Referências bibliográficas

ALWAN, L. C.; ROBERTS, H. V. "Time-series modeling for statistical process control." *Journal of Business and Economic Statistics*, 1988, v.6, p. 87-95.

BANKS, J. *Principles of quality control*. Nova York: Wiley, 1989.

CHECKLAND, P. *Systems thinking, systems practice*. Nova York: Wiley, 1981.

DEMING, W. E. *Out of the crisis*. Cambridge, Mass.: MIT Center for Advanced Engineering Study, 1986.

DEVOR, R. E.; CHANG, T.; SOUTHERLAND, J. W. *Statistical quality design and control*. Nova York: Macmillan, 1992.

DUNCAN, A. J. *Quality control and industrial statistics*. Homewood, Ill.: Irwin, 1986.

FEIGENBAUM, A. V. *Total quality control*. 3. ed. Nova York: McGraw-Hill, 1983.

GARVIN, D. A. *Managing quality*. Nova York: Free Press/Macmillan, 1988.

GITLOW, H.; GITLOW, S.; OPPENHEIM, A.; OPPENHEIM, R. *Tools and methods for the improvement of quality*. Homewood, Ill.: Irwin, 1989.

GRANT, E. L.; LEAVENWORTH, R. S. *Statistical quality control*. 6. ed. Nova York: McGraw-Hill, 1988.

HART, Marilyn K. "Quality tools for improvement." *Production and Inventory Management Journal*, primeiro trimestre, 1992, vol. 33, n. 1, p. 59.

ISHIKAWA, K. *Guide to quality control*. 2. ed. White Plains, N.Y.: Kraus International Publications, 1986.

JOINER, B. L.; GOUDARD, M. A. "Variation, management, and W. Edwards Deming." *Quality Process*, dez. 1990, pp. 29-37.

JURAN, J. M. *Juran of planning for quality*. Nova York: Free Press/Macmillan, 1988.

JURAN, J. M.; GRYNA, F. M., Jr. *Quality planning analysis*. 2. ed. Nova York: McGraw-Hill, 1980.

KANE, V. E. *Defect prevention*. Nova York: Marcel Dekker, 1989.

LATZKO, W. J. *Quality and productivity for bankers and financial managers*. Nova York: Marcel Dekker, 1986.

MOEN, R. D.; NOLAN, T. W.; PROVOST, L. P. *Improving quality through planned experimentation*. Nova York: McGraw-Hill, 1991.

MONTGOMERY, D. C. *Introduction to statistical quality control*. 2. ed. Nova York: Wiley, 1991.

NELSON, L. L. "The shewhart control chart — Tests for special causes." *Journal of Quality Technology*, out. 1984, vol. 16, n. 4, p. 237-239.

ROBERTS, H. V. *Data analysis for managers*. 2. ed. Redwood City, Calif.: Scientific Press, 1991.

ROSANDER, A. C. *Applications of quality control in the service industries*. Nova York: Marcel Dekker, 1985.

RUMMLER, G. A.; BRACHE, A. P. Improving performance: *how to manage the white space on the organization chart*. San Francisco: Jossey-Bass, 1991.

RYAN, T. P. *Statistical methods for quality improvement*. Nova York: Wiley, 1989.
Statistical quality control handbook. Indianapolis, Ind.: AT&T Technologies, Select Code 700-444 (inquiries: 800-432-6600); originally published by Western Electric Company, 1956.

The Ernst and Young Quality Improvement Consulting Group. *Total quality: an executive's guide for the 1990s*. Homewood, Ill.: Dow-Jones Irwin, 1990.

WADSWORTH, H. M.; STEPHENS, K. S.; GODFREY, A. B. *Modern methods for quality control and improvement*. Nova York: Wiley, 1986.

WALTON, M. *The deming management method*. Nova York: Dodd, Mead & Company, 1986.

WHEELER, D. J.; CHAMBERS, D. S. *Understanding statistical process control. Knoxville*, Tenn.: Statistical Process Controls, Inc., 1986.

Uso da tecnologia

12.1 Gráficos de controle usando o SPSS

Para criar gráficos de controle para dados de processo, primeiro acesse o arquivo da planilha do SPSS que contém os dados de qualidade. Depois, clique no botão 'Graphs' na barra de menu, então clique em 'Control', como mostrado na Figura 12.S.1. A caixa de diálogo resultante aparece como mostrado na Figura 12.S.2.

Selecione o tipo de gráfico de controle que você quer produzir (barra x, R ou gráfico p) e se os casos (linhas) na planilha representam medições individuais de qualidade ('Cases are units') ou subgrupos ('Cases are subgroups'), então clique no botão 'Define' na caixa de diálogo do gráfico de controle.

Se você selecionou barra x ou gráfico R em casos de subgrupos, a caixa de diálogo mostrada na Figura 12.S.3 aparecerá. Se você selecionou barra x ou gráfico R em casos de unidades individuais, a caixa de diálogo mostrada na Figura 12.S.4 aparecerá. Faça seleções apropriadas (variáveis processo e variável subgrupo), então clique em 'OK' para produzir o gráfico de controle SPSS. (Como opção, você pode realizar uma análise de capacidade clicando no botão 'Statistics' e fazendo as seleções de menu apropriadas [limites de especificação, valor-alvo e estatística C_p].)

Se você selecionou um gráfico p na caixa de diálogo do gráfico de controle (Figura 12.S.2), a caixa de diálogo mostrada na Figura 12.S.5 aparecerá. Especifique as variáveis que representam o número 'não conforme' e os subgrupos e o tamanho da amostra. Clique em 'OK' para visualizar o gráfico de controle do SPSS.

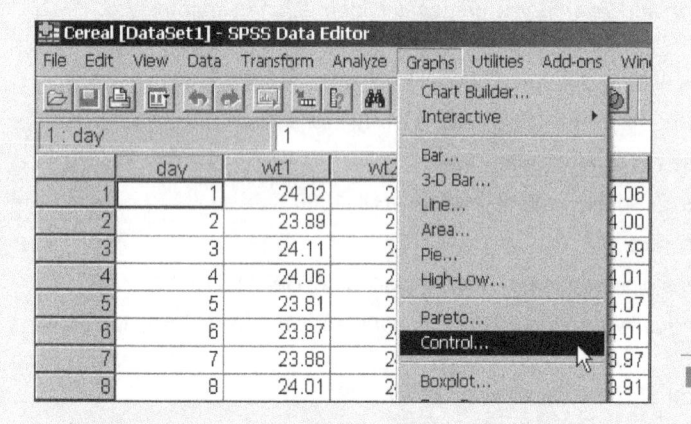

■ **FIGURA 12.S.1** Opções de menu do SPSS para gráficos de controle

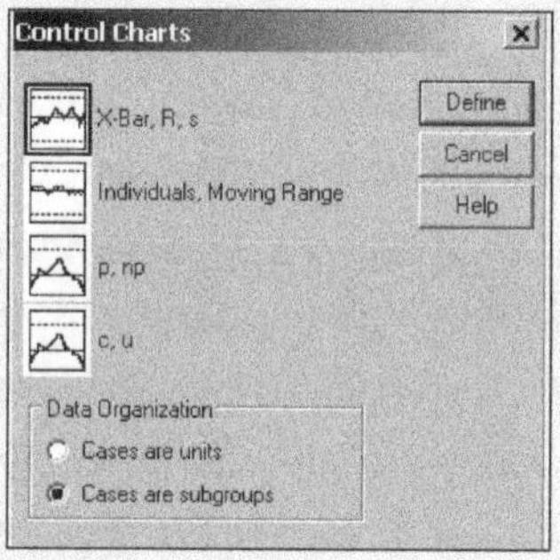

■ **FIGURA 12.S.2** Caixa de diálogo do gráfico de controle do SPSS

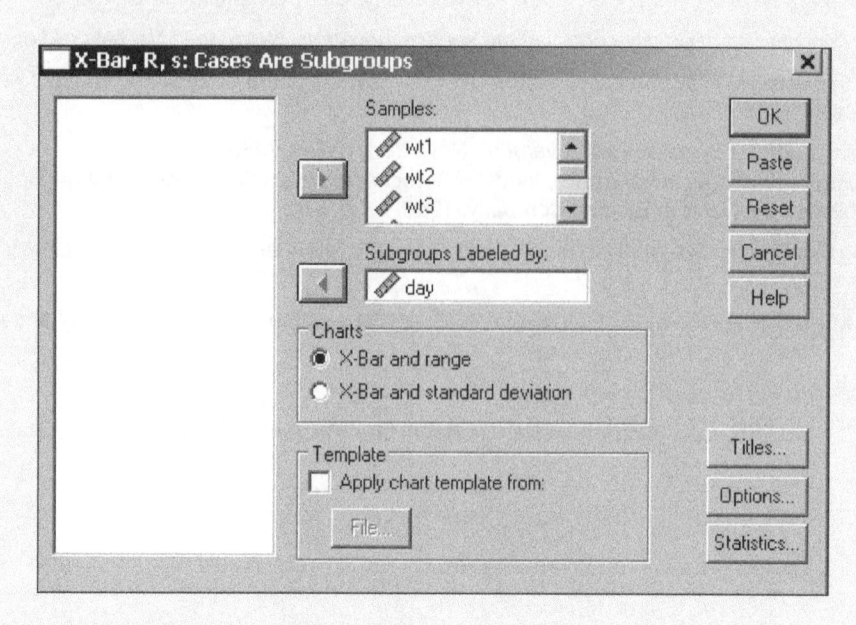

■ **FIGURA 12.S.3** Opções do SPSS para gráficos $\bar{x}$ e R (casos são subgrupos)

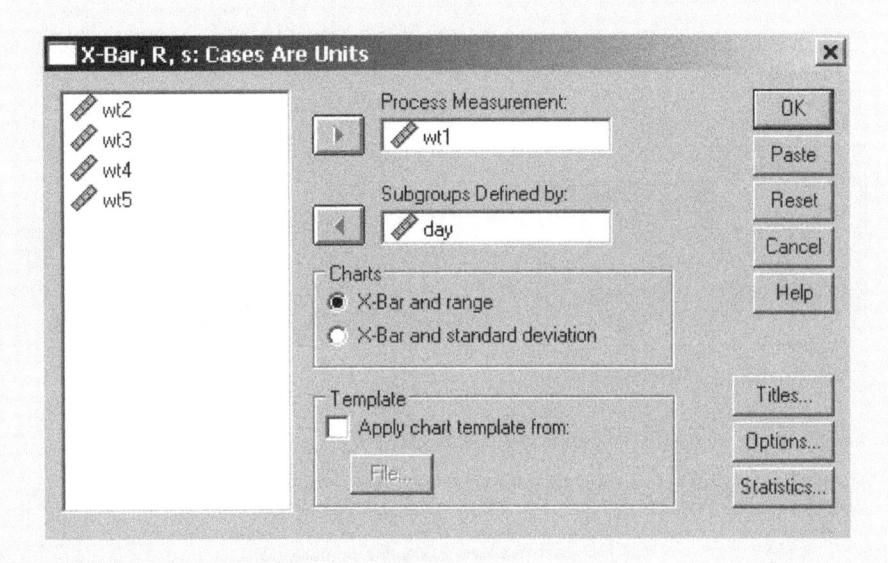

FIGURA 12.S.4 Opções do SPSS para gráficos $\bar{x}$ e R (casos são unidades)

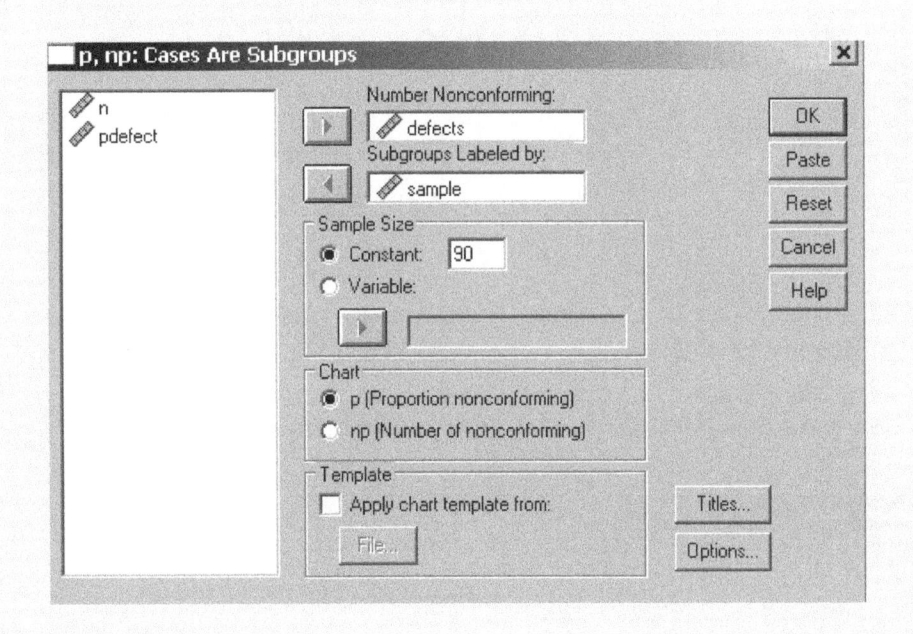

FIGURA 12.S.5 Opções do SPSS para gráficos p

12.2 Gráficos de controle usando o MINITAB

Para criar um gráfico $\bar{x}$ ou um gráfico R para dados do processo, primeiro acesse o arquivo da planilha do MINITAB que contém os dados de qualidade. Depois, clique no botão 'Stat' na barra de menu do MINITAB, e então clique em 'Control charts','Variables charts for subgroups', ou 'Xbar' ou 'R', conforme mostrado na Figura 12.M.1. A caixa de diálogo resultante aparece como mostrado na Figura 12.M.2.

Se cada linha na planilha representa uma medida individual de qualidade, então especifique 'All observations for a chart are in one column:', conforme mostrado na Figura 12.M.2. Insira a variável qualidade na próxima caixa e especifique o tamanho do subgrupo.

Se cada linha da planilha representa um subgrupo, com colunas representando as medições da amostra, então especifique 'observations for a subgroup are in one row of columns:', como mostrado na Figura 12.M.3. Insira as colunas com medições da amostra na próxima caixa.

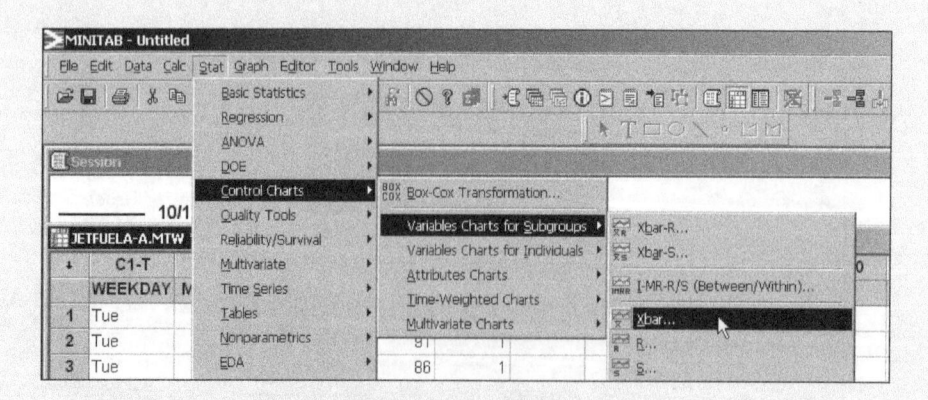

FIGURA 12.M.1 Opções de menu do MINITAB para gráficos de controle

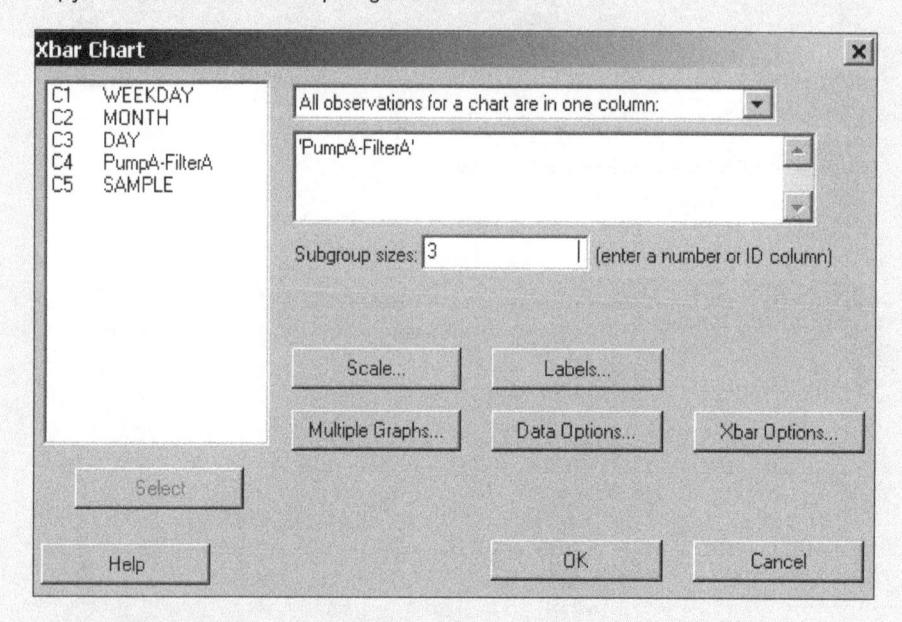

FIGURA 12.M.2 Caixa de diálogo do gráfico $\bar{x}$ do MINITAB (linhas são unidades individuais)

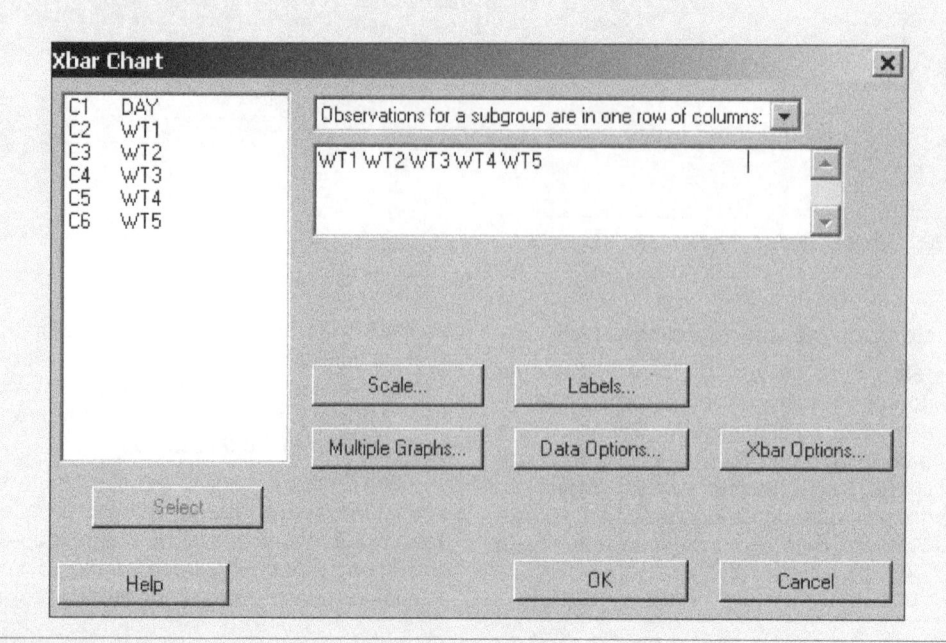

FIGURA 12.M.3 Caixa de diálogo do gráfico $\bar{x}$ do MINITAB (linhas são subgrupos)

Se você quer que o MINITAB aplique as regras de análise de padrão aos pontos representados no gráfico, clique no botão 'Xbar (ou R) options', clique em 'Tests' e cheque as regras que você quer aplicar. Clique em 'OK' para retornar à caixa de diálogo Caixa de controle, então clique em 'OK' novamente para produzir o gráfico de controle do MINITAB.

Para criar um gráfico p para dados de atributos, clique no botão 'Stat' na barra de menu do MINITAB, então clique em 'Control charts' e em 'Attributes charts' (veja Figura 12.M.1). No menu resultante, selecione 'P'. A caixa de diálogo resultante parece similar à mostrada na Figura 12.M.4. Especifique a variável que representa o número de itens 'não conforme' e o tamanho do subgrupo (amostra). Se você quer que o MINITAB aplique as regras de análise de padrão aos pontos representados no gráfico, clique no

botão 'P chart options', clique em 'Tests' e cheque as regras que você quer aplicar. Clique em 'OK' para retornar à caixa de diálogo do gráfico de controle, então clique em 'OK' de novo para produzir o gráfico de controle do MINITAB.

Para criar um diagrama de análise de capacidade, clique no botão 'Stat' na barra de menu do MINITAB, então clique em 'Quality tools', 'Capability analysis' e 'Normal', como mostrado na Figura 12.M.5. A caixa de diálogo resultante parece similar à mostrada na Figura 12.M.6. Especifique a variável qualidade de interesse, tamanho de subgrupo e limites de especificação inferior e superior na tela de menu. Clique no botão 'Options' para especificar o tipo de estatísticas (por exemplo, C_p, e percentuais fora dos limites de especificação) a ser mostrado no gráfico. Clique em 'OK' para produzir o diagrama de análise de capacidade do MINITAB.

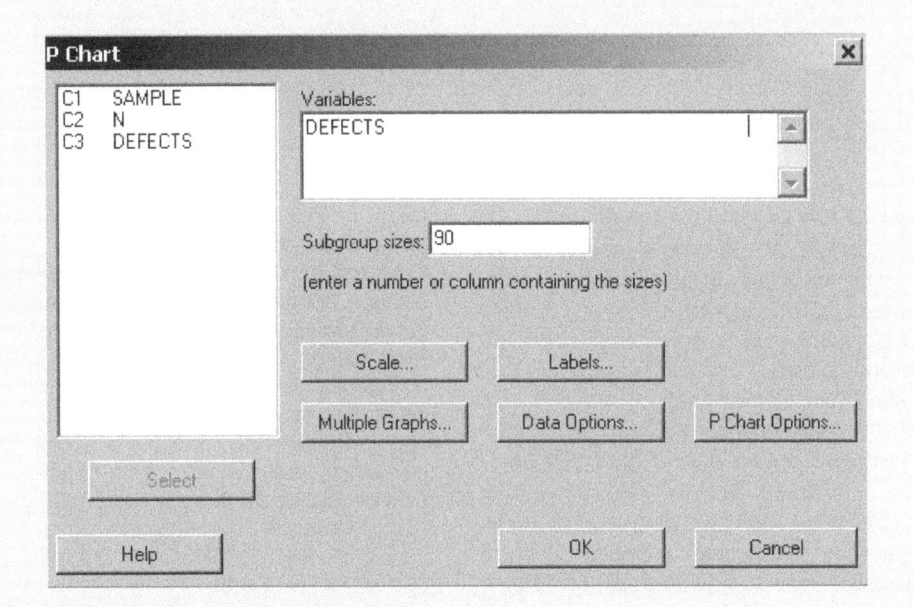

FIGURA 12.M.4 Caixa de diálogo do gráfico p do MINITAB

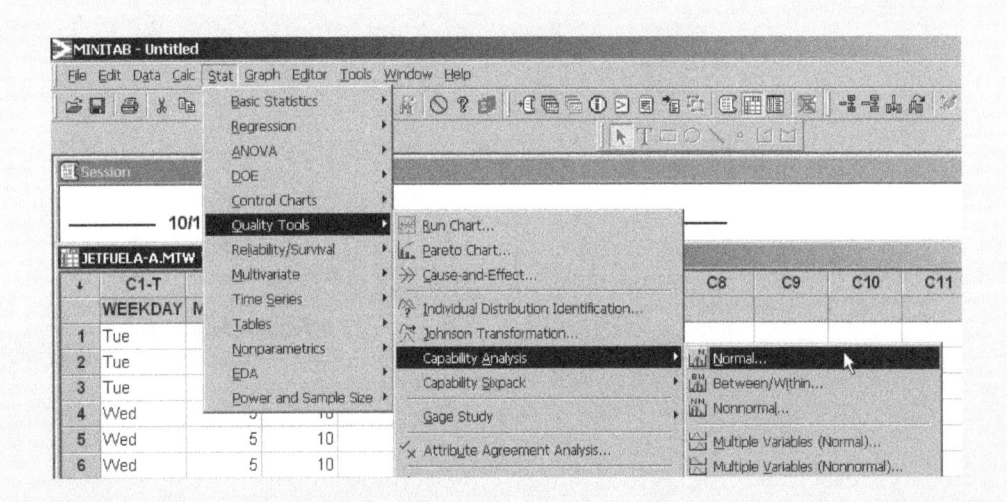

FIGURA 12.M.5 Opções de menu do MINITAB para análise de capacidade

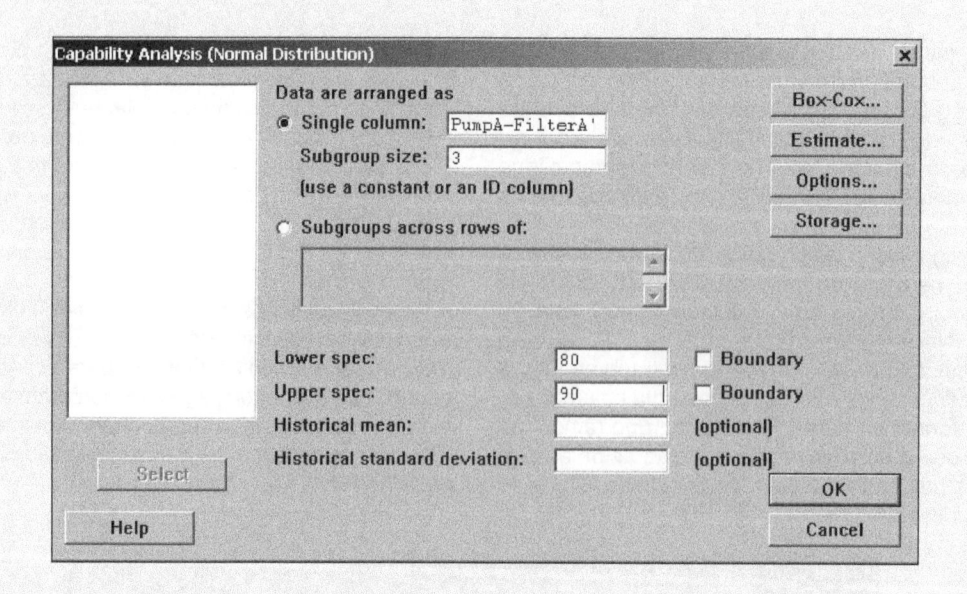

Figura 12.M.6 Caixa de diálogo de análise de capacidade do MINITAB

12.3 Gráficos de controle usando o Excel/PHStat2

Para criar um gráfico $\bar{x}$ ou R, primeiro acesse o arquivo do Excel que contém os dados de qualidade. A planilha deve conter colunas para a média da amostra e a amplitude da amostra, com as linhas representando cada subgrupo. Depois, clique no botão 'PHStat' na barra de menu do Excel, então clique em 'Control charts' e em 'R & XBar charts', conforme mostrado na Figura 12.E.1. A caixa de diálogo resultante parece similar àquela mostrada na Figura 12.E.2.

Especifique o tamanho do subgrupo (amostra), a amplitude de células para as amplitudes da amostra e a amplitude de células para as médias da amostra, como mostrado na Figura 12.E.2. Clique em 'OK' para produzir os gráficos de controle do Excel.

Para criar um gráfico p, primeiro acesse o arquivo do Excel que contém os dados de atributos. A planilha deve conter uma coluna para o número de itens 'não conforme' (defeituosos), com as linhas representando cada subgrupo. Depois, clique no botão 'PHStat' na barra de menu do Excel, então clique em 'Control charts', e em 'p Chart' (veja a Figura 12.E.1). A caixa de diálogo resultante parece similar àquela mostrada na Figura 12.E.3. Especifique a amplitude de células para o número de itens 'não conforme' e o tamanho de subgrupo (amostra), como mostrado na Figura 12.E.3. Clique em 'OK' para produzir o gráfico de controle do Excel.

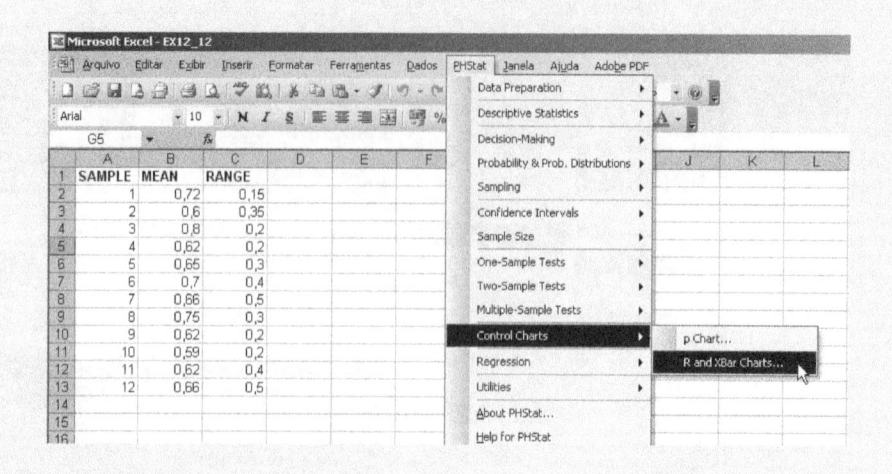

FIGURA 12.E.1 Opções de menu do Excel para gráficos de controle

FIGURA 12.E.2 Caixa de diálogos de gráficos R e $\bar{x}$ do Excel

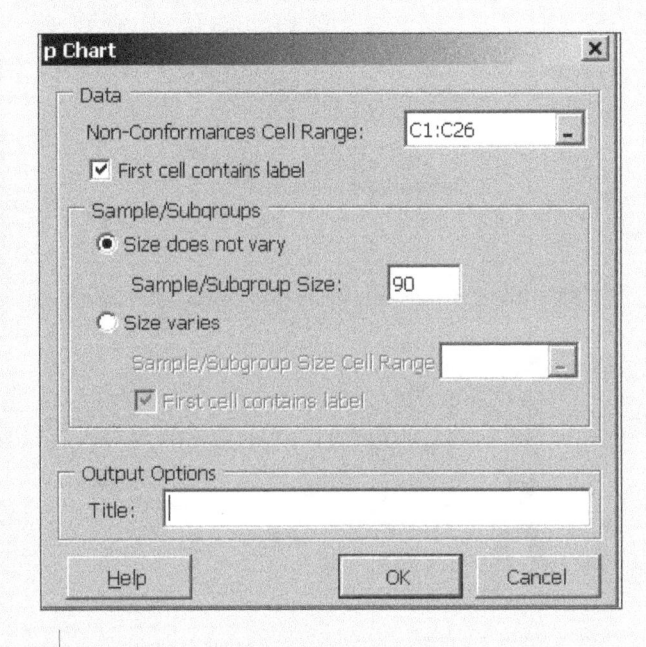

FIGURA 12.E.2 Caixa de diálogos de gráfico p do Excel

Caso real

O caso da fábrica de anéis para motor (Um caso abrangendo o Capítulo 12)

O problema

Um fabricante de anéis de borracha para aplicações em veículos automotivos e *off-road* do Meio-Oeste dos Estados Unidos foi surpreendentemente notificado por um grande cliente — um fabricante de automóveis norte-americano — que tinha significativamente apertado os limites de especificação da espessura geral de um anel duro usado em seus motores. Apesar de os limites de especificação atuais serem muito satisfeitos pelo fabricante de anéis, seu produto não chegava perto da nova especificação.

A primeira reação do fabricante de anéis foi negociar com o cliente para obter uma flexibilidade na nova especificação. Quando esses esforços falharam, a relação cliente–fornecedor ficou de certa forma estremecida. O próximo pensamento do fabricante de anéis foi que, se ele esperasse o suficiente, a empresa de automóveis seria eventualmente forçada a flexibilizar os requisitos e comprar o produto existente. Contudo, com o passar do tempo, ficou claro que isso não aconteceria e que alguns passos positivos deveriam ser tomados para melhorar a qualidade de seus anéis. Mas o que deveria ser feito? E por quem?

O produto

A Figura C5.1 mostra o produto em questão, um anel rígido. Um anel rígido é a união de duas camadas externas de material leve e uma camada intermediária consistindo de um pedaço perfurado de placa de metal. Essas três peças são fabricadas e algumas operações de blanking e perfuração seguem-se, depois das quais os anéis de metal são instalados em volta da parte de dentro dos buracos *bore clearance* do cilindro, e toda a periferia do anel. A característica da qualidade de interesse nesse caso é a grossura da produção.

O processo

Um estudo inicial feito pelos engenheiros assistentes revelou que a variação na grossura do material leve do anel — as duas camadas de fora do anel rígido — eram grandes e indubitavelmente responsáveis pela maior parte da variabilidade total no produto final. A Figura C.5.2 mostra o processo de laminação que fabrica as placas do material de anel leve a partir das quais as duas camadas de fora são feitas. Para fabricar uma placa de material leve de anel, um operador adiciona matéria-prima, em forma de 'pellet', na abertura — chamado *knip* — entre os dois rolos. O maior rolo roda sobre seus eixos sem movimento lateral; o menor rolo gira e se move para a frente e para trás para mudar o tamanho do *knip*. À medida que o operador adiciona mais e mais material ao *knip*, a placa é formada em volta do rolo maior. Quando o menor rolo atinge uma destinação preestabelecida (isto é, intervalo final/grossura da folha), um sinal toca e uma luz vermelha acende, dizendo ao operador para parar de adicionar material. O operador pára os rolos e corta a placa horizontalmente pelo rolo maior, de forma que ela possa ser puxada para fora dele. A placa final, chamada *pull*, é puxada para cima de uma mesa, onde o operador checa sua espessura com um micrômetro.

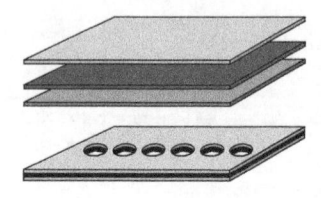

FIGURA C5.1 Um anel rígido para aplicações automotivas

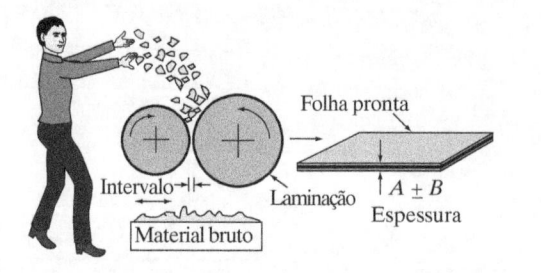

FIGURA C5.2 Laminação para a fabricação de material de anel leve

O operador pode ajustar o intervalo final se avaliar que as placas estão saindo muito grossas ou muito finas em relação ao valor nominal prescrito (isto é, a espessura-alvo).

Operação do processo

Pesquisas revelaram que o operador realiza o processo da seguinte maneira: após cada placa ser feita, ele mede a espessura com um micrômetro. É calculada a média dos valores da espessura para três placas em seqüência, e essa média é representada em um papel gráfico que, no começo do turno, tem apenas uma linha horizontal sólida desenhada para indicar o valor-alvo da espessura para a placa de anel leve que o operador está produzindo. Periodicamente, ele revisa esses dados e toma decisões sobre se a média do processo — a espessura da placa — precisa ser ajustada. Isso pode ser conseguido parando a máquina, afrouxando alguns grampos no rolo pequeno e colocando o rolo pequeno lateralmente para dentro ou para fora por alguns poucos milésimos de polegada — quando o operador perceber que é necessário.

Os grampos são apertados, o intervalo é checado com um *taper gauge*, e, se estiver ajustado apropriadamente, o operador começa a fazer as placas de novo. Tipicamente,

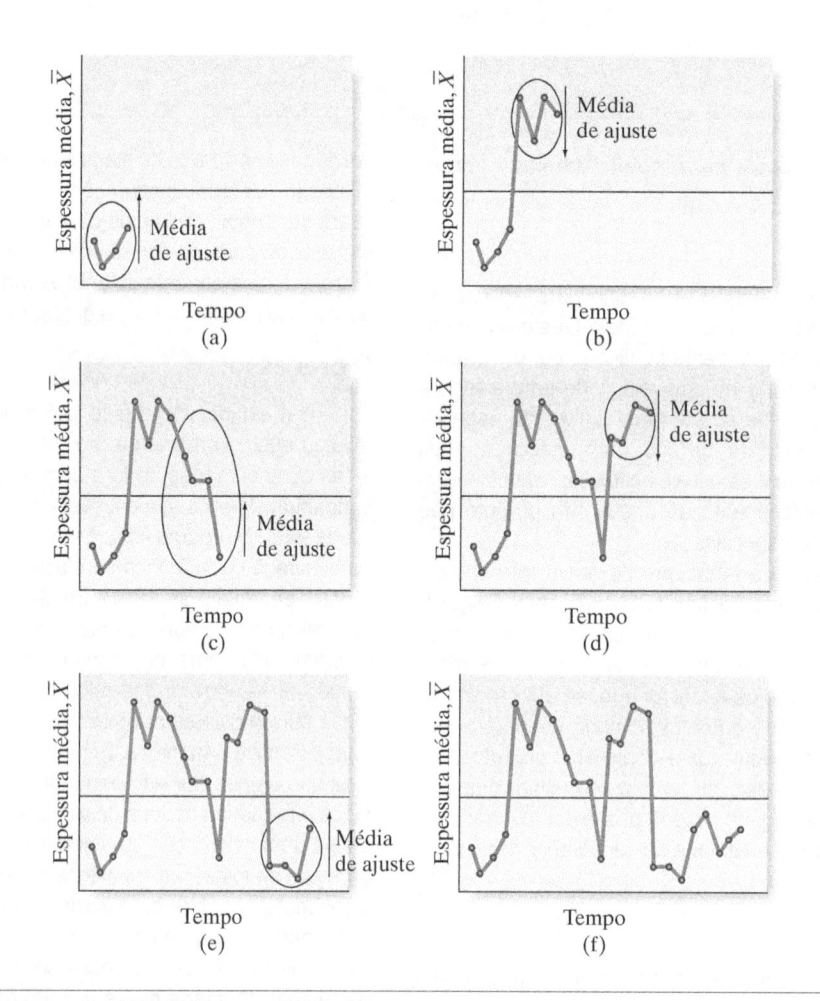

FIGURA C5.3 História do ajuste do processo em um turno

esse processo de ajuste leva de 10 a 15 minutos. As questões sobre quando fazer tais ajustes e quanto mudar o intervalo do rolo para cada ajuste ficam completamente a critério do operador, com base no gráfico gerado de médias de espessuras.

A Figura C5.3 mostra uma série de gráficos que detalham a história de um turno de trabalho em particular sobre o qual o operador fez diversos ajustes de processos. (Esses dados vêm do mesmo turno que os engenheiros assistentes usaram para coletar dados para um estudo da capacidade do processo que é descrito posteriormente.) A Figura C5.3a mostra os dados do processo depois de as primeiras 12 placas terem sido produzidas — quatro médias de três espessuras de placas sucessivas. Nesse ponto, o operador julgou que os dados diziam que o processo estava funcionando abaixo do alvo, então interrompeu-o e fez um ajuste para aumentar levemente o intervalo final do rolo. Ele então prosseguiu para fazer mais placas. A Figura C5.3b mostra o estado do processo em algum ponto posterior. Agora parece ao operador que as placas estavam saindo muito grossas, então ele parou e fez outro ajuste. Como mostrado na Figura C5.3c, o processo pareceu correr bem por um tempo, mas então uma média de certa forma menor que o alvo levou-o a acreditar que outro ajuste fosse necessário. As figuras C5.3d e C5.3e mostram pontos no tempo em que outros ajustes foram feitos.

A Figura C5.3f mostra a história completa do turno. Um total de 24 × 3, ou 72 placas, foi feito durante esse turno. Ao ser questionado, o operador revelou que a história desse turno era bem típica em relação ao que ocorre no dia-a-dia.

A solução de parada do intervalo da empresa

Enquanto os engenheiros assistentes estavam estudando o problema para formular um plano de ação apropriado, algo teve que ser feito para tornar possível a entrega de anéis rígidos dentro dos novos limites de especificação. A gestão decidiu aumentar a inspeção de produção e, em particular, classificar cada peça de material de acordo com a espessura, de forma que a grande variação na espessura pudesse ser balanceada no processo de produção. Inspetores extras foram usados para classificar cada peça de material de anéis leves. Placas da mesma espessura foram colocadas em caixas separadas em *pallets* para uma planta irmã para produção. Placas grossas e finas foram selecionadas quando necessário para fazer um anel rígido de acordo com a especificação. O processo funcionou bem, e houve alguma discussão sobre torná-lo permanente. No entanto, alguns acharam que era muito caro e que não chegava à causa raiz do problema.

A análise do departamento de engenharia

Enquanto isso, os engenheiros assistentes da empresa continuavam a estudar o problema e chegaram à conclusão de que o equipamento do processo *roll mill* (laminação) para fazer placas simplesmente não era capaz de atender às novas especificações. Essa conclusão foi resultado do exame dos dados da produção e de relatórios ao longo de diversos meses. Eles pesquisaram alguns novos equipamentos que tinham registros para uma consistência muito boa placa a placa e decidiram escrever uma proposta de reposição das laminações existentes com esse novo equipamento.

Para reforçar a proposta, o chefe pediu-lhes para incluir dados que demonstrassem a baixa capacidade do equipamento existente. Os engenheiros, confiantes de que o equipamento não era capaz, selecionaram quem achavam ser o melhor operador e a melhor laminação (a planta tem diversas linhas de laminação) e fizeram medições cuidadosas da espessura de cada placa em um turno de 8 horas. Durante o turno, um total de 72 placas/*pulls* foram feitas. Isso foi considerado, de certa forma, aceitável, uma vez que o trabalho-padrão do processo é de 70 placas por turno. As medições da espessura da placa (na ordem de fabricação) para as 72 placas são apresentadas na Tabela C5.1. Os engenheiros elaboraram as definições para usar os dados de modo a realizar um estudo de capacidade do processo.

Confiando em um curso de métodos estatísticos que um dos engenheiros teve na faculdade dez anos antes, o grupo decidiu construir uma distribuição de freqüência a partir dos dados e usá-la para estimar a porcentagem de medições que caem dentro dos limites de especificação. Seu histograma é mostrado na Figura C5.4. Também são mostrados na figura os valores superior e inferior de especificação. A parte escura sombreada no histograma representa a quantidade do produto que fica fora dos limites de especificação. É imediatamente aparente, a partir do histograma, que uma grande proporção da saída não atende às necessidades do cliente. Oito de 72 placas ficam fora dos limites de especificação. Dessa forma, em termos de percentual conforme a especificação, os engenheiros estimaram a capacidade do processo como sendo 88,8%. Isso era claramente inaceitável. Essa análise confirmou a opinião do engenheiro sobre o equipamento *roll mill* do processo. Eles incluíram isso em sua proposta e enviaram sua recomendação de reposição do equipamento para a presidente.

Sua função

Você foi contratado como consultor externo pela presidente da empresa, Marilyn Carlson. Ela gostaria que você fizesse uma análise crítica da análise, da conclusão e das recomendações dos engenheiros.

Suspeitando que o trabalho dos engenheiros pudesse ser imperfeito, a presidente Carlson gostaria também que você realizasse seu próprio estudo e fizesse suas próprias recomendações sobre como resolver o problema da empresa. Ela gostaria que você usasse os dados reportados na Tabela C5.1 juntamente com os dados da Tabela C5.2, que ela pediu que fossem coletados para você. Esses dados foram coletados da mesma maneira que os dados da Tabela C5.1. No entanto, foram coletados durante um período de tempo em que o operador do *roll mill* foi instruído a não ajustar a espessura da placa. Em sua análise, se você escolher construir gráficos de controle, use os mesmos subgrupos de três medições que o operador usou.

Prepare um relatório escrito aprofundado para a presidente que responda a seus questionamentos. Ele deve começar com um sumário executivo e incluir quantas tabelas e figuras forem necessárias para dar suporte à sua análise e recomendações. [O arquivo de dados para esse caso é chamado **GASKET**. Ele contém três variáveis: número da placa, espessura e código para ajustes do operador (A) ou sem ajuste (N).]

TABELA C5.1 Medições da espessura da placa

Placa	Espessura (pol.)	Placa	Espessura (pol.)	Placa	Espessura (pol.)
1	0,0440	25	0,0464	49	0,0427
2	0,0446	26	0,0457	50	0,0437
3	0,0437	27	0,0447	51	0,0445
4	0,0438	28	0,0451	52	0,0431
5	0,0425	29	0,0447	53	0,0448
6	0,0443	30	0,0457	54	0,0429
7	0,0453	31	0,0456	55	0,0425
8	0,0428	32	0,0455	56	0,0442
9	0,0433	33	0,0445	57	0,0432
10	0,0451	34	0,0448	58	0,0429
11	0,0441	35	0,0423	59	0,0447
12	0,0434	36	0,0442	60	0,0450
13	0,0459	37	0,0459	61	0,0443
14	0,0466	38	0,0468	62	0,0441
15	0,0476	39	0,0452	63	0,0450
16	0,0449	40	0,0456	64	0,0443
17	0,0471	41	0,0471	65	0,0423
18	0,0451	42	0,0450	66	0,0447
19	0,0472	43	0,0472	67	0,0429
20	0,0477	44	0,0465	68	0,0427
21	0,0452	45	0,0461	69	0,0464
22	0,0457	46	0,0462	70	0,0448
23	0,0459	47	0,0463	71	0,0451
24	0,0472	48	0,0471	72	0,0428

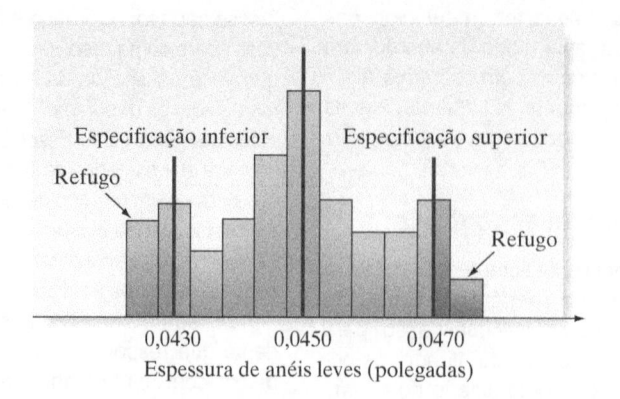

Figura C5.4 Histograma dos dados a partir do estudo de capacidade do processo

TABELA C5.2 Medições da espessura da placa para um turno sem ajuste do operador

Placa	Espessura (pol.)	Placa	Espessura (pol.)	Placa	Espessura (pol.)
1	0,0440	25	0,0464	49	0,0427
1	0,0445	25	0,0443	49	0,0445
2	0,0455	26	0,0450	50	0,0471
3	0,0457	27	0,0441	51	0,0465
4	0,0435	28	0,0449	52	0,0438
5	0,0453	29	0,0448	53	0,0445
6	0,0450	30	0,0467	54	0,0472
7	0,0438	31	0,0465	55	0,0453
8	0,0459	32	0,0449	56	0,0444
9	0,0428	33	0,0448	57	0,0451
10	0,0449	34	0,0461	58	0,0455
11	0,0449	35	0,0439	59	0,0435
12	0,0467	36	0,0452	60	0,0443
13	0,0433	37	0,0443	61	0,0440
14	0,0461	38	0,0434	62	0,0438
15	0,0451	39	0,0454	63	0,0444
16	0,0455	40	0,0456	64	0,0444
17	0,0454	41	0,0459	65	0,0450
18	0,0461	42	0,0452	66	0,0467
19	0,0455	43	0,0447	67	0,0445
20	0,0458	44	0,0442	68	0,0447
21	0,0445	45	0,0457	69	0,0461
22	0,0445	46	0,0454	70	0,0450
23	0,0451	47	0,0445	71	0,0463
24	0,0436	48	0,0451	72	0,0456

Este caso é baseado em experiências de uma empresa real cuja identidade é preservada por razões de confidencialidade. O caso foi originalmente escrito por DeVor, Chang e Sutherland (*Statistical quality design and control,* Nova York: Macmillan Publishing Co., 1992, p. 298-329) e adaptado para o material apresentado no Capítulo 12.

APÊNDICE A
REGRAS BÁSICAS DE CONTAGEM

Pontos amostrais associados com muitos experimentos têm características idênticas. Se você pode desenvolver uma regra de contagem para contar o número de pontos amostrais, isso pode ser usado para solucionar muitos problemas de probabilidade. Por exemplo, muitos experimentos envolvem amostrar n elementos de uma população de N. Então, como explicado na Seção 3.1, podemos usar a fórmula:

$$\binom{N}{n} = \frac{N!}{n!(N-n)!}$$

para encontrar o número de diferentes amostras de n elementos que podem ser selecionados a partir de um total de N elementos. Isso dá o número de pontos amostrais para o experimento.

Aqui, damos a você algumas poucas regras de contagem úteis. Você deve conhecer as características da situação para a qual a regra se aplica. Então, quando trabalhamos um problema de probabilidade, **examine cuidadosamente o experimento para verificar se você pode usar uma das regras.**

Aprender como decidir se um regra de contagem em particular se aplica a um experimento exige paciência e prática. Se você quer desenvolver essa habilidade, use as regras para solucionar alguns dos exercícios do Capítulo 3. Provas das regras a seguir podem ser encontradas no texto de W. Feller que se encontra nas referências bibliográficas do Capítulo 3.

REGRA MULTIPLICATIVA

Você tem k grupos de diferentes elementos, n_1 no primeiro grupo, n_2 no segundo, ..., e n_k no k-ésimo grupo. Suponha que você queira formar uma amostra de k elementos tirando *um elemento de cada um dos k grupos*. O número de diferentes amostras que podem ser formadas é o produto

$$n_1 \cdot n_2 \cdot n_3 \cdot \ldots \cdot n_k$$

EXEMPLO A.1
APLICANDO A REGRA MULTIPLICATIVA

Problema Um produto pode ser embarcado por quatro linhas aéreas e cada linha pode seguir três diferentes rotas. Quantas maneiras distintas existem de embarcar o produto?

Solução

Um método de embarque consiste em parear uma linha aérea e uma rota. Assim, $k = 2$, o número de linhas aéreas é $n_1 = 4$, o número de rotas é $n_2 = 3$ e o número de maneiras de embarcar o produto é:

$$n_1 \cdot n_2 = (4)(3) = 12$$

Relembre Como a regra multiplicativa funciona pode ser visto usando o diagrama de árvore introduzido na Seção 3.6. A escolha da linha aérea é mostrada pelas três linhas de galhos na Figura A.1.

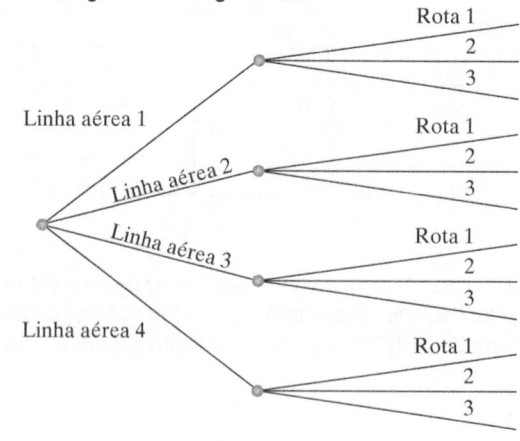

FIGURA 8.1 Resultados de um desenho completamente aleatório: Iron Byron Driver

EXEMPLO A.2
APLICANDO A REGRA MULTIPLICATIVA

Problema Você tem 20 candidatos para três diferentes posições executivas, E_1, E_2 e E_3. De quantas maneiras diferentes você poderia preencher as posições?

Solução

Para esse exemplo, há $k = 3$ grupos de elementos.

Grupo 1: Os candidatos disponíveis para preencher a posição E_1

Grupo 2: Os candidatos remanescentes (após preencher a posição E_1) que estão disponíveis para preencher a posição E_2

Grupo 3: Os candidatos remanescentes (após preencher as posições E_1 e E_2) que estão disponíveis para preencher a posição E_3

Os números de elementos nos grupos são $n_1 = 20$, $n_2 = 19$ e $n_3 = 18$. Assim, o número de diferentes maneiras de preencher as três posições é:

$$n_1 \cdot n_2 \cdot n_3 = (20)(19)(18) = 6.480$$

REGRA DA PARTIÇÃO

Você tem um *único* grupo de N elementos distintamente diferentes e quer particioná-lo em k grupos, o primeiro contendo n_1 elementos, o segundo contendo n_2 elementos, ..., e o k-ésimo contendo n_k elementos. O número de diferentes partições é:

$$\frac{N!}{n_1! n_2! \cdots n_k!}$$

onde: $n_1 + n_2 + n_3 + \cdots + n_k = N$

EXEMPLO A.3

APLICANDO A REGRA DA PARTIÇÃO

Problema Você tem 12 trabalhadores da construção disponíveis para três postos de trabalho. Suponha que você queira escolher três trabalhadores para o trabalho 1, quatro para o trabalho 2 e cinco para o trabalho 3. De quantas maneiras distintas você poderia fazer a escolha?

Solução

Para esse exemplo, $k = 3$ (correspondendo a $k = 3$ postos de trabalho), $N = 12$, $n_1 = 3$, $n_2 = 4$, $n_3 = 5$. Então, o número de diferentes maneiras de escolher trabalhadores para os postos de trabalho é

$$\frac{N!}{n_1! n_2! n_3!} = \frac{12!}{3! 4! 5!}$$

$$= \frac{12 \cdot 11 \cdot 10 \cdots 3 \cdot 2 \cdot 1}{(3 \cdot 2 \cdot 1)(4 \cdot 3 \cdot 2 \cdot 1)(5 \cdot 4 \cdot 3 \cdot 2 \cdot 1)}$$

$$= 27.720$$

REGRA DA COMBINAÇÃO

A regra da combinação, dada no Capítulo 3, é um caso especial ($k = 2$) da regra da partição — isto é, a amostragem é equivalente a particionar um grupo de N elementos em $k = 2$ grupos: elementos que aparecem na amostra e aqueles que não aparecem. Seja $n_1 = n$ o número de elementos da amostra e $n_2 = N - n$ o número de elementos remanescentes. Então, o número de diferentes amostras de n elementos que podem ser selecionados a partir de N é:

$$\frac{N!}{n_1! n_2!} = \frac{N!}{n!(N-n)!} = \binom{N}{n}$$

A fórmula foi dada na Seção 3.1.

EXEMPLO A.4

APLICANDO A REGRA DA COMBINAÇÃO

Problema Quantas amostras de quatro bombeiros podem ser selecionadas de um grupo de 10?

Solução

Temos $N = 10$ e $n = 4$, então:

$$\binom{N}{n} = \binom{10}{4} = \frac{10!}{4! 6!} = \frac{10 \cdot 9 \cdot 8 \cdots 3 \cdot 2 \cdot 1}{(4 \cdot 3 \cdot 2 \cdot 1)(6 \cdot 5 \cdots 2 \cdot 1)} = 210$$

APÊNDICE B
TABELAS

Tabela I	Números aleatórios	821
Tabela II	Probabilidades binomiais	824
Tabela III	Probabilidades de Poisson	828
Tabela IV	Áreas de curvas normais	833
Tabela V	Valores críticos de t	834
Tabela VI	Valores críticos de χ^2	835
Tabela VII	Pontos de porcentagem da distribuição F, $\alpha = 0{,}10$	837
Tabela VIII	Pontos de porcentagem da distribuição F, $\alpha = 0{,}05$	839
Tabela IX	Pontos de porcentagem da distribuição F, $\alpha = 0{,}025$	841
Tabela X	Pontos de porcentagem da distribuição F, $\alpha = 0{,}01$	843
Tabela XI	Constantes dos gráficos de controle	845
Tabela XII	Valores críticos para a estatística d Durbin-Watson, $\alpha = 0{,}05$	846
Tabela XIII	Valores críticos para a estatística d Durbin-Watson, $\alpha = 0{,}01$	847
Tabela XIV	Valores críticos de T_L e T_U para o teste de soma de ranking Wilcoxon: amostras independentes	848
Tabela XV	Valores críticos de T_0 no teste de ranking de diferenças pareadas assinaladas de Wilcoxon	849
Tabela XVI	Valores críticos do coeficiente de correlação do ranking de Spearman	850

Tabela I Números aleatórios

Coluna / Linha	1	2	3	4	5	6	7	8	9	10	11	12	13	14
1	10480	15011	01536	02011	81647	91646	69179	14194	62590	36207	20969	99570	91291	90700
2	22368	46573	25595	85393	30995	89198	27982	53402	93965	34095	52666	19174	39615	99505
3	24130	48360	22527	97265	76393	64809	15179	24830	49340	32081	30680	19655	63348	58629
4	42167	93093	06243	61680	07856	16376	39440	53537	71341	57004	00849	74917	97758	16379
5	37570	39975	81837	16656	06121	91782	60468	81305	49684	60672	14110	06927	01263	54613
6	77921	06907	11008	42751	27756	53498	18602	70659	90655	15053	21916	81825	44394	42880
7	99562	72905	56420	69994	98872	31016	71194	18738	44013	48840	63213	21069	10634	12952
8	96301	91977	05463	07972	18876	20922	94595	56869	69014	60045	18425	84903	42508	32307
9	89579	14342	63661	10281	17453	18103	57740	84378	25331	12566	58678	44947	05585	56941
10	85475	36857	53342	53988	53060	59533	38867	62300	08158	17983	16439	11458	18593	64952
11	28918	69578	88231	33276	70997	79936	56865	05859	90106	31595	01547	85590	91610	78188
12	63553	40961	48235	03427	49626	69445	18663	72695	52180	20847	12234	90511	33703	90322
13	09429	93969	52636	92737	88974	33488	36320	17617	30015	08272	84115	27156	30613	74952
14	10365	61129	87529	85689	48237	52267	67689	93394	01511	26358	85104	20285	29975	89868
15	07119	97336	71048	08178	77233	13916	47564	81056	97735	85977	29372	74461	28551	90707
16	51085	12765	51821	51259	77452	16308	60756	92144	49442	53900	70960	63990	75601	40719
17	02368	21382	52404	60268	89368	19885	55322	44819	01188	65255	64835	44919	05944	55157
18	01011	54092	33362	94904	31273	04146	18594	29852	71585	85030	51132	01915	92747	64951
19	52162	53916	46369	58586	23216	14513	83149	98736	23495	64350	94738	17752	35156	35749
20	07056	97628	33787	09998	42698	06691	76988	13602	51851	46104	88916	19509	25625	58104
21	48663	91245	85828	14346	09172	30168	90229	04734	59193	22178	30421	61666	99904	32812
22	54164	58492	22421	74103	47070	25306	76468	26384	58151	06646	21524	15227	96909	44592
23	32639	32363	05597	24200	13363	38005	94342	28728	35806	06912	17012	64161	18296	22851
24	29334	27001	87637	87308	58731	00256	45834	15398	46557	41135	10367	07684	36188	18510
25	02488	33062	28834	07351	19731	92420	60952	61280	50001	67658	32586	86679	50720	94953
26	81525	72295	04839	96423	24878	82651	66566	14778	76797	14780	13300	87074	79666	95725
27	29676	20591	68086	26432	46901	20849	89768	81536	86645	12659	92259	57102	80428	25280
28	00742	57392	39064	66432	84673	40027	32832	61362	98947	96067	64760	64584	96096	98253
29	05366	04213	25669	26422	44407	44048	37937	63904	45766	66134	75470	66520	34693	90449
30	91921	26418	64117	94305	26766	25940	39972	22209	71500	64568	91402	42416	07844	69618
31	00582	04711	87917	77341	42206	35126	74087	99547	81817	42607	43808	76655	62028	76630
32	00725	69884	62797	56170	86324	88072	76222	36086	84637	93161	76038	65855	77919	88006
33	69011	65795	95876	55293	18988	27354	26575	08625	40801	59920	29841	80150	12777	48501
34	25976	57948	29888	88604	67917	48708	18912	82271	65424	69774	33611	54262	85963	03547
35	09763	83473	73577	12908	30883	18317	28290	35797	05998	41688	34952	37888	38917	88050

(continua)

Tabela I (continuação)

Coluna / Linha	1	2	3	4	5	6	7	8	9	10	11	12	13	14
36	91576	42595	27958	30134	04024	86385	29880	99730	55536	84855	29080	09250	79656	73211
37	17955	56349	90999	49127	20044	59931	06115	20542	18059	02008	73708	83517	36103	42791
38	46503	18584	18845	49618	02304	51038	20655	58727	28168	15475	56942	53389	20562	87338
39	92157	89634	94824	78171	84610	82834	09922	25417	44137	48413	25555	21246	35509	20468
40	14577	62765	35605	81263	39667	47358	56873	56307	61607	49518	89656	20103	77490	18062
41	98427	07523	33362	64270	01638	92477	66969	98420	04880	45585	46565	04102	46880	45709
42	34914	63976	88720	82765	34476	17032	87589	40836	32427	70002	70663	88863	77775	69348
43	70060	28277	39475	46473	23219	53416	94970	25832	69975	94884	19661	72828	00102	66794
44	53976	54914	06990	67245	68350	82948	11398	42878	80287	88267	47363	46634	06541	97809
45	76072	29515	40980	07391	58745	25774	22987	80059	39911	96189	41151	14222	60697	59583
46	90725	52210	83974	29992	65831	38857	50490	83765	55657	14361	31720	57375	56228	41546
47	64364	67412	33339	31926	14883	24413	59744	92351	97473	89286	35931	04110	23726	51900
48	08962	00358	31662	25388	61642	34072	81249	35648	56891	69352	48373	45578	78547	81788
49	95012	68379	93526	70765	10592	04542	76463	54328	02349	17247	28865	14777	62730	92277
50	15664	10493	20492	38391	91132	21999	59516	81652	27195	48223	46751	22923	32261	85653
51	16408	81899	04153	53381	79401	21438	83035	92350	36693	31238	59649	91754	72772	02338
52	18629	81953	05520	91962	04739	13092	97662	24822	94730	06496	35090	04822	86774	98289
53	73115	35101	47498	87637	99016	71060	88824	71013	18735	20286	23153	72924	35165	43040
54	57491	16703	23167	49323	45021	33132	12544	41035	80780	45393	44812	12512	98931	91202
55	30405	83946	23792	14422	15059	45799	22716	19792	09983	74353	68668	30429	70735	25499
56	16631	35006	85900	98275	32388	52390	16815	69290	82732	38480	73817	32523	41961	44437
57	96773	20206	42559	78985	05300	22164	24369	54224	35083	19687	11052	91491	60383	19746
58	38935	64202	14349	82674	66523	44133	00697	35552	35970	19124	63318	29686	03387	59846
59	31624	76384	17403	53363	44167	64486	64758	75366	76554	31601	12614	33072	60332	92325
60	78919	19474	23632	27889	47914	02584	37680	20801	72152	39339	34806	08930	85001	87820
61	03931	33309	57047	74211	63445	17361	62825	39908	05607	91284	68833	25570	38818	46920
62	74426	33278	43972	10110	89917	15665	52872	73823	73144	88662	88970	74492	51805	99378
63	09066	00903	20795	95452	92648	45454	09552	88815	16553	51125	79375	97596	16296	66092
64	42238	12426	87025	14267	20979	04508	64535	31355	86064	29472	47689	05974	52468	16834
65	16153	08002	26504	41744	81959	65642	74240	56302	00033	67107	77510	70625	28725	34191
66	21457	40742	29820	96783	29400	21840	15035	34537	33310	06116	95240	15957	16572	06004
67	21581	57802	02050	89728	17937	37621	47075	42080	97403	48626	68995	43805	33386	21597
68	55612	78095	83197	33732	05810	24813	86902	60397	16489	03264	88525	42786	05269	92532
69	44657	66999	99324	51281	84463	60563	79312	93454	68876	25471	93911	25650	12682	73572
70	91340	84979	46949	81973	37949	61023	43997	15263	80644	43942	89203	71795	99533	50501

(continua)

Tabela I (continuação)

Coluna / Linha	1	2	3	4	5	6	7	8	9	10	11	12	13	14
71	91227	21199	31935	27022	84067	05462	35216	14486	29891	68607	41867	14951	91696	85065
72	50001	38140	66321	19924	72163	09538	12151	06878	91903	18749	34405	56087	82790	70925
73	65390	05224	72958	28609	81406	39147	25549	48542	42627	45233	57202	94617	23772	07896
74	27504	96131	83944	41575	10573	08619	64482	73923	36152	05184	94142	25299	84387	34925
75	37169	94851	39117	89632	00959	16487	65536	49071	39782	17095	02330	74301	00275	48280
76	11508	70225	51111	38351	19444	66499	71945	05422	13442	78675	84081	66938	93654	59894
77	37449	30362	06694	54690	04052	53115	62757	95348	78662	11163	81651	50245	34971	52924
78	46515	70331	85922	38329	57015	15765	97161	17869	45349	61796	66345	81073	49106	79860
79	30986	81223	42416	58353	21532	30502	32305	86482	05174	07901	54339	58861	74818	46942
80	63798	64995	46583	09785	44160	78128	83991	42865	92520	83531	80377	35909	81250	54238
81	82486	84846	99254	67632	43218	50076	21361	64816	51202	88124	41870	52689	51275	83556
82	21885	32906	92431	09060	64297	51674	64126	62570	26123	05155	59194	52799	28225	85762
83	60336	98782	07408	53458	13564	59089	26445	29789	85205	41001	12535	12133	14645	23541
84	43937	46891	24010	25560	86355	33941	25786	54990	71899	15475	95434	98227	21824	19585
85	97656	63175	89303	16275	07100	92063	21942	18611	47348	20203	18534	03862	78095	50136
86	03299	01221	05418	38982	55758	92237	26759	86367	21216	98442	08303	56613	91511	75928
87	79626	06486	03574	17668	07785	76020	79924	25651	83325	88428	85076	72811	22717	50585
88	85636	68335	47539	03129	65651	11977	02510	26113	99447	68645	34327	15152	55230	93448
89	18039	14367	64337	06177	12143	46609	32989	74014	64708	00533	35398	58408	13261	47908
90	08362	15656	60627	36478	65648	16764	53412	09013	07832	41574	17639	82163	60859	75567
91	79556	29068	04142	16268	15387	12856	66227	38358	22478	73373	88732	09443	82558	05250
92	92608	82674	27072	32534	17075	27698	98204	63863	11951	34648	88022	56148	34925	57031
93	23982	25835	40055	67006	12293	02753	14827	23235	35071	99704	37543	11601	35503	85171
94	09915	96306	05908	97901	28395	14186	00821	80703	70426	75647	76310	88717	37890	40129
95	59037	33300	26695	62247	69927	76123	50842	43834	86654	70959	79725	93872	28117	19233
96	42488	78077	69882	61657	34136	79180	97526	43092	04098	73571	80799	76536	71255	64239
97	46764	86273	63003	93017	31204	36692	40202	35275	57306	55543	53203	18098	47625	88684
98	03237	45430	55417	63282	90816	17349	88298	90183	36600	78406	06216	95787	42579	90730
99	86591	81482	52667	61582	14972	90053	89534	76036	49199	43716	97548	04379	46370	28672
100	38534	01715	94964	87288	65680	43772	39560	12918	86537	62738	19636	51132	25739	56947

Fonte: Resumido de BEYER, W. H. (ed.). *CRC Standard Mathematical tables*, 24. ed. Cleveland: The Chemical Rubber Company, 1976. Reproduzido com permissão da editora.

Tabela II Probabilidades binomiais

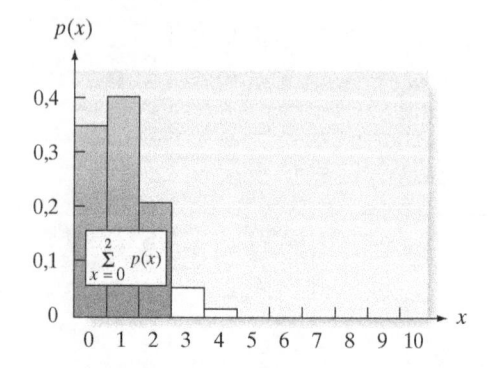

Os valores tabulados são $\sum_{x=0}^{k} p(x)$. (Cálculos arredondados à terceira casa decimal.)

a. $n = 5$

k \ p	0,01	0,05	0,10	0,20	0,30	0,40	0,50	0,60	0,70	0,80	0,90	0,95	0,99
0	0,951	0,774	0,590	0,328	0,168	0,078	0,031	0,010	0,002	0,000	0,000	0,000	0,000
1	0,999	0,977	0,919	0,737	0,528	0,337	0,188	0,087	0,031	0,007	0,000	0,000	0,000
2	1,000	0,999	0,991	0,942	0,837	0,683	0,500	0,317	0,163	0,058	0,009	0,001	0,000
3	1,000	1,000	1,000	0,993	0,969	0,913	0,812	0,663	0,472	0,263	0,081	0,023	0,001
4	1,000	1,000	1,000	1,000	0,998	0,990	0,969	0,922	0,832	0,672	0,410	0,226	0,049

b. $n = 6$

k \ p	0,01	0,05	0,10	0,20	0,30	0,40	0,50	0,60	0,70	0,80	0,90	0,95	0,99
0	0,941	0,735	0,531	0,262	0,118	0,047	0,016	0,004	0,001	0,000	0,000	0,000	0,000
1	0,999	0,967	0,886	0,655	0,420	0,233	0,109	0,041	0,011	0,002	0,000	0,000	0,000
2	1,000	0,998	0,984	0,901	0,744	0,544	0,344	0,179	0,070	0,017	0,001	0,000	0,000
3	1,000	1,000	0,999	0,983	0,930	0,821	0,656	0,456	0,256	0,099	0,016	0,002	0,000
4	1,000	1,000	1,000	0,998	0,989	0,959	0,891	0,767	0,580	0,345	0,114	0,033	0,001
5	1,000	1,000	1,000	1,000	0,999	0,996	0,984	0,953	0,882	0,738	0,469	0,265	0,059

c. $n = 7$

k \ p	0,01	0,05	0,10	0,20	0,30	0,40	0,50	0,60	0,70	0,80	0,90	0,95	0,99
0	0,932	0,698	0,478	0,210	0,082	0,028	0,008	0,002	0,000	0,000	0,000	0,000	0,000
1	0,998	0,956	0,850	0,577	0,329	0,159	0,063	0,019	0,004	0,000	0,000	0,000	0,000
2	1,000	0,996	0,974	0,852	0,647	0,420	0,227	0,096	0,029	0,005	0,000	0,000	0,000
3	1,000	1,000	0,997	0,967	0,874	0,710	0,500	0,290	0,126	0,033	0,003	0,000	0,000
4	1,000	1,000	1,000	0,995	0,971	0,904	0,773	0,580	0,353	0,148	0,026	0,004	0,000
5	1,000	1,000	1,000	1,000	0,996	0,981	0,937	0,841	0,671	0,423	0,150	0,044	0,002
6	1,000	1,000	1,000	1,000	1,000	0,998	0,992	0,972	0,918	0,790	0,522	0,302	0,068

(continua)

Tabela II (continuação)

d. $n = 8$

k \ p	0,01	0,05	0,10	0,20	0,30	0,40	0,50	0,60	0,70	0,80	0,90	0,95	0,99
0	0,923	0,663	0,430	0,168	0,058	0,017	0,004	0,001	0,000	0,000	0,000	0,000	0,000
1	0,997	0,943	0,813	0,503	0,255	0,106	0,035	0,009	0,001	0,000	0,000	0,000	0,000
2	1,000	0,994	0,962	0,797	0,552	0,315	0,145	0,050	0,011	0,001	0,000	0,000	0,000
3	1,000	1,000	0,995	0,944	0,806	0,594	0,363	0,174	0,058	0,010	0,000	0,000	0,000
4	1,000	1,000	1,000	0,990	0,942	0,826	0,637	0,406	0,194	0,056	0,005	0,000	0,000
5	1,000	1,000	1,000	0,999	0,989	0,950	0,855	0,685	0,448	0,203	0,038	0,006	0,000
6	1,000	1,000	1,000	1,000	0,999	0,991	0,965	0,894	0,745	0,497	0,187	0,057	0,003
7	1,000	1,000	1,000	1,000	1,000	0,999	0,996	0,983	0,942	0,832	0,570	0,337	0,077

e. $n = 9$

k \ p	0,01	0,05	0,10	0,20	0,30	0,40	0,50	0,60	0,70	0,80	0,90	0,95	0,99
0	0,914	0,630	0,387	0,134	0,040	0,010	0,002	0,000	0,000	0,000	0,000	0,000	0,000
1	0,997	0,929	0,775	0,436	0,196	0,071	0,020	0,004	0,000	0,000	0,000	0,000	0,000
2	1,000	0,992	0,947	0,738	0,463	0,232	0,090	0,025	0,004	0,000	0,000	0,000	0,000
3	1,000	0,999	0,992	0,914	0,730	0,483	0,254	0,099	0,025	0,003	0,000	0,000	0,000
4	1,000	1,000	0,999	0,980	0,901	0,733	0,500	0,267	0,099	0,020	0,001	0,000	0,000
5	1,000	1,000	1,000	0,997	0,975	0,901	0,746	0,517	0,270	0,086	0,008	0,001	0,000
6	1,000	1,000	1,000	1,000	0,996	0,975	0,910	0,768	0,537	0,262	0,053	0,008	0,000
7	1,000	1,000	1,000	1,000	1,000	0,996	0,980	0,929	0,804	0,564	0,225	0,071	0,003
8	1,000	1,000	1,000	1,000	1,000	1,000	0,998	0,990	0,960	0,866	0,613	0,370	0,086

f. $n = 10$

k \ p	0,01	0,05	0,10	0,20	0,30	0,40	0,50	0,60	0,70	0,80	0,90	0,95	00,99
0	0,904	0,599	0,349	0,107	0,028	0,006	0,001	0,000	0,000	0,000	0,000	0,000	0,000
1	0,996	0,914	0,736	0,376	0,149	0,046	0,011	0,002	0,000	0,000	0,000	0,000	0,000
2	1,000	0,988	0,930	0,678	0,383	0,167	0,055	0,012	0,002	0,000	0,000	0,000	0,000
3	1,000	0,999	0,987	0,879	0,650	0,382	0,172	0,055	0,011	0,001	0,000	0,000	0,000
4	1,000	1,000	0,998	0,967	0,850	0,633	0,377	0,166	0,047	0,006	0,000	0,000	0,000
5	1,000	1,000	1,000	0,994	0,953	0,834	0,623	0,367	0,150	0,033	0,002	0,000	0,000
6	1,000	1,000	1,000	0,999	0,989	0,945	0,828	0,618	0,350	0,121	0,013	0,001	0,000
7	1,000	1,000	1,000	1,000	0,998	0,988	0,945	0,833	0,617	0,322	0,070	0,012	0,000
8	1,000	1,000	1,000	1,000	1,000	0,998	0,989	0,954	0,851	0,624	0,264	0,086	0,004
9	1,000	1,000	1,000	1,000	1,000	1,000	0,999	0,994	0,972	0,893	0,651	0,401	0,096

(continua)

Tabela II (continuação)

g. $n = 15$

k \ p	0,01	0,05	0,10	0,20	0,30	0,40	0,50	0,60	0,70	0,80	0,90	0,95	0,99
0	0,860	0,463	0,206	0,035	0,005	0,000	0,000	0,000	0,000	0,000	0,000	0,000	0,000
1	0,990	0,829	0,549	0,167	0,035	0,005	0,000	0,000	0,000	0,000	0,000	0,000	0,000
2	1,000	0,964	0,816	0,398	0,127	0,027	0,004	0,000	0,000	0,000	0,000	0,000	0,000
3	1,000	0,995	0,944	0,648	0,297	0,091	0,018	0,002	0,000	0,000	0,000	0,000	0,000
4	1,000	0,999	0,987	0,838	0,515	0,217	0,059	0,009	0,001	0,000	0,000	0,000	0,000
5	1,000	1,000	0,998	0,939	0,722	0,403	0,151	0,034	0,004	0,000	0,000	0,000	0,000
6	1,000	1,000	1,000	0,982	0,869	0,610	0,304	0,095	0,015	0,001	0,000	0,000	0,000
7	1,000	1,000	1,000	0,996	0,950	0,787	0,500	0,213	0,050	0,004	0,000	0,000	0,000
8	1,000	1,000	1,000	0,999	0,985	0,905	0,696	0,390	0,131	0,018	0,000	0,000	0,000
9	1,000	1,000	1,000	1,000	0,996	0,966	0,849	0,597	0,278	0,061	0,002	0,000	0,000
10	1,000	1,000	1,000	1,000	0,999	0,991	0,941	0,783	0,485	0,164	0,013	0,001	0,000
11	1,000	1,000	1,000	1,000	1,000	0,998	0,982	0,909	0,703	0,352	0,056	0,005	0,000
12	1,000	1,000	1,000	1,000	1,000	1,000	0,996	0,973	0,873	0,602	0,184	0,036	0,000
13	1,000	1,000	1,000	1,000	1,000	1,000	1,000	0,995	0,965	0,833	0,451	0,171	0,010
14	1,000	1,000	1,000	1,000	1,000	1,000	1,000	1,000	0,995	0,965	0,794	0,537	0,140

h. $n = 20$

k \ p	0,01	0,05	0,10	0,20	0,30	0,40	0,50	0,60	0,70	0,80	0,90	0,95	0,99
0	0,818	0,358	0,122	0,012	0,001	0,000	0,000	0,000	0,000	0,000	0,000	0,000	0,000
1	0,983	0,736	0,392	0,069	0,008	0,001	0,000	0,000	0,000	0,000	0,000	0,000	0,000
2	0,999	0,925	0,677	0,206	0,035	0,004	0,000	0,000	0,000	0,000	0,000	0,000	0,000
3	1,000	0,984	0,867	0,411	0,107	0,016	0,001	0,000	0,000	0,000	0,000	0,000	0,000
4	1,000	0,997	0,957	0,630	0,238	0,051	0,006	0,000	0,000	0,000	0,000	0,000	0,000
5	1,000	1,000	0,989	0,804	0,416	0,126	0,021	0,002	0,000	0,000	0,000	0,000	0,000
6	1,000	1,000	0,998	0,913	0,608	0,250	0,058	0,006	0,000	0,000	0,000	0,000	0,000
7	1,000	1,000	1,000	0,968	0,772	0,416	0,132	0,021	0,001	0,000	0,000	0,000	0,000
8	1,000	1,000	1,000	0,990	0,887	0,596	0,252	0,057	0,005	0,000	0,000	0,000	0,000
9	1,000	1,000	1,000	0,997	0,952	0,755	0,412	0,128	0,017	0,001	0,000	0,000	0,000
10	1,000	1,000	1,000	0,999	0,983	0,872	0,588	0,245	0,048	0,003	0,000	0,000	0,000
11	1,000	1,000	1,000	1,000	0,995	0,943	0,748	0,404	0,113	0,010	0,000	0,000	0,000
12	1,000	1,000	1,000	1,000	0,999	0,979	0,868	0,584	0,228	0,032	0,000	0,000	0,000
13	1,000	1,000	1,000	1,000	1,000	0,994	0,942	0,750	0,392	0,087	0,002	0,000	0,000
14	1,000	1,000	1,000	1,000	1,000	0,998	0,979	0,874	0,584	0,196	0,011	0,000	0,000
15	1,000	1,000	1,000	1,000	1,000	1,000	0,994	0,949	0,762	0,370	0,043	0,003	0,000
16	1,000	1,000	1,000	1,000	1,000	1,000	0,999	0,984	0,893	0,589	0,133	0,016	0,000
17	1,000	1,000	1,000	1,000	1,000	1,000	1,000	0,996	0,965	0,794	0,323	0,075	0,001
18	1,000	1,000	1,000	1,000	1,000	1,000	1,000	0,999	0,992	0,931	0,608	0,264	0,017
19	1,000	1,000	1,000	1,000	1,000	1,000	1,000	1,000	0,999	0,988	0,878	0,642	0,182

(continua)

Tabela II (continuação)

i. $n = 25$

k\p	0,01	0,05	0,10	0,20	0,30	0,40	0,50	0,60	0,70	0,80	0,90	0,95	0,99
0	0,778	0,277	0,072	0,004	0,000	0,000	0,000	0,000	0,000	0,000	0,000	0,000	0,000
1	0,974	0,642	0,271	0,027	0,002	0,000	0,000	0,000	0,000	0,000	0,000	0,000	0,000
2	0,998	0,873	0,537	0,098	0,009	0,000	0,000	0,000	0,000	0,000	0,000	0,000	0,000
3	1,000	0,966	0,764	0,234	0,033	0,002	0,000	0,000	0,000	0,000	0,000	0,000	0,000
4	1,000	0,993	0,902	0,421	0,090	0,009	0,000	0,000	0,000	0,000	0,000	0,000	0,000
5	1,000	0,999	0,967	0,617	0,193	0,029	0,002	0,000	0,000	0,000	0,000	0,000	0,000
6	1,000	1,000	0,991	0,780	0,341	0,074	0,007	0,000	0,000	0,000	0,000	0,000	0,000
7	1,000	1,000	0,998	0,891	0,512	0,154	0,022	0,001	0,000	0,000	0,000	0,000	0,000
8	1,000	1,000	1,000	0,953	0,677	0,274	0,054	0,004	0,000	0,000	0,000	0,000	0,000
9	1,000	1,000	1,000	0,983	0,811	0,425	0,115	0,013	0,000	0,000	0,000	0,000	0,000
10	1,000	1,000	1,000	0,994	0,902	0,586	0,212	0,034	0,002	0,000	0,000	0,000	0,000
11	1,000	1,000	1,000	0,998	0,956	0,732	0,345	0,078	0,006	0,000	0,000	0,000	0,000
12	1,000	1,000	1,000	1,000	0,983	0,846	0,500	0,154	0,017	0,000	0,000	0,000	0,000
13	1,000	1,000	1,000	1,000	0,994	0,922	0,655	0,268	0,044	0,002	0,000	0,000	0,000
14	1,000	1,000	1,000	1,000	0,998	0,966	0,788	0,414	0,098	0,006	0,000	0,000	0,000
15	1,000	1,000	1,000	1,000	1,000	0,987	0,885	0,575	0,189	0,017	0,000	0,000	0,000
16	1,000	1,000	1,000	1,000	1,000	0,996	0,946	0,726	0,323	0,047	0,000	0,000	0,000
17	1,000	1,000	1,000	1,000	1,000	0,999	0,978	0,846	0,488	0,109	0,002	0,000	0,000
18	1,000	1,000	1,000	1,000	1,000	1,000	0,993	0,926	0,659	0,220	0,009	0,000	0,000
19	1,000	1,000	1,000	1,000	1,000	1,000	0,998	0,971	0,807	0,383	0,033	0,001	0,000
20	1,000	1,000	1,000	1,000	1,000	1,000	1,000	0,991	0,910	0,579	0,098	0,007	0,000
21	1,000	1,000	1,000	1,000	1,000	1,000	1,000	0,998	0,967	0,766	0,236	0,034	0,000
22	1,000	1,000	1,000	1,000	1,000	1,000	1,000	1,000	0,991	0,902	0,463	0,127	0,002
23	1,000	1,000	1,000	1,000	1,000	1,000	1,000	1,000	0,998	0,973	0,729	0,358	0,026
24	1,000	1,000	1,000	1,000	1,000	1,000	1,000	1,000	1,000	0,996	0,928	0,723	0,222

Tabela III Probabilidades de Poisson

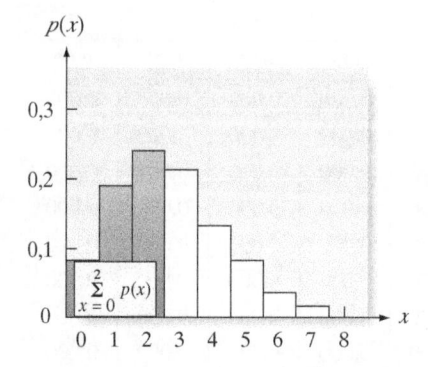

Os valores tabulados são $\sum_{x=0}^{k} p(x)$. (Cálculos arredondados à terceira casa decimal.)

λ\k	0	1	2	3	4	5	6	7	8	9
0,02	0,980	1,000								
0,04	0,961	0,999	1,000							
0,06	0,942	0,998	1,000							
0,08	0,923	0,997	1,000							
0,10	0,905	0,995	1,000							
0,15	0,861	0,990	0,999	1,000						
0,20	0,819	0,982	0,999	1,000						
0,25	0,779	0,974	0,998	1,000						
0,30	0,741	0,963	0,996	1,000						
0,35	0,705	0,951	0,994	1,000						
0,40	0,670	0,938	0,992	0,999	1,000					
0,45	0,638	0,925	0,989	0,999	1,000					
0,50	0,607	0,910	0,986	0,998	1,000					
0,55	0,577	0,894	0,982	0,998	1,000					
0,60	0,549	0,878	0,977	0,997	1,000					
0,65	0,522	0,861	0,972	0,996	0,999	1,000				
0,70	0,497	0,844	0,966	0,994	0,999	1,000				
0,75	0,472	0,827	0,959	0,993	0,999	1,000				
0,80	0,449	0,809	0,953	0,991	0,999	1,000				
0,85	0,427	0,791	0,945	0,989	0,998	1,000				
0,90	0,407	0,772	0,937	0,987	0,998	1,000				
0,95	0,387	0,754	0,929	0,981	0,997	1,000				
1,00	0,368	0,736	0,920	0,981	0,996	0,999	1,000			
1,1	0,333	0,699	0,900	0,974	0,995	0,999	1,000			
1,2	0,301	0,663	0,879	0,966	0,992	0,998	1,000			
1,3	0,273	0,627	0,857	0,957	0,989	0,998	1,000			
1,4	0,247	0,592	0,833	0,946	0,986	0,997	0,999	1,000		
1,5	0,223	0,558	0,809	0,934	0,981	0,996	0,999	1,000		

(continua)

Tabela III (continuação)

λ \ k	0	1	2	3	4	5	6	7	8	9
1,6	0,202	0,525	0,783	0,921	0,976	0,994	0,999	1,000		
1,7	0,183	0,493	0,757	0,907	0,970	0,992	0,998	1,000		
1,8	0,165	0,463	0,731	0,891	0,964	0,990	0,997	0,999	1,000	
1,9	0,150	0,434	0,704	0,875	0,956	0,987	0,997	0,999	1,000	
2,0	0,135	0,406	0,677	0,857	0,947	0,983	0,995	0,999	1,000	
2,2	0,111	0,355	0,623	0,819	0,928	0,975	0,993	0,998	1,000	
2,4	0,091	0,308	0,570	0,779	0,904	0,964	0,988	0,997	0,999	1,000
2,6	0,074	0,267	0,518	0,736	0,877	0,951	0,983	0,995	0,999	1,000
2,8	0,061	0,231	0,469	0,692	0,848	0,935	0,976	0,992	0,998	0,999
3,0	0,050	0,199	0,423	0,647	0,815	0,916	0,966	0,988	0,996	0,999
3,2	0,041	0,171	0,380	0,603	0,781	0,895	0,955	0,983	0,994	0,998
3,4	0,033	0,147	0,340	0,558	0,744	0,871	0,942	0,977	0,992	0,997
3,6	0,027	0,126	0,303	0,515	0,706	0,844	0,927	0,969	0,988	0,996
3,8	0,022	0,107	0,269	0,473	0,668	0,816	0,909	0,960	0,984	0,994
4,0	0,018	0,092	0,238	0,433	0,629	0,785	0,889	0,949	0,979	0,992
4,2	0,015	0,078	0,210	0,395	0,590	0,753	0,867	0,936	0,972	0,989
4,4	0,012	0,066	0,185	0,359	0,551	0,720	0,844	0,921	0,964	0,985
4,6	0,010	0,056	0,163	0,326	0,513	0,686	0,818	0,905	0,955	0,980
4,8	0,008	0,048	0,143	0,294	0,476	0,651	0,791	0,887	0,944	0,975
5,0	0,007	0,040	0,125	0,265	0,440	0,616	0,762	0,867	0,932	0,968
5,2	0,006	0,034	0,109	0,238	0,406	0,581	0,732	0,845	0,918	0,960
5,4	0,005	0,029	0,095	0,213	0,373	0,546	0,702	0,822	0,903	0,951
5,6	0,004	0,024	0,082	0,191	0,342	0,512	0,670	0,797	0,886	0,941
5,8	0,003	0,021	0,072	0,170	0,313	0,478	0,638	0,771	0,867	0,929
6,0	0,002	0,017	0,062	0,151	0,285	0,446	0,606	0,744	0,847	0,916

λ \ k	10	11	12	13	14	15	16
2,8	1,000						
3,0	1,000						
3,2	1,000						
3,4	0,999	1,000					
3,6	0,999	1,000					
3,8	0,998	0,999	1,000				
4,0	0,997	0,999	1,000				
4,2	0,996	0,999	1,000				
4,4	0,994	0,998	0,999	1,000			
4,6	0,992	0,997	0,999	1,000			
4,8	0,990	0,996	0,999	1,000			
5,0	0,986	0,995	0,998	0,999	1,000		
5,2	0,982	0,993	0,997	0,999	1,000		
5,4	0,977	0,990	0,996	0,999	1,000		
5,6	0,972	0,988	0,995	0,998	0,999	1,000	
5,8	0,965	0,984	0,993	0,997	0,999	1,000	
6,0	0,957	0,980	0,991	0,996	0,999	0,999	1,000

(continua)

Tabela III (continuação)

λ \ k	0	1	2	3	4	5	6	7	8	9
6,2	0,002	0,015	0,054	0,134	0,259	0,414	0,574	0,716	0,826	0,902
6,4	0,002	0,012	0,046	0,119	0,235	0,384	0,542	0,687	0,803	0,886
6,6	0,001	0,010	0,040	0,105	0,213	0,355	0,511	0,658	0,780	0,869
6,8	0,001	0,009	0,034	0,093	0,192	0,327	0,480	0,628	0,755	0,850
7,0	0,001	0,007	0,030	0,082	0,173	0,301	0,450	0,599	0,729	0,830
7,2	0,001	0,006	0,025	0,072	0,156	0,276	0,420	0,569	0,703	0,810
7,4	0,001	0,005	0,022	0,063	0,140	0,253	0,392	0,539	0,676	0,788
7,6	0,001	0,004	0,019	0,055	0,125	0,231	0,365	0,510	0,648	0,765
7,8	0,000	0,004	0,016	0,048	0,112	0,210	0,338	0,481	0,620	0,741
8,0	0,000	0,003	0,014	0,042	0,100	0,191	0,313	0,453	0,593	0,717
8,5	0,000	0,002	0,009	0,030	0,074	0,150	0,256	0,386	0,523	0,653
9,0	0,000	0,001	0,006	0,021	0,055	0,116	0,207	0,324	0,456	0,587
9,5	0,000	0,001	0,004	0,015	0,040	0,089	0,165	0,269	0,392	0,522
10,0	0,000	0,000	0,003	0,010	0,029	0,067	0,130	0,220	0,333	0,458

λ \ k	10	11	12	13	14	15	16	17	18	19
6,2	0,949	0,975	0,989	0,995	0,998	0,999	1,000			
6,4	0,939	0,969	0,986	0,994	0,997	0,999	1,000			
6,6	0,927	0,963	0,982	0,992	0,997	0,999	0,999	1,000		
6,8	0,915	0,955	0,978	0,990	0,996	0,998	0,999	1,000		
7,0	0,901	0,947	0,973	0,987	0,994	0,998	0,999	1,000		
7,2	0,887	0,937	0,967	0,984	0,993	0,997	0,999	0,999	1,000	
7,4	0,871	0,926	0,961	0,980	0,991	0,996	0,998	0,999	1,000	
7,6	0,854	0,915	0,954	0,976	0,989	0,995	0,998	0,999	1,000	
7,8	0,835	0,902	0,945	0,971	0,986	0,993	0,997	0,999	1,000	
8,0	0,816	0,888	0,936	0,966	0,983	0,992	0,996	0,998	0,999	1,000
8,5	0,763	0,849	0,909	0,949	0,973	0,986	0,993	0,997	0,999	0,999
9,0	0,706	0,803	0,876	0,926	0,959	0,978	0,989	0,995	0,998	0,999
9,5	0,645	0,752	0,836	0,898	0,940	0,967	0,982	0,991	0,996	0,998
10,0	0,583	0,697	0,792	0,864	0,917	0,951	0,973	0,986	0,993	0,997

λ \ k	20	21	22
8,5	1,000		
9,0	1,000		
9,5	0,999	1,000	
10,0	0,998	0,999	1,000

(continua)

Tabela III (continuação)

λ\k	0	1	2	3	4	5	6	7	8	9
10,5	0,000	0,000	0,002	0,007	0,021	0,050	0,102	0,179	0,279	0,397
11,0	0,000	0,000	0,001	0,005	0,015	0,038	0,079	0,143	0,232	0,341
11,5	0,000	0,000	0,001	0,003	0,011	0,028	0,060	0,114	0,191	0,289
12,0	0,000	0,000	0,001	0,002	0,008	0,020	0,046	0,090	0,155	0,242
12,5	0,000	0,000	0,000	0,002	0,005	0,015	0,035	0,070	0,125	0,201
13,0	0,000	0,000	0,000	0,001	0,004	0,011	0,026	0,054	0,100	0,166
13,5	0,000	0,000	0,000	0,001	0,003	0,008	0,019	0,041	0,079	0,135
14,0	0,000	0,000	0,000	0,000	0,002	0,006	0,014	0,032	0,062	0,109
14,5	0,000	0,000	0,000	0,000	0,001	0,004	0,010	0,024	0,048	0,088
15,0	0,000	0,000	0,000	0,000	0,001	0,003	0,008	0,018	0,037	0,070
	10	11	12	13	14	15	16	17	18	19
10,5	0,521	0,639	0,742	0,825	0,888	0,932	0,960	0,978	0,988	0,994
11,0	0,460	0,579	0,689	0,781	0,854	0,907	0,944	0,968	0,982	0,991
11,5	0,402	0,520	0,633	0,733	0,815	0,878	0,924	0,954	0,974	0,986
12,0	0,347	0,462	0,576	0,682	0,772	0,844	0,899	0,937	0,963	0,979
12,5	0,297	0,406	0,519	0,628	0,725	0,806	0,869	0,916	0,948	0,969
13,0	0,252	0,353	0,463	0,573	0,675	0,764	0,835	0,890	0,930	0,957
13,5	0,211	0,304	0,409	0,518	0,623	0,718	0,798	0,861	0,908	0,942
14,0	0,176	0,260	0,358	0,464	0,570	0,669	0,756	0,827	0,883	0,923
14,5	0,145	0,220	0,311	0,413	0,518	0,619	0,711	0,790	0,853	0,901
15,0	0,118	0,185	0,268	0,363	0,466	0,568	0,664	0,749	0,819	0,875
	20	21	22	23	24	25	26	27	28	29
10,5	0,997	0,999	0,999	1,000						
11,0	0,995	0,998	0,999	1,000						
11,5	0,992	0,996	0,998	0,999	1,000					
12,0	0,988	0,994	0,987	0,999	0,999	1,000				
12,5	0,983	0,991	0,995	0,998	0,999	0,999	1,000			
13,0	0,975	0,986	0,992	0,996	0,998	0,999	1,000			
13,5	0,965	0,980	0,989	0,994	0,997	0,998	0,999	1,000		
14,0	0,952	0,971	0,983	0,991	0,995	0,997	0,999	0,999	1,000	
14,5	0,936	0,960	0,976	0,986	0,992	0,996	0,998	0,999	0,999	1,000
15,0	0,917	0,947	0,967	0,981	0,989	0,994	0,997	0,998	0,999	1,000

(continua)

Tabela III (continuação)

λ\k	4	5	6	7	8	9	10	11	12	13
16	0,000	0,001	0,004	0,010	0,022	0,043	0,077	0,127	0,193	0,275
17	0,000	0,001	0,002	0,005	0,013	0,026	0,049	0,085	0,135	0,201
18	0,000	0,000	0,001	0,003	0,007	0,015	0,030	0,055	0,092	0,143
19	0,000	0,000	0,001	0,002	0,004	0,009	0,018	0,035	0,061	0,098
20	0,000	0,000	0,000	0,001	0,002	0,005	0,011	0,021	0,039	0,066
21	0,000	0,000	0,000	0,000	0,001	0,003	0,006	0,013	0,025	0,043
22	0,000	0,000	0,000	0,000	0,001	0,002	0,004	0,008	0,015	0,028
23	0,000	0,000	0,000	0,000	0,000	0,001	0,002	0,004	0,009	0,017
24	0,000	0,000	0,000	0,000	0,000	0,000	0,001	0,003	0,005	0,011
25	0,000	0,000	0,000	0,000	0,000	0,000	0,001	0,001	0,003	0,006
	14	15	16	17	18	19	20	21	22	23
16	0,368	0,467	0,566	0,659	0,742	0,812	0,868	0,911	0,942	0,963
17	0,281	0,371	0,468	0,564	0,655	0,736	0,805	0,861	0,905	0,937
18	0,208	0,287	0,375	0,469	0,562	0,651	0,731	0,799	0,855	0,899
19	0,150	0,215	0,292	0,378	0,469	0,561	0,647	0,725	0,793	0,849
20	0,105	0,157	0,221	0,297	0,381	0,470	0,559	0,644	0,721	0,787
21	0,072	0,111	0,163	0,227	0,302	0,384	0,471	0,558	0,640	0,716
22	0,048	0,077	0,117	0,169	0,232	0,306	0,387	0,472	0,556	0,637
23	0,031	0,052	0,082	0,123	0,175	0,238	0,310	0,389	0,472	0,555
24	0,020	0,034	0,056	0,087	0,128	0,180	0,243	0,314	0,392	0,473
25	0,012	0,022	0,038	0,060	0,092	0,134	0,185	0,247	0,318	0,394
	24	25	26	27	28	29	30	31	32	33
16	0,978	0,987	0,993	0,996	0,998	0,999	0,999	1,000		
17	0,959	0,975	0,985	0,991	0,995	0,997	0,999	0,999	1,000	
18	0,932	0,955	0,972	0,983	0,990	0,994	0,997	0,998	0,999	1,000
19	0,893	0,927	0,951	0,969	0,980	0,988	0,993	0,996	0,998	0,999
20	0,843	0,888	0,922	0,948	0,966	0,978	0,987	0,992	0,995	0,997
21	0,782	0,838	0,883	0,917	0,944	0,963	0,976	0,985	0,991	0,994
22	0,712	0,777	0,832	0,877	0,913	0,940	0,959	0,973	0,983	0,989
23	0,635	0,708	0,772	0,827	0,873	0,908	0,936	0,956	0,971	0,981
24	0,554	0,632	0,704	0,768	0,823	0,868	0,904	0,932	0,953	0,969
25	0,473	0,553	0,629	0,700	0,763	0,818	0,863	0,900	0,929	0,950
	34	35	36	37	38	39	40	41	42	43
19	0,999	1,000								
20	0,999	0,999	1,000							
21	0,997	0,998	0,999	0,999	1,000					
22	0,994	0,996	0,998	0,999	0,999	1,000				
23	0,988	0,993	0,996	0,997	0,999	0,999	1,000			
24	0,979	0,987	0,992	0,995	0,997	0,998	0,999	0,999	1,000	
25	0,966	0,978	0,985	0,991	0,991	0,997	0,998	0,999	0,999	1,000

Tabela IV Áreas de curvas normais

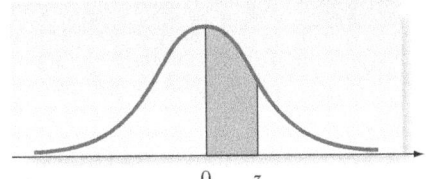

z	0,00	0,01	0,02	0,03	0,04	0,05	0,06	0,07	0,08	0,09
0,0	0,0000	0,0040	0,0080	0,0120	0,0160	0,0199	0,0239	0,0279	0,0319	0,0359
0,1	0,0398	0,0438	0,0478	0,0517	0,0557	0,0596	0,0636	0,0675	0,0714	0,0753
0,2	0,0793	0,0832	0,0871	0,0910	0,0948	0,0987	0,1026	0,1064	0,1103	0,1141
0,3	0,1179	0,1217	0,1255	0,1293	0,1331	0,1368	0,1406	0,1443	0,1480	0,1517
0,4	0,1554	0,1591	0,1628	0,1664	0,1700	0,1736	0,1772	0,1808	0,1844	0,1879
0,5	0,1915	0,1950	0,1985	0,2019	0,2054	0,2088	0,2123	0,2157	0,2190	0,2224
0,6	0,2257	0,2291	0,2324	0,2357	0,2389	0,2422	0,2454	0,2486	0,2517	0,2549
0,7	0,2580	0,2611	0,2642	0,2673	0,2704	0,2734	0,2764	0,2794	0,2823	0,2852
0,8	0,2881	0,2910	0,2939	0,2967	0,2995	0,3023	0,3051	0,3078	0,3106	0,3133
0,9	0,3159	0,3186	0,3212	0,3238	0,3264	0,3289	0,3315	0,3340	0,3365	0,3389
1,0	0,3413	0,3438	0,3461	0,3485	0,3508	0,3531	0,3554	0,3577	0,3599	0,3621
1,1	0,3643	0,3665	0,3686	0,3708	0,3729	0,3749	0,3770	0,3790	0,3810	0,3830
1,2	0,3849	0,3869	0,3888	0,3907	0,3925	0,3944	0,3962	0,3980	0,3997	0,4015
1,3	0,4032	0,4049	0,4066	0,4082	0,4099	0,4115	0,4131	0,4147	0,4162	0,4177
1,4	0,4192	0,4207	0,4222	0,4236	0,4251	0,4265	0,4279	0,4292	0,4306	0,4319
1,5	0,4332	0,4345	0,4357	0,4370	0,4382	0,4394	0,4406	0,4418	0,4429	0,4441
1,6	0,4452	0,4463	0,4474	0,4484	0,4495	0,4505	0,4515	0,4525	0,4535	0,4545
1,7	0,4554	0,4564	0,4573	0,4582	0,4591	0,4599	0,4608	0,4616	0,4625	0,4633
1,8	0,4641	0,4649	0,4656	0,4664	0,4671	0,4678	0,4686	0,4693	0,4699	0,4706
1,9	0,4713	0,4719	0,4726	0,4732	0,4738	0,4744	0,4750	0,4756	0,4761	0,4767
2,0	0,4772	0,4778	0,4783	0,4788	0,4793	0,4798	0,4803	0,4808	0,4812	0,4817
2,1	0,4821	0,4826	0,4830	0,4834	0,4838	0,4842	0,4846	0,4850	0,4854	0,4857
2,2	0,4861	0,4864	0,4868	0,4871	0,4875	0,4878	0,4881	0,4884	0,4887	0,4890
2,3	0,4893	0,4896	0,4898	0,4901	0,4904	0,4906	0,4909	0,4911	0,4913	0,4916
2,4	0,4918	0,4920	0,4922	0,4925	0,4927	0,4929	0,4931	0,4932	0,4934	0,4936
2,5	0,4938	0,4940	0,4941	0,4943	0,4945	0,4946	0,4948	0,4949	0,4951	0,4952
2,6	0,4953	0,4955	0,4956	0,4957	0,4959	0,4960	0,4961	0,4962	0,4963	0,4964
2,7	0,4965	0,4966	0,4967	0,4968	0,4969	0,4970	0,4971	0,4972	0,4973	0,4974
2,8	0,4974	0,4975	0,4976	0,4977	0,4977	0,4978	0,4979	0,4979	0,4980	0,4981
2,9	0,4981	0,4982	0,4982	0,4983	0,4984	0,4984	0,4985	0,4985	0,4986	0,4986
3,0	0,4987	0,4987	0,4987	0,4988	0,4988	0,4989	0,4989	0,4989	0,4990	0,4990
3,1	0,49903	0,49906	0,49910	0,49913	0,49916	0,49918	0,49921	0,49924	0,49926	0,48829
3,2	0,49931	0,49934	0,49936	0,49938	0,49940	0,49942	0,49944	0,49946	0,49948	0,49950
3,3	0,49952	0,49953	0,49955	0,49957	0,49958	0,49960	0,49961	0,49962	0,49964	0,49965
3,4	0,49966	0,49968	0,49969	0,49970	0,49971	0,49972	0,49973	0,49974	0,49975	0,49976
3,5	0,49977	0,49978	0,49978	0,49979	0,49980	0,49981	0,49981	0,49982	0,49983	0,49983
3,6	0,49984	0,49985	0,49985	0,49986	0,49986	0,49987	0,49987	0,49988	0,49988	0,49989
3,7	0,49989	0,49990	0,49990	0,49990	0,49991	0,49991	0,49992	0,49992	0,49992	0,49992
3,8	0,49993	0,49993	0,49993	0,49994	0,49994	0,49994	0,49994	0,49995	0,49995	0,49995
3,9	0,49995	0,49995	0,49996	0,49996	0,49996	0,49996	0,49996	0,49996	0,49997	0,49997

Fonte: Resumido da Tabela I de HALD, A. *Statistical tables and formulas*. New York: Wiley. 1952. Reproduzido com permissão de A. Hald.

Tabela V Valores críticos de t

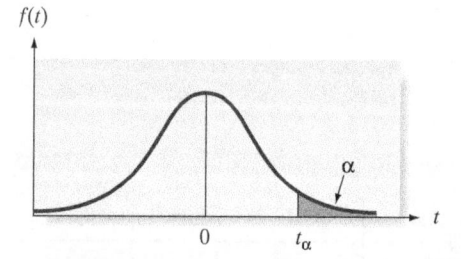

Graus de liberdade	$t_{0,100}$	$t_{0,050}$	$t_{0,025}$	$t_{0,010}$	$t_{0,005}$	$t_{0,001}$	$t_{0,0005}$
1	3,078	6,314	12,706	31,821	63,657	318,31	636,62
2	1,886	2,920	4,303	6,965	9,925	22,326	31,598
3	1,638	2,353	3,182	4,541	5,841	10,213	12,924
4	1,533	2,132	2,776	3,747	4,604	7,173	8,610
5	1,476	2,015	2,571	3,365	4,032	5,893	6,869
6	1,440	1,943	2,447	3,143	3,707	5,208	5,959
7	1,415	1,895	2,365	2,998	3,499	4,785	5,408
8	1,397	1,860	2,306	2,896	3,355	4,501	5,041
9	1,383	1,833	2,262	2,821	3,250	4,297	4,781
10	1,372	1,812	2,228	2,764	3,169	4,144	4,587
11	1,363	1,796	2,201	2,718	3,106	4,025	4,437
12	1,356	1,782	2,179	2,681	3,055	3,930	4,318
13	1,350	1,771	2,160	2,650	3,012	3,852	4,221
14	1,345	1,761	2,145	2,624	2,977	3,787	4,140
15	1,341	1,753	2,131	2,602	2,947	3,733	4,073
16	1,337	1,746	2,120	2,583	2,921	3,686	4,015
17	1,333	1,740	2,110	2,567	2,898	3,646	3,965
18	1,330	1,734	2,101	2,552	2,878	3,610	3,922
19	1,328	1,729	2,093	2,539	2,861	3,579	3,883
20	1,325	1,725	2,086	2,528	2,845	3,552	3,850
21	1,323	1,721	2,080	2,518	2,831	3,527	3,819
22	1,321	1,717	2,074	2,508	2,819	3,505	3,792
23	1,319	1,714	2,069	2,500	2,807	3,485	3,767
24	1,318	1,711	2,064	2,492	2,797	3,467	3,745
25	1,316	1,708	2,060	2,485	2,787	3,450	3,725
26	1,315	1,706	2,056	2,479	2,779	3,435	3,707
27	1,314	1,703	2,052	2,473	2,771	3,421	3,690
28	1,313	1,701	2,048	2,467	2,763	3,408	3,674
29	1,311	1,699	2,045	2,462	2,756	3,396	3,659
30	1,310	1,697	2,042	2,457	2,750	3,385	3,646
40	1,303	1,684	2,021	2,423	2,704	3,307	3,551
60	1,296	1,671	2,000	2,390	2,660	3,232	3,460
120	1,289	1,658	1,980	2,358	2,617	3,160	3,373
∞	1,282	1,645	1,960	2,326	2,576	3,090	3,291

Fonte: Esta tabela foi reproduzida com a permissão de Trustees of biometrika, de PEARSON, E. S. e HARTLEY, H. O. (eds.). *The biometrika tables for statisticians,* v. l, 3. ed., Biometrika, 1966.

Tabela VI Valores críticos de χ^2

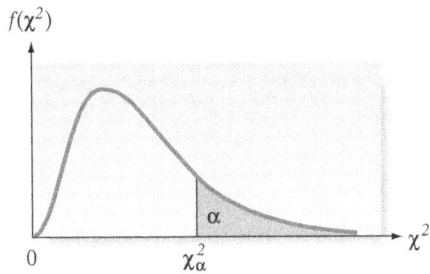

Graus de liberdade	$\chi^2_{0,995}$	$\chi^2_{0,990}$	$\chi^2_{0,975}$	$\chi^2_{0,950}$	$\chi^2_{0,900}$
1	0,0000393	0,0001571	0,0009821	0,0039321	0,0157908
2	0,0100251	0,0201007	0,0506356	0,102587	0,210720
3	0,0717212	0,114832	0,215795	0,351846	0,584375
4	0,206990	0,297110	0,484419	0,710721	1,063623
5	0,411740	0,554300	0,831211	1,145476	1,61031
6	0,675727	0,872085	1,237347	1,63539	2,20413
7	0,989265	1,239043	1,68987	2,16735	2,83311
8	1,344419	1,646482	2,17973	2,73264	3,48954
9	1,734926	2,087912	2,70039	3,32511	4,16816
10	2,15585	2,55821	3,24697	3,94030	4,86518
11	2,60321	3,05347	3,81575	4,57481	5,57779
12	3,07382	3,57056	4,40379	5,22603	6,30380
13	3,56503	4,10691	5,00874	5,89186	7,04150
14	4,07468	4,66043	5,62872	6,57063	7,78953
15	4,60094	5,22935	6,26214	7,26094	8,54675
16	5,14224	5,81221	6,90766	7,96164	9,31223
17	5,69724	6,40776	7,56418	8,67176	10,0852
18	6,26481	7,01491	8,23075	9,39046	10,8649
19	6,84398	7,63273	8,90655	10,1170	11,6509
20	7,43386	8,26040	9,59083	10,8508	12,4426
21	8,03366	8,89720	10,28293	11,5913	13,2396
22	8,64272	9,54249	10,9823	12,3380	14,0415
23	9,26042	10,19567	11,6885	13,0905	14,8479
24	9,88623	10,8564	12,4011	13,8484	15,6587
25	10,5197	11,5240	13,1197	14,6114	16,4734
26	11,1603	12,1981	13,8439	15,3791	17,2919
27	11,8076	12,8786	14,5733	16,1513	18,1138
28	12,4613	13,5648	15,3079	16,9279	18,9392
29	13,1211	14,2565	16,0471	17,7083	19,7677
30	13,7867	14,9535	16,7908	18,4926	20,5992
40	20,7065	22,1643	24,4331	26,5093	29,0505
50	27,9907	29,7067	32,3574	34,7642	37,6886
60	35,5346	37,4848	40,4817	43,1879	46,4589
70	43,2752	45,4418	48,7576	51,7393	55,3290
80	51,1720	53,5400	57,1532	60,3915	64,2778
90	59,1963	61,7541	65,6466	69,1260	73,2912
100	67,3276	70,0648	74,2219	77,9295	82,3581

Fonte: THOMPSON, C. M. "Tables of the percentage points of the χ^2-distribution," *Biometrika,* 1941, 32, 188–189. Reproduzido com permissão de *Biometrika* Trustees.

(continua)

Tabela VI (continuação)

Graus de liberdade	$\chi^2_{0,100}$	$\chi^2_{0,050}$	$\chi^2_{0,025}$	$\chi^2_{0,010}$	$\chi^2_{0,005}$
1	2,70554	3,84146	5,02389	6,63490	7,87944
2	4,60517	5,99147	7,37776	9,21034	10,5966
3	6,25139	7,81473	9,34840	11,3449	12,8381
4	7,77944	9,48773	11,1433	13,2767	14,8602
5	9,23635	11,0705	12,8325	15,0863	16,7496
6	10,6446	12,5916	14,4494	16,8119	18,5476
7	12,0170	14,0671	16,0128	18,4753	20,2777
8	13,3616	15,5073	17,5346	20,0902	21,9550
9	14,6837	16,9190	19,0228	21,6660	23,5893
10	15,9871	18,3070	20,4831	23,2093	25,1882
11	17,2750	19,6751	21,9200	24,7250	26,7569
12	18,5494	21,0261	23,3367	26,2170	28,2995
13	19,8119	22,3621	24,7356	27,6883	29,8194
14	21,0642	23,6848	26,1190	29,1413	31,3193
15	22,3072	24,9958	27,4884	30,5779	32,8013
16	23,5418	26,2962	28,8454	31,9999	34,2672
17	24,7690	27,5871	30,1910	33,4087	35,7185
18	25,9894	28,8693	31,5264	34,8053	37,1564
19	27,2036	30,1435	32,8523	36,1908	38,5822
20	28,4120	31,4104	34,1696	37,5662	39,9968
21	29,6151	32,6705	35,4789	38,9321	41,4010
22	30,8133	33,9244	36,7807	40,2894	42,7956
23	32,0069	35,1725	38,0757	41,6384	44,1813
24	33,1963	36,4151	39,3641	42,9798	45,5585
25	34,3816	37,6525	40,6465	44,3141	46,9278
26	35,5631	38,8852	41,9232	45,6417	48,2899
27	36,7412	40,1133	43,1944	46,9630	49,6449
28	37,9159	41,3372	44,4607	48,2782	50,9933
29	39,0875	42,5569	45,7222	49,5879	52,3356
30	40,2560	43,7729	46,9792	50,8922	53,6720
40	51,8050	55,7585	59,3417	63,6907	66,7659
50	63,1671	67,5048	71,4202	76,1539	79,4900
60	74,3970	79,0819	83,2976	88,3794	91,9517
70	85,5271	90,5312	95,0231	100,425	104,215
80	96,5782	101,879	106,629	112,329	116,321
90	107,565	113,145	118,136	124,116	128,299
100	118,498	124,342	129,561	135,807	140,169

Tabela VII Pontos de porcentagem da distribuição F, $\alpha = 0{,}10$

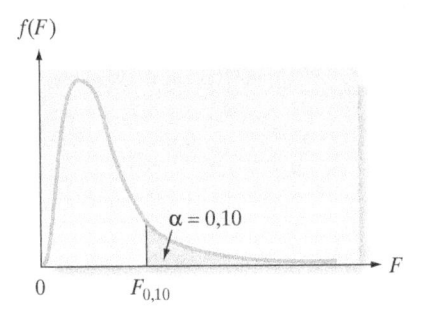

NUMERADOR DE GRAUS DE LIBERDADE

ν_2 \ ν_1	1	2	3	4	5	6	7	8	9
1	39,86	49,50	53,59	55,83	57,24	58,20	58,91	59,44	59,86
2	8,53	9,00	9,16	9,24	9,29	9,33	9,35	9,37	9,38
3	5,54	5,46	5,39	5,34	5,31	5,28	5,27	5,25	5,24
4	4,54	4,32	4,19	4,11	4,05	4,01	3,98	3,95	3,94
5	4,06	3,78	3,62	3,52	3,45	3,40	3,37	3,34	3,32
6	3,78	3,46	3,29	3,18	3,11	3,05	3,01	2,98	2,96
7	3,59	3,26	3,07	2,96	2,88	2,83	2,78	2,75	2,72
8	3,46	3,11	2,92	2,81	2,73	2,67	2,62	2,59	2,56
9	3,36	3,01	2,81	2,69	2,61	2,55	2,51	2,47	2,44
10	3,29	2,92	2,73	2,61	2,52	2,46	2,41	2,38	2,35
11	3,23	2,86	2,66	2,54	2,45	2,39	2,34	2,30	2,27
12	3,18	2,81	2,61	2,48	2,39	2,33	2,28	2,24	2,21
13	3,14	2,76	2,56	2,43	2,35	2,28	2,23	2,20	2,16
14	3,10	2,73	2,52	2,39	2,31	2,24	2,19	2,15	2,12
15	3,07	2,70	2,49	2,36	2,27	2,21	2,16	2,12	2,09
16	3,05	2,67	2,46	2,33	2,24	2,18	2,13	2,09	2,06
17	3,03	2,64	2,44	2,31	2,22	2,15	2,10	2,06	2,03
18	3,01	2,62	2,42	2,29	2,20	2,13	2,08	2,04	2,00
19	2,99	2,61	2,40	2,27	2,18	2,11	2,06	2,02	1,98
20	2,97	2,59	2,38	2,25	2,16	2,09	2,04	2,00	1,96
21	2,96	2,57	2,36	2,23	2,14	2,08	2,02	1,98	1,95
22	2,95	2,56	2,35	2,22	2,13	2,06	2,01	1,97	1,93
23	2,94	2,55	2,34	2,21	2,11	2,05	1,99	1,95	1,92
24	2,93	2,54	2,33	2,19	2,10	2,04	1,98	1,94	1,91
25	2,92	2,53	2,32	2,18	2,09	2,02	1,97	1,93	1,89
26	2,91	2,52	2,31	2,17	2,08	2,01	1,96	1,92	1,88
27	2,90	2,51	2,30	2,17	2,07	2,00	1,95	1,91	1,87
28	2,89	2,50	2,29	2,16	2,06	2,00	1,94	1,90	1,87
29	2,89	2,50	2,28	2,15	2,06	1,99	1,93	1,89	1,86
30	2,88	2,49	2,28	2,14	2,05	1,98	1,93	1,88	1,85
40	2,84	2,44	2,23	2,09	2,00	1,93	1,87	1,83	1,79
60	2,79	2,39	2,18	2,04	1,95	1,87	1,82	1,77	1,74
120	2,75	2,35	2,13	1,99	1,90	1,82	1,77	1,72	1,68
∞	2,71	2,30	2,08	1,94	1,85	1,77	1,72	1,67	1,63

Fonte: MERRINGTON, M. e THOMPSON, C. M. "Tables of percentage points of the inverted beta (F)-Distribution," *Biometrika*, 1943, 33, 73–88. Reproduzido com permissão de *Biometrika* Trustees.

(continua)

Tabela VII (continuação)

$\nu_2 \backslash \nu_1$	NUMERADOR DE GRAUS DE LIBERDADE									
	10	12	15	20	24	30	40	60	120	∞
1	60,19	60,71	61,22	61,74	62,00	62,26	62,53	62,79	63,06	63,33
2	9,39	9,41	9,42	9,44	9,45	9,46	9,47	9,47	9,48	9,49
3	5,23	5,22	5,20	5,18	5,18	5,17	5,16	5,15	5,14	5,13
4	3,92	3,90	3,87	3,84	3,83	3,82	3,80	3,79	3,78	3,76
5	3,30	3,27	3,24	3,21	3,19	3,17	3,16	3,14	3,12	3,10
6	2,94	2,90	2,87	2,84	2,82	2,80	2,78	2,76	2,74	2,72
7	2,70	2,67	2,63	2,59	2,58	2,56	2,54	2,51	2,49	2,47
8	2,54	2,50	2,46	2,42	2,40	2,38	2,36	2,34	2,32	2,29
9	2,42	2,38	2,34	2,30	2,28	2,25	2,23	2,21	2,18	2,16
10	2,32	2,28	2,24	2,20	2,18	2,16	2,13	2,11	2,08	2,06
11	2,25	2,21	2,17	2,12	2,10	2,08	2,05	2,03	2,00	1,97
12	2,19	2,15	2,10	2,06	2,04	2,01	1,99	1,96	1,93	1,90
13	2,14	2,10	2,05	2,01	1,98	1,96	1,93	1,90	1,88	1,85
14	2,10	2,05	2,01	1,96	1,94	1,91	1,89	1,86	1,83	1,80
15	2,06	2,02	1,97	1,92	1,90	1,87	1,85	1,82	1,79	1,76
16	2,03	1,99	1,94	1,89	1,87	1,84	1,81	1,78	1,75	1,72
17	2,00	1,96	1,91	1,86	1,84	1,81	1,78	1,75	1,72	1,69
18	1,98	1,93	1,89	1,84	1,81	1,78	1,75	1,72	1,69	1,66
19	1,96	1,91	1,86	1,81	1,79	1,76	1,73	1,70	1,67	1,63
20	1,94	1,89	1,84	1,79	1,77	1,74	1,71	1,68	1,64	1,61
21	1,92	1,87	1,83	1,78	1,75	1,72	1,69	1,66	1,62	1,59
22	1,90	1,86	1,81	1,76	1,73	1,70	1,67	1,64	1,60	1,57
23	1,89	1,84	1,80	1,74	1,72	1,69	1,66	1,62	1,59	1,55
24	1,88	1,83	1,78	1,73	1,70	1,67	1,64	1,61	1,57	1,53
25	1,87	1,82	1,77	1,72	1,69	1,66	1,63	1,59	1,56	1,52
26	1,86	1,81	1,76	1,71	1,68	1,65	1,61	1,58	1,54	1,50
27	1,85	1,80	1,75	1,70	1,67	1,64	1,60	1,57	1,53	1,49
28	1,84	1,79	1,74	1,69	1,66	1,63	1,59	1,56	1,52	1,48
29	1,83	1,78	1,73	1,68	1,65	1,62	1,58	1,55	1,51	1,47
30	1,82	1,77	1,72	1,67	1,64	1,61	1,57	1,54	1,50	1,46
40	1,76	1,71	1,66	1,61	1,57	1,54	1,51	1,47	1,42	1,38
60	1,71	1,66	1,60	1,54	1,51	1,48	1,44	1,40	1,35	1,29
120	1,65	1,60	1,55	1,48	1,45	1,41	1,37	1,32	1,26	1,19
∞	1,60	1,55	1,49	1,42	1,38	1,34	1,30	1,24	1,17	1,00

DENOMINADOR DE GRAUS DE LIBERDADE

Tabela VIII Pontos de porcentagem da distribuição F, $\alpha = 0{,}05$

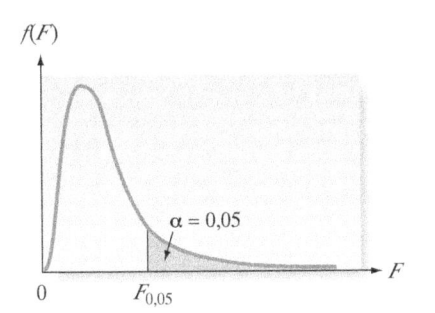

NUMERADOR DE GRAUS DE LIBERDADE

ν_2 \ ν_1	1	2	3	4	5	6	7	8	9
1	161,4	199,5	215,7	224,6	230,2	234,0	236,8	238,9	240,5
2	18,51	19,00	19,16	19,25	19,30	19,33	19,35	19,37	19,38
3	10,13	9,55	9,28	9,12	9,01	8,94	8,89	8,85	8,81
4	7,71	6,94	6,59	6,39	6,26	6,16	6,09	6,04	6,00
5	6,61	5,79	5,41	5,19	5,05	4,95	4,88	4,82	4,77
6	5,99	5,14	4,76	4,53	4,39	4,28	4,21	4,15	4,10
7	5,59	4,74	4,35	4,12	3,97	3,87	3,79	3,73	3,68
8	5,32	4,46	4,07	3,84	3,69	3,58	3,50	3,44	3,39
9	5,12	4,26	3,86	3,63	3,48	3,37	3,29	3,23	3,18
10	4,96	4,10	3,71	3,48	3,33	3,22	3,14	3,07	3,02
11	4,84	3,98	3,59	3,36	3,20	3,09	3,01	2,95	2,90
12	4,75	3,89	3,49	3,26	3,11	3,00	2,91	2,85	2,80
13	4,67	3,81	3,41	3,18	3,03	2,92	2,83	2,77	2,71
14	4,60	3,74	3,34	3,11	2,96	2,85	2,76	2,70	2,65
15	4,54	3,68	3,29	3,06	2,90	2,79	2,71	2,64	2,59
16	4,49	3,63	3,24	3,01	2,85	2,74	2,66	2,59	2,54
17	4,45	3,59	3,20	2,96	2,81	2,70	2,61	2,55	2,49
18	4,41	3,55	3,16	2,93	2,77	2,66	2,58	2,51	2,46
19	4,38	3,52	3,13	2,90	2,74	2,63	2,54	2,48	2,42
20	4,35	3,49	3,10	2,87	2,71	2,60	2,51	2,45	2,39
21	4,32	3,47	3,07	2,84	2,68	2,57	2,49	2,42	2,37
22	4,30	3,44	3,05	2,82	2,66	2,55	2,46	2,40	2,34
23	4,28	3,42	3,03	2,80	2,64	2,53	2,44	2,37	2,32
24	4,26	3,40	3,01	2,78	2,62	2,51	2,42	2,36	2,30
25	4,24	3,39	2,99	2,76	2,60	2,49	2,40	2,34	2,28
26	4,23	3,37	2,98	2,74	2,59	2,47	2,39	2,32	2,77
27	4,21	3,35	2,96	2,73	2,57	2,46	2,37	2,31	2,25
28	4,20	3,34	2,95	2,71	2,56	2,45	2,36	2,29	2,24
29	4,18	3,33	2,93	2,70	2,55	2,43	2,35	2,28	2,22
30	4,17	3,32	2,92	2,69	2,53	2,42	2,33	2,27	2,21
40	4,08	3,23	2,84	2,61	2,45	2,34	2,25	2,18	2,12
60	4,00	3,15	2,76	2,53	2,37	2,25	2,17	2,10	2,04
120	3,92	3,07	2,68	2,45	2,29	2,17	2,09	2,02	1,96
∞	3,84	3,00	2,60	2,37	2,21	2,10	2,01	1,94	1,88

Fonte: MERRINGTON, M. e THOMPSON, C. M. "Tables of percentage points of the inverted Beta (F)-distribution," *Biometrika*, 1943, 33, 73–88. Reproduzido com permissão de *Biometrika* Trustees.

(continua)

Tabela VIII (continuação)

ν_2 \ ν_1	NUMERADOR DE GRAUS DE LIBERDADE									
	10	12	15	20	24	30	40	60	120	∞
1	241,9	243,9	245,9	248,0	249,1	250,1	251,1	252,2	253,3	254,3
2	19,40	19,41	19,43	19,45	19,45	19,46	19,47	19,48	19,49	19,50
3	8,79	8,74	8,70	8,66	8,64	8,62	8,59	8,57	8,55	8,53
4	5,96	5,91	5,86	5,80	5,77	5,75	5,72	5,69	5,66	5,63
5	4,74	4,68	4,62	4,56	4,53	4,50	4,46	4,43	4,40	4,36
6	4,06	4,00	3,94	3,87	3,84	3,81	3,77	3,74	3,70	3,67
7	3,64	3,57	3,51	3,44	3,41	3,38	3,34	3,30	3,27	3,23
8	3,35	3,28	3,22	3,15	3,12	3,08	3,04	3,01	2,97	2,93
9	3,14	3,07	3,01	2,94	2,90	2,86	2,83	2,79	2,75	2,71
10	2,98	2,91	2,85	2,77	2,74	2,70	2,66	2,62	2,58	2,54
11	2,85	2,79	2,72	2,65	2,61	2,57	2,53	2,49	2,45	2,40
12	2,75	2,69	2,62	2,54	2,51	2,47	2,43	2,38	2,34	2,30
13	2,67	2,60	2,53	2,46	2,42	2,38	2,34	2,30	2,25	2,21
14	2,60	2,53	2,46	2,39	2,35	2,31	2,27	2,22	2,18	2,13
15	2,54	2,48	2,40	2,33	2,29	2,25	2,20	2,16	2,11	2,07
16	2,49	2,42	2,35	2,28	2,24	2,19	2,15	2,11	2,06	2,01
17	2,45	2,38	2,31	2,23	2,19	2,15	2,10	2,06	2,01	1,96
18	2,41	2,34	2,27	2,19	2,15	2,11	2,06	2,02	1,97	1,92
19	2,38	2,31	2,23	2,16	2,11	2,07	2,03	1,98	1,93	1,88
20	2,35	2,28	2,20	2,12	2,08	2,04	1,99	1,95	1,90	1,84
21	2,32	2,25	2,18	2,10	2,05	2,01	1,96	1,92	1,87	1,81
22	2,30	2,23	2,15	2,07	2,03	1,98	1,94	1,89	1,84	1,78
23	2,27	2,20	2,13	2,05	2,01	1,96	1,91	1,86	1,81	1,76
24	2,25	2,18	2,11	2,03	1,98	1,94	1,89	1,84	1,79	1,73
25	2,24	2,16	2,09	2,01	1,96	1,92	1,87	1,82	1,77	1,71
26	2,22	2,15	2,07	1,99	1,95	1,90	1,85	1,80	1,75	1,69
27	2,20	2,13	2,06	1,97	1,93	1,88	1,84	1,79	1,73	1,67
28	2,19	2,12	2,04	1,96	1,91	1,87	1,82	1,77	1,71	1,65
29	2,18	2,10	2,03	1,94	1,90	1,85	1,81	1,75	1,70	1,64
30	2,16	2,09	2,01	1,93	1,89	1,84	1,79	1,74	1,68	1,62
40	2,08	2,00	1,92	1,84	1,79	1,74	1,69	1,64	1,58	1,51
60	1,99	1,92	1,84	1,75	1,70	1,65	1,59	1,53	1,47	1,39
120	1,91	1,83	1,75	1,66	1,61	1,55	1,50	1,43	1,35	1,25
∞	1,83	1,75	1,67	1,57	1,52	1,46	1,39	1,32	1,22	1,00

DENOMINADOR DE GRAUS DE LIBERDADE

Tabela IX Pontos de porcentagem da distribuição F, $\alpha = 0{,}025$

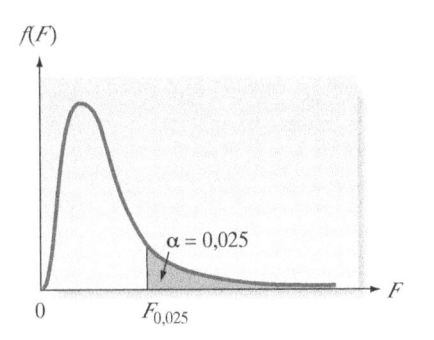

ν_2 \ ν_1	1	2	3	4	5	6	7	8	9
1	647,8	799,5	864,2	899,6	921,8	937,1	948,2	956,7	963,3
2	38,51	39,00	39,17	39,25	39,30	39,33	39,36	39,37	39,39
3	17,44	16,04	15,44	15,10	14,88	14,73	14,62	14,54	14,47
4	12,22	10,65	9,98	9,60	9,36	9,20	9,07	8,98	8,90
5	10,01	8,43	7,76	7,39	7,15	6,98	6,85	6,76	6,68
6	8,81	7,26	6,60	6,23	5,99	5,82	5,70	5,60	5,52
7	8,07	6,54	5,89	5,52	5,29	5,12	4,99	4,90	4,82
8	7,57	6,06	5,42	5,05	4,82	4,65	4,53	4,43	4,36
9	7,21	5,71	5,08	4,72	4,48	4,32	4,20	4,10	4,03
10	6,94	5,46	4,83	4,47	4,24	4,07	3,95	3,85	3,78
11	6,72	5,26	4,63	4,28	4,04	3,88	3,76	3,66	3,59
12	6,55	5,10	4,47	4,12	3,89	3,73	3,61	3,51	3,44
13	6,41	4,97	4,35	4,00	3,77	3,60	3,48	3,39	3,31
14	6,30	4,86	4,24	3,89	3,66	3,50	3,38	3,29	3,21
15	6,20	4,77	4,15	3,80	3,58	3,41	3,29	3,20	3,12
16	6,12	4,69	4,08	3,73	3,50	3,34	3,22	3,12	3,05
17	6,04	4,62	4,01	3,66	3,44	3,28	3,16	3,06	2,98
18	5,98	4,56	3,95	3,61	3,38	3,22	3,10	3,01	2,93
19	5,92	4,51	3,90	3,56	3,33	3,17	3,05	2,96	2,88
20	5,87	4,46	3,86	3,51	3,29	3,13	3,01	2,91	2,84
21	5,83	4,42	3,82	3,48	3,25	3,09	2,97	2,87	2,80
22	5,79	4,38	3,78	3,44	3,22	3,05	2,93	2,84	2,76
23	5,75	4,35	3,75	3,41	3,18	3,02	2,90	2,81	2,73
24	5,72	4,32	3,72	3,38	3,15	2,99	2,87	2,78	2,70
25	5,69	4,29	3,69	3,35	3,13	2,97	2,85	2,75	2,68
26	5,66	4,27	3,67	3,33	3,10	2,94	2,82	2,73	2,65
27	5,63	4,24	3,65	3,31	3,08	2,92	2,80	2,71	2,63
28	5,61	4,22	3,63	3,29	3,06	2,90	2,78	2,69	2,61
29	5,59	4,20	3,61	3,27	3,04	2,88	2,76	2,67	2,59
30	5,57	4,18	3,59	3,25	3,03	2,87	2,75	2,65	2,57
40	5,42	4,05	3,46	3,13	2,90	2,74	2,62	2,53	2,45
60	5,29	3,93	3,34	3,01	2,79	2,63	2,51	2,41	2,33
120	5,15	3,80	3,23	2,89	2,67	2,52	2,39	2,30	2,22
∞	5,02	3,69	3,12	2,79	2,57	2,41	2,29	2,19	2,11

Numerador de graus de liberdade (ν_1); Denominador de graus de liberdade (ν_2).

Fonte: MERRINGTON, M. e THOMPSON, C. M. "Tables of percentage points of the inverted Beta (F)-distribution," *Biometrika*, 1943, 33, 73–88. Reproduzido com permissão de *Biometrika* Trustees.

(continua)

Tabela IX (continuação)

ν_2 \ ν_1	NUMERADOR DE GRAUS DE LIBERDADE									
	10	12	15	20	24	30	40	60	120	∞
1	968,6	976,7	984,9	993,1	997,2	1.001	1.006	1.010	1.014	1.018
2	39,40	39,41	39,43	39,45	39,46	39,46	39,47	39,48	39,49	39,50
3	14,42	14,34	14,25	14,17	14,12	14,08	14,04	13,99	13,95	13,90
4	8,84	8,75	8,66	8,56	8,51	8,46	8,41	8,36	8,31	8,26
5	6,62	6,52	6,43	6,33	6,28	6,23	6,18	6,12	6,07	6,02
6	5,46	5,37	5,27	5,17	5,12	5,07	5,01	4,96	4,90	4,85
7	4,76	4,67	4,57	4,47	4,42	4,36	4,31	4,25	4,20	4,14
8	4,30	4,20	4,10	4,00	3,95	3,89	3,84	3,78	3,73	3,67
9	3,96	3,87	3,77	3,67	3,61	3,56	3,51	3,45	3,39	3,33
10	3,72	3,62	3,52	3,42	3,37	3,31	3,26	3,20	3,14	3,08
11	3,53	3,43	3,33	3,23	3,17	3,12	3,06	3,00	2,94	2,88
12	3,37	3,28	3,18	3,07	3,02	2,96	2,91	2,85	2,79	2,72
13	3,25	3,15	3,05	2,95	2,89	2,84	2,78	2,72	2,66	2,60
14	3,15	3,05	2,95	2,84	2,79	2,73	2,67	2,61	2,55	2,49
15	3,06	2,96	2,86	2,76	2,70	2,64	2,59	2,52	2,46	2,40
16	2,99	2,89	2,79	2,68	2,63	2,57	2,51	2,45	2,38	2,32
17	2,92	2,82	2,72	2,62	2,56	2,50	2,44	2,38	2,32	2,25
18	2,87	2,77	2,67	2,56	2,50	2,44	2,38	2,32	2,26	2,19
19	2,82	2,72	2,62	2,51	2,45	2,39	2,33	2,27	2,20	2,13
20	2,77	2,68	2,57	2,46	2,41	2,35	2,29	2,22	2,16	2,09
21	2,73	2,64	2,53	2,42	2,37	2,31	2,25	2,18	2,11	2,04
22	2,70	2,60	2,50	2,39	2,33	2,27	2,21	2,14	2,08	2,00
23	2,67	2,57	2,47	2,36	2,30	2,24	2,18	2,11	2,04	1,97
24	2,64	2,54	2,44	2,33	2,27	2,21	2,15	2,08	2,01	1,94
25	2,61	2,51	2,41	2,30	2,24	2,18	2,12	2,05	1,98	1,91
26	2,59	2,49	2,39	2,28	2,22	2,16	2,09	2,03	1,95	1,88
27	2,57	2,47	2,36	2,25	2,19	2,13	2,07	2,00	1,93	1,85
28	2,55	2,45	2,34	2,23	2,17	2,11	2,05	1,98	1,91	1,83
29	2,53	2,43	2,32	2,21	2,15	2,09	2,03	1,96	1,89	1,81
30	2,51	2,41	2,31	2,20	2,14	2,07	2,01	1,94	1,87	1,79
40	2,39	2,29	2,18	2,07	2,01	1,94	1,88	1,80	1,72	1,64
60	2,27	2,17	2,06	1,94	1,88	1,82	1,74	1,67	1,58	1,48
120	2,16	2,05	1,94	1,82	1,76	1,69	1,61	1,53	1,43	1,31
∞	2,05	1,94	1,83	1,71	1,64	1,57	1,48	1,39	1,27	1,00

DENOMINADOR DE GRAUS DE LIBERDADE

Tabela X Pontos de porcentagem da distribuição F, $\alpha = 0{,}01$

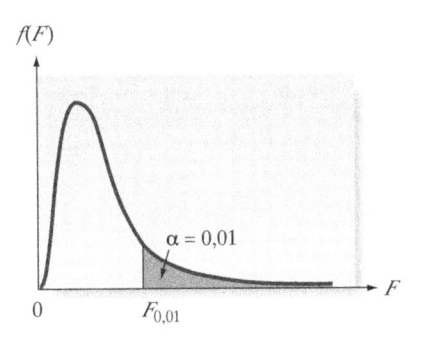

	NUMERADOR DE GRAUS DE LIBERDADE								
ν_2 \ ν_1	1	2	3	4	5	6	7	8	9
1	4.052	4.999,5	5.403	5.625	5.764	5.859	5.928	5.982	6.022
2	98,50	99,00	99,17	99,25	99,30	99,33	99,36	99,37	99,39
3	34,12	30,82	29,46	28,71	28,24	27,91	27,67	27,49	27,35
4	21,20	18,00	16,69	15,98	15,52	15,21	14,98	14,80	14,66
5	16,26	13,27	12,06	11,39	10,97	10,67	10,46	10,29	10,16
6	13,75	10,92	9,78	9,15	8,75	8,47	8,26	8,10	7,98
7	12,25	9,55	8,45	7,85	7,46	7,19	6,99	6,84	6,72
8	11,26	8,65	7,59	7,01	6,63	6,37	6,18	6,03	5,91
9	10,56	8,02	6,99	6,42	6,06	5,80	5,61	5,47	5,35
10	10,04	7,56	6,55	5,99	5,64	5,39	5,20	5,06	4,94
11	9,65	7,21	6,22	5,67	5,32	5,07	4,89	4,74	4,63
12	9,33	6,93	5,95	5,41	5,06	4,82	4,64	4,50	4,39
13	9,07	6,70	5,74	5,21	4,86	4,62	4,44	4,30	4,19
14	8,86	6,51	5,56	5,04	4,69	4,46	4,28	4,14	4,03
15	8,68	6,36	5,42	4,89	4,56	4,32	4,14	4,00	3,89
16	8,53	6,23	5,29	4,77	4,44	4,20	4,03	3,89	3,78
17	8,40	6,11	5,18	4,67	4,34	4,10	3,93	3,79	3,68
18	8,29	6,01	5,09	4,58	4,25	4,01	3,84	3,71	3,60
19	8,18	5,93	5,01	4,50	4,17	3,94	3,77	3,63	3,52
20	8,10	5,85	4,94	4,43	4,10	3,87	3,70	3,56	3,46
21	8,02	5,78	4,87	4,37	4,04	3,81	3,64	3,51	3,40
22	7,95	5,72	4,82	4,31	3,99	3,76	3,59	3,45	3,35
23	7,88	5,66	4,76	4,26	3,94	3,71	3,54	3,41	3,30
24	7,82	5,61	4,72	4,22	3,90	3,67	3,50	3,36	3,26
25	7,77	5,57	4,68	4,18	3,85	3,63	3,46	3,32	3,22
26	7,72	5,53	4,64	4,14	3,82	3,59	3,42	3,29	3,18
27	7,68	5,49	4,60	4,11	3,78	3,56	3,39	3,26	3,15
28	7,64	5,45	4,57	4,07	3,75	3,53	3,36	3,23	3,12
29	7,60	5,42	4,54	4,04	3,73	3,50	3,33	3,20	3,09
30	7,56	5,39	4,51	4,02	3,70	3,47	3,30	3,17	3,07
40	7,31	5,18	4,31	3,83	3,51	3,29	3,12	2,99	2,89
60	7,08	4,98	4,13	3,65	3,34	3,12	2,95	2,82	2,72
120	6,85	4,79	3,95	3,48	3,17	2,96	2,79	2,66	2,56
∞	6,63	4,61	3,78	3,32	3,02	2,80	2,64	2,51	2,41

Fonte: MERRINGTON, M. e THOMPSON, C. M. "Tables of percentage points of the inverted Beta (F)-distribution," *Biometrika*, 1943, 33, 73–88. Reproduzido com permissão de *Biometrika* Trustees.

(continua)

Tabela X (continuação)

ν_2 \ ν_1	NUMERADOR DE GRAUS DE LIBERDADE									
	10	12	15	20	24	30	40	60	120	∞
1	6.056	6.106	6.157	6.209	6.235	6.261	6.287	6.313	6.339	6.366
2	99,40	99,42	99,43	99,45	99,46	99,47	99,47	99,48	99,49	99,50
3	27,23	27,05	26,87	26,69	26,60	26,50	26,41	26,32	26,22	26,13
4	14,55	14,37	14,20	14,02	13,93	13,84	13,75	13,65	13,56	13,46
5	10,05	9,89	9,72	9,55	9,47	9,38	9,29	9,20	9,11	9,02
6	7,87	7,72	7,56	7,40	7,31	7,23	7,14	7,06	6,97	6,88
7	6,62	6,47	6,31	6,16	6,07	5,99	5,91	5,82	5,74	5,65
8	5,81	5,67	5,52	5,36	5,28	5,20	5,12	5,03	4,95	4,86
9	5,26	5,11	4,96	4,81	4,73	4,65	4,57	4,48	4,40	4,31
10	4,85	4,71	4,56	4,41	4,33	4,25	4,17	4,08	4,00	3,91
11	4,54	4,40	4,25	4,10	4,02	3,94	3,86	3,78	3,69	3,60
12	4,30	4,16	4,01	3,86	3,78	3,70	3,62	3,54	3,45	3,36
13	4,10	3,96	3,82	3,66	3,59	3,51	3,43	3,34	3,25	3,17
14	3,94	3,80	3,66	3,51	3,43	3,35	3,27	3,18	3,09	3,00
15	3,80	3,67	3,52	3,37	3,29	3,21	3,13	3,05	2,96	2,87
16	3,69	3,55	3,41	3,26	3,18	3,10	3,02	2,93	2,84	2,75
17	3,59	3,46	3,31	3,16	3,08	3,00	2,92	2,83	2,75	2,65
18	3,51	3,37	3,23	3,08	3,00	2,92	2,84	2,75	2,66	2,57
19	3,43	3,30	3,15	3,00	2,92	2,84	2,76	2,67	2,58	2,49
20	3,37	3,23	3,09	2,94	2,86	2,78	2,69	2,61	2,52	2,42
21	3,31	3,17	3,03	2,88	2,80	2,72	2,64	2,55	2,46	2,36
22	3,26	3,12	2,98	2,83	2,75	2,67	2,58	2,50	2,40	2,31
23	3,21	3,07	2,93	2,78	2,70	2,62	2,54	2,45	2,35	2,26
24	3,17	3,03	2,89	2,74	2,66	2,58	2,49	2,40	2,31	2,21
25	3,13	2,99	2,85	2,70	2,62	2,54	2,45	2,36	2,27	2,17
26	3,09	2,96	2,81	2,66	2,58	2,50	2,42	2,33	2,23	2,13
27	3,06	2,93	2,78	2,63	2,55	2,47	2,38	2,29	2,20	2,10
28	3,03	2,90	2,75	2,60	2,52	2,44	2,35	2,26	2,17	2,06
29	3,00	2,87	2,73	2,57	2,49	2,41	2,33	2,23	2,14	2,03
30	2,98	2,84	2,70	2,55	2,47	2,39	2,30	2,21	2,11	2,01
40	2,80	2,66	2,52	2,37	2,29	2,20	2,11	2,02	1,92	1,80
60	2,63	2,50	2,35	2,20	2,12	2,03	1,94	1,84	1,73	1,60
120	2,47	2,34	2,19	2,03	1,95	1,86	1,76	1,66	1,53	1,38
∞	2,32	2,18	2,04	1,88	1,79	1,70	1,59	1,47	1,32	1,00

DENOMINADOR DE GRAUS DE LIBERDADE

Tabela XI Constantes dos gráficos de controle

Número de observações no subgrupo, n	A_2	d_2	d_3	D_3	D_4
2	1,880	1,128	0,853	0,000	3,267
3	1,023	1,693	0,888	0,000	2,574
4	0,729	2,059	0,880	0,000	2,282
5	0,577	2,326	0,864	0,000	2,114
6	0,483	2,534	0,848	0,000	2,004
7	0,419	2,704	0,833	0,076	1,924
8	0,373	2,847	0,820	0,136	1,864
9	0,337	2,970	0,808	0,184	1,816
10	0,308	3,078	0,797	0,223	1,777
11	0,285	3,173	0,787	0,256	1,744
12	0,266	3,258	0,778	0,283	1,717
13	0,249	3,336	0,770	0,307	1,693
14	0,235	3,407	0,762	0,328	1,672
15	0,223	3,472	0,755	0,347	1,653
16	0,212	3,532	0,749	0,363	1,637
17	0,203	3,588	0,743	0,378	1,622
18	0,194	3,640	0,738	0,391	1,608
19	0,187	3,689	0,733	0,403	1,597
20	0,180	3,735	0,729	0,415	1,585
21	0,173	3,778	0,724	0,425	1,575
22	0,167	3,819	0,720	0,434	1,566
23	0,162	3,858	0,716	0,443	1,557
24	0,157	3,895	0,712	0,451	1,548
25	0,153	3,931	0,709	0,459	1,541

Fonte: ASTM Manual on the Presentation of Data and Control Chart Analysis, Philadelphia, PA: American Society for Testing Materials, p. 134–136, 1976.

Tabela XII Valores críticos para a estatística *d* Durbin-Watson, α = 0,05

n	k = 1		k = 2		k = 3		k = 4		k = 5	
	d_L	d_U	d_L	d_U	d_L	d_U	d_L	d_U	d_L	d_U
15	1,08	1,36	0,95	1,54	0,82	1,75	0,69	1,97	0,56	2,21
16	1,10	1,37	0,98	1,54	0,86	1,73	0,74	1,93	0,62	2,15
17	1,13	1,38	1,02	1,54	0,90	1,71	0,78	1,90	0,67	2,10
18	1,16	1,39	1,05	1,53	0,93	1,69	0,92	1,87	0,71	2,06
19	1,18	1,40	1,08	1,53	0,97	1,68	0,86	1,85	0,75	2,02
20	1,20	1,41	1,10	1,54	1,00	1,68	0,90	1,83	0,79	1,99
21	1,22	1,42	1,13	1,54	1,03	1,67	0,93	1,81	0,83	1,96
22	1,24	1,43	1,15	1,54	1,05	1,66	0,96	1,80	0,96	1,94
23	1,26	1,44	1,17	1,54	1,08	1,66	0,99	1,79	0,90	1,92
24	1,27	1,45	1,19	1,55	1,10	1,66	1,01	1,78	0,93	1,90
25	1,29	1,45	1,21	1,55	1,12	1,66	1,04	1,77	0,95	1,89
26	1,30	1,46	1,22	1,55	1,14	1,65	1,06	1,76	0,98	1,88
27	1,32	1,47	1,24	1,56	1,16	1,65	1,08	1,76	1,01	1,86
28	1,33	1,48	1,26	1,56	1,18	1,65	1,10	1,75	1,03	1,85
29	1,34	1,48	1,27	1,56	1,20	1,65	1,12	1,74	1,05	1,84
30	1,35	1,49	1,28	1,57	1,21	1,65	1,14	1,74	1,07	1,83
31	1,36	1,50	1,30	1,57	1,23	1,65	1,16	1,74	1,09	1,83
32	1,37	1,50	1,31	1,57	1,24	1,65	1,18	1,73	1,11	1,82
33	1,38	1,51	1,32	1,58	1,26	1,65	1,19	1,73	1,13	1,81
34	1,39	1,51	1,33	1,58	1,27	1,65	1,21	1,73	1,15	1,81
35	1,40	1,52	1,34	1,58	1,28	1,65	1,22	1,73	1,16	1,80
36	1,41	1,52	1,35	1,59	1,29	1,65	1,24	1,73	1,18	1,80
37	1,42	1,53	1,36	1,59	1,31	1,66	1,25	1,72	1,19	1,80
38	1,43	1,54	1,37	1,59	1,32	1,66	1,26	1,72	1,21	1,79
39	1,43	1,54	1,38	1,60	1,33	1,66	1,27	1,72	1,22	1,79
40	1,44	1,54	1,39	1,60	1,34	1,66	1,29	1,72	1,23	1,79
45	1,48	1,57	1,43	1,62	1,38	1,67	1,34	1,72	1,29	1,78
50	1,50	1,59	1,46	1,63	1,42	1,67	1,38	1,72	1,34	1,77
55	1,53	1,60	1,49	1,64	1,45	1,68	1,41	1,72	1,38	1,77
60	1,55	1,62	1,51	1,65	1,48	1,69	1,44	1,73	1,41	1,77
65	1,57	1,63	1,54	1,66	1,50	1,70	1,47	1,73	1,44	1,77
70	1,58	1,64	1,55	1,67	1,52	1,70	1,49	1,74	1,46	1,77
75	1,60	1,65	1,57	1,68	1,54	1,71	1,51	1,74	1,49	1,77
80	1,61	1,66	1,59	1,69	1,56	1,72	1,53	1,74	1,51	1,77
85	1,62	1,67	1,60	1,70	1,57	1,72	1,55	1,75	1,52	1,77
90	1,63	1,68	1,61	1,70	1,59	1,73	1,57	1,75	1,54	1,78
95	1,64	1,69	1,62	1,71	1,60	1,73	1,58	1,75	1,56	1,78
100	1,65	1,69	1,63	1,72	1,61	1,74	1,59	1,76	1,57	1,78

Fonte: DURBIN, J. e WATSON, G. S "Testing for serial correlation in least squares regression, II," *Biometrika,* 1951, 30, 159–178, Reproduzido com permissão de *Biometrika* Trustees.

Tabela XIII Valores críticos para a estatística d Durbin-Watson, $\alpha = 0{,}01$

n	k = 1		k = 2		k = 3		k = 4		k = 5	
	d_L	d_U	d_L	d_U	d_L	d_U	d_L	d_U	d_L	d_U
15	0,81	1,07	0,70	1,25	0,59	1,46	0,49	1,70	0,39	1,96
16	0,84	1,09	0,74	1,25	0,63	1,44	0,53	1,66	0,44	1,90
17	0,87	1,10	0,77	1,25	0,67	1,43	0,57	1,3	0,48	1,85
18	0,90	1,12	0,80	1,26	0,71	1,42	0,61	1,60	0,52	1,80
19	0,93	1,13	0,83	1,26	0,74	1,41	0,65	1,58	0,56	1,77
20	0,95	1,15	0,86	1,27	0,77	1,41	0,68	1,57	0,60	1,74
21	0,97	1,16	0,89	1,27	0,80	1,41	0,72	1,55	0,63	1,71
22	1,00	1,17	0,91	1,28	0,83	1,40	0,75	1,54	0,66	1,69
23	1,02	1,19	0,94	1,29	0,86	1,40	0,77	1,53	0,70	1,67
24	1,04	1,20	0,96	1,30	0,88	1,41	0,80	1,53	0,72	1,66
25	1,05	1,21	0,98	1,30	0,90	1,41	0,83	1,52	0,75	1,65
26	1,07	1,22	1,00	1,31	0,93	1,41	0,85	1,52	0,78	1,64
27	1,09	1,23	1,02	1,32	0,95	1,41	0,88	1,51	0,81	1,63
28	1,10	1,24	1,04	1,32	0,97	1,41	0,90	1,51	0,83	1,62
29	1,12	1,25	1,05	1,33	0,99	1,42	0,92	1,51	0,85	1,61
30	1,13	1,26	1,07	1,34	1,01	1,42	0,94	1,51	0,88	1,61
31	1,15	1,27	1,08	1,34	1,02	1,42	0,96	1,51	0,90	1,60
32	1,16	1,28	1,10	1,35	1,04	1,43	0,98	1,51	0,92	1,60
33	1,17	1,29	1,11	1,36	1,05	1,43	1,00	1,51	0,94	1,59
34	1,18	1,30	1,13	1,36	1,07	1,43	1,01	1,51	0,95	1,59
35	1,19	1,31	1,14	1,27	1,08	1,44	1,03	1,51	0,97	1,59
36	1,21	1,32	1,15	1,38	1,10	1,44	1,04	1,51	0,99	1,59
37	1,22	1,32	1,16	1,38	1,11	1,45	1,06	1,51	1,00	1,59
38	1,23	1,33	1,18	1,39	1,12	1,45	1,07	1,52	1,02	1,58
39	1,24	1,34	1,19	1,39	1,14	1,45	1,09	1,52	1,03	1,58
40	1,25	1,34	1,20	1,40	1,15	1,46	1,10	1,52	1,05	1,58
45	1,29	1,38	1,24	1,42	1,20	1,48	1,16	1,53	1,11	1,58
50	1,32	1,40	1,28	1,45	1,24	1,49	1,20	1,54	1,16	1,59
55	1,36	1,43	1,32	1,47	1,28	1,51	1,25	1,55	1,21	1,59
60	1,38	1,45	1,35	1,48	1,32	1,52	1,28	1,56	1,25	1,60
65	1,41	1,47	1,38	1,50	1,35	1,53	1,31	1,57	1,28	1,61
70	1,43	1,49	1,40	1,52	1,37	1,55	1,34	1,58	1,31	1,61
75	1,45	1,50	1,42	1,53	1,39	1,56	1,37	1,59	1,34	1,62
80	1,47	1,52	1,44	1,54	1,42	1,57	1,39	1,60	1,36	1,62
85	1,48	1,53	1,46	1,55	1,43	1,58	1,41	1,60	1,39	1,63
90	1,50	1,54	1,47	1,56	1,45	1,59	1,43	1,61	1,41	1,64
95	1,51	1,55	1,49	1,57	1,47	1,60	1,45	1,62	1,42	1,64
100	1,52	1,56	1,50	1,58	1,48	1,60	1,46	1,63	1,44	1,65

Fonte: DURBIN, J. e WATSON, G. S "Testing for serial correlation in least squares regression, II," *Biometrika,* 1951, 30, 159–178.
Reproduzido com permissão de *Biometrika* Trustees.

Tabela XIV Valores críticos de T_L e T_U para o teste de soma de ranking Wilcoxon: amostras independentes

a. $\alpha = 0{,}025$ uma cauda; $\alpha = 0{,}05$ duas caudas

n_2 \ n_1	3		4		5		6		7		8		9		10	
	T_L	T_U	T_L	T_U	T_L	T_U	T_L	T_U	T_L	T_U	T_L	T_U	T_L	T_U	T_L	T_U
3	5	16	6	18	6	21	7	23	7	26	8	28	8	31	9	33
4	6	18	11	25	12	28	12	32	13	35	14	38	15	41	16	44
5	6	21	12	28	18	37	19	41	20	45	21	49	22	53	24	56
6	7	23	12	32	19	41	26	52	28	56	29	61	31	65	32	70
7	7	26	13	35	20	45	28	56	37	68	39	73	41	78	43	83
8	8	28	14	38	21	49	29	61	39	73	49	87	51	93	54	98
9	8	31	15	41	22	53	31	65	41	78	51	93	63	108	66	114
10	9	33	16	44	24	56	32	70	43	83	54	98	66	114	79	131

b. $\alpha = 0{,}05$ uma cauda; $\alpha = 0{,}10$ duas caudas

n_2 \ n_1	3		4		5		6		7		8		9		10	
	T_L	T_U	T_L	T_U	T_L	T_U	T_L	T_U	T_L	T_U	T_L	T_U	T_L	T_U	T_L	T_U
3	6	15	7	17	7	20	8	22	9	24	9	27	10	29	11	31
4	7	17	12	24	13	27	14	30	15	33	16	36	17	39	18	42
5	7	20	13	27	19	36	20	40	22	43	24	46	25	50	26	54
6	8	22	14	30	20	40	28	50	30	54	32	58	33	63	35	67
7	9	24	15	33	22	43	30	54	39	66	41	71	43	76	46	80
8	9	27	16	36	24	46	32	58	41	71	52	84	54	90	57	95
9	10	29	17	39	25	50	33	63	43	76	54	90	66	105	69	111
10	11	31	18	42	26	54	35	67	46	80	57	95	69	111	83	127

Fonte: WILCOXON, F. e WILCOX, R. A "Some rapid approximate statistical procedures", 1964, 20–23, cortesia de Lederle Laboratories Division of American Cyanamid Company, Madison, NJ.

Tabela XV Valores críticos de T_0 no teste de ranking de diferenças pareadas assinaladas de Wilcoxon

Uma cauda	Duas caudas	$n = 5$	$n = 6$	$n = 7$	$n = 8$	$n = 9$	$n = 10$
$\alpha = 0{,}05$	$\alpha = 0{,}10$	1	2	4	6	8	11
$\alpha = 0{,}025$	$\alpha = 0{,}05$		1	2	4	6	8
$\alpha = 0{,}01$	$\alpha = 0{,}02$			0	2	3	5
$\alpha = 0{,}005$	$\alpha = 0{,}01$				0	2	3
		$n = 11$	$n = 12$	$n = 13$	$n = 14$	$n = 15$	$n = 16$
$\alpha = 0{,}05$	$\alpha = 0{,}10$	14	17	21	26	30	36
$\alpha = 0{,}025$	$\alpha = 0{,}05$	11	14	17	21	25	30
$\alpha = 0{,}01$	$\alpha = 0{,}02$	7	10	13	16	20	24
$\alpha = 0{,}005$	$\alpha = 0{,}001$	5	7	10	13	16	19
		$n = 17$	$n = 18$	$n = 19$	$n = 20$	$n = 21$	$n = 22$
$\alpha = 0{,}05$	$\alpha = 0{,}10$	41	47	54	60	68	75
$\alpha = 0{,}025$	$\alpha = 0{,}05$	35	40	46	52	59	66
$\alpha = 0{,}01$	$\alpha = 0{,}02$	28	33	38	43	49	56
$\alpha = 0{,}005$	$\alpha = 0{,}01$	23	28	32	37	43	49
		$n = 23$	$n = 24$	$n = 25$	$n = 26$	$n = 27$	$n = 28$
$\alpha = 0{,}05$	$\alpha = 0{,}10$	83	92	101	110	120	130
$\alpha = 0{,}025$	$\alpha = 0{,}05$	73	81	90	98	107	117
$\alpha = 0{,}01$	$\alpha = 0{,}02$	62	69	77	85	93	102
$\alpha = 0{,}005$	$\alpha = 0{,}01$	55	61	68	76	84	92
		$n = 29$	$n = 30$	$n = 31$	$n = 32$	$n = 33$	$n = 34$
$\alpha = 0{,}05$	$\alpha = 0{,}10$	141	152	163	175	188	201
$\alpha = 0{,}025$	$\alpha = 0{,}05$	127	137	148	159	171	183
$\alpha = 0{,}01$	$\alpha = 0{,}02$	111	120	130	141	151	162
$\alpha = 0{,}005$	$\alpha = 0{,}01$	100	109	118	128	138	149
		$n = 35$	$n = 36$	$n = 37$	$n = 38$	$n = 39$	
$\alpha = 0{,}05$	$\alpha = 0{,}10$	214	228	242	256	271	
$\alpha = 0{,}025$	$\alpha = 0{,}05$	195	208	222	235	250	
$\alpha = 0{,}01$	$\alpha = 0{,}02$	174	186	198	211	224	
$\alpha = 0{,}005$	$\alpha = 0{,}01$	160	171	183	195	208	
		$n = 40$	$n = 41$	$n = 42$	$n = 43$	$n = 44$	$n = 45$
$\alpha = 0{,}05$	$\alpha = 0{,}10$	287	303	319	336	353	371
$\alpha = 0{,}025$	$\alpha = 0{,}05$	264	279	295	311	327	344
$\alpha = 0{,}01$	$\alpha = 0{,}02$	238	252	267	281	297	313
$\alpha = 0{,}005$	$\alpha = 0{,}01$	221	234	248	262	277	292
		$n = 46$	$n = 47$	$n = 48$	$n = 49$	$n = 50$	
$\alpha = 0{,}05$	$\alpha = 0{,}10$	389	408	427	446	466	
$\alpha = 0{,}025$	$\alpha = 0{,}05$	361	379	397	415	434	
$\alpha = 0{,}01$	$\alpha = 0{,}02$	329	345	362	380	398	
$\alpha = 0{,}005$	$\alpha = 0{,}01$	307	323	339	356	373	

Fonte: WILCOXON, F. e WILCOX, R.A "Some rapid approximate statistical procedures", 1964, p.28. cortesia de Lederle Laboratories Division of American Cyanamid Company. Madison, NJ.

Tabela XVI Valores críticos do coeficiente de correlação do ranking de Spearman

Os valores correspondem a um teste de uma cauda de H_0; o valor ρ deve ser duplicado para testes de duas caudas.

n	$\alpha = 0{,}05$	$\alpha = 0{,}025$	$\alpha = 0{,}01$	$\alpha = 0{,}005$	n	$\alpha = 0{,}05$	$\alpha = 0{,}025$	$\alpha = 0{,}01$	$\alpha = 0{,}005$
5	0,900	—	—	—	18	0,399	0,476	0,564	0,625
6	0,829	0,886	0,943	—	19	0,388	0,462	0,549	0,608
7	0,714	0,786	0,893	—	20	0,377	0,450	0,534	0,591
8	0,643	0,738	0,833	0,881	21	0,368	0,438	0,521	0,576
9	0,600	0,683	0,783	0,833	22	0,359	0,428	0,508	0,562
10	0,564	0,648	0,745	0,794	23	0,351	0,418	0,496	0,549
11	0,523	0,623	0,736	0,818	24	0,343	0,409	0,485	0,537
12	0,497	0,591	0,703	0,780	25	0,336	0,400	0,475	0,526
13	0,475	0,566	0,673	0,745	26	0,329	0,392	0,465	0,515
14	0,457	0,545	0,646	0,716	27	0,323	0,385	0,456	0,505
15	0,441	0,525	0,623	0,689	28	0,317	0,377	0,448	0,496
16	0,425	0,507	0,601	0,666	29	0,311	0,370	0,440	0,487
17	0,412	0,490	0,582	0,645	30	0,305	0,364	0,432	0,478

Fonte: OLDS, E. G. "Distribution of sums of squares of rank differences for small samples", Annals of Mathematical Statistics, 1938, 9. Reproduzido com a permissão do editor, Annals of Mathematical Statistics.

APÊNDICE C
FÓRMULAS DE CÁLCULO PARA ANÁLISE DE VARIÂNCIA

C.1 Fórmulas para cálculos no planejamento aleatório completo
C.2 Fórmulas para cálculos no planejamento aleatório em bloco
C.3 Fórmulas para cálculos para um experimento fatorial de dois fatores

C.1 FÓRMULAS PARA CÁLCULOS NO PLANEJAMENTO ALEATÓRIO COMPLETO

CM = Correção para a média

$$= \frac{(\text{Total de todas as observações})^2}{\text{Número total de observações}}$$

$$= \frac{\left(\sum_{i=1}^{n} y_i\right)^2}{n}$$

SQ(total) = Soma total de quadrados
= (Soma de quadrados para todas as observações) − CM = $\sum_{i=1}^{n} y_i^2 - \text{CM}$

SQT = Soma de quadrados para tratamentos

$$= \begin{pmatrix} \text{Soma de quadrados de} \\ \text{totais de tratamentos com} \\ \text{cada quadrado dividido pelo} \\ \text{número de observações para} \\ \text{aquele tratamento} \end{pmatrix} - \text{CM}$$

$$= \frac{T_1^2}{n_1} + \frac{T_2^2}{n_2} + \cdots + \frac{T_k^2}{n_k} - \text{CM}$$

SQE = Soma de quadrados para erro
= SQ(total) − SQT

MQT = Média de quadrados para tratamentos
$$= \frac{\text{SQT}}{k-1}$$

MQE = Média de quadrados para erro
$$= \frac{\text{SQE}}{n-k}$$

$$F = \text{Estatística-teste} = \frac{\text{MQT}}{\text{MQE}}$$

onde:
n = Número total de observações
k = Número de tratamentos
T_i = Total para tratamento i ($i = 1, 2, \ldots, k$)

C.2 FÓRMULAS PARA CÁLCULOS NO PLANEJAMENTO ALEATÓRIO EM BLOCO

CM = Correção para a média

$$= \frac{(\text{Total de todas as observações})^2}{\text{Número total de observações}}$$

$$= \frac{\left(\sum y_i\right)^2}{n}$$

SQ(total) = Soma total de quadrados
= (Soma de quadrados para todas as observações) − CM = $\sum y_i^2 - \text{CM}$

SQT = Soma de quadrados para tratamentos

$$= \begin{pmatrix} \text{Soma de quadrados} \\ \text{totais de tratamentos com} \\ \text{cada quadrado dividido por} \\ b, \text{o número de observações} \\ \text{para aquele tratamento} \end{pmatrix} - \text{CM}$$

$$= \frac{T_1^2}{b} + \frac{T_2^2}{b} + \cdots + \frac{T_p^2}{b} - \text{CM}$$

SQB = Soma de quadrados para blocos

$$= \begin{pmatrix} \text{Soma de quadrados de} \\ \text{totais de blocos com cada} \\ \text{quadrado dividido por } k, \\ \text{o número de observações} \\ \text{naquele bloco} \end{pmatrix} - \text{CM}$$

$$= \frac{B_1^2}{k} + \frac{B_2^2}{k} + \cdots + \frac{B_b^2}{k} - \text{CM}$$

SQE = Soma de quadrados para erro
= SQ(total) − SQT − SQB

MQT = Média de quadrados para tratamentos
$$= \frac{\text{SQT}}{k-1}$$

MQB = Média de quadrados para blocos
$$= \frac{\text{SQB}}{b-1}$$

MQE = Média de quadrados para erro
$$= \frac{\text{SQE}}{n-k-b+1}$$

$$F = \text{Estatística-teste} = \frac{\text{MQT}}{\text{MQE}}$$

onde:

n = Número total de observações
b = Número de blocos
k = Número de tratamentos
T_i = Total para tratamento i ($i = 1, 2, \ldots, k$)
B_i = Total para bloco i ($i = 1, 2, \ldots, b$)

C.3 FÓRMULAS PARA CÁLCULOS PARA UM EXPERIMENTO FATORIAL DE DOIS FATORES

CM = Correção para a média

$$= \frac{(\text{Total de todas as } n \text{ medições})^2}{n}$$

$$= \frac{\left(\sum_{i=1}^{n} y_i\right)^2}{n}$$

SQ(total) = Soma total de quadrados
= (Soma de quadrados para todas as n medições) − CM = $\sum_{i=1}^{n} y_i^2$ − CM

SQ(A) = Soma de quadrados para efeitos principais, fator A

$$= \begin{pmatrix} \text{Soma de quadrados dos} \\ \text{totais } A_1, A_2, \ldots, A_a \\ \text{dividido pelo número de} \\ \text{medições em um único} \\ \text{total, chamado } br \end{pmatrix} - \text{CM}$$

$$= \frac{\sum_{i=1}^{a} A_i^2}{br} - \text{CM}$$

SQ(B) = Soma de quadrados para efeitos principais, fator B

$$= \begin{pmatrix} \text{Soma de quadrados dos} \\ \text{totais } B_1, B_2, \ldots, B_b \\ \text{dividido pelo número de} \\ \text{medições em um único} \\ \text{total, chamado } ar \end{pmatrix} - \text{CM}$$

$$= \frac{\sum_{i=1}^{b} B_i^2}{ar} - \text{CM}$$

SQ(AB) = $\begin{pmatrix} \text{Soma de} \\ \text{quadrados dos} \\ \text{totais das células} \\ \text{dos totais } AB_{11}, AB_{12}, \\ \ldots, AB_{ab} \text{ dividido} \\ \text{pelo número de} \\ \text{medições em um} \\ \text{único total,} \\ \text{chamado } r \end{pmatrix}$ − SQ(A) − SQ(B) − CM

$$= \frac{\sum_{j=1}^{b} \sum_{i=1}^{a} AB_{ij}^2}{r} - \text{SQ}(A) - \text{SQ}(B) - \text{CM}$$

onde
a = Número do nível do fator A
b = Número de níveis do fator B
r = Número de réplicas (observações por tratamento)
A_i = Total para o nível i do fator A ($i = 1, 2, \ldots, a$)
B_j = Total para o nível j do fator B ($j = 1, 2, \ldots, b$)
AB_{ij} = Total para o tratamento (i, j), isto é, para o i-ésimo nível do fator A e o j-ésimo nível do fator B

RESPOSTAS DOS EXERCÍCIOS SELECIONADOS

Capítulo 1

1.3 população; variáveis; ferramentas resumo; conclusões   **1.5** fonte publicada; experimento desenhado; pesquisa; observacionalmente   **1.13** qualitativa; qualitativa   **1.15 a.** Todos os cidadãos americanos **b.** Performance do trabalho do presidente; qualitativa **c.** 2000 indivíduos sorteados **d.** Estimar a proporção de todos os cidadãos que acreditam que o presidente está fazendo um bom trabalho **e.** Pesquisa **f.** Não muito provável   **1.17** I. qualitativa II. quantitativa III. qualitativa IV. qualitativa V. qualitativa VI. quantitativa   **1.19 a.** Amostra, se interessado nos CEOs de todas as empresas americanas; população, se interessado apenas nos 500 CEOs do quadro de pontuações de 2005 **b.** (1) qualitativa; (2) quantitativa; (3) quantitativa; (4) quantitativa; (5) quantitativa; (6) quantitativa   **1.21 a.** Todos os empregados americanos **b.** Status do trabalho do empregado **c.** Qualitativa **d.** 1000 empregados pesquisados **e.** Maioria de todos os trabalhadores deveria permanecer em seus trabalhos   **1.23 a.** Quantitativa **b.** Quantitativa **c.** Qualitativa **d.** Quantitativa **e.** Qualitativa **f.** Quantitativa **g.** Qualitativa

1.25 b. Velocidade das entregas; precisão dos pedidos; qualidade do empacotamento **c.** Número total de questionários recebidos   **1.27 a.** Todos os executivos de lojas de departamentos **b.** Satisfação no trabalho, classificação de Machiavellian **c.** 218 executivos de lojas de departamentos **d.** Pesquisa **e.** Executivos com maiores pontuações de satisfação no trabalho são mais propensos a ter uma menor classificação "Mach".   **1.31 a.** Todas as pessoas acima de 14 anos nos EUA **b.** Status do desemprego; qualitativa **c.** Inferencial

Capítulo 2

2.1 16; 0,18; 0,45; 0,15, 0,14   **2.3 a.** Gráfico de pizza **b.** categoria tarefa **c.** Manuseio do material (34%) **d.** 46.080 **e.** 52%   **2.5 a.** defeito no corpo **b.** Pintura ou falhas **2.7 b.** Sim **c.** Bancos: sim; lojas de departamento: não **2.9** bagre-de-canal: 67,7%; black bass: 8,3%; smallmouth buffalo: 25%   **2.11** Mais comum: cor F (26,6%), claridade VS1 (26,3%); menos comum: cor D (5,2%), claridade IF (14,3%)

2.13 a. Tempo de resposta **c.** 3.570   **2.15 b.** Taxa de inflação (58%) **c.** Sim, taxa de inflação e preços de imóveis representam 78% dos investidores
2.17 50, 75, 125, 100, 25, 50, 50, 25   **2.19 a.** Histograma de freqüência **b.** 14 **c.** 49   **2.21 a.** 28,5% **b.** 82%
2.23 b. Cardinals tendem a pontuar mais runs quando McGuire consegue home runs múltiplos
2.25 d. grupo HRD   **2.27 c.** penalidades para CAA tendem a ser menores   **2.29 a.** Pontuações do SAT 2005 são mudadas para a direita das pontuações de 1990 **c.** Conclusões similares **d.** Illinois (111)   **2.31 a.** 44,75% **b.** 0,325   **2.33 a.** 12 **b.** 40 **c.** 7
d. 21 **e.** 144   **2.35 a.** 11,2 **b.** 12 **c.** 30   **2.37 a.** $\bar{x}$ = 2,717, m = 2,65   **2.41** moda = 15, $\bar{x}$ = 14,545; m = 15
2.43 a. Média menor que mediana **b.** Média maior que mediana **c.** igual   **2.45 a.** $\bar{x}$ = 49,88, m = 49,5, moda = 51 **b.** Ligeiramente assimética à direita **c.** 48,75 a 51,25   **2.47 a.** $\bar{x}$ = 0,63; número médio de quilates de 308 diamantes é 0,63 **b.** m = 0,62; 50% dos diamantes pesam menos de 0,62 quilate **c.** Moda = 1,0; valor de quilate de 1,0 ocorreu de forma mais comum **d.** média ou mediana   **2.49** dados são provavelmente não assimétricos, mas aproximados da simetria   **2.53 a.** *joint*: $\bar{x}$ = 2,645, m = 1,5; *no prefiling*: $\bar{x}$ = 4,2364, m = 3,2 ; *prepack*: $\bar{x}$ = 1,8185, m = 1,4 **b.** três centros   **2.55 c.** Não; sim (se os dados são entre 0 e 1)   **2.57 a.** R = 4, s^2 = 2,3, s = 1,52 **b.** R = 6, s^2 = 3,619, s = 1,90 **c.** R = 10, s^2 = 7,111, s = 2,67 **d.** R = 5, s^2 = 1,624, s = 1,274   **2.59 a.** $\bar{x}$ = 5,6, s^2 = 17,3, s = 4,1593 **b.** $\bar{x}$ = 13,75 pés, s^2 = 152,25 pés quadrados, s = 12,339 pés **c.** $\bar{x}$ = –2,5, s^2 = 4,3, s = 2,0736 **d.** $\bar{x}$ = 0,33 onça, s^2 = 0,587 onça quadrada, s = 0,2422 onça

2.61 Grupo de dados 1: 0,1,2,3,4,5,6,7,8,9; Grupo de dados 2: 0,0,1,1,2,2,3,3,9,9   **2.63 a.** 355 – 63 = 292 **b.** 301 – 64 = 237 **c.** Não   **2.65 a.** R = 34,5 cm, s^2 = 47,36 centímetros quadrados, s = 6,88 cm **b.** R = 2,129 g, s^2 = 141.787 g ao quadrado , s = 376,6 g **c.** R = 1.099,89 rpm, s^2 = 9,678 rpm ao quadrado, s = 98,4 g **2.67 a.** R = 12, s^2 = 9,37, s = 3,06 **b.** R = 8, s^2 = 5,15, s = 2,27 **c.** R = 8, s^2 = 5,06, s = 2,25   **2.69 a.** dólares; quantitativa **b.** pelo menos ¾; pelo menos 8/9; nada; nada
2.71 aprox. 68%; aprox. 95%; essencialmente todos
2.73 entre R/6 = 104,17 e R/4 = 156,25
2.75 a. (105.77, 176.85) **b.** pelo menos ¾ **c.** nada
2.77 a. $\bar{x}$ = 94,91, s = 4,83 **b.** (90,08, 99,74); (85,25, 104,57); (80,42, 109,40) **c.** 81,1%; 97,6%; 98,2%
2.79 $\bar{x}$ = 234,74, s = 9,91; (205,0, 264,5)   **2.81 a.** pelo menos 8/9 das velocidades ficam entre (906, 966) **b.** não   **2.83** não compra   **2.85** 11:30   **2.87 a.** 25%, 75% **b.** 50%, 50% **c.** 80%, 20% **d.** 16%, 84%

2.89 a. $z = 2$ **b.** $z = -3$ **c.** $z = -2$ **d.** $z = 1,67$
2.91 pontuação média é 279; 10% da pontuação da 8ª série abaixo de 231; 25% das pontuações abaixo de 255; 75% abaixo de 304; 90% abaixo de 324
2.93 a. $\bar{x} = 10,93$, $s = 20,75$ **b.** $z = 3,10$ **c.** $z = -0,47$ **2.95** não   **2.97 a.** 0 **b.** 21 **c.** $\bar{x} = 5,24$, $s = 7,24$; $z = 5,90$ **d.** sim   **2.99 a.** $z = 0,727$, não **b.** $z = -3,273$, sim **c.** $z = 1,364$, não **d.** $z = 3,727$, sim   **2.103 a.** $z = 1,05$, não **b.** maior que 194,6 ou menor que 88
2.105 b. *Joint*: 1,5; Nenhuma firma: 3,2; *Prepack*:1,4 **d.** não **e.** sim   **2.107 a.** 4 *outliers*: 62, 72, 78 e 84 **b.** 3 *outliers*: 62, 72 e 78 **c.** não   **2.109 b.** clientes 268, 269 e 264 **c.** 2,06, 2,13 e 3,14   **2.113** aumentando
2.115 aumentando   **2.117** comprimento vs. peso: aumentando; comprimento vs. DDT: aumentando levemente; peso vs. DDT: sem tendência
2.121 a. –1, 1, 2 **b.** 0, 4, 6 **c.** 1, 3, 4 **d.** 0,1, 0,3, 0,4
2.123 a. 6, 27, 5,20 **b.** 6,25, 28,25, 5,32 **c.** 7, 37,67, 6,14 **d.** 3, 0, 0 **2.129** 60% dos carros com classificação de 4 estrelas   **2.131** $\bar{x} = 52,04$; $m = 56,7$; moda = 56,70
2.133 a. gráfico de barras de freqüência **c.** 70% das impressões com sucesso   **2.135 a.** *grounding* ou fogo **b.** $\bar{x} = 66,19$, $s = 56,05$; (0, 234,34)   **2.137 b.** marketing: 6,5 dias, engenharia: 7,0 dias; contabilidade: 8,5 dias
2.139 a. sem escala no eixo vertical **b.** adicionar escala eixo vertical   **2.141 a.** assimétrico à direita
c. ≈ 0,38 **d.** não, $z = 3,333$ **2.143 b.** sim, assimétrico à direita **c.** 813 **d.** 0,007; 0,31 **f.** Filadélfia, Carolina, Miami, Seattle **g.** Washington **h.** Receita operacional aumenta à medida que o valor atual aumenta
2.145 7 dos 25 valores são menores que 12; afirmação provavelmente não verdadeira
2.147 Dispensa: $m = 40,5$; não dispensa: $m = 40$; empresa não vulnerável   **2.149** sim; nenhuma observação registrada no intervalo logo abaixo do intervalo centralizado em 1,000 cm

Capítulo 3

3.1 a. 0,5 **b.** 0,3 **c.** 0,6 **3.3** $P(A) = 0,55$, $P(B) = 0,50$, $P(C) = 0,70$ **3.5 a.** 10 **b.** 20 **c.** 15.504   **3.7 a.** (B_1, B_2), (B_1, R_1), (B_1, R_2), (B_1, R_3), (B_2, R_1), (B_2, R_2), (B_2, R_3), (R_1, R_2) (R_1, R_3), (R_2, R_3) **b.** $P(Ei) = 1/10$ **c.** $P(A) = 1/10$, $P(B) = 3/5$, $P(C) = 3/10$ **3.9 a.** J, C e U **b.** $P(J) = 0,35$, $P(C) = 0,50$, $P(U) = 0,15$ **c.** 0,85   **3.11 a.** $1/100 = 0,01$ **b.** 0,0095; sim   **3.13 a.** 0,325 **b.** 0,711   **3.15** 455   **3.17 a.** 6; $(G_1G_2G_3)$, $(G_1G_2G_4)$, $(G_1G_2G_5)$, $(G_2G_3G_4)$, $(G_2G_3G_5)$, $(G_2G_4G_5)$ **b.** 0,282, 0,065, 0,339, 0,032, 0,008, 0,274 **c.** 0,686   **3.19 a.** 1 a 2 **b.** ½ **c.** 2/5   **3.21 a.** LLLL, LLLU, LLUL, LULL, ULLL, LLUU, LULU, LUUL, ULLU, ULUL, UULL, LUUU, ULUU, UULU, UUUL, UUUU
b. 1/16 **c.** 5/16   **3.23 b.** $P(A) = 7/8$, $P(B) = ½$, $P(A \cup B) = 7/8$, $P(A^C) = 1/8$, $P(A \cap B) = ½$ **3.25 a.** ¾ **b.** 13/20 **c.** 1 **d.** 2/5 **e.** ¼ **f.** 7/20 **g.** 1 **h.** 1/4 **3.27 a.** 0,65

b. 0,72 **c.** 0,25 **d.** 0,08 **e.** 0,35 **f.** 0,72 **g.** 0 **h.** A e C, B e C, C e D   **3.29** 0,73   **3.31 a.** 0,43 **b.** 0,84 **3.33 a.** AC, AW, AF, IC, IW e IF **b.** 0,148, 0,066, 0,426, 0,176, 0,052, 0,132 **c.** 0,640 **d.** 0,118 **e.** 0,176 **f.** 0,786
g. 0,676   **3.35 a.** 0,684 **b.** 0,124 **c.** não **d.** 0,316 **e.** 0,717 **f.** 0,091   **3.37 a.** $P(A) = 0,281$, $P(B) = 0,276$, $P(C) = 0,044$, $P(D)$ 0,079, $P(E) = 0,044$ **b.** 0 **c.** 0,557
d. 0 **e.** 0,325 **f.** A e B, A e C, A e D, A e E   **3.39 a.** 0,09 **b.** 0,09 **c.** 0,84 **d.** não **e.** Eventos das colunas não mutuamente exclusivos **3.41 a.** 0,5 **b.** 0,25 **c.** não **3.43 a.** 0,08 **b.** 0,4 **c.** 0,52   **3.45 a.** 0,8, 0,7, 0,6 **b.** 0,25, 0,375, 0,375 **d.** não   **3.47 a.** 0,37 **b.** 0,68 **c.** 0,15
d. 0,2206 **e.** 0 **f.** 0 **g.** Não   **3.49 a.** A e C, B e C
b. nenhum **c.** 0,65, 0,90   **3.51** 0,545   **3.53 a.** 0,1875 **b.** 0,60   **3.55 a.** $P(P) = 0,68$, $P(R \mid P) = 0,07$, **b.** $P(R \cap P) = 0,048$ **3.57 a.** 0,222 **b.** 0,183   **3.59 a.** $P(A \mid I) = 0,9$, $P(B \mid I) = 0,95$, $P(A \mid I^c) = 0,2$, $P(B \mid I^c) = 0,1$
b. 0,855 **c.** 0,02 **d.** 0,995   **3.61 a.** $(a + d)/(a + b + c + d)$ **b.** $d/(b + d)$ **c.** $c/(a + c)$ **d.** $d/(c + d)$ **e.** Acurácia: 0,843; taxa de detecção: 0,408; taxa de alarme falso: 0,109; precisão: 0,290   **3.63 a.** 0,3, 0,6 **b.** dependente **c.** independente   **3.65** 0,60   **3.67 a.** $(0,5)^{10} = 0,000977$ **b.** 0,00195 **c.** 0,99805   **3.69 a.** 35.820.200 **b.** $1/35.820.200$ **3.73 a.** 0,000186 **c.** não   **3.77 a.** 0,158 **b.** 0,074 **c.** 0,768   **3.79 a.** 0,52, 0,39, 0,09 **b.** 0,516 **3.81 a.** 0,5 **b.** 0,99 **c.** 0,847 **3.83** 0,6982   **3.85 a.** Fornecedor 4; $P(S_4 \mid D) = 0,7147$ **b.** Fornecedores 4 ou 6   **3.87 a.** 0 **b.** não   **3.89** 0,5 **3.91 a.** 0, 0,2, 0,9, 1, 0,7, 0,3, 0,4, 0   **3.93 a.** 720 **b.** 10 **c.** 10 **d.** 20 **e.** 1 **3.95** $3/650 = 0,0046$ **3.97 a.** falso **b.** verdadeiro **c.** verdadeiro **d.** falso   **3.99 a.** $B \cap C$ **b.** A^c **c.** $C \cup B$ **d.** $A \cap C^c$
3.101 b. 0,95 **c.** 0,25 **d.** 0,5   **3.103 a.** 0,5 **b.** 0,034 **c.** 0,058   **3.105 a.** 0,00000625 **b.** 0,0135 **c.** validade dupla da alegação do fabricante **d.** não   **3.107** 0,801 **3.109 a.** 0,006 **b.** 0,012 **c.** 0,018   **3.111 a.** 0,006 **b.** 0,0022 **c.** 0,4133 **d.** 0,3601 **e.** Não   **3.113** 0,79   **3.115 a.** 0,7127
b. 0,2873   **3.117 a.** 10/35 **b.** 20/35 **c.** 5/35
3.119 0,526   **3.121 a.** 0,0362 **b.** 0,0352   **3.123** Marilyn

Capítulo 4

4.1 a. discreta **b.** contínua **c.** contínua **d.** discreta **e.** discreta   **4.3** discreta   **4.5** discreta   **4.11 a.** $p(x) = 1/6$ para todos os valores de x **4.13 a.** 0,25 **b.** 0,40
c. 0,75   **4.15 b.** 1/8 **d.** 1/2   **4.17 a.** $\mu = 0$, $\sigma^2 = 2,94$, $\sigma = 1,72$ **c.** 0,96   **4.19 a.** $p(1) = 0$, $p(2) = 0,0408$, $p(3) = 0,1735$, $p(4) = 0,6020$, $p(5) = 0,1837$ **b.** 0,1837 **c.** 0,0408 **d.** 3,93   **4.21 a.** sim **b.** 0,06 **c.** 0,28 **d.** 0,82 **4.23 a.** 0,508 **b.** 0,391 **c.** 0,094 **d.** 0,007   **4.25 a.** 0,23 **b.** 0,0809
c. 0,77   **4.27 b.** 0,85 **c.** 0,6, 0, 0, 0, 0,7 **d.** a_1: 2,4; a_2: 1,5; $a_3 - a_5$: 0,90; a_6: 1,65 **e.** a_1: 0,86, (0,68, 4,12); a_2: 0,67, (0,16, 2,84); $a_3 - a_5$: 0,3, (0,3, 1,5); a_6: 0,57, (0,51, 2,79)
4.29 a. $P(\$300.000) = 0,3$ $p(\$0) = 0,7$ **b.** $90.000
4.31 a. $p(x) = 0,05$ para todos os valores de x **b.** 52,5 **c.** (–5,16, 110,16) **f.** 33,25, 33,36 **g.** 0,525 **i.** 0,20

j. 0,65   **4.33** $0,25 **4.35 a.** 15 **b.** 10 **c.** 1 **d.** 1 **e.** 4
4.37 a. 0,4096 **b.** 0,3456 **c.** 0,027 **d.** 0,0081 **e.** 0,3456 **f.**
0,027   **4.39 a.** 12,5, 6,25, 2,5 **b.** 16, 12,8, 3,578 **c.** 60,
24, 4,899 **d.** 63, 6,3, 2,510 **e.** 48, 9,6, 3,098 **f.** 40, 38,4,
6,197   **4.41 a.** 0,5 **b.** 0,1 **c.** 0,9   **4.43 a.** 54 **b.** 0,0806,
0,1056   **4.45 b.** $n = 20$, $p = 0,8$ **c.** 0,175 **d.** 0,804 **e.**
16   **4.47 a.** 0,054 **b.** em 2020, mais de 9% das pontes de
Denver terão uma classificação de 4 ou abaixo   **4.49 a.**
0,015, 0,030 **b.** 0,0706, 0,0022
c. 0,1328, 0,0085 **d.** 0,9129   **4.51 a.** $\mu = 480$, $\sigma = 13,86$
b. não, $z = -5,77$ **4.53 b.** $\mu = 2,4$, $\sigma = 1,47$ **c.** $p = 0,90$, $q =$
0,10, $n = 24$, $\mu = 21,60$, $\sigma = 1,47$ **4.55 a.** discreta
b. Poisson **d.** $\mu = 3$, $\sigma = 1,73$ **4.57 a.** 0,920 **b.** 0,677
c. 0,423 **d.** diminui   **4.59 a.** 0,125 **b.** 5   **4.61 a.** 0,301
b. 0,361 **c.** $\mu = 1,2$, $\sigma = 1,095$ **4.63 a.** 2 **b.** não, $P(x > 10)$
$= 0,003$ **4.65 a.** 0,6083 **c.** não, $P(x > 2) = 0,0064$; sim,
$P(x < 1) = 0,6907$ **4.67** $\approx 0,0498$ **4.69 a.** $f(x) = 0,04$
$(20 \le x \le 45)$, se não 0 **b.** 32,5, 7,22   **4.71 a.** $f(x) = \frac{1}{4}$
$(3 \le x \le 7)$, se não 0 **b.** 5, 1,155   **4.73 a.** 0 **b.** 1 **c.** 1 **4.75**
a. 0,133; 0,571 **b.** 0,267; 0   **4.77** sim   **4.79 a.** contínua **c.**
7, 0,2887 (6,422, 7,577) **d.** 0,5 **e.** 0 **f.** 0,75
g. 0,0002   **4.81 a.** 10 **b.** 0,05 **c.** possivelmente não
verdadeiro   **4.83** 0,4444   **4.85 a.** 0,0721 **b.** 0,0594
c. 0,2434 **d.** 0,3457 **e.** 0,5 **f.** 0,9233   **4.87 a.** 0,6826
b. 0,9500 **c.** 0,90 **d.** 0,9544 **4.89 a.** –0,81 **b.** 0,55 **c.** 1,43
d. 0,21 **e.** –2,05 **f.** 0,50   **4.91 a.** –2,5 **b.** 0 **c.** –0,625
d. –3,75 **e.** 1,25 **f.** –1,25   **4.93 a.** 0,3830 **b.** 0,3023
c. 0,1525 **d.** 0,7333 **e.** 0,1314 **f.** 0,9545   **4.95 a.** 0,9544
b. 0,0918 **c.** 0,0228 **d.** 0,8607 **e.** 0,0927 **f.** 0,7049
4.97 a. 0,1442 **b.** 0,2960 **c.** 0,0023 **d.** 0,9706
4.99 a. 0,3755 **b.** 0,1969 **c.** 0,9693 **d.** 0,9292
4.101 a. 0,8413 **b.** 0,7528   **4.103 a.** 0,3050, 0,1020
b. 0,6879, 0,8925 **c.** 0,003   **4.105 a.** 25,14%
b. 90,375   **4.107 a.** Ação XYZ **b.** ABC: $105; XYZ: $107
c. ABC: 0,0475; XYZ: 0,0808; ABC   **4.109** 5,068
4.111 a. 0,68 **b.** 0,95 **c.** 1,00   **4.113** Gráfico c
4.115 a. 6 **b.** 5,275 **c.** IQR/s = 1,14   **4.117** não
4.119 IQR/s = 1,3   **4.121** $z = -0,75$ para o valor mínimo
de 128 **4.123 a.** não **b.** sim **c.** não **d.** sim **e.** sim **f.**
sim   **4.125 a.** 0,1788 **b.** 0,5236 **c.** 0,6950
4.127 a. 40 **b.** 5,67 **c.** 1,86 **d.** 0,9686   **4.129** 0,0537   **4.131**
0,1762 **4.133** 0,2676; não   **4.135 b.** Público : 0,1841, 0;
Privado: 0,6915, 0   **4.137 c.** 1/16   **4.139 c.** 0,05
d. não   **4.145 a.** 100, 5 **b.** 100, 2 **c.** 100, 1 **d.** 100, 1,414
e. 100, 0,447 **f.** 100, 0,316   **4.147 a.** 2,9, 3,29,
1,814   **4.149 a.** 0,0228 **b.** 0,0668 **c.** 0,0062 **d.** 0,8185 **e.**
0,0013   **4.151 a.** 0,8944 **b.** 0,0228 **c.** 0,1292 **d.** 0,9699
4.153 a. 141 **b.** 1,8 **c.** aproximadamente normal **d.** 0,56
e. 0,2877   **4.155** 0,0838 **4.157 a.** aproximadamente
normal com $\mu_{\bar{x}} = 0,53$ e $\sigma_{\bar{x}} = 0,0273$ **b.** 0,0336 **c.** antes:
$P(\bar{x} \ge 0,59) = 0,139$; depois: $P(\bar{x} \ge 0,59) = 0,3557$;
depois da tensão   **4.159 a.** aproximadamente normal
b. 0,0322 **c.** 0,8925 **d.** 19,1 **e.** Menos que 19,1   **4.161 a.**
aproximadamente normal **b.** 0,0091 **c.** 0,9544
4.163 Luvas de borracha: $P(\bar{x} \le 30 \mid \mu = 35) = 0,2743$;
Lavagem de mão: $P(\bar{x} \le 30 \mid \mu = 69) = 0,0047$; luva de
borracha   **4.165 a.** 0,2734 **b.** 0,4096 **c.** 0,3432   **4.167 a.**
0,192 **b.** 0,228 **c.** 0,772 **d.** 0,987 **e.** 0,960 **f.** 14, 4,2, 2,049
g. 0,975   **4.169 a.** discreta **b.** contínua **c.** contínua
d. contínua   **4.171 a.** 0,9821 **b.** 0,0179 **c.** 0,9505 **d.**
0,3243 **e.** 0,9107 **f.** 0,0764   **4.173 a.** 0,6915 **b.** 0,1587
c. 0,1915 **d.** 0,3085 **e.** 0 **f.** 1   **4.175 a.** 47,68 **b.** 47,68 **c.**
30,13 **d.** 41,5 **e.** 30,13   **4.177 a.** 0,5 **b.** 0,0606 **c.** 0,0985 **d.**
0,8436   **4.181 b.** 0,2592 **c.** 0,0870 **d.** 0,6826 **e.** 3,00   **4.183**
a. $12.500 **b.** 0,6 **c.** $14.000 **4.185 a.** nada sobre forma **b.**
aproximadamente normal **c.** 0,2843 **d.** 0,1292   **4.187** $z =$
$-1,71$ para valor mínimo de 0   **4.189 b.** 20, 4,47 **c.** não,
$z = -3,55$ **d.** 0   **4.191** não   **4.193 a.** 0,8264 **b.** 17 vezes
c. 0,6217 **d.** 0, –157   **4.195 a.** 1,25, 1,09; não **b.** 0,007
c. não aplicável   **4.197** 292   **4.199** 0,9332   **4.201** $\bar{x} =$
5,935 minutos; $P(\bar{x} < 6 \mid \mu = 15) \approx 0$, assim, parece que a
droga é efetiva.

Capítulo 5

5.1 a. 1,645 **b.** 2,58 **c.** 1,96 **d.** 1,28   **5.3 a.** 28 ± 0,784 **b.**
102 ± 0,65 **c.** 15 ± 0,0588 **d.** 4,05 ± 0,163 **e.** Não   **5.5 a.**
26,2 ± 0,96 **b.** Na amostragem repetida, 95% de todos
os intervalos de confiança construídos irão incluir μ.
c. 26,2 ± 1,26 **d.** aumenta **e.** sim **5.9** sim   **5.11 a.** $\mu =$
salário médio de todos os 500 CEOs **c.** $\bar{x} = 15,29$, $s =$
16,22 **d.** 15,29 ± 5,92 **e.** $\mu = 10,93$ **5.13 a.** (141,2, 141,5)
c. amostra aleatória   **5.15 a.** (12,43, 25,57) **b.** (2,05, 11,95)
c. SAT–Matemática   **5.17 a.** 66,83 ± 6,17 **c.** 45,31 ±
4,15   **5.19 a.** μ_Y: 4,17 ± 0,095; μ_{MA}: 4,04 ± 0,057; μ_O: 4,31
± 0,062 **b.** mais provável   **5.21 a.** $z_{0,10} = 1,28$, $t_{0,10} = 1,533$
b. $z_{0,05} = 1,645$, $t_{0,05} = 2,132$ **c.** $z_{0,025} = 1,96$, $t_{0,025} = 2,776$ **d.**
$z_{0,01} = 2,33$, $t_{0,01} = 3,747$ **e.** $z_{0,005} = 2,575$, $t_{0,005} = 4,604$ **5.23**
a. 2,228 **b.** 2,228 **c.** –1,812 **d.** 1,725 **e.** 4,032   **5.25 a.** 5 ±
1,88 **b.** 5 ± 2,39 **c.** 5 ± 3,75 **d.** 5 ± 0,78, 5 ± 0,94, 5 ± 1,28;
largura diminuída   **5.27** (71,67, 79,13)   **5.29 a.** 2,886
± 4,034 **b.** 0,408 ± 0,256   **5.31 a.** (–2.237,61, 12.108,44)
b. normalmente distribuída   **5.33 a.** (303,3, 413,6) **c.**
aproximadamente normal **d.** não   **5.35 a.** todas as
339 firmas na lista das Maiores Empresas Privadas da
Forbes **b.** (1,26, 4,32) **d.** aprox. normal **e.** sim
5.37 a. sim **b.** não **c.** não **d.** não   **5.39 a.** sim **b.** 46 ±
0,065   **5.41 a.** 0,46 **b.** (0,433, 0,487) **c.** 90% confiante
de que a verdadeira proporção de empreiteiros que
têm um Web site fica entre 0,433 e 0,487 **d.** 90% de
todos os intervalos similarmente construídos irão
conter as verdadeiras proporções   **5.43 a.** 0,03 **b.** 0,03
± 0,01   **5.45 a.** todos os consumidores em Muncie,
Indiana **b.** crença em se "Made in the USA" significa
100% **c.** 0,604 ± 0,078
5.47 b. 0,29 ± 0,028   **5.49 a.** 0,867 **b.** (0,781, 0,953)
d. não crível   **5.51** 0,85 ± 0,0012   **5.53 a.** 68 **b.** 31
5.55 34   **5.57 a.** 0,98, 0,784, 0,56, 0,392, 0,196
5.59 21   **5.61** 1.692   **5.63** 14.735   **5.65** 43; 171; 385
5.67 não   **5.69 a.** 0,7746 **b.** 0,8944 **c.** 0,9487 **d.**
0,995   **5.71 a.** 1,00 **b.** 0,6124 **c.** 0 **d.** à medida que n

aumenta, o desvio padrão diminui **5.73** 0,42 ± 0,021 **5.75 a.** 36,03 ± 3,40 **b.** 0,7 ± 0,16 **5.77** 0,694 ± 0,092 **5.79 a.** 156,46 **b.** 18,70 **c.** 156,46 ± 37,405 **d.** não razoável **5.81** Não; 0,086 ± 0,041 **5.83 a.** −1,725 **b.** 3,250 **c.** 1,860 **d.** 2,898 **5.85 a.** 32,5 ± 5,15 **b.** 23.871   **5.87** (1) p = proporção com excelente saúde; (2),(3) e (4) μ = número médio de dias em que a saúde não estava boa **5.89 a.** 0,24 **b.** 0,24 ± 0,118   **5.91 a.** 329 **b.** 61 **c.** 61 **5.93** 184,99 ± 133,93   **5.95** 0,667 ± 0,065   **5.97 a.** 49,3 ± 8,6 **b.** 99% **confiante de que a quantidade média removida de todos os espécimes de solo usando o veneno está entre 40,70% e 57,90% c. distribuição normal d. possível**   **5.99 a.** homens: 7,4 ± 0,979; mulheres: 4,5 ± 0,755 **b.** homens: 9,3 ± 1,185; mulheres: 6,6 ± 1,138   **5.101 a.** 0,833 ± 0,149 **b.** não **c.** 1.337 **5.105** 154   **5.107** 818

Capítulo 6

6.1 nula; alternativa   **6.3** α **6.5** Rejeitar H_0 quando H_0 é verdadeira; aceitar H_0 quando H_0 é verdadeira; Rejeitar H_0 quando H_0 é falsa; aceitar H_0 quando H_0 é falsa   **6.7** não   **6.9** $H_0: p = 0{,}045; H_a: p < 0{,}045$
6.11 $H_0: \mu = 863; H_a: \mu < 863$ **6.13 a.** não seguro; seguro **c.** α **6.15 c.** α **e.** Diminui **f.** aumenta **6.17 g.** 0,025, 0,05, 0,005, 0,10, 0,10, 0,01   **6.19 a.** $z = 1{,}67$, rejeitar H_0 **b.** $z = 1{,}67$ não rejeitar H_0 **6.21 a.** $z < -2{,}33$ **b.** $z = -0{,}40$ **c.** não rejeitar H_0 **6.23 a.** $z > 2{,}33$ **b.** $z = 23{,}31$ **c.** rejeitar H_0 **6.25 a.** $H_0: \mu = 0{,}250$, $H_a: \mu \neq 0{,}250$ **b.** sim, $z = 7{,}02$ **6.27** $z = -1{,}86$, não rejeitar H_0 **6.29 a.** não **b.** $z = 0{,}61$, não rejeitar H_0 **d.** não **e.** $z = -0{,}83$, não rejeitar H_0 **6.31 a.** $z = 2{,}73$, rejeitar H_0 **c.** não   **6.33 a.** não rejeitar H_0 **b.** rejeitar H_0 **c.** rejeitar H_0 **d.** não rejeitar H_0 **e.** não rejeitar H_0 **6.35** 0,0150   **6.37** 0,03 **6.39** 0,06   **6.41 a.** 0,057 **b.** não rejeitar H_0 **6.43 a.** 0,0693 **b.** não rejeitar H_0 **6.45 a.** $H_0: \mu = 16{,}5$, $H_a: \mu > 16{,}5$ **b.** 0,0681   **6.47 a.** pequeno n, dados normais **b.** formato de sino e simétrica; t é mais plano que z **6.49 a.** $|t| > 2{,}160$ **b.** $t > 2{,}500$ **c.** $t > 1{,}397$ **d.** $t < -2{,}718$ **e.** $|t| > 1{,}729$ **f.** $t < -2{,}353$ **6.51 a.** população é normalmente distribuída **b.** rejeitar H_0 a $\alpha = 0{,}05$ **c.** 0,076   **6.53 a.** $H_0: \mu = 2$, $H_a: \mu \neq 2$ **b.** $t = -1{,}02$ **c.** $|t| > 2{,}093$ **d.** não rejeitar H_0 **e.** 0,322   **6.55** valor $p = 0{,}257$, não rejeitar H_0 **6.57** sim, $t = -2{,}53$ **6.59** não, $t = 2{,}97$ **6.61 a.** sim **b.** não **c.** não **d.** não **e.** não   **6.63 a.** −2,33 **c.** rejeitar H_0 **d.** 0,0099   **6.65 a.** $z = 1{,}13$, não rejeitar H_0 **b.** 0,1292   **6.67 a.** 0,52 **b.** $H_0: p = 0{,}62$, $H_a: p \neq 0{,}62$ **c.** $z = -5{,}16$ **d.** $|z| > 1{,}96$ **e.** rejeitar H_0 **f.** ≈ 0 **6.69 a.** $H_0: p = 0{,}5$, $H_a: p < 0{,}5$ **b.** 0,231 **c.** não rejeitar H_0 **6.71 a.** não, $z = 1{,}49$ **b.** 0,0681   **6.73** $z = 15{,}47$, rejeitar $H_0: p = 0{,}167$ **6.75** $z = 1{,}20$, não rejeitar H_0 **6.77 b.** 532,9 **d.** 0,1949 **e.** 0,8051   **6.79 c.** 0,1469 **d.** 0,8531   **6.81 c.** 0,5359 **d.** 0,0409   **6.83 a.** 0,1949, erro Tipo II **b.** 0,05, erro Tipo I **c.** 0,8051   **6.85** 0,1075   **6.87 a.** $\chi^2 < 6{,}26214$ ou $\chi^2 > 27{,}4884$ **b.** $\chi^2 > 40{,}2894$ **c.** $\chi^2 > 21{,}0642$ **d.** $\chi^2 < 3{,}57056$

e. $\chi^2 < 1{,}63539$ ou $\chi^2 > 12{,}5916$ **f.** $\chi^2 < 13{,}8484$
6.89 a. $\chi^2 = 479{,}16$, rejeitar H_0 **6.91 a.** $\chi^2 < 24{,}3$ ou $\chi^2 > 73{,}1$ **b.** $\chi^2 = 63{,}72$ **c.** não rejeitar H_0
6.93 a. $H_0: \sigma^2 = 0{,}000004$, $H_a: \sigma^2 \neq 0{,}000004$ **b.** $\chi^2 = 48{,}49$, não rejeitar H_0 **c.** peso dos Ts aproximadamente normal **6.95** a $\alpha = 0{,}05$, sim; $\chi^2 = 133{,}90$ **6.97 b.** 1,76 **c.** sim; $\chi^2 = 99$ **6.99** alternativa   **6.101** grande   **6.103 a.** $t = -7{,}51$, rejeitar H_0 **b.** $t = -7{,}51$, rejeitar H_0 **6.105 a.** $z = -1{,}78$, rejeitar H_0 **b.** $z = -1{,}78$, não rejeitar H_0 **6.107 a.** $\chi^2 = 63{,}48$, rejeitar H_0 **b.** $\chi^2 = 63{,}48$, rejeitar H_0 **6.109 a.** $z = -2{,}22$, não rejeitar H_0 **b.** 0,0132   **6.111 a.** $H_0: \mu = 1$, $H_a: \mu > 1$ **b.** rejeitar H_0 se $t > 1{,}345$ **d.** $t = 2{,}41$ **e.** 0,01 < valor p < 0,025, rejeitar H_0 **f.** $\chi^2 = 12{,}78$, não rejeitar H_0 **6.113 a.** $t = 0{,}41$, não rejeitar H_0 **b.** sim **6.115 a.** H_0: Sem doença, H_a: doença   **6.117 a.** $H_0: \mu = 16$, $H_a: \mu < 16$ **b.** $z = -4{,}31$, rejeitar H_0 **6.119 a.** $z = 12{,}97$, rejeitar $H_0: p = 0{,}5$ **b.** 0 **c.** 0,6844   **6.121 a.** a porcentagem de ladrões entregues à polícia é 50% quando, de fato, a porcentagem é maior que 50% **b.** 0,8461 **c.** diminui   **6.123 a.** não, $z = 1{,}41$ **b.** pequeno **c.** 0,0793   **6.125 a.** não **b.** $\beta = 0{,}5910$, poder = 0,4090 **c.** aumenta   **6.127 a.** $z = -1{,}29$, não rejeitar H_0 **b.** 0,0985   **6.129 a.** $z = 2{,}73$, rejeitar H_0

Capítulo 7

7.1 a. 150 ± 6 **b.** 150 ± 8 **c.** 0; 5 **d.** 0 ± 10 **e.** variabilidade da diferença é maior   **7.3 a.** 35 ± 24,5 **b.** $z = 2{,}8$, valor $p = 0{,}0052$, rejeitar H_0 **c.** valor $p = 0{,}0026$
d. $z = 0{,}8$, valor $p = 0{,}4238$, não rejeitar H_0 **e.** amostras aleatórias independentes   **7.5 a.** não **b.** não **c.** não **d.** sim **e.** não   **7.7 a.** 0,5989 **b.** sim, $t = -2{,}39$ **c.** −1,24 ± 0,98 **d.** intervalo de confiança   **7.9 a.** não rejeitar H_0 **b.** 0,0575   **7.11 a.** $t = -1{,}646$, não rejeitar H_0. −2,50 ± 3,12 **7.13 a.** $H_0: \mu_1 - \mu_2 = 0$, $H_a: \mu_1 - \mu_2 \neq 0$ **b.** $t = 0{,}62$ **c.** $|t| > 1{,}684$ **d.** não rejeitar H_0 **e.** não rejeitar H_0 **f.** amostras aleatórias independentes, ambas as populações normais, $\sigma_1^2 = \sigma_2^2$ **7.15 a.** sim **b.** $z = 4{,}58$, rejeitar H_0 **7.17 a.** $t = 1{,}56$, não rejeitar $H_0: \mu_T = \mu_I$ **b.** $t = -0{,}5$, não rejeitar H_0, $\mu_W = \mu_I$ **c.** sem diferenças   **7.19 a.** $H_0: \mu_1 = \mu_2$, $H_a: \mu_1 \neq \mu_2$ **b.** $z = 7{,}17$, rejeitar H_0 **c.** 0,51 ± 0,14 **7.21 a.** sim, $t = 1{,}9557$ **c.** 0,0579 **d.** −7,4 ± 6,38 **7.23 a.** não, $t = -1{,}22$ **b.** sim, $t = -4{,}20$ **7.25 a.** $t > 1{,}796$ **b.** $t > 1{,}319$ **c.** $t > 3{,}182$ **d.** $t > 2{,}375$ **7.27 a.** $H_0: \mu_d = 0$, $H_a: \mu_d < 0$ **b.** $t = -5{,}29$, valor $p = 0{,}0002$, rejeitar H_0 **c.** (−4,98, −2,42) **d.** população de diferenças é normal   **7.29 a.** $z = 1{,}79$, não rejeitar H_0 **b.** 0,0734 **c.** não   **7.31 b.** $H_0: \mu_d = 0$, $H_a: \mu_d \neq 0$ **c.** não rejeitar H_0 **7.33** (0,036, 0,224); código de Huffman   **7.35 a.** sim, $t = 2{,}864$ **7.37 a.** $H_0: \mu_d = 0$, $H_a: \mu_d \neq 0$ **b.** $t = 5{,}76$, rejeitar H_0 **c.** sim **7.39 t** = 0,46, valor $p = 065$, não rejeitar H_0 **7.41 a.** distribuições binomiais **b.** distribuição é aproximadamente normal para grandes n's   **7.43 a.** não **b.** não **c.** não **d.** não **e.** não **7.45 a.** $z = -4{,}02$, rejeitar H_0 **b.** $z = -4{,}02$, rejeitar H_0 **c.** $z = -4{,}02$, rejeitar H_0 **7.47 a.** 0,153 **b.** 0,215 **c.** (−0,132, 0,008) **d.** sem evidência de uma diferença   **7.49 a.** $p_1 - p_2$ **b.** $H_0: p_1 - p_2 = 0$, $H_a: p_1 - p_2 \neq 0$ **c.** $z - 5{,}16$

d. $|z| > 2,58$ e. sim f. rejeitar H_0 7.51 a. $z = 94,35$, rejeitar H_0 b. $(-0,155, -0,123)$ 7.53 a. sim, $z = -2,79$ b. sim; $-0,011 \pm 0,010$ 7.55 sim, $z = -2,25$ 7.57 a. 500, 46 b. amostra pode não ser representativa 7.59 34 7.61 a. 29.954 b. 2.165 c. 1.113 7.63 13.531 para cada pesquisa 7.65 1.729 7.67 542 7.69 a. 4,10 b. 3,57 c. 8,81 d. 3,21 7.71 a. $F > 1,74$ b. $F > 2,04$ c. $F > 2,35$ d. $F > 2,78$ 7.73 a. $F > 2,11$ b. $F > 3,01$ c. $F > 2,04$ d. $F > 2,30$ e. $F > 3,94$ 7.75 a. $F = 4,29$, não rejeitar H_0 b. $0,05 <$ valor $p < 0,10$ 7.77 a. $H_0 : \sigma_M^2 = \sigma_F^2, H_a : \sigma_M^2 < \sigma_F^2$ b. 1,06 c. $F > 1,26$ d. valor $p > 0,10$ e. não rejeitar H_0 7.79 a. não, $F = 2,27$ b. $0,05 <$ valor $p < 0,10$ 7.81 a. sim, $F = 8,29$ b. não 7.83 $F = 1,20$, rejeitar H_0 7.85 a. $t = 0,78$, não rejeitar H_0 b. $2,50 \pm 8,99$ c. 225 7.87 a. $3,90 \pm 0,31$ b. $z = 20,60$, rejeitar H_0 c. 346 7.89 a. $t = 5,73$, rejeitar H_0 b. $3,8 \pm 1,84$ 7.91 a. $\mu_1 - \mu_2$ b. $p_1 - p_2$ c. μ_d 7.93 a. $2,9 \pm 1,63$ b. $2,7 \pm 2,16$ 7.95 a. $H_0 : \mu_1 - \mu_2 = 0$ b. $z = -7,69$, rejeitar H_0 7.97 a. $H_0: \mu_1 = \mu_2, H_a : \mu_1 \neq \mu_2$ b. rejeitar H_0 c. não rejeitar H_0 d. sem diferença prática 7.99 443 7.101 $0,0308 \pm 0,0341$ 7.103 a. sim b. $t = 19,72$, rejeitar H_0 c. $F = 7,03$, rejeitar H_0 d. não válido 7.105 $t = 0,29$, não rejeitar H_0: $\mu_1 = \mu_2$ 7.107 a. 22,45 c. $z = 9,08$, rejeitar H_0 7.109 4.802 7.111 a. $p_1 - p_2$ 7.113 Aad: não, a $\alpha = 0,05$, Ab: sim, a $\alpha = 0,05$; Intenção: não, a $\alpha = 0,05$ 7.115 sim; 95% de intervalo de confiança para μ_d: $(-242,29, -106,96)$

Capítulo 8

8.1 A, B, C, D **8.5 a.** observacional **b.** desenHado **c.** observacional **d.** observacional **e.** observacional **8.7 a.** idade **b.** fumantes **c.** método screening **d.** TC e raios X **8.9 a.** 4 **b.** (Entre lojas, casa), (Entre lojas, dentro da loja), (Entre lojas, casa), (Entre lojas, dentro da loja) **8.11 a.** estudante **b.** sim **c.** notas e grupo de estudo **d.** classe: baixa, média, alta; estudo: sessão de revisão, teste prático **e.** 6 **f.** pontuação em exame final **8.13 a.** tempo de dissolução **b.** agente ativo (goma, PVP); concentração do agente (0,5%, 4%); densidade relativa (baixa, alta) **c.** 8; (goma/0,5/baixa), (goma/0,5/alta), (goma/4/baixa), (goma/4/alta), (PVP/0,5/baixa), (PVP/0,5/alta), (PVP/4/baixa), (PVP/4/alta) **8.15 a.** 0,95 **b.** 0,01 **c.** 0,05 **d.** 0,90 **8.17 a.** $MSE_a = 2$, $MSE_b = 14,4$ **b.** $t_a = -6,12$, $F_a = 37,5$; $t_b = -2,28$, $F_b = 5,21$ **c.** $|t| > 2,228$, $F > 4,96$ **d.** rejeitar H_0; rejeitar H_0 **8.19 a.** $F = 1,5$, não rejeitar H_0 **b.** $F = 6$, rejeitar H_0 **c.** $F = 24$, rejeitar H_0 **d.** aumenta **8.21 a.**

Fonte	GL	SQ	MQ	F
Tratamentos	2	12,30	6,15	2,93
Erro	9	18,89	2,10	
Total	11	31,19		

b. não rejeitar H_0 **8.23 a.** adultos **b.** pontuação de recall **c.** grupo de visualização; V, S e Neutro **d.** nenhuma medição de variação **e.** $F = 20,45$, valor $p \approx 0$ **f.** rejeitar H_0; grupos diferem **8.25 a.** $H_0 : \mu_1 = \mu_2 = \mu_3 = \mu_4$ **b. nenhuma medida de confiabilidade c.** $F = 2,50$, valor $p = 0,071$; rejeitar H_0 **d.** premissa de variâncias iguais não satisfeita **8.27** $F = 3,90$, rejeitar H_0 **8.29 a.** sim, $F = 76,88$ **b.** sim, $F = 28,83$ **c.** não, $F = 1,22$ **d.** premissas violadas para DDT **8.31 a.** $H_0 : \mu_1 = \mu_2 = \mu_3 = \mu_4 = \mu_5 = \mu_6$ **b.** não **d.** desenhado **8.33 a.** 3 **b.** 10 **c.** 6 **d.** 45 **8.35** P(erro Tipo I) para uma comparação simples **8.37** $\mu_I (\mu_{II}, \mu_{III})$ **8.39 b.** não **c.** sim **d.** não **e.** $\mu_{grande} > \mu_{pequeno}$; sem outras diferenças significantes **f.** 95% de confiança **8.41 a.** 3 **b.** $(-0,923, 0,183)$; sem diferença significante **c.** neutro **d.** sim **8.43** Comprimento: $\mu_{LMB} < (\mu_{CC}, \mu_{SMB})$; Peso: $\mu_{LMB} < \mu_{CC} < \mu_{SMB}$ **8.45** $\mu_{NC} > (\mu_{AC}, \mu_{EO})$; $\mu_{IE} > \mu_{EO}$ **8.47 a.**

Fonte	GL	SQ	MQ	F
Tratamentos	2	21,5555	10,7778	5,54
Blocos	2	0,8889	0,4445	0,23
Erro	4	7,7778	1,9445	
Total	8	30,2222		

b. $H_0 : \mu_1 = \mu_2 = \mu_3$ **c.** $F = 5,54$ **e.** não rejeitar H_0 **8.49 a.** $F = 3,20$; $F = 1,80$ **b.** $F = 13,33$; $F = 2,00$ **c.** $F = 5,33$; $F = 5,00$ **d.** $F = 16,00$; $F = 6,00$ **e.** $F = 2,67$; $F = 1,00$ **8.51 b.** Califórnia, Utah, Alasca **c.** Nov 2000, Out 2001, Nov 2001 **d.** $H_0 : \mu_{CAL} = \mu_{UT} = \mu_{AL}$ **e.** $F = 38,07$, valor $p = 0,002$ **f.** Califórnia **8.53 b.** gl(Semana) = 5, MS(entrada) = 296,25, F(entrada) = 39,87 **c.** sim, valor $p = 0$ **d.** $(\mu_{FH}, \mu_{FL}) > (\mu_{IH}, \mu_{IL}) > \mu_C$ **8.55** $F = 2,00$, falha para rejeitar $H_0 : \mu_M = \mu_T = \mu_W = \mu_R = \mu_F$ **8.57** sim, $F = 34,12$; S4 e S1 **8.59 a.**

Fonte	GL	SQ	MQ	F
A	2	0,8	0,4	3,69
B	3	5,3	1,7667	16,31
AB	6	9,6	1,6	14,77
Erro	12	1,3	0,1083	
Total	23	17,00		

b. $SQA + SQB + SQAB$; sim, $F = 13,18$ **c.** sim **e.** $F = 14,77$, rejeitar H_0 **f.** não **8.61 a.** (1,1), (1,2), (1,3), (2,1), (2,2), (2,3) **b.** sim, $F = 21,62$ **c.** sim; $F = 36,62$, rejeitar H_0 **d.** não **8.63 a.** $F(AB) = 0,75$, $F(A) = 3,00$, $F(B) = 1,50$ **b.** $F(AB) = 7,50$, $F(A) = 3,00$, $F(B) = 3,00$ **c.** $F(AB) = 3,00$,

$F(A) = 12,00$, $F(B) = 3,00$ **d.** $F(AB) = 4,50$, $F(A) = 36,00$, $F(B) = 36,00$ **8.65 a.** desenho fatorial completo 6 x 6 **b.** Fatores: Coagulante (5, 10, 20, 50, 100 e 200), nível de pH (4,0, 5,0, 6,0, 7,0, 8,0 e 9,0); 6 × 6 = 36 tratamentos   **8.67 a.** 2 × 2 fatorial; fatores: cor e questão; tratamentos: (vermelho/simples), (vermelho/difícil), (azul/simples), (azul/difícil) **b.** diferença entre exames vermelho e azul depende da **dificuldade da questão**
8.69 a. desenho fatorial completo 6 x 5 **b.** cilindros (6 níveis) e tacos (5 níveis) **c.** 30 **d.**

Fonte	GL	SQ	MQ	F
B	4	62,444	15,611	8,31
C	5	55,789	11,158	5,94
BC	20	48,489	2,424	1,29
Erro	60	112,667	1,878	
Total	89	279,389		

f. $F = 1,29$, nenhuma evidência de interação BC **g.** $F = 8,31$, evidência do efeito principal B; $F = 5,94$, evidência do efeito principal C   **8.71** sim
8.77 a.

Fonte	GL	SQ	MQ	F
Tratamento	3	11,334	3,778	157,42
Bloco	4	10,688	2,672	111,33
Erro	12	0,288	0,024	
Total	19	22,310		

b. sim, $F = 157,42$ **c.** sim, 6 **d.** sim, $F = 111,33$ **8.79 b.** sim **c.** não **8.81 a.** bloco aleatório **b.** unidades experimentais: comércio eletrônico/empresas baseadas na internet; resposta: taxa de retorno; tratamentos: empresas eletrônicas, software de internet/serviço, hardware de internet e comunicação de internet; blocos: 1 ano, 3 anos e 5 anos **8.83 a.** sim, $F = 30,4$ **b.** $\mu_A > (\mu_B, \mu_C, \mu_D)$; $\mu_B > \mu_D$ **8.85 a.** não, $F = 0,74$ **b.** sem análise de follow-up necessária **8.87 a.** qualidade **b.** temperatura e pressão **c.** 3 × 5 = 15 combinações de temperatura e pressão **d.** ingots de aço **8.89 a.** aleatório completo; 5 níveis de educação **b.** $F = 3,298$, rejeitar H_0 **c.** $\mu_P > (\mu_{CG}, \mu_{HS}, \mu_{SC}, \mu_{NH})$ **8.91 a.** 2 × 2 fatoriais **b.** sim, $F = 12,29$ **c.** Interação: $F = 0,02$, não rejeitar H_0; Agenda: $F = 7,37$, rejeitar H_0; Pagamento: $F = 29,47$, rejeitar H_0 **8.93 a.** experimento fatorial 2 × 2 **b.** fatores: tipo de tenda e localização; 4 tratamentos: (tratado/dentro), (tratado/fora), (não tratado/dentro) e (não tratado/fora) **c.** número de picadas de mosquitos recebidas em um intervalo de 20 minutos **8.95** $F = 1,77$, sem evidência de interação; $F = 2,17$, sem evidência de efeito principal de Classe; $F = 14,40$, evidência de efeito principal de Preparação

Capítulo 9

9.1 a. $\chi^2 > 5,99147$ **b.** $\chi^2 > 7,77944$ **c.** $\chi^2 > 11,3449$ **9.3** $E(n_i) \geq 5$ **9.5 a.** $\chi^2 = 3,293$ **c.** (0,226, 0,350) **9.7 a.** Níveis: 100%, 75–99%, 50–74%, menor que 50% **b.** 0,50, 0,25, 0,20, 0,05 **c.** $H_0 : p_1 = 0,5$, $p_2 = 0,25$, $p_3 = 0,20$, $p_4 = 0,05$ **d.** 4,68 **e.** $\chi^2 > 6,25139$ **f.** não rejeitar H_0 **g.** (0,526, 0,682) **9.9 a.** 107,2 **b.** $H_0 : p_1 = p_2 = \ldots p_{10} = 0,10$ **c.** 93,15 **d.** $\chi^2 > 14,6837$ **e.** rejeitar H_0
9.11 a. sim, $\chi^2 = 87,74$, valor $p = 0$ **b.** $0,539 \pm 0,047$ **9.13** sim, $\chi^2 = 8,04$ **9.15** $\chi^2 = 12,734$, não rejeitar H_0 **9.17 a.** H_0: classificação de linha e colunas são independentes **b.** $\chi^2 > 9,21034$ **c.** 14,37, 36,79, 44,84, 10,63, 27,21, 33,16 **d.** $\chi^2 = 8,71$, não rejeitar H_0 **9.19** $\chi^2 = 12,33$, rejeitar H_0 **9.21 a.** 0,163 **b.** 0,152 **c.** 0,090 **f.** $\chi^2 = 10,197$, valor $p = 0,006$, rejeitar H_0 **9.23 a.** 0,282; 0,511 **b.** 0,563; 0,368 **c.** 0,155; 0,121 **d.** sim **e.** $\chi^2 = 14,21$, rejeitar H_0 **f.** (–0,325, –0,133)   **9.25** não, $\chi^2 = 1,188$ **9.27** sim, $\chi^2 = 256,336$ **9.29** $\chi^2 = 12,47$, rejeitar H_0 **9.31 a.** $\chi^2 = 4,41$, rejeitar H_0 **b.** não **c.** 0,04378 **d.** 0,00571, 0,00027 **e.** 0,04976   **9.33 a.** não, $\chi^2 = 2,133$ **b.** $0,233 \pm 0,057$ **9.35 a.** $H_0 : p_1 = p_2 = p_3 = p_4 = 0,25$ **b.** $\chi^2 = 14,805$, rejeitar H_0 **c.** erro Tipo I: opiniões conclusivas de usuários da internet não são igualmente divididas entre as quatro categorias quando elas o são; erro Tipo II: opiniões conclusivas de usuários de internet são igualmente divididas entre as quatro categorias quando elas não o são   **9.37 a.** 0,901 **b.** 0,690 **d.** $\chi^2 = 48,19$, rejeitar H_0 **e.** $0,211 \pm 0,070$ **9.39 a.** $\chi^2 = 92,18$, rejeitar H_0 **b.** $\chi^2 = 65,31$, rejeitar H_0 **c.** $X^2 = 116,18$, rejeitar H_0 **d.** (0,52, 0,66)   **9.41** $\chi^2 = 16$, valor $p = 0,003$, rejeitar H_0
9.43 a.

	Comitê Aceita	Comitê Rejeita
Inspetor Aceita	101	23
Inspetor Rejeita	10	19

b. sim **c.** $\chi^2 = 26,035$, rejeitar H_0 **9.45 a.** sim, $\chi^2 = 880,52$ **c.** valor $p \approx 0$ **9.47** $\chi^2 = 36,32$, rejeitar H_0 **9.49 a.** 9,65 **b.** 11,0705 **c.** não **d.** $0,05 <$ valor $p < 0,10$

Capítulo 10

10.3 $\beta_1 = 1/3$, $\beta_0 = 14/3$, $y = 14/3 + 1/3x$ **10.9** não **10.11 a.** $\sum(y - \hat{y}) = 0$, SQE = 1,2204 **c.** SQE = 108,00 **10.13 b.** relação linear negativa **c.** 8,54, –0,994   **10.15 a.** $y = \beta_0 + \beta_1 x + \varepsilon$ **b.** $\hat{y} = -43,31 + 1,073x$ **10.17 a.** $\hat{y} = 7,21 + 35,92x$ **b.** intercepto y: sem interpretação prática; inclinação: para cada mudança na unidade na área de superfície para volume, taxa estimada de liberação da droga aumenta em 35,92 **c.** 25,17 **d.** não confiável; $x = 0,50$ é fora da área
10.19 a. $E(y) = \beta_0 + \beta_1 x$ **b.** $\hat{y} = 488,09 + 0,034x$ **d.** intercepto y: sem interpretação prática; inclinação:

para cada $1 milhão adicional de Patrimônio Líquido, quantia estimada aumentada em $0,034 milhão **10.21 b.** $\hat{y} = 569{,}58 - 0{,}0019x$ **e.** faixa de x: $15.100 a $70.000 **10.23 a.** sim, $\hat{y} = 5{,}221 - 0{,}114x$; diminui por 0,114 libra **10.25 a.** 0,3475 **b.** 1,179 **10.27** 10,10: SQE = 1,22, $s^2 = 0{,}244$, $s = 0{,}494$; 10,13: SQE = 5,713, $s^2 = 1{,}143$, $s = 1{,}069$ **10.29 a.** SQE = 26.877,46, $s^2 = 548{,}52$, $s = 23{,}42$ **b.** cerca de 95% dos valores observados da pontuação do SAT caem dentro de 46,84 pontos de seus valores de mínimos quadrados previstos **10.31 a.** SQE = 1,017, $s^2 = 0{,}0462$, $s = 0{,}215$ **c.** cerca de 95% dos valores do índice observados ficarão dentro de 0,43 unidade de seus valores previstos de mínimos quadrados **10.33 a.** $s = 5{,}37$; cerca de 95% das pontuações de Matemática do FCAT caem dentro de 10,74 pontos de seus valores previstos de mínimos quadrados
b. $s = 3{,}42$; cerca de 95% das pontuações de Leitura do FCAT caem dentro de 6,84 pontos de seus valores previstos de mínimos quadrados. **c.** pontuação de leitura **10.35 a.** 95% CI: 31 ± 1,17; 90% CI: 31 ± 0,94 **b.** 95% CI: 64 ± 5,08; 90% CI: 64 ± 4,15 **c.** 95% CI: −8,4 ± 0,75; 90% CI: −8,4 ± 0,62 **10.37** 80% CI: 0,82 ± 0,33; 98% CI: 0,82 ± 0,76 **10.39 a.** $H_0: \beta_1 = 0$, $H_a: \beta_1 > 0$ **b.** valor $p = 0{,}0000$ **c.** (11.005,24, 12.192,56)
10.41 (30,17, 41,67); 90% confiante de que para cada unidade adicional de aumento na área para volume, o aumento na taxa de liberação da droga está entre 30,17 e 41,67 **10.43** não, $t = 0{,}66$ **10.45 a.** suporte
b. $\hat{y} = 15{,}878 + 0{,}927x$ **c.** sim, $t = 2{,}45$ **d.** 0 e 1
10.47 a. sim **c.** 1,39 ± 0,10 **d.** 90% confiante de que para cada 1 mm de aumento no derretimento, de inverno, o índice de erosão da chuva aumenta entre 1,29 e 1,49 **10.49** sim, $t = -0{,}82$ **10.51 a.** positivo
b. negativo **c.** inclinação 0 **d.** positivo ou negativo
10.53 a. 0,9438 **b.** 0,8020 **10.55 a.** relação linear moderadamente forte entre nível de habilidade e habilidade de definição de metas **b.** rejeitar H_0 a $\alpha = 0{,}01$ **c.** 0,49 **10.57** $r^2 = 0{,}2286$, $r = -0{,}478$
10.59 a. relação linear fraca/moderada entre altura e ganhos médios **b.** $r^2 = 0{,}168$; 16,8% da variação total da amostra em ganhos médios é explicada pela relação linear com altura **c.** $H_0: \rho = 0$, $H_a: \rho > 0$ **d.** $t = 4{,}82$ **e.** rejeitar H_0 **10.61** $r = 0{,}243$, $r^2 = 0{,}059$ **10.63** relação linear positiva entre taxas de retornos para os dois países **10.65 a.** 0,57 **c.** não **10.67 c.** 4,64 ± 1,12 **d.** 2,28 ± 0,63; −0,41 ± 1,17 **10.69 a.** $\hat{y} = 1{,}375 + 0{,}875x$ **c.** 1,5 **d.** 0,1875 **e.** (3,23, 3,89) **f.** (3,81, 5,94) **10.71** (19,97, 30,36); 90% confiante de que o valor real da taxa de liberação de droga está entre 19,97 e 30,36 quando a taxa de área de superfície em relação a volume é 0,50 **10.73 a.** (2,955, 4,066); 99% confiante de que a massa média de todos os derramamentos com tempo de 15 minutos está entre 2,995 e 4,066 **b.** (1,02, 6,00); 99% confiante de que a massa atual de um único derramamento com tempo de 15 minutos está entre 1,02 e 6,0 **c.** intervalo de previsão para y;

sim **10.75 a.** sim, $t = -5{,}91$; negativo **b.** (0,656, 2,829) **c.** (1,467, 2,018) **10.77 a.** $\hat{y} = 37{,}08 - 1{,}6x$ **c.** 57,2 **d.** 4,4
e. −1,6 ± 0,5 **f.** 13,08 ± 6,93 **g.** 13,08 ±7,86 **10.79 b.** $r = -0{,}1245$, $r^2 = 0{,}0155$ **c.** não, $t = -0{,}35$ **10.81 a.** sim **b.** $\hat{y} = 1{,}281 + 1{,}372x$ **e.** $\hat{y} = 4{,}302 + 0{,}0709x$ **f.** sim, $t = 52{,}43$ **g.** Sim, $t = 1{,}18$ **h.** (46,64, 51,96) **j.** Previsão para um x fora da área dos dados da amostra **10.83 a.** sim, $t = 4{,}98$, valor $p = 0{,}001$ **b.** 0,607 **d.** 0,461 **10.85 a.** 57,14 ± 34,82 **b.** 110 está fora da área de x **c.** $\bar{x} = 44$ **10.87** $\hat{y} = -92{,}46 + 8{,}347x$, $t = 3{,}25$, rejeitar H_0 **10.89 c.** $r_1 = 0{,}965$, $r_2 = 0{,}996$ **d.** sim **10.91 a.** $\hat{y} = 2{,}7803 + 0{,}01696x$ **b.** $t = 4{,}02$, rejeitar H_0; $r^2 = 0{,}402$ **c.** 8 **10.93** horas máquina: $t = 3{,}30$, $p = 0{,}008$, rejeitar H_0, $r^2 = 0{,}521$; horas de trabalho: $t = 1{,}43$, $p = 0{,}183$, não rejeitar H_0, $r^2 = 0{,}170$

Capítulo 11
11.1 a. $E(y) = \beta_0 + \beta_1 x_1 + \beta_2 x_2$ **b.** $E(y) = \beta_0 + \beta_1 x_1 + \beta_2 x_2 + \beta_3 x_3 + \beta_4 x_4$ **c.** $E(y) = \beta_0 + \beta_1 x_1 + \beta_2 x_2 + \beta_3 x_3 + \beta_4 x_4 + \beta_5 x_5$ **11.3 a.** $t = 1{,}45$, não rejeitar H_0 **b.** $t = 3{,}21$, rejeitar H_0 **11.5** $n - (k+1)$ **11.7 a.** Sim, $s = 0{,}117$
b. Sim, $F = 55{,}2$ **11.9 a.** $\hat{y} = 1{,}81231 + 0{,}10875x_1 + 0{,}00017x_2$ **c.** (0,027, 0,190) **d.** (0,00009, 0,00025)
e. $\hat{y} = 1{,}20785 + 0{,}06343x_1 + 0{,}00056x_2$; (0,016, 0,111); (0,00024, 0,00088) **11.11 a.** $E(y) = \beta_0 + \beta_1 x_1 + \beta_2 x_2 + \beta_3 x_3 + \beta_4 x_4$ **b.** rejeitar H_0 **c.** sim **d.** $H_0: \beta_1 = \beta_2 = \beta_3 = \beta_4 = 0$ **e.** $F < 3{,}37$ **f.** Desafio: rejeitar H_0; Mudança: não rejeitar H_0; Surpresa: não rejeitar H_0 **11.13 b.** $H_0: \beta_1 = \beta_2 = \beta_3 = \beta_4 = \beta_5 = \beta_6 = 0$ **c.** $F = 32{,}47$, $p < 0{,}001$, rejeitar H_0 **e.** $H_0: \beta_4 = 0$ **f.** $p = 0{,}860$, não rejeitar H_0 **11.15 a.** $E(y) = \beta_0 + \beta_1 x_1 + \beta_2 x_2$ **b.** $\hat{y} = -20{,}4 + 13{,}350x_1 + 243{,}71x_2$ **d.** não, $t = 1{,}74$
e. (105,32, 382,10) **f.** 0,582 **g.** 0,513 **h.** $F = 8{,}36$, $p = 0{,}005$, rejeitar H_0 **11.17 a.** $E(y) = \beta_0 + \beta_1 x_1 + \beta_2 x_2 + \beta_3 x_3 + \beta_4 x_4 + \beta_5 x_5$ **b.** $\hat{y} = 13.614{,}5 + 0{,}0888x_1 - 9{,}201x_2 + 14{,}394x_3 + 0{,}35x_4 - 0{,}848x_5$
d. 458,83 **e.** $F = 147{,}3$, $p < 0{,}001$, rejeitar H_0 **f.** 0,917
g. sim, $t = -6{,}14$ **11.19 a.** $E(y) = \beta_0 + \beta_1 x_1 + \beta_2 x_2 + \beta_3 x_3 + \beta_4 x_4 + \beta_5 x_5 + \beta_6 x_6 + \beta_7 x_7$ **b.** $\hat{y} = 0{,}9981 - 0{,}224x_1 + 0{,}1557x_2 - 0172x_3 - 0{,}0095x_4 + 0{,}4214x_5 + 0{,}4171x_6 - 0{,}1552x_7$ **d.** $F = 5{,}29$, $p = 0{,}007$, rejeitar H_0 **11.21 b.** $F = 5{,}11$, rejeitar H_0 **11.23 a.** Modelo 1: $t = 2{,}58$, rejeitar $H_0: \beta_1 = 0$; Modelo 2: $t = 3{,}32$, rejeitar $H_0: \beta_1 = 0$, $t = 6{,}47$, rejeitar $H_0: \beta_2 = 0$, $t = -4{,}77$, rejeitar $H_0: \beta_3 = 0$, $t = 0{,}24$, não rejeitar $H_0: \beta_4 = 0$; Modelo 3: $t = 3{,}21$, rejeitar $H_0: \beta_1 = 0$, $t = 5{,}24$, rejeitar $H_0: \beta_2 = 0$, $t = -4{,}00$, rejeitar $H_0: \beta_3 = 0$, $t = 2{,}28$, rejeitar $H_0: \beta_4 = 0$, $t = 0{,}014$, não rejeitar $H_0: \beta_5 = 0$ **c.** Modelo 2 **11.25 a.** (1759,75, 4275,38) **b.** (2620,25, 3414,87) **c.** sim **11.27 a.** (11.599,6, 13.665,5) **b.** (12.157,9, 13.107,1) **c.** sim **11.29** (−3,44, 0,065) **11.31 a.** $\hat{y} = -3783 + 0{,}00875x_1 + 1{,}93x_2 + 3444x_3 + 2093x_4$ **b.** $F = 72{,}11$, rejeitar H_0 **c.** (1.449, 2.424) **11.33 c.** interação está presente **11.35 a.** $\hat{y} = -2{,}55 + 3{,}82x_1 + 2{,}63x_2 - 1{,}29x_1 x_2$ **b.** plano torcido **c.** $x_2 = 1$: $\hat{y} = -0{,}08 + 2{,}53x_1$; $x_2 = 3$: $\hat{y} = 5{,}34 - 0{,}05x_1$; $x_2 = 5$: $\hat{y} = 10{,}6 - 2{,}63x_1$ **e.** $H_0: \beta_3 = 0$ vs. $H_a: \beta_3 \neq 0$
f. $t = -8{,}06$, rejeitar H_0 **11.37 a.** $E(y) = \beta_0 + \beta_1 x_1 + \beta_2 x_2 +$

$\beta_3 x_1 x_2$ **b.** $\beta_3 < 0$ **11.39 a.** $\hat{y} = 1042 - 13{,}24x_1 + 103{,}3x_2 + 3{,}621x_1 x_2$ **b.** 22,97 **c.** 284,14 **d.** $H_0 : \beta_3 = 0$
e. 0,366 **f.** não rejeitar H_0 **11.41 a.** $E(y) = \beta_0 + \beta_1 x_2 + \beta_2 x_3 + \beta_3 x_5 + \beta_4 x_2 x_5 + \beta_5 x_3 x_5$ **b.** $\hat{y} = 13{,}945 - 15{,}1379x_2 + 28{,}843x_3 - 0{,}689x_5 + 0{,}02277x_2 x_5 - 0{,}0543x_3 x_5$
c. $t = 7{,}59$, rejeitar $H_0 : \beta_4 = 0$ **d.** $t = -5{,}16$, rejeitar $H_0 : \beta_5 = 0$ **11.43 b.** sim, maior R^2 e menor s **11.45 a.** $E(y) = \beta_0 + \beta_1 x + \beta_2 x^2$ **b.** $E(y) = \beta_0 + \beta_1 x_1 + \beta_2 x_2 + \beta_3 x_1 x_2 + \beta_4 x_1^2 + \beta_5 x_2^2$ **c.** $E(y) = \beta_0 + \beta_1 x_1 + \beta_2 x_2 + \beta_3 x_3 + \beta_4 x_1 x_2 + \beta_5 x_1 x_3 + \beta_6 x_2 x_3 + \beta_7 x_1^2 + \beta_8 x_2^2 + \beta_9 x_3^2$ **11.47 a.** sim, F = 85,94 **b.** $H_0 : \beta_2 = 0$ vs $H_a : \beta_2 > 0$ **c.** $H_0 : \beta_2 = 0$ vs $H_a : \beta_2 < 0$ **11.49 a.** sim, $F = 25{,}93$ **b.** $t = -10{,}74$, rejeitar H_0 **c.** $t = 0{,}60$, não rejeitar H_0 **11.51 b.** modelo de primeira ordem; modelo de primeira ordem; modelo de segunda ordem **11.53 a.** $E(y) = \beta_0 + \beta_1 x_1 + \beta_2 x_2 + \beta_3 x_1 x_2 + \beta_4 x_1^2 + \beta_5 x_2^2$ **b.** $\beta_4 x_1^2$ e $\beta_5 x_2^2$ **11.55 a.** $\hat{y} = 20{,}09 - 0{,}67x + 0{,}0095x^2$ **b.** sim
c. não, $t = 1{,}51$ **d.** $\hat{y} = 19{,}28 - 0{,}445x$ **e.** $(-0{,}52, -0{,}37)$
11.57 $E(y) = \beta_0 + \beta_1 x + \beta_2 x^2$ **11.59** $E(y) = \beta_0 + \beta_1 x$, $x = \{1$ se nível 2, 0 se nível 1$\}$ **11.61 a.** 10,2, 6,2, 22,2, 12,2 **b.** $H_0 = \beta_1 = \beta_2 = \beta_3 = 0$ **11.63 a.** $E(y) = \beta_0 + \beta_1 x$, $x = \{1$ se desenvolvedor, 0 se não$\}$ **b.** $E(y) = \beta_0 + \beta_1 x_1 + \beta_2 x_2$, $x_1 = \{1$ se baixo, 0 se não$\}$, $x_2 = \{1$ se médio, 0 se não$\}$ **c.** $E(y) = \beta_0 + \beta_1 x$, $x = \{1$ se preço fixo, 0 se não$\}$ **d.** $E(y) = \beta_0 + \beta_1 x_1 + \beta_2 x_2$, $x_1 = \{1$ se tempo de entrega, 0 se não$\}$, $x_2 = \{1$ se custo, 0 se não$\}$ **11.65 b.** (13,12, 24,88) **c.** aulas particulares são efetivos **11.67 a.** $E(y) = \beta_0 + \beta_1 x_1 + \beta_2 x_2$, $x_1 = \{1$ se grupo V, 0 se não$\}$, $x_2 = \{1$ se grupo S, 0 se não$\}$ **b.** $\hat{y} = 3{,}1667 - 1{,}0833x_1 - 1{,}4537x_2$ **c.** $F = 20{,}45$, rejeitar H_0 **11.69 a.** $E(y) = \beta_0 + \beta_1 x$, onde $x = \{1$ se Loção/Creme, 0 se não$\}$ **b.** $\hat{y} = 0{,}7775 + 0{,}1092x$ **c.** $H_0 : \beta_1 = 0$ **d.** $t = 0{,}24$, não rejeitar H_0 **e.** $\hat{y} = 7{,}56 - 1{,}65x$; $t = -0{,}46$, não rejeitar H_0 **11.71 a.** $E(y) = \beta_0 + \beta_1 x_1 + \beta_2 x_2 + \beta_3 x_3$, onde $x_1 = \{1$ se comida, 0 se não$\}$, $x_2 = \{1$ se limpando, 0 se não$\}$, $x_3 = \{1$ se cont/consultoria, 0 se não$\}$ **b.** $\hat{y} = 141{,}3 + 76{,}4x_1 + 153{,}3x_2 - 84{,}3x_3$ **c.** não, $F = 1{,}26$ **11.73 a.** $E(y) = \beta_0 + \beta_1 x_1 + \beta_2 x_1^2$ **b.** $E(y) = \beta_0 + \beta_1 x_1 + \beta_2 x_1^2 + \beta_3 x_2 + \beta_4 x_3$, onde x_2 e x_3 são variáveis dummy **c.** termos aditivos: $\beta_5 x_1 x_2 + \beta_6 x_1 x_3 + \beta_7 x_1^2 x_2 + \beta_8 x_1^2 x_3$ **d.** $\beta_5 = \beta_6 = \beta_7 = \beta_8 = 0$ **e.** $\beta_2 = \beta_5 = \beta_6 = \beta_7 = \beta_8 = 0$ **f.** $\beta_3 = \beta_4 = \beta_5 = \beta_6 = \beta_7 = \beta_8 = 0$ **11.75 b.** $\hat{y} = 48{,}8 - 3{,}4x_1 + 0{,}07x_1^2$; $\hat{y} = 46{,}4 + 0{,}3x_1 + 0{,}05x_1^2$; $\hat{y} = 41{,}3 - 0{,}7x_1 + 0{,}03x_1^2$ **11.77 a.** $x_1 = \{1$ se bagre-de-canal, 0 se não$\}$, $x_2 = \{1$ se black bass, 0 se não$\}$ **b.** $E(y) = \beta_0 + \beta_1 x_1 + \beta_2 x_2 + \beta_3 x_3$, onde x_3 = peso
c. $E(y) = \beta_0 + \beta_1 x_1 + \beta_2 x_2 + \beta_3 x_3 + \beta_4 x_1 x_3 + \beta_5 x_2 x_3$ **d.** $\hat{y} = 3{,}1 + 25{,}6x_1 - 4{,}1x_2 + 0{,}0037x_3$ **f.** $\hat{y} = 3{,}5 + 25{,}6x_1 - 3{,}5x_2 + 0{,}0034x_3 + 0{,}0008x_1 x_3 - 0{,}0013x_2 x_3$ **g.** 0,0042 **11.79 a.** $E(y) = \beta_0 + \beta_1 x_1$; β_1 **b.** $E(y) = (\beta_0 + \beta_2) + (\beta_1 + \beta_3)x_1$; $\beta_1 + \beta_3$
c. nenhuma evidência de interação a $\alpha = 0{,}01$
11.81 a. $E(y) = \beta_0 + \beta_1 x_1 + \beta_2 x_1^2 + \beta_3 x_2 + \beta_4 x_3 + \beta_5 x_4 + \beta_6 x_1 x_2 + \beta_7 x_1 x_3 + \beta_8 x_1 x_4 + \beta_9 x_1^2 x_2 + \beta_{10} x_1^2 x_3 + \beta_{11} x_1^2 x_4$, onde x_1 = volume de vendas e $x_2 - x_4$ são variáveis dummy para a região **b.** $E(y) = (\beta_0 + \beta_5) + (\beta_1 + \beta_8)x_1 + (\beta_2 + \beta_{11})x_1^2$ **c.** $E(y) = (\beta_0 + \beta_3) + (\beta_1 + \beta_6)x_1 + (\beta_2 + \beta_9)x_1^2$ **d.** β_3 através de β_{11} **e.** sim, $F = 8{,}21$, $p = 0{,}000$ **11.83 a.** $E(y) =$ $\beta_0 + \beta_1 x_1 + \beta_2 x_2 + \beta_3 x_1 x_2$, onde $x_2 = \{1$ se desenvolvendo, 0 de outra forma$\}$
c. $\hat{y} = 58{,}786 - 0{,}557x_1 - 18{,}718x_2 + 0{,}354x_1 x_2$; emergente: $\hat{y} = 58{,}786 - 0{,}557x_1$; desenvolvido: $\hat{y} = 40{,}068 - 0{,}203x_1$ **e.** sim, $t = 4{,}64$ **11.85** a e b, a e d, a e e, b e c, b e d, b e e, c e e, d e e **11.87 a.** 5; 3 **b.** $H_0 : \beta_3 = \beta_4 = 0$ **c.** $F = 0{,}38$, não rejeitar H_0 **11.89 a.** $E(y) = \beta_0 + \beta_1 x_1 + \beta_2 x_2 + \beta_3 x_1^2 + \beta_4 x_2^2 + \beta_5 x_1 x_2$ **b.** H_0: $\beta_3 = \beta_4 = \beta_5 = 0$ **c.** modelo completo: $E(y) = \beta_0 + \beta_1 x_1 + \beta_2 x_2 + \beta_3 x_1^2 + \beta_4 x_2^2 + \beta_5 x_1 x_2$; modelo reduzido: $E(y) = \beta_0 + \beta_1 x_1 + \beta_2 x_2$ **d.** SQE$_R$ = 25.310.639, SQE$_C$ = 19.370.350, QME$_C$ = 317.547 **e.** $F = 6{,}24$ **f.** $F > 2{,}18$ **g.** Rejeitar H_0 **11.91 a.** $E(y) = \beta_0 + \beta_1 x_1 + \beta_2 x_2 + \beta_3 x_3 + \beta_4 x_4 + \beta_5 x_5 + \beta_6 x_6 + \beta_7 x_7 + \beta_8 x_8 + \beta_9 x_9 + \beta_{10} x_{10}$ **b.** $H_0 : \beta_3 = \beta_4 = \ldots = \beta_{10} = 0$ **c.** rejeitar H_0 **e.** (8,12, 19,88)
f. sim **g.** $E(y) = \beta_0 + \beta_1 x_1 + \beta_2 x_2 + \beta_3 x_3 + \beta_4 x_4 + \beta_5 x_5 + \beta_6 x_6 + \beta_7 x_7 + \beta_8 x_8 + \beta_9 x_9 + \beta_{10} x_{10} + \beta_{11} x_1 x_2 + \beta_{12} x_3 x_2 + \beta_{13} x_4 x_2 + \beta_{14} x_5 x_2 + \beta_{15} x_6 x_2 + \beta_{16} x_7 x_2 + \beta_{17} x_8 x_2 + \beta_{18} x_9 x_2 + \beta_{19} x_{10} x_2$ **h** Teste $H_0 : \beta_{11} = \beta_{12} = \ldots = \beta_{19} = 0$ usando um teste F modelo aninhado **11.93 a.** $E(y) = \beta_0 + \beta_1 x_1 + \beta_2 x_2 + \beta_3 x_3$ **b.** termos aditivos: $\beta_4 x_1 x_2 + \beta_5 x_1 x_3$
c. AL: β_1; TDS-3A: $\beta_1 + \beta_4$; FE: $\beta_1 + \beta_5$ **d.**Teste $H_0 : \beta_4 = \beta_5 = 0$ usando um teste F modelo aninhado **11.95 b.** $F = 38{,}24$, rejeitar H_0 **c.** não **11.97 a.** 7; $E(y) = \beta_0 + \beta_1 x_i$ **b.** 6; $E(y) = \beta_0 + \beta_1 x_1 + \beta_2 x_i$ **c.** 5; $E(y) = \beta_0 + \beta_1 x_1 + \beta_2 x_2 + \beta_3 x_i$ **11.99 a.** x_4 = ST-DEPTH, x_5 = TGRSWT, x_6 = TI **b.** não **c.** $E(y) = \beta_0 + \beta_1 x_4 + \beta_2 x_5 + \beta_3 x_6 + \beta_4 x_4 x_5 + \beta_5 x_4 x_6 + \beta_6 x_5 x_6$ **d.** Teste $H_0 : \beta_4 = \beta_5 = \beta_6 = 0$ **11.101** sim **11.103** x_4 e x_5 **11.105 a.** gráfico de probabilidade normal; sim **b.** gráfico de resíduos versus valores previstos; sim **11.107** premissas parecem ser satisfeitas **11.109** possivelmente apagar outliers **11.111** intervalo de confiança **11.113 a.** $\hat{y} = 90{,}1 + 1{,}836x_1 + 0{,}285x_2$
b. 0,916 **c.** sim, $F = 64{,}91$ **d.** $t = -5{,}01$, rejeitar H_0 **e.** 10,68
11.117 $E(y) = \beta_0 + \beta_1 x_1 + \beta_2 x_2 + \beta_3 x_3$, onde $x_1 = \{1$ se nível 2, se não 0$\}$, $x_2 = \{1$ se nível 3, se não 0$\}$, $x_3 = \{1$ se nível 4, se não 0$\}$ **11.121** sem graus de liberdade para erro **11.123 a.** tipo de extrator é qualitativo; tamanho é quantitativo **b.** $E(y) = \beta_0 + \beta_1 x_1 + \beta_2 x_2$, onde x_1 = diâmetro da laranja, $x_2 = \{1$ se marca B, 0 se não$\}$ **c.** $E(y) = \beta_0 + \beta_1 x_1 + \beta_2 x_2 + \beta_3 x_1 x_2$ **11.125 a.** $t = 3{,}88$, valor $p = 0{,}005$, rejeitar H_0 **b.** não **c.** $F = 11{,}40$, rejeitar H_0 **11.127 a.** $E(y) = \beta_0 + \beta_1 x_1 + \beta_2 x_2 + \beta_3 x_3 + \beta_4 x_4 + \beta_5 x_5$ **b.** rejeitar $H_0 : \beta_1 = \beta_2 = \beta_3 = \beta_4 = \beta_5 = 0$ **c.** $E(y) = \beta_0 + \beta_1 x_1 + \beta_2 x_2 + \beta_3 x_3 + \beta_4 x_4 + \beta_5 x_5 + \beta_6 x_6 + \beta_7 x_7$ **d.** 60,3% da variabilidade nas pontuações GSI é explicada pelo modelo **e.** ambas as variáveis contribuem para a previsão de GSI **11.129** Importância e Suporte são correlacionados a 0,6991; não **11.131 b.** 51% da variabilidade nas margens operacionais podem ser explicadas pelo modelo **c.** $F = 13{,}53$, rejeitar H_0 **11.133 a.** possivelmente **b.** sim **c.** não **11.135 b.** $E(y) = \beta_0 + \beta_1 x_1 + \beta_2 x_1^2 + \beta_3 x_2 + \beta_4 x_1 x_2 + \beta_5 x_1^2 x_2$, onde $x_2 = \{1$ se 1 − 35W, 0 se não$\}$ **c.** sim, $F = 457{,}73$ **d.** premissas satisfeitas **11.137 a.** $E(y) = \beta_0 + \beta_1 x_1 + \beta_2 x_2 + \beta_3 x_3$, onde

x_1 = {1 se VH, se não 0}, x_2 = {1 se H, se não 0}, x_3 = {1 se M, se não 0} **b.** não **c.** $\hat{y} = 10{,}2 + 0{,}5x_1 + 2{,}02x_2 + 0{,}683x_3$ **d.** sim, $F = 63{,}09$ **11.139 b.** sim, $F = 16{,}10$ **c.** sim, $t = 2{,}5$ **d.** 945 **11.141 a.** $E(y) = \beta_0 + \beta_1 x_1 + \beta_2 x_6 + \beta_3 x_7$, onde x_6 = {1 se bom, 0 se não}, x_7 = {1 se justo, 0 se não} **c.** excelente: $\hat{y} = 188{,}875 + 15{,}617x_1$; bom: $\hat{y} = 85{,}829 + 15{,}617x_1$; justo: $\hat{y} = 36{,}388 + 15{,}617x_1$ **e.** sim, $F = 8{,}43$ **f.** (x_1 e x_3), (x_1 e x_5), (x_3 e x_5) são altamente correlacionados **g.** Premissas são satisfeitas   **11.143 a.** $H_0: \beta_1 = \beta_2 = \beta_3 = \beta_4 = \beta_5 = 0$ **b.** $F = 18{,}24$, rejeitar H_0 **c.** $H_0: \beta_3 = \beta_4 = \beta_5 = 0$ **d.** $F = 8{,}46$, rejeitar H_0 **e.** modelo de segunda ordem   **11.145** $\hat{y} = -11{,}5 + 0{,}189x_1 + 0{,}159x_2 - 0{,}00114x_1^2 - 0{,}000871x_2^2$

Capítulo 12

12.7 fora de controle   **12.9 a.** 1,023 **b.** 0,308 **c.** 0,167   **12.11 b.** $\bar{\bar{x}} = 20{,}11625$, $\bar{R} = 3{,}31$ **c.** LCS = 22,529, LCI = 17,703 **d.** A–B Superior: 21,725, A–B Inferior:18,507, B–C Superior: 20,920, B–C Inferior: 19,312 **e.** sim   **12.13 a.** $\bar{\bar{x}} = 23{,}9971$, $\bar{R} = 0{,}1815$, LCS = 24,102, LCI = 23,892, A–B Superior: 24,067, A–B Inferior: 23,927, B–C Superior: 24,032, B–C Inferior: 23,962 **b.** em controle **c.** sim   **12.15 a.** $\bar{\bar{x}} = 49{,}129$, $\bar{R} = 3{,}733$, LCS = 50,932, LCI = 47,326, A–B Superior: 50,331, A–B Inferior: 47,927, B–C Superior: 49,730, B–C Inferior: 48,528 **b.** não **c.** não   **12.17 a.** $\bar{\bar{x}} = 52{,}6467$, $\bar{R} = 0{,}755$, LCS = 53,419, LCI = 51,874, A–B Superior: 53,162, A–B Inferior:52,132, B–C Superior: 52,904, B–C Inferior: 52,389 **b.** fora de controle **d.** não

12.21 a. LCS = 16,802 **b.** A–B Superior: 13,853, A–B Inferior: 2,043, B–C Superior: 10,900, B–C Inferior: 4,996 **c.** em controle   **12.23** Gráfico R: $\bar{R} = 4{,}03$, LCS = 7,754, LCI = 0,306, A–B Superior: 6,513, A–B Inferior: 1,547, B–C Superior: 5,271, B–C Inferior: 2,789, em controle; gráfico $\bar{x}$, $\bar{\bar{x}} = 21{,}728$, LCS = 23,417, LCI = 20,039, A–B Superior: 22,854, A–B Inferior: 20,602, B–C Superior: 22,291, B–C Inferior: 21,165, fora de controle   **12.25**

a. sim **b.** $\bar{R} = 0{,}796$, LCS = 0,168, A–B Superior: 0,139, A–B Inferior: 0,020, B–C Superior: 0,109, B–C Inferior: 0,050 **c.** em controle **d.** sim **e.** sim   **12.27 a.** $\bar{R} = 3{,}733$, LCS = 7,481, A–B Superior: 6,231, A–B Inferior: 1,235, B–C Superior: 4,982, B–C Inferior: 2,484 **b.** não, Regra 1 violada **c.** sim   **12.29 a.** $\bar{R} = 2{,}08$, LCS = 4,397, A–B Superior: 3.625, A–B Inferior: 0,535, B–C Superior: 2,853, B–C Inferior: 1,307; em controle **b.** sim **c.** $\bar{R} = 1{,}7$, LCS = 3,594, A–B Superior: 2,963, A–B Inferior: 0,437, B–C Superior: 2,331, B–C Inferior: 1,069; fora de controle   **12.31** 104 **12.33 a.** $\bar{p} = 0{,}0575$, LCS = 0,1145, LCI = 0,0005, A–B Superior: 0,0955, A–B Inferior: 0,0195, B–C Superior: 0,0765, B–C Inferior: 0,0385 **d.** não **e.** não **12.35 a.** sim **b.** LCS = 0,0202, LCI = 0,0008 **c.** A–B Superior: 0,0169, A–B Inferior: 0,0041, B–C Superior: 0,0137, B–C Inferior: 0,0073; em controle   **12.37 a.** $\bar{p} = 0{,}04$, LCS = 0,099, LCI = –0,019, A–B Superior: 0,079, A–B Inferior: 0,001, B–C Superior: 0,060, B–C Inferior: 0,020 **b.** não **c.** não   **12.45 a.** 126 **b.** 31,2 **c.** 660,36 **d.** 0,0144   **12.47** 6σ **12.49 b.** $C_p = 0{,}866$; não   **12.51 a.** NEI = 3,12, NES = 3,72 **b.** 0,152 **c.** $C_p = 0{,}505$ **12.67 a.** $\bar{x} = 6{,}4$ **b.** variância crescente   **12.69** fora de controle   **12.71 a.** $\bar{R} = 7{,}4$, LCS = 24,1758, A–B Superior: 18,5918, A–B Inferior: –3,7918, B–C Superior: 12,9959, B–C Inferior: 1,8041; fora de controle **b.** $\bar{\bar{x}} = 344{,}15$, LCS = 358,062, LCI = 330,238, A–B Superior: 353,425, A–B Inferior: 334,875, B–C Superior: 348,787, B–C Inferior: 339,513; fora de controle **c.** não **d.** 0,25   **12.73 a.** $\bar{R} = 5{,}455$, LCS = 11,532, A–B Superior: 9,508, A–B Inferior: 1,402, B–C Superior: 7,481, B-C Inferior: 3,429 **b.** em controle **d.** $\bar{\bar{x}} = 3{,}867$, LCS = 7,013, LCI = 0,721, A–B Superior: 5,965, A-B Inferior: 1,769, B–C Superior: 4,916, B–C Inferior: 2,818 **e.** em controle **f.** sim   **12.75 a.** $n > 141$ **b.** $\bar{p} = 0{,}063$, LCS = 0,123, LCI –0,003, A–B Superior: 0,103, A-B Inferior: 0,023, B–C Superior: 0,083, B–C Inferior: 0,043 **c.** fora de controle **e.** não

CRÉDITOS DE FOTOS

Imagens da seção "Uso da tecnologia": Spohn Matthieu

Imagens da seção "Usando a calculadora gráfica TI-83/TI-84": Cortesia de Texas Instruments

Capítulo 13 (no Companion Website apenas)

p.13-2 Getty Images–Stockbyte; **p. 13-3,13-33,13-37,13-42** Gabriela Trojanowska/Cortesia de http://www.istockphoto.com; **p. 13-4** © The Granger Collection, Nova York; **p. 13-60** © Nancy Louie/Cortesia de http://www.istockphoto.com

Capítulo 14 (no Companion Website apenas)

p. 14-2 Eric Audras/Getty Images–PhotoAlto Royalty Free; **p. 4-3,14-8,14-25,14-43** Cortesia de http://www.istockphoto.com; **p. 14-7** Nathan Fultz/Cortesia de http://www.istockphoto.com; **p. 14-11** Cortesia do Departamento de Estatística, Florida State University; **p. 14-21** Chen Ping-Hung/Cortesia de http://www.istockphoto.com; **p. 14-39** University College London, Departamento de Psicologia

Valores críticos de t

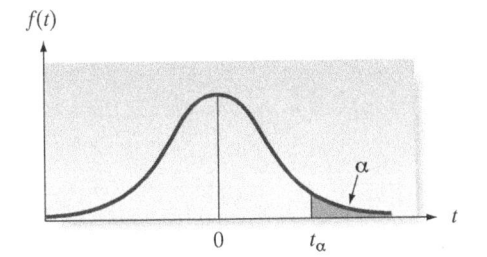

v	$t_{0,100}$	$t_{0,05}$	$t_{0,025}$	$t_{0,010}$	$t_{0,005}$	$t_{0,001}$	$t_{0,0005}$
1	3,078	6,314	12,706	31,821	63,657	318,31	636,62
2	1,886	2,920	4,303	6,965	9,925	22,326	31,598
3	1,638	2,353	3,182	4,541	5,841	10,213	12,924
4	1,533	2,132	2,776	3,747	4,604	7,173	8,610
5	1,476	2,015	2,571	3,365	4,032	5,893	6,869
6	1,440	1,943	2,447	3,143	3,707	5,208	5,959
7	1,415	1,895	2,365	2,998	3,499	4,785	5,408
8	1,397	1,860	2,306	2,896	3,355	4,501	5,041
9	1,383	1,833	2,262	2,821	3,250	4,297	4,781
10	1,372	1,812	2,228	2,764	3,169	4,144	4,587
11	1,363	1,796	2,201	2,718	3,106	4,025	4,437
12	1,356	1,782	2,179	2,681	3,055	3,930	4,318
13	1,350	1,771	2,160	2,650	3,012	3,852	4,221
14	1,345	1,761	2,145	2,624	2,977	3,787	4,140
15	1,341	1,753	2,131	2,602	2,947	3,733	4,073
16	1,337	1,746	2,120	2,583	2,921	3,686	4,015
17	1,333	1,740	2,110	2,567	2,898	3,646	3,965
18	1,330	1,734	2,101	2,552	2,878	3,610	3,922
19	1,328	1,729	2,093	2,539	2,861	3,579	3,883
20	1,325	1,725	2,086	2,528	2,845	3,552	3,850
21	1,323	1,721	2,080	2,518	2,831	3,527	3,819
22	1,321	1,717	2,074	2,508	2,819	3,505	3,792
23	1,319	1,714	2,069	2,500	2,807	3,485	3,767
24	1,318	1,711	2,064	2,492	2,797	3,467	3,745
25	1,316	1,708	2,060	2,485	2,787	3,450	3,725
26	1,315	1,706	2,056	2,479	2,779	3,435	3,707
27	1,314	1,703	2,052	2,473	2,771	3,421	3,690
28	1,313	1,701	2,048	2,467	2,763	3,408	3,674
29	1,311	1,699	2,045	2,462	2,756	3,396	3,659
30	1,310	1,697	2,042	2,457	2,750	3,385	3,646
40	1,303	1,684	2,021	2,423	2,704	3,307	3,551
60	1,296	1,671	2,000	2,390	2,660	3,232	3,460
120	1,289	1,658	1,980	2,358	2,617	3,160	3,373
∞	1,282	1,645	1,960	2,326	2,576	3,090	3,291

Fonte: Esta tabela é reproduzida com a gentil permissão do Trustees of Biometrika da E. S. Pearson e H. O. Harley (eds.), *The Biometrika Tables for Statisticians*, vol. 1, 3. ed., Biometrika, 1966.

Áreas de curvas normais

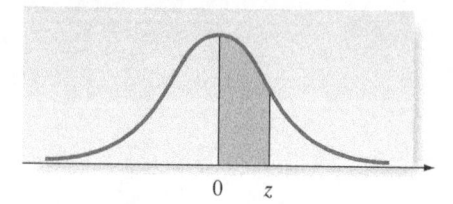

z	0,00	0,01	0,02	0,03	0,04	0,05	0,06	0,07	0,08	0,09
0,0	0,0000	0,0040	0,0080	0,0120	0,0160	0,0199	0,0239	0,0279	0,0319	0,0359
0,1	0,0398	0,0438	0,0478	0,0517	0,0557	0,0596	0,0636	0,0675	0,0714	0,0753
0,2	0,0793	0,0832	0,0871	0,0910	0,0948	0,0987	0,1026	0,1064	0,1103	0,1141
0,3	0,1179	0,1217	0,1255	0,1293	0,1331	0,1368	0,1406	0,1443	0,1480	0,1517
0,4	0,1554	0,1591	0,1628	0,1664	0,1700	0,1736	0,1772	0,1808	0,1844	0,1879
0,5	0,1915	0,1950	0,1985	0,2019	0,2054	0,2088	0,2123	0,2157	0,2190	0,2224
0,6	0,2257	0,2291	0,2324	0,2357	0,2389	0,2422	0,2454	0,2486	0,2517	0,2549
0,7	0,2580	0,2611	0,2642	0,2673	0,2704	0,2734	0,2764	0,2794	0,2823	0,2852
0,8	0,2881	0,2910	0,2939	0,2967	0,2995	0,3023	0,3051	0,3078	0,3106	0,3133
0,9	0,3159	0,3186	0,3212	0,3238	0,3264	0,3289	0,3315	0,3340	0,3365	0,3389
1,0	0,3413	0,3438	0,3461	0,3485	0,3508	0,3531	0,3554	0,3577	0,3599	0,3621
1,1	0,3643	0,3665	0,3686	0,3708	0,3729	0,3749	0,3770	0,3790	0,3810	0,3830
1,2	0,3849	0,3869	0,3888	0,3907	0,3925	0,3944	0,3962	0,3980	0,3997	0,4015
1,3	0,4032	0,4049	0,4066	0,4082	0,4099	0,4115	0,4131	0,4147	0,4162	0,4177
1,4	0,4192	0,4207	0,4222	0,4236	0,4251	0,4265	0,4279	0,4292	0,4306	0,4319
1,5	0,4332	0,4345	0,4357	0,4370	0,4382	0,4394	0,4406	0,4418	0,4429	0,4441
1,6	0,4452	0,4463	0,4474	0,4484	0,4495	0,4505	0,4515	0,4525	0,4535	0,4545
1,7	0,4554	0,4564	0,4573	0,4582	0,4591	0,4599	0,4608	0,4616	0,4625	0,4633
1,8	0,4641	0,4649	0,4656	0,4664	0,4671	0,4678	0,4686	0,4693	0,4699	0,4706
1,9	0,4713	0,4719	0,4726	0,4732	0,4738	0,4744	0,4750	0,4756	0,4761	0,4767
2,0	0,4772	0,4778	0,4783	0,4788	0,4793	0,4798	0,4803	0,4808	0,4812	0,4817
2,1	0,4821	0,4826	0,4830	0,4834	0,4838	0,4842	0,4846	0,4850	0,4854	0,4857
2,2	0,4861	0,4864	0,4868	0,4871	0,4875	0,4878	0,4881	0,4884	0,4887	0,4890
2,3	0,4893	0,4896	0,4898	0,4901	0,4904	0,4906	0,4909	0,4911	0,4913	0,4916
2,4	0,4918	0,4920	0,4922	0,4925	0,4927	0,4929	0,4931	0,4932	0,4934	0,4936
2,5	0,4938	0,4940	0,4941	0,4943	0,4945	0,4946	0,4948	0,4949	0,4951	0,4952
2,6	0,4953	0,4955	0,4956	0,4957	0,4959	0,4960	0,4961	0,4962	0,4963	0,4964
2,7	0,4965	0,4966	0,4967	0,4968	0,4969	0,4970	0,4971	0,4972	0,4973	0,4974
2,8	0,4974	0,4975	0,4976	0,4977	0,4977	0,4978	0,4979	0,4979	0,4980	0,4981
2,9	0,4981	0,4982	0,4982	0,4983	0,4984	0,4984	0,4985	0,4985	0,4986	0,4986
3,0	0,4987	0,4987	0,4987	0,4988	0,4988	0,4989	0,4989	0,4989	0,4990	0,4990

Fonte: Sintetizada a partir da Tabela I de A. Hald, *Statistical Tables and Formulas*. Nova York: Wiley, 1952. Reproduzido sob permissão de A. Hald.

ÍNDICE REMISSIVO

[Os capítulos 13 e 14 estão incluídos neste índice e aparecem no CD.]

A

Abordagem
   do evento raro, 84
   dos quadrados mínimos, 559–564
Agrupamento em blocos, 395
Aleatoriedade da distribuição, 206–208
Amaciamento exponencial, 13-14–13-18
   calculando projeções amaciadas exponencialmente, 13-21
   constante, 13-15
   duplo, 13-24–13-28
   passos para calcular uma série amaciada exponencialmente, 13-15
   projeção de séries temporais e, 13-21–13-24
Amostra, 9
   aleatória, 13, 155–159
   contagem, 129
   definição, 5
   estatísticas de, 235
   grupos de dados, 5
   matemática combinatória em, 129–130
   pontos, 122
   regra das combinações e, 129
   representativa, 13
   score z, 77
   simples, 155
   variância, 66
Amostragem
   aleatória estratificada, 296–297
   aleatória simples, correção de população finita para, 301–302
   experimentos observacionais *versus* planejados, 441, 442, 445
   por resposta aleatória, 305
   sistemática, 305
Amostras/amostragens aleatórias, 13, 155–158
   correção de população finita para, 301–302
   estratificada, 304
   gerando, 172–173
   tamanho, determinando, 296–299
Amplitude, 65
Amplitude interquartil (IQR), 81
Análise da variância. *Ver* ANOVA
Análise de capacidade, 793–798
Análise de regressão linear simples, 13-34–13-38
   abordagem dos mínimos quadrados, 559–564
   aplicação com a ajuda de um computador, 602–605
   calculadora gráfica e, 566–567
   coeficiente de correlação, 584–587
   coeficiente de determinação, 587–589
   definição, 558
   encontrando r e r^2 usando a calculadora gráfica, 590–591
   Excel/PHStat2 e, 518–519
   fazendo inferências sobre a inclinação β_1, 577–580
   MINITAB e, 616–618
   modelos determinísticos, 557
   modelos probabilísticos, 557–559, 573–575, 595–599
   SPSS e, 615–616
Análise descritiva
   amaciamento exponencial, 13-14–13-18
   modelos descritivos, 13-20
   números índices e, 13-4–13-12
Análise. *Ver* Análise descritiva; Análise inferencial
ANOVA
   calculadora gráfica e projeto de um caminho, 454
   como método muito resistente, 453–456
   confiabilidade dos gráficos na verificação de premissas, 456
   de um caminho, 454
   fórmulas de cálculo para, 851–852
   resultados resumidos em formato tabular, 452–453
   teste F para comparar k médias de tratamento, planejamento completamente aleatório, 451
   usando o Excel/PHStat2, 512–513
   usando o MINITAB, 510–511
   usando o SPSS, 507–509
Aprimoramento de qualidade. *Veja também* Gráficos de controle; variação do processo
   gráficos de controle e, 756–769
Aproximação de Satterhwaite, 383
Áreas de curvas normais (tabela), 833
Autocorrelação
   de primeira ordem, 13-45
   teste d de Durbin-Watson para, 13-47–13-48

B

Blocos, 471
BLS (U.S. Bureau of Labor Statistics), 13-10
Bureau americano de estatística de trabalho, 13-10

C

Cadeia causal, 792
Caixa-preta, 9
Calculadora gráfica
   achando o valor p para tabelas de contingência, 53
   ANOVA de um caminho e, 454
   box plots e, 92
   distribuição de probabilidade binomial e, 196–197
   encontrando r e r^2 usando, 590–591
   equação da regressão dos mínimos quadrados e, 566–567
   estatística descritiva de uma variável e, 61
   histogramas e, 47–48
   intervalos de confiança para
      $(p_1 - p_2)$, 408–410
      $(\mu_1 - \mu_2)$, 383–384
      média de diferenças de pares e, 399–400
      média de população, 273, 284
      proporção de população, 288–293
   modelos de regressão quadrática e, 660
   probabilidades normais não padrão e, 183–184
   resíduos da regressão e, 709
   teste de hipóteses para a média de uma população e, 336
   teste de hipóteses para
      $(p_1 - p_2)$, 409–410
      $(\mu_1 - \mu_2)$ e, 384–386
      $(\sigma_1^2 / \sigma_2^2)$, 421–422
      diferença de pares, 400
Caso
   Coldex, 13-3, 13-33, 13-37–13-38, 13-42–13-43
   da discriminação no ambiente de

trabalho, 554–555
da ética do *downsizing*, 440, 456–458, 467–468
da fábrica de anéis para motor, 813–817, 13-60–13-63
da fraude em concorrência na indústria de construção de rodovias, 620–621, 644–646, 692–695
da Kentucky Milk, 117–119, 439
da Lottery Buster, 120–121
das Superarmas, 174–175, 218–219, 225–226, 246
das vendas de condomínio, 741–742
de amostragem de Scallops, 268, 283, 292, 299
de equipes de trabalho autogerenciadas na vida da família, 374–375, 386–387, 408
do aditivo de combustíveis de jatos para segurança, 743–744, 769–770
do Agente Laranja, 14-3, 14-8–14-9, 14-25, 14-43
do equilíbrio da vida profissional de um MBA, 556–557, 564–565, 580, 590, 599
do fique com o troco, 245, 410, 567, 587, 14-16
do fogo nos móveis, 267
do Kleenex®, 318, 323, 335, 347–348
dos Correios *versus* Internet, 514–515, 519, 531, 572–574
14 pontos de Deming para, 747–748
controle estatístico e, 748–755
controle estatístico do processo (CEP), 754
importância da redução de variação em, 756
pensamento estatístico e, 748
variação na saída, 795
variação de processo e, 748, 754. *Veja também* Variação do processo
Censo, 5
Cesta de bens e serviços, 4
Classe modal, 58
Classes
definição, 32
determinando o número de, 45–46
freqüência, 32
freqüência relativa, 32
intervalos, 71
porcentagem, 2
Classificação de dois sentidos, 484
Classificações independentes, 611
Cláusulas de reajuste, 4
Coeficiente de confiança, 271
de correlação
calculando, 585–587
definição, 584

de determinação
calculando, 587–589
definição, 589
de determinação múltipla, 630
de determinação múltiplo ajustado, 631
de rank de correlação de Spearman, 14–39–14–43
valores críticos de (tabela), 850
Comparações múltiplas de médias, 464–468
definição, 464
diretrizes para selecionar o método na ANOVA, 467
Comportamento aleatório, 753
Confiabilidade, 7
Conforme as especificações, 759
Construção de modelos, 622
de ordens maiores, 656–662
de interação, 649–652
regressão passo a passo, 689–695
Contagem esperada de células, 517
observada, 525
para tabelas de contingência de duas entradas, 525
Contrastes, 464
Controle
estatístico, 748–755
estatístico do processo (CEP), 754
fases principais, 791. *Veja também* Variação do processo
Correção
de população finita para uma amostragem aleatória simples, 301–302
para continuidade, 230
Correlação, 584
negativa perfeita, 14-38
Rank, 14-38–14-43

D

Dados. *Ver também* Dados qualitativos; Dados quantitativos
categóricos
experimentos multinomiais e, 515
probabilidades das categorias tabela de uma entrada, 515–520
tabela de duas entradas, 524–533
coletando, 12–14
definição, 2
fontes publicadas de, 12
identificando métodos de coleta de dados, 14
não simétricos, 57
tipos de, 10–11
qualitativos, 11
descrição de, 32–37
quantitativos, 11
descrição de, 42–48
Deflação, 4
Desvio

absoluto da média (MAD), 13-29–13-33
quadrado médio (MSD), 13-32
Desvio-padrão, 66–67
da amostra, 65–66
de variável aleatória discreta, 181–182
evidência empírica e, 71
interpretando, 70–73
para variável aleatória binomial, 192–193
regra de Chebyshev, 70–71
Diagrama
de árvore, 147–148
estatística t, 279
na comparação de médias de duas população, 376, 379
de causa e efeito, 791
de dispersão, 560
de Ishikawa, 791
Diagramas
de dispersão, 88–93, 560
interpretando, 90–91
usando a calculadora gráfica, 92
de Venn, 123
Dimensões de classificação, 524
Dispersão, 64–65
de especificação, 796
de um conjunto de dados, 64–65
do processo, 796
Distorções gráficas, 96
Distribuição
amostral, 234–239
de $(x_1 - x_2)$, 377
definição, 236
de x, 240–242
aproximadamente normal, 223
de dados com formato de sino, 70
interpretação do score-z para, 78
de Poisson, 200–202
de probabilidade uniforme, 206–208
de probabilidade binomial, 192–193
definição, 179
formato de sino, 210–219
normal, 210–219
para variável aleatória de Poisson, 200–201, 204–205
para variáveis aleatórias contínuas, 205–206
para variáveis aleatórias discretas, 178–183
uniforme, 206–208
do processo, 751
F, 416
normal padrão, 211–214
normal, 210–219
aproximando uma distribuição binomial com, 229–232
padrão, 211–214

propriedade de, 214
saída do processo, 751

E

Efeito
    cíclico, 13-20
    residual, 13-20
    sazonal, 13-20
Equação de previsão dos mínimos quadrados, 561, 524
Erro
    aleatório, 557
    percentual absoluto da média (MAPE), 13-29–13-33
Erro-padrão
    da estatística, 377
    da média, 241
    de estimativa, 7
    de previsão, 560
Erros estatísticos
    Espaço amostral, 122–124
    Tipo I, 320
    Tipo II, 321, 351–356
Estatística
    aplicações, em negócios, 3–4
    d de Durbin-Watson, 13-45–13-48
    definição, 2–3
        teste para autocorrelação, 13-47–13-48
    descritiva, 3
        quatro elementos do problema estatístico, 6
        uma variável, 61
    elementos fundamentais de, 4–8
    F para o planejamento completamente aleatório, 449–450
    F_r de Friedman, 14-33–14-35
    identificando estatísticas enganosas, 17
    inferencial, 3, 4
        cinco elementos dos problemas de, 6
        confiabilidade em, 7
        não paramétricos. *Veja* Não paramétricos
        recursos limitados em, 7
    papel no gerenciamento de tomada de decisão, 14–16
    prática antiética de, 15
    Rank, 14-4
    teste, 319
    tipos de, 3
    valores críticos para $\alpha = 0{,}01$ (tabela), 847
    valores críticos para $\alpha = 0{,}05$ (tabela), 846
    z, 376
        nível de significância de, 322
Estimativa de mínimos quadrados, 561
Estrato, 304
Estudos observacionais, 13

Eventos
    complementares, 136
    compostos, 133
    dependentes, 148
    independentes, 148–150
    interseção de, 134–135
    mutuamente exclusivos, 136–138
    probabilidade de, 122
    raros, 757
    união de, 134
Excel/PHStat2
    acessando e listando dados em, 27–30
    análise de qui-quadrado usando, 551–553
    análise de regressão linear simples e, 618–619
    análise de regressão múltipla e, 739–740
    ANOVA usando, 512–513
    descrevendo dados usando, 114–117
    gerando uma amostra aleatória usando, 172–173
    inferências de duas amostras usando, 437–438
    intervalos de confiança usando, 317–318
    para gráficos de controle, 812
    probabilidades binomiais, probabilidades normais e distribuições amostrais simuladas usando, 264–266
    projeções usando, 13-59
    testes de hipóteses usando, 371–373
    testes não paramétricos usando, 14-58–14-60
Experimento(s), 122
    binomiais, 189–190
    binomiais *versus* multinomiais, 520
    de blocos aleatórios, 395
    de diferenças de pares, 392–400
    de fator único, 484
    de fatorial completo, 484–493
        classificação de dois sentidos, 484
        componentes fator efeito principal, 486
        componentes fator interação, 486
        definição, 484
        experimentos fatoriais de dois fatores, 487
        fatorial completo 4 x 2, 484
    fatorial de dois fatores, 852
    multinomiais, 515
    planejados
        definição, 12, 441–442
        elementos de, 441–445
        fatorial completo, 484–493
        planejamento aleatório em bloco, 471–478
        planejamento completamente aleatório, 447–458, 464–468
    projetados. *Veja* Experimentos projetados
Extremidades, 81

F

Fatores, 441
    qualitativos, 441
    quantitativos, 441
Fatorial completo 4 x 2, 484
Fontes publicadas de dados, 12
Função
    de densidade de probabilidade (pdf), 205–206
    de freqüência, 205–206

G

Geradores de números aleatórios, 156
    tabela de, 157, 821–823
Gestão da qualidade total (TQM), 744
Gráfico
    de probabilidade normal, 223–224
        calculadora gráfica e, 227
    p
        construindo, 784–786
        definição, 784
        fronteiras de zonas em, 786
        interpretando, 786–788
    R
        construindo, 775–777
        definição, 775
        fronteiras de zona em, 777
        interpretando, 777–779
        run. *Veja* Gráficos de séries temporais
    s, 775
    x
        construindo, 760–763
        decisões na construção, 762
        definição, 760
        fronteiras de zona em, 763–764
        interpretando, 765–766
        objetivo de, 760
Gráficos
    de barras, 34–35
    de caules e folhas, 42–43, 44
    de controle, 748
        constantes (tabela), 845
        Excel/PHStat2 para, 812
        limites de especificação em, 759
        lógica dos, 756–760
        MINITAB para, 809–812
        para monitorar a média de um processo, 760–769
        SPSS para, 808–809
    de pizza, 34–35
        interpretando, 37–38
    de pontos, 42, 43, 47
    falhas na interpretação, 96–97
    individuais, 759
Graus de liberdade (gl), 279
Grupos combinados, 471

H
Hipótese
  alternativa, 319
  de pesquisa, 319
  nula, 319
    passos para selecionar, 325
  passos para selecionar, 325
Histogramas, 42, 43–44
  calculadora gráfica e, 47–48
  interpretação, 49

I
Índice(s)
  compostos
    índice de Laspeyres, 13-9–13-10, 13-12
    índice de Paasche, 13-10–13-12
  composto simples, 13-7–13-8
    índice de preço ponderado, 13-8
  de preço
    composição ponderada, 13-8
    definição, 13-4
  de capacidade, 796
  de composição simples, 13-7–13-8
  de Laspeyres, 13-9–13-1
    passos para calcular, 13-9
  de preço composto ponderado, 13-8
  de Preços ao Consumidor (IPC), 4, 13-10
  Paasche, 13-10–13-11
  quantidade, 13-4
Inferência
  de duas populações
    amostragens independentes, 14-11–14-16
    Excel/PHStat2 e, 437–438
    experimento de diferença pareada, 14-19–14-24
    MINITAB e, 435–437
    SPSS e, 434–435
  de população única, 14-5–14-9
  estatística, 3, 5
    abordagem do evento raro, 84
Inflação, 4
Interseção de eventos, 134–135
Intervalo
média da população, 278–283
  de confiança de amostras pequenas para $(\mu_1 - \mu_2)$, 380
  de confiança de grandes amostras
    calculadora gráfica e, 292–293
    média da população, 269–274
    para $(\mu_1 - \mu_2)$, 377
    proporção da população, 288–293
  de confiança
    amostra grande
      para $(p_1 - p_2)$, 406
      para $(\mu_1 - \mu_2)$, 377–378
    calculadora gráfica para, 273–274, 284
    calculadora gráfica para a
    média de diferenças de pares, 399–400
    calculadora gráfica para $(p_1 - p_2)$, 408–410
    calculadora gráfica para $(\mu_1 - \mu_2)$, 383–384
    de amostra pequena para $(\mu_1 - \mu_2)$, 380
    de diferenças de pares para $\mu_d = (\mu_1 - \mu_2)$, 396
    definição, 271
    Excel e PHStat2 para, 317–318
    média da população, 269–274, 278–284
    MINITAB para, 314–317
    parâmetro β, 627
    proporção de uma população, 288–293
    SPSS para, 313–314
Intervalo
  interquartil (dentro), 81
  interquartil (fora), 81
IPC (Índice de Preços ao Consumidor), 4, 13-10
IQR (amplitude interquartil), 81
Ishikawa, Kaoru, 791

L
Lei dos grandes números, 124
Limite
  de especificação, 759
  do erro de estimativa, 7
Linha
  central, 750
  das médias, 600

M
m (quartil do meio), 81
MAD (desvio absoluto da média), 13-29–13-33
MAPE (erro percentual absoluto da média), 13-29–13-33
Matemática combinatória, 128–130
Média, 55–58
  da amostra, 55
  da população, 56, 335
    amostras pequenas, 379–383
    comparando duas amostras grandes, 376–379
    estimando, 296–297
    experimentos de diferenças de pares, 392–399
    intervalo de confiança de amostra grande para, 269–274
    relacionando com uma variável. *Veja* Análise de regressão linear simples
    intervalo de confiança de amostra pequena para, 278–283
    teste de hipóteses de pequena amostra sobre, 339–342
    teste de hipóteses em **calculadora gráfica, 336**
  do quadrado para tratamentos (MQT), 449
  ponderada, 13-14–13-18
  de uma variável aleatória binomial, 193–194
  de uma variável aleatória de Poisson, 200–201
  Veja também Média da população
Mediana, 56–58
  calculando a mediana de uma amostra, 57
Médias para variáveis aleatórias de Poisson, 200–201
  distribuição de probabilidade para, 200–201
  variação para, 201
Medida
  de confiabilidade, 7
  definição, 5
  erro, 16
Medidas/estatísticas descritivas
  numéricas, 55
  enganosas, 96–98
  problemas de interpretação, 96
Menor quartil (Q_L), 81
Método
  Bonferroni, 464
  dos mínimos quadrados, 561, 559–565
  estatístico bayesiano, 159–161
  muito resistente, 453
  Scheffé, 464
  Tukey, 464
MINITAB
  acessando e listando dados com, 26–27
Moda, 58–59
Modelo
  completo, 681
  completo de segunda ordem, 660
  de projeção de Holt–Winters, 13-24
    passos para calcular os componentes de, 13-24–13-25
  de regressão múltipla de primeira ordem estimando e interpretando os parâmetros β, 622–627
  inferências sobre os parâmetros β, 627–633
  multiplicativo, 13-41
  probabilístico de linha reta, 558
Modelos
  aditivos, 13-40
  aninhados, 681–685
  com variáveis qualitativas, 666–668
  de análise de regressão múltipla
    analisando, 621–622
    aninhados, 681–685
    com variáveis qualitativas, 666–669
    com variáveis quantitativas e qualitativas, 672–677
    construção de modelos, 622,

649–652, 656–662
definição, 621
erros correlacionados e, 716
estimabilidade dos parâmetros e, 712
estimativa e previsão usando, 641–646
Excel/PHStat2 e, 784–785
extrapolar e, 716
MINITAB e, 738–739
modelo de primeira ordem, 622–633
modelos de segunda ordem, 656–662
multicolinearidade e, 712–715
resíduos da regressão, 697–711
SPSS e, 737–738
verificando a utilidade de, 633
de análise inferencial, 13-20
de regressão quadráticos, 656–662
calculadora gráfica e, 660
de regressão sazonais, 13-38–13-43
descritivos. *Ver* Análise descritiva
parcimoniosos, 685
probabilísticos
definição, 557
estimativa e previsão usando, 595–599
estimativa de σ^2 para um modelo de linha reta (primeira ordem), 574–575
forma geral de, 558
linha reta, 558
premissas, 573–574
procedimento para desenvolver, 559
MQT (média do quadrado para tratamentos), 449
MSD (desvio médio quadrado), 13-32

N

Não conforme as especificações, 759
Não paramétrico(s)
coeficiente de correlação de grau de Spearman, 14-39–14-43
comparando três ou mais populações, 14-27–14-30, 14-33–14-35
correlação de grau, 14-38–14-43
estatística de grau, definição, 14-4
estatística F_r de Friedman, 14-33–14-35
inferências de duas populações, 14-11–14-16, 14-19–14-24
método para comparar variações de população, 421
métodos estatísticos, 283
teste da soma de graus de Wilcoxon, 14-11–14-16
teste H de Kruskal-Wallis, 14-27–14-30
testes usando o Excel/PHStat2, 14-58–14-60
testes usando o MINITAB, 14-55–14-58
testes usando o SPSS, 14-53–14-55
Níveis
de fator, 442
observados de significância, 332–335. Veja também valor p
Nível, 666
de confiança, 271
de significância da estatística-teste, 322
Notação de soma, 54
Número
de comparações de pares de determinando, 464
médias de tratamentos, índice
análise descritiva e, 13-4–13-12
composto, 13-6
definição, 13-4–13-12
Laspeyres 13-9–13-10
Paasche, 13-10–13-12
simples, 13-5–13-6
simples composto, 13-7–13-8
índice simples, 13-5–13-6
índice simples, passos para calcular, 13-5–13-6

O

Outliers, 80–85
causas de , 81
definição, 80–81
detectando, 81, 80–85
potencial, 82

P

Padrões de dependência, 526
Parabolóide, 661
Parâmetro
estimador de intervalo, 271. *Veja também* Intervalo de confiança
estimador pontual de, 269
identificando, 375–376
alvo, 269, 322
identificando, 375–376
Pensamento estatístico, 15
papel na melhoria da qualidade, 748
Percentil
p-ésimo, 77
pontuação, 76–77
ranking, 76–77
Período base, 13-4
p-ésimo percentil, 77
Pesquisa, 12
amostra.*Veja* pesquisas de amostra
20/20, visão da , 1–2
de consulta sobre ética, 31–32
e variáveis aleatórias binomiais, 189–190
por amostragem
amostragem por resposta aleatória, 305
amostragem sistemática, 305
definição, 304
não-resposta em, 305–306
projeto, 304–306
PHStat2.SeeExcel/PHStat2
Planejamento
aleatório em bloco
fórmula de cálculo ANOVA, 851–852
comparado com planejamento completamente aleatório, 477
definição, 471
e estatística F_r de Friedman, 14-33–14-35
realizando ANOVA para, 477–478
completamente aleatório (planejamento balanceado), 447–448, 487
ANOVA para, 456
definição, 447
e teste H de Kruskal-Wallis, 14-27–14-30
estatística F para, 449–450
fórmula de cálculo de ANOVA, 851
múltipla comparação de médias de tratamentos, 464–468
versus planejamento aleatório em bloco, 473–474
experimental e variação do processo, 791
Poder de um teste, 354–356
Pontos percentuais das tabelas de distribuição F, 834–844
População
coeficiente de correlação, 587
definição, 5
grupos de dados, 5
parâmetros de uma, 234
Posicionamento relativo, medidas de, 76–78
Probabilidade, 122–130
condicional, 143–146
definição, 143
exemplo de boca de urna, 147
fórmula, 143
de um evento, 126
de um ponto amostral, 122–127
exemplos de, 121
incondicional, 143
marginal, 524
papel na construção de inferências, 121
regra da adição de, 136–137
regra da multiplicação de, 146–148
regras para pontos amostrais, 125
Probabilidades
binomiais, 192–193
aproximando com uma distribuição normal, 229–232
calculadora gráfica e, 196–197
tabela, 824–827

binomiais cumulativas, 194
marginais, 524
normais não padrão,
    na calculadora gráfica, 183–184
normais padrão, 215
Processos, 13-15, 746
Projeções
    amaciamento exponencial duplo e, 13-24–13-28
    amaciamento exponencial e, 13-21–13-24
    Excel/PHStat2 para, 13-59
    medindo a precisão de, 13-29–13-33
    MINITAB para, 13-57–13-59
    modelo de Holt-Winters, 13-24–13-28
    SPSS para, 13-55–13-57
    valores futuros de uma série temporal, 13-20
Proporção da população
    comparando duas, 405–410
    estimando, 297–298
    intervalo de confiança de amostra grande para, 288–293
    teste de hipóteses de amostra grande sobre, 345–348

Q

Q_L (menor quartil), 81
QME (quadrado médio para erro), 449
Q_U (quartil superior), 81
Quadrado médio para erro (QME), 449
Qualidade
    definição, 745
    oito dimensões de, 745
Quartil do meio (m), 81
Quartil superior (Q_U) 81

R

Raiz do erro médio ao quadrado (REMQ), 13-29–13-33
Recursos limitados, 7
Regra
    da adição da probabilidade, 136–137
    da multiplicação da probabilidade, 146–148
    da partição, 819
    das combinações, 128–129, 819
    de Bayes, 161
    de análise de padrão, 764–765
    de contagem, 818–819
    de probabilidade para uma variável aleatória discreta, 181–182
    dos complementos, 136
    multiplicativa, 818–819
Regressão. *Ver também* Análise de regressão múltipla; análise de regressão linear simples
    análise de regressão, 558

linha, 561
linear simples, 13-34–13-38
modelos, 558
modelos sazonais, 13-38–13-43
passo a passo, 689–695
passos na análise de, 708
residuais, 697–711
usando a calculadora gráfica, 709
Relação bivariada, 584
    definição, 88
    diagramas de dispersão, 88–93
    representação gráfica, 88–93
REMQ (raiz do erro médio ao quadrado), 13-29–13-33
Replicações de experimentos fatoriais, 487
Representação gráfica, *box plot,* 453
    cuidados na interpretação, 82
    elementos de, 83
    na detecção de *outliers,* 82–85
    usando a calculadora gráfica, 87
Resíduos, 697–711
Respostas dicotômicas, 189

S

Score-z, 77
    na detecção de *outliers,* 81–85
    para distribuição de dados em formato de sino, 78
Seqüência oscilante, 751
Séries temporais
    componentes, 13-20
    dados, 94
    gráficos, 93–95
    modelo aditivo, 13-20
    modelos de regressão sazonais, 13-38–13-43
    previsões de valores futuros de, 13-20
    problema do erro correlacionado e, 716
    resíduos, 13-44–13-48
    técnicas descritivas. *Veja* Análise descritiva
Símbolos
    infinito (∞), 279
    na notação da soma, 54
    para média da amostra, 56
    para média da população, 56
    variância da amostra, 66
Sistemas, 746–747
Soma
    de quadrados para blocos (SQB), 471
    de quadrados para erros (SQE), 449
    de quadrados para tratamentos (SQT), 449
    rank, 14-12
Spearman, Charles E., 14-39
SPSS
    acessando e listando dados em, 23–25

análise de regressão linear simples e, 615–616
análise de regressões múltiplas usando, 737
análise qui-quadrado usando, 548–549
descrevendo dados usando, 110–112
gerando amostras aleatórias usando, 171
inferências de duas amostras usando, 434–435
intervalos de confiança usando, 313–314
para gráficos de controle, 808–809
previsões usando, 13-55–13-57
probabilidades binomiais, probabilidades normais e distribuições amostrais simuladas usando, 257–259
testes de hipóteses usando, 368–370
testes não paramétricos usando, 14-53–14-55
usando ANOVA, 507–509
SQB (soma de quadrados para blocos), 471
SQE (soma de quadrados para erros), 449
SQT (soma de quadrados para tratamentos), 449
Subconjunto, 5
Subprocessos, 8
Superfície em forma de sela, 661

T

Tabela de probabilidades de Poisson, 828–832
Tabelas
    binomiais, 194–195
    de contingência, 520, 524–530
        achando o valor *p* usando a **calculadora gráfica, 530**
        teste de qui-quadrado para independência, 527
    de duas entradas, 524–530
    de uma entrada, 515–520
Tamanho da amostra
    para estimar diferenças entre um par de parâmetros, 413–414
    para estimar $p_1 - p_2$, 415
    para estimar $\mu_1 - \mu_2$, 414–415
    tamanho, determinando, 296–299
Taxa
    de erro de comparação, 464
    de erro de experimento, 464
Técnicas de amortecimento. *Veja* Amortecimento exponencial
Tendência
    central, 55
        em vendas de imóveis, 60
    de longo prazo, 13-20
    secular, 13-20

Teorema do limite central, 242–245
Termo quadrático, 656
Termos de efeito principal, 673
Teste
    condições requeridas para, 328
    de hipóteses de grandes amostras
        para $(\mu_1 - \mu_2)$, 378
        preparação de, 328
        sobre a média da população, 325–328
        para $(\mu_1 - \mu_2)$, 380
    de hipóteses
        calculadora gráfica para
            $(p_1 - p_2)$, 409–410
            $(\mu_1 - \mu_2)$, 384–386
            $(\sigma_1^2 / \sigma_2^2)$, 421–422
        conclusões possíveis para, 328
        condições requeridas para um teste de amostra grande válido sobre p, 346
        definição, 319
        diferença de pares, 400
        diferença de pares, para $(\mu_1 - \mu_2)$, 396
        elementos de, 319–322
        erro Tipo I, 320
        erro Tipo II, 321
        estatística-teste, 319
        Excel/PHStat2 e, 371–373
        hipótese alternativa, 319
        hipóteses de pesquisa, 319
        hipótese nula, 319
        média da população, 325–328
        MINITAB e, 370–371
        nível de significância, 322
        para $(p_1 - p_2)$, 406
        para $(\mu_1 - \mu_2)$, 380
        para $(\mu_1 - \mu_2)$, 380
        passos para calcular o valor p, 332
        passos para selecionar hipóteses alternativas, 325
        passos para selecionar a hipótese nula, 325
        poder de, 353–356
        sobre a proporção da população, 345–348
        sobre p, 346
        sobre a média da população, 336
        teste de grande amostra
        teste de pequena amostra usando SPSS, 368–370
        variância da população, 358–360
    de hipóteses de pequena amostra sobre a média da população, 339–342
    de Levene, 421
    de qui-quadrado, 516
        alerta sobre, 539–540
        análises usando o Excel/PHStat2, 551–553
        análises usando o MINITAB, 550–551
        análises usando o SPSS, 548–549
    de sinal, 14-5–14-9
    estatístico de, 325
    estatístico de uma cauda, 325
    estatísticos
        duas caudas, 325
        testes de hipóteses de grandes amostras, 325–328
        uma cauda, 325
    estatísticos paramétricos, 14-4
    F, para variâncias iguais de populações, 419
    H de Kruskal-Wallis, 14-27–14-30
    independentes de distribuição. *Ver também* Não paramétricos
        teste do sinal 14-5–14-9
        teste da soma de graus de Wilcoxon, 14-11–14-16
        para tabelas de contingência, 528
        na tabela de uma entrada, 516
    para tamanhos de amostra diferentes, 383
    Rank, 14-4,
Transformação estabilizadora da variação, 708
Tratamentos de um experimento, 442

U

União de eventos, 133–135
Unidades experimentais, 4–5, 442

V

Valor p, 332–335
    e procedimentos de testes de pequenas amostras, 347–348
    para tabelas de contingência, 530
    passos para calcular para testes de hipóteses, 333
    reportando resultados de testes como, 334–335
Valores críticos
    de t (tabela), 834
    de χ^2 (tabela), 835–836
Variabilidade, 55
    medições de, 64–65, 68
Variação do processo. *Veja também* Gráficos de controle
    causas assinaláveis de, 755
    análise de capacidade, 793–798
    causas comuns de, 754
    causas especiais de, 755
    diagnosticando causas, 791–793
    monitorando
        com gráfico p, 784–788
        com gráfico R, 775–779
        com gráfico x, 760–770
    seis causas principais de, 748
Variação. *Veja* Variação do processo
Variância
    da amostra, 66, 181
        comparando duas, 416–422
        testes de hipóteses sobre, 358–360
    da variável aleatória discreta, 181–182
    para variável aleatória binomial, 193–194
    para variável aleatória de Poisson, 200–201
Variáveis
    aleatórias
        definição, 175
        de Poisson, 200
        dois tipos de, 175–177
    aleatórias contínuas
        distribuições de probabilidade, 205–206
    aleatórias discretas, 176–177
        desvio-padrão de, 181
        distribuições de probabilidade para, 178–183
        média de, 180–181
        regras de probabilidade para, 181–183
        valor esperado de, 180–181
        variância de, 181
    contínuas, 176–177
    dummy, 666–668
    indicadoras, 666–668
Variável, 9
    aleatória. *Veja* Variáveis aleatórias
    aleatória normal padrão, 211
    aleatória binomial
        definição, 189
        média para, 193–194
        desvio-padrão para, 193–194
        pesquisas e, 189–190
        variância para, 193–194
        passos para encontrar uma probabilidade correspondendo a, 214
    aleatória normal padrão, 211
    definição, 5
    de resposta, 441
    dependente, 441
    dummy, 666–668
    independente, 441
    qualitativa, 666–668
    aleatória normal, 210
Viés
    de não-resposta, 15–16
    de seleção, 15

W

Watson Geofrey, 13-46
Wilcoxon
    teste de rank assinalado, 14-20–14-24
    teste de ranking de diferenças pareadas assinaladas, valores críticos de T (tabela), 849
    teste de soma de amostras de tamanhos iguais e desiguais, 383, 14-11–14-16
    valores críticos de T_L e T_U (tabela), 899
Wilcoxon, Frank, 14-11